HANS-WERNER ASMUS

Das große cinema

FILM-LEXIKON

Alle Top-Filme von **A** bis **Z**

Band III
von **S** bis **Z**

IMPRESSUM

Herausgeber: Dirk Manthey, Jörg Altendorf, Willy Loderhose

Chefredaktion: Willy Loderhose

Koordination: Jens Golombek, Arne Laser

Redaktion: Hans-Werner Asmus, Artur Jung, Kai-Kirstin Thies

Schlußredaktion: Meriko Gehrmann

Autoren: Arne Laser, Jens Golombek, Meriko Gehrmann, Sönke Krüger

Archiv: Hans-Werner Asmus, André Bräger, Iris Bültmann, Julia Diehl-Thiede, Alberto Faussone, Rainer Gootz, Maren Hänel, Simone Kröger-Schröder, Oliver Marmann, Kerstin Melzig, Kristina Pankow, Angelika Ronné, Egbert Scheunemann, Claudia Schmidt, Carsten Schmoll, Christian Schwarte, Oliver Siebert, Angelika Spee, Christine Tapking, Christine Wedemeyer

Fotos: cinema Archiv

Umbruch: Karla Böhme

Herstellung: Harry Janetschek, Rieke Nolte

Litho: Scantrend, Hamburg

Druck: PDC Paderborner Druck Centrum, Paderborn

Objektleitung: Helga Reichel

1. Auflage 1992
ISBN: 3 - 89324 - 092 - 6

EDITORIAL

Liebe Filmfreudinnen, liebe Filmfreunde,

vor Ihnen liegt der dritte und vorläufig letzte Band unseres Filmlexikons, zu dem es in einiger Zeit auch Ergänzungsbände geben wird.

Engagierten Film- und Fernsehzuschauern kann dieses Werk Hilfe und Orientierung zugleich sein, denn dahinter steht die Kompetenz von Europas größten Filmredaktionen, „cinema“, „TV-Spielfilm“, „Kino“, „Videoplus“.

Behandelt werden alle wichtigen Filme der Filmgeschichte, alle, die Oscars gewonnen haben und besonders jene, die sich durch Stars, hervorragende Regisseure oder ausgezeichnete Qualität hervorgetan haben.

Natürlich besteht eine kleine Möglichkeit, daß ausgerechnet Ihr Kultfilm nicht besprochen ist - für diesen Fall möchten wir uns gerne wieder auf den legendären Billy Wilder zurückziehen: „Nobody is perfect“.

Im Anhang finden Sie übrigens eine Titelliste, die dem Wirrwarr um deutsche Titel und Originaltitel ein Ende macht.

Herzlichst,

W. Lode

Willy Loderhose

Mitherausgeber

Benutzerhinweise

Abkürzungen:

R = Regie
B = Drehbuch
K = Kamera
M = Musik (nur Originalmusik)
P = Produzent, Produktionsfirma
L = Länge
D = Darsteller
A = Animation

Die alphabetische Einordnung richtet sich nach dem ersten im deutschen Titel auftauchenden Wort, ohne Berücksichtigung der bestimmten und unbestimmten Artikel und ihrer Beugeformen. Falls es sich um einen englischsprachigen Titel handelte (z.B. THE BRONX), wurden die bestimmten und unbestimmten Artikel „the“ und „a“ ebenfalls nicht berücksichtigt. Bei Filmen mit nicht deutsch- oder englischsprachigen Titeln (z.B. LA STRADA) ist das erste Wort einschließlich der bestimmten und unbestimmten Artikel ausschlaggebend. LA STRADA ist demnach unter L zu finden.

Die Texte beziehen sich generell auf die in den deutschen Kinos (bzw. im Fernsehen oder auf Video) gelaufenen synchronisierten Fassungen der besprochenen Filme. Falls die Originallänge eines Films um mindestens fünf Minuten von der deutschen Fassung abweicht, wird in den Stabangaben darauf hingewiesen.
Filme, die in KAPITALSCHRIFT erscheinen, haben ein eigenes Stichwort. Alle anderen Filmtitel sowie der Titel des jeweils besprochenen Films erscheinen in *Kursivschrift*. Das gilt ebenso für Titel von Büchern, Zeitschriften, Songs etc.

Im Anhang des dritten Bandes finden Sie ein Verzeichnis der Originaltitel.

S

S. O. B. - Hollywoods letzter Heuler

S. O. B. USA 1982 **R** Blake Edwards **B** Blake Edwards **K** Harry Stradling **M** Henry Mancini **P** Blake Edwards, Tony Adams für Arista Management Prod./Lorimar Pictures/20th Century-Fox **L** 117 Min., Farbe **D** Julie Andrews, Richard Mulligan, William Holden, Robert Vaughn, Marisa Berenson, Larry Hagman, Robert Preston, Loretta Swit, Robert Webber, Shelley Winters, Robert Loggia, Stuart Margolin, Benson Fong, Jennifer Edwards, Rosanna Arquette

Nachdem sich sein Familien-Musical „Nachtwind" als Riesenflop herausgestellt und Hauptdarsteller-Gattin Sally (Andrews) ihn verlassen hat, will der einst erfolgverwöhnte Regisseur Felix Farmer (Mulligan) seinem Leben ein Ende setzen, während Studio-Boß David Blackman (Vaughn) versucht, seine Schäfchen ins Trockene zu bringen. Eine geniale Idee weckt in Felix neue Lebensgeister: Er will „Nachtwind" zu einem Sex-Musical umfunktionieren und Sally mit blankem Busen zeigen...
Hollywood hat sich schon häufig kritisch mit seiner eigenen Geschichte auseinandergesetzt, doch keiner dieser Filme von BOULEVARD DER DÄMMERUNG bis GROSSE LÜGE LYLAH CLARE kann *S. O. B.* in Sachen Zynismus und Aggressivität das Wasser reichen, obwohl er ansonsten qualitativ unterlegen ist. Viele Kritiker sahen in der respektlosen und ätzenden Satire auf die Glitzermetropole Edwards´ persönliche Rache für seine Erfahrungen aus den frühen 70ern, als er nach einer Reihe von Flops, darunter DARLING LILI und DIE FRUCHT DES TROPENBAUMES, in Ungnade gefallen war. Mit ZEHN-DIE TRAUMFRAU hatte er sein Ansehen wiederhergestellt, und auch *S. O. B.* brachte einiges Geld ein, doch waren die meisten Zuschauer hauptsächlich darauf gespannt, Edwards-Gattin Julie Andrews ohne BH zu sehen, die mit diesem Schritt (eine interessante Parallele zur Filmhandlung) ihr hausbackenes Image loszuwerden hoffte. *S. O. B.* hat seine Momente, doch zu wenig Gags treffen ins Schwarze. William Holdens letzter Film. al

SOS Eisberg

SOS Eisberg. Deutschland 1933 **R** Arnold Fanck **B** Arnold Fanck, Fritz Loewe, Ernst Sorge, Hans Hinrich, Tom Reed, F. Wolff, E. Knopf **K** Hans Schneeberger, Richard Angst **M** Paul Dessau **P** Paul Kohner für Deutsche Universal **L** 90 Min., s/w **D** Leni Riefenstahl, Ernst Udet, Gustav Diessl, Sepp Rist, Gibson Gowland, Max Holzboer, Walter Riml

Leni Riefenstahl kehrte nach ihrem etwas glücklosen Regiedebüt DAS BLAUE LICHT zu ihrem bewährten Lehrmeister und Vorbild, dem Bergfilmer Arnold Fanck, zurück, um diesmal wieder als Akteurin vor die Kamera zu treten.
In *SOS Eisberg*, einem Streifen, der in Koproduktion mit der amerikanischen Tochtergesellschaft Universal zusätzlich in einer US-Fassung entstand (Regisseur war hier Tay Garnett), spielt sie die tollkühne Fliegerin Hella, die sich mit ihrer Maschine auf den Weg in die Eiswüste Grönlands macht, um die Mitglieder einer in Not geratenen Polarexpedition zu retten. Diese hängen auf einem Eisberg fest und werden ins offene Meer abgetrieben. Bei dem Versuch zu landen, geht Hellas Maschine in die Brüche. Sie selbst überlebt und befindet sich damit in einer ähnlich unangenehmen Situation wie das Forscherteam. Rettung naht jedoch in Gestalt des deutschen Fliegerhelden Ernst Udet, der ebenfalls aufgebrochen ist, um den Bedrängten zu Hilfe zu eilen.
Arnold Fanck, von Beruf ursprünglich Geologe, setzte mit *SOS Eisberg* dem deutschen Fliegeridol Ernst Udet (1896-1941) ein weiteres filmisches Denkmal. Beide Männer hatten bereits drei Jahre zuvor in dem Bergdrama *Stürme über dem Montblanc* (ebenfalls mit Leni Riefenstahl in der Hauptrolle) zusammengearbeitet. Bei beiden Produktionen fungierte Udet neben seinem selbstdarstellerischen Einsatz auch als Kameramann, da die meisten Flugszenen unter seiner Mitwirkung entstanden. jg

SOS Feuer an Bord

Only Angels Have Wings. USA 1939 **R** Howard Hawks **B** Jules Furthman **K** Joseph Walker **M** Dimitri Tiomkin, Manuel Maciste, Morris W. Stoloff **P** Howard Hawks für Columbia **L** 95 Min. (Originalfassung 121 Min.), s/w **D** Cary Grant, Jean Arthur, Richard Barthelmess, Rita Hayworth, Thomas Mitchell, Sig Rumann, Victor Killian, John Carroll, Allyn Joslyn, Noah Berry, Jr.

Bis zu diesem Abenteuerfilm hatte Cary Grant in 33 Filmen mitgewirkt, 25 davon waren Komödien gewesen. Mit AUFSTAND IN SIDI HAKIM unternahm Grant seinen ersten Ausflug ins melodramatische Fach. *SOS Feuer an Bord* gab ihm ein zweites Mal Gelegenheit, sich von seinem komödiantischen Image zu lösen, wenngleich diese im Fliegermilieu angesiedelte Produktion auch mit humorvollen Dialogen aufwarten kann. Grant ist in der für ihn ungewöhnlichen Rolle eines hartgesottenen und unnahbaren Mannes zu sehen. Als Pilot Jeff Carter leitet er in dem südamerikanischen Kaff Barranca eine Fluglinie, die bei Wind und Wetter Postsendungen über die Anden befördert. Die rauhe Männerwelt gerät durch die Ankunft des gestrandeten Showgirls Bonnie Lee (Arthur) und Jeffs ehemaliger Freundin Judith (Hayworth) aus den Fugen. Doch nach einigen Verwirrungen und Bewährungsproben finden Bonnie und Carter schließlich zueinander.
Während seiner Karriere flog Cary Grant insgesamt viermal als Pilot über die Leinwand (neben *SOS Feuer an Bord* in *The Eagle and the Hawk*, 1933, *Wings in the Dark*, 1935 und *Kiss Them for Me*, 1957). Aber, wie Donald Deschner in seiner Filmographie bemerkte: „Seine beste Fliegerszene aus sämtlichen Grant-Filmen ist natürlich die Sprühflugzeug-Jagd aus *North by Northwest*, wo Cary Grant zeigt, daß er die Kunst, Flugzeuge sicher zu Boden zu bringen, noch genauso beherrscht wie vor zwanzig Jahren."
Zwei Nominierungen konnte *SOS Feuer an Bord* bei der Oscar-Verleihung 1939, die ganz im Zeichen des Südstaaten-Epos VOM WINDE VERWEHT stand, ergattern: Der Kameramann Joseph Walker wurde von der Academy of Motion Picture Arts and Sciences für seine Schwarz-Weiß-Photographien vorgeschlagen, Roy Davidson und Edwin C. Hahn erhielten für ihre Leistungen eine Nominierung in der Sparte „Beste Spezialeffekte", eine Kategorie, die just in dem Jahr eingerichtet wurde. mg

Die Saat der Gewalt

The Blackboard Jungle. USA 1955 **R** Richard Brooks **B** Richard Brooks, nach dem Roman von Evan Hunter **K** Russell Harlan **M** Charles Walcott **P** Pandro S. Berman für MGM **L** 100 Min., s/w **D** Glenn Ford, Anne Francis, Louis Calhern, Margaret Hayes, John Hoyt, Richard Kiley, Emile Meyer, Warner Anderson, Basil Ruysdael, Sidney Poitier

Das Jahr 1955 stand ganz im Zeichen einer wildgewordenen Jugend, mit der die Erwachsenenwelt nicht mehr zurechtkam. Die Aggressivität der halbwüchsigen Rohlinge in Nicholas Rays Kultfilm ...DENN SIE WISSEN NICHT, WAS SIE TUN wird dabei deutlich von ihren Kollegen in diesem lebensnahen Werk überboten.
Voller Idealismus tritt der junge Lehrer Richard Dadier (Ford) in der Berufsschule einer tristen Vorstadtgegend seine erste Stellung an. Es empfängt ihn jedoch nicht eine Gruppe aufgeschlossener, junger Menschen, sondern eine Meute rebellierender Vandalen. Nach mancherlei Rückschlägen und lebensgefährlichen Auseinandersetzungen gelingt es dem Lehrer schließlich, einen Weg

zu seinen Schülern zu finden und ihnen die wahren Tugenden des Lebens nahezubringen.
Geschickt umrahmt mit der Rock-Musik von Bill Haley sollte dieser Streifen einen wichtigen Beitrag zur pädagogischen Erziehung der aus den Fugen geratenen Jugend abgeben. Es gelingt dem Film ansatzweise, die Gewalt und Aggression der damaligen Generation kritisch zu hinterfragen und auf deren Ursachen einzugehen. Aus heutiger Sicht wirkt er allerdings etwas zu belehrend, und angesichts der Tatsache, daß viele amerikanische Schulen schon gar nicht mehr ohne eine Leibes-Visitation mit einem Metalldetektor betreten werden können, nehmen sich die hier gezeigten Zustände noch relativ harmlos aus.
Kamera und Drehbuch wurden damals für den Oscar nominiert. *Die Saat der Gewalt* weist eine Reihe von Nebendarstellern auf, von denen einige in den folgenden Jahren zu wahren Filmgrößen aufstiegen. So finden sich z. B. Sidney Poitier und der spätere Filmregisseur Paul Mazursky auf der Besetzungsliste. jg

Sabotage

Sabotage. Großbritannien 1936 **R** Alfred Hitchcock **B** Charles Bennett, nach dem Roman *The Secret Agent* von Joseph Conrad **K** Bernard Knowles **M** Louis Levy **P** Michael Balcon für Gaumont British Pict. **L** 77 Min., s/w **D** Sylvia Sidney, Oscar Homolka, Desmond Tester, John Loder, Joyce Barbour, William Dewhurst, Martita Hunt, Peter Bull

Dieser frühe britische Hitchcock-Film führte zu einer Kette von Verwechslungen. Seine Geschichte basiert auf dem Joseph-Conrad-Roman *The Secret Agent*, was der Originaltitel eines Streifens war, den Hitchcock ein Jahr zuvor gedreht hatte. 1942 entstand ebenfalls unter der Regie des Altmeisters der Spionage-Thriller SABOTEURE, was ein weiteres Mal für Verwirrungen sorgte.
Der undurchsichtige Verloc (Homolka) lebt zusammen mit seiner jungen Frau Sylvia (Sidney) und deren kleinem Bruder in London. Das schäbige Kino, das er betreibt, ist nur eine Tarnung. In Wirklichkeit versetzt Verloc mit einer Kette von Bombenanschlägen die britische Metropole in Angst und Schrecken. Sylvia kommt erst hinter die Machenschaften ihres Mannes, als ihr eigener Bruder bei einer Bombenexplosion umkommt. Im Affekt rammt sie Verloc ein Messer in den Bauch, wird jedoch dank der Unachtsamkeit der Polizei nicht verhaftet.
Hitchcock selbst mochte dieses Frühwerk nicht besonders leiden („Abgesehen von einigen Szenen ist er unordentlich und geschludert"), konnte er doch nicht über den Schauspieler verfügen, den er gerne für die Rolle des sympathischen Kriminalinspektors haben wollte. Das wäre Robert Donat gewesen, der schon in seinem ein Jahr zuvor entstandenen Klassiker DIE 39 STUFEN die Hauptrolle gespielt hatte, diesmal aber von Alexander Korda nicht an Hitchcock ausgeliehen wurde, so daß dieser mit John Loder Vorlieb nehmen mußte.
Als dramaturgisch mißglückt empfanden Kritik, Publikum und später auch der Regisseur selbst den gewaltsamen Tod des kleinen Bruders (sehr sympathisch von Desmond Tester dargestellt). Gleich zu Beginn der Geschichte spielt sich der Junge in die Herzen des Publikums, um dann um so brutaler aus der Handlung katapultiert zu werden. Diese Wendung in der Geschichte wirkt selbst vom heutigen Standpunkt aus recht grausam und schockierend. jg

Saboteure

Saboteur. USA 1942 **R** Alfred Hitchcock **B** Peter Viertel, Joan Harrison, Dorothy Parker, nach einer Story von Alfred Hitchcock **K** Joseph Valentine **M** Charles Prévin, Frank Skinner **P** Frank Lloyd für Universal **L** 109 Min., s/w **D** Robert Cummings, Priscilla Lane, Otto Kruger, Alma Kruger, Norman Lloyd

Spionagegeschichten mit wahnwitzigen Verfolgungsjagden und Zweikämpfen waren nicht zuletzt seit DIE 39 STUFEN eine Spezialität für Spannungsmeister Alfred Hitchcock. *Saboteure* bildete eine Art Generalprobe für das 18 Jahre später gedrehte Meisterstück DER UNSICHTBARE DRITTE - der Film, der als Quintessenz von Hitchcocks amerikanischer Schaffensphase gilt.
Beide Male dreht sich die Geschichte um einen zu Unrecht Verfolgten. In *Saboteure* ist es der Flugzeugmechaniker Barry Kane (Cummings), der in den Verdacht gerät, eine Flugzeugfabrik in die Luft gesprengt zu haben. Quer durch die Vereinigten Staaten kommt es zu einer wilden Verfolgungsjagd, in deren Verlauf Kane den Schlupfwinkel der wahren Täter ausmachen und die Sympathie der adretten Patricia (Lane) erringen kann.
Hitchcock wäre mit diesem Film eigentlich ganz zufrieden gewesen, hätte ihm nicht die Studioleitung bei der Auswahl seiner Schauspieler ins Handwerk gepfuscht. So war Robert Cummings seiner Meinung nach zwar ein glänzender Schauspieler, paßte aber besser in eine Komödie. Mit Priscilla Lane verfügte er schließlich über eine Aktrice, die ganz und gar nicht den Hitchcockschen Idealen entsprach.
Saboteure, zu einem Zeitpunkt gedreht, in dem die USA gegenüber Nazi-Deutschland noch eine neutrale Stellung einnahmen, sollte gegen die amerikanische Faschisten-Organisation „America-Firsters" Front machen. Dabei ging Hitchcock in den Augen der US-Marine einen Schritt zu weit. Bei einer Taxifahrt durch New York wirft einer der Saboteure einen Blick aus dem Fenster. Es folgt ein Schnitt mit dem Bild der gekenterten „Normandie", woraufhin der Mann sein Gesicht zu einem schadenfrohen Grinsen verzieht, so daß man als Zuschauer zwangsläufig den Schluß ziehen könnte, er stecke hinter diesem Unglücksfall. Die Marine verfaßte einige Protestschreiben an die Universal, in denen sie eindeutig bestritt, die „Normandie" sei aufgrund eines Sabotageaktes ausgebrannt.
Klettert Cary Grant in *Der unsichtbare Dritte* fast zwei Dekaden später auf dem Präsidenten-Denkmal am Mount Rushmore herum, so wurde Robert Cummings auf ein anderes amerikanisches National-Heiligtum geschickt - die Freiheitsstatue. Der Film verdankt nicht zuletzt diesem fulminant gestalteten Showdown seine beachtliche Popularität, wenngleich er auch zu den Hitchcock-Werken zählt, die in Deutschland recht selten zu bewundern sind. jg

Sabrina

Sabrina. USA 1954 **R** Billy Wilder **B** Billy Wilder, Samuel Taylor, Ernest Lehman, nach dem Bühnenstück *Sabrina Fair* von Taylor **K** Charles Lang jr. **M** Frederick Hollander **P** Billy Wilder für Paramount **L** 112 Min., s/w **D** Humphrey Bogart, Audrey Hepburn, William Holden, Walter Hampden, John Williams, Martha Hyer, Joan Vohs, Marcel Dalio, Marcel Hillaire

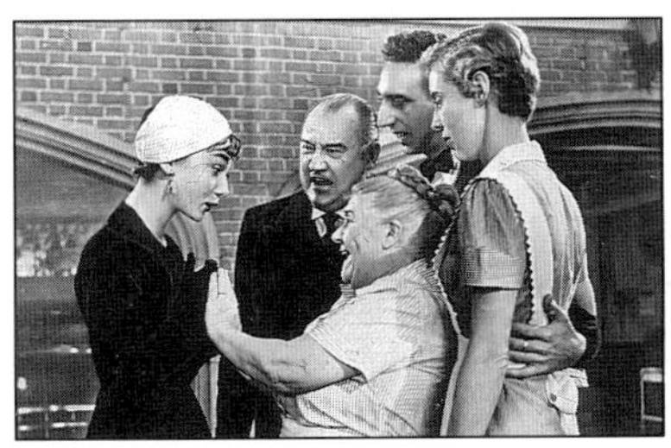

Auf dem Long-Island-Landsitz der steinreichen Larrabees spielt sich ein klassisches Aschenputtel-Drama ab: Sabrina (Hepburn), die Tochter des Chauffeurs (Williams), verliebt sich unsterblich in David (Holden), einen der beiden Millionärssöhne. Da dieser ihr jedoch keine Beachtung schenkt, will Sabrina ihrem jungen Leben mit Hilfe der Auspuffgase der Larrabeeschen Luxuslimousinen ein Ende setzen. Dies ist Grund genug, daß ihr Vater sie nach Paris auf eine Kochschule schickt. Als vollendete Dame nach Long Island zurückgekehrt, kann sie Davids Aufmerksamkeit auf sich ziehen, doch hat dieser dummerweise bereits eine Verlobte am Hals. Um die Etikette zu wahren, soll sich sein rechtschaffener Bruder Linus (Bogart) um Sabrina kümmern, mit dem Resultat, daß

er sich ebenfalls in das bezaubernde Mädchen verliebt...
Diese recht konventionell klingende Story ragt dank der versierten Regie von Billy Wilder und der originellen Adaption des Bühnenstücks weit über den Durchschnitt vergleichbarer Treatments hinaus. Paramount-Chef Barney Balaban ließ seine Luxusvilla in Glen Cove auf Zelluloid verewigen, indem er sein Anwesen für die Dreharbeiten zur Verfügung stellte. Edith Head erhielt für ihre adretten Kostümentwürfe einen Oscar. jg

Sacco und Vanzetti

Sacco e Vanzetti. Italien/Frankreich 1971 **R** Giuliano Montaldo **B** Giuliano Montaldo, Fabrizio Onofri **K** Silvano Ippoliti **M** Ennio Morricone **P** Arrigo Colombo, Giorgio Papi für Jolly Film (Rom), Unidis/Le Theatre Rex (Paris) **L** 124 Min., Farbe **D** Gian Maria Volonté, Riccardo Cucciolla, Cyril Cusack, Rosanna Fratello, Milo O'Shea, Geoffrey Keen, William Prince

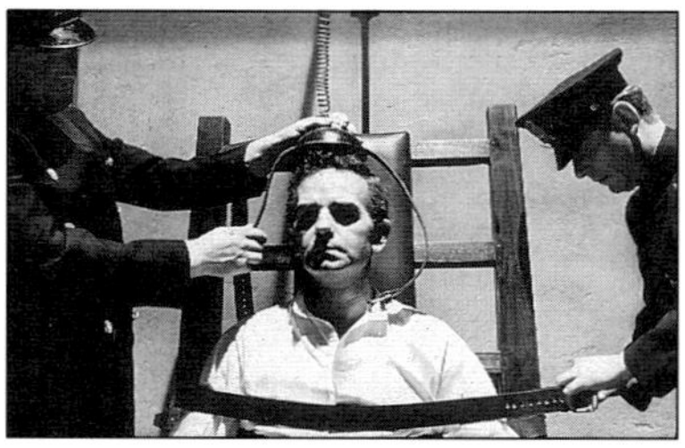

Am 5. Mai 1920 wurden in der amerikanischen Kleinstadt Braintree, Massachussetts, die beiden italienischen Einwanderer Nicola Sacco und Bartolomeo Vanzetti festgenommen, da man in den erklärten Anarchisten die Schuldigen für einen wenige Wochen zuvor begangenen Raubüberfall vermutete, bei dem zwei Menschen ermordet wurden. Schnell wurde aus dem Fall ein politischer Prozeß, an dem bald Millionen Menschen auf der ganzen Welt regen Anteil nahmen und in den sich die höchsten US-amerikanischen Instanzen einmischten. Trotz zahlreicher Hinweise auf ihre Unschuld wurden Sacco und Vanzetti am 23. August 1927 auf dem elektrischen Stuhl hingerichtet - einer der umstrittensten und tragischsten Justizskandale in der US-Geschichte.
Der Film, von Giuliano Montaldo im Stile eines packenden Polit-Thrillers inszeniert, ergreift unverhohlen Partei für seine Hauptfiguren und sieht ihre (bis heute nicht geklärte) Unschuld als Tatsache an. Dennoch ist *Sacco und Vanzetti* kein Propaganda-Film, vielmehr wird versucht, die Ereignisse in unmittelbaren Bezug zur politischen und gesellschaftlichen Atmosphäre jener Zeit zu setzen, die von Klassenkampf, sozialen Unruhen und panischer Angst vor Andersdenkenden und Radikalen geprägt war. In die sorgfältig nachgestellten Szenen, die zum großen Teil in Boston, Massachussetts, aber auch im irischen Dublin gedreht wurden, sind alte Wochenschau-Aufnahmen von Sympathie-Kundgebungen aus aller Welt eingefügt. Daß der Film - entstanden drei Jahre nach den großen Studentenunruhen - auch aktuelle politische Bezüge hatte (und hat), wurde durch die Beteiligung der bekannten Folk-Sängerin Joan Baez noch unterstrichen, die Ennio Morricones stimmungsvolle Musik mit der Interpretation und dem englischen Text des äußerst populären Titel-Themas *The Ballad of Sacco and Vanzetti* bereicherte. al

Sackgasse

Dead End. USA 1937 **R** William Wyler **B** Lillian Hellman, nach dem Bühnenstück von Sidney Kingsley **K** Gregg Toland **M** Alfred Newman **P** Samuel Goldwyn für United Artists **L** 95 Min., s/w **D** Humphrey Bogart, Joel McCrea, Sylvia Sidney, Wendy Barrie, Claire Trevor, Allen Jenkins, Marjorie Main, Billy Halop, Huntz Hall, Bobby Jordan, Leo Gorcey, Gabriel Dell, Bernard Punsley

'Baby Face' Martin (Bogart), ein arrivierter Gangster aus den New Yorker Slums an der East River Side, kehrt eines Tages an den Ort seiner Kindheit zurück, um seine Mutter (Main) und seine Jugendliebe Francie (Trevor) zu besuchen. Die nostalgische Reise in die Vergangenheit erweist sich für den gesuchten Killer als verhängnisvoller Fehler. Seine Mutter weist ihn zurück und Francie hat keine andere Möglichkeit, als sich ihren Lebensunterhalt auf dem Strich zu verdienen. Allein eine Straßenbande, die 'Dead End Kids', bringen Martin Bewunderung und Respekt entgegen, sehen in ihm ihr großes Vorbild. Diesem schlechten Einfluß, den der Gangster auf die Jugendlichen ausübt, stellt sich der arbeitslose Architekt Dave (McCrea) entgegen.
Im Zuge der Popularisierung der Psychoanalyse sowie der Sozialpsychologie Ende der dreißiger Jahre rückte das soziologische Interesse an der Figur des Verbrechers in den Vordergrund. Auch auf der Bühne und im Kino machte sich dieser Trend bemerkbar. Die Gangsterfilme schilderten den Lebensweg eines Kriminellen nicht mehr als bewunderungswürdigen Aufstieg vom Slum-Kind zum Unterwelt-König, sondern legten größeren Wert auf die Beschreibung der Sozialisation des Helden. Die Herkunft, das Milieu und nicht zuletzt die gesellschaftlichen Mißstände wurden filmisch aufbereitet, um die Hintergründe für Gangsterkarrieren offenzulegen, die alle in Gangs wie der 'Dead End Kids' begannen. Diese Straßenbande wurde in *Sackgasse* von Bobby Jordan, Huntz Hall, Billy Halop, Leo Gorcey, Bernard Punsley und Gabriel Dell gespielt, die schon in Sidney Kingsleys gleichnamigen Stück in mehr als 700 Aufführungen am Broadway auftraten. In den folgenden Jahren wiederholte die Schauspielergruppe unter dem Namen 'Dead End Kids' bzw. 'The Bowery Boys' die Rolle aus diesem Film in einigen anderen Krimis, darunter CHIKAGO, *Schule des Verbrechens* (1938), *Hell's Kitchen* (1939) und *Zum Verbrecher verurteilt* (1939). mg

Sacramento

Ride the High Country. USA 1962 **R** Sam Peckinpah **B** N. B. Stone jr. **K** Lucien Ballard **M** George Bassman **P** Richard E. Lyons für MGM **L** 94 Min., Farbe **D** Randolph Scott, Joel McCrea, Mariette Hartley, Ronald Starr, R. G. Armstrong, Edgar Buchanan, John Anderson, L. Q. Jones

Sam Peckinpahs zweite Regiearbeit demontierte wie kein anderer Western seiner Zeit das Bild des stoischen Helden und bildete den Auftakt zu einer Reihe von Werken, die sich kritisch mit dem Mythos des Westernhelden auseinandersetzten. Joel McCrea und Randolph Scott, beide Inbegriffe des tugendhaften Westerner, wurden von Peckinpah als tragisch anmutende Figuren vorgeführt, deren große Zeit nicht nur aufgrund ihrer körperlichen Gebrechen schon längst vorüber ist. So rumpeln bereits stinkende Automobile durch die Straßen der Stadt und auch die staatliche Bürokratie hat ihre Finger in die entlegensten Teile des Landes ausgestreckt.
Joel McCrea verkörpert den Ex-Sheriff Steve Judd, der noch einmal mit seinem einstigen Kollegen Gil Westrum (Scott) einen waghalsigen Auftrag übernimmt. Die örtliche Bank hat die beiden ehemaligen Westernhelden beauftragt, die monatliche Ausbeute einer unzugänglichen Goldgräbersiedlung sicher in die Stadt zu bringen. Auf dem Weg durch die wilde Berggegend kommt es zu dramatischen Zwischenfällen.
Die US-Aufführung von *Sacramento* stand unter einem denkbar schlechten Stern. MGM hatte den Produktionschef Sol Siegel, der als Peckinpahs Förderer galt, kurz zuvor gefeuert und seine Stelle mit Joseph R. Vogel besetzt, der prompt bei der studiointernen Vorführung einschlief und den Film nach seinem Erwachen als miserabel bezeichnete. Trotz der Proteste von Produzent und Regisseur wurde *Sacramento* mit der wenig gelungenen Komödie SEXY! in einem Doppelprogramm gestartet, was dem Erfolg des Films nicht gerade dienlich war. Ganz anders fielen hingegen die Reaktionen in Europa aus, wo Peckinpahs Abgesang auf den untergehenden Wilden Westen bei den Filmfestspielen von Cannes und Brüssel jeweils den ersten Preis gewann. jg

Sadistico - Wunschkonzert für einen Toten

Play Misty For Me. USA 1971 **R** Clint Eastwood **B** Jo Heims, Dean Riesner **K** Bruce Surtees **M** Dee Barton **P** Robert Daley für Malpaso Prod./Universal **L** 102 Min., Farbe **D** Clint Eastwood, Jessica Walter, Donna Mills, John Larch, Jack Ging, Don Siegel

Trotz des fürchterlichen deutschen Verleihtitels ist *Sadistico* ein ausgezeichneter kleiner Thriller, mit dem Clint Eastwood erstmals sein Talent als Regisseur unter Beweis stellte. Seinen bevorzugten Regisseur Don Siegel hatte er als Nebendarsteller engagiert, angeblich, um jemand am Set zu haben, „der noch nervöser ist als ich". Der in und um Eastwoods Heimatort Carmel, Kalifornien, gedrehte Film entstand nach einer Story von Jo Heims, der ehemaligen Sekretärin des Stars, und erzählt von dem kalifornischen Disc-Jockey Dave Garland (Eastwood), der es mit einer - wie sich später herausstellt - Geistesgestörten zu tun bekommt. Die wünscht sich nicht nur jeden Abend den gleichen Song (*Misty* von Erroll Garner), sondern will nach einem One-Night-Stand auch gleich den Rest ihres Lebens mit Garland verbringen. Als er dieses Ansinnen höflich aber bestimmt ablehnt, greift die Zurückgestoßene zu drastischen Mitteln...
Sadistico war mit einem Budget von ca. 1, 2 Mio. Dollar veranschlagt gewesen und Eastwood mußte sich aufgrund von Universals Mißtrauen mit einer Prozentbeteiligung als Gage zufrieden geben. Um so überraschter war man, als der Film früher *und* billiger (750.000 $) fertig wurde und sich als Riesenhit entpuppte. Der Song *The First Time Ever I Saw Your Face* von Roberta Flack stürmte ebenfalls die Hitparaden. Mit diesem Erfolg hatte Eastwood sich die volle Kontrolle über seine Karriere gesichert. al

Sag niemals nie

Never Say Never Again. USA 1983 **R** Irvin Kershner **B** Lorenzo Semple jr., nach einer Originalstory von Kevin McClory, Jack Whittingham und Ian Fleming **K** Douglas Slocombe **M** Michel Legrand **P** Jack Schwartzman für Taliafilm Prod./ Warner Bros. **L** 133 Min., Farbe **D** Sean Connery, Klaus Maria Brandauer, Max von Sydow, Barbara Carrera, Kim Basinger, Bernie Casey, Alec McGowen, Edward Fox, Pamela Salem, Rowan Atkinson

Der vierte Bond-Film FEUERBALL von 1965 war von einem gewissen Kevin McClory mitproduziert worden, der die Rechte an diesem einen Fleming-Roman hielt. Er verpflichtete sich seinerzeit, die nächsten zehn Jahre keinen weiteren Film um den berühmten Agenten zu produzieren. Dementsprechend machten seit 1975 zahlreiche Gerüchte um ein Konkurrenz-Produkt zu den „regulären" Bonds die Runde, die sich jedoch erst 1983 in einem tatsächlichen Film manifestierten. Zu Broccolis großem Ärger war es McClory geglückt, Sean Connery aus seinem 1971 angetretenen Bond-Ruhestand zurückzuholen, und in Anspielung auf des Schauspielers damalige Ankündigung lieferte seine Frau den ironischen Titel der neuen Produktion, die eine Art Remake von *Feuerball* darstellt: *Sag niemals nie*. Eine ähnlich humorige Vorgehensweise bestimmt den ersten Teil des Films. Ein sichtlich gealterter 007 will es noch einmal wissen und begibt sich zunächst zwecks Generalüberholung in ein Sanatorium. Bereits hier kommt er mit den Machenschaften von SPECTRE in Berührung, die ihn auch weiterhin in Atem halten sollen, denn die verbrecherische Organisation entführt zwei Atom-Sprengköpfe, mit denen sie nichts Gutes vorhat...
Da 1983 auch OCTOPUSSY mit Roger Moore in die Kinos kam, griff die Presse begeistert das Schlagwort vom „Krieg der Bonds" auf und erging sich in seitenlangen Vergleichen zwischen den Darstellern, während *beide* Filme zu großer Form an den Kassen aufliefen. *Sag niemals nie* verläßt sich weniger auf technische Gags als die späteren Bonds mit Roger Moore und kann auch mit besseren schauspielerischen Leistungen aufwarten, doch hat er die gleichen dramaturgischen Probleme wie sein Vorgänger *Feuerball*: Sobald sich die Handlung größtenteils unter Wasser abspielt, verliert der Zuschauer schnell den Überblick und das Interesse, zumal zu diesem Zeitpunkt die interessanteste Figur des Films, die ebenso schöne wie skrupellose Fatima Blush (Carrera), bereits das Zeitliche gesegnet hat. Das in Nicaragua geborene Ex-Model Barbara Carrera schafft es, in jeder ihrer Szenen die jeweiligen Partner, ob Connery oder Brandauer, platt an die Wand zu drücken. Kim Basinger, in ihrer Durchbruchsrolle, verblaßt dagegen als Domino, ähnlich wie seinerzeit Claudine Auger neben Luciana Paluzzi. Der schwache Soundtrack von Michel Legrand enthält auch das obligatorische Titellied (getextet von Alan und Marilyn Bergman), das von Lani Hall interpretiert wird. al

Sahara

Sahara. USA 1983 **R** Andrew V. McLaglen **B** James R. Silke, nach einer Originalstory von Menahem Golan **K** David Gurfinkel **M** Ennio Morricone **P** Menahem Golan, Yoram Globus für The Cannon Group/MGM-UA **L** 107 Min., Farbe **D** Brooke Shields, Lambert Wilson, Horst Buchholz, John Rhys-Davies, Ronald Lacey, John Mills, Steve Forrest

Dieser lachhafte Versuch eines romantischen Abenteuerfilms sollte Brooke Shields als „erwachsene" Hauptdarstellerin etablieren, nachdem sie in DIE BLAUE LAGUNE und ENDLOSE LIEBE stellvertretend für alle Teenager dieser Welt den Sex entdeckt und die Kassen zum Klingeln, wenn auch nicht die Kritiker zum Jubeln gebracht hatte. Angeblich inspiriert vom zeitweiligen Verschwinden des Margaret-Thatcher-Sohnes Mark bei einer Sahara-Rallye, ersann Menahem Golan eine Geschichte, die von *Variety* als „Brooke of Arabia Meets The Great Race" verspottet wurde. In den 20er Jahren verspricht die junge Dale (Shields) ihrem sterbenden Vater (Mills), das von ihm geschaffene Auto bei einer Sahara-Rallye zum Sieg zu führen. Da Frauen die Teilnahme verboten ist, verkleidet sie sich als Mann (komplett mit Perücke und Schnurrbart) und macht sich auf den Weg. Unterwegs gerät sie wie erwartet in einen Stammeskrieg, wird von finsteren Arabern entführt und von einem feurigen Scheich gerettet...
Niemand war überrascht, daß Brooke Shields sich bei der „Interpretation" der Hauptrolle vollkommen auf ihr gutes Aussehen verließ, doch die Konsequenz, mit der Cannon 15 Mio. $ und das Talent der Nebendarsteller im wahrsten Sinne des Wortes in den Sand setzten, verblüffte selbst die hartgesottensten Kritiker. Brookes ehrgeizige Mutter Teri hatte daran nicht unbeträchtlichen Anteil, war sie doch als „Beraterin" engagiert und fiel den Produzenten ständig mit ihren Änderungswünschen auf die Nerven. *Sahara* hat (natürlich!) schöne Landschaftsaufnahmen (entstanden in der Wüste Negev), doch der Rest ist schlichtweg peinlich. Ein schwachsinniges Drehbuch, hölzerne Dialoge und McLaglens lustlose Regie sorgten für einen der schlechtesten und idiotischsten Filme der 80er Jahre und warfen Brookes Karriere auf Titelbilder von Hochglanzmagazinen zurück. al

Saint Jack

Saint Jack. USA 1979 **R** Peter Bogdanovich **B** Howard Sackler, Paul Theroux, Peter Bogdanovich **K** Robby Müller **P** Roger Corman für Orion Pictures **L** 115 Min., Farbe **D** Ben Gazzara, Denholm Elliott, James Villiers, Joss Ackland, Rodney Bewes, Mark Kingston, Lisa Lu, Monika Subramaniam

PAPERMOON aus dem Jahre 1973 war der letzte wirklich große Kinoerfolg von Hollywoods neuem Regietalent Peter Bogdanovich gewesen. Die sich daran anschließenden Werke hatten sich allesamt als finanzielle Desaster erwiesen. *Saint Jack* sollte dieser Kette an Mißerfolgen ein Ende setzen. Schon vor seinem Start wurde der Film als Bogdanovichs Comeback-Versuch angepriesen. Die hohen Erwartungen erfüllten sich jedoch auch dieses Mal nicht. In den USA fiel *Saint Jack* mit Pauken und Trompeten durch, fand aber immerhin auf der Biennale in Ve-

nedig bei den europäischen Kritikern eine breite und wohlwollende Anerkennung.
Der Amerikaner Jack Flowers (Gazzara) ist nach dem Korea-Krieg im Fernen Osten hängengeblieben. In Singapur träumt er seinen Traum, einmal das exklusivste Bordell der Welt zu besitzen. Diese Vision hat er eines Tages auch tatsächlich in die Tat umgesetzt, doch die chinesische Mafia ramponiert sein Unternehmen. Jack beginnt von vorn. Wieder floriert seine Puff-Organisation, denn dank des nicht weit entfernt tobenden Vietnam-Krieges werden die US-GIs scharenweise nach Singapur gekarrt, um dort eine Abwechslung geboten zu bekommen. Doch auch der Vietnam-Krieg geht zu Ende und damit versiegt die wichtigste Finanzquelle. Als Jack schließlich einen homosexuellen Senator durch belastendes Fotomaterial erpressen soll, legt er mit seiner Weigerung das erste Mal so etwas wie Anstand an den Tag.
Diese nicht sonderlich interessante Geschichte hat Bogdanovich dank der versierten Kamerakünste von Robby Müller geschickt und ansprechend in Szene gesetzt, wenngleich der Film mehr von seinen exotischen Schauplätzen als von seiner Story lebt. Bogdanovich selbst ist in der Rolle des zwielichtigen Amerikaners Eddie Schumann zu sehen, der für den CIA Komplotte gegen unliebsame, liberale Politiker schmiedet. jg

Salaam Bombay

Salaam Bombay. Indien/USA/Frankreich/Großbritannien 1988 **R** Mira Nair **B** Sooni Taraporevala **K** Sandi Sissel **M** L. Subramaniam **P** Anil Tejani, Michael Nozik für Mirabi, National Development, Channel Four, Cadrage **L** 113 Min., Farbe **D** Shafiq Syed, Sarfuddin Qurassi, Raju Barnard, Raghubir Yadav, Aneeta Kanwar, Nana Patekar, Hansa Vithal

Obgleich Indien das Land ist, in dem weltweit die meisten Spielfilme hergestellt werden, gelangt doch kaum eine Produktion außerhalb der Landesgrenzen zur Aufführung. *Salaam Bombay* war in dieser Hinsicht eine Ausnahme, doch muß man dabei beachten, daß dieser Film immerhin unter finanzieller Mithilfe der führenden Industrienationen entstand. Flüchtet sich der Großteil der indischen Produktionen in eine auf Dauer recht langweilige Scheinwelt von Kitsch, Liebe und Tempeltanz, so ist *Salaam Bombay* eines der wenigen einheimischen Werke, das sich mit dem tristen Alltag eines Landes der Dritten Welt befaßt.
Ähnlich wie das brasilianische Sozialdrama ASPHALTHAIE erzählt die indische Regisseurin Mira Nair die Geschichte eines Straßenjungen. Der zehnjährige Waise Krishna (Syed) wird von einem Wanderzirkus in der Millionenstadt Bombay zurückgelassen und gerät dort in die deprimierende und schäbige Welt des Rotlichtbezirks, wo sich ihm die Not und das Elend der Bewohner bereits nach kurzer Zeit in aller Deutlichkeit erschließt. Er lernt das achtjährige Mädchen Rekna (Kanwar) kennen, das jedesmal von seiner Mutter aus der Wohnung geschickt wird, wenn diese ihre Freier erwartet. Eines Tages greift die Polizei Krishna auf und bringt ihn in ein Erziehungsheim. Von dort bricht der Junge jedoch aus, um in die Gosse von Bombay zurückzukehren.
Beachtenswert an diesem halbdokumentarisch wirkenden Film ist die Tatsache, daß sämtliche Kinder und jugendliche Darsteller tatsächlich aus den Elendsvierteln Bombays stammen und im Rahmen einer speziellen Schulung auf die Dreharbeiten vorbereitet wurden. *Salaam Bombay* erhielt 1988 in Cannes die Goldene Palme und wurde ein Jahr später als Bester Auslandsfilm für den Oscar nominiert. jg

Salome

Salome. USA 1953 **R** William Dieterle **B** Harry Kleiner, Jesse Lasky jr. **K** Charles Lang **M** George Duning **P** Buddy Adler für Beckworth Corp./ Columbia **L** 103 Min., Farbe **D** Rita Hayworth, Stewart Granger, Charles Laughton, Judith Anderson, Cedric Hardwicke, Alan Badel, Basil Sidney

Schon die Besetzung der legendären Titelfigur mit Columbias einstigem Sex-Symbol Rita Hayworth wirft ein bezeichnendes Licht auf die Realitätsnähe dieser aufwendigen, auf naive Art unterhaltsamen Bibelverfilmung à la Hollywood. Nicht, daß Rita nicht mehr sexy oder attraktiv gewesen wäre, doch mit ihren 35 Jahren war sie für die Teenager-Figur der Salome entschieden zu alt, die zuvor von den Stummfilm-Diven Theda Bara und Alla Nazimova gespielt worden war. Doch die Macher gingen noch weiter, indem sie aus einer skrupellosen Verführerin ein liebes Mädchen machten, das den berühmten Schleiertanz zum besten gibt, um Johannes den Täufer zu *retten* (entgegen der allgemeinen Annahme, daß sie für seinen Tod verantwortlich war), und sich am Schluß auf die Suche nach Jesus von Nazareth macht. Für diese alberne Geschichtsklitterung entschädigen Hayworths Schönheit sowie Laughtons und Andersons (als Herodes und Gattin) amüsante Übungen im Szenenstehlen nur teilweise. al

Salomon und die Königin von Saba

Solomon and Sheba. USA 1959 **R** King Vidor **B** Anthony Veiller, Paul Dudley, George Bruce, nach einer Idee von Crane Wilbur **K** Frederick Young **M** Mario Nascimbene **P** Ted Richmond für United Artists **L** 141 Min., Farbe **D** Gina Lollobrigida, Yul Brynner, George Sanders, Marisa Pavan, John Crawford, Maurice Marsac, Finlay Currie

Rund 26 Mio. Dollar soll dieser Hollywood-Schmachtfetzen gekostet haben. Wenn der Film zu Ende ist, fragt man sich wirklich, wohin dieses Geld geflossen ist. *Salomon und die Königin von Saba* leistet sich auf dem Gebiet der gemalten Rückprospekte peinliche Ausrutscher. Nur selten hat man das Gefühl, die Künstlichkeit des Ateliers zu verlassen. Teuer und etwas aufregender wird es höchstens in der letzten Viertelstunde, wenn sich die Heere der Israeliten und Ägypter kloppen. Dafür stellten die spanischen Militärbehörden Elite-Einheiten der Infanterie und Kavellerie zur Verfügung und ließen sie durch den Sand der Ebene von San Martin de la Vega preschen.
Nach dem Tode seines Vaters David (Currie) besteigt dessen weiser Sohn Salomon (Brynner) den Thron von Israel und zieht damit den Haß seines Bruders Adonia (Sanders) auf sich, der sich selbst schon Hoffnungen auf den Königstitel gemacht hat. Neben diesem inneren Feind gesellt sich bald eine Bedrohung von außen hinzu. Magda, die Königin von Saba (Lollobrigida) kommt nach Jerusalem, um gegen Salomon zu intrigieren, verfällt allerdings dabei seiner Liebe und läuft schließlich sogar zum jüdischen Glauben über.
Dieser leicht lächerlich geratene Monumentalfilm ist natürlich ganz auf die üppigen Formen von Gina Lollobrigida zugeschnitten, deren Kurven hinter durchsichtigen Schleiern und im seifigen Badewasser unverschämt deutlich zum Vorschein kommen. Im Oktober 1958 hatte noch Tyrone Power als König Salomon an ihrer Seite gestanden, wurde dann aber durch einen Herzanfall aus den Dreharbeiten und dem Leben gerissen, so daß seine vakante Stelle mit Yul Brynner besetzt werden mußte, der diesmal mit Haaren auf dem Kopf zu bewundern ist. Der Film bietet einige für seine Zeit recht ungewöhnlich freizügige Szenen. Als besonders anstößig empfand man damals das orgienhafte Opferfest, in dessen Verlauf Salomon von Magda verführt wird. Diese Szene bekam allerdings nur das europäische Kinopublikum ungeschnitten zu sehen. Den amerikanischen Zuschauern wurde eine zensierte Fassung präsentiert. jg

Salvador

Salvador. USA 1985 **R** Oliver Stone **B** Oliver Stone, Richard Boyle **K** Robert Richardson **M** Georges Delerue **P** Gerald Green und Oliver Stone für Greenberg Brothers/Hemdale Film **L** 125 Min., Farbe **D** James Woods, James Belushi, John Savage, Elpedia Carillo, Michael Murphy, Tony Plana

Richard Boyle (Woods) ist ein amerikanischer Fotoreporter, der die Kriegsschauplätze dieser Welt kennt wie seine Westentasche: Aus Vietnam und Chile hat er ebenso berichtet wie aus Irland und Kambodscha, für seine Reportagen und Bilder wurde er mehrfach ausgezeichnet. Zur Zeit beruflich und privat ausgebrannt, finanziell vor allem abgebrannt, macht er sich mit seinem naiven Kumpel Dr. Rock (Belushi) auf in den Bürgerkrieg El Salvadors - Boyle will dort mit einer knalligen Story einige schnelle Dollars machen, Rock hingegen träumt von billigem Sex und einem guten Joint. Doch beider Erwartungen werden enttäuscht, sie geraten nicht nur zwischen die Fronten der Kriegsparteien - was Boyle immerhin einige spektakuläre Nahaufnahmen des Gemetzels beschert -, sondern auch in den Sog amerikanischer Machtpolitik, die in El Salvador mit allen Mitteln einen Sieg der roten Guerillas verhindern will. Dabei zählen Menschenrechte ebensowenig wie Menschenleben.
Regisseur Stone, der in den USA später mit weiteren kritischen Filmen wie PLATOON und *JFK* für Aufsehen sorgte, drehte nach den Erlebnissen des Journalisten Richard Boyle (der am Drehbuch mitarbeitete) ein um Authentizität bemühtes Drama mit dokumentarischem Charakter über die Grauen des salvadorianischen Bürgerkrieges - durchaus anschaulich und beklemmend, gleichwohl phasenweise zu sensationslüstern und blutverschmiert; „Krieg wird erst im Kino schön", lästerte die *tageszeitung*. Immerhin: Im Zeitalter publikumsintensiver, plumppatriotischer Streifen à la RAMBO war ein solches, die Rolle der USA als Moralapostel untergrabendes Werk keine Selbstverständlichkeit.
James Woods erhielt für seine beeindruckende schauspielerische Leistung 1986 eine Oscar-Nominierung als bester Hauptdarsteller. Gedreht wurde der action- und spannungsreiche Polit-Thriller in Mexiko und in den USA; die salvadorianischen Behörden zogen die bereits erteilte Drehgenehmigung an Originalschauplätzen vorzeitig wieder zurück. sk

Sammy und Rosie tun es

Sammy and Rosie Get Laid. Großbritannien 1987 **R** Stephen Frears **B** Hanif Kureishi **K** Oliver Stapleton **M** Stanley Myers **P** Tim Bevan, Sarah Radclyffe für Working Title Prod., Film Four International, Cinecom **L** 100 Min., Farbe **D** Shashi Kapoor, Claire Bloom, Ayub Khan Din, Frances Barber, Roland Gift, Wendy Gazelle

Nach 30 Jahren kehrt der pakistanische Ex-Politiker Rafi Rahman (Kapoor) nach London zurück. Schon bald muß er feststellen, daß sich die geliebte Stadt - für ihn das Zentrum der Zivilisation - inzwischen auf erschreckende Weise verändert hat. Sein Sohn Sammy (Khan Din) lebt mit seiner Frau Rosie (Barber) in einem heruntergekommenen, von Rassenunruhen heimgesuchten Viertel. Die beiden führen eine sexuell äußerst freizügige Ehe, was in Rafi eine Welt zum Einsturz bringt. Während Rosie und Sammy in der Sexualität einen Ausgleich für die immer kälter und unmenschlicher werdende Umwelt suchen, findet Rafi sich kaum noch in dem aus den Fugen geratenen London zurecht. Von Visionen verfolgt, begeht er eine Verzweiflungstat.
Nach MEIN WUNDERBARER WASCHSALON war dies der zweite Film, den Stephen Frears in Zusammenarbeit mit Hanif Kureishi drehte und der einen noch engagierteren Angriff auf den sexualfeindlichen und rassistischen Konservativismus der Thatcher-Ära darstellte. *Fine Young Canibals*-Sänger Roland Gift hatte seine Mitwirkung an diesem Film seinem blendenden Aussehen zu verdanken. Als Hanif Kureishi seine Mitarbeiterinnen bat, heimlich einen Blick auf Gift zu werfen und ihm dann mitzuteilen, „ob sie ihm gern die Kleider mit den Zähnen vom Körper reißen würden", war das Ergebnis eindeutig. jg

Samson und Delilah

Samson and Delilah. USA 1949 **R** Cecil B. DeMille **B** Vladimir Jabotinsky, Harold Lamb, Jesse L. Lasky jr., Frederic M. Frank, nach dem Roman *Judge and Fool* von Jabotinsky **K** Dewey Wrigley, George Barnes **M** Victor Young **P** Cecil B. DeMille für Paramount **L** 131 Min., Farbe **D** Hedy Lamarr, Victor Mature, George Sanders, Angela Lansbury, Henry Wilcoxon, Olive Deering, Fay Holden, Julia Faye, Russ Tamblyn, William Farnum

Cecil B. DeMille, Liebhaber biblischer Stoffe, schuf mit *Samson und Delilah* ein Alterswerk, mit dem er all seine vorhergehenden Filme weit in den Schatten stellte. Dabei gab es anfangs durchaus Schwierigkeiten, ein Studio zu finden, das bereit war, sein Projekt zu finanzieren. Eine große Anzahl von Produzenten äußerte Skepsis und fragte sich, ob es ratsam sei, eine Summe von drei Millionen Dollar in eine „Sonntagsschulgeschichte" zu stecken. Das war es allerdings. DeMilles Monumentalepos hatte gleich nach der ersten Auswertung über 12 Mio. Dollar eingespielt und wurde damit der seinerzeit größte Kassenerfolg der Paramount.
Angesiedelt im Jahre 1.100 v. Chr. erzählt DeMille die Geschichte des biblischen Volkshelden Samson, der permanent mit den Philistern im Clinch liegt, dann aber doch die Philistertochter Semadar (Lansbury) heiratet. Die sechstägige Hochzeit gipfelt allerdings in einem Blutbad, bei dem Semadar und ihr Vater Tubal (Farnum) ums Leben kommen. Semadars betörend schöne Schwester Delilah (Lamarr) wirft sich Samson an den Hals, geht aber insgeheim mit Rachegedanken schwanger, da sie ihn für den Tod von Schwester und Vater verantwortlich macht. Sie kommt hinter das Geheimnis von Samsons übermenschlichen Kräften, die dieser seiner langen Haartracht zu verdanken hat. Delilah säbelt des Nachts die Mähne ihres Geliebten ab und liefert den kraftlos Gewordenen an die Philister aus. Deren mächtigen Tempel bringt Samson in einem Akt ohnmächtiger Wut zum Einsturz, um mit Delilah und tausenden anderen unter den Trümmern begraben zu werden.
Mit bisweilen rührend anmutender Naivität plätschert die biblische Geschichte dem furiosen Höhepunkt entgegen, den DeMille mit dem gewohnten sensationellen Pomp gestaltete. Auf dem Gelände der Paramount-Studios ließ er den Tempel von Gaza aus 20 Tonnen Gips, Steinen und Gummischwämmen errichten und dann von einem Technikerteam einreißen. Die 600 Statisten wurden dabei so geschickt plaziert, daß niemand während dieser Szenen verletzt wurde.
Der nach heutigen Gesichtspunkten ziemlich antiquiert wirkende Film wurde 1950 in den Kategorien „Beste Farb-Ausstattung" und „Beste Kostüme" mit zwei Oscars ausgezeichnet. jg

Samstagnacht bis Sonntagmorgen

Saturday Night and Sunday Morning. Großbritannien 1960 **R** Karel Reisz **B** Alan Sillitoe, nach seinem Roman **K** Freddie Francis **M** John Dankworth **P** Tony Richardson für Woodfall Films **L**

89 Min., s/w **D** Albert Finney, Shirley Ann Field, Rachel Roberts, Hylda Baker, Norman Rossington

Karel Reisz´ erster abendfüllender Spielfilm gehört zu jener Bewegung, die Anfang der 60er Jahre als „Free Cinema" oder „New British Cinema" bekannt wurde und die eine Antwort auf die Krise in der britischen Filmindustrie war. Man versuchte möglichst ehrlich und realitätsnah Geschichten von einfachen Menschen der Arbeiterschicht zu erzählen, und nicht selten ist die Handlung in den Industrieregionen des englischen Nordens angesiedelt. In dieser trostlosen Gegend lebt auch Arthur Seaton (Finney), ein junger Arbeiter, der seine ganze Energie auf seine Wochenendvergnügungen richtet. Er ist einer der „zornigen jungen Männer", die sich gegen die Anpassung an die gesellschaftlichen Normen wehren, ihren Zorn jedoch nicht recht zu artikulieren wissen. Arthur hat eine Affäre mit einer verheirateten Frau (Roberts), die von ihm schwanger wird, und stellt gleichzeitg einem hübschen, konservativen Mädchen (Field) nach, das sich nur bei einem Heiratsversprechen mit ihm einlassen will...
Trotz seiner einfachen und manchmal bedrückenden Geschichte war *Samstagnacht bis Sonntagmorgen* nicht nur bei der Kritik, sondern auch an den Kassen ein Erfolg, da für das Publikum die Frische und (sexuelle) Offenheit des Films neu und aufregend waren. Albert Finney, der zuvor nur einen winzigen Filmauftritt in DER KOMÖDIANT gehabt hatte und hauptsächlich als Shakespeare-Mime bekannt war, wurde zum Star des „Free Cinema" und spielte drei Jahre später für Tony Richardson seine bekannteste Rolle in TOM JONES. Er und Rachel Roberts wurden mit British Academy Awards ausgezeichnet. al

San Fernando

Stagecoach. USA 1966 **R** Gordon Douglas **B** Joseph Landon, nach dem Drehbuch zu *Ringo* von Dudley Nichols **K** William H. Clothier **M** Jerry Goldsmith **P** Martin Rackin für 20th Century-Fox **L** 114 Min., Farbe **D** Ann-Margret, Red Buttons, Michael Connors, Alex Cord, Bing Crosby, Bob Cummings, Van Heflin, Slim Pickens, Stefanie Powers

San Fernando war das wenig erfolgreiche Remake des Western-Klassikers RINGO aus dem Jahr 1939 und diente lediglich dazu, die brillante Geschichte einer gefährlichen Postkutschenreise quer durch feindliches Indianergebiet in Farbe und Breitwand-Format umzusetzen. Das Ergebnis dieses ausschließlich vor der imposanten Naturkulisse Colorados gedrehten Action-Streifens fiel jedoch denkbar schwach aus. *San Fernando* erweist sich als müder Abklatsch des Fordschen Originals, dem sowohl Stimmung als auch Originalität fehlen.
Lediglich die beiden Schauspieler Ann-Margret und Bing Crosby retten den Film vor dem absoluten Tiefgang. Ann-Margret spielt das etwas anrüchige leichte Mädchen Dallas, Crosby schlüpfte in die Rolle des stets alkoholisierten Doc Boone und verabschiedete sich damit endgültig vom Film, um nur noch einmal als Kommentarsprecher der Dokumentation *That´s Entertainment* dorthin zurückzukehren.
Neben der einfallslosen Regie war für den *Motion Picture Guide* das von Wayne Newton dargebotene Titellied *Stagecoach to Cheyenne* ein besonders großes Ärgernis: „Es ist die Art von Song, die einem schon beim ersten Mal nicht gefällt und den man beim zweiten Mal haßt." jg

San Francisco

San Francisco. USA 1936 **R** W. S. Van Dyke II, David W. Griffith **B** Anita Loos, Erich von Stroheim, nach einer Story von Robert Hopkins **K** Oliver T. Marsh **M** Edward Ward **P** John Emerson, Bernard H. Hyman für MGM **L** 104 Min. (Originalfassung 115 Min.), s/w **D** Clark Gable, Jeanette MacDonald, Spencer Tracy, Jack Holt, Ted Healy, Margaret Irving, Jessie Ralph, Harold Huber, Al Shean

W. S. Van Dyke, ein Schüler des großen Stummfilmers David Wark Griffith, schuf mit *San Francisco* ein panoramaartiges Ausstattungsepos von technisch einzigartiger Brillanz. Der Film galt bei der Oscar-Verleihung des Jahres 1936 als Favorit, erhielt dann aber nur eine Auszeichnung für den besten Ton. In dieser Hinsicht leistete *San Francisco* allerdings wahre Pionierarbeit, denn MGM hatte eigens für diese Mammutproduktion ein neues Tonverfahren kreiert, welches bei der 20minütigen Erdbebensequenz für Furore unter den Zuschauern sorgte.
Die Geschichte führt in die wildbewegte erste Dekade des 20. Jahrhunderts und präsentiert uns San Francisco als rauschende Metropole der amerikanischen Westküste. Zu denjenigen, die sich an dem Taumel von Ausgelassenheit und Vergnügungssucht bereichern, gehört der Nachtclubbesitzer Blakkie Norton (Gable). Mit ihm teilt der Zuschauer des Lebens Lust und Leid, bis am 18. April des Jahres 1906 ein verheerendes Erdbeben mit anschließender Feuersbrunst die Stadt heimsucht und deren Bewohnern die rasche Vergänglichkeit des irdischen Seins vorführt. Erst jetzt, wo San Francisco in Trümmern liegt, zeigt sich, wer über standhafte Charakterzüge verfügt.
Wie schon angedeutet, besteht der eigentliche Höhepunkt des Films aus der furios gestalteten Katastrophensequenz, für die sogar insgeheim David Wark Griffith ein paar Bildfolgen inszeniert haben soll. Die MGM erbaute auf ihrem Studiogelände eine raffinierte Straßenzugattrappe, die mit Hilfe hydraulischer Pumpen bewegt und nach und nach eingerissen werden konnte, während mehrere Tausend Statisten gleichzeitig kreischend durch das Set wankten. MGM-Chef Louis B. Mayer zeigte sich von dem Film nicht gerade unbeeindruckt, setzte seine hohen Erwartungen jedoch mehr in die Broadway-Biographie *Der große Ziegfeld*. Es dauerte allerdings nicht lange, und *San Francisco* hatte diese Produktion mit rund 4 Mio. Dollar Einspielergebnis haushoch überflügelt, was Mayer zu der Bemerkung veranlaßte: „Immerhin war das ja meine Idee, einen Prestigefilm zu drehen!" jg

San Sebastian

La bataille de San Sebastian. Frankreich/Mexiko/Italien 1967 **R** Henri Verneuil **B** Serge Ganz, Miguel Morayta, Ennio de Concini, nach dem Roman *A Wall for San Sebastian* von William Barby Flaherty **K** Armand Thirard **M** Ennio Morricone **P** Jacques Bar für C. I. P. R. A. (Paris), Peliculas Ernesto Enriquez (Mexiko-Stadt). Filmes Cinematografica (Rom) **L** 115 Min., Farbe **D** Anthony Quinn, Anjanette Comer, Charles Bronson, Sam Jaffe, Silvia Pinal, Jorge Martinez De Hoyos

DIE GLORREICHEN SIEBEN bzw. dessen Vorbild DIE SIEBEN SAMURAI lassen schön grüßen bei diesem Abenteuer-Western von Henri Verneuil, neben FRIEDHOF OHNE KREUZE der einzige Genre-Beitrag unter französischer Federführung. Erneut geht es um die Einwohner eines Dorfes, die unter sporadischen Überfällen zu leiden haben, in diesem Falle ausgeführt von mexikanischen Yaqui-Indianern. Der als Priester verkleidete Bandit Leon Alastray (Quinn) wird von den Bauern als wirklicher Gottesmann aufgenommen und beginnt sich beim Schutz und der Verteidigung des Ortes zu engagieren...
Spannend gefilmte Kampfsequenzen, herrliche Landschaftsaufnahmen in Mexiko sowie Quinns magnetische Präsenz sind die Pluspunkte dieses ansonsten etwas zu lang geratenen Films, der von Verneuil routiniert in Szene gesetzt und von Ennio Morricone mit einem seiner charakteristischen Western-Soundtracks ausgestattet wurde. al

Sandkastenspiele

Up the Sandbox. USA 1972 **R** Irvin Kershner **B** Paul Zindel, nach dem Roman von Anne Richardson Roiphe **K** Gordon Willis **M** Billy Goldenberg **P** Robert Chartoff, Irwin Winkler für Barwood Films/First Artists/National General Pictures **L** 96 Min., Farbe **D** Barbra Streisand, David Selby, Ariane Heller, Terry/Gary Smith, Jane Hoffman

Barbra Streisands unbekanntester Film ist zugleich auch ihr ungewöhnlichster. Die Komödie mit feministischen Untertönen erzählt von der jungen New Yorker Hausfrau und zweifachen Mutter Margaret Reynolds (Streisand), die nach einer Gelegenheit sucht, ihrem vielbeschäftigten Mann (Selby) von einer weiteren Schwangerschaft zu berichten. Statt dessen überrascht sie ihn in einer verfänglichen Situation mit einer Kollegin. Daraufhin verstärken sich die Tagträume, in denen Margaret abenteuerliche Erlebnisse mit Fidel Castro, Revolutionären und afrikanischen Ureinwohnern hat. Diese Szenen sind oft von der (filmischen) Realität kaum zu unterscheiden, was *Sandkastenspiele* zu einem nicht ganz einfachen, dafür aber um so faszinierenderem Erlebnis macht. Als eine Frau, die sich im Konflikt zwischen der angestammten Rolle als Mutter/Ehefrau einerseits und freiheitsliebender Persönlichkeit andererseits befindet, liefert die Streisand eine virtuose, sehr subtile Darstellung, die von den Kritikern mit ebenso viel Überraschung wie Begeisterung aufgenommen wurde. Durch seine ungewöhnliche Thematik und Struktur wurde der Film jedoch - trotz zahlloser komischer Momente - kein Kassenerfolg. Die in Kenia spielenden Traumsequenzen entstanden übrigens vor Ort. al

Sandra

Vaghe stelle dell orsa. Italien 1964 **R** Luchino Visconti **B** Luchino Visconti, Suso Cecchi d´Amico, Enrico Medioli **K** Armando Nannuzzi **M** Cesar Franck **P** Franco Cristaldi für Vides-Film **L** 100 Min., s/w **D** Claudia Cardinale, Michael Craig, Jean Sorel, Renzo Ricci, Marie Belle

Hatte Visconti noch in seinem vorhergehenden Film DER LEOPARD wie selten zuvor in einer verschwenderischen Ausstattung und Farbenpracht geschwelgt, so legte er *Sandra* als krassen Gegensatz zu dieser Opulenz in asketischem Schwarzweiß und kammerspielartigen Bildern an. Trotzdem haftet dem Film eine beinahe schwülstig wirkende, pathetisch-opernhafte Gestaltung an, die seinerzeit einen Großteil der Kritik verunsicherte und verärgerte. Verwunderlich bleibt daher auch die Tatsache, daß Visconti ausgerechnet mit diesem Werk den Goldenen Löwen der Biennale von Venedig gewann.

Ein zweites Mal vertraute der Regisseur die weibliche Hauptrolle der bildschönen Claudia Cardinale an. In Orientierung an die klassische Tragödienfigur der Elektra wird die Geschichte einer Frau erzählt, die nach Jahren der Abwesenheit mit ihrem amerikanischen Ehemann in ihr kleines italienisches Heimatdorf zurückkehrt. Das Wiedersehen mit den Verwandten verläuft unterkühlt und schroff. Im Zuge ihres Aufenthalts verwikkelt der Familienclan die Heimgekehrte in ein Netz von Intrigen. Immer tiefer gerät Sandra in den Strudel ihrer Kindheitserlebnisse; immer stärker beansprucht die Vergangenheit einen festen Platz in ihrem Leben. Die Tatsache, daß ihr Vater während des Faschismus im KZ umkam und sie ein inzestuöses Verhältnis mit ihrem Bruder hatte, verstärkt Sandras traumatische Erinnerungen.

Visconti drehte diesen Film von August bis Oktober 1964 in der düsteren Etruskerstadt Volterra, deren bedrückende Atmosphäre seiner filmischen Intention voll und ganz entgegenkam. Schwierigkeiten gab es zunächst bei der Suche nach einer passenden Schauspielerin, die Sandras bösartige Mutter darstellen sollte. Visconti wandte sich an mehrere vergessene Diven aus den Stummfilmtagen des italienischen Kinos, von denen sich auch diverse bereit erklärten, diesen Part zu übernehmen. Allerdings stellten einige der verblichenen Stars dermaßen illusorische Gagenforderungen, daß selbst Visconti, dem man den Spitznamen „Graf Rovinapopolo" (der Graf, der das Volk ruiniert) gegeben hatte, dankend ablehnte. Fündig wurde man schließlich in der Person der 64jährigen Charakterdarstellerin Marie Belle. jg

Sanjuro

Tsubakai Sanjuro. Japan 1962 **R** Akira Kurosawa **B** Ryuzo Kikushima, Akira Kurosawa, Hideo Oguni, nach der Kurzgeschichte *Hibi Heian* von Shugoro Yamamoto **K** Fukuzo Koizumi, Kozo Saito **M** Masaru Sato **P** Ryuzo Kikushima, Akira Kurosawa für Toho Film **L** 96 Min., s/w **D** Toshiro Mifune, Tatsuya Nakadai, Takashi Shimura, Yuzo Kayama, Reiko Dan, Masao Shimizu, Yunosuke Ito

Daß seine Samurai-Filme nicht immer von einem stoischen Ernst geprägt sein müssen, bewies Japans berühmtester Regisseur mit dieser mitunter stark parodistisch angehauchten Parabel. Kurosawa hatte 1960 mit seinem Werk YOJIMBO in seiner Heimat einen beispiellosen Erfolg erzielt und wurde gebeten, diesem Film eine Art Fortsetzung folgen zu lassen. Die Thematik blieb dabei dieselbe: Zwischen zwei sich bekämpfenden Gruppen gerät mehr zufällig ein Samurai, der sich für eine der beiden Parteien entscheidet und ihr zum Sieg verhilft.

In *Sanjuro* wird dieser Schwertkämpfer von Toshiro Mifune dargestellt, der in der zu Beginn des 19. Jahrhunderts spielenden Geschichte einer Gruppe von zehn völlig unerfahrenen und tolpatschigen Samurais als Berater und Retter in der Not dient, um deren Kammerherrn aus den Händen einer korrupten Fürstenclique zu befreien. Aufgrund der ungeschickten Einmischungen seiner Schüler muß der unfreillig zum Lehrmeister Gewordene ungewollt oft Gewalt anwenden.

Beachtlich an diesem interessant fotografierten Film (Kurosawa nutzt bei seinen Personenarrangements auf intelligente Weise das CinemaScope-Format aus) ist die Betonung des Gewaltverzichts. In der ersten Hälfte des Films weist die befreite Frau des Kammerherrn die Krieger daraufhin, daß das beste Schwert immer dasjenige sei, welches in der Scheide bleibt. Am Ende der Handlung muß der Samurai diese Weisheit bestätigen. jg

Santa Claus

Santa Claus. USA 1985 **R** Jeannot Szwarc **B** David Newman, nach einer Story von David und Leslie Newman **K** Arthur Ibbetson **SpE** Martin Gutteridge **M** Henry Mancini **P** Ilya Salkind, Pierre Spengler für Calash Corporation **L** 95 Min., Farbe **D** Dudley Moore, John Lithgow, David Huddleston, Burgess Meredith, Judy Cornwell, Jeffrey Kramer, Christian Fitzpatrick, Carrie Kei Heim

Rechtzeitig zum Heiligen Fest kam im Dezember 1985 dieser 50 Mio. Dollar teure Weihnachtsfilm in über 70 Ländern gleichzeitig in die Kinos. In ihm erzählt Jeannot Szwarc nicht nur die Geschichte vom Nikolaus, sondern geht auch eindeutig auf die Probleme ein, die sich für diesen in der modernen Zeit ergeben. Über die Jahre hinweg ist dem Weihnachtsmann die Arbeit über den Kopf gewachsen. Sein Heer an Kobolden leidet bei der Spielzeugherstellung unter Streß, was sich fatalerweise negativ auf die Qualität der Geschenke auswirkt. Die Gunst der Stunde will der skrupellose B.Z. (Lithgow) nutzen, um der Menschheit neben seinen klebrigen Produkten einen Heiligabend No. II aufzudrängen, um so seinen Umsatz zu steigern. Es gelingt ihm sogar, den Kobold Patch (Moore), einen von Santa Claus´ treuen Helfern, in seinen teuflischen Plan einzuspannen. Unterstützt von den beiden Kindern Joe (Fitzpatrick) und Cornelia (Heim) kämpft Santa für den Erhalt

des wahren und einzigen Weihnachtsfestes. Mochte es Jeannot Szwarc mit seiner leicht parodistisch angehauchten Geschichte gut gemeint haben - die Kritiker ließen jedenfalls kein gutes Haar an dem Film und bezeichneten ihn als aufgeblasenes Spektakel. Dabei sind einige sanfte Attacken auf Kommerzsucht und kapitalistische Auswüchse durchaus gelungen. Das Problem an *Santa Claus* besteht jedoch darin, daß er im Weihnachtsfest leider ebenfalls nichts anderes sieht als eine nicht enden wollende Geschenk-Zeremonie, deren Üppigkeit sich natürlich nur auf die reichen Industriestaaten der Ersten Welt beschränkt.
Mag man dem Film inhaltlich auch Schwächen ankreiden, so bietet er immerhin ein wahres Feuerwerk an optischen Tricks, zu deren Höhepunkten zweifelsohne die Schlittenfahrt über das verschneite Manhattan gehört. Das zuckersüße Idyll der Weihnachtsgeschichte wurde allerdings durch das Bekanntwerden einer weniger erfreulichen Geschichte blutig getrübt. Um die künstlichen Zugtiere, die vor Santas Schlitten gespannt sind, möglichst echt aussehen zu lassen, wurden zehn Rentiere getötet, um mit deren Fellen die Attrappen zu überziehen. jg

Saratoga

Saratoga. USA 1937 **R** Jack Conway **B** Anita Loos, Robert Hopkins **K** Ray June **M** Edward Ward **P** Bernard H. Hyman für MGM **L** 94 Min., s/w **D** Jean Harlow, Clark Gable, Lionel Barrymore, Walter Pidgeon, Frank Morgan, Una Merkel, Cliff Edwards, Jonathan Hale, Hattie McDaniel

Diese Komödie vereinte Clark Gable und Jean Harlow nach *The Secret Six* (1931), DSCHUNGEL IM STURM, *Hold Your Man* (1933), ABENTEUER IM GELBEN MEER und *Seine Sekretärin* (1936) ein weiteres Mal vor der Kamera. Ursprünglich sollte Gables spätere Frau Carole Lombard den Part der Carol Clayton übernehmen, doch vertragliche Verpflichtungen zwangen sie statt dessen in DENEN IST NICHTS HEILIG zu agieren. So spielte Jean Harlow die Rolle der cleveren Gestütsbesitzerin, die nach dem Tod ihres Vaters die Pferdezucht vor dem Ruin bewahren will. Zu diesem Zweck läßt sie sich mit dem windigen Buchmacher Duke Bradley (Gable) ein, der die junge Dame dazu überreden kann, ihren Verlobten, den Börsenmakler Hartley Madison (Pidgeon), zum Wohle des Gestüts übers Ohr zu hauen. *Saratoga*, der 23. Film der platinblonden Harlow, sollte ihr letzter werden. Kurz vor Beendigung der Dreharbeiten erlitt der Star einen Zusammenbruch und verstarb wenige Tage später, am 7. Juni 1937 im Alter von 26 Jahren an einer Harnvergiftung. MGM-Chef Louis B. Mayer entschied, Jean Harlow in den fehlenden Szenen durch Doubles zu ersetzen. Mary Dees und Geraldine Dvorak wurden für diese Aufgabe engagiert. Während dieser Sequenzen standen sie mit dem Rücken zur Kamera oder verdeckten ihr Gesicht mittels großer Hüte, Sonnenbrillen oder Ferngläser; synchronisiert wurden sie von Paula Winslow. mg

Satanas - Das Schloß der blutigen Bestie

The Masque of the Red Death. USA/Großbritannien 1964 **R** Roger Corman **B** Charles Beaumont, R. Wright Campbell, nach den Kurzgeschichten *Die Maske des Roten Todes* und *Hopp Frosch* von Edgar Allan Poe **K** Nicolas Roeg **M** David Lee **P** Roger Corman für Alta Vista/Anglo Amalgamated/American International Pict. **L** 86 Min., Farbe **D** Vincent Price, Hazel Court, Jane Asher, David Weston, Patrick Magee, Nigel Green, Skip Martin, Gaye Brown

Mit *Satanas - Das Schloß der blutigen Bestie* beendete Roger Corman seine Reihe mit Edgar-Allan-Poe-Adaptionen. Konnte man ihm bei seinen vorherigen Verfilmungen noch einen recht freien Umgang mit dem Originalstoff vorwerfen, so hielt er sich diesmal recht eng an Poes Schauergeschichten. Corman brachte allerdings das Bauernmädchen Francesca (Asher) neu in die Handlung ein, aus deren Augen die schrecklichen Ereignisse geschildert werden.
Über einen nicht näher beschriebenen italienischen Landstrich regiert im 12. Jahrhundert der bösartige und lasterhafte Fürst Prospero (Price). Sicher verschanzt hinter den wuchtigen Mauern seiner düsteren Burg unterdrückt und quält er seine Untertanen. Während draußen die gräßliche Seuche des „Roten Todes" über weiten Teilen des Landes wütet, glaubt sich Prospero hinter den trutzigen Bollwerken in Sicherheit. Bei einem orgiastischen Maskenball erscheint plötzlich ein rot gekleideter Fremder, in dem die versammelte Festgesellschaft zu ihrem Entsetzen den Roten Tod selbst erkennen muß. Auch diesen Film drehte Corman in dem gewohnten Tempo von fünf Wochen, womit er allerdings deutlich mehr Zeit benötigte als bei seinen vorhergehenden Poe-Adaptionen, die in drei oder noch weniger Wochen entstanden waren. *Satanas* berauscht durch seine opulente und geschickt gehandhabte Farbfotografie, die durch die versierte Kameraarbeit von Nicolas Roeg (es gibt eine Reihe langer Fahrten quer durch die Räumlichkeiten des Schlosses) trefflich ergänzt wird. Ein hervorragend umgesetzter Horrorfilm voller optischer Genüsse. jg

Satanische Spiele

Games. USA 1967 **R** Curtis Harrington **B** Gene Kearney **K** William Fraker **M** Samuel Matlovsky **P** George Edwards für Universal **L** 100 Min., Farbe **D** Simone Signoret, James Caan, Katharine Ross, Don Stroud, Kent Smith, Estelle Winwood

Die Kosmetikvertreterin Ilona (Signoret) macht die Bekanntschaft eines jungen New Yorker Ehepaares und wird bald unentbehrlicher Bestandteil von deren obskuren Parties und Spielchen. So heckt man einen Plan aus, um einen Lieferantenjungen (Stroud) zu foppen: Jennifer (Ross), die Dame des Hauses, soll ihn verführen und sich dann in einer verfänglichen Situation von ihrem Mann Paul (Caan) überraschen lassen. Doch der Plan geht schief, denn das arme Opfer wird mit einer versehentlich geladenen Pistole tödlich verletzt - zumindest scheint es so...
Curtis Harringtons raffiniert konstruierter Psycho-Thriller, der einige Anleihen bei Henri-Georges Clouzots 1956er-Krimi DIE TEUFLISCHEN (ebenfalls mit Signoret) macht, hält bis kurz vor Schluß mehr als eine überraschende Wendung des Drehbuches für den Zuschauer parat, doch leider werden die meisten davon schon viel früher signalisiert, als sie dann tatsächlich eintreten. Die dadurch etwas beeinträchtigte Spannung macht *Satanische Spiele* jedoch durch viel Atmosphäre und eine glänzende Besetzung wieder wett. Besonders Estelle Winwood ist köstlich als zerstreute Nachbarin. al

Satansbraten

Satansbraten. BRD 1976 **R** Rainer Werner Fassbinder **B** Rainer Werner Fassbinder **K** Jürgen Jürgens, Michael Ballhaus **M** Peer Raben **P** Albatros/Trio **L** 112 Min., Farbe **D** Kurt Raab, Margit Carstensen, Helen Vita, Volker Spengler, Ingrid Caven, Marquard Bohm, Ulli Lommel, Dieter Schidor, Adrian Hoven

In seinem Buch *Die Sehnsucht des Rainer Werner Fassbinder* gab Kurt Raab einen detaillierten Einblick in das Leben der Clique um den Regisseur, welches an Exzessen nichts zu wünschen übrig ließ. WARNUNG VOR EINER HEILIGEN NUTTE, 1971 entstanden, war bereits ein erstes Werk, in dem Fassbinder selbst das Zusammenleben einer Gruppe unter der Leitung eines Anführers (in diesem Fall ein Film und ein diktatorischer Regisseur) darstellte. In *Satansbraten* griff er ein weiteres Mal diese Thematik auf, reicherte sie hier aber mit einer gehörigen Portion von Zynismus und autobiographischer Offenheit an.
Zu den glorreichen Zeiten der 68er Revolution war der Dichter Walter Kranz (Raab) einst eine umschwärmte Persönlichkeit. Jetzt ist sein Ruhm verblaßt, denn schon seit Jahren ist ihm kein großartiger, literarischer Wurf mehr geglückt. Und selbst als er der Meinung ist, endlich wieder ein wahres Meistergedicht kreiert zu haben, stellt sich heraus, daß besagte Zeilen schon einmal von

einem anderen geschrieben worden sind. Diese Erkenntnis ist für Kranz jedoch nur der Anlaß, sich - umgeben von einer Schar von Strichjungen und Lebenskünstlern - an die Ausarbeitung eines Buches heranzumachen, das den beziehungsvollen Titel *Der Faschismus wird siegen oder Keine Feier für den toten Hund des Führers* trägt.
„*Satansbraten* ist ein schon fast abgeklärter Rundumschlag, der mit zynischer Komik weniger auf abgegrenzte Mißstände als auf eine verschwommene Atmosphäre haut, daß einem die Trümmer der Wirklichkeit nur so in die Augen fliegen" (*Süddeutsche Zeitung*). jg

Die Satansweiber von Tittfield

Faster, Pussycat! Kill! Kill! USA 1966 **R** Russ Meyer **B** Jack Moran **K** Walter Schenck **M** Igo Kantor **P** Russ Meyer für Eve Prod./Cavalcade Pictures **L** 75 Min. (Originalfassung 83 Min.), s/w **D** Tura Satana, Haji, Lori Williams, Susan Bernard, Stuart Lancaster, Paul Trinka

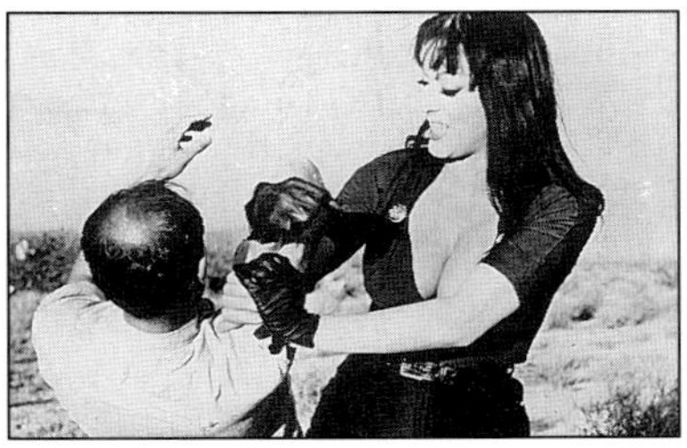

Drei vollbusige Striptease-Tänzerinnen unter Führung der rücksichtslosen Varla (Satana) vertreiben sich ihre Freizeit in ihren Sportwagen bei halsbrecherischen, selbst organisierten Autorennen. Bei einem dieser „Wettkämpfe" gerät Varla mit einem männlichen Konkurrenten in Streit und bricht ihm mit einem wohlgezielten Karateschlag das Genick. Seine Freundin (Bernard) wird von den drei wilden Weibern gekidnappt, die sich zunächst auf eine einsame Ranch flüchten...
Dieser absurde, brutale Action-Krimi ist eines der besten Werke des berüchtigten Russ Meyer, einem ehemaligen Pin-Up-Photographen, der seit Beginn der 60er Jahre Erfolge mit billig produzierten Sex-Streifen feierte. Ihre Szenerie wird zumeist durch aggressive Überfrauen mit enormer Oberweite beherrscht, denen die Männlichkeit ebenso hilflos wie geil gegenübersteht. Von anderen Filmen des Grenres heben sie sich vor allem durch eine relativ geschickte Dramaturgie ab. So mag die Handlung von *Die Satansweiber von Tittfield* grotesk und absolut unglaubwürdig sein, zumindest wird sie schwungvoll und spannend erzählt. Dazu kommt Meyers perfekte Beherrschung der filmischen Mittel wie Kamera und Schnitt, mit denen er auch aus dem schmalsten Budget noch etwas Ansehnliches herausholte: *Satansweiber* kostete beispielsweise nur 46.000 $ und wurde auf der Ranch eines Meyer-Freundes gedreht. al

Sauerbruch - Das war mein Leben

Sauerbruch - Das war mein Leben. BRD 1954 **R** Rolf Hansen **B** Fritz Lützkendorf **K** Helmuth Ashley **M** Mark Lothar **P** Alexander Grüter für Corona **L** 106 Min., s/w **D** Ewald Balser, Maria Wimmer, Heidemarie Hatheyer, Hilde Körber, Lina Carstens, Paul Bildt, Friedrich Domin, Otto Gebühr, Wilhelm Borchert, Hans-Christian Blech, Charles Regnier

In episodenhafter Weise beschreibt dieser gepflegte Unterhaltungsfilm Stationen aus dem Leben des berühmten Chirurgen Professor Ferdinand Sauerbruch (1875-1951), der gegen Ende seines Lebens in eine berufliche Krise gerät. Als er jedoch noch einmal entgegen der Diagnose seiner Kollegen einer jungen Frau (Hatheyer) das Leben retten kann, findet er wieder zum Glauben an seine medizinische Berufung zurück.
Die kurz nach dem Kriegsende angesiedelte Handlung wird immer wieder durch diverse Rückblenden unterbrochen, in deren Verlauf sich das Bild eines menschlich und beruflich ungewöhnlichen Mannes vervollständigt. Ewald Balsers Darstellung berührt in vielen Szenen, doch ist es wohl dem Drehbuch und der konventionellen Regie zu verdanken, daß sich hinter der Person des Charité-Professors immer der Gott in Weiß verbirgt, dessen menschliche Charakterzüge die elitäre Stellung nur noch untermauern.
Anstelle von Rolf Hansen war ursprünglich Josef von Baky als Regisseur vorgesehen gewesen. Als die Produktionsleitung dann umdisponierte, wurde auch gleich die Hauptrolle neu besetzt, und anstelle von O. E. Hasse übernahm Ewald Balser die Rolle des weltberühmten Chirurgen. Hasse soll darüber sehr wütend gewesen sein, hatte er sich schließlich von dieser Rolle einen weiteren Popularitätsschub versprochen. Dieser stellte sich für ihn mit dem zeitgleich entstandenen CANARIS ein, der die Sauerbruch-Biographie an der Kinokasse bei weitem überflügelte. jg

Der Saustall

Coup de torchon. Frankreich 1981 **R** Bertrand Tavernier **B** Jean Aurenche, Bertrand Tavernier, nach dem Roman *Pop. 1280* von Jim Thompson **K** Pierre-William Glenn **M** Philippe Sarde **P** Adolphe Viezzi für Les Films de la Tour/Films A 2/ Little Bear **L** 128 Min., Farbe **D** Philippe Noiret, Isabelle Huppert, Jean-Pierre Marielle, Stéphane Audran, Eddy Mitchell, Guy Marchand, Irène Skobline, Michel Beaune

Zweifellos einer der künstlerischen Höhepunkte in der Zusammenarbeit zwischen Bertrand Tavernier und seinem bevorzugten Star Philippe Noiret ist diese bitterböse Tragikomödie nach einem Roman des in Frankreich äußerst populären Kriminalschriftstellers Jim Thompson. Tavernier und sein Co-Autor Jean Aurenche verlegten die Handlung aus den amerikanischen Südstaaten nach Bourkassa, einem gottverlassenen Nest in Französisch-Westafrika kurz vor Ausbruch des II. Weltkrieges. Die Kolonialherren zeigen sich hier von ihrer besten Seite, lassen die schwarzen Einheimischen wie Sklaven für sich arbeiten, vergnügen sich in fremden Betten und verspotten den gutmütigen und leicht vertrottelten Polizeichef Lucien (Noiret), der noch nie jemanden verhaftet hat und mit einer untreuen Schlampe von einer Ehefrau (Audran) sowie einer ihn ständig zu sexuellen Höchstleistungen anspornenden Freundin (Huppert) geschlagen ist. Eines Tages beschließt Lucien, diesen Saustall einmal gründlich auszumisten...
Als „Alptraum - schrecklich schön und furchtbar komisch" bezeichnete *Der Spiegel* Taverniers Film, der in Frankreich zu einem überragenden Geschäftserfolg wurde und eine Oscar-Nominierung als Bester fremdsprachiger Film erhielt. Oft abstoßend und faszinierend zugleich und von der erlesenen Besetzung offenbar mit größtem Vergnügen gespielt, ist *Der Saustall* sowohl pessimistische Parabel als auch ätzende Satire, köstliche Komödie wie spannender Krimi - ein Werk von höchster Originalität, das sich jeder Genre-Einordnung entzieht. al

Save the Tiger

Save the Tiger. USA 1973 **R** John G. Avildsen **B** Steve Shagan **K** Jim Crabe **M** Marvin Hamlisch **P** Steve Shagan für Jalem Prod./Filmways/Paramount **L** 100 Min., Farbe **D** Jack Lemmon, Jack Gilford, Laurie Heineman, Norman Burton

Bereits in Blake Edwards Alkoholiker-Studie DIE TAGE DES WEINES UND DER ROSEN hatte Jack Lemmon sein Talent als dramatischer Schaupieler unter Beweis gestellt, doch erst *Save the Tiger*, für den er einen Oscar erhielt, sollte ihm auf diesem Gebiet den Durchbruch verschaffen. Der von Steve Shagan geschriebene Film war jahrelang zwischen den großen Studios hin- und her geschoben worden, bis sich endlich Paramount auf Lemmons Drängen zur Finanzierung des als unkommerziell geltenden Projektes überreden ließ.

Textilfabrikant Harry Stoner (Lemmon) sieht den einzigen Ausweg aus der finanziellen Misere seines Unternehmens in einem Versicherungsbetrug, für den eines der Lagerhäuser der Firma in Flammen aufgehen soll. Der Widerspruch, in dem dieser ungesetzliche Plan zu Harrys Idealen als junger Mann steht, ist das Thema des Films. Im Verlaufe von 36 Stunden wird sich Harry seines Alterns und seiner Rolle in einer kranken Gesellschaft bewußt und erleidet einen Nervenzusammenbruch.
Save the Tiger stellt viele Fragen und beantwortet nur wenige davon, doch es geht ihm hauptsächlich um die Charakterstudie eines Durchschnittsamerikaners, dessen bisheriger Lebensweg durchaus dem üblichen „American Way of Life" entsprach, jedoch nicht mit den veränderten Werten der Gesellschaft Schritt halten konnte. Besonders Jack Lemmon erhielt phantastische Kritiken, die besten seiner Karriere, doch weder sein Oscar noch die Nominierungen für Shagan (Drehbuch) und Gilford (als Harrys „anständiger" Partner) konnten dem bitteren, düsteren Drama zu einem Kassenerfolg verhelfen. al

Sayonara

Sayonara. USA 1957 **R** Joshua Logan **B** Paul Osborn, nach dem Roman von James A. Michener **K** Ellsworth Fredericks **M** Franz Waxman **P** William Goetz für Goetz-Pennbaker/Warner Bros. **L** 147 Min., Farbe **D** Marlon Brando, Ricardo Montalban, Red Buttons, Patricia Owens, Martha Scott, James Garner, Miiko Taka, Miyoshi Umeki, Kent Smith

Die bitter-süße Liebesgeschichte reihte sich ein in eine ganze Serie von Filmen, in denen gegen Mitte der 50er Jahre das Land der aufgehenden Sonne und seine Bewohner entdeckt und für den Film nach amerikanischen Ansprüchen zurechtgeschnitten wurden. Amüsanterweise hatte Marlon Brando ein Jahr vor *Sayonara* in der besinnlichen Komödie DAS KLEINE TEEHAUS einen Japaner gemimt. Diesmal schlüpfte er in die Rolle eines amerikanischen Soldaten.
Japan zu Beginn der 50er Jahre: Der GI Lloyd Gruver (Brando) kommt in das ehemalige Feindesland und verliebt sich dort in die anmutige Tempeltänzerin Hana-Ogi (Taka). Ein Umstand, der erhebliche Komplikationen heraufbeschwört, denn die US-Regierung verbietet ihren Soldaten sämtliche Fraternisierungsversuche. Die Liebe zwischen Lloyd und Hana-Ogi ist jedoch so stark, daß sie solchen Belastungsproben standhält.
Sayonara gibt mit seinen fast drei Stunden Laufzeit einen bemühten Einblick in die fernöstliche Kultur, wirkt mit seinen vielen Folklore-Einlagen (incl. Teezeremonie und Tempeltanz) dabei allerdings ein wenig wie ein aufklärender Touristenfilm. Das Publikum jedoch nahm den Streifen damals begeistert auf und verhalf den Warner Bros. zu einem Einspielergebnis von 10 Mio. Dollar. Einen nicht unwesentlichen Beitrag zum künstlerischen Gelingen trug neben den exzellenten schauspielerischen Leistungen die sensible Musik von Franz Waxman bei. Der wunderschöne Filmsong *Sayonara, Japanese Goodbye* wurde von Irving Berlin komponiert.
Mit seinen insgesamt 10 Nominierungen gehörte *Sayonara* zu den Favoriten der Oscar-Feierlichkeiten des Jahres 1957. Prämiert wurden aber nur Miyoshi Umeki für ihre Nebenrolle sowie Ausstattung (Ted Haworth, Robert Priestley) und Ton (George Groves). jg

Scampolo

Scampolo. BRD 1957 **R** Alfred Weidenmann **B** Ilse Lotz-Dupont, Franz Höllering, Herbert Reinecker, nach der Komödie von Dario Niccodemi **K** Bruno Mondi **M** Hans Martin Majewski **P** Georg M. Reuther für Rhombus Film **L** 100 Min., Farbe **D** Romy Schneider, Paul Hubschmid, Victor de Kowa, Georg Thomalla, Eva-Maria Meinecke, Franca Parisi, Peter Carsten, Elisabeth Flickenschildt

Die Geschichte ist so bieder, daß sie auch im Wirtschaftswunder-Deutschland hätte angesiedelt sein können. Regisseur Alfred Weidenmann entschloß sich jedoch, mit seinem Stab die sonnenumflutete Insel Ischia anzusteuern, um dort seine südländische Liebesgeschichte zu inszenieren.
Romy Schneider spielt das so gar nicht italienisch wirkende Mädel Scampolo, das sich als Fremdenführerin mehr schlecht als recht durchs Leben schlägt. Bei einer ihrer Rundfahrten lernt sie den erfolglosen Architekten Roberto Costa (Hubschmid) kennen, der sich in sie verliebt. Dank Scampolos Intervention gewinnt Roberto den ersten Preis in einem Architekturwettbewerb, was ihm fortan eine steile Karriere sichert. Jetzt drängt er erst recht darauf, seine Glücksfee zu heiraten.
Genervt von ihren drei *Sissi*-Filme lehnte Romy Schneider das Angebot für eine weitere Fortsetzung der Monarchen-Schnulze ab, um in ihrer Rolle als Scampolo wieder etwas mehr von ihrer Natürlichkeit und Lebenslust zur Geltung zu bringen. Das Resultat fiel ernüchternd aus. *Scampolo* ist nicht mehr als eine konventionell umgesetzte Liebesgeschichte nach dem bewährten und ausgedienten Muster aus alter UFA-Zeit. Und selbst die Darstellung eines unschuldigen italienischen Mädchens konnte die Romy-Anhänger nicht versöhnen. Zu sehr hatte sie sich mit den drei *Sissi*-Filmen einem Image verschrieben, aus dem ihr Publikum sie jetzt nicht mehr entlassen wollte. Dabei bot Alfred Weidenmann den Zuschauern mit seinem Werk zu allem Unglück noch nicht einmal etwas Neues, denn die Geschichte war bereits schon einmal 1932 von Hans Steinhoff mit Dolly Haas und Karl-Ludwig Diehl in den Hauptrollen verfilmt worden. jg

Scandal

Scandal. Großbritannien 1989 **R** Michael Caton-Jones **B** Michael Thomas **K** Mike Molloy **M** Carl Davis **P** Stephen Woolley für Palace Pictures/ British Screen/Miramax **L** 114 Min., Farbe **D** John Hurt, Joanne Whalley-Kilmer, Bridget Fonda, Ian McKewllen, Leslie Phillips, Britt Ekland, Roland Gift, Jeroen Krabbé

1963 erschütterte ein Sex-Skandal von bis dato unbekanntem Ausmaß die britische Gesellschaft. Die Aufdeckung der Affäre des damaligen Kriegsministers John Profumo mit dem Callgirl Christine Keeler durch die Sensationspresse führte zu dessen Rücktritt und ein Jahr später zur Niederlage von Harold Macmillans konservativer Regierung bei den Unterhauswahlen. Denn nicht nur mit dem Minister, Ehemann der Schauspielerin Valerie Hobson, hatte sich Christine vergnügt, sondern auch mit einem russischen Militärattaché, der ein Spion gewesen sein soll. Der Film von Regie-Debütant Michael Caton-Jones liefert eine unterhaltsame Chronik der Vorgänge und konzentriert sich dabei auf Keeler (Whalley-Kilmer), ihre Freundin Mandy Rice-Davies (Fonda) und den Chiropraktiker Stephen Ward (Hurt), einem Modearzt, durch dessen Vermittlung die verhängnisvollen Begegnungen zustande kamen. Doch trotz guter Darstellungen (besonders von Hurt und Fonda) und der gelungenen Heraufbeschwörung der 60er Jahre leidet *Scandal* unter der Tatsache, daß die seinerzeit aufsehenerregenden Ereignisse aus heutiger Sicht eher harmlos wirken, zumal sich der Film in der Darstellung von Sexualität deutlich zurückhält (Ironischerweise wollte die amerikanische Kontrollbehörde *Scandal* ein geschäftsschädigendes „X" verpassen, weil in einigen Szenen männliche Genitalien zu sehen sind. Die US-Fassung wurde daher um sechs Minuten gekürzt.). Wie groß allerdings das Interesse am Profumo-Skandal auch 25 Jahre später noch war, zeigten die enormen Besucherzahlen - vor allem in England. Dusty Springfields

Titelsong *Nothing Has Been Proved* hielt sich wochenlang an der Spitze der Charts. al

Scanners - Ihre Gedanken können töten

Scanners. Kanada 1980 **R** David Cronenberg **B** David Cronenberg **K** Mark Irwin **M** Howard Shore **P** Calude Heraux für Filmplan International **L** 99 Min., Farbe **D** Stephen Lack, Jennifer O'Neill, Patrick McGoohan, Lawrence Dane, Charles Shamata, Adam Lustig, Michael Ironside, Robert Silverman

Bei diesem Streifen aus der Splatter-Phase des kanadischen Regisseurs David Cronenberg war besonders Maskenbildner Dick Smith gefordert, der schon mit den gelungenen Make-ups zu DER EXORZIST für Ekel gesorgt hatte.
Wie bei allen Horror- bzw. Science-fiction-Werken Cronenbergs kommt auch hier der Schrecken aus den unheilbringenden Kammern menschlicher Forschungslabors. In Erinnerung an das verhängnisvolle Beruhigungsmittel Contergan beschreibt der Regisseur die Wirkung des fiktiven Präparates Ephemerol, das ca. 200 Frauen während ihrer Schwangerschaft eingenommen haben. Das Resultat: Deren Kinder verfügen über telekinetische und telepathische Fähigkeiten. Im Erwachsenenalter angelangt, hat Darryl Revok (Ironside), einer dieser sogenannten „Scanners", eine Gruppe Gleichgesinnter um sich geschart, um mit ihnen einen gefährlichen Machtapparat zu bilden. All diejenigen, die dieser Gruppe nicht ins Konzept passen oder ihr im Wege stehen, werden rücksichtslos eliminiert, indem man ihre Köpfe mittels Gedankenkraft zum Zerplatzen bringt. Der Scanner Vale (Lack) möchte mit diesen Blutorgien nichts zu tun haben und tritt gegen Revok in einem mentalen Duell an.
Ein selten widerliches Schreckensspektakel, bei dem die perfekt geratenen Tricks für brechreizerzeugende Momente sorgen, die in fast sadistischer Freude in einer sich permanent wiederholenden Kette abgenudelt werden. Von der subtilen Qualität eines Werkes wie DIE UNZERTRENNLICHEN ist Cronenberg hier noch meilenweit entfernt. jg

Scaramouche, der galante Marquis

Scaramouche. USA 1952 **R** George Sidney **B** Ronald Millar, George Froeschel, nach dem Roman von Rafael Sabatini **K** Charles Rosher **M** Victor Young **P** Carey Wilson für Metro-Goldwyn-Mayer **L** 114 Min., Farbe **D** Stewart Granger, Eleanor Parker, Janet Leigh, Mel Ferrer, Henry Wilcoxon, Nina Foch, Michael Anderson

Unter den vielen Filmen nach Motiven des bekannten Abenteuerschriftstellers Rafael Sabatini sind so bekannte wie UNTER PIRATENFLAGGE, DER HERR DER SIEBEN MEERE und DER SEERÄUBER. Dieses aufwendige und wunderschön ausgestattete Remake des Mantel- und Degenfilms *Scaramouche* von 1923 mit Ramon Novarro in der Hauptrolle reicht nach Meinung vieler Rezensenten an seinen Vorgänger zwar nicht heran, versetzte jedoch das Publikum in Entzücken. Metros neuer britischer Import Stewart Granger ist als junger Adeliger André Moreau zu sehen, der sich kurz vor der Französischen Revolution auf der Suche nach seinem Vater und damit seiner wirklichen Identität befindet. Eine unangenehme Begegnung mit dem königstreuen Marquis de Maynes (Ferrer) führt zum Tode seines revolutionären Kumpans (Anderson) und zwingt den in der Handhabung des Degens völlig unerfahrenen Moreau zur Flucht. Bei einer Theatertruppe, wo er in der Rolle des „Scaramouche" unerkannt bleibt, entwickelt er sich schnell zu einem erstklassigen Fechter, als der er schlußendlich seinem Kontrahenten gegenübersteht...
Besonders diese letzte Sequenz machte *Scaramouche* berühmt: ein sechsminütiges, atemberaubendes Duell im Theater, das durch die Sitzreihen, über Logen, Kronleuchter, die Freitreppe und das Foyer schließlich auf die Bühne führt und den geschickten Umgang der beiden Hauptdarsteller mit der Waffe eindrucksvoll demonstriert. al

Scarlet Street

siehe: STRASSE DER VERSUCHUNG

Schach dem Teufel

Beat the Devil. USA 1953 **R** John Huston **B** John Huston, Truman Capote, nach dem Roman von James Helvick **K** Oswald Morris **M** Franco Mannino **P** Jack Clayton für Romulus/Santana Prod./ United Artists **L** 90 Min. (Originalfassung 100 Min.), s/w **D** Humphrey Bogart, Gina Lollobrigida, Jennifer Jones, Robert Morley, Peter Lorre, Edward Underdown

Einer der vergnüglichsten Filme von John Huston ist diese groteske Abenteuer-Komödie, die als durchaus ernster Streifen geplant war, sich während ihrer Entstehung jedoch zur schwarzen Parodie vieler von Hustons eigenen Filmen wandelte. Humphrey Bogart hatte die Rechte an James Helvicks Roman erworben, weil er darin einen neuen DIE SPUR DES FALKEN sah, doch das Drehbuch von Huston, Anthony Veiller und Peter Viertel bezeichnete er als „scheußlich". Huston ließ daraufhin Truman Capote nach Ravello kommen, einem kleinen Küstenstädtchen südlich von Neapel, wo die Aufnahmen stattfinden sollten, und schrieb mit ihm täglich das Skript um - mit köstlichen Ergebnissen. Die abstruse Handlung dreht sich um eine Gruppe von Abenteurern unter Führung von Billy Dannreuther (Bogart) und seiner Frau Maria (Lollobrigida), die in einem italienischen Hafen die Ausnüchterung des Kapitäns abwarten, dessen Schiff sie nach Ostafrika bringen soll. Man hofft dort reiche Uranvorkommen an sich reißen zu können. Noch vor Antritt der gefährlichen Fahrt kommt es zu allerlei Intrigen und Verwicklungen geschäftlicher und erotischer Natur, an denen sich auch Jennifer Jones (mit blonder Perücke) als notorische Lügnerin lebhaft beteiligt...
Bei seiner Erstaufführung war *Schach dem Teufel* trotz einiger positiver Besprechungen ein katastrophaler Reinfall, bei dem Bogart einiges von seinem Privatvermögen verlor, doch inzwischen hat er sich zu einem Kultfilm entwickelt. al

Schachmatt

Pushover. USA 1954 **R** Richard Quine **B** Roy Huggins, nach der Kurzgeschichte *The Killer Wore a Badge* und dem Roman *The Night Watch* von Thomas Walsh und dem Roman *Rafferty* von William S. Ballinger **K** Lester H. White **M** Arthur Morton **P** Jules Shermer für Columbia **L** 88 Min., s/w **D** Fred MacMurray, Kim Novak, Phil Carey, Dorothy Malone, E. G. Marshall, Allen Nourse, Phil Chambers, Alan Dexter, Robert Forrest, Paul Richards

Kim Novaks zweiter Leinwandauftritt bescherte ihr die busenbetonte Rolle eines Gangsterflittchens - ein Part, der der tiefgläubigen Aktrice, die mehr zufällig ins Filmbusiness gestolpert war, eigentlich gar nicht entgegenkam.
Der Ganove Harry Wheeler (Richards) erbeutet bei einem Raubmord 200.000 Dollar. Auf seine Spur setzt sich der Privatdetektiv Paul Sheridan (MacMurray), der über die

Bekanntschaft mit Wheelers Liebchen Lona (Novak) den Aufenthaltsort des Verbrechers in Erfahrung zu bringen hofft. Die betörend schöne Lona weiß jedoch ihre körperlichen Reize geschickt einzusetzen und Paul auf ihre Seite zu zerren - ein unheilvoller Vorgang, an dessen Ende niemand als Gewinner hervorgeht.
Produzent Harry Cohn plante für die Columbia mit Kim Novak eine Art Gegenpol zu der Sex-Göttin Marilyn Monroe aufzubauen, die bei der Konkurrenzgesellschaft 20th Century-Fox für volle Kinokassen sorgte. *Schachmatt* war Kim Novaks erste Hauptrolle, die ihr eine landesweite Popularität einbrachte. Das *New York Journal America* bezeichnete sie sogar als die „beste Entdeckung des Jahres 1954". Diesem lobenden Prädikat machte Kim Novak in den folgenden Jahren alle Ehre. Nach ihrem Auftritt in dem Melodrama PICKNICK (1955) mauserte sie sich zu einem der bestbezahltesten weiblichen Hollywood-Stars. jg

Schachnovelle

Schachnovelle. BRD 1960 **R** Gerd Oswald **B** Harald Medford, Gerd Oswald, Herbert Reinekker, nach der Erzählung von Stefan Zweig **K** Günther Senftleben **M** Hans Martin Majewski **P** Luggi Waldleitner für Roxy-Film **L** 103 Min., s/w **D** Curd Jürgens, Claire Bloom, Hansjörg Felmy, Mario Adorf, Albert Lieven, Alan Gifford, Dietmar Schönherr, Karel Stepanek

Schachnovelle war nach AM TAG, ALS DER REGEN KAM der zweite Film, den Gerd Oswald nach seiner Rückkehr aus Hollywood in deutschen Landen drehte und der - um die internationalen Marktchancen zu erhöhen - mit der Engländerin Claire Bloom in der weiblichen Hauptrolle besetzt wurde.
Curd Jürgens spielt den Wiener Rechtsanwalt Dr. Werner von Basil, dem es kurz vor dem nationalsozialistischen Einmarsch in Österreich gelingt, eine Reihe von Kunstgegenständen ins Ausland zu schmuggeln. Für diese Tat wird er mit wochenlanger Isolationshaft bestraft. Auf seinem Weg ins Gefängnis kann er jedoch ein Buch entwenden, bei dem es sich um die Beschreibung von 150 Schachmeisterschaftsspielen handelt. Mit Hilfe eines karierten Tischtuches und entsprechend gekneteter Brotkrumen stellt Basil die einzelnen Züge in seiner Zelle nach. Das Schachspielen wird für ihn zu einer Besessenheit. Als er sich in Sicherheit vor den Nazis auf einem Passagierdampfer nach Amerika befindet, kann er nicht widerstehen, den zufällig an Bord anwesenden Weltmeister Centowic (Adorf) zu einem Duell herauszufordern.
Oswalds Literaturverfilmung erlebte harsche Verrisse, für die stellvertretend eine Kritik aus der *Süddeutschen Zeitung* stehen soll: „Der deutsche Problemfilm gefällt sich wieder einmal in der Rolle des umgekehrten König Midas: Was er an Literatur berührt, verwandelt er in Unterhaltungsschrott". Die vernichtenden Beurteilungen richteten sich vor allem gegen die Drehbuchbeteiligung von Herbert Reinecker und gegen Hansjörg Felmy, der in der Rolle des Nazi-Schergen Hans Berger völlig fehlbesetzt wirkte. jg

Schade, daß Du eine Kanaille bist

Peccato che sia una canaglia. Italien 1955 **R** Alessandro Blasetti **B** Alessandro Continenza, Suso Cecchi d´Amico, Ennio Flaiano, nach einer Story von Alberto Moravia **K** Aldo Giordani **M** Alessandro Cigognini **P** Documento Film **L** 97 Min., s/w **D** Sophia Loren, Vittorio De Sica, Marcello Mastroianni, Umberto Malmatti, Margherita Bagni

Der arglose Taxifahrer Paolo (Mastroianni) verliebt sich in die verführerische Lina (Loren), die, wie er feststellen muß, Mitglied einer bis ins Mark verdorbenen Familie von Gaunern und Betrügern ist. Er schleppt die ganze Sippe zur Polizei, nur um dort zu erleben, wie sich Lina und ihr Vater (De Sica) aalglatt aus ihren Schwierigkeiten herauswinden. Verzweifelt macht Paolo seiner Liebsten einen Antrag, um sie auf diese Weise zur Ehrlichkeit zu bekehren...
Diese liebenswerte Komödie ist vor allem aufgrund der Tatsache bemerkenswert, daß hier zum ersten Mal das Trio De Sica/Loren/Mastroianni zusammenarbeitete. Zwar waren alle drei bereits in Blasettis Episodenfilm *Tempi nostri* (1954) zu sehen gewesen, jedoch in unterschiedlichen Episoden. Italiens bekanntestes und erfolgreichstes Leinwandteam war entstanden, das später solche Klassiker wie GESTERN, HEUTE UND MORGEN und HOCHZEIT AUF ITALIENISCH schaffen sollte. al

Der Schakal

The Day of the Jackal. Großbritannien/Frankreich 1973 **R** Fred Zinnemann **B** Kenneth Roth, nach dem Roman von Frederick Forsyth **K** Jean Tournier **M** Georges Delerue **P** John Woolf für Warwick Film Prod., Universal Production France S.A. **L** 142 Min., Farbe **D** Edward Fox, Michel Auclair, Alan Badel, Terence Alexander, Maurice Denham, Barrie Ingham, Derek Jacobi, Eric Porter, Michel Lonsdale

1963 kann Algerien seine Unabhängigkeit erklären. Offiziere der rechtsgerichteten französischen Geheimarmee OAS machen Präsident de Gaulle für diese vermeintliche National-Schlappe verantwortlich und beschließen, das Staatsoberhaupt zu liquidieren. Nach mehreren mißglückten Attentatsversuchen heuert Colonel Rodin (Porter) einen englischen Berufskiller (Fox) an, der unter dem Decknamen Schakal bekannt ist. Gegen ein Honorar von 500.000 Dollar ist dieser bereit, den Auftrag anzunehmen, verlangt aber für sein Vorhaben absolut freie Hand. Der scheinbar totsichere Plan kommt ins Wanken, als sich der „Schakal" in Südfrankreich auf eine stürmische Liebesaffäre einläßt und durch einen Zufall die Polizei auf seine Spuren bringt, so daß das Attentat am 25. August 1963 bei den Feierlichkeiten zur Befreiung von Paris von den Sicherheitsorganen gerade noch abgewendet werden kann. Obwohl von vornherein klar ist, daß Charles de Gaulle dieses wie auch andere Attentate überlebt hat und 1970 eines natürlichen Todes (Herzschlag) gestorben ist, schafft Zinnemann in diesem Thriller eine meisterhafte, suggestive Spannung bis zum letzten Moment. „Aus einem glänzenden Buch wurde ein glänzender Film gemacht" (*Abendzeitung München*). jg

Schande

Skammen. Schweden 1968 **R** Ingmar Bergman **B** Ingmar Bergman **K** Sven Nykvist **M** Ingmar Bergman **P** Svensk Film **L** 102 Min., s/w **D** Liv Ullmann, Max von Sydow, Gunnar Björnstrand, Birgitta Valberg, Sigge Fürst, Hans Alfredson, Ingvar Kjellson, Frank Sundström

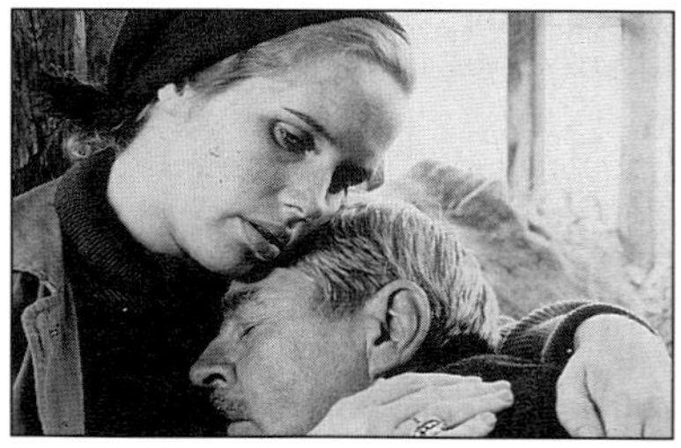

Nach Abschluß seiner „Glaubens-Trilogie" drehte Ingmar Bergman drei Filme (DIE

STUNDE DES WOLFS, *Schande* und PASSION), in denen jeweils Liv Ullmann und Max von Sydow ein Ehepaar darstellten, das unterschiedlichen Belastungsproben und Problemstellungen ausgesetzt ist. In *Schande* bedroht ein unvermittelt ausbrechender Bürgerkrieg das Einsiedlerleben des Künstlerpärchens Eva und Jan, das sich in die Isolation einer entlegenen Insel zurückgezogen hat. Die quälenden Unstimmigkeiten ihres Zusammenlebens treten in den Hintergrund, als Truppen ihre Insel stürmen und sie in ein Inferno aus Tod und Zerstörung reißen. Unter dem Einfluß des plötzlichen und unerklärlichen Krieges verändert sich Jans Persönlichkeit auf erschreckende Weise. Er wird zum kaltblütigen Opportunisten, der vor nichts zurückschreckt, um seine eigene Haut zu retten. Zwar gelingt es ihm am Ende, für sich und Eva zwei Plätze in einem Flüchtlingsboot zu erkaufen, doch das schwankende Gefährt bleibt mitten auf dem Meer in einem Feld treibender Soldatenleichen stekken.
Ebenso wie die Protagonisten seines Films, so war auch Bergman nie sonderlich an Politik interessiert. Daraus hatte der Regisseur kein Geheimnis gemacht. Bei *Schande*, der immerhin einen sehr politischen Hintergrund besaß, machten ihm die Kritiker diese Haltung zum Vorwurf. So kreidete man Bergman eine absolute Realitäts- und Politikferne an, die im krassen Gegensatz zu den Ereignissen des Jahres 1968 (Prager Frühling, Pariser Märzunruhen) stand. Zu keiner Zeit hatte der schwedische Regisseur jedoch den Gedanken gehegt, mit diesem Film einen Beitrag zum aktuellen Zeitgeschehen zu liefern. Sein Anliegen bestand vielmehr darin, die furchtbaren Auswirkungen eines Krieges gleich welcher Art auf die Psyche des einzelnen Menschen zu schildern, ohne sich in dieser Beschreibung einem bestimmten zeitlichen Hintergrund zu verpflichten.
Diese distanzierte Weitsicht konnten im Gegensatz zu den Kritikern im wieder einmal aufgewühlten Europa nur deren amerikanische Kollegen verstehen, die *Schande* prompt zum Film des Jahres 1968 wählten. jg

Scharfe Kurven für Madame

Le grand restaurant. Frankreich 1966 **R** Jacques Besnard **B** Jacques Besnard, Louis de Funès, Jean Halain **K** Raymond Lemoigne **M** Jean Marion **P** Alain Poiré für Gaumont **L** 87 Min., Farbe **D** Louis de Funès, Bernard Blier, Maria Rosa Rodriguez, Folco Lulli, Venantino Venantini

Louis de Funès dominiert diesen Film als Monsieur Septime, Inhaber eines gleichnamigen Nobelrestaurants, der seine Angestellten in Verkleidung auf die Probe zu stellen pflegt. Den ansonsten routinierten Betrieb des Etablissements bringt die Entführung eines südamerikanischen Staatschefs (Lulli) gehörig durcheinander, die nicht nur die Polizei und eine Terroristengruppe, sondern auch des Politikers feurige Geliebte (Rodriguez) auf den Plan ruft. Hals über Kopf sieht sich Monsieur Septime in eine Spionageaffäre verwickelt...
Scharfe Kurven für Madame, auch als *Oscar hat die Hosen voll* in deutschen Kinos gelaufen, gehört nicht zu den besten Filmen des französischen Komikers, vor allem, weil Regisseur Jacques Besnards Inszenierung Schwung und Tempo vermissen läßt. Trotzdem gelangen ein paar sehr schöne Szenen, zum Beispiel, wenn Septimes Unterricht im Kellnern zu einem rasanten Gruppen-Kasatschok ausartet. Die Idee, unerkannt die Qualität eines Restaurants zu testen, verwendete De Funès etwas abgewandelt noch einmal in BRUST ODER KEULE: dort spielt er den Herausgeber eines Gourmet-Führers. al

Scharfe Sachen für Monsieur

Le corniaud. Frankreich/Italien 1965 **R** Gérard Oury **B** Gérard Oury, Marcel Jullian, Georges André Tabet **K** Henri Decaë **M** Georges Delerue **P** Robert Dorfman für Les Films Corona (Paris), Explorer Film (Rom) **L** 111 Min., Farbe **D** Bourvil, Louis de Funès, Venantino Venantini, Beba Loncar, Alida Chelli

Ein Jahr nach seinen Durchbruchserfolgen mit DER GENDARM VON ST. TROPEZ und FANTOMAS untermauerte Louis de Funès seine Popularität mit dieser gelungenen Komödie von Gérard Oury, die ihn erstmals mit seinem Kollegen Bourvil zusammenführte. Als kleiner Kaufmann Maréchal begibt sich dieser mit seiner liebevoll restaurierten Ente auf eine Urlaubsfahrt nach Italien. Die wird jedoch durch einen Autounfall frühzeitig beendet, an dem der reiche Geschäftsmann Saroyan (De Funès) mit seinem Cadillac Schuld ist. Maréchals anfängliche Verzweiflung weicht schnell neuem Enthusiasmus, als Saroyan ihm Wochen später vorschlägt, den mittlerweile nach Neapel verschifften Cadillac wieder nach Frankreich zu überführen und so die Reise unter wesentlich angenehmeren Bedingungen nachzuholen. Was Maréchal nicht weiß: Das schnittige Gefährt ist mit geschmuggeltem Gold und Drogen vollgestopft, und Saroyan folgt ihm heimlich...
Die Kombination der beiden beliebten Komiker erwies sich als wahres Kassen-Dynamit, denn *Scharfe Sachen für Monsieur* brach alle Rekorde und wurde allein in Frankreich von über zehn Millionen Menschen gesehen. De Funès und Bourvil ergänzten sich durch ihre kontrastierenden Persönlichkeiten hervorragend und drehten im folgenden Jahr einen weiteren Riesenhit unter Ourys Regie: DREI BRUCHPILOTEN IN PARIS. al

Der Scharfschütze

The Gunfighter. USA 1950 **R** Henry King **B** William Bowers, William Sellers, Nunnally Johnson, nach einer Story von Bowers und André de Toth **K** Arthur Miller **M** Alfred Newman **P** Nunnally Johnson für 20th Century-Fox **L** 84 Min., s/w **D** Gregory Peck, Helen Westcott, Millard Mitchell, Jean Parker, Karl Malden, Skip Homeier, Anthony Ross, Verna Felton, Ellen Corby

Henry Kings *Der Scharfschütze* war einer der ersten „psychologischen" Western, bevor Fred Zinnemann mit seinem revolutionären Klassiker ZWÖLF UHR MITTAGS zwei Jahre später dem Genre endgültig eine vielschichtigere Interpretations- und Darstellungsmöglichkeit gab. King orientierte sich streng an der Machart und Ausstattung der frühesten Western-Stummfilme. Weit entfernt vom Heroenkult der 30er und 40er Jahre entwirft dieser Film das Bild eines verzweifelten Menschen, dem sein Ruf als weithin gefürchteter Revolverheld zum Verhängnis wird.
Jimmy Ringo (Peck), ein ehemals berühmter Westerner, hat das Morden satt. Doch unfreiwillig wird er immer wieder von meist jugendlichen, geltungssüchtigen Männern zu einem Duell auf Leben und Tod herausgefordert, was ihn unfreiwillig zu neuem Töten zwingt. Dabei sehnt sich Ringo nach nichts anderem, als ein friedliches Familienleben zu führen. Sein zur Legende gewordener Glorienschein wird für ihn zu einem Fluch, dem er nicht entkommen kann.
Den Dreharbeiten dieses Films ging ein Hin und Her um den Besitz der Drehbuchrechte voraus. Zunächst hatte John Wayne Interesse am Skript geäußert, doch Harry Cohn, Chef der Columbia, war an einem künstlerisch ambitionierten Western wenig gelegen, so daß schließlich die 20th Century-Fox die Verfilmung in Angriff nahm. Heiße Debatten wurden über Gregory Pecks äußeres Erscheinungsbild in diesem Western geführt. Peck, zu Beginn der 50er Jahre bereits ein etablierter Hollywood-Star, sollte in *Der Scharfschütze* als abgehalfterter, schnauzbärtiger Revolverheld auftreten. Fox-Mogul Darryl F. Zanuck war entsetzt darüber und fürchtete, diese Erscheinung könnte Pecks Starruhm schaden. Dies war zwar nicht der Fall, dennoch lief der Film an den Kinokas-

sen nur schleppend an, was für die „Schnauzbart-Gegner" nur eine Bestätigung dafür war, daß das Publikum seinen Star Gregory Peck in der gewohnten, geschniegelten Aufmachung sehen wollte. jg

Der scharlachrote Buchstabe

Der scharlachrote Buchstabe. BRD 1973 **R** Wim Wenders **B** Wim Wenders, Bernardo Fernandez, Tankred Dorst, nach dem Roman von Nathaniel Hawthorne und dem Szenarium *Der Herr klagt über sein Volk in der Wildnis Amerika* von Dorst und Ursula Ehler **K** Robby Müller **M** Jürgen Knieper **P** Elias Querejeta für Filmverlag der Autoren/WDR **L** 90 Min., Farbe **D** Senta Berger, Hans-Christian Blech, Lou Castel, Yella Rottländer, Rüdiger Vogler, William Layton, Alfredo Mayo

Nach seinen vorhergehenden, recht niedrig budgetierten Spielfilmen war *Der scharlachrote Buchstabe* Wim Wenders erste internationale Großproduktion, mit der der Regisseur bereits deutliche Zugeständnisse an das kommerzielle Kino machte. Wenders selbst war nach Beendigung der Dreharbeiten um eine Erfahrung reicher. Da seine Geschichte im ausgehenden 17. Jahrhundert spielte, sah er sich gezwungen, eine historisch genau konzipierte Ausstattung streng einzuhalten, was ihm mit der Zeit mißfiel. „Für mich persönlich dokumentiert *Der scharlachrote Buchstabe* einen Zwang, mit dem ich nicht mehr arbeiten möchte. Ich möchte keinen Film mehr machen, in dem ein Auto oder eine Tankstelle, ein Fernsehapparat oder eine Telefonzelle zumindest nicht erscheinen dürfen..."
Schauplatz der Story ist die puritanische Siedlung Salem in Nordamerika im 17. Jahrhundert. Die fanatische Religiösität und Strenge der Gemeinde bekommt alljährlich die junge Hester Prynne (Berger) zu spüren, die für einen Tag an den Pranger gestellt wird, weil sie vor sieben Jahren Ehebruch begangen hat und sich seitdem weigert, den Vater ihres unehelichen Kindes bekanntzugeben. Eines Tages erscheint Chillingworth (Blech), den sie noch in Europa geheiratet hatte. Dieser kommt dahinter, daß der Gemeindepfarrer Dimmesdale (Castel) mit Hester geschlafen hat. Als im Hafen ein Schiff anlegt, hofft Hester, zusammen mit Dimmesdale nach Europa zurückzukehren. Chillingworth jedoch vereitelt diesen Plan mit vernichtender Konsequenz. jg

Die scharlachrote Kaiserin

The Scarlett Empress. USA 1934 **R** Josef von Sternberg **B** Manuel Komroff **K** Bert Glennon **P** Paramount **L** 105 Min. (Originalfassung 110 Min.), s/w **D** Marlene Dietrich, John Lodge, Sam Jaffe, Louise Dresser, Maria Sieber, C. Aubrey Smith

In seinen sieben Filmen mit Marlene Dietrich stilisierte Josef von Sternberg seine Hauptdarstellerin zu einer wunderschönen, aber absolut irrealen Kunstfigur hoch, die sich in meist recht absurdem Rahmen als männermordende Verführerin betätigte. In *Die scharlachrote Kaiserin* trieb diese Politik ihre üppigsten Blüten: Obwohl auf dem Tagebuch der russischen Zarin Katharina (1729-1796), genannt „die Große", beruhend, ist der Film alles andere als Geschichtsunterricht, sondern vielmehr eine extravagante Ausstattungsorgie von bis dahin unbekannten Ausmaßen. Getaucht in schmeichelndes Licht und eingefangen von Bert Glennons Weichzeichnerkamera, wandelt Marlene, eingehüllt in schimmernde Roben, durch die pompösen Kulissen einer Art Zukkerwatte-Rußland. Für die faszinierenden Skulpturen an Armlehnen, Tischbeinen etc. hatte der Regisseur den jungen Schweizer Bildhauer Peter Ballbusch engagiert, die Sets stammten von Hans Dreier. Vom visuellen Standpunkt ist *Die scharlachrote Kaiserin* ein Meisterwerk, und bis CITIZEN KANE galt er als das innovativste Werk der Tonfilm-Ära.
Um so weniger Aufmerksamkeit widmete man der Handlung, in der die aus Deutschland stammende Monarchin als - was sonst? - herzloser Vamp porträtiert wird. Doch nicht diese und andere historische Ungenauigkeiten machten den Film zu einem gigantischen Mißerfolg an den Kassen, sondern seine ebenso faszinierende wie groteske Opulenz, die in der Depressionszeit auf das amerikanische Publikum wie eine Provokation wirkte. Zudem hatte es Großbritanniens rühriger Alexander Korda geschafft, seine wesentlich seriösere Version der Geschichte mit Elisabeth Bergner unter dem Titel *Catherine the Great* acht Monate früher in die Kinos zu bringen und so der Konkurrenz das Wasser abzugraben. In den Anfangssequenzen des Films, die Katharina als Kind zeigen, wird sie übrigens von Marlenes Tochter Maria Sieber gespielt. al

Der scharlachrote Pirat

Swashbuckler. USA 1976 **R** James Goldstone **B** Jeffrey Bloom, nach einer Geschichte von Paul Wheeler **K** Philip Lathrop **M** John Addison **P** Jennings Lang, Elliott Kastner für Universal **L** 101 Min., Farbe **D** Robert Shaw, James Earl Jones, Geneviève Bujold, Peter Boyle, Bernard Behrens, Beau Bridges, Anjelica Huston

Nick Debrett (Jones) steht schon unter dem Galgen, als ihn sein Freund Ned Lynch (Shaw) in einer tollkühnen Aktion befreit. Lord Durant (Boyle), der korrupte Gouverneur von Jamaika, schäumt; es ist nicht das erste Mal, daß der gefürchtete Freibeuter Lynch seine Soldaten blamiert. Durants despotisches Regime hat ihn auf der Insel denkbar unbeliebt gemacht. Neben dem Piraten Lynch hat Durant sich auch Jane (Bujold), die Tochter des Lordoberrichters Barnet (Behrens), zum Feind gemacht, deren Vater er ebenfalls in seine Gewalt gebracht hat, um an dessen Diamanten heranzukommen. Nach anfänglichen Ressentiments verbündet sich Jane mit dem Seeräuber und erklärt Durant den Kampf.
Obwohl Goldstone für seinen Piratenfilm alle notwendigen Zutaten eingebracht hat - bis hin zum originalgetreuen Nachbau der *Golden Hind*, mit der Englands Gentleman-Pirat Sir Francis Drake die Welt umsegelte, ist alles vertreten, was zu einem echten Seeabenteuer gehört - kommt der Film an die Originale des Genres aus den 40er und 50er Jahren nicht heran. Robert Shaw ist zwar „mit dem Degen exzellent, doch am Tau hängt er wie ein Mehlsack, der sich nur mit Hilfe von Filmschnitten weiterschwingen kann" (*Kölner Stadt-Anzeiger*). Da sehnt man sich doch nach der spielerischen Eleganz eines Errol Flynn oder Burt Lancaster. jg

Das scharlachrote Siegel

The Scarlet Pimpernel. Großbritannien 1935 **R** Harold Young **B** Lajos Biro, S. N. Behrman, Robert Sherwood, Arthur Wimperis, nach dem Roman von Emma Magdalena Rosalia Maria Josepha Barbara Orczy **K** Harold Rosson **M** Arthur Benjamin **P** Alexander Korda für London Films **L** 97 Min., s/w **D** Leslie Howard, Merle Oberon, Raymond Massey, Nigel Bruce, Bramwell Fletcher, Anthony Bushell

Der große Erfolg von DAS PRIVATLEBEN HEINRICHS VIII. ermöglichte Alexander Korda und seiner London Films die Realisierung weiterer kostspieliger Projekte dieser Art, darunter diese aufwendige Verfilmung eines Romans von Baroness Orczy, wie Korda ungarischer Herkunft. Die Geschichte dreht sich um Sir Percy Blakeney (Howard), einen englischen Dandy, der sich zu Zeiten der Revolution heimlich als Retter französischer Adeliger vor der Guillotine betätigt. Noch nicht einmal seine Frau (Oberon), die ihn ob seiner angeblichen Schwäche und Charakterlosigkeit verachtet, ahnt etwas von seinen heroischen Aktivitäten...
Das scharlachrote Siegel ist ein herrlicher Abenteuerfilm und kann sich in punkto Ausstattung und technischer Perfektion durch-

aus mit gleichartiger Ware aus Hollywood messen. Darüber hinaus profitiert der Film von einem witzigen, schwungvollen Drehbuch, das entschieden besser ist als seine Vorlage. Wie üblich hatte Korda überall seine Finger im Spiel (der ursprüngliche Regisseur Rowland Brown wurde bereits nach einem Tag gefeuert), und drückte der Produktion seinen Stempel auf; so bestand er beispielsweise darauf, entgegen aller damaligen Gewohnheiten viel unter freiem Himmel zu drehen, was den aus USA geholten Kameramann Harold Rosson in Begeisterung versetzte. Der Film war so populär, daß 1938 eine Fortsetzung (*The Return of the Scarlet Pimpernel*) und 1950 ein Remake (*Das dunkelrote Siegel*, mit David Niven) entstanden. al

Schatten

Shadows. USA 1960 **R** John Cassavetes **B** John Cassavetes **K** Erich Kolmar **M** Charles Mingus **P** Maurice McEndree, Seymour Cassel **L** 78 Min., s/w **D** Hugh Hurd, Lelia Goldoni, Ben Carruthers, Anthony Ray, Dennis Sellas, David Pikitillow, Rupert Crosse

Lelia (Goldoni) teilt sich mit ihren Brüdern Hugh (Hurd) und Ben (Carruthers) eine kleine Wohnung in New York, irgendwo in der Nähe vom Times Square. Das etwa 20jährige Mädchen und Ben sind weißer Hautfarbe, ihr Bruder Hugh dagegen ist schwarz; die Geschwister entstammen einer Mischlingsehe. Ben träumt von einer Zukunft als Jazztrompeter, Hugh davon, ein großer Sänger zu werden. Einstweilen aber müssen sie sich mit den schäbigsten Engagements für entsprechende Hungerlöhne abfinden. Lelia lernt eines Tages bei einer Vernissage Tony (Ray) kennen - einen Weißen. Beide verlieben sich ineinander. Ohne rassistisch zu sein, kann Tony allerdings seine Irritation über Lelias Herkunft nicht verbergen, was zu einer heftigen Auseinandersetzung und schließlich zur Trennung führt.
Cassavetes' Regiedebüt gilt heute als der Schlüsselfilm der Off-Broadway-Bewegung, ohne Produktionsfirma, mit einem Budget von $ 40.000 und einer 16mm-Kamera in New York gedreht. Die Schauspieler erhielten weder Gage noch ein Drehbuch, vielmehr entstand der Film aus dem Wunsch einer Freundesgruppe um Cassavetes, jenseits der Bühne schauspielerische Experimente zu wagen. Allein die Personenkonstellation stand zu Drehbeginn fest, alles weitere wurde am Set improvisiert. Und das unter recht abenteuerlichen Bedingungen. So lag z. B. keine Drehlizenz vor, was heißt, daß heimlich gefilmt werden mußte. jg

Schatten der Vergangenheit

Dead Again. USA 1991 **R** Kenneth Branagh **B** Scott Frank **K** Matthew F. Leonetti **M** Patrick Doyle **P** Lindsay Doran, Charles H. Maguire für Mirage Prod./Paramount **L** 108 Min., Farbe - s/w **D** Kenneth Branagh, Emma Thompson, Andy Garcia, Hanna Schygulla, Derek Jacobi, Robin Williams

Manch einer befürchtete schon, der Hollywood-Ausflug des durch die Shakespeare-Adaption HENRY V. bekanntgewordenen irischen Regisseurs Kenneth Branagh würde unweigerlich einen Qualitätsverlust nach sich ziehen. *Schatten der Vergangenheit* ist jedoch der herausragende Beweis dafür, daß auch im amerikanischen Kino der 90er Jahre noch eine Synthese zwischen Kommerz- und Anspruchskino möglich sein kann. Branagh übernahm in diesem spannungsgeladenen Kinostück nicht nur die Regie, sondern spielte auch die männliche Hauptfigur, der er seine eigene Ehefrau Emma Thompson zur Seite stellte.
Im Los Angeles des Jahres 1991 irrt die attraktive Grace (Thompson) erinnerungs- und orientierungslos durch die Stadt, bis sich ein Journalist (Branagh) ihrer annimmt. Damit beginnt ein raffiniertes, facettenreiches Spiel, in dessen Rahmen sich das Rätsel eines Mordes aufklärt, der vor 40 Jahren verübt wurde.
Angereichert mit Patrick Doyles symphonischem Score zitiert Branagh mit Genuß und nach allen Regeln der Kunst die Handschrift eines Alfred Hitchcock, ohne dabei jedoch in eine platte Imitation zu verfallen. Von einer erstaunlichen Ästhetik sind dabei die brillant fotografierten Schwarzweiß-Rückblenden, in denen sich Andy Garcia besonders gut macht.
Trotz des nicht immer leicht nachzuvollziehenden Handlungablaufes ließ sich nicht von einem Besuch des Films abschrecken. Allein in den USA spielte *Dead Again* nach nur wenigen Wochen Laufzeit die erstaunliche Summe von 37 Mio. Dollar ein. jg

Der Schatten des Giganten

Cast an Giant Shadow. USA 1966 **R** Melville Shavelson **B** Melville Shavelson, nach der Biographie von Ted Berkman **K** Aldo Tonti **M** Elmer Bernstein **P** Melville Shavelson, Michael Wayne für Llenroc/Batjac/The Mirisch Corp./United Artists **L** 138 Min. (Originalfassung 144 Min.), Farbe **D** Kirk Douglas, Senta Berger, Angie Dickinson, James Donald, Sathis Giallelis, Luther Adler, Gary Merrill, Haym Topol, Frank Sinatra, Yul Brynner, John Wayne, Gordon Jackson, Michael Hordern, Jeremy Kemp

Das potentiell interessante Thema der Entstehung und Gründung des Staates Israel wurde hier von Regisseur/Produzent Melville Shavelson zu einem pathetischen, unglaubwürdigen Kriegsdrama verwurstet, das auf Ted Berkmans Biographie über Oberst David „Mickey" Marcus basiert. Ihm leiht im Film Kirk Douglas sein markantes Profil. Marcus war von der israelischen Regierung um 1948 beauftragt worden, die Kampftruppen des neugegründeten Staates in einen schlagkräftigen Haufen zu verwandeln, der der bevorstehenden arabischen Invasion würde standhalten können. Leider hielt es Shavelson für nötig, diese nackten Tatsachen in seinem Drehbuch „auszuschmükken", so etwa mit einer Liebesaffäre des Oberst zu einer feurigen Freiheitskämpferin (Berger) und ähnlichem Unsinn. Auch die Gastauftritte so schwergewichtiger Stars wie John Wayne, Yul Brynner und gar Frank Sinatra (als Pilot, der über den feindlichen Arabern Flaschen mit Sodawasser in Ermangelung von Bomben abwirft) bringen das Unternehmen aus dem Gleichgewicht. Schlechte Kritiken und miserable Einspielergebnisse waren das Resultat. Shavelson schrieb übrigens ein Buch über die von zahlreichen Schwierigkeiten und Problemen begleiteten Dreharbeiten in Israel und Italien, das wesentlich unterhaltsamer ist als der Film: *How To Make a Jewish Movie*. al

Die Schattenlinie

Smuga Ciena/The Shadow Line. Polen/Großbritannien 1976 **R** Andrzej Wajda **B** Boleslaw Sulik und Andrzej Wajda, nach dem Roman *The Shadow Line - A Confession* von Joseph Conrad **K** Witold Sobocinski **M** Wojciech Kilar, Lech Branski **P** Film Polski, X-Film Unit/Thames Television **L** 105 Min., Farbe **D** Marek Kondrat, Graham Lines, Tom Wilkinson, Bernard Archard, John Bennett, Martin Wyldeck

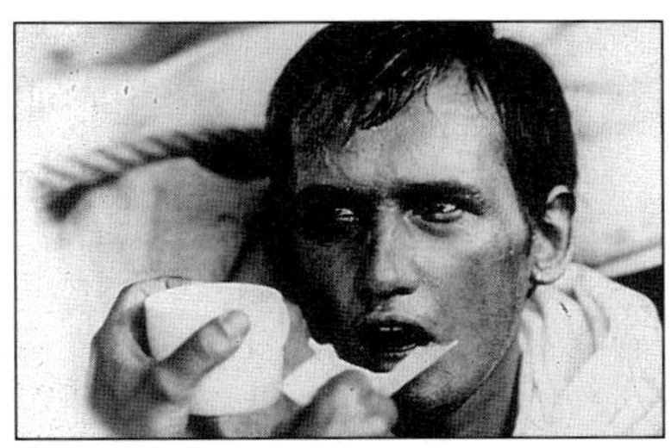

Joseph Conrad, der eigentlich Josef Teodor Konrad Korzeniowski hieß und gebürtiger Pole war, schrieb die Romanvorlage zu Wajdas Historienfilm auf der Basis eigener Erlebnisse und Erfahrungen als Seemann - einer Zeit der inneren Unsicherheit und der Selbstfindung.
1886, irgendwo auf dem Südchinesischen Meer. Conrad (Kondrat) gerät auf seiner ersten Fahrt als Kapitän eines Segelschiffes in die Bredouille: Eine wochenlange Windstille, ein teuflischer Wirbelsturm, in dem das Schiff beschädigt wird und schließlich eine Malariaepidemie an Bord, die zu einem Totalausfall der Mannschaft führt, bringen

den jungen Schiffsoffizier in arge Bedrängnis. Doch am Ende geht er gestärkt aus dem Kampf mit den Widrigkeiten der Natur hervor, erreicht mit letzter Kraft den Hafen Singapurs, und wird sich bewußt, die Jugend endgültig hinter sich gelassen zu haben.
Wajda inszenierte den in Bulgarien, England und Thailand gedrehten Film kühl und sensibel, konzentriert auf die Charaktere und Stimmungen. Trotz der passablen schauspielerischen Leistung von Hauptdarsteller Kondrat und der atmosphärischen Dichte der Bilder, die vor allem durch die zahlreichen Totalaufnahmen erreicht wird, wirkt Wajdas Literaturverfilmung doch merkwürdig distanziert und leer, die Figuren verkommen zu leblosen Requisiten, scheinen verzichtbar.
In der DDR wurde *Die Schattenlinie* regulär in den Lichtspielhäusern gezeigt, in Westdeutschland kam es, neben einer TV-Ausstrahlung, lediglich zu Aufführungen in einigen Programmkinos. sk

Die Schattenmacher

Fat Man and Little Boy. USA 1989 **R** Roland Joffé **B** Bruce Robinson, Roland Joffé **K** Vilmos Zsigmond **M** Ennio Morricone **P** Tony Garnett für Paramount **L** 127 Min., Farbe **D** Paul Newman, Dwight Schultz, Bonnie Bedelia, John Cusack, Laura Dern, Ron Frazier, John C. McGinley, Natasha Richardson

Während des II. Weltkrieges waren amerikanische Militärpolitiker einigermaßen beunruhigt über die Nachricht, Deutschland würde am Bau einer Atom-Bombe arbeiten. In Windeseile wurde in Los Alamos, New Mexiko, ein geheimes Lager errichtet, in dem die fähigsten Wissenschaftler des Landes den Wettlauf um die Entwicklung der neuartigen Waffe antraten. Vor diesem interessanten historischen Hintergrund ist Roland Joffés Film angesiedelt, der nach bewährtem Muster einen komplexen Vorgang anhand zweier gegensätzlicher Figuren verdeutlicht. Das sind der Haudegen General Groves (Newman), der den zügigen und reibungslosen Ablauf der wissenschaftlichen Arbeit gewährleisten soll, und der brillante Physiker J. Robert Oppenheimer (Schultz), der das Team leitet. Während Groves schlicht an der raschen Beendigung des Krieges durch einen einzigen Schlag interessiert ist, sieht Oppenheimer seine Aufgabe als Herausforderung an den menschlichen Geist an.
Die US-Kritik fiel fast einstimmig über *Die Schattenmacher* her, indem sie nämlich genau jene Vereinfachung, die das Verständnis der historischen Vorgänge dem Zuschauer erleichtern sollte, als unzulässige Banalisierung ablehnte. In der Tat kann man den Eindruck bekommen, Groves und Oppenheimer seien die einzigen gewesen, die mit dem Bau der Bombe überhaupt befaßt waren. Abgesehen von diesem fragwürdigen Umgang mit Tatsachen ist der Film ein interessantes, von Vilmos Zsigmond exquisit photographiertes Drama, das sich um Verständnis des Unfaßbaren bemüht, der Frage, wie Menschen eine so furchtbare Waffe überhaupt erst schaffen konnten. „Fat Man" und „Little Boy" des Originaltitels sind übrigens die Spitznamen jener Bomben, die über Hiroshima und Nagasaki abgeworfen wurden; nach dem schwachen Abschneiden des Filmes an den US-Kassen wurde er für Großbritannien und andere englischsprachige Länder in *Shadow Makers* umgetauft. al

Der Schatz der Gehenkten

The Law and Jake Wade. USA 1958 **R** John Sturges **B** William Bowers, nach dem Roman von Marvin H. Albert **K** Robert Surtees **P** William Hawks für MGM **L** 86 Min., Farbe **D** Robert Taylor, Richard Widmark, Patricia Owens, Robert Middleton, Henry Silva, DeForest Kelley, Burt Douglas, Eddie Firestone

„In den Western, die ich meine, geht es nicht so sehr um die traditionelle Action und nicht darum, daß der Held sich pausenlos schlägt; so viel Leidenschaft zerstört die latente Kraft." Dies war die Meinung von John Sturges, der mit DER LETZTE ZUG VON GUN HILL oder DIE GLORREICHEN SIEBEN einige der interessantesten Beiträge zu diesem Genre ablieferte.
Ausgestattet mit den beiden vorzüglichen Schauspielern Richard Widmark und Robert Taylor beschreibt Sturges die Geschichte einer mörderischen Feindschaft. Jake Wade (Taylor) lebt als Sheriff in einer kleinen Stadt in New Mexico. Die Heirat mit der reizenden Peggy (Owens) soll seinen Einstieg ins bürgerliche Leben vervollständigen. Niemand weiß, daß Wade noch vor wenigen Jahren mit einer Banditenbande durch die Lande galoppierte, sich eines Tages jedoch mit der Beute eines Bankraubes aus dem Staub machte. Jetzt muß er erfahren, daß sein Ex-Boß Hollister (Widmark) in einem Gefängnis sitzt und auf seine Hinrichtung wartet. Wade entschließt sich, die alte Schuld wiedergutzumachen und befreit Hollister. Dieser dankt ihm diese Aktion allerdings anders als erwartet. Hollister bringt Peggy in seine Gewalt und zwingt Jake, ihn zum Versteck des erbeuteten Geldes zu führen...
Mehrere hundert Spezialisten errichteten innerhalb von acht Monaten in der öden Landschaft des amerikanischen Mittelwestens die beeindruckende Kulisse einer Geisterstadt, in der sich die beiden Kontrahenten ihr abschließendes Duell liefern. Die übrigen Außenaufnahmen entstanden in der beeindrukkenden Bergwelt der Rocky Mountains. Ein kurzweiliger und differenziert gestalteter Western mit interessanten Charakterstudien und vorzüglich fotografierten Action-Sequenzen. jg

Der Schatz der Sierra Madre

Treasure of the Sierra Madre. USA 1948 **R** John Huston **B** John Huston, nach dem Roman von B. Traven **K** Ted McCord **M** Max Steiner **P** Henry Blanke für Warner Bros. **L** 120 Min. (Originalfassung 126 Min.), s/w **D** Humphrey Bogart, Tim Holt, Walter Huston, Bruce Bennett, Barton MacLane, Alfonso Bedoya, Manuel Donde

Mitte der zwanziger Jahre treffen in der kleinen mexikanischen Stadt Tampico Howard (Huston), Curtin (Holt) und Dobbs (Bogart) aufeinander. Allesamt gestrandete Nordamerikaner, die gemeinsam ihr Glück bei der Goldsuche machen wollen. Sie ziehen in die Sierra Madre und werden tatsächlich fündig. Doch das Gold sät alsbald Zwietracht und Mißtrauen unter den Freunden. Auf dem Rückweg in die Stadt schließt sich Howard einem Indianerstamm an, die beiden anderen ziehen allein weiter. Dobbs verfällt immer mehr dem Wahnsinn, glaubt sich von seinem Kumpel bedroht und verfolgt. Bei einer Auseinandersetzung schießt er Curtin nieder und macht sich mit dem Gold davon. Aber die Freude an seinem Reichtum währt nicht lange. Banditen überfallen und töten ihn, die Beutel mit dem Goldstaub schlitzen sie auf; der Wind weht den Schatz über die Prärie.
John Huston gab in dieser Abenteuergeschichte dem Leinwand-Heroen Bogart die Gelegenheit, sein schauspielerisches Können fern seiner Standard-Interpretationen zu entfalten. Insgesamt sechsmal arbeiteten die beiden zusammen: bei DIE SPUR DES FALKEN, ABENTEUER IN PANAMA, *Der Schatz der Sierra Madre*, HAFEN DES LASTERS, AFRICAN QUEEN und SCHACH DEM TEUFEL.
Die Dreharbeiten nahmen zehn Wochen in Anspruch und fanden an Originalschauplät-

zen statt; zur damaligen Zeit ein ungewöhnliches Unterfangen, da normalerweise ausschließlich auf dem Studiogelände gearbeitet wurde. Die Aufnahmen wurden von einem mysteriösen Mann überwacht, der im nachhinein als B. Traven identifiziert werden konnte. Ein bemerkenswerter Umstand, da jener Autor, der die Vorlage zu Hustons Film lieferte, zeitlebens seine wahre Identität verschleierte und ein sehr zurückgezogenes Dasein führte.
Fast 3 Mio. Dollar mußte Produzent Henry Blanke für die Finanzierung des Films auftreiben. Um sicherzugehen, daß diese enorme Summe auch eingespielt wurde, ließ er den *Schatz der Sierra Madre* als Western ankündigen. Tätsächlich ging seine Rechnung auf. Neben einem sehr guten Einspielergebnis konnte der Film drei Oscars verbuchen: John Huston wurde in den Kategorien „Beste Regie" und „Beste Drehbuch-Adaption" ausgezeichnet, sein Vater Walter erhielt die Trophäe zwei Jahre vor seinem Tod als Bester Nebendarsteller. mg

Der Schatz im Silbersee

Der Schatz im Silbersee. BRD/Jugoslawien 1962 **R** Harald Reinl **B** Harald G. Petersson, nach dem Roman von Karl May **K** Ernst W. Kalinke **M** Martin Böttcher **P** Horst Wendtland für Rialto Film (Berlin), Jadran (Belgrad) **L** 92 Min., Farbe **D** Lex Barker, Pierre Brice, Götz George, Herbert Lom, Karin Dor, Eddi Arent, Ralf Wolter, Marianne Hoppe

Seit Jahrzehnten gehören die Werke des Volksschriftstellers Karl May zu den meistgelesenen Büchern in Deutschland. Der Film hatte allerdings bis zum Jahre 1962 einen weiten Bogen um seine phantasievollen Reiseabenteuer gemacht. Lediglich in den 30er und 50er Jahren war es zu einigen Verfilmungen gekommen, die eigentümlicherweise aber Mays Orient-Geschichten zum Inhalt hatten. Horst Wendtland wagte das riskante Unternehmen, zum ersten Mal die Amerika-Abenteuer der beiden Helden Old Shatterhand und Winnetou kinogerecht in Farbe und CinemaScope für ein Millionenpublikum umzusetzen. Was in den vorangegangenen Jahren Hunderte von bundesdeutschen Produktionen vergeblich versucht hatten, gelang mit *Der Schatz im Silbersee* auf einen Schlag. Der Streifen wurde über Nacht zum erfolgreichsten Film der Nachkriegszeit (Goldene Leinwand 1963!) und zog - wie zu erwarten war - eine Kette von Fortsetzungen unterschiedlicher Qualität nach sich. Mögen aus heutiger Sicht die Streifen der Karl-May-Serie angesichts ihrer Naivität und stets gleich gestrickten Handlungsstränge ein ungläubiges Kopfschütteln hervorrufen, so stellten sie damals durchaus eine beachtliche Konkurrenz zum Hollywood-Western dar, den sie noch nicht einmal kopierten, sondern ihm eine völlig andere, romantisierende Western-Welt entgegensetzten. Der beachtliche Erfolg bei Kritik und Publikum im In- und Ausland zeigte den amerikanischen Filmemachern, daß das Genre des Western nicht nur eine Domäne des US-Kinos war, sondern auch in Europa dankbare Variationen erfuhr. So merkwürdig es klingen mag - die Karl-May-Serie leistete einen nicht unwesentlichen Beitrag zur Entwicklung des Italo-Western, der sich allerdings im Gegensatz zu den deutschen Western eine zeitlose Attraktivität bewahren konnte.
Der Schatz im Silbersee schildert in gefühlvoll umgesetzten Bildern den an Schauwerten reichhaltigen Kampf von Winnetou, Old Shatterhand und ihren Freunde gegen die Bande der Tramps, die hinter einem sagenumwobenen Indianerschatz her ist, der ihr jedoch nur Unheil bringt.
Um die Kosten zu senken und die weiten Anfahrtswege zu sparen, verzichtete die Produktionsgesellschaft darauf, in den USA zu drehen und entschied sich für die vielfältige Landschaft Jugoslawiens, das mit seinem weißen Karstgestein, den öden Steppen und grünlich-blauen Seen eine ideale Filmkulisse bot und auch für die nächsten Karl-May-Abenteuer mit freilich zunehmend nachlassender Wirkung als Hintergrund fungierte. jg

Die Schaukel

Die Schaukel. BRD 1983 **R** Percy Adlon **B** Percy Adlon, nach dem Roman von Annette Kolb **K** Jürgen Martin **M** Peer Raben **P** Percy Adlon für pelemele Film GmbH/Roxy Film/pro-ject Film **L** 127 Min., Farbe **D** Anja Jaenicke, Lena Stolze, Joachim Bernhard, Susanne Herlet, Christine Kaufmann, Ulrich Tukur, Günter Strack, Irm Hermann, Rolf Illig

München im Jahre 1889. Aus der Sicht des etwas trampeligen Mädchens Mathias (Jaenicke) wird die Welt der lebenslustigen Familie Lautenschlag (eine Ansammlung bajuwarischer Musterexemplare) mit dem verbissenen preußischen Ernst derer von Zwinger kontrastiert, die humorlos, unmusisch, militaristisch und ständig mies gelaunt in einem benachbarten Prachtpalast residieren. Sanfte Balgereien und mentalitätsbedingte Auseinandersetzungen sind geradezu vorprogrammiert.
Diese zweistündige Ereignislosigkeit ist ungefähr so interessant und hochglänzend aufgemacht wie ein Fremdenverkehrsprospekt für die bayerische Landeshauptstadt. „Auf die Szenen dieser Komödie wirft ein ständig wechselnder Münchener Himmel seine Schatten und sein Licht" (Presseinformation).
Kurz vor ihrer Emigration im Jahre 1933 schrieb die Münchener Dichterin Annette Kolb ihren autobiographischen Roman *Die Schaukel*, in dem sie bereits damals in einem wehmütigen Rückblick das bayerische Bürgertum der Jahrhundertwende reichlich verklärt darstellte. Ärgerlicherweise übernimmt Adlon kritiklos den Heile-Welt-Tenor der Literaturvorlage und transportierte sein Werk mit solchen Bemerkungen wie „Das Vorkriegsbayern war vielleicht das demokratischste Land, das es je gegeben hat" oder auch „Antisemitismus gab es in München keinen" an den Rand des Zumutbaren. jg

Der Scheich

The Sheik. USA 1921 **R** George Melford **B** Monte M. Katterjohn, nach dem Roman von Edith Maude **K** William Marshall **P** Paramount **L** 80 Min., s/w **D** Agnes Ayres, Rudolph Valentino, Adolphe Menjou, Walter Long, Lucien Littlefield

Die Darstellung eines Tangotänzers in *The Four Horseman of the Apocalypse* hatte Rudolph Valentino über Nacht zu einem der begehrtesten Frauenhelden der Filmgeschichte werden lassen. Amerikas weibliche Bevölkerung lag ihm schmachtend zu Füßen. Diese bedingungslose Bewunderung steigerte sich zu einer Hysterie, als Valentinos zweiter großer Erfolg *Der Scheich* anlief.
Noch vor dem eigentlichen Kinostart fürchtete die Paramount ein finanzielles Fiasko. Das Vertrauen, das sie in den Star und den Regisseur des Films setzte, war denkbar gering. *Der Scheich* ist Hollywood-Kitsch par excellence. Diana Mayo (Ayres), eine attraktive Engländerin, wird von dem Wüstenprinz Ahmed Ben Hassan (Valentino) entführt und in dessen Zeltlager gebracht. Zunächst weist Diana seine Liebesschwüre zurück, als sie jedoch der Fiesling Omair (Long) in seine Gewalt bringt und Ahmed sich daraufhin einem gefährlichen Duell stellt, um sie heldenhaft zu retten, schlägt ihr Herz bald für den Sohn der Wüste.
Der Scheich bestimmte wie kein anderer Film die Hollywood-Liebesromanzen der 20er Jahre. Millionen von Zuschauern (vorwiegend weiblichen Geschlechts) strömten in die Kinos. Der Film wurde zum Renner der Saison und zog eine ganze Kette von modischen Trends nach sich, mit denen versucht wurde, *Scheich*-Motive in Kleidung und Innenarchitektur einfließen zu lassen. 1926 entschloß sich die Paramount, den Er-

folg des Filmes mit dem Sequel DER SOHN DES SCHEICHS zu wiederholen, wobei dieser Streifen wesentlich aufwendiger gestaltet wurde. jg

Eine Scheidung

A Bill of Divorcement. USA 1932 **R** George Cukor **B** Howard Estabrook, Harry Wagstaff Gribble, nach dem Bühnenstück von Clemence Dane **K** Sid Hickox **M** Max Steiner **P** David O. Selznick für RKO Radio **L** 67 Min., s/w **D** John Barrymore, Billie Burke, Katharine Hepburn, David Manners

Die zweite von drei Versionen von Clemence Danes Bühnenstück aus dem Jahre 1921 ist auch die beste. John Barrymore, auf der Höhe seines Könnens, spielt in dem etwas altmodischen Drama einen Mann, der die letzten 25 Jahre seines Lebens in einer Nervenheilanstalt zugebracht hat und just an dem Tag entweicht, an dem die Scheidung von seiner Frau (Burke) in Kraft tritt. Als seine Tochter (Hepburn) vom Zustand ihres Vaters erfährt, ist sie überzeugt, niemals gesunde Kinder bekommen zu können...
Neben Barrymores sensibler Darstellung erregte - in ihrem Leinwanddebüt - vor allem die junge Katharine Hepburn Aufsehen. Die Kritiker waren sich einig, daß man es hier mit einem völlig neuen Typ Schauspielerin zu tun hatte, „einer merkwürdig dynamischen, lebhaften Person in einem Beruf voll von charakterlosen, synthetischen Blondinen" (*Daily Telegraph*). Mit nur einem Film hatte sich die eigenwillige Aktrice in den Starhimmel katapultiert, wo sie nicht weniger als sechs Jahrzehnte bleiben sollte. Dabei hatte das Studio gezögert, sie für den Film unter Vertrag zu nehmen, doch Regisseur George Cukor, der Testaufnahmen mit ihr gesehen hatte, wollte sie unbedingt haben. Die beiden sollten noch neun weitere Filme zusammen machen, davon zwei fürs Fernsehen. al

Scheidung auf amerikanisch

The Gay Divorcee. USA 1934 **R** Mark Sandrich **B** George Marion, Jr., Dorothy Yost und Edward Kaufman, nach dem Broadway-Musical *The Gay Divorce* von Samuel Hoffenstein, Kenneth Webb und Cole Porter, basierend auf dem Bühnenstück von Dwight Taylor **K** David Abel **M** Cole Porter, Harry Revel, Con Conrad; Porter, Mack Gordon, Herb Magidson (Text) **P** Pandro S. Berman für RKO Pictures **L** 107 Min., s/w **D** Fred Astaire, Ginger Rogers, Alice Brady, Edward Everett Horton, Erik Rhodes, Eric Blore, Charles Coleman, Betty Grable, Lillian Miles, E.E. Clive

Scheidung auf amerikanisch markiert den Beginn der Astaire/Rogers-Ära, nachdem die beiden ein Jahr zuvor als Buffo-Paar in der musikalischen Komödie *Flying Down to Rio* eingesetzt worden waren. Ihre gemeinsamen Tanznummern weckten die Aufmerksamkeit des Publikums und des Produzenten Pandro S. Berman, der das Broadway-Musical *The Gay Divorce* eigens für das neue Gespann leinwandgerecht aufbereiten ließ. Die belanglose Liebesgeschichte wurde dabei mit einigen kleinen unwesentlichen Änderungen übernommen, das musikalische Repertoire erfuhr hingegen eine rigorose Neuerung: Cole Porter hatte für das Original insgesamt zehn Songs komponiert, von denen letztlich nur einer, nämlich *Night and Day*, in den Film integriert wurde. Die anderen Stücke lieferten die bewährten Teams Revel/Gordon, die *Don't Let It Bother You* und *Let's K-nock K-nees* schrieben, sowie Conrad/Magidson mit *A Needle in a Haystack* und *The Continental*, für den sie den Oscar erhielten.
In der Bühnenversion der *Lustigen Geschiedenen* hatte Fred Astaire seinen letzten Theaterauftritt absolviert, bevor er sich ausschließlich dem Film widmete. *The Gay Divorcee* gab ihm erneut Gelegenheit, als Guy Holden seine Angebetete Mimi Glossop (Rogers) singend und tanzend zu umwerben. Die allerdings entzieht sich anfänglich seinen Avancen, hält sie ihn doch für den Gigolo, den ihr Anwalt engagiert hat, damit er sich als Mimis Liebhaber ausgibt. Diese Maskerade soll der jungen Ehefrau eine schnelle Scheidung von ihrem ständig abwesenden Mann ermöglichen. Nach den üblichen Komplikationen und Mißverständnissen finden Guy und Mimi schließlich zueinander - ebenso wie in den weiteren acht Musicals, die das unvergleichliche Team bis 1949 drehte. mg

Scheidung auf amerikanisch

Divorce American Style. USA 1967 **R** Bud Yorkin **B** Norman Lear, nach einer Story von Robert Kaufman **K** Conrad Hall **M** Dave Grusin **P** Norman Lear für Tandem Prod./National General Pictures/Columbia **L** 109 Min., Farbe **D** Dick Van Dyke, Debbie Reynolds, Jason Robards, Jean Simmons, Van Johnson, Joe Flynn, Lee Grant

Im Mittelpunkt von Bud Yorkins Gesellschaftskomödie stehen zwei amerikanische Mittelschichts-Ehepaare (Van Dyke/Reynolds und Robards/Simmons), die sich nach jahrelanger Zweisamkeit auseinandergelebt haben. Man einigt sich auf Scheidung, doch die bringt mehr Ärger und Komplikationen mit sich als erwartet...
Als Ehefarce ist *Scheidung auf amerikanisch* ungemein unterhaltend, doch der Film funktioniert darüber hinaus auch auf der Ebene einer respektlosen Satire, die amerikanische Lebensgewohnheiten treffsicher aufs Korn nimmt. Dick van Dykes Darstellung erinnert des öfteren unangenehm an Situationskomödien des US-Fernsehens, dafür Debbie Reynolds glänzt als seine muntere Gattin. Allerdings bringt Jean Simmons den Film mit ihrer unbestreitbaren Attraktivität etwas aus dem Gleichgewicht, da es nicht ganz glaubwürdig erscheint, wenn Van Dyke sie am Ende verläßt und wieder zu Debbie Reynolds zurückkehrt. al

Scheidung auf italienisch

Divorzio all'italiana. Italien 1962 **R** Pietro Germi **B** Ennio de Concini, Alfredo Gianetti, Pietro Germi **K** Leonida Barboni **M** Carlo Rustichelli **P** Franco Cristaldi für Lux/Vides Cinematografica/Galatea **L** 105 Min., s/w **D** Marcello Mastroianni, Daniela Rocca, Stefania Sandrelli, Leopoldo Trieste, Odoardo Spadaro

Mit dieser rabenschwarzen Satire fand Pietro Germi nach zehn Filmen endgültig seinen Stil, um die Rückständigkeit und Bigotterie der italienischen Gesellschaft, speziell in seiner Heimat Sizilien, kritisch zu beleuchten. Marcello Mastroianni spielt den Baron Cefalù, der sich in seine liebreizende sechzehnjährige Kusine (Sandrelli) verliebt. Dem Glück der beiden steht - da Scheidung verboten ist - Cefalùs Ehefrau Rosalia (Rocca) im Wege, und bei ihrer Beseitigung kommt dem Baron ein veraltetes italienisches Gesetz zu Hilfe. Danach wird Gattenmord nur gering bestraft, wenn die Tat aus verletzter Ehre geschah. Cefalù muß also nur noch sein ungeliebtes Weib in eine verfängliche Situation bringen, und...peng!
Scheidung auf italienisch gilt als einer der Klassiker der modernen Komödie und heimste bei seiner Erstaufführung nicht nur enthusiastische Kritiken, sondern auch zahlreiche Preise ein. In Cannes erhielt der Film den neu geschaffenen Preis als Beste Komödie und in Hollywood einen Oscar für das Beste Originaldrehbuch. Marcello Mastroianni, dessen brillante Leistung mitunter an Buster Keaton erinnert, wurde für den Oscar nominiert und mit einem Golden Globe sowie einem British Academy Award ausgezeichnet. al

Ein Scheiß-Wochenende

Mordi e fuggi. Italien/Frankreich 1973 **R** Dino Risi **B** Ruggero Maccari, Dino Risi, Bernardino Zapponi **K** Luciano Tovoli **M** Carlo Rustichelli **P** Carlo Ponti für Compagnia Cinematografica Champion (Rom), Les Films Concordia (Paris) **L**

98 Min. (Originalfassung 107 Min.), Farbe **D** Marcello Mastroianni, Oliver Reed, Carole André, Lionel Stander, Nicoletta Macchiavelli, Bruno Cirino

Einer von Dino Risis engagiertesten und pessimistischsten Filmen ist diese schwarze Komödie um Politik, Presse und Gewalt im modernen Italien. Der römische Industrielle Giulio (Mastroianni) und seine Geliebte Danda (André) geraten auf einem Wochenend-Trip mitsamt ihres Wagens in die Hände von drei jungen Terroristen unter Führung von Fabrizio (Reed), die auf der Flucht nach einem mißglückten Banküberfall einen Polizisten getötet haben. Sie verstecken sich mit ihren Geiseln in einer einsam gelegenen Villa, und geben ihre Forderungen bekannt...
Mastroiannis Figur ist ein feiger Opportunist, der von seiner Freundin zunehmend verachtet wird, doch der Schauspieler meistert die schwierige Aufgabe, Giulio mit einigen sympathischen Zügen zu versehen. *Ein Scheiß-Wochenende* ist ein interessanter Film, auch wenn er in der zweiten Hälfte an Tempo und Spannung verliert und sich die Gags - zumindest bis kurz vor dem überraschenden Ende - auf flacheres Niveau begeben. al

Schick mir keine Blumen

Send Me No Flowers. USA 1964 **R** Norman Jewison **B** Julius Epstein **K** Clifford Stine **M** Frank DeVol **P** Martin Melcher für Universal **L** 100 Min., Farbe **D** Rock Hudson, Doris Day, Tony Randall, Edward Andrews, Clint Walker, Patricia Barry

George Kimball (Hudson) leidet an eingebildeten Krankheiten. Seine Frau Judy (Day) hält trotz seiner Macken zu ihm - bis zu dem Tag, an dem George seiner Gattin einen neuen Ehemann vorstellt. Judy glaubt, ihr hypochondrierender Angetrauter wolle sie loswerden und sucht das Weite. Grund der klassischen Ehekrise ist ein klassisches Mißverständnis: Natürlich liebt George seine Frau, doch er hat bei seinem Arzt ein Telefonat belauscht und irrtümlich auf sich bezogen. Nun wähnt er sich todkrank und glaubt, nur noch einige Wochen leben zu können. Folgerichtig macht sich der treusorgende Ehemann auf die Suche nach einem würdigen Nachfolger, um der ahnungslosen Judy ein angenehmes Witwendasein zu ermöglichen. Erst nach zahllosen ehekomödienimmanenten Turbulenzen erfährt George, daß er gar nicht krank ist, Judy begreift und kehrt tief gerührt in den Hafen der Ehe zurück - das pappsüße Happy-End in trauter Harmonie nimmt seinen unaufhaltsamen Lauf.
Nach BETTGEFLÜSTER und EIN PYJAMA FÜR ZWEI war *Schick mir keine Blumen* die dritte vom damaligen Day-Ehemann Martin Melcher produzierte Ehe-Burleske, in der sich die Day an der Seite ihres Filmgatten Rock Hudson einen festen Platz in den Herzen der Ehefrauen dieser Welt eroberte. Die prominente Starbesetzung verhalf dem Streifen ebenso zu einem Kassenhit wie die professionelle Inszenierung durch Regisseur Jewison, der aus der erfolgreichen Broadwayvorlage eine typische Hollywood-Komödie der 60er Jahre machte: Recht witzig, manchmal sogar sarkastisch, aber ohne Tiefgang und bar jedweder moralischen Anrüchigkeit - ein Zuckerl für die Freunde seichter Unterhaltung. sk

Schicksal aus zweiter Hand

Schicksal aus zweiter Hand. BRD 1949 **R** Wolfgang Staudte **B** Wolfgang Staudte **K** Willy Winterstein **M** Wolfgang Zeller **P** Gyula Trebitsch für Real-Film **L** 110 Min., s/w **D** Marianne Hoppe, Wilhelm Borchert, Erich Ponto, Heinz Klevenow, Ernst Waldow, Albert Florath

Zu einer Zeit, in der Wolfgang Staudte noch zwischen den beiden, erst jüngst aus der Taufe gehobenen deutschen Staaten hin- und herpendeln konnte, entstand dieses Melodrama, mit dem der talentierte Regisseur zum ersten Mal in der westlichen Besatzungszone einen Film drehte. Prompt läßt *Schicksal aus zweiter Hand* jene Klarheit und konkreten Aussagen vermissen, durch die sich Staudtes DEFA-Beiträge DIE MÖRDER SIND UNTER UNS und ROTATION noch auszeichneten.
Bei einem Bummel über den Jahrmarkt prophezeit der Wahrsager Professor Sapis (Ponto) dem Buchhalter Michael Scholz (Borchert), daß seine über alles geliebte Frau Irene (Hoppe) bald sterben wurde. Fortan überwacht Scholz sie auf Schritt und Tritt. Die Sorge um Irenes Wohlbefinden wechselt allerdings bald in eine unbegründete rasende Eifersucht über, die gänzlich eskaliert, als Scholz seine Frau im Affekt erdrosselt. Er kommt ins Gefängnis, um nach der Verbüßung seiner Haft in der schäbigen Gestalt des Wahrsagers Sylvio Silvestro sein weiteres Leben auf dem Rummelplatz zu fristen.
Diese düstere Geschichte hat Staudte wirklichkeitsfern in perfekter Ausstattung in die verschnörkelte Betulichkeit der Gründerzeit verlegt, die gemessen an den Zuständen im Deutschland des Jahres 1949 in einer seltenen Üppigkeit und Detailfreude auf die Leinwand gebracht wurde. jg

Schicksalsmelodie

The Joker Is Wild. USA 1957 **R** Charles Vidor **B** Oscar Saul, nach der Biographie *Life of Joe E. Lewis* von Art Cohn **K** Daniel L. Frapp **M** Walter Scharf **P** Samuel J. Briskin für Paramount **L** 103 Min. (Originalfassung 126 Min.), s/w **D** Frank Sinatra, Mitzi Gaynor, Jeanne Crain, Eddie Albert, Beverly Garland, Jackie Coogan

Charles Vidor skizzierte in *Schicksalsmelodie* den Lebensweg des erfolgreichen amerikanischen Barsängers Joe E. Lewis. Im Chikago der Roaring Twenties feiert der Künstler, der von Sinatra dargestellt wird, Triumphe. Abend für Abend lockt er mit seiner Musik Publikumsscharen in den Nachtclub, in dem er auftritt. Sehr zum Mißfallen einiger Gangster der Stadt, die Lewis für ihre eigenen Etablissements werben wollen. Als er die Angebote ablehnt, statten ihm ein paar Killer einen Besuch ab und schneiden ihm die Kehle durch. Mit nahezu zertrennten Stimmbändern ist Lewis' vielversprechende Karriere als Sänger zunichte gemacht worden. Nach schweren Depressionen gelingt es ihm schließlich, eine Laufbahn als Schauspieler einzuschlagen.
Über die sehr gekürzt wiedergegebene Biographie des Sängers urteilte die *Filmkritik* 1959: „...Diese mehr rührende als bewegende Geschichte, für die 'Lebenswahrheit' nur Etikette ist, gibt Sinatra reichlich Gelegenheit, die unterkühlte Romantik seiner Stimme zur Geltung zu bringen, was man im Kreis seiner Bewunderer zu schätzen weiß."
Zu den vorgetragenen Liedern zählen *Out of Nowhere, Chikago, Swinging on a Star, I Love My Baby* sowie der oscargekrönte Song *All the Way*. mg

Schieß, solange du kannst

L'arme a gauche. Frankreich/Italien/Spanien 1965 **R** Claude Sautet **B** Claude Sautet, Charles Williams, Fouli Elia, Michel Levine, nach dem Roman *Aground* von Williams **K** Walter Wottitz **M** Eddie Barclay, Michel Colombier **P** Jean-Paul Guibert für Intermondia/P. C. Prod. (Paris), Vides Cinematografica (Rom), Agata Film (Madrid) **L** 100 Min., s/w **D** Lino Ventura, Sylva Koscina, Leo Gordon, Alberto Mendoza

Nach seinem Regiedebüt DER PANTHER WIRD GEHETZT, mit Lino Ventura in der Hauptrolle, beschränkte sich Claude Sautet für einige Zeit wieder aufs Drehbuchschreiben, bevor er mit der Adaption von Charles Williams Roman eine weitere Arbeit vorlegte, die vom *Evangelischen Filmbeobachter* als „Räuberpistole, wie sie im Buche steht" bezeichnet wurde. Ventura spielt diesmal den Abenteurer und Seemann Jacques Cournot, der die Yacht der attraktiven Rae (Koscina) wiederfinden soll. Das Schiff wurde von Gangstern gekapert und soll im Karibischen Meer zum Waffenschmuggel eingesetzt werden...

Schieß, solange du kannst ist ein solider, ohne Umschweife erzählter Abenteuerfilm, der jedoch trotz seines beträchtlichen Unterhaltungswerts kein Kassenerfolg wurde. Erst vier Jahre später konnte Sautet wieder einen Film realisieren und begab sich mit DIE DINGE DES LEBENS inhaltlich wie stilistisch auf ein völlig anderes Gebiet. al

Schieß zurück, Cowboy

From Hell to Texas. USA 1958 **R** Henry Hathaway **B** Robert Buckner, Wendell Mayers, nach dem Roman *The Hell Bent Kid* von Charles O. Locke **K** Wilfrid M. Cline **M** Daniele Amfitheatrof **P** Robert Buckner für 20th Century-Fox **L** 100 Min., Farbe **D** Don Murray, Diane Varsi, Chill Wills, Dennis Hopper, R. G. Armstrong, Jay C. Flippen, Margo, John Larch, Ken Scott

Einer von Henry Hathaways unbekannteren Western, dem wohl aufgrund seiner weniger zugkräftigen Besetzung eine größere Popularität versagt blieb, der sich aber vor allem wegen seines versöhnlichen, menschlichen Schlusses von den übrigen, mit der Gewalt spekulierenden Werken des Genres wohltuend abhebt.

Tod Lohman (Murray) tötet durch ein unglückseliges Versehen den Sohn des mächtigen Ranchers Hunter Boyd (Armstrong). Blind vor Wut und Schmerz macht sich der Vater mit seinen zwei, ihm verbliebenen Söhnen und einer Gruppe von Cowboys an die Verfolgung. Im Laufe der gnadenlosen Hetzjagd kommt ein zweiter Sohn ums Leben, was die Verbitterung des Vaters steigert. Lohman findet bei dem verständnisvollen Farmer Bradley (Wills) und seiner Tochter Juanita (Varsi) einen Unterschlupf. Das abschließende Showdown endet unblutig. Lohman rettet dem letzten übriggebliebenen Boyd-Sohn Tom (Hopper) das Leben, woraufhin der Vater die Jagd abbläst. jg

Das Schießen

The Shooting. USA 1966 **R** Monte Hellman **B** Adrien Joyce **K** Gregory Sandor **M** Richard Markowitz **P** Monte Hellman, Jack Nicholson für Proteus-Favorite Films/Jack H. Harris Prod. **L** 82 Min., Farbe **D** Jack Nicholson, Millie Perkins, Warren Oates, Will Hutchins, B. J. Merholz, Cuy El Tsosie

Monte Hellmans lange verkannter und absichtlich ignorierter Western schildert in bedrückender Konsequenz den Weg einer Gruppe rastloser Individuen, die sich auf einem beschwerlichen, selbstzerfleischenden Weg durch die Wüste gegenseitig bis zur Vernichtung bekriegen.

Das Schießen wurde während einer Drehzeit von nur sechs Wochen parallel zu dem Western *Ritt im Wirbelwind* in der kargen Wüstengegend des US-Bundesstaates Utah realisiert. Trotz überwiegend positiver Kritiken bei den Filmfestivals von Montreal und Cannes fand sich in den USA kein Verleih. Nicholson, der hier auch als Produzent fungierte, verkaufte die Rechte an einen französischen Verleih, der bald darauf bankrott ging. So lagerte der Film erst einige Jahre unbeachtet in den Archiven, ehe er im Spätprogramm der Fernsehanstalten ausgestrahlt wurde und schließlich im Jahre 1971 doch noch in die amerikanischen Kinos kam.

In konsequenter Weise bricht Hellman mit den Wertvorstellungen des traditionellen Hollywood-Western und beraubt seine Protagonisten vollständig ihrer Ideale, um an deren Stelle Selbstverachtung, Selbstzerstörung und Verzweiflung zu setzen. Der verfallene innere Zustand seiner gebrochenen Helden findet sein äußeres Pendant in der hoffnungslosen Wüstenlandschaft, die von Kameramann Gregory Sandor in beklemmenden Bildfolgen eingefangen wurde. jg

Schießen Sie auf den Pianisten

Tirez sur le pianiste. Frankreich 1960 **R** François Truffaut **B** François Truffaut, Marcel Moussy, nach dem Roman *Down There* von David Goodis **K** Raoul Coutard **M** Georges Delerue; Bobby Lapointe, Félix Leclerc (Lieder) **P** Pierre Braunberger für Les Films de la Pléiade **L** 82 Min., s/w **D** Charles Aznavour, Marie Dubois, Nicole Berger, Michèle Morgan, Catherine Lutz, Albert Rémy, Daniel Boulanger

Einst war Edouard Saroyan (Aznavour) ein gefeierter Konzertpianist. Der Selbstmord seiner Frau warf ihn jedoch aus der Bahn, und nun verdient sich der menschenscheue Musiker als Klavierspieler in Bars und Cafés den Lebensunterhalt. Durch seinen Bruder gerät Charlie, wie er sich jetzt nennt, in eine Auseinandersetzung zwischen Gangstern.

In seinem zweiten abendfüllenden Spielfilm nach SIE KÜSSTEN UND SIE SCHLUGEN IHN variiert Truffaut auf unkonventionelle Art Themen und Motive der Schwarzen Serie. Dabei orientierte er sich an einem Roman des amerikanischen Kriminalschriftstellers David Goodis, ohne jedoch den Schwerpunkt auf die vorliegende Geschichte zu legen. „Es kommt auch vor, daß man einen Film nur wegen eines einzigen Bildes macht. Gegen Ende des Romans gibt es ein Häuschen in verschneiter Landschaft, Tannenbäume und eine kleine, abschüssige Straße, und in dem Buch heißt es, glaube ich, das Auto gleite diese Straße hinunter, ohne daß man das Motorengeräusch hört. Ich erinnere mich, daß ich Lust bekam, dieses Bild zu realisieren...Und ich habe es so gemacht, diese Aufnahme befindet sich im Film. Vielleicht habe ich den Film also nur wegen dieser einen Szene gemacht." (François Truffaut)

Schießen Sie auf den Pianisten verquickt Elemente des Melodrams und des Gangsterfilms und entwickelt sich durch technische Tricks und skurrile Späße zu einer eigenartigen Filmmischung, die voller Verweise auf amerikanische Vorbilder steckt. mg

Schiff ohne Heimat

The Plymouth Adventure. USA 1952 **R** Clarence Brown **B** Helen Deutsch, nach dem Roman von Ernest Gabler **K** William Daniels **M** Miklos Rozsa **P** Dore Schary für MGM **L** 100 Min. (Originalfassung 105 Min.), Farbe **D** Spencer Tracy, Gene Tierney, Van Johnson, Leo Genn, Dawn Addams, Lloyd Bridges, Barry Jones, John Dehner, Tommy Ivo, Lowell Gilmore

In den 30er Jahren hatte sich Clarence Brown mit einer Reihe von Greta-Garbo-Filmen (MARIA WALEWSKA, ANNA KARENINA) einen Namen gemacht. *Schiff ohne Heimat* war seine letzte Regiearbeit, an der mehr die Spezialeffekte als die schauspielerischen Leistungen aufsehenerregend waren.
Im Jahre 1620 bricht die *Mayflower* mit 102 Passagieren, die allesamt der Religionsgemeinschaft der „Pilgrim Fathers" angehören, nach Nordamerika auf. Christopher Jones (Tracy), der Kapitän des Schiffes, begegnet den Reisenden zunächst mit Verachtung. Die 96 Tage andauernde Schiffspassage wird bestimmt von Leiden und Entbehrungen. Ein furchtbarer Sturm bringt die *Mayflower* fast zum Kentern. Schließlich breitet sich auch noch Skorbut unter den Siedlern aus. Als das Schiff endlich die Küste Nordamerikas erreicht, sind gerade noch 56 Menschen am Leben. Als erste Kolonisten lassen sie sich in der Neuen Welt nieder. Auch der brummige Kapitän Jones hat seine Meinung über die Pilgrim Fathers unterdessen geändert, schließlich schlägt sein Herz für eine der Auswanderinnen. Dorothy Bradford (Tierney) lehnt es jedoch ab, mit ihm nach England zurückzusegeln und so muß Jones die Heimreise allein antreten.
Ein insgesamt recht unterhaltsamer Streifen, der sich relativ eng an die historischen Überlieferungen hält und mit einer Reihe packender Bilder, wie z. B. die Sturmsequenz, zu fesseln vermag. Exzellent wie immer ist Miklos Rozsas wuchtiger Soundtrack. jg

Schiffbruch der Seelen

Souls at Sea. USA 1937 **R** Henry Hathaway **B** Grover Jones, Dale Van Every, Richard Talmadge, nach einer Story von Ted Lesser **K** Charles Lang jr. **M** W. Franke Harling, Milan Roder, Bernhard Kaun, John Leipold **P** Henry Hathaway, Grover Jones für Paramount **L** 90 Min., s/w **D** Gary Cooper, George Raft, Frances Dee, Henry Wilcoxon, Harry Carey, Olympe Bradna, Robert Cummings, Porter Hall, George Zucco, Virginia Weidler

Die Paramount hatte *Schiffbruch der Seelen* ursprünglich als Konkurrenzproduktion zu dem MGM-Film MEUTEREI AUF DER BOUNTY konzipiert, doch noch während der Entstehungsphase mußte die Gesellschaft erkennen, daß ihre Geschichte niemals an das Drehbuch von Lewis Milestones Seeabenteuer heranreichen konnte. Die Folge war eine erhebliche Verschleppung der Dreharbeiten sowie ein ständiges Umschreiben und Kürzen diverser Szenen, dem ganze Auftritte einzelner Schauspieler, wie z. B. Ward Bond oder Edward Van Sloan zum Opfer fielen.
Das Endprodukt war jedoch immerhin ein aufregend gestalteter Abenteuerfilm, der auch über die Jahren nichts an seiner Dramatik und Spannung eingebüßt hat.
Gary Cooper spielt den aufrichtigen Seemann Michael Taylor, der im letzten Drittel des 19. Jahrhunderts den Auftrag erhält, die Route von verbotenen Sklaventransporten ausfindig zu machen. Zwar erfüllt er diese Mission, doch der Passagierschoner, auf dem er reist, fällt einer fürchterlichen Feuerkatastrophe zum Opfer. Um das Rettungsboot vor dem Kentern zu bewahren, erschießt Taylor eine Anzahl von Überlebenden, die sich an das Boot klammern. Für diese Tat muß er sich später vor Gericht verantworten, wo er die Geschworenen und seine Geliebte Margaret (Dee), deren Bruder er töten mußte, von seiner Unschuld überzeugen kann.
Der für mehrere Kategorien nominierte Film (u.a. Beste Ausstattung, Beste Musik) fesselt vor allem in den Szenen der Schiffskatastrophe, die von Hathaway in ungewohnt harten und realistischen Bildern inszeniert wurde. jg

Der Schimmelreiter

Der Schimmelreiter. BRD 1978 **R** Alfred Weidenmann **B** Alfred Weidenmann, nach der gleichnamigen Novelle von Theodor Storm **K** Heinz Hölscher **M** Hans Martin Majewski **P** Albis Film/ Studio-Film **L** 96 Min., Farbe **D** John Phillip Law, Anita Ekström, Gert Fröbe, Dirk Galuba, Vera Tschechowa, Lina Carstens, Werner Hinz

„Es ist leider eine bittere Tatsache, daß selbst unter günstigsten Bedingungen ein rein deutscher Großfilm nicht die geringste Chance hat, hierzulande die Produktionskosten einzuspielen", meinte Regisseur Alfred Weidenmann auf die Frage, warum er ausgerechnet einen Amerikaner als Hauptdarsteller einer deutschen Literaturverfilmung mit Heimatfilmcharakter engagiert hatte. „Ein Film, der also auf Auslandseinnahmen angewiesen ist, braucht demnach Schauspieler, die in anderen Ländern als Star bekannt sind." So sehr Weidenmann mit dieser Einschätzung auch recht hatte, so wenig verhalfen die zugereisten Protagonisten seinem Film zum erhofften internationalen Durchbruch. Das *cinema-Starlexikon* bemerkte zu John Phillip Law, der im *Schimmelreiter* die Rolle des Deichgrafen Hauke Haien übernahm, ebenso boshaft wie treffend: „Besonders wenn er Hauptrollen spielte, wurden die Filme durch seine mangelnde Ausdrucksfähigkeit auf Mittelmaß reduziert."
Orientiert an der literarischen Vorlage Theodor Storms inszenierte Weidenmann die tragische Liebesbeziehung zwischen dem Deichgrafen Haien und seiner jungen Frau Elke (Ekström). Nicht nur ihre Ehe stößt bei den engstirnigen und abergläubischen nordfriesischen Dorfbewohnern auf Ablehnung, auch gegen Haiens ehrgeizige Deichbaupläne regt sich Widerstand, seine Warnungen vor einer drohenden Sturmflut bleiben unbeachtet. Diese Sturheit hat Folgen: Der alte Deich bricht bei der nächsten großen Flut, Elke ertrinkt in den Wassermassen, Haien folgt seiner Frau auf seinem weißen Schimmel in die tosende Gischt - und in den Tod.
1933 hatten Curt Oertel und Hans Deppe Storms düstere Novelle erstmals verfilmt, allerdings weitgehend unter Verzicht auf die mystischen Elemente des Buches und mit Schwerpunkt auf den stimmungsvollen Bildern und folkloristischen Kostümen, um - dem Trend der damaligen Zeit entsprechend - die Landverbundenheit der deutschen Filmschaffenden unter Beweis zu stellen. 1984 drehte Klaus Gendries für das DDR-Fernsehen eine dritte, vorerst letzte Filmversion des *Schimmelreiters*, die allerdings nicht in die Kinos gelangte. sk

Der Schinderhannes

Der Schinderhannes. BRD 1958 **R** Helmut Käutner **B** Georg Hurdalek, Carl Zuckmayer, nach dem Bühnenstück von Zuckmayer **K** Heinz Pehlke **M** Bernhard Eichhorn **P** Gyula Trebitsch für Real-Film **L** 115 Min., Farbe **D** Curd Jürgens, Maria Schell, Christian Wolff, Fritz Tillmann, Joseph Offenbach, Siegfried Lowitz, Paul Esser

Für das deutsche Fernsehen war bereits im gleichen Jahr mit Hans-Christian Blech und Agnes Fink eine Bühneninszenierung produziert worden. Mit einem deutlichen Blick auf das Ausland besetzte Käutner seine Kinoversion mit den zugkräftigen Stars Curd Jürgens und Maria Schell. *Der Schinderhannes* war ein Film, der an Material- und Komparsenaufwand fast in die Nähe eines Hollywood-Streifens rückte. Auf dem Studiogelände der Real-Film in Hamburg-Wandsbek ließen die beiden Filmarchitekten Herbert Kirchhoff und Albrecht Becker den Marktplatz von Mainz errichten und bevölkerten ihn mit einem 4000-köpfigen

Statistenheer. Ebenfalls mit Tausenden von Komparsen entstanden an Originalschauplätzen im Hunsrück die Außenaufnahmen.
Die Geschichte führt uns in das Jahr 1802. Abgabenforderungen des Adels sowie die napoleonische Besatzung machen den armen Bauern des Hunsrücks das Leben schwer. Ein Hoffnungsschimmer in dieser trostlosen Zeit ist der Räuberhauptmann Schinderhannes (Jürgens), der mit seinen rauhen Gesellen Postkutschen überfällt und die reichen Barone ihres Besitzes beraubt, um diesen nach Robin-Hood-Manier unter den Armen aufzuteilen. Doch wie bei allen Banditen ist auch sein Spiel eines Tages zu Ende. Durch einen hinterhältigen Verrat endet der Schinderhannes mit seiner Bande am Galgen.
Das alles hat Helmut Käutner mit viel Geld (ca. 3 Mio. DM), Geschmack und sanfter Ironie in Szene gesetzt. Ein deutscher Abenteuerfilm, der einen Vergleich mit Hollywood nicht zu scheuen braucht. jg

Die Schlacht an der Neretva

Bitka na Neretvi/La battaglia della neretva/Die Schlacht an der Neretva. Jugoslawien/Italien/BRD 1969 **R** Veljko Bulajic **B** Ugo Pirro, Razko Djurovic, Stevan Bulajic, Veljko Bulajic **K** Tomislav Pinter **M** Vladimir Rajteric-Kraus **P** Jadran Film/Bosna Film (Belgrad), Igor Film (Rom), Eichberg Film (München) **L** 126 Min. (Originalfassung 175 Min.), Farbe **D** Yul Brynner, Hardy Krüger, Franco Nero, Sylva Koscina, Orson Welles, Curd Jürgens, Anthony Dawson, Milena Dravic, Sergej Bondartschuk

Der jugoslawische Partisanenkrieg gegen die deutschen Besatzer während des II. Weltkrieges ist der Hintergrund für diesen monumentalen Kriegsfilm, der als internationale Co-Produktion unter jugoslawischer Federführung an Originalschauplätzen gedreht wurde. Im Gegensatz zu vielen anderen Projekten dieses Kalibers ist *Schlacht an der Neretva* keine seelenlose Aneinanderreihung von knalligen Action-Szenen mit viel Kampfgetümmel, sondern versucht ein realistisches Bild der oft unter den primitivsten Umständen und mit äußerster Härte geführten Kämpfe zu zeichnen. Entstanden ist ein packendes, oft bedrückendes episches Panorama, das Stereotypen und falsches Pathos weitgehend vermeidet, allerdings eindeutig das Ziel hat, den Untergrundkämpfern, zu denen auch der spätere Präsident Tito gehörte, ein Denkmal zu setzen. Die Originalfassung des für 12 Mio. $ produzierten Filmes erhielt eine Oscar-Nominierung als Bester fremdsprachiger Film, und um so bedauerlicher ist es, daß alle anderen nationalen Schnittfassungen meist drastisch gekürzt wurden, die amerikanische sogar um über 70 Minuten. al

Die Schlacht um Algier

La battaglia di Algeri. Italien/Algerien 1965 **R** Gillo Pontecorvo **B** Franco Solinas, Gillo Pontecorvo **K** Marcello Gatti **M** Ennio Morricone, Gillo Pontecorvo **P** Antonio Musu, Yacef Saadi für Igor Film (Rom), Casbah Film (Algier) **L** 123 Min., s/w **D** Jean Martin, Yacef Saadi, Brahim Haggiag, Tommaso Neri, Fawzia el Kader

Der jahrelange Unabhängigkeitskampf des algerischen Volkes gegen die Kolonialmacht Frankreich ist Thema dieses packenden Polit-Thrillers, der zugleich der erste in Algerien von Algeriern hergestellte Spielfilm ist, wenn auch mit italienischer Unterstützung. Bereits vor dem II. Weltkrieg begann sich Widerstand gegen die europäischen Besatzer zu regen, die das als zum Mutterland zugehörig betrachtete Land auf keinen Fall aufgeben wollten. In den 50er Jahren führte die revolutionäre FLN den Befreiungskampf an, der mit einem 1958 verabschiedeten Autonomiegesetz einen ersten Erfolg brachte. Die folgenden sechs Jahre bis zur endgültigen Unabhängigkeit im Jahre 1962 waren gekennzeichnet durch einen auf beiden Seiten mit Brutalität und Grausamkeit geführten Terrorkrieg, bei dem sich vor allem die rechte französische Untergrundorganisation OAS unrühmlich hervortat - unter anderem unternahm sie mehrere Attentatsversuche auf Staatspräsident De Gaulle, der in ihren Augen zu nachgiebig war.
Pontecorvo macht keinen Hehl daraus, auf wessen Seite er steht, und doch ist *Die Schlacht um Algier* eine betont nüchterne und unpolemische, wenn auch oft erschrekkende Chronik der Auseinandersetzungen. Stolz wird am Anfang des Films verkündet, daß kein einziger Meter Dokumentarmaterial benutzt worden sei, eine Aussage, die angesichts der zahlreichen, mitreißend realistischen Massenszenen unglaublich ist. Der Eindruck des Dokumentarischen wird noch verstärkt durch das von Pontecorvo eingesetzte Entwicklungsverfahren, durch das dem Filmmaterial eine körnige Qualität gegeben wurde; zudem sind bis auf Jean Martin alle Darsteller Laien. *Die Schlacht von Algier* gewann zahlreiche Preise, darunter Oscar-Nominierungen als Bester fremdsprachiger Film, für Regie und Drehbuch, war jedoch äußerst umstritten. So kam es bei der Verleihung des Goldenen Löwen in Venedig 1967 zum Eklat, da die Franzosen ihn als beleidigende, antifranzösische Propaganda ansahen. Der Film war dort fünf Jahre lang nicht im Kino zu sehen. al

Schlacht um Anzio

Lo sbarco di Anzio. Italien 1967 **R** Edward Dmytryk **B** Harry A. L. Craig, Frank de Felitta, Giuseppe Mangione, nach einem Buch von Wynford Vaughan-Thomas **K** Giuseppe Rotunno **M** Riz Ortolani **P** Dino de Laurentiis für De Laurentiis Cinematografica **L** 116 Min., Farbe **D** Robert Mitchum, Peter Falk, Robert Ryan, Earl Holliman, Mark Damon, Arthur Kennedy

Das alliierte Landungsunternehmen Anfang 1944 in dem kleinen italienischen Küstenstädtchen Anzio, zu jenem Zeitpunkt noch etliche Kilometer hinter den deutschen Linien gelegen, bildet den historischen Hintergrund für dieses dröhnende Kriegsspektakel um eine Truppe von sieben Soldaten und einem zynischen Reporter (Mitchum), die sich verzweifelt den Rückweg zum Strand zu erkämpfen versuchen.
Zwar bietet *Anzio*, wie fast jeder Kriegsfilm, einige passable Action-Sequenzen, doch das schwache Drehbuch und Edward Dmytryks routinierte, farblose Regie lassen das Werk nicht über Genredurchschnitt herauskommen, wie er zu dieser Zeit besonders in Italien üblich war. Und auch ein paar Banalitäten über die Grausamkeit des Krieges, ganz zu schweigen vom unpassend romantischen Titelsong (gesungen von Jack Jones), können den Eindruck nicht verwischen, daß hier die Schrecken der militärischen Auseinandersetzungen während des II. Weltkrieges ein weiteres Mal um der Unterhaltung willen ausgebeutet wurden. Schade um die gute Besetzung. al

Schlacht um Midway

Battle of Midway. USA 1976 **R** Jack Smight **B** Donald S. Sanford **K** Harry Stradling jr. **M** John Williams **P** Walter Mirisch für The Mirisch Corp. **L** 132 Min., Farbe **D** Charlton Heston, Henry Fonda, James Coburn, Glenn Ford, Hal Holbrook, Toshiro Mifune, Robert Mitchum, Cliff Robertson, Robert Wagner, Robert Webber, Ed Nelson

Rechtzeitig zur 200-Jahrfeier der Vereinigten Staaten kam dieses Heldenepos über eine der entscheidendsten Seeschlachten des

Zweiten Weltkrieges in die Kinos. Jack Smight versuchte dabei weitestgehend auf den üblichen Heroismus zu verzichten und die damaligen Ereignisse in einer dokumentarischen Verpackung aufzubereiten. Zum Teil gelang ihm dies mit der einfachen Methode, authentisches Filmmaterial mit den Spielszenen zu verknüpfen, wenngleich bei dieser Verbindung die einzelnen Übergänge etwas zu deutlich sichtbar wurden.
Im April 1942 haben die amerikanischen Bomberverbände Tokio angegriffen. Nun rechnen die USA mit einem Rückschlag der Japaner. In weiser Voraussicht zieht Admiral Chester W. Nimitz (Fonda) die Seestreitkräfte bei den Midway-Inseln zusammen, wo auch tatsächlich der Gegenangriff der Japaner stattfindet, die allerdings nicht mit der verbitterten Gegenwehr der Amerikaner gerechnet haben. Trotz der zahlen- und materialmäßigen Überlegenheit der Japaner kann die US-Navy mit Hilfe der Marineluftwaffe einen bedeutsamen Sieg erringen.
Zwar konnte sich Smight auf die wertvolle Mitarbeit von vier amerikanischen Kriegsveteranen, die als Offiziere im Juni 1942 die Schlacht von Midway selbst miterlebt hatten, berufen, doch wirkt dieser Kriegsfilm stellenweise wie ein sinnloses Aneinanderreihen pyrotechnischer Effekte. Der Versuch, dem in jeder Hinsicht gelungenen Streifen TORA! TORA! TORA! eine ebenbürtige Fortsetzung folgen zu lassen, ist allzu offensichtlich und dabei völlig mißglückt.

jg

Der Schlachter

Le boucher. Frankreich/Italien 1970 **R** Claude Chabrol **B** Claude Chabrol **K** Jean Rabier **M** Pierre Jansen **P** André Genoves für Film La Boétie (Paris), Euro International Film (Rom) **L** 94 Min., Farbe **D** Stéphane Audran, Jean Yanne, Roger Rudel, Mario Beccaria, William Guérault

Niemand vermutet in dem stets freundlichen Schlachter Léon Hamel (Yanne) einen psychopathischen Mörder, bis eines Tages die junge Lehrerin Hélène (Audran) während eines Schulausflugs mit ihrer Klasse die Leiche eines jungen Mädchens entdeckt und daneben ein Feuerzeug findet, das sie einmal Léon geschenkt hat. Hélène verschweigt diese Tatsache der Polizei, gibt jedoch Léon andeutungsweise zu verstehen, daß sie um dessen Tat weiß. Damit begibt sie sich in eine gefährliche Situation...
Claude Chabrol gelang mit diesem subtil arbeitenden Thriller das beeindruckende Porträt eines psychisch deformierten Menschen, ohne diesen jedoch als blutrünstige Bestie zu diffamieren. Geschickt kontrastiert der französische Filmemacher das Grauen der Morde mit der unschuldigen Idylle eines kleinen Dorfes und seiner sommerlich-verträumten Umgebung. Gestalterisch vollendet und einem Regisseur wie Hitchcock beinahe ebenbürtig, ist die Szene des Schulausflugs geglückt, in der das Blut der auf einem Hochplateau liegenden Frauenleiche auf das weiße Butterbrot eines Mädchens heruntertropft.
Obgleich *Der Schlachter* mittlerweile als Claude Chabrols bisher gelungenstes Werk bezeichnet wird, fand sich für ihn in der Bundesrepublik seinerzeit kein Verleih. Der Film wurde knapp ein Jahr nach seiner Weltpremiere im Programm der ARD ausgestrahlt.

jg

Schlachtgewitter am Monte Cassino

The Story of G.I. Joe. USA 1945 **R** William A. Wellman **B** Leopold Atlas, Guy Endore, Philip Stevenson, nach dem Buch von Ernie Pyle **K** Russell Metty **M** Ann Ronell, Louise Applebaum **P** Lester Cowan für United Artists **L** 92 Min. (Originalfassung 109 Min.), s/w **D** Burgess Meredith, Robert Mitchum, Freddie Steele, Wally Cassell, Jimmy Lloyd, Jack Reilly, Bill Murphy

Schlachtgewitter am Monte Cassino hebt sich von den zahllosen US-Kriegsfilmen dadurch ab, daß hier die Geschichte weniger propagandistisch aufbereitet wurde, sondern die Gewichtung auf der dokumentarischen Seite lag. Insofern besitzt dieser Film auch keine logische Dramaturgie, sondern konzentriert sich auf die Beschreibung, wie der einfache, amerikanische Soldat im Krieg seinen Dienst für die Nation leistet. Schauplatz dieser Bestandsaufnahme ist Italien, das erbittert von den deutschen Truppen verteidigt wird. Am Monte Cassino kommt es zu der entscheidenden Schlacht.
Wellman griff für seinen Film auf das Buch *Brave Men and Here Is Your War* zurück, das der Kriegskorrespondent Ernie Pyle vor allem den unbekannten Soldaten gewidmet hatte. Pyle selbst starb im Südpazifik, als er an einem Angriff gegen die Japaner teilnahm. Von der Straße weg wurde Robert Mitchum engagiert, was diesen zu der ungläubigen Frage veranlaßte: „Jeder ist hinter dieser Rolle her, Gary Cooper und der Rest. Warum ausgerechnet ich?“ Seine Darstellung des Lieutenant Walker indes geriet dermaßen glaubhaft und echt, daß die Academy-Mitglieder ihn für den Oscar vorschlugen. Noch Jahre nach Beendigung der Dreharbeiten weigerte sich William A. Wellman, den Film noch einmal anzusehen, da diese Arbeit mit einigen allzu traurigen Erinnerungen verbunden war. Für diverse Kampfszenen hatte Wellman auch richtige Soldaten vor die Kamera geholt, die sich nach Kriegsende in Europa sogleich auf den Weg in den Pazifik machen mußten, wo die meisten von ihnen fielen.

jg

Schlachthof 5

Slaughterhouse Five. USA 1971 **R** George Roy Hill **B** Stephen Geller, nach dem Roman *Schlachthof 5 oder der Kinderkreuzzug* von Kurt Vonnegut **K** Miroslav Ondricek **M** Glenn Gould **P** Paul Monash für Universal **L** 102 Min., Farbe **D** Michael Sacks, Ron Leibman, Eugene Roche, Sharon Gans, Valerie Perrine, Holly Near, Perry King

Billy Pilgrim (Sacks) ist für das Gute in der Welt in den Zweiten Weltkrieg gezogen, glaubte er zumindest. Als Kriegsgefangener der Deutschen erlebt der GI 1945 die Bombardierung Dresdens mit. Die grauenhaften Bilder von sinnloser Zerstörung und Straßen voller Leichen graben sich in sein Gedächtnis, desillusioniert kehrt er in die USA zurück. Angetrieben von seiner karrieregeilen Gattin Valencia (Gans) kämpft er sich dort in den starren Bahnen der kleinkarierten amerikanischen Mittelklasse nach oben. Während für Valencia ein weißer Cadillac Sinnbild ihrer Tagträume ist, nimmt Billy vor den Abgründen seines ihn anwidernden Alltags und seinen drückenden Erinnerungen Reißaus, flüchtet sich in die Traumwelt des imaginären Planeten Trafalmador, auf dem es keinen Krieg und keine Valencias gibt und wo ihm ein prallbusiger Hollywood-Star (Perrine) seine geheimsten Wünsche erfüllt. Regisseur Hill gelang eine ätzende Satire auf den „American Way of Life“, verknüpft zu einer so phantasievollen wie fantastischen Reise durch Raum und Zeit. Den Tiefgang der brillanten autobiographischen Romanvorlage Vonneguts erreicht er mit seinen zum Teil recht groben Bildmontagen indes nicht, ebenso nicht die Intensität und Spannung des futuristischen Horrortrips UHRWERK ORANGE von Stanley Kubrick, der zur gleichen Zeit in die Kinos kam und ebenfalls die inhumane Gesellschaft zum Thema hatte. Immerhin: Die „abstruse Mixtur aus Kriegs- und Friedenshorror plus Glamour und Science Fiction“ (*Der Spiegel*) wurde auf den Filmfestspielen von Cannes 1974 mit dem Preis der Jury ausgezeichnet.

sk

Der Schläfer

Sleeper. USA 1973 **R** Woody Allen **B** Woody Allen, Marshall Brickman **K** David M. Walsh **M** Woody Allen **P** Jack Grossberg, Marshall Brickman, Ralph Rosenblum für Jack Rollins and Char-

les H. Joffe Prod. **L** 87 Min., Farbe **D** Woody Allen, Diane Keaton, John Beck, Marya Small, Bartlett Robinson, Mary Gregory, Chris Forbes, Peter Hobbs

Miles Monroe, Eigentümer des vegetarischen Restaurants „Zur Glücklichen Karotte", begibt sich im Jahre 1974 zwecks Operation eines Magengeschwürs in ärztliche Behandlung. Genau 200 Jahre später erwacht er aus der Narkose. Der verstörte Patient befindet sich zwar immer noch in seiner amerikanischen Heimat, doch die hat sich mittlerweile zu einem totalitären Überwachungsstaat entwickelt. Mediziner haben den verdutzten Miles wieder aufgetaut, weil sie von dem einzigen nichtregistrierten Einwohner Hilfe erhoffen. Er soll gemeinsam mit der Untergrundbewegung den amtierenden Diktator ausschalten.
Allen zeichnet beim *Schläfer* nicht nur für die Regie, das Drehbuch und die Hauptrolle verantwortlich, sondern debütierte erstmals auch als Komponist: Gemeinsam mit der „Preservation Jazz Hall Band" und dem „New Orleans Funeral and Ragtime Orchestra", mit dem er jeden Montag im New Yorker „Michael's Pub" spielt, nahm er die anachronistisch wirkende Dixieland-Musik für den Film auf. mg

Das Schlafzimmerfenster

The Bedroom Window. USA 1987 **R** Curtis Hanson **B** Curtis Hanson, nach dem Roman *The Witnesses* von Anne Holden **K** Gilbert Taylor **M** Michael Shrieve, Patrick Gleeson **P** Martha Schumacher für De Laurentiis Entertainment Group **L** 112 Min., Farbe **D** Steve Guttenberg, Elizabeth McGovern, Isabelle Huppert, Paul Shenar, Frederick Coffin, Wallace Shawn

Einer der vielen Filme, die sich - besonders in den 80er Jahren - recht unverfroren aus dem reichhaltigen filmischen Nachlaß des Alfred Hitchcock bedienten, ist dieser Thriller, den Regisseur Curtis Hanson kurzerhand als „Hommage" an den großen Meister verkaufte. Wenn auch die Idee nicht gerade neu ist, so muß man doch bescheinigen, daß *Das Schlafzimmerfenster* zumindest geschickt gemacht und auf spannende Art unterhaltsam ist. Unter den zitierten Filmen sind vor allem DAS FENSTER ZUM HOF, DER UNSICHTBARE DRITTE und Orson Welles´ Meisterwerk DIE LADY VON SHANGHAI. Der typisch Hitchcocksche Durchschnittsbürger, der zufällig in einen Strudel von Gewalt und Verbrechen gerät, ist hier Terry Lambert (Guttenberg), ein junger Architekt, der mit der Gattin (Huppert) seines Chefs ein Verhältnis anfängt. Während ihres ersten Schäferstündchens beobachtet sie vom Fenster aus den Mordversuch an einer jungen Frau (McGovern), und da sie nicht selbst aussagen kann, ohne ihren Aufenthaltsort und damit ihre Untreue preiszugeben, stellt sich Terry als Zeuge der Polizei. Darüber hinaus betätigt er sich als Amateur-Detektiv, um den Mörder zu überführen... al

Schlafzimmerstreit

The Pumpkin Eater. Großbritannien 1964 **R** Jack Clayton **B** Harold Pinter, nach dem Roman von Penelope Mortimer **K** Oswald Morris **M** Georges Delerue **P** James Woolf für Romulus Prod./Columbia **L** 110 Min. (Originalfassung 118 Min.), s/w **D** Anne Bancroft, Peter Finch, James Mason, Janine Gray, Cedric Hardwicke, Rosalind Atkinson, Alan Webb, Richard Johnson, Maggie Smith

Jo (Bancroft) ist bereits zweimal geschieden und Mutter von sechs Kindern, als sie den erfolgreichen Drehbuchautor Jake Armitage (Finch) heiratet. Die zunächst glücklich scheinende Verbindung gerät durch seine Weigerung, außereheliche Aktivitäten sexueller Natur einzustellen, in stürmische Gewässer, und Jo erleidet nach der Geburt ihres siebten Kindes einen Nervenzusammenbruch. Bevor die beiden eine gemeinsame Basis für ein weiteres Zusammenleben finden, kommt es zu heftigen, teilweise sogar handgreiflichen Auseinandersetzungen...
Dieses erstklassige britische Drama profitiert enorm von Harold Pinters Drehbuch, das sich ungewohnt intelligent und ehrlich mit Eheproblemen in der modernen Gesellschaft auseinandersetzt, ohne dabei allerdings in humorlose, schwerblütige Grübeleien à la Ingmar Bergman zu verfallen. Viel zur Dynamik und Unterhaltsamkeit des Films tragen neben Oswald Morris´ raffinierten Schwarzweißaufnahmen die durchweg exzellenten Darstellungen bei, allen voran Anne Bancrofts als Jo, die bei den Filmfestspielen in Cannes mit dem Darstellerpreis und in den Staaten mit einer Oscar-Nominierung bedacht wurde. al

Schlagende Wetter

How Green Was My Valley. USA 1941 **R** John Ford **B** Philip Dunne, nach dem Roman von Richard Llewellyn **K** Arthur Miller **M** Alfred Newman **P** Darry F. Zanuck für 20th Century-Fox **L** 118 Min., s/w **D** Walter Pidgeon, Maureen O´Hara,

Donald Crisp, Anna Lee, Roddy McDowall, John Loder, Sara Allgood, Barry Fitzgerald, Patric Knowles, Morton Lowry

In FRÜCHTE DES ZORNS ist es die große Weltwirtschaftskrise, die eine Familie an den Rand der Katastrophe bringt; in *Schlagende Wetter* beschreibt John Ford in oftmals wehmütigen Bildern die Veränderungen für ein friedliches, idyllisches Tal, die die fortschreitende Industrialisierung mit sich bringt.
Geschildert wird das Schicksal der Familie Morgan, die um die Jahrhundertwende in einer walisischen Bergarbeiter-Siedlung lebt. Alle Söhne bis auf den jüngsten Sprößling Huw (McDowall) fahren allmorgendlich in die Schächte, um die Steinkohle zu Tage zu fördern. Huw ist es auch, der in einer großen Rückblende den Niedergang des Tals und seiner Bewohner skizziert.
Eigentlich wollte John Ford seine bewegende Familien-Saga an Originalschauplätzen im walisischen Rhonda Valley drehen, doch machte ihm der Ausbruch des Zweiten Weltkriegs einen Strich durch die Rechnung, so daß Fox-Chef Zanuck die Anweisung gab, im kalifornischen San Fernando Valley ein komplettes Dorf mit Kohlenzechen und Bergarbeitersiedlungen zu erbauen, was über ein halbes Jahr lang allein 150 Handwerker beschäftigte.
Schlagende Wetter war der große Gewinner der Oscar-Feierlichkeiten des Jahres 1941. Der Film erhielt sechs Auszeichnungen, die sich auf die Sparten Bester Film, Regie, männliche Nebenrolle (Donald Crisp), Kamera und Ausstattung (zwei Oscars für Richard Day & Nathan Juran und Thomas Little) verteilten. jg

Die Schlange

Le serpent. Frankreich/Italien/BRD 1973 **R** Henri Verneuil **B** Gilles Perrault, Henri Verneuil, nach dem Roman *Le 13e Suicide* von Pierre Nord **K** Claude Renoir **M** Ennio Morricone **P** Henri Verneuil für Les Films la Boëtie (Paris), Euro International (Rom), Rialto Film (Berlin) **L** 119 Min., Farbe **D** Yul Brynner, Henry Fonda, Dirk Bogarde, Philippe Noiret, Michel Bouquet, Martin Held, Farley Granger, Virna Lisi

Nach einer tatsächlichen Begebenheit entstand dieser solide, international besetzte Spionagefilm, der ganz im Gegensatz etwa zu den Bond-Abenteuern ein wesentlich realistischeres Bild vom schmutzigen Geschäft der Geheimdienste zeichnet. Yul Brynner spielt den sowjetischen Oberst Vlassov, der in den Westen überläuft und in den USA um politisches Asyl nachsucht. Von CIA-Chef Davies (Fonda) wird er Versuchen unterzogen, die seine Glaubwürdigkeit testen sollen, darunter eine Befragung mittels Lügendetektor. Vlassov gibt die Namen einiger russischer Agenten in Westeuropa preis, was zu einer Welle von Todesfällen führt, die zunächst als Selbstmorde interpretiert werden, sich dann jedoch als gezielte Tötungs-

aktionen eines Unbekannten, genannt „Die Schlange", herausstellen...
Henri Verneuil hat eine lange Liste gelungener Action- und Kriminalfilme vorzuweisen, die allesamt mit straffer Hand inszeniert sowie technisch brillant sind und das beste aus ihren mitunter dünnen Geschichten machen. Beispiele sind DER CLAN DER SIZILIANER und DER COUP, und *Die Schlange* kann sich mit diesen beiden durchaus messen. Ein Leckerbissen ist Dirk Bogardes Kurzauftritt als schließlich entlarvter Übeltäter. al

Das Schlangenei

Das Schlangenei. BRD/USA 1977 **R** Ingmar Bergman **B** Ingmar Bergman **K** Sven Nykvist **M** Rolf Wilhelm **P** Horst Wendlandt, Dino de Laurentiis für Rialto Film Preben Philipsen (Berlin)/ ZDF (Mainz), Dino de Laurentiis Corp. (Hollywood) **L** 119 Min., Farbe **D** Liv Ullmann, David Carradine, Gert Fröbe, Heinz Bennent, Edith Herdeegen, Hans Quest, Fritz Strassner, Georg Hartmann, Gaby Dohm, Charles Regnier

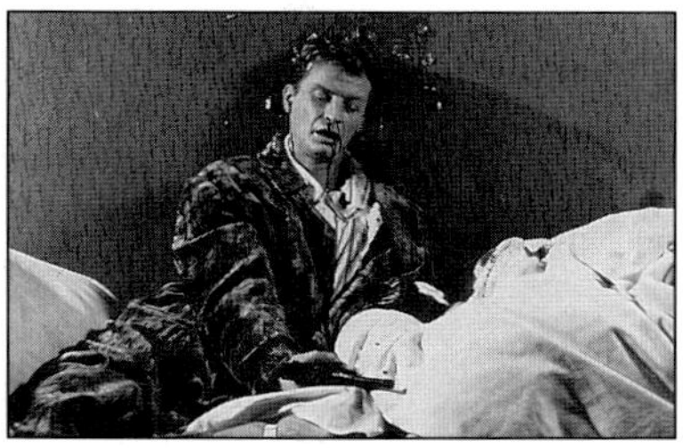

Ganz im Gegensatz zu der Bescheidenheit von Bergmans früheren Werken war *Das Schlangenei* eine 12 Mio. DM teuere Großproduktion, die in englischer Sprache gedreht wurde und nur noch wenig Gemeinsamkeiten mit den kammerspielartigen schwedischen Filmen aufwies. Das Jahr 1976 stellte einen Bruch in Bergmans Leben dar. Im Januar wurde er in Stockholm von Polizisten mitten aus den Theaterproben für Strindbergs *Totentanz* gerissen und in das Büro der Steuerfahndung verfrachtet, wo man ihn einer Steuerhinterziehung von DM 300.000 anklagte, was sich später allerdings als haltlos erwies und zu einer Rücknahme der Vorwürfe führte. Bergmans Schock über diese Behandlung war allerdings so groß, daß er Schweden für geraume Zeit den Rücken kehrte und am Münchener Residenztheater als Regisseur weiterarbeitete. Der Film ließ auch in Deutschland nicht lange auf sich warten.
Selten wurde die Zeit des Inflationsjahres 1923 so düster und hoffnungslos dargestellt wie in *Das Schlangenei*. In dem grauen und verkommenen Berlin regiert die Angst und die Unsicherheit vor der Zukunft. In dieser wenig einladenden Stadt lernen sich der Amerikaner Abel Rosenberg (Carradine) und Manuela (Ullmann), die Frau seines verstorbenen Bruders Max, kennen. Beide beschließen zusammenzubleiben. Abel übernimmt in der medizinischen Bibliothek einer mysteriösen Klinik einen Posten. Kurz darauf ereignet sich eine Serie von grauenvollen Morden, die zunächst Abel angehängt werden. Am Ende zeigt sich jedoch, daß hinter den Verbrechen der faschistoide Arzt Dr. Vergerus (Bennent) steckt.
Die Kritik reagierte auf Bergmans ersten ausländischen Spielfilm überaus zurückhaltend und bemängelte die kolportagehafte Skizzierung der Hauptpersonen. In der Tat haben sich der Aufwand von Ausstattung und Bauten eher negativ auf die Personencharakterisierung ausgewirkt. Die schauspielerischen Leistungen treten hinter der bedingungslosen Forderung, eine Welt des Verfalls und Untergangs zu entwerfen, fast unscheinbar zurück.
Pracht- und Vorzeigestück der Bavaria-Ateliers, in denen *Das Schlangenei* gedreht wurde, war über lange Jahre hinweg die sogenannte Berliner Straße, die der Filmarchitekt Rolf Zehetbauer für ca. 900.000 DM errichten ließ. jg

Die Schlangengrube

The Snake Pit. USA 1948 **R** Anatole Litvak **B** Frank Patros, Millen Brand, nach dem Roman von Mary Jane Ward **K** Leo Tover **M** Alfred Newman **P** Anatole Litvak, Robert Bassler für 20th Century-Fox **L** 108 Min., s/w **D** Olivia de Havilland, Mark Stevens, Leo Genn, Celeste Holm, Glenn Langan, Helen Craig, Leif Erickson, Beulah Bondi

Für $ 75.000 kaufte Anatole Litvak die Rechte an Mary Jane Wards Roman auf, um dann Schwierigkeiten zu haben, dafür das Interesse eines Studiobosses zu gewinnen. Bei seinem Freund Darryl F. Zanuck von der 20th Century-Fox hatte er schließlich Erfolg, wenngleich dieser mehr aus einem Gefallen heraus in das Projekt einwilligte.
Olivia de Havilland bekam ein weiteres Mal die Gelegenheit, die Partitur ihres schauspielerischen Könnens auf- und abzuklimpern. Sie spielt den tragischen Part der Virginia Stuart Cunningham, einer Frau, die unter psychischen Defekten leidet, die sich durch eine Reihe unglückseliger Entwicklungen und Zwischenfälle aufgestaut haben und nun zum Ausbruch kommen. Robert (Stevens), Virginias bemühter, jedoch reichlich überforderter Ehegatte, schickt seine Frau in eine Nervenheilanstalt. Dort gelingt es dem feinfühligen Arzt Dr. Kirk (Genn), hinter die Ursachen ihrer Neurosen zu kommen, die bis weit in Virginias Kindheit zurückreichen. Zwar wird das Publikum hier mit einer Art Holzhammer-Psychoanalyse konfrontiert, deren etwas plötzlichem Gelingen man wenig Glauben schenken sollte, doch verblasst die etwas an den Haaren herbeigezogene Handlung durch das perfekte Agieren aller Darsteller. Litvak und de Havilland gingen bei den Vorbereitungen für den Film soweit, daß sie über drei Monate lang diverse Therapiezentren und Nervenheilanstalten besuchten, um dort vor Ort mit psychisch kranken Menschen zu sprechen. *Die Schlangengrube* wurde insgesamt sechsmal für den Oscar nominiert (u.a. auch Olivia de Havilland), gewann aber nur eine stiefmütterliche Auszeichnung in der eher unwichtigen Kategorie Bester Ton. Den vielleicht größten Erfolg erzielte der Film allerdings dahingehend, daß nach seiner Aufführung in 26 US-Bundesstaaten ein Gesetz verabschiedet wurde, das die Behandlungsweise von psychisch Kranken regelte und festschrieb. jg

Schlappschuß

Slap Shot. USA 1977 **R** George Roy Hill **B** Nancy Dowd **K** Victor Kemper **M** Elmer Bernstein **P** Robert J. Wunsch und Stephen Friedman für Universal **L** 123 Min., Farbe **D** Paul Newman, Strother Martin, Michael Ontkean, Jennifer Warren, Lindsay Crouse

Die „Charleston Chiefs" sind ein erfolgloses, drittklassiges Eishockey-Team, das irgendwo in der Unterliga vor sich hin dümpelt. Die paar Zuschauer, die die abgetakelte Mannschaft noch zu mobilisieren in der Lage ist, sind überwiegend mitgereiste, gelangweilte Ehefrauen der Spieler, der Rest überschüttet die „Chiefs" fortwährend mit Buh-Rufen und wüsten Beschimpfungen. Erst das Intrigenspiel von Trainer Reggie (Newman) und die vom abgebrühten Manager McGrath (Martin) angeschleppten Neuerwerbungen - die drei Gebrüder Hansen, die mit ihren Hornbrillen und dem debilen Gesichtsausdruck zwar leicht schwachsinnig wirken, aber dank ihrer Fäuste jeden Zweikampf für sich entscheiden - stimmen das Schicksal gnädig: Plötzlich erwachen die Kräfte der schlaffen Sportsfreunde zu neuem Leben, sie gehen fortan, wenn auch nicht immer als faire Kämpfer, so doch als Sieger aus ihren teilweise recht blutigen Eisgefechten hervor.
Regisseur George Roy Hill und Hauptdarsteller Paul Newman setzten mit *Schlapp-*

schuß ihre bereits in ZWEI BANDITEN und DER CLOU unter Beweis gestellte erfolgreiche Zusammenarbeit fort. Heraus kam eine schwungvolle, furios geschnittene, streckenweise aber überzogen brutale Parodie auf den „American Way of Sport“, der nur noch wenig mit Leistung und Teamgeist, dafür aber um so mehr mit Showeffekten und Manipulation zu tun hat. sk

Die Schlemmerorgie

Who Is Killing the Great Chefs of Europe? / Die Schlemmerorgie. USA/BRD 1978 **R** Ted Kotcheff **B** Peter Stone, nach dem Roman *Someone Is Killing the Great Chefs of Europe* von Nan und Ivan Lyons **K** John Alcott **M** Henry Mancini **P** William Aldrich für Aldrich-Lorimar-Geria-Bavaria/Warner Bros. **L** 112 Min., Farbe **D** George Segal, Jacqueline Bisset, Robert Morley, Jean-Pierre Cassel, Philippe Noiret, Jean Rochefort, Luigi Proietti, Stefano Satta Flores, Joss Ackland

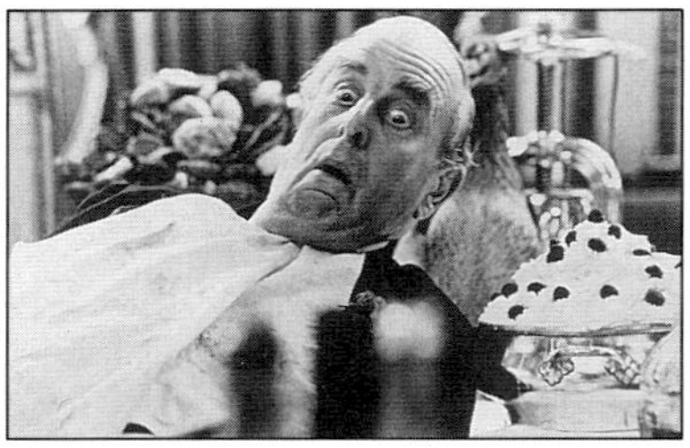

Ted Kotcheffs schwarze, kulinarische Komödie weist gewisse Ähnlichkeiten mit dem amüsanten Horrorfilm THEATER DES GRAUENS auf, nur daß hier keine Theaterkritiker, sondern die Chefköche europäischer Spitzenrestaurants ermordet werden. Der köstliche Robert Morley ist Max, ein Gourmet aus Leidenschaft, der leider wegen gesundheitlicher Probleme dazu gezwungen ist, 140 Pfund abzunehmen. Doch wie ist das möglich, wenn ihm die großen Köche Europas immer wieder die erlesensten Gaumenfreuden zubereiten? Es dauert nicht lange, und unter den berühmten Küchenchefs gibt es die ersten Leichen. Einem wird der Kopf in einer Entenpresse zerquetscht, der andere liegt knusprig braungebraten im eigenen Backofen. Für die Dessert-Spezialistin Natascha (Bisset) und ihren Ex-Ehemann Robby (Segal), dem Boß einer Fast-Food-Kette, ist dies der Anlaß, sich mit feinschmäckerischem Spürsinn auf die Jagd nach dem Mörder zu begeben.
Eine streckenweise überaus komische Farce, der man einige, etwas zu drastisch geratene Ausrutscher gerne verzeihen kann. Kameramann John Alcott hat die appetitlich zubereiteten Speisen und Leichen fast ebenso hübsch fotografiert wie die zahlreichen europäischen Schauplätze. jg

Das Schloß

Das Schloß. BRD 1968/71 **R** Rudolf Noelte **B** Rudolf Noelte, nach dem Roman von Franz Kafka **K** Wolfgang Treu **M** Herbert Trantow **P** Maximilian Schell für Rudolf Noelte Film/Alfa **L** 112 Min., Farbe **D** Maximilian Schell, Cordula Trantow, Trudik Daniel, Helmut Qualtinger, Hanns-Ernst Jaeger, Friedrich Maurer, Martha Wallner, Georg Lehn, Karl Hellmer, Benno Hoffmann

Ein Landvermesser (Schell) gelangt in eine düstere Gegend und soll dort in einem ebenso abweisenden Schloß, das die Landschaft mit ihren Dörfern überragt, von der Schloßverwaltung eine Stellung bekommen. So verzweifelt er sich auch bemüht - überall stößt er auf feindselige Ablehnung und gleichgültige Ignoranz. Der Weg ins Schloß bleibt ihm ebenso verschlossen wie der Zugang zu der Dorfbevölkerung.
Rudolf Noelte hatte den Film schon im Jahre 1968 gedreht, doch fand Maximilian Schell, Produzent des Projekts, über Jahre hinweg keinen Verleih, der es wagte, die unbequeme und nicht gerade leicht zugängliche Geschichte einem großen Publikum zuzumuten. Als *Das Schloß* dann doch noch 1971 aufgeführt wurde, begegneten die Kritiker dieser Literaturverfilmung mit unterschiedlichen Auffassungen. Negativ wurde vor allem die theaterorientierte Art der Umsetzung empfunden, von der sich Regisseur Noelte, bisher selbst nur in diesem Metier tätig, schwer lösen konnte.
„Die Verleiher haben sich gewiß geirrt mit ihrem Zaudern, aber auch Noelte hatte Pech bei seinem Spielfilmdebüt. Er wollte vereinfachen und hat vergröbert, er wollte aktualisieren und hat sich von der labyrinthischen, vielschichtigen, auch widersprüchlichen Vorlage so weit entfernt, daß vom *Schloß* allenfalls die Umrisse sichtbar bleiben... Noelte hat den schillernden, surrealen Traum-Stoff auf das Niveau eines naturalistischen Elendsdramas heruntergebracht, und das läßt sich gut an der Kameraführung ablesen: Pedantisch am Objekt, gestattet sie dem Betrachter keine Entdeckung, pocht auf Glaubwürdigkeit aller äußeren Vorgänge und scheut die Auseinandersetzung mit dem literarischen Text“ (*Der Spiegel*). jg

Schloß des Schreckens

The Innocents. Großbritannien 1961 **R** Jack Clayton **B** William Archibald, Truman Capote, John Mortimer, nach dem Roman *Schraubendrehungen* von Henry James **K** Freddie Francis **M** Georges Auric **P** Jack Clayton für 20th Century-Fox/Achilles-Film **L** 99 Min., s/w **D** Deborah Kerr, Michael Redgrave, Peter Wyngarde, Megs Jenkins, Martin Stephens, Pamela Franklin, Clytie Jessup

Jack Claytons subtile Henry-James-Verfilmung ist mit Sicherheit einer der gelungensten Horrorfilme der 60er Jahre. Ohne aufdringliche Effekte und blutige Einlagen gelingt es diesem düsteren Thriller, eine bedrückende Atmosphäre der Angst und Bedrohung zu entwerfen.
Die Gouvernante Miss Giddins (Deborah Kerr in einer ihrer besten Leistungen) kommt auf das einsam gelegene Landschloß Bly, um dort die Erziehung der beiden Vollwaisen Flora (Franklin) und Miles (Stephens) zu übernehmen. Sie ist entzückt über die Liebenswürdigkeit ihrer beiden Schützlinge und genießt es, die Unterrichtsstunden und die Freizeit mit den Kindern zu verbringen. Die Idylle verwandelt sich jedoch schlagartig in einen Alptraum, als Miss Giddins im Schloß auf Erscheinungen trifft, die sie sich nicht erklären kann. Mit Hilfe der Hausangestellten Mrs. Grose (Jenkins) erkennt sie, daß der ehemalige Verwalter und ihre Vorgängerin, die auf Bly eine ausschweifende und lasterhafte Verbindung geführt haben, zurückgekehrt sind, um die Kinder ihrem verderblichen Einfluß auszusetzen. Miss Giddins' Kampf gegen die Eindringlinge wird durch die Tatsache erschwert, daß sie dabei gegen zwei Tote antreten muß....
Der in bestechenden Schwarzweiß-Bildern gedrehte Film (Drehorte waren Sussex und Sheffield Park) glänzt durch seine perfekte Ausstattung und die verhaltene Kameraführung. Dem englischen Titel *The Innocents* folgend, steht das von Georges Auric komponierte Kinderlied *O Willow Waly* in einem schauerlichen Kontrast zu der Spielhandlung. Claytons gelungene Literaturverfilmung war zum Zeitpunkt seiner Aufführung ein Mißerfolg. Das Publikum erwartete einen an Schockeffekten und Blutrünstigkeiten reichhaltigen Reißer und sah sich diesbezüglich enttäuscht.
1972 drehte Michael Winner unter dem Titel DAS LOCH IN DER TÜR mit Marlon Brando in der Hauptrolle eine Variante des James-Romans, in der er die Ereignisse auf Bly vor dem Eintreffen von Miss Giddins erzählte. jg

Schloß Gripsholm

Schloß Gripsholm. BRD 1963 **R** Kurt Hoffmann **B** Herbert Reinecker, nach dem Roman von Kurt Tucholsky **K** Richard Angst **M** Hans Martin Majewski **P** Georg Richter für Independent Film GmbH **L** 99 Min., Farbe **D** Jana Brachova, Walter Giller, Hanns Lothar, Agnes Windeck, Nadja Tiller

Von Kurt Tucholskys gleichnamigem, autobiographischem Roman aus dem Jahre 1931 ist in dieser beschwingten und romantischen Kurt-Hoffmann-Komödie nicht mehr allzuviel übriggeblieben. So ließ der Autor seine beiden Protagonisten Lydia und Kurt noch von Berlin über Stettin nach Schweden reisen. Die politischen Gegebenheiten des Nachkriegseuropas erlaubten eine solche Route freilich nicht mehr, und so diente das Hamburg der Gegenwart als Ausgangspunkt, von wo aus der Weg über die neuerbaute Fehmarnsund-Brücke über Kopenhagen nach Stockholm führt.
Der Schriftsteller Kurt (Giller) verbringt mit seiner Freundin Lydia (Brachova) einen vierwöchigen Urlaub fernab allen Trubels im Gästehaus des idyllisch gelegenen Schlosses Gripsholm. Unbeschwert und wie in einem Zauber plätschern die Tage dahin und werden lediglich durch den Besuch von lieben Menschen, wie etwa Kurts Freund Karlchen (Lothar) oder Lydias Freundin Billie (Tiller), harmonisch unterbrochen.
Das alles hat Kurt Hoffmann, eingebettet in brillante CinemaScope-Farben und Bilderbuchansichten, mit dem gewohnten feinsinnigen Humor inszeniert, bei dem allerdings die Tiefenschärfe der im Roman vorgestellten Figuren etwas zu flach geraten ist. Was in Erinnerung bleibt, ist Richard Angsts geschmackvolle Fotografie, die stellenweise an einen Reklamefilm für Schweden-Touristen erinnert. jg

Schloß im Schatten

Moonfleet. USA 1955 **R** Fritz Lang **B** Jan Lustig, Margaret Fitts, nach einem Roman von J. Maede Falkner **K** Robert Planck **M** Miklos Rozsa, Vincente Gomez **P** John Houseman, Jud Kinberg für MGM **L** 86 Min., Farbe **D** Stewart Granger, George Sanders, Joan Greenwood, Viveca Lindfors, Jon Whiteley, Liliane Montevecchi, Melville Cooper, Sean McClory

Schloß im Schatten brachte für den versierten Regisseur Fritz Lang noch einmal eine neue technische Erfahrung; es war der erste Film, den er im 1953 von der 20th Century-Fox entwickelten CinemaScope-Format drehte. Nach fast 20 Jahren kehrte Lang für diesen Film zu MGM zurück, für die er zuletzt 1936 das sozialkritische Drama FURY inszeniert hatte.
Handlungsort dieser düsteren Abenteuergeschichte ist die englische Klippenküste von Cornwall gegen Mitte des 18. Jahrhunderts. Der 10jährige Waisenjunge John (Whiteley) wird dem windigen Abenteurer Jeremy Fox (Granger) anvertraut, der nach dem Tod seiner Mutter für ihn die Vormundschaft übernehmen soll. Sehr bald erkennt John, daß sein neuer Erziehungsberechtigter wirklich nicht das ist, was man sich unter einem Gentleman vorzustellen hat, denn Fox bestreitet seinen aufwendigen Lebensunterhalt mit Diebstählen und Raubzügen, in die er sogar das Kind verwickelt.
Ohne Fritz Lang davon in Kenntnis zu setzen, modelte MGM nach der Vorführung des Rohschnitts die Geschichte nach ihren Vorstellungen um, was zu einer erheblichen Verstimmung zwischen der Produktionsfirma und dem Regisseur führte. Lang hatte sich schon während der Dreharbeiten auf Kompromisse einlassen müssen. So wollte er Stewart Granger in seiner Rolle als Jeremy Fox ursprünglich sterben lassen, mußte sich dann aber doch mit einem Ende zufriedengeben, an dem dieser schwerverletzt aufs Meer hinaussegelt. Lang hatte sich seine Rückkehr zu MGM etwas versöhnlicher vorgestellt. *Schloß im Schatten* wurde trotz seiner exzellenten Ausleuchtung und Farbgestaltung als eine viel zu beklemmend gestaltete Schauerballade empfunden, die zwar an der Kinokasse nicht gerade ein Flop, jedoch auch nicht der erhoffte Publikumsrenner war. jg

Das Schloß im Spinnwebwald

Kumonosu-Djo. Japan 1957 **R** Akira Kurosawa **B** Hideo Oguni, Shinobu Hashimoto, Akira Kurosawa, nach dem Bühnenstück *Macbeth* von William Shakespeare **K** Asaichi Nakai **M** Masaru Sato **P** Toho-Film **L** 115 Min., s/w **D** Isuzu Yamada, Toshiro Mifune, Takashi Shimura, Minora Chiaki, Akira Kubo

Wie zeitlos und universal Shakespeares Werke sind, beweist dieser meisterhafte Film von Japans berühmtesten Regisseur am besten. *Das Schloß im Spinnwebwald* ist die ins Fernöstliche übertragene Geschichte der Shakespeare-Figur Macbeth und gleichzeitig eine der gelungensten Verfilmungen dieses berühmten Dramas.
Auf einem Ritt durch den Spinnwebwald wird dem Heerführer Washizu (Mifune) von drei Hexen geweissagt, er werde bald zum Herrn des nahegelegenen, fürstlichen Schlosses aufsteigen. Als er seiner Frau Asaji (Yamada) davon erzählt, ermuntert diese ihn, den Fürsten zu töten und dessen Platz einzunehmen. Washizu befolgt ihren Ratschlag, die Prophezeiung erfüllt sich. Doch damit kehren der Unfriede und die Grausamkeit einer brutalen Willkürherrschaft ins Land ein. Durch seine rücksichtslose Vorgehensweise hat Washizu sich jedoch auch Feinde gemacht, die sich seine Tyrannei nicht länger bieten lassen.
„Die Unerbittlichkeit, mit der eine Gewalttat die nächste nach sich zieht, demonstriert Akira Kurosawa in einer dramatischen Folge großartig komponierter Bilder. Der rasche Wechsel von Totalen und Großaufnahmen, die Souveränität, mit der der Meister Unrast und Ruhe, in der sich bereits das nächstfolgende Unheil ankündigt, einander ablöst, sorgen dafür, daß der Zuschauer unentwegt unter dem Bann dieser Bilder bleibt“ (*Hamburger Abendblatt*). Besonders raffiniert gestaltete Kurosawa die Erscheinung von Asaji (Lady Macbeth), die gleich einer schleichenden Schlange agiert und vor deren Auftritt jedesmal das sich nähernde Geräusch einer am Boden entlangschleifenden Seidenschleppe zu hören ist. jg

Das Schloß in den Ardennen

Castle Keep. USA 1969 **R** Sydney Pollack **B** Daniel Taradash, David Rayfiel, nach dem Roman von William Eastlake **K** Henri Decaë **M** Michel Legrand **P** Martin Ransohoff, John Calley für Columbia **L** 108 Min., Farbe **D** Burt Lancaster, Peter Falk, Patrick O'Neal, Jean-Pierre Aumont, Astrid Heeren, Scott Wilson, Tony Bill, Michael Conrad

Das Schloß in den Ardennen war ein eindeutiges Zugeständnis an das Diktat des kommerziellen Kinomarktes, bei dem Regisseur Sydney Pollack sich allerdings bis zur letzten Minute nicht entscheiden konnte, was er eigentlich drehen wollte - eine Komödie, ein Action-Abenteuer oder einen Antikriegsfilm.
Eine Gruppe versprengter US-Soldaten stößt im Winter 1944 in den tiefverschneiten Ardennen auf ein entlegenes Schloß, in das sie sich einquartieren. Die junge Schloßherrin Thérèse (Heeren) ist darüber hocherfreut, denn was ihr der impotente Ehegemahl (Aumont) im Bett nicht mehr bieten konnte, bringt immerhin der einäugige Major Falconer (Lancaster) zustande. Dieser ist es auch, der den unseligen Plan ausheckt, das Schloß könne als Panzersperre gegen die Winteroffensive der Deutschen fungieren. Dieser irrsinnige Gedanke führt letztendlich zur Vernichtung des Schlosses und seiner Bewohner.
Pollack motzte seine banale Geschichte mit erlesenem Interieur und einer eleganten Kameraführung auf, um damit allerdings der dürftigen Story hoffnungslos zu unterliegen. „Mit sichtlicher Freude am genüßlich ausgemalten Detail läßt Regisseur Pollack die Volltreffer ins Mauerwerk schlagen, Statuen durch die Luft fliegen und die mit Gemälden bedeckten Wände niederstürzen. Die unheldischen Posen des kunstsinnigen Captains...sind sehr bewußt herausgearbeitet, um die Männlichkeit des kriegslüsternen Majors umso deutlicher erstrahlen zu lassen“ (*Evangelischer Filmbeobachter*). jg

Schloß Königswald

Schloß Königswald. BRD 1987 **R** Peter Schamoni **B** Horst Bienek, Peter Schamoni **K** Gérard Vandenberg **M** Ralph Siegel **P** Peter Schamoni für Allianz Film/ZDF **L** 90 Min., Farbe **D** Camilla Horn, Marianne Hoppe, Carola Höhn, Rose Renée Roth, Ortrud von der Recke, Fee von Reichlin,

Marika Rökk, Dietlinde Turban, Anja Kruse, Wolfgang Fierek

Mai 1945. Auf Schloß Königswald in Böhmen warten acht adelige Damen und eine Zofe in Würde und Etikette auf das Ende des Krieges. Die letzten Kriegstage führen ihnen noch einmal die turbulenten Verwicklungen jener Zeit in aller Dramatik vor Augen. Erst quartiert sich eine Horde geschlagener deutscher Soldaten ein, danach rücken die Amis an und zum Schluß steht eine Okkupation der Russen bevor. Darauf haben die rüstigen Damen allerdings weniger Lust. Und so besteigt man vereint einen Leiterwagen und macht sich - so wie Millionen anderer Menschen zu dieser Zeit - auf den beschwerlichen Weg nach Westen.
„Sie haben so eine ungeheure Ausstrahlung, so viel Charme und schauspielerische Kraft, daß es ein Jammer ist, daß niemand sie mehr vor die Kamera holt, um dieses brachliegende Kapital zu nutzen", so Peter Schamoni über die sich in *Schloß Königswald* versammelnde Riege alter deutscher Leinwand-Göttinnen. Der Film hätte durch die in jeder Hinsicht brillanten und anrührenden Darstellungen der betagten Damen eine glänzende Komödie sein können, wenn Peter Schamoni nicht auf die Idee gekommen wäre, in der Person von Dietlinde Turban und Wolfgang Fierek etwas „Frischfleisch" ins Geschehen einzubringen, auf das man gut und gern hätte verzichten können.
Zwar glänzt Marika Rökk auch hier in einer unvermeidlichen Tanzszene, doch bei ihrem Erstauftritt, in dem sie - bepackt mit Koffern und Taschen - per Fahrrad auf Schloß Königswald eintrudeln sollte, hatte die überreife Diva solche Schwierigkeiten, daß schließlich ein Double für sie einspringen mußte. Ähnlich ernüchternd verlief die abschließende Fluchtsequenz, bei der Marika durch das Geschunkel des schwankenden Wagens so schlecht wurde, daß sie sich im Straßengraben übergeben mußte. jg

Schlußakkord

Schlußakkord. Deutschland 1936 **R** Detlef Sierck **B** Kurt Heuser, Detlef Sierck **K** Robert Baberske **M** Kurt Schröder **P** Bruno Duday für UFA **L** 101 Min., s/w **D** Willy Birgel, Lil Dagover, Maria von Tasnady, Theodor Loos, Maria Koppenhöfer, Albert Lippert, Kurt Meisel, Erich Ponto, Peter Bosse, Hella Graf, Paul Otto, Alexander Engel

Schlußakkord, Detlef Siercks vierter Spielfilm, trägt ganz deutlich jene Stilelemente, die später zu seiner unnachahmlichen Handschrift werden sollten; so finden sich hier bereits starke Stimmungsgegensätze und ein bedeutungsschwangerer Symbolismus.
Maria von Tasnady, Ehegattin des UFA-Produzenten Bruno Duday, spielt Hanna, eine junge Frau, die ihren wegen eines Versicherungsbetrugs flüchtigen Ehemann nach New York begleitet. Als dieser jedoch Selbstmord begeht, kehrt Hanna nach Berlin zurück, wo sie auch ihr Kind gelassen hat, das inzwischen von dem Dirigenten Garvenberg (Birgel) adoptiert wurde. Hanna läßt sich als Hausmädchen in dessen Villa anstellen, um so bei ihrem Sohn sein zu können. Als Garvenbergs dekadent-hysterische Frau Charlotte (Dagover) nach einer Überdosis Morphium tot aufgefunden wird, gerät Hanna unter Mordverdacht. Bei einer dramatischen Gerichtsverhandlung klärt sich jedoch der Fall auf überraschende Weise auf. Für Hanna ist der Weg frei zu ihrem Kind und zu Garvenberg, der schon seit langem ein Auge auf sie geworfen hat.
Sierck zog bei *Schlußakkord* alle Register seines frühen melodramatischen Könnens und bescherte damit der UFA einen großartigen Publikumserfolg. Bei der Filmkunstausstellung in Venedig wurde der Streifen als „Bester musikalischer Film" mit dem Pokal der Generaldirektion für das Schauspielwesen ausgezeichnet.
1960 verfilmte Wolfgang Liebeneiner ein Drehbuch von John Kafka, zu dem Walther Forster und Carl Szokoll die Vorlage geliefert hatten, welches aber außer dem gleichen Titel nichts mit Siercks Werk gemeinsam hatte. jg

Der Schlüssel

The Key. Großbritannien 1958 **R** Carol Reed **B** Carl Foreman, nach dem Roman *Stella* von Jan de Hartog **K** Oswald Morris **M** Malcolm Arnold **P** Aubrey Baring für Open Road Pictures/Columbia **L** 125 Min., s/w **D** William Holden, Sophia Loren, Trevor Howard, Oscar Homolka, Kieron Moore, Bernard Lee

Im Kriegsjahr 1941 tut der Kanadier David Ross (Holden) im englischen Plymouth auf einem Hochseeschlepper Dienst. Sein Kollege Chris (Howard) lebt mit Stella (Loren), einer jungen Dame schweizerisch-italienischer Abstammung, zusammen, die, wie David erfährt, ihren Verlobten im Krieg verlor. Der hatte seinerzeit den Schlüssel zur Wohnung an einen Kameraden weitergereicht, der später ebenfalls ums Leben kam und ihn an Chris übergab. Jeder der Männer lebte bis zu seinem Tode mit Stella zusammen, und als nächster ist David an der Reihe...
Handwerklich gibt es an diesem ungewöhnlichen Kriegsdrama nichts auszusetzen; besonders die Kampfszenen auf See sind gut und überzeugend gestaltet. Schlechter schon kommt Regisseur Carol Reed mit der Liebesgeschichte zurecht, die mit Symbolik überladen und alles andere als glaubwürdig ist. Viele Kritiker vermuteten sogar den sexuellen Aspekt der Story als spekulativen Hauptgrund für den Film. al

Der Schmalspurschnüffler

The Cheap Detective. USA 1978 **R** Robert Moore **B** Neil Simon **K** John A. Alonzo **M** Patrick Williams **P** Ray Stark für Columbia **L** 92 Min., Farbe **D** Peter Falk, Ann-Margret, Eileen Brennan, Sid Caesar, Stockard Channing, James Coco, Dom DeLuise, Louise Fletcher, John Houseman, Madeline Kahn, Fernando Lamas, Marsha Mason, Phil Silvers, John Williams

Der Bühnen- und Drehbuchautor Neil Simon hatte schon 1975 mit Regisseur Moore bei der Kriminalkomödie EINE LEICHE ZUM DESSERT zusammengearbeitet. Mit dem *Schmalspurschnüffler* lieferten die beiden eine weitere Parodie auf die klassischen Detektiv-Filme ab. Peter Falk, der auch schon in der ersten Produktion mitwirkte, agiert diesmal als Lou Peckinpaugh, ein Privatschnüffler aus dem San Francisco des Jahres 1939. Als sein Partner umgebracht wird, gerät er selbst unter Mordverdacht, da Lou zu der Frau seines Kompagnons ein recht intimes Verhältnis unterhielt. Auf der Suche nach dem wahren Schuldigen macht er die Bekanntschaft einer mysteriösen Dame, die bei jeder Begegnung ihren Namen ändert, wird in eine Jagd auf einen kostbaren Diamanten verstrickt, und trifft schließlich eine ehemalige Geliebte wieder, die jetzt mit einem französischen Widerstandskämpfer verheiratet ist. Lou Peckinpaugh stolpert während seines Falls von einer klassischen Filmszene in die nächste: Handlungselemente und Personen aus DIE SPUR DES FALKEN, *Mord, mein Liebling*, CASABLANCA, HABEN ODER NICHT HABEN und TOTE SCHLAFEN FEST standen für diese Persiflage auf die Krimis der dreißiger und vierziger Jahre Pate. Die famose Kombination solcher Anleihen und die eingestreuten

Skurrilitäten machen den *Schmalspurschnüffler* zu einer wahrhaft gelungenen Persiflage. mg

Schmeiß´ die Mama aus dem Zug!

Throw Momma From the Train. USA 1987 **R** Danny De Vito **B** Stu Silver **K** Barry Sonnenfeld **M** David Newman **P** Larry Brezner für Orion Pictures **L** 88 Min., Farbe **D** Danny De Vito, Billy Crystal, Kim Greist, Anne Ramsey, Kate Mulgrew

Nicht Drehbuchautor Stu Silver lieferte die Idee zu dieser turbulenten Thriller-Komödie, sondern Alfred Hitchcock, dessen DER FREMDE IM ZUG hier nicht parodiert, sondern eher komisch aufbereitet wird. Billy Crystal ist Larry, ein erfolgloser Schriftsteller, der sich mit Vorlesungen über Wasser hält und seine Ex-Frau (Mulgrew) beschuldigt, eine Buchidee geklaut und damit Millionen gemacht zu haben. Einer seiner Schüler ist der schüchterne und naive Owen (De Vito), der zu Hause von seiner furchterregenden Mutter (Ramsey) tyrannisiert wird. Irgendwie kommt das Gespräch zwischen den beiden Männern auf *Der Fremde im Zug*, und ein paar Tage später ist Larrys Ex-Frau tot. Als Hauptverdächtiger muß sich der Autor nicht nur vor der Polizei verstekken, sondern auch, wenn es nach Owen geht, seine Mutter töten...
Grundidee und Besetzung für Danny De Vitos Regiedebüt waren vielversprechend, doch gerade deshalb ist das Ergebnis um so enttäuschender: eine Farce ohne Witz und Tempo. Was bleibt, sind ein paar hübsche Momente, Barry Sonnenfelds Kameratricks und die unglaubliche, oscarnominierte Darstellung von Anne Ramsey. al

Schmutziger Lorbeer

The Harder They Fall. USA 1956 **R** Mark Robson **B** Philip Yordan, nach dem Roman von Budd Schulberg **K** Burnett Guffey **M** Hugo Friedhofer **P** Philip Yordan für Columbia **L** 109 Min., s/w **D** Humphrey Bogart, Rod Steiger, Jan Sterling, Mike Lane, Max Baer, Jersey Joe Walcott, Edward Andrews, Harold J. Stone, Carlos Montalban, Nehemiah Persoff

Schmutziger Lorbeer, ein knallharter Boxerfilm, war Humphrey Bogarts letzter Leinwandauftritt. Er spielt darin den Sportjournalisten Eddie Willis, der einen Skandal im Boxsport aufdeckt. Der gewissenlose Manager Nick Benko (Steiger) scheucht den etwas naiven und hilflosen Kämpfer Toro Moreno (Lane) von einem Boxduell zum anderen, wobei Moreno stets nach wenigen Runden als Scheinsieger aus dem Kampf hervorgeht. Ohne seine eigene Schwäche zu kennen, wird er schließlich in den Wettstreit um die Weltmeisterschaft getrieben. Willis, der anfangs seinen Beruf mit dem seiner Meinung nach nötigen Sarkasmus ausübte, überdenkt seine zynische Haltung angesichts der Korruptionsaffäre, die er enthüllt hat.
Budd Schulberg, der Autor des Romans, wurde gebeten, eine Drehbuchfassung zu schreiben, doch weigerte er sich, weil er aus persönlichen Gründen (Columbia-Mogul Cohn hatte einst seinen Vater beleidigt) nicht für diese Filmgesellschaft arbeiten wollte. Also übernahm Philip Yordan die Ausarbeitung des Skripts, mit dem es ihm gelang, den Gehalt und die Atmosphäre der Vorlage zu bewahren.
Während der Dreharbeiten erfuhr Bogart von seinem Arzt, daß er an Krebs litt und nur noch wenige Monate zu leben hatte. Dennoch verzichtete er nicht auf Nikotin und Alkohol und diskutierte mit Columbia-Chef Cohn weiterhin über ein Projekt, in dem seine Rolle ähnlich wie in DIE CAINE WAR IHR SCHICKSAL angelegt sein sollte. Bogart starb am 14. Januar 1957, neun Tage vor seinem 58. Geburtstag, ohne daß es zu einer Realisierung dieses Films gekommen wäre. jg

Schnee am Kilimandscharo

The Snows of Kilimanjaro. USA 1952 **R** Henry King **B** Casey Robinson, nach der Kurzgeschichte von Ernest Hemingway **K** Leon Shamroy **M** Bernard Herrmann **P** Darryl F. Zanuck für 20th Century-Fox **L** 111 Min. (Originalfassung 117 Min.), Farbe **D** Gregory Peck, Susan Hayward, Ava Gardner, Hildegard Knef, Leo G. Carroll, Torin Thatcher, Ava Norring, Helene Stanley, Marcel Dalio, Vincente Gomez

Zwar griff das amerikanische Kino immer recht dankbar die Romane und Kurzgeschichten des Vorzeigeschriftstellers Ernest Hemingway auf, doch was Hollywood dann daraus machte, hatte nur noch wenig mit den literarischen Werken des Dichters zu tun. So beugte sich Drehbuchschreiber Casey Robinson auch hier dem Diktat der Traumfabrik und setzte an das Finale der Kurzgeschichte, das Hemingway in völliger Hoffnungslosigkeit mit dem Tod des Protagonisten ausklingen ließ, das obligatorische, total deplazierte Happy-End.
Am Fuße des Kilimandscharo liegt der Schriftsteller Harry Street (Peck) todkrank in seinem Zelt. Den nahen Exitus vor Augen, durchlebt er noch einmal die wichtigsten Stationen seines Lebens, die für ihn mit der Begegnung dreier Frauen verbunden sind. Liz (Knef), eine Gräfin aus dem europäischen Hochadel erweist sich als gefühlloser Eisklumpen in Blond, Cynthia (Gardner), eine exotische Schönheit, war zwar die große Liebe seines Lebens, doch fiel sie im spanischen Bürgerkrieg. So bleibt nur noch Helen (Hayward), seine treue Begleiterin, die ihn pflegt und wieder ins Leben zurückholt.
Fünf Jahre Vorbereitungszeit, sechs Monate Außenaufnahmen in Afrika (wobei keiner der Stars jemals afrikanischen Boden betrat, sondern in der Savannen-Kulisse des Studios herumpirschte) und über drei Mio. Dollar Produktionskosten gaben den eindeutigen Beweis, daß die Gewichtung dieses Films auf den Schauwerten und nicht auf einem werkgetreuen Drehbuch lag, was dem enormen Erfolg dieser Hemingway-Adaption freilich keinen Abbruch tat. *Schnee am Kilimandscharo* wurde einer der größten Kassenrenner des Jahres 1952. Obwohl Hemingway den fertigen Streifen nie in seinem Leben sah, gab er allerorts der Presse zu verstehen, daß er den Film nicht leiden konnte. Heute bleiben lediglich Bernard Herrmanns elegischer Soundtrack sowie Ava Gardners Darstellung bemerkenswert. Für deren Rolle hatte die Fox eigentlich Anne Francis vorgesehen, die von den Produzenten dann aber doch abgelehnt wurde, da sie angeblich zu wenig Sex-Appeal besaß. jg

Der Schneemann

Der Schneemann. BRD 1985 **R** Peter F. Bringmann **B** Matthias Selig, nach dem gleichnamigen Roman von Jörg Fauser **K** Helge Weindler **M** Paul Vincent Gunia **P** Jörn Schröder für Bavaria/NF Geria II/ZDF **L** 106 Min., Farbe **D** Marius Müller-Westernhagen, Polly Eltes, Heinz Wanitschek, Riad Gholmie, Manuela Riva, Donald Arthur

Dorn (Müller-Westernhagen) ist ein nicht sonderlich erfolgreicher, kleiner Schieber, stets gewillt, ein Ding zu drehen, um endlich auf die Sonnenseite des Lebens zu geraten. Als er auf Malta versucht, einem Araber 50.000 dreidimensional lesbare Pornohefte anzudrehen, gerät er in einen Hinterhalt, stolpert zufällig über eine Leiche, findet im Toupet des Toten einen Coupon der Gepäckaufbewahrung vom Frankfurter Bahnhof -

und steckt mitten drin, sowohl im heißersehnten großen Coup als auch in der Bredouille. Der Gepäckschein macht ihn nämlich zum stolzen Eigner von fünf Kilogramm reinsten Heroins, das er gern versilbern möchte, doch ihm zum Verdruß hat die internationale Rauschgiftmafia Besitzansprüche angemeldet und sich an seine Fersen geheftet. An der Seite von Cora (Eltes), der Tochter der Malteser Leiche, flüchtet der Amateurdealer vor seinen Häschern quer durch Europa. Am Ende steht er zwar ohne Geld da, ist aber immerhin um einige Erfahrungen reicher und hat obendrein die Frau seines Lebens gefunden.
Frei nach dem hierzulande hochgelobten gleichnamigen Roman von Jörg Fauser inszenierte Regisseur Bringmann eine dank Müller-Westernhagen gut besetzte, turbulente, unterhaltsame, deutsche Action-Komödie. Turbulent, weil viele Personen an verschiedenen Orten furchtbar viel erleben, und unterhaltsam wegen der ironischen und witzigen Dialoge. Aber eben auch, leider, uneigenständig und unschlüssig (warum zum Beispiel hetzen Dorn und Cora mit Handschellen aneinander gekettet durch halb Europa, wo Dorn doch in der Lage ist, wie er am Ende des Films beweist, das Schloß mit einer Nadel zu knacken?) und gespickt mit Kitsch und Klischees - ein typischer Vertreter des Neuen Deutschen Films: professionell inszeniert, im Kern aber kraftlos und wenig originell. sk

Schneewittchen und die sieben Zwerge

Snow-White and the Seven Dwarfs. USA 1937 **R** Walt Disney **B** Ted Sears, Otto Englander, Earl Hurd, Ann Blank, nach dem gleichnamigen Märchen der Gebrüder Grimm **A** Hamilton Luske, Fred Moore, Vladimir Tytla, Norman Ferguson **M** Frank Churchill, Leigh Harline, Paul Smith **P** Walt Disney **L** 82 Min., Farbe **D** Stimmen von Adriana Caselotti, Harry Stockwell, Lucille Laverne, Moroni Olsen, Billy Gilbert

Noch heute schlagen nicht nur Kinderherzen höher, wenn das stupsnasige Schneewittchen mit ihren sieben kleinen Kumpels, den lustigen Zwergen, über die Leinwände flimmert. Auch Jahrzehnte nach der Uraufführung des Zeichentrickfilms sorgen Walt Disneys muntere Figuren für volle Kinosäle, verfolgen Kinder mit offenen Mündern und Erwachsene mit Tränen der Rührung in den Augen die Abenteuer von Schneewittchen, ihre Freundschaft mit den Gnomen, ihre Flucht vor der bösen Stiefmutter, schließlich das Happy-End der Protagonistin in den Armen eines jungen, gutaussehenden Prinzen. Wie im Märchen eben.
Walt Disney hatte allen Unkenrufen getrotzt, alles auf eine Karte gesetzt, und mit dem für zeitgenössische Kritiker überraschenden Erfolg des ersten abendfüllenden Trickfilms der Filmgeschichte den Grundstein für einen bis heute anhaltenden Erfolg des Hauses Disney gelegt. Es gelang ihm, die anspruchsvolle literarische Vorlage bunt, unterhaltend und erfrischend umzusetzen, untermalt von amüsanten Songs, ohne dabei in kitschige Gefilde abzugleiten. Disney beschäftigte für das Mammutwerk über 18 Monate lang 750 Mitarbeiter, die mehr als eine Million Zeichnungen fertigten (von denen am Ende etwa 250.000 für den Film verwendet wurden) und steckte die für Vorkriegsverhältnisse horrend hohe Summe von 1,75 Millionen Dollar in die Produktion. Der Aufwand hat sich gelohnt: *Schneewittchen* erhielt 1938 einen Ehren-Oscar - in Form einer Originalfigur mit sieben Mini-Oscars. „Mit diesem Animationsfilm", freute sich die Illustrierte *Zitty* anläßlich des fünfzigsten Geburtstags der Zwergenmutter-Trickverfilmung, „hat es Disney geschafft, nicht nur den Trickfilm als Genre zu etablieren; er hat sich damit gleichzeitig in die Film- und Kunstgeschichte eingezeichnet."
Weltweit spielte der Film, dessen Zuschauer im Kindesalter rund 40 % des Publikums ausmachen, bis Ende der 80er Jahre über 330 Millionen Dollar ein. sk

Schnellboote vor Bataan

They Were Expendable. USA 1945 **R** John Ford, Robert Montgomery **B** Frank W. Wead, nach dem Buch von William L. White **K** Joseph H. August **M** Herbert Stothart **P** John Ford für MGM **L** 107 Min. (Originalfassung 135 Min.), s/w **D** Robert Montgomery, John Wayne, Donna Reed, Jack Holt, Ward Bond, Marshall Thompson, Paul Langton, Leon Ames, Arthur Walsh, Donald Curtis, Cameron Mitchell

Das Produktionsjahr 1945 stand ganz im Zeichen des sich dem Ende zuneigenden Zweiten Weltkrieges. Schilderte Raoul Walsh in SCHLACHTGEWITTER AM MONTE CASSINO die Kampfhandlungen auf europäischem Boden, so ließ John Ford seine heldenhaften Recken im Fernen Osten, genauer auf den Philippinen, zum Gefecht gegen die Japaner antreten. Aus heutiger Sicht wirkt Fords Streifen auf eine beinahe unerträgliche Weise heroisierend und kriegsverherrlichend; damals mag er durchaus ein selbstverständlicher Beitrag zum Zeitgeschehen gewesen sein. Alle Leiden und Strapazen, die die amerikanischen GIs auf sich nehmen, sind schließlich nicht umsonst und zahlen sich in der Verleihung von Tapferkeitsmedaillen aus. Der *Motion Picture Guide* schreckte in diesem Zusammenhang noch nicht einmal davor zurück, von den „heiligen Opfern des Krieges" zu sprechen.
Daß bei einem solchen patriotischen Schlachtengetümmel „Duke" John Wayne nicht fehlen durfte, war nur allzu verständlich. Zusammen mit den Schauspielern Robert Montgomery und Ward Bond ballert er so lange aus rotglühenden Gewehr- und Kanonenläufen, bis die von den Japanern besetzten Philippinen endgültig erobert sind.
Unter Fords versierter Regie ist der Film handwerklich nicht ungeschickt geraten. Besonders in den Kampfszenen kam Ford die technische Erfahrung zugute, die er seit dem Kriegseintritt der USA im Dezember 1941 als Dokumentarfilmer für die Navy sammeln konnte. *Schnellboote vor Bataan* wurde natürlich nicht im Pazifik gedreht, sondern entstand vor der Küste von Key Biscayne/Florida. Dort ließ Ford eine Reihe von Schlachtschiffen und Schnellbooten auffahren, um die Invasion authentisch zu rekonstruieren. Bei der Inszenierung dieser aufwendigen Passagen geriet er so in Erregung, daß er von dem Gerüst fiel, von wo aus er das Geschehen beaufsichtigt und geleitet hatte, und sich dabei ein Bein brach. Hauptdarsteller Robert Montgomery sprang kurzerhand für ihn ein und drehte innerhalb von zwei Wochen den Film zu Ende. jg

Der Schock

Le choc. Frankreich 1982 **R** Robin Davis **B** Robin Davis, Dominique Robelet, Claude Veillot, Alain Delon, nach dem Roman *La position du tireur couché* von Jean-Patrick Manchette **K** Pierre-William Glenn **M** Philippe Sarde **P** Alain Terzian, Alain Sarde für Sara Films/T. Films **L** 90 Min., Farbe **D** Alain Delon, Catherine Deneuve, Philippe Léotard, Stéphane Audran, Etienne Chicot, François Perrot, Catherine Leprince, Jean-Louis Richard

Anfang der 80er Jahre nannten die Franzosen Alain Delon und Catherine Deneuve in einer Umfrage als die Stars, mit denen sie „am liebsten einen Seitensprung riskieren" würden. Das brachte offenbar findige Produzenten auf die Idee, für dieses Traumpaar ein geeignetes Vehikel zu finden. Die beiden hatten bis dato nur einmal, 1972 in DER CHEF, gemeinsam vor der Kamera gestanden und Deneuves Rolle war zweitrangig gewesen. Das ist sie hier allerdings auch, und nicht nur die Rolle - der ganze Film. Delon spielt - was sonst !? - den Berufskiller Terrier, der sich nach einträglichen Berufsjahren aus dem schmutzigen Geschäft zurückziehen möchte, sehr zum Ärger seines Chefs (Perrot). Zum Glück findet Terrier auf der

Truthahnfarm, die eine alte Freundin für ihn erstanden hat, in Claire (Deneuve) die große Liebe, die ihn bei allen nachfolgenden Schwierigkeiten unterstützt.
Ein in jeder Hinsicht durchschnittlicher Krimi, der sich nur durch die Anwesenheit Catherine Deneuves von Filmen wie RETTE DEINE HAUT, KILLER und DER KÄMPFER unterscheidet. Zu diesem Zeitpunkt schien es keine Rolle zu spielen, wer auf dem Regiestuhl Platz nahm, denn solange Delon vor der Kamera stand, konnte nur eines dabei herauskommen: ein billiger Abklatsch von DER EISKALTE ENGEL. Unglaubwürdig, verworren und brutal. al

Der Schocker

Traitement de choc. Frankreich/Italien 1973 **R** Alain Jessua **B** Alain Jessua **K** Jacques Robin **M** René Koering, Alain Jessua **P** Raymond Danon für Lira Films/AJ Films (Paris), Medusa Distribuzione (Rom) **L** 93 Min., Farbe **D** Alain Delon, Annie Girardot, Michel Duchaussoy, Robert Hirsch, Jean-François Calvé

Die wohlhabende, allein lebende Fabrikantin Hélène Masson (Girardot) unterzieht sich in der Klinik von Dr. Devilers (Delon) einer Frischzellenkur. Schon bald wird sie die Geliebte des charmanten jungen Mediziners, doch der plötzliche Tod eines Freundes, der sie vor weiterem Aufenthalt in der Klinik warnt, sowie das mysteriöse Verschwinden von Mitgliedern des Personals machen Hélène mißtrauisch.
Einer von Alain Delons besseren Filmen aus den 70er Jahren ist dieser interessante Psycho-Thriller, in dem er zur Abwechslung mal in die Rolle des Bösewichtes schlüpfte. Regisseur Jessua verbindet geschickt die Spannungselemente der Geschichte mit einem kritischen Blick auf mehrere Phänomene der modernen Konsumgesellschaft, wie den Jugendkult, die Ausbeutung von Gastarbeitern, die Geschäftemacherei mit Ängsten und unkontrolliertem wissenschaftlichem „Fortschritt". Delon und Girardot standen, zwölf Jahre nach ihrem gemeinsamen Auftritt in Viscontis ROCCO UND SEINE BRÜDER, endlich wieder einmal gemeinsam vor der Kamera. al

Die schöne Isabella

C´era una volta. Italien/Frankreich 1967 **R** Francesco Rosi **B** Tonino Guerra, Raffaele La Capria, Giuseppe Patroni Griffi, Francesco Rosi, nach dem Roman *Pentamerone* von Gianbattista Basile **K** Pasqualino de Santis **M** Piero Piccioni **P** Carlo Ponti für Compagnia Cinematografica Champion (Rom), Les Films Concordia (Paris) **L** 96 Min. (Originalfassung 140 Min.), Farbe **D** Sophia Loren, Omar Sharif, Dolores Del Rio, Georges Wilson, Leslie French, Carlo Pisacane

Es war einmal...der spanische Prinz Ramon (Sharif), den seine Mutter (Del Rio) zur Heirat mit einer Prinzessin drängte. Doch keine der Kandidatinnen sagte ihm zu, und bei einem Ausritt lernte er das Bauernmädchen Isabella (Loren) kennen. Nach einigem Hin und Her schaffte er es, sie ins Schloß zu holen und in einem Tellerwasch-Wettbewerb gegen die anderen Prinzessinnen antreten zu lassen, den sie, wie er hoffte, gewinnen würde...
Dieser Märchenfilm - besonders optisch überwältigend schön - fällt in Francesco Rosis Werk ein wenig aus dem Rahmen. In erster Linie ist es ein Vehikel für zwei Stars, allen voran Sophia, die nie besser ausgesehen hat, doch der für sein politisches Engagement bekannte Rosi versäumte nicht, persönliche Anliegen wie Seitenhiebe gegen Kirche und Monarchie sowie die ehrliche Darstellung bäuerlichen Lebens einzustreuen. Besonders die Amerikaner konnten mit dieser ungewöhnlichen Mischung aus Realität und Phantasie nicht viel anfangen, und *Die schöne Isabella* wurde zumindest dort nach etlichen Titeländerungen (darunter *Cinderella, Italian Style*; *Happily Ever After*; *More Than a Miracle*) ein Reinfall. al

Die schöne Lügnerin

Die schöne Lügnerin / La belle et l´empereur. BRD/Frankreich 1959 **R** Axel von Ambesser **B** Maria Matray, Answald Krüger, nach der Komödie von Just Scheu und Ernst Nebhut **K** Christian Matras **M** Bernhard Eichhorn **P** Gyula Trebitsch für Real-Film (Hamburg), Regina S.A. (Paris), **L** 94 Min., Farbe **D** Romy Schneider, Jean-Claude Pascal, Helmut Lohner, Charles Regnier, Paul Guers, Hans Moser, Jacqueline Marbeaux, Josef Meinrad

Auch wenn Romy Schneider es ablehnte, ein viertes Mal hintereinander die österreichische Kaiserin Sissi zu spielen, so schwimmt doch dieser Film allzu deutlich im Kielwasser dieser Trilogie.
Romy ist das Mädchen Fanny, das sich im Wien des Jahres 1815 als Miederwarenverkäuferin durchs Leben schlägt und in Martin (Lohner), den Privatsekretär des Fürsten Metternich (Regnier), verliebt ist. Durch einen raffinierten Schwindel verschafft sie sich Zugang zum Kongreßball, an dem die bedeutendsten Staatsmänner Europas teilnehmen. Dort gewinnt Fanny die Aufmerksamkeit des russischen Zaren Alexander (Pascal), gerät aber bald darauf in den Verdacht, eine Spionin in französischen Diensten zu sein. Um sich von dieser Beschuldigung freizusprechen, behauptet sie, Napoleon sei von seinem Verbannungsort auf der Insel Elba geflüchtet und in Frankreich gelandet. Wie groß ist die Überraschung, als diese aus der Luft gegriffene Ankündigung tatsächlich eintrifft und für einen heillosen Wirbel sorgt.
Axel von Ambessers bonbonfarbenes Filmmärchen (entstanden in den Studios der Hamburger Real-Film und in Wien) bemüht sich verkrampft, an den Ruhm des legendären UFA-Klassikers DER KONGRESS TANZT anzuknüpfen, scheitert in diesem Versuch jedoch kläglich. Was bleibt, ist eine Aneinanderreihung kunterbunter Ballszenen, vermischt mit einschläfernden Dialogen, die von Bernhard Eichhorns Walzerklängen und Romy Schneiders Liedchen *Wenn die Nachtigall singt* unterbrochen werden. jg

Die Schönen der Nacht

Les belles-de-nuit. Frankreich/Italien 1952 **R** René Clair **B** René Clair **K** Armand Thirard **M** Georges Van Parys **P** Leon Carré für Franco-London Films (Paris), Rizzoli Film (Rom) **L** 85 Min., s/w **D** Gérard Philipe, Martine Carol, Gina Lollobrigida, Magali Vendeuil, Marilyn Bufferd, Paolo Stoppa, Raymond Bussières

Der junge Musiklehrer Claude (Philipe) sieht sich in seinen Träumen als ruhmreicher Held vergangener Epochen, dem die Frauen zu Füßen liegen. Er ist Opernkomponist in der Belle Epoque, erobert Algier und eine Haremsdame (Lollobrigida) um 1830 und betätigt sich während der Französischen Revolution als Volkstribun. Für seine reale Umgebung hat er dagegen kaum Augen...
Diese poetische Komödie ist mit ihrer geschickten Vermengung von Traum und Wirklichkeit eine typische René-Clair-Arbeit, wenn auch der Regisseur sich gegen allzu gründliche Interpretationen mit den Worten wehrte: „Ich muß gestehen, daß der Film keineswegs ein ernsthaftes Werk darstellt und sein einziger Zweck darin besteht, den Betrachter zu erheitern." Alle Traumepisoden wurden von Georges Van Parys mit einem eigenen musikalischen Thema verse-

hen, und in allen taucht ein alter Mann auf, der den Zustand der Gegenwart beklagt und die „guten, alten Zeiten“ heraufbeschwört. Mit Gérard Philipe hatte Clair bereits in DER PAKT MIT DEM TEUFEL gearbeitet und sollte es in DAS GROSSE MANÖVER noch einmal tun. al

Die schönen Wilden

Le sauvage. Frankreich 1975 **R** Jean-Paul Rappeneau **B** Jean-Paul Rappeneau, Elisabeth Rappeneau, Jean-Loup Dabadie **K** Pierre Lhomme **M** Michel Legrand **P** Raymond Danon für Lira Films **L** 105 Min. (Originalfassung 125 Min.), Farbe **D** Yves Montand, Catherine Deneuve, Luigi Vanucchi, Tony Roberts, Dana Wynter, Bobo Lewis

Jean-Paul Rappeneau ist bekannt für die gründliche Vorbereitung seiner Regie-Projekte, und in der Tat waren seit seinem letzten Film MUSKETIER MIT HIEB UND STICH fünf Jahre ins Land gegangen. Die kommerziellen Erfolge seiner Arbeiten scheinen das zu rechtfertigen, und auch bei *Die schönen Wilden* standen die Besucher Schlange. Es handelt sich um eine Abenteuerkomödie, in der Yves Montand als Einsiedler Martin zu sehen ist. Auf seiner kleinen Karibikinsel ist von der Zivilisation nicht viel zu spüren, und dementsprechend ungehalten ist Martin über Gesellschaft in Gestalt von Nelly (Deneuve), die sich auf der Flucht vor ihrem italienischen Mann und seinem Clan befindet. Doch wie könnte es anders sein: Die beiden raufen sich schließlich zusammen, und auch die Liebe ist mit im Spiel...
Nicht alle Besprechungen dieses reinen Unterhaltungsfilms im klassischen Sinne klangen so begeistert wie die in *Le Monde*: „Ein Feuerwerk, das zischt und kracht, schillert und strahlt. Die beiden Hauptdarsteller sind unwiderstehlich.“ Der Film hat Tempo, Charme und Witz, doch gemessen am Aufwand recht wenig Substanz. Die an malerischen Originalschauplätzen auf den Bahamas und den Jungfern-Inseln gedrehten Außenaufnahmen sind allerdings erstklassig. al

Schöner Gigolo, armer Gigolo

Schöner Gigolo, armer Gigolo/Just a Gigolo. BRD 1978 **R** David Hemmings **B** Joshua Sinclair, Ennio de Concini **K** Charly Steinberger **M** Günter Fischer **P** Rolf Thiele für Leguan Film **L** 98 Min., Farbe **D** David Bowie, Sydne Rome, Kim Novak, Marlene Dietrich, Maria Schell, Erika Pluhar, Curd Jürgens, David Hemmings

Regisseur David Hemmings schrieb mit *Schöner Gigolo, armer Gigolo* Filmgeschichte: Trotz eines für deutsche Verhältnisse riesigen Budgets von 12 Millionen Mark (mehr wurde hierzulande für eine Nachkriegsproduktion bis dato nicht ausgegeben) und einer eindrucksvollen Armada internationaler Weltstars ging sein Versuch, die „Goldenen Zwanziger“ cineastisch aufzubereiten, gründlich in die Hose - sein Werk steht als Monument des Niedergangs des deutschen Films. Marlene Dietrich, die Hemmings nach zwölfjähriger Abstinenz noch einmal vor die Kamera gelockt hatte, hätte man fürwahr einen würdigeren Abgang von der Leinwand gewünscht; *Schöner Gigolo, armer Gigolo* war der letzte Film der noch zu Lebzeiten zum Mythos avancierten Diva, die aus ihrer Nebenrolle souverän das Beste herausholte.
Die Dietrich betreibt als Baronesse von Semering im Berlin der 20er Jahre ein halbseidenes Etablissement, in das der aus der Bahn geworfene Kriegsheimkehrer Paul von Pryzgoski (Bowie), ehedem preußischer Jungoffizier, bei seinen Versuchen, in den Wirren der Weimarer Republik wieder Fuß zu fassen, hineintrudelt. Doch Pauls Spiel mit dem Feuer der Dekadenz ist nicht von Dauer: Er gerät zwischen die Fronten des politischen Straßenkampfes, der auf den Straßen Berlins tobt, und wird von einer verirrten Kugel getroffen.
Hemmings' Absicht, mit *Schöner Gigolo, armer Gigolo* eine deutsche Antwort auf das ebenfalls im verruchten Nachkriegs-Berlin angesiedelte amerikanische Erfolgsmusical CABARET zu präsentieren, war zwar nett gemeint, mehr als eine stümperhaft zusammengeschnittene, klischeeverhaftete Aneinanderreihung von Requisiten der 20er Jahre konnte er indes nicht bieten. Ein Regiekonzept, das die Qualitäten der beteiligten kleinen und großen Stars sinnvoll herausgearbeitet und verknüpft hätte, läßt das Machwerk ebenfalls vermissen, statt dessen spielen die Beteiligten munter und unkoordiniert ihre Marotten - teilweise auch gegeneinander - aus.
Gleich nach seiner Uraufführung wurde der monumentale Reinfall, der die Buhrufe seines Publikums auf sich zog wie schimmeliger Käse Fliegen, aus dem Verkehr gezogen; zwei Jahre später kam eine neu geschnittene, allenfalls mediokre Version auf den Markt. Das *Hamburger Abendblatt* resümierte hanseatisch zurückhaltend: „Ein reizvoller Stoff, bei dessen Realisierung man sich zu sehr auf die klangvollen Namen verlassen hat.“ sk

Ein schönes Mädchen wie ich

Une belle fille comme moi. Frankreich 1972 **R** François Truffaut **B** François Truffaut, Jean-Loup Dabadie, nach dem Roman *Such a Gorgeous Kid Like Me* von Henry Farrell **K** Pierre-William Glenn **M** Georges Delerue **P** Marcel Berbert Les Films du Carrosse/Columbia Film S.A. (Paris) **L** 98 Min., Farbe **D** Bernadette Lafont, Claude Brasseur, Charles Denner, Guy Marchand, André Dussolier, Anne Kreis, Philippe Léotard

Der junge Soziologe Stanislas Prévine (Dussolier) schreibt seine Doktorarbeit über straffällig gewordene Frauen. Feldforschung betreibt er zu diesem Zweck in einem Gefängnis. Die Insassin Camille Bliss (Lafont) erregt sein Interesse und ist gern bereit, über ihr Leben und ihre Taten Auskunft zu erteilen. Während des Interviews erliegt der Wissenschaftler zusehends dem Charme seines Forschungsobjekts, was für ihn fatale Folgen hat.
Diese schwarze Komödie um die Lächerlichkeit bürgerlicher Moralvorstellungen ist wohl Truffauts ungewöhnlichstes Werk, das von den Kritikern nicht gerade wohlwollend aufgenommen wurde. Wie schon in DIE BRAUT TRUG SCHWARZ präsentiert der Regisseur eine Vielzahl der unterschiedlichsten Männer, die der Protagonistin bei weitem nicht gewachsen sind. Bernadette Lafont hatte schon 1957 unter der Regie Truffauts agiert: in seinem Kurzfilm *Die Unverschämten.* mg

Das schönste Freudenhaus in Texas

The Best Little Whorehouse in Texas. USA 1982 **R** Colin Higgins **B** Larry L. King, Peter Masterson, Colin Higgins, nach dem Bühnenstück von King **K** William A. Fraker **M** Patrick Williams, Gregg Perry **P** Thomas L. Miller, Edward K. Milkies, Robert L. Boyett für Universal/RKO General **L** 114 Min., Farbe **D** Burt Reynolds, Dolly Parton, Dom DeLuise, Charles Durning, Jim Nabors, Robert Mandan, Louis Nettleton, Noah Beery

Seit nunmehr 150 Jahren existiert am Rande einer texanischen Kleinstadt der „Hühnerstall“ - ein weit über die Stadtgrenzen hinaus bekanntes Bordell, zu dessen Kunden sogar Prominente aus Politik und Wirtschaft gehören. Auch Ed Earl (Reynolds), der Sheriff des Ortes, steht in guter Verbindung zu der vollbusigen Puffmutter Mona Stangely (Parton). Der Schock und die Entrüstung

sind groß, als der selbsternannte Moralapostel Melvin Thorpe (DeLuise) eines Tages dem Rotlichtunternehmen den Kampf ansagt. Thorpe bekriegt fanatisch alle Einrichtungen in Texas, die in dem Verdacht stehen, einen zwielichtigen Ruf zu haben. Der „Hühnerstall" macht ihm allerdings mehr zu schaffen als die anderen, vergleichbaren Objekte, die er bislang stillegen konnte.
Zum ersten Mal traten Amerikas Sex-Symbol Burt Reynolds und Busenwunder Dolly Parton gemeinsam vor die Kamera, um dort ein überaus blasses Pärchen abzugeben. Gedreht wurde in den Universal-Studios und in Texas, wo der im altgriechischen Stil erbaute Gouverneurspalast von Hallettsville als Kulisse fungierte. Ein nahe der Stadt Plugerville liegendes Farmhaus stellte das „Hühnerstall"-Bordell dar.
Die publikumswirksame Besetzung kann gegen die dürftige Story wenig ausrichten. Es dominieren geschmacklose Kalauerwitze, die von dilettantischen Tanz- und Gesangsdarbietungen unterbrochen werden. jg

Schonzeit für Füchse

Schonzeit für Füchse. BRD 1966 **R** Peter Schamoni **B** Günter Seuren, nach seinem Roman **K** Jost Vacano **M** Hans Posegga **P** Peter Schamoni **L** 92 Min., s/w **D** Helmut Förnbacher, Christian Doermer, Andrea Jonasson, Monika Peitsch, Edda Seipel, Helmuth Hinzelmann, Willy Birgel, Hans Posegga, Alexander Golling

Peter Schamoni, einer der Mitbegründer und Unterzeichner des Oberhausener Manifests, mit dem eine Gruppe junger, intellektueller Filmemacher Opas Kino den Kampf ansagte, hatte durch eine Reihe interessanter Kinofilme allerlei Hoffnungen geweckt. Obwohl sein erster Spielfilm *Schonzeit für Füchse* auf den XVI. Internationalen Festspielen von Berlin mit dem Silbernen Bären ausgezeichnet wurde, reagierte die Presse damals etwas verunsichert und ratlos und warf dem Regisseur „Selbstverachtungsgram" vor.
Die in Düsseldorf spielende Geschichte dreht sich um den ungenannt bleibenden „Ihn" (Förnbacher) und seinen Freund Viktor (Doermer). Beide Männer äußern unverhohlen ihre Verachtung für die bürgerliche Gesellschaft, gehen aber dennoch mit ihr einen Pakt ein. Am Ende gibt es für sie nur die Alternative, zu gehen oder sich mit den gegebenen Umständen zu arrangieren. Während Victor sich nach Australien absetzt, arbeitet „er" weiterhin als Journalist in Düsseldorf, um über die Dinge zu schreiben, die ihn nie richtig interessiert haben.
Peter Schamoni gab noch einmal einer Reihe von alten UFA-Stars die Gelegenheit zu einem bescheidenen Leinwand-Comeback. So geben sich die ergrauten Herren Willy Birgel und Alexander Golling hier die Ehre. *Schonzeit für Füchse* erhielt 1966 des weiteren zwei Bundesfilmpreise, die an den Filmkomponisten Hans Posegga und die Schauspielerin Edda Seipel (Beste weibliche Nebenrolle) gingen. jg

Schornstein Nr. 4

La voleuse / Schornstein Nr. 4. Frankreich/BRD 1966 **R** Jean Chapot **B** Jean Chapot, nach einer Idee von Alain Fatou **K** Jean Bernard Penzer **M** Antoine Duhamel **P** Claude Jaeger, Hans Oppenheimer für Chronos Films Procinex (Paris), Hans Oppenheimer Film (Berlin) **L** 90 Min., s/w **D** Romy Schneider, Michel Piccoli, Hans-Christian Blech, Sonia Schwarz, Mario Huth

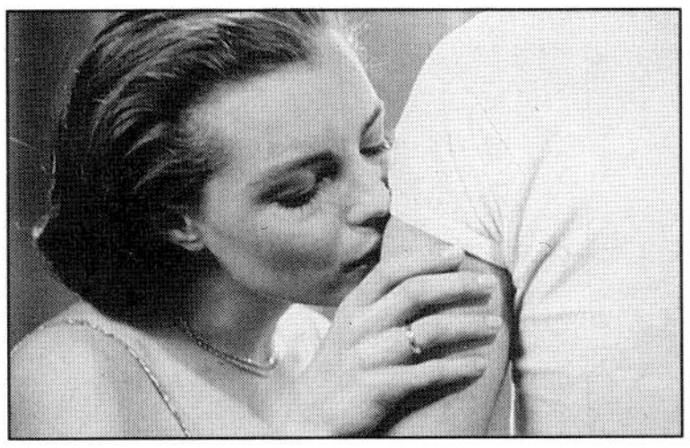

Schornstein Nr. 4, das Regiedebüt des jungen Filmemachers Jean Chapot, führte zum ersten Mal Romy Schneider und Michel Piccoli vor der Kamera zusammen. Mit Streifen wie DIE DINGE DES LEBENS oder DAS MÄDCHEN UND DER KOMMISSAR sollten beide einige Jahre später zum beliebtesten Leinwandpaar des französischen Films werden. *Schornstein Nr. 4* indes wurde damals ein riesiger Reinfall und fand weder bei Kritik noch beim Publikum die geringste Anerkennung, wenngleich so eine hochgeachtete Autorin wie Marguerite Duras an den Dialogen des Drehbuchs mitgearbeitete hatte.
Angesiedelt vor der grauen Kulisse des Ruhrgebiets wird ein Familiendrama erzählt, für das ein uneheliches Kind der Auslöser ist. Julia (Schneider) gesteht ihrem Mann Werner (Piccoli), daß sie vor sechs Jahren bereits ein Kind zur Welt gebracht hat, das nun bei polnischen Pflegeeltern aufwächst. Einer unbestimmten Eingebung folgend, will Julia jetzt ihren kleinen Sohn zurückhaben, doch die Familie Kastrowitz weigert sich, den Jungen herauszugeben, so daß Julia das Kind schließlich entführt. Dieser verzweifelte Schritt führt beinahe zu einer Katastrophe.
Die Dreharbeiten fanden innerhalb von neun Wochen in den tristen Kohlenpott-Städten Oberhausen und Essen statt. Da der Film mit sparsamsten Mitteln gedreht wurde, konnten die 5.000 angeheuerten Statisten nicht bezahlt werden. Um die Komparsen aber doch noch bei der Stange zu halten, ließ Regisseur Chapot für alle Teilnehmer eine Tombola veranstalten, bei der diverse Sachpreise (vom Fernseher bis hin zur Waschmaschine) verlost wurden. jg

Der Schrecken der Medusa

The Medusa Touch. Großbritannien 1978 **R** Jack Gold **B** John Briley, Jack Gold, nach dem Roman von Peter Van Greenaway **K** Arthur Ibbetson **M** Michael J. Lewis **P** Anne V. Coates, Jack Gold für Coatesgold Films/ITC Entertainment **L** 105 Min. (Originalfassung 110 Min.), Farbe **D** Richard Burton, Lino Ventura, Lee Remick, Harry Andrews, Michael Byrne, Marie-Christine Barrault, Michael Hordern, Derek Jacobi

Die Feuilletonisten waren nicht gerade aus dem Häuschen über diesen aufwendig produzierten britischen Thriller, der eine Art Mischung aus Horror- und Katastrophenfilm darstellt, doch das Publikum wußte die geschickte Machart und die Präsenz der Hauptdarsteller durchaus zu würdigen. Der für Scotland Yard tätige französische „Austausch"-Kommissar Brunel (Ventura) untersucht den brutalen Mordversuch an Schriftsteller Jack Morlar (Burton), der nur durch Maschinen noch am Leben erhalten wird. Gespräche mit der Psychiaterin des Opfers, Zonfield (Remick), ergeben, daß Morlar von seinen telekinetischen Fähigkeiten überzeugt war und behauptete, auf diese Weise zunächst verhaßte Menschen getötet sowie später Katastrophen wie Flugzeugabstürze verursacht zu haben. Beinah zu spät nimmt Brunel diese Zusammenhänge ernst, denn Morlars Gehirn ist noch aktiv und plant weiteres Unheil...
Wie der von Lino Ventura mit gewohnter Zuverlässigkeit gespielte Kommissar beginnt auch der Zuschauer erst langsam an die Richtigkeit von Morlars Behauptungen zu glauben, die durch eingestreute Rückblenden untermauert werden. Burton läuft in diesen Szenen zu großer Form auf, wenn er auch sehr stark an seine eigene Darstellung in EQUUS - BLINDE PFERDE erinnert. Der Film wurde in der BRD im Fernsehen uraufgeführt und kam erst 1982 als *Medusa Touch - Schrecken der Medusa* in die Kinos. al

Der Schrecken vom Amazonas

Creature From the Black Lagoon. USA 1954 **R** Jack Arnold **B** Harry Essex, Arthur Ross, Jack Arnold **K** William E. Snyder, Charles S. Welbourne (Unterwasser) **M** Hans J. Salter **P** William Alland für Universal **L** 79 Min., s/w - 3-D **D** Ben Chapman, Ricou Browning, Richard Carlson, Julia Adams, Richard Denning, Antonio Moreno

Dieser bescheidene, doch umso wirkungsvollere Kultfilm hält sich streng an die Chronologie der Evolution: Am Anfang gibt es den Urknall - weniger wohl aus Gründen der Vollständigkeit, als vielmehr wegen der sich hier so schön anbietenden 3-D-Effekte, dann führen humanoide Fußspuren vom Meer ans Land und im Amazonasgebiet entdeckt Pro-

fessor Maia (Moreno) schließlich ein eigenartiges Skeletteil. Zusammen mit einem Forscherteam tuckert er über den schlammigen Amazonas und stößt nach kurzer Zeit in einer schwarzen Lagune auf ein prähistorisches Relikt, den Kiemenmenschen. Der entführt nach einem aufregenden Gerangel die laut aufkreischende Expeditionsteilnehmerin Kay (Adams), die jedoch den Klauen des Ungetüms entrissen werden kann. Das Ungeheuer selbst versinkt, angeschossen von einer Harpune, auf dem moderigen Grund des Amazonas.
In den 50er Jahren führte Jack Arnold mit seinen B-Filmen die erfolgreiche Tradition der Universal-Horrorproduktionen aus den 30ern fort. Seine Filme waren trotz der strekkenweise recht aufwendigen Special Effects extrem preisgünstig (*Der Schrecken vom Amazonas* kostete weit weniger als eine Mio. Dollar) und spielten durchweg ein Vielfaches ihrer Kosten wieder ein. Neben den wunderschönen Landschaftsaufnahmen (Drehort war tatsächlich die üppige Vegetation des Amazonas) wurde *Der Schrecken vom Amazonas* sicherlich auch wegen der atemberaubenden Unterwasserszenen zu einem Kultfilm, der nicht wie so viele andere 3-D-Produktionen unter einer Übergewichtung der plastischen Effekte litt. jg

Das Schreckenshaus des Dr. Rasanoff

Les yeux sans visage. Frankreich/Italien 1959 **R** Georges Franju **B** Pierre Boileau, Thomas Narcejac, Jean Redon, Claude Sautet **K** Eugen Schüfftan **M** Maurice Jarre **P** Champs Elysées Films (Paris), Lux Film (Rom) **L** 82 Min., s/w **D** Pierre Brasseur, Alida Valli, Juliette Mayniel, Edith Scob, François Guerin

Georges Franjus wenig appetitlicher Gruselstreifen wurde damals von der Kritik in Grund und Boden verdammt. Der Film ist heute zwar nicht wesentlich besser geworden, wer jedoch auf Elemente des Gothic Horror, wie knarrende Türen und düstere Gemäuer, steht, dem sei dieser Streifen empfohlen.
Nach einem schweren Verkehrsunfall ist das Gesicht der Chirurgentochter Christiane (Scob) dermaßen entstellt, daß ihr Vater sie lieber für tot erklärt, als sie auf die Öffentlichkeit loszulassen. Um Christiane wieder zu ihrem einstigen blühenden Antlitz zu verhelfen, lockt Rasanoff eine Reihe junger Frauen in sein schloßähnliches Anwesen, an denen er (tödliche) Hauttransplantationen vornimmt, die alle jedoch unbefriedigend verlaufen. Christiane erträgt es nicht länger, daß ihretwegen andere Menschen geopfert werden. So liefert sie den Vater seiner eigenen Bluthundemeute aus und wankt anschließend in den dunklen Wald, um dort wahrscheinlich an einem Baum ihrem Leben ein Ende zu setzen.
Das alles hat Franju mit zwar erlesenen Bildern und einer annehmbaren Spannung inszeniert, doch nimmt sich die Geschichte selbst viel zu ernst, so daß die aufdringlich bedrückende Stimmung eher störend als subtil wirkt. jg

Das schreckliche Mädchen

Das schreckliche Mädchen. BRD 1990 **R** Michael Verhoeven **B** Michael Verhoeven **K** Axel de Roche **M** Mike Herting, Elmar Schloter **P** Sentana Filmproduktion/ZDF **L** 92 Min., Farbe **D** Lena Stolze, Monika Baumgartner, Michael Gahr, Fred Stillkrauth, Elisabeth Bertram, Robert Giggenbach, Hans-Reinhard Müller

Jagdszenen in Niederbayern: Sonja Wegmus (brillant: Lena Stolze), Klosterschülerin , will an dem Aufsatzwettbewerb „Meine Stadt im Dritten Reich" teilnehmen, doch sie kann nicht. Würdenträger, Ämter und Bürger ihres Heimatortes, der fiktiven Kleinstadt Pfilzing, hinter der sich nichts anderes als das geschichtsträchtige Passau im Niederbayerischen verbirgt, verweigern der ehrgeizigen Schülerin die gewünschten Auskünfte, verwehren ihr den Zugang zum Stadtarchiv, begegnen ihr mit Mißtrauen. Zwar erreichen die braven Bürger damit Sonjas Rückzug vom Wettbewerb, doch ihre Lust, im braunen Brei der unbewältigten Vergangenheit zu stochern, können sie nicht brechen. Jahre später, inzwischen kein Kind mehr, unternimmt Sonja einen neuen Anlauf, und diesmal bricht sie die Mauer des Schweigens. Sie veröffentlicht ein Buch über die unrühmliche, bisher erfolgreich vertuschte nationalsozialistische Vergangenheit ihrer Stadt. Ihre Penetranz hat Folgen: Sie erweckt nicht nur das überwunden geglaubte Kollektiv der Volksgenossen zum Leben - ganz Pfilzing begegnet ihr in reinster Blockwartmentalität mit unverbrämtem Haß -, sondern muß sogar um ihr Leben fürchten.
Basierend auf dem authentischen Fall der Passauerin Anja Rosmus, aber bewußt verfremdet, polemisiert und überspitzt, lieferte Regisseur Verhoeven mit seinem *Schrecklichen Mädchen* einen gelungenen, von der deutschen und internationalen Kritik überwiegend lobend beachteten Beitrag zur Vergangenheitsbeleuchtung ab. *Variety*: „Verhoeven macht mit seinem so bösartigen wie amüsanten Film, passend zum aktuellen Wiedervereinigungsgetöse, auf die unbelehrbaren Heuchler in Deutschland aufmerksam, die gestern Nazibüttel gewesen sind und sich heute liberal geben. Nur Gott weiß, was sie morgen vorhaben."
Die Bundesrepublik nominierte den Streifen 1991 als deutschen Beitrag für das alljährliche Oscar-Spektakel. sk

Die schreckliche Wahrheit

The Awful Truth. USA 1937 **R** Leo McCarey **B** Vina Delmar, nach dem Bühnenstück von Arthur Richman **K** Joseph Walker **M** Morris Stoloff **P** Leo McCarey und Everett Riskin für Columbia **L** 90 Min., s/w **D** Cary Grant, Irene Dunne, Ralph Bellamy, Alexander D'Arcy, Cecil Cunningham, Molly Lamont, Esther Dale, Joyce Compton, Robert Allen

Eine unglückliche Verkettung von Mißverständnissen führt dazu, daß sich die Eheleute Lucy und Jerry Warriner gegenseitig der Untreue vedächtigen und die Scheidung einreichen. Die offizielle Trennung wird lediglich durch die Auseinandersetzung um das Sorgerecht für den gemeinsamen Hund Mr. Smith (vom talentierten Terrier Asta gemimt, der aus MORDSACHE: DÜNNER MANN bekannt ist) beeinträchtigt. Die Entscheidung des Richters lautet: Das Tier kommt in die Obhut von Mrs. Warriner, dem Gatten hingegen wird ein Besuchsrecht eingeräumt. Von dem macht Jerry dann auch reichlich Gebrauch, um den Lebenswandel seiner Gattin zu beobachten. Zwar knüpft auch er zwischenzeitlich die Bekanntschaft einiger Damen, doch liebt er Lucy immer noch. Dem Paar bleiben indes 90 Tage, bis die Scheidung rechtskräftig wird; Zeit genug, sich zu versöhnen.
1922 kam das Bühnenstück von Arthur Richman erstmals zur Aufführung. Der große Erfolg zog drei Leinwandadaptionen nach sich, eine Stummfilmversion aus dem Jahr 1925, eine Fassung von 1929, in der Henry Daniell und Ina Claire das zankende Ehepaar spielten, sowie die Screwball Comedy von Leo McCarey, die beim Publikum einen enormen Anklang fand. Daraufhin wurden Grant und Dunne für das Melodram AKKORDE DER LIEBE und die Komödie MEINE LIEBLINGSFRAU weitere Male zusammengespannt. *Die schreckliche Wahrheit* konnte neben hervorragenden Einspielergebnissen auch Oscar-Nominierungen in den Kategorien Bester Film, weibliche Hauptrolle (Irene Dunne), männliche Nebenrolle (Ralph Bellamy), Drehbuchadaption und Schnitt verbuchen. Leo McCarey konnte für seine Inszenierung die Statuette entgegennehmen.
1953 versuchte sich Alexander Hall mit Jane Wyman, Ray Milland und Aldo Ray an einem Remake: *Diese Frau vergißt man nicht*. mg

Die schrecklichen Eltern

Les parents terribles. Frankreich 1948 **R** Jean Cocteau **B** Jean Cocteau, nach seinem Bühnenstück **K** Michel Kelber **M** Georges Auric **P** Alexandre Mnouchkine, Francis Cosne für Les Films Ariane **L** 95 Min. (Originalfassung 105 Min.), s/w **D** Jean Marais, Josette Day, Yvonne de Bray, Marcel André, Gabrielle Dorziat

Als der junge Michel (Marais) seiner neurotischen Mutter (De Bray) seine Liebe zu Madeleine (Day) gesteht, reagiert sie hysterisch, da sie sein Erwachsenwerden nicht akzeptieren will. Was beide nicht wissen: Madeleine ist auch die Geliebte von Michels Vater (André), der wiederum von Tante Léo (Dorziat) begehrt wird. Die Entflechtung dieses Beziehungsgewirrs führt zu einer Katastrophe...
Viele Kritiker halten Jean Cocteaus Adaption seines eigenen Stückes von 1938 für die beste Arbeit des genialen Autors und Regisseurs, der bemerkte, er wollte „die Leistung einer unvergleichlichen Besetzung festhalten; zweitens: unter ihnen sein, ihnen ins Gesicht sehen, anstatt sie nur aus der Ferne auf der Bühne zu betrachten; drittens: durchs Schlüsselloch gucken und meine wilden Biester mit der Kamera einfangen, während sie sich unbeobachtet fühlen". Cocteau benutzte nur zwei Schauplätze, und Georges Aurics Score ist ein Musterbeispiel für die Einheit von Musik und Bild. 1953 entstand in Großbritannien ein deutlich schwächeres Remake unter dem Titel *Intimate Relations*. al

Die schrecklichen Kinder

Les enfants terribles. Frankreich 1950 **R** Jean-Pierre Melville **B** Jean Cocteau, Jean-Pierre Melville, nach dem Roman von Cocteau **K** Henri Decaë **P** Jean-Pierre Melville für Melville Prod. **L** 94 Min. (Originalfassung 106 Min., s/w **D** Nicole Stéphane, Edouard Dhermitte, Jacques Bernard, Renée Cosima, Adeline Aucoc

Jean-Pierre Melvilles erster Film *Le silence de la mer* (1948) hatte Jean Cocteau so beeindruckt, daß er dem eigenwilligen Nachwuchstalent die Regie bei der Adaption seines berühmten, 1929 erschienenen Romans übertrug. Bei einer Schneeballschlacht wird der junge Paul (Dhermitte) verletzt und von seinem Freund Gérard (Bernard) nach Hause gebracht, wo Pauls Schwester Elisabeth (Stéphane) sich aufopfernd um die kränkelnde Mutter der beiden kümmert. Die Geschwister teilen einen Schlafraum voll magischer Dinge und Photographien und leben in ihrer eigenen Welt. Die fast inzestuöse Beziehung wird noch vertieft durch den Tod der Mutter, und auch Gérard gehört mittlerweile zur Gemeinschaft. Elisabeths kurze Ehe mit einem Amerikaner, der noch am Tag der Hochzeit umkommt, macht sie reich, doch intrigiert sie gegen Pauls Zuneigung zu Agathe (Cosima), die schließlich Gérard heiratet. Aus Verzweiflung darüber nimmt sich Paul das Leben...
Aufgrund des chronischen Geldmangels der Produktion, die von Melvilles eigener Firma finanziert wurde, war Improvisation während der Dreharbeiten an der Tagesordnung. So mietete der Regisseur eine Wohnung, in der die meisten Anfangsszenen entstanden. Weitere Drehorte waren das Théâtre Pigalle mit seinen beweglichen Bühnen sowie des Regisseurs eigene Jenner-Studios in Paris. Cocteau drückte dem Film nicht nur inhaltlich seinen unverwechselbaren Stempel auf und nahm einigen Einfluß auf seine Entstehung; so erhoffte er sein Protégé Edouard Dhermitte als neuen Jean Marais zu lancieren. Außerdem bestand er auf einem zeitlosen Rahmen, während Melville die Handlung in den 20er Jahren ansiedeln wollte. Bei der Diebstahlsequenz führte er selbst Regie, da Melville aus Krankheitsgründen das Bett hüten mußte. al

Der Schrei

Il grido. Italien 1957 **R** Michelangelo Antonioni **B** Michelangelo Antonioni, Elio Bartolini, Ennio de Concini **K** Gianni di Venanzo **M** Giovanni Fusco **P** Spa-Cinematografica **L** 111 Min., s/w **D** Steve Cochran, Alida Valli, Betsy Blair, Dorian Gray, Gabriella Pallotta

Seit sieben Jahren lebt Aldo (Cochran) mit Irma (Valli) zusammen. Beide haben eine gemeinsame Tochter, die ihrer Mutter sehr ähnelt. Als Irmas nach Australien ausgewanderter Mann stirbt, glaubt Aldo, nun sei für ihn der Weg zur Heirat frei, doch Irma liebt längst einen anderen. Verzweifelt verläßt er zusammen mit seiner kleinen Tochter das Dorf, ohne die Geliebte vergessen zu können. Als er nach monatelanger Odyssee dorthin zurückkehrt, wo er einst mit Irma lebte, und dort mit deren neuem Glück konfrontiert wird, sieht er nur noch im Selbstmord einen Ausweg aus seinem Leiden.
Trotz seiner beachtlichen Werkfülle war *Der Schrei* erst der vierte Film aus dem Œuvre des italienischen Regisseurs Antonioni, der bis 1960 in der BRD zur Aufführung kam. In bedrückenden Bildern, in der die Landschaft der Poebene in einer eigentümlichen Traurigkeit festgehalten wurde, schildert Antonioni das Schicksal eines Mannes, der an seiner Isolation zugrundegeht.
„Antonioni erzählt die Geschichte in einer Dichte, deren Spannung nicht in der Handlung, sondern im inneren Erleben der beteiligten Personen liegt... Sein Werk ist, trotz des Schlusses, keineswegs nihilistisch, weil es mitleidend und nicht schaustellerisch gestaltet ist" (*Evangelischer Filmbeobachter*). jg

Der Schrei der Eule

Le cri du hibou. Frankreich 1987 **R** Claude Chabrol **B** Claude Chabrol, Odile Barski, nach dem Roman von Patricia Highsmith **K** Jean Rabier **M** Mathieu Chabrol **P** Antonio Passalia für Italfrance-Films/CI.VI.TE.CA.SA. Films **L** 102 Min., Farbe **D** Christophe Malavoy, Mathilda May, Jacques Penot, Virgine Thevenet, Jean-Pierre Kalfon, Patrice Kerbrat

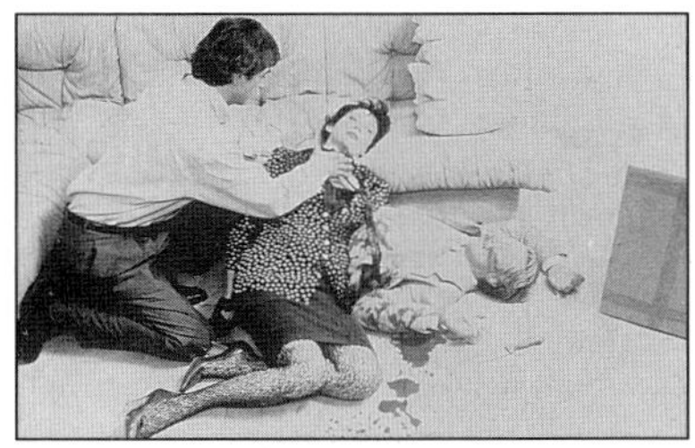

Robert (Malavoy) lebt getrennt von seiner Frau Véronique (Thevenet). Um seine Einsamkeit und seine Depressionen zu überwinden, beobachtet er die scheinbar glückliche Juliette (May), die sich nach einer kurzen Begegnung in ihn verliebt. Als ihr Verlobter Patrick (Penot) davon erfährt, steigt in ihm eine rasende Eifersucht auf. Er paktiert mit Roberts Ehefrau, um dem verhaßten Nebenbuhler einen Denkzettel zu verpassen. Die immer unkontrollierter werdenden Haßausbrüche haben eine tragische Verkettung der Ereignisse zur Folge, aus der Robert am Ende als einziger Überlebender hervorgeht.
Wieder einmal siedelte Chabrol einen Thriller in der unschuldigen Idylle einer ländlichen Kleinstadt an, um dort ein Klima von Haß, Neid und Intrigen erstehen zu lassen. In vortrefflicher Weise gelang es ihm dabei, die Atmosphäre der amerikanischen Romanvorlage auf französische Verhältnisse zu übertragen, ohne daß dabei seine Personen an Glaubwürdigkeit verloren hätten.
„Chabrol hat einen subtilen Thriller inszeniert, der seine Spannung aus der Psychologie der Figuren bezieht und auf grobe Horror-Elemente verzichten kann. Das verhaltene Spiel der vorzüglichen Darsteller schafft die unterschwellig-bedrohliche Atmosphäre, deren Wurzel die Neurose der Hauptfigur ist. Ein Film, der das manisch-depressive Highsmith-Ambiente kongenial umsetzt und dennoch die Handschrift des Regisseurs trägt" (*zitty*). jg

Ein Schrei in der Dunkelheit

A Cry in the Dark. USA 1988 **R** Fred Schepisi **B** Robert Caswell, Fred Schepisi, nach dem Buch *Evil Angels* von John Bryson **K** Ian Baker **M** Bruce Smeaton **P** Verity Lambert für Golan-Globus Prod./Cinema Verity Ltd./Cannon Entertainment **L** 121 Min., Farbe **D** Meryl Streep, Sam Neill, Dale Reeves, Dale Wetter, Nicolette Minster, Brian James

Bei einem Zeltausflug in der Nähe des Ayer´s Rock in Queensland, Australien, verschwand 1980 die kleine Azaria, das Baby von Lindy und Michael Chamberlain, und blieb trotz einer sofort eingeleiteten Suchaktion unauffindbar. Lindy berichtete, sie hätte in jener Nacht einen Dingo (einen wilden Hund) aus dem Zelt kommen sehen, der etwas im Maul trug. Dieses tragische Ereignis beschäftigte die australische Öffentlichkeit die nächsten acht Jahre, denn schnell gerieten Lindy und Michael selbst unter Mordverdacht. Einer kleinen christlichen Sekte angehörend, hatten sie verkündet, der Tod des Babys sei Gottes Wille gewesen und damit den Gerüchten noch Auftrieb gegeben. Wilde Spekulationen über satanische Riten, denen das Kind zum Opfer gefallen sei, begleiteten den spektakulären Prozeß gegen die beiden, der trotz fehlender Beweise mit der Verurteilung Lindys endete. Erst Jahre später ergaben neue Indizien ihre Unschuld.
Diese erschreckende Geschichte wurde von Regisseur Fred Schepisi zu einem erschütternden Drama verarbeitet, das eine sorgfältige, mitunter fast dokumentarisch anmutende Chronik des Falles sowie eine zornige Anklage gegen die Sensationsmache der Presse, religiöse Bigotterie und die Leichtgläubigkeit und geistige Provinzialität eines ganzen Kontinents darstellt. Lindy, porträtiert von Meryl Streep in einer weiteren schauspielerischen tour de force, wird nicht als bedauernswertes Opfer gezeigt, sonden als eine Figur mit Ecken und Kanten. Ihr tiefer Glaube an Gott, mit dessen Hilfe sie den tragischen Verlust ihres Kindes relativ schnell verwinden konnte, wird ihr ironischerweise zum Verhängnis, ebenso wie ihre kühle und scharfzüngige Art, die von den ausschließlich an Oberflächlickeiten interessierten Zuschauern als „Kaltblütigkeit" und „Herzlosigkeit" ausgelegt wird. Wie das alles passieren konnte? Der Film stellt diese Frage, aber kann - und will - sie nicht beantworten. al

Schrei nach Freiheit

Cry Freedom. Großbritannien 1987 **R** Richard Attenborough **B** John Briley, nach den Büchern *Steve Biko - Stimme der Menschlichkeit* und *Asking For Trouble* von Donald Woods **K** Norman Spenar, John Briley **M** George Fenton, Jonas Gwangwa **P** Richard Attenborough für Marble Arch **L** 157 Min., Farbe **D** Kevin Kline, Penelope Wilton, Kate Hardy, Denzel Washington, Graeme Taylor, Adam Stuart Walker

Im Jahre 1975 lernt Donald Woods (Kline), weißer Chefredakteur einer liberalen südafrikanischen Zeitung, Steve Biko (Washington) kennen, den schwarzen Bürgerrechtler, Anti-Apartheid-Kämpfer und Mitbegründer der Black-Consciousness-Bewegung. Es entwickelt sich schnell eine enge Freundschaft, in deren Verlauf Woods weit mehr als er je wußte, über die himmelschreienden Lebensbedingungen der Schwarzen in diesem Lande erfährt. Im August 1977 wird Biko bei einer nächtlichen Straßensperre verhaftet und ist wenige Tage später tot. Woods beginnt mit Recherchen über den Tod seines Freundes und wird daraufhin zur „Banned Person" erklärt. Er lebt praktisch als Gefangener in seinem eigenen Haus, wird abgehört und überwacht. Dennoch gelingt es ihm, in dieser Zeit die Biographie Steve Bikos niederzuschreiben. Am Silvestertag des Jahres 1977 kann er als Priester verkleidet zusammen mit seiner Frau (Wilton) und seinen fünf Kindern aus Südafrika fliehen.
Nachdem sich Richard Attenborough entschlossen hatte, die Steve-Biko-Biographie und die autobiographische Erzählung *Asking For Trouble* von Donald Woods zu verfilmen, reiste er im Jahre 1984 nach Südafrika, um nach Drehorten Ausschau zu halten. Schnell wurde ihm klar, daß bei einem Dreh an Originalschauplätzen mit Behinderungen bis hin zur Sabotage durch die zuständigen Behörden zu rechnen war. Der Film entstand schließlich in Zimbabwe, wo sich eine landeseigene Produktionsgesellschaft mit 18 % an den Drehkosten beteiligte. jg

Schrei, wenn du kannst

Les cousins. Frankreich 1959 **R** Claude Chabrol **B** Claude Chabrol, Paul Gégauff **K** Henri Decaë **M** Paul Misraki **P** Claude Chabrol für AJYM Films/S. F. C. **L** 108 Min., s/w **D** Gérard Blain, Jean-Claude Brialy, Juliette Mayniel, Claude Cerval, Geneviève Cluny, Stéphane Audran

Aus der Provinz kommt der junge Student Charles (Blain) nach Paris, um an der Sorbonne sein Jurastudium fortzusetzen. Durch seinen dekadenten Vetter Paul (Brialy), bei dem er wohnt, lernt Charles das sorglose Treiben der Großstadtjugendlichen kennen und verliebt sich in Florence (Mayniel), die seine Gefühle zwar erwidert, jedoch kurz darauf Pauls Geliebte wird. Nachdem er im Gegensatz zu seinem Cousin auch noch durch die Prüfung gefallen ist, entlädt sich Charles´ aufgestaute Verzweiflung in einer folgenschweren Tat...
Schon mit DIE ENTTÄUSCHTEN, allgemein angesehen als der erste Spielfilm der Nouvelle Vague, hatte der ehemalige Kritiker Claude Chabrol sich einen Namen gemacht, doch erst die teilweise heftigen Kontroversen um seine zweite Arbeit *Schrei, wenn du kannst* und deren Publikumserfolg machten ihn mit einem Schlag berühmt. Es handelt sich um eine pessimistische Untersuchung jugendlichen Bewußtseins, das nach Meinung des Regisseurs von Lebensüberdruß und Werteverlust geprägt ist. Neuartig an des Regisseurs Erzählstil war die vermeintlich mangelnde Eindeutigkeit bei der Verurteilung der von ihm kritisierten Elemente. So wird Pauls Faszination für den Faschismus nicht karikierend dargestellt und der Lächerlichkeit preisgegeben; Chabrol versucht vielmehr, auch den Zuschauer diese - gefährliche - Faszination spüren zu lassen und ihm so zu ermöglichen, sich teilweise auch mit den negativen Figuren zu identifizieren, anstatt sich ihnen von vornherein überlegen zu fühlen. *Schrei, wenn du kannst* erhielt auf der Berlinale 1959 den Goldenen Bären. al

Schreie und Flüstern

Viskningar och rop. Schweden 1972 **R** Ingmar Bergman **B** Ingmar Bergman **K** Sven Nykvist **P** Ingmar Bergman für Cinematograph/Svenska Filminstitutet **L** 90 Min., Farbe **D** Harriet Andersson, Kari Sylwan, Ingrid Thulin, Liv Ullmann, Erland Josephson, Henning Moritzen, Georg Årlin, Anders Ek, Inga Gill

Jahrelang bewundert und oft imitiert, zeigten sich die Kritiker 1973 bei den Filmfestspielen von Cannes, wo *Schreie und Flüstern* zum ersten Mal einem internationalen Publikum vorgestellt wurde, über Bergmans Manierismus diesmal mehr verärgert als erfreut. Die ausgeklügelte Farbdramaturgie und Sven Nykvists berühmte Gesichtsstudien konnten nur noch wenige Bewunderer finden und wurden als zu aufgesetzt und gestelzt empfunden.
Agnes (Andersson) ist unheilbar an Krebs erkrankt. Noch einmal möchte sie ihre beiden Schwestern Karin (Thulin) und Maria (Ullmann) sehen, die kurze Zeit später mit ihren jeweiligen Ehemännern auf dem Landgut eintreffen, wo Agnes seit ihrer Geburt zurückgezogen lebt. Das Wiedersehen demonstriert den Schwestern jedoch in ernüchternder Weise, wie weit sie sich bereits voneinander entfernt haben. Während die Dienstmagd Anna (Sylwan)der Kranken die nötige

Zuneigung und Liebe entgegenbringt, können Karin und Maria nicht über ihre eigenen egoistischen Grenzen hinwegblicken. Erst Agnes´ Tod konfrontiert sie mit der Frage nach ihrer persönlichen Einsamkeit, dem Sinn ihrer Existenz und der Angst vor dem Versagen.
Bergman drehte *Schreie und Flüstern* als Produzent seiner eigenen Firma Cinematograph. Da er nur über bescheidene Geldmittel verfügte, mußten sämtliche Mitarbeiter und Darsteller auf die Auszahlung ihrer Gagen warten, bis der Film seine Entstehungskosten eingespielt hatte. jg

Der Schritt vom Wege

Der Schritt vom Wege. Deutschland 1939 **R** Gustaf Gründgens **B** Georg C. Klaren, Eckart von Naso, nach dem Roman *Effi Briest* von Theodor Fontane **K** Ewald Daub **M** Mark Lothar **P** Gustaf Gründgens für Terra **L** 101 Min., s/w **D** Marianne Hoppe, Karl Ludwig Diehl, Paul Hartmann, Max Gülstorff, Paul Bildt, Käthe Haack, Hans Leibelt, Elisabeth Flickenschildt, Gisela von Collande

Gustaf Gründgens´ *Der Schritt vom Wege* war die erste Filmadaption des berühmten Fontane-Romans *Effi Briest*. In den 50er Jahren folgte ihm die oberflächliche Version ROSEN IM HERBST und 1974 drehte schließlich noch einmal Rainer Werner Fassbinder eine kongeniale Fassung, die als vorzügliche Literaturverfilmung hochgelobt wurde.
Die Handlung des Films war angesichts der nationalsozialistischen Staatsdoktrin etwas gewagt. Schließlich stellte Marianne Hoppe eine Frau dar, die einen Ehebruch beging, und die trotzdem die Sympathien des Publikums auf ihrer Seite haben sollte, was im Jahre 1939 schlichtweg unmöglich war. Die Frau des deutschen Films der Nazi-Zeit hatte ohnehin keine anderen Aufgaben, als eine treusorgende Ehefrau und Mutter zu sein. Gefühlsbedingte Ausbrüche, die sogar in außerehelichen Seitensprüngen gipfelten, waren verpönt und konnten nicht toleriert werden. Insofern gerieten die beiden Drehbuchautoren in ein Dilemma, von dem sie nicht so recht wußten, wie sie es auflösen sollten. Die einzige Möglichkeit bestand für sie darin, dem schwergeprüften und hintergangenen Instetten (Diehl) etwas mehr Platz einzuräumen, um auch dessen Leiden und Enttäuschung zu zeigen. Die Filmbesprechungen stellten so seinerzeit auch weniger Effis Schicksal in den Mittelpunkt ihrer Abhandlungen als vielmehr die Tragik Instettens. Für die muffige und erbärmliche Geisteshaltung des Dritten Reiches spricht der Kommentar der Zeitschrift *Der deutsche Film* vom März 1939 für sich selbst: „Was den Verzweifelten innerlich zermürbt, ist der Verlust des Glaubens an seine Frau. Nicht seine Liebe stirbt, die Treue ist erschlagen...Es braucht ja nicht erst noch begründet zu werden, daß im Reiche Adolf Hitlers die Familie die unantastbare Kraft des äußeren und des inneren Gefüges des Volksganzen darstellt.“ jg

Schritte ohne Spur

À double tour. Frankreich/Italien 1959 **R** Claude Chabrol **B** Paul Gégauff, nach dem Roman *The Key to Nicholas Street* von Stanley Ellin **K** Henri Decaë **M** Paul Misraki **P** Robert und Raymond Hakim für Paris Films (Paris), Titanus Film (Rom) **L** 94 Min. (Originalfassung 100 Min.), Farbe **D** Antonella Lualdi, Madeleine Robinson, Bernadette Lafont, Jeanne Valérie, Jacques Dacqmine, Jean-Paul Belmondo, André Jocelyn, Mario David

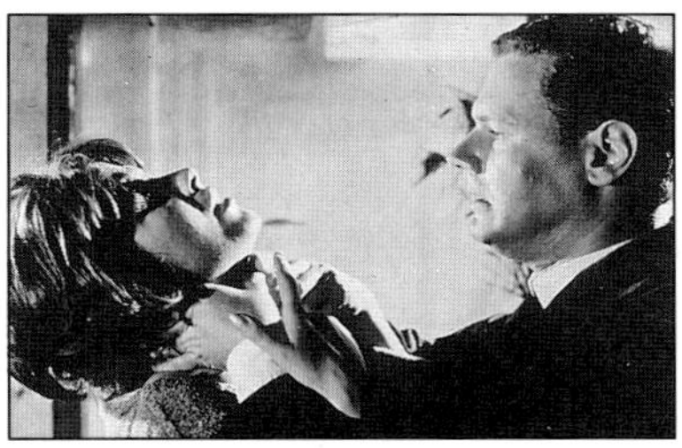

Dieser frühe Chabrol (sein dritter Film) ist ein brillant gemachter Krimi, der wie viele seiner späteren Werke eine bürgerliche französische Familie in den Mittelpunkt des Geschehens stellt. Thérèse (Robinson) und Henri (Dacqmine) sind ein zerrüttetes Paar, das nur noch aus gesellschaftlichen Gründen zusammen ist, obwohl Henris Geliebte Léda (Lualdi) in einem kleinen Häuschen auf dem Gründstück der Familie lebt. Eines Tages wird sie ermordet aufgefunden. Laszlo (Belmondo), ein mit Tochter Elisabeth (Valérie) liierter ungehobelter Tunichtgut, glaubt den Täter zu kennen...
Besonders gelungen ist Chabrols raffinierter Einsatz von Rückblenden, die teilweise aus verschiedenen Perspektiven ein und dasselbe Ereignis schildern. Die Figur des Laszlo, die auch für Belmondos spätere Rollen typisch sein sollte, dient als eine Art Katalysator für sämtliche Familienmitglieder: seine direkte, ehrliche Art bringt die mühsam aufrecht erhaltene Fassade bürgerlichen Anstands zum Einsturz. Madeleine Robinson erhielt 1959 in Venedig den Preis als Beste Darstellerin. al

Schtonk

Schtonk. BRD 1992 **R** Helmut Dietl **B** Helmut Dietl, Ulrich Limmer **K** Xaver Schwarzenberger **M** Konstantin Wecker **P** Günter Rohrbach, Helmut Dietl für Bavaria-Film **L** 115 Min., Farbe **D** Götz George, Uwe Ochsenknecht, Christiane Hörbiger, Rolf Hoppe, Dagmar Manzel, Veronica Ferres, Rosemarie Fendel, Karl Schönböck, Harald Juhnke

Im Jahr 1983 ließ die renommierte Illustrierte *Stern* mit einer Sensationsmeldung aufhorchen. Die Zeitschrift präsentierte in protziger Aufmachung eine Entdeckung, durch die „große Teile der deutschen Geschichte“ neu geschrieben werden sollten. Doch was da angeblich als die Tagebücher des „größten Führers aller Zeiten“ präsentiert wurde, erwies sich kurze Zeit später als die plumpe Fälschung eines Dilettanten.
Helmut Dietl, den Fernsehzuschauern durch solch tiefsinnige Serien wie *Monaco Franze* oder *Kir Royal* bestens bekannt, drehte für 16 Mio. DM eine der aufwendigsten und auch witzigsten deutschen Komödien der letzten Jahre. Dabei erweist sich aller Prunk und Pomp durchaus nicht als unnützes, verschwenderisches Beiwerk, sondern als nötiges Stilmittel, um den verlogenen Kitsch einer untergegangenen Epoche in nostalgischem Gewand wirkungsvoll zu beschwören.
Schon kurz nach dem Krieg entdeckt der kleine Fritz Knobel, wie effektiv sich angebliche Nazi-Relikte verhökern lassen. Nachdem 20 Jahre lang allerdings niemand mehr in Deutschland etwas von jenen 12 unseligen Jahren wissen will, tritt zu Beginn der 80er eine Renaissance ein. Knobel (Ochsenknecht) präsentiert auf einer Feierlichkeit anläßlich des Führer-Geburtstages, ein Exemplar von Hitlers Tagebüchern. Ebenfalls anwesend bei diesem glanzvollen Ereignis ist der schmierige Hamburger Journalist Hermann Willié (George), der die Story seines Lebens wittert...
Die Dreharbeiten zu *Schtonk* waren schon so gut wie abgeschlossen, als ein Gerichtsurteil dazu führte, daß die aufwendig gestaltete Pressekonferenz noch einmal gefilmt werden mußte. Im Sommer 1991 hatte Dietl seine Komparsen noch unter dem Titelzug der fiktiven Zeitung *express* zusammengetrommelt. Das gleichnamige Kölner Revolverblatt fühlte sich denunziert und forderte, daß die Szene mit einem anderen Titel noch einmal wiederholt werden sollte. Anfang Januar 1992 tummelten sich noch einmal 500 Statisten im Hamburger Congress Centrum, um dem unter dem Emblem *HH-press* wild herumfuchtelnden Götz George zuzujubeln.
Eine überaus belustigende deutsche Großproduktion, bei der vor allem George als

unvermutet komischer Akteur für Überraschungen sorgt. Den Titel *Schtonk* leitete Dietl übrigens von einem Wort ab, das Charlie Chaplin in seiner genialen Parodie DER GROSSE DIKTATOR des öfteren fallen läßt. jg

Schuld und Sühne

Crime and Punishment. USA 1935 **R** Josef von Sternberg **B** S. K. Lauren, Joseph Anthony, nach dem Roman von Fjodor M. Dostojewski **K** Lucien Ballard **M** Louis Silvers **P** B. P. Schulberg für Columbia **L** 85 Min., s/w **D** Edward Arnold, Peter Lorre, Marian Marsh, Tala Birell, Elizabeth Ridson

Dostojewskis 1866 erschienener Roman war bereits dreimal in der Sowjetunion und einmal in Frankreich verfilmt worden, als 1935 gleich zwei Versionen die Leinwände erreichten. Wie schon bei DIE SCHARLACHROTE KAISERIN (über Katharina die Große) mußte sich Josef von Sternberg gegen ein Konkurrenzprodukt geschlagen geben, in diesem Falle eine französische Fassung des Stoffes mit Harry Baur, die auch in den Staaten herauskam und von der Kritik wesentlich günstiger aufgenommen wurde. Trotzdem ist der Sternberg-Film ein achtbarer Versuch, das schwierige Material in den Griff zu bekommen und wartet - neben wie gewohnt brillantem Einsatz von Licht und Kamera - mit einer glänzenden Interpretation der Hauptrolle durch Peter Lorre auf. Er spielt den Studenten Raskolnikoff, der, teilweise aus einer Protesthaltung gegen die Gesellschaft heraus, eine Pfandleiherin ermordet hat. Inspektor Porfiry (Arnold) ahnt seine Verwicklung in die Tat, kann jedoch nichts beweisen. Aus Übermut und Eitelkeit beteiligt sich Raskolnikoff an den Ermittlungsarbeiten und gibt sogar Hinweise auf den wirklichen Täter, bevor er von der Prostituierten Sonya (Marsh) zu einem Geständnis überredet wird. Weitere Verfilmungen datieren von 1956 (Frankreich) 1958 (Schweden), 1959 (USA; *Crime and Punishment*) und 1970 (Sowjetunion). al

Schuld und Sühne

Crime et châtiment. Frankreich 1956 **R** Georges Lampin **B** Charles Spaak, nach dem Roman von Fjodor M. Dostojewski **K** Claude Renoir **M** Maurice Thiriet **P** Pierre Laurent für Champs Elysées Prod. **L** 106 Min., s/w **D** Jean Gabin, Marina Vlady, Julien Carette, Yvette Eteviant, Ulla Jacobsson, Robert Hossein, Gaby Morlay, Bernard Blier, Gérard Blain

Diese sorgfältige Bearbeitung von Fjodor Dostojewskis Roman-Klassiker verlegt die Handlung ins Paris der 50er Jahre und versucht so, die Zeitlosigkeit der Themen des Autors zu verdeutlichen. Aus Raskolnikoff wurde René Brunel (Hossein) und aus Inspektor Porfiry Kommissar Gallet, dem Jean Gabin seine gewichtige Präsenz verleiht. Die Ausgangssituation bleibt die gleiche: Ein junger Student begeht einen Mord an einer wuchernden Pfandleiherin, wird jedoch nach der Tat von Gewissensbissen geplagt. Regisseur Lampin hielt sich weitgehend an die Vorlage, wenn er auch die Auftrittslänge der Figuren zu ungunsten von Brunel/Raskolnikoff gewichtete. Dafür wurden Gabins Kriminalisten und Marina Vladys Prostituierter mehr Zeit eingeräumt. al

Schuhputzer

siehe: SCHUSCHIA

Schuldig bei Verdacht

Guilty By Suspicion. USA 1991 **R** Irwin Winkler **B** Irwin Winkler **K** Michael Ballhaus **M** James Newton Howard **P** Arnon Milchan für Regency-Odyssey-Prod. **L** 105 Min., Farbe **D** Robert De Niro, Annette Bening, George Wendt, Sam Wanamaker, Patricia Wettig, Luke Edwards, Chris Cooper

Wohl kaum eine Epoche prägte das gesellschaftliche Leben in den USA in dem Maße wie die Ära des Senators McCarthy. Mit dem Beginn des Kalten Krieges setzte damals eine beispiellose Kommunistenhatz ein, in deren Verlauf es immer deutlicher nicht nur darum ging, Anhänger einer bestimmten politischen Partei zu eliminieren, sondern auch linksliberales Gedankengut zugunsten einer streng konservativen Politik einzudämmen. Auch die Filmmetropole Hollywood bekam die Auswirkungen der McCarthy-Doktrin zu spüren. Berufsverbote und Auswanderungen bekannter Persönlichkeiten (wie z. B. Charles Chaplin) waren an der Tagesordnung. Im amerikanischen Film fand diese düstere Ära lange Zeit überhaupt keine Beachtung, und wenn das Thema tatsächlich einmal auf den Tisch kam, wie z. B. 1973 in Sydney Pollacks CHERIE BITTER, so fand das in einem verklärt-romantischen Rahmen statt. Irwin Winkler geht mit *Schuldig bei Verdacht* schon etwas direkter auf die Zustände im Amerika der 50er Jahre ein.
1952 kehrt David Merrill (De Niro) nach einem längeren Europa-Aufenthalt nach Hollywood zurück, um dort bei der Filmgesellschaft 20th Century-Fox als Vertragsregisseur seine Stellung wiederaufzunehmen. Mit Unbehagen registriert er, wie seine Kollegen nach ihren politischen Aktivitäten ausgehorcht und bespitzelt werden. Zu Beginn glaubt Merrill noch, sich aus der Affäre heraushalten zu können, doch dann wird auch er in den Strudel einer hysterischen Jagd auf Sympathisanten der linksgerichteten Polit-Szene verwickelt. jg

Der Schüler Gerber

Der Schüler Gerber. Österreich 1981 **R** Wolfgang Glück **B** Werner Schneyder, Wolfgang Glück, nach dem dem Roman von Friedrich Torberg **K** Xaver Schwarzenberger **P** Arabella Film GmbH/ Almaro Film GmbH/Satel Film GmbH **L** 95 Min., Farbe **D** Gabriel Barylli, Werner Kreindl, Doris Meyer, Romuald Pekny, Paolo Loew, Eduard Linkers, Oskar Willner

Wien 1929. Der Schüler Kurt Gerber (Barylli), der sich während seiner Schulzeit gegen die Autorität der Lehrer mit Witz und Ironie zur Wehr setzt, steht kurz vor dem Abitur. Ausgerechnet in diesem letzten, allesentscheidenden Jahr wird Mathematikprofessor Kupfer (Kreindl) - von den Schülern wegen seiner Selbstherrlichkeit „Gott Kupfer" genannt - Gerbers Klassenlehrer. Für ihn sollen die kommenden 12 Monate zu einem Leidensweg werden, an dessen Ende nicht der Start ins Leben, sondern ein Sprung aus dem Fenster hinunter in den Schulhof steht. Kupfer hat schon lange angekündigt, er werde mit dem rebellischen Gerber „fertig werden", ihn „kleinkriegen". Dieser Terror, eine unglückliche Liebesgeschichte und die Schwierigkeit, mit dem todkranken Vater zurechtzukommen, bringen Gerber zur Strekke, nichtahnend, daß er das Abitur trotz Kupfer eigentlich bestanden hätte.
Friedrich Torbergs Novelle, die, 1930 erschienen, ihren Autor über Nacht bekannt machte, trägt stark autobiographische Züge. Torberg schrieb das Buch, nachdem er 1929 das Abitur nicht bestanden hatte. Für die literarische Gestalt Professor Kupfers stand sein Mathematiklehrer Schwefel Pate. Torberg notierte damals in seinem Manuskript: „Mit der Niederschrift wurde im Winter 1929 begonnen. In einer einzigen Woche dieses Winters vom 27. Januar bis zum 3. Februar 1929 gelangten durch Zeitungsnotizen zehn Schülerselbstmorde zur Kenntnis des Schreibenden."
Die zeitliche Ansiedlung zu Beginn des 20. Jahrhunderts macht es dem Zuschauer etwas schwer, konkrete Verbindungen zu den schulischen Verhältnissen von heute zu ziehen, doch gelang es Wolfgang Glück, in eindringlicher Weise darzustellen, auf welch verlorenem Posten ein Schüler stehen kann, wenn es mit dem Lehrer nicht funktioniert. In dieser Hinsicht wird die Thematik wohl leider nichts von seiner Brisanz verloren haben. jg

Schuschia

Sciuscià. Italien 1946 **R** Vittorio De Sica **B** Cesare Zavattini, Sergio Amidei, Adolfe Franci, Cesare Giulio Viola, Vittorio De Sica **K** Anchise Brizzi **M** Alessandro Cicognini **P** P. W. Tamburella für Alfa Cinematografica **L** 93 Min., s/w **D** Franco Interlenghi, Rinaldo Smordoni, Amiello Mele, Anna Pedoni

Vittorio De Sicas fünfter Film als Regisseur und sein zweiter mit Cesare Zavattini als Drehbuchautor ist eines der bekanntesten und bedeutendsten Werke des Neorealismus und gilt mit Roberto Rossellinis ROM, OFFENE STADT als dessen „Beginn". Eigene Beobachtungen inspirierten De Sica zu der Geschichte um zwei arme Schuhputzerjungen, die sich im Nachkriegs-Rom durchschlagen, vom Kauf eines weißen Pferdes träumen und schließlich mit dem Gesetz in Konflikt geraten. Die Kritik war verblüfft nicht nur über die Kompromißlosigkeit der Darstellung der sozialen Verhältnisse im Italien jener Zeit, sondern auch über die Natürlichkeit der Hauptdarsteller, zumeist Schulkinder. De Sica wurde mit einem Schlag international berühmt, doch auch Preise wie ein Spezial-Oscar konnten den Mißerfolg des Films in seinem Heimatland nicht verhindern, ein Schicksal, das er mit vielen anderen Werken dieser Art teilte. Die Bevölkerung wollte zu diesem Zeitpunkt nicht auf ihre eigene verzweifelte Lage hingewiesen werden, sondern sich ablenken. al

Ein Schuß im Dunkeln

A Shot in the Dark. USA 1964 **R** Blake Edwards **B** Blake Edwards, William Peter Blatty, nach dem Bühnenstück *A Shot in the Dark* von Harry Kurnitz, basierend auf dem Bühnenstück *L'idiote* von Marcel Archard **K** Christopher Challis **M** Henry Mancini **P** Blake Edwards für The Mirisch Corp./ United Artists **L** 102 Min., Farbe **D** Peter Sellers, Elke Sommer, George Sanders, Herbert Lom, Tracy Reed, Burt Kwouk

Marcel Archards Bühnenfarce *L'idiote* und dessen englische Adaption von Harry Kurnitz haben mit Inspektor Clouseau rein gar nichts zu tun, entstanden beide doch bereits 1960 bzw. 1964. Und auch Blake Edwards hatte nicht die Absicht, eine Fortsetzung von DER ROSAROTE PANTHER zu machen, als er die Filmfassung begann. Doch die erneute Zusammenarbeit mit Peter Sellers ließ schnell die Figur des trotteligen Kriminalisten wiederauferstehen, auf den das Material kurzerhand zurechtgeschnitten wurde. Zimmermädchen Maria (Sommer) wird beschuldigt, ihren spanischen Freund umgebracht zu haben, doch trotz aller belastenden Hinweise ist Clouseau von ihrer Unschuld überzeugt. Zum Ärger seines Chefs Dreyfus (Lom) paukt er sie immer wieder aus dem Gefängnis heraus, woraufhin mit schöner Regelmäßigkeit weitere Morde passieren...

Viele Fans und Kritiker halten *Ein Schuß im Dunkeln* für den besten Film der Serie. Zum ersten Mal steht Clouseau im Mittelpunkt, zum ersten Mal tauchen sein Vorgesetzter Dreyfus und sein asiatischer Gehilfe Kato, gespielt von Burt Kwouk, auf, die auch in allen übrigen Filmen zu sehen sind. Ein Gag folgt dem nächsten, und in einer der köstlichsten Szenen versucht Clouseau, Maria zu verführen, während Kato eine seiner gewalttätigen Judo-Stunden abhalten will. al

Schußfahrt

Downhill Racer. USA 1969 **R** Michael Ritchie **B** James Salter, nach dem Roman *The Downhill Racers* von Oakley Hall **K** Brian Probyn **M** Kenyon Hopkins **P** Richard Gregson für Wildwood/Paramount **L** 101 Min., Farbe **D** Robert Redford, Gene Hackman, Camilla Sparv, Karl Michael Vogler, Jim McMullan, Christian Doermer, Kathleen Crowley, Dabney Coleman

Dieser belanglose Streifen spricht in erster Linie die leidenschaftlichen Anhänger des Skisports an. Für den normalen Zuschauer ist er lediglich durch die Mitwirkung von Robert Redford und Gene Hackman interessant.

Die Paramount-Studios wollten anfangs Roman Polanski mit der Regie dieses Films beauftragen, doch blieb dieser glücklicherweise davor verschont. Robert Redford, seit ZWEI BANDITEN einer der unbestrittenen Jungstars Hollywoods, bestand allerdings darauf, daß Michael Ritchie die Geschichte inszenierte, nachdem er zuvor einen TV-Film gesehen hatte, der unter dessen Leitung entstanden war.

Redford spielt den Ski-Champion David Chappellet, der zum Olympischen Gold greifen möchte. Der Weg dorthin ist jedoch beschwerlich und begleitet von Querelen mit Trainer Eugene (Hackman) und Freundin Carole (Sparv).

Redford wurde, obwohl er eigentlich ein exzellenter Skifahrer ist, bei den Szenen des Abfahrtrennens von Profis gedoubelt. Die Paramount hätte ihren Star zwar gern selbst über die Piste gescheucht, doch eine Vertragsklausel besagte, daß die Versicherung bei eventuellen Verletzungen keinen Pfennig zahlen würde. Bei *Schußfahrt* dominieren mal wieder die Schauwerte, deren teils ausgeklügelte Fotografie die erbärmlichen Dialoge, die oftmals nur wenige Stunden vor Drehbeginn zusammengeschustert wurden, gnädig kaschiert. In die Spielhandlung eingefügt sind Dokumentaraufnahmen vom Hahnenkamm- und Lauberhorn-Rennen in Österreich. jg

Schütze Benjamin

Private Benjamin. USA 1980 **R** Howard Zieff **B** Nancy Meyers, Charles Shyer, Harvey Miller **K** David M. Walsh **M** Bill Conti **P** Nancy Meyers, Charles Shyer, Harvey Miller für Warner Bros. **L** 110 Min., Farbe **D** Goldie Hawn, Eileen Brennan, Armand Assante, Robert Webber, Sam Wanamaker, Barbara Barrie, Mary Kay Place

Die amerikanische Militärklamotte, sonst eher eine Angelegenheit für Männer, erfuhr mit dieser witzigen Parodie eine interessante Variante. Diesmal nämlich ist es eine Frau, die den Unsinn und die Schikanen des Kasernendrills über sich ergehen lassen muß.

Zum Entsetzen ihrer Eltern entscheidet sich Judy Benjamin (Hawn) für eine Karriere in der US-Army. Sie tut dies weniger aus Überzeugung heraus, sondern vielmehr in einer Art Protestaktion, um sich ihre eigene Unabhängigkeit vom Elternhaus zu beweisen. Was sie da allerdings auf dem Trainingsgelände der GIs erwartet, ist harte Knochenarbeit, die ihr das Letzte abverlangt. Nach anfänglichen Schwiergkeiten ist Judy jedoch entschlossen, ihre einmal begonnene Ausbildung bis zum Ende durchzuziehen.

Schütze Benjamin war mit seinen Einspielergebnissen von rund 20 Mio. Dollar die erfolgreichste US-Komödie der Kinosaison 1980/81. Darüber hinaus wurde Goldie Hawn für ihre gelungene Darstellung als Beste weibliche Schauspielerin für den Oscar nominiert.

Eine in vielen Sequenzen überaus komische Parodie auf militärischen Drill und unbedingten Pflichtgehorsam, dessen Eindeutigkeit sich jedoch gegen Ende des Films in zunehmendem Maße verwässert und dem Konventionellen Platz macht. jg

Das schwache Geschlecht

The Opposite Sex. USA 1956 **R** David Miller **B** Fay und Michael Kanin, nach dem Bühnenstück *The Women* von Claire Boothe Luce **K** Robert Bronner **M** Nicholas Brodszky **P** Joseph Pasternak für Metro-Goldwyn-Mayer **L** 117 Min., Farbe **D** June Allyson, Joan Collins, Dolores Gray, Ann Sheridan, Ann Miller, Leslie Nielsen, Jeff Richards, Agnes Moorehead, Charlotte Greenwood, Joan Blondell

1939 war Claire Booth Luces langlebiges Broadway-Stück als DIE FRAUEN unter

der Hand von George Cukor zu einem Komödien-Klassiker geworden, gegen den dieses Remake deutlich verblaßt. Produzent Joe Pasternak hatte CinemaScope, Farbe, Songs *und* Männer aufgeboten, doch weder die Spritzigkeit noch die satirische Schärfe des Originals wurden erreicht, vor allem nicht von den Darstellern. June Allyson spielt Norma Shearers Rolle der Kay Hillard, liebevolle Hausfrau und Mutter, die ihre zehnjährige Ehe mit Steve (Nielsen) durch die attraktive Verkäuferin Crystal Allen (Collins) bedroht sieht. Die Neuigkeit von dieser Rivalität macht unter ihren Freundinnen natürlich sofort die Runde durch Schönheitssalons, Boutiquen und Vorgärten.
Als musikalische Komödie oder komödiantisches Musical ist *Das schwache Geschlecht* immerhin ganz unterhaltsam und wartet mit einigen gelungenen Show-Nummern und Songs auf (geschrieben von Nicholas Brodszky und Sammy Cahn), darunter *The Opposite Sex*, *A Perfect Love*, *Now Baby Now* und *Yellow Gold*, die beiden letzteren interpretiert von Joan Collins, bereits damals perfekt als das schöne, skrupellose Biest vom Dienst. al

Der Schwan

The Swan. USA 1956 **R** Charles Vidor **B** John Dighton, nach dem Bühnenstück von Ferenc Molnar **K** Joseph Ruttenberg, Robert Surtees **M** Bronislau Kaper **P** Dore Schary für MGM **L** 112 Min., Farbe **D** Grace Kelly, Alec Guinness, Louis Jourdan, Agnes Moorehead, Jessie Royce Landis, Brian Aherne, Leo G. Carroll, Estelle Winwood, Van Dyke Parks, Christopher Cook

Diese bezaubernde romantische Komödie beginnt mit einer wunderschönen Eingangssequenz. In einem europäischen Schloß zu Beginn des 20. Jahrhunderts wird das Frühstück serviert. Frisch vom Bäcker kommend, purzeln die Brötchen auf einer Rampe hinunter in die Küche. Diejenigen, die dabei auf dem Erdboden gelandet sind, werden auf ein Silbertablett gelegt und durch die endlosen Korridore und Galerien des Schlosses getragen und schließlich den vornehmen Herrschaften angeboten. Dies sind in erster Linie Prinzessin Beatrix (Landis) und ihre liebreizende Tochter Alexandra (Kelly). Um sich den Anspruch auf den Thron zu sichern, soll Alexandra eine Ehe mit dem etwas steifen, dafür recht unkonventionellen Prinzen Albert (Guinness) eingehen. Welch unglücklicher Umstand, daß sich das zarte Prinzeßchen gerade jetzt in ihren attraktiven und feinfühligen Hauslehrer Dr. Agi (Jourdan) verlieben muß. Nach einem herzzerreißenden Hin und Her entsagt Alexandra der Leidenschaft (Agi), um sich der Vernunft (Prinz Albert) zuzuwenden.
Auf ihrer verzweifelten Suche nach einem Stoff, der auch dem Privatleben ihrer Protagonistin ähnlich war, wurde MGM in der etwas angestaubten Komödie von Ferenc Molnar fündig. Grace Kelly hatte gerade DIE OBEREN ZEHNTAUSEND abgedreht und machte noch rasch diesen Abschiedsfilm, um am 18. April 1956 den Thron von Monaco zu erklimmen. Die durch den Film absichtlich provozierten Parallelen zu ihrem wirklichen Leben waren monatelang Anlaß von Mutmaßungen, die Schauspielerin sei ebenfalls eine Vernunftsehe mit Fürst Rainier eingegangen.
Als perfekte europäische Palastkulisse fungierten im übrigen das Biltmore-Gebäude in North Carolina, das im Stil eines französischen Loire-Schlosses errichtet worden war. jg

Schwarze Augen

Oci ciornie. Italien 1987 **R** Nikita Michalkov **B** Alexander Adabachian, Nikita Michalkov, Suso Cecchi D´Amico, nach Kurzgeschichten von Anton Tschechow **K** Franco Di Giacomo **M** Francis Lai **P** Silvia D´Amico Bendico, Carlo Cucchi für Excelsior Film-TV/RAI 1 **L** 117 Min., Farbe **D** Marcello Mastroianni, Silvana Mangano, Marthe Keller, Elena Sofonova, Pina Cei, Vsevolod Larionov, Innokenti Smoktunovski

Um die Jahrhundertwende lernt der reich verheiratete Romano (Mastroianni), ein ebenso liebenswerter wie unzuverlässiger Charmeur, während eines Kuraufenthaltes die junge Russin Anna (Sofonova) kennen und lieben. Doch eines Tages ist sie verschwunden - zurück bleibt nur die Nachricht, daß sie bereits gebunden ist. Kurzentschlossen reist ihr Romano nach und stöbert sie in einem in der Nähe von St. Petersburg gelegenen Städtchen auf. Beide schwören sich ewige Liebe und beschließen dem jeweiligen Ehepartner alles zu gestehen, doch Romano ist nach seiner Rückkehr nach Italien zu feige und schwach, um Gattin Elisa (Mangano) zu verlassen.
Marcello Mastroianni war brennend daran interessiert, mit Nikita Michalkov zusammenzuarbeiten, nachdem er dessen Film *Tage aus dem Leben des Ilja Oblomov* gesehen hatte. So entstand - als ausschließlich italienisch finanzierte Produktion - diese bittersüße romantische Komödie, für die geschickt Motive aus mehreren Erzählungen Anton Tschechows zu einem Ganzen verknüpft wurden, darunter *Die Dame mit dem Hündchen*, *Meine Frau* und *Unterworfene Anna*. Der Regisseur bezeichnete seinen bei den Filmfestspielen in Cannes umjubelten Film - Mastroianni erhielt den Darstellerpreis sowie eine Oscar-Nominierung - als „die Geschichte eines Mannes, der nach seiner ersten Lüge immer weiter lügen muß. Er schiebt daher sein Leben hinaus, vergißt dabei, daß jeder nur ein Leben hat". Romano, mittlerweile Kellner auf einem Passagierdampfer, erzählt seine Geschichte als große Rückblende einem russischen Gast, bis am Schluß klar wird, daß er die ganze Zeit von des Zuhörers Frau, von Anna sprach, die oben an Deck des Schiffes wartet...
Le Monde: „Ein Meisterwerk. Komisch, bewegend, lyrisch, einzigartig." al

Die schwarze 13

Eye of the Devil. Großbritannien 1965 **R** J. Lee Thompson **B** Robin Estridge, Dennis Murphy, nach dem Roman *Day of the Arrow* von Philip Lorraine **K** Erwin Hillier **M** Gary McFarland **P** Martin Ransohoff, John Calley für Filmways/MGM **L** 89 Min., s/w **D** Deborah Kerr, David Niven, Donald Pleasence, Edward Mulhare, Flora Robson, Emlyn Williams, Sharon Tate, David Hemmings, John Le Mesurier

Die sommerliche Rückkehr des hochherrschaftlichen Schloßherren Philippe de Montfaucon (Niven) auf sein entlegenes Anwesen erweist sich als verhängnisvoller Fehler. Zum dritten Mal hintereinander wurde die Dorfgemeinschaft von einer Mißernte heimgesucht. Nun soll sich in einem bizarren Ritual - einer alten Tradition folgend - der Schloßherr den Göttern der Fruchtbarkeit opfern. Philippes Frau Cathérine (Kerr) versucht zwar alles, um dies zu verhindern, doch das Geschehen nimmt seinen grausamen Lauf. Am Ende tritt Philippes Sohn Christian (Hemmings) das Erbe seines gemeuchelten Vaters an.
Die Produktion dieses wirkungsvoll umgesetzten Gruseldramas nahm mehrere Jahre in Anspruch. Für die Rolle der Cathérine hatte man ursprünglich Kim Novak vorgesehen, die sich jedoch mit den Produzenten verkrachte und beleidigt zugunsten von Deborah Kerr das Feld räumte. Ein ähnliches Gerangel hatte es schon vorher bei der Auswahl der Regisseure gegeben, für die anfangs Michael Anderson, Sidney J. Furie und Arthur Hiller zur Debatte standen, bis diese Aufgabe schließlich an J. Lee Thompson hängenblieb.
Ein mit sanften Mitteln arbeitender, unterschwellig recht beklemmend wirkender Grusel-Thriller mit ansprechenden schauspielerischen Leistungen. jg

Der schwarze Falke

The Searchers. USA 1956 **R** John Ford **B** Frank S. Nugent, nach dem Roman von Alan LeMay **K**

Winton C. Hoch **M** Max Steiner **P** Merian C. Cooper, C. V. Whitney für Warner Bros. **L** 119 Min., Farbe **D** John Wayne, Jeffrey Hunter, Vera Miles, Ward Bond, Natalie Wood, John Qualen, Olive Carey, Henry Brandon, Ken Curtis, Harry Carey jr.

„Es ist die Tragödie eines Einsamen. Er ist der Mann, der aus dem Bürgerkrieg zurückkam...Er war ein wirklich einsamer Mann, der nie ein Teil der Familie werden konnte" (John Ford in einem Interview mit Peter Bogdanovich über die Hauptfigur seines Films).
Texas im Jahre 1868. Während der Cowboy Ethan Edwards (Wayne) zusammen mit einigen Farmern eine Meute indianischer Viehdiebe jagt, überfallen die Rothäute die Farm von Ethans Bruder, ermorden die Familie und entführen seine Nichte Debbie (Wood). Ethan schwört blutige Rache. Zusammen mit Debbies Pflegebruder Martin (Hunter) macht er sich auf die beschwerliche Suche nach dem Mädchen. Nach fünf Jahren stoßen sie endlich auf Debbie, die zu Ethans Entsetzen eine richtige Indianerin geworden ist...
Der schwarze Falke wurde zu Recht als Inbegriff des großen epischen Western bezeichnet und sowohl in den USA als auch in Europa als das bis dahin bedeutendste Werk von John Ford gefeiert. Besonders ergreifend gelang John Wayne die Darstellung des Ethan Edwards, eine der komplexesten und tragischsten Figuren, die je in einem Western zu sehen war.
Mit nur wenigen komischen und aufheiternden Zwischeneinlagen versehen, konzentriert sich die Geschichte mit stoischem Ernst auf die traurige Suche seines nicht minder traurigen Helden. In perfekter Weise nutzte Ford dabei Symbole und Landschaftsmetaphern und legte den Anfang und das Ende als bildhafte Parabel an. Der Film beginnt mit der sich öffnenden Tür eines Farmhauses, in deren Umriss der tragische Held der Story erst etwas unschlüssig verharrt. Zwar nimmt man ihn in eine bestehende Familienidylle auf, doch verliert er diesen festen Bezugspunkt kurze Zeit später wieder. Am Ende wird sich diese Tür wieder öffnen und Ethan wiederum der Gesellschaft den Rücken kehren. jg

Schwarze Geschichten

siehe: DER GRAUENVOLLE MR. X

Der schwarze Kreis

Dead Ringer. USA 1964 **R** Paul Henreid **B** Albert Beich, Oscar Millard, nach dem Roman *Dead Pigeon* von Rian James **K** Ernest Haller **M** André Previn **P** William H. Wright für Warner Bros. **L** 115 Min., s/w **D** Bette Davis, Karl Malden, Peter Lawford, Philip Carey, Jean Hagen, George Macready, Estelle Winwood

Ihr Riesenerfolg in WAS GESCHAH WIRKLICH MIT BABY JANE? bescherte Bette Davis einen zweiten Karriere-Frühling in Horrorfilmen und Kriminalreißern wie diesem. Zum zweiten Mal nach DIE GROSSE LÜGE aus dem Jahre 1946 spielte sie hier eine Doppelrolle: der klassische Fall von der guten und der bösen Schwester. Die Gute ist Edith, die vor Jahren einen Mann an ihre Zwillingsschwester Margaret verloren hat, weil die angeblich von ihm schwanger war. Als Edith nach dem Tod des Mannes von dieser Lüge erfährt, sinnt sie auf Rache, lockt Margaret in ihr kleines Apartment und bringt sie um. Alles sieht nach Selbstmord aus, während sich Edith fortan als ihre Schwester ausgibt...
Unter der Regie ihres ehemaligen Co-Stars Paul Henreid läuft die Davis hier zu großer Form auf und macht mit ihrer unnachahmlichen, jede Szene dominierenden Art aus einer absurden, unglaubwürdigen Geschichte ein Riesenvergnügen. In einem besonders denkwürdigen Moment bringt sie sogar *Shuffle Off to Buffalo* zu Gehör! *Time* faßte es so zusammen: „...ein bißchen altmodisch, aber amüsant - besonders Schauspielerin Davis. Dick geschminkt, sieht ihr Gesicht aus wie eine Satelliten-Photographie von Utah, und ihr Schauspielern, wie immer, ist nicht wirklich Schauspielern, sondern schamlose Prahlerei. Aber versuchen Sie mal wegzugucken..." al

Der schwarze Hengst

The Black Stallion. USA 1979 **R** Carroll Ballard **B** Melissa Mathison, Jeanne Rosenberg, William D. Wittliff, nach dem Roman von Walter Farley **K** Caleb Deschanel **M** Carmine Coppola **P** Francis Ford Coppola für Roos-Sternberg-Prod. **L** 117 Min., Farbe **D** Kelly Reno, Mickey Rooney, Teri Garr, Hoyt Axton, Clarence Muse, Michael Higgins

Zwar ist auch dieser romantische Kinderabenteuerfilm nicht frei von Klischees à la *Lassie* oder *Flipper*, vermeidet es jedoch, den tierischen Held der Geschichte allzu menschlich erscheinen zu lassen.
Auf der Heimreise von Indien nach New York gerät ein Passagierdampfer in Seenot und sinkt. Zu den Überlebenden gehört der kleine amerikanische Junge Alec Ramsey (Reno) - und ein geheimnisvoller schwarzer Hengst, der dem Jungen das Leben rettet. Angespült an einem menschenleeren Strand, schließen Pferd und Kind eine tiefe Freundschaft. Als man Alec endlich entdeckt, darf er seinen „Schwarzen" mit nach Amerika nehmen. Dort findet er in dem ehemaligen Hockey Henry Dailey (Rooney) einen erfahrenen Trainer, der ihn bei einem wichtigen Pferderennen auf dem Rücken seines geliebten Tieres zu einem strahlenden Triumph steuert.
In teils zärtlichen, teils mitreißenden Bildern hat Caroll Ballard das erfolgreiche Jugendbuch von Walter Farley wie eine Liebesgeschichte inszeniert. Besonders faszinierend sind dabei die Strandszenen geglückt, in denen sich Mensch und Tier vorsichtig einander nähern, um dann, umschmeichelt von einer Kamera, die dieses Geschehen aus wirklich allen nur denkbaren Perspektiven verfolgt (unter Wasser, aus der Luft), Freundschaft zu schließen.
Für die Besetzung des schwarzen Hengstes griff das Team auf den Araber-Hengst *Cass-Ole* zurück, der dem renommierten Herzchirurgen Dr. Leo Cuello gehörte. Um das Pferd nicht zu überanstrengen, wurden weitere drei Doubles ausgesucht, die speziell bei den Stunt-Szenen einspringen mußten.
Die Dreharbeiten begannen in Toronto, wo zuerst die Schlußszene entstand. Dann siedelte die Crew nach Sardinien um, um dort die Strandszenen zu drehen. Endstation der Produktion waren schließlich die römischen Cinecittà-Studios. Dort konstruierten die Techniker in einem riesigen Bassin ein schiefstehendes Schiffswrack, das als Kulisse für die imposante Katastrophenszene zu Beginn des Films fungierte. jg

Die schwarze Katze

The Black Cat. USA 1934 **R** Edgar G. Ulmer **B** Edgar G. Ulmer, Peter Ruric, nach der Geschichte von Edgar Allan Poe **K** John Mescall **M** Carl Laemmle für Universal **L** 70 Min., s/w **D** Boris Karloff, Bela Lugosi, David Manners, Jacqueline Wells, Lucille Lund, Egon Brecher

Ähnlich wie vierzig Jahre später in der ROCKY HORROR PICTURE SHOW, läßt Regisseur Edgar G. Ulmer seine beiden Protagonisten durch einen Autounfall in das Verderben schlittern. In Begleitung des merkwürdigen Dr. Vitus Verdegast (Lugosi) gelangt das Pärchen Peter (Manners) und Joan (Wells) in das kühn aufgestylte Domizil des Architekten Hjalmar Poelzig (Karloff), welches inmitten der Alpen liegt. Schnell wird offenkundig, daß die beiden unheimlichen Männer sich kennen und erbitterte Feinde sind, schließlich hat Poelzig Verdegasts Frau auf dem Gewissen, indem er diese während einer Schwarzen Messe dem Satan opferte. Für den geplagten Witwer ist der Schock noch größer, als er entdeckt, daß Poelzig auch seine Tochter in der Gewalt hat. Jetzt

eskaliert der Wahnsinn total. Verdegast überwältigt seinen Peiniger und häutet ihn bei lebendigem Leib, wird dann aber von Peters Pistole lebensgefährlich verletzt. Großmütig gestattet er dem Ehepaar die Flucht, um sich dann mit Poelzig und dem Haus in die Luft zu sprengen.
Diese etwas überdrehte Geschichte hat freilich nur noch dem Titel nach etwas mit einer schwarzen Katze zu tun. Ein solches Tier taucht zwar mehrere Male als scherenschnittartiger Schatten auf, hat aber für den Gehalt des Films keine weiterreichende Bedeutung. Die Kamera orientiert sich eng an der düsteren Fotografie des deutschen Expressionismus und erfreut das Auge durch einige wunderschön aufgebaute Bildkompositionen. Ein Genuß ist auch das völlig übertriebene Agieren der beiden Horror-Stars Boris Karloff und Bela Lugosi, die hier das erste Mal gemeinsam in einem Film auftraten. jg

Das schwarze Loch

The Black Hole. USA 1979 **R** Gary Nelson **B** Jeb Rosebrook, Gerry Day **K** Frank Philips **M** John Barry **P** Ron Miller für Walt Disney Prod. **L** 97 Min., Farbe **D** Maximilian Schell, Anthony Perkins, Robert Forster, Joseph Bottoms, Yvette Mimieux, Ernest Borgnine, Tommy McLoughlin

Auf ihrem Flug durch ferne Galaxien entdeckt die Besatzung des Forschungsraumschiffes *Palomino* einen leuchtenden Wirbel aus glühenden Gasen und Planetentrümmern, die im unsichtbaren Mittelpunkt des Gebildes verschwinden - das schwarze Loch, ein Zentrum unvorstellbarer Gravitationskräfte. In der Gefahrenzone des Wirbels dümpelt die *U.S.S. Cygnos*, die seit 20 Jahren als verschollen gilt. An Bord des Schiffes befindet sie neben einer Heerschar fleißiger Roboter, der teutonisch-dämonische Wissenschaftler Dr. Reinhardt (Schell), der hinter dem schwarzen Loch eine zu erobernde Galaxie vermutet. Als Versuchskaninchen kommt ihm die *Palomino*-Crew gerade recht. Und so entsteht ein erbitterter Kampf, an dessen Ende natürlich der böse Deutsche unterliegt.
Allein für die Werbung des Films wurden 6 Mio. Dollar ausgegeben; die Produktion selber war mit 20 Mio. Dollar das bis dahin aufwendigste Disney-Projekt. Doch selbst mit einer Weltstar-Besetzung und dem renommierten Special-Effects-Experten Peter Ellenshaw kam der Film nicht an die beiden Konkurrenzproduktionen dieses Jahres, STAR TREK und DAS IMPERIUM SCHLÄGT ZURÜCK, heran - zu dürftig ist die Story, und geradezu peinlich sind die naturwissenschaftlichen Patzer, die in einem Science-fiction-Film dieser Größenordnung einfach nicht vorkommen dürfen. jg

Schwarze Narzisse

Black Narcissus. Großbritannien 1947 **R** Michael Powell, Emeric Pressburger **B** Michael Powell, Emeric Pressburger, nach dem Roman von Rumer Godden **K** Jack Cardiff **M** Brian Easdale **P** Michael Powell, Emeric Pressburger für Archer Prod./General Film **L** 100 Min., Farbe **D** Deborah Kerr, Sabu, David Farrar, Flora Robson, Jean Simmons, Esmond Knight, Kathleen Byron, Jenny Laird, Judith Furse, May Hallatt

Ein erstes Mal schlüpfte Deborah Kerr in das weiße Büßergewand einer Nonne, um 10 Jahre später noch einmal in John Hustons Kriegsfilm DER SEEMANN UND DIE NONNE in dieser Tracht auf der Leinwand zu erscheinen.
Als Schwester Clodagh wird Deborah Kerr mit vier Nonnen vom Mutterhaus in die unwegsame Berggegend des Himalaya geschickt, um dort den heidnischen Hindus die Lehren Christi beizubringen. Eine Bleibe finden die Schwestern in einem leerstehenden Palast. Das Leben in der unzivilisierten Einöde fällt den Missionarinnen reichlich schwer, und so ist Schwester Clodagh dankbar, in der Person des robust-rüden Briten Dean (Farrar) etwas Unterstützung zu finden. Dean allerdings empfindet mehr Gefühle für sie, als er einer Nonne entgegenbringen darf, was die Eifersucht von Clodaghs Mitschwester Philippa (Byron) erregt und zu dramatischen Entwicklungen führt.
Angereichert mit einigen imposanten Landschaftsaufnahmen und geprägt von einer schicksalsschwangeren Atmosphäre haben die beiden Regisseure Powell und Pressburger einen religiösen Schmachtfetzen geschaffen, der freilich nicht frei von Klischees sein konnte. Über die entstellte Wiedergabe des Ordenslebens der anglikanischen Schwestern protestierte seinerzeit die evangelische Kirche und riet von einem Besuch des Films ab. Zwei Oscars gab es für die Beste Farbkamera und Alfred Junges gelungene Ausstattung. jg

Die schwarze Natter

Dark Passage. USA 1947 **R** Delmer Daves **B** Delmer Daves, nach dem Roman von David Goodis **K** Sid Hickox **M** Franz Waxman **P** Jerry Wald für Warner Bros. **L** 106 Min., s/w **D** Humphrey Bogart, Lauren Bacall, Bruce Bennett, Agnes Moorehead, Tom D´Andrea, Clifton Young, Douglas Kennedy, Rory Mallison, Houseley Stevenson

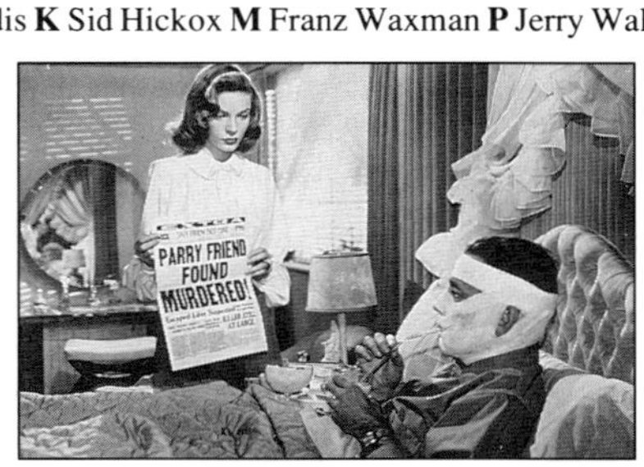

Delmer Daves verwendete für diesen Film einen Trick, der schon ein Jahr zuvor das Publikum in DIE DAME IM SEE teils irritiert, teils fasziniert hatte. In den ersten 40 Minuten ist Bogart nicht zu sehen, da sein Auftritt in subjektiver Kameraführung gefilmt wurde und mit seiner Stimme aus dem Off kommentiert wird.
Dem unschuldig verurteilten Vincent Parry (Bogart) gelingt die Flucht aus der Haftanstalt, in der er wegen des angeblichen Mordes an seiner Ehefrau einsaß. Parry wird von der attraktiven Irene Jansen (Bacall) aufgelesen, die ihm weiterhilft, da sie intuitiv von seiner Unschuld überzeugt ist. Um nicht gleich wieder hinter Gittern zu landen, entschließt Parry sich zu einer Gesichtsoperation, die ein in der Unterwelt von San Francisco bekannter Chirurg an ihm vornimmt. Ausgestattet mit einer neuen Identität, kann sich Parry auf die Suche nach dem wahren Mörder begeben.
Die Geschichte dieses Thrillers ist zwar recht unglaubhaft, dennoch gelang Delmer Daves damit ein stilvoll gefilmter Beitrag zur Schwarzen Serie Hollywoods, mit dem das Traumpaar Bogart/Bacall ein weiteres Mal seinen Ruhm ausbauen konnte. Es war der insgesamt dritte Film, in dem die beiden Stars gemeinsam vor der Kamera standen. jg

Die schwarze Orchidee

Black Orchid. USA 1959 **R** Martin Ritt **B** Joseph Stefano **K** Robert Burks **M** Alessandro Cigognini **P** Carlo Ponti, Marcello Girosi für Paramount **L** 95 Min., s/w **D** Sophia Loren, Anthony Quinn, Ina Balin, Jimmy Baird, Mark Richman

Für ihre Darstellung in diesem ansprechenden kleinen Drama gewann Sophia Loren den Preis als Beste Darstellerin auf der Biennale in Venedig, doch in den Staaten waren Publikums- und Kritikerreaktionen eher zurückhaltend. Als Rose Bianco, Witwe eines New Yorker Gangsters, macht sie sich für den Tod ihres Mannes verantwortlich, der für seine kleine Familie ein besseres Leben zu erreichen hoffte und zum Verbrecher wurde. Ihr kleiner Sohn (Baird) befindet sich nach mehreren Diebstählen im Erziehungsheim. In dieser Situation lernt Rose den ebenfalls verwitweten Frank Valente (Quinn)

kennen, verschließt sich jedoch anfänglich seinem Werben. Als das Eis endlich gebrochen und die Hochzeit bereits geplant ist, macht Franks halbwüchsige Tochter (Balin) den beiden einen Strich durch die Rechnung...
Loren und Quinn hatten erstmals in dem Historienschinken ATTILA, DIE GEISSEL GOTTES gemeinsam vor der Kamera gestanden, und beide hatten sich seit diesen Tagen enorm entwickelt. *Die schwarze Orchidee* profitiert nicht unbeträchtlich von der Harmonie zwischen ihnen, doch auch ein weiterer gemeinsamer Film, DIE DAME UND DER KILLER, war kein Erfolg. al

Der schwarze Pirat

The Black Pirate. USA 1926 **R** Albert Parker **B** Loot Woods, Jack Cunningham, nach einer Story von Elton Thomas und Douglas Fairbanks **K** Henry Sharp **M** Mortimer Wilson **P** Elton/United Artists **L** 80 Min., s/w **D** Douglas Fairbanks, Billie Dove, Anders Randolf, Donald Crisp, Tempe Pigott, Sam De Grasse, Charles Stevens, Charles Belcher, Fred Becker

Douglas Fairbanks´ frühes Seeabenteuer war wegweisend für die großen Piratenfilme der 30er, 40er und 50er Jahre. Fairbanks spielt mit einem akrobatischen Einsatz sondergleichen den Schwarzen Piraten, der nicht nur die heimtückische Ermordung seines Vaters rächt, sondern auch die hübsche, jungfräuliche Prinzessin (Dove) vor der Heirat mit dem Bösewicht McTavish (Crisp) bewahrt. Das alles wird präsentiert mit den genreüblichen Degenduellen, Massenkeilereien und Seeschlachten, von denen einige Szenen sogar in den 30er Jahren noch einmal in ähnlichen Streifen wiederverwertet wurden. Beachtenswert ist der frühe Einsatz des 1917 entwickelten Technicolor-Farbsystems, mit dem einige aufwendige Kostümszenen gedreht wurden. Die Gesichter und Hautpartien der einzelnen Schauspieler erstrahlten dabei allerdings in schweinchenrosa oder kränklich-giftigem Orange. jg

Der schwarze Prinz

The Warriors. USA 1955 **R** Henry Levin **B** Daniel B. Ullman, Phil Park **K** Guy Green **M** Cedric Thorpe Davie **P** Walter Mirisch für Allied Artists **L** 85 Min., Farbe **D** Errol Flynn, Joanne Dru, Peter Finch, Yvonne Furneaux, Parick Holt, Michael Hordern, Moultrie Kelsall, Robert Urquhart, Vincent Winter

Zum letzten Mal betrat hier der deutlich von Alter und Ausschweifungen gezeichnete Errol Flynn die Arena des Abenteuerfilms. Schauplatz dieses farbenprächtigen Streifens aus der alten, rüden Ritterzeit ist die britische Provinz Aquitanien zur Zeit des 14. Jahrhunderts. König Edward III. (Hordern) schickt seinen gleichnamigen Sohn in diesen Landstrich, damit er dort für Ordnung sorgt. Seit geraumer Zeit nämlich versucht der aufwieglerische Count de Ville (Finch), aus selbstsüchtigen Gründen die Herrschaft über Aquitanien an sich zu reißen. In der Maske eines schwarzen Ritters spioniert Edward die Truppen des Fürsten aus und stellt sich dem Feind schließlich in einer furiosen Endschlacht.
Henry Levin versuchte recht geschickt, IVANHOE, *dem* Film des Rittergenres schlechthin, eine Neuauflage folgen zu lassen. Die Parallelen gerieten dabei allerdings etwas zu offensichtlich, denn so diente nach DIE RITTER DER TAFELRUNDE die eigens für *Ivanhoe* errichtete Burganlage ein weiteres Mal als Kulisse eines entsprechenden Films.
Ausstattung und Kampfszenen (auch hier geht übrigens eine Burg in Flammen auf) sind indes perfekt und beschwören in pittoresken Bildern die Farbenpracht mittelalterlicher Turniere und Gesellschaften herauf. Um das Drehteam nicht ständig zwischen Großbritannien und Frankreich hin- und herpendeln zu lassen, entschloß sich die Produktionsgesellschaft, die in Aquitanien spielenden Szenen im englischen Hertfordshire zu drehen. jg

Die schwarze Rose

The Black Rose. USA 1950 **R** Henry Hathaway **B** Talbot Jennings, nach dem Roman von Thomas B. Costain **K** Jack Cardiff **M** Richard Addinsell **P** Louis D. Lighton für 20th Century-Fox **L** 120 Min., Farbe **D** Tyrone Power, Orson Welles, Cecile Aubrey, Jack Hawkins, Michael Rennie, Finlay Currie, Herbert Lom, Mary Clare, Bobby Blake

Die Frisur des attraktiven Mimen Tyrone Power sah zwar so aus, als hätte man ihm einen Topf übergestülpt und alle darüber hinausragenden Haare abgeschnitten, doch entsprach sie damit der Haartracht des 13. Jahrhunderts, in dem dieser farbenprächtige Abenteuerfilm angesiedelt ist.
Walter von Gurnie (Power) lehnt es ab, einem normannischen König zu dienen; ihn lockt der Orient, wohin er zusammen mit seinem treuen Gefährten Tristram (Hawkins) aufbricht. Auf seiner gefahrvollen Reise macht er die Bekanntschaft der schönen Sklavin Myriam (Aubrey) und des grausamen Mongolengenerals Bayan (Welles).
20th Century-Fox wollte diesen Film schon 1946 mit Cornel Wilde in der Hauptrolle drehen, konnte aber zu diesem Zeitpunkt noch nicht über das auf den Londoner Banken deponierte Geld der britischen Tochtergesellschaft verfügen. 1950 stand dann die bis dahin eingefrorene Summe bereit, mit der Henry Hathaway das Projekt in aufwendiger Ausführung in England und Nordafrika realisierte.
Die junge Französin Cecile Aubrey hatte in *Die schwarze Rose* ihren letzten Leinwandauftritt. Während der Dreharbeiten lernte sie prompt einen marokkanischen Prinzen kennen, der ihr während der Aufnahmen nicht mehr von der Seite wich, sie später heiratete und dann in sein Wüstenzelt entführte. jg

Das schwarze Schaf

Das schwarze Schaf. BRD 1960 **R** Helmuth Ashley **B** Istvan Bekeffy, Hans Jacoby, nach den Romanen von G. K. Chesterton **K** Erich Claunigk **M** Martin Böttcher **P** Utz Utermann, Claus Hardt für Bavaria Film **L** 95 Min., s/w **D** Heinz Rühmann, Karl Schönböck, Maria Sebaldt, Lina Carstens, Fritz Rasp, Rosl Schäfer, Herbert Tiede, Friedrich Domin

Heinz Rühmann trat in dieser deutschen Produktion in Konkurrenz mit dem englischen Charaktermimen Alec Guinness, der vor ihm den Amateurdetektiv Pater Brown im britischen Kino verkörpert hatte und dem Rühmann natürlich nichts Ebenbürtiges entgegenzusetzen hatte.
Zwar hat Pater Brown dank seines detektivischen Spürsinns in seiner Gemeinde einen Mord aufgeklärt, ist durch diese Aktion allerdings in die Schlagzeilen der örtlichen Presse gelangt, was den Erzbischof so sehr verärgert, daß er seinen Glaubensbruder strafversetzt. Doch Pater Brown scheint das Verbrechen magisch anzuziehen, denn nach kurzer Zeit wird auch sein neues Betätigungsfeld von einer Mordserie erschüttert, deren Aufklärung für den pfiffigen Pfaffen natürlich eine erneute Herausforderung darstellt.
Diese erste Regiearbeit des Kameramanns Helmuth Ashley ist ein leidlich unterhaltsamer, recht bieder inszenierter Kriminalfilm, der ganz auf den Hauptdarsteller Heinz Rühmann zugeschnitten ist, der leider zu sehr dominiert und anderen Akteuren, wie z. B. der rührenden Lina Carstens, kaum eine Chance gibt. Rühmann verkörperte die Figur des Kardinal Brown noch in den zwei Streifen ER KANN´S NICHT LASSEN und DIE ABENTEUER DES KARDINAL BRAUN, die jeweils noch schwächer ausfielen als ihre Vorgänger. jg

Der schwarze Sergeant

Sergeant Rutledge. USA 1960 **R** John Ford **B** Willis Goldbeck, James Warner Bellah, nach dem Roman *Captain Buffalo* von Bellah **K** Bert Glennon **M** Howard Jackson **P** Patrick Ford, Willis Goldbeck für Warner Bros. **L** 111 Min., Farbe **D** Jeffrey Hunter, Constance Towers, Billie Burke, Woody Strode, Juano Hernandez, Willis Bouchey, Carleton Young, Judson Pratt

Mit der anbrechenden Dekade der 60er Jahre entdeckte Western-Routinier John Ford endlich einmal die Außenseiter der Pioniergesellschaft, für die er diesen Film als ein Plädoyer gegen Rassismus und Intoleranz gestaltete.
Gegen den schwarzen US-Sergeant Rutledge (Strode) scheint sich die Welt verschworen zu haben. Obwohl alle Indizien gegen ihn sprechen, ist er an dem Mord eines Majors und der Vergewaltigung dessen minderjähriger Tochter unschuldig. Dennoch bleibt ihm nichts anderes übrig, als zu fliehen. Eine Gruppe von Siedlern nimmt den Flüchtigen jedoch gefangen und liefert ihn auf Drängen der Armee der Justiz aus. Vor dem Militärgericht nimmt der für die Weißen eindeutige Fall eine sensationelle Wendung an.
Star des Films war der relativ unerfahrene farbige Schauspieler Woody Strode, der in typischer Ford-Manier auf seine Rolle vorbereitet wurde. Einen Tag vor dem Drehtermin in der wichtigen Gerichtsszene ließ Ford seinem Star zu Ehren eine Party steigen, um dann am nächsten Morgen den deutlich übernächtigten und vom Alkohol angeschlagenen Strode vor die Kamera zu zerren, wo dieser mehr unfreiwillig die beeindruckende Charakterstudie eines gehetzten und verzweifelten Menschen abgab.
Ein humanistischer Film, dessen antirassistische Botschaft nur noch von Fords letztem Western CHEYENNE an Deutlichkeit übertroffen wurde. jg

Der schwarze Spiegel

The Dark Mirror. USA 1946 **R** Robert Siodmak **B** Nunnally Johnson, nach dem Roman von Vladimir Pozner **K** Milton Krasner **M** Dimitri Tiomkin **P** Nunnally Johnson für Universal **L** 85 Min., s/w **D** Olivia de Havilland, Lew Ayres, Thomas Mitchell, Dick Long, Charles Evans

In die Fußstapfen von Bette Davis trat Olivia de Havilland in diesem Psychothriller der Schwarzen Serie: wie ihre Kollegin in DIE GROSSE LÜGE spielt sie Zwillingsschwestern, von denen die eine nett und normal, die andere jedoch hinterhältig und gemein ist. Die junge Ruth Collins gerät unter Mordverdacht, als ein Arzt, mit dem sie kurz zuvor ein Rendezvous hatte, ermordet aufgefunden wird. Doch das Auftauchen ihrer Schwester Terry, die ihr zum Verwechseln ähnlich sieht, macht eine Überführung unmöglich - niemand kann die beiden auseinanderhalten. Erst der Psychiater Dr. Elliott (Ayres) bringt durch seine Tests ans Licht, daß eine der Schwestern geistesgestört ist.
Zwar ist Olivia in ihrer Doppelrolle nicht ganz so effektiv wie Bette, doch *Der schwarze Spiegel* überzeugt durch Robert Siodmaks raffinierten Einsatz der Technik, der den beiden Olivias zahlreiche intime Szenen und sogar Berührungen ermöglicht. Der Regisseur, 1946 ebenfalls verantwortlich für „schwarze" Meisterwerke wie RÄCHER DER UNTERWELT und DIE WENDELTREPPE, umging so geschickt die Gefahr derartiger Expermimente: das Suchen des Zuschauers nach den Tricks auf der Leinwand. al

Die schwarze Tulpe

La tulipe noire. Frankreich/Italien/Spanien 1963 **R** Christian-Jaque **B** Paul Andréota, Christian-Jaque, Henri Jeanson, Mario Ciorciolini, nach dem Roman von Alexandre Dumas d. Ä. **K** Henri Decaë **M** Gérard Calvi **P** Ludmilla Goulian für Méditerranée Cinéma, Mizar Films, Agata Films, Flora Films **L** 110 Min., Farbe **D** Alain Delon, Virna Lisi, Dawn Addams, Akim Tamiroff, Francis Blanche, Robert Manuel

Wer Alain Delon lediglich als stoischen Einzelkämpfer erlebt hat, wird überrascht sein, ihn nicht nur als Helden eines Mantel- und Degenfilms, sondern auch gleich noch in einer Doppelrolle zu erleben. Unter der versierten Regie von Christian-Jaque, der mit FANFAN DER HUSAR einen Klassiker des Genres schuf, agiert Delon als ungleiches Bruderpaar Julien und Guillaume de Saint Preux, die am Vorabend der Französischen Revolution aus ganz unterschiedlichen Motiven den Adel in Angst und Schrecken versetzen. Schöne Frauen, spannende Duelle und amüsante Verwicklungen beherrschen den Abenteuerfilm, der auf einer Erzählung des Schöpfers der *Musketiere*, Alexandre Dumas d. Ä., basiert. Elf Jahre später legte Delon ein weiteres Mal Maske und Cape an, um als ZORRO für die Armen und Entrechteten einzutreten. mg

Die schwarze Windmühle

The Black Windmill. Großbritannien 1974 **R** Don Siegel **B** Leigh Vance, nach dem Roman *Seven Days To a Killing* von Clive Egleton **K** Outsama Rawi **M** Roy Budd **P** Don Siegel für Universal **L** 106 Min., Farbe **D** Michael Caine, Joseph O´Conor, Donald Pleasence, Janet Suzman, John Vernon, Delphine Seyrig, Joss Ackland, Clive Revill

Als der Sohn des britischen Geheimagenten John Tarrant (Caine) entführt wird, reagiert dessen Dienststelle anders als erwartet. Anstatt ihm jede Art der Unterstützung zu gewähren, verdächtigt Tarrants Chef Harper (Pleasence) seinen Mitarbeiter, die Kidnapping-Aktion selbst inszeniert zu haben und mit den Entführern zu paktieren. Tarrant ist gezwungen, sein Sohn auf eigene Faust zu retten.
Der gestalterisch zwar recht annehmbar inszenierte Film leidet unter einer gewissen Dialoglastigkeit, die zwar von brillanten Schauspielern einigermaßen überbrückt werden kann, für einen Action-Regisseur wie Don Siegel jedoch recht ungewöhnlich ist. Lediglich bei der Befreiung des entführten Jungen steigt die Spannung einmal kräftig an und erinnert an Siegels reißerische Qualitäten, die er noch drei Jahre zuvor in DIRTY HARRY unter Beweis gestellt hatte.
Der Film wurde 1974 mit nur wenigen Kopien in der Bundesrepublik gestartet, so daß sich sein Bekanntheitsgrad in Grenzen hielt. jg

Die schwarze Witwe

Black Widow. USA 1987 **R** Bob Rafelson **B** Ronald Bass **K** Conrad L. Hall **M** Michael Small **P** Harold Schneider für Laurence Mark Prod./ American Films/American Entertainment Partners/20th Century-Fox **L** 103 Min., Farbe **D** Debra Winger, Theresa Russell, Sami Frey, Dennis Hopper, Nicol Williamson, Terry O´Quinn, Diane Ladd

Bob Rafelsons eleganter, stimmungsvoller Thriller, der mit erstaunlich wenig Brutalitäten auskommt, vereint zwei der interessantesten amerikanischen Aktricen mit äußerst sehenswerten Ergebnissen. Theresa Russell spielt Catherine, eine attraktive junge Dame, die es sich zur Angewohnheit gemacht hat, Millionäre zu heiraten, um sie anschließend um die Ecke zu bringen und ihr Vermögen zu kassieren. Die Versicherungsagentin Alexandra Barnes (Winger) ist dieser „schwarzen Witwe" schon bald auf der Spur und schließlich derart fasziniert von ihr, daß sie ihren Job an den Nagel hängt und auf eigene Faust zu ermitteln beginnt...
Abgesehen von der bemerkenswerten Tatsache, daß hier zwei Frauen Detektiv und Bösewicht mimen, kann die *Die schwarze Witwe* mit wenigen Innovationen aufwarten, stellt der Film doch im Prinzip ein verdecktes Remake von Claude Millers französischem Thriller DAS AUGE dar. Nicht nur

die Grundidee (eine schöne Serienmörderin, agierend in wechselnden Verkleidungen; der von ihr zunehmend faszinierte Verfolger) wurde von Drehbuchautor Bass übernommen, sondern auch Schauspieler Sami Frey, der in Millers Film eine ganz ähnliche Rolle spielt, nämlich den Mann, in den sich die Mörderin *wirklich* verliebt. Zufall? Wohl kaum, doch *Die schwarze Witwe* ist immerhin eine gelungene Variation des Stoffes. al

Schwarzer Engel

Obsession. USA 1976 **R** Brian de Palma **B** Paul Schrader, nach einer Story von Brian de Palma und Schrader **K** Vilmos Zsigmond **M** Bernard Herrmann **P** George Litto, Harry N. Blum für Columbia **L** 98 Min., Farbe **D** Cliff Robertson, Geneviève Bujold, John Lithgow, Sylvia Kumba Williams, Wanda Blackman, Patrick McNamara, Stanley J. Reyes

Ähnlich wie DRESSED TO KILL eine interessante Variante zu Alfred Hitchcocks PSYCHO darstellt, so versuchte Brian de Palma auch in diesem Frühwerk dem romantisch-mystischen Klassiker AUS DEM REICH DER TOTEN (ebenfalls unter Hitchcocks Regie entstanden) eine Neuauflage folgen zu lassen, ohne sich dabei sonderliche Mühe zu geben, sein großes Vorbild zu verleugnen.
Schwarzer Engel ist eine bizarre Hommage an den großen Meister des Suspense, angefüllt mit einer Serie berauschender Bildkompositionen und akustisch untermalt von der wuchtigen Musik des Hitchcockschen Leibkomponisten Bernard Herrmann, der dafür auch für den Oscar nominiert wurde.
Im Jahre 1959 trifft ein furchtbarer Schicksalsschlag den erfolgreichen Geschäftsmann und liebevollen Familienvater Michael Courtland (Robertson). Nach einer mißglückten Lösegeldübergabe kommt seine entführte Frau Elizabeth (Bujold) gemeinsam mit der kleinen Tochter ums Leben. 16 Jahre später begegnet ihm in einer Kirche in Florenz (in der er auch Elizabeth kennengelernt hatte) das Mädchen Sandra (Bujold), das seiner toten Frau zum Verwechseln ähnlich sieht. Michael verliebt sich unsterblich in sie und führt sie als seine zukünftige Braut heim nach Amerika. Dort ereignet sich kurz nach der Ankunft ein Drama, das der Tragödie von 1959 in erschreckender Weise gleicht. Der nur 2 Mio. Dollar teure Film sieht erheblich kostspieliger aus, was er seiner erlesenen Fotografie verdankt, die an Originalschauplätzen in Florenz und New Orleans entstand.
Ein eleganter Thriller, der auch ohne die De-Palma-typischen Blutspritzereien auskommt und auf intelligente Weise unterhält. jg

Schwarzer Regen

Kuroi ame. Japan 1988 **R** Shohei Imamura **B** Toshiro Ishido, Shohei Imamura, nach dem Tatsachenroman von Masuji Ibuse **K** Takashi Kawamata **M** Toru Takemitsu **P** Hisa Lino für Imamura Prod./Hayashibara/Tohokushinsha Film **L** 122 Min., s/w **D** Yoshiko Tanaka, Kazuo Kitamura, Etsuko Ichihara, Shoichi Ozawa, Norihei Miki

Hiroshima, 6. August 1945, 8:14 Uhr. Über der japanischen Stadt wird zum ersten Mal in der Geschichte der Menschheit eine Atombombe bewußt gegen Zivilisten eingesetzt. Was eben noch eine sommerliche Idylle war, gleicht binnen Sekunden einem Inferno aus brennenden Trümmern und verkohlten Leichen. In das Grauen gerät auch das Mädchen Yasuko (Tanaka). Zwar überlebt sie den Bombenabwurf, doch auf dem Meer wird sie kurz nach der Explosion einem eigentümlichen schwarzen Regen ausgesetzt, dessen verheerende Wirkung sich erst fünf Jahre später offenbart. Yasuko leidet an der unheilbaren Strahlenkrankheit, die sie trotz ihrer Jugend und Schönheit zu einer Ausgestoßenen macht. Während um sie herum die Natur zu neuem Leben erwacht, weiß Yasuko mit erschütternder Sicherheit, daß sie sterben wird.
Vorlage des Films war der gleichnamige Roman des Schriftstellers Masuji Ibuse, der zum ersten Mal 1966 in der angesehenen literarischen Zeitschrift *Shinsho* erschien und im selben Jahr den japanischen Literaturpreis erhielt. Shohei Imamura schildert in einer apokalyptischen Eingangssequenz die Zerstörung der Stadt, ohne damit jedoch das wahre Grauen dieses 6. August erfassen zu können. Der Versuch, die Auswirkungen des Atombombenabwurfs filmisch zu gestalten, zeugt jedoch von einem deutlichen Bemühen um Authentizität ohne die übliche Effekthascherei.
„Imamuras Film ist eine leise und beharrliche Trauerarbeit. Abseits von dokumentarisch-pädagogischen Mahnungen und gutgemeinten Feiertagsplädoyers besteht er darauf, daß Gedächtnis sich nicht durch Zeremonien des Gedenkens ersetzen, daß das Unvorstellbare sich nicht durch das Spektakuläre erfassen läßt“ (*Frankfurter Rundschau*).
Auf den Internationalen Filmfestspielen von Cannes wurde *Schwarzer Regen* 1989 mit dem Preis der Technik ausgezeichnet. jg

Schwarzer Sonntag

Black Sunday. USA 1977 **R** John Frankenheimer **B** Ernest Lehman, Kenneth Ross, Ivan Moffat, nach dem Roman von Thomas Harris **K** John A. Alonzo **M** John Williams **P** Robert Evans für Paramount **L** 143 Min., Farbe **D** Robert Shaw, Bruce Dern, Marthe Keller, Fritz Weaver, Steven Keats, Bekim Fehmiu, Michael V. Gazzo, William Daniels

Aus der Reihe von spektakulären Katastrophenfilmen ragt *Schwarzer Sonntag* aus zwei Gründen heraus: der Film erzählt eine interessante, intelligent geschriebene Geschichte und weist zudem gute darstellerische Leistungen auf. Im Mittelpunkt der Handlung steht der Plan einer palästinensischen Terroristengruppe, in den Staaten einen spektakulären Anschlag auszuführen, der die Israel-Politik des Landes beeinflussen soll. Kopf der Gruppe ist die ebenso attraktive wie skrupellose Dahlia (Keller), die sich für ihre Zwecke den Vietnam-Veteranen Lander (Dern) gefügig macht. Denn Lander ist der Pilot eines Luftschiffes, das sich während des Football-Endspiels in Miami über dem mit 88.000 Menschen gefüllten Stadion befinden wird...
Thomas Harris´ zugrundeliegender Roman ist ganz offensichtlich von den Ereignissen im Münchner Olympia-Dorf und auf dem Flughafen von Entebbe inspiriert, was *Schwarzer Sonntag* besonders zum Zeitpunkt seiner Entstehung eine bedrückende Aktualität verlieh. Doch der Film beutet die Terrorismus-Angst nicht einfach aus, sondern bemüht sich um eine objektive, ehrliche Einbeziehung der politischen Hintergründe. Dieser Anspruch - in einem Unterhaltungsfilm natürlich nur unter Kompromissen umsetzbar - wird auch aus der Tatsache deutlich, daß Frankenheimer vor Beginn der Dreharbeiten dem gesamten Team Gillo Pontecorvos ob seines Realismus berühmten Film DIE SCHLACHT UM ALGIER vorführte. al

Schwarzes Kommando

The Dark Command. USA 1940 **R** Raoul Walsh **B** Grover Jones, Lionel Hauser, F. Hugh Herbert, Jan Fortune, nach dem Roman von W. R. Burnett **K** Jack Marta **P** Sol C. Siegel für Republic Pict. **L**

91 Min., s/w **D** John Wayne, Claire Trevor, Walter Pidgeon, Roy Rogers, George Hayes, Porter Hall, Marjorie Main, Joseph Sawyer, Helen MacKellar

Schwarzes Kommando, mit 750.000 Dollar Produktionskosten der bis dahin teuerste und erfolgreichste Film der neugegründeten Republic-Gesellschaft, förderte den Starruhm John Waynes , der durch den ein Jahr zuvor entstandenen Klassiker RINGO eine breite Popularität errungen hatte.
Angesiedelt im Kansas des Jahres 1859 beschreibt der Film die Querelen um die gesetzmäßige Abschaffung der Sklaverei. Dem schlagkräftigen Texaner Bob Seton (Wayne) steht dabei der verschlagene Schulmeister William Cantred (Pidgeon) gegenüber. Dieser sorgt mit seiner Bande dafür, daß die Kleinstadt Lawrence, in der Seton prompt zum Sheriff gewählt wurde, in Schutt und Asche gelegt wird. Eigentlich überflüssig zu erwähnen, daß am Ende die Gerechtigkeit siegt.
Dieser Western enthält eine Reihe von reißerischen Action- und Stuntszenen, die seinerzeit den Zorn der „Gesellschaft gegen den Mißbrauch von Tieren" entflammte. Regisseur Walsh ließ eine Gruppe von ahnungslosen Pferden über einen Abgrund hinweggaloppieren und dahinter aus beträchtlicher Höhe in das Wasser eines Sees plumpsen. jg

Schwarzwaldmädel

Schwarzwaldmädel. BRD 1950 **R** Hans Deppe **B** Bobby E. Lüthge, nach Motiven der Operette von August Neidhardt und Leon Jessel **K** Kurt Schulz **M** Frank Fox **P** Kurt Ulrich für Berolina **L** 100 Min., Farbe **D** Sonja Ziemann, Rudolf Prack, Fritz Kampers, Gretl Schörg, Walter Müller

Schwarzwaldmädel zeigt in aller Deutlichkeit, wohin der Trend des bundesdeutschen Kinos der Nachkriegszeit ging. Nach einer Reihe von Trümmerfilmen, die anstelle von Selbstanklage in Selbstmitleid entgleisten, wurden mit diesem ersten deutschen Farbfilm nach 1945 die Weichen eindeutig in Richtung verlogener Idylle trivialer Heimatstreifen gestellt, die eine ideale Rückzugs- und Verdrängungsmöglichkeit bot.
Schwarzwaldmädel, eine Liebesgeschichte banalster Art, war schon einmal 1933 unter der Regie von Georg Zoch mit Walter Janssen, Hans Söhnker und Maria Berling in den Hauptrollen verfilmt worden. Mit Rudolf Prack und Sonja Ziemann wurde dem deutschen Kinopublikum das erste Traumpaar des einheimischen Nachkriegsfilms geboten. Die Beliebtheitsskala der beiden Schauspieler schnellte in ungeahnte Höhen und veranlaßte den Regisseur Hans Deppe, ein Jahr darauf wiederum mit den beiden Stars die lahme Love-Story GRÜN IST DIE HEIDE folgen zu lassen.
Hier nun ist es der Schwarzwald mit seinen liebreizenden Mädels und süß-sahnigen Torten, der als landschafltiche Kulisse für schmachtende Herzen und feuchte Augen sorgt. Angetan von diesem schönen Flecken deutscher Erde, hat sich der Maler Hans (Prack) nicht nur in den Schwarzwald, sondern auch in das liebliche Bärbele (Ziemann), die Pflegetochter des Domkapellmeisters Römer (Kampers), verschossen. Zwar hat Römer seinerseits ein Auge auf das Mädchen geworfen, scheidet aber am Schluß wegen seines zu hohen Alters und unattraktiven Aussehens als Ehekandidat aus. jg

Schweigegeld für Liebesbriefe

The Reckless Moment. USA 1949 **R** Max Ophüls **B** Henry Garson, Robert W. Soderberg, Mel Dinelli, Robert E. Kent, nach der Geschichte *The Blank Wall* von Elisabeth S. Holding **K** Burnett Guffey **P** Walter Wanger für Columbia **L** 82 Min., s/w **D** James Mason, Joan Bennett, Geraldine Brooks, Henry O´Neill, Shepperd Strudwick, David Blair, Roy Roberts, Frances Williams, Paul E. Burns

Max Ophüls, sonst eher bekannt für seine stilsicheren Gesellschaftsfresken und melancholisch-romantischen Liebesparabeln, drehte hier einen handfesten Thriller, der einerseits dem Kommerzdiktat Hollywoods unterlag, andererseits dem Regisseur genügend Möglichkeiten bot, auch hier seinen eigenen Stil unterzubringen.
Lucie Harper (Bennett) ist in eine schreckliche Geschichte verwickelt. Während ihr Mann als Soldat im fernen, zerbombten Berlin die westliche Demokratie verteidigt, hat sich bei ihr zuhause ein Drama abgespielt. Lucies Tochter (Brooks) hat im Affekt ihren etwas zu aufdringlich gewordenen Liebhaber umgebracht und anschließend mit Hilfe ihrer Mutter die Leiche beseitigt. Dummerweise wurden die beiden Frauen bei ihrer Tat von zwei Männern beobachtet, die nun in hinterhältiger Weise einen Erpressungsversuch starten. Doch selbst in dieser Zeit, wo die Ehemänner so weit weg im zerrissenen Europa ihren Dienst schieben müssen, können Erpresser ja ganz nett sein. Und so verliebt sich Lucie in den durchtriebenen Donnally (Mason), der ihretwegen seinen Komplizen bei einer Auseinandersetzung tötet, um dann selbst bei der Beseitigung dieser zweiten Leiche durch einen dummen Unglücksfall aus dem Leben gerissen zu werden.
Schweigegeld für Liebesbriefe war der dritte Hollywood-Film, mit dem Max Ophüls gleichzeitig sein Amerika-Intermezzo beendete, um wieder nach Frankreich zurückzukehren, wo er ganz seiner Domäne, der filmischen Umsetzung von Novellen und Theaterstücken aus dem Fin de siècle, frönen konnte. jg

Das Schweigen

Tystnaden. Schweden 1963 **R** Ingmar Bergman **B** Ingmar Bergman **K** Sven Nykvist **M** Ivan Renliden, R. Mersey **P** Ingmar Bergman für Svensk Film **L** 94 Min., s/w **D** Ingrid Thulin, Gunnel Lindblom, Jürgen Lindströn, Håkan Jahnberg, Birger Malmsten, Eduardo Guitirrez, Lissi Alandh, Leif Forstenberg

Ingmar Bergman hatte *Das Schweigen* als kleinen, unspektakulären Film konzipiert und war überrascht, zu welch unverhofftem Kassenrenner sich seine bescheidene Produktion entwickelte. Allein in Deutschland wurde der Streifen innerhalb von 18 Monaten von 10,5 Mio. Menschen gesehen. *Das Schweigen* gehörte damit zu den zehn erfolgreichsten Kinoaufführungen der 60er Jahre. Dabei ist die Geschichte, die Bergman hier erzählt, denkbar unbequem und bedrückend und hätte ein Massenpublikum eher abschrecken müssen.
Ester (Thulin) befindet sich mit ihrer Schwester Anna (Lindblom) und deren 9jährigem Sohn Johan (Lindström) auf der Rückfahrt nach Schweden. Der Gesundheitszustand der schwerkranken Ester zwingt sie, die Reise in einem fremden Land zu unterbrechen. In einem alten, labyrinthartigen Hotel finden sie eine Bleibe. Während Ester sich in ihrer obsessiven, lesbischen Liebe zu ihrer Schwester fast verzehrt, ergeht Anna sich bei ihren Streifzügen durch die Stadt und das Hotel in diversen sexuellen Exzessen. Von der Begierde ihrer Schwester zutiefst angewidert, flieht Anna mit ihrem Sohn aus der Stadt und überläßt die sterbende Ester ihrem Schicksal.
Seine ungeheure Popularität hat dieser Film zweifellos einer 118 Sekunden langen Sexszene zu verdanken, die seinerzeit für erregte Diskussionen sorgte und die Frage aufwarf, ob eine solch schonungslose, eindeutige sexuelle Darstellung nicht einem Verstoß ge-

gen das Pornographie-Gesetz gleichkam. Unter Berücksichtigung einer Reihe weiterer gewagter Sequenzen (u.a. eskaliert Esters verzweifeltes Liebesbedürfnis in Selbstbefriedigung) schrieb damals der zugeknöpfte *Katholische Filmdienst*: „Einige Szenen überschreiten die Grenzen des öffentlich Darstellbaren und können als Beleidigung der Menschenwürde empfunden werden...Sie verletzen das sittliche Empfinden vieler Zuschauer.“ jg

Das Schweigen der Lämmer

The Silence of the Lambs. USA 1990 **R** Jonathan Demme **B** Ted Tally, nach dem Buch von Thomas Harris **K** Tak Fujimoto **M** Howard Shore **P** Edward Saxon, Kenneth Utt und Ron Bozman für Strong Heart/Demme Prod. **L** 118 Min., Farbe **D** Jodie Foster, Anthony Hopkins, Scott Glenn, Ted Levine, Anthony Heald, Brooke Smith, Diane Baker

„Blood, Sweat and Fears“ - das Wortspiel zum *Schweigen der Lämmer* des amerikanischen Magazins *US* beschreibt in wenigen Schlagworten, durchaus treffend, was das Publikum von Jonathan Demmes nervenkitzelndem Psychothriller um zwei psychopathische Massenmörder erwarten darf: Eine Menge Blut, das zahlreiche bestialisch abgeschlachtete Opfer in Strömen vergießen müssen, und ebensoviel Angstschweiß, der dem entsetzten Zuschauer angesichts der effektvoll dargebotenen Metzeleien den Rükken herunterrinnt und ihn bei dem Gedanken an den Nachhauseweg - hinter welcher Straßenecke lauert heutzutage nicht ein Killer? - erschaudern läßt.
Mörder Nr. 1, Dr. Hannibal Lecter (Hopkins), sitzt seit Jahren im Hochsicherheitstrakt eines psychiatrischen Gefängnisses, in einer unterirdischen Isolationszelle. Vor seiner Einlieferung hatte der Psychiater, ein hochintelligenter Analytiker, im Dienste der Justiz gestanden und versucht, die seelischen Abgründe von Massenmördern zu ergründen. Dabei muß er auf den Geschmack gekommen sein, wurde selbst zum Killer - und zum Gourmet: Nach jedem Mord pflegte er die zartgegrillte Leber seiner Opfer zu verspeisen, mit Bohnen und Rotwein. Mörder Nr. 2, ein Transsexueller (Levine), läuft noch frei herum und hat eine nicht minder makabere Vorliebe für menschliche Körperteile: Er häutet die Leichen seiner durchweg weiblichen Opfer, um sich aus der Frauenhaut eine neue Hülle maßzuschneidern. Clarice Starling (Foster), eine ambitionierte FBI-Agentin in Ausbildung, wird auf den eingekerkerten Hannibal angesetzt, um über sein abgründiges „Fachwissen“ an den zweiten Todesengel heranzukommen. Die Taktik geht am Ende auf, wenn auch mit einem kleinen Schönheitsfehler: Clarice kann zwar den Frauenkiller, dem sie selbst fast zum Opfer fällt, in einem furchtbar spannenden Alleingang zur Strecke bringen, doch Dr. Lecter gelingt es, bei einem Verhör außerhalb seines Gefängnisses, zu fliehen. Bis zum Ende des Films wird er nicht mehr eingefangen, so daß sich die Blutrünstigen unter den Kinofans schon jetzt auf eine Fortsetzung freuen dürfen.
Regisseur Demme gelang eine wohldosierte Komposition aus fast unerträglicher Spannung und horriblen Bildern, untermalt von einer nervenzehrenden Filmmusik, nicht zuletzt basierend auf den souveränen darstellerischen Leistungen der beiden Protagonisten Hopkins und Foster. 1992 krönte Hollywood *Das Schweigen der Lämmer*, zu Recht, mit fünf Oscars - in den Sparten bester Film, Regie, Drehbuch sowie beste weibliche und männliche Hauptrolle. sk

Schweigen ist Gold

Le silence est d´or. Frankreich 1947 **R** René Clair **B** René Clair **K** Armand Thirard **M** Georges van Parys **P** René Clair für Société Nouvelle Pathé Cinéma **L** 90 Min. (Originalfassung 106 Min.), s/w **D** Maurice Chevalier, François Périer, Marcelle Derrien, Dany Robin, Robert Pizani

René Clairs erster Film nach seiner Rückkehr aus dem amerikanischen Exil erhielt Preise auf den Festivals von Brüssel und Locarno, die jedoch nach Meinung vieler Kritiker eher eine Ermutigung für den französischen Film darstellten als eine spezielle Anerkennung der Qualitäten von *Schweigen ist Gold*. Es ist nicht Clairs bester, sicherlich aber einer seiner charmantesten Filme. Die im Jahre 1906 angesiedelte Handlung dreht sich um den Stummfilmregisseur Emile (Chevalier), der auf die entzückende Tochter (Derrien) einer Jugendfreundin aufpassen soll. Doch der alte Schwerenöter verliebt sich in das junge Ding, bekommt jedoch Konkurrenz durch seinen Assistenten (Perier), dem er selbst alle Tricks der Verführungskunst beigebracht hatte...
Clair setzt hier seine Vorkriegstradition fort, Geschichten von einfachen Leuten zu erzählen, doch *Schweigen ist Gold* ist auch eine Hommage an die Pioniere des französischen Films, die, wie der Regisseur bemerkte, „seinerzeit die erste Kinoindustrie der Welt schufen“. In den USA wurde unter dem Titel *Man About Town* eine 89-minütige Fassung des Films verliehen, bei der Maurice Chevalier auch als Erzähler (auf Englisch) fungiert und in einem speziellen Prolog das Lied *Place Pigalle* singt. al

Schweigende Lippen

Johnny Belinda. USA 1948 **R** Jean Negulesco **B** Irmgard von Cube, Allen Vincent, nach einem Bühnenstück von Elmer Harris **K** Ted McCord **M** Max Steiner **P** Jerry Wald für Warner Bros. **L** 102 Min., s/w **D** Jane Wyman, Lew Ayres, Charles Bickford, Agnes Moorehead, Stephen McNally, Jan Sterling, Rosalind Ivan, Dan Seymour

Nach 15 Jahren, in denen die Warner Bros. ihr lediglich die wenig attraktiven Rollen von Tanzgirls oder schwatzhaften Freundinnen an der Seite bekannter Stars angeboten hatten, schlug auch für Jane Wyman die große Stunde, und ihr Mauerblümchendasein als zweite Geige im Kielwasser ihrer berühmten Kollegen hatte ein Ende.
Wyman, die in den 50er Jahren von Douglas Sirk in einer Reihe herzzerreißender Melodramen weitere Triumphe auf diesem Gebiet feiern durfte, ist hier in der Rolle des taubstummen Mädchens Belinda McDonald zu sehen. Diesem armen Ding ist in schändlicher Weise mitgespielt worden. Der ständig betrunkene und in einem üblen Ruf stehende Locky McCormick (McNally) fällt eines Tages über sie her und vergewaltigt sie. Das Ergebnis ist ein Kind, das der Unhold Jahre später der ungewollten Mutter trotz ihres Widerstandes entreißen will. Als sie sich nicht mehr anders zu helfen weiß, schießt Belinda den Rüpel über den Haufen, woraufhin sie wegen Mordes vor Gericht gestellt wird. Daß man jedoch nicht nur Pech im Leben haben kann, zeigt dieser Film in einem rührenden Finale. Belinda wird freigesprochen und findet ihr Glück an der Seite des braven Landarztes Robert Richardson (Ayres).
Johnny Belinda stand 1948 in nahezu allen wichtigen Kategorien auf der Anwärterliste für den Oscar, doch fiel nur Jane Wyman das Privileg zu, für ihre ergreifende Darstellung die Trophäe einzuheimsen. Die gemäß der Literaturvorlage in Neuengland spielende Geschichte wurde an die Westküste der USA verlegt, wo die Außenaufnahmen ca. 200 Meilen nördlich von San Francisco an der Küste von Mendocino gedreht wurden. jg

Der Schweinestall

Porcile. Italien/Frankreich 1969 **R** Pier Paolo Pasolini **B** Pier Paolo Pasolini **K** Tonino Delli Colli, Armando Nannuzzi, Giuseppe Ruzzolini **M** Benedetto Ghiglia **P** I.N.D.I.E./Idi/dell´Orso **L** 98 Min., Farbe **D** Pierre Clementi, Jean-Pierre Léaud, Alberto Lionello, Ugo Tognazzi, Anne Wiamzemsky

Der Schweinestall war eines von Pasolinis Werken, das im Gegensatz zu TEOREMA - GEOMETRIE DER LIEBE oder DIE 120 TAGE VON SODOM relativ unbeachtet blieb. In der Bundesrepublik fand sich so auch kein Verleih, der es gewagt hätte, die provokative und radikale Geschichte in die Kinos zu bringen. Der Film erlebte seine deutsche Erstaufführung zwei Jahre nach seiner Entstehung im Programm des ZDF.
Pasolini entwirft hier die düstere Parabel vom Ausstieg zweier junger Männer aus ihrer jeweiligen gesellschaftlichen Position. Die Absage an ihr vorheriges Leben ist bedingt durch ihre Lebensweise, die sich nicht mit den Gesetzen der Zivilisation vereinbaren lassen. Das Resultat dieses Rückzugs ist in jeder Hinsicht für beide fatal. Der eine verfällt dem Kannibalismus, um am Ende selbst den wilden Tieren zum Fraß vorgeworfen zu werden, dem anderen wird seine sodomistische Leidenschaft für Schweine zum Verhängnis.
Diese mitunter in recht krassen Bildern umgesetzte Geschichte macht es dem Zuschauer ein weiteres Mal recht schwer, Zugang zu der Welt Pasolinis zu finden. Ganz deutlich wird jedoch hier die eigene Außenseiterrolle, die sich der italienische Regisseur selbst eingesteht, wobei Kannibalismus und Sodomie jeweils nur als verschlüsselte Symbole für die eigene Homosexualität fungieren, die Pasolini Zeit seines Lebens zum gesellschaftlichen Außenseiter machte. jg

Schwere Colts in zarter Hand

Calamity Jane. USA 1953 **R** David Butler **B** James O´Hanlon **K** Wilfrid M. Cline **M** Ray Heindorf **P** William Jacobs für Warner Bros. **L** 100 Min., Farbe **D** Doris Day, Howard Keel, Allyn McLerie, Philip Carey, Dick Wesson, Paul Harvey, Chubby Johnson, Gale Robbins

Dieses Hollywood-Musical verdankt seinen Schwung lediglich den flotten Melodien von Ray Heindorf und weniger der uneinheitlichen Regie des wenig erfolgreichen Filmemachers David Butler. Die Geschichte der ebenso schießfreudigen wie temperamentvollen Westernbraut Calamity Jane (Day) war schon einmal in etwas abgewandelter Form wesentlich besser mit Betty Hutton verfilmt worden. Trotzdem muß man der blonden Aktrice Doris Day etwas Gerechtigkeit widerfahren lassen, wenn man ihr zugesteht, daß sie sich bei der Bewältigung ihres Parts enorm angestrengt hat.
Der Film kam drei Jahre nach der stimmungsvollen Filmversion des Musicals *Duell in der Manege* in die Kinos und wies einfach zu viele Parallelen zu dieser Produktion auf, um unvoreingenommen gesehen werden zu können. Was in Erinnerung blieb, sind einige schöne Songs, von denen das stimmungsvolle Lied *Secret Love* (komponiert von Sammy Fain, getextet von Faul Francis Webster und interpretiert natürlich von Doris Day) den Oscar als Bester Filmsong des Jahres 1953 erhielt. jg

Schwere Jungen, leichte Mädchen

Guys and Dolls. USA 1955 **R** Joseph L. Mankiewicz **B** Joseph L. Mankiewicz, nach dem Broadway-Musical von Abe Burrows, Joe Swerling und Frank Loesser, basierend auf der Kurzgeschichte *The Idyll of Miss Sarah Brown* von Damon Runyon **K** Harry Stradling **M** Frank Loesser **P** Sam Goldwyn für MGM **L** 139 Min. (Originalfassung 150 Min.), Farbe **D** Marlon Brando, Jean Simmons, Frank Sinatra, Vivian Blaine, Robert Keith, Stubby Kaye, B.S. Pully, Sheldon Leonard, Regis Toomey

Die Berufsspieler Sky Masterson (Brando) und Nathan Detroit (Sinatra) schließen eine Wette ab: Wenn es Sky gelingen sollte, Sarah Brown (Simmons), Mitglied der Heilsarmee, dazu zu bringen, mit ihm für einen Abend nach Havanna zu fliegen, kassiert der gewiefte Spieler von Nathan 1.000 Dollar. Tatsächlich kann er das schüchterne Mädchen zu dieser Aktion überreden. Jedoch stellen sich Komplikationen ein, als sie sich ineinander verlieben.
Produzent Samuel Goldwyn ließ es sich rund 6 Mio. Dollar kosten, das Broadway-Musical *Guys and Dolls* zu verfilmen. Um so erstaunlicher, daß er mit den musicalunerfahrenen Joseph L. Mankiewicz, Marlon Brando und Jean Simmons das Risiko einging, die überaus erfolgreiche Bühnenproduktion auf die Leinwand zu bringen. Simmons und der als schwierig verschriene Brando hatten 1954 für das Melodram DESIREE das erste Mal gemeinsam vor der Kamera gestanden und die Dreharbeiten problemlos hinter sich gebracht. Schwierigkeiten gab es hier allerdings zwischen Brando und Sinatra, der seinem Kollegen nicht verzeihen konnte, daß er ihm die Rolle des Terry Malloy in DIE FAUST IM NACKEN seinerzeit weggeschnappt hatte. 'Frankie-Boy' spekulierte bei *Schwere Jungen, leichte Mädchen* auf den Part des Sky Masterson, den er letztendlich ebenfalls an Brando abtreten mußte. Dementsprechend gereizte Stimmung herrschte bei den Aufnahmen vor. Zudem kam Sinatra mit der Arbeitsweise seines ungeliebten Kollegen nicht zurecht: Während er selbst stets nur einen einzigen Take benötigte, zeigte sich Brando erst nach sechs oder mehr Versuchen zufrieden.
Neben kleinen Änderungen an der Story erweiterte Komponist Frank Loesser seine Bühnenversion um drei neue Songs: *Pet Me, Papa; A Woman in Love* und *I've Never Been in Love Before*. Letzterer konnte allerdings nicht in die Filmfassung integriert werden, da Marlon Brando, der ebenso wie Jean Simmons selbst sang, Probleme mit der Interpretation des Stückes hatte. Weitere Lieder des Musicals sind *Fugue for Tinhorns, Follow the Fold, The Oldest Established, I'll Know, Adelaide's Lament, Guys and Dolls, Adelaide, If I Were a Bell, Take Back Your Mink, Luck Be a Lady, Sue Me* sowie *Sit Down, You're Rockin' the Boat*. mg

Die Schwester der Braut

Holiday. USA 1938 **R** George Cukor **B** Donald Ogden Stewart, Sidney Buchman, nach dem Bühnenstück von Philip Barry **K** Franz Planer **M** Sidney Cutner **P** Everett Riskin für Columbia **L** 93 Min., s/w **D** Cary Grant, Katharine Hepburn, Doris Nolan, Lew Ayres, Edward Everett Horton, Henry Kolker, Binnie Barnes, Jean Dixon, Henry Daniell

Philip Barrys Theaterstück, das dieser sophisticated comedy zugrunde liegt, kam 1928 am Broadway zur Aufführung. Die Hauptrolle der unkonventionellen, rebellischen Bankierstochter Linda spielte Hope Williams. Während der zweijährigen Laufzeit der Produktion wartete eine junge unbekannte Schauspielerin namens Katharine Hepburn vergeblich darauf, als zweite Besetzung für die Protagonistin einspringen zu können. Und auch bei der Erstverfilmung von *Holiday* unter dem gleichen Titel im Jahr 1930 wurde sie zugunsten von Ann Harding übergangen. Dafür bot ihr George Cukor bei der zweiten Leinwandadaption die Gelegenheit, ihr Talent als intelligente und humorvolle Komödiantin abermals unter Beweis zu stellen.
Als Linda Seton den Verlobten ihrer Schwester Julie (Nolan) kennenlernt, fühlt sie sich sofort zu dem charmanten Johnny (Grant) hingezogen. Seine Auffassungen von einem angenehmen Leben ohne Arbeit stoßen bei den begüterten Setons jedoch auf Unverständnis. Als angesehener New Yorker Bankier erwartet das Oberhaupt der Familie von seinem zukünftigen Schwiegersohn Interesse an den Geschäften. Auch Julie versucht,

den extraordinären Johnny an die Regeln und Normen ihrer Gesellschaftsschicht zu gewöhnen. Lediglich Linda entpuppt sich als verwandte Seele. mg

Die Schwestern Brontë

Les soeurs Brontë. Frankreich 1979 **R** André Téchiné **B** André Téchiné, Pascal Bonitzer, Jean Gruault **K** Bruno Nuytten **M** Philippe Sarde **P** Yves Gasser, Yves Peyrot, Klaus Hellwig für Action Films/Gaumont/FR 3 Films **L** 115 Min., Farbe **D** Isabelle Adjani, Marie-France Pisier, Isabelle Huppert, Pascal Gregory, Patrick Magee

Zu den faszinierendsten Gestalten des viktorianischen Zeitalters gehören zweifellos Emily, Charlotte und Anne Brontë, Töchter eines Geistlichen, unter deren bemerkenswertem schriftstellerischen Ausstoß u.a. die mehrfach verfilmten Romane *Stürmische Höhen* (Emily, 1847) und *Jane Eyre* (Charlotte, 1847) sind. In einer Zeit, in der Frauen andere Aufgaben vorbehalten waren - die drei waren gezwungen, einen ersten gemeinsamen Gedichtband unter männlichen Pseudonymen zu veröffentlichen - ist eine derartige Talentfülle innerhalb einer Familie schon erstaunlich. Bruder Patrick war ebenfalls künstlerisch begabt, eine vielversprechende Karriere als Maler wurde jedoch durch seinen frühzeitigen Tod beendet. Auch die Schwestern wurden nicht alt: Anne starb mit 29 und Emily mit 30, während Charlotte immerhin 39 Jahre alt wurde und sogar verheiratet war.
André Téchiné interessiert sich weniger für das Werk der Brontës, auf dessen melodramatischen Ton er klugerweise verzichtete, sondern entwirft anhand biographischer Einzelheiten ein detailgetreues Stimmungsbild ihres nicht gerade abwechslungsreichen Lebens in der ländlichen Abgeschiedenheit der Provinz Yorkshire. Dieser ehrenwerte Ansatz ist trotz liebevoller Ausstattung, teilweise wunderschöner optischer Tableaus und guter Darstellungen die größte Schwäche des Films, denn die Faszination an den Schwestern geht nun einmal von ihren *Büchern* aus, nicht von ihrem Leben. Wie soll man den kreativen Prozeß des Schreibens auf die Leinwand übertragen? Immerhin bietet der Film die Möglichkeit, drei der seinerzeit vielversprechendsten und interessantesten Schauspielerinnen Frankreichs gemeinsam zu bewundern. al

Schwestern des Bösen

Sisters. USA 1973 **R** Brian de Palma **B** Brian de Palma, Louisa Rose, nach einer Story von de Palma **K** George Sandor **M** Bernard Herrmann **P** Edward R. Pressman für Pressman-Williams-Prod./American International Pict. **L** 92 Min., Farbe **D** Margot Kidder, Jennifer Salt, Charles Durning, Bill Finlay, Lisle Wilson, Barnard Hughes, Mary Davenport, Dolph Sweet

Mit *Schwestern des Bösen* startete Brian de Palma eine mehrere Werke umfassende Hommage an sein großes Vorbild, den Altmeister Alfred Hitchcock, wenngleich es hier auch deutlich kruder und weniger subtil, dafür nicht minder spannend zugeht.
Bestückt mit Anleihen aus den unnachahmlichen Klassikern PSYCHO und AUS DEM REICH DER TOTEN, beschreibt der selbsternannte Hitchcock-Epigone eine unheimliche Mordgeschichte, in die die Journalistin Grace Collier (Salt) verwickelt wird. Diese beobachtet eines Tages, wie in der ihr gegenüberliegenden Wohnung ein junger Mann auf brutalste Weise abgestochen wird. Die von ihr verständigte Polizei findet bei ihren Nachforschungen in dem besagten Appartement allerdings nicht die geringste Spur, die auf einen Mord hindeuten könnte. Mit der Unterstützung ihrer Redaktion macht Grace sich deshalb allein an die Aufklärung des mysteriösen Verbrechens. Die Spur führt über die rätselhafte Person der attraktiven Danielle Brenton (Kidder) in eine unheimliche Klinik, in der Grace einen wahren Alptraum durchleben muß...
Virtuos beherrscht de Palma das Handwerk eines routinierten Spannungsregisseurs, der sein Publikum zu fesseln und zu verunsichern weiß. Der technisch überaus geschickt inszenierte Film enthält einige Rückblenden und surreal wirkende Traumsequenzen sowie die Methode der „splitted screen", der geteilten Leinwand. Darüber hinaus unterlegte de Palma seine schockreichen Bilder mit der enervierenden Streichmusik von Bernard Herrmann, der einen Score komponierte, der den Klängen seiner genialen Musik zu *Psycho* nicht unähnlich ist.
„Brian de Palma hat mit *Sisters* sicher einen der exzentrischsten Horrorfilme der letzten Jahre gedreht: eine Mischung aus Buñuel und Jacques Tourneur; ein andalusischer Hund, der ins amerikanische Tomaten-Ketchup gefallen ist" (*Frankfurter Rundschau*). jg

Schwestern oder Die Balance des Glücks

Schwestern oder die Balance des Glücks. BRD 1979 **R** Margarethe von Trotta **B** Margarethe von Trotta, Martje Grohmann, Lucia Francia, nach Auszügen aus dem Roman *Traumprotokolle* von Wolfgang Bachler **K** Franz Rath **M** Konstantin Wecker **P** Eberhard Junkersdorf für Bioskop/Cinema 5/WDR **L** 92 Min., Farbe **D** Jutta Lampe, Gudrun Gabriel, Jessica Früh, Konstantin Wekker, Rainer Delventhal, Agnes Fink, Heinz Bennent, Fritz Lichtenhahn, Günther Schütz

Schwestern oder Die Balance des Glücks war eine Art Vorfilm zu dem großen Erfolg DIE BLEIERNE ZEIT, den Margarethe von Trotta zwei Jahre später inszenierte.
Maria (Lampe), eine erfolgreiche Chefsekretärin in einem Hamburger Großkonzern, lebt mit ihrer Schwester Anna (Gabriel) zusammen, deren Biologie-Studium sie durch ihren Beruf finanziert. Zwischen beiden Geschwistern besteht ein unausgewogenes Abhängigkeitsverhältnis, das für Anna immer unerträglicher wird, bis sie eines Tages Selbstmord begeht. Maria ist verunsichert und ratlos. Um einen Halt in ihrer plötzlichen Einsamkeit zu finden, läßt sie das lebenslustige Mädchen Miriam (Früh) bei sich einziehen, um auch diese nach kurzer Zeit unbewußt dem gleichen Abhängigkeitsmechanismus zu unterwerfen, den vorher schon ihre Schwester über sich ergehen lassen mußte. Miriam allerdings verweigert sich diesem Diktat. Als Maria das Tagebuch von Anna liest, wird ihr klar, daß sie selbst der Auslöser für die Verzweiflungstat ihrer Schwester war.
Ein sehr ernster, hervorragend gespielter Frauenfilm, in dem vor allem Jutta Lampe brilliert. Margarethe von Trotta gelang eine ausgezeichnete, subtile Charakterstudie, wenngleich die konträr angelegten Persönlichkeiten der beiden Schwestern etwas zu klischeehaft geraten sind. Der Streifen wurde auf dem Internationalen Festival des Jungen Films in Hyères (Südfrankreich) mit dem Großen Preis ausgezeichnet und erhielt ferner 1981 auf dem Festival des Frauenfilms in Sceaux den ersten Preis. jg

Scorpio, der Killer

Scorpio. USA 1973 **R** Michael Winner **B** David W. Rintels, Gerald Wilson **K** Robert Paynter **M** Jerry Fielding **P** Walter Mirisch für Scimitar Films/The Mirisch Corporation/United Artists **L** 114 Min., Farbe **D** Burt Lancaster, Alain Delon, Paul Scofield, John Colicos, Gayle Hunnicutt, J. D. Cannon

Die österreichische Hauptstadt Wien ist in diesem zynischen Spionage-Reißer wieder einmal der malerische Schauplatz für die schmutzigen Aktivitäten internationaler Geheimdienste. Der Killer Laurier (Delon) wird vom CIA angeheuert, seinen Freund und ehemaligen Ausbilder Cross (Lancaster) umzubringen, den man aufgrund seiner Bekanntschaft mit dem Russen Zharkov (Scofield) der Doppelspionage verdächtigt.
Scorpio steht in der Tradition von DER SPION, DER AUS DER KÄLTE KAM: kein Gut und Böse mehr, sondern nur noch amoralische Charaktere, die sich gegenseitig das Leben schwer machen. Das wäre ein interessanter Ansatz gewesen, hätte es zu diesem Zeitpunkt nicht schon so viele Filme dieser Art gegeben. Besonders auffällig sind die Parallelen zu einem französischen Agenten-Streifen von 1966, DIE HAUT DES ANDEREN. Regisseur Winner verließ sich daher ganz auf die Action-Elemente seiner Geschichte, die er mit übertrieben eleganter

Kameraarbeit (extreme Großaufnahmen, Zooms, schnelle Schnitte) zwar rasant, aber nicht unbedingt verständnisfördernd in Szene setzte. al

Scott & Huutsch

Turner & Hootch. USA 1989 **R** Roger Spottiswoode **B** Dennis Shyrack, Michael Blodgett, Daniel Petrie jr., Jim Cash, Jack Epps jr., nach einer Originalstory von Shyrack, Blodgett und Petrie jr. **K** Daniel Petrie jr. **M** Charles Gross **P** Robert Wagner für Buena Vista/Touchstone Pict./Silver Screen Partners IV **L** 99 Min., Farbe **D** Tom Hanks, Mare Winningham, Craig T. Nelson, Reginald Veljohnson, Scott Paulin, J. C. Quinn, John McIntire

Die Kinosaison 1988/89 stand ganz im Zeichen der erfolgreichen Kooperation Mensch/Hund. Fast zur gleichen Zeit mußte sich James Belushi in der Komödie *Mein Partner mit der kalten Schnauze* mit einem deutschen Schäferhund anfreunden. Die Geschichte von *Scott & Huutsch* ähnelt diesem Film in fast penetranter Weise, nur daß anstelle des edlen Schäferhundes eine häßliche, plattschnäuzige und sabbernde Dogge tritt.
Detektiv Scott Turner (Hanks) ist ein pedantischer Mensch, für den Ordnung und Sauberkeit heilige Prinzipien sind. Diese geraten jedoch gehörig durcheinander, als er Huutsch in seinen Haushalt aufnehmen muß - eine verzogene, schmuddelige Dogge, die der einzige Kronzeuge eines Mordes ist, an dessen Auflösung Turner herumtüftelt. Trotz aller Aversion kommen die beiden ungleichen Individuen einander näher und erleben schließlich alle Wonnen des Wunders einer Freundschaft zwischen Mensch und Tier.
Roger Spottiswoode, Regisseur des engagierten Polit-Thrillers UNDER FIRE, stieg bedauerlicherweise mit diesem Werk in die untere Charge der durchschnittlichen Hollywood-Unterhaltungsmacher ab, wenngleich seine Komödie an den Kinos für unerwartet volle Kassen sorgte. *Scott und Huutsch* ist ein allzu gefällig geratenes Filmmärchen, das immerhin das Mysterium fertigbringt, einen anfangs unsympathisch wirkenden, häßlichen Köter am Ende liebgewonnen zu haben. In dieser Hinsicht verdient auch der Tiertrainer Clint Rowe Beachtung, der die De-Bordeaux-Dogge Beasley innerhalb von fünf Monaten perfekt auf die Dreharbeiten vorbereitete. jg

Scotts letzte Fahrt

Scott of the Antarctic. Großbritannien 1948 **R** Charles Frend **B** Walter Meade, Ivor Montagu, Mary Hayley Bell **K** Jack Cardiff, Osmond Borradaile, Geoffrey Unsworth **M** Ralph Vaughan Williams **P** Michael Balcon für Ealing Studios/EL-Pyramid **L** 111 Min., Farbe **D** John Mills, Derek Bond, Harold Warrender, James Robertson Justice, Reginald Beckwith, Kenneth More

Bis heute zählt Robert Falcon Scott zu den großen Helden des Britischen Empire, wenngleich er damals das Rennen um die Eroberung des Südpols gegen den Norweger Roald Amundsen verlor und auf seinem Rückweg zur Forschungsstation ums Leben kam. Diese Tragödie war jedoch nicht zuletzt der wichtigste Baustein, um die Person des Polarforschers zu einer Legende werden zu lassen.
Im Jahre 1911 erhält Scott (Mills) von der britischen Regierung auf sein Drängen hin eine Summe, mit der er eine Expedition zum Südpol ausrüsten kann. Sein Unternehmen steht jedoch von Beginn an unter einem schlechten Stern. Sowohl die sibirischen Ponys als auch die Schlittenhunde sind den harten klimatischen Verhältnissen nicht gewachsen. Als Scott und seine Männer den Pol endlich erreichen, flattert dort bereits die norwegische Flagge. Das Eroberungsrennen ist verloren. Enttäuscht kehrt die Crew wieder um. Der Rückweg wird für alle zu einem verzweifelten Marsch in den Tod.
In Orientierung an Scotts 1912 entdeckte Tagebuchaufzeichnungen skizzierte Charles Frend detailgenau und in einem sachlich kühlen und nüchternen Stil das tragische Ende der Expedition. Die Außenaufnahmen entstanden unter teils abenteuerlichen Bedingungen in der Schweiz. Ein besonders unangenehmes Erlebnis hatte dabei John Mills, der in einer kurzen Szene, für die er einen Schlitten über den Schnee ziehen sollte, vor den Augen des entsetzten Drehteams in eine Gletscherspalte fiel, aus der er jedoch wieder befreit werden konnte. Weniger gefährlich, dafür nicht gerade behaglicher, gestalteten sich die Studioaufnahmen, bei denen die Schauspieler, eingehüllt in Kunstschnee und gleißendes Scheinwerferlicht und dick vermummt mit winterlicher Stepp- und Pelzbekleidung, gehörig ins Schwitzen gerieten. jg

Sea of Love - Melodie des Todes

Sea of Love. USA 1989 **R** Harold Becker **B** Richard Price **K** Ronnie Taylor **M** Trevor Jones **P** Martin Bregman, Louis A. Stroller für Universal **L** 113 Min., Farbe **D** Al Pacino, Ellen Barkin, John Goodman, William Hickey, Michael Rooker, Richard Jenkins

Das Licht ist gedämpft, auf dem Plattenteller dreht sich die Schnulze *Sea of Love*, doch wird mit den Klängen nicht etwa das Gestöhne eines brunftigen Liebespaares untermalt, sondern ein kaltblütig ausgeführter Mord. Für den kurz vor seiner Pensionierung stehenden Polizeidetektiven Frank Keller (Pacino) ist der Fall klar: ein psychopathischer Serienmörder treibt wieder einmal in New York sein Unwesen. Eindeutigstes Indiz hierfür sind die Kontaktanzeigen, die alle aufgefundenen Opfer in Form eines Reimes aufgegeben haben, sowie besagte Schallplatte, die bei allen Verbrechen abgespielt wurde. Keller gibt selbst eine Annonce dieser Art auf und lernt dadurch die attraktive Helen (Barkin) kennen, mit der er sich auf ein erotisches Techtelmechtel einläßt. Bald darauf glaubt er, in ihr die Täterin gefunden zu haben. Ein fürchterlicher Gedanke, denn Frank hat sich inzwischen bis über beide Ohren in sie verliebt.
Nach einer Reihe von Flops zog sich Al Pacino für drei Jahre aus dem Filmgeschäft zurück, um mit diesem Krimi so etwas wie ein Comeback zu starten. Die Idee, einen Thriller vor dem Hintergrund des Kontaktanzeigen-Dschungels spielen zu lassen, ist an sich recht originell. Harold Becker gelingen so auch einige Szenen, die durchaus die Anonymität und Tragik vereinsamter Großstadt-Singles widerspiegeln. Doch anstatt diesen interessanten Aspekt weiterzuverfolgen, rutscht die Story in das gewohnte erotische Geplänkel ab, das mit der Frage angereichert wird, ob die Bettgenossin, die der tränensackbewehrte Al Pacino da in seinen Armen hält, nun wirklich die Mörderin ist oder nicht.
Ein unterhaltsamer und technisch ansehnlich gestalteter Thriller, der jedoch wenig Neues auf seinem Gebiet offeriert. jg

Sechs Frauen und ein Königreich

siehe: DAS PRIVATLEBEN HEINRICH VIII.

36 Stunden

36 Hours. USA 1965 **R** George Seaton **B** George Seaton, nach einer Story von Carl K. Hittleman, Luis H. Vance und dem Roman *Beware of the Dog* von Roald Dahl **K** Philip H. Lathrop **M** Dimitri Tiomkin **P** William Perlberg für Cherokee Prod./Metro-Goldwyn-Mayer **L** 111 Min., Farbe **D** James Garner, Rod Taylor, Eva Marie Saint, Werner Peters, Alan Napier, Celia Lovsky

Der amerikanische Geheimdienstoffizier Jefferson Pike (Garner) fällt während des II. Weltkrieges den Deutschen in die Hände, die ihn unter Drogen setzen und mit einem raffinierten Plan versuchen, ihm Informationen über die geplante Invasion der Alliierten

in der Normandie zu entlocken. So findet sich Pike in einem offenbar amerikanischen Lazarett wieder; der Krieg scheint bereits vorüber zu sein und - zumindest suggerieren das die Tageszeitungen - man schreibt bereits das Jahr 1950! Bislang hätte er an Amnesie gelitten, so erklärt man ihm...
George Seatons zwar nicht ganz glaubhaftes, doch immerhin interessantes Spionage-Drama beginnt vielversprechend, begibt sich jedoch spätestens zu dem Zeitpunkt, wo Pike das Spiel seiner Gegner durchschaut, auf eingetretene Pfade und wird langweilig. Besonders die Verfolgungsjagd am Schluß ist ein allzu häufig benutztes Element in diesem Genre. Taylor ist ungewöhnlich und wirkungsvoll besetzt als deutscher Psychiater bzw. Offizier, der die im Titel genannte Zeit hat, seine Informationen auf „sanfte" Art zu bekommen, während Saint wie üblich kaum gefordert wird. al

16 Uhr 50 ab Paddington

Murder She Said. Großbritannien 1961 **R** George Pollock **B** David Pursall, Jack Seddon, David Osborn, nach dem Roman *4:50 from Paddington* von Agatha Christie **K** Geoffrey Faithfull **M** Ron Goodwin **P** George N. Brown für MGM **L** 87 Min., s/w **D** Margaret Rutherford, Arthur Kennedy, Muriel Pavlow, James Robertson Justice, Thorley Walters, Charles Tingwell, Stringer Davis

Die Rolle der großmütterlichen Amateurdetektivin Miss Marple bescherte der großen englischen Schauspielerin Margaret Rutherford im fortgeschrittenen Alter noch einmal die Rolle ihres Lebens. In insgesamt vier Filmen, denen man noch etliche Fortsetzungen gewünscht hätte, verkörperte sie die berühmte Romanfigur der Kriminalautorin Agatha Christie und gilt bis heute als die beste Miss Marple, die auf der Leinwand und dem Bildschirm zu sehen war.
Auf einer Bahnfahrt muß Miss Marple mit Entsetzen beobachten, wie im Abteil eines parallel fahrenden Zuges eine Frau erwürgt wird. Natürlich schenkt den Beobachtungen der alten Dame niemand die nötige Beachtung, zumal keine Leiche gefunden wird. Und so muß Miss Marple, unterstützt von ihrem treuen Helfer Mr. Stringer (Davis), die Sache wieder einmal selbst in die Hand nehmen. Tatsächlich stoßen die beiden kurze Zeit später auf eine heiße Spur, die zum Anwesen der Familie Ackenthorpe führt. Um ungestört herumschnüffeln zu können, läßt Miss Marple sich dort als Haushälterin anstellen. Ihr Aufenthalt bei den Ackenthorpes ist jedoch nicht so ungefährlich wie sie sich das anfangs vorgestellt hat...
Ein köstlicher Krimi, der ganz von seiner schrulligen Hauptdarstellerin getragen wird und glänzend unterhält, ohne in Klamauk abzudriften. Der Erfolg dieses mit bescheidenen Mitteln gedrehten Schwarzweiß-Films war so überwältigend, daß ihm zwei Jahre später als weitere Christie-Adaption DER WACHSBLUMENSTRAUSS folgte, der von den Kritikern als das gelungenste Werk der Miss-Marple-Serie betrachtet wird. jg

Second Hand Familie

Immediate Family. USA 1988 **R** Jonathan Kaplan **B** Barbara Benedek **K** John W. Lindley **M** Brad Fiedel **P** Sarah Pillsbury und Midge Sanford für Columbia Pictures **L** 100 Min., Farbe **D** Glenn Close, James Woods, Mary Stuart Masterson, Kevin Dillon, Linda Darlow, Jane Greer

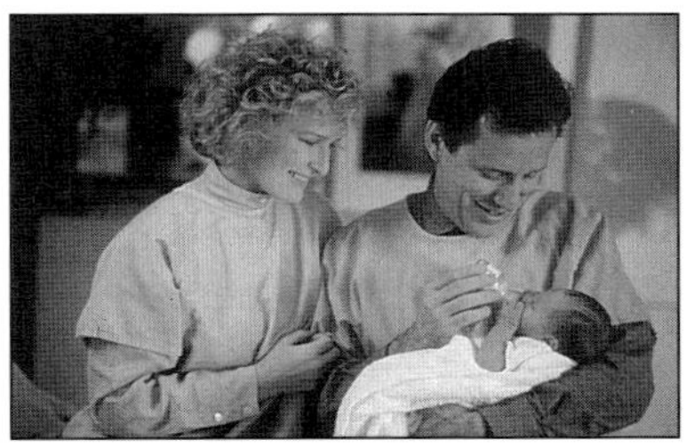

Linda (souverän: Close) und Michael Spector (bieder: Woods) sind typische Vertreter des amerikanischen Mittelstandes: Verheiratet sind sie und wohlsituiert, haben Erfolg im Beruf, und eine stolze Karosse steht vor ihrem schmucken Einzelheim. Allein, ihr irdisches Glück ist nicht vollkommen, sind sie doch kinderlos, trotz zahlloser kostspieliger Versuche, die Natur mit Hilfe medizinischer Kunstgriffe zu überlisten - der heißersehnte Nachwuchs will sich partout nicht einstellen. Lucy (Masterson) und Sam (Dillon) hingegen sind typische amerikanische Underdogs: arm, randvoll mit Existenzsorgen und obendrein unverheiratet; Lucy, gerade siebzehn Jahre alt, ist natürlich schwanger. Was liegt da näher als ein kleiner Deal: Die wohlhabenden Bürger nehmen sich der Unterpriviligierten an und „erkaufen" sich damit deren Plazet zu einer Adoption. Doch nach der Niederkunft stellen sich bei Lucy plötzlich Muttergefühle ein, sie verflüchtigt sich mitsamt ihrem Kind , Linda und Michael blasen derweil im verwaisten Kinderzimmer Trübsal. Lucy erweist sich, was Wunder, in ihrer Mutterrolle jedoch schnell als überfordert und sieht schließlich nur einen Ausweg: die Eheleute Spector. Die nehmen ihr Wunschkind mit offenen Armen und zu Tränen gerührt in Empfang, um ihm mit dicker Brieftasche eine glückliche Zukunft und dem Film das erwartete Happy-End zu bescheren.
Kurz zuvor hatte sich Regisseur Jonathan Kaplan mit ANGEKLAGT schon einmal an die Verfilmung eines heiklen Tabuthemas, einer Vergewaltigung, gewagt. War ihm dies noch halbwegs glaubwürdig gelungen, so gleitet sein schwülstiges Familienmelodram unaufhaltsam ab in einen Sumpf aus Klischee, Oberflächlichkeit und Widersprüchen. Die Macken und Malaisen der amerikanischen Gesellschaft, die er zunächst recht schonungslos offenlegt, kleistert er am Ende mit seiner so kritiklosen wie undifferenzierten Begeisterung für die amerikanische Mittelklassefamilie zu, die nach der Logik seines Films der Schlüssel zur Lösung sämtlicher gesellschaftlicher Probleme in den USA zu sein scheint. Besonders gräßlich, aber durchaus branchenüblich, ist zudem die sprachzwittrige Übersetzung des englischen Originaltitels ins Neudeutsche geraten. sk

Der Seefuchs

The Sea Chase. USA 1955 **R** John Farrow **B** James Warner Bellah, John Twist, nach dem Roman von Andrew Geer **K** William Clothier **M** Roy Webb **P** John Farrow für Warner Bros. **L** 117 Min., Farbe **D** John Wayne, Lana Turner, Lyle Bettger, David Farrar, Tab Hunter, James Arness, Wilton Graff, Richard Davalos, John Qualen

John Wayne machte nie einen Hehl daraus, daß er die Deutschen nicht sonderlich mochte. Umso erstaunlicher war die Tatsache, daß er sich in diesem Film dazu herabließ, einen deutschen Kapitän zu mimen.
Der friedfertige und seinem Nachnamen alle Ehre machende Seebär Karl Ehrlich (Wayne) schippert mit seinem Schiff über die Weltmeere. Vor dem Krieg war er jedermanns Freund. Jetzt ist das freilich anders, und so stehen er und der englische Commander Napier (Farrar) sich plötzlich als Feinde gegenüber. Ehrlich versucht, sich bei Kriegsausbruch von Australien aus in deutsche Gewässer durchzuschlagen. Erbarmungslos gehetzt wird er dabei von Napier, der seinen einstigen Freund noch grimmiger verfolgt, als er auf einer Insel die Spuren eines Massakers entdeckt, an dem er Ehrlich die Schuld gibt. In Wirklichkeit ist dafür jedoch der fanatische Nazi Kirchner (Bettger) verantwortlich, der an Bord ebenfalls für Unruhe sorgt. Zu den erotischen Komplikationen trägt zudem die blonde Spionin Elsa Keller (Turner) ihren Teil bei, die allerdings treu an Ehrlichs Seite ausharrt, als dessen Schiff zu Klump geschossen wird und gurgelnd in den Fluten versinkt.
Ein wenig aufregender und reichlich unglaubhafter Kriegsfilm voller Ungereimt-

heiten und Schwächen, für die die pittoresken, auf Hawaii gedrehten Außenaufnahmen nur ansatzweise entschädigen. Für Lana Turner war es der erste Streifen, den sie nach 15 Jahren wieder für die Warner Bros. drehte und in dem sie in einer verschwenderischen Garderobe erschien, die allerdings kaum in die kleine Reisetasche gepaßt haben dürfte, mit der sie vor dem Auslaufen des Schiffes an Bord klettert. jg

Der Seemann und die Nonne

Heaven Knows, Mr. Allison. USA 1957 **R** John Huston **B** John Lee Mahin, John Huston, nach dem Roman von Charles Shaw **K** Oswald Morris **M** Georges Auric **P** Buddy Adler, Eugene Frenke für 20th Century-Fox **L** 107 Min., Farbe **D** Deborah Kerr, Robert Mitchum

Ein dummer Zufall führt dazu, daß im Kriegsjahr 1944 der rauhbeinige US-Korporal Allison (Mitchum) von seiner Truppe getrennt und mit einem Schlauchboot am Strand einer einsamen Pazifikinsel angeschwemmt wird, wo er die Nonne Schwester Angela (Kerr) als einzige Bewohnerin antrifft. Das bleibt nicht lange so, denn eines Tages besetzen die Japaner die Insel, und unsere beiden Protagonisten müssen in einer Höhle Zuflucht suchen. Trotz aller weltanschaulicher Gegensätze versuchen Allison und Schwester Angela, ihre Differenzen zu überbrücken und in friedlicher Koexistenz zusammenzuleben, was bei dem leicht aufbrausenden und temperamentvollen Soldaten nicht immer ganz einfach ist. Nach einer Reihe gefahrvoller und lebensbedrohlicher Situationen werden die beiden endlich von amerikanischen Truppen befreit. Mit dem Wissen um gegenseitige Toleranz und Akzeptanz trennen sich wieder ihre Wege.
Die stets damenhafte Deborah Kerr gibt hier nach ihrem Auftritt in SCHWARZE NARZISSE zum zweiten Mal in ihrer Filmkarriere eine perfekte Ordensschwester ab. Der Film bezieht seinen Unterhaltungswert aus der Kontrastierung zweier unterschiedlicher Menschen vor dem Hintergrund einer Extremsituation, doch ist John Huston die Charakterzeichnung der beiden Helden nur ansatzweise geglückt. Die Geschichte jongliert mit den gängigen Klischees und entbehrt darüber hinaus eine gewisse Glaubwürdigkeit, ist allerdings nicht ohne spannende Momente. Huston drehte *Der Seemann und die Nonne* auf der Insel Tobago, einem zu den British West Indies gehörenden Atoll. jg

Seemannslos

Down to the Sea in Ships. USA 1949 **R** Henry Hathaway **B** John Lee Mahin, Sy Bartlett, nach einer Originalstory von Bartlett **K** Joseph MacDonald **M** Alfred Newman **P** Louis D. Lighton für 20th Century-Fox **L** 120 Min., s/w **D** Richard Widmark, Lionel Barrymore, Dean Stockwell, Cecil Kellaway, Gene Lockhart, Berry Kroeger, John McIntire, Henry Morgan

Henry Hathaway, Spezialist für unterhaltsame Action-Streifen, drehte hier ein packendes, in vielen Szenen dokumentarhaft anmutendes Seeabenteuer über das entbehrungsreiche Leben nordamerikanischer Walfänger gegen Mitte des 19. Jahrhunderts.
Unter der Leitung des erfahrenen Seebären Captain Bering Joy (Barrymore) sticht ein alter Walfänger in See. Mit an Bord ist der junge, begabte Seemann Dan Lunceford (Widmark), der die Seeschiffahrtsschule besucht hat und dem Kapitän auf dem theoretischen Gebiet weit überlegen ist. Nach anfänglichen Differenzen lernen die beiden Männer, sich und ihre jeweiligen Qualitäten zu akzeptieren. Am Ende hat Joy soviel Vertrauen zu Lunceford gefaßt, daß er diesem die Obhut seines Enkels Jed (Stockwell) übertrat nachdem er sich bei einem riskanten Rettungsmanöver eine tödliche Verletzung zugezogen hat.
Die Geschichte zu diesem Film stammt ursprünglich von John L. E. Pell und war bereits einmal 1922 in einem technisch etwas unzulänglichen Stummfilm umgesetzt worden. Hathaways Version benötigte keine aufdringlichen Effekte, um überzeugend und spannend zu wirken. *Seemannslos* zieht seinen besonderen Reiz aus der unaufdringlichen Schilderung des harten Bordlebens und Walfangs. jg

Der Seeräuber

The Black Swan. USA 1942 **R** Henry King **B** Ben Hecht, Seton I. Miller, nach dem Roman von Rafael Sabatini **K** Leon Shamroy **M** Alfred Newman **P** Robert Bassler für 20th Century-Fox **L** 85 Min., Farbe **D** Tyrone Power, Maureen O'Hara, Laird Cregar, Thomas Mitchell, George Sanders, Anthony Quinn, George Zucco, Edward Ashley

Das populäre Genre des Piratenfilms schrie geradezu danach, sich mit der Pracht seiner üppigen Dekors und phantasievollen Kostüme voll und ganz in Farbe entfalten zu können. Henry Kings Freibeuterballade *Der Seeräuber* war so auch der erste Film dieser Gattung, der in berauschenden Technicolor-Farben auf Zelluloid gebracht wurde.
Die abenteuerlichen Ereignisse dieses Klassikers führen uns in das Jahr 1674. Der englische König Karl II. gibt dem berüchtigten Piratenkapitän Morgan (Cregar) die Gelegenheit, ins bürgerliche Leben zurückzukehren. Morgan wird zum Gouverneur der Insel Jamaika ernannt, muß sich dafür aber verpflichten, das Kapern von Schiffen einzustellen. Es gelingt allerdings nur einem Teil der wilden Korsaren, von ihrem früheren, lasterhaften Leben abzulassen. Der hinterhältige Kapitän Leech (Sanders) lehnt sich gegen Morgan auf und plündert weiterhin die Schiffe der englischen Kaufleute. Morgan beauftragt daher den temperamentvollen James Waring (Power), Leech die Stirn zu bieten und für Frieden auf den Meeren zu sorgen.
Neben UNTER PIRATENFLAGGE und DER HERR DER SIEBEN MEERE gehört *Der Seeräuber* zu den ganz großen Meisterwerken seines Genres. Die 20th Century-Fox kreierte mit Tyrone Power und Maureen O'Hara eine Art Konkurrenzpaar zu Errol Flynn und Olivia de Havilland, die bei den Warner Bros. unter Vertrag standen. Der Film wurde für seine Musik und die Spezialeffekte nominiert und erhielt in der Sparte Beste Farbkamera einen Oscar. jg

Der Seewolf

The Sea Wolf. USA 1941 **R** Michael Curtiz **B** Robert Rossen, nach dem Roman von Jack London **K** Sol Polito **M** Erich Wolfgang Korngold **P** Jack L. Warner, Hal B. Wallis für Warner Bros. **L** 97 Min., s/w **D** Edward G. Robinson, John Garfield, Ida Lupino, Alexander Knox, Gene Lockhart

Jack Londons 1904 erschienener Roman um den psychopathischen Kapitän Wolf Larsen, der seine Mannschaft tyrannisiert und gerettete Schiffbrüchige auf seinem Schiff „Ghost" festhält, wurde unzählige Male verfilmt, doch Warners 1941er-Fassung mit Edward G. Robinson in der Hauptrolle bleibt bis heute unübertroffen. Zwar konzentrierten sich Michael Curtiz und sein Drehbuchautor (und späterer Kollege) Robert Rossen mehr auf die handfeste Aktion als auf die philosophischen Exkurse des Buches, blieben aber dessen Geist treu. Die Konfrontation zwischen dem brutalen Larsen und seinem unfreiwilligen Passagier Van Veyden, einem idealistischen Schriftsteller, steht im Zentrum der Handlung, doch versäumte man nicht, für

den aufstrebenden Warner-Star John Garfield eigens eine Rolle zu erfinden: als Crew-Mitglied George Leach führt er eine Revolte gegen den verhaßten Kapitän an.
Ausschließlich im Studio gedreht, profitiert *Der Seewolf* nicht nur von den überdurchschnittlichen Darstellungen, sondern auch von Sol Politos Kameraarbeit und einem stimmungsvollen Score von Erich Wolfgang Korngold. Zudem wurde reichlich Gebrauch von den brandneu angeschafften Nebelmaschinen gemacht, die das Ganze in einen passend mystischen Rahmen tauchten. Die Spezialeffekte wurden mit einer Oscar-Nominierung ausgezeichnet. al

Die Seewölfe kommen

The Sea Wolves. Großbritannien 1979 **R** Andrew V. McLaglen **B** Reginald Rose, nach dem Roman *The Boarding Party* von James Leasor **K** Tony Imi **M** Roy Budd **P** Euan Lloyd für Lorimar Pictures **L** 118 Min., Farbe **D** Gregory Peck, Roger Moore, David Niven, Trevor Howard, Barbara Kellermann, Patrick MacNee, Patrick Allen

Als „die letzte noch nicht erzählte wahre Geschichte des Weltkrieges" pries der Verleih dieses vordergründige Action-Spektakel an, das im Fahrwasser des Erfolges von DIE WILDGÄNSE KOMMEN entstand und - wie sollte es anders sein - ein Kommandounternehmen zum Thema hat. Das „Calcutta Light Horse" ist eine halbzivile Einsatztruppe, die bereits 1759 in Indien von Engländern gegründet wurde und zuletzt beim Boxeraufstand im Jahre 1900 aktiv war. Für eine riskante Aktion werden 1943 einige der Mitglieder, alles respektable Geschäftsleute, wieder aktiviert: im neutralen Hafen von Goa am Indischen Ozean sollen sie ein deutsches Schiff in die Luft jagen, von dem aus ein Sender deutsche U-Boote mit wichtigen Meldungen über die Bewegungen der britischen Seestreitkräfte versorgt.
Wie bei derartigen Streifen üblich, dient hier der Krieg nur als Hintergrund für eine abenteuerliche Story in bewährter Schwarzweiß-Malerei, die einen interessanten Ansatz - die Existenz und Fragwürdigkeit der Einsatztruppe - leider verspielt. Peck und Niven, die bereits in DIE KANONEN VON NAVARONE, dem „Großvater" all dieser Kommando-Filme, zu sehen waren, wirken selbst wie aus dem Ruhestand geholt. al

Sehnsucht

siehe: PERLEN ZUM GLÜCK

Sehnsucht der Frauen

Kvinnors väntan. Schweden 1952 **R** Ingmar Bergman **B** Ingmar Bergman **K** Gunnar Fischer **M** Erik Nordgren **P** Svenks Filmindustri **L** 97 Min. (Originalfassung 107 Min.), s/w **D** Anita Björk, Maj-Britt Nilsson, Eva Dahlberg, Gunnar Björnstrand, Jarl Kulle, Birger Malmsten, Gerd Andersson, Aino Taube, Carl Ström

Sehnsucht der Frauen, der Ingmar Bergmans erster großer kommerzieller Erfolg im eigenen Land werden sollte, ist eine melancholische Rückschau auf die Unbeschwertheit der Jugend, geschildert aus der Perspektive von vier verheirateten Frauen, für die die Romantik der ersten glücklichen Ehejahre längst einer ernüchternden Routine gewichen ist.
Die vier Schwägerinnen Rachel (Björk), Märta (Nilsson), Karin (Dahlbeck) und Anita (Taube) sind mit den vier Lobelius-Brüdern verheiratet. An einem Sommernachmittag sitzen sie in einem Landhaus am Ufer eines Sees zusammen und unterhalten sich über ihre jeweiligen Partnerschaften. Ihre rückblendenartig geschilderten Erlebnisse haben alle etwas gemeinsam: Keine der Frauen ist in ihrer Ehe glücklich geworden. Mithörerin dieser wenig erfreulichen Offenbarungen ist Märtas 17jährige Schwester Maj (Andersson), die das Leben noch vor sich hat und sich aufgrund der desillusionierenden Berichte entschließt, mit ihrem Freund fortzugehen, um nicht - wie die Erwachsenen - in einem aus Resignation und Enttäuschung bestehenden Leben zu enden.
Im Jahr 1951 hatte ein Streik der Ateliers vorübergehend die schwedische Filmproduktion lahmgelegt. *Sehnsucht der Frauen* war der erste Streifen, den Bergman nach Beendigung dieses Filmstops realisierte und der auf Druck der Svensk Filmindustri vorwiegend kommerzielle Interessen berücksichtigen sollte, die sich schon kurz nach seiner Aufführung einstellten. Bergman hatte einen ähnlichen Stoff schon einmal 1946 als Bühnenstück inszeniert und war selbst nicht ganz abgeneigt von dem Gedanken, einen wirtschaftlich erfolgreichen Film zu drehen, um sich damit weitere künstlerische Freiheiten zu sichern. jg

Die Sehnsucht der Veronika Voss

Die Sehnsucht der Veronika Voss. BRD 1982 **R** Rainer Werner Fassbinder **B** Peter Märthesheimer, Pea Fröhlich **K** Xaver Schwarzenberger **M** Peer Raben **P** Thomas Schühly für Laura Film GmbH/Tango-Film/Rialto-Film/Trio-Film/Maran-Film **L** 104 Min., s/w **D** Rosel Zech, Hilmar Thate, Cornelia Froboess, Annemarie Düringer, Doris Schade, Eric Schumann, Johanna Hofer, Rudolf Platte, Armin Mueller-Stahl

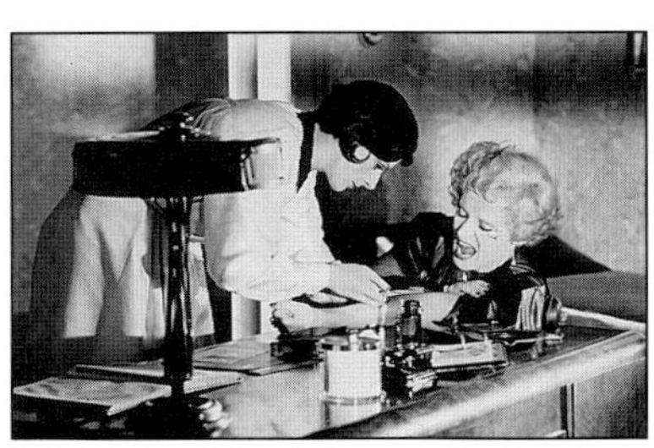

Nach DIE EHE DER MARIA BRAUN und LOLA war dies der dritte Film, in dem sich Fassbinder mit der für ihn faszinierenden Zeit der Adenauer-Ära auseinandersetzte. In strengem Schwarzweiß fotografiert und mit Schnitt- und Überblendungstechniken der 50er Jahre arbeitend, orientiert sich dieses vorletzte Werk des Regisseurs auch formal an der filmischen Machart jener Zeit.
Im München des Jahres 1955 lernt der Sportreporter Robert Krohn (Thate) den ehemaligen UFA-Star Veronika Voss (Zech) kennen, der schon glanzvollere Tage gesehen hat. Die Kriegswirren und der Niedergang der deutschen Filmindustrie haben ihre Ehe und ihre Karriere zerrüttet. Heute ist niemand mehr an ihr interessiert, und so bleibt für Veronika nur noch die Flucht in Alkohol und Morphium. Ihre desolate Situation weiß die skrupellose Ärztin Dr. Katz (Düringer) rücksichtslos auszunutzen. Roberts Bemühungen, der Ärztin eine Falle zu stellen, scheitern ebenso, wie auch sein Versuch mißlingt, Veronika aus dem Teufelskreislauf des Drogenkonsums zu erretten. Eines Tages wird der kaputte Filmstar mit einer Überdosis Schlaftabletten tot aufgefunden.
Leitbild für die Figur der Veronika Voss war die bekannte Schauspielerin Sybille Schmitz, einer der großartigsten und schönsten Frauen der UFA-Zeit (VAMPYR, TITANIC), die nach dem Krieg, vom Film vergessen, in München lebte und sich 1955 das Leben nahm. Fassbinder hatte zu Beginn seiner Karriere die Schauspielerin für eine Rolle engagieren wollen, als er erfuhr, daß Sybille Schmitz schon vor Jahren verstorben war. Seitdem beschäftigte ihn das Schicksal dieser Schauspielerin, bis er sich entschloß, über sie einen eigenen Film zu drehen.
Die Sehnsucht der Veronika Voss wurde 1982 auf den Filmfestspielen von Berlin mit dem Goldenen Bären ausgezeichnet, wobei die Verleihung dieses Preises unter den Kritikern nicht ganz unumstritten war, denn viele sahen in dem Film durchaus kein Meisterwerk, sondern empfanden ihn als „lieblos zusammengeschludert" (*Süddeutsche Zeitung*). jg

Sehnsucht nach Afrika

La victoire en chantan / Black and White in Color. Frankreich/Schweiz/Elfenbeinküste 1977 **R** Jean-Jacques Annaud **B** Georges Conchon, Jean-Jacques Annaud **K** Claude Agostini **M** Pierre Bachelet **P** Arthur Cohn für Reggane, SFP/Artco, Societé Ivoirenne de Prod. **L** 92 Min., Farbe **D** Jean Carmet, Jacques Dufilho, Cathérine Rouvel, Jacques Spiesser, Dora Doll, Maurice Barrier, Claude Legros, Peter Berling, Dieter Schidor

Ganze zehn Jahre ließ diese, als Bester Auslandsfilm mit dem Oscar prämierte Produk-

tion, mit ihrer Aufführung in deutschen Landen auf sich warten. Daß der Film nach so langer Zeit dann doch endlich in die Kinos kam, hatte er nur dem Ruhm seines Regisseurs zu verdanken, der es mit seinen Werken AM ANFANG WAR DAS FEUER und DER NAME DER ROSE inzwischen zu weltweiter Popularität gebracht hatte.
In dieser sarkastischen Komödie, die von den deutschen Verleihern nicht ohne Hintergedanken auf Sydney Pollacks Kolonialzeitglorifizierung JENSEITS VON AFRIKA mit einem ähnlichen Titel versehen wurde, schildert Annaud in entlarvenden Bildern die scheinbar idyllischen Zustände im Afrika zur Zeit des I. Weltkriegs. Friedvoll leben hier Deutsche und Franzosen zusammen und schwelgen genüßlich in der Position des weißen Herrenmenschen. Mit einiger Verspätung bringt eine alte Zeitung eines Tages die Nachricht, daß in Europa der Krieg ausgebrochen ist. Schnell haben die beiden Großmächte ihre jeweiligen schwarzen Untertanen versammelt und hetzen sie gegeneinander von einer sinnlosen Schlacht in die nächste, bis endlich eine britische Eskorte die Nachricht verkündet, daß der Krieg zu Ende ist.
„Annaud, gnadenlos mit seinen Landsleuten, treibt das Geschehen in die Satire, ungeachtet der Gefahr, daß unter dem Grat, den er gemeinsam mit seinen Figuren beschreitet, die Abgründe der Klamotte gähnen...Bis in den Schnittryhthmus bewährt sich die Ironie Annauds: Da üben die Schwarzen das Werfen von Granaten, die es im Arsenal verrosteter Waffen überhaupt nicht gibt, gerade noch mit Zitronen, und im Gegenschnitt antwortet schon das Gewehrfeuer. Das ist eben die Kunst der Satire: den Ernst ineins zu setzen mit dem Lächerlichen - und umgekehrt“ (*Frankfurter Allgemeine Zeitung*). jg

Seid nett zu Mr. Sloane

Entertaining Mr. Sloane. Großbritannien 1970 **R** Douglas Hickox **B** Clive Exton, nach dem Bühnenstück von Joe Orton **K** Wolfgang Suschitzky **M** Georgie Fame **P** Douglas Kentish für Canterbury Films **L** 94 Min., Farbe **D** Peter McEnery, Beryl Reid, Harry Andrews, Alan Webb

In den frühen 60er Jahren schockte der junge Autor Joe Orton Londons Publikum und Kritiker mit absurden Komödien wie *Loot* (später verfilmt als DIE GRÖSSTEN GAUNER WEIT UND BREIT), *What the Butler Saw* und *Entertaining Mr. Sloane.* Letztere gewann 1964 den London Drama Critics' Award als bestes Stück, ging ein Jahr später jedoch am Broadway nach nur dreizehn Vorstellungen ein. Erst 1970, nachdem einige Zensurschranken gefallen waren, erreichte der Stoff die Leinwände. Kath (Reid), eine üppige Matrone in mittleren Jahren, hält sich für unwiderstehlich und hat deshalb keine Probleme, bei einer Beerdigung jenen hübschen jungen Mann (McEnery) anzusprechen, der sich halbnackt auf einem Grabstein sonnt. Mr. Sloane, wie er sich nennt, wird bald fester Bestandteil des kleinen Haushaltes, zu dem außer Kath noch ihr latent homosexueller Bruder Ed (Andrews) sowie beider seniler Vater „Dadda“ Kemp (Webb) gehören. Mr. Sloane sieht sich den Verführungsversuchen beider Geschwister ausgesetzt, und der alte Mann beschuldigt ihn, der Mörder seines Chefs zu sein. Sloane bringt ihn um und wird nun von Kath und Ed zu einer Ehe zu dritt erpreßt.
Die gelungene Umsetzung seines Stückes konnte Joe Orton nicht mehr miterleben, denn 1967 war er von seinem Freund im Schlaf erschlagen worden, eine Tragödie, die Stephen Frears in seinem PRICK UP YOUR EARS behandelte. *Seid nett zu Mr. Sloane*, das Leinwanddebüt von TV-Regisseur Douglas Hickox, ist eine hemmungslos komische, mitunter groteske schwarze Komödie, die ihr Funktionieren ebenso der Vorlage verdankt wie den Schauspielern, die ihre schwierigen Rollen brillant meistern. al

Seidenstrümpfe

Silk Stockings. USA 1957 **R** Rouben Mamoulian **B** Leonard Gershe, Harry Kurnitz, Leonard Spigelgass, nach dem Bühnenmusical von George S. Kaufman, Leueen McGrath, Abe Burrows und dem Drehbuch von Billy Wilder, Charles Brackett und Walter Reisch zu dem Film *Ninotchka* **K** Robert Bronner **M** Cole Porter **P** Arthur Freed für MGM **L** 117 Min., Farbe **D** Fred Astaire, Cyd Charisse, Janis Paige, Peter Lorre, Jules Munshin, Joseph Buloff, George Tobias, Wim Sonneveld

In den fünfziger Jahren versuchte sich Hollywood an diversen Remakes vergangener Erfolge, um den rapide sinkenden Zuschauerzahlen entgegenzuwirken. Meist gestaltete man diese Neuverfilmungen zu Musicals um; so wurde aus der Komödie DIE FRAUEN - DAS SCHWACHE GESCHLECHT und DIE NACHT VOR DER HOCHZEIT kam als DIE OBEREN ZEHNTAUSEND wieder in die Kinos. Auch der Lubitsch-Klassiker NINOTSCHKA erfuhr eine Bearbeitung: Das Bühnenmusical *Silk Stockings* von George S. Kaufman, Leueen McGrath und Abe Burrows lag dem letzten vollendeten Film des Regisseurs Mamoulian zugrunde. Die Musik komponierte Cole Porter, der für die Leinwandadaption sein Original um zwei Songs erweiterte: *Fated to Be Mated* und *The Ritz Roll' n' Rock.* Des weiteren sind die Lieder *Too Bad, Paris Loves Lovers, Silk Stockings, Red Blues, All of You, Stereophonic Sound, Satin and Silk, Without Love, Chemical Reaction* und *Siberia* zu hören. Am Broadway hatte Hildegard Knef - unter dem Namen Hildegarde Neff - in der Rolle der gestrengen und disziplinierten Sowjetagentin Ninotschka brilliert. Ihr Part wird im Film von Cyd Charisse gespielt, die hier nach VORHANG AUF ein zweites Mal an der Seite Fred Astaires tanzt. Die ihr übertragene Aufgabe besteht darin, ins kapitalistische Paris zu reisen, um den Pianisten und Komponisten Peter Ilyitch Boroff (Sonneveld) nach Moskau zurückzuholen. Dessen Rückkehr wird durch den amerikanischen Filmproduzenten Steve Canfield (Astaire) verzögert, der den Musiker unbedingt für sein neuestes Projekt gewinnen will. Zwar hatte der Kreml schon drei Kommissare entsandt, den Schöpfer des Werkes „Ode an den Traktor“ wieder in die Heimat zu befördern, doch die sind dem westlichen Lotterleben bereits hoffnungslos verfallen. Da erwartet man von der standhaften Ninotschka schon einiges mehr, aber auch sie erliegt dem Charme zarter Seidenstrümpfe und des geschäftstüchtigen Steve.
Der Musical-Film lag gegen Ende der fünfziger Jahre im Sterben. Und *Seidenstrümpfe* trug nichts zur Genesung des Genres bei. Die Geschichte, die Lubitsch einst charmant und humorvoll auf die Leinwand brachte, verkommt bei Mamoulian zu einer teilweise sogar geschmacklosen Ridikülisierung der Gegenseite im Kalten Krieg. Lediglich Porters Musik, die routiniert choreographierten Tanzeinlagen sowie Janis Paige als Esther-Williams-Verschnitt Peggy Dainton können das Unbehagen über den reaktionären Unterton der Inszenierung vergessen machen. mg

Die Seifendiebe

Ladri di saponette. Italien 1988 **R** Maurizio Nichetti **B** Maurizio Nichetti, Mauro Monti **K** Mario Battistoni **M** Manuel De Sica **P** Ernesto di Sarro für Bambu Cinema/Reteltalia **L** 93 Min., s/

w-Farbe **D** Maurizio Nichetti, Caterina Sylos Labini, Federico Rizzo, Matteo Auguardi

Besonders in Italien, wo die ungehemmte Ausbreitung von privaten Fernseh-Stationen verheerende Wirkung auf die Besucherzahlen der Kinos sowie die nationale Filmindustrie hatte (und hat), gerät die Glotze immer wieder unter den Beschuß von Filmemachern, so etwa in Federico Fellinis GINGER UND FRED und FELLINIS INTERVISTA. Maurizio Nichettis mit großem Einfallsreichtum inszenierte Komödie *Die Seifendiebe* nimmt besonders die enervierende Praxis von Privatsendern aufs Korn, ausgestrahlte Spielfilme mit Werbung zu unterbrechen. Er spielt einen Regisseur (Nichetti), der die Sendung eines seiner neorealistischen Meisterwerke vom Studio aus verfolgt, und mit Entsetzen feststellen muß, daß sich das Model aus einem der Werbespots in seinen Film verirrt hat und dort gehörige Verwirrung stiftet. Ihm bleibt nichts anderes übrig, als sich selbst in den Film zu begeben, um die Ordnung wiederherzustellen. Doch zu spät: die Figuren sind den Verlockungen der Konsumwelt bereits erlegen, und das Chaos ist perfekt.
Der Fernsehalltag einer italienischen Durchschnittsfamilie mit Spaghetti und Fernbedienung bildet den Rahmen für diese amüsante - besonders in Italien äußerst erfolgreiche - Satire, deren Umsetzung leider nicht ganz der Originalität der Grundidee entspricht. Der Titel ist natürlich eine Anspielung auf Vittorio De Sicas Meisterwerk FAHRRADDIEBE, dessen Stil Nichetti in den Schwarzweiß-Passagen perfekt nachahmt. Die Musik stammt übrigens von De Sicas Sohn Manuel. al

Sein Engel mit den zwei Pistolen

The Paleface. USA 1948 **R** Norman Z. McLeod **B** Edmund Hartman, Frank Tashlin, Jack Rose **K** Ray Rennahan **M** Victor Young **P** Robert L. Welch für Paramount **L** 91 Min., Farbe **D** Bob Hope, Jane Russell, Robert Armstrong, Iris Adrian, Robert Watson

Diese umwerfende Komödie ist eine der besten Western-Parodien überhaupt und zugleich Bob Hopes finanziell einträglichster Film. Der hier zur Höchstform auflaufende Komiker spielt den Zahnarzt Peter Potter, ein echtes Greenhorn, der im Wilden Westen sein Glück zu machen hofft. Eine Begegnung mit Calamity Jane (Russell) endet überraschend mit Heirat, denn die schießwütige Lady muß wegen diverser Verbrechen untertauchen. Um sich davon reinzuwaschen, versucht sie einem Schurken das Handwerk zu legen, der illegal Waffen an Indianer verkauft. Potter steht ihr dabei, wenn auch eher unfreiwillig, hilfreich zur Seite...
Nahezu alle bekannten Elemente des Genres werden durch den satirischen Wolf gedreht: der Planwagentreck, der reisende Scharlatan, die Begegnung im Saloon, das Duell auf der Hauptstraße etc. Viele der Gags, von Regisseur McLeod rasant inszeniert, tragen bereits den Stempel des ehemaligen Comic-Zeichners Frank Tashlin, der mit der Fortsetzung des Films, BLEICHGESICHT JUNIOR, sein Regiedebüt gab. Paramount hatte übrigens *Sein Engel mit den zwei Pistolen* ein Jahr nach Fertigstellung zurückgehalten, bis sich der von Hope und Russell interpretierte Song *Buttons and Bows* (Jay Livingston, Ray Evans) zum Hit entwickelt hatte. Er wurde später mit einem Oscar ausgezeichnet. al

Sein größter Bluff

The Million Pound Note. Großbritannien 1954 **R** Ronald Neame **B** Jill Craigie, nach einer Kurzgeschichte von Mark Twain **K** Geoffrey Unsworth **M** William Alwyn **P** John Bryan für Rank Group/ United Artists **L** 92 Min., Farbe **D** Gregory Peck, Jane Griffiths, Ronald Squire, A. E. Matthews, Wilfrid Hyde-White, Joyce Grenfell, Maurice Denham

Mark Twains hintergründige Gesellschaftssatire wurde hier von Ronald Neame in ansprechender Weise für die Leinwand umgesetzt.
Die beiden Brüder Oliver und Roderick Montpelier (Squire/Hyde-White) schließen eine Wette ab. Sie wollen beweisen, daß allein der Anschein, reich zu sein, einem Menschen zu Ansehen und Respekt verhelfen kann. Als Versuchskaninchen für ihr ambitioniertes gesellschaftliches Experiment kommt ihnen der abgebrannte Amerikaner Jerry Adams (Peck) gerade recht. Adams erhält von den beiden Herren eine Millionenpfundnote, mit der er sich fortan ein angenehmes Leben machen soll. Bedingung dafür ist allerdings, daß er den unermeßlich hohen Geldschein nach einer bestimmten Zeit den beiden Brüdern wieder unversehrt zurückgibt. Von nun an beginnt für Jerry ein Leben im Luxus, denn die Pfundnote öffnet ihm, wo er auch geht und steht, sämtliche Türen. Sogar die Frauenherzen, insbesondere das der hübschen Portia (Griffiths), fliegen ihm zu. Eines Tages jedoch gerät er unversehens in Schwierigkeiten...
Eine mit dem typisch englischen Humor ausgestattete Literaturverfilmung, die in detailgerechten Bauten und geschmackvollen Dekors das viktorianische London wiederauferstehen läßt. Gregory Peck bemüht sich zwar wacker locker und komisch zu wirken, doch ist ihm deutlich anzusehen, daß die Komödie eher nicht zu seinen bevorzugten Genres gehört. jg

Sein Leben in meiner Gewalt

The Offence. Großbritannien 1974 **R** Sidney Lumet **B** John Hopkins, nach seinem Bühnenstück *This Story of Yours* **K** Gerry Fisher **M** Harrison Birtwistle **P** Dennis O'Dell für Tantallon Films/ United Artists **L** 112 Min., Farbe **D** Sean Connery, Trevor Howard, Vivien Merchant, Ian Bannen, Derek Newark

Zu dem äußerst lukrativen Vertrag, den Sean Connery für seine Rückkehr als James Bond in DIAMANTENFIEBER mit United Artists abschloß, gehörte eine Klausel, die ihm bei der Wahl und Finanzierung seiner nächsten beiden Projekte freie Hand ließ. In einer 180°-Wendung gegenüber dem 007-Stoff suchte er sich deshalb ein Bühnenstück von John Hopkins aus, das sein Lieblingsregisseur Sidney Lumet, mit dem er schon bei EIN HAUFEN TOLLER HUNDE und DER ANDERSON -CLAN gearbeitet hatte, inszenieren sollte. Es ist ein düsteres psychologisches Drama um den verbitterten, dienstmüden Kriminalbeamten Johnson (Connery), der bei einer Routine-Vernehmung eines angeblichen Kinderschänders (Bannen) durchdreht und diesen zu Tode prügelt. Nach seiner Suspendierung muß er sich nun selbst der Vernehmung seiner ehemaligen Kollegen stellen und sich mit seiner zerrütteten Existenz konfrontieren...
Trotz positiver Kritiken und einer brillanten Leistung von Connery spielte der Film erwartungsgemäß kein Geld ein, was die Realisierung des zweiten im Vertrag vereinbarten Projektes verhinderte. al

Sein letzter Befehl

The Last Command. USA 1928 **R** Josef von Sternberg **B** John F. Goodrich, nach einer Story von Lajos Biro **K** Bert Glennon **P** B. P. Schulberg für Paramount **L** 91 Min., s/w **D** Emil Jannings, Evelyn Brent, William Powell, Nicholas Soussanin, Michael Visaroff

Emil Jannings gewann den ersten Oscar als Bester Darsteller für sein machtvolles Porträt des ehemaligen russischen Generals Sergej Alexander, der nach dem Sturz des Zaren sein Heimatland verlassen mußte und sich nun in Hollywood als Statist durchschlägt. Nicht ohne Grund wird er von seinem ebenfalls emigrierten Landsmann Andrejew (Powell) für die Hauptrolle in einem Filmspektakel über die Oktoberrevolution ausgewählt: die beiden waren seinerzeit nicht nur politische Gegner, sondern auch Rivalen um die Liebe einer Frau (Brent) gewesen. Mit einem Peitschenhieb ins Gesicht hatte der General den Revolutionär gedemütigt, und nun haben sich die Machtverhältnisse umgekehrt... Josef von Sternberg festigte mit diesem packenden Drama seinen guten Ruf als Regisseur von großer visueller Ausdruckskraft, den er sich mit seinem ersten Paramount-Film *Underworld* (1927) erworben hatte. Erstmals sind hier die weichen Überblendungen zu sehen, die später zu einem besonders charakteristischen Merkmal seines Stils werden sollten. Neben dem Oscar für Jannings gab es Nominierungen für den Film und die Story (Biro). al

Sein Mädchen für besondere Fälle

His Girl Friday. USA 1940 **R** Howard Hawks **B** Charles Lederer, nach dem Bühnenstück *The Front Page* von Ben Hecht und Charles MacArthur **K** Joseph Walker **M** Morris W. Stoloff **P** Howard Hawks für Columbia **L** 92 Min., s/w **D** Cary Grant, Rosalind Russell, Ralph Bellamy, Gene Lockhart, Helen Mack, Porter Hall, Ernest Truex, Cliff Edwards

Die Reporterin Hildy Johnson (Russell) hat das aufreibende Journalistenleben satt und möchte den Versicherungsvertreter Bruce Baldwin (Bellamy) ehelichen. Als sie ihrem Chef und Ex-Gatten Walter Burns (Grant) die Neuigkeiten mitteilt, versucht der gerissene Zeitungsredakteur, die Hochzeit seiner besten Kraft zu sabotieren. Er kann Hildy dazu überreden, einen Gefangenen zu interviewen, der am nächsten Tag hingerichtet werden soll. Dieser Job verstrickt die versierte Journalistin in turbulente Ereignisse, an deren Ende die Freilassung des vermeintlichen Verbrechers, die Aufdeckung korrupter Machenschaften sowie die neuentdeckte Liebe zu ihrem ersten Mann stehen.
Bereits 1931 verfilmte Lewis Milestone das erfolgreiche Broadway-Stück *The Front Page* von Ben Hecht und Charles MacArthur mit Adolph Menjou und Pat O'Brien. Als sich Howard Hawks an eine zweite Adaption machte, nahm er eine grundlegende Veränderung vor: Den Reporter Hildebrand verwandelte er in Hildegard und formte so die im Zeitungsmilieu angesiedelte Geschichte zur screwball comedy um, die durch die sich ständig überschneidenden Dialoge noch rasanter wirkt als die üblichen Genrevertreter. Billy Wilder griff in EXTRABLATT 1974 den ursprünglichen Stoff ein weiteres Mal auf und besetzte die Hauptrollen mit seinen bevorzugten Darstellern Jack Lemmon und Walter Matthau. mg

Sein oder Nichtsein

To Be or Not To Be. USA 1942 **R** Ernst Lubitsch **B** Edwin Justus Mayer, nach der Story von Ernst Lubitsch und Melchior Lengyel **K** Rudolph Maté **M** Miklos Rozsa **P** Ernst Lubitsch für United Artists **L** 98 Min., s/w **D** Carole Lombard, Jack Benny, Robert Stack, Felix Bressart, Lionel Atwill, Stanley Ridges, Sig Rumann

1939 wird in einem Warschauer Theater eine Satire auf Nazi-Deutschland und Adolf Hitler einstudiert, kurz darauf wegzensiert, und der Hauptdarsteller Joseph Tura (Benny) spielt nun statt des dämonischen Führers den dänischen Monarchen in *Hamlet*. Turas Gattin Maria (Lombard), ein gefeierter polnischer Bühnenstar, hat unterdessen eine kleine Affäre mit dem jungen Flieger Leutnant Stanislaw Sobinski (Stack), die durch dessen Einberufung nach England schnell unterbrochen wird. Die Ereignisse überschlagen sich, als die deutschen Truppen am 1. September das Land überfallen und einer brutalen Terrorherrschaft aussetzen. Die verstockte Humorlosigkeit und blinde Führerergebenheit wissen die verschworenen Schauspieler mit einer genialen Täuschungsaktion zu unterwandern.
Lubitsch drehte *Sein oder Nichtsein* 1942, als sich die USA schon ein Jahr mit Nazi-Deutschland im Kriegszustand befanden - ein Zeitpunkt also, in dem der emigrierte Deutsche die Nerven der Zeitgenossen auf das Empfindlichste traf. Im Film bemerkt ein Nazi-Offizier zu Joseph Turas blutleerer Hamlet-Interpretation: „Was er Shakespeare angetan hat, machen wir jetzt mit den Polen." Ein Satz, der der Besetzung und dem Stab als ausgesprochen geschmacklos erschien. Der Versuch, Lubitsch von solchen und anderen Bissigkeiten abzuhalten, schlug fehl, und so ist *Sein oder Nichtsein* neben Chaplins DER GROSSE DIKTATOR eine der wenigen, wirklich wirksamen filmischen Angriffe der damaligen Zeit auf das nationalsozialistische Regime. Carole Lombard hatte hier ihren letzten Leinwandauftritt. Kurz nach Beendigung der Dreharbeiten kam sie auf dem Rückweg von einem Truppenbetreuungsabend nach Hollywood bei einem tragischen Flugzeugabsturz ums Leben. jg

Sein oder Nichtsein

To Be or Not To Be. USA 1983 **R** Alan Johnson **B** Thomas Meehan, Ronny Graham, nach dem gleichnamigen Film von Ernst Lubitsch **K** Gerald Hirschfeld **M** John Maurice **P** Mel Brooks für Brooksfilms/20th Century-Fox **L** 108 Min., Farbe **D** Mel Brooks, Anne Bancroft, Tim Matheson, Charles Durning, José Ferrer, Christopher Lloyd

Mel Brooks´ Remake orientiert sich recht genau an der Ernst-Lubitsch-Satire aus dem Jahre 1942, variiert die ohnehin recht verworrene Spionagestory jedoch um einige kleine Anekdoten und ist insgesamt aggressiver, frivoler und im Witz direkter, damit aber nicht unbedingt besser.
Während Lubitsch vierzig Jahre zuvor noch mit seinem Film einen Beitrag zur psychologischen Kriegsführung leistete (die Kritiker waren sich damals allerdings nicht recht sicher, ob sein Humor die richtige Herangehensweise war), wollte Mel Brooks mit seiner Version lediglich eine unterhaltsame Komödie drehen. „Aller Nonsens der Komödie muß mit der Selbstverständlichkeit einer ganz normalen Alltagssituation kommen, das verstärkt den Gag, das macht seine Wirkung so eindeutig verrückt. Und genau das ist es, was mir an Lubitschs *Sein oder Nichtsein* so gut gefallen hat" (Mel Brooks). Das Remake von *Sein oder Nichtsein* reihte sich ein in eine Serie von Komödien, mit denen Brooks bekannte Vorbilder persiflierte und mit dem freizügig-anzüglichen Witz der 70er und 80er Jahre versah. So waren schon im Vorfeld die etwas danebengegangene Satire FRÜHLING FÜR HITLER, die Grusel-Parodie FRANKENSTEIN JUNIOR sowie die komische Hitchcock-Hommage HÖHENKOLLER entstanden. jg

Seitensprünge

Cousins. USA 1989 **R** Joel Schumacher **B** Stephen Metcalfe, nach dem Drehbuch für *Cousin, Cousine* von Jean-Charles Tachella **K** Ralf D. Bode **M** Angelo Badalamenti **P** William Allyn für Paramount **L** 110 Min., Farbe **D** Ted Danson, Isabella Rossellini, Sean Young, William Petersen, Lloyd Bridges, Norma Aleandro, Keith Coogan, Gina de Angelis

Wie so viele andere US-Remakes französischer Erfolgsfilme hält auch *Seitensprünge* einem Vergleich mit dem 1975er-Original COUSIN, COUSINE nicht stand, ist aber dennoch eine höchst vergnügliche und liebenswerte romantische Komödie. Da ihre jeweiligen Ehepartner eine Affäre miteinander haben, ist die Bekanntschaft zwischen Maria (Rossellini) und Larry (Danson) fast zwangsläufig. Beide sind durch die Heirat von ihrer Mutter und seinem Onkel Cousin und Cousine geworden, und nach einer Reihe platonischer Treffen kommt es auch zwischen ihnen zu einer romantischen Verbindung. Dennoch beschließen beide Paare, zur Normalität zurückzukehren, die sich jedoch schon beim nächsten Familienfest als trügerisch herausstellt...
Seitensprünge wird zum großen Teil von seinem Hauptdarsteller-Quartett getragen, wobei besonders dessen weiblicher Teil angenehm auffällt. Rossellini ist ideal besetzt als ruhige, sensible Maria, eine Rolle, die

ebensogut ihre Mutter hätte spielen können; und Sean Young beweist als Dansons zickige Braut komisches Talent. al

Sekunden der Angst

Jeopardy. USA 1952 **R** John Sturges **B** Mel Dinelli, nach dem Hörspiel *A Question of Time* von Maurice Zimm **K** Victor Milner **M** Dimitri Tiomkin **P** Sol Baer Fielding für MGM **L** 68 Min., s/w **D** Barbara Stanwyck, Barry Sullivan, Ralph Meeker, Lee Aaker, Bud Wolfe, Saul Gross, Bob Castro

So hat sich Helen Stilwin (Stanwyck) ihren Urlaub in Mexiko weiß Gott nicht vorgestellt. Trotz ihrer Warnung betritt der kleine Sohn Bobby (Aaker) am Strand einen morschen Steg, auf dem er prompt ausrutscht. Die Hilfsaktion von Vater Doug (Sullivan) endet in einem Fiasko. Dieser nämlich bricht vollends in das verrottete Holz ein, und so sehr sich auch Helen und Bobby bemühen, den eingeklemmten Papa aus seiner mißlichen Lage zu befreien - Dougs Fuß steckt fest und ist nicht freizubekommen. Aus dem kleinen Unfall wird ein Wettrennen um Leben und Tod, denn ausgerechnet jetzt kommt die Flut und droht Doug zu ersäufen. Helen rast davon, um Hilfe zu holen und trifft dabei auf Lawson (Meeker), einen entflohenen Sträfling, den sie zu überreden versucht, ihr zu helfen...
Regisseur John Sturges brachte es fertig, mit minimalem Aufgebot einen Thriller von hoher Spannung zu drehen. Die Geschichte kommt bereits nach wenigen Minuten in Schwung und ist trotz ihrer geringen Laufzeit von noch nicht einmal 70 Minuten keineswegs zu kurz geraten. *Sekunden der Angst*, von MGM speziell als kurzer Streifen für das Nachtprogramm der US-Kinos konzipiert, wurde zum unerwarteten Publikumsmagneten, der seine Zuschauer in Scharen anlockte und ihnen eine komprimierte, kurzweilige Unterhaltung bot. jg

Die seltsame Gräfin

Die seltsame Gräfin. BRD 1961 **R** Josef von Baky **B** Robert A. Stemmle, Curt Hanno Gutbrod, nach dem Roman *The Strange Countess* von Edgar Wallace **K** Richard Angst **M** Peter Thomas **P** Horst Wendlandt für Rialto-Film/Preben Philipsen **L** 95 Min., s/w **D** Joachim Fuchsberger, Brigitte Grothum, Marianne Hoppe, Lil Dagover, Klaus Kinski, Edith Hancke, Eddi Arent, Fritz Rasp, Rudolf Fernau

Von der Flut durchschnittlicher Edgar-Wallace-Verfilmungen der 60er Jahre hebt sich diese Adaption erfreulicherweise ab. Josef von Baky, der in den 40er Jahren noch mit der Inszenierung des Durchhaltemärchens MÜNCHHAUSEN betraut worden war, gehörte nicht zu den Regisseuren, die in serienmäßiger Herstellung einen Wallace-Film nach dem anderen herunterkurbelten. *Die seltsame Gräfin*, von Bakys letzter Spielfilm, ist weitaus bedächtiger und sorgfältiger als andere vergleichbare Produktionen dieser Reihe.
In der Rolle der jungen Sekretärin Margaret Reddle muß Brigitte Grothum Grauenvolles über sich ergehen lassen. Ein anonymer Anrufer belästigt sie mit Morddrohungen, die selbst dann nicht verstummen, als sie auf dem abgelegenen Schloß von Lady Moron (Dagover) eine neue Stellung antritt. Hier werden sogar Mordanschläge in Form vergifteter Pralinen und einstürzender Balkone auf sie verübt. Doch stets kann Margaret durch die schützende Hand des Kommissars Mike Dorn (Fuchsberger) vor dem sicheren Tod gerettet werden. Dorn ist es auch, der als erster bemerkt, daß es zwischen Lady Moron und den mysteriösen Attentaten eine Verbindung geben muß. Bei seinen Nachforschungen, die ihn und Margaret in die düstere Irrenanstalt des verbrecherischen Dr. Tappatt (Fernau) führen, stößt er auf ein erschütterndes Geheimnis...
Dieser atmosphärisch recht dichte und bedrohliche Krimi wird ganz getragen von der großen Charaktermimin Lil Dagover, die schon 1919 in dem Stummfilmklassiker DAS KABINETT DES DR. CALIGARI vor der Kamera stand, und neben der die weitere Schauspielergarde bis auf den herrlich durchgedrehten Kinski recht blaß wirkt. jg

Ein seltsames Paar

The Odd Couple. USA 1968 **R** Gene Saks **B** Neil Simon, nach seinem Bühnenstück **K** Robert B. Hauser **M** Neal Hefti **P** Howard W. Koch für Paramount **L** 105 Min., Farbe **D** Jack Lemmon, Walter Matthau, John Fiedler, Herb Edelmann, David Sheiner, Larry Haines, Monica Evans

Jack Lemmon und Walter Matthau hatten sich schon in Billy Wilders DER GLÜCKSPILZ als perfektes komisches Duo erwiesen, und so war es kaum verwunderlich, daß Paramount die beiden bei der Verfilmung von Neil Simons enorm erfolgreichem Stück *The Odd Couple* erneut zusammenspannen wollte, zumal Matthau damit bereits auf der Bühne gestanden hatte (an der Seite von Art Carney). Wilder war sehr interessiert daran, Regie zu führen, doch unglücklicherweise meinte das Studio, eine „ökonomische" Entscheidung treffen zu müssen und heuerte den billigeren Gene Saks an. Nichtsdestotrotz entstand eine umwerfend komische Farce. Lemmon spielt den Nachrichtenschreiber Felix Ungar, der nach dem Scheitern seiner Ehe akut selbstmordgefährdet ist und daher den Vorschlag seines Freundes Oscar (Matthau) annimmt, in dessen großem Apartment eine Wohngemeinschaft zu bilden. Zwei unterschiedliche Persönlichkeiten prallen nun unbarmherzig aufeinander...
Neil Simon verarbeitete häufig eigene Erfahrungen in seinen Stücken, und in diesem Falle diente ihm eine *Dreier*-Wohngemeinschaft seines Bruders Danny als Vorbild. Der Film, und vor allem seine Hauptdarsteller, erhielt hervorragende Besprechungen und war ein Riesenerfolg an den Kassen. Später machte man aus dem Stoff eine langlebige TV-Serie. al

Die Sensationsreporterin

Absence of Malice. USA 1981 **R** Sydney Pollack **B** Kurt Luedtke **K** Owen Roizman **M** Dave Grusin **P** Sydney Pollack für Columbia **L** 116 Min., Farbe **D** Paul Newman, Sally Field, Bob Balaban, Melinda Dillon, Luther Adler, Barry Primus, Josef Sommer, John Harkins, Don Hood

Im Lauf der Ermittlungen über das Verschwinden eines Gewerkschaftsführers an Miami werden der ambitionierten Reporterin Megan (Field) vertrauliche Unterlagen des FBI zugespielt. Aus diesen geht hervor, daß der Spirituosen-Händler Michael Gallagher (Newman) verdächtigt wird, mit dem Fall in Verbindung zu stehen. Diese Beschuldigung basiert lediglich auf den Mafia-Kontakten, die Gallaghers verstorbener Vater zu Lebzeiten pflegte. Megan wähnt sich auf der Fährte einer skandal- und publicity-trächtigen Story, die den Verdächtigen an den wirtschaftlichen Ruin treibt und einer Unschuldigen das Leben kostet.
Zeigten DIE UNBESTECHLICHEN und DAS CHINA-SYNDROM die Vorteile und den Nutzen des „Enthüllungsjournalismus", so beschäftigt sich Sydney Pollack in seinem sechzehnten Spielfilm mit der Kehrseite der Medaille. „In den USA fühlen sich die Journalisten seit Watergate wie in einem Western und vermuten unter jedem Kieselstein einen Skandal", erläuterte Pollack sein Re-

porter-Drama. Die ethischen Prinzipien und die Praktiken eines in Verruf geratenen Berufsstandes stehen zwar bei *Der Sensationsreporterin* auf dem Prüfstand, doch am unglaubwürdigen Ende steht - wieder einmal - der einzelne Kämpfer, der den Sieg über die mächtigen Medien und die intriganten Institutionen davonträgt. mg

Senso

Senso. Italien 1954 **R** Luchino Visconti **B** Luchino Visconti, Suso Cecchi d'Amico, Giorgio Prosperi, Carlo Alianello, Giorgio Bassani, nach einer Erzählung von Camillo Boito **K** Aldo Graziati, Robert Krasker **P** Lux-Film **L** 127 Min., Farbe **D** Alida Valli, Farley Granger, Massimo Girotti, Heinz Moog

Besonders behutsam sind die deutschen Verleihfirmen nie mit Viscontis Werken umgegangen. Mit einer schon beinahe an Kunstverachtung grenzenden Ignoranz wurden seine Werke verstümmelt und umgeschnitten und rigoros all ihres Zaubers beraubt, so daß man nach der Aufführung manchmal kaum noch von einem Visconti-Film sprechen konnte. In den 80er Jahren wagte der kleine Verleih „Neue Filmkunst Walter Kirchner" es noch einmal, diesen bedeutenden Film in der italienischen Originalfassung mit deutschen Untertiteln in die Kinos zu bringen. Das Publikum war davon so angetan, daß sich der gleiche Verleih entschloß, das ebenfalls verstümmelte Historienfresko DER LEOPARD wiederaufzuführen.

In seltener Farbenpracht entführt Viscontis *Senso* sein Publikum in das Venedig des Jahres 1866. In Italien tobt der Risorgimento, der nationale Befreiungskampf, nur noch die Lagunenstadt befindet sich in den Händen der österreichischen Donaumonarchie. Vor diesem historischen Hintergrund und untermalt mit den Klängen von Anton Bruckners 7. Sinfonie, erzählt Visconti die Liebesgeschichte zwischen der Contessa Livia (Valli) und dem österreichischen Leutnant Franz Mahler (Granger). Zwar steht Livia auf der Seite der Widerständler, doch die Liebe zu Franz stellt alle politischen Entscheidungen in den Hintergrund. Erst sehr viel später muß sie erfahren, daß der galante Leutnant sie und ihre Liebe für die Durchsetzung seiner Interessen schmählich ausgenutzt hat.

Schon 1954 war der Film von den italienischen Behörden einer krassen Schnittzensur unterworfen worden. Das Verteidigungsministerium störte sich besonders an der politischen Darstellung des Films, der mit der Niederlage der Italiener endete und den Sieg der Österreicher in einer merkwürdigen Mischung aus Anerkennung und Melancholie zeigte. Rigoros wurden zum Leidwesen des Regisseurs die opulenten Schlachtenszenen gekürzt, so daß die politische Intention des Films zugunsten der melodramatischen Effekte verwässert wurde.

„Mit *Senso* glückte Luchino Visconti die nahtlose Verbindung aus Neorealismus und Kostümfilm, aus einem sich wechselseitig bedingenden privaten und politischen Geschehen. Ein sensibles Licht- und Schattenspiel von morbider Schönheit... - von einer Unmittelbarkeit, die den Zuschauer in jeder Szene gefangen nimmt" (*Hamburger Abendblatt*). jg

September

September. USA 1987 **R** Woody Allen **B** Woody Allen **K** Carlo di Palma **M** Frank Loesser, John Green, Edward Heyman **P** Robert Greenhut für Orion Pictures **L** 87 Min., Farbe **D** Denhom Elliott, Dianne Wiest, Mia Farrow, Elaine Stritch, Sam Waterston, Jack Warden

Ein entlegenes Landhaus, herbstlicher Kerzenschimmer, eine Gruppe von Intellektuellen und Künstlern und dazu eine gestörte Mutter-Tochter-Beziehung - das alles mutet an wie eine Mischung aus Tschechow und Bergman. Woody Allen drehte mit *September* einen melancholischen, ernsten Film über die Sinnlosigkeit und Verlorenheit des menschlichen Seins. Der gewohnte Witz und die Ironie seiner vorangegangenen Werke fällt hier einer depressiven Verbitterung zum Opfer - und genau das schadet diesem Streifen, denn Woody Allen ist nicht Ingmar Bergman, so sehr er sich hier auch bemüht, dem schwedischen Regisseur mit einer allzu plumpen Ovation an dessen Meisterwerk HERBSTSONATE gleichzukommen.

Zurückgezogen in die Isolation eines Landhauses im herbstlichen Vermont (dessen schöne Farben man leider nicht zu Gesicht bekommt, da es keine Außenaufnahmen gibt und ausschließlich im Studio gedreht wurde), debattieren die hervorragenden Schauspieler, allen voran natürlich Woody Allens Angetraute Mia Farrow, ins Leere und wenn sich der Physiker Lloyd (Warden) den Kopf über eine bevorstehende kosmische Katastrophe zerbricht, wird es leider auch noch unbeabsichtigt komisch.

„Kleinlich wie das Leben dieser Kleinbürger ist unfreiwillig Woody Allens Film geworden, über die Perspektive seiner Figuren kommt er selbst nicht mehr hinaus, nur mühsam kriegt er mitunter noch einmal die ironische Kurve in die Komödie rein. Als Kammerspiel ist das so bieder, so klischeehaft bis in die Kostüme und die Dekoration hinein, inszeniert, daß es hinter mittlere Theaterinszenierungen noch zurückfällt" (*Frankfurter Rundschau*). jg

Serenade zu Dritt

Design for Living. USA 1933 **R** Ernst Lubitsch **B** Ben Hecht, nach dem Bühnenstück von Noel Coward **K** Victor Milner **M** Nathaniel Finston **P** Ernst Lubitsch für Paramount **L** 90 Min., s/w **D** Fredric March, Gary Cooper, Miriam Hopkins, Edward Everett Horton, Franklin Pangborn, Isabel Jewell

Serenade zu Dritt ist der Film, der spontan mit dem Begriff des „Lubitsch-Touch" assoziiert wird - eine elegante und wortwitzige Gesellschaftskomödie, die einen Hauch der Laszivität der Wilden Zwanziger in die neue, sich etwas zugeknöpfter gebende Dekade der 30er herüberrettete und auch heute, nach fast 60 Jahren, nichts von ihrem Charme und Elan verloren hat.

Auf einer Zugfahrt lernen die beiden Freunde George (Cooper) und Tom (March) die bezaubernde Gilda (Hopkins) kennen und verlieben sich auf der Stelle unsterblich in sie, was ihrer Freundschaft eher schadet als nutzt. Man beschließt, zusammen zu bleiben und mietet sich in Paris (in welcher anderen Stadt sollte so etwas auch möglich sein?) eine gemeinsame Wohnung, ohne jedoch miteinander ins Bett zu steigen. Gilda genießt es, gleich von zwei Männern umschwärmt zu werden, heiratet dann aber plötzlich und unerwartet den humorlosen Geschäftsmann Max (Horton). Nun beginnen die erotischen Ränkespiele und Verwicklungen erst richtig...

Lubitsch bewies damals schon Weitsicht, als er die Befürchtung äußerte, der Film könnte kein großer Erfolg werden. In der Tat war *Serenade zu Dritt* eine Komödie, die aufgrund ihrer überaus modernen und frivolen Geschichte das verklemmte Kinopublikum der 30er Jahre nur verunsichern konnte. Daß es am Ende dann auch nicht das Hollywood-typische Happy-End gab, machte es dem Film an der Kinokasse nicht gerade leichter. Heute weiß man Lubitschs großes Kunststück mehr denn je zu schätzen, Sexualität und Erotik in unterschwelligen, nur leise angedeuteten Bildern einfließen und seine Protagonisten in geschliffenen und entwaffnenden Dialogen sprechen zu lassen. Die gewandten Wortspiele konnten seinerzeit von der ohnmächtigen Zensurbehörde nicht kritisiert werden, da diese nur beanstandenswert gewesen wären, wenn man auch „unanständig" gedacht hätte. jg

Der Sergeant

The Sergeant. USA 1968 **R** John Flynn **B** Dennis Murphy, nach seinem Roman **K** Henri Persin **M** Michel Magne **P** Richard Goldstone für Robert Wise Prod./Warner Bros.-Seven Arts **L** 108 Min., s/w-Farbe **D** Rod Steiger, John Philip Law, Ludmila Mikael, Frank Latimore, Elliott Sullivan

Im Zuge der sexuellen Revolution in den 60er Jahren wurden auch Tabuthemen wie männliche und weibliche Sexualität von Fil-

memachern aufgegriffen, obwohl keiner der entsprechenden Filme wie INFAM, THE FOX oder SPIEGELBILD IM GOLDNEN AUGE sein Thema entspannt und vorurteilsfrei behandelte. Besonders zu letzterem Werk weist *Der Sergeant* einige interessante Parallelen auf, denn hier wie dort geht es um einen Offizier, der sich seine Liebe zu einem Soldaten eingestehen muß und daran zerbricht. Der für seine Härte bekannte Sergeant Callan (Steiger) ist entschlossen, in einem kleinen US-Militärlager in Frankreich um das Jahr 1952 die Disziplin wiederherzustellen, die unter dem trunksüchtigen Kommandanten (Latimore) arg gelitten hat. Schon bald weckt der gutaussehende Gefreite Swanson (Law) seine Aufmerksamkeit, den er sich schließlich als Assistenten ins Dienstzimmer holt...
Es kommt, wie es kommen muß: Callan kann mit seiner „unnatürlichen" Neigung nicht leben und begeht Selbstmord. Das war in den 60er Jahren offenbar das einzig akzeptable Ende für einen Homosexuellen, wenn man sich die ähnlich gelagerten Fälle in den oben genannten Filmen ansieht. Bezeichnenderweise waren die Gefühle des Gefreiten gegenüber seinem Vorgesetzten in der Buchvorlage ambivalent, während sie auf der Leinwand als feindselig und ablehnend dargestellt werden. Neben diesem Handlungselement ist *Der Sergeant* auch das Porträt eines von Kriegserlebnissen tief geprägten Mannes, dem Rod Steiger mit gewohnter Virtuosität ein differenziertes Bild verleiht. John Flynn gab mit diesem grimmigen psychologischen Drama sein Regiedebüt. al

Sergeant Waters - Eine Soldatengeschichte

A Soldier´s Story. USA 1984 **R** Norman Jewison **B** Charles Fuller, nach seinem Bühnenstück *A Soldier´s Play* **K** Russell Boyd **M** Herbie Hancock **P** Norman Jewison, Ronald L. Schwary für Columbia **L** 101 Min., Farbe **D** Howard E. Rollins jr., David Alan Grier, Adolph Calsar, Art Evans, David Harris, Dennis Lipscomb, Larry Riley, Denzel Washington

Im Jahre 1944 kommt der schwarze Captain Davenport (Rollins jr.) in die Südstaaten, wo er auf einer Militärbasis den Mord an dem nicht gerade beliebten, ebenfalls schwarzen Sergeant Waters (Calsar) aufklären soll. Für Davenport scheint - in Anbetracht der wenig freundlichen, rassistischen Umgebung - das Verbrechen auf das Konto des Ku-Klux-Klan zu gehen. Im Laufe seiner Recherchen muß er allerdings erfahren, daß es sich bei Waters um einen üblen Menschenschinder gehandelt hat, der seine eigene Hautfarbe haßte und gegen alle Soldaten unerbittlich vorging, die nicht dem Idealbild entsprachen, das er sich unter einem perfekten Neger vorstellte. Durch diese neuen Erkenntnisse bekommt der Fall eine unerwartete Wendung.
Zum zweiten Mal nahm sich Norman Jewison nach seinem 1967 entstandenen Kriminalfilm IN DER HITZE DER NACHT der Rassenproblematik im amerikanischen Süden an. Für diesen Film verzichtete er darauf, einen der wenigen erfolgreichen und populären schwarzen Hollywood-Stars zu engagieren, sondern griff auf eine Reihe weitgehend unbekannter, jedoch hervorragender farbiger Schauspieler zurück. Der Film basiert auf einem Theaterstück von Charles Fuller, der dafür den Pulitzer-Preis erhielt. Jewison drehte mit *Sergeant Waters* ein Psychodrama in gewohnt perfekter Machart, hinter dessen spannungsgeladener Fassade sich jedoch ein engagierter Appell für Rassengleichheit und gegenseitige Toleranz verbirgt.
Bei der Oscar-Verleihung stand der vom Publikum recht ungnädig aufgenommene Streifen in drei Kategorien (Bester Film, Beste männliche Nebenrolle und Beste Drehbuch-Adaption) auf der Nominierungsliste. jg

Sergeant York

Sergeant York. USA 1941 **R** Howard Hawks **B** Abem Finkel, Harry Chandlee, Howard Koch, John Huston, nach den Büchern *War Diary of Sergeant York* und *Sergeant York and His People* von Sam K. Cowan und *Sergeant York - The Last of the Long Hunters* von Tom Skeyhill **K** Sol Polito, Arthur Ebeson **M** Max Steiner **P** Jesse L. Lasky, Hal B. Wallis für Warner Bros. **L** 135 Min., s/w **D** Gary Cooper, Walter Brennan, Joan Leslie, George Tobias, Stanley Ridges, Margaret Wycherly, Ward Bond, Noah Beery jr.

Auf die Idee, einen Film über den großen amerikanischen Kriegshelden Alvin C. York zu drehen, kam Jesse L. Lasky, als er des Heroen persönlich auf einer Siegesparade durch die Fifth Avenue ansichtig wurde. Dieselbe Begeisterung über dieses Thema konnte Lasky jedoch weder bei den Studios der Universal noch der Paramount finden. Ein letzter Anlauf führte ihn zu den Warner Bros., die ihm das nötige Geld und die geforderten Stars zur Verfügung stellten und damit - ohne es zu ahnen - den erfolgreichsten Kinofilm der Saison 1941 aus der Taufe hoben.
Der schon vorher recht gern gesehene Gary Cooper erhielt mit der Verkörperung des Sergeant York die Rolle seines Lebens und gehörte fortan zu den ganz großen Chargen Hollywoods. In einfühlsamer Weise spielt Cooper einen Mann, der im Grunde genommen nichts anderes wollte, als ein friedliches und unspektakuläres Leben zu führen. Das Schicksal allerdings meint es anders und schickt ihn auf die Schlachtfelder des in Europa tobenden I. Weltkriegs, wo Sergeant York zum unfreiwilligen Kriegshelden wird, als er bei einer Schlacht ohne die Unterstützung seiner Kameraden auf eigene Faust über 130 deutsche Soldaten gefangen nimmt.
Sergeant York wurde noch vor dem Kriegseintritt der USA uraufgeführt und fiel so dementsprechend milde aus. Nur einige Wochen später und die Grundhaltung des Films wäre deutlich patriotischer und glorifizierender ausgefallen. So aber fielen die japanischen Bomben erst dann auf Pearl Harbour, als der Streifen bereits längst angelaufen war.
Die veränderte politische Situation mag daher auch Schuld daran sein, daß der Film bei der Oscar-Verleihung nicht mehr die ihm gebührende Beachtung fand und lediglich mit einer Auszeichnung in der Sparte Bester Schnitt (William Holmes) abgefertigt wurde. jg

Serpico

Serpico. USA 1973 **R** Sidney Lumet **B** Waldo Salt, Norman Wexler, nach dem Roman von Peter Maas **K** Arthur J. Ornitz **M** Mikis Theodorakis **P** Martin Bregman für De Laurentiis Prod./Artists Entertainment Complex **L** 130 Min., Farbe **D** Al Pacino, Tony Roberts, John Randolph, Jack Kehoe, Biff McGuire, Cornelia Shape, Allan Rich

Die meisten Filme des Krimi-Regisseurs Sidney Lumet sind geprägt von einem außerordentlichen Mißtrauen gegenüber den staatlichen Organen, insbesondere der Polizei. *Serpico* ist bereits eine frühe und eindeutige Abrechnung mit dem Korruptionsapparat amerikanischer Großstädte, was Lumet in seinen späteren Thrillern PRINCE OF THE CITY und TÖDLICHE FRAGEN noch einmal aufgriff und konkretisierte.
Al Pacino, der ein Jahr später in DER PATE II auf der anderen Seite des Gesetzes stehen sollte, spielt den jungen Cop Serpico, der

seinen Dienst in einem Polizeirevier in New York voller Idealismus antritt. Doch schon nach kurzer Zeit wird ihm klar, daß er seine Wunschvorstellung von einer gerechten Welt auf ein Minimum reduzieren muß. Seine Kollegen handeln brutal, aggressiv und stekken oft mit den Bossen der Unterwelt unter einer Decke. Serpico läßt sich auf eine andere Station versetzen, um auch dort die gleichen Mißstände anzutreffen. Schließlich vertraut er sich in seiner grenzenlosen Enttäuschung einem Reporter an. Der in der *New York Times* erscheinende Bericht macht ihn unter seinen Kollegen zu einem unbeliebten Außenseiter, und so braucht er sich auch nicht wundern, daß ihm keiner seiner Berufsgenossen hilft, als er eines Tages bei einer Drogenfahndung in Brooklyn zusammengeschossen wird.
Authentischer Hintergrund des Films war der Fall eines New Yorker Streifenpolizisten, der im Jahre 1969 der Presse Informationen über die, bis in die höchsten Verwaltungskreise hineinreichende Korruption gab und daraufhin angeschossen wurde. Lumets deprimierender und ernüchternd endender Streifen ist nicht einer jener lauten, schießfreudigen Action-Krimis, sondern die düstere Beschreibung eines Teils US-amerikanischer Wirklichkeit. jg

Sex, Lügen und Video

Sex, Lies and Videotape. USA 1989 **R** Steven Soderbergh **B** Steven Soderbergh **K** Walt Lloyd **M** Cliff Martinez **P** Robert Nymeyr und John Hardy für Outlaw Prod. **L** 101 Min., Farbe **D** James Spader, Andie MacDowell, Peter Gallagher, Laura San Giacomo, Ron Vawter, Steven Brill

„In meinem Film passiert nicht viel", meint Steven Soderbergh zu seinem Regiedebüt. „Es geht im Prinzip um ein Paar, das seine emotionalen Schwierigkeiten überwindet. Es kommt also darauf an, daß jeder Satz, jede Gefühlsregung, jede noch so kleine Geste stimmt, sonst langweilt sich das Publikum." Das ist dem Filmemacher in bemerkenswerter Weise gelungen, und das bei einem für amerikanische Verhältnisse bescheidenen Low-Budget von nur 1,2 Millionen Dollar. Der Debattierfilm spiegelt mit eindringlichen, zum Teil auch komischen Dialogen und in unkonventioneller Bildfolge das Beziehungsgeflecht eines frustrierten amerikanischen Ehepaares wider, das in der provinziellen Beschaulichkeit von Baton Rouge, Louisiana, versucht, der Langeweile des Ehealltags zu entfliehen. John (Gallagher), potenter Macho - „ich sage Dir, seitdem ich verheiratet bin, könnte ich jeden Tag zehn Frauen klarmachen" -, vertreibt sich die Zeit mit der prallbusigen Schwester seiner frigiden Gattin Ann (MacDowell), die sich derweil, natürlich nichtsahnend, bei ihrem Psychiater über ihre welke Bindung ausweint. Unvermittelt taucht Johns Studienfreund Graham (Spader) auf, dessen Passion darin besteht, zur Überwindung seiner eigenen Impotenz Videobänder über sexuelle Phantasien und intimste Erlebnisse von Frauen zu fertigen und zu sammeln. Er bekommt sowohl Ann als auch deren lüsterne Schwester Cynthia (San Giacomo) vor seine Kamera - und löst damit ein mittelschweres Gefühlsbeben aus: Cynthia, die sich der schalen Tristesse ihrer Bumsbeziehung zu ihrem Schwager plötzlich bewußt wird, bricht diese kurzerhand ab. Ann, der sich endlich die Augen öffnen, trennt sich von John und nähert sich, gefühlsmäßig wie körperlich, Graham an. Schlußendlich bleibt nur John, diesem unmoralischen Ferkel, ein Happy-End versagt.
Der auch in der deutschen Synchronfassung stimmige, stimmungsvolle Film wurde auf den Filmfestspielen in Cannes 1989 mit der Goldenen Palme ausgezeichnet. sk

Sexy!

Boys´ Night Out. USA 1962 **R** Michael Gordon **B** Ira Wallach, nach einer Story von Marvin Worth und Arne Sultan **K** Arthur E. Arling **M** Frank DeVol **P** Martin Ransohoff für Kimco/Filmways/ Metro-Goldwyn-Mayer **L** 112 Min., Farbe **D** Kim Novak, James Garner, Tony Randall, Howard Duff, Janet Blair, Patty Page, Jessie Royce Landis, Oscar Homolka, Zsa Zsa Gabor

Die Soziologie-Studentin Cathy (Novak) gibt sich als Prostituierte aus, um so intensivere Untersuchungen über das männliche Sexualverhalten machen zu können. Schnell hat sie sich die Aufmerksamkeit einer Gruppe von drei Ehemännern und einem Junggesellen (Garner) gesichert, die ihr ein Apartment mieten, dann aber ausschließlich zum Essen, Schwatzen und Diskutieren vorbeischauen... Diese im Gefolge von BETTGEFLÜSTER entstandene Sex-Comedy erlaubt sich einige Seitenhiebe auf das männliche Ego und modernes Eheleben, doch am Schluß hat natürlich alles wieder seine Ordnung: Novak und Garner kriegen sich und - hey! - heiraten. Die Witze sind ein bißchen spärlich gesät, doch die gelungene Besetzung vor allem der Nebenrollen bringt den Film über die Runden. al

Shaft

Shaft. USA 1971 **R** Gordon Parks **B** Ernest Tidyman, John D. F. Black, nach dem Roman von Tidyman **K** Urs Furrer **M** Isaac Hayes **P** Joel Freeman für Stirling Silliphant-Roger Lewis Prod./ Metro-Goldwyn-Mayer **L** 98 Min., Farbe **D** Richard Roundtree, Moses Gunn, Charles Cioffi, Christopher St. John, Gwenn Mitchell

Die schwarze Bürgerrechtsbewegung in den 60er Jahren ließ auch Hollywood nicht unbeeindruckt, und neben Filmen wie IN DER HITZE DER NACHT (von dessen Drehbuchschreiber Stirling Silliphant *Shaft* produziert wurde), die sich um eine ernste Auseinandersetzung mit der Rassenproblematik bemühten, begannen die Studios zunehmend auch Kommerzvehikel zu produzieren, die ausschließlich unterhalten sollten, dabei aber auf die schwarze Bevölkerung als Zielgruppe zugeschnitten waren. Shaft (Roundtree) ist ein schwarzer Detektiv, der von Gangsterboß Bumpy (Gunn) mit der Suche nach dessen entführter Tochter beauftragt wird. Schon bald wird ihm klar, daß es sich bei den Tätern um Mitglieder der New Yorker Mafia handelt, die Bumpy das Rauschgiftmonopol abjagen wollen.
Shaft ist ein knallharter, von Gordon Parks rasant inszenierter Action-Thriller, der die Hauptfigur als eine Art schwarzen James Bond einführt. In den Staaten war er enorm erfolgreich und zog zwei Fortsetzungen (*Liebesgrüße aus Pistolen*, 1972 und *Shaft in Afrika*, 1973) sowie eine TV-Serie nach sich. Isaac Hayes´ Titelsong wurde mit einem Oscar ausgezeichnet. al

Shalako

Shalako. Großbritannien 1968 **R** Edward Dmytryk **B** J. J. Griffith, Hal Hopper, Scot Finch, nach dem Roman von Louis L´Amour **K** Ted Moore **M** Robert Farnon **P** Euan Lloyd für Kingston Films/ Palomar Pictures **L** 106 Min. (Originalfassung 113 Min.), Farbe **D** Sean Connery, Brigitte Bardot, Stephen Boyd, Jack Hawkins, Peter Van Eyck, Honor Blackman, Woody Strode, Eric Sykes

Begierig darauf, sein Image als Superagent 007 loszuwerden, lehnte Sean Connery die Hauptrolle im sechsten Bond-Film IM GEHEIMDIENST IHRER MAJESTÄT ab und versuchte sich in Euan Lloyds Großproduk-

tion als Westernheld *Shalako*. Ironischerweise hatte übrigens auch seine Partnerin Brigitte Bardot („Bond und BB!" titelte die Presse) einen Part in *Geheimdienst* angeboten bekommen. Statt dessen spielt sie eine europäische Adelige, die sich mit anderen ihres Standes auf eine zünftige Western-Safari begibt, eine Vergnügung, wie sie im letzten Jahrhundert nicht unüblich war. Mit Sack und Pack zieht die illustre Gesellschaft durch die Prärien Neu-Mexikos und ergötzt sich am Anblick von Indianern und allerlei Getier. Man hat seinen Spaß, bis sich der kundige Führer (Boyd) als hinterhältiger Bandit und die Ureinwohner als alles andere als freundlich gesinnt herausstellen.
5 Mio. Dollar, damals ein erkleckliches Sümmchen, kostete dieses aufwendige Spektakel, das zunächst in Mexiko gedreht werden sollte, aufgrund einer Streikdrohung jedoch ins südspanische Almería, dem Entstehungsort vieler Italo-Western, ausweichen mußte. Der findige Produzent Euan Lloyd hatte die Summe aufgebracht, indem er den Banken Abschlüsse mit nicht weniger als 36 Verleihfirmen in aller Welt vorlegte. Einen beträchtlichen Anteil strichen Connery (1, 2 Mio.$) und Bardot (350.000$) ein, von deren „Knistern" auf der Leinwand man sich einiges versprach. In Wirklichkeit war die Beziehung eher kühl, da die Starallüren von BB beim schottischen Arbeitersohn auf wenig Verständnis stießen. Auch an den Kassen brach nicht gerade hektische Aktivität aus, als der Film mit gemischten Kritiken anlief, obschon Bardot ihrem Ruf als Sexsymbol alle Ehre machte und in einer Szene - am Wasserloch - die Hüllen bis zur Hüfte fallen läßt. al

Shampoo

Shampoo. USA 1975 **R** Hal Ashby **B** Robert Towne, Warren Beatty **K** Laszlo Kovacs **M** Paul Simon **P** Warren Beatty für Columbia **L** 109 Min., Farbe **D** Warren Beatty, Julie Christie, Goldie Hawn, Lee Grant, Jack Warden, Tony Bill, Carrie Fisher, Jay Robinson

Rechtzeitig zum Bekanntwerden der Watergate-Affäre kam auch dieser respektlose Streifen in die amerikanischen Kinos, der in ironischer Weise das phrasenhafte Parteiprogramm der Republikaner demaskierte und damit dem damaligen Präsidenten Nixon nicht gerade schmeichelte.
Warren Beatty, Drehbuchautor, Produzent und Schauspieler in einer Person, bearbeitet als Starfriseur George die Köpfe der verwöhnten Damenwelt von Beverly Hills. Und nicht nur das - auch weiter abwärts werkelt George mit Erfolg herum, so daß er mittlerweile als Geheimtip unter den sexuell frustrierten Luxusgeschöpfen gehandelt wird. Diesem recht zweifelhaften Ruf hat George es auch zu verdanken, am 4. November 1968 auf eine Wahlparty eingeladen zu werden, mit der Nixons Einzug ins Weiße Haus bejubelt wird. Hier allerdings ist der begehrte Hairstylist so gar nicht in seinem Element und schlittert unversehens in ein Fiasko.
Die im amerikanischen Kino recht seltene Erscheinung, selbstkritisch mit den politischen Zuständen im eigenen Land umzugehen, erfuhr hier ein ungeahntes Publikumsinteresse. Bei seiner Erstauswertung hatte *Shampoo* allein in den Vereinigten Staaten bereits über 60 Mio. Dollar eingespielt.
Carrie Fisher, die später als Prinzessin Leia Organa in der *Star Wars*-Trilogie zu Weltruhm gelangte, spielt hier ihre erste Filmrolle. Ihre Mutter Debbie Reynolds hatte sich allerdings entsetzt darüber geäußert, daß ihrer Tochter ein Part angeboten wurde, in dem sie die feiste Tochter einer dekadenten Beverly-Hills-Schnepfe zu spielen hatte und riet ihrer Tochter dringend davon ab, das Filmangebot anzunehmen.
Lee Grant erhielt als Beste Nebendarstellerin einen Oscar. Nominiert waren ferner Jack Warden als Bester männlicher Nebendarsteller, das Drehbuch und die Ausstattung. jg

Shanghai Express

Shanghai Express. USA 1932 **R** Josef von Sternberg **B** Jules Furthman, nach einer Story von Harry Hervey **K** Lee Garmes **M** W. Franke Harling **P** Paramount **L** 80 Min., s/w **D** Marlene Dietrich, Clive Brook, Anna Mae Wong, Warner Oland, Eugene Pallette

Der erfolgreichste aller Filme Josef von Sternbergs mit Marlene Dietrich ist dieses extravagante „*Grand Hotel* auf Rädern", das in den Staaten die damals ungeheure Summe von drei Millionen Dollar einspielte. Viele Kritiker halten den Film auch für das perfekteste Beispiel für die einzigartige künstlerische Symbiose, die der Regisseur mit seiner Hauptdarstellerin einging. Obwohl von Sternberg behauptete, die Geschichte des Films stamme aus einem einseitigen Entwurf von Harry Hervey, ist unverkennbar, daß Guy de Maupassants klassische Kurzgeschichte *Boule de Suif* das Handlungsgerüst geliefert hat. Marlene ist wie üblich als Prostituierte mit goldenem Herzen zu sehen, als Abenteurerin Shanghai-Lily, die sich auf dem Weg in die chinesische Hafenstadt an Bord eines Zuges begibt, auf dem sie unter anderen ihren ehemaligen Liebhaber „Doc" Harvey (Brook) wiedertrifft. Auf seine Frage, wie es ihr in den letzten Jahren ergangen sei, äußert sie die berühmte Zeile: „Es hat mehr als einen Mann gebraucht, um mich zur Shanghai-Lily zu machen!" Ein ebenfalls mitreisender chinesischer Geschäftsmann (Oland) stellt sich als Rebellenführer heraus, der den Zug von seinen Mannen anhalten läßt. Mit der Drohung, Harvey zu foltern, bahnt er sich den Weg in Lilys Bett, wird jedoch später von einer weiteren Prostituierten (Wong) erstochen.
Diese ebenso banale wie absurde Handlung wurde vom Regisseur in eine verführerische Mischung aus Mysterium und Exotik verwandelt und ist ein herausragendes Beispiel für seinen sicheren Umgang mit Kamera und Licht. Die *New York Times* schwärmte: „Manche Szenen sind so wunderbar ausgeleuchtet, daß sie an Radierungen erinnern." Paramount-Designer Travis Banton steckte die Dietrich in besonders phantastische Kostüme , die jeder Realitätsnähe Hohn sprechen, besonders, wenn man bedenkt, unter welchen Umständen die Reise stattfindet. Die Umstände der Dreharbeiten waren allerdings auch nicht ganz ohne, mit einem von Sternberg, der sich als wahrer Tyrann aufführte, sich mit fast allen Beteiligten - außer mit Marlene - anlegte und am Schluß fast die Stimme verloren hatte vor lauter Herumbrüllen. Zum großen Amüsement der Anwesenden pflegte er überdies den Schauspielern sämtliche Rollen vorzuspielen. Doch alle Anstrengungen hatten sich nicht nur angesichts des finanziellen Erfolges gelohnt: *Shanghai Express* wurde für einen Oscar als Bester Film nominiert, von Sternberg für Beste Regie. Doch nur Kameramann Lee Garmes nahm die Statuette schließlich mit nach Hause. Zahlreiche Nachahmungen und Remakes entstanden, von denen eine - *The Shanghai Gesture* (1940) mit Gene Tierney - von Sternberg selbst inszenierte. al

Shanghai Surprise

Shanghai Surprise. Großbritannien 1986 **R** Jim Goddard **B** John Kohn, Robert Bentley, nach dem Roman *Faraday's Flowers* von Tony Kenrick **K** Ernest Vincze **M** Michael Kamen, George Harrison **P** John Kohn für The Vista Organization/ Handmade Films **L** 97 Min., Farbe **D** Sean Penn, Madonna, Paul Freeman, Richard Griffiths, Philip Sayer

Ihren phänomenalen Erfolg als Pop-Sängerin und Medienstar versuchte Luisa Ciccione, besser bekannt als Madonna, bereits mehrfach auf die Leinwand zu übertragen. Doch abgesehen von einem vielversprechenden Auftritt in SUSAN...VERZWEIFELT GESUCHT, in dem sie im Prinzip sich selber spielte, scheiterten diese Bemühungen jäm-

merlich. *Shanghai Surprise*, der Versuch eines romantischen Abenteuerfilms im Stil der 30er und 40er Jahre, der sie mit ihrem zeitweiligen Ehemann Sean Pean vereinte, machte da keine Ausnahme. Madonna spielt eine jungfräuliche Missionarin (!), die sich im China der 30er Jahre mit einem schmierigen Abenteurer (Penn) auf die Suche nach einer gestohlenen Ladung Opium begibt - mit den besten Absichten, versteht sich.
US-Verleiher MGM, im vollen Bewußtsein der mangelnden Qualitäten des Films, versuchte die Kritiker auszutricksen und verzichtete gänzlich auf Pressevorführungen, doch es half alles nichts: die Rezensenten fielen wie die Geier über den Film her, und zahlendes Publikum war kaum zu verzeichnen. *People* warnte: „Was dieser Film braucht, ist nicht Kritik, sondern einen Stoß ins Herz. Stoppen Sie ihn jetzt, oder dieser nervtötende Killer wird eines nachts im Kabelfernsehen oder in der Videothek wiederauferstehen und ihre Zeit, ihr Geld und ihren Verstand aussaugen. Niemand ist sicher!" al

Sharky und seine Profis

Sharky´s Machine. USA 1981 **R** Burt Reynolds **B** Gerald Di Pego, nach dem Roman von William Diehl **K** William A. Fraker **M** Snuff Garrett **P** Hank Moonjean für Deliverance-Prod. **L** 122 Min., Farbe **D** Burt Reynolds, Vittorio Gassman, Brian Keith, Charles Durning, Rachel Ward, Earl Holliman, Bernie Casey, Henry Silva, Richard Libertini, Darryl Hickman

Amerikas schnauzbärtiger Supermacker Burt Reynolds hat in diesem Action-Reißer (seine bis dahin dritte Regiearbeit) wieder alle Hände voll zu tun. Zur Abwechslung werden mal nicht in New York Dutzende von Menschen massakriert, sondern in der Südstaaten-Metropole Atlanta, in der sich seit VOM WINDE VERWEHT einiges verändert hat. Tom Sharky (Reynolds) ist bei der örtlichen Polizei als Zivilfahnder angestellt. Er soll den mysteriösen Unterweltboß „The Ace" unschädlich machen, doch als Sharky am hellichten Tage in aller Öffentlichkeit in eine Schießerei verwickelt wird, folgt die Strafversetzung. Aber auch an seiner neuen Arbeitsstelle läßt er nicht von dem Plan ab, „The Ace" eines Tages aufzuspüren und zu vernichten. Unterstützung bei seinem Vorhaben findet er in einem Stab treuer Mitarbeiter und in dem Edel-Callgirl Domino (Ward), das ihn bald auf eine erste heiße Spur führt.
Der heldenhafte Kampf des US-Cops gegen das Medusahaupt des organisierten Verbrechens endet hier natürlich in einem blutverschmierten Happy-End, was den wirklichen Verhältnissen in den Metropolen der USA nicht ganz entspricht. Reynolds lieferte hier in ansehnlicher Gestaltung ein effektreiches Kinostück, angereichert mit Sex und Gewalt, und in technisch perfekter Weise präsentiert, doch nicht über die übliche Hollywood-Dutzendware hinauskommend. jg

Sheila

The Last of Sheila. USA 1973 **R** Herbert Ross **B** Stephen Sondheim, Anthony Perkins **K** Gerry Turpin **M** Billy Goldenberg **P** Herbert Ross für Hera/Warner Bros. **L** 119 Min., Farbe **D** Richard Benjamin, Dyan Cannon, James Coburn, Joan Hackett, James Mason, Ian McShane, Raquel Welch

Der Filmproduzent Clinton (Coburn) lädt ein Jahr, nachdem seine Frau von einem Unbekannten überfahren wurde, eine Gruppe von sechs illustren Gästen - alles Verdächtige - auf seine Yacht ein. Mit einem raffiniert ausgeklügelten „Mordspiel" will er ihr Innerstes nach außen kehren und so den Täter entlarven.
In der Manier zahlreicher Agatha-Christie-Krimis entfesselt Regisseur Herbert Ross hier ein unterhaltsames und reichlich vertracktes Ratespiel, für das zwei ungwöhnliche Autoren verantwortlich zeichnen: Stephen Sondheim, Komponist zahlreicher Musicals (*Into the Woods*, *A Little Night Music*), und Schauspieler Anthony Perkins. Die beiden hatten offenbar großen Spaß am Spinnen des kriminalistischen Garns, doch ihre Unerfahrenheit macht sich mit dem Fortschreiten der Handlung zunehmend bemerkbar. So kompliziert ist das mit Rückblenden gespickte Geflecht aus Intrigen und Lügen daß mitunter weder die Figuren noch der Regisseur zu wissen scheinen, wo es langgeht. Im Gegensatz zum Film entwickelte sich der von Bette Midler dargebotene Titelsong *Friends* zum Hit. al

Der Sheriff

I Walk the Line. USA 1970 **R** John Frankenheimer **B** Alvin Sargent, nach dem Roman *An Exile* von Madison Jones **K** David M. Walsh **M** Johnny Cash **P** Harold D. Cohen für Frankenheimer-Lewis/Columbia **L** 95 Min., Farbe **D** Gregory Peck, Tuesday Weld, Estelle Parsons, Ralph Meeker, Lonny Chapman, Charles Durning, Jeff Dalton, Freddie McCloud

Der alternde Sheriff Henry Tawes (Peck) bricht aus seinem käfigähnlichen Dasein aus, als er die junge Alma (Weld) kennenlernt und sich Hals über Kopf in sie verliebt. Almas Vater Carl (Meeker) ist ein raffinierter Schwindler und verwickelt den naiven Sheriff in seine Trickbetrügereien. Als Carl eines Tages den Hilfssheriff tötet, wird Tawes sogar zum Mitwisser des Verbrechens. Er verläßt seine Frau und reitet dem flüchtigen Gespann hinterher, mit der Absicht, Alma zu bitten, mit ihm nach Kalifornien zu gehen und ein neues Leben anzufangen. Diese weigert sich jedoch und zieht ihm mit einem schweren Haken eins über. Verletzt und blutend bleibt Tawes im Staub der Straße liegen.
Ein von John Frankenheimer behutsam inszenierter, psychologischer Spätwestern, in dem Gregory Peck als tragischer Aussteiger eine eindrucksvolle Charakterstudie abgibt. Die Ausweglosigkeit und Verzweiflung der Protagonisten wird von Johnny Cashs Liedern gekonnt untermalt. Zu hören sind die sechs Songs *I Walk the Line*, *Flesh and Blood*, *Cause I Love You*, *This Side of the Law*, *Hungry* und *Amazing*. jg

Sherlock Holmes - Der Hund von Baskerville

The Hound of the Baskervilles. USA 1939 **R** Sidney Lanfield **B** Ernest Pascal, nach dem Roman von Arthur Conan Doyle **K** Peverell Marley **M** Cyril Mockridge **P** Gene Markey für 20th Century-Fox **L** 80 Min., Farbe **D** Basil Rathbone, Richard Greene, Nigel Bruce, Lionel Atwill, Wendy Barrie, John Carradine, Barlowe Borland

Mit der Verfilmung dieses berühmten Sherlock-Holmes-Romans kam für Basil Rathbone, der oft genug den Bösewicht in zahlreichen Hollywood-Filmen spielen mußte, die ganz große Stunde. *Der Hund von Baskerville* wurde ein unglaublicher Erfolg. Die Fox hatte in Rathbone den idealen Sherlock Holmes gefunden und schob noch im selben Jahr als zweite Produktion den Krimi *The Adventures of Sherlock Holmes* hinterher. Die Beliebtheit der Serie wäre bis in die Mitte der 40er Jahren nicht abgerissen, wenn Rathbone nicht von sich aus das Handtuch geworfen und Hollywood verlassen hätte, um nur noch gelegentlich zum Film zurückzukehren und sich ansonsten auf seine Tätigkeit als Bühnenschauspieler zu konzentrieren. Als die Sherlock-Holmes-Serie 1946 ausklang, hatte er in insgesamt 16 Filmen den berühmtesten aller Meisterdetektive verkörpert.
Mit seinem treuen Kollegen Dr. Watson (Bruce) klärt Holmes in diesem düsteren Thriller, der neben den Kulissen eines schaurigen Moores und unheimlichen Schlosses auch eine mysteriöse Bestie zu bieten hat, einen grauenhaften Mord auf, der angeblich auf das Konto eines sagenumwobenen Höllenhundes geht.

Der Hund von Baskerville, die populärste Sherlock-Holmes-Geschichte von Arthur Conan Doyle wurde bereits 1932 und 1936 (als deutsche Version) verfilmt. Weitere Remakes entstanden gegen Ende der 50er Jahre (Hammer-Studios, mit Peter Cushing und Christopher Lee) sowie 1980 (Peter Cook, Dudley Moore) und 1983 (Ian Richardson, Donald Churchill). jg

Sherlock Holmes - Die Kralle

The Scarlet Claw. USA 1944 **R** Roy William Neill **B** Roy William Neill, Edmund L. Hartmann, nach einer Story von Paul Gangelin und Brenda Weisberg, basierend auf den Charakteren von Arthur Conan Doyle **K** George Robinson **M** Paul Sawtell **P** Roy William Neill für Universal **L** 74 Min., s/w **D** Basil Rathbone, Nigel Bruce, Gerald Hamer, Paul Cavanagh, Arthur Hohl, Kay Harding

Unter den von 1939 bis 1946 gedrehten Sherlock-Holmes-Filmen mit Basil Rathbone und Nigel Bruce gibt es natürlich qualitative Unterschiede. Obwohl die Geschichte nicht auf eine Originalstory des britischen Kriminalautoren Sir Arthur Conan Doyle zurückgeht, sondern eigens für diesen Film geschrieben wurde, gelang es hier Roy William Neill noch einmal, an die Atmosphäre und Eleganz der ersten Streifen dieser Reihe anzuknüpfen. *Die Kralle* ist ein spannender und visuell äußerst geschickt umgesetzter Grusel-Krimi in bester Hollywood-Machart.
Versehen mit einigen Elementen des Gothic Horror (wabernde Nebel, kahle, abgestorbene Bäume), haben es Sherlock Holmes (Rathbone) und sein treuer Helfer Dr. Watson (Bruce) diesmal mit einem Fall zu tun, der sie in eine unwirtliche Moorlandschaft nach Kanada führt, wo ein brutales Monstrum sein Unwesen treibt. Alle Opfer (und derer gibt es reichlich) werden scheußlich zugerichtet aufgefunden, weswegen man die Bestie in dem kleinen Dorf, in dem sich die Meisterdetektive aus London eingenistet haben, schlicht als „Die Kralle" bezeichnet. Um dem Ganzen noch patriotische Töne zu geben (immerhin schrieb man ja das Kriegsjahr 1944) hält Holmes zum Schluß nach der Aufklärung des Falles in Anlehnung an Winston Churchill eine Rede, in der er die gute Zusammenarbeit zwischen Kanada, den USA und dem Britischen Empire lobt. jg

Sherlock Holmes´ cleverer Bruder

The Adventure of Sherlock Holmes´ Smarter Brother. USA 1975 **R** Gene Wilder **B** Gene Wilder **K** Gerry Fisher **M** John Morris **P** Richard A. Roth für 20th Century-Fox **L** 91 Min., Farbe **D** Gene Wilder, Madeline Kahn, Marty Feldman, Dom DeLuise, Leo McKern, Roy Kinnear, John Le Mesurier, Douglas Wilmer

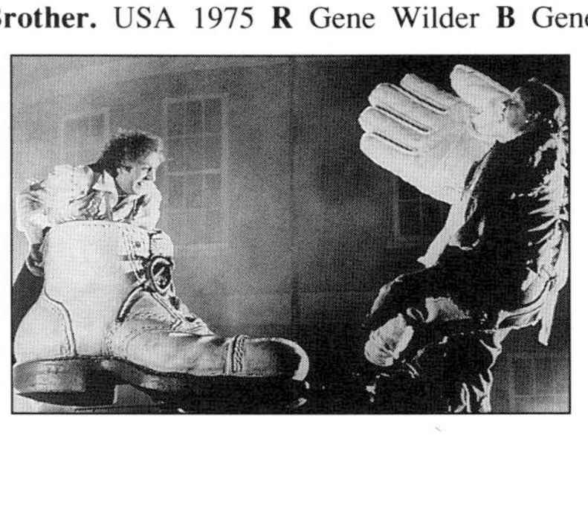

Gene Wilders erster Film als Regisseur, Autor *und* Star ist eine recht harmlose Satire auf die Detektivgeschichten um den von Arthur Conan Doyle erfundenen Sherlock Holmes. Er geht von der Idee aus, daß dieser geniale Kriminalist, gespielt von Douglas Wilmer, einen jüngeren Bruder namens Sigerson (Wilder) hatte, der nun durch einen Zufall die Gelegenheit bekommt, zu beweisen, daß der Spürsinn in der Familie liegt. In Sherlocks Auftrag nimmt er sich einer Revuesängerin (Kahn) an, die mit frivolen Liebesbriefen erpreßt wird. Schon bald zeigt sich, daß dieser Fall eng mit jenem verknüpft ist, an dem Sherlock gerade arbeitet...
Eine hervorragende Besetzung von Komödianten (allen voran Dom DeLuise als verrückter Opernstar), atmosphärische Ausstattung sowie ein witziger Score von John Morris machen ein Riesenvergnügen aus dieser turbulenten Farce, deren Qualität im Vergleich mit Wilders folgenden Arbeiten als Regisseur noch deutlicher zu Tage tritt. al

She's Gotta Have It

She's Gotta Have It. USA 1986 **R** Spike Lee **B** Spike Lee **K** Ernest Dickerson **M** Bill Lee **P** Shelton J. Lee für Spike Lee Joint, Forty Acres and a Mule Filmworks, Island **L** 84 Min., s/w-Farbe **D** Tracy Camila Johns, Tommy Redmond Hicks, John Canada Terrell, Spike Lee, Raye Dowell, Joie Lee, Epatha Merkinson, Bill Lee

Mit nur 65.000 Dollar realisierte der schwarze Filmemacher Spike Lee seine originelle Komödie, die ein internationaler Erfolg wurde und über 5 Mio. Dollar einspielte. Innerhalb von zwölf Tagen inszenierte Lee die Geschichte um Nola Darling, eine junge Schwarze, die in Brooklyn ein recht ungewöhnliches Dasein fristet. Sie nimmt sich nämlich das heraus, was sonst nur den Männern vorbehalten ist: Nola gewährt gleich drei Liebhabern ihre Gunst. Und die könnten unterschiedlicher nicht sein. Da ist der kitschig-romantische Jamie (Hicks), der sich nichts sehnlicher wünscht, als ein trautes Heim voller Kinder und eine monogame Ehefrau. Greer (Terrell), der zweite im Bunde, stählt seinen Körper mit Bodybuilding und Jogging. Der Yuppie verleugnet seine Herkunft; ihn zieht es ins weiße mittelständische Paradies. Nola will er als hübsches Beiwerk ausstaffieren und der „besseren Gesellschaft" vorführen. Der intellektuelle Freak Mars (Lee) bietet da eine erfrischende Abwechslung. Er verbringt die meiste Zeit damit, den New Yorker Stadtteil per Rennrad zu durchkreuzen und philosophische Erkenntnisse im Rapper-Jargon zu verbreiten. So divergent Nolas Auserwählte auch sein mögen, Einigkeit verbindet sie in dem Punkt, daß ihr Darling sich endlich für einen von ihnen entscheiden soll.
Spike Lee unterbreitet dem Publikum die Geschichte seines Films in Rückblenden, die durch dokumentarisch wirkende Interviews mit den Protagonisten unterbrochen werden. Ausschließlich Schwarze agieren in der ersten abendfüllenden Produktion Lees, der, nach dem Grund dieses Umstandes befragt, antwortete: „Würde man Bergman fragen, warum es keine Farbigen in schwedischen Filmen gibt, oder Kurosawa, warum es in seinen japanischen keine gibt?"
Auf den Filmfestspielen von Cannes, auf denen er als „schwarzer Woody Allen" gefeiert wurde, erhielt Lee den Preis für die beste Nachwuchsregie. mg

Shining

The Shining. Großbritannien/USA 1980 **R** Stanley Kubrick **B** Stanley Kubrick, Diane Johnson, nach dem Roman von Stephen King **K** John Alcott **M** Wendy Carlos, Rachel Elkind **P** Stanley Kubrick für Warner Bros. **L** 119 Min. (Originalfassung 146 Min.), Farbe **D** Jack Nicholson, Shelley Duvall, Danny Lloyd, Scatman Crothers, Barry Nelson, Philip Stone, Joe Turkel, Anne Jackson

Trotz der Warnung, daß sein Vorgänger seine Familie mit einem Beil abschlachtete und sich dann selbst richtete, erklärt sich Jack Torrance (Nicholson) dazu bereit, mit seiner Frau Wendy (Duvall) und seinem Sohn Danny (Lloyd) ein Luxushotel in den Bergen von Colorado während der Winterpause einzuhüten. Er will die einsamen Monate dazu nutzen, endlich seinen Roman zu Ende zu schreiben, doch die Dinge entwickeln sich anders als erwartet, denn auch Jack verwandelt sich unter dem unseligen Einfluß des monströsen Hotels zu einem Monster, gibt seiner Frau die Schuld daran, jede Inspiration zu vermasseln und greift schließlich zur Axt, um - ganz wie sein Vorgänger - Jagd auf seine Familie zu machen. In der schneeverwehten Einsamkeit des Berghotels kommt es zu alptraumhaften Szenen.
Stanley Kubrick ist ein Pedant, dessen filmische Besessenheit seine Arbeiten zu Meisterwerken werden läßt. Ohne Rücksicht auf Kosten oder Nerven ließ er für *Shining* einen Art-Deco-Hotelflur (ein Werk des Production Designers Roy Walker, der das riesige Hotel im Studio nachbaute und damit eine der größten Bauten der Kinogeschichte schuf) tonnenweise mit Kunstblut überfluten oder verlangte von Shelley Duvall, vier Monate lang hysterisch zu sein; Freunde der Schauspielerin erkannten sie nach dem einjährigen Martyrium unter Kubrick kaum wieder. Einzelne Aufnahmen wurden bis zu achtzigmal wiederholt - Qualen, die sich auf jeden Fall gelohnt haben, denn *Shining* gilt unter den vielen Stephen-King-Adaptionen als die bisher beste Verfilmung. jg

Shirley Valentine - Auf Wiedersehen, mein lieber Mann

Shirley Valentine. Großbritannien 1989 **R** Lewis Gilbert **B** Willy Russell, nach seinem Bühnenstück **K** Alan Hume **M** George Hadjinassios **P** Lewis Gilbert für Paramount **L** 108 Min., Farbe **D** Pauline Collins, Tom Conti, Alison Steadman, Julia McKenzie, Joanna Lumley, Bernard Hill

Bereits mit RITA WILL ES ENDLICH WISSEN hatten Regisseur Lewis Gilbert und der bekannte britische Bühnenautor Willy Russell einen überraschenden internationalen Hit gelandet, der seiner debütierenden Hauptdarstellerin Julie Walters eine Oscar-Nominierung bescherte. Schwer zu glauben, doch sechs Jahre später wiederholte sich dieses Szenario mit *Shirley Valentine* haargenau. Pauline Collins spielt dieses Liverpooler Original, das vom rebellischen Teenager zur frustrierten Hausfrau und Mutter geworden ist und für seinen hart arbeitenden, unsensiblen Mann (Hill) offenbar nur noch zum Kindererziehen, Kochen und Beischlafen dient. Die Einladung ihrer Freundin Jane (Steadman), sie auf einer gewonnenen Griechenlandreise zu begleiten, nimmt sie deshalb dankbar an - und siehe da: Shirley läßt sich mit einem Griechen ein und hat ihr altes Selbstwertgefühl zurück. *Shirley Valentine* funktioniert vor allem dank der wunderbaren Pauline Collins, die in ihrem Leinwanddebüt ihren Bühnentriumph von London und New York wiederholte. Meist wendet sich die Schauspielerin direkt an das Publikum, um ihre Sorgen und Gedanken mitzuteilen, scheut sich aber auch nicht, der Küchenwand ihr Herz auszuschütten. Neben einem British Academy Award erhielt sie eine Oscar-Nominierung. al

Shoot Out - Abrechnung in Gun Hill

Shoot Out. USA 1971 **R** Henry Hathaway **B** Marguerite Roberts, nach dem Film *The Lone Cowboy* von Will James **K** Earl Rath **M** Dave Grusin **P** Hal B. Wallis für Universal **L** 94 Min., Farbe **D** Gregory Peck, Pat Quinn, Robert F. Lyons, Susan Tyrrell, Jeff Corey, James Gregory, Rita Gam, Dawn Lyn

Gregory Peck leitete die Dekade der 70er Jahre mit einer Reihe von Western ein, in denen er in mehr oder weniger überzeugenden Altersrollen zu sehen war. Sein Auftritt in *Shoot Out* lag zwischen den beiden Spätwerken DER SHERIFF und BEGRABT DIE WÖLFE IN DER SCHLUCHT.
Peck spielt hier den Revolverhelden Clay Lomax, der aus dem Gefängnis entlassen wird, in das ihn seine, an einem Banküberfall beteiligten Kumpane, gebracht hatten. Lomax sinnt auf Rache, aber auch seine Widersacher haben bereits Vorbereitungen getroffen, den damals so schmählich Betrogenen außer Gefecht zu setzen. Auf den in die Freiheit zurückgekehrten Banditen wartet schon ein bezahlter Killer...
„Die Szenerie ist gut ausgesucht und spielt vor dem Hintergrund einer schönen Bergwelt, aber das ist nicht genug, um den Film funktionieren zu lassen. Das Ergebnis ist ein langweiliger, in sich nicht schlüssiger Western“ (*Motion Picture Guide*).
Henry Hathaway, der hier in seiner Inszenierungskraft bereits deutliche Schwächen zeigte, griff mit *Shoot Out* auf den Western *The Lone Cowboy* zurück, bei dem Regisseur Will James 1934 die Regie geführt hatte. jg

Siberiade

Siberiada. UdSSR 1977/79 **R** Andrej Michalkow-Konchalowskij **B** Andrej Michalkow-Konchalowskij, Valentin Yezhov **K** Lewan Paataschwili **M** Eduard Artemiev **P** Mosfilm **L** 210 Min., Farbe **D** Wladimir Samoilow, Vitali Solomin, Natalia Andrejtschenko, Michael Kononow, Sergej Schakurow

Siberiade, ein episch angelegtes Werk über den ewigen, mythischen Landstrich des riesigen russischen Reiches, ebnete seinem Regisseur Andrej Konchalowskij den Weg nach Hollywood, wo der russische Filmemacher sich problemlos auf die Synthese von Action- und anspruchsvollem Unterhaltungskino einließ und dort Streifen wie MARIA´S LOVERS und RUNAWAY TRAIN drehte.
Siberiade ist ein ausuferndes, annähernd dreieinhalb Stunden langes Fresko, das den Zauber und den Fluch Sibiriens gleichermaßen beschreibt. In verschlungenen Erzählstrukturen verfolgt Konchalowskij die Geschichte zweier Familien des Dorfes Elan vom Beginn dieses Jahrhunderts bis hin zur Gegenwart. Es sind Jahrzehnte voller wechselvoller Ereignisse, die über das Leben der Bewohner hinwegziehen - der Untergang des Zarenreiches, der Sieg der Revolution, der Zweite Weltkrieg und die Eroberung und Ausbeutung der unermeßlichen sibirischen Bodenschätze. Das alles hat der russische Regisseur in epischer Breite und berauschend schönen Bildern, mit ungeheurem Aufwand und viel Liebe zum Detail inszeniert. Sein Film schwankt - so wie das Land - zwischen melancholischer Beschaulichkeit und losbrechender Wildheit. Größtes Lob gebührt bei dieser Produktion dem Kameramann Lewan Paataschwili, der mit seiner Fotografie einen Großteil der Faszination Sibiriens begreiflich machen konnte.
Siberiade wurde 1979 auf den Internationalen Filmfestspielen von Cannes mit dem Spezialpreis der Jury ausgezeichnet. jg

Sidewalk Stories

Sidewalk Stories. USA 1989 **R** Charles Lane **B** Charles Lane **K** Bill Dill **M** Marc Marder **P** Rhinoceros Prod. Inc./Howard M. Brickner **L** 97 Min., s/w **D** Charles Lane, Nicole Alysia, Sandye Wilson, Trula Hoosier, Darnell Williams

Der schwarze Filmemacher Charles Lane lieferte mit *Sidewalk Stories* einen Film ab, der in der Tradition der Chaplin-Klassiker steht. Als Regisseur, Drehbuchautor und Hauptdarsteller in Personalunion erzählt Lane in seinem schwarzweiß-photographierten Stummfilm ein modernes Märchen, das Anleihen bei der legendären "Tramp“-Figur Chaplins macht.
Ein junger, obdachloser Mann, der sich als Porträtzeichner auf den Straßen New Yorks seinen kargen Lebensunterhalt verdient, wird zufällig Zeuge eines Mordes. Er nimmt sich des kleinen zweijährigen Mädchens an, dessen Vater der Gewalttat zum Opfer fiel. Auf der Suche nach der Mutter des Kindes, die das Gespann durch die ganze Stadt führt, offenbart Lane das Elend in den Hinterhöfen der schillernden Metropole.
Innerhalb von fünfzehn Tagen entstand die ungewöhnliche sozialkritische Low-Budget-Produktion an Originalschauplätzen in Greenwich Village. Lanes Werk wurde auf den Filmfestspielen in San Sebastian und in Schweden mit Preisen für die beste Regie und für den besten Film ausgezeichnet. mg

Sie fürchten weder Tod noch Teufel

The Lost Command. USA 1966 **R** Mark Robson **B** Nelson Gidding, nach dem Roman *Die Zenturionen* von Jean Larteguy **K** Robert Surtees **M** Franz Waxman **P** Mark Robson für Red Lion/ Columbia **L** 129 Min., Farbe **D** Anthony Quinn, Alain Delon, Michèle Morgan, George Segal, Maurice Ronet, Claudia Cardinale, Gregoire Aslan, Jean Servais

Es gibt wohl nichts Schöneres für einen abenteuerlustigen Mann, als in der Ferne für sein heißgeliebtes Vaterland zu kämpfen. Das dachte sich auch Regisseur Mark Robson, der mit *Sie fürchten weder Tod noch*

Teufel ein überlanges und zwiespältiges Kriegsspektakel inszenierte, das zu keiner Zeit die französische Fremdherrschaft in Indochina und Algerien in Frage stellt.
Trotz des erbitterten Widerstandes gegen die hinterhältigen Horden der gelben, schlitzäugigen Ureinwohner verlieren die tapferen Franzosen ihren Kampf um die Festung Dien Bien Phu und marschieren in vietnamesische Gefangenschaft. Zu ihnen gehört auch Oberleutnant Raspeguy (Quinn), ein ruppiger, aber - wie es so schön heißt - kameradschaftlicher kalter Krieger. Nachdem man im Fernen Osten gehörig auf die Schnauze gefallen ist, erhalten Raspegue und seine Mannen nach ihrer Entlassung aus der Kriegsgefangenschaft noch einmal die Gelegenheit, bei einem Einsatz gegen das aufständische Algerien (dafür mußte bei den Dreharbeiten Spanien herhalten) ihre Tollkühnheit unter Beweis zu stellen.
Der Film wurde nicht ohne Hintergedanken zur einer Zeit gedreht, in der sich die USA selbst in einen Krieg mit Vietnam verstrickt hatten. Was Robson den Zuschauern hier zumutet, ist eine unreflektierte und effekthaschende Metzelorgie, die nahe an den Rand der Menschenverachtung gerät und durch die guten Schauspieler und die exzellente technische Machart nur noch schlimmer wird. jg

Sie haben alle gelacht

They All Laughed. USA 1981 **R** Peter Bogdanovich **B** Peter Bogdanovich **K** Robby Müller **M** Douglas Dilge **P** George Morfogen, Blaine Novak für Time-Life Films/Moon Pictures **L** 115 Min., Farbe **D** Audrey Hepburn, Ben Gazzara, John Ritter, Colleen Camp, Patti Hansen, Dorothy Stratten, George Morfogen, Sean Ferrer

Eine leichtgewichtige Komödie um ein Trio New Yorker Detektive, die bei ihrer Arbeit das Angenehme mit dem Nützlichen zu verbinden suchen. John Russo (Gazzara) hat den Auftrag, die reiche Engländerin Angela Niotes (Hepburn) zu beschatten, an der er schon bald auch privat Gefallen findet, während seine Kollegen Charles (Ritter) und Arthur einer vollbusigen Blondine (Stratten) auf den Fersen sind - im Auftrage von deren eifersüchtigem Ehemann.
Sie haben alle gelacht stand in jeder Hinsicht unter einem schlechten Stern. Bogdanovich war dringend darauf angewiesen, einen finanziellen Hit zu landen, nachdem er seinen Ruf als Wunderknabe Hollywoods durch Pleiten wie *At Long Last Love* (1975), NIKKELODEON und SAINT JACK verspielt hatte. Es sollte eine witzige Detektivfilm-Parodie werden. Doch am 14. August 1980 wurde Besetzungs-Mitglied Dorothy Stratten, ein ehemaliges Playmate und derzeitige Geliebte Bogdanovichs, von ihrem eifersüchtigen Ehemann Paul Snider erschossen - der Skandal war perfekt. Snider beging später Selbstmord, und Bob Fosse verarbeitete die Ereignisse in seinem spekulativen STAR ´80. Der ursprünglich vorgesehene Verleiher 20th Century-Fox dachte unter diesen Umständen überhaupt nicht daran, den Film in die Kinos zu bringen und ließ ihn fast ein Jahr in den Regalen verstauben. Bogdanovich kaufte schließlich die Rechte zurück und brachte sein Werk, inzwischen versehen mit einer Widmung für Dorothy, auf eigene Faust heraus. Unter gemischten Kritiken lief er fast unter Ausschluß der Öffentlichkeit. Sicherlich kein Meisterwerk, doch eine liebenswerte Komödie mit Schwung und Stil. al

Sie kamen nach Cordura

They Came to Cordura. USA 1959 **R** Robert Rossen **B** Ivan Moffat, Robert Rossen, nach dem Roman von Glendon Swarthout **K** Burnett Guffey **M** Elie Siegmeister **P** William Goetz für Columbia **L** 109 Min., Farbe **D** Gary Cooper, Rita Hayworth, Van Heflin, Tab Hunter, Richard Conte

Während des Kampfes der US-Regierungstruppen gegen die Rebellen von Pancho Villa macht sich ein kleiner Trupp auf die beschwerliche Reise durch die Wüste - Richtung Cordura. Es sind der wegen Feigheit degradierte Major Thorn (Cooper), die Senatorentochter Adelaide (Hayworth) sowie fünf Soldaten, die wegen ihrer Heldentaten ausgezeichnet werden sollen. Schon bald zeigt sich, daß sie trotz ihrer im Kampf bewiesenen Tapferkeit mit menschlichen Schwächen zu kämpfen haben, während sich Thorn als Anführer der Gruppe durch Mut und Entschlossenheit bewährt.
Die Entstehung dieses etwas langatmigen Western war von schweren Problemen begleitet, die für eine erhebliche Überziehung von Drehplan und Budget sorgten. So wurde das Produktionsteam während der Außenaufnahmen in Utah von einer Rekord-Kältewelle überrascht, die Regisseur Rossen zwang, fast das gesamte Material in der Nähe von Las Vegas noch einmal zu drehen. Er beklagte sich später, daß die Endfassung umgeschnitten worden sei und kaufte sogar die Rechte von Columbia zurück, um den Film nach seinen eigenen Vorstellungen zu schneiden und neu herauszubringen, doch sein Tod im Jahre 1966 verhinderte diesen Plan. *Sie kamen nach Cordura* erwies sich, nach teilweise heftigen Attacken wegen angeblicher „Diffamierung der US Army“, als Fünf-Millionen-Dollar-Pleite. al

Sie küßten und sie schlugen ihn

Les quatre cents coups. Frankreich 1959 **R** François Truffaut **B** François Truffaut **K** Henri Decaë **M** Jean Constantin **P** Georges Charlot für Les Films du Carrosse/SEDIF **L** 93 Min., s/w **D** Jean-Pierre Léaud, Albert Rémy, Claire Maurier, Patrick Auffay, Georges Flamant, Yvonne Claudie, Guy Decomble

Der dreizehnjährige Antoine Doinel lebt mit seiner Mutter und seinem Stiefvater in einem kleinen Appartement in Paris. Von seinen verständnislosen Eltern vernachlässigt und von seinen autoritären Lehrern gepeinigt, gerät er auf die schiefe Bahn, stiehlt eine Schreibmaschine, wird dabei erwischt und in ein Erziehungsheim gesteckt. Antoine gelingt die Flucht; er will ans Meer, das er noch nie gesehen hat.
Die Geschichte, die Truffaut in seinem ersten abendfüllenden Spielfilm erzählt, weist Parallelen zu seiner eigenen Jugend auf. Auch er verlebte einige Zeit in einem Heim für schwererziehbare Kinder, bevor der Filmkritiker und Mitherausgeber der *Cahiers du Cinéma*, André Bazin, dem dieses Regiedebüt gewidmet ist, die Talente Truffauts entdeckte und ihn unter seine Fittiche nahm. Die Rolle des Antoine Doinel vergab Truffaut nach Probeaufnahmen mit einer Gruppe von Jungen an den engagiertesten und enthusiastischsten, Jean-Pierre Léaud. Er sollte im Lauf der Jahre nicht nur Truffauts Freund und einer seiner bevorzugten Darsteller werden; er entpuppte sich auch als die Inkarnation Antoine Doinels, den er noch vier weitere Male verkörperte: in der Episode *Antoine und Colette* aus dem Film LIEBE MIT ZWANZIG sowie in GERAUBTE KÜSSE, TISCH UND BETT und LIEBE AUF DER FLUCHT, die den Lebensweg dieses Alter egos Truffauts verfolgen. *Sie küßten und sie schlugen ihn* gilt als eine der ersten Produktionen der Nouvelle Vague, jener Gruppe junger Autoren der Zeitschrift *Cahiers du Cinéma*, die den französischen Film kritisiert hatten und ihn nun durch ihre eigenen Regiearbeiten revolutionierten. *Sie küßten und sie schlugen ihn* (der Originaltitel verweist auf die ‘400 Streiche’, die einem französischen Sprichwort gemäß - jeder Mensch macht, ehe er vernünftig wird) konnte, wie fast alle Filme des Regisseurs, sowohl beim Publikum als auch bei der Kritik großen Erfolg verbuchen. Bei den Filmfestspielen von Cannes ehrte die Jury François Truffauts Erstlingswerk mit dem Großen Preis. mg

Sie leben!

They Live. USA 1988 **R** John Carpenter **B** Frank Armitage (alias John Carpenter), nach einer Kurzgeschichte von Ray Nelson **K** Gary B. Kibbe **M** John Carpenter, Alan Howarth **P** Larry Franco für Alive Films **L** 90 Min., Farbe **D** Roddy Piper, Keith David, Meg Foster, George „Buck" Flower, Peter Jason, Raymond St. Jacques, Susan Barnes

Los Angeles, Mitte der 80er Jahre. Der Bauarbeiter John Nada (Piper) ist einer von vielen Amerikanern, die immer ärmer werden, während gleichzeitig einige seiner Mitbürger immer reicher werden. Gab er bis dato der politischen Führungsclique die Schuld an diesen Zuständen, muß er seine Meinung radikal revidieren, als ihm durch Zufall eine ominöse Sonnenbrille in die Hände fällt. Durch die sieht er die Welt plötzlich mit ganz anderen Augen, obendrein nicht mehr bunt, sondern in schwarzweiß: Eigentlich harmlose Werbeplakate, Zeitschriften und Fernsehsendungen enthüllen in fetten Lettern ihre eindringliche, autoritäre Botschaft: „Gehorche!, konsumiere!, denk nicht nach!" - so und ähnlich ruft es von überall auf ihn herab. Und die smarten Yuppies, bisher die Verkörperung des Lebenstraums aller Unterprivilegierten, entpuppen sich beim Blick durch seine Spezialgläser als außerirdische Totenkopfgesichtige mit tomatenrot leuchtenden Augen, die die nichtsahnende Menschheit mittels Hypnose zum totalen Konsum aufhetzen und damit in ihre Gewalt bringen wollen. John beginnt einen einsamen Kampf gegen die Extraterrestrischen ...
Kultregisseur Carpenter (ASSAULT - ANSCHLAG BEI NACHT, HALLOWEEN) gelang mit *Sie leben* ein weiteres professionell inszeniertes B-Picture im Science-fiction-Milieu, das er mit geringen Mitteln auf Low-Budget-Niveau, frei von teuren visuellen Effekten, realisierte. Reizvoll der spannungsreiche Wechsel zwischen bunter und schwarzweißer Welt, gelungen das unbefangene Schauspieldebüt von Hauptdarsteller Piper, der sich zuvor als Catcher verdingt hatte. Carpenter knüpfte mit seinem Streifen bewußt an entsprechende Genrefilme der 50er Jahre an, in denen außerirdische, kommunistenfreundliche Besucher auf abstoßende Weise mit dem westlichen Lebensstil abzurechnen versuchen. Carpenter: „Mir schwebte ein Film gegen die Achtziger, gegen die Yuppies vor: ein Plädoyer für den Verfolgungswahn, ganz im Stile von DIE DÄMONISCHEN." Seine sarkastische Abrechnung mit den Neureichen und Strebern liefert, so das Presseheft zum Film, „den endgültigen Beweis, daß die Reagan-Revolution in Wahrheit aus dem Weltall gesteuert wird, Fernsehprogramme ein gezielt eingesetztes Schlafmittel darstellen und Werbespots nur eine besonders raffinierte Form unterschwelliger Volksverdummung repräsentieren". sk

Sie möchten Giganten sein

Sometimes a Great Notion. USA 1971 **R** Paul Newman **B** John Gay, nach dem Roman von Ken Kesey **K** Richard Moore **M** Henry Mancini **P** John C. Foreman für Universal **L** 104 Min. (Originalfassung 113 Min.), Farbe **D** Paul Newman, Henry Fonda, Lee Remick, Michael Sarrazin, Richard Jaeckel, Linda Lawson, Cliff Potts

Diese enttäuschende Filmversion von Ken Keseys Wälzerroman um eine Holzfällerfamilie in Oregon ist Paul Newmans zweite Regiearbeit. Der Star hatte eigentlich nur spielen und koproduzieren sollen, doch nach einem durch einen Motorradunfall Newmans (im Sommer 1970) ausgelösten einmonatigen Produktionsstop kam es zwischen ihm und Regisseur Richard A. Colla zu Differenzen, aufgrund derer Colla das Projekt verließ und Newman übernahm.
Die Stampers sind seit Generationen im Holzfällergeschäft und stolz auf ihre Unabhängigkeit. Stur weigert sich Patriarch Henry (Fonda), an einem Streik gegen die Bosse der anderen Holzarbeiter teilzunehmen, und manövriert den Clan so ins gesellschaftliche Abseits. Auch privat gibt es Probleme, denn Lee (Sarrazin), Henrys Sohn aus seiner zweiten Ehe, taucht plötzlich wieder auf...
Newman beweist sichere Hand bei den Action-Sequenzen (besonders Jaeckels Unfalltod ist packend inszeniert), und Richard Moores Landschaftsaufnahmen sind überwältigend, doch der dramatische Konflikt innerhalb der Stamper-Sippe kommt nicht richtig zur Entfaltung. So ist Lee Remick als Holzfällerfrau - in einer kleinen, aber wichtigen Rolle - ganz eindeutig fehlbesetzt und bringt den Film mehrfach aus dem Gleichgewicht. Immerhin: Richard Jaeckel und der Song *All My Children* (Mancini, Alan und Marilyn Bergman) erhielten Oscar-Nominierungen. al

Sie nannten ihn Amigo

Sie nannten ihn Amigo. DDR 1959 **R** Heiner Carow **B** Heiner Carow, Wera Küchenmeister, Klaus Küchenmeister **K** Helmut Bergmann **M** Kurt Schwaen **P** DEFA **L** 63 Min., s/w **D** Ernst-Georg Schwill, Erich Franz, Angelika Hurwicz, Fred Düren, Wilhelm Koch-Hooge, Peter Kalisch, Heinz Schubert

Der halbwüchsige Amigo (Schwill) wurde von seinem Vater im Geist des Kommunismus erzogen und konnte sich bisher erfolgreich der menschenverachtenden Ideologie des Nationalsozialismus entziehen. Eines Tages wird seine standhafte politische Überzeugung vor eine neue Herausforderung gestellt. Amigo versteckt einen aus dem Konzentrationslager geflüchteten Häftling im Schuppen eines Hinterhofes. Für einige Zeit geht alles gut, dann jedoch wird Amigo von dem Vater eines Freundes denunziert. Er stellt sich freiwillig der Gestapo, um dem Flüchtigen ein Untertauchen zu ermöglichen, und wird in ein KZ deportiert.
Ein hervorragender Jugendfilm, dem es gelingt, auch einem jüngeren Zuschauerkreis den Irrsinn und die Bösartigkeit des Dritten Reiches mit einfachen, jedoch niemals platten und simplen Mitteln verständlich zu machen. Gegen Ende allerdings rutscht *Sie nannten ihn Amigo* in eine allzu gefällige, sozialistische Ideologieparabel ab, in der der junge Held der Geschichte als strahlender Panzeroffizier der Nationalen Volksarmee die Erfüllung seines klassenkämpferischen Auftrags findet.
Sie nannten in Amigo war das gelungene Regiedebüt des DDR-Regisseurs Heiner Carow, der in den 70er und 80er Jahren vor allem durch eine Reihe von Gegenwartsfilmen (DIE LEGENDE VON PAUL UND PAULA, *Bis der Tod Euch scheidet*, COMING OUT) ein pointiertes und originelles Bild vom (Privat)-Alltag in der DDR zeichnete. jg

Sie nannten ihn King

King Rat. USA 1964 **R** Bryan Forbes **B** Bryan Forbes, nach dem Roman von James Clavell **K** Burnett Guffey **M** John Barry **P** James Woolf für Coleytown Prod./Columbia **L** 134 Min., s/w **D**

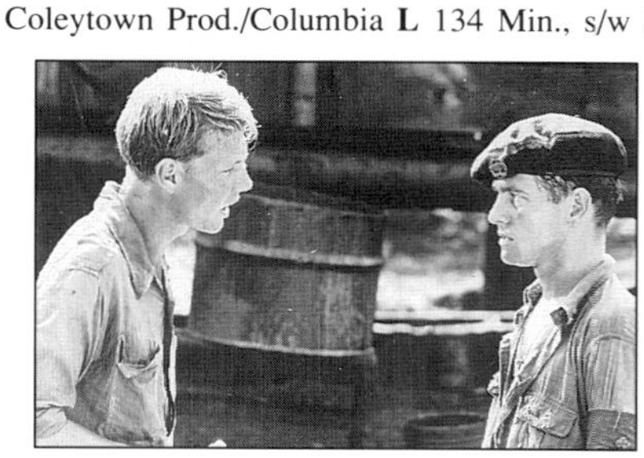

George Segal, Tom Courtenay, James Fox, Patrick O'Neal, Denholm Elliott, James Donald, John Mills, Alan Webb

Der Brite Bryan Forbes schrieb und inszenierte diese exzellente Adaption von James Clavells Roman um ein japanisches Kriegsgefangenenlager im II. Weltkrieg. Es handelt sich um eine grimmige Untersuchung von Auswirkungen der Gefangenschaft auf die Soldaten, in deren Mittelpunkt der umtriebige Corporal King (Segal) steht, ein geschickter Organisator und Manipulator, der die schmalen Essensrationen durch die Zucht von Ratten aufzubessern sucht. Seine Bekanntschaft mit dem jungen Briten Marlowe (Fox), der des Japanischen mächtig ist, ermöglicht ihm eine Ausweitung des schwungvollen und äußerst lukrativen Handels mit den nahrhaften Tierchen...
Sie nannten ihn King zeichnet sich neben der erfreulichen Vermeidung von Stereotypen vor allem durch schonungslosen Realismus und Detailgenauigkeit aus, was besonders angesichts der Tatsache bemerkenswert ist, daß der Film komplett in Kalifornien entstand. Segals überzeugende Vorstellung und eine lange Reihe erstklassiger Charakterdarsteller in der - ausschließlich männlichen - Besetzungsliste verstärken den positiven Eindruck. al

Sie nannten ihn Rocca

Un nommé la Rocca. Frankreich/Italien 1961 **R** Jean Becker **B** José Giovanni, Jean Becker, nach dem Roman *L'excommunié* von Giovanni **K** Ghislain Cloquet **M** Claude Normand **P** Les Films du Cyclope (Paris), Da-Ma Prod. (Rom) **L** 106 Min., s/w **D** Jean-Paul Belmondo, Pierre Vaneck, Christine Kaufmann, Jean-Pierre Darras

Jean Becker trat mit dieser Bearbeitung eines Romans von José Giovanni in die Fußstapfen seines berühmten, 1960 verstorbenen Vaters Jacques Becker. Es handelt sich um einen unspektakulären, handwerklich sauberen kleinen Krimi, in dessen Mittelpunkt die Freundschaft zwischen zwei Ganoven steht. Xavier (Vaneck) wird für einen Mord, den er nicht begangen hat, ins Gefängnis gesteckt, wo sich auch Roberto (Belmondo) bald wiederfindet, der seinem Freund zu Hilfe eilen wollte. Bei einem Minenräumkommando, an dem die beiden gegen Straferlaß teilnehmen, verliert Xavier einen Arm. Nach dem Krieg wollen sie sich mit Robertos Freundin Geneviève (Kaufmann) zur Ruhe setzen, doch eine gewalttätige Auseinandersetzung mit anderen Gangstern macht diese Pläne zunichte.
José Giovanni, der Autor der Vorlage, war mit Beckers Arbeit so unzufrieden, daß er sie selbst noch einmal verfilmte: 1972 als DER MANN AUS MARSEILLE, kurioserweise erneut mit Belmondo in der Hauptrolle. al

Sie sind verdammt

The Damned. Großbritannien 1962 **R** Joseph Losey **B** Evan Jones, nach dem Roman *The Children of Light* von Henry Lionel Lawrence **K** Arthur Grant **M** James Bernard **P** Anthony Hinds für Hammer-Swallow/Columbia **L** 92 Min., s/w **D** Macdonald Carey, Shirley Ann Field, Viveca Lindfors, Alexander Knox, Oliver Reed, Walter Gotell, James Villiers, Thomas Kempenski

Joseph Loseys utopischer Thriller ist einer der besten auf diesem Gebiet. Ohne spektakuläre Effekte und aufdringliche Schockmomente entwirft der britische Regisseur eine Vision, bei der dem Zuschauer die Haare zu Berge stehen.
Per Zufall gerät der amerikanische Tourist Simon Wells (Carey) mit dem Mädchen Freya (Lindfors) bei einem Urlaub an der englischen Küste in ein unterirdisches Höhlensystem, wo er auf eine Gruppe merkwürdiger Kinder stößt, die ihn durch ihr absolut kaltes und gefühlloses Verhalten schockieren. Wells und Freya sind auf das Laborgelände des perfiden Wissenschaftlers Bernard (Knox) geraten. Bei den Kindern handelt es sich um „Versuchskaninchen", die allesamt hochgradig radioaktiv verstrahlt sind und im Falle eines allesvernichtenden Atomkrieges als Basis für eine neue Zivilisation fungieren sollen. Simon und Freya beschließen, zusammen mit den Kindern aus dem unterirdischen Tunnelssystem auszubrechen, scheitern dabei jedoch auf tragische Weise.
„Trotz aller Mängel ist Loseys Film von höchster Klasse...Seine Sozialkritik schneidet wie eine Peitsche ins Fleisch, dennoch ist er voller beunruhigender, poetischer Bilder...Dies ist ohne Zweifel der wichtigste britische Film des Jahres" (*Films and Filming*). *Sie sind verdammt* wurde 1964 auf dem Science-fiction-Festival in Triest zum besten Film gewählt. jg

Sie tanzte nur einen Sommer

Hon dansade en sommar. Schweden 1951 **R** Arne Mattson **B** W. Semitjov, nach der Novelle *Sommardansen* von Peter Olof Ekström **K** Göran Strindberg **M** Sven Sköld **P** Lennart Landheim für Nordisk Film **L** 95 Min., s/w **D** Folke Sundquist, Ulla Jacobsson, Edvin Adolphson, Irma Christensson, Gösta Gustavsson, Berta Hall, John Elfström

Die Geschichte des Streifens ist heute merklich veraltet, wurde damals jedoch als eine unerhörte Provokation empfunden, schließlich propagierte Arne Mattson in seinem Werk die freie Liebe - und das war etwas, was zu Beginn der 50er Jahr ganz und gar unschicklich war.
Helden dieser bittersüßen und so tragisch endenden Liebesgeschichte sind der junge Abiturient Göran (Sundquist) und die 17jährige Kerstin (Jacobsson). Beide lernen sich auf dem Landgut von Görans Onkel Persson (Adolphson) kennen und verlieben sich ineinander. Doch ihre Beziehung wird argwöhnisch von der verklemmten Erwachsenenwelt beobachtet. Während Persson Verständnis für die Jugend aufbringt, wettern Kerstins Eltern und der Pastor des Ortes gegen die angebliche Unmoral der jungen Menschen. Allen Boshaftigkeiten zum Trotz entscheiden sich Göran und Kerstin für ihre Liebe. Nach einem rauschenden Dorffest schlägt das Schicksal jedoch mit aller Grausamkeit zu. Die beiden haben mit ihrem Motorrad einen Unfall, bei dem Kerstin stirbt.
Aus heutiger Sicht ist es nahezu unverständlich, welch ein Wirbel damals um die mickrigen zwölf Filmsekunden gemacht wurde, in denen Ulla Jacobsson mit ihrem Partner Folke Sundquist nackt, wie Gott sie schuf, ins Wasser eines schwedischen Sees hopste, um danach von ihrem Geliebten auf weiches Schilf gebettet zu werden und dann in einer Abblendung unterzugehen. Wie schon zuvor bei DIE SÜNDERIN spuckte die Kirche auch hier wieder einmal Gift und Galle und sorgte mit solch einem albernen Verhalten letztendlich nur dafür, daß noch mehr Zuschauer in die Kinos strömten und *Sie tanzte nur einen Sommer* zum erfolgreichsten Film der Saison 1952/53 wurde. jg

Sie tat ihm unrecht

She Done Him Wrong. USA 1933 **R** Lowell Sherman **B** Mae West, Harvey Thew, John Bright, nach dem Bühnenstück *Diamond Lil* von West **K** Charles Lang **P** William LeBaron für Paramount **L** 66 Min., s/w **D** Mae West, Cary Grant, Owen Moore, Gilbert Roland, Noah Beery, Sr., David Landau, Rafaela Ottiano

Schon mit acht Jahren stand Mae West auf der Bühne und avancierte später zum Theaterstar, mit 39 spielte sie erstmals in einem Film, *Night After Night*. Ihre zweite Leinwandrolle in *Sie tat ihm unrecht* machte sie über Nacht weltberühmt. Bei zehn von den insgesamt zwölf Filmen, in denen sie die Gemüter durch ihre körperlichen Reize und ihre anzüglichen Dialoge erregte, war die Schauspielerin und Autorin auch am Drehbuch beteiligt. Ihr erstes Bühnenstück *Sex* lief über ein Jahr am Broadway, ihr zweites, *Diamond Lil*, bildete die Basis für *She Done Him Wrong*. Als Nachtclub-Attraktion Lady Lou ist die West als der Typ Frau zu sehen, den sie bis an ihr Lebensende mit unterschiedlichen Rollennamen verkörpern sollte. Der laszive und freizügige Vamp unterhält die Gäste des Saloons ihres Geliebten Gus Jordan (Beery, Sr.), einem Mädchenhändler und Falschmünzer. Der junge Cap-

tain Cummings (Grant), Offizier der nahegelegenen Heilsarmee, hofft die Dame durch regelmäßige Besuche zu einem bürgerlichen Leben bekehren zu können. Die Chancen für sein Unterfangen stehen günstig, da sich Lady Lou in ihn verliebt hat.
Cary Grant kam auf recht ungewöhnliche Weise zu seinem Engagement für diesen Film. Mae West sah ihn auf dem Paramount-Studiogelände, fragte einen Angestellten nach dem Namen dieses gutaussehenden Mannes und konstatierte: „Wenn er reden kann, werde ich ihn nehmen."
Die Komödie entwickelte sich zum Kassenschlager des Jahres und erhielt eine Oscar-Nominierung als Bester Film. Der Erfolg zog eine weitere Zusammenarbeit der beiden Stars nach sich: ICH BIN KEIN ENGEL. mg

Sieben Diebe

Seven Thieves. USA 1960 **R** Henry Hathaway **B** Sydney Boehm, nach dem Roman *Lions at the Kill* von Max Catto **K** Sam Leavitt **M** Dominic Frontiere **P** Sydney Boehm für 20th Century-Fox **L** 102 Min., s/w **D** Rod Steiger, Edward G. Robinson, Joan Collins, Eli Wallach, Michael Dante, Alexander Scourby

Jules Dassins RIFIFI zog zahlreiche Imitationen unterschiedlicher Qualität nach sich, und *Sieben Diebe* gehört eindeutig zu den besseren. Wie immer geht es um das „perfekte" Verbrechen, diesmal um die Erleichterung der Spielbank von Monte Carlo, und wie immer läuft bei der Durchführung der Tat eine Winzigkeit schief. Ausgetüftelt hat den raffinierten Plan der alternde Professor Theo Wilkins (Robinson), der sich mit sechs Helfern umgibt, darunter der gerade aus dem Gefängnis entlassene Gangster Paul (Steiger) und die Stripperin Melanie (Collins). Doch das schließlich erbeutete Geld ist numeriert und kann nicht ausgegeben werden...
Sieben Diebe ist spannend und intelligent gemacht sowie glänzend gespielt (einschließlich eines sexy Striptease von Collins), doch der unbefriedigende Schluß läßt ein wenig die Luft aus der Sache: das Geld wird zurückgegeben. Die Charaktere sind zuvor so liebenswert und sympathisch dargestellt worden, daß man ihnen den Erfolg wünscht, zumal sie keine Gewalt anwenden. Doch natürlich war man aufgrund der Zensur darauf bedacht, den guten alten Grundsatz aufrechtzuerhalten, daß Verbrechen sich nicht auszahlt... al

Sieben Frauen

Seven Women. USA 1966 **R** John Ford **B** Janet Green, John McCormick, nach der Erzählung *Chinese Finale* von Norah Lofts **K** Joseph LaShelle **M** Elmer Bernstein **P** Bernard Smith für MGM **L** 87 Min., Farbe **D** Anne Bancroft, Sue Lyon, Margaret Leighton, Flora Robson, Mildred Dunnock, Betty Field, Mike Mazurky

Tunga Khan (Mazurky) ist ein finsterer Geselle, der um 1935 die Gegend an der chinesisch-mongolischen Grenze tyrannisiert. Eine christliche amerikanische Mission unter dem strikten Regiment von Agatha Andrews (Leighton), einer reichlich verklemmten Lesbe, lebt in ständiger Bedrohung. Der etwas triste Missionsalltag wird durch das plötzliche Auftauchen des Mannweibs Dr. D. R. Cartwright (Bancroft) gehörig durcheinander gebracht. Die Ärztin und die Vorsteherin liegen ständig im Clinch, wobei Andrews vorrangig ihre Gefühle für Cartwright mit einem heftigen Kompetenzgerangel zu vertuschen sucht. Als dann eines Tages die ungeschlachte Horde von Tunga Khan in die Mission einfällt, ist die große Stunde der wackeren Ärztin gekommen. Um die anderen Bewohner vor drohender Vergewaltigung und Brandschatzung zu bewahren, gibt sie sich dem brutalen Anführer hin und kann später sogar durch eine beispiellose Selbstaufopferung den geschützten Abzug der Missionarinnen erreichen.
Sieben Frauen war John Fords letzter und zugleich ungewöhnlichster Film. Der Regisseur war für seine klassischen Western mit der üblichen, rein männlichen Besetzung bekannt geworden, dementsprechend hatte Ford auch seine Probleme mit dem asiatischen Ambiente und seinen weiblichen Akteuren. Der Film, an dem die Kritiker kein gutes Haar ließen, wurde durchweg im Studio gedreht und leidet unter seiner allzu künstlich geratenen Kulissenwelt, die von einem kitschig-roten Atelierhimmel umrahmt wird. Für die Rolle der Dr. Cartwright war ursprünglich Patricia Neal vorgesehen, die allerdings während der Dreharbeiten beinahe einem Herzanfall erlag. Flugs mußte die Besetzung umgeändert und alle bisher fertigen Szenen noch einmal mit Anne Bancroft nachgedreht werden. jg

Sieben gegen Chicago

Robin and the Seven Hoods. USA 1964 **R** Gordon Douglas **B** David R. Schwartz **K** William H. Daniels **M** Nelson Riddle **P** Frank Sinatra für P-C Prod./Warner Bros. **L** 107 Min. (Originalfassung 123 Min.), Farbe **D** Frank Sinatra, Dean Martin, Sammy Davis jr., Bing Crosby, Peter Falk, Barbara Rush, Edward G. Robinson, Victor Buono

Der vierte und letzte Anschlag des „Rat Pack" (minus Peter Lawford) auf Portemonnaie und Lachmuskeln der Kinobesucher ist gelungener als seine Vorgänger, was bei deren minderer Qualität allerdings nicht viel besagen will. Es handelt sich um eine Art Parodie auf die Robin-Hood-Legende, angesiedelt in Chicago zur Zeit der Prohibition und Gangsterkriege. Eine der besten Ideen ist der kurze Auftritt Edward G. Robinsons als Oberboß, der schon zwei Minuten nach Beginn des Films von Kugeln durchsiebt wird. Die Handlung dient natürlich nur als Vorwand für eine ausgiebige Demonstration des Talents der Stars als Entertainer, weist jedoch zahlreiche witzige Momente auf, ist flott inszeniert und mit einigen Sammy Cahn/Jimmy Van Heusen-Songs angereichert, darunter *My Kind of Town Chicago Is* (Sinatra), *Don't Be a Do-Badder* (Crosby), *Mr. Booze* (Crosby, Martin, Sinatra, Davis jr.) und *Any Man Who Loves His Mother* (Martin). al

Sieben Ohrfeigen

Sieben Ohrfeigen. Deutschland 1937 **R** Paul Martin **B** B. E. Lüthge, Paul Martin, Curt Goetz **K** Konstantin Irmen-Tschet **M** Friedrich Schröder **P** Max Pfeiffer für UFA **L** 95 Min., s/w **D** Lilian Harvey, Willy Fritsch, Alfred Abel, Oskar Sima, Erich Fiedler

Der junge, etwas aufbrausende William (Fritsch) verliert bei einem Londoner Börsenkrach sein gesamtes Vermögen, welches allerdings nur aus sieben englischen Pfund besteht. William gibt dem Bankier Terbanks (Abel) die Schuld an seiner Misere und läßt durch entsprechend auffällige Publikationen die Sensationsmeldung veröffentlichen, er würde dem verantwortungslosen Finanzmagnaten für jedes verlorene Pfund eine schallende Ohrfeige verpassen. Der Film gewinnt

im folgenden Verlauf seinen besonderen Reiz aus der Tatsache, daß William trotz eines starken Sicherheitsaufgebots immer wieder bis zu seinem Widersacher vordringen und ihm eine Backpeife nach der andern geben kann. Neben diesem eher geschäftlichen Zwist sorgt Terbanks' reizende Tochter Daisy (Harvey) für die erotischen Komplikationen.
Noch einmal versuchten Lilian Harvey und Willy Fritsch, das Traumpaar des Films der 30er Jahre, an ihre großen Erfolge zu Beginn ihrer Karriere anzuknüpfen. *Sieben Ohrfeigen* war unter all diesen Bemühungen noch der originellste, auch wenn hier ein Ende der Zusammenarbeit der beiden Schauspieler bereits abzusehen war. Danach traten sie nur noch einmal für den Streifen FRAU AM STEUER gemeinsam vor die Kamera.
Sieben Ohrfeigen wurde vor allem durch das von Willy Fritsch interpretierte Liebeslied *Ich tanze mit Dir in den Himmel hinein* berühmt. jg

Die sieben Samurai

Shichinin no samurai. Japan 1954 **R** Akira Kurosawa **B** Shinobu Hashimoto, Hideo Oguni, Akira Kurosawa **K** Asakasu Nakai **M** Fumio Hyasaka **P** Shojiro Motoki für Toho Film **L** 159 Min. (Originalfassung 200 Min.), s/w **D** Takashi Shiumura, Toshiro Mifune, Yoshio Inaba, Seji Miyaguchi, Minoru Chiaki, Daisuke Kato, Ko Kimura, Kunihori Kodo

Der um fast eine Stunde gekürzte japanische Filmklassiker lief erst 1962 in den deutschen Kinos an, als bereits auch schon John Sturges´ Western-Remake DIE GLORREICHEN SIEBEN gezeigt worden war. *Die sieben Samurai* gilt nach wie vor als das berühmteste Werk im Œuvre von Akira Kurosawa - ein archaisches, in seinen Bildern kraftvolles Epos um Tapferkeit und Ehre, das mit seiner ausgefeilten Personencharakterisierung weit über das gewohnte Maß hinausreicht und selbst mit seiner ungewohnt langen Originallaufzeit nicht zu ausufernd geraten ist.
Im Japan des 17. Jahrhunderts überfällt alljährlich eine 40köpfige Banditenbande ein armes Dorf und plündert dort die mühsam zusammengebrachten Erträge der spärlichen Ernte. In ihrer Verzweiflung brechen einige Bauern auf, um eine Gruppe von Samurai anzuwerben, die ihnen bei der Verteidigung des Dorfes helfen soll. Es gelingt den Männern tatsächlich, sieben erfahrene Krieger aufzutreiben, die bereit sind, sich für die Bauern einzusetzen. Als die Räuberbande erscheint, wird ihr ein unerwarteter Empfang bereitet. Es entbrennt ein erbitterter Kampf um das Dorf, bei dem die Samurai sich mit ihrem Leben für die Bewohner einsetzen, obwohl es für sie nicht mehr zu gewinnen gibt als eine Schale Reis.
Kurosawas Meisterwerk wurde bereits 1954 bei den Filmfestspielen von Venedig mit dem Silbernen Löwen ausgezeichnet und erhielt ein Jahr später den amerikanischen Oscar als Bester fremdsprachiger Film. jg

Sieben Schönheiten

Pasqualino settebellezze. Italien 1975 **R** Lina Wertmüller **B** Lina Wertmüller **K** Tonino Delli Colli **M** Enzo Janacci **P** Lina Wertmüller, Giancarlo Giannini, Arrigo Colombo für Medusa Cinematografica **L** 116 Min., Farbe **D** Giancarlo Giannini, Fernando Rey, Shirley Stoler, Elena Fiore, Piero di Iorio, Enzo Vitale

Der neapolitanische Koch und Frauenheld Pasqualino (Giannini) hat alle Hände voll zu tun, um seine sieben häßlichen Schwestern zu beschützen und zu versorgen. Noch größer als sein Selbstwertgefühl als wahrer Mann ist nur sein Überlebenswille. In den Wirren des II. Weltkrieges fällt er den Deutschen in die Hände und wird in ein Konzentrationslager gesteckt. Um sich inmitten des Grauens eine bessere Position zu verschaffen, macht sich Pasqualino an die unerbittliche Lagerkommandantin Hilde (Stoler) heran, doch das Resultat sind weitere Demütigungen.
Dieses erschütternde und unvergeßliche Drama, dessen groteske und surreale Visualität nicht selten an Fellini erinnert, wird allgemein als Meisterwerk der eigenwilligen Italienerin Lina Wertmüller angesehen. Besonders in den USA, wo die Regisseurin seit Beginn der 70er Jahre ohnehn sehr beliebt war, überschlugen sich die Rezensenten, und *Sieben Schönheiten* wurde sogar ein Publikumserfolg, obschon auch kritische Stimmen zu den Konzentrationslager-Szenen laut wurden. Vier Oscar-Nominierungen erhielt der Film, darunter eine für Wertmüller - als erste und bisher einzige Frau - in der Sparte Beste Regie. In Europa - außer Italien natürlich - nahm man dagegen kaum Notiz von der eigentümlichen Welt der Wertmüller; so wurde der Film in der BRD erst 1984 uraufgeführt. al

Sieben Tage im Mai

Seven Days in May. USA 1964 **R** John Frankenheimer **B** Rod Serling, nach dem Roman von Fletcher Knebel und Charles Waldo Bailey **K** Ellsworth Fredericks **M** Jerry Goldsmith **P** Edward Lewis für Seven Arts/Joel/Paramount **L** 120 Min., s/w **D** Burt Lancaster, Kirk Douglas, Fredric March, Ava Gardner, Edmond O´Brien, Martin Balsam, George Macready

John Frankenheimer siedelte diese hochbrisante Geschichte im Jahre 1974 an. Die geschilderten Tatsachen paßten jedoch genauso gut in die 60er Jahre, nicht zuletzt aufgrund der Tatsache, daß Präsident John F. Kennedy kurz vor Ende der Dreharbeiten in Dallas unter bis heute nie ganz geklärten Umständen ermordet wurde.
Der US-Präsident Jordan Lyman (March) unterschreibt einen Vertrag, in dem sich die Sowjetunion und die Vereinigten Staaten verpflichten, ihr Atomwaffenpotential drastisch zu reduzieren. Dieser Akt bringt den fanatischen General James M. Scott (Lancaster) zur Räson. Er traut den Russen nicht und sieht in der militärischen Überlegenheit der USA die einzige Möglichkeit, einen atomaren Weltkrieg zu verhindern. Diese Auffassung hat nur eine Schlußfolgerung: Präsident Lyman muß verschwinden. Scott hat bereits einen Großteil des Militärs auf seiner Seite und plant einen minutiösen Putsch. Wind von dem Umsturzversuch bekommt Colonel Martin Jiggs (Douglas), der verzweifelt versucht, den Staatsstreich zu verhindern.
Ein in jeder Hinsicht beklemmender Polit-Thriller, der freilich noch vor seiner Fertigstellung von der Wirklichkeit der Ereignisse des 22. November 1963 eingeholt wurde. Präsident Kennedy selbst zeigte großes Interesse an dem Filmprojekt und sicherte Frankenheimer und seiner Crew durch seinen Pressesprecher Pierre Salinger jede nötige Unterstützung zu. Für eine kurze Szene, in der eine Demonstration vor dem Weißen Haus nachgestellt wurde, besuchte Kennedy persönlich das Set. Dank seines Engagements durfte das Drehteam auch im Weißen Haus filmen, um sich dort einige Anregung für die Ausstattung der Innenszenen zu holen. jg

700 Meilen westwärts

Bite the Bullet. USA 1975 **R** Richard Brooks **B** Richard Brooks **K** Harry Stradling jr. **M** Alex North **P** Richard Brooks für Columbia **L** 131 Min., Farbe **D** Gene Hackman, Candice Bergen, James Coburn, Ben Johnson, Ian Bannen, Jan-Michael Vincent, Mario Arteaga, Robert Donner, Robert Hoy

Im Jahre 1908 - die Zeit des guten alten Wilden Westens scheint schon lange vorbei zu sein - ist die Besiedlung der Vereinigten Staaten so gut wie abgeschlossen. Die Indianer hat man vernichtet oder in ihre kümmerlichen Reservate abgedrängt, wo also bleibt jetzt noch Platz für Freiheit und Abenteuer? Die Frage, welche Pferderasse - die Kaltblüter des Westens oder die Warmblüter des Ostens - nun die ausdauerndere sei, provoziert ein mörderisches Rennen, das von Wyoming quer über Wüsten, Steppen und Gebirge über eine Distanz von 700 Meilen hinweg nach Colorado führen soll. 25 Männer und eine Frau schwingen sich in den Sattel, um sich dieser übermenschlichen Belastungsprobe zu stellen.
Richard Brooks´erster Ausflug ins Western-Genre war 1966 mit dem Film DIE GEFÜRCHTETEN VIER noch recht zufriedenstellend verlaufen. Hier allerdings liegt

der Schwachpunkt ganz eindeutig auf einer Story, die zum Zeitpunkt ihrer Verfilmung nichts Neues mehr zu bieten hatte. Mit seiner über zweistündigen Laufzeit ist der Film deutlich zu lang geraten und bringt es nicht fertig, selbst während dieser 131 Minuten die vorgestellten Protagonisten über den Rand des Oberflächlichen hinweg zu charakterisieren. Lobenswert sind hingegen die atemberaubenden Landschaftsaufnahmen, die in Nevada, New Mexico und Colorado entstanden, und Alex Norths vorzüglicher Soundtrack, der für den Oscar nominiert wurde. jg

Siebenmal lockt das Weib

Woman Times Seven/Sept fois femme/Sette volte donna. USA/Frankreich/Italien 1967 **R** Vittorio De Sica **B** Cesare Zavattini **K** Christian Matras **M** Riz Ortolani **P** Arthur Cohn für 20th Century-Fox **L** 99 Min., Farbe **D** Shirley MacLaine; 1. *Funeral Procession/Paulette - Das Begräbnis*: Peter Sellers, Elspeth March; 2. *At the Opera/Eve - Gala-Abend in der Oper*: Patrick Wymark, Adrienne Corri; 3. *Two Against One/Linda - Zwei gegen eine*: Vittorio Gassman, Clinton Greyn; 4. *The Suicides/Marie - Selbstmordkandidaten*: Alan Arkin; 5. *The Super-Simone/Edith - Das Mißverständnis*: Lex Barker, Elsa Martinelli; 6. *Snow/Jeanne - Paris im Schnee*: Michael Caine, Anita Ekberg, Philippe Noiret; 7. *Amateur Night/Maria Teresa - Die Anfängerin*: Rossano Brazzi, Catherine Sami

Wie schon Silvana Mangano in HEXEN VON HEUTE hatte Shirley MacLaine hier Gelegenheit, ihre Wandlungsfähigkeit in verschiedenen Episoden unter Beweis zu stellen, die ihr von Vittorio De Sica und seinem Leib- und Magenautor Cesare Zavattini auf den Leib geschneidert wurden.

1. Hinter dem Sarg ihres verstorbenen Mannes einher schreitend, läßt sich eine trauernde Witwe nur allzu gern von einem Freund der Familie (Sellers) trösten.
2. Eine reiche Dame der Gesellschaft stellt entsetzt fest, daß eine Konkurrentin mit der Kopie ihres neuesten Modell-Kleides in die Oper zu gehen beabsichtigt. Sie läßt in deren Auto eine Bombe installieren.
3. Eine intellektuelle Dolmetscherin nimmt einen Italiener (Gassman) und einen Schotten (Greyn) mit nach Hause und beginnt, ihnen nackt T. S. Eliot vorzulesen. Als die beiden ihr sexuelles Interesse bekunden, beschimpft sie die beiden als Steinzeitmenschen.
4. Ein zum Selbstmord entschlossenes Liebespaar - beide sind verheiratet - gerät sich über die zu wählende Todesart in die Haare und führt die Tat nicht aus.
5. Um ihren Mann (Barker), der in seinen Romanen eine weibliche Superheldin beschreibt, auf sich aufmerksam zu machen, flüchtet sich eine biedere Hausfrau in bizarres Verhalten.
6. Weil ihr auf der Straße ein Unbekannter (Caine) folgt, gerät die Ehefrau eines reichen Geschäftsmannes (Noiret) in Aufregung, ohne zu ahnen, daß es sich um einen von ihrem Gatten angeheuerten Detektiv handelt.
7. Als sie ihren Mann (Brazzi) mit einer anderen überrascht, droht eine Hausfrau, sich dem Erstbesten an den Hals zu werfen. Nachts gerät sie unter Prostituierte, macht jedoch ihre Drohung nicht wahr.

Einige witzige Momente und intelligente Kommentare enthält *Siebenmal lockt das Weib*, doch angesichts des Regisseurs und der beteiligten Schauspieler ist das Ergebnis enttäuschend. MacLaine, eingekleidet von Pierre Cardin, gibt ihr Bestes, doch als Französin ist sie nicht leicht zu akzeptieren. al

Das siebente Siegel

Det sjunde inseglet. Schweden 1956 **R** Ingmar Bergman **B** Ingmar Bergman, nach dem Bühnenstück *Trämålning* von Bergman **K** Gunnar Fischer **M** Erik Nordgren **P** Svensk Film **L** 97 Min., s/w **D** Max von Sydow, Gunnar Björnstrand, Nils Poppe, Bengt Ekerot, Bibi Andersson, Åke Fridell, Inga Gill, Erik Strandmark, Gunnel Lindblom

Svensk-Film-Chef Carl Anders Dymling war wenig begeistert, als Bergman ihm seinen Drehbuchentwurf zu *Das siebente Siegel* vorlegte. Er empfand die Geschichte als viel zu düster und beklemmend. Erst der unerwartete Erfolg von DAS LÄCHELN EINER SOMMERNACHT bewegte ihn dazu, seine Einwilligung zu dem Projekt zu geben. Bergman hatte das Hauptmotiv dem berühmten Albrecht-Dürer-Kupferstich *Ritter, Tod und Teufel* entnommen, in dem dieser ein Schachspiel zwischen einem Edelmann und dem Tod dargestellt hatte. Der schwedische Regisseur setzte diese mittelalterliche Parabel in ebenso meisterhafte wie beklemmende Bildfolgen um.

Das Europa gegen Mitte des 12. Jahrhunderts gleicht einer alptraumartigen Welt. Die Städte und Dörfer sind verwaist, die Männer zu den unheilbringenden Kreuzzügen aufgebrochen. Der junge Antonius Block (von Sydow), einer jener Ritter, die ins Heilige Land zogen, kehrt nun wieder in seine schwedische Heimat zurück. Dort jedoch trifft er nur auf Leid und Elend, denn mittlerweile ist die Pest über das Land gekommen. Als der Tod eines Abends erscheint, um Antonius zu holen, gelingt es dem Ritter, den Sensenmann zu einem Schachspiel zu überreden. Im Verlauf dieses Spiels versucht Antonius, sowohl sein Leben zu retten als auch den Glauben an Gott zu finden. Am Ende wird ihm beides mißlingen.

Das siebente Siegel kam erst 1962 in die bundesdeutschen Kinos, als sich Bergman mit weiteren Filmen wie DIE JUNGFRAUENQUELLE oder WIE IN EINEM SPIEGEL schon längst etabliert hatte. Heute zählt diese brillant umgesetzte mittelalterliche Legende zu den eigenwilligsten und berühmtesten Werken im Œuvre des schwedischen Regisseurs. jg

Die 27. Etage

Mirage. USA 1965 **R** Edward Dmytryk **B** Peter Stone, nach dem Roman *Fallen Angel* von Walter Ericson **K** Joseph MacDonald **M** Quincy Jones **P** Harry Keller für Universal **L** 108 Min., s/w **D** Gregory Peck, Diane Baker, Walter Matthau, Kevin McCarthy, Jack Weston, Leif Erickson, Walter Abel, George Kennedy, Robert H. Harris, Anne Seymour

Bei einem Stromausfall in der amerikanischen Metropole New York beobachtet der Atomwissenschaftler David Stillwellb (Peck), wie ein Mann aus dem 27. Stockwerk eines Hochhauses stürzt. Dieses schockartige Erlebnis sorgt dafür, daß David sein Erinnerungsvermögen verliert. Das wäre an sich schon schlimm genug, doch er gerät völlig aus dem Konzept, als er unversehens von einer mysteriösen Gangsterbande durch die Stadt gejagt wird. Weder bei der Polizei noch bei dem Psychiater Dr. Broden (Harris) findet er Hilfe. David engagiert den Privatdetektiven Caselle (Matthau), der das Geheimnis seiner Identität lüften soll. Doch auch dieser fällt kurze Zeit später einem Mordkomplott zum Opfer...

Edward Dmytryk, ein Zeit seines Lebens verkannter Regisseur, schuf hier einen düsteren Thriller, der sein Publikum beträchtlich verunsicherte und Szene für Szene in mehr und mehr Verwirrung stürzte. Was bei manchen Filmen dieser Art ärgerlich ist, gereicht diesem Streifen jedoch zum Vorteil. *Die 27. Etage* überträgt die Ungewißheit und Verlorenheit des Protagonisten über den

Verlust der eigenen Identität geschickt auf den Zuschauer. Als einer der ersten Regisseure Hollywoods verzichtete Dmytryk darauf, die zahlreichen Rückblenden des Films durch eine wabernd-verschwommene Übergangssequenz deutlich zu machen, sondern setzte statt dessen scharfe Schnitte, die er mit kurzen Zwischentiteln unterlegte. Nur drei Jahre später drehte James Goldstone mit Harry Guardino und Bradford Dillman ein ähnlich angelegtes Remake, das den Titel *Die nackte Tote* trug. jg

Das siebte Kreuz

The Seventh Cross. USA 1944 **R** Fred Zinnemann **B** Helen Deutsch, nach dem Roman von Anna Seghers **K** Karl Freund **M** Roy Webb **P** Pandro S. Berman für MGM **L** 110 Min., s/w **D** Spencer Tracy, Signe Hasso, Hume Cronyn, Jessica Tandy, Agnes Moorehead, Herbert Rudley, Felix Bressart, Ray Collins

Anna Seghers schrieb ihren berühmten antifaschistischen Roman 1942 im Exil. Das Manuskript konnte von einem französischen Lehrer rechtzeitig vor dem Zugriff der Gestapo gerettet werden und wurde zuerst in englischer Sprache veröffentlicht. Bereits zwei Jahre später fand sich eine Produktionsfirma, die das Buch im Rahmen der psychologischen Kriegsführung gegen Nazi-Deutschland verfilmte. *Das siebte Kreuz* bildet unter den Propaganda-Streifen Hollywoods eine große Ausnahme. Zinnemann beschreibt die Auswirkungen des Nazi-Terrors auf das eigene Land und seine Bewohner und zeigt erstmalig auch Menschen, die sich der Politik der NSDAP verweigern.
Die Geschichte spielt im Jahre 1936. Sieben Häftlingen eines Konzentrationslagers gelingt die Flucht. Während die Suchtrupps die Flüchtigen erbarmungslos hetzen, läßt der Kommandant auf dem Gelände des KZs an sieben Bäumen Querhölzer anbringen, an denen die ausgebrochenen Männer zur Abschreckung der übrigen Häftlinge aufgehängt werden sollen. Nach und nach werden die Flüchtigen wieder gefaßt, nur ein Kreuz bleibt leer. Es ist für Georg Heisler bestimmt, der sich bis nach Mainz durchschlagen kann und mit fremder Hilfe aus Nazi-Deutschland entkommt.
Das siebte Kreuz trifft die Stimmung und Atmosphäre im damaligen Dritten Reich nicht immer korrekt, was u. a. an den etwas künstlichen Kulissenbauten liegt, die die heimelige Idylle deutscher Städte und Landschaften darstellen sollten. Die verschiedenen Schauspieler sind in ihren kleinen Nebenauftritten insgesamt hervorragend, besonders Hume Cronyn und Jessica Tandy, die hier ihre erste Filmrolle spielte. Der Film wurde damals von einigen Kreisen als zu weichherzig und verständnisvoll empfunden, schließlich ging es ja um ein Land, mit dessen Nation sich Amerika im Krieg befand. jg

Das siebte Zeichen

The Seventh Sign. USA 1988 **R** Carl Schultz **B** W. W. Wicket, George Kaplan **K** Juan Ruiz Anchia **M** Jack Nitzsche **P** Ted Field, Robert W. Cord für Tri-Star Pictures **L** 97 Min., Farbe **D** Demi Moore, Michael Biehn, Jürgen Prochnow, Peter Freidman, Manny Jacobs, John Taylor

Sieben Zeichen, heißt es im Buch der Offenbarung, werden der Apokalypse vorausgehen. Der mysteriöse David (Prochnow) scheint dafür zu sorgen, daß sich diese Prophezeiung auch tatsächlich erfüllt, denn überall, wo er auftaucht, ereignen sich Katastrophen: Fische treiben tot ans Ufer, ein Fluß färbt sich rot, und ein Wüstendorf versinkt unter einer Eisschicht. Als David sich bei der schwangeren Abby (Moore) und ihrem Mann (Biehn) einmietet, ahnt sie noch nicht, daß sie selbst das letzte, das siebte Zeichen liefern soll: die Totgeburt eines Babys ohne Seele...
Weniger ein Horrorfilm als eine religiöse Parabel, verarbeitet *Das siebte Zeichen* ganz im Stile von DAS OMEN auf effektvolle Weise Bibelinhalte, um eine mahnende Botschaft über die Selbstzerstörung der Menschheit auszusenden. Ein durchaus ehrenwerter Ansatz, der jedoch angesichts der Löcher im Plot und zahlreicher unfreiwillig komischer Momente nicht ganz ernstzunehmen ist. Erst gegen Schluß kommt der Film unter der sonst zurückhaltenden Regie des Australiers Carl Schultz richtig in Fahrt, so daß die fehlende Logik kaum auffällt. Immerhin hervorragend photographiert. al

Der Sieger

The Quiet Man. USA 1952 **R** John Ford **B** Frank S. Nugent, Richard Llewellyn, nach einer Story von Maurice Walsh **K** Winton C. Hoch, Archie Stout **M** Victor Young **P** Merian C. Cooper, John Ford, Michael Killanin für Argosy/Republic Pict. **L** 125 Min., Farbe **D** John Wayne, Maureen O'Hara, Barry Fitzgerald, Ward Bond, Victor McLaglen, Mildred Natwick, Francis Ford, Eileen Crowe

Diesmal keiner der typischen Western aus der Werkstatt von John Ford, sondern eine urige Komödie, mit der der Regisseur eine Liebeserklärung an Irland, die Heimat seiner Vorfahren, abgab.
Nachdem er einen Gegner im Ring tödlich verletzte, hat der gefeierte Preisboxer Sean Thornton (Wayne) endgültig vom Boxsport die Schnauze voll und setzt sich nach Irland ab, wo er das Anwesen erwirbt, in dem er einst als Kind aufwuchs. Damit kommt er dem Großgrundbesitzer Will Danaher (McLaglen) in die Quere, der seinerseits ein Auge auf das Gut geworfen hat. Sean läßt sich jedoch nicht vertreiben und hat obendrein auch noch die Frechheit, Danahers reizende Schwester Mary Kate (O'Hara) zu heiraten. Erst als diese von ihrem Bruder keine Mitgift erhält, sieht Sean sich noch einmal gezwungen, seine Fäuste zu gebrauchen.
Dieser für John Ford ungewohnte Ausflug ins Komödienfach erfuhr bei der Kritik eine unerwartet große Resonanz. In Amerika wurde *Der Sieger* mit zwei Oscars prämiert (Regie und Kamera); der amerikanische Kritikerpreis ging ebenfalls an Ford und Kameramann Winton C. Hoch sowie an Wayne und McLaglen für die beste Haupt- bzw. Nebenrolle. Um den Triumph komplett zu machen, wählten die Jurymitglieder der Filmfestspiele von Venedig den Streifen zum zweitbesten Film der Kinosaison 1952 und zeichneten ihn mit dem großen Preis aus. jg

Die Sieger

The Victors. Großbritannien 1963 **R** Carl Foreman **B** Carl Foreman, nach dem Buch *The Human Kind* von Alexander Baron **K** Christopher Challis **M** Sol Kaplan **P** Carl Foreman für Highroad Prod./ Columbia **L** 159 Min. (Originalfassung 175 Min.), s/w **D** George Hamilton, George Peppard, Peter Vaughan, Eli Wallach, Vincent Edwards, Jim Mitchum, Rosanna Schiaffino, Maurice Ronet, Jeanne Moreau, Romy Schneider, Michael Callan, Alf Kjellin, Melina Mercouri, Peter Fonda, Albert Lieven, Senta Berger, Elke Sommer, Albert Finney

Carl Foremans episch angelegter Antikriegsfilm verfolgt junge amerikanische Infanteristen auf ihrem Weg von der Landung der Alliierten in Sizilien im Jahre 1942 bis zum Ende des II. Weltkrieges. Viele der lose miteinander verknüpften Episoden drehen sich um das Liebesleben der Kämpfer bzw. um ihre Begegnungen mit europäischen Frauen. Einer gerät an eine belgische Geigerin (Schneider), die sich als schizophrene Prostituierte herausstellt, ein anderer hat eine Affäre mit einer verwirrten Französin (Moreau), ein weiterer läßt sich mit einer attraktiven Schwarzmarkthändlerin (Mercouri) ein, die ihn zum Desertieren überreden will.
Foreman, der hier zum ersten Mal auch als Regisseur tätig war, nachdem er schon Filme wie DIE BRÜCKE AM KWAI und DIE KANONEN VON NAVARONE geschrie

ben bzw. produziert hatte, scheiterte hier an seinen eigenen hohen Ansprüchen: *Die Sieger* bildet, besonders in der um 16 Minuten längeren amerikanischen Fassung, keine erzählerische Einheit, sondern ist nur ein verworrener, enormer Rumpf von einem Film. Die Besetzungsliste weist zahlreiche bekannte Namen auf, doch wenn es an die tatsächlichen Talente darunter geht (Moreau, Schneider, Mercouri, Wallach), wird die Auswahl schon kleiner. Einige Momente sind dennoch eindrucksvoll und unvergeßlich, etwa wenn Peppard den tödlich verwundeten Wallach entdeckt, oder wenn während einer Exekutions-Szene im Schnee Frank Sinatras *Have Yourself a Merry Little Christmas* die Hintergrundmusik bildet. al

Die siegreichen Drei

Sergeants 3. USA 1962 **R** John Sturges **B** William R. Burnett **K** Winton C. Hoch **M** Billy May **P** Frank Sinatra für Essex-Claude Prod./United Artists **L** 113 Min., Farbe **D** Frank Sinatra, Dean Martin, Sammy Davis jr, Peter Lawford, Joey Bishop, Henry Silva

Der zweite von vier Filmen des sogenannten Rat Pack um Frank Sinatra (der auch produzierte) ist nichts weiter als ein zweites Remake des 1939er Abenteuer-Klassikers AUFSTAND IN SIDI HAKIM, für das man die auf einem Gedicht von Rudyard Kipling beruhende Handlung in den Wilden Westen verlegte. Drei Sergeanten (Sinatra, Martin, Lawford) mit einem entlaufenen Sklaven (Davis jr.) im Schlepptau sollen im Indianerland einen Militärposten errichten, was nicht gerade auf Begeisterung der Ureinwohner stößt. Western-Veteran John Sturges beweist seine technische Kompetenz bei den Kampfszenen, doch dem auf Lacher angelegten Film geht schnell die Puste aus. Die einzige Überraschung: keiner der - zugegeben - stimmgewaltigen Stars hat etwas zu singen. al

Sierra Charriba

Major Dundee. USA 1965 **R** Sam Peckinpah **B** Harry Julian Fink, Oscar Saul, Sam Peckinpah, nach einer Story von Fink **K** Sam Leavitt **M** Daniele Amfitheatrof **P** Jerry Bresler für Columbia **L** 120 Min., Farbe **D** Charlton Heston, Richard Harris, Jim Hutton, James Coburn, Michael Anderson jr., Senta Berger, Mario Adorf, Warren Oates

Sierra Charriba war ein weiterer trauriger Meilenstein in der Karriere des Regisseurs Sam Peckinpah. Als der Film zu Beginn des Jahres 1965 in den US-Kinos anlief, hatte Peckinpah sich längst von der Endfassung distanziert, da ihm die Produzenten jegliche Vollmacht über den Schlußschnitt aus den Händen genommen und das Gesamtwerk nach ihren Vorstellungen umgemodelt hatten. Leider läßt sich heute nicht mehr feststellen, wie der Film nach Peckinpahs Vorstellungen ausgesehen hätte. Nur andeutungsweise erkennt man, daß *Sierra Charriba* mit einer ganz anderen Intention gedreht worden war. Das Tempo des Films ist unglaublich holperig, der Schnitt beinahe brutal, an vielen Stellen sogar völlig unpassend und verstümmelnd. Zurück bleibt nach Betrachten dieses martialischen Westerns ein Gefühl ratloser Leere, die auch der beträchtlich betriebene Aufwand und die vielen schönen mexikanischen Landschaftsaufnahmen nicht zu füllen wissen.

Die Geschichte bricht von Beginn an beinahe unter der Problemfülle zusammen, die in 120 Minuten bewältigt werden muß. Ohne von seinen Vorgesetzten die Erlaubnis erhalten zu haben, bricht Major Dundee (Heston) mit einer kunterbunt zusammengewürfelten Truppe (Deserteure, gefangene Südstaatler und Kriminelle) mitten im amerikanischen Bürgerkrieg zu einer Strafexpedition gegen die Apachen auf, die ihn im Verlauf der Verfolgung verbotenerweise über die mexikanische Grenze führt. Auf feindlichem Gebiet kann er zwar die Indianer vernichtend schlagen, gerät dort aber mit französischen Truppen aneinander, die sich als weitaus gefährlicher erweisen. jg

Der silberne Kelch

The Silver Chalice. USA 1954 **R** Victor Saville **B** Lesser Samuels, nach dem Roman von Thomas B. Costain **K** William V. Skall **M** Franz Waxman **P** Victor Saville für Warner Bros. **L** 137 Min. (Originalfassung 143 Min.), Farbe **D** Virginia Mayo, Jack Palance, Paul Newman, Pier Angeli, Alexander Scourby, Joseph Wiseman, E. G. Marshall, Walter Hampden, Jacques Aubuchon, Lorne Greene, Natalie Wood

Einen peinlicheren Film hätte sich Paul Newman (zum Zeitpunkt der Dreharbeiten 29 Jahre alt) für seinen ersten Leinwandauftritt nicht aussuchen können. Er selbst sagte später über dieses wenig glanzvolle Debüt: „Ich habe diesen Film zwar immer geringgeschätzt, aber die Ehre, im schlechtesten Film der 50er Jahre mitgespielt und dennoch überlebt zu haben, ist ja immerhin auch etwas wert."

Nach dem Sensationserfolg von DAS GEWAND begab sich Hollywood eifrig auf die Suche nach Reliquien und Gegenständen, die ehemals durch die Hände des Erlösers gewandert waren. Fündig wurde man in dem Bestseller von Thomas B. Costain, in dem der silberne Kelch, aus dem Jesus während des Abendsmahls einen letzten Schluck nahm, die wesentliche Rolle spielt. Die bösen Römer, angestiftet von ihrem perversen Kaiser Nero (Aubuchon), schlagen alles zu Kleinholz, was an den Kreuzigungstod des Erlösers erinnert. Bei diesen blindwütigen Zerstörungsaktionen geht irgendwann auch der silberne Kelch verschütt, doch wird das zurecht erboste Publikum immerhin mit der Ankündigung vertröstet, daß besagtes Gefäß eines Tages wieder erscheint, um die uneinsichtige Menschheit auf den rechten Weg der Tugend zu führen. Ausstaffiert wird diese wenig aufregende Geschichte mit dem obligatorischen Techtelmechtel der Geschlechter, das sich - umrahmt von einer Anhäufung geschmacklosester Pappmaché-Kulissen - zwischen dem griechischen Sklaven Basil (Newman) und der reizenden Deborra (Angeli) entspinnt und von den Ränken der ebenso lasziven wie verderbten Helena (Mayo) erfolglos unterminiert wird. jg

Silent Movie

siehe: MEL BROOKS' LETZTE VERRÜCKTHEIT - SILENT MOVIE

Silkwood

Silkwood. USA 1983 **R** Mike Nichols **B** Nora Ephron, Alice Arlen **K** Miroslav Ondricek **M** Georges Delerue **P** Mike Nichols, Michael Hausman für 20th Century-Fox **L** 131 Min., Farbe **D** Meryl Streep, Kurt Russell, Cher, Craig T. Nelson, Diana Scarwid, Fred Ward, Ron Silver, Charles Hallahan, Josef Sommer

Ein weiteres Mal verkörperte Meryl Streep eine Frau, die zu den einprägsamsten Filmfiguren der 80er Jahre gehören sollte. Mike Nichols´ engagierter Atom-Thriller setzt die Tradition eines Streifens wie DAS CHINA SYNDROM fort und beschreibt anhand des Schicksals einer einzelnen Person die Machenschaften eines Nuklear-Konzerns. Die Handlung basiert auf den authentischen Ereignissen, die sich im Jahre 1974 zutrugen. Karen Silkwood (Streep) arbeitet in einer Plutonium-Fabrik in Oklahoma. Bei ihren Kollegen ist sie beliebt, bei der Geschäftsleitung hingegen weniger, denn Karen führt einen recht unkonventionellen Lebensstil, engagiert sich in der Gewerkschaft und bemerkt als erste, daß in dem Unternehmen etwas nicht mit rechten Dingen zugeht. Tatsächlich muß sie erfahren, daß sie und viele andere Angestellte einer Strahlenbelastung ausgesetzt wurden, die das Zehnfache des erlaubten Grenzwertes überstiegen hat. Die Angst vor Krebs und die Wut über die Fahr-

lässigkeit des Konzerns steigern Karens Unerschrockenheit. Am 13. November 1974 arrangiert sie mit einem Reporter der *New York Times* einen Interviewtermin, zu dem sie belastendes Material mitbringen will. Das Treffen kommt nicht zustande, denn Karen verunglückt unterwegs tödlich.
Karen Silkwoods mysteriöser Tod lieferte Stoff für Gerüchte und Mutmaßungen, die hier zu einem faszinierenden Film verwoben wurden. Zwar fügte Regisseur Nichols an ein paar Stellen einige kleine Ergänzungen hinzu, im Ganzen jedoch hält sich das Drehbuch eng an das damalige Geschehen. Wie ein Jahr zuvor bei SOPHIES ENTSCHEIDUNG stand Meryl Streep auch 1983 wieder auf der Anwärterliste für den Oscar, den sie diesmal allerdings an ihre Kollegin Shirley MacLaine für deren Darstellung in ZEIT DER ZÄRTLICHKEIT verlor. Weitere Oscar-Kandidaten waren Regisseur Nichols, Cher, das Drehbuchgespann Ephron/Arlen sowie Cutter Sam O´Steen. jg

Silverado

Silverado. USA 1985 **R** Lawrence Kasdan **B** Lawrence Kasdan, Mark Kasdan **K** John Bailey **M** Bruce Broughton **P** Lawrence Kasdan für Columbia **L** 132 Min., Farbe **D** Kevin Kline, Scott Glenn, Rosanna Arquette, John Cleese, Kevin Costner, Brian Dennehy, Danny Glover, Jeff Goldblum, Linda Hunt

Lawrence Kasdan, der als Drehbuchautor für den zweiten *Star Wars*-Teil DAS IMPERIUM SCHLÄGT ZURÜCK seine Phantasie in die tiefe Schwärze der Galaxis hatte eintauchen lassen, besann sich hier auf eine etwas bodenständigere Geschichte. Neben Clint Eastwoods nicht gerade überschwenglich aufgenommenem PALE RIDER war *Silverado* die zweite Western-Produktion des Jahres 1985, mit der versucht wurde, das totgeglaubte Genre noch einmal wiederzubeleben. Daß Filme dieser Gattung ein gewisses finanzielles Risiko bergen, war seit dem Desaster von Michael Ciminos HEAVEN´S GATE kein Geheimnis mehr. Dennoch konnte Kasdan für diesen Film über eine stattliche Summe von 25 Mio. Dollar verfügen, die der Streifen dann trotz der hochgesteckten Hoffnungen nicht einspielte.
Der Handlungsaufbau bezieht deutliche Anleihen aus den großen Howard-Hawks-Western RIO BRAVO und EL DORADO: Nach einigem Hin und Her findet sich ein Quartett zusammen, das gemeinsam in die Stadt Silverado aufbricht. Dort herrschen einige üble Großgrundbesitzer, die mit Brutalität und Korruption die Bevölkerung unterdrücken. Diese wenig angenehme Situation ändert sich, als unsere vier Helden in das Nest einreiten und für etwas Abwechslung sorgen.
Silverado, in der Nähe von Santa Fé (New Mexico) gedreht, konnte den Rekord für sich in Anspruch nehmen, die größte Filmkulisse zu besitzen, die je für einen Western errichtet worden war. 140 Handwerker waren damit beschäftigt, eine aus 47 Gebäuden bestehende Stadt nach Originalplänen zu erbauen. Dieser Aufwand und die berauschend schönen Landschaftsaufnahmen sind es, die *Silverado* trotz seiner inhaltlichen Mängel und der zu lang geratenen Laufzeit eine gewisse Attraktivität verleihen. Der in den USA nicht sehr freundlich besprochene Film wurde in Europa wesentlich gnädiger aufgenommen. „Kasdan tut gar nicht erst so, als wolle er etwas neu und besser machen. Er wollte einen guten klassischen Western drehen, und das ist ihm gelungen" (*Tagesspiegel*). jg

Simon in der Wüste

Simón del desierto. Mexiko 1965 **R** Luis Buñuel **B** Luis Buñuel, Julio Alejandro **K** Gabriel Figueroa **M** Raúl Lavista **P** Gustavo Alatriste **L** 45 Min. (Originalfassung 54 Min.), s/w **D** Claudio Brook, Sylvia Pinal, Hortensia Santoveña, Jesús Fernández Martínez

Eines seiner Lieblingsthemen - die katholische Kirche und ihre Mythologie - beschäftigte Luis Buñuel auch in dieser knapp einstündigen Parabel, die auf der Legende von Simon Stilytes (390-459) beruht. Dieser äußerst konsequente Asket soll in Syrien die letzten 37 Jahre seines Lebens auf einer Säule vebracht haben, um „näher bei Gott" zu sein. Laut Buñuel hat Simon allerlei Verlockungen zu widerstehen, so erscheint ihm dreimal der Teufel (jeweils gespielt von Sylvia Pinal), um ihn in Verkleidung von der Säule zu locken: als kleines Mädchen im Matrosenanzug, als Gott mit einem Lämmchen auf dem Arm und als blonde Sexbombe in Strapsen. Am Schluß sieht man Simon hilflos in einer New Yorker Discothek sitzen. Bei den Filmfestspielen in Venedig erhielt *Simon in der Wüste*, wegen seiner ungewöhnlichen Laufzeit kaum in Kinos eingesetzt, den Spezialpreis der Jury. al

Simson ist nicht zu schlagen

A Fine Madness. USA 1966 **R** Irvin Kershner **B** Elliott Baker, nach seinem Roman **K** Ted McCord **M** John Addison **P** Jerome Hellman für Pan Arts/ Warner Bros. **L** 103 Min., Farbe **D** Sean Connery, Joanne Woodward, Jean Seberg, Patrick O´Neal, Colleen Dewhurst, Clive Revill, Werner Peters

Ausschließlich an Originalschauplätzen in New York entstanden, dreht sich *Simson ist nicht zu schlagen*, im Prinzip eine Screwball Comedy mit tragischen Untertönen, um einen erfolglosen Schriftsteller (Connery), der seine Frustrationen an seiner Umwelt und besonders an seiner zweiten Ehefrau (Woodward) ausläßt. Auch sein Psychiater (O´Neal) weiß sich schließlich keinen anderen Rat, als an dem ungebärdigen Patienten nach dessen Nervenzusammenbruch eine Lobotomie vornehmen zu lassen. Aus dieser ungewöhnlichen Mischung machte Irvin Kershner eine zwar uneinheitliche, doch überwiegend komische Satire, die Connery eine willkommene Abwechslung von seinem Bond-Image als gewalttätiger Supermann bot. Ironischerweise war Kershner der Regisseur, der sein spätere Comeback als 007 in SAG NIEMALS NIE inszenierte. al

Sindbad, der Seefahrer

Sinbad the Sailor. USA 1947 **R** Richard Wallace **B** John Twist, nach einer Story von Twist und George Worthing Yates **K** George Barnes **M** Roy Webb **P** Stephen Ames für RKO **L** 110 Min. (Originalfassung 117 Min.), Farbe **D** Douglas Fairbanks jr., Maureen O´Hara, Walter Slezak, Anthony Quinn, George Tobias, Jane Greer, Mike Mazurki, Sheldon Leonard

Was sonst eher ärgerlich ist, gereicht diesem Film ausnahmsweise einmal zum Vorteil. Die Kürzung der deutschen Fassung um (leider nur) sieben Minuten bringt wenigstens noch etwas Schwung in diesen hoffnungslos dialogüberfrachteten Abenteuerfilm, der mehr schlecht als recht die Märchenwelt aus 1001 Nacht zu beschwören versucht.
Der Stein, der die ganze Geschichte mühsam ins Rollen bringt, ist der Schatz von König Salomon, der auf der Insel Deryabar herumliegen soll und dessenwegen sich sowohl Sindbad, der Seefahrer (der mehr schmierige als sympathische Douglas Fairbanks jr.) als auch der Zauberer Melik (Slezak) und der Emir von Daibul (Quinn) auf die beschwerliche Suche machen. Natürlich geht nur Sindbad aus dem mörderischen Gerangel als Sieger hervor, während seine beiden Kontrahenten Opfer ihrer unbeschreiblichen Gier werden. Beladen mit Gold und Edelsteinen und begleitet von der hübschen Shireen (O´Hara), deren Herz er so nebenbei erstürmt hat, kehrt Sindbad in seine Heimatstadt Bagdad zurück.
An diesem Hollywood-Abenteuer ist vieles enttäuschend. Das beginnt bei der völlig humorlosen Story, die leider auf alle phantastischen Elemente verzichtet, und endet mit

Fairbanks Juniors erbärmlichem akrobatischen Herumgehopse, das noch nicht einmal ansatzweise die Qualität seines Vaters erreicht. Der negative Gesamteindruck rundet sich durch die einfallslosen Bauten und billigen Kulissen ab. jg

Sindbads siebente Reise

The Seventh Voyage of Sinbad. USA 1958 **R** Nathan Juran **B** Kenneth Kolb **K** Wilkie Cooper **SpE** Ray Harryhausen **M** Bernard Herrmann **P** Charles H. Schneer für Morningside/Columbia **L** 87 Min., Farbe **D** Kerwin Mathews, Kathryn Grant, Richard Eyer, Torin Thatcher, Alec Mango, Danny Green, Harold Kasket

Dieses phantasievolle Abenteuer aus 1001 Nacht war der erste Farbfilm im Œuvre des für seine Stop-Motion-Methode bekanntgewordenen Special-Effects-Zauberers Ray Harryhausen, dessen Karriere unter der Zusammenarbeit mit dem Produzenten Charles H. Schneer 1955 mit dem Horrorstreifen *It Came from beneath the Sea* begann und 1981 mit KAMPF DER TITANEN endete. Harryhausen kreierte für *Sindbads siebente Reise* das erste Mal in Farbe eine Reihe origineller Phantasiegestalten - Puppen, die er mit vollbeweglichen Körperpartien ausstattete und schließlich in einzelnen Phasen abfilmte, bis sie komplette Bewegungen ausführen und schließlich in den Realfilm einkopiert werden konnten. Zu bewundern sind hier ein einhörniger Zyklop, der doppelköpfige Riesenvogel Roch sowie ein scheußlicher Drache und ein klapperndes, lebendes Skelett.
Im Vergleich zu den liebevoll entworfenen Geschöpfen ist die Story des Films verhältnismäßig simpel. Der Magier Sokurah (Thatcher) jagt hinter einer Zauberlampe her, die sich auf der, von gefährlichen Ungetümen bevölkerten Insel Colossa befindet. Darin verwickelt werden Sindbad (Mathews) und seine Braut Prinzessin Parisa (Grant), die Sokurah auf Daumengröße zusammenschrumpfen läßt und damit den Liebenden die Hochzeitsnacht vermiest. Am Ende wird der böse Zauberer von seinem eigenen Drachen plattgewalzt und auch Parisa erhält wieder ihre normale Körpergröße zurück.
Außer acht lassen sollte man bei diesem amüsanten und kurzweiligen Fantasy-Streifen die hölzernen Schauspieler mit ihren unsäglichen Dialogen. Über diese Mängel helfen die niedlichen Tricks und die romantische Musik von Bernard Herrmann hinweg. In den 70er Jahren entwarf Harryhausen für die beiden Abenteuerfilme *Sindbads gefährliche Abenteuer* und *Sindbad und das Auge des Tigers* eine Reihe weiterer einfallsreicher Fabelwesen aus der Mythenwelt von 1001 Nacht. jg

Ein Single kommt selten allein

The Lonely Guy. USA 1983 **R** Arthur Hiller **B** Ed Weinberger, Stan Daniels und Neil Simon nach dem Roman *The Lonely Guy's Book of Life* von Bruce Jay Friedman **K** Victor J. Kemper **M** Jerry Goldsmith **P** Arthur Hiller für Universal **L** 89 Min., Farbe **D** Steve Martin, Charles Grodin, Judith Ivey, Steve Lawrence, Robin Douglass, Merv Griffin

Larry (Martin) verkörpert das, was man einen geborenen Verlierer nennt: Seine Freundin gibt ihm den Laufpass, er steht ohne Wohnung auf der Straße, und auch sein Beruf - er erfindet alberne Sprüche für eine Glückwunschpostkartenagentur - ist so befriedigend nicht. Unvorbereitet und wider Willen ist er gezwungen, im Großstadtmoloch New York, wo Millionen attraktiver alleinstehender Mädels herumlaufen, das frustrierende Dasein eines Singles zu führen. Weder seine plumpen Annäherungsversuche an das andere Geschlecht noch seine Ersatzbefriedigungen - so treibt er mit seinem Kopfkissen Sachen, die normale Leute normalerweise nicht machen würden und hält sich ein Farnkraut, zu dem er zwischenmenschliche Beziehungen unterhält - bringen ihn dem Glück in Form einer festen Bindung näher. Erst als er einen Ratgeber für Singles veröffentlicht, der über Nacht zu einem Bestseller avanciert, stehen ihm Tür und Tor und Betten der High Society offen. Am Ende wendet sich das Blatt, er findet die Traumfrau seines Lebens. Und endlich, endlich beruht das Liebesgefühl auf Gegenseitigkeit.
Arthur Hiller, der sich einst mit LOVE STORY in die Liste der großen Regisseure Amerikas eintragen konnte, bewies mit seiner Single-Komödie, daß ein guter Name und ein illustrer Protagonist noch lange keinen guten Film ausmachen. Eine Aneinanderreihung professionell abgedrehter, abgedroschener Gags und schnöder Klischees - mehr gibt der Streifen nicht her. Was bleibt? Ein müdes Lächeln über die platten Kalauer, Enttäuschung über die verschenkten Möglichkeiten der eigentlich ergiebigen Story und die Frage, warum ein Komikertalent wie Steve Martin, der zuvor in TOTE TRAGEN KEINE KAROS und SOLO FÜR ZWEI bewiesen hatte, zu welchen humoristischen Höhepunkten er fähig ist, sich für eine solche Durchschnittsplotte hergeben konnte. sk

Sinola

Joe Kidd. USA 1972 **R** John Sturges **B** Elmore Leonard **K** Bruce Surtees **M** Lalo Schifrin **P** Sidney Beckerman für Malpaso **L** 88 Min., Farbe **D** Clint Eastwood, Robert Duvall, John Carter, Gregory Walcott, Pepe Callahan, Don Stroud, Paul Koslo, John Saxon, Stella Garcia

Um die Jahrhundertwende bekämpfen sich an der mexikanisch-amerikanischen Grenze der reiche Landbaron Harlan (Duvall) und eine Gruppe Mexikaner in einem blutigen Weidekrieg. In die Auseinandersetzungen wird der stoische Revolverheld Joe Kidd (Eastwood) verwickelt. In dem gottverlassenen Nest Sinola hat sich der Richter (Carter) auf die Seite der Großgrundbesitzer geschlagen und provoziert mit dieser Haltung einen Aufstand, der von dem Revolutionär Luis Chama (Saxon) angeführt wird. Kidd kommt in diesen Querelen die Rolle eines Vermittlers zu, für die er freilich etwas ungewohnte Methoden anwendet. Einerseits begibt auch er sich auf die Jagd nach Chama, andererseits verhindert er die blindwütige Selbstjustiz der Landbarone und liefert den Revolutionär der amerikanischen Justiz aus.
John Sturges, Regisseur solch großer Western wie DER LETZTE ZUG VON GUN HILL oder DIE GLORREICHEN SIEBEN, plünderte hier etwas respektlos die Versatzstücke des Italo-Western, um diese mit einer Prise amerikanischen Flairs zu versehen, was ihm erstaunlich gut gelang. „Etwas von der Ruhe und Gelassenheit, die Clint Eastwood ausstrahlt, ist auch in diesen Film... übergegangen, der seine Geschichte kühl und ohne Hektik zu erzählen weiß. Das unvermeidliche Repertoire ausgefallener Tricks reduziert sich bei ihm nicht auf eine bloße Ansammlung von Gags, sondern wird als eine Reihe mühsamer Arbeitsvorgänge geschildert, die vom alten amerikanischen Kino gar nicht so weit entfernt ist" (*Süddeutsche Zeitung*). jg

Sintflut

Potop. Polen 1974 **R** Jerzy Hoffman **B** Wojciech Zukrowski, Adam Kerséten, Jerzy Hoffman, nach dem Roman von Henryk Sienkiewicz **K** Jerzy Wojcik **M** Kazimierz Sercocki **P** Film Polski **L** 284 Min. (Originalfassung 300 Min.), Farbe **D**

Daniel Olbrychski, Malgorzata Braunek, Tadeusz Lomnicki, Kazimierz Wichniarz, Leszek Teleszynski, Leszek Herdegen, Wladyslaw Hancza

Der Schriftsteller und Nobelpreisträger Henryk Sienkiewicz wurde vor allem durch seinen historischen Roman *Quo Vadis* weltberühmt. Als patriotischer Pole schuf er des weiteren ein ausuferndes Epos, mit dem er die Geschichte seines Landes während des unheilvollen polnisch-schwedischen Krieges (1655-1660) aufarbeitete. Jerzy Hoffman setzte den Roman in ein über dreistündiges Epos voller Leidenschaften und Grausamkeiten um. Allein die Vorbereitungszeit nahm zwei Jahre in Anspruch, bis schließlich 1972 die Dreharbeiten beginnen konnten.
Held der Geschichte ist der polnische Soldat Kmicic (Olbrychski), für den der Krieg nichts anderes ist als ein blutiges Handwerk, das es zu erledigen gilt, ohne länger darüber nachzudenken. Die Liebe zu der schönen Olenka (Braunek) bewirkt jedoch eine Veränderung in ihm. Erst jetzt sieht Kmicic das Elend auf den Schlachtfeldern, die Plünderung von Dörfern und Städten in einem anderen Licht. Aus dem grobschlächtigen Krieger wird ein engagierter Patriot, der sich für den Erhalt seines polnisches Vaterlandes bedingungslos aufopfert.
Sieht man von den gelegentlichen übertrieben nationalistischen und pathetischen Ausrutschern einmal ab, gelang Jerzy Hoffman mit diesem panoramaartig angelegten Spielfilm ein beeindruckendes Historiengemälde voller brillant inszenierter Schlachtszenen. Neben dem materiellen Aufgebot bleibt *Sintflut* vor allem wegen seiner 400 Sprech- und über 50 Hauptrollen bemerkenswert. jg

Sinuhe, der Ägypter

The Egyptian. USA 1954 **R** Michael Curtiz **B** Philip Dunne, Casey Robinson, nach dem Roman von Mike Waltari **K** Leon Shamroy **M** Alfred Newman, Bernard Herrmann **P** Darryl F. Zanuck für 20th Century-Fox **L** 140 Min., Farbe **D** Jean Simmons, Victor Mature, Gene Tierney, Michael Wilding, Bella Darvi, Peter Ustinov, Edmund Purdom, Judith Evelyn, Henry Daniell

Sinuhe, der Ägypter, Hollywoods erster farbiger CinemaScope-Ausflug zu den Pharaonen am Nil, erwies sich als ein gigantischer Flop, wenngleich die Fox hier eine Palette erstklassiger Schauspieler aufbot, die sich allerdings allesamt in dem Ausgegorenen Drehbuch verhedderten. Peter Ustinov sagte später einmal darüber: „In diesem Film mitgespielt zu haben, war so ähnlich, wie zwischen den Kulissen von *Aida* herumzustehen und nicht mehr den Weg hinaus zu finden."
Größter Schwachpunkt dieses Streifens war der Versuch, einen religiös motivierten Monumentalfilm zu kreieren, der beweisen sollte, daß sich bereits im alten Ägypten die Philosophen darüber den Kopf zerbrachen, ob man nun einen einzigen Gott oder gleich mehrere Götter verehren sollte. Ein Anhänger der ersten Glaubenstheorie ist der Gelehrte Sinuhe (Purdom), der neben seinen philosophischen Aktivitäten auch medizinische Kenntnisse an den Tag legt. Das alles wird gelegentlich durch Mord, Totschlag und diverse Massenszenen aufgelockert, ohne jedoch zu einem Spannungshöhepunkt zu führen. Neben den recht hübsch anzusehenden Darstellerinnen Jean Simmons und Gene Tierney gab Produzent Zanuck seiner Geliebten Bayla Wegnier, die er kurzum in Bella Darvi umbenannte, eine erste Filmrolle. Die glücklose Schauspielerin wirkte noch in weiteren sechs Streifen mit, ehe sie nach Europa ging und sich dort in Monaco das Leben nahm.
Mit dem Monumentalfilm LAND DER PHARAONEN gelang der Konkurrenzgesellschaft Warner Bros. ein Jahr später ein weitaus spannenderes und überzeugenderes Werk über das alte Ägypten. jg

Sirene in Blond

Will Success Spoil Rock Hunter? USA 1957 **R** Frank Tashlin **B** Frank Tashlin, nach dem Bühnenstück von George Axelrod **K** Joe McDonald **M** Cyril J. Mockridge **P** Frank Tashlin für 20th Century-Fox **L** 93 Min., Farbe **D** Jayne Mansfield, Tony Randall, Betsy Drake, Joan Blondell, John Williams, Henry Jones, Mickey Hargitay, Groucho Marx

Eine der besten von Frank Tashlins verrückten Komödien ist diese hemmungslose Persiflage auf Werbung, Fernsehen und Erfolgsstreben. Rock Hunter (Randall), kleiner Angestellter einer Werbeagentur, sucht verzweifelt nach einer Möglichkeit, sich aus seiner beruflichen Anonymität zu befreien. Einer Eingebung folgend, haut er den Busenstar Rita Marlowe (Mansfield) um Mitwirkung bei einer Lippenstiftreklame an - sie akzeptiert unter der Bedingung, daß er ihren Liebhaber spielt, um ihren wirklichen Freund (Hargitay) eifersüchtig zu machen. Nicht nur in der Agentur ist Hunter nun der große Star, sondern auch in den Medien. Er taucht in allen Klatschspalten auf und ist dauernd von johlenden Fans umlagert. Schließlich darf er sogar seine Hand- und Fußabdrücke auf dem Hollywood Boulevard verewigen...
In dem für ihn typischen drastischen Stil attackiert der ehemalige Comic-Zeichner Tashlin hier seine Ziele, wobei George Axelrods Vorlage kaum noch zu erkennen ist. Gag folgt auf Gag, und besonders die Werbespots sind allerbeste Satire. *Sirene in Blond* zeigt deutlich die Angst der Filmindustrie vor dem neuen Konkurrenten Fernsehen, und in einer Szene schrumpft die CinemaScope-Leinwand sogar auf Bildschirmgröße zusammen, damit die Zuschauer „sich ganz wie zu Hause fühlen". Seine Hauptdarstellerin Jayne Mansfield, die im Grunde sich selbst spielt (Hargitay war auch in Wirklichkeit ihr Gatte), hatte der Regisseur bereits in *Das Mädchen kann nichts dafür* erfolgreich eingesetzt. Groucho Marx taucht in einer Gastrolle auf. al

Sissi

Sissi. Österreich 1955 **R** Ernst Marischka **B** Ernst Marischka **K** Bruno Mondi **M** Anton Profes **P** Ernst Marischka für Erma-Film **L** 102 Min., Farbe **D** Romy Schneider, Karlheinz Böhm, Magda Schneider, Gustav Knuth, Uta Franz, Vilma Degischer, Erich Nikowitz, Peter Weck, Josef Meinrad

Das Image, das sich Romy Schneider durch die Mitwirkung in drei *Sissi*-Filmen erworben hatte, klebte wie Tapetenkleister an ihr, und es sollten noch Jahre vergehen, bis sie sich endlich davon befreien konnte. Wie immer man diese aufgemotzte Trilogie heute auch empfinden mag - damals war *Sissi* ein kulturelles Ereignis, und nicht nur in Österreich und Deutschland, wo der Film mehr Geld einspielte als der mit kriegsbedingter Verspätung gestartete VOM WINDE VERWEHT. Die österreichisch-bayerische Liebesromanze trat einem Siegeszug durch halb Europa an, lief in allen Großstädten vor ausverkauften Häusern und machte die damals gerade erst 17jährige Romy Schneider über Nacht zum Star. Welch hohe und absurde Fehleinschätzung man von diesem Film hatte, zeigt die Tatsache, daß in einer vom österreichischen Kultusministerium geförderten Aktion die besten Schüler Freikarten für Gratisvorführungen erhielten, um mit diesem „Kulturfilm" noch einmal die Pracht und den Glanz der untergegangenen Donaumonarchie zu erleben. Und genau an diesem Punkt funktionierten die *Sissi*-Filme perfekt, zeigten sie doch eine Welt ohne Kriegstrümmer und existentieller Probleme und schwelgten in pittoresken Landschaftsaufnahmen, rauschenden Kostümfesten und einer bis dahin noch glorreichen Vergangenheit. Daß die historischen Tatsachen dabei völlig unter den Tisch fielen, war den Zuschauern damals ziemlich egal.
Kurz nachdem der junge Kaiser Franz-Joseph (Böhm) den Thron bestiegen hat,

schmiedet seine intrigante Mutter Sophie (Degischer) bereits Heiratspläne. Ihren Wünschen nach soll ihr Sohn Helene (Franz), die Tochter ihrer Schwester Ludovika (Magda Schneider), heiraten, und so arrangiert sie ein Treffen in Bad Ischl, zu dem Ludovika mit Helene und ihrer jüngeren Tochter Sissi (Romy Schneider) anreist. Wie es das Schicksal will, begegnet Franz Joseph per Zufall der kleinen Sissi und verliebt sich in sie. An dem Abend, an dem die Verlobung zwischen ihm und Helene bekanntgegeben werden soll, entscheidet er sich gegen den Willen seiner Mutter für den bayerischen Wirbelwind und feiert im April des Jahres 1854 mit Sissi die Hochzeit.
Die französische Presse schrieb damals über den Film: „Alles ist mit Geschmack und Geschick gemacht, die Darsteller sind erstklassig. Wenn Sie nur einen Film im Jahr sehen können, sollten Sie diesen wählen. Wie es beim Sport so schön heißt: Wien schickte Hollywood auf die Bretter" (*Cannes-Midi*). jg

Sissi, die junge Kaiserin

Sissi, die junge Kaiserin. Österreich 1956 **R** Ernst Marischka **B** Ernst Marischka **K** Bruno Mondi **M** Anton Profes **P** Ernst Marischka für Erma-Film **L** 105 Min., Farbe **D** Romy Schneider, Karlheinz Böhm, Magda Schneider, Gustav Knuth, Vilma Degischer, Erich Nikowitz, Walther Reyer, Josef Meinrad, Senta Wengraf

In einem Interview mit der Zeitschrift *Le Cinématograph* sagte Romy Schneider: „Nicht, daß ich die *Sissi*-Reihe bedauerte, ich verdanke den drei Filmen sehr viel, aber schon beim zweiten hatte ich nicht mehr viel Lust, weiterzumachen. Damals wurde ich aber noch sehr von den Menschen um mich herum beeinflußt, unter anderem von meiner Mutter."
So kam es, wie es kommen mußte. Dem ersten *Sissi*-Film (mit 6.583.000 Zuschauern einer der größten Erfolge des deutschen Nachkriegskinos) folgte die unvermeidliche Fortsetzung, für die sich Romy Schneider ein zweites Mal die 6 Kilogramm schwere Perücke überstülpen lassen mußte.
Sissi lebt inzwischen bei ihrem Franzl (Böhm) in Wien, wo sie sich nur schwer dem strengen Reglement der Hofetikette fügen kann. Die Geburt einer kleinen Tochter ist für sie von wenig Freude begleitet, denn ihre verbiesterte Schwiegermutter nimmt das Kind in ihre Obhut, weil sie Sissi für die Erziehung als zu jung und unerfahren einschätzt. Wenigstens auf diplomatischem Gebiet ist der jungen Monarchin mehr Erfolg beschieden. Ihr Charme und ihre jugendliche Ausstrahlung tragen mehr zur Versöhnung zwischen Ungarn und Österreich bei als manche diplomatische Gesprächsrunde. Allerdings sorgt ihre gute Freundschaft mit dem Grafen Andrassy (Reyer) bald für neue Intrigen, die in Teil III ausgewalzt werden. jg

Sissi - Schicksalsjahre einer Kaiserin

Sissi - Schicksalsjahre einer Kaiserin. Österreich 1957 **R** Ernst Marischka **B** Ernst Marischka **K** Bruno Mondi **M** Anton Profes **P** Ernst Marischka für Erma-Film **L** 106 Min., Farbe **D** Romy Schneider, Karlheinz Böhm, Magda Schneider, Gustav Knuth, Uta Franz, Vilma Degischer, Senta Wengraf, Walther Reyer, Karl Fochler, Josef Meinrad, Helene Lauterböck

Für den letzten Teil der Trilogie bot Regisseur Marischka noch einmal alles auf, was das europäische Kino zu bieten hatte. Dabei war noch nicht einmal beabsichtigt gewesen, die *Sissi*-Serie mit diesem Streifen ausklingen zu lassen. Immerhin hatte Romy Schneider mittlerweile so viel Selbstbewußtsein und Duchsetzungsvermögen erlangt, daß sie sich einem vierten Teil mit aller Entschiedenheit verweigerte, was ihrer Mutter und dem Regisseur die Zornesröte ins Gesicht trieb und sogar das österreichische Kultusministerium zur Intervention veranlaßte, denn schließlich sah man mit dem Ende der *Sissi*-Filme auch eine lukrative Geldquelle für Österreich versiegen.
Sissi - Schicksalsjahre einer Kaiserin gibt sich edel und teuer. Die Außenaufnahmen führten das Drehteam wieder nach Wien, Bayern, und weiter weg nach Griechenland, auf die malerische Insel Madeira und - zweifelloser Höhepunkt des Streifens - nach Venedig, wo Marischka mit der für die damaligen Verhältnisse astronomisch hohen Summe von ca. 30 Mio. DM die opulente Schlußszene inszenierte.
Die Geschichte plätschert - ähnlich wie bei den beiden Vorgängern - betulich vor sich hin, wird dann aber durch Sissis plötzliche Lungenerkrankung in tragische Sphären gehoben. Auf Madeira kuriert die Kaiserin ihr Leiden aus, um dann in wirrer Folge quer über den europäischen Kontinent zu kutschieren. In Venedig, das Österreich nicht gerade freundlich gesonnen ist, trifft sie Ehegatten Franzl und sieht nach langer Zeit ihr Töchterchen wieder, mit dem sich die glücklichen Eltern - umgeben von einer tausendköpfigen Menschenmenge - wiedervereinen, was den kinderlieben Italienern die Herzen höher schlagen läßt. jg

Der Sizilianer

The Sicilian. USA 1987 **R** Michael Cimino **B** Steve Shagan, nach dem Roman von Mario Puzo **K** Alex Thomson **M** David Mansfield **P** Michael Cimino, Joann Carelli für Gladden Entertainment **L** 145 Min., Farbe **D** Christopher Lambert, Terence Stamp, Joss Ackland, John Turturro, Richard Bauer, Barbara Sukowa, Giulia Boschi, Ray McAnally

Einer der umstrittensten und unberechenbarsten Regiepersönlichkeiten im modernen Filmgeschäft ist mit Sicherheit Michael Cimino. Nach seinem zweiten Film DIE DURCH DIE HÖLLE GEHEN als Wunderkind gefeiert, sorgte er mit seinem 44 Millionen Dollar teuren Super-Western HEAVEN'S GATE für die Pleite und den Verkauf der renommierten United Artists, und sein anschließender Krimi IM JAHR DES DRACHEN wurde wegen Brutalität und Rassismus heftigst angegriffen - ebenfalls ein Flop. Unter diesen Umständen ist es erstaunlich, daß man dem für seine undisziplinierten Arbeitsmethoden und seine Detailbesessenheit Berüchtigten die Regie über ein weiteres historisches Epos übertrug: die Geschichte des legendären sizilianischen Volkshelden Salvatore Giuliano, der kurz nach dem zweiten Weltkrieg für die Abspaltung der Insel von Italien kämpfte und die Regierung in Rom gehörig ins Schwitzen brachte. Francesco Rosis vorzüglicher WER ERSCHOSS SALVATORE G.? erzählt davon.
Cimino inszenierte das Ganze als bildgewaltigen, pompösen Abenteuerfilm, versetzt mit einem Schuß Romantik und einer Prise Politik, der jedoch der Figur Giulianos in keiner Weise gerecht wird. Christopher Lambert gibt mit versteinertem Gesicht eine lachhafte Vorstellung in der Titelrolle und ist als Italiener ebenso fehlbesetzt wie ein Großteil der übrigen Schauspieler. In der synchronisierten deutschen Fassung fällt das kaum auf (nur die vielen blauen Augen irritieren), doch in der Originalversion lassen einem die amerikanischen Akzente die Haare zu Berge stehen. Zu allem Überfluß spielt die Deutsche Barbara Sukowa eine Amerikanerin - in der Synchron-Fassung spricht sie Deutsch mit amerikanischem Akzent! Darstellerisch überzeugen hier nur John Turturro und Joss

Akland (als finsterer Mafiosi). *Der Sizilianer* ist ein visuell überwältigend schöner Film - doch ohne jegliche inhaltliche Substanz.
Abgesehen von der minderen Qualität des Streifens sorgte er für viel publizierte Auseinandersetzungen zwischen Geldgebern und Regisseur, denn Gladden Entertainment-Boß David Begelman bestand auf einer vertraglich vereinbarten zweistündigen Fassung. So lieferte Cimino eine Lang- *und* eine Kurzversion des Films, doch in der Überzeugung, der eigenwillige Regisseur habe die kurze Fassung absichtlich schwächer gemacht, um das Studio zum Einsatz der langen zu bewegen, entzog ihm Begelman das Recht auf den Endschnitt und ließ selbst eine Zwei-Stunden-Fassung schneiden. Unter desaströsen Kritiken lief ein verstümmelter *Sizilianer* in den US-Kinos an, während sich zu allem Überfluß auch noch ein Rechtsstreit zwischen Drehbuchautor Steve Shagan und Schriftsteller Gore Vidal entspann, dem man eine Nennung in den Credits verweigerte, obwohl er nach eigener Auskunft „sechs oder sieben" Entwürfe geschrieben hatte, von denen einer von Cimino benutzt worden sei... al

Skin Deep - Männer haben´s auch nicht leicht

Skin Deep. USA 1989 **R** Blake Edwards **B** Blake Edwards **K** Isidore Mankofsky **P** Tony Adams für BECO Prod./Morgan Creek Prod./20th Century-Fox **L** 102 Min., Farbe **D** John Ritter, Vincent Gardenia, Alyson Reed, Joel Brooks, Julianne Philips, Chelsea Field, Nina Foch

Der einst erfolgreiche Schriftsteller Zach Hutton (Ritter) steckt in der Midlife Crisis: seine Frau (Reed) hat ihn aufgrund allzu zahlreicher Affären vor die Tür gesetzt, und mit dem Schreiben klappt es auch nicht mehr. Als sich dann auch noch vorübergehende Impotenz dazugesellt, führt am Psychiater kein Weg mehr vorbei...
Wenn auch mit Sicherheit nicht von der Qualität wie Blake Edwards´ beste Arbeiten aus jüngerer Zeit, DIE TRAUMFRAU und VICTOR/VICTORIA, stellt *Skin Deep* doch zumindest eine entschiedene Verbesserung gegenüber seinem unsäglichen Vorgänger SUNSET dar. Lust und Last mit dem Safer Sex stehen im Mittelpunkt dieser unverblümten und oft vulgären Komödie, und Edwards hatte offenbar besonderen Spaß an Kondomen, die es hier in allen Formen und Farben gibt. In einer der besten Szenen dieser Art benutzt Ritter ein Präservativ, das - worum weder er noch seine Partnerin (Field) wissen - im Dunkeln leuchtet. al

Der Skipper

Der Skipper. BRD 1990 **R** Peter Keglevic **B** Peter Keglevic **K** Edward Klosinski **M** Brynmor Jones **P** Matthias Wendlandt für Rialto-Film GmbH **L** 95 Min., Farbe **D** Jürgen Prochnow, Patsy Kensit, Elizabeth Hurley, Franz Buchriesner, Grazyna Szapolowska, Carmel S. Aquilina

Leider handelt es sich bei diesem deutschen Thriller nicht um eine originelle Story voller Überraschungen, sondern um ein recht plumpes Plagiat, das dreist im Kielwasser der wesentlich besser gemachten und spannenderen Produktion TODESSTILLE dümpelt. Da es in Deutschland scheinbar keine gutaussehenden jungen Damen gibt, die schauspielern können, wurden dem markigen Jürgen Prochnow die beiden mehr oder weniger bekannten englischsprachigen Aktricen Patsy Kensit und Elizabeth Hurley an die Seite gestellt. Das Trio lernt sich im Hafen von Gibraltar kennen, wo Prochnow alias „der Skipper" dröge herumhängt und den Verlust seiner geliebten Gattin betrauert, die bei schwerer See über Bord gegangen ist. Zusammen mit Su (Kensit) und Lou (Hurley) spült er seine Sorgen mit dem Alkohol herunter und nimmt die beiden jungen Dinger im Delirium des weinseligen Glücks mit auf seine Yacht, um in Richtung Barbados auszulaufen. Die sich anfangs recht kumpelhaft gebende Beziehung zwischen den dreien mutiert alsbald zu einer erotischen Konstellation, die die Fahrt aufgrund von Eifersüchteleien zu einem alptraumhaften Amoklauf werden läßt.
In Malta fand das Drehteam die ideale Kulisse für die Hafenszenen; für die Yachtsequenzen ging es dann hinaus auf die hohe See, wo besonders die beiden Hauptdarstellerinnen und Kameramann Klosinski - hervorgerufen durch die permanente Schaukelei - mit Brechreiz zu kämpfen hatten. Während der Aufnahmen wimmelten bis zu 20 Crewmitglieder auf der Yacht herum, weswegen auch niemand überrascht war, als Elizabeth Hurley eines Tages im allgemeinen Gedränge über Bord fiel. jg

Sklavin des Herzens

Under Capricorn. USA 1949 **R** Alfred Hitchcock **B** James Bridie, nach dem Bühnenstück von John Colton und Margaret Linden und dem Roman von Helen Simpson **K** Jack Cardiff **M** Richard Addinsell **P** Sidney Bernstein, Alfred Hitchcock für Transatlantic Picture **L** 117 Min., Farbe **D** Ingrid Bergman, Joseph Cotten, Michael Wilding, Margaret Leighton, Cecil Parker, Denis O´Dea, Jack Watting

Als einen „Sieg über die Industrie" bezeichnete Hitchcock diesen wenig erfolgreichen Film, den er als eigener Produzent realisierte und für den es ihm gelungen war, Ingrid Bergman, den größten Hollywood-Star der damaligen Zeit, nach ICH KÄMPFE UM DICH und BERÜCHTIGT ein drittes Mal vor die Kamera zu holen. Hitchcock selbst hatte von diesem schwachen Spannungsstreifen keine gute Meinung und gab als Grund seiner Entstehung lediglich die Tatsache an, daß er über Ingrid Bergman verfügen konnte, die zu seinen bevorzugten Stars gehörte.
Im Jahre 1835 kommt Charles Adare (Wilding) nach Australien, wo seine Cousine Henrietta (Bergman) an der Seite ihres Ehemannes Sam (Cotten), einem ehemaligen Häftling, lebt. Charles ist schockiert, als er erkennt, daß Henrietta dem Alkohol verfallen ist und allem Anschein nach unter der Fuchtel der tyrannischen Haushälterin Milly (Leighton) steht. Immer öfter erscheint er in Sams Haus, um sich um Henrietta zu kümmern, in die er sich bald darauf auch verliebt, was während eines offiziellen Balles zu einem Skandal führt. Dabei klärt sich auf, daß Henrietta in Wirklichkeit den Mord begangen hat, für den ihr Mann ins Gefängnis wanderte. Desillusioniert tritt Charles die Rückreise nach England an, kann jedoch zuvor der hinterhältigen Milly das Handwerk legen, die in rasender Eifersucht ihre Herrin vergiften wollte.
„Einhundertundfünf Minuten wartet man in diesem Film auf die Gänsehaut", schrieb damals der *Hollywood-Reporter* und nannte damit die größte Schwäche dieses Kostümschinkens beim Namen. Die Geschichte verzettelt sich in viel zu viele einzelne Handlungsfäden, ohne eine klare Linie erkennen zu lassen. So war es denn auch kein Wunder, daß der für die damalige Zeit mit seinen 2,5 Mio. Dollar recht teuere Film für Hitchcock ein riesiges Verlustgeschäft wurde. jg

Der Smaragdwald

The Emerald Forest. Großbritannien 1985 **R** John Boorman **B** Rospo Pallenberg **K** Philippe Rousselot **M** Junior Homrich, Brian Gascoigne **P** John Boorman, Michael Dryhurst für Christel

Films/Embassy Pictures **L** 113 Min., Farbe **D** Powers Boothe, Meg Foster, Charley Boorman, William Rodriguez

„Von der ersten Szene an läßt einen der Film nicht mehr los, man glaubt , die Spannung fast physisch zu spüren. Schönheit und Horror explodieren in einer Serie von atemberaubenden Aufnahmen an einem Ort, wo die Zeit stehengeblieben ist. Ein Großteil von *Der Smaragdwald* ist von schier hypnotischer Kraft." Rex Reed von der *New York Post* war nicht der einzige Kritiker, der derartig euphorisch auf John Boormans poetischen Abenteuerfilm reagierte, der auf einer wahren Begebenheit aus dem Jahre 1972 basiert. Damals wurde in Brasilien der siebenjährige Sohn eines peruanischen Ingenieurs von Indianern gekidnappt und erst Jahre später von seinem Vater wiedergefunden - als Häuptling eines Amazonas-Stammes, der die Lebensgewohnheiten seiner neuen Umgebung komplett übernommen hatte. Im Film wurde daraus der Amerikaner Bill Markham (Boothe); der Junge wird von Boormans eigenem Sohn Charley dargestellt. Abgesehen von dem Vater/Sohn-Verhältnis, das eine zehnjährige Trennung zu überstehen hat, sowie dem Aufeinanderprallen zweier absolut gegensätzlicher Kulturen interessierte den Regisseur vor allem der tragische Hintergrund, vor dem sich die Geschichte abspielt: die Zerstörung des Regenwaldes und die damit einhergehende Ausrottung der Ureinwohner. Doch nicht als angestrengten Diskurs über Umweltschutz bringt er dieses Anliegen auf die Leinwand, sondern als utopisches Märchen, in dem am Schluß die Naturgewalten über die Zerstörungswut des Menschen siegen. *Der Smaragdwald* ist ein überwältigend schöner Film, ein kleines Meisterwerk, das leider an den Kassen - mit Ausnahme von Frankreich - nicht die Beachtung fand, die es verdient. al

Snowy River

The Man From Snowy River. Australien 1982 **R** George Miller **B** John Dixon, nach einer Vorlage von Fred Oul Cullen und dem Gedicht von A. B. Paterson **K** Keith Wagstaff **M** Bruce Rowland **P** Geoff Burrowes für Michael Edgley International/Cambridge Film **L** 94 Min., Farbe **D** Tom Burlinson, Sigrid Thornton, Kirk Douglas, Terence Donovan, Tommy Dysart, David Bradshaw, Jack Thompson

Um Verwechslungen gleich zu Beginn auszuschließen - bei George Miller handelt es sich nicht um jenen australischen Regisseur, der die *Mad Max*-Trilogie schuf, sondern um einen jungen Filmemacher gleichen Namens, der mit *Snowy River* sein Leinwanddebüt gab und später in Deutschland die Fortsetzung von DIE UNENDLICHE GESCHICHTE drehte.
Nachdem Hollywood dem Western-Genre mit Beginn der 80er Jahre so gut wie keine Beachtung mehr schenkte, war für die Australier der Weg zu ihrem eigenen „Western"-Kino frei. *Snowy River* gibt sich jedoch wesentlicher romantischer und weniger schießfreudig als seine amerikanischen Pendants.
Miller erzählt in poetischen Bildern die Geschichte des Jungen Jim (Burlinson), der im Australien um die Jahrhundertwende bei einem reichen Rancher als Stalljunge arbeitet, wo er sich zu einem geachteten Pferdekenner entwickelt. Sein ganzes Geschick kann Jim an den Tag legen, als sich der Rancher entschließt, eine legendäre Wildpferdherde einzufangen, die eines Tages an seinem Besitz vorüberzieht. Der Film findet seinen Höhepunkt in einer 20minütigen Verfolgungsjagd, in der 40 Reiter und 90 Pferde vor der berauschenden Kulisse der Snowy Mountains über die Leinwand preschen. Kirk Douglas verzichtete übrigens bei diesen Szenen darauf, sich doubeln zu lassen.
Snowy River übertrumpfte in den australischen Kinos sogar solch einen Mega-Erfolg wie KRIEG DER STERNE, war der erfolgreichste Film, der je in diesem Erdteil gezeigt wurde und erhielt beim Filmfestival von Montreal als höchste Auszeichnung den Most Popular Film Award. jg

So einfach ist die Liebe nicht

The Bachelor and the Bobby-Soxer. USA 1947 **R** Irving Reis **B** Sidney Sheldon **K** Robert de Grasse, Nicholas Musuraca **M** Leigh Harline **P** Dore Schary für RKO Pictures **L** 95 Min., s/w **D** Cary Grant, Myrna Loy, Shirley Temple, Rudy Vallee, Ray Collins, Harry Davenport, Johnny Sands, Don Beddoe, Lillian Randolph

Der Künstler Dick (Grant) muß eines Tages erkennen, daß die Schülerin Susan unsterblich in ihn verliebt ist. Als sie ihn in eine kompromittierende Situation manövriert, will die Schwester des Teenagers (Loy), die Richterin ist, dafür sorgen, daß Dick für mindestens zwanzig Jahre ins Gefängnis wandert. Lediglich dem Gerichtspsychologen gelingt es, die resolute Dame zu einer ungewöhnlichen Strafe zu überreden: Dick soll seiner jungen Verehrerin so lange Gesellschaft leisten, bis ihre Schwärmerei abgeklungen ist. Für den reifen Junggesellen bedeutet das Arrangement unzählige Besuche von Baseballspielen und Picknicks mit einer Horde von Kindern. Seine Versuche, Susans Aufmerksamkeit auf ihren ehemaligen Freund zu lenken, schlagen zuerst fehl. Aber schließlich schafft er es, die junge Dame mit einem gleichaltrigen Jungen zu verkuppeln und das Herz ihrer Schwester zu erobern.
Das Skript zu dieser Farce, für das Sidney Sheldon mit dem Oscar ausgezeichnet wurde, scheint Cary Grant auf den Leib geschrieben zu sein. Die aberwitzigen und grotesken Situationen, in die der gestandene Mann durch den Schwarm eines Backfischs hineingerät, meistert er mit poinitiertem Witz und seiner bewährten Mimik. Über Shirley Temple, die hier in ihrem vorletzten Film zu sehen ist, fanden die Kritiker so gut wie keine lobenden Worte: „Aus Shirley Temple kann man natürlich nicht viel Nuancen herausholen. Sie ist ein süßes junges Ding, das Publikum ist von ihr verzaubert, und mehr ist dazu nicht zu sagen..." (*The New Republic*).
Doch letztendlich sorgte die Starbesetzung und die konventionelle Regie dafür, daß sich die Komödie mit einem Einspielergebnis von rund 5.5 Mio. Dollar zu einem Kassenhit des Jahres 1947 entwickelte. mg

So enden sie alle

Baby Face Nelson. USA 1957 **R** Don Siegel **B** Daniel Mainwaring, nach einer Story von Irving Shulman **K** Hal Mohr **M** Van Alexander **P** Al Zimbalist für United Artists **L** 85 Min., s/w **D** Mickey Rooney, Carolyn Jones, Cedric Hardwikke, Chris Dark, Ted de Corsia, Emile Meyer, Tony Caruso, Leo Gordon, Dan Terranova

So enden sie alle ist ein brutaler Gangster-Streifen in typischer Siegel-Manier. Rasant geschnitten und fotografiert, beschreibt der Regisseur den Lebensweg des berüchtigten Ganoven Nelson (Rooney), der unter der Bezeichnung „Public Enemy" in die Kriminalgeschichte der Vereinigten Staaten einging. Nach seiner Entlassung aus dem Gefängnis findet Nelson einen Job im Syndikat des Unterweltbosses Rocca (de Corsia). Dieser jedoch entdeckt sehr bald, daß er einen Wahnsinnigen in seine Dienste aufgenommen hat. Der Versuch, ihn wieder der Polizei auszuliefern, endet katastrophal. Nelson entkommt, tötet Rocca und schließt sich mit dessen Freundin Sue (Jones) der Dillinger-Bande an. Nach einer Reihe brutalster Überfälle, bei denen sich Nelson als schießwütige Bestie entpuppt, die rücksichtslos jeden über den Haufen knallt, geht er endlich dem FBI in die Falle und wird bei einem erneuten Fluchtversuch tödlich verletzt.
Siegel hat diese gewalttätige Geschichte mit der gewohnten Kaltschnäuzigkeit inszeniert und fand in dem ehemaligen Kinderstar Mikkey Rooney einen idealen Darsteller für sei-

nen größenwahnsinnigen und psychopathischen Gangsterhelden. jg

So etwas von Frau

That Kind of Woman. USA 1959 **R** Sidney Lumet **B** Walter Bernstein, nach einer Story von Robert Lowry **K** Boris Kaufman **M** Daniele Amfitheatrof **P** Carlo Ponti für Ponti-Girosi Prod./ Paramount **L** 92 Min., Farbe **D** Sophia Loren, Tab Hunter, George Sanders, Jack Warden, Barbara Nichols, Keenan Wynn

Ein einflußreicher Millionär (Sanders) versteht es, sich zu Kriegszeiten lukrative Aufträge des Pentagon zu sichern, indem er Generäle und Admiräle mit attraktiver weiblicher Gesellschaft versorgt. Auf diese Weise lernt Kay (Loren) den jungen Soldaten Red (Hunter) während einer Zugfahrt kennen und verbringt die Nacht mit ihm - um ihm am nächsten Morgen kühl Lebwohl zu sagen. Doch Red läßt sich nicht so leicht abschütteln und verfolgt Kay bis ins Haus ihres reichen „Freundes"...
Obwohl im Vorspann nicht darauf hingewiesen wird, ist *So etwas von Frau* ein weiteres Remake des 1929er-Melodrams *Shopworn Angel* mit Gary Cooper, das schon 1938 mit James Stewart neu verfilmt worden war. Der junge Regisseur Sidney Lumet (sein dritter Kinofilm) möbelte das Ganze auf und machte daraus ein Vehikel für Paramounts Import Sophia Loren, die sich hier von ihrer allerbesten Seite zeigt. Nach Meinung zahlreicher Kritiker gaben sie und Hunter allerdings eines der merkwürdigsten Liebespaare überhaupt ab. Aus heutiger Sicht ist der Film nicht mehr als ein altmodisches Komödien-Drama, doch seinerzeit galt der recht freizügige Umgang mit Sexualität und Politik als gewagt. Hervorragend photographiert - an Originalschauplätzen in New York - von Boris Kaufman. al

So grün war mein Tal
siehe: SCHLAGENDE WETTER

So gute Freunde

Such Good Friends. USA 1971 **R** Otto Preminger **B** Esther Dale, David Shaber, nach dem Roman von Lois Gould **K** Gayne Rescher **M** Thomas Z. Shepard **P** Otto Preminger für Sigma Prod./ Paramount **L** 101 Min., Farbe **D** Dyan Cannon, James Coco, Jennifer O'Neill, Ken Howard, Nina Foch, Laurence Luckinbill, Louise Lasser, Burgess Meredith

Seit MORGEN IST EIN NEUER TAG hatte Otto Preminger das Glück verlassen, und auch diese verkrampfte Komödie um die Probleme eines liberalen New Yorker Ehepaares war nicht dazu angetan, seine Pechsträhne zu beenden.
Während ihr Mann sich wegen eines - so scheint es zunächst - Routineeingriffes (Entfernung eines Leberfleckes) in der Klinik befindet, entdeckt Julie Messinger (Cannon) sein Tagebuch, angefüllt bis obenhin mit Telephonnummern weiblicher Bekanntschaften. Tief verletzt, schwört Julie Rache und nimmt sich einen Liebhaber nach dem anderen...
Obwohl Preminger nicht mit - teilweise sehr pointierten - Tiefschlägen gegen das amerikanische Gesundheitssystem sparte, dreht sich der größte Teil des Films um Julies sexuelle Emanzipationsversuche und schwankt dabei zwischen witziger Freizügigkeit und plumper Vulgarität. Die als Drehbuchautorin aufgeführte „Esther Dale" ist übrigens ein Pseudonym für Elaine May, und auch Joan Didion soll ungenannt am Skript mitgewerkelt haben. al

So wie wir waren
siehe: CHERIE BITTER

Sodbrennen

Heartburn. USA 1986 **R** Mike Nichols **B** Nora Ephron, nach ihrem Roman **K** Nestor Almendros **M** Carly Simon **P** Mike Nichols, Robert Greenhut für Paramount **L** 110 Min., Farbe **D** Meryl Streep, Jack Nicholson, Jeff Daniels, Maureen Stapleton, Stockard Channing, Richard Masur, Catherine O'Hara, Steven Hill, Milos Forman

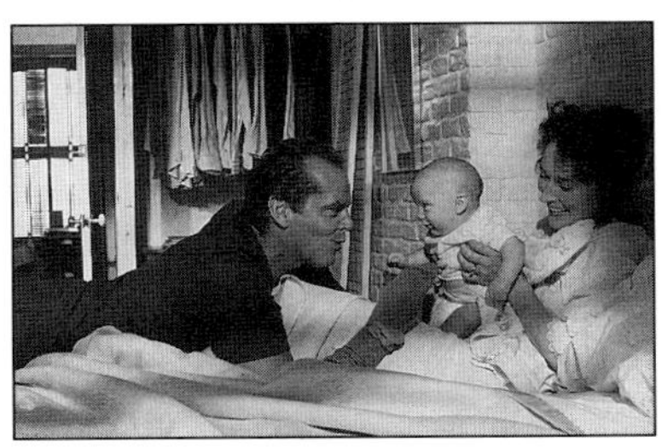

Eine weitere Variation der unterhaltsamen Szenen einer mißglückten Ehe: Zwei Journalisten finden zueinander, heiraten, werden Eltern und verleben eine kurze Zeit des Glücks, bis schließlich die Untreue des Mannes die Beziehung zum Scheitern bringt. Die nicht sehr originelle Geschichte stammt von Nora Ephron, die in ihrem gleichnamigen Bestseller-Roman über die Ehe mit dem Reporter Carl Bernstein auspackt. Der kam schon 1976 zu Filmruhm, als Dustin Hoffman den legendären Watergate-Journalisten in DIE UNBESTECHLICHEN verkörperte. Als Autorin bereitete die rachsüchtige Gattin denn auch das Drehbuch leinwandgerecht auf und ließ dabei an ihrem Ex-Ehemann kein gutes Haar. Der hatte beim Erscheinen des Buches 1983 noch geschwiegen - nach eigenem Bekunden der Kinder wegen -, bei der drohenden Verfilmung jedoch zog er vor den Kadi, um der spektakulären Degradierung vom hochgelobten Enthüllungs-Reporter zum lächerlichen Frauenheld Einhalt zu gebieten. Das Gericht ordnete denn auch an, daß die Figur des Carl Bernstein in der Kino-Version als „treusorgender, liebender und gewissenhafter Vater" anzulegen sei. mg

Sodom und Gomorrha

Sodoma e Gomorra / Sodome et Gomorrhe. Italien/Frankreich 1961 **R** Robert Aldrich, Sergio Leone **B** Hugo Butler, Giorgio Prosperi **K** Silvano Ippoliti, Mario Montuori, Cyril Knowles **M** Miklos Rozsa **P** Goffredo Lombardo für Titanus, S.G.C., Pathé **L** 165 Min., Farbe **D** Stewart Granger, Pier Angeli, Stanley Baker, Anouk Aimée, Rossana Podesta, Claudia Mori, Rik Battaglia, Scilla Gabel

Mit Unterstützung des Hollywood-Routiniers Robert Aldrich und einem Budget von 25 Mio. Dollar drehte Sergio Leone diesen Monumentalfilm, mit dem sich weder Kritik noch Publikum zufriedenstellen ließen. Das größte Problem lag wohl in der Tatsache, daß sich die unbeschreiblichen Laster der beiden biblischen Sündenstädte hier auf einige harmlose Schleiertänze und blutrünstige Folterungen beschränkten, angesichts derer niemand so recht verstehen konnte, warum es eigentlich zum Schluß Feuer und Asche herniederregnet.
Der ergraute Stewart Granger spielt den Hebräer Lot, der mit seinem Stamm an die Ufer des Jordans zieht und dort in der Nähe von Sodom und Gomorrha seine Zelte aufschlägt. Bald macht er die Bekanntschaft der verderbten Königin Bera (Aimée), mit deren Truppen er die anstürmenden Horden der Hedamiter vernichtend schlägt. Zum Dank läßt Bera die Hebräer in ihre Stadt einziehen, wo Lot mit Erschrecken beobachtet, wie schnell sein Volk der Zügellosigkeit der Sodomiter verfällt. Zwei von Gott gesandte Engel sagen den Untergang der beiden Städte voraus und verhelfen Lot und seinen Mannen zur rechtzeitigen Flucht.
In kühnen Wogen sind hier die beiden Drehbuchautoren über den eigentlichen Bibeltext hinweggeschlittert, haben historische Tatsachen verfälscht und Personen in die Geschichte eingebracht, die es nie gegeben hat. Der Film ist darüber hinaus viel zu lang geraten und kann lediglich durch seine herrlichen Landschaftsaufnahmen (entstanden

in Marokko) und einige gelungene Schlachtszenen (inklusive eines berstenden Staudamms) für einige Minuten fesseln. Ein Hörerlebnis bietet immerhin der Soundtrack von Miklos Rozsa, der nach QUO VADIS, BEN HUR und KÖNIG DER KÖNIGE ein weiteres Mal die Gelegenheit erhielt, ein antikes Monumentalepos mit seinen Kompositionen zu unterlegen. jg

Der Sohn des Scheichs

The Son of the Sheik. USA 1926 **R** George Fitzmaurice **B** George Marion jr., Frances Marion und Fred De Gresac, nach dem Roman *The Sons of the Sheik* von Edith Maude Hull **K** George Barnes **P** John W. Considine jr. für Feature Productions **L** 70 Min., s/w **D** Rudolph Valentino, Vilma Banky, George Fawcett, Montague Love, Karl Dane, Bull Montana, Bynunsky Hyman

Zu Zeiten, als Hollywood im wahrsten Sinne des Wortes noch Traumfabrik war, setzte sich Rudolph Valentino in *Der Sohn des Scheichs*, in dem er mit einer Doppelrolle brillierte, noch zu Lebzeiten ein Denkmal. Dieser ausdrucksvolle, aufwendige Film sollte sein letzter sein - Valentino, zum Mythos aufgestiegener Charakterstar der 20er Jahre, verstarb kurz nach Beendigung der Dreharbeiten an einer Herzklappenentzündung.
Basierend auf der komprimierten Erzählung *The Sons of the Sheik* von Edith Maude Hull inszenierte Regisseur George Fitzmaurice - als Fortsetzung von DER SCHEICH, den George Melford ebenfalls mit Valentino in der Hauptrolle 1921 gedreht hatte - die abenteuerliche Liebesgeschichte des heißblütigen Wüstenprinzen Ahmed (Valentino) und der betörend schönen Tänzerin Yasmin (Banky). Mitten in einem Schäferstündchen fällt Ahmed in die Hände seines Nebenbuhlers Ghabah (Love) und glaubt, Yasmin habe ihn an den finsteren Banditen verraten. Er schwört ihr grausame Rache, kann entkommen und entführt alsbald die Ahnungslose, um sie, bei Allah, in seinem Wüstenzelt ihrer gerechten Strafe zuzuführen. Sein Vater (ebenfalls Valentino) kann gerade noch das Schlimmste verhindern, Yasmin wird in ihr Dorf zurückgeschickt. Dort kommt sie jedoch niemals an: Ghabah, dieser Bösewicht, hat ihr aufgelauert und sie in seine Gewalt gebracht. Ahmed, dem inzwischen endlich Zweifel an der Schuld der Geliebten gekommen sind, reitet ihr hinterher, während sein Vater, der ihn in höchster Gefahr wähnt, sich seinerseits an seine Fersen heftet. Beide treffen aufeinander und anschließend auf Ghabah, den sie souverän erledigen. Dem Happy-End steht nun nichts mehr im Wege: „Ahmed und das Mädchen", so freute sich seinerzeit das Original-Presseheft, „reiten durch die einsame Wüstennacht, voller Glück und Sicherheit".
Der Sohn des Scheichs, eines der Meisterwerke der Stummfilmära, bestach nicht nur durch die schauspielerischen Glanzleistungen Valentinos und der von Samuel Goldwyn aus Ungarn importierten Vilma Banky. Auch die glanzvolle, authentisch orientalisch anmutende Ausstattung, der raffinierte Wechsel zwischen (in der Wüste Arizonas aufgenommenen) stimmungsvollen Landschaftsbildern, furiosen Kampfsequenzen (für die schon damals Stuntmen engagiert wurden) und gewagten Szenen im Liebeszelt des Scheichs (die aufgrund der dort gezeigten Sado-Erotik nicht ohne Pikanterie waren) machten den Streifen zu einem Klassiker seines Genres. Und verklärten Valentino postum zu einer schauspielernden Legende von virilem, unbändigem Sexus. sk

Solange du da bist

Solange du da bist. BRD 1953 **R** Harald Braun **B** Jochen Huth **K** Helmut Ashley **M** Werner Eisbrenner **P** Neue Deutsche Filmgesellschaft **L** 103 Min., s/w **D** Maria Schell, O. W. Fischer, Hardy Krüger, Brigitte Horney, Mathias Wiemann, Paul Bildt

Solange du da bist, der bis dahin dritte Film, den Maria Schell mit Partner O. W. Fischer drehte, ist ein bewegendes, nicht ungeschickt inszeniertes Melodrama, das es wagt, einen Teil der unerfreulichen bundesdeutschen Nachkriegsrealität in fast naturalistisch anmutenden Bildern widerzuspiegeln. Fischer spielt den Filmregisseur Frank Tornau, der bei einem Unfall während der Dreharbeiten zu einem Revuefilm die junge Eva (Schell) kennenlernt, die sich als Statistin ein Zubrot verdient und mit ihrem Mann in einer armseligen Barackensiedlung lebt. Tornau läßt sich ihre Lebensgeschichte erzählen und ist davon so angetan, daß er sich entschließt, diese mit Eva in der Hauptrolle zu verfilmen. Damit beginnen die Probleme, denn das Mädchen ist durchaus keine professionelle Schauspielerin, die von einer Rolle in die nächste zu schlüpfen vermag. Die furchtbaren Kriegserlebnisse hat sie kaum verarbeitet, als Tornau sie nun zwingt, all dies noch einmal für sein Projekt wiederaufleben zu lassen. Aus der erhofften Filmkarriere erwachsen mehr und mehr Probleme, denn unter dem Streß der Dreharbeiten droht Evas Ehe zu zerbrechen. Bei einer nachgestellen Fluchtszene kann sie gerade noch von ihrem Mann davor zurückgehalten werden, Selbstmord zu begehen.
Harald Braun, der 1949 mit dem Seelendrama NACHTWACHE einen der größten Publikumserfolge des deutschen Nachkriegskinos geschaffen hatte, wollte ursprünglich Gustaf Gründgens für die Rolle des Regisseurs verpflichten, den die Produzenten jedoch wegen seiner zwielichtigen Stellung im Dritten Reich ablehnten. jg

Solange ein Herz schlägt

Mildred Pierce. USA 1945 **R** Michael Curtiz **B** Ronald MacDougall, Catherine Turney, nach dem Roman von James M. Cain **K** Ernest Haller **M** Max Steiner **P** Jerry Wald für Warner Bros. **L** 111 Min., s/w **D** Joan Crawford, Jack Carson, Zachary Scott, Eve Arden, Ann Blyth, Bruce Bennett

„Ich soll mit *dieser* temperamentvollen Hexe arbeiten? Nie im Leben! Die kommt hier her mit erhobener Nase und ihren verdammten Schulterpolstern! Sie ist fertig, verbraucht. Warum sollte ich meine Zeit mit ihr verschwenden?!" Diese unfreundliche Tirade ließ Michael Curtiz ab, als man ihm bei Warners vorschlug, James M. Cains Roman *Mildred Pierce* mit Joan Crawford zu machen, nachdem Bette Davis und Barbara Stanwyck die Rolle bereits abgelehnt hatten. Die Aktrice war - mehr unfreiwillig als freiwillig - von MGM zu Warners gewechselt, hatte dort jedoch nichts zu tun gehabt, bis ihr das *Mildred*-Skript in die Hände fiel. Um die Rolle zu bekommen, die, wie sie wußte, sie wieder ganz nach oben bringen würde, stimmte sie sogar Probeaufnahmen zu, die Curtiz schließlich von ihren Qualitäten überzeugten. Am ersten Drehtag kam Crawford mit turmhoher Frisur und leuchtendem Lippenstift ins Studio gesegelt, im Schepptau ihren privaten Designer und - wie Curtiz vermutete - eine Handvoll teurer und edler Roben. Erbost schrie der Regisseur den armen Mann an: „Nein, du verdammter Hurensohn! Ich sagte doch - keine Schulterpolster!" Er zerrte an Crawfords Kleid. „Sie und ihre gottverdammten Adrian-Schulterpolster. Das stinkt doch!" Mit Tränen in den Augen antwortete die Schauspielerin, sie hätte die Garderobe im Kaufhaus erstanden... Nach diesem hitzigen Vorspiel kamen beide hervorragend miteinander aus, und am Ende war Curtiz voll des Lobes für seinen Star, während sie ihm riesige, von Adrian entworfene Schulterpolster zum Geschenk machte.

Solange ein Herz schlägt ist *das* Frauen-Melodram der 40er Jahre. Straff und in der Tradition des film noir erstaunlich unsentimental inszeniert, erzählt es die Geschichte der von Crawford gespielten Titelfigur, einer unglücklich verheirateten Hausfrau und Mutter, die ihren Mann (Bennett) verläßt, um für ihre Kinder ein besseres Leben zu erwirtschaften. Von der Kellnerin arbeitet sie sich zur erfolgreichen Restaurantbesitzerin hoch und heiratet schließlich einen Mann (Scott) in guter gesellschaftlicher Position. Der geht nicht nur verschwenderisch mit ihrem Geld um, sondern beginnt hinter ihrem Rücken auch noch eine Affäre mit ihrer ältesten Tochter Veda (Blyth), einem rücksichtslosen, egoistischen Biest...
Crawford dominiert diesen Film als arg gebeutelte, aber kämpferische Mildred und wurde für ihre energievolle Darstellung von der Kritik gefeiert sowie mit einem Oscar ausgezeichnet. James M. Cain schenkte ihr ein in Leder gebundenes Exemplar von *Mildred Pierce* und schrieb: „Für Joan Crawford, die Mildred so zum Leben erweckte, wie ich es mir immer gewünscht habe, und die meine lebenslange Dankbarkeit hat.“ al

Solange es Menschen gibt

Imitation of Life. USA 1959 **R** Douglas Sirk **B** Eleanore Griffin, Allan Scott, nach dem Roman von Fannie Hurst **K** Russell Metty **M** Frank Skinner **P** Ross Hunter für Universal **L** 125 Min., Farbe **D** Lana Turner, John Gavin, Sandra Dee, Terry Burnham, Susan Kohner, Karen Dicker, Juanita Moore, Dan O'Herlihy, Robert Alda, Troy Donahue

Mit diesem Melodram, das auch dem hartgesottensten Kinozuschauer die Tränen in die Augen treibt, verabschiedete sich Douglas Sirk von Hollywood, um später in den 70er Jahren wieder nach Deutschland zurückzukehren und dort an der Münchener Filmhochschule als Dozent zu arbeiten.
Solange es Menschen gibt, der erfolgreichste Film, den Sirk je in Amerika inszenierte, ist zwar ein Hollywood-Drama mit allen gängigen Klischees, doch benutzt Sirk hier in geschickter Weise die Emotionen, um den Zuschauer mit dem Rassismus in den USA der 50er Jahre zu konfrontieren.
Am Strand von Coney Island lernt die Schauspielerin Lora Meredith (Turner) die Schwarze Annie Johnson (Moore) kennen, eine liebevolle, mütterliche Frau, die Loras Tochter Susie (Dee) all die Liebe entgegenbringt, die der gefeierte Broadway-Star dieser längst nicht mehr geben kann. Annies eigene Tochter Sarah Jane (Kohner) hingegen, von Geburt an sehr hellhäutig, schämt sich ihrer schwarzen Herkunft, verleugnet ihre Mutter und gibt ihr die Schuld an ihrem gescheiterten Leben. Vereint werden alle Frauen bei Annies Beerdigung, die mit einem unbeschreiblichen Pomp zelebriert wird. Angesichts des Verlustes ihrer Mutter erkennt auch Sarah Jane, wie kaltherzig sie sich Annie gegenüber verhalten hat. Verzweifelt folgt sie dem Beerdigungszug.
Dieses bewegende Hollywood-Drama beutet fast respektlos die Gefühlsregungen des Zuschauers aus und setzt einige Effekte, wie zum Beispiel die herzzerreißende Begräbnisszene, allzu selbstzweckhaft und plakativ ein. In der Darstellung des tragischen Gespanns einer liebenden Mutter und deren abweisender Tochter waren Juanita Moore und Susan Kohner so überzeugend, daß gleich beide als Beste Nebendarstellerinnen für den Oscar nominiert wurden, der allerdings dann an Shelley Winters für ihre Rolle in DAS TAGEBUCH DER ANNE FRANK ging. jg

Solaris

Solaris. UdSSR 1972 **R** Andrej Tarkowskij **B** Andrej Tarkowskij, Friedrich Gorenschtejn, nach dem Roman von Stanislaw Lem **K** Vadim Jusow **M** Eduard Artemiev **P** Mosfilm **L** 170 Min., Farbe - s/w **D** Donatas Banionis, Natalja Bondartschuk, Jurij Jarvet, Anatolij Solinicin, Vladislav Dvorekkij, Nikolaj Grinko

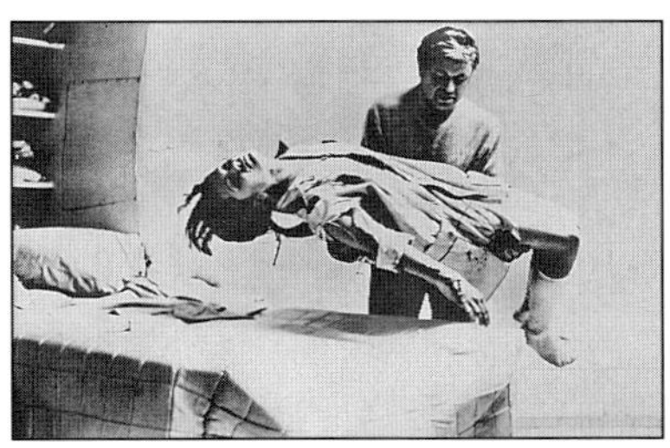

Wie alle seine Werke, so ist auch Tarkowskijs *Solaris* ein nicht gerade leicht zugänglicher Film, doch schuf der russische Regisseur damit ein Science-fiction-Opus, das sich eines Vergleichs mit Stanley Kubricks 2001 - ODYSSEE IM WELTRAUM nicht zu schämen braucht.
Von der Forschungsstation, die den Planeten Solaris umkreist, dringen beunruhigende Nachrichten zur Erde. Von den 85 Besatzungsmitgliedern sind nur noch drei am Leben, alle anderen starben aus unerklärlichen Gründen oder begingen Selbstmord. Der Psychologe Kris Kelvin (Banionis) erhält den Auftrag, das Raumschiff zu observieren. Kurz nach seiner Ankunft wird er mit Erscheinungen konfrontiert, die es nicht geben dürfte. So taucht plötzlich seine verstorbene Frau Hari (Bondartschuk) auf, an deren vertraute Gesellschaft sich Kris sehr schnell gewöhnt. Mit der Zeit erkennt er, daß der Planet, dessen Oberfläche aus einem riesigen Ozean besteht, die Ursache dieser Phänome ist. Solaris materialisiert die Gedanken der Menschen, setzt ihre Wünsche, Träume und Alpträume in die Realität um. Kelvin verliert seine Frau, die nur ein Abbild war, ein zweites Mal, bleibt jedoch mit den beiden überlebenden Wissenschaftlern auf der Raumstation, um sich in die Geborgenheit alter Erinnerungen zurückfallen zu lassen.
Für Tarkowskij gibt es in dieser Utopie für den Menschen nichts mehr zu entdecken, er ist am Rand seines Strebens nach Wissen angelangt und zieht sich wieder in das Schneckenhaus der Vergangenheit zurück. *Solaris* ist eine stilvolle Meditation über die Grenzen des menschlichen Seins, eine in vielen Szenen nihilistische und ernüchternde Parabel voller einfacher, und doch umso ergreifender Bildfolgen. Der Film beginnt mit einer wunderschönen Fahrt entlang des Ufers eines See und führt in das Haus, in dem Kris Kelvin aufwuchs. Er endet mit einem ähnlichen Bild; aus dem Ozean von Solaris erhebt sich eine Insel, auf der besagtes Haus steht, mit dem Kelvin wieder in die Idylle und das Glück seiner Kindheit zurückfindet. jg

Solo für zwei

All of Me. USA 1984 **R** Carl Reiner **B** Phil Alden Robinson, nach dem Roman *Me Two* von Ed Davis **K** Richard Kline **M** Patrick Williams **P** Stephen Friedman für Kings Road **L** 91 Min., Farbe **D** Steve Martin, Lily Tomlin, Victoria Tennant, Madolyn Smith, Richard Libertini, Dana Elcar, Jason Bernard, Selma Diamond, Eric Christmas, Gailard Sartain

Überschwenglich urteilte die *New York Times*: „Die beste amerikanische Komödie seit TOOTSIE“.
Natürlich hat auch *Solo für zwei* etwas mit dem stets amüsanten Einfall zu tun, einen Mann in die Gefühlswelt einer Frau schlüpfen zu lassen. Hier ist es allerdings genau umgekehrt. Die Millionärin Edwina Cutwater (Tomlin) glaubt an die Reinkarantion und hat sich auch schon eine attraktive Blondine auserkoren, in die ihr Geist nach dem Ableben fahren soll. Damit auch alles gut geht, heuert sie einen Guru an, der allerdings kläglich versagt, als es soweit ist, so daß sich Edwina plötzlich im Körper von Roger Cobb (Martin) wiederfindet. Die Folgen sind haarsträubend. Roger ist nicht mehr er selbst, wird ständig hin- und hergerissen zwischen seinem wahren Ich und dem Geist der Verblichenen. Das führt zu chaotischen Zwischenfällen, bei denen die Schwierigkeiten des Toilettengang noch die harmlosesten sind.
Wer einen Sinn für typisch amerikanische Albernheiten hat, wird sich bei dieser Komödie glänzend amüsieren. Überzeugend sind vor allem die schauspielerischen Leistungen der beiden Hauptdarsteller. Steve Martins schizophrene Innenstruktur fiel dermaßen überzeugend aus, daß ihn die New Yorker Kritiker zum besten Schauspieler des Jahres 1984 wählten. Des weiteren wurde er - eben-

so wie Lily Tomlin - für den Golden Globe nominiert. „Vielleicht schürft Reiners Film weniger tief als die moralische Komödie *Tootsie*. Doch wie Dustin Hoffman in Frauenkleidern seinen männlichen Egoismus vergaß, so streift auch Steve Martin als halbierter Mann seine Casanova-Allüren ab" (*Die Welt*). jg

Solo Sunny

Solo Sunny. DDR 1980 **R** Konrad Wolf **B** Wolfgang Wolf **K** Eberhard Geick **M** Günther Fischer **P** Herbert Ehler für DEFA **L** 102 Min., Farbe **D** Renate Krößner, Alexander Lang, Dieter Montag, Klaus Brasch, Heide Kipp, Ursula Braun, Michael Christian, Regine Doreen

Solo Sunny, eine entlarvende Studie über den Alltag einer ungewöhnlichen Frau, war der letzte Film von Konrad Wolf, der 1982 im Alter von 56 Jahren verstarb. Mit seinem Tod ging auch die Karriere der talentierten und sympathischen Hauptdarstellerin Renate Krößner zu Ende, die nach *Solo Sunny* keine Filmangebote mehr erhielt und schließlich - von den Medien beinahe unbemerkt - nach West-Berlin übersiedelte.
Ingrid Sommer, genannt Sunny (Krößner) ist eigentlich eine ganz normale Fabrikarbeiterin. Doch zwischen ihr und den dauergewellten Tussis am Fließband liegen Welten, denn Sunny ist ein Mädchen, daß sich nicht mit dem tristen sozialistischen Alltagsdasein zufriedengibt, sondern an den Wochenenden mit einer Band durch die Provinz der eingezäunten Republik tingelt. Ihr Leben bekommt Sprünge, als sich die Mißerfolge im privaten und beruflichen Bereich häufen. Die Konsequenz ist ein mißlungener Selbstmordversuch, dem ein neuer Anfang folgt. Hat Sunny zwar manche Niederlage hinnehmen müssen, so ist dies jedoch noch lange kein Grund, auf ihre unkonventionelle Lebensweise zu verzichten.
Renate Krößner, unbestrittener Star dieses Films, der in der DDR über eine Million Zuschauer in die Kinos lockte, erhielt 1980 auf den XXX. Berliner Filmfestspielen für ihre Darstellung einen Silbernen Bären. Der melodische Titelsong wurde allerdings nicht von ihr, sondern von Kollegin Regine Dobberschütz gesungen, die ebenfalls Anfang der 80er Jahre in den Westen ging. *Solo Sunny* bekam in Berlin ferner den Preis der Internationalen Filmkritik verliehen - eine reichlich verspätete Würdigung für den großen DDR-Regisseur Konrad Wolf. jg

Sommer der Erwartung

Spencer´s Mountain. USA 1962 **R** Delmer Daves **B** Delmer Daves, nach dem Roman von Earl Hammer jr. **K** Charles Lawton **M** Max Steiner **P** Delmer Daves für Warner Bros. **L** 99 Min., (Originalfassung 121 Min.), Farbe **D** Henry Fonda, Maureen O´Hara, James MacArthur, Donald Crisp, Wally Cox, Mimsy Farmer, Virginia Gregg, Lillian Bronson, Whit Bissell

Dieser sympathische amerikanische Spielfilm setzt hier der heiligen Institution Familie ein würdiges Denkmal. Mutter der Nation ist wieder einmal Maureen O´Hara, die neben ihrer Darstellung in MR. HOBBS MACHT FERIEN bereits das zweite Mal im Jahre 1962 ein weibliches Familienoberhaupt mimte. Mit ihrer schmucken Figur und den stets perfekt ondulierten roten Haaren sieht sie allerdings nicht wie eine gestandene Farmersfrau aus, die bereits neun Kinder in die Welt gesetzt hat.
Am Fuße der Grand Tetons Berge in Wyoming lebt seit Generationen die Familie Spencer, bestehend aus Omi und Opa Spencer (Bronson/Crips) sowie Sohn Clay und Ehefrau Olivia mit ihren neun Kindern, von denen hier nur der älteste Abkömmling Clayboy (MacArthur) aufgeführt werden soll. In komischen wie tragischen Episoden plätschert das Leben dieser netten, bodenständigen Sippe vor sich hin, um bisweilen von Geldproblemen und Schicksalsschlägen (Opa Spencer wird beim Holzfällen von einem Baum plattgedrückt) jäh unterbrochen zu werden. Als Clayboy den Wunsch äußert, aufs College zu gehen, verzichtet die Familie großmütig auf den geplanten Neubau des Hauses, um ihrem ältesten Sohn eine gute Erziehung zu ermöglichen.
Eine anspruchslose und unterhaltsame Geschichte vor netter Naturkulisse, bei der sich Henry Fonda allerdings so unwohl fühlte, daß er nach Beendigung der Dreharbeiten meinte, er würde jede Minute dieses Films hassen. Earl Hamners Roman diente zehn Jahre später der überaus erfolgreichen TV-Serie *Die Waltons* noch einmal als Vorbild. jg

Sommer der Verfluchten

The Singer Not the Song. Großbritannien 1961 **R** Roy Baker **B** Nigel Balchin, nach dem Roman *The Singer, Not the Song* von Audrey Erskine Lindop **K** Otto Heller **M** Philip Green **P** Roy Baker für The Rank Organization **L** 116 Min. (Originalfassung 132 Min.), Farbe **D** Dirk Bogarde, John Mills, Mylène Demongeot, Laurence Naismith, John Bentley

Die kleine mexikanische Stadt Quantano wird von dem sadistischen, gottlosen Banditen Anacleto (Bogarde) und seinen Schergen tyrannisiert. Ihm tritt Pater Keogh (Mills) als neuer Priester des Ortes entgegen, und obwohl er sich durch sein furchtloses Auftreten Anacletos Hochachtung erwirbt, geschehen weiter sinnlose Morde in „alphabetischer" Reihenfolge, die auch schon Keoghs Vorgänger zermürbten. Doch nach einer Weile ändert der Bandit sein Verhalten - offenbar, weil er an Keogh einen Narren gefressen hat. Doch auch von der jungen Locha (Demongeot) wird der Gottesmann begehrt...
Dieser britische Western entwirft ein wahrlich unkonventionelles Dreiecksverhältnis zwischen zwei Männern und einer Frau und zeigt Dirk Bogarde - seine Garderobe besteht zu 60% aus schwarzem Leder - erneut in einer Rolle mit stark homosexuellen Untertönen. Der englische Originaltitel bezieht sich auf - und beantwortet - die Frage, ob es „der Sänger" (the Singer) oder „das Lied" (the Song) sei, die Persönlichkeit oder die Botschaft, die Anacleto an Pater Keogh fasziniert. Später im gleichen Jahr sollte Bogarde als erster Filmstar überhaupt einen offen homosexuellen Charakter in TEUFELSKREIS spielen. al

Der Sommer des Samurai

Der Sommer des Samurai. BRD 1986 **R** Hans-Christoph Blumenberg **B** Hans-Christoph Blumenberg, Carola H. Stern, Frederick Spindale **K** Wolfgang Dickmann **M** Hubert Bartholomae **P** Michael Bittins für Radiant Film/ZDF **L** 107 Min., Farbe **D** Cornelia Froboess, Hans Peter Hallwachs, Wojtech Pszoniak, Nadja Tiller, Peter Kraus, Hannelore Hoger, Matthias Fuchs, Anton Diffring

Hans-Christoph Blumenberg hätte mal lieber als Feuilletonist bei der *Zeit* bleiben sollen. War schon sein Regiedebüt TAUSEND AUGEN nicht besonders überzeugend, so weiß man wirklich nicht, was man zu diesem Film sagen soll.
Cornelia Froboess setzt sich als Starreporterin Christiane Land auf die Spuren eines Phantoms, das die Finanzelite Hamburgs in Angst und Schrecken versetzt. Eine Serie von Einbrüchen und skandalösen Aufdekkungen führt dazu, daß diverse Wirtschaftsmagnaten der Stadt ihren Hut nehmen müssen. Zurück am Tatort bleiben unerklärliche japanische Schriftzeichen, deren Entschlüs-

selung sich Christiane zur Aufgabe macht. Dabei stößt sie auf ein Geheimnis, dessen Wurzeln im mittelalterlichen Japan liegen. Wenn an diesem Film überhaupt etwas bemerkenswert sein sollte, so ist dies eine faszinierend gefilmte Einstellung, in der Conny Froboess zu Beginn auf ihrem Hausdach sitzt und das Diktiergerät betätigt, woraufhin sich die Kamera in luftige Höhen schwingt, in einem kühnen Bogen über die Außenalster gleitet, um dann den Helden der Geschichte ins Visier zu nehmen, der gerade auf dem Dach des häßlichen Polizeihochhauses am Berliner Tor herumklettert.
Das Agieren der Schauspieler (besonders grauenvoll: Peter Kraus) ist eine Zumutung, die Geschichte selbst hanebüchen, und wenn am Ende des Films ein Schimmel munter in den Sonnenuntergang der blutrot eingefärbten Heidelandschaft hoppelt, wird es gänzlich unerträglich. Nebenbei gab Blumenberg, der seine Geschichte von dem Zürich-Sprayer Harald Naegeli inspiriert worden war, der versnobten hanseatischen Gesellschaft die Möglichkeit, sich bei den Szenen einer Vernissage selbst darzustellen und brachte auch einige Freunde (so den Mode- und Parfümdesigner Joop) in diversen Nebenrollen unter. jg

Ein Sommer in Manhattan

Tribute. Kanada 1980 **R** Bob Clark **B** Bernard Slade, nach seinem Bühnenstück **K** Reginald H. Morris **M** Kenn Wannberg **P** Joel B. Michaels, Garth B. Drabinsky für 20th Century-Fox **L** 123 Min., Farbe **D** Jack Lemmon, Robby Benson, Lee Remick, Kim Cattrall, Colleen Dewhurst

Der lebenslustige New Yorker Presseagent Scottie Templeton (Lemmon) gerät etwas aus der Bahn, als ihm seine Ärztin eröffnet, er habe nur noch kurze Zeit zu leben - Leukämie! Seinen 22jährigen Sohn Jud (Benson), der sich ihm völlig entfremdet hat, lädt er für diesen Sommer nach Manhattan ein, um das einstmalige gute Verhältnis wiederherzustellen. Doch das erweist sich als gar nicht so einfach, ist der introvertierte Filius doch das genaue Gegenteil von seinem Vater...
Als Scottie hatte Jack Lemmon Triumphe am Broadway gefeiert, doch die Filmversion von Bernard Slades tragikomischem Stück funktioniert weniger gut. Der kanadische Regisseur Bob Clark - er inszenierte später *Porky's*! - verabreicht dem Publikum die sentimentaleren Elemente der Handlung mit dem Holzhammer, und Lemmon überzieht des öfteren die Rolle des traurigen Clowns. Einzig Lee Remick trifft hier den richtigen Ton, aber es war Lemmon, der mit einer weiteren Oscar-Nominierung geehrt wurde. al

Einen Sommer lang

Sommarlek. Schweden 1951 **R** Ingmar Bergman **B** Ingmar Bergman, Herbert Grevenius, nach einer Idee von Bergman **K** Gunnar Fischer **M** Erik Nordgren **P** Svenk Film **L** 90 Min. (Originalfassung 95 Min.), s/w **D** Maj-Britt Nilsson, Birger Malmsten, Alf Kjellin, Annalisa Ericson, Georg Funkquist, Stig Olin, Renée Björling, Mimi Pollak

Die Verbitterung und Trauer über seine Scheidung, die Bergman noch zwei Jahre zuvor in seinem Drama AN DIE FREUDE so krass ausgedrückt hatte, machte hier einer hoffnungsvolleren Inszenierung Platz, die mit ihrem versöhnlichen Schluß die Reihe der sogenannten Sommerfilme einleitete.
Die Ballettänzerin Marie (Nilsson) ist mit dem Journalisten David (Kjellin) befreundet, kann jedoch ihre erste Liebe Henrik (Malmsten) nicht vergessen. Doch Henrik ist tot, und Marie fürchtet, David nicht lieben zu können, solange sie ihr verlorenes Glück nicht vergessen hat. Mit ihrem Tagebuch begibt sie sich noch einmal zu jener Insel, wo sie mit Henrik den glücklichsten und zugleich tragischsten Sommer ihres Lebens verbracht hat. Die Erinnerungen an die vergangenen Tage (in Rückblenden erzählt) helfen ihr, den Verlust ihres Freundes zu überwinden. Zurück in Stockholm, übergibt sie David ihr Tagebuch, damit dieser ihre Erinnerungen teilen und sie besser verstehen kann.
Das Manuskript zu diesem Film hatte Bergman schon im Jahr 1945 entworfen, doch schrieb er es im Lauf der Zeit mehrere Male um, bis es schließlich 1950/51 seinem Seelenzustand entsprach. Zu diesem Zeitpunkt hatte er die Krise der Scheidung überwunden und wieder eine neue Lebenspartnerin gefunden. jg

Sommer und Rauch

Summer and Smoke. USA 1961 **R** Peter Glenville **B** James Poe, Meade Roberts, nach dem Bühnenstück von Tennessee Williams **K** Charles Lang jr. **M** Elmer Bernstein **P** Hal B. Wallis für Paramount **L** 118 Min., Farbe **D** Laurence Harvey, Geraldine Page, Rita Moreno, Una Merkel, John McIntire, Thomas Gomez, Pamela Tiffin

Schon 1952 hatte Geraldine Page mit diesem Tennessee-Williams-Stück auf der Bühne gestanden, doch es brauchte neun Jahre, bis der Stoff unter der Regie des Briten Peter Glenville - er inszenierte die Londoner Version - die Leinwände erreichte. Sie spielt die altjüngferliche Alma Winemiller, Tochter des Bürgermeisters einer Kleinstadt im amerikanischen Süden, die im Stillen für ihren Nachbarn, den jungen Doktor Buchanan (Harvey), schwärmt. Doch der vergnügt sich lieber mit der unkomplizierten Rosa (Moreno). Als es Alma doch einmal gelingt, eine Verabredung mit Buchanan für den Abend zu arrangieren, versteht er ihre Zuneigung falsch und versucht, sie zu verführen...
Sommer und Rauch ist ein typischer Williams-Stoff: die Südstaaten-Umgebung, unterdrückte Leidenschaften und Sexualität, die ältere Frau und der junge Mann. Die Figur der Alma hatte der Autor bereits in DIE GLASMENAGERIE eingesetzt (allerdings unter dem Namen Laura); sie soll seiner eigenen Schwester nachempfunden sein, die später an einer Geisteskrankheit litt. Page erhielt eine verdiente Oscar-Nominierung für ihre faszinierende Darstellung, die ein wenig für die Bühnenhaftigkeit des Films entschädigt, und sollte ein Jahr später mit Williams' SÜSSER VOGEL JUGEND einen weiteren künstlerischen Triumph feiern. al

Sommergäste

Sommergäste. BRD 1976 **R** Peter Stein **B** Botho Strauß, nach dem Bühnenstück von Maxim Gorki **K** Michael Ballhaus **M** Peter Fischer **P** Regina Ziegler für Regina Ziegler Film/Sender Freies Berlin **L** 115 Min., Farbe **D** Wolf Redl, Edith Clever, Ilse Ritter, Michael König, Jutta Lampe, Bruno Ganz, Otto Sander, Elke Petri, Werner Rehm

Die eigentliche Basis für diese Gorki-Adaption war die Gründung der „Neuen Schaubühne am Halleschen Ufer" in West-Berlin, zu der sich eine Gruppe hervorragender Schauspieler zusammengefunden hatte, die mit ihren Darbietungen das Theaterleben der Bundesrepublik in entscheidendem Maße prägten. Mehrere TV-Aufzeichnungen machten das Ensemble auch über die Grenzen Berlins hinaus bekannt, doch zeigten sich die Darsteller mit den Fernsehmitschnitten ihrer Inszenierungen wenig zufrieden, so daß der Wunsch entstand, primär für das Kino eine Bühneninszenierung umzusetzen. Gorkis *Sommergäste*, in Berlin am Theater ein rau-

schender Erfolg, schien Peter Stein das passende Stück zu sein. Im Sommer 1975 filmte er mit seinen Akteuren in Berlin-Gatow und auf der Pfaueninsel. Die Schauspieler ließen sich dabei auf eine zweigleisige Betätigung ein, die ihnen alle Kraft und ein hohes Maß an Einsatz abverlangte. Um 6.00 Uhr morgens begannen die Dreharbeiten, die sich meist bis zum Nachmittag hinzogen und dann abgebrochen wurden, damit die Schauspieler wieder rechtzeitig zur Vorstellung zurück im Theater sein konnten.
Diese doppelte Belastung hat sich allerdings nur positiv auf den Film ausgewirkt. Zeitlich angesiedelt in den ersten Jahren des 20. Jahrhunderts, beschreibt Stein das ernüchternde Zusammentreffen einer Gruppe von Menschen, die den Sommer in einer russischen Datsche verbringen und sich dort gegenseitig mit ihrer Unzufriedenheit, mit Kränkungen und Erniedrigungen das Leben schwer machen.
Sommergäste war eine Literaturverfilmung, die ganz dem Geschmack des französischen Regisseurs Eric Rohmer entsprach. Dieser zeigte sich von der Umsetzung und den brillanten Schauspielern so begeistert, daß er Edith Clever, Bruno Ganz und Otto Sander für seine Produktion DIE MARQUISE VON O. verpflichtete, die noch im selben Jahr entstand. jg

Sommerliebelei

Un amour de pluie. Frankreich/Italien/BRD 1973 **R** Jean-Claude Brialy **B** Jean-Claude Brialy, Yves Simon **K** Andreas Winding **M** Francis Lai **P** Raymond Danon für Lira Films (Paris), Trac (Rom), Terra Filmkunst (Berlin) **L** 96 Min., Farbe **D** Romy Schneider, Nino Castelnuovo, Suzanne Flon, Mehdi El Glaoui, Bénédicte Bucher, Jean-Claude Brialy, Philippe Castelli

Das letzte Mal hatten Jean-Claude Brialy und Romy Schneider in dem Schnitzler-Remake CHRISTINE zusammengearbeitet. Mittlerweile war Brialy auch ins Regiefach eingestiegen und hatte mit dem Werk *Eglantine* einen Film geschaffen, der Romy Schneider so sehr gefiel, daß sie sich spontan dazu bereit erklärte, unter seiner Regie zu spielen. *Sommerliebelei* indes wurde nicht der Erfolg, den sich alle Beteiligten versprochen hatten. So still und beschaulich wie die Kurbrunnen von Vittel (in diesem Heilbad ist die Geschichte angesiedelt) plätschert auch die Handlung vor sich hin. Mit ihrer 15jährigen Tochter Cécile (Bucher) verbringt die bezaubernde Elisabeth (Schneider) einen Kuraufenthalt, in dessen Verlauf sie den heißblütigen Casanova Giovanni (Castelnuovo) kennenlernt. Auch Cécile findet Kontakt zu einem ungefähr gleichaltrigen Jungen. Mutter und Tochter lassen sich auf eine kurze, aber hoffnungslos romantische Liebesbeziehung ein, um am Ende des Films mit dem Wissen um die jeweilige Liaison des anderen wieder nach Paris zurückzukehren, wo Elisabeths geschäftstüchtiger Ehegatte bereits sehnsüchtig wartet.
Brialy, dessen Filmen allesamt wenig Erfolg beschieden war, inszenierte dieses harmlose Liebesgeschichtchen ein wenig zu hausbakken und ohne die nötige Melancholie. Einziger Gewinn dieses Streifens ist Romy Schneider, deren Schönheit von Andreas Winding in zarten, weichgezeichneten Bildern festgehalten wurde. jg

Eine Sommernachts-Sexkomödie

A Midsummer Night's Sex Comedy. USA 1982 **R** Woody Allen **B** Woody Allen **K** Gordon Willis **P** Robert Greenhut für Orion **L** 88 Min., Farbe **D** Woody Allen, Mia Farrow, José Ferrer, Julie Hagerty, Tony Roberts, Mary Steenburgen, Moishe Rosenfeld

New York um die Jahrhundertwende, als die große Stadt noch ein kleines Paradies war: Schon damals gab es, kaum zu glauben, Stadtneurotiker, die vermittels Flucht auf das Land versuchten, dem Großstadttrubel zu entkommen. Sechs solcher Städter, geordnet zu drei Paaren, treffen sich in einem romantisch pittoresken Landhaus, auf der Suche nach der wahren Liebe, denn die bilateralen Kopulationsversuche in ihren eingefahrenen Zweierbeziehungen sind so prickelnd nicht mehr. Vor allem die Gastgeber - Andrew (Allen) und Gattin Adrian (Steenburgen) -, die trotz mühsamer Versuche schon seit Monaten nicht mehr miteinander können, lechzen nach Zerstreuung. Und tatsächlich: der praktizierte Partnertausch bringt der Gesellschaft die erhoffte Wallung. Leider rafft es einen der Gäste beim Treiben dahin - zu dessen Freude immerhin mitten auf dem Höhepunkt der Lust.
Routiniert, aber ohne den bei Woody-Allen-Filmen gewohnten komödiantischen Tiefgang, inszenierte der Autor, Regisseur und Protagonist in Personalunion seine Schmunzelgeschichte um Liebe und Triebe am Busen der Natur - vollgestopft mit schönen Bildern ländlicher Idylle und mit schön kaputten Neurotikern. „Ein bezaubernd blödsinniger Film, ein allerliebstes Glühwürmchen-Idyll: hübsch geleuchtet, schnell erloschen" (*Abendzeitung*). sk

Ein Sommernachtstraum

A Midsummer Night's Dream. USA 1935 **R** Max Reinhardt, William Dieterle **B** Charles Kenyon, Mary McCall jr., nach dem Bühnenstück von William Shakespeare **K** Hal Mohr **M** Erich Wolfgang Korngold **P** Max Reinhardt für Warner Bros. **L** 132 Min., s/w **D** Mickey Rooney, James Cagney, Dick Powell, Joe E. Brown, Jean Muir, Hugh Herbert, Ian Hunter, Frank McHugh, Victor Jory, Olivia de Havilland, Ross Alexander, Grant Mitchell

Die Warner Bros. waren seit jeher ein Studio, das sich mit seinen Produktionen an ein großes Publikum wandte und dementsprechend überwiegend seichte und leicht verdauliche Kinokost bot. *Ein Sommernachtstraum* gehört mit Sicherheit nicht zu dieser Gattung, und auch heute fragen sich viele Filmhistoriker, welche Gründe die Studioleitung dazu bewogen, eine Summe von 1,5 Mio. Dollar in diese Shakespeare-Verfilmung zu investieren, die sich natürlich an der Kinokasse nicht wieder einspielen ließ. Ausschlaggebend war sicher der Ruf des weltberühmten Theaterregisseurs Max Reinhardt, der nach seiner Emigration aus Nazi-Deutschland im fernen Hollywood endlich ein Zuhause gefunden hatte. Da Reinhardt vom Film so gut wie keine Ahnung hatte (*Ein Sommernachtstraum* blieb so auch sein einziger Ausflug in dieses Metier) zog er den ebenfalls emigrierten Wilhelm Dieterle als Assistent zurate.
Eingehüllt in ausgefallene Dekors, entspannt sich ein bunter Reigen verzweifelter Liebender, die nicht zu dem Partner finden, den sie gerne möchten. Hermia (de Havilland) ist auf Lysander (Powell) scharf, doch soll sie nach den Wünschen ihres Vaters Egeus (Mitchell) den stattlichen Demetrius (Alexander) heiraten, auf den wiederum ihre Freundin Helena (Muir) ein Auge geworfen hat. Die guten Geister eines Zauberwaldes, allen voran der kleine Kobold Puck (Rooney), biegen jedoch die Geschicke zur Zufriedenheit aller Beteiligten zurecht.
Nicht nur Max Reinhardts filmische Inkompetenz hätte diese Shakespeare-Komödie beinahe in einer Katastrophe enden lassen; auch die „Künste" von Kameramann Ernest Haller ließen zu wünschen übrig, konnte man doch nach der ersten Probesichtung die Schauspieler kaum noch von den Bäumen

der Studiodekoration unterscheiden. Haller flog in hohem Bogen aus dem Projekt und wurde durch Hal Mohr ersetzt, der - ebenso wie Cutter Ralph Dawson - für seine Arbeit einen Oscar erhielt. jg

Sommerstürme

Summer Storm. USA 1944 **R** Douglas Sirk **B** Rowland Leigh, Douglas Sirk, nach dem Roman *Die Jagdpartie* von Anton Tschechow **K** Eugen Schüfftan **M** Karl Hajos **P** Seymour Nebenzahl, Rudolph Joseph für Angelus Pictures/MGM **L** 105 Min., s/w **D** George Sanders, Linda Darnell, Anna Lee, Hugo Haas, Edward Everett Horton, Lori Lahner, Sig Ruman, John Philliber, André Carlot

Detlef Siercks Einstand in Hollywood bescherte ihm die Regie zu einem Propagandafilm gegen die Nazis, der das Massaker von Lidice zum Thema hatte. Das freilich war ein Stoff, dem der aus Deutschland emigrierte Filmemacher wenig Freude abgewinnen konnte. Der zweite Regieauftrag entsprach dann schon eher seiner Vorliebe und seinem Talent. Tschechows einzigen Roman *Die Jagdpartie* hatte Sierck, oder besser Sirk, wie er sich jetzt in Amerika nannte, schon zu UFA-Zeiten mit Willy Birgel umsetzen wollen, doch war das Projekt über eine anfängliche Planung nicht hinausgekommen. James M. Cain, der später auch die Drehbücher zu den Meisterwerken der schwarzen Serie FRAU OHNE GEWISSEN und IM NETZ DER LEIDENSCHAFTEN schreiben sollte, erstellte hier ein Skript, daß Sirk viel zu amerikanisch empfand, so daß er selbst zusammen mit Rowland Leigh den Roman bearbeitete.
Heraus kam dabei ein gefühlsbetontes Drama, das gegen Ende des russischen Zarenreiches angesiedelt ist. In einer Rückblende erzählt Fedor (Sanders) die Geschichte einer verhängnisvollen Leidenschaft. Trotz seiner Ehe mit der ebenso reizenden wie intelligenten Nadina (Lee) verfällt Fedor der ungezügelten Erotik des naiven Bauernmädchens Olga (Darnell), die bewußt mit den Männern spielt und für die auch Fedor nur ein Werkzeug ist. Dieser erträgt es nicht, von Olga ausgenutzt worden zu sein und bringt sie um. Die Schuld an dieser Tat muß allerdings nicht er, sondern Olgas treudummer Mann Urbenin büßen.
Sommerstürme wurde bei Kritik und Publikum - nicht zuletzt wegen des gewagten Auftritts von Linda Darnell - ein beachtlicher Erfolg und sicherte Sirk weitere Regieaufträge. jg

Sommerwünsche, Winterträume

Summer Wishes, Winter Dreams. USA 1973 **R** Gilbert Cates **B** Stewart Stern **K** Gerald Hirschfeld **M** Johnny Mandel **P** Jack Brodsky für Rastar Prod./Columbia **L** 84 Min., Farbe **D** Joanne Woodward, Martin Balsam, Sylvia Sidney, Dori Brenner

Die ruhige, ereignislose Existenz von Rita Walden (Woodward), einer seit 24 Jahren verheirateten Hausfrau der amerikanischen Mittelschicht, gerät durch den Tod ihrer Mutter (Sidney) emotional durcheinander. Ihre Schwester will den alten Familienbesitz verkaufen, der für Rita Erinnerungen an Kindheit und die erste Jugendliebe verkörpert, ihre beiden erwachsenen Kinder haben sich von den Eltern entfremdet. Um sie abzulenken, schlägt ihr verständnisvoller Ehemann Harry (Balsam) eine Europareise vor, während der Rita jedoch einen Nervenzusammenbruch erleidet...
Im wahrsten Sinne des Wortes ein „Schauspielerfilm“, wartet *Sommerwünsche, Winterträume* mit erstklassigen Darstellungen auf, besonders von Sylvia Sidney, die hier seit 17 Jahren zum ersten Mal wieder auf der Leinwand zu sehen war. Sie und Woodward wurden für Oscars nominiert. Regisseur Cates verstand es, die Leere und Bedeutungslosigkeit im Leben des Ehepaares herauszuarbeiten, schnitt sich damit jedoch ins eigene Fleisch: der Film ist selbst recht langweilig. al

Sondertribunal

Section Spéciale. Frankreich 1975 **R** Costa-Gavras **B** Jorge Semprun, Costa-Gavras, nach dem Buch von Hervé Villeré **K** Andreas Winding **M** Eric Demarsan **P** Reggane Films/Goriz Films/ Janus Films **L** 115 Min., Farbe **D** Michel Lonsdale, Louis Seigner, Ivor Garrani, Henri Serrel, Pierre Dux, Claude Piéplu, Jean Bouise, Jacques Spiesser, Yves Robert, Bruno Cremer, Jacques Perrin

Nach der politischen Situation in Griechenland (Z), der Tschechoslowakei (DAS GESTÄNDNIS) und Südamerika (DER UNSICHTBARE AUFSTAND) wandte sich Costa-Gavras einem unrühmlichen Kapitel in der Geschichte seines Wahlheimatlandes Frankreich zu: der Zusammenarbeit der Vichy-Regierung mit der deutschen Besatzungsmacht während des II. Weltkrieges. Nach einem detailliert recherchierten Buch von Hervé Villeré erzählt er von den Sondergerichten, die dieses Regime allen rechtsstaatlichen Prinzipien zum Trotz einsetzte. Anlaß war die Ermordung eines deutschen Soldaten in der Pariser Metro durch kommunistische Widerstandskämpfer im Jahre 1941. Man fürchtete einen Vergeltungsschlag der Deutschen und beschloß, an sechs bereits verurteilten Gefangenen ein Exempel zu statuieren. Vor Sondergerichten wurden diese Fälle erneut behandelt und die Angeklagten zum Tode auf der Guillotine verurteilt. Diese skandalöse Praxis hatte nach Ende des Krieges, ähnlich wie bei Kriegsverbrechen in Deutschland, kaum Konsequenzen für die Verantwortlichen...
Sondertribunal ist einer der unbekanntesten Filme des Regisseurs, wahrscheinlich auch deshalb, weil hier keine Starpersönlichkeit wie Yves Montand - der einen Cameo-Auftritt hat - am Werke ist, sondern eine Riege von französischen Charaktermimen. In der BRD wurde der Film im Fernsehen (ARD) erstaufgeführt. Nichtsdestotrotz sprach die Jury bei den Filmfestspielen in Cannes Costa-Gavras den Preis als Bester Regisseur zu. al

Die Sonne Satans

Sous le soleil de Satan. Frankreich 1987 **R** Maurice Pialat **B** Sylvie Danton, Maurice Pialat, nach dem Roman von Georges Bernanos **K** Willy Kurant **M** Henri Dutilleux **P** Claude Abeille für Films A2/Action Films/Erato Films/Flach Films/Oase Film **L** 93 Min. (Originalfassung 103 Min.), Farbe **D** Gérard Depardieu, Sandrine Bonnaire, Maurice Pialat, Alain Artur, Yann Dedet, Brigitte Legendre, Jean-Claude Bourlat

Der junge, fanatische Priester Donisson (Depardieu) bekämpft jeden seiner Selbstzweifel rigoros und hält seinen Vorgesetzten Menou-Sagrais (Pialat) für halbherzig und zu sehr dem Weltlichen zugewandt. Der schickt ihn in eine andere Gemeinde, und auf dem Weg dorthin wird Donisson vom Teufel höchstpersönlich in Versuchung geführt. Ab jetzt vermag er in seine Mitmenschen hineinzusehen, was ihm das Leben jedoch nicht einfacher macht. So konfrontiert er die junge Mouchette (Bonnaire) mit der Tatsache, daß sie ihren Geliebten umgebracht hat, und treibt sie ungewollt in den Selbstmord...
George Bernanos' düsterer Roman erschien bereits 1926 und nicht nur angesichts der langen inneren Monologe, die schwer filmisch umzusetzen sind, ist es erstaunlich, daß ein Stoff mit einer derartig „altmodischen“ Thematik in den 80er Jahren überhaupt die Leinwände erreichte. Das schwerblütige Drama wurde bei den Filmfestspielen in Cannes mit der Goldenen Palme ausgezeichnet und verursachte einen handfesten Skandal. Denn in der Überzeugung, die Jury habe wegen des 40jährigen Bestehens des Festivals unbedingt einen französischen Beitrag auszeichnen wollen - den ersten seit EIN MANN UND EINE FRAU von 1966 -

wurde Maurice Pialat bei der Entgegennahme des Preises gnadenlos ausgebuht. Der Regisseur ließ sich nicht lumpen, reckte die Faust und schrie: „Wenn ihr mich schon nicht mögt, ich mag euch auch nicht!" al

Sonnenblumen

I girasoli. Italien/Frankreich 1970 **R** Vittorio De Sica **B** Tonino Guerra, Cesare Zavattini, Giorgij Mdivani **K** Giuseppe Rotunno **M** Henry Mancini **P** Carlo Ponti, Arthur Cohn für Compagnia Cinematografica Champion (Rom), Les Films Concordia (Paris) **L** 108 Min., Farbe **D** Sophia Loren, Marcello Mastroianni, Ludmilla Savaleva, Galina Andrejeva, Anna Carena, Germano Longo

Nach ihrer Heirat verbringen Giovanna (Loren) und Antonio (Mastroianni) zwölf unbeschwerte Tage, bevor er zum Kriegseinsatz an die russische Front abkommandiert wird. Daheim in Italien wartet Giovanna jahrelang auf eine Nachricht und gibt sich mit der offiziellen Vermißtenerklärung nicht zufrieden: nach Kriegsende reist sie selbst in die Sowjetunion, um nach langer Suche festzustellen, daß Antonio der Mann einer jungen russischen Bäuerin (Savaleva) geworden ist. Sie hatte ihm, der im Kampf sein Gedächtnis verlor, das Leben gerettet...
Sonnenblumen ist die erste italienische Produktion, die an Originalschauplätzen in der Sowjetunion gedreht wurde, und dementsprechend vorteilhaft wurden Sehenswürdigkeiten wie der Rote Platz und die Moskauer U-Bahn ins rechte Licht gerückt. In den Sonnenblumenfeldern der Ukraine entstanden phantastische Aufnahmen, doch trotz aller visueller Reize konnte der langatmige Film nicht an die früheren Erfolge des Trios De Sica/Loren/Mastroianni anschließen. Die Kritik bezeichnete ihn als hoffnungslos altmodisches romantisches Drama, das den umwälzenden Entwicklungen der Endsechziger Jahre in keinster Weise Rechnung trüge. Als Giovannas kleiner Sohn ist übrigens Sophias Baby Carlo jr. zu sehen. al

Sonnensucher

Sonnensucher. DDR 1957 **R** Konrad Wolf **B** Karl Georg Egel, Paul Wiens **K** Werner Bergmann **M** Joachim Werzlau **P** Hans-Joachim Schoeppe für DEFA **L** 115 Min., s/w **D** Ulrike Germer, Günther Simon, Erwin Geschonnek, Viktor Awdjuschko, Wladimir Jemeljanow, Willi Schrade, Manja Behrens, Norbert Christian

„Wir wollen - Sonnensuchern gleich - wahrheitsgetreu jene Kräfte widerspiegeln, mit denen die sozialistische Gesellschaft ihre Menschen formt: Wie sie ihre guten Anlagen weiterentwickelt und hart und grob oft...strahlendes Erz von hemmenden Schlakken und der Last tauben Gesteins befreit." Diese reichlich pathetischen Worte äußerte Konrad Wolf im Jahre 1958 zu einem Zeitpunkt, als er noch nicht wissen konnte, daß *Sonnensucher* kurz nach seiner Fertigstellung auf Eis gelegt und erst mit 14jähriger Verspätung das erste Mal in den Kinos der DDR gezeigt werden sollte. Dabei sprach die Geschichte des Films durchaus dafür, den führenden Köpfen der DDR zu gefallen, schließlich wollte Wolf ein von revolutionärer Romantik durchsetztes Bergwerk-Drama drehen, in dem sich zugleich die tiefe Freundschaft zwischen dem russischen Volk und den Menschen der DDR offenbaren sollte.
Das Unglück wollte es, daß die Arbeiter, die sich in diesem sozialistischen Epos in den Stollen abrackern, wertvolles Uran zu Tage förderten, welches man ja bekanntlich zum Bau von Atombomben benötigt. Wolfs Tonfall fiel angesichts dieser wenig erfreulichen Tatsache etwas zu euphorisch aus und hätte in den Tagen des Kalten Krieges leicht mißverstanden werden können, also wanderten die *Sonnensucher* ins Archiv ab, um erst wieder 1972 hervorgekramt zu werden. Umso interessanter ist es, den Film aus heutiger Sicht anzusehen und darüber in Staunen zu geraten, wie selbstverständlich und optimistisch die sozialistische Gesellschaft hier geschildert wird. jg

Ein Sonntag auf dem Lande

Un dimanche à la campagne. Frankreich 1984 **R** Bertrand Tavernier **B** Bertrand Tavernier, Colo Tavernier, nach dem Roman *Monsieur Ladmiral va bientôt mourir* von Pierre Bost **K** Bruno de Keyzer **M** Gabriel Faure **L** 94 Min., Farbe **D** Louis Ducreux, Sabine Azema, Michael Aumont, Geneviève Mnich, Monique Chaumette, Claude Winter, Thomas Duval, Quentin Ogier

An einem Sonntag im Spätsommer des Jahres 1912 erhält Monsieur Ladmiral (Ducreux) Besuch von seinem Sohn aus Paris, der sich mit Ehegattin und drei Kindern auf den Weg gemacht hat, um seinen alten Vater auf dem Lande zu besuchen, wo dieser sich als Kunstmaler in ein geläufiges Haus zurückgezogen hat. Der Nachmittag verläuft nicht gerade harmonisch. Die Kinder sind in ihrer Wildheit kaum zu bändigen, Ehefrau Marie-Thérèse wird von Migräneanfällen geplagt und zu guter Letzt taucht auch noch Tochter Irène mit ihrem knatternden Automobil auf. Im Laufe des Beisammenseins muß Ladmiral mit Trauer erkennen, wie alt er geworden ist und wie schnell sich sein Leben dem Ende entgegenneigt.
Taverniers Film sprudelt mit spielerischer Leichtigkeit vor sich her, ohne daß sich viel in ihm ereignet. Präzise beobachtet der Regisseur die unterschiedlichen Verhaltensweisen seiner Protagonisten. Sensibel nimmt er jede Schwingung - ob Mißstimmung oder Freude auf - und setzt sie sogleich geschickt um. Das Ergebnis sind einige beeindruckende Charakterstudien, die von der versammelten Schauspielerschar lebensnah dargeboten werden. Darüber hinaus kann sich das kundige Auge an einer liebevollen Innenausstattung erfreuen, der die sonnenumfluteten Außenszenen eines Spätsommernachmittags in beeindruckender Farbenpracht gegenüberstehen.
Ein Sonntag auf dem Lande wurde 1984 auf den Filmfestspielen von Cannes mit dem Preis für die beste Regie ausgezeichnet. jg

Sonntag in New York

Sunday in New York. USA 1963 **R** Peter Tewksbury **B** Norman Krasna, nach seinem Bühnenstück **K** Leo Tover **M** Peter Nero **P** Everett Freeman für Seven Arts/MGM **L** 105 Min., Farbe **D** Cliff Robertson, Jane Fonda, Rod Taylor, Robert Culp, Jo Morrow, Jim Backus, Peter Nero

Ein frech-fröhliches Verwirrspiel um die Frage, ob Mann und Frau schon vor der Ehe miteinander ins Bett hopsen sollen oder lieber nicht. Natürlich wird diese Problematik nicht so direkt angesprochen, sondern verbirgt sich züchtig hinter doppeldeutigen Anspielungen, die sich gerade noch im Rahmen des damals Erlaubten bewegen.
Als die junge Eileen (Fonda) ihren Bruder in New York besucht, bekommt sie einen Schock. Sie hegt die größten Befürchtungen, als alte Jungfer zu enden, wenn sie sich weigert, sich auf eine voreheliche Beziehung einzulassen. Ihr Bruder Adam (Robertson) redet ihr zu, Moral und Anstand zu wahren, dabei hat er selbst nichts anderes im Sinn, als hinter schönen Frauen herzulaufen. Wie gut, daß Eileen rechtzeitig vom wahren Lotterleben ihres Bruders erfährt, um sich an den attraktiven Mike (Taylor) heranzumachen.
Trotz hochkarätiger Besetzung ist *Sonntag in New York* eine jener durchschnittlichen Hollywood-Komödien, die damals als unge-

heuer gewagt und frivol empfunden wurden und heute eher etwas veraltet erscheinen. Regisseur dieses Lustspiels, das zuvor recht erfolgreich am Broadway lief, war der glücklose Peter Tewksbury, der später im US-Fernsehen heimisch wurde. jg

Sonntags... nie!

Pote Tin Kyriaki/Never on Sunday. Griechenland 1959 **R** Jules Dassin **B** Jules Dassin **K** Jacques Natteau **M** Manos Hadjidakis **P** Jules Dassin für Melina Films **L** 87 Min., s/w **D** Melina Mercouri, Jules Dassin, Georges Foundas, Titos Vandis, Mitsos Liguisos, Despo Diamantidou

Ein Amerikaner in Piräus: Homer (Dassin), Bürger der Neuen Welt, besucht die Stätten der Antike in der Alten Welt, um die Wirkungsstätten von Philosophen, Dichtern und Göttern im Original erleben zu können. Irritiert muß er schon bei seinem ersten Rundgang durch die griechische Hafenstadt feststellen, daß nicht Kultur, Weisheit und Noblesse im heutigen Hellas regieren, sondern daß Kommerz, Prostitution und ungezügelte Lebensfreude an jeder Straßenecke und in jeder Kneipe das Bild bestimmen. Er lernt Ilya (Mercouri) kennen, die sich als Bordsteinschwalbe verdingt, und verliebt sich ein wenig in sie. Verzaubert von ihrer Schönheit und entsetzt über ihre Profession versucht er, sie mit den klassischen Werten der Antike vertraut zu machen, um sie auf den Pfad der Tugend zurückzuführen - vergebens: Nach anfänglich vorgegaukeltem Interesse kehrt Ilya Homer den Rücken und in ihr vertrautes, verruchtes Milieu zurück. Homer, hierüber nachdenklich geworden - ihm ist durch seine Beziehung zu Ilya immerhin der Unterschied zwischen schöngeistiger Theorie und praktischer Lebensfreude klargeworden -, kehrt, um einige Erfahrungen reicher, in die Staaten zurück.
Jules Dassin, Regisseur, Autor und Hauptdarsteller in einem, gelang mit *Sonntags...nie!* (der Titel ist durch den Arbeitsrhythmus von Ilya begründet, die an diesem Tage prinzipiell nicht anschaffen geht) eine eindrucksvolle Sittenkomödie und pittoreske Milieustudie, die sich durch eine furiose Kameraführung ebenso auszeichnet wie durch das brillante, feinfühlige darstellerische Spiel von Melina Mercouri. Mit *Sonntags... nie!* legte sie den Grundstein für ihre Karriere als Weltstar, 1960 wurde sie auf den Filmfestspielen in Cannes mit dem Schauspielerpreis ausgezeichnet. Im selben Jahr erhielt der Erfolgsstreifen einen Oscar für die beste Filmmusik; Melinas betörendes Schmachtchanson (deutscher Titel: „Ein Schiff wird kommen") ging seinerzeit um die Welt.
Zum Zeitpunkt seiner Uraufführung in Deutschland erfreute sich der Film allerdings keiner ungeteilten Zustimmung: So warnte der *Evangelische Filmbeobachter* das Publikum 1960 vor „der zersetzenden Tendenz dieses Streifens" und gipfelte in der Behauptung, der Film sei eine „Verherrlichung des Dirnenwesens". sk

Die Sonntagsfrau

La donna della domenica. Italien/Frankreich 1975 **R** Luigi Comencini **B** Age Scarpelli, nach dem Roman von Carlo Fruttero und Franco Lucentini **K** Luciano Tovoli **M** Ennio Morricone **P** Roberto Infascelli, Marcello D'Amico für Primex Italiana (Rom), Fox Europe (Paris) **L** 110 Min., Farbe **D** Jacqueline Bisset, Marcello Mastroianni, Jean-Louis Trintignant, Aldo Reggiani, Pina Caruso, Lina Volonghi

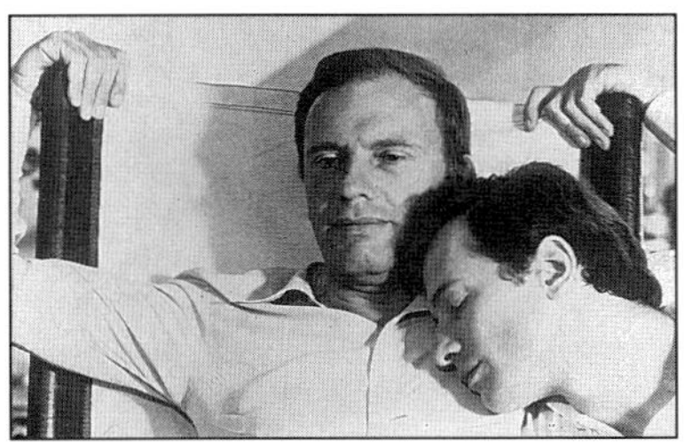

In Turin wird ein erfolgloser Architekt mit einem gewaltigen Marmor-Phallus erschlagen. Kommissar Santamaria (Mastroianni) aus Rom bewegt sich bei seinen Ermittlungen bald in den sogenannten besseren Kreisen der Stadt und bezieht unter anderen eine attraktive Industriellen-Gattin (Bisset), einen Millionär (Trintignant), der gleichzeitg ihr Liebhaber ist, sowie einen jungen Homosexuellen (Reggiani), der ein Verhältnis mit dem Millionär hat, in den großen Kreis der Verdächtigen mit ein...
Was sich zunächst wie ein konventioneller Krimi anläßt, entpuppt sich unter Luigi Comencinis erfahrener Regie schnell als komplexes, teilweise witzig-ironisches Sittenbild der norditalienischen Industriestadt Turin. Das Verbrechen und seine Aufklärung sind für den Regisseur nur der rote Faden, an dem er sich durch die mondäne Welt der Turiner Oberschicht schlängelt und ihre Gefühlskälte, Ignoranz und Morbidität aufdeckt. Die Vorlage zu dieser intelligenten Mischung aus Komödie und Gesellschaftskritik lieferte ein junges Autoren-Duo: Fruttero und Lucentini, zwei ehemalige Lektoren und Übersetzer, hatten mit einem kecken Angriff auf Gaddafi in *La Stampa* um ein Haar eine politische Krise zwischen Italien und der arabischen Welt heraufbeschworen (der libysche Herrscher besitzt Anteile am in Turin (!) ansässigen Autohersteller Fiat). *Die Sonntagsfrau* war ihr erster Roman und wurde ein Riesenerfolg. al

Sophies Entscheidung

Sophie's Choice. USA 1982 **R** Alan J. Pakula **B** Alan J. Pakula, nach dem Roman von William Styron **K** Nestor Almendros **M** Marvin Hamlisch **P** Alan J. Pakula, Keith Barish für Universal **L** 151 Min., Farbe **D** Meryl Streep, Kevin Kline, Peter MacNicol, Rita Karin, Stephen D. Newman, Günther Maria Halmer, Karlheinz Hackl, Ulli Fessl, Melanie Pianka

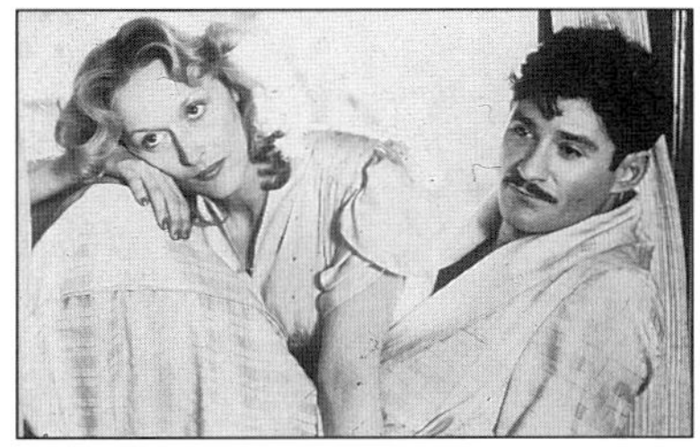

Voller Enthusiasmus und Neugier kommt der 22jährige Stingo (MacNicol) kurz nach dem Ende des II. Weltkrieges nach New York, um dort als Schriftsteller zu arbeiten. Als erste Menschen lernt er die beiden polnischen Emigranten Nathan (Kline) und Sophie (Streep) kennen. Hinter der freundlichen Fassade dieses Pärchens, das ihn sofort ihn sein Herz schließt, liegen allerdings Trauer, Verbitterung und eine schreckliche Vergangenheit. Sophie hat in Auschwitz ihre beiden Kinder verloren, Nathan leidet an einer unheilbaren Geisteskrankheit, die ihn immer aggressiver werden läßt. So sehr sich Stingo auch bemüht, beiden in ihren Qualen beiseite zu stehen - er kann es nicht verhindern, daß Sophie und Nathan den Freitod wählen.
Alan J. Pakula brachte es fertig, aus einem Roman einen Film zu machen, der die Vorlage an Qualität und Sensibilität bei weitem übertraf. Kritiker warfen William Styron damals vor, bei der Beschreibung der Auschwitz-Szenen nicht den richtigen Tonfall getroffen zu haben. Pakula arbeitet mit einer feinfühligen Farbdramaturgie, deren Töne während der Rückblenden zu schalem Grau verblassen. Die in Jugoslawien entstandenen Auschwitz-Rückblenden gleiten zu keiner Zeit ins Spekulative ab, sondern sind mit verhaltenem Ernst gestaltet worden. Gerade aber diese Bildfolgen wurden besonders von deutschen Kritikern gerügt - nicht wegen des Versuchs, das Unvorstellbare sichtbar zu machen, sondern vielmehr durch die mitunter etwas krasse Schnittführung, die den KZ-Sequenzen eine Liebesszene folgen läßt.
Sophies Entscheidung wurde zu einem weiteren Triumph für Meryl Streep, die zum zweiten Mal nach KRAMER GEGEN KRAMER für ihre schauspielerische Leistung mit einem Oscar ausgezeichnet wurde. jg

South Pacific

South Pacific. USA 1958 **R** Joshua Logan **B** Paul Osborn, nach dem Bühnenmusical von Oscar Hammerstein II, Richard Rodgers und Logan, basierend auf der Kurzgeschichtensammlung *Tales of the South Pacific* von James A. Michener **K** Leon Shamroy **M** Richard Rodgers **P** Buddy Adler für Magna, 20th Century-Fox **L** 158 Min. (Originalfassung 171 Min.), Farbe **D** Rossano Brazzi, Mitzi Gaynor, John Kerr, Ray Walston, Juanita Hall, France Nuyen, Russ Brown, Jack Mullaney, Ken Clark, Floyd Simmons

Der Krieg im Pazifik, ausgelöst durch den japanischen Angriff auf den amerikanischen Stützpunkt Pearl Harbour, bildet den Hintergrund für diesen Musicalfilm. Die Liebe der US-Krankenschwester Nellie Forbush (Gaynor) zu dem französischen Plantagenbesitzer Emile de Becque (Brazzi) sowie die Beziehung zwischen dem amerikanischen Offizier Joe Cable (Kerr) und der Eingeborenen Bloody Mary (Hall) stehen im Mittelpunkt der Handlung. Auf einer Südsee-Insel durchleben die Paare vor einer paradiesischen Kulisse Freud und Leid während der Kriegswirren.
Zwei Erzählungen des Pulitzer-preisgekrönten Kurzgeschichten-Bandes *Tales of the South Pacific* von James A. Michener lagen dem Bühnenmusical zugrunde, das ebenfalls den Pulitzer-Preis für dramatische Werke erhielt. Und auch die Leinwandadaption wurde mit Auszeichnungen bedacht: Bei der Oscar-Verleihung gab es zwei Statuetten für den besten Ton und den besten Musical-Soundtrack. Der setzt sich aus den Liedern *Dites-moi, A Cockeyed Optimist, Twin Soliloquies, Some Enchanted Evening, Bloody Mary, My Girl Back Home, There Is Nothin' Like a Dame, Bali Ha'i, I'm Gonna Wash That Man Right Outa My Hair, A Wonderful Guy, Younger Than Springtime, Happy Talk, Honey Bun, Carefully Taught* und *This Nearly Was Mine* zusammen.
In den über fünf Jahren Laufzeit am Broadway spielten Mary Martin und Ezio Pinza unter der Regie von Joshua Logan. Der übernahm auch die Leinwandinszenierung des Stoffes, wollte allerdings für die weibliche Hauptrolle Elizabeth Taylor gewinnen. Da Komponist Rodgers jedoch für den Part der selbstlosen Krankenschwester Doris Day im Auge hatte, einigte man sich schließlich auf Mitzi Gaynor. Mit den Stimmen der Protagonisten Juanita Hall, Rossano Brazzi und John Kerr zeigte sich Richard Rodgers höchst unzufrieden und ließ ihren Gesang synchronisieren. Mehr als 5 Mio. Dollar kostete die farbenprächtige Produktion, die auf den hawaiianischen Inseln entstand, die Aufnahmen für die Rückprojektionen wurden auf den Fidjis gedreht. mg

Spaceballs

Spaceballs. USA 1987 **R** Mel Brooks **B** Mel Brooks, Thomas Meehan, Ronny Graham **K** Nick McLean **M** John Morris **P** Mel Brooks für Brooks-Film **L** 96 Min., Farbe **D** Mel Brooks, John Candy, Rick Moranis, Bill Pullman, Daphne Zuniga, Dick van Patten, George Wyner

Ein Raumschiff, nach unzähligen Weltraum-Spektakeln eigentlich bekannter als jede Straßenbahn, donnert in epischer Größe über die Leinwand. Anders als in den klassischen Genre-Produktionen zieht sich diese Einstellung jedoch über zwei quälend lange Minuten hin. Dies ist der Beginn der *Star Wars*-Parodie *Spaceballs*, in deren weiterem Verlauf alle Versatzstücke aus den so liebgewonnenen Weltraum-Opern respektlos veralbert werden. So heißt Prinzessin Leia hier Vespa (Zuniga), aus Darth Vader wird Lord Helmchen (Brooks), Luke Skywalker mutiert zum Lonestar (Pullman) und sein behaarter Begleiter Bars (Candy) stammt aus der Gattung der „Möter", einer Brooktschen Mischung aus Mensch und Köter. Der Regisseur selbst erscheint auch noch als Yoda-Verschnitt Yoghurt, der Lonestar den Besitz einer gewaltigen Macht eröffnet und in Anlehnung an den alten Spruch der Jedi-Ritter unverschämterweise mit dem Segen „Möge der Saft mit Euch sein" seine jeweilige Ansprachen beendet.
Nach Geschichtsepen, Horrorfilmen und Western blieb für Mel Brooks nur noch das Science-fiction-Genre übrig, um dies auf die reichlich überladene Schippe zu nehmen. Der Witz, den die hier parodierten Originale durchaus besitzen, ist allerdings wesentlich komischer als Brooks' permanent überdehnte Satire. Brooks bezeichnete seinen Film als eine Art Kritik gegen den unerhörten Werberummel, mit dem Streifen wie KRIEG DER STERNE oder STAR TREK der Öffentlichkeit aufgedrängt würden, verhielt sich jedoch bei seiner Produktion nicht viel besser. Mit seinen 25 Mio. Dollar Herstellungskosten war *Spaceballs* genauso teuer wie *Krieg der Sterne*. jg

Der spanische Gärtner

The Spanish Gardener. Großbritannien 1955 **R** Philip Leacock **B** Lesley Strom, John Bryan, nach dem Roman von A. J. Cronin **K** Christopher Challis **M** John Veale **P** John Bryan für The Rank Organization **L** 95 Min., Farbe **D** Dirk Bogarde, Jon Whiteley, Michael Hordern, Cyril Cusack, Maureen Swanson, Lyndon Brook

Der britische Diplomat Harrington Brande (Hordern), ein durch das Scheitern seiner Karriere verbitterter Mann, der in einem kleinen spanischen Küstenstädtchen Dienst tut, beobachtet mit zunehmender Eifersucht die Freundschaft seines kleinen Sohnes Nicholas (Whiteley) zum einheimischen Gärtner José (Bogarde). Mit einer Intrige - er beschuldigt den Angestellten als Dieb - versucht er ihn loszuwerden, doch nach Josés Verhaftung läuft auch Nicholas davon...
Vor dem malerischen Hintergrund der Costa Brava entstand dieses intelligente und wunderschön gefilmte Drama, das Dirk Bogarde dickes Lob von Seiten der Kritiker eintrug und ihn zum zweiten Male - nach *Hunted/ Ein Kind war Zeuge*, 1952 - an der Seite von Kinderstar Jon Whiteley zeigte. Es ist darüber hinaus ein weiterer Bogarde-Film mit einem homoerotischen Handlungselement, das allerdings im Buch sehr viel stärker ausgeprägt ist als im Film. al

Die spanische Tänzerin

The Devil Is a Woman. USA 1935 **R** Josef von Sternberg **B** John Dos Passos, S. K. Winston, nach dem Roman *La femme et le pantin* von Pierre Louÿs **K** Lucien Ballard **P** Paramount **L** 85 Min., s/w **D** Marlene Dietrich, Lionel Atwill, Cesar Romero, Edward Everett Horton, Alison Skipworth, Don Alvarado

Pierre Louÿs dekadenter Roman *La femme et le pantin* war wie geschaffen für ein von-Sternberg/Dietrich-Vehikel, da der Regisseur es liebte, seine „Schöpfung" als herzlose, grausame Verführerin und/oder Prostituierte zu zeigen. Spekulationen darüber, inwieweit diese Vorliebe ein Spiegel für beider private Beziehung war, haben schon einige Buchseiten gefüllt. Dietrich spielt Concha Perez, einen spanischen Vamp, dem der junge Offizier Antonio (Romero) hoffnungslos verfällt. Ein älterer Kamerad (Atwill) warnt ihn: auch er habe sich seinerzeit in Concha verliebt, alles für sie getan und sei doch von ihr nur ausgenutzt und schließlich verlassen worden...
Die spanische Tänzerin läßt zwar Tempo und narrative Struktur weitgehend vermissen, ist jedoch ein wahres Fest für die Sinne. Es war von Sternbergs letzter Film mit Marlene und zugleich sein letzter für Paramount, dem Sudio, für das er acht Jahre lang gearbeitet hatte. Mit dem neuen Produktionschef Ernst Lubitsch - er kam für B. P. Schulberg - vertrug er sich ganz und gar nicht und drehte seither nur noch für andere Firmen, ohne jedoch an die früheren Erfolge anschließen zu können. *Die spanische Tänzerin* gehört dazu allerdings nicht, denn die meisten Kritiker verrissen den Film, und das Publikum blieb den Kinos fern. Die spanische Regierung protestierte bei Paramount wegen angeblicher Denunzierung der Armee des Landes und verlangte die Zerstörung des Negativs, und schließlich bestand angesichts der politischen Situation in Europa auch das State Department auf der Verbannung des Films von den Leinwänden; das Studio kam diesem Wunsch Ende 1935 nach. Trotz all dieser Kontroversen bleibt er einer von Marlenes persönlichen Favoriten („...weil Sternberg mich so schön aussehen ließ"), und sie war es auch, die 1959 eine der wenigen erhaltenen Kopien für eine von-Sternberg-Retro des New Yorker Museum of Modern Art zur Verfügung stellte. Zwei weitere Bearbeitungen des Louÿs-Stoffes entstanden 1958 (EIN WEIB WIE DER SATAN, mit Brigitte Bardot) und 1977 (DIESES OBSKURE OBJEKT DER BEGIERDE, von Luis Buñuel). al

Spartacus

Spartacus. USA 1959/60 **R** Stanley Kubrick, Anthony Mann **B** Dalton Trumbo, nach dem Roman von Howard Fast **K** Russell Metty **M** Alex North **P** Edward Lewis für Bryna/Universal **L** 196 Min., Farbe **D** Kirk Douglas, Laurence Olivier, Jean Simmons, Tony Curtis, Charles Laughton, Peter Ustinov, John Gavin, Nina Foch, Herbert Lom, John Ireland, Woody Strode

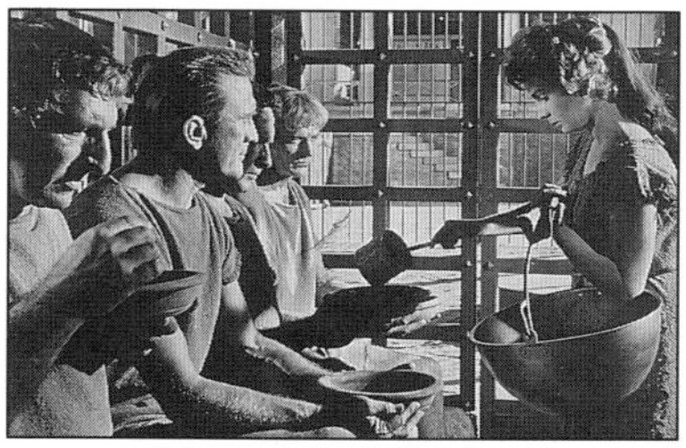

Spartacus gehört mit Abstand zu den besten Epen, die das Genre des Monumentalfilms je hervorgebracht hat. Dalton Trumbo, der noch unter der Ära McCarthy mit einem 10jährigen Arbeitsverbot belegt worden war, schrieb ein meisterhaftes Drehbuch, das gekonnt die historischen Begebenheiten mit ausschmükkendem Beiwerk (etwa die Liebesgeschichte zwischen Spartacus und Varinia) in Verbindung brachte.

Die Rolle seines Lebens fand Kirk Douglas, der als aufrührerischer Sklave Spartacus den Römern das Fürchten lehrt und mit seinem tausendköpfigen Heer dem Imperium die Stirn bietet. Während die ehemaligen Leibeigenen nichts anderes wollen, als in Freiheit in ihre Heimatländer zurückzukehren, entscheidet die erfolgreiche Niederschlagung des Sklavenaufstands im römischen Senat über den Fortbestand politischer Karrieren. Im Jahre 71 v. Chr. wird Spartacus´ Heer von dem Feldherrn Crassus (Olivier) vernichtend geschlagen, die überlebenden Sklaven kreuzigt man zu beiden Seiten entlang der Via Appia.

Über zwei Jahre beschäftigte diese 12 Mio. Dollar teuere Produktion mehr als 10.000 Menschen - Künstler, Handwerker und Statisten. Allein für die großartigen Schlachtszenen, die zu den imposantesten gehören, die jemals auf der Leinwand zu sehen waren, standen bisweilen 8.000 Männer (allesamt Soldaten der spanischen Armee) vor den Kameras. Kirk Douglas fungierte nicht nur als Hauptdarsteller, sondern übte auch als ausführender Produzent einen wesentlichen Einfluß auf die künstlerische Gestaltung des Films aus. So hatte Regisseur Anthony Mann bereits im kalifornischen San Fernando Valley sowie im Death Valley (Nevada) die Eingangssequenzen abgedreht und befand sich gerade mitten in den Vorbereitungen, die Szenenfolge in der Gladiatorenschule umzusetzen, als er von Douglas gefeuert und durch Stanley Kubrick ersetzt wurde, mit dem Douglas drei Jahre zuvor in dem Kriegsfilm WEGE ZUM RUHM zusammengearbeitet hatte. Ähnliches passierte der deutschen Schauspielerin Sabine Bethmann, auf die der Hollywood-Mime in Fritz Langs Indien-Schmachtfetzen DAS INDISCHE GRABMAL aufmerksam geworden war. Diese hatte bereits erfolgreich Maria Schell und Jean Simmons ausgebootet, als auch ihr nahegelegt wurde, zu gehen. Mit einer Abfindung von 35.000 Dollar und dem geplatzten Traum von einer Hollywood-Karriere flog sie enttäuscht in die Heimat zurück. Und so mußte wieder einmal Jean Simmons in die antike Arena steigen, um mit *Spartacus* ihrer Sammlung an Monumentalepen (DAS GEWAND, SINUHE DER ÄGYPTER) einen weiteren Auftritt hinzuzufügen.

Spartacus, der für die Bryna-Productions zu einem phänomenalen Erfolg wurde, erlebte zu Beginn der 90er Jahre eine restaurierte Wiederaufführung, die um jene fünf Minuten ergänzt wurde, die damals der Schere zum Opfer gefallen waren. Gezeigt wurde darin, wie Senator Crassus im Bad seiner Villa (für deren Außenaufnahmen das Team im Palast des Multimillionärs Hearst in San Francisco drehen durfte) den griechischen Sklaven Antonius (Curtis) verführen will. Auch andere zensierte zweideutige Wortspiele zwischen Crassus und dem unverschämt gut aussehenden Cäsar (Gavin) wurden wiederaufgenommen.

Kubricks Meisterwerk erhielt 1960 vier Oscars, die im einzelnen an Peter Ustinov für seine Rolle als Sklavenhändler Lentulus Batiatus, an die Kamera, die Ausstattung und die Kostüme gingen. jg

Das „späte" Mädchen

La vieille fille. Frankreich/Italien 1971 **R** Jean-Pierre Blanc **B** Jean-Pierre Blanc **K** Pierre Lhomme **M** Michel Legrand **P** Raymond Danon für Lira Films (Paris), Praesidens S. P. A. (Rom) **L** 88 Min., Farbe **D** Annie Girardot, Philippe Noiret, Marthe Keller, Michel Lonsdale, Edith Scob, Catherine Samie, Jean-Pierre Darras

Die etwas verklemmte und kontaktarme Pariserin Muriel (Girardot) macht Urlaub in einem kleinen Badeort an der Atlantikküste. Sie versteckt sich hinter einer Maske aus Kühle und Arroganz, die jede - von ihr sehnlichst gewünschte - Bekanntschaft bereits im Keim erstickt. Nur ihr tölpeliger Zimmernachbar Gabriel (Noiret), wahrlich kein Adonis, läßt sich dadurch nicht abschrecken...

„Feinheit und Sinnlichkeit" dieser entzükkenden, mit typisch französischem Witz und Stil erzählten Komödie fanden den besonderen Beifall der Festival-Jury in Berlin, die Regisseur/Autor Jean-Michel Blanc mit einem Silbernen Bären für die Beste Regie auszeichnete. Girardot und Noiret erhielten die Preise des internationalen Kritikerverbandes UNICRIT. al

Die Spaziergängerin von Sans-Souci

La passante du Sans-Souci. Frankreich/BRD 1982 **R** Jacques Rouffio **B** Jacques Rouffio, Jacques Kirsner, nach der Novelle von Joseph Kessel **K** Jean Penzer **M** Georges Delerue **P** Raymond Danon für Eléphant Prod., Films A 2 (Paris), CCC-Filmkunst (Berlin) **L** 102 Min., Farbe **D** Romy Schneider, Michel Piccoli, Wendelin Werner, Helmut Griem, Gérard Klein, Dominique Labourier, Mathieu Carrière, Maria Schell, Jacques Martin

Die Spaziergängerin von Sans-Souci sollte Romy Schneiders letzter Film werden. Die deutsche Erstaufführung fand erst im Oktober 1982 statt, als sie schon fünf Monate tot war.

Noch einmal spielt Romy hier mit ihrem erklärten Lieblingspartner Michel Piccoli zusammen. Piccoli ist Max Baumstein, der Vorsitzende einer Menschenrechtsorganisation, der eines Tages die Öffentlichkeit schokkiert, als er in Paris den paraguayischen Botschafter Federico Leo (Carrière) erschießt. In verschlüsselten Rückblenden erfahren wir, daß sich hinter diesem Mann in Wirklichkeit ein ehemaliger Nazi verbirgt, der einst im besetzten Paris Baumsteins Pflegemutter Elsa Wiener (Schneider) in den Tod getrieben hat. Baumstein erzählt diese Geschichte seiner Frau Lina, die ebenfalls von Romy Schneider gespielt wird.

Die Entstehung dieses Films geht auf die Initiative von Romy Schneider zurück, die einige Jahre zuvor die Novelle von Joseph Kessel gelesen hatte und den Regisseur Jacques Rouffio dafür begeistern konnte. Wie in dem 1980 entstandenen Melodrama DIE ZWEI GESICHTER EINER FRAU spielt sie auch hier eine Doppelrolle. jg

Die Spezialisten

Les spécialistes. Frankreich 1984 **R** Patrice Leconte **B** Bruno Tardon, Michel Blanc, Patrick Dewolf **K** Eduardo Serra **M** Eric Demarsan **P** Bernard Artigues für Christian Fechner Films, Films Antenne 2 **L** 92 Min., Farbe **D** Bernard Giraudeau, Gérard Lanvin, Christiane Jean, Maurice Barrier, Bertie Cortez, Daniel Jegou

Der Elektronik-Spezialist und Einbrecher-König Stéphane (Lanvin) wird während ei-

nes Gefangenentransportes in eine spektakuläre Flucht mit dem Polizistenmörder Paul (Giraudeau) verwickelt. Die anfängliche Abneigung, die die beiden ungleichen Charaktere füreinander aufbringen, wandelt sich alsbald in wahre Männerfreundschaft. Und so läßt sich Stéphane schließlich auf einen großangelegten Coup ein, den Paul minutiös plant: Ein Spielcasino in Nizza soll ausgeraubt werden.
Drehbuchautor Tardon verband das klassische Motiv eines ausgetüftelten großen Coups à la RIFIFI mit dem nicht minder beliebten der gemeinsamen FLUCHT IN KETTEN. Die Mixtur aus Abenteuer-, Kriminal- und Buddy-Film avancierte in ihrem Entstehungsland zu einem enormen Publikumserfolg. mg

Der Spiegel

Serkalo. UdSSR 1974 **R** Andrej Tarkowskij **B** Alexander Mischarin, Andrej Tarkowskij **K** Georgi Rerberg **M** Eduard Artemiev **P** E. Waisberg für Mosfilm **L** 105 Min., Farbe - s/w **D** Margarita Terechowa, Alla Demidowa, Ignat Daniltsev, Yuri Nazarov, L. Tarkowskaja

Andrej Tarkowskij, für die offiziellen Kulturvertreter des eigenen Landes schon immer eine suspekte Gestalt, drehte mit *Der Spiegel* ein weiteres, schwer erschließbares Werk, in dem er einen Teil seines eigenen Lebens verarbeitete. Dies führte letztendlich in der Sowjetunion zu dem Vorwurf, sein Werk sei viel zu individualistisch geraten und würde Fragen von allgemeinem Interesse zugunsten eines stark persönlich gefärbten Mosaiks vernachlässigen.
Tarkowskij versuchte mit diesem Film, sein eigenes Schicksal mit den historischen Entwicklungen der 30er und 70er Jahre in Einklang zu bringen. Gegenstand der Aufarbeitung ist dabei seine gescheiterte Ehe, deren Ende er in verschlüsselten Bildmetaphern ausdrückt, die in ihrer Einfachheit an eine expressionistische Symbolsprache erinnern. Wie immer bindet Tarkowkskij dabei die Natur sehr eng in seine Beschreibungen ein, wobei die Elemente Feuer und Wasser sowie der Wind ganz zentrale Bedeutungen erhalten. Kontrastiert werden diese Studien mit dem Dokumentarmaterial alter Wochenschauen, die die Geschehnisse des Spanischen Bürgerkriegs und des II. Weltkriegs zeigen. Tarkowskij geht in einer weiteren Szene ebenfalls auf die Säuberungsaktionen unter Stalin während der 30er Jahre ein. Die Botschaft, die er für seine Zuschauer bereithält, ist dabei ernüchternd. In vielen Szenen kommt die Sehnsucht nach der verlorenen Kindheit zum Ausdruck, die durch ihre Unschuld und ihr Unwissen für Tarkowskij die einzige wirklich glückliche Zeit im Leben eines Menschen darstellt. Das Überschreiten der Schwelle ins Erwachsenendasein ist für ihn gleichzeitig eine konsequente Annäherung an den Tod. jg

Spiegelbild im goldnen Auge

Reflections in a Golden Eye. USA 1967 **R** John Huston **B** Chapman Mortimer, Gladys Hill, John Huston, nach dem Roman von Carson McCullers **K** Aldo Tonti **M** Toshiro Mayuzumi **P** Ray Stark für Warner Bros.-Seven Arts **L** 109 Min., Farbe **D** Elizabeth Taylor, Marlon Brando, Brian Keith, Julie Harris, Zorro David, Gordon Mitchell, Robert Forster

In jeder Hinsicht eher als interessant denn als gelungen muß John Hustons Version des kurzen Romans von Carson McCullers aus dem Jahre 1948 bezeichnet werden, in dem die Autorin wie üblich ein Sammelsurium merkwürdiger, von ihren sexuellen Frustrationen und Unzulänglichkeiten gequälter Figuren aufmarschieren ließ. Die Handlung spielt sich auf einem kleinen Armeeposten in den Südstaaten ab, wo sechs Personen in ein schier undurchdringliches Gewirr von Beziehungen und Begehrlichkeiten verstrickt sind. Major Penderton (Brando) ist in unterdrückter Leidenschaft zu einem einsiedlerischen jungen Soldaten (Forster, sein Filmdebüt) entflammt, der es seinerseits liebt, nackt auf dem Pferd von Pendertons Frau Leonora (Taylor) zu reiten und sie nachts heimlich zu beobachten. Leonora, eine attraktive, aber vulgäre und oberflächliche Frau, macht keinen Hehl aus ihrer Affäre mit ihrem Nachbarn und Kollegen ihres Mannes, Morris Langdon (Keith), dessen kränkliche Frau (Harris) sich mit ihrem Filipino-Hausboy (David) in Phantasien flüchtet. Die sich aus diesen Dreiecksverhältnissen ergebenden Spannungen entladen sich schließlich in einer Gewalttat.
Dieser schwierige, mit Symbolik überladene und von McCullers´ vielgerühmtem Prosastil lebende Stoff läßt sich wohl kaum kongenial auf die Leinwand übertragen, doch Huston und seine brillante Besetzung unternahmen immerhin den bewundernswerten Versuch dazu. So bestand der Regisseur auf einem speziellen Farbverfahren, das den Bildern einen goldenen Schimmer verleihen sollte, doch nach dem erfolglosen Erststart des Films ließ der Verleiher normale Farbkopien ziehen. Elizabeth Taylor hatte den - auf ihr Betreiben in Rom gedrehten - Film übrigens als Projekt für sich und ihren langjährigen Freund Montgomery Clift im Auge gehabt, doch der Schauspieler galt aufgrund seiner Gesundheits- und Alkoholprobleme als nicht versicherbar. Die Taylor warf daraufhin ihre eigene Gage - wie üblich 1 Mio.$ - als Sicherheit für ihn in die Waagschale, doch Clifts früher Tod im Jahre 1966 machte diese Pläne zunichte. Nachdem sowohl Richard Burton als auch Lee Marvin die Rolle abgelehnt hatten, guckte sich die Aktrice Marlon Brando als Partner aus, der hier eine der besten Darstellungen seiner Karriere gab. al

Spiel mir das Lied vom Tod

C´era una volta il West/Once Upon a Time in the West. Italien/USA 1968 **R** Sergio Leone **B** Sergio Leone, Sergio Donati, nach einer Idee von Dario Argento, Bernardo Bertolucci **K** Tonino Delli Colli **M** Ennio Morricone **P** Fulvio Morsella für Rafran Cinematografica/San Marco Films (Rom), Paramount (Hollywood) **L** 165 Min., Farbe **D** Henry Fonda, Claudia Cardinale, Jason Robards, Charles Bronson, Gabriele Ferzetti, Frank Wolff, Keenan Wynn, Paolo Stoppa, Marco Zuanelli, Lionel Stander, Jack Elam, Woody Strode

Zurecht als „König der Western" bezeichnet, ist *Spiel mir das Lied vom Tod* nicht mehr und nicht weniger als Sergio Leones Meisterwerk. Bereits mit seinen Filmen um den von Clint Eastwood gespielten „Mann ohne Namen", die eine wahre Italo-Western-Welle auslösten, hatte der Italiener seiner Bewunderung für Regisseure wie John Ford und Raoul Walsh Ausdruck verliehen, jedoch die üblichen Elemente des Genres auf ganz eigene Art und Weise interpretiert. Für *Spiel mir das Lied vom Tod*, seine bis dato aufwendigste Produktion, verknüpfte Leone das beliebte Thema einer Rache mit dem Vordringen der Zivilisation, symbolisiert durch die Eisenbahn, und dem damit einhergehenden Verschwinden des „Wilden Westens" in seiner klassischen Form - der Originaltitel lautet übersetzt „Es war einmal der Westen". Im Auftrag des Eisenbahnbauers Morton (Ferzetti) töten der Killer Frank (Fonda) und seine Schergen den Farmer McBain (Wolff) und seine Kinder- die Gesellschaft braucht sein Land, um die Schienentrasse hindurchführen zu können. Die Schuld versucht man dem Banditen Cheyenne (Robards) unterzuschieben, der McBains frisch aus New Orleans angereisten Witwe (Cardinale), einer ehemaligen Prostituierten, seine Hilfe bei der Aufklärung des Verbrechens anbietet, um sich reinzuwaschen. Und dann ist da noch jener undurchsichtige Fremde (Bronson) mit der Mundharmonika...
Spiel mir das Lied vom Tod ist ein spektakulärer, visuell überwältigender Film. Landschaftstotalen wechseln sich ab mit extremen Großaufnahmen von Gesichtern, und

Leone machte großartigen Gebrauch von den beeindruckenden Schauplätzen des Monument Valley in Arizona, wo auch John Fords „Kavallerie-Western" wie RIO GRANDE und andere entstanden. Äußerst wirkungsvoll ist zudem die clevere Besetzung, besonders mit Henry Fonda als eiskalter Killer Frank. Leone hatte ihm bereits Rollen in den *Dollar*-Filmen angeboten, doch die Drehbücher waren so schlecht übersetzt, daß der Star jedesmal ablehnte. Aber diesmal ließen Leone und seine Leute nicht locker, und Eli Wallach, der in ZWEI GLORREICHE HALUNKEN mit dem Regisseur gearbeitet hatte, riet Fonda, das Drehbuch zu ignorieren und statt dessen die *Dollar*-Filme anzusehen, was dieser an einem Nachmittag tat. Dann sagte er zu. Am ersten Drehtag erschien er mit schwarzem Schnurrbart und braunen Kontaktlinsen, und Leone war entsetzt; er wollte jenes Fonda-Gesicht, mit dem die Zuschauer Aufrichtigkeit, Loyalität und moralische Integrität verbanden. Diese Erwartung wird dann auf schockierende Weise in des Schauspielers erstem Auftritt enttäuscht: kaltblütig erschießt Frank das jüngste Mitglied der McBain-Familie, einen kleinen Jungen.

Eines der wichtigsten Elemente in Leones Film ist die Musik von Ennio Morricone, mit dem der Regisseur schon bei seiner *Dollar*-Trilogie gearbeitet hatte. Jede der vier Hauptfiguren erhielt ein eigenes Thema, gespielt von einem bestimmten Instrument - Mundharmonika für Bronson, beißende E-Gitarre für Fonda, Banjo für Robards sowie Opernstimme und Geigen für Cardinale. Interessant ist, daß der Score bereits vor Beginn der Dreharbeiten fertiggestellt war und Leone seinen Darstellern die Musik am Set vorspielte, damit sie Ausdruck und Bewegungen darauf abstimmen konnten. Die auf Schallplatten veröffentlichte Musik trug übrigens einen Großteil dazu bei, daß *Spiel mir das Lied vom Tod* nach einem recht erfolglosen Erststart noch einmal in die Kinos gebracht wurde und dann sensationelle Ergebnisse erzielte. Kassenrekorde purzelten, und in Frankreich, wo der Film teilweise über vier Jahre ununterbrochen lief, setzte sich an die Spitze der größten Kassenhits aller Zeiten. Er löste sogar eine Modewelle aus, denn jeder wollte plötzlich die langen Staubmäntel haben, die Franks Killer tragen. In den USA waren die Ergebnisse weniger befriedigend, denn Co-Produzent Paramount hatte das Werk nach kurzem Einsatz in New York und schlechten Kritiken auf eine Länge von 144 Minuten gestutzt, und ihm so jeden Rhythmus und erzählerischen Fluß genommen. Erst 1984 kam eine restaurierte Fassung dort in die Kinos. al

Spiel mit dem Feuer

Fire Down Below. Großbritannien/USA 1957 **R** Robert Parrish **B** Irwin Shaw, nach dem Roman von Max Catto **K** Desmond Dickinson **M** Arthur Benjamin **P** Irving Allen, Albert R. Broccoli für Warwick Films (London), Columbia (Hollywood) **L** 115 Min., Farbe **D** Rita Hayworth, Robert Mitchum, Jack Lemmon, Herbert Lom, Bonar Colleano, Bernard Lee

Nach dem Scheitern ihrer Ehe mit Dick Haymes und einer vierjährigen Leinwand-Abstinenz feierte Columbias schwierigster Star Rita Hayworth ein Comeback in diesem exotischen Drama, das an Originalschauplätzen auf Trinidad sowie in Londoner Studios entstand. Sie spielt Irena, eine Halbseidene nicht unähnlich ihrer Rolle in FEGEFEUER, die sich in der Westindischen Inselwelt durchschlägt. Zwei kleine Schmuggler (Mitchum, Lemmon) geraten sich wegen dieser schon etwas verbrauchten Dame („Armeen sind über mich drübermarschiert!") kräftig in die Haare...

Spiel mit dem Feuer ist als Dreiecksgeschichte unter tropischer Sonne recht überzeugend, doch leider gibt es einen Bruch in der zweiten Hälfte, als Lemmon im Bug eines verunglückten Tankers eingeschlossen ist und um sein Überleben kämpft: die Aufmerksamkeit des Films konzentriert sich jetzt ganz auf ihn, während Hayworth und Mitchum in den Hintergrund treten. Daß die sichtbar gealterte, aber immer noch umwerfend attraktive Schauspielerin - in einer besonders erotischen Szene tanzt sie ausgelassen während des Karnevals - nach wie vor eine Kassenattraktion war, bewiesen die guten Einspielergebnisse; Hayworths stürmische Ehe, einige Affären sowie der Film DIE BARFÜSSIGE GRÄFIN, Gerüchten zufolge auf ihrem Leben basierend, hatten das Interesse an ihrer Person wachgehalten. al

Spiel mit dem Schicksal

Saratoga Trunk. USA 1943/45 **R** Sam Wood **B** Casey Robinson, nach dem Roman von Edna Ferber **K** Ernest Haller **M** Max Steiner **P** Hal B. Wallis für Warner Bros. **L** 135 Min., s/w **D** Gary Cooper, Ingrid Bergman, Flora Robson, Jerry Austin, John Warburton, Florence Bates, Curt Bois, John Abbott

Gleich im Anschluß an die großartige Hemingway-Adaption WEM DIE STUNDE SCHLÄGT drehte Sam Wood wiederum mit Ingrid Bergman und Gary Cooper einen Film, der allerdings aus unerfindlichen Gründen zwei Jahre zurückgehalten wurde und mit einer Reihe anderer Produktionen erst nach Kriegsende in die Kinos kam, wo er sich vom Start weg zu einem enormen Publikumsrenner entwickelte und rund 5 Mio. Dollar einspielte.

Ingrid Bergman spielt hier mit schwarzgefärbten Haaren die betörende Abenteuerin Clio Dulaine, die zum Ärger der Familie ihres Vaters nach einem längeren Aufenthalt in Europa wieder nach New Orleans zurückkehrt. Clio legt es drauf an, die hochnäsige Südstaaten-Sippe zu brüskieren, da diese sie und ihre Mutter stets schlecht behandelt hat. Dies allerdings erweckt das Mißfallen des texanischen Glücksspielers Clint Maroon (Cooper), in den sich Clio verliebt hat. Beide reisen nach Saratoga Springs, wo sich Clio berechnend an den Eisenbahnunternehmer Bart Van Steed (Warburton) heranmacht, während Clint in den Konkurrenzkampf zweier Bahngesellschaften verwickelt wird. Am Ende muß Clio nach vielen Wirrnissen erkennen, daß sie doch am besten an Clints Seite aufgehoben ist.

Im Gegensatz zu dem ernsten und tragisch endenden WEM DIE STUNDE SCHLÄGT war Ingrid Bergman und Gary Cooper wenigstens hier ein Happy-End vergönnt. „Es sind allein die beiden Hauptdarsteller, die aus diesem Film einen rauschenden Erfolg machen werden, und das gönnt man ihnen von Herzen... Miss Bergman, hier als kokette Brünette zu bewundern, ist ganz großartig. Sie spielt mit einem Temperament und einer Brillanz, daß man ihr die halbe Kreolin spielend abnimmt" (*The New York Herald Tribune*). jg

Spiel mit dem Schicksal

Term of Trial. Großbritannien 1962 **R** Peter Glenville **B** Peter Glenville, nach dem Roman von James Barlow **K** Oswald Morris **M** Jean-Michel Demase **P** James Woolf für Romulus Prod./Warner Bros. **L** 113 Min. (Originalfassung 130 Min.), s/w **D** Laurence Olivier, Simone Signoret, Sarah Miles, Hugh Griffith, Terence Stamp, Roland Culver

Der große Charaktermime Laurence Olivier stellt hier unter Beweis, daß er zumindest eines nicht kann: als kleiner Mann überzeugen. Oder wie *Daily Express* es ausdrückte: „Er kann einen König spielen, aber keine Maus." Als Dubliner Lehrer Graham Weir hat er es nicht leicht, denn die Schüler sind wild und ungebärdig, sein Vorgesetzter ein Ekel, und seine französische Frau (Signoret) verachtet ihn. Nur die junge Shirley (Miles) scheint die Qualitäten ihres Lehrers zu schätzen zu wissen, und macht sich während einer Studienfahrt nach Paris an ihn heran. Weir lehnt ihr eindeutiges Angebot höflich, aber

bestimmt ab und kommt nun erst recht in Teufels Küche: Shirley bezichtigt ihn aus verletztem Stolz der Vergewaltigung...
Trotz der eindrucksvollen Besetzung ist Peter Glenvilles etwas redseliges Drama, inszeniert im seinerzeit populären nüchternen Stil des „Free Cinema", hauptsächlich bemerkenswert für die Filmdebüts zweier späterer Stars - Sarah Miles als Shirley und Terence Stamp als der Klassen-Rowdie. al

Spiel mit dem Tode

The Big Clock. USA 1948 **R** John Farrow **B** Jonathan Latimer, nach einem Roman von Kenneth Fearing **K** John Seitz **M** Victor Young **M** Richard Maibaum für Paramount **L** 94 Min., s/w **D** Charles Laughton, Ray Milland, Maureen O´Sullivan, George Macready, Rita Johnson, Elsa Lanchester, Richard Webb, Dan Tobin

Spiel mit dem Tode, ein wichtiger Beitrag zur Schwarzen Serie Hollywoods, gab vor allem dem britischen Charakterdarsteller Charles Laughton die Gelegenheit, sich von seiner übelsten Seite zu zeigen. Und Laughton klimpert hier wirklich in beeindruckender Weise die Partitur eines Filmbösewichts par excellence auf und ab. Als Zeitungsmagnat Earl Janoth verkörpert er genau das, was der untergegangene Sozialismus sich unter einem blutsaugenden Kapitalisten vorgestellt haben dürfte. Mit einer riesigen Uhr (daher rührt auch der Originaltitel) weiß er die Arbeitskraft seiner Angestellten bis auf die letzte Minute auszunutzen. Es ist kaum vorstellbar, daß solch ein Mensch in der Lage ist, irgendwelche Gefühle zu entwickeln. Eines Tages aber tötet er aus Eifersucht in einem blindwütigen Affekt seine Freundin Pauline (Johnson), weil diese es wagte, mit einem anderen Mann zu flirten. Geschickt verwischt Janoth seine Spuren und beauftragt dann den ahnungslosen Reporter George Stroud (Milland) damit, etwaige Zeugen der Tat aufzuspüren. Das ist natürlich nur ein Vorwand; in Wirklichkeit hat Janoth einen teuflischen Plan ausgeheckt, für dessen Erfüllung er Stroud den Mord an Pauline anzuhängen versucht.
Dieser technisch perfekte Thriller, der mit einem überraschenden Showdown in bester Hollywood-Manier endet, lieferte die Grundidee für den 1987 entstandenen Thriller NO WAY OUT. jg

Spiel mit mir

Billy Rose's Jumbo. USA 1962 **R** Charles Walters **B** Sidney Sheldon, nach dem Musical von Richard Rodgers und Lorenz Hart, basierend auf dem Bühnenstück von Billy Rose, Ben Hecht und Charles MacArthur **K** William H. Daniels **M** Richard Rodgers **P** Joe Pasternak, Martin Melcher, Roger Edens für MGM **L** 110 Min., Farbe **D** Doris Day, Stephen Boyd, Jimmy Durante, Dean Jagger, Martha Raye, Robert Burton, Grady Sutton

Das Musical von Richard Rodgers und Lorenz Hart, das dieser nostalgischen Hommage an den Zirkus zugrunde liegt, war die letzte Produktion, die 1935 im legendären „Hippodrome Theatre" in New York zur Aufführung gelangte. Aber die aufwendige Inszenierung mit über 90 Darstellern, ebensovielen Tieren und opulent ausgestatteten Revuenummern konnte *Jumbo*, so der Originaltitel der Show, nicht vor dem finanziellen Reinfall bewahren. Als Hauptdarsteller agierte Jimmy Durante, der auch in der Leinwandadaption die Rolle des lebenslustigen Zirkusdirektors Billy Rose übernahm, der mit seinem Unternehmen am Rande des Ruins steht. Sein ärgster Konkurrent John Noble (Jagger) schickt seinen Sohn Sam (Boyd) als Gelegenheitsarbeiter zum „Wonder-Circus", um ihn inkognito die Schuldscheine aufkaufen zu lassen. Doch der verliebt sich in Kitty (Day), die Tochter des Hauses, und beschließt, mit beiden Familien einen größeren und überwältigenderen Zirkus zu gründen.
Spiel mit mir kann zwar mit berühmten Namen auf der Stab- und Besetzungsliste aufwarten, trotzdem ereilte den Film das gleiche Schicksal wie seinen „Hippodrom"-Vorgänger: er stieß auf hartnäckige Ablehnung und konnte nicht die ruhmreiche Tradition der MGM-Musicals fortführen. Mit der überladenen Choreographie hatte Hollywood-Veteran Busby Berkeley in den dreißiger Jahren noch Triumphe gefeiert, doch Anfang der sechziger wirkte sein Stil antiquiert und rührselig. Lediglich die Rodgers/Hart-Melodien *Over and Over Again, This Can't Be Love, Why Can't I?, My Romance, The Most Beautiful Girl in the World, Little Girl Blue* und *Sawdust, Spangles and Dreams* fallen angenehm auf. mg

Spiel zu dritt

Take Me Out to the Ball Game. USA 1949 **R** Busby Berkeley **B** Harry Tugend, George Wells, Harry Crane, nach einer Story von Gene Kelly und Stanley Donen **K** George Folsey **M** Robert Edens **P** Arthur Freed für MGM **L** 93 Min., Farbe L 93 Min., Farbe **D** Gene Kelly, Frank Sinatra, Esther Williams, Betty Garrett, Edward Arnold, Jules Munshin, Richard Lane, Tom Dugan

Einer der wenigen Filme, die die *badende Venus* Esther Williams nahezu trocken überstand. Als Eigentümerin einer Baseball-Mannschaft macht sie die Bekanntschaft zweier Vaudeville-Künstler (Sinatra/Kelly), die ihre Sommerferien damit verbringen, sich in dem Team sportlich zu betätigen. Natürlich verlieben sich die beiden Sänger und Tänzer in ihren zauberhaften Boss, doch schließlich kann nur einer der Herren das Rennen machen.
Die Story dieses konventionellen Musicals erdachten sich Gene Kelly und Stanley Donen, dafür machten sie Anleihen bei dem Film *They Learned About Women* (1930). Als sie die Idee dem Produzenten Arthur Freed unterbreiteten, beabsichtigten sie, neben der Choreographie auch die Regie zu übernehmen. Doch MGM wollte kein Risiko eingehen und übertrug die Leitung am Set dem Altmeister des Musicals, dem Choreographen und Regisseur Busby Berkeley, der mit *Spiel zu dritt* seine letzte Arbeit ablieferte. Gene Kelly und Stanley Donen gestand man immerhin die Inszenierung der Tanzszenen zu, die Freed derartig imponierte, daß er dem Gespann mit dem im selben Jahr entstandenen HEUT' GEHN WIR BUMMELN die Chance gab, ihren ersten Film hinter der Kamera zu drehen. Der sollte auch die Protagonisten Gene Kelly, Frank Sinatra, Jules Munshin und Betty Garrett wieder zusammenbringen. Die Songs aus *Take Me Out to the Ball Game* komponierten und texteten Albert von Tilzer/Jack Norworth (*Take Me Out to the Ball Game*), William Jerome/Jean Schwartz (*The Hat My Father Wore on St. Patrick's Day*) sowie Roger Edens/Betty Comden/Adolph Green (*O'Brien to Ryan to Goldberg, The Right Girl for Me, It's Fate, Baby, It's Fate, Yes Indeedy, Strictly U.S.A.*). mg

Spiel zu zweit

Two for the Seasaw. USA 1962 **R** Robert Wise **B** Isobel Lennart, nach dem Bühnenstück von William Gibson **K** Ted McCord **M** André Previn **P** Walter Mirisch für The Mirisch Corporation/United Artists **L** 118 Min., s/w **D** Shirley MacLaine, Robert Mitchum, Edmond Ryan, Elisabeth Fraser, Eddie Firestone

Einen klassischen Fall - oder besser: zwei - von Fehlbesetzung weist diese Adaption von William Gibsons erfolgreicher Broadway-

Komödie auf, die ihren speziellen Humor aus der Konfrontation eines Anwalts aus dem Mittelwesten mit einer jüdischen Tänzerin aus der New Yorker Bronx bezog. Auf der Bühne waren diese Rollen 1958 von Henry Fonda und Anne Bancroft gespielt worden, und warum man mit ihnen nicht auch den Film machte, bleibt ein Rätsel. Denn besonders die in Virginia geborene Shirley MacLaine hatte trotz aller Bemühungen weder Aussehen noch Akzent jener Gittel Mosca, wie sie das Stück beschrieb. *Saturday Review* bemerkte treffend: „Sie ist bewundernswert und ein Schatz, aber ihr Hollywood-Hintergrund scheint immer wieder durch." Doch auch abgesehen von dieser Schwäche ist *Spiel zu zweit* kein befriedigender Film. Regisseur Wise und seine Drehbuchautorin Isobel Lennart versuchten zwar, mit neuen Schauplätzen und dem Hinzuerfinden von weiteren Figuren dem Stoff seine Theaterhaftigkeit zu nehmen, doch er bleibt ein abgefilmtes Bühnenstück, bei dem sich Pathos und Komik auf nicht ganz glückliche Weise miteinander vermischen. al

Der Spieler

The Great Sinner. USA 1949 **R** Robert Siodmak **B** Ladislas Fodor, Christopher Isherwood, nach dem Roman von Fjodor M. Dostojewski **K** George Folsey **M** Bronislau Kaper **P** Gottfried Reinhardt für Metro-Goldwyn-Mayer **L** 112 Min., s/w **D** Gregory Peck, Ava Gardner, Melvyn Douglas, Walter Huston, Ethel Barrymore, Frank Morgan, Agnes Moorehead

Aufgrund seines 25jährigen Bestehens warb MGM für einige- speziell die teureren - Filme des Jahres 1949 mit dem Prädikat „Silver Jubilee Productions". Daß damit nicht automatisch Qualität verbunden sein mußte, beweist dieses pompöse Kostümdrama von Robert Siodmak. Es handelt sich um eine freie Adaption von Dostojewskis kurzem Roman *Der Spieler* von 1866, dessen Handlung man mit Elementen aus *Schuld und Sühne* sowie biographischen Aspekten aus dem Leben des Autors anreicherte. Ironischerweise taucht sein Name in den Credits jedoch nicht auf. Peck spielt Dostojewski, der im deutschen Kurort Wiesbaden die Bekanntschaft einer russischen Adligen (Gardner) und deren Vater (Huston) macht. Beide sind der Spielleidenschaft erlegen und stehen beim aalglatten Casinobesitzer De Glasse (Douglas) hoch in der Kreide. Nicht ganz uneigennützig beschließt der junge Autor, für die Unglücklichen selbst einen Einsatz am Spieltisch zu wagen...
Der Spieler hätte ein packender Einblick in die Dostojewskische Welt werden können, doch unglücklicherweise beschränkte sich das schwache Drehbuch auf bewährte Hollywood-Dramaturgie, einschließlich eines unvermeidlichen Happy-Ends, und gab der imposanten Besetzung nicht genügend Spielraum. So gibt es bis auf die wahrlich spektakulären Kulissen nicht viel zu sehen. Dies war der erste von drei Filmen, die Gregory Peck und Ava Gardner gemeinsam machten; er sollte sie später als seine Lieblingspartnerin bezeichnen. al

Spieler ohne Skrupel

The Gambler. USA 1974 **R** Karel Reisz **B** James Toback **K** Victor J. Kemper **M** Jerry Fielding **P** Irwin Winkler und Robert Chartoff für Paramount **L** 110 Min., Farbe **D** James Caan, Paul Sorvino, Lauren Hutton, Morris Carnovsky, Jacqueline Brooks, Burt Young

Der Literatur-Professor Axel Freed (Caan) ist der Spielleidenschaft verfallen. Als er sich in einem Casino mit 44.000 Dollar verschuldet, versucht er mit geborgtem Geld in Las Vegas den großen Coup zu landen. Er verliert, doch seine Gläubiger wollen nicht länger warten. Sie treten mit einem Vorschlag an Freed heran: Wenn es ihm gelingt, einen seiner Schüler zur Manipulation eines Football-Spiels zu bewegen, wird ihm der ausstehende Betrag erlassen.
Die Titelfigur des Dramas *The Gambler* erinnert an den legendären Professor Unrat aus DER BLAUE ENGEL, dem ebenso wie Axel Freed seine Passion zum Verhängnis wird. Das Drehbuch stammt von James Toback, einem Literaturdozenten aus New York, der mit diesem autobiografischen Porträt sein Debüt als Autor beim Film gab. mg

Die Spielregel

La régle du jeu. Frankreich 1939 **R** Jean Renoir **B** Jean Renoir, Karl Koch **K** Jean Bachelet **P** N. E. F. **L** 113 Min., s/w **D** Marcel Dalio, Nora Grégor, Roland Toutain, Jean Renoir, Paulette Dubost, Julien Carette, Gaston Modot

Bei seiner Erstaufführung sowohl von der Kritik als auch vom Publikum entschieden abgelehnt und nach Kriegsausbruch als „demoralisierend" verboten, wurde Jean Renoirs brillante Gesellschaftssatire im Laufe der Jahre um mehr als 25 Minuten geschnitten und erst 1959 bei den Filmfestspielen in Venedig wieder in einer restaurierten Fassung aufgeführt. Heute gilt der Film als eines der bedeutendsten Werke der Filmgeschichte. Der Pilot André (Toutain) verschafft sich eine Einladung zur Jagdgesellschaft des Marquis de la Chesnaye (Dalio), mit dessen Frau (Grégor) er ein Verhältnis hat. Diesem sind die außerehelichen Aktivitäten seiner Gattin wohl bewußt, doch auch er selbst ist nicht treu. Auch die Dienstboten des Anwesens haben Beziehungsprobleme: der Jagdaufseher (Modot) beobachtet argwöhnisch die Avancen, die ein Wilderer (Carette) seiner Frau (Dubost) macht...
Vor dem Hintergrund der Jagdgesellschaft entspinnt sich ein Geflecht aus Leidenschaften und Eifersucht, das von Renoir zunächst amüsiert, später jedoch mit zunehmender Verachtung beobachtet wird. Denn sowohl die Bourgeoisie als auch ihre Untergebenen halten sich an die Spielregel: der Schein muß unter allen Umständen gewahrt bleiben. Renoir meinte dazu: „Es gibt in diesem Film nicht eine Person, die zu retten der Mühe wert wäre." Der komplette finanzielle Mißerfolg von *Die Spielregel*, der Renoirs eigene Produktionsfirma in den Bankrott trieb, ist wohl auf die Tatsache zurückzuführen, daß sich das Publikum nicht mit einer schonungslosen Darstellung seiner Umwelt anfreunden wollte und schon gar nicht mit einer Abbildung seiner selbst auf der Leinwand. Zudem war man entsetzt über die Brutalität der Jagdszenen, in denen zahllose Kaninchen Opfer der fröhlichen Schützen werden. Auch vom technischen Standpunkt aus ist *Die Spielregel* bemerkenswert. Es gibt kaum Großaufnahmen, kaum Schnitte, dafür eine äußerst mobile Kamera sowie erstaunliche Effekte mit Tiefenschärfe, wie sie später auch von Orson Welles in CITIZEN KANE angewandt wurden. al

Das Spielzeug

Le jouet. Frankreich 1976 **R** Francis Veber **B** Francis Veber **K** Etienne Becker **M** Vladimir Cosma **P** Pierre Grünstein für Fideline Films/Efve Films/Andrea Films/Renn Productions **L** 94 Min., Farbe **D** Pierre Richard, Charles Gérard, Michel Bouquet, Fabrice Greco, Michel Aumont, Jacques François, Gérard Jugnot, Suzy Dyson

Eine geistreiche französische Komödie, die wieder einmal mehr beweist, daß Geld allein nicht glücklich macht. Pierre Richard, Tolpatsch von Dienst, ist allerdings froh, end-

lich einmal über die nötigen Finanzquellen verfügen zu können. Er arbeitet als Journalist François Perrin für eine Zeitung, die dem allgewaltigen Multimillionär Rambal-Cochet (Bouquet) gehört. Eines Tages soll er über die Eröffnung einer Spielzeugabteilung berichten. Bei dieser Veranstaltung ist just auch Eric (Greco), der verzogene 11jährige Sohn seines Chefs, anwesend, der sich an diesem Tag ein Spielzeug aussuchen darf und prompt den armen François wählt. Für den Reporter beginnt eine demütigende Zeit. Fortan muß er in Rambal-Cochets Villa leben und dort dem Sprößling zu Willen sein. Mit der Zeit erwächst zwischen den beiden jedoch eine echte Freundschaft, und es gelingt François ferner, seinen kleinen Kumpel davon zu überzeugen, daß man trotz allen Reichtums gewisse ethische Gesetze einhalten muß und solche Begriffe wie Freundschaft, Zuneigung und Zusammenhalt viel mehr zählen als die Millionen seines Vaters.
Wieder einmal hatten die Franzosen den Stoff für eine ergiebige Komödie geliefert, deren amerikanische Version nicht lange auf sich warten ließ. 1982 drehte Richard Donner mit Richard Pryor, Jackie Gleason und Ned Beatty ein Remake, das unter dem Titel *Der Spielgefährte* in die deutschen Kinos kam. jg

Das Spinnennetz

Das Spinnennetz. BRD 1986 **R** Bernhard Wicki **B** Wolfgang Kirchner und Bernhard Wicki, nach dem gleichnamigen Roman von Joseph Roth **K** Gerald Vandenberg **M** Günther Fischer **P** Jürgen Haase für Provobis/Beta-Film/ZDF/ORF **L** 196 Min., Farbe **D** Ulrich Mühe, Klaus Maria Brandauer, Armin Mueller-Stahl, Andrea Jonasson, Corinna Kirchhoff, Elisabeth Endriss

Theodor Lohse (Mühe) steht am Ende des Ersten Weltkriegs nicht nur vor den Trümmern des zusammengekrachten Kaiserreiches, sondern auch vor dem Ende seiner Offizierskarriere. Doch Lohse will nach oben und schließt sich deshalb einem obskuren rechtsradikalen Bund an. Auf seinem Erfolgstrip geht er, wenn nötig, auch über Leichen. Sein Gegenspieler und Informant ist der Jude Benjamin Lenz (Brandauer), der, um seine und die Haut seiner Freunde zu retten, seine Spitzeldienste sowohl an das rechte als auch das linke politische Spektrum verkauft. Am Ende steht der Anpasser, Anstifter und Arschkriecher Lohse, längst zum Totengräber der Weimarer Republik und zum Sympathisanten des Nationalsozialismus verkommen, auf dem Höhepunkt seiner Karriere. Doch er hat Lenz, der ihm inzwischen offen Feindschaft schwört, unterschätzt...
Basierend auf dem zeitgenössischen gleichnamigen Roman des österreichischen Schriftstellers Joseph Roth inszenierte Regisseur Wicki, der den Mammutfilm in jahrelanger Arbeit akribisch vorbereitet hatte, eine ebenso authentische wie fundierte Milieustudie vom untergegangenen Deutschland zwischen den Weltkriegen. Einzelnen etwas lang geratenen Sequenzen hätte eine Komprimierung sicher gut getan, auch ist das Werk nicht frei von dramaturgischen Schwächen - die perfekte Ausstattung mit viel Liebe zum Detail ist jedoch genauso bemerkenswert wie die hervorragenden darstellerischen Leistungen der Protagonisten. Gedreht wurde mit über 5.000 Statisten überwiegend in historischen Straßenzügen Prags und Berlins. sk

Der Spion, der aus der Kälte kam

The Spy Who Came in from the Cold. Großbritannien 1965 **R** Martin Ritt **B** Paul Dehn, Guy Trosper, nach dem Roman von John Le Carré **K** Oswald Morris **M** Sol Kaplan **P** Martin Ritt für Salem/Paramount **L** 112 Min., s/w **D** Richard Burton, Claire Bloom, Oskar Werner, Peter van Eyck, Sam Wanamaker, George Voskovec, Rupert Davies, Cyril Cusack

Neben den schieß- und explosionsfreudigen James-Bond-Reißern nahm sich dieser subtil inszenierte Agententhriller regelrecht harmlos aus, wenngleich er der Realität weitaus näher kam. Die bedrückende Stimmung dieses Films und die Menschenverachtung der jeweiligen Geheimdienste, die hier mehr in hervorragend ausgearbeiteten Dialogen als in Actionszenen deutlich wird, trugen einen Teil dazu bei, daß das Publikum nicht gerade euphorisch auf diese britische Produktion reagierte.
Vor den Augen des britischen Geheimagenten Alec Leamas (Burton) wird in Berlin einer seiner Kollegen bei dem Versuch, aus dem Ostsektor der Stadt zu entkommen, erschossen. Alec schwört seinem Kontrahenten Hans-Dieter Mundt (van Eyck) Rache. Zu diesem Zweck initiiert er ein geschicktes Täuschungsmanöver. Unter der Tarnkappe eines frustrierten Alkoholikers, der bereitwillig zur anderen Seite übergelaufen ist, gelangt er nach Ostberlin. Dort allerdings wird Alec in ein mörderisches Spiel verwikkelt, das die Dimensionen seiner Vorstellungskraft sprengt. Am Ende werden er und das Mädchen Nan (Bloom), das er liebt, bei einem vom Staatsicherheitsdienst inszenierten Fluchtversuch an der Berliner Mauer erschossen.
Richard Burtons Darstellung als tragischer Agent, der sich unversehens in die Machenschaften der Systeme verstrickt, brachte ihm eine Oscar-Nominierung ein. *Der Spion, der aus der Kälte kam* war 1965 in Großbritannien der erklärte Favorit der Kritiker. Insgesamt drei Britische Filmpreise gingen an Richard Burton, den Kameramann Oswald Morris und das Team der Ausstatter. Die in Berlin spielenden Szenen entstanden in Dublin; für die Innenaufnahmen wählte man die Ateliers von Shepperton. jg

Der Spion, der mich liebte

The Spy Who Loved Me. Großbritannien 1977 **R** Lewis Gilbert **B** Christopher Wood, Richard Maibaum, nach dem Roman von Ian Fleming **K** Claude Renoir **M** Marvin Hamlisch **P** Albert R. Broccoli für Eon Prod./United Artists **L** 125 Min., Farbe **D** Roger Moore, Barbara Bach, Curd Jürgens, Richard Kiel, Caroline Munro, Walter Gotell, Geoffrey Keen

Der Spion, der mich liebte war nicht nur der bis dato teuerste und erfolgreichste Bond-Film, sondern auch der erste der Serie, den Albert R. Broccoli ohne seinen langjährigen Partner Harry Saltzman produzierte. Ian Fleming selbst hatte noch angeregt, nur den Titel seines Romans zu verwenden, während er die Story als mißlungen ablehnte. So bastelten die Drehbuchautoren die übliche Geschichte vom wahnsinnigen Superverbrecher zusammen und garnierten das Ganze mit einem Haufen Gags und Spezialeffekten. 007 (Moore) tut sich mit einer russischen Agentin (Bach) zusammen, um dem Erzschurken Stromberg (Jürgens) das Handwerk zu legen. Der lebt in einer gigantischen Unterwasser-Station und läßt seinen Supertanker amerikanische und russische Atom-U-Boote schlucken, mit denen er die Welt zu zerstören hofft.
Regisseur Lewis Gilbert - sein zweiter Bond-Einsatz nach MAN LEBT NUR ZWEIMAL - entfesselte eine unglaubliche Materialschlacht, die selbst das in dieser Hinsicht verwöhnte Bond-Publikum verblüffte. Gedreht wurde in Ägypten, Japan, der Schweiz, auf Malta, Sardinien, den Bahamas und wie immer in den Pinewood Studios in England, wo Designer Ken Adam seine gewaltigen Sets errichtete - damals die größten aller Zeiten. Bereits die übliche Pretitle-Sequenz hat es in sich: Bond gerät während einer Verfolgungsjagd auf Skiern an die Kante einer riesigen Steilwand, die er lässig überfährt - im freien Fall öffnet sich sein Fallschirm! Für diesen wagemutigen Sprung mußte das Aufnahmeteam zehn Tage auf gutes Wetter warten; Stuntman Rick Sylvester strich 30.000 $ Gage ein. Besonders beliebt war die von Richard Kiel gespielte Figur des „Beißers" (engl.: „Jaws"): ein bä-

renstarker Hüne, der als Strombergs Scherge Bond mehr als einmal das Leben schwer macht, wobei sein metallenes Gebiß eine seiner stärksten Waffen ist. Im nächsten Bond MOONRAKER kam er noch einmal zum Einsatz. Carly Simon lieferte mit *Nobody Does It Better* den Chart-stürmenden Titelsong. al

Spion in Spitzenhöschen

The Glass Bottom Boat. USA 1965 **R** Frank Tashlin **B** Everett Freeman **K** Leon Shamroy **M** Frank De Vol **P** Martin Melcher, Everett Freeman für Arwin-Reame-Prod./MGM **L** 110 Min., Farbe **D** Doris Day, Rod Taylor, Arthur Godfrey, John McGiver, Paul Lynde, Edward Andrews, Eric Fleming, Dom De Luise, Dick Martin, Elisabeth Fraser, Ellen Corby

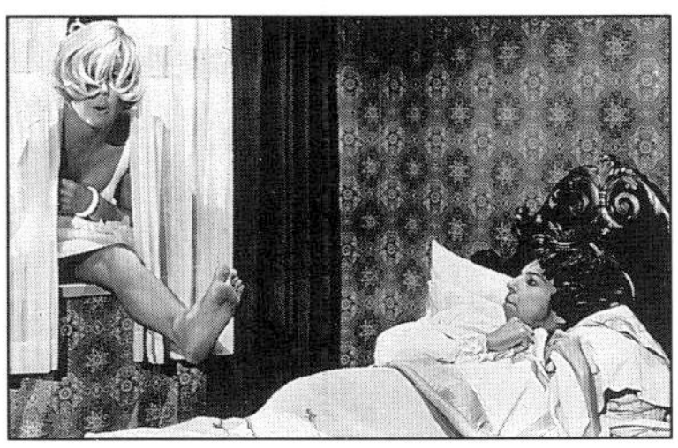

Jennifer Nelson (Day) ist es furchtbar peinlich, daß sie ihrem angehimmelten Chef Bruce Templeton (Taylor) gerade auf diese Art und Weise privat begegnen muß: Um sich ihr mickriges Sekretärinnen-Gehalt aufzubessern, schwimmt sie als Touristenattraktion im Seejungfrauenkostüm durch die Fluten und verheddert sich damit am Angelhaken des Weltraumwissenschaftlers. Nach diesem spaßigen Auftakt begegnen wir unserer blonden Heldin an ihrer Arbeitsstätte - einem Raumfahrtlabor der NASA, wo Jennifer durch eine Verkettung unglücklicher Umstände (u.a. hat ihr Hund den suspekten Namen Wladimir) in den Verdacht gerät, eine russische Spionin zu sein. Es dauert nicht lange, und diverse haarsträubende Verwicklungen brechen mit entwaffnender Komik über den Zuschauer herein.
Eine anspruchslose, aber recht witzig und flott umgesetzte Parodie auf die typischen Agententhriller der 60er Jahre, in der Doris Day als naiv-liebenswerte Blondine wieder einmal alle Sympathien für sich gewinnen kann. *Spion in Spitzenhöschen* wäre kein rechter DD-Film, wenn die Schauspielerin nicht auch hier die zwei Lieder *The Glass Bottom Boat* und *Soft as the Starlight* zum besten geben würde. jg

Spion zwischen zwei Fronten

Triple Cross / La fantastique histoire vraie d'Eddie Chapman. Großbritannien/Frankreich/BRD 1966 **R** Terence Young **B** René Hardy, nach dem Roman *The Eddie Chapman Story* von Frank Owen **K** Henri Alekan **M** Georges Garvarentz **P** Jacques-Paul Bertrand für Cineurop (Paris), Gloria-Film (München) **L** 136 Min., Farbe **D** Christopher Plummer, Romy Schneider, Gert Fröbe, Trevor Howard, Claudine Auger, Yul Brynner, Harry Meyen, Jess Hahn, Bernard Fresson

Eine wenig interessante Spionagefarce, die in den Wirren des II. Weltkrieges spielt und weder sonderlich spannend noch originell ist.
Eddie Chapman (Plummer), ein Gentleman-Einbrecher, wird von den vorrückenden Deutschen aus dem Gefängnis befreit und stellt sich in deren Dienste. Sein erster Auftrag führt ihn nach England, wo er eine für die Rüstungsindustrie wichtige Fabrik zerstören soll. Chapman paktiert allerdings bei seiner Ankuft auf der Insel mit dem britischen Geheimdienst, der es arrangiert, daß nur eine Attrappe in die Luft gesprengt wird. Es gilt, noch eine Reihe weiterer Abenteuer zu überstehen, bis das Nazi-Regime endlich besiegt ist und auch Eddie seinen persönlichen Triumph genießen kann.
Diese Geschichte basiert zum Teil auf der wahren Lebensgeschichte von Eddie Chapman, der während des Krieges als Doppelspion tätig war. Für Romy Schneider wäre dieser Film beinahe ihr letzter Leinwandauftritt gewesen. Nach einer Reihe von Mißerfolgen gab sie der Öffentlichkeit zu verstehen, daß sie daran dachte, sich vom Filmgeschäft zurückziehen. Dieser Entschluß festigte sich, als im Dezember 1966 ihr Sohn David zur Welt kam. *Spion zwischen zwei Fronten* ist der einzige Film, in dem Romy Schneider zusammen mit ihrem damaligen Ehemann Harry Meyen auftrat, den sie im Sommer desselben Jahres geheiratet hatte.
Der Streifen wurde Ende 1966 mit einem großen Werbeaufwand gestartet, konnte jedoch nicht die erhofften Zuschauermassen in die Kinos locken. jg

Spione

Spione. Deutschland 1928 **R** Fritz Lang **B** Fritz Lang, Thea von Harbou **K** Fritz Arno Wagner **M** Werner R. Heymann **P** Fritz Lang für Fritz Lang Film GmbH/UFA **L** 130 Min., s/w **D** Rudolf Klein-Rogge, Gerda Maurus, Lien Deyers, Grete Berger, Hertha von Walther, Willy Fritsch, Fritz Rasp, Paul Hörbiger

Nach dem an Gigantomanie grenzenden Zukunftsspektakel METROPOLIS kehrte Fritz Lang für *Spione* wieder zu etwas bescheideneren Dimensionen zurück, obgleich der Film für die damalige Zeit eine ungewöhnliche Fülle von Action-Szenen und Spezialeffekten bot.
Die Handlung ist Langs *Dr. Mabuse*-Filmen nicht ganz unähnlich. Als reicher Bankdirektor getarnt, betreibt ein Superverbrecher in den geheimen Hinterräumen seiner Filiale eine Nachrichtenzentrale, von der aus er einen weltweit operierenden Agentenring leitet. Ein junger Detektiv kommt auf seine Spur und bringt den Bösewicht, unterstützt von dessen reumütiger Assistentin, nach einer Anzahl haarsträubender Verfolgungsjagden zur Strecke.
Obwohl Lang als eigener Produzent nicht mehr für die UFA tätig war, entstand auch dieser Film auf dem Gelände der UFA in Neubabelsberg, wo der Regisseur u.a. auch die Anfertigung der Kulissen beaufsichtigte, die nach seinen eigenen Plänen entstanden.
Wie pedantisch und stellenweise rücksichtslos Deutschlands berühmtester Filmemacher damals am Set regierte, bekamen vor allem die Schauspieler zu spüren. Willy Fritsch erinnerte sich noch Jahrzehnte mit Schaudern an eine Szene, in der er sich im letzten Moment vor einer einstürzenden Mauer in Sicherheit bringen sollte. Zu diesem Zweck hatte man ein Seil an seinem Gürtel festgebunden, an dem drei Arbeiter auf Langs Kommando hin zogen. Gleich darauf purzelten zentnerschwere Steinmassen herunter und verfehlten den Schauspieler nur um Haaresbreite. Eine ähnliche Prozedur mußte Gerda Maurus über sich ergehen lassen, auf die Lang mit einer geladenen Pistole zielte und auch tatsächlich abdrückte, um bei ihr den gewünschten schockierten Gesichtsausdruck zu erzielen. jg

Die Spitzenklöpplerin

La Dentellière. Schweiz/Frankreich/BRD 1977 **R** Claude Goretta **B** Pascal Lainé und Claude Goretta, nach dem Roman von Lainé **K** Jean Boffety **M** Pierre Jansen **P** Bernard Lorain für Citel Films (Genf), Actions-Films (Paris), Filmproduktion Janus (Frankfurt) **L** 107 Min., Farbe **D** Isabelle Huppert, Yves Bebeyton, Florence Giorgetti, Annemarie Düringer, Renate Schroeter, Monique Chaumette, Jean Obe

„Das Thema der *Spitzenklöpplerin*: die Begegnung zweier Menschen, die ihre Gefühle auf verschiedene Art ausdrücken, die sich einander nicht verständlich machen können. Pomme und François gehören nicht der gleichen Klasse an, sie sprechen nicht die gleiche Sprache...sie ist von Natur aus schweigsam und benützt nicht die Sprache, um ihre Freuden und Leiden auszudrücken. Er besitzt eine gewisse Bildung und bringt diese

durch die Sprache zum Ausdruck. Er versteht es zu sprechen, sie nicht." (Goretta) Wie in vielen seiner Filme, so läßt der Schweizer Regisseur Claude Goretta auch in seinem Werk *Die Spitzenklöpplerin* anklingen, daß die Gründe dieser Unfähigkeit zur Verständigung auch in der mangelnden Bildung zu suchen sind, die immer mehr zum Privileg von wenigen wird. Zu dieser Gruppe gehört François, ein Student aus bürgerlichem Hause, der seine Ferien in der Normandie verlebt. Dort lernt er die introvertierte Béatrice kennen. Sie verlieben sich ineinander, und nach Paris zurückgekehrt, zieht das Lehrmädchen zu dem Intellektuellen. Aber weder seine Eltern noch seine Freunde billigen das ungleiche Verhältnis, das die Klassenschranken zu überschreiten scheint. Schließlich trennt sich François von dem Mädchen, das daraufhin einen Nervenzusammenbruch erleidet und in ein Sanatorium eingeliefert wird.
Goretta drehte das Porträt, zu dem er von dem gleichnamigen Gemälde des Niederländers Jan Vermeer inspiriert wurde, nach einem Roman seines Koautors Pascal Lainé, der für sein Werk 1974 mit dem Prix Goncourt ausgezeichnet wurde. mg

Splash - Jungfrau am Haken

Splash. USA 1984 **R** Ron Howard **B** Lowell Ganz, Babaloo Mandel, Bruce Jay Friedman **K** Don Peterman **M** Lee Holdridge **P** Brian Grazer für Touchstone Pictures **L** 111 Min., Farbe **D** Tom Hanks, Daryl Hannah, Eugene Levy, John Candy, Dody Goodman

Touchstone Pictures, neugegründete Tochtergesellschaft der Walt Disney Corporation und zuständig für Nicht-Comic-Filme, hätte sich keinen besseren Start wünschen können als dieses charmante Märchen um eine Meerjungfrau (Hannah), die an Land eine ganz normale junge Dame mit Namen Madison ist und sich nur bei Berührung mit Salzwasser in eine Nixe verwandelt. In sie verliebt sich Allen Bauer (Hanks), ein junger Geschäftsmann, der um ihre Besonderheit nicht weiß. Um so sicherer ist sich da der fanatische Wissenschaftler Kornbluth (Levy), der Madison für Forschungszwecke mißbrauchen will und sie eines Tages in aller Öffentlichkeit mit Seewasser bespritzt...
Der Riesenerfolg von *Splash* an den amerikanischen Kinokassen wies den Weg für weitere Touchstone-Produktionen: meist sind es harmlose, perfekt gemachte Familien-Komödien, die wie Disneys Comics nichts weiter als angenehme Unterhaltung bieten wollen. al

Splendor

Splendor. Italien/Frankreich 1988 **R** Ettore Scola **B** Ettore Scola **K** Luciano Tovoli **M** Armando Trovaioli **P** Mario und Vittorio Cecchi Gori für Cecchi Gori Group/Tiger Cinematografica/Studio El (Rom), Gaumont Prod./Générale d'Images (Paris) **L** 99 Min., Farbe **D** Marcello Mastroianni, Massimo Troisi, Marina Vlady, Paolo Panelli, Pamela Villoresi

Unglücklicherweise im Schatten des wesentlich erfolgreicheren CINEMA PARADISO stand dieser bezaubernde Film von Ettore Scola, für den er wieder einmal seinen Lieblingsdarsteller Marcello Mastroianni vor die Kamera holte. Es ist die wechselvolle Geschichte des Kleinstadt-Kinos „Splendor" (ital.: „Glanz"), dem sich drei Menschen besonders verbunden fühlen: Besitzer Jordan (Mastroianni), dessen Vater 1936 den Grundstein legte, die Französin Chantal (Vlady), Jordans langjährige Weggefährtin, und der Cineast Luigi (Troisi). Die gesamte Filmgeschichte flimmerte über die Leinwand des „Splendor", die ganze Stadt traf sich hier, doch nun soll es einem Warenhaus Platz machen...
Wie sein Kollege Giuseppe Tornatore mit seinem *Cinema Paradiso* schuf Scola eine liebevolle Hommage an das Kino, an das Filmemachen, an das Publikum und beschwört die guten, alten Zeiten herauf, in denen der Besuch eines Lichtspielhauses noch ein gesellschaftliches Ereignis war. Daß sich gleich zwei italienische Filme mit diesem Thema befaßten, ist mit Blick auf die vom Fernsehen dominierte Medienlandschaft Italiens nicht verwunderlich, und stimmt angesichts der Qualität beider Filme um so trauriger. Zu den in *Splendor* gezeigten Filmausschnitten gehören u. a. WILDE ERDBEEREN, DIE SCHLACHT VON ALGIER, METROPOLIS und IST DAS LEBEN NICHT SCHÖN?. al

Sprengkommando Atlantik

North Sea Hijack. Großbritannien 1979 **R** Andrew V. McLaglen **B** Jack Davies, nach seinem Roman **K** Tony Imi **M** Michael J. Lewis **P** Elliot Kastner für Universal **L** 100 Min., Farbe **D** Roger Moore, James Mason, Anthony Perkins, Michael Parks, David Hedison, Jack Watson, George Baker, Jeremy Clyde

Der „Söldnerfilm" DIE WILDGÄNSE KOMMEN hatte gegen Ende der 70er Jahre neue Maßstäbe im Action-Kino gesetzt. Die Folge war eine Reihe von beinahe fließbandmäßig produzierten Spielfilmen, die allesamt die Gemeinsamkeit besaßen, daß sich in ihnen eine illustre Schar von Weltstars versammelte, um gemeinsam im Lauf der Handlung von einer Extremsituation in die nächste zu geraten.
In *Sprengkommando Atlantik* sorgt eine Handvoll Erpresser für Aufregung und Ärger. Es gelingt den Verbrechern, zwei Bohrinseln in ihre Gewalt zu bringen, mit deren Sprengung sie drohen, falls sich die britische Regierung nicht bereit erklären sollte, eine Summe von 25 Mio. Pfund als Lösegeld zu zahlen. Da man es hier mit kaltblütigen Profis zu tun hat, engagiert man den Spezialisten Rufus Excalibur Flokes (Moore), der sich mit seiner Froschmänner-Elite nach GSG-9-Manier auf den Weg macht, um das Leben von ca. 700 Geiseln zu retten.
Dieses wenig aufregende Action-Spektakel wird lediglich durch den Einsatz seiner Schauspieler interessant, wobei allen voran Anthony Perkins als größenwahnsinniger Terrorist die beste Darstellung abgibt. Einziger Pluspunkt dieser Produktion ist die Tatsache, daß Autor und Regisseur die Geschichte angesichts ihrer Unglaubwürdigkeit wohl selber nicht sehr ernst genommen und sie mit einigen originellen, recht britischen Humoreinlagen aufgelockert haben. Die Außenaufnahmen entstanden in London, Schottland und der Galway-Bay. jg

Das Spukschloß im Spessart

Das Spukschloß im Spessart. BRD 1960 **R** Kurt Hoffmann **B** Günther Neumann, Heinz Pauck **K** Günther Anders **M** Friedrich Holländer **P** Georg Witt für Witt-Film **L** 102 Min., Farbe **D** Liselotte Pulver, Heinz Baumann, Hubert von Meyerinck, Elsa Wagner, Ernst Waldow, Hans Clarin, Herbert Hübner, Veronika Fitz

1957 hatte Kurt Hoffmann mit DAS WIRTSHAUS IM SPESSART eine der schönsten und erfolgreichsten musikalischen Komödien im bundesdeutschen Nachkriegskino geschaffen. *Das Spukschloß im Spessart* ist im eigentlichen Sinne gar keine Fortsetzung des ersten Films, sondern bezieht sich nur dem Titel nach auf seinen Vorgänger und präsentiert ein weiteres Mal Liselotte Pulver in einer sympathischen Hauptrolle.
Der Sage nach soll im Jahre 1820 eine berüchtigte Räuberbande im Keller des Wirts-

hauses im Spessart lebendig eingemauert worden sein. Natürlich blieb das nicht ohne Konsequenzen: Die Wegelagerer sind im Laufe der Jahre zu Gespenstern mutiert, die plötzlich und unvorbereitet ihrer Bleibe beraubt werden, als die alte Schenke dem Bau der Bundesautobahn Frankfurt-Würzburg-Nürnberg weichen muß. Zuflucht finden die vertriebenen Geister im alten Schloßgemäuer der Gräfin Charlotte von Sandau (Pulver), die dort mit Tantchen und Onkel lebt und von schrecklichen Geldsorgen geplagt wird. Der Verkauf des altehrwürdigen Schlosses an den Bonner Geldhai Hartog (Hübner), der daraus eine Luxusunterkunft für amerikanische Touristen machen möchte, ist nur noch eine Frage der Zeit. Da kommen die vertriebenen Geister gerade rechtzeitig, um für heillose Verwirrung zu sorgen. Am Ende darf Charlotte nicht nur ihr traditionsbeladenes Domizil behalten, sie findet auch noch ihr Liebesglück an der Seite des schmucken Martin (Baumann).
Ein amüsantes Grusical voll zündender Gags, niedlicher Tricks und geistreicher Anspielungen auf die Bonner Politik. War DAS WIRTSHAUS IM SPESSART noch eine romantische Räuberballade im Zeitkolorit des 19. Jahrhunderts, so versteht sich dieser zweite *Spessart*-Film als ironisch-hintergründige Farce der Adenauer-Ära der ausgehenden 50er Jahre. Kurt Hoffmann ließ 1967 als dritten Film die Komödie *Herrliche Zeiten im Spessart* folgen, die allerdings nicht an den Charme ihrer Vorgänger anknüpfen konnte. jg

Spur der Steine

Spur der Steine. DDR 1966 **R** Frank Beyer **B** Karl-Georg Egel, Frank Beyer, nach dem Roman von Erik Neutsch **K** Günter Marczinkowski **M** Wolfram Heicking **P** Dieter Dormeier für DEFA **L** 150 Min., s/w **D** Manfred Krug, Krystina Stypulkowska, Eberhard Esche, Johannes Wieke, Walter Richter-Reinick, Hans-Peter Minetti, Walter Jupé, Ingeborg Schumacher

Spur der Steine war der erste in einer Reihe von Filmen, die gegen Mitte der 60er Jahre verboten wurden und erst nach dem Zusammenbruch des SED-Regimes im November 1989 wieder zur Aufführung gelangten.
Wie ein Affront muß den damaligen Kulturbeauftragten und Parteibonzen die Verfilmung von Erik Neutschs populärem Roman erschienen sein. *Spur der Steine* erzählt von drei Menschen, die auf schicksalhafte Weise miteinander verbunden sind. Da gibt es zuerst einmal den strebsamen Parteisekretär Werner Horrath (Esche), der verzweifelt versucht, aus der verkorksten sozialistischen Planwirtschaft das Beste zu machen und in größte Gewissenskonflikte gerät, als er ein Verhältnis mit der jungen Ingenieurin Kati Klee (Stypulkowska) anfängt, deren Position am Bau unter lauter kernigen Männern nicht gerade leicht ist. Mit ihrem Charme und Durchsetzungsvermögen gelingt es ihr jedoch, die Brigade auf ihre Seite zu ziehen. Die schillerndste Persönlichkeit unter den ruppigen Bauarbeitern ist der harte aber herzliche Hannes Balla (überragend: Manfred Krug), der aus seiner Verachtung für den Staatsapparat keinen Hehl macht und sich durch eine menschliche Integrität sondergleichen auszeichnet.
„Der Film *Spur der Steine* wird der Größe seines Themas nicht gerecht. Er gibt ein verzerrtes Bild von unserer sozialistischen Gesellschaft, dem Kampf der Arbeiterklasse, ihrer ruhmreichen Partei und dem aufopferungsvollen Wirken ihrer Mitglieder...Der Film erfaßt nicht das Ethos, die politisch-moralische Kraft der Partei der Arbeiterklasse und der Ideen des Sozialismus, bringt dafür aber Szenen auf die Leinwand, die bei den Zuschauern mit Recht Empörung auslösten..." (*Neues Deutschland*, 6. Juli 1966).
Bis gegen Mitte der 60er Jahre hatte die Bevölkerung der DDR noch gehofft, der sogenannte kulturpolitische Ostberliner Frühling würde weiter andauern. Als Erich Honecker allerdings auf dem 11. Plenum des ZK der SED betonte, die DDR sei ein „sauberer Staat", in dem es „unverrückbare Maßstäbe der Ethik und Moral, für Anstand und gute Sitte" gäbe, brach er damit eine Zensurpolitk vom Zaun, die sich bald auf alle Bereiche des kulturellen Lebens, wie Musik, Literatur, Film und Theater auswirkte. So erlebte *Spur der Steine* nur wenige Aufführungen vor einem meist ausgesuchten Publikum (das mit entsprechenden, linientreuen Zwischenrufen reagierte) und verschwand wenige Wochen später wieder in den Filmarchiven von Neubabelsberg. jg

Die Spur des Falken

The Maltese Falcon. USA 1941 **R** John Huston **B** John Huston, nach dem Roman von Dashiell Hammett **K** Arthur Edeson **M** Adolph Deutsch **P** Hal B. Wallis für Warner Bros. **L** 96 Min., s/w **D** Humphrey Bogart, Mary Astor, Peter Lorre, Sydney Greenstreet, Gladys George

Zwei Detektive, Sam Spade (Bogart) und Archer, werden von einer gewissen Brigid O´Shaughnessy (Astor) beauftragt, ihre Schwester zu suchen. Als Archer den Mann verfolgt, der ihn zu der Verschwundenen bringen kann, wird er erschossen. Der Verdacht fällt auf Spade, der nun versucht, den wahren Täter zu finden. Bald schon merkt er, daß es seiner mysteriösen Klientin weniger um die Schwester, als vielmehr um eine goldene, mit Edelsteinen besetzte Falkenstatuette aus dem 16. Jahrhundert geht. Außer Brigid haben es aber auch der Gangsterboß Caspar Gutman (Greenstreet) und der brutale Joel Cairo (Lorre) auf den Malteser Falken abgesehen. Bevor Spade sich versieht, steht er zwischen zwei ausgesprochen aggressiven Fronten - der Polizei und den Gangstern.
Die legendäre Verfilmung von Dashiell Hammetts klassischem Detektivroman war John Hustons erste Regiearbeit. Hustons Drehbuch, das sich sehr eng an die Vorlage hält, die hervorragende Besetzung (allen voran Humphrey Bogart, der für den ursprünglich vorgesehenen George Raft eingesetzt wurde) und Hustons zwar recht zynischer, doch klarer Erzählstil machten aus dem Film den Klassiker der schwarzen Serie schlechthin. *Die Spur des Falken* war entscheidend für Bogarts weitere Karriere und legte Sidney Greenstreet auf die Rolle des „Fat Man" fest, die er noch in zahlreichen Filmen spielen sollte. jg

Die Spur des Fremden

The Stranger. USA 1946 **R** Orson Welles **B** Anthony Veiller, John Huston, Orson Welles, nach einer Story von Victor Trivas und Decla Dunning **K** Russell Metty **M** Bronislau Kaper **P** Sam P. Eagle für International Pictures/RKO **L** 95 Min., s/w **D** Edward G. Robinson, Loretta Young, Orson Welles, Philip Merivale, Richard Long, Byron Keith, Billy House

Wie unterschiedlich die Meinungen von Publikum und Regisseur sein können, zeigte dieser Film, den Orson Welles für sein schlechtestes Werk überhaupt hielt, welches aber- gemessen an den Zuschauerzahlen - sein erfolgreichster Streifen wurde.
Niemand ahnt, daß sich hinter dem Historiker Charles Rankin (Welles), der am College eines kleinen amerikanischen Städtchens Geschichte lehrt, in Wirklichkeit ein Mann namens Franz Kindler verbirgt. Kindler war während des Dritten Reiches Kommandant in mehreren Konzentrationslagern, konnte aber nach Kriegsende alle Spuren seiner Identität verwischen und sich nach Amerika absetzen, wo er inzwischen von einem normalen Alltagsbürger kaum noch zu unterscheiden ist. Seine bevorstehende Heirat mit Mary Longstreet (Young), der Tochter eines vielgeachteten Richters, ist so auch nur ein weiterer Baustein in seiner Assimilation. Just am Vorabend der Hochzeit tauchen allerdings zwei Fremde in der Stadt auf, die sehr wohl um die grauenhafte Vergangenheit des scheinbar so unbescholtenen Dozenten wissen.
Nach einer Reihe finanzieller Desaster (DER GLANZ DES HAUSES AMBERSON, VON AGENTEN GEJAGT etc.) war der Ruf des Hollwood-Wunderkindes Orson Welles reichlich ramponiert. Die Studioleitung der RKO setzte ihm buchstäblich das Messer auf die Brust und zwang ihn, einen Thriller zu drehen, der eine Synthese zwischen ameri-

kanischem Unterhaltungsfilm und Welles' eigenem Stil sein sollte. Insofern ist zu erklären, daß diese Produktion, die weniger die Ambitionen des Künstlers als vielmehr die finanziellen Interessen der Produzenten berücksichtigte, nicht zu den Lieblingswerken des Regisseurs gehörte. jg

Die Spur führt ins Nichts

The Criminal / The Concrete Jungle. Großbritannien 1960 **R** Joseph Losey **B** Alan Owen, nach einer Story von Jimmy Sangster **K** Robert Krasker **M** Johnny Dankworth **P** Jack Greenwood für Anglo/Amalgamated **L** 97 Min., s/w **D** Stanley Baker, Sam Wanamaker, Gregoire Aslan, Margit Saad, Jill Bennett, Rupert Davies, Laurence Naismith, John Van Eyssen, Derek Francis

Der Gangster Johnny (Baker) hat durch den Überfall auf das Wettbüro einer Pferderennbahn finanziell für einige Jahre ausgesorgt, doch die Eifersucht seiner ehemaligen Geliebten Maggie (Bennett) wird ihm zum Verhängnis. Sie verrät seinen Aufenthaltsort der Polizei und Johnny wandert - verurteilt zu einer 15jährigen Freiheitsstrafe - ins Gefängnis. Dort bemühen sich die Behörden krampfhaft, ihm das Geheimnis um das versteckte Geld zu entlocken, doch Johnny schweigt beharrlich, schließlich möchte er nach seiner Entlassung auf ein finanzielles Polster zurückgreifen können. Auch Johnnys Kumpane lauern auf das Geld und zetteln mit Hilfe seiner Freundin Suzanne (Saad) eine Knastrevolte an, in deren Verlauf Johnny entfliehen kann. Die ersten Schritte in der Freiheit gestalten sich jedoch nicht nach seinen Vorstellungen.
Ein harter und kompromißloser Kriminalstreifen, mit dem Joseph Losey das packende Porträt eines Sträflings ablieferte und in ungewohnt realistischen Bildern auf das Leben im Strafvollzug einging. Der US-Schauspieler Sam Wanamaker, der hier Johnnys Gegner Mike Carter verkörpert, kam Ende der 40er Jahre nach Großbritannien, weil er fürchtete, wegen seiner liberalen politischen Einstellung auf die Schwarze Liste des Senators McCarthy gesetzt zu werden, was sich allerdings erst Jahre später als unbegründet herausstellte. jg

Die Spur führt zurück

The Two Jakes. USA 1989 **R** Jack Nicholson **B** Robert Towne **K** Vilmos Zsigmond **M** Van Dyke Parks **P** Robert Evans, Harold Schneider für Paramount **L** 138 Min., Farbe **D** Jack Nicholson, Harvey Keitel, Meg Tilly, Madeleine Stowe, Eli Wallach, Ruben Blades, Frederic Forrest, David Keith, Richard Farnsworth, Tom Waits

Die Spur führt zurück war mit Sicherheit eine der am gespanntesten erwarteten Fortsetzungen der Filmgeschichte, gehört sein Vorgänger CHINATOWN doch zu den besten Filmen der 70er Jahre. Aber zehn Wochen nach seinem Start hatte das Werk an den US-Kassen nur 10 Mio. $ eingespielt - eine Riesenpleite.
1948 arbeitet Privatdetektiv Jake Gittes (Nicholson), Experte in Sachen Scheidung, an einem - wie es scheint- Routinefall, durch den er jedoch schnell in ein Gewirr aus Grundstücksspekulation, Korruption und anderen Verbrechen hineingezogen wird. Schließlich führt die Spur zurück ins Jahr 1937, als Gittes mit dem Fall Mulwray betraut war...
Zunächst sollte *Chinatown*-Drehbuchautor Robert Towne Regie führen und der damalige Produzent Robert Evans sein Schauspieldebüt als „zweiter Jake" an Nicholsons Seite geben. Doch nach jahrelangem Hin und Her hatte Towne das Projekt verlassen, Evans war durch Harvey Keitel ersetzt worden und Nicholson stand hinter der Kamera - seine dritte Arbeit als Regisseur nach *Drive, He Said* (1971) und DER GALGENSTRICK. Das Resultat ist ein vorzüglich gespielter und photographierter Detektivfilm, der sein großes Vorbild - natürlich! - nicht erreicht, für sich genommen jedoch einige Qualitäten ausweist. Am ehesten muß man ihm wohl seine verwirrende, schwer zu verfolgende Handlung vorwerfen, die beim Zuschauer letztendlich zu Apathie und Gleichgültigkeit führt. Ohne Wissen um die Handlung in *Chinatown* kann man mit *Die Spur führt zurück* so gut wie nichts anfangen. Eine schöne Idee war der Einsatz von Faye Dunaway, die in ihrer Eigenschaft als Evelyn Mulwray aus dem Off einen Brief liest, den Gittes zwischen seinen alten Papieren findet. al

Spuren im Sand

Three Godfathers. USA 1948 **R** John Ford **B** Laurence Stallings, Frank S. Nugent, nach einer Story von Peter B. Kyne **K** Winton C. Hoch **M** Richard Hageman **P** John Ford für Argosy/MGM **L** 106 Min., Farbe **D** John Wayne, Pedro Armendariz, Harry Carey jr., Ward Bond, Mildred Natwick, Charles Halton, Jane Darwell, Mae Marsh

Spuren im Sand, John Fords erster Farbfilm (gedreht wurde im Death Valley), ist einer der eigentümlichsten Western der Filmgeschichte. Gänzlich ohne Rachemotive und obligatorische Pistolenduelle auskommend, präsentiert sich die Handlung wie eine moderne Parabel auf die Geschichte um die Heiligen drei Könige. Die Parallelen zur Weihnachtsgeschichte des Neuen Testaments sind bewußt gewählt und werden von Ford spielerisch in die Welt des Westerns übertragen. Peter B. Kynes Story war schon während der Stummfilmzeit überaus beliebt gewesen und hatte in den Jahren 1916, 1919 und 1929 drei filmische Umsetzungen erfahren.
Drei Cowboys überfallen in einer amerikanischen Kleinstadt eine Bank und machen sich mit ihrer Beute auf und davon. Unerbittlich gejagt von ihren Verfolgern, führt sie ihr Fluchtweg in die Wüste, wo sie inmitten von meterhohen Sanddünen auf einen Planwagen stoßen, in dem eine hochschwangere Frau (Natwick) liegt, die von ihrem Mann im Stich gelassen wurde. Die drei Desperados bewähren sich als Geburtshelfer, können jedoch nur das Leben des neugeborenen Kindes retten. Das Schicksal des Säuglings, das die sterbende Mutter vertrauensvoll in ihre Hände gelegt hat, ist für die Männer eine heilige Verpflichtung, der sie sich nicht entziehen können und wollen. Am Ende wird nur einer mit dem Baby in die Zivilisation zurückkehren und darf dort auf eine milde Bestrafung hoffen. jg

St. Elmo´s Fire

St. Elmo´s Fire. USA 1985 **R** Joel Schumacher **B** Joel Schumacher, Karl Kurlander **K** Stephen H. Burum **M** David Foster **P** Lauren Shuler für Columbia **L** 108 Min., Farbe **D** Emilio Estevez, Ally Sheedy, Rob Lowe, Judd Nelson, Demi Moore, Mare Winningham, Andrew McCarthy

Ähnlich wie in BREAKFAST CLUB (auch hier spielten übrigens Emilio Estevez, Judd Nelson und Ally Sheedy mit) will Joel Schumachers Filmchen eine Bestandsaufnahme der amerikanischen Jugend zur Mitte der 80er Jahre sein. Die Schulzeit ist vorüber, das erste Jahr in der harten Berufswelt liegt hinter ihnen und damit ist auch ein Großteil anfänglich gehegter Hoffnungen und Illusionen vorbei. Sieben junge Leute und ihre (wenig interessanten) Geschichten werden segmentartig dem Zuschauer vorgeführt, der dann selbst entscheiden kann, ob die geschilderten Lebenswege dem Werdegang des durchschnittlichen US-Teenagers entsprechen oder nicht. Da gibt es als eher abschreckendes Beispiel zunächst den strebsamen Alex (Nelson), der zuerst für die Demokratische Partei arbeitet, dann aber ins Lager der Republikaner überwechselt, weil diese besser zahlen. Das Mädchen Leslie (Sheedy) soll ihn nach seinen Wünschen heiraten, doch die läßt sich lieber mit dem schüchternen Kevin (McCarthy) ein, auf den ebenfalls

Jules (Moore) ein Auge geworfen hat, die von Billy (Lowe) vor einem Selbstmordversuch bewahrt werden kann. Für Billy schwärmt wiederum Wendy (Winningham), dabei ist auch der Jurastudent Kirbo (Estevez) auf sie scharf. Falls die sieben Protagonisten nicht mit irgendwelchen Liebesaffären beschäftigt sind, trifft man sie in ihrer Stammkneipe „St. Elmo´s Bar" an, die dem Film auch zu seinem Titel verholfen hat.
Eine wenig interessante Mixtur aus Liebe, Lust und Eifersucht, mit dem die Söhne und Töchter der weißen amerikanischen Durchschnittsfamilie anscheinend den Großteil ihrer jungen Jahre verbringen. Wesentlich spannender und aufrichtiger wäre eine Spielhandlung mit den Themen Arbeitslosigkeit und soziale Unsicherheit gewesen. jg

Staatsanwälte küßt man nicht

Legal Eagles. USA 1985 **R** Ivan Reitman **B** Jim Cash, Jack Epps, Jr. **K** Laszlo Kovacs **M** Elmer Bernstein **P** Ivan Reitman für Universal **L** 116 Min., Farbe **D** Robert Redford, Debra Winger, Daryl Hannah, Brian Dennehy, Terence Stamp, Steven Hill

Mord, Betrug, Diebstahl und Brandstiftung im New Yorker Kunstmilieu bilden den Hintergrund für Ivan Reitmans Komödie. Debra Winger und Robert Redford agieren als das ungleiche Juristen-Gespann Laura Kelly und Tom Logan, das sich mit dem Fall der sogenannten Performance-Künstlerin Chelsea Deardon (Hannah) befaßt, die des Mordes verdächtigt wird.
Der deutsche Verleihtitel von Ivan Reitmans Thriller-Komödie spielt zu Unrecht auf LEOPARDEN KÜSST MAN NICHT an; zum einen kann *Legal Eagles* sich bei weitem nicht mit den Wortgefechten und der grotesken Situationskomik des Hawks-Klassikers messen, und zum anderen strafen die beiden Protagonistinnen den Filmtitel Lügen, wenn titelgebender Staatsanwalt auf der Leinwand erscheint. Robert Redford bot sich bei dieser Produktion eine der in seiner Laufbahn seltenen Möglichkeiten, komisches Talent unter Beweis zu stellen. Der Humor, den das Drehbuch-Team Cash/Epps hier an den Tag legt, erweist sich allerdings als ziemlich abgestanden; im Zündschloß steckengelassene Autoschlüssel und ein tolpatschiger Jurist sind doch eher fade Späßchen. Auch stören die allzu abgegriffenen Klischees, derer sich das Skript bedient: die althergebrachte Damen-Konstellation mit der mysteriösen, etwas verruchten Blondine auf der einen Seite und der selbständigen, kumpelhaften Karrierefrau auf der anderen ist ebenso ärgerlich wie das vorlaute Töchterchen des Helden. Dafür entschädigen die Szenen, in denen die beiden Advokaten - unabhängig und unwissentlich voneinander - eine ihnen gemeinsame Schlaflosigkeit mit den unterschiedlichsten Mitteln bekämpfen; er legt in Pantoffeln auf den Badezimmerkacheln eine Step-Nummer hin, sie versucht durch eine Freß-Orgie ihrem Leiden Herr zu werden. mg

Die Stadt der Frauen

La città delle donne. Italien/Frankreich 1980 **R** Federico Fellini **B** Federico Fellini, Bernadino Zapponi **K** Giuseppe Rotunno **M** Luis Enriquez Bacalov **P** Franco Rossellini für Opera Film (Rom), Gaumont (Paris) **L** 139 Min. (Originalfassung 145 Min.), Farbe **D** Marcello Mastroianni, Ettore Manni, Anna Prucnal, Bernice Stegers, Iole Silvani, Donatella Famiani

Als „die Summe aller meiner Filme und ein Tribut an das Kino als Spiegelbild der Frauen schlechthin, als sexuelle Initiation, als unerklärliches Traumbild" hat Federico Fellini seinen *Die Stadt der Frauen* bezeichnet, der eine weitere visuelle tour de force darstellt, eine wahre Orgie der Phantasie und verrückter Einfälle. In den Mittelpunkt der dünnen Handlung stellte der Regisseur wie schon in DAS SÜSSE LEBEN sein filmisches alter ego Marcello Mastroianni, der als etwa fünfzigjähriger Durchschnittsmann Snàporaz zu sehen ist. Während einer Bahnfahrt folgt er einer attraktiven Frau bis zur Toilette und, als sie mitten auf der Strecke aussteigt, aus dem Zug. Durch Wiesen und Wälder geht es bis zu einem großen Hotel, wo ein Feministinnenkongreß stattfindet. Snàporaz sieht sich von den aggressiven Frauenzimmern verfolgt und bedroht und sucht Zuflucht im Haus eines ehemaligen Schulkameraden (Manni), der gerade seine zehntausendste weibliche Eroberung feiert...
Abgesehen von den unbestreitbaren optischen Qualitäten des Films, den Fellini wie üblich fast ausschließlich in den Studios von Cinecittà drehte, ist *Die Stadt der Frauen* ein eher verwirrendes Werk, dessen Intentionen nie so ganz klar werden. Sein ganz persönliches Verhältnis zum weiblichen Geschlecht suchte der Regisseur in seine berühmte Bildsprache umzusetzen, doch stießen diese Bemühungen kaum auf Verständnis, am allerwenigsten bei Frauenrechtlerinnen. Fellini wurde von ihnen nach der Uraufführung als „Macho" und „Frauenfeind" beschimpft, Vorwürfe, die er empört zurückwies. Der Schauspieler Ettore Manni starb übrigens noch währed der Dreharbeiten; er hatte sich das Leben genommen, obwohl es offiziell hieß, er hätte sich „aus Versehen" beim Reinigen seines Gewehres erschossen. Auch das Ableben von Fellinis langjährigem Mitarbeiter Nino Rota, der für jeden seiner Filme seit LA STRADA die Musik geschrieben hatte, war zu beklagen. al

Stadt der Illusionen

The Bad and the Beautiful. USA 1952 **R** Vincente Minnelli **B** Charles Schnee, nach einer Story von George Bradshaw **K** Robert Surtees **M** David Raksin **P** John Houseman für MGM **L** 116 Min., s/w **D** Lana Turner, Kirk Douglas, Walter Pidgeon, Dick Powell, Barry Sullivan, Gloria Grahame, Gilbert Roland, Leo G. Carroll, Vanessa Brown

Unter den vielen Filmen, in denen Hollywood sich selbst darstellte, ist Vincente Minnellis Drama wohl einer der besten und ehrlichsten. Die Personen, die in ihm vorgestellt werden, mögen zwar fiktiv sein, doch sind die geschilderten Schicksale durchaus nicht weit von dem entfernt, was sich tatsächlich in der Traumfabrik zutragen könnte oder ereignet hat.
Der ehrgeizige und rücksichtslose Produzent Jonathan Shields (Douglas) ist am Ende. Sein Sekretär läßt noch einmal die drei Menschen in das Büro der Produktionsgesellschaft kommen, die Jonathan sowohl Triumphe als auch die größten Niederlagen zu verdanken haben und in drei Rückblenden über ihre Beziehung zu ihm berichten. Regisseur Harry Pebbel (Pidgeon) war einst ein guter Freund, bis Jonathan den erhofften Regieauftrag an einen anderen Filmemacher übergab. Georgia Lorrison (Turner) verdankt dem Produzenten eine beispiellose Karriere, doch das, was sie bei ihm für Liebe hielt, war nur Mittel zum Zweck. Schließlich ist da noch der Schriftsteller James Lee Bartlow (Powell), der auf Jonathans Wunsch nach Hollywood kam, um diesen Schritt kurze Zeit später bitter zu bereuen.
Vorbild für die Figur des Jonathan Shields war überdeutlich der erfolgreiche Magnat David O. Selznick, aus dessen Lebensweg einige Stationen entnommen wurden. Als frustrierter Schriftsteller Bartlow mußte der erfolglose Autor F. Scott Fitzgerald herhalten, der ebenfalls - wie in der Filmhandlung - seine Frau durch einen Unfall verlor.
Stadt der Illusionen glänzt durch eine kurze, aber furiose Szene, in deren Verlauf die in

ihrer Liebe betrogene Lana Turner, von hysterischen Schreikrämpfen geschüttelt, mit dem Wagen durch die Nacht davonbraust. Minnelli ließ zu diesem Zweck ein Auto auf einer beweglichen Rampe anbringen und fuhr in einer quälend langen Einstellung mit der Kamera vor und zurück, bis Lana Turner schließlich ihren Fuß auf das Bremspedal tritt. *Stadt der Illusionen* wurde 1952 mit einer Reihe von Oscars geehrt, die an Gloria Grahame als Bester Nebendarstellerin, das Drehbuch, die Kamera, die Ausstattung (Cedric Gibbons, Edward Carfagno) und die Kostüme (Helen Rose) gingen. jg

Stadt der Verlorenen

Legend of the Lost. USA/Italien 1957 **R** Henry Hathaway **B** Robert Presnell jr., Ben Hecht **K** Jack Cardiff **M** Angelo Francesco Lavagnino **P** Henry Hathaway für Batjac Prod./United Artists (Hollywood), Dear Film (Rom) **L** 108 Min., Farbe **D** John Wayne, Sophia Loren, Rossano Brazzi, Kurt Kasznar, Sonia Moser

Der ausgebrannte Abenteurer Joe January (Wayne) läßt sich im westafrikanischen Timbuktu als Führer des idealistischen Paul Bonnard (Brazzi) anwerben, der sich auf der Suche nach einer versunkenen Wüstenstadt befindet, die sein missionierender Vater einst entdeckte. Ein hitziges Sklavenmädchen (Loren), das sich ihnen anschließt, bringt beide gehörig in Wallung und sorgt für Konfliktstoff.
Die Namen Hathaway (Regie) und Hecht (Drehbuch) sind normalerweise Garanten für gehobene Unterhaltung, doch *Stadt der Verlorenen* erweist sich als Ausnahme von der Regel. Von A bis Z unglaubwürdig und obendrein noch langweilig, hat dieser alberne, immerhin tatsächlich in der Sahara (genauer: Libyen) gedrehte Abenteuerstreifen nichts zu bieten, es sei denn, man hat seinen Spaß an dem ungleichen Paar Wayne/Loren. Die Italienerin leistete hier einen ihrer ganz frühen US-Auftritte ab und wurde - nur angetan mit ein paar Fetzen- als sinnliche Sexbombe vermarktet. Wayne hatte für seine Partnerin nur lobende Worte übrig: „Sie wurde von Skorpionen gebissen und von Sandstürmen verweht, doch nichts kann dieses Mädchen stoppen. Sie läßt uns Männer alle wie Schwächlinge aussehen. Ich kam hier her, um einen Schatz zu finden und fand eine Goldmine. Wenn sie nach Hollywood kommt, wird sie sie fertigmachen.“ al

Stadt in Angst

Bad Day at Black Rock. USA 1955 **R John** Sturges **B** Millard Kaufman, nach einer Story von Howard Breslin **K** William C. Mellor **M** André Previn **P** Dore Schary für MGM **L** 81 Min., Farbe **D** Spencer Tracy, Robert Ryan, Anne Francis, Dean Jagger, Walter Brennan, John Ericson, Ernest Borgnine, Lee Marvin

John Sturges inszenierte hier einen packenden Thriller im Western-Gewand. *Stadt in Angst*, von den US-Kritikern zu den zehn besten Produktionen des Jahres 1955 gewählt, ist einer der wenigen Filme, in denen das CinemaScope-Verfahren wirklich sinnvoll und bereichernd eingesetzt wurde.
Im Jahre 1945 hält unverhofft in der tristen Stadt Black Rock ein Zug, aus dem der einarmige Kriegsveteran John MacReedy (Tracy) steigt. Er hat sich auf den weiten Weg nach Nevada gemacht, um dem japanischen Farmer Komoko eine Auszeichnung zu übergeben, die dessen Sohn, der im Krieg fiel, verliehen worden war. MacReedy wird allerdings in dem Wüstennest mit unverhohlener Verachtung empfangen. Langsam aber sicher kommt er dahinter, das Komoko nicht mehr lebt und nach dem Angriff der Japaner auf Pearl Harbour ein Opfer der Lynchjustiz wurde. Mit Hilfe der jungen Liz Wirth (Francis) gelingt es MacReedy nicht nur, die Stadt wieder heil zu verlassen, sondern auch die Schuldigen vor Gericht zu bringen.
Eine formal wie inhaltlich beachtenswert umgesetzte Parabel über blindwütigen Fremdenhaß, Rassismus und kollektive Schuld, in der Spencer Tracy eine seiner besten darstellerischen Leistungen abgibt. Für die Rolle des John MacReedy wurde er für den Oscar nominiert, unterlag jedoch Ernest Borgnine (MARTY). Bei den Filmfestspielen von Cannes erhielt Tracy im selben Jahr immerhin den Preis als bester Schauspieler. jg

Stadt ohne Mitleid

Town Without Pity / Stadt ohne Mitleid. USA/BRD 1961 **R** Gottfried Reinhardt **B** Silvia Reinhardt, Georg Hurdalek, nach dem Roman *Das Urteil* von Manfred Gregor **K** Kurt Hasse **M** Dimitri Tiomkin **P** Gottfried Reinhardt für Mirisch-Gloria-Osweg/United Artists **L** 112 Min., s/w **D** Kirk Douglas, E. G. Marshall, Christine Kaufmann, Robert Blake, Richard Jaeckel, Frank Sutton, Mal Sandock, Barbara Rütting, Hans Nielsen, Ingrid van Bergen

Nach den beiden recht biederen Filmen MENSCHEN IM HOTEL und LIEBLING DER GÖTTER packte Gottfried Reinhardt hier ein recht heißes Eisen an.
In einer süddeutschen Kleinstadt vergewaltigen vier amerikanische Soldaten die 16jährige Karin Steinhoff - ein Verbrechen, auf das laut amerikanischer Militärgesetzgebung die Todesstrafe steht. Der Anwalt Steve Garrett (Douglas) wird mit der Verteidigung der Angeklagten beauftragt. Um Karin das schonungslose Kreuzverhör zu ersparen, bittet er den Anwalt des Opfers, sich mit einer langjährigen Gefängnisstrafe für die vier Soldaten zufrieden zu geben. Karins bornierter Vater (Nielsen) besteht jedoch auf das volle Strafmaß und beschwört damit eine Katastrophe herauf. Dem Klatsch und dem Hohn einer ganzen Stadt ausgesetzt, bricht das Mädchen während des Verhörs, das Anwalt Garrett mit brutaler Härte führt, um seinerseits den Kopf seiner Mandanten zu retten, zusammen und begeht Selbstmord.
Ein aufwühlendes Gerichtsdrama, in dem vor allem Kirk Douglas und die junge Christine Kaufmann beachtliche Leistungen an den Tag legen. Die Außenaufnahmen zu *Stadt ohne Mitleid* entstanden in den fränkischen Städten Bamberg und Forchheim. Zu einem Schlager entwickelte sich der von Gene Pitney interpretierte Titelsong *Town Without Pity*, der Dimitri Tiomkin und Ned Washington eine Oscar-Nominierung einbrachte. jg

Der Stadtneurotiker

Annie Hall. USA 1977 **R** Woody Allen **B** Woody Allen, Marshall Brickman **K** Gordon Willis **P** Charles H. Joffe, Jack Rollins **L** 93 Min., Farbe **D** Woody Allen, Diane Keaton, Tony Roberts, Carol Kane, Paul Simon, Colleen Dewhurst, Janet Margolin, Shelley Duvall, Christopher Walken, Helen Ludlam

Die wechselhafte Beziehung zwischen dem Komiker Alvy Singer (Allen) und seiner Freundin Annie Hall (Keaton) steht im Mittelpunkt von Allens sechstem Spielfilm, der in New York angesiedelt ist. Die Romanze zwischen dem jüdischen Intellektuellen und dem naiven Mädchen, das sich nach Alvys Vorstellungen erziehen läßt und ihn schließlich verläßt, weist einige autobiographische Parallelen zu Allens Leben auf. Die an sich simple Geschichte wird durch die Rückblenden interessant, in denen Alvy Singer/Woody Allen Einblick in seine Kindheit und seine Auftritte als Stand-Up-Comedian gewährt. Dabei stellt er sich manchmal über

das Filmgeschehen und spricht das Publikum direkt an, indem er seine Monologe der Kamera zugewandt führt.
Der Stadtneurotiker ist mit einem Einspielergebnis von rund 25 Mio. Dollar Allens erfolgreichstes Werk, das 1978 mit vier Oscars ausgezeichnet wurde: für den besten Film, den besten Regisseur, das beste Drehbuch und die beste Hauptdarstellerin. So überraschend die Entscheidung der Academy of Motion Picture Arts and Sciences ausfiel, so ungewöhnlich mutete den Juroren das Verhalten des Preisträgers an: Woody Allen ließ sich bei der Verleihung nicht blicken und schickte statt dessen seinen Vater. Darüber hinaus untersagte der Filmemacher, für den *Stadtneurotiker* mit den vier gewonnenen Oscars zu werben. mg

Der stählerne Adler

Iron Eagle. USA 1985 **R** Sidney J. Furie **B** Kevin Elders, Sidney J. Furie **K** Adam Greenberg **M** Basil Poledouris **P** Ron Samuels, Joe Wizan für Tri-Star **L** 116 Min., Farbe **D** Louis Gossett jr., Jason Gedrick, Tom Thomerson, Caroline Lagerfelt, David Suchet, Larry B. Scott

Wieder einmal bewies Hollywood, wie schnell und vor allem treffsicher es auf bestimmte politische Ereignisse - in diesem Falle das amerikanische Bombardement gegen die libysche Hauptstadt Tripolis im April 1986 - reagieren kann.
Dieser Propagandastreifen (nichts anderes ist diese Produktion) macht uns mit dem jungen Doug (Gedrick) bekannt, der - genau wie sein Pappi Ted (Thomerson) - nichts lieber sein möchte als ein Pilot. Tief sitzt der Schock, als Doug eines Tages erfahren muß, daß sein Vater bei einem Erkundungsflug, bei dem er versehentlich in feindlichen Luftraum eingedrungen ist, abgeschossen wurde und nun in den Verliesen eines nordafrikanischen Diktators (natürlich angelehnt an Staatschef Ghaddafi) schmachtet. Da die US-Regierung nicht daran denkt, die Ungeschicklichkeit ihres Piloten auszubaden und Ted auszulösen, muß sich eben Doug selbst auf den Weg in das feindliche Wüstenland machen. Unterstützt von dem ehemaligen Flieger Chappy (Gossett jr.), kapert er einen Düsenjäger und ab geht´s zu einer tollkühnen Befreiungsaktion, bei der den fiesen Fellachen die Bomben nur so um die Ohren fliegen.
Ein völlig infantiler, kriegsverherrlichender Blödsinn, bei dem die Drehbuchautoren scheinbar von allen guten Geistern verlassen waren. So unkompliziert wie ihre Geschichte funktioniert höchstens ein Videospiel. *Der stählerne Adler* fand nichtsdestotrotz in den Staaten (und leider auch hierzulande) eine begeisterte Aufnahme und erlebte 1988 wiederum in der unsäglichen Regie von Sidney J. Furie einen ebenso peinlichen Aufguß, in dem sich diesmal Russen und Amis gemeinsam daran machen, einer Macht im Nahen Osten das Handwerk zu legen. jg

Ein stahlharter Mann

Hard Times. USA 1975 **R** Walter Hill **B** Bryan Gindorff, Bruce Henstell, Walter Hill **K** Philip Lathrop **M** Barry de Vorzon **P** Lawrence Gordon für Columbia **L** 92 Min. (Originalfassung 97 Min.), Farbe **D** Charles Bronson, James Coburn, Jill Ireland, Strother Martin, Maggie Blye

Die Anfangsjahre des Box-Champions Jack Dempsey sollen angeblich Pate gestanden haben bei diesem harten, realistischen Actionfilm, der das Regiedebüt von Walter Hill darstellt. Die Handlung ist im Depressionsjahr 1936 angesiedelt und dreht sich um den Herumtreiber Chaney (Bronson), der nach seiner Ankunft in New Orleans die Bekanntschaft mit dem windigen Promoter Speed (Coburn) macht. Schnell ist ein Faustkampf organisiert, den der schlagkräftige Chaney zu Speeds großer Freude gewinnt. Doch die weitere Partnerschaft der beiden verläuft alles andere als harmonisch, denn die Boxszene wird von finsteren Unterwelttypen beherrscht, die vor keiner Schandtat zurückschrecken...
„Überraschung: ein guter Bronson-Film. *Ein stahlharter Mann* ist bescheiden, knallhart und karg, eine saubere kleine Parabel über Stärke und Ehre. Bronsons bislang beste Darstellung." So faßte *Time* die Meinung der meisten Kritiker zusammen, die von einem der größten amerikanischen Kassenstars brutale Reißer vom Schlage eines EIN MANN SIEHT ROT gewohnt waren und selten ein gutes Wort für ihn übrig hatten. Der Mime ordnet sich hier auf angenehme Weise dem Drehbuch unter, nicht umgekehrt, und hat zudem mit James Coburn einen nicht weniger charismatischen Kollegen zur Seite. Hervorragend auch die Heraufbeschwörung der 30er Jahre-Atmosphäre. al

Stalag 17

Stalag 17. USA 1954 **R** Billy Wilder **B** Billy Wilder, Edwin Blum, nach dem Bühnenstück von Donald Bevan und Edmund Trzcinski **K** Ernest Laszlo **M** Franz Waxman **P** Billy Wilder für Paramount **L** 120 Min., s/w **D** William Holden, Don Taylor, Otto Preminger, Robert Strauss, Harvey Lembeck, Richard Erdman, Peter Graves, Neville Brand, Sig Rumann

Stalag 17 führt noch einmal in die unschöne Dekade der 40er Jahre zurück und stellt das Schicksal von amerikanischen Kriegsgefangenen in den Mittelpunkt. Wie groß das Interesse an solchen Filmen war, zeigte die beachtliche Zuschauerresonanz, denn innerhalb von 6 Monaten hatte Wilders Kriegsdrama in den USA über zehn Millionen Dollar eingespielt.
In Nazi-Deutschland gibt es zur Zeit des II. Weltkriegs eine Reihe von Kriegsgefangenenlagern, in denen vor allem Soldaten der alliierten Streitkräfte einsitzen. Ein solcher Internierungsort ist auch Stalag 17, aus dem gerade eine Gruppe von GIs zu entkommen versuchte, was ihnen allerdings mißlang. In einer der Baracken kommen die Männer ins Grübeln, ob der Ausbruchsversuch nicht sogar durch Verrat vereitelt wurde. Hauptverdächtiger ist der etwas eigenbrödlerische Sefton (Holden), der mit seiner unterkühlten Art und seinem eigenartigen Organisationstalent den Männern schon immer etwas suspekt vorkam. Über Sefton wird das Urteil gefällt, ohne daß eindeutige Beweise für seine Schuld vorliegen, was diesen so wütend macht, daß er nun selbst nach dem wirklichen Verräter sucht.
Eine treffsichere und spannend umgesetzte Kriegsgeschichte, für die Billy Wilder und Schauspieler Robert Strauss auf der Nominierungsliste standen. Nach BOULEVARD DER DÄMMERUNG konnte William Holden zum zweiten Mal in seiner Karriere den Oscar entgegennehmen. In der Rolle der sadistischen deutschen Oberst von Scherbach ist übrigens Otto Preminger zu sehen, der für diesen Film einen seiner wenigen Auftritte vor der Kamera hat und sich dabei als Schauspieler ebenso geschickt erweist wie als Regisseur. jg

Stalker

Stalker. UdSSR 1979 **R** Andrej Tarkowskij **B** Andrej Tarkowskij, Arkadij und Boris Strugazkij, nach ihrer Erzählung *Picknick am Straßenrand* **K** Alexander Knjaschinkij **M** Eduard Artemiev **P** Alexandra Demidowa für Mosfilm/Media Transactions **L** 160 Min., Farbe - s/w **D** Alexander Kaidanowskij, Alissa Freindlich, Nikolai Grinko, Anatolij Solonizijn

Die „verbotene Zone" beginnt hinter einem verlassenen, überfluteten Industriegebiet und soll durch den Aufprall eines Meteoriten entstanden sein. In sie einzudringen, ist lebensgefährlich, doch lockt es immer wieder einzelne Menschen in die geheimnisvolle Region, weil sich mit der Erkundung ihres Inneren Hoffnungen auf einzigartige Offenbarungen verbinden. Stalker (Kaidanowskij) hat bereits wegen seiner Expeditionen im Knast gesessen, trotzdem macht er sich

noch einmal auf, um einen Physikprofessor (Grinko) und einen Schriftsteller (Solonizijn) in die „verbotene Zone" zu führen. Den drei Männern gelingt es, an den Sicherheitsposten vorbeizukommen. Nach dem beschwerlichen Marsch durch die menschenleere Landschaft wagt jedoch keiner den letzten Schritt. Unverrichteterdinge kehren sie zurück.
Unzufrieden mit seiner ersten Fassung, ließ Tarkowskij den kompletten Film vernichten und drehte alles noch einmal - eine Radikalität, die sich auch in der Sowjetunion nur wenige der zahlreichen Filmschaffenden leisten konnten. Andrej Tarkowskij zählte mit seinen, sich einer schlüssigen Deutung entziehenden, metaphorisch dichten Werken zu den bedeutendsten Regisseuren des Kinos der ausgehenden Sowjetunion. Im Westen bewundert, in seiner Heimat ständig mit Schwierigkeiten kämpfend, führte sein Weg ins westliche Exil, wo er im Dezember 1986 im Alter von 54 Jahren starb. jg

Stammheim

Stammheim. BRD 1985 **R** Reinhard Hauff **B** Stefan Aust **K** Frank Brühne, Günter Wulff **M** Marcel Wengler **P** Eberhard Junkersdorf und Jürgen Flimm für Bioskop-Film/Thalia Theater Hamburg **L** 107 Min., Farbe **D** Ulrich Pleitgen, Ulrich Tukur, Therese Affolter, Sabine Wegner, Hans Kremer, Hans Christian Rudolph

Stammheim ist nicht nur die Endhaltestelle einer Stuttgarter Straßenbahnlinie, Stammheim ist auch Synonym für die Abrechnung des westdeutschen Rechtsstaates mit seinen ärgsten Feinden, den Mitgliedern der „Baader-Meinhof-Gruppe". Der eine - Vater Staat - hat bekanntlich, wenn auch angeschlagen, überlebt, während die anderen, die Terroristen Andreas Baader, Ulrike Meinhof, Gudrun Ensslin und Jan-Carl Raspe, sich im Hochsicherheitstrakt des Gefängnisses Stuttgart-Stammheim das Leben genommen haben. Regisseur Reinhard Hauff raffte den insgesamt 192 Tage dauernden Prozeß gegen diese vier Gründer der „Rote Armee Fraktion" zu einer Gesellschaftsstudie von knapp zwei Stunden Dauer von geradezu dokumentarischer Qualität zusammen. Sein Film rechnet vor allem mit dem „demokratischen Rechtsstaat" Bundesrepublik Deutschland ab (oder, um im Terroristenjargon zu bleiben, mit der BRD), indem er schonungslos die Schwächen des überforderten Justiz- und Sicherheitsapparates dieses Landes offenlegt. Die beteiligten Richter und Polizisten waren schließlich auch nur Menschen, denen niemand beigebracht hatte, mit der unbegreiflichen Dimension des Hasses der angeklagten Staatsfeinde umzugehen. Autor Stefan Aust legte seinem Drehbuch ausschließlich authentische Prozeßmaterialien und Gerichtsprotokolle zugrunde. Trotz dieses Bemühens um Objektivität ist *Stammheim* ein parteiischer Film: Der Zuschauer wird regelrecht genötigt, sich mit den Angeklagten zu solidarisieren, ihnen zumindest Sympathie entgegenzubringen. Aust hält dies für nachvollziehbar, „weil wir alle in dieser christlich-abendländischen-jüdischen Kultur natürlich immer die Sympathie für Opfer haben, auch für Märtyrer".
Keine der öffentlich-rechtlichen Fernsehanstalten der Republik war seinerzeit bereit, sich an der Produktion dieses umstrittenen Gerichtsfilms zu beteiligen. Am Ende konnte *Stammheim* nur aufgrund der tatkräftigen Unterstützung des hamburgischen Intendanten Jürgen Flimm realisiert werden, der Ensemble und Ausstattung des Hamburger Thalia-Theaters zur Verfügung stellte. Diese gutgemeinte Hilfestellung bescherte der Inszenierung allerdings ihre nicht zu leugnende theatralische Holprigkeit.
1986 wurde der Film auf der Berlinale mit einem Goldenen Bären ausgezeichnet - unter dem Protest von Jury-Mitglied Gina Lollobrigida, die sich öffentlich von dem Votum des Preisgerichts distanzierte. sk

Stand by Me - Das Geheimnis eines Sommers

Stand by Me. USA 1986 **R** Rob Reiner **B** Raynold Gideon, Bruce A. Evans, nach der Kurzgeschichte *The Body* von Stephen King **K** Thomas Del Ruth **M** Jack Nitzsche **P** Andrew Scheinman, Bruce A. Evans, Raynold Gideon für Act III Prod./Columbia **L** 87 Min., Farbe **D** Will Wheaton, River Phoenix, Corey Feldman, Jerry O'Connell, Richard Dreyfuss, Kiefer Sutherland

Sicherlich nicht der spannendste, dafür aber der schönste Film nach einer literarischen Vorlage von Stephen King ist dieses kleine Werk, in dem es nicht um Telekinese oder andere übernatürliche Kräfte geht, sondern schlicht und ergreifend um ein Erlebnis von vier halbwüchsigen Jungens im Sommer des Jahres 1959. Die Freunde Gordie (Wheaton), Chris (Phoenix), Teddy (Feldman) und Vern (O'Connell) aus Oregon machen sich auf die Suche nach der Leiche eines Jungen, der ein paar Tage früher beim Beerensammeln im Wald verschwand. Er soll, so hat Vern seinen älteren Bruder sagen hören, von einem Zug erfaßt worden sein und nun irgendwo an der Bahnstrecke liegen. Teils aus Neugier, teils aus dem Wunsch nach Anerkennung durch die Erwachsenenwelt heraus, wollen die Vier den Toten finden und ihn der Öffentlichkeit präsentieren.
Der Oldie-Hit *Stand by Me* lieferte gemäß einer jüngst entdeckten Masche Hollywoods den werbeträchtigen Titel für diesen wunderbar nostalgischen Film um das Erwachsenwerden, der sich zur Überraschung aller zum Sommerhit des Jahres 1986 entwickelte. Der '59 spielende Handlungsteil wird als Rückblende von dem gealterten Gordie (Dreyfuss) erzählt, der inzwischen ein bekannter Schriftsteller ist und sich über seinem Schreib-Computer die damaligen Ereignisse wehmütig ins Gedächtnis ruft. Regisseur Rob Reiner hatte 1990 einen weiteren Riesenerfolg mit einem Stoff von Stephen King: MISERY. al

Der Stand der Dinge

Der Stand der Dinge. BRD 1981 **R** Wim Wenders **B** Wim Wenders, Robert Kramer **K** Henri Alekan, Martin Schäfer, Fred Murphy **M** Jürgen Knieper **P** Chris Sievernich für Road Movies/ Wim-Wenders-Film/pro-jekt/ZDF **L** 121 Min., s/w **D** Isabelle Weingarten, Rebecca Pauly, Patrick Bauchau, Paul Getty, Allen Goorwitz, Roger Corman, Jeffrey Kime, Geoffrey Carey, Samuel Fuller

Parallel zu seinen bitteren Erfahrungen, die Wim Wenders während der Dreharbeiten zu HAMMETT mit dem amerikanischen Kommerzkino machen mußte, entstand *Der Stand der Dinge* - eine detaillierte, feinfühlige Studie über die Schwierigkeiten des Filmemachens und der künstlerischen Zusammenarbeit.
Ein durch Sturmböen stark zerstörtes Hotel an der portugiesischen Küste dient als Kulisse für einen Science-fiction-Film, den ein amerikanisch-europäisches Drehteam vor Ort realisieren möchte. Als eines Tages schließlich weder Drehmaterial noch Geld vorhanden ist, fliegt Produzent Gordon (Goorwitz) zurück nach Hollywood, um dort weitere Finanzquellen auszumachen. Doch Gordon kommt nicht zurück und ist auch telefonisch nicht in Kalifornien zu erreichen, so daß sich nun auch Regisseur Friedrich (Bauchau) auf den Weg nach Amerika macht, um für die Fortführung seines Projekts zu kämpfen...
Wenders gelang es, für seinen melancholisch-nachdenklichen Film eine Reihe be-

kannter amerikanischer Filmschaffender zu engagieren, die sonst eher hinter der Kamera stehen. So sind u.a. Produzent und Kult-Regisseur Roger Corman (als Rechtsanwalt) und Filmemacher Samuel Fuller (in der Rolle des Kameramannes) zu sehen. Nach einem Auftakt von gemächlicher Beschaulichkeit nimmt Wenders' Werk mit dem Überleiten der Handlung nach Kalifornien ein schnelleres Tempo ein und mündet schließlich in einem gewalttätigen Showdown. Auf den Filmfestspielen von Venedig wurde *Der Stand der Dinge* 1981 mit dem Goldenen Löwen ausgezeichnet. jg

Stanley & Iris

Stanley & Iris. USA 1989 **R** Martin Ritt **B** Harriet Frank, Jr., Irving Ravetch, nach dem Roman *Union Street* von Pat Barker **K** Donald McAlpine **M** John Williams **P** Arlene Sellers, Alex Winitsky für MGM/Lantana Prod. **L** 102 Min., Farbe **D** Jane Fonda, Robert De Niro, Swoosie Kurtz, Martha Plimpton, Harley Cross, Jamey Sheridan, Feodor Chaliapin

Die Liebesgeschichte zwischen der verwitweten Iris und dem einsamen Analphabeten Stanley erzählt Regisseur Martin Ritt, der im Dezember 1990 starb, in seinem letzten Film. Doch was Ritt vielversprechend mit der Schilderung des Lebens der Arbeiter und Arbeiterinnen in einer Industriestadt in Neuengland beginnt und mit der schwierigen Situation von Analphabeten weiterführt, verkommt letztendlich zu einer rührseligen Romanze mit einem allzu märchenhaften Happy-End. So konnte er nicht die Durchschnittlichkeit seiner Protagonisten akzeptieren, sondern mußte sie nach amerikanischer Manier zu ungewöhnlich erfolgreichen Menschen mutieren lassen: Es reichte nicht aus, daß Stanley, der Arbeiter, der weder des Lesens noch des Schreibens mächtig war, diese Fähigkeiten erlernte; nein, Stanley mußte zum Erfinder einer technischen Neuheit avancieren, der am Schluß des Films den sozialen Aufstieg zum Geschäftsmann geschafft hat und nun seine Iris aus ihrer tristen Arbeitswelt entführen kann. „Everything is possible" konstatiert das neue Mitglied der US-Gesellschaft am Schluß und transportiert damit eine der Weisheiten des American Way of Life, die besagt, daß jeder es durch Fleiß und Anpassung zu etwas bringen kann. „Den amerikanischen Traum, den Ritt am Anfang mit seinem Spülsteinrealismus noch so konsequent negiert, läßt er nun märchenhaft in Erfüllung gehen. Für lange Zeit wollte man ihm vorhalten, sein Kino der guten Absichten sei noch lange kein gutes Kino. Doch dieser Schluß ist Ritts Plädoyer für ein Kino der schlechten Absichten" (*epd Film*). mg

Star

Star! USA 1968 **R** Robert Wise **B** William Fairchild **K** Ernest Laszlo **M** Lennie Hayton **P** Saul Chaplin für 20th Century-Fox **L** 173 Min., Farbe **D** Julie Andrews, Richard Crenna, Michael Craig, Daniel Massey, Robert Reed, Bruce Forsyth, Beryl Reid, John Collin, Alan Oppenheimer

Robert Wise zeichnet in seinem Musical den Lebensweg der britischen Schauspielerin Gertrude Lawrence (1890-1952) nach, die Anfang des 20. Jahrhunderts auf den Bühnen ihrer Heimatstadt London und am New Yorker Broadway zum gefeierten Star avancierte. Ihre Popularität beschränkte sich allerdings auf die Theaterszene, auch wenn sie in einigen Filmen mitgewirkt hatte. Da die Fox 14 Mio. Dollar in den biografischen Film einer Mimin investierte, die in den Vereinigten Staaten nicht sonderlich bekannt war, verwunderte es nicht, daß *Star!* an den Kinokassen floppte. Auch eine um 50 Minuten gekürzte Fassung, die ein Jahr später unter dem Titel *Those Were The Happy Times* zur Wiederaufführung gelangte, konnte den Verlust der Produktionsgesellschaft von rund 10 Mio. Dollar nicht verhindern. Der Soundtrack des Musicals setzt sich aus Songs zusammen, die Gertrude Lawrence während ihrer Karriere mit Erfolg interpretiert hat. Unter anderen bringt Julie Andrews in der Titelrolle die Lieder *In My Garden of Joy, Forbidden Fruit, Someone to Watch Over Me, Dear Little Boy, My Ship, Jenny* und *The Physician* zu Gehör. mg

Star 80

Star 80. USA 1983 **R** Bob Fosse **B** Bob Fosse, nach dem Artikel *Death of a Playmate* von Teresa Carpenter (*The Village Voice*) **K** Sven Nykvist **M** Ralph Burns **P** Wolfgang Glattes, Kenneth Utt für The Ladd Company/Warner Bors. **L** 104 Min., Farbe **D** Mariel Hemingway, Eric Roberts, Cliff Robertson, Carroll Baker, Roger Rees, David Clennon

Die Karriere der jungen Dorothy Stratten endete abrupt am 14. August 1980, als sie aus Eifersucht von ihrem Mann Paul Snider erschossen wurde, der daraufhin Selbstmord beging. Dorothy hatte sich während der Dreharbeiten zu SIE HABEN ALLE GELACHT in ihren Regisseur Peter Bogdanovich verliebt und wollte Paul verlassen. Aus dieser schlagzeilenträchtigen Tragödie machte Bob Fosse einen grimmigen und letztendlich voyeuristischen Blick hinter die Kulissen der Traumfabrik und des *Playboy*-Imperiums. Als junges und naives Ding lernt Dorothy (Hemingway) in ihrer Heimatstadt Vancouver den schmierigen Zuhältertypen Snider (Roberts) kennen, der in ihr seine Eintrittskarte nach Hollywood sieht. Geschickt verschafft er ihr Aufnahmen für den *Playboy*, und schließlich wird sie sogar zum Playmate des Jahres 1980 gewählt. Kleine Filmrollen folgen, doch mit Dorothys unaufhaltsamem Aufstieg beginnt die mittlerweile geschlossene Ehe auseinanderzubrechen... Schon 1981 war diese Geschichte bereits in dem Fernsehfilm *Death of a Centerfold: The Dorothy Stratten Story* mit Jamie Lee Curtis verarbeitet worden, und wie dieser stützte sich auch Bob Fosse auf einen mit dem Pulitzer-Preis ausgezeichneten Artikel in der *Village Voice*. Es wurde viel Aufhebens um die ironisch anmutende Tatsache gemacht, daß Mariel Hemingway sich die Brüste vergrößern ließ, um die Rolle zu bekommen, doch außer sexy Posen einzunehmen hat sie nicht viel zu tun. Fosse konzentriert sich vielmehr auf die Figur von Paul Snider, den der damals noch völlig unbekannte Eric Roberts auf ebenso faszinierende wie bedrohliche Weise zum Leben erweckt. In den Augen der meisten Kritiker blieb *Star 80* aufgrund seiner reißerischen Thematik ein zwiespältiges Erlebnis, und *Village Voice* meinte sogar: „Der Film ist mehr das Werk eines Aasgeiers als das eines Künstlers." al

A Star is born

A Star Is Born. USA 1976 **R** Frank Pierson **B** John Gregory Dunne, Joan Didion, Frank Pierson, nach der Story von William Wellman und Robert Carson **K** Robert Surtees **M** Roger Kellaway **P** Jon Peters für First Artists/Barwood **L** 140 Min., Farbe **D** Barbra Streisand, Kris Kristofferson, Gary Busey, Oliver Clark, Vanetta Fields, Clydie King, Marta Heflin, Sally Kirkland, Paul Mazursky

Nach George Cukors Melodram *What Price Hollywood?* (1932), William Wellmans EIN STERN GEHT AUF und dem Musical EIN NEUER STERN AM HIMMEL, ebenfalls unter Cukors Regie entstanden, verfilmte Frank Pierson ein viertes Mal die tragische Geschichte um ein Künstler-Ehepaar, die mit dem Selbstmord des Mannes und der unaufhaltsamen Karriere der Frau endet. In dieser modernen Version verlegte Pierson die Handlung in das Rockmusik-Milieu der 70er Jahre und besetzte die Hauptrollen des John Norman Howard und der Esther Hoffman mit den Film- und Platten-Stars Kris Kristofferson und Barbra Streisand, die das Remake mit ihrem damaligen Freund Jon Peters produzierte. Rund 40 Mio. Dollar spielte *A Star is born* ein, wozu zum größten Teil der Soundtrack beigetragen haben dürfte, der sich aus den Liedern *Watch Closely Now, Queen Bee, Everything, Lost Inside of You, The Women in the Moon, Evergreen, I Believe in Love, Cripples Crow* und *With One More Look at You* zusammensetzt. Oscar-Nominierungen erhielten Robert Surtees für seine Kameraarbeit, Robert Knudson, Dan Wallin, Robert Glass und Tom Overton für den Ton und Roger Kellaway für seine musikalische Leitung. Barbra Streisand als

Komponistin und ihr Texter Paul Williams konnten für das Titellied *A Star is born* die Trophäe entgegennehmen. mg

Star Trek

Star Trek - The Movie. USA 1979 **R** Robert Wise **B** Harold Livingston, nach einer Story von Alan Dean Foster, basierend auf den Charakteren von Gene Roddenberry **K** Richard H. Kline **SpE** Douglas Trumbull, John Dykstra, Dave Stewart, Don Baker, Richard Taylor, Robert Abel, Robert Swarthe **M** Jerry Goldsmith **P** Gene Roddenberry für Paramount **L** 132 Min., Farbe **D** William Shatner, Leonard Nimoy, DeForest Kelley, James Doohan, George Takei, Walter Koenig, Nichelle Nichols, Persis Khambatta, Stephen Collins

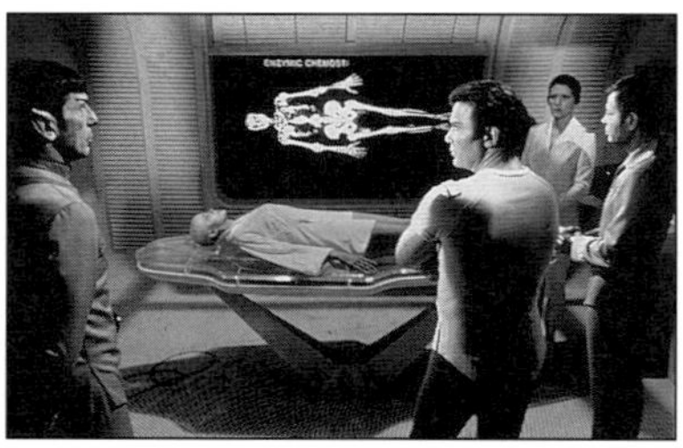

Die während der Jahre 1966 bis 1969 produzierte Science-fiction-Serie *Raumschiff Enterprise* (im amerikanischen Original *Star Trek*) ging als eine der erfolgreichsten Sendereihen in die Geschichte des Fernsehens ein. Die Popularität eines Captain James T. Kirk und Mr. Spock verlor sich auch nicht, als die Serie eingestellt wurde. Gegen Ende der 70er Jahre entschloß sich Gene Roddenberry, der *Raumschiff Enterprise* für das Programm der NBC produziert hatte, die Abenteuer dieses legendären Sternenkreuzers und seiner Besatzung in einem aufwendigen, modernisierten Gewand auf die Kinoleinwand zu bringen. Er belebte damit einen Mythos, der es aufgrund seiner Beliebtheit bislang zu weiteren fünf Fortsetzungen gebracht hat.
Wir schreiben das 23. Jahrhundert. Die Besatzung der *Enterprise* ist zwar etwas grauer und faltiger geworden, sieht sich aber noch durchaus imstande, den Gefahren zu trotzen, die da aus den Tiefen der Galaxis heranschwirren. Und das ist neben der feindlichen Klingonenflotte eine todbringende Energiewolke, die Kurs auf die Erde nimmt. Captain Kirk dringt in das Innere des Gebildes vor und stößt auf den vor 300 Jahre ausgesandten NASA-Satelliten *Voyager VI*, der während seiner langen Reise ein bemerkenswertes Eigenleben entwickelt hat.
Der Start, den die *Star Trek*-Kinoserie mit diesem Film erwischte, war denkbar schlecht, denn die Schwachpunkte der Story waren nur allzu offensichtlich und konnten auch nicht durch das gigantische Budget von annähernd 44 Millionen Dollar kaschiert werden. So besteht der Höhepunkt dieser Produktion in erster Linie aus luxuriös ausstaffierten Bauten und pompösen Kulissen, die mit einigen grellen Lichteffekten kontrastiert werden (Oscar-Nominierungen für Ausstattung und Visuelle Effekte). Das Publikum strömte zwar in Scharen in die Kinos, doch konnte *Star Trek - The Movie* nur die eingefleischten Fans in Begeisterungsstürme versetzen. jg

Star Trek II - Der Zorn des Khan

Star Trek II - The Wrath of Khan. USA 1982 **R** Nicholas Meyer **B** Jack B. Sowards **K** Gayne Rescher **M** James Horner **P** Gene Roddenberry für Paramount **L** 113 Min., Farbe **D** William Shatner, Leonard Nimoy, DeForest Kelley, Ricardo Montalban, James Doohan, Walter Koenig, Bibi Besch, Merritt Butrick, Paul Winfield

Der erste Teil der *Star Trek*-Saga hatte der Paramount immerhin 12 Mio. Dollar eingebracht, doch zeigten sich die Studiobosse mit diesem Ergebnis nicht recht zufrieden. Also wurde für die Fortsetzung ordentlich gespart, so daß der zweite Teil mit einem Budget von 12 Mio. Dollar entstand, das dann fast um das dreieinhalbfache wieder eingespielt wurde, wodurch die Serie nun erst richtig ins Rollen kam.
Star Trek II - Der Zorn des Khan basiert auf einer 1966 erstmalig ausgestrahlten Folge der Fernsehserie *Raumschiff Enterprise.* In dieser Geschichte legte sich ein gewisser Khan (Montalban) mit Captain Kirk an und wurde von diesem zur Strafe auf einen ungemütlichen Planeten verbannt. In diesem Kinostück erhält der Bösewicht nun die Chance für eine Revanche. Mr. Chekhov (Koenig) möchte in Khans Exil das Projekt „Genesis" testen, mit dessen Hilfe man öde Planeten in fruchtbare Welten verwandeln kann, gerät dabei aber in Khans Fänge. Dieser benutzt Chekhov, um Kirk in einen Hinterhalt zu locken, bei dem die *Enterprise* fast zu Klump geschossen wird. Der unterkühlte Vulkanier Mr. Spock opfert schließlich sein Leben, um das Schiff und seine Besatzung zu retten. Sein Sarg wird ins All hinauskatapultiert, um auf einer neuartigen Welt niederzugehen, die „Genesis" kurz zuvor erschaffen hat und wo Spock eventuell in anderer Form weiterleben wird.
Ein sympathisches Science-fiction-Abenteuer, das trotz seines geringeren Budgets seinen Vorgänger an Qualität und Unterhaltungswert überflügelt. Daß die *Star-Trek*-Reihe unmöglich mit dem Tod von Mr. Spock enden konnte, lag auf der Hand und führte zwei Jahre später zu der Fortsetzung STAR TREK III - AUF DER SUCHE NACH MR. SPOCK. jg

Star Trek III - Auf der Suche nach Mr. Spock

Star Trek III - The Search for Spock. USA 1984 **R** Leonard Nimoy **B** Harve Bennett, basierend auf den Charakteren von Gene Roddenberry **K** Charles Correll **M** James Horner **P** Harve Bennett für Paramount **L 106 Min.,** Farbe **D** William Shatner, DeForest Kelley, James Doohan, George Takei, Walter Koenig, Nichelle Nichols, Leonard Nimoy, Merritt Butrick, Christopher Lloyd, Judith Anderson

Star Trek III knüpft unmittelbar an die Geschehnisse von Teil II an. Mr. Spock (Nimoy) ist durchaus nicht tot, sondern lebt auf dem frisch aus der Taufe gehobenen Planeten Genesis, wobei er sich vor seinem Ableben mit seinem Geist bei Dr. McCoy (Kelley) einnisten konnte. Entgegen der Weisungen seiner Vorgesetzten bricht Captain Kirk (Shatner) nach Genesis auf, um dort nach Spock zu suchen. Kirks Sohn David (Butrick) muß unterdessen feststellen, daß das Experiment „Genesis" gescheitert ist, denn der Planet altert und zerfällt in seine Bestandteile. In das Inferno der auseinanderbrechenden Welt werden sowohl Captain Kirk als auch eine Horde eroberungswütiger Klingonen verwickelt.
Für diesen dritten Teil der erfolgreichen Weltraum-Saga klemmte sich Leonard Nimoy das erste Mal (sieht man von einigen TV-Inszenierungen einmal ab) als Regisseur hinter die Kamera und erschien obendrein am Ende des Films wieder in seiner Rolle als Mr. Spock. Der in seiner Studioästhetik den Fernsehfolgen nachempfundene Film kostete 16 Mio. Dollar, die zu einem Großteil für die optischen Effekte ausgegeben wurden. Glanzpunkt dieses dritten Teils ist die beklemmende Szenenfolge, in der der Planet Genesis auseinanderfällt. Zu diesem Zwekke wurden Wind- und Kunstschneemaschinen im Studio installiert sowie Gesteinsschichten präpariert, die dann mit Hilfe hydraulischer Pumpen abbröckelten oder von tiefen Rissen durchzogen wurden. Alles in allem - ein kurzweiliges Zukunftsabenteuer ohne höhere Ansprüche, für das sich vor allem die Fans der Serie begeistern konnten, was sich mit einem Einspielergebnis von 39 Mio. Dollar zu Buche schlug. jg

Star Trek IV - Zurück in die Gegenwart

Star Trek IV - The Voyage Home. USA 1986 **R** Leonard Nimoy **B** Harve Bennett, Steve Meerson,

Peter Krikes, Nicholas Meyer, nach einer Story von Leonard Nimoy und Bennett **K** Don Peterman **M** Leonard Rosenman **P** Harve Bennett für Paramount **L** 119 Min., Farbe **D** William Shatner, Leonard Nimoy, DeForest Kelley, James Doohan, George Takei, Walter Koenig, Nichelle Nichols, Jame Wyatt, Catherine Hicks, Mark Lenard

Zum zweiten Mal saß Leonard Nimoy für diesen vierten Teil der *Star Trek*-Saga auf dem Regiestuhl und schuf mit *Zurück in die Gegenwart* eine der witzigsten und originellsten Folgen dieser Serie, die voller lakonischer Anspielungen auf die ökologischen Probleme des 20. Jahrhunderts steckt.
Mit einem erbeuteten Klingonen-Raumschiff kehren Captain Kirk (Shatner) und seine Mannschaft nach ihrem „Genesis"-Abenteuer, bei dem ja auch die altgediente *Enterprise* zu Bruch ging, zur Erde zurück, wo sie sofort mit neuen Problemen konfrontiert werden. Ein merkwürdiger Himmelskörper ist über unserem Heimatplaneten aufgekreuzt und scheint die Ursache für eine Kette von Naturkatastrophen globaler Tragweite zu sein. Als Signal sendet das unbekannte Raumschiff den Gesang der Buckelwale aus, auf den es allerdings tragischerweise keine Antwort erhält, denn diese Tierart ist auf der Erde des 23. Jahrhunderts schon längst ausgestorben. Um ihre Welt vor dem sicheren Untergang zu retten, läßt sich die *Enterprise*-Besatzung in die Vergangenheit zurückversetzen, um dort an der amerikanischen Westküste des Jahres 1986 zwei Buckelwale einzufangen und in die Zukunft zu beamen.
Diese Story ist zwar reichlich abstrus konstruiert, entbehrt jedoch nicht eines gewissen Charmes, der nicht zuletzt der Faszination der beiden Meeresriesen zu verdanken ist, denen hier eine beinahe mystische Bedeutung beigemessen wird. *Star Trek IV* wurde zu einem weiteren Höhepunkt innerhalb dieser langlebigen Serie und brachte der Paramount einen Gewinn von 35. Mio. Dollar ein. jg

Star Trek V - Am Rande des Universums

Star Trek V - The Final Frontier. USA 1989 **R** William Shatner **B** David Loughery, nach einer Story von William Shatner, Harve Bennett und Loughery **K** Andrew Laszlo **M** Jerry Goldsmith **P** Harve Bennett für Paramount **L** 106 Min., Farbe **D** William Shatner, Leonard Nimoy, DeForest Kelley, James Doohan, Walter Koenig, Nichelle Nichols, George Takei, Laurence Luckinbill

Zur Abwechslung löste William Shatner seinen Regie- und Schauspielkollegen Leonard Nimoy ab, um den fünften *Star Trek*-Teil zu inszenieren, zu dem auch Jerry Goldsmith wieder als Komponist zurückkehrte. Prompt erlitt man diesmal jedoch Schiffbruch, denn nach vier erfolgreichen Folgen machte die Paramount hier erstmalig ein Verlustgeschäft. Shatner, der auch an der Story des Films herumgebastelt hatte, verpaßte diesem Science-fiction-Epos eine mystisch verbrämte Aura, die allerdings allzu aufgesetzt und überladen wirkte.
Tummelplatz dieses fünften Abenteuers ist der Wüstenplanet Nimbus III, auf dem - ähnlich wie heute im vereinten Europa - der Versuch gestartet wurde, die verschiedensten Sternenvölker in Frieden anzusiedeln, was allerdings danebenging. Auf diesem heruntergekommenen Planeten lockt nun der Vulkanier Sybok (Luckinbill), überraschenderweise auch noch ein Halbbruder von Mr. Spock (Nimoy), die *Enterprise*-Crew in einen Hinterhalt, um mit ihrer Hilfe die „große Barriere", ein Energiefeld von unvorstellbarer Kraft, zu überwinden, weil er dahinter das Geheimnis einer göttlichen Existenz vermutet. Was sich dann allerdings jenseits des geheimnisvollen Randes unseres Universums befindet, entspricht so gar nicht den Vorstellungen des durchgedrehten Vulkaniers.
Die ohnehin nicht sehr aufregende Story wird durch einige miserable Trickaufnahmen (die „große Barriere" sieht aus wie der blaue Qualm eines Glimmstengels) nicht gerade aufgebessert. Ein unbeabsichtigter Ausrutscher, bei dem sich alle Beteiligten nicht gerade mit Ruhm bekleckert haben. jg

Star Trek VI - Das unentdeckte Land

Star Trek VI - The Undiscovered Country. USA 1991 **R** Nicholas Meyer **B** Nicholas Meyer, Denny Martin Finn **K** Hiro Narita **M** Cliff Edelman **P** Ralph Winter, Steven-Charles Joffe für Paramount **L** 110 Min., Farbe **D** William Shatner, Leonard Nimoy, DeForest Kelley, James Doohan, Kim Cattrall, Christopher Plummer

Dieses sechste Abenteuer der *Enterprise*-Crew sollte endgültig das Ende der Serie bringen. Der kommerzielle Erfolg, der sich unerwarteterweise nach dem mißlungenen fünften Teil einstellte, war aber wohl ein Grund, daß nun doch noch Gerüchte über eine eventuelle Fortsetzung der *Star Trek*-Saga mit den alten Schauspielern kursieren. Die politischen Veränderungen der ausgehenden 80er Jahre sollten für diese Folge einen Einfluß auf die Gestaltung der Story haben. Jetzt, wo es die Berliner Mauer nicht mehr gab und auch die Sowjetunion auseinandergefallen war, galt es, die Rolle der klingonischen Erzfeinde neu zu überdenken. So sind hier denn auch die Klingonen - ähnlich wie die Russen im Kalten Krieg - die Verlierer im intergalaktischen Gerangel und müssen als demütige Bittsteller die Vereinigte Föderation um Unterstützung angehen. Die gegenseitigen Ressentiments sind dabei noch lange nicht aus der Welt geschafft, und selbst Captain Kirk (Shatner) fällt es schwer, den Klingonen freundschaftliche Gefühle entgegenzubringen, haben diese ja schließlich in Teil III seinen Sohn umgebracht. Statt des erwarteten Friedensvertrags gibt es dann auch erst einmal ein unnötiges Blutvergießen. Ein hinterhältiges Attentat sorgt dafür, daß die Mannschaft der *Enterprise* in den Verdacht gerät, den klingonischen Botschafter getötet zu haben. Kirk und Dr. McCoy (Kelley) werden gefangengenommen und dazu verurteilt, in den Bergwerken eines unwirtlichen Eisplaneten zu schuften. Am Ende können die beiden nicht nur von dort entkommen, sondern auch die Drahtzieher des Komplotts (ewig gestrige kalte Krieger) ausschalten und damit den Frieden im All retten.
Mit seinen 60 Mio. Dollar, die der Streifen innerhalb weniger Wochen einspielte, war *Star Trek VI* der erfolgreichste Teil der gesamten Serie und verlieh der Weltraumsage - mit Vorbehalt - einen würdigen Abschluß. jg

Stardust Memories

Stardust Memories. USA 1980 **R** Woody Allen **B** Woody Allen **K** Gordon Willis **P** Jack Rollins und Charles H. Joffe/United Artists **L** 90 Min., s/w **D** Woody Allen, Charlotte Rampling, Jessica Harper, Marie-Christine Barrault, Tony Roberts, Daniel Stern, Amy Wright, Helen Hanft, John Rothman

Ein Cineasten-Club, der eine Retrospektive mit Filmen von Sandy Bates (Allen) organisiert hat, lädt den Regisseur zu einem Wochenende ins „Stardust"-Hotel nach New Jersey ein, um dort Fans und Kritikern Rede und Antwort zu stehen. „Es geschieht in diesem Film die bockig-zärtliche Selbstanalyse eines großen Komikers und Filmemachers. Woody Allen hat weit von sich gewiesen, *Stardust Memories* seien autobiographisch. Hier irrt oder lügt er bewußt. Er gibt dauernd die Verzweiflung, die Eitelkeit, Glück und Elend eines trügerisch erfolgreichen Filmidols wieder. Er stückelt Erfahrungen der Unfreiheit im Erfolg, das persönliche Unglück im öffentlichen Applaus", konstatierte Friedrich Luft. Die tragisch-komische Bestandsaufnahme seiner Arbeit, Produzenten und seines Publikums brachte Woody Allen in den USA herbe Kritik ein. Vorwürfe wie „Er degradiert die Menschen, die für seine Werke empfänglich sind und stellt sich selbst als ihr Opfer dar" oder „Zunächst sind die mächtige Filmkritikerin und ihre prätentiösen Freunde, die schwafelnden Filmfans und auch die Filmproduzenten noch komisch. Aber bald schon wird klar, daß Allen nicht mit seinen Figuren lacht, er haßt sie alle, ohne Ausnahme und ohne Verständnis für ihre Schwächen" führten dazu, daß *Stardust Memories* nach nur einer Woche Laufzeit aus den New Yorker Kinos verschwand. Auch eine Stellungnahme des Regisseurs im Feuilleton der *New York Times*, wo er verlauten ließ, der Film sei lediglich Fiktion, konnte den Schaden nicht abwenden: Die Produktionsfirma United Artists beendete die langjährige Zusammenarbeit mit Allen, der daraufhin zu Orion Pictures wechselte. mg

Starman

Starman. USA 1985 **R** John Carpenter **B** Bruce A. Evans, Raynold Gideon **K** Donald M. Morgan **M** Jack Nitzsche **P** Larry J. Franco für Columbia **L** 115 Min., Farbe **D** Jeff Bridges, Karen Allen, Charles Martin Smith, Richard Jaeckel, Robert Phalen, Tony Edwards, John Walter Davis, Ted White

John Carpenter schuf mit *Starman* eine phantasievolle Love-Story zwischen einer Erdenbürgerin und einem Außerirdischen, die an Dramatik und Gefühlsaufwallung durchaus mit E.T. - DER AUSSERIRDISCHE mithalten konnte und erfreulicherweise ebenfalls ohne Brutalitäten und Gewaltszenen auskam.

Die junge Witwe Jenny Hayden (Allen) gerät völlig aus dem Häuschen, als auf ihrem Wohnzimmerboden eine Lichtkugel landet und daraus nach einem spektakulären Mutationsprozeß ein Mann entsteigt, der ihrem verstorbenen Ehegatten bis aufs Haar gleicht. Starman (Bridges), der Außerirdische, hat sich Jenny auserkoren, damit diese ihn von Wisconsin aus nach Arizona bringen soll, wo das Mutterraumschiff auf ihn wartet. Dieses Unterfangen gestaltet sich schwieriger als alle Beteiligten zunächst annehmen. Zum einen hat Jenny sich binnen kurzer Zeit in ihren liebenswürdigen Schützling verliebt, zum anderen ist das Militär auf Starmans Spur gekommen und bläst zum Halali.

Diese Science-fiction-Romanze sollte schon 1982 gedreht werden. Damals waren der Columbia sowohl die Rechte zu E.T. als auch zu *Starman* angeboten worden. Die Gesellschaft entschied sich für den letzteren Stoff und ließ sich damit den bisher erfolgreichsten Streifen durch die Lappen gehen. John Badham war bereits als Regisseur verpflichtet worden, als E.T. in den Kinos anlief und die Produzenten ein denkbar schlechtes Gefühl bekamen, diesem Streifen eine Geschichte folgen zu lassen, die auffallend große Ähnlichkeiten aufwies. Badman stieg wieder aus und drehte statt dessen WARGAMES - KRIEGSSPIELE. Dann wurde das Skript mehrmals umgeschrieben, um es schließlich John Carpenter anzubieten, der daraus eine Art E.T. für Erwachsene machte. jg

Stau

L'ingorgo. Italien/Frankreich/Spanien/BRD 1978 **R** Luigi Comencini **B** Luigi Comencini, Ruggero Maccari, Bernardino Zapponi, Peter Berling **K** Ennio Guarnieri **M** Fiorenzo Carpi **P** Silvio und Anna Maria Clementelli für Clesi Cinematografica (Rom), Greenwich Prod. (Paris), José Frade Prod. Cinematograficas (Madrid), Albatros Prod. (München) **L** 113 Min., Farbe **D** Alberto Sordi, Annie Girardot, Fernando Rey, Patrick Dewaere, Angela Molina, Harry Baer, Marcello Mastroianni, Stefania Sandrelli, Ugo Tognazzi, Miou-Miou, Gérard Depardieu, Ernst Hannawald, Orazio Orlando, José Sacristan

„Wir haben uns in einer Welt eingerichtet, die nur noch aus Selbstschußanlagen und Falltüren besteht. Synonym für die Abkapselung und Isolation ist beispielsweise jene kleine blecherne Schachtel, in der wir uns, flaniert von monströsen Betonmauern, tagein, tagaus bewegen. Diese Behälter nennt man Autos." Mit diesen Worten kommentierte Luigi Comencini seinen Film *Stau*, eine bitterböse, grimmige Satire auf eine im wahrsten Sinne des Wortes festgefahrene Gesellschaft, in der sich nichts mehr bewegt. Als Symbol dafür dient dem Regisseur ein riesiger Stau, der sich eines schönen Sommertages auf einer Autobahn vor den Toren Roms bildet. In der kilometerlangen Blechlawine sitzen Tausende von Autofahrern hilflos fest, darunter ein Filmstar (Mastroianni), dem sich eine schwangere Bauersfrau aufdrängt, ein reifes Ehepaar (Girardot, Rey), das sich stundenlang um den Verlust des Haustürschlüssels streitet, ein junges Mädchen (Molina), das von einer Gruppe Halbstarker vergewaltigt wird, usw.

Gedreht wurde *Stau*, dessen Besetzungsliste ein wahres „Who's Who" der europäischen Filmindustrie darstellt, auf dem Gelände der römischen Filmstadt Cinecittà, wo man ein 1,2 Kilometer langes Autobahnstück nachbaute. Die Kritik reagierte trotz einiger Vorbehalte mit Bewunderung für Comencinis mutiges Projekt, so schrieb z. B. *L'Unità*: „Comencini ging das Risiko ein, einen ungewöhnlichen, unpopulären, teuren Film zu drehen, der Satire ins Auge zu schauen, um dann mit offenen Augen die Tragödie zu wählen." al

Stavisky

Stavisky. Frankreich/Italien 1974 **R** Alain Resnais **B** Jorge Semprun **K** Sacha Vierny **M** Stephen Sondheim **P** Alain Belmondo für Cerito Films, Les Films Ariane (Paris), Euro International Films (Rom) **L** 115 Min., Farbe **D** Jean-Paul Belmondo, Charles Boyer, François Périer, Annie Dupérey, Claude Rich, Michel Lonsdale, Marcel Cuvillier

Belmondos Agentenfilm-Parodie LE MAGNIFIQUE war 1973 ein finanzieller Erfolg beschieden, der es dem französischen Star ermöglichte, sich einen lang gehegten Traum zu erfüllen: die Gründung einer eigenen Produktionsfirma. Die Cerito Films, so der Name der Gesellschaft, finanzierte als erstes Projekt *Stavisky*, ein Porträt jenes Schwindlers, der Anfang der dreißiger Jahre durch seine Finanz-Manipulationen die französische Regierung an den Rand einer Staatskrise manövrierte. Parallel zu dem Schicksal des Sohnes russisch-jüdischer Einwanderer verfolgt Regisseur Alain Resnais den Weg des sowjetischen Revolutionärs Leo Trotzki, der zu der Zeit in Frankreich im Exil lebte. Resnais legte in seiner Inszenierung das Hauptaugenmerk nicht auf den kriminalistischen Aspekt der Geschichte, sondern bekundete mehr Interesse an der Präsentation der geheimnisvollen Aura seiner Titelfigur. Trotz des zugkräftigen 'Bebel' wurde der Film ein Reinfall, der kaum seine Produktionskosten von rund 3 Mio. DM wieder einspielen konnte. mg

Steelyard Blues

Steelyard Blues. USA 1973 **R** Alan Myerson **B** David S. Ward **K** Laszlo Kovacs **M** Nick Gravenites, Paul Butterfield, David Shire **P** Tony Bill, Michael Phillips, Julia Phillips für Warner Bros. **L** 92 Min., Farbe **D** Jane Fonda, Donald Sutherland, Peter Boyle, Garry Goodrow

Nach ihrem Erfolg in KLUTE taten sich Jane Fonda und Donald Sutherland - inzwischen auch privat ein Paar - erneut zusammen, um ihren wohlbekannten linksliberalen politischen Ansichten auch auf der Leinwand

Ausdruck zu verleihen. Das Ergebnis ist eine anarchische, mitunter ironisch-witzige Anti-Establishment-Komödie, in der eine Gruppe von Träumern, darunter eine Prostituierte (Fonda), ein altes Flugzeug zusammenbasteln will, um damit in ein Land ohne Gefängnisse, Gesetze und sonstige staatliche Bevormundung zu fliegen. Leider wurde *Steelyard Blues* nach alles andere als enthusiastischen Besprechungen - in denen des öfteren die Vokabel „amatuerhaft" für Mysersons Regie gebraucht wurde - kein Kassenerfolg: zu unausgegoren ist die Mischung aus Unterhaltung und Botschaft, die Fonda und Sutherland mit ihrem Können noch etwas aufwerten. Peter Boyle hat sichtlich Spaß an seinen Marlon-Brando-Imitationen. al

Steiner - Das Eiserne Kreuz

Steiner - Das Eiserne Kreuz / Cross of Iron. BRD/Großbritannien 1976 **R** Sam Peckinpah **B** Julius Epstein, Herbert Asmodi, nach dem Roman *Das geduldige Fleisch* von Willi Heinrich **K** John Coquillon **M** Ernest Gold **P** Wolf C. Hartwig für Rapid Film/Terra Filmkunst (Berlin), EMI Film Prod. (London) **L** 132 Min., Farbe **D** James Coburn, Maximilian Schell, James Mason, Klaus Löwitsch, David Warner, Vadim Glowna, Burkhard Driest, Dieter Schidor, Senta Berger

Umrahmt von einem Vor- und Nachspann, der aus willkürlich zusammengemengten Wochenschauaufnahmen aus dem Dritten Reich besteht und mit dem Kinderlied *Hänschen Klein* unterlegt ist, breitet Hollywood-Action-Regisseur Sam Peckinpah hier mit viel Getöse das Schicksal des Unteroffiziers Steiner (Coburn) und seiner Kameraden aus. Im Sommer des Jahres 1943 ist es mit den Eroberungsfeldzügen der deutschen Wehrmacht längst vorbei. An allen Fronten befinden sich die Soldaten auf dem Rückzug. In Rußland sieht es nicht anders aus. In die ohnehin gespannte militärische Lage platzt auch noch die Ankunft von Hauptmann von Stransky (Schell), einem altpreußischen Militaristen, der nur an die Ostfront gekommen ist, um sich das Eiserne Kreuz zu verdienen. Dafür ist ihm jedes Mittel recht, und so ist es auch kein Wunder, daß er und der bei allen Vorgesetzten und Kameraden geachtete Steiner nach kurzer Zeit aneinander geraten.

Steiner - Das Eiserne Kreuz war mit seinen 15 Mio. DM Herstellungskosten die bis dahin teuerste bundesdeutsche (Co-)Produktion. Während der Dreharbeiten in Jugoslawien wurden u.a. 300.000 Schuß Munition verballert und fünf Hektoliter Kunstblut verspritzt. Genauso sieht denn auch der Film aus. Gleich einer Stalinorgel wird hier der Zuschauer in ein Inferno aus krepierenden Granaten, prasselndem Maschinengewehrfeuer, sprudelnden Blutfontänen und abgetrennten Extremitäten gestürzt. Das alles hat Kameramann John Coquillon in ästhetischen Bildkompositionen (u.a. auch in entlarvenden Zeitlupen-Studien) festgehalten, was letztendlich nicht gerade dazu beiträgt, den Streifen als Anklage gegen die Unmenschlichkeit des Krieges zu empfinden. *Steiner - Das Eiserne Kreuz* lief dessen ungeachtet an den Kinokassen wochenlang vor ausverkauften Häusern und war die erfolgreichste deutsche Produktion der Kinosaison 1977, die zwei Jahre später eine unvermeidliche, wiederum international besetzte Fortsetzung nach sich zog. jg

Steiner - Das Eiserne Kreuz II

Steiner - Das Eiserne Kreuz II. BRD 1978 **R** Andrew V. McLaglen **B** Peter Berneis, Tony Williamson, Dagobert Lindlau **K** Tony Imi **M** Peter Thomas **P** Wolf C. Hartwig für Palladium Film GmbH & Co, Spielfilmprod. 2. KG, Rapid Film **L** 111 Min., Farbe **D** Richard Burton, Robert Mitchum, Rod Steiger, Helmut Griem, Curd Jürgens, Klaus Löwitsch, Michael Parks, Horst Janson, Joachim Hansen, Dieter Schidor

Von der ursprünglichen Besetzung des ersten Teils finden sich hier nur noch Dieter Schidor und Klaus Löwitsch wieder, alle Hauptrollen wurden hingegen mit neuen, ebenso bekannten Weltstars versehen. Der zweite Teil dieses Bomben- und Panzerspektakels führt den kriegsbegeisterten Zuschauer von der Wolga an die Seine. Nach dem üblichen grauenhaften Gemetzel an der Ostfront darf Steiner (Burton) Urlaub in Paris machen, um gleich danach mit seiner Truppe an die Atlantikküste versetzt zu werden, wo die gelandeten Alliierten für Chaos sorgen. Nebenbei wird Steiner auch noch in die Vorbereitungen für das Attentat auf den Führer verwickelt, welches leider schiefgeht. Die Hoffnung auf ein schnelles Ende des Krieges ist damit auch dahin. In den Trümmern einer französischen Stadt bleibt Steiner zurück und blickt versonnen den vorrückenden US-Panzern nach.

Für eine Summe von 14 Mio. DM ließ Andrew V. McLaglen in Berlin und Wien die Hölle des II. Weltkrieges detailfreudig rekonstruieren. Besonderer Höhepunkt dieser Fortsetzung ist eine Panzerschlacht, bei der das österreichische Bundesheer 32 Tanks und 250 Soldaten zur Verfügung stellte. Die Szenenfolgen, in denen die französische Stadt St. Vallone zu Klump geschossen wird, wurde auf dem stillgelegten Wiener Schlachthofgelände St. Marx gedreht.

Hatte Teil 1 die Weichen schon in eine unselige Richtung gestellt, so war von Teil 2 kaum etwas besseres zu erwarten. Hier und da flackert mal kurz so etwas wie der Versuch auf, einen Antikriegsfilm zu drehen, was jedoch schnell im allgemeinen Getöse der donnernden Geschütze untergeht. Unverständlich und unverzeihlich ist angesichts einer solchen Handlung die Tatsache, daß sich die Stadt Berlin und der Bund mit einer Filmförderung von über 3 Mio. DM an den Produktionskosten beteiligten. Ein martialisches, oberflächliches Spektakel, das in routinierter Hollywood-Manier gedreht wurde, mit den Schrecken des Zweiten Weltkrieges allerdings nichts zu tun hat. jg

Der steinerne Garten

Gardens of Stone. USA 1987 **R** Francis Ford Coppola **B** Ronald Bass, nach dem gleichnamigen Roman von Nicholas Proffitt **K** Jordan Cronenweth **M** Carmine Coppola **P** Michael I. Levy und Francis Ford Coppola für Tri-Star Pictures **L** 112 Min., Farbe **D** James Caan, Anjelica Huston, James Earl Jones, D.B. Sweeney, Dean Stockwell, Mary Stuart Masterson

Jahrzehnte nach Ende des Vietnam-Krieges unternahm Regisseur Coppola einen weiteren Versuch zur filmischen Geschichtsbewältigung des amerikanischen Dschungeltraumas: Nach APOCALYPSE NOW, den er 1979 realisiert hatte, drehte er mit *Der steinerne Garten* seinen zweiten Vietnam-Film, von dem sich im Unterschied zum ersten allerdings nicht eine Szene in dem südostasiatischen Land abspielt. Der Krieg tobt diesmal ausschließlich in Amerika, wo er tagtäglich über die Bildschirme zuckt und in den Köpfen der Menschen spukt.

Ein Kriegsopfer an der „Heimatfront" ist der junge Soldat Willow (Sweeney), noch grün hinter den Ohren und voller Flausen im Kopf: Sein Einsatzort ist ein Kriegsfriedhof, auf dem er die Leichen gefallener Kameraden unter die Erde bringen muß, obwohl er viel lieber für Volk und Vaterland an der Front in Vietnam kämpfen würde. Große Teile der Handlung werden beherrscht vom Geplauder des Rekruten Willow mit seinem wohlmeinenden Vorgesetzten Sergeant Hazard (Caan), der ihn mit seinen väterlichen Ratschlägen vor einem Einsatz in der Dschungelhölle bewahren will. Doch Hazards Mühewaltung ist vergebens: Willow setzt seinen Willen durch und fliegt zum Fronteinsatz Richtung Vietnam. Von dort kehrt er unfreiwillig auf den Soldatenfriedhof zurück - als Leiche, heldenhaft im Kampf gefallen.

Hatte zuvor schon Oliver Stone in seinem Vietnam-Epos PLATOON das Leiden der Amerikaner im Dschungelkrieg bewußt in den Vordergrund gestellt und ebenso bewußt die Greuel verschwiegen, die dieselben den Vietnamesen bescherten, so ging Coppola mit dem *Steinernen Garten* noch einen Schritt weiter: Ihm gelang das Kunststück, einen Vietnam-Film ganz ohne Vietnamesen und einen Antikriegsfilm ganz ohne Kriegsszenen zu drehen. Besser war sein Konzept indes nicht: Sein Streifen bleibt genauso vordergründig und verlogen wie vorangegangene Vietnam-Filme, die allesamt - im Interesse hoher Zuschauerquoten - auf Seelenmassage beim kriegsneurotischen amerikanischen Publikum angelegt waren und deshalb nie einen wahren Beitrag zur Vergangenheitsbewältigung abliefern wollten und konnten. Die *Frankfurter Rundschau* hinterfragte kritisch: „Das Leben der Soldaten wird als heimisches Gegengewicht zum Gemetzel in Vietnam in naturalistischem Bilderfluß gepflegt und umspielt und behütet. Ist dies der Beginn eines neuen Heimatfilmgenres?" sk

Stella

Stella. USA 1990 **R** John Erman **B** Robert Getchell, nach dem Roman *Stella Dallas* von Olive Higgins Prouty **K** Billy Williams **M** John Morris **P** Samuel Goldwyn jr. für The Samuel Goldwyn Company/Touchstone Pictures **L** 109 Min., Farbe **D** Bette Midler, John Goodman, Trini Alvarado, Steven Collins, Marsha Mason, Eileen Brennan

Ausgerechnet Olive Higgins Proutys klassisches Rührstück *Stella Dallas*, dessen zweite Verfilmung von 1937 Barbara Stanwyck zu einem der größten Erfolge ihrer Karriere verholfen hatte, suchte sich Bette Midler als Vehikel für ihre Talente als dramatische Schauspielerin aus, nachdem sie mit Filmen wie DIE UNGLAUBLICHE ENTFÜHRUNG DER VERRÜCKTEN MRS. STONE bereits reichlich Lorbeeren als Komikerin eingeheimst hatte. Sie hätte keinen schlechteren Griff tun können. Denn die Geschichte jener Frau aus einfachen Verhältnissen, die für das Wohl ihrer Tochter alles zu opfern bereit ist, konnte auch Drehbuchautor Robert Getchell nicht vom Mief der scharfen Klassengegensätze im Vorkriegsamerika befreien. Dementsprechend wirkt die Verlagerung der Handlung in die späten 60er Jahre völlig unglaubwürdig. Was ist so besonderes daran, daß Stella ihre Tochter allein großzieht? Alle dramatischen Konflikte des Films ergeben sich aus Situationen, die durch seinen zeitlichen Hintergrund keinesfalls gerechtfertigt sind. Zusätzlich zu dieser mißglückten Aktualisierung demonstriert *Stella* auf schmerzliche Weise, wie wenig belastbar Bette Midlers Image als Ulknudel und Allround-Entertainerin vom Dienst ist. Ihre frühen Szenen als rotzfreche Kellnerin sind amüsant und treffsicher gespielt, doch wenn sie in schlampiger Aufmachung als vergrämte Hausfrau herumzetert, beginnt man sich zu fragen, ob der Film eventuell als Parodie gedacht war. Oder, wie *L. A. Weekly* es ausdrückte: „Sie spielt die Rolle nicht, sie attackiert sie." *Stella* wurde von nicht wenigen Kritikern als „anachronistisch" bezeichnet und unterbrach mit seinem künstlerischen und finanziellen Scheitern erstmals Midlers Erfolgssträhne. al

Stella Dallas

Stella Dallas. USA 1937 **R** King Vidor **B** Sarah Y. Mason, Victor Heerman, nach dem Bühnenstück von Harry Wagstaff Gribble, Gertrude Purcell, basierend auf dem Roman von Olive Higgins Prouty **K** Rudolph Maté **M** Alfred Newman **P** Samuel Goldwyn für The Samuel Goldwyn Company/United Artists **L** 106 Min., s/w **D** Barbara Stanwyck, John Boles, Anne Shirley, Barbara O'Neill, Alan Hale, Marjorie Main

Bei seinem Erscheinen im Jahre 1923 war Olive Higgins Proutys Roman *Stella Dallas* die Sensation auf dem Buchmarkt gewesen und bereits zwei Jahre später mit Belle Bennett und Ronald Colman in den Hauptrollen verfilmt worden. Es ist die rührselige Geschichte der aus einfachen Verhältnissen stammenden Titelfigur, deren Ehe mit einem Mann der Oberschicht scheitert. Ihr Töchterchen Laurel zieht Stella hingebungsvoll auf, kann jedoch nicht verhindern, daß sich das Mädchen mitunter der ungehobelten Manieren und der Vulgarität seiner Mutter schämt. Um ihr die bestmögliche Zukunft zu sichern, übt Stella schließlich Verzicht und gibt Laurel zu ihrem Vater und dessen neuer Frau.
In den 30ern hielt der damalige Produzent Samuel Goldwyn die Zeit für ein Ton-Remake gekommen, und das Ergebnis gab ihm recht - *Stella Dallas* ist ein Melodram, wie es im Buche steht. Ebenso gnadenlos wie effektiv manipuliert der Film die Emotionen der Zuschauer und sorgte seinerzeit für reichlichen Gebrauch von Taschentüchern. Am berühmtesten ist jene Szene, in der Stella liebevoll ein Geburtstagsfest für Laurel vorbereitet, das jedoch durch die Absagen aller Gäste zu einem eher unerfreulichen Ereignis wird. Der Besuch der Kinos fiel dafür um so reger aus. Obwohl Stanwycks großartige Darstellung eindeutig die Stütze der Show ist, hatte Produzent Samuel Goldwyn, der schon für die Stummfilmversion verantwortlich zeichnete, die Schauspielerin erst gar nicht haben wollen; er bot die Rolle zunächst Gladys George und Ruth Chatterton an, die jedoch beide ablehnten. Barbara Stanwyck war so versessen darauf, die Stella zu spielen, daß sie sogar Probeaufnahmen zustimmte - und das nach 29 Filmen. Goldwyn war überzeugt, ebenso wie später die Kritik, doch zur allgemeinen Überraschung erhielt nicht Stanwyck, sondern Luise Rainer den Oscar als Beste Hauptdarstellerin des Jahres - für DIE GUTE ERDE. 1990 entstand ein weiteres Remake als STELLA mit Bette Midler. al

Die Steppenreiter

The Horsemen. USA 1971 **R** John Frankenheimer **B** Dalton Trumbo, nach dem Roman von Joseph Kessel **K** Claude Renoir, Wladimir Ivanov, André Domage **M** Georges Delerue **P** Edward Lewis für Frankenheimer-Lewis/Columbia **L** 105 Min., Farbe **D** Omar Sharif, Leigh Taylor-Young, Jack Palance, David De, Peter Jeffrey, Mohammed Shamsi, George Murcell

Der ägyptische Frauenliebling Omar Sharif konnte mit diesem Film wieder an seine Darstellung in LAWRENCE VON ARABIEN anknüpfen, nur daß er hier nicht auf einem Kamel, sondern einem Pferd einhertrabt.
Im Mittelpunkt dieses ungewöhnlichen Abenteuerstreifens steht ein etwas barbarisch anmutendes Spiel, das sich „Buzkashi" nennt und bei den wilden Reitervölkern Afghanistans sehr beliebt ist. Es handelt sich um ein Pferderennen, bei dem die Teilnehmer sich um den Kadaver einer geköpften Ziege balgen. Uraz (Sharif) gehört zu den aussichtsreichsten Kandidaten des Kampfes. Auch er erhofft sich - wie all die anderen Reiter - durch seinen Sieg ewigen Ruhm. Dieser Traum scheint allerdings schnell ausgeträumt zu sein, als Uraz kurz vor dem sicheren Sieg vom Pferd fällt und sich ein Bein bricht. Schlimm genug, daß ein anderer den Sieg erringt, aber nun auch noch im Krankenhaus vor sich hin zu vegetieren, ist zuviel der Demütigung. Uraz büchst aus der Klinik aus und schlägt - um sich selbst etwas zu beweisen - auf einem gefahrvollen Gebirgspfad zusammen mit seinem Diener den strapaziösen Heimweg ein. Seine Halsstarrigkeit trägt letztendlich dazu bei, daß ihm das zerschmetterte Bein amputiert werden muß. Trotzdem gibt sich Uraz nicht geschlagen und versucht alles, um seinem Vater (Palance) zu beweisen, daß noch ein ganzer Kerl in ihm steckt.
Bei SPARTACUS hatte Drehbuchautor Dalton Trumbo noch gezeigt, daß er sowohl anspruchsvolle Dialoge als auch Action-Szenen miteinander in Einklang bringen konnte.

In diesem Film ist die Handlung für bedeutungsschwangere Wortduelle allerdings viel zu dünn. Trotzdem wollte Regisseur John Frankenheimer nicht darauf verzichten und verhalf damit dem Film zu einem wesentlichen Manko, dessen eklatantestes Resultat eine gewisse Langeweile ist, die sich nach den ersten 30 Minuten breitmacht. Kameratechnisch ist *Die Steppenreiter* hingegen hervorragend. Dem dreiköpfigen Team gelangen einige schier unglaubliche Einstellungen, bei denen man den Eindruck hat, die Kamera sei am Pferd montiert und mitten im wildesten Galopp betätigt worden. Bestechend ist ebenfalls die Landschaftsfotografie, für die die unberührten Steppen und Berge Spaniens und Afghanistans herhielten. jg

Sterben vor Liebe

Mourir d'aimer. Frankreich/Italien 1970 **R** André Cayatte **B** André Cayatte, Albert Naud, Pierre Dumayet **K** Maurice Fellous **M** Louiguy **P** Henri Jacquillard für Franco-London Films (Paris), Cobra Film (Rom) **L** 113 Min., Farbe **D** Annie Girardot, Bruno Pradal, François Simon, Monique Méliand, Calude Cerval, Jean Bouise

Im Jahre 1969 nahm sich im französischen Aix-en-Provence die Lehrerin Gabrielle Roussier das Leben, nachdem sie wegen ihrer Affäre mit dem siebzehnjährigen Schüler Christian Rossi nicht nur zahlreiche Schikanen durch die Behörden über sich ergehen lassen mußte, sondern darüber hinaus aus dem Schuldienst entlassen und zu einer Haftstrafe auf Bewährung verurteilt worden war. Diesen erschütternden Fall nahm sich Regisseur André Cayatte, übrigens auf Betreiben von Gabrielles Eltern und Christian Rossi, vor und machte daraus - mit geänderten Namen und Schauplätzen - eine bissige Anklage gegen die Unmenschlichkeit des französischen Justizsystems und die Bigotterie einer Gesellschaft, die aus den Vorkommnissen im Mai '68 offenbar nichts gelernt hatte. Gabrielle selbst hatte kurz vor ihrem Tod geschrieben: „Ich möchte zumindest, daß das, was mir geschieht, zu irgendetwas dient...auch, wenn es wie eine Niederlage aussieht."
Verständlicherweise stieß die Realisierung des Projektes auf heftigen Widerstand. Nicht nur wurde Cayatte von den Behörden der Zutritt zu staatlichen Einrichtungen wie Schulen, Krankenhäusern und Gefängnissen verwehrt, auch sein Kollege François Truffaut meldete sich zu Wort, um die Filmpläne zu verdammen und Cayatte als „Aasgeier" zu beschimpfen. Umsonst: die Franzosen standen vor den Kinos Schlange, und die Presse jubelte. Mit seiner hervorragenden Hauptdarstellerin Annie Girardot arbeitete Cayatte noch öfter zusammen, u.a in ANKLAGE: MORD. al

Stern des Gesetzes

The Tin Star. USA 1957 **R** Anthony Mann **B** Dudley Nichols, nach der Geschichte *The Tin Badge* von Barney Slater und Joel Kane **K** Loyal Griggs **M** Elmer Bernstein **P** William Perlberg, George Seaton für Paramount **L** 93 Min., s/w **D** Henry Fonda, Anthony Perkins, Betsy Palmer, Michael Ray, Neville Brand, John McIntire, Mary Webster, Peter Baldwin, Richard Shannon

Immer sind es die Außenseiter der Gesellschaft, denen Anthony Mann in seinen Western eine breite Beachtung schenkte. War es in FLUCH DES BLUTES noch das heimgekehrte Halbblut oder in MEUTEREI AM SCHLANGENFLUSS der ehemalige Sträfling, so ist es hier der Kopfgeldjäger Morg Hickman (Fonda), der bei seinem Eintreffen in einer kleinen Stadt in eine Außenseiterrolle gerät. Die anfängliche Skepsis des Sheriffs Ben Owens (Perkins) wandelt sich in Interesse und Bewunderung, als er erfährt, daß Hickman selbst einmal Sheriff war, durch die Korruption und Unbarmherzigkeit seiner Mitmenschen jedoch den Glauben an dieses Amt verloren hat. Owens fühlt, daß er dem verantwortungsvollen Posten nicht gewachsen ist und bittet Hickman, ihm Unterricht zu erteilen. Die Zusammenarbeit entwickelt sich für beide Männer zu einem Lernprozeß, an dessen Ende Owens zum perfekten Sheriff herangereift ist und Hickman wieder sein Vertrauen in die Gesellschaft erlangt hat.
Stern des Gesetzes wurde damals von den amerikanischen Kritikern als eine Art *High Noon*-Verschnitt betrachtet und entsprechend geringschätzig besprochen. Erst Jahre später erlebte Manns Film die verdiente Revision, zählt er doch wegen seiner ausgezeichneten Personencharakterisierung und der Vielschichtigkeit seiner Themen (Rassismus, Hinterfragung des männlichen Rollenverhaltens etc.) zu den interessantesten Western der 50er Jahre. jg

Stern des Südens

The Southern Star / L'étoile du sud. Großbritannien/Frankreich 1969 **R** Sidney Hayers **B** David Pursall, Jack Seddon, Jean Giono, nach den Romanen *L'étoile du sud* und *Le pays des diamants* von Jules Verne **K** Raoul Coutard **M** Georges Garvarentz **P** Roger Duchet, Nat Wachsberger für EuroFrance-Capitole/Columbia **L** 104 Min., Farbe **D** George Segal, Ursula Andress, Orson Welles, Ian Hendry, Johnny Sekka, Michel Constantin, Harry Andres

Der Titelsong wird in James-Bond-Manier von Matt Munro geschmettert und wirkt etwas deplaziert, denn *Stern des Südens* ist kein Spionage-Thriller der 60er Jahre, sondern ein aufwendiger Abenteuerfilm, der in Afrika zu Beginn des 20. Jahrhunderts spielt. Wie es für einen Deutschen üblich ist, hält der Minenbesitzer Kramer (Andres) seinen Besitz mit preußischer Disziplin unter Kontrolle und verfügt so auch über eine kleine Privatarmee. Leider entwickeln sich die Dinge gar nicht so, wie Kramer es sich vorgestellt hat. Daß seine widerspenstige Tochter Erika (Andress) den verwegenen Amerikaner Dan Rockland (Segal) heiraten will, ist dabei noch das geringere Übel. Ausgerechnet bei der Verlobungsfeier kommt Kramers ganzer Stolz, der „Stern des Südens", ein einzigartiger Diamant, abhanden. Dies ist der Auftakt zu einer überhasteten Jagd nach dem verschollenen Edelstein, die unsere Protagonisten quer durch den senegalesischen Dschungel führt, wo die Gruppe der Reihe nach dezimiert wird.
Ein etwas allzu lauter und aufdringlicher Abenteuerfilm, der seine Spannung nicht durchhalten kann und am Ende durch eine allzu simple Auflösung verärgert. Der Auftritt des großen Charakterdarstellers und Regisseurs Orson Welles als Bösewicht Plunkett besteht größtenteils aus whiskeygeschwängertem Gelalle, für dessen Darbietung mit Sicherheit mal wieder ein finanzieller Engpaß verantwortlich war. jg

Ein Stern geht auf

A Star Is Born. USA 1937 **R** William Wellman **B** Dorothy Parker, Alan Campell, Robert Carson, William Wellman, David O. Selznick, Ring Lardner, Jr., Budd Schulberg, John Le Mahin, nach einer Story von Wellman und Carson **K** W. Howard Greene **M** Max Steiner **P** David O. Selznick **L** 111 Min., Farbe **D** Janet Gaynor, Fredric March, Adolphe Menjou, Andy Devine, May Robson, Lionel Stander, Owen Moore

In der zweiten Leinwandadaption nach *What Price Hollywood?* (1932) verkörperten Fredric March und Janet Gaynor den abgehalfterten Filmstar Norman Maine und seine

Entdeckung, die talentierte Schauspielerin Esther Blodgett. Diese Rollen übernahmen in den späteren Musical-Remakes EIN NEUER STERN AM HIMMEL und A STAR IS BORN James Mason und Judy Garland bzw. Kris Kristofferson und Barbra Streisand. Mehrere Oscar-Nominierungen erhielt das Melodram, das hinter die Fassade der Traumfabrik Hollywood führt, doch nur William Wellman und sein Co-Autor Robert Carson konnten die Auszeichnung für die beste Story entgegennehmen. Erst 1982 gelangte das Melodram in die BRD und erfuhr seine Premiere im Fernsehen. mg

Stern von Rio

Stern von Rio. Deutschland 1940 **R** Karl Anton **B** H. F. Köllner, Felix von Eckardt **K** Bruno Mondi, Erich Grohmann **M** Willy Engel-Berger **P** Heinrich Jonen für Tobis **L** 95 Min., s/w **D** La Jana, Gustav Diessl, Werner Scharf, Paul Otto, Fritz Kampers, Hubert von Meyerinck, Max Güstorff, Harald Paulsen

Der frühe Tod der durch den Zirkusfilm *Truxa* bekannt gewordenen Revuetänzerin La Jana (alias Henriette Hiebl), die 1940 eine Woche vor der Uraufführung des Films 35jährig an einer Lungenentzündung starb, ist sicherlich ein Grund für den legendären Ruf, der sich um diesen Film rankt. Warum soviel Aufhebens um diese Produktion gemacht wurde, ist heute freilich nur noch schwer zu verstehen, denn die einst gefeierten Tanzdarbietungen der Künstlerin erschöpfen sich in einem unkontrollierten, wilden Herumfuhrwerken ihrer vier Extremitäten, das nur in der Verpackung einiger origineller Kostüme so etwas wie Frivolität besitzt.
Vincente (Scharf) findet einen Riesendiamanten, den er der Tänzerin Concha (Jana) schenken will. Damit ist der Ärger vorprogrammiert, denn auf Concha hat auch der Großgrundbesitzer Señor Felipe Escobar (Diessl) ein Auge geworfen. Obendrein gehört ihm auch noch das Land, auf dem Vincente den Edelstein gefunden hat. Der weitere Fortgang des Films wird von der Frage bestimmt, welcher der beiden Männer am Schluß über Dame und Diamant verfügen darf.
In Ermangelung eigener Ideen griff der deutsche Nachkriegsfilm noch einmal auf diese Geschichte zurück und ließ 1955 unter der Regie von Kurt Neumann mit Maria Frau, Johannes Heesters und Willy Fritsch in den Hauptrollen ein farbiges Remake mit gleichem Titel vom Stapel. jg

Sterne

Sterne. DDR/Bulgarien **R** Konrad Wolf **B** Angel Wagenstein **K** Werner Bergmann **P** Hans-Joachim Funk, Boyan Marintchev, Metodi Kavatchev für DEFA (Berlin)/Studio für Spielfilme (Sofia) **L** 92 Min., s/w **D** Sascha Kruscharska, Jürgen Frohriep, Erich S. Klein, Stefan Pejtschew, Georgi Naumow, Hannjo Hasse

In seiner Reihe mit antifaschistischen Spielfilmen, die Konrad Wolf 1956 mit *Genesung* begann und 1961 mit PROFESSOR MAMLOCK beendete, nimmt *Sterne* eine besonders wichtige Stellung ein. Bis heute ist er mit Sicherheit einer der besten deutschen Filme, die sich mit der Judenverfolgung und -vernichtung während des Dritten Reiches auseinandersetzten.
Im Bulgarien des Jahres 1943 kommt Abwechslung in das triste Leben der dort stationierten deutschen Soldaten, als ein Transport griechischer Juden in dem kleinen Dorf halt macht und dort vorübergehend interniert wird. Der Unteroffizier Walter (Frohriep) begegnet der jüdischen Lehrerin Ruth (Kruscharska), mit der er sich während der kurzen Zwischenstation zweimal treffen kann. Bei ihren abendlichen Spaziergängen durchschaut Walter langsam die Grausamkeit des NS-Machtapparates, muß sich plötzlich mit der eigenen Schuld und Unschuld beschäftigen und verliebt sich - allen rassistischen Gesetzen zum Trotz - in Ruth. Diese Liebe treibt ihn zu dem Entschluß, das Mädchen zu befreien. Doch Walter kommt zu spät. In der Nacht hat der Transport seinen Weg nach Auschwitz fortgesetzt.
Ein erschütterndes Filmdokument, das in stillen, anklagenden Bilden den NS-Terror verdeutlicht. Oft läßt Wolf die Kamera auf die Gesichter der Menschen richten und verharrt dort in sekundenlangen Porträts, die mit jiddischer Musik unterlegt sind. Am erschütterndsten ist die Studie von Sascha Kruscharska, deren unendlich trauriges Gesicht hinter einer vergitterten Luke hinaus in den Regen starrt, während sich der Zug in Bewegung setzt.
Da die DDR im Jahre 1959 von vielen westlichen Staaten noch nicht anerkannt worden war, wurde *Sterne* als bulgarischer Wettbewerbsbeitrag zu den Festspielen von Cannes geschickt, wo ihn die Jury zum zweitbesten Filmwerk wählte. Wolfs Film wurde in der Bundesrepublik erst mit einer einjährigen Verspätung aufgeführt und auf entlarvende Weise verändert. In der DDR-Fassung läuft Walter am Ende zu den bulgarischen Widerstandskämpfern über. Da aber ein deutscher Soldat seine Pflicht zu erfüllen hat, egal wie pervers auch das System sein mag, in dessen Diensten er steht, wurde in der BRD-Fassung dieser Schluß ganz einfach weggelassen. jg

Sterne blicken herab

The Stars Look Down. Großbritannien 1939 **R** Carol Reed **B** J. B. Williams, A. J. Cronin, nach dem Roman von Cronin **K** Mutz Greenbaum, Ernst Palmer, Henry Harris **M** Hans May **P** Isadore Goldsmith für Grafton Films/Grand National Pictures **L** 90 Min. (Originalfassung 104 Min.), s/w **D** Michael Redgrave, Margaret Lockwood, Emlyn Williams, Nancy Price, Allan Jeayes, Edward Rigby

Im Mittelpunkt dieses packenden Dramas, das im stark industrialisierten Norden Englands angesiedelt ist, steht der Arbeitersohn David Fenwick (Redgrave), dem seine Eltern unter vielen Entbehrungen ein Studium finanzieren wollen. Danach will sich David für die Belange der unter schier unerträglichen Arbeitsbedingungen leidenden Minenarbeiter einsetzen. Diese Pläne werden zunächst durch die attraktive, egoistische Jenny (Lockwood) durchkreuzt, die David mit einem Trick zur Heirat zwingt und ihn dazu bringt, eine Stelle als Lehrer anzunehmen. Erst nachdem sie ihn wegen eines anderen Mannes verlassen hat, kann er sich ganz seinen ursprünglichen Zielen widmen.
Sterne blicken herab gilt als der erste britische Film, der sich mit einem sozialen Anliegen beschäftigte; viele Werke dieser Art sollten - besonders in den 60er Jahren - noch folgen. Mit fast dokumentarischer Genauigkeit beschreibt Reed den Kampf der Arbeiter um ein besseres Leben, wenn auch einige Kritiker die Vermengung von sozialem Engagement mit den melodramatischeren Elementen der Handlung schwer verdaulich fanden. Der Regisseur rückte durch den großen finanziellen Erfolg des Filmes in seinem Entstehungsland in die erste Garde britischer Filmemacher auf und wurde 1941 - der Zeitpunkt des Verleihs von *Sterne blicken herab* in den Staaten - von den New Yorker Filmkritikern mit dem Preis für die beste Regie ausgezeichnet. Interessanterweise zog man ihn John Ford vor, der in seinem SCHLAGENDE WETTER ein ganz ähnliches Thema behandelt und so für ein schwaches Abschneiden von Reeds Film in den USA gesorgt hatte. al

Der stille Don

Tichij Don. UdSSR 1955/58 **R** Sergej Gerassimow **B** Sergej Gerassimow, nach dem Roman von Michail Scholochow **K** Wladimir Rapoport **M** J. Lewitin **P** Gorki-Film **L** 106 Min. (Teil 1), 109 Min. (Teil 2), 118 Min. (Teil 3), **D** Pjotr Glebow, Sinaida Kirijenko, Alexander Blagowestow, Elina Bystrizkaja, Daniil Iltschenko, Anastassia Filippowa, Nikolai Smirnow, Alexander Schatow, Igor Dimitrijew

Was den Amerikanern ihr Bürgerkriegsepos VOM WINDE VERWEHT bedeutet, ist für die Russen der ausufernde Roman von Michail Scholochow, der dafür 1965 den Nobelpreis für Literatur erhielt. Sergej Gerassimow verfilmte in den Jahren 1955 bis 1958 dieses weltberühmte Buch und legte seine Inszenierung - ebenso wie die Vorlage - in drei Teilen an, um die Komplexität des Romans weitestgehend einzuhalten. In den deutschen Kinos war leider nur der erste Teil zu sehen. Die beiden Fortsetzungen wurden 1968 vom Programm der ARD das erste Mal den bundesdeutschen Zuschauern präsentiert.
Zu Beginn des 20. Jahrhunderts herrscht in dem kleinen Dorf Tatarsk am Ufer des Don noch idyllischer Frieden, der allerdings durch die Liebesbeziehung des Kosaken Grigori (Glebow) zu der verheirateten Axinja (Bystrizkaja) durcheinandergerät. Selbst als Grigori gezwungen wird, die schöne Natalja (Kirijenko) zu heiraten, bleiben die Liebenden zusammen und fliehen schließlich gemeinsam. Ihr schwer erkämpftes Glück bekommt einen gehörigen Dämpfer, als der I. Weltkrieg ausbricht und Grigori an die Front ziehen muß. Den wechselnden Ereignissen der folgenden Jahre, die im Ausbruch der Revolution gipfeln, hält die Beziehung nicht stand. Am Ende kehrt Grigori wieder zu Natalja nach Tatarsk zurück.
Das Epos wurde bereits 1930 als Stummfilm für die Leinwand adaptiert, wobei nur ein Teil des Romans verfilmt werden konnte, da Scholochow seine Kosaken-Trilogie erst im Jahre 1940 beendete. Neben Sergej Bondartschuks KRIEG UND FRIEDEN war *Der stille Don* eines der teuersten Filmprojekte, das jemals in der UdSSR entstand. Erfreulicherweise verstand es Regisseur Gerassimow, sich an die Intention der Literaturvorlage zu halten, so daß sein Film in keiner einzigen Szene - und das ist angesichts der damaligen Zeit recht verwunderlich - in das platte Pathos des Partei-Verherrlichungsprinzips abrutscht. Ein ergreifend gestaltetes Panorama voller aufwühlender Szenen und meditativer Landschaftsbeschreibungen, das seine ganze Kraft freilich nur auf einen große Kinoleinwand entfalten kann. jg

Stille Tage in Clichy

Quiet Days in Clichy. Frankreich/Italien/BRD 1990 **R** Claude Chabrol **B** Ugo Leonzio, Claude Chabrol, nach dem Roman *Quiet Days in Clichy* von Henry Miller **K** Jean Rabier **M** Mathieu Chabrol, Luigi Ceccarelli, Jean-Michel Bernard **P** Pietro Innocenzi für Italfrance Films (Paris), AZ Film (Rom), Direktfilm (München) **L** 122 Min., Farbe **D** Andrew McCarthy, Nigel Havers, Barbara de Rossi, Stephanie Cotta, Mario Adorf, Isolde Barth, Eva Grimaldi, Stéphane Audran, Vadim Glowna, Giuditta del Vecchio, Anna Galiena

Seinem fürchterlichen DR. M ließ Claude Chabrol mit dieser Adaption des berühmten Romans von Henry Miller einen weiteren künstlerischen und finanziellen Flop folgen, auf den die Kritik mit Kopfschütteln reagierte. Schon 1969 war das erotische Panoptikum des Amerikaners, das er nach eigenen Erlebnissen aus seiner Pariser Zeit in den 30er Jahren beschrieb, verfilmt worden - von dem Dänen Jens Jörgen Thorsen. Das freizügige Werk verursachte prompt - wie seinerzeit seine Vorlage - einen Skandal und war in Frankreich sogar zeitweise verboten. Chabrols Version von den Abenteuern der beiden jungen Amerikaner Joey (McCarthy) und Carl (Havers), die es oft und bunt treiben, war kaum dazu angetan, Proteststürme von Moralwächtern zu entfachen, ist man doch seit einigen Jahren noch ganz anderes gewohnt. Dafür aber erregten sich Millers Anhänger und Bewunderer, die im Film des Franzosen - in Rom in englischer Sprache entstanden - den Geist und die Atmosphäre des Buches verraten sahen. *epd Film* schrieb völlig entgeistert: „Chabrols allerpeinlichster Film. Die unsäglichste Literaturverfilmung. Pappiges Euro-Fast-Food. Eine Schändung des Andenkens von Henry Miller..." al

Stimme am Telefon

The Slender Thread. USA 1965 **R** Sydney Pollack **B** Stirling Silliphant, nach der Geschichte *Decision To Die* von Shana Alexander **K** Loyal Griggs **M** Quincy Jones **P** Stephen Alexander für Athenes/Paramount **L** 98 Min., s/w **D** Sidney Poitier, Anne Bancroft, Telly Savalas, Steven Hill, Indus Arthur, Greg Jarvis, Robert Hoy, John Benson

Der Medizinstudent Alan Newell (Poitier) arbeitet aushilfsweise in einem Krankenhaus von Seattle. Eines Tages erhält er einen Telefonanruf, in dem eine unbekannte Frau (Bancroft) ihm mitteilt, sie hätte eine Überdosis Schlaftabletten geschluckt, mit der Absicht, sich umzubringen. Mit mühsamer Geduld und bravourösem Einfühlungsvermögen gelingt es Newell, der Frau den Namen zu entlocken und sie solange hinzuhalten, bis ein ausgesandter Suchtrupp sie entdeckt hat und in ein Krankenhaus bringt.
Dieses mit bescheidenen Mitteln inszenierte Drama beruht auf einer wahren Begebenheit und besticht durch eine außergewöhnlich präzise Charakterstudie. In Rückblenden wird dem Zuschauer der Entschluß der Selbstmordkandidatin (ergreifend gespielt von Anne Bancroft) in logischen Schritten plausibel gemacht. *Stimme am Telefon* war der erste Film von Sydney Pollack, der zuvor bereits für das US-Fernsehen gearbeitet hatte. Sein Regiedebüt zeichnet sich durch eine gut durchkalkulierte, rationale Herangehensweise aus, die Gefühlsduselei weitestgehend vermeidet und durch die vielen eingeschobenen Aufnahmen der Stadt Seattle einen beinahe dokumentarischen Charakter annimmt. jg

Die Stimme des Mondes

La voce della luna. Italien/Frankreich 1990 **R** Federico Fellini **B** Federico Fellini, Tullio Pinelli, Ermanno Cavazzoni, nach dem Roman *Il Poema dei Lunatici* von Cavazzoni **K** Tonino Delli Colli **M** Nicola Piovani **P** Mario und Vittorio Cecchi Gori für C. G. Group Tiger Cinematografica (Rom), Cinemax (Paris) **L** 120 Min., Farbe **D** Roberto Benigni, Paolo Vilaggio, Nadia Ottaviani, Marisa Tomasi, Sim, Syusy Blady

Federico Fellinis Bemerkung, daß er im Prinzip denselben Film immer wieder und wieder drehen würde, bestätigte sich bei *Die Stimme des Mondes* nur zu deutlich. Es ist die romantische Fabel um den mondsüchtigen Salvini (Begnini), der nächtens durch die Gegend streift, auf Stimmen hört, die aus einem alten Brunnen kommen und Exzentrikern wie dem unter Verfolgungswahn leidenden Ex-Präfekten Gonella (Villaggio) begegnet. Seine Abenteuer sind in episodenhafter Struktur lose miteinander verknüpft und dienen im Prinzip nur als roter Faden für eine Aneinanderreihung altbekannter Felliní-Motive: die liebenswerten Träumer, die begehrenswerten üppigen Damen, die zerstörerische Macht des Fernsehens usw. „Fellinis Visionen sind nur noch matte Reproduktionen, deren Original nicht mehr aufzufinden ist - nostalgische Erinnerung an bessere Zeiten, des Kinos und der Welt, „ resümierte die *Frankfurter Allgemeine Zeitung*, doch trotz derartiger, von Enttäuschung geprägter Reaktionen entpuppte sich *Die Stimme des Mondes* in Italien als Kassenschlager und war Fellinis erster finanzieller Erfolg seit langem. al

Stirb langsam

Die Hard. USA 1987 **R** John McTiernan **B** Jeb Stuart und Steven E. de Souza, nach dem Roman *Nothing Lasts Forever* von Roderick Thorpe **K** Jan de Bont **M** Michael Kamen **P** Lawrence Gordon und Joel Silver für 20th Century-Fox **L** 132 Min., Farbe **D** Bruce Willis, Alan Rickman, Bonnie Bedelia, Alexander Godunov, Reginald Veljohnson, Paul Gleason

So hatte sich der New Yorker Polizist John McClane (Willis) Heiligabend nicht vorgestellt: Da ist er extra nach Los Angeles geflogen, um seine Frau Holly (Bedelia) von ihrer betrieblichen Weihnachtsfeier abzuholen, und muß dabei live miterleben, wie eine Handvoll Gangster die Festgesellschaft zu Geiseln macht. Das hat seinen Grund: Im Tresor der Firma, in der Holly Vizechefin ist, lagern 640 Millionen Dollar. Überflüssig zu sagen, daß es sich bei dem prosperierendem Unternehmen nicht um ein amerikanisches handelt - der Großkonzern ist, wie die gesamte Weltwirtschaft, fest in japanischer Hand. Und die Schurken sind selbstredend keine Amis, sondern Deutsche, die in aller Welt bekannt sind für ihre Perfektion, ihre saubere Arbeit, aber auch für ihre Brutalität. Saubere Arbeit haben sie tatsächlich geleistet: Die Geiseln sind ihnen hilf- und wehrlos ausgeliefert, das Konzernhochhaus haben sie in eine uneinnehmbare Festung verwandelt und alle Kontakte zur Außenwelt sind gekappt. Die Panzerknacker könnten sich ungestört ans Tresoröffnen machen - wenn da nicht McClane im Wege stünde: Den haben sie nämlich übersehen. Allein gegen alle, gelingt es diesem, die Polizei zu informieren (die aufgrund der Anweisungen ihres trotteligen Chefs allerdings den Gangstern mehr hilft als schadet) und einen Bösling nach dem anderen auszuschalten - knallhart, bluttriefend und actionreich. Am Ende haben er und das Hochhaus zwar einige Blessuren zu beklagen, doch das Gute hat gesiegt: Die Firma behält ihre Millionen und die Eheleute McClane können unterm Tannenbaum ein frohes Fest begehen.
Regisseur McTiernan, der schon den Keulenfilm PREDATOR in Szene gesetzt hatte, realisierte mit *Stirb langsam* eine weitere Action-Plotte, die das Faustrecht des Stärkeren, kleinbürgerlichen Ordnungssinn und rasante Effekthascherei geschickt zu einem Kassenschlager nach dem Geschmack des gewaltgeilen Massenpublikums zusammensetzte. Der Schauplatz der Katastrophe, das japanische Konzernhochhaus, brauchte nicht im Studio nachgebaut zu werden, 20th Century-Fox stellte hierfür seinen eigenen Büropalast, das Fox Plaza in der City von L.A., zur Verfügung. Ohne die teuren Tricksequenzen wäre der Streifen, der sich immerhin um einige ironische Seitenhiebe auf Polizei und Sensationsjournalismus bemüht, indes schnell als das auszumachen, was er im Kern ist: Eine klischeeverklebte Geschichte, voll von zwar abgestandenen, aber sehenswerten technischen Finessen, deren schweiß- und blutverschmierter Held - natürlich ein Bilderbuchamerikaner, der sich gegen die feindlichen ausländischen Kräfte durchsetzt - in faschistoider Manier am Ende ungebrochen und unbesiegt aus den Trümmern kriecht. Warum der deutsche Verleih dem Streifen den Titel *Stirb langsam* verpaßt hat, bleibt rätselhaft, schließlich sind Sterbequote und -geschwindigkeit des Films atemberaubend hoch.
Drei Jahre später kam die Fortsetzungsgeschichte STIRB LANGSAM II, ebenfalls mit Bruce Willis in der Hauptrolle, in die Kinos. sk

Stirb langsam II

Die Hard II/Die Harder. USA 1990 **R** Renny Harlin **B** Steven E. de Souza und Doug Richardson, nach dem Roman *58 Minutes* von Roderick Thorpe **K** Oliver Wood **M** Michael Kamen **P** Lawrence Gordon, Charles Gordon und Joel Silver für Gordon Films/Silver Pictures **L** 123 Min., Farbe **D** Bruce Willis, Bonnie Bedelia, William Atherton, Reginald Veljohnson, Franco Nero, William Sadler

Stirb langsam II ist nicht schlichte Fortsetzung von STIRB LANGSAM, es ist dessen Potenzierung in jeder Hinsicht: Noch mehr Action, noch mehr Geballer, noch mehr Bruce Willis, noch mehr Blut, noch mehr Leichen. Das Schema des Streifens ist dasselbe - wieder ist es Weihnachten, wieder will Polizist John McClane (Willis) seine Gattin Holly (Bedelia) irgendwo abholen, und wieder kommt etwas dazwischen. Der einzige Unterschied: Diesmal hängt sie nicht als Geisel in einem Hochhaus fest, sondern in einem Flugzeug, das nicht auf dem Washingtoner Flughafen landen kann, weil dieser gerade von einer Handvoll Banditen besetzt worden ist. Diese wollen einen befreundeten südamerikanischen Drogenboß freipressen und lassen, zur Untermauerung ihres Ansinnens, durch Sabotage der Landeelektronik kurzerhand ein vollbesetztes Passagierflugzeug am Boden zerschellen. Doch McClane, gestählt durch seine Erfahrungen im Umgang mit Terroristen in *Stirb langsam*, radiert die Schurken trotz deren skrupelloser Brutalität und pyrotechnischer Überlegenheit im Alleingang aus, ohne Rücksicht auf Verluste, nur den Sieg des Guten vor Augen. Am Ende fällt die dankbare Holly ihrem unbesiegbaren Ehemann, toller Hecht und Held zugleich, in die kräftigen Arme. Frohe Weihnachten.
Action total, 264 Tote in 123 Filmminuten, eine furiose Kameraführung und die ununterbrochen wummernde und krachende Geräuschkulisse - dem Zuschauer stockt förmlich der Atem angesichts der turbulenten Nichtnachvollziehbarkeit dieser absurden Geschichte, bei der der Held allen stets einen Schritt voraus ist, seinem Publikum, seinen Helfern, seinen Gegnern. Da macht es Mühe zu erkennen, daß die 70-Millionen-Dollar-Produktion nichts ist als ein kostspielig aufgemotzter, banal konstruierter Katastrophenthriller, der sich durch nichts - sieht man einmal von den millionenschweren Tricksequenzen ab - von den „Einer-siegt-gegen-alle" Vorgängern seines Genres unterscheidet. „Ein langer Film über das Töten" (*Hamburg Pur*). sk

Der Stoff, aus dem die Helden sind

The Right Stuff. USA 1983 **R** Philip Kaufman **B** Philip Kaufman, nach dem Roman von Tom Wolfe **K** Caleb Deschanel **M** Bill Conti **P** Irwin Winkler, Robert Chartoff für Chartoff-Winkler-Prod. **L** 193 Min., Farbe **D** Sam Shepard, Scott Glenn, Ed Harris, Dennis Quaid, Fred Ward, Barbara Hershey, Kim Stanley, Veronica Cartwright, Pamela Reed, Charles Frank, Scott Paulin, Lance Henriksen

27 Mio. Dollar war den Produzenten die Umsetzung von Tom Wolfes 1979 erschienenem Roman wert, in dem dieser den Pionieren der Weltraumfahrt ein Denkmal setzte. Die Geschichte spielt sich während der Jahre 1947 bis 1963 ab und schildert den steinigen Weg der amerikanischen Raumfahrer ins All. Grundstein für das Vordringen in die Schwärze des Weltraums ist die Brechung der Schallmauer, was dem waghalsigen Chuck Yeager (Shepard) kurz nach dem Zweiten Weltkrieg auf der ebenen Wüstenfläche eines Salzsees gelingt. In seinem über dreistündigen Epos erzählt Kaufman die weitere Geschichte der Raumfahrt und konzentriert sich schließlich auf jene sieben Astronauten, die als erste zu einem bemannten Flug ins All geschossen wurden.

Verquickt werden diese abenteuerlichen und bisweilen etwas pathetischen Abenteuer mit historischen, gesellschaftspolitischen und privaten Hintergründen. So gibt es da immerhin noch die Russen, die den Amerikanern stets um ein Stück voraus sind; da ist das Interesse der Regierung, die in den Raumfahrern eine neue Generation von Pionieren sieht, die es gilt, der Nation mit entsprechend heroischen Untertönen vorzustellen, und schließlich haben auch noch die sieben Ehefrauen ein Wörtchen mitzureden und ihre Besorgnis über den nicht ganz ungefährlichen Job ihrer Männer zu äußern.
Diese vielen kleinen Bausteine hat Kaufman zu einem facettenreichen Mosaik angeordnet, dessen Intention kritischer und zynischer ist, als man zunächst annehmen möchte. *Der Stoff, aus dem die Helden sind* beweist vor allem, daß da keine gefühllosen Roboter an ihren Hebeln sitzen, sondern Menschen mit Hoffnungen und Ängsten, für die, eingezwängt in einem engen Raumanzug, selbst solch banale Tatsachen wie der Gang zur Toilette zu einem schwerwiegenden Problem werden kann. Geschickt vermischt Kaufman dabei Spielszenen und Dokumentaraufnahmen, die scheinbar spielend ineinander übergehen und die damalige ideologische Bedeutung der amerikanischen Raumfahrt deutlich machen.
1983 wurde *The Right Stuff* mit vier Oscars prämiert, die im einzelnen an den Ton, die Filmmusik, den Schnitt und die Besten Toneffekte gingen. jg

Stolz und Leidenschaft

The Pride and the Passion. USA 1957 **R** Stanley Kramer **B** Edna Anhalt, Edward Anhalt, nach dem Roman *The Gun* von C.S. Forester **K** Franz Planer **M** George Antheil **P** Stanley Kramer für United Artists **L** 132 Min., Farbe **D** Cary Grant, Frank Sinatra, Sophia Loren, Theodore Bikel, John Wengraf, Jay Novello, José Nieto

Dieser aufwendig ausgestattete Historien-Schinken war die erste amerikanische Produktion, in der Sophia Loren mitwirkte. Als rassige Freiheitskämpferin Juanita, die zur Zeit der napoleonischen Kriege Anfang des 19. Jahrhunderts zwischen ihrem spanischen Landsmann Miguel (Sinatra) und dem englischen Offizier Anthony Trumbull (Grant) wählen muß, gab die italienische Schauspielerin ihren mißratenen Einstand in Hollywood. Juanita wird die Entscheidung schließlich dadurch abgenommen, daß sowohl Miguel als auch sie selbst das Zeitliche segnen. Kritiker bemängelten Lorens italienischen Akzent, der, laut *Motion Picture Guide*, „so breit ist, daß man so gut wie gar nicht verstehen kann, was sie sagt". Rund 6 Mio. Dollar verschlangen die sechsmonatigen Dreharbeiten in Spanien, die nicht einmal annähernd wieder eingespielt wurden. Weit interessanter als die Filmhandlung gestaltete sich das Privatleben der Akteure während der Aufnahmen: Grant, der sich anfänglich gesträubt hatte, neben einem unbekannten italienischen Mädchen aufzutreten, verliebte sich in seine Kollegin und machte ihr den ersten von unzähligen Heiratsanträgen, die Sophia Loren jedoch zugunsten des Produzenten Carlo Ponti ausschlug. mg

Stolz und Vorurteil

Pride and Prejudice. USA 1940 **R** Robert Z. Leonard **B** Aldous Huxley, Jane Murfin, nach dem Bühnenstück von Helen Jerome, basierend auf dem Roman von Jane Austen **K** Karl Freund **M** Herbert Stothart **P** Hunt Stromberg für Metro-Goldwyn-Mayer **L** 116 Min., s/w **D** Greer Garson, Laurence Olivier, Mary Boland, Edna May Oliver, Maureen O'Sullivan, Ann Rutherford, Frieda Inescort, Edmund Gwenn, Karen Morley, Heather Angel, Marsha Hunt

Die Bennets sind eine englische Mittelstandsfamilie im frühen 19. Jahrhundert, und Mrs. Bennet (Boland) hat alle Hände voll zu tun, ihre fünf heiratsfähigen Töchter unter die Haube bzw. an den Mann zu bringen. Ihre geschäftigen, von einem ständigen Redeschwall begleiteten Aktivitäten in dieser Hinsicht sind ihrem Mann (Gwenn) höchst unangenehm. Unter den Mädchen herrscht verständliche Aufregung, als der reiche, gutaussehende Junggeselle Dracy (Olivier) die Stadt beehrt, doch mit seiner Arroganz hat er sich bald alle Sympathien verscherzt.
Jane Austens 1793-97 geschriebener, aber erst 1813 veröffentlichter Romanklassiker erfuhr durch MGM eine erstklassige Behandlung, und das Ergebnis ist eine von Humor, Charme und Stil schier überquellende Sittenkomödie. Das Studio wählte Helen Jeromes Bühnenbearbeitung (1935) des Stoffes als Vorlage, obwohl man das Original - da nicht mehr durch Urheberrechte geschützt - billiger hätte haben können, und betraute den renommierten Schriftsteller Aldous Huxley (*Schöne neue Welt*) mit der Adaption des Stückes. Einen derart großen Stamm britischer Akteure hatte MGM aufzubieten, daß man den Film auch in England nicht authentischer hätte machen können. Laurence Olivier hatte seine damalige Geliebte Vivien Leigh als Partnerin haben wollen, doch MGM-Boß Louis B. Mayer zog Greer Garson vor - wahrscheinlich, weil sie eine Vertragsschauspielerin war und weniger kostete. An Ausstattung und Kostümen wurde allerdings nicht gespart, und *Stolz und Vorurteil* gewann in erstgenannter Kategorie einen Oscar. al

Der stolze Rebell

The Proud Rebel. Großbritannien 1958 **R** Michael Curtiz **B** Joe Petracca, Lillie Hayward, nach der Geschichte *Journal of Linnett Moore* von James Edward Grant **K** Ted McCord, **M** Jerome Moross **P** Samuel Goldwyn jr., für Formosa/Buena Vista **L** 103 Min., Farbe **D** Alan Ladd, Olivia de Havilland, Dean Jagger, David Ladd, Cecil Kellaway, James Westerfield, Henry Hull, Harry Dean Stanton

Der 11jährige David Chandler (David Ladd) verliert durch einen Schock die Sprache, als er mitansehen muß, wie während der Schlacht um Atlanta sein Zuhause zerstört und seine Mutter von den Unionstruppen umgebracht wird. Seitdem kann sich der Junge nur noch durch Zeichensprache verständigen. Den Bürgerkrieg haben glücklicherweise Vater John (Alan Ladd) und der treue Hund der Familie überlebt. Gemeinsam ziehen die Chandlers nach Illinois, wo John in Linnett Moore (de Havilland) eine warmherzige und verständnisvolle Frau findet, die sich rührend um seinen kleinen Sohn kümmert. Um einen Klinikaufenthalt zu finanzieren, der David wieder zum Sprechen verhelfen soll, verkauft er den Hund, der später in die Hände zweier brutaler Schäfer fällt, die das Tier schon vorher einmal stehlen wollten. Zwischen den Männern und John kommt es zu einer handgreiflichen Auseinandersetzung, in deren Verlauf David die Sprache wiedergewinnt, um seinen Vater rechtzeitig vor der hinterhältigen Attacke seines Gegners zu warnen.
Ein unterhaltsamer und gefühlsbetonter Familienfilm im Westerngewand, bei dem vor allem Alan Ladds Sohn David durch seine professionelle Darstellung überrascht. Etwas aufgesetzt und kitschig wirkt allerdings die Hundeepisode, die nicht so recht zu den übrigen Handlungssträngen der Geschichte passen mag. Die beeindruckenden Außenaufnahmen entstanden in der Felsenlandschaft des US Bundesstaates Utah. *Der stolze Rebell* erwies sich für die Produktionsgesellschaft, die den Film unterschätzt und daher mit einer reduzierten Publicity gestartet hatte, zu einem großen Kassenerfolg und bescherte ihr einen Gewinn von 2,5 Mio. Dollar. jg

Stoppt die Todesfahrt der U-Bahn 123

The Taking of Pelham One, Two, Three. USA 1974 **R** Joseph Sargent **B** Peter Stone, nach dem

Roman von John Godey **K** Owen Roizman **M** David Shire **P** Gabriel Katzka, Edgar J. Scherick für Palomar Pictures/Palladium Prod./United Artists **L** 104 Min., Farbe **D** Walter Matthau, Robert Shaw, Martin Balsam, Hector Elizondo, Earl Hindman, James Broderick

Als interessante Variation der gängigen Muster von Katastrophenfilmen präsentiert sich dieser Action-Reißer um die Entführung einer New Yorker U-Bahn. Vier Gangster, an ihrer Spitze „Mister Blue" (Shaw), haben einen aus mehreren Wagen bestehenden Zug in ihre Gewalt gebracht und sechzehn Geiseln genommen. Von ihrer uneinnehmbaren Position in einem dunklen Tunnel aus fordern sie ein Lösegeld von einer Million Dollar - zahlbar innerhalb von einer Stunde. Für Lt. Garber (Matthau), den zuständigen Sicherheitsbeamten, beginnt ein Wettlauf mit der Zeit...

Walter Matthau, damals unter den zugkräftigsten amerikanischen Kassenstars, versuchte sich mit Rollen in Filmen wie diesem von seinem Komiker-Image zu lösen, doch glücklicherweise stattete Drehbuchautor Peter Stone - er schrieb u. a. CHARADE und DER GROSSE WOLF RUFT - den Stoff mit einer gehörigen Portion zynischem Humor aus. Die temporeiche Inszenierung, ein rasanter Schnitt sowie David Shires pulsierender Jazz-Score sorgen für Spannung von der ersten bis zur letzten Minute, und in großen Städten mußten die Plakate, die in U-Bahn-Stationen auf ziemlich effekthascherische Weise für den Film warben, nach Bürgerprotesten entfernt werden. Gedreht wurde übrigens in der New Yorker Station South Brooklyn's Court Street, die nur noch für Übungsfahrten und Filmaufnahmen dient. al

Storm Center

Storm Center. USA 1955 **R** Daniel Taradash **B** Daniel Taradash, Elick Moll **K** Burnett Guffey **M** George Duning **P** Julian Blaustein für Phoenix Prod./Columbia **L** 85 Min., s/w **D** Bette Davis, Brian Keith, Kim Hunter, Paul Kelly, Kevin Coughlin

Die Aktivitäten des Kommunistenjägers McCarthy und des Ausschusses für „unamerikanische Umtriebe" bilden den Hintergrund für dieses Drama um eine Kleinstadtbibliothekarin (Davis), die sich weigert, ein „subversives" Buch aus der Lesehalle zu entfernen. Sie verliert nicht nur ihren Posten ob dieser störrischen Haltung, sondern wird von den engstirnigen Mitbürgern darüber hinaus als „Rote" gebrandmarkt. Erst als ein junger Mann (Coughlin), dessen Lesegewohnheiten sie gefördert hatte, in seiner Verwirrung die Bibliothek niederbrennt, erkennt die entsetzte Gemeinde ihren Irrtum.

Die einzige Regiearbeit des Drehbuchautors Daniel Taradash überzeugt mehr durch gute Absichten als durch eine gelungene Umsetzung deselben. Die Entspannung des politischen Klimas in den Vereinigten Staaten hatte den Film überhaupt erst möglich gemacht, und sicherlich war eine Auseinandersetzung mit dem McCarthy-Spuk wünschenswert, doch *Storm Center* ist so klischeebeladen und schwerfällig, daß ihn noch nicht einmal Bette Davis mit ihrer Präsenz retten kann. al

Stormy Monday

Stormy Monday. Großbritannien 1987/88 **R** Mike Figgis **B** Mike Figgis **K** Roger Deakins **M** Mike Figgis, Otis Redding **P** Nigel Stafford-Clark für Moving Picture Company/British Screen/Film Four International/Atlantic Entertainment Group **L** 93 Min., Farbe **D** Melanie Griffith, Tommy Lee Jones, Sting, Sean Bean

Mike Figgis, von Beruf eigentlich Musiker, gelang der Einstieg ins Filmbusiness, als in Großbritannien Channel Four als neues Programm im britischen Fernsehen gestartet wurde und sich für ihn dort eine Einstiegsmöglichkeit ergab als TV-Regisseur zu arbeiten. Nachdem die Programmchefs mit seinem ersten Fernsehfilm recht zufrieden waren, fühlte sich Figgis sicher genug, auch für das Kino einen ersten Beitrag abzuliefern.

Stormy Monday ist ein eigentümliches Kriminalstück mit tragischem Einschlag - ein Werk, das durch seine Uneinheitlichkeit zugleich verunsichert und fasziniert. Schauplatz der Geschichte ist die englische Industriestadt Newport. Dort hat der texanische Geldhai James Cosmo (Jones) ein Auge auf die heruntergekommenen Kaianlagen geworfen, die seinen Vorstellungen nach einem luxussanierten Yuppie-Viertel weichen sollen. Dies ist gar nicht im Interesse von Finney (Sting), der eine Jazzbar betreibt, in der sich die hübsche Kellnerin Kate (Griffith) und der Musiker Brendan (Bean) kennenlernen. Beide werden schon nach kurzer Zeit in den brutal geführten Kampf um das umstrittene Sanierungsgebiet verwickelt. Zum ersten Mal wirkte Melanie Griffith in einem englischen Film mit, was sie der Tatsache zu verdanken hatte, daß Mike Figgis sie unbedingt für die Rolle der Kate haben wollte, nachdem er sie zuvor in Jonathan Demmes GEFÄHRLICHE FREUNDIN gesehen hatte. Auf die Frage, ob ihr die Filmarbeit in Europa zugesagt hätte, antwortete Melanie Griffith: „Mir gefiel es...es ging irgendwie zivilisierter zu als in den USA."

Stormy Monday war bei den Filmfestspielen von Cannes der Film, der beim Publikum das größte Interesse hervorrief. Die deutsche Kritik äußerte sich hingegen weniger enthusiastisch und bezeichnete den Streifen u. a. als „unkoordiniertes Nebeneinander" (*epd Film*). jg

Stoßtrupp Gold

Kelly's Heroes. USA/Jugoslawien 1970 **R** Brian G. Hutton **B** Troy Kennedy Martin **K** Gabriel Figueroa **M** Lalo Schifrin **P** Gabriel Katzka, Sidney Beckerman für Katzka-Loeb/MGM **L** 148 Min., Farbe **D** Clint Eastwood, Telly Savalas, Don Rickles, Donald Sutherland, Carroll O'Connor, Gavin McLeod, Hal Buckley, Stuart Margolin, Jeff Morris, Richard Davalos

Schon zwei Jahre zuvor hatte der britische Regisseur Brian G. Hutton in seinem Spektakel AGENTEN STERBEN EINSAM eine Riege von Hollywood-Stars gegen die bösen Deutschen antreten lassen, doch gegenüber dieser bierernsten Schieß- und Detonationsorgie überrascht *Stoßtrupp Gold* mit seinem hintergründigen Humor, mit dem sich die actiongeladene Story selbst nicht so ganz ernst nimmt.

Durch einen Zufall erfährt während des II. Weltkriegs der amerikanische Soldat Kelly (Eastwood), daß die Deutschen hinter der Feindlinie in einem kleinen Städtchen einen Goldschatz deponiert haben. Mit einer Handvoll ebenso goldgieriger wie abenteuerlustiger Kameraden bricht man als kleine Privatarmee in das umkämpfte Feindesland auf, um sich die wertvollen Barren unter den Nagel zu reißen. Zwischenfälle, die das Unternehmen zu einer kribbelnden Nervenprobe werden lassen, gibt es reichlich. Am Ende gelangt man an das Ziel aller Wünsche und teilt den Hort sogar freundschaftlich mit einem hünenhaften blonden Teutonen.

Huttons schmunzelndes Kriegsabenteuer, für dessen Außenaufnahmen das Drehteam nach Jugoslawien übersiedelte, rutscht zwar stellenweise in eine derbe Militärklamotte ab, vermeidet jedoch unangenehme patriotische Töne. Die Protagonisten - ob nun Deutsche oder Amerikaner - erscheinen gleichermaßen rücksichtslos und sind nur darauf be-

dacht, vor dem Hintergrund des Chaos ihre eigenen Vorteile wahrzunehmen.
„Was zu Beginn wie eine der üblichen Kriegsproduktionen aussieht, erweist sich mehr und mehr als eine mit Intelligenz und Witz gemachte Satire, die zudem auch noch spannend ist" (*Filmwelt*). jg

Der Sträfling und die Witwe

La veuve Couderc. Frankreich/Italien 1971 **R** Pierre Granier-Deferre **B** Pierre Granier-Deferre, Pascal Jardin, nach dem Roman von Georges Simenon **K** Walter Wottitz **M** Philippe Sarde **P** Raymond Danon für Lira Films (Paris), Pegaso (Rom) **L** 89 Min., Farbe **D** Alain Delon, Simone Signoret, Ottavia Piccolo, Jean Tissier, Monique Chaumette

Pierre Granier-Deferres gelungene Adaption eines Romans von Georges Simenon, Frankreichs meistgelesenem Autor, ist zeitlich angesiedelt im Jahre 1934. Die Witwe Couderc (Signoret) nimmt den mysteriösen Jean (Delon) auf ihrem Hof auf und wird trotz des erheblichen Altersunterschiedes seine Geliebte. Es stellt sich heraus, daß Jean ein entflohener Sträfling ist, ein Anarchist, der von der Polizei gesucht wird. Das bleibt auch Schwiegervater Couderc (Tissier) nicht verborgen, und er informiert prompt die Behörden...
Die psychologische Charakterisierung gesellschaftlicher Außenseiter und die Konfrontation zweier starker, gegensätzlicher Figuren sind typische Simenon-Themen, die sich auch in DIE KATZE und NUR EIN HAUCH VON GLÜCK finden - beide ebenfalls inszeniert von Granier-Deferre. Für Schauspieler sind derartige Rollen natürlich ein gefundenes Fressen, und das Duo Delon/Signoret ließ sich die Chance nicht entgehen. Zwei Jahre später lieferten sie sich ein weiteres Duell in DIE LÖWIN UND IHR JÄGER. al

Strafsache Thelma Jordan

The File on Thelma Jordan. USA 1950 **R** Robert Siodmak **B** Ketti Frings, nach einer Story von Marty Holland **K** George Barnes **M** Victor Young **P** Hal B. Wallis für Paramount **L** 100 Min., s/w **D** Barbara Stanwyck, Wendell Corey, Paul Kelly, Joan Tetzel, Stanley Ridges, Richard Rober, Minor Watson

Robert Siodmak konnte zwar mit diesem düsteren Kriminalstück nicht an die beklemmende Atmosphäre seiner vorhergehenden Werke DIE WENDELTREPPE oder DER SCHWARZE SPIEGEL anknüpfen, dennoch ist sein Film eine dramaturgisch und technisch perfekte Arbeit, gegen die mancher Thriller der 80er oder 90er Jahre wie ein aufgeblasenes Nichts wirkt.
Barbara Stanwyck, deren Rolle gegenüber ihren Parts in FRAU OHNE GEWISSEN und *Die seltsame Liebe der Martha Ivers* einige Parallelen aufweist, spielt die verführerische Thelma Jordan, die den Rechtsanwalt Cleve Marshall (Corey) in eine Liebesaffäre verwickelt, obgleich dieser verheiratet ist. Die Geschichte nimmt einen verhängnisvollen Lauf, als Marshall seine Geliebte eines Tages dabei ertappt, wie diese die Spuren eines Raubmordes, bei dem ihre Tante getötet wurde, verwischt. Thelma kommt wegen Mordverdacht vor Gericht und sieht sich dort Marshall gegenüber, der die Anklage gegen sie führt und aus Liebe zu ihr für ihren Freispruch sorgt. Doch Thelma erweist sich als undankbar und macht sich mit dem windigen Tony Laredo (Rober) aus dem Staub, um kurz darauf bei einem Verkehrsunfall das Zeitliche zu segnen. Vor ihrem Tod gibt sie jedoch ihre Schuld zu und ist dabei anständig genug, Marshalls Namen aus der Affäre herauszuhalten.
Vollstes Lob gebührt bei dieser Produktion Barbara Stanwyck, die wieder einmal mehr auf perfekte Weise eine zwielichtige Frauengestalt verkörperte. jg

Der Strafverteidiger

The Lawyer. USA 1969 **R** Sidney J. Furie **B** Sidney J. Furie, Harold Buchman **K** Ralph Woolsey **M** Malcolm Dodds **P** Brad Dexter für Furie Productions/Paramount **L** 117 Min., Farbe **D** Barry Newman, Harold Gould, Diana Muldaur, Robert Colbert, Kathleen Crowley, Warren Kemmerling, Booth Colman

Der Strafverteidiger wäre ein Kriminalfilm wie jeder andere, doch ist er deshalb besonders erwähnenswert, weil er den Pilotfilm zu der TV-Serie *Petrocelli* bildete, die zu den erfolgreichsten Krimiserien der frühen 70er Jahre gehörte.
Barry Newman spielt den gewieften Rechtsanwalt, der hier mit einem besonders kniffligen Fall beauftragt wird. Der Arzt Jack Harrison (Colbert) gerät in den Verdacht, seine Frau ermordet zu haben. Seiner Aussage, daß er von einem Unbekannten niedergeschlagen wurde und nach seinem Erwachen die Leiche seiner Gattin vorfand, schenkt niemand Glauben - erst recht nicht, als bekannt wird, daß Harrison eine Geliebte hat. Tony Petrocelli läßt nicht locker und geht in die Berufung. In einer dramatischen Gerichtsverhandlung gelingt es ihm, die Unschuld seines Mandaten zu beweisen.
In Furies Film finden sich bereits alle Zutaten, die die Fernsehserie wenige Zeit später so erfolgreich machen sollte. Stets wird Petrocelli mit der Lösung eines Falles betraut, bei dem die Schuld des vermeintlichen Mörders eigentlich schon völlig eindeutig ist. Nach den üblichen Recherchen, die meistens nicht ungefährlich verlaufen, kommt es dann vor dem Gericht (wo selbstverständlich auch der richtige Täter anwesend sein muß) zu dem überraschenden Finale, das stets als raffiniert aufgemachte Rückblende gestaltet und als eigentliche Lösung des Falles präsentiert wird. jg

Stranger Than Paradise

Stranger Than Paradise. USA 1984 **R** Jim Jarmusch **B** Jim Jarmusch **K** Tom Dicillo **M** John Lurie, Aaron Picht **P** Sara Driver für Grökenberger/Cinethesia/ZDF **L** 85 Min. (Originalfassung 95 Min.), s/w **D** John Lurie, Eszter Balint, Richard Edson, Cecillia Stark, Danny Rose

Mit einem Budget von nur 120.000 Dollar realisierte Jim Jarmusch nach DAUERND FERIEN seinen zweiten Spielfilm. Bei der Finanzierung der Schwarzweiß-Produktion waren ihm der Regisseur Nicholas Ray, dessen Assistent er an der University of New York war, und der deutsche Kollege Wim Wenders behilflich, den er während der Dreharbeiten des Films *Nick's Film - Lightning Over Water* (1980) - einer Biographie seines Mentors Ray - kennengelernt hatte. Schon sein erstes Werk konzipierte Jarmusch als Road-Movie, und auch in seinem zweiten schickt er seine Protagonisten auf die Straße. Willie (Lurie) und sein Freund Eddie (Edson) halten sich in New York mit allerlei Glücksspielen über Wasser, als unvermittelt Willies Cousine Eva (Balint) aus Ungarn auftaucht, die in den USA das Paradies zu finden hofft. Bald zieht sie zur gemeinsamen Tante Lottie (Stark) nach Ohio weiter. Einige Zeit später wird sie dort von den beiden Männern besucht und zu einer Reise aus dem verschneiten Cleveland ins sonnige Florida überredet. Doch die gemeinsam befahrenen Straßen erweisen sich als wenig paradiesisch, was nicht nur an der tristen Wirkung der Schwarzweiß-Bilder liegt, sondern auch daran, daß in *Stranger Than Paradise* das andere Amerika, fernab des Traumfabrik-Klischees in den Blick gerät.
In Europa erhielt Jarmuschs Werk nicht nur eine Auszeichnung auf den Filmfestspielen von Cannes, sondern fand auch bald eine große Fangemeinde, die von dem in *Stranger Than Paradise* stilisierten Lebensgefühl angezogen wurden. Zwar amüsieren der sympathische Eddie ebenso wie die pokerbesessene Tante in Ohio. Doch bleibt *Stranger Than Paradise* blaß: „Man kann sich des

Gefühls nicht erwehren, daß der Film mehr Zeit darauf verwendet 'hip' zu sein, anstatt differenzierte Charaktere und Situationen zu kreieren" (*Motion Picture Guide*). Es fragt sich schon, ob dieser Kultfilm die Resonanz erfahren hätte, wäre er in Europa ohne den immer mitschwingenden Kontrast Hollywood entstanden. mg

Die Straße der Erfolgreichen

Flamingo Road. USA 1949 **R** Michael Curtiz **B** Robert Wilder, Edmund H. North, nach dem Bühnenstück von Robert und Sally Wilder **K** Ted McCord **M** Max Steiner **P** Jerry Wald für Warner Bros. **L** 91 Min., s/w **D** Joan Crawford, Zachary Scott, Sydney Greenstreet, David Brian, Gladys George, Virginia Huston

Zwar war bei diesem Melodram mit politischem Hintergrund das Erfolgsgespann von SOLANGE EIN HERZ SCHLÄGT - Produzent Wald, Regisseur Curtiz, Star Crawford - wieder vereint, doch kann das nicht darüber hinwegtäuschen, daß es sich hier um einen minderwertigen Stoff handelt, dem die Crawford nur zustimmte, weil ihr das Studio nichts Besseres zu bieten hatte. Erneut spielt sie als Lane Bellamy eine Frau, die sich aus den untersten sozialen Schichten nach oben arbeitet und sich dabei ihrer weiblichen Reize bedient. Schauplatz ist diesmal eine Kleinstadt im amerikanischen Süden. Lane bekommt mit Hilfe des Deputy Fielding Carlisle (Scott), der ein Auge auf sie geworfen hat, einen Job als Kellnerin, den sie aufgrund der Machenschaften von Fieldings Boß Titus Semple (Greenstreet) jedoch bald wieder los ist. Denn der korrupte Politiker kontrolliert die gesamte Stadt und will seinen Schützling mit einer höheren Tochter verheiraten. Kurzerhand hängt er Lane eine Prostitutionsklage an und läßt sie ins Gefängnis werfen. Doch so leicht ist sie nicht unterzukriegen... Das versammelte Talent aller Beteiligten verlieh *Der Straße der Erfolgreichen* doch mehr Substanz, als man vom Ausgangsmaterial hatte erwarten können, und das Publikum honorierte die Bemühungen mit regem Zuspruch an den Kassen. 1980 entstand ein Remake für das US-Fernsehen (mit Christina Raines als Lane und Howard Duff als Sheriff Titus), dem prompt eine Serie folgte. al

Straße der Verdammnis

Damnation Alley. USA 1977 **R** Jack Smight **B** Alan Sharp, Lukas Heller, nach dem Roman von Roger Zelazny **K** Harry Stradling jr. **M** Jerry Goldsmith **P** Jerome M. Zeitman, Paul Maslansky für 20th Century-Fox **L** 91 Min., Farbe **D** Jan-Michael Vincent, George Peppard, Dominique Sanda, Paul Winfield, Jackie Earle, Kip Niven

1974 hatte Jack Smight in GIGANTEN AM HIMMEL zwei Flugzeuge miteinander zusammenstoßen lassen; nach diesem Katastrophen-Thriller kam nun ein Weltuntergangsfilm, dessen Ausmaße etwas verheerender waren. Vor dem Szenarium einer atomaren Katastrophe schlägt sich in dieser utopischen Schauermär eine Gruppe Überlebender quer durch den verseuchten, nordamerikanischen Kontinent - von Albany nach New York. Die Reise ist wahrhaft kein Sonntagsausflug, denn auf unsere abenteuerlustige Gesellschaft lauern Feuersbrünste, Flutwellen, Riesenskorpione und menschenfressende Kakerlaken. Und so beginnt ein fröhliches Ratespiel, welcher unserer Helden zum Schluß in dieser unwirtlichen Welt überlebt. Ein aufwendig gestalteter Endzeit-Thriller, der bei genauerem Hinsehen allerdings deutliche Schwächen aufweist, die besonders in der platten Charakterisierung der Protagonisten liegen. Star des Films waren ohnehin mehr die technischen Effekte, allen voran der eigens dafür konstruierte „Land Master" - ein 10 Meter langes und 4,5 Meter hohes Vehikel, das Oscar-Preisträger Preston Ames in fünfmonatiger Bauzeit zusammenzimmern ließ.
Kameramann Harry Stradling jr. gelangen einige beklemmende Landschaftsaufnahmen, die recht glaubhaft das Bild einer postnuklearen Welt vermitteln und von Jerry Goldsmiths phantasievollem Soundtrack treffend untermalt werden. jg

Straße der Versuchung

Scarlet Street. USA 1945 **R** Fritz Lang **B** Dudley Nichols, nach dem Roman *Die Hündin* von Georges de la Fouchardière und Mouezy-Eon **K** Milton Krasner **M** Hans J. Salter **P** Fritz Lang für Diana/ Universal **L** 103 Min., s/w **D** Edward G. Robinson, Joan Bennett, Dan Duryea, Margaret Lindsay, Rosalind Ivan, Jess Barker, Arthur Loft, Samuel S. Hinds, Wladimir Sokoloff

Wie in Langs neorealistischem Drama LEBENSGIER stürzt auch hier eine verhängnisvolle Leidenschaft die Protagonisten der Geschichte ins Unglück. *Scarlet Street* ist das Remake des französischen Klassikers *Die Hündin*, den Jean Renoir 1931 mit Michel Simon inszeniert hatte.
Christopher Cross (Robinson) arbeitet als schlichter Verkäufer in einem großen New Yorker Warenhaus. Sein ohnehin recht eintöniges Leben wird von seiner miesepetrigen Ehegattin Adele (Ivan) zusätzlich erschwert. Den einzigen Trost findet Cross in der Malerei und bei dem leichten Mädchen Kitty (Bennett), das ihm eines Abends über den Weg läuft und in das er sich Hals über Kopf verliebt. Kitty versteht es, seine Zuneigung auszunutzen. Als sie eines Tages per Zufall erfährt, daß sich ein reicher Kunstliebhaber für Cross´ Bilder interessiert, fälscht sie mit Hilfe ihres Zuhälters Johnny (Duryea) die Signatur und setzt ihre Unterschrift darunter. Als Christopher davon erfährt, wird aus dem braven Verkäufer ein rasender Rächer. Im Affekt rammt er Kitty einen Eispickel ins Herz und schiebt Johnny den Mord in die Schuhe, der unschuldig auf dem elektrischen Stuhl landet. Cross selbst ist durch die Geschehnisse allerdings endgültig aus der Bahn geworfen worden und irrt als menschliches Treibgut ziellos durch die Straßen von New York.
Die im Film gezeigten Gemälde stammen von John Decker, der in den 40er und 50er Jahre die Größen Hollywoods porträtierte und u.a. von den Stars Errol Flynn, John Barrymore und W. C. Fields einige recht originelle Bilder malte. jg

Die Straße nach Salina

La route de Salina. Frankreich/Italien 1971 **R** Georges Lautner **B** Georges Lautner, Pascal Jardin, Jack Miller, nach dem Roman von Maurice Cury **K** Maurice Fellous **M** Michel Magne **P** Robert Dorfman, Yvon Guezel für Les Films Corona/Transinter Films (Paris), Fono Roma (Rom) **L** 96 Min., Farbe **D** Mimsy Farmer, Robert Walker jr., Rita Hayworth, Ed Begley, Bruce Pecheur

Einer der letzten Leinwandauftritte der ehemaligen Sexgöttin Rita Hayworth ist dieses ungewöhnliche Psychodrama um Inzest und Mord, in dem sie als Mara eine kleine Tankstelle mit angeschlossenem Café in der mexikanischen Wüste führt. Der junge Tramp Jonas (Walker jr.) wird von ihr mit offenen Armen empfangen und nicht mehr fortgelassen: sie hält ihn für ihren verschwundenen Sohn. Jonas spielt das Spiel mit und hat es sich schon bald behaglich eingerichtet, wozu auch ein Verhältnis mit seiner neuen „Schwester" Billie (Farmer) gehört. Unter diesen Umständen kann das furchtbare Familiengeheimnis nicht lange gewahrt bleiben...
Obwohl die Verwicklungen der Handlung nicht immer ganz leicht zu verfolgen sind, gelang Georges Lautner ein solider Krimi, den seine spektakuläre Farbphotographie über den Durchschnitt des Genres heraushebt. Die Macher hatten im wahrsten Sinne des Wortes aus der Not eine Tugend gemacht, indem sie auf teure Aufnahmen an mexikanischen Originalschauplätzen verzichtete und statt dessen auf die spanische Kanareninsel Teneriffa auswichen. Die dor-

tigen bizarren Landschaften waren ein gefundenes Fressen für Kameramann Maurice Fellous und trugen einen nicht unwesentlichen Teil zur stimmigen Atmosphäre des Films bei. al

Die Straße von Korinth

La route de Corinthe. Frankreich/Italien 1967 **R** Claude Chabrol **B** Claude Brûlé, Daniel Boulanger, nach dem Roman von Claude Rank **K** Jean Rabier **M** Pierre Jansen **P** André Génovès für Les Films La Boëtie/Orion Films (Paris), Compagnia Generale Finanzaria Cinematografica (Rom) **L** 101 Min., Farbe **D** Jean Seberg, Maurice Ronet, Christian Marquand, Michel Bouquet, Antonio Passalia, Saro Urzzi, Paolo Gusti

Nach der Sabotierung amerikanischer Radaranlagen in Griechenland wird der auf den Fall angesetzte Geheimagent ermordet. Seine Frau Shanny (Seberg) muß sich gegen den zu Unrecht erhobenen Vorwurf verteidigen, sie selbst habe ihren Gatten umgebracht, und macht sich auf eigene Faust auf die Suche nach dem Täter.
Die Straße von Korinth beschert einen kurzen Blick auf Claude Chabrol als Schauspieler, denn er übernahm - mit angeklebtem schwarzen Schnurrbart - die Rolle eines griechischen Verräters, der mit Shanny nichts Gutes im Sinn hat. Mit seinem Spionage-Hintergrund markiert der Film in Chabrols Karriere einen Wendepunkt, denn er ist der letzte einer Reihe von stark kommerziellen Filmen des Regisseurs, die bei der Kritik auf wenig Gegenliebe stießen. Seine nächste Arbeit, ZWEI FREUNDINNEN, sollte das erste jener Meisterwerke um bürgerliche Moral werden, für die er bis heute am bekanntesten ist. al

Straßen der Nacht

Hustle. USA 1975 **R** Robert Aldrich **B** Steve Shagan **K** Joseph Biroc **M** Frank DeVol **P** Robert Aldrich für RoBurt Prod./Paramount **L** 120 Min., Farbe **D** Burt Reynolds, Catherine Deneuve, Ben Johnson, Paul Winfield, Eileen Brennan, Eddie Albert, Ernest Borgnine

Ihre in DIE KAMPFMASCHINE erfolgreich erprobte Zusammenarbeit setzten Burt Reynolds und Robert Aldrich mit diesem stimmungsvollen, modernen film noir fort, der weit weniger auf vordergründige Action setzt als sein Vorgänger. Reynolds spielt den zynischen Cop Phil Gaines, der bei einem Strandspaziergang mit seiner als Callgirl tätigen Freundin Nicole (Deneuve) die Leiche eines jungen Mädchens findet. Obwohl die offizielle Todesursache mit Selbstmord angegeben wird, sind sowohl Phil als auch der Vater des Mädchens (Johnson) von einem gewaltsamen Tod überzeugt und beginnen - zunächst unabhängig voneinander - zu ermitteln. Spuren führen zum zwielichtigen Anwalt Sellers (Albert), für den, was Phil nicht weiß, auch Nicole arbeitet...
Straßen der Nacht entwirft ein grimmiges, pessimistisches Bild der modernen Gesellschaft und läßt dem von Phil und Nicole geplanten Neuanfang keine Chance: Während der Fahrt zum Flughafen kommt der Polizist ums Leben, als er einen Raubüberfall vereiteln will, der mit der vorangegangenen Handlung gar nichts zu tun hatte. Für Catherine Deneuve war es übrigens nach DARLING, LASS DICH SCHEIDEN der zweite und bislang letzte Auftritt in einem US-Film. al

Straßen in Flammen

Streets of Fire. USA 1983 **R** Walter Hill **B** Larry Gross, Walter Hill **K** Andrew Laszlo **M** Ry Cooder **P** Lawrence Gordon und Joel Silver für Universal Pictures **L** 94 Min., Farbe **D** Michael Paré, Diane Lane, Rick Moranis, Amy Madigan, Willem Dafoe, Deborah van Valkenburgh

„Mit *Straßen in Flammen* habe ich das verwirklicht, was für mich in meiner Teenager-Zeit der ideale Film gewesen wäre", sagt Regisseur Walter Hill, Jahrgang 1942, zu seinem Werk. „Ich nahm alle Stilelemente, die ich damals für absolut großartig hielt und für die ich immer noch eine große Zuneigung hege: schnittige Autos, Küsse im Regen, Neonlicht, Züge in der Nacht, Verfolgungsjagden, Keilereien, Rockstars, Motorräder, Lederjacken und über allem ein strenger Ehrenkodex." Aus diesen seinen Jugendträumen komponierte Hill eine stimmungsvolle, farbintensive Melange aus Großstadt-Western und Rock-Phantasie, angesiedelt im zeitlich nicht bestimmbaren Irgendwann irgendwo in den Staaten. Ihm gelang ein cineastisches Feuerwerk wie aus dem Bilderbuch, und das, obwohl sich die Geschichte in altbekannten Bahnen abspielt: Ellen Aim (Lane), eine junge Rocksängerin, wird von einer Rockergang entführt und von ihrem Ex-Freund Tom Cody (Paré) befreit. Die Rockerbraut McCoy (Madigan) hilft ihm dabei. Einige martialische Kämpfe später hat das Gute über das Böse gesiegt, Ellen singt wieder auf der Bühne, und Tom, der „Lonesome Cowboy", verschwindet wie weiland Lucky Luke im Nirgendwo, nicht ohne seinen Rockstar zuvor im Regen geküßt zu haben.
Walter Hill hatte sich zuvor bereits in Hollywood einen Namen gemacht, unter anderem mit NUR 48 STUNDEN und DIE WARRIORS, *Straßen in Flammen* jedoch, so freute sich *Die Zeit*, „ist Walter Hills erstes Meisterwerk". sk

Straßen nach Süden

Les routes du sud. Frankreich/Spanien 1978 **R** Joseph Losey **B** Jorge Semprun, Joseph Losey, Patricia Losey **K** Gerry Fisher, Pierre-William Glenn **M** Michel Legrand **P** Yves Rousset-Rouard für Société Française de Production/Trinacra Films/FR 3 Films (Paris), Profilmes (Madrid) **L** 97 Min., Farbe **D** Yves Montand, Miou-Miou, Laurent Malet, France Lambiotte, José Luis Gomez, Jean Bouise

Der Exilspanier Jean Larrea (Montand) arbeitet mittlerweile als Filmautor, hat jedoch noch Kontakt zur Widerstandsbewegung in seinem Heimatland, für die er ab und an kleine Aufträge übernimmt. Sein politischer, nostalgisch verbrämter Idealismus - er kämpft für ein Spanien, das es nicht mehr gibt - bringt ihn in Konflikt mit seinem ebenfalls politisch engagierten Sohn (Malet), der ihm Realitätsferne vorwirft.
Straßen nach Süden brachte drei Männer zusammen, deren politische Vergangenheit sie für einen solchen Stoff geradezu prädestinierte. Joseph Losey hatte bereits 1936 ein Theaterstück über den spanischen Bürgerkrieg verfaßt und wurde später ein Opfer der McCarthy-Ära, Jorge Semprun war Widerstandskämpfer gegen Franco und Mitglied der kommunistischen Partei, und Yves Montand hatte sich sowohl beruflich als auch privat für den Sozialismus - allerdings auch gegen kommunistische Diktaturen - stark gemacht. Bereits in DER KRIEG IST VORBEI von Alain Resnais hatten Semprun und Montand erstmals miteinander gearbeitet, und zu diesem Film weist *Straßen nach Süden* erhebliche Parallelen auf. Angesichts der beteiligten Personen machte sich nach der Uraufführung des Films so etwas wie Enttäuschung breit, die von *Le matin* folgendermaßen zusammengefaßt wurde: „Sicher nicht das Meisterwerk, mit dem man gerechnet hatte, zumal hier manchmal viel Lärm um nichts gemacht wird...trotzdem hat Losey ein Werk geschaffen, das den enttäuschten Hoffnungen ein Denkmal setzt." al

Die Straßenjungen

Los golfos. Spanien 1960 **R** Carlos Saura **B** Carlos Saura, Mario Camús, Daniel Sueiro **K** Juan Julio Baena **M** Antonio Ramírez Angel, José Pagán **P** Pedro Portabella für Films 59 **L** 83 Min. (Originalfassung 88 Min.), s/w **D** Manuel Zarzo, José Luis Marín, Oscar Cruz, Juanjo Losada

Nach einem Studium an der spanischen Filmhochschule I. I. E. C. sowie einigen Dokumentar- und Kurzfilmen lieferte Carlos Saura mit *Die Straßenjungen* seinen ersten langen Spielfilm ab. Es ist die stark an den italienischen Neorealismus erinnernde Geschichte einer Gruppe Madrider Jugendlicher, die sich in den Vororten der Stadt mit Überfällen und Diebstählen über Wasser halten. Einer von ihnen, Juan (Cruz), möchte Stierkämpfer werden, doch sein erster Auftritt in der Arena endet mit einer Blamage... In drei Wochen an Originalschauplätzen in Madrid gedreht und fast ausschließlich mit Laien besetzt, unterscheidet sich *Die Straßenjungen* deutlich von der strengen Komposition und Dramaturgie der späteren Filme des Regisseurs. Mit seinen Arbeitsmethoden setzte Saura Zeichen in der spanischen Filmindustrie, denn damals war es unüblich, außerhalb der Studios zu drehen und während der Aufnahmen zu improvisieren. Der Film wurde 1960 bei den Filmfestspielen in Cannes uraufgeführt, kam in Spanien jedoch erst zwei Jahre später in die Kinos - um sechzehn Minuten gekürzt. al

Die Strategie der Spinne

Strategia del ragno. Italien 1969 **R** Bernardo Bertolucci **B** Marilu Borolini, Edoardo de Gregorio, Bernardo Bertolucci **K** Vittorio Storaro, Franco di Giacomo **P** Red Film/RAI-TV **L** 105 Min., Farbe **D** Giulio Brogi, Alida Valli, Tino Scotti, Pippo Companini, Franco Giovanelli

Gegen Ende der 60er Jahre setzte sich Italiens genialer Regisseur Bernardo Bertolucci gleich in zwei Werken mit der Ideologie des Faschismus auseinander.

Nach Jahren kehrt Athos Magnani (Brogi) in eine kleine Stadt in der Lombardei zurück, wo sein Vater im Jahre 1936 ein Attentat auf den Duce plante und durchführen wollte, dabei jedoch entdeckt und später hingerichtet wurde. Athos stellt Nachforschungen an, befragt Draifa (Valli), die ehemalige Geliebte seines Vaters, und einige seiner Freunde, um mit der Zeit zu merken, daß in der Vergangenheit etwas vorgefallen ist, das in den Erzählungen der Zeitzeugen unterschlagen wurde. Am Ende muß er feststellen, daß sein Vater in Wirklichkeit seine Freunde, die mit ihm das Attentat auf Mussolini vorbereiteten, verriet und sich von diesen exekutieren ließ, nachdem er seine Tat wieder bereut hatte und die geplante Ermordung des Duce in seinen eigenen Heldentod umfunktionierte.

Die Strategie der Spinne ist ein nicht leicht zugängliches Werk, das auch damals nur ein kleines Kinopublikum erreichte. Bertoluccis Erzählweise besteht aus verschachtelten Rückblenden, die durch die Einbeziehung eines Doppelgänger-Motivs (Guilio Brogi spielt sowohl Vater und Sohn, die beide auch noch denselben Namen haben) zusätzlich kompliziert werden. Einer ähnlichen Thematik, diesmal in einer Person angelegt, deren Erlebnisse sich in der Gegenwart als Erwachsener und in der Vergangenheit als Kind aufschlüsseln, nahm sich Bertolucci ein Jahr später in seinem Meisterwerk DER KONFORMIST an. jg

Streik

Statschka. UdSSR 1924 **R** Sergej M. Eisenstein **B** Sergej M. Eisenstein, Kollektiv des Proletkult-Theaters **K** Eduard Tisse **M** Bernd Kampka **P** Goskino/Kollektiv des Proletkult-Theaters **L** 68 Min., s/w **D** Maxim Schtrauch, Grigori Alexandrow, M. Goronow, I. Iwanow, A. Antonow

Nach etlichen Theaterinszenierungen wagte Sergej Eisenstein den Vorstoß in Richtung Filmregie und drehte mit *Streik* seinen ersten Spielfilm, über den er später einmal sagte: „...eine typische Erstlingsarbeit...voller Wirbel und Rauflust, wie ich es selber in jenen Jahren war..."

Eisenstein schrieb das Drehbuch in Kooperation mit dem Kollektiv des Proletkult-Theaters. Proletkult (Kurzform für Proletarische Kulturorganisation) war eine Massenorganisation, in der sich während der Revolution und des Bürgerkriegs Gruppen und Zirkel aus der Arbeiterschaft zusammenfanden, deren Wunsch es war, die Arbeitermassen zu künstlerischem Schaffen zu animieren und eine eigenständige, proletarische Kultur zu kreieren. Diese Ambitionen erstreckten sich zunächst auf das Gebiet der Literatur und des Theaters, um sich schließlich auch dem modernen Medium des Films zuzuwenden.

Geschildert wird in diesem Stummfilm-Klassiker der prärevolutionäre Kampf der Arbeiterschaft zur Zeit der Zarenherrschaft. Schauplatz dafür ist eine Fabrik, in der die Interessengegensätze des Proletariats und der Kapitalisten aufeinanderstoßen und schließlich in einem Aufstand der unteren Schichten münden, der vom Militär blutig niedergeschlagen wird.

Eisenstein gestaltete diese Szenenfolge als besonders vehemente Anklage gegen die Willkürherrschaft und Unterdrückung der Mächtigen, indem er der Sequenz des Massakers eine Bildmontage aus einem Schlachthaus gegenüberstellte. jg

Stress zu dritt

Stres es tres, tres. Spanien 1967 **R** Carlos Saura **B** Angelino Fons, Carlos Saura **K** Luis Cuadrado **M** Jaime Pérez **P** Elías Querejeta für Elías Querejeta P. C. **L** 94 Min., s/w **D** Geraldine Chaplin, Juan Luis Galiardo, Fernando Cebrián, Porfiria Sanchiz

Teresa (Chaplin) und ihr Mann Fernando (Cebrián) fahren mit dem gemeinsamen Freund Antonio (Galiardo) zu einem Wochenendausflug ans Meer und statten unterwegs der frommen Tante (Sanchiz) einen Pflichtbesuch ab. Schon hier kommt es zwischen dem Ehepaar zu Reibereien, und am Strand bemerkt der eifersüchtige Fernando, wie seine Frau und Antonio heimlich Zärtlichkeiten austauschen. In einem Tagtraum sieht er sich seinen Konkurrenten töten.

Carlos Saura charakterisiert in *Stress zu dritt*, der wie fast alle Filme des Regisseurs Schwierigkeiten mit der Zensur hatte, eine Generation der spanischen Gesellschaft, die vom Bürgerkrieg verschont geblieben ist und in der Diktatur aufwuchs. Die drei Hauptfiguren gehen sorglos ihren Vergnügungen nach, sind geprägt von der modernen Kultur, ohne eine Beziehung zur Vergangenheit entwikkelt zu haben. Unter dieser Oberflächlichkeit schlummert jedoch ein Gewaltpotential, das sich schließlich in Fernandos Traum entlädt. al

Der Strohmann

The Front. USA 1975 **R** Martin Ritt **B** Walter Bernstein **K** Michael Chapman **M** Dave Grusin **P** Martin Ritt für Ritt-Rollins-Joffe-Prod./Columbia **L** 90 Min., Farbe **D** Woody Allen, Michael Murphy, Andrea Marcovici, Zero Mostel

Regisseur Martin Ritt, Drehbuchautor Walter Bernstein und Schauspieler Zero Mostel hatten ihre Gründe, an dieser Produktion mitzuwirken, gehörten sie doch schließlich selbst zu jenen Künstlern, die in der Ära des fanatischen Kommunistenjägers McCarthy mit einem Arbeitsverbot belegt worden waren.

Genau um diese unselige Epoche amerikanischer Innenpolitik geht es auch in *Der Strohmann*. Dem erfolglosen Autor Howard Price (Allen) stehen goldene Zeiten ins Haus, als sein Freund Alfred Miller (Murphy), ein genialer Drehbuchschreiber, der auf die „Schwarze Liste" gesetzt wurde, ihn bittet, die von ihm verfaßten Manuskripte unter seinem Namen den Fernsehanstalten anzubieten. Bald wird Price zum Hoffnungsträ-

ger für eine ganze Reihe verfemter Schriftsteller. Selbstsicher sonnt er sich im unverdienten Ruhm, der eigentlich den anderen zusteht. Erst als der in Ungnade gefallene Komiker Hecky Brown (Mostel) eine Verzweiflungstat begeht, wird Price unsanft auf den Boden der Tatsachen zurückgeholt.
„Auf einer Ebene ist *Der Strohmann* eine clevere Komödie, komisch vor allem durch den zappelnden Kampf des Helden, sich mit seiner neuen Rolle zurechtzufinden - eine Prachtrolle für Woody Allen. Auf der anderen Ebene jedoch ist das eine beklemmende Satire" (*Süddeutsche Zeitung*). jg

Die Strohpuppe

Woman of Straw. Großbritannien 1964 **R** Basil Dearden **B** Robert Muller, Stanley Mann, Michael Relph, nach dem Roman *La femme de Pailleby* von Cathérine Arley **K** Otto Heller **P** Michael Relph für Novus/United Artists **L** 120 Min., Farbe **D** Gina Lollobrigida, Sean Connery, Ralph Richardson, Alexander Knox, Johnny Sekka, Laurence Hardy, Danny Daniels, Peter Madden

Das Jahr 1964 ließ die Popularität von Sean Connery weiter nach oben schnellen. Zum dritten Mal spielte er in GOLDFINGER den Superagenten James Bond; außerdem war Alfred Hitchcock auf ihn aufmerksam geworden und engagierte den schottischen Schauspieler für seinen nicht sehr erfolgreichen Psycho-Thriller MARNIE.
Auch Basil Deardens Krimi *Die Strohpuppe* war nicht gerade ein großer Wurf, denn die Geschichte nimmt sich trotz ihrer holperigen Dramaturgie viel zu ernst und wäre mit einigen selbstironischen Einschüben wesentlich besser gelungen. Multi-Millionär Charles Richmond (Richardson) ist eine Plage für seine Mitmenschen. Der an den Rollstuhl gefesselte Tyrann piesackt mit sadistischer Freude seine Umwelt, zu der neben einer Anzahl von Bediensteten auch sein Neffe Anthony (Connery) gehört, der insgeheim auf die Erbschaft seines Onkels lauert. Da Richmond aber gar nicht daran denkt, ihn als Universalerben einzusetzen, greift Anthony zu einer List. Er überredet die attraktive Krankenschwester Maria (Lollobrigida), seinen Onkel zu heiraten, damit sie nach dessen Tod in den Besitz des Vermögens gerät. Als Richmond tatsächlich kurze Zeit später stirbt, schreitet Anthony zum zweiten Teil seines Plans, von dem er Maria allerdings nichts erzählt hat...
Die Besetzung mit Gina Lollobrigida erwies sich als eklatanter Fehler, denn außer ihren Kurven hatte die italienische Diva hier wenig Berauschendes in diese Produktion einzubringen. Schon während der Dreharbeiten gab es Differenzen, als „Lollo" meinte, dem Regisseur Anweisungen geben zu müssen, wie dieser sie mit der Kamera am besten ins Visier zu nehmen hatte. Connery soll ihr daraufhin eine Standpauke gehalten haben: „Entweder führt er Regie oder du; wenn du den Film jedoch drehen solltest, dann bitte ohne mich!" jg

Stromboli

Stromboli. Italien 1950 **R** Roberto Rossellini **B** Roberto Rossellini, Art Cohn, Renzo Cesana, Sergio Amidei, G. P. Callegari **K** Otello Martelli **M** Renzo Rossellini **P** Robert Rossellini für RKO **L** 89 Min., s/w **D** Ingrid Bergman, Mario Vitale, Renzo Cesana, Mario Sponza

Mit dem mißglückten Hitchcock-Thriller SKLAVIN DES HERZENS hatte sich Ingrid Bergman von Hollywood verabschiedet, um in einem „ehebrecherischen" Verhältnis an der Seite von Roberto Rossellini zu leben und Filme zu machen - ein Affront, der Amerikas Moralapostel auf die Barrikaden trieb.
Die amerikanischen Kritiken, die sich mit den folgenden italienischen Leinwandauftritten der Bergman beschäftigten, betrachteten sich diesbezüglich auch mehr als ein Instrument der öffentlichen Rüge und vernachlässigten sträflich den eigentlichen Zweck ihrer Existenz.
Ingrid Bergman spielt in diesem Melodrama das tschechische Mädchen Karin, das nach dem Krieg hilflos in Italien herumirrt, wo es schließlich den Ex-Soldaten Antonio (Vitale) kennenlernt, der es mit sich auf seine Heimatinsel Stromboli nimmt. Dort fühlt Karin sich allerdings nicht besonders wohl. Alle Menschen begegnen ihr mit Feindseligkeit, nur in einem Leuchtturmwärter (Sponza) findet sie einen treuen Freund. Die bevorstehende Geburt ihres Kindes wiegt Karin nicht in Sicherheit, sondern stürzt sie in einen Strudel von Angstgefühlen, was durch einen Vulkanausbruch nur noch verschlimmert wird. Karin entschließt sich zur Flucht, kehrt aber wieder zu Antonio zurück, nachdem sie inmitten der tobenden Naturelemente ihre Verzweiflung überwunden hat.
„Man muß zugeben, daß Rossellini häufig bis an die Grenze geht, was man aushalten kann, was schicklicherweise zulässig ist, bis an den Rand der Schamlosigkeit. Wie er die Bergman führt, das hat mit Ehe zu tun, es gründet sich auf eine intime Kenntnis weniger der Schauspielerin als der Frau..." (*Cahiers du Cinéma*). jg

Stroszek

Stroszek. BRD 1977 **R** Werner Herzog **B** Werner Herzog **K** Thomas Mauch, Ed Lachmann **M** Chet Atkins, Sonny Terry **P** Werner Herzog für Werner-Herzog-Film/ZDF **L** 108 Min., Farbe **D** Bruno S., Eva Mattes, Clemens Scheitz, Norbert Grupe, Burkhard Driest, Pitt Bedewitz, Clayton Szlapinski, Ely Rodriguez

Von vielen seiner Anhänger wird *Stroszek* als Werner Herzogs schönster Film angesehen, selbst wenn viele Kritiker damals die Postkarten-Schönheit der verschiedenartigen Schauplätze bemängelten, für die Herzog mit seinem Team um den halben Erdball reiste.
Nach JEDER FÜR SICH UND GOTT GEGEN ALLE übernahm Bruno S. zum zweiten Mal die Hauptrolle in einem Herzog-Werk. Als kleiner Ganove Bruno wird er wieder einmal in die Freiheit entlassen. In einer Berliner Kneipe lernt er das Mädchen Eva (Mattes) kennen, die sich auf der Flucht vor ihrem Zuhälter befindet. Zusammen mit seinem Nachbarn Scheitz und Eva macht Bruno sich auf den Weg nach Amerika. In Wisconsin haust das Trio eine Weile in einem Mobile Home, bis Eva mit einem Fernfahrer nach Vancouver treckt und Scheitz nach einem Überfall von der Polizei verhaftet wird. Zurück bleibt Bruno, der nach North Carolina in ein Indianerreservat flieht, dort eine Seilbahn besteigt und sich dann erschießt.
Ein eigenwilliges Road-Movie, in dem Herzog in genialen Bildkompositionen die Landschaften Deutschlands und der USA in Einklang bringt. Die Aufnahmen entstanden in Berlin, New York, Plainfield (Wisconsin) und dem Cherokee Indianerreservat in North Carolina. „Werner Herzog hat vielleicht makellosere Filme gedreht als *Stroszek*, aber keinen schöneren als diese einfache Geschichte. Alle Elemente seiner privaten Mythologie... kommen in *Stroszek* vor, doch sie verselbständigen sich nie zu eitlen Selbst-Zitaten, sondern bleiben eingebunden in einem ruhigen Erzähl-Rhythmus" (*Die Zeit*). jg

Der Student von Prag

Der Student von Prag. Deutschland 1926 **R** Henrik Galeen **B** Hanns Heinz Ewers, nach seinem Roman **K** Günter Krampf, Erich Nitzschmann **M** Willy Schmidt-Gentner **P** Sokal Film **L** 114 Min., s/w **D** Conrad Veidt, Werner Krauss, Agnes Esterhazy, Elizza La Porta, Ferdinand von Alten, Fritz Alberti, Sylvia Torf, Erich Kober

Noch bevor der deutsche Film nach dem I. Weltkrieg mit seinen Meisterwerken DAS KABINETT DES DR. CALIGARI oder NOSFERATU - EINE SYMPHONIE DES

GRAUENS den Begriff der „dämonischen Leinwand" prägte, entstand 1913 in den Studios von Berlin, versehen mit Prager Außenaufnahmen, die Erstverfilmung dieses phantastischen Stoffes. Die erste Version wurde allerdings 13 Jahre später von Henrik Galeen (Regisseur des ersten *Golem*-Films) mit einer technisch wesentlich ausgereifteren und atmosphärisch dichteren Fassung übertrumpft.
Der Student Balduin (Veidt) hatte stets Pech in seinem Leben. Besonders leidet er an seiner Armut, die eines Tages jedoch ein Ende hat, als er mit dem Teufel, der in Gestalt des unheimlichen Scapinelli (Krauss) in Erscheinung tritt, einen Pakt eingeht. Balduin verkauft dem Satan sein Spiegelbild, und während er an den Spieltischen der Prager Casinos einen Gewinn nach dem anderen einstreicht, begeht sein zweites Ich unter Scapinellis Führung grauenhafte Taten. Als Balduin durch seine permanenten Erfolge im Glücksspiel allerdings wieder in die Isolation gerät, schießt er verbittert auf sein Spiegelbild und tötet sich damit selbst.
Eine effektvoll umgesetzte Schauergeschichte, die mit ihren düsteren, expressionistischen Dekors und durch die Besetzung des Schauspielergespanns Veidt/Krauss auch heute noch beeindruckt. 1935 entstand unter der Regie von Arthur Robison eine dritte Version, in der Adolf Wohlbrück und Theodor Loos die Hauptrollen übernahmen und die eine der wenigen Beiträge zum Genre des Phantastischen Kinos während des Dritten Reichs war. jg

Stunde der Bewährung

Straight Time. USA 1977 **R** Ulu Grosbard **B** Alvin Sargent, Edward Bunker, Jeffrey Boam, nach dem Roman *No Beast So Fierce* von Bunker **K** Owen Roizman **M** David Shire **P** Stanley Beck, Tim Zinnemann für First Artists **L** 113 Min., Farbe **D** Dustin Hoffman, Theresa Russell, Gary Busey, M. Emmet Walsh, Harry Dean Stanton, Kathy Bates, Sandy Baron

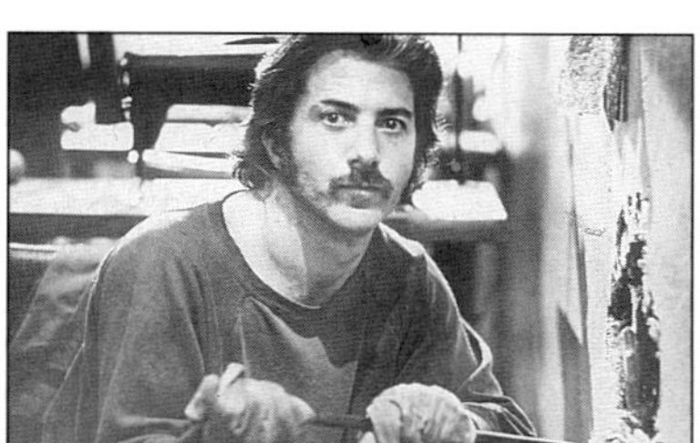

Hollywoods Superstar Dustin Hoffman wollte mit *Stunde der Bewährung* seiner Erfolgsliste einen weiteren Triumph hinzufügen, doch erlebte er eine eklatante Pleite, von der er sich erst nach Monaten erholen konnte.
Zum einen war das kommerzielle Ergebnis ernüchternd, denn den 3,5 Mio. Dollar Produktionskosten stand gerade einmal eine Einspielsumme von 4 Mio. gegenüber. Hoffman war von der Story so angetan, daß er schon 1972 die Filmrechte dafür erworben hatte und den Roman selbst verfilmen wollte. Doch schon nach den ersten Tagen begann er sich mit der Doppelbelastung als Regisseur und Hauptdarsteller zu verzetteln, so daß er seinen Freund Ulu Grosbard, mit dem er 1971 schon den Steifen WER IST HARRY KELLERMAN gedreht hatte, bat, am Set für ihn einzuspringen. Kompliziert wurde es zusätzlich, als Hoffman auf eigene Kosten einige Szenen nachdrehen wollte, was von der Produktionsfirma abgelehnt wurde, die - begleitet von seinen Protesten - den fertigen Film zur öffentlichen Aufführung freigab.
Max Dunbo (Hoffman) stand schon immer auf der Schattenseite des Lebens. Als er nach einer 5jährigen Gefängnisstrafe wieder einmal in die Freiheit entlassen wird, schwört er sich, diesmal endlich solide zu werden. Der sadistische Bewährungshelfer Earl Frank (Walsh) setzt allerdings alles daran, Dunbo wider auf die schiefe Bahn zu bringen. Als Dunbo mit zwei Komplizen in Beverly Hills einen Juwelierladen ausraubt, hat das letzte Kapitel eines verpfuschten Lebens begonnen... jg

Die Stunde der Komödianten

The Comedians. USA 1967 **R** Peter Glenville **B** Graham Greene, nach seinem Roman **K** Henri Decaë **M** Laurence Rosenthal **P** Peter Glenville für Maximilian Prod./Trianon Prod./Metro-Goldwyn-Mayer **L** 147 Min. (Originalfassung 156 Min.), Farbe **D** Richard Burton, Elizabeth Taylor, Alec Guinness, Peter Ustinov, Paul Ford, Lillian Gish, Raymond St. Jacques, Roscoe Lee Browne, George Stanford Brown, James Earl Jones, Cicely Tyson

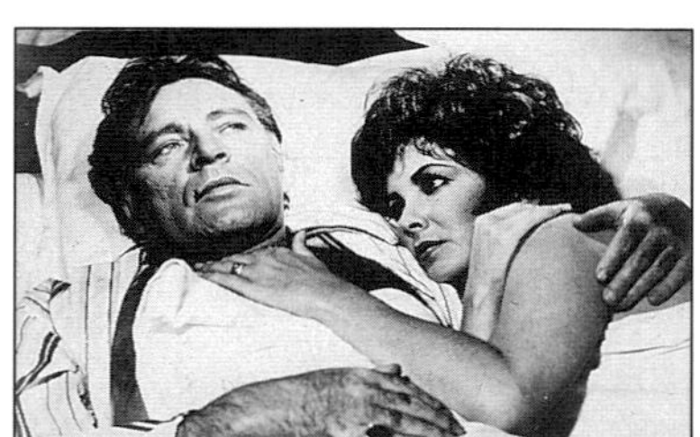

Graham Greenes Adaption seines eigenen Romans, angesiedelt in Haiti unter der Herrschaft des Diktators „Papa Doc" Duvalier, wartet mit einer packenden Geschichte und einer eindrucksvollen Besetzungsliste auf. Trotzdem machte Regisseur Peter Glenville, der mit Burton schon bei BECKET zusammengearbeitet hatte, daraus einen uninspirierten und langatmigen Film, der an den Kassen mit Gleichgültigkeit aufgenommen wurde. Die Schuld dafür suchte man u.a. bei den Burtons: seinerzeit das höchstbezahlte Darstellerteam überhaupt, hätten sie mit ihrem Star-Status das Gleichgewicht der Produktion durcheinandergebracht. In der Tat hatte man mehr Wert auf ihre langweilige Liebesgeschichte gelegt als auf die politischen Hintergründe. *Newsweek* kommentierte: „Von ihnen abgesehen, falls es außer oder neben ihnen überhaupt etwas geben kann, hätte es vielleicht ein ganz guter Film werden können." Auch Elizabeths Akzent mißfiel: In den Ohren der Presse klang er nicht deutsch, wie vorgesehen, sondern eher französisch. Als Frau eines südamerikanischen Botschafters (Ustinov) in Haiti hat sie eine Affäre mit einem lebensüberdrüssigen Hotelbesitzer (Burton), der eher unfreiwillig in eine politische Intrige hineingerät, die den Sturz des Terrorregimes zum Ziel hat. Mit einem falschen Colonel und Glücksritter (Guinness), der sich am Ende als Feigling herausstellt, führt er schließlich eine Schar von Freiwilligen in den zum Scheitern verurteilten Kampf.
Da *Die Stunde der Komödianten* natürlich nicht auf Haiti selbst gedreht werden konnte, suchte und fand man im westafrikanischen Dahomey (heute Benin) und in Südfrankreich Ersatz für ausgiebige Außenaufnahmen; die Innenaufnahmen entstanden in einem Pariser Studio. Berichten zufolge ließen sich die verwöhnten Burtons ganze Flugzeugladungen Champagner in das unterentwickelte Land schicken. Nach der Uraufführung kam es übrigens zu heftigen Protesten von Seiten des haitianischen Botschafters in den USA, der sein Land als „eines der schönsten, sichersten und friedlichsten in der Karibik" beschrieb. al

Stunde der Wahrheit

L'histoire immortelle. Frankreich 1968 **R** Orson Welles **B** Orson Welles, nach einer Erzählung von Tania Blixen **K** Willy Kurant **M** Eric Satie **P** Micheline Rozan für Albina Films/O. R. T. F. **L** 58 Min., Farbe **D** Orson Welles, Jeanne Moreau, Roger Coggio, Norman Ashley, Fernando Rey

Der steinreiche, in Macao lebende Kaufmann Clay (Welles) fühlt sein Ende nahen und sehnt sich nach einem Erben. Er erinnert sich einer Geschichte, die ihm einst ein Seemann erzählte: Ein Kaufmann hatte einem Matrosen Geld geboten, wenn er mit seiner Frau schlafen und ihm einen Sohn zeugen würde. Clay will die Geschichte wahr werden lassen...
Stunde der Wahrheit ist eine kleine, wunderschöne Fabel nach einer Erzählung aus der Sammlung *Skibsdrengens fortaeling* der Dänin Tania Blixen, eine Autorin, die Welles schon immer hatte auf die Leinwand bringen wollen. Doch nach seiner finanziellen Pleite mit FALSTAFF waren Geldgeber noch schwieriger zu finden als vorher, so daß der Film schließlich für das staatliche französische Fernsehen produziert werden mußte. Später gelangte er jedoch sowohl in Europa als auch in den USA in die Kinos. Interessanterweise ist es der einzige Farbfilm des Regisseurs; alle seine Kinofilme sind in Schwarzweiß gedreht. al

Die Stunde des Siegers

Chariots of Fire. Großbritannien 1980 **R** Hugh Hudson **B** Colin Welland **K** David Watkin **M** Vangelis Papathanassiou **P** David Puttnam für Enigma Production **L** 123 Min., Farbe **D** Ben Cross, Ian Charleson, Nigel Havers, Cheryl Campbell, Nigel Davenport, Nick Farrell, Daniel Gerroll

Großbritannien, Anfang der 20er Jahre. Eric Liddell (Charleson) und Harold Abrahams (Cross) sind Freunde der Leibesübungen. Die begeisterten Läufer trainieren ehrgeizig und ausdauernd, um das hochgesteckte Ziel ihres Sportler-Lebens zu erreichen: die Teilnahme an den Olympischen Spielen. 1924, auf den Spielen in Paris, geht ihr größter Wunsch in Erfüllung - beide erringen in ihrer jeweiligen Disziplin das heißbegehrte olympische Gold. Doch was für beide in erster Linie ein persönlicher Kampf war - Harold will den Vorurteilen seiner britisch-protestantischen Landsleute gegen seine jüdische Abstammung etwas entgegensetzen, Eric, Sohn eines Missionars, will sich und der Welt beweisen, daß seine sportlichen Fähigkeiten gottgewollt sind -, verselbständigt sich in der angespannten politischen Lage nach dem Ersten Weltkrieg rasch zu einem nationalistischen und propagandistischen Zermürbungskampf.
Das Spielfilmdebüt von Regisseur Hudson, das auf die authentische Geschichte zweier Sportler zurückgeht, zeichnet sich durch seine ausdrucksvollen Bilder ebenso aus wie durch die üppige, wirklichkeitsgetreue Ausstattung. Als Drehort für das Pariser Olympiastadion diente dem Filmteam das Sportfeld des nordenglischen Städtchens Bebington. 1981 konnte *Die Stunde des Siegers* vier Oscars einheimsen - für das beste Drehbuch, die beste Filmmusik, die besten Kostüme und als bester Film. sk

Die Stunde des Wolfs

Vargtimmen. Schweden 1968 **R** Ingmar Bergman **B** Ingmar Bergman **K** Sven Nykvist **M** Lars-Johan Werle **P** Svensk-Film Industri **L** 89 Min., s/w **D** Max von Sydow, Liv Ullmann, Ingrid Thulin, Erland Josephson, Gertrud Fridh, Naima Wilfstrand, Bertil Anderberg, Georg Rydeberg

Die Stunde des Wolfs ist Ingmar Bergmans persönlichstes und auch quälendstes Werk - ein Film voller verschlüsselter Symbolik und Metaphorik, dessen Enträtselung eindeutig in Bergmans eigener Kindheit zu suchen ist, die ganz im Zeichen der Erziehung durch seinen überstrengen Vater stand. So sagt später auch einmal Johan, der Protagonist des Films, sein furchtbarstes Kindheitserlebnis war es, zur Bestrafung in einen Schrank eingeschlossen und geschlagen worden zu sein.
Die Stunde des Wolfs beginnt mit einer Rahmengeschichte. Vor einer Filmkamera sitzt Alma (Ullmann) und soll über die mysteriösen Ereignisse berichten, in deren Verlauf ihr Mann Johan (von Sydow) spurlos verschwand: Beide lebten seit sieben Jahren auf einer einsamen Insel, der Kontakt zu den übrigen Bewohnern hielt sich in Grenzen. Eines Tages hat Johan das Gefühl, von den dämonischen Gestalten verfolgt zu werden, die seinen Alpträumen entstammen. Alma liest sein Tagebuch und erfährt, daß Johan eine Affäre mit einer Frau namens Veronika (Thulin) hatte. Eine wichtige Rolle in seinen Eintragungen spielt dabei das Schloß des Inselbesitzers, das mit unheilvollen Gestalten bevölkert zu sein scheint. Johan bemüht sich zwar, seine Frau ins Vertrauen zu ziehen, kann jedoch einer zweiten Einladung in das Schloß nicht widerstehen. Dies provoziert Almas Eifersucht, auf die Johan mit ungewohnter Aggressivität reagiert.
„Bergman hat sich in diesem Film in ein Reservat zurückgezogen, in dem menschenfresserische Dämonen noch unstrittige Wirklichkeit sind. Im Gegensatz zu den wüsten Traumwelten etwa eines Arrabal sind seine Gesichter jedoch trotz aller Raffinesse, trotz aller Überraschungen geradezu ordentlich, sie sind präzise konstruiert und kalkuliert bis ins kleinste Detail als ein virtuos theatralisches Gaukelspiel, das die Mittel, mit denen es jongliert, nicht verbirgt" (*Filmdienst*). jg

Eine Stunde mit dir

One Hour With You. USA 1932 **R** Ernst Lubitsch, George Cukor **B** Samson Raphaelson, nach dem Bühnenstück *Only a Dream* von Lothar Schmidt **K** Victor Milner **M** Oscar Straus, Richard Whiting **P** Ernst Lubitsch für Paramount **L** 80 Min., s/w **D** Maurice Chevalier, Jeannette MacDonald, Geneviève Tobin, Charles Ruggles, Roland Young, George Barbier

Eine Stunde mit dir war das Remake des Lubitsch-Stummfilms *The Marriage Circle* aus dem Jahr 1924 und sollte ursprünglich von George Cukor inszeniert werden. Lubitsch schlich jedoch permanent am Set herum, gab Cukor Tips, wie er diese oder jene Szene zu drehen hatte und mischte sich sogar in die Besetzungsfragen ein, bis sein Kollege entnervt das Handtuch warf und dem Meister der galanten Komödie das Feld überließ. Lubitsch sorgte sofort dafür, daß Carole Lombard und Kay Francis nicht die Hauptrollen bekamen, obwohl Frankreichs Charmeur Maurice Chevalier ausdrücklich gefordert hatte, mit diesen zwei Damen spielen zu wollen, da er auf beide ein Auge geworfen hatte. In weiser Voraussicht engagierte Lubitsch statt dessen Jeannette MacDonald und Geneviève Tobin, die Chevaliers Blut nicht sonderlich in Wallung zu bringen vermochten.
Die Geschichte ist natürlich im ewig jungen Paris angesiedelt, wo der begehrte Frauenarzt Dr. André Bertier (Chevalier) eine Eifersuchtsaffäre ins Rollen bringt, als er ein wildes Techtelmechtel mit Mitzi (Tobin), der besten Freundin seiner Frau Colette (MacDonald), beginnt. Die Sache fliegt auf, als Mitzis Gatte Professor Olivier (Young) einen Privatdetektiven auf seine Frau ansetzt.
Eine perlend leicht umgesetzte Boulevard-Komödie voller raffinierter, zweideutiger Dialoge, in denen sich der so viel gerühmte „Lubitsch-Touch" des öfteren wiederfinden läßt. Das Remake diente nicht nur dazu, den wörtlichen Schlagabtausch der Protagonisten auf einer Tonspur festzuhalten, sondern auch eine Anzahl von Liedern erklingen zu lassen, die von allen Hauptpersonen geschmettert werden. Der gefeierte Operettenstar Jeannette MacDonald zieht sich dabei mit seinen stimmlichen Qualitäten noch am besten aus der Affäre. jg

Die Stunde, wenn Dracula kommt

La maschera del demonio. Italien 1960 **R** Mario Bava **B** Mario Bava, Ennio de Concini **K** Ubaldo Terzano **M** Roberto Nicolosi **P** Galateo Prod./ Jolly Film **L** 85 Min., s/w **D** Barbara Steele, John Richardson, Ivo Gerrani, Andrea Checchi, Arturo Dominici, Enrico Oliveira, Antonio Pierfederici

Aus spekulativen Gründen, die ganz eindeutig wieder einmal auf volle Kinokassen abzielten, gaben die deutschen Verleiher dem Film einen Titel, der auf das Erscheinen der Horrorgestalt Dracula hoffen ließ, die man in diesem Streifen allerdings vergeblich suchen wird. Vielmehr ist es die Hexe Asa (Steele), die zu Beginn des 19. Jahrhunderts aus Versehen von zwei nach Moskau reisenden Ärzten zum Leben erweckt wird, nachdem sie 100 Jahre zuvor wegen ihres satanischen Glaubens zusammen mit ihrem Geliebten gefoltert und nach einer mißlunge-

nen Scheiterhaufen-Verbrennung in den Ruinen einer Kapelle eingesargt wurde. Asa kehrt nun zurück, um an den Nachkommen ihrer Peiniger blutige Rache zu üben...
Trotz seiner etwas infantilen Story, die nicht frei von Ungereimtheiten ist, und einiger aufdringlicher Ekelszenen (u.a. wird der Hexe mit einem überdimensionalen Hammer eine mit Eisenstacheln besetzte Maske auf das schöne Antlitz geschlagen) schuf der exzentrische und für sein Trivialkino bekannte italienische Horrorregisseur Mario Bava einen Gruselfilm, der vor allem in Kameraführung und Ausstattung Hervorragendes zu bieten hat und sich eng an die Vorbilder des deutschen Expressionismus und des Gothic Horror des frühen phantastischen US-Kinos der 30er Jahre hält. Wegen seiner bizarr-düsteren Atmosphäre, dem permanenten Gebrauch von unheilverkündenden Nebelschwaden und kahlen Ästen, die sich drohend ins Bild recken, wurde *Die Stunde, wenn Dracula kommt* von vielen Kritikern als einer der wichtigsten italienischen Horrorfilme der 50er und 60er Jahre gewertet. jg

Stunden voller Zärtlichkeit

Moderato cantabile. Frankreich/Italien 1960 **R** Peter Brook **B** Marguerite Duras, Gérard Jarlot, Peter Brook, nach dem Roman von Duras **K** Armand Thirard **P** Raoul Levy für Iéna/Prod. Jacques Compañeez (Paris), Documento Film (Rom) **L** 94 Min., s/w **D** Jeanne Moreau, Jean-Paul Belmondo, Didier Haudepin, Valeric Dobuzinsky, Pascale de Boysson

Während die wohlhabende Anne Desbaredes (Moreau) der Klavierstunde ihres kleinen Sohnes beiwohnt, geschieht in dem unter dem Musikzimmer gelegenen Café ein Mord. In der Menge der Schaulustigen lernt Anne, die unglücklich verheiratet ist, den jungen Fabrikarbeiter Chauvin (Belmondo) kennen und beginnt, sich regelmäßig mit ihm zu treffen. Zunächst ist nur der Mord ihr Gesprächsthema, doch allmählich bahnt sich eine Liebesaffäre an...
Der Originaltitel bezieht sich auf die Ermahnung der Klavierlehrerin, Anton Diabellis Sonate Nr. 4 „moderato cantabile - langsam und getragen" zu spielen. Peter Brooks Bemühungen, dem literarischen Stil von Marguerite Duras (die auch am Drehbuch mitarbeitete) nahezukommen, gelten heute als gelungenes Experiment, stießen seinerzeit jedoch auf wenig Gegenliebe bei der Kritik. Die ausschließliche Verwendung statischer Kameraeinstellungen, abgesehen von einigen langen Fahrten am Fluß entlang, demonstrierte in den Augen der Rezensenten die Theaterherkunft des Regisseurs und seine Hilflosigkeit im Umgang mit dem Medium. Brook selbst meinte dazu, er habe versucht, eine „kommentierende" Kamera zu vermeiden. Wenn auch *Stunden voller Zärtlichkeit* nicht als Ganzes akzeptiert wurde, so honorierte man doch die Leistung der Hauptdarstellerin: Jeanne Moreau wurde in Cannes als Beste Darstellerin - gemeinsam mit Melina Mercouri für SONNTAGS...NIE! - ausgezeichnet. Während der Dreharbeiten hatte sich übrigens ein tragischer Unfall ereignet, als Jean-Paul Belmondo Moreaus kleinen Sohn Jérôme zu einer Spritztour in seinem neuen Sportwagen mitnahm und verunglückte. Der Junge war schwer verletzt, befand sich jedoch bald wieder auf dem Wege der Besserung. al

Der Sturm

Tempest. USA 1982 **R** Paul Mazursky **B** Paul Mazursky, Leon Capetanos, nach dem Bühnenstück *The Tempest* von William Shakespeare **K** Donald McAlpine **M** Stomu Yamashta **P** Paul Mazursky für Columbia **L** 142 Min., Farbe **D** John Cassavetes, Gena Rowlands, Susan Sarandon, Vittorio Gassman, Raul Julia, Molly Ringwald, Sam Robards, Paul Stewart, Jackie Gayle

Wie schon Woody Allen bei EINE SOMMERNACHTS-SEXKOMÖDIE wagte sich mit Paul Mazursky ein weiterer New Yorker Regisseur an einen Shakespeare-Stoff und versuchte, ihn auf die Gegenwart zu übertragen. Aus der Geschichte von Prospero, dem Herzog von Mailand, der mit seiner Tochter, einem Tiermenschen und dem Luftgeist Ariel fern von der Heimat auf einer Insel lebt und durch einen von ihm entfachten Sturm mit seinen Widersachern konfrontiert wird, machte Mazursky die Geschichte einer Midlife-Crisis. Der New Yorker Stararchitekt Phil (Cassavetes) zieht sich mitsamt Tochter Miranda (Ringwald in ihrem Debüt) und einer in Athen aufgelesenen Weltenbummlerin (Sarandon) auf eine griechische Insel zurück. Durch einen gewaltigen Sturm werden auch Phils Frau (Rowlands) und ihr neuer Geliebter (Gassman), die auf einer Yacht durch die Ägäis dümpeln, hier an Land gezwungen und es kommt zu einer Wiederbegegnung und Versöhnung.
Mit Shakespeare hat Mazurskys Film nicht mehr allzuviel zu tun, doch er ist eine ungewöhnliche und charmante Komödie, die neben der erstklassigen Besetzung und Photographie mit einigen bezaubernden Szenen aufwarten kann, etwa, wenn Sarandon und Ringwald *Why Do Fools Fall in Love?* zum besten geben und dabei eine Art Wasserballett aufführen. Außenaufnahmen entstanden auf der griechischen Halbinsel Mani sowie in Piräus, und der beeindruckende Sturm des Titels wurde in den Wasserbassins von Cinecittà in Rom entfesselt. al

Sturm über Jamaika

A High Wind in Jamaica. Großbritannien 1965 **R** Alexander Mackendrick **B** Stanley Mann, Ronald Harwood, Dennis Cannan, nach dem Roman von Richard Hughes **K** Douglas Slocombe **M** Larry Adler **P** John Croyden für 20th Century-Fox **L** 104 Min., Farbe **D** Anthony Quinn, James Coburn, Lila Kedrova, Gert Fröbe, Benito Carruthers, Viviane Ventura, Nigel Davenport, Isabel Dean, Kenneth J. Warren

Ein ungewöhnlicher Abenteuerfilm, der sich am Ende zu einem handfesten Drama entwickelt.
Das Kaufmannsehepaar Thornton (Davenport/Dean) ist der Meinung, daß seine Kinder doch besser im heimatlichen England aufgehoben sind als auf der rauhen Insel Jamaika, über die gerade mal wieder ein Orkan tobt. Die Überfahrt nach Europa nimmt jedoch einen ganz anderen Verlauf, denn eine Piratenhorde kapert das Schiff und sieht sich plötzlich in die Rolle von unfreiwilligen Babysittern gedrängt. Im Laufe der Wochen entwickelt sich aber zwischen den Seeräubern und ihren kleinen Passagieren ein herzliches Verhältnis - besonders zwischen dem Kapitän Juan Chavez (Quinn) und der kleinen Emily (Baxter). Als die Piraten eines Tages einen dänischen Dampfer entern, kommt es zu einem folgenschweren Zwischenfall. Emily mißversteht die Gesten des gefesselten Kapitäns (Fröbe) und ersticht ihn mit dem Messer, mit dem sie ihn befreien sollte. Bald darauf geraten Juan und seine Männer in Gefangenschaft und man klagt sie des Mordes an. In der Gerichtsverhandlung verschweigt der Piratenanführer zugunsten von Emily die Wahrheit, um ihr die Rechtfertigung ihrer Tat zu ersparen.
Sturm über Jamaika ist weit von der Seeräuberromantik der Errol-Flynn-Filme entfernt. Zeitlich angesiedelt im 19. Jahrhundert, haben die Helden dieser Geschichte wenig gemein mit dem Glanz und Glamour ihrer Vorgänger, sondern segeln als mitleiderregender Haufen über die Meere. Neben den pittoresken Außenaufnahmen beeindruckt dieser Streifen vor allem durch die schauspielerische Leistung der kleinen Deborah Baxter. Gert Fröbes Auftritt als schwergewichtiger Dampferkapitän reduziert sich auf ein paar schreckliche Minuten gegen Ende des Films. jg

Sturm über Washington

Advise and Consent. USA 1962 **R** Otto Preminger **B** Wendell Mayes, nach dem Roman von Allen

Drury **K** Sam Leavitt **M** Jerry Fielding **P** Otto Preminger für Columbia **L** 140 Min., s/w **D** Henry Fonda, Charles Laughton, Don Murray, Walter Pidgeon, Peter Lawford, Gene Tierney, Franchot Tone, Lew Ayres, Burgess Meredith

Es ist nicht gerade ein schmeichelhaftes Porträt, das Regisseur Otto Preminger in diesem Film von der amerikanischen Hauptstadt Washington entwirft. Zum einen versucht dieses politische Drama, den Zuschauer mit den Errungenschaften und Vorteilen der westlichen Demokratie vertraut zu machen, zum anderen wird hier aber auch recht deutlich gezeigt, daß Politik eben doch ein schmutziges Geschäft ist und ohne Skandale, Intrigen und Korruptionsaffären scheinbar nicht auskommen kann.
Die Personen dieser Geschichte sind fiktiv. Die ganze Welt blickt auf die Vereinigten Staaten, als der Präsident (Tone) das wichtige Amt des Außenministers mit dem nicht ganz unumstrittenen Robert Leffingwell (Fonda) besetzen will. In einer Art Kreuzverhör muß dieser sich den unbequemen Fragen des Senats stellen. Senator Seb Coley (Laughton) setzt alles daran, Leffingwell aus dem Verkehr zu ziehen und schreckt noch nicht einmal davor zurück, einen wichtigen Zeugen zu bestechen. Auf der anderen Seite versuchen einige von Leffingwells Anhängern, den jungen, unentschiedenen Senator Brig Anderson (Murray) zu einer Zustimmung zu bewegen. Ein homosexueller „Fehltritt", den Anderson während seiner Militärzeit auf Hawaii hatte, kommt ihnen dabei als Druckmittel sehr gelegen. Die Ereignisse überschlagen sich, als sich der junge Politiker aus Verzweiflung das Leben nimmt und kurze Zeit später auch der Präsident verstirbt.
Ein packender Polit-Thriller, der über die Jahrzehnte nichts von seiner Brisanz und Aktualität verloren hat, sondern auf bundesdeutscher Seite durch solche Skandale wie die Kiesling- oder Barschel-Affäre nur noch bestätigt wurde. Bemerkenswert an dieser Produktion, die zum Teil an Originalschauplätzen in Washington entstand, sind die darstellerischen Leistungen sämtlicher Akteure, wobei Preminger selbst die kleinsten Nebenrollen vorzüglich besetzte. *Sturm über Washington* war der letzte Leinwandauftritt des großen Charaktermimen Charles Laughton, der nur wenige Monate nach Beendigung der Dreharbeiten im Alter von 63 Jahren starb. jg

Stürmische Höhen

Wuthering Heights. USA 1939 **R** William Wyler **B** Ben Hecht, Charles MacArthur, nach dem Roman von Emily Brontë **K** Gregg Toland **M** Alfred Newman **P** Samuel Goldwyn für United Artists **L** 103 Min., s/w **D** Laurence Olivier, Merle Oberon, David Niven, Donald Crisp, Flora Robson, Hugh Williams, Geraldine Fitzgerald, Leo G. Carroll, Cecil Humphreys, Miles Mander, Cecil Kellaway

„Die taubengrauen Schwestern", so nannte man Charlotte, Anne und Emily Brontë, die drei Pfarrerstöchter aus England, die als Schriftstellerinnen in die Geschichte eingingen. Letztere veröffentlichte 1847, ein Jahr vor ihrem Tod, unter dem männlichen Pseudonym Ellis Bell ihren ersten und einzigen Roman *Wuthering Heights* (dt.: *Die Sturmhöhe*), den William Wyler 1939 unter großem Aufwand verfilmte. Die karge, rauhe Landschaft der englischen Grafschaft Yorkshire, in der die tragische Liebesgeschichte angesiedelt ist, ließ Produzent Samuel Goldwyn auf einer Ranch nahe Hollywood rekonstruieren. Dafür wurden rund 100 Hektar Land gerodet, mit etwas Heidekraut bestückt und mit violettem Puder bestäubt, um bei den Großaufnahmen den Eindruck einer unermeßlichen Heidelandschaft zu erwecken. Für die Hauptrollen wollte Wyler Charles Boyer und Sylvia Sidney gewinnen, doch Goldwyn setzte durch, daß der in den Staaten noch recht unbekannte Laurence Olivier als Protagonist verpflichtet wurde; an seine Seite stellte der hartnäckige Produzent Merle Oberon. Die beiden agieren als unzertrennliches Paar Heathcliff und Cathy, das seit seiner Kindheit aufs innigste verbunden ist. Der junge Mann wurde einst von Cathys Vater Earnshaw (Kellaway) als elternloses Kind aufgelesen und fand bei der Familie auf dem Besitz Wuthering Heights eine Heimat. Als der Herr des Hauses stirbt, übernimmt dessen Sohn Hindley (Williams) die Leitung des Anwesens und degradiert den verhaßten Schützling zum Stallburschen. Heathcliff erträgt die Demütigungen, um in Cathys Nähe sein zu können, aber die strebt danach, in die Wohlstandsgesellschaft aufzusteigen und läßt sich deshalb mit dem reichen Nachbarn Edgar Linton (Niven) ein. Heathcliff, der seine Liebe verraten sieht, verläßt während einer stürmischen Nacht das Land und kehrt erst nach Jahren als wohlhabender Mann nach Wuthering Heights zurück.
Das Melodram erhielt bei der Oscar-Verleihung 1939 in den Kategorien Bester Film, Regie, männliche Hauptrolle, weibliche Nebenrolle, Drehbuch-Adaption, Kamera, Ausstattung und Original Score Nominierungen. Doch lediglich Kameramann Gregg Toland wurde für seine düstere Schwarzweiß-Photographie ausgezeichnet. Emily Brontës viktorianisches Werk inspirierte im Laufe der Jahre einige Regisseure, ihren Roman für die Leinwand zu adaptieren: Luis Buñuel verfilmte 1954 den Stoff unter dem Titel ABGRÜNDE DER LEIDENSCHAFT, der Brite Robert Fuest inzsenierte *Wuthering Heights* 1970 mit Timothy Dalton und Anna Calder-Marshall und Peter Kosminsky drehte die jüngste Version 1992 mit Juliette Binoche und Ralph Fiennes in den Hauptrollen. mg

Stürmische Jugend

Le diable au corps. Frankreich 1947 **R** Claude Autant-Lara **B** Jean Aurenche, Pierre Bost, nach dem Roman von Raymond Radiguet **K** Michel Kelber **M** René Cloërec **P** Paul Graetz für Transcontinental Films **L** 110 Min., s/w **D** Micheline Presle, Gérard Philipe, Jean Debucourt, Denise Grey, Pierre Palau, Jean Varas

Gegen Ende des I. Weltkrieges lernt der Schüler François (Philipe) die ältere Marthe (Presle) kennen, die mit einem Soldaten verlobt ist. Zwischen den beiden entwickelt sich eine Liebesbeziehung, doch der zutiefst verwirrte François macht einen Rückzieher. Bei ihrer Wiederbegegnung nach sechs Monaten nehmen die beiden ihre Affäre wieder auf, obwohl Marthe inzwischen verheiratet ist...
Sicherlich *der* französische Nachkriegsfilm schlechthin, basiert *Stürmische Jugend* auf einem ebenso skandalösen wie erfolgreichen Roman von Raymond Radiguet (1903-1923). Die Legende will es, daß der junge Autor all seine Leidenschaft und Lebenskraft in die Vollendung des Werkes legte und danach starb. Der Film löste ähnlich heftige Reaktionen aus wie das Buch, denn Radiguets Stellungnahme gegen Patriotismus und Militarismus blieben weitgehend erhalten. Ein Hauptkritikpunkt vieler aufgebrachter Bürger und Zuschauer war, daß der Betrug an dem Soldaten in einem positiven Licht dargestellt werde. In Kanada wurde *Stürmische Jugend* verboten und in den USA nur nach Schnitten freigegeben, und während des ersten Weltfilmfestivals in Brüssel verließ der französische Botschafter in Belgien aus Protest den Saal. Später war der Film einer der Hauptangriffspunkte derjenigen französischen Kritiker, die mit ihrem Wechsel ins Regiefach die Nouvelle Vague begründeten, unter ihnen François Truffaut. Trotzdem brach er in Paris Kassenrekorde und gewann zahlreiche internationale Auszeichnungen, darunter den Großen Preis der Internationalen Filmkritik. Gérard Philipe wurde durch seine sensible Darstellung zum Star, der noch zwei weitere Male mit Autant-Lara arbeiten sollte: in ROT UND SCHWARZ und *Das Spiel war sein Fluch* (1957). al

Stützen der Gesellschaft

Stützen der Gesellschaft. Deutschland 1935 **R** Detlef Sierck **B** Georg Klaren, Peter Gillmann,

nach dem Bühnenstück von Henrik Ibsen **K** Karl Drews **M** Franz R. Friedl **P** Robert Neppach für R.N. Film Prod. GmbH/Krüger-Ulrich **L** 84 Min., s/w **D** Heinrich George, Maria Krahn, Horst Teetzmann, Albrecht Schoenhals, Suse Graf, Oskar Sima, Hansjoachim Büttner, Karl Dannemann

Ibsens Drama war für Detlef Sierck kein unbekanntes Stück, nachdem er *Stützen der Gesellschaft* schon einmal 1927 im Rahmen der Sommerfestspiele im Ostseebad Zoppot bei Danzig für die Bühne inszeniert hatte. Mit seinen beiden vorangegangenen Produktionen APRIL, APRIL und *Das Mädchen vom Moorhof* hatte der junge Regisseur so viel Talent und Gespür bewiesen, daß man ihm einen Spitzenstar wie Heinrich George ohne große Bedenken anvertraute.
George verkörpert in grandioser Weise den norwegischen Konsul Bernick, einen überall geachteten und hochangesehenen Bürger, der jedoch allerhand Dreck am Stecken hat. Zu den Fehltritten seiner Vergangenheit gehört u.a. ein uneheliches Kind, das er der Einfachheit halber seinem Schwager Tönnesen (Schoenhals) unterschob, als dieser zusammen mit seiner Frau das Land in Richtung Amerika verließ. Auch für eine Geldunterschlagung gibt er Tönnesen die Schuld, der natürlich erstaunt ist, als ihn die Gesellschaft nach seiner Rückkehr mit Verachtung straft. Um den lästigen Mitwisser seiner Taten ein für allemal auszuschalten, schleust Bernick seinen Schwager auf ein seeuntüchtiges Schiff, nicht ahnend, daß sich auch sein eigener Sohn als blinder Passagier an Bord geschmuggelt hat...
Sierck versah seinen Film mit einem Schluß, der erheblich von Ibsens Drama abwich. In der Annahme, sein Sohn würde auf dem Seelenverkäufer den Tod finden, durchläuft Bernick den Prozeß der Selbstverdammung und Einsicht und wird dadurch geläutert. Bei Sierck hingegen kommt er während eines Sturmes um. *Stützen der Gesellschaft* ist ein Schlüsselwerk in Siercks Œuvre, das bereits die Themen vorwegnimmt, die auch später in seinen amerikanischen Filmen bestimmend waren, in denen der Regisseur stets die verlogenen Moral- und Wertvorstellungen einer bornierten Gesellschaft attackierte. jg

Subway

Subway. Frankreich 1985 **R** Luc Besson **B** Luc Besson, Pierre Jolivet, Alain Le Henry, Marc Perrier, Sophie Schmit **K** Carlo Varini **M** Eric Serra **P** Luc Besson, François Ruggieri für Les Films du Loup/TFS Prod./Gaumont/TF 1 Films Prod. **L** 101 Min., Farbe **D** Isabelle Adjani, Christophe Lambert, Richard Bohringer, Michel Galabru, Jean-Hugues Anglade, Jean Bouise, Jean-Pierre Bacri, Jean Reno

Die Feuilletonisten, besonders die deutschen, waren nicht allzu glücklich über den zweiten Spielfilm des jungen Franzosen Luc Besson, der sich für seine Mischung aus Krimi und modernem Märchen in die Gänge des Pariser Metro-Systems begab. Dorthin flieht Fred (Lambert), nachdem er während einer schicken Party den Safe eines schwerreichen Geschäftsmannes und dessen Frau Helena (Adjani) um Geld und Papiere erleichtert hat. Die Leibwächter und die Polizei auf den Fersen, verliert Fred sich im Gewirr des Tunnelsystems und entdeckt unter Tage eine mysteriöse, von skurrilen Typen bevölkerte Welt, die ihm Schutz gewährt. Da gibt es einen rollschuhfahrenden Taschendieb, einen merkwürdigen Blumenverkäufer usw. Mit Helena verabredet sich Fred zur Übergabe des Geldes, das er für die Rückgabe der Papiere gefordert hat...
Als oberflächlich, substanzarm und klischeeüberladen wurde diese sparsame Geschichte gebrandmarkt, und das ist sie auch. Doch schon im Vorspann verkündet Besson seine Philosophie bezüglich dieses Films mit drei Zitaten: „To be ist to do", Sokrates; „To do is to be", Sartre; „Do be do be do", Sinatra. Nichts sollte hier zu ernst genommen werden. *Subway* ist ein Film, der durch optische Raffinesse und Eleganz fasziniert, nicht durch gehaltvolle Aussagen. Der Stil ist die Story. Besson nutzt das CinemaScope-Format voll aus und kombiniert geschickt reale Schauplätze des Pariser Metro-Systems mit den von Alexander Trauner nachgebauten Sets (César!), Isabelle Adjani schwebt in Yves-Saint-Laurent-Roben verführerisch die Treppen herab, und Eric Serras Song *It's Only Mystery* (gesungen von Arthur Sims) hallt klagend durch die Gänge. Das alles macht wenig Sinn, aber Spaß. In Frankreich avancierte *Subway* zum Kassenschlager. al

Südlich vom Pangani-Fluß

Mister Moses. USA 1965 **R** Ronald Neame **B** Charles Beaumont, Monja Danischewsky, nach dem Roman von Max Catto **K** Oswald Morris **M** John Barry **P** Frank Ross für Talbot-Belmont/United Artists **L** 113 Min., Farbe **D** Robert Mitchum, Carroll Baker, Ian Bannen, Alexander Knox, Raymond St. Jacques, Orlando Martins, Reginald Beckwith

In groben Zügen orientiert sich diese in Afrika spielende Abenteuerstory an den biblischen Geschichten um Moses, der hier durch Robert Mitchum eine etwas respektlose Interpretation erfährt. Eine Gruppe wütender Buschmänner wirft den Wunderdoktor und Diamantenschmuggler Joe Moses in einen reißenden Fluß, woraufhin dieser abgetrieben wird und irgendwann im Uferschilf hängenbleibt. Gerettet wird er von der vollbusigen Julie Anderson (Baker), der Tochter eines Missionars, die ihn in ein nahegelegenes Dorf bringt, das in Kürze einem Staudamm weichen soll. Was Missionar Anderson (Knox) und seine Tochter nicht geschafft haben, gelingt Moses innerhalb weniger Minuten: Er kann die Dorfbewohner überreden, ihre Hütten abzubrechen und sich auf die Suche nach einer neuen Bleibe zu machen. Allerdings hat er nicht einkalkuliert, daß die Schwarzen ihn zum Führer auserkoren haben. Notgedrungen führt Moses die Kavalkade der Eingeborenen an, und erlebt auf seinem Weg ins „gelobte Land" eine Reihe aufregender Abenteuer.
Etwas allzu offensichtlich stand für viele Szenen John Hustons Klassiker AFRICAN QUEEN Pate, an dessen Qualitäten Ronald Neames Streifen natürlich zu keiner Zeit heranreicht. *Südlich vom Pangani-Fluß* bietet dennoch kurzweilige Kinounterhaltung und gewinnt durch seine einzigartigen Naturaufnahmen, die am Naivasha-See und im Amboselli-Reservat in Kenia entstanden. jg

Südwest von Sonora

The Appaloosa. USA 1966 **R** Sidney J. Furie **B** James Bridges, Roland Kibbee, nach dem Roman von Robert MacLeod **K** Russell Metty **M** Frank Skinner **P** Alan Miller für Universal **L** 98 Min., Farbe **D** Marlon Brando, Anjanette Comer, John Saxon, Emilio Fernandez, Alex Montoya, Miriam Colon, Rafael Campos

Südwest von Sonora war nach DER BESESSENE Marlon Brandos zweiter Ausflug ins Western-Genre, der ihm wiederum wenig Ruhm einbrachte.
Der ehemalige Büffeljäger Matt Fletcher kommt zu der umwerfenden Einsicht, daß sein Leben nicht mehr so weitergehen kann wie bisher. Durch den Tod seiner Frau, die von Indianern massakriert wurde, vollends aus der Bahn geworfen, sucht er eine Kirche auf, um Gott zu versprechen, fortan ein Leben ohne Sünde zu führen. Das Mädchen Trini (Comer), die sein vor dem Gotteshaus abgestelltes Pferd stiehlt, sorgt dafür, daß die Einlösung dieses Gelübdes noch einige Zeit auf sich warten läßt. Trini befindet sich auf

der Flucht vor dem brutalen Bandenboß Chuy Medina (Saxon), der alsbald auch Matt verfolgt, als dieser sich auf die Seite des bedrängten Mädchens stellt. Es kommt zu einigen unschönen Gewalttätigkeiten, bei denen Matt übel zugerichtet wird. Am Ende erwartet uns der unvermeidliche Showdown, in dessen Verlauf Matt seinen Kontrahenten ins Jenseits befördert, um anschließend mit Trini in ein neues Leben zu reiten.
Die US-Kritiker ließen seinerzeit an diesem Western kein gutes Haar und bezeichneten ihn als „geschmacklosen Aufguß" des Brando-Regiedebüts DER BESESSENE. Die technische Machart des Films hat laut *Motion Picture Guide* lediglich „Fernsehspiel-Niveau" und verärgert durch die aufdringlichen Effekte, bei denen entweder Wasser in die Linse spritzt oder grelle Sonnenstrahlen in das Kameraauge einfallen. jg

Sugarland Express

The Sugarland Express. USA 1974 **R** Steven Spielberg **B** Hal Barwood, Matthew Robbins, nach einer Story von Steven Spielberg, Barwood und Robbins **K** Vilmos Zsigmond **M** John Williams **P** Richard D. Zanuck, David Brown für Universal **L** 110 Min., Farbe **D** Goldie Hawn, Ben Johnson, Michael Sacks, William Atherton, Frank Steggall, Buster Daniels

Nach den beiden TV-Produktionen DUELL und *Something Evil* gab Steven Spielberg, der kurze Zeit später zum „Wunderkind Hollywoods" apostrophiert werden sollte, sein Kinodebüt. *Sugarland Express*, der sich auf ein authentisches Ereignis aus dem Jahre 1969 bezieht, ist ein durch und durch amerikanischer Film, in dem wieder einmal zwei Menschen ihre persönliche Freiheit gegen den Willen einer bürokratisierten Umwelt durchsetzen wollen und dafür einen ungewöhnlichen Weg einschlagen.
Der Strafgefangene Clovis (Atherton) ist aus der Haft entkommen und hat sich zu seiner Frau Lou-Jean (Hawn) geflüchtet. Beide sind bereit für eine Verzweiflungstat. Aufgrund der etwas chaotischen familiären Verhältnisse hat die Fürsorge den Eheleuten ihr Baby genommen und zur Adoption freigegeben. Clovis und Lou-Jean wollen sich ihr Kind zurückholen. Um den Ernst ihrer Forderung zu untermauern, nehmen sie einen Polizisten als Geisel. Bald mischt sich die Sensationspresse in das Geschehen ein, was dazu führt, daß die Aktionen des Ehepaars den Zuschauern live am heimischen Bildschirm als gigantisches Medienspektakel dargeboten werden. Die Reaktionen darauf sind geprägt von hysterischer Begeisterung und ehrlicher Solidarität. Clovis und Lou-Jean werden wie Volkshelden gefeiert, doch warten bereits die Scharfschützen der Polizei auf sie...
Eine spannend inszenierte Geschichte, die etwas an die tragische Story von BONNIE UND CLYDE erinnert und von Steven Spielberg mit leisen sozialkritischen Untertönen und einem bitteren Sarkasmus ausstaffiert wurde. *Sugarland Express* entstand mit beträchtlichem Aufwand (u.a. wurden 250 Fahrzeuge eingesetzt, von denen 50 zu Bruch gingen) in der Nähe von San Antonio und Del Rio. Auf dem Festival von Cannes wurde der Film mit einem Preis für das Beste Drehbuch bedacht. jg

Sullivans Reisen

Sullivan's Travels. USA 1941 **R** Preston Sturges **B** Preston Sturges **K** John Seitz **M** Leo Shuken, Charles Bradshaw **P** Preston Sturges für Paramount **L** 85 Min. (Originalfassung 91 Min.), s/w **D** Joel McCrea, Veronica Lake, Robert Warwick, William Demarest, Franklin Pangborn, Porter Hall, Byron Fougler, Eric Blore

Diese bissige Satire auf die sozialkritischen Filme und ihre Macher drehte Preston Sturges in nur 36 Tagen mit einem Budget von rund 650.000 Dollar. Im Mittelpunkt der temporeichen Komödie steht der Hollywood-Regisseur John L. Sullivan (McCrea), der in schöner Regelmäßigkeit so amüsante Streifen wie *Lustig und froh in Heu und Stroh* inszeniert. Doch Sullivan steht der künstlerische Sinn nach Höherem, er möchte Werke mit Tiefgang schaffen. Seine Produzenten indes verstehen sein Anliegen nicht, erzielen Sullivans Filme doch immer wieder enorme Einspielergebnisse. Allerdings muß der junge Regisseur eingestehen, daß ihm in punkto Elend und Leid einschlägige Erfahrungen fehlen. Um sein neues Projekt so realistisch wie möglich zu gestalten, beschließt er deshalb, als Tramp durch die Lande zu ziehen und auf diesem Wege Bekanntschaft mit der Armut zu machen.
Beginnt *Sullivans Reisen* als eine mit Slapstick-Einlagen gespickte Dialogkomödie, so schlägt Sturges im letzten Drittel einen überraschend düsteren Ton an, wenn er seinen Helden im Arbeitslager landen läßt. Dort erkennt der unzufriedene Künstler schließlich den Wert der Komödien für all jene Menschen, die im Leben sonst nichts zu lachen haben. mg

Summer in the City

Summer in the City. BRD 1970 **R** Wim Wenders **B** Wim Wenders **K** Robby Müller **M** Kinks, Lovin' Spoonful **P** Wim Wenders für Hochschule für Film und Fernsehen München **L** 145 Min., s/w **D** Hanns Zischler, Marie Bardischewski, Edda Köchl, Libgart Schwarz, Gerd Stein, Helmut Färber, Wim Wenders, Muriel Werner

Während seiner Ausbildungszeit an der Münchener Filmakademie drehte Wim Wenders sechs Kurzfilme; *Summer in the City* war der Abschlußfilm, den alle Absolventen dieser Hochschule traditionsgemäß zu drehen haben.
Ein nicht näher bezeichneter Mann (Zischler) kommt aus dem Gefängnis. Weswegen er hinter Gittern saß, erfährt der Zuschauer nicht. In seiner Vergangenheit scheint auf alle Fälle eine Rechnung offen geblieben zu sein, denn just erscheinen seine ehemaligen Freunde auf der Bildfläche und stellen Forderungen, woraufhin er sich zu einer Bekannten flüchtet. Verfolgt von seinen Kumpanen, beginnt eine ziellose Fahrt durch das nächtliche München, an die sich ein Ortswechsel nach Berlin anschließt, der mit Tagträumen voller Fernweh nach der Metropole New York angereichert wird. Sein Weg führt jedoch zuletzt nicht nach Amerika, sondern in die Aussteigerstadt Amsterdam.
Summer in the City nimmt eine Thematik vorweg, die in den weiteren Werken von Wim Wenders stets bestimmend sein sollte - die ziellose Flucht bzw. Suche eines wurzellosen Individuums. Beschränkten sich diese Road-Movies in seinen Anfangswerken noch auf Deutschland und das angrenzende Ausland, so uferten die Wegstrecken, die die jeweiligen Protagonisten später in PARIS TEXAS oder *Bis ans Ende der Welt* zu bewältigen hatten, ins Grenzenlose aus und sorgten zunehmend für Langeweile.
„Für mich ist *Summer in the City* heute wirklich ein Dokumentarfilm über das Ende der 60er Jahre. Er ist von allen meinen Filmen der dokumentarischste. Er ist ein Spielfilm, doch seine Länge, auch das Schwarzweiß und die Weitwinkelaufnahmen und die festen Einstellungen machen ihn eher zum Dokumentarfilm" (Wim Wenders). jg

Sumurun

Sumurun. Deutschland 1920 **R** Ernst Lubitsch **B** Hanns Kräly, Ernst Lubitsch, nach der Bühnen-Pantomime von Friedrich Feska, basierend auf *Die Geschichte vom Buckligen* aus *1001 Nacht* **K** Theodor Sparkuhl, Kurt Waschneck **P** Paul Davidson für Projektions-AG Union **L** 87 Min., s/w **D** Pola Negri, Jenny Hallesqvist, Aud Egede Nissen, Paul Wegener, Harry Liedtke, Carl Clewing, Ernst Lubitsch, Margarete Kupfer

Im Jahre 1910 hatte der berühmte Regisseur Max Reinhardt an den Berliner Kammerspielen diese Geschichte aus *1001 Nacht* als Pantomime umgesetzt, bei der in einer der permanent wechselnden Besetzungen auch

Ernst Lubitsch selbst die Rolle des buckligen Gauklers spielte. Obgleich die Kritiker dieses Bühnenexperiment äußerst mißbilligend aufnahmen, war *Sumurun* beim breiten Publikum so beliebt, daß das Stück mehrere Jahre hindurch vor ausverkauftem Haus gespielt und daraufhin auch in anderen Ländern erfolgreich aufgeführt wurde. Stummfilmstar Pola Negri hatte *Sumurun* nicht zuletzt ihren späteren Ruhm zu verdanken, denn als Reinhardt sie in einem Warschauer Theater in der Rolle der Tänzerin sah, war er so begeistert, daß er ihr ein Engagement in Berlin anbot. Pola Negri durfte schließlich auch in der Verfilmung diese Rolle übernehmen, ebenso wie Ernst Lubitsch noch einmal den buckligen Gaukler spielte.
Sumurun führt uns in die orientalische Märchenwelt des 9. Jahrhunderts. In Bagdad verlieben sich ein grausamer Scheich (Wegener) und sein Sohn (Clewing) gleichzeitig in eine temperamentvolle Tänzerin. Bei allem Pomp und Glanz übersieht das Mädchen dabei die Zuneigung eines buckligen Straßenzauberers (Lubitsch), der darüber so verzweifelt ist, daß er sich umzubringen versucht. Dies allerdings gelingt ihm nicht ganz - er fällt lediglich in tiefen Schlaf und wird als komisches Element durch die Handlung geschubst. Zwar kann er den brutalen Scheich am Ende zu Allah schicken, doch hat dieser zuvor auch dasselbe mit der Tänzerin getan. Einer der großen deutschen Stummfilm-Schmachtfetzen, der sich jedoch dank Lubitschs sicherer Regie eine seltene Leichtigkeit und Beschwingtheit bewahrt hat. Großes Lob gebührt den beiden Filmarchitekten Kurt Richter und Ernö Metzner, die auf dem Studiogelände in Berlin-Tempelhof mit beeindruckenden, liebevollen Zuckerguß-Bauten die Welt aus *1001 Nacht* zu neuem Leben erweckten. jg

Sunday, bloody Sunday

Sunday, Bloody Sunday. Großbritannien 1971 **R** John Schlesinger **B** Penelope Gilliatt **K** Billy Williams **M** Ron Geesin **P** Joseph Janni für Vectia Prod./United Artists **L** 110 Min., Farbe **D** Glenda Jackson, Peter Finch, Murray Head, Peggy Ashcroft, Tony Britton, Maurice Denham, Bessie Love

Einen British Academy Award, fünf Oscar-Nominierungen sowie dickes Kritikerlob konnte sich John Schlesingers introvertiertes, dialogreiches Drama *Sunday, bloody Sunday* 1971 sichern, doch an den Kassen machte der Film kaum Gewinn. Im Prinzip handelt es sich um eine Dreiecksgeschichte, die durch den homosexuellen Handlungsaspekt vom Hauch des Skandalösen und Sensationellen umweht wurde. In London pflegt der junge Bildhauer Bob (Head) gleichzeitig Liebesverhältnisse zu der geschiedenen Lehrerin Alex (Jackson) wie zum schwulen Arzt Daniel (Finch). Obwohl durch die Existenz eines „Konkurrenten" irritiert, haben sich sowohl Alex als auch Daniel mit dieser Situation abgefunden, die jedoch auf Dauer keine Überlebenschance hat: Am Schluß verläßt Bob beide.
„Der Film", fühlte sich Regisseur Schlesinger verpflichtet zu bemerken, „dreht sich nicht um die Sexualität dieser Menschen." Doch natürlich war die Öffentlichkeit ganz anderer Meinung. Wie bereits DAS DOPPELLEBEN DER SISTER GEORGE und andere Dramen vor ihm, wurde auch *Sunday, bloody Sunday* als Film über Homosexualität abgestempelt - nur, weil er das Thema überhaupt berührte. Besonderes Aufsehen erregte die Kußszene zwischen Finch und Head, hatte man doch bislang vermutet, sexuelle Beziehungen zwischen Männern schlössen jede Zärtlichkeit aus. In dieser Hinsicht war *Sunday, bloody Sunday* wirklich bahnbrechend, denn derartiges war zuvor noch nicht auf einer Leinwand zu sehen gewesen. Auf die Frage, wie er diese Aufnahme empfunden habe, gestand Peter Finch übrigens: „Ich schloß die Augen und dachte an England." al

Der Sündenbock

The Scapegoat. Großbritannien 1959 **R** Robert Hamer **B** Robert Hamer, Gore Vidal, nach dem Roman von Daphne du Maurier **K** Paul Beeson **M** Bronislau Kaper **P** Michael Balcon für Du Maurier-Guinness Prod./Metro-Goldwyn-Mayer **L** 93 Min., s/w **D** Alec Guinness, Bette Davis, Nicole Maurey, Irene Worth, Pamela Brown

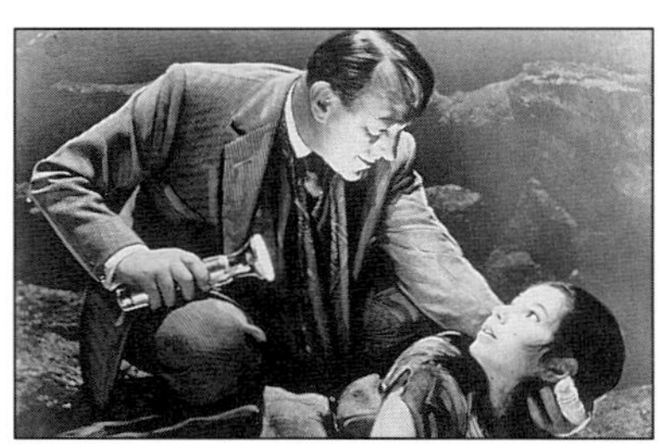

Schon in ADEL VERPFLICHTET hatte Alec Guinness in nicht weniger als acht verschiedenen Rollen geglänzt, so daß ihm seine Doppelrolle in dieser nicht ganz geglückten Mischung aus Krimi und Komödie wie ein Spaziergang vorgekommen sein dürfte. Er spielt den englischen Professor Barratt, der während eines Frankreich-Urlaubes die Bekanntschaft des adeligen Jacques de Gue macht. Die verblüffende Ähnlichkeit läßt in De Gue sofort einen teuflischen Plan reifen, und am nächsten Morgen findet sich Barratt in der Rolle des Hausherrn wieder, während dieser die Ermordung seiner Gattin (Worth) plant...
Die guten Darstellungen sind das einzig Interessante an diesem Film, dessen löcheriges und verwirrendes Skript kaum Vergnügen oder Spannung aufkommen läßt. Obwohl Bette Davis als gleichberechtigter Co-Star neben Guinness angekündigt war, hat sie als dessen Zigarren rauchende, morphiumsüchtige Mutter nur einen vergleichsweise kleinen Anteil am Geschehen und gab ihrem Partner, der auch co-produzierte, die Schuld dafür: „Er zerschnippelte meine Rolle derartig, daß mein Auftritt im fertigen Produkt keinen Sinn mehr ergab. Das ist ein Schauspieler, der nur für sich spielt. So war er - dank der Doppelrolle - schließlich auch in der Lage, nur *mit* sich selbst zu spielen." al

Die Sünderin

Die Sünderin. BRD 1950 **R** Willi Forst **B** Gerhard Menzel **K** Vaclav Vich **M** Theo Mackeben **P** Rolf Meyer für Deutsche Styria-Film **L** 90 Min., s/w **D** Hildegard Knef, Gustav Fröhlich, Robert Meyn, Aenne Bruck, Jochen-Wolfgang Meyn, Andreas Wolf, Theo Tecklenburg, Wera Frydtberg, Carl Voscherau, Benno Gellenbeck

Wohl kaum ein Film hat im frühen Nachkriegsdeutschland für solch eine Furore gesorgt, wie Willi Forsts schwülstiges Melodrama *Die Sünderin*. „Ich erwarte, daß unsere katholischen Männer und Frauen, erst recht unsere gesunde katholische Jugend, in berechtigter Empörung und in christlicher Einmütigkeit die Lichtspieltheater meiden, die unter Mißbrauch des Namens der Kunst eine Aufführung bringen, die auf eine Zersetzung der sittlichen Begriffe unseres christlichen Volkes hinauskommt", wetterte der Kölner Kardinal Frings von seiner Kanzel. Die gesunden Katholiken allerdings erlagen scharenweise dem sündigen Charme des Films, und die einhellige Verdammung der Kirche erreichte - wie schon so oft - wieder einmal genau das Gegenteil. In ihrer Verzweiflung wußten die umtriebigen Geistlichen bald keinen anderen Weg mehr, als sich selbst in die Zuschauerreihen zu setzen und mit Stinkbomben und Tintenfässern gegen die skandalöse Darbietung auf der Leinwand vorzugehen. Wenn diese Herren in den Jahren von 1933 bis 1945 doch ähnlich engagiert gehandelt hätten! Hildegard Knef, Star des Films, äußerte bereits damals mutig ihr Unverständnis, wie es ausgerechnet die einflußreiche Institution der Kirche wagen konnte, nur fünf Jahre nach Auschwitz über einen Film dermaßen in Rage zu geraten.
Die aus zerrütteten Familienverhältnissen

stammende Martina (Knef) verliebt sich in den Kunstmaler Alexander (Fröhlich), der an einem Gehirntumor leidet und dadurch erblindet. Um ihm zu einer Operation verhelfen zu können, betätigt sich Martina als Prostituierte (wörtlich kommentiert die Knef aus dem Off: „Wieder mußte ich durch Schmutz und Trümmer steigen...“). Mit dem angeschafften Geld ermöglicht sie Alexander den medizinischen Eingriff, der dem Geliebten die Sehkraft wieder zurückgibt. Martina muß jedoch erfahren, daß die Operation nur eine vorübergehende Besserung bewirkt hat und Alexander in absehbarer Zeit sterben wird. Ohne ihren Lebensgefährten einzuweihen, bringt sie ihn und sich mit einer Überdosis Schlaftabletten um.
Die Szenen, die damals die Kirche auf die Barrikaden trieben (die angeblich unterschwellige Propagierung der Prostitution für einen guten Zweck und eine verschwommene Nacktaufnahme der Knef) wirken aus heutiger Sicht eher unbeholfen und verklemmt. Sicherlich ist *Die Sünderin* kein Meisterwerk; gemessen an den hysterischen Reaktionen gibt der Film jedoch einen guten Einblick in die verlogenen moralischen Wertvorstellungen, die im damaligen Nachkriegsdeutschland herrschten. jg

Die Sunny-Boys

The Sunshine Boys. USA 1975 **R** Herbert Ross **B** Neil Simon, nach seinem Bühnenstück **K** David M. Walsh **P** Ray Stark für Rastar Prod./Metro-Goldwyn-Mayer **L** 111 Min., Farbe **D** Walter Matthau, George Burns, Richard Benjamin, Lee Meredith, Carol Arthur, Rosetta LeNoire, F. Murray Abraham

Walter Matthau hatte schon mit EIN SELTSAMES PAAR und HOTELGEFLÜSTER Erfolge in Neil-Simon-Adaptionen gefeiert, doch bei *Die Sunny-Boys* verhalf ihm nur der Tod eines anderen Schauspielers zu seiner Rolle. Die Leinwandversion des 1972 erstmals aufgeführte Stückes war als Vehikel für Jack Benny und George Burns vorgesehen gewesen, doch Benny starb nach einigen Probentagen an einem Herzinfarkt. Matthau übernahm die Rolle des Wille Clarke, eines alternden Komikers, der sein Brot mit albernen Werbespots verdient und von seinen großen Zeiten mit Parner Al Lewis (Burns) träumt. Trotzdem will er zunächst gar nichts vom Vorschlag seines Neffen (Benjamin) hören, gemeinsam mit Lewis in einem TV-Special aufzutreten, hatten sich die beiden doch seinerzeit heftig zerstritten....
Die Sunny-Boys gehört zu den besten Simon-Adaptionen und ist - wie alle Arbeiten des Autors - zugleich komisch und anrührend. Getragen wird der ganze Spaß natürlich von Matthau und Burns, die sich beide in nichts nachstehen und die bissigen Dialoge mit umwerfendem Timing abliefern. Um den großen Altersunterschied zwischen ihnen zu überdecken, mußte sich Matthau - wie bei OPA KANN'S NICHT LASSEN - jeden Morgen einer mühevollen Schminkprozedur unterziehen, während der Make-up-Experte Dick Smith für zusätzliche Runzeln sowie eine Glatze sorgte. Matthau wurde als Bester Schauspieler für einen Oscar vorgeschlagen, der 79jährige George Burns als Bester Nebendarsteller. Burns gewann - für seinen ersten Filmauftritt seit 37 Jahren. al

Sunrise

Sunrise. USA 1927 **R** Friedrich Wilhelm Murnau **B** Carl Mayer, nach der Erzählung *Die Reise nach Tilsit* von Hermann Sudermann **K** Charles Rosher, Karl Struss **M** Hugo Riesenfeld **P** William Fox für Fox Film Corporation **L** 106 Min., s/w **D** George O'Brien, Janet Gaynor, Margaret Livingston, J. Farrell MacDonald, Ralph Sipperly, Jane Winton, Arthur Houseman, Eddie Boland

Seit seinem Meisterwerk DER LETZTE MANN war der Name F. W. Murnau auch in Hollywood in aller Munde. Im Frühjahr 1926 reiste der geniale deutsche Regisseur nach New York, wo er mit einem pompösen Gala-Diner im Ritz-Hotel begrüßt wurde. Resultat seines Trans-Atlantik-Trips war ein Vier-Jahres-Vertrag bei der Fox, der Murnau eine Gage von insgesamt 395.000 Dollar einbrachte. Gleich nach Beendigung seines letzten deutschen Films FAUST - EINE DEUTSCHE VOLKSSAGE begannen in Hollywood die Dreharbeiten zu *Sunrise*.
Als Ausgangsstoff für das Drehbuch diente die Novelle *Die Reise nach Tilsit*, die Murnau den *Litauischen Erzählungen* von Hermann Sudermann entnahm. Die Geschichte wurde unter ihrem Originaltitel noch einmal 1939 von Veit Harlan verfilmt und schildert das Wirrwarr, das eine vampähnliche Schönheit aus der Stadt bei einem einfachen Bauern auslöst, auf den sie ein Auge geworfen hat. Dieser ist ihr bald so sehr verfallen, daß er sogar seine Frau ermorden würde, um die Geliebte für sich allein beanspruchen zu können. Erst im letzten Moment besinnt er sich und findet zu seiner Familie zurück, während die Nebenbuhlerin resigniert in die Stadt zurückkehrt.
Für keinen anderen Film erhielt Murnau später wieder solche künstlerische Freiheiten wie für *Sunrise*. Die Fox scheute weder Mühen noch Kosten, um das Werk voll und ganz nach den Wünschen des Regisseurs zu gestalten. So ließ Murnau am Ufer des Lake Arrowhead ein ganzes Dorf aufbauen, und auf dem Gelände der Fox-Studios errichtete der Berliner Filmarchitekt Rochus Gliese, den Murnau eigens aus Berlin angefordert hatte, eine Stadt, die in groben Zügen an den Potsdamer Platz erinnerte und alsbald mit Hoch- und Straßenbahnen, Autobussen, 500 PKW und ca. 4.000 Statisten bevölkert war. Als *Sunrise* in die Kinos kam, überschlugen sich die Kritiker vor Begeisterung und betitelten Murnau als den „größten Filmregisseur der Welt“. Der kommerzielle Erfolg des Streifens indes stellte sich nicht ein, was letztendlich dazu führte, daß sich die Produzenten in zunehmendem Maße bei der Gestaltung der nächsten Projekte in seine Regieanweisungen einmischten. jg

Sunset - Dämmerung in Hollywood

Sunset. USA 1987 **R** Blake Edwards **B** Blake Edwards **K** Anthony B. Richmond **M** Henry Mancini **P** Tony Adams für Tri-Star Pictures **L** 107 Min., Farbe **D** Bruce Willis, James Garner, Malcolm McDowell, Mariel Hemingway, Kathleen Quinlan, Jennifer Edwards, M. Emmet Walsh, Joe Dallesandro

Für seinen nostalgischen Rückblick auf die glamourösen „Roaring Twenties“ führte Blake Edwards auf der Leinwand zwei Western-Helden zusammen, die sich im wirklichen Leben nie begegnet sind: Tom Mix, berühmter Western-Star der Stummfilmzeit, und Wyatt Earp, der legendäre Marshal, dessen sagenumwobener Kampf gegen die Clanton-Brüder am O.K. Corral in Tombstone unzählige Male verfilmt wurde, wie zum Beispiel in ZWEI RECHNEN AB. Dabei stützten sich die Drehbücher auf die Biographie Stuart N. Lakes, dem Wyatt Earp seine stark geschönte Lebensgeschichte wohlweislich erst nach dem Tod seiner damaligen Zeitgenossen und Mitstreiter diktiert hatte.
Der Filmproduzent Alfie Alperin (McDowell) plant 1929, dem Todesjahr Wyatt Earps, ein Projekt, das Geschichte machen soll: Leinwand-Cowboy Tom Mix (Willis) soll in dem Western *Tombstone* den großen alten Gesetzeshüter Earp verkörpern. Mehr als Werbegag denn als technischer Berater fungiert der einstige Marshal während der Dreharbeiten. Nach anfänglicher Animosität schließen der reale und der fiktive Western-Held Freundschaft, die sich in der Aufklärung eines Mordfalles in Hollywood bewährt.
Edwards erzählt in seinem mit viel Liebe zum Detail inszenierten Film nicht nur von verblassenden Legenden und einem Kriminalfall im Stile der Schwarzen Serie. Vielmehr beschwört er die Zwanziger Jahre in der Traumfabrik herauf, besonders natürlich das Jahr 1929, in dem sich der Tonfilm etablierte. mg

Supergirl

Supergirl. USA 1984 **R** Jeannot Szwarc **B** David Odell **K** Alan Hume **M** Jerry Goldsmith **P** Timothy Burrill für Tri-Star-Production **L** 91 Min.,

Farbe **D** Faye Dunaway, Helen Slater, Hart Bochner, Peter Cook, Peter O'Toole, Mia Farrow

Es muß in der Familie liegen: Rettete schon SUPERMAN seit seiner Erfindung im Jahre 1933 ungezählte Male die Welt, so steht ihm seine Base mit dem originellen Namen *Supergirl* in nichts nach.1959 erblickte sie als Comic-Figur das Licht dieser Welt - ihr eigentlich unbesiegbarer Vetter kam mit den Schurken und Schlechtigkeiten allein offenbar nicht mehr zurecht -, und machte im Interesse des Guten dem Bösen den verdienten Garaus. Regisseur Szwarc mühte sich 25 Jahre später redlich, dem Kinopublikum die aufregenden Abenteuer dieser unerschrokkenen Weltraum-Politesse nahezubringen. Herausgekommen ist, trotz teurer Trickaufnahmen und waghalsiger Stunts, ein platter Null-acht-fuffzehn-Actionstreifen, der nichts ist als der plumpe Abklatsch der drei zuvor gedrehten SUPERMAN-Filme. Einziger Unterschied: Der Held flattert plötzlich mit blonden Locken und rundlichen Hüften durch die Lüfte. Mit SUPERMAN hat Cousine Supergirl allerdings den guten Charakter, die extraterrestrische Herkunft und den hübsch bunten Fluganzug gemein. Die Handlung ist erwartungsgemäß schlicht: *Supergirl*, das Dummchen, geht auf irgendeinem Meteoriten einer magischen Kugel verlustig, die zufällig auf unserem Planeten landet, dort der bösen Hexe Selena (Dunaway) in die Hände fällt, aber von dem guten Supermädel tapfer wieder zurückgeholt wird.
Bleibt angesichts der banalen Flachgeistigkeit dieser Geschichte zu hoffen, daß kein Comic-Zeichner und kein Filmproduzent jemals auf die entsetzliche Idee kommen werden, die Welt auch noch mit den Abenteuern von anderen Verwandten Supermans - denkbar wären beispielsweise die Erlebnisse seiner großartigen Großmutter - beglükken zu wollen. sk

Das Superhirn

Le cerveau/Il cervello. Frankreich/Italien 1968 **R** Gérard Oury **B** Gérard Oury, Marcel Jullian, Danièle Thomson **K** Armand Thirard, Vladimir Ivanov **M** Georges Delerue **P** Alain Poiré für Gaumont (Paris), Dino de Laurentiis Cinematografica (Rom) **L** 108 Min., Farbe **D** David Niven, Jean-Paul Belmondo, Bourvil, Eli Wallach, Silvia Monti

„Das Superhirn" ist ein britischer Oberst (Niven), der seinerzeit schon den berühmten Überfall auf den Postzug Glasgow-London geleitet hat. Wie es der Zufall will, wird er beauftragt, einen millionenschweren Schienentransport zu überwachen, der Umzugsgüter der NATO von Frankreich nach Belgien bringt. Ehe der Gentleman-Gauner es sich versieht, sind zwei weitere Parteien mit Schlachtplänen zum Raub der fetten Beute beschäftigt: die beiden französischen Ganoven Arthur (Belmondo) und Anatole (Bourvil) sowie der italienische Mafia-Boß Frankie (Wallach).
Mit Bourvil hatte Gérard Oury bereits in SCHARFE SACHEN FÜR MONSIEUR und DREI BRUCHPILOTEN IN PARIS - beide mit Louis de Funès - triumphale Erfolge an den Kassen gefeiert. In dieser ähnlich gut gemachten Gaunerkomödie muß der beliebte französische Komiker jedoch gegenüber seinen charismatischen Co-Stars Jean-Paul Belmondo und David Niven etwas zurückstehen. Nichts Neues, aber charmant und schwungvoll in Szene gesetzt. al

Superman

Superman. USA 1978 **R** Richard Donner **B** Mario Puzo, David Newman, Leslie Newman und Robert Benton, nach den Comics von Jerry Siegel und Joe Shuster **K** Geoffrey Unsworth **M** John Williams **P** Ilya Salkind und Pierre Spengler für Warner Bros. **L** 143 Min., Farbe **D** Marlon Brando, Gene Hackman, Christopher Reeve, Margot Kidder, Ned Beatty, Jackie Cooper, Glenn Ford, Maria Schell

Schon für seine Väter war *Superman* nicht recht zu fassen: „Es ist ein Film für Kinder und für Erwachsene, die Kinder mögen", befand Regisseur Donner, „es ist ein Film für Erwachsene, den sich Kinder ansehen", meinte Produzent Salkind, „es ist ein für Erwachsene gemachter Kinderfilm", behauptete Co-Produzent Spengler. Recht hatten sie alle, und die Verfilmung der 35 Millionen Dollar teuren Comic-Geschichte aus den 30er Jahren trat erwartungsgemäß ihren Siegeszug durch die Lichtspielhäuser dieser Welt an und begeisterte dabei jung und alt gleichermaßen, wie schon Jahrzehnte zuvor die Comic-Strips des Abenteuerhelden.
Kaum zu glauben, daß die *Superman*-Erfinder Jerome Siegel und Joe Shuster, aus deren Feder die Figur schon 1933 entsprungen war, fünf Jahre hausieren gehen mußten, bevor sich endlich ein Verleger zum Abdruck der Bildergeschichten vom fliegenden Supermenschen bereitfand. Den Comic-Heften folgten in den 40er und 50er Jahren *Superman*-Hörspiele, und auch die Filmindustrie ließ nicht lange auf ihren Beitrag zur Supermanie warten: Nach einigen höchst erfolgreichen Trickfilmen kam in den USA Ende der 40er Jahre ein 15-teiliges Serial (mit Kirk Alyn in der Titelrolle) in die Kinos, das hierzulande später in zwei Spielfilmteilen aufgeführt wurde(*Im Netz der schwarzen Spinne* und *Tod der schwarzen Spinne*). 1951 folgte der Kinohit *Superman and the Mole Man*. George Reeves, der die Hauptrolle übernahm, legte damit den Grundstein zu einer grandiosen TV-Karriere: Er stand in insgesamt 104 *Superman*-Fernsehfolgen vor der Kamera.
An der ursprünglichen Comic-Figur ist im Laufe der Jahrzehnte reichlich herumgedoktert worden - so wurde Supermans Erscheinen auf Mutter Erde kurzerhand von den 20er Jahren in die Zeit nach dem Zweiten Weltkrieg verlegt; mal war der Held verheiratet, mal nicht; konnte er zunächst gerade mal so schnell laufen wie ein D-Zug, kann er inzwischen schneller fliegen als das Licht. 1978 entstand die bisher aufwendigste *Superman*-Verfilmung - dieses Feuerwerk technischer Finessen hat mit dem vergleichsweise bescheidenen Comic-Original von 1933 und den frühen Filmfiguren allerdings nicht mehr viel gemein, die Geschichte folgt der Ursprungsvorlage allenfalls in groben Zügen.
Als der Planet Krypton kurz vor der Explosion steht, schickt Supermans Vati Jor-El (Brando) seinen Sohnemann in einer Kapsel auf die Erde. Dort landet er auf der Scholle des Farmerehepaares Kent (natürlich in Amerika), das sich seiner annimmt. Wohlbehütet wächst er unter dem Namen Clark Kent auf. Mit zunehmendem Alter wird sich der sympathische Extraterrestrische seiner übermenschlichen Fähigkeiten bewußt. Mit 18 entdeckt er ein magisches Metall, das ihm ermöglicht, mit seinem verstorbenen Daddy Zwiesprache zu halten. Auf dessen Veranlassung macht er sich auf, seine neue Heimat vor bösen Mächten zu bewahren. Und wenn er nicht gerade in seinem blauen Elast-Anzug von einem Einsatz zum nächsten braust, um seinen Gegnern den Garaus zu machen, arbeitet er unerkannt als Reporter beim "Daily Planet" in Metropolis. Entsprechende Außenaufnahmen wurden in New York gedreht.
Während Altvater Marlon Brando für seinen Auftritt 2,5 Millionen Dollar einkassierte, mußte sich Newcomer Christopher Reeve, bis dato nur aus Werbesendungen bekannt, mit einem Zehntel dieser Summe begnügen. Seine anfängliche Bescheidenheit hat sich ausgezahlt: Bis 1986 stand er in drei weiteren *Superman*-Streifen vor der Kamera - und kassierte für seine Rolle von Mal zu Mal mehr. sk

Superman II - Allein gegen alle

Superman II. USA 1979 **R** Richard Lester **B** Mario Puzo, David Newman, Leslie Newman **K** Robert Paynter **M** Ken Thorne **P** Ilya Salkind und

Pierre Spengler für Warner Bros. **L** 127 Min., Farbe **D** Gene Hackman, Christopher Reeve, Margot Kidder, Ned Beatty, Jackie Cooper, Sarah Douglas, Jack O'Halloran

"Es ist nicht so, daß ein überraschender Erfolg eines Films automatisch den zweiten Teil nach sich zieht. Wir waren und sind von SUPERMAN überzeugt, und schon lange bevor der erste Film startete, war der zweite konzipiert und angekündigt", rechtfertigte Produzent Salkind seine originelle Idee, seinem erfolgreichen *Superman*-Debüt (weltweit spielte der Streifen über 300 Millionen Dollar ein) einen Zweitfilm folgen zu lassen.
Diesmal muß Superman alias Clark Kent (Reeve) die Erde vom Joch dreier gesetzloser Schurken befreien, die wie er vom Planeten Krypton stammen. Die drei verfügen über dieselben übersinnlichen Fähigkeiten wie er, und da sie grundböse sind, treiben sie auf Erden allerlei Schabernack, haben sogar das Weiße Haus in ihre Gewalt gebracht. Fatalerweise hat Superman kurz zuvor in seiner "Festung der Einsamkeit" seine Superkräfte abgelegt, um nicht von seiner Reporter-Kollegin Lois Lane (Kidder) enttarnt zu werden, die seiner doppelten Identität auf der Spur und obendrein in ihn verliebt ist. Am Ende obsiegt, selbstredend, der gute Held, der in einem Wettlauf mit der Zeit seine Turbokräfte zurückgewinnen und die außerirdischen Fieslinge ausschalten kann.
Der Wechsel von Regisseur Donner zu Regisseur Lester hat dem zweiten Teil nicht geschadet, im Gegenteil: Durch pointiert eingesetzte Ironie und die Zurückstutzung der Leinwandpräsenz von Supermans Erzfeind Lex Luthor (Hackman) auf ein der Rolle entsprechendes Normalmaß gewinnt der Film, in dem es von teuren Tricksequenzen nur so wimmelt, durchaus an Qualität und Unterhaltungswert. *Movies on TV* meinte sogar, *Superman II* sei „eine der sehr wenigen Film-Fortsetzungen, die besser ist als das Original". Gleichwohl beschleicht den Zuschauer angesichts der Gewißheit von Supermans Überlegenheit und Endsieg irgendwann das Gefühl, alles irgendwie schon einmal gesehen zu haben. Dauerhafte Unbesiegbarkeit garantiert halt keinen unbegrenzten Unterhaltungswert. sk

Superman III - Der stählerne Blitz

Superman III. USA 1983 **R** Richard Lester **B** David Newman, Leslie Newman **K** Robert Paynter **M** Ken Thorne **P** Pierre Spengler für Warner Bros. **L** 124 Min., Farbe **D** Christopher Reeve, Richard Pryor, Jackie Cooper, Margot Kidder, Annette O'Toole, Pamela Stephenson, Robert Vaughn

Nachdem Superman (Reeve) und Lois Lane (Kidder) ihr Techtelmechtel bereits im zweiten Teil hinter sich gebracht hatten, fragte sich der geneigte Zuschauer zurecht, mit welcherlei Neuigkeiten *Superman III* wohl noch würde aufwarten können. Die Antwort: Mit keinen. Des Supermannes dritter Streich ist nichts als eine selbstgefällige Ansammlung von Klamauk und Slapstick. Ein nennenswerter Handlungsfaden fehlt ebenso wie ein superböser Superschurke, an dem Superman sich reiben könnte. So bleibt ihm nichts übrig als sich - infolge einer Manipulation durch den Bösewicht Webster (Vaughn) - in ein gutes und ein böses Ich aufzuspalten. Die beiden Ichs kämpfen zunächst gegeneinander, doch am Ende siegt, was Wunder, das Gute im Supermanne, und auf Erden herrscht wieder Ruh.
"*Superman III* ist eine Farce, eine augenzwinkernde Nonsens-Komödie, an der nichts Heroisches mehr Bestand hat" (*Spektrum Film*). sk

Superman IV - Die Welt am Abgrund

Superman IV - The Quest for Peace. USA1986 **R** Sidney J. Furie **B** Lawrence Konner, Mark Rosenthal, Christopher Reeve **K** Ernest Day **M** John Williams **P** Menahem Golan und Yoram Globus für Cannon Group/Golan-Globus-Prod. **L** 92 Min., Farbe **D** Christopher Reeve, Gene Hackman, Jackie Cooper, Marc McClure, Jon Cryer, Mariel Hemingway, Margot Kidder

Acht Jahre hatte Superman-Mime Christopher Reeve geackert, um im vierten Teil der Serie vom harten Mann, der fliegen kann, endlich vor Gene Hackman in der Besetzungsliste genannt zu werden - Hackman hatte sich in den beiden ersten Teilen den Spitzenplatz vor dem Titelhelden vertraglich zusichern lassen -, und doch wollte keine rechte Freude über diesen Aufstieg aufkommen: *Superman IV* geriet zur am heftigsten kritisierten *Superman*-Verfilmung und litt, im Gegensatz zu seinen Vorgängern, an akutem Zuschauermangel. Dies wundert nicht, ist das Machwerk doch nicht mehr als eine so lieblos wie unmotiviert zusammengestückelte Werkschau von kruden Ideen und überdrehten Tricksequenzen, alles schon mal dagewesen, Unterhaltungswert gleich null.
Zum Inhalt: Held Superman hält vor der UNO-Vollversammlung ein glühendes Plädoyer für die Abrüstung, sammelt anschließend sämtliche den Weltfrieden bedrohende Atomwaffen ein und schießt sie ins All. Nebenbei muß er ein Eifersuchtsdrama unter seinen Verehrerinnen Lois Lane (Kidder) und Lucie Warfield (Hemingway) bewältigen und sich schließlich mit einem bösartigen Doppelgänger so gewaltig herumschlagen, daß selbst die Chinesische Mauer davon in Mitleidenschaft gezogen wird.
Weltweit spielten die vier *Superman*-Filme mit Christopher Reeve in der Hauptrolle, trotz des qualitativen Abfalls zum Ende der Serie hin, über 750 Millionen Dollar ein. sk

Susan Lenox

Susan Lenox: Her Fall and Rise. USA 1931 **R** Robert Z. Leonard **B** Wanda Tuchock, Zelda Sears, Leon Gordon, Edith Fitzgerald, nach dem Roman von David Graham Phillips **K** William Daniels **P** Metro-Goldwyn-Mayer **L** 76 Min., s/w **D** Greta Garbo, Clark Gable, Jean Hersholt, John Miljan, Alan Hale

„Verpassen Sie nicht die einzigartige Garbo in den Armen von Clark Gable!" mahnten die Plakate von *Susan Lenox*, einem schwülstigen Melodram, das auf einem bei seinem Erscheinen (1916) skandalösen Roman beruhte. In der Tat war dies die einzige Leinwand-Begegnung von Metros Superstars. Die „Göttliche" spielt die uneheliche Susan, Tochter eines brutalen Farmers (Hersholt), der bereits eine Verbindung mit dem reichen Mondstrum (Hale) für sie arrangiert hat. Doch Susan läuft davon und dem sympathischen Ingenieur Rodney (Gable) direkt in die Arme. Beide sind einander in aufrichtiger Liebe zugetan, doch als Susan von den Suchaktionen ihres Vaters erfährt, flieht sie erneut. Nun beginnt eine lange Odyssee durch die Arme vieler Männer, bis die Liebenden schlußendlich wieder vereint sind.
Die Garbo macht mit ihrer unvergleichlichen Präsenz diesen etwas schwer verdauli-

chen Stoff noch erträglich, an dem nach Gerüchten mindestens 24 Drehbuchautoren herumgewerkelt haben. *Susan Lenox* rief sogleich die als streng gefürchteten britischen Zensoren auf den Plan, und sie verlangten Schnitte und eine Titeländerung, da nichts an die berüchtigte Romanvorlage erinnern sollte. Im Inselreich lief der Film daher als *The Rise of Helga.* al

Susan... verzweifelt gesucht

Desperately Seeking Susan. USA 1985 **R** Susan Seidelman **B** Leora Barish **K** Edward Lachman **M** Thomas Newman **P** Sarah Pillsbury, Midge Sanford für Orion Pictures **L** 103 Min., Farbe **D** Rosanna Arquette, Madonna, Aidan Quinn, Mark Blum, Robert Joy, Laurie Metcalf, Anna Levine, Will Patton, Peter Malone, Steven Wright, John Turturro

Daß *Susan... verzweifelt gesucht* zum Überraschungshit des amerikanischen Kinosommers 1985 wurde, verdankte der Film nicht zuletzt der Mitwirkung von Madonna. Die New Yorker Independent-Regisseurin Susan Seidelman hatte 1982 mit einem mickrigen Budget von 40.000 Dollar den Streifen *New York City Girl* gedreht, der prompt als offizieller Beitrag der Vereinigten Staaten zu den Filmfestspielen von Cannes geschickt wurde. Für *Susan...verzweifelt gesucht* standen der jungen Filmemacherin 5 Mio. Dollar zur Verfügung, die der Streifen bereits nach einer Woche um das achtfache eingespielt hatte.
Vor dem Hintergrund des schmuddeligen Colorits der New Yorker Lower East Side erzählt Seidelman die Geschichte zweier Frauen. Roberta (Arquette) fristet an der Seite eines ehrgeizigen Unternehmers ein ziemlich trauriges Dasein. Als sie eines Tages unter dem Haartrockner eines Schönheitssalons die Anzeige „Susan...verzweifelt gesucht" liest, gerät sie ins Träumen, wünscht sich, daß es auch einmal jemanden gibt, der solch eine Annonce für sie aufgibt, und ist plötzlich von dem Wunsch besessen, diese besagte Susan persönlich kennenzulernen. Das ist der Auftakt für ein munteres Verwirrspiel, das seinen Reiz daraus zieht, daß die beiden Frauen sich permanent verfehlen, Susan im Bett von Robertas Gatten landet und schließlich auch noch ein Killer erscheint, der ebenfalls hinter Susan her ist.
„Mit Witz und Tempo hat Susan Seidelman ihre Verwechslungskomödie nach klassischem Screwball-Rezept angerührt...Diese Kino-Mixtur ist 50 Jahre alt, die Inszenierung ist auch nicht die Spitze der Avantgarde, das Ambiente ist so modern wie die Punk-Ecke bei Hertie. Und trotzdem bietet dieser Film Neues" (*Der Spiegel*). jg

Suspect - Unter Verdacht

Suspect. USA 1987 **R** Peter Yates **B** Eric Roth **K** Billy Williams **M** Michael Kamen **P** Daniel A. Sherkow für Tri-Star Pictures **L** 121 Min., Farbe **D** Cher, Dennis Quaid, Liam Neeson, John Mahoney, Joe Mantegna

Washington, D.C. Am Ufer des Potomac wird eine ermordete Frau gefunden. Ein taubstummer Obdachloser (Neeson), der in der Nähe campiert hatte, gerät unter Mordverdacht und wird angeklagt. Was der Richter (Mahoney) als Routinefall abtut, entpuppt sich mehr und mehr als eine Verschwörung gegen den Untersuchungshäftling, die bis in höchste Regierungs- und Justizkreise reicht. Pflichtverteidigerin Riley (Cher) und der Geschworene Sanger (Quaid), die im Interesse des Beschuldigten heimlich zusammenarbeiten, obwohl sie dabei gegen gültige Gesetze verstoßen (und sich obendrein recht nahe kommen), tragen immer mehr Indizien zusammen, die am Ende die Unschuld des Angeklagten beweisen, beide aber in höchste Gefahr bringen...
Regisseur Yates gelang ein durch und durch schlüssiger, bis zur letzten Minute spannender, kritischer Gerichtsfilm - neben dem Western eines der uramerikanischsten Filmgenres. Die eingebaute Liaison zwischen den beiden brillant agierenden Hauptdarstellern fügt sich nahtlos in die Rahmenhandlung ein und verschafft ihr dadurch einen reizvollen Unterhaltungseffekt. "*Suspect* ist ein Beispiel dafür, wie sich das amerikanische Kino immer wieder auf sehr populäre Weise mit Institutionen und sozialen Regeln auseinandersetzt... Hollywood, aber prikkelnd" (*Süddeutsche Zeitung*). sk

Die süße Haut

La peau douce. Frankreich 1964 **R** François Truffaut **B** François Truffaut, Jean-Louis Richard

K Raoul Coutard **M** Georges Delerue **P** Les Films du Carrosse/SEDIF **L** 116 Min., s/w **D** Françoise Dorléac, Jean Desailly, Nelly Benedetti, Daniel Ceccaldi, Jean Lanier, Paule Emanuèle

Der 43jährige Pierre Lachenay (Desailly), Literaturhistoriker und Herausgeber einer Literaturzeitschrift, verliebt sich während eines Fluges nach Lissabon in die zwanzig Jahre jüngere Stewardess Nicole (Dorléac). Sie verleben gemeinsam einige Tage in der portugiesischen Hauptstadt und auch nach ihrer Rückkehr in Paris sehen sie sich wieder. Lachenay, der das Verhältnis bisher vor seiner Frau Franca (Benedetti) verheimlicht hat, will sich nun wegen Nicole scheiden lassen. Aber seine Geliebte verläßt ihn.
Truffauts vierter abendfüllender Spielfilm traf nach seinem Erscheinen auf harte Kritik: Dem Regisseur, Vertreter der Nouvelle Vague, warf man bezüglich der konventionellen Liebesgeschichte Verrat an der innovativen Filmrichtung vor. Bei der Uraufführung von *Die süße Haut* auf den Festspielen von Cannes wurde das Melodram sogar vom Publikum ausgebuht. mg

Das süße Leben

La dolce vita. Italien/Frankreich 1960 **R** Federico Fellini **B** Federico Fellini, Tullio Pinelli, Ennio Flaiano, Brunello Rondi **K** Otello Martelli **M** Nino Rota **P** Giuseppe Amato für Riama Film (Rom), Pathé Consortium Cinéma (Paris) **L** 177 Min., s/w **D** Marcello Mastroianni, Anita Ekberg, Anouk Aimée, Yvonne Fourneaux, Alain Cuny, Annibale Ninchi, Magali Noël, Lex Barker, Jacques Sernas, Nadia Gray, Valeria Ciangottini

Während seiner Recherchen für DIE NÄCHTE DER CABIRIA war Federico Fellini auf ein gesellschaftliches Phänomen gestoßen, das ihn mehr und mehr zu faszinieren begann: Die reiche Oberschicht des Landes führte gegen Ende der 50er Jahre ein Leben der Ausschweifungen und Dekadenz, deren Zentrum die römische Via Veneto mit ihren Bars und Straßen-Cafés war. Diesem bunten Treiben nahmen sich der Regisseur und drei Drehbuchautoren an und entwarfen das ebenso faszinierende wie abstoßende Panorama einer Gesellschaft, die an ihrem eigenen Luxus und Wohlstand zu ersticken droht. Exemplarisch dafür ist der junge Reporter Marcello Rubini (Mastroianni), der für ein Skandalblatt schreibt, obwohl er insgeheim die Hoffnung hegt, eines Tages ein seriöser Schriftsteller zu sein. Vorerst läßt er sich jedoch von einer Party zur nächsten, von einem vermeintlichen gesellschaftlichen Höhepunkt zum anderen treiben und frönt den schnellen Vergnügungen der Menschen, über die er berichten soll. Innerhalb der episodenhaften Handlung hat er eine kurze Affäre mit einer reichen Erbin (Aimée), macht mit einem Filmstar (Ekberg) die Nacht durch, berichtet über eine angebliche Marienerscheinung und nimmt an einer wilden Orgie teil. Zwischendurch muß er noch seine Geliebte

(Forneaux), die aus Eifersucht einen Selbstmordversuch unternommen hat, ins Krankenhaus fahren und sich mit seinem Vater (Ninchi) treffen, der vom Lebenswandel seines Sohnes schockiert ist.
Zu den bekanntesten Szenen dieses meisterlichen Werkes, das einen Meilenstein der Filmgeschichte darstellt, gehören mit Sicherheit die spektakuläre, symbolische Eröffnungseinstellung, in der eine riesige Christusstatue per Hubschrauber aus der Stadt geflogen wird, sowie das Bad von Anita Ekberg als Filmdiva Sylvia im Trevi-Brunnen. Die Dreharbeiten, für die man den Schausplatz Via Veneto teilweise nachgebaut hatte, dauerten ein halbes Jahr und brachten das Ergebnis von 92.000 Meter belichtetem Material, was einer Spieldauer von ungefähr 56 Stunden entspricht. Mit seiner Laufzeit von annähend drei Stunden stellte das fertige Produkt dann den ersten italienischen Spielfilm mit einer derart gewaltigen Überlänge dar. *La dolce vita*, ein Begriff, der mittlerweile in den allgemeinen Sprachgebrauch eingegangen ist, schlug im wahrsten Sinne des Wortes wie eine Bombe ein: Bei der Mailänder Premiere wurde er ausgepfiffen und es kam zu tumultartigen Szenen, als mehrere Besucher Fellini beschimpften und sogar anspuckten. Später beschäftigte sich das römische Parlament mit der angeblichen „Amoralität" des Films, der nach Meinung nicht weniger ganz Italien in den Dreck ziehen würde, und der Vatikan hielt seine Schäfchen an, die Kinos zu meiden. Der Regisseur selbst bemerkte zu diesen Vorwürfen: „Mein Film ist keusch, er beschreibt das Böse, ohne sich darin zu gefallen." Der ganze Wirbel war natürlich kostenlose Publicity, und das Publikum stürmte die Kassen - zunächst in Italien, später auf der ganzen Welt. Ein wahrer Preis-Regen folgte, darunter die Goldene Palme in Cannes, der Preis der New Yorker Filmkritiker als Bester ausländischer Film sowie ein Oscar für die Besten Kostüme (Schwarzweiß).
Il Tempo: „Der Film - einer der schrecklichsten, unergründlichsten und auf seine Art tragischsten, die je gezeigt wurden - ist ein wahres Festival aller Falschheiten, sämtlicher Täuschungen und Korruptionen unserer Zeit. Er ist das Sterbebildnis einer allem Anschein nach noch jugendlichen Gesellschaft, die - wie auf den mittelalterlichen Bildern - mit dem Tod den Reigen tanzt und ihn dennoch nicht sieht." al

Der süße Wahn

Dites-lui que je l'aime. Frankreich 1977 **R** Claude Miller **B** Claude Miller, Luc Béraud, nach dem Roman *This Sweet Sickness* von Patricia Highsmith **K** Pierre Lhomme **M** Alain Jomy **P** Maurice Bernart, Hubert Niogret für Prospectacle/Filmoblic/FR 3 Films **L** 105 Min., Farbe **D** Gérard Depardieu, Miou-Miou, Claude Piéplu, Dominique Laffin, Jacques Denis, Christian Clavier, Josiane Balasko

Der junge, sehr zurückgezogen lebende Buchhalter David (Depardieu) verzehrt sich vor Sehnsucht nach seiner Jugendfreundin Lise (Laffin), die jedoch seit Jahren mit einem anderen Mann verheiratet ist und gerade ein Kind erwartet. Trotzdem verfolgt David sie mit verbissener Hartnäckigkeit, die für die kleine Familie schließlich zur Bedrohung wird...
Nach seinem aufsehenerregenden und vielgelobten Debütfilm UNSER WEG IST DER BESTE wandte sich Claude Miller einem der psychologischen Krimis von Patricia Highsmith zu, deren Bücher auch Regisseuren wie Alfred Hitchcock und Wim Wenders als Vorlage dienten. Doch trotz wahrer Lobeshymnen der Kritik, besonders für Hauptdarsteller Gérard Depardieu, war dem Film kein Erfolg beschieden, so daß er in Deutschland - nach einer einmaligen Vorführung der Berlinale 1978 - zunächst ins Fernsehen (1979, ARD) und erst vier Jahre später in die Kinos kam. al

Süßer Wahn
seihe: DER SÜSSE WAHN

Ein süßer Fratz

Funny Face. USA 1957 **R** Stanley Donen **B** Leonard Gershe, nach seinem Musical *Wedding Day* **K** Ray June **M** George Gershwin, Ira Gershwin (Text), Roger Edens, Leonard Gershe (Text) **P** Roger Edens für Paramount **L** 103 Min., Farbe **D** Fred Astaire, Audrey Hepburn, Kay Thompson, Michel Auclair, Robert Flemyng, Dovina, Virginia Gibson

Ein nie zur Aufführung gelangtes Bühnenmusical, dessen Libretto Leonard Gershe verfasste, und eine gleichnamige Broadway-Show von den Gebrüdern Gershwin, in der Astaire bereits 1927 mit seiner Schwester Adele aufgetreten war, liegen diesem Musicalfilm zugrunde. Nach radikalen Änderungen beider Vorlagen blieb schließlich eine Aschenputtel-Geschichte übrig, die zwar anfangs die Modebranche aufs Korn nimmt, dann jedoch einen unangenehmen konformistischen Ton anschlägt. Astaire agiert wieder einmal als Pygmalion, der, diesmal in der Rolle des Fotografen Dick Avery, die unscheinbare Buchhändlerin Jo Stockton (Hepburn) in das Mannequin des Jahres verwandelt. Bei Aufnahmen für das Modemagazin „Quality" in Paris entwickelt sich das häßliche Entlein unter der fachmännischen Anleitung des Mannes sowie der Zeitschriftenherausgeberin Maggie Prescott (Thompson) zu einer richtigen Dame und verliebt sich natürlich in seinen Mentor.
Der Erfolg des Musicals rührte nicht so sehr von der konventionellen Story als von der ungewöhnlichen Farbdramaturgie und dem Soundtrack, der mit den Songs *Think Pink!, Bonjour, Paris!, On How To Be Loveley, Marche Funèbre* (Edens/Gershe), *How Long Has This Been Going On?, Funny Face, Let's Kiss and Make Up, He Loves and She Loves, Clap Yo' Hands* und *'S Wonderful* (George und Ira Gershwin) aufwarten kann. Audrey Hepburn, die hier selbst singt, sollte 1964 noch einmal in einem Musical auftreten: MY FAIR LADY. mg

Süßer Vogel Jugend

Sweet Bird of Youth. USA 1962 **R** Richard Brooks **B** Richard Brooks, nach dem Bühnenstück von Tennessee Williams **K** Milton Krasner **M** Robert Armbruster **P** Pandro S. Berman für Roxbury/MGM **L** 120 Min., Farbe **D** Paul Newman, Geraldine Page, Shirley Knight, Ed Begley, Rip Torn, Mildred Dunnock, Madeleine Sherwood, Philip Abbott, Corey Allen

Richard Brooks hatte schon einmal 1958 mit DIE KATZE AUF DEM HEISSEN BLECHDACH (ebenfalls mit Paul Newman in der Hauptrolle) ein Bühnenstück von Tennessee Williams inszeniert. *Süßer Vogel Jugend* fiel im Vergleich dazu nicht ganz so glücklich aus, was zum Teil daran lag, daß Brooks in einigen Punkten erheblich von der Vorlage des Autors abwich und das Drama in einer entschärften Version auf die Leinwand brachte. Wenn Newman in der Figur des Chance Wayne auf das Mädchen Heavenly (Knight) trifft, erfahren wir, daß er schon vorher mit ihr intim gewesen war und sie daraufhin eine Fehlgeburt erlitten hat. Tennessee Williams hatte an diese Stelle noch eine unappetitliche Syphilis-Infektion gesetzt, und statt des Happy-Ends im Film bleibt Wayne auf der Bühne kastriert im Staub der Straße liegen. Per Zufall lernen sich die abgehalfterte Filmdiva Alexandra Del Lago (Page) und der virile Chance Wayne (Newman) kennen. Das Versprechen der einstigen gefeierten Schauspielerin, ihn in Hollywood zum Star zu machen, ist der einzige Grund, weshalb sich der junge Mann fortan als ihr Begleiter betätigt. Alexandra selbst knüpft ihrerseits Hoffnungen an ein Comeback, doch kämpft sie stets mit dem Wissen darum, daß ihre Tage schon längst vorbei sind - eine Gewiß-

heit, die sich angesichts der blühenden Jugend ihres Begleiters nur noch verstärkt. Bevor beide in Richtung Kalifornien aufbrechen, statten sie Waynes Heimatort noch einen Besuch ab, wo die Ereignisse und Emotionen alsbald eskalieren.
Sehenswert an dieser Williams-Adaption sind vor allem die schauspielerischen Leistungen, für die Ed Begley in der Rolle des Boss Finley mit dem Oscar ausgezeichnet wurde. Nominiert waren damals des weiteren Geraldine Page und Shirley Knight. jg

Sweet Charity

Sweet Charity. USA 1969 **R** Bob Fosse **B** Peter Stone, nach dem Bühnenstück von Neil Simon, Cy Coleman, basierend auf dem Drehbuch *Die Nächte der Cabiria* von Federico Fellini, Tullio Ponelli und Ennio Flaiano **K** Robert Surtees **M** Cy Coleman, Dorothy Fields (Text) **P** Robert Arthur für Universal **L** 132 Min. (Originalfassung 157 Min.), Farbe **D** Shirley MacLaine, Sammy Davis, Jr., Ricardo Montalban, John McMartin, Chita Rivera, Paul Kelly, Stubby Kaye, Barbara Bouchet

Nach seiner Uraufführung 1966 lief das Musical *Sweet Charity*, das der Autor Neil Simon nach dem Film DIE NÄCHTE DER CABIRIA von Federico Fellini verfasste, zwei Jahre lang überaus erfolgreich am Broadway. Die Hauptrolle der Charity Hope Valentine spielte Gwen Verdon, die Ehefrau des Regisseurs und Choreographs der Bühneninszenierung Bob Fosse. Der übernahm auch die Regie bei der Leinwandfassung und lieferte damit ein gefeiertes Debüt ab. Von dem Broadway-Ensemble wurde lediglich John McMartin in die Kino-Version übernommen, der seine Rolle des Oscar wiederholte. Shirley MacLaine konnte als Taxigirl Charity, das in dem „Fandango"-Tanzpalast auf das große Glück und den Mann fürs Leben wartet, ihr überragendes tänzerisches und schauspielerisches Talent entfalten. Der Soundtrack stammt von Cy Coleman, der die Lieder *My Personal Property, It's a Nice Face, Hey, Big Spender, Rich Man's Frug, If My Friends Could See Me Now, There's Gotta Be Something Better Than This, Rhythym of Life, Sweet Charity, I'm a Brass Band, I Love To Cry at Weddings* und *Where Am I Going?* schrieb. mg

Sweet Dreams

Sweet Dreams. USA 1985 **R** Karel Reisz **B** Robert Getchell **K** Robbie Greenberg **M** Charles Gross **P** Bernard Schwartz für HBO Pictures/ Silver Screen Partners/Tri-Star Pictures **L** 115 Min., Farbe **D** Jessica Lange, Ed Harris, Ann Wedgeworth, David Clennon, James Staley, Gary Basaraba

Die Country-Sängerin Patsy Cline, im Alter von 31 Jahren bei einem Flugzeugabsturz ums Leben gekommen, steht im Mittelpunkt dieser Musiker-Biographie von Karel Reisz, die einige Ähnlichkeiten zu dem wesentlich besseren NASHVILLE-LADY aufweist. Seinerzeit hatte Beverly D'Angelo Cline in einer Nebenrolle verkörpert, während Sissy Spacek als ihre Kollegin Loretta Lynn zu sehen war. Der Film beginnt 1956, als Patsy - mit schwarzer Perücke gespielt von Jessica Lange - in einer Bar den sympathischen Charlie (Harris) kennenlernt, der sie von nun an mit seiner Zuneigung verfolgt. Schließlich verläßt sie für ihn ihren Ehemann und zieht zu ihrer Mutter (Wedgeworth). Auch beruflich geht es bergauf, denn nach einem Talentwettbewerb schafft eine ihrer Aufnahmen, *Walking After Midnight*, den Sprung in die Charts. Mit dem Fortschreiten ihrer Karriere geht jedoch Charlies zunehmende Trinkerei und Ignoranz einher, die die mittlerweile geschlossene und mit Kindern gesegnete Ehe in Gefahr bringt...
Exzellente Darstellungen sowie Clines zahlreiche Hits (Lippensynchronisation von Lange) sind die Hauptpluspunkte dieser ansonsten konventionellen Biographie, die unter der Tatsache leidet, daß die Hauptfigur, abgesehen von ihrem spektakulären Tod und einem vohergehenden Autounfall, kein besonders außergewöhnliches Leben führte. Die Probleme einer Künstlerehe, bereits in anderen Filmen zur Genüge thematisiert, reichen nicht für knapp zwei Stunden dramatische Unterhaltung. Jessica Lange erhielt für ihre überzeugende Leistung eine Oscar-Nominierung. al

Der Swimmingpool

La piscine / La piscina. Frankreich/Italien 1968 **R** Jacques Deray **B** Jean-Emmanuel Conil **K** Jean-Jacques Tarbes **M** Michel Legrand **P** Gérard Beytout für S.N.C. (Paris), Tritone Films Industria (Rom) **L** 100 Min., Farbe **D** Romy Schneider, Alain Delon, Maurice Ronet, Jane Birkin, Paul Crauchet, Steve Eckardt, Maddly Bamy, Suzie Jaspard

Nach einem zwischenzeitlichen, wenig erfolgreichen Abstecher nach Großbritannien, kehrte Romy Schneider zum französischen Film zurück, um seit ihrem Mini-Auftritt in dem Thriller NUR DIE SONNE WAR ZEUGE erstmalig wieder an der Seite ihrer einstigen großen Liebe Alain Delon zu drehen. *Der Swimmingpool* ist ein Streifen von prickelnder Erotik, die dieser vor allem dem sonnenumfluteten südfranzösischen Schauplatz verdankt, in dessen gleißendem Licht sich Romy Schneider und Alain Delon lasziv räkeln.
Marianne (Schneider) und Jean-Paul (Delon) verbringen ihre Ferien in einem Sommerhaus in St. Tropez. Ihre von Leidenschaft erfüllte Beziehung wird empfindlich gestört, als Harry (Ronet), Mariannes ehemaliger Liebhaber, mit seiner pubertierenden Tochter Penelope (Birkin) in der Villa eintrifft. Schon nach kurzer Zeit kommt es zu latenten Spannungen, die eskalieren, als Harry erfährt, daß Jean-Paul seine Tochter verführt hat. Die nächtliche Auseinandersetzung endet im Swimmingpool, wo Jean-Paul seinen Kontrahenten ertränkt. Marianne kommt hinter den wahren Tathergang, schweigt jedoch gegenüber der Polizei, die ihre Nachforschungen schon kurze Zeit später wieder einstellt. Mit dem Wissen, daß ihre Beziehung nie wieder so sein wird wie vor dem unseligen Zwischenfall, bleiben Marianne und Jean-Paul, eingesperrt in einem Käfig von Mißtrauen, Verachtung und Haßliebe, zurück.
Der Swimmingpool wurde in Frankreich zu einem riesigen Publikumserfolg und leitete einen neuen Abschnitt in der Karriere von Romy Schneider ein, der ihren vorangegangenen Mißerfolgen ein abruptes Ende setzte und ihr neue, faszinierende Auftritte in der Rolle einer gereiften Frau einbrachte. jg

Swing Time

Swing Time. USA 1936 **R** George Stevens **B** Howard Lindsay, Allan Scott, nach einer Story von Erwin Gelsey **K** David Abel **M** Jerome Kern **P** Pandro S. Berman für RKO Radio Picture **L** 105 Min., s/w **D** Fred Astaire, Ginger Rogers, Victore Moore, Helen Broderick, Eric Blore, Betty Furnes, George Metaxa, Landers Stevens

Swing Time stellt eine weitere Variation des Musicalmusters der dreißiger Jahre dar, und vereinte das Traumpaar Astaire/Rogers das sechste Mal vor der Kamera. Als Varietékünstler und leidenschaftlicher Spieler Lucky Garnett zieht Astaire alle Register seines tänzerischen Könnens, um die Dame seines Herzens, die Tanzlehrerin Penelope „Penny" Carrol (Ginger - wer sonst?), zu erobern.

Das soll ihm natürlich auch glücken; dabei behilflich sind ihm diesmal die Melodien von Jerome Kern, *It's Not in the Cards, Pick Yourself Up, Waltz in Swing Time, A Fine Romance, Bojangles in Harlem, Never Gonna Dance* sowie der mit dem Oscar ausgezeichnete Song *The Way You Look Tonight*, und die einfallsreiche Choreographie von Hermes Pan. mg

Switch - Die Frau im Manne

Switch. USA 1991 **R** Blake Edwards **B** Blake Edwards **K** Dick Bush **M** Henry Mancini **P** Tony Adams für Beco Production **L** 102 Min., Farbe **D** Ellen Barkin, Jimmy Smits, JoBeth Williams, Lorraine Bracco, Tony Roberts, Perry King

Steve Brooks ist trunken vor Freude: Drei seiner Bettgespielinnen haben ihn zu einer Überraschungsparty eingeladen - da kann er, der Superhengst, unmöglich nein sagen. Doch das Damentrio hat anderes im Sinn als Zuwendung und Liebesspiele, schließlich tragen sich die Betrogenen schon eine ganze Weile mit Rachegelüsten. Also packen sie die Gelegenheit beim Schopfe und befördern den gehaßten Herzensbrecher ins Jenseits. Dort angekommen muß er erfahren, daß der Weg in den Himmel ihm nur unter einer Bedingung offensteht: Er muß auf die Erde zurück, um eine Frau zu finden, die ihn wirklich liebt. Doch die Sache hat einen Haken - der Teufel besteht nämlich darauf, daß Steve als Frau zurückkehrt. Der neue Körper birgt für Steve erwartungsgemäß einige Schwierigkeiten, schließlich hatte er sich in seinem ersten Leben nie geschminkt, brauchte sich nicht in Seidenstrumpfhöschen zu zwängen, geschweige denn auf hohen Absätzen durch die Gegend zu stöckeln. Am Ende stößt Steve, der sich notgedrungen als seine Halbschwester Amanda (Barkin) ausgeben muß, endlich auf das erste weibliche Wesen, das ihn - respektive sie - wirklich liebt...
Regisseur Edwards (bekannt durch FRÜHSTÜCK BEI TIFFANY und DER ROSAROTE PANTHER) inszenierte mit sicherer Hand eine unterhaltsame, wenn auch phasenweise etwas flachwitzige Komödie, die vor allem keine Antwort auf die Frage gibt, warum Amanda nicht einfach auf flaches Schuhwerk ausweicht, wo sie doch mit hochhackigen Schuhen nicht zurechtkommt. Brillant in der Rolle der rüpelhaften Minirock-Wiedergeburt: Ellen Barkin. sk

Symphonie des Herzens

Rhapsody. USA 1954 **R** Charles Vidor **B** Michael Kanin, Fay Kanin, Ruth Goetz, Augustus Goetz, nach einer Adaption des Romans *Maurice Guest* von Henry Handel Richardson **K** Robert Planck **M** Bronislau Kaper **P** Lawrence Weingarten für MGM **L** 115 Min., Farbe **D** Elizabeth Taylor, Vittorio Gassman, John Ericson, Louis Calhern, Michael Chekhov, Barbara Bates, Richard Hageman, Richard Lupino

Angereichert mit einer großen Portion schöner klassischer Musik und pittoresken europäischen Städtepanoramen, schildert Charles Vidor in dieser melodiösen Romanze die Liebeskapriolen einer jungen Dame. Die damals 21jährige Elizabeth Taylor spielt die bezaubernde Louise Durant, die sich unsterblich in den Geiger Paul Bronte (Gassman) verliebt hat, der seinerseits zwar ebenfalls ähnliche Gefühle für sie hegt, seinem Instrument (der Violine natürlich) aber doch mehr zugeneigt ist als den Avancen der schönen Louise. Aus Protest flüchtet diese sich in die Ehe mit dem Pianisten John Guest (Ericson), um sehr bald zu merken, daß dieser Schritt wohl nicht gerade der weisesten einer war. Es folgt ein nervenaufreibendes Hin und Her, bis Louise, beseelt von den Klängen des Zweiten Klavierkonzerts in C-Moll von Sergej Rachmaninoff, die John auf seinem Flügel herumklimpert, sich letztendlich doch dazu entschließt, an der Seite ihres Ehemannes auszuharren.
Die Geschichte bot alles, was man sich als Mixtur für einen publikumswirksamen Hollywood-Streifen vorstellte, doch wagte sich anfangs niemand so recht an den Stoff heran. Das Filmprojekt geisterte einige Jahre durch verschiedene Studios, nachdem Hal B. Wallis 1948 die Rechte an dem Roman erworben hatte und sie 1951 an die Paramount verkaufte, die diese wiederum einige Zeit später an die MGM abtrat. Neben dem Original-Soundtrack von Bronislau Kaper und dem besagten Rachmaninoff-Klavierkonzert erklingen u.a. das Violinkonzert in C-Dur von Peter Tschaikowsky und Franz Liszts *Ungarische Rhapsody*. jg

Szenen einer Ehe

Scener ur ett äktenskap. Schweden 1973 **R** Ingmar Bergman **B** Ingmar Bergman **K** Sven Nykvist **P** Ingmar Bergman für Cinegraph/Sveriges Radio TV 2 **L** 168 Min., Farbe **D** Liv Ullmann, Erland Josephson, Bibi Andersson, Jan Malmsjö, Anita Wall, Gunnel Lindblom, Rosanna Mariano

Seit zwei Jahrzehnten waren Ingmar Bergmans Filme bei Kritikern und einem ausgewählten, kleinen Publikum eine überaus begehrte Kinokost, doch erst im Jahre 1973 sollte der schwedische Meisterregisseur auch bei einem Millionenpublikum ankommen. Daß *Szenen einer Ehe* zu einem seiner bekanntesten Werke werden sollte, ist hauptsächlich dem Medium des Fernsehens zu verdanken, das den Film als fünfteilige Serie mit einer Gesamtlänge von 235 Minuten ausstrahlte und damit Millionen von Zuschauern vor den Bildschirm lockte. Für Bergman war es anfangs eine völlig unbekannte Erfahrung, allabendlich ein Massenpublikum als Rezipienten seines Werkes anzutreffen. Das ungewohnt hohe Interesse brachte ihm denn auch schnell den Ruf ein, der Regisseur einer *Soap Opera* geworden zu sein, was *Szenen einer Ehe* mit Sicherheit nicht ist.
Zu Beginn treten Marianne (Ullmann) und Johan (Josephson) als scheinbar glückliches und harmonisch zusammenlebendes Ehepaar auf. Der Streit zweier verheirateter Freunde (Andersson/Malmjö), der schließlich in einer Scheidung mündet, bleibt jedoch auch für ihre Beziehung nicht ohne Wirkung. In zunächst latenten Andeutungen und später immer offeneren Auseinandersetzungen zeigt sich, daß seit langer Zeit nie ausgetragene Konflikte die Ehe unterschwellig belastet haben. Zu einem endgültigen Bruch kommt es, als Johan eine 23jährige Studentin kennenlernt und überlegt, einen Auslandslehrauftrag anzunehmen. Nach quälenden Diskussionen, die an den Rand der Selbstzerfleischung führen, entschließen sich beide zur Trennung, ohne jedoch in den kommenden Jahren ganz voneinander loskommen zu können.
Szenen einer Ehe war von Beginn an als Fernsehfilm konzipiert worden und entstand mit bescheidenem Aufwand (Budget ca. DM 600.000,-) in 16mm-Format, erlebte seine deutsche Erstaufführung aber zuerst im Kino. In Schweden waren die Fernsehzuschauer von dem Ehedrama so gebannt, daß die Straßen und Plätze während der jeweiligen Sendetermine wie ausgestorben wirkten. *Szenen einer Ehe* wurde nach dem Skandalstreifen DAS SCHWEIGEN zum erfolgreichsten Werk in Bergmans Karriere. jg

T

Tabu

Tabu. USA 1931 **R** Friedrich Wilhelm Murnau, Robert Flaherty **B** Friedrich Wilhelm Murnau, Robert Flaherty, nach einer Idee von Flaherty **K** Floyd Crosby, Robert Flaherty **M** Hugo Riesenfeld **P** Friedrich Wilhelm Murnau, Robert Flaherty für Murnau-Flaherty-Prod./Paramount **L** 81 Min., s/w **D** Reri, Matahi, Hitu, Jean, Jules, Kong Ah

Nachdem Produktionschef William Fox Murnaus folgende Werke *Vier Teufel* und *Unser täglich Brot* als Reaktion auf das verlustreiche Geschäft von SUNRISE strengen künstlerischen Eingriffen unterworfen hatte, kündigte Murnau aus Protest seinen Vertrag auf und zog sich in die entlegene Inselwelt der Südsee zurück, die für ihn das Symbol unberührter Schönheit und Natürlichkeit darstellte. Zuvor hatte er mit Robert Flaherty, der schon einmal 1922 in Polynesien einen Film mit dem Titel *Moana* gedreht hatte, die gemeinsame Zusammenarbeit für ein Filmprojekt vereinbart. Die Dreharbeiten fanden im Jahre 1930 auf Tahiti statt, engagiert wurden ausschließlich Laiendarsteller. Die beiden Regisseure machten von der Innovation des Tonfilms keinen Gebrauch und unterlegten ihre Geschichte lediglich mit den Kompositionen von Hugo Riesenfeld. In nahezu dokumentarischen Bildern zeigen Murnau und Flaherty die tragisch endende Liebesgeschichte zwischen den beiden Eingeborenen Matahi und Reri. Auf Geheiß des Hohepriesters steht Reri unter dem Tabu, ihre Schönheit ist einzig und allein für die Götter bestimmt. Der junge Matahi verliebt sich in das Mädchen und flieht mit ihr, woraufhin der Priester einen Fluch über die beiden Liebenden ausspricht, der sich später auf schreckliche Weise erfüllt.

Diese urtümliche Parabel hat das Regie-Gespann in unvergleichlichen Bildern voller bedeutungsschwerer Symbolik umgesetzt, die *Tabu* zu einer der stimmungsvollsten ethnischen Studien macht, die je gedreht wurde. Murnau war vom Zauber der Südsee so angetan, daß er auf der Insel Punaauia ein Grundstück mit dazugehörender Plantage erwarb. Zwischenzeitlich kehrte er nach Hollywood zurück, um dort bei der Uraufführung des Films, die auf den 18. März 1931 festgelegt wurde, anwesend zu sein. Eine Woche vor der geplanten Premiere verunglückte der Regisseur während einer Autofahrt und verstarb noch am selben Tag in einem Krankenhaus von Santa Barbara. jg

Tabu der Gerechten

Gentlemen's Agreement. USA 1947 **R** Elia Kazan **B** Moss Hart, nach dem Roman von Laura Z. Hobson **K** Arthur Miller **M** Alfred Newman **P** Darryl F. Zanuck für 20th Century-Fox **L** 117 Min., s/w **D** Gregory Peck, Dorothy McGuire, John Garfield, Celeste Holm, Anne Revere, June Havoc, Albert Dekker, Jane Wyatt, Dean Stockwell

Aus heutiger Sicht wirkt *Tabu der Gerechten* mit seinem ernsthaften Plädoyer für Toleranz etwas naiv und zu stark vereinfachend, doch zum Zeitpunkt seiner Entstehung galt der Film als gewagt und tabubrechend. Der New Yorker Journalist Phil Green (Peck) stößt mit seinem Plan, eine Artikel-Serie über Antisemitismus in den USA zu machen, auch bei jüdischen Freunden auf Skepsis. Er solle keinen Staub aufwirbeln, das Thema lieber ruhen lassen, rät man ihm. Dennoch gibt sich Phil von nun an als Jude aus, um am eigenen Leibe Diskriminierungen und Demütigungen zu erfahren, wie er sie sich niemals hätte vorstellen können. Sogar sein kleiner Sohn wird in der Schule beschimpft. Seine erschreckendste Entdekkung ist jedoch, daß die rassistischen Ausfälle einzelner von der schweigenden Mehrheit geduldet und unwidersprochen hingenommen werden.

Darryl F. Zanuck, rühriger Studio-Chef der Fox, hatte Lara Z. Hobsons Roman schon vor dessen Veröffentlichung gelesen und war entschlossen, den sensationellen Stoff - bislang war noch nicht einmal das Wort „Jude" in US-Filmen aufgetaucht - auf die Leinwand zu bringen. Ironischerweise war Zanuck selbst kein Jude, wurde jedoch von seinen überwiegend jüdischen Kollegen aus anderen Studios bedrängt, seinen Plan fallen zu lassen - ähnlich wie Phil im Film. Das Klima in Hollywood jener Zeit war durch den Kalten Krieg und die Kommunistenhetze der berüchtigten Senatsausschüsse auch alles andere als geeignet für einen derart kontroversen Stoff, doch der Erfolg von *Tabu der Gerechten* sowie des thematisch ähnlich gelagerten IM KRUZFEUER gab den Machern recht. Der Film wurde mit drei Oscars für Bester Film, Regie und weibliche Nebenrolle (Holm) sowie zahlreichen Nominierungen (darunter für Peck und McGuire) geehrt und erwies sich als größter Kassenschlager des Studios im Jahre 1947. al

Der Tag, an dem die Erde stillstand

The Day the Earth Stood Still. USA 1951 **R** Robert Wise **B** Edmund H. North, nach der Kurzgeschichte *Abschied vom Herrn* von Harry Bates **K** Leo Tover **M** Bernard Herrmann **P** Julian Blaustein für 20th Century-Fox **L** 92 Min., s/w **D** Michael Rennie, Patricia Neal, Hugh Marlowe, Sam Jaffe, Billy Gray, Frances Bavier, Lock Martin, Drew Pearson, Frank Conroy

Zu einer Zeit, in der der Kalte Krieg bereits auf Hochtouren lief, überraschte dieser frühe Science-fiction-Film mit seinem klaren Appell an die Völkerverständigung und wagte es sogar, dem US-Militär eine äußerst dubiose Rolle zuzuschieben.

Mit einer fliegenden Untertasse landet der Außerirdische Klaatu (Rennie) in der Nähe von Washington. Er ist auf die Erde gekommen, um die Menschheit vor einem drohenden, allesvernichtenden Atomkrieg zu warnen. Der Empfang, der ihm bereitet wird, ist allerdings wenig herzlich und besteht aus einem Schuß, der Klaatu so schwer verletzt, daß er in ein Krankenhaus verfrachtet werden muß. Seine Forderung, eine Weltsicherheitskonferenz für alle Nationen einzuberufen, nehmen die Politiker nicht ernst. Ihrer Meinung nach würden die USA als alleiniger Gesprächspartner ausreichen. Dem kann sich Klaatu nicht ganz anschließen. Um seine Überlegenheit gegenüber der menschlichen Rasse zu demonstrieren, läßt der Außerirdische für eine Stunde auf der ganzen Welt sämtliche Maschinen stillstehen. Doch auch das nützt nicht viel. Gehetzt von fanatischen Militärs, flüchtet sich Klaatu zu seinem Raumschiff, um sterbend einen letzten Aufruf an die Menschheit zu richten, sich endlich in ihrem Verhalten zu besinnen.

Die im SF-Magazin *Astounding* erschienene Geschichte von Harry Bates, war von dem Verlag ohne die Einwilligung des Autors an die Fox verkauft worden. Bates fühlte sich nicht nur finanziell, sondern auch künstlerisch hintergangen, da der Film den Gehalt seiner düsteren Story erheblich minderte. So haucht Klaatu in der Geschichte seinem Leibroboter entgegen, er solle seinem „Herren" ausrichten, die Menschheit sei noch nicht reif genug, worauf die Maschine antwortet „Ich bin doch der Herr". Der vom Atomkrieg bedrohten Erde hat Bates also nur eine von Robotern kontrollierte Welt entgegenzusetzen, was eine nicht gerade erbauliche Perspektive ist. *Der Tag, an dem die Erde stillstand* gilt heute als einer der wichtigsten Science-fiction-Filme, der für die weitere Entwicklung des Genres überaus bedeutend war. jg

Der Tag, an dem die Fische kamen

The Day the Fish Came Out. Großbritannien/Griechenland 1968 **R** Michael Cacoyannis **B** Michael Cacoyannis **K** Walter Lassally **M** Mikis Theodorakis **P** Michael Cacoyannis für 20th Century-Fox **L** 108 Min., Farbe **D** Tom Courtenay, Sam Wanamaker, Colin Blakely, Candice Bergen, Ian Ogilvy, Dimitris Nicolaidis

Seinem internationalen Erfolg mit ALEXIS ZORBAS ließ der Grieche Michael Cacoyan-

nis diese schwerfällige und verwirrende Allegorie um die Gefahren von Atomwaffen folgen. Angeregt durch einen Vorfall im spanischen Palomares aus dem Jahre 1966 erzählt er von einem NATO-Flugzeug, das über einer griechischen Insel zwei Atombomben sowie eine geheimnsivolle Box mit radioaktivem Material verliert. Die beiden Piloten (Courtenay, Blakely) machen sich nach einer Notlandung im Wasser auf die Suche nach einem Telephon, um die Sache ihren Vorgesetzten zu melden - was jedoch durch die Tatsache, daß sie kaum bekleidet sind, erheblich erschwert wird. Unterdessen hat das NATO-Hauptquartier längst eine Einsatztruppe ausgesandt, deren Mitglieder aus Tarngründen als Fremdenverkehrsexperten auftreten. Im Nu steht das idyllische Eiland im Mittelpunkt touristischen Interesses, während ein naiver Schafhirt verzweifelt nach Wegen sucht, die von ihm entdeckte Box zu öffnen...
Der Tag, an dem die Fische kamen steckt voll gut gemeinter Ansätze, doch die Umsetzung derselben löst beim Zuschauer nur Irritation aus. Es ist eine bittere Satire sowohl auf allzu sorglosen Umgang mit Nuklearwaffen als auch auf Touristen-Rummel und griechische Rückständigkeit, doch leider gelang es Cacoyannis nicht, Elemente wie Spannung, Romantik und Komik unter einen Hut zu bringen. Für zusätzliche Verwirrung sorgt die Tatsache, das die meisten Touristen und Mitglieder des Suchtrupps homosexuell zu sein scheinen und in bizarren, von Cacoyannis selbst entworfenen Schwimmanzügen auftreten, deren Farbenfreudigkeit durchaus mit Candice Bergens extravagantem Make-up mithalten kann. Sehr merkwürdig. al

Der Tag, an dem die Welt unterging

When Time Ran Out. USA 1980 **R** James Goldstone **B** Carl Foreman, Stirling Silliphant **K** Fred J. Koenekamp **M** Lalo Schifrin **P** Irwin Allen für Warner Bros. **L** 109 Min., Farbe **D** Paul Newman, Jacqueline Bisset, William Holden, Edward Albert, Red Buttons, Barbara Carrera, Valentina Cortese, Veronica Hamel, Alex Karas, Burgess Meredith, Ernest Borgnine

Nach dem Schiffsunglück von DIE HÖLLENFAHRT DER POSEIDON und der Feuersbrunst in FLAMMENDES INFERNO lag Katastrophen-Produzent Irwin Allen in den letzten Zügen. In diesem Streifen werden sämtliche Naturdesaster gleich in einem einzigen chaotischen Potpourri zusammengemengt. Der deutsche Titel führt wieder einmal völlig in die Irre, denn die ganze Welt läßt Allen hier natürlich nicht untergehen, wohl aber wird die malerische Südseeinsel Kalaleu von einem Vulkanausbruch heimgesucht, der Erdbeben, kochendheiße Schlammlawinen, Aschenregen und Lavaströme nach sich zieht. Mitten in diese Hölle der losbrechenden Naturgewalten wird eine Gruppe von reichen Touristen gestürzt, die sich ihren Urlaub im Südsee-Paradies sicherlich etwas anders vorgestellt hat.
Ein mäßig spannender Schreckensausflug mit deutlichen Längen, schauspielerischen Unzulänglichkeiten und schlechten Trickaufnahmen. Paul Newman und William Holden hatten schon in FLAMMENDES INFERNO Furchtbares durchzumachen; umso verwunderlicher ist es, daß sie sich ein zweites Mal dazu breitschlagen ließen, in einem derartigen Film mitzuwirken. *Der Tag, an dem die Welt unterging* erweist sich zu allem Überfluß als recht plumpes Imitat des 1960 entstandenen Streifens DER TEUFEL KOMMT UM VIER. Besonders dreist ist das Plagiat der Szene, in der sich die Riege der Schauspieler, umgeben von schrecklich dilettantischen Pappmaché-Kulissen, über eine wacklige Brücke tasten muß, unter der ein Lavastrom fröhlich glucksend dahinbrodelt. jg

Der Tag bricht an

Le jour se lève. Frankreich 1939 **R** Marcel Carné **B** Jacques Prévert, Jacques Viot **K** Philippe Agostini, André Bac, Curt Courant **M** Maurice Jaubert **P** VOG Sigma **L** 85 Min., s/w **D** Jean Gabin, Jules Berry, Jacqueline Laurent, Arletty, René Gélin, Bernard Blier

Eines der herausragenden Beispiele für den „poetischen Realismus" im Frankreich der 30er Jahre ist dieses melancholische Drama von Marcel Carné, das, wie schon seine Vorgänger HAFEN IM NEBEL und HOTEL DU NORD, in enger Zusammenarbeit mit Jacques Prévert entstand. Nach dem Mord an Valentine (Berry) wartet François (Gabin) in seinem Zimmer auf die Polizei und ruft sich - in Rückblenden - die vorausgegangenen Ereignisse ins Gedächtnis zurück. Er hatte sich in die Blumenverkäuferin Françoise (Laurent) verliebt, doch beider Liaison wurde durch den Françoise umwerbenden Varieté-Künstler Valentine empfindlich gestört. Obwohl François daraufhin mit Valentines Assistentin Clara (Arletty) ein Verhältnis begonnen hatte, konnte er Françoise nicht vergessen...
François' hilfloses Warten auf sein Ende wurde von vielen Beobachtern korrekterweise als Anspielung auf die politische Situation Frankreichs interpretiert, das sich zur Zeit des Verleihstarts von *Der Tag bricht an* widerwillig auf den offenbar unvermeidlichen Krieg mit Deutschland einstellte. Später wurde der Film als „demoralisierend" verboten, und man gab Carné sogar die Schuld am französischen Debakel im Jahre 1940. Der Regisseur bemerkte dazu, man könne wohl kaum das Barometer für den Sturm verantwortlich machen, den es anzeige. Nach Kriegsende erfuhr der Film die ihm gebührende Bewertung als ein Meisterwerk, doch fast wäre er für immer verloren gewesen: RKO Radio hatte 1947 alle Rechte aufgekauft und versuchte, sämtliche Kopien zu zerstören, um Konkurrenz für das amerikanische Remake *Die lange Nacht* von Anatole Litvak auszuschalten. Dieser Plan gelang glücklicherweise nicht im vollen Maße, und das erwartungsgemäß deutlich schwächere Remake geriet in Vergessenheit. al

Der Tag der Abrechnung

St. Ives. USA 1976 **R** J. Lee Thompson **B** Barry Beckerman, nach dem Roman *The Procane Chronicle* von Oliver Bleeck **K** Lucien Ballard **M** Lalo Schifrin **P** Pancho Kohner, Stanley Kanter für Warner Bros. **L** 93 Min., Farbe **D** Charles Bronson, John Houseman, Jacqueline Bisset, Maximilian Schell, Harry Guardino, Harris Yulin, Dana Elcar, Michael Lerner

Der ehemalige Journalist und jetzige Schriftsteller Raymond St. Ives (Bronson) übernimmt aus Geldmangel den Job, verschwundene Tagebücher wiederzubeschaffen, deren Inhalt nach Meinung seines Auftraggebers Procane (Houseman) einen Bandenkrieg entfesseln könnte. Erwartungsgemäß führt ihn diese Aufgabe in ein Netz aus Intrigen, Betrug und Mord.
Obwohl nur wenige Kritiker behaupteten, allen Handlungsfäden dieses komplizierten Krimis folgen zu können, zeigten sich doch die meisten überrascht von Bronsons Darstellung, die weit weniger eindimensional ausfiel als üblich. Zudem wurde weitgehend auf die ausgesuchten Brutalitäten verzichtet, die für die Vehikel des Action-Stars schon fast zur Regel geworden waren. Die *New York Daily News* formulierte es so: „Ein Film, der Bronson mehr zu tun gibt, als

Köpfe gegeneinander zu schlagen, kann so schlecht nicht sein." al

Der Tag der Eule

Il giorno della civetta. Italien/Frankreich 1968 **R** Damiano Damiani **B** Damiano Damiani, Ugo Pirro, nach dem Roman von Leonardo Sciascia **K** Tonino Delli Colli **M** Giovanni Fusco **P** Panda Cinematografica (Rom), Les Films Corona (Paris) **L** 95 Min., Farbe **D** Franco Nero, Claudia Cardinale, Lee J. Cobb, Serge Reggiani, Nehemiah Persoff

Der aus dem italienischen Norden stammende Inspektor Bellodi (Nero) wird in einer Kleinstadt auf Sizilien mit der Aufklärung eines Mordes an einem kleinen Bauunternehmer betraut. Schnell ist er davon überzeugt, daß der Mann mächtigen Konkurrenten im Wege war, womöglich sogar der Mafia, während die ehrenwerte Gesellschaft des Ortes versucht, die Tat als Eifersuchtsdrama hinzustellen. Ansosnsten hüllt man sich in Schweigen. Erst der Mut einer jungen Frau (Cardinale), die prompt als leichtlebiges Flittchen gebrandmarkt wird, bringt Bellodi ein Stück weiter, wenn auch am Schluß ein „Abgeordneter aus Rom" den Kriminalen zurückpfeift und die alte Ordnung wiederherstellt.
Der Tag der Eule ist einer der ersten Polit-Thriller von Damiano Damiani, der sich auch in Filmen wie DER CLAN, DER SEINE FEINDE LEBENDIG EINMAUERT und WARUM MUSSTE STAATSANWALT TRAIANI STERBEN? mit der engen Verflechtung von Politik und Verbrechen sowie den Machenschaften der Mafia beschäftigte, gegen die ein Einzelner nichts auszurichten vermag. Franco Nero konte sich in diesen engagierten Werken darstellerisches Profil über sein Image als kaltblütiger Western-Held hinaus verschaffen. al

Der Tag der Heuschrecke

The Day of the Locust. USA 1975 **R** John Schlesinger **B** Waldo Salt, nach dem Roman von Nathanael West **K** Conrad Hall **M** John Barry **P** Jerome Hellman für Paramount **L** 144 Min., Farbe **D** Donald Sutherland, Karen Black, Burgess Meredith, William Atherton, Geraldine Page, Richard A. Dysart, Bo Hopkins, Pepe Serna

Oft wurde gesagt, die 30er Jahre seien die Blütezeit Hollywoods gewesen. Regisseur John Schlesinger führt sein Publikum in die Filmmetropole des Jahres 1938, doch was sich da hinter den Fassaden von Glanz und Glamour verbirgt, ist schrecklicher als der furchtbarste Alptraum.
In einem schäbigen Apartmentkomplex des Stadtteils San Bardoo treffen sich das Mädchen Faye (Black) und der Zeichner Tod Hackett (Atherton), der gerade frisch von der Universität gekommen ist und jetzt in Hollywood als Filmgrafiker arbeiten möchte. Zwar ist Tod durchaus an der blonden, etwas naiven Schönheit interessiert, da er jedoch kein Geld besitzt, kann er bei Faye, die von einer Karriere als Leinwandgöttin träumt, nicht landen. Angenehmer ist dieser da schon die Gesellschaft des verklemmten und impotenten, dafür aber reichen Junggesellen Homer Simpson (Sutherland), den sie jedoch bald mit einem Studenten betrügt.
Schlesinger hat sich alle Mühe gegeben, den moralischen Verfall einer ganzen Gesellschaft in schwelgerischen Bildern voller Symbolismen festzuhalten; da amüsieren sich die Schönen und Großen der Welt auf Parties, bei denen im Hintergrund Pornofilme über eine Leinwand flimmern, Männer in Damenklamotten über das Parkett stöckeln und - zweifelhafter Gipfel der Dekadenz - tote Pferde im Swimmingpool dümpeln. Und auch dem Filmbusiness selbst wird jeder Zauber genommen. So bricht bei den Studio-Kampfszenen zu einem geplanten Historienfilm namens *Waterloo* (bei dem Horrorregisseur William Castle als Leiter am Set agiert) der Atelierboden zusammen und begräbt Hunderte von Statisten unter sich. Hollywoods Ruf (und damit der Amerikas) bröckelt, bricht zusammen und verliert seine Unschuld vollkommen, als Homer während eines rauschenden Premierenfestes ein widerliches Gör, das ihn demütigt und quält, förmlich zu Tode trampelt, um dann selbst in einem Inferno von hysterischen Menschenmassen, umgekippten Autos und splitternden Schaufensterscheiben den Tod zu finden.
Ein packendes Drama, das in bissiger Weise mit der verlogenen Scheinwelt der Filmmetropole Hollywood aufräumt und das man sich allein schon wegen der großartig inszenierten Schlußapokalypse nicht entgehen lassen sollte. jg

Tag der Idioten

Tag der Idioten. BRD 1981 **R** Werner Schroeter **B** Dana Horakova, Werner Schroeter **K** Ivan Slapeta **M** Peer Raben **P** Harald Krüger für OKO Film/Bayerischer Rundfunk **L** 110 Min., Farbe **D** Carole Bouquet, Ida di Benedetto, Ingrid Caven, Christine Kaufmann, Tamara Kafka, Herman Killmeyer, Magdalena Montezuma, Djadja Mustafa

Nach ihrem Auftritt in dem gelungenen James-Bond-Abenteuer IN TÖDLICHER MISSION war die Französin Carole Bouquet in aller Munde. Dem exzentrischen Regisseur Werner Schroeter gelang es, die Schauspielerin für sein beklemmendes Psycho-Drama zu engagieren, das ihr wesentlich mehr abverlangte als ihre Rolle an der Seite von Roger Moore.
Carol Schneider (Bouquet), eine schöne, intelligente Frau, möchte jede Sekunde, die ihr das Leben bietet, voll ausnutzen. So stellt sie auch an ihre Mitmenschen Forderungen, die diese bald nicht mehr erfüllen können, bis Carols Lebensenergie in die falsche Richtung umschlägt. Sie verdächtigt völlig unschuldige Menschen als Terroristen und wird in ein Irrenhaus eingeliefert. Dort merkt die Anstaltsleiterin Dr. Laura (Caven), daß die junge Frau nicht wirklich krank ist. Als eine Patientin Selbstmord begeht, läßt sie Carol wieder nach Hause zurückkehren. Doch diese findet sich dort nun nicht mehr zurecht, wird ein zweites Mal in die Psychiatrie gebracht und begeht schließlich Selbstmord.
„Schroeter ist allzusehr verliebt in seine debilen Göttinnen und Königinnen, deren drastisch erotisiertes Verhalten das Irrenhaus zu einem schwülen Treibhaus macht. Allzu delikat ist das fahle Blau-Weiß des Innenraums, allzu elegant die Kamerabewegungen, die oft geschmäcklerische Arrangements ins Bild bringen. Doch ist Schroeter wiederum intelligent genug, die Künstlichkeit seiner Welt offenbar zu machen. Am Ende läßt er das Irrenhaus zusammenbrechen, die Wände fallen nach außen ins Freie, und man sieht, woraus sie bestanden - aus Pappmaché" (*Rheinische Post*). jg

Der Tag des Delphin

The Day of the Dolphin. USA 1973 **R** Mike Nichols **B** Buck Henry, nach einem Roman von Robert Merle **K** William A. Fraker **M** Georges Delerue **P** Robert Relyea für American Entertainment **L** 104 Min., Farbe **D** George C. Scott, Trish Van Devere, Paul Sorvino, Fritz Weaver, Jon Korkes, Edward Herrmann, Leslie Charleson, John David Carson

Mit ihrem Debütfilm DIE REIFEPRÜFUNG hatten Mike Nichols und Autor Buck Henry noch enthusiastische Kritiken geerntet, die Reaktionen auf den nachfolgenden Streifen CATCH 22 fielen bereits weniger euphorisch aus. Für *Der Tag des Delphins* gab es dann nur noch hämische Bemerkungen, die angesichts der hanebüchenen Story nicht ganz unberechtigt waren.

Dem Zoologen Dr. Jake Terrell (Scott) ist nach jahrelanger Forschungsarbeit das scheinbar Unmögliche gelungen: Er hat es fertiggebracht, einem Delphin das Sprechen beizubringen, wodurch Versuchstier Alpha seinem Konkurrenten Flipper haushoch überlegen ist. Allerdings hat ein windiger Kreis verbrecherischer Regierungsbeamter und Geheimdienstler schon längst Informationen über Terrells sensationelles Experiment eingeholt. Die dunklen Mächte hecken einen teuflischen Plan aus: Mit Hilfe der beiden Delphine soll die Yacht des US-Präsidenten in die Luft gesprengt werden. Alles scheint wie am Schnürchen zu laufen, bis es Terrell in letzter Sekunde gelingt, die beiden Tiere zu überreden, mit dem Dynamit doch lieber das Boot der Umstürzler anzusteuern.
Das Imposanteste an diesem 8-Millionen-Dollar-Thriller, der noch nicht einmal einen Bruchteil seiner Kosten einspielen konnte, sind die effektvoll gefilmten Unterwasseraufnahmen und Georges Delerues Filmmusik, die für den Oscar vorgeschlagen wurde. Unfreiwillig komisch wird es, wenn Delphin Alpha zu sprechen beginnt. Drehbuchautor Buck Henry ließ es sich nicht nehmen, diese Szenen selbst zu synchronisieren, was sich sowohl in der englischen wie auch der deutschen Fassung wie das alberne Geplärre einer drittklassigen Zeichentrickserie anhört. jg

Der Tag des Falken

Ladyhawke. USA 1984 **R** Richard Donner **B** Edward Khmara, Michael Thomas, Tom Mankiewicz, nach einer Story von Khmara **K** Vittorio Storaro **M** Andrew Powell, Alan Parsons **P** Lauren Shuler, Richard Donner für 20th Century-Fox **L** 121 Min., Farbe **D** Matthew Broderick, Rutger Hauer, Michelle Pfeiffer, Leo McKern, John Wood, Ken Hutchinson, Alfred Molina, Giancarlo Prete

Basierend auf der französischen „Loupgarvou-Sage" aus dem 13. Jahrhundert, drehte Richard Donner diesen wunderschönen Fantasy-Film, der seinen Reiz nicht einer Reihe von aufdringlichen Spezialeffekten, sondern einer märchenhaften Romantik und den einzigartigen Außenaufnahmen verdankt.
Auf den beiden Liebenden Navarre (Hauer), einem edlen Rittersmann, und der schönen Isabeau (Pfeiffer) lastet ein schrecklicher Fluch, den einst der grausame Bischof von Aquila (Wood) über sie verhängt hat. Tagsüber nämlich verwandelt sich Isabeau in einen Falken, während Navarre des Nachts als reißender Wolf durchs Gebüsch schleicht, was zur Folge hat, daß sich beide immer nur für eine Zehntelsekunde zwischen Sonnenaufgang und Sonnenuntergang in menschlicher Gestalt zu Gesicht bekommen. Diese entsetzliche Pein soll jedoch bald zu Ende sein, denn eine Sonnenfinsternis steht bevor und damit ergibt sich die Chance, dem verhaßten Bischof in menschlicher Gestalt ins Gesicht zu sehen, was den Bann aufheben könnte.
Richard Donner, der sich als Regisseur solch phantastischer Filme wie DAS OMEN oder SUPERMAN einen Namen auf diesem Gebiet gemacht hatte, drehte mit *Der Tag des Falken* ein zurückhaltendes Fantasy-Opus voll zärtlicher Poesie. In mitreißenden Bildern gelang es ihm, die sagenumwobene Zeit des Mittelalters heraufzubeschwören, wozu die italienischen Schauplätze einen wesentlichen Beitrag lieferten. Gedreht wurde auf den drei Burgen Soncino, Torrechiara und Arquato in der Nähe von Parma. Was diese Bauwerke an erforderlichen Details nicht boten, konstruierten die Techniker nach alten Originalplänen, so daß z. B. eigens eine Wallbefestigung errichtet wurde.
„Trotz imposanter Dekorationen und prächtiger Kostüme lähmt dieser Film nie die Vorstellungskraft des Publikums. Vielmehr rollen Donner und seine trefflichen Mimen eine üppig blühende Spielwiese aus, auf der sich die Phantasie austoben kann. Das kann nicht jeder Fantasy-Film von sich sagen" (*Frankfurter Rundschau*). jg

Tag ohne Ende

Men in War. USA 1957 **R** Anthony Mann **B** Philip Yordan, nach dem Roman *Combat* von Van Praag **K** Ernest Haller **M** Elmer Bernstein **P** Sidney Harmon für Security/United Artists **L** 104 Min., s/w **D** Robert Ryan, Aldo Ray, Robert Keith, Philip Pine, Vic Morrow, Nehemiah Persoff, James Edwards, L. Q. Jones, Adam Kennedy

Ein gewagter, kritischer Kriegsfilm, in dem Western-Regisseur Anthony Mann die Korea-Intervention (1950-1953) der Amerikaner zum Anlaß nahm, über dieses recht unrühmliche Kapitel der jüngeren US-Geschichte zu reflektieren.
Robert Ryan spielt den kernigen Lieutenant Benson, der mit seinen Männern während des Korea-Krieges von der kämpfenden Truppe abgeschnitten wird. Wehrlos der feindlichen Übermacht ausgeliefert, sind die Soldaten ganz auf sich gestellt. Der Versuch, sich zur nächsten Einheit quer durch kommunistisch besetztes Gebiet durchzuschlagen, gipfelt in einem Todesmarsch, bei dem die Gruppe in regelmäßigen Abständen dezimiert wird.
Ähnlich wie Stanley Kubricks zeitgleich entstandener Antikriegsfilm WEGE ZUM RUHM gelingt es Anthony Mann hier, die Sinnlosigkeit der militärischen Konfrontation anhand von Einzelschicksalen ergreifend darzustellen. *Tag ohne Ende* ist ein Werk, das ohne pyrotechnische Materialschlachten auskommt und die Schrecken des Krieges anhand der guten schauspielerischen Einzelleistungen verdeutlicht. Der von der Zensur streng überwachte Film erhielt durch das aufgezwungene Ende einen noch wirkungsvolleren Schluß. In der Endeinstellung wird über den Soldaten, von denen kaum noch einer am Leben ist, eine Ladung Orden abgeworfen, die auf die blutverschmierten Leichen herniederprasseln. Besser hätte Mann die Hohlheit militärischer Auszeichnungen nicht ausdrücken können. jg

Tag und Nacht denk' ich an dich

Night and Day. USA 1946 **R** Michael Curtiz **B** Charles Hoffman, Leo Townsend, William Bowers **K** Peverell Marley, William V. Skall **M** Max Steiner **P** Arthur Schwartz für Warner Brothers **L** 111 Min. (Originalfassung 128 Min.), Farbe **D** Cary Grant, Alexis Smith, Monty Woolley, Ginny Simms, Jane Wyman, Eve Arden, Victor Francen, Alan Hale, Dorothy Malone

In den vierziger Jahren schwappte eine Welle von Komponisten-Biografien in die Kinos, die die Laufbahn der Musical-Schöpfer George Gershwin (RHAPSODY IN BLUE), Richard Rodgers und Lorenz Hart (*Words and Music,* 1948) und Jerome Kern (BIS DIE WOLKEN VORÜBERZIEH'N) als willkommenen Anlaß nahmen, die Melodien der berühmten Musiker in einem bunten Reigen zusammenzustellen; mit dem wirklichen Lebensweg ihrer Helden stimmten diese Filme jedoch in so gut wie keinem Punkt überein. Auch dieser opulent ausgestattete Musical-Revue-Film bildet keine Ausnahme; als angebliche Biografie des legendären Cole Porter beschreibt *Tag und Nacht denk' ich an dich* die Karriere des Komponisten (1891-1964), die 1914 an der renommierten Yale Universität ihren Anfang nimmt. Eine Kriegsverletzung, ein Reitunfall, der Porter fast beide Beine gekostet hätte, sowie die obligatorischen Eheprobleme gaben den Drehbuchautoren Gelegenheit, neben all den Erfolgen, die der Sohn aus reichem Hause feiern konnte, auch die tragische Seite des Lebens nicht zu kurz kommen zu lassen. Einziger Lichtblick dieser Produktion sind die Cole-Porter-Lieder, darunter *My Heart Belongs to Daddy, You're the Top, Begin the Beguine, I've Got You Under My Skin, Just One of Those Things, I Get a Kick Out of You, Miss Otis Regrets, Don't Fence Me In, Anything Goes.* mg

Ein Tag zum Kämpfen

Custer of the West. USA/Spanien 1968 **R** Robert Siodmak **B** Bernard Gordon, Julian Halevy **K** Cecilio Paniagua **M** Bernardo Segall **P** Philip Yordan, Louis Dolivet für Security, Cinerama **L** 143 Min., Farbe **D** Robert Shaw, Mary Ure, Jeffrey Hunter, Ty Hardin, Charles Stalnaker, Robert Hall, Lawrence Tierney, Kieron Moore, Robert Ryan

Die Lebensgeschichte des Indianerschlächters General George Custer ist der Gegenstand dieses aufwendig produzierten Streifens, der mehr einem Monumentalfilm als einem Western ähnelt. Als ursprünglicher Regisseur war zunächst der japanische Filmemacher Akira Kurosawa vorgesehen gewesen, der jedoch dann durch Robert Siodmak ersetzt wurde. Siodmak war während der 50er Jahre nach Deutschland zurückgekehrt, hatte dort eine Anzahl beachtlicher Filmwerke inszeniert, um dann in den 60ern mit solch unbefriedigenden Arbeiten wie den Karl-May-Abenteuern *Der Schatz der Azteken* und *Die Pyramide des Sonnengottes* sowie dem Historienepos KAMPF UM ROM einen qualitativen Einbruch sondergleichen zu erleben.
Ein Tag zum Kämpfen ist diesbezüglich leider nicht besser geraten. Siodmak vernachlässigt die wahren historischen Begebenheiten zugunsten eines gigantischen Schlachtenspektakels, das zugegebenermaßen mit viel Aufwand, Tempo und pyrotechnischem Schnickschnack inszeniert wurde. Leider erlebt die Figur des suspekten und menschenverachtenden Militaristen Custer eine unverdiente Wandlung. Anstatt das Leid der Indianer zu thematisieren, schwelgt Siodmak in endlosen Bildfolgen, in denen Custer bei der Schlacht am Big Horn (1876) eine heroische Apotheose durchläuft, die seinem wirklichen Tun aufs schärfste widerspricht. Die Kosten für diese in Spanien gedrehte Cinerama-Produktion hätte man lieber in ein anständiges Drehbuch stecken sollen, anstatt sie in einer Kette nicht enden wollender Brutalitäten zu verbraten. jg

Tage des Donners

Days of Thunder. USA 1990 **R** Tony Scott **B** Robert Towne **K** Ward Russell **M** Hans Zimmer **P** Don Simpson und Jerry Bruckheimer für Paramount **L** 108 Min., Farbe **D** Tom Cruise, Robert Duvall, Randy Quaid, Nicole Kidman, Carey Elwes, Michael Rooker

Tage des Donners hätte besser "Der mit dem Motor dröhnt" geheißen. Der Zuschauer wäre dann in der Lage gewesen, sich gründlicher auf das vorzubereiten, was den Eineinhalbstunden-Streifen überwiegend beherrscht: quietschende Reifen, klirrendes Metall und heulende Motoren - er hätte sich also mindestens eine Tüte geräuschdämmender Ohrstöpsel mitnehmen können, wenn er nicht gleich zu Hause geblieben wäre. Versäumt hätte er nicht viel: Neben der Geräuschkulisse jenseits der Schmerzgrenze zeichnet sich der dümmliche Rennfahrer-Streifen vor allem durch Product-Placement, ebenfalls jenseits der Schmerzgrenze, aus. Kaum eine Szene, in der der Protagonist nicht eine Pulle Budweiser in die Linse hält. Held und Hauptdarsteller Tom Cruise mimt den ehrgeizigen Jung-Rennfahrer Cole Trickle, der voll auf sein Talent vertraut und deshalb blindlings auf die Tube drückt, bis irgendwann das Unvermeidliche passiert: ein Unfall. Doch auch den pariert der hartgesottene Sonnyboy, (aus Schaden wird man schließlich klug) problemlos - als einer der "Männer, die konsequent die Herausforderung und die Bewährung suchen", wie das Paramount-Presseheft jubelt.
Die dünne Geschichte ohne eigentlichen Handlungsrahmen wird beherrscht von spektakulösen Rennaufnahmen, für die ganze Heerscharen von Stuntmen und Kamerateams verpflichtet werden mußten. Das Autofahrer-Epos verschlang denn auch Produktionskosten von über 60 Millionen Dollar. "Mit diesem Werk ist ein weiterer cineastischer Höhepunkt erreicht, aus Nichts durch Schnitt, Ton- und Kameratechnik einen Spielfilm zu machen" (*Zitty*). sk

Die Tage des Weines und der Rosen

Days of Wine and Roses. USA 1962 **R** Blake Edwards **B** J. P. Miller, nach seinem Fernsehspiel **K** Philip Lathrop **M** Henry Mancini **P** Martin Manulis für Warner Bros. **L** 117 Min., s/w **D** Jack Lemmon, Lee Remick, Charles Bickford, Jack Klugman, Alan Hewitt, Tom Palmer, Debbie Megowan, Maxine Stuart, Katherine Squire

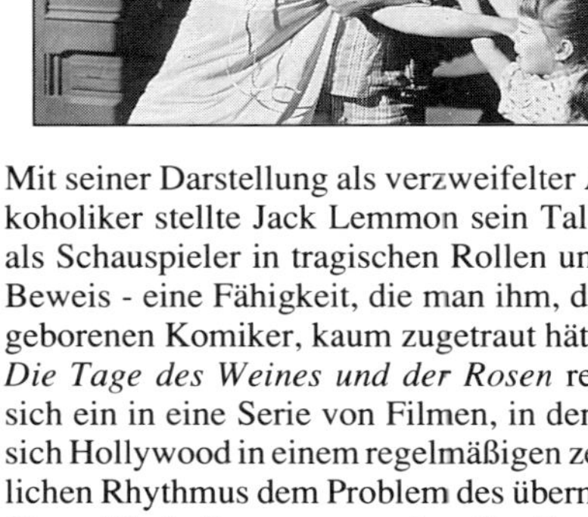

Mit seiner Darstellung als verzweifelter Alkoholiker stellte Jack Lemmon sein Talent als Schauspieler in tragischen Rollen unter Beweis - eine Fähigkeit, die man ihm, dem geborenen Komiker, kaum zugetraut hätte.
Die Tage des Weines und der Rosen reiht sich ein in eine Serie von Filmen, in denen sich Hollywood in einem regelmäßigen zeitlichen Rhythmus dem Problem des übermäßigen Alkoholkonsums annahm. Berühmtestes Beispiel dafür war das 1945 entstandene Drama DAS VERLORENE WOCHENENDE von Billy Wilder.
Blake Edwards - sonst eigentlich auch eher im Komödienfach beheimatet - schildert in dieser so behaglich beginnenden Geschichte die Tragödie von Joe (Lemmon) und Kirsten (Remick). Obwohl beider Eltern nicht sehr davon begeistert sind, heiraten sie. Joe hat einen gutbezahlten Job als Public-Relations-Manager, der ihn allerdings nervlich so belastet, daß er meint, sich allabendlich bei einem Glas Whiskey vom Streß des Tages erholen zu müssen. Daraus wird bald ein tägliches Ritual, zu dem sich auch Ehefrau Kirsten gesellt. Unbewußt verfallen beide dem Alkohol, die Ehe kriselt, es kommt zu handgreiflichen Auseinandersetzungen. Immerhin schafft es Joe, sich zu seiner Abhängigkeit zu bekennen und den Weg zu den Anonymen Alkoholikern zu finden. Kirsten tut sich mit ihrer Sucht (sie war früher schon in krankhafter Weise auf Schokolade versessen) viel schwerer. Am Ende steht die Trennung, die für Joe die einzige Möglichkeit darstellt, nicht wieder zum Trinken verführt zu werden.
Hinter dem poetischen Titel dieses Films verbirgt sich ein handfestes Drama voller quälender, erschreckend lebensnah gestalteter Szenen, die sowohl den Schauspielern als auch dem Publikum einiges an Durchhaltevermögen abverlangen. Jack Lemmon und Lee Remick wurden beide für ihre ergreifende Darstellung für den Oscar nominiert. Eine Auszeichnung gab es für den Ohrwurm-Song *The Days of Wine and Roses*, den Henry Mancini komponierte und Tommy Mercer textete. jg

Das Tagebuch der Anne Frank

The Diary of Anne Frank. USA 1959 **R** George Stevens **B** Frances Goodrich, Albert Hackett, nach ihrem Bühnenstück, basierend auf dem Tagebuch von Anne Frank **K** William C. Mellor, Jack Cardiff **M** Alfred Newman **P** George Stevens für 20th Century-Fox **L** 152 Min. (Originalfassung 170 Min.), s/w **D** Millie Perkins, Joseph Schildkraut, Shelley Winters, Richard Beymer, Gusti Huber, Lou Jacobi, Diane Baker, Douglas Spencer

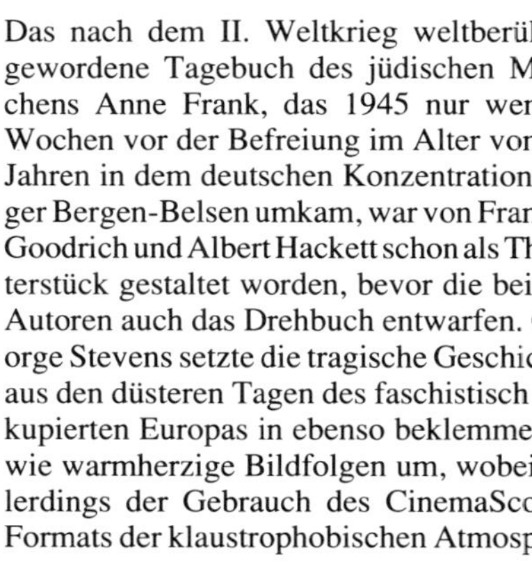

Das nach dem II. Weltkrieg weltberühmt gewordene Tagebuch des jüdischen Mädchens Anne Frank, das 1945 nur wenige Wochen vor der Befreiung im Alter von 15 Jahren in dem deutschen Konzentrationslager Bergen-Belsen umkam, war von Frances Goodrich und Albert Hackett schon als Theaterstück gestaltet worden, bevor die beiden Autoren auch das Drehbuch entwarfen. George Stevens setzte die tragische Geschichte aus den düsteren Tagen des faschistisch okkupierten Europas in ebenso beklemmende wie warmherzige Bildfolgen um, wobei allerdings der Gebrauch des CinemaScope-Formats der klaustrophobischen Atmosphä-

re nicht ganz entspricht. Der Film, der in den USA in der ungewöhnlichen Länge von fast drei Stunden lief, in Deutschland jedoch in einer um annähernd 18 Minuten gekürzten Fassung gezeigt wurde, geht an vielen Stellen etwas großzügig mit dem Tagebuch um und räumt der zarten Liebesgeschichte zwischen Anne (Perkins) und ihrem Leidensgenossen Peter (Beymer) mehr Bedeutung ein als diese vielleicht je hatte. Und trotzdem ist es Stevens gelungen, mit seinem bewegenden, oftmals zu Tränen rührenden Werk einen Film zu gestalten, der glaubhaft und einfühlsam die Schrecken der Judenverfolgung beschreibt, ohne dabei sentimental zu werden.
Seit Hitlers Machtergreifung lebt die Familie Frank aus Frankfurt/Main in Amsterdam. Als die deutschen Truppen 1940 die Niederlande überfallen, ist es mit den unbeschwerten Tagen im Exil vorbei. Der Deportation der europäischen Juden in die Vernichtungslager können die Franks nur durch die Hilfe der beiden holländischen Freunde Miep Gies und Victor Kraler entkommen. Zusammen mit der Familie Van Daan und dem kauzigen Zahnarzt Dr. Dussel finden sie im Hinterhaus eines Bürogebäudes ein Versteck. Auf engstem Raum zusammengepfercht, leben die acht Menschen dort über einen Zeitraum von mehr als zwei Jahren, bis sie von den Nazis am 4. August 1944 entdeckt und verschleppt werden. Als einziger überlebt der Vater Otto Frank (Schildkraut) das Ende des Krieges. Ihm übergeben Kraler und Miep Annes Tagebuch, das - vergessen zwischen alten Akten und Briefen - als einziges Dokument von ihr übriggeblieben ist.
Das Tagebuch der Anne Frank erlebte am 16. April 1959 in Amsterdam in Anwesenheit von Königin Juliana und all der Menschen, die der Familie Frank einst geholfen hatten, seine feierliche Uraufführung. Bei der Oscar-Verleihung teilte der Film zusammen mit dem Zinnemann-Werk GESCHICHTE EINER NONNE das Schicksal, hinter dem Monumentalepos BEN HUR zurückzubleiben. Neben den zahlreichen Schauspieler-Nominierungen (einen Oscar gab es dabei immerhin für Shelley Winters) wurden Kamera und Ausstattung mit einer Auszeichnung bedacht. jg

Das Tagebuch des Mr. Thompson

Les carnets du Major Thompson. Frankreich 1956 **R** Preston Sturges **B** Preston Sturges, nach dem Roman von Pierre Daninos **K** Maurice Barry, Christian Matras **M** Georges Van Parys **P** Paul Wagner für S. N. E. G. **L** 96 Min. (Originalfassung 105 Min.), s/w **D** Jack Buchanan, Martine Carol, Noël-Noël, François de Breteuil, Paulette Dubost

Preston Sturges, verantwortlich für solche Komödienklassiker wie SULLIVANS REISEN und ATEMLOS NACH FLORIDA, beschloß mit dieser verunglückten Satire seine Karriere als Regisseur auf einer traurigen Note. Drei Jahre später starb er in Paris. Der Film, meilenweit entfernt vom brillanten Witz und Schwung seiner Vorgänger, erzählt von den Erfahrungen eines britischen Offiziers mit dem ach so sorglosen französischen Lebensstil. Major Thompson heiratet die bezaubernde, wenn auch nicht gerade mit Intelligenz gesegnete Martine (Carol), nur um sich mit ihr pausenlos um Sitten und Gewohnheiten ihrer jeweiligen Heimatländer zu streiten. Und darum, auf welche Art denn nun das gemeinsame Kind erzogen werden soll.
In den USA lief der alles andere als komische Film übrigens unter dem Titel *The French, They Are a Funny Race*! al

Tagebuch einer Frau

Mrs. Parkington. USA 1944 **R** Tay Garnett **B** Robert Thoeren, Polly James, nach dem Roman von Louis Bromfield **K** Joseph Ruttenberg **M** Bronislau Kaper **P** Leon Gordon für Metro-Goldwyn-Mayer **L** 120 Min., s/w **D** Greer Garson, Walter Pidgeon, Edward Arnold, Frances Rafferty, Agnes Moorehead, Selena Royle, Gladys Cooper, Dan Duryea, Cecil Kellaway

Von Metro mit dem üblichen Aufwand und viel Sorgfalt produziert, schildert dieses langatmige Kostümdrama knapp 50 Jahre des bewegten Lebens von Susie Parkington (Garson), einem einfachen Mädchen aus Nevada, die es durch die Heirat mit dem reichen Grubenbesitzer (Pidgeon) vom Zimmermädchen eines schäbigen Hotels bis zur Dame der besseren Gesellschaft New Yorks gebracht hat. Diese Ereignisse werden in einer großen Rückblende gezeigt; am Anfang sieht man Susie, mittlerweile in den Achtzigern, sich während der Familienstreitigkeiten um das Erbe zurückerinnern.
Dies war bereits die vierte Zusammenarbeit von Greer Garson und Walter Pidgeon, die eines von MGMs Traumpaaren der 40er Jahre darstellten. Pidgeon war Amerikaner, der jedoch aufgrund seiner distinguierten, zurückhaltenden Art besonders gut als Engländer durchging, was ihn zum idealen Partner der damenhaften Britin Garson machte. In *Tagebuch einer Frau* sind die Verhältnisse allerdings umgekehrt - beide spielen Amerikaner. Garson mußte ihre rote Mähne unter einer schwarzen Perücke verstecken, ein Tribut an das Schwarzweiß-Material, und auch Pidgeon war als Playboy in einer ungewohnten Rolle zu sehen. Der Film kostete die stolze Summe von zwei Millionen Dollar, und war offenbar genau das, was die Zuschauer jener Zeit sehen wollten. Die Kritiker zeigten sich nicht so angetan, doch immerhin erhielten Garson und Moorehead Oscar-Nominierungen. al

Tagebuch einer Kammerzofe

Diary of a Chambermaid. USA 1946 **R** Jean Renoir **B** Burgess Meredith, nach dem Bühnenstück von André Heuse, André de Lord und Thielly Nores, basierend auf dem Roman *Le journal d'une femme de chambre* von Octave Mirabeau **K** Lucien Andriot **M** Michel Michelet **P** Benedict Bogeaus, Burgess Meredith für United Artists **L** 90 Min., s/w **D** Paulette Goddard, Burgess Meredith, Hurd Hatfield, Francis Lederer, Judith Anderson, Reginald Owen

Diese Adaption von Octave Mirabeaus berühmtem Roman gilt als der beste Film Jean Renoirs aus seiner Zeit in Hollywood, eine Periode, die von 1940 bis 1948 dauerte und in der er überwiegend schwächere Werke hervorbrachte. Ironischerweise war der für seinen Realismus bekannte Regisseur hier darauf angewiesen, ausschließlich im Studio zu drehen, um die Atmosphäre des ländlichen Frankreich um die Jahrhundertwende heraufzubeschwören. Paulette Goddard gibt eine ihrer überzeugendsten Vorstellungen als Kammerzofe Célestine, die von einem einzigen Gedanken beseelt ist: ihre soziale Position zu verbessern. Im Haushalt der reichen Familie Lanlaire erregt sie schon bald die Aufmerksamkeit der männlichen Bewohner, unter ihnen der schwächliche Hausherr (Owen), sein schwindsüchtiger Sohn (Hatfield) sowie ein exzentrischer Nachbar (Meredith). Und auch der mittellose Diener Joseph (Lederer) ist ihr in aufrichtiger Liebe zugetan...
Wie später Luis Buñuel in seiner Version des Stoffes von 1964 veränderte auch Jean Renoir den Schluß der Geschichte: Während im Roman Célestine und Joseph heiraten, wird Joseph bei ihm von der aufgebrachten Menge gelyncht. *Cahiers du Cinéma*: „Renoir verwirklicht hier ohne Hemmungen und mit glänzender Einheit des Stils ein grundlegendes Motiv seiner Inspiration: die Synthese des Komischen und des Dramatischen. Eine burleske Tragödie, die an der Grenze des Entsetzlichen und der Farce steht.“ al

Tagebuch einer Kammerzofe

Le journal d'une femme de chambre. Frankreich/Italien 1964 **R** Luis Buñuel **B** Luis Buñuel, Jean-Claude Carrière, nach dem Roman von Octa-

ve Mirabeau **K** Roger Fellous **P** Serge Silberman, Michel Safra für Spéva Films/Ciné-Alliance/Filmsonor (Paris), Dear Film (Rom) **L** 97 Min., s/w **D** Jeanne Moreau, Michel Piccoli, Georges Gèret, François Lugagne, Daniel Ivernel, Jeann Ozenne, Gilberte Géniat

Die Verkommenheit und Dekadenz der bürgerlichen Gesellschaft steht wieder einmal im Mittelpunkt dieses Buñuel-Streifens, für den Octave Mirabeaus bereits 1946 von Jean Renoir verfilmter Roman als Vorlage diente. Der Regisseur verlegte nicht nur die Handlung von der Jahrhundertwende in die späten 20er Jahre, sondern verwandelte auch die Figuren der Geschichte um die Kammerzofe Célestine (Moreau), die in einem wohlhabenden Haushalt für mehr als gemachte Betten sorgt, in eine Ansammlung von sexuell Frustrierten und Perversen: Madame ist frigide, ihr Mann ein Lüstling, dessen Schwiegervater ein geiler alter Bock mit einer Vorliebe für Damenstiefelchen und der Hausdiener Joseph (Gèret) ein fanatischer Faschist. Am Schluß verrät Célestine Joseph - abweichend vom Roman - an die Polizei und heiratet den reichen Nachbarn der Familie. Der Aufstieg um jeden Preis ist geglückt.
Die humorvoll-verständnisvolle Weise, in der Buñuel die Marotten seiner Figuren beschreibt, machen *Tagebuch einer Kammerzofe* zu einer ungemein unterhaltsamen, wenn auch bösartig komischen Satire. „Vive Chiappe!" der Ruf rechtsextremer Demonstranten gegen Ende des Films, ist übrigens ein Verweis des Regisseurs auf jenen Polizeipräfekten, der seinerzeit die Vorführung seines *Das goldene Zeitalter* (1930) verbieten ließ. al

Das Tagebuch einer Verlorenen

Das Tagebuch einer Verlorenen. Deutschland 1929 **R** G. W. Pabst **B** Rudolf Leonhardt, nach dem Roman von Margarethe Böhme **K** Sepp Allgeier **P** G. W. Pabst für Pabst-Film Berlin **L** 95 Min., s/w **D** Louise Brooks, André Roanne, Fritz Rasp, Josef Rovensky, Vera Pawlowa, Franziska Kinz, Arnold Korff, Andrews Engelmann, Valeska Gert, Edith Meinhardt, Siegfried Arno

Louise Brooks kurzer Abstecher nach Berlin brachte ihr zwei Filme unter der Regie von G. W. Pabst ein (der erste davon war DIE BÜCHSE DER PANDORA), die Welterfolge wurden und denen sie später nie wieder etwas Gleichwertiges nachfolgen lassen konnte. *Das Tagebuch einer Verlorenen* bietet wirklich alles, was zu den sogenannten „Sittenfilmen" der 20er Jahre gehörte. Die Handlung liest sich mit ihren verschlungenen, schicksalhaften Wendungen wie ein drittklassiger Groschenheftroman, wurde aber von Pabst nicht ungeschickt in Szene gesetzt und beinhaltet vor allem jene Kritik an den bürgerlichen Moralvorstellungen, die mit Hitlers Machtergreifung vier Jahre später über Nacht wieder eingefroren wurde.
Die Apothekerstochter Tymian (Brooks) wird kurz nach ihrer Konfirmation von Meinert (Rasp), dem Gehilfen ihres Vaters, verführt. Auf ihre ungewollte Schwangerschaft reagiert ihr Papa entsetzt und läßt das Mädchen in eine Besserungsanstalt einweisen, die unter der Fuchtel eines perversen Erzieherehepaars steht. Tymian gelingt zusammen mit einer Freundin die Flucht. Zunächst kommen beide bei einer gutherzigen Puffmutter unter. Nach wenigen Monaten gehören sie zu der eleganten Berliner Lebewelt; Tymian erhält nach dem Tod ihres Vaters einen großen Erbteil, was sie für den geldgierigen Grafen Osdorff (Roanne) interessant werden läßt.
In Pabsts Film verkehrt sich die Welt auf merkwürdige Weise. Das bürgerliche Zuhause, sonst Hort der Harmonie und des Anstands, erweist sich als trügerische Brutstätte für Verführung und Intrigen, und die Besserungsanstalt, die den gefallenen Mädchen wieder die Insignien von Keuschheit und Reinheit ins Bewußtsein rufen soll, gleicht angesichts ihrer sadistischen Leiter einem präfaschistischen Erziehungslager. Als Zufluchtsstätte dient ausgerechnet die Lasterhöhle eines Bordells, das für die beiden Mädchen der einzige Ort ist, an dem sie solche Gefühle wie Geborgenheit und Wärme erfahren.
Das Tagebuch einer Verlorenen, einer der letzten großen Stummfilmklassiker des deutschen Films, wurde schon einmal 1918 unter der Regie von Richard Oswald mit Erna Morena und Reinhold Schünzel verfilmt. jg

Tagebuch eines Sünders

Cronaca familiare. Italien 1962 **R** Valerio Zurlini **B** Mario Missiroli, Valerio Zurlini, nach dem Roman von Vasco Pratolini **K** Giuseppe Rotunno **M** Goffredo Petrassi **P** Titanus Film **L** 114 Min., s/w **D** Marcello Mastroianni, Jacques Perrin, Valeria Ciangottini, Salvo Randone, Sylvie

Der junge Journalist Enrico (Mastroianni) erhält telephonisch die Nachricht von der unheilbaren Erkrankung seines jüngeren Bruders Lorenzo (Perrin) und ruft sich - in Rückblenden - ihr gemeinsames Leben in Erinnerung: wie sie zu Weisen wurde, bei der armen Großmutter aufwuchsen, wie sich trotz räumlicher Trennung eine tiefe Beziehung zwischen ihnen entwickelte...
Mit der Adaption von Vasco Pratolinis Roman aus dem Jahre 1945 lieferte Valerio Zurlini eine meisterliche Literaturverfilmung ab, die eine weitere Perle im bemerkenswerten Œuvre Marcello Mastroiannis aus den frühen 60er Jahren darstellt, in denen er scheinbar in jedem halbwegs anspruchsvollen Filmprojekt Italiens zu sehen war. *Stasera*: „In der Literatur und in der Musik - weitaus seltener im Film - gibt es Werke, die einen besonderen Eindruck vermitteln: nicht so sehr den, zu verstehen, als vielmehr die Empfindung, verstanden zu werden. Zurlinis Film gehört zu dieser kostbaren Gattung." al

Taifun

Green Dolphin Street. USA 1947 **R** Victor Saville **B** Samson Raphaelson, nach dem Roman von Elizabeth Goudge **K** George Folsey **M** Bronislau Kaper **P** Carey Wilson für MGM **L** 135 Min. (Originalfassung 140 Min.), s/w **D** Lana Turner, Van Heflin, Donna Reed, Richard Hart, Frank Morgan, Edmund Gwenn, Dame May Whitty, Reginald Owen, Gladys Cooper, Moyna McGill

Zumindest in Bezug auf die Einspielergebnisse erfüllten sich die Erwartungen der MGM, die eine Summe von 4 Millionen Dollar in diese Produktion gesteckt hatte. Bei der Oscarverleihung des Jahres 1947 hagelte es allerdings Enttäuschungen, denn *Taifun* war den Academy-Mitgliedern lediglich zwei Auszeichnungen in den etwas undankbaren Sparten Visuelle Effekte und Toneffekte wert. Dies hatte der Film seiner spektakulär inszenierten Erdbebenkatastrophe zu verdanken.
William Ozanne (Hart) wandert Mitte des 19. Jahrhunderts nach Neuseeland aus, nicht ohne daß sich die beiden Schwestern Marguerite (Reed) und Marianne Potourel (Turner) zuvor in ihn verliebt haben. Williams Herz hat sich für die jüngere Marguerite entschieden. Er möchte, daß das Mädchen sobald wie möglich nachkommt. Als er diesen Wunsch in einem Brief an sie auch schriftlich fixiert, unterläuft ihm infolge übermäßigen Alkoholgenusses ein peinlicher Fehler, denn statt die Zeilen an Marguerite zu adressieren, wendet er sich in seiner Anrede an Marianne, die nach dem Erhalt des Schreibens sofort ihre Koffer packt und nach Neuseeland schippert. William verschweigt ihr seinen verhängnisvollen Fauxpas und heiratet das Mädchen. Nach einiger Zeit merkt Marianne jedoch, daß ihrem Mann damals ein Fehler unterlaufen sein muß. Sie bietet William die Trennung an, was dieser ablehnt, denn in der Zwischenzeit hat er erkannt, daß er doch zu ihr gehört. Eine Ehe mit Marguerite ist außerdem sowieso nicht mehr möglich, da diese sich unterdessen in

einem Akt der Verzweiflung zu einem Leben als Nonne entschlossen hat.
Zu diesem abenteuerlichen Melodrama gehörte auch ein fulminant gefilmter Schiffbruch (die eigentlich spektakulärste Szene des Streifens), der jedoch in der Endfassung wieder herausgeschnitten wurde, da man meinte, dem Publikum mit einem Erdbeben schon genügend Katastrophales zuzumuten. Aber auch ohne diese Szene wurde *Taifun* für die MGM zur erfolgreichsten Produktion des Jahres 1947. jg

Taifun über Nagasaki

Typhon sur Nagasaki. Frankreich/Japan 1957 **R** Yves Ciampi **B** Jean-Charles Tachella, Yves Ciampi **K** Henri Alekan **M** Shurgi Kinoshita **P** Pathé Cinéma/Terra Film/C. I. C. C. (Paris), Shochiko (Tokio) **L** 99 Min., Farbe **D** Dannielle Darrieux, Jean Marais, Keiko Kishi, Gert Fröbe, Hitomi Nozoe

Die japanische Stadt Nagasaki erlangte im II. Weltkrieg traurige Berühmtheit, als sie von einer der zwei über dem Inselstaat abgeworfenen amerikanischen Atombomben getroffen und verwüstet wurde, wobei 74.000 Menschen den Tod fanden. Sie bildet den Hintergrund für diese französisch-japanische Koproduktion; eine recht konventionelle Dreiecksgeschichte, die immerhin an Originalschauplätzen entstand und ein realistisches Bild vom japanischen Alltag jener Zeit zeichnet. Der Ingenieur Marsac (Marais) verliebt sich in Japan in die Weise Noriko (Kishi), doch beider Glück wird durch das Auftauchen von Marsacs Ex-Geliebter Françoise (Darrieux) empfindlich gestört. Das komplizierte Beziehungsgeflecht wird schließlich durch einen Taifun gelöst, der mit gewaltiger Macht über die Stadt hereinbricht. al

Taking Off

Taking Off. USA 1970 **R** Milos Forman **B** Milos Forman, John Guare, Jean-Claude Carrière, John Klein **K** Miroslav Ondricek **P** Forman-Crown-Hausman-Inc. **L** 92 Min., Farbe **D** Lynn Carlin, Buck Henry, Georgia Engel, Linnea Heacock, Edith Elshotz, Tony Harvey

Milos Formans erster Hollywood-Film zählt zugleich zu seinen besten. Ihm, dem gebürtigen Tschechen, gelang mit *Taking Off* eine bissige, glänzende, effektvoll montierte Satire auf den American Way of Life, die einem gebürtigen Amerikaner in dieser Schärfe und Authentizität wohl kaum geglückt wäre. "Er verschleudert nicht den kleinsten Einfall, liebevoll kostet er jeden Gag aus, zeichnet jede Nebensächlichkeit bis ins Detail nach - und erreicht so eine Wirklichkeitsnähe, die unbequem wirkt, weil sie uns den Spiegel vorhält" (*Evangelischer Filmbeobachter*).
Jeannie (Heacock) ist sechzehn und hat die Nase voll von ihrer Mittelstandsfamilie. Kurzerhand haut sie aus der Enge des elterlichen Einfamilienhauses ab und taucht in der Welt der drogensüchtigen Blumenkinder im New Yorker East Village unter, wo sie sich als Nachwuchssängerin versucht. Für ihre Eltern bricht die bisher so heile Welt unvermittelt zusammen, sorgengepeinigt schließen sie sich dem ominösen Verein "Eltern entlaufener Kinder" an. Dort macht man sich recht unkonventionell an die Problembewältigung: Gemeinsam rauchen die bourgeoisen Mittvierziger Marihuana-Joints, um die Motive ihrer Sprößlinge besser verstehen zu können, sie besaufen sich hemmungslos und schrecken selbst vor einer Runde Strip-Poker nicht zurück. Jeannie, die das Treiben der Erwachsenen fassungslos mit ansehen muß, als sie unangekündigt nach Hause zurückkehrt, hat am Ende nur noch Mitleid für ihre Eltern übrig.
1971 wurde Formans Film auf den Filmfestspielen von Cannes mit dem Preis der Jury ausgezeichnet. sk

Das Tal der Könige

Valley of the Kings. USA 1954 **R** Robert Pirosh **B** Robert Pirosh, Karl Tunberg, nach Motiven des Romans *Götter, Gräber und Gelehrte* von C. W. Ceram **K** Robert Surtees **M** Miklos Rozsa **P** Robert Pirosh für MGM **L** 86 Min., Farbe **D** Robert Taylor, Eleanor Parker, Carlos Thompson, Kurt Kasznar, Victor Jory, Leon Askin, Aldo Silvani, Samia Gamal

Über die Geschichte dieses mysteriös angehauchten Schatzsucher-Abenteuers sollte man getrost hinwegsehen. Fesselnd sind in erster Linie die perfekt fotografierten Originalschauplätze der Pyramiden von Gizeh, des Tals der Könige und einer Reihe weiterer ägyptischer Touristenattraktionen, für deren erlesene Qualität Kameramann Robert Surtees eigentlich einen Oscar verdient hätte.
Der Archäologe Mark Brandon (Taylor) buddelt im nordafrikanischen Wüstensand nach einer Statuette, die die Existenz der biblischen Figur des Joseph beweisen soll. Mit an der Suche beteiligt haben sich das Ehepaar Ann (Parker) und Philip Mercedes (Thompson), das scheinbar in einer Krise steckt. Tatsächlich fühlt sich Ann mit ihrer Ehe nicht recht glücklich und macht so auch bald Mark eindeutige Avancen. Dies führt natürlich unausweichlich zu einem Kampf zwischen den beiden Männern, den Mark für sich gewinnen kann. Sein Liebesglück wird durch den beruflichen Triumph vervollständigt, als er eines Tages tatsächlich auf jene gesuchte Statuette stößt.
Ein typischer Hollywood-Film, der außer einem exotischen Kolorit wenig zu bieten hat, damals aber trotzdem zu einem beachtlichen Kassenerfolg wurde, was vor allem an der Besetzung mit den beiden Stars Robert Taylor und Eleanor Parker lag, denen auch im privaten Bereich ein Verhältnis nachgesagt wurde. jg

Das Tal der Puppen

Valley of the Dolls. USA 1967 **R** Mark Robson **B** Helen Deutsch, Dorothy Kingsley, Jacqueline Susann, nach dem Roman von Susann **K** William H. Daniels **M** Johnny Williams **P** David Weisbart für Red Lion Prod./20th Century-Fox **L** 123 Min., Farbe **D** Barbara Parkins, Patty Duke, Sharon Tate, Susan Hayward, Paul Burke, Tony Scotti, Martin Milner, Charles Drake, Alex Davion, Lee Grant, Joey Bishop, George Jessel, Jacqueline Susann

20th Century-Fox erwarb die Rechte an Jacqueline Susanns schundigem Roman über die Abgründe des Showgeschäfts noch vor dessen Veröffentlichung und war damit gut beraten: Das Buch erklomm sofort die Bestseller-Listen und stellte mit seiner Mischung aus Sex, Drogen und Karriere die ideale Basis für einen reißerischen Film dar. Im Mittelpunkt der episodenhaften Handlung stehen drei Schönheiten, die - unabhängig voneinander - mit großen Erwartungen ins verdorbene New York kommen. Jennifer (Tate), deren Mutter ihr einbleut, daß ihr einziges Talent in ihrem beachtlichen Vorbau besteht, heiratet einen Nachtclubsänger, der an einer unheilbaren Krankheit leidet. Um die horrenden Arztrechnungen zu bezahlen, verdingt sie sich in Frankreich als Pornodarstellerin, aber nur so lange, bis man bei ihr Brustkrebs feststellt: Selbstmord! Anne (Parkins) geht es da schon besser. Nach einer kurzen Karriere als Model und zu vielen Pillen zieht sie sich, enttäuscht vom Showbiz, in ein ruhiges Leben auf dem Land zurück. Neely (Duke) bekommt eine kleine Bühnenrolle neben dem alternden Star Helen Lawson (Hayward) und gewinnt einen

Gesangswettbewerb. Zwar ist sie nun ein Star, kann jedoch nicht mehr ohne Tabletten leben...
Diese haarsträubende Ansammlung von Klischees und Binsenweisheiten wurde von Mark Robson auf eine Art und Weise in Szene gesetzt, die den Kritikern reichlich Material für Verisse heftigster Art lieferte. So schrieb die renommierte Judith Christ: „Eine etwas gesäuberte Version von Susanns Roman, der eine rührselige, abgedroschene, billige Geschichte und Zoten lieferte: Dem Film fehlen die Zoten, doch er gleicht das aus mit schlechten Darstellungen, schlechter Photographie und einem an Idiotie grenzenden literarischen Niveau des Drehbuchs." Einzig Susan Hayward zieht sich hier achtbar aus der Affäre. Sie war für Judy Garland eingesprungen, die trotz zahlreicher von ihr verlangten Extras - darunter ein Billardtisch in ihrer Garderobe - in letzter Minute das Handtuch geworfen hatte. Trotz miserabler Besprechungen strömten die Besucher in die Kinos, und *Das Tal der Puppen* hat bis heute über 20 Mio.$ eingespielt. Drei Jahre später füllte *Beyond the Valley of the Dolls*, der in Deutschland als BLUMEN OHNE DUFT lief, die Kassen - ein Sexfilm von Russ Meyer, der mit Susanns Buch rein gar nichts zu tun hat. Die Autorin klagte erfolgreich auf Schadenersatz. al

Talk Radio

Talk Radio. USA 1988 **R** Oliver Stone **B** Eric Bogosian und Oliver Stone, nach einem Bühnenstück von Bogosian und Tad Savinar **K** Robert Richardson **M** Stewart Copeland **P** Edward R. Pressman und A. Kitman Ho für Cineplex Odeon Films/Ten Four Prod. **L** 109 Min., Farbe **D** Eric Bogosian, Ellen Greene, Leslie Hope, John C. McGinley, Alec Baldwin, John Pankow

1984 wurde der amerikanische Rundfunkmoderator Alan Berg, der sich durch seine provokatorischen Radiosendungen mehr Feinde als Freunde gemacht hatte, von Neo-Nazis umgebracht. Basierend auf dieser wahren Begebenheit inszenierte Regisseur Oliver Stone mit *Talk Radio* ein eindrucksvolles Plädoyer für Wahrheit und Wahrhaftigkeit, gegen den alltäglichen Rassismus und Faschismus, an den sich die westliche Welt längst gewöhnt hat. Stone ist einer der wenigen US-Filmemacher, die sich kritisch mit der amerikanischen Realität auseinanderzusetzen wagen (und trotzdem respektable Einspielergebnisse vorweisen können) - seine Filme WALL STREET und PLATOON zeugen von seinem unerschrockenen Bemühen, Licht in das Dunkel des anderen, menschenverachtenden Amerikas zu bringen.
Talkmaster Barry Champlain (gemimt von Drehbuchautor Bogosian) heizt Nacht für Nacht die Gemüter seiner Hörerschaft auf: In seiner Radiosendung "Night-Talk" sind die Hörer nicht König, sondern Opfer. Sie, die in seiner Anruf-Sendung obszöne Pöbeleien, rassistische Drohungen, puren Antisemitismus und sonstige Horrorgemälde des Alltags live über den Äther schicken, werden von Moderator Champlain gnadenlos entlarvt, entblößt und verbal zusammengedroschen; mit zahmen deutschen Hörfunkprodukten im Stile von "Frau-Barbara-berät-Sie-gern"-Small-Talk hat seine Sendung nichts gemein. Angesichts des Potentials an Gegnern und Feinden, das Champlain sich durch seine Arbeit kontinuierlich aufbaut, bleibt es nicht bei telefonischen Unmutsbekundungen derer, die sich auf den Schlips getreten fühlen. Champlain erhält Briefe mit Morddrohungen, schließlich sogar ein Paket mit einer toten Ratte, die in eine Hakenkreuz-Fahne gewickelt ist. Doch er läßt sich auch hiervon nicht beirren - und zahlt seine Unerbittlichkeit am Ende mit dem Leben.
Eric Bogosian, Autor des Drehbuchs und des dem Film zugrundeliegenden Theaterstücks, spielte die schwierige Hauptrolle des haßgebeutelten Radiomoderators nicht nur abstoßend und zynisch, sondern auch souverän und glaubwürdig. Genauso bemerkenswert sind Regie- und Kameraarbeit geraten, die aus dem Stück, das sich fast ausschließlich im Hörfunkstudio abspielt, überwiegend von seinen Dialogen lebt und also nur ein Minimum an dramaturgischem Handlungsrahmen enthält, einen überaus spannenden, mitreißenden und hintergründigen Film gemacht haben. sk

Tammy

Tammy and the Bachelor. USA 1957 **R** Joseph Pevney **B** Oscar Brodney, nach dem Roman *Tammy Out of Time* von Cid Ricketts Sumner **K** Arthur E. Arling **M** Frank Skinner **P** Ross Hunter für Universal **L** 89 Min., Farbe **D** Debbie Reynolds, Leslie Nielsen, Walter Brennan, Mala Powers, Sidney Blackmer, Mildred Natwick, Fay Wray

Die Figur der naiven und doch so charmanten und liebenswürdigen Tammy machte Debbie Reynolds zu einem der Spitzenstars im amerikanischen Filmbusiness. Pevneys saubere und anheimelnde Komödie war eine der erfolgreichsten Produktionen des Jahres 1957 und bot geschmackssichere und humorvolle Unterhaltung für ein großes Publikum.
Tammy ist ein 17jähriges Mädchen, das zusammen mit seinem Großvater im Süden der USA auf einem Hausboot lebt. Eines Tages lernt sie den jungen Peter Brent kennen, den sie nach einem Flugzeugabsturz aus seiner Maschine rettet. Dieser lädt sie zum Dank auf seine Plantage ein, wo Tammy all die intriganten und gehässigen Familienmitglieder mit ihrem Charme verzaubert und zu sanften Lämmchen werden läßt.
Trotz des großen Erfolgs an den Kinokassen kam es erst 1961 zu einer Fortsetzung der Geschichte, für die die zu reif gewordene Debbie Reynolds von Sandra Dee ersetzt wurde. Der Film, der den Titel *Tammy, Tell Me True* hatte, kam in der Bundesrepublik allerdings nicht zur Aufführung. Erst der dritte *Tammy*-Streifen (ebenfalls mit Sandra Dee) *Tammy and the Doctor* (auf deutsch in Anlehnung an den Vornamen der Schauspielerin in *Sandra und der Doktor* umbenannt) lief auch in den deutschen Theatern. Als das Kino das Interesse an dieser sympathischen Figur verloren hatte, sprang das Fernsehen rettend ein und brachte gegen Mitte der 60er Jahre eine Reihe neuer Abenteuer von dem unkomplizierten Südstaaten-Girl als TV-Serie auf den Bildschirm. jg

Tampopo

Tampopo. Japan 1986 **R** Juzo Itami **B** Juzo Itami **K** Masaki Tamura **M** Kunihiko Murai **P** Juzo Itami, Yasushi Tamaoki und Seigo Hosogoe für Itami Prod./New Century Producers **L** 114 Min., Farbe **D** Tsutomu Yamazaki, Nobuko Miyamoto, Koji Yakusho, Fukumi Kuroda, Ken Watanabe

"Für den Menschen sind Essen und Sex im Grunde dasselbe. Ich will Leute in Situationen beschreiben, in denen Sex und Essen so klar nicht getrennt sind", umschreibt Regisseur Itami seine Motivation, einen Film zu drehen über die Symbiose von Speisekammer und Schlafzimmer. Tatsächlich lernt das erstaunte Publikum, wie oft ein roher Eidotter zwischen den Mündern zweier Liebender hin- und hergleiten kann, ohne zu zerfließen, oder wie man ein Liebesspiel mittels krabbelnder Garnelen lustvoll bereichern kann.
Tampopo (Miyamoto) - japanisch für Löwenzahn - bemüht sich nach dem frühen Tod ihres Mannes, sich mit der von ihm geerbten Nudelküche irgendwo am Rande des Millionenmolochs Tokio über Wasser zu halten. Dies gelingt ihr mehr schlecht als recht, die Konkurrenz rundherum kocht einfach besser und billiger. Erst als sich der Milchtankwagenfahrer Goro (Yamazaki) ihrer annimmt, geht es bergauf: Aus der Nudelsuppenkaschemme wird, mit Hilfe von Goros sonderlichen Freunden, die ein wenig Betriebsspionage betreiben und sich zu einer "Nudel-Akademie" zusammenfinden, der sich Tampopo stellen muß, ein Gourmet- und Lusttempel der Spitzenklasse; Tampopos Nu-

deln werden zur Inkarnation von Sex und Suppe, von Eigelb und Ekstase.
Regisseur Itami zählt zu den wenigen unabhängigen Filmemachern Japans. Mit *Tampopo*, seinem zweiten Spielfilm, gelang ihm ein bis nach Europa und Nordamerika reichender Erfolg. Seinem kulinarischen Kinofilm mit seinen appetitlichen Bildern, seinem hintergründigen Sarkasmus und seinen brillanten darstellerischen Leistungen wurde eine internationale Aufmerksamkeit zuteil, die zuvor allenfalls Ferreris DAS GROSSE FRESSEN und Jahre später Greenaways DER KOCH, DER DIEB, SEINE FRAU UND IHR LIEBHABER - ebenfalls Filme um die Erotik des Essens - auf sich vereinigen konnten. "Schwarzer Humor, eine zeitkritische Sitten- und Typenkomik, satirische und symbolische Handlungen, Farcen, Burlesken, Parodien, Travestien, immer in der akuten Realität Japans angesiedelt, geschickt die Usancen und Rezeptionsmuster des Kinos nutzend, um das heimische Publikum für die eigenen Probleme zu interessieren" (*Tip, Berlin*). sk

Tango & Cash

Tango & Cash. USA 1989 **R** Andrej Kontschalowskij, Albert Magnolia **B** Randy Feldman **K** Donald E. Thorin **M** Harold Faltermeyer **P** Jon Peters und Peter Guber für Warner Bros. **L** 100 Min., Farbe **D** Sylvester Stallone, Kurt Russell, Jack Palance, Teri Hatcher, Michael J. Pollard, Brion James

"Gute Filme sind unvorhersehbar, aber logisch. Mittelmäßige Filme sind vorhersehbar und logisch. Schlechte Filme sind vorhersehbar, aber trotzdem unlogisch", gab Regisseur Kontschalowskij in einem Interview zum Thema Film im allgemeinen zum besten. *Tango & Cash* ist ein unlogischer Film. Kurz vor Beendigung der Dreharbeiten schmiß Kontschalowskij wegen "kreativer Differenzen" mit den Produzenten das Handtuch, Albert Magnolia wurde kurzfristig verpflichtet, um den Streifen zu Ende zu dirigieren. Ob der Wechsel des Regisseurs dem Film noch schaden konnte, ist nicht belegt. *Tango & Cash* zeichnet sich nämlich durch ein unglaubwürdiges, um nicht zu sagen dämliches Drehbuch aus, es wimmelt von Ungereimtheiten und Klischeebildern, und ständig hopsen Stuntmen über die Leinwand, die mit der dargebotenen totalen Action offenbar versuchen sollten, den so dünnen wie langweiligen Handlungsrahmen zu verkleistern. Vor diesem Hintergrund reduzieren sich die kreativen Möglichkeiten eines Regisseurs auf ein Minimum, so daß der Austausch in der Regie kaum ins Gewicht fallen konnte.
Ray Tango (lächerlich: Stallone in der Rolle eines bebrillten, in Designerklamotten herumlaufenden Polizisten) und Gabe Cash (Russell, der an der Seite seines Kollegen Stallone nur mit Mühe Kontur gewinnt) sind die beiden Star-Cops der Anti-Drogen-Polizei von Los Angeles. Beide nehmen für sich in Anspruch, der Beste zu sein, folgerichtig können die Konkurrenten sich nicht ausstehen. Um die beiden auszuschalten, heckt Drogenboss Yves Perret (Palance) eine kleine, aber wirkungsvolle Intrige aus: Mittels einer gefälschten Tonbandaufnahme kann er Tango und Cash einen Polizistenmord in die Schuhe schieben. Sie landen im Knast. Dort lernen sie angesichts der offenen Feindschaft des Wachpersonals, das sie für Kollegenmörder hält, sehr schnell, daß sie nur gemeinsam eine Chance haben, die sie denn auch rasch nutzen: In einer Nacht- und Nebel-Aktion gelingt ihnen eine waghalsige Flucht. Zurück in der Freiheit nehmen sie den Kampf gegen Bösewicht Perret auf...
"*Tango & Cash* ist ein Comic Strip, der sich als Polizeifilm verkleidet - teuer, kindisch, überflüssig" (*Evangelischer Filmbeobachter*). sk

Tanja Baskin- Anruf genügt

T. R. Baskin. USA 1971 **R** Herbert Ross **B** Peter Hyams **K** Gerald Hirschfeld **M** Jack Elliott **P** Peter Hyams für Paramount **L** 89 Min., Farbe **D** Candice Bergen, Peter Boyle, James Caan, Marcia Rodd, Erin O'Reilly

Die junge Provinzlerin T. R. (Bergen) erhofft sich in Chicago ein aufregendes, erfolgreiches Leben und steckt voller Ideale und Träume. Die Wirklichkeit sieht allerdings anders aus, denn T. R. hat nicht nur Probleme eine Wohnung zu finden, sondern muß sich auch mit einem Sekretärinnen-Job und zwei gescheiterten Liebesbeziehungen abfinden.
Diese uneinheitliche Mischung aus Komödie und Drama weist einige ansprechende Momente auf, stellt jedoch insgesamt mehr Fragen als sie beantwortet. Nach Jahren als dekorative Beigabe war hier Candice Bergen endlich einmal in einer tragenden Rolle zu sehen, doch verfügte sie zu diesem Zeitpunkt noch nicht über die dazu nötige schauspielerische Präsenz. James Caan hingegen beeindruckt in einer kleinen Rolle. al

Tante Daniele

Tante Danielle. Frankreich 1990 **R** Etienne Chatiliez **B** Florence Quentin **K** Philippe Welt **M** Gabriel Yared **P** Charles Gassot für Telema/FR 3 Films Productions/Les Productions du Champ Poirier **L** 111 Min., Farbe **D** Tsilla Chelton, Cathérine Jacob, Isabelle Nanty, Neige Dolsky, Eric Prat, Laurence Février

Tante Daniele (Chelton) ist eine grundgarstige, widerliche alte Schachtel, deren einziges Bestreben darin zu bestehen scheint, ihre Umwelt mit ihrem hinterhältigen Terror in Trab zu halten. Ihre Haushälterin Odile (Dolsky) hat die boshafte Alte bereits ins Grab gebracht, jetzt wohnt sie bei ihrem Neffen samt Familie und terrorisiert alle Familienmitglieder nach Kräften, bis hin zum Cokker-Spaniel, der ebenfalls sein Fett abkriegt. Zermürbt von den ohne Gegenwehr ertragenen Attacken der Tante, wird die Familie mit einem weiteren Problem konfrontiert: Die Ferien stehen vor der Tür, und alle wollen - bzw. müssen, um nicht einen Nervenzusammenbruch zu erleiden - in den Urlaub nach Griechenland düsen. Also muß eine Urlaubsbetreuung für Tante Daniele her. Letztere müht sich redlich, ihrer Gastfamilie ein schlechtes Gewissen einzureden, allerdings vergebens: Zu Ferienbeginn steht die 24jährige Altenpflegerin Sandrine (Nanty) auf der Matte; Daniele beginnt sofort, die Messer zu wetzen. Sandrine jedoch ist die erste, die der Giftspritze ebenbürtig ist und ihr nicht auf den Leim geht. Schließlich freunden sich die beiden Frauenzimmer sogar an...
"Ihr kennt sie noch nicht. Aber sie haßt euch schon jetzt", stimmte das Filmplakat das Publikum auf *Tante Daniele* ein. Tatsächlich aber bemüht sich Regisseur Chatiliez, bekannt seit seinem Spielfilmdebüt DAS LEBEN IST EIN LANGER RUHIGER FLUSS, die Filmzuschauer in eine Komplizenschaft mit der Alten zu drängen, sie am Ende zu mögen und sich mit ihr gar an den begangenen Boshaftigkeiten zu erfreuen - mit Erfolg. Je gehässiger Daniele mit ihren scheinheiligen Verwandten Schlitten fährt, desto größer die Lachsalven im Zuschauerraum. Zu dem Publikumserfolg trug wesentlich die bravouröse darstellerische Leistung von Tsilla Chelton bei, einer 71jährigen Bühnenschauspielerin, die die alte Nervensäge überzeugend und absolut glaubhaft verkörpert. *Tante Daniele* ist jedoch nicht nur eine vordergründige Komödie, die es allein auf die Lachmuskeln des Publikums abgesehen hat, der Film ist zugleich subtil, voller Zwischen-

töne, die über den in unserer Gesellschaft vorhandenen Generationenkonflikt ebenso zum Nachdenken anregen wie über die Beschränkt-, Hohl- und Falschheit der artigen, spießbürgerlichen Familie schlechthin. "Chatiliez' Komödie ist eine grimmig-liebvolle Hommage an alle Tanten dieser Welt. Was wäre das (Familien-)Leben ohne sie? Vielleicht ein langer ruhiger Fluß. Ganz gewiß aber langeweilig" (*Hamburger Abendblatt*). sk

Tanz der Teufel

The Evil Dead. USA 1982 **R** Samuel M. Raimi **B** Samuel M. Raimi **K** Tim Philo **M** Joe LoDuca **P** Robert G. Tapert, Bruce Campbell, Samuel M. Raimi für Renaissance Pictures Ltd. **L** 85 Min., Farbe **D** Bruce Campbell, Ellen Sandweiss, Betsy Baker, Hal Delrich, Sarah York

Als „härtesten und originellsten Horrorfilm des Jahres 1982" bezeichnete Schreckensschriftsteller Stephen King dieses krude Horror-Spektakel, das sich binnen kürzester Zeit bei den Anhängern des Splatter-Genres zu einem wahren Kultfilm entwickelte.
Die Geschichte ist wenig originell und bietet den Aufhänger für eine Kette von selten scheußlichen Blut- und Schleimeffekten, für die dem leicht perversen Drehteam mehrere künstliche Menschenkörper zur Verfügung standen, die mit wahrer Begeisterung nach und nach zermatscht, verstümmelt und aufgeschlitzt wurden. In der idyllischen Landschaft Tennessees wollen sechs junge Leute (drei Mädels und drei Jungs, allesamt miserable Schauspieler, deren einzige Fähigkeit nur aus hysterischen Schreikrämpfen zu bestehen scheint) ihre Ferien verbringen, doch wie ihre KollegInnen aus FREITAG, DER 13. hätten sie mal lieber zu Hause bleiben sollen, denn fatalerweise lösen sie einen unheilvollen Zauberspruch aus, der die dämonischen Mächte des Waldes erweckt, die dafür sorgen, daß sich einer nach dem anderen auf grauenhafte Weise verändert, bis alle (lediglich ein Junge wird verschont, muß aber am Ende auch dran glauben) zu Monstern mutiert sind und sich gegenseitig zerfleischt haben.
Das Blutbad, das der 19jährige „Regisseur" Sam Raimi hier anrichtet, sucht gemessen an dem Grad von Sadismus und Ekelhaftigkeit wirklich seinesgleichen. *Tanz der Teufel* erfuhr in der Bundesrepublik eine recht zweifelhafte Berühmtheit, als das Bundesverfassungsgericht den Film wegen „Verharmlosung von Gewalt" aus dem Verkehr zog und dem Verleih zudem den Videovertrieb untersagte. Was beim ersten Mal schon ganz passabel lief, war für einen zweiten Teil gerade noch gut, dachte sich wohl Sam Raimi und ließ seinem überschätzten Kultfilm vier Jahre später eine ebenso unappetitliche Fortsetzung folgen. jg

Tanz der Vampire

Dance of the Vampires / The Fearless Vampire Killers. Großbritannien 1967 **R** Roman Polanski **B** Gérard Brach, Roman Polanski **K** Douglas Slocombe **M** Krzysztof Komeda **P** Gene Gutowski für Cadre Films/Filmways (London) **L** 108 Min., Farbe **D** Jack MacGowran, Roman Polanski, Sharon Tate, Ferdy Mayne, Alfie Bass, Ian Quarrier, Terry Downes, Jessie Robins

Wie wenig ernst dieser exzellente Gruselfilm sich selbst nimmt, zeigt gleich zu Beginn der Vorspann, bei dem sich von einer Sekunde auf die andere der brüllende MGM-Löwe in eine zähnefletschende Zeichentrick-Fledermaus verwandelt, aus deren Maul ein Blutstropfen rinnt und über André François´ Titelentwürfe fließt.
In den verschneiten Karpaten befindet sich der skurrile Professor Abronsius (köstlich Jack MacGowran) von der Universität Königsberg zusammen mit seinem Schüler Alfred (Polanski) auf der Suche nach Vampiren. In einem kleinen Gasthaus werden sie fündig, denn kurz nach ihrer Ankunft entführt der finstere Vampirgraf Krolock (Mayne) die hübsche Wirtstochter Sarah (Tate). Um das Mädchen aus den Klauen des Unholds zu befreien, brechen der Professor und Alfred zum Schloss des Grafen auf, wo sie eine Reihe schauerlicher Abenteuer (u. a. auch die Attacken eines schwulen Vampirs) erleben. Zwar gelingt ihnen am Ende mit Sarah die Flucht, doch damit fängt der eigentliche Schrecken erst richtig an...
Polanski drehte mit *Tanz der Vampire* die mit Sicherheit vergnüglichste und originellste Grusel-Komödie der Filmgeschichte - eine augenzwinkernde Farce, in der sich Slapstick und hintergründiger Humor in rhythmischer Regelmäßigkeit abwechseln und die plakative Effekte vermeidet. Das alles wird getragen von einem hervorragenden Schauspielerensemble, einer klug durchdachten (leicht grünstichigen) Farbdramaturgie, einer liebevollen und detailfreudigen Ausstattung sowie pittoresken Außendrehs, die in der Bergwelt der Dolomiten entstanden.
Tanz der Vampire hatte zunächst eine Originallänge von 118 Minuten, wurde dann aber für den europäischen Verleih um 10 Minuten gekürzt. Nach seiner Groteske WENN KATELBACH KOMMT hatte sich Polanski von der Produktionsfirma Compton Films getrennt und war zu Filmways übergewechselt, die sich in amerikanischem Besitz befand und mit MGM einen Verleihvertrag ausgehandelt hatte. Produzent Marty Ransohoff fiel es schwer, den subtilen Humor des Regisseurs zu verstehen. Kurzerhand ließ er *Tanz der Vampire* für den US-Markt auf eine Länge von 91 Minuten zusammenschneiden, die Stimmen von Polanski und MacGowran nachsynchronisieren und den hervorragenden Soundtrack des polnischen Jazz-Komponisten Komeda durch eine andere Filmmusik ersetzen. Das Ergebnis bezeichnete Polanski als „völlige Entstellung" und war darüber so erbost, daß er zeitweise überlegte, gegen Ransohoff und die MGM gerichtliche Schritte in die Wege zu leiten. Die US-Version fiel prompt bei Kritik und Publikum durch, während es in Europa zu euphorischen Reaktionen kam. jg

Tanz mit mir (USA 1934)

siehe: SCHEIDUNG AUF AMERIKANISCH

Tanz mit mir

Shall We Dance. USA 1937 **R** Mark Sandrich **B** Allan Scott, Ernest Pagano, P.J. Wolfson, nach der Story *Watch Your Step* von Lee Loeb und Harold Buchman **K** David Abel **M** George Gershwin, Ira Gershwin (Text) **P** Pandro S. Berman für RKO Radio Picture **L** 101 Min., s/w **D** Fred Astaire, Ginger Rogers, Edward Everett Horton, Eric Blore, Jerome Cowan, Ketti Gallian, William Brisbane, Ann Shoemaker

Tanz mit mir ist der einzige Film des Gespanns Astaire/Rogers, dem ein Gershwin-Score zugrunde liegt. Wieder steht die Liebesgeschichte der Protagonisten im Mittelpunkt des Geschehens; Astaire agiert diesmal als russischer Ballettänzer, Rogers spielt einen gefeierten amerikanischen Nachtclub-Star. Die obligatorischen Mißverständnisse, Liebeswerbungen und -verweigerungen säumen den Weg ins Happy-End. *Shall We Dance* konnte trotz - oder wegen - der üblichen Machart der Astaire/Rogers-Vehikel die finanziellen Erwartungen der Produzenten bei weitem nicht erfüllen. Die siebente Zusammenarbeit des Paares schien sowohl die Schauspieler als auch das Publikum zu ermüden. Lediglich die unvergleichlichen Lieder der Gershwin-Brüder (*Slap That Bass, Walking the Dog, Beginner's Luck, They All Laughed, Let's Call the Whole Thing Off, They Can't Take That Away from Me, Shall We Dance?*) und deren choreographische Umsetzung durch Hermes Pan und Harry Losee zeugen von Qualität. mg

Tänzer vom Broadway

The Barkleys of Broadway. USA 1949 **R** Charles Walters **B** Betty Comden, Adolph Green **K**

Harry Stradling **M** Harry Warren, Ira Gershwin (Text) **P** Arthur Freed für MGM **L** 114 Min., Farbe **D** Fred Astaire, Ginger Rogers, Oscar Levant, Billie Burke, Jacques François, Gale Robbins

Der große Erfolg des Musicals OSTERSPAZIERGANG veranlaßte Produzent Arthur Freed dazu, einen weiteren Film mit den Stars Judy Garland und Fred Astaire zu planen. Zu diesem Zweck ersannen die Drehbuchautoren Betty Comden und Adolph Green eine Art Fortsetzung des *Osterspazierganges*, in dem sich ein Künstlerpaar nach einigen Querelen und mit viel Tanz und Gesang in die Arme fallen konnte. Die *Tänzer vom Broadway* zeigen die Revuestars nun als bereits lang verheiratetes Ehepaar, bei dem der Haussegen schiefhängt, weil der weibliche Part des Duos sein Talent als dramatische Schauspielerin unter Beweis stellen will. Judy Garland mußte bereits während der Vorbereitungsphase zu dem Projekt wegen ihrer schlechten physischen und psychischen Konstitution vorzeitig ausscheiden. Bei der Suche nach einer geeigneten Nachfolgerin stieß man auf Ginger Rogers, die zehn Jahre zuvor in *The Story of Vernon and Irene Castle* ihren bislang letzten Auftritt an der Seite Fred Astaires hatte. Die *Barkleys* boten da eine willkommene Gelegenheit, das Traumpaar der dreißiger Jahre ein zehntes - und letztes - Mal auf der Leinwand zu vereinen. So agieren die beiden mit der Unterstützung des Gershwin-Freundes Oscar Levant zu den Liedern *Swing Trot, You'd Be Hard to Replace, Bouncin' the Blues, My One and Only Highland Fling, A Weekend in the Country, Shoes with Wings on, Manhattan Downbeat,* die Harry Warren komponiert und Ira Gershwin getextet hat. Der Song von George Gershwin *They Can't Take That Away from Me*, zu dem Rogers und Astaire schon in TANZ MIT MIR im siebenten Himmel geschwebt hatten, wurde ebenfalls in den Film aufgenommen.
Bei der Oscar-Verleihung 1949 überreichte Ginger Rogers ihrem langjährigen Partner eine Ehren-Statuette für „seinen Beitrag zur Kunst des Musicals“. mg

Der Tanzpalast

Roseland. USA 1977 **R** James Ivory **B** Ruth Prawer Jhabvala **K** Ernest Vincze **M** Michael Gibson **P** Ismail Merchant für Merchant-Ivory/ Cinema Shares International **L** 103 Min., Farbe **D** Teresa Wright, Lou Jacobi, Don de Natale, Louise Kirtland, Geraldine Chaplin, Lilia Skala, Helen Gallagher, Joan Copeland, Christopher Walken

In der erstaunlich kurzen Drehzeit von drei Wochen realisierte James Ivory, der erst in den 80er Jahren seine verdiente Anerkennung fand, diesen wehmütigen und melancholischen Abgesang auf den verblichenen Glanz einer untergegangenen Epoche.
Handlungsort ist ein alter New Yorker Ballsaal, ein merkwürdiges Relikt aus einer Zeit, in der noch auf Manieren und Etikette Wert gelegt wurde. „Roseland“, so der Name dieses Tanzclubs, dient seit Jahrzehnten vielen älteren Menschen als Treffpunkt. Dort kommen sie zusammen, um ihrer alltäglichen Einsamkeit zu entfliehen und ihren Erinnerungen nachzuhängen. Angelegt in drei ineinander verwobenen Episoden, verschafft uns der Regisseur die Bekanntschaft mit drei unterschiedlichen Frauen. Da gibt es zunächst May (Wright), die ganz in der Vergangenheit lebt und von den Tanzkünsten ihres Mannes schwärmt, der schon seit Jahren unter der Erde liegt. Pauline (Copeland) ist glücklich, einen neuen Lebenspartner gefunden zu haben, doch fürchtet sie um seine Treue, denn da gibt es die junge Marilyn (Chaplin), die sich ebenfalls für ihn interessiert und wohl auch das Rennen gewinnen wird, denn Pauline ist todkrank. Rosa (Skala), eine ehemals reiche Dame aus Deutschland, muß einen Putzjob annehmen, um sich den Besuch den Tanzpalastes leisten zu können; sie träumt davon, einmal noch in ihrem Leben einen Tanzwettbewerb zu gewinnen.
Ein früher, bescheidener Film aus der Werkstatt von Ivory und seiner Drehbuchautorin Prawer-Jhabvala, der in nachdenklichen Tönen die Vergänglichkeit des Lebens betrauert und vom Charme seiner betagten Hauptdarstellerinnen profitiert. Neben dem Original-Soundtrack von Michael Gibson erklingen u.a. die Evergreens *Stranger in Paradise* und *Moon of Manakoora.* jg

Tarantula

Tarantula. USA 1955 **R** Jack Arnold **B** Robert M. Fresco, Martin Berkeley, nach einer Story von Jack Arnold und Fresco **K** George Robinson **M** Henry Mancini **P** William Alland für Universal **L** 80 Min., s/w **D** John Agar, Mara Corday, Leo G. Carroll, Nestor Paiva, Ross Elliott, Edwin Rand, Raymond Bailey, Hank Patterson

Der 1954 entstandene Science-fiction-Streifen FORMICULA, bei dem überdimensionale Ameisen ihr Unwesen treiben, führte zu einer ganzen Reihe von Monsterfilmen und erlebte in Jack Arnolds B-Film *Tarantula* einen würdigen Nachfolger.
Eigentlich verfolgt Dr. Deemer (Carroll) mit seinen Experimenten, die er in seinem einsam gelegenen Wüstenlabor betreibt, einen guten Zweck. Er möchte das Ernährungsproblem auf der Erde durch die Erfindung einer synthetischen Nährlösung beseitigen. Dummerweise hat auch eine Tarantel davon gekostet. Eines Tages bricht das ohnehin schon aufs riesenhafte angewachsene Vieh aus seinem Käfig aus, um draußen in der freien Natur zu einem erschreckenden, haushohen Monstrum zu gedeihen, dem schließlich, nachdem mehrere Menschen ihr Leben lassen mußten, mit einer Napalmbombe der Garaus gemacht werden kann.
Ein spannender Grusel-Thriller mit raffinierten Trickaufnahmen, von denen die Sequenzen, in denen die Tarantel als riesenhafte Silhouette über die hügelige Landschaft schleicht, besonders echt und schauderhaft gelungen sind. In einem seiner frühesten Filmauftritte ist Clint Eastwood für einige Sekunden zu sehen, wenn er als Bomberpilot das Ungetüm aus der Luft in die Zange nimmt. jg

Taras Bulba

Taras Bulba. USA 1962 **R** J. Lee Thompson **B** Waldo Salt, Karl Tunberg, nach dem Roman von Nikolaj Gogol **K** Joseph MacDonald **M** Franz Waxman **P** Harold Hecht für Curtleigh Prod./ United Artists **L** 120 Min., Farbe **D** Tony Curtis, Yul Brynner, Christine Kaufmann, Sam Wanamaker, Brad Dexter, Guy Rolfe, Perry Lopez

Nikolaj Gogols machtvoller Roman um die kriegerischen Auseinandersetzungen zwischen Polen und Kosaken im 16. Jahrhundert wurde von Hollywood in ein ebenso aufwendiges wie hirnloses Spektakel nach dem Motto „je mehr, desto besser“ verwandelt, das keinerlei Anspruch auf historische Genauigkeit erhebt. Im Mittelpunkt steht die Belagerung der von den Polen besetzten Stadt Dubno durch den Kosakenfürsten Taras Bulba (Brynner) und seine Horden. Sein Sohn Andrej (Curtis) hat sich in die Polin Natalia (Kaufmann) verliebt und wird schließlich, wegen des Versuchs sie zu retten, von seinem eigenen Vater als Verräter erschossen.
Die argentinischen Pampas dienten als überzeugender Ersatz für die ukrainischen Steppen, doch die Produktion von *Taras Bulba* litt unter den ständigen Auseinandersetzungen der einheimischen Komparsen mindestens ebenso wie unter dem Liebesdrama, das sich hinter den Kulissen abspielte. Denn entsprechend seiner Rolle hatte sich Tony Curtis in seine damals erst siebzehnjährige Partnerin Christine Kaufmann verliebt, was seine Frau Janet Leigh zur Abreise und ihn zu ihrer Verfolgung bewegte. Nach einigen Verzögerungen konnten die Arbeiten wieder aufgenommen werden; Kaufmann und Curtis heirateten ein Jahr später. *Taras Bulba* hat einige spektakuläre Massen- und Schlachtenszenen zu bieten, doch weder sie noch

Franz Waxmans rasanter, mitreißender Score (Oscar-Nominierung) fanden eine Entsprechung in dem idiotischen Drehbuch von Waldo Salt und Karl Tunberg, das viel zuviel Gewicht auf die kitschige Romanze zwischen unglaubwürdigen Pappkulissen legte. Frühere Verfilmungen des Stoffes datieren übrigens von 1936 (Frankreich, *Tarass Boulba*) und 1939 (Großbritannien, *The Rebel Son*). al

Target - Zielscheibe

Target. USA 1985 **R** Arthur Penn **B** Howard Berk, Don Petersen **K** Jean Tournier **M** Michael Small **P** Richard D. Zanuck, David Brown für CBS Inc. **L** 117 Min., Farbe **D** Gene Hackman, Matt Dillon, Gayle Hunnicutt, Victoria Fyodorova, Ilona Grübel, Josef Sommer

Die Zeiten, in denen Arthur Penn (Regisseur solcher Meisterwerke wie BONNIE UND CLYDE oder LTTLE BIG MAN) euphorisch gefeiert wurde, waren 1985 schon lange vorbei. Penn hatte sich vier Mißerfolge hintereinander geleistet, bekam für diesen Film noch einmal die zwei Topstars Hackman und Dillon zur Verfügung gestellt, und als auch diese Produktion danebenging, wurde er schließlich - bisheriger Höhepunkt seines Abstiegs - mit der Regie zu einem drittklassigen Psycho-Thriller beauftragt.
Hinter der Fassade des biederen Geschäftsmannes Walter Lloyd (Hackman) verbirgt sich in Wirklichkeit ein ehemaliger CIA-Agent. Doch Walter hat sich längst aus dem Geschäft zurückgezogen und führt mit seiner Familie ein beschauliches Leben. Als seine Frau Donna (Hunnicutt) allerdings bei einem Europa-Trip entführt wird, weiß er, daß ihn seine alten Feinde noch nicht vergessen haben. In Begleitung des verduzten Sprößlings Chris (Dillon) jettet er ebenfalls in die alte Welt, um seine Frau aus den Händen der Kommunisten zu befreien.
Auch wenn die Handlung nicht gerade viel Neues bietet, so ist der Film doch bei weitem nicht so schlecht wie ihn damals die Kritiker darstellten. *Target* schwelgt im Flair der europäischen Schauplätze, für die Penn mit seinem Drehteam Paris, Hamburg und Berlin besuchte. Teuerste Szenenfolge war eine beinahe zehnminütige Verfolgungsjagd quer durch den Hamburger Freihafen, bei der die historische Speicherstadt und die Landungsbrücken eine ideale Kulisse abgaben. Allein 400 Statisten sowie zahlreiche Busse, PKW und Schiffe wurden dafür eingesetzt. Gene Hackman ließ es sich nicht nehmen, trotz unangenehm kühler Temperaturen ungedoubelt in das brackige Hafenwasser zu springen. jg

Tartüff

Tartüff. Deutschland 1925 **R** Friedrich Wilhelm Murnau **B** Carl Meyer, nach der Komödie von Molière **K** Karl Freund **M** Giuseppe Becce **P** Erich Pommer für UFA **L** 69 Min., s/w **D** Emil Jannings, Lil Dagover, Werner Krauss, Lucie Höflich, Hermann Picha, André Mattoni, Rosa Valetti

Nach dem Welterfolg von DER LETZTE MANN drehte F. W. Murnau wiederum mit dem großen Charaktermimen Emil Jannings. Molières bekanntes Stück wurde 1664 das erste Mal uraufgeführt und rechnete damals unter Verwendung antiklerikaler Tendenzen auf ungewohnt scharfe Weise mit einer verlogenen Frömmigkeit ab, um die dahinterstehende Heuchelei und Profitsucht deutlich zu machen.
Murnau wollte seine Verfilmung nicht unbedingt während des Absolutismus spielen lassen, da er die Geschichte von *Tartüff* für ein zeitloses Thema hielt. Rein äußerlich kommt diese Absicht durch zwei parallel erzählte Geschichten (eine Rahmenhandlung und der „echte“ *Tartüff*-Stoff) zum Ausdruck. So sieht man zunächst, wie eine Haushälterin zu ihrem Herrn nur deshalb so höflich und zuvorkommend ist, weil sie sich die Überschreibung der Erbschaft erhofft, am Ende jedoch als Erbschleicherin und Giftmischerin entlarvt wird. Die Geschichte wechselt zwischendurch zu Tartuffe (Jannings), einem schleimigen Betrüger, der sich dem reichen Orgon (Krauss) als Berater anbietet und seine Stellung ausnutzt, um sich in unsittlicher Weise Orgons Frau und Tochter zu nähern. Diese warten eine günstige Gelegenheit ab, um ihn bloßzustellen.
Eine geschickt umgesetzte Literaturverfilmung, mit der Murnau allerdings deutliche Zugeständnisse an die Kommerzpolitik der UFA machte. Trotz der beachtlichen Kameraarbeit und des durchdachten Szenenaufbaus gehört *Tartüff* zu den weniger bedeutenden Werken des großen Regisseurs. jg

Tarzan, der Affenmensch

Tarzan, the Ape Man. USA 1932 **R** W. S. Van Dyke **B** Cyril Hume, Ivor Novello, nach dem Roman von Edgar Rice Burroughs **K** Harold Rosson, Clyde DeVinna **P** Irving Thalberg für MGM **L** 99 Min., s/w **D** Johnny Weissmuller, Neil Hamilton, Maureen O´Sullivan, C. Aubrey Smith, Doris Lloyd, Forrester Harvey, Ivory Williams

Schon in den Tagen des Stummfilms (die früheste *Tarzan*-Verfilmung entstand im Jahre 1918) war die Figur des berühmten Dschungelhelden für die Leinwand eine willkommene Attraktion, doch sollte erst mit dieser ersten Tonfilm-Produktion die *Tarzan*-Welle so richtig ins Rollen kommen. Den größten Glücksgriff machte MGM mit dem ehemaligen Olympiaschwimmer Johnny Weissmuller, der bis zum Jahre 1948 in insgesamt zwölf Filmen den Herrn des Urwalds mimte und sich schreiend von Liane zu Liane schwang. Maureen O´Sullivan war es bereits nach sechs Streifen leid, die Rolle der Jane zu spielen, die an ihr allerdings wie Pech kleben blieb.
Professor Parker (Smith) reist mit seiner Tochter Jane und dem Assistenten Holt (Hamilton) durch Äquatorialafrika, um einen sagenumwobenen Elefantenfriedhof zu suchen. Inmitten der subtropischen Vegetation machen sie unversehens die Bekanntschaft mit Tarzan, einem halbnackten Weißen, der sich als ihr Beschützer aufspielt. Er entführt Jane in sein Baumhaus, wo alsbald die legendären Worte „Tarzan - Jane“ fallen. In der luftigen Höhe über den Bäumen den Dschungels gefällt es dem englischen Mädchen so gut, daß es der Zivilisation entsagt und bei dem Herrn des Urwalds bleibt.
Tarzan der Affenmensch war einer der ganz großen Erfolge des amerikanischen Abenteuerfilms und erfuhr bis in die 80er Jahre hinein eine Kette von Remakes. Der Film fesselt durch eine Reihe beeindruckender Tier- und Landschaftsaufnahmen, die teilweise aus dem Restmaterial des erfolgreichen Streifens *Trader Horn* bestanden, den Van Dyke ein Jahr zuvor in Afrika gedreht hatte. Der erste *Tarzan*-Tonfilm wurde zu einem phänomenalen Erfolg und machte den gutgebauten Johnny Weissmuller über Nacht zum Star, nach dem sich Millionen von Frauen verzehrten. Da Weissmuller aber dummerweise schon verheiratet war, fürchteten die MGM-Studiobosse um seine Publicity und forderten ihn tatsächlich auf, sich deshalb scheiden zu lassen. Ehefrau Bobbe willigte ein und kassierte dafür eine Summe von 10.000 Dollar. jg

Tarzan, Herr des Urwalds

Tarzan, the Ape Man. USA 1981 **R** John Derek **B** Tom Rowe, Gary Goddard, nach dem Roman von Edgar Rice Burroughs **K** John Derek **M** Perry Botkin **P** Bo Derek für Svengali-MGM/United Artists **L** 112 Min., Farbe **D** Bo Derek, Richard Harris, John Philip Law, Miles O´Keefe, Akushula Selayah, Steven Strong, Maxine Philoe

Selten hat es wohl ein überflüssigeres und dümmlicheres Remake gegeben als dieses Machwerk aus der Feder des Möchtegern-Regisseurs John Derek. Der knackige, aber dafür recht blasse Miles O´Keefe ging als 16.

Tarzan-Darsteller in die Filmgeschichte ein, doch wurde ihm hier recht wenig Möglichkeit gegeben, sich in das Geschehen einzubringen (er spricht tatsächlich kein einziges Wort!), denn der Film wird von der ersten bis zur letzten Sekunde von Bo Dereks Rundungen beherrscht, die des öfteren sichtbar werden und bei den Burroughs-Erben für Mißstimmung sorgten. In einem Vertrag hatte sich MGM 1931 gegenüber dem Autor verpflichtet, jeden *Tarzan*-Film so zu gestalten, daß er stets für jugendliche Zuschauer zugänglich sein sollte. Dieses Dekret hatte auch noch nach 50 Jahren seine Gültigkeit und sorgte dafür, daß einige allzu genüßlich ausgemalte Nacktszenen geschnitten werden mußten. Der Schere fiel ebenfalls eine Szenenfolge zum Opfer, in der Bo Derek allzu heftig mit einem Orang-Utan-Männchen flirtete, so daß man den Verdacht der Sodomie nicht ganz ausschließen konnte.
Alles in allem - das mit einer pompösen Werbekampagne gestartete Dschungelabenteuer (entstanden in Sri Lanka) erwies sich als Langweiler des Jahres und brachte dem unverbesserlichen Regisseur und seiner untalentierten Darstellerin und Ehegattin verdientermaßen eine Portion hämischer Verrisse ein. jg

Tarzan und das blaue Tal

Tarzan´s Magic Fountain. USA 1949 **R** Lee Sholem **B** Curt Siodmak, Harry Chandlee, basierend auf den Charakteren von Edgar Rice Burroughs **K** Karl Struss **P** Sol Lesser für RKO **L** 73 Min., s/w **D** Lex Barker, Brenda Joyce, Evelyn Ankers, Albert Dekker, Charles Drake, Alan Napier, Henry Kulky, Henry Brandon

Johnny Weissmuller gab nach 16 Jahren treuer Dienste als Urwald-Förster die Liane ab, nach der alsbald Lex Barker grabschte, um sich damit als neuer Tarzan von Baum zu Baum zu hangeln. Mit ihm kehrte ein Hauch von Eleganz in den Dschungel ein, denn anders als sein tumber Vorgänger Weissmuller durfte Barker ganze Sätze sprechen und wirkte selbst im Lendenschurz wie ein Gentleman. Produzent Sol Lesser ließ sich für den Start dieses recht kurz geratenen Abenteuers etwas Besonderes einfallen: Für einen Kurzauftritt hatte er Tarzan Nr. 1, Elmo Lincoln, vor die Kamera geholt. *Tarzan und das blaue Tal* wurde als Doppelprogramm mit dem Stummfilm von 1918 gestartet, in dem Lincoln damals die Hauptrolle gespielt hatte. Lex Barker muß sich diesmal mit einer Gruppe von Banditen auseinandersetzen, die in ein geheimes Dschungelreich eindringen wollen, in dem eine das Leben verlängernde Quelle sprudelt. Eine Pilotin, deren Maschine über dem versteckten Tal abgestürzt ist, konnte bereits von den Heilkräften des angeblichen Jungbrunnens profitieren, um am Ende allerdings auf recht drastische Art und Weise festzustellen, daß die Wirkung nur begrenzt anhält.
Ein recht schwacher Auftakt für Lex Barker, der den Dschungelfürsten noch in weiteren vier Filmen verkörperte, um dann zugunsten des muskelbepackten Hünen Gordon Scott das Feld zu räumen. jg

Tarzans Abenteuer in New York

Tarzan´s New York Adventure. USA 1942 **R** Richard Thorpe **B** Myles Connolly, William R. Lipman, nach einer Story von Connolly, basierend auf den Charakteren von Edgar Rice Burroughs **K** Sidney Wagner **M** David Snell **P** Frederick Stephani für MGM **L** 73 Min., s/w **D** Johnny Weissmuller, Maureen O´Sullivan, John Sheffield, Virginia Grey, Charles Bickford, Paul Kelly, Chill Wills, Cyrus W. Kendall

Dieses *Tarzan*-Abenteuer amüsiert durch seine unverkrampfte Selbstironie, mit der sich die Serie gekonnt auf den Arm nahm. Maureen O´Sullivan, die ihrer Rolle als Jane längst überdrüssig geworden war, verbuchte hier ihren letzten Auftritt als Dschungel-Braut und konnte - da der Großteil der Handlung in der zivilisierten Welt spielt - endlich ihr zerfetztes Urwaldkostüm gegen eine ordentliche Damenkollektion eintauschen.
Ein perfider Zirkusdirektor entführt Tarzans Adoptivsohn Boy (den dieser 1939 in *Tarzan und sein Sohn* in den Trümmern eines Flugzeugs gefunden hat) nach New York. Jane und der Dschungelkönig reisen in Begleitung des Affen Cheeta in die Staaten, um den Jungen wieder zurückzuholen. Der Ausflug in die US-Metropole gibt Tarzan die Gelegenheit, auf den Gerüsten von Wolkenkratzern herumzuklettern, von der Verrazano-Bridge zu springen und seinen markerschütternden Urschrei im maßgeschneiderten Anzug unter der Dusche des Hotels auszustoßen. jg

Tarzans Vergeltung

Tarzan and His Mate. USA 1934 **R** Cedric Gibbons, Jack Conway **B** Howard Emmett Rogers, Leon Gordon, nach einer Geschichte von J. Kevin McGuinness, basierend auf den Charakteren von Edgar Rice Burroughs **K** Charles Clarke, Clyde de Vinna **P** Bernard H. Hyman für MGM **L** 90 Min., (Originalfassung 105 Min.), s/w **D** Johnny Weissmuller, Maureen O´Sullivan, Neil Hamilton, Paul Cavanagh, Forrester Harvey, William Stack

Die ersten beiden *Tarzan*-Filme hatte man eher für ein erwachsenes Publikum konzipiert. Ungewöhnlich für die prüden Amerikaner war an diesem zweiten Teil der natürliche Umgang mit Körperlichkeit und Sexualität. Gleich zu Beginn ist zu sehen, wie sich das männliche Mitglied einer Expedition splitternackt in eine Badewanne setzt. Gegen diese kurze Szene wurde merkwürdigerweise nicht protestiert. Als aber in einer Bildfolge, in der Jane und Tarzan in ihrem Badeteich planschen, für eine Zehntelsekunde Maureen O´Sullivans nackte Brüste aus dem Wasser ragten, schritt die Zensurbehörde ein und verlangte, daß besagte Stelle beseitigt werden sollte.
Tarzans Vergeltung knüpft dort an, wo TARZAN DER AFFENMENSCH endete. Harry Holt (Hamilton), damaliger Begleiter des verstorbenen Professor Parker, kehrt in den Urwald zurück, um Jane zu überreden, mit ihm nach England zurückzukehren. Als diese sich weigert, wenden die Männer Gewalt an. Tarzan wird angeschossen und verletzt zurückgelassen, kommt aber dank Cheetas Hilfe rechtzeitig wieder zu Besinnung, um mit seinem Schrei die Tiere des Dschungels zu rufen und die Entführer zu jagen. Am Ende ist Jane wieder mit ihm vereint. jg

Taschengeld

L'Argent de poche. Frankreich 1976 **R** François Truffaut **B** François Truffaut, Suzanne Schiffman **K** Pierre-William Glenn **M** Maurice Jaubert **P** Roland Thénot für Les Films du Carrosse/Les Productions Artistes Associés **L** 104 Min., Farbe **D** Geory Desmouceaux, Philippe Goldmann, Claudio und Franck Deluca, Richard Golfier, Laurent Devlaeminck, Virginie Thévenet

Episodenhaft schildert Truffaut in *Taschengeld* das Leben zwölfjähriger Kinder in Thiers, einer kleinen Stadt im Süden Frankreichs. Die letzten Tage vor den Sommerferien, die die meisten Mädchen und Jungen im Ferienlager verbringen werden, warten mit kleinen und großen Ereignissen auf. Mit über zweihundert Kindern arbeitete der Regisseur seinen Film aus, dessen Drehbuch er erst nach dieser Vorbereitungsphase gemeinsam mit Suzanne Schiffman ganz auf die einzelnen Protagonisten zuschnitt. Sein Anliegen bei den Dreharbeiten war es, die Kamera zum „natürlichen" Partner der Kinder zu machen. „...doch was ist daran noch wirklich natürlich, wenn die Kinder die Kamera vergessen können wie ausgebuffte Profis? Ihre Unverbrauchtheit durch das Leben und ihre Spontaneität, die Truffaut bewundert und um derentwillen nicht zuletzt er den Film gemacht hat, ist eine eingeübte, trainierte Spontaneität und also keine" (Hanns Fischer). mg

Die Tat der Thérèse D.

Thérèse Desqueyroux. Frankreich 1962 **R** Georges Franju **B** François und Claude Mauriac, Georges Franju, nach dem Roman von François Mauriac **K** Christian Matras **M** Maurice Jarre **P** Eugène Lépicier für Filmel **L** 107 Min., s/w **D** Emmanuèle Riva, Philippe Noiret, Edith Scob, Sami Frey, Jeanne Perez, Renée Devillers

Thérèse (Riva) fühlt sich eingeengt durch die Heirat mit dem unsensiblen, gleichgültigen Bernard (Noiret), bei dessen bürgerlich-wohlhabender Familie das Paar in ländlicher Umgebung lebt. Nachdem sie aus Eifersucht die Beziehung ihrer Schwägerin Anne (Scob) zu einem jüdischen Intellektuellen (Frey) zerstört hat, versucht sie, ihren Mann zu vergiften. Er überlebt und erreicht, daß das Gerichtsverfahren gegen Thérèse eingestellt wird. Zuhause sperrt er sie in einem Zimmer ein und stellt ihr wieder und wieder die Frage: warum...?
Georges Franju verlegte mit Hilfe des Autors und dessen Sohn die Handlung des 1927 erschienenen Romans von François Mauriac aus den 20er Jahren in die Gegenwart, lieferte jedoch insgesamt eine der werkgetreuesten Literaturadaptionen überhaupt ab. Da ihm der religiöse Hintergrund von Mauriac völlig abging, brachte Franju nichtsdestoweniger eine eigene Interpretation in die Handlung ein: Während Thérèse im Buch mit dem „Hausarrest" für ihre Sünden büßen muß, erscheint sie im Film mehr als Opfer, denn als gesellschaftliche Außenseiterin, die von der quälenden Normalität ihrer Umgebung zerstört wird. Emmanuèle Riva erhielt für ihre meisterliche Darstellung den Preis als Beste Schauspielerin bei den Filmfestspielen in Venedig. al

Die Tatarenwüste

Il deserto dei Tartari. Italien/Frankreich/BRD/Iran 1977 **R** Valerio Zurlini **B** André G. Brunelin, Jean-Louis Bertucelli, Valerio Zurlini, nach dem Roman von Dino Buzzati **K** Luciano Tovoli **M** Ennio Morricone **P** Jacques Perrin für Reggane Films/FR 3 Films/Films de l'Astrophore (Paris), Cinema Due (Rom), Corona Film (München), F. I. D. C. I. (Teheran) **L** 140 Min., Farbe **D** Vittorio Gassman, Giuliano Gemma, Helmut Griem, Philippe Noiret, Jacques Perrin, Francisco Rabal, Fernando Rey, Laurent Terzieff, Jean-Louis Trintignant, Max von Sydow

Der junge Leutnant Drago (Perrin) wird nach Bastiano abkommandiert, eine uralte Festung am Rande der Wüste. Die Besatzung wartet dort seit langem auf einen Angriff der Tataren, die - so will es die Legende - schon einmal die am Fuße des Berges gelegene Ruinenstadt zerstörten. Dieser so sehnsüchtig herbeigewünschte Angriff wird, wie Drago schnell feststellt, niemals erfolgen; er ist existenzberechtigend für die aristokratischen Offiziere, Mitglieder einer zum Untergang geweihten Klasse, die in Schönheit vor dem Feind sterben wollen. Die Illusion ihrer Nützlichkeit wird durch ein absurd strenges Reglement aufrechterhalten, das selbst kleine Vergehen mit dem Tode bestraft. Drago versucht zunächst alles, um eine Versetzung zu erreichen, doch allmählich gerät auch er in den Bann der Festung und ihrer Geheimnisse...
Der Italiener Dino Buzzati wurde in seinem Heimatland oft mit Kafka verglichen, und dementsprechend schwierig erschien eine Übertragung seiner teilweise metaphysischen Arbeiten auf die Leinwand. Für *Die Tatarenwüste* hatte das Produzenten-Duo Michelle de Broca und Jacques Perrin seit 1972 bereits fünf oder sechs Autoren verschlissen, bevor Brunelin und Bertucelli einen befriedigenden Entwurf vorlegten, an dem Brunelin dann noch drei weitere Jahre herumbastelte. Seiner Meinung nach bestand die größte Schwierigkeit „im Fehlen von dramaturgischer Spannung und Konstrukion sowie in der Abstrahierung der Figuren im Roman". Ein weiterer wichtiger Aspekt war der Drehort, in Buzzatis Buch ein italienisch-österreichisches Gebirgsfort. An der iranisch-afghanischen Grenze wurde man schließlich fündig: eine aus dem 16. Jahrhundert stammende, majestätische Lehmfestung, zu deren Füßen sich die Ruinenstadt Bam ausbreitet. Die Grandiosität dieser Landschaft spielt im Film eine ebenso große Rolle wie jeder literarische Aspekt. *Die Tatarenwüste* erhielt neben Preisen wie dem Grand Prix du Cinéma Français und dem Prix Lumière ausgezeichnete, bewundernde Kritiken - so schrieb *France Soir*: „Dieser Film von außergewöhnlicher Schönheit und Noblesse hat die Größe eines Zeugnisses an den nutzlosen Mut der Kämpfer für das Unmögliche." al

Tatis herrliche Zeiten

Playtime. Frankreich 1967 **R** Jacques Tati **B** Jacques Tati **K** Jean Badal, Andreas Winding **M** Francis Lemarque **P** Bernard Maurice für Specta Films/René Silvera **L** 113 Min., Farbe **D** Jacques Tati, Barbara Dennek, Jacqueline Lecomte, Valerie Camille, France Romilly, France Delahalle

Für seinen vierten Spielfilm verwandte Jacques Tati sage und schreibe zehn Jahre auf die Planung und Realisation. Zur Finanzierung von *Playtime* erklärte sich der Autor und Regisseur sogar bereit, die Rechte seiner drei vorangegangenen Werke TATIS SCHÜTZENFEST, *Die Ferien des Monsieur Hulot* und MEIN ONKEL zu verkaufen, um an das Geld für die aufwendigen Bauten zu kommen. So ließ er innerhalb von fünf Monaten eine Kulissenstadt vor den Toren von Paris errichten, die neben den Studios, Garderoben und Kantinen für das Aufnahmeteam auch zwei Elektrizitätswerke, gepflasterte Straßen, Ampelanlagen, Neonreklamen und Gebäude auf Schienen vorweisen konnte. „Tativille", wie die Film-Stadt bald genannt wurde, avancierte zur Touristenattraktion, die Jacques Tati für Nachswuchsregisseure erhalten wollte. Doch sein Plan wurde durch den Bau einer Autobahn in diesem Gebiet zunichte gemacht.
Beschwor Tati in seinen ersten beiden Spielfilmen, TATIS SCHÜTZENFEST und *Die Ferien des Monsieur Hulot*, noch eine geruhsame, idyllische Welt herauf, so konfrontiert er in MEIN ONKEL seine Figur Monsieur Hulot mit den Auswüchsen der modernisierten, technischen Welt. In *Playtime* hingegen sind nicht einmal mehr Rudimente der alten Zeit zu entdecken. Monsieur Hulot gerät bei dem Versuch, einem Herren durch eine Menschenmenge hindurch zu folgen, in den Strudel der Großstadt. Ein einfacher Spaziergang nimmt plötzlich die Ausmaße einer abenteuerlichen Odyssee an, die den anachronistisch wirkenden Hulot durch die Glas- und Stahlbauten der Metropole führt. Unterlegt ist das Ganze mit einer Tonspur, die sich überwiegend aus einem Sprachgewirr zusammensetzt, dem man lediglich einige Wortfetzen entnehmen kann. Die lange Spieldauer und das 70-mm-Format, für das nur wenige Kinos ausgestattet sind, trugen zum finanziellen Mißerfolg der Produktion bei. Nichtsdestotrotz konstatierte Tati: „Ich bin stolz auf *Playtime*, es ist genau der Film, den ich machen wollte. Ich habe zwar physisch und finanziell ganz schön gelitten, aber es ist wirklich der Film, den ich machen wollte." mg

Tatis Schützenfest

Jour de fête. Frankreich 1949 **R** Jacques Tati **B** Jacques Tati, Henri Marquet, René Wheeler **K**

Jacques Mercanton, Marcel Franchi **M** Jean Yatove **P** Fred Orain für Cady Films **L** 82 Min., s/w-Farbe **D** Jacques Tati, Guy Decomble, Paul Frankeur, Santa Relli, Maine Vallee, Roger Rafal

Nach dem Zweiten Weltkrieg trat Jacques Tati in zwei Filmen seines Freundes Claude Autant-Lara als Schauspieler in Erscheinung (*Sylvia und das Gespenst*, 1945 und STÜRMISCHE JUGEND), ehe er sich wieder als Regisseur betätigte. Sein Kurzfilm *L'Ecole des facteurs* entstand 1947 und beschäftigt sich mit dem Postboten François. Der große kommerzielle Erfolg dieser Produktion veranlaßte Tati, in einem abendfüllenden Spielfilm näher auf das Leben des staksigen Briefträgers einzugehen. Während Jahrmarktsaussteller für einen Tag in dem Provinznest Sainte-Sévère verweilen, sieht François einen Kurzfilm über die schnelle und perfekte Postzustellung in den Vereinigten Staaten. Die Dorfgemeinschaft feuert den naiven Beamten an, das amerikanische System zu übernehmen. François setzt nun alles daran, die Post in waghalsigem Tempo bei den Adressaten abzuliefern.
Jacques Tati erweckte mit seiner Komödie den Stummfilm-Slapstick zu neuem Leben; die Tücke des Objekts gilt es immer wieder zu bewältigen.
Auf den Vorschlag des Produzenten Orain hin, wurde *Tatis Schützenfest* in einem neuartigen Farbverfahren gedreht, das sich im nachhinein jedoch als äußerst unbefriedigend erwies, so daß man auf die ursprüngliche Schwarzweiß-Fassung zurückgriff. Erst 1963 gelangte eine kolorierte Version in die Kinos, die um eine Rahmenhandlung erweitert wurde, in der ein junger Maler in die verschlafene Ortschaft kommt und die Ereignisse skizziert und kommentiert. mg

Tati im Stoßverkehr

siehe: TRAFIC

Tatjana

Knights Without Armour. Großbritannien 1937 **R** Jacques Feyder **B** Lajos Biro, Arthur Wimperis, Frances Marion, nach dem Roman *Without Armour* von James Hilton **K** Harry Stradling, Bernard Browne, Jack Cardiff **M** Miklos Rozsa **P** Alexander Korda für London Films **L** 100 Min. (Originalfassung 107 Min.), s/w **D** Marlene Dietrich, Robert Donat, Irene Vanbrugh, Herbert Lomas, Austin Trevor

Marlene Dietrichs Auftritt in diesem Historiendrama wurde von *Life* mit der Bemerkung kommentiert: „Sie badet zweimal, zeigt ihre berühmten Beine und verbreitet hohlwangigen Glamour auf ungefähr 9.000 Fuß britischen Film. Dafür erhielt sie 450.000$, was sie zur höchst bezahlten Frau der Welt macht." Diese erstaunliche Tatsache stand allerdings in keinem Verhältnis zum schlechten finanziellen Abschneiden des Films und seines Nachfolgers ENGEL, und Marlene war schnell als „Kassengift" abgestempelt. Dabei ist *Tatjana* ein herrlicher Abenteuerfilm, dessen melodramatischem und nicht allzu glaubwürdigem Drehbuch zwei charismatische Stars auf die Beine helfen. In den Wirren der Oktober-Revolution lernt der britische Agent Fotheringhill (Donat), der eigentlich mit den progressiven Kräften zusammenarbeitet, die verwitwete russische Gräfin Alexandra (Dietrich) kennen und lieben. Gemeinsam versuchen sie sich zur Grenze durchzuschlagen.
Der Belgier Jacques Feyder führte im Auftrag des rührigen Produzenten Alexander Korda effektvoll Regie bei diesem in England entstandenen aktionsreichen Spektakel, das sich zwar nicht um historische Authentizität, dafür aber um so mehr um prachtvolle Kostüme und Kulissen kümmert. Während der Dreharbeiten erlitt Robert Donat einen schweren Asthma-Anfall und Korda regte an, ihn durch einen unbekannten britischen Schauspieler zu ersetzen und die Rolle zu verkleinern, wobei Dietrich die alleinige Starnennung über dem Titel zu Teil würde. Die Schauspielerin lehnte das entrüstet ab und umhegte ihren Co-Star während der mehrwöchigen Drehunterbrechungen mit selbstgekochten Suppen und ähnlichem. Angeblich soll sie sogar bei einigen Szenen Regie geführt haben. al

Der Tätowierte

The Illustrated Man. USA 1969 **R** Jack Smight **B** Howard B. Kreitsek, nach dem Roman von Ray Bradbury **K** Philip Lathrop **M** Jerry Goldsmith **P** Howard B. Kreitsek, Ted Mann für SKM Prod./ Warner Bros.-Seven Arts **L** 103 Min., Farbe **D** Rod Steiger, Claire Bloom, Robert Drivas, Don Dubbins, Jason Evers

Rod Steiger mußte sich jeden Morgen von Kopf bis Fuß „tätowieren" lassen, um für seine Rolle als Tramp in diesem seltsamen Science-fiction-Streifen gewappnet zu sein. Er spielt jenen mysteriösen Carl, den der junge Vagabund Willie (Drivas) auf dem Weg nach Kalifornien trifft. Jede seiner unzähligen Tätowierungen stehe für eine bestimmte Geschichte, erzählt Carl dem jungen Mann, und er sei auf der Suche nach der Frau (Bloom), die sie ihm in die Haut geritzt habe. Trotz Carls Warnungen kann Willie nicht aufhören, die Zeichnungen anzustarren und findet sich sogleich in merkwürdigen Phantasiewelten wieder. In der ersten Geschichte wird ein Elternpaar von seinen ungezogenen Kindern umgebracht, in der zweiten müssen Raumfahrer auf einem unwirtlichen Planeten notlanden, und in der dritten beschließen verzweifelte Eltern, ihre Kinder zu töten, um sie vor einem nuklearen Holocaust zu bewahren...
Ray Bradburys bizarre Zukunftsvisionen sind schwer auf die Leinwand zu übertragen, und *Der Tätowierte* ist eher für den Mut, mit dem er diese Aufgabe angeht, als für ihre erfolgreiche Bewältigung zu bewundern. Regisseur Jack Smight hatte mit Rod Steiger, dessen faszinierende Darstellung noch der gelungenste Aspekt des etwas langatmigen Filmes ist, bereits zwei Jahre zuvor in BIZARRE MORDE gearbeitet. Steiger ist - wie auch seine damalige Frau Claire Bloom - in allen drei von Willie erlebten Episoden zu sehen. al

Die tätowierte Rose

The Rose Tattoo. USA 1955 **R** Daniel Mann **B** Tennessee Williams, Hal Kanter, nach dem Bühnenstück von Williams **K** James Wong Howe **M** Alex North **P** Hal B. Wallis für Paramount **L** 117 Min., s/w **D** Anna Magnani, Burt Lancaster, Marisa Pavan, Ben Cooper, Virginia Grey, Jo Van Fleet

Schon im Jahre 1950 hatte Tennessee Williams *Die tätowierte Rose* für die temperamentvolle Italienerin Anna Magnani geschrieben, doch sie fühlte sich der englischen Sprache nicht mächtig genug, um damit auf der Bühne zu stehen. Glücklicherweise hatte sie bis zum Zeitpunkt der Leinwandadaption entweder ihr Englisch verbessert oder einfach nur ihre Meinung geändert; in jedem Falle lieferte sie eine sensationelle Darstellung, die ihr neben einem Oscar den British Academy Award sowie den Preis der New Yorker Filmkritiker eintrug. Als sizilianische Witwe lebt sie in einer Küstenstadt des amerikanischen Südens und hat ein Auge auf ihr hübsches, fünfzehnjähriges Töchterchen (Pavan). Gegenüber dem ungehobelten LKW-Fahrer Alvaro (Lancaster), der sich wie ihr verstorbener Mann eine Rose auf die Brust tätowieren ließ, verhält sie sich zunächst zurückhaltend, bis sie von der Untreue ihres verstorbenen Gatten erfährt...
Burt Lancaster mußte neben dem Energiebündel Magnani zwangsläufig verblassen, zumal ihm niemand seinen italienischen Akzent abnahm, doch der Schauspieler beeindruckte wie schon an der Seite von Shirley Booth in KEHR ZURÜCK, KLEINE SHEBA in einer für ihn gänzlich untypischen Rolle. Neben Magnanis Oscar erhielt der Film Auszeichnungen für Photographie

und Ausstattung sowie Nominierungen für den Film selbst, die weibliche Nebenrolle (Pavan) und Alex Norths exzellente Musik. Anna Magnani war 1959 weit weniger glücklich mit einem weiteren Williams-Stoff in DER MANN MIT DER SCHLANGENHAUT. al

Tätowierung

Tätowierung. BRD 1967 **R** Johannes Schaaf **B** Günter Herburger, Johannes Schaaf **K** Wolf Wirth **M** Georg Gruntz **P** Rob Houwer für Houwer-Film **L** 88 Min., Farbe **D** Helga Anders, Christof Wakkernagel, Rosemarie Fendel, Alexander May, Tilo von Berlepsch, Heinz Meier, Heinz Schubert

In fast prophetischer Weise nahm dieser gut beobachtende Film die umstürzlerischen Ereignisse vorweg, die ein Jahr später als 68er Studentenbewegung in die Geschichte der Bundesrepublik eingingen. Als einer der ersten Regisseure des jungen deutschen Kinos wagte es Johannes Schaaf, einen Jugendfilm zu drehen, der auf den üblichen, belehrenden Ton ähnlicher Streifen aus den 50er Jahren verzichtete und am Ende statt des gelungenen Re-Integrierungsversuchs in die Gesellschaft ein anarchistisches Finale setzte.
Benno (Wackernagel) hat von Kindheit an wenig Glück in seinem Leben. Hin- und hergeschubst zwischen Waisenhaus, Erziehungsheim und ständig wechselnden Adoptiveltern wird er schließlich von dem Ehepaar Lohmann (May/Fendel) in deren gepflegtes Eigenheim im Berliner Westen aufgenommen. Herr Lohmann versucht sich in der Rolle des erfahrenen Ratgebers auf pädagogische Weise dem Jungen zu nähern, doch wirkt diese Art so aufgesetzt und unüberzeugend, daß Bruno bereits nach kurzer Zeit davon schrecklich genervt ist. Mehr Verständnis findet er bei Gaby (Anders), der Nichte der Lohmanns, der auch schon mal ein obszönes Wort über die Lippen rutscht und die ihn schließlich sogar verführt. Benno möchte sie gern zu seiner Freundin haben, doch Gaby läßt ihn allein zurück. In diesem Moment dreht Benno durch. Mit einem Revolver, den er aus der Erziehungsanstalt hat mitgehen lassen, erschießt er Lohmann bei einem Spaziergang.
Eine makabre Ähnlichkeit mit der von ihm dargestellten Figur hatte Schauspieler Christof Wackernagel, der nur wenige Jahre nach den Dreharbeiten im terroristischen Untergrund verschwand und schließlich - genau wie Benno - von der Polizei gefaßt wurde. jg

Tausend Augen

Tausend Augen. BRD 1984 **R** Hans-Christoph Blumenberg **B** Hans-Christoph Blumenberg **K** Martin Schäfer **M** Hubert Bartholomae **P** Michael Bittins für pro-ject Filmprod./Radiant Film GmbH/ Thorn EMI Video GmbH/ZDF **L** 92 Min., Farbe **D** Barbara Rudnik, Armin Mueller-Stahl, Karin Baal, Peter Kraus, Hannelore Hoger, Gudrun Landgrebe, Vera Tschechowa, Isolde Barth

Nachdem sich *Zeit*-Feuilletonist Hans-Christoph Blumenberg in unzähligen Rezensionen über den Film ausgelassen hatte, wollte er einmal versuchen, selbst Regie zu führen, um all das besser zu machen, was ihm an den Werken der von ihm kritisierten Filmemacher nicht gefiel.
Sein Debütstück *Tausend Augen* war aber nicht gerade ein Film, der das deutsche Kino umkrempelte oder gar einen neuen Meilenstein setzte. Schon bei der Geschichte überläuft einen das kalte Schaudern.
Die Meeresbiologie-Studentin Gabriele (Rudnik) hat eine große Leidenschaft - ihren Freund, der leider Gottes nicht in Deutschland, sondern im fernen Australien weilt. Um sich das nötige Geld für den Flug zusammenzusparen, erklimmt sie Nacht für Nacht die Drehscheibe einer Peepshow-Kabine und zieht u. a. die begehrlichen Blicke eines Mannes auf sich - die von Arnold (Mueller-Stahl), dem Manager des Etablissements. Dies erweckt wiederum die Eifersucht von Vera (Baal), der Kassiererin. Schließlich gibt´s da noch den Taxifahrer Schirmer (gräßlich wie immer Peter Kraus), der sich als Gabrieles Beschützer aufspielt, in Wirklichkeit jedoch mehr an Viktoria (Tschechowa), der Besitzerin einer Videothek, interessiert ist. Um dieser ganzen verwickelten Beziehungskonstellation noch eins draufzusetzen, lauert Gudrun Landgrebe als „Kesser Vater"-Verschnitt in Gestalt der Videopiraten-Kommandeuse Lohmann im Hintergrund.
Blumenberg siedelte seine Geschichte im Rotlichtmilieu des Hamburger Kiezes an und versah sie mit einer Vielzahl von Zitaten, die er sich von Regisseuren wie Fritz Lang, Wim Wenders oder Jacques Rivette abschaute, ohne dabei jedoch etwas Eigenständiges zusammenzubringen. In kleinen Gastauftritten sind Wim Wenders und Jean-Marie Straub, beide Regisseure aus der Frühzeit der Neuen Deutschen Films, zu sehen.
„Seltsam, wie sich das große Gefühl, das in diesem Film aufgehen möchte, verdünnt und verflüchtigt in Kunstfertigkeiten, Mystifikationen und feinsinnigem Stuß - am Ende hat er mit der Wirklichkeit das Leidigste doch gemeinsam: daß nichts dahintersteckt" (*Der Spiegel*). jg

Die tausend Augen des Dr. Mabuse

Die tausend Augen des Dr. Mabuse / Le diabolique Docteur Mabuse / Il diabolico Dottere Mabuse. BRD/Frankreich/Italien 1960 **R** Fritz Lang **B** Fritz Lang, Heinz Oskar Wuttig **K** Karl Löb **M** Bert Grund **P** Artur Brauner für CCC-Filmkunst (Berlin), Criterion (Paris), C.E.I. Incom (Rom) **L** 105 Min., Farbe **D** Dawn Addams, Peter van Eyck, Wolfgang Preiss, Gert Fröbe, Werner Peters, Howard Vernon, Andrea Cecchi

Artur Brauner, nimmermüder Produzent aus Berlin, hatte Fritz Lang nach Deutschland gelockt und ihn gedrängt, ein teures Farb-Remake von DAS INDISCHE GRABMAL zu drehen. Brauner besann sich auf Langs frühe Stummfilm-Erfolge und schlug dem Regisseur des weiteren vor, DIE NIBELUNGEN noch einmal zu verfilmen, was dieser jedoch ablehnte. Auch von der Idee, den größenwahnsinnigen Weltverbrecher Dr. Mabuse noch einmal wiederzubeleben, hielt Lang herzlich wenig, ließ sich jedoch dazu überreden, die Gestalt im modernen Interieur der 60er Jahre noch einmal auf die Leinwand zu bringen (siehe auch DR. MABUSE, DER SPIELER und DAS TESTAMENT DES DR. MABUSE). Das hätte er lieber lassen sollen. *Die tausend Augen des Dr. Mabuse* ist der traurige letzte Film in seinem Œuvre - ein halbherziger Abschied von der Leinwand, der auch damals niemanden so recht zu begeistern vermochte.
Im modernen Nachkriegs-Berlin hat der 1933 verstorbene Dr. Mabuse einen ebenbürtigen Nachfolger gefunden, der - so wie er bereits in den 20er und 30er Jahren - davon träumt, die Weltherrschaft an sich zu reißen. Dazu bedient er sich eines perfiden Überwachungsapparats, der aus einer blinkenden Videoanlage besteht. Unterstützt wird er bei der Ausführung seines teuflischen Plans von einer Bande unbelehrbarer Altnazis. In die bedrohliche Auseinandersetzung werden der amerikanische Millionär Henry Travers (van Eyck), die hübsche Marion Menil (Addams) und der etwas tolpatschige Kommissar Kras (Fröbe) verwickelt.
Langs Film führte zu einer ganzen Serie von *Mabuse*-Filmen, die in fließbandmäßiger Billigproduktion Jahr für Jahr auf den Markt geworfen wurden. Der Reihenfolge nach waren dies *Im Stahlnetz des Dr. Mabuse* (1961), *Das Testament des Dr. Mabuse* (1962), *Scotland Yard jagt Dr. Mabuse* (1963) und *Die Todesstrahlen des Dr. Mabuse* (1964). Den bisher letzten, in jeder Hinsicht mißlungenen Aufguß wagte der französische Regisseur Claude Chabrol mit DR. M im Jahr 1989/90. jg

Tausend Clowns

A Thousand Clowns. USA 1965 **R** Fred Coe **B** Herb Gardner, nach seinem Bühnenstück **K** Ar-

thur J. Ornitz **M** Don Walker **P** Fred Coe für Harell Prod./United Artists **L** 117 Min., Farbe **D** Jason Robards, Barbara Harris, Martin Balsam, Barry Gordon, Gene Saks, William Daniels

Vier der sechs Besetzungsmitglieder von Herb Gardners Komödien-Hit *A Thousand Clowns* aus dem Jahre 1962 wiederholten ihre Darstellungen in des Autors eigener Adaption seines Stoffes für die Leinwand. Jason Robards spielt den um jeden Preis unkonventionellen TV-Autor Murray Burns, der seinen Job aus Frustration an den Nagel gehängt hat. Seit fünf Monaten ohne Arbeit, droht ihm der Staat in Gestalt von Sozialarbeiterin Sandra (Harris, in ihrem Filmdebüt) und ihrem unangenehmen Kollegen Albert (Daniels) das Sorgerecht für seinen zwölfjährigen Neffen Nick (Gordon) zu entziehen, der seit einer halben Ewigkeit bei ihm lebt. Murray muß sich wohl oder übel auf Arbeitssuche machen, kann dabei jedoch auf die tatkräftige Unterstützung der auch privat an ihm interessierten Sandra rechnen...
In jeder Hinsicht eine gelungene Bearbeitung seiner Vorlage, ist *Tausend Clowns* ein anrührender und oft umwerfend komischer Film, der inhaltlich ein Vorläufer vieler Streifen aus den späten 60ern und den 70er Jahren darstellt, als „Individualität" zu einem bevorzugten Thema von Filmemachern wurde. Die Besetzung ist perfekt, und Martin Balsam wurde als Murrays Bruder und Agent mit einem Oscar als Bester Nebendarsteller ausgezeichnet. Der Film selbst sowie Drehbuch und Musik erhielten Nominierungen. Traurigerweise ist *Tausend Clowns* auch die letzte Arbeit von Judy Holliday für das Kino - die Schauspielerin und ihr Mann, der Saxophonist Gerry Mulligan, hatten den von Rita Gardner gesungenen Titelsong komponiert, doch noch vor dem Verleihstart des Films starb sie im Alter von erst 43 Jahren an Lungenkrebs. al

Tausend Milliarden Dollar

Mille millards de dollars. Frankreich 1982 **R** Henri Verneuil **B** Henri Verneuil **K** Jean-Louis Picavet **M** Philippe Sarde **P** Henri Verneuil für V Films/SFPC/Films A2 **L** 131 Min., Farbe **D** Patrick Dewaere, Caroline Cellier, Anny Duperey, Jeanne Moreau, Fernand Ledoux, Charles Denner, Jean Mercure, Mel Ferrer, Michel Auclair

Der Journalist Paul Verjean (Dewaere) erhält einen anonymen Hinweis auf Bestechungsgelder, die der internationale Großkonzern GTI an einen französischen Politiker gezahlt haben soll. Erste Recherchen bestätigen das, und Verjeans Artikel über die Vorgänge verursacht einen riesigen Skandal, in dessen Folge sich der Politiker das Leben nimmt - so scheint es zumindest. Doch Verjean ist überzeugt, daß man ihn ermordet hat. Auf der Suche nach den Drahtziehern gerät er immer tiefer in das Netz schmutziger Machenschaften des Multis...
Im Stile seiner vorangegangenen Filme - alles spannungsgeladene Thriller mit kritischen Ansätzen - erzählt Henri Verneuil hier eine Geschichte, die an den aufsehenerregenden Fall um den Konzern ITT erinnert, der während des II. Weltkrieges sowohl mit den Deutschen als auch mit den Amerikanern Geschäfte gemacht und sich nach Ende der militärischen Auseinandersetzungen flugs auf die „richtige" Seite geschlagen hatte. „Tausend Milliarden Dollar" ist übrigens die Summe, die 31 internationale Multis zu Beginn der 80er Jahre gemeinsam umsetzten - eine Zahl, die Verneuil zur Beschäftigung mit diesem Thema anregte. al

Taxi Driver

Taxi Driver. USA 1976 **R** Martin Scorsese **B** Paul Schrader **K** Michael Chapman **M** Bernard Herrmann **P** Michael Phillips, Julia Phillips für Taxi-Driver-Prod. **L** 114 Min., Farbe **D** Robert De Niro, Jodie Foster, Harvey Keitel, Peter Boyle, Leonard Harris, Cybill Shepherd

In keinem anderen Film wurde der Moloch New York in solch bedrückenden Bildern festgehalten wie in Scorseses *Taxi Driver* - einem Streifen, der sich fernab vom Glanz der 5th Avenue zwischen schummrigen Nachtbars, Elend und Dreck bewegt.
Robert De Niro liefert als Vietnam-Heimkehrer Travis Bickle eine seiner imposantesten Charakterstudien. Des Nachts kurvt er in seinem gelben Taxi durch die Straßenschluchten der Stadt, ständig konfrontiert mit den Schattenseiten der Metropole, mit Prostitution, Rauschgiftdelikten, Gewalt und Kriminalität. Allmählich formt sich in seinem Kopf ein einseitiges, verhängnisvolles Weltbild. Mit kühler Kalkulation legt sich Travis ein ganzes Waffenarsenal zu, von dem er mit aller Brutalität Gebrauch macht, als er eines Nachts wieder einmal Zeuge eines Überfalls wird. Aus dem introvertierten Einzelgänger wird von einer Sekunde auf die andere ein kaltblütiger Amokläufer, der auszieht, um gegen das Böse zu kämpfen.
Taxi Driver war eine der krassesten Hollywood-Produktionen der 70er Jahre, in der in unverblümter Weise eine düstere Bestandsaufnahme der US-Gesellschaft vor dem Hintergrund des Vietnam-Debakels und der wirtschaftlichen Rezession geliefert wurde. Scorseses Werk stand zwar als Bester Film auf der Nominierungsliste für den Oscar, erlebte jedoch seinen eigentlichen Triumph in Europa, wo es auf den Filmfestspielen von Cannes mit der Goldenen Palme ausgezeichnet wurde. Ebenfalls für den Oscar nominiert war der untypische Soundtrack des Komponisten Bernard Herrmann, der für *Taxi Driver* eine seiner letzten Arbeiten schrieb, ehe er 1976 verstarb. jg

Taxi nach Tobruk

Un taxi pour Tobruk. Frankreich/Spanien/BRD 1961 **R** Denys de la Patellière **B** Michel Audiard, René Havard, Denys de la Patellière **K** Marcel Grignon **M** Georges Garvarentz **P** Franco-London Films/Gaumont (Paris), Procura (Madrid), Continental Film (Berlin) **L** 88 Min. (Originalfassung 95 Min.), s/w **D** Lino Ventura, Charles Aznavour, Hardy Krüger, Maurice Biraud

Während des II. Weltkrieges dreht in der nordafrikanischen Wüste ein auf der Flucht befindlicher Trupp Franzosen den Spieß um und überwältigt die deutschen Verfolger. Hauptmann von Stegl (Krüger) wird gefangengenommen, doch im Laufe des beschwerlichen Marsches durch die glühende Landschaft erweist er sich als tatkräftiger Helfer und anständiger Kerl, so daß sich allmählich die Grenzen zwischen Freund und Feind zu verwischen beginnen und alle gezwungen sind, ihre vorgefaßten Meinungen zu überprüfen....
Mit einigem Aufwand setzte Denys de la Patellière seinen gutgemeinten Kriegsfilm in Szene, der für Völkerverständigung wirbt und die Absurdität von Feindbildern und militärischer Austragung von Konflikten im allgemeinen anprangert. Allerdings gerieten die Hauptfiguren etwas zu schematisch und eindimensional, und natürlich fehlen bei allem Engagement auch vordergründige Actionszenen nicht. Insgesamt ein zwiespältiges Vergnügen. Bei den Dreharbeiten lernte Hauptdarsteller Lino Ventura übrigens De la Patellières Assistenten Pierre Granier-Deferre kennen, unter dessen Regie er später noch drei Filme machen sollte, darunter den hervorragenden ADIEU, BULLE. al

Taxi zum Klo

Taxi zum Klo. BRD 1980 **R** Frank Ripploh **B** Frank Ripploh **K** Horst Schier **M** Hans Wittstatt **P** Frank Ripploh, Horst Schier, Laurens Straub **L** 92 Min., Farbe **D** Frank Ripploh, Bernd Broaderup, Gitte Lederer, Hans Gerd Mertens, Irmgard Lademacher

West-Berlin, 1980. Die Halbstadt war nicht nur längst zum Dorado der Blumenkinder und Drückeberger geworden, sondern auch - und das bis heute - zur deutschen Homosexu-

ellenmetropole schlechthin aufgestiegen. Peggy, die eigentlich Frank heißt, ist einer der zahllosen Bewohner vom anderen Ufer. Der überdrehte, promiske, schrille Lehrer lernt den stillen, schüchternen, häuslichen Bernd kennen - und lieben. Gemeinsam versuchen sie das Unmögliche: Die ewige Liebe zwischen zwei grundverschiedenen Charakteren, zwischen zwei Männern, in einer ablehnend bis feindlich gesonnenen Umwelt. Peggy, hin- und hergerissen zwischen dem so öden wie angepaßten Dasein als Lehrer und den nächtlichen Ausflügen in die sündige Subkultur, tickt nach einer durchfeierten Nacht - es war mal wieder Tuntenball - völlig aus und stöckelt in seinem Fummel als arabische Tänzerin in seine Schule. Da steht Ärger ins Haus...
Regisseur, Autor, Produzent und Hauptdarsteller Frank Ripploh drehte seinen autobiographischen Film mit einem sagenhaft geringen Budget von weniger als 100.000 DM. Ihm gelang ein auf den ersten Blick schockierender, provozierender Streifzug durch das schwule Großstadtleben, der sich jedoch bei näherem Hinsehen einerseits als feinsinnige, fast poetische Milieustudie entpuppt, andererseits aber auch ein sensibler Liebesfilm ist, der rein zufällig gerade im Schwulenmilieu spielt. "Ich will schließlich nicht nur die Schokoladenseite des Schwulseins zeigen, nicht nur die Sonnenseite des Lebens. Mein Film hat nicht nur Witz, sondern auch Trauer in sich, genauso wie ich selbst. Sonst wär's auch nicht ehrlich. Von verkitschten oder lehrhaften schwulen (und nichtschwulen) Filmen gibt's wirklich genug", meint der Regisseur, inzwischen aus dem Schuldienst ausgeschieden.
1981 wurde die Independant- und Low-Budget-Produktion mit dem Max-Ophüls-Preis der Stadt Saarbrücken ausgezeichnet. sk

Tee im Harem des Archimedes

Le thé au harem d'Archimède. Frankreich 1985 **R** Mehdi Charef **B** Mehdi Charef, nach seinem gleichnamigen Roman **K** Dominique Chapuis **M** Karim Kacel **P** Michèle Ray-Gavras für K.G. Productions/Ministère de la Culture/Ministère des Relations Exterieurs **L** 110 Min., Farbe **D** Kader Boukhanef, Rémi Martin, Laure Duthilleul, Saida Bekkouche, Nicole Hiss, Brahim Ghenaiem

La Courneuve ist eine dieser grauen, trost- und endlosen Schlafstädte am Rande von Paris, Betonsilos beherrschen das Bild, Tristesse total hat sich ihrer Bewohner bemächtigt. Madjid (Boukhanef), der Algerier, und Pat (Martin), der Franzose, sind zwei von ihnen, die im um sie herum tosenden Meer von Arbeitslosigkeit, Suff und sozialem Elend versuchen, nicht unterzugehen. Sie halten zusammen, sind auch ohne große Worte Freunde, leben in jeden öden Tag hinein, der mal einen kleinen Diebstahl, mal einen Drogentrip, aber auch mal eine schnelle Nummer mit sich bringt...
"Ich kenne die Siedlungen am Stadtrand, ich habe dort lange genug gelebt", beschreibt Regisseur und Drehbuchautor Charef - Sohn algerischer Einwanderer - seine Motivation, seinen autobiographischen Roman zu verfilmen. „Man kann das nicht in einer Reportage zeigen. Wenn man das Leben dieser Orte von außen sieht, hat man den Eindruck, in einem Auto zu sitzen, während die Bilder draußen vorbeifliegen. Ich habe mich für die Personen interessiert. Ich wollte, daß man im Inneren der Menschen ist, in ihrem Herzen." Das ist ihm gelungen. Sein eindringliches, zartes Erstlingswerk ist alles andere als ein Dokumentarfilm, es ist ein Aufschrei tiefer Emotionen, der von innen kommt und den Zuschauer in die Lage versetzt, die Welt der Akteure wie mit eigenen Augen zu betrachten - eine Kunst, die heutzutage selten ein Filmemacher beherrscht. Eine glückliche Hand hat Charef darüber hinaus bei der Besetzung der Hauptrollen bewiesen: Boukhanef und Martin sind jeder für sich blutige Anfänger, ihr unverfälschtes Spiel verleiht dem Film indes eine einmalige Authentizität. *Tee im Harem des Archimedes*, Milieustudie und Gefühlsbarometer in einem, kann ob seiner Intensität und Glaubwürdigkeit mit Fug und Recht ein cineastisches Meisterwerk genannt werden - und das, obwohl der Film weder auf einen dramaturgischen Höhepunkt zuläuft noch einem konkreten Handlungsfaden folgt. "Wenn Mehdi vielen anderen Erstlingsregisseuren überlegen ist, dann liegt das ganz einfach an der Schärfe seiner Sicht und an der genauesten Kenntnis seines Gegenstandes" (Claude Chabrol in *Le Monde*). sk

Teen Wolf

Teen Wolf. USA 1985 **R** Rod Daniel **B** Joseph Loeb III **K** Tim Suhrstedt **M** Miles Goodman **P** Mark Levinson und Scott Rosenfelt für Wolfkill Prod. **L** 90 Min., Farbe **D** Michael J. Fox, James Hampton, Susan Ursitti, Jerry Levine, Matt Adler, Lorie Griffin, Jim MacKrell

Scott Howards (Fox) ist ein durchschnittlicher Teenager in einer durchschnittlichen amerikanischen Stadt, und er kann allenfalls durchschnittliche Erfolge bei den Mädels seiner Klasse verbuchen. Nichts wünscht er sich sehnlicher, als sich von der Masse seiner Mitschüler abzuheben, etwas Besonderes zu sein, Erfolg zu haben. Und siehe da, sein Wunsch geht in Erfüllung: Plötzlich juckt es hinter seinen Ohren, ihm wachsen auf Kopf und Körper lange Haare, und er kann furchterregend knurren - kurz, er kann sich in einen Werwolf verwandeln. Im Gegensatz zu seinen aus anderen Horrorstreifen bekannten Verwandten ist er jedoch nicht bösartig veranlagt. Im Gegenteil, er setzt die Energie, die er aus seinem neuen tierischen Ich gewinnt, positiv um - nämlich beim Basketballspielen. Im Nu führt er seine Schulmannschaft an die Spitze, ist bei seinen Mitschülerinnen (trotz seiner starken Körperbehaarung) beliebt wie nie zuvor und fühlt sich auch selbst ganz toll. Sobald er jedoch wieder seine ursprüngliche menschliche Gestalt annimmt, holen ihn die Probleme des Alltags ein. Er muß sich zwischen seinen beiden Identitäten entscheiden...
Regisseur Daniels gewann dem Thema "Werwolf", das seit den 30er Jahren über die Leinwände geistert, immerhin eine neue Seite ab, jenseits der Grusel- und Horrorschinken à la DER WOLFSMENSCH von1941. Besser ist sein Film dadurch indes nicht geraten: Ein wenig Halbwüchsigen-Problematik, ein bißchen Werwolf-Gegrusel und viel zu viele, unerträglich breit ausgewalzte Basketballszenen, alles bunt zusammengemischt zu einem leicht verdaulichen Teenagerstreifen. Man fragt sich allerdings, warum um alles in der Welt sich die Mädels um den zum Werwolf mutierten Scott reißen, wo er doch mit seinen langen Krallen furchterregend ausschaut und mit seinen langen Zotteln allenfalls über den Sex-Appeal der Affenmenschen aus PLANET DER AFFEN verfügt.
In den USA fuhr *Teen Wolf* gleichwohl respektable Ergebnisse ein, in erster Linie dank des guten Rufs von Jungschauspieler Michael J. Fox, der sich seit seinem Sensationserfolg in ZURÜCK IN DIE ZUKUNFT einen festen Platz in den Herzen der amerikanischen Teenager erobert hatte.
1987 drehte Christopher Leich mit *Teen Wolf II* einen peinlichen Abklatsch des ersten Teils. sk

Telefon

Telefon. USA 1977 **R** Don Siegel **B** Peter Hyams, Stirling Silliphant, nach dem Roman *Krieg per Telefon* von Walter Wager **K** Michael Butler **M** Lalo Schifrin **P** für MGM **L** 103 Min., Farbe **D** Charles Bronson, Lee Remick, Donald Pleasence, Patrick Magee, Alan Badel, Tyne Daly, Frank Marth

Der sowjetische Agent Dalchimsky (Pleasence) gerät außer Kontrolle und sorgt in den Vereinigten Staaten für einige Katastrophen, mit denen er auf sein Hauptziel zuarbeitet - den Ausbruch des Dritten Weltkrieges. Um diesen Plan umzusetzen, bedient sich Dalchimsky einer Reihe menschlicher Zeitbomben. Es sind alles Saboteure, die im Dienst der UdSSR stehen und vor ihrem Einsatz einer Gehirnwäsche unterzogen wurden. Sobald sie ein Gedicht des amerikanischen Schriftstellers Robert Frost zu hören bekommen, verwandeln sie sich in seelenlose Killermaschinen. Auf diese Weise sind bereits nach Kamikaze-Manier ein Waffenlager und die Nachrichtenzentrale der US-Marine in die Luft geflogen. Der KGB-Agent Borzov (Bronson) wird in die USA geschleust, um in den Besitz der 140 Telefonnummern zu gelangen, mit denen Dalchimsky die getarnten Saboteure aktiviert. Unterstützt wird er dabei von der attraktiven Doppelagentin Barbara (Remick), an deren Seite er nach getaner Arbeit in den USA bleibt.

Don Siegel, ansonsten ein Spezialist für knallharte Action-Streifen, bekam der Wechsel zum Spionage-Thriller nicht ganz so gut wie erhofft. *Telefon* ist eine Produktion, deren größter Schwachpunkt eine stellenweise zu abgedrehte Story ist, die auch nicht durch die guten Darsteller und die vielen pyrotechnischen Effekte gerettet werden kann. „Auch die häufig eingeblendeten Orts- und Datumsangaben können nicht darüber hinwegtäuschen, daß *Telefon* alles andere als eine realistische Reportage aus dem Agenten-Milieu ist" (*Filmdienst*). jg

Telefon Butterfield 8

Butterfield 8. USA 1960 **R** Daniel Mann **B** Charles Schnee, John Michael Hayes, nach dem Roman von John O'Hara **K** Joseph Ruttenberg **M** Bronislau Kaper **P** Pandro S. Berman für Metro-Goldwyn-Mayer **L** 109 Min., Farbe **D** Elizabeth Taylor, Laurence Harvey, Eddie Fisher, Dina Merrill, Mildred Dunnock, Betty Field, Jeffrey Lynn, Kay Medford

So scharf war Elizabeth Taylor darauf, für die sensationelle Gage von einer Million Dollar die Cleopatra bei Fox zu spielen, daß sie ihren Arbeitgeber MGM förmlich anbettelte, sie früher aus ihrem Vertrag zu entlassen. Doch das Studio dachte gar nicht daran, galt die Schauspielerin doch - nicht zuletzt aufgrund ihrer privaten Aktivitäten - als absoluter Publikumsmagnet. Die Androhung von Suspendierung machte den widerspenstigen Star schließlich gefügig. Als Vehikel hatte man für sie John O'Haras Roman *Butterfield 8* von 1935 ausgesucht, der auf dem ungeklärten Tod eines New Yorker Callgirls namens Starr Faithful basierte. Natürlich durchschaute die Taylor sofort, daß man ihr Image als „Ehezerstörerin" - sie hatte gerade Eddie Fisher seiner Frau Debbie Reynolds ausgespannt - ausschlachten wollte und polemisierte in einer Tour gegen das Projekt. Es sei zu kommerziell, zeuge von schlechtem Geschmack und überhaupt: „Die Rolle ist doch nicht viel besser als die einer Prostituierten. Diesen Film zu machen, setzt mir höllisch zu." Als leichtlebige Gloria Wandrous verdreht die Taylor allen Männern im Film den Kopf, auch dem verheirateten Weston Liggett (Harvey). In ihn hat sie sich ernsthaft verliebt, doch die stürmische Affäre endet nach einem Mißverständnis mit ihrem Tod bei einem Autounfall.

Ironischerweise spielte Taylors damaliger Ehemann Eddie Fisher die Rolle von Glorias platonischem Freund (er hatte auf das Drängen der Aktrice David Janssen ersetzt) und nicht ihren Liebhaber. Die meisten Kritiker sahen *Telefon Butterfield 8* als das, was er ist: eine gelackte Seifenoper voller falscher Gefühle und hohlem Pathos. Nur die Taylor kam gut weg und erhielt ihre vierte Oscar-Nominierung in Folge. Daß sie auch die Trophäe bekam, hatte sie hauptsächlich der Tatsache zu verdanken, daß sie im Frühjahr 1961 während der CLEOPATRA-Dreharbeiten in London an einer Lungenentzündung erkrankt war und nur durch einen Luftröhrenschnitt gerettet werden konnte. Diese dramatischen Vorgänge brachten ihr weltweite Sympathie und schließlich die begehrte Auszeichnung ein. al

Teorema - Geometrie der Liebe

Teorema. Italien 1968 **R** Pier Paolo Pasolini **B** Pier Paolo Pasolini, nach seinem Roman **K** Giuseppe Ruzzolini **M** Ennio Morricone **P** Franco Rossellini, Manolo Bolognini für Aetos-Film **L** 97 Min., Farbe **D** Terence Stamp, Silvana Mangano, Massimo Girotti, Anne Wiazemsky, Laura Betti, Andress Jose Cruz Soublette, Alfonso Gatto

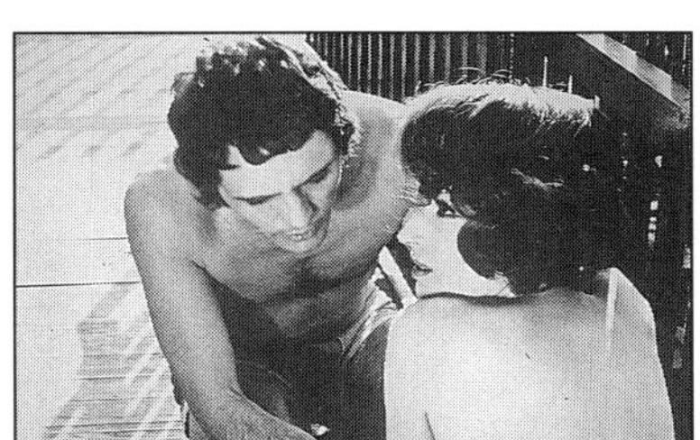

Teorema ist Pasolinis Variation eines modernen Evangeliums. In ebenso stil- wie geschmackvollen Bildern schildert der italienische Exzentriker die Veränderungen, die ein junger attraktiver Mann in einer großbürgerlichen Familie provoziert.

Der gutaussehende Besucher (Stamp) bringt das Leben der kleinen Hausgemeinschaft völlig durcheinander, denn sowohl das Dienstmädchen als auch die Eltern und deren Sohn und Tochter verfallen seiner omnipotenten Sexualität. Die plötzliche Abreise des Unbekannten hinterläßt eine klaffende Lücke und komplette Verwirrung. Das Dienstmädchen (Betti) mutiert zur Wunderheilerin, um sich dann lebendig begraben zu lassen, der Sohn (Soublette) ergeht sich in einem künstlerischen Schaffensprozeß, die Tochter (Wiazemsky) verfällt dem Wahnsinn, die Mutter (Mangano) gibt sich im Straßengraben fremden jungen Männern hin, die sie zuvor jeweils in der Stadt aufgabelt, und der Vater (Girotti) verschenkt schließlich seine Firma an die Arbeiter, um anschließend schreiend durch eine wüstenähnliche Landschaft zu rennen.

Ein nicht gerade leicht zugänglicher Film, der sich als filmische Interpretation von Pasolinis eigener Religions- und Sozialphilosophie versteht. Hier ist es die Sexualität, die in ihrer Ungehemmtheit über eine Gemeinschaft hereinbricht und scheinbar feststehende Normen in Frage stellt und über den Haufen wirft. Die Dialoge der handelnden Personen werden dabei zu einer nebensächlichen Ausstaffierung, die sich Pasolinis faszinierender Bildsprache unterwirft.

Laura Betti wurde für ihre Darstellung als mystisch angehauchte Dienstmagd auf den Filmfestspielen von Venedig als Beste Schauspielerin ausgezeichnet. jg

Tequila Sunrise

Tequila Sunrise. USA 1988 **R** Robert Towne **B** Robert Towne **K** Conrad L. Hall **M** Danny Bramson **P** Thom Mount für Warner Bros. **L** 116 Min., Farbe **D** Mel Gibson, Kurt Russell, Michelle Pfeiffer, Raul Julia

Nick Frescia (Russell) ist Drogenpolizist, Dale McKussick (Gibson) ist Drogenhändler. Eigentlich müßten sich die beiden gegenseitig bekämpfen, zumal das FBI Nick auf Dale angesetzt hat, aber das tun sie nicht, zumindest nicht ernsthaft: Schließlich sind sie noch von früher gute Freunde. Erst als sich beide zur gleichen Zeit in dieselbe Frau verlieben - die luxuriöse Jo Ann (Pfeiffer), die ein ebenso luxuriöses Restaurant betreibt-, wendet sich das Blatt. Nick jagt Dale hinterher, ohne allerdings seiner habhaft zu werden, ein Katz-und-Maus-Spiel beginnt. Am Ende zieht Nick, der ewige Zweite, auch bei der Jagd nach der hübschen Gaststättenwirtin den kürzeren. Für das Happy-End müssen Dale und Jo Ann allein sorgen.

Regisseur Towne inszenierte eine mäßig spannende Melange aus Thriller, Liebesromanze und Klischee. Weil damit allein kein Blumenpott zu gewinnen war, verpflichtete er eine illustre Starriege - Michelle Pfeiffer,

Mel Gibson und Kurt Russell gehören mit ihrer professionellen Darbietung zu den sehenswertesten Bestandteilen des Films. Warum indes der Streifen nach einem Luxus-Cocktail benannt worden ist, ist nicht überliefert. Vielleicht um trinkfreudiges Yuppie-Publikum vor die Leinwand zu lokken? Mit Tequila jedenfalls hat Townes Film so viel zu tun wie eine Paprikaschote mit einer Kuh. sk

Teresa

Teresa. USA 1951 **R** Fred Zinnemann **B** Stewart Stern, nach einer Story von Stern und Alfred Hayes **K** William J. Milner **M** Louis Applebaum **P** Arthur M. Loew für Metro-Goldwyn-Mayer **L** 100 Min., s/w **D** Pier Angeli, John Ericson, Patricia Collinge, Richard Bishop, Peggy Ann Garner

Schon in DIE GEZEICHNETEN und DIE MÄNNER hatte sich Fred Zinnemann mit den Nachwirkungen des II. Weltkrieges beschäftigt, und mit *Teresa* setzte er diese Thematik fort. Der US-Soldat Philip Quas (Ericson) heiratet während seines Aufenthaltes in Italien die junge Teresa (Angeli) und nimmt sie mit in die Staaten. Sie ziehen in die kleine Wohunung seiner Eltern, wo das Paar mit Vorurteilen und Egoismus zu kämpfen hat. Nach der Geburt eines Babys trennen sie sich, finden jedoch am Schluß wieder zusammen.
Erstaunlich an diesem ernsthaften Schwarzweiß-Drama ist die Offenheit, mit der Teresas enttäuschte Erwartungen von Amerika beschrieben werden, das einmal nicht als das „Land der unbegrenzten Möglichkeiten" erscheint. Die junge Pier Angeli brachte sich mit ihrer überzeugenden Leistung erstmals in den USA ins Gespräch, und das Autoren - Duo Stern/Hayes wurde mit einer Oscar-Nominierung für die beste Originalstory belohnt. al

Terminator

The Terminator. USA 1984 **R** James Cameron **B** Gale Anne Hurd, James Cameron **K** Adam Greenberg **M** Brad Fiedel **P** Gale Anne Hurd für Hemdale/Pacific Western Prod. **L** 107 Min., Farbe **D** Arnold Schwarzenegger, Michael Biehn, Linda Hamilton, Paul Winfield, Lance Henriksen, Rick Rossovich

James Cameron, Regisseur und Co-Autor des Action-Zukunft-Horror-Spektakels *Terminator*, zeichnete von der Welt des Jahres 1984 eine derart horrible Zukunftsversion, daß sich George Orwells Science-fiction-Schocker *1984* dagegen zahm ausnimmt. Sein Film zeigt das Los Angeles der Gegenwart als Kulisse eines futuristischen Schrekkensszenarios: Zwei nackerte Wesen reisen per Zeitmaschine aus dem Jahre 2029 an - der eine, um eine gewisse Sarah Connor zu killen, der andere, um sie vor ihrem vorsätzlichen Mörder zu schützen. Hintergrund der Reise durch die Zeit ist eine komplizierte Geschichte: Sarah (Hamilton) ist eine von Millionen dieser Amerikanerinnen, die durch ihre grauenvolle Langhaar-Dauerwelle schon von weitem als durchschnittliches Mittelmaß zu erkennen sind. In einem Punkt unterscheidet sie sich jedoch von der Masse: Sie wird irgendwann demnächst einen Sohn gebären, dieser wird den bevorstehenden nuklearen Weltkrieg überstehen und sich in der Zukunft - genauer: im Jahre 2029 - zum Anführer einer verbliebenen Schar menschlicher Aufständischer gegen die inzwischen auf Erden herrschenden Roboter machen. Da Sarahs Sohn der einzige ist, der die Herrschaft der künstlichen Intelligenz in einigen Jahrzehnten ernsthaft bedrohen könnte, hekken die Maschinen einen teuflischen Plan aus: Sie senden einen „Cyborg" (Schwarzenegger) in das Jahr 1984 zurück mit dem Auftrag, Sarah vor der Geburt ihres Kindes auszuschalten, zu terminieren. „Cyborgs" sind kybernetische Organismen - Maschinen also, die von einer fleischlichen Hülle umgeben sind, wie Menschen aussehen und sprechen können, aber programmierbar und eigentlich unbesiegbar sind. Den Aufständischen, die über keine derartigen Maschinen verfügen, bleibt nichts anderes übrig, als einen „echten" Menschen, Kyle Reese (Biehn), durch die Zeit in die Vergangenheit hinterherzuschicken. Obwohl Kyle gegen seinen unschlagbaren Gegner eigentlich keine Chance hat, nimmt er den Kampf auf - um Sarah vor dem Tod und die Menschheit vor dem Untergang zu bewahren...
Terminator, nach *Piranha II* der zweite Film von Regisseur Cameron, wurde zum Publikumsrenner des Jahres 1984; binnen kurzem spielte der knallharte Actionstreifen das Zehnfache seiner Produktionskosten von rund 5,8 Millionen Dollar ein. Sowohl Filmemacher Cameron (weiterer Erfolg: ALIENS - DIE RÜCKKEHR) als auch Hauptdarsteller Schwarzenegger gelang mit *Terminator* der ultimative Durchbruch in Hollywood. Bizeps-Arnold, der bis dato eher abschätzig belächelte Muskelprotz aus der Steiermark, stieg endgültig in die Riege der absoluten Top-Stars auf - und zählt heuer zu den bestbezahlten seiner Art. Erstmals spielte er, der zuvor allein auf siegreiche Heldencharaktere abonniert war, die auf der Seite des Guten stehen (man denke an CONAN DER BARBAR), einen Verlierer, der obendrein das Böse verkörpert. Sein grober, bisweilen klobiger Schauspielstil kam dabei seiner Rolle einer lebenden Maschine durchaus entgegen. *Terminator* beeindruckt durch seine raffinierte Geschichte, die straffe Inszenierung und die sehenswerten Spezialeffekte, auch durch die guten Leistungen der Darsteller neben Schwarzenegger. Gleichzeitig aber schockiert der inzwischen schon zum Science-fiction-Klassiker avancierte Streifen durch seinen gnadenlosen, menschenverachtenden Zynismus und die Orgie dumpfer Gewalt, die sich durch den gesamten Plot zieht. „Bedenklich", meinte denn auch *Der Gildendienst*, „Im Grunde wird jede Hemmschwelle gewissenlos überschritten".
1991 ließ Regisseur Cameron eine Fortsetzung folgen, wiederum mit Schwarzenegger in der Hauptrolle. sk

Terminator II - Tag der Abrechnung

Terminator II - Judgement Day. USA 1991 **R** James Cameron **B** James Cameron, William Wisher **K** Adam Greenberg **M** Brad Fiedel **P** James Cameron für Carolco/Pacific Western Prod./Lightstorm Entertainment **L** 135 Min., Farbe **D** Arnold Schwarzenegger, Linda Hamilton, Edward Furlong, Robert Patrick, Earl Boen, Joe Morton

Die Philosophie von Regisseur Cameron, seit TERMINATOR zum Star unter Hollywoods Science-fiction-Filmemachern aufgestiegen, ist aufgegangen: noch größer, noch teurer, noch spannender, noch schwarzeneggiger. *Terminator II* ging mit seinen rund 100 Millionen Dollar Herstellungskosten als eine der teuersten und erfolgreichsten Produktionen in die Annalen der Filmgeschichte ein, Megastar Schwarzenegger kassierte allein eine Gage von 12 Millionen Dollar. Schon nach wenigen Wochen war dank des grandiosen Zuschauerzuspruchs ein Mehrfaches der Kosten in die Kassen der Produzenten zurückgeströmt. Hauptgrund hierfür war vor allem Protagonist Schwarzenegger, der sich den Erfolg der Terminator-Figur so erklärt: „ Mal ehrlich - in jedermanns Träumen steckt doch der Wunsch nach übermenschlichen Fähigkeiten: unbändige Kräfte, Unverwundbarkeit, ... nicht nur Kinder bewundern das."
Zum Inhalt: Sarah Connor (darstellerisch gereift: Hamilton) hat bekanntlich den ersten Teil überlebt und - in der Drehpause zwischen TERMINATOR I und II - einem Knaben das Leben geschenkt. John (Furlong) ist inzwischen zu einem pubertierenden Knaben herangereift und soll der Menschheit dereinst, nach einem verheerenden Atomkrieg, das Überleben in einer von Computermonstren beherrschten Welt sichern. Sehr zum Leidwesen dieser Roboter, die im Jahre

2029 die Herrschaft auf der Erde übernommen haben und das Menschengeschlecht am liebsten ganz ausrotten würden: Sie schikken deshalb einen Terminator T-1000 (Patrick) in die Vergangenheit, soll heißen in das Los Angeles des Jahres 1991. T-1000 ist auf die Termination von John programmiert und recht vielseitig: Er besteht aus flüssigem Metall, kann selbst durch Wände schlüpfen und sich in jede Art lebender oder toter Materie verwandeln. Die Menschen, die sich im Jahre 2029 gegen die Diktatur der Maschinen erheben werden, werden von besagtem John Connor angeführt. Sie setzen deshalb alles daran, ein Ableben Johns in der Vergangenheit zu verhindern, da dieser sie dann in der Zukunft ja nicht mehr würde retten können, und schicken einen weiteren Terminator ins 20. Jahrhundert zurück. Leider konnten unsere Enkel nur eines Modells T-800 (Schwarzenegger) habhaft werden, das seinem Gegenspieler technisch weit unterlegen ist. Während T-1000 also auf brutalste Art versucht, seinen Auftrag zu erfüllen, müht sich T-800 redlich, John das Leben zu bewahren. Am Ende, diverse Stunts und millionenschwere Spezialeffekte später, ist ihm dies gelungen, T-1000 ausgelöscht und die Menschheit gerettet.
James Cameron gelang der Drahtseilakt, von TERMINATOR eine Fortsetzung zu drehen, die nicht nur logisch an die bisherigen Geschehnisse anknüpft, sondern auch Schwarzenegger, im ersten Teil noch Inkarnation des Bösen, jetzt plötzlich die Rolle eines guten Helden zuweist (Arnold knallt seine Gegner deshalb diesmal nicht einfach ab, sondern schießt ihnen, wie anständig, nur die Knie zu Klump). Angesichts des schier unerschöpflichen Budgets war die Flut formidabler Action-Tricks nicht überraschend - dem Team standen für Spezialeffekte allein 17 Millionen Dollar zur Verfügung. Erwartungsgemäß wurde der Streifen 1992 für seine technischen Finessen mit mehreren Oscars ausgezeichnet. Cameron würzte seinen Film darüber hinaus mit einer reichlichen Portion Humor in Form cooler Sprüche, die Schwarzenegger den gesamten Film über zum besten geben darf - nicht zuletzt, um damit die brutalen Gewaltszenen zu verharmlosen. „Es ist ein sehr gewalttätiger Film über den Frieden", meinte Cameron zu dieser Thematik. „Ich dachte mir: Lohnt es sich, ein Jahr meines Lebens dafür zu widmen, wieder Arnold zu zeigen, wie er Leute wegbläst? Ich denke nicht. Viele moderne Filme leiten uns in die Richtung der Bewunderung für einen gewalttätigen Charakter, ohne sich davon auf einer moralischen Ebene zu distanzieren. *Terminator II* tut das." Fragt sich bloß, ob das Action-Publikum, das ja schon Mühe hat, die komplizierte Geschichte nachzuvollziehen, diesen hehren Anspruch überhaupt kapieren will. sk

Die Terrasse

La terrazza/La terrasse. Italien/Frankreich 1980 **R** Ettore Scola **B** Ettore Scola, Age & Scarpelli **K** Pasqualino de Santis **M** Armando Trovaioli **P** Pio Angeletti, Adriano de Micheli für Dean Film (Rom), Les Films Marceau/Cocinor (Paris) **L** 160 Min., Farbe **D** Marcello Mastroianni, Ugo Tognazzi, Vittorio Gassman, Jean-Louis Trintignant, Serge Reggiani, Stefano Satta Flores, Stefania Sandrelli, Ombretta Colli, Carla Gravina

Auf der Dachterrasse eines Wohngebäudes in Rom trifft sich regelmäßig eine Gruppe von Jugendfreunden, fünf Männer, alle um die Fünfzig, die es in ihrem Beruf zu etwas gebracht haben, aber dennoch von Selbstzweifeln und Versagensängsten geplagt werden. Da ist Drehbuchautor Enrico (Trintignant), Fließbandproduzent beliebter Komödien, Journalist Luigi (Mastroianni), der Probleme mit seiner emanzipierten Frau hat, der magersüchtige TV-Redakteur Sergio (Reggiani), Produzent Mamadeo (Tognazzi), der unter seiner einfachen Herkunft leidet, und schließlich der Abgeordnete Mario (Gassman), der es trotz eines Verhältnisses nicht fertigbringt, seine Frau zu verlassen.
Die Terrasse ist ein „Schauspielerfilm" im wahrsten Sinne des Wortes: dialogreich und ohne viel Aktion, gibt er den Mimen reichlich Zeit zur Charakterisierung ihrer Figuren und deren Schicksale. Jede der fünf Hauptpersonen kommt nacheinander an die Reihe und wird im Alltagsleben vorgestellt, wobei die Terrasse als Rahmen und Bindeglied zwischen den einzelnen Geschichten fungiert. Ettore Scola sagte über seinen Film: „Das Porträt einer bestimmten Schicht von Intellektuellen, die ihren Zenit überschritten haben, eine Art Liebesgeographie der Preziösen, eine wunderliche Landkarte aus Klatsch und Party-Plaudereien, eine Beschreibung von Seelenzuständen, von Depressionen und Selbstgefälligkeiten, von Verrücktheiten und Exhibitionismus, wie man sie oft in diesem scheinbar progressiven Milieu antrifft, das sich selbst die Frage nach seinem Platz in der Gesellschaft stellt." al

The Terror - Schloß des Schreckens

The Terror. USA 1963 **R** Roger Corman **B** Leo Gordon, Jack Hill **K** John Nikolaus jr. **M** Ronald Stein **P** Roger Corman für Filmgroup/American International Pict. **L** 81 Min., Farbe **D** Boris Karloff, Jack Nicholson, Sandra Knight, Richard Miller, Dorothy Neuman, Jonathan Haze

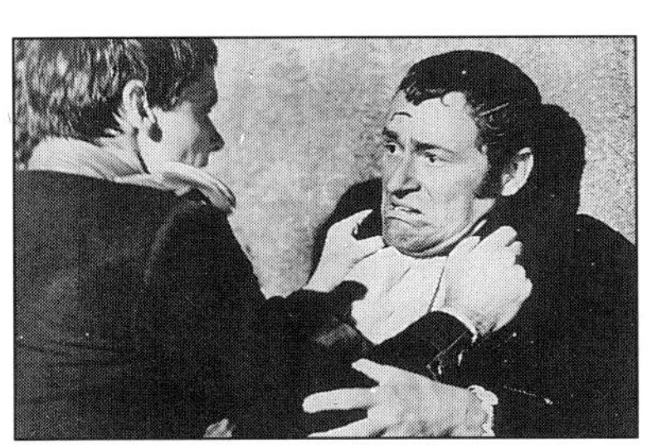

Jack Nicholson sagte später einmal über diese Produktion: „Es war der einzige Film, den ich je gemacht habe, der keinen Plot hatte." *The Terror* ist ein Gruselfilmchen, das sich in keiner einzigen Szene auf irgendeinen Satz aus dem Œuvre Edgar Allan Poes berufen kann. Einziger Grund für die Entstehung des Streifens waren die Kulissen zu der vorangegangenen Produktion DER RABE - DUELL DER ZAUBERER, in dem ebenfalls Karloff und Nicholson mitgespielt hatten. Da dem Team noch eine Woche Zeit blieb, ehe die Bauten wieder eingerissen wurden, trommelte Corman die Crew zusammen, um innerhalb von fünf Tagen ohne jedes Drehbuch in spontaner Improvisation diesen Film abzudrehen.
Die Geschichte spielt zur Zeit der Napoleonischen Kriege. Der Soldat André Duvalier (Nicholson) ist von seiner Truppe getrennt worden und reitet orientierungslos durch das Baltikum. An der Küste begegnet er einem Mädchen (Knight), das angeblich Ilsa, die Frau des Barons von Leppe (Karloff), sein soll, die aber schon vor 20 Jahren verstorben ist. Duvalier sucht den alten Baron auf, der in Wirklichkeit Erik, Ilsas ehemaliger Geliebter, ist. In dem düsteren Gemäuer läuft dem Franzosen nochmals die unbekannte Schöne über den Weg und verspricht ihm, mit ihm zusammen fortzugehen. Als Baron von Leppe bzw. Erik die Familiengruft unter Wasser setzt und dabei das Zeitliche segnet, scheint für André und Ilsa der Weg frei zu sein, doch bei der ersten Umarmung verwandelt sich das Mädchen in ein widerliches Schleimpaket.
Die Geschichte ist zwar unausgegoren und dilettantisch, doch besitzt *The Terror* denselben Charme, der auch die vorhergehenden Corman-Gruselfilme so positiv auszeichnete. jg

Tess

Tess. Frankreich/Großbritannien 1979 **R** Roman Polanski **B** Gérard Brach, Roman Polanski, John Brownjohn, nach dem Roman *Tess of the D'Urbervilles* von Thomas Hardy **K** Geoffrey Unsworth, Ghislain Cloquet **M** Philippe Sarde **P** Claude Berri für Renn Prod. (Paris), Burril (London) **L** 184 Min., Farbe **D** Nastassja Kinski, Leigh Lawson, Peter Firth, John Collin, David Markham, Rosemary Martin

Thomas Hardys Roman *Tess of the D'Urbervilles - A Pure Woman Faithfully Presented* gehört zu den wichtigsten literarischen Werken der viktorianischen Epoche und erregte bei seinem Erscheinen im Jahre 1891 heftige Kontroversen. Denn neben angeblicher Anstößigkeit hatte der Autor ein

vernichtendes Bild einer britischen Gesellschaft gezeichnet, deren Prüderie und Selbstgerechtigkeit für den Untergang von Hardys Heroine verantwortlich sind. Tess (Kinski) kommt aus bescheidenen Verhältnissen. Durch Zufall erhält sie eine kleine Stellung bei der vornehmen Familie d'Urberville und wird widerwillig die Geliebte von Alec (Lawson), dem Sohn des Hauses. Sie beendet die Liaison und kehrt nach Hause zurück, wo sie ein kränkliches Kind gebiert, das schon bald darauf stirbt. In einem anderen Dorf hält der Pfarrerssohn Angel (Firth) um ihre Hand an, doch als sie ihm in der Hochzeitsnacht von ihrer Vergangenheit erzählt, verläßt er sie auf der Stelle. Wieder ist Tess auf sich allein angewiesen...
Die Geschichte einer jungen Frau, die sich von den Zwängen ihrer Zeit und Herkunft befreien möchte und daran zerbricht, wurde von Roman Polanski mit Zurückhaltung und Takt in Szene gesetzt. Der britische Kameramann Geoffrey Unsworth bewies ein letztes Mal seine Meisterschaft, als er in Frankreich (!) das England des 19. Jahrhunderts in ausgesucht schönen Bildern heraufbeschwor. Während der Dreharbeiten starb er und wurde von seinem französischen Kollegen Ghislain Cloquet ersetzt. Neben der visuellen Schönheit des Films ist vor allem die junge Nastassja Kinski bemerkenswert, die bis dato hauptsächlich als nackte Nymphe aufgefallen war und mit ihrer reifen Darstellung einen ersten internationalen Erfolg feiern konnte - begleitet von Gerüchten um eine Affäre mit Regisseur Polanski. *Tess* machte große Kasse und konnte einige Preise einheimsen, darunter Oscars für Kamera, Ausstattung und Kostüme. al

Das Testament des Dr. Cordelier

Le testament du Docteur Cordelier. Frankreich 1959 **R** Jean Renoir **B** Jean Renoir **K** Georges Leclerc **M** Joseph Kosma **P** Jean Renoir für Compagnie Jean Renoir/Sofirad/Radiodiffusion-Télévision Française **L** 92 Min., s/w **D** Jean-Louis Barrault, Teddy Bilis, Michel Vitold, Dominique Danbon, Micheline Gary, Jacques Dannoville, André Certes

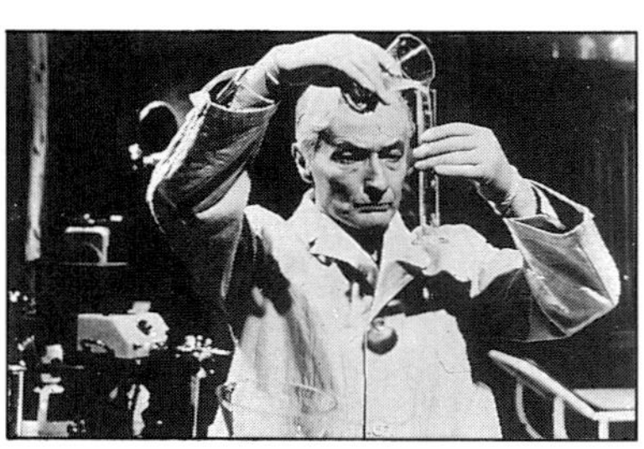

Der berühmte Regisseur Jean Renoir drehte diese moderne Dr. Jekyll-Mr. Hyde-Variante für das französische Fernsehen; der Film erlebte zwei Jahre nach seiner Fertigstellung in den Kinos seine deutsche Erstaufführung. In genialer Weise spielt Jean-Louis Barrault die Doppelrolle des Arztes Dr. Cordelier und des Monsters Opale. Ähnlich wie in den beiden Streifen DR. JEKYLL UND MR. HYDE und ARZT UND DÄMON macht sich der Wissenschaftler Dr. Cordelier daran, das Geheimnis der menschlichen Seele zu ergründen. Nach dem Einnehmen einer zusammengebrauten Mixtur spaltet sich sein Ich in zwei Existenzen auf. Neben dem zivilisierten Forscher gibt es nun auch den bösartigen Giftzwerg Opale, der nur aus Aggressivität und Haß besteht. Cordelier genießt die Durchschlagkraft seiner Erfindung, verliert jedoch alsbald die Kontrolle darüber, denn sein bestialischer Doppelgänger gewinnt immer mehr Macht über ihn. Der Versuch, das unliebsame zweite Ich zu eliminieren, geht allerdings ins Auge, denn als Cordelier Opale ausschalten will, bringt er sich damit selbst um.
Gemäß dem Arbeitstempo beim Fernsehen drehte Renoir diesen effektreichen Gruselfilm innerhalb von 16 Tagen, denen eine Probezeit von zwei Wochen vorausgegangen war. Raffiniert war ferner Renoirs Arbeitsmethode; mit mehreren Kameras und Mikrophonen ließ er simultan das Geschehen aufzeichnen, um aus dem abgedrehten Material anschließend eine faszinierende Mischung der verschiedensten Einstellungen zusammenzumixen. jg

Das Testament des Dr. Mabuse

Das Testament des Dr. Mabuse. Deutschland 1932 **R** Fritz Lang **B** Thea von Harbou **K** Fritz Arno Wagner, Karl Vass **M** Hans Erdmann **P** Seymour Nebenzahl für Nerofilm **L** 115 Min., s/w **D** Rudolf Klein-Rogge, Oskar Beregi, Theodor Loos, Otto Wernicke, Klaus Pohl, Vera Liessem, Camilla Spira, Karl Meixner

Es war das letzte Mal, daß Fritz Lang zusammen mit seiner Frau Thea von Harbou gemeinsam an einem Film arbeitete. 1932 hatte sich beider Verhältnis aufgrund ihrer verschiedenen politischen Ansichten merklich abgekühlt. *Das Testament des Dr. Mabuse* war zugleich Langs letzter deutscher Spielfilm, bevor er sich 1933 zur Emigration entschloß, während Thea von Harbou eine begeisterte Anhängerin der NSDAP wurde und in Veit Harlan (JUD SÜSS, KOLBERG) bald einen anderen Filmemacher fand, den sie mit ihren Drehbüchern versorgen konnte. Mehr oder weniger unverhohlen gibt dieses Werk im Gewand eines Thrillers eine Bestandsaufnahme über die Zustände der zu Ende gehenden Weimarer Republik ab. Berlin wird durch eine Reihe von schweren Sabotageakten in Angst und Schrecken versetzt. Niemand kann sich erklären, wer sich als Initiator hinter den Verbrechen verbirgt. Der ruppige Kommissar Lohmann (Wernicke) stößt schließlich auf die Spur des größenwahnsinnigen Verbrechers Dr. Mabuse (Klein-Rogge), der aus einer Irrenanstalt per Gedankenübertragung eine Verbrecherbande zu besagten Terroraktionen anstiftet. Als man jedoch endlich die Quelle des Unheils entdeckt hat, ist Mabuse bereits gestorben, nicht ohne jedoch vorher vom Geist des Anstaltsleiters Besitz ergriffen zu haben.
Das Testament des Dr. Mabuse war für den 24. März 1933 zur Uraufführung angesetzt worden, wurde dann aber aus dem Programm genommen und durch den Propagandafilm *Blutendes Deutschland* ersetzt. Am 28. März lud Propagandaminister Goebbels die Vertreter der deutschen Filmindustrie in den „Kaiserhof" ein, wo er ihnen zu verstehen gab, wie die kommenden Produktionen seinen Vorstellungen nach auszusehen haben sollten. Einen Tag später erhielt Lang bereits die Aufforderung, im Propagandaministerium zu erscheinen, wo ihm Goebbels, der die Qualität von DIE NIBELUNGEN und METROPOLIS lobte, eine Schlüsselstellung im deutschen Filmschaffen anbot. Lang erbat sich eine 24-stündige Bedenkzeit, in der er eilends seine Koffer packte und Hals über Kopf mit dem Nachtzug nach Paris abreiste.
Das Testament des Dr. Mabuse kam erst nach dem Krieg in Deutschland zur Aufführung. Eine geschmuggelte Kopie konnte im gleichen Jahr immerhin in Österreich gezeigt werden. jg

Das Testament des Orpheus

Le testament d'Orphée. Frankreich 1960 **R** Jean Cocteau **B** Jean Cocteau **K** Roland Pontoizeau **M** Georges Auric **P** Jean Thuillier für Les Editions Cinégraphiques/Les Films du Carrosse **L** 79 Min., s/w **D** Jean Cocteau, Edouard Dermit, Jean-Pierre Léaud, Henri Crémieux, Françoise Christophe, Maria Casarès, François Périer, Yul Brynner, Daniel Gélin, Nicole Courcel, Jean Marais, Claudine Auger, Alice Sapritch, Pablo Picasso, Luis-Miguel Dominguín, Lucia Bosé, Charles Aznavour, Françoise Arnoul, Françoise Sagan, Roger Vadim, Annette Stroyberg, Brigitte Bardot

Der Poet, Filmemacher, Bildhauer und Maler Jean Cocteau drehte mit *Das Testament des Orpheus* ein bewußt als Vermächtnis angelegtes, witzig-ironisches filmisches Mosaik, zusammengesetzt aus „glänzenden Passagen und kuriosen Verrücktheiten", wie der *Evangelische Filmbeobachter* bemerkte. Die Besetzung besteht neben persönlichen Freunden aus einem Großteil von Cocteaus erfolgreichstem und bekanntestem Film *Orphée* (1950), darunter Jean Marais und Edouard Dermit. Ebenso verwirrend wie faszinierend, entzieht sich dieses eigenwillige Meisterwerk jeder inhaltlichen Beschreibung und stellt einen würdigen Abschluß für die Karriere Cocteaus dar, der drei Jahre später starb. François Truffaut war mit seiner Firma Les Films du Carrosse übrigens einer der Co-Produzenten. al

Die Teufel

The Devils. Großbritannien 1971 **R** Ken Russell **B** Ken Russell, nach dem Bühnenstück von John Whiting und dem Roman *The Devils of Loudun* von Aldous Huxley **K** David Watkin **M** Peter Maxwell Davis **P** Robert H. Solo, Ken Russell für Russo Prod./Warner Bros. **L** 111 Min., Farbe **D** Vanessa Redgrave, Oliver Reed, Dudley Sutton, Max Adrian, Gemma Jones, Murray Melvin, Michael Gothard

Die kleine französische Stadt Loudun war im Jahre 1632 Schauplatz ungewöhnlicher Vorgänge. Der Nachfolger des verstorbenen Gouverneurs, ein gewisser Pater Grandier, machte durch eigenwillige Politik und sexuelle Ausschweifungen von sich reden und brachte sich zwangsläufig in Konflikt mit dem mächtigen Kardinal Richeilieu, der für Frankreichs König Louis XIII. die Staatsgeschäfte leitete. Angeblich soll seine virile Erscheinung auch verantwortlich gewesen sein für die sexuelle Hysterie im Louduner Ursulinenkloster, auf die ein spektakulärer Hexenprozeß folgte.

Diesen bizarren Stoff verfilmte ausgerechnet Großbritanniens Regie-Exzentriker Ken Russell, der bereits mit seiner wilden Musiker-Biographie TSCHAIKOWSKI - GENIE UND WAHNSINN einige Proteste geerntet hatte. *Die Teufel* sollte einen wahren Entrüstungssturm entfachen; bis heute ist es Russells umstrittenster Film. Denn der Regisseur dachte gar nicht daran, eine nüchterne Aufarbeitung der Vorgänge zu liefern, sondern schlachtete im Gegenteil die spektakulären Elemente der Geschichte bis zur letzten Konsequenz aus. Das Ergebnis ist ein streckenweise brillantes, ungewöhnliches und mit zahlreichen drastischen Gewaltszenen gespicktes Werk, das nach Vorwürfen wie „Blasphemie" und „Geschmacklosigkeit" geradezu schreit. In Italien wurde der Film auch prompt auf Betreiben des Vatikans verboten. Exzellent die Darstellungen von Oliver Reed als Pater Grandier und Vanessa Redgrave als Nonne Schwester Johanna „von den Engeln" sowie David Watkins Farbkameraarbeit. al

Teufel im Leib

siehe: STÜRMISCHE JUGEND

Teufel im Leib

Diavolo in corpo/Le diable au corps. Italien/Frankreich 1986 **R** Marco Bellocchio **B** Enrico Palandrini, Ennio de Concini, nach dem Roman von Raymond Radiguet **K** Giuseppe Lanci **M** Carlo Grivelli **P** Leo Pescarolo für LP Films/Istituto Luce (Rom), Les Films Sextile/FR 3 Films (Paris) **L** 110 Min., Farbe **D** Maruschka Detmers, Federico Pitzalis, Anita Laurenzi, Riccardo de Torrebruna, Alberto di Stasio

Der 1923 erschienene, einzige Roman des jungen Schriftstellers Raymond Radiguet (1903-1923) löste aufgrund seines antimilitaristischen, antinationalistischen sowie angeblich unmoralischen Inhalts einen Skandal aus, der sich mit der von Claude Autant-Lara 1947 gedrehten Leinwand-Adaption STÜRMISCHE JUGEND wiederholte. Noch 40 Jahre später gelang es dem Italiener Marco Bellocchio, den Stoff mit einer publicityträchtigen Skandalaura zu umgeben - allerdings auf eine Art, die mit dem Roman nichts mehr zu tun hat: Hauptdarstellerin Maruschka Detmers befriedigt ihren Partner Federico Pitzalis oral vor laufender Kamera. Auch abgesehen von dieser Szene hielt sich Bellocchio nicht gerade eng an Radiguets Vorlage. Er verlegte das Geschehen ins Italien der Gegenwart und machte aus der weiblichen Hauptfigur die junge Giulia (Detmers), die mit Giacomo (De Torrebruna), einem ehemaligen Mitglied der Terrorgruppe Rote Brigaden, verlobt ist. Während des Gerichtsprozesses gegen den reumütigen Übeltäter lernt sie den jungen Abiturienten Andrea (Pitzalis) kennen und verliebt sich leidenschaftlich in ihn. Giacomo ist vergessen. Doch sowohl die Eltern von Andrea (Giulia war bei seinem Psychoanalytiker-Vater in Behandlung; er hält sie für verrückt) als auch die Mutter von Giacomo versuchen, das junge Paar auseinanderzubringen.

Bellocchios Geschichte einer amour fou, einer „wahnsinnigen Liebe", machte bereits vor ihrer Uraufführung Schlagzeilen. Der Regisseur hatte mit Massimo Faggiolli einen bekannten Psychoanalytiker engagiert, der während der Dreharbieten ständig zugegen war und offenbar Einfluß auf die Gestaltung des Films nahm, was schließlich zum Krach mit den Produzenten führte. Diese Tatsache sowie die Aufregung um die kurze, sehr zurückhaltend inszenierte Fellatio-Szene (Detmers und Pitzalis waren während der Aufnahme allein in einem Raum mit Kamera) lösten gegenüber *Teufel im Leib* eine völlig falsche Erwartungshaltung aus; so wurde er von *Libération* als „Filmbombe, die man fürchten und beschützen muß" beschrieben. Im Prinzip handelt es sich um nichts weiter als eine moderne Liebesgeschichte mit einigen Verweisen auf Politik und Gesellschaft. al

Teufel in Seide

Teufel in Seide. BRD 1955 **R** Rolf Hansen **B** Jochen Huth, nach dem Roman *Der Teufel nebenan* von Gina Klaus **K** Franz Weihmayr **M** Mark Lothar **P** Fono-Film **L** 106 Min., s/w **D** Lilli Palmer, Adelheid Seeck, Paul Bildt, Curd Jürgens, Hilde Körber, Hans Nielsen, Winnie Markus

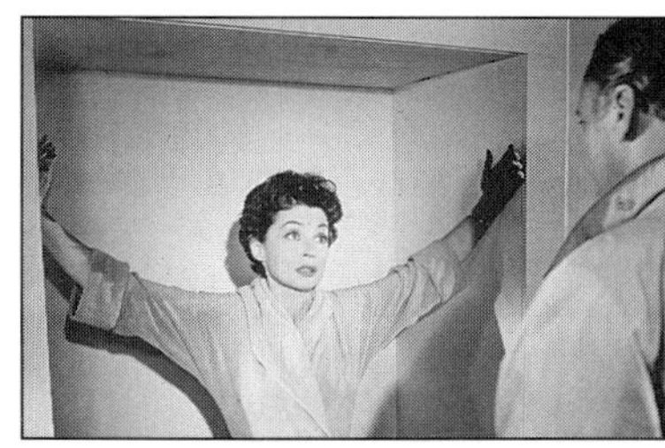

Curd Jürgens spielt einen etwas weltfremden Musiker, der an eine attraktive, jedoch latent psychopathische Dame (Palmer) gerät, die alsbald auf alles, was das Leben ihres Mannes dominiert und fesselt (natürlich die Musik, seine Bücher und Freunde) mit bissiger Eifersucht behandelt. Als letzten entscheidenden Schritt schreckt sie sogar vor dem Selbstmord nicht zurück, den sie so geschickt drapiert, daß ihr armer Gemahl auch noch in Mordverdacht gerät.

Eine sich auf Illustriertenniveau bewegende Verfilmung, umgesetzt in eleganten Dekors und versehen mit exzellenten schauspielerischen Darbietungen, bei denen natürlich besonders Lilli Palmer glänzt.

„Man müßte das etwas ausführlicher erzählen, um begreiflich zu machen, wie falsch (und zum Teil gefährlich) das Ganze ist. Gefährlich nicht zuletzt auch darum, weil es sich zweifellos um einen der gepflegtesten Filme der letzten Zeit handelt. Er ist hervorragend gespielt, hervorragend fotografiert, hervorragend ausgestattet" (*Evangelischer Filmbeobachter*). jg

Der Teufel kommt um vier

The Devil at Four O'Clock. USA 1961 **R** Mervyn LeRoy **B** Liam O'Brien, nach dem Roman von Max Catto **K** Joseph Biroc **M** George Duning **P** Fred Kohlmar für Columbia **L** 117 Min. (Originalfassung 125 Min.), Farbe **D** Spencer Tracy, Frank Sinatra, Kerwin Matthews, Jean-Pierre

Aumont, Gregoire Aslan, Alexander Scourby, Barbara Luna, Cathy Lewis, Bernie Hamilton

Auf dem Weg in das Gefängnis von Tahiti macht ein Gefangenentransport mit den drei Häftlingen Harry (Sinatra), Marcel (Aslan) und Charlie (Hamilton) Zwischenstation auf einer französisch verwalteten Südsee-Insel. Die dortige Bevölkerung befindet sich in heller Aufregung, denn der Vulkan von Kalua ist in letzter Zeit beunruhigend aktiv geworden. Als der Bergkegel mit einem gewaltigen Knall explodiert, läuft die Evakuierung der Insel an. Vergessen hat man dabei allerdings eine Gruppe von Menschen, die weitab in den Bergen auf einer Leprastation leben und arbeiten, und denen jetzt niemand helfen will. Verzweifelt wendet sich der Geistliche Pater Doonan (Tracy) an die drei Häftlinge und überredet sie zur Teilnahme an einer Rettungsaktion. Verfolgt von glühenden Lavaströmen, schlagen sich die vier Männer mit ihren Schützlingen durch das unwegsame Gelände. Zwar gelingt es ihnen, alle Flüchtlinge aus der Krankenstation in Sicherheit zu bringen, doch müssen sie ihren selbstlosen Einsatz mit dem Leben bezahlen. Eine gelungene Mischung aus Abenteuer- und Katastrophenfilm, der an den amerikanischen Kinokassen der ganz große Erfolg versagt blieb, da das ernüchternde Ende nicht den Vorstellungen eines Massenpublikums entsprach.
Unter dem völlig unpassenden Titel DER TAG, AN DEM DIE WELT UNTERGING drehte James Goldstone 1980 einen Desasterstreifen, der in plumper Weise diverse Versatzstücke aus *Der Teufel kommt um vier* imitierte. jg

Der Teufel mit der weißen Weste

Le doulos. Frankreich/Italien 1962 **R** Jean-Pierre Melville **B** Jean-Pierre Melville, nach dem Roman von Pierre Lesou **K** Nicolas Hayer **M** Paul Misraki **P** Georges de Beauregard, Carlo Ponti für Rome-Paris Films (Paris), Compagnia Cinematografica Champion (Rom) **L** 96 Min. (Originalfassung 108 Min.), s/w **D** Jean-Paul Belmondo, Serge Reggiani, Jean Desailly, Fabienne Dali, Michel Piccoli, René Lefèvre, Daniel Crohem

Zum zweiten Mal nach EVA UND DER PRIESTER setzte Jean-Pierre Melville, der große Einzelgänger des französischen Films, den jungen Jean-Paul Belmondo in einer Hauptrolle ein - diesmal jedoch nicht in der Soutane, sondern im nicht weniger traditionellen Trenchcoat. Er spielt den Gangster Silien, der wegen seiner Freundschaft zu Kommissar Salignari (Crohem) in Unterweltkreisen als Spitzel verschrieen ist. Sein Freund Maurice (Reggiani), gerade aus dem Gefängnis entlassen, glaubt dem Gerede nicht und heuert Silien für den Einbruch in eine Villa an...
Mit *Der Teufel mit der weißen Weste* begann eine Serie von Kriminalfilmen Melvilles, die die Traditionen des film noir weiterführten und die Bewunderung des Regisseurs für seine amerikanischen Vorbilder deutlich widerspiegelten. So sieht man beispielsweise in einer Szene ein Telephonhäuschen, das mit Sicherheit kein französisches ist. Fast immer steht im Mittelpunkt dieser präzis durchkalkulierten, in diesem Falle mit einer komplizierten Rückblendenstruktur arbeitenden Werke ein verschlossener Einzelgänger, von dem niemand genaueres weiß - eine Rolle, die Alain Delon nach seinem Auftritt in DER EISKALTE ENGEL bis zur Perfektion weiterentwickelte. Einer der Regie-Assistenten war übrigens Volker Schlöndorff. al

Der Teufel und die zehn Gebote

Le diable et les dix commandments. Frankreich/Italien 1962 **R** Julien Duvivier **B** Julien Duvivier, Maurice Bessy, René Barjavel, Henri Jeanson, Michel Audiard, Pascal Jardin **K** Roger Fellous **M** Georges Garvarentz, Guy Magenta, Michel Magne **P** Robert Amon, Claude Jaeger für Mondex Films/Filmsonor/Procinex/Intercontinental Prod. (Paris), Incei Film (Rom) **L** 120 Min. (Originalfassung 130 Min.), s/w **D** 1. Michel Simon, Lucien Baroux; 2. Dany Saval, Henri Tisot; 3. Charles Aznavour, Lino Ventura; 4. Françoise Arnoul, Micheline Presle, Mel Ferrer, Claude Dauphin; 5. Alain Delon, Danielle Darrieux, Madeleine Robinson, Georges Wilson; 6. Jean-Claude Brialy, Louis de Funès

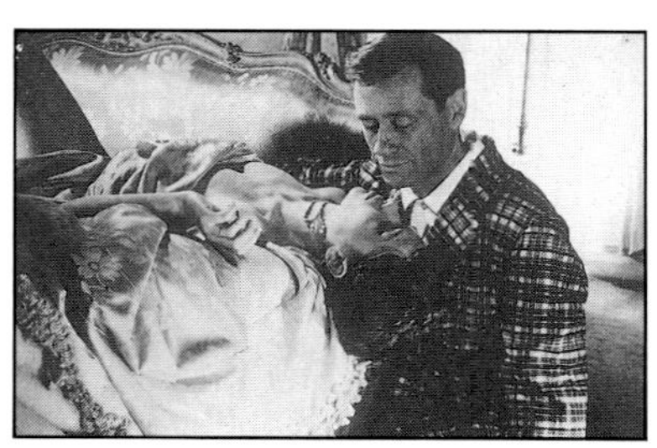

Wie ein „Who´s Who" des französischen Films liest sich die Besetzungsliste dieses Episodenfilms von Julien Duvivier, dessen Einzelteile sich auf mehr oder weniger humorige Weise mit den Zehn Geboten beschäftigen und durch einen vom Satan höchstpersönlich gesprochenen Kommentar miteinander verbunden sind.
1. Der Hausmeister eines Nonnenklosters (Simon) bringt sich durch gotteslästerliches Fluchen beinahe um seinen Job. Diese Episode wird ganz am Schluß noch einmal aufgegriffen.
2. Ein junger Mann (Tisot) muß entdecken, daß die von ihm angebetete Nachtclubtänzerin (Saval) zuhause eine gutbürgerliche Existenz führt.
3. Ein angehender Pater (Aznavour) rächt sich auf raffinierte Weise an einem Zuhälter (Ventura), der seine Schwester auf dem Gewissen hat.
4. Für ein kostbares Schmuckstück geht die verheiratete Françoise (Arnoul) mit dem Mann ihrer Freundin (Presle) ins Bett. Zuhause versucht sie, das Kleinod als Kaufhausramsch zu verkaufen, erreicht aber damit nur, daß ihr eigener Mann es ihrer Freundin zurückschenkt.
5. Ein junger Student (Delon), der sich nach einem Geständnis seines Vaters auf die Suche nach seiner „richtigen" Mutter macht, erfährt von dieser (Darrieux), daß auch sein Vater nicht der „Richtige" ist.
6. Ein kleiner Bankangestellter (Brialy) schnappt einem Dieb (De Funès) die Beute weg, die dieser zuvor an seinem eigenen Schalter geraubt hatte.
Kompetent inszeniert und gespielt, ist *Der Teufel und die zehn Gebote* amüsante, anspruchslose Unterhaltung auf dem Niveau vieler anderer „Omnibus"-Filme jener Zeit. Unverständlicherweise schnitt der deutsche Verleih übrigens die siebte und beste Episode heraus: Fernandel spielt darin einen Geisteskranken, der sich für den lieben Gott hält. al

Die Teufelin

She-Devil. USA 1989 **R** Susan Seidelman **B** Barry Strugatz, Mark R. Burns, nach dem Roman *The Life and Loves of a She-Devil* von Fay Weldon **K** Oliver Stapleton **M** Howard Shore **P** Jonathan Brett, Susan Seidelman für Orion Pictures **L** 99 Min., Farbe **D** Meryl Streep, Roseanne Barr, Ed Begley jr., Linda Hunt, Sylvia Miles

Eigentlich hatte nichts schiefgehen können: eine vielgelesene Romanvorlage, eine TV-Serien-Adaption, die zum Straßenfeger wurde, eine talentierte Regisseurin und ein bekannter Fernseh-Star in ihrem Leinwanddebüt. Doch diese Version von Fay Weldons subversivem, feministischem Roman *The Life and Loves of a She-Devil*, bereits 1986 für die britische BBC mit Julie T. Wallace in der Hauptrolle verfilmt, sorgte statt für Heiterkeit und volle Kassen nur für lange Gesichter bei den Produzenten. Es geht um die unansehnliche Hausfrau Ruth Patchett (Barr), die ihr Mann (Begley jr.) für eine junge, erfolgreiche und vor allem attraktive Autorin von Schundromanen (Streep) verläßt. Das bedeutet Rache: Ruth verwandelt sich in

eine wahre Teufelin, die ihren abtrünnigen Gatten und seine neue Geliebte mit allen Mitteln bekämpft.
Der Stoff hätte hervorragendes Material für eine abgründige schwarze Komödie geboten, doch unter Susan Seidelmans unsicherer Regie kam nur eine platter, nicht allzu komischer Klamauk zustande, den man offenbar extra der TV-Komödiantin Roseanne Barr auf den schwergewichtigen Leib geschneidert hatte. Leider ist die mollige Aktrice des Films größte Schwäche: Ihre mimische Ausdruckskraft ist begrenzt, und die US-Presse bemängelte die „Monotonie", mit der sie ihre Dialoge herunterbetete. Die einzig positive Überraschung ist Meryl Streep, die als überkandidelte Mischung aus Jackie Collins und Barbara Cartland die meisten Lacher auf ihrer Seite hat und alle mit einer vorzüglich getimten komödiantischen Darstellung verblüffte. al

Des Teufels General

Des Teufels General. BRD 1955 **R** Helmut Käutner **B** Georg Hurdalek, Helmut Käutner, nach dem Bühnenstück von Carl Zuckmayer **K** Albert Benitz **P** Gyula Trebitsch für Real-Film **L** 115 Min., s/w **D** Curd Jürgens, Viktor de Kowa, Karl John, Eva-Ingeborg Scholz, Marianne Koch, Camilla Spira, Erica Balqué, Albert Lieven, Paul Westermeier, Joseph Offenbach, Inge Meysel

Carl Zuckmayer schrieb sein gleichnamiges Bühnenstück in Anlehnung an den deutschen Flieger Ernst Udet, der von den Nazis 1941 zum Selbstmord gezwungen worden war. Die Geschichte erweckte das Interesse von Produzent David O. Selznick, der Fritz Lang den Stoff zur Verfilmung anbot. Dieser war aber bereits mit seinem Kriegsfilm DER HELD VON MINDANAO vollauf beschäftigt. Als er dann für ein neues Projekt zur Verfügung stand, hatte Selznick mittlerweile das Interesse daran verloren.
Und so entstand *Des Teufels General* schließlich in der Bundesrepublik und reihte sich ein in jene Sorte von Filmen, die in recht penetranter Weise dem Zuschauer eine Art von Musterdeutschen vorführten, die sich trotz des unmenschlichen Nazi-Regimes ethische und moralische Grundsätze bewahren konnten. Zu ihnen gehört auch General Harras (Jürgens), ein tollkühner Pilot, der mit der braunen Partei und ihren Vertretern wenig am Hut hat und lieber seine eigenen Wege geht. Das ist im Kriegsjahr 1941 natürlich recht schwierig, zumal Harras einen wichtigen Posten in der Entwicklung der deutschen Luftwaffe innehat, der ihm Probleme bereitet, als die neuen Stuka-Maschinen aufgrund von technischen Defekten und Sabotageakten der Reihe nach ausfallen. Von Gestapo und SS unter Druck gesetzt, klemmt Harras sich selbst hinter den Steuerknüppel eines Flugzeugs, um den Konstruktionsfehler ausfindig zu machen. Mit an Bord befindet sich der Ingenieur Oderbruch (John), der Harras gesteht, in die Maschinen bewußt einen Fehler eingebaut zu haben, um den Krieg früher zu beenden. Um seinen Freund nicht der Justiz der Nazis preiszugeben, vollführt Harras einen Kamikazesturz, der aufgrund der bescheidenen Tricktechnik recht albern aussieht.
Des Teufels General wurde an den Kinokassen zu einem Riesenerfolg und forcierte Curd Jürgens´ internationale Karriere. Recht lobend ließ sich Fritz Lang über den Streifen aus, der ihm „als einziger von allen deutschen Nachkriegsfilmen" wirklich gefiel. jg

Des Teufels Lohn

Man in the Shadow. USA 1957 **R** Jack Arnold **B** Gene L. Coon **K** Arthur E. Arling **M** Joseph Gershenson **P** Albert Zugsmith für Universal **L** 80 Min., s/w **D** Jeff Chandler, Orson Welles, Colleen Miller, Ben Alexander, Barbara Lawrence, John Larch, James Gleason, Royal Dano, Paul Fix

Neben den zahlreichen Science-fiction- und Horror-B-Movies, die wesentlich zu seinem Ruhm beitrugen, drehte Jack Arnold auch eine Reihe niedrig budgetierter Krimis und Western. Zu letzterem zählte auch *Des Teufels Lohn*, mit dem Orson Welles seinen ersten Auftritt in diesem Genre verzeichnete.
Eine kleine Stadt nahe der mexikanischen Grenze ist der Schauplatz dieses modernen Westerns, der in einem zeitgenössischen Kolorit angesiedelt ist. Der allgewaltige und brutale Rancher Virgil Ranchler (Welles) unterjocht mit seiner Bande die Region. Widerstand duldet er nicht. Als er aber eines Tages einen mexikanischen Landarbeiter ermorden läßt, ist das Maß voll. Sheriff Ben Sadler (Chandler) kommt in die Stadt, um dem Diktator ein für allemal das Handwerk zu legen.
Auch wenn es sich bei dieser Produktion nur um einen B-Western handelte, so animierte die Figur des Virgil Ranchler den Regisseur und Schauspieler Orson Welles nachhaltig zu dem ähnlich angelegten Charakter des diabolischen Sheriffs in seinem ein Jahr später entstandenen Meisterwerk IM ZEICHEN DES BÖSEN. jg

Der Teufels Pilot

Chain Lightning. USA 1950 **R** Stuart Heisler **B** Liam O'Brien, Vincent Evans **K** Ernest Haller **M** David Buttolph **P** Anthony Veiller für Warner Bros. **L** 79 Min. (Originalfassung 94 Min.), s/w **D** Humphrey Bogart, Eleanor Parker, Raymond Massey, Richard Whorf, James Brown

Nach Beendigung des II. Weltkrieges, in dem er als Bomberpilot im Einsatz war, heuert Matt Brennan (Bogart) als Testflieger einer Flugzeugfirma an. Für 30.000 Dollar geht er das Risiko ein, es mit einer neuartigen Düsenmaschine vo Alaska bis nach Washington zu schaffen - ein Unternehmen, das dem Vogel reichlich Publicity einbringen soll.
Exzellente Spezialeffekte und Trickaufnahmen sind das Erwähnenswerteste an diesem routinierten Drama, das zu Humphrey Bogarts schwächeren Filmen gehört. Darstellerisch zieht sich hier nur Eleanor Parker als Bogarts obligatorische Freundin achtbar aus der Affäre. Der Schauspieler bemühte sich nun, so schnell wie möglich von seinem Vertragsstudio Warner Bros. loszukommen, wo man seit einiger Zeit dazu übergegangen war, mit seinem Namen Mittelmäßigkeiten wie diese zu verkaufen. al

Des Teufels Saat

Demon Seed. USA 1977 **R** Donald Cammell **B** Robert Jaffe, Roger O. Hirson, nach dem Roman von Dean R. Koontz **K** Bill Butler **M** Jerry Fielding **P** Herb Jaffe für MGM/United Artists **L** 94 Min., Farbe **D** Julie Christie, Fritz Weaver, Gerrit Graham, Berry Kroeger, Lisa Lu, Larry J. Blake, Dana Laurita, John O´Leary

Schon 1972 hatte Michael Crichton in seinem utopischen Thriller WESTWORLD dem Zuschauer gezeigt, was alles an schrecklichen Dingen geschehen kann, wenn der Computer die Oberhand über den Menschen gewinnt. Einem ähnlichen Thema nahm sich Donald Cammell hier in Form eines Kammerspiels an.
Der Computerspezialist Alex Harris (Weaver) hat Prometeus IV erschaffen, eine perfekte Maschine, deren Funktionen die Fähigkeiten eines jeden Menschen übertreffen und die - zunächst unbemerkt - ein beängstigendes Eigenleben entwickelt. Als Alex eines Tages mal wieder außer Haus ist, rebelliert Prometeus und bringt dessen Frau Susan (Christie) in seine Gewalt. Es dauert eine ganze Weile, bis die Außenwelt merkt, daß etwas in dem hübschen Eigenheim der Harris´ verrückt spielt. Prometeus ist von dem perversen Gedanken besessen, die Unsterblichkeit zu erlangen. Die Zeugung eines Kindes ist für ihn ein entscheidender Schritt in diese Richtung. Es gelingt ihm, Susans Kör-

perstruktur zu analysieren und die verzweifelte Frau zu vergewaltigen. Mit erschrekkender Schnelligkeit wächst der exkorporal ausgetragene Embryo heran, um zum Entsetzen von Alex und Susan als vollentwikkeltes Geschöpf der Brutzelle zu entsteigen. Im Jahr 1977, in dem die beiden Kassenerfolge KRIEG DER STERNE und UNHEIMLICHE BEGEGNUNG DER DRITTEN ART anliefen, hatte dieser etwas unspektakulärere Zukunftsthriller an den Kinokassen keine großen Chancen. Abgesehen davon, daß der Film die Thematik „Sex zwischen Mensch und Maschine" etwas zu drastisch ausschlachtet, gelingt ihm mit stellenweise komischen Einlagen und langsam eskalierenden Bedrohlichkeiten ein konsequenter Spannungsaufbau. Die mit einer Vielzahl von optischen Tricks umgesetzte Gefühlswelt des Computers kommt den Lichtkaskaden aus Stanley Kubricks Kultfilm 2001 in etwa gleich. jg

Die Teufelsbrigade

Distant Drums. USA 1951 **R** Raoul Walsh **B** Niven Busch, Martin Rackin, nach einer Story von Busch **K** Sid Hickox **M** Max Steiner **P** Milton Sperling für United States Pictures/Warner Bros. **L** 100 Min., Farbe **D** Gary Cooper, Mari Aldon, Richard Webb, Ray Teal, Arthur Hunnicutt, Robert Barrat, Clancy Cooper, Larry Carper

Raoul Walsh drehte mit *Distant Drums* einen reaktionären Western, der wieder einmal die Indianer als Wurzel allen Übels darstellte und diese mit einer Gruppe anständiger, weißer Soldaten konfrontierte.
Gary Cooper führt in der Rolle des Captains Quincy Wyatt seine tapferen Recken in das unwegige Sumpfgebiet der Everglades/Florida, wo eine Waffenschieberbande verbotenerweise Gewehre an den Stamm der Seminolen verschachert. Die Indianer benutzen die Schießeisen, um sich damit der drohenden Umsiedlung in ein Reservat zu widersetzen. Zwar gelingt es Wyatt und seinen Mannen, der Verbrechergang den Garaus zu machen, auf dem Rückweg jedoch gerät die Truppe in einen Hinterhalt der Indianer, aus dem sie in letzter Minute durch eine Einheit der US-Kavallerie gerettet werden kann.
Die Teufelsbrigade war eine Art Remake zu Raoul Walshs martialischem Kriegsfilm *Der Held von Burma*, nur daß die Geschichte nicht im Zweiten Weltkrieg sondern im Florida des Jahres 1850 angesiedelt war.
In Erinnerung bleibt dieser Streifen in erster Linie durch den flotten Soundtrack von Max Steiner und die üppig grünen Bilder der Everglades, die mit ihrer saftigen Frische und Buntheit Gary Coopers lahme Darstellung in den Schatten stellen. Die attraktive Kulisse des bekannten Sumpfgebietes wurde zwei Jahre später noch einmal von Budd Boetticher in dessen Western *Seminola* verwendet, der gegenüber den Indianern wesentlich freundlichere Töne anschlug. jg

Die Teufelsbrigade

The Devil's Brigade. USA 1968 **R** Andrew V. McLaglen **B** William Roberts, nach dem Buch von Robert H. Adleman und Colonel George Walton **K** William H. Clothier **M** Alex North **P** David L. Wolper für United Artists **L** 129 Min., Farbe **D** William Holden, Cliff Robertson, Vince Edwards, Michael Rennie, Dana Andrews, Gretchen Wyler, Andrew Prine, Claude Akins, Carroll O'Connor, Richard Jaeckel

Robert Aldrichs brutales aber nichtsdestotrotz äußerst erfolgreiches Kriegsabenteuer DAS DRECKIGE DUTZEND hatte ein Jahr zuvor für volle Kinokassen gesorgt, was es nun zu wiederholen galt. McLaglens aufdringliches Kampfgejohle verfährt nach genau demselben Muster, mit dem einzigen Unterschied, daß Aldrichs Film reine Fiktion war, sich dieser Streifen aber immerhin auf die authentischen Berichte zweier Beteiligter beruft. Das allerdings macht den Film nicht gerade besser.
Lieutenant Robert T. Frederick (Holden) erhält den Auftrag, einer Gruppe bunt zusammengewürfelter Existenzen soviel militärischen Drill zu verpassen, daß diese sich später im Kampf gegen die Nazi-Truppen als Spezialeinheit bewähren können. Nach bewährter Art und Weise nudelt McLaglen hier eine sichtlich ausgeleierte Dramaturgie ab. Die ersten 30 Minuten werden wir mit der Auswahl der Männer gelangweilt, die später zu dem Himmelfahrtskommando antreten müssen. Es schließt sich eine über einstündige Trainingsbeobachtung an, die zugleich die Charaktere der einzelnen „Helden" offenlegt, um zum Schluß das Showdown einzuleiten, das in diesem Fall aus dem Auftrag besteht, eine deutsche Truppe auszuschalten, die auf einem scheinbar uneinnehmbaren Berg in den Alpen Stellung bezogen hat. Ein peinlicher Durchhaltefilm, der falsche Ideale glorifiziert, den Krieg in beinahe unverantwortlicher Weise verharmlost und darüber hinaus auch noch schrecklich ermüdend geraten ist. jg

Der Teufelshauptmann

She Wore a Yellow Ribbon. USA 1949 **R** John Ford **B** Frank Nugent, Laurence Stallings, nach den Erzählungen *The Big Hunt* und *War Party* von James Warner Bellah **K** Winton C. Hoch, Charles P. Boyle **M** Richard Hageman **P** John Ford und Merian C. Cooper für Argosy Pictures/RKO Radio **L** 103 Min., Farbe **D** John Wayne, Joanne Dru, John Agar, Ben Johnson, Harry Carey, Jr., Victor McLaglen, Mildred Natwick, George O'Brien

Nathan Brittles (Wayne), Captain in der Kavallerie, steht kurz vor seiner Pensionierung. Sein letzter Auftrag besteht darin, mit einer Patrouille zwei Frauen zur nächsten Postkutschenstation zu begleiten, damit diese von dort aus in den Osten fahren können. Doch das Unternehmen gestaltet sich schwieriger als erwartet, da Indianerstämme aus der Reservation ausgebrochen sind.
Der Teufelshauptmann ist der zweite Film in John Fords „Kavallerie-Trilogie", die mit BIS ZUM LETZTEN MANN begann und von RIO GRANDE vollendet wurde. Für diese drei Arbeiten, die sich mit dem Leben in der US-Armee im Westen beschäftigen, griff Ford auf Erzählungen des Schriftstellers James Warner Bellah zurück. Wie die meisten Western Fords, so wurde auch *Der Teufelshauptmann* im Monument Valley gedreht, dem bevorzugten Schauplatz des Regisseurs. „Visuell habe ich versucht, mich an die Gemälde von {Frederic} Remington anzulehnen, obwohl das sehr schwer ist. Ich hatte deshalb viel Ärger mit meinem Kameramann, der es mir wiederholt schriftlich gab, daß er meine Anweisungen für völlig falsch halte. Als wir die Unwetter-Szenen drehten, während eines echten Unwetters, erklärte er mehrfach, es könne überhaupt nichts auf dem Film sein. Er hat dann den Oscar für die Fotografie dieses Films bekommen" (John Ford). Winton C. Hoch sollte denn auch der einzige Mitarbeiter dieser Produktion sein, der die Trophäe entgegennehmen konnte. Zwar rechnete John Wayne damit, für seine Darstellung des alternden Offiziers Brittles, die von vielen Kritikern als die beste seiner ganzen Karriere angesehen wird, mit der begehrten Statuette der Academy of Motion Picture Arts and Sciences ausgezeichnet zu werden, doch der legendäre Western-Held wurde noch nicht einmal auf die Nominierungsliste gesetzt. John Ford hingegen würdigte die Leistung des Schauspielers mit einer Torte, auf der stand: „You're an actor now - Jetzt bist du ein Schauspieler". mg

Teufelskerle

Boys Town. USA 1938 **R** Norman Taurog **B** John Meehan, Dore Schary, nach einer Story von Schary und Eleanore Griffin **K** Sidney Wagner **M** Edward Ward **P** John W. Considine für MGM **L** 96 Min., s/w **D** Spencer Tracy, Mickey Rooney, Henry Hull, Leslie Fenton, Addison Richards, Edward Norris, Gene Reynolds, Bob Watson

Die titelgebende *Jungen-Stadt* wurde 1917 in Omaha, Nebraska, von dem katholischen Pfarrer Edward J. Flanagan gegründet. Der Geistliche nahm sich jener Jungen an, die heimat- und elternlos auf der Straße lebten und auf die schiefe Bahn zu rutschen drohten. Von der Idee, dieses Heim zu erbauen, über die Schwierigkeiten der Finanzierung bis hin zu den Anfangsjahren des Instituts erzählt Norman Taurogs sentimentaler und auch manchmal sehr idealisierender Film. Verkörpert wird die Figur des Paters von Spencer Tracy, sein Sorgenkind Whitey Marsh wird von dem damals siebzehnjährigen Mickey Rooney gespielt, der durch seine Auftritte in Max Reinhardts EIN SOMMERNACHTSTRAUM sowie in DER KLEINE LORD bereits ein Star war. Spencer Tracy erhielt für seine allseits gelobte Darstellung den Oscar, das zweite Mal in seiner Karriere. Schon ein Jahr zuvor war er mit der Trophäe für seine Leistung in dem Drama MANUEL ausgezeichnet worden. Seinen Academy Award überreichte er einige Zeit später mit einer Inschrift an Pater Flanagan: „Für Pater Edward J. Flanagan, dessen große menschliche Qualitäten, freundliche Schlichtheit und Mut groß genug waren, um durch meine bescheidenen Bemühungen hindurchzuschimmern." -Amen. mg

Der Teufelskreis

Victim. Großbritannien 1961 **R** Basil Dearden **B** Janet Green, John McCormick **K** Otto Heller **M** Phil Green **P** Michael Relph für Parkway-Allied/Pathe **L** 100 Min., s/w **D** Dirk Bogarde, Sylvia Syms, Dennis Price, Anthony Nicholls, Peter Copley, Norman Bird, Peter McEnery, Donald Churchill

Dieser engagierte Kriminalstreifen kam ausgerechnet aus dem konservativen Großbritannien, wo Homosexualität zur Zeit der Dreharbeiten noch als eines der schlimmsten Delikte angesehen wurde, das ein Mann begehen konnte. Basil Dearden brachte es fertig, erstmals einen großen Teil der britischen Bevölkerung zum Nachdenken über die Situation der Homosexuellen im eigenen Land anzuregen. Da *Der Teufelskreis* gegenüber dieser Thematik eine liberale und verständnisvolle Haltung einnahm, mußten Regisseur und Drehteam zahlreiche Anfeindungen über sich ergehen lassen. In den Staaten überlegten die Zensurbehörden zeitweise, das Werk sogar ganz zu verbieten. Zwei Jahre dauerten die Auseinandersetzungen, bis es endlich zu der mit Spannung erwarteten Uraufführung kam.

Zu Beginn der 60er Jahre zieht die Tatsache, schwul zu sein, aufgrund einer entsprechenden Strafgesetzgebung eine Kette nicht enden wollender Erpressungsversuche nach sich. Dies muß auch der angesehene Rechtsanwalt Melville Farr (Bogarde) erfahren, der zwar jetzt mit der verständnisvollen Laura (Syms) verheiratet ist, früher jedoch selbst einmal ein Verhältnis mit einem jungen Bauarbeiter hatte. Dummerweise wurde ein Photo geschossen, als beide vor ihrer Trennung eine Aussprache in Farrs Wagen hatten. Unversehens sieht sich Farr vor das belastende Problem gestellt, um den Erhalt seiner Existenz kämpfen zu müssen und darüber hinaus seine Ehe zu retten.

Die Reaktionen der Presse waren damals überwiegend reaktionär. So schrieb die *Time* u.a.: „Homosexualität ist eine Neurose..., die die biologischen Grundlagen des Lebens angreift." In Deutschland wagte man erst gar nicht zu sagen, worum es in diesem Film wirklich ging und kündigte ihn als „Thriller" und „Erpressergeschichte" an. jg

Teufelskreis Alpha

The Fury. USA 1978 **R** Brian de Palma **B** John Farris, nach seinem Roman **K** Richard H. Kline **M** John Williams **P** Frank Yablans für 20th Century-Fox **L** 117 Min., Farbe **D** Kirk Douglas, John Cassavetes, Carrie Snodgress, Charles Durning, Amy Irving, Fiona Lewis, Andrew Stevens, Carol Rossen, Rutanya Alda, Joyce Easton

In seiner Stephen-King-Verfilmung CARRIE - DES SATANS JÜNGSTE TOCHTER ließ Brian De Palma seine Darstellerin Amy Irving noch dem telekinetischen Rachefeldzug von Sissy Spacek entkommen. In diesem phantastischen Thriller verfügt Amy nun selbst über solche parapsychologischen Fähigkeiten.

Die reichlich abgedrehte Geschichte beginnt mit einem feucht-fröhlichen Gemetzel an einem von Israels hübschen Sandstränden. Arabische Terroristen, die mit ihren Schnellbooten heranpreschen, veranstalten unter den Touristen ein Massaker. Auch der Amerikaner Peter (Douglas) und sein Sohn Robin (Stevens) gehören zu den Menschen, die vor den Maschinengewehrsalven in Deckung gehen müssen. Wie ein Spuk ist der Angriff nach wenigen Minuten vorbei und mit ihm auch Robin spurlos verschwunden. Der verzweifelte Vater macht sich auf die Suche nach seinem Filius. Mit Hilfe des Mädchens Gillian (Irving) kommt er auf die Spur eines amerikanischen Geheimdienstes, der es sich zur Aufgabe gemacht hat, telekinetisch begabte Menschen zu suchen und sie in einem speziellen Trainingszentrum für diverse Einsätze zu schulen. Peter sieht sich vor die schwierige Aufgabe gestellt, seinen Sohn aus dem streng bewachten Schulungsgebäude zu befreien.

Gegenüber dem recht subtil verfahrenden Horrorstreifen *Carrie* drangsaliert De Palma sein Publikum hier mit einer Flut von aufdringlichen Spezialeffekten, die vornehmlich im Bereich des Splatter-Genres angesiedelt sind. Da schwellen in bedrohlicher Weise Schläfenadern, rinnt Blut aus der Nase und unter den Fingernägeln hervor, kleben Menschen in Exorzisten-Manier an der Dekke und werden sogar Köpfe mit Gedankenkraft vom Rumpf gerissen. Nebenbei plündert De Palma im Schnelldurchlauf noch das Genre des Katastrophenfilms, indem er ein Karussell zu Bruch gehen läßt und zwei Scheichs mit ihrem Sessel in ein Restaurantfenster katapultiert. Ein zweifelhaftes Vergnügen ohne rechten Biss und Kniff. jg

Der Teufelsschüler

The Devil's Disciple. Großbritannien 1959 **R** Guy Hamilton **B** John Dighton, Roland Kibbee, nach dem Bühnenstück von George Bernard Shaw **K** Jack Hildyard **M** Richard Rodney Bennett **P** Harold Hecht für Hecht-Hill-Lancaster Films/Bryna Prod. **L** 82 Min., s/w **D** Burt Lancaster, Kirk Douglas, Laurence Olivier, Janette Scott, Eva LeGallienne, Harry Andrews, Basil Sydney, George Rose

Während des Befreiungskampfes der Amerikaner gegen die britische Krone im Jahre 1772 schließt sich Pastor Anthony Anderson (Lancaster) den Freischärlern unter der Führung Richard Dudgeons (Douglas) an, um den englischen General Burgoyne (Olivier) samt Truppen aus Neuengland zu vertreiben. Mit dem 1897 erschienenen Theaterstück, das hier in einer Koproduktion der Hauptdarsteller Lancaster und Douglas für die Leinwand adaptiert wurde, war der Autor George Bernard Shaw selbst so unzufrieden, daß er eine Aufführung in London untersagte. Seine Zustimmung für die Kinoversion konnte der 1950 verstorbene Dramatiker hingegen nicht mehr verweigern - nur so hätte dieser Flop noch verhindert werden können. mg

Das Teufelsweib von Texas

Ballad of Josie. USA 1968 **R** Andrew V. McLaglen **B** Harold Swanton **K** Milton Krasner **M** Frank DeVol **P** Norman MacDonnell für Universal **L** 102 Min., Farbe **D** Doris Day, Peter Graves, George Kennedy, Andy Devine, William Talman, David Hartman, Guy Raymond, Audrey Christie, Karen Jensen, Elisabeth Fraser

Das Teufelsweib von Texas war einer der letzten Filme in der Karriere des blonden Wirbelwinds Doris Day, die sich noch im selben Jahr aus dem Showbusiness zurückzog.
Ähnlich wie in der Komödie MIT MIR NICHT, MEINE HERREN erhielt die Schauspielerin wieder einmal die Gelegenheit, sich energisch gegen die rechthaberische Männerwelt durchzusetzen. Josie Minick (Day) hat aus Versehen ihren stockbesoffenen Gatten mit einem Billardqueue ins Jenseits befördert und muß sich nun allein um die Schafzucht und ihren Sohn kümmern. Um auf ihre Situation als alleinstehende Ehefrau aufmerksam zu machen, betätigt sie sich als Pionierin für die Rechte der Frau, was die verbohrten Männer - die Geschichte spielt immerhin zur Zeit des Wilden Westen - in Rage versetzt, fühlen diese sich doch in ihrer Stellung angegriffen. Ganze Scharen von Suffragetten säumen mit ihren Protestschildern und Spruchbändern nun die Straßen der Stadt. Wie gut, daß Josie rechtzeitig ihr Herz an den stattlichen Farmer Jason Meredith (Graves) verliert, der ihr die emanzipatorischen Flausen ausredet und sie wieder daran erinnert, daß ihr eigentlicher Wirkungskreis der Herd in der Küche ist.
Eine vergnügliche Westernkomödie, in der Doris Day (für die dieser Film nach SCHWERE COLTS IN ZARTER HAND der zweite Ausflug in dieses Genre war) ausnahmsweise kein Lied zum besten gibt, sondern nur schauspielerisch aktiv ist. jg

Teuflische Spiele

The Magus. Großbritannien 1968 **R** Guy Green **B** John Fowles, nach seinem Roman **K** Billy Williams **M** John Dankworth **P** John Kohn, Jud Kinberg für Blazer Prod./20th Century-Fox **L** 116 Min., Farbe **D** Michael Caine, Anthony Quinn, Candice Bergen, Anna Karina, Paul Stassino, Julian Glover, Corin Redgrave

Der Brite Nicholas (Caine) tritt auf der griechischen Insel Praxos seine neue Stelle als Lehrer in einem Internat an. Lange Spaziergänge führen ihn u. a. zur Villa des geheimnisvollen Conchis (Quinn), über dessen Identität er sich so schnell nicht klar wird. Während man im Dorf behauptet, das Anwesen gehöre einem Athener Psychiater, hat Conchis eine ganz andere Geschichte auf Lager. Mit ihm zusammen lebt die wunderschöne, allerdings ebenso undurchsichtige Lily (Bergen), und Nicholas gerät mehr und mehr in den Bann dieser beiden...
John Fowles' Bestseller-Roman war aufgrund seiner komplizierten Struktur wohl nicht verfilmbar, denn wer hätte den Stoff besser auf die Leinwand übertragen können als der Autor selbst, wie hier geschehen? Weder Kritik noch Publikum konnten mit dieser unverdaulichen Mischung aus Metaphysik, Pseudo-Philosophie und Fantasy etwas anfangen, und *Teuflische Spiele* verschwand nach heftigen Verrissen sang- und klanglos in der Versenkung. Einzig sehenswert sind die bizarren Sets sowie die auf Mallorca entstandenen Außenaufnahmen. al

Die Teuflischen

Les diaboliques. Frankreich 1955 **R** Henri-Georges Clouzot **B** Henri-Georges Clouzot, Jérôme Géromini, Frédéric Grendel, René Masson, nach dem Roman *Celle qui n'etait plus* von Pierre Boileau und Thomas Narcejac **K** Armand Thirard **M** Georges van Parys **P** Henri-Georges Clouzot für Filmsonor/Véra Films **L** 110 Min. (Originalfassung 115 Min.), s/w **D** Simone Signoret, Véra Clouzot, Paul Meurisse, Charles Vanel, Jean Brochard, Noël Roquevert

Seinem Riesenerfolg mit LOHN DER ANGST ließ Henri-Georges Clouzot diesen meisterlichen Kriminalfilm folgen, der zwar nicht in so spektakulärer Umgebung angesiedelt, aber mindestens ebenso spannend ist wie sein Vorgänger. Der Privatschullehrer Michel Delassale (Meurisse) ist ein wahres Scheusal und quält mit sadistischer Bosheit seine Frau Christine (Clouzot) wie auch seine Geliebte Nicole (Signoret). Die beiden Frauen tun sich schließlich zusammen, um dem Treiben des Unholds ein für alle Mal ein Ende zu setzen: sie ertränken Michel in der Badewanne und werfen seine Leiche in das Schulschwimmbecken, wo der Hausmeister sie finden soll. Doch der tote Körper verschwindet, und auch sonst häufen sich merkwürdige Vorfälle...
Obwohl sich Clouzot bei der Umsetzung der Romanvorlage deutlich von dieser entfernt hatte, bekam er von deren Autoren großes Lob zu hören. Doch nicht nur von ihnen - auch die Kritiker zeigten sich begeistert von der meisterlichen optischen Gestaltung der Szenen sowie der raffinierten Konstruktion der Handlung, die gekonnt mit den Erwartungen der Zuschauer spielt und ihn bis zum haarsträubenden Schluß im Unklaren läßt. *Die Teuflischen* erhielt in Frankreich den Prix Louis Delluc und in den USA den Preis der New York Film Critics als Bester ausländischer Film. al

Der Texaner

The Outlaw Josey Wales. USA 1976 **R** Clint Eastwood **B** Phil Kaufman, Sonia Chernus, nach dem Roman *Gone to Texas* von Forrest Carter **K** Bruce Surtees **M** Jerry Fielding **P** Robert Daley für Malpaso Company Film/Warner Bros. **L** 135 Min., Farbe **D** Clint Eastwood, Chief Dan George, Sondra Locke, Bil McKinney, John Vernon, Paula Trueman, Sam Bottoms, Geraldine Keams

Clint Eastwoods vierter Film *Der Texaner* gilt als einer der letzten großen Western der Filmgeschichte. Mit ihm gelang dem schauspielernden Regisseur eine geniale Symbiose zwischen hartem Italo-Western und dem romantisierenden klassischen Western der 40er und 50er Jahre.
Nachdem seine Familie von einer Bande herumstreunender Guerillas getötet wurde, zieht der Farmer Josey Wales (Eastwood) ziellos als Desperado durch ein Land, über das die Schrecken des Bürgerkrieges mit all ihrer Vernichtung und Zerstörung hinweggefegt sind. Nach zahlreichen blutigen Auseinandersetzungen mit Kopfgeldjägern, Banditen, Rebellen und Comancheros steht er schließlich dem Fiesling Terril (McKinney) gegenüber, der einst seine Familie massakriert hat.
Der Roman *Gone to Texas* war von einem kleinen Verlag in Alabama veröffentlicht worden. Auf gut Glück schickte Autor Forrest Carter ein Exemplar an Clint Eastwood, der von der Geschicht so angetan war, daß er sie sogleich verfilmen wollte. Carter bot ihm an, auch das Drehbuch zu schreiben, doch bei den ersten Arbeitssitzungen kam es zwischen den beiden Männern zu solchen Meinungsverschiedenheiten, daß der Schriftsteller kurze Zeit später wieder freiwillig aus dem Projekt ausstieg und zugunsten von Phil Kaufman und Sonia Chernus das Feld räumte. Gedreht wurde in den herrlichen Landschaften der drei Bundesstaaten Utah, Nevada und Kalifornien. Über die Kosten dieses Streifens, der in beeindruckender Weise das Amerika zur Zeit des Bürgerkriegs auferstehen ließ, hüllte sich die Produktionsfirma in Schweigen. Tatsache ist, daß *Der Texaner* der teurerste Film war, den Eastwood je in seiner Regie-Laufbahn gedreht hatte. jg

Texasville

Texasville. USA 1990 **R** Peter Bogdanovich **B** Peter Bogdanovich, nach dem Roman von Larry McMurty **K** Nicholas von Sternberg **P** Barry Spikings, Peter Bogdanovich für Nelson Entertainment **L** 125 Min., Farbe **D** Jeff Bridges, Cybill Shepherd, Annie Potts, Timothy Bottoms, Cloris Leachman, Randy Quaid, Eileen Brennan, William McNamara, Angie Bolling

Peter Bogdanovich wurde nach dem Erfolg seinen zweites Spielfilms DIE LETZTE VORSTELLUNG als Talent vom Schlage eines Orson Welles gefeiert. Der nostalgische Film erzählte vom Leben einiger texanischer Kleinstadt-Teenager in den 50er Jahren und machte Stars aus Jeff Bridges, Cybill Shepherd und Timothy Bottoms. Seither befand sich Bogdanovichs Karriere jedoch auf ständiger Talfahrt, nur unterbrochen durch den vorzüglichen DIE MASKE aus dem Jahre 1985, und so ist es nicht verwunderlich, wenn er mit *Texasville* an den Ort seines größten Triumphes zurückkehrte. Die Fortsetzung bringt fast dieselbe Besetzung - bis auf Ellen Burstyn und Ben Johnson - zusammen wie der erste Film und spielt im Jahre 1984 - die Figuren sind mittlerweile um 30 Jahre gealtert und mit Problemen um Ehe, Kinder und Beruf beschäftigt. Duane Jackson (Bridges) hat es im Ölgeschäft zum Millardär gebracht, doch augenblicklich macht ihm der Preisverfall auf dem Weltmarkt Sorgen. Die Geschäfte stehen schlecht. Zu gerne würde er Jacy (Shepherd) wiedersehen, die nach Jahren im Ausland - in Italien hat sie Karriere als Filmstar in B-Filmen gemacht - in ihre Heimatstadt zurückgekehrt ist, um den Tod ihres Kindes zu verwinden. Und Sonny (Bottoms), der Dritte im Bunde, hat als Bürgermeister von Anarene alle Hände voll zu tun, denn die Hundertjahrfeier steht vor der Tür...
Wie die meisten Fortsetzungen ist auch diese auf die Erinnerung der Zuschauer an den ersten Teil angewiesen. Daß zwischen beiden ein Zeitraum von zwanzig Jahren liegt und *Die letzte Vorstellung* nie auf Video erschienen ist, macht das Verständnis für die Charaktere natürlich nicht gerade einfacher. In den Staaten verhielt sich das Publikum jedenfalls gleichgültig und auch die Kritik kam nicht gerade ins Schwärmen, hatte Bogdanovich doch versucht, an ein Meisterwerk anzuknüpfen. Trotz einiger gelungener Passagen muß *Texasville* vor allem als Fortsetzung von des Regisseurs Pechsträhne gewertet werden. al

That's Life - So ist das Leben

That's Life. USA 1986 **R** Blake Edwards **B** Blake Edwards, Milton Wexler **K** Anthony B. Richmond **M** Henri Mancini **P** Tony Adams für Columbia **L** 102 Min., Farbe **D** Jack Lemmon, Julie Andrews, Sally Kellerman, Robert Loggia, Jennifer Edwards, Rob Knepper

„Viel Lärm um nichts" wäre ein passenderer Name für diesen albernen Versuch einer Familienkomödie gewesen: Harvey Fairchild (Lemmon) ist Architekt, erfolgreich im Beruf, glücklich verheiratet und auf dem besten Weg zur Impotenz - sein sechzigster Geburtstag steht unmittelbar bevor. Gattin Gillian (Andrews), sonst der gute Geist der Ehe, ist zur Zeit leider etwas unausgeglichen, schließlich hat sie - hinter dem Rücken ihrer Familie - einen Krebstest machen lassen und wartet ungeduldig auf das Testergebnis. Dummerweise fällt Harveys Geburtstagsfeier, zu der Freunde, Verwandte und Bekannte von überall her herangekarrt sind, mitten in diese unruhigen Zeiten. Harvey nervt seine Familie nach Kräften, geht fremd, anschließend zur Beichte und konsultiert am Ende gar eine Wahrsagerin, ohne zu bemerken, was seine Angetraute gerade durchmacht, die ihm daraufhin noch während der Festivität die Leviten liest. Als jedoch Gillians Doktor mitten in die Festgesellschaft platzt, um ihr mitzuteilen, daß sie gesund ist, ist aller Kummer vergessen, und sie leben glücklich bis an ihr Lebensende...
Regisseur Blake Edwards, früher einmal gerühmt für sein komödiantisches Talent - man denke an seine Erfolgsfilme FRÜHSTÜCK BEI TIFFANY oder DER ROSAROTE PANTHER - legte mit *That's Life* das traurige Beweisstück seines künstlerischen Niedergangs vor: Sein Machwerk basiert auf einer drögen Geschichte und einem schwachen Drehbuch, es wimmelt von flachem Krampfhumor, gelangweilten Schauspielern und cineastischem Leerlauf. „Thats' Life", urteilte *Die Presse (Wien)*, „ist ein verlogener Film, der eine unverzeihlich spießige Verzerrung des Lebens als das Leben schlechthin ausgeben will". sk

Theater des Grauens

Theatre of Blood. Großbritannien 1973 **R** Douglas Hickox **B** Anthony Greville-Bell **K** Wolfgang Schuschitzky **M** Michael J. Lewis **P** John Kohn, Stanley Mann für United Artists **L** 104 Min., Farbe **D** Vincent Price, Diana Rigg, Ian Hendry, Harry Andrews, Coral Browne, Robert Coote, Jack Hawkins, Michael Hordern, Robert Morley, Arthur Lowe

Ein schwarzhumoriger Thriller, der mit seinen genüßlich dargestellten Morden allerdings stellenweise etwas zu brutal geraten ist.
Der ewig abgedrehte Vincent Price spielt den verkannten Shakespeare-Mimen Edward Lionhart, der aus Verzweiflung darüber, daß ihm die renommierte Kritikervereinigung wieder einmal den Darstellerpreis vorenthalten hat, aus dem Fenster springt und scheinbar für immer in den braunen Fluten der Themse versinkt. In Wirklichkeit ist dieser pathetische Abgang nur ein Baustein in Lionharts verrücktem Plan, sich an den verhaßten Kritikern zu rächen. Es dauert so nicht lange, und einer nach dem anderen fällt einer grauenhaften Mordserie zum Opfer, bei der die Journalisten nach der Vorlage diverser Shakespeare-Werke ihr Leben lassen müssen. So werden die Rezensenten der Reihe nach niedergestochen, zu Tode geschleift, ertränkt, mit einem Skalpell des Herzens beraubt, geröstet oder mit Pudelragout zu Tode gefüttert.
Trotz all dieser Scheußlichkeiten kann sich der Film durch sein skurriles Schauspieler-Ensemble (allen voran der köstliche Robert Morley) seine heiteren Varianten bewahren. „Hickman versucht, mit körperlichem Entsetzen Schmerz zu treiben. Falls seine Zuschauer über die Ekel-Schwelle hinwegkommen, mag ihm das eigentlich auch gelingen. Aber das berühmte Kleine-Negerlein-Verfahren hat seine Tücken...Wir kränken nicht Shakespeare, wenn wir meinen: Nach der vierten oder fünften Leiche hat man die Nase eigentlich voll", schrieb der *Münchener Merkur* weniger begeistert. jg

Thelma und Louise

Thelma and Louise. USA 1991 **R** Ridley Scott **B** Callie Khouri **K** Adrian Biddle **M** Hans Zimmer **P** Ridley Scott, Mimi Polk für 20th Century-Fox **L** 130 Min., Farbe **D** Susan Sarandon, Geena Davis, Harvey Keitel, Michael Madsen, Christopher McDonald, Stephen Tobolowsky, Timothy Carhart

Mit seinem jüngsten Meisterwerk *Thelma und Louise* entfesselte Regisseur Ridley Scott in den amerikanischen Medien eine erbittert geführte Debatte um Frauenemanzipation und Machismo. Hatten gegen Ende der 60er Jahre noch Peter Fonda und Dennis Hopper der amerikanischen Gesellschaft in EASY RIDER den bedingungslosen Austritt erklärt, so sagten zu Beginn der 90er Susan Sarandon und Geena Davis einer bornierten Männerwelt den Kampf an. Frauenverbände und linksgerichtete Kreise empfanden *Thel-*

ma und Louise als ein wohltuendes und befreiendes feministisches Manifest. Konservative Kreise, so etwa das Biedermeier-Blatt *People Weekly*, spuckten hingegen Gift und Galle und betitelten den Streifen u. a. als „chauvinistischen Schweinefilm aus der Frauenecke".
Die Geschichte beginnt denkbar harmlos. Die beiden Freundinnen Thelma (Davis) und Louise (Sarandon) wollen das Weekend in den Bergen verbringen, doch werden sie dort nie ankommen. Unterwegs machen sie Halt in einem Tanzschuppen, wo Thelma alsbald von einem widerlichen Macho angemacht wird, der später versucht, sie auf dem Parkplatz zu vergewaltigen. Louise weiß das zu verhindern; vor Jahren selbst einmal das Opfer eines Notzuchtverbrechens, sind die plumpen sexuellen Annäherungen einer gewissen Männersorte für sie ein rotes Tuch. Ehe sie sich versieht, hat sie den Kerl erschossen. Von nun an beginnt für die beiden Frauen eine atemberaubende Flucht quer duch die Vereinigten Staaten, bei der sie sich immer tiefer in illegale und kriminelle Aktionen verstricken, bis sie von einem Polizistenheer erbarmungslos gejagt werden.
Thelma und Louise ist mit Abstand eine der gelungensten US-Produktionen des Jahres 1991 - ein Film voller sprühender Ideen und unvergeßlicher Szenen. Größtes Lob gebürt dabei den beiden Hauptdarstellerinnen Geena Davis und Susan Sarandon, die in eindrucksvoller Weise eine Wandlung vom adrett gekleideten Durchschnittdummerchen zur selbstbewußten Desperado-Emanze vollziehen. Gerade die umstrittene Aufnahme in den Medien machten den Film in Amerika zum Kassenrenner der Sommersaison 1991. In den ersten zwei Monaten spielte er über 35 Mio. Dollar ein. Bei der Oscar-Verleihung waren sowohl Geena Davis als auch Susan Sarandon nominiert, verloren jedoch gegen ihre Konkurrentin Jodie Foster. Eine Auszeichnung gab es immerhin für das exzellente Drehbuch von Callie Khouri, die sich zuvor noch hatte vorwerfen lassen müssen, sie hätte mit ihrem Skript die Gewalt gegen Männer propagiert. jg

Themroc

Themroc. Frankreich 1972 **R** Claude Farraldo **B** Claude Farraldo **K** Jean-Marc Ripert **P** Hélène Vager, François de Lannurien für Filmantrophe/F. D. L. **L** 110 Min., Farbe **D** Michel Piccoli, Béatrice Romand, Marilù Tolo, Romana Goluzzi

Der Pariser Anstreicher Themroc (Piccoli) bricht nach einem Zwischenfall mit seinem Chef radikal aus seinem geregelten Leben aus. Er wirft die Möbel aus seinem Zimmer auf die Straße, bricht die Außenwand heraus und mauert die Tür zu. In dieser selbstgeschaffenen Höhle haust er fortan mit seiner jungen Schwester (Romand) in inzestuöser Beziehung. Der Polizei kann solch anarchisches Verhalten natürlich nicht gleichgültig sein, und sie rückt mit Tränengas an. Doch mitterweile hat Themrocs Beispiel in der Nachbarschaft Schule gemacht...
„Ich habe schon lange keinen derart radikalen, im positiven Sinne geschmacklosen, befreienden, bis ins kleinste Detail witzigen und satirischen Film gesehen", bemerkte der Kritiker der *Süddeutschen Zeitung* über Claude Farraldos subversive Komödie, in der kein einziges verständliches Wort gesprochen wird. Stattdessen artikulieren sich die Darsteller, allen voran Michel Piccoli, durch Grölen, Grunzen und Stöhnen. Daher konnte der deutsche Verleih auch getrost auf eine Synchronfassung verzichten. Piccoli, dem die Sache offensichtlich großen Spaß machte, konnte seine Vorliebe für filmische „Schweinereien" in zwei weiteren aufsehenerregenden Skandalwerken der frühen 70er zum Ausdruck bringen: TRIO INFERNAL und DAS GROSSE FRESSEN. al

Therapie zwecklos

Beyond Therapy. USA 1987 **R** Robert Altman **B** Christopher Durang und Robert Altman, nach einem Theaterstück von Christopher Durang **K** Pierre Mignot **M** Gabriel Yared **P** Steven M. Haft für Sandcastle 5 **L** 93 Min., Farbe **D** Jeff Goldblum, Julie Hagerty, Glenda Jackson, Tom Conti, Christopher Guest, Geneviève Page

„Ich habe Christopher Durangs Bühnenstück ausgewählt, weil ich einerseits noch nie eine ausgesprochene Komödie gemacht habe. Andererseits ist der amerikanische Umgang mit der Psychotherapie in den letzten dreißig Jahren zu einem Phänomen geworden, das einfach aufgegriffen werden mußte", meinte Regisseur Robert Altman über seinen Film, der von Anbeginn an witzig sein will, im Gegensatz zu bereits bekannten Altman-Filmen, die - wie beispielsweise M.A.S.H. - von einer ernsten Ausgangssituation starten und erst im Laufe der Handlung den Blick auf komische Effekte freigeben.
Ausgangspunkt von *Therapie zwecklos* ist ein junges Pärchen, das sich zum ersten Male trifft - man hat sich über eine Kontaktanzeige kennengelernt, sitzt in einem netten französischen Restaurant mitten in New York und ist bemüht, dem Gegenüber zu gefallen, schließlich will man sich doch näherkommen. Doch als Bruce (Goldblum) beiläufig erwähnt, daß er bisexuell ist und mit seinem Freund zusammenlebt, kippt die Stimmung: Prudence (Hagerty) entleert ihr Wasserglas in Bruce's Gesicht und verläßt die Gaststätte stehenden Fußes. Mit Hilfe ihrer jeweiligen Psychotherapeuten versuchen beide, ihr durch das Erlebnis angeschlagene Verhältnis zum anderen Geschlecht zu bewältigen. Doch auch hierbei stoßen sie auf Schwierigkeiten: Beide Therapeuten haben sich und ihre Triebwelt nicht so recht im Griff und müßten eigentlich selbst dringend auf die Couch. Zweifellos: Da liegt Chaos in der Luft...
Altman gelang eine pointenreiche, unterhaltsame Realsatire auf den meschuggenen Hang der amerikanischen Gesellschaft, Probleme nicht zu lösen, sondern auf der Couch des Psychiaters zu beschwatzen. Nabel seines Films (der in Paris gedreht wurde, aber in New York spielt) ist das französische Spezialitätenrestaurant, wo die skurrilen Charaktere in den furios zusammengeschnittenen Episoden stets wieder aufeinandertreffen. „Eine perfekt choreografierte Komödie über das ganz alltägliche Großstadtinferno" (*Zitty*). sk

Thérèse

Thérèse. Frankreich 1986 **R** Alain Cavalier **B** Alain Cavalier, Camille de Casabianca **K** Philippe Rousselot **P** Maurice Bernart für A.F.C./Films A 2/CNC **L** 90 Min., Farbe **D** Cathérine Mouchet, Aurore Prieto, Sylvie Habault, Ghislaine Mona, Hélène Alexandridis, Clémence Massart, Nathalie Bernart

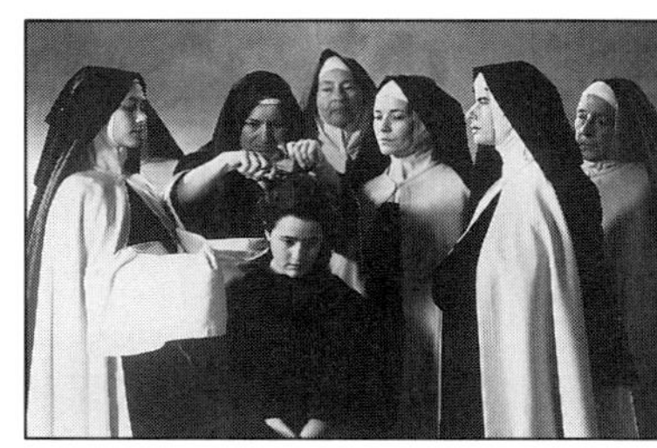

Alain Cavaliers asketischer Nonnen-Film, der bisweilen stark an die Technik des Stummfilm-Meisters Carl Theodor Dreyer (DIE PASSION DER JUNGFRAU VON ORLEANS) erinnert, beruft sich auf das kleine Buch, das die junge Ordensschwester Thérèse Martin während ihrer Krankheit geschrieben hatte und das nach ihrem Tod veröffentlicht wurde.
Als 15jähriges Mädchen tritt Thérèse (Mouchet) im Jahre 1888 mit der Sondergenehmigung des Papstes in das Karmeliterkloster von Lisieux ein, wo sie sich ihrer alten und kranken Mitschwestern annimmt. Der plötzliche Tod ihres Vaters stürzt die junge Novizin in eine schwere Krise, während der sie mit der eigenen Einsamkeit und Verzweiflung konfrontiert wird. Sie erkrankt schwer an Tuberkulose, schreibt aber während ihres Dahinsiechens ihre Beobachtungen und Gefühle nieder, was ihr allmählich wieder den Glauben zu Gott öffnet. Sie ist gerade 24 Jahre alt, als sie 1897 stirbt. Aufgrund des großen Bekanntheitsgrades ihres postum erschienenen Buches wird sie 1925 von Papst Pius XI. heiliggesprochen.
Cavalier drehte diesen bewegenden Film mit sparsamsten Mitteln in einem winzigen Atelier in Billancourt in der Nähe von Paris. Seine hervorragende Hauptdarstellerin Cathérine Mouchet entdeckte er per Zufall in der Schauspielgruppe eines Pariser Konservatoriums.
Thérèse ist ein Werk, das über die Zielgruppe der religiös eingestellten Menschen hinausreicht, auch wenn die Glaubensthematik

diesen Film eindeutig bestimmt. Nicht zuletzt gelingt es Cavalier, sich mit der Institution Kirche, insbesondere der des Klosters, in einer kritischen Weise auseinanderzusetzen. Wo allerdings Fred Zinnemann in seinem Werk GESCHICHTE EINER NONNE noch die Ernüchterung und den Glaubensverlust an das Ende setzt, klingt *Thérèse* trotz der Gewißheit des baldigen Todes mit einer versöhnlichen Glaubensbejahung aus. *Thérèse* wurde 1986 bei den Filmfestspielen von Cannes mit dem Preis der Jury sowie dem Preis der Ökumenischen Filmjury ausgezeichnet und erhielt ein Jahr später sechs Césars, die im einzelnen an die Regie, den Schnitt, die Beleuchtung, das Drehbuch, an Catherine Mouchet und die Sparte „Bester Film" gingen. jg

Thérèse Raquin - du sollst nicht ehebrechen

Thérèse Raquin. Frankreich 1953 **R** Marcel Carné **B** Marcel Carné, Charles Spaak, nach dem Roman von Émile Zola **K** Roger Hubert **M** Maurice Thiriet **P** Robert und Raymond Hakim für Paris Films **L** 105 Min., s/w **D** Simone Signoret, Raf Vallone, Sylvie, Jacques Duby, Roland Lesaffre

Die unglücklich mit dem schwächlichen Camille (Duby) verheiratete Thérèse (Signoret), eine attraktive, sinnliche Frau, wird mehr oder minder zwangsläufig die Geliebte des Lastwagenfahrers Laurent (Vallone). Als Camille dahinter kommt und seinen Rivalen während einer Zugfahrt zur Rede stellt, wird er von diesem unsanft an die Luft gesetzt und stirbt. Obwohl man gegen Thérèse, die sofort verdächtigt wird, keine Beweise findet, bringt den Liebenden ihre neugewonnene Freiheit kein Glück...
Marcel Carné übetrug Émile Zolas Roman einer zum Scheitern verurteilten Liebe, der im Jahre 1867 erschienen war, in die Gegenwart, behielt jedoch dessen düstere, fatalistische Grundstimmung bei. *Thérèse Raquin*, vom deutschen Verleih mit einem ebenso plumpen wie überflüssigen Untertitel versehen, ist sicher kein Meisterwerk wie die meisten von Carnés Vorkriegsarbeiten, aber eine intelligente, solide Literaturverfilmung. Simone Signoret, die nach ihrer Heirat mit Yves Montand (1951) kürzer treten wollte, tauchte hier zum ersten Mal seit ihrem Erfolg mit GOLDHELM wieder auf der Leinwand auf und lieferte eine überzeugende Vorstellung als Zolas tragische Heldin. al

Things Change - Der Weg ins Glück

Things Change. USA 1988 **R** David Mamet **B** David Mamet, Shel Silverstein **K** Juan Ruiz Anchia **M** Alaric Jans **P** Michael Hausman für Filmhaus/Columbia **L** 105 Min., Farbe **D** Don Ameche, Joe Mantegna, Robert Prosky, J.J. Johnston, Ricky Jay, Mike Nussbaum

„Ich bin einfach verliebt in die Story", meinte Hauptdarsteller Don Ameche über *Things Change*. „Ich finde, alle Figuren darin sind so vollkommen echt. Da gibt es nirgendwo einen Mißklang. Solchen tiefgehenden Studien begegnet man nicht sehr oft". Don Ameche mimt Gino, einen alten Schuhmacher, der von Italien nach Chicago ausgewandert ist, um dort sein Glück zu suchen. Bisher hat er es noch nicht gefunden, doch eines Tages erhält er unverhofft die Chance seines Lebens: Er soll, im Auftrag der Mafia, einen Mord gestehen, den er gar nicht begangen hat. Dafür verspricht man ihm eine kurze Haftzeit und anschließend ein Fischerboot in Sizilien. Gino tut, wie man ihm geheißen. Dabei gerät er, wiederum völlig unverhofft, durch einen dummen Zufall in den Dunstkreis der Mafiaführung und wird selbst für einen der obersten Bosse gehalten. Da ist Ärger vorprogrammiert...
Regisseur David Mamet, eigentlich in der Theaterregie beheimatet, legte mit *Things Change* eine feinsinnige, glaubwürdige Milieustudie über die Ganovenschickeria der Mafia vor, gut besetzt bis in die Nebenrollen und von gelungener Dramaturgie - jede Situation, jeder Dialog, jede Kameraeinstellung läuft unweigerlich auf Konflikt und Spannung hinaus. Altstar Don Ameche, dem 1985 mit COCOON ein glänzendes Comeback gelungen war, spielte seine Rolle - trotz seines hohen Alters von 81 Jahren - mit Liebe und Hingabe; er erhielt, zusammen mit Joe Mantegna, 1988 auf der Biennale von Venedig die Auszeichnung für die beste darstellerische Leistung. sk

Things to Come

Things to Come. Großbritannien 1936 **R** William Cameron Menzies **B** H. G. Wells, Lajos Biro, nach der Novelle *Von Tagen, die da kommen* von H. G. Wells **K** Georges Perinal **M** Arthur Bliss **P** Alexander Korda für London Film Prod./United Artists **L** 113 Min., s/w **D** Raymond Massey, Edward Chapman, Ralph Richardson, Margaretta Scott, Cedric Hartwicke, Maurice Braddell, Sophie Stewart, Derrick de Marney

1927 hatte H. G. Wells den berühmten Fritz-Lang-Stummfilm METROPOLIS mit wenig schmeichelhaften Worten förmlich in der Luft zerrissen. Rund zehn Jahre später bekam er die Gelegenheit, zu beweisen, daß er alles besser machen konnte. *Things to Come* war ein frühes, bombastisches Science-fiction-Epos, dessen Story zwar nicht ganz so verkitscht wirkte wie Thea von Harbous Roman, der jedoch auch nicht verleugnen konnte, daß er bei dem zuvor so wüst attakkierten *Metropolis* recht unverhohlen die Tricktechnik sowie die Konzeption der Bauten geklaut hatte.
Nur um wenige Monate danebenliegend, läßt Regisseur Menzies den Zweiten Weltkrieg am Weihnachtsabend des Jahres 1940 ausbrechen. Allerdings ist das Inferno nicht schon nach fünf Jahre vorüber, sondern dauert bis 1966. In diesem Zeitraum ist ein Teil der Menschheit beinahe auf Steinzeit-Niveau zurückgefallen, was Menzies peinlicherweise darin ausdrückte, daß er seine Statisten in Fellkostümen durch die Trümmerlandschaft der zerbombten Stadt kriechen ließ. Irgendwann kommt dann der Segen vom Himmel, als einige überlebende Piloten mit ihren intakten Maschinen landen und der Zivilisation zu neuem Aufschwung verhelfen. Im Jahre 2036 ist aus den Ruinen des kriegsgeschüttelten Kontinents ein blühender Staat geworden. Hauptstadt ist die fiktive Metropole Everytown, in dem es nach Dekaden des Friedens zum ersten Mal wieder brodelt. Ein Bildhauer ruft zur Revolte auf, da er glaubt, der Fortschritt der Technik und Wissenschaft müsse endlich einmal ein Ende haben. In diesem Sinne möchte er auch den Start einer Mondrakete verhindern, was ihm jedoch mißlingt. Unterstützt von sphärischen Klängen hebt das Raumschiff ab und zischt dem Erdtrabanten entgegen.
Mit der für damalige Verhältnisse astronomisch hohen Summe von 1,5 Millionen Dollar realisierte der bekannte britische Produzent Alexander Korda diesen Science-fiction-Film, um damit jedoch weltweit einen Mißerfolg zu erleben. *Things to Come* fasziniert einerseits durch seine phantasievollen Innendekors und gewaltigen Massenszenen, verärgert auf der anderen Seite jedoch aus heutiger Sicht durch den naiven Fortschrittsglauben, der hier auf recht plumpe Weise propagiert wird. jg

Thomas Crown ist nicht zu fassen

The Thomas Crown Affair. USA 1968 **R** Norman Jewison **B** Alan R. Trustman **K** Haskell

Wexler **M** Michel Legrand **P** Norman Jewison für The Mirisch Corporation/United Artists **L** 102 Min., Farbe **D** Steve McQueen, Faye Dunaway, Paul Burke, Jack Weston, Biff McGuire, Yaphet Kotto

Mit einem raffiniert ausgekügelten Plan gelingt es dem Geschäftsmann Thomas Crown (McQueen) und seinen Komplizen, bei einem Banküberfall 2, 6 Millionen Dollar zu erbeuten. Die Polizei tappt im Dunkeln, während Crown das Geld auf einer Schweizer Bank deponiert. Die geschädigte Versicherung setzt unterdessen die ehrgeizige und attraktive Detektivin Vicky Anderson (Dunaway) auf den Fall an. Bald hat sie Crown in Verdacht, und zwischen beiden entspinnt sich ein Katz- und Maus-Spiel, in dem es nicht nur um ein geistiges Kräftemessen, sondern auch um erotische Anziehung geht. Mit diesem ultra-eleganten Kriminalfilm, einer Art RIFIFI à l'americaine, setzte Regisseur Norman Jewison seine Erfolgsserie fort, die ein Jahr zu vor mit dem Oscar für IN DER HITZE DER NACHT ihren Höhepunkt gefunden hatte. Der Regisseur war fasziniert von den Möglichkeiten des Split-Screen-Verfahrens, das es erlaubt, mehrere Szenen gleichzeitig auf die Leinwand zu projizieren, und machte im Film reichlich Gebrauch davon. Wesentlich beeindruckter waren die meisten Zuschauer allerdings von etwas ganz anderem: der Kußszene. Sie schließt sich direkt an das fünfminütige, sehr suggestiv gefilmte Schachspiel (eine Parodie auf die berühmte Essens-Sequenz in TOM JONES) der beiden Protagonisten an und zeigte erstmals etablierte Stars beim Zungenkuß. Die bekannte Kritikerin Penelope Gilliat bemerkte, die Großaufnahmen würden sie an „zwei Goldfische auf der Jagd nach demselben Krümel" erinnern. Während McQueen ansonsten seiner privaten Leidenschaft für rasante Sportarten fröhnen darf (Polo, Segelfliegen, Strandbuggy fahren), ist Faye Dunaway mit dem Wechseln ihrer Garderobe beschäftigt: nicht weniger als 29 Kleidungsstücke hatte Kostümdesignerin Theodora von Runkle, die auch bei BONNIE UND CLYDE zum Einsatz gekommen war, für den photogenen Star entworfen. Insgesamt muß gesagt werden, daß die für den Film ausgegebenen vier Millionen durchaus auf der Leinwand zu sehen sind, wenn auch sonst nichts weiter. *Thomas Crown* ist reine, auf Hochglanz polierte Oberfläche. Michel Legrands Titelsong *The Windmills of Your Mind*, gesungen von Noel Harrsion, erhielt einen Oscar und eroberte die Hitparaden. al

Die Thronfolgerin

Young Bess. USA 1953 **R** George Sidney **B** Jan Lustig, Arthur Wimperis, nach dem Roman von Margarete Irwin **K** Charles Rosher **M** Miklós Rózsa **P** Sidney Franklin für MGM **L** 112 Min., Farbe **D** Jean Simmons, Stewart Granger, Deborah Kerr, Charles Laughton, Kay Walsh, Guy Rolfe, Kathleen Byron, Cecil Kellaway

Ein recht ansprechend umgesetztes historisches Drama, das den dornigen Weg der englischen Königin Elizabeth I. von ihrer Geburt bis zur Thronbesteigung verfolgt. Aus der Sicht zweier alter Diener, die die Höhen und Tiefen im Leben der Monarchin aus nächster Nähe selbst miterlebt haben, klappert Sidneys Film in geschichtlicher Reihefolge die wichtigsten Stationen im Leben der jungen Bess (Simmons) ab. Den Auftakt bildet die Hinrichtung ihrer Mutter Anna Boleyn (Elaine Stewart), auf die die Verbannung nach Schloß Hatfield folgt. Ein paar Mal wird das Mädchen im Zuge der ständig wechselnden Partnerschaften ihres tyrannischen Vaters Heinrich VIII. (Laughton) an den Hof geholt, um endlich in Catherine Parr (Kerr), der sechsten und letzten Ehefrau des Königs, eine liebenswürdige Freundin zu finden. Als Heinrich im Jahre 1557 stirbt, wird Bess' junger Bruder Edward (Thompson) auf den Thron gehievt, wo er von finsteren Intriganten umsponnen wird. In der Zwischenzeit hat sich Bess in den schneidigen Thomas Seymour (Granger) verliebt, der allerdings Catherine heiratet. Mit Edwards frühem Tod gelangt Elizabeth schließlich auf Englands Thron, doch der Preis, den sie dafür zahlen muß, ist hoch. Stilvolle Kinounterhaltung, die in perfekten Dekorationen und Kostümen schwelgt und von Miklós Rózsas großorchestriertem Soundtrack angenehm untermalt wird. Nach DAS PRIVATLEBEN HEINRICHS VIII. war dies der zweite Film, in dem Charles Laughton mit sichtlichem Genuß den ehefrauenverschlingenden Monarchen darstellte. jg

THX 1138

THX 1138. USA 1970 **R** George Lucas **B** George Lucas, Walter Murch **K** Dave Meyers, Albert Kihn **M** Lalo Schifrin **P** Francis Ford Coppola für American Zoetrope/Warner Bros. **L** 85 Min., Farbe **D** Robert Duvall, Donald Pleasence, Maggie McOmie, Pedro Colley, Ian Wolfe. Marshall Effron, Sid Haig, John Pearce, Irene Forrest

George Lucas' Regiedebüt beschreibt ein Szenarium, das eine Art Fortsetzung zu George Orwells *1984* dargstellt.
Die Welt des 25. Jahrhunderts ist ein aseptisches Gesellschaftssystem, das der Kontrolle eines gigantisches Computerhirns unterliegt. In der wenig einladenden Umgebung von endlosen, unterirdischen Korridoren lebt - weißgekleidet und kahlgeschoren - das Paar THX 1138 (Duvall) und LUH 3417 (McOmie). Als eine Ehe kann man ihre Beziehung eigentlich nicht bezeichnen, denn ihr fehlt ein wichtiges Element - die Sexualität. Diese wird unterdrückt durch eine täglich verabreichte Drogenration und bricht erst aus, als THX und LUH deren Konsum verweigern und ein Baby erwarten. Die Folgen sind verheerend. LUH wird exekutiert, THX in einen Gefängnistrakt deportiert, aus dem er jedoch entkommen kann, um nach einer nervenaufreibenden Flucht das erste Mal in seinem Leben an die Erdoberfläche zu klettern.
George Lucas, Student der Filmwissenschaft an der Universität von Kalifornien, hatte bereits während seine Studiums einen Kurzfilm mit dem Titel *THX 2238* gedreht, der - natürlich mit einem bescheidenerem Budget - eine Art Vorfilm zu diesem Werk war. Francis Ford Coppola sah damals den Experimentalstreifen und zeigte sich davon so begeistert, daß er sich Lucas kurzum als Produzent anbot, als dieser den Stoff noch einmal in einer Mainstream-Produktion umsetzen wollte. *THX 1138* wurde damals zwar von den Kritikern und einem kleinen Kreis von Science-fiction-Anhängern überwiegend positiv aufgenommen, erlebte seine eigentliche Popularität aber erst, nachdem sich Lucas nach seinen Erfolgen AMERICAN GRAFFITI und vor allem KRIEG DER STERNE im Kommerzkino etabliert hatte. jg

Die Tiefe

The Deep. USA 1976 **R** Peter Yates **B** Peter Benchley, Tracy Keenan Wynn, nach dem Roman von Benchley **K** Christopher Challis **M** John Barry **P** Peter Guber für Casablanca Filmworks/Columbia **L** 124 Min., Farbe **D** Robert Shaw, Jacqueline Bisset, Nick Nolte, Louis Gossett, Eli Wallach, Dick Anthony Williams, Robert Tessier

Kaum war DER WEISSE HAI gurgelnd auf den Grund des Meeres abgesunken, da wartete Peter Benchley schon mit einem neuen Buch auf, das auf seine Verfilmung lauerte. Für 25 Mio. DM inszenierte die Columbia

diesen modernen Abenteuerroman, dessen Umsetzung die Techniker mit einer Reihe von Schwierigkeiten konfrontierte, die sich allein daraus ergaben, daß zwei Drittel der Handlung unter Wasser spielten. Zu diesem Zweck mußten erst einmal die Hauptdarsteller das Tauchen lernen, um dann in 21 bis 27 Meter Tiefe durch die blauen Fluten zu gleiten. Um nicht immer zeitraubende Fahrten zur Küste zuücklegen zu müssen, mietete das Drehteam kurzerhand ein ganzes Schiff und quartierte sich dort für die Dauer der Außenaufnahmen, die auf den Bermudas entstanden, ein. Da einige Szenen, insbesondere die abenteuerlichen Klettersequenzen durch das Schiffswrack, in natura zu gefährlich gewesen wären, wurde eigens für diese Produktion in Hollywood ein riesiges Unterwasser-Studio eingerichtet, dessen Dimensionen erst 1989 durch James Camerons Thriller THE ABYSS übertroffen wurden.
Jacqueline Bisset und Nick Nolte spielen das Ehepaar Gail und David Sanders, das voller Leidenschaft seinem gemeinsamen Hobby, dem Sporttauchen, frönt. Bei einem ihrer Unterwasser-Exkursionen stoßen die beiden per Zufall auf ein Medaillon, das zu einem spanischen Schiff gehört, welches vor 150 Jahren gesunken ist. Noch größer ist die Überraschung, als man bei einem weiteren Tauchgang ein zweites Wrack entdeckt, in dem sich eine Ladung von Morphium-Ampullen befindet. Gemeinsam mit dem kauzigen Einzelgänger Treece (Shaw) wollen Gail und David den Schatz heben, geraten dadurch aber ungewollt einer Gangsterbande in die Quere.
Die Tiefe ist ein recht ansprechend inszenierter Unterhaltungsfilm ohne künstlerische Ambitionen - ein außergewöhnlicher Abenteuerfilm, der nur spannende Kinokost sein und möglichst viel Geld einbringen sollte. Die Unterwasser-Szenen sind perfekt und bringen durch eine schlangenförmige Muräne ein wenig *Weiße-Hai*-Stimmung in das Geschehen. Dümmlich wird es allerdings, wenn die bösen Gangster, die zugleich Anhänger des Voodoo-Kults und natürlich Schwarze sind, auftauchen und in einer genußvoll aufbereiteten Szene Jacqueline Bissets Rundungen mit einer blutigen Hühnerkralle bearbeiten.
Dem Publikum gefiel´s, der Kritik selbstverständlich weniger. Einen „aufwendigen Schlag ins Wasser" bezeichnete in diesem Sinne der Kölner Stadtanzeiger Peter Yates Tauch-Trip. jg

Das Tier

The Howling. USA 1980 **R** Joe Dante **B** John Sayles, Terence W. Winkless, nach dem Roman von Gary Brandner **K** John Hora **M** Pino Donaggio **P** Michael Finneli für International Film Investors/Wescom Prod. **L** 91 Min., Farbe **D** Dee Wallace, Patrick Magee, Dennis Dugan, Christopher Stone, Belinda Balaski, Kevin McCarthy, John Carradine

„In jedem von uns steckt ein Tier. Wehe, es bricht einmal aus", orakelte die Presseankündigung dieses Horrorstreifens in düsterer Vorahnung. Daß nun ausgerechnet in der attraktiven Fernsehreporterin Karen West (Wallace) animalische Urtriebe lauern sollen, kann man sich nur schwer vorstellen. Die schwer gestreßte Journalistin entschließt sich dazu, einige Tage in einem entlegenen Sanatorium zu verbringen, nachdem sie die berufliche Überlastung und die sexuellen Attacken eines Sittlichkeitsattentäters an den Rand des Nervenzusammenbruchs gebracht haben. Doch von Erholung kann hier leider keine Rede sein. Ein unheimliches Jaulen versetzt Karen des Nachts in Angst und Schrecken. Zudem muß sie voller Entsetzen bemerken, daß sich ein Teil ihrer Mitpatienten in reißende Werwölfe verwandelt. Irgendwann wird auch sie von einem dieser dämonischen Kreaturen gebissen. Mit einem nicht gerade gefestigteren Nervenkostüm kehrt sie an ihren Arbeitsplatz zurück, um sich - hierin besteht der eigentliche Höhepunkt dieses Gruselfilms - vor laufenden Kameras während einer Nachrichtensendung in einen Werwolf zu verwandeln.
Joe Dante, der wenige Jahre später mit GREMLINS einen wirklich originellen Beitrag zum Genre des Phantastischen Films ablieferte, konnte sich hier wohl nicht so recht entscheiden, ob seine Geschichte ein Drama oder eine Horrorstory sein soll. Zwar besitzt *Das Tier* einige recht aufregende Momente (besonders die Szenen, in denen sich Karen durch den nebligen Wald pirscht), stimmt dann aber tragische Töne an, als die Reporterin zur Bestie mutiert, obwohl vorher noch das Ausbrechen animalischer Triebe als Faszinosum propagiert wurde.
Ein durchschnittlicher Horror-Film, dessen thematische Variation nicht überzeugend genug behandelt wurde und von dessen angeblicher Trickperfektion in der Schwärze der Nacht nur wenig zu sehen ist. jg

Der Tiger

The Enforcer. USA 1951 **R** Bretaigne Windust, Raoul Walsh **B** Martin Rackin **K** Robert Burks **M** David Buttolph **P** Milton Sperling für United States Pictures/Warner Bros. **L** 87 Min., s/w **D** Humphrey Bogart, Zero Mostel, Ted De Corsia, Everett Sloane, Roy Roberts, Lawrence Tolan, King Donovan, Bob Steele

Was den Film des unbekannten Regisseurs Bretaigne Windust so perfekt und aufregend macht, ist vor allem die unsichtbare Hand des Routiniers Raoul Walsh, der seinen Kollegen anleitete, in den Credits aber nicht genannt wurde. Für die grandiosen Schwarzweiß-Bilder sorgte Robert Burks, Alfred Hitchcocks Spezialist für visuelle Effekte, und schauspielerische Höhepunkte bot schließlich Humphrey Bogart in der Rolle des Kriminalbeamten Martin Ferguson.
Gegen den Gangsterboß Albert Mendoza (Sloane) scheint ein entscheidender Schlag geglückt zu sein. Ein Kronzeuge ist bereit, gegen den Großverbrecher auszusagen, doch wird er in der Nacht vor der Verhandlung von Mendozas Helfershelfern auf hinterhältige Weise exekutiert. Sergeant Ferguson ist verbittert. Sein Vorgesetzter hat ihm gerade einmal zwölf Stunden Zeit gegeben, um Mendoza ein zweites Mal auf die Anklagebank zu zwingen. Umrahmt von einer Reihe von Rückblenden, blättert der Beamte in die Vergangenheit und rollt die Entwicklung des Falles noch einmal von seinem Ursprung her auf.
Der Tiger war einer der ersten Streifen der Schwarzen Serie, der offen das landesweite, organisierte Verbrechen anklagte. Ein technisch perfekter Reißer von gewohnter Hollywood-Qualität. jg

Der Tiger hetzt die Meute

White Lightning. USA 1973 **R** Joseph Sargent **B** William Norton **K** Edward Rosson **M** Charles Bernstein **P** Arthur Gardner, Jules Levy für Levy-Gardner-Laven Prod./United Artists **L** 101 Min., Farbe **D** Burt Reynolds, Jennifer Billingsley, Ned Beatty, Bo Hopkins, Matt Clarke, Louise Latham, Diane Ladd

Der auf einer Gefangenenfarm wegen Alkoholschmuggels einsitzende Gator McKlusky (Reynolds) wird von Regierungsbeamten angeheuert, um einem Schwarzbrenner- und Schmugglerring das Handwerk zu legen. Man macht sich dabei die Tatsache zunutze, daß Gator gegen den korrupten Sheriff und Chef der Bande Connors (Beatty) persönliche Rachegefühle hegt: dieser hat seinen Bruder auf dem Gewissen. Man stattet Gator mit einem schnellen Auto aus und läßt ihn frei...
Der Tiger hetzt die Meute ist ein ganz auf Burt Reynolds zugeschnittenes Action-Spektakel, das für die Karriere des Stars in den 70er Jahren wegweisend war. Denn bald brachte man mit seinem Namen vor allem mit halsbrecherischen Autostunts in Verbindung, um die - wie etwa bei EIN AUSGEKOCHTES SCHLITZOHR - eine dürftige Story gebastelt worden war. Auf dem Ni-

veau befindet sich *Der Tiger hetzt die Meute* glücklicherweise nicht - es ist ein routinierter, aber überdurchschnittlich unterhaltender Krimi mit einigen Autoraserein als Draufgabe. Mit dem weitaus schwächeren Remake *Mein Name ist Gator*, das 1976 herauskam, sollte Reynolds später sein Regiedebüt geben. al

Der Tiger von Eschnapur

Der Tiger von Eschnapur. Deutschland 1938 **R** Richard Eichberg **B** Arthur Pohl, Hans Klaehr, Richard Eichberg, nach dem Roman von Thea von Harbou **K** Ewald Daub, Hans Schneeberger **M** Harald Böhmelt **P** Richard Eichberg für Eichberg-Film/Tobis **L** 95 Min., s/w **D** Fritz van Dongen, La Jana, Alexander Golling, Kitty Jantzen, Gisela Schlüter, Theo Lingen, Gustav Diessl, Hans Stüwe, Olaf Bach

Thea von Harbous Indien-Roman - wahrlich kein großer literarischer Wurf - war schon im Jahre 1921 von Joe May als zweiteiliger Stummfilm realisiert worden. Das Drehbuch hatte damals sogar Theas Mann Fritz Lang geschrieben, der eigentlich auch Regie führen wollte. Die Produktionsgesellschaft nutzte jedoch seine urlaubsbedingte Abwesenheit und setzte ihm Joe May vor die Nase, so daß sich Lang bis zum Jahr 1958 gedulden mußte, um endlich in einem zweiten Aufguß die Geschichte seiner Ex-Gattin verfilmen zu können.
Auch Richard Eichberg legte seine Verfilmung aus dem Jahre 1938 in zwei Teilen an. *Der Tiger von Eschnapur* macht uns bekannt mit dem deutschen Architekten Fürbringer (Stüwe), der auf Geheiß des Maharadschas von Eschnapur (van Dongen) nach Indien reist. Dort spielt sich gerade ein Eifersuchtsdrama ab. Die Tempeltänzerin Sitha (Jana) hat sich in den Europäer Sascha Demidoff (Diessl) verliebt, was den Maharadscha bis ins Mark trifft, denn schließlich hat er sich schon Hoffnungen auf Sitha gemacht. Die beiden Liebenden fliehen aus dem Land, gehetzt von den Häschern des indischen Fürsten. Der Film verlegt seinen Schauplatz flugs nach Deutschland, um dort in der Metropole Berlin seine Protagonisten zusammenzuführen. Furioser Ausklang des ersten Teils ist dabei eine mitreißend gefilmte Brandkatastrophe.
Richard Eichbergs Remake gilt durch seine zahlreichen Fernseh-Ausstrahlungen als die bekannteste Version, die gegenüber der Fritz-Lang-Adaption die schwülstige Handlung durch diverse humoristische Einschübe wenigstens etwas erträglicher macht. Eichberg besetzte die Rolle der Architekten-Verlobten Irene Traven mit seiner eigenen Frau Kitty Jantzen, einer erschreckend blassen und noch dazu recht unansehnlichen Aktrice.
Fortsetzung der Geschichte siehe unter DAS INDISCHE GRABMAL. jg

Der Tiger von Eschnapur

Der Tiger von Eschnapur. BRD 1958 **R** Fritz Lang **B** Werner Jörg Lüddecke, nach dem Roman von Thea von Harbou **K** Richard Angst **M** Michael Michelet **P** Artur Brauner für CCC-Filmkunst Berlin **L** 101 Min., Farbe **D** Debra Paget, Paul Hubschmid, Claus Holm, Sabine Bethmann, Walther Reyer, Luciana Paluzzi, René Deltgen, Jochen Brockmann, Guido Celano

25 Jahre nach seiner überstürzten Flucht kehrte Fritz Lang wieder nach Deutschland zurück, um das letzte Kapitel seiner Karriere einzuleiten, das leider nicht gerade mit einer Qualitätssteigerung verbunden war, auch wenn die beiden Indien-Remakes im In- und Ausland zu einem großen Erfolg wurden. Das Beeindruckendste sind hier immerhin noch die pittoresken indischen Außenaufnahmen, die im Stil eines Touristenfilms in die Handlung eingeflochten wurden.
Pompös und aufgeblasen wie die ganze Produktion waren auch die Dekorationen. In den Spandauer Studios der CCC-Film erbauten die Architekten auf 1.300 Quadratmetern den Thronsaal von Eschnapur, dessen Skulpturen und Ornamente nach kulturhistorischen Originalen von 130 Handwerkern nachgebildet wurden.
Die darstellerischen Einzelleistungen halten sich in Grenzen. Debra Paget verbreitet als Tempeltänzerin ebenso wenig indisches Flair wie Walther Reyer als schuhcremebrauner Maharadscha, der nicht ungünstiger hätte zurechtgeschminkt sein können.
Fritz Lang drehte noch den zweiten Teil des Romans, um sich danach mit dem müden Aufguß DIE TAUSEND AUGEN DES DR. MABUSE vom Filmbusiness zu verabschieden. jg

Der Tiger von New York

Killer´s Kiss. USA 1955 **R** Stanley Kubrick **B** Stanley Kubrick, Howard O. Sackler, nach einer Story von Kubrick **K** Stanley Kubrick **P** Stanley Kubrick, Morris Bousel für Minotaur/United Artists **L** 67 Min., s/w **D** Frank Silvera, Jamie Smith, Irene Kane, Jerry Jarret, Mike Dana, Felice Oralandi, Ralph Roberts, Phil Stevenson

Die unterkühlte Glitzermetropole New York dient hier wieder einmal mehr als düstere Bühne für eine Handvoll Protagonisten, die auf schicksalhafte Weise einander begegnen. Es ist nicht die pulsierende, niemals zur Ruhe kommende Stadt, die Stanley Kubrick in seinem zweiten, bereits wesentlich besser geratenen Spielfilm zeigt, sondern das New York der schmutzigen Hinterhöfe und dunklen Seitenstraßen, die eingehüllt sind in das dämmerige Zwielicht des Abends oder die Undurchdringlichkeit des Hafennebels.
Der zweitklassige Preisboxer Davy Gordon (Smith) lernt das Mädchen Gloria (Price) kennen, die als Tänzerin in einem Nachtclub arbeitet. Beide verlieben sich ineinander, beide teilen dasselbe Schicksal. Obwohl sie jung sind, haben sie den Glauben an eine Zukunft verloren. Gemeinsam wollen sie noch einmal versuchen, aus dem Käfig New York auszubrechen, um ein neues Leben anzufangen. Ihre Liebe wird auf eine harte Probe gestellt, als Davy sich mit Glorias Chef Rapollo (Silvera), einem windigen Unterweltboß, anlegt.
Mit einem Minimalbudget von 75.000 Dollar, die er sich zu einem Großteil von Freunden und Verwandten gepumpt hatte, realisierte Stanley Kubrick diesen bedrückenden Schwarzweiß-Film, der in erster Linie eine Liebesgeschichte zum Inhalt hat, die als tragisches Element mit einem kriminellen Touch versehen wurde. Kubrick ist in dieser frühen Produktion sicherlich noch meilenweit von der Qualität seiner späteren Meisterwerke entfernt, *Der Tiger von New York* zeichnet sich jedoch bereits durch eine überlegte, gut funktionierende Dramaturgie aus, die der Regisseur mit seinem nachfolgenden Werk DIE RECHNUNG GING NICHT AUF bis zur Präzision eines Uhrwerks perfektionierte. jg

Till Eulenspiegel, der lachende Rebell

Les Aventures de Till Espiègle / Die Abenteuer des Till Eulenspiegel. Frankreich/DDR 1959 **R** Gérard Philipe **B** Joris Ivens, Gérard Philipe, nach dem Roman von Charles de Coster **K** Christian Matras, Alain Douarinou **M** Georges Auric **P** Ariane Film (Paris)/DEFA (Berlin) **L** 87 Min., Farbe **D** Gérard Philipe, Jean Vilar, Fernand Ledoux, Nicole Berger, Jean Carmet, Wilhelm Koch-Hooge, Erwin Geschonneck

Die Verfilmung der Streiche des legendären Volkshelden Till Eulenspiegel war die einzige Regiearbeit in der Karriere des so früh verstorbenen Schauspielers Gérard Philipe. Man kann sich nicht ganz des Eindrucks erwehren, daß ihm dieses Debüt im Zuge der Dreharbeiten wohl doch etwas über den Kopf gewachsen ist, schließlich hatte er neben seiner Regie-Tätigkeit auch noch das Drehbuch zu schreiben und die Hauptrolle zu übernehmen. Bemüht versuchte Philipe, die

Eleganz und das Tempo seines großartigen Erfolges FANFAN DER HUSAR in seine Produktion herüberzuretten, doch fiel das Ergebnis hier weit weniger überzeugend aus. „Das ungestüme Wesen, das er ins Spiel bringt, kommt nur spärlich im Parkett an, höchstens bei Kindern und sehr Anspruchslosen" (*Evangelischer Filmbeoabachter*).
Die Geschichte führt uns in die Niederlande des 16. Jahrhunderts. Die flämische Bevölkerung leidet schrecklich unter dem brutalen Terror der spanischen Okkupanten. Auch das kleine Dorf Damme bekommt die grausame Unterdrückung mit aller Härte zu spüren. Till (Philipe), ein stets gut gelaunter und zu Streichen aufgelegter Junge, muß mitansehen, wie sein eigener Vater auf dem Scheiterhaufen verbrannt wird. Schockiert schwört er, solange zu kämpfen, bis Flandern wieder frei ist. Für seinen Feldzug gegen die Spanier geht Till allerdings nicht mit Waffengewalt vor, sondern trickst die etwas tumben Besatzer durch eine Palette einfallsreicher Listen und Gaukeleien aus. Unter der Führung des Prinzen von Oranien erheben sich die unterdrückten Provinzen und vertreiben die Spanier aus ihrem Land. Am Ende des Film sind die Niederlande frei und Till schließt überglücklich sein geliebtes Mädel Nele (Berger) in die Arme.
Bemerkenswert an diesem bunten Historienabenteuer ist neben der Kameraführung die vorzügliche Farbgestaltung, die Christian Matras und Alain Douarinou dem Stil und Kolorit zeitgenössischer Gemälde nachempfunden haben. jg

Tim - Kann das Liebe sein?

Tim. Australien 1981 **R** Michael Pate **B** Michael Pate, nach dem Roman von Colleen McCullough **K** Paul Onorato **M** Eric Jupp **P** Michael Pate für Pisces Prod. **L** 102 Min., Farbe **D** Piper Laurie, Mel Gibson, Alwyn Kurts, Pat Evison, Peter Gwynne, Deborah Kennedy

Mary Horton (Laurie) ist eine reife Frau aus besseren Kreisen, gut angesehen und alleinstehend. Bis zu dem Tag, an dem sie den jungen, aber geistig zurückgebliebenen Tim Melville (Gibson) kennenlernt und sich seiner annimmt: Von da an ist sie zwar nicht mehr allein, doch ihr guter Ruf ist dahin. Die prüde Gesellschaft um sie herum reagiert irritiert und abweisend. Allen Widerständen zum Trotz stehen die beiden sämtliche Anfeindungen durch und halten an ihrer Beziehung fest, die sie mit Lust und Liebe aufpeppen und schließlich in einem - freilich pappsüssen - Happy End eskalieren lassen. Ein respektabker Film vom anderen Ende der Welt - unterhaltsam und professionell inszeniert. Insbesondere Australiens Star-Schauspieler Mel Gibson, bis dato vor allem bekannt durch seinen Action-Streifen MAD MAX, überzeugt in seiner Rolle als dummer August, der immerhin mit reichlich Sex-Appeal gesegnet ist. Letzteres war wohl auch der Grund dafür, daß der Streifen ein überwiegend weibliches Publikum in die Lichtspielhäuser spülte. „Die ultimative Film-Phantasie für Frauen, die von Mel Gibson hingerissen sind", befand der *Motion Picture Guide*. sk

Time Bandits

Time Bandits. Großbritannien 1981 **R** Terry Gilliam **B** Michael Palin, Terry Gilliam **K** Peter Biziou **M** Mike Moran **P** Terry Gilliam, George Harrison für Handmade Film Partnership **L** 116 Min., Farbe **D** John Cleese, Sean Connery, Shelley Duvall, Craig Warnock, Katherine Helmond, Michael Palin, Ian Holm, Ralph Richardson, Peter Vaughan

Time Bandits ist eine weitere Produktion aus dem Hause der Monty Pythons - ein schrilles, witziges Fantasy-Spektakel voller skurriler Ideen und Szenenfolgen.
Alles beginnt mit dem unerwarteten Auftauchen einer Gruppe von sechs Zwergen, die durch den Schrank in das Kinderzimmer des 12jährigen Kevin (Warnock) poltern. Die eigentümlichen Gestalten erklären dem verdutzten Jungen, daß sie dem Herrn des Universums eine Karte gestohlen haben, auf der die sogenannten Zeitlöcher eingezeichnet sind, durch die man sich in bestimmte Epochen der Weltgeschichte zurückversetzen lassen kann. Die Time Bandits - so nennen sich die Gnome - nutzen diese temporalen Lücken, um sich einen Hort an wertvollen Schätzen anzueignen. Kevin kehrt dem muffig-kleinbürgerlichen Reihenhaus seiner Eltern den Rücken und schließt sich seinen Besuchern an. Mit ihnen erlebt er die haarsträubendsten Abenteuer, in deren Verlauf er Napoleon (Holm), Robin Hood (Cleese) und König Agamemnon (Connery) begegnet, sowie den Untergang der *Titanic* übersteht, um am Ende wieder in das Haus seiner Eltern zurückzukehren, wo ihn eine böse Überraschung erwartet...
Die Ausflüge in die verschiedenen Zeitebenen gaben Terry Gilliam die Möglichkeit, eine Reihe von historischen Persönlichkeiten auf den Arm zu nehmen und die Inszenierungen diverser Kultregisseure geschickt zu persiflieren. Zitiert und verulkt werden u.a. Pasolinis KÖNIG ÖDIPUS sowie Roger Cormans Grusel-Parodie DER RABE - DUELL DER ZAUBERER. *Time Bandits*, an dessen Finanzierung sich auch Ex-Beatle George Harrison beteiligte, erwies sich an der Kinokasse als so erfolgreich, daß Terry Gilliam 1987 als weiteren Fantasy-Stoff den Regieauftrag für das Mammutprojekt DIE ABENTEUER DES BARON MÜNCHHAUSEN erhielt, der allerdings eine der größten Pleiten des Jahres wurde. jg

Tin Men

Tin Men. USA 1986 **R** Barry Levinson **B** Barry Levinson **K** Peter Sova **M** James Flamberg **P** Mark Johnson für Touchstone Pictures/Silver Screen Partners **L** 112 Min., Farbe **D** Richard Dreyfuss, Danny DeVito, Barbara Hershey, John Mahoney, Jackie Gayle, Stanley Brock

Tilley (DeVito) und B.B. (Dreyfuss) sind „Tin Men", zu deutsch: Blechmänner, beide verdienen ihren Lebensunterhalt als Vertreter von Blech- und Aluminiumfassaden. Die geschäftliche Konkurrenz ist der natürliche Grund für die herzliche Abneigung, mit der sich beide begegnen, doch als es eines Tages zu einer Kollision ihrer beiden Straßenkreuzer kommt, bricht ein regelrechter Krieg aus. Jeder gibt dem anderen die Schuld an der dicken Beule im Blechkostüm des eigenen Traumwagens und leitet daraus die Berechtigung ab, das Auto des jeweils anderen noch mehr einzudellen. Der Streit eskaliert, finsterste Rachegelüste werden in die Tat umgesetzt: Am Ende steht jeder der beiden Streithälse vor einem kümmerlichen Schrotthaufen, der noch vor kurzem ein teures Auto und der ganze Stolz seines Besitzers gewesen war, ihre Beziehungen liegen in Trümmern und beide sind, auch das noch, ihren Job los.
Spritzige, aber keineswegs überdrehte Dialoge, wundervoll agierende Hauptdarsteller und die herrlich persiflierte Provinzidylle von Regisseur Levinsons Geburtsstadt Baltimore bilden den Rahmen dieser liebevollen Komödie um den Fetisch Automobil. Besonders gelungen: Der erschütternde Blick hinter die Kulissen eines Vertreterlebens und das brillant ausgespielte Kontrastprogramm zwischen dem kleinwüchsigen Hitzkopf DeVito und seinem Gegenpart, dem verbissenen Wutschnauber Dreyfuss. „Der Film", lobte *Filmfaust*, „ist ein unprätentiöses Beispiel dafür, wie man Wirklichkeiten komisch

darstellen kann, ohne daß diese ihren Ernst verlieren". sk

Tisch und Bett

Domicile conjugale. Frankreich 1970 **R** François Truffaut **B** François Truffaut, Claude de Givray, Bernard Revon **K** Nestor Almendros **M** Antoine Duhamel **P** Les Films du Carrosse/Valoria Films (Paris), Fida Cinematografica (Rom) **L** 100 Min., Farbe **D** Jean-Pierre Léaud, Claude Jade, Hiroko Berghauer, Daniel Ceccaldi, Claire Duhamel, Daniel Boulanger, Sylvana Blasi

In *Tisch und Bett* begegnen wir - nach SIE KÜSSTEN UND SIE SCHLUGEN IHN, der Geschichte *Antoine und Colette* des Episodenfilms LIEBE MIT ZWANZIG und GERAUBTE KÜSSE - der Titelfigur ein viertes Mal. Antoine (Léaud), mittlerweile mit seiner Jugendliebe Christine (Jade) verheiratet, bestreitet seinen Lebensunterhalt immer noch mit den ungewöhnlichsten Jobs. Zur Zeit betätigt er sich als Blumenverkäufer, der seine Pflanzen einfärbt, seine schwangere Frau erteilt Violinunterricht. Aufgrund einer Verwechslung erhält Antoine eine Anstellung bei einer Pariser Filiale einer amerikanischen Hydraulik-Firma. Seine Aufgabe besteht darin, kleine Modellschiffe zu steuern, die gleiche Tätigkeit, die Gérard Depardieu in Truffauts DIE FRAU NEBENAN ebenfalls betreibt. An seinem neuen Arbeitsplatz lernt Antoine die Japanerin Kyoko (Berghauer) kennen und beginnt ein Verhältnis mit ihr. Christine, die inzwischen den Sohn Alphonse geboren hat, erfährt von der Untreue ihres Mannes und setzt ihn kurzerhand vor die Tür.
In den bisherigen Filmen des Doinel-Zyklus' konzentrierte sich das Interesse des Regisseurs und des Zuschauers überwiegend auf das Leben des ungewöhnlichen Protagonisten. Zwar steht Antoine auch in *Tisch und Bett* wieder im Mittelpunkt, doch räumte Truffaut diesmal der Beschreibung der Hausgemeinschaft, in der das junge Paar wohnt, viel Platz ein. Wir machen die Bekanntschaft mit einem Mikrokosmos der Gesellschaft, der sich aus skurrilen Typen zusammensetzt: dem italienischen Opernsänger, der sich ständig mit seiner Frau streitet, dem verschlossenen Untermieter, den alle für einen Würger halten, dem Pensionär, der seine Wohnung erst wieder verlassen will, wenn Marshall Pétain in Verdun beigesetzt wird.
Mit LIEBE AUF DER FLUCHT beendete Truffaut acht Jahre später die wohl bemerkenswerteste Reihe der europäischen Filmgeschichte. mg

Titanen

Ice Palace. USA 1960 **R** Vincent Sherman **B** Harry Kleiner, nach dem Roman von Edna Ferber **K** Joseph Biroc **M** Max Steiner **P** Henry Blanke für Warner Bros. **L** 121 Min. (Originalfassung 143 Min.), Farbe **D** Richard Burton, Robert Ryan, Martha Hyer, Jim Backus, Carolyn Jones, Ray Danton, Diane McBain, Karl Swenson, Shirley Knight

Jack Warner hatte anscheinend einen zweiten GIGANTEN im Kopf, als er für die Rechte an Edna Ferbers langatmiger Alaska-Saga 350.000 Dollar hinblätterte und einen teuren Film in Auftrag gab. Der deutsche Verleih setzte dann mit dem Titel *Titanen* in Sachen Ähnlichkeit noch einen drauf - in Deutschland war das Buch als *Der weiße Palast* erschienen. Mit seinem Vorbild hat der Film allerdings höchstens die enorme Laufzeit gemeinsam. Die 40 Jahre umspannende Story dreht sich um die Rivalität zweier unterschiedlicher Männer (Burton, Ryan), die nicht nur dieselbe Frau (Jones) lieben, sondern auch im Streit um den eventuellen Beitritt Alaskas zu den Vereinigten Staaten zu Gegnern werden.
Obwohl auch mit den Schauspielern Außenaufnahmen vor Ort gemacht worden waren, sahen die meisten Einstellungen - einschließlich einer Gletscherspalte und einem Bären - nach Studio aus und vermittelten alles andere als epischen Atem. Burton soll übrigens während der Dreharbeiten den Film als „Stück Scheiße" bezeichnet haben, und dementsprechend eisig war dann auch die Reaktion von Kritik und Publikum. al

Titanic

Titanic. Deutschland 1943 **R** Herbert Selpin, Werner Klingler **B** Walter Zerlett-Olfenius, Herbert Selpin, nach einem Entwurf von Harald Bratt **K** Friedel Behn-Grund **M** Werner Eisbrenner **P** Willy Reiber für Tobis-Filmkunst **L** 85 Min., s/w **D** Sybille Schmitz, Hans Nielsen, Kirsten Heiberg, Charlotte Thiele, Karl Schönböck, Monika Burg, Ernst F. Fürbringer, Otto Wernicke, Franz Schafheitlin, Liselott Klingler

Wohl kaum ein Spielfilm hatte eine solch bewegte Entstehungsgeschichte wie die deutsche Version der *Titanic*-Katastrophe aus dem Kriegsjahr 1943. Die Tobis Filmkunst GmbH hatte mit dem perfiden Propagandawerk OHM KRÜGER den ideologischen Feldzug gegen den Kriegsgegner England eröffnet. *Titanic* sollte in dieser Hinsicht nichts weiteres sein, als ein antibritischer Hetzfilm, konzipipiert mit der Absicht, die Rücksichtlosigkeit und Profitgier der „westlichen Plutokratien" anzuprangern. Der Film war schon für die Kinosaison 1940 angekündigt worden, doch begannen die eigentlichen Dreharbeiten erst im Februar 1942 in den Berliner Johannisthal-Studios. Zu den Außenaufnahmen siedelte das Team nach Gdingen um, wo auf dem Wohnschiff *Cap Arcona* gedreht wurde. Und damit begannen auch die Probleme. Es dauerte nicht lange, und zwischen der Filmcrew und der Schiffsbesatzung kam es zu ernsthaften Auseinandersetzungen, die darauf zurückzuführen waren, daß im Laufe der Dreharbeiten unter den bisweilen 3.000 Statisten eine gewisse Disziplinlosigkeit eingerissen war. Mehr als einmal mußte Selpin feststellen, daß die Marine während seiner Abwesenheit mit dem weiblichen Teil der Komparserie wilde Gelage veranstaltete, was ihn dazu veranlaßte, einige abfällige Bemerkungen über die Rolle des Militärs fallen zu lassen. Die Folge war eine Denunziation (wahrscheinlich durch Drehbuchautor Zerlett-Olfenius), die Selpin eine Vorladung bei Goebbels einbrachte, der von ihm verlangte, seine „zersetzenden Äußerungen" zurückzunehmen. Als Selpin dies ablehnte, wurde er verhaftet und bereits einen Tag später tot in seiner Zelle aufgefunden. Offiziell behauptete man, er hätte Selbstmord begangen, doch liegt der Verdacht nahe, daß er in der Nacht zum 1. August 1942 von den Schergen der Gestapo umgebracht worden ist. Werner Klinger sprang als Ersatz ein und drehte den Film unter denkbar ungünstigen Voraussetzungen zu Ende. Luftangriffe und ungünstiges Wetter verzögerten den Drehschluß. Da Berlin zu unsicher geworden war, mußte ein Teil der Szenen, in denen Hunderte von Statisten sich an die überfüllten Rettungsboote zu klammern hatten, in einem Wasserbassin des Bavaria-Filmgeländes in München-Geiselgasteig gedreht werden.
Versehen mit dem Prädikat „staatspolitisch wertvoll" sollte *Titanic* im Sommer 1943 gestartet werden, wozu es jedoch nicht kam. Der Film wurde für das Reichsgebiet verboten und erlebte am 10. November 1943 in Paris seine Uraufführung. Noch heute ist ungeklärt, welche Gründe das Propagandaministerium bewogen, den Film in Deutschland nicht zu zeigen. Als wahrscheinlich gilt, daß man angesichts des zunehmend ungünstiger werdenden Kriegsverlaufs der Bevölkerung nicht auch noch einen Katastrophenfilm über den Untergang eines Schiffes vorsetzen und somit eine defätistische Wirkung verhindern wollte. Nach einigen Schnittauflagen, die die Alliierte Kommission wegen antibritischer Tendenzen vornahm, wurde *Titanic* schließlich Anfang 1950 das erste Mal in Deutschland aufgeführt.
Der Film ist sicherlich kein Meisterwerk. Im ersten Teil ziehen sich die einzelnen Schicksale seiner Protagonisten quälend lang dahin. Sobald das Schiff aber erst einmal den

Eisberg gerammt hat, kommt Bewegung ins Geschehen. Die fulminant inszenierten Massen- und Panikszenen übertreffen in ihrer beängstigenden Schilderung sogar die Hollywood-Version aus dem Jahre 1953.
Eine traurige Berühmtheit erlangte übrigens die *Cap Arcona*, die als Kulisse der *Titanic* fungiert hatte. Kurz vor Kriegsende wurden die Häftlinge des KZs Neuengamme an Bord gebracht, um mit unbekannten Ziel evakuiert zu werden. Englische Flugzeuge hielten den Dampfer für einen Soldatentransport und versenkten das Schiff. jg

Tobruk

Tobruk. USA 1966 **R** Arthur Hiller **B** Leo V. Gordon **K** Russell Harlan, Nelson Tyler **M** Bronislau Kaper **P** Gene Corman für Gibraltar/Universal **L** 107 Min., Farbe **D** Rock Hudson, George Peppard, Nigel Green, Guy Stockwell, Jack Watson, Norman Rossington, Percy Herbert, Liam Redmond, Heidy Hunt

Tobruk war der letzte Film, den Rock Hudson für die Produktionsgesellschaft der Universal drehte, die ihn zum Star gemacht hatte. Im Jahre 1966 war seine Popularität deutlich ins Wanken geraten und am Ende dieser Dekade sollte Hudson sich sogar im Fernsehen wiederfinden, von dem er stets eine wenig gute Meinung hatte.
Arthur Hillers Kriegsabenteuer schildert den Kampf eines Himmelfahrtsunternehmens gegen Rommels Afrikakorps. Mit einer Gruppe deutschstämmiger Juden kurvt Major Donald Craig (Hudson) in Wehrmachtstarnung durch die Wüste. Sein Auftrag besteht darin, die Treibstoff-Reserven der deutschen und italienischen Truppen bei Tobruk zu vernichten, um so eine Weiterführung des Krieges in Nordafrika zu verhindern. Die Aktion wird von zahlreichen gefährlichen Zwischenfällen überschattet, kann jedoch - etwas anderes war ja nicht zu erwarten - zu einem erfolgreichen Ende geführt werden. Aus dem Unternehmen gehen jedoch nur vier Überlebende hervor. Die Spannung des Film erschöpft sich in der üblichen Frage, um welche Schauspieler es sich dabei handelt.
Ein routiniertes Kriegsspektakel, das Arthur Hiller zwar mit einer professionellen, dafür recht lieblosen Routine heruntergedreht hat. Bei den Außenaufnahmen dieser 6-Millionen-Dollar-Produktion stapften die Akteure nicht durch den libyschen Wüstensand, sondern wurden in die kargen Landstriche der US-Bundesstaaten Arizona (Yuma) und Kalifornien (El Centro) verfrachtet, um sich dort eine ausufernde Materialschlacht zu liefern. jg

Tod auf dem Nil

Death on the Nile. Großbritannien 1978 **R** John Guillermin **B** Anthony Shaffer, nach dem Roman von Agatha Christie **K** Jack Cardiff **M** Nino Rota **P** John Brabourne, Richard Goodwin für EMI **L** 140 Min., Farbe **D** Peter Ustinov, Jane Birkin, Lois Chiles, Bette Davis, Mia Farrow, Jon Finch, Olivia Hussey, Angela Lansbury, George Kennedy, Simon McCorkindale, David Niven, Maggie Smith, Jack Warden, Harry Andrews

Als die amerikanische Millionenerbin Linnet Ridgeway (Chiles) den armen Schlucker Simon Doyle (McCorkindale) heiratet, ist nicht nur der Geldadel entsetzt. Linnet hat durch diesen Schritt den Haß einer ganzen Horde von Neidern auf sich gezogen, die sich dummerweise alle an Bord des Dampfers eingefunden haben, um das frisch vermählte Paar auf seiner Hochzeitsreise nilabwärts zu begleiten. Es kommt, wie es kommen muß - eines Tages ist Linnet tot, erschossen. Nun ist der Spürsinn von Hercule Poirot (Ustinov) gefragt, dem die schwere Aufgabe zufällt, unter all den Verdächtigen den wahren Täter herauszufinden. Bis es soweit ist, hat die illustre Reisegesellschaft noch eine Reihe nervenaufreibender Zwischenfälle zu bestehen.
Peter Ustinov war nach Austin Trevor, Tony Randall und Albert Finney der vierte und bisher wohl auch beste Hercule Poirot. Die berühmte Detektivgestalt verkörperte er auch in dem nächsten Agatha-Christie-Krimi DAS BÖSE UNTER DER SONNE. In diesem Film waren übrigens auch wieder Jane Birkin und Maggie Smith mit von der Partie. Nach solch pompösen Streifen wie FLAMMENDES INFERNO und KING KONG kehrte John Guillermin mit dieser schicken Kriminalstory zu einem etwas bodenständigeren Stoff zurück. *Tod auf dem Nil* ist eine perfekt inszenierte „Whodunit"-Geschichte, die von der Faszination ihrer Schauplätze profitiert, die mit einem erlesenen Geschmack fotografiert wurde. Gedreht wurde u. a. im Tal der Könige und in Luxor. Eine Augenweide sind die eleganten Kostümentwürfe, für die der Designer Anthony Powell einen Oscar erhielt. jg

Der Tod des Mario Ricci

La mort de Mario Ricci. Schweiz/Frankreich/BRD 1983 **R** Claude Goretta **B** Claude Goretta, Georges Haldas **K** Hans Liechti **M** Arié Dzierlatka **P** Yves Peyrot, Norbert Saada für Pégase Films/Télévisione Suisse Romande (Genf), Swanie Prod./FR 3 Films (Paris), Tele München (München) **L** 100 Min., Farbe **D** Gian Maria Volonté, Magali Nouel, Heinz Bennent, Mimsy Farmer, Jean-Michel Dupuis, Michel Robin, Lucas Belvaux

Bernard Fontana (Volonté), ein bekannter TV-Journalist, hofft auf ein Interview mit Professor Krémer (Bennent), einem Spezialisten auf dem Gebiet des Hungers in der Dritten Welt. Frustriert von der Fruchtlosigkeit seiner Aktivitäten, hat er sich in die Abgeschiedenheit eines Dorfes in der französischen Schweiz zurückgezogen. Während Fontana geduldig auf die Gesprächsbereitschaft des Wissenschaftlers wartet, erregt die innerdörfliche Auseinandersetzung um den Tod des italienischen Gastarbeiters Mario Ricci seine Aufmerksamkeit. Bei einem Verkehrsunfall war er ums Leben gekommen, doch sind die genaueren Umstände keineswegs geklärt. Der italienische Bevölkerungsteil spricht von Mord, und offenbar war der Mann auch mit der Frau des Bürgermeisters heimlich liiert...
Der Schweizer Regisseur Claude Goretta legte mit diesem intelligenten Drama eine genau beobachtende Zustandsbeschreibung der modernen Welt vor, die er anhand einer kleinen Dorfgemeinschaft vorführt. Daß der Zuschauer dem mit ruhiger Zurückhaltung erzählten Geschehen aufmerksam folgt, verdankt Goretta nicht zuletzt seinem Hauptdarsteller, der in Cannes mit dem Darstellerpreis ausgezeichnet wurde. „Eine tour de force für Volonté, der die unbewegliche Kraft dieses Films ist und jeder Sekunde seiner Anwesenheit einen Sinn gibt. Ein phantastischer Schauspieler, dessen Innenleben permanent wechselnd über sein Gesicht huscht, ohne daß ein Muskel sich bewegt." (*Le Figaro*) al

Der Tod eines Handlungsreisenden

Death of a Salesman. USA 1951 **R** Laslo Benedek **B** Stanley Roberts, nach dem Bühnenstück von Arthur Miller **K** Frank F. Planer **M** Alex North **P** Stanley Kramer für Columbia **L** 108 Min. (Originalfassung 115 Min.), s/w **D** Fredric March, Mildred Dunnock, Kevin McCarthy, Cameron Mitchell, Howard Smith

Arthur Millers brillantes Drama um den „American Dream" und das Streben nach

Erfolg war bei seiner Erstaufführung am Broadway im Jahre 1949 ein sensationeller Erfolg (727 Vorstellungen) gewesen und hatte sich sowohl den Pulitzer-Preis als auch den Drama Critics Award geholt. Für die Leinwandversion übernahm Fredric March die Hauptrolle von Lee J. Cobb als Willy Loman, dem alternden Handelsvertreter, der nach seiner Kündigung erkennen muß, daß er sein Leben auf Selbstbetrug und falschen Idealen aufgebaut hat. Die Einsicht in seine eigene Mittelmäßigkeit wird ihm schließlich so unerträglich, daß er Selbstmord begeht. Obwohl sich die eigentliche Handlung in einem Zeitraum von nur zwei Tagen abspielt, wird sie durch Rückblenden unterbrochen, die einen Zeitraum von fast zwanzig Jahren abdecken. An sich ein filmisches Gestaltungsmittel, wirkten diese Einschübe auf der Leinwand weitaus natürlicher und fließender als auf der Bühne. Bis auf March und Kevin McCarthy (als sein Sohn Biff) wiederholten Mildred Dunnock, Cameron Mitchell und Howard Smith ihre Broadway-Darstellungen. In jeder Hinsicht eine gelungene und für viele die ultimative Adaption von Millers Stück, machte der Film - wie von Columbia-Boß Harry Cohn vorhergesagt - zwar keinen Gewinn an den Kassen, konnte jedoch fünf Oscar-Nominierungen für sich verbuchen. al

Tod eines Handlungsreisenden

Death of a Salesman. USA/BRD 1985 **R** Volker Schlöndorff **B** Arthur Miller, nach seinem Bühnenstück **K** Michael Ballhaus **M** Alex North **P** Robert F. Colesberry für Roxbury & Punch Prod. (New York), Bioskop Film (München) **L** 134 Min., Farbe **D** Dustin Hoffman, Kate Reid, John Malkovich, Stephen Lang, Charles Durning, Louis Zorich

Arthur Millers preisgekröntes und vielgerühmtes Bühnenstück *Tod eines Handlungsreisenden* erlebte 1984 ein sehr erfolgreiches Revival am Broadway, nicht zuletzt durch die Besetzung der Hauptrolle mit Dustin Hoffman. Mit reichlich Hilfe von Seiten der Maskenbildner legte der erst 47jährige und sehr jugendlich wirkende Hoffman das faszinierende Porträt eines gescheiterten Sechzigjährigen auf die Bretter und lieferte ein weiteren überzeugenden Beweis seiner Wandlungsfähigkeit, die er bereits in Filmen wie LITTLE BIG MAN (als hundertjähriger Indianer) und TOOTSIE (als Frau) bis zum Exzess demonstriert hatte. Die TV-Fassung der Aufführung des deutschen Regisseurs Volker Schlöndorff, mit einem Großteil der Original-Bühnenbesetzung für die amerikanische TV-Gesellschaft CBS verfilmt, ist hauptsächlich als Konservierung der bemerkenswerten Bühnenaufführung interessant und hat Laslo Bendeks ausgezeichneter Version von 1951 nichts hinzuzufügen, obwohl Arthur Miller höchstselbst das Drehbuch schrieb. In der Bundesrepublik kam das Werk auch in die Kinos. al

Tod eines Killers

The Killers. USA 1964 **R** Don Siegel **B** Gene L. Voon, nach der Kurzgeschichte von Ernest Hemingway **K** Richard L. Raswlings **M** Johnny Williams **P** Don Siegel für Revue/Universal **L** 93 Min., Farbe **D** Lee Marvin, Angie Dickinson, John Cassavetes, Ronald Reagan, Clu Galagher, Claude Atkins, Norman Fell

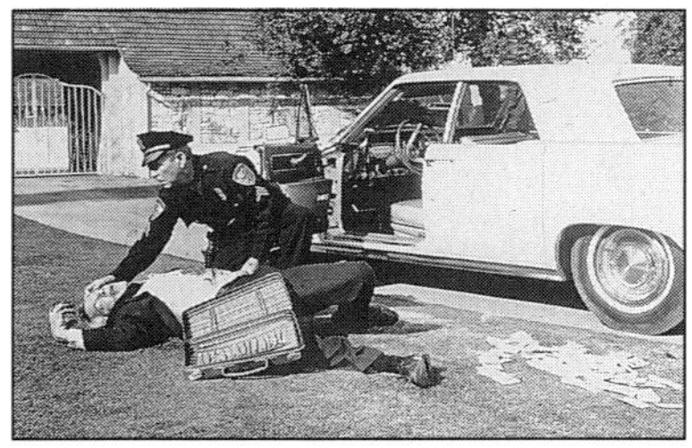

Ernest Hemingways Kurzgeschichte war 1946 von Robert Siodmak mit Burt Lancaster und Ava Gardner wesentlich besser umgesetzt worden, doch hat auch Don Siegels Film seine Qualitäten.
In verschachtelten Rückblenden wird die Geschichte eines Überfalls erzählt, bei dem sich Johnny North (Cassavetes), der Fahrer des Fluchtautos, allein mit der Beute aus dem Staub macht. Jahre später wird er von den beiden Killern Charlie (Marvin) und Lee (Galagher) dafür umgebracht. Dieses Verbrechen ist der Ausgangspunkt, um den weiteren Fortgang des damaligen Coups aus der Sicht der verschiedenen Beteiligten zu skizzieren. Am Ende wird keiner von ihnen lebend aus dieser Hölle von Geldgier und Brutalität entkommen.
Tod eines Killers war ursprünglich von der NBC als TV-Film produziert worden, doch bei der ersten Sichtung zeigten sich die Fernsehbosse schockiert über das hohe Maß an Gewalttätigkeit, so daß der Film dann in die Kinos gebracht wurde. Der Hollywood-B-Schauspieler Ronald Reagan hatte hier seinen letzten Leinwandauftritt, ehe er sich endgültig vom Show-Business zurückzog und in die Politik ging. Zwei Jahre später wurde er bereits zum Gouverneur von Kalifornien gewählt. In Besitz dieses hohen Amtes war es Reagan verständlicherweise besonders peinlich, daß seine letzte Rolle ausgerechnet die eines brutalen Gangsters war, der noch nicht einmal davor zurückschreckt, kaltblütig seine Freundin abzuknallen. Reagan hatte von Anfang an den Part nicht übernehmen wollen, tat aber dann dem damaligen Chef der Universal den Gefallen, der zu Beginn seiner Filmkarriere einmal sein Agent gewesen war. jg

Der Tod eines Radfahrers

La muerte de un ciclista. Spanien/Italien 1955 **R** Juan A. Bardem **B** Juan A. Bardem, Luis F. de Igoa **K** Alfredo Fraile **M** Isidoro Maiztegui **P** Guion Prod. (Madrid), Trionfalcine (Rom) **L** 86 Min., s/w **D** Lucia Bosé, Alberto Closas, Otello Toso, Carlos Casaravilla

Während eines Ausfluges mit seiner verheirateten Geliebten Marie José (Bosé) überfährt der Universitätsprofessor Juan (Closas) versehentlich einen Radfahrer und verletzt ihn schwer. Anstatt Hilfe und die Polizei zu holen, entschließt sich das Pärchen zur Fahrerflucht und damit für den Tod des Radfahrers - eine offizielle Meldung würde das Auffliegen ihrer ehebrecherischen Beziehung und damit den Verlust ihrer gesellschaftlichen Position bedeuten. Während Marie José der Schuld auf einer Weltreise mit ihrem Mann entfliehen möchte, kommt Juan zur Einsicht und beschließt, sich der Polizei zu stellen...
Vor 1960, also vor Buñuel und Saura, fanden kaum einmal spanische Filme die Aufmerksamkeit der internationalen Öffentlichkeit. Juan A. Bardems *Tod eines Radfahrers* ist eine Ausnahme. Das vorzügliche Drama, dem der melodramatische Schluß von der Zensur aufgedrückt wurde, liefert eine eindringliche und entlarvende Studie der sogenannten besseren Gesellschaft Spaniens und enthält versteckt auch Kritik am dikatorischen Regime Francos. Später sollte der Regisseur Buñuels VIRIDIANA produzieren und in die politisch-religiösen Auseinandersetzungen um den Film verwickelt werden. al

Tod im Nacken

To Please a Lady. USA 1950 **R** Clarence Brown **B** Barry Lyndon, Marge Decker **K** Harold Rosson **M** Bronislau Kaper **P** Clarence Brown für MGM **L** 91 Min., s/w **D** Clark Gable, Barbara Stanwyck, Adolphe Menjou, Will Geer, Roland Winters, William C. McGaw, Lela Bliss, Emory Parnell

Diese Mischung aus Liebesmelodram und Rennfahrerstory erwies sich unter dem amerikanischen Originaltitel *To Please a Lady* als wenig zugkräftig, so daß MGM aufgrund des mangelhaften Zuschauerinteresses den Streifen noch einmal unter der etwas effektreicheren Variante *Red Hot Wheels* zur Wiederaufführung brachte.

Helden dieser Geschichte sind Hollywood-Heroe Clark Gable und die herbe Schönheit Barbara Stanwyck. Gable spielt den Rennfahrer Mike Brannan, der in der Öffentlichkeit in einem wenig guten Licht steht, da man ihm die Schuld am Tod eines Sportkameraden gibt. Die Reporterin Regina Forbes (Stanwyck) will sich um ein faires Interview bemühen, doch Brannan zeigt ihr die kalte Schulter und verursacht kurze Zeit später ein zweites Mal einen schweren Unfall, so daß Regina meint, in ihrem Artikel seine angebliche Rücksichtslosigkeit und Menschenverachtung anprangern zu müssen. Irgendwann lernt sie jedoch auch Brannans unbekannte Seiten kennen und zwischen den beiden ungleichen Menschen entwickelt sich eine heftige Liebesaffäre. Als Mike eines Tages wiederum in einen schweren Crash verwickelt wird und diesen nur knapp überlebt, erkennt sie, wie sehr sie ihm Unrecht getan hat.
Der Tod im Nacken ist eine nicht immer ganz geglückte Kombination von Spielszenen und Dokumentaraufnahmen. Die zahlreichen Autocrashs wurden während des Indianapolis-Rennens gedreht. Die zwölfminütige Schlußsequenz kommt dabei fast ohne Dialoge aus und besticht durch ihre zum Teil furiosen Kameraeinstellungen.
Ein mageres Konglomerat aus sportlich-emotionalen Versatzstücken, das nur durch die Anwesenheit seiner beiden Hauptdarsteller von Interesse ist. jg

Tod im Spiegel

Shattered. USA 1991 **R** Wolfgang Petersen **B** Wolfgang Petersen, nach der Erzählung *The Plastic Nightmare* von Richard Neely **K** Laszlo Kovacs **M** Alan Silvestri **P** Wolfgang Petersen, John Davis, David Korda **L** 97 Min., Farbe **D** Tom Berenger, Bob Hoskins, Greta Scacchi, Joanne Whalley-Kilmer

Nach dem mißglückten Science-fiction-Streifen ENEMY MINE war es um Wolfgang Petersen etwas still geworden. Die vor ihm liegende Zeit nutzte der Regisseur, um nach Hollywood zu gehen und dort Produzenten für sein neues Projekt zu gewinnen - die Verfilmung des psychologischen Krimis *The Plastic Nightmare*, den Petersen schon 1978 für die Leinwand umsetzen wollten, wovon er damals aber durch die Vorbereitungen zu DAS BOOT abgehalten worden war. Unter beträchtlichen organisatorischen Schwierigkeiten und einem monatelangen Gerangel mit diversen Hollywood-Studios konnte er endlich die Geschichte mit einem Budget von 22 Mio. Dollar realisieren.
Tod im Spiegel beginnt mit einer fulminanten Einstellung: Ein Wagen kommt von einer serpentinenreichen Küstenstraße ab, kracht durch eine Mauer und landet mit Donnergetöse auf den Klippen. Im Wagen sitzt Don Merrick (Berenger), den die Ärzte in der Klinik wieder zusammenflicken können, der aber dummerweise sein Gedächtnis verloren hat. So ist das Leben, das er an der Seite seiner Frau Judith (Scacchi) führt, für ihn wie ein langsames Vortasten in unerforschtes Gebiet. Mit der Zeit merkt Don, daß irgendetwas in der Vergangenheit passiert ist, was mit der jetzigen harmonischen Situation nicht übereinstimmen kann. So erfährt er, daß er sich am Vorabend seines Unfalls mit Judith gestritten haben und sogar von einer Scheidung die Rede gewesen sein soll. Dons Zweifel gegenüber den Menschen, die sich jetzt als seine Freunde ausgeben, wachsen. Mit Hilfe des Privatdetektiven Gus Klein (Hoskins) kommt er einem perfekt ausgeklügelten Verbrechen auf die Spur, bei dem er auf geradezu diabolische Weise mißbraucht wurde...
Bevor *Tod im Spiegel* in die Kinos kam, gab es ein hektisches Hin- und Her, unter welchem Titel der Film gestartet werden sollte. Im Gespräch waren *Plastic Nightmare*, *Shattered* oder auch *Der zweite Mann*. Kurz vor der Uraufführung wurde der Film noch einmal um zehn Minuten gekürzt. Angelo Badalamentis hervorragenden Soundtrack tauschte man unverständlicherweise gegen die Musik von Alan Silvestri aus.
Ein technisch perfekt inszenierter Thriller mit deutlichen Hitchcock-Anleihen, der jedoch nicht ganz logisch aufgebaut ist und durch sein ausgiebig zelebriertes Verwirrspiel mehr langweilt als unterhält. jg

Der Tod in diesem Garten

siehe: PESTHAUCH DES DSCHUNGELS

Tod in Hollywood

The Loved One. USA 1965 **R** Tony Richardson **B** Terry Southern, Christopher Isherwood, nach dem Roman von Evelyn Waugh **K** Haskell Wexler **M** John Addison **P** John Calley, Haskell Wexler für Filmways/Metro-Goldwyn-Mayer **L** 123 Min., s/w **D** Robert Morse, Jonathan Winters, Anjanette Comer, Rod Steiger, Dana Andrews, Milton Berle, James Coburn, John Gielgud, Tab Hunter, Margaret Leighton, Liberace, Roddy McDowall, Robert Morley, Lionel Stander, Ayllene Gibbons

Der junge Engländer Dennis Barlow (Morse) besucht zum ersten Mal Los Angeles, wo sein Onkel (Gielgud) als Filmausstatter arbeitet und in einer üppigen Villa lebt. Als er nach 31 Jahren von seinem Studio entlassen wird, nimmt er sich das Leben. Bei der Vorbereitung seines Begräbnisses wird Dennis mit den speziellen Methoden Hollywoodscher Bestattungskunst vertraut gemacht, denn Onkelchen soll im weltberühmten „Flüsternden Hain" die letzte Ruhe finden. Das von einem windigen Prediger (Winters) geführte Unternehmen ist spezialisiert auf Begräbnisse der pompösesten und kostspieligsten Art, komplett mit wasserdichtem Sarg, Modell „Stille Nacht Spezial", Einbalsamierung und kosmetischer Behandlung nach den Wünschen der Hinterbliebenen. Während die Leiche in das Räderwerk dieser gigantischen Maschinerie gerät, interessiert sich Dennis heftigst für die reizende Kosmetikerin Aimée (Comer), die jedoch auch vom Chefeinbalsamierer Mr. Joyboy (Steiger) begehrt wird...
Mit dem weltweiten Erfolg von TOM JONES im Rücken, bekam der Brite Tony Richardson freie Hand bei der Adaption von Evelyn Waughs Hollywood-Roman und lieferte eine beißende, oft umwerfend komische Satire auf die Filmmetropole und ihre merkwürdigen Bestattungsriten ab. Nichts war den Filmemachern heilig, kein Gag ihnen zu schwarz bei einem Thema, das, wie *Variety* bestürzt zu Bedenken gab, „so nahegehend ist für Menschen in ihrer schwersten Stunde, dem Begräbnis der Verstorbenen." Ähnlich empfindlich reagierten seinerzeit die meisten Kritiker, und Produzent/Verleiher MGM bekam kalte Füße. *Tod in Hollywood*, in den Staaten angekündigt als „der Film, der *jeden* brüskiert", wurde nur spärlich verliehen und sah zwangsläufig keinen Profit. Mittlerweile hat ihm seine optische und darstellerische Brillanz jedoch eine große Anhängerschaft eingebracht und ihm zu eine Art Kultstatus verholfen. Besonders Ayllene Gibbons ist unvergeßlich als Mr. Joyboys fette, tyrannische Mutter. al

Tod in Venedig

Morte a Venezia. Italien 1970 **R** Luchino Visconti **B** Luchino Visconti, Nicola Badalucco, nach der Novelle von Thomas Mann **K** Pasquale De Santis **P** Luchino Visconti für Alfa-Film **L** 130 Min., Farbe **D** Dirk Bogarde, Björn Andresen, Silvana Mangano, Marisa Berenson, Mark Burns, Romolo Valli, Nora Ricci, Carol André, Masha Predit, Leslie French, Franco Fabrizi

Wohl kaum ein anderer Regisseur wäre imstande gewesen, Thomas Manns berühmte Novelle so gekonnt und einfühlsam für die Leinwand umzusetzen wie der italienische Ästhet Luchino Visconti, der hier nach DIE VERDAMMTEN den zweiten Teil seiner sogenannten „deutschen" Trilogie drehte. Der Film weist im Gegensatz zur literari-

schen Vorlage eine kleine Abweichung auf. Aus dem gescheiterten Schriftsteller machte Visconti den Komponisten Gustav von Aschenbach - eine Abänderung, die im Kontext zu der Musikauswahl steht, mit der *Tod in Venedig* unterlegt wurde. Für das morbide Kolorit der Lagunenstadt und die großbourgeoise Dekandenz jener Zeit (der Film spielt im Jahre 1911) hätten Gustav Mahlers 3. und 5. Sinfonie nicht besser passen können. Mit ihnen wird die Adaption erst zu dem Meisterwerk, das zu jener kleinen Reihe unvergänglicher und kongenialer Litaeraturverfilmungen gezählt wird.
Der deutsche Komponist Gustav von Aschenbach (Dirk Bogarde in einer seiner besten Rollen) reist nach Venedig, um sich dort von seinem künstlerischen und menschlichen Zusammenbruch zu erholen. In dem Luxushotel, in dem er seine Zimmer bezieht, begegnet er Tadzio (Andresen), einem göttlich schönen Jungen, der für Aschenbach das Sinnbild von Unverdorbenheit und unschuldiger Reinheit darstellt und dem er vom ersten Augenblick an verfällt. Er kann sich der Faszination, die Tadzio auf ihn ausübt, nicht entziehen, wird dadurch aber auf erschütternde Weise mit der eigenen Unvollkommenheit und dem Prozeß des Alterns konfrontiert. Trotz aller Warnungen bringt Aschenbach es nicht fertig, Venedig zu verlassen, obwohl dort bereits die Cholera grassiert. Der Wunsch, bis zuletzt bei Tadzio zu sein, führt ihn in den Tod.
In typischer Manier ließ Visconti die Kamera in minutenlangen Schwenks über die detailbesessenen, perfekt rekonstruierten Dekors und Kostüme gleiten und beschwor damit die in jeder Szene glaubhafte Atmosphäre des Fin de siècle. Besonderen Wert legte er auf die Besetzung des Tadzio. Nach einer ausgedehnten Suche, die ihn in alle Metropolen Mittel- und Nordeuropas geführt hatte, wurde er schließlich in Stockholm in der Person des damals 15jährigen Björn Andresen fündig. Bis dahin waren tausende der schönsten blonden Jünglinge aus Budapest, Hamburg und Helsinki an ihm vorübergezogen und hatten das Herz des männerliebenden Visconti höher schlagen lassen.
Tod in Venedig erlebte im Frühjahr 1971 in Anwesenheit der königlichen Familie in London seine Welturaufführung. Der Erlös aus den Eintrittsgeldern kam einem Komitee zugute, das sich den Erhalt der Stadt Venedig zur Aufgabe gemacht hatte. jg

Der Tod kennt keine Wiederkehr

The Long Goodbye. USA 1973 **R** Robert Altman **B** Leigh Brackett, nach dem Roman von Raymond Chandler **K** Vilmos Zsigmond **M** John Williams **P** Jerry Bick für United Artists **L** 112 Min., Farbe **D** Elliott Gould, Nina von Pallandt, Sterling Hayden, Mark Rydell, Henry Gibson, David Arkin

Weil er der Bitte eines Freundes entspricht, ihn nachts über die Grenze nach Mexiko zu fahren, wird Philip Marlowe (Gould), Privatdetektiv, in einen undurchsichtigen Kriminalfall verwickelt. Denn der Freund begeht Selbstmord, nachdem er zuvor geständig war, seine Frau umgebracht zu haben. Marlowe glaubt dieser offiziellen Erklärung zu dem Fall nicht, beginnt auf eigene Faust zu recherchieren und verbrennt sich - wie sollte es anders sein? - gehörig die Finger.
Von allen Schauspielern, die Raymond Chandlers berühmten hartgesottenen Privatdetektiv Philip Marlowe auf der Leinwand dargestellt haben - darunter Humphrey Bogart, Dick Powell, Robert Montgomery, James Garner - ist Elliott Gould sicher der ungewöhnlichste und unglaubhafteste. Nur wenige Chandler-Fans verziehen Robert Altman, der zudem die Handlung aus den frühen 50ern in die 70er verlegte, einen so unsauberen, kettenrauchenden und vor allem feigen Marlowe auf die Leinwand gebracht zu haben. Interessanterweise wurde *Der Tod kennt keine Wiederkehr* von Leigh Brackett für die Leinwand adaptiert, der sich auch schon als einer der Autoren für den berühmten TOTE SCHLAFEN FEST verantwortlich zeichnete. Damit hat Altmans Film, der fast parodistisch wirkt und von einer ziemlich verächtlichen Einstellung gegenüber Los Angeles bzw. Hollywood durchtränkt ist, kaum mehr etwas zu tun, aber er bietet eine originelle Variation des Themas. Arnold Schwarzenegger hat übrigens eine kleine Rolle als bulliger Leibwächter. al

Der Tod kommt zweimal

Body Double. USA 1984 **R** Brian de Palma **B** Robert J. Avrech, Brian de Palma **K** Stephen H. Burum **M** Pino Donaggio **P** Brian de Palma für Columbia **L** 100 Min. (Originalfassung 109 Min.), Farbe **D** Craig Wasson, Melanie Griffith, Gregg Henry, Deborah Shelton, Guy Boyd

In der Tradition seiner vorangegangenen Arbeiten DRESSED TO KILL und BLOW OUT lieferte Brian de Palma hier einen weiteren haarsträubenden Thriller, der sich recht ungeniert bewährter Elemente aus Filmen Alfred Hitchcocks bedient, in diesem Falle DAS FENSTER ZUM HOF und AUS DEM REICH DER TOTEN. Der ausgebrannte Schauspieler Jake (Wasson) hütet für ein paar Tage die exklusive Hollwood-Wohnung eines Freundes (Henry) und macht regen Gebrauch von dessen großem Teleskop, das eine unbemerkte Beobachtung der Nachbarschaft zuläßt. Besonderen Spaß hat Jake an einer attraktiven Dame, die allabendlich einen sexy Strip vor ihrem Fenster hinlegt. Wie er bald merkt, ist er jedoch nicht der einzige Zuschauer bei diesem Schauspiel... So groß ist De Palmas Verehrung für Hitchcock, daß er nicht nur berühmte Effekte wie die kreisende Kamera bei einer Kußszene imitiert, sondern sogar des Meisters berüchtigte Schlampigkeit bei Rückprojektionen (z. B. bei Autofahrten) übernimmt. Zudem engagierte er Melanie Griffith, Tochter von Hitchcocks zweimaligem Star Tippi Hedren, für die Hauptrolle als Porno-Star Holly. Abgesehen vom Wiedererkennungswert solcher Elemente und der wie üblich raffiniert und elegant eingesetzten Kamera bleibt *Der Tod kommt zweimal* unbefriedigend: Zu der unglaubwürdigen, verwirrenden Geschichte gesellen sich dümmliche Dialoge sowie ein nach Ausbeutung schmeckender, voyeuristischer Blick hinter die Kulissen der Porno-Industrie. al

Todesangst bei jeder Dämmerung

Each Dawn I Die. USA 1939 **R** William Keighley **B** Norma Reilly Raine, Warren Duff, Charles Perry, nach dem Roman von Jerome Odlum **K** Arthur Edeson **M** Max Steiner **P** David Lewis für FN/Warner Bros. **L** 92 Min., s/w **D** James Cagney, George Raft, Jane Bryan, George Bancroft, Maxie Rosenbloom, Stanley Ridges, Alan Baxter, Victor Jory, Willard Robertson

Der Journalist Frank Ross (Cagney) kommt einer Korruptionsaffäre auf die Schliche, in die einige Politiker verwickelt sind, die bei Bekanntwerden des Skandals den Kopf verlieren würden. Noch bevor Ross allerdings mit seinen Erkenntnissen an die Öffentlichkeit treten kann, wird er in einen Mord verwickelt, den man als Verkehrsunfall mit Fahrerflucht inszeniert. Mit ohnmächtiger Hilflosigkeit muß Frank erleben, wie er, der für die Mächtigen gefährlich geworden ist, aus dem Verkehr gezogen und unschuldig ins Gefängnis geworfen wird. Jahrelang schmachtet er hinter Gittern, bis er endlich entlassen wird und wieder zu seiner Zeitung zurückkehrt.
In seiner Anklage gegen einen inhumanen Strafvollzug weist *Todesangst bei jeder Dämmerung* große Ähnlichkeiten mit dem 1931 entstandenen Gefängnis-Drama *Das Strafgesetzbuch* auf, bei dem damals Howard Hawks Regie führte. Getragen wird Keighleys Film ganz von den beiden Schauspielern James Cagney und George Raft. Die Warner Bros. wollten Rafts Rolle ursprünglich mit Fred MacMurray oder John Garfield besetzen, doch Cagney überredete die Produzenten, seinen Freund Raft zu engagieren, den er selbst 1932 zum Film gebracht hatte, wo dieser bei der Paramount zu einem anerkannten Star aufstieg.
Wenngleich Keighleys Film als sozialkritisches Drama zur damaligen Zeit nichts wesentlich Neues bieten konnte, kam er dennoch sehr gut beim Publikum an und wurde für die Warner Bros. einer der größten Erfolge der Kinosaison 1939. jg

Die Todesbucht von Louisiana

Thunder Bay. USA 1953 **R** Anthony Mann **B** Gil Doud, John Michael Hayes, nach einer Idee von George W. George, George F. Slavin **K** William Daniels **M** Frank Skinner **P** Aaron Rosenberg für Universal **L** 103 Min., Farbe **D** James Stewart, Joanne Dru, Gilbert Roland, Dan Duryea, Marcia Henderson

Nachdem James Stewart bereits in drei von Anthony Manns vorzüglichen Western zu sehen gewesen war - WINCHESTER 73, MEUTEREI AM SCHLANGENFLUSS und NACKTE GEWALT - begaben sich die beiden mit *Thunder Bay* auf ein ganz anderes, wenn auch nicht weniger abenteuerliches Terrain und kamen prompt ins Straucheln. Die ausschließlich aus Klischees bestehende Story dreht sich um zwei wagemutige Ölsucher (Stewart, Dureya), die im mexikanischen Golf vor der Küste von Louisiana reiche Vorkommen des schwarzen Goldes vermuten. Gegen den anfänglichen Widerstand der einheimischen Fischer und sämtliche Unbill der Natur können sie diese Behauptung schlußendlich erfolgreich unter Beweis stellen und finden unter den Dorfschönen obendrein die Liebe.
Universals neues Breitwandverfahren, hier zum ersten Mal eingesetzt, ein stereophonisches Tonverfahren mit drei Lautsprechern sowie Technicolor konnten *Thunder Bay* nicht von seiner hahnebüchenen und mitunter naiven Dramaturgie und dem Geschmack eines Routineprodukts befreien, doch mit seinem nächsten Unternehmen war das Duo Stewart/Mann wieder erfolgreich: DIE GLENN MILLER STORY. al

Die Todesfalle

Deadfall. Großbritannien 1967 **R** Bryan Forbes **B** Bryan Forbes, nach dem Roman von Desmond Cory **K** Gerry Turpin **M** John Barry **P** Paul Monash für 20th Century-Fox **L** 120 Min., Farbe **D** Michael Caine, Giovanna Ralli, Eric Portman, Nanette Newman, David Buck, Carlos Pierre, Leonard Rossiter, Emilio Rodriguez, Vladek Shaybal, Carmen Dene

Bryan Forbes hatte sich vor allem durch die TV-Serie *Peyton Place* einen Namen gemacht. Seine Kinofilme blieben eher unbedeutend, und auch dieser, sich zunächst recht raffiniert anlassende Thriller kommt am Ende nicht über den Durchschnitt hinaus.
Das Prickelnde an *Die Todesfalle* ist in erster Linie die außergewöhnliche Personenkonstellation. Der ehemalige Alkoholiker Henry Clarke kommt frisch aus der Entziehungskur und lernt die hübsche Fe Moreau (Ralli) kennen, die mit dem homosexuellen Richard (Portman) verheiratet ist, der wiederum ein Verhältnis mit Antonio (Pierre) hat. Henry und das Pärchen haben es auf die Juwelen von Salinas (Buck) abgesehen, einem reichen Playboy mit sadistischem Einschlag. Sie begehen den Fehler, ihn grundlegend zu unterschätzen. Statt einen erfolgreichen Coup zu landen, bringt sie ihr Unternehmen in eine Todesfalle. Am Ende sind Henry und Richard tot. Fe wird nach der Beerdigung von der Polizei abgeführt - übrig bleibt lediglich der verwaiste Lover Antonio.
Ein etwas zu lang geratener Krimi, der nicht das hält, was er zu Anfang verspricht. Regisseur Forbes versuchte, in einer 23 Minuten dauernden, stummen Sequenz die Einbruchsszenen aus Jules Dassins TOPKAPI zu imitieren, ohne freilich dessen Qualitäten zu erreichen. Beeindruckend ist in dieser Bildfolge allerdings das von John Barry komponierte Gitarrenkonzert, das Renata Tarrago auf ihrer Klampfe interpretierte. jg

Das Todeshaus am Fluß

House by the River. USA 1950 **R** Fritz Lang **B** Mel Dinelli, nach einem Roman von A. P. Herbert **K** Edward Cronjager **M** George Antheil **P** Howard Welsch für Fidelity/Republic **L** 88 Min., s/w **D** Louis Hayward, Lee Bowman, Jane Wyatt, Dorothy Patrick, Ann Shoemaker, Jody Gilbert, Peter Brocco, Howard Chamberlin, Margaret Seddon

Die wenig renommierte Filmgesellschaft Republic Pictures versuchte nach dem Zweiten Weltkrieg, durch das Engagement einer Reihe von versierten Regisseuren ein gewisses Maß an Beachtung zu finden. So verpflichtete sie neben Orson Welles, John Ford und Lewis Milestone nun auch den deutschen Filmemacher Fritz Lang. Erwähnt werden muß dabei, daß die Gesellschaft wegen finanzieller Engpässe keinerlei Drehbuchautoren unter Vertrag hatte, die diesen bekannten Regisseuren adäquate Skripts hätten liefern können. Und auch was die Ausstattung und Dekorationen anbelangte, bewegte sich Republic hart an der Grenze des B-Movie-Markts.
Das Todeshaus am Fluß ist eine klassische Story von Mord und Leidenschaft. In der wenig idyllischen Umgebung eines modrigen Flußufers bewohnt Stephen Byrne (Hayward) zusammen mit seiner Frau Marjorie (Wyatt) eine alte Villa. Das Unheil kommt ins Rollen, als Stephen ein Dienstmädchen verführen will, das er, als dieses sich gegen seine Zudringlichkeiten zur Wehr setzt, aus Versehen tötet. Er weiht seinen Bruder John (Bowman) in die Tat ein und gemeinsam übergeben die beiden die Leiche dem schlammigen Grund des Flusses. Dieser aber befördert den toten Körper wieder an die Oberfläche und alsbald gerät irrtümlicherweise John in den Verdacht, das Mädchen ermordet zu haben. Stephen beschwört seinen Bruder, die Wahrheit zu verheimlichen. Inzwischen kommt jedoch Marjorie dahinter, welches falsche Spiel ihr Gatte treibt. Sie bittet John, den wahren Hergang vor Gericht offenzulegen. Stephen denkt gar nicht daran und bemüht sich, die beiden Mitwisser auf hinterhältige Weise loszuwerden, kommt dabei aber selbst ums Leben.
Ein düsterer, aber nichtsdestotrotz unterhaltsamer Kriminalfilm, bei dem sich Fritz Lang wieder einmal als genialer Beherrscher von Licht- und Schatteneffekten erwies. jg

Die Todeskralle schlägt wieder zu

The Way of the Dragon. Hongkong 1973 **R** Bruce Lee **B** Bruce Lee **K** Ho Lan Shan **M** Joseph Koo **P** Concord/Golden Harvest **L** 96 Min., Farbe **D** Bruce Lee, Nora Miao, Wei Ping Ao, Chuck Norris

In seinem letzten Film stand Karateheld Bruce Lee sowohl vor als auch hinter der Kamera: Er übernahm nicht nur die Hauptrolle, sondern auch Drehbuch und Regie. Herausgekommen ist ein unverkennbarer Eastern, mit stereotypischem Handlungsablauf (die Gegner werden immer stärker, die Kampfszenen immer heftiger und am Ende siegt, natürlich, das Gute) und einer dünnen, konstruierten Story: Chen (Miao) betreibt in Rom eine chinesische Speisegaststätte, in der sich ein Rauschgifthändlerring einnisten will. Ein aus Hongkong herbeigeeilter Freund der Familie, Herr Tang (Lee), räumt mit den Übeltätern und deren schmutzigen Geschäften nachhaltig auf und liefert sich in einem furiosen Finale einen harten Kampf in den historischen Mauern des Collosseums von Rom, den er selbstredend für sich entscheiden kann.
Der an Originalschauplätzen und in Studios in Hongkong gedrehte Streifen, der im Todesjahr von Bruce Lee in die Kinos kam, erfreute sich trotz der krude zusammengezimmerten Geschichte einer breiten Popularität und entwickelte sich zu seinem berühmtesten Film. Lee, bereits gefeiert für DER MANN MIT DER TODESKRALLE, stieg

endgültig zur Kultfigur unter den Anhängern fernöstlicher Kampfsportarten und Actionstreifen auf. sk

Der Todeskuß

Kiss of Death. USA 1947 **R** Henry Hathaway **B** Ben Hecht, Charles Lederer, nach einer Story von Eleazar Lipsky **K** Norbert Brodine **M** David Buttolph **P** Fred Kohlmar für 20th Century-Fox **L** 98 Min., s/w **D** Victor Mature, Brian Donlevy, Coleen Gray, Richard Widmark, Karl Malden, Taylor Holmes, Howard Smith, Anthony Ross, Mildred Dunnock

Bevor Victor Mature mit SAMSON UND DELILAH zum prädestinierten Sandalenhelden in Hollywoods Monumentalschinken aufstieg, lieferte er in diesem Klassiker der Schwarzen Serie die beeindruckende Studie eines reumütigen Juwelendiebes. Mit *Der Todeskuß* gab Richard Widmark sein Filmdebüt, das damals so großes Aufsehen erregte, daß er prompt im gleichen Jahr für den Oscar als Bester Nebendarsteller nominiert wurde.
Um seiner Familie zur Weihnachtszeit einen üppigeren Gabentisch zu bieten, raubt Nick Bianco (Mature) einen Juwelenladen aus und wird dabei geschnappt. Sein Urteil soll milde ausfallen, wenn er sich dazu bereit erklärt, die Namen seiner drei Komplizen zu verraten, die mit ihm den Coup ausführen wollten und entkommen konnten. Zunächst weigert sich Nick; als er jedoch erfährt, daß seine Frau inzwischen Selbstmord begangen hat und die Kinder in ein Waisenhaus gebracht worden sind, packt er aus und belastet damit den sadistischen Gangster Tommy Udo (Widmark). Dieser wird bei der Gerichtsverhandlung entgegen aller Erwartungen nicht verurteilt. Nick, ebenfalls aus der Haft entlassen, muß nun um sein Leben fürchten...
Während des Krieges war die Produktion von Gangsterfilmen auf ein Minimum reduziert worden; *Der Todeskuß* wurde in der frühen Nachkriegszeit zu einem der wichtigsten und auch erfolgreichsten Beiträge dieses Genres. Wie ein Jahr später in KENNWORT 777 verstand es Hathaway, das düstere Kolorit der Metropole New York geschickt in seinen Film einfließen zu lassen. So wurde weitestgehend darauf verzichtet, die Szenen im Studio zu drehen oder mit Rückprojektionen auszustatten. Der Großteil der Aufnahmen fand vor Ort im Süden Manhattans und an den Hafenpiers statt.
1958 drehte Gordon Douglas unter dem Titel *Der Killer mit der sanften Stimme* ein farbiges Remake, in dem Hugh O´Brian, Robert Evans und Dolores Michaels die Hauptrollen spielten. jg

Todesmelodie

Giù la testa. Italien 1971 **R** Sergio Leone **B** Sergio Leone, Sergio Donati, Luciano Vincenzoni **K** Giuseppe Ruzzolini **M** Ennio Morricone **P** Fulvio Morsella für Rafran Cinematografica/San Marco Film/Miura **L** 154 Min., Farbe **D** Rod Steiger, James Coburn, Romolo Valli, Maria Monti, Rick Battaglia, Franco Graziosi

In den ausgehenden 60er Jahren hatte die Politik verstärkt Einzug ins Kino gehalten, besonders in Europa. Auch in vielen Italo-Western machte sich diese Tendenz bemerkbar, wobei besonders die mexikanische Revolution mit ihrer Mischung aus Klassenkampf und Banditentum einen logischen Hintergrund abgab. Auch Sergio Leone siedelte seinen Nachfolger von SPIEL MIR DAS LIED VOM TOD im revolutionsgeschüttelten Mexiko des Jahres 1911 an. Der berüchtigte Bandit Juan Miranda (Steiger) macht mit seinen Komplizen die Straßen des Landes unsicher, als er den irischen Sprengstoffexperten John Mallory (Coburn) kennenlernt. Man plant zusammen einen Banküberfall, doch durch einen Zufall - in der Bank sind politische Gefangene einquartiert - werden sie statt zu Millionären zu Helden des Volkskampfes und somit zum vielgesuchten Ziel der Regierungstruppen.
Im Original heißt der Film, dem der deutsche Verleih einen reißerischen, an seinen Vorgänger erinnernden Titel verpaßte, „Kopf runter!", was auf ein durchaus vorhandenes komödiantisches Element hindeutet. Im großen und ganzen ist *Todesmelodie* jedoch ein ziemlich grimmiger, gewalttätiger Streifen. Leone hatte eigentlich seinen Assistenten Giancarlo Santi hinter die Kamera stellen und sich selbst nur um die Produktion kümmern wollen, doch die Stars Steiger und Coburn bestanden darauf, vom Meister persönlich geführt zu werden. Beide liefern exzellente Darstellungen als grundverschiedene Charaktere: während Steiger der unüberlegte und vor allem unpolitische Draufgänger ist, mimt Coburn den introvertierten, verbitterten Zyniker, der schon im irischen Freiheitskampf alle Illusionen verloren hat (das wird in Rückblenden erzählt). Vorherrschend sind natürlich trotzdem die abenteuerlichen Elemente der Handlung, die der Regisseur in ein action-geladenes, mitreißendes Spektakel verpackte, das vor allem optisch seinen Stempel trägt. Ennio Morricone komponierte wieder eine seiner charakteristischen Musiken. al

Das Todesspiel

The Dead Pool. USA 1988 **R** Buddy Van Horn **B** Steve Sharon, nach einer Story von Sharon, Durk Pearson, Sandy Shaw **K** Jack N. Green **M** Lalo Schifrin **P** David Valdes für Malpaso Propd./ Warner Bros. **L** 91 Min., Farbe **D** Clint Eastwood, Patricia Clarkson, Evan C. Kim, Liam Neeson, David Hunt

Im selben Jahr, in dem sein hervorragender, entschieden unkommerzieller Film BIRD Premiere hatte, eine ruhige Biogpraphie des Jazz-Saxophonisten Charlie Parker, kehrte Clint Eastwood als „Dirty" Harry Calahan in diesem rasanten Action-Thriller auf die Leinwand zurück - zwei Filme, die unterschiedlicher nicht sein könnten und die eindrucksvoll Eastwoods Vielseitigkeit demonstrieren. Jenen wortkargen, schießfreudigen San Franciscoer Polizeiinspektor hatte der Star bereits in vier vorangegangenen Krimis gespielt, zum letzten Mal 1983 in DIRTY HARRY KOMMT ZURÜCK. Calahan steht diesmal im Mittelpunkt des öffentlichen Interesses, soll er doch vor Gericht als Kronzeuge gegen einen Unterweltboß aussagen. Außerdem bekommt er es mit einer bizarren Verbrechensserie zu tun, bei der Prominente - zu denen nun auch er selbst gehört - auf grausame Art umgebracht werden. Eastwoods charismatische Präsenz dominiert und rettet den Film, dessen konventionelle und nicht sonderlich interessante Story nur als Vorwand für das Zelebrieren bekannter Rituale der Serie dient, darunter Calahans Auseinandersetzungen mit seinen Vorgesetzten, der neue Partner, die zynischen Sprüche, die Ballerei. Mitunter wird das Ganze sogar in einem selbstironischen Tonfall präsentiert. Das US-Publikum zeigte sich jedenfalls nach wie vor interessiert an Harrys Aktivitäten und bescherte ihm ein beachtliches Einspielergebnis von 36 Mio. $ in sechs Wochen. al

Todesstille

Dead Calm. Australien 1988 **R** Philip Noyce **B** Terry Hayes, nach dem Roman von Charles Williams **K** Dean Semler **M** Graeme Revell **P** Terry Hayes, Doug Mitchell, George Miller für Kennedy Miller Prod./Warner Bros. **L** 96 Min., Farbe **D** Sam Neill, Nicole Kidman, Billy Zane, Rod Mullinar

Auf einem Segeltörn im Stillen Ozean will das Ehepaar John (Neill) und Rae (Kidman) den tragischen Unfalltod seines kleinen Sohnes verwinden. Mit Ruhe und Einsamkeit ist es vorbei, als die beiden den schiffbrüchigen Hughie (Zane) aufnehmen, einen seltsamen jungen Mann, der behauptet, alle seine Freunde an Bord des langsam sinkenden Schoners „Orpheus" seien an Lebensmittelvergiftung gestorben. John glaubt ihm nicht und rudert selbst auf das verlassene Schiff hinüber, wo er eine grausige Entdeckung macht. Hughie hat inzwischen Rae niedergeschlagen und macht sich mit ihr und der Yacht auf und davon...
Todesstille ist ein haarsträubender, nervenzerrender Thriller, der aus dem begrenzten Schauplatz - die beiden Boote - und der eingeschränkten Bewegungsfreiheit der Darsteller das Beste herausholt. Natürlich ist die ganze Geschichte reichlich vorhersehbar, wird aber so brillant und intelligent präsentiert, daß die Spannung von der ersten bis zur letzten Minute gewahrt bleibt. Besonders bemerkenswert ist der geradezu innovative Einsatz der Kamera von Dean Semler, die sich fast ebenso viel bewegt wie die Schauspieler. Für Noyce und Hauptdarstellerin Kidman war der Film das Sprungbrett für die Karriere in den USA. Die Rechte an Charles Williams bereits 1963 erschienenem Roman mußten die Filmemacher übrigens aus dem Nachlaß von Orson Welles erwerben, denn der Regisseur hatte das Buch zuerst entdeckt und 1968 mit Jeanne Moreau und Laurence Harvey in den Hauptrollen eine eigene Fassung unter dem Titel *The Deep* begonnen, die jedoch nie fertiggestellt wurde. al

Todestanz eines Killers

A Dandy in Aspic. Großbritannien 1968 **R** Anthony Mann **B** Derek Marlowe, nach seinem Roman **K** Christopher Challis **M** Quincy Jones **P** Anthony Mann für Columbia **L** 107 Min., Farbe **D** Laurence Harvey, Tom Courtenay, Mia Farrow, Lionel Stander, Harry Andrews, Peter Cook, Per Oscarsson, Barbara Murray, Norman Bird, Michael Trubshaw

Zu den Klängen von Quincy Jones´ Musik zappelt eine Marionette an ihren Fäden, um sich am Schluß darin in einer grauenhaften Verrenkung zu verheddern. Dieser symbolische Vorspann nimmt gleichsam das Schicksal unseres Protagonisten Alexander Eberlin (Harvey) vorweg, der als Doppelagent unter dem Namen Krasnevin in Großbritannien lebt, wo er sich recht unglücklich fühlt. Einer Rückkehr nach Moskau kommt der Auftrag des britischen Geheimdienstes zuvor, jenen besagten Krasnevin - also fatalerweise sich selbst - zu liquidieren. Der gesuchte Spion, von dem die Engländer keinerlei Fotodokumente besitzen, soll sich in Berlin aufhalten. In Begleitung eines eiskalten Killers, der ihm zur Seite gestellt wird, reist Eberlin dorthin, um sich zum Schein auf eine Suche nach Krasnevin einzulassen. Ein gewagtes Spiel beginnt, an dessen Ende es nur Verlierer geben wird.
Der Todestanz eines Killers war der etwas glanzlose letzte Film des Hollywood-Routiniers und Western-Spezialisten Anthony Mann, der wenige Wochen vor Beendigung der Dreharbeiten verstarb, so daß Hauptdarsteller Laurence Harvey die noch anliegenden Szenen fertigstellen mußte. Dieser recht verhalten inszenierte Spionage-Thriller verläßt sich etwas allzu blind auf die Wirkung seiner Schauplätze (London und West-Berlin), die jedoch wie in einem Touristenfilm dargeboten werden. So spielen sich die London-Szenen vornehmlich an der Tower-Brigde und am Embankment-Ufer ab, und in Berlin umschwirrt die Kamera die Siegessäule, das häßliche Europa-Center und die Avus-Rennstrecke. Ihren zweiten Leinwandauftritt hatte hier übrigens die damals erst 22jährige Mia Farrow, die noch im gleichen Jahr mit Roman Polanskis Horror-Thriller ROSEMARIES BABY zum Weltstar avancierte. jg

Todfeinde

Five Card Stud. USA 1968 **R** Henry Hathaway **B** Marguerite Roberts, nach einem Roman von Ray Gaulden **K** Daniel L. Fapp **M** Maurice Jarre **P** Hal B. Wallis für Paramount **L** 101 Min., Farbe **D** Dean Martin, Robert Mitchum, Inger Stevens, Roddy McDowall, Katherine Justice, John Anderson, Ruth Springford, Yaphet Kotto, Denver Pyle

Todfeinde, Henry Hathaways 50. Film (ein Jubiläum, das in die Hose ging), ist nicht viel mehr als eine kriminologisch angehauchte „Whodunit"-Geschichte, die jedoch ihre Spannung durch die vorzeitige Bekanntgabe des wahren Täters auf fatale Weise verspielt. Während einer Pokerrunde bemerkt der despotische Farmerssohn Nick Evers (McDowall), daß einer seiner Mitspieler schummelt. Auf seine Initiative hin packen die Männer den Mogler und knüpfen ihn auf, obwohl der Berufsspieler Van Morgan (Martin) sie daran zu hindern versucht. Kurze Zeit fällt ein Beteiligter nach dem anderen diversen mysteriösen Mordanschlägen zum Opfer. Den ersten findet man erstickt in einem Mehlsack, der zweite hängt am Wegesrand - stranguliert mit einem Stacheldraht. Als auch der unschuldige schwarze Barkeeper Little George (Kotto) umgebracht wird, hat der geheimnisvolle Rächer das Maß eindeutig überschritten.
Ein ziemlich lieblos dahingekleckertes Unternehmen, bei dem selbst die Starbesetzung und der gute Name des Regisseurs nichts zu retten vermögen. Einen interessanten Auftritt als bibellesender Geistlicher hat lediglich Robert Mitchum, der damit seiner Darstellung als wahnsinniger Wanderprediger in DIE NACHT DES JÄGERS nacheiferte. Der Filmsong *Five Card Stud* wird von Dean Martin gesungen. jg

Todfeindschaft

Dallas. USA 1950 **R** Stuart Heisler **B** John Twist, nach seiner Story **K** Ernest Haller **M** Max Steiner **P** Anthony Veiller für Warner Bros. **L** 94 Min., Farbe **D** Gary Cooper, Ruth Roman, Steve Cochran, Raymond Massey, Barbara Payton, Leif Erickson, Antonio Moreno, Jerome Cowan, Reed Hadley, Zon Murray

Gary Cooper stimmte sich in diesem Western bereits auf die Rolle seines Lebens ein, die er zwei Jahre später in Fred Zinnemanns Klassiker ZWÖLF UHR MITTAGS spielte. In der Figur des stoischen und verschwiegenen Südstaaten-Colonels Bayde Hollister kehrt er nach dem Bürgerkrieg in seine Heimatstadt Dallas zurück, wo er den Sheriffsposten übernimmt. Sein Hauptproblem sind die drei Marlowe-Brüder (Cochran, Massey, Murray), die die Stadt in regelmäßigen Abständen terrorisieren und zudem vor Jahren Hollisters Haus niedergebrannt haben. Es kommt zu einer Reihe von gewalttätigen Auseinandersetzungen, in deren Verlauf der Sheriff zwei der Brüder tötet. Der überlebende Will Marlowe (Massey), zugleich Anführer der Gang, nimmt das Mädchen Tonia (Roman), die ein Auge auf Hollister geworfen hat, in seine Gewalt. Natürlich gelingt es dem wackeren Gesetzeshüter, seine Verehrerin zu retten und den Schurken ins Jenseits zu befördern.
Ein passabel inszenierter Western mit herkömmlichen Motiven, die von der versammelten Schauspielergarde recht ansehnlich

dargestellt werden. Überzeugend ist vor allem Raymond Massey in der Rolle des Bösewichts, die er so oft in seiner Karriere (am besten wohl in Hitchcocks DAS FENSTER ZUM HOF) übernehmen mußte. Für eine gelungene musikalische Untermalung sorgt der wie immer erstklassige Soundtrack von Max Steiner. jg

Tödliche Angst

Le septième cible. Frankreich 1984 **R** Claude Pinoteau **B** Jean-Loup Dabadie, Claude Pinoteau **K** Edmond Séchan **M** Vladimir Cosma **P** Alain Poiré für Gaumont International/Prod. Marcel Dassault **L** 103 Min. (Originalfassung 108 Min.), Farbe **D** Lino Ventura, Lea Massari, Jean Poiret, Elisabeth Bourgine, Béatrice Agenin, Robert Hoffmann

Nachdem einer von drei Jugendlichen scheinbar grundlos auf der Straße zusammengeschlagen wurde, verwandelt sich das bislang ruhige Leben des ehemaligen Journalisten Bastien Girmaldy (Ventura) in einen Alptraum: er erhält nächtliche Telephonanrufe, übersteht nur knapp einen inszenierten Autounfall und muß sich schließlich mit einem mysteriösen Erpresser auseinandersetzen, der ihm sein Leben für eine Milliarde „verkaufen" will...
Dieser routinierte Krimi brachte Lino Ventura erneut mit Regisseur Claude Pinoteau zusammen, mit dem er zehn Jahre zuvor in DIE OHRFEIGE einen seiner größten Erfolge gefeiert hatte. Sein Co-Star in ihrem ersten gemeinsamen Film DIE NR. EINS BIN ICH wäre ebenfalls Lea Massari gewesen. Hauptsächlich bemerkenswert ist *Tödliche Angst* jedoch als Venturas letzter Leinwandauftritt, denn der Schauspieler verstarb 1987. al

Der tödliche Schwarm

The Swarm. USA 1978 **R** Irwin Allen **B** Sterling Silliphant, nach dem Roman *Die Mörderbienen* von Arthur Herzog **K** Fred J. Koenekamp **M** Jerry Goldsmith **P** Irwin Allen für Warner Bros. **L** 116 Min., Farbe **D** Michael Caine, Katharine Ross, Richard Widmark, Richard Chamberlaine, Olivia de Havilland, Ben Johnson, Lee Grant, José Ferrer, Patty Duke Astin, Bradford Dillman, Slim Pickens, Fred MacMurray, Henry Fonda, Cameron Mitchell

Obgleich die Zeichen der Zeit längst gegen dieses Projekt standen, konnte Irwin Allen es nicht lassen, einen weiteren Katastrophen-Film in Szene zu setzen. *Der tödliche Schwarm* ist wahrhaft eine Katastrophe, und diese Bezeichnung ist dabei noch geschmeichelt. Von der Regie, über die Schauspieler und das Drehbuch, bis hin zu den Trickeffekten kommt dieses Desaster nicht über das Niveau einer drittklassigen Kolportage hinaus.
Ähnlich wie Hitchcocks DIE VÖGEL naht das Grauen hier aus der Luft. Brasilianische Killerbienen werden durch die Funksignale einer Raketenstation in die USA gelockt und fallen über die Stadt Houston her. Die Folge dieser Insekten-Invasion sind unzählige Explosionen (sogar ein Kernkraftwerk fliegt in die Luft) sowie eine Reihe von Autounfällen und eine Zugentgleisung. Kurzum - es gibt nichts, was die Horror-Hummeln nicht kleinkriegen könnten. Als man endlich entdeckt, was das plötzliche Erscheinen des schaurigen Schwarm hervorgerufen hat, ist es schon fast zu spät. Zum Schluß gelingt es einer Gruppe beherzter Wissenschaftler, die Bienen mit besagten Funksignalen aufs offene Meer hinauszulocken, wo die ganze Brut über den offenen Flammen eines brennenden Ölteppichs zu Tode brutzelt.
Wahrscheinlich hatte sich die mitwirkende, hochkarätige Schauspielergarde einen ähnlichen Kassenerfolg wie bei FLAMMENDES INFERNO erhofft und gab deshalb ihre Einwillung zur Teilnahme an dieser albernen Produktion. Die Warner Bros. finanzierten Allens Kino-Kakophonie mit einem Budget von 13 Mio. Dollar, wobei man sich allerdings fragt, wohin dieses Geld um alles in der Welt geflossen ist. Weitere 8 Mio. wurden in eine aufwendige Publicity-Kampage gesteckt, die jedoch den Schrottwert des Streifens nicht vertuschen konnte. Mit einem Verlust von insgesamt 11 Mio. Dollar gehörte *Der tödliche Schwarm* zu den größten Pleiten in der Firmengeschichte der Warner Bros. jg

Tödliche Umarmung

Last Embrace. USA 1979 **R** Jonathan Demme **B** David Shaber, nach der Novelle *The 13th Man* von Murray Teigh Bloom **K** Tak Fujimoto **M** Miklós Rózsa **P** Michael Taylor, Dan Wigutow für Taylor-Wigutow-Prod./United Artists **L** 99 Min., Farbe **D** Roy Scheider, Janet Margolin, John Glover, Sam Levene, Charles Napier, Christopher Walken, Jacqueline Brookes, David Margulies, Andrew Dancan

Jonathan Demmes Thriller hatte eigentlich alles, was zu einem publikumswirksamen Spannungsfilm gehörte, doch fand er trotzdem nicht seinen Weg in den deutschen Verleih und wurde erst 1985 vom ZDF ausgestrahlt.
Harry Hannan (Scheider) ist mit seinen Nerven am Ende. Durch einen heimtückischen Mordanschlag ist seine Frau ums Leben gekommen. Er macht sich bittere Vorwürfe, zumal mit immer deutlicherer Gewißheit offenbar wird, daß ihm das Attentat galt. Nervös wird Harry, als er erfährt, daß bereits sechs Männer aufgrund einer mysteriösen aramäischen Handschrift umgebracht wurden, die das Geheimnis um diese Gewaltwelle zu bergen scheint. Harry lernt das Mädchen Ellie (Margolin) kennen, die ebenfalls etwas zu vertuschen hat. Vor der pittoresken Kulisse der Niagara-Fälle kommt es zu einem überraschenden Showdown.
Jonathan Demme, spätestens seit seinem Thriller DAS SCHWEIGEN DER LÄMMER ein Begriff für das breite Publikum, drehte mit *Tödliche Umarmung* einen Film, der bewußt als eine Hommage an den großen Alfred Hitchcock angelegt war und sich an vielen Stellen an dessen Meisterwerk AUS DEM REICH DER TOTEN orientierte. Unterstützt wird dieses Bemühen durch die etwas manieriert wirkende Kameraführung und Miklós Rószas hervorragenden Soundtrack, der allerdings nicht mehr ganz in das Zeitkolorit der ausgehenden 70er Jahre paßt. Demmes Werk, an vielen bekannten Plätzen in New York (Central Park, Macy´s, Columbia-University) und den Niagara-Fällen gedreht, war einer der Filme, die die amerikanischen Kritiker zu den zehn besten Produktionen des Jahres 1979 wählten. jg

Tödlicher Sturm

The Mortal Storm. USA 1940 **R** Frank Borzage **B** Claudine West, Anderson Ellis, George Froeschel, nach dem Roman von Phyllis Bottome **K** William Daniels **M** Edward Kane, Eugene Zador **P** Sidney Franklin, Victor Saville für MGM **L** 96 Min., s/w **D** Margaret Sullavan, James Stewart, Robert Young, Frank Morgan, Robert Stack, Bonita Granville, Irene Rich, William T. Orr, Maria Ouspenskaya, Gene Reynolds

Zwar nahmen die Vereinigten Staaten gegenüber Nazi-Deutschland 1940 noch eine neutrale Stellung ein, dennoch machte Hollywood keinen Hehl daraus, wie es zu den Vorgängen in Deutschland stand. Schon die Warner-Bros.-Produktion ICH WAR EIN SPION DER NAZIS hatte für diplomatische Verstimmungen gesorgt. Als zweites großes Studio zog MGM mit *Tödlicher Sturm* nach.

Hitler, der den Film höchstpersönlich sah, tobte und erteilte daraufhin für sämtliche MGM-Produktionen ein striktes Aufführungsverbot, das sich auf das Deutsche Reich und die von ihm okkupierten Länder erstreckte.
Obwohl der Film den Ort seiner Handlung mit dem neutralen Untertitel „irgendwo in Europa" einleitet, ist doch offensichtlich, daß mit diesem „irgendwo" nur Nazi-Deutschland gemeint sein kann. Man schreibt das Jahr 1933. In einer süddeutschen Stadt feiert der jüdische Professor Roth (Morgan) im Kreise seiner Familie seinen 60. Geburtstag. Dunkle Zeiten brechen an, als in der fernen Hauptstadt die Nazis an die Macht geraten und binnen weniger Wochen den Gleichschaltungsmechanismus in Kraft setzen, dem Roth als einer der ersten zum Opfer fällt. Während er in einem Konzentrationslager zu Tode kommt, versucht der Rest der Familie aus Deutschland zu fliehen. Mrs. Roth (Rich) und Sohn Rudi (Reynolds) gelangen ins Ausland, Tochter Freya (Sullavan) hingegen wird bei dem Versuch, über die Grenze nach Österreich zu entkommen, von den Nazi-Schergen angeschossen und stirbt in den Armen ihres Freundes Martin (Stewart).
Was die geschilderten Zustände in Nazi-Deutschland betrifft, weist der Film zwar einige Fehler auf, ist jedoch im Ganzen gesehen ein bemerkens- und lobenswerter Beitrag, den wahren Gehalt der NS-Ideologie zu einem recht frühen Zeitpunkt offenzulegen, auch wenn dies nur auf der Ebene eines tränenrührigen Dramas geschieht. jg

Todsünde

Leave Her to Heaven. USA 1945 **R** John M. Stahl **B** Jo Swerling, nach dem Roman von Ben Ames Williams **K** Leon Shamroy **M** Alfred Newman **P** William A. Bacher für 20th Century-Fox **L** 110 Min., Farbe **D** Gene Tierney, Cornel Wilde, Jeanne Crain, Vincent Price, Mary Phillips

Gene Tierney, niemals im Rufe stehend, eine gute Schauspielerin zu sein, erhielt ihre einzige Oscar-Nominierung für die Verkörperung einer mörderischen femme fatale in diesem exzellenten farbigen film noir. Als wunderschöne Ellen Berent verliebt sie sich leidenschaftlich in den Autor Harland (Wilde), der sie an ihren Vater erinnert. Nach der Heirat läßt sich das Pärchen in einem malerischen Haus am See nieder, doch Ellens Besitzanspruch auf ihren Mann nimmt allmählich krankhafte Züge an. So beendet sie ihre eigene Schwangerschaft durch eine absichtlich herbeigeführte Fehlgeburt und macht ihrer attraktiven Schwester (Crain), die ans Krankenbett eilt, mit ihrer Eifersucht die Hölle heiß. Die gesamte Geschichte, deren Stärke gerade nicht Glaubwürdigkeit ist, wird in Rückblenden im Rahmen einer Gerichtsverhandlung erzählt. Harland ist des Mordes an seiner Frau Ellen angeklagt - ein letzter Versuch der Neurotikerin, auch über ihren selbstgewählten Tod hinaus das Leben ihres Gatten zu bestimmen.
Zwar verlor Tierney den Oscar an Joan Crawford in SOLANGE EIN HERZ SCHLÄGT, doch Kameramann Leon Shamroy konnte für seine üppige, in wirksamen Kontrast zu den finsteren Vorgängen stehende Farbphotographie die Statuette in Empfang nehmen. al

Tokio-Joe

Tokyo Joe. USA 1949 **R** Stuart Heisler **B** Cyril Hume, Bertram Millhauser, Walter Doniger, nach einer Story von Steve Fisher **K** Charles Lawton jr. **M** George Antheil **P** Robert Lord für Santana/Columbia **L** 88 Min., Farbe, s/w **D** Humphrey Bogart, Alexander Knox, Florence Marly, Sessue Hayakawa, Jerome Courtland, Gordon Jones, Teru Shimada, Hideo Mori, Lora Lee Michel

Vier Jahre nach dem Ende des Zweiten Weltkrieges verfiel dieses abenteuerliche Melodrama in einige japanfeindliche Töne und erweckte neue Ressentiments und Vorurteile.
Humphrey Bogart, seit CASABLANCA der ewig tragische Held mit erschütternder Vergangenheit, ist der Star dieser B-Produktion. Er spielt den ehemaligen Kampfflieger Joe Barrett, der wenige Jahre nach Kriegsende als gestrauchelter Glücksritter nach Tokio zurückkehrt. Dort muß er zu seiner Überraschung erfahren, daß seine Frau Trina (Marly) durchaus nicht in einem japanischen Konzentrationslager umgekommen ist, wie er zunächst befürchtete, sondern mit ihrer siebenjährigen Tochter Anya (Michel) an der Seite des Rechtsanwalts Mark Landis (Knox) lebt. Trina hat während des Krieges für den japanischen Nachrichtendienst gearbeitet, um der Internierung zu entgehen. Doch auch jetzt wird sie immer noch von einigen schlitzäugigen Finsterlingen gepiesackt, die noch nicht einmal davor zurückschrecken, ihr kleines Töchterchen zu entführen. Wacker schreitet Bogart ein, um Anyas Leben zu retten, wofür er jedoch das seinige lassen muß.
Tokio-Joe war der zweite von insgesamt vier Filmen, die Bogart mit seiner eigenen Produktionsgesellschaft Santana drehte und die zusammen mit der Columbia finanziert und vertrieben wurden. Gegenüber den beiden Produktionen EIN EINSAMER ORT und VOR VERSCHLOSSENEN TÜREN fällt dieser Streifen jedoch sichtlich ab, da Bogart hier auf die bewährte Regie von Nicholas Ray verzichten mußte und an dessen Stelle Stuart Heisler die Leitung am Set übernahm. jg

Toll trieben es die alten Römer

A Funny Thing Happened on the Way to the Forum. USA 1966 **R** Richard Lester **B** Melvin Frank, Michael Pertwee, nach dem Bühnenstück von Burt Sheveloe und Larry Gelbart **K** Nicolas Roeg **M** Stephen Sondheim **P** Melvin Frank für United Artists **L** 97 Min., Farbe **D** Zero Mostel, Phil Silvers, Jack Gilford, Buster Keaton, Michael Crawford, Michael Hordern, Anette Andre, Patricia Jessel, Leon Greene, Pamela Brown, Roy Kinnear

Nach einigen erfolgreichen Arbeiten in England, darunter DER GEWISSE KNIFF sowie zwei Filme mit den Beatles, kehrte Richard Lester mit dieser überdrehten, uneinheitlichen Adaption des Broadway-Hits von Sheveloe/Gelbart in seine amerikanische Heimat zurück. Bei der Übertragung des für die Bühne perfekt konstruierten Stoffes auf die Leinwand waren einige Probleme zu überwinden, deren Lösung dem Regisseur nur teilweise gelang. Er verpaßte der Geschichte um den römischen Haussklaven Pseudolus (Mostel), der verzweifelt nach Freiheit strebt, einen völlig neuen Rhythmus und reicherte sie mit optischen Gags und Tricks wie rasanten Schnitten, Zeitlupe und Zeitraffer an. Das führte zu nicht immer glücklichen Resultaten, doch insgesamt treffen hier mehr Gags ins Schwarze als daneben. Die Darsteller sind durchweg umwerfend, allen voran Mostel und Gilford, und Stummfilm-Legende Buster Keaton hatte seinen letzten Leinwandauftritt in einer Nebenrolle. Er starb noch im gleichen Jahr. Der gelungene Score von Stephen Sondheim blieb weitgehend erhalten, und Ken Thorne gewann einen Oscar für seine Adaption desselben. Musikalische Höhepunkte: *Everybody Ought to Have a Maid (Sweeping Out, Sleeping In)*, *Comedy Tonight* und *Lovely*. al

Der tolle Mr. Flim-Flam

The Flim Flam Man. USA 1967 **R** Irvin Kershner **B** William Rosen, nach dem Roman von Guy Owen **K** Charles Lang **M** Jerry Goldsmith **P** Lawrence Turman für 20th Century-Fox **L** 104 Min., Farbe **D** George C. Scott, Sue Lyon, Michael Sarrazin, Harry Morgan, Jack Albertson

George C. Scott dominiert diese liebenswert- amüsante Gaunerkomödie als Mordecai Jones, der unter dem Namen Mr. Flim-Flam mit seinen Tricks und Betrügereien den amerikanischen Süden unsicher macht.

Wie er, so scheut auch der junge Farmerssohn Curley (Sarrazin) die Begegnung mit der Polizei, ist er doch nach einer Auseinandersetzung mit seinem Vorgesetzten aus der Armee desertiert. Man tut sich zusammen, gerät jedoch in Schwierigkeiten , als Curley sich in ein Mädchen (Lyon) verliebt, deren Auto sich Flim-Flam „geborgt" hat...
Eine federleichte, unterhaltsame Geschichte, die jedoch beim amerikanischen Publikum jener Zeit nicht ankam. Regisseur Irvin Kershner verließ sich zu Recht ganz auf die magnetische Präsenz seines Hauptdarstellers, der hier endlich einmal komödiantisches Talent demonstrieren durfte. Dagegen bleiben Sarrazin und Lyon blaß als verliebtes Paar. Jerry Goldsmiths Musik ist hervorragend. al

Die tollen Abenteuer des Monsieur L.

Les tribulations d'un chinois en Chine. Frankreich/Italien 1965 **R** Philippe de Broca **B** Philippe de Broca, Daniel Boulanger, nach dem Roman von Jules Verne **K** Edmond Séchan **M** Georges Delerue **P** Alexandre Mnouchkine, Georges Dancigers für Les Films Ariane/Artistes Associés (Paris), Vides Cinematografica (Rom) **L** 110 Min., Farbe **D** Jean-Paul Belmondo, Ursula Andress, Jean Rochefort, Valérie Lagrange, Marie Pacôme, Valery Inkijinoff, Jess Hahn

Bei diesem turbulenten Abenteuerfilm handelt es sich um eine Art Fortsetzung - zumindest im Geiste - von ABENTEUER IN RIO, denn Regisseur Philippe de Broca läßt seinen Hauptdarsteller Jean-Paul Belmondo wieder die verrücktesten Situationen überstehen. Diesmal ist Bébel als Millionärssohn Arthur Lempereur zu sehen, der sein von Müßiggang und Langeweile geprägtes Leben satt hat. Anstatt sich umzubringen, wie er es bereits erfolglos versuchte, schließt er auf Anraten seines chinesischen Hauslehrers Goh (Inkijinoff) eine Lebensversicherung auf diesen sowie auf seine Verlobte Alice (Lagrange) ab. Goh verspricht im Gegenzug, für Lempereurs Tod zu sorgen. Doch am nächsten Morgen hat der es sich schon anders überlegt und befindet sich prompt auf wilder Flucht vor den gedungenen Mördern, die ihn bis nach China führt...
Obwohl De Broca ein größeres Budget zur Verfügung hatte, an Aufwand nicht sparte und außerdem auf die Publikumsträchtigkeit der privaten Romanze Belmondo/Andress bauen konnte, war *Die tollen Abenteuer des Monsieur L.* lange nicht so beliebt wie der frühere Film. Zum Großteil lag das an der Tatsache, daß die Zuschauer sich mit dem Helden, der diesmal statt eines liebenswerten Habenichts ein reicher Dummkopf war, nicht so recht identifizieren konnten al

Ein toller Bursche

Honky Tonk. USA 1941 **R** Jack Conway **B** Marguerite Roberts, John Sanford **K** Harold Rosson **M** Franz Waxman **P** Pando S. Berman für Metro-Goldwyn-Mayer **L** 105 Min., s/w **D** Clark Gable, Lana Turner, Frank Morgan, Claire Trevor, Marjorie Main, Albert Dekker

Eine Wildweststadt in Nevada bildet den Hintergrund für diesen melodramatischen Abenteuerfilm um den windigen Spieler Candy Johnson (Gable), der sich mit guten Taten - Schulhaus, Feuerwehr - bei der Bevölkerung beliebt macht. Bei Elizabeth (Turner), der Tochter des örtlichen Richters, mit dem er Geschäfte macht, beißt Candy jedoch zunächst auf Granit...
Nach schwungvollem Start verliert sich der Film in einem Redemarathon, wird vorhersagbar und langweilig. Doch sowohl die Zuschauer als auch das Studio war weniger an der Handlung interessiert als vielmehr am Duo Gable/Turner, das hier zum ersten Mal auf der Leinwand zu sehen war. MGM hatte schon länger nach einer Nachfolgerin für die 1937 verstorbene Jean Harlow gesucht, und Lana Turner hatte sich durch ihren kometenhaften Aufstieg sowie ihr unbestreitbares Sex-Appeal dafür empfohlen. Die Werbeabteilung des Studios überschlug sich förmlich mit Schlagzeilen wie „Gable kisses Turner in *Honky Tonk* - and it's screen history!" und „Let's be specific, they're terrific!". Mit Erfolg: das Publikum strömte nur so in die Kinos, und Gable/Turner waren in drei weiteren, allerdings noch weniger bemerkenswerten Filmen gemeinsam zu bewundern. al

Ein toller Käfer

The Love Bug. USA 1968 **R** Robert Stevenson **B** Don DeGradi, Bill Walsh, nach einer Story von Gordon Buford **K** Edward Colman **M** George Bruns **P** Bill Walsh für Disney Prod./Buena Vista **L** 108 Min., Farbe **D** Dean Jones, Michele Lee, David Tomlinson, Buddy Hackett, Joe Flynn, Benson Fong, Joe E. Ross, Barry Kelley, Iris Adrian

Mit dem Wunderauto Herbie schuf die Disney-Company einen ihrer erfolgreichsten Filme. Anstelle eines Tieres wurde hier zur Abwechslung einmal ein technisches Vehikel mit einem Gefühlsleben ausgestattet und entsprechend vermenschlicht. Angesichts Hunderttausender von Verkehrstoten ist das zwar leicht geschmacklos, doch da es sich bei dem Wunderauto um den so liebgewonnenen VW-Käfer handelt, kann man über derartige Geschmacksverirrungen ruhig einmal hinwegsehen.
Rennfahrer Jim Douglas (Jones) verliebt sich in die attraktive Autoverkäuferin Carole (Lee), hinter der wiederum deren Chef Thorndyke (Tomlinson) her ist. Bei einem Besuch im Autosalon hat sich der Käfer Herbie seinerseits in Douglas verliebt und weicht ihm in ergebener Treue fortan nicht mehr von den Fersen. Obwohl Jim anfangs wenig Vertrauen in das Gefährt setzt, beschließt er, mit Herbie beim großen Eldorado-Rennen zu starten. Thorndike versucht, mit allerlei fiesen Tricks den Sieg des Duos zu sabotieren, kann jedoch nicht verhindern, daß Jim als erster im Ziel einfährt und obendrein Caroles Herz für sich gewinnt.
Ein flott inszenierter, gagreicher Familienfilm mit verblüffenden Trickaufnahmen, der aufgrund seines großen Erfolges die drei Sequels *Herbie dreht durch*, *Der tolle Käfer in der Rallye Monte Carlo* und *Herbie groß in Fahrt* nach sich zog. Unter der Regie von Rudolf Zehetgruber entstand 1971 in Deutschland das unverschämte Plagiat *Ein Käfer geht aufs Ganze*, in dem das Wunderauto Dudu vergeblich versuchte, die Abenteuer seines US-Vorbilds zu kopieren. jg

Ein tolles Gefühl

It's a Great Feeling. USA 1949 **R** David Butler **B** Jack Rose, Melville Shavelson, nach einer Story von I.A.L. Diamond **K** Wilfried M. Cline **M** Jule Styne **P** Warner Bros. **L** 85 Min., Farbe **D** Jack Carson, Doris Day, Dennis Morgan, Bill Goodwin, Errol Flynn, Gary Cooper, Joan Crawford, Danny Kaye, Sydney Greenstreet, Patricia Neal, Eleanor Parker, Ronald Reagan, Edward G. Robinson, Jane Wyman

In ihrem dritten Spielfilm traf Doris Day wie schon in ZAUBERNÄCHTE IN RIO und *Mein Traum bist du* (1949) abermals auf Jack Carson. Der versucht in dieser Komödie die Kellnerin Judy an den Mann, sprich: an den Filmproduzenten zu bringen. Doch alle Pläne von einer großartigen Karriere als Leinwand-Star zerschlagen sich, und Judy verläßt die Traumfabrik, um in ihrer Heimatstadt eine alte Jugendliebe zu heiraten, die von keinem geringeren als Errol Flynn dargestellt wird. Ebenso wie der Held unzähliger Abenteuerfilme absolvieren auch andere große Stars, die zu der Zeit bei der Warner Bros. unter Vertrag standen, Cameo-Auftritte. Allerdings rettet diese Ansammlung berühmter Namen *Ein tolles Gefühl*, der auch unter dem Titel *Judy erobert Hollywood* in den Kinos lief, nicht vor der gähnenden Langeweile. Am Ende des Films gibt Doris

Day das Liedchen *Blame My Absent-Minded Heart* zum besten, das Jule Styne und Sammy Cahn komponiert und getextet haben. mg

Tollkühne Flieger

The Great Waldo Pepper. USA 1975 **R** George Roy Hill **B** William Goldman, nach einer Story von George Roy Hill **K** Robert Surtees **M** Henry Mancini **P** George Roy Hill für Universal **L** 107 Min., Farbe **D** Robert Redford, Bo Svenson, Bo Brundin, Susan Sarandon, Geoffrey Lewis, Edward Herrmann, Philip Bruns, Roderick Cook, Kelly Jean Peters, Margot Kidder

Ein fesselnder Abenteuerfilm mit einzigartigen Flugaufnahmen und Stuntszenen, bei denen es sich sowohl Robert Redford als auch Susan Sarandon nicht nehmen ließen, ungedoubelt und ohne Fallschirm in über tausend Meter Höhe auf den Tragflächen diverser antiquierten Flugzeugmodelle herumzuklettern.
Nach Beendigung des I. Weltkrieges ist der leidenschaftliche Flieger Waldo Pepper (Redford) vorübergehend arbeitslos geworden. Gemeinsam mit seinem Kameraden Axel Olson (Svenson) und der wagemutigen Mary Beth (Sarandon) studiert er atemberaubende Flugstunts ein und wird der gefeierte Star in einem Kunstflugzirkus. Das Glück bleibt dem Trio jedoch nicht lange treu. Erst stürzt Mary bei einem Probedurchlauf zu Tode und dann baut Axel mit seiner Maschine einen verhängnisvollen Crash, bei dem er ebenfalls ums Leben kommt. Waldo zieht nach Hollywood, wo er in diversen Filmproduktionen die Luftschlachten des Ersten Weltkriegs nachstellt. Hier begegnet er auch wieder seinem Erzfeind, dem deutschen Flieger Ernst Kessler (Brundin). Noch einmal bricht zwischen den beiden Männern die alte Rivalität aus, die hoch über den Hügeln von Beverly Hills in einem mörderischen Flugzeugduell ausgetragen wird.
Für die aufwendigen Aufnahmen wurden 18 alte Maschinen - J-1 Standardjäger, Jennies und Focker-Dreidecker - verwendet, die alle aus der Firma von Frank Tallman in Kalifornien stammten, der die Flugmaschinen über Jahre hinweg gesammelt und liebevoll restauriert hatte. Mit diesen nostalgischen Apparaten gelang George Roy Hill eine perfekte Rekonstruktion der 20er Jahre. jg

Die tollkühne Hexe in ihrem fliegenden Bett

Bedknobs and Broomsticks. USA 1973 **R** Robert Stevenson **B** Bill Walsh, nach dem Kinderbuch von Mary Norton **K** Frank Phillips **M** Richard M. und Robert B. Sherman **P** Bill Walsh für Buena Vista **L** 104 Min. (Originalfassung117 Min.), Farbe **D** Angela Lansbury, David Tomlinson, Roddy McDowall, Sam Jaffe, John Ericson, Bruce Forsyth, Reginald Owen, Tessie O'Shea, Arthur E. Gould-Porter

Als es zu Beginn der 60er Jahre bei der Realisierung des Filmes MARY POPPINS einige Probleme mit der Autorin der Buchvorlage gab, hatten sich die Produktionschefs von Walt Disney die erfolgreiche Kindergeschichte von Mary Norton für ein eventuelles Scheitern der Verhandlungen als Ersatzobjekt auserkoren. Da *Mary Poppins* schließlich doch noch das Licht der Leinwand erblickte, wurde dieses Alternativprojekt wieder auf Eis gelegt. 1973 kramte Robert Stevenson es wieder hervor und drehte mit der köstlichen Angela Lansbury einen vergnüglichen Fantasy-Streifen, der sich jedoch recht eindeutig an dem Erfolgsfilm *Mary Poppins* orientierte.
Die Geschichte spielt in den dunklen Tagen des Zweiten Weltkriegs. Im Zuge der Kinderlandverschickung landen drei Londoner Waisenkinder bei der schrulligen Eglantine Price (Lansbury), die sich als Hexe erweist und gerade vor dem entscheidenden Abschluß ihres Fernstudiums steht. Professsor Browne (Tomlinson), der Leiter der Schule, erweist sich jedoch als Schwindler und hat die Zauberformeln lediglich aus einem alten Buch abgeschrieben. Um das Geheimnis der „Substituiven Lokomotion" zu ergründen, reist Mrs. Price mit Browne und ihren drei Schützlingen in einem fliegenden Bett in das Traumland Nabumbu, wo es dem Professor gelingt, einen wichtigen Zauberstein zu stehlen, mit dessen Hilfe Mrs. Price die bösen Nazis, die kurz vor der Invasion stehen, vertreiben kann.
Trotz seiner raffinierten Tricktechnik - wiederum eine Kombination aus Realszenen und Zeichentrickanimation - kann dieses Disney-Abenteuer nicht an den Charme von *Mary Poppins* heranreichen, besitzt jedoch immerhin einige unvergeßliche Szenen, zu denen das legendäre, „tierische" Fußballspiel gehört.
Die tollkühne Hexe in ihrem fliegenden Bett erhielt einen Oscar für die Spezialeffekte und wies ferner vier Nominierungen in den Sparten Ausstattung, Kostüme, Musik und Filmsong auf. jg

Die tollkühne Rettung der Gangsterbraut Honey Swanson

A Song Is Born. USA 1948 **R** Howard Hawks **B** Harry Tugent, basierend auf der Story *From A to Z* von Thomas Monroe und Billy Wilder **K** Gregg Toland **M** Emil Newman, Hugo Friedhofer **P** Samuel Goldwyn für RKO Radio **L** 113 Min., Farbe **D** Danny Kaye, Virginia Mayo, Benny Goodman, Hugh Herbert, Steve Cochran, J. Edward Bromberg, Felix Bressart, Ludwig Stossel

Die Geschichte um ein Gangsterliebchen, das auf der Flucht vor der Polizei und ihrem Freund auf eine Gruppe Musik-Professoren trifft und von diesen seriösen Herren beschützt wird, hatte Howard Hawks bereits 1941 für die Leinwand inszeniert. Damals verfilmte er das Drehbuch von Billy Wilder und Charles Brackett unter dem Titel DIE MERKWÜRDIGE ZÄHMUNG DER GANGSTERBRAUT SUGARPUSS, und besetzte die Titelrolle mit Barbara Stanwyck. Dem Aufguß *A Song Is Born* fügte Hawks noch ein paar Liedchen hinzu, darunter *I'm Getting Sentimental Over You, Daddy-O* und *Flying Home*, und engagierte den Starkomiker Danny Kaye für den Part des trotteligen Wissenschaftlers Hobart Frisbee. Es war der letzte Film, den Kaye im Auftrag seines Entdeckers und Förderers Samuel Goldwyn drehte; danach wechselte er zu den Warner Brothers. mg

Die tollkühnen Männer in ihren fliegenden Kisten

Those Magnificent Men in Their Flying Machines. Großbritannien 1965 **R** Ken Annakin **B** Jack Davies, Ken Annakin **K** Christopher Challis **M** Ron Goodwin **P** Stan Margulies für 20th Century-Fox **L** 131 Min., Farbe **D** Stuart Whitman, Sarah Miles, James Fox, Alberto Sordi, Robert Morley, Gert Fröbe, Jean-Pierre Cassel, Eric Sykes, Terry Thomas, Irina Demick, Flora Robson, Karl-Michael Vogler, Ferdy Mayne

Ein köstliches Kintopp-Abenteuer mit exzellenten Schauspielern, einer detailbesessenen Ausstattung und hervorragenden Flugaufnahmen.
Wir schreiben das Jahr 1910. Noch leben die europäischen Nationen in Frieden nebeneinander, bekommen aber durch die Proklamation eines Wettbewerbs die Gelegenheit, in einem friedlichen und fairen Wettstreit ihre Kräfte zu messen. Der verschrobene Lord Rawnsley (Morley) hat einen Preis von 10.000 Pfund für denjenigen ausgesetzt, der als erster von England aus den Ärmelkanal überfliegt und heil in Paris landet. Dieser Flugwettbewerb stößt weltweit auf großes Interesse und bald trudeln Flieger aus aller Herren Länder mit ihren Maschinen auf der britischen Insel ein, um an der Veranstaltung teilzunehmen. Die im Vorfeld einhergehenden Ereignisse sind schon turbulent genug, werden jedoch während des eigentlichen

Wettkampfes von einer Flut an unvorhergesehenen, chaotischen Zwischenfällen in den Schatten gestellt.
Ken Annakin nahm in diesem Streifen gekonnt die nationalen Eigenheiten der verschiedenen Teilnehmer auf die Schippe. Besonders köstlich ist diesbezüglich Gert Fröbe, der mit Pickelhaube und Uniform einen preußischen General darstellt und selbstverständlich bei der Überquerung des Kanals auf tragische Weise scheitert.
In seiner dramaturgischen Gestaltung ist der Film den beiden überlangen Lacherfolgen EINE TOTAL, TOTAL VERRÜCKTE WELT und DAS GROSSE RENNEN RUND UM DIE WELT nicht unähnlich, besitzt durch seine sympathischen Charaktere und zündenden Gags jedoch durchaus einen eigenen Charme. Eine Oscar-Nominierung gab es für das Drehbuch; Osbert Lancaster und Dinah Greet wurden für ihre liebevoll arrangierten Kostüme mit dem Britischen Filmpreis belohnt.
Zwei Jahre später drehte Don Sharp wiederum mit Gert Fröbe in einer der Hauptrollen einen ähnlich angelegten Streifen, der unter dem Titel *Tolldreiste Kerle in rasselnden Raketen* in die deutschen Kinos kam und auf einer Romanvorlage von Jules Verne basierte. jg

Tom Jones - Zwischen Bett und Galgen

Tom Jones. Großbritannien 1963 **R** Tony Richardson **B** John Osborne, nach dem Roman von Henry Fielding **K** Walter Lasally **M** John Addison **P** Tony Richardson für Woodfall/Lopert **L** 131 Min., Farbe **D** Albert Finney, Susannah York, Hugh Griffith, Edith Evans, Joan Greenwood, Diane Cilento, George Devine, David Tomlinson, Joyce Redman, George A. Cooper

Tom Jones war eine der großen Überraschungen des Filmjahres 1963. Regisseur Tony Richardson machte aus dem überlangen, fast 1.500 Seiten starken und verzweigten Roman von Henry Fielding, den dieser im Jahre 1749 zu Papier gebracht hatte, eine rasante, durchweg amüsante abenteuerliche Komödie, die den Frivolitäten und erotischen Laszivitäten der barocken Ära huldigte.
Held der schelmenhaften Groteske ist der Taugenichts Tom Jones (Finney), der als Findelkind aufwächst und - kaum dem Kindesalter entschlüpft - hinter allem her ist, was Beine hat. Sein Temperament und seine Lebensfreude mißfallen allerdings den säuerlich dreinblickenden Nachbarn und Adoptiv-Verwandten. Sie sorgen dafür, daß man Tom einen Mord anhängt, den dieser überhaupt nicht begangen hat. Im letzten Augenblick rettet der Schloßherr Lord Western (Griffith) den vermeintlichen Straßenräuber vor dem Galgen und kann außerdem Toms legitime Abstammung nachweisen. Zum Dank dafür schnappt dieser sich Westerns schmucke Tochter Sophie (York).
Bei den Oscar-Feierlichkeiten war *Tom Jones* der überragende Favorit der Veranstaltung. Vier Auszeichnungen (für den Besten Film, das Drehbuch, die Regie und Musik) sowie sechs Nomierungen entfielen auf das Werk, das durch die galante Fotografie seiner herrlichen englischen Schauplätze und den subtil eingesetzten Humor besticht. *Tom Jones* war wegweisend für eine ganze Reihe weiterer Schelmengeschichten. Ein etwas verunglücktes Plagiat drehte John Huston 1969 mit DAVE - ZUHAUS IN ALLEN BETTEN. jg

Tommy

Tommy. Großbritannien 1974 **R** Ken Russell **B** Ken Russell, nach der gleichnamigen Rock-Oper von Peter Townshend **K** Dick Bush **M** Peter Townshend **P** Robert Stigwood und Ken Russel für Hemdale International Films **L** 110 Min., Farbe **D** Roger Daltrey, Oliver Reed, Ann-Margret, Elton John, Eric Clapton, Keith Moon, Jack Nicholson, Paul Nicholas, Tina Turner

Filmemacher Ken Russell war überzeugt, mit *Tommy* die beste und anregendste Oper der Moderne verfilmt zu haben. Unrecht hatte er nicht, zumindest bei großzügiger Auslegung des Begriffs Oper, schließlich stürmte sein überwiegend junges Publikum seinerzeit die Lichtspielhäuser in Massen, um sich beim Konsum des Rock-Epos einer kollektiven Ekstase hinzugeben. Die Rockgruppe „The Who" setzte sich mit *Tommy* ein akustisches wie visuelles Denkmal, das gleichermaßen in die Musik- und Filmgeschichte einging.
Der legendäre Streifen erzählt die Geschichte des Knaben Tommy (gemimt von „Who"-Sänger Roger Daltrey), der in jungen Jahren der Ermordung seines eigenen Vaters beiwohnen muß und daraufhin stumm, taub und blind zugleich wird. Die Heilungsversuche seiner vom schlechten Gewissen geplagten Mutter bringen ihm ebensowenig die Sinne zurück wie die Verführungsversuche seines Onkels Ernie (Moon) und die sadistischen Spielchen, die sein Vetter Kevin (Nicholas) mit ihm treibt. Jahrelang dümpelt er in einer Welt ohne Sinneseindrücke vor sich hin, bis er durch Zufall an einen Flipper-Automaten gerät und an diesem atemberaubende Leistungen vollbringt. Schlagartig steigt er zum gefeierten Jugendidol auf und wird - durch die Zerstörung seines Abbildes in einem Spiegel - von der Vernebelung seiner Sinne befreit. Doch so jäh sein Aufstieg zum Messias der Massen war, so rasant entwickelt sich sein Absturz zurück in die Anonymität...
Untermalt von der spritzigen, mitreißenden Musik von „The Who" und vor dem Hintergrund einer zeitgemäßen Bürgerschreck-Stimmung machte Regisseur Russell aus seiner bisweilen holprigen Geschichte über das Schicksal eines Außenseiters einen wahren Bildersturm - „die Kamera badet in Farben, prunkvollen Kulissen, orgiastischen Landschaften und perfekt erdachten Symbolismen", freute sich seinerzeit der *Tip*. Bemerkenswert das illustre Star-Aufgebot aus Rock- und Pop-Welt: Gefeierte Größen wie Tina Turner, Eric Clapton und Elton John geben sich in zahlreichen Nebenrollen in dem Leinwandspektakel ein munteres Stelldichein.
1985 erhielt *Tommy* immerhin eine Oscar-Nominierung für das Original Song Score. sk

Toms Abenteuer

The Adventures of Tom Sawyer. USA 1938 **R** Norman Taurog **B** John V. A. Weaver, nach dem Roman von Mark Twain **K** James Wong Howe, Wilfrid Cline **M** Max Steiner **P** David O. Selznick, William H. Wright für Selznick International **L** 93 Min., Farbe **D** Tommy Kelly, Jackie Moran, Ann Gillis, May Robson, Walter Brennan, Victor Jory, David Holt, Victor Kilian, Nana Bryant

John Cromwell hatte gleich zu Beginn der Tonfilm-Ära das berühmte Kinderbuch von Mark Twain verfilmt. Norman Taurog verwendete für seine Version acht Jahre später eine weitere, neuartige technische Errungenschaft - den frühen Einsatz von Technicolor.
Helden der bekannten Geschichte sind die beiden Jungens Tom Sawyer (Kelly) und Huckleberry Finn (Moran), die in einer kleinen Stadt am Mississippi ein behagliches und aufregendes Lausbuben-Dasein fristen, das eines Tages lebensgefährliche Dimensionen annimmt, als sie nachts auf dem Friedhof beobachten, wie der unheimliche Indianer Joe (Jory) einen Mord begeht. Als unliebsame Zeugen müssen Tom und Huck fortan um ihr junges Leben fürchten. Zu einem aufregenden Finale kommt es, als sich Tom und seine kleine Freundin Becky (Gillis) in einer Tropfsteinhöhle verirren, in der dummerweise auch Indianer Joe Zuflucht gesucht hat.
Mit dem Remake der Paramount-Produktion handelte sich Selznick eine ganze Menge Ärger ein. Nachdem es etliche erbitterte

Gefechte um das Drehbuch und die damit verbundenen Rechte gegeben hatte (was Selznick insgesamt 60.000 Dollar kostete), kam es in der Regiefrage zu dem üblichen Gerangel. Die beiden in Erwägung gezogenen Filmemacher King Vidor und William Wyler sagten ab, so daß William A. Wellman nun den Film drehen sollte. Im letzten Moment jedoch entschloß dieser sich, lieber die Komödie DENEN IST NICHTS HEILIG zu inszenieren. Schließlich wurde Henry C. Potter angeheuert, mit dessen Leistungen Selznick so unzufrieden war, daß er ihn kurze Zeit später wieder feuerte und durch Norman Taurog ersetzte, der die Dreharbeiten schließlich auch zu Ende führte.
1973 entstand unter dem Titel *Tom Sawyer* eine aufwendige Musical-Version, in der Johnny Whitaker, Jeff East und Jodie Foster die Hauptrollen spielten. Ein weiteres, überlanges Remake wurde 1983 in der Sowjetunion gedreht. Die hierzulande bekannteste Adaption dürfte die mehrteilige, deutsch-französische Fernsehserie sein, die gegen Ende der 60er Jahre produziert wurde und bei der Wolfgang Liebeneiner die Regie führte. Hauptdarsteller waren damals u. a. Marc di Napoli und Lina Carstens. jg

Tonio Kröger

Tonio Kröger. BRD/Frankreich 1964 **R** Rolf Thiele **B** Erika Mann, Ennio Flaiano, nach der Erzählung von Thomas Mann **K** Wolf Wirth **M** Rolf Wilhelm **P** Franz Seitz für Seitz-Film (München), Filmaufbau (Göttingen), Thalia (Berlin)/ Mondex-Proxinex (Paris) **L** 90 Min., s/w **D** Jean-Claude Brialy, Nadja Tiller, Werner Hinz, Anaid Iplicijan, Rudolf Forster, Mathieu Carrière, Walter Giller, Theo Lingen, Gert Fröbe

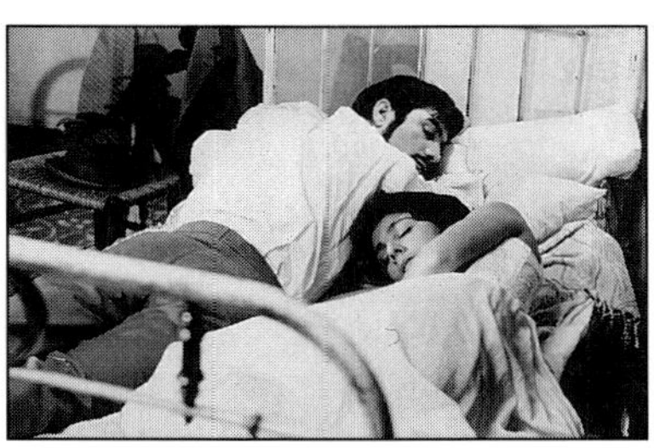

Rolf Thiele hatte schon einmal dem so arg heruntergekommenen deutschen Film durch seine hintergründige Satire DAS MÄDCHEN ROSEMARIE aus der Patsche geholfen. Vier Jahre lang konnte kein einziger deutscher Film in den Augen des Auswahlgremiums für das Festival von Venedig bestehen. Erst 1964 war es wiederum Rolf Thiele, der mit der Thomas-Mann-Verfilmung ein Werk drehte, das im In- und Ausland auf durchweg positive Kritiken stieß.
Manns Erzählung, eine etwas zusammenhanglos anmutende Collage mit autobiographischem Einschlag, galt als relativ schwer verfilmbar. Erika Mann, älteste Tochter des großen deutschen Dichters, machte sich zusammen mit Ennio Flaiano daran, die Geschichte ihres Vaters zu einem Drehbuch umzuarbeiten. Das Ergebnis kann sich - unterstützt von einer geschmackvollen Fotografie und hervorragenden Schauspielern - durchaus sehen lassen.
Jean-Claude Brialy spielt den Lübecker Patriziersohn Tonio Kröger, der aufgrund seiner Herkunft hilflos in einen Strudel wirrer Gefühle gerät, die ihn mal in Erinnerungen, mal in der Sehnsucht nach Vollkommenheit schwelgen lassen. Auf der Suche nach innerem Frieden läßt er sich im fernen Süden auf einige Liebeskapriolen und in München auf eine Beziehung zu der Malerin Lisaweta (Tiller) ein, ohne jedoch das rechte Glück finden zu können.
In der Figur des jungen Tonio Kröger hatte der damals 14jährige Mathieu Carrière sein Filmdebüt. Ein Jahr später fand er in Volker Schlöndorffs Musil-Verfilmung DER JUNGE TÖRLESS internationale Beachtung. jg

Tootsie

Tootsie. USA 1982 **R** Sydney Pollack **B** Larry Gelbart, Murray Schisgal **K** Owen Roizman **M** Dave Grusin **P** Sydney Pollack und Dick Richards für Mirage/Punch Prod. **L** 116 Min., Farbe **D** Dustin Hoffman, Jessica Lange, Teri Garr, Dabney Coleman, Charles Durning, Bill Murray, Sydney Pollack

„Ich will eine Vollblut-Komödie drehen", hatte Regisseur Sydney Pollack zu Beginn der Dreharbeiten von *Tootsie* erklärt, „aber ich will auch die Geschichte eines Mannes erzählen, der lernt, ein besserer Mann zu werden, weil er eine Zeitlang eine Frau war". Herausgekommen ist in der Tat ein saukomischer Unterhaltungsstreifen um einen Mann in Frauenkleidern, dem es trotz der konventionellen Geschichte gelingt, nicht auf das vulgäre Niveau künstlerischer Anspruchslosigkeit von Klamotten à la CHARLEYS TANTE abzugleiten.
Verwandlungskünstler Dustin Hoffman spielt den ambitionierten, aber erfolglosen Schauspieler Michael Dorsey, der mangels Engagement im Großstadtdschungel New Yorks zu verhungern droht. Aus dieser Notlage und einer Laune heraus schlüpft er bei seinem nächsten Vorsprechtermin in ein Frauenkleid - und hat plötzlich, wider Erwarten, eine TV-Rolle ergattert. Fortan nennt er sich Dorothy Michaels, genannt Tootsie. Dorothy steigt zum gefeierten Fernsehstar auf, doch mit zunehmendem Erfolg dieser Frau sinkt das Selbstwertgefühl des Mannes, der hinter allem steckt - und zudem noch in tiefe Gefühlsprobleme verwickelt ist: Michael hat sich in seine Kollegin Julie (Lange) verliebt, kann sich aber nicht offenbaren, um nicht für lesbisch gehalten zu werden. Obendrein stellt ihm - in seinem weiblichen zweiten Ich - der Vater seiner Angebeteten nach. Zum Entsetzen der überraschten Fernsehnation demaskiert er sich am Ende öffentlich, vor laufender Kamera in einer Live-Sendung, um mit seinem Alter ego endgültig aufzuräumen...
Dustin Hoffman ist die Gratwanderung zwischen flachgeistigem Travestie-Klamauk und ernstzunehmendem Ausflug in die Welt des anderen Geschlechts respektabel gelungen. Er mimt die Rolle der Tootsie zwar ungeheuer komisch, aber immer glaubhaft und niemals albern. Bevor er den Vertrag unterzeichnete, machte er die Probe aufs Exempel und zeigte sich öffentlich in seinem späteren Tootsie-Outfit. Niemand, auch nicht Leute aus seinem näheren Bekanntenkreis, haben ihn bzw. den Mann unter der weiblichen Fassade dabei erkannt. Nach den Dreharbeiten gestand er ein, daß ihn diese Rolle, trotz aller Komik, insgesamt recht traurig gemacht hatte: Er stellte fest, daß er eine Frau wie Tootsie im Leben nicht beachten würde, weil sie seinen äußeren Idealvorstellungen nicht entsprach.
Jessica Lange kassierte für ihre Rolle 1982 einen Oscar in der Sparte beste weibliche Nebenrolle, während Dustin Hoffman, der für die beste männliche - nicht weibliche - Hauptrolle nominiert worden war, leer ausging. sk

Top Gun - Sie fürchten weder Tod noch Teufel

Top Gun. USA 1986 **R** Tony Scott **B** Jim Cash, Jack Eppsjr. **K** Jeffrey Kimball **M** Harold Faltermeyer **P** Don Simpson, Jerry Bruckheimer für Paramount **L** 110 Min., Farbe **D** Tom Cruise, Kelly McGillis, Val Kilmer, Anthony Edwards, Tom Skerritt, Michael Ironside

Als einen Werbefilm für die amerikanische Marine, mit deren großzügiger Unterstützung er gedreht wurde, bezeichneten nicht wenige Kritiker dieses Flieger-Spektakel, das sich in den USA zum Kassenschlager des Sommers 1986 entwickelte. Im Mittelpunkt der simpel gestrickten Handlung, die kein Klischee ausläßt, steht der junge Pete „Maverick" Mitchell (Cruise), ein junger Draufgänger, der in die Pilotenschule der Navy aufgenommen wird. Mit seinem impulsiven, tollkühnen Verhalten verstößt er des öfteren gegen Regeln und Vorschriften, erwirbt sich mit seinem Können jedoch gleichzeitig Respekt. Ebenso erfolgreich wie in der Luft ist Pete am Boden: die schöne Ausbilderin (McGillis) gibt sich ihm schon bald willig hin.
Das Produzenten-Duo Simpson/Bruckheimer, nicht gerade bekannt für Subtilitäten (FLASHDANCE, BEVERLY HILLS COP), war wohl hauptsächlich an den spektakulä-

ren Elementen der Geschichte, sprich: den Luftaufnahmen, interessiert, die von Regisseur und Ex-Werbefilmer Scott auch dementsprechend eindrucksvoll in Szenen gesetzt wurden. Bruckheimer sah die Helden des Films als „eine Kombination aus Olympia-Kämpfer und Rock'n' Roll-Star".... Doch *Top Gun* vermittelt noch etwas anderes. Der Film verkauft Krieg als Abenteuer, als sportliche Mutprobe, die einen Mann erst zum Manne macht. Nichts wird angekratzt, nichts wird hinterfragt, und wenn am Schluß reihenweise feindliche - russische? - MIGs vom Himmel geholt werden, soll das Publikum in Begeisterung ausbrechen. Genau das tat es in den Staaten auch, und nicht nur das: die Navy verbuchte einen enormen Anstieg von Bewerbungen jugendlicher „Heißsporne", denen ihre Videospiele offenbar zu langweilig wurden. Ein oberflächlicher, brillant gefilmter Propaganda-Streifen. Der Song *Take My Breath Away* von Giorgio Moroder wurde mit einem Oscar ausgezeichnet. al

Top Job

Ad ogni costo/Diamantes a go-go/Top Job. Italien/Spanien/BRD 1966 **R** Giuliano Montaldo **B** Mino Roli, Augusto Caminito, Marcello Fondato, José Antonio de la Loma, Marcello Cosacia **K** Antonio Macasoli **M** Ennio Morricone **P** Harry Colombo, George Papi für Jolly Film (Rom), Coral Prod. (Madrid), Constantin Film (München) **L** 110 Min., Farbe **D** Edward G. Robinson, Janet Leigh, Robert Hoffmann, Klaus Kinski, Riccardo Cucciolla, George Rigaud, Adolfo Celi

Erst drei kleine Filme hatte der junge Italiener Giuliano Montaldo hinter sich, als er mit diesem Caper Movie in der guten Tradition von RIFIFI international bekannt wurde. Es handelt sich um ein kleines Meisterwerk, dem zum Zeitpunkt seines Erscheinens in den Kinos leider nicht die ihm gebührende Beachtung geschenkt wurde. In einer seiner typischen Altersrollen spielt Edward G. Robinson den Schulprofessor Anders, der nach seiner Pensionierung in die Staaten reist und einen alten Gangsterfreund (Celi) um vier Männer für einen tollkühnen Plan bittet: gegenüber der französischen Schule in Rio befindet sich ein Diamantensyndikat, in dem zweimal pro Jahr die kostbaren Steine eingelagert werden. Anders hat das seit 30 Jahren beobachtet und will nun mit einem raffinierten Plan den Safe knacken. Der Organisator des Coups kommt aus Deutschland (Kinski), der Alarmspezialist aus Italien (Cucciolla), der Tresorexperte aus Schottland (Rigaud) und der Playboy aus Frankreich (Hoffmann). Letzterer soll die altjüngferliche Syndikats-Sekretärin Mary Ann (Leigh) verführen, um an den Schlüssel zu kommen, doch das erweist sich als nicht die einzige Schwierigkeit...

Von der atemberaubenden Eröffnungssequenz (ein Flug über New York) bis zum überraschenden Finale ist *Top Job* durchweg fesselnd und ein einziges Vergnügen, das sich hinter amerikanischen Produktionen ähnlicher Natur nicht zu verstecken braucht. Schauplatz war neben Rom und London vor allem die brasilianische Metropole Rio de Janeiro, deren Farbenprächtigkeit zu Zeiten des Karnevals geschickt eingesetzt wurde. Gemäß der Regeln europäischer Co-Produktionen kamen die Schauspieler aus aller Herren Länder, um für möglichst jeden Markt einen zugkräftige Namen zu haben, und in diesem Falle erwies sich diese ansonsten oft für Unglaubwürdigkeiten sorgende Tatsache als reizvoll und dem Film durchaus förderlich. Ennio Morrieone lieferte einen ebenso nervenzerrenden wie originellen Score und sollte auch für alle weiteren Filme von Montaldo, darunter SACCO UND VANZETTI, die Musik schreiben. al

Top Secret

Top Secret. USA 1983 **R** Jim Abrahams, David Zucker, Jerry Zucker **B** Jim Abrahams, David Zucker, Jerry Zucker, Martyn Burke **K** Christopher Challis **M** Maurice Jarre **P** Jon Davison und Hunt Lowry für Paramount **L** 91 Min., Farbe **D** Val Kilmer, Lucy Gutteridge, Peter Cushing, Omar Sharif, Michael Gough, Christopher Villiers

„Wir hatten schon lange eine vage Idee, etwas über den Zweiten Weltkrieg zu machen. Gleichzeitig sollte auch Rock 'n Roll darin vorkommen", scherzte Regisseur und Mitautor Jim Abrahams über die Motive zu seinem Polit-Kalauer, den er gemeinsam mit den Gebrüdern Zucker ausheckte. Peinlich allerdings, was das Trio zustandebrachte: Ein Sammelsurium tumb zusammengeklatschter Gags und Klischees voll haarsträubender Unebenheiten, mit einer Geschichte ohne erkennbaren Hintersinn.

In ihrem Machwerk soll der amerikanische Rock-Star Nick Rivers (Kilmer) in der inzwischen verschiedenen DDR auftreten. Grund: Der Arbeiter- und Bauernstaat will die Weltöffentlichkeit von der Entführung eines westlichen Wissenschaftlers ablenken, dessen Wissen sich die DDR zunutze machen will: Sie verfolgt mit einer vom Entführten entwickelten Geheimwaffe das Ziel, eine deutsche Wiedervereinigung unter kommunistischer Vorherrschaft durchzusetzen - notfalls mit Gewalt. Diverse Agenten - Kommunisten, Alt-Nazis, Résistance-Kämpfer und Top-Spione von Britanniens Secret Service - liefern sich eine Schlacht nach der anderen, bis am Ende das Gute siegt. Soll heißen: Der Entführte kommt frei und die Wiedervereinigung kommt nicht.

Die wenigen gelungenen satirischen Fingerzeige und Spionage-Parodien vermögen die schwachsinnige Handlung und die tumbe Geschichtsklitterung, die in dem Film betrieben wird, auch ansatzweise nicht auszugleichen. So hat es in der DDR nie eine Wiederstandsbewegung gegen das rote Regime gegeben, und sie hat Zeit ihres Lebens nicht versucht, eine Wiedervereinigung mit dem kapitalistischen Bruder mit militärischen Mitteln zu erreichen. Und daß die DDR erst nach dem Zweiten Weltkrieg entstanden ist, sollte sich inzwischen selbst bis in die USA herumgesprochen haben."Wie dumm kann man werden?" heißt es richtungsweisend in einem der Songs zum Film. Der *Kölner Stadt-Anzeiger* wußte die passende Antwort: In *Top Secret* wird demonstriert, „daß kinogewohnter Dummheit keine Grenzen gesetzt sind".

Die eigentliche Satire spielte sich indes außerhalb des Films ab: Was dieser noch veräppelnd auf die Schippe genommen hatte, kam einige Jahre später auf die verdutzten Zuschauer von *Top Secret* ebenso zu wie auf den Rest der Menschheit: Deutschlands Vereinigung. sk

Topas

Topaz. USA 1969 **R** Alfred Hitchcock **B** Samuel Taylor, nach dem Roman von Leon Uris **K** Jack Hildyard **M** Maurice Jarre **P** Alfred Hitchcock für Universal **L** 125 Min., Farbe **D** Frederick Stafford, Dany Robin, John Vernon, Karin Dor, Michel Piccoli, John Forsythe, Philippe Noiret, Roscoe Lee Browne, Claude Jade, Michel Subor

Seinen obligatorischen Kurzauftritt hatte Hitchcock in diesem Spätwerk zu Beginn in einem Rollstuhl sitzend, was viele Kritiker angesichts dieses verworrenen und spannungsarmen Spionage-Thriller für angemessen hielten. *Topas* kam zu einer Zeit in die Kinos, in der Hitchcock seinen jahrzehntelangen guten Ruf durch den Mißerfolg der beiden vorhergehenden Werke MARNIE und DER ZERRISSENE VORHANG zu einem beträchtlichen Teil ramponiert hatte. Und *Topas* war - um dies gleich vorwegzuschikken - mit Sicherheit nicht das geeignete Werk, um dieser Misere ein Ende zu bereiten.

Leon Uris´ ausuferndes Agentendrama beginnt 1962 in der dänischen Hauptstadt Kopenhagen. Einem hochrangigen sowjetischen Diplomaten gelingt zusammen mit seiner Familie die Flucht in die US-Botschaft. Aus seinen Vernehmungen geht hervor, daß die Russen eine enge Kooperation mit dem ebenfalls kommunistischen Kuba planen. André Devereaux (Stafford), Chef des französischen Geheimdienstes, schaltet sich als Kontaktmann ein. Mit Hilfe der schönen Juanita (Dor), die zu dem engsten Kreis um Fidel Castro gehört und mit der André auch ein Verhältnis eingeht, gelangt er auf Kuba in den Besitz eines Dokuments, das den Beweis erbringt, daß auf der Insel russische Raketen stationiert sind. Andrés und Juanitas Aktivitäten fliegen auf. Während der Franzose nach Paris entkommen kann, wo schließlich ein sowjetischer Geheimring namens „Topas“ enttarnt wird, fällt Juanita einem Verrat zum Opfer und wird liquidiert. Nach ihrem Auftritt in dem James-Bond-Reißer MAN LEBT NUR ZWEIMAL war *Topaz* für die Wiesbadenerin Karin Dor ein weiterer Meilenstein in ihrer internationalen Karriere. Hitchcock konnte sich lange Zeit nicht für die endgültige Darstellerin der Juanita entscheiden und so kam es, daß Karin Dor erst engagiert wurde, als bereits alle Außenaufnahmen in Europa abgedreht waren. Obwohl dieser Film mit Abstand zu Hitchcocks schlechtesten Werken gehört, verdient dennoch eine Szene besondere Erwähnung. Es handelt sich dabei um die Todessequenz zwischen Juanita und ihrem kubanischen Geliebten Rico (Vernon), die Hitchcock im Stil einer Liebesszene arrangierte. Ähnlich wie in AUS DEM REICH DER TOTEN umkreist die Kamera das Paar, bis ein Pistolenschuß die Stille zerreißt und Karin Dor zu Boden sinkt. Diese Bewegung wird aus der Vogelperspektive gezeigt, so daß Juanitas rotes Kleid sich wie ein Blutstropfen auf den weißen Fliesen ausbreitet. *Topas* wurde mit drei verschiedenen Schlüssen konzipiert, von denen Hitchcocks Idee von einem Finale zwischen den feindlichen Agenten in einem leeren Stadion sicherlich der originellste gewesen wäre. Die Universal jedoch konnte sich dafür nicht recht begeistern und ließ aus dem bereits abgedrehten Material ein saft- und kraftloses Ende zusammenschnippeln, in dessen Verlauf sich der Anführer des aufgedeckten Spionagerings hinter einer verschlossenen Tür selbst die Kugel gibt. Zurecht bezeichnete Hitchcock diesen Agententhriller, der bei seinem Ortswechsel von Kuba nach Paris einen fürchterlichen Bruch erleidet, als „komplette Katastrophe“. jg

Topkapi

Topkapi. USA 1964 **R** Jules Dassin **B** Monja Danischewski, nach dem Roman *The Light of Day* von Eric Ambler **K** Henri Alekan **M** Manos Hadjidakis **P** Jules Dassin für Filmways/United Artists **L** 120 Min., Farbe **D** Melina Mercouri, Peter Ustinov, Maximilian Schell, Robert Morley, Akim Tamiroff, Gilles Segal, Jess Hahn

Mit seinem Krimi-Klassiker RIFIFI hatte der in Frankreich arbeitende Amerikaner Jules Dassin ein ganzes Genre, das Caper Movie, aus der Taufe gehoben: Planung und Durchführung unmöglich scheinender Coups standen besonders in den 60er Jahren im Mittelpunkt zahlreicher Krimis. Mit *Topkapi* lieferte der Regisseur eine sowohl amüsante als auch spannende Parodie auf den früheren Film. Die attraktive, männerhungrige Elizabeth (Mercouri) hat sich mit den Gentleman-Gaunern Walter (Schell) und Cedric (Morley) in den Kopf gesetzt, das Topkapi-Museum in Istanbul um ein paar wertvolle Stücke zu erleichtern. Der Plan zur Überwindung der Alarmanlagen ist raffiniert eingefädelt, doch einige unfähige Helfershelfer, darunter der vertrottelte Fremdenführer Arthur (Ustinov), sorgen für die unvermeidlichen Komplikationen...

Für Regisseur Dassin war dies bereits die fünfte Zusammenarbeit mit seiner griechischen Frau Melina Mercouri, die er mit SONNTAGS...NIE! international bekannt gemacht hatte. Erneut entstanden zahlreiche Aufnahmen in Mercouris Heimatland, genauer gesagt: der Hafenstadt Kavala, sowie in Istanbul und Umgebung. Peter Ustinov wurde für seine köstliche Darstellung zum zweiten Mal mit einem Oscar als Bester Nebendarsteller ausgezeichnet - den ersten hatte er für SPARTACUS bekommen. al

Topper - Das blonde Gespenst

Topper. USA 1937 **R** Norman Z. McLeod **B** Jack Jevne, Eric Hatch, Eddie Moran, nach dem Roman *The Jovial Ghosts* von Thorne Smith **K** Norbert Brodine **M** Edward Powell, Hugo Friedhofer **P** Hal Roach für MGM **L** 98 Min., s/w **D** Constance Bennett, Cary Grant, Roland Young, Billie Burke, Alan Mowbray, Eugene Pallette, Arthur Lake, Hedda Hopper, Virginia Sale

Hal Roach hatte bereits eine Anzahl von Laurel & Hardy-Filmen gedreht, als er es wagte, mit dieser ebenso originellen wie unterhaltsamen Geister-Komödie ein Werk der A-Kategorie zu produzieren. *Topper* war dermaßen erfolgreich, daß er die beiden Fortsetzungen *Topper geht auf Reisen* (1939) und *Topper - Das Gespensterschloß* (1941) sowie eine Fernsehserie nach sich zog.

Marion und George Kerby (Bennett/Grant) sind ein Ehepaar, das keine der zahlreichen Vergnügungen ausläßt, die ihnen der Alltag bietet. Dies hat natürlich einen entsprechend hemmungslosen Lebensstil zur Folge, der geprägt ist von einer rücksichtslosen Ausgelassenheit, die eines Tages mit einem Verkehrsunfall ihr abruptes Ende findet. Marion und George kommen dabei ums Leben, dürfen jedoch aufgrund ihrer irdischen Verfehlungen nicht in den Himmel auffahren. Bedingung für ein Weiterleben in paradiesischen Gefilden ist, in eine verpfuschte Ehe etwas Freude zu bringen. Schnell ist die Wahl der beiden auf den frustrierten Bankier Cosmo Topper (Young) gefallen, der unter der Fuchtel seiner xanthippenhaften Gattin Henrietta (Burke) steht. Mit einer Reihe recht unkonventioneller Eingriffe verhelfen Marion und George dem desillusionierten Eheleben zu neuem Schwung und können nach getaner Arbeit in den siebten Himmel aufsteigen.

Die zwei Pärchen Bennett/Grant und Young/Burke spielten auch in der nächsten Folge die Hauptrollen. Bei *Topper* Teil 3 waren dann nur noch letztere mit von der Partie. *Topper* ist eine mit perfekten Trickaufnahmen angereicherte, augenzwinkernde Persiflage auf diverse Versatzstücke des Phantastischen Kinos, die durch ihre vorbildlich gestalteten und vor allem witzigen Dialoge blendend amüsiert. Roland Youngs Darbietung als gepiesackter Ehegatte war den Academy-Mitgliedern eine Nominierung wert. jg

Tora! Tora! Tora!

Tora! Tora! Tora! USA/Japan 1970 **R** Richard Fleischer, Toshio Masuda, Kinji Fukasaku **B** Larry Forrester, Hideo Oguni, Ryuzo Kikushima, nach den Büchern *Tora! Tora! Tora!* von Gordon W. Prange und *The Broken Seal* von Ladislas Farago **K** Charles F. Wheeler, Shinsaku Himeda, Masamichi Sato, Osami Furuya **M** Jerry Goldsmith **P** Elmo Williams für 20th Century-Fox **L** 143 Min., Farbe **D** Martin Balsam, Soh Yamamura, Jason Robards, Joseph Cotten, Tatsuya Mihashi, E. G. Marshall, Takashiro Tamura, James Whitmore, Eijiro Tono, Wesley Addy, Shogo Shimada, Frank Aletter

Tora! Tora! Tora! ist wahrscheinlich einer der bemühtesten und objektivsten Filme über den Zweiten Weltkrieg. Er verfolgt weder die Aspekte eines Anti-Kriegsfilms, noch driftet er in verherrlichende Gewaltdarstellungen ab. Sein Ziel ist die akribisch bemühte Rekonstruktion einer militärischen Eskalation, und dies haben Richard Fleischer und seine japanischen Kollegen mit ihrem überaus spannenden und auch informativen Werk erreicht.

Gegen Ende des Jahres 1941 stehen im Pazifik die Zeichen auf Sturm. Die Amerikaner rechnen tagtäglich mit einem Überraschungs-

angriff der Japaner. Die detaillierte und anekdotenreiche Beschreibung der Attacke auf den US-Flottenstützpunkt Pearl Harbour beginnt mit dem 30. November. In kleinen, puzzleähnlich angelegten Schritten wird der Zuschauer in das diplomatische Gerangel im Vorfeld der Katastrophe eingeweiht. Und obgleich offenkundig ist, daß die Japaner am 7. Dezember 1941 mit einem völlig überraschend erfolgenden Angriff die Schiffe der US-Marine zu Klump schießen werden, bleibt die Spannung durchweg erhalten.
Dieser Kriegsfilm entstand in Zusammenarbeit mit Japan, wobei das amerikanische und das japanische Regieteam getrennt voneinander arbeiteten. Als das Filmmaterial abgedreht war, wurden die beiden eigenständigen Fassungen zu einem Gesamtwerk zusammengeschnitten, das in fast dokumentarischer Weise einen Einblick in die Mentalität der kriegsführenden Parteien gibt.
Mit einem Budget von 25 Mio. Dollar setzte die Fox dieses Mammutwerk in Szene, bei dem natürlich die Bildfolgen vom Angriff auf Pearl Habour einen fulminanten Höhepunkt bildeten. In den Staaten erlebte der Film einen eklatanten Reinfall, während er in Japan zu einem beachtlichen Kassenerfolg wurde. Seine Kosten konnte *Tora! Tora! Tora!* jedoch erst Jahre später einspielen, und das auch nur aufgrund des Umstands, daß überschüssiges Filmmaterial (überwiegend Action-Szenen) für viel Geld an die Produktionsgesellschaften der Universal und der Mirisch Company verkauft wurde, mit dem diese ihre Kriegsfilme MACARTHUR - HELD DES PAZIFIKS und DIE SCHLACHT UM MIDWAY ausstaffierten. Nominiert für Kamera, Ausstattung, Ton und Schnitt, erhielt *Tora! Tora! Tora!* nur einen Oscar für seine visuellen Effekte. jg

Eine total, total verrückte Welt

It' s a Mad, Mad, Mad, Mad World. USA 1963 **R** Stanley Kramer **B** William und Tania Rose **K** Ernest Laszlo **M** Ernest Gold **P** Stanley Kramer für Casey Prod./United Artists **L** 191 Min., Farbe **D** Spencer Tracy, Milton Berle, Sid Caesar, Buddy Hackett, Ethel Merman, Mickey Rooney, Dick Shawn, Phil Silvers, Terry-Thomas, Jonathan Winters, Edie Adams, Dorothy Provine, Eddie Anderson, Jim Backus, Peter Falk, Edward Eveerett Horton, Buster Keaton, Carl Reiner, Joe E. Brown, ZaSu Pitts, Jimmy Durante, Jack Benny, Jerry Lewis

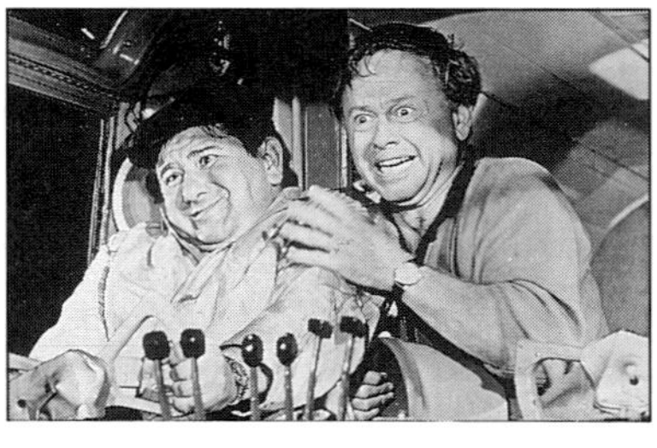

In deutlichem Gegensatz zu Stanley Kramers sonstigen Arbeiten als Produzent und Regisseur - zumeist anspruchsvolle Dramen mit Botschaft - steht diese über dreistündige Superkomödie, deren Besetzungsliste ein beispielloses Aufgebot amerikanischer Komik-Größen enthält. Die im Grunde recht simple Geschichte dreht sich um einen alternden Gangster (Durante), der nach einem Autounfall auf einer Landstraße sein Leben aushaucht. Zuvor allerdings faselt er noch etwas von 350.000 $, die er irgendwo vergraben habe. Die versammelten Schaulustigen verwandeln sich allesamt in geldgierige Bestien, die auf der gnadenlosen Jagd nach der Beute vor keiner Schandtat zurückschrekken...
Der Film ist ein völlig verrückter Riesenspaß, dessen irrwitziges Tempo und Gagfülle besonders angesichts seiner enormen Länge bemerkenswert sind. Auch an spektakulären Action-Sequenzen - u. a. mit Flugzeugen - wurde nicht gespart, für die Kramer nicht weniger als 39 Stunt-Leute engagierte. Sieben Mio. $ kostete das Unternehmen, bis dato die teuerste Komödie überhaupt, doch die Einspielergebnisse konnten sich sehen lassen. Spencer Tracy hatte bereits in Kramers WER DEN WIND SÄT und DAS URTEIL VON NÜRNBERG Hauptrollen gespielt, und ist hier als Polizeiinspektor kurz vor dem Ruhestand zu sehen, der die turbulenten Vorgänge in gebührendem Abstand beobachtet. Um dem schlechten Gesundheitszustand des Schauspielers Rechnung zu tragen, erlaubte ihm Kramer nur sechs Stunden Arbeit am Tag, doch das fertige Produkt zeigt trotzdem einen krank und unwohl aussehenden Tracy. Der Star machte erst drei Jahre später wieder einen Film, der auch sein letzter war: RAT MAL, WER ZUM ESSEN KOMMT, ebenfalls von Stanley Kramer. Für Kamera, Ton, Schnitt, Musik und Titelsong gab es Oscar-Nominierungen. al

Die totale Erinnerung

Total Recall. USA 1990 **R** Paul Verhoeven **B** Ronald Shusett, Dan O'Bannon, Steven Pressfield und Gary Goldman, nach einer Geschichte von Philip K. Dick **K** Jost Vacano **M** Jerry Goldsmith **P** Buzz Feitshans und Ronald Shusett für Carolco **L** 113 Min., Farbe **D** Arnold Schwarzenegger, Rachel Ticotin, Sharon Stone, Ronny Cox, Michael Ironside, Marshall Bell

„Den Großteil des Films erlebt der Zuschauer als gradlinigen Action-Thriller", meint Regisseur Paul Verhoeven, „aber plötzlich steht er am Rande eines Abgrunds und fragt sich, ob das, was er sieht, Realität oder Ausgeburt der Phantasie ist. Ich will nicht leugnen, daß man *Die totale Erinnerung* als reines Zukunftsabenteuer sehen kann - dennoch steckt in dem Film etwas, das ihm einen ganz besonderen, tiefpsychologischen Touch gibt".
Ebensowenig wie das Publikum begreift Doug Quaid (Schwarzenegger) zunächst, was eigentlich los ist. Er lebt als Bauarbeiter im Jahr 2075 auf der Erde, wird aber ständig von Träumen geplagt, die ihm klarmachen, daß er gar nicht er selbst ist. Tatsächlich nämlich ist er ein Top-Agent vom Mars, der von seinen Gegenspielern einer Gehirnwäsche unterzogen und auf die Erde zurückverfrachtet worden ist, weil er irgendein Geheimnis über den Mars kennt, das nicht ausgeplaudert werden soll. Die Menschheit hat den Nachbarplaneten inzwischen längst kolonisiert und beutet ihn, unter riesigen Glaskuppeln eingeschlossen, munter aus. Ein Besuch bei „Recall Incorporated", einer Hypnose-Reise-Agentur, öffnet Quaid die Augen, seine Erinnerung kommt Stück für Stück wieder. Er jettet kurzentschlossen zum Mars zurück, um seine Mission zu vollenden: Er kennt nämlich den Trick, wie man dem Planeten eine Sauerstoffhülle verpassen kann, was sein Widersacher, Mars-Diktator Cohaagen (Cox), mit allen Mitteln - Gewalt, Folter und Psychotricks - zu verhindern sucht. Bis zum Happy-End tappen Publikum und Hauptdarsteller im Dunkeln, weil keiner so recht weiß: ist das alles nun real oder nur ein wirrer Traum von Quaid?
Verhoeven gelang eine spannungsgeladene Melange aus Action-Thriller und Science-Fiction-Vision, bis oben hin gefüllt mit Leckerbissen aus der Welt der Spezialeffekte, die den Zuschauer bisweilen glauben lassen, der Film sei auf dem Mars gedreht worden. Leider aber wimmelt es - genretypisch - von blutrünstigen Splatterszenen, wobei weniger sicher mehr gewesen wären. Seit Mitte der 70er Jahre lag ein Drehbuch für die Verfilmung der Kurzgeschichte von Philip K. Dick vor, doch erst Carolco war bereit, es für einen Millionenbetrag zu erwerben und erhebliche Mittel - insgesamt rund 67 Millionen Dollar - in die Produktion zu stecken. Der Aufwand lohnte sich: Schon im ersten Jahr hatte das Zukunfts-Spektakel seine Zuschauer in Scharen in die Kinos gelockt und mehr als das Doppelte eingespielt. Hierzulande erfreute sich zwar auch ein Massenpublikum des Films, die Kritikergarde tat *Die totale Erinnerung* jedoch fast einhellig als zu bombastisch, blutig und blödsinnig ab. Die Zeitschrift *Prinz* meckerte beispielhaft: „Ein B-Movie mit viel Bummbumm". sk

Töte Amigo

Quien sabe? Italien 1966 **R** Damiano Damiani **B** Salvatore Laurani, Franco Solinas **K** Tony Secchi **M** Luis Enriquez Bacalov **P** Bianco Manini für M. C. M. **L** 99 Min. (Originalfassung 135 Min.),

Farbe **D** Lou Castel, Gian Maria Volonté, Klaus Kinski, Martine Beswick, Andrea Checchi, Carla Gravina

Aus der Masse italienischer Western ragt dieses intelligente Werk von Damiano Damiani haushoch heraus, auch wenn der deutsche Verleih sich durch unsinnige Titelgebung - der Originatitel lautet übersetzt „Wer weiß? - und drastische Kürzungen offenbar bemühte, jeden anspruchsvollen Ansatz aus dem Film zu tilgen. Als einer der ersten Regisseure entdeckte Damiani die mexikanische Revolution als wirksamen Hintergrund für die sogenannten „politischen" Western, deren dramaturgische Struktur sich durchaus auch auf andere Genres übertragen lassen würde und die sich in allegorischer Form mit Problemen moderner Politik und Gesellschaft auseinandersetzen. Gian Maria Volonté ist als Bandit/Revolutionär Chuncho zu sehen, den der amerikanische Söldner Bill (Castel) für seine finsteren Zwecke einzuspannen sucht: er soll den Führer der aufständischen Truppen, General Elias (Fernandez), töten, der für das Volk mehr und mehr ein Symbol der Freiheit wird. Erst am Schluß kommt Chuncho wieder zu Verstand und erschießt den Amerikaner. Klaus Kinski fasziniert als Volontés idealistischer Bruder El Santo. al

Der Tote lebt

Johnny Eager. USA 1942 **R** Mervyn LeRoy **B** John Lee Mahin, James Edward Grant, nach einer Story von Grant **K** Harold Rosson **M** Bronislau Kaper **P** John W. Considine für MGM **L** 107 Min., s/w **D** Robert Taylor, Lana Turner, Edward Arnold, Van Heflin, Robert Sterling, Patricia Dane, Glenda Farrell, Barry Nelson, Henry O'Neill, Charles Dingle, Cy Kendall

Robert Taylor lieferte in diesem Kriminaldrama eine besonders eindrucksvolle Studie, da er hier erstmals nicht seinem „Good-Guy"-Image entsprach, sondern einen abgebrühten Verbrecher mimte.
Anfangs vermutet man hinter dem liebenswürdigen Johnny Eager (Taylor), der als Taxichauffeur in Erscheinung tritt, noch nichts Böses. Nach kurzer Zeit jedoch stellt sich heraus, daß dies nur eine Maske ist. Hinter dem braven Fahrer verbirgt sich ein gefürchteter Gangsterboß, der diesen Deckmantel nur benutzt, um sich an Lisbeth Bard (Turner), die Tochter eines einflußreichen Rechtsanwalts heranzumachen. Eager hat einen teuflischen Plan ausgeheckt, um sich Lisbeths Vater gefügig zu machen. Er bringt es fertig, das etwas naive Mädel in ein inszeniertes Mordkomplott zu verwickeln. Leider geht die Rechnung am Ende wieder einmal nicht auf, denn als Eager gezwungen wird, einen Komplizen zu liquidieren, kommt die Polizei seinen üblen Machenschaften auf die Spur und schießt ihn nieder.
Geschäftstüchtig wie immer nutzte MGM die sich anbahnende Liebesaffäre zwischen Robert Taylor und der damals 21jährigen Lana Turner für eine geschickt inszenierte Publicity-Kampagne, in der u. a. der Slogan „TNT - Taylor 'n' Turner - Together They're Terrific" verbreitet wurde. Van Heflin, der in diesem gelungenen Kriminal-Reißer einen tragischen Alkoholiker spielte, erhielt für diese Nebenrolle einen Oscar. jg

Tote schlafen besser

The Big Sleep. Großbritannien 1978 **R** Michael Winner **B** Michael Winner, nach dem Roman von Raymond Chandler **K** Robert Paynter **M** Jerry Fielding **P** Denis Holt, Bernard Williams für The Winkast Prod. **L** 99 Min., Farbe **D** Robert Mitchum, Sarah Miles, Richard Boone, Candy Clark, Joan Collins, Edward Fox, John Mills, Oliver Reed, James Stewart

Humphrey Bogart hatte in seiner Rolle als Detektiv Philip Marlowe Kinogeschichte geschrieben. Daß diese in der Form eines Remakes einen würdigen Nachfolger fand, konnte sich wohl niemand so recht vorstellen. Robert Mitchum hatte in Dick Richards Chandler-Verfilmung FAHR ZUR HÖLLE, LIEBLING in jener Rolle noch nicht einmal eine schlechte Figur abgegeben, was die Produzenten dazu veranlaßte, ihn drei Jahre später noch einmal den bekannten Privatschnüffler mimen zu lassen. Als Vorlage diente verhängnisvollerweise diesmal jedoch eine Geschichte, die bereits 1946 mit Humphrey Bogart unter dem Titel TOTE SCHLAFEN FEST verfilmt worden war (Näheres zum Inhalt siehe dort).
Abgesehen von der wenig originellen Idee, die Handlung in das neblige London zu verlegen, fiel den Machern hier nichts Neues ein und so kann man zurecht behaupten, daß *Tote schlafen besser* eines der überflüssigsten Remakes der Filmgeschichte ist, woran auch die hervorragende Besetzung letztendlich nichts ändern kann.
„Marlowe in der Fremde. Das ist so absurd, als wolle man einen Edgar-Wallace-Roman in San Francisco verfilmen. Da so schon die einfachsten Voraussetzungen fehlen, kann nur konsequent alles schiefgehen. Die geheimnisvollen Mädchen sind bloß Modepuppen in durchsichtigen Fähnchen, Candy Clark muß die leicht psychotische Nymphomanin schrecklich überziehen, die Gangster scheinen direkt aus einer Fernsehserie zu stammen, ebenso die geschleckten Schauplätze und ihre brav helle Ausleuchtung" (*Süddeutsche Zeitung*). jg

Tote schlafen fest

The Big Sleep. USA 1946 **R** Howard Hawks **B** William Faulkner, Jules Furthman, Leigh Brakkett, nach dem Roman von Raymond Chandler **K** Sidney Hickox **M** Max Steiner **P** Howard Hawks für Warner Bros. **L** 113 Min. (Originalfassung 118 Min.), s/w **D** Humphrey Bogart, Lauren Bacall, John Ridgely, Louis Jean Heydt, Elisha Cook, Regis Toomey, Sonia Darren, Bob Steele, Martha Vickers, Tom Rafferty, Dorothy Malone, Charles Waldgren

The Big Sleep gilt dank des hervorragenden Drehbuchs und der exquisiten Besetzung (Bogart und Bacall nach HABEN UND NICHTHABEN und *Two Guys from Milwaukee* in ihrem dritten gemeinsamen Film) als eines der ganz großen Meisterwerke der Schwarzen Serie.
Die etwas verworrene Handlung sollte den Zuschauer nicht vom Genuß dieses Klassikers abhalten. Im Falle eines eventuellen hilflosen Rätselratens sei hier erwähnt, daß Howard Hawks in einem Interview selbst zugab, die genaue Auflösung der Geschichte nie ganz verstanden zu haben und ohnehin mehr an der düsteren Atmosphäre der Geschichte interessiert gewesen zu sein.
Der Millionär Sternwood (Waldgren) heuert den Privatdetektiven Philip Marlowe (Bogart) an, damit dieser eine Bande von Erpressern aufspüren soll. Bevor dieser sich an die Erledigung dieser Aufgabe wagt, macht er die Bekanntschaft mit Sternwoods beiden exaltierten Töchtern Vivian (Bacall) und Carmen (Vickers). Letztere ist rauschgiftsüchtig und hat den Sekretär ihres Vaters um die Ecke gebracht, als dieser ihre nymphomanen Avancen zurückwies. Um Carmen vor einer Gefängnisstrafe zu bewahren, schiebt Marlowe der Gangsterbande, die die Familie erpreßt, den Mord in die Schuhe, ohne dabei zu wissen, daß Vivian bereits in Kontakt zu diesen zwielichtigen Subjekten steht. Mit einer Reihe gewiefter Aktionen bringt Marlowe es fertig, die Gang untereinander durch Haß, Eifersucht, Neid und Gier zu entzweien, bis sich die Mitglieder selbst

dezimieren. Um ein weiteres Problem aus der Welt zu schaffen, wird Carmen in eine Entziehungsanstalt verfrachtet. Damit ist der Weg für Vivian und Marlowe frei, die sich längst ineinander verliebt haben.
Wie chaotisch und undurchschaubar die Entwicklung der Geschichte war, zeigte sich schon allein darin, daß das Drehbuch beinahe jeden Tag aufs Neue umgeschrieben werden mußte. Chandler, der anfangs als Berater hinzugezogen worden war, erwies sich als keine große Hilfe, da auch er nicht genau sagen konnte, wie er sich seine Story zusammengereimt hatte. jg

Tote tragen keine Karos

Dead Men Don't Wear Plaid. USA 1982 **R** Carl Reiner **B** Carl Reiner, George Gipe, Steve Martin **K** Michael Chapman **P** David V. Picker, William E. McEuen für Aspen Film Society/Universal **L** 88 Min., s/w **D** Steve Martin, Rachel Ward, Carl Reiner, Reni Santoni, George Gaynes

Steve Martin spielt einen Detektiv à la Philip Marlowe in diesem einzigartigen Film, der mit seiner Einbeziehung alter Filmausschnitte in eine neue Handlung ein wahres Kuriosum darstellt. Es handelt sich dabei, um eine ebenso liebe- wie kunstvolle Hommage an die Schwarze Serie Hollywoods, in der neben den eigentlichen Hauptdarstellern Martin und Rachel Ward die berühmtesten Stars jener Zeit auftauchen: Humphrey Bogart, Bette Davis, Ava Gardner, Cary Grant, Burt Lancaster, Joan Crawford und andere. Unter den verwendeten alten Szenen sind Ausschnitte aus DIE SCHWARZE NATTER, RÄCHER DER UNTERWELT, HUMORESKE, VERDACHT. Der weniger bekannte GEHEIMAKTION CARLOTTA diente mit seinem Südamerika-Schauplatz als Grundmuster für die neue Geschichte, die Regisseur Reiner offenbar getreu dem Ausspruch von Howard Hawks inszenierte, daß er bei seinem TOTE SCHLAFEN FEST nie die inhaltlichen Zusammenhänge verstanden habe. Natürlich war es nicht ganz einfach, sämtliche Ausschnitte inklusive der darin enthaltenen Dialoge zu einem einheitlichen Ganzen zusammenzufügen, doch die Handlung von *Tote tragen keine Karos* ist so unzusammenhängend und verwirrend, daß weder Spannung noch - zumindest gegen Ende - Spaß aufkommen, zumal dem Film recht schnell die komödiantische Puste ausgeht. Das Interesse des Zuschauers beschränkt sich daher hauptsächlich darauf, die Stars den jeweiligen „geplünderten" Filmen zuzuordnen. Großes wurde hingegen von Cutter Bud Molin und vor allem von Kameramann Michael Chapman geleistet, der auch für den schwarzweißen WIE EIN WILDER STIER verantwortlich war. Der Film ist der legendären Kostüm-Designerin Edith Head gewidmet, deren letzte Arbeit er war. al

Totem

Day of the Evil Gun. USA 1968 **R** Jerry Thorpe **B** Charles Marquis Warren, Eric Bercovici, nach einer Story von Warren **K** W. Wallace Kelly **M** Jeff Alexander **P** Jerry Thorpe für MGM **L** 89 Min., Farbe **D** Glenn Ford, Arthur Kennedy, Dean Jagger, John Anderson, Paul Fix, Nico Minardos, Harry Dean Stanton, Pilar Pellicer, Parley Baer, Royal Dano

Dieser in CinemaScope gedrehte Western sollte ursprünglich für die amerikanische TV-Gesellschaft ABC produziert werden, die dann aber doch vor einer Ausstrahlung zurückschreckte und den Streifen der MGM als Projekt für das Kino überließ. Das Drehbuchgespann orientierte sich mit seinem Skript etwas allzu deutlich an dem John Ford Klassiker DER SCHWARZE FALKE, so daß sich die Handlung wie folgt liest.
Der Revolverheld Warfield (Ford) kommt nach Jahren der Abwesenheit wieder in die Stadt zurück, in der er seine Frau und seine Kinder zurückgelassen hat. Diese sind mittlerweile von einer Apachenhorde entführt worden. Übriggeblieben sind nur noch die rauchenden Trümmer des Hauses und Forbes (Kennedy), der während Warfields Abwesenheit dessen Platz eingenommen hat und auf die Familie verständlicherweise dieselben Ansprüche erhebt wie der abtrünnige Abenteurer. Trotz dieses gespannten Verhältnisses machen sich die beiden Männer gemeinsam auf die Suche nach den Verschleppten. Sie können die Frau und die Kinder auch erfolgreich befreien, doch nun beginnt der Kampf um die Gunst der Geretteten, der sich schließlich in einem tödlichen Duell entlädt.
Ein leidlich spannender Western mit einer interessanten Personenkonstellation. Befremdend und ärgerlich wirkt hingegen die unzeitgemäße Darstellung der Indianer, die hier als sadistische Vandalen vorgeführt werden. jg

Die toten Augen von London

Die toten Augen von London. BRD 1961 **R** Alfred Vohrer **B** Trygve Larsen, nach dem Roman von Edgar Wallace **K** Karl Löb **M** Heinz Funk **P** Horst Wendlandt für Rialto-Film Preben Philipsen **L** 100 Min., s/w **D** Joachim Fuchsberger, Karin Baal, Dieter Borsche, Wolfgang Lukschy, Eddi Arent, Harry Wüstenhagen, Ady Berber, Bobby Todd, Rudolf Fenner, Klaus Kinski

Von der auf Dauer etwas eintönigen Flut der Edgar-Wallace-Verfilmungen hob sich zu Beginn der 60er Jahre Alfred Vohrers Gruselkrimi *Die toten Augen von London* recht positiv ab. In keinem Beitrag dieser langlebigen Serie vereinten sich schaurige Atmosphäre und gute Story so perfekt wie in diesem Streifen. 1939 war die düstere Geschichte schon einmal mit Hollywoods Horrorstar Bela Lugosi in der Hauptrolle in England verfilmt worden. Alfred Vohrers Version zeichnete sich aus durch eine Reihe recht kruder Gewaltszenen, die man bis dahin noch nicht in diesen Maßen in einem deutschen Film zu sehen bekommen hatte. 1968 - die Wallace-Serie war durch den Einsatz von Farbe etwas aufgepeppt worden - drehte Vohrer als drittes Remake den Krimi *Der Gorilla von Soho*, der sich ansatzweise an dem sieben Jahre zuvor entstandenen Reißer orientierte.
Ausgangsort des Films ist ein mysteriöses Londoner Blindenheim, dessen Insassen vom Anstaltsleiter zu willenlosen Marionetten umfunktioniert worden sind und nun mordend durch die nebligen Straßen der britischen Metropole schleichen. Die jeweils liquidierten Personen sind zuvor sorgfältig ausgewählt worden, gibt es doch bei ihnen nach ihrem Ableben eine saftige Versicherungssumme zu kassieren. In diese schauerlichen Vorgänge werden Scotland-Yard-Inspektor Larry Holt (Fuchsberger) und die attraktive Nora Ward (Baal) verwickelt.
Mit Abstand einer der besten Filme dieser unterschätzten Serie, der mit seinen gespenstischen Licht- und Schatteneffekten und düsteren Dekorationen viel vom „Gothic Horror" der 20er und 30er Jahre besitzt, auch wenn die Regie letztendlich im Konventionellen steckenbleibt. jg

Die Totenliste

The List of Adrian Messenger. USA 1963 **R** John Huston **B** Anthony Veiller **K** Joe MacDonald **M** Jerry Goldsmith **P** Edward Lewis für Universal **L** 98 Min., s/w **D** George C. Scott, Dana Wynter, Clive Brook, Herbert Marshall, Jacques Roux, Bernard Archard, Gladys Cooper, Tony Huston, John Marivale, Tony Curtis, Kirk Douglas, Burt Lancaster, Robert Mitchum, Frank Sinatra

Eine Liste von 11 Personen, die alle einmal während des II. Weltkriegs in Burma gekämpft haben, sorgt für Wirbel auf der englischen Insel. All die aufgeführten Männer leben nämlich nicht mehr und sind einem hinterhältigen, paranoiden Mörder zum Opfer gefallen. Als sich der ehemalige Geheimdienstler Adrian Messenger (Marivale) des Falles annimmt, wird auch er durch einen absichtlich herbeigeführten Flugzeugabsturz aus dem Verkehr gezogen. Sein Freund Anthony Gethryn (Scott) setzt an seiner Stelle die Untersuchungen fort, doch macht es ihm der Mörder nicht leicht. Dank Raoul de Borg (Roux), einem Passagier, der das Flugzeugunglück überlebt hat, kann Gethryn endlich eine konkrete Spur verfolgen.
Ein für John Huston ganz und gar untypischer Film, konnte dieser sich doch Zeit seines Lebens nicht für Kriminalgeschichten (und erst recht nicht für solche, in der ein unbekannter Wahnsinniger sein Unwesen treibt) begeistern. Um so größer ist die Überraschung, daß Huston mit *Die Totenliste* einen bestechenden Thriller der Spitzenklasse drehte, in dem angefangen bei den Schauspielern bis hin zur gestelzten britischen Atmosphäre (Drehort war Irland) alles stimmt. Einen besonderen Gag ließ sich der Regisseur mit der Besetzung einfallen, für die er in kurzen Cameo-Auftritten die fünf Stars Tony Curtis, Kirk Douglas, Burt Lancaster, Robert Mitchum und Frank Sinatra engagieren konnte, die allerdings in einer dermaßen geschickten Verkleidung auftreten, daß sie kaum zu erkennen sind. Besonders originell ist das Outfit von Robert Mitchum, der in einer kurzen Szene als altes Bauernweib über die Leinwand huscht. jg

Das Totenschiff

Das Totenschiff. BRD/Mexiko 1959 **R** Georg Tressler **B** Hans Jacoby, Georg Tressler, nach dem Roman von B. Traven **K** Heinz Pehlke **M** Roland Kovac **P** Arno Hauke für UFA (Berlin) /Producciones José Kohn S.A. (Mexiko-City) **L** 97 Min., s/w **D** Horst Buchholz, Mario Adorf, Helmut Schmid, Elke Sommer, Werner Buttler, Alf Marholm, Panas Papadopulos

Unter den wenigen wirklich gelungenen Produktionen des deutschen Films der 50er Jahre nimmt Georg Tresslers Traven-Adaption eine besondere Stellung ein. Nicht nur, daß hier etliche hervorragende Schauspieler, wie Horst Buchholz und Mario Adorf, endlich einmal eine dankbarere Aufgabe erhielten; *Das Totenschiff* war zugleich auch der Beweis dafür, daß das deutsche Kino durchaus in der Lage war, einen beklemmend realistischen, harten Action-Film zu entwerfen, der durchaus mit seiner literarischen Vorlage standhalten konnte.
Als der amerikanische Matrose Philip Gale (Buchholz) in Antwerpen seines Geldes und seiner Papiere beraubt wird, sieht er keine andere Möglichkeit mehr, als auf dem heruntergekommenen Seelenverkäufer „Yorikke" anzuheuern. Die Besatzung besteht aus einem Haufen übler Subjekte, die unter dem Kommando eines noch übleren Kapitäns steht, der in geradezu sadistischer Art über das Schiff herrscht. Trotz des unmenschlichen Klimas an Bord, kehrt Philip nach einem Landgang wieder auf die „Yorikke" zurück. Kurze Zeit später erleidet der Dampfer Schiffbruch. Zusammen mit dem polnischen Kohlenschlepper Lawski (Adorf) treibt Philip auf den Planken eines Floßes einem ungewissen Schicksal entgegen.
Den einzigen Ausrutscher, den Tressler sich bei dieser Romanverfilmung leistete, war die unnötige Liebesgeschichte, die er mit ins Spiel brachte und die im Roman an keiner Stelle erscheint. Dadurch erfährt die überaus harte Beschreibung der Matrosenwelt an einigen Stellen einen sentimentalen Bruch. Wegen besagter Ausschmückung gab es auch eine grundlegende Meinungsverschiedenheit zwischen der UFA und dem mexikanischen Produzenten, der die Szenen mit Elke Sommer deutlich entschärft oder ganz geschnitten haben wollte. Um den Kassenerfolg des Filmes nicht zu gefährden (der sich allerdings auch damit nicht einstellte), entschied man in Berlin, die Liebesgeschichte zwischen Philip und Mylène beizubehalten. jg

The Touch

Beröringen / The Touch. Schweden/USA 1970 **R** Ingmar Bergman **B** Ingmar Bergman **K** Sven Nykvist **M** Jan Johansson **P** Ingmar Bergman für Cinematograph/ABC Pictures Corp. (New York) **L** 112 Min., Farbe **D** Bibi Andersson, Elliott Gould, Max von Sydow, Sheila Reid, Barbro Hiort af Örnäs, Åke Lindström, Mimmi Wahlander, Staffan Hallerstam

Im Jahre 1970 war Ingmar Bergman längst auch für ein großes Publikum salonfähig geworden. Hollywood hatte schon seit langem versucht, den Regisseur nach Amerika zu locken, doch Bergman blieb seiner schwedischen Heimat treu. Ein kleines Zugeständnis an die Filmmetropole des amerikanischen Westens machte er dennoch, indem er bei *The Touch* zum ersten Mal einige ausländischen Schauspieler verpflichtete und den Film in englischer Sprache drehte.
Für Karin Vergérus (Andersson), Ehefrau eines angesehenen Arztes, verlief das Leben bisher ohne Komplikationen. Ihren beiden Kindern ist sie eine fürsorgliche Mutter, die das Leben in der ruhigen Kleinstadt fernab allen Trubels genießt und nur gelegentlich die angespannte Arbeitssituation ihres Mannes bedauert, der nur noch wenig Zeit für seine Familie hat. Karins Welt bekommt eines Tages deutliche Risse, als ihre Mutter stirbt und sie kurz darauf den amerikanischen Archäologen David (Gould) kennenlernt und mit ihm eine Affäre beginnt. Es dauert eine geraume Zeit, bis ihr Mann Andreas (von Sydow) hinter diese Beziehung kommt und von seiner Frau verlangt, sich endlich zu entscheiden. Karin reist David nach London nach, um dort festzustellen, daß er nicht fähig ist, mit ihr ein neues Leben aufzubauen. Einsamer und verbitterter als je zuvor kehrt Karin zu ihrem Mann zurück, um sich wieder ihren „pflichtgemäßen" Aufgaben als Mutter und Ehefrau zu widmen.
Von dem geschäftstüchtigen Verleih wurde *The Touch* zu Unrecht als Bergmans „erster Liebesfilm" apostrophiert, denn dieses Werk unterscheidet sich weder im Stil noch in der Machart von seinen übrigen Filmen. Bergman gelang das beeindruckende Porträt einer Frau, die aus dem Käfig ihrer konventionellen Funktionen ausbricht und an dieser Flucht scheitert. Beeindruckend wie immer sind hier die schauspielerischen Leistungen von Bibi Andersson, die mit einem seltenen Einfühlungsvermögen diese Frauenfigur darstellt.
Die Außenaufnahmen zu *The Touch* entstanden in Gotlands Hauptstadt Visby und in London. jg

Track 29 - Ein gefährliches Spiel

Track 29. Großbritannien 1987 **R** Nicolas Roeg **B** Dennis Potter **K** Alex Thomson **M** Stanley Myers **P** Rick McCallum für Handmade Films **L** 90 Min., Farbe **D** Theresa Russell, Gary Oldman, Colleen Camp, Sandra Bernhard, Seymour Cassell, Leon Rippy

„Ich will Barrieren durchbrechen, falsche Annahmen herausfordern und die Möglichkeiten des Films als Kunstform vorantreiben. Kino ist die Kunstform unserer Zeit und man kann damit absolut Neues schaffen", lautet das Credo von Nicolas Roeg, der durch Filme wie WENN DIE GONDELN TRAUER TRAGEN und DER MANN, DER VOM HIMMEL FIEL längst in die Riege der Kult-Regisseure aufgestiegen ist. Neues, zumindest Ungewöhnliches, ist ihm auch mit *Track 29* gelungen: Der Film erzählt die Geschichte des jungen Engländers Martin (Oldman), der in einer texanischen Kleinstadt aufkreuzt und dort der frustrierten, unglücklich verheirateten Arztgattin Linda (Russell) begegnet. Er behauptet, ihr Sohn zu sein, den sie kurz nach der Geburt weggegeben hatte, und

entwickelt ein inniges Verhältnis zu ihr - so innig, daß Ödipus grüßen läßt. Der gefühlsmäßig völlig verwirrten Linda öffnen sich endlich die Augen: Sie schmeißt die Ehe mit ihrem drögen Angetrauten hin, der in seiner Freizeit wie besessen Modelleisenbahnen sammelt, und sucht das Weite...
Roeg gelingt es, Provokation mit Unterhaltung zu mischen: Treffende Dialoge, eine exzellente Story und schöne Bilder auf der einen und mit Gary Oldman und Theresa Russell auf der anderen Seite zwei so ambitionierte wie überzeugende Darsteller. „Der Film besitzt eine Energie und vorwärtstreibende Kraft, die ihn weit über den gewohnten britischen Naturalismus hinausheben... Dies ist einer jener Filme, die es schaffen, gleichzeitig witzig und ironisch zu sein, unter der Oberfläche jedoch mit gnadenloser Härte die menschlichen Lebensbedingungen zu analysieren. Kurz: Eine mörderische Komödie, die einen so lange in verschiedene Richtungen lockt, bis einem schwindelig wird" (*The Guardian*). sk

Trafic

Trafic/Monsieur Hulot nel caos del trafico. Frankreich/Italien 1971 **R** Jacques Tati **B** Jacques Tati, Jacques Lagrange **K** Andreas Winding **M** Charles Dumont **P** Robert Dorfmann/ Films Corona (Paris), Gibé Films/Oceania Films (Rom) **L** 96 Min., Farbe **D** Jacques Tati, Mari Kimberly, Marcel Fraval, Honoré Bostel, François Maisongrosse, Tony Kneppers

Als Angestellter einer Autofabrik ist Monsieur Hulot respektive Jacques Tati diesmal auf dem Weg von Paris in die Niederlande, um in einem Autosalon das neueste Campingwagen-Modell vorzuführen. Natürlich wird seine Reise von diversen Pannen und skurrilen Ereignissen unterbrochen, so daß er schließlich sein Ziel nicht rechtzeitig erreicht.
Tati hatte sein vorangegangenes Werk TATIS PLAYTIME unter so großem finanziellen Aufwand inszeniert, daß der kommerzielle Mißerfolg eigentlich schon vorprogrammiert war. Für *Trafic* blieben Tati deshalb nur sehr begrenzte Mittel, die er überwiegend in die Konstruktion und Ausstattung des hochtechnisierten Campingmobils investierte.
Wie in MEIN ONKEL und in PLAYTIME machte sich Tati hier erneut die Absurdität der technisierten Welt zum Thema. In diesem Fall ist es der motorisierte Straßenverkehr der entlang einer dünnen Handlung ironisiert wird. „Die Autos und Lastwagen in *Trafic* haben menschliche Züge, eine Physiognomie. Die Geräusche, die sie von sich geben, sind verständlich; man weiß also, ob sie müde, hungrig oder glücklich sind", konstatierte James Monaco. mg

Die Tragödie eines lächerlichen Mannes

La tragedia di un uomo ridicolo. Italien 1981 **R** Bernardo Bertolucci **B** Bernardo Bertolucci **K** Carlo di Palma **M** Ennio Morricone **P** Giovanni Bertolucci für Fiction Films S.P.A. **L** 116 Min., Farbe **D** Ugo Tognazzi, Anouk Aimée, Laura Morante, Victor Cavallo, Ricardo Tognazzi, Vittorio Caprioli, Renato Salvatori, Don Backy, Cosimo Cinieri

Nach dem etwas geschmäcklerischen LA LUNA widmete sich Bertolucci den gesellschaftlichen und politischen Strömungen im Italien zu Beginn der 80er Jahre und drehte mit *Die Tragödie eines lächerlichen Mannes* eine für ihn etwas ungewohnte Arbeit, die sich durch ihre leise Ironie und die akribische Beobachtung landestypischer Eigenheiten auszeichnete.
Primo Spaggiari (Tognazzi) ist durch eine harte Schule gegangen. Vom einfachen Landarbeiter hat er sich zum Fabrikbesitzer eines Unternehmens emporgearbeitet, in dem Käse und Parmaschinken vertrieben werden. Just an seinem Geburtstag legt sich ein Schatten über das Glück der angehäuften Reichtümer. Als Spaggiari das Dach seiner hochherrschaftlichen Villa erklimmt, um mit dem Fernglas, das ihm sein Sohn geschenkt hat, die Umgebung unter die Lupe zu nehmen, muß er tatenlos mitansehen, wie sein Sprößling gewaltsam in einen bereitstehenden Wagen geschubst und damit scheinbar das Opfer linksgerichteter Terroristen wird. Die kurze Zeit später einflatternde Lösegeldforderung ist denn auch so hoch, daß Spaggiari seine Firma verkaufen müßte. Der gebeutelte Kapitalist gerät in einen entsetzlichen Gewissenskonflikt, bei dem er sogar den eigenen Sohn verdächtigt, die Entführung nur inszeniert zu haben, um an die väterlichen Millionen heranzukommen.
In einem politischen Klima der zerbrechenden Koalitionen, politischen Intrigen und Korruptionsaffären entstanden, ist dieser bescheidenere Film unter Bertoluccis Werken eine intelligente und zugleich entlarvende Bestandsaufnahme, an deren Ende es weder Verlierer noch Gewinner gibt, sondern jeder jeden betrogen hat. „Der Film wird diejenigen verstören, die von Kunst eine vereinfachte, eine abgerundete Abbildung des Lebens erwarten. Bertolucci vertieft...die Verstörung über die Verhältnisse um ihn her, nicht nur in seinem Land. Sein Vermögen ist es, die Spannungen auszuhalten und sie...zur Filmsprache werden zu lassen" (*Frankfurter Allgemeine Zeitung*). Ugo Tognazzi erhielt für seine Rolle auf den Filmfestspielen von Cannes den Darstellerpreis. jg

Trans-Amerika-Express

Silver Steak. USA 1976 **R** Arthur Hiller **B** Colin Higgins **K** David M. Walsh **M** Henry Mancini **P** Thomas L. Miller, Edward K. Milkis für 20th Century-Fox **L** 113 Min., Farbe **D** Gene Wilder, Jill Clayburgh, Richard Pryor, Patrick McGoohan, Ned Beatty, Clifton James, Ray Walston, Richard Kiel, Scatman Crothers

George Caldwell (Wilder), ein entschieden harmloser Verleger von Gartenbüchern, wird während einer Zugfahrt mit dem „Silberpfeil" von Los Angeles nach Chicago in eine haarsträubende Mordgeschichte verwickelt, in deren Verlauf er mehrmals sein Beförderungsmittel unfreiwillig verlassen muß. Da sich an Bord jedoch die reizende Hilly (Clayburgh) befindet, verzagt George nicht und begibt sich das ein ums andere Mal wieder auf den Zug...
Alfred Hitchcocks EINE DAME VERSCHWINDET und DER UNSICHTBARE DRITTE standen ganz offensichtlich Pate für diese rasante Action-Komödie, die in den USA ein überragender kommerzieller Erfolg war. Kein Wunder: Regisseur Arthur Hiller hält von Anfang bis Ende ein irrwitziges Tempo durch und garnierte seine verwirrende Krimi-Story mit publikumswirksamen Effekten. Besonders bemerkenswert sind Wilders Turnereien auf dem Dach des fahrenden Zuges sowie dessen führerlose Demolierung des Chicagoer Hauptbahnhofes, eine spektakuläre Zeitlupensequenz, die jedem Katastrophenfilm zu Ehre gereichen würde. Dazwischen tauscht Wilder mit Partnerin Clayburgh ungemein zweideutige Dialoge über Gartenarbeit aus und klopft Sprüche mit Richard Pryor, der allerdings erst in der zweiten Hälfte des Films auftaucht. Die beiden sollten später noch mehrfach gemeinsam auf der Leinwand zu sehen sein und waren besonders erfolgreich in ZWEI WAHNSINNIG STARKE TYPEN. al

Trapez

Trapeze. USA 1956 **R** Carol Reed **B** James R. Webb, Liam O'Brian, nach dem Roman *The Killing Frost* von Max Catto **K** Robert Krasker **M** Malcolm Arnold **P** James Hill für Hecht-Hill-Lancaster Prod./Joanna Prod./United Artists **L** 107 Min., Farbe **D** Burt Lancaster, Tony Curtis, Gina Lollobrigida, Katy Jurado, Thomas Gomez, Johnny Puleo

Burt Lancasters Vergangenheit als Artist und Akrobat prädestinierte ihn geradezu für

eine Rolle in Carol Reeds farbenprächtigem Zirkus-Spektakel, das fast ausschließlich im Zelt des Cirque d'Hiver in Paris gedreht wurde. In der Tat war der Schauspieler die treibende Kraft hinter diesem Projekt. Er ist als ehemals berühmter Trapezkünstler Mike Ribble zu sehen, der nach einem schweren Unfall seine Karriere aufgeben mußte und nun als Takelmeister arbeitet. Als Tino (Curtis), Sohn eines verunglückten Kollegen, als neuer Artist am Zirkus engagiert wird, läßt sich Mike zur Rückkehr in die Zeltkuppel überreden: er wird Fänger und soll Tino in seiner Spezialnummer, dem dreifachen Salto, unterrichten. Die attraktive Lola (Lollobrigida) stört jedoch die Partnerschaft empfindlich.
Auf dem Boden einer konventionellen Dreiecksgeschichte vor exotischem Hintergrund, verwandelt sich *Trapez* in der Luft zu einem mitreißenden Spektakel, das durch Robert Kraskers kunstvolle Kameraarbeit ebenso überzeugt wie durch die Risikobereitschaft der Stars. Natürlich wurden die allergefährlichsten Szenen - schon aus Versicherungsgründen - gedoubelt, doch die Akteure, allen voran Lancaster, machten so viel wie möglich selbst. al

Die Trapp-Familie

Die Trapp-Familie. BRD 1956 **R** Wolfgang Liebeneiner **B** Georg Hurdalek, nach den Lebenserinnerungen der Baronin Maria Augusta Kutschera von Trapp **K** Werner Krien **M** Franz Grothe **P** Wolfgang Reinhardt für Divina-Gloria **L** 105 Min., Farbe **D** Ruth Leuwerik, Hans Holt, Maria Holst, Josef Meinrad, Friedrich Domin, Hilde von Stolz, Agnes Windeck, Liesl Karlstadt

Noch bevor Julie Andrews 1965 in MEINE LIEDER - MEINE TRÄUME mit ihrer Kinderschar fröhlich singend und jodelnd durch das saftig grüne Almengras hüpfte und damit einen der größten Filmerfolge Hollywoods heraufbeschwor, war ihr ihre deutsche Kollegin Ruth Leuwerik zuvorgekommen. Die sah zwar nicht so gut aus und konnte erst recht nicht singen, trotzdem wurden die beiden Trapp-Familien-Filme unter der Regie von Wolfgang Liebeneiner eine todsichere Sache. Der Stoff bot viele Möglichkeiten für Rührseliges aller Art, das mit einer solchen Wucht aufgefahren wurde, daß es für den Regisseur ein Leichtes war, die unbequeme Klippe der Österreich-Annektion an das Deutsche Reich geschickt zu umschiffen.
In einem Schloß lebt inmitten der Alpenrepublik Baron Trapp (Holt), ein ehemaliger U-Boot-Kapitän, der nach dem Tode seiner Frau meint, die sieben mutterlosen Kinder genauso herumkommandieren zu müssen, wie seinerzeit seine Matrosen. Das Los der Kleinen wird erheblich gemildert durch das Auftauchen der jungen Novizin Maria (Leuwerik), die von ihrem Orden als Kindermädchen in das Schloß gesandt wird, wo sie nicht nur die außerordentlichen stimmlichen Qualitäten ihrer Schützlinge im Absingen des deutschen Volksliedgutes trainiert, sondern auch noch das Herz des Barons im Sturm erobert. Bald läuten die Hochzeitsglocken, Trapp hat eine neue Frau, die Kinderschar wieder eine Mutter. Alles könnte so schön sein, doch da kommen die bösen Nazis, die der Baron nicht ausstehen kann und wegen denen man das hübsche Schloß im Stich läßt, um sich nach Amerika einzuschiffen.
Die Trapp-Familie, eine erschreckende Mischung aus naivem Katholizismus, rührseligem Kitsch und schmalziger Alpenromantik, wurde einer der größten Kassenerfolge des deutschen Nachkriegsfilms, dessen permanentes Streben nach Idylle und Zufriedenheit in einer beinahe sträflichen Verharmlosung des nationalsozialistischen Unheils gipfelte. Auch wenn sich Liebeneiner und sein Drehbuchautor auf die authentischen Lebensbeschreibungen der Baronin von Trapp berufen, so kann man gewiß sein, daß sich die Geschichte sicherlich nicht so abgespielt hat, wie es uns diese gefühlsduselige Schmonzette weiszumachen versucht. Zwei Jahre später ließ Liebeneiner seinem Kassenstürmer die Fortsetzung *Die Trapp-Familie* in Amerika folgen. jg

Die Trapp-Familie in Amerika

Die Trapp-Familie in Amerika. BRD 1958 **R** Wolfgang Liebeneiner **B** Herbert Reinecker, nach den Lebenserinnerungen der Baronin Maria Augusta Kutschera von Trapp **K** Werner Krien **M** Franz Grothe **P** Utz Utermann für Divina-Gloria **L** 106 Min., Farbe **D** Ruth Leuwerik, Hans Holt, Josef Meinrad, Wolfgang Wahl, Adrienne Gessner, Peter Esser, Holgen Hagen, Betty Jackson, Benton C. Lombard, Michael Ande

Aller Anfang ist schwer. Das muß auch die Trapp-Familie einsehen, die in der Steinwüste von New York ein kümmerliches Dasein fristet. Die finanziellen Reserven sind längst aufgebraucht und Engagements nicht in Sicht. Maria versucht, die Familie bei Laune zu halten, doch angesichts der fremden und feindlichen Umgebung, der unverständlichen Sprache und der scheußlichen Wohnung gerät auch sie in eine Krise. Durch eine Österreicherin, die mit einem amerikanischen Multimillionär verheiratet ist, erhalten die Emigranten eine neue Chance. Schnell wird am Repertoire herumgetüftelt, und wie erstaunt sind Maria und die Kinder, als sie sehen, daß sich die Amerikaner nach den zuvor erfolglos dargebrachten klassischen Gesangsstükken immerhin für deutsche Volkslieder begeistern können. So ertönen denn auch die schönen Weisen *Kein schöner Land* (was sich zwischen den Wolkenkratzern Manhattans doch etwas skurril ausnimmt), *Wenn alle Brünnlein fließen* oder *Wir bauen uns ein Haus*. Um die gesanglichen Qualitäten der versammelten Kinderschar war es allerdings weniger gut bestellt, so daß alle dargebotenen Lieder mit den Regensburger Domspatzen einstudiert wurden.
Da Teil Eins der Produktionsfirma einen Geldsegen sondergleichen beschert hatte, waren genügend finanzielle Mittel vorhanden, um die Außenaufnahmen vor Ort in New York (u. a. auf dem Empire State Building) zu drehen. jg

Trauen Sie Alfredo einen Mord zu?

L'assassino. Italien/Frankreich 1961 **R** Elio Petri **B** Elio Petri, Ugo Guerra, Pasquale Festa Campanile, Massimo Franciosa **K** Carlo di Palma **M** Piero Piccioni **P** Franco Cristaldi für Vides Cinematografica/Titanus Film (Rom), S. G. C. (Paris) **L** 97 Min., s/w **D** Marcello Mastroianni, Micheline Presle, Cristina Gaioni, Salvo Randone

Nachdem er bereits einige Jahre als Drehbuchautor für Regisseure wie Carlo Lizzani tätig gewesen war, gab Elio Petri mit diesem interessanten Kriminalkammerspiel sein Regie-Debüt und etablierte sich auf einen Schlag als einer der vielversprechendsten jungen Filmemacher Italiens. Marcello Mastroianni ist als Antiquar Alfredo zu sehen, ein nicht allzu sympathischer Typ, der es nur wegen seines guten Ausehens und skrupellosem Einsatz desselben zu einem eigenen Geschäft gebracht hat. Er wird von der Polizei verhaftet, weil seine frühere Geliebte Adalgisa (Presle) ermordet aufgefunden wurde und er sich am Abend zuvor mit ihr getroffen hatte. Während des Verhörs, das die Polizei mit der sicheren Gewißheit führt, den Mörder gefaßt zu haben, wächst mit dem Rückblick auf sein Leben Alfredos Verachtung für sich selbst und er beschließt, die nicht begangene Tat zu gestehen...
Petri nutzte den koventionellen Rahmen eines Krimis für eine vielschichtige, mit vielen Rückblenden arbeitende Charakterstudie, die für Marcello Mastroianni eine Paraderolle bereithielt. *Oggi* kommentierte: „Wenn es bis jetzt bei irgend jemandem noch Zweifel über den Namen des derzeit besten italienischen Filmschauspielers gegeben haben sollte, so dürften sie nun keine Berechtigung mehr haben.“ al

Traum meines Lebens

Summer Madness/Summertime. Großbritannien/USA 1955 **R** David Lean **B** H. E. Bates, David Lean, nach dem Bühnenstück *The Time of the Cuckoo* von Arthur Laurents **K** Jack Hildyard **M** Alessandro Cicognini **P** Ilya Lopert für Lopert Films/United Artists **L** 100 Min., Farbe **D** Katharine Hepburn, Rossano Brazzi, Isa Miranda, Darren McGavin, Mari Aldon, Jane Rose, Gaitano Audiero

Bevor sich David Lean mit DIE BRÜCKE AM KWAI den internationalen Großproduktionen zuwendete, die fortan seine Karriere bestimmten, drehte er an Originalschauplätzen in Venedig dieses vergleichsweise intime Liebesdrama. Es ist die bittersüße Geschichte der altjüngferlichen Jane Hudson (Hepburn), einer Sekretärin aus dem amerikanischen Mittelwesten, die sich mit dem Besuch der Lagunenstadt einen lebenslangen Traum erfüllt hat. Im Grunde eine einsame Frau, lernt sie schnell den Antiquitätenhändler Renato (Barzzi) kennen: für beide ist es Liebe auf den ersten Blick. Doch Renato ist verheiratet und Jane weiß, daß die Beziehung keine Chance hat...
Die Schönheit Venedigs, hervorragend eingefangen von Jack Hildyard, wetteifert in diesem liebenswerten kleinen Film mit dem Charme und dem Charisma Katharine Hepburns, die eine anrührende, aber auch komische Darstellung hinlegt, für die sie zu Recht mit einer Oscar-Nominierung belohnt wurde. So fällt sie in einer wunderbaren Slapstick-Sequenz rücklings in den Canale Grande, als sie beim Photographieren ein paar Schritte zuviel nach hinten macht. David Lean, der klugerweise einige Handlungselemente aus Arthur Laurents Bühnenvorlage entfernte, wurde für seine Bemühungen hinter der Kamera ebenfalls nominiert. al

Traum ohne Ende

Dead of Night. Großbritannien 1945 **R** Alberto Cavalcanti, Basil Dearden, Robert Hamer, Charles Crichton **B** John Baines, Angus MacPhail, T. E. B. Clarke, nach den Geschichten von H. G. Welles, E. F. Benson, Baines und McPhail **K** Jack Parker, H. Julius **M** Georges Auric **P** Michael Balcon für Rank/Ealing **L** 104 Min., s/w **D** Mervyn Johns, Roland Culver, Mary Merrall, Frederick Valk, Renee Gadd, Antony Baird, Judy Kelly, Miles Malleson

Traum ohne Ende ist einer jener frühen britischen Horrorfilme, der geschickt mit den menschlichen Urängsten spielt und episodenhaft eine Palette von Alpträumen ausbreitet, die so angeordnet sind, daß sich selbst die reale Rahmenhandlung gegen Ende als Traum entpuppt. Der Film endet auf die gleiche Weise wie er beginnt. Walter Craig (Johns) wird in ein Landhaus eingeladen, das ihm mit seinen Gästen bereits aus einer seiner zahlreichen Visionen bekannt ist. Im Laufe der nachmittäglichen Unterhaltung werden fünf unheimliche Episoden erzählt, die allesamt ein unerklärliches Ereignis zum Thema haben. Die Geschichten handeln von einem verunglückten Rennfahrer, der von dem Kutscher eines Leichenwagens eine unmißverständliche Warnung erhält, von der Begegnung mit dem Geist eines Kindes, das von der eigenen Schwester umgebracht wurde; sie verschaffen uns weiterhin die Bekanntschaft mit einem mysteriösen Spiegel, der das Leben seiner neuen Besitzer auf unheilvolle Weise beeinflußt, erzählen von dem unglückseligen Wettkampf zweier Golffanatiker und finden ihren Höhepunkt in der abschließenden Geschichte, in der ein Bauchredner in zunehmendem Maße von seiner Puppe beherrscht wird.
Aufgrund ihrer verschiedenen Regisseure sind die einzelnen Geschichten qualitativ unterschiedlich ausgefallen. Eine besonders düstere Aura besitzen die Episoden *The Haunted Mirror* (Robert Hamer) und *The Ventriloquist's Dummy* (Cavalcanti). In den USA empfand der Verleih die Spieldauer des Films als zu lang und schnitt einfach zwei Episoden heraus. Das hatte zur Folge, daß das Publikum sich fragte, warum sich die beiden Personen, die eigentlich auch etwas zu erzählen haben, überhaupt unter den Protagonisten befanden. In Deutschland wurde 1947 ebenfalls nur die amerikanische Fassung aufgeführt. Erst gegen Ende der 80er Jahre strahlte das ZDF den Film mit einer neuen Synchronisation in seiner vollen Länge aus. jg

Träumende Lippen

A Patch of Blue. USA 1965 **R** Guy Green **B** Guy Green, nach dem Roman *Be Ready With Bells and Drums* von Elizabeth Kata **K** Robert Burks **M** Jerry Goldsmith **P** Pando S. Berman für Metro-Goldwyn-Mayer **L** 105 Min., Farbe **D** Sidney Poitier, Shelley Winters, Elizabeth Hartman, Wallace Ford, Ivan Dixon

Für die blinde Selina (Hartman), die bei ihrer zänkischen Prostituierten-Mutter Rose-Ann (Winters) lebt, ist der junge Zeitungsjournalist Gordon Ralfe (Poitier) der erste Mensch, der ihr Aufmerksamkeit und Zuwendung schenkt. Man verbringt viel Zeit miteinander, und Gordon rät der Achtzehnjährigen, eine Blindenschule zu besuchen. Als Rose-Ann jedoch erfährt, daß Gordon schwarz ist, will sie, eine unverbesserliche Rassistin, die beiden mit aller Gewalt auseinanderbringen. Dieses einfühlsame und vorzüglich gespielte Drama, das wider Erwarten zu einem enormen Kassenschlager wurde, ist ein typisches Beispiel für Hollywoods Umgang mit der gerade in den 60er Jahren zunehmend aktuellen Rassenproblematik. Poitier spielt - wie üblich - einen grundguten, wohlerzogenen und gebildeten Charakter, der dem Zuschauer keinen Grund läßt, sich *nicht* mit ihm zu identifizieren. Behandelt der Film immerhin das Thema einer Liebe zwischen Schwarz und Weiß, so ist er doch sehr vorsichtig beim Thema Sex: zwischen Selina und Gordon kommt es nur zu einem achtsekündigen Kuß, und auch der mußte im Süden der USA - wo *Träumende Lippen* ironischerweise besonders erfolgreich war - geschnitten werden. Elizabeth Hartman, Shelley Winters, Ausstattung und Musik wurden für Oscars nominiert, doch nur Winters nahm die Statuette - ihre zweite in dieser Kategorie - mit nach Hause. al

Der träumende Mund

Der träumende Mund / Mélo. Deutschland/ Frankreich 1932 **R** Paul Czinner **B** Paul Czinner, Carl Meyer, Elisabeth Bergner, nach dem Bühnenstück *Mélo* von Herni Bernstein **K** Jules Krueger **P** Matador Film GmbH (Berlin)/Pathé Cinéma (Paris) **L** 86 Min., s/w **D** Elisabeth Bergner, Rudolf Forster, Anton Edthofer, Margarete Hruby, Jaro Fürth, Peter Kröger, Karl Hannemann, Willi Schur

Diese deutsch-französische Coproduktion, die wenige Monate vor Hitlers Machtübernahme im September 1932 zur Aufführung kam, war der letzte Film des Künstlerehepaars Paul Czinner und Elisabeth Bergner, die beide nach dem unseligen 30. Januar 1933 nach England emigrierten, um dort zu arbeiten. Elisabeth Bergner hatte zu diesem Werk auch am Drehbuch mitgearbeitet, doch auf ihren Wunsch hin wurde ihr Name im eigentlichen Titelvorspann nicht erwähnt.
In seinem zweiten Tonfilm beschreibt Czinner eine tragisch endende Ménage à trois. Die kindlich wirkende Gaby (Bergner) ist mit dem bekannten Dirigenten Peter (Edthofer) verheiratet. Als sie jedoch dem Geiger Michael (Forster), einem ehemaligen Kommilitonen ihres Mannes, begegnet, ist sie im Nu dessen Charme verfallen. Hin- und hergerissen zwischen den beiden Männern, weiß sie weder ein noch aus. Als Peter schwer erkrankt, weicht sie nicht von seiner Seite, muß jedoch erkennen, daß ihre Gefühle für ihren Mann nicht mehr viel mit wahrer Liebe zu tun haben. Unfähig, eine Lösung in dieser prekären Situation zu finden, wählt Gaby den Selbstmord.

Ein sensibel und höchst aufwühlend gespieltes Melodrama, bei dem Czinner geschickt die Musik von Beethoven und Wagner verwendete und damit das Gefühlsleben seiner Protagonisten untermalte. Parallel zu der deutschen Fassung entstand auch eine französische Version, in der Gaby Morlay die Hauptrolle spielte. 1937 drehte Czinner wiederum mit Elisabeth Bergner ein Remake unter dem Titel *Dreaming Lips*. Ein drittes Mal brachte Josef von Baky 1952 das Rührstück mit der Traumbesetzung Maria Schell und O. W. Fischer auf die Leinwand. jg

Traumulus

Traumulus. Deutschland 1936 **R** Carl Froelich **B** Robert A. Stemmle, Erich Ebermayer, nach dem Bühnenstück von Arno Holz und Oskar Jerschka **K** Reimar Kuntze **M** Hansom Milde-Meißner **P** Carl Froelich für Carl-Froelich-Film/Tobis Filmkunst **L** 100 Min., s/w **D** Emil Jannings, Hilde Weißner, Harald Paulsen, Paul W. Krüger, Hannes Stelzer, Hans Richter, Hilde von Stolz

Der große Emil Jannings eiferte hier in ähnlich tragischer Weise einer Rolle nach, die der Darstellung des Professors Immanuel Rath in Josef von Sternbergs Klassiker DER BLAUE ENGEL nahekam.
Preußen zur Zeit Kaiser Wilhelms II. Professor Niemeyer (Jannings), Direktor eines kleinstädtischen Gymnasiums, ist genau das, was man sich unter einem weltfremden, leicht vertrottelten Wissenschaftler vorstellt. In seinen Tagträumen schwelgt er in der Welt der Antike, des Humanismus und Heldentums, ohne auch nur etwas von der Wirklichkeit, die ihn umgibt, mitzubekommen. So ergeht sich seine Frau, ein leichtlebiges Luxusgeschöpf, in zerstreuenden Vergnügungen, während sein Sohn ein halbherziges Studentendasein führt und seine Zeit verbummelt. Zu ihnen hat Niemeyer ebenso den Bezug verloren wie zu seinen Schülern, die ihn insgeheim nur noch „Traumulus" nennen. Um so größer ist für ihn die Enttäuschung, als er eines Tages erfahren muß, daß sich sein Lieblingsschüler Zedtlitz (Stelzer) mit einer Schauspielerin eingelassen hat. Niemeyer ist schockiert und gibt dies dem jungen Mann in aller Deutlichkeit zu verstehen. Dieser hat daraufhin nichts Besseres zu tun, als sich das Leben zu nehmen. Erst an Zedlitz' Totenbahre erkennt Niemeyer, wie sehr er den Bezug zur Realität und ihren Menschen verloren hat.
Diese schauspielerisch überragende Verfilmung wird natürlich in jeder Szene von dem großartigen Emil Jannings beherrscht, weist aber neben ihren darstellerischen Qualitäten einige bedenkliche inhaltliche Tendenzen auf. Überdeutlich endet Froelichs Werk mit dem Hinweis, daß der Jugend neue moralische Werte und Ideale geboten werden müßten, was im Reiche Adolf Hitlers bereits auf unheilvolle Weise geschehen war. Nicht umsonst erhielt *Traumulus* das NS-Prädikat „staatspolitisch und künstlerisch wertvoll". Emil Jannings, zu diesem Zeitpunkt längst ein überzeugter Hitler-Anhänger, wurde für seine Rolle mit dem Nationalpreis ausgezeichnet. jg

Treffpunkt Hongkong

Soldier of Fortune. USA 1955 **R** Edward Dmytryk **B** Ernest K. Gann, nach seinem Roman **K** Leo Tover **M** Hugo Friedhofer **P** Buddy Adler für 20th Century-Fox **L** 96 Min., Farbe **D** Clark Gable, Susan Hayward, Michael Rennie, Gene Barry, Tom Tully, Alex D'Arcy, Anna Sten, Russell Collins

Susan Hayward war 1939 eine der zahlreichen Bewerberinnnen für die Rolle der Scarlett O'Hara in VOM WINDE VERWEHT gewesen. Auf diese Weise hätte sie vielleicht Clark Gable kennengelernt, der für *Treffpunkt Hongkong* unbedingt Grace Kelly haben wollte, mit der er schon zwei Jahre zuvor in MOGAMBO vor der Kamera gestanden hatte. Daß auch Schauspieler in einem Elfenbeinturm sitzen können, bewies Gable durch die Tatsache, daß er im Jahre 1955, in dem Susan Hayward einen beachtlichen Bekanntheitsgrad erreicht hatte, noch nicht einmal wußte, wer diese Schauspielerin war.
Edward Dmytryk inszenierte an Originalschauplätzen rund um Hongkong diese spannende und in recht hübsche Bilder umgesetzte Abenteuerstory. Jane Hoyt (Hayward) kommt nach Hongkong, um dort ihren Mann Louis (Barry), einen erfolgreichen Fotoreporter, zu suchen, der in rotchinesische Gefangenschaft geraten ist. Als ihr sowohl die amerikanischen als auch die britischen Behörden ihre Hilfe verweigern, wendet sie sich an den windigen Frachtkaufmann Hank Lee (Gable). Mit seiner Hilfe gelingt es ihr, den Ehegatten zu befreien. Im Zuge ihres gefahrvollen Unterfangens verlieben sich beide natürlich ineinander. Da der gerettete Louis ohnehin ein ungebundenes Leben vorzieht, überläßt er Hank großzügig seine Frau, mit dem Wissen, daß dieser ihr die wahre Liebe, nachder sie sich so sehr sehnt, geben wird.
Zum Zeitpunkt der Dreharbeiten hatte Susan Hayward gerade die Scheidung von ihrem Ehemann Jess Barker hinter sich gebracht und befand sich infolgedessen in einem recht labilen Zustand. Da es ihr nicht erlaubt war, ihre Kinder mit zu den Außenaufnahmen nach Hongkong zu nehmen, blieb sie in Hollywood, wo sämtliche Fernost-Szenen in entsprechenden Kulissen und Rückprojektionen mit ihr nachgedreht werden mußten. jg

Treibjagd

La course du lièvre a travers les champs. Frankreich 1972 **R** René Clément **B** Sébastien Japrisot **K** Emond Richard **M** Francis Lai **P** Serge Silberman für Greenwich Films **L** 127 Min. (Originalfassung 140 Min.), Farbe **D** Jean-Louis Trintignant, Robert Ryan, Lea Massari, Aldo Ray, Tisa Farrow, Jean Gaven

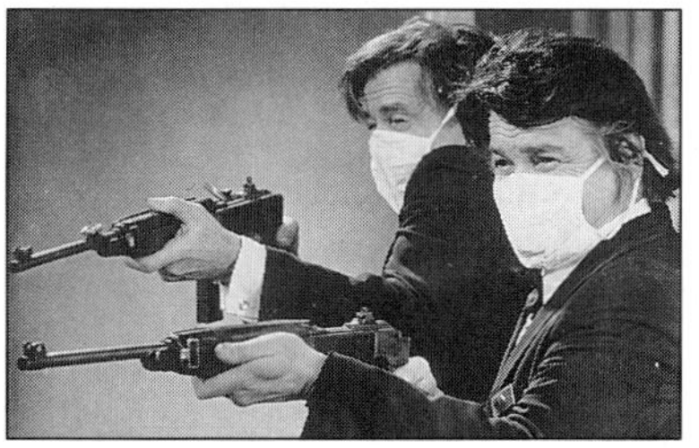

Der Franzose Tony (Trintignant) ist auf der Flucht vor Zigeunern, da er offenbar bei einer Notlandung mit seinem Sportflugzeug einige ihrer Kinder getötet hat. Durch einen Zufall gerät er in Montreal an eine Gangsterbande, die ihm zunächst Unterschlupf in ihrem einsam gelegenen Versteck gewährt. Es stellt sich heraus, daß die Truppe einen spektakulären Coup vorbereitet: aus dem obersten Stockwerk des Polizeihochhauses will man im Auftrage eines millionenschweren Unterwelt-Bosses eine Belastungszeugin entführen. Besonders bei Charley (Ryan), dem alternden Chef der Truppe, und bei der attraktiven Sugar (Massari) macht sich Tony schnell beliebt und wird schließlich zur Beteiligung an dem Unternehmen eingespannt...
Ein äußerst vielschichtiger und komplizierter Thriller in der Tradition seiner vorangegangenen DER AUS DEM REGEN KAM und DAS HAUS UNTER DEN BÄUMEN gelang René Clément mit *Treibjagd*, dem in der deutschen Fassung leider einiges von seiner Faszination verlorengeht. Denn Clément hatte der eigentlichen Handlung eine weitere zur Seite gestellt, in der man Kinder bei ihren „harmlosen" Spielen in Frankreich sieht - oft berühren und überschneiden sich die beiden Ebenen, was den Aktionen der Erwachsenen eine kindlich-naive Qualität verleiht. Diese eingeschnittenen Elemente wurden vom deutschen Verleih entfernt, wahrscheinlich, um das Verständnis des Films zu erleichtern und ihn auf seine Aktions-betonten Elemente zu reduzieren. *Treibjagd*, in englischer Sprache in Kanada gedreht, wurde von der Kritik als „ungewöhnlich" und sogar „poetisch" gelobt. Tisa Farrow ist übrigens die jüngste Schwester der bekannteren Mia Farrow. al

Treibsand

The Walking Hills. USA 1949 **R** John Sturges **B** Alan LeMay, Virginia Roddick **K** Charles Lawton jr. **M** Arthur Morton **P** Harry Joe Brown für Columbia **L** 78 Min., s/w **D** Randolph Scott, Ella Raines, William Bishop, Edgar Buchanan, Arthur Kennedy, John Ireland, Jerome Courtland, Josh White

Mit *Treibsand*, einer bescheidenen, doch äußerst unterhaltsamen Produktion, drehte John Sturges seinen ersten Western. Nur kurze Zeit später sollte er sich mit Werken wie ZWEI RECHNEN AB oder DIE GLORREICHEN SIEBEN zu einem Meister in diesem Genre entwickeln.
Eine Gruppe wurzelloser Abenteurer macht sich ins Grenzland zwischen den USA und Mexiko auf, um einen Goldschatz zu finden, der irgendwo im Death Valley herumliegen und aus einem verschollenen Treck stammen soll. Das Gerangel um die Millionen eskaliert in gewalttätigen Auseinandersetzungen, bei denen einer nach dem anderen auf der Strecke bleibt. Die überlebenden Schatzsucher werden schließlich noch von einem Sandsturm aufgerieben, der letztendlich aber die begehrten Goldbarren freipustet. Chris Jackson (Raines), seines Zeichens Privatdetektiv, und der gesuchte Mörder Jim Carey (Scott) bergen den Millionenfund und reiten in die Stadt zurück, wo sich Carey den Organen des Gesetzes ergibt.
Neben Andrew Mortons Musik ist auch der schwarze Gospelsänger Josh White zu hören, der hier auf seiner Gitarre eine Reihe von Blues und Country-Songs zum besten gibt. jg

Trio Infernal

Le trio infernal. Frankreich/Italien/BRD 1973 **R** Francis Girod **B** Francis Girod, Jacques Rouffio, nach dem Roman von Solange Fasquelle **K** Andraes Winding **M** Ennio Morricone **P** Raymond Danon, Jacques Dorfmann, Wolfdieter von Stein für Lira Films/Belstar Prod./Films 66/Fox Europe (Paris), Oceania Cinematografica (Rom), T. I. T. Prod. (München) **L** 105 Min., Farbe **D** Romy Schneider, Michel Piccoli, Mascha Gonska, Philippe Brizard, Andrea Ferréol, Jean Rigaux

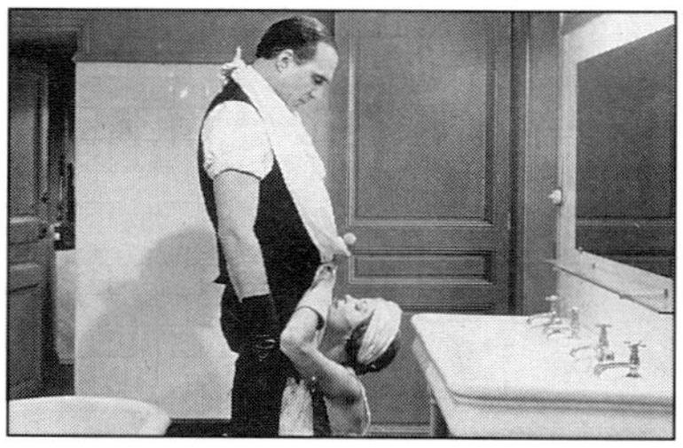

Nach einem authentischen Fall aus dem Jahre 1931, als der Anwalt Georges Sarret sowie die deutschen Schwestern Schmidt wegen mehrfachen gemeinschaftlichen Mordes zum Tode verurteilt und hingerichtet wurden, konstruierte der Regieneuling Francis Girod diese bizarr-makabre schwarze Komödie, die bei ihrer Erstaufführung bei den Filmfestspielen in Cannes für eine Sensation sorgte. Michel Piccoli ist als Sarret zu sehen, der die Notlage der deutschen Schwestern Philomena (Schneider) und Catherine Schmidt (Gonska) geschickt zu nutzen weiß. Beide dürfen nur in Frankreich bleiben, wenn sie durch Heirat die französische Staatsangehörigkeit erwerben. Beide ältlichen und vermögenden Männer segnen schon bald darauf das Zeitliche, wobei die Versicherungssumme dank guter Vorarbeit von Sarret dem höllischen Trio, das sich mittlerweile in einer Lebensgemeinschaft zu dritt arrangiert hat, zufällt. Beim nächsten Coup werden der reiche Chambon und seine Freundin am Weihnachtsabend von ihren „Gästen" erschossen und in der Badewanne mit Schwefelsäure aufgelöst...
Besonders letztere Sequenz erhitzte die Gemüter. Schneider und Gonska, über und über mit Blut besudelt und mit Gasmasken ausgerüstet, schaffen die aufgelösten Überreste ihrer Opfer mit Eimern in den Garten und verteilen sie mit Mistgabeln in einer Grube. Piccoli ist dafür zuständig, die stinkende Masse oben im Bad in die Eimer zu schöpfen. Mit Hilfe von Ennio Morricones origineller Musik wird aus dieser Szene ein Meisterstück schwarzen Humors, ebenso komisch wie grausam. Auch sonst zeigt sich Romy Schneider, die von *L'Express* als „das charmante Monster in Person" bezeichnet wurde, als scham- und skrupellose Philomena auf eine Weise, die mit ihrem süßlich-kitschigen Image aus SISSI-Tagen nichts mehr zu tun hat. Uschi Glas hatte die Rolle der Catherine übrigens abgelehnt, da sie sich hätte nackt zeigen müssen. „Ein unerhört ehrgeiziger Film, und, was selten ist, oft auf der Höhe seines Ehrgeizes." (*Le Nouvel Observatuer*) al

The Trip to Bountiful

The Trip to Bountiful. USA 1985 **R** Peter Masterson **B** Horton Foote, nach seinem Bühnenstück **K** Fred Murphy **M** J. A. C. Redford **P** Sterling Van Wagenen, Horton Foote für Bountiful Pictures/Film Dallas **L** 107 Min., Farbe **D** Geraldine Page, John Heard, Carlin Glynn, Richard Bradford, Rebecca de Mornay, Kevin Cooney, Mary Kay Mars

Houston zu Beginn der 50er Jahre. Die 70jährige Witwe Carrie Watts (Page) lebt bei ihrem Sohn Ludie (Heard) und dessen Frau Jessie Mae (Glynn) in einer spießigen Vorort-Siedlung. Ihr Alltag ist geprägt von den permanenten Auseinandersetzungen mit ihrer herrschsüchtigen Schwiegertochter, die den ganzen Tag nichts Besseres zu tun hat, als zum Friseur zu rennen und mit ihrer besten Freundin im Drugstore eine Cola nach der anderen zu schlürfen. Eines Tages hat Carrie die Demütigungen satt; sie stiehlt sich aus dem Haus und macht sich auf den Weg nach Bountiful - einem kleinen, inzwischen halbverfallenen Ort, in dem sie ihre Kindheit und Jugend verbracht hat. Bevor sie stirbt, möchte sie wenigstens noch einmal das Haus sehen, in dem sie aufwuchs und ihre Kinder geboren hat. Die Reise an jenen längst vergessenen Ort wird für sie zu einem melancholischen Ausflug in die Vergangenheit.
Es passiert nicht viel in diesem schmalbudgetierten Film, und doch hat Peter Masterson die anrührende Geschichte dieser alten Frau so einfühlsam inszeniert, daß hier keine Szenenfolge zu lang geraten ist. Während Mrs. Watts auf nächtlichen Busstationen wartet, erzählt sie ihren Mitreisenden von ihrem Leben und ihrer Hoffnung, in Bountiful noch einmal neu anfangen zu können, um freilich bei ihrem Eintreffen dort festzustellen, daß sie nicht mehr als eine Viertelstunde an jenem Ort zubringen wird. Nach sechs vorherigen Oscar-Nominierungen erhielt Geraldine Page 1986 endlich als reichlich verspätete Anerkennung den begehrten Filmpreis. Ein Jahr später starb sie. Neben der Kinofassung des Stoffes existiert auch eine Fernseh-Version, die 1953 entstand und in der Lillian Gish und Eva Marie Saint die Hauptrollen spielten. jg

Tristana

Tristana. Spanien/Italien/Frankreich 1970 **R** Luis Buñuel **B** Luis Buñuel, Julio Alejandro, nach dem Roman von Benito Pérez Galdós **K** José F. Aguayo **P** Robert Dorfmann für Epoca Film/Talía Film (Madrid), Selenia Cinematografica (Rom), Les Films Corona (Paris) **L** 98 Min., Farbe **D** Catherine Deneuve, Fernando Rey, Franco Nero, Lola Gaos, Antonio Casas, Jesús Fernández

Die junge Tristana (Deneuve) begibt sich auf Wunsch ihrer sterbenden Mutter in die Obhut des Aristokraten Don Lope (Rey), hinter dessen väterlich-beschützender Fassade sich jedoch bald erotisches Verlangen zeigt, das Tristana schließlich aus dem Haus treibt. Sie verliebt sich in einen jungen Maler (Nero), kehrt jedoch nach zwei Jahren zu Don Lope zurück, da sie, inzwischen gesundheitlich angeschlagen, seine Hilfe braucht. Aufgrund eines Tumors muß ein Bein amputiert werden, und Tristana willigt schließlich ein, Don Lopes Frau zu werden. Allerdings verweigert sie sich ihm sexuell und läßt ihn, als er in einer Winternacht schwer erkrankt, ungerührt sterben.
Zehn Jahre nach dem Skandal um VIRIDIANA konnte Luis Buñuel wieder einen Film in seinem Heimatland Spanien realisieren und sparte auch diesmal nicht mit Seitenhieben auf die bürgerliche Gesellschaft und die katholische Kirche. Als Vorlage diente ein Roman von Benito Pérez Galdós, dessen NAZARIN der Regisseur bereits 1959 verfilmt hatte. *Tristana* wurde fast ausschließlich in Toledo gedreht und profitiert enorm von der düsteren, mittelalterlichen Atmosphäre dieser Stadt. Der Film ist ganz in schwarz, grau und ocker gehalten, und sogar Catherine Deneuves Haare sind hier braun

statt blond. Die Hauptdarstellerin von Buñuels BELLE DE JOUR - DIE SCHÖNE DES TAGES konnte hier erneut ihr darstellerisches Talent in einer vielschichtigen, schwierigen Rolle voll entfalten. al

Triumph des Mannes, den sie Pferd nannten

Triumph of the Man Called Horse. USA 1982 **R** John Hough **B** Ken Blackwell **K** John Alcott **M** George Garvarentz **P** Derek Gibson für Sandy-Howard-Prod. **L** 82 Min., Farbe **D** Richard Harris, Michael Beck, Ana de Sade, Vaughn Armstrong, Buck Taylor, Sebastian Ligarde, Anne Seymour, Miguel Angel Fuentes, Regino Herrera

Ein etwas glanzloser Abschluß, der die Trilogie vom *Mann, den sie Pferd nannten* beendete. War schon 1976 nicht ganz ersichtlich, warum dem Erstlingsfilm aus dem Jahre 1969 eine Fortsetzung folgen mußte, so stellt sich beim dritten Teil diese Frage noch dringlicher.
Man schreibt das Jahr 1875. Der Bundesstaat Dakota wird mit einer Flut von zwielichtigen Glücksjägern überschwemmt, die sich allesamt auf den Weg gemacht haben, um nach Gold zu suchen. Auf der Strecke bleiben wieder einmal die Indianer, die unausweichlich in einen Kampf mit den Eindringlingen verwickelt werden. Wie schon so oft versucht der britische Aristokrat John Morgan (Harris) zwischen den Rassen zu vermitteln. Morgan hat inzwischen auch einen Sohn, der aus seiner Verbindung mit einer Indianerin stammt und jetzt in den Städten des Ostens Jura studiert. Koda (Beck), so sein Name, kommt in das Land der Sioux zurück, um an der Seite seines Vaters für den Frieden zu kämpfen. Als Morgan während einer bewaffneten Auseinandersetzung fällt, tritt Koda seine Nachfolge an und startet einen blutigen Rachefeldzug gegen die weißen Invasoren.
Triumph des Mannes, den sie Pferd nannten entstand - wie bereits Teil Eins - in der traditionsreichen Gegend von Cuernavaca und Durango (Mexiko). Der Film hatte ursprünglich eine wesentlich längere Laufzeit, bei der den Produzenten jedoch die Spannungsmomente zu spärlich eingestreut erschienen und sie daher drastische Kürzungen verlangten. Mit seiner überraschend kurzen Spieldauer von gerade einmal 82 Minuten strapaziert dieser Western seine Zuschauer auf diese Weise mit einer fließbandmäßig präsentierten Serie von brutalen Action-Sequenzen. jg

Triumphbogen

Arch of Triumph. USA 1948 **R** Lewis Milestone **B** Harry Brwon, Lewis Milestone, nach dem Roman von Erich Maria Remarque **K** Russell Metty **M** Louis Gruenberg **P** David Lewis für Enterprise/United Artists **L** 100 Min. (Originalfassung 120 Min.), s/w **D** Ingrid Bergman, Charles Boyer, Charles Laughton, Louis Calhern, Ruth Warrick, Roman Bohnen, Stephen Bekassy, Ruth Nelson

1930 hatte Lewis Milestone mit der Remarque-Verfilmung IM WESTEN NICHTS NEUES noch einen der bedeutendsten Anti-Kriegsfilme gedreht, der zudem den Gehalt der literarischen Vorlage weitestgehend bewahrte. Milestones zweite Remarque-Verfilmung erwies sich hingegen als wenig geglücktes Unterfangen, was zum einem an dem deutlich schwächeren Roman, zum anderen an den permanenten Einmischungen der Studioleitung lag, die von den unseligen Bestrebungen getrieben wurde, ein zweites CASABLANCA drehen zu wollen. Die Folge waren krasse Schnittauflagen, die Milestone so in Rage versetzten, daß er bis zur Uraufführung vergeblich versuchte, seinen Namen aus dem Vorspann zurückziehen zu lassen.
Es gelingt dem Film nur begrenzt, die hoffnungslose Situation der politischen Flüchtlinge im Europa der 30er Jahre glaubhaft nachzuvollziehen. Immerhin entspricht Milestone der depremierenden Aussage des Romans, indem er ebenfalls ein Happy-End vermeidet. 1938 lernt der flüchtige österreichische Arzt Dr. Ravic (Boyer) das Mädchen Joan (Bergman) kennen, die kurz davor steht, sich das Leben zu nehmen. Beide verbringen einige kurze, glückliche Monate. Joan verliebt sich in Ravic, ist jedoch durch dessen unterkühlte Art verunsichert. Ravic wird in die Schweiz abgeschoben, kehrt jedoch wieder nach Paris zurück. Joan lebt dort inzwischen an der Seite von Alex (Bekassy), der sie erschießt, als er entdeckt, daß seine Geliebte wieder zu Ravic zurückkehren will. Nebenbei hat der emigrierte Arzt noch den Gestapo-Chef Haake (Laughton), den Peiniger und Mörder seiner Frau, bei einer nächtlichen Autofahrt getötet.
„Remarques Roman war vor allem deshalb beachtlich, weil er das Leben eines politischen Flüchtlings dokumentierte. In dem Film, der fast nichts von dem authentischen Flair des Europas der Beschwichtigungs-Periode enthält, spürt man von dieser Qualität kaum noch etwas" (*Life*). jg

Die Troerinnen

The Trojan Women. USA 1971 **R** Michael Cacoyannis **B** Michael Cacoyannis, nach dem Bühnenstück des Euripides **K** Alfio Contini **M** Mikis Theodorakis **P** Michael Cacoyannis, Anis Nohra für Cinerama **L** 111 Min., Farbe **D** Katharine Hepburn, Geneviève Bujold, Vanessa Redgrave, Irene Papas, Brian Blessed, Patrick Magee

Michael Cacoyannis, der die Tragödie des Euripides schon als Off-Broadway-Stück inszeniert hatte, bekam hier die seltene Gelegenheit, gleich vier außergewöhnliche Schauspielerinnen für seine Verfilmung zu gewinnen.
Euripides, der sein Drama im Jahre 415 v. Chr. geschrieben hatte, schilderte damals schon überaus eindringlich die Folgen eines barbarischen Krieges, der nicht nur in den Reihen der Soldaten seine Opfer sucht, sondern auch unter der Zivilbevölkerung wütet. Diese bittere Erfahrung müssen die Frauen von Troja machen. Als ihre Stadt nach einem zehnjährigen Krieg von den Griechen erobert und dem Erdboden gleichgemacht wird, bleibt nur eine Anzahl von ihnen übrig, die sich von nun an den Befehlen der Eroberer fügen müssen. Zu ihnen gehören u. a. Hecuba (Hepburn), die Frau des gefallenen Königs Priamos, die den größten Teil ihrer Familie verloren hat, ihre Tochter Kassandra (Bujold) und ihre Schwiegertochter Andromache (Redgrave).
Ein recht bemüht synchronisiertes antikes Drama, das aufgrund seiner Thematik auch nach Jahrtausenden noch nichts von seiner Aktualität verloren hat. Cacoyannis hält sich allerdings etwas zu sklavisch an die Vorlage des Euripides, was dazu führt, daß an manchen Stellen eine gewisse Dialogüberfrachtung eintritt, die in der dargebotenen Weise auf Dauer ermüdend wirkt. jg

Trommeln am Mohawk

Drums Along the Mohawk. USA 1939 **R** John Ford **B** Lamar Trotti, Sonya Levien, nach dem Roman von Walter D. Edmonds **K** Bert Glennon, Ray Rennahan **M** Alfred Newman **P** Raymond Griffith für 20th Century-Fox **L** 103 Min., Farbe **D** Claudette Colbert, Henry Fonda, Edna May Oliver, Eddie Collins, John Carradine, Dorris Bowden, Jessie Ralph, Arthur Shields, Robert Lowery, Roger Imhof

In seinem ersten Farbfilm beschreibt John Ford den beschwerlichen Lebensweg des

jungen Siedlerpaares Lana (Colbert) und Gil Martin (Fonda), das zur Zeit des amerikanischen Unabhängigkeitskrieges (1776) versucht, sich in der wilden Landschaft des Mohawktales eine Existenz als Farmer aufzubauen. Immer wieder droht ihnen und den anderen Siedlern Gefahr von Seiten der Indianer, die - aufgestachelt von den Engländern - die Niederlassungen der Kolonialisten mit Mord und Brandschatzung heimsuchen. Trotz dieser extremen Belastungen verlieren Lana und Gil nie den Mut und könnnen am Ende auf eine friedlichere Zukunft für sich und ihre Kinder hoffen.
Ford hat diesen Film als wuchtig angelegtes Siedlerepos voller fesselnder Massenszenen angelegt. Das überschüssige Technicolor-Material war so ergiebig, daß noch Jahre später einige Passagen davon für den Western BUFFALO BILL, DER WEISSE INDIANER verwendet werden konnten. Die Fox sah sich bei den Produktionsvorbereitungen vor große Probleme gestellt, denn *Trommeln am Mohawk* verlangte eine gewaltige Menge an Requisiten, um das 18. Jahrhundert wirklichkeitsgetreu wiederauferstehen zu lassen. Da die Filmgesellschaft aber bisher nur wenige Streifen produziert hatte, die in dieser Zeit spielten, mußten Hunderte von Kostümen eigens für dieses Werk zurechtgeschneidert werden. Bei den im Film gezeigten Musketen handelte es sich um echte Gewehre, die man in Äthiopien aufgetrieben hatte, wo die Waffen Mitte der 30er Jahre noch gegen Mussolinis Truppen eingesetzt worden waren. Die Außenaufnahmen entstanden in der imposanten Landschaft des US-Bundesstaates Utah, wo Ford ein ganzes Fort nebst umliegender Siedlungen erbauen ließ. Vorübergehend wurde das 300-köpfige Drehteam ganz aus den Hollywood-Studios abgezogen, um in Utah von 6.00 Uhr morgens bis Sonnenuntergang auf den Beinen zu sein. *Trommeln am Mohawk* war zwar 1939 in etlichen Sparten für den Oscar nominiert, unterlag jedoch der übermächtigen Konkurrenz des Mammutfilms VOM WINDE VERWEHT. jg

Tron

Tron. USA 1982 **R** Steven Lisberger **B** Steven Lisberger, nach einer Story von Lisberger und Bonnie MacBird **K** Bruce Logan **SpE** Harrison Ellenshaw **M** Wendy Carlos **P** Donald Kushner für Buena Vista **L** 96 Min., Farbe **D** Jeff Bridges, Bruce Boxleitner, David Warner, Cindy Morgan, Barnard Hughes, Dan Shor, Peter Jurasik, Tony Stephano

Wie das Innenleben eines Computers aussehen mag, wird sich wohl schon manch einer gefragt haben. Diese Disney-Produktion gibt auf diese geheimen Wünsche und Vorstellungen eine Antwort, die allerdings wenig zufriedenstellend ausfallen dürfte.
Dillinger (Warner) arbeitet für den Mediengiganten ENCOM, der sich auf die Herstellung von Computer-Spielen spezialisiert hat. Aus Mangel an eigenen Ideen, klaut er einfach die Erfindungen seiner Mitarbeiter und läßt die Kollegen dann auf die Straße setzen. Zu diesen bedauernswerten Menschen gehört auch Flynn (Bridges), der jetzt einen kleinen Spielsalon betreibt. Zwei seiner ehemaligen Freunde sind Dillinger auf die Spur gekommen und bitten Flynn nun, den Code des Spezialcomputers MPC zu knacken, um die verbrecherischen Aktionen ihres Vorgesetzten beweisen zu können. Gleich bei seinem ersten Versuch wird Flynn atomisiert und in seine Bestandteile aufgelöst. Kurze Zeit später findet er sich im Innern des Elektronenhirns von MPC wieder und muß dort gegen eine Reihe finsterer Computergestalten kämpfen. Dank des Programms „Tron" kann Flynn seinen gefährlichsten Gegner Sark (ebenfalls Warner) besiegen und in menschlicher Gestalt wieder in die Realität zurückkehren, wo er Dillinger seines Postens verweist.
Als tricktechnisches Spektakel mag *Tron* durchaus mit einigen Bonuspunkten auftrumpfen; insgesamt gesehen ist dieser phantastische Film jedoch ein recht blutleeres Vergnügen, bei dem der unterkühlte Charme der Computeranimationen nur frostige Schauer erzeugt. Die Figuren agieren vor aberwitzigen Farb- und Graphikfeldern, ohne auch nur einen einzigen Augenblick lebendig zu wirken. Ohnehin waren schauspielerische Leistungen bei dieser Produktion eher nebensächlich. Das Agieren der Filmchargen bestand darin, einige wenige mimische Ausdrücke zu vollziehen. Gesichter und Körper wurden anschließend in diverse Computeranimationen einkopiert, die insgesamt 53 Minuten der gesamten Handlung ausmachten. jg

Tropenglut

Green Mansions. USA 1959 **R** Mel Ferrer **B** Dorothy Kingsley, nach dem Roman von William Henry Hudson **K** Joseph Ruttenberg **M** Hector Villa-Lobos, Bronislau Kaper **P** Edmund Grainger für MGM **L** 104 Min., Farbe **D** Audrey Hepburn, Anthony Perkins, Lee J. Cobb, Sessue Hayakawa, Henry Silva, Nehemiah Persoff, Michael Pate, Estelle Hemsley, Bill Saito

Glücklicherweise beschränkten sich die Regiearbeiten des Schauspielers Mel Ferrer lediglich auf zwei Filme; einer davon war *Tropenglut* - eine saft- und kraftlose Dschungelschnulze mit mystischem Einschlag, die Ferrer wohl vornehmlich drehte, um seiner damaligen Ehefrau Audrey Hepburn ein cineastisches Denkmal zu setzen, welches allerdings schnell zu bröckeln beginnt. Sieht man einmal von der albernen Geschichte ab, die mit Hudsons Roman nur noch wenig zu tun hat, so sorgen doch immerhin die rehäugige Audrey und die pittoresken südamerikanischen Urwald-Aufnahmen für einige Schauwerte.
Anthony Perkins spielt den jungen Abel, der sich als politisch Verfolgter in das üppige Dickicht des Dschungel flüchtet, wo er dem Mädchen Rima (Hepburn) begegnet, das die seltene Fähigkeit besitzt, mit den Tieren des Waldes zu kommunizieren. Dies weckt den Zorn eines abergläubischen Eingeborenenstammes, der Rima für einen bösen Geist hält. Während Abel in den Bergen herumklettert und Gold sucht, um damit eine Strafexpedition gegen die Mörder seines Vater auszurüsten, wird Rima von den Wilden dem Tode zugeführt, indem man unter dem Baum, den sie bewohnt, ein Feuer entfacht. Als Abel zurückkehrt, entdeckt er nur noch rauchende Trümmer. Rima erscheint ihm in einer Vision, und es bleibt dem Zuschauer überlassen, ob er sich die Möglichkeit einräumen möchte, daß das Mädchen vielleicht doch noch lebt, um mit Abel glücklich zu werden.
Angereichert wird diese haarsträubende Geschichte mit einigen wilden Eingeborenentänzen und dem Titelsong *Green Mansions*, mit dem Anthony Perkins den Beweis lieferte, daß seine Qualitäten mit Sicherheit nicht im musikalischen Bereich liegen. jg

Der Trost von Fremden

The Comfort of Strangers. Italien/USA 1990 **R** Paul Schrader **B** Harold Pinter, nach dem Roman von Ian McEwan **K** Dante Spinotti **M** Angelo Badalamenti **P** Angelo Rizzoli für Erre Prod./Reteitalia (Rom), Sovereign Pictures (Hollywood) **L** 107 Min., Farbe **D** Christopher Walken, Rupert Everett, Natasha Richardson, Helen Mirren

Ihre in eine Krise geratene Beziehung hoffen Colin (Everett) und Mary (Richardson), ein junges britisches Paar, in Venedig erneuern zu können, jener Stadt, in der sie als frisch Verliebte romantische Stunden verbrachten. Schnell läuft ihnen der Wahlvenezianer Robert (Walken) über den Weg, der sich ihnen förmlich aufdrängt, dessen Charme und Charisma sie sich jedoch kaum entziehen können. Zu spät merken sie, was Robert und seine Frau Caroline (Mirren), die in einem alten Palast residieren, mit ihnen vorhaben... Ian McEwans brillanter kleiner Roman um sexuelle Perversion in Venedig wurde von Paul Schrader und seinem Drehbuchautor Harold Pinter in einen ungewöhnlichen, fesselnden Thriller umgesetzt, dessen verführerische, mystische Atmosphäre den Zuschauer in seinen Bann schlägt. Die Lagunenstadt war ja bereits häufig Schauplatz nicht ganz greifbarer Vorgänge, etwa in Nicholas Roegs WENN DIE GONDELN TRAUER TRAGEN, und strahlt auch hier Geheimnis und Faszination aus. Angelo Badalamenti schrieb einen wunderbar majestätischen Score. Die Kritiken waren gemischt - mit besonders viel Lob für Christopher Walken -, die Einspielergebnisse jedoch miserabel. al

Trouble in Mind

Trouble in Mind. USA 1985 **R** Alan Rudolph **B** Alan Rudolph **K** Toyomichi Kurita **M** Mark Isham **P** Carolyn Pfeiffer, David Blocker für Island Alive **L** 111 Min., Farbe **D** Kris Kristoffersen, Keith Carradine, Lori Singer, Geneviève Bujold, Joe Morton, Divine, George Kirby, John Considine, Dirk Blocker, Albert Hall

Liebesgeschichte, Drama und Krimi - all das vereinigt *Trouble in Mind* zu einem Film voller unerfüllter Sehnsüchte, Enttäuschungen und Leidenschaften. Irgendwann treffen sie sich alle in dem Café von Wanda (Bujold): der ehemalige Häftling Hawk (Kristoffersen), der nach acht Jahren Gefängnis wieder in die Gesellschaft zurückkehrt, der glücklose Gelegenheitsarbeiter Coop (Carradine) und seine Freundin Georgia (Singer). Das scheinbar festgefahrene Beziehungsgeflecht zwischen diesen Personen löst sich auf, als Hawk sich Hals über Kopf in Georgia verliebt, die ihrerseits seinen Avancen nicht abgeneigt ist. Coop verändert sich durch die Bekanntschaft mit dem windigen Gangsterboß Hilly Blue (Divine) auf erschreckende Weise, verwickelt sich in dubiose Geschäfte und läuft als geckenhaft aufgestylter Edel-Punker durch die Straßen der Stadt. Am Ende entladen sich lange aufgestaute Aggressionen, die einige Menschenleben kosten.
Alan Rudolph drehte mit *Trouble in Mind* ein zeitloses Werk; seine fiktive Stadt Rain City (in Wirklichkeit Seattle) ist ein windiges Pflaster mit regennassen, unfreundlichen Straßen, deren Erscheinungsbild wie ein Konglomerat aus Stilelementen der 30er, 50er und 90er Jahre wirkt. Trotz dieser, von Rudolph selbst propagierten Zeitlosigkeit ist der Film überaus amerikanisch. Seinen Protagonisten jedoch fehlt der Aufbruchsgeist des jungen Kontinents, sie sind verbraucht, haben resigniert und flüchten in Drogen, Alkohol und Kriminalität. Beachtlich ist das Aufgebot von namhaften Schauspielern, die Rudolph für seine Produktion versammeln konnte. Divine, der sonst mit Vorliebe fette amerikanische Hausfrauen-Typen verkörperte, spielte hier seine erste Männerrolle. jg

Truck Driver

Road Games. Australien 1980 **R** Richard Franklin **B** Everett de Roche **K** Vincent Monton **M** Brian May **P** Richard Franklin und Barbi Taylor für Quest Films **L** 92 Min., Farbe **D** Stacy Keach, Jamie Lee Curtis, Marion Edward, Grant Page, Bill Stacey, Thaddeus Smith

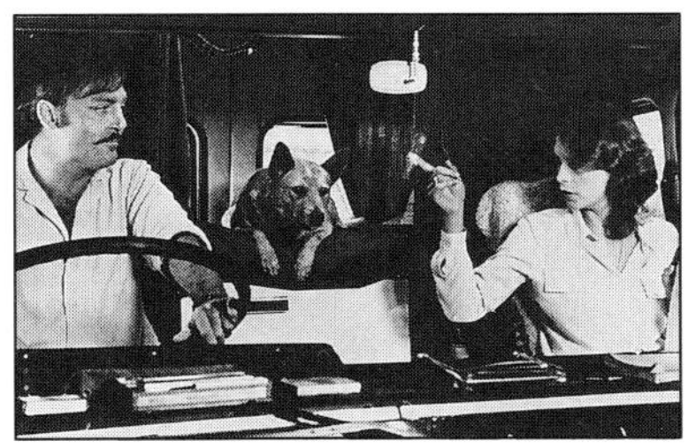

Quid (Keach) ist Fernfahrer. Mit seinem Truck braust er durch die endlose Weite Südaustraliens, transportiert Schweine- und Rinderhälften durch das Land. Auf seiner Tour erscheint ihm der Fahrer eines grünen Kleinbusses, dem er immer wieder begegnet, mehr und mehr verdächtig: Er hat ihn mehrfach beim Verbuddeln von Müllsäcken beobachtet. Als wenig später an verschiedenen Orten Teile von zerstückelten Leichen gefunden werden, ist für Quid alles klar: Er heftet sich an die Fersen des offensichtlich psychopatischen Killers und liefert sich am Ende ein spannendes Wettrennen mit ihm...
Regisseur Richard Franklin gelang ein durch und durch spannender Psychothriller, der den Zuschauer mit immer neuen Überraschungen und Wendungen in Atem hält. Durch suggestive Kamerafahrten ebenso wie durch geschickte Bildmontage wird das Gesehene stets wieder in Frage gestellt - bis zum Ende bleibt unklar, ob das Publikum lediglich das Opfer der kruden Horrorphantasien eines übermüdeten Truckers oder ob Australiens Süden tatsächlich der Schauplatz einer grauenvollen Mordserie ist. Beeindruckend die schauspielerische Leistung von Hauptdarsteller Keach, der in seinen einsamen Überlandfahrten über weite Strekken zum Alleinunterhalter des Roadmovies avanciert. sk

True Stories

True Stories. USA 1986 **R** David Byrne **B** Stephen Tobolowsky, Beth Henley, David Byrne **K** Ed Lachman **M** Talkind Heads **P** Gary Kurfirst **L** 89 Min., Farbe **D** John Goodman, Annie McEnroe, Swousie Kurtz, Spalding Gray, Pops Staples, Tito Larriva, David Byrne

Wahr sind die Geschichten, die der Rockmusiker David Byrne hier aneinandergereiht hat, natürlich nicht, auch wenn man es als Europäer zu glauben geneigt ist. Schließlich ist man aus Amerika allerhand gewohnt. Nur extrem besondere Menschen werden hier vorgestellt, meist bei mindestens ebenso absurden Anlässen agierend. David Byrne verbindet die einzelnen Präsentationen mit launigen Überleitungen, die er vom Lenkrad seines fahrenden Straßenkreuzers dem Zuschauer als Mitreisendem zuplaudert. Ereignen soll sich das alles in dem ländlichen texanischen Städtchen Virgil, und so sieht man David Byrne auch bis oben hin zugeknöpft und dazu von einem Texanerhut gekrönt. In Texas, das bei der Schöpfung örtlichen Legenden zufolge von Gott ein wenig vernachlässigt worden ist, werden nicht nur Rasenmäherparaden abgehalten und Anzüge aus Kunstrasen getragen, es gibt auch Leute, die es sich leisten können, aus lauter Bequemlichkeit das Bett nicht mehr zu verlassen. Gleichzeitig treiben dort aber auch Priester und Schamanen ihr Unwesen.
Wahr oder unwahr - dem Schotten David Byrne und seinem Stab ist eine amüsante Collage gelungen über die USA, wie sie vielleicht nicht sind, aber sein sollten. mg

Tschaikowski - Genie und Wahnsinn

The Music Lovers. Großbritannien 1970 **R** Ken Russell **B** Melvyn Bragg, nach dem Roman *Beloved Friend* von Catherine Drinken Bowen und Barbara von Meck **K** Douglas Slocombe **P** Ken Russell für Russfilms/United Artists **L** 123 Min., Farbe **D** Richard Chamberlain, Glenda Jackson, Max Adrian, Christopher Gable, Kenneth Colley, Izabella Telezynska

Nachdem er britischen Fernseh-Zuschauern bereits seinen eigenwilligen biographischen Blick auf Persönlichkeiten wie *Isadora Duncan* (1966) und Richard Strauss (*Dance of the Seven Veils*, 1970) präsentiert und damit für einige Aufregung gesorgt hatte, nahm sich Ken Russel des russischen Komponisten Peter Iljitsch Tschaikowski (1840-1893) an. Der Regisseur konzentrierte sich dabei im wesentlichen auf drei Aspekte im Leben des von Richard Chamberlain dargestellten Musikers: seine Homosexualität, die daraus resultierende „Vernunft"-Ehe mit der nymphomanischen Nina Miljukowa (Jackson) sowie seine Beziehung zu seiner reichen Förderin Von Meck (Telezynska). In grellen und zum Teil bewußt schockierenden und geschmacklosen Bildern wird die Musik Tschaikowskis, gespielt vom London Symphony Orchestra unter Leitung von André Previn, visualisiert und zu seinem ereignisreichen Privatleben in Bezug gebracht. In einer besonders grotesken Szene stellt sich der Komponist zum Getöse der Ouvertüre *Das Jahr 1812* vor, wie die Köpfe seiner Feinde von Kanonenschüssen hinweggefegt werden. Zwar waren Kritiker und Publikum angesichts derartiger Exzesse in zwei Lager gespalten, doch nützte die Kontroverse dem Film durchaus - er brach während seiner Laufzeit in London Kassenrekorde. Alan Bates hatte übrigens die Hauptrolle spielen sollen, doch konnte er zu Russells Bedauern nicht Klavierspielen, eine Fertigkeit, die Chamberlain beherrschte. al

Tschitti Tschitti Bäng Bäng

Chitty Chitty Bang Bang. Großbritannien 1968 **R** Ken Hughes **B** Roald Dahl, Ken Hughes, nach einem Roman von Ian Fleming **K** Christopher Challis **SpE** John Stears **M** Richard und Robert Sherman **P** Albert R. Broccoli für Warfield/D.F.I. **L** 129 Min., Farbe **D** Dick van Dyke, Sally Ann Howes, Lionel Jeffries, Gert Fröbe, Anna Quayle, Benny Hill, Robert Helpman, Heather Ripley, Adrian Hall

Dieses überlange und unerhört teure Märchen-Musical teilte zusammen mit dem zwei Jahre zuvor entstandenen DOCTOR DOOLITTLE das Schicksal, an den Kinokassen einen fürchterlichen Reinfall zu erleben, was aus heutiger Sicht eigentlich nicht ganz verständlich ist, denn *Tschitti Tschitti Bäng Bäng* ist eine in jeder Hinsicht amüsante und liebevoll gestaltete Fantasy-Geschichte voller skurriler Einfälle und perfekter Trickaufnahmen.
Der erfolglose Erfinder Karaktakus Potts (van Dyke) kauft seinen Kindern zuliebe einen alten Oldtimer, den er wieder flott macht, um zusammen mit Töchterchen Jemina (Ripley), Sohn Jeremy (Hall) und der schönen Truly (Howes) ans Meer zu fahren. Dort erzählt er den Kindern die Geschichte vom Wunderauto Tschitti Tschitti Bäng Bäng, in das sich ihr Gefährt alsbald selbst verwandelt, um seine Passagiere schwimmend, fahrend und fliegend in ein Land der Abenteuer zu entführen. Nach einer atemberaubenden Flugreise landet das Quartett in dem Reich Vulgaria, wo Jemina und Jeremy einem diabolischen Kinderfänger (Helpman) in die Hände geraten. Die Gattin (Quayle) des regierenden Barons Bomburst (Fröbe) haßt nämlich Kinder und hat all ihre kleinen Untertanen in eine unzugängliche Grotte verbannt. Potts und Truly befreien die Kinderschar und starten eine Rebellion gegen Bombursts Schreckensregime.
Ken Hughes bonbonfarbenes Musical, das außer dem titelgebenden Song *Chitty Chitty Bang Bang* nur wenige schmissige Melodien enthält, wurde in den herrlichen Landschaften Südenglands und Bayerns gedreht, wo u. a. auch König Ludwigs Märchenschloß Neuschwanstein als Baron Bumbursts Herrschaftssitz herhalten mußte. Produziert wurde das Spektakel von Albert R. Broccoli, der 1962 die langlebige James-Bond-Serie aus der Taufe gehoben hatte. jg

Tucker

Tucker: The Man and His Dream. USA 1988 **R** Francis Ford Coppola **B** Arnold Schulman, David Seidler **K** Vittorio Storaro **M** Joe Jackson, Carmine Coppola **P** Fred Roos, Fred Fuchs für Lucasfilm/Paramount **L** 11 Min., Farbe **D** Jeff Bridges, Joan Allen, Martin Landau, Frederic Forrest, Mako, Dean Stockwell, Lloyd Bridges, Elias Koteas, Christian Slater, Nina Siemaszko

Bereits kurz nach seinem Erfolg mit DER PATE begann Francis Ford Coppola von einem Projekt über Preston Tucker zu sprechen, jenen kühnen Unternehmer, der in den 40er Jahren mit seinem Versuch scheiterte, „das Auto von morgen heute" zu etablieren. Mit Idealismus und Risikobereitschaft, wie sie die Mythen des „American Dream" seit jeher feiern, hatte Tucker zwar einen Prototypen geschaffen, der technisch seiner Zeit weit voraus war, war jedoch auf erbitterten Widerstand der drei großen Detroiter Autofirmen General Motors, Chrysler und Ford gestoßen. Mit Hilfe der US-Regierung und einiger schmutziger Tricks brachten die Branchenriesen die unliebsame Konkurrenz zu Fall - gebaut wurden letzten Endes nur 50 „Tucker Torpedo". Coppola, die Erfahrungen mit seinen Zoetrope Studios im Rücken, spürte offenbar ein Art Seelenverwandschaft zu dieser Unternehmerfigur und machte aus dem Stoff eine überraschend optimistische, capraeske Fabel, die vor allem durch ihre gekonnte Heraufbeschwörung der 40er Jahre-Atmosphäre besticht. Großen Anteil hatten daran neben Kamera-Zauberer Vittorio Storaro vor allem Coppolas treue Mitarbeiter Dean Tavoularis (Ausstattung) und Milena Canonero (Kostüme). Jeff Bridges bietet eine dynamische, wenn auch nicht sonderlich vielschichtige Vorstellung als Tucker. al

Der Tunnel

Der Tunnel. Deutschland 1933 **R** Kurt Bernhardt **B** Kurt Bernhardt, Reinhard Steinbicker, nach dem Roman von Bernhard Kellerman **K** Carl Hoffmann, Karl Attenberger **M** Walter Gronostay **P** Ernst Garden für Vandor-Film/Bavaria **L** 76 Min., s/w **D** Paul Hartmann, Gustaf Gründgens, Olly von Flint, Attila Hörbiger, Otto Wernicke, Max Schreck, Ferdinand Marian, Will Dohm, Beppo Brem

Neben F. P. 1 ANTWORTET NICHT und GOLD war *Der Tunnel* einer der wichtigsten utopischen Filme der frühen 30er Jahre, bevor die Nazis in Deutschland die Produktion von Science-fiction-Streifen zum Erliegen brachten.
Gegenstand dieses Kinostücks, das sich auf den 1913 erschienenen Roman von Bernhard Kellermann beruft, ist die Schilderung eines gigantischen Bauvorhabens, in dessen Rahmen ein Tunnel von Amerika nach Europa gebuddelt werden soll. Der geniale Ingenieur Mac Allan (Hartmann) leitet das Projekt und erlebt eine Serie von Mißerfolgen. Erst dringt Wasser in das Stollensystem ein, dann kommen 200 Arbeiter bei einer Minenexplosion ums Leben und schließlich rennt auch noch Allans Frau Mary (von Flint) vor einen fahrenden Zug. Hinter den beiden letzteren Katastrophen steckt der fiese Wallstreet-Makler Woolf (Gründgens), für den der Tunnel ohnehin nur ein Spekulationsgeschäft ist. Um seiner Verhaftung zu entgehen, gibt er sich selbst die Kugel. Allan führt das Jahrtausend-Bauwerk erfolgreich zu Ende.
Ein beachtlicher früher deutscher Tonfilm, der vor allem durch seine riesigen Bauten und Statistenheere beeindruckt, jedoch schon nicht mehr ganz frei ist vom dumpfen Mief der NS-Ideologie. So wird der Begriff der Arbeit in einer fast mystischen Dimension verklärt, ohne dabei den Menschen Interesse zu schenken. Ihre Strapazen und Leiden sind unwichtig, was zählt, ist allein das Endprodukt ihrer Schaffenskraft.
Neben der deutschen Version entstand parallel auch eine französische Fassung, in der Jean Gabin und Madeleine Renaud die Hauptrollen spielten. Den Part des Finanziers Woolf übernahm hier wiederum Gustaf Gründgens. Ein Remake des Films wurde zwei Jahre später unter der Regie von Maurice Elvey mit Richard Dix, Leslie Banks und Madge Evans in England erstellt. jg

Tunnel 28

Tunnel 28 / Escape from East Berlin. USA/BRD 1962 **R** Robert Siodmak **B** Gabriele Upton, Peter Berneis, Millard Lampell **K** Georg Krause **M** Hans-Martin Majewski **P** Hans Albin, Walter Wood für MGM (Hollywood)/Hans-Albin-Film

(München) **L** 94 Min., s/w **D** Don Murray, Christine Kaufmann, Ingrid van Bergen, Werner Klemperer, Carl Schell, Bruno Fritz, Horst Janson, Edith Schulze-Westrum

Der Bau der Berliner Mauer im August 1961 hatte natürlich nicht nur tragische, sondern auch einige sensationelle Seiten, die vor allem dem Geschmack der Amerikaner entgegenkam. So euphorisch die Reaktionen in den Staaten beim Fall der Mauer waren, so begeistert sprach diese freiheitsliebende Nation auch auf die spektakulären Fluchtversuche an, die kurz nach der Errichtung des Todesstreifens in der Weltöffentlichkeit für Aufsehen sorgten.
Zu den bemerkenswertesten Aktionen dieser Art zählte damals kurz nach der Errichtung der Mauer der Bau eines Tunnels, durch den fast 30 Menschen in den Westteil der Stadt gelangten. Robert Siodmak drehte mit dem Thriller *Tunnel 28* ein spannendes und wirklichkeitsnah inszeniertes Drama, das den Menschen im fernen Amerika recht wirkungsvoll demonstrierte, was die Mauer überhaupt bedeutete. Um günstigere Identifikationsmöglichkeiten zu schaffen, ließ er den US-Sunnyboy Don Murray die Rolle des deutschen Studenten Kurt Schröder spielen, der mit einer Anzahl von treuen Helfern unter der verhaßten Mauer einen Fluchttunnel gräbt, mit dem er einer Reihe von Ostberlinern den Weg in den freien Westen öffnet. Wenig freundlich äußerte sich damals *Die Zeit* zu dieser Produktion: „Der Film ist für Analphabeten gemacht, die nicht wissen, was die Mauer ist."
Als im Jahr 1979 zwei DDR-Familien mit einem selbstgebastelten Ballon über die Grenze schwebten, war dies eine weitere spektakuläre Fluchtgeschichte, die die Produzenten in Hollywood zu einer Verfilmung anregte und drei Jahre später unter dem Titel MIT DEM WIND NACH WESTEN entstand. jg

Turtles

Teenage Mutant Ninja Turtles. USA 1990 **R** Steve Barron **B** Todd W. Langen und Bobby Herbeck, nach Comic-Figuren von Kevin Eastman und Peter Laird **K** John Fenner **M** John Du Prez **P** Kim Dawson, Simon Fields und David Chan für Golden Harvest/Limelight Prod. **L** 91 Min., Farbe **D** Judith Hoag, Elias Koteas, Josh Paish, Michelan Sisti, Leif Tilden, David Forman, Michael Turney

Es war nur noch eine Frage der Zeit, bis sich die Menschheit - zumindest in Teilen - mit Reptilien identifizieren würde. Genau dies ist seit *Turtles* der Fall: Millionen von Kids, vorwiegend in Amerika, stellen sich mit vier eierlegenden Schildkröten auf eine Stufe, als ob es die Evolution samt Adam und Eva nicht gegeben hätte. Nachgeholfen hat hierbei vor allem Regisseur Steve Barron, der auf Basis der Comic-Figuren von Kevin Eastman und Peter Laird die Abenteuer von vier menschengroßen Kröten-Mutanten und ihres Ziehvaters, einer Ratte, inszenierte: Heraus kam eine konventionelle Geschichte, bei der am Ende das Gute siegt, angereichert mit viel Action und etwas Witz.
Die Schildkröten, in der Kanalisation New Yorks zu Hause, sind durch ein ausgelaufenes Faß mit radioaktivem Inhalt zu ihrer menschenähnlichen Gestalt und Intelligenz gekommen. Die setzen sie pausenlos ein, um der unerschrockenen TV-Journalistin April O'Neal (Hoag) im Kampf gegen die garstigen kriminellen Elemente zu unterstützen, die die Metropole mit einer Serie von Straftaten in Atem halten. Die Polizei ist, wie immer in derartigen Filmen, überfordert und machtlos. Am Ende steht ein flottes Kampfspektakel, aus dem die gepanzerten Kröten selbstredend siegreich hervorgehen...
Die 20-Millionen-Dollar-Produktion spielte binnen kurzem das Sechsfache ihrer Kosten ein, obwohl die grobschlächtigen Plaste-Kröten überhaupt nicht mit Phantasiefiguren von der Qualität eines E.T. mithalten können. Mit dem Film ging ein wahrer Turtle-Boom um die Welt: Heutzutage gibt es kaum noch ein Kinderzimmer in der westlichen Hemisphäre, in dem nicht irgendein Turtle-Schnickschnack zu finden wäre. Regisseur Michael Pressman sprang auf den Zug des Erfolges auf und brachte 1991 die müde Fortsetzung *Turtles II - Das Geheimnis des Ooze* in die Kinos. sk

Tyrannische Liebe

Love Me Or Leave Me. USA 1955 **R** Charles Vidor **B** Daniel Fuchs, Isobel Lennart, nach einer Story von Fuchs, basierend auf der Biografie Ruth Ettings **K** Arthur Arling **M** George Stoll **P** Joe Pasternak für MGM **L** 122 Min., Farbe **D** Doris Day, James Cagney, Cameron Mitchell, Robert Keith, Tom Tully, Claude Stroud, Harry Bellaver

Für Doris Day bot diese Verfilmung der Biografie der Sängerin Ruth Etting endlich die Gelegenheit, ihr dramatisches Talent unter Beweis zu stellen. Im Gegensatz zu ihren meisten bisherigen Rollen in leichten Komödien überraschte sie diesmal ihr Publikum als ehrgeizige Künstlerin, die sich als Tanz-Hostess in einer verruchten Kneipe Chicagos mit dem stadtbekannten Gauner Marty Snyder (Cagney) einläßt. Er ist es auch, der das Talent der rücksichtslosen und berechnenden Ruth erkennt und ihr schließlich den Weg zu einer Filmkarriere ebnet.
Tyrannische Liebe, der auch unter dem Titel *Nachtclub-Affären* in deutschen Kinos lief, gilt als erste Künstlerbiografie, die das Leben ihrer Hauptperson nicht bloß als glorifizierenden Rahmen für einen Reigen bekannter Melodien verwurstet, sondern die Karriere eines Stars durchaus kritisch und schonungslos offenlegt. Der Erfolg des Films animierte die MGM, eine weitere Adaption dieser Art in die Kinos zu bringen: Noch im selben Jahr wie *Love Me Or Leave Me* stand Susan Hayward als Lillian Roth in UND MORGEN WERD' ICH WEINEN vor der Kamera.
Bei der Oscar-Verleihung war *Tyrannische Liebe* mit insgesamt sechs Nominierungen vertreten, darunter für den besten Song (*I'll Never Stop Loving You*) und den besten Soundtrack, der u. a. mit den Liedern *It All Depends on You, Everybody Loves My Baby, Mean to Me, Shakin' the Blues Away, Ten Cents a Dance* und *I'm Sitting on Top of the World* aufwarten kann. Der Autor Daniel Fuchs konnte schließlich die Auszeichnung für seine Story entgegennehmen. mg

U

U 23

Run Silent, Run Deep. USA 1958 **R** Robert Wise **B** John Gay, nach dem Roman von Edward L. Beach **K** Russell Harlan **M** Franz Waxman **P** Harold Hecht für Hecht-Hill-Lancaster Prod./United Artists **L** 93 Min., s/w **D** Clark Gable, Burt Lancaster, Jack Warden, Brad Dexter, Don Rickles, Nick Cravat, Joe Maross

Die gefahrvollen Erlebnisse eines amerikanischen Untersee-Bootes während des II. Weltkrieges bilden die Basis für diesen mäßig spannenden Kriegsfilm, der mit Clark Gable und Burt Lancaster zwei charismatische Stars vorzuweisen hat. An Bord der „Nerka" herrscht schlechte Stimmung. Entgegen allen Erwartungen hat nicht der allseits beliebte 1. Offizier Bledsoe (Lancaster) das Kommando erhalten, sondern Commander Richardson (Gable), dessen eigenes Boot zuvor von einem japanischen Zerstörer versenkt wurde. Daß Richardson, der verständlicherweise von Rachegedanken besessen ist, der einzige Überlebende war, macht ihn bei seiner neuen Mannschaft verdächtig, und sie steht ihm zunächst feindselig gegenüber. Commander Edward L. Beach, nach dessen Roman John Gay das Drehbuch verfaßte, diente als technischer Berater der Produktion und sorgte auf diese Art für einigen Realismus, doch versäumt der Film, seine Hauptcharaktere stärker zu durchleuchten. Die klaustrophobische Atmosphäre unter Wasser wurde immerhin eindrucksvoll eingefangen. al

U-Boot in Not

Gray Lady Down. USA 1978 **R** David Greene **B** Howard Sackler, James Whittaker, nach dem Roman *Event 1000* von David Lavallee **K** Steven Larner **M** Jerry Fielding **P** Walter Mirisch für Mirisch/Universal **L** 111 Min., Farbe **D** Charlton Heston, David Carradine, Stacy Keach, Ned Beatty, Stephen McHattie, Ronny Cox, Dorian Harewood, Rosemary Forsyth, Hilly Hicks

Egal, wo Charlton Heston sich in den 70er Jahren auch aufhielt - in jedem Element mußte er sich katastrophenartigen Situationen stellen und sich darin bewähren. Auf dem Erdboden war ihm in ERDBEBEN das Leben zur Hölle gemacht worden, in GIGANTEN AM HIMMEL mußte er einen derangierten und führerlos gewordenen Jumbo Jet sicher durch die Lüfte lenken und bei *U-Boot in Not* durfte er sich schließlich in das nasse Element hinabwagen. Heston spielt den U-Boot-Kapitän Paul Blanchard, der in seinem Untersee-Gefährt „Neptun" mit einem Frachtdampfer kollidiert, was zur Folge hat, daß das Schiff zwar unbeschädigt weitertuckert, die „Neptun" hingegen in die Tiefen des Meeres absinkt, bis sie am Rand eines Meeresgrabens hängenbleibt. Wassereinbrüche und mehrere Verletzte sorgen nicht gerade für Feststimmung an Bord. Wirklich ungemütlich aber wird es erst, als die Besatzung durch eine Reihe heftiger Erdstöße durcheinandergerüttelt wird. Da der Sauerstoff-Vorrat nur noch für 48 Stunden reicht, gerät die herbeigeeilte Rettungsflotte in arge Bedrängnis.

Ein an Langeweile grenzender, vorhersehbarer und fürchterlich konstruierter Katastrophenfilm, bei dem das beste noch die eindrucksvollen Innenaufnahmen des havarierten U-Bootes sind, die die Techniker so anordneten, daß sie sich scheinbar um 180 Grad drehen konnten. David Greene war bemüht, sein nautisches Debakel möglichst authentisch auf die Leinwand zu bringen und durfte zu diesem Zweck über ein spezielles Tieftauch-Rettungsschiff verfügen, das tatsächlich in ähnlichen Katastrophenfällen eingesetzt wurde. Allerdings geriet der Film dadurch auch nicht besser. *U-Boot in Not* verfehlte den Trend seiner Zeit und wurde für die Universal zu einem saftigen Verlustgeschäft. jg

Über den Dächern von Nizza

To Catch a Thief. USA 1955 **R** Alfred Hitchcock **B** John Michael Hayes, nach dem Roman von David Dodge **K** Robert Burks **M** Lyn Murray **P** Alfred Hitchcock für Paramount **L** 107 Min., Farbe **D** Cary Grant, Grace Kelly, Charles Vanel, Jessie Royce Landis, Brigitte Auber, René Blancard

Mit BEI ANRUF MORD und DAS FENSTER ZUM HOF hatte Hitchcock zwei handfeste, spannungsreiche Thriller gedreht und verspürte nun Lust auf eine leichte, beschwingte Kriminal-Komödie, die vor einer entsprechenden Kulisse spielen sollte. *Über den Dächern von Nizza* wurde von allen Teammitgliedern wie eine Urlaubsfahrt empfunden. Die Dreharbeiten in den lebenslustigen südfranzösischen Städten Monte Carlo und Nizza waren begleitet von Sonnenschein und kulinarischen Leckereien, was besonders Hitchcock als erfahrenem Gourmet entgegenkam. Die Arbeiten verliefen in dieser Idylle entspannt und heiter, der Regisseur war gut gelaunt. Dies alles schlug sich denkbar positiv auf den Film nieder. Bis heute lassen ihn seine gewitzten Dialoge und die lockere Erzählweise zu einem unvergänglichen Meisterwerk werden.

Dabei beginnt die Geschichte mit dem wenig schönen, wutverzerrten Gesicht einer älteren Matrone, die einen schrillen Entsetzensschrei ausstößt, als sie bemerkt, daß ein Dieb ihre Juwelen gestohlen hat. In den Verdacht, für eine Reihe spektakulärer Einbrüche verantwortlich zu sein, gerät der ehemalige Juwelendieb John Rubie (Grant), der aber mittlerweile längst solide geworden ist und in den Hügeln über der Riviera ein beschauliches Dasein führt. Als sich die Anschuldigungen gegen ihn häufen und er zudem das Ziel tätlicher Angriffe wird, schwingt sich Rubie von seinem Ruhepolster, um den wahren Dieb zu finden. Dabei macht er die Bekanntschaft mit der kühlen Blondine Frances Stevens (Kelly), die mit ihrer temperamentvoll-zynischen Mutter (Landis) an die Côte d'Azur gekommen ist, um Urlaub zu machen.

Eine erstrangige Hollywood-Produktion, die neben herrlichen Landschaftsaufnahmen und phantasievollen Wortbalgereien vor allem in verschwenderischen Kostümen schwelgt, die am Schluß während eines Maskenballs präsentiert werden und wofür Hitchcocks langjährige Kostümberaterin Edith Head für den Oscar nominiert wurde. Den begehrten Filmpreis durfte Kameramann Robert Burks entgegennehmen, dessen elegante Farbfotografie hier jede Szene zum Genuß werden läßt.

Das von Reportern aus aller Welt umschwärmte Drehteam erhielt eines Tages auch Besuch von Fürst Rainier von Monaco, der von der blonden Grace Kelly so angetan war, daß er sich des öfteren am Set einfand. Diese fühlte sich ihrerseits umschmeichelt; und so war *Über den Dächern von Nizza* nicht zuletzt der Film, der ihre Heirat mit Rainier und ihren Ausstieg aus dem Filmbusiness besiegelte. jg

Über den Todespaß

The Far Country. USA 1955 **R** Anthony Mann **B** Borden Chase **K** William Daniels **M** Joseph Gershenson **P** Aaron Rosenberg für Universal **L** 96 Min., Farbe **D** James Stewart, Ruth Roman, Corinne Calvet, Walter Brennan, John McIntire, Jay C. Flippen, Henry Morgan, Steve Brodie, Royal Dano, Gregg Barton, Chubby Johnson, Eddy C. Waller

Western-Regisseur Anthony Mann arbeitete hier das fünfte Mal mit seinem erklärten

Lieblingsdarsteller James Stewart zusammen. *Über den Todespaß* gehört zu jener äußerst kreativen Phase, in der Mann während der 50er Jahre eine Reihe unvergänglicher Meisterwerke wie WINCHESTER 73, MEUTEREI AM SCHLANGENFLUSS oder DER MANN AUS LARAMIE schuf.
Die beiden Cowboys Jeff (Stewart) und Ben (Brennan) ziehen mit ihrer Herde von Kanada nach Wyoming, wo sie die Tiere gewinnbringend in einer der zahlreichen, neugegründeten Goldgräberstädte verkaufen wollen. Unterwegs werden ihnen die Rinder von dem korrupten, selbsternannten Gesetzeshüter Gannon (McIntire) gestohlen. Jeff holt sich seine Herde wieder zurück, verliert dabei aber seinen Freund Ben. Auch Ronda (Roman), eine befreundete Bardame, wird von McIntire getötet, als sie Jeff vor einer neuerlichen Attacke warnen will. Die Auseinandersetzungen haben erst ein Ende, als sich der gepiesackte Westman seinem Kontrahenten in einem Duell stellt und ihn fachgerecht ins Jenseits befördert.
Ein routiniert umgesetzter und äußerst unterhaltsamer Western in typischer Anthony-Mann-Manier. Die konventionelle Handlung wird durch einige herrliche kanadische Außenaufnahmen aufgelockert. jg

Überfall

Robbery. Großbritannien 1967 **R** Peter Yates **B** Edward Boyd, Peter Yates, George Markstein, nach einer Story von Gerald Wilson **K** Douglas Slocombe **M** Johnny Keating **P** Michael Deeley, Stanley Baker für Oakhurst Prod. **L** 74 Min. (Originalfassung 114 Min.), Farbe **D** Stanley Baker, Joanna Pettet, James Booth, Frank Finlay, Barry Foster, William Marlowe

Der sensationelle Postzugraub, bei dem im Jahre 1963 auf der Strecke Glasgow-London 2,6 Mio. Pfund erbeutet wurden, war bereits Vorbild für ein deutsches Fernsehspiel unter dem Titel *Die Gentlemen bitten zur Kasse* gewesen, als sich der Brite Peter Yates des Stoffes annahm. Der bis dato kaum bekannte Regisseur schuf einen kühl-nüchternen Thriller in RIFIFI-Manier, dessen rasant inszenierte Autoverfolgungsjagd am Anfang ihm später die Regie in Steve McQueens BULLITT eintrug. Minutiös wird die Vorbereitung und Ausführung des Verbrechens geschildert, obwohl der Film keinesfalls Anspruch auf dokumentarische Genauigkeit erhebt und man sich einige dramaturgische Freiheiten nahm. Die Figur des von Stanley Baker gespielten Paul Clifton ist allerdings dem realen Ronald Biggs nachempfunden, der als einziger Täter entkommen konnte und bis heute glücklich in Brasilien lebt. Die ersten zwanzig Minuten - Clifton, der Organisator des Coups, stiehlt ein Auto, bricht in ein Juweliergeschäft ein und wird von der Polizei verfolgt - enthalten kaum eine Zeile Dialog, werden jedoch von Johnny Keatings pulsierendem Score wirkungsvoll unterstützt. In diesem wortkargen, nüchternen Stil ist der ganze Film gehalten und stellt einen interessanten und spannenden Krimi dar, doch der deutsche Verleih fühlte sich leider bemüßigt, drastische Kürzungen (fast 40 Minuten!) vorzunehmen, in der Annahme, eine zu genaue Schilderung der Vorbereitungen könnte die Zuschauer langweilen. Der 1989 entstandene BUSTER orientiert sich ebenfalls an diesem Jahrhundertverbrechen, beschäftigt sich jedoch mehr mit dessen Nachwirkungen. al

Überfall auf die Queen Mary

Assault on a Queen. USA 1966 **R** Jack Donohue **B** Rod Serling, nach dem Roman von Jack Finney **K** William H. Daniels **M** Duke Ellington **P** William Goetz für Paramount **L** 106 Min., Farbe **D** Frank Sinatra, Virna Lisi, Tony Franciosa, Richard Conte, Alf Kjellin, Errol Johns, Murray Matheson, Reginald Denny, John Warburton

Die einflußreiche Italienerin Rosa (Lisi) und ihr deutscher Komplize Eric (Kjellin) heuern den Abenteurer Mark Brittain (Sinatra) an, damit dieser ihnen helfen soll, ein im II. Weltkrieg gesunkenes deutsches U-Boot zu heben und wieder flottzumachen. Rosa plant den Coup des Jahrhunderts - einen Überfall auf den Luxusdampfer „Queen Mary", um dessen Schiffstresore auszurauben. Um einer etwaigen Weigerung die gebührende Antwort zu erteilen, ist die Bande sogar bereit, zwei neuinstallierte Torpedos auf den Ozeanriesen abzuschießen. Der Plan scheint in allen Einzelheiten zu klappen, bis plötzlich unerwartet während des Überfalls ein Küstenwachboot erscheint und die modernen Piraten in Bedrängnis bringt.
Ein ungewöhnlicher Abenteuerfilm mit einer interessanten Story, die stellenweise von einem sarkastischen Humor durchzogen ist. Der Versuch allerdings, der erfolgreichen Gaunerkomödie FRANKIE UND SEINE SPIESSGESELLEN ein gleichwertiges Pendant nachfolgen zu lassen, ist nicht ganz geglückt. *Überfall auf die Queen Mary* bietet dennoch passable Unterhaltung, die optisch durch eine Reihe raffinierter Unterwasser-Aufnahmen aufgepeppt wird. jg

Überfall der Ogalalla

siehe: WESTERN UNION

Die Über-Sinnliche

Questi fantasmi. Italien/Frankreich 1967 **R** Renato Castellani **B** Renato Castellani, Adriano Barracco, Leo Benvenuti, Piero de Bernardi, nach dem Bühnenstück von Eduardo de Filippo **K** Tonino Delli Colli **M** Luis Enriquez Bacalov **P** Carlo Ponti für Compagnia Cinematografica Champion (Rom), Les Films Corona (Paris) **L** 104 Min. (Originalfassung 120 Min.), Farbe **D** Sophia Loren, Vittorio Gassman, Mario Adorf, Margaret Lee, Aldo Giuffre, Francesco Tensi

Eduardo de Filippos Bühnenstück von 1946 - eine amüsante Geisterkomödie, angesiedelt in Neapel - muß auf dem Papier als ein ideales Vehikel für die Talente von Sophia Loren und Vittorio Gassman erschienen sein, die hier zum ersten Mal seit sechzehn Jahren wieder gemeinsam vor der Kamera standen. Sie spielen ein armes und völlig verzweifeltes Ehepaar, Maria und Pasquale, das noch nicht einmal den gemeinsamen Selbstmord zustande bringt. Statt dessen erhalten sie von Alfredo (Adorf), der schon immer ein Auge auf Maria geworfen hat, die Möglichkeit, in einem als Geisterhaus verrufenen Palast zu leben - als Haushälter. Was sie nicht wissen: Alfredo war verantwortlich dafür, daß Pasquale jeden seiner Jobs verlor und hat sich nun - voller finsterer Pläne - im Zimmer über ihnen einquartiert...
Die Verwicklungen und Verwechslungen in dieser übermütigen Farce sind ganz unterhaltsam anzuschauen, zumal sie von derart talentierten Stars dargeboten werden, doch im Prinzip handelt es sich hier um recht dürftiges, altmodisches Material und einen ebensolchen Film - da hilft auch der witzige Gastauftritt Marcello Mastroiannis gegen Schluß nichts. al

Ugetsu - Erzählungen unter dem Regenmond

Ugetsu monogatari. Japan 1953 **R** Kenji Mizoguchi **B** Matsutaro Kawaguchi, Yoshikata Yoda, nach den Erzählungen *Das Haus im niedrigen Schilf* und *Die Lüsternheit des Geistes einer Schlange* von Akinari Ueda **K** Kazuo Miyagawa **M** Fumio Hayasaka **L** 97 Min., s/w **P** Daiei Motion

Pict. Tokio **D** Machiko Kyo, Masayuki Mori, Mitsuko Mito, Kinuyo Tanaka, Sakae Ozawa, Sugisaku Aoyama, Ryosuke Kagawa

Basierend auf zwei Erzählungen des berühmten japanischen Schriftstellers Akinari Ueda, die dieser 1776 in seinem Buch *Ugetsu monogatari* zusammengefaßt hatte, beschreibt Kenji Mizoguchi in seinem Film die Geschichte zweier Männer, die gegen Ende des 16. Jahrhunderts während des japanischen Bürgerkriegs durch eine Reihe von Erlebnissen eine Katharsis erleben. Tobei (Ozawa) will unbedingt ein Samurai werden, läßt deswegen seine Frau im Stich, die kurze Zeit später in die Gewalt randalierender Soldaten gerät. Erst nach Jahren begegnen sie sich wieder - er als tapferer Krieger an der Spitze eines Heeres, sie als Freudenmädchen. Der Schock über das unerwartete Wiedersehen ist so groß, daß beide ihre jeweilige gesellschaftliche Position verlassen und in ihr Heimatdorf zurückkehren. Genjuro (Mori), ebenfalls anfangs glücklich verheiratet, ist der Kunst zugeneigt. Er erliegt dem Zauber einer fremden Prinzessin, die sich allerdings nur als Trugbild erweist. Als er nach Jahren wieder zu seiner Familie zurückkehrt, muß er feststellen, daß Frau und Kind ebenfalls nur noch in seiner Imagination existieren, da sie schon seit langer Zeit gestorben sind.
„Der Rang dieses Filmes steht außer Frage; Kenner bezeichnen ihn als einen der bedeutendsten Meisterwerke des japanischen Films. Niemand, der sich ernsthaft für den Film interessiert, sollte sich der Begegnung mit diesem Werk entziehen" (*Süddeutsche Zeitung*).
Gerade in dieser Produktion kommen Mizoguchis kunstgeschichtlichen Studien besonders deutlich zum Ausdruck. In einer überwältigenden Bildsprache faßt er die Symbole japanischer Traditionen zu einem Meisterwerk der Ästhetik und Meditation zusammen. Auf den Filmfestspielen von Venedig wurde *Ugetsu* 1953 mit dem Silbernen Bären ausgezeichnet und erhielt des weiteren den Preis der Italienischen Filmkritik.
jg

Die Uhr läuft ab

Ransom. Großbritannien 1974 **R** Caspar Wrede **B** Paul Wheeler **K** Sven Nykvist **M** Jerry Goldsmith **P** Peter Rawley für Lion International Films **L** 94 Min., Farbe **D** Sean Connery, Ina McShane, Norman Bristow, John Cording, Isabel Dean, William Fox

Während in einer skandinavischen Hauptstadt der britische Botschafter von Geiselgangstern festgehalten wird, bringt eine weitere Truppe ein im Landeanflug befindliches Linienflugzeug in ihre Gewalt. Sie soll den Entführern zur Flucht verhelfen. Da der Pilot die Maschine geistesgegenwärtig bei der Landung beschädigt, sind Reparaturen erforderlich, die dem Chef des nationalen Sicherheitsdienstes, Oberst Tahlvik (Connery), die Erarbeitung eines Schlachtplanes ermöglichen...
Weder Sean Connerys Präsenz noch die herausragende Photographie von Sven Nykvist machen *Die Uhr läuft ab*, der in den USA unter dem pragmatischen Titel *The Terrorists* gezeigt wurde, zu dem, was er eigentlich sein soll: ein spannender Thriller. Ein potentiell interessantes Thema wurde hier leider verschenkt durch die schwache Regie des Finnen Caspar Wrede und ein verworrenes Drehbuch, das ein Klischee ans andere reiht. Gefilmt wurde in Norwegen. al

Der Uhrmacher von St. Paul

L'horloger de Saint-Paul. Frankreich 1974 **R** Bertrand Tavernier **B** Jean Aurenche, Pierre Bost, Bertrand Tavernier, nach dem Roman von Georges Simenon **K** Pierre-William Glenn **M** Philippe Sarde **P** Raymond Danon für Lira Films **L** 105 Min., Farbe **D** Philippe Noiret, Jean Rochefort, Jacques Denis, Julien Bertheau

Für den Uhrmacher Michel Descombes (Noiret) bricht eine Welt zusammen, als ihm die Polizei mitteilt, daß sein Sohn Bernard (Denis) gemeinsam mit seiner Freundin einen Mann umgebracht hat und flüchtig ist. Wie konnte er, den er doch zu kennen glaubte, eine so furchtbare Tat begehen? Polizei und Justiz versuchen, den verwirrten Vater für ihre Art der Ursachenforschung einzuspannen, doch allmählich erkennt er die wahren Zusammenhänge und beginnt, die Beweggründe seines Sohnes zu verstehen...
Nachdem er jahrelang als Pressebetreuer für verschiedene Regisseure gearbeitet und in den 60er Jahren bereits zwei Beiträge für Episodenfilme inszeniert hatte, legte Bertrand Tavernier mit dieser exzellenten Simenon-Verfilmung seinen ersten langen Spielfilm vor. Der fleißige französische Kriminalschriftsteller war besonders in den frühen 70er Jahren ein beliebter Stoff-Lieferant, doch kaum eine der Adaptionen erreichte die Qualität von Taveniers Film. Über ein Jahr hatten der Regisseur und sein Hauptdarsteller Philippe Noiret sich um die Finanzierung bemüht, und der künstlerische und kommerzielle Erfolg ebnete den Weg für eine äußerst fruchtbare Partnerschaft zwischen Regisseur und Schauspieler, die in so bemerkenswerten Arbeiten wie DER SAUSTALL und DAS LEBEN UND NICHTS ANDERES resultierte. *Der Uhrmacher von St. Paul* erhielt neben dem Jury-Spezialpreis der Filmfestspiele Berlin auch den begehrten Prix Louis Delluc. al

Uhrwerk Orange

A Clockwork Orange. Großbritannien 1971 **R** Stanley Kubrick **B** Stanley Kubrick, nach dem gleichnamigen Roman von Anthony Burgess **K** John Alcott **M** Walter Carlos **P** Stanley Kubrick für Warner Bros./Polaris **L** 137 Min., Farbe **D** Malcolm McDowell, Paul Farrell, Patrick Magee, Michael Bates, Warren Clarke, John Clive, Adrienne Corri

Alex (McDowell) ist ein feinsinniger Mensch: Gern hört er klassische Musik, mit Vorliebe Beethovens Neunte - wenn er, sadistischer Anführer einer skurrilen Jugendbande, nicht gerade mit ausgeprägtem Perfektionismus irgendwelche Mitmenschen quält, jagt, schlägt, vergewaltigt oder mordet. Eines Tages gerät Alex der Polizei ins Netz - und wird selbst zum Opfer: In einem perversen Strafvollzug unterzieht er sich freiwillig einer Aversionstherapie, die seine gewaltlüsternen Triebe eliminieren soll, dafür wird er im Gegenzug vorzeitig als geheilt entlassen. Tatsächlich sind seine abnormen Triebe durch die Behandlung ausgerottet, doch mit ihnen seine komplette Persönlichkeit. Als er zurück in der Freiheit seinen früheren Opfern begegnet, ist er, zur Wehrlosigkeit verdammt, deren Rachegelüsten und Haßattacken hilflos ausgeliefert.
Nach seiner bitterbösen Antikriegssatire DR. SELTSAM ODER WIE ICH LERNTE, DIE BOMBE ZU LIEBEN gelang Regisseur Kubrick mit *Uhrwerk Orange* ein weiterer intellektueller Weitwurf: eine hintergründige Abrechnung mit Gewalt und Brutalität einerseits und medizinischen und politischen Manipulationsversuchen andererseits. Beides prägt das menschliche Miteinander - oder besser: Gegeneinander - heute mehr denn je, und beidem fallen immer öfter immer mehr Menschen zum Opfer. 1971 war Kubricks Film heftig umstritten: Ihm wurde vorgeworfen, die „unbefleckte" Musik Beethovens für eine Orgie der Gewalt mißbraucht zu haben; überhaupt passierten seine krassen Bilder die Schranken der Zensur nur

deshalb ungeschoren, weil sie stilisiert, in Zeitraffer und Weitwinkel, in die Kinos kamen. Immerhin: Das umstrittene Werk erhielt seinerzeit vier Oscar-Nominierungen, ging am Ende allerdings leer aus. sk

Uli der Knecht

Uli der Knecht. Schweiz 1954 **R** Franz Schnyder **B** Richard Schweizer, nach dem Roman von Jeremias Gotthelf **K** Emil Berna **M** Robert Blum **P** Gloria Film **L** 95 Min., s/w **D** Hannes Schmidhauser, Liselotte Pulver, Heinrich Gretler, Gertrud Jauch, Emil Hegetschweiler, Hedda Koppe

Uli der Knecht, einer der berühmtesten Romane des bodenständigen Schweizer Schriftstellers Jeremias Gotthelf, erlebte hier eine breit angelegte Verfilmung, die sich eingehend mit dem Entwicklungsweg eines einfachen Bauern auseinandersetzte.
Uli (Schmidhauser) arbeitet als Stallbursche auf einem Schweizer Bauernhof. Als Frauenheld, Trunkenbold und Spieler genießt er in der Umgegend nicht gerade den besten Ruf. Eines Tages erkennt aber auch er, daß er so nicht weiterleben kann. Die Liebe zu einem ebenso ehrlichen wie hübschen Mädchen (Pulver) festigt seinen Entschluß, ein neues Leben zu beginnen und zu lernen, Verantwortung zu tragen.
Ein Heimatfilm aus den Schweizer Bergen, der sich wohtuend von den bundesdeutschen Alpen-Schmachtfetzen abhebt und durch das natürliche, unpathetische Spiel seiner Hauptdarsteller erfreut.
„Natürlich wie alles auf Erden, ist auch dieser Film nicht vollkommen. Wenn es darum geht, ein Werk der Literatur für die Leinwand umzuformen, kann man versucht sein, dem Wort gegenüber dem Bild als dem eigentlichen Aussagemittel des Films viel Platz einzuräumen. Dies gilt vor allem gerade dann, wenn man möglichst werkgetreu verfahren möchte...Dieser Film bemüht sich redlich und mit gutem Erfolg, die Mitte zwischen beiden Polen einzuhalten“ (*Evangelischer Filmbeobachter*).
Unter dem Titel ...UND EWIG RUFT DIE HEIMAT drehte Franz Schnyder ein Jahr später eine Fortsetzung, die auch unter dem Titel *Uli der Pächter* in den Kinos zu sehen war. jg

Das Ultimatum

Twilights´s Last Gleaming/Das Ultimatum. USA/BRD 1977 **R** Robert Aldrich **B** Ronald M. Cohen, Edward Hübsch, nach dem Roman *Rothaut an Viper 3* von Walter Wagner **K** Robert Hauser **M** Jerry Goldsmith **P** Merv Adelson für Geria-Lorimar-Bavaria, Allied Artists **L** 118 Min. (Originalfassung 146 Min.), Farbe **D** Burt Lancaster, Richard Widmark, Charles Durning, Melvyn Douglas, Paul Winfield, Burt Young, Joseph Cotten, Roscoe Lee Browne, Richard Jaeckel, Leif Erickson

Diverse Hollywood-Studios zeigten sich wenig begeistert über Robert Aldrichs Vorhaben, den desillusionierenden Roman von Walter Wagner zu verfilmen. Die Fülle an unbequemen Themen und Attacken war wohl kaum dazu geeignet, aus dem Projekt einen Kassenknüller zu machen. Gezwungenermaßen wich Aldrich nach Deutschland aus, wo er seinen Film mit Hilfe deutscher Techniker inszenierte.
Da General Dell (Lancaster) damit drohte, die wahren Hintergründe des Vietnam-Krieges, die ihm durch ein Geheimdokument bekannt geworden sind, aufzudecken, wurde er klammheimlich aus dem Verkehr gezogen und in ein Gefängnis abgeschoben. Nun ist ihm mit zwei Komplizen der Ausbruch aus der Haftanstalt gelungen. Dell verfolgt ein hehres Ziel, für dessen Durchsetzung er sich allerdings teuflischer Methoden bedient. Mit Waffengewalt verschafft er sich auf einer Raketenbasis Zugang zu einem Atomsilo und droht, die nuklearen Sprengköpfe zu aktivieren, falls er nicht rehabilitiert und jenes Geheimdokument der Öffentlichkeit zugänglich gemacht wird. Entgegen den Weisungen des Präsidenten (Durning) versucht der berechnende General MacKenzie (Widmark), die Eindringlinge zu überrumpeln, was jedoch scheitert. Der Präsident stellt sich daraufhin selbst als Geisel zur Verfügung. Auf dem Weg zum Flugzeug, das die Erpresser mit dem Lösegeld in die Freiheit fliegen soll, kommt es zu einem verhängnisvollen Gefecht.
Ein für amerikanische Verhältnisse recht kühner Polit-Thriller, der eindeutig die übergewichtige Rolle des Militärs in Frage stellt und diesem für eine Reihe von Debakeln in der jüngeren amerikanischen Geschichte die Schuld zuschiebt. Um der Vielzahl der Ereignisse gerecht zu werden, die sich zur selben Zeit abspielen, verwendete Aldrich als Stilmittel die „Splitted Screen“, wobei er stellenweise bis zu vier gleichzeitig stattfindende Entwicklungen parallel auf ein Bild montierte, was etwas konfus und unübersichtlich wirkt. Die Schauspielerin Vera Miles hatte in der ursprünglichen Fassung als Gattin des Präsidenten einen Cameo-Auftritt, der jedoch bei der endgültigen Version der Schere zum Opfer fiel. Ein ähnliches Schicksal erlitt sie bereits 1967 in John Waynes peinlichem Vietnam-Film DIE GRÜNEN TEUFEL. jg

Ulysses

Ulysses. Großbritannien 1967 **R** Joseph Strick **B** Fred Haines und Joseph Strick, nach dem gleichnamigen Roman von James Joyce **K** Wolfgang Suschitzky **M** Stanley Myers **P** Ulysses Film **L** 132 Min., s/w **D** Milo O'Shea, Barbara Jefford, Maurice Roeves, T.P. McKenna, Anna Menahan, Eddie Golden

Der Versuch des Joseph Strick, einen 800 Seiten starken Roman zu verfilmen, noch dazu den bekanntesten eines James Joyce, kann ohne Einschränkung verwegen genannt werden. Er ging gleichwohl daneben - gescheitert an der Unverfilmbarkeit eines genialischen Werkes.
Ulysses beschreibt 19 Stunden im Leben des Dubliner Juden Leopold Bloom (O'Shea) und ging als „längster Tag der Weltliteratur“ in dieselbe ein. Bloom ist Geschäftsmann, Ehemann und Bürger seiner Stadt, der Film versucht in Anlehnung an die literarische Vorlage, seine Gedanken und seine Träume, sein Bewußtsein und sein Unterbewußtsein einzufangen. Bloom begegnet dem Studenten Dädalus (Roeves), sieht in ihm seinen verstorbenen Sohn wieder, freundet sich mit ihm an und landet schließlich, angeheitert, im Vergnügungsviertel Dublins. Die Begegnung mit Dädalus und die Gespräche mit ihm machen aus Bloom in nur einem Tag einen anderen Menschen.
Was Joyce in seinem berühmten Großstadtroman gelang, vom Einzelschicksal Blooms auf das Schicksal der gesamten Menschheit zu reflektieren, konnte Regisseur Strick in seinem Film nicht gelingen: Manche gedankliche Windung ist eben nicht verfilmbar - da können Bilder nicht überzeugen, weil sie nicht für sich selbst sprechen, sondern schlicht die Monologe der Vorlage zitieren. Strick mußte darüber hinaus, schon aus Zeitgründen, Prioritäten setzen, damit aber zugleich auf wesentliche Elemente des Buches verzichten. Geblieben ist - seinerzeit lautstark von der Kritik aufgegriffen - ein Konglomerat aus derbem Vokabular und „heiklen, unanständigen, streckenweise auch gotteslästerlichen“ Szenen (*Evangelischer Filmbeobachter* 1970), die vor allem die drastisch aufbereitete Bordellsequenz in den Vordergrund drängen und ihr dadurch ein von Joyce nicht getragenes Übergewicht verleihen.
Jahrelang kam der Streifen, der auf den Filmfestspielen von Cannes trotz des lautstarken Protests seines Regisseurs nur mit teilweise geschwärzten Untertiteln auf die Leinwand kam, zensiert in die Kinos - hierzulande wurde er die ersten drei Jahre gar nicht gezeigt. sk

Um Mitternacht

Autour de minuit/Round Midnight. Frankreich/USA 1986 **R** Bertrand Tavernier **B** David Rayfiel, Bertrand Tavernier **K** Bruno de Keyzer **M** Herbie Hancock **P** Irwin Winkler für Little Bear Prod./P. E. C. F. (Paris), Warner Bros. (Hollywood) **L** 131 Min., Farbe **D** Dexter Gordon, François Cluzet, Gabrielle Haker, Sandra Reaves-Phillips, Lonette McKee, Christine Pascal, Herbie Hancock, Arthur French, John Berry, Martin Scorsese, Philippe Noiret, Alain Sarde, Eddy Mitchell

Die US-Kritik stellte in ihren Besprechungen von *Um Mitternacht* nicht ohne Neid fest, daß anscheinend erst ein Franzose hatte kommen müssen, um einen guten Jazzfilm zu drehen. Bertrand Tavernier und sein Co-Autor David Rayfiel erzählen von dem berühmten Tenor-Saxophonisten Dale Turner (Gordon), der 1959 New York verläßt, um im Pariser Jazzclub „Blue Note" den begeisterten Europäern die Botschaft des Bebop zu verkünden. Sein Alkohol- und Drogenproblem macht ihn jedoch zu einem Risiko für jeden Veranstalter, und schließlich muß Buttercup (Reaves-Phillips), die sich um ihn kümmert, den Musiker tagsüber einsperren, um ihn vom Schnaps fernzuhalten. Seine Freundschaft mit dem jungen Franzosen Francis (Cluzet) scheint Dales selbstzerstörerische Tendenzen fürs erste aufzuhalten... Die Figur des Dale Turner ist nicht authentisch, doch verarbeitete das Drehbuch Episoden aus dem Leben der Jazz-Größen Lester Young und Bud Powell, denen der Film gewidmet ist. Ein Großteil der Faszination von *Um Mitternacht* geht auf die Tatsache zurück, daß die Musik gespielt und aufgenommen wurde, während die Kameras liefen. Für seine Original-Musik gewann Herbie Hancock einen Oscar, und Saxophonist Dexter Gordon erhielt eine Nominierung als Bester Schauspieler für sein Leinwanddebüt. al

Umberto D.

Umberto D. Italien 1952 **R** Vittorio De Sica **B** Cesare Zavattini, Vittorio De Sica **K** Aldo Graziati **M** Alessandro Cicognini **P** Vittorio De Sica für Dear Film **L** 89 Min., s/w **D** Carlo Battisti, Maria Pia Casilio, Lina Gennari, Alberto Albani Barbieri

Mit dieser bewegenden, unsentimentalen Studie eines alten Mannes setzte Vittorio De Sica seine Beschäftigung mit dem Verhalten der Gesellschaft gegenüber Schwachen fort, ein Thema, das auch schon seine neorealistischen Meisterwerke SCHUSCHIA und FAHRRADDIEBE bestimmt hatte. Der Pensionär Umbero D. (Battisti) ist so arm, daß er nicht einmal mehr die Miete für sein schäbiges Zimmer aufbringen kann. Seine einzigen Freunde sind das Zimmermädchen (Casilio) und sein Hund. Nachdem seine Bemühungen, das nötige Geld aufzutreiben, gescheitert sind, versucht Umberto D. sich und das Tier umzubringen - ebenfalls ohne Erfolg. Umberto, der von einem Laien, einem Universitätsprofessor, gespielt wurde, war der Name von De Sicas Vater, dem er den Film widmete. In Italien war *Umberto D.* nicht nur ein kommerzieller Reinfall, sondern trug De Sica darüber hinaus auch die Rüge des damaligen Innenministers ein, der sich eine derart pessimistische Darstellung italienischen Alltagslebens verbat. 1955 gewann er - gemeinsam mit Clouzots DIE TEUFLISCHEN - den New York Critics Award als Bester fremdsprachiger Film. al

Die Umstandshose

L'événement le plus important depuis que l'homme a marché sur la lune. Frankreich/Italien 1973 **R** Jacques Demy **B** Jacques Demy **K** Andreas Winding **M** Michel Legrand **P** Raymond Danon für Lira Films (Paris), Roas Prod. (Rom) **L** 94 Min., Farbe **D** Catherine Deneuve, Marcello Mastroianni, Micheline Presle, Marisa Pavan, Alice Sapritch

Diese groteske Komödie um den ersten schwangeren Mann war Catherine Deneuves vierte Zusammenarbeit mit Regisseur Jacques Demy und die dritte mit ihrem zeitweiligen Lebensgefährten Marcello Mastroianni. In beiden Fällen war es auch die schwächste. Dabei bietet die Grundidee durchaus Material für eine witzige Satire: Die Schwangerschaft des Fahrschullehrers Marco (Mastroianni), mit der Friseuse Irene (Deneuve) verbandelt, versetzt die Öffentlichkeit verständlicherweise in helle Aufregung. Marco wird zum Medienstar; sein Leben ändert sich völlig. Schließlich bittet er Irene, ihn noch vor der Geburt zu heiraten, um dem Kind den Makel der Unehelichkeit zu ersparen...
Das Duo Deneuve/Mastroianni schlägt sich wacker durch die Irrungen und Wirrungen der Story, die wider Erwarten der Rollenverteilung der Geschlechter keine neuen Seiten abgewinnt, sondern die medizinische Ausnahmesituation zu einer bissigen Attacke auf die moderne Konsumwelt nutzt. Daß dabei nicht alle Gags ins Schwarze treffen, nahm das Publikum Demy offenbar übel: Der Film war so erfolglos, daß der Regisseur vier Jahre lang kein Projekt mehr realisieren konnte. al

Die Unbefriedigten

Les bonnes femmes. Frankreich/Italien 1960 **R** Claude Chabrol **B** Paul Gégauff, Claude Chabrol **K** Henri Decaë **M** Paul Misraki, Pierre Jansen **P** Robert und Raymond Hakim für Paris Films (Paris), Panitalia (Rom) **L** 90 Min. (Originalfassung 95 Min.), s/w **D** Bernadette Lafont, Stéphane Audran, Clotilde Joano, Lucile Saint-Simon, Ave Ninchi, Sacha Briquet

Einer der besten frühen Filme von Claude Chabrol ist diese faszinierende Studie von vier Frauen, die alle in einem Elektrogeschäft angestellt sind. Nacheinander werden sie vorgestellt und durch ihre Wünsche, Hoffnungen und Träume charakterisiert. Die lebenslustige Jane (Lafont) betrügt ab und an ihren Soldaten-Freund - sie ist die unkomplizierteste von allen. Rita (Saint-Simon) erhofft sich durch ihren bürgerlichen Verlobten eine bessere soziale Stellung, Ginette (Audran) will unter falschem Namen Karriere als Chanson-Sängerin machen und Jacqueline (Joano) träumt von der großen Liebe, die sie durch einen geheimnisvollen Motorradfahrer verkörpert sieht.
Der sorgfältig konstruierte Film verzahnt geschickt die einzelnen Episoden miteinander - in jeder taucht eine der anderen Hauptfiguren in einer wichtigen Funktion auf, so daß alle bis zum Schluß gleich wichtig bleiben. Trotz seiner Qualität kam *Die Unbefriedigten* jedoch an den Kassen nicht an und leitete eine Serie von kommerziellen Mißerfolgen für Chabrol ein. Es ist übrigens der erste Film, in dem seine spätere Ehefrau Stéphane Audran zu sehen ist, die von nun an in fast jedem seiner Werke mitwirkte. al

Der unbekannte Feind

The Sound Barrier. Großbritannien 1952 **R** David Lean **B** Terence Rattigan **K** Jack Hildyard **M** Malcolm Arnold **P** David Lean für London-Film **L** 110 Min. (Originalfassung 115 Min.), s/w **D** Ralph Richardson, Ann Todd, Nigel Patrick, John Justin, Dinah Sheridan, Joseph Tomelty, Denholm Elliott, Jack Allen, Ralph Michael

Der unbekannte Feind ist eine Art Vorfilm zu der epischen Astronauten-Saga DER STOFF, AUS DEM DIE HELDEN SIND und beschreibt die Bemühungen der Wissenschaft, die Schallmauer zu durchbrechen. Ralph Richardson verkörpert den britischen Flugzeugunternehmer John Ridgefield, dessen größter Traum es ist, einmal ein Vehikel zu entwerfen, das schneller als der Schall ist. Zu diesem Zweck benutzt er seinen eigenen Schwiegersohn als Testperson, der prompt bei einem Versuchsflug tödlich verunglückt. Ridgefield läßt sich jedoch nicht beirren und schickt einen Piloten nach dem anderen ins Rennen, bis es endlich gelingt, den kühnen Traum in die Wirklichkeit umzusetzen. Freilich hat dies in den USA der tollkühne Charles Yeager schon viel früher fertiggebracht. Ein für David Lean etwas ungewöhnliches Filmprojekt, das durch seine einzigartigen Flugaufnahmen besticht und stellenweise einen dokumentarhaften Charakter besitzt. „Selten wurde bisher in einem Film die gesamte Problematik von Fortschritt und Technik so klar und ernst aufgerissen..." (*Evangelischer Filmbeobachter*). jg

Der unbekannte Geliebte

Undercurrent. USA 1946 **R** Vincente Minnelli **B** Edward Chodorow, Marguerite Roberts, George Oppenheimer, nach dem Roman *You Were There* von Thelma Strabel **K** Karl Freund **M** Herbert Stothart **P** Pandro S. Berman für Metro-Goldwyn-Mayer **L** 115 Min., s/w **D** Katharine Hepburn, Robert Taylor, Robert Mitchum, Edmund Gwenn, Marjorie Main, Jayne Cotter

Die etwas provinzielle Ann (Hepburn), die mit ihrem Wissenschaftler-Vater (Gwenn) auf dem Lande lebt, ist ganz hingerissen von dem reichen Industriellen Alan Groway (Taylor), der schließlich erfolgreich um ihre Hand anhält. Nach der Heirat stößt Ann schnell auf ein paar dunkle Punkte in der Vergangenheit ihres Mannes, darunter seinen angeblich verschollenen Bruder (Mitchum), den Alan als Verbrecher hinstellt. Doch schon bald zeigt sich, wer der wahre Bösewicht ist...
Sowohl für Katharine Hepburn als auch für Regisseur Vincente Minnelli stellte dieser düstere film noir eine Abwechslung von ihren sonstigen Arbeiten dar - während die Hepburn hauptsächlich in Komödien auftrat, hatte sich Minnelli einen Namen als Inszenator von Musicals gemacht. Der Film ist solide, nur mäßig spannende Unterhaltung ohne große Überraschungen, wenn auch MGM in der Anzeigenkampagne mahnte: „Bitte verraten Sie nicht den tollen Schluß!" Was ihn dennoch über den Durchschnitt hebt, sind die guten Darstellungen, besonders von Seiten der Hepburn und Robert Mitchums, der als ihr Schwager einen starken Eindruck hinterließ. Die *New York Sun* bemerkte: „Indem sie ihre üblichen Manierismen sorgfältig vermeidet, sieht Miss Hepburn ausnahmsweise mal wie sie selbst aus, und nicht wie einer ihrer Imitatoren." al

Ein Unbekannter rechnet ab

Ein Unbekannter rechnet ab. BRD/Frankreich/Spanien/Italien 1974 **R** Peter Collinson **B** Erich Kroehnke, Enrique Lovet, nach dem Roman *Letztes Weekend* von Agatha Christie **K** Fernando Arribas **M** Carlo Rustichelli **P** Corona, Comeisa, Talia, Coralta **L** 92 Min., Farbe **D** Oliver Reed, Gert Froebe, Elke Sommer, Charles Aznavour, Richard Attenborough, Herbert Lom, Stéphane Audran

Eine leidlich spannende Leinwandadaption des berühmten Kriminalromans von Agatha Christie, die dank ihres beinahe surrealistisch wirkenden Interieurs recht ansprechend geraten ist. Ohne zu wissen, wer sich hinter dem merkwürdigen Gastgeber Mr. Owens verbirgt, sind zehn Personen in ein entlegenes Luxushotel gereist, um dort inmitten der Wüste das Wochenende zu verbringen. Was sich anfangs wie ein netter Ausflug anläßt, wird bald zu einer Reise ins Grauen. Offenbar haben alle zehn Gäste, die sich einander nicht kennen, ein Verbrechen begangen, über das ihr unsichtbarer und unbekannter Gastgeber in aller Ausführlichkeit Bescheid weiß. Ein Besucher nach dem anderen fällt einer Serie von hinterhältigen Mordanschlägen zum Opfer. Am Schluß haben gerade zwei Personen dieses grauenvolle Wochenende lebend überstanden.
Diese originelle und recht wirkungsvolle Geschichte war schon einmal 1945 von René Clair unter dem Titel *Das letzte Wochenende* verfilmt worden. Die Hauptrollen darin spielten Barry Fitzgerald, Louis Hayward und Walter Huston. *Miss Marple*-Regisseur George Pollock inszenierte 1966 mit Shirley Eaton, Mario Adorf, Daliah Lavi und Marianne Hoppe eine zweite Version, die sehr dem Stil der Edgar-Wallace-Serie nahekam. jg

Die Unbesiegten

Unconquered. USA 1947 **R** Cecil B. DeMille **B** Charles Bennett, Frederic M. Frank, Jesse Lasky jr., nach dem Roman *The Judas Tree* von Neil H. Swanson **K** Ray Rennahan **M** Victor Young **P** Cecil B. DeMille für Paramount **L** 146 Min., Farbe **D** Gary Cooper, Paulette Goddard, Howard da Silva, Boris Karloff, Cecil Kellaway, Ward Bond, Katherine De Mille, Henry Wilcoxon, C. Aubrey Smith, Victor Varconi, Virginia Grey

Episch und gewaltig wie die meisten seiner Filme so war auch dieses Werk von Cecil B. DeMille. Für die ungeheure Summe von 5 Mio. Dollar drehte der große Regisseur in einer Zeit von 102 Tagen dieses breitangelegte Werk aus den frühen Tagen der Besiedlung Amerikas.
Die junge Abigail Hale (Goddard) ist dazu verurteilt worden, 14 Jahre in den nordamerikanischen Kolonien zu arbeiten. Während der Überfahrt lernt sie den attraktiven Kapitän Christopher Holden (Cooper) kennen, der sie später auch auf dem Markt für seine Dienste als Leibeigene anwirbt, um sie jedoch sofort nach dem Kauf freizulassen. Ebenfalls ein Auge auf Abigail hat der durchtriebene Händler Martin Garth (da Silva) geworfen. Er paktiert mit den Indianern, an die er Waffen verkauft. In einem pompös inszenierten Finale werden Christopher und Abigail in einen Aufstand der Rothäute verwickelt, die sich anschicken, das Fort, in dem die Siedler Zuflucht gesucht haben, dem Erdboden gleichzumachen. Natürlich gelingt ihnen dies nicht; und nachdem Christopher den fiesen Garth ausgeschaltet hat, ist für ihn auch endlich der Weg zu Abigail frei, die er schlußendlich in den Hafen der Ehe führt.
Trotz der imposanten Schauwerte handelte sich die Paramount mit *Die Unbesiegten* ein riesiges Verlustgeschäft ein. Die Kritik hatte den Film einhellig in der Luft zerrissen, so daß das Publikum angesichts der negativen Beurteilungen den Kinos fernblieb.
DeMille erwies sich am Set als ein diktatorischer Regisseur, dem das Wohlergehen seiner Schauspieler relativ egal war, wenn nur die Szene stimmte. So verlangte er von Paulette Goddard, daß sie über einen brennenden Palisadenzaun klettern sollte. Nachdem aber bereits 30 Statisten deswegen mit leichten Verbrennungen im Krankenhaus lagen, weigerte sie sich verständlicherweise. DeMille engagierte zähneknirschend eine Komparsin, die die Schauspielerin doubeln mußte und prompt das Schicksal ihrer Kollegen teilte, was Paulette Goddard letztendlich nur in ihrer Haltung bestärkte. jg

Die Unbesiegten

The Undefeated. USA 1969 **R** Andrew V. McLaglen **B** James Lee Barrett, nach einer Story von Stanley L. Hough **K** William H. Clothier **M** Hugo Montenegro **P** Robert L. Jacks für 20th Century-Fox **L** 119 Min., Farbe **D** John Wayne, Rock Hudson, Tony Aguilar, Roman Gabriel, Marian McCargo, Lee Meriwether, Merlin Olsen, Melissa Newman, Bruce Cabot, Jan-Michael Vincent

Der amerikanische Bürgerkrieg ist zwar vorüber, dennoch herrscht zwischen den beiden gegnerischen Parteien noch lange nicht Frieden. Doch weit draußen in unbekannten Gefilden zeigt sich, daß die Amerikaner trotz aller Differenzen zusammenhalten können. Nach Mexiko ist der Nordstaaten-Colonel John Henry Thomas (Wayne) unterwegs. Er möchte sich dort durch den Verkauf einer großen Pferdeherde eine Stange Geld verdienen. Ebenfalls auf der Reise in das südliche Nachbarland der USA befindet sich der Südstaaten-Colonel James Langdon (Hudson) mit seiner Familie. Da während des Bürgerkrieges ihre Plantage in Louisiana zerstört wurde, hoffen sie, ihn Mexiko eine neue Heimat zu finden. Die hinterhältigen

Attacken des berüchtigten mexikanischen Generals Rojas (Aguilar) schmieden die beiden ehemaligen Feinde zusammen und lassen sie vereint gegen die französischen Truppen kämpfen, die angetreten sind, um den Revolutionär Juarez zu stürzen.
Die Unbesiegten ist kein großer, aber dafür recht ansehnlich gestalteter Western, der sich freilich etwas zu auffallend und leider erfolglos darum bemüht, den Stil des großen John Ford zu imitieren. Zu den gestalterischen Höhepunkten dieses Films gehören die herrlichen Landschaftsaufnahmen (Oklahoma, Louisiana und Mexiko) sowie eine fulminant inszenierte Stampede, in deren Verlauf annähernd 3.000 Pferde durch die Landschaft preschen und die französische Kavallerie aufreiben. jg

Die Unbestechlichen

All the President's Men. USA 1976 **R** Alan J. Pakula **B** William Goldman, nach der Vorlage von Carl Bernstein und Robert Woodward **K** Gordon Willis **M** David Shire **P** Wildwood Enterprises **L** 132 Min., Farbe **D** Dustin Hoffman, Robert Redford, Jack Warden, Hal Holbrook, Martin Balsam, Jason Robards

Bisher waren die beiden ganz normale Reporter bei der *Washington Post*, doch als Carl Bernstein (Hoffman) und Robert Woodward (Redford) das veröffentlichten, was sie an undemokratischen Geschmacklosigkeiten im Umfeld des republikanischen US-Präsidenten Richard Nixon recherchiert hatten, wurden sie schlagartig weltbekannt - und die USA bis in ihre Grundfesten erschüttert: Die beiden unerschrockenen Journalisten deckten, harten Widerständen zum Trotz, die Verwicklung höchster Regierungskreise in ein Komplott auf, das sich zum Ziel gemacht hatte, mittels „Ratfucking", dem Ausschalten des politischen Gegners durch unlautere Tricks, die Wahl des demokratischen Präsidentschaftskandidaten zu vereiteln. Ihre Enthüllungen gingen als „Watergate-Skandal" in die Weltgeschichte ein; Präsident Nixon mußte infolge des damit verbundenen politischen Erdbebens abdanken.
Regisseur Alan J. Pakula inszenierte auf der Basis der tatsächlichen Geschehnisse einen spannenden, prominent besetzten und hervorragend gespielten Politthriller. Bewußt verzichtete er auf Beigaben aus dem Privatleben der beiden Protagonisten, konzentrierte sich auf die eigentliche Arbeit von Zeitungsmachern beim Blick hinter die Kulissen der Macht - und erreichte damit eine Authentizität, wie sie sonst allein Dokumentarfilmen vorbehalten ist. „Es ist Spielfilmreportage im besten Sinn, mit aller politischen und doch niemals verbiesterten Härte und zugleich mit der trockenen Explosivität eines guten Krimis", lobte seinerzeit die *Hannoversche Allgemeine Zeitung*.
Der Film kassierte 1976 in den Kategorien Drehbuch-Adaption, Ausstattung, Ton und männliche Nebenrolle (Jason Robards) den begehrten Oscar. sk

Der Unbeugsame

Cool Hand Luke. USA 1967 **R** Stuart Rosenberg **B** Donn Pearce, Frank R. Pierson, nach dem Roman von Pearce **K** Conrad Hall **M** Lalo Schifrin **P** Gordon Carroll **L** 126 Min., Farbe **D** Paul Newman, George Kennedy, J.D. Cannon, Lou Antonio, Robert Drivas, Strother Martin, Jo Van Fleet, Dennis Hopper, Dean Stanton, Anthony Zerbe

Regisseur Stuart Rosenberg nahm sich in seinem Kinodebüt des Romans *Cool Hand Luke* an, ein Werk, in dem der ehemalige Sträfling Donn Pearce seine Erfahrungen mit dem amerikanischen Rechtssystem beschreibt. Eben jener Luke wird von dem damals 42jährigen Paul Newman verkörpert, dessen Leistung - ebenso wie die der Drehbuchautoren Pearce und Pierson, des Komponisten Lalo Schifrin und George Kennedys, der die Trophäe als bester Nebendarsteller entgegennehmen konnte - mit einer Oscar-Nominierung gewürdigt wurde.
Wegen Randalierens wird der introvertierte Luke Jackson zu einer Gefängnisstrafe verurteilt, die er in einem Zuchthaus im Süden der Vereinigten Staaten verbüßen muß. Zwei Ausbruchversuche unternimmt der wortkarge Einzelgänger, die jedoch fehlschlagen. Dafür ist Luke aber der Respekt der Insassen sicher. Grund genug für den Direktor des Gefängnisses (Martin), Lukes Willen zu brechen - mit allen Mitteln.
Nach seinen beiden Mißerfolgen LADY L und DER ZERRISSENE VORHANG gelang Paul Newman mit seiner Darstellung des rebellischen Draufgängers ein Comeback, das von allen Kritikern mit Lobeshymnen gefeiert wurde. mg

Der Unbeugsame

The Natural. USA 1984 **R** Barry Levinson **B** Roger Towne, Phil Dusenberry, nach dem Roman von Bernard Malamud **K** Caleb Deschanel **M** Randy Newman **P** Mark Johnson für Natural-Prod./Tri-Star **L** 122 Min. (Originalfassung 134 Min.), Farbe **D** Robert Redford, Robert Duvall, Glenn Close, Kim Basinger, Wilford Brimley, Barbara Hershey, Robert Prosky, Darren McGavin, Richard Farnsworth, Joe Don Baker

Bernard Malamuds erster Roman beschreibt den ewigwährenden amerikanischen Traum von einer Aufsteigerkarriere, dem finanziellen Erfolg und persönlichen Glück und von der Geborgenheit im Kreise einer harmonischen Familie. Einer, der sich solchen Illusionen hingibt, ist der 19jährige Roy Hobbs (Redford). Bereits während seiner Schulzeit setzt er sich mit aller Kraft dafür ein, der Beste in seiner Baseball-Mannschaft zu werden. Die Glückssträhne ist allerdings vorbei, als er von dem berühmten Chicago-Club ein Angebot erhält und auf der Zugfahrt dorthin von einer mysteriösen Frau angeschossen wird. Roy kann seine Karriere vorerst vergessen und muß sich von seiner lebensgefährlichen Verletzung erholen. Es dauert fast 15 Jahre, bis er endlich den großen Durchbruch erzielt und sein privates Glück an der Seite seiner alten Jugendfreundin Iris (Close) findet. Der Weg dorthin ist jedoch gepflastert mit Schikanen und Intrigen, bei denen die verführerische Memo Paris (Basinger) eine wichtige Rolle spielt.
Barry Levinson hat diese Sportlergeschichte zwar recht ansprechend in Szene gesetzt, doch krankt die Produktion an der Besetzung mit Robert Redford, der mit seinen 48 Jahren einfach viel zu alt war, um in der Rolle eines Teenagers noch überzeugen zu können. Daran konnten auch die verzweifelten Versuche der Maskenbildner nichts ändern. Unterrepräsentiert sind leider die Auftritte von Glenn Close, der man etwas mehr Mitsprache bei diesem Film gewünscht hätte. Barry Levinsons Regie weist einige Mängel auf, sobald die Kamera die Wettkampfarena des Stadions verläßt. Die Baseballspiel-Szenen hingegen sind mißreißend und perfekt inszeniert. Gedreht wurden diese Bildfolgen im War Memorial Stadium in Buffalo, wobei die Produktionsfirma große Schwierigkeiten hatte, für die ca. 10.000 Komparsen passende Kostüme bereitzuhalten, da die Handlung in den 30er Jahren spielte. jg

Unbezähmbare Angélique

Indomptable Angélique. Frankreich/Italien/BRD 1967 **R** Bernard Borderie **B** Pascal Jardin, Bernard Borderie, Francis Cosne, Louis Agotay, nach dem Roman von Anne Golon **K** Henri Persin **M** Michel Magne **P** Francis Cosne für Francos Films/C. I. C. C./Les Films Borderie (Paris), Fono Roma (Rom), Gloria Film (München) **L** 87 Min., Farbe **D** Michèle Mercier, Robert Hossein, Christian Rode, Bruno Dietrich, Roger Piguat, Sieghardt Rupp

Das Schicksal setzt der schönen Angélique (Mercier) wirklich hart zu: Hatte sie in ihrem dritten Abenteuer ANGÉLIQUE UND DER KÖNIG ihren Mann Joffrey (Hossein) nach langer Suche endlich wieder in die Arme schließen können, nachdem er sie vor einem Mordanschlag gerettet hatte, mußte der durch

eine Narbe entstellte Ehemann erneut vor dem Zorn des Königs das Weite suchen. Doch Angélique gibt nicht auf und befährt sogar die Meere, um ihn zu finden. Sie wird von einem lüsternen Kapitän bedrängt, fällt Piraten in die Hände und soll schließlich gar auf einem nordafrikanischen Sklavenmarkt verschachert werden...
Auch den vierten Teil der äußerst populären Serie setzte Bernard Borderie nach dem bewährten Rezept „Erotik plus Abenteuer, gewürzt mit einer Prise Historie" routiniert in Szene, wobei Hauptdarstellerin Mercier womöglich noch mehr Haut zeigt als bei ihren vorangegangenen Auftritten. Das Publikumsinteresse an Angéliques Eskapaden schien ungebrochen, brachte sie es doch im gleichen Jahr auf eine weitere Fortsetzung: ANGÉLIQUE UND DER SULTAN. al

Die Unbezähmbaren

Untamed. USA 1955 **R** Henry King **B** Talbot Jennings, Frank Fenton, William A. Bacher, Michael Blankfort, nach dem Roman von Helga Moray **K** Leo Tover **M** Franz Waxman **P** Bert E. Friedlob, William A. Bacher für 20th Century-Fox **L** 111 Min., Farbe **D** Tyrone Power, Susan Hayward, Richard Egan, John Justin, Agnes Moorehead, Rita Moreno, Hope Emerson, Brad Dexter, Henry O'Neill, Paul Thompson

Mit dem Schlagwort „Africolossal" kündigte die Fox dem Publikum diese Produktion an, die als gigantisches Epos die Besiedlung Südafrikas behandeln sollte. Das Resultat enttäuschte allerdings. Zum einen war die geringe Laufzeit des Films von noch nicht einmal zwei Stunden einfach zu kurz, um epische Breite zu entwickeln. Zum anderen stellten sich viele Kritiker die Frage, warum nur einige Außenaufnahmen an Originalschauplätzen gedreht wurden, während die Schauspieler in Hollywood blieben und später vor nachgestellten Kulissen und Rückprojektionen agieren mußten.
Die Geschichte ist denn ebenfalls nur eine der üblichen Liebesbanalitäten, diesmal dargeboten vor einem imposanten Hintergrund. Die Irin Katie O'Neill (Hayward) wandert mit ihrem Mann Shawn (Justin) nach Südafrika aus, um sich dort eine neue Existenz aufzubauen. Doch der Neuanfang auf dem unbekannten Kontinent ist hart und beschwerlich. Bei einem Überfall der Zulus auf den Treck der Siedler kommt Shawn ums Leben. Mit einem Kind am Hals bleibt Katie allein zurück, doch bald balgt sich wieder eine Anzahl von Männern um sie. Zu ihnen gehört der Holländer Paul van Riebeck (Power) und der hinterhältige Kurt Hout (Egan). Nach einer Reihe gefahrvoller Erlebnisse entscheidet sich Katie für den adretten Paul und zieht mit ihm von dannen.
Bestechend an diesem Film ist immerhin Leo Tovers Kameraführung, die die Landschaften Südafrikas sowie die zahlreichen Massenszenen, für die Henry King allein 3.000 Zulu-Krieger engagierte, in beeindruckenden Bildern einfing. jg

Die Unbezwingbaren

America, America. USA 1963 **R** Elia Kazan **B** Elia Kazan, nach seinem Roman **K** Haskell Wexler **M** Manos Hadjidakis **P** Elia Kazan für Athena Enterprises/Warner Bros. **L** 177 Min., s/w **D** Stathis Giallelis, Frank Wolff, Harry Davis, Elena Karam, Estelle Hemsley, Gregory Rozakis, Lou Antonio, Salem Ludwig, Linda Marsh

Stavros, ein in der Türkei lebender Grieche, wird von seiner Familie zu einem Onkel nach Konstantinopel geschickt, um dort das Geld für die gemeinsame Auswanderung in die USA zu erarbeiten. Doch Stavros muß erkennen, daß sich die finanziellen Mittel auf legale Weise nicht sehr schnell beschaffen lassen. Als sich auch kriminelle Einnahmequellen als wenig lukrativ erweisen, heiratet er die Tochter eines reichen Teppichhändlers. Nachdem er mit Hilfe einer amerikanischen Touristin auf einen Überseedampfer gelangt ist, erreicht er endlich das „gelobte Land" Amerika.
Elia Kazan, der bei dieser Produktion nicht nur als Regisseur fungierte, sondern auch das Drehbuch verfasste, adaptierte seinen eigenen Roman *America, America* für die Leinwand. Seinem Werk legte er Erzählungen und Schilderungen seines Onkels zugrunde, der um die Jahrhundertwende in die USA auswanderte. Insgesamt vier Oscar-Nominierungen konnte Kazans Drama auf sich vereinigen; eine Trophäe ging letztendlich an Gene Callahan für seine detailgenaue Ausstattung. mg

Und dennoch leben sie

La ciociara. Italien/Frankreich 1960 **R** Vittorio De Sica **B** Cesare Zavattini, Vittorio De Sica, nach dem Roman von Alberto Moravia **K** Gabor Pogany **M** Armando Trovaioli **P** Carlo Ponti für Compagnia Cinematografica Champion (Rom), Les Films Marceau/Cocinor/SGC (Paris) **L** 100 Min. (Originalfassung 110 Min.), s/w **D** Sophia Loren, Raf Vallone, Eleonora Brown, Jean-Paul Belmondo, Renato Salvatori, Carlo Ninchi

Die junge Witwe Cesira (Loren) macht sich während des Krieges 1943 mit ihrer Tochter Rosetta (Brown) auf den Weg in ihr Heimatdorf in den Bergen, da Rom bereits von alliierten Bomben bedroht ist. Doch auch dort werden sie vom Krieg eingeholt, und Cesira muß sich von Michele (Belmondo), mit dem sie eine flüchtige Romanze hatte, trennen. Auf der Flucht vor der näherrückenden Front werden Mutter und Tochter von marokkanischen Soldaten brutal zusammengeschlagen und vergewaltigt. Rosetta steht unter Schock, und Cesira spürt, wie die Beziehung zu ihrem Kind ihr entgleitet...
Sophia Lorens machtvolle, unvergeßliche Darstellung von Alberto Moravias Heldin trug ihr wahre Lobeshymnen von Seiten der Kritiker sowie zahlreiche Preise ein. Neben einem Oscar - erstmals vergeben für eine Darstellung in einem nicht englischsprachigen Film - und dem Golden Globe gewann sie den Darstellerpreis in Cannes, den British Academy Award, den New York Film Critics Award sowie zahlreiche weitere Auszeichnungen. Dabei hatte eigentlich Anna Magnani ihre Rolle spielen sollen, und sie selbst die Tochter. Doch die „Löwin von Rom" weigerte sich, als Sophias Mutter aufzutreten, und da Loren-Gatte Carlo Ponti den Film produzierte, verzichtete man auf Magnani und änderte statt dessen das Drehbuch, so daß die Tochter auf der Leinwand jünger ist - nämlich 13 - als im Roman. al

Und die Nacht wird schweigen

By Love Possessed. USA 1960 **R** John Sturges **B** John Dennis, nach dem Roman von James Gould Cozzens **K** Russell Metty **M** Elmer Bernstein **P** Walter Mirisch für The Mirisch Corporation/Seven Arts/United Artists **L** 115 Min., Farbe **D** Lana Turner, Efrem Zimbalist jr., Jason Robards, George Hamilton, Susan Kohner, Barbara Bel Geddes, Thomas Mitchell, Everett Sloane

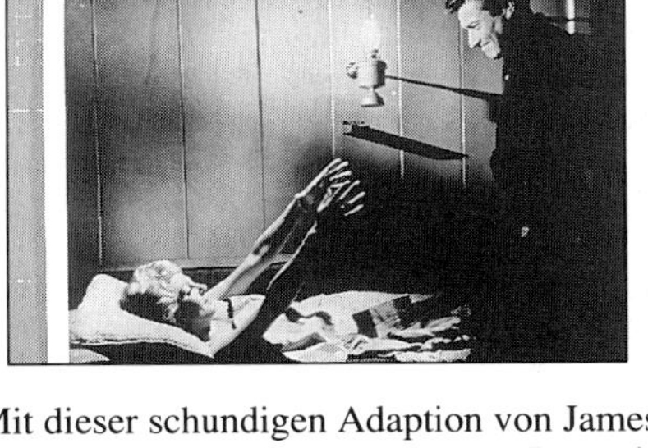

Mit dieser schundigen Adaption von James Gould Cozzens' Bestseller, den *Time* als „den schlechtesten guten Roman der letzten Dekade" beschrieb, setzte Lana Turner ihre Regentschaft als Königin melodramatischer Seifenopern fort, die sie spätestens mit GLUT UNTER DER ASCHE angetreten hatte. Auch hier geht es um brodelnde Leidenschaften und Gelüste hinter der biederen Fassade einer Kleinstadt in Neuengland. Hauptfigur ist der Anwalt Arthur Winner (Zimbalist jr.), der nicht nur in seiner Firma Probleme hat, sondern auch zuhause: seine Ehe ist eintönig geworden, und Sohn Warren (Hamilton)

bekommt von einer mißgünstigen Prostituierten eine Vergewaltigungsklage angehängt. Die Affäre mit Marjorie (Turner), der alkoholsüchtigen Frau seines Geschäftspartners Penrose (Robards), bringt nur kurzzeitige Ablenkung. Penrose wiederum ist verkrüppelt und leidet unter seiner Impotenz. Bis sich beide Ehepaare am Schluß einander in die Arme fallen, muß ein wahres Redemarathon überstanden werden, das die „gewagten" Themen auf TV-Serien-Niveau abhandelt. War schon die Vorlage gewiß kein literarisches Meisterwerk, so bewegt sich das Drehbuch oft am Rande des Lächerlichen. John Dennis ist übrigens ein Pseudonym für Oscar-Gewinner Charles Schnee, der mit Klage drohte, falls sein Name in den Credits genannt würde. Sein Original-Skript des immerhin 575 Seiten starken Buches war von nicht weniger als drei anderen Autoren - Isobel Lennart, Bill Roberts und Ketti Frings - „überarbeitet" worden und schließlich kaum mehr erkenntlich. Ausstattung und Photographie des Films sind ausgezeichnet, doch alles andere - inklusive der Darstellungen - ist entschieden zweitklassig. al

Und die Wälder werden schweigen

Le chant du monde. Frankreich/Italien 1965 **R** Marcel Camus **B** Marcel Camus, nach dem Roman von Jean Giono **K** Michel Lemoigne **M** André Hossein **P** Orphée Prod./Les Films Marceau/Cocinor (Paris), Cosmos (Rom) **L** 92 Min. (Originalfassung 108 Min.), Farbe **D** Hardy Krüger, Catherine Deneuve, André Lawrence, Charles Vanel, Marilù Tolo, Ginette Leclerc, Michel Vitold

Der episch angelegte Roman *Le chant du monde* (*Das Lied der Welt*) von Jean Giono (1895-1970) hatte immerhin bereits rund 30 Jahre auf dem Buckel, als sich Marcel Camus zu seiner Verfilmung entschloß. Gemäß der starken Verwurzelung des Autors mit seiner provençalischen Heimat ist die Handlung unter Bergbauern im Süden Frankreichs angesiedelt. Ein junger Mann (Lawrence), überall bekannt als „der Rote", sieht sich von einem reichen Gutsbesitzer verfolgt, da er heimlich dessen Tochter (Tolo) geheiratet hat. Das Ehepaar wird von dem gutmütigen Antonio (Krüger) unterstützt. Der Konflikt spitzt sich zu, als der Rote einen seiner Verfolger tötet...

War schon Gionos Idealisierung der bäuerlichen Welt im Laufe der Jahre etwas unzeitgemäß geworden, so gilt das doppelt für diese wässrige Adaption, die keinerlei Bezug zu ihrem Entstehungszeitraum zu haben scheint und ein bißchen wie das französische Pendant zu deutschen Heimatfilmen wirkt. Außer schönen Landschaftsaufnahmen gibt es hier nicht viel zu sehen. al

...und ewig ruft die Heimat

...und ewig ruft die Heimat / Uli der Pächter. Schweiz 1955 **R** Franz Schnyder **B** Richard Schweizer, Christian Lerch, nach dem Roman von Jeremias Gotthelf **K** Emil Berna **M** Robert Blum **P** Oskar Dubys für Praesens Film **L** 105 Min., s/w **D** Hannes Schmidhauser, Liselotte Pulver, Emil Hegetschweiler, Hedda Koppe, Leopold Biberti, Alfred Rasser, Edwin Kohlund, Marianne Matti

Die im gleichen Stil gedrehte Fortsetzung von ULI DER KNECHT schildert den weiteren, dornenreichen Aufstieg des ehemaligen Stallburschen Uli (Schmidhauser) und seiner Frau Vreneli (Pulver). Nach Jahren fleißigen Schaffens können sich die jungen Eheleute die Pacht eines großen Bauernhofes leisten, übernehmen sich jedoch bei dem Geschäft und werden bald ganz aus der Bahn geworfen, als Unwetterkatastrophen und Ulis plötzliche Erkrankung ihre Existenz bedrohen. Als der Hof nicht mehr zu retten ist, schaltet sich der gütige Hagelhannes (Biberti) ein und gibt dem Paar noch einmal eine neue Chance. Und diesmal kann Uli dank der tatkräftigen Unterstützung seiner Frau und des festen Vertrauens auf Gott beweisen, daß er fähig ist, Strapazen zu überstehen und Leistungsanforderungen zu erfüllen.

„Was der Verfilmung des ersten Teiles von Gotthelfs Uli-Romanen, dem Film *Uli der Knecht* an Fehlern vorzuwerfen war, ist im vorliegenden zweiten Teil vermieden und verbessert worden...Teils scheint es, als habe der auf der Geschichte lastende Ernst und die größere Tragweite des Geschehens auf die am Film beteiligten künstlerischen und technischen Kräfte zurückgewirkt und sie mit mehr Ehrfurcht und Sorgfalt ans Werk gehen lassen" (*Evangelischer Filmbeobachter*). jg

Und ewig singen die Wälder

Und ewig singen die Wälder. Österreich 1959 **R** Paul May **B** Kurt Heuser, nach dem Roman von Trygve Gulbransson **K** Elio Carnel **M** Rolf Wilhelm **P** Alfred Stöger für Wiener Mundus Film **L** 105 Min., Farbe **D** Gert Fröbe, Hansjörg Felmy, Joachim Hansen, Carl Lange, Anna Smolik, Hans Nielsen, Maj-Britt Nielsen, Inge Meysel, Jürgen Goslar, Hilde Schreiber

Mit enormem Aufwand verfilmte die Wiener Mundus den dreiteiligen Blut-und-Boden-Roman von Trygve Gulbransson, der in epischer Breite das Schicksal eines stolzen norwegischen Bauerngeschlechts beschreibt. Auf Björndal leben der alte Dag (Fröbe) und seine beiden Söhne Tore (Felmy) und Dag Junior (Hansen). Der Clan liegt permanent im Clinch mit dem adeligen Großgrundbesitzer Herrn von Gall (Lange), der sein weitläufiges Gut zusammen mit seiner Tochter Elisabeth (Smolik) bewohnt. Während eines Tanzabends schnappt sich der temperamentvolle Tore das vornehme Fräulein von Gall und fegt mir ihm über das Parkett. Diese ist daraufhin so erbost, daß sie ihren Verehrer Leutnant Margas (Goslar) auf den Björndaler hetzt. Bei einem erbitterten Kampf kommt Tore um. Jahre später hat von Gall sein Gut völlig heruntergewirtschaftet, Elisabeth ist wahnsinnig geworden und steckt das Anwesen in Brand, um selbst in den Flammen umzukommen. In Björndal hat der junge Dag unterdessen die warmherzige Adelheid (Nilsson) geheiratet, sich aber mit seinem Vater auf immer zerstritten. Erst als der alte Dag von der Geburt seines Enkelsohnes hört, macht er sich auf den Weg in die Berge, kommt aber während eines Schneetreibens um.

Das größte Lob an diesem archaischen Bauerndrama gebührt Elio Carniel, der in schwelgerischen Bildern die unvergleichliche Landschaft Norwegens einfing, denen dieser Film seinen besonderen Reiz verdankt. *Das Erbe von Björndal* war in der Kinosaison 1959 der erfolgreichste deutschsprachige Film und wurde dafür mit einem Bambi ausgezeichnet. Ein Jahr später drehte Gustav Ucicky die Fortsetzung DAS ERBE VON BJÖRNDAL, in der wiederum Joachim Hansen und Maj-Britt Nilsson zu sehen waren. jg

...und Gerechtigkeit für alle

...and Justice For All. USA 1979 **R** Norman Jewison **B** Valerie Curtin, Barry Levinson **K** Victor J. Kemper **M** Dave Grusin **P** Norman Jewison und Patrick Palmer für Columbia/Malton **L** 119 Min., Farbe **D** Al Pacino, John Forsythe, Jack Warden, Christine Lahti, Lee Strasberg, Jeffrey Tambor

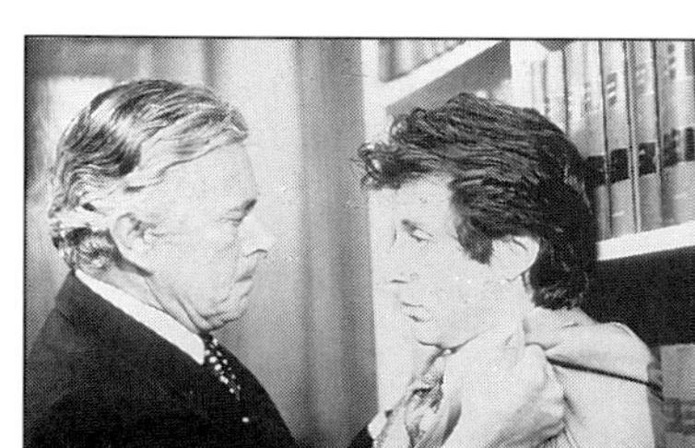

Arthur Kirkland (Pacino) ist ein junger, aufstrebender Anwalt und hat in seinem Heimatland USA, ausgestattet mit einer der höchsten Kriminalitätsraten der Welt, reichlich zu tun. Tagtäglich kämpft er verzweifelt - und zumeist erfolglos - gegen einen korrupten, selbstgefälligen Justizapparat an, in dem

wehrlose kleine Fische keine Chance haben, während die großen, wahrhaft Kriminellen immer wieder ein Loch in den Netzen des Strafrechtes finden, durch das sie bequem hindurchschlüpfen können. Als Kirkland eines Tages als Pflichtverteidiger eines angesehenen Richters berufen wird, der wegen Vergewaltigung und Körperverletzung angeklagt ist, platzt ihm der Kragen: Im Gerichtssaal hält er, der Verteidiger, ein flammendes Plädoyer für die Gerechtigkeit, gegen seinen Mandanten...
Regisseur Jewison kaute das uramerikanische Genre des Gerichtsfilms ein weiteres Mal wieder, ohne damit allerdings an die Qualität und Erfolge legendärer Vorgänger wie DIE ZWÖLF GESCHWORENEN oder ZEUGIN DER ANKLAGE anknüpfen zu können. So nimmt es nicht Wunder, daß Jewison seinem trockenen Streifen durch verkrampfte Gags, tumbe Actionszenen und - Schreck laß nach - sogar etwas Sado-Sex nicht vorhandenen Esprit einzuhauchen versucht, allerdings vergeblich: Durch dämliche Übersteigerungen auf Nebenschauplätzen ist noch kein schlechter Film, der in seinem Kern langweilig und konventionell ist, zu einem guten Film mutiert. Dies gilt auch für *...und Gerechtigkeit für alle*. Hervorzuheben ist allerdings die gute schauspielerische Darbietung von Al Pacino, der für seine Leistung prompt mit einer Oscar-Nominierung (männliche Hauptrolle) belohnt wurde. sk

Und immer lockt das Weib

...et Dieu créa la femme. Frankreich 1956 **R** Roger Vadim **B** Roger Vadim, Raoul J. Lévy **K** Armand Thirard **M** Paul Misraki **P** Raoul J. Lévy für Iéna/Cocinor/Cocinex **L** 89 Min. (Originalfassung 95 Min.), Farbe **D** Brigitte Bardot, Curd Jürgens, Jean-Louis Trintignant, Christian Marquand, Georges Poujouly

Roger Vadim hatte bereits Drehbücher zu drei Filmen seiner Frau Brigitte Bardot geschrieben, als er in Zusammenarbeit mit Produzent Raoul J. Lévy ein Projekt auf die Beine stellte, das die Initialen BB zu einem Markenartikel machen sollte. Die junge Waise Juliette (Bardot), bei Pflegeeltern aufgewachsen, bringt mit ihrer frühreifen Sinnlichkeit sämtliche Männer von St. Tropez um den Verstand, darunter den reichen Reeder Carradine (Jürgens). Besonders angetan hat es ihr der Draufgänger Michel (Marquand), doch heiratet sie schließlich seinen schüchternen, zurückhaltenden Bruder Antoine (Trintignant). Der hat alle Hände voll zu tun, um seine heißblütige Braut bei der Stange zu halten...
Zunächst wollte niemand den Film finanzieren - Vadim hatte noch nie Regie geführt, und Bardot war nur ein Starlet ohne Zugkraft an den Kassen. Doch nachdem man Curd Jürgens für eine kleine Rolle geködert hatte, flossen die Mittel, und schon während der Dreharbeiten gab es haufenweise Gerüchte über sensationelle Freizügigkeiten und knisternde Erotik zwischen den Hauptdarstellern. In der Tat verließ Bardot nach Ende der Aufnahmen ihren Mann und Mentor - sie hatte sich in Jean-Louis Trintignant verliebt. Aus heutiger Sicht wirkt *Und immer lockt das Weib* recht zahm, doch seinerzeit trieb er die Moralapostel auf die Barrikaden und die Zuschauer zu Massen in die Kinos. Nur in Frankreich blieb der Film hinter den kommerziellen Erwartungen zurück. Obwohl sich Vadims und Bardots private Wege trennten, sollten sie übrigens noch vier weitere Male zusammenarbeiten. al

Und Jimmy ging zum Regenbogen

Und Jimmy ging zum Regenbogen. BRD 1971 **R** Alfred Vohrer **B** Manfred Purzer, nach dem Roman von Johannes Mario Simmel **K** Charly Steinberger **M** Erich Ferstl **P** Luggi Waldleitner für Roxy-Film **L** 133 Min., Farbe **D** Alain Noury, Doris Kunstmann, Judy Winter, Ruth Leuwerik, Horst Frank, Horst Tappert, Konrad Georg, Heinz Moog

Obwohl sich die Kritiker einig waren, daß es sich bei den Simmel-Verfilmungen um Kolportageprodukte handelte, die nur gelegentlich über eine durchschnittliche Inszenierung hinauskamen, strömten die Zuschauer scharenweise in die Kinos, um sich dieser eigentümlichen Mischung aus Kunst und Kitsch hinzugeben. So wurde *Und Jimmy ging zum Regenbogen* auch der erfolgreichste Film der Saison 1971.
Alfred Vohrer, in den 60er Jahren bei vielen Werken der Edgar-Wallace- und Karl-May-Serie Garant für spannende Unterhaltung, verfilmte mit einem beachtlichen Staraufgebot an Originalschauplätzen in Wien (Prater, Schloß Schönbrunn) den bekannten Simmel-Roman. Die in mehreren Zeitebenen spielende Geschichte ist denkbar verworren. Sie beginnt mit der Ankunft des jungen Argentiniers Manuel Aranda (Noury), der nach Wien gekommen ist, um dort den Mord an seinem Vater aufzuklären. Seine Ermittlungen konfrontieren ihn mit einem Fall, der zur Zeit der unseligen Annexion Österreichs durch das Deutsche Reich seinen Anfang nahm und mit dem Tod seines Vaters in Zusammenhang steht. Darüber hinaus lernt Manuel die schöne und geheimnisvolle Irene Waldegg (Kunstmann) kennen, die ihm gegenüber etwas zu verbergen scheint. Um das Durcheinander komplett zu machen, verwickelt sich Manuel auch noch in das lautlose Gerangel der internationalen Geheimdienste, die sich in Wien ein Stelldichein geben. Nach einer siebenjährigen Leinwand-Abstinenz wagte sich Ruth Leuwerik zum Film zurück, doch fiel ihr Comeback vergleichsweise bescheiden aus. Interessant ist Judy Winters Darbietung, die hier als 24- und 55jährige Frau in Erscheinung tritt. jg

...und ledige Mädchen

Sex and the Single Girl. USA 1964 **R** Richard Quine **B** Joseph Heller, David R. Schwartz, Carry O'Dell, nach dem Roman von Helen Gurley Brown und einer Story von Joseph Hoffman **K** Charles Lang **M** Neal Hefti **P** William T. Orr für Richard Quine-Reynard Prod./Warner Bros. **L** 111 Min., Farbe **D** Tony Curtis, Natalie Wood, Henry Fonda, Lauren Bacall, Mel Ferrer, Fran Jeffries, Leslie Parrish, Edward Everett Horton

Bob Weston (Curtis), rühriger Schreiber für ein berüchtigtes Skandal-Magazin, versucht mit allen Mitteln, eine Story über die bekannte Psychologin Helen Brown (Wood) zu bekommen, die sich auf dem Gebiet „Sex und ledige Mädchen" hervorgetan hat. Er hält sie für sexuell frustriert und womöglich sogar für eine Jungfrau. Aus Gründen der Tarnung nimmt er die Identität seines Nachbarn Frank (Fonda) an, der im ständigen Clinch mit seiner scharfzüngigen Ehefrau Sylvia (Bacall) liegt...
Mit Helen Gurley Browns Bestseller hat diese routinierte Sex-Comedy nur noch den Titel gemeinsam, worauf bereits durch die Erwähnung eines Story- Lieferanten in den Credits hingewiesen wird. Die attraktive Besetzung schlägt sich wacker durch die üblichen Verwechslungen, Mißverständnisse und frivolen Situationen, die man allerdings in jedem Day/Hudson-Vehikel besser umgesetzt findet. Henry Fonda ließ sich übrigens nur durch die Mitarbeit Joseph Hellers am Drehbuch für seine Rolle ködern - dessen *Catch 22* gehörte zu seinen erklärten Roman-Favoriten. al

Und morgen werd' ich weinen

I'll Cry Tomorrow. USA 1955 **R** Daniel Mann **B** Helen Deutsch, Jay Richard Kennedy, nach dem Roman von Lillian Roth, Mike Connolly und Gerold Frank **K** Arthur E. Arling **M** Alex North **P** Lawrence Weingarten für MGM **L** 115 Min., s/w **D** Susan Hayward, Richard Conte, Eddie Albert, Jo Van Fleet, Don Taylor, Ray Dalton, Margo, Virginia Gregg, Don Barry

Und morgen werd' ich weinen erwies sich als ein wichtiger Wendepunkt in der Karriere von Susan Hayward. War sie zuvor überwiegend in seichten Abenteuerfilmen und schmachtenden Melodramen eingesetzt worden, so erhielt sie hier die Gelegenheit, einen ebenso komplexen wie komplizierten Charakter darzustellen.
Dem Film liegen die erschütternden Lebensbeschreibungen des Broadway-Stars Lillian Roth zugrunde, den Susan Hayward in eindringlicher Weise darstellt. Schon als Kind wird das Mädchen von seiner ehrgeizigen Mutter Katie (Van Fleet) auf künftigen Starruhm vorbereitet, getrimmt und protegiert, bis es tatsächlich zur Attraktion der New Yorker Bühnenwelt avanciert, noch bevor es das Teenageralter erreicht hat. Der Preis für diesen frühen Ruhm ist jedoch hoch. Schmerzlich vermißt Lillian die Liebe ihrer Mutter. Bereits erwachsen, sucht sie die ihr versagte Geborgenheit in wechselnden Männerbeziehungen. Sie wird betrogen und ausgenutzt und verfällt schließlich dem Alkohol.
Daniel Mann mutet bei der Darstellung der traurigen Künstlerbiographie dem Publikum einige bis an die Unerträglichkeit heranreichende Szenen zu, die von Susan Hayward quälend echt gespielt werden. Trotz des unbequemen Themas wurde *Und morgen werd' ich weinen* für die MGM zu einem großartigen Erfolg. Es muß zudem erwähnt werden, daß sich der Regisseur eng an der wenig erfreulichen Biographie des Bühnenstars orientierte und auf jegliche Schönfärberei - wie es bei vergleichbaren Hollywood-Dramen damals üblich war - verzichtete. Susan Hayward, die hier auch das erste Mal singt, wurde 1955 für den Oscar nominiert, unterlag jedoch der Italienerin Anna Magnani, der man den Preis für ihre Rolle in dem Melodrama DIE TÄTOWIERTE ROSE zugestand. Eine Auszeichnung als Beste Schauspielerin erhielt die Hayward immerhin im gleichen Jahr bei den Filmfestspielen von Cannes. Den einzigen Oscar, der für *Und morgen werd' ich weinen* abfiel, konnte Helen Rose für ihre Kostümentwürfe entgegennehmen. jg

Und morgen wird ein Ding gedreht

Harry and Walter Go To New York. USA 1975 **R** Mark Rydell **B** Robert Kaufman, John Byrum **K** Laszlo Kovacs **M** David Shire **P** Don Devlin und Harry Gittes für Safecracker **L** 111 Min., Farbe **D** James Caan, Michael Caine, Elliott Gould, Diane Keaton, Charles Durning, Jack Gilford

Harry (Caan) und Walter (Gould) arbeiten als mittelmäßige Entertainer in einem Tingel-Tangel-Theater in der tiefsten amerikanischen Provinz. Um sich ihren kargen Lohn etwas aufzubessern, stehlen die beiden ihren arglosen Zuschauern hin und wieder einige Dollars aus der Brieftasche. Leider werden sie dabei erwischt und landen prompt im Gefängnis. Was ihr Schaden nicht ist: Dort nämlich lernen sie den berühmt-berüchtigten Safeknacker Adam Worth (Caine) kennen und gelangen durch eine kleine List an dessen ausgefeilten Plan zum Einbruch in die New York Bank. Wenig später gelingt Harry und Walter der kollektive Ausbruch aus der Strafanstalt, und sie beschließen, das Ding selbst zu drehen. Doch die Bankraub-Premiere erweist sich schwieriger als erwartet...
Ein mittelmäßiger, über weite Strecken schwungloser Film, der allein auf die Kraft seiner pompösen Ausstattung setzt - Glanzlichter hat Regisseur Rydells nostalgische Gauner-Komödie nicht zu bieten. Auch sein Versuch, dem Streifen Witz und Charakter durch tumbe Anleihen bei Laurel & Hardy und Charlie Chaplin zu verleihen, verliert sich im Gestrüpp der Mediokrität, das *Und morgen wird ein Ding gedreht* von der ersten bis zur letzten Minute durchwuchert. „Daß das Resultat schlechter ist als die Einzelleistungen, liegt an Rydells Inszenierung, die zwischen nostalgischer Hommage an das Vaudeville-Theater der Jahrhundertwende, ironischem Slapstick und halbherzigem Plagiat von Hills DER CLOU pendelt" (*Die Zeit*). sk

...und nichts als ein Fremder

Not As a Stranger. USA 1955 **R** Stanley Kramer **B** Edna und Edward Anhalt, nach dem Roman von Morton Thompson **K** Franz Planer **M** George Antheil **P** Stanley Kramer für United Artists **L** 135 Min., s/w **D** Olivia de Havilland, Robert Mitchum, Frank Sinatra, Gloria Grahame, Broderick Crawford, Charles Bickford, Myron McCormick, Lon Chaney jr.

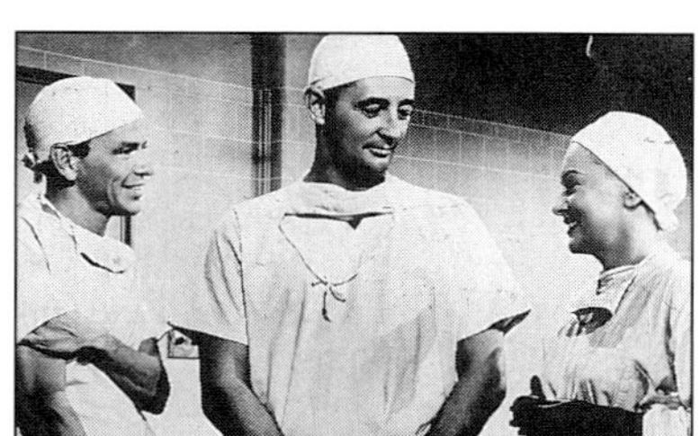

Als Produzent solcher Kassenrenner wie DER WILDE oder ZWÖLF UHR MITTAGS hatte sich Stanley Kramer bereits im Filmbusiness hervorgetan. 1955 hielt er die Zeit für gekommen, sich selbst hinter die Kamera zu stellen und Regie zu führen. Dank der hervorragenden schauspielerischen Leistungen seiner Darsteller gelang ihm ein annehmbares Debüt, wenngleich dieser Streifen noch weit davon entfernt war, Filmgeschichte zu schreiben, wie es seine späteren Werke URTEIL VON NÜRNBERG oder EINE TOTAL, TOTAL, TOTAL VERRÜCKTE WELT taten.
Den fast tausend Seiten starken Wälzer stutzten Edna und Edward Anhalt auf ein handliches Drehbuch zurecht, aus dem Kramer ein anrührendes Melodrama fabrizierte. Robert Mitchum spielt den begnadeten Arzt Dr. Lucas Marsh, der als einer der talentiertesten Mediziner seines Landes angesehen wird. Dies steigt ihm leider etwas zu Kopf; die Folge ist eine teils unkontrollierte Selbstüberschätzung, die auch im privaten Bereich negative Konsequenzen nach sich zieht. So verläuft seine Beziehung zu der Krankenschwester Kristina (de Havilland) im Sande. Diese wendet sich in ihrer Einsamkeit Marshs Kollegen Dr. Boone (Sinatra) zu, kehrt jedoch zu Lucas zurück, als dieser auch beruflich versagt.
Die tränenreiche Story wird in ihrer Glaubhaftigkeit durch die Besetzung mit dem Schauspielergespann Mitchum/Sinatra etwas geschmälert, da beide Herren bereits Ende 30/Anfang 40 waren und daher in den Rollen als junge Internisten kaum noch durchgehen konnten. Gleiches gilt für die matronenhafte Olivia de Havilland, deren jugendliche Tage ebenfalls schon längst gezählt waren. jg

Und vor Lust zu sterben

...et mourir de plaisir. Frankreich/Italien 1960 **R** Roger Vadim **B** Roger Vadim, Claude Brule, Claude Martin, nach dem Roman *Carmilla, der weibliche Vampir* von J. Sheridan Le Fanu **K** Claude Renoir **M** John Prodromides **P** Raymond Eger für EGE, Documento **L** 85 Min., Farbe **D** Mel Ferrer, Elsa Martinelli, Annette Vadim, Jacques-René Chauffard, Marc Allegret, Alberto Bonucci, Gabriella Farinon, Serge Marquand

Lesbische Vampire gibt es nicht erst seit Tony Scotts BEGIERDE. Roger Vadim inszenierte schon 1960 eine ähnliche Schauermär, in der er den gleichgeschlechtlichen Leidenschaften seiner Protagonistin einen breiten Platz einräumte. Der Film ist gespickt mit geschmackvollen Dekors und eleganten Kamerafahrten und erinnert diesbezüglich bisweilen an Carl Theodor Dreyers Klassiker VAMPYR, doch ergehen sich Vadims Effekte leider allzu oft in einem geschmäcklerischen Schnickschnack, der sich nicht mit der dramaturgischen Gestaltung der Geschichte vereinbaren läßt, sondern nur selbstzweckhaft aufgefahren wird. Die schauerlichen Ereignisse, derer wir hier Zeuge werden, spielen sich 1961 auf einem alten Landsitz in der Nähe von Rom ab. Dort bereitet Leopoldo von Karnstein (Ferrer) zusammen mit seiner Verlobten Georgia (Martinelli) und seiner Cousine Carmilla (Vadim) einen Maskenball vor. Karnstein erzählt dabei den beiden Frauen, daß es in

seiner Familie noch vor 200 Jahren Vampire gab, die damals allerdings von den Bauern getötet wurden. Jedoch konnte man das Grab einer Vorfahrin, die ebenfalls den Namen Carmilla trug, nicht finden. Das ändert sich, als ein Sprengkommando eine naheliegende Abtei zusammenfallen läßt, und der Geist der dort versteckten Untoten in die Carmilla des 20. Jahrhunderts fährt, die kurz darauf über das vornehmlich weibliche Hauspersonal herfällt und ihren Blutdurst anschließend an Georgia stillen möchte.
Die in jeder Hinsicht ästhetische Farbfotografie lenkt glücklicherweise die meiste Zeit hindurch von dem miserablen Agieren der Schauspieler ab. Während Mel Ferrer permanent so wirkt, als wollte er in einem anderen Film mitspielen, sieht man wenigstens Elsa Martinelli ein bemühtes Engagement an.
Gedreht wurde *Und vor Lust zu sterben* in der antiken Villa des römischen Kaisers Hadrian in der Nähe von Tivoli. jg

Und über uns der Himmel

Und über uns der Himmel. Deutschland 1947 **R** Josef von Baky **B** Gerhard Grindel **K** Werner Krien **M** Theo Mackeben **P** Objektiv-Film **L** 104 Min., s/w **D** Hans Albers, Lotte Koch, Paul Edwin Roth, Annemarie Haase, Heidi Scharf, Ralph Lothar, Otto Gebühr, Elsa Wagner, Erich Dunskus

Zwei Jahre nach dem befreienden Zusammenbruch des Dritten Reiches, der als solcher freilich nicht empfunden wurde, dominierte überall in Deutschland noch Hoffnungslosigkeit und Resignation. Um das Grauen der vergangenen Jahre nicht wieder frisch zu beleben, drehte Josef von Baky mit *Und über uns der Himmel* einen Trümmerfilm, der deutlich optimistischere Töne anstimmte als beispielsweise der im selben Jahr produzierte IN JENEN TAGEN.
Hans Albers ist von seiner Kanonenkugel heruntergeklettert und spielt den Kriegsheimkehrer Hans Richter, der anstelle seiner Wohnung nur noch ein paar Trümmer vorfindet, in denen die Witwe Edith (Koch) mit ihrem Kind haust. Da es im zerbombten Deutschland kaum Arbeit gibt und die weitere politische Zukunft des Landes ungewiß ist, fällt es Hans nicht schwer, auf die Initiative seines Freundes Fritz hin, in die stadtbekannten Schieberkreise einzusteigen und sich auf Schwarzmarkt-Geschäfte einzulassen. Diese Aktivitäten werden besonders von seinem ebenfalls zurückgekehrten Sohn (Lothar) mißbilligt, der sich trotz seiner Kriegsverletzung seine Würde bewahrt hat und darauf drängt, am Wiederaufbau Deutschlands mitzuhelfen. Als Hans auch von Edith nur noch kühle Verachtung erntet, fängt er endlich an umzudenken.
Leider verfehlt dieser frühe Nachkriegsfilm allzu oft seine motivierende, aufbauende Intention und rutscht in peinliche Selbstmitleidstiraden ab, bei denen in minutenlangen Dialogen über das unglückselige Schicksal der deutschen Nation lamentiert wird. Um das zu unterstreichen, singt Hans Albers gleich zweimal das sentimental verbrämte Lied *Es weht der Wind von Norden*, das Theo Mackeben komponierte. jg

Und wieder 48 Stunden

Another 48 Hours. USA 1990 **R** Walter Hill **B** John Fasano, Jeb Stuart, Larry Gross **K** Matthew F. Leonetti **M** James Horner **P** Lawrence Gordon für Paramount **L** 95 Min., Farbe **D** Eddie Murphy, Nick Nolte, Brion James, Kevon Tighe, Ed O'Ross, David Anthony Marshall, Andrew Divoff, Tisha Campbell

Für eine Fortsetzung der Geschichte um das ungleiche Polizistenpaar Reggie Hammond (Murphy) und Jack Cates (Nolte) gab es mal wieder keinen weiteren Grund als die Tatsache, daß der sieben Jahre zuvor entstandene Thriller 48 STUNDEN so überaus erfolgreich gewesen war und nun immerhin die Möglichkeit bestand, mit einem zweiten Teil diesem Triumph einen weiteren hinzuzufügen. Walter Hill erhielt für sein Revival die ungeheure Summe von 30 Mio. Dollar, und dank dieses Budgets kracht und knallt es am laufenden Band und jagt eine Actionszene die andere.
Freilich mußte sich das Autorenteam einen einigermaßen plausiblen Grund einfallen lassen, um Murphy und Nolte wieder vereint vor die Kamera zu zerren; 1983 hatten die beiden sich schließlich noch in aller Freundschaft voneinander getrennt. Hammond ist allerdings sehr wütend darüber, daß Cates ihn innerhalb der verstrichenen Zeitspanne kein einziges Mal besucht hat. Immerhin kann er sich darauf verlassen, daß sein Freund zur rechten Zeit anrückt und ihm gegen eine brutale Rockerbande zur Seite steht, die es auf seine Ersparnisse abgesehen hat. Was folgt, ist das übliche Potpourri, bestehend aus brutalen Action-Szenen und dümmlichen Zoten.
„Walter Hills Inszenierung verrät einiges von der Unsicherheit, die jeden Regisseur befallen muß, der sich als kommerziell versteht, an den Kinokassen aber seit Jahren keinen Erfolg vorweisen kann...Nichts ist geblieben von seiner Lust am ornamenten Reichtum, von seinem innovativen Spiel mit den Formeln, lediglich die Betonung der Vertikalen durch ungewöhnliche Schwenks und der Einsatz extremer Weitwinkel stechen noch hervor" (*epd Film*). jg

Under Fire

Under Fire. USA 1983 **R** Roger Spottiswoode **B** Ron Shelton, Clayton Frohman, nach einer Story von Frohman **K** John Alcott **M** Jerry Goldsmith **P** Jonathan Taplin für Lion's Gate **L** 127 Min., Farbe **D** Nick Nolte, Gene Hackman, Joanna Cassidy, Jean-Louis Trintignant, Ed Harris, Richard Masur, Alma Martinez, Holly Palance

Der Geschichte um drei US-amerikanische Journalisten, die über die Revolution in Nicaragua 1979 berichten und sich auf die Seite der sandinistischen Truppen schlagen, liegt eine wahre Begebenheit aus jenen blutigen Tagen zugrunde: Während einer Reportage über einen tobenden Bürgerkrieg in Südamerika wurde ein Journalist ermordet und ließ bei seiner eigenen Erschießung die Kamera mitlaufen. Mit der Rolle ausländischer Berichterstatter in den Krisengebieten der Dritten Welt haben sich schon viele Regisseure beschäftigt: Schlöndorffs DIE FÄLSCHUNG und Costa-Gavras VERMISST zählen auf dem Gebiet zu den bekanntesten Vertretern. *Under Fire* konnte nicht an Originalschauplätzen gedreht werden, Spottiswoode wich nach Mexiko aus, dessen Regierung die Aufnahmen unterstützte, froh darüber, daß die Problematik in Zentralamerika auf der Leinwand thematisiert wurde. mg

Under the Cherry Moon

Under the Cherry Moon. USA 1986 **R** Prince **B** Becky Johnston **K** Michael Ballhaus **M** Prince **P** Bob Cavallo, Joe Ruffalo, Steve Fragnoli für Warner Bros. **L** 98 Min., s/w **D** Prince, Jerome Benton, Kristin Scott-Thomas, Steven Berkoff, Francesca Annis

Der Erfolg von Princes Filmdebüt *Purple Rain* (1984), die Geschichte eines Rockmusikers, der um Anerkennung kämpft, trübte wohl für eine Weile die Urteilskraft der Warner Bros.-Verantwortlichen, denn wie sonst ließe sich erklären, daß ein derart unsinniges, unerträgliches Machwerk wie *Under the Cherry Moon* je das Licht der Leinwände erblickte? In seinem gründlich miß-

lungenen Einstand als Regisseur feiert Prince nicht etwa seine - unbestrittene - musikalische Genialität, sondern vielmehr seine angebliche erotische Anziehungskraft: Als Christopher Tracy spielt er an der französischen Riviera das Piano und reißt, zusammen mit seinem Kumpel Tricky (Benton), reiche weiße Frauen auf. Auch die attraktive Erbin Mary (Scott-Thomas) ist zunächst nur als Opfer gedacht - bis Christopher sich in sie verliebt. Doch ihr Millionärs-Papa hat verständlicherweise etwas gegen diese unstandesgemäße Verbindung...
Eine derart penetrante Selbstbeweihräucherung war auf der Leinwand selten zu sehen. Ohne eine Spur von Selbstironie begibt sich der Rockstar auf die Spuren romantischer Helden wie Valentino und huldigt, überschminkt und aufgeputzt, seinem Ego in zahlreichen Großaufnahmen. *Under the Cherry Moon* funktioniert nicht einmal als überdimensionales Rockvideo, denn die Songs sind meist nur als Hintergrundmusik zu hören. Statt dessen bekommt der Zuschauer eine Überdosis mimischer Tricks und Mätzchen präsentiert, die der Regisseur Prince beim Schauspieler Prince offenbar unwiderstehlich findet. In diesem Zusammenhang ist es bezeichnend, daß die ursprüngliche Regisseurin Mary Lambert gleich zu Beginn der Arbeiten gefeuert wurde - vom Meister selbst. Die US-Filmkritik ging mit dem Werk hart ins Gericht, so schrieb beispielsweise *L. A. Weekly*: „Prince liefert ein so peinliches Regiedebüt ab, daß ich mich an seiner Stelle einer Gesichtsoperation unterziehen würde.“ al

Die unendliche Geschichte

Die unendliche Geschichte. BRD 1984 **R** Wolfgang Petersen **B** Wolfgang Petersen, Hermann Weigel, nach dem Roman von Michael Ende **K** Jost Vacano **M** Klaus Doldinger **P** Bernd Eichinger, Dieter Geissler für Neue Constantin/Bavaria **L** 99 Min., Farbe **D** Noah Hathaway, Barret Oliver, Tami Stronach, Patricia Hayes, Sidney Bromley, Louis Gossett jr., Tilo Prückner

Wolfgang Petersen schien in den 80er Jahren das Privileg gepachtet zu haben, mit jeder neuen Produktion das Prädikat „teuerster deutscher Film, der je gedreht wurde“ übertreffen zu wollen. War schon 1981 DAS BOOT mit seinen 25 Mio. DM Produktionskosten als solcher apostrophiert worden, so fuhr *Die unendliche Geschichte* gleich mit einem Budget von über 60 Mio. DM auf. Diese Summe stellte die Produzenten freilich vor gewaltige Probleme, denn auf dem deutschen Markt konnten die Ausgaben kaum alleine eingespielt werden. Mit deutlicher Blickrichtung auf die Vereinigten Staaten schufen Eichinger & Co. daher ein tricktechnisches Spektakel, das sich eng an amerikanischen Vorbildern orientierte, mit Hilfe von versierten US-Technikern auf die Beine gestellt und schließlich auch in englischer Sprache gedreht wurde. Dies erweckte den Groll von Kinderbuchautor Michael Ende, der von Beginn an einer Verfilmung skeptisch gegenüber gestanden hatte und seine Befürchtungen dahingehend bestätigt sah, daß seine Geschichte nun in ein zuckersüßes Märchen nach Hollywood-Manier umgemodelt wurde. Um seine Distanzierung auch im Film zum Ausdruck zu bringen, veranlaßte er die Neue Constantin, seinen Namen aus dem Titelvorspann zurückzuziehen.
Petersen entführt hier seine kleinen und junggebliebenen Zuschauer in das Zauberland Phantásien, das seit einiger Zeit von einer unheilvollen Kraft, dem „Nichts“ bedroht wird und ganze Länder verschluckt. Der Eingeborenenjunge Atreju (Hathaway) soll ausziehen, um der Kindlichen Kaiserin (Stronach) gegen die unheilvolle Kraft beizustehen. Auf Erden liest zufälligerweise der einsame kleine Bastian (Oliver) in einem mysteriösen Buch, das er aus einem Antiquitätenladen gemopst hat, genau diese Ereignisse und wird mehr und mehr in die *Unendliche Geschichte* hineingezogen, bis auch er Bestandteil der Handlung geworden ist.
Wenn man das Buch von Michael Ende ganz aus seinem Gedächtnis ausklammert, könnte *Die unendliche Geschichte* ein perfekt gemachtes Märchen für Jung und Alt sein, obgleich einige Kulissen (insbesondere der Elfenbeinturm, der aussieht wie ein Fernsehturm, sowie die vollbusigen Sphinxen) jeglicher Phantasie entbehren und allzusehr nach Pappmaché und Gips riechen. Bonuspunkte sind immerhin einige recht nett gestaltete Figuren, wie z. B. der fliegende Glücksdrache Fuchur (einem Dackel mit weißem Fell nicht ganz unähnlich) oder die Riesenschildkröte Morla, bei der allerdings etwas überdeutlich E.T. Pate stand. *Die unendliche Geschichte* lockte im In- und Ausland das Publikum in Scharen an, doch erwies sich der eingespielte Gewinn letztendlich doch nicht so hoch wie es sich die Macher vorgestellt hatten. In den USA blieben beispielsweise mit dem Beginn der Olympischen Sommerspiele die Zuschauer aus. Da Petersen nur den ersten Teil des Buches verfilmt hatte, lag es auf der Hand, daß das Fantasy-Spektakel eine Fortsetzung erleben würde, die schließlich sechs Jahre später unter der Regie von George Miller entstand. jg

Die unendliche Geschichte II - Auf der Suche nach Phantásien

Die unendliche Geschichte II - Auf der Suche nach Phantásien / The Neverending Story II - The Next Chapter. BRD/USA 1990 **R** George Miller **B** Karin Howard, nach Motiven des Romans von Michael Ende **K** Dave Connell **M** Robert Folk, Giorgio Moroder **P** Dieter Geissler für The Neverending Story Film GmbH, Cine Vox **L** 90 Min., Farbe **D** Jonathan Brandis, Kenny Morrison, Clarissa Burt, Alexandra Johnes, Martin Umbach, Colin Gilder, John Wesley Shipp

Was schon am ersten Teil der *Unendlichen Geschichte* verstörte, wurde hier zum Ärgernis. Michael Endes zarte Poesie ging in einem tricktechnischen Bombardement unter, das mit seinen Knalleffekten nicht von ungefähr an Filme wie etwa KRIEG DER STERNE erinnert.
Im Grunde genommen ist dieses Revival nichts anderes als eine Neuauflage altbekannter Motive, nur haben die Schauspieler gewechselt und sind einige Figuren neu hinzugekommen. Kaum hat der Erdenjunge Bastian (Brandis) das „Nichts“ besiegt, da droht neue Gefahr von der bösen, aber recht hübschen Xayide (Burt), die die Macht der Kindlichen Kaiserin für sich gewinnen will und den kleinen Bastian auf teuflische Weise umgarnt. Atreju (Morrison) und Fuchur geben ihr Bestes, um Phantásien vor einer erneuten Gefahr zu schützen. Am Ende ist das Reich der Imagination gerettet und auch Bastian hat sich wieder mit seinem Vater ausgesöhnt.
Dieter Geissler verpflichtete für seine 53 Mio. DM teuere Produktion einen Großteil der talentiertesten Hollywood-Trickspezialisten, die allesamt nach München kamen, um diesen zweiten Teil in Angriff zu nehmen. Zu ihnen gehörte Visual-Effects-Experte Derek Meddings, dessen letzte Arbeit BATMAN gewesen war, der schon beinahe legendäre Matte-Painting-Künstler Albert Whitlock (DIE VÖGEL, ERDBEBEN) und andere mehr. Das Ergebnis ist allerdings eine langweilige, bonbonfarbene Trick-Show mit lauten, aufdringlichen Effekten, in deren Getöse die wenigen anrührenden, menschlichen Momente vollends verebben. Da mag der fliegende Glücksdrache Fuchur noch niedlicher mit seinen Augen rollen oder der wuchtige Steinbeißer inzwischen für Nachwuchs gesorgt haben - *Die unendliche Geschichte II* ist nicht mehr als der fade Aufguß seines populären Vorgängers, der sowohl Charme als auch Originalität vermissen läßt. jg

Der Unerbittliche

The Enforcer. USA 1976 **R** James Fargo **B** Stirling Silliphant, Dean Reisner **K** Charles W. Short

M Jerry Fielding **P** Robert Daley für Malpaso Prod./Warner Bros. **L** 96 Min., Farbe **D** Clint Eastwood, Tyne Daly, Bradford Dillman, Harry Guardino, DeVeren Bookwalter, John Mitchum

Clint Eastwoods Rückkehr als San Franciscoer Polizist „Dirty" Harry Calahan war nach den Riesenerfolgen der ersten beiden Filme um diese Figur, DIRTY HARRY und CALAHAN, unvermeidlich. Nach bewährter Manier gerät er mit seinen Vorgesetzten, die sich über seine Schießfreudigkeit mokieren, aneinander und bekommt als neuen Partner eine Frau (Daly). Aus Harrys anfänglich ablehnender Haltung, die sich später in Achtung und Zuneigung wandelt, resultieren die humorigen Elemente des Films, der ansonsten randvoll gepackt ist mit Action und Gewalt. Es geht diesmal um eine Terroristengruppe, die den Bürgermeister der Metropole erpreßt und schließlich sogar entführt. James Fargo, früher Regieassistent bei einigen Eastwood-Filmen, gab sein Regiedebüt mit diesem reißerischen Krimi, dessen Einspielergebnis von immerhin 24 Mio. $ eine - wenn auch verspätete - Fortsetzung garantierte: DIRTY HARRY KOMMT ZURÜCK. al

Die Unersättlichen

The Carpetbaggers. USA 1963 **R** Edward Dmytryk **B** John Michael Hayes, nach dem Roman von Harold Robbins **K** Joseph MacDonald **M** Elmer Bernstein **P** Joseph E. Levine für Paramount **L** 152 Min., Farbe **D** George Peppard, Alan Ladd, Carroll Baker, Bob Cummings, Martha Hyer, Elizabeth Asley, Lew Ayres, Martin Balsam

Nachdem Produzent Joe Levine die Rechte an Harold Robbins' Bestseller erworben hatte, sah er sich mit dem Problem konfrontiert, daß sämtliche Elemente, die das Buch zu einem solchen Erfolg gemacht hatte - ausgiebiger Gebrauch von Kraftausdrücken und jede Menge Schlafzimmer-Akrobatik - auf der Leinwand notgedrungen auf ein Minimum reduziert werden mußten. Trotzdem behandelte er das Projekt wie einen potentiellen Kassenschlager: mit George Peppard übernahm ein aufstrebender junger Star die Hauptrolle, für die wichtigsten Nebenrollen wurden ausschließlich bekannte Namen engagiert und für Carroll Baker eine Publicity-Kampagne gestartet, die sie als neue Sex-Göttin etablieren sollte. Die ausufernde Handlung dreht sich um den rücksichtslosen, egoistischen Jonas Cord jr., der nach dem Tode seines Vaters die Familien-Firma übernimmt, durch Glück und Geschäftssinn zum Millionär wird und seine Stiefmutter (Baker) zum Filmstar aufbaut. Robbins machte den exzentrischen Howard Hughes zum Vorbild für seine Hauptfigur, während Bakers Rolle Jean Harlow nachempfunden ist. Interessanterweise war die Schauspielerin als der legendäre 30er-Jahre-Star später noch einmal in der nicht minder geschmacklosen Biographie DIE WELT DER JEAN HARLOW zu sehen. Alan Ladd hat seinen letzten Leinwandauftritt als Western-Star Nevada Smith, eine Figur, deren Vorleben 1966 mit Steve McQueen als NEVADA SMITH - ebenfalls nach Robbins - verfilmt wurde. *Die Unersättlichen* ist ein reißerisches, monströses Schund-Produkt, das sich auf gleichem Niveau bewegt wie seine Vorlage und als einer der „besten schlechten Filme" überhaupt in die Filmgeschichte einging. Das Publikum der frühen 60er Jahre hatte jedenfalls seinen Spaß an den ernstgemeinten dramatischen Verstrickungen auf der Leinwand und lachte regelmäßig an den falschen Stellen. Joe Levine war das allerdings egal - der Film war ein Riesenhit. al

Die Unerschrockenen

Hellfighters. USA 1968 **R** Andrew V. McLaglen **B** Clair Huffaker **K** William H. Clothier **M** Leonard Rosenman **P** Robert Arthur für Universal **L** 104 Min., Farbe **D** John Wayne, Katharine Ross, Jim Hutton, Vera Miles, Jay C. Flippen, Bruce Cabot, Edward Faulkner, Barbara Stewart

Zu den rhythmischen Klängen von Leonard Rosenman fliegt eine Bohrstation in die Luft, rennen einige Arbeiter als lebende Fackeln durch die Schwärze der Nacht. Mit diesem drastischen Einstieg verschafft uns Action-Spezialist Andrew V. McLaglen die Bekanntschaft mit Chance Buckman (Wayne), einem knallharten Löschspezialisten, der zusammen mit seinem Kollegen Greg (Hutton) überall dort auftaucht, wo es gilt, gefährliche Brände einzudämmen. Die permanente Angst um ihren Ehegatten hat Madelyn Buckman (Miles) dazu veranlaßt, sich von Chance zu trennen, obwohl sie ihn natürlich noch immer liebt. Entsetzt ist Madelyn, als sie entdecken muß, daß sich ihre Tochter Tish (Ross) in die Gefahr begibt, dasselbe Schicksal wie sie zu erleiden, denn das hübsche Mädchen hat sich in Greg verliebt und denkt gar nicht daran, sich dem Widerstand ihrer Mutter zu fügen. Nach einer Kette einigermaßen heil überstandener Feuersbrünste finden die Liebenden (Junior- und Seniorpaar) endlich wieder zusammen. Ein nur wenig aufregender Actionstreifen, der an seiner Vorhersehbarkeit und der klischeehaften Eindimensionalität der Protagonisten leidet.
Auch gegen Ende der 60er Jahre hätte John Wayne lieber bei Cowboy-Hut und Colt bleiben sollen, anstatt in einen feuerroten Löschanzug zu schlüpfen und sich darin ungelenk über die Leinwand zu bewegen. Keine der dargestellten Personen erweckt beim Publikum nachhaltiges Interesse. In Erinnerung werden höchstens die tosenden Action-Szenen der Feuersbrünste bleiben. jg

Die unerträgliche Leichtigkeit des Seins

The Unbearable Lightness of Being. USA 1987 **R** Philip Kaufman **B** Jean-Claude Carrière, Philip Kaufman, nach dem Roman von Milan Kundera **K** Sven Nykvist **M** Leon Janacek **P** Saul Zaentz für The Saul Zaentz Company **L** 172 Min., Farbe **D** Daniel Day-Lewis, Juliette Binoche, Lena Olin, Derek de Flint, Erland Josephson, Pavel Landovsky, Donald Moffat, Daniel Olbrychski, Stellan Skarsgard

Milan Kunderas 1984 im französischen Exil erschienener Roman entwickelte sich vom Start weg zu einem Bestseller. Verfilmungspläne hatte es gleich nach seiner Veröffentlichung gegeben, doch stießen derartige Vorhaben immer wieder an die Grenzen des Möglichen, zeichnete sich Kunderas Roman immerhin durch eine stilvoll verschlungene Erzählweise aus, die filmisch schlecht nachzuvollziehen war.
Philip Kaufman wagte 1987 das Experiment, den Roman für die Leinwand umzusetzen und schuf damit ein eigenständiges Werk, das sich grundlegend von der literarischen Vorlage unterschied. Am meisten sicherlich darin, daß der Film die Person des Erzählers, der die Entwicklung der Romanfiguren beschreibt und mit süffisanten Kommentaren aus dem Off begleitet, einfach beiseite läßt.
Erzählt wird wieder einmal die Geschichte einer Dreiecksbeziehung. Der Arzt Tomas (Day-Lewis) lebt mit seiner Freundin Sabina (Olin) in einer lockeren Beziehung, in der jeder das Recht besitzt, seine eigenen Wege zu gehen. Eines Tages kommt das Mädchen Teresa (Binoche) nach Prag, das Tomas während eines Aufenthalts in der Provinz kennengelernt hat und ihm fortan nicht mehr von der Seite weicht. Sabina zieht sich von Tomas zurück, während Teresa in seine Wohnung einzieht und ihn sogar heiratet.

Dennoch denkt Tomas nicht daran, seine sexuellen Eskapaden einzustellen. Die Ereignisse des Prager Frühlings reißen eine tiefe Kluft in ihr bisheriges Leben. Nach einem zwischenzeitlichen Exil in der Schweiz kehrt Tomas wieder in die CSSR zurück und bleibt dort an der Seite seiner Frau, um in der Provinz ein unspektakuläres Leben zu führen, das eines Tages durch einen Unfall abrupt beendet wird.

Die Dreharbeiten zu diesem anrührenden und zugleich recht politischen Film konnten 1987 natürlich noch nicht in der Tschechoslowakai durchgeführt werden, sondern entstanden in einigen Straßenzügen von Lyon, die dem Prager Flair auf überraschende Weise entsprachen. Die Szenenfolge vom Einmarsch der sowjetischen Truppen ist eine geschickte Montage aus nachgestellten Schwarzweiß-Aufnahmen und authentischem Dokumentarmaterial.

Wie es bei den meisten Verfilmungen ambitionierter Literatur der Fall ist, fielen die Reaktionen der Kritiker verhalten und überwiegend negativ aus. „Nur ganz selten gelingt es Kaufmans Film, Bilder zu finden, die das, was Kundera erzählt, nicht nur in ein banales Familienphotoalbum verwandeln und verflachen", bemängelte der *Spiegel*, während die *Frankfurter Rundschau* Kaufmans Werk gar als „Softporno" bezeichnete, womit man dem Film allerdings Unrecht tut.

jg

Ungebändigt

Woman Obsessed. USA 1959 **R** Henry Hathaway **B** Sydney Boehm, nach dem Roman *The Snow Birch* von John Mantley **K** William C. Mellor, Leon Shamroy **M** Hugo Friedhofer **P** Sydney Boehm für 20th Century-Fox **L** 102 Min., Farbe **D** Susan Hayward, Stephen Boyd, Barbara Nichols, Dennis Holmes, Theodore Bikel, Ken Scott, Arthur Franz, James Philbrook

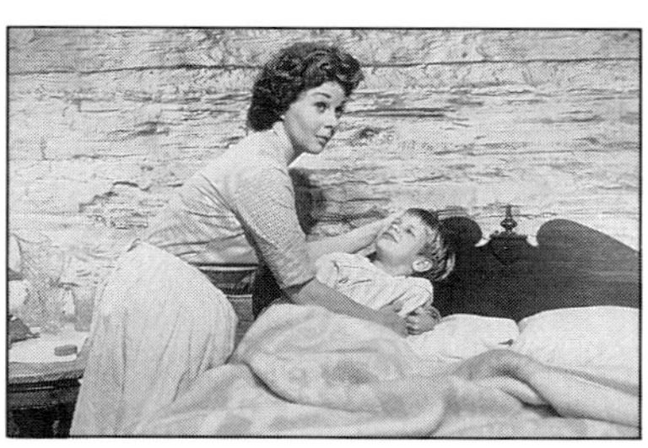

Ein amerikanischer Heimatfilm, spannend, gemütvoll und für die ganze Familie.

Vor einer plötzlichen Leere in ihrem Leben steht die Farmersfrau Mary Sharron (Hayward), als ihr Mann Tom (Franz) während eines Waldbrands ums Leben kommt und sie sich jetzt allein um das Land und ihren kleinen Sohn Robbie (Holmes) kümmern muß. In ihre Einsamkeit platzt der gutaussehende Fred Carter (Boyd), den Mary als Arbeiter engagiert, denn ohne eine Hilfskraft ist sie nicht in der Lage, den Farmbetrieb aufrechtzuerhalten. Natürlich ist es nicht nur der tägliche Gang auf die Weiden, der Mary und Fred zusammenschweißt. Bald flackert auch die Leidenschaft in ihnen auf und läßt ihr weiteres Zusammenleben in einer Ehe münden. Eifersüchtig beobachtet Robbie das Geschehen. Er kann es nicht verstehen, daß sich seine Mutter so kurz nach dem Tod des Vaters einen neuen Mann geangelt hat. Und so kommt es dazu, daß sich erst gar nicht die langersehnte neue Familienidylle einstellt, sondern Mißtrauen und Mißverständnisse die neue Lebensgemeinschaft entzweien. Nach einer Reihe dramatischer Zwischenfälle (Mary wird schwanger, Robbie lockt seinen Stiefvater in den Treibsand) stellt sich aber doch noch das Glück ein.

Henry Hathaway drehte diesen Film genau in derselben Gegend von Kanada, in der er schon 1936 den Western *Trail of the Lonesome Pine* inszeniert hatte. Nach einigen Drehtagen wurde der Kameramann William C. Mellor gegen seinen Kollegen Leon Shamroy ausgetauscht. Böse Zungen behaupteten, Susan Hayward hätte zuvor eine Auseinandersetzung mit ihm gehabt und daraufhin von Hathaway verlangt, daß Mellor gefeuert werden müsse. Der wirkliche Grund für den Wechsel lag aber in einem Krankenhausaufenthalt, bei dem sich Mellor einer wichtigen Operation unterzog.

jg

Die Ungetreue

Unfaithfully Yours. USA 1948 **R** Preston Sturges **B** Preston Sturges **K** Victor Milner **P** Preston Sturges für 20th Century-Fox **L** 102 Min., s/w **D** Rex Harrison, Linda Darnell, Barbara Lawrence, Rudy Vallee, Kurt Kreuger, Lionel Stander

Eine der brillantesten Arbeiten von Komödien-Meister Preston Sturges ist diese Farce um einen von Rex Harrison gespielten Dirigenten, der seine Frau (Darnell) aufgrund eines Mißverständnisses der Untreue verdächtigt. Während eines Konzertes laufen in seiner Phantasie drei mögliche Reaktionen auf diese unhaltbare Situation ab: zu Rossinis *Semiramide*-Ouvertüre bringt er seine Gattin mit einem Rasiermesser um und lenkt den Verdacht auf ihren angeblichen Liebhaber (Kreuger); Richard Wagners Ouvertüre zu *Tannhäuser* inspiriert ihn zur Ausschreibung eines großzügigen Schecks für die Liebenden, und Peter Tschaikowskis *Francesca da Rimini* untermalt seine Vorstellung von einer Partie Russischen Roulettes zu dritt.

Die Ungetreue ist ein herausragendes Beispiel für die Verbindung von Bild und Musik, aber auch für die Unterbringung von Elementen schwarzen Humors in einer leichtgewichtigen Komödie. Fox bestand auf einer Kürzung der 126minütigen Originalfassung, doch das Publikum blieb dennoch unverständlicherweise den Kinos fern.

al

Die unglaubliche Entführung der verrückten Mrs. Stone

Ruthless People. USA 1986 **R** Jerry Zucker, Jim Abrahams, David Zucker **B** Dale Launer **K** Jan DeBont **M** Michel Columbier **P** Michael Peyser für Touchstone Films **L** 94 Min., Farbe **D** Bette Midler, Danny DeVito, Judge Reinhold, Helen Slater, Anita Morris, Bill Pullman

Bereits der in der deutschen Fassung etwas lang geratene Titel läßt die Verwandtschaft zu einem anderen, ebenfalls langbetitelten Film des Erfolgsgespann Zucker-Abrahams-Zucker ahnen, an dessen grandiosen Erfolg man dadurch anknüpfen wollte: DIE UNGLAUBLICHE REISE IN EINEM VERRÜCKTEN FLUGZEUG.

Als ähnlich skurril und überdreht und nicht minder erfolgreich entpuppte sich *Die unglaubliche Entführung der verrückten Mrs. Stone*. Das rasante Lustspiel, angesiedelt in den Kreisen der oberen Zehntausend, legt Zeugnis ab vom erschütternd kaputten Zustand der Ehe von Sam (DeVito) und Barbara Stone (Midler). Sam haßt seine korpulente, hysterische Gattin ebenso wie deren fetten Pudel. Alles was ihn noch mit ihr verbindet sind die Millionen auf ihrem Konto. Auf die hat er es abgesehen - wie auch auf Barbaras Leben. Doch ein glücklicher Zufall bewahrt ihn davor, seine Angetraute eigenhändig abmurksen zu müssen: Barbara wird entführt. Die Erpresser, ein unauffälliges Paar in Geldnöten, fordern ein dickes Lösegeld für die dicke Gattin und drohen sie zu ermorden, sollte Sam die Öffentlichkeit einschalten. Natürlich zahlt Sam nicht, und natürlich informiert er sofort Polizei und Presse. Den Entführern bleibt nichts anderes übrig als die neurotische Barbara, die im Keller ihres Einfamilienhauses einsitzt, durchzufüttern und zu unterhalten. Dabei freunden die drei sich mehr und mehr an - und sie beschließen, den Spieß umzudrehen und sich gegen Sam, den eigentlichen Bösewicht, zu verbünden...

Brillant im darstellerischen Spiel - besonders Bette Midler überzeugt in der Rolle der widerspenstigen Nervensäge - und so spritzig wie komisch vom Anfang bis zum Ende: *Die unglaubliche Entführung...* ist, trotz der zynischen Veräppelung von Menschenverschleppung und Gewaltanwendung, ein schräger „Katastrophenfilm" über die Abgründe im Eheleben von Mann und Frau, die eigentlich gar nicht recht zusammenpassen. „Ein Humor", meinte die *Hamburger Rundschau*, „der unbekümmert die Grenzen zwischen Komik und Klamauk überschreitet und sich um den sogenannten guten Geschmack wenig kümmert." sk

Die unglaubliche Geschichte des Mr. C

The Incredible Shrinking Man. USA 1957 **R** Jack Arnold **B** Richard Matheson, nach seinem Roman *The Shrinking Man* **K** Ellis W. Carter **M** Fred Carling, E. Lawrence **P** Albert Zugsmith für Universal **L** 81 Min., s/w **D** Grant Williams, Randy Stuart, April Kent, Paul Langton, Raymond Bailey, William Schallert, Frank Scannell

Die *Filmkritik* urteilte nach dem deutschen Start des Science-fiction-Films: „Ein Mann, der auf dem Ozean in eine mysteriöse Nebelwolke gerät, schrumpft infolgedessen nach und nach zum Däumling zusammen. Nicht eben geschmackvolle Anspielung auf pazifische A- und H-Bomben-Versuche zum Besten gruseliger Publikumsbelustigung. Die tricktechnische Bewältigung der Story ist unvollkommen." Mit dieser Einschätzung lag der Kritiker jedoch völlig daneben: *Die unglaubliche Geschichte des Mr. C* entwikkelte sich im Laufe der Jahre zu einem Klassiker seines Genres - nicht zuletzt wegen der gelungenen Trickaufnahmen.
Scott Carey (Williams) gerät während einer Bootspartie in eine undefinierbare Wolke hinein. Ein halbes Jahr darauf beginnt er unaufhörlich zu schrumpfen. Die Ärzte zeigen sich ratlos, sie können nur Vermutungen über eine eventuelle radioaktive Strahlung der Wolke anstellen, Careys Verkleinerungsprozeß hingegen können sie nicht stoppen. Als der verzweifelte Mann schließlich nur noch so groß ist wie ein Daumen, zieht er in eine für ihn gebaute Puppenstube um, die eines Tages von der Hauskatze belagert wird. Die folgende Flucht führt Carey in den Keller, aus dem er nicht mehr heraus kann. Seine Frau indes glaubt nach einer erfolglos verlaufenden Suchaktion und dem Fund eines blutigen Stoffetzens an den Tod ihres Mannes. Niemand kann ihm, der weiterhin immer kleiner wird, mehr helfen. Seine einzige Hoffnung tut Mr. C. mit den Worten kund: „Für Gott gibt es kein Nichts. Ich existiere immer noch."
Arnolds Meisterwerk zeichnet sich vor allem durch die detailgenaue Dekoration aus, die aus unermeßlich großem Mobiliar, Gebrauchsgegenständen und Kleidungsstücken besteht. In die Filmgeschichte gingen Careys Kampf gegen eine Spinne ein, den er mit einer Stecknadel und einen Fingerhut bestreitet, sowie die Überschwemmung seines Lebensraumes, die durch einen durchgerosteten Wasserkessel ausgelöst wird. „Das Problem war, daß die Tropfen im Vergleich mit ihm {Carey} riesig aussehen mußten. Wir versuchten alles mögliche...Dann erinnerte ich mich daran, daß mir als Kind einmal eine Schachtel mit Parisern in die Hände gefallen war. Ich wußte zwar damals nicht, wozu sie dienten, aber ich kriegte schnell raus, daß sie tolle Bomben abgaben, wenn man sie mit Wasser füllte. Ich warf sie den Leuten vom Fenster aus auf den Kopf, und ich erinnerte mich, daß sie, als sie nach unten gefallen waren, tropfenförmig ausgesehen hatten. Also besorgte ich mir im Studio einen Pariser, füllte ihn mit Wasser und ließ ihn von einem Burschen aus größer Höhe auf den Boden werfen. Es stellte sich heraus, daß das Ding die passenden Proportionen hatte und genauso auf den Boden klatschte wie ein großer Wassertropfen. Also bestellte ich 15.000 von den Dingern... und machte unsere große Flutszene", fabuliert Arnold, der Pionier des Science-fiction-Films, über die Dreharbeiten. Wegen seiner kritischen Stellungnahmen zum Thema Atombombenversuche, die seinerzeit in aller Munde waren, verrissen viele Kritiker *Die unglaubliche Geschichte des Mr. C.* Die Anerkennung als führender Vertreter seines Genres erhielt der Film, der sich durch seine Implikationen auf moralischer, politischer und gesellschaftlicher Ebene auszeichnet, erst Jahre später. Der Regisseur Joel Schumacher drehte 1981 das alberne Remake *Die unglaubliche Geschichte der Mrs. K*, in dem Lily Tomlin eine durchschnittliche Hausfrau mimt, die durch ein Parfum zum Däumling mutiert. mg

Die unglaubliche Reise in einem verrückten Flugzeug

Airplane! USA 1980 **R** Jerry Zucker, Jim Abrahams, David Zucker **B** Jerry Zucker, Jim Abrahams, David Zucker **K** Joseph Biroc **M** Elmer Bernstein **P** Howard W. Koch für Paramount **L** 88 Min., Farbe **D** Robert Hays, Julie Hagerty, Lloyd Bridges, Lorna Patterson, Peter Graves

Nach dem Erfolg ihrer Film-Farce KENTUCKY FRIED MOVIE, für dessen Drehbuch sie verantwortlich zeichneten, ließ ihr nächster Streich nicht lange auf sich warten: Das Autorentrio Zucker, Abrahams und Zukker (ZAZ) übernahm in der *Unglaublichen Reise in einem verrückten Flugzeug* neben der Script-Arbeit auch noch den Regie-Part - heraus kam einer der gemeinsten, geschmacklosesten und gefeiertsten Parodiefilme, den die Welt je gesehen hat. ZAZ avancierten mit diesem Film vom Geheimtip zum Shooting Star Hollywoods; in den Folgejahren erfreuten sie ihre Fangemeinde regelmäßig mit weiteren Lacherfolgen, so zum Beispiel mit DIE UNGLAUBLICHE ENTFÜHRUNG DER VERRÜCKTEN MRS. STONE oder *Die nackte Kanone.*
Rahmenhandlung der pausenlosen Aneinanderreihung von Gags, Kalauern und Parodien bildet ein Flugzeug auf Schlingerkurs auf dem Weg von Los Angeles nach Chicago. Wie Jahrzehnte zuvor in der Arthur-Hailey-Verfilmung *Zero Hour/714 antwortet nicht* wird die Besatzung des Luftschiffs durch den Genuß verdorbenen Fischs flugunfähig. Glücklicherweise ist ein des Fliegens leidlich mächtiger Passagier an Bord, der vietnamkriegsgeschockte Ted (Hays). Der hat den stinkenden Fisch verschmäht und versucht, seinen Ängsten und den gutgemeinten, aber falschen Funk-Tips des unfähigen Bodenpersonals zum Trotz, das Flugzeug heil herunterzukriegen...
Das Publikum honorierte die gelungene Katastrophenfilm-Persiflage, die sich munter und ungeniert über Klassiker des Genres (beispielsweise AIRPORT) lustig macht, mit großem Zuspruch. Brillant bereits die Anfangssequenz, in der die Schwanzflosse des Passagierjets zu den wohlbekannten Klängen der Filmmusik zu DER WEISSE HAI das Wolkenmeer durchschneidet. „Der Witz liegt im absurd übersteigerten und mit schwarzem Humor gewürzten Wortwörtlichnehmen der ohnehin (unfreiwillig) parodistischen Elemente des Katastrophenfilms", lobte seinerzeit *Die Zeit.* sk

Die unglaubliche Reise in einem verrückten Raumschiff

Airplane II: The Sequel. USA 1982 **R** Ken Finkleman **B** Ken Finkleman **K** Joseph Biroc **M** Elmer Bernstein **P** Howard W. Koch und William Sandell für Paramount **L** 84 Min., Farbe **D** Robert Hays, Julie Hagerty, Lloyd Bridges, Sonny Bono, Chuck Connors, William Shatner

„Film ist wie Vanille-Eis. Nur zuviel ist, wie immer, schädlich." Was Frankreichs großer Regisseur François Truffaut allgemein formulierte, trifft regelmäßig auf Serien- und Fortsetzungsfilme zu, paßt aber ganz besonders auf die hochgradig mißlungene Fortführung der UNGLAUBLICHEN REISE IN EINEM VERRÜCKTEN FLUGZEUG in Form der *Unglaublichen Reise in einem verrückten Raumschiff.* Ken Finklemans Regiedebüt ist weniger eine Fortsetzung des inzwischen zum Kultfilm avancierten Vorbilds denn ein unglaublicher Abklatsch von dessen gelungenen Gags und dessen Handlung. Selbst der Schauspielerstab wurde zum großen Teil übernommen. Wo das Regie-Trio Zucker-Abrahams-Zucker, das mit dieser Produktion nichts mehr zu tun hatte, mit Tiefgang und Hintersinn aufwarten konnte, hält Finkleman allenfalls vordergründigen Klamauk und müde Witzchen bereit.
Zum Inhalt: Diesmal ist, wie der Name des Streifens schon vorgibt, eine Horde Ver-

rückter nicht in einem Flugzeug und nicht nach Chicago, sondern in einem Raumschiff und zum Mond unterwegs. Der Rest ist billige Kopie der Vorlage.
„Im *Verrückten Flugzeug* war's noch lustig und respektlos witzig", meinte die *Abendzeitung*. „Hier aber vergewaltigt Regie-Debütant Finkleman den Nonsens zu niedrigem Blödsinn." sk

Ein ungleiches Paar

siehe: THE DRESSER - EIN UNGLEICHES PAAR

Die unheimlich verrückte Geisterstunde

Creepshow. USA 1982 **R** George A. Romero **B** Stephen King, George A. Romero **K** Michael Gornick **M** John Harrison **P** Richard P. Rubinstein für Alpha/Laurel/Warner Bros. **L** 129 Min., Farbe **D** Hal Holbrook, Adrienne Barbeau, Fritz Weaver, Leslie Nielsen, Carrie Nye, E. G. Marshall, Viveca Lindfors, Ed Harris, Ted Danson, Stephen King, Warner Shook

George A. Romero und Stephen King, Amerikas berühmteste Spezialisten in Sachen Horror, taten sich zusammen, um einen unterhaltsamen Episodenfilm zu gestalten, der in fünf Geschichten gar Schauerliches auf seine Zuschauer losläßt.
Zunächst aber macht uns eine Rahmenhandlung mit den berühmten Creepshow-Comics bekannt, die in den 50er Jahren jeder normale amerikanische Junge las, welche aber bei den Eltern gar nicht gern gesehen waren. So ist es auch kein Wunder, daß besagtes Schmuddelheftchen kurz nach seiner Entdeckung in den Hausmüll wandert. Der Wind durchwühlt die zerlesenen Seiten, die Kamera pirscht sich an die Abfalltonne heran und führt uns, umrahmt von Donnergrollen und Blitzezucken, mitten in die Welt der Alpträume. Der Reihenfolge nach sucht ein Verstorbener seine prassende Verwandtschaft heim und ein Meteor sorgt dafür, daß alles was mit ihm in Berührung kommt, von einem moosartigen Pilz überzogen wird. In der dritten Geschichte birgt eine 150 Jahre alte Seekiste ein grauenvolles Ungeheuer, das in einer Schule für ein Blutbad sorgt. Ein eifersüchtiger Manager läßt seine Freundin und deren Geliebten ertrinken, wird dann aber selbst von den beiden Wasserleichen attakkiert. Höhepunkt der Schauder-Revue ist die Geschichte vom millionenschweren Sauberkeitsfanatiker, der einer Heerschar widerlicher Kakerlaken zum Opfer fällt.
Alle fünf Episoden sind mit viel Feinsinn und sarkastischem Humor in Szene gesetzt worden und schrecken auch nicht vor einer Vielzahl unappetitlicher Sequenzen zurück. Besonders die letzte Geschichte ist nichts für überempfindliche Mägen. Dennoch - für Freunde des Genres eine unbeschwerte und lohnenswerte Unterhaltung. jg

Unheimliche Begegnung der dritten Art

Close Encounters of the Third Kind. USA 1977 **R** Steven Spielberg **B** Steven Spielberg **K** Vilmos Zsigmond, Douglas Slocombe, William A. Fraker, John Alonzo, Laszlo Kovacs **M** John Williams **P** Steven Spielberg für Columbia **L** 135 Min., Farbe **D** Richard Dreyfuss, François Truffaut, Teri Garr, Melinda Dillon, Bob Balaban, Lance Hendriksen, Warren Kemmerling, Robert Blossom, Philip Dodds, Shawn Bishop, Adrienne Campbell

Endlich einmal ein Science-fiction-Film, der außerirdische Wesen nicht als schleimige Monster oder hinterhältige Mutanten diffamierte, sondern sie als friedfertige Intelligenzien in Erscheinung treten ließ. Nach seinem Welterfolg DER WEISSE HAI waren Hollywoods Wunderkind Steven Spielberg für weitere Projekte Tür und Tor geöffnet. Mit *Unheimliche Begegnung...* wagte er sich endlich in phantastische Sphären vor, die seitdem einen Großteil seiner Filme dominierten.
In den USA kommt es zu einer Serie von mysteriösen Ereignissen. Mitten in der Wüste tauchen plötzlich seit Jahrzehnten verschollene Flugzeuge auf. An einem anderen Ort versetzen leuchtende Flugobjekte die Bevölkerung in Angst und Schrecken. Eines Abends wird sogar der kleine Sohn von Jillian Guiler (Garr) von den Extraterristischen entführt. Jillian hat daraufhin Visionen von einem eigentümlichen Bergmassiv, das sie magisch anzieht. In der gleichen Situation befindet sich Roy Neary (Dreyfuss), der sich seit seiner Begegnung mit den UFOs auf sonderliche Weise verändert hat und nur noch seinen Tagträumen nachzuhängen scheint. Sowohl er als auch Jillian brechen nach Wyoming auf, wo sie Zeugen einer Begegnung zwischen Menschen und Außerirdischen werden. Roy gehört sogar zu jenen hundert Auserwählten, die an Bord des Raumschiffes gehen und mit den Besuchern aus dem All zu den Sternen entschwinden dürfen.
Spielbergs utopisches Märchen ist eine optimistisch stimmende Vision über das Zusammentreffen zweier grundverschiedener Kulturen, die stellenweise wie eine sakrale Lichtkaskade voller pseudoreligiöser Metaphern anmutet. Am eindrucksvollsten ist natürlich die Landung des gigantischen Raumschiffes ausgefallen, für die mal wieder tief in Hollywoods Trickkiste gegriffen wurde. *Unheimliche Begegnung der dritten Art*, mit einem Budget von 20 Mio. Dollar produziert, hatte bereits nach kurzer Zeit die astronomische Summe von 116 Mio. Dollar eingespielt. 1980 ließ Spielberg sein Epos ein zweites Mal in einer geänderten Schnittfassung aufführen, bei der die sakrale Grundstimmung zugunsten eines leicht hintergründigen Humors zurückgenommen und die Trickszenen durch zusätzliche Innenansichten des Raumschiffes bereichert wurden. Diese neue Version brachte der Columbia noch einmal weitere 12 Mio. Dollar ein. jg

Der unheimliche Besucher

The Night Visitor. USA 1970 **R** Laszlo Benedek **B** Guy Elmes, nach der Erzählung *Salem Came To Supper* von Samuel Roecca **K** Henning Kristiansen **M** Henry Mancini **P** Mel Ferrer für Hemisphere **L** 105 Min., Farbe **D** Max von Sydow, Liv Ullmann, Trevor Howard, Per Oscarsson, Rupert Davies, Andrew Keir, Arthur Hewlett

Liv Ullmann und Max von Sydow, bevorzugte Stars des schwedischen Regisseurs Ingmar Bergman, sind eher für ihre Darstellungen in schwermütigen Dramen bekannt. Umso überraschter zeigten sich Kritiker und Publikum, als die beiden Skandinavier in dem amerikanischen Thriller *Der unheimliche Besucher* mitwirkten. Von Sydow spielt den schwedischen Bauern Salem, dem von dem Ehepaar Jenks (Ullmann/Oscarsson) ein Mord in die Schuhe geschoben wird. Er verbüßt eine lebenslange Haftstrafe in einem angeblich ausbruchsicheren Gefängnis, aus dem er jedoch Nacht für Nacht entfliehen kann. In seinem Dorf tötet er zwei Menschen, um die Schuld auf die Eheleute zu lenken. Sein Plan scheint aufzugehen, doch der einheimische Inspektor (Howard) kommt ihm auf die Schliche. Trotz namhafter Filmschaffender vor und hinter der Kamera (Regisseur Benedek inszenierte seinerzeit den Klassiker DER WILDE) konnte die Kritik dem Psycho-Thriller nichts abgewinnen. Immerhin sorgt *Der unheimliche Besucher* für 105 spannende Minuten. mg

Der unheimliche Fremde

Attention, les enfants regardent. Frankreich 1977 **R** Serge Leroy **B** Christopher Frank, nach einem Roman vorn Laird Koenig **K** Claude Renoir **M** Eric Demarsan **P** Adel Prod./Les Productions Artistes Associés **L** 102 Min., Farbe **D** Alain Delon, Sophie Renoir, Richard Constantini, Tiphaine Leroux, Thierry Turchet

In einer ganz anderen Rolle als in der vielgespielten des *Eiskalten Engels* präsentiert sich Alain Delon in diesem ungewöhnlichen Psycho-Thriller. Diesmal hat es der hartgesottene Einzelgänger nicht mit hochkarätigen Verbrechern zu tun, sondern muß sich gegen Kinder durchsetzen.
Marlene, Dimitri, Boule und Laetitia leben während der Abwesenheit ihrer Eltern mit einem spanischen Kindermädchen in einer Luxusvilla an der Adria. Ihre Lieblingsbeschäftigung besteht im fernsehen - gewalttätige Krimis zählen zu den bevorzugten Sendungen, die sich die vier von morgens bis abends gönnen. Als eines Tages die Bedienstete durch einen durch die Kinder verursachten Unfall ums Leben kommt, vertuschen sie das Verbrechen. Doch ein Herumtreiber (Delon) kommt dem Quartett auf die Spur, nistet sich im Haus ein und versetzt die Kinder in Angst und Schrecken. Aber die fernsehgeschulten Gören wissen sich zu wehren...
Neben Delon erschien noch ein anderer berühmter Name auf der Besetzungsliste: Die dreizehnjährige Sophie Renoir, Tochter des Kameramannes Claude, Großnichte des Regisseurs Jean und Urenkelin des Malers Auguste Renoir, gab in *Der unheimliche Fremde* ihr Leinwanddebüt. mg

Der unheimliche Gast

The Uninvited. USA 1944 **R** Lewis Allen **B** Dodie Smith, Frank Partos, nach dem Roman *Uneasy Freehold* von Dorothy Marcadle **K** Charles Lang **M** Victor Young **P** Charles Brackett für Paramount **L** 98 Min., s/w **D** Ray Milland, Ruth Hussey, Donals Crisp, Gail Russell, Cornelia Otis Skinner

Roderick Fitzgerald (Milland) und seine Schwester Pamela (Hussey) sind nicht lange glücklich über ihre Neuerwerbung, ein altes Haus auf den Klippen von Cornwall. Denn schon bald geschehen merkwürdige Dinge: kalte Stellen in Zimmern, der Duft von Mimosen in der Luft, in Windeseile welkende Blumen. Dazu kommen die ständigen Besuche der jungen Stella (Russell), deren Mutter, so stellt sich heraus, einst von den Klippen zu Tode stürzte. Nun sucht ihr Geist das Anwesen heim...
Ein Gruselfilm, der sich selbst ernst nimmt. *Der unheimliche Gast*, einige Ähnlichkeiten zu Alfred Hitchcocks REBECCA aufweisend, ist ganz vom Atmosphärischen her entwickelt und kommt glücklicherweise ohne Requisiten wie abgehackte Hände, Monster und ähnliches aus. Zudem werden die übernatürlichen Vorkommnisse nicht am Schluß rational erklärt oder durch Komik erträglicher gemacht. Der britische Theaterregisseur Lewis Allen gab mit diesem exzellenten Spannungsfilm sein Regiedebüt, und Victor Youngs Song *Stella By Moonlight* entwickelte sich zum beliebten Schlager. al

Unheimliche Schattenlichter

The Twilight Zone. USA 1983 **R** John Landis, Steven Spielberg, Joe Dante, George Miller **B** John Landis, George Clayton Johnson, Richard Matheson, Josh Regan **K** Steven Larner, Allen Daviau, John Hora **M** Jerry Goldsmith **P** Steven Spielberg, John Landis für Warner Bros. **L** 101 Min., Farbe **D** Dan Aykroyd, Albert Brooks, Vic Morrow, Doug McGrath, Scatman Crothers, Bill Quinn, Kathleen Quinlan, Jeremy Licht, John Lithgow, Abbe Lane

Insgesamt 151 Folgen umfaßte die TV-Serie *The Twilight Zone*, die zwischen den Jahren 1959 und 1964 für das US-Fernsehen produziert wurde und bis heute als eine der erfolgreichsten Serials in der Geschichte des amerikanischen Fernsehens gilt. Vier bekannte Regisseure bearbeiteten nun für das Kino vier Geschichten und fügten diese zu einem Episodenfilm zusammen. Der Unterhaltungswert des Gesamtwerks hängt natürlich von den einzelnen Segmenten ab, und diese sind höchst unterschiedlich ausgefallen. Im ganzen gesehen bietet *Unheimliche Schattenlichter* immerhin 101 schaurig-schreckliche, aber auch skurille und liebenswerte Minuten.
Beginnend mit einem gruseligen Einstieg, schildert die erste Episode den Spießrutenlauf eines juden-, neger- und asiatenhassenden weißen Mittelstandsbürgers (Morrow), der beim Verlassen einer Kneipe plötzlich von Nazis gehetzt wird, anschließend dem Ku-Klux-Klan in die Hände fällt, in die Hölle des Vietnam-Krieges gerät und schließlich mit einem Güterwagon in ein nationalsozialistisches KZ deportiert wird. Episode zwei verschafft uns die Bekanntschaft mit einem alten Schwarzen (Crothers), der von einem Altenheim zum anderen zieht, um den jeweiligen Bewohnern den Zauber der Kindheit zurückzubringen. Mit Kindern hat auch die dritte Geschichte zu tun, in der ein diabolischer Junge mit Hilfe außerirdischer Kräfte seine gesamte Familie tyrannisiert. Der Film klingt mit einer wahrhaften Alptraum-Episode aus. An Bord eines Flugzeugs muß ein hysterischer Passagier hilflos mitansehen, wie ein gräßliches Monster die Triebwerke demoliert.
Unheimliche Schattenlichter kam vor allem wegen eines grauenvollen Unfalls in die Schlagzeilen, bei dem Schauspieler Vic Morrow und zwei kleine Kinder ums Leben kamen. In der Nähe von Los Angeles sollten die Vietnam-Szenen der ersten Episode gedreht werden, als während der Aufnahmen ein Helikopter abstürzte und mit seinen wirbelnden Rotorblättern den Schauspieler und die beiden 7jährigen Kinder köpfte. jg

Unordnung und frühes Leid

Unordnung und frühes Leid. BRD 1977 **R** Franz Seitz **B** Franz Seitz, nach der Erzählung von Thomas Mann **K** Wolfgang Treu **M** Rolf Wilhelm, Hans Pfitzner, Friedrich Meyer **P** Franz Seitz für Franz-Seitz-Film/GGB 3 **L** 86 Min., Farbe **D** Martin Held, Ruth Leuwerik, Sabine von Maydell, Christian Kohlund, Frederik Meissner, Sophie Seitz, Markus Sieburg

Franz Seitz, Produzent der recht gelungenen Thomas-Mann-Verfilmungen TONIO KRÖGER und WÄLSUNGENBLUT, wollte nach drei vorangegangenen Regiearbeiten selbst einmal eine Vorlage des berühmten deutschen Schriftstellers inszenieren. Dafür wählte er die stark autobiographisch gefärbte Erzählung *Unordnung und frühes Leid* aus, in der Mann seine eigenen Erlebnisse niederschrieb, mit denen die Familie im Krisenjahr 1923 konfrontiert wurde.
Martin Held spielt den Geschichtsprofessor Abel Cornelius, der während des I. Weltkrieges ein nationalistisches Pamphlet geschrieben hat, zu dem er jetzt zu der Beginn der 20er Jahre natürlich nicht mehr stehen kann. Sein Student Max Hergesell (Kohlund) ist freilich längst auf das politische Traktat seines Mentors aufmerksam geworden, spricht ihn darauf an und bringt Cornelius damit in eine unangenehme Situation. Mit Beunruhigung muß der Historiker erkennen, daß das Leben längst nicht mehr in geordneten Bahnen abläuft, sondern die Zeiten unsicher und turbulent geworden sind. Etwas verstört reagiert er, als bei einer Gesellschaft, die seine herangewachsenen Kinder in seiner Villa geben, auch Max Hergesell erscheint und sich sogleich mit Cornelius´ kleiner Tochter Lorchen (Seitz) anfreundet. Im Laufe des Abends lehnt das Kind sogar seinen eigenen Vater ab und möchte von Max zu Bett gebracht werden. Ungläubig wird Cornelius Zeuge der Unordnung und des ersten frühen Leids.

Franz Seitz erweiterte den sehr privaten Handlungsrahmen der Erzählung um einige dokumentarische Einschübe. So ließ er beispielsweise Wochenschauaufnahmen aus dem Jahr 1923 einblenden oder reflektierte die Umwälzungen jenes Jahres in zeitgenössischen Texten. „Das thematisch naheliegende bürgerliche Endspiel ist diese Film-Erzählung nicht geworden, sondern eher liebevolle Literatur-Denkmalpflege" (*Berliner Morgenpost*).
1982 verfilmte Seitz als zweites Thomas-Mann-Werk den schwer zugänglichen Roman DOKTOR FAUSTUS, erntete damit bei der Kritik jedoch diesmal nur herbe Verrisse. jg

Die Unschlagbaren

Gli intoccabili. Italien 1968 **R** Giuliano Montaldo **B** Mino Roli, Giuliano Montaldo **K** Erico Menczer **M** Ennio Morricone **P** Mario Vicario, Bino Cicogna für Euroatlantica **L** 119 Min., Farbe **D** John Cassavetes, Britt Ekland, Peter Falk, Gabriele Ferzetti, Florinda Bolkan, Tony Kendall, Salvo Randone, Gena Rowlands, Pierluigi Apra

Zu den Auftritten, mit denen John Cassavetes seine eigenen Arbeiten als Regisseur finanzierte, gehört dieser Action-Krimi von Giuliano Montaldo, der an Originalschauplätzen in den USA sowie in nachgebauten Kulissen in Rom entstand und in zwei Sprachen (englisch und italienisch) gedreht wurde. Im Mittelpunkt der Handlung steht Hank MacCain (Cassavetes), der auf Betreiben von Mafia-Boß Adamo (Falk) aus dem Gefängnis entlassen wird. Gemeinsam mit seinem Sohn Jack (Apra) soll er ein Casino in Las Vegas ausräumen, doch als Adamo erfährt, daß der Laden einer rivalisierenden Familie gehört, versucht er, die Sache abzublasen. Jack wird von seinen Killern getötet, und Hank entschließt sich, den Raub auf eigene Faust durchzuführen...
Die Unschlagbaren sind natürlich jene finsteren Organisationen, mit denen man sich besser gar nicht erst anlegt, denn - wie auch hier am Schluß wieder deutlich wird - ihr Arm reicht weit und ist tödlich. Montaldo setzte seine recht konventionelle Geschichte gekonnt um, erneut unterstützt von Filmmusik-As Ennio Morricone, der (gemeinsam mit Audrey Nohra) auch den von Jackie Clayton gesungenen Titelsong *The Ballad of Hank MacCain* schrieb. al

Die Unschuldigen mit den schmutzigen Händen

Les innocents aux mains sales / Gli innocenti dalle mani sporche / Die Unschuldigen mit den schmutzigen Händen. Frankreich/Italien/BRD 1974 **R** Claude Chabrol **B** Claude Chabrol, nach dem Roman *The Damned Innocents* von Richard Neely **K** Jean Rabier **M** Pierre Jansen **P** André Genovés für Les Films la Boéétie (Paris), Jupiter Generale Cinematografica (Rom), Terra Filmkunst (Berlin) **L** 125 Min., Farbe **D** Romy Schneider, Rod Steiger, Paolo Giusti, Jean Rochefort, François Maistre, Pierre Santini, François Perrot, Hans-Christian Blech, Serge Bento

Romy Schneider hatte noch nie zuvor mit Claude Chabrol einen Film gedreht, und so schien es ihr verlockend, unter der Regie des großen französischen Thriller-Experten zu arbeiten. Das Ergebnis fiel allerdings wenig zufriedenstellend aus und war nicht viel mehr als eine unglaubwürdig konstruierte Kriminalgeschichte mit blasser Figurenzeichnung. Zu Beginn des Films räkelt sich Romy Schneider in der Rolle der Julie Wormser splitternackt in der Sonne und wird dabei empfindlich gestört, als ein Papierdrache auf ihrem Rücken landet. Auf diese Weise lernt sie den durchtriebenen Jeff Marle (Giusti) kennen, der bald ihr Liebhaber wird. Julies Ehemann Louis (Steiger) scheint von ihrem Verhältnis nichts zu ahnen. Allabendlich macht Julie ihn betrunken, um ihn dann mit Jeffs Hilfe in das Schlafzimmer des ersten Stocks zu schaffen und sich anschließend hemmungslos auf dem Kaminfell ihrer Leidenschaft hinzugeben. Eines Tages wird ihnen diese anstrengende Vorarbeit wohl zu umständlich, und so ist es naheliegend, daß in ihnen der Plan reift, Louis gänzlich aus dem Verkehr zu ziehen...
1974 war das produktivste Jahr in der Karriere von Romy Schneider, entstanden doch in dieser Zeit die zwei bedeutenden Filme TRIO INFERNAL und NACHTBLENDE. *Die Unschuldigen mit den schmutzigen Händen* ging ganz im Ruhm dieser beiden vorangegangenen Streifen unter und ist lediglich aufgrund seiner interessanten Besetzung ein Werk, das sich aus Chabrols Œuvre hervorhebt.
Chabrol drehte seinen Psycho-Thriller in St. Tropez und durfte für die Szenen, die vor und in der Villa der Wormsers spielen, über das Prachthaus von Elsa Martinelli verfügen. jg

Unser Leben mit Vater

Life With Father. USA 1947 **R** Michael Curtiz **B** Donald Odgen Stewart, nach dem Bühnenstück

von Howard Lindsay und Russell Crouse, basierend auf dem Roman von Clarence Day jr. **K** Peverell Marley, William V. Skall **M** Max Steiner **P** Robert Bucker für Warner Bros. **L** 118 Min., Farbe **D** William Powell, Irene Dunne, Elizabeth Taylor, Edmund Gwenn, ZaSu Pitts, Jimmy Lydon

Lange Zeit hielt die Bühnenfassung von *Life With Father*, basierend auf dem Buch, das Clarence Day jr. über seinen Vater geschrieben hatte, den Broadway-Rekord als Stück mit der längsten Laufzeit: von 1939 bis 1947 hatte es die sympathische Komödie auf nicht weniger als 3224 Vorstellungen gebracht! Erst *Fiddler on the Roof* (*Anatevka*) sollte diese Marke in den 60er Jahren überschreiten. Die Filmadaption, von Warner Bros. mit einigem Aufwand produziert, stand also unter einem denkbar günstigen Stern, und in der Tat enttäuschte das Ergebnis niemanden. Clarence Day (Powell) führt in seinem Jahrhundertwende-Haushalt in New York ein strenges, aber, wie er meint, gerechtes Regiment. Seine Frau Vinnie (Dunne) und seine drei Jungens lieben ihn, doch haben sie manchmal ihre Not mit seiner rechthaberischen und chauvinistischen Art. So gibt Clarence seinem ältesten Filius (Lydon) - von diesem über die Eigenarten der Frauen befragt - als Ratschlag mit: „Frauen können nicht denken. Sie können sich bloß aufregen."
Im Prinzip erzählt *Unser Leben mit Vater* keine stringente Handlung, sondern besteht aus einer Reihe amüsanter Episoden aus dem täglichen Leben der Days: das Einstellen eines neuen Dienstmädchens, der Besuch der reizenden Kusine (Taylor) usw. William Powell wurde für seine köstliche Darstellung der Titelrolle mit einer Oscar-Nominierung belohnt, ebenso wie die Verantwortlichen für Kamera, Musik und Ausstattung. al

Unser Mann in Havanna

Our Man in Havana. Großbritannien 1959 **R** Carol Reed **B** Graham Greene, nach seinem Roman **K** Oswald Morris **M** Hermanos Deniz **P** Carol Reed für Kingsmead **L** 107 Min., s/w **D** Alec Guinness, Burl Ives, Maureen O'Hara, Ernie Kovacs, Noel Coward, Ralph Richardson, Gregoire Aslan, Jo Morrow

Nach KLEINES HERZ IN NOT und DER DRITTE MANN arbeiteten der Regisseur Carol Reed und der Autor Graham Greene ein drittes Mal zusammen, um Greenes neu-

esten Roman für die Leinwand zu adaptieren.
In der kubanischen Hauptstadt Havanna betreibt der Engländer Jim Wormold (Guinness) ein Staubsaugergeschäft. Der unscheinbare Mann lebt mit seiner siebzehnjährigen Tochter Milly (Morrow) zusammen, die ihren Vater mit extravaganten Wünschen an den finanziellen Ruin treibt. Ihre jüngste Forderung, ein eigenes Reitpferd und die unerlässliche Mitgliedschaft in einem vornehmen Country-Club, kann sich Wormold beim besten Willen nicht leisten. Da kommt ihm das Angebot des britischen Secret Service gerade recht, ein neues Agentennetz auf der von Diktator Somoza beherrschten Insel aufzubauen. Flugs macht er sich ans Werk - das er selbst nicht sehr ernst nimmt - und erfindet einen respektablen Mitarbeiterstab, dessen Spesen er auf sein eigenes Konto buchen läßt. Als erste Spionage-Erfolge gefordert werden, kann Wormold auch damit dienen: abenteuerliche Berichte über den Unruheherd Kuba sowie geheime Abbildungen der neuesten Wunderwaffen, zu denen er sich von einem Staubsaugermodell inspirieren ließ, sind schnell angefertigt. Doch mit der ruhigen Zeit ist es vorbei, als feindliche Spione bei dem ahnungslosen Geschäftsmann vorstellig werden...
Unser Mann in Havanna beginnt als eine ausgelassene, teilweise sogar alberne Persiflage auf das Spionagewesen, verlagert im letzten Drittel jedoch den Schwerpunkt auf die Romanze zwischen dem biederen Bürger und der schönen Agentin Beatrice. „Die Welt produziert jährlich etwa 800 Spielfilme. Wenn davon etwa 30 über den Durchschnitt ragen, können wir uns beglückwünschen. *Our Man in Havana* ist einer der besten Filme dieses Jahres. Er ist kein Riesen-Super-Gala-Film, aber ein witziger und weiser Film" (*Die Zeit*). mg

Unser Weg ist der Beste

La meilleure façon de marcher. Frankreich 1975 **R** Claude Miller **B** Claude Miller, Luc Béraud **K** Bruno Nuytten **M** Alain Jomy **P** Filmoblic **L** 90 Min., Farbe **D** Patrick Dewaere, Patrick Bouchitey, Christine Pascal, Claude Piéplu, Michel Blanc, Marc Chapiteau

Marc und Philippe sind Gruppenleiter in einem Ferienlager für Jungens und unterscheiden sich bereits durch ihre Erziehungsmethoden. Während Marc seine Schützlinge drillt und mit ihnen Wettkämpfe veranstaltet, erarbeitet der sensiblere und zurückhaltendere Philippe mit seiner Gruppe ein Theaterstück. Als Marc eines Tages durch Zufall der Homosexualität seines Kollegen gewahr wird, bringt ihn dieses Wissen in eine Machtposition, der sich Philippe zunächst freiwillig unterordnet - aus Angst, die Wahrheit könnte bekannt werden.
Nachdem er als Regieassistent und Produktionsleiter so arrivierter Leute wie Jean-Luc Godard (bei WEEKEND) und François Truffaut (bei GERAUBTE KÜSSE) gearbeitet und ein paar Kurzfilme gedreht hatte, etablierte sich Claude Miller mit seinem Erstling als das vielversprechende Talent, als das er sich auch bei seinen weiteren Filmen erwies. *Unser Weg ist der beste* ist ein intelligent gemachtes Drama über unterdrückte Sexualität und Intoleranz, aber auch über zwischenmenschliche Machtverhältnisse. Der Film erhielt viel Lob von Seiten der Kritik und wurde mit sechs César-Nominierungen geehrt. al

Unsere kleine Stadt

Our Town. USA 1940 **R** Sam Wood **B** Thornton Wilder, Frank Craven, Harry Chandlee, nach dem Bühnenstück von Wilder **K** Bert Glennon **M** Aaron Copland **P** Sol Lesser für Principal Artists/ United Artists **L** 90 Min., s/w **D** Frank Craven, William Holden, Martha Scott, Fay Bainter, Beulah Bondi, Thomas Mitchell, Guy Kibbee, Stuart Erwin

Dieser exzellente Film ist nicht nur eine hervorragend umgesetzte Theaterverfilmung, sondern zugleich auch eine Bestandsaufnahme des amerikanischen Alltags einer kleinen Stadt vor dem Kriegseintritt der USA.
Das mit dem Pulitzerpreis ausgezeichnete Werk von Thornton Wilder spielt während der Jahre 1901 bis 1913 in Neuengland und verschafft dem Zuschauer die Bekanntschaft mit Emily Webb (Scott), der Tochter eines örtlichen Zeitungsherausgebers, und George Gibbs (Holden), dem Sohn eines stadtbekannten Physikers. Beide verlieben sich ineinander, heiraten und werden durch Emilys Tod bei der Geburt des ersten Kindes wieder auseinandergerissen. Kommentiert und erzählt werden die teils rührenden, teils tragischen Ereignisse dieser kleinen Stadt aus der Sicht des Dorf-Philosophen Mr. Morgan (Craven).
Sam Wood drehte mit *Our Town* einen bescheidenen Film über die Vereinigten Staaten, deren Mythos und Alltäglichkeiten Thornton Wilder im Mikrokosmos seiner fiktiven Stadt Grover´s Corner symbolisieren wollte. Überragend sind vor allem die Schauspieler, die es fertigbringen, innerhalb von 90 Minuten das Porträt einer warmherzigen und idyllischen Kleinstadt-Atmosphäre zu schaffen. *Unsere kleine Stadt* war 1940 u. a. als Bester Film für insgesamt fünf Oscars nominiert worden, ging aber in allen Kategorien leer aus. jg

Der Unsichtbare

The Invisible Man. USA 1933 **R** James Whale **B** R. C. Sheriff, Philip Wylie, nach dem Roman von H. G. Wells **K** Arthur Edeson **M** W. Frank Harling **P** Carl Laemmle jr. für Universal **L** 71 Min., s/w **D** Claude Rains, Gloria Stuart, William Harrigan, Henry Travers, Una O´Connor, Forrester Harvey, Holmes Herbert, E. E. Clive, Dudley Digges, Harry Stubbs

Der Unsichtbare ist einer der originellsten und auch verkanntesten frühen phantastischen Filme Hollywoods. In ihm hatte Claude Rains seinen ersten Auftritt in einem amerikanischen Film, wenngleich dieser sich nur auf ein sekundenlanges Erscheinen in einem Spiegel beschränkte.
Rains spielt den Wissenschaftler Jack Griffin, der ein Serum entwickelt hat, das den menschlichen Körper unsichtbar werden läßt. Er probiert diese Mixtur an sich selbst aus und erlebt eine verblüffende Überraschung. Nur noch die Kleider auf seinem Leib sind sichtbar. Das Verschwinden seiner körperlichen Hülle zieht allerdings auch einige unvorhergesehene Konsequenzen nach sich, denn das Serum scheint sich negativ auf die Psyche des Probanten auszuwirken. Aus Griffin wird plötzlich ein zynisches Subjekt, das noch nicht einmal davor zurückschreckt, eine Serie von Einbrüchen und schließlich sogar einen Mord zu begehen. Fallender Schnee wird ihm allerdings doch noch zum Verhängnis. Die Fußspuren verraten ihn der Polizei, die ihn mit einem Pistolenschuß zur Strecke bringt.
Ein wegen seiner frühen und perfekten Tricktechnik immer noch sehr unterhaltsamer Gruselfilm. Für die Aufnahmen des unsichtbaren Missetäters mußte sich ein Double mit einem schwarzen, unreflektierenden Samtanzug bekleiden und vor einem ebenso schwarzen Hintergrund agieren. Die jeweils sichtbaren, andersfarbigen Kleidungsstücke wurden dann in das eigentliche Filmmaterial einkopiert. *Der Unsichtbare* erwies sich für die Universal an der Kinokasse als ein weiterer Sensationserfolg, zog aber nicht die Kette von Sequels nach sich wie beispielsweise noch die *Frankenstein*-Filme, bei denen ebenfalls James Whale Regie geführt hatte. 1940 kam eine Art Fortsetzung unter dem Titel *The Invisible Man Returns* in die US-Kinos. In der *Abbott & Costello*-Serie wurde dieselbe Thematik noch einmal in der Folge *Abbott und Costello auf Sherlock Holmes´ Spuren* verwendet. jg

Der unsichtbare Aufstand

État de siège/L'amerikano/Der unsichtbare Aufstand. Frankreich/Italien/BRD 1972 **R** Costa-Gavras **B** Costa-Gavras, Franco Solinas **K** Pierre-William Glenn, Silvio Caiozzi **M** Mikis Theodorakis **P** Jacques Perrin für Valoria/Reggane Films (Paris), Unidis/Euro International (Rom), Dieter Geissler Filmprod. (München) **L** 121 Min., Farbe **D** Yves Montand, Renato Salvatori, O. E. Hasse, Jacques Weber, Jean-Luc Bideau, Harald Wolff

Mit diesem exzellenten Polit-Thriller, den viele für seinen besten Film halten, vervollständigte Costa-Gavras die mit Z und DAS GESTÄNDNIS begonnene Trilogie, die sich mit den Machenschaften totalitärer Regime auseinandersetzt. Nach Griechenland und der Tschechoslowakei ist nun Uruguay der Schauplatz, obwohl jeweils vermieden wurde, den Namen des betreffenden Staates zu erwähnen. Yves Montand spielt diesmal eine ausgesprochen negative Figur, den Amerikaner Santore. Offiziell als Fachmann für Telekommunikation und Verkehr im Namen der Entwicklungshilfe tätig, bildet er in Wirklichkeit südamerikanische Polizisten in der Guerilla-Bekämpfung - einschließlich Folterung - aus. Als er von ultralinken Tupamaros entführt wird, verweigert sich die Regierung deren Forderung nach Freilassung politischer Gefangener mit dem Hinweis, es gäbe gar keine. Die Untergrundorganisation entschließt sich zur Flucht nach vorn und vollstreckt das angedrohte Todesurteil an Santore.
Der unsichtbare Aufstand basiert auf tatsächlichen Begebenheiten aus dem Jahre 1970, in deren Mittelpunkt der Amerikaner Don Anthony Mitrione stand. Costa-Gavras und sein Co-Autor Franco Solinas, der schon an den extrem politischen DIE SCHLACHT UM ALGIER und WER ERSCHOSS SALVATORE G. beteiligt war, stellten monatelange Recherchen in Lateinamerika an, darunter auch in Uruguay selbst. Natürlich konnte dort nicht gefilmt werden, und die Dreharbeiten fanden zum großen Teil in Chile unter ausdrücklicher Billigung des damaligen Präsidenten Allende statt. Ironischerweise wurde dieser nur ein Jahr später - ebenfalls mit US-amerikanischer Beteiligung - gestürzt und ermordet, was Costa-Gavras in seinem 1982 gedrehten Film VERMISST aufgriff. *Der unsichtbare Aufstand* war so kontrovers, daß sich das American Film Institute in Washington weigerte, ihn zu zeigen - mit der Begründung, er sei „antiamerikanisch". al

Der unsichtbare Dritte

North by Northwest. USA 1959 **R** Alfred Hitchcock **B** Ernest Lehman **K** Robert Burks **M** Bernard Herrmann **P** Alfred Hitchcock für MGM **L** 136 Min., Farbe **D** Cary Grant, Eva Marie Saint, James Mason, Jessie Royce Landis, Leo G. Carroll, Philip Ober, Josephine Hutchinson, Martin Landau

In der Vorbereitungsphase zu diesem Film geisterten lediglich zwei Handlungsbausteine durch Hitchcocks Kopf; der eine war eine Mordszene, die im Gebäude der Vereinten Nationen spielen sollte, der andere der Wunsch, schon immer einmal eine Verfolgungsjagd auf dem Monument am Mount Rushmore drehen zu wollen. Es fehlte nur noch eine plausible und aufregende Geschichte, die diese beiden Fragmente miteinander in Verbindung bringen konnte. Hitchcock besann sich auf seinen frühen englischen Erfolg DIE 39 STUFEN, in dem ein Unschuldiger quer durch das Land gehetzt wurde. Ähnlich legte er nun auch die Geschichte zu *Der unsichtbare Dritte* an. Der Werbekaufmann Roger Thornhill (Grant) wird irrtümlicherweise von einem Spionagering für einen feindlichen Agenten gehalten und dadurch in eine Kette von Katastrophen verwickelt, die ihm immerhin die Bekanntschaft der reizenden Blondine Eve Kendall (Saint) verschafft. Den Fortgang der Story im einzelnen zu beschreiben, ist fast unmöglich; fest steht nur, daß Roger und Eve am Ende vor den Schergen der feindlichen Organisation bei dem furiosen Finale auf den Köpfen des Präsidentendenkmals gerettet werden können.
Die Wahl der imposanten Schauplätze dieser haarsträubenden Verfolgungsjagd brachte einige Schwierigkeiten mit sich. Im New Yorker UN-Gebäude durften generell keine Spielfilme gedreht werden, so daß eigens für diese Szenenfolge aufwendige Kulissenbauten nötig waren. Die kurze Szene, in der Cary Grant das Gebäude betritt, wurde allerdings verbotenerweise doch im Original-Gebäude mit einer versteckten Kamera aufgenommen. Viele der New Yorker Aufnahmen entstanden ebenfalls wieder an den zahlreichen pittoresken Schauplätzen der Stadt, wie z. B. der Park Avenue oder im Plaza-Hotel. Wer hingegen bei einem USA-Urlaub am Mount Rushmore die gestylte Villa des Bösewichts Vandamm (Mason) suchen sollte, wird vergeblich danach Ausschau halten, denn es handelte sich dabei nur um ein Modell, das später in das Filmmaterial einkopiert wurde. Ein weiteres Kuriosum ergab sich bei der Wahl der Schauspieler. Jessie Royce Landis, die in vortrefflicher Weise Cary Grants Mutter darstellte, war in Wirklichkeit gerade drei Jahre älter als ihr Kollege, doch wirkte beider Verwandtschaftsverhältnis in jeder Hinsicht glaubhaft. Neben der berühmten Mount-Rushmore-Kletterei ist auch eine weitere Szenenfolge in die Filmgeschichte eingegangen. Es handelt sich um jene legendäre Sequenz, in der Cary Grant von einem Flugzeug bei hellichtem Tage inmitten einer kahlen, trostlosen Agrarlandschaft attackiert wird. Hitchcock zeigte damit, daß eine Atmosphäre der Bedrohung nicht unbedingt immer mit dunklen und düsteren Schauplätzen verbunden sein muß, sondern in der Helle des Tages noch viel brutaler und auswegloser wirken kann.
Wie nicht anders zu erwarten war, wurde *North by Northwest* (mit seinen 136 Minuten Laufzeit der längste aller Hitchcock-Film) ein ungeheurer Publikumserfolg, der es bei den Oscar-Feierlichkeiten immerhin auch auf drei Nominierungen brachte (Drehbuch, Ausstattung und Schnitt). jg

Unter dem Vulkan

Under the Volcano. USA 1984 **R** John Huston **B** Guy Gallo, nach einem Roman von Malcolm Lowry **K** Gabriel Figueroa **M** Alex North **P** Moritz Borman, Wieland Schulz-Keil für 20th Century-Fox **L** 112 Min., Farbe **D** Albert Finney, Jacqueline Bisset, Anthony Andrews, Ignacio Lopez Tarso, Katy Jurado, Dawson Bray, Carlos Riquelme, Jim McCarthy

John Huston beschreibt in diesem nervenzermürbenden Drama 24 Stunden im Leben von drei Menschen, die auf verhängnisvolle Weise miteinander verbunden sind. Auftakt des Films ist ein makabrer Vorspann, bei dem sich die Kamera durch eine Reihe skelettartiger Puppen und Süßigkeiten tastet, die traditionell in Mexiko beim „Fest der Toten" angeboten werden.
Geoffrey Firmins (Finney) glorreiche Tage sind längst vorbei. Früher bewohnte er als britischer Botschafter in einer kleinen mexikanischen Stadt eine stattliche Villa und war mit der schönen Yvonne (Bisset) verheiratet. Heute lebt er zwar noch immer dort, doch inzwischen ist er längst designiert, das Haus verfallen und Yvonne davongelaufen zu seinem Halbbruder Hugh (Andrews). Eines Tages kommt seine Ex-Frau mit Hugh zurück, um ihn zu überzeugen, daß ein Neuanfang möglich ist, wenn er bereit ist, seinen Alkoholkonsum einzustellen und die Vergangenheit zu vergessen. Sie kann nicht ahnen, daß das Fest der Toten für einen von ihnen einen tödlichen Verlauf nehmen wird.
Seit über 20 Jahren trug sich Huston bereits mit dem Gedanken, den schockierenden Roman von Malcolm Lowry zu verfilmen, doch die ihm vorgelegten Drehbuchentwürfe entsprachen zu keiner Zeit seinen Vorstellungen, bis Guy Gallos Skript seiner Meinung nach dem Gehalt der Vorlage entsprach. Anfang August 1983 begannen die Dreharbeiten in der kleinen mexikanischen Ortschaft Yautepec und dem 46 Kilometer davon entfernt liegenden Cuernavaca, wo für die Dauer der Dreharbeiten das gesamte Team residierte. Bei den Filmfestspielen von Cannes gab es ein Kopf-an-Kopf-Rennen zwischen Hustons Werk und Wim Wenders´ PARIS, TEXAS. Die Jury-Mitglieder wählten einen geschickten Mittelweg, zeichneten Wenders´ Film mit der Goldenen Palme aus und überreichten Huston einen Sonderpreis für sein Gesamtwerk. *„Unter dem Vulkan* ist glänzend in der filmischen Adaption und bietet zwei Stunden spannende Kinounterhaltung. Ein großer Wurf, mit dem Huston sich noch einmal selbst übertrifft" (*Die Welt*). jg

Unter den Brücken

Unter den Brücken. Deutschland 1945 **R** Helmut Käutner **B** Walter Ulbrich, Helmut Käutner, nach dem Manuskript *Unter den Brücken von Paris* von Leo Laforgue **K** Igor Oberberg **M** Bernhard Eichhorn **P** Walter Ulbrich für UFA **L** 100 Min., s/w **D** Hannelore Schroth, Carl Raddatz, Gustav Knuth, Ursula Grabley, Margarethe Haagen, Hildegard Knef, Walter Gross, Helmut Helsig, Erich Dunskus, Klaus Pohl, Helene Westphal

„Dieser ausgesucht künstlerische und liebenswürdig unterhaltende Film, den der Zufall aus dem deutschen Zusammenbruch gerettet hat, kann als ein Gruß aus einem anderen Deutschland betrachtet werden", schrieb im November 1945 die Stockholmer Tageszeitung *Aftonbladet*.
Helmut Käutner hatte sich noch während des Dritten Reiches mit Werken wie ROMANZE IN MOLL und GROSSE FREIHEIT NR. 7 als einer der wichtigsten deutschen Regisseure etabliert, stieß allerdings mit seinen Filmen im Propagandaministerium auf wenig Begeisterung. *Unter den Brücken* ist eine sensibel umgesetzte Liebesgeschichte, die - ähnlich wie viele italienische Werke jener Zeit - einen starken Hang zum Neorealismus besitzt.
Die beiden Havelschiffer Hendrik (Raddatz) und Willy (Knuth) begegnen eines Tages dem Mädchen Anna (Schroth), das einen recht unglücklichen Eindruck macht. Es gelingt den beiden, sie zu überreden, mit ihnen gemeinsam auf dem Frachtkahn mitzufahren. Natürlich haben sowohl Hendrik als auch Willy ein Auge auf Anna geworfen. Die gegenseitigen Eifersüchteleien halten sich jedoch in Grenzen. Am Ende entscheidet sich das Mädchen für Hendrik. Ohne, daß sich in ihrer Beziehung zueinander etwas ändert, fahren sie weiterhin zu dritt flußauf- und flußabwärts.
Unter den Brücken wurde in den Monaten Mai bis Oktober 1944 auf der Havel in der Nähe von Berlin gedreht und es kostete den Regisseur alle Mühe, mit der Kamera nach den verheerenden Zerstörungen überhaupt noch intakte Brücken und unzerstörtes Gelände zu finden. Immer wieder mußte das Drehteam die Aufnahmen unterbrechen, während über seine Köpfe hinweg die alliierten Bomberströme ihre tödliche Last über Berlin ausklinkten und dann wieder abschwenkten. Schauspieler Carl Raddatz erinnerte sich an die seltsame Atmosphäre, die während der Aufnahmen herrschte: „Wir haben damals alle mit großer Liebe an den *Brücken* gearbeitet. Unsere Motive, Glienikker Brücke, die ganze Havel, Ketzin, Havelwerder, es war eine idyllische, fast romantische Drehzeit..." jg

Unter den Dächern von Paris

Sous le toits de Paris. Frankreich 1929 **R** René Clair **B** René Clair **K** Georges Périnal **P** Films Sonores Tobis **L** 90 Min. (Originalfassung 96 Min.), s/w **D** Albert Préjean, Pola Illery, Edmond Greville, Gaston Modot, Paul Olivier

René Clairs erster Tonfilm ist einer der größten finanziellen Erfolge des französischen Kinos der frühen 30er Jahre und stellt mit seiner heiteren, einfachen Geschichte aus dem Arbeitermilieu, die in populären Chansons erzählt wird, eine für den Regisseur typische Produktion dar. Der Straßensänger Albert (Préjean) ist mit der bezaubernden Pola (Illery) liiert, die ab und an mit seinem besten Freund Louis (Greville) flirtet. Als Albert ins Gefängnis muß, ist für Pola und Louis der Weg zu einer Beziehung frei...
René Clair war zunächst bestürzt über das Aufkommen des Tonfilms, und *Unter den Dächern von Paris* war ursprünglich als Parodie auf die neuen Möglichkeiten des Mediums konzipiert gewesen. Das zeigt sich in der Begrenzung der Dialoge auf ein Minimum, dem auffälligen Einsatz von Nebengeräuschen, die teilweise die Stimmen der Darsteller überdecken, sowie in einigen Szenen unverständlichen Stimmengewirrs. Der Regisseur erzielte so eine perfekte Balance zwischen Ton und Bild, die in den frühen 30ern alles andere als üblich war. Einer von Clairs Assistenten war übrigens Marcel Carné. al

Unter der Treppe

Staircase. Großbritannien 1968 **R** Stanley Donen **B** Charles Dyer, nach seinem Bühnenstück **K** Christopher Challis **M** Dudley Moore **P** Stanley Donen für 20th Century-Fox **L** 97 Min., Farbe **D** Richard Burton, Rex Harrison, Cathleen Nesbitt, Beatrix Lehmann, Stephen Lewis

Schlechte Kritiken und miserable Einspielergebnisse ließen schnell in der Versenkung verschwinden, was als interessantes Projekt begann: Richard Burton und Rex Harrison als alterndes Homosexuellen-Pärchen in der Leinwandadaption von Charles Dyers mäßig erfolgreichem Bühnenstück. Harry und Charlie leben seit über zwanzig Jahren zusammen und betreiben in London einen Friseurladen. Ihre Beziehung ist geprägt von ständigen Auseinandersetzungen und Sticheleien, doch auch von gegenseitiger Abhängigkeit und tiefer Zuneigung. Für Probleme sorgen sowohl Harrys nörgelnde Mutter (Nesbitt), die bei ihnen wohnt, als auch Charlies öffentliche Auftritte im Fummel, die ihm eine Gerichtsvorladung eingebracht haben.
Obwohl *Unter der Treppe* einer der ersten Filme war, die homosexuelle Charaktere in den Mittelpunkt ihrer Geschichte stellten, stört der selbstmitleidige und weinerliche Tonfall, mit dem Harry und Charlie ihre Veranlagung behandeln, den „schmutzigen Trick", den ihnen Mutter Natur gespielt hat. Das Ergebnis ist eine ungute Mischung aus WER HAT ANGST VOR VIRGINIA WOOLF? und DIE HARTEN UND DIE ZARTEN, in der sich Burton und Harrison mit ihren Versuchen blamieren, dem Klischee entsprechend „tuntig" zu spielen. Fox hatte wieder einmal Millionen in den Sand gesetzt, was um so schmerzlicher gewesen sein dürfte, als Burtons Gage mit 1, 25 Mio. $ die höchste seiner gesamten Laufbahn war (Harrison bekam „nur" 1 Million). Um dem Star und seinen Schwierigkeiten mit der britischen Steuerbehörde entgegenzukommen, hatte man den Film in Paris gedreht, und da Elizabeth Taylor keinesfalls lange von ihrem Gatten getrennt sein wollte, willigte das Studio ein, auch ihren Film DAS EINZIGE SPIEL IN DER STADT in der Seine-Metropole aufzunehmen - in nachgebauten Las-Vegas-Kulissen. Damit war das Katastrophen-Trio von Fox' CLEOPATRA wieder versammelt... al

Unter falschem Verdacht

Quai des Orfèvres. Frankreich 1947 **R** Henri-Georges Clouzot **B** Henri-Georges Clouzot, Jean Ferry, nach dem Roman *Légitime défense* von Stanislas-André Steeman **K** Armand Thirard **M** Francis Lopez **P** Majestic **L** 105 Min., s/w **D** Louis Jouvet, Suzy Delair, Bernard Blier, Simone Renant, Charles Dullin, René Blancart

Maurice Martineau (Blier) beobachtet argwöhnisch die Versuche seiner lebenslustigen Frau Jenny (Delair), als Varieté-Girl Karriere zu machen. Er glaubt, daß sie ihn mit dem dem alternden Bonvivant Brignon (Dullin) betrügt und beschließt, den vermeintlichen Nebenbuhler umzubringen. Doch als er zur Tat schreiten will, ist sein Opfer bereits tot - ermordet! Während Martineau immer mehr von der Schuld seiner Frau überzeugt ist, findet Inspektor Antoine (Jouvet) reichlich belastendes Material gegen ihn...
Nach dem Skandal um seinen zweiten Film *Le corbeau* (*Der Rabe*) von 1943, dem man prodeutsche Propaganda vorgeworfen hatte,

konnte Henri-Georges Clouzot mehrere Jahre kein Projekt realisieren, meldete sich jedoch 1947 mit diesem ausgezeichneten Krimi eindrucksvoll zurück. Ganz wie in seinem späteren Meisterwerk DIE TEUFLISCHEN entwirft der Regisseur eine Welt aus Mißtrauen, Kälte und Gewalt - hier noch unterstrichen durch die bedrückende Nachkriegs-Atmosphäre. *Unter falschem Verdacht* trug ihm den Preis als Bester Regisseur bei den Filmfestspielen in Venedig ein. al

Unter Geheimbefehl

Panic in the Streets. USA 1950 **R** Elia Kazan **B** Richard Murphy, Daniel Fuchs, nach den Erzählungen *Quarantine* und *Some Like 'em Cold* von Edna und Edward Anhalt **K** Joe MacDonald **M** Alfred Newman **P** Sol C. Siegel für 20th Century-Fox **L** 96 Min., s/w **D** Richard Widmark, Paul Douglas, Barbara Bel Geddes, Walter (Jack) Palance, Zero Mostel, Dan Riss, Guy Thomajan

Im Hafen von New Orleans wird eine Leiche entdeckt, die bei der Polizei Panik auslöst: Der Tote ist nicht nur erschossen worden, er war auch an Lungenpest erkrankt. Um eine Ausbreitung der Seuche zu verhindern, stehen Captain Warren (Douglas) und dem Arzt Dr. Reed (Widmark) 48 Stunden zur Verfügung, den Täter ausfindig zu machen, der sich wahrscheinlich infiziert hat. Eine fieberhafte Suchaktion wird gestartet, die erst im allerletzten Moment von Erfolg gekrönt ist.
Kazan inszenierte diesen düsteren Thriller im halbdokumentarischen Stil; die Rolle des skrupellosen Killers Blackie besetzte er mit dem späteren Star Jack Palance, der Anfang der fünfziger Jahre noch unter dem Namen Walter Palance auftrat. Einen Oscar erhielten Edna und Edward Anhalt in der Kategorie „Original-Story" für ihre dem Drehbuch zugrundeliegenden Erzählungen. mg

Unter Geiern

Unter Geiern. BRD/Frankreich/Jugoslawien 1964 **R** Alfred Vohrer **B** Eberhard Keindorff, Johanna Sibelius, nach dem Roman von Karl May **K** Karl Löb **M** Martin Böttcher **P** Horst Wendlandt für Rialto-Film Preben Philipsen (Berlin), S. N. C. (Paris), Jadran-Film (Belgrad) **L** 101 Min., Farbe **D** Pierre Brice, Stewart Granger, Götz George, Elke Sommer, Walter Barnes, Sieghardt Rupp, Renato Baldini, Mario Girotti, Gojko Mitic, Paddy Fox, Dunja Rajter

Als in WINNETOU I die Lokomotive in den Saloon raste, konnte Dunja Rajter gerade noch entkommen, um dann aber hinter einer Barrikade doch noch mit einem Apachenpfeil gespickt zu werden. Ihre Rolle als Bardame Betsy fiel in *Unter Geiern* zwar etwas größer aus, doch auch diesmal überlebte sie das Ende des Films nicht und flog mit dem Saloon in die Luft.
Alfred Vohrer löste kurzzeitig seinen Kollegen Harald Reinl ab und drehte an seiner Stelle ein neues Karl-May-Abenteuer, das über ein imposantes Staraufgebot verfügte und von Pierre Brice über Elke Sommer bis hin zu Stewart Granger reichte, der in der Rolle des Old Surehand hier erstmalig in Erscheinung trat und in weiteren zwei Filmen diese Figur verkörperte.
Wieder einmal treibt eine berüchtigte Gangsterbande im Wilden Westen ihr Unwesen. Es ist die sogenannte Geier-Gang, die die Farm des Bärenjägers Baumann (Barnes) niederbrennt und dessen Frau und Tochter ermordet, um die Tat anschließend den Schoschonen in die Schuhe zu schieben. Winnetou und Old Surehand spüren die wahren Täter auf und ziehen in Begleitung von Baumanns Sohn Martin (George) und der hübschen Annie (Sommer) gegen die Bande zu Felde. Den furiosen Höhepunkt bildet der Überfall der Banditen auf einen Siedlertreck.
Unter den insgesamt elf Karl-May-Western gehört *Unter Geiern* mit Sicherheit zu den gelungeneren Produktionen, wenngleich man den stoischen Ernst von Lex Barker vermißt und einem das alberne Herumgehampel von Stewart Granger schnell auf die Nerven geht. Alfred Vohrer inszenierte diese teutonische Western-Ballade mit beachtlichem Aufwand in Jugoslawien, dessen karge Steppen jedem Vergleich mit US-Western standhalten können. Ein vergnügliches Abenteuer für Jung und Alt. jg

Unter Piratenflagge

Captain Blood. USA 1935 **R** Michael Curtiz **B** Casey Robinson, nach dem Roman von Rafael Sabatini **K** Hal Mohr, Ernest Haller **M** Erich Wolfgang Korngold **P** Hal B. Wallis für Warner Bros./First National **L** 105 Min. (Originalfassung 119 Min.), s/w **D** Errol Flynn, Olivia de Havilland, Lionel Atwill, Basil Rathbone, Ross Alexander, Guy Kibbee, Henry Stephenson, George Hassell, Forrester Harvey, Frank McGlynn, Robert Barrett

Unter Piratenflagge gilt zu Recht als *der* Klassiker unter all den Seeräuberfilmen Hollywoods und ist darüber hinaus einer der besten Abenteuerstreifen der Filmgeschichte. Durch ihn wurden der damals 26jährige Errol Flynn und die blutjunge Olivia de Havilland über Nacht weltberühmt. Hal B. Wallis wollte die Rolle des Captain Blood anfangs erst mit dem Engländer Robert Donat besetzen, der ein Jahr zuvor in der Alexandre-Dumas-Verfilmung DAS RÄTSEL VON MONTE CHRISTO für volle Kassen gesorgt hatte, doch lehnte der schwer asthmakranke Schauspieler ab, da er befürchtete, die vielen Action-Szenen körperlich nicht durchhalten zu können.
Die ebenso turbulente wie aufregende Piraten-Story beginnt im Jahre 1685. Der englische Arzt Peter Blood (Flynn) wird auf Befehl des tyrannischen Königs James als Sklave auf eine Plantage nach Jamaika verschifft, weil er einem verletzten Aufrührer nicht seine medizinische Hilfe verweigern wollte. In der Karibik angekommen, fristet er mit den anderen Häftlingen ein kummervolles Dasein. Eines Tages gelingt den Männern die Flucht. Im Hafen angekommen, entern die Sträflinge ein Schiff und segeln auf und davon. Von nun an wird Peter Blood zum Schrecken der Meere. Erst als zwischen England und Frankreich Krieg ausbricht und der verhaßte König James gestorben ist, besinnt er sich wieder auf seine Herkunft, heiratet die schon seit langem geliebte Gouverneursnichte Arabella (de Havilland) und erklimmt selbst den Thron von Jamaika.
Unter Piratenflagge war schon einmal 1923 verfilmt worden. Von dieser ersten Version wurden auch einige Filmschnipsel für die gewaltige Seeschlacht am Ende des Films übernommen. Bei den auf der Leinwand erscheinenden Schiffen handelt es sich durchgehend um Modelle. Auch die Stadt Port Royal wurde teilweise als Modell erbaut und dann Stück für Stück zusammengeschossen. Die Fechtszenen zwischen Basil Rathbone (in der Rolle des Piratenkapitäns Levasseur) und Errol Flynn entstanden am Strand von Laguna Beach und machten es nötig, daß Hunderte von Badegästen für Stunden nicht das abgesperrte Areal betreten durften.
Unter Piratenflagge war 1935 in den Kategorien Bester Film und Bester Ton für den Oscar nominiert, teilte aber zusammen mit dem zeitgleich entstandenen Seestück MEUTEREI AUF DER BOUNTY das Schicksal, leer auszugehen. jg

Unter schwarzem Visier

The Black Knight. USA 1954 **R** Tay Garnett **B** Alec Coppel **K** John Wilcox **M** John Addison **P** Irving Allen, Albert R. Broccoli für Columbia **L** 85 Min., Farbe **D** Alan Ladd, Patricia Medina, Harry Andrews, Peter Cushing, Anthony Bushell, Laurence Naismith, Patrick Troughton, Bill Brandor, Ronald Adam

Ein farbenfroher Ritterfilm voller Actionszenen, Schlachtengetümmel und Liebesromanzen. Alan Ladd macht sich als Ritter zwar nicht besonders schlecht, trotzdem sticht in der Originalfassung sein breiter amerika-

nischer Akzent unter den durchweg britischen Schauspielern stark hervor.
Zeitlich angesiedelt im sagenhaften Reich von König Artus, wird die Geschichte einer Rache erzählt. Der bescheidene Waffenschmied John (Ladd) wird Zeuge, wie die Burg seines Herrn auf brutale Weise überfallen und dem Erdboden gleichgemacht wird. Mit Hilfe von Sir Ontzlake arbeitet sich John zu einem geschickten Schwertkämpfer hoch. Jetzt ist für ihn auch der Weg frei zu der schönen Linet (Medina), die sein Herz schmachtend begehrt. In der unheimlichen Rüstung eines schwarzen Ritters zieht er darüber hinaus durch die Lande, um die Bösewichter zur Strecke zu bringen, die in König Artus´ Reich für Unruhe sorgen.
Die in England spielende Geschichte wirkt durch ihre Schauplätze (diverse Außenaufnahmen von Burgen und Schlössern entstanden in Spanien) wenig britisch und daher etwas unglaubwürdig, hat aber eine Fülle spektakulärer Momente zu bieten. Imposanteste Szenenfolge ist die Niederschlagung eines heidnischen Opferfestes, bei der ein Zirkel aus Steinquadern (à la Stonehenge) niedergerissen wird. jg

Unter schwarzer Flagge

Captain Kidd. USA 1945 **R** Rowland V. Lee **B** Norman Reilly Raine, nach einer Story von Robert H. Lee **K** Archie Stout **P** Benedict Bogeaus für United Artists **L** 89 Min., s/w **D** Charles Laughton, Randolph Scott, Barbara Britton, Reginald Owen, John Carradine, Gilbert Roland, John Qualen, Sheldon Leonard

Ein etwas unspektakulärer Seeräuberfilm, der ganz von dem köstlich agierenden Charles Laughton getragen wird. Er wirkt in der Rolle des Captain Kidd wie ein Monstrum mit kindlichen Zügen.
Im ausgehenden 17. Jahrhundert sorgt dieser berüchtigte Piratenkapitän dafür, daß ihm kein Schiff mit kostbarer Ladung entwischt. Besonders fette Beute fällt den Freibeutern auf dem Seeweg zwischen England und Indien in die Hände. Eines Tages bittet der König von England jedoch die Seeräuber, mehrere Schatzschiffe der englischen Flotte zu eskortieren. Natürlich betrügt Kidd den König und nimmt selbst die Truhen zu sich an Bord. Der erboste Monarch schickt daraufhin seinen treuen Untertanen Adam Mercy (Scott) zu den Seeräubern, damit dieser Kidd und seine Mannen endlich an den Galgen bringen soll. Mercy schleicht sich in die Mannschaft des Schurken ein und gewinnt Kidds Vertrauen. Von nun an beginnt ein lautloser Kampf auf dem Schiff, der dadurch erschwert wird, daß Mercy auch noch das Leben der schönen Lady Anne Falconer (Britton) retten muß.
Neben Charles Laughton verblaßt der biedere Randolph Scott, und die wenig erfolgreiche Aktrice Barbara Britton wird schlichtweg zu einer Zumutung. Die deutsche Synchronisation tut ein übriges, um diesen Film nicht gerade als Meisterwerk davonkommen zu lassen. Laughton, dessen Darstellung hier schon an eine Parodie heranreicht, spielte die Rolle des Captain Kidd noch einmal in der Seeräuber-Farce ABBOTT UND COSTELLO ALS PIRATEN WIDER WILLEN. jg

Unter Verdacht

The Suspect. USA 1945 **R** Robert Siodmak **B** Bertram Millhauser, Arthur T. Hormen, nach dem Roman *This Way Out* von James Ronald **K** Paul Ivano **M** Frank Skinner **P** Islin Auster für Universal **L** 85 Min., s/w **D** Charles Laughton, Ella Raines, Dean Harens, Stanley C. Ridges, Henry Daniell, Rosalind Ivan

Der im Grunde gutmütige britische Ladenbesitzer Philip Marshall (Laughton) leidet unter seiner boshaften, ständig zeternden Ehefrau (Ivan) und entschließt sich, nachdem er die hübsche Mary (Raines) kennengelernt hat, sie umzubringen. Mit seinem Stock erschlägt er sein Weib und kann der Polizei weismachen, die Verletzungen rührten von einem Treppensturz her. Nur Inspektor Huxley (Ridges) und ein Nachbar (Daniell) kaufen ihm die Geschichte nicht ab, doch als letzterer Marshall zu erpressen versucht, muß er selbst das Zeitliche segnen.
Nach seiner großen Zeit in den 30ern, als er Figuren wie Heinrich VIII., Captain Bligh und Quasimodo gespielt hatte, sah man Charles Laughton nur noch selten in einem guten Film, doch *Unter Verdacht* gehört auf jeden Fall dazu. Die spannende Umsetzung der Geschichte ist eines Alfred Hitchcock würdig, und Robert Siodmak ist nicht umsonst für seine Krimis und Thriller berühmt geworden. Ein gutes Beispiel für seine Meisterschaft ist die Szene, in der Laughton die Leiche des Nachbarn im Wohnzimmer versteckt hat und von seinem Sohn und dessen Freunden überrascht wird, die in fröhlichem Spiel durchs Haus tollen. Der arme Mörder weiß sich schließlich nicht mehr anders zu helfen, als einfach das Licht auszudrehen... al

Unter Wasser stirbt man nicht

The Drowning Pool. USA 1975 **R** Stuart Rosenberg **B** Tracy Keenan Wynn, Lorenzo Semple, Jr., Walter Hill, nach dem Kriminalroman von Ross MacDonald **K** Gordon Willis **M** Michael Small, Charles Fox **P** Lawrence Turman, David Foster für Coleytown/First Artists/Warner Bros. **L** 108 Min., Farbe **D** Paul Newman, Joanne Woodward, Tony Franciosa, Murray Hamilton, Gail Strickland, Melanie Griffith, Linda Haynes, Richard Jaeckel, Paul Koslo

Wie schon neun Jahre zuvor in EIN FALL FÜR HARPER agiert Paul Newman wiederum als besagter Privatdetektiv. Die Vorlage lieferte der amerikanische Kriminalschriftsteller Ross MacDonald mit seinem gleichnamigen, 1950 erschienenen Roman, in dem der Held allerdings den Namen Lew Archer trägt.
In seinem zweiten Fall wird Harper von der Öl-Baronin Iris Devereaux (Woodward) angeheuert, um einer Erpressung nachzugehen. Der Schnüffler deckt bei seinen Ermittlungen ein Netz von Intrigen, Korruption und Mord auf und gerät mehr als einmal in Gefahr.
Den Erfolg des ersten Teils *Ein Fall für Harper* konnte Newman mit diesem Thriller bei weitem nicht erreichen, lediglich die schauspielerischen Leistungen von Joanne Woodward, die hier ein weiteres Mal an der Seite ihres Mannes zu sehen ist, fanden die Kritiker beachtenswert. mg

Unter zehn Flaggen

Sotto dieci bandiere/Under Ten Flags. Italien/USA 1960 **R** Duilio Coletti **B** Vittoriano Petrilli, Duilio Coletti, Ulrich Mohr, nach dem Buch *Schiff 16* von Bernhard Rogge **K** Aldo Tonti **M** Nino Rota **P** Dino de Laurentiis für Paramount **L** 107 Min., s/w **D** Van Heflin, Charles Laughton, Mylène Demongeot, Folco Lulli, Eleonora Rossi-Drago, John Ericson, Cecil Parker, Alex Nicol, Liam Redmond, Gregoire Aslan, Gian Maria Volonté

Während des II. Weltkrieges hat Kapitän Rogge (Heflin), Kommandant des deutschen Kreuzers „Atlantis“, eine erfolgreiche Methode entwickelt, feindliche Schiffe anzulocken, um sie dann aus nächster Nähe zu versenken: die „Atlantis“ tarnt sich als harmloser Frachter, neutrale Flaggen werden gehißt, und sogar als Frauen verkleidete Soldaten paradieren an Bord auf und ab. In London sitzt Admiral Russell (Laughton) einem Krisenstab vor, der die mysteriösen Verluste auf britischer Seirte aufklären soll...

Unter zehn Flaggen entstand nach dem Buch des echten Bernhard Rogge, der seine Erfahrungen aus dem Seekrieg mit Hilfe von Wolfgang Frank niederschrieb. Der rührige Italiener Dino de Laurentiis machte daraus einen spannenden, aufwendigen und nicht sonderlich glaubwürdigen Kriegsfilm, der zur Abwechslung einmal die Geschehnisse aus deutscher Sicht zeigt und einen sympathischen deutschen Helden präsentiert - Menschenfreund Rogge rettet gegnerische Matrosen aus Seenot etc. Als Feindbild dient John Ericsons Offizier Krüger, ein fanatischer Nazi. Zu viele Nebenhandlungen - wie etwa die um Bardot-Kopie Mylène Demongeot als französische Gefangene und Sprengstoff-Expertin - nehmen dem Film jedoch das Tempo und jeden etwaigen Realismus.
al

Unterbrochene Melodie

Interrupted Melody. USA 1955 **R** Curtis Bernhardt **B** William Ludwig, Sonya Levien, nach der Autobiographie von Marjorie Lawrence **K** Joseph Ruttenberg **M** Adolph Deutsch **P** Jack Cummings für Metro-Goldwyn-Mayer **L** 107 Min., Farbe **D** Glenn Ford, Eleanor Parker, Roger Moore, Cecil Kellaway, Peter Leeds

Der deutschstämmige Curtis Bernhardt, als Spezialist gefühlsduseliger Melodramen bekannt, lieferte mit dieser ausgezeichneten Künstlerbiographie eine seiner besten Arbeiten ab. Im Mittelpunkt steht die australische Opernsängerin Marjorie Lawrence (Parker), die auf dem Höhepunkt ihrer Karriere an Polio, auch bekannt als Kinderlähmung, erkrankte und schließlich an den Rollstuhl gefesselt war. Wie sie mit Hilfe ihres Arztes und späteren Ehemannes Thomas King (Ford) das Leiden überwindet und sogar ein Comeback auf der Bühne schafft, wird von Bernhardt mit viel Sinn für Sentimentalität und dramatische Effekte, aber auch mit echter Anteilnahme geschildert. In einer der denkwürdigsten Szenen legt King trotz Marjories Flehen eine ihrer Schallplatten auf und geht dann aus dem Zimmer - er will sie zwingen, sich zu bewegen. In der Tat schafft es Marjorie, ihren gelähmten Körper aus dem Stuhl zu wuchten und schließlich das Grammophon-Tischchen umzustoßen. Eleanor Parker erhielt für ihre bewegende Darstellung ihre dritte Oscar-Nominierung (ihre Gesangsaufnahmen wurden von Eileen Farrell gedoubelt), und das Autoren-Duo Levien/Ludwig nahm die Statuette für das Beste Original-Drehbuch mit nach Hause. al

Die unteren Zehntausend

Pocketful of Miracles. USA 1961 **R** Frank Capra **B** Hal Kanter, Harry Tugend, Jimmy Cannon, nach der Erzählung *Madame La Gimp* von Damon Runyon und dem Drehbuch zu dem Film *Lady for a Day* von Robert Riskin **K** Robert Bronner **M** Walter Scharf **P** Frank Capra für Franton Prod. **L** 136 Min., Farbe **D** Bette Davis, Glenn Ford, Hope Lange, Arthur O'Connell, Peter Falk, Thomas Mitchell, Edward Everett Horton, Mickey Shaughnessy, Ann-Margret, Peter Mann

Dieses sentimentale Märchen sollte die letzte Arbeit des großen Komödien-Regisseurs Frank Capra sein. Die dem Film zugrundeliegende Erzählung von Damon Runyon hatte Capra schon einmal für die Leinwand adaptiert: 1933 inszenierte er den Stoff unter dem Titel *Lady for a Day* mit May Robson in der Rolle der Apple Annie. Jene Annie, eine alte Apfelverkäuferin, die am Broadway ihr Obst feilbietet, wird in diesem Remake von Bette Davis zum Leben erweckt. Sie ist mit jedermann im Viertel gutbekannt, auch mit dem Ganoven Dave the Duke (Ford) und seiner Freundin Queenie (Lange). Niemand weiß, daß die Alte eine Tochter namens Louise (Ann-Margret) hat, die in einem spanischen Internat großgezogen wurde. Die Pläne ihrer Tochter, mit ihrem adligen Verlobten (Mann) in die amerikanische Metropole zu reisen, lassen Annie schier verzweifeln. All die Jahre hat sie Louise vorgegaukelt, eine reiche Dame der New Yorker Gesellschaft zu sein; und in die wird sie schließlich auch von ihren Freunden Dave und Queenie verwandelt.
Die phantastische Aschenputtel-Geschichte - mit einer schon recht betagten Cinderella - erzielte hohe Einspielergebnisse an den Kinokassen und zwei Oscar-Nominerungen: als bester Nebendarsteller stand Peter Falk als Joy Boy, des Gangsters rechte Hand, zur Wahl; für die Kategorie „Bester Song" qualifizierte sich das von James Van Heusen (Musik) und Sammy Cahn (Text) geschriebene Titellied. mg

Untergang der Titanic

Titanic. USA 1953 **R** Jean Negulesco **B** Charles Brackett, Walter Reisch, Richard Breen **K** Joseph MacDonald **M** Sol Kaplan **P** Charles Brackett für 20th Century-Fox **L** 98 Min., s/w **D** Clifton Webb, Barbara Stanwyck, Robert Wagner, Audrey Dalton, Harper Carter, Thelma Ritter, Brian Aherne, Richard Basehart, Allyn Joselyn, James Todd

1940 war Alfred Hitchcock von David O. Selznick nach Amerika geholt worden, um dort den Untergang der „Titanic" zu verfilmen. Das Projekt verlief sich und wurde erst dreizehn Jahre später das erste Mal in Hollywood für die Leinwand umgesetzt.
In Jean Negulescos Version der Schiffskatastrophe, die im April 1912 die Welt erschütterte, stehen die melodramatischen Aspekte eindeutig im Vordergrund. Mittelpunkt der Geschichte ist die Familie Sturges, die mit der „Titanic" nach Amerika reist. Julia Sturges (Stanwyck) möchte dort mit ihren Kindern ein neues Leben beginnen - fern von ihrem Ehemann Richard (Webb), dem sie durch seine unterkühlte geschäftliche Art einen schlechten Einfluß auf Tochter Annette (Dalton) und Sohn Norman (Carter) vorwirft. Die Auseinandersetzungen zwischen den Eheleuten spitzen sich zu und gipfeln in Julias schonungsloser Offenbarung, daß Norman gar nicht Richards leiblicher Sohn ist. Und schon rummst das Schiff gegen den verhängnisvollen Eisberg und beginnt zu sinken. Während Julia und Annette sich in einem Rettungsboot zusammen mit den anderen feinen Damen der Ersten Klasse in die Riemen legen müssen, bleibt Norman bei seinem vermeintlichen und vergötterten Vater und geht mit ihm, begleitet von den Klängen des Chorals *Nearer My God To You,* unter.
Bemerkenswert an diesem Film ist die Tatsache, daß die menschlichen Tragödien dieser Katastrophe im Vordergrund stehen und nicht die tricktechnischen Spielereien, die sich angesichts dieses Themas angeboten hätten. Die Spezialeffekte sind zwar spärlich eingesetzt, dafür aber recht imposant geraten. Eigens konstruiert wurde ein 6,5 Meter langes Modell des Luxusdampfers. Einen recht anschaulichen Bericht über die Dreharbeiten lieferte Barbara Stanwyck: „Die Nacht, in der wir die Szenen vom sinkenden Schiff in einem riesigen Wassertank außerhalb der Fox-Studios drehten, war bitterkalt. Ich schwebte in 15 Meter Höhe in einem Rettungsboot an den Davits. Das Wasser unter mir war wie eine träge, schwere Masse, die angefüllt war mit Rettungsbooten voller Frauen und Kinder. Ich sah hinunter und sagte mir, wenn eines von diesen Seilen jetzt reißt, dann heißt es adieu für dich. Und dann dachte ich an all die Menschen, die das Unglück damals tatsächlich miterlebt hatten. Wir stellten eine wirkliche Katastrophe nach und ich brach in Tränen aus. Ich wurde von einem heftigen Schluchzen geschüttelt und konnte nicht mehr aufhören."
Bei den Oscar-Feierlichkeiten des Jahres 1953 wurde *Der Untergang der Titanic* mit einer Auszeichnung für das Beste Drehbuch bedacht. jg

Der Untergang des amerikanischen Imperiums

Le déclin de l'empire americain. Kanada 1986 **R** Denys Arcand **B** Denys Arcand **K** Guy Dufaux **M** François Dompierre **P** René Malo und Roger Frappier für Corporation M & M/Office Nationale du Film du Canada/Société Générale du Cinéma Québec **L** 102 Min., Farbe **D** Dominique Michel, Dorothée Berryman, Louise Portal, Geneviève Rioux, Pierre Curzi, Remy Girard

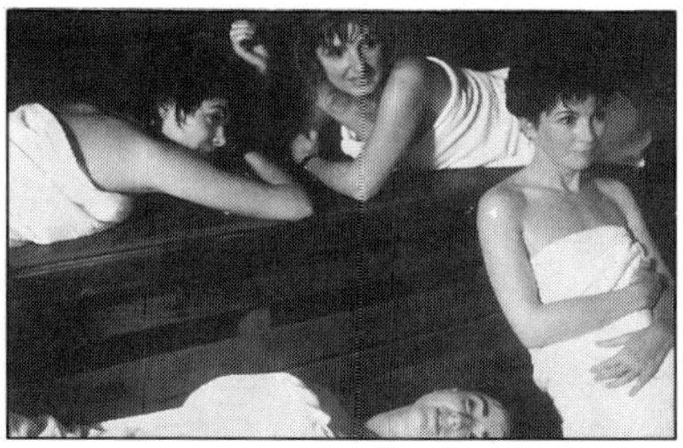

Worüber reden vier Männer, wenn sie unter sich sind? Über Sex, natürlich. Und worüber reden vier Frauen miteinander? Richtig, ebenfalls über Sex. Das jedenfalls ist die Botschaft des Films von Denys Arcand über den alltäglichen Wertezerfall in der westlichen Welt, den er auf den *Untergang des amerikanischen Imperiums* zurückführt: „Eine der Hauptpersonen stellt im Film fest, daß unsere Intimsphäre Veränderungen ausgesetzt ist, einfach durch die Tatsache, daß wir den Untergang des amerikanischen Weltreichs leben, erleben“, meint der Regisseur. „Es gibt die traditionelle Struktur der Familie nicht mehr, die Verbindlichkeit der Ehe... All diese Symptome des Untergangs, der Dekadenz, beeinflussen unser Liebesleben.“
Als Ort der Rahmenhandlung dient Arcand ein Landhaus, in dem vier Universitätsdozenten mit ihren Frauen respektive Freundinnen ein gemeinsames Wochenende verbringen. Ihre Gespräche ranken sich um nichts anderes als Ehebruch, Orgien, Homosexualität und sadistische Phantasien. Doch es kommt weder zum Ausleben der trieborientierten Gedankenspiele noch zu einer geistigen Bewältigung der Probleme.
Arcand gelang zwar ein Werk mit hohem intellektuellen Anspruch, gleichwohl verheddern sich seine - gut und glaubhaft spielenden - Akteure zusehends in dem Sprachgestrüpp ihrer Monologe und Dialoge, je mehr sie sich der Lügengespinste und Sinnlosigkeit ihrer Beziehungsfäden untereinander bewußt werden. „Diesen Menschen schlagen die Freiheiten, die sie sich herausnehmen, aufs Gemüt, es grassiert die Angst vor der Bindungslosigkeit, es wächst die Sehnsucht nach Verpflichtendem: ...Ein konservatives Lustspiel“, konstatierte treffend die *Frankfurter Rundschau*. Der Untergang der westlichen Hemisphäre, soviel dürfte nach diesem Film sicher sein, schreitet unaufhaltsam voran. sk

Der Untergang des römischen Reiches

The Fall of the Roman Empire. USA 1963 **R** Anthony Mann **B** Ben Barzman, Basilio Franchina, Philip Yordan **K** Robert Krasker **M** Dimitri Tiomkin **P** Samuel Bronston für Bronston-Roma Prod. **L** 175 Min., Farbe **D** Sophia Loren, Stephen Boyd, Alec Guinness, James Mason, Christopher Plummer, Anthony Quayle, John Ireland, Omar Sharif, Mel Ferrer

Unter den Antikfilmen Hollywoods sollte *Der Untergang des römischen Reiches* alle bisherigen Produktionen in den Schatten stellen. Für eine Summe von umgerechnet 64 Mio. DM entstand einer der farbenprächtigsten und pompösesten Monumentalfilme aller Zeiten, der jedoch trotz all seiner Schauwerte und der beeindruckenden Schauspielergarde nicht seine immensen Kosten einspielen konnte. Auf seinem 94 Hektar großen Privatgelände ließ Produzent Samuel Bronston in der Nähe von Madrid eine der größten und imposantesten Kulissen der Filmgeschichte erbauen. Über 1000 Arbeiter sowie 400 Steinmetze, Stukkateure und Kunststudenten wirkten an der Entstehung der 27 Prachtbauten des Forum Romanum mit. Die Gebäudearrangements waren so eindrucksvoll, daß sie nach Ende der Dreharbeiten nicht abgerissen wurden, wie es bei sonstigen Produktionen üblich war, sondern fortan als Touristenattraktion dienten.
Zeitlich angesiedelt ist die Handlung im Jahre 180 n. Chr. Der weise Kaiser Marc Aurel (Guinness) weilt in einer der Festungen, mit denen die Römer die Grenze nach Germanien abgesichert haben. Seine Sorgen gelten der Zukunft Roms. Er weiß, daß die innere wie äußere Stabilität des Reiches in Gefahr ist. Zu diesem Zweck gedenkt er, seine Tochter Lucilla (Loren) mit dem König von Armenien (Sharif) zu verheiraten, obgleich er weiß, daß Lucilla in den römischen Feldherrn Livius (Boyd) verliebt ist. Ein hinterhältiges Attentat macht seinen Sorgen ein Ende und befördert Aurels zynisch-zügellosen Sohn Commodus (Plummer) auf den Thron. Unter dessen unheilvoller Regentschaft wird das Reich in eine Krise gestürzt.
Unter der Vielzahl von Monumentalfilmen ist *Der Untergang des römischen Reiches* einer der unterhaltsamsten und intelligentesten und läßt neben den üblichen Ausstattungseffekten auch die politischen Hintergründe nicht zu kurz kommen. Nicht zuletzt wegen seiner architektonisch beeindruckenden Bauten und der rasant umgesetzten Schlachtenszenen ist dieses Werk ein Muß für Freunde des Genres. Unverständlicherweise wurde der Film in den Kategorien Kostüme und Ausstattung noch nicht einmal auf die Anwärterliste für den Oscar gesetzt. Lediglich Dimitri Tiomkins wuchtigem Soundtrack fiel eine Nominierung zu. jg

Der Untergang des Sonnenreiches

The Royal Hunt of the Sun. Großbritannien 1969 **R** Irving Lerner **B** Philip Yordan, nach dem Bühnenstück von Peter Shaffer **K** Roger Barlow, Francesco Sempere **M** Marc Wilkinson **P** Eugene Frenke, Philip Yordan für Royan-Benmar-Security-Rank/National Generation **L** 111 Min. (Originalfassung 121 Min.), Farbe **D** Robert Shaw, Christopher Plummer, Nigel Davenport, Michael Craig, Leonard Whiting, Andrew Keir, James Donald, William Marlowe, Percy Herbert

Werner Herzogs AGUIRRE und Henry Kings DER KAPITÄN VON KASTILIEN sind nur zwei Beispiele für eine Filmgattung, die sich in unterschiedlicher Herangehensweise mit der Eroberung Südamerikas auseinandersetzte. 1969 drehte Irving Lerner ein Werk, das den Untergang des Inkareiches schilderte - eine merkwürdig anmutende Mischung aus Abenteuerromantik und philosophischen Diskussionen über einen blutigen Abschnitt der südamerikanischen Geschichte.
Robert Shaw spielt den zynischen und brutalen Conquistador Francesco Pizarro, der mit seinen Männern im Jahre 1533 nach Peru kommt und dort mit einer Dreistigkeit und Menschenverachtung sondergleichen den Inka-König Atahualpa (Plummer) in die Knie zwingt und das Reich der Sonne mit Mord und Brandschatzung heimsucht.
Der Versuch, hier eine Beschreibung der historischen Vorgänge während dieses Eroberungsfeldzuges zu geben, ist eher mangelhaft ausgefallen. Als geschichtlich fundiertes Werk funktioniert der Film nicht, da er mit den überlieferten Tatsachen zu freizügig umgeht; als Abenteuerfilm wirkt er ähnlich unbefriedigend, da die meisten Spannungsmomente in endlosen Dialogen untergehen. Immerhin muß man Regisseur Lerner zugestehen, daß er sich bei seiner Filmarbeit von einer Reihe hoher Ansprüche hat leiten lassen, welche die amerikanischen Studios von Beginn an ausgeschlossen hätten. Als Drama vor einem historischen Hintergrund ist diese Produktion daher nicht ganz uninteressant. jg

Der Untergang von Pompeji

The Last Days of Pompeji. USA 1935 **R** Ernest B. Schoedsack **B** Ruth Rose, Boris Ingster, nach einer Story von James Ashmore Creelman und Melville Baker **K** Eddie Linden jr., Ray Hunt **M** Roy Webb **P** Merian C. Cooper für RKO **L** 96 Min., s/w **D** Preston Foster, Alan Hale, Basil Rathbone, John Wood, Louis Calhern, David Holt, Dorothy Wilson, Wyrley Birch

Mit dem berühmten Roman von Edward Bulwer-Lytton hat dieser Monumentalschin-

ken nur den Ausbruch des Vesuvs und die Verschüttung der Stadt Pompeji gemein. Alle erscheinenden Figuren hingegen entsprangen der Phantasie der Drehbuchschreibers Rose und Ingster.
Held der Geschichte ist der Schmied Marcus (Foster), den ein harter Schicksalsschlag trifft, als seine Frau und sein Kind eines Tages von einem rücksichtslosen Wagenlenker über den Haufen gefahren und getötet werden. Von nun an sind für Marcus nur noch Reichtum und Macht wichtig; aus dem Schmied wird ein gefeierter Gladiator, der jedoch bald sieht, daß die Insignien der Macht allein nicht glücklich machen. So adoptiert er den Waisenjungen Flavius (Holt), der als Erwachsener (von John Wood dargestellt) und zum christlichen Glauben überwechselt. Die Zeit ist dafür natürlich denkbar ungünstig, denn schließlich sind im Jahre 79 n. Chr. Zirkusspiele, bei denen die verfolgten Christen den Löwen zum Fraß vorgeworfen werden, noch recht beliebt. In Pompeji kommt einer solchen Darbietung allerdings der unerwartete Ausbruch des Vesuvs zuvor, der mit einem Aschenregen die Stadt unter sich begräbt.
Stets an aufwendigen und raffinierten Tricktechniken interessiert, entschlossen sich Produzent Merian C. Cooper und Regisseur Ernest B. Schoedsack, nach ihrem Riesenerfolg KING KONG UND DIE WEISSE FRAU den Untergang der antiken Stadt mit großem Aufwand zu inszenieren. Das Ergebnis fiel sowohl künstlerisch als auch kommerziell enttäuschend aus. Wohl sind einige Erdbeben-Szenen ganz anschaulich gelungen, doch viele Szenen leiden darunter, daß die Techniken der Rückprojektion und der Matte-Paintings allzu deutlich zu bemerken sind. Bevor der Vulkan allerdings mit Donnergetöse eruptiert, muß sich der Zuschauer mit einer pseudoreligiösen Vorgeschichte herumärgern, die stellenweise hart an den Rand des Kitsches heranreicht. Die Macher verloren fast eine Viertelmillion Dollar, die sich auch nicht wieder einspielen ließ, als der Film 1949 zusammen mit dem Abenteuerstreifen *She* in einem Doppelprogramm aufgeführt wurde.
Unter dem Titel *Die letzten Tage von Pompeji* entstand 1959 in Italien mit Muskelprotz Steve Reeves und Christine Kaufmann ein Film, der sich etwas enger an der Vorlage von Bulwer-Lytton orientierte, im Endeffekt aber nichts anderes war, als einer jener damals massenweise produzierten Sandalenfilme. jg

Der Untergang von Troja

Helen of Troy. USA/Italien 1955 **R** Robert Wise **B** John Twist, Hugh Gray, N. Richard Nash, nach Homer **K** Harry Stradling **M** Max Steiner **P** Robert Wise für Warner Bros. **L** 111 Min. (Originalfassung 118 Min.), Farbe **D** Rosanna Podesta, Jack Sernas, Cedric Hartwicke, Stanley Baker, Niall McGinnis, Nora Swinburne, Robert Douglas, Torin Thatcher, Harry Andrews, Janette Scott, Ronald Lewis, Brigitte Bardot

Als amerikanisch-italienische Koproduktion wurden Homers Verse in einem aufwendigen Historienstreifen verfilmt, der neben den obligatorischen Massenszenen natürlich auch Liebesdramen sowie Mord und Totschlag bereithielt.
Der schiffbrüchige trojanische Prinz Paris (Sernas) verliebt sich in die griechische Königsgattin Helena (Podesta) und diese sich in ihn. Beide fliehen nach Troja und entfesseln damit den berühmten Trojanischen Krieg, den die Stadt auf denkwürdige Weise verliert, als sie ein riesiges Holzpferd als vermeintliche Kriegsbeute in ihre Mauern schleppen läßt, aus dessen hohlem Bauch des Nachts die Griechen klettern, um Troja mit Mord und Brandschatzung heimzusuchen. Das Gemetzel überleben zumeist nur die Frauen. Sein Leben lassen muß auch Paris, der in Helenas Armen seinen letzten Atemzug tut.
Robert Wise kurbelte diese berühmte Sage in Comic-Strip-Manier herunter. Schlachtenszene folgt auf Schlachtenszene, dazwischen sorgen leicht bekleidete Tempeltänzerinnen für fleischliche Schauwerte und diverse schmachtende Liebesszenen bieten etwas fürs Gemüt. Mit einigem Geschick hat Wise die Massenszenen arrangiert, deren martialische Wucht vor allem bei der Eroberung Trojas zum Tragen kommt. Die durch ihre riesigen Bauten und Statistenheerscharen recht teuere Produktion wurde für die Warner Bros. zu einem herben Verlustgeschäft. Als der Film wieder aus dem Verleih genommen wurde, trauerten die Produzenten verlorenen vier Millionen Dollar nach. jg

Der Untermieter

The Goodbye Girl. USA 1977 **R** Herbert Ross **B** Neil Simon **K** David M. Walsh **M** Dave Grusin **P** Ray Stark für Rastar/Warner Bros. **L** 110 Min., Farbe **D** Richard Dreyfuss, Marsha Mason, Quinn Cummings, Paul Benedict, Barbara Rhodes, Theresa Merritt

Richard Dreyfuss gewann einen Oscar für seine Darstellung als aufstrebender Schauspieler in Neil Simons - wie immer autobiographisch gefärbter - Komödie. Der New Yorker Bühnenautor hat einige Stoffe speziell für die Leinwand geschrieben, und dieser ist entschieden der beste. Die ehemalige Broadway-Tänzerin Paula (Mason) hat gerade das sang- und klanglose Verschwinden ihres Freundes überstanden, als sie entdekken muß, daß er zum Abschied auch noch die Wohnung untervermietet hat, in der sie mit Töchterchen Lucy (Cummings) lebt. Der Neue ist Elliott Garfield (Dreyfuss), ein eigenwilliger Schauspieler, an den sich Paula erst einmal gewöhnen muß. Das geht dann doch schneller als erwartet...
Der Untermieter ist ein einziges Vergnügen, das gekonnt die Balance zwischen Humor, Romantik und Drama hält. Störend ist allerdings die Homosexuellen-Karikatur von Paul Benedict, der als Regisseur Garfield/Dreyfuss dazu zwingt, Shakespeares *Richard III.* als Tunte zu spielen. Der Film entpuppte sich als wahrer Kassenrenner und holte sich neben dem hochverdienten Oscar für Dreyfuss Nominierungen als Bester Film sowie für Mason, Cummings und Simon (Drehbuch). al

Unternehmen Capricorn

Capricorn One. USA 1978 **R** Peter Hyams **B** Peter Hyams **K** Bill Butler **M** Jerry Goldsmith **P** Paul N. Lazarus III für Warner Bros. **L** 123 Min., Farbe **D** Elliott Gould, James Brolin, Brenda Vaccaro, Sam Waterston, O. J. Simpson, Hal Holbrook, David Huddleston, David Doyle, Denise Nicholas, Karen Black, Telly Savalas

Ein überaus origineller Thriller, der in Europa auf helle Begeisterung stieß, in den Staaten jedoch ein Reinfall wurde und bei der NASA erbitterte Proteste hervorrief. Die erste bemannte Mondlandung am 21. Juli 1969 war für Regisseur Peter Hyams der Anlaß, sich eine Story auszudenken, die die Zuschauer mit ihrer eigenen Gutgläubigkeit und Beeinflußbarkeit konfrontieren sollte.
Gegenstand seines Films ist der erste bemannte Marsflug, der sich allerdings als ein gigantischer Schwindel erweist, denn kurz vor dem Start der Rakete werden die drei Astronauten aus der Kapsel geholt und in eine entlegene Forschungsstation verfrachtet. Man hat bemerkt, daß die gewagte Weltraummission noch viel zu unausgegoren ist, um sie zu einem erfolgreichen Ende führen zu können. Da man sich jedoch vor der Weltöffentlichkeit diese Pleite nicht eingestehen möchte, wird das Spektakel um die angebliche Marslandung in einem geheimen Fernsehstudio inszeniert und weltweit ausgestrahlt. Eine Live-Sendung soll einige Tage später über die Landung der Astronauten berichten. Dummerweise verglüht die Raumkapsel beim Wiedereintritt in die Erdatmosphäre, was den drei Weltall-Eroberern zweifellos das Leben kosten würde. Doch die sitzen -theoretisch tot - sicher auf der Erde und warten darauf, wieder zu ihren Ehefrau-

en zurückzukehren. Folglich gibt es nur eine Möglichkeit, um das Auffliegen des Schwindels zu verhindern: Die Männer müssen verschwinden.
Wenn die NASA gewußt hätte, was für einen Film Peter Hyams da letztendlich produzierte, wäre sie wohl kaum so freundlich gewesen und hätte dem Regisseur eine Ausrüstung im Wert von 500.000 Dollar sowie ein erfahrenes Spezialistenteam zur Verfügung gestellt. Dank seiner überzeugenden technischen Gestaltung ist *Unternehmen Capricorn* trotz der Unwahrscheinlichkeit seiner Story ein überaus glaubwürdiger Thriller, der auf hintergründige Weise die Allgewalt einer berechnenden Konzern-Politik aufs Korn nimmt. jg

Unternehmen Petticoat

Operation Petticoat. USA 1959 **R** Blake Edwards **B** Stanley Shapiro, Maurice Richlin, nach einer Story von Paul Kling und Joseph Stone **K** Russell Harlan, Clifford Stine **M** David Rose **P** Robert Arthur für Granart **L** 100 Min. (Originalfassung 124 Min.), Farbe **D** Cary Grant, Tony Curtis, Joan O'Brien, Dina Merrill, Arthur O'Connell, Gene Evans, Richard Sargent, Virginia Gregg, Edward F. Simon

Die Drehbuchautoren Stanley Shapiro und Maurice Richlin hatten schon bei BETTGEFLÜSTER ihr Talent für pointierte, witzige Dialoge unter Beweis gestellt. Für diese von Hauptdarsteller Grant produzierte Komödie lieferte das Team ein Skript, das von der Academy of Motion Picture Arts and Sciences mit einer Oscar-Nominierung ausgezeichnet wurde. Als Captain Sherman steuert Cary Grant das angeschlagene U-Boot „USS Sea Tiger" durch die Wirren des Zweiten Weltkriegs. Die Verhältnisse an Bord entsprechen dabei ganz und gar nicht der militärischen Norm. Dieser Zustand verschlimmert sich noch, als der Versorgungsoffizier Holden (Curtis) fünf schiffbrüchige Krankenschwestern an Bord bringt, die durch ihre Anwesenheit ein heilloses Durcheinander heraufbeschwören. Zu guter Letzt muß Sherman sein inzwischen pinkfarbenes U-Boot auch noch vor den Bomben der eigenen Navy in Sicherheit bringen.
Die Militärklamotte markierte für Grant den Beginn einer äußerst gewinnbringenden Zusammenarbeit mit der Produktionsgesellschaft Universal, mit der er in den folgenden Jahren diverse Filme herausbrachte. *Unternehmen Petticoat* war der erste, der an den Kinokassen respektable Einspielergebnisse erzielen konnte. Aufgrund des Erfolgs dieser Komödie, konzipierte das amerikanische Fernsehen eine gleichnamige Serie. mg

Unternehmen Rosebud

Rosebud. USA 1975 **R** Otto Preminger **B** Erik Lee Preminger, Marjorie Kellogg, nach dem Roman von Joan Hemingway und Paul Bonnecarrère **K** Denys Coop **M** Laurent Petitgrad **P** Otto Preminger für Sigma Prod./United Artists **L** 126 Min., Farbe **D** Peter O'Toole, Richard Attenborough, Cliff Gorman, Claude Dauphin, John V. Liondsay, Peter Lawford, Raf Vallone, Adrienne Corri, Amidou, Yosef Shiloa, Brigitte Ariel, Isabelle Huppert, Lalla Ward, Kim Cattrall, Debra Berger

Arabische Terroristen kidnappen fünf Millionärstöchter, die sich auf einer Kreuzfahrt mit der Yacht „Rosebud" befinden, und verschleppen sie an einen unbekannten Ort. Ihren schier unerfüllbaren Forderungen wird auf Wunsch der fünf einflußreichen Väter zunächst entsprochen, während ein internationales Agenten-Team einen raffinierten Plan zur Befreiung ausklügelt...
Dieser aufwendige, aber alles andere als aufregende Polit-Reißer ist typisch für Otto Premingers spätere Arbeiten, mit denen der Regisseur verzweifelt versuchte, den Erfolg herbeizuzwingen, der ihn seit Mitte der 60er Jahre verlassen hatte. Erneut steht ein brisantes Thema - arabischer Terrorismus und seine Bekämpfung durch die Staatengemeinschaft - im Vordergrund, doch wird das Drehbuch der Komplexität des Nahost-Konfliktes in keiner Weise gerecht. Oberflächlich und mitunter naiv geriet Premingers Sohn Erik Lee - aus der Ehe mit Tänzerin Gypsy Rose Lee - die Darstellung der politischen Zusammenhänge und Hintergründe, und warum die Yacht ausgerechnet „Rosebud" heißt, so wie der Schlitten von Charles Foster Kane in CITIZEN KANE, ist nicht die einzige Frage, die hier offen bleibt. Robert Mitchum hatte übrigens die Rolle des CIA-Agenten spielen sollen, doch es gab Mißstimmungen, nachdem der Mime angeheitert auf dem Set erschienen war. Er wurde kurzerhand durch Peter O'Toole ersetzt. al

Unternehmen Staatsgewalt

Executive Action. USA 1973 **R** David Miller **B** Dalton Trumbo, nach einer Story von Donald Freed und Mark Lane **K** Robert Steadman **M** Randy Edelman **P** Edward Lewis für National General **L** 91 Min., Farbe **D** Burt Lancaster, Robert Ryan, Will Geer, Gilbert Green, John Anderson, Paul Carr, Colby Chester, Ed Lauter, Walter Brooke, Sidney Clute, Deanna Darrin

Kein Ereignis hat die innenpolitischen Strukturen der Vereinigten Staaten so in ihren Grundfesten erschüttert, wie die Ermordung des Präsidenten John F. Kennedy am 22. November 1963 in Dallas. Wie groß noch das Interesse der Öffentlichkeit an diesem Fall selbst annähernd 30 Jahre später war, zeigte Oliver Stones Polit-Thriller *JFK*, der in den Staaten für erhitzte Diskussionen sorgte. Und dabei hatte er mit diesem Film noch nicht einmal eine neue These aufgestellt. Zehn Jahre nach der Ermordung des Präsidenten drehte bereits David Miller einen halbdokumentarischen Streifen, der damals jedoch längst nicht für so viel Furore sorgte wie der Stone-Film zu Beginn der 90er Jahre. Auch Miller stellt in *Unternehmen Staatsgewalt* die Hypothese auf, daß Kennedy nicht von einem Einzeltäter erschossen wurde, sondern das Opfer eines detailliert vorbereiteten Mordkomplotts war, dessen Drahtzieher zu den führenden Köpfen der Waffenindustrie gehörten. Die Produktion, mit einem geringen Budget an Originalschauplätzen in Dallas und Washington gedreht, verdankt ihren eigentlichen Reiz allerdings nicht den fiktiven Szenen, sondern dem ausgiebig verwendeten Archivmaterial, das u.a. auch den Amateurfilm von Abraham Zapruder enthält, der auf erschütternde Weise den Präsidentenmord in allen Einzelheiten festhielt.
Ein engagierter, sachlich recherchierender Streifen, der gegenüber dem Stone-Film die emotionalen Elemente in den Hintergrund stellt und sich um eine ausgewogene zurückhaltende Darstellung der Ereignisse bemüht. jg

Der Untertan

Der Untertan. DDR 1951 **R** Wofgang Staudte **B** Fritz Staudte und Wolfgang Staudte, nach dem Roman von Heinrich Mann **K** Robert Baberske **M** Horst Hanns Sieber **P** DEFA **L** 104 Min., s/w **D** Werner Peters, Paul Esser, Renate Fischer, Sabine Thalbach, Emmy Burg, Friedrich Maurer, Ernst Legal

„Ich will die Bereitschaft gewisser deutscher Menschengruppen um 1900 zeigen, die über zwei Weltkriege hinweg zum Zusammenbruch Deutschlands im Jahre 1945 führte. Es soll eine Weiterführung meiner Anklage gegen diese Kreise und eine Warnung vor diesen Menschen sein, wie ich es schon in dem Film DIE MÖRDER SIND UNTER UNS ausdrücken wollte", meinte Regisseur Staudte über seine bravouröse Verfilmung der Romanvorlage Heinrich Manns.
Sein Film erzählt die Lebensgeschichte von Diederich Hessling (Peters), der in die Ära des wilhelminischen deutschen Kaiserreiches hineingeboren wurde. Der Fabrikanten- und Offizierssohn, aufgewachsen in der Enge eines strengen Elternhauses in einer preußischen Provinzstadt, ist die Inkarnation des obrigkeitsergebenen Spießbürgers

schlechthin: nach oben wird gebuckelt, nach unten getreten. Nach dieser Maxime richtet der glühende Kaiserverehrer sein Leben aus - unaufhaltsam führt sein Weg auf der Karriereleiter dabei nach oben, während sich Deutschland mehr und mehr dem Abgrund nähert.
Wolfgang Staudte gelang ein cineastisches Meisterstück, das längst zum Klassiker des deutschen Films avanciert ist und zu denjenigen Werken zählt, die den Ruf der DEFA als Filmproduktionsstätte höchsten Ranges, auch international, wesentlich mitbegründeten. *Der Untertan* zeichnet nicht nur die Kernaussage der literarischen Vorlage - die Verantwortlichkeit des unsäglichen deutschnationalen Untertanengeistes für den Niedergang Deutschlands, für den Weltkrieg und das Aufkommen des Faschismus - in drastischer Schwarzweiß-Photographie eindrucksvoll nach. Er legt in die brillant gespielten Figuren zudem eine wohldosierte Prise Übersteigerung hinein, die das Wirken und Denken der damaligen herrschenden Schicht im Deutschen Reiche mit treffendem Sarkasmus auf den Punkt bringt und so die kollektive Heuchelei der Bourgeoisie schonungslos aufdeckt. Dabei wirkt der perfekt ausgestattete Film so authentisch und glaubhaft, daß interessierte Kreise in der alten Bundesrepublik seine Aufführung jahrelang verhinderten; *Der Untertan* kam erst sechs Jahre nach seiner Premiere in der DDR in einer zensierten, um 12 Minuten gekürzten Fassung in die westdeutschen Kinos. Der *Evangelische Filmbeobachter* entblödete sich 1956 nicht, zu behaupten, „der Film wäre ein Kunstwerk, würde sich der Dialog zuchtvoll und ohne Übertreibungen in das Ganze einordnen, ...wegen seiner durchwegs nur zersetzenden und geschichtsfälschenden Tendenz ist er nur jenen Kinobesuchern zu empfehlen, die sich ein eigenes Urteil bilden können". sk

The Untouchables - Die Unbestechlichen

The Untouchables. USA 1987 **R** Brian de Palma **B** David Mamet **K** Stephen H. Burum **M** Ennio Morricone **P** Art Linson für Paramount **L** 119 Min., Farbe **D** Kevin Costner, Sean Connery, Charles Martin Smith, Andy Garcia, Robert De Niro, Richard Bradford, Jack Kehoe, Brad Sullivan

Obwohl er mit seinem Remake von SCARFACE erst vier Jahre zuvor in den Gefilden des Gangsterfilms gescheitert war, traute sich Brian de Palma noch einmal an einen derartigen Stoff - und gewann. Diesmal stand die TV-Serie *The Untouchables* Pate, deren Held Bundespolizist Elliott Ness war, ein wackerer Streiter für das Recht und gegen solch finstere Gestalten wie den Chicagoer Gangsterkönig Al Capone. Robert Stack spielte diese etwas farblose, dafür aber historische Figur vier Jahre lang (1959-63) auf amerikanischen Bildschirmen, Kevin Costner gab den Kino-Ness.
Der tut sich mit einem irischen Cop (Connery), einem italienischen Detektiv (Garcia) und einem Finanzexperten aus New York (Smith) zusammen, um Capone (De Niro) wegen Steuerhinterziehung ins Kittchen zu bringen. Wegen ihrer Unbestechlichkeit haben die vier bald den Spitznamen „Untouchables" weg, und Capone gerät mächtig ins Schwitzen...
Seinem Flair fürs Visuelle wie auch für Gewalt ließ Brian de Palma hier freien Lauf, und das Ergebnis ist ein brillanter Actionfilm, der zwar nicht allzuviel mit der Wirklichkeit zu tun hat, dafür aber um so mehr mit Kino-Wirklichkeit. Denn der Regisseur verzichtete auch diesmal nicht auf seine oft geschmähte Angewohnheit, Kino-Großmeister wie Alfred Hitchcock zu zitieren - etwa in der Szene, wo das kleine Mädchen durch die Bombe getötet wird. Ganz besonders hatte es ihm offenbar die Treppensequenz aus Eisensteins PANZERKREUZER POTEMKIN angetan, in der ein Kinderwagen während einer Schießerei eine riesige Freitreppe herunterrollt. Bei De Palma spielt diese Szene im Chicagoer Hauptbahnhof und stellt - in Zeitlupe gefilmt - gleichzeitig den entscheidenden Showdown zwischen Gut und Böse dar. *The Untouchables* entwickelte sich zu aller Überraschung zu einem Riesenhit, dem auch die meisten Kritiker wohlwollend gegenüberstanden. Zahlreiche Oscar-Nominierungen folgten, und Sean Connery konnte die Statuette erstmalig in Empfang nehmen - als bester Nebendarsteller. al

Die untreue Frau

La femme infidèle. Frankreich/Italien 1969 **R** Claude Chabrol **B** Claude Chabrol **K** Jean Rabier **M** Pierre Jansen **P** André Génovès für Les Films La Boëtie (Paris), Cinegay (Rom) **L** 97 Min., Farbe **D** Stéphane Audran, Michel Bouquet, Maurice Ronet, Michel Duchaussoy, Guy Marly, Serge Bento

Der Rechtsanwalt Charles (Bouquet) hat mit Hilfe eines Privatdetektivs von der Untreue seiner Gattin Hélène (Audran) erfahren. Den Liebhaber, einen jungen Schriftsteller (Ronet), sucht er zu einem klärenden Gespräch auf, erschlägt ihn dann aber im Affekt. Die Polizei ist ihm schnell auf der Spur, doch auch seine in elfjähriger Ehe abgekühlte Beziehung zu Hélène lebt wieder auf...
Claude Chabrol wurde oft als „Enzyklopädist der Bourgeoisie" bezeichnet, ein Etikett, das besonders auf seine Filme aus den späten 60er und frühen 70er Jahren zutrifft. Diese mit einem kaum veränderten Team von Schauspielern und Technikern geschaffenen Werke trugen ihm auch wieder die Achtung der Kritik ein, die er sich mit anspruchslosen Kommerzstreifen verspielt hatte. Interessanterweise geht es Chabrol in *Die untreue Frau* weder um den Betrug selbst noch um die Dreiecksgeschichte oder gar den fast zufälligen Mord, sondern vielmehr um das sich wandelnde Verhältnis der Ehepartner. Besonders berühmt wurde in diesem Zusammenhang die Schlußeinstellung von Charles' Verhaftung, eine Rückwärtsfahrt mit gleichzeitigem Zoom, wodurch die körperliche Entfernung und psychische Nähe von Charles und Hélène verdeutlicht wird. al

Der Unverbesserliche

L'incorrigible. Frankreich 1974 **R** Philippe de Broca **B** Michel Audiard, Philippe de Broca, nach dem Roman *A mon pôte* von Alex Varoux **K** Jean Penzer **M** Georges Delerue **P** Alexandre Mnouchkine, Georges Dancigers für Les Films Arisane/Mondex/Cerito Films **L** 100 Min., Farbe **D** Jean-Paul Belmondo, Geneviève Bujold, Julien Giuomar, Andrea Ferréol, Capucine, Charles Gérard, Elizabeth Teissier

Daß Philippe de Broca und Jean-Paul Belmondo seit ihren glorreichen Tagen von CARTOUCHE, DER BANDIT und ABENTEUER IN RIO nichts von ihrem Schwung verloren hatten, stellten sie mit dieser spritzigen Gauner-Komödie eindrucksvoll unter Beweis. „Bebel" ist als Tunichtgut Victor Vauthier zu sehen, der ein unbestreitbares Talent für das Verscherbeln fremden Eigentums besitzt. Auch die attraktive Bewährungshelferin Marie-Charlotte (Bujold) kann den gerade aus dem Gefängnis Entlassenen nicht auf den Pfad der Tugend zurückführen, im Gegenteil: Aus Liebe zu ihm wird sie selbst zur Kriminellen, und beide stehlen aus einem Museum, dessen Verwalter ihr Vater ist, einen El Greco, für dessen Rückgabe sie Millionen kassieren.
Ebenso wie Belmondos Auftritt als knallharter Bulle in DER RROFI in den 80ern von ihm selbst dutzendfach kopiert wurde, war *Der Unverbesserliche* der Auftakt einer Serie mehr oder weniger gelungener, aber immer finanziell erfolgreicher Action-Komödien, in denen sich der Star in wechselnden Verkleidungen als charmanter Gauner präsentierte. al

Die unvergeßliche Nacht

Remember the Night. USA 1940 **R** Mitchell Leisen **B** Preston Sturges **K** Ted Tetzlaff **M** Frederick Hollander **P** Mitchell Leisen für Paramount **L** 86 Min., s/w **D** Barbara Stanwyck, Fred MacMurray, Beulah Bondi, Elizabeth Patterson, Willard Robertson, Sterling Holloway, Charles Waldron, Paul Ross

Wie kein anderer Regisseur Hollywoods verstand es Mitchell Leisen, Elemente des Melodrams, der Komödie und des romantischen Liebesfilms miteinander in Einklang zu bringen. Bestes Beispiel hierfür ist sein wohl gelungenstes Werk *Die unvergeßliche Nacht*, welches hierzulande über vierzig Jahre auf seine Erstaufführung warten mußte.
Da sie keinen Freund hat, der ihr zu Weihnachten ein Juwelendiadem schenken könnte, und sie selbst erst recht nicht über soviel Geld verfügt, um sich eines kaufen zu können, stiehlt Lee Leander (Stanwyck) kurzum am Vorweihnachtsabend ein solches Schmuckstück, um sich eine kleine Freude zu bereiten. Dummerweise wird sie dabei ertappt und vor Gericht gestellt. Die Verteidigung übernimmt der attraktive Rechtsanwalt John Sargent (MacMurray), der sich - wie könnte es auch anders sein - nach kurzer Zeit in seine Mandantin verliebt. Da die Gerichtsverhandlung erst nach den Weihnachtsfeiertagen fortgesetzt werden soll, fährt Sargent mit Lee in seine Heimat nach Indiana, woher auch die junge Frau stammt. Dort erfährt Lee zum ersten Mal, was es heißt, die Geborgenheit und Herzlichkeit einer Familiengemeinschaft spüren zu dürfen. Ihre anfängliche Überlegung, bei der nächstbesten Gelegenheit zu flüchten, verwirft sie. Tapfer lauscht sie vor den Schranken des Gerichts ihrem Urteil, mit dem Wissen, daß John auf sie warten wird.
Eine warmherzige und anrührende Liebesromanze mit melancholischen Untertönen sowie einer Reihe äußerst komischer Momente. Einen musikalischen Höhepunkt findet der Film in dem Lied *End of a Perfect Day*, das von Sterling Holloway vorgetragen wird, während ihn Barbara Stanwyck am Klavier begleitet. jg

Die unwürdige Greisin

La vieille dame indigne. Frankreich 1965 **R** René Allio **B** René Allio, nach der Kurzgeschichte *Die unwürdige Greisin* von Bertolt Brecht **K** Denys Clerval **M** Jean Ferrat **P** S. P. A. C. Cinéma **L** 92 Min., s/w **D** Sylvie, Malka Ribovska, Etienne Berry, François Maistre

Madame Berthe (Sylvie) hat fast sechzig Jahre ein bescheidenes Dasein an der Seite ihres Gatten gefristet, und um so überraschter sind Verwandt- und Nachbarschaft, als die alte Frau nach dessen Tod regelrecht aufblüht. Sie leistet sich Taxifahrten, Reisen und andere luxuriöse Dinge und umgibt sich mit jungen Leuten - kurz, sie verhält sich nicht so, wie man es von einer trauernden Witwe in hohem Alter erwartet.
Mit diesem liebenswürdigen, genau beobachtenden Spielfilm, der Bertolt Brechts Kalendergeschichte aus dem Jahre 1939 voll gerecht wird, gab der Maler und Bildhauer René Allio sein Leinwanddebüt (abgesehen von einem Kurzfilm, *La meule*, von 1963). Einen nicht geringen Anteil am Erfolg des Films hatte die seinerzeit fast achtzigjährige Sylvie (1883-1970), die neben großen Bühnenerfolgen auch zahlreiche Nebenrollen in Filmen absolvierte. *Die unwürdige Greisin* wurde mit mehreren internationalen Preisen ausgezeichnet, darunter dem Grand Prix de Cinéma Français. al

Die Unzertrennlichen

Dead Ringers. Kanada 1988 **R** David Cronenberg **B** David Cronenberg, Norman Snider, nach dem Roman von Bari Wood und Jack Geasland **K** Peter Schuschitzky **M** Howard Shore **P** David Cronenberg, Marc Boyman für Mantle Clinic II Prod. **L** 115 Min., Farbe **D** Jeremy Irons, Geneviève Bujold, Heidi von Palleske, Barbara Gordon, Shirley Douglas, Stephen Lack, Nick Nichols, Lynn Cormack, Damir Andrei

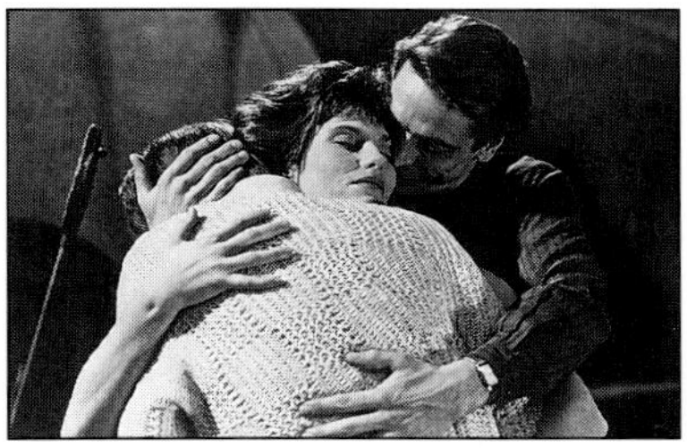

Grauenhafte menschliche Mutationen, gepaart mit einer schleim- und bluttriefenden Anhäufung von Spezialeffekten, machten David Cronenberg zu einer recht umstrittenen Koryphäe auf dem Gebiet des Horrorfilms. Daß sich seine Kunst jedoch nicht nur in der Zurschaustellung grober Ekelszenen erschöpfte, sondern auch tiefschürfende, psychologische Entwicklungen nachvollziehen konnte, bewies Cronenberg mit diesem genial umgesetzten Thriller.
In einer Doppelrolle, für die er bereits 1988 den Oscar verdient hätte, ist der britische Charakterdarsteller Jeremy Irons zu sehen. Er verkörpert das eineiige Zwillingspaar Elliot und Beverly Mantle, das sich als hochangesehene Gynäkologen eine Praxis teilt. Doch nicht nur beruflich gehen die beiden gemeinsame Wege. Sie bewohnen dasselbe Apartment, gehen denselben Hobbys nach und schlafen mit denselben Frauen. Letztere Gemeinsamkeit wird ihrer eigentümlichen Beziehung zum Verhängnis, als sie die Filmschauspielerin Claire Niveau (Bujold) kennenlernen, die für Elliot nur ein weiteres Sex-Abenteuer, für seinen Bruder jedoch die Liebe seines Lebens darstellt. Dieser latente Antagonismus legt bei Beverly plötzlich schwere psychische Defekte frei, die zu erschütternden Entwicklungen führen.
Die Unzertrennlichen, von Cronenberg im Stil eines morbiden Kammerspiels inszeniert, weist eine Reihe außergewöhnlicher Effekte auf, die allerdings als solche kaum auszumachen sind. Um das gleichzeitige Erscheinen von Jeremy Irons in seiner Doppelrolle zu ermöglichen, wurde das Verfahren der „Splitted Screen" angewandt, die bei diesem Film eine technische Neuerung erfuhr, welche es ermöglichte, die Zwillinge nicht nur nebeneinander, sondern in den verschiedensten Perspektiven auch übereinander oder versetzt hintereinander zeigen zu können. Jeremy Irons´ überragende Schauspielkunst tut obendrein ein übriges, um den Eindruck entstehen zu lassen, daß zwei völlig verschiedene Akteure auf der Leinwand agieren.
David Cronenberg, der sich mit diesem beunruhigenden Thriller in Ansätzen auf eine authentische Geschichte berief, die sich 1975 in New York ereignet hatte, wurde von der Kritikervereinigung der Stadt Los Angeles als bester Regisseur des Jahres 1988 ausgezeichnet. Zum besten Hauptdarsteller wählten die New Yorker Filmjournalisten Jeremy Irons. jg

Urban Cowboy

Urban Cowboy. USA 1980 **R** James Bridges **B** James Bridges, Aaron Latham **K** Ray Villalobos **P** Robert Evans und Irving Azoff für Paramount **L** 135 Min., Farbe **D** John Travolta, Debra Winger, Scott Glenn, Madolyn Smith, Barry Corbin

Der heutige Wilde Westen ist auch nicht mehr das, was er mal war: Prärie und Holzhütten sind verschwunden, Büffel und Indianer abgeknallt, geblieben sind allein die harten Machos, die früher ihr Leben damit verbrachten, sich an wilden Pferden und kühnen Kühen abzureagieren und in derben Saloons vollaufen zu lassen und heutzutage nichts mit sich und ihrer Zeit anzufangen wissen. Bud (Travolta) ist eine dieser bemitleidenswerten Figuren. Er kommt vom Land in die Millionenmetropole Houston, arbeitet tags in einem Chemiewerk, nachts reitet er in einer auf Wildwest getrimmten Kneipe elektromechanische Stiere zurecht, und wird bald der unangefochtene Meister seiner Disziplin. In der großen Stadt lernt er sogar ein

Mädel kennen, heiratet es, und könnte glücklich sein bis an das Ende seiner Tage, wenn da nicht der böse Wes (Glenn) wäre, der ein Auge auf Buddies Angetraute geworfen hat... In Erinnerung an die gute alte Zeit und vor dem Hintergrund platter Wildwestkulissen konstruierte James Bridges ein so müdes wie konventionelles Eifersuchtsdrama, das genauso in jedem anderen Ambiente hätte abgedreht werden können (was dem Langweil-Streifen indes auch nicht zu mehr Spannung und Qualität verholfen hätte). Bridges sprang mit seinem Konzept auf den zu Beginn der 80er Jahre in Amerika wieder aufkeimenden Ein-Mann-ist-ein-Macho-Trend auf, was ihm immerhin, zumindest im Mutterland der Cowboys, einen gewissen Zuschauersegen einbrachte. John Travolta, bis dato festgelegt auf anspruchslose Tänzerrollen in anspruchslosen Disco-Filmen wie NUR SAMSTAG NACHT, erwies sich in seiner Macho-Cowboy-Rolle allerdings als glatte Fehlbesetzung. sk

Urga

Urga. UdSSR/Frankreich 1991 **R** Nikita Michalkow **B** Nikita Michalkow, Roustam Ibraguimbekow, nach einer Idee von Michalkow **K** Vilenn Kaluta **M** Eduard Artemiew **P** Michel Seydoux für Studio Trits (Moskau), Camera One/Hachette Premières et Cie./UGC Images (Paris) **L** 120 Min., Farbe **D** Badema, Bayertu, Wladimir Gostjukin, Larissa Kusnezowa, Jon Boschinski, Bao Yongyan, Wurinile, Wang Zhiyong

Produzent Michel Seydoux hatte mit CYRANO VON BERGERAC, einem der teuersten französischen Filme, soviel Geld eingespielt, daß er sich den Luxus leisten konnte, 5 Millionen Dollar in ein Projekt zu investieren, dessen Erfolgschancen auf dem internationalen Kinomarkt durchaus nicht sonderlich hoch waren. *Urga* ist eine Liebeserklärung an die Landschaft der Mongolei. Der Film benötigt keine Stars, seine Attraktion sind die weiten Ebenen und Steppen. Und die hat Kameramann Vilenn Kaluta in einer Folge von unbeschreiblich schönen Bildern festgehalten.
Fernab von aller Zivilisation lebt der mongolische Hirte Gombo (Bayertu) mit seiner Frau Pagma (Badema) und seinen drei Kindern in einer Jurte inmitten des Gräsermeeres. Kontakte zur Außenwelt sind spärlich und entwickeln sich meist zufällig, wie beispielsweise die Freundschaft mit dem russischen Arbeiter Sergeij (Gostjukin), der mit seinem LKW eine Panne hat und von Gombos Familie fürsorglich aufgenommen wird. Eines Tages überredet Pagma ihren Mann, in die Stadt zu gehen und Präservative zu kaufen, um aufgrund einer bestehenden Regierungsanordnung die Geburt eines vierten Kindes zu verhindern. Gombo erliegt den Verlockungen des Konsums und kehrt anstelle der Kondome mit einem Fernseher und einem Fahrrad in die Wildnis zurück - Dinge, die sich mit dem Leben in der Natur scheinbar nicht vereinbaren lassen und die Kluft zwischen den beiden unterschiedlichen Welten verdeutlichen.
Kraftvoll, poetisch, verspielt, humorvoll und auch ein wenig tragisch - Michalkow gelingt es, all diese Stimmungen in seinem Film zu treffen und dabei eine ganz einfache, schnörkellose Geschichte zu erzählen.
„Dieser Film wäre ohne den unglaublichen Teamgeist, der während der Dreharbeiten geherrscht hat, nicht so geworden. Es gab einen sinnlichen, rhythmischen Kontakt zwischen allen, die am Drehort anwesend waren... Diese Harmonie, diese feinen Vibrationen zwischen uns, das war wundervoll. Für mich zeigt sich hier eine Ethik des Films, deren Unantastbarkeit ich schützen will" (Nikita Michalkow).
Urga erhielt auf den Filmfestspielen von Venedig den Goldenen Löwen und wurde auf dem weniger bekannten Festival von Köln mit dem Goldenen Dom ausgezeichnet. jg

Urlaub in Hollywood

Anchors Aweigh. USA 1945 **R** George Sidney **B** Isobel Lennart, nach der Kurzgeschichte *You Can't Fool a Marine* von Natalie Marcin **K** Robert Planck **M** Jule Styne, Sammy Cahn (Text) **P** Joe Pasternak für Metro-Goldwyn-Meyer **L** 119 Min., Farbe **D** Gene Kelly, Frank Sinatra, Kathryn Grayson, José Iturbi, Dean Stockwell, Carlos Ramirez, Leon Ames, Pamela Britton

Der erste Film, den Frank Sinatra für die Produktionsgesellschaft MGM drehte, sollte auch der erste sein, der ihn mit dem Tänzer Gene Kelly zusammenführte - die Musicals SPIEL ZU DRITT und HEUT' GEHN WIR BUMMELN folgten. Als Matrosen Clarence Doolittle und Joe Brady machen die beiden während ihres Landurlaubes Hollywood unsicher. Sie lernen die Sängerin Susan Abbott (Grayson) kennen und versprechen ihr, sich um ihre Show-Karriere zu kümmern. Auf ihrem gemeinsamen Weg durch die kalifornische Traumfabrik treffen die Seeleute auf einige Stars, darunter auch auf Jerry, die Zeichentrick-Maus des Duos *Tom und Jerry*, mit der Joe alias Gene Kelly einen phantasievollen Tanz wagt; so wurden erstmalig auf der Leinwand die Bewegungen einer realen Person mit denen einer animierten Figur verknüpft. Zu den Musikeinlagen, die Gene Kelly auch choreographierte, zählen u. a. *We Hate To Leave, What Makes the Sunset?, The King Who Could't Dance, The Charm of You* sowie *I Fall in Love Too Easily*, der als bester Song eine Oscar-Nominierung erhielt, ebenso wie der Soundtrack, der die Auszeichnung schließlich auch erhielt. mg

Urlaub vom Himmel

Here Comes Mr. Jordan. USA 1941 **R** Alexander Hall **B** Sidney Buchman, Seton I. Miller, nach dem Bühnenstück *Heaven Can Wait* von Harry Segall **K** Joe Walker **M** Morris W. Stoloff **P** Everett Riskin für Columbia **L** 93 Min., s/w **D** Robert Montgomery, Evelyn Keyes, Claude Rains, Rita Johnson, Edward Everett Horton, James Gleason, John Emery

Der Himmelsbote Nr. 7013 (Horton) schleppt den just bei einem Flugzeugabsturz verschiedenen Joe Pendleton (Montgomery) zu seinem Vorgesetzten, dem Buchhalter des Jenseits Mr. Jordan, seines Zeichens verantwortlich für die Neuzugänge. Als der bei einer Listenüberprüfung feststellen muß, daß eben jener Verunglückte noch gar nicht fällig ist, muß flugs ein neuer Körper beschafft werden, in den die Pendletonsche Seele schlüpfen kann. Die Hülle ist alsbald gefunden: Der Multi-Millionär Farnsworth haucht gerade ob eines Mordanschlags seiner geldgierigen Frau sein Leben aus, als Joe die Kontrolle über den Leib an sich reißt...
Die fantastische Geschichte um den Boxchampion und Hobby-Saxophonisten Joe Pendleton, der fünfzig Jahre zu früh seinem irdischen Dasein entrissen wird, entpuppte sich als sensationeller Kassenknüller, dem sieben Jahre später mit dem Musical EINE GÖTTIN AUF ERDEN eine Fortsetzung folgte. Neben dem finanziellen Erfolg konnte *Urlaub vom Himmel* sieben Oscar-Nominierungen verbuchen: Die Trophäe ging letztendlich an Harry Segall für die beste Original-Story sowie an die Drehbuchautoren Sidney Buchman und Seton I. Miller.
Warren Beatty griff den Stoff 1978 wieder auf und adaptierte ihn mit Julie Christie, James Mason und sich in den Hauptrollen unter dem Titel DER HIMMEL SOLL WARTEN ein weiteres Mal für die Leinwand. mg

Das Urteil

Le verdict. Frankreich/Italien 1974 **R** André Cayatte **B** André Cayatte, Henri Coupon, Pierre Dumayet, Paul Andreota, nach dem Roman von Coupon **K** Jean Badal **M** Louiguy **P** Carlo Ponti für Les Films Concordia/P. E. C. F. (Paris), Compagnia Cinematografica Champion (Rom) **L** 98

Min., Farbe **D** Sophia Loren, Jean Gabin, Henri Garcin, Julien Bertheau, Michel Albertini, Muriel Catala

Die Witwe Teresa Leoni (Loren) greift zu drastischen Mitteln, um ihren Sohn André (Albertini), der wegen Mordes angeklagt ist, vor einem Todesurteil zu bewahren: Sie entführt die Frau des Gerichtspräsidenten Leguen (Gabin). Als André nach dem so erpreßten Freispruch seiner Mutter jedoch seine Schuld gesteht und sich überdies die Entführte das Leben genommen hat, um ihrem Mann die Handlungsfreiheit wiederzugeben, bricht für Teresa eine Welt zusammen...
Mit Loren und Gabin - in seinem vorletzten Leinwandauftritt - treffen in diesem packenden Kriminaldrama zwei Superstars des europäischen Kinos aufeinander und bestimmen Kraft ihrer Persönlichkeiten das Geschehen mehr, als es sonst bei Cayatte der Fall ist. Der ehemalige Anwalt beschäftigt sich auch hier mit Problematiken des französischen Justizsystems, etwa Andrés Vorverurteilung durch die Öffentlichkeit (sein Vater war ein Gangster), die Teresa erst zu ihrer Verzweiflungstat treibt, oder der Einflußnahme des Gerichtspräsidenten auf den Verlauf der Verhandlung. al

Urteil von Nürnberg

Judgement at Nuremberg. USA 1961 **R** Stanley Kramer **B** Abby Mann **K** Ernest Laszlo **M** Ernest Gold **P** Stanley Kramer für Roxlom **L** 188 Min., s/w **D** Spencer Tracy, Burt Lancaster, Richard Widmark, Marlene Dietrich, Maximilian Schell, Judy Garland, Montgomery Clift, William Shatner

„Als ich im Winter 1957 begann, *Urteil von Nürnberg* zu schreiben, betrachtete man es in der gebildeten Gesellschaft als einen Verstoß gegen die guten Sitten, über das Thema der deutschen Schuld oder über die Opfer des Dritten Reichs zu sprechen", meinte Drehbuchautor Abby Mann zu seiner Arbeit und zu dem in den 50er Jahren herrschenden Zeitgeist, die historische Verantwortung der Deutschen für die von ihnen begangenen Greuel hintanzustellen, nur weil sie - zumindest in ihrer westlichen Landeshälfte - inzwischen zu einem unverzichtbaren Rad im System des bekennenden Antikommunismus aufgestiegen waren. *Urteil von Nürnberg* öffnete seinem Publikum also die Augen, mahnte es, neue, vom tobenden Kalten Krieg diktierte politische Ziele nicht mit unverzeihlichen Fehlern und Sünden der Vergangenheit zu verrechnen.
Regisseur Stanley Kramer drehte, mit diesem Leitmotiv im Rücken, einen der beeindruckendsten Gerichtsfilme der Filmgeschichte. Die Handlung basiert auf der zweiten Runde der Nürnberger Kriegsverbrecherprozesse, in denen sich namhafte Juristen, Richter wie Rechtsanwälte, für ihre im Dritten Reich begangenen Verbrechen zu verantworten hatten. Die Figuren sind allerdings nicht authentisch, sondern frei erfunden. Alle Angeklagten waren keine nationalsozialistischen Hauptfiguren wie Göring oder Hess, die bereits im ersten Nürnberger Prozeß vor Gericht gestanden hatten, gleichwohl hatten sie durch ihre aktive Beteiligung an dem Unrechtsregime eine tiefe persönliche Schuld auf sich geladen, diese jedoch überwiegend, unter Berufung auf einen angeblichen Befehlsnotstand, weit von sich gewiesen. Im Mittelpunkt des Streifens steht der aus Amerika eingeflogene Richter Dan Haywood (Tracy), der sich in einem fairen Verfahren bemüht, die Wahrheit ans Licht zu bringen und der Gerechtigkeit zu einem späten Sieg zu verhelfen.
Kramer gelang ein ausgewogenes, glaubhaftes Werk, das sich Schuldzuweisungen genauso enthält wie polemischer Überzeichnungen. Selbst die konservative *Welt* lobte seinerzeit: „Ehrlich, sauber in seiner Beweisführung, mutig in seinem Thema und achtenswert in seinem unverschmierten Drang zur Wahrheit." *Urteil von Nürnberg* wurde 1961 bewußt in West-Berlin welturaufgeführt, im Zentrum des untergegangenen Nazi-Reichs und an der Nahtstelle des damals hochaktuellen Ost-West-Konfliktes. Auch wenn Willy Brandt, damals Regierender Bürgermeister in der geteilten Stadt, meinte, die Deutschen seien „keine Drückeberger. Wenn der Film dem Recht dient, ist er uns willkommen", so blieben dieselben Deutschen doch eine Antwort schuldig: Nämlich die auf die von Kramer aufgeworfene Frage, warum es dem deutschen Film bis dato noch immer nicht gelungen war, die Last der Nazi-Vergangenheit selbst zu bewältigen und diese Aufgabe statt dessen ausländischen Produktionen überließ.
1961 erhielt der Film zwei Oscars: Einen für das beste Drehbuch und einen für die beste männliche Hauptrolle (Maximilian Schell). sk

Uzala, der Kirgise

Dersu Uzala. UdSSR/Japan 1973-75 **R** Akira Kurosawa **B** Akira Kurosawa, Yuri Nagibin, nach den Berichten von Wladimir K. Arsenjew **K** Asa-

kazu Nakai, Yuri Bantman, Fjodor Dobronrawow **M** Isaac Schwarz **P** Mosfilm (Moskau), Toho (Tokio) **L** 137 Min., Farbe **D** Yuri Salomin, Maxim Munzouk, Schemeikl Schokmorow, Wladimir Klemena, Swetrana Danielschenka

Nach zwei Jahren Leinwandabstinenz drehte Akira Kurosawa mit *Uzala* einen seiner besinnlichsten und schönsten Filme - eine wehmütige Bestandsaufnahme über den Zusammenstoß zweier grundverschiedener Kulturen und ihre Unvereinbarkeit.
Die Geschichte beginnt mit einer Rückblende. Der russische Wissenschaftler Wladimir Arsenjew (Salomin), auf dessen Berichten dieser Film basiert, kommt im Jahre 1910 in eine kleine sibirische Siedlung, um das Grab eines alten Freundes zu besuchen, das er jedoch nicht mehr finden kann. Er erinnert sich, wie er acht Jahre zuvor bei einer Expedition durch die Taiga den Nomaden Dersu (Munzouk) kennenlernte, der ihn und seine Männer dank seiner hervorragenden Kenntnisse sicher durch das unwegsame Waldgebiet führte und ihm sogar das Leben rettete. Jahre später begegnen sie sich wieder, doch Dersu ist inzwischen alt geworden und seine Sehkraft hat nachgelassen. Als er einsieht, daß er so nicht mehr in der Taiga überleben kann, begleitet er den Wissenschaftler in die Stadt und lebt fortan in seinem Haus. Er kann sich allerdings nicht an das Leben in der Zivilisation gewöhnen. Traurig bittet Dersu die Familie, ihn wieder ziehen zu lassen. Kurze Zeit später wird er in den Wäldern tot aufgefunden.
Eine beeindruckende menschliche Studie mit ebenso rührenden wie nachdenklich stimmenden Momenten, die jegliches Spiel mit dem Spektakulären ausklammert, jedoch niemals langweilig oder zähflüssig wirkt. Optisch faszinierend ist der Film schon allein durch seine traumhaft schönen Natur- und Landschaftsaufnahmen, die im östlichen Sibirien entstanden. jg

V

Die Valachi-Papiere

Joe Valachi: I segreti di Cosa Nostra/Cosa Nostra. Italien/Frankreich 1972 **R** Terence Young **B** Stephen Geller, Dino Maiuri, Massimo de Rita, nach dem Buch *The Valachi Papers* von Peter Maas **K** Aldo Tonti **M** Riz Ortolani **P** Dino de Laurentiis für De Laurentiis Intermarco (Rom), Euro France Films (Paris) **L** 125 Min., Farbe **D** Charles Bronson, Lino Ventura, Joseph Wiseman, Jill Ireland, Walter Chiari, Gerald S. O'Loughlin, Amedeo Nazzari, Guido Leontini

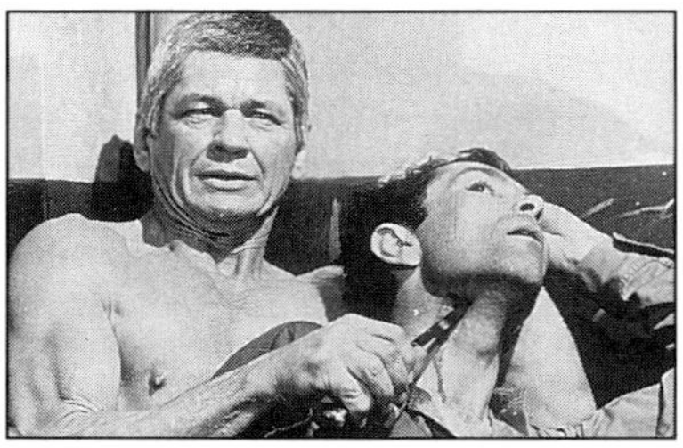

Da nach DER PATE in die Kinos gekommen, geriet dieser Mafia-Film von Terence Young schnell in den Verdacht, vom Erfolg seines Vorgängers profitieren zu wollen. In Wirklichkeit jedoch war die Vorlage, Peter Maas' dokumentarisches Buch *The Valachi Papers*, vor Mario Puzos Roman erschienen und auch vorher als Filmstoff erworben worden. Im Mittelpunkt der Handlung steht die authentische Figur des Joe Valachi (Bronson), eines kleinen Mafioso, der eine fünfzehnjährige Freiheitsstrafe wegen eines Drogenvergehens abbüßt. Sein im selben Zuchthaus einsitzender ehemaliger Boß, der berüchtigte Vito Genovese (Ventura), hat einen Preis für Joes Tod ausgesetzt, da er ihn für seine eigene Einkerkerung verantwortlich macht. Valachi verlangt erhöhte Schutzmaßnahmen und erklärt sich im Gegenzug bereit, über die amerikanische Mafia auszupacken. In zahlreichen Rückblenden wird nun aus seiner Sicht die Entwicklung des Verbrechersyndikates über mehr als dreißig Jahre verfolgt.

Die Dreharbeiten von Dino de Laurentiis international besetzter Produktion wurden immer wieder durch die wirkliche Mafia gestört, die wie bei DER PATE versuchte, durch Drohungen und Sabotage die Entstehung des Films zu verhindern, so daß der Produzent sich schließlich genötigt sah, die Aufnahmen in seinen eigenen Studios in Rom zu beenden. *Die Valachi-Papiere* ist ein packender, perfekt inszenierter Thriller, der sich allerdings etwas zu sehr auf spektakuläre Action und Gewalt verläßt. An den amerikanischen Kassen war er ein Riesenerfolg, nicht zuletzt durch die Beteiligung Charles Bronsons, der zur damaligen Zeit als zugkräftigster Star überhaupt galt. al

Valdez

Valdez Is Coming. USA 1971 **R** Edwin Sherin **B** Roland Kibbee, David Rayfiel, nach dem Roman von Elmore Leonard **K** Gabor Pogany **M** Charles Gross **P** Ira Steiner für Norlan/Ira-Steiner-Prod./United Artists **L** 90 Min., Farbe **D** Burt Lancaster, Susan Clark, Jon Cypher, Barton Heyman, Richard Jordan, Frank Silvera, Hector Elizondo, Phil Brown, Ralph Brown

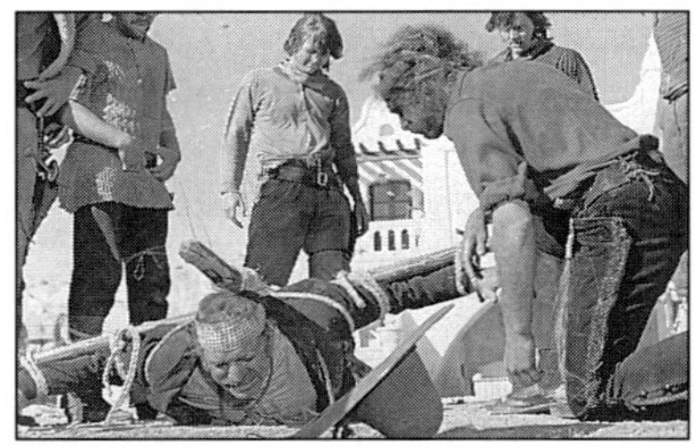

Edwin Sherin hatte sich als Regisseur des bekannten Broadway-Stückes *Die große weiße Hoffnung* in den Staaten einen Namen gemacht. Sein Ausflug ins Western-Genre, der zugleich seine erste Arbeit fürs Kino war, fiel hingegen weniger gelungen aus.

Die Geschichte bietet eigentlich ideale Voraussetzungen, um eine detaillierte Beschreibung über das bunte Völkergemisch im Amerika des ausgehenden 19. Jahrhunderts zu geben. Die Auseinandersetzungen zwischen den Rassen dienen jedoch nur als Vorwand, um eine Kette von Brutalitäten im Stile des Italo-Westerns in die Handlung einfließen zu lassen. Bob Valdez (Lancaster) lebt als Hilfssheriff in einem kleinen Städtchen in Arizona. Der Mord an einem einflußreichen Kaufmann wird zum Auslöser für Mord und Totschlag. Der durchtriebene Bandenboß Tanner (Cypher) hat ein Interesse daran, daß der unliebsame farbige Zeuge Rincon zum Schweigen gebracht wird. Also provoziert er einen Zwischenfall, in dessen Verlauf Valdez gezwungen wird, den Mann in Notwehr zu erschießen. Schnell stellt sich heraus, daß Rincon mit dem Mord nichts zu tun hatte. Um der schwangeren Frau des Toten aus ihrer plötzlichen Existenznot zu helfen, braucht Valdez 200 Dollar. Die Hälfte davon gibt ihm die Stadtbevölkerung, den anderen Teil soll Tanner dazu beitragen, der sich natürlich weigert. Zwischen ihm und Valdez entbrennt ein erbittert ausgefochtener Kampf auf Leben und Tod.

Burt Lancaster gibt in diesem Spätwestern eine eindrucksvolle Charakterstudie als verzweifelter, leicht tragisch angehauchter Held ab, der er kurze Zeit später in Robert Aldrichs KEINE GNADE FÜR ULZANA eine ähnliche Fortsetzung folgen ließ. Um in der Rolle des mexikanisch-amerikanischen Valdez überzeugender zu wirken, bemühte er sich mit Hilfe mexikanischer Studenten um einen authentisch wirkenden Akzent. *Valdez* wurde aus Kostengründen nicht in den USA, sondern - ebenso wie die meisten Italo-Western - in Spanien gedreht. jg

Valentino

Valentino. Großbritannien 1977 **R** Ken Russell **B** Ken Russell, Mardik Martin, nach der Geschichte *Valentino, an Intimate Expose of the Sheik* von Brad Steiger und Chaw Mank **K** Peter Schuschitzky **M** Ferde Grofe, Stanley Black **P** Irwin Winkler, Robert Chartoff für United Artists **L** 132 Min., Farbe **D** Rudolf Nurejew, Leslie Caron, Michelle Phillips, Carol Kane, Felicity Kendal, Seymour Cassel, Peter Vaughan, Huntz Hall, David De Keyser

Wenn Rudolph Valentino heutzutage noch in einigen Programmkinos seinen schmachtenden Schlafzimmerblick auflegt und die ebenmäßigen weißen Zähne fletscht, dann macht sich in den Zuschauerreihen eher unfreiwillige Heiterkeit breit. In den 20er Jahren reichte jedoch sein Name aus, um die Kinosäle bis zum Bersten zu füllen und Millionen von Menschen zu den Taschentüchern greifen zu lassen. Als er dann 31jährig an einer Bauchfellentzündung starb, brach eine beispiellose Massenhysterie aus. Frauen nahmen sich das Leben, in der Meinung, ohne ihn nicht länger leben zu können, und in New York säumten 100.000 erschütterte Fans die Straßen, als der große Stummfilmstar einbalsamiert wie eine Mumie zu Grabe getragen wurde.

Ken Russell ließ seinen mannigfaltigen Künstlerporträts eine weitere exzentrische Ausgabe folgen und setzte damit dem ersten männlichen Sex-Symbol der Filmgeschichte ein Denkmal. Fünfzig Jahre nach dem Tod des bewunderten Leinwand-Lovers erlebte Valentino in Russells Film in der Person des schönen russischen Ballett-Tänzers Rudolf Nurejew eine glanzvolle Auferstehung. Nichts war United Artists zu teuer, um den Glamour und die Verschwendungssucht der Roaring Twenties in eindrucksvollen Kulissen, Bauten, Automobilen und Kostümen festzuhalten. Ob der Film damit allerdings der Person Valentinos gerecht wird, ist fraglich. Russell konzentriert sich in seinem Porträt vornehmlich auf dessen recht eigenwillige Beziehung zu zwei Frauen mit lesbischen Neigungen. Grobe Schnitzer unterlaufen dem Filmemacher, wenn er seinen Leinwandhelden gelegentlich einige herb-männliche Kraftakte einräumt, die dieser sicherlich nie aufzuweisen hatte. Valentino, dem die US-Presse damals die „Verweichlichung des amerikanischen Mannes" vorwarf, und den noch bösere Zungen als „rosaroten Puderquast" betitelten, kreierte ein völlig neues Männerbild, das symptomatisch war für die Dekadenz der 20er Jahre und den Vertretern des Machismo eine geradezu penetrante Effeminierung vor Augen führte, die einer homosexuellen Provokation gleichkam. Von dieser erbittert ausgefochtenen Geschlechterdiskussion, die zweifellos den interessanteren Aspekt des Streifens abgegeben hätte, nimmt Russells Film leider kaum Notiz. jg

Valmont

Valmont. Frankreich/Großbritannien 1989 **R** Milos Forman **B** Jean-Claude Carrière, nach dem Roman *Les liaisons dangereuses* von Choderlos de Laclos **K** Miroslav Ondricek **P** Paul Rassam, Michael Haussman für Claude Berri/Renn Prod. (Paris), Timothy Burrill Prod. (London) **L** 137 Min., Farbe **D** Colin Firth, Annette Bening, Meg Tilly, Fairuza Balk, Siân Phillips, Jeffrey Jones, Henry Thomas

Diese opulente Adaption von Choderlos de Laclos' berühmtem Briefroman aus dem Jahre 1782 hätte durchaus das Zeug zu einem ähnlichen Erfolg wie Milos Formans vorangegangener Film AMADEUS gehabt, hätte sich das Projekt nicht der harten Konkurrenz von Stephen Frears' US-Version des gleichen Stoffes, GEFÄHRLICHE LIEBSCHAFTEN, ausgesetzt gesehen. Diese „Doppelbelegung" war möglich geworden, weil De Laclos' Buch keinem Copyright mehr unterlag und die amerikanische Konkurrenzfirma Lorimar zudem Christopher Hamptons Bühnenfassung von 1985 als Vorlage erworben hatte. Lorimars Film war nicht nur schneller in den Kinos, sondern entwickelte sich darüber hinaus zu einem überraschenden Kassenerfolg, zum Liebling der Kritik und zum dreifachen Oscar-Gewinner. Forman brauchte länger, gab mehr Geld aus (35 Mio.$ gegenüber 14 Mio.) und drehte doch den schwächeren Film. Denn *Valmont* ist trotz seiner peinlich genauen, üppigen Ausstattung, der Schönheit der Bilder sowie der Kompetenz der jungen Darstellerriege nicht so sehr ein ätzender Blick auf die moralische Verderbheit einer untergehenden Gesellschaft, wie in De Laclos im Sinn hatte, sondern funktioniert vielmehr wie ein konventionelles Kostümdrama. Colin Firth spielt jenen Vicomte de Valmont, der mit der nicht minder dekadenten Marquise de Merteuil (Bening) einen teuflischen Handel eingeht: Kann er die tugendhafte Madame de Tourvel (Tilly) verführen, so ist ihm eine Nacht im Bett der Marquise sicher. Die beiden Intriganten beschwören mit ihren raffinierten Schachzügen reichlich Unheil und schließlich ihr eigenes Verderben herauf.

Die Schwächen des Filmes wären nicht so sehr ins Auge gefallen, hätte nicht Frears' Version bereits derartig hohe Maßstäbe gesetzt. Im Vergleich mit ihm fehlt *Valmont* der Biß - weder die klirrenden Wortgefechte zwischen Valmont und Merteuil noch die leidenschaftliche Liebe Valmonts zur Tourvel erreichen hier die dramatische Intensität der Vorlage. Da nicht wenige Kritiker genau diese Vergleiche anstellten und sie meist negativ ausfielen, kam der Film verständlicherweise auch an den Kassen schlecht weg. al

Vamp

Vamp. USA 1986 **R** Richard Wenk **B** Richard Wenk, nach einer Geschichte von Donald P. Borchers und Wenk **K** Elliot Davis **M** Jonathan Elias **P** Donald P. Borchers für New World Pictures/ Balcor Film Investors **L** 90 Min., Farbe **D** Grace Jones, Chris Makepeace, Sandy Baron, Robert Rusler, Dedee Pfeiffer

„Ich wollte keinen hundertprozentigen Horrorfilm machen", meinte Richard Wenk zu seinem Leinwanddebüt, „eher einen Alptraum mit komischen Momenten." Das ist ihm zweifelsohne gelungen: Sein Film ist eine furiose Mischung aus Splatterstreifen und Komödie, gut besetzt und gut gespielt, voll schaurig schöner Bilder. Das Lachen bleibt dem Zuschauer allerdings an vielen Stellen im Halse stecken, so zynisch und gnadenlos inszeniert Wenk sein draculöses Blutbad.

Vamp beschreibt den letzten gemeinsamen Abend zweier befreundeter Studenten, die in einer Striptease-Absteige nach einem geeigneten Mädel suchen, das auf einer Uni-Fête ihre Hüllen lustvoll fallen lassen soll. Sie entscheiden sich für die rassige Katrina (bissig: Pop-Idol Grace Jones), die die beiden naiven Knaben in ihren Bann schlägt, sich alsbald aber als hungriger Vampir entpuppt und kurzerhand einen der beiden aussaugt. Der überlebende Freund hat plötzlich reichlich Angst und noch mehr Mühe, die angebrochene Nacht heil zu überstehen, denn Katrina und ihre finsteren Freunde haben es durchaus auch auf seinen Kopf respektive sein Blut abgesehen... sk

Vampyr - Der Traum des Allan Gray

Vampyr - Der Traum des Allan Gray / Vampyr ou l'etrange aventure de Allan Gray. Deutschland/Frankreich 1931 **R** Carl Theodor Dreyer **B** Carl Theodor Dreyer, Christen Jul, nach der Geschichte *Carmilla, der weibliche Vampir* von Joseph Sheridan Le Fanu **K** Rudolph Maté, Louis Nee **M** Wolfgang Zeller **P** Baron Nicolas von Gunzburg für Dreyer-Prod., Tobis Klangfilm **L** 83 Min., s/w **D** Julian West, Henriette Gérard, Jan Hieronimko, Maurice Schutz, Rena Mandel, Sibylle Schmitz, Albert Brass, Jane Mora

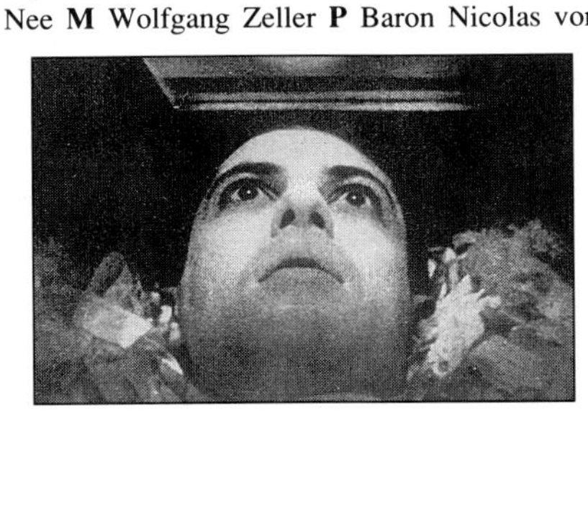

Der frühe Stummfilm *Blätter aus dem Buche Satans* (1919/21) des dänischen Regisseurs Carl Theodor Dreyer war bereits ein anerkanntes Werk, mit dem sich der Filmemacher erstmalig auf das Gebiet des Phantastischen wagte. Dreyer, der 1924 auch kurzzeitig für die UFA in Berlin arbeitete, schuf mit *Vampyr* einen der untadeligsten und perfektesten gothischen Horrorfilme der Filmgeschichte - eine beunruhigende, düstere Schauermär voller bedrohlicher Szenen, in denen allerdings grobe Gewalttätigkeiten und bluttriefende Bilder niemals zu sehen sind, sondern der Imaginationskraft des Publikums anvertraut werden.

Als Vorlage des Films diente die Novelle *Carmilla, der weibliche Vampir*, die zu Beginn der 60er Jahre noch einmal von Roger Vadim unter dem Titel UND VOR LUST ZU STERBEN adaptiert wurde. Baron Nicolas von Gunzburg, der auch die Produktion übernahm, fürchtete um seinen altehrwürdigen Familientitel, für den Fall, daß er unter seinem richtigen Namen auf der Besetzungsliste erschien und so wählte er das Pseudonym Julian West, um unter diesem Namen die Hauptrolle des Allan Gray zu übernehmen. Dieser junge Mann kommt eines Tages in ein Dorf inmitten der Vogesen, wo er bald Zeuge merkwürdiger Ereignisse wird. Da entwickeln plötzlich menschliche Schatten ein mysteriöses Eigenleben, verschwindet Léone (Schmitz), die Tochter des Schloßherrn, spurlos, um dann merklich angekränkelt mit einer Bißwunde am Hals wieder aufzutauchen. Durch ein altes Buch, das ihm ein sterbender Mann gegeben hat, kommt Allan dahinter, daß in der Gegend die alte Vampirbraut Marguerite Chopin (Gérard) ihr Unwesen treibt. Um ihrem Treiben ein Ende zu setzen, jagt Allan mit Hilfe eines Dieners dem blutsaugenden Monstrum einen Eisenpfahl ins Herz, woraufhin Léone gesundet und die umherschweifenden Schatten zur Ruhe kommen.

Dreyer gelang es mit diesem frühen Gruselfilm, die langjährige Tradition der „dämonischen deutschen Leinwand" in gleicher Weise fortzusetzen. Ohne die Licht- und Schattentechniken von DAS KABINETT DES DR. CALIGARI und NOSFERATU wäre *Vampyr* in seiner endgültigen Form nicht vorstellbar. Zusammen mit seinem Kameramann Rudolph Maté, der später in Hollywood selbst Filme drehte, erfand Dreyer eine neuartige Methode, um dem Film einen bestimmten Helligkeitsgrad zu geben. So wurde das Filmmaterial vor dem eigentlichen Einsatz einem empfindlichen Belichtungsverfahren unterzogen, woraus eine eigentümliche Weichzeichnung der Bilder resultierte. Als Darsteller wirkten bis auf wenige Ausnahmen (zu ihnen gehörte die großartige Sibylle Schmitz) größtenteils Laien mit, die

Dreyer und von Gunzburg in diversen Pariser und Berliner Kneipen und Gasthäusern aufgespürt hatten. jg

Varieté

Varieté. Deutschland 1925 **R** E. A. Dupont **B** E. A. Dupont, nach dem Roman *Der Eid des Stephan Huller* von Felix Hollaender **K** Karl Freund **M** Ernö Rapée **P** Erich Pommer für UFA **L** 102 Min., s/w **D** Emil Jannings, Lya de Putti, Warwick Ward, Maly Delschaft, Georg John, Kurt Gerron, Paul Rehkopf, Enrico Rastelli

1924 hatte Friedrich Wilhelm Murnau mit DER LETZTE MANN gezeigt, welch verblüffende Einstellungen der Gebrauch der „entfesselten" Kamera bewirken konnte. Die Bezeichnung „entfesselt" ist für Duponts ein Jahr später entstandenen Spielfilm *Varieté* bereits untertrieben. Mit einem Einfallsreichtum ohnegleichen schlägt die Kamera hier Kapriolen, Purzelbäume, baumelt durch die Luft, nähert sich im Sturzflug der Zuschauerbühne, um im selben Moment wieder nach oben in die Zirkuskuppel gerissen zu werden. Das künstliche Auge ist einem ständigen Bewegungsmechanismus unterworfen und gönnt sich nur am Anfang und Ende der Geschichte eine kleine Ruhepause, da an diesen beiden Stellen eine Rahmengeschichte die als Rückblende dargebotene Handlung wie eine Klammer umschließt.
Boss Huller (Jannings) wird vorzeitig aus der Haft entlassen. Ins Zimmer des Gefängnisdirektors geführt, erzählt er, welche Umstände ihn zu seiner Tat getrieben haben. Einst war Huller ein gefeierter Trapezkünstler, doch mittlerweile ist er zu einem schmierigen Jahrmarktsartisten abgestiegen. Eines Tages begegnet ihm das junge Mädchen Berta Maria (de Putti), die sich noch den Traum von einem Leben in den Varietés der großen Metropolen bewahrt hat. Um seinem eintönigen Leben zu entkommen, schließt Huller sich Berta an und geht mir ihr nach Berlin. Dort wird die begabte Artistin von dem Trapezkünstler Artinelli (Ward) entdeckt, der sie alsbald in den „Wintergarten" holt. Dadurch zerbricht das vormals harmonische Verhältnis, das zwischen Berta und Huller bestand. Aus dem vormals so friedlichen Jahrmarktsakrobaten wird ein vor Eifersucht rasender Amokläufer.
Varieté war in Deutschland der erfolgreichste Film der Kinosaison 1925 und erwies sich auch in den USA als die bis dahin beliebteste deutsche Produktion. Dupont behauptete später, die außerordentliche visuelle Virilität seines Werks war der Tatsache zu verdanken, daß die Enge des Berliner „Wintergartens", in dem vor Ort gedreht wurde, gar keine andere Möglichkeit zuließ, als durch Glasscheiben und sich drehende Ventilatoren das Geschehen einzufangen. jg

Vater der Braut

Father of the Bride. USA 1950 **R** Vincente Minnelli **B** Frances Goodrich, Albert Hackett, nach dem Roman von Edward Streeter **K** John Alton **M** Adolph Deutsch **P** Pandro S. Berman für Metro-Goldwyn-Mayer **L** 94 Min., s/w **D** Spencer Tracy, Joan Bennett, Elizabeth Taylor, Don Taylor, Billie Burke, Leo G. Carroll, Moroni Olsen

Der wohlgeordnete Vorort-Haushalt von Anwalt Stanley T. Banks (Tracy) und Gattin Ellie (Bennett) kommt gehörig durcheinander, als Tochter Kay (Taylor) überraschend ihre Heiratspläne bekanntgibt. Nicht nur, daß Stanley ganz und gar nicht damit einverstanden ist, sein Kind einem anderen Mann zu überlassen, er muß sich auch auf ungeahnte finanzielle Belastungen durch die auszurichtende Feier einstellen.
Vincente Minnellis liebenswerte Komödie war erwartungsgemäß ein Riesenerfolg beim Publikum wie auch bei der Kritik und zog bereits ein Jahr später mit EIN GESCHENK DES HIMMELS eine Fortsetzung nach sich, in der wieder dieselbe Besetzung antrat. Der Film zeichnet seine Figuren mit Wärme und Humor, wirft jedoch gleichzeitig einen ironisch-satirischen Blick auf das bürgerliche Leben typischer Vorstadt-Amerikaner. In einer für ihn zum Markenzeichen gewordenen surrealistischen Traumsequenz zeigt Minnelli Stanley während der Trauung als Opfer demütigender Mißgeschicke, die ihn zum Gespött aller Gäste machen. Spencer Tracy wurde für seine wunderbar komische Darstellung für einen Oscar nominiert ebenso wie der Film selbst. Russ Tamblyn und Roger Moore tauchen übrigens in winzigen Rollen auf. 1991 entstand ein schwaches Remake mit Steve Martin in der Hauptrolle. al

Vater der Braut

Father of the Bride. USA 1991 **R** Charles Shyer **B** Nancy Meyers, Charles Shyer, nach dem Drehbuch zu *Father of the Bride* (1950) von Frances Goodrich, Albert Hackett und dem Roman von Edward Streeter **K** John Lindley **M** Alan Silvestri **P** Nancy Meyers, Carol Baum, Howard Rosenman für Sandy Gallin Prod./Sandollar Prod./ Touchwood Pacific Partners I/ Touchstone Pictures **L** 105 Min., Farbe **D** Steve Martin, Diane Keaton, Kimberley Williams, Kieran Culkin, Martin Short, B. D. Wong

Dieses Remake von Vincente Minnellis Komödien-Klassiker aus dem Jahre 1950 wirbelte zwar einigen Staub an den Kinokassen auf, wurde von der Kritik jedoch durchweg als dem Original hoffnungslos unterlegen bezeichnet. Steve Martin spielt diesmal jenen nichtsahnenden Familienvater, dem die Eröffnung seiner Tochter, sie gedenke demnächst zu heiraten, einiges Kopfzerbrechen und erhebliche finanzielle Probleme bereitet. Geht es nach dem Drehbuch von Regisseur Shyer und seiner Co-Autorin Nancy Meyers, hat sich seit den 50er Jahren offenbar nicht viel am US-amerikanischen Familienleben geändert. Daß ein Mädchen mit 18 heiraten will, ist ebenso selbstverständlich wie die 10.000 $, die die Hochzeit kosten wird. Zwar erlaubt sich der Film einige Bissigkeiten gegenüber dem von Martin Short köstlich gespielten „Hochzeits-Designer" und dem mit ihm verbundenen Brimborium, doch der Grundton ist konservativ. In der ersten Hälfte hat Steve Martin reichlich Gelegenheit, sein mimisches Talent unter Beweis zu stellen, subtil unterstützt von der wunderbaren Diane Keaton, und mit dem Antrittsbesuch bei den Eltern des Bräutigams - als Martin beim Herumschnüffeln im fremden Haus von zwei Dobermännern gestört wird und schließlich im Swimming-Pool landet - erreicht *Vater der Braut* seinen komischen Höhepunkt. Danach verliert er sich in den üblichen rührseligen Sentimentalitäten, wird fad und langweilig. al

Vater ist nicht verheiratet

The Courtship of Eddie´s Father. USA 1963 **R** Vincente Minnelli **B** John Gay, nach dem Roman von Mark Toby **K** Milton Krasner **M** George Stoll **P** Joe Pasternak für MGM **L** 118 Min., Farbe **D** Glenn Ford, Shirley Jones, Stella Stevens, Dina Merrill, Roberta Sherwood, Ronny Howard, Jerry Van Dyke

Vincente Minnelli hatte sich mit Glenn Ford in der Hauptrolle des Westerns DIE VIER APOKALYPTISCHEN REITER einen eklatanten Fehlschlag geleistet und befand sich jetzt in der mißlichen Situation, der MGM mit seinem nächsten Projekt einen Kassenerfolg liefern zu müssen. Und was gab es angesichts dieser Bedingung naheliegenderes, als eine heiter-besinnliche Komödie für die ganze Familie zu drehen?
Der Tod seiner Frau hat den Geschäftsmann Tom Corbett (Ford) in eine desolate Lage gebracht. Allein ist er kaum fähig, sich voll und ganz seinem sechsjährigen Sohn Eddie (Howard) zu widmen, der den Verlust der Mutter überhaupt nicht verkraftet hat. Für Tom gibt es nur eine Lösung, die aus diesem Dilemma führen kann: Eine neue Frau fürs Leben muß her. Doch dies ist leichter gesagt als getan. Zwar ist der attraktive Witwer

schlagartig für eine Vielzahl weiblicher Wesen interessant geworden, doch die nach und nach eintrudelnden Damen halten allesamt nicht der Bewährungsprobe stand, der sie sich bei Eddie unterziehen müssen. Der schwärmt leidenschaftlich für die nette, hilfsbereite und alleinstehende Nachbarin Elizabeth Marten (Jones), die nach einer Reihe hochdramatischer Zwischenfälle schlußendlich das Rennen macht.
Ein sauber inszenierter Familienfilm, in dem der damals neunjährige Ronny Howard seinem Zelluloid-Vater Glenn Ford mehr als einmal die Show stahl. Dank seiner natürlichen und liebenswerten Darstellung wurde *Vater ist nicht verheiratet* ein enormer Kassenerfolg, der die MGM-Bosse wieder etwas gnädiger stimmte. Ronny Howard spielte noch in weiteren drei Filmen mit, um ab Ende der 70er Jahre - inzwischen dem Kindesalter entschlüpft und mit dem männlicheren Vornamen Ron ausgestattet - selbst als Regisseur ins Filmbusiness einzusteigen. Zu seinen Werken gehören u. a. die Welterfolge COCOON, SPLASH und WILLOW. jg

Vater werden ist nicht schwer

Room For One More. USA 1952 **R** Norman Taurog **B** Jack Rose, Melville Shavelson, nach dem Buch von Anna Perrott Rose **K** Robert Burks **M** Max Steiner **P** Henry Blanke für Warner Bros. **L** 92 Min. (Originalfassung 98 Min.), s/w **D** Cary Grant, Betsy Drake, Lurene Tuttle, Randy Stuart, John Ridgely, Irving Bacon, Mary Lou Treen

Bei den Dreharbeiten zu der Komödie *Jedes Mädchen müßte heiraten* (1948) lernte Cary Grant seine Kollegin Betsy Drake kennen und trat mit ihr im darauffolgenden Jahr vor den Traualtar; eine Dekade sollte Grants dritte Ehe währen. In dem Familien-Lustspiel *Vater werden ist nicht schwer* standen die beiden wieder gemeinsam vor der Kamera. Als Ehepaar Poppy und Anna Rose schenken sie nicht nur ihren eigenen drei Kindern ein heiles amerikanisches Heim, sondern nehmen auch noch zwei weitere Zöglinge auf, die sich durch das Verständnis und die Fürsorge der aufopferungsvollen Ersatzeltern von widerspenstigen Rabauken in vorbildliche Bürger von morgen verwandeln. „Ich weiß nicht, was die Amerikaner zu einem solchen Film sagen - den europäischen Menschen jedenfalls kann so etwas nur in tiefe Depressionen stürzen. Die Verhaltensweisen amerikanischer Kinder und die infantile Haltung der amerikanischen Erwachsenen dem Kind gegenüber sind derart, daß man sie besser gar nicht auf dieser Seite des Atlantiks vorführen sollte" (*Manchester Guardian Weekly*). mg

Venedig sehen - und erben...

The Honey Pot. Großbritannien 1967 **R** Joseph L. Mankiewicz **B** Joseph L. Mankiewicz, nach dem Bühnenstück *Mr. Fox of Venice* von Thomas Sterling **K** Gianni Di Venanzo **M** John Addison **P** Charles K. Feldman, Joseph L. Mankiewicz für United Artists **L** 131 Min. (Originalfassung 150 Min.), Farbe **D** Rex Harrison, Susan Hayward, Cliff Robertson, Capucine, Edie Adams, Maggie Smith, Adolfo Celi, Herschel Bernardi, Cy Grant, Frank Latimore

Nach den nervenaufreibenden Dreharbeiten zu dem Monumentalfilm CLEOPATRA hatte Joseph L. Mankiewicz erst einmal eine schöpferische Pause nötig, die allerdings gleich fünf Jahre dauerte. *Venedig sehen - und erben...* ist eine schwarzhumorige Posse, die damals auf geteilte Meinungen stieß und an der Kinokasse alles andere als erfolgreich war. Größtes Manko des Films ist zweifellos die für eine Kriminalkomödie ungewöhnliche Originallänge von 150 Minuten, in denen pausenlos geplappert wird, ohne daß dabei etwas Vernünftiges herauskommt. Die deutsche Fassung wurde ausnahmsweise noch nicht einmal unberechtigt um fast 20 Minuten gekürzt.
Schauplatz des Films ist Venedig, die Stadt der Liebenden. Als wenig romantisch entpuppt sich allerdings das, was der exzentrische Multimillionär Cecil Fox (Harrison) im Sinn hat. Um sich für einen geplanten Mord ein Alibi zu verschaffen, lädt er - angeblich in den letzten Zügen liegend - drei ehemalige Geliebte in seinen Palazzo ein. Es sind die Hollywood-Sexbombe Merle McGill (Adams), die temperamentvolle Prinzessin Dominique (Capucine) und die hypochondrische Hysterikerin Lone-Star Crokkett Sheridan (Hayward). Letztere wird alsbald mit einer Überdosis Schlaftabletten tot aufgefunden. Erst ihre treue Krankenschwester Sarah Watkins (Smith) entdeckt, was die wahre Ursache des plötzlichen Ablebens ihres Schützlings ist und welch ein durchtriebenes Spiel Cecil treibt.
Auch wenn der ganze Krimi-Spaß ein wenig zu lang geraten ist, so kann man sich wenigstens an den hervorragenden Schauspielleistungen, den opulenten Kulissen und der ansprechenden Farbfotografie ergötzen. Die Außenaufnahmen entstanden vor Ort in Venedig. jg

Die Venusfalle

Die Venusfalle. BRD 1988 **R** Robert van Ackeren **B** Robert van Ackeren, Catharina Zwerenz **K** Jürgen Jürges **M** Peer Raben **P** Robert van Ackeren, Theo Hinz und Martin Moszkowicz für M + P Film/pro-jekt/Filmverlag der Autoren/ZDF **L** 103 Min., Farbe **D** Horst-Günther Marx, Myriem Roussel, Sonja Kirchberger, Hanns Zischler, Rolf Zacher

Max (Marx) ist Yuppie, zugleich ein unter Schlaflosigkeit leidender Arzt. Des Nachts unternimmt er Streifzüge durch seine Stadt, auf der Suche nach der Erfüllung seiner sexuellen Phantasien - und das, obwohl er mit der so prallbusigen wie attraktiven Coco (Kirchberger) verheiratet ist. Eines Abends, auf einer Yuppie-Party, in die er sich drängt ohne eingeladen zu sein, begegnet er unvermittelt der Frau seiner Träume. Leider ist die schöne Marie (Roussel) bereits mit Kurt (Zischler) liiert, und so sind mehr oder weniger spannende Eifersuchtsduelle vorprogrammiert...
Van Ackerens Versuch, die Auswüchse männlicher Phantasien in einem Kinofilm zu bündeln, schlägt leider fehl: Was er als raffiniertes, ironisierendes Beziehungsgeflecht verstanden wissen will, entpuppt sich als Hohlspiegel großspuriger Großstadtmenschen, die in großartigen Großstadtwohnungen ihre Tage und ihre Einsamkeit totschlagen. *Die Venusfalle*, aufgepeppt allenfalls durch den baren Busen, den Sonja Kirchberger in ihrem Filmdebüt aus dem tiefen Dekolleté heraushängen läßt, wirkt künstlich, theatralisch und weltfremd. An seinen Filmerfolg, den van Ackeren mit DIE FLAMBIERTE FRAU Anfang der 80er Jahre feiern konnte, reicht *Die Venusfalle* bei weitem nicht heran. sk

Vera Cruz

Vera Cruz. USA 1954 **R** Robert Aldrich **B** Roland Kibbee, James R. Webb, nach einer Story von Borden Chase **K** Ernest Laszlo **M** Hugo Friedhofer **P** James Hill für Hecht-Hill-Lancaster-Prod./ United Artists **L** 94 Min., Farbe **D** Gary Cooper, Burt Lancaster, Denise Darcel, Cesar Romero, Sarita Montiel, George Macready, Ernest Borgnine, Morris Ankrum, Henry Brandon

Mit Burt Lancaster als bevorzugten Star begann Robert Aldrich seine Regielaufbahn; mit ihm drehte er auch seine letzten Filme KEINE GNADE FÜR ULZANA und DAS ULTIMATUM. Lancasters eigene Produktionsfirma brachte die 1,7 Mio. Dollar auf,

mit denen das actionreiche Projekt finanziert wurde. Trotz der überwiegend negativen Kritiken, die sich über die zahlreichen Knalleffekte und Brutalitäten erzürnten, wurde *Vera Cruz* weltweit ein großartiger Erfolg und bescherte allen Beteiligten einen 11-Mio.-Dollar-Regen.
Handlungshintergrund ist mal wieder der beliebte mexikanische Bürgerkrieg, der ein Jahr nach dem amerikanischen Gemetzel ausbricht. Im Jahre 1866 kommen die beiden Abenteurer Trane (Cooper) und Erin (Lancaster) in das von Revolutionswirren erschütterte Nachbarland der USA, um sich auf die Seite desjenigen zu schlagen, der besser zahlt. Dies ist Kaiser Maximilian, der den beiden den Auftrag erteilt, die Kutsche der reichen Gräfin Maria Duvarre (Darcel) zu eskortieren. Die vornehme Dame an sich ist schon reizend genug, wird jedoch noch interessanter, als unsere beiden Helden in ihrer Karosse eine Kiste voller Gold entdekken, das zum Anwerben europäischer Söldnertruppen bestimmt ist. Natürlich möchten Trane und Erin die Dukaten lieber für sich allein haben, können dabei allerdings nicht wissen, daß auch noch andere suspekte Elemente hinter dem Geld her sind.
Ein zynischer, kompromißloser Western, der seiner Zeit weit voraus war und aufgrund seiner außergewöhnlichen Story auch heute noch fasziniert. Ärgerlich sind höchstens einige frauenfeindliche Sequenzen, in denen Burt Lancaster in übertriebenem Maße die Gelegenheit geboten wird, seine Partnerin Denise Darcel zu ohrfeigen und niederzuschlagen. jg

Die Verachtung

Le mépris/Il disprezzo. Frankreich/Italien 1963 **R** Jean-Luc Godard **B** Jean-Luc Godard, nach dem Roman *Il disprezzo* von Alberto Moravia **K** Raoul Coutard **M** Georges Delerue (für die italienische Fassung: Piero Piccioni) **P** Georges de Beauregard, Carlo Ponti, Joseph E. Levine für Rome-Paris Films/Les Films Concordia (Paris), Compagnia Cinematografica Champion (Rom) **L** 95 Min. (Originalfassung 110 Min.), Farbe **D** Brigitte Bardot, Michel Piccoli, Jack Palance, Fritz Lang, Georgia Moll, Jean-Luc Godard, Linda Veras

Zwei Jahre nach seiner Entstehung fand *Die Verachtung* den Weg in die deutschen Kinos, allerdings in einer verstümmelten Version. Erst eine Wiederaufführung 1978 ermöglichte es, Godards ersten Film mit Starbesetzung in der ursprünglichen 110minütigen Fassung zu sehen. Die Dreharbeiten fanden in den römischen Cinecittà-Studios und auf der Insel Capri statt, wo die Villen der Schriftsteller Axel Munthe und Curzio Malaparte für die Aufnahmen zur Verfügung standen. „Der Film unterschiebt unserer Vorstellung eine Welt, die mit unseren Wünschen übereinstimmt" (André Bazin). „*Le mépris* ist die Geschichte dieser Welt." Mit diesen Sätzen leitet Godard seinen Film ein, der von der Entstehung eines Films handelt: Der Schriftsteller Paul (Piccoli) erhält von dem amerikanischen Produzenten Jeremy Prokosch (Palance) den Auftrag, ein Drehbuch für ein Odysseus-Abenteuer zu schreiben, bei dem Fritz Lang die Regie übernimmt. Gemeinsam mit seiner Frau Camille (Bardot) reist Paul nach Capri, wo er eine rigorose Veränderung seiner Frau konstatieren muß: Sie beginnt ihren Mann zu verachten. Pauls und Camilles Probleme werden auf die antiken Helden Odysseus und Penelope im Film übertragen und so reflektiert.
Godards bevorzugter Kameramann Raoul Coutard resümierte später: „Ich bin überzeugt, daß Godard damit versucht, seiner Frau (damals Anna Karina) etwas zu erklären. Es ist eine Art Liebesbrief...ein Brief, der...eine Million Dollar kostete." mg

Der Verbannte

The Exile. USA 1947 **R** Max Ophüls **B** Douglas Fairbanks jr., nach dem Roman *His Majesty, the King* von Cosmo Hamilton **K** Frank Planer **M** Frank Skinner **P** Douglas Fairbanks jr. für Fairbanks Prod./Universal **L** 93 Min., s/w **D** Douglas Fairbanks jr., Maria Montez, Paule Croset, Henry Daniell, Nigel Bruce, Robert Coote

Mit diesem Mantel- und Degenfilm, der zu Max Ophüls' weniger bemerkenswerten Arbeiten aus seiner Hollywood-Periode gehört, machte. Douglas Fairbanks jr. seine ersten Gehversuche als Drehbuchschreiber. Als Charles Stuart, Sohn des 1649 hingerichteten englischen Königs Charles I., muß er sich vor den Häschern Cromwells in Holland verstecken. Bei einer attraktiven Bäuerin (Croset, die sich später Paula Corday nannte) findet er Unterschlupf, kehrt jedoch am Schluß triumphal in seine Heimat zurück und kann als Charles II. den Thron besteigen. *Der Verbannte* ist schön anzusehen und Fairbanks jr. wandelt in den Fechtszenen erfolgreich auf den Spuren seines Vaters, doch die Handlung bewegt sich im Schneckentempo voran - bei einem Film dieses Genres fast tödlich. Maria Montez wurde zwar Star-Nennung zuteil, sie hat jedoch nur eine längere Szene als schöne Gräfin. al

Die verborgene Festung

Kakushi tornide no sanakunin. Japan 1959 **R** Akira Kurosawa **B** Ryuzo Kikushima, Hideo Oguni, Shinobu Hashimoto, Akira Kurosawa **K** Kazuo Yamazaki **M** Masaru Sato **P** Toho Film/Albex **L** 120 Min. (Originalfassung137 Min.), s/w **D** Toshiro Mifune, Misa Uehara, Minoru Chiaki, Kamatari Fujiwara, Susumu Fujita, Takashi Shimura, Eiko Miyoshi, Toshiko Higuchi

Die verborgene Festung ist ein Werk im Œuvre Akira Kurosawas, das stets vernachlässigt wurde und dabei den anderen Klassikern RASHOMON oder DIE SIEBEN SAMURAI nicht im geringsten nachsteht.
Das Japan des 16. Jahrhunderts ist in viele einzelne Hoheitsgebiete unterteilt, deren jeweilige Fürsten sich erbittert bekriegen. Ein schlechtes Los hat das Haus Akigusa gezogen, das zuerst seinen Herrn und dann auch noch sein Territorium verloren hat. Um den rechtmäßigen Besitz wieder zurückzuerobern, heuert Prinzessin Yukihime (Uehara) den tapferen Samurai Rokurota (Mifune) an. Ihm schließen sich die beiden tolpatschigen Bauern Tahei (Chiaki) und Matashichi (Fujiwara) an. Dem bunt zusammengewürfelten Quartett steht eine abenteuerliche Reise quer durch die feindlichen Linien bevor.
Kurosawas Film orientiert sich eher an den Motiven klassischer Hollywood-Western als an den traditionellen Erzählmustern des japanischen Kinos. Dennoch verbindet er in geschickter Weise westliche Action-Elemente mit fernöstlicher Kinoästhetik. Deutlich wird dies vor allem durch Yamazakis Kameraführung, die das CinemaScope-Format in seiner ganzen Dimension ausnutzt und die choreographisch arrangierten Kampfszenen dadurch am besten zur Geltung bringt.
George Lucas gab unumwunden zu, daß *Die verborgene Festung* ihn wesentlich zu seinem Science-fiction-Epos KRIEG DER STERNE animiert hatte. In der Tat haben die beiden Roboter C3PO und R2D2 eine verblüffende Ähnlichkeit mit den beiden trotteligen Begleitern Matashichi und Tahei. jg

Verbotene Spiele

Jeux interdits. Frankreich 1952 **R** René Clément **B** Jean Aurenche, Pierre Bost, René Clément, nach dem Roman *Les jeux inconnus* von Francis Boyer **K** Robert Juillard **M** Narciso Yepes **P** Robert Dorfman für Silver Films **L** 85 Min. (Originalfassung 102 Min.), s/w **D** Brigitte Fossey, Georges Poujouly, Lucien Hubert, Suzanne Courtal, Jacques Marin

Die kleine Paulette (Fossey), die ihre Eltern und ihren Hund bei einem deutschen Luftangriff verloren hat, wird von einer Bauersfamilie aufgenommen. Besonders zu dem um wenige Jahre älteren Michel (Poujouly) entwickelt sie eine freundschaftliche Beziehung, die beiden begraben zusammen Paulettes Hund, wozu sie von einem Leihwagen gestohlene Insignien benutzen. Um weiter diese Beerdigungsrituale vollziehen zu können, sorgt Michel für reichlich Nachschub in Form von Mäusen, Fröschen und sogar Insekten, die von den Kindern feierlich bestattet werden. Michel wird schließlich beim Stehlen von Kreuzen auf dem echten Friedhof erwischt und Paulette von zwei Gendarmen abgeholt, die sie ins Waisenhaus bringen sollen. Der Schlußeinstellung gehört zu den unvergeßlichsten dieses Filmes: Paulette steht, abwechselnd „Michel" und „Mama" rufend, auf dem Bahnhof, während die Kamera von einer Großaufnahme ihres Gesichts nach oben fährt und das Mädchen verloren inmitten eines unübersehbaren Menschengewühls zeigt. *Verbotene Spiele* gilt als René Cléments Meisterwerk und als einer der besten Filme über die Auswirkungen des Krieges überhaupt. Eigentlich hatte der Regisseur einen dreiteiligen Episodenfilm machen wollen, doch bei der Bearbeitung von Boyers Roman entschied er, daß der Stoff auch sehr gut alleine stehen könnte. Für die entscheidende Rolle der Paulette wurden Hunderte kleiner Mädchen aus dem Drehort Nizza getestet, und schließlich stieß man auf die erst fünf Jahre alte Brigitte Fossey, die mit ihrer Tante an der Côte d'Azur Urlaub machte. Clément hatte - wegen des Rollenverständnisses - auf eine Achtjährige gehofft, die für sechs durchgehen würde, doch Fosseys Intelligenz und Aussehen brachten ihr den Zuschlag. Der Film erhielt zahlreiche Preise, so den Goldenen Löwen in Venedig, den British Academy Award als Bester Film und - als Bester fremdsprachiger Film - einen Ehren-Oscar und den New York Critics Award. Erst 1980 kam übrigens die vollständige Fassung in deutsche Kinos - erweitert um die seinerzeit geschnittenen Szenen deutscher Angriffe auf den Flüchtlingstreck. al

Verbrechen und andere Kleinigkeiten

Crimes and Misdemeanors. USA 1989 **R** Woody Allen **B** Woody Allen **K** Sven Nykvist **P** Robert Greenhut für Orion Pictures **L** 105 Min., Farbe **D** Woody Allen, Martin Landau, Anjelica Huston, Alan Alda, Mia Farrow, Claire Bloom, Joanna Gleason, Jerry Orbach, Sam Waterston

„*Verbrechen und andere Kleinigkeiten* vermischt Gut und Böse...das Resultat ist eine Spannung, die diesen Film äußerst anrührend macht. Allen schaukelt zwischen Entsetzen und Gelächter hin und her" (*Newsweek*).

Allens 19. Film, der zugleich auch der offizielle Wettbewerbsbeitrag der USA zu den Berliner Filmfestspielen war, erzählt zwei parallel nebeneinander laufende Geschichten, die scheinbar nichts miteinander zu tun haben. Da gibt es zunächst den frustrierten Dokumentarfilmer Cliff Stern (Allen), den finanzielle Schwierigkeiten dazu zwingen, ein Porträt über einen fiesen TV-Produzenten zu drehen. Ein kompliziertes Geflecht aus ineinander verstrickten Affären, Betrügereien und Liebesgeschichten kommt so richtig ins Rollen, als besagter Fernsehmagnat Sterns Frau verführt. Gleichzeitig schwenkt der Film zu dem verzweifelten Augenarzt Judah Rosenthal (Landau) hinüber, der kurz davor steht, seine Geliebte umzubringen, da diese seine Frau über das Verhältnis aufklären möchte. Irgendwann kollidieren die beiden Handlungsstränge miteinander und legen ein kompliziertes Panorama von unerfüllten Wünschen, verdrängten Ängsten und Neurosen offen.

Wie immer vor der Kulisse Manhattans angelegt, wird auch in diesem Woody-Allen-Film geplappert, was das Zeug hält, und das ist oft geschwätzig und selbstzweckhaft. Freunde seiner Werke dürften jedoch auch an diesem Streifen Gefallen finden. jg

Verbrecherische Herzen

Crimes of the Heart. USA 1986 **R** Bruce Beresford **B** Beth Henley, nach ihrem Bühnenstück **K** Dante Spinotti **M** Georges Delerue **P** Freddie Fields für Crimes of the Heart Prod./De Laurentiis Entertainment Group **L** 105 Min., Farbe **D** Diane Keaton, Jessica Lange, Sissy Spacek, Sam Shepard, Tess Harper, David Carpenter, Hurd Hatfield

Drei schauspielerische Schwergewichte in der Leinwandfassung eines Pulitzer-preisgekrönten Bühnenstücks, von der Autorin selbst adaptiert - das roch förmlich nach einem Klassefilm und Oscar-Nominierungen. Doch irgendetwas war schiefgegangen bei Beth Henleys schwarzer Komödie um drei exzentrische Schwestern aus dem Süden, die vom bizarren Selbstmord ihrer Mutter - die die Familienkatze gleich mit aufhängte - psychische Schäden davongetragen haben. Lenny (Keaton) ist im Begriff, eine alte Jungfer zu werden und jammert ständig über ihre geschrumpften Eierstöcke, Meg (Lange) hat in Hollywood *keine* Karriere, aber dafür um so mehr Männerbekanntschaften gemacht, und Babe (Spacek) schließlich hat ihren Mann, einen Senator, mit einem schwarzen Jungen betrogen und ihn obendrein angeschossen, weil sie „sein Gesicht nicht mehr sehen konnte".

Diese eigenwilligen Ladies kommen nach Jahren wieder in ihrem Elternhaus zusammen und lernen, einander zu verstehen und miteinander zu leben. *Verbrecherische Herzen* hat seine Momente - nicht zuletzt die Szene, in denen die drei Frauen bei der Nachricht, der alte Großpapa sei in ein Koma gefallen, nicht anders können als loszugakkern. Leider sind derartige Augenblicke selten in einem Film, dessen Macher offenbar zuviel Respekt vor dem Ausgangsmaterial hatten. Zudem sind die Star-Aktricen kaum glaubhaft als Schwestern-Trio. Die einzigen Oscar-Nominierungen, die *Verbrecherische Herzen* neben enttäuschten Kritiken für sich verbuchen konnte, waren eine für Spacek und eine für Tess Harper als besserwisserische Kusine. al

Das verbrecherische Leben des Archibaldo de la Cruz

Ensayo de un crimen. Mexiko 1955 **R** Luis Buñuel **B** Luis Buñuel, Eduardo Ugarte Pages, nach dem Roman von Rodolfo Usigli **K** Agustín Jiménez **M** Jorge Pérez Herrera **P** Alfonso Patiño Gómez für Alianza Cinematográfica **L** 90 Min., s/w **D** Ernesto Alonso, Miroslava Stern, Rita Macedo, Ariadna Welter, Rodolfo Landa

Der in bürgerlichen Verhältnissen aufwachsende Archibaldo bekommt von seiner Mutter eine Spieldose geschenkt, die angeblich magische Kräfte hat. Um das auszuprobieren, wünscht der Junge seiner Gouvernante den Tod - und sie wird prompt von einer verirrten Kugel getroffen. Jahre später entdeckt Archibaldo (Alonso) das Spielzeug bei einem Trödler und setzt das makabre Spiel fort. Nacheinander trachtet er vier Frauen nach dem Leben, doch jedesmal, wenn er seine finsteren Pläne in die Tat umsetzen will, kommt ihm die Realität zuvor...

Das verbrecherische Leben des Archibaldo de la Cruz ist eine tiefschwarze Komödie, in der Luis Buñuel genüßlich die bekannten Versatzstücke seiner Filmwelt zelebriert, darunter die Kritik an der bürgerlichen Gesellschaft, unterdrückte Sexualität und Fetischismus. Auch oft gebrauchte optische Symbole wie Frauenschuhe, Insekten und Brautkleider fehlen nicht. Mit diesem Film, der ein wenig unter dem niedrigen Budget und einer gewissen Dialoglastigkeit leidet, beschloß Buñuel seine mexikanische Schaffensperiode und ging nach Frankreich. al

Verdacht

Suspicion. USA 1941 **R** Alfred Hitchcock **B** Samson Raphaelson, Joan Harrison, Alma Reville nach dem Roman *Before the Fact* von Frances Iles **K** Harry Stradling **M** Franz Waxman **P** Harry E. Edington für RKO Pictures **L** 99 Min., s/w **D** Cary Grant, Joan Fontaine, Nigel Bruce, Cedric Hartwicke, May Whitty, Isabel Jeans, Heather Angel, Auriol Lee, Reginald Sheffield

Angeblich soll Hitchcock einmal gesagt haben, alle Schauspieler seien für ihn wie Vieh. Zu den wenigen Darstellern, die er davon ausklammerte, gehörte Cary Grant, der hier das erste Mal unter der Regie des Altmeisters spielte. Da die Figur der Lina MacKinlaw dem Part der Mrs. de Winter in REBECCA nicht unähnlich war, spielte wiederum die schüchterne Joan Fontaine die Hauptrolle.
Verdacht ist ein Thriller, dessen Spannung sich langsam in einer klug kalkulierten Steigerung aufbaut, um allerdings am Schluß in einem etwas unbefriedigenden Ende etwas abzuflachen. Bis dahin ist der Zuschauer längst zum Verbündeten der hysterischen Heldin geworden und kann nicht ganz verstehen, warum die Befürchtungen, auf die die ganze Zeit hingearbeitet wurde, sich dann doch als völlig grundlos entpuppen. Wie *Rebecca* ist auch *Verdacht* ein recht britischer Film, und das nicht nur, weil er in England spielt. Die junge, aber äußerst verzagte Lina (Fontaine) fristet im Hause ihrer Eltern ein Mauerblümchendasein, in das der ebenso dreiste wie charmante Lebemann Johnny Aysgarth (Grant) hereinplatzt. Kurze Zeit nach der überstürzten Heirat hegt Lina langsam Zweifel, ob der gutaussehende Tausendsassa auch der richtige Mann für sie ist. Das anfängliche Unverständnis gegenüber Johnnys unstetem Lebenswandel macht allmählich der Befürchtung Platz, daß er sie nur geheiratet hat, um an ihr Vermögen heranzukommen. Lina steigert sich in eine panikartige Hysterie hinein, die ihr eines Tages während einer Autofahrt entlang der Steilküste beinahe zum Verhängnis wird.
Hitchcock legt hier mehr als einmal eine falsche Fährte, um beim Zuschauer den Eindruck zu erwecken, es handele sich bei Grant wirklich um einen Mörder. Wie die meisten seiner Filme, so hat auch *Suspicion* eine denkwürdige Schlüsselszene, über die es eine nette Anekdote zu berichten gibt. Grant bringt Joan Fontaine vor dem Schlafengehen ein Glas Milch, von dem sowohl die Hauptdarstellerin als auch das Publikum überzeugt ist, daß es Gift enthält. Um diesen Eindruck zu verstärken, legte Hitchcock eine kleine Glühbirne mit Mini-Batterie ins Glas, dessen leuchtender Inhalt wie magisch die Blikke der Zuschauer anzieht.
Verdacht war schon beinahe abgedreht, nur noch der endgültige Schluß bereitete Probleme. Es existierten folgende Varianten: a) Johnny sollte Selbstmord begehen, b) Johnny sollte sich reumütig als Freiwilliger zur Luftwaffe melden oder c) Johnny sollte tatsächlich seine Frau ermorden, zuvor jedoch nichtsahnend einen Brief einwerfen, in dem diese ihre Befürchtungen niedergeschrieben hat. Alle drei Versionen mißfielen den Produzenten. Auch mit der endgültigen Fassung waren längst nicht alle einverstanden (am wenigsten Hitchcock selbst), dennoch wurde *Verdacht* zu einem der erfolgreichsten Werke in der frühen amerikanischen Phase des Regisseurs. Joan Fontaine erhielt für ihre eindringliche Darstellung 1941 als Beste Schauspielerin den Oscar. jg

Verdammt in alle Ewigkeit

From Here To Eternity. USA 1953 **R** Fred Zinnemann **B** Daniel Taradash, nach dem Roman von James Jones **K** Burnett Guffey **M** George Duning **P** Buddy Adler für Columbia **L** 118 Min., s/w **D** Burt Lancaster, Deborah Kerr, Montgomery Clift, Frank Sinatra, Donna Reed, Ernest Borgnine, Philip Ober, Jack Warden, Mickey Shaughnessy, Harry Belaver, George Reeves, John Dennis

Mit seinen acht Oscars (die im einzelnen an die Kategorien Bester Film, Regie, an Frank Sinatra als besten Nebendarsteller, Donna Reed in ihrer Nebenrolle, das Drehbuch, die Kamera, den Ton und den Schnitt gingen) gehört *Verdammt in alle Ewigkeit* zu einem der höchstdotierten Werken Hollywoods. Der Film entwickelte sich vom Start weg zu einer Kinosensation, die vor allem zwei ungewöhnlichen Aspekten zu verdanken war. Zum einen spielte Frank Sinatra seine erste ernste Rolle, in der er so überraschte, daß die Academy-Mitglieder wirklich nicht lange zögern mußten, um ihm den Oscar zu überreichen; zum anderen war das Publikum in ebenso großem Maß über die sonst recht asexuell wirkende englische Gouvernante Deborah Kerr erstaunt, die sich zusammen mit Burt Lancaster in Badekleidung leidenschaftlich zwischen den gischtenden Wogen am Strand von Hawaii herumwälzte.
Die Geschichte setzt nur wenige Monate vor dem japanischen Überfall auf Pearl Harbour ein und kritisiert in einigen recht drastischen Bildern den unmenschlichen Drill des Kasernenlebens. Diese durchaus erfreuliche Stellungnahme des Films wird allerdings durch eine Vielzahl von Nebenhandlungen verwässert, die sich auf diverse mehr oder weniger wichtige Protagonisten konzentriert. Zu ihnen gehören der Soldat Prewitt (Clift), der von seiner Kompanie gegen seinen Willen gedrängt wird, an einem Boxturnier teilzunehmen, sowie Sergeant Warden (Lancaster), der mit Karen (Kerr), der Frau des Kompanieführers Holmes (Ober), ein leidenschaftliches Verhältnis hat. Die an sich schon recht dramatischen Vorgänge kulminieren in dem unerwarteten Überfall der japanischen Luftstreitkräfte, die am 7. Dezember 1941 ihre Bomben über dem Flottenstützpunkt auf Hawaii ausklinken.
Columbia-Produzent Harry Cohn hatte für 82.000 Dollar die Rechte an der Romanvorlage von James Jones erstanden, sah sich nun aber vor die Schwierigkeit gestellt, die Geschichte in einem adäquaten Stil für die Leinwand umzusetzen, ohne daß dabei allzuviel vom Gehalt der Vorlage verlorenging. Andererseits war man gezwungen, einen Großteil der Dialoge zu entschärfen, da das Buch in einer für damalige Verhältnisse unerhört provokanten und obszönen Art geschrieben war. Daniel Taradash gelang es schließlich, ein Skript vorzulegen, mit dem sowohl Zinnemann als auch Columbia-Chef Cohn zufrieden waren. Trotz des weitgehenden Verzichts auf optische Effekte (*Verdammt in alle Ewigkeit* hatte weder Technicolor noch CinemaScope zu bieten, sondern entstand in schlichtem Schwarzweiß) wurde der Film zu einem überwältigenden Erfolg und spielte bereits in der Anfangswoche 19 Mio. Dollar ein. Enttäuscht war freilich Montgomery Clift, der hier zwar seine dritte Nominierung bekam, die Trophäe aber William Holden überlassen mußte. Als Trostpflästerchen überreichte ihm Fred Zinnemann später als Anspielung auf seine Rolle eine vergoldete Miniatur-Trompete, die wie ein Oscar gestaltet war. jg

Verdammt sind sie alle

Some Came Running. USA 1958 **R** Vincente Minnelli **B** John Patrick, Arthur Sheekman, nach dem Roman von James Jones **K** William H. Daniels **M** Elmer Bernstein **P** Sol C. Siegel für Metro-Goldwyn-Mayer **L** 136 Min., Farbe **D** Frank Sinatra, Dean Martin, Shirley MacLaine, Martha Hyer, Arthur Kennedy, Nancy Gates

Sieben Jahre brauchte James Jones für seinen Wälzer *Some Came Running* (1200 Seiten), den Nachfolger seines enorm erfolgreichen *From Here To Eternity*, dessen Leinwandfassung VERDAMMT IN ALLE

EWIGKEIT Frank Sinatras Durchbruch als ernstzunehmender Schauspieler gewesen war. Die ausufernde Handlung ist diesmal in der Nachkriegszeit angesiedelt und dreht sich um den Ex-Soldaten Dave Hirsh (Sinatra), der nach einer fehlgeschlagenen Karriere als Schriftsteller in seine Heimatstadt in Illinois zurückkehrt, wo sein von ihm gehaßter Bruder (Kennedy) ein erfolgreicher Geschäftsmann ist. Mit der leichtlebigen Ginny (MacLaine) im Gepäck verursacht Dave in dem verschlafenen Nest so etwas wie eine Sensation und schließt sich sogleich dem fatalistischen Spieler Bama Dillert (Martin) an. Zudem verliebt er sich, Ginnys aufrichtige Gefühle ignorierend, in die örtliche Lehrerin Gwen (Hyer), die seinen Heiratsantrag jedoch schließlich ablehnt.
Die Drehbuchautoren leisteten beachtliche Arbeit, indem sie Jones' umfangreiche Vorlage in einen nur knapp über zweistündigen Film preßten, doch leidet *Verdammt sind sie alle* ganz offensichtlich unter unvermeidlichen Kürzungen und Auslassungen. Der Hauptpluspunkt des Films sind seine ausgezeichneten Darstellungen, nicht zuletzt die von MacLaine, die hier erstmals ihre dramatischen Fähigkeiten unter Beweis stellen konnte. Ihre Ginny sollte zum Vorbild für viele ähnliche Rollen in der Folgezeit werden. Martin ist ebenfalls hervorragend als zynischer Spieler und Trinker in einer der besten Rollen seiner Karriere. Während der Dreharbeiten, die in Madison, Indiana, stattfanden, kam es übrigens zur Bildung des berühmten „Rat Pack", einer verschworenen Clique, zu der Sinatra, Martin, MacLaine und später Sammy Davis jr., Peter Lawford und Joey Bishop gehörten. Oscar-Nominierungen gab es für MacLaine, Hyer, Kennedy und den von Sammy Cahn und James Van Heusen geschriebenen Song *To Love and Be Loved.* al

Verdammt zum Schweigen

The Court-Martial of Billy Mitchell. USA 1955 **R** Otto Preminger **B** Milton Sperling, Emmet Lavery, nach ihrer Story **K** Sam Leavitt **M** Dimitri Tiomkin **P** Milton Sperling für United States/Warner Bros. **L** 100 Min., Farbe **D** Gary Cooper, Charles Bickford, Ralph Bellamy, Rod Steiger, Elizabeth Montgomery, Fred Clark, James Daly, Jack Lord, Peter Graves, Darren McGavin

Ein etwas geschwätziges Gerichtsdrama, dessen Thematik aus heutiger Sicht längst überholt ist und wohl nur noch wegen seines Regisseurs und der hervorragenden Hauptdarsteller interessant sein dürfte.
Die Geschichte beruft sich auf den authentischen Fall des Generals Billy Mitchell (hier dargestellt von Gary Cooper), der bereits im Jahre 1925 die amerikanische Regierung in weiser Voraussicht vor einem Großangriff der Japaner warnt und den verantwortlichen Militärs dringend rät, die Luftflotte der Vereinigten Staaten entsprechend aufzurüsten. Seine Theorie findet zwar bei einigen Politikern Beachtung, als sich daraufhin jedoch immer noch nichts tut, wendet sich Mitchell in einem Aufruf an die breite Bevölkerung, indem er die Unfähigkeit und die sträfliche Untätigkeit des Kriegsministeriums anprangert. Das bringt ihm eine Gerichtsverhandlung ein, in deren Verlauf er aus der Armee ausgeschlossen werden soll. Die Strafe wird dann jedoch - so klärt uns ein Epilog auf - dahingehend umgewandelt, daß man Mitchell zum Oberst degradiert.
Abgesehen von den Schwachpunkten seiner Story, weist *Verdammt zum Schweigen* beachtliche technische Qualitäten auf, bei denen besonders der während der Gerichtsverhandlung verwendete Schnitt und die Kameraführung herausragen. Milton Sperling und Emmet Lavery erhielten für ihr Drehbuch eine unerwartete Oscar-Nominierung. jg

Der Verdammte der Inseln

Outcast of the Islands. Großbritannien 1951 **R** Carol Reed **B** William Fairchild, nach dem Roman von Joseph Conrad **K** Ted Scaife, John Wilcox **M** Brian Easdale **P** Carol Reed für London Film Prod./British Lion **L** 102 Min., s/w **D** Ralph Richardson, Trevor Howard, Robert Morley, Kerima, George Coulouris, Wilfrid Hyde-White, Frederick Valk, Betty Ann Davis

Der Verdammte der Inseln, 1896 erschienen, war das erste Werk des Abenteurers und Schriftstellers Joseph Conrad (1857-1924). Als sein bedeutendstes Buch gilt der Roman *Lord Jim*, der 1964 von Richard Brooks mit Peter O'Toole in der Hauptrolle verfilmt wurde. Stets machte Conrad gebrochene, fehlerhafte Menschen zu den „Anti-Helden" seiner Geschichten, denen jegliche Charakterstärke fehlt und die sich im Endeffekt als Versager erweisen. Ganz in diesem Sinne ist auch die Figur des Peter Willems (Howard) angelegt. In Singapur von seinem Arbeitgeber wegen Unterschlagung auf die Straße gesetzt, gelangt er durch einen Trick auf das Schiff von Kapitän Lingard (Richardson), der durch den geheimen Schiffahrtsweg zu einer Südseeinsel zu Reichtum und Ansehen gelangt ist. Er möchte Willems eine neue Chance geben, doch der Taugenichts weiß das Vertrauen seines Gönners auf schamlose Weise auszunutzen. Die Liebe zu der schönen Häuptlingstochter Aissa (Kerima) macht ihn willenlos, läßt ihn den Zufahrtsweg zu der Insel verraten und einen Aufstand unter den Eingeborenen anzetteln. Seine größenwahnsinnigen Anwandlungen muß er jedoch am Ende mit einem hohen Preis bezahlen.
Als durch und durch verkommenes und opportunistisches Subjekt liefert Trevor Howard eine hervorragende Charakterstudie. Mindestens ebenso gut sind Ralph Richardson und der grandiose Robert Morley, der hier den bedauernswert lächerlichen Handelsniederlassungsleiter Almayer mimt. Reeds Leinwandadaption trifft den Stil und die Aussage der Vorlage recht gut, was vor allem den zahlreichen Außenaufnahmen (gedreht wurde auf Ceylon) zu verdanken ist. Der Film lief in den Staaten in einer um neun Minuten gekürzten Fassung. Diesmal hatten die US-Zensoren nicht die Liebesszenen zwischen Trevor Howard und Kerima zu kritisieren, sondern empfanden die vielen Eingeborenen-Kinder, die sich splitternackt im Wasser tummelten, als unzumutbar. jg

Verdammte süße Welt

Inside Daisy Clover. USA 1966 **R** Robert Mulligan **B** Gavin Lambert, nach seinem Roman **K** Charles Lang **M** André Previn **P** Alan J. Pakula, Robert Mulligan für Warner Bros. **L** 101 Min. (Originalfassung 128 Min.) **D** Natalie Wood, Christopher Plummer, Robert Redford, Roddy McDowall, Ruth Gordon, Katharine Bard

In der Tradition von, aber nicht auf gleichem Niveau wie BOULEVARD DER DÄMMERUNG und STADT DER ILLUSIONEN beschäftigt sich dieses reißerische Melodram mit den Machenschaften hinter der Glitzerfassade Hollywoods. Die in den 30er Jahren angesiedelte Handlung dreht sich um die fünfzehnjährige Daisy Clover (Wood), der eine eingesandte Plattenaufnahme einen Studiovertrag und gute Aussichten auf eine Karriere als Filmstar verschafft. Privat sieht es weniger rosig aus: Mit Hilfe des Studio-Bosses Swan (Plummer) lassen ihre Tante und deren Mann Daisys etwas exzentrische Mutter (Gordon) in ein Sanatorium einweisen, und ihre Ehe mit dem Frauenliebling Wade Lewis (Redford) scheitert - er ist homosexuell.
Verdammte süße Welt kann sich nicht entscheiden, ob er sich selber ernst nimmt oder eine Satire sein will. Der letztlich eingeschlagene Mittelweg führte schließlich zu einem ziemlich unverdaulichen Sammelsurium an Klischees und dramatischen Konventionen, das den Film in die Nähe so übler Machwerke wie DIE UNERSÄTTLICHEN und ...DENN KEINER IST OHNE SCHULD rückt. *Life* bemerkte treffend: „In der Zeit seines Niedergangs scheint Hollywood so etwas wie einen perversen Stolz auf seine eigene Verderbtheit entwickelt zu haben, so,

als ob das der einzige Bereich wäre, in dem es tatsächlich noch wortführend ist..." Vor dem völligen Absturz wird *Verdammte süße Welt* nur durch ein paar gute Darstellungen bewahrt, besonders von Ruth Gordon (Oscar-Nominierung), die hier ihre Schauspielkarriere nach 22 Jahren als Drehbuchautorin wieder aufnahm. Auch der seinerzeit fast unbekannte Robert Redford erhielt viel Lob, obwohl er die Rolle zunächst gar nicht hatte annehmen wollen. Seine Agenten hatten ihm davon abgeraten, einen homosexuellen Charakter zu verkörpern, und Redford entschloß sich, Wade Lewis statt dessen als einen totalen Narziß zu spielen. Das Studio erklärte sich einverstanden, fügte jedoch nachträglich noch eine Szene (ein Telephongespräch) ein, in der die Homosexualität der Figur deutlich wird. Der Schauspieler hatte danach erst einmal die Nase voll von Hollywood. Mit Natalie Wood hatte er sich immerhin so gut verstanden, daß die Aktrice ein Jahr später bei DIESES MÄDCHEN IST FÜR ALLE auf ihn als Co-Star bestand. al

Die Verdammten

La caduta degli dei. Italien 1968 **R** Luchino Visconti **B** Nicola Badalucco, Enrico Medioli, Luchino Visconti, nach einer Story von Badalucco **K** Armando Nannuzzi, Pasquale de Santis **M** Maurice Jarre **P** Alfred Levy, Ever Haggiag für Pegaso/Praesidens **L** 155 Min., Farbe **D** Dirk Bogarde, Ingrid Thulin, Helmut Berger, Helmut Griem, Renaud Verley, Umberto Orsini, Albrecht Schoenhals, René Kolldehoff, Charlotte Rampling, Florinda Bolkan

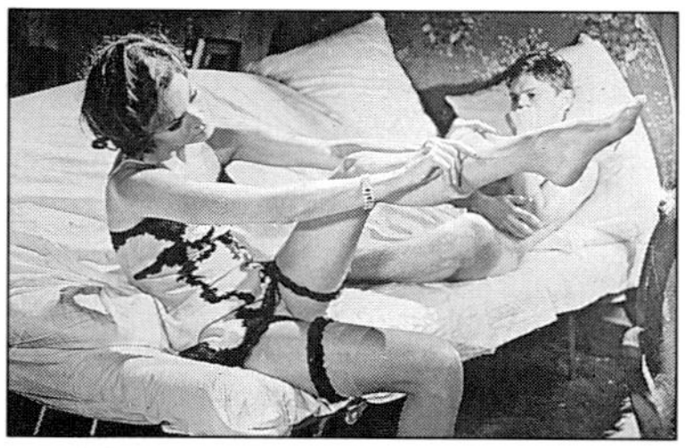

Seine sogenannte „deutsche Trilogie" leitete Visconti mit der Familiensaga *Die Verdammten* ein - ein mit überladenen Dekorationen ausstaffiertes Drama, inszeniert im Stil einer dekadenten Todesoper, dargeboten von einer Garde erstklassiger europäischer Schauspieler.

Deutschland kurz nach der Machtergreifung Hitlers. Die Zeichen der Zeit stehen auf Sturm. Von den unheilvollen Veränderungen, die überall im Lande zu beobachten sind, bleibt auch nicht die Schwermetall-Dynastie der Familie von Essenbeck verschont. Der brennende Berliner Reichstag ist ein flammendes Fanal dafür, daß sich die braune Macht der Nazis endgültig etabliert hat und nicht mehr zu unterdrücken ist. Zugleich gibt der Brand das Startsignal für einen erbarmungslosen Kampf um die Führungspositionen innerhalb des Essenbeck-Konzerns. Es wird solange denunziert, gehurt und gemeuchelt, bis an den Fingern der meisten Familienmitglieder Blut klebt. Das Rennen gewinnt schließlich der von allen völlig unterschätzte Martin (Berger), ein perverses Früchtchen mit sadistischem Einschlag, der noch nicht einmal davor zurückschreckt, seine eigene Mutter (Thulin) zu vergewaltigen und danach zu exekutieren.

Geschickt hantiert Visconti mit den Fetischen nationalsozialistischer Macht, taucht seine Bilder in rote und schwarze Farbenmeere voller Hakenkreuzfahnen und SS-Uniformen, um dabei gelegentlich der ästhetischen Faszination des Bösen zu erliegen. Insgesamt gesehen jedoch ein gelungener Versuch, die Rücksichtslosigkeit und den Größenwahn der NS-Ideologie anhand des Mikrokosmos eines Großindustriellen-Clans zu verdeutlichen. Spektakulär und lasziv auch Helmut Berger, der hier seine erste Filmrolle spielte und als Marlene-Dietrich-Imitation wohl eines der außergewöhnlichsten Debüts der Filmgeschichte für sich in Anspruch nehmen konnte. jg

Die Verdammten der Meere

Billy Budd. Großbritannien 1962 **R** Peter Ustinov **B** Peter Ustinov, Robert Rossen, nach dem Roman von Herman Melville **K** Robert Krasker **M** Anthony Hopkins **P** Peter Ustinov für Allied Artists **L** 117 Min. (Originalfassung 123 Min.), s/w **D** Robert Ryan, Peter Ustinov, Melvyn Douglas, Terence Stamp, John Neville, Ronald Lewis, Lee Montague, Paul Rogers

Gleich vier Funktionen - Produzent, Regisseur, Autor und Schauspieler - übernahm Multi-Talent Peter Ustinov bei der Verfilmung von Herman Melvilles klassischem, erst nach seinem Tod im Jahre 1924 veröffentlichten Roman. Es handelt sich um die Geschichte des jungen Seemannes Billy Budd (Stamp), der 1797 auf dem britischen Kriegsschiff „Avenger" anheuert. Durch seine Hilfsbereitschaft und Freundlichkeit macht er sich schnell bei der Besatzung beliebt, erregt jedoch auch die Aufmerksamkeit des Bootsmeisters Claggart (Ryan). Dieser ob seiner sadistischen Grausamkeit gefürchtete Offizier wird nach einer Reihe von Vorfällen schließlich von Billy im Affekt erschlagen. Obwohl alle für ihn sprechen, wird er - auch aufgrund der Unentschlossenheit des Kapitäns (Ustinov) - schließlich zum Tode verurteilt und hingerichtet.

Melvilles beispielhafte Konfrontation von Gut und Böse lebt vor allem von den beiden Darstellern, die diese Elemente verkörpern. Robert Ryan ist unvergeßlich in der schwierigen - seine Bösartigkeit wird nie erklärt - Rolle des schurkischen Claggart, und Terence Stamp verströmt in seinem Leinwanddebüt die für die Rolle erforderliche Aura aus Unschuld und Naivität. Er wurde für einen Nebendarsteller-Oscar vorgeschlagen. Mit Sicherheit Ustinovs bester Film, sowohl als Autor wie auch als Regisseur. al

Die Verdammten des Krieges

Casualties of War. USA 1989 **R** Brian De Palma **B** David Rabe, nach dem Buch von Daniel Lang **K** Stephen H. Burum **M** Ennio Morricone **P** Art Linson, Fred Caruso für Columbia **L** 120 Min., Farbe **D** Michael J. Fox, Sean Penn, Don Harvey, John C. Reilly, John Leguizamo, Thuy Tu Le

Im Jahre 1969 erschien im US-Magazin *The New Yorker* der aufsehenerregende Artikel *Casualties of War* von Daniel Lang, der später auch als Buch veröffentlicht wurde. Der Journalist beschrieb darin ein Ereignis, das sich drei Jahre zuvor in Vietnam zugetragen hatte: Vier amerikanische Soldaten entführten eine junge Vietnamesin, nahmen sie mit auf ihre militärische Mission, vergewaltigten und ermordeten sie schließlich. Ein fünfter Soldat brachte seine Kameraden für das Verbrechen vor Gericht, doch keiner von ihnen saß im Endeffekt länger als fünf Jahre. Bereits 1970 wurde dieser Vorfall von Michael Verhoeven aufgegriffen und zu einem kleinen Spielfilm mit Namen *o. k.* verarbeitet, der so umstritten war, daß seinetwegen die Berliner Filmfestspiele des Jahres 1970 abgesagt werden mußten. Brian De Palmas ungleich aufwendigere Version des Stoffes entstand im Gefolge der durch PLATOON ausgelösten „Vietnam-Welle" im US-Kino, die eine verspätete Auseinandersetzung amerikanischer Filmemacher mit dem unrühmlichen Krieg darstellte. Michael J. Fox spielt den schwierigen Part des „Gewissens" der Geschichte, jenen Eriksson, der - erst drei Wochen an der Front - mit der moralischen Degeneriertheit seiner Kameraden konfrontiert wird, als sie sich unter Führung des rabiaten Meserve (Penn) eine junge Vietnamesin (Tu Le) als „tragbare Freizeitentspannung" auf eine Aufklärungspatrouille mitnehmen. Eriksson beteiligt sich zwar nicht an der Vergewaltigung des Mädchens, tut jedoch auch nichts zu ihrer Verhinderung...
Die Verdammten des Krieges ist ein überwältigender, unvergeßlicher Film, der De Palma auf der Höhe seines Könnens zeigt. Oft gescholten für reißerische und blutrün-

stige Effekte und Zitate bekannter Kollegen (u. a. Hitchcock), stellte der Regisseur hier sein Talent für das Visuelle ganz in den Dienst der Geschichte. Seine Vision von Vietnam ist der eines Francis Ford Coppola (APOCALYPSE NOW) und Michael Cimino (DIE DURCH DIE HÖLLE GEHEN) ähnlich, obwohl klar wird, daß derartige Vorfälle in jeder anderen militärischen Auseinandersetzung ebenfalls hätten passieren können. Die US-Kritik staunte, doch kriegte der Film beim Publikum kein Bein auf die Erde - offenbar hatte man längst genug von dieser Art grimmiger Vergangenheitsbewältigung. al

The Verdict - Die Wahrheit und nichts als die Wahrheit

The Verdict. USA 1982 **R** Sidney Lumet **B** David Mamet, nach einem Roman von Barry Reed **K** Andrzej Bartkowiak **M** Johnny Mandel **P** Richard D. Zanuck, David Brown für 20th Century-Fox **L** 129 Min., Farbe **D** Paul Newman, Charlotte Rampling, Jack Warden, James Mason, Milo O´Shea, Lindsay Crouse, Edward Binns, Julie Bovasso, Roxanne Hart

Wieder einmal wagte es Sidney Lumet, mit seinem Film *Verdict* ein heißes Eisen anzufassen und indirekt die Machtposition der Katholischen Kirche und der bei ihr angestellten Ärzte kritisch zu hinterfragen.
Der Anwalt Frank Galvin (Newman) hat schon seit Jahren keinen aufsehenerregenden Fall mehr verhandelt. Heruntergekommen lungert er in seinem schäbigen Büro herum und wartet whiskeytrinkend auf Aufträge. Eines Tages erhält er die Chance, sich noch einmal zu bewähren. Ein Freund steckt ihm einen Fall zu, bei dem er als Ankläger gegen ein von der Katholischen Kirche geführtes Krankenhaus und seine Ärzte auftreten soll. Angeblich soll eine Patientin durch den Kunstfehler eines Mediziners in einen komaähnlichen Zustand gefallen sein, aus dem sie bislang nicht mehr erwacht ist. Für Frank ist dieser Fall ein harter Brocken, denn die angeklagte Partei will die Anschuldigungen auf gar keinen Fall auf sich sitzen lassen und bestellt zu ihrer Verteidigung einen stadtbekannten, renommierten Rechtsanwalt. Vor den Schranken des Gerichts kommt es zu einem erbittert geführten Schlagabtausch.
Mit seinem Erstlingsfilm DIE ZWÖLF GESCHWORENEN hatte Sidney Lumet ein kongeniales Gerichtsdrama geschaffen. Auch in *The Verdict* legt er die Entscheidung des Falles ganz in die Hände der Geschworenen, läßt Newman zuvor einen verzweifelten Appell an die Menschlichkeit richten, in dem dieser gleichzeitig die undurchsichtige Verquickung verfilzter Machtapparate anprangert. Freilich wäre *The Verdict* kein richtiger Lumet-Film, wenn die Geschichte in euphorischer Hochstimmung enden würde. Am Schluß ist sein Held Frank Galvin einsamer als je zuvor.
The Verdict wurde vor Ort im irisch-katholischen Teil von Boston gedreht. jg

Das Verfahren ist eingestellt: Vergessen Sie's!

L'istruttoria é chiusa: dimentichi. Italien 1971 **R** Damiano Damiani **B** Dino Maiuri, Massimo de Rita, Damiano Damiani, nach dem Roman von Leros Pittoni **K** Claudio Ragona **M** Ennio Morricone **P** Fair Film **L** 106 Min., Farbe **D** Franco Nero, Georges Wilson, John Steiner, Riccardo Cucciolla, Claudio Nicestro

Die Hierarchie innerhalb eines Gefängnisses dient Damiano Damiani in diesem Polit-Thriller als Modell für den Zustand der italienischen Gesellschaft. Der Architekt Vanzi (Nero) wird wegen eines Verkehrsdeliktes in Untersuchungshaft genommen und sieht sich schnell mit den ganz eigenen Gesetzen dieser abgeschlossenen Welt konfrontiert, in der Korrruption und Gewalt regieren. So läßt ein ebenfalls inhaftierter Mafia-Boß einen Zeugen mit Hilfe des Wachpersonals umbringen, wobei offiziell ein Selbstmord vorgetäuscht wird. Vanzi bestätigt diese Version und kann das Gefängnis verlassen...
Einige Unglaubwürdigkeiten mindern die Durchschlagskraft dieser ansonsten gut gemachten und engagierten Anklage gegen das italienische Justizsystem. Bereits in DER TAG DER EULE und DER CLAN, DER SEINE FEINDE LEBENDIG EINMAUERT - beide ebenfalls mit Franco Nero - hatte Damiani sich mit dem übermächtigen Einfluß des organisierten Verbrechens beschäftigt, gegen das offenbar kein Kraut gewachsen zu sein scheint. al

Das verflixte siebente Jahr

The Seven Year Itch. USA 1955 **R** Billy Wilder **B** Billy Wilder, George Axelrod, nach dem Bühnenstück von Axelrod **K** Milton Krasner **M** Alfred Newman **P** Charles K. Feldman, Billy Wilder für 20th Century-Fox **L** 105 Min., Farbe **D** Marilyn Monroe, Tom Ewell, Evelyn Keyes, Sonny Tufts, Robert Strauss, Oscar Homolka, Marguerite Chapman, Victor Moore

Billy Wilders köstliches Filmvergnügen gehört mit Sicherheit zu den berühmtesten Streifen von Marilyn Monroe, die hier eine der frivolsten Rollen ihrer Karriere spielte. Einen Großteil der Szenen drehte Wilder in der Schwüle des sommerlichen New York. Beobachtet von Hunderten von Schaulustigen, stellte sich Marilyn Monroe in einem weißen, fast durchsichtigen Faltenrock auf das Gitter eines U-Bahnschachts und ließ sich die warme Zugluft um die entblößten Schenkel wehen. Sehr zur Freude der männlichen Zuschauer mußte diese kurze Einstellung mehrmals wiederholt werden und ist vielleicht von all ihren Filmauftritten die Szene, die man zuerst mit dem blonden Star in Verbindung bringt.
Wilders Komödie beginnt mit einem amüsanten Vorspann. Noch bevor die Weißen kamen, war es bei den Indianern auf Manhattan Sitte, in den unerträglich heißen Sommertagen Frauen und Kinder in ein Kanu zu setzen und zur Erholung an die Küste zu schicken. Die Krieger selbst blieben auf der Insel, um sich der Arbeit und anderen Geschlechtsgenossinnen zuzuwenden. Im modernen New York des 20. Jahrhunderts hat man diesen netten Brauch beibehalten. Legionen von Ehemännern eskortieren ihre Familien zur Central Station. Zu ihnen gehört auch Richard Sherman (Ewell), der sich geschworen hat, während der Abwesenheit seiner Gattin Helen (Keyes) ein sauberes und sündenfreies Leben zu führen. Die anderweitigen fleischlichen Verlockungen sollen schließlich im siebten Ehejahr, in dem sich Richard gerade befindet, besonders groß sein. Vorbei ist es allerdings mit den guten Vorsätzen, als er per Zufall die Bekanntschaft einer reizenden Nachbarin (Monroe) macht, die ihn mit ihrer provozierenden Sexualität an den Rand des Wahnsinns treibt.
Obgleich *Das verflixte siebente Jahr* von einer seltenen Unbeschwertheit ist, hatte Marilyn Monroe zum Zeitpunkt der Dreharbeiten weniger Anlaß zu Heiterkeitsausbrüchen, da in dieser Zeit gerade die Scheidung von ihrem Ehemann, dem Baseball-Star Joe DiMaggio, vollzogen wurde. So sympathisch Wilders Komödie auch war - für die Monroe reihte sich ihre Darbietung wieder einmal in die Kette stereotyper blonder Dummchen, die ihr so verhaßt war. Nach dem Ende der Dreharbeiten kehrte sie Hollywood für ein Jahr den Rücken, um noch einmal bei Lee Strasberg Schauspiel-Unterricht zu nehmen und von ihrem Sexbomben-Image loszukommen. jg

Verflucht bis zum jüngsten Tag

The Molly Maguires. USA 1970 **R** Martin Ritt **B** Walter Bernstein, nach dem Roman *Lament For the Molly Maguires* von Arthur H. Lewis **K** James Wong Howe **M** Henry Mancini **P** Martin Ritt, Walter Bernstein für Tamm Prod./Paramount **L** 105 Min. (Originalfassung 125 Min.), Farbe **D** Richard Harris, Sean Connery, Samantha Eggar, Frank Finlay, Anthony Zerbe, Bethel Leslie, Art Lund, Anthony Costello

Eigentlich sind die irischen Auswanderer, die vor allem während des 19. Jahrhunderts in Scharen ihre Heimat verließen, nach Amerika gekommen, um dort bessere Lebensbedingungen vorzufinden. Im Jahre 1876 ist die Industrialisierung des Bundesstaates Pennsylvania jedoch bereits soweit fortgeschritten, daß sich auch hier soziales Elend und Armut ausbreiten. Besonders bedrükkend ist diesbezüglich die Lage der Bergarbeiter, die unter der Fuchtel einer ausbeuterischen Minenorganisation stehen. Seit geraumer Zeit jedoch wird die Gesellschaft durch Anschläge, Sabotageakte und Morde verunsichert, die allesamt auf das Konto der Molly-McGuire-Bande gehen, die es sich zur Aufgabe gemacht hat, auf gewaltsame Weise gegen die herrschenden Mißstände vorzugehen. Eines Tages wird der Detektiv James McParlan (Harris) von der Organisation beauftragt, sich bei den Bergarbeitern einzuschleichen und Mitglied der Bande zu werden.

In einfühlsamer Weise beschwört Martin Ritt in diesem sozialkritischen Drama ein Lokalkolorit herauf, das von Not, Unterdrückung und Elend geprägt ist und mit einem ernüchternden Ende ausklingt. Bis auf einige wenige Ausnahmen ist der Film in braunen und grauen Farben gehalten, spielt in vielen, absichtlich mangelhaft ausgeleuchteten Szenen unter Tage und verzichtet auf die Serie von Knalleffekten, die sich angesichts des Themas angeboten hätte.

Verflucht bis zum jüngsten Tag, dessen Außenaufnahmen ausschließlich in den Bergbaugebieten von Pennsylvania entstanden, ist der Kostenaufwand von 11 Mio. Dollar in jeder Szene anzusehen. So wurde beispielsweise eine ganze Grubensiedlung errichtet, die eine imposante Kulisse abgibt, wenn die Arbeiter im Morgennebel aus ihren Häusern treten, um in die Stollen zu fahren. An den Kinokassen indes stellte sich ein finanzielles Debakel sondergleichen ein, denn nach seiner ersten Auswertung hatte der Film noch nicht einmal 1,5 Mio. eingespielt. Ritts Produktion besitzt zwar nicht die Klasse von John Fords Meisterwerk SCHLAGENDE WETTER, ist jedoch eine interessante Sozialstudie über die Unterdrückung eines Teils der frühindustriellen amerikanischen Gesellschaft, in der sich die Sehnsucht der Menschen nach einem gesicherten Leben in Wohlstand und Freiheit als trügerische Hoffnung erweist. jg

Verflucht sind sie alle

The Klansman. USA 1974 **R** Terence Young **B** Millard Kaufman, Samuel Fuller, nach dem Roman von William Bradford Huie **K** Lloyd Ahern **M** Dale O. Warren, Stu Gardner **P** William Alexander für Paramount **L** 111 Min., Farbe **D** Lee Marvin, Richard Burton, Cameron Mitchell, Lola Falana, Luciana Paluzzi, David Huddleston, Linda Evans, O. J. Simpson

Regie-Veteran Samuel Fuller bewies einiges Urteilsvermögen, als er bereits nach kurzer Drehzeit an Paramounts Rassendrama *The Klansman* das Handtuch warf und seinen Posten an Terence Young übergab. Der führte dann zu Ende, was wie eine reißerische, mit Sex und Brutalitäten aufgemotzte Version von IN DER HITZE DER NACHT wirkt. In einer Kleinstadt im amerikanischen Süden, die auch Zentrum der Aktivitäten des Ku-Klux-Klans ist, schwappen in den 60er Jahren die Emotionen hoch, als ein junges Mädchen (Evans) vergewaltigt wird. Der Klan, angeführt von Bürgermeister Hardy (Huddleston), macht nun Front gegen einen jungen Farbigen.

Lee Marvin ist als aufrechter Sheriff zu sehen und Richard Burton als zwielichtiger Grundbesitzer in diesem schlecht gespielten und schlampig zusammengeschusterten Machwerk, das die Rassenkonflikte für sensationsheischerische Action-Unterhaltung ausbeutet und von der US-Kritik in der Luft zerrissen wurde. Burton machte übrigens während der in Nordkalifornien stattfindenden Dreharbeiten Schlagzeilen durch seinen unmäßigen Alkoholkonsum und begab sich direkt im Anschluß zu einer Ausnüchterungskur in die Klinik. Erst 1977 sollte er wieder vor einer Filmkamera stehen. al

Die Verfluchten

The House of Usher. USA 1960 **R** Roger Corman **B** Richard Matheson, nach der Geschichte *Der Fall des Hauses Usher* von Edgar Allan Poe **K** Floyd Crosby **M** Les Baxter **P** Roger Corman für American International Pict. **L** 79 Min., Farbe **D** Vincent Price, Mark Damon, Myrna Fahey, Harry Ellerbe, Bill Borzage, Mike Jordon, Ruth Oklander, George Paul, David Andar

Die Verfluchten, eine Adaption der berühmten Grusel-Vorlage *Der Fall des Hauses Usher*, war die erste einer ganzen Reihe von Edgar-Allen-Poe-Verfilmungen, die alle auf das Konto des Produzenten und Regisseurs Roger Corman gingen. Mit weitgehend unbekannten Schauspielern (einziger Star war oft nur Vincent Price) kurbelte der umtriebige Filmemacher seine Schauergeschichten innerhalb von wenigen Tagen für noch weniger Geld herunter. So entstand auch *Die Verfluchten* in noch nicht einmal zwei Wochen mit einem Budget von 350.000 Dollar. Mit Poes Vorlage, erschienen im Jahre 1839, hat das Endprodukt zwar nicht mehr allzuviel zu tun, doch spürt man in jeder Sekunde die unheilvolle Aura eines von Inzest und Perversionen zerfressenen Familienclans. Philip Winthrop (Damon) reist zu dem düsteren Landsitz der Familie Usher, um dort seine Verlobte Madeline (Fahey) zu besuchen und sie mit sich zu nehmen. Er ist schockiert, in welch gräßlicher Umgebung das Mädchen leben muß. Das verfallene und unheimliche Herrschaftshaus ist umgeben von toten Wäldern und Sümpfen. Nicht besser sieht es in dem Gebäude selbst aus, das - von Madeline einmal abgesehen - ihr Bruder Roderick (Price), ein debiler, übersensibler Mensch voller Marotten, bewohnt. Roderick gesteht Philip, daß es zwecklos ist, Madeline mit sich zu nehmen, denn angeblich lastet auf der verderbten Familie der Ushers ein grauenhafter Fluch. Kurze Zeit später ist Madeline tatsächlich überraschend gestorben. Damit nimmt eine Reihe von fürchterlichen Ereignissen ihren Anfang, in deren Verlauf das Schicksal der Ushers endgültig besiegelt wird.

Ein kurzweiliges Horror-Vergnügen, das durch seine brillante, kränklich wirkende Farbfotografie sowie seine stilvollen Bauten und gothischen Dekorationen fesselt.

Poes Geschichte wurde schon einmal 1927 in Frankreich unter dem Titel *Der Untergang des Hauses Usher* für die Leinwand umgesetzt. Regie führte damals Jean Epstein. jg

Verfluchtes Amsterdam

Amsterdamned. Niederlande 1988 **R** Dick Maas **B** Dick Maas **K** Marc Felperlaan **M** Dick Maas **P** Laurens Geels, Dick Maas für First Floor Pictures **L** 105 Min., Farbe **D** Huub Stapel, Monique van de Ven, Serge-Henri Valcke, Tanneke Hartzuicker, Wim Zomer, Hidde Mass, Tatum Dagelet

Seine amerikanischen Vorbilder DER WEISSE HAI und HALLOWEEN kann und will diese originelle und gut gemachte holländische Produktion gar nicht verleugnen, doch gelingt es Regisseur Dick Maas durchaus, einen eigenen Stil in seine Geschichte einfließen zu lassen.

In Hollands Metropole Amsterdam hält das Grauen einen spektakulären Einzug. Eine Serie schauerlicher Morde, zu deren Ausübung der unheimliche Killer allem Anschein nach jedesmal aus dem trüben Wasser der zahllosen Grachten klettern muß, versetzt die Stadt in Angst und Schrecken. Daß es sich bei dem Täter nicht nur um einen geisteskranken, sondern darüber hinaus auch noch überaus intelligenten Mann handeln muß, bekommt Polizist Eric, der mit der Auflösung des Falles beauftragt wird, auf recht drastische Weise zu spüren.

Sieht man einmal von dem unbefriedigenden Schluß ab, der dem Zuschauer eine Erklärung bietet, die doch sehr an den Haaren herbeigezogen ist, so steht *Verfluchtes Amsterdam* vergleichbaren amerikanischen Action-Streifen in nichts nach. Die Kameraführung ist hervorragend, die Charakterzeichnung der Protagonisten sympathisch. Unbestrittener Höhepunkt dieses reißerischen Thrillers ist eine halsbrecherische Verfolgungsjagd durch die Grachten von Amsterdam, in der sich zwei Motorboote ein Kopf-an-Kopf-Rennen liefern, das selbst die James-Bond-Macher von Neid erblassen lassen könnte. jg

Verfolgt

Pursued. USA 1947 **R** Raoul Walsh **B** Niven Busch **K** James Wong Howe **M** Max Steiner **P** Milton Sperling für United States Pictures/Warner Bros. **L** 101 Min., s/w **D** Teresa Wright, Robert Mitchum, Judith Anderson, Dean Jagger, Alan Hale, Harry Carey jr., John Rodney, Clifton Young, Ernest Severn, Charles Bates

Verfolgt ist ein äußerst ungewöhnlicher Western, der diverse Elemente des Dramas und des Psycho-Thrillers für sich vereinnahmt und in die rauhe Landschaft New Mexicos transponiert.
Robert Mitchum spielt den Cowboy Jeb Rand, der als Waisenjunge von der Witwe Callum adoptiert wurde, nachdem ein Unbekannter seinen Vater umgebracht hat. Da er nicht der leibliche Sohn der Callums ist, wird ihm gegenüber natürlich stets Sprößling Adam (Rodney) vorgezogen, auf den die Mutter ihre ganze Hoffnung setzt. Als Jeb hochdekoriert aus dem spanisch-amerikanischen Krieg zurückkehrt und es wagt, ein Auge auf seine Stiefschwester Thorley (Wright) zu werfen, bricht der Haß offen aus. Jeb tötet Adam in Notwehr und provoziert damit eine Kette eskalierender Gewalttaten. Am Ende ist die Familie Callum zerrüttet, doch hat Jeb Thorleys Liebe gewonnen und weiß endlich auch, wer damals seinen Vater ermordet hat.
Niven Busch schrieb ein Drehbuch, bei dessen Hauptrolle ihm von Beginn an seine eigene Frau Teresa Wright vorschwebte, die den Part der Thorley Callum schließlich auch erhielt. Die eindrucksvolle Kameraarbeit des Veteranen James Wong Howe trägt zu einem beträchtlichen Teil dazu bei, daß dieser Streifen durch den Verzicht auf weiträumige Landschaftspanoramen eher der Kammerspiel-Atmosphäre eines film noir als der eines Westerns entspricht. jg

Die Verfolgung und Ermordung des Jean-Paul Marat, dargestellt durch die Schauspielgruppe des Hospizes zu Charenton unter Anleitung des Herrn de Sade

The Persecution and the Assassination of Jean-Paul Marat As Performed by the Inmates of the Asylum of Charenton under the Direction of the Marquis de Sade. Großbritannien 1966 **R** Peter Brook **B** Peter Weiss, Geoffrey Skelton, Adrian Mitchell, nach dem Bühnenstück von Weiss **K** David Watkin **M** Richard Peaslee **P** Michael Birkett für Marat-Sade-Prod./United Artists **L** 115 Min., Farbe **D** Patrick Magee, Clifford Rose, Brenda Kempner, Ruth Baker, Michael Williams, Freddie Jones, Hugh Sullivan, Jonathan Burn, Jeannette Landis, Glenda Jackson, Ian Richardson, John Steiner

Im April 1964 erlebte Peter Weiss´ Bühnenstück *Die Verfolgung und Ermordung des Jean-Paul Marat* seine Uraufführung in West-Berlin. Nachdem Geoffrey Skelton und Adrian Mitchell (beide schrieben zusammen mit Weiss auch das Drehbuch) das Drama übersetzt hatten, folgten kurze Zeit später auch die Auslands-Premieren in London und New York. Die Royal Shakespeare Company fand so viel Gefallen an dem Stück, daß man sich entschloß, es in einer adäquaten Verfilmung für das Kino umzusetzen. Gespart wurde an allen Ecken und Enden, so daß die auf 16mm gedrehte Produktion nicht teurer wurde als 500.000 Dollar.
Genauer betrachtet, ist der Streifen nur das abgefilmte Theaterstück eines Dichters, dessen Inhalt wiederum um eine Bühnenvorführung kreist. Der Titel nimmt bereits vorweg, was sich während der Spielzeit ereignet. Unter Anleitung des berüchtigten Marquis de Sade (Magee) führen die Insassen der Irrenanstalt von Charenton ein Stück über den Werdegang und das Ende des Revolutionsführers Marat (Richardson) auf, der im Juli 1793 von der später als Märtyrerin verklärten Charlotte Corday (Jackson) in der Badewanne abgestochen wird.
Als kleine Information am Rande sollte noch bemerkt werden, daß die geschilderten Ereignisse reine Fiktion sind, da sich Marat und De Sade niemals begegnet sind. Tatsache ist jedoch, daß De Sade nach der Revolution den Rest seines Lebens in der Irrenanstalt von Charenton verbrachte. jg

Der Verführer läßt schön grüßen

Alfie. Großbritannien 1966 **R** Lewis Gilbert **B** Bill Naughton, nach seinem Bühnenstück **K** Otto Heller **M** Sonny Rollins **P** Lewis Gilbert Prod./Sheldrake **L** 114 Min., Farbe **D** Michael Caine, Shelley Winters, Millicent Martin, Julia Foster, Jane Asher, Shirley Anne Field, Vivian Merchant, Denholm Elliott

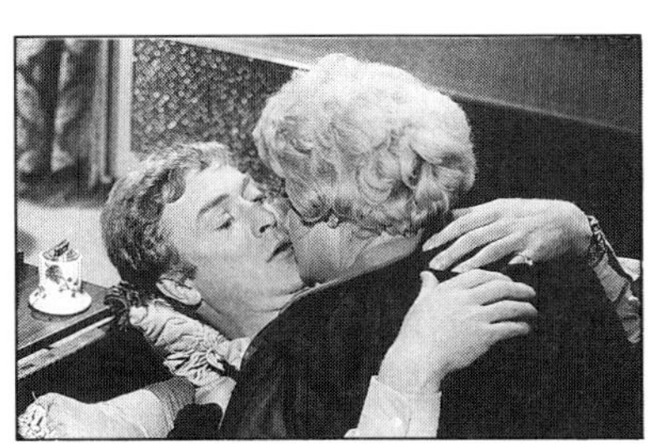

Michael Caine, der nach eigenem Bekunden jede ihm offerierte Rolle annimmt, um nicht eines Tages unverhofft vor dem finanziellen Ruin zu stehen, spielt in dieser Komödie jenen titelgebenden Alfie, der sich als Casanova der Unterschicht aufspielt. Er wandert von Bett zu Bett und lernt auf diese Weise die unterschiedlichsten Damen der britischen Gesellschaft kennen. Nach einer Reihe von Affären packt den vielbeschäftigten Liebhaber jedoch die Reue: Als nutzlos und egoistisch bewertet er sein bisheriges Dasein und trachtet danach, es zu ändern.
Als „belanglose Geschichte eines kleinen Don Juan, der nach zahlreichen Abenteuern der moralische Katzenjammer packt" und die „voll plumper Dialoge und mit einem moralinsauren Schluß versehen" ist, bezeichnete der *film-dienst* dieses lahme Amusement, das aus unerklärlichen Gründen erstaunlich viele Oscar-Nominierungen auf sich vereinigen konnte. Neben Caine als bester Hauptdarsteller standen Vivian Merchant als beste Nebendarstellerin, Bill Naughton für seine Drehbuchadaption sowie Burt Bacharach und Hal David für den Titelsong auf der Vorschlagsliste. Regisseur Ken Hughes kramte 1975 den Stoff von Bill Naughton wieder hervor und inszenierte mit Alan Price in der Rolle des Schürzenjägers eine Fortsetzung unter dem Titel *Alfie Darling*. mg

Die Verführerin

Une ravissante idiote. Frankreich/Italien 1963 **R** Edouard Molinaro **B** Edouard Molinaro, Georges-André Tabet, nach dem Roman von Charles Exbrayat **K** Andreas Winding **M** Michel Legrand **P** Michel Ardan für Belles Rives (Paris), Flora Film (Rom) **L** 102 Min. (Originalfassung 110 Min.), s/w **D** Brigitte Bardot, Anthony Perkins, Grégoire Aslan, André Luguet, Denise Provence

Diese harmlose Spionage-Komödie wäre nicht weiter bemerkenswert, würde nicht Brigitte Bardot die Hauptrolle spielen. Als blondes Dummchen Penelope Lightfeather, eine gelernte Schneiderin, verliebt sie sich in den aus der Sowjetunion stammenden Harry (Perkins), der in London gegen den Kapitalismus zu kämpfen gedenkt und zu diesem Zweck wertvolle NATO-Dokumente aus einem Safe entwenden soll. Die Handlung ist furchtbar kompliziert, wird jedoch von dem jungen Regisseur Edouard Molinaro sicher und schwungvoll über die Bühne gebracht. Die Bardot bekommt mehrfach die Gelegenheit, sich halbnackt zu präsentieren, und Co-

Star Anthony Perkins versprüht seinen jungenhaften Charme. Allerdings sorgte der Film für weniger Aufregung an den Kassen als noch zu Zeiten der Dreharbeiten in London. Denn entgegen allen Berichten über britische Zurückhaltung kam es zu wahren Volksaufläufen und Verkehrstockungen, wo immer BB auftauchte. Ans Drehen war nicht zu denken, so daß man schließlich die nötigen Londoner Straßenzüge in einem Pariser Studio nachbauen mußte. al

Der verführte Mann

L'homme blessé. Frankreich 1983 **R** Patrice Chereau **B** Herve Guibert, Patrice Chereau **K** Renato Berta **M** Albert Ayler **P** Marie-Laure Reyre, Claude Berri für Partners Prod./Renn Prod./Oliane Prod./Azor Films/FR 3 **L** 109 Min., Farbe **D** Jean-Hugues Anglade, Vittorio Mezzogiorno, Roland Bertin, Lisa Kreuzer, Armin Mueller-Stahl, Claude Berri, Gérard Desarthe

Fassbinders letzter Film QUERELLE führte zu einer Wiederentdeckung des französischen Schriftstellers und enfant terrible Jean Genet. Patrice Chereau hatte bereits am Theater von Nanterre das fast vergessene Stück *Die Wände* inszeniert und wollte nun auch einen Spielfilm für das Kino drehen, der zwar nicht unbedingt auf einem Werk Genets basiert, zumindest aber dessen Vorstellungswelt entsprechen sollte.
Der verführte Mann ist eine amour fou, die an den wenig einladenden Plätzen von Bahnhöfen und öffentlichen Bedürfnisanstalten spielt. Zu diesen obskuren Orten fühlt sich der 18jährige Henri (Anglade) hingezogen. Auf der Bahnhofstoilette begegnet er auch dem älteren, recht maskulinen Jean (Mezzogiorno), der gerade einen Mann in der Klokabine zusammenschlägt, um danach in animalischer Wildheit über Henri herzufallen. Diese kurze, leidenschaftliche Begegnung reicht, und schon ist der Junge Jean verfallen. Dieser weiß dessen Ergebenheit für seine dunklen Machenschaften auszunutzen. Er betrügt Henri und demütigt ihn, ohne zu erkennen, wie sehr er von ihm geliebt wird. Nach einer Weile ist Henri fest dazu entschlossen, sich Jeans Zuneigung um jeden Preis zu holen. Dabei kommt es zur Katastrophe.
Obwohl in diesem Film zwei Männer miteinander in die Betten springen, war für Chereau die homosexuelle Thematik eher zweitrangig. „Es geht um die Leidenschaft eines Heranwachsenden für einen anderen Mann...Es ist die Geschichte einer Leidenschaft und die Chronik einer Lehrzeit", so der Regisseur. *Der verführte Mann* ist nichtsdestotrotz ein „schöner" Film, dem es auf irgendeine Weise gelingt, die Balance zwischen Abscheu und Faszination zu halten. Gerade in dieser Hinsicht kommt Chereau den Werken Jean Genets sehr nahe. jg

Verführung auf italienisch

Sedotta e abbandonata. Italien/Frankreich 1963 **R** Pietro Germi **B** Pietro Germi, Luciano Vincenzoni, Age & Scarpelli **K** Ajace Parolini **M** Carlo Rustichelli **P** Franco Cristaldi für Lux Film/Vides Cinematografica/Ultra Film (Rom), Lux C. C. F. (Paris) **L** 118 Min., s/w **D** Stefania Sandrelli, Aldo Puglisi, Saro Urzi, Lando Buzzanca, Umberto Spadaro

Pietro Germis Nachfolger seines auch international enorm erfolgreichen SCHEIDUNG AUF ITALIENISCH ist erneut eine witzige Satire auf (süd-)italienische Moral- und Ehrbegriffe in Bezug auf Ehe und Sexualität. Der sizilianische Tunichtgut Peppino (Puglisi) hat die jüngere Schwester (Sandrelli) seiner Verlobten geschwängert und damit einen beträchtlichen Skandal heraufbeschworen. Familienoberhaupt Don Vincenzo (Urzi) setzt alles daran, die Familienehre wiederherstellen und den Übeltäter zu zwingen, nun die jüngere Tochter zu heiraten...
Verführung auf italienisch war bereits der zweite Auftritt der damals erst 17jährigen Stefania Sandrelli bei Germi, für den sie später noch *Unmoralisch lebt man besser* (1967) und ALFREDO, ALFREDO machte. Saro Urzi teilte sich 1964 den Darstellerpreis in Cannes mit Antal Pager in dem ungarischen Film *Pacsirta.* al

Die Verführung des Joe Tynan

The Seduction of Joe Tynan. USA 1979 **R** Jerry Schatzberg **B** Alan Alda **K** Adam Holender **M** Bill Conti **P** Martin Bregman für Universal **L** 107 Min., Farbe **D** Alan Alda, Barbara Harris, Meryl Streep, Rip Torn, Melvyn Douglas, Charles Kimbrough, Carrie Nye, Michael Higgins, Blanche Baker, Adam Ross

Mit Verführung sind hier nicht irgendwelche niederen Instinkte gemeint, an die appelliert wird; bei Joe Tynans „Verführung" geht es schlichtweg um das Streben nach politischer Macht. Die amerikanische Innenpolitik ist zwar nicht gerade ein besonders häufig benutzter Aufhänger in Hollywoods Filmindustrie, doch wenn sich die Metropole der Träume schon einmal dazu herabgelassen hat, sich mit einem solch trockenen Thema zu beschäftigen, kamen dabei wenigstens recht überzeugende Resultate heraus, wie beispielsweise die Streifen DER KANDIDAT oder STURM ÜBER WASHINGTON beweisen.
Skandale und Korruptionsaffären klammert Jerry Schatzberg bei seinem Film allerdings aus. Ihm geht es darum, zu zeigen, wie sich der unaufhaltsame Aufstieg eines Politikers auf dessen Privatleben auswirkt. Joe Tynan (Alda) erreicht über Nacht eine ungeahnte Popularität, als er in Washington vor dem Senat ein Beschäftigungsprogramm für Arbeitslose durchboxen kann. Die plötzlichen Anwandlungen eines Machtrausches bleiben nicht ohne Folge. Joes ausgedehnte politische Aktivitäten lassen ihm kaum noch Zeit für Ehefrau Ellie (Harris) und seine Kinder und treiben ihn der attraktiven Rechtsanwältin Karen (Streep) geradezu in die Arme. Als Ellie erst durch das Fernsehen erfährt, daß ihr Mann plant, für das Amt des Präsidenten zu kandidieren, verlangt sie eine Entscheidung. Joe stellt daraufhin die Liaison zu Karen ein, auf die politische Karriere möchte er jedoch nicht verzichten.
„Die nicht sonderlich originelle Story vom ehrgeizigen Politiker, der auf dem Weg nach oben Schaden nimmt an seiner Seele, hat Regisseur Jerry Schatzberg recht betulich in Szene gesetzt. Daß man diesem Blick hinter die Kulissen der amerikanischen Innenpolitik dennoch mit Interesse folgt, liegt an den vorzüglichen Darstellerleistungen, vor allem der Damen Meryl Streep und Barbara Harris" *(Kölner Stadt-Anzeiger).* jg

Die vergessene Insel

Pascali's Island. Großbritannien 1988 **R** James Dearden **B** James Dearden, nach dem Roman von Barry Unsworth **K** Roger Deakins **M** Loek Dikker **P** Eric Fellner für Initial Prod./Avenue Pictures **L** 103 Min., Farbe **D** Ben Kingsley, Charles Dance, Helen Mirren, George Murcell, Sheila Allen

Während sich der Thriller EINE VERHÄNGNISVOLLE AFFÄRE, für den er das Drehbuch geschrieben hatte, zum absoluten Kassenschlager entwickelte, war James Dearden längst mit einem neuen, völlig anders gearteten Projekt beschäftigt, das sein Regiedebüt werden sollte: *Pascali's Island.* Schauplatz des nach dem Roman von Barry Unsworth gedrehten Films ist die griechische Insel Nisi, die, 1908, dem Zeitpunkt der Handlung, noch unter osmanischer Oberhoheit stand. Basil Pascali (Kingsley) arbeitet

bereits seit zwanzig Jahren als Spitzel für die türkische Verwaltung, und obwohl er regelmäßig einen schmalen Sold überwiesen bekommt, ist er doch nicht sicher, ob seine regelmäßigen Berichte überhaupt gelesen werden. Seine einzige Freundin ist Lydia Neumann (Mirren), eine etwas exzentrische österreichische Malerin. Als der Brite Anthony Bowles (Dance) auf der Insel eintrifft, bekommt Pascalis Leben endlich wieder einen Sinn. Ist dieser Fremde wirklich Archäologe oder ein Schwindler?
Dearden spinnt ein komplexes Beziehungsgeflecht zwischen seinen drei Hauptfiguen, das durch deren unterschiedliche soziale und kulturelle Herkunft interessant wird und den britischen Vollbutmimen reichlich Möglichkeiten bietet. Unterstützt werden sie von den üppigen Bildern Roger Deakins', der den Drehort Rhodos von seiner besten Seite einfing, und einem stimmungsvollen Score von Loek Dikker. *Die vergessene Insel* war kein Kassenerfolg, da der Film offenbar nicht genug spektakuläre oder sensationelle Momente aufwies, doch die Kritik zollte Dearden Bewunderung für seinen Erstling. al

Das vergessene Tal

The Last Valley. Großbritannien 1971 **R** James Clavell **B** James Clavell, nach dem Roman von J. B. Pick **K** John Wilcox **M** John Barry **P** James Clavell für ABC Prod./Cinerama **L** 125 Min., Farbe **D** Michael Caine, Omar Sharif, Nigel Davenport, Per Oscarsson, Florinda Bolkan, Arthur O'Connell, Madeline Hinde, Yorgo Voyagis, Miguel Alejandro, Christian Roberts

James Clavell hatte mit seinen Romanen *Shogun* und *Tai-Pan* recht anständige Unterhaltungsliteratur geliefert; seine gelegentlichen Stippvisiten beim Film waren indes geprägt von einigen geschmacklichen Ausrutschern. Der überaus teure historische Streifen *Das vergessene Tal* beginnt dabei zunächst durchaus erfolgversprechend. Omar Sharif torkelt als Lehrer Vogel durch die alptraumhafte Welt des 30jährigen Krieges, die nur noch aus verbrannter Erde zu bestehen scheint und bedeckt ist mit Leichen. Wer noch lebt, fällt marodierenden Horden in die Hände oder wird von der Pest geholt. Groß ist Vogels Überraschung, als er bei seiner Flucht eines Tages in ein friedliches, idyllisches Alpental gelangt, an dem der Krieg scheinbar spurlos vorübergezogen ist. Die Dorfbewohner gewähren Vogel Unterschlupf, doch mit der besinnlichen Ruhe ist es bald vorbei, als ein Trupp Soldaten die Siedlung entdeckt und sich über den Winter dort einquartiert. Dem besonnenen Verhalten Vogels ist es zu verdanken, daß die gereizte Stimmung zwischen den Dorfbewohnern und den Söldnern nicht eskaliert.
Leider verwandelt sich das schlachtenreiche und äußerst brutale Historienepos kurz nach seinem furiosen Auftakt in eine ziemlich unmotiviert dahinplätschernde Angelegenheit, die gelegentlich durch einige drastische Schockeffekte (wie etwa eine Hexenverbrennung, bei der der Priester gleich mit in Flammen aufgeht) etwas an Spannung gewinnt und stellenweise der Machart eines Western ähnelt. Das dankbare Thema, ein fundiertes Historienepos über die für das Kino recht unpopuläre Zeit des 30jährigen Krieges zu drehen, hat Clavell gründlich verschenkt.
Auch mit seinen aufdringlichen Effekten konnte *Das vergessene Tal* nicht genügend Zuschauer in die Kinos locken, um die Produktionskosten wieder einzuspielen. Im Endeffekt verlor die Produktionsgesellschaft weit mehr als 7 Mio. Dollar. Schön anzusehen sind immerhin die Außenaufnahmen, die in Österreich entstanden. John Barry schrieb eine wuchtige archaische (Chor-)Musik, die seinen Kompositionen zu DER LÖWE IM WINTER nicht unähnlich ist. jg

Die Vergessenen

Los olvidados. Mexiko 1950 **R** Luis Buñuel **B** Luis Buñuel, Luis Alcoriza **K** Gabriel Figueroa **M** Rodolfo Halffter **P** Oscar Dancigers für Ultramar Films **L** 80 Min., s/w **D** Alfonso Mejía, Roberto Cobo, Stella Inda, Miguel Inclán, Alma Delia Fuentes

Luis Buñuel hatte bereits zwei Filme, *Gran Casino* (1947) und *El gran calavera* (1949), in seinem mexikanischen Exil gedreht, als er sich mit dieser erschreckenden und erschütternden Studie vewahrloster Jugendlicher in Mexiko City das internationale Interesse an seiner Arbeit zurückeroberte. Bei den Filmfestspielen in Cannes erhielt er den Preis für die Beste Regie. Jaibo (Cobo) ist Anführer einer Bande von Jugendlichen, die sich mit Diebstählen über Wasser halten. Der sensible Pedro (Mejía), der sich vergeblich nach der Zuneigung seiner schwer arbeitenden Mutter sehnt, rebelliert eines Tages gegen Jaibos Brutalität, nachdem dieser einen anderen Jungen zu Tode geprügelt hat. Doch auch er fällt dem „Gesetz des Stärkeren" zum Opfer: Jaibo versucht zunächst, ihm die Schuld an einem Diebstahl unterzuschieben und bringt ihn schließlich um. al

Vergewaltigt hinter Gittern

Jackson County Jail. USA 1976 **R** Michael Miller **B** Donald Stewart **K** Bruce Logan **M** Loren Mewkirk **P** Jeff Begun für New World **L** 84 Min. (Originalfassung 89 Min.), Farbe **D** Yvette Mimieux, Tommy Lee Jones, Robert Carradine, Frederic Cook, Severn Darden, Nan Martin, Mary Woronov

Überraschenderweise erlangte dieser brutale Kriminalfilm nach seinem Erscheinen in den Vereinigten Staaten einen gewissen Kultstatus. *Vergewaltigt hinter Gittern*, der deutsche Verleihtitel mußte wieder einmal etwas reißerischer ausfallen, schildert die alptraumhafte Odyssee der erfolgreichen Geschäftsfrau Dinah Hunter (Mimieux). Zwecks eines kleinen Vergnügungsausflugs macht sie sich auf den Weg von Los Angeles aufs Land. Zwei Anhalter, die Dinah unterwegs aufgesammelt hat, überfallen sie und brausen mit ihrem Auto davon. Mitten in der Wildnis wird sie schließlich von der Jackson-County-Polizei aufgegriffen und unter falschen Anschuldigungen ins Gefängnis gesperrt, wo sie von dem Wärter vergewaltigt wird. Dinah gelingt es, ihren Peiniger nach der Tat zu erschlagen. Gemeinsam mit dem Häftling Blake (Jones) glückt ihr die Flucht...
Regisseur Miller inszenierte seinen spannenden Krimi in einem atemberaubenden Tempo und mit unzähligen Action- und Gewaltsequenzen. Dabei blieb die Logik und Plausibilität der Geschichte jedoch zeitweilig auf der Strecke. Für das Fernsehen drehte Miller einige Jahre später ein Remake des Stoffes unter dem Titel *Outside Chance*. mg

Vergiß Venedig

Dimenticare Venezia/Oublier Venise. Italien/ Frankreich 1979 **R** Franco Brusati **B** Franco Brusati, Jaja Fiastri **K** Romano Albani **M** Benedetto Ghighlia **P** Yves Gasser, Yves Peyrot für Rizzoli Film (Rom), Action Films (Paris) **L** 108 Min., Farbe **D** Erland Josephson, Mariangela Melato, Eleonora Giorgi, David Pontremoli, Hella Petri

Die ehemalige Opernsängerin Marta (Petri) lebt völlig zurückgezogen in einer alten Villa in der Nähe von Venedig mit ihrer Pflegetochter Anna (Melato) und deren Freundin Claudia (Giorgi) zusammen. Dann und wann schaut Nicky (Josephson) herein, Martas jüngerer Bruder, der sich nur allzu gern von dem nostalgischen Zauber des Hauses gefangennehmen läßt. Bei einem dieser Besuche - Nicky hat seinen wesentlich jüngeren Geliebten Picchio (Pontremoli) mitgebracht - erleidet Marta einen Herzanfall und stirbt. Aus dem geplanten Ausflug nach Venedig wird nun nichts...
Vergiß Venedig ist ein poetisches, melancholisches Drama, das in seiner Beschränkung der Schauplätze und Figuren und seiner genauen Psychologisierung ein wenig an Ingmar Bergman erinnert. Besonders be-

merkenswert ist die Tatsache, daß die Homosexualität der beiden Paare mit einer ungewöhnlichen Gelassenheit und Selbstverständlichkeit behandelt wird, die auch in den aufgeklärten 70er Jahren selten war. Brusatis Film erhielt 1980 eine Oscar-Nominierung als Bester ausländischer Film. al

Eine verhängnisvolle Affäre

Fatal Attraction. USA 1987 **R** Adrian Lyne **B** James Dearden **K** Howard Atherton **M** Maurice Jarre **P** Stanley R. Jaffe, Sherry Lansing für Paramount **L** 119 Min., Farbe **D** Michael Douglas, Glenn Close, Anne Archer, Ellen Hamilton Latzen, Stuart Pankin, Ellen Foley, Fred Gwynne, Meg Mundy, Tom Brennan, Lois Smith

Ein auf den ersten Blick atemberaubender Thriller, der nicht ohne Grund zu einem der erfolgreichsten Filme der Kinosaison 1987 wurde. Adrian Lyne machte aus einer sich tagtäglich abspielenden Geschichte einen reißerischen Schocker, der zum Schluß allerdings den Weg aller Hollywood-Filme einschlägt und erst nach einer Kette unglaublicher Brutalitäten und -zig Wiederauferstehungen der mehrmals totgeglaubten Furie ein Ende nimmt.
Kaum ist Ehefrau Beth (Archer) mit ihrem Töchterchen zu den Eltern aufs Land gefahren, da zieht Gatte Dan wie ein brünftiger Hirsch durch das New Yorker Nachtleben, um an der attraktiven Alex (Close) hängenzubleiben und mit ihr eine wilde Nacht zu erleben. Was für ihn lediglich ein unbedeutender One-Night-Stand ist, empfindet Alex als die Liebe ihres Lebens. Infolgedessen kann und will sie auch nicht akzeptieren, daß Dan zu seiner Familie zurückkehrt und von ihr nichts mehr wissen will. Anfangs drückt sich ihre Anhänglichkeit noch in harmlosen Telefonanrufen aus. Als Dan darauf nicht reagiert, greift sie zu drastischeren Mitteln, die sich im Verlauf der Handlung zu einem lebensgefährlichen Amoklauf entwickeln.
Der Grundgedanke des Films entbehrt nicht einer gewissen Originalität, bedauernswert jedoch ist die stereotypische Gestaltung der Protagonisten, die mit den gängigen Klischees spielt. So wird der Puppenhaus-Idylle von Dan und Beth die kühl-gestylte Penthouse-Suite gegenübergestellt, die (und das ist ja sehr passend für Alex) in der Nähe der New Yorker Schlachthöfe liegt. Der sehr subtil beginnenden Film schwenkt allzu abrupt zur groben Holzhammer-Methode um, wird jedoch durch seine hervorragenden Schauspieler (ein Erlebnis ist vor allem die tollwütige Glenn Close) gerettet. jg

Eine verheiratete Frau

Une femme mariée. Frankreich 1964 **R** Jean-Luc Godard **B** Jean-Luc Godard **K** Raoul Coutard, Georges Liron **P** Philippe Dussart für Anouchka Films/Orsay Films (Paris) **L** 95 Min., s/w **D** Macha Méril, Bernard Noël, Philippe Leroy, Roger Leenhardt, Rita Maiden

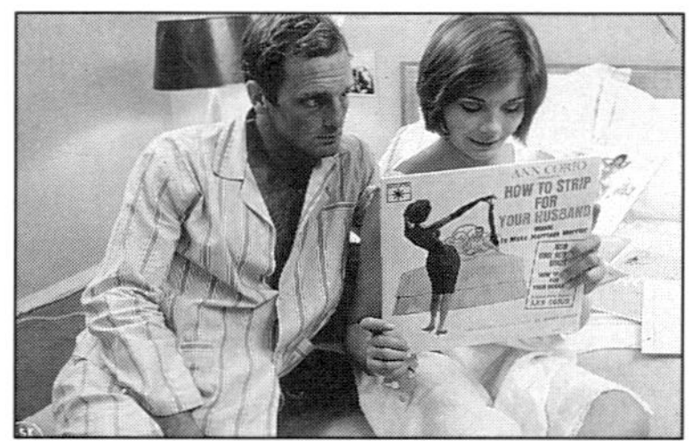

Godard schickte seiner *Verheirateten Frau* im Vorspann die Zeile voraus „Fragmente eines 1964 gedrehten Films". Tatsächlich inszenierte der französische Regisseur sein Werk als eine Collage: Einen Tag lang begleitet die Kamera Charlotte, Redakteurin einer Modezeitschrift, die in zweiter Ehe mit Pierre verheiratet ist und mit Robert ein Verhältnis hat. Sieben „ethnologische Interviews", dazu Verweise, Anspielungen und Zitate fügt Godard zu einem Werk zusammen, das sich nicht mit der moralischen Bewertung des Ehebruchs beschäftigt, sondern die Welt der Werbung und ihre Auswirkungen auf die Menschen reflektiert. Einige für damalige Verhältnisse recht freizügige Szenen veranlaßten die französische Zensur, eine Aufführung der *Verheirateten Frau* zu untersagen. Doch nach einiger Zeit gelang es Godard, den Film wieder freizubekommen; allerdings mußte der ursprüngliche Titel *Die verheiratete Frau* umgeändert werden. mg

Verhext

Jinxed! USA 1982 **R** Don Siegel **B** David Newman, Bert Blessing **K** Vilmos Zsigmond **M** Bruce Roberts, Miles Goodman **P** Herb Jaffe für MGM/UA **L** 103 Min., Farbe **D** Bette Midler, Ken Wahl, Rip Torn, Val Avery, Jack Elam, Benson Fong

Hatte THE ROSE Bette Midlers Karriere als Leinwandstar mit einem Paukenschlag eröffnet, so war ihr nächster Film durchaus dazu angetan, sie gleich wieder zu beenden. Es handelt sich um eine Art schwarze Komödie, in der Ken Wahl als junger Black-Jack-Dealer Willie schon bei den Kasino-Managern in Mißkredit geraten ist, weil er ständig gegen den Profi-Zocker Harold (Torn) verliert. Um sich dieses Plagegeistes zu entledigen, geht Willie auf das Angebot von Harolds Freundin Bonita (Midler) ein, den Spieler um die Ecke zu bringen und dann die Lebensversicherung zu kassieren. Körperlicher Gewalt bedarf es gar nicht, denn Harold bringt sich nach einem desaströsen Spielabend selbst um, doch auch der gestellte Autounfall hilft den beiden Verschwörern nicht viel: Harold hatte die Police verfallen lassen...
Verhext machte schon während der Dreharbeiten seinem Titel alle Ehre. Es gab zahllose Reibereien zwischen Midler und Regisseur Siegel sowie Midler und ihrem Co-Star Ken Wahl, die sich ganz offensichtlich im Ergebnis niederschlugen. Der Film soll eine schwarze Komödie mit einem Schuß Action sein, und wurde von Siegel in dementsprechendem Tempo inszeniert. Doch das dünne Drehbuch bietet den Schauspielern nicht allzuviel komisches Material, und die einzig witzige Figur, Harold, ist bereits nach einer Stunde tot. Bette Midler reißt mit ihrer unkontrollierten und absolut unglaubwürdigen Darstellung den ganzen Film an sich und bringt ihn aus dem Gleichgewicht. Sogar zwei Songs, *He's the Answer to a Cowgirl's Dream* und *Cherry Pink and Apple Blossom White*, gibt sie zum besten. So setzt sich *Verhext* zwischen sämtliche Stühle, denn er überzeugt weder als Midler-Show, noch als Siegel-Actionfilm. Sam Peckinpah arbeitete übrigens - ohne Nennung im Vorspann - als Second-Unit-Regisseur mit. al

Das Verhör

Garde à vue. Frankreich 1981 **R** Claude Miller **B** Claude Miller, Jean Herman, Michel Audiard, nach dem Roman *Brain Wash* von John Wainwright **K** Bruno Nuytten **M** Georges Delerue **P** Georges Dancigers, Alexandre Mnouchkine für Les Films Ariane/TF 1 Films **L** 88 Min., Farbe **D** Lino Ventura, Michel Serrault, Romy Schneider, Guy Marchand, Elsa Lunghini

Der wohlhabende Notar Martinaud (Serrault) wird in der Silvesternacht überraschend aufs Polizeirevier bestellt. Komissar Gallien (Ventura) ermittelt im Falle der Ermordung zweier kleiner Mädchen, von denen Martinaud eines tot aufgefunden hat. Was zunächst wie eine Routine-Befragung zur Klärung von Einzelheiten aussieht, entpuppt sich allmählich als knallhartes Verhör, in dem sich der Notar schnell in Widersprüche verstrickt und selbst zum Hauptverdächtigen wird. Von Gallien dringend benötigte Beweise zu seiner Überführung liefert schließlich Martinauds Frau (Schneider)...
Claude Miller glückte mit diesem raffinierten Krimi das Meisterstück eines spannungsgeladenen Films, dessen Handlung sich fast ausschließlich in einem Raum und zwischen zwei Personen abspielt - nur ab und zu wer-

den die Gespräche durch Rückblenden illustriert. Um so wichtiger war die Wahl der Schauspieler, und mit Serrault und Ventura hatte Miller zwei Vollblutmimen zur Verfügung, die aus jeder ihrer Szenen das Beste herausholten. Romy Schneider brilliert in einer kleinen, aber ungemein wirkungsvollen Rolle, die *Figaro-Magazine* zu der Bemerkung hinriß: „Ihr genügen zwei Szenen, um uns mehr zu erschüttern, als es die gesamte Laufzeit mehrerer anderer Filme vermag!" al

Die verkaufte Braut

Die verkaufte Braut. Deutschland 1932 **R** Max Ophüls **B** Curt Alexander, nach der Oper von Friedrich Smetana **K** Reimar Kuntze, Franz Koch, Herbert Illig, Otto Wisching **M** Theo Mackeben **P** Reichsliga-Film **L** 77 Min., s/w **D** Jarmila Novotna, Willy Domgraf-Fassbaender, Karl Valentin, Liesl Karlstadt, Otto Wernicke, Max Nadler, Annemie Sörensen, Paul Kemp, Hermann Kner, Max Schreck, Therese Giehse, Beppo Brem

Die verkaufte Braut war Max Ophüls' zweiter Spielfilm und ist zugleich einer der vergnüglichsten und besten Filmopern in der Geschichte des Kinos.
In einem kleinen tschechischen Dorf des 19. Jahrhunderts führt die bevorstehende Hochzeit eines Paares, das sich gar nicht liebt, zu Verwicklungen. Der Heiratsvermittler Kezal (Wernicke) soll die zwei jungen Leute Marie (Novotna) und Wenzel (Kemp) zusammenführen. Das Schicksal hat mit den beiden jedoch etwas ganz anderes vor, denn als der Wanderzirkus von Herrn und Frau Brummer (Valentin/Karlstadt) im Dorf eintrifft, verliebt Wenzel sich in die Artistin Esmeralda (Sörensen), während der Postillon Hans (Domgraf-Fassbaender) ein Auge auf Marie geworfen hat. Nach den üblichen Verwicklungen finden die jeweiligen Paare endlich zusammen und im Dorf herrscht wieder Frieden und Eintracht.
Ophüls verfilmte die bekannte Smetana-Oper in den Münchener Ateliers von Geiselgasteig, vermied jedoch die Enge der Studios und drehte alle musikalischen Darbietungen im Freien, um so die Unbeschwertheit des ländlichen Lebens besser einzufangen. Um das bunte Jahrmarktstreiben so authentisch wie möglich zu gestalten, engagierte die Produktionsfirma eine ganze Kompanie von Clowns, Feuerschluckern und Akrobaten, in deren Mitte sich der bayerische Volksschauspieler Karl Valentin sichtlich wohlfühlte. jg

Der verkehrte Sherlock Holmes

They Might Be Giants. USA 1971 **R** Anthony Harvey **B** James Goldman **K** Victor J. Kemper **M** John Barry **P** John Foreman und Paul Newman für Newman-Foreman-Company **L** 98 Min., Farbe **D** George C. Scott, Joanne Woodward, Jack Gilford, Lester Rawlings, Rue McClanahan

Justin Playfair (Scott) ist ein Gerechtigkeitsapostel: Auch nach seiner Pensionierung kämpft der ehemalige Richter und Rechtsanwalt gegen das alltägliche Unrecht an. Doch sein Engagement hat einen kleinen Haken: Er hält sich für Sherlock Holmes und läuft herum wie der berühmte, etwas spleenige Detektiv. Auf Betreiben seines Bruders (Rawlins), der auf das Familienvermögen scharf ist und Justin entmündigt sehen möchte, wird dieser in eine Klinik eingewiesen. Dort gerät Playfair alias Holmes an eine verständnisvolle Nervenärztin (Woodward), die originellerweise Dr. Watson heißt. Sie hält zu ihm - und driftet dabei selbst mehr und mehr in dessen wirre Phantasiewelt ab. Basierend auf dem gleichnamigen Theaterstück von Drehbuchautor James Goldman inszenierte Anthony Harvey einen um Hintergründigkeit bemühten Film, der zwar durchaus Komik und parodistische Elemente enthält, insgesamt aber von Ungereimtheiten und Nonsens dominiert wird. „Was auch immer der Film uns sagen will", kritisierte der *Motion Picture Guide*, „er ist enttäuschend". sk

Verlaß mich niemals wieder

Escape Me Never. Großbritannien 1935 **R** Paul Czinner **B** Carl Zuckmayer, Robert J. Cullen, nach dem Bühnenstück von Margaret Kennedy **K** Frederick A. Young **M** William Walton **P** Herbert Wilcox für British and Dominions/United Artists **L** 93 Min., s/w **D** Elisabeth Bergner, Hugh Sinclair, Griffith Jones, Penelope Dudley-Ward, Irene Vanbrugh, Leon Quartermaine, Lyn Harding

Trotz ihrer anfänglichen Sprachschwierigkeiten lebte sich Elisabeth Bergner mit ihrem Mann Paul Czinner nach der Emigration aus Deutschland recht schnell in ihrer neuen englischen Heimat ein und konnte sogar die Kette ihrer Filmerfolge fortsetzen. Nach KATHARINA DIE GROSSE stand die Bergner ein zweites Mal in London vor den Filmkameras. *Verlaß mich niemals wieder* gehört zu jenen völlig überfrachteten Melodramen, wie sie für die damalige Zeit üblich waren. Die verführerische Gemma Jones (Bergner) führte an der Seite ihres Mannes ein glückliches Leben. Jetzt hat sich das Blatt gewendet, denn als der Ehegatte stirbt, bleibt sie allein mit ihrem kranken Kind in Armut zurück. Die Liebe zu dem Komponisten Sebastian (Sinclair), den sie später auch heiratet, gibt ihr neuen Lebensmut. Das Glück kommt allerdings bedrohlich ins Wanken, als Sebastian sich in die Verlobte seines Bruders verliebt.
Czinners Drama bleibt, was die Gestaltung und die Handlung anbelangt, weit hinter seinen deutschen Vorgängern ARIANE und DER TRÄUMENDE MUND zurück und verdankt seine Faszination nur der Schauspielkunst von Elisabeth Bergner, die für ihre Rolle für den Oscar nominiert wurde, der 1935 jedoch an Bette Davis ging. jg

Verliebt in einen Fremden

Love With the Proper Stranger. USA 1963 **R** Robert Mulligan **B** Arnold Schulman **K** Milton Krasner **M** Elmer Bernstein **P** Alan Pakula für Boardwalk-Rona Prod./Paramount **L** 100 Min., Farbe **D** Natalie Wood, Steve McQueen, Edie Adams, Herschel Bernardi, Tom Bosley, Harvey Lembeck

Durch ihre Oscars für WER DIE NACHTIGALL STÖRT über Nacht zu bekannten Namen geworden, suchten Alan J. Pakula (Produktion) und Robert Mulligan (Regie) nach einem ähnlich kontroversen Stoff für einen weiteren Prestige-Film, der vielleicht nicht die Kassen zum Klingeln bringen, dafür aber Kritikerlob und Preise einheimsen würde. Man heuerte den gerade sehr erfolgreichen Dramatiker Arnold Schulman an, diesen Stoff zu entwickeln, und kam mit einer Geschichte heraus, die wie eine weibliche Version von MARTY wirkt. Natalie Wood spielt ein junges Mädchen italienischer Abstammung, Angie, das sich mit dem angehenden Jazz-Musiker Rocky (McQueen) eingelassen hat und nun schwanger ist. Da sie ihre Zukunft nicht in einer Heirat sehen, beschließen die beiden eine Abtreibung, für die Rocky das Geld aufzutreiben versucht. Am Ende findet die - seinerzeit in allen US-Staaten verbotene - Abtreibung natürlich doch nicht statt.
Obwohl der Film sein heikles Thema mit Takt und Geschick behandelt sowie einige von New Yorks weniger vorzeigbaren Nachbarschaften eindrucksvoll einfängt, kann er sich nicht ganz vom süßlichen Geschmack einer oberflächlichen Hollywood-Romanze befreien. Dazu tragen nicht zuletzt die Darsteller selbst bei, die trotz schauspielerischer Kompetenz zu keiner Sekunde glaubwürdig sind - immerhin war kein Besetzungsmitglied tatsächlich italienischer Abstammung, am allerwenigsten die Stars. Erwartungsgemäß kassierte *Verliebt in einen Fremden* einige Oscar-Nominierungen (fünf), darunter eine für Natalie Wood, ein. al

Verliebt in Paris

To Paris With Love. Großbritannien 1955 **R** Rober Hamer **B** Robert Buckner **K** Reginald Wyer

M Edwin Astley **P** Anthony Darnborough für Two Cities **L** 80 Min., s/w **D** Alec Guinness, Odile Versois, Vernon Gray, Jacques François, Elina Labourdette, Austin Trevor, Claude Romain, Maureen Davis, Jacques Brunius, Pamela Stirling, Michael Anthony

Eine amüsante britische Komödie, in der sich englische Steifheit und französische Lebensfreude zu einem unterhaltsamen Filmspaß vereinen.
Alec Guinness und Vernon Gray spielen Vater und Sohn Fraser, die sich gemeinsam mit ihrem Rolls Royce auf den Weg nach Paris machen. Nach Meinung von Edgar Fraser ist es höchste Zeit, daß sein Filius John den sich angeeigneten Lebensstil wechselt und die Bekanntschaft mit den charmanten Frauen der französischen Hauptstadt macht. Bald hat Fraser senior mit der reizenden Lisette (Versois) eine junge Dame aufgetan, die den Wünschen seines Sohnes entsprechen könnte. In Johns Schlepptau befindet sich inzwischen die etwas reifere Sylvia (Labourdette), die seinem verwitweten Vater ein paar schöne Stunden bereiten könnte. Nachdem das Quartett einige komplizierte Verwicklungen überstanden hat, verzichtet Edgar auf sein Liebesglück, wendet sich Lisette einem alten Jugendfreund zu und begegnet John schließlich doch noch seiner großen Romanze.
Das alles wird von den beteiligten Akteuren in einem Stil interpretiert, der recht sophisticated geraten ist und durch seine ausgefeilten Dialoge amüsiert. jg

Die verliebte Firma

Die verliebte Firma. Deutschland 1932 **R** Max Ophüls **B** Fritz Zeckendorf, nach einer Idee von Ernst Marischka und Bruno Granichstaedten **K** Karl Puth **M** Bruno Granichstaedten, Ernst Hauke **P** D. L. S. **L** 73 Min., Farbe **D** Anny Ahlers, Gustav Fröhlich, Lieb Deyers, Ernst Verebes, Hubert von Meyerinck, Leonard Steckel, Werner Finck

Die verliebte Firma war Max Ophüls' erster Spielfilm, dessen Regieauftrag er nur der Tatsache zu verdanken hatte, daß der Streifen mit einem minimalen Budget erstellt werden sollte, das lediglich den Schauspielern eine Bezahlung zugestand, aber nicht für teuere Kulissen und Dekorationen ausgegeben werden durfte. Infolgedessen sah Ophüls sich gezwungen, eine Handlung zu konzipieren, die in den kahlen Räumen eines Filmateliers spielen sollte. Das Drehbuch von Fritz Zeckendorf kam ihm in dieser Hinsicht sehr entgegen.
Anny Ahlers spielt eine adrette Telefonistin, in die sich sämtliche Mitglieder eines Filmteams Hals über Kopf verliebt haben. Als sich herausstellt, daß die vorgesehene Hauptdarstellerin einer geplanten Kinoproduktion vor der Kamera eine wahre Katastrophe ist, überredet man das begehrte Mädchen, deren Stelle zu übernehmen und die Rolle im Film zu spielen. Das Resultat fällt jedoch nicht besser aus als die Schauspielkunst der Vorgängerin. Die Telefonistin kehrt schließlich wieder in ihren Beruf zurück und findet an der Seite eines treusorgenden Mannes ihre wahre Erfüllung.
Wie Ophüls später in seinen Memoiren bemerkte, war *Die verliebte Firma* der billigste Film, den er je produziert hatte, der damals aber an der Kinokasse für ein beachtliches Einspielergebnis sorgte. Der kommerzielle Erfolg seines Regiedebüts brachte ihm daher im selben Jahr als weiteren Auftrag die Verfilmung der Smetana-Oper DIE VERKAUFTE BRAUT ein. jg

Die Verlobung des Monsieur Hire

Monsieur Hire. Frankreich 1989 **R** Patrice Leconte **B** Patrice Leconte, Patrick Dewolf, nach dem Roman von Georges Simenon **K** Denis Lenoir **M** Michael Nyman **P** Philippe Carcassone, René Cleitman für Cinéa/Hachette Première/ FR3 Films Productions/Europe 1 **L** 80 Min., Farbe **D** Michel Blanc, Sandrine Bonnaire, Luc Thuillier, André Wilms

Monsieur Hire (Blanc) ist blass, häßlich und unbeliebt. Seine Nachbarn können ihn ebensowenig ausstehen wie er sie. Monsieur Hire bewohnt in einem tristen Mietsblock ein Zimmer. Dorthin zieht er sich in seine Einsamkeit zurück. Seit geraumer Zeit allerdings gibt es einen Menschen, der seine Aufmerksamkeit erregt. Es ist die junge Alice (Bonnaire), die im Seitenflügel eine Etage unter ihm wohnt und die er jeden Abend beobachtet. Eines Tages wird er dabei von ihr ertappt und zur Rede gestellt. Monsieur Hire liebt Alice, diese wiederum liebt Emile (Thullier); Emile hat einen Mord begangen, von dem auch Monsieur Hire erfährt. Zwischen den drei grundverschiedenen Menschen bahnt sich ein Abhängigkeitsverhältnis an, das in erster Linie für den unbeliebten Hire eklatante Konsequenzen nach sich zieht.
Georges Simenons Roman erschien 1933 und wurde kurz nach dem Zweiten Weltkrieg von Julien Duvivier mit Michel Simon unter dem Titel *Panik* verfilmt. Patrice Leconte stattete seine Version mit der fortschrittlichen Technik der 80er aus und drehte den Film in Farbe und CinemaScope. Der Gebrauch des Breitwand-Formats wirkt angesichts des kammerspielartigen Charakters des Films etwas deplaziert, doch gelang es Leconte, den üblicherweise erweiternden, panoramaartigen Eindruck in das Gegenteil zu verkehren, indem er auf den häufigen Gebrauch von Totalen verzichtete und die Leinwand oft nur mit den Gesichtern seiner Akteure ausfüllte.
Trotz der wohldurchdachten Kameraeinstellungen und exzellenten Schauspieler kann diese Neuverfilmung kaum das Interesse des Publikums an seinen Protagonisten erwekken, sondern verliert sich in schnörkelhaften Floskeln, die zwar nett anzusehen sind, jedoch wenig zur Spannungssteigerung beitragen. jg

Der Verlorene

Der Verlorene. BRD 1951 **R** Peter Lorre **B** Peter Lorre, Benno Vigny, Axel Eggebrecht **K** Vaclav Vich **M** Willy Schmidt-Gentner **P** Arnold Pressburger für National-Film **L** 98 Min., s/w **D** Peter Lorre, Karl John, Helmuth Rudolph, Renate Mannhardt, Johanna Hofer, Eva-Ingeborg Scholz, Gisela Trowe, Lotte Rausch, Josef Dahmen

So wie viele seiner Kollegen hatte auch Peter Lorre 1933 Nazi-Deutschland verlassen und sich in die Emigration begeben, die ihn über Wien und London schließlich nach Hollywood führte. Zwanzig Jahre nach Fritz Langs M - EINE STADT SUCHT EINEN MÖRDER, der ihn über Nacht weltberühmt gemacht hatte, kehrte er wieder nach Deutschland zurück, um in der frisch gegründeten Bundesrepublik seinen ersten und zugleich einzigen Film als eigener Regisseur zu drehen.
In einem Flüchtlingslager begegnen sich nach dem Ende des Krieges der Arzt Dr. Rothe (Lorre) und sein ehemaliger Assistent Hoesch (John). Eine Rückblende klärt den Zuschauer über die bedrückende Vorgeschichte auf, die die beiden Männer verbindet. Im Jahre 1943 arbeitet Rothe als Serumsforscher für ein Hamburger Institut. Da in regelmäßigen Abständen wichtige Forschungsergebnisse an die Engländer verraten worden sind, setzt die Gestapo den Assistenten Hoesch als Spitzel auf Rothe an. Bald steht fest, daß Rothes Verlobte Inge (Mannhardt) die Verdächtige ist. Auf Hoeschs Anraten bringt Rothe sie um, damit das Mädchen nicht der Gestapo in die Hände fällt. Nach der Tat ist er vom Leben ange-

ekelt. Diese Überdrüssigkeit führt dazu, daß sich Rothe in einen psychopathischen Frauenmörder verwandelt, der während der nächtlichen Verdunklungen durch Hamburg zieht, um seine Opfer zu suchen. Die Schuld an diesem entsetzlichen Leben gibt er Hoesch, den er mit einem Pistolenschuß beseitigt, um sich schließlich selbst vor einen Zug zu werfen.
Ein düsteres Drama, dessen bedrückende Schwarzweiß-Fotografie in jedem Fall eine Atmosphäre der Hoffnungslosigkeit und des Schreckens verbreitet. Und genau das war zu Beginn der 50er Jahre beim deutschen Publikum ganz und gar nicht gefragt. *Der Verlorene* erhielt von der Presse zahlreiche Vorschußlorbeeren, erwies sich an der Kinokasse jedoch schlichtweg als finanzieller Reinfall und wurde bereits zehn Tage nach seinem Kinostart wieder aus dem Programm genommen. Zwar erhielt Lorre für seine Arbeit den Deutschen Filmpreis, doch das änderte nichts an der Tatsache, daß er auf weitere Regieaufträge vergeblich wartete. Finanziell und moralisch am Ende, kehrt eLorre tief enttäuscht im Dezember 1951 nach Amerika zurück. jg

Die verlorene Ehre der Katharina Blum

Die verlorene Ehre der Katharina Blum. BRD 1975 **R** Volker Schlöndorff **B** Volker Schlöndorff und Margarethe von Trotta, nach der Erzählung von Heinrich Böll **K** Jost Vacano **M** Hans Werner Henze **P** Bioskop/Paramount-Orion **L** 106 Min., Farbe **D** Angela Winkler, Mario Adorf, Dieter Laser, Heinz Bennent, Rolf Becker, Jürgen Prochnow

Was Heinrich Böll Mitte der 70er Jahre in seiner Erzählung *Die verlorene Ehre der Katharina Blum oder: Wie Gewalt entstehen und wohin sie führen kann* zur Terrorismusdebatte beitrug, diente Regisseur Volker Schlöndorff als Grundlage zu einem der wichtigsten, provokantesten und gelungensten Werke des neuen deutschen Films: Es ist die Geschichte einer jungen Frau, Katharina Blum (Winkler), die ein unspektakuläres, durchschnittliches und unauffälliges Leben führt - bis zu dem Tag, an dem sie Ludwig Götten (Prochnow) kennenlernt und ihn zur Nachtruhe mit in ihre Wohnung nimmt. Am nächsten Morgen ist der Mann, den sie liebt, verschwunden, dafür steht eine Sondereinheit der Polizei vor ihrer Tür: Götten ist ein wegen Fahnenflucht und anarchistischer Umtriebe gesuchter Straftäter. Katharina, unschuldig und nur durch Zufall in die Sache hineingeschliddert, wird als „Terroristenbraut" verdächtigt und verhaftet. Sie gerät nicht nur in die Mühlen einer voreingenommenen Justiz, sondern auch in die Schlagzeilen der Boulevardpresse; Ähnlichkeiten seines fiktiven Klatschorgans namens *Zeitung* mit Springers *Bild* waren von Böll durchaus beabsichtigt. *Zeitung*-Reporter Tötges (Laser) treibt Katharina mit seinen unseriösen, verlogenen und menschenverachtenden Veröffentlichungen am Ende zu einer Verzweiflungstat, der sie direkt ins Gefängnis bringt und doch ungemein befreiend wirkt: Sie erschießt den schmierigen Reporter.
Aller Polemik und Überzeichnung der Charaktere zum Trotz - die im Film weiter gehen als in der literarischen Vorlage - gelang Schlöndorff eine glaubwürdige Auseinandersetzung mit dem Machtkartell Polizei-Justiz-Presse, dem das Individuum im Zweifel wehrlos ausgeliefert ist, packend inszeniert und brillant gespielt. Hauptdarstellerin Angela Winkler, eigentlich Theaterschauspielerin, wurde für ihre Leistung mit dem Bundesfilmpreis ausgezeichnet. *„Die verlorene Ehre der Katharina Blum* ist ganz und gar ein Film über unser Land", lobte 1975 *Film-Echo/Filmwoche*. „Und zugleich ein Film, der die Wirklichkeit durchsichtiger macht. Er gehört zum besten, was bundesdeutsche Filmemacher in den letzten Jahren auf die Leinwand gebracht haben." sk

Der verlorene Horizont

Lost Horizon. USA 1973 **R** Charles Jarrott **B** Larry Kramer, nach dem Roman von James Hilton **K** Robert Surtees **M** Burt Bacharach **P** Ross Hunter für Columbia **L** 134 Min. (Originalfassung 150 Min.), Farbe **D** Peter Finch, Liv Ullmann, Sally Kellerman, George Kennedy, Michael York, Olivia Hussey, Bobby Van, James Shigeta, Charles Boyer, John Gielgud

James Hiltons phantastischer Roman um ein Land des Friedens und des ewigen Lebens war 1937 mit IN DEN FESSELN VON SHANGRI-LA in einen Klassiker des Abenteuerfilms verwandelt worden. Getreu der schlechten Angewohnheit Hollywoods, einmal erfolgreiche Stoffe immer wieder aufzubereiten, steckte 1973 der rührige Produzent Ross Hunter, der mit AIRPORT das große Los gezogen hatte, immerhin knapp sieben Mio. $ in die Produktion einer Musical-Fassung, die unbeschwerte Unterhaltung für die ganze Familie bieten sollte. Es geht um die Besatzung eines Flugzeuges, die nach einer durch einen Schneesturm erzwungenen Notlandung im Himalaya-Gebirge das sagenumwobene Land Shangri-La findet, in dem paradiesische Zustände herrschen. Angereichert wurde die Handlung mit einem Dutzend Songs *der* Gassenhauer-Produzenten der 60er Jahre, Burt Bacharach (Musik) und Hal David (Text). Doch sogar die sind schlecht in einem Film, der als schlechtestes Musical der 70er Jahre, vielleicht sogar aller Zeiten gilt. Das Fazit der *Los Angeles Times*, „Schwerfällig, unlyrisch und ermüdend...eine plattfüßige Enttäuschung!", gehört noch zu den harmloseren Verrissen, zu denen sich nahezu alle Kritiker angesichts dieses spektakulären Desasters genötigt fühlten. Abgesehen von den idiotischen Dialogen und den Massen an Kunstschnee konnte - und das ist nur allzu offensichtlich - keiner der Akteure singen oder tanzen, und die alberne Choreographie von Hermes Pan löste wahre Entrüstungsstürme aus. Angeblich soll ein „Fruchtbarkeitstanz" kaum bekleideter Muskelmänner aus dem fertigen Film entfernt worden sein, nachdem das Publikum bei Testvorführungen regelmäßig in hysterisches Gelächter ausgebrochen war. al

Die verlorene Rose

The Stripper. USA 1963 **R** Franklin Shaffner **B** Meade Roberts, nach dem Bühnenstück *A Loss of Roses* von William Inge **K** Ellsworth Fredricks **M** Jerry Goldsmith **P** Jerry Wald für 20th Century-Fox **L** 94 Min., s/w **D** Joanne Woodward, Richard Beymer, Claire Trevor, Carol Lynley, Robert Webber, Gypsy Rose Lee, Michael J. Pollard

Seinen Abschied als Produzent gab Jerry Wald mit diesem etwas altmodischen Drama nach dem Bühnenstück *A Loss of Roses* von William Inge, das am Broadway ein Reinfall gewesen war. Die Handlung dreht sich um das alternde Show-Girl Lila (Woodward), die in ihrer Heimatstadt gestrandet ist, nachdem ihr Manager und Geliebter Ricky (Webber) sich mit allem Geld aus dem Staube gemacht hat. Sie kommt bei einer ehemaligen Nachbarin (Trevor) unter, deren neunzehnjähriger Sohn (Beymer) von ihrer reifen Weiblichkeit ganz hin und weg ist. Er hält schließlich sogar um ihre Hand an, als Ricky mit einem neuen Arbeitsangebot für Lila auftaucht: Sie soll als Stripperin in einer Show auftreten.
Der finanzielle Mißerfolg des Stoffes wiederholte sich an den Kinokassen, obwohl *Die verlorene Rose* durchaus Qualitäten aufzuweisen hat. Der junge TV-Regisseur Franklin Shaffner - mit seinem Leinwanddebüt - schuf eine einfühlsame Studie der Beziehung einer älteren Frau zu einem jungen Mann, wie sie schon in ENDSTATION SEHNSUCHT und ANDERS ALS DIE ANDEREN zu sehen gewesen war, doch insgesamt fehlt dem Film die Überzeugungskraft. Inge soll die Hauptrolle übrigens für Marilyn Monroe geschrieben haben, die bereits in der Leinwand-Adaption seines BUS STOP zu sehen gewesen war. al

Das verlorene Wochenende

The Lost Weekend. USA 1945 **R** Billy Wilder **B** Charles Brackett, Billy Wilder, nach dem Roman von Charles R. Jackson **K** John F. Seitz **M** Miklos Rozsa **P** Charles Brackett für Paramount **L** 101 Min., s/w **D** Ray Milland, Jane Wyman, Philip Terry, Howard Da Silva, Doris Dowling, Frank Faylen, Mary Young, Anita Bolster, Lilian Fontaine, Lewis L. Russell, Frank Orth

Billy Wilder wollte sein erschütterndes Alkoholiker-Porträt mit einem deprimierenden, kompromißlosen Schluß enden lassen, bekam deswegen aber Schwierigkeiten mit der Zensurbehörde, die verlangte, daß sein Film mit einem optimistisch stimmenden Schluß ausklingen sollte.

Don Birnam (Milland) lebt als erfolgloser Schriftsteller in New York. Seine schon immer vorhandene Haltlosigkeit kommt eines Tages offen zum Ausbruch, als er zum Trinker wird. Für seine Verlobte Helen (Wyman) beginnt ein Alptraum. Verzweifelt bemüht sie sich, Don zu helfen und ihn von seiner Trunksucht abzulenken. Als er an einem Wochenende nicht der Beobachtung von Helen und seinem Bruder Wick (Terry) untersteht, frönt er seinem Laster wie noch nie zuvor. Von fürchterlichen Alpträumen geplagt, versucht Don, sich einen Revolver zu beschaffen, um seinem verkorksten Leben ein Ende zu setzen. Er besinnt sich jedoch eines Besseren, verspricht der rechtzeitig zurückgekehrten Helen, das Trinken fortan aufzugeben und sich auf seine Arbeit als Schriftsteller zu konzentrieren. Der Film endet damit, daß Don auf seiner Schreibmaschine die Geschichte seiner Sucht herunterhämmert.

Billy Wilder überraschte das Kinopublikum, indem er in seinem Drama die Hauptrollen an Ray Milland und Jane Wyman vergab, die beide vorher überwiegend nur in leichten Komödien mitgewirkt hatten, sich hier jedoch bestens bewährten. Wenngleich es sich bei *Das verlorene Wochenende* um keinen Gangsterfilm handelte, so drehte Wilder seinen Streifen ganz in der Tradition der Schwarzen Serie. Neben der krassen Schwarzweiß-Fotografie kamen diesem Film vor allem die New Yorker Außenaufnahmen zugute, deren triste, naßkalte Betonwüste dem Innenleben des Protagonisten entsprach. Trotz seines unbequemen Themas war *Das verlorene Wochenende* der Favorit bei der Oscar-Party des Jahres 1945, wo er u. a. als Bester Film prämiert wurde. Weitere Auszeichnungen gingen an Billy Wilder, Ray Milland und das Drehbuch-Team. Nichts schiefgehen konnte in diesem Jahr für den Filmkomponisten Miklos Rozsa, der gleich dreimal in der Kategorie „Bester Soundtrack“ auf der Nominierungsliste stand und den Oscar schließlich für seine Musik zu dem Hitchcock-Thriller ICH KÄMPFE UM DICH bekam.

jg

Die Verlorenen

The Cobweb. USA 1955 **R** Vincente Minnelli **B** John Paxton, William Gibson, nach dem Roman von Gibson **K** George Folsey **M** Leonard Rosenman **P** John Houseman für Metro-Goldwyn-Mayer **L** 122 Min., Farbe **D** Richard Widmark, Lauren Bacall, Charles Boyer, Gloria Grahame, Lillian Gish, John Kerr, Susan Strasberg, Oscar Levant, Tommy Rettig, Fay Wray

Trotz des unbestrittenen Talents von Regisseur Vincente Minnelli und einer Besetzung mit großen Namen kam bei der Adaption von William Gibsons Roman nicht mehr heraus als ein gepflegter Unterhaltungsfilm, der einen Blick hinter die Kulissen einer psychiatrischen Anstalt gewährt. Da sind der bewundernswerte Anstaltsleiter (Widmark), seine vernachlässigte Gattin (Grahame), die altjüngferliche Geschäftsführerin (Gish), ein Casanova-Doktor (Boyer) plus ein Dutzend mehr oder minder interessanter Patienten mit diversen Störungen. Aus all dem ließe sich schlußfolgern, daß das Personal der Anstalt mindestens ebenso neurotisch ist wie ihre Insassen, doch abgesehen davon ist *Die Verlorenen* nicht besonders aufregend. Immerhin verzichtet der Film auf reißerische Effekte, wie sie z. B. in DIE SCHLANGENGRUBE zu sehen waren. Eine der wenigen wirklich guten Szenen ist die, in der John Kerr seine Mitpatientin Susan Strasberg ins Kino ausführt; die beiden Nachwuchsmimen gaben hier ihr Filmdebüt.

al

Verlorenes Leben

Verlorenes Leben. BRD 1975 **R** Ottokar Runze **B** Peter Hirche **K** Michael Epp **M** Hans-Martin Majewski **P** Ottokar Runze für Filmverlag der Autoren **L** 91 Min., s/w, kopiert auf Farbe **D** Gerd Olschewski, Marius Müller- Westernhagen, Gert Haucke, Richard Beek, Willmut Borell, Jürgen Feindt, Henning Schlüter, Uwe Dallmeier, Katrin Schaake

„Einer der achtbarsten, ehrlichsten Filme der letzten Jahre“, lobte *Der Spiegel* Ottokar Runzes Drama, das leider zum Zeitpunkt seiner Aufführung nur ein verschwindend geringes Publikum erreichte.

Die Geschichte beginnt während einer Bombennacht des II. Weltkriegs. Der Priester Sigorski (Müller-Westernhagen) erzählt eine Episode aus seinem Leben, die sich im Jahre 1927 zugetragen hat. Auf einem schlesischen Gut gerät der polnische Gärtner Cioska (Olschweski) in den Verdacht, ein Mädchen ermordet zu haben. Unfähig und ungewillt, sich einen anderen Mann als Täter vorzustellen, setzt der ermittelnde Kommissar Weber (Haucke) Sigorski als Spitzel auf Cioska an. Er soll Weber in regelmäßigen Abständen Bericht erstatten und dafür sorgen, daß der Verdächtige endlich die Tat gesteht. Sehr bald muß Sigorski erkennen, daß Cioska nicht der Mörder ist. Zwischen den beiden ungleichen Männern entwickelt sich sogar ein freundschaftliches Verhältnis, was Kommissar Weber ganz und gar nicht eingeplant hat.

Verlorenes Leben ist hinsichtlich seiner Farbdramaturgie recht interessant gestaltet. Runze drehte seinen Film zunächst in Schwarzweiß und ließ ihn anschließend auf Farbmaterial umkopieren. Das Ergebnis war eine eigentümliche Färbung, die an den Stil alter Fotografien erinnerte. 1976 wurde *Verlorenes Leben* mit dem Bundesfilmpreis ausgezeichnet.

jg

Verlorenes Spiel

East Side, West Side. USA 1949 **R** Mervyn LeRoy **B** Isobel Lennart, nach dem Roman von Marcia Davenport **K** Charles Rosher **M** Miklos Rozsa **P** Voldemar Vetluguin für Metro-Goldwyn-Mayer **L** 108 Min., s/w **D** Barbara Stanwyck, James Mason, Van Heflin, Ava Gardner, Cyd Charisse, Nancy Davis, Gale Sondergaard, William Conrad

Thema dieses oberflächlichen Melodrams sind Liebe und Leidenschaften hinter den eleganten Fassaden der New Yorker Park Avenue. Im Mittelpunkt der Handlung stehen die Bournes (Stanwyck, Mason), ein reiches Ehepaar, das sich nach zahlreichen, durch Außenstehende (Gardner, Heflin) ausgelöste Krisen und einem Mord schließlich trennt. Anstatt sich mit den dramaturgischen Schwächen und abgestandenen Klischees von Marcia Davenports enorm erfolgreicher Vorlage zu befassen, zog MGM es vor, dem entschieden auf B-Film-Niveau angesiedelten Stoff die übliche Glamour-Behandlung zukommen zu lassen: eine erstklassige Besetzung sowie elegante Kostüme und teure

Ausstattung sollten die Trivialität verdecken bzw. genießbar machen. Die Kritik ließ sich jedoch keinen Sand in die Augen streuen und putzte den Film verdientermaßen herunter. Er ist übrigens das Leinwanddebüt von Nancy Davis, die später als Mrs. Ronald Reagan berühmt-berüchtigt werden sollte. al

Die Vermählung ihrer Eltern geben bekannt

The Parent Trap. USA 1961 **R** David Swift **B** David Swift, nach dem Roman *Das doppelte Lottchen* von Erich Kästner **K** Lucien Ballard **M** Paul J. Smith **P** George Golitzen für Walt Disney Prod./ Buena Vista **L** 124 Min., Farbe **D** Hayley Mills, Maureen O'Hara, Brian Keith, Charlie Ruggles, Una Merkel, Leo G. Carroll, Joanna Barnes, Cathleen Nesbitt

Hayley Mills, Tochter des britischen Schauspielers John Mills, schlüpfte in dieser amerikanischen Version der Kästner-Vorlage gleich in zwei Rollen. In der deutschen Leinwandadaption des Kinderbuch-Klassikers DAS DOPPELTE LOTTCHEN verkörperten Jutta und Isa Günther jene eineiigen Zwillinge, denen es gelingt, durch List und Einfallsreichtum ihre Eltern wieder zusammenzubringen. Elf Jahre später entdeckte die Disney-Produktionsgesellschaft den Stoff und adaptierte ihn mit der unübertrefflichen Hayley in der bzw. den Hauptrollen für die US-Kinos. Als Sharon McKendrick und Susan Evers stellte das Nachwuchstalent sein enormes schauspielerisches Können unter Beweis. Die beiden Teenager lernen sich in einem Feriencamp kennen und finden heraus, daß sie Schwestern sind. Ihre Eltern haben bei der schon lange zurückliegenden Scheidung die Mädchen untereinander aufgeteilt und ihnen die Existenz ihres Zwillings verschwiegen. Am Ende des Urlaubs beschließen die beiden, ihre Plätze zu tauschen, um den jeweils entbehrten Elternteil kennenzulernen: die wohlerzogene Sharon zieht zu ihrem Vater (Keith) auf eine Ranch, und die ungestüme Susan fährt zu ihrer Mutter (O'Hara) in die Stadt. Der Plan der Geschwister, ihre Eltern wieder vor den Traualtar zu bugsieren, läuft allerdings durch die zielstrebige Vicky (Barnes) Gefahr, zu mißlingen, hat die Person es doch auf das Familienoberhaupt abgesehen. mg

Vermißt

Missing. USA 1981 **R** Constantin Costa-Gavras **B** Constantin Costa-Gavras und Donald Stewart, nach einem Roman von Thomas Hauser **K** Ricardo Aronovich **M** Vangelis **P** Edward Lewis und Mildred Lewis für Universal **L** 122 Min., Farbe **D** Jack Lemmon, Sissy Spacek, Melanie Mayron, John Shea, Charles Cioffi, David Clennon

Chile 1973. Mit Hilfe des amerikanischen Geheimdienstes CIA putschten die Militärs die demokratisch gewählte Regierung von Präsident Salvador Allende blutig von der Macht, über 30.000 Menschen verschwanden spurlos, wurden gefoltert und ermordet. Aus Chile wurde eine faschistisch regierte Militärdiktatur. Einer der Verschwundenen war der US-Bürger Charles Horman.
Costa-Gavras, bekannt für kritische filmische Auseinandersetzungen mit Diktaturen - so in Z mit den Putschisten in Griechenland, so in DAS GESTÄNDNIS mit den sozialistischen Gewaltherrschern in der damaligen CSSR - drehte auf Basis dieser authentischen Ereignisse einen Film, der mehr als ein spannender Polit-Thriller ist: Er ist in erster Linie Enthüllung und Anklage gegen die menschenverachtende, auf Machterhaltung um jeden Preis ausgerichtete Südamerika-Politik der USA, in der einzelne Menschenleben keinen Pfifferling Wert sind.
Vermißt zeigt die vergebliche Suche von Charles' verzweifelter Ehefrau (Spacek) und ihrem Schwiegervater (Lemmon) nach dem Verschollenen in den Wirren des Putsches, zeigt die Brutalität der Militärs gegen wehrlose Zivilisten und die Arroganz und Heuchelei auf Seiten des offiziellen Amerikas. Bemerkenswert immerhin, daß dieser Film mitten in der Reagan-Ära, auf dem Höhepunkt der „Amerika zuerst"-Politik, realisiert wurde. Die Längen, die das Werk zum Teil aufweist, werden durch die brillanten darstellerischen Leistungen der beiden Hauptdarsteller Jack Lemmon und Sissy Spacek, die gegensätzlicher kaum sein könnten, bravourös ausgeglichen.
Vermißt wurde mit einem Oscar für die beste Drehbuch-Adaption und auf den Filmfestspielen von Cannes mit der Goldenen Palme ausgezeichnet. sk

Die vermißte Patrouille

The Lost Patrol. USA 1934 **R** John Ford **B** Dudley Nichols, Garrett Fort, nach dem Roman *Patrol* von Philip MacDonald **K** Harold Wenstrom **M** Max Steiner **P** Cliff Reid für RKO **L** 74 Min., s/w **D** Victor McLaglen, Boris Karloff, Wallace Ford, Reginald Denny, J. M. Kerrigan, Bill Bevan, Alan Hale, Brandon Hurst, Douglas Walton

John Ford drehte ein amerikanisches Remake zu einem frühen britischen Tonfilm, der erstmals im Jahre 1929 mit Cyril McLaglen in der Hauptrolle über die Leinwand geflimmert war. Zufälligerweise spielte in der Zweitverfilmung dessen Bruder Victor ebenfalls den Part des Leutnants.
Im ersten Weltkrieg stapft ein britisches Wüstenkorps durch den Sand der Sahara. Welches militärische Ziel ihr Einsatz hat, wissen die Männer nicht. Sie vertrauen auf die Führung ihres Offiziers, doch der fällt wenige Minuten nach Beginn des Films einer hinterhältigen Araberkugel zum Opfer. Ziel- und planlos steht die Kompanie nun inmitten von Öde und Leere. Ein junger Sergeant macht sich zum Anführer und schlägt vor, sich zur nächsten Oase durchzuschlagen. Für die Männer wird der Weg dorthin zu einem Todesmarsch. Einer nach dem anderen bleibt auf der Strecke, bis nur noch der Sergeant übriggeblieben ist, um seine toten Männer mit eigenen Händen zu begraben.
Ein ungewöhnlicher Kriegsfilm, dessen Reiz in der außergewöhnlichen, surrealistischen Handlung liegt, die in einer ebenso unwirklichen Umgebung angesiedelt ist. Ford drehte *Die vermißte Patrouille* in der Wüstengegend von Yuma/Arizona. Die unerträgliche Hitze forderte ein entsprechend forciertes Drehtempo, so daß die Aufnahmen bereits nach 10 Tagen beendet werden konnten. Außergewöhnlich an diesem interessanten Filmwerk ist auch Boris Karloff, der endlich einmal eine Rolle erhielt, die weit von den Fließband-Darstellungen seiner Horrorfilme entfernt war. jg

Verrat auf Befehl

The Counterfeit Traitor. USA 1960 **R** George Seaton **B** George Seaton, nach dem Roman von Alexander Klein **K** Jean Bourgoin **M** Alfred Newman **P** William Perlberg für Perlsea Prod./Paramount **L** 138 Min., Farbe **D** William Holden, Lilli Palmer, Hugh Griffith, Ernst Schröder, Eva Dahlbeck, Ulf Palme, Carl Raddatz, Erika Beer, Charles Regnier, Werner Peters, Wolfgang Preiß, Klaus Kinski, Erik Schumann, René Koldehoff

Eines der seriöseren Werke über den II. Weltkrieg ist dieses packende Spionage-Drama, das auf Tatsachen beruht und an Originalschauplätzen Kopenhagen, Stockholm, Hamburg und West-Belin gedreht wurde. William Holden spielt einen in den USA geborenen schwedischen Öl-Kaufmann, Eric Erickson, der durch seine Geschäfte mit den

Nazis auf die schwarze Liste der Alliierten gerät. Um sich vom Stigma der Kollaboration reinzuwaschen, erklärt er sich bereit, für alliierte Geheimdienste im Dritten Reich Industrieanlagen auszuspionieren. Bei diesem gefährlichen Unterfangen lernt er Marianne (Palmer), ebenfalls Spionin, kennen und lieben, kann jedoch weder ihre Enttarnung noch ihre Exekution durch die Nazis verhindern. Palmers Erschießung gehört zu den stärksten Szenen des Films, denn Holden ist gezwungen, ihr von seinem Zellenfenster aus zuzusehen. Die deutsche Aktrice versprühte wieder einmal ihren unwiderstehlichen Charme in einer eher kleinen Rolle, und auch Holden hatte die Kritiker auf seiner Seite. *Verrat auf Befehl* war allerdings nur ein mäßiger Erfolg. al

Der Verrat des Surat Khan

The Charge of the Light Brigade. USA 1936 **R** Michael Curtiz **B** Michael Jacoby, Rowland Leigh **K** Sol Polito **M** Max Steiner **P** Samuel Bischoff für Hal B. Wallis/Warner Bros. **L** 85 Min. (Originalfassung 115 Min.), s/w **D** Errol Flynn, Olivia de Havilland, Patric Knowles, Donald Crisp, Henry Stephenson, Nigel Bruce, David Niven, Spring Byington

Durch Fehler der militärischen Führung wurde im Jahre 1855 während des Krim-Krieges eine Brigade von knapp 700 britischen Soldaten von russischer Artillerie völlig aufgerieben. Dieser berüchtigte Vorfall hatte nach Ansicht des jungen Journalisten Michael Jacoby das Zeug für einen packenden Leinwandstoff und war in der Tat bereits dreimal fürs Kino aufbereitet worden (1903, 1912 und 1930). Doch niemand wollte sich an ein derartig teures Projekt wagen, und erst als BENGALI mit Gary Cooper sehr gut angekommen war, entschloß sich Warner Bros. zur Produktion. In typischer Hollywood-Manier kümmerte man sich nicht um historische Tatsachen, sondern erzählte eine größtenteils frei erfundene Geschichte von einem britischen Hauptmann (Flynn), seinem heldenhaften Kampf gegen den schurkischen (und fiktiven) Surat Khan (Gordon) sowie seiner Romanze mit der schönen Elsa (De Havilland).
Besonders aus heutiger Sicht ist *Der Verrat des Surat Khan* inhaltlich kaum ernstzunehmen, da er nicht nur die Tatsachen völlig verzerrt, sondern auch Militarismus glorifiziert und ein Loblied auf angebliche Heldentugenden singt. Tony Richardson lieferte 1968 mit DER ANGRIFF DER LEICHTEN BRIGADE eine wesentlich akkuratere Version der Vorgänge auf der Krim. Curtiz' Film funktioniert einzig und allein als naives Abenteuer vor exotischer Kulisse, in dem sich Flynn, der mit dieser Rolle endgültig zum Star wurde, als romantischer Held präsentieren darf. Besonders beeindruckend und aufregend ist die mittlerweile klassische Schlachtenszene, die zum großen Teil von Second-Unit-Regisseur B. Reeves Eason gedreht wurde. Flynn schimpfte übrigens lauthals über den rüden Umgang des Regisseurs mit seinen Darstellern und nahm auf seine Weise Rache: er ließ Tierschutzorganisationen Filmmaterial von den Kampfszenen zukommen, in denen Pferde durch eine Schlinge zum Sturz gebracht wurden - seinerzeit ein oft eingesetzter Trick - und sich dabei oftmals so verletzten, daß sie erschossen werden mußten. Ein wahrer Proteststurm setzte ein, der bewirkte, daß von nun an strenge Regelungen einen derart brutalen Einsatz von Tieren zu Filmzwecken verhinderten. al

Verrat im Dschungel

The Real Glory. USA 1939 **R** Henry Hathaway **B** Jo Swerling, Robert R. Presnell, nach einem Roman von Charles L. Clifford **K** Rudolph Maté **M** Alfred Newman **P** Sam Goldwyn für United Artists **L** 95 Min., s/w **D** Gary Cooper, Andrea Leeds, David Niven, Reginald Owen, Broderick Crawford, Kay Johnson, Charles Waldron, Russell Hicks, Roy Gordon, Benny Innocencio

Um die Jahrhundertwende liegen sich Spanien und die USA in den Haaren und tragen diesen Konflikt weit entfernt von ihren jeweiligen Haustüren aus. Nach der Niederlage der Spanier nehmen die Amerikaner die Philippinen in ihren Besitz, sehen sich dort aber plötzlich den Terroranschlägen der Eingeborenen ausgesetzt, die von den stationierten Truppen einen blutigen Tribut fordern. Da auch von anderen Teilen des Inselstaates Aufstände gemeldet werden, bringen sich die verstreuten amerikanischen Bürger in einem Fort in Sicherheit. Es beginnt eine gnadenlose Aushungerung, als die Aufständischen einen Staudamm errichten, der den braven Amerikanern bald das Wasser des nahegelegenen Flusses abgräbt. Der tolldreiste Militärarzt Dr. Bill Canavan (Cooper) sprengt die Barriere in die Luft und gibt damit das Zeichen zu einer der brutalsten und wirklichkeitsnahesten Schlachten im Film der 30er Jahre.
Henry Hathaway verfällt zwar mehr als einmal in eine grobe Schwarzweiß-Malerei, doch ist ihm ein durchweg spannender Abenteuer-Kriegsfilm mit einer Reihe mitreißender Action-Szenen gelungen. Wenig begeistert zeigte sich damals allerdings die philippinische Regierung, die den Machern des Films vorwarf, die eingeborenen Soldaten in recht einseitiger Weise als primitive Feiglinge diffamiert zu haben. jg

Verrat im Fort Bravo

Escape From Fort Bravo. USA 1953 **R** John Sturges **B** Frank Fenton, nach einer Story von Michael Pate und Philip Rock **K** Robert Surtees **M** Jeff Alexander **P** Nicholas Nayfack für MGM **L** 98 Min., Farbe **D** William Holden, Eleanor Parker, John Forsythe, William Demarest, William Campbell, Polly Bergen, Richard Anderson, Carl Benton Reid, John Lupton, Howard McNear

Ein gut gemachter und überdurchschnittlicher Western mit differenziert gestalteten Charakteren, einer ungewöhnlichen Handlung und aufregenden Action-Sequenzen.
Im Jahre 1863 erhält Captain Roper (Holden) den Auftrag, eine Gruppe gefangener Südstaaten-Rebellen in das Militärgefängnis von Fort Bravo zu bringen. Ebenfalls dorthin unterwegs ist die hübsche Carla Forester (Parker), hinter der sich in Wirklichkeit eine Agentin der Konföderierten verbirgt. So ist die Hochzeit einer Freundin für sie nur ein Vorwand, die Reise nach Fort Bravo anzutreten. Auf raffinierte Weise versteht sie es, Captain Marsh (Forsythe), den Anführer der Rebellen, zu befreien und sich mit den Männern aus dem Staub zu machen. Verfolgt von Roper, wird die bunte Reisegesellschaft bald von einem Stamm wildgewordener Mescalero-Apachen dezimiert. Nebenbei stellt sich noch heraus, daß sich sowohl Roper als auch Marsh in Carla verliebt haben. Die Frage, wer von beiden schließlich zum Zuge kommt oder überhaupt überlebt, hält die Geschichte bis zum Schluß in Schwung.
Nachdem William Holden im selben Jahr für die Studios der Paramount und der United Artists gearbeitet hatte, wechselte er für diese Produktion zu MGM über. *Verrat im Fort Bravo* war nach TREIBSAND John Sturges´ zweiter Western, bei dem seine Regie bereits deutlich sicherer und routinierter ausfiel. jg

Verraten

Betrayed. USA 1954 **R** Gottfried Reinhardt **B** Ronald Millar, George Froeschel **K** F. A. Young **M** Walter Goehr **P** Gottfried Reinhardt für Metro-Goldwyn-Mayer **L** 107 Min., Farbe **D** Clark Gable, Lana Turner, Victor Mature, Louis Calhern, O. E. Hasse, Wilfrid Hyde-White

Zum vierten und letzten Mal arbeiteten Clark Gable und Lana Turner, von MGM in den frühen 40ern zum Liebespaar schlechthin aufgebaut, in diesem Kriegsdrama zusammen. Er spielt Colonel Pieter Deventer, einen holländischen Geheimdienstoffizier mit Station in London, sie ist Carla Van Oven,

eine holländische Witwe, der Kollaboration mit den Nazis unterstellt wird. Um sich von diesem Vorwurf freizumachen, geht sie, nach einer Ausbildung durch Deventer persönlich, als Agentin nach Holland und tritt in einem von Nazis frequentierten Nachtclub auf. Als immer mehr Untergrundkämpfer von den Deutschen verhaftet werden, verdächtigt Deventer zunächst Carla, doch sie kann ihn überzeugen, daß der „die Narbe" genannte Anführer der Widerständler (Mature) dafür verantwortlich ist.
Verraten ist eine leidlich spannende Spionage-Geschichte, die allerdings die Publikumserwartungen in Bezug auf das Star-Duo weitgehend enttäuschte. Zwar gibt es ein paar Liebesszenen, doch sind sie weit von der knisternden Erotik entfernt, die Filme wie EIN TOLLER BURSCHE zu solchen Kassenschlagern machte. Es war darüber hinaus Gables letzter Film bei MGM, dem Studio, für das er immerhin 23 gearbeitet hatte, und offensichtlich ging es ihm nur darum, seine Vertragsverpflichtungen zu erfüllen. Die Turner trällert übrigens in einer Szene ein Lied, *Johnny Come Home* (Goehr, Millar), bei dem ihre Stimme jedoch von Diana Coupland gedoubelt wurde. al

Verraten

Betrayed. USA 1987 **R** Constantin Costa-Gavras **B** Joe Eszterhas **K** Patrick Blossier **M** Bill Conti **P** Irwin Winkler für United Artists **L** 127 Min., Farbe **D** Debra Winger, Tom Berenger, John Heard, Betsy Blair, John Mahoney, Ted Levine

Daß es auf dieser Welt nicht nur die bösen Deutschen à la Hoyerswerda gibt, zeigte Costa-Gavras mit diesem entlarvenden Spielfilm über Rassismus und Rechtsextremismus in den Vereinigten Staaten.
Cathy Philips (Winger), zur Zeit des Vietnam-Krieges einst eine engagierte Friedenskämpferin, hat eine Kehrtwendung um 180 Grad gemacht und arbeitet nun für den CIA. Seit geraumer Zeit zerbricht sich die umtriebige Geheimdienstorganisation den Kopf über einen Kette von Fememorden, deren jüngstes Opfer ein jüdischer Rundfunk-Journalist und ein schwarzer Arbeiter waren. Cathy schleicht sich in die tumbe Landbevölkerung des amerikanischen Südens ein, nimmt an deren rustikalen Ritualen teil und lernt schließlich den attraktiven Farmer Gary Simmons (Berenger) kennen, hinter dessen liebevoll-väterlicher Maske sich in Wirklichkeit ein verdrehter Fanatiker mit faschistischem Gedankengut verbirgt. Cathys Ermittlungen geraten in arge Bedrängnis, als sie sich in Gary verliebt und dieser von ihr als Zeichen ihrer Zuwendung verlangt, an einer der obligatorischen Todesjagden auf einen Farbigen teilzunehmen.
Costa-Gavras engagiertes Anliegen, einen Film über rechtsextreme Exzesse in den USA zu drehen, war an sich ein bemerkenswertes Unterfangen. Leider fiel die Figurenzeichnung wie ein grober Holzschnitt aus, der seinen Interpreten nur ein schablonenhaftes Agieren erlaubt, wobei sich die armen Schauspieler noch zudem mit einer hanebüchenen Story herumschlagen müssen. „Dieser Film verrät die Story an die Episoden, das Drehbuch an die Zeitung, die Vernunft an das Vorurteil wie die Spannung an den Hahn, der die Waffe spannt. *Verraten*, das ist Costa-Gavras schäbiger Triumph des guten Willens. Das kommt davon, wenn man mit Roosevelts Haltung Reagans Welt entlarven will" (*epd Film*).
Ein wesentlich besseres Werk, in dem u. a. die konkreten Aktionen des Ku-Klux-Klan im Mittelpunkt standen, drehte Alan Parker ein Jahr später unter dem Titel MISSISSIPPI BURNING - DIE WURZEL DES HASSES. jg

Der Verräter

The Informer. USA 1935 **R** John Ford **B** Dudley Nichols, nach dem Roman von Liam O'Flaherty **K** Joseph H. August **M** Max Steiner **P** Cliff Reid für RKO **L** 91 Min., s/w **D** Victor McLaglen, Heather Angel, Preston Foster, Margot Grahame, Wallace Ford, Una O'Connor, J. M. Kerrigan, Joseph Sawyer, Neil Fitzgerald, Donald Meek

John Ford war gegen Mitte der 30er Jahre zwar ein vielbeschäftigter, doch keineswegs bekannter Regisseur. *Der Verräter* sollte ihn in der Riege von Hollywoods Filmschaffenden ganz nach oben bringen und der Produktionsgesellschaft RKO Pictures Millionen von Dollars einbringen, ehe die Firma gegen Ende der 40er Jahre ihrem Ruin entgegentorkelte.
Mit einem minimalen Kostenaufwand von 243.000 Dollar drehte Ford den Streifen innerhalb von 17 Tagen herunter. Das Publikum reagierte zunächst zurückhaltend auf das Drama; als *Der Verräter* jedoch Ende 1935 in der Liste der zehn besten Filme des Jahres aufgeführt wurde, setzte der Run auf die Kinos ein.
Der irische Untergrundkämpfer Gypo Nolan (McLaglen) hat einen schwerwiegenden Fehler: Er trinkt zuviel, und diese Vorliebe verleitet ihn oft zur Schwatzhaftigkeit - eine Schwäche, die er sich in seiner Position nicht leisten darf. Da er durch sein unüberlegtes Verhalten schon des öfteren die Untergrundbewegung in Gefahr gebracht hat, wird er aus den Reihen der irischen Freiheitskämpfer ausgeschlossen. Verbittert über diesen Vorgang, verrät er einen ehemaligen Kameraden für 20 Pfund an die Engländer, fällt kurze Zeit später jedoch seinerseits in die Hände der Revolutionäre. Verzweifelt versucht seine Geliebte Katy (Grahame), sein Leben zu retten - vergeblich; bei einem Fluchtversuch wird Gypo von den Männern der IRA erschossen.
Der Verräter war die erfolgreichste Produktion bei der Oscar-Verleihung des Jahres 1935, wo er für Regie, Drehbuch, männliche Hauptrolle und den Soundtrack mit insgesamt vier Oscars ausgezeichnet wurde. jg

Die Verrohung des Franz Blum

Die Verrohung des Franz Blum. BRD 1974 **R** Reinhard Hauff **B** Burkhard Driest, nach seinem Roman **K** W. P. Hassenstein **M** Mike Lewis **P** Eberhard Junkersdorf für Bioskop/WDR **L** 100 Min., Farbe **D** Jürgen Prochnow, Eike Gallwitz, Burkhard Driest, Tilo Prückner, Karlheinz Merz, Claus-Dieter Reents, Lutz Mackensy, Charles Brauer, Franz-Joseph Steffens, Marianne Kehlau

Das Drehbuch zu diesem kritischen Gefängnisfilm stammte von Burkhard Driest, der aufgrund eines schweren Diebstahls von 1966 bis 1968 selbst hinter Gittern gesessen hatte und wegen guter Führung vorzeitig entlassen worden war. Zurück in der Freiheit, machte er mit seinem gleichnamigen Roman Furore und landete dann als Autor und Schauspieler beim Film.
Entsprechend autobiographisch präsentiert sich die Leinwandadaption seines Buches. Franz Blum (Prochnow) arbeitet als Versicherungsangestellter. Eines Tages bricht er aus der Monotonie seines Alltags aus und begeht einen Banküberfall. Er wird gestellt und zu einer vierjährigen Gefängnisstrafe verurteilt. Im Knast muß er alsbald eine Kette von Demütigungen und Erniedrigungen über sich ergehen lassen. Hinter den Gitterstäben regiert das Gesetz des Stärkeren. Blum versteht es, sich nach den anfänglichen Quälereien den neuen Verhältnissen anzupassen und aus der unmenschlichen Gefängnishierarchie seinen Profit zu ziehen.
„Wenn es zu den unabdingbaren Eigenschaften wichtiger Filme gehört, daß man etwas daraus lernt, daß man etwas erfährt und be-

greift, was man vorher noch nicht wußte, dann ist Hauffs Film mit Sicherheit einer der wichtigsten, die ein junger deutscher Regisseur in den letzten Jahren zustandegebracht hat" (*Frankfurter Allgemeine Zeitung*).
Aufgrund einer vorher getroffenen Absprache wurde *Die Verrohung des Franz Blum* am 26. März 1974 im Programm der ARD ausgestrahlt und kam erst danach in die Kinos. jg

Die verruchte Lady

The Wicked Lady. Großbritannien 1983 **R** Michel Winner **B** Leslie Arliss, Michael Winner, nach dem Roman *The Life and Death of the Wicked Lady Shelton* von Magdalen King-Hall **K** Jack Cardiff **M** Tony Banks **P** Menahem Golan, Yoram Globus für The Cannon Group **L** 99 Min., Farbe **D** Faye Dunaway, Alan Bates, John Gielgud, Denholm Elliott, Prunella Scales, Oliver Tobias, Glynis Barber

1945 hatte Margaret Lockwood als die Titelheldin von Magdalen King-Halls historischem Roman zwar nicht für Kritiker-Hymnen, dafür jedoch für volle Kassen gesorgt. Der Film *The Wicked Lady* (*Frau ohne Herz*) galt seinerzeit als ziemlich gewagt, und für die US-Fassung mußten sogar einige Szenen nachgedreht werden, da man die Dekolletés der Damen als zu tief ausgeschnitten empfand. Michael Winners Neuverfilmung des angejahrten Stoffes hatte mit Faye Dunaway eine Expertin in Sachen Verführungskunst und Skrupellosigkeit aufzubieten, die ihre saftige Rolle mit entsprechender Verve angeht. Als Lady Shelton spannt sie nicht nur einer guten Freundin den Bräutigam (Elliott) wegen seines Geldes aus, sondern treibt auch - aus Langeweile und Abenteuerlust - nächtens ihr Unwesen als Straßenräuberin. Bei diesen entschieden unmoralischen Aktivitäten trifft sie auf ihren legendären, wie Robin Hood verehrten Kollegen Jerry Jackson (Bates) und wird prompt seine Geliebte. Das räuberische Duo muß allerdings am Ende für seine zahlreichen Sünden büßen.
Regisseur Winner versuchte diesen haarsträubenden Stoff, der wohl kaum ernstzunehmen ist, als flotte historische Balgerei à la TOM JONES zu inszenieren, doch leider kann es der Film weder an Abenteuerlichkeit noch an Humor mit diesem Vorbild aufnehmen. Die Photographie von Kamera-Veteran Jack Cardiff und die verschwenderische Ausstattung - zum Großteil verantwortlich für die Herstellungskosten von 12 Mio. $ - hinterlassen den besten Eindruck, während Faye Dunaway mit blitzenden Augen und bebenden Nüstern wirkt wie „Joan Crawford an einem schlechten Tag" (*New York Post*). Eine der gelungensten Szenen ist noch ein mit äußerster Härte geführter Peitschenkampf zwischen der Lady und einer Rivalin, bei dem nicht nur die Bekleidung, sondern auch manch zarte Hautpartie empfindlichen Schaden nimmt. Die britischen Zensoren beanstandeten diese Szene übrigens und gaben sie erst nach massiven Protesten Winners und der gesamten Filmgemeinde des Landes frei. al

Ein verrückt genialer Coup

Things Change. USA 1990 **R** Howard Franklin, Bill Murray **B** Howard Franklin, nach einer Story von Jay Cronley **K** Michael Chapman **M** Randy Edelman **P** Robert Greenhut, Bill Murray für Devoted-Prod. **L** 87 Min., Farbe **D** Bill Murray, Geena Davis, Randy Quaid, Jason Robards, Bob Elliott, Philip Bosco

Schon 1969 wurde der Moloch New York dem Provinz-Ehepaar Jack Lemmon und Sandy Dennis in NIE WIEDER NEW YORK zum Verhängnis. Bei *Things Change*, dem der deutsche Verleih keinen dümmlicheren Titel hätte verpassen können, liegt der Fall ähnlich.
Das Trio Grimm (Murray), Phyllis (Davis) und Loomis (Quaid) plant einen perfekten Coup. Am hellichten Tag rauben sie vor den Augen Hunderter von Schaulustigen eine Bank aus und verschwinden unbemerkt mit ihrer Beute in Richtung Flughafen. Dem Abflug in den sicheren Süden steht nur noch die Distanz zwischen Manhattan und dem JFK Airport im Wege - und das sollte eigentlich kein besonders großes Hindernis sein. In diesem Falle läuft für unsere drei Helden jedoch schief, was nur schieflaufen kann. New Yorks verkommene Straßen erweisen sich als wahrer Hindernisparkur, auf dem selbst das gestählteste Nervenkostüm zu zerbrechen droht.
Die Idee, im Clownskostüm einen Überfall auf eine Bank zu begehen, haben sich die Macher dieser komischen Farce zwar noch bei dem wenig originellen Belmondo-Film DER BOSS abgeschaut, doch blieb dies die einzige Parallele. Sobald das Trio seine Flucht beginnt, bleibt kein Auge trocken, und New York wird wieder einmal als ein chaotischer Moloch voller düsterer Gestalten, verfallenener Stadtviertel und gestörter Menschen dargestellt. Eine sympathische, schnellebige Gangster-Komödie, bei der Randy Quaid als dick-dämlicher Gauner Loomis die meisten Lacher auf sich zieht. jg

Das verrückte California-Hotel

California Suite. USA 1978 **R** Herbert Ross **B** Neil Simon, nach seinem Bühnenstück **K** David M. Walsh **M** Claude Bolling **P** Ray Stark für Rastar Prod./Columbia **L** 102 Min., Farbe **D** Alan Alda, Michael Caine, Bill Cosby, Jane Fonda, Walter Matthau, Elaine May, Richard Pryor, Maggie Smith, Gloria Gifford, Sheila Frazier

Eine Art Westküsten-Version von Neil Simons HOTELGEFLÜSTER stellt diese Adaption nach einer erfolgreichen Vorlage des New Yorker Vielschreibers dar. Es handelt sich um vier Einakter, die durch den gemeinsamen Schauplatz - das Beverly Hills Hotel - zusammengehalten werden und in ihrer Qualität so unterschiedlich sind wie ihre jeweiligen Hauptdarsteller. Maggie Smith und Michael Caine spielen eine britische Schauspielerin und ihren schwulen Mann, die nervös auf den Beginn der Oscar-Verleihung warten; Alan Alda und Jane Fonda sind ein geschiedenes Ehepaar mit Sorgen um die Zukunft der gemeinsamen Tochter; Bill Cosby und Richard Pryor haben ihre Frauen auf eine Urlaubsreise mitgenommen, bei der fast alles schiefgeht; Walter Matthau wird von seiner Gattin Elaine May mit einer Prostituierten im Hotelbett erwischt. Erwartungsgemäß war der Film ein Riesenerfolg, und ironischerweise wurde Maggie Smith - wie in ihrer Rolle - auch in Wirklichkeit mit einem Oscar ausgezeichnet - als beste Nebendarstellerin. al

Der verrückte Professor

The Nutty Professor. USA 1963 **R** Jerry Lewis **B** Jerry Lewis, Bill Richmond, nach einer Story von Lewis **K** W. Wallace Kelley **M** Walter Scharf **P** Jerry Lewis, Ernest D. Glucksman für Paramount **L** 107 Min., Farbe **D** Jerry Lewis, Stella Stevens, Del Moore, Kathleen Freeman, Ned Flory, Skirp Ward, Norman Alden, Howard Morris

Der verrückte Professor zählt mit Sicherheit zu den besten Klamaukstreifen des Komikers Jerry Lewis, der hier ein weiteres Mal bewies, daß er auch ohne seinen längjährigen Partner Dean Martin einen perfekten Lacherfolg kreieren konnte. Der Film (die bis dahin vierte Regiearbeit von Lewis) ist eine amüsante Parodie auf den frühen Horrorstreifen DR. JEKYLL UND MR. HYDE, verzichtet allerdings darauf, die Persönlichkeitsspaltung in einen guten und einen bösen Charakter anzulegen.
Lewis spielt den vertrottelten, hasenzahnbewehrten Professor Julius Ferris Kelp, der sich Hals über Kopf in seine knackige Studentin Stella Purdy (Stevens) verliebt. Diese jedoch fährt eher auf die gutgebauten Jungens des universitätseigenen Football-Teams ab. Um diesen Adonis-Vorbildern äußerlich etwas ähnlicher zu werden, besucht Kelp ein Body-Building-Studio, wo er auf eklatante Weise gleich am ersten Gerät versagt. Folglich wendet er sich nun lieber der Wissenschaft zu. Mit Hilfe eines ominösen Gebräus verwandelt sich der unansehnliche Forscher in den charmanten Playboy Buddy Love, der allabendlich im Nachtclub „Purple Pit" mit seinem schmachtenden Gesang die Herzen der Damenwelt erweicht und eines Tages auch Stellas Aufmerksamkeit gewinnt. Sein Pech ist nur, daß das zusammengemixte Serum seine Wirkung nur über einen begrenzten Zeitraum behält. Vor der Meute der vergnügungssüchtigen Nachtclub-Besucher kommt es zu einer peinlichen Rückverwandlung...
Ob als trotteliger Wissenschaftler oder schmalziger Schnulzensänger - Jerry Lewis spielt hier in unübertroffener Weise eine der komischsten Doppelrollen der Filmgeschichte. Ein köstlicher Kinospaß. jg

Die verrückten Reichen

Folies bourgeoises. Frankreich/Italien/BRD 1976 **R** Claude Chabrol **B** Claude Chabrol, Norman Enfield, Ennio de Concini, Maria Pia Fusco, nach dem Roman *Le malheur fou* von Lucien Faure **K** Jean Rabier **M** Manuel De Sica **P** Pierre Spengler, Ilya Salkind für Barnabé Prod. (Paris), Gloria Film (Rom), CCC Filmkunst (Berlin) **L** 106 Min., Farbe **D** Bruce Dern, Stéphane Audran, Sydne Rome, Jean-Pierre Cassel, Ann-Margret, Maria Schell, Charles Aznavour, Curd Jürgens, Tomas Milian, Francis Perrin, Sybil Danning, Mauro Parenti

Eine „wilde Komödie" nannte Claude Chabrol diesen stargespickten, international koproduzierten Unterhaltungsfilm, der sich, wie schon der Originaltitel verrät, mit des Regisseurs Lieblings-Sujet befaßt, dem französischen Bürgertum. Dieser Gesellschaftsschicht gehört auch William (Dern) an, ein amerikanischer Schriftsteller, der mit seiner französischen Frau Claire (Audran) in Paris lebt. Beide gehen längst eigene Wege, haben Liebhaber und frönen den Vergnügungen der Reichen. Dennoch kommt es auf Claires Betreiben zu einem Umzug aufs Land, wo sich wider alle Erwartungen eine Besserung der ehelichen Beziehungen anzubahnen scheint...
Die verrückten Reichen wurde zugleich in englischer und französischer Sprache gedreht, doch keine der beiden Fassungen konnte das Publikum oder die Kritik begeistern. Der Film trägt alle negativen Merkmale einer Co-Produktion und bildet im Gegensatz zu Chabrols früheren Arbeiten keine stilistische Einheit. Der Regisseur äußerte später seine Verwunderung über die Finanzierungspolitik seiner Produzenten, die ihm Geld und teure Namen förmlich aufdrängten - aus Steuergründen. al

Ein verrücktes Huhn

Tendre poulet. Frankreich 1977 **R** Philippe de Broca **B** Philippe de Broca, Michel Audiard, nach dem Roman *Le frelon* von Jean-Paul Rouland und Claude Olivier **K** Jean-Paul Schwartz **M** Georges Delerue **P** Alexandre Mnouchkine für Les Films Ariane/Mondex Films **L** 107 Min., Farbe **D** Annie Girardot, Philippe Noiret, Catherine Alric, Hubert Deschamps, Paulette Dubost, Roger Dumas, Guy Marchand, Simone Renant

Nachdem sich Lise (Girardot) und Antoine (Noiret) auf recht unkonventionelle Weise - nämlich bei einem Verkehrsunfall - kennengelernt haben, stellen sie nicht nur fest, daß sie gemeinsam auf der Uni waren, sondern finden darüber hinaus auch Gefallen aneinander. Er ist Griechisch-Professor an der Sorbonne und sie Polizistin, die unglücklicherweise ausgerechnet jetzt mit der Aufklärung einer Mordserie betraut wird. Denn bislang hat sie Antoine, der etwas gegen die staatliche Ordnungsmacht hat, noch nichts von ihrem Beruf erzählt...
Philippe de Broca glückte wieder einmal eine leichtgewichtige, spritzige Komödie, die mit Girardot und Noiret zwei der vielseitigsten französischen Stars erneut zusammenspannt. Denn die beiden hatten sich bereits in DAS „SPÄTE" MÄDCHEN als unschlagbares Duo erwiesen. Der große Erfolg des Films zog ein amerikanisches TV-Remake (*Dear Detective*, 1979) sowie eine Fortsetzung nach sich: *Wer hat den Schenkel von Jupiter geklaut?* al

Die verrücktesten 90 Minuten vor Christi Geburt

Deux heures moins le quart avant Jesus-Christ. Frankreich/Tunesien 1982 **R** Jean Yanne **B** Jean Yanne **K** Mario Vulpiani **M** Jean Yanne, Raymond Alessandrini **P** Pierre Grunstein für Renn Productions/Carthago Films **L** 98 Min., Farbe **D** Michel Serrault, Coluche, Jean Yanne, Françoise Fabian, Mimi Coutelier, Michel Auclair

Wenn das Presseheft den Regisseur schon als „eine Art Didi Hallervorden in Frankreich" lobpreist, schwant einem zu Recht Übles: Und tatsächlich, Jean Yanne wird der Ankündigung in jeder Hinsicht gerecht, er kleistert platte Kalauer und gröbsten Witz (obendrein erbärmlich synchronisiert) zu einer tumben Persiflage auf die alten Römer zusammen, die in ihrem verkrampften Bemühen um Originalität allenfalls lächerlich wirkt. Mehr als dämliche Anachronismen - olle Römer, die mit Brillen durch die Wüste laufen oder fernsehgucken - und flachgeistigen Klamauk aus dem Reich billiger Schwulenwitze hat sein Machwerk nicht zu bieten. Mit Monthy Pythons DAS LEBEN DES BRIAN, einer ebenfalls satirischen, aber gelungenen Auseinandersetzung mit der Antike, hält der Film keinen Vergleich stand.
Zum Inhalt: Caesar (Serrault) weilt in einer Kolonie in Nordafrika, um sich mit Cleopatra (Coutelier) zu treffen, die er eigentlich ehelichen soll. Er aber steht mehr auf Männern, pirscht des Abends viel lieber mit schwarzem Toupet durch Homosexuellen-Discos - hach, wie komisch - und entgeht durch einen glücklichen Zufall einer Verschwörung.
Während hierzulande kaum jemand die dumpfe Schmonzette sehen wollte (*Hamburger Abendblatt*: „dumm bis langweilig", *Frankfurter Rundschau*: „debile Asterix-Intrige"), klingelten in Frankreich die Kinokassen: Das dortige Publikum stürmte zu Millionen die Lichtspielhäuser der Grande Nation. sk

Versailles - Könige und Frauen

Si Versailles m'etait conte. Frankreich 1953 **R** Sacha Guitry **B** Sacha Guitry **K** Pierre Montazel **M** Jean Francaix **P** Sacha Guitry für C.L.M./ Cocinor **L** 138 Min., Farbe **D** Sache Guitry, Michel Auclair, Jean-Pierre Aumont, Jean Louis

Barrault, Claudette Colbert, Gino Cervi, Danièle Delorme, Orson Welles, Daniel Gélin, Edith Piaf

Wenn Versailles erzählen könnte... - genau das dachte sich Sacha Guitry, als er einen Film gleichen Titels über das berühmte Schloß in der Nähe von Paris drehte, in dem einst Weltgeschichte geschrieben worden ist und über dessen ramponierte Parkettböden heute nur noch Heerscharen von Touristen schlurfen. In der Form eines panoramaartigen Gemäldes beginnt Guitry die Geschichtsschreibung von Versailles bei König Ludwig IV. und läßt sie bei der Unterzeichnung des Versailler Vertrages enden.
Schon im Laufe der Dreharbeiten wurde offensichtlich, daß da nicht einfach ein kostspieliger Kostümschinken heruntergekurbelt wurde, sondern sich die Produzenten anschickten, einen Film in wahrhaft nationalen Dimensionen zu drehen. Entsprechend engagiert und begeistert wirkten die vielen tausend Statisten bei den Massenszenen mit, von denen es reichlich zu bewundern gibt.
Der eigentliche Grund für die Entstehung des Films war allerdings wenig schmeichelhaft. Guitry hatte bei einem Besuch in Versailles mit Entsetzen registrieren müssen, in welch abgetakeltem Zustand sich der Prachtpalast befand. Nicht zuletzt bot sein Projekt auch einen Anlaß, das arg in Mitleidenschaft gezogene Gebäude zu renovieren und frisch zu verputzen. Vor dieser pieksauberen Kulisse gab sich so auch alles, was damals im Film Rang und Namen hatte, ein Stelldichein. So kehrte Claudette Colbert aus dem fernen Amerika in ihre französische Heimat zurück und auch Orson Welles machte den Weg über den großen Teich, um in einer Mini-Rolle für einige Sekunden über die Leinwand zu huschen. Alles in allem bietet dieses Kostüm-Epos einige imposante Szenen (die beste vielleicht, wenn Edith Piaf als Pariser Revolutionärin die „Marseillaise" schmettert), die angereichert sind mit prachtvollen Dekors und Kostümen. Der schwatzhafte, illustriertenartige Erzählstil, die kaum nachvollziehbare Anhäufung von Anekdötchen, politischen Halb- oder Unwahrheiten und anderen Legenden lassen jedoch des öfteren eine - immerhin gepflegte - Langeweile aufkommen. jg

Verschollen im Bermuda-Dreieck

Airport ´77. USA 1977 **R** Jerry Jameson **B** David Spector, Michael Scheff **K** Philip Lathrop **M** John Cacavas **P** William Frye für Universal **L** 113 Min., Farbe **D** Jack Lemmon, Lee Grant, Brenda Vaccaro, Joseph Cotten, Olivia de Havilland, Darren McGavin, James Stewart, Christopher Lee

Zum dritten Mal kam nach AIRPORT und dessen unfreiwillig komischem Nachfolger GIGANTEN AM HIMMEL ein Jumbo-Jet in Bedrängnis. Hier gestaltet sich die Katastrophe aber überaus einfallsreich und pompös: Auf dem Wege nach Florida bringen zwei gewissenlose Gangster die Privatmaschine eines Millionärs mit ihren stinkreichen Passagieren in ihre Gewalt. Leider kollidiert das Flugzeug mit einem Bohrturm und stürzt mit angeknickter Tragfläche ins Meer, um dort gurgelnd zu versinken und in geringer Tiefe auf einem unterseeischen Felsvorsprung vorläufig zum Liegen zu kommen. Für die Eingeschlossenen beginnen qualvolle Stunden des Wartens, bis die zur Hilfe geeilten Bergungsmannschaften endlich mit ihrer gewagten Rettungsaktion beginnen können. Doch bis den Verunglückten endlich wieder die salzige Luft des Meeres entgegenschlägt, ereignen sich noch etliche hochdramatische Zwischenfälle, die für den ein oder anderen Akteur tödlich verlaufen.
Da GIGANTEN AM HIMMEL einen Gewinn von 22 Mio. Dollar erwirtschaftet hatte, stattete die Universal dieses dritte *Airport*-Desaster mit einem großzügigen Budget von 16 Mio. Dollar aus, das man dem Film auch in jeder Szene ansieht. Dem Produktionsteam gelangen durchaus einige äußerst ansehnliche und spannend gestaltete Sequenzen; besonders die Bergungsaktion, in der das Flugzeug mittels aufgeblasener Unterwasser-Ballons an die Meeresoberfläche gehievt wird, entbehrt nicht eines gewissen Reizes. Um die Schaukelbewegungen des Jumbo-Inneren möglichst beängstigend zu gestalten, wurde eine gesamte Kabine originalgetreu im Studio nachgebaut, dort auf einer beweglichen Rampe angebracht und schließlich sogar mit 100.000 Litern Wasser überflutet. Letztere Szene brachte Schauspielerin Brenda Vaccaro zu ihrem Ärger eine Lungenentzündung ein.
Ein kurzweiliges Katastrophen-Getöse, in der die vielen internationalen Stars allerdings etwas verloren wirken. jg

Verschollen im Weltraum

Marooned. USA 1969 **R** John Sturges **B** Mayo Simon, nach dem Roman von Martin Caidin **K** Daniel Fapp **P** M. J. Frankovich für Columbia **L** 134 Min., Farbe **D** Gregory Peck, Richard Crenna, David Janssen, James Franciscus, Gene Hackman, Lee Grant, Nancy Kovack, Mariette Hartley, Scott Brady, Craig Huebing, John Carter, George Gaynes, Tom Stewart

Das Jahr 1969 bescherte der Menschheit die erste Mondlandung und eine Reihe weiterer aufregender Weltraum-Aktivitäten, die sich natürlich auch mit einem entsprechenden Trend auf Hollywood auswirkten. John Sturges, sonst eher Spezialist für bodenständige Western, zog es ebenfalls in die Tiefen des Alls. *Verschollen im Weltraum* ist kein Science-fiction-Film, sondern vielmehr ein Streifen über eine fiktive Panne, die sich jederzeit in der Geschichte der modernen Raumfahrt abspielen könnte.
Ein zunächst planmäßig verlaufender Ausflug ins All gerät plötzlich außer Kontrolle. Hilflos treiben die drei Astronauten Pruett (Crenna), Stone (Franciscus) und Lloyd (Hackman) mit ihrem Raumschiff außerhalb der Erdatmosphäre und können nicht mehr auf den Heimatplaneten zurückkehren. Zeit und Sauerstoff werden knapp, während man auf der Erde in aller Eile eine Rettungsaktion zusammenstellt.
Zwei Jahre brachten John Sturges und sein Team bei der NASA zu, um unter der Mithilfe von Technikern und Wissenschaftlern dem Film eine durch und durch authentische Note zu geben. *Marooned* besitzt einen beinahe dokumentarhaften Charakter (es wurden u. a. auch einige Originalszenen vom Start einer Apollo-Rakete eingeschnitten), perfekte Trickaufnahmen und eine plausibel gestaltete Story, die lediglich am Schluß durch die überraschende Hilfsaktion von Seiten der Russen etwas unglaubwürdig wird. Der im Grunde genommen recht lobenswerte Entschluß, in der Zeit des Kalten Krieges ein Symbol der Versöhnung zu setzen, wurde von den meisten Kritikern mit Unverständnis und Häme aufgenommen.
Robbie Robertson erhielt für seine exzellente Trickarbeit in der Sparte „Beste Visuelle Effekte" einen Oscar. jg

Verschwörer

Conspirator. USA 1950 **R** Victor Saville **B** Sally Benson, Gerald Fairlie, nach dem Roman von Humphrey Slater **K** F. A. Young **M** John Wooldridge **P** Arthur Hornblow jr. für Metro-Goldwyn-Mayer **L** 86 Min., s/w **D** Robert Taylor, Elizabeth Taylor, Robert Fleming, Harold Warrender, Honor Blackman

Die junge Amerikanerin Melinda (Taylor) lernt bei einem Besuch in London den britischen Offizier Michael Curragh (Taylor) kennen und lieben. Zu spät entdeckt sie, daß er im Solde der Sowjets steht und für sie spioniert. Schließlich erhält er sogar den Auftrag, seine junge Frau umzubringen, da sie die Sicherheit seiner Mission gefährde...
Dieses in England gedrehte, recht konventionelle kleine Melodram gab der seinerzeit erst achtzehnjährigen Liz Taylor die Gelegenheit, sich in ihrer ersten romantischen „Erwachsenenrolle" zu bewähren, nachdem sie zuvor hauptsächlich als Teenager zu se-

hen gewesen war. Die Glaubwürdigkeit des Films leidet allerdings ein wenig unter der Tatsache, daß ihr Co-Star und Namens-Vetter Robert Taylor (nicht verwandt oder verschwägert) immerhin zwanzig Jahre älter war. al

Verschwörung der Frauen

Drowning by Numbers. Großbritannien/Niederlande 1988 **R** Peter Greenaway **B** Peter Greenaway **K** Sacha Vierney **M** Michael Nyman **P** Kees Kasander und Denis Wigman für Film Four International/Elsevier Vendex Film/Allarts Production **L** 118 Min., Farbe **D** Joan Plowright, Juliet Stevenson, Joely Richardson, Bernard Hill, Trevor Cooper

„Die Hauptthemen der gesamteuropäischen Kultur sind Sex und Tod. Die Mehrheit der Filme romantisiert und sentimentalisiert diese Aspekte. Für mich ist Filmemachen eine seelische Entschlackung", meinte Regisseur Peter Greenaway, selbst im höchsten Maße der Faszination des Todes erlegen, zu seinem filmischen Schaffen. Wie schon in seinem Debüt-Spielfilm DER KONTRAKT DES ZEICHNERS oder in späteren manieristischen Werken wie DER BAUCH DES ARCHITEKTEN und EIN Z & ZWEI NULLEN spielt der Tod auch in *Verschwörung der Frauen* eine zentrale Rolle.
Der skurrile Film erzählt die Geschichte dreier Frauen - Großmutter, Mutter und Enkelin - die alle den Namen Cissy Colpitts tragen. Und die alle von dem Leichenbeschauer Madgett geliebt werden, ohne daß diese Gefühle indes auf Gegenseitigkeit beruhen. Alle drei sind unglücklich verheiratet, und alle drei entledigen sich ihres Ehemannes auf die gleiche Weise: Sie ertränken ihre Gatten - den einen im Meer, den anderen im Pool, den dritten in einer Blechwanne. Madgett, auf die Erfüllung seiner Gelüste hoffend, ist den Frauen beim Vertuschen der Verbrechen behilflich. Doch leider kann auch er nicht schwimmen...
Greenaway gelang ein weiteres brillantes Verwirrspiel, das in prächtigen Bildern zu den harmonischen Klängen der Filmmusik von Michael Nyman mit dem Verstand des Zuschauers Schlitten fährt, der das hübsch verpackte Grauen kaum zu fassen vermag. Versteckt angelegt ist das Zahlenspiel, das Greenaways Film in mehreren Variationen durchzieht: Da hüpft ein Mädchen den ganzen Film hindurch Seil und zählt dabei die Sterne - von eins bis 100. Da sammelt ein Junge einen Tierkadaver nach dem anderen - von eins bis 100. Und da ziehen sich Ziffern, versteckt irgendwo in der Dekoration, vom Anfang bis zum Ende durch den ganzen Streifen hindurch, ebenfalls von eins bis 100. Das Auftauchen der letzten Zahl, des letzten Sterns und des letzten Tierkadavers geht einher mit dem Tod des Leichenbeschauers. Den tieferen Sinn seiner makabren Symbolik beschreibt Greenaway so: „Es ist eine poetische Geschichte moralisch erzählt, um den Glauben zu unterstützen, daß die Guten selten belohnt werden, die Bösen meistens ohne Strafe davonkommen und daß die Unschuldigen stets mißbraucht werden." sk

Verschwörung der Herzen

Conspiracy of Hearts. Großbritannien 1960 **R** Ralph Thomas **B** Robert Presnell jr., nach einer Vorlage von Dale Pitt **K** Ernest Stewart **M** Angelo Lavagnino **P** Betty E. Box, Ralph Thomas für Rank/RFD **L** 108 Min. (Originalfassung 113 Min.), s/w **D** Lilli Palmer, Sylvia Syms, Yvonne Mitchell, Ronald Lewis, Albert Lieven, Peter Arne, Nora Swinburne, Michael Goodliffe, Megs Jenkins, David Kossoff

Ralph Thomas hatte sein Kinopublikum mit der erfolgreichen *Doktor*-Serie zum Lachen gebracht. Mit diesem Film schlug er etwas ernstere Töne an.
Verschwörung der Herzen basiert auf einer wahren Begebenheit. Auch im faschistischen Italien läuft in den 40er Jahren die Deportation der Juden in die Vernichtungslager auf vollen Touren. Einer Gruppe beherzter Nonnen gelingt es jedoch mit Hilfe eines Bauern, Nacht für Nacht jüdische Kinder aus einem Durchgangslager zu schmuggeln und zu verstecken. Der italienische Lagerleiter drückt wohlwissend beide Augen zu. Als nach dem Sturz der Faschisten die Deutschen das Kommando übernehmen, erschweren sich die Rettungsaktionen und werden schließlich sogar entdeckt. Die hilfsbereiten Nonnen geraten auf diese Weise plötzlich selbst in allerhöchste Lebensgefahr.
Kurz nach der Londoner Premiere fürchteten einige englische Journalisten, der Film würde eine antideutsche Stimmung verbreiten. Da aber die geschilderten Ereignisse in Wirklichkeit wohl noch schrecklicher und unbarmherziger abliefen, ist die Skizzierung der einzelnen deutschen Typen nicht nur lebensnah, sondern auch notwendig und gerechtfertigt. So gibt es da den stupiden blonden NS-Offizier, der Zeit seines Lebens nur die Doktrin der Partei befolgt, sowie den altgedienten, kritischen Oberst, der seinen Treueeid auf Adolf Hitler geschworen hat und deshalb „nicht anders kann", obwohl er natürlich könnte. Lilli Palmer spielt die gewiefte und trickreiche Äbtissin Mutter Katharina, ohne jedoch ihre Grande-Dame-Manierismen abgelegt zu haben. Insgesamt gesehen ein engagiertes Drama aus den düsteren Tagen des II. Weltkrieges, bei dem sich die Rührseligkeiten in Grenzen halten. jg

Versprechen in der Dämmerung

La promesse de l'aube. USA/Frankreich 1970 **R** Jules Dassin **B** Jules Dassin, nach dem Bühnenstück *First Love* von Samuel Taylor, basierend auf dem Roman *La promesse de l'aube* von Romain Gary **K** Jean Badal **M** Georges Delerue **P** Jules Dassin für Avco Embassy Pictures (Los Angeles), Nathalie Prod. (Paris) **L** 99 Min., Farbe **D** Melina Mercouri, Assaf Dayan, Didier Haudepin, François Raffoul, Despo, Jean Martin, Fernand Gravey, Perlo Vita

Diese siebte Zusammenarbeit des Amerikaners Jules Dassin mit seiner griechischen Frau Melina Mercouri ist die bewegende Lebensgeschichte des französischen Schriftstellers Romain Gary und wurde an Originalschauplätzen in Nizza, Paris, und Leningrad gedreht. Mercouri spielt Nina Kacewa, einen Star des russischen Stummfilms, die von einer künstlerischen Karriere ihres unehelichen Sohnes Romain träumt. Um sich aus der unglücklichen Liebe zu dessen Vater, dem Leinwandidol Ivan Mosjoukine (Vita) zu lösen, schließt sie sich einer fahrenden Schauspieltruppe an und läßt sich schließlich in Krakau nieder. Von da aus geht es weiter nach Nizza, wo der mittlerweile fünfzehnjährige Romain bereits erste schriftstellerische Gehversuche macht. Bei Ausbruch des II. Weltkrieges meldet sich der junge Mann zur Luftwaffe und erfährt nach Ende der Kampfhandlungen, daß seine Mutter bereits seit zwei Jahren tot ist. Ihre wöchentlichen Briefe an die Front hatte sie vorher geschrieben, da sie ihren Tod kommen fühlte...
Romain wird in den verschiedenen Phasen seines Heranwachsens von drei Schauspielern dargestellt: mit neun von François Raffoul, mit 15 von Didier Haudepin und mit 25 von Assaf Dayan, dem Sohn des seinerzeitigen israelischen Verteidigungsministers Moshe Dayan. Doch *Versprechen in der Dämmerung* ist natürlich hauptsächlich Melina Mercouris Film, die mit dem ihr

eigenen Temperament, Humor und Charme der Figur der Nina Leben einhaucht. Perlo Vita ist übrigens das Pseudonym von Jules Dassin, der als Stummfilmstar Mosjoukine einen kurzen Auftritt als Akteur hat. al

Versprich ihr alles

Promise Her Anything. USA 1966 **R** Arthur Hiller **B** William Peter Blatty, nach einer Story von Arne Sultan und Marvin Worth **K** Douglas Slocombe **M** Lynn Murray **P** Stanley Rubin für Ray Stark-Seven Arts **L** 98 Min., Farbe **D** Warren Beatty, Leslie Caron, Bob Cummings, Hermione Gingold, Lionel Stander, Asa Maynor, Keenan Wynn, Cathleen Nesbitt, Michael Bradley

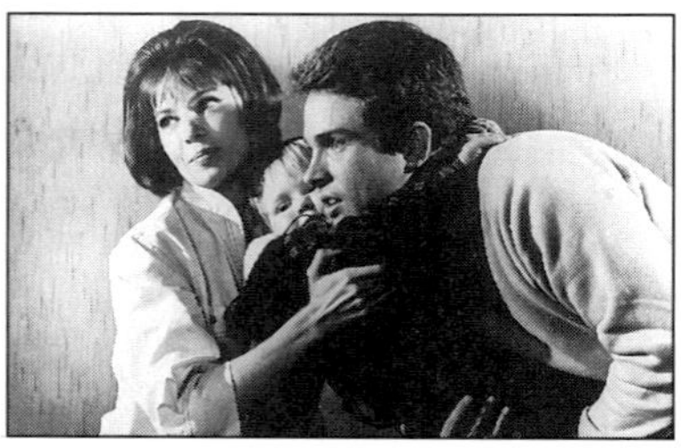

Die junge Witwe Michele (Caron) zieht mit ihrem kleinen Sohn John Thomas (Bradley) nach New York. Im Künstlerviertel Greenwich Village findet sie eine Wohnung - und einen Verehrer dazu: Ihr Nachbar Harley Rummel (Beatty), nach eigenem Bekunden ein talentierter Nachwuchsregisseur, hat ein Auge auf die Französin geworfen. Sie wiederum möchte ihren Arbeitgeber Dr. Peter Brock (Cummings) als Stiefvater für John Thomas gewinnen. Das einzige Hindernis besteht darin, dem Kinderpsychologen, der seine kleinen Patienten haßt wie die Pest, beizubringen, daß Michele nicht allein ist.
Mit *Versprich ihr alles* wandelt Regisseur Hiller auf den bereits stark plattgetretenen Komödien-Pfaden. Einige Slapstick-Nummern und ein Baby, das im Mittelpunkt des Geschehens steht, sollen dem konventionellen Lustspiel neuen Glanz verleihen. Doch das Drehbuch von William Peter Blatty, dem Verfasser des nicht minder amüsanten DER EXORZIST, kann weder mit pointierten Dialogen noch mit ungewöhnlichen Situationen aufwarten. Lediglich das von Burt Bacharach komponierte und von „Tiger" Tom Jones interpretierte Titellied lohnt. mg

Das Versteck

Das Versteck. DDR 1976 **R** Frank Beyer **B** Jurek Becker **K** Jürgen Brauer **M** Günter Fischer **P** Rolf Martius für DEFA **L** 101 Min., Farbe **D** Jutta Hoffmann, Manfred Krug, Dieter Mann, Alfred Müller, Marita Böhme, Martin Trettau

Neben Konrad Wolf zählte Frank Beyer zu den profiliertesten Regisseuren des DDR-Kinos. Nach seinen ersten Filmen (z. B. NACKT UNTER WÖLFEN), die sich mit dem Faschismus auseinandergesetzt hatten, widmete sich Beyer später mit einer Reihe von sogenannten Gegenwartsfilmen dem Alltagsleben in einem sozialistischen Staat. Unaufdringlich und nicht ohne ironische Süffisanz wird in *Das Versteck* eine Liebesgeschichte voll einfallsreicher Drehungen und Wendungen erzählt.
Nachdem sie 14 Jahre miteinander verheiratet waren, wird die Ehe von Max (Krug) und Wanda (Hoffmann) geschieden. Über zwölf Monate leben sie nun schon voneinander getrennt, ist ihr beiderseitiger Kontakt fast abgerissen. Während dieses einen Jahres muß sich Max allerdings schmerzhaft darüber bewußt werden, wie sehr er sich nach Wanda sehnt. Mehr und mehr hält er die Scheidung für einen Fehler, den er wieder korrigieren möchte. Damit dieses Vorhaben nicht gleich allzu offensichtlich wird, versucht er zunächst durch einen Trick, mit Wanda Kontakt aufzunehmen. Mit ihr zusammen ruft er sich noch einmal die guten und schlechten Episoden ihrer Ehe in Erinnerung.
„Tatsächlich, eine Komödie. Es darf gelacht - noch schöner: es darf gelächelt werden" (*Die Zeit*).
Für Frank Beyer war dies der letzte Spielfilm, den er in der DDR realisierte. Im Zuge der Diskussion um die Ausbürgerung Wolf Biermanns fiel auch er beim SED-Regime in Ungnade und siedelte im Dezember 1977 nach West-Berlin über. jg

Versteckt

Versteckt / Forbidden. BRD/Großbritannien 1985 **R** Anthony Page **B** Leonard Gross, nach seinem Roman **K** Wolfgang Treu **M** Tangerine Dream **P** Mark Forstater für Jozak-Decade/Forstater/Clasart, Anthea/Stella **L** 114 Min., Farbe **D** Jacqueline Bisset, Jürgen Prochnow, Irene Worth, Peter Vaughan, Robert Dietl, Avis Bunnage, Malcolm Kaye, Georg Typhon, Annie Leon, Amanda Cannings

Wie war es möglich, als Jude in Nazi-Deutschland zu überleben? Auf diese Frage versuchte der britische Regisseur Anthony Page eine Antwort zu geben, die stellenweise jedoch wie eine Seifenoper vor düster-historischem Grund ausfiel.
Die Geschichte, die hier im Illustrierten-Stil erzählt wird, hat sich wirklich so ereignet. Die Berliner Tierärztin Gräfin Nina von Halder (in Wirklichkeit hieß sie Gräfin Maria von Maltzan, hier dargestellt von Jacqueline Bisset) verliebt sich in den jüdischen Intellektuellen Fritz Friedländer (Prochnow). Um ihn vor der Deportation in ein Todeslager zu retten, geht sie das Wagnis ein und versteckt ihn in ihrer kleinen Wohnung. Während draußen die Juden aus ganz Europa nach Polen verschleppt und dort ermordet werden, führt Friedländer bei Nina ein vorerst zwar sicheres, jedoch erschreckend isoliertes Leben, das im Laufe der Jahre zunehmend an seiner Nervenkraft zehrt. Mit der Eroberung Berlins durch die Rote Armee hat auch Fritz´ Leidenszeit ein Ende.
Jacqueline Bisset und Jürgen Prochnow spielen zwar auf recht anrührende Weise das tragische Liebespaar, doch selten hat man das Gefühl, daß die Protagonisten auch wirklich in Gefahr schweben, mag die unheilvolle und völlig deplazierte Synthesizer-Musik der Berliner Gruppe Tangerine Dream noch so wummern. Maria von Maltzan selbst hatte vor Beginn der Dreharbeiten schon Bedenken geäußert, ob es dem britischen Regisseur gelingen würde, das Kolorit des Dritten Reiches zu treffen, und sah sich nach der Fertigstellung des Films in ihrer Skepsis bestätigt. Ein Großteil des Streifens entstand an Originalschauplätzen in West-Berlin, u. a. auch im Park von Schloß Charlottenburg. jg

Verstecktes Ziel

Brass Target. USA 1978 **R** John Hough **B** Alvin Boretz, nach dem Roman *The Algonquin Project* von Frederick Nolan **K** Toni Imi **M** Laurence Rosenthal **P** Arthur Lewis für Metro-Goldwyn-Mayer **L** 111 Min., Farbe **D** Sophia Loren, John Cassavetes, George Kennedy, Robert Vaughn, Patrick MacGoohan, Bruce Davison, Edward Herrmann, Max von Sydow, Lee Montague, Heinz Bennent

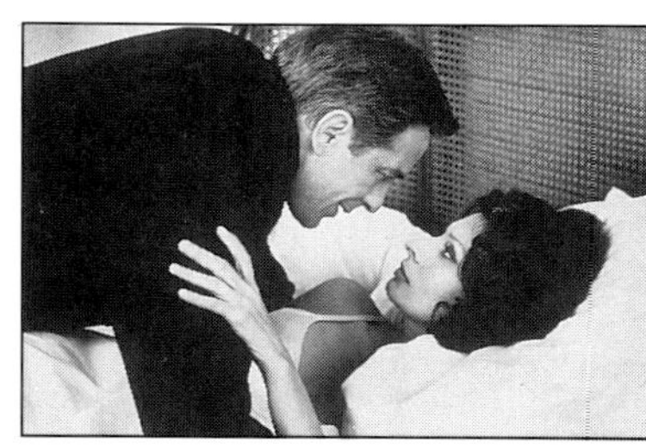

Der legendäre US-General Patton (1885-1945), während des II. Weltkrieges einer der wichtigsten militärischen Führer seines Landes, steht im Mittelpunkt dieses in Deutschland und der Schweiz gedrehten Spionage-Reißers. Nach einem Roman von Frederick Nolan wird hier die Behauptung aufgestellt, Pattons Autounfall am 9. Dezember 1945, der 14 Tage später zu seinem Tod im Krankenhaus führte, sei kein Zufall gewesen, sondern stehe in Zusammenhang mit einer Verschwörung und einem riesigen Goldraub. Der General, gespielt von George Kennedy, sei von einem Profikiller (Von Sydow) mit einem Spezialgewehr ermordet worden, da er die treibende Kraft hinter der Aufklärung eines spektakulären Eisenbahnraubes im Jahre 1945 gewesen sei.
Dieses durchaus interessante Thema wurde von Regisseur Hough zu einem jener starbesetzten Kriegsfilme verarbeitet, die in den

70er Jahren mit viel Aufwand und Gedröhn die Leinwände heimsuchten und die Schrekken der militärischen Auseinandersetzungen als eindrucksvollen Hintergrund für ihre banalen Geschichten ausbeuteten. In diesem Fall gibt's neben einigen Action-Szenen und reichlich Geschwafel über „ob" und „vielleicht" noch eine Dreiecksgeschichte zu sehen, in deren Mittelpunkt die völlig deplazierte Sophia Loren steht. Ein Abschreibungsprodukt. al

Der versteinerte Wald

The Petrified Forest. USA 1936 **R** Archie Mayo **B** Charles Kenyon, Delmer Daves, nach dem Bühnenstück von Robert Emmet Sherwood **K** Sol Polito **M** Bernhard Kaun **P** Henry Blanke für Warner Bros./First National Pictures **L** 80 Min., s/w **D** Leslie Howard, Bette Davis, Geneviève Tobin, Dick Foran, Humphrey Bogart, Joseph Sawyer

Nach zahlreichen unbefriedigenden Rollen erlebte Humphrey Bogart seinen Durchbruch in dieser ausgezeichneten Verfilmung von Robert E. Sherwoods Bühnenstück *The Petrified Forest*, mit dem er bereits auf der Bühne gute Kritiken geerntet hatte. Er spielt die nicht gerade große, aber ungemein eindrucksvolle Rolle des Duke Mantee, eines flüchtigen Gangsters, der mit drei Kumpanen eine Tankstelle in der Wüste Arizonas zeitweilig besetzt. Unter seinen Geiseln sind der ausgebrannte Intellektuelle Alan (Howard) und die Kellnerin Gabrielle (Davis), zwischen denen sich eine Liebesgeschichte anspinnt.
Für die Gelegenheit, als absolut skrupelloser, abstoßender Verbrecher zu überzeugen zu dürfen, konnte sich Bogart bei Leslie Howard bedanken, der auf der Besetzung seines Bühnenpartners bestanden hatte, obwohl Warner lieber einen Vertragsstar wie James Cagney oder Edward G. Robinson in der Rolle gesehen hätte. Auch um das etwas pessimistische Ende mußte Howard kämpfen: Erst nach langem Drängen erklärte sich das Studio damit einverstanden, daß Alan - wie im Stück - am Schluß erschossen wird. *Der versteinerte Wald* kann seine Theaterherkunft nicht verleugnen und arbeitet mit ziemlich dick aufgetragenen Symbolismen, überzeugt jedoch auch heute noch als werkgetreue und vor allem brillant gespielte Adaption. 1944 entstand ein schwaches Remake mit dem Titel *Escape in the Desert*, 1955 wiederholte Bogart seine Rolle in einer Fernsehfassung. al

Versuch's doch mal mit meiner Frau

Luv. USA 1967 **R** Clive Donner **B** Elliott Baker, nach dem Bühnenstück von Murray Schisgal **K** Ernest Laszlo **M** Gerry Mulligan **P** Martin Manulis für Jalem Prod./Columbia **L** 96 Min., Farbe **D** Jack Lemmon, Peter Falk, Elaine May, Nina Wayne, Eddie Mayerhoff

Unglücksrabe Harry Berlin (Lemmon) will gerade seinem Leben mit einem Sprung von der Brücke ein Ende setzen, als er von einem alten Schulfreund, dem reichen Börsenmakler Milt Manville (Falk), gerettet wird. Der hat natürlich seine Gründe für das plötzliche Interesse an Harry: Er möchte seine Geliebte (Wayne) heiraten und hofft, daß Harry seine Frau (May) sozusagen übernehmen kann. Der Plan funktioniert, doch auch mit seiner neuen Gattin ist Milt nicht glücklich, ebensowenig wie Harry mit seiner...
„Aus der leichtgewichtigen, aber bissigen Theaterkomödie über die Liebe in der heutigen Freud-besessenen Gesellschaft ist eine dümmliche, witzlose Farce geworden." Mit diesem vernichtenden Urteil brachte der *Monthly Film Bulletin* die Meinung der meisten Kritiker über Clive Donners Adaption des Broadway-Hits *Luv* (901 Vorstellungen) von Murray Schisgal auf den Punkt. Was war schiefgelaufen? Zunächst hatten Donner und sein Drehbuchautor Elliott Baker versucht, das an einem einzigen Schauplatz, nämlich der Brücke, spielende Drei-Personen-Stück zu „öffnen" und außerdem weitere Figuren dazu erfunden. Doch der surreale Stoff vertrug die Übertragung auf eine „realistische" Kinoleinwand nicht und wirkte grotesk und übertrieben. Die Hauptrollen der Bühnenversion waren übrigens von Alan Arkin, Eli Wallach und Anne Jackson gespielt worden. Mit Glück kann man im Film einen kurzen Blick auf den sehr jungen Harrison Ford erhaschen. al

Versuchung auf 809

Don't Bother To Knock. USA 1952 **R** Roy Baker **B** Daniel Taradash, nach einem Roman von Charlotte Armstrong **K** Lucien Ballard **M** Lionel Newman **P** Julian Blaustein für 20th Century-Fox **L** 76 Min., s/w **D** Richard Widmark, Marilyn Monroe, Anne Bancroft, Donna Corcoran, Jeanne Cagney, Lurene Tuttle, Elisha Cook jr., Jim Backus

Nach 15 mehr oder weniger witzigen Film erhielt Marilyn Monroe hier ihre erste tragische Rolle, die sie mit Würde und Geschick bewältigte. Sie spielt das Kindermädchen Nell, das vom Ehepaar Ruth und Peter Jones (Tuttle, Backus) engagiert wird, um auf dessen Tochter Bunny (Corcoran) aufzupassen. Zur selben Zeit hat der etwas ruppige Flieger Jed Towers (Widmark) im Hotel gegenüber Krach mit seiner Freundin Lyn (Bancroft). Die unerwartete Begegnung mit Nell kommt ihm da gerade recht. Doch schon nach dem ersten kurzen Gespräch, in dessen Verlauf das blonde Mädchen ungewohnt heftig und aggressiv auf Bunnys plötzliches Erscheinen reagiert, merkt er, daß mit Nell etwas nicht stimmt. In der Tat stellt sich heraus, daß sie psychisch unheilbar krank und eine Gefahr für ihre Mitmenschen ist. Panikartig stürzt Jed in die Wohnung der Jones' zurück, wo sich die heimgekehrte Mutter gerade mit der Babysitterin einen Ringkampf liefert. Nell wird in eine geschlossene Anstalt eingeliefert, während Jed durch sein beherztes Eingreifen wieder die Sympathie von Lyn zurückerobert hat.
Ein recht simpel konstruiertes Drama, das jedoch vortrefflich gespielt wird und einen hohen Grad an Spannung bietet. Bemerkenswert vor allem Marilyn Monroe, die im selben Jahr noch unter Henry Hathaways Regie in dem Thriller NIAGARA eine weitere ernste Rolle übernahm. jg

Die Versuchung heißt Jenny

Los pianos mécanicos/Les pianos mécaniques/ Amori di una calda estate. Spanien/Frankreich/ Italien 1965 **R** Juan Antonio Bardem **B** Juan Antonio Bardem, Henri-François Rey, nach dem Roman *Les pianos mécaniques* von Rey **K** Gabor Pogany **M** Georges Delerue **P** Prod. Cesareo Gonzales (Madrid), Les Films Borderie/C. I. C. C./ Précitel/Terra Films/Francos Films/Standard Films (Paris), Explorer Film/King Cinematografica (Rom) **L** 96 Min., Farbe **D** Melina Mercouri, Hardy Krüger, James Mason, Didier Haudepin, Renaud Verley, Martine Ziguel, Keiko Kishi

Um sich von einem Nervenzusammenbruch zu erholen, reist der junge Maler Vincent (Krüger) an die spanische Costa Brava, in den kleinen Fischerort Caldeya. Mittelpunkt dieses vorwiegend von Intellektuellen und Bohémiens besuchten Örtchens ist ein von der ebenso resoluten wie attraktiven Jenny (Mercouri) betriebener Nachtclub. Vincent und Jenny haben eine kurze, stürmische Affäre, nach deren Beendigung er nach Paris zurückkehrt, während sie sich dem alkoholsüchtigen, an Inspirationsmangel leidenden Schriftsteller Regnier (Mason) zuwendet...
Dieses auf den Filmfestspielen von Cannes uraufgeführte Drama nach dem 1962 erschienenen Roman des gebürtigen Katalanen Henri-François Rey wurde allgemein mit Enttäuschung und Ablehnung aufgenommen - erstaunlich angesichts der Tatsache, daß der Autor selbst am Drehbuch beteiligt war. Doch Juan Antonio Bardem, einer der wenigen international bekannten spanischen Regisseure der 50er Jahre, mußte sich offenbar den kommerziellen Anforderungen einer europäischen Co-Produktion anpassen, was

zu einer Verdrängung der sozialen und politischen Elemente des Stoffes führte. al

Der Verwegene

Will Penny. USA 1968 **R** Tom Gries **B** Tom Gries **K** Lucien Ballard **M** David Raksin **P** Fred Engel, Walter Seltzer für Paramount **L** 109 Min., Farbe **D** Charlton Heston, Joan Hackett, Donald Pleasence, Lee Majors, Bruce Dern, Ben Johnson, Slim Pickens, Clifton James, Anthony Zerbe, Roy Jenson

Obgleich Charlton Heston in diesem Western eine seiner reifesten und besten Darstellungen seit langem bot, erlebte er damit ein finanzielles Fiasko. In der amerikanischen Endauswertung konnte *Der Verwegene* noch nicht einmal 3 Mio. Dollar einspielen, während der zeitgleich entstandene Science-fiction-Thriller PLANET DER AFFEN, in dem Heston ebenfalls die Hauptrolle spielte, sich zu einem Kassenmagneten ersten Ranges entwickelte.

In harten und ungeschminkten, aber zuweilen dennoch sehr schönen Bildern beschreibt Gries´ Western das Leben des einfachen Cowboys Will Penny (Heston), der sich im Montana des Jahres 1880 auf beschwerliche Weise sein Geld verdient. Spannung kommt auf, als Penny eines Tages von dem wahnsinnigen Wanderprediger Quint (blendend von Donald Pleasence dargestellt) und dessen drei Söhnen in einen Hinterhalt gelockt wird. Bei der anschließenden Schießerei wird einer der Sprößlinge getötet, was Quint zu einem grausamen Racheschwur veranlaßt. Zunächst aber gibt es für Penny einige idyllische Momente. Er findet Arbeit und lernt die junge Catherine Allen (Hackett) kennen, die sich mit ihrem Sohn auf dem Weg nach Kalifornien befindet, wo ihr Mann auf sie wartet. Natürlich verlieben sich die beiden ineinander. Zuvor gilt es jedoch, Quint und die ihm verbliebenen zwei Söhne auszuschalten. Nachdem dies erledigt ist, zieht Penny allerdings doch ein Leben in Freiheit vor und reitet einsam von dannen.

Nach einem wenig bedeutenden Western und einem noch unwichtigeren Kriegsfilm war dies die dritte Regiearbeit von Tom Gries, mit der er immerhin eine Reihe von positiven Kritiken erntete. Neben Delmer Daves´ COWBOY gehört *Der Verwegene* zu den wenigen Western, die den rauhen Alltag des Wilden Westens nicht in einer verklärenden Romantik darstellen. Für Fans des Genres ein lohnendes Erlebnis. jg

Verwegene Gegner

Ride, Vaquero! USA 1953 **R** John Farrow **B** Frank Fenton **K** Robert Surtees **M** Bronislau Kaper **P** Stephen Ames für Metro-Goldwyn-Mayer **L** 90 Min., Farbe **D** Robert Taylor, Ava Gardner, Howard Keel, Anthony Quinn, Kurt Kaznar, Ted DeCorsia

Anthony Quinns überzeugende Darstellung als psychopathischer mexikanischer Bandit ist das einzig Interessante an diesem zweitklassigen Western, der Metros erste Breitwand-Produktion war. Der Schauspieler war nach Meinung von *Time* in einigen Szenen so gut, „daß er wie aus einem anderen Film hereingeritten" wirkte. Die in der Zeit nach dem US-Bürgerkrieg angesiedelte Handlung dreht sich um die Bemühungen des Ranchers King Cameron (Keel) und seiner schönen Frau (Gardner), ihr Land gegen die Überfälle umherschweifender Banditenhorden zu verteidigen. Obwohl deren Anführer Esqueda (Quinn) bereits einmal die Ranch niederbrennen ließ, gibt Cameron nicht auf und kann den Unhold schließlich besiegen. Trotz der großen Namen ist *Verwegene Gegner* ein schlecht gemachter und oftmals sogar unfreiwillig komischer Film, der den Talenten von Keel und Gardner in keiner Weise gerecht wird. Die Stars empfanden die Arbeit daran als Zumutung, zumal ein Großteil der Aufnahmen in einem gottverlassenen Nest in Utah gemacht wurde, wo die Temperaturen mitunter bis auf 45° Celsius anstiegen. al

Die Verweigerung

La provinciale. Frankreich/Schweiz 1980 **R** Claude Goretta **B** Claude Goretta, Jacques Kirsner, Rosine Rochette **K** Philippe Rousselot **M** Arié Dzierlatka **P** Yves Peyrot, Raymond Pousaz für Phénix Productions/ Gaumont/FR 3 (Paris), SSR (Genf) **L** 112 Min., Farbe **D** Nathalie Baye, Angela Winkler, Bruno Ganz, Pierre Vernier, Patrick Chesnais, Dominique Paturel, Roland Monod, Jean Obé

Internationale Bekanntheit hatte Claude Goretta 1977 mit seinem Frauenporträt DIE SPITZENKLÖPPLERIN erreicht. Auch in *Die Verweigerung* steht das Schicksal einer Frau im Mittelpunkt der Geschichte.

Christine Delumet (Baye) ist eine Landpomeranze wie sie im Buche steht. Über die Grenzen ihres kleinen lothringischen Dorfes ist sie kaum hinausgekommen. Jetzt plant sie den Ausbruch und zieht in das Sündenbabel Paris, wo sie in ihrem Beruf als Bauzeichnerin arbeiten möchten. Die ersten Vorstellungsgespräche verlaufen jedoch alles andere als glücklich und so gehört sie bald zu dem Heer der Arbeitslosen. Ebenso wie ihre beruflichen Ambitionen scheitern auch ihre privaten Beziehungen. Remy (Ganz), ein verheirateter Mann, in den sie sich stürmisch verliebt hat, setzt Prioritäten und nimmt zugunsten seiner Karriere eine Stellung im fernen Japan an. Bleibt nur noch ihre Freundin Claire (Winkler), eine frustrierte Schauspielerin, die ihre Haushaltskasse als „Hostesse" aufbessert. Als Christine sie eines Tages bei einem ihrer „Einsätze" auf das Landgut eines reichen Parisers begleitet, kommt sie zu der schockartigen Einsicht, wie falsch es war, dem Leben auf dem Land den Rükken zu kehren. Ernüchtert und um einige Erfahrungen reicher, kehrt sie zurück in die Provinz.

„Natürlich kann man Goretta seine Klischeebilder vorrechnen. Aber noch die absonderlichsten Handlungsteile überspielt Nathalie Baye. Sie gibt der Verweigerung der Christine eine psychologische Plausibilität, die der reinen Wiedergabe der Geschichte nicht eigen ist. Ein Kinomärchen, das Kitsch und Kunst souverän miteinander verknüpft" (*Frankfurter Allgemeine Zeitung*). jg

Via Mala

Via Mala. Deutschland 1945 **R** Josef von Baky **B** Thea von Harbou, nach dem Roman von John Knittel **K** Carl Hoffmann **M** Georg Haentzschel **P** Eberhardt Schmidt für UFA **L** 108 Min., Farbe **D** Karin Hardt, Carl Wery, Victor Staal, Hildegard Grethe, Hilde Körber, Renate Mannhardt, Malte Jäger, Karl Hellmer, Carl Kuhlmann, Albert Florath, Jutta Carow

Ähnlich wie die beiden Produktionen TITANIC und GROSSE FREIHEIT NR. 7 erlitt auch Josef von Bakys Film *Via Mala* das Schicksal, von der Reichsfilmkammer wegen seiner beklemmenden Geschichte als „nicht zeitgemäß" eingestuft und mit einem Aufführungsverbot belegt zu werden. Wörtlich schrieb der Reichsfilmintendant an das Propagandaministerium: „Die Filmabteilung ist bereits unterrichtet worden, daß der Film *Via Mala*, der an sich gut beurteilt wurde, wegen seines düsteren Charakters zur Zeit zurückgestellt werden muß. Der Film ist nur für das Ausland freigegeben worden." Erste Pläne, das Projekt zu realisieren, hatte es schon 1941 gegeben. Zu diesem Zeitpunkt sollten noch Luise Ullrich und Karl Ludwig Diehl die Hauptrollen übernehmen. Wenige Monate später waren dann Marianne Hoppe und Werner Krauss im Gespräch. Gedreht wurde schließlich mit Karin Hardt und dem bajuwarischen Klotz Carl Wery, der der Rolle des Jonas wohl am meisten entsprach.

Die Familie Laurentz leidet unter dem tyrannischen Familienoberhaupt Jonas, einem satanisch-sadistischen Sägewerkbesitzer, der noch nicht einmal davor zurückschreckt, seine eigene Tochter für ein paar Taler zu verschachern. Eines Tages ist das Maß voll. Mutter und Kinder ertragen den Terror des Vaters nicht länger. Eine Dosis Gift läßt Jonas in die Ewigkeit einfahren; den Leichnam entsorgt die Familie in einem Wildbach, der dem Film auch seinen Titel gibt. Als der Tote aber angeschwemmt und kurze Zeit später entdeckt wird, werden Nachforschungen angestellt.

Bis zum ursprünglich angesetzten Uraufführungstermin wurde an dem Film herumge-

werkelt, um ihn in seiner endgültigen Form ein wenig zu entschärfen. Diese Versuche schlugen fehl, hatten aber zur Folge, daß man *Via Mala* ein Ende anhängte, das im groben Widerspruch zu der literarischen Vorlage steht und darüber hinaus unbefriedigend ist.
Bakys letztes „großdeutsches" Werk erlebte 1948 in Ost-Berlin seine Uraufführung und wurde zwei Jahre später auch in der Bundesrepublik in den Verleih gebracht. Ein Remake drehte Paul May mit Gert Fröbe und Christine Kaufmann. Ein drittes Mal wurde Knittels Roman 1985 als dreiteilige Fernsehserie mit Mario Adorf und Maruschka Detmers verfilmt. jg

Via Mala

Via Mala. BRD 1961 **R** Paul May **B** Kurt Heuser, Paul May, nach dem Roman von John Knittel **K** Richard Angst **M** Rolf Wilhelm **P** Artur Brauner für CCC Filmkunst **L** 93 Min., Farbe **D** Gert Fröbe, Joachim Hansen, Christine Kaufmann, Christian Wolff, Anita Höfer, Edith Schulze Westrum

Gert Fröbe hatte schon in der norwegischen Familiensaga UND EWIG SINGEN DIE WÄLDER einen finsteren Fjord-Farmer gemimt. Hier erhielt er die Gelegenheit, einen ähnlichen Part zu spielen und bekam als Partner noch dazu Joachim Hansen an die Seite gestellt, der im obengenannten Streifen seinen Sohn verkörpert hatte. Ebensowenig wie Thea von Harbou hielten sich auch Kurt Heuser und Paul May in ihrem Skript an den Roman von John Knittel, wodurch sich noch vehementer die Frage aufdrängt, warum das Buch gerade zehn Jahre nach der ersten westdeutschen Kino-Aufführung noch einmal verfilmt werden mußte. Beachtenswert an diesem Remake sind somit lediglich die Kameraarbeit von Richard Angst und Rolf Wilhelms Filmmusik. Alles andere ergeht sich im triefenden Schmalz eines bodenständigen Alpendramas, das sich in Plattheiten und abgedroschenen Bildern schnell erschöpft.
„Der Inszenierungsstil entspricht voll und ganz dem Inhalt dieses beschämenden neuen Schicksalsfilms aus deutschen Landen. Und die schauspielerischen Leistungen stehen, mit einigen Ausnahmen, im gleichen Schatten. Eine Fehlbesetzung ist vor allem Christine Kaufmann. Nie und nimmer kann dieses Mädchen eine Frau und Mutter darstellen" (*Evangelischer Filmbeobachter*). jg

Victor/Victoria

Victor/Victoria. USA 1982 **R** Blake Edwards **B** Blake Edwards, nach dem Drehbuch für *Viktor und Viktoria* (1933) von Reinhold Schünzel und Hans Hoemburg **K** Dick Bush **M** Henry Mancini **P** Tony Adams, Blake Edwards für Ladbroke Entertainment/MGM-UA **L** 132 Min., Farbe **D** Julie Andrews, James Garner, Robert Preston, Lesley Ann Warren, Alex Karras, John Rhys-Davies, Graham Stark

Reinhold Schünzels Verwechslungsfarce VIKTOR UND VIKTORIA war bereits 1935 als *First a Girl* in den Staaten und später - 1957 - unter dem gleichen Titel in der Bundesrepublik neu verfilmt worden. Doch erst Blake Edwards' köstliche 82er-Version, die zugleich als Starvehikel für seine Frau Julie Andrews funktioniert, konnte für sich in Anspruch nehmen, der Qualität des Originals gerecht zu werden. Andrews ist Victoria, eine in Paris lebende Sängerin, die zwar kein Engagement, dafür jedoch einen knurrenden Magen hat. Gerade zum rechten Zeitpunkt läuft ihr der schwule Pianist Toddy (Preston) über den Weg, dessen Taschen ebenfalls leer sind. Schnell ist ein raffinierter Plan geschmiedet: Victoria soll sich als Damenimitator Victor ausgeben! Der Schwindel klappt, und über Nacht wird sie zur Sensation von Paris, die sogar bei einem hartgesottenen Gangster aus Chicago (Garner) für Irritation sorgt. Kann es sein, daß er sich in einen Mann verliebt hat?
Victor/Victoria ist nicht nur umwerfend komisch - Edwards bewährte Mischung aus Slapstick und Vulgarität -, sondern auch ein Fest für Augen und Ohren. Da in England gedreht, mußte das Paris der 30er Jahre im Studio nachgebaut werden - eine Meisterleistung von Ausstatter Roger Maus. Henry Mancini, seit der TV-Serie *Peter Gunn* (1957) Edwards' ständiger Komponist, schuf einen wunderbar nostalgischen Score (Texte von Leslie Bricusse), dessen zahlreiche Songs und Musik-Nummern den Film beinahe zu einem Musical werden lassen. Darunter sind *Crazy World*, *The Shady Dame from Seville*, *Le Jazz Hot* (alle gesungen von Andrews) und *Gay Paree* (Preston), die dem Film einen Oscar für den besten Original-Song-Score bescherten. Andrews, Preston und Lesley-Ann Warren (als Garners ebenso blonde wie dumme Gespielin) wurden für Oscars vorgeschlagen, ebenso wie Drehbuch-Adaption und Kostüme. al

Videodrome

Videodrome. Kanada 1983 **R** David Cronenberg **B** David Cronenberg **K** Mark Irwin **M** Howard Shore **P** Claude Heroux für Filmplan International/ Universal **L** 88 Min., Farbe **D** James Woods, Sonja Smits, Deborah Harry, Peter Dvorsky, Lee Carlson, Jack Creley, Lynne Gorman, Julie Kahner, Reiner Schwarz

Stellenweise könnte man *Videodrome* als Anklage gegen die schwer begreifliche Strategie derjenigen TV-Macher verstehen, die glauben, allein mit Pornographie und Gewaltexzessen die Zuschauer vor die Glotze locken zu können. Leider bleibt dieser lobenswerte Grundgedanke bei Cronenberg schon im Ansatz stecken, da er sehr bewußt mit all den Scheußlichkeiten spielt, deren Verurteilung er anfangs vorgibt.
Max Renn (Woods) ist Teilhaber an einer privaten Kabelfernsehgesellschaft, deren Programme überwiegend aus eindeutigen Sex- und Gewaltstreifen bestehen. Auf der Suche nach neuen visuellen Attraktionen stößt er eines Tages auf die bislang unentdeckte Show „Videodrome", die nur über einen bestimmten Code zu empfangen ist und dem Zuschauer explizit dargestellte Folterorgien offeriert. Bei seinen Recherchen muß Renn erfahren, daß die gezeigten Szenen grausame Realität sind und „Videodrome" seine Rezipienten bei gleichbleibendem Konsum psychisch und physisch mutieren läßt.
Natürlich bietet dieser letzte Aspekt eine hervorragende Ausgangsbasis, um den Zuschauer mit Schockeffekten aller Art zu malträtieren. So schieben sich die Konsumenten von „Videodrome" Videocassetten in ihre aufgeschlitzten Mägen, bersten menschliche Körper oder verwandeln sich Videocassetten bei der Einführung in das Abspielgerät in steakartige, zuckende Fleischfladen. Schade, daß Cronenberg mit seinem ersten großbudgetierten Spielfilm in seine Anfangszeit zurückfallen mußte. Freunde des Splatter-Genres werden sich bestimmt gut unterhalten; zartbesaitete Gemüter hingegen sollten auf diesen Film verzichten. jg

Viel Rauch um nichts

Up in Smoke. USA 1979 **R** Lou Adler **B** Tommy Chong, Cheech Marin **K** Gene Polito **P** Lou Adler und Lou Lombardo für Paramount **L** 86 Min., Farbe **D** Cheech Marin, Tommy Chong, Strother Martin, Edie Adams, Christopher Joy

Cheech und Chong, in den 70er Jahren in den USA mäßig bekannte Rockstars, versuchten mit *Viel Rauch um nichts* im Filmmetier Fuß zu fassen - ohne nachhaltigen Erfolg. Ihre Klamotte um zwei Junkies, die in Los Angeles verzweifelt versuchen, an Drogen zu kommen, spottet jeder Beschreibung: Ohne nennenswerten Inhalt dümpelt der dümmliche Film vor sich hin, die Protagonisten reißen einen Flachwitz nach dem anderen oder versuchen, ihr Publikum mit trotteligen Gesten

und dämlichem Kauderwelsch aus der Drogenszene bei Laune zu halten.
In Amerika spielte der seichte Streifen vor einem - offensichtlich mit Drogen zugeknallten - Publikum 28 Millionen Dollar ein, hierzulande konnte er in überwiegend gähnend leeren Kinos kaum mehr als ein vereinzeltes müdes Lächeln einfahren. Die Amateur-Komiker Cheech und Chong verschwanden nach diesem jämmerlichen Filmdebüt verdientermaßen wieder in der Versenkung.
sk

Viele sind berufen

Career. USA 1959 **R** Joseph Anthony **B** James Lee, nach seinem Bühnenstück **K** Joseph LaShelle **M** Franz Waxman **P** Hal B. Wallis für Paramount **L** 105 Min., s/w **D** Anthony Franciosa, Dean Martin, Shirley MacLaine, Carolyn Jones, Joan Blackman

Einen interessanten Blick hinter die Kulissen der New Yorker Bühnenwelt wirft dieses düstere Drama, das seine Geschichte in einer großen Rückblende erzählt. Der junge Schauspieler Sam Lawson (Franciosa) hofft, am Broadway sein Glück zu machen und schließt sich der Theatertruppe des engagierten Regisseurs Maury Novak (Martin) an. Bis die beiden mit einer Off-Broadway-Show gemeinsam einen Riesenhit landen, haben sie zahlreiche persönliche Krisen, an denen auch Maurys alkoholsüchtige Freundin Sharon (MacLaine), die später Sam heiratet, nicht ganz unschuldig ist, sowie diverse berufliche Rückschläge zu überstehen. *Viele sind berufen* profitiert neben den ausgezeichneten Darstellungen, allen voran der von Franciosa, von der kontrastreichen Schwarzweiß-Photographie Joseph LaShelles, der bedrükkend realistisch die Theaterwelt abseits der glitzernden Fassaden einfing. An den Kassen hatte der Film, ebenso wie zuvor das Stück, allerdings nur bescheidenen Erfolg.
al

Vier Abenteuer von Reinette und Mirabelle

Quatre aventures de Reinette et Mirabelle. Frankreich 1986 **R** Eric Rohmer **B** Eric Rohmer **K** Sophie Maintigneux **M** Ronan Girre, Jean-Louis Valero **P** Les Films du Losange/C.E.R. **L** 95 Min., Farbe **D** Joëlle Miquel, Jessica Forde; *Die blaue Stunde*: Familie Housseau; *Der Kellner im Café*: Philippe Laudenbach, François-Marie Banier, Jean-Claude Brisseau; *Der Bettler, die Kleptomanin, die Gaunerin*: Yasmine Haury, Marie Rivière, Béatrice Romand; *Der Verkauf des Bildes*: Fabrice Luchini, Marie Bouteloup, Françoise Valier

Die blaue Stunde, das ist jener kurze Augenblick zwischen Nacht und Morgendämmerung, den Reinette (Miquel), ein Mädchen vom Lande, Mirabelle (Forde), einer Studentin aus Paris, zeigen möchte.
Bevor Mirabelle wieder in die Stadt zurückkehrt, bietet sie Reinette an, zu ihr zu ziehen. Die nimmt das Angebot gern an und folgt ihrer neuen Freundin in die Metropole, wo die beiden mit einem *Kellner im Café* aneinander geraten, sie sich mit *einem Bettler, einer Kleptomanin* und *einer Gaunerin* auseinandersetzen müssen und einen geschwätzigen Galeristen (Luchini) beim *Verkauf des Bildes* in eine Unterhaltung über die soziale Verantwortung des einzelnen verwickeln.
In den vier „Abenteuern", die Reinette und Mirabelle erleben, rückt Rohmer die Differenzierung der Sprache, der Wahrnehmung und der moralischen Bewertung in den Vordergrund. Zu den Geschichten inspiriert wurde der Literaturprofessor durch die Erzählungen seiner Protagonistin Joëlle Miquel, die während eines Vorsprechens über ihre alltäglichen Begebenheiten plauderte. Gemeinsam entwarfen sie ein Szenario zu diesem Film, der zu den wenigen Arbeiten des Regisseurs zählt, die nicht in einen Zyklus eingebunden sind. In den sechziger Jahren inszenierte Rohmer *Sechs moralische Geschichten*, MEINE NACHT BEI MAUDE war einer der Beiträge. In den achtziger Jahren widmete er sich den *Komödien und Sprichwörtern*, eine Reihe, die mit DIE FRAU DES FLIEGERS begann und mit DER FREUND MEINER FREUNDIN beendet wurde.
mg

Die vier apokalyptischen Reiter

The Four Horsemen of the Apocalypse. USA 1962 **R** Vincente Minnelli **B** Robert Ardrey, John Gay, nach dem Roman von Vicente Blasco Ibanez **K** Milton Krasner **M** André Previn **P** Vincente Minnelli für Blaustein-Montezuma-Prod./MGM **L** 153 Min., Farbe **D** Glenn Ford, Ingrid Thulin, Charles Boyer, Lee J. Cobb, Paul Henreid, Paul Lukas, Yvette Mimieux, Karlheinz Böhm, Harriet MacGibbon, Kathryn Givney, Marcel Hillaire

Einen Film gleichen Titels hatte es schon einmal 1921 gegeben. In ihm trat damals zum ersten Male der italienische Schönling Rudolph Valentino auf. Vincente Minnellis Drama gab sich zwar als ein Remake des Stummfilm-Klassikers aus, hat jedoch mit diesem nur noch wenig zu tun. Julio Madariaga (Cobb) war früher selbst ein politisch Verfolgter. Jetzt hat er es zu großem Reichtum und Ansehen gebracht. Auf seinem riesigen Landsitz in Argentinien, der zugleich Zufluchtstätte für alle Verfolgten dieser Welt ist, ruft er seinen Familienclan zusammen. Viele Mitglieder reisen dazu aus Europa an. Zu ihnen gehört auch sein Neffe Heinrich von Hartrott (Böhm), der sich als eiskalter Nazi entpuppt. Madariaga hat eine Vision von den „vier apokalyptischen Reitern", die Eroberung, Pestilenz, Krieg und Tod verkörpern und seine Familie auf schreckliche Weise heimsuchen werden. Er stirbt in den Armen seines Lieblingsneffen Julio (Ford), der kurze Zeit später mit der übrigen Schar seiner Verwandten nach Europa zurückkehrt. Dort geraten sie in die Mühlen der Nazi-Invasion, die bald den halben Kontinent überschwemmt.
Den zahlreichen europäischen Gestalten versuchte Minnelli dahingehend zu entsprechen, daß er sowohl schwedischen, deutschen bzw. österreichischen als auch französischen Darstellern tragende Rollen gab. So spielte Karlheinz Böhm hier das erste Mal in einem amerikanischen Film, nachdem er zuvor schon in dem Thriller AUGEN DER ANGST Erfahrungen in der englischen Sprache gesammelt hatte. Mit dieser haperte es bei Ingrid Thulin ganz gewaltig, so daß alle ihre Dialoge später von Angela Lansbury nachsynchronisiert werden mußten. Minnellis Werk geriet zu einem aufgeblasenen Kriegsdrama, das sich mit der Vielzahl seiner zu berücksichtigenden Protagonisten verzettelte und MGM einen Verlust von über 6 Mio. Dollar bescherte.
jg

Vier Fäuste für ein Hallelujah

...continuavano a chiamarlo Trinità. Italien 1971 **R** E. B. Clucher **B** E. B. Clucher **K** Aldo Giordani **M** Guido und Maurizio De Angelis **P** Italo Zingarelli für West Film **L** 127 Min., Farbe **D** Terence Hill, Bud Spencer, Yanti Somer, Harry Carey jun., Jessica Dublin

Ein Jahr zuvor hatten sich Terence Hill und Bud Spencer als das schlagkräftige Gespann „der müde Joe" und „der Kleine" mit dem Ulk-Italo-Western DIE RECHTE UND DIE LINKE HAND DES TEUFELS in diesem neu erfundenen Sub-Genre erfolgreich eingeführt - da war eine Fortsetzung geradezu zwangsläufig: In *Vier Fäuste für ein Hallelujah* sorgen die beiden ungleichen Brüder als getarnte Regierungs-Agenten dafür, daß

die Armen zu ein paar Dollars kommen, während sie einen berüchtigten Waffenschieber auf nicht ganz legale Weise um einige tausend Dollar erleichtern.
Dieser Streifen wurde noch erfolgreicher als sein Vorgänger, er legte den Grundstein für eine ganze Serie von Abenteuerfilmen des fäusteschwingenden Duos, die bis in die 80er Jahre hineinreichte und der Fangemeinde Actionstreifen immer gleicher Machart à la ZWEI HIMMELHUNDE AUF DEM WEG ZUR HÖLLE oder *Vier Fäuste gegen Rio* bescherte.
Hill und Spencer waren zugleich oft kopiertes Vorbild für zahlreiche dümmliche Klamaukfilmchen und Prügelklamotten, deren Produzenten mit Titeln wie *Vier Fäuste - hart wie Diamanten* oder *Vier Fäuste und ein heißer Ofen* auf plumpe Art versuchten, an den internationalen Erfolg des Original-Duos anzuknüpfen. sk

Vier Frauen und ein Mord

Murder Must Foul. Großbritannien 1964 **R** George Pollock **B** David Pursall, Jack Seddon, nach dem Roman *Mrs. McGinty's Death* von Agatha Christie **K** Desmond Dickinson **M** Ron Goodwin **P** Lawrence P. Bachmann, Ben Arbeid für MGM **L** 91 Min., s/w **D** Margaret Rutherford, Ron Moody, Charles Tingwell, Andrew Cruickshank, Megs Jenkins, Dennis Price, Ralph Michael, James Bolam, Stringer Davis, Francesca Annis

Nach 16 UHR 50 AB PADDINGTON und DER WACHSBLUMENSTRAUSS war dies der dritte Miss-Marple-Film, den George Pollock mit der großartigen Margaret Rutherford drehte.
Die resolute Rentnerin tritt diesmal zu Beginn dieses köstlichen britischen Krimis als Geschworene in Erscheinung, die ähnlich wie Henry Fonda in DIE ZWÖLF GESCHWORENEN als einzige von der Unschuld des Angeklagten überzeugt ist und damit die Hoffnung auf ein schnelles Ende der Verhandlung begräbt. Mit Hilfe ihres treuen Helfers Mr. Stringer (Stringer Davis, mit dem Margaret Rutherford auch in Wirklichkeit verheiratet war) macht sich Miss Marple auf die Suche nach dem wahren Täter. Ihre Recherchen führen die beiden zu einer fahrenden Schauspieltruppe (allesamt untalentierte Schmierenkomödianten), bei der sie eine vakant gewordene Rolle antritt, um in dieser Tarnung weitere Nachforschungen anzustellen. Es dauert nicht lange und ein weiterer Mord passiert.
Vier Frauen und ein Mord gilt als der schwächste Film der beliebten Serie, sofern man überhaupt von einer Schwäche reden kann, denn Margaret Rutherford spielt auch hier wieder so blendend und amüsant, daß mit ihr jede Minute zum Vergnügen wird. Konnten ihre Fans sie in DER WACHSBLUMENSTRAUSS noch als passable Reiterin und Twist-Tänzerin bewundern, so frönt Miss Marple zusammen mit Mr. Stringer diesmal dem Trimm-Dich-Sport.
Eine konventionell gestrickte „Whodunit"-Geschichte, versehen mit der üblichen flotten Musik und einer Anzahl attraktiver, typisch englischer Schauplätze. Als letzter Film der Miss-Marple-Serie entstand im selben Jahr MÖRDER AHOI. jg

Vier für ein Ave Maria

I quattro dell'Ave Maria. Italien 1968 **R** Giuseppe Colizzi **B** Giuseppe Colizzi **K** Marcello Masciocchi **M** Carlo Rustichelli **P** Bino Cigogna, Giuseppe Colizzi für Crono/Financiaria **L** 124 Min., (Originalfassung 137 Min.) **D** Eli Wallach, Terence Hill, Bud Spencer, Brock Peters, Kevin MacCarthy, Livio Lorenzon, Steffen Zacharias

In *Gott vergibt - Django nie* (1967), einem ziemlich gewalttätigen Italo-Western von Giuseppe Colizzi, waren Terence Hill und Bud Spencer erstmals gemeinsam auf der Leinwand zu sehen gewesen und hatten - in den wenigen komischen Momenten des Films - ein amüsantes Paar abgegeben. Colizzi baute diese Partnerschaft in diesem seinem nächsten Werk aus und brachte erstmals parodistische Elemente in die Handlung ein. Die Banditen Cat (Hill) und Hutch (Spencer) erpressen in einem kleinen Grenzstädtchen 300.000$ vom reichen Bankier Mr. Harold (Zacharias), um dessen finstere Vergangenheit sie wissen. Der so Geprellte schlägt zurück: er schenkt den zum Tode verurteilten Banditen Cacopoulos (Wallach) das Leben unter der Bedingung, die beiden Strolche dingfest zu machen...
Besonders Eli Wallach, der schon in Sergio Leones ZWEI GLORREICHE HALUNKEN glänzte, macht diesen Film zu einem Vergnügen. *Vier für ein Ave Maria* existiert übrigens in zwei deutschen Fassungen, da der Film für eine Wiederaufführung noch einmal - angeblich komischer - synchronisiert wurde („Spencer und Hill haben jetzt ganz neue Sprüche drauf!"). al

Vier für Texas

Four For Texas. USA 1963 **R** Robert Aldrich **B** Robert Aldrich, Teddi Sherman **K** Ernest Laszlo **M** Nelson Riddle **P** Robert Aldrich für Warner Bros. **L** 115 Min. (Originalfassung 124 Min.), Farbe **D** Frank Sinatra, Dean Martin, Anita Ekberg, Ursula Andress, Charles Bronson, Victor Buono, Edric Connor, Nick Dennis, Richard Jaekkel, Mike Mazurki, Wesley Addy

Robert Aldrich hatte mit einer Vielzahl von Filmen bewiesen, daß der harte Action-Streifen und der reißerische Psycho-Thriller seine Domänen waren. Mit dieser Western-Komödie leistete er sich einen Fehlschlag auf der ganzen Linie. *Vier für Texas* ist weder amüsant noch besonders spannend. Die Handlung mutet dem Zuschauer einiges an Durchhaltevermögen zu, denn das wendungsreiche Gerangel um 100.000 gestohlene Dollar wird selbst in der um zehn Minuten gekürzten deutschen Fassung zu einem zweifelhaften Vergnügen, bei dem die Langeweile dominiert. Ganz besonders schlimm sind dann auch noch Ursula Andress und Anita Ekberg, zwei Schauspielerinnen, die der liebe Gott mit einem enormen Brustumfang ausstattete, zu dessen Gunsten er allerdings die schauspielerische Begabung vernachlässigte.
Das Sänger-Gespann Frank Sinatra und Dean Martin verkörpert die beiden Reisenden Zack Thomas und Joe Jarrett, deren Postkutsche von einer Banditenbande überfallen wird. Die Desperados gehen allerdings leer aus, denn die mitgeführten 100.000 Dollar hat Zack klammheimlich an sich genommen. Wind davon bekommen hat Joe, der seinem Reisegefährten die Beute nun streitig machen will. Um das ganze Chaos zu vervollständigen, mischen in der texanischen Stadt Galveston noch die beiden üppigen Damen Elya (Ekberg) und Maxine (Andress) mit. Was mit dem Geld während der kommenden, überlangen Spielzeit passiert, interessiert nur noch wenig. Wichtig ist natürlich, daß zum Schluß für unsere Helden die Hochzeitsglocken läuten.
Trotz seiner großen Namen erwies sich *Vier für Texas* an den Kinokassen als herber Mißerfolg. Robert Aldrich zog daraus seine Konsequenzen und inszenierte erst wieder 1979 mit EIN RABBI IM WILDEN WESTEN eine Western-Komödie, die diesmal wesentlich besser ausfiel. jg

Die vier Gesellen

Die vier Gesellen. Deutschland 1938 **R** Carl Froelich **B** Jochen Huth, nach seinem Bühnenstück **K** Reimar Kuntze **M** Hansom Milde-Meißner **P** Carl Froelich für Tonfilmstudio Carl Froelich/UFA **L** 96 Min., s/w **D** Ingrid Bergman, Sabine Peters, Ursula Herking, Carsta Löck, Hans Söhnker, Leo Slezak, Erich Ponto, Heinz Welzel, Willi Rose, Karl Haubenreißer, Lotte Braun

Mit *Die vier Gesellen* drehte Ingrid Bergman zum ersten Mal außerhalb der schwedischen Studios einen Film, der zugleich die einzige

deutsche Produktion bleiben sollte, in der sie eine Hauptrolle übernahm (sieht man von dem mit deutschen Geldern finanzierten Bergman-Film HERBSTSONATE einmal ab). Da sie Deutsch wie ihre zweite Muttersprache beherrschte, war es für sie kein Problem, sich in den Berliner Ateliers zurechtzufinden, die in den 30er Jahren noch zu den führenden Studios Europas gehörten. Der Vertrag, den Ingrid Bergman mit der UFA abschloß, umfaßte drei Filme, von denen jedoch nur einer zustandekam, da eine unverhoffte Schwangerschaft weitere Projekte unmöglich machte und nach der Geburt des Kindes der II. Weltkrieg ausbrach. Ohnehin war der schwedische Star nicht besonders darauf erpicht, noch längere Zeit im miefigen Nazi-Deutschland zu verbringen, in dem man sich - wie sie in ihrer Autobiographie schrieb - „überall unwohl, verängstigt und beobachtet fühlte".
Ganz dem Gedankengut der NS-Ideologie entspricht auch diese harmlose Komödie, in der Ingrid Bergman zusammen mit ihren drei Kolleginnen Carsta Löck, Ursula Herking und Sabine Peters ein Werbegrafik-Unternehmen gründet, das allerdings nur kurze Zeit besteht, da drei der Damen diverse Herren kennenlernen und heiraten und die vierte im Bunde ihr Glück lieber in der seriösen Malerei sucht. Der begrüßenswerte weibliche Emanzipationsversuch schlägt somit zugunsten von Ehe und Hausfrauendasein wieder einmal fehl.
Trotz ihrer bedrückenden Erlebnisse in Deutschland herrschte zwischen Ingrid Bergman und ihren deutschen Kollegen ein herzliches Verhältnis, das selbst die Jahre des Krieges überdauerte. Im Herbst 1945 hielt sich Ingrid als Truppenbetreuerin in Berlin auf und besuchte bei dieser Gelegenheit noch einmal Hans Söhnker, den sie - ebenso wie Ursula Herking und Erich Ponto - mit Care-Paketen versorgte. jg

Vier im roten Kreis

Le cercle rouge. Frankreich/Italien 1970 **R** Jean-Pierre Melville **B** Jean-Pierre Melville **K** Henri Decaë **M** Eric de Marsan **P** Robert Dorfman für Les Films Corona (Paris), Selenia Cinematografica (Rom) **L** 140 Min. (Originalfassung 150 Min.), Farbe **D** Alain Delon, André Bourvil, Yves Montand, Gian-Maria Volonté, François Périer, Paul Crauchet, André Ekyan

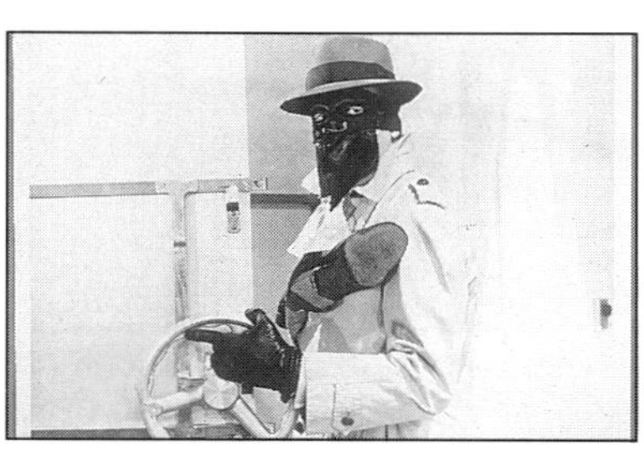

Genau wie sein wohl berühmtester Film DER EISKALTE ENGEL steht auch diese vorletzte Arbeit von Jean-Pierre Melville ganz im Zeichen fernöstlicher Philosophie, in diesem Falle einer Spruchweisheit von Rama Krishna folgend: „Wenn Menschen, die sich nicht kennen, sich eines Tages begegnen sollen, was immer jedem von ihnen zustoßen mag, so werden sie unweigerlich an diesem Tag in dem roten Kreis zusammentreffen."
Dementsprechend streng ist Melvilles Film aufgebaut - wie üblich enthält er wenig Dialog und lebt ganz von der präzisen Inszenierung und der formalen Strenge seiner Bilder. Während dem Häftling Vogel (Volonté) die Flucht aus einem Zug gelingt, wird der Gangster Corey (Delon) in Marseille wegen guter Führung entlassen. Die Begegnung der beiden ist unvermeidlich, und zusammen plant man einen neuen Coup: den Überfall auf ein extrem gesichertes Juwelier-Geschäft in Paris. Mit dem Ex-Polizisten und Scharfschützen Jansen (Montand) schließt sich ein dritter Mann dem Unternehmen an, das letztendlich wie am Schnürchen klappt. Nur mit dem Verkauf der Beute gibt es Probleme, nachdem der vorgesehene Hehler abgesprungen ist. Denn der von Corey ausfindig gemachte Ersatz ist niemand anderer als Kommissar Mattei (Bourvil), dem Vogel am Anfang entschlüpft war...
Vier im roten Kreis wirkt wie ein Kompendium sämtlicher Mythen des Gangsterfilms, die hier auf genüßliche Art und Weise zelebriert werden. Neben den verläßlichen Mimen Delon und Montand überzeugte hier auch Frankreichs Komiker (André) Bourvil in einer ungewohnt ernsten Rolle - auch er sollte leider nur noch einen Film machen. al

Vier irre Typen

Breaking Away. USA 1979 **R** Peter Yates **B** Steve Tesich **K** James Glennon **M** Patrick Williams **P** Peter Yates für 20th Century-Fox **L** 101 Min., Farbe **D** Dennis Christopher, Dennis Quaid, Daniel Stern, Jackie Earle Haley, Barbara Barrie, Paul Dooley, Robyn Douglass, Hart Bochner, Amy Wright

Nach dem aufwendigen Unterwasser-Thriller DIE TIEFE wandte sich Peter Yates mit seinem nachfolgenden Film einem etwas bescheideneren Thema zu. *Vier irre Typen* ist eine typisch amerikanische Teenie-Komödie, in der die College-Zeit als Phase des Mädchenaufreißens und der guten Laune verklärt wird. Aus diesen beiden Dingen scheint jedenfalls Yates´ Film zufolge ein Großteil des Studiums zu bestehen.
Im Mittelpunkt der Geschichte steht Dave (Quaid), ein sympathischer US-Boy mit Italien-Tick, dessen sehnlichster Wunsch es ist, einmal Radrennfahrer zu werden. Zusammen mit seinen drei besten Freunden hat er gerade die Schule abgeschlossen und hängt jetzt ein wenig in der Luft. Schließlich stellt sich für alle die Frage, ob man nun studieren oder gleich ins Berufsleben einsteigen soll. Diese Situation schweißt das Quartett gegen die Studenten des Colleges zusammen, denen sie die wüstesten Streiche spielen und gegen die sie beim berühmten „Little 500"-Radrennen antreten.
Was hierzulande als durchschnittlicher Unterhaltungsspaß eingestuft wurde, erlebte in den Staaten euphorische Publikumsreaktionen, denen sich die Kritikervereinigungen anschlossen. So wurde *Breaking Away* als „Bester Film" mit dem Golden Globe prämiert. Des weiteren erhielt Steve Tesich für sein Drehbuch den Oscar. Die Außenaufnahmen entstanden vor Ort in und um den Campus der Universität von Bloomington im US-Bundesstaat Indiana. jg

Vier Leichen auf Abwegen

A Slight Case of Murder. USA 1938 **R** Lloyd Bacon **B** Earl Baldwin, Joseph Schrank, nach dem Bühnenstück von Damon Runyon und Howard Lindsay **K** Sid Hickox **M** Leo F. Forbstein **P** Hal B. Wallis für Warner Bros. **L** 85 Min., s/w **D** Edward G. Robinson, Jane Bryan, Willard Parker, Ruth Donnelly, Allen Jenkins, John Litel, Eric Stanley, Harold Huber, Edward Brophy, Paul Harvey, Bobby Jordan, Joseph Downing

Eine köstliche Komödie, die in intelligenter Weise die Vorbilder der Schwarzen Serie persifliert und mit Edward G. Robinson keinen besseren Interpreten hätte finden können.
Robinson, acht Jahre zuvor durch seine Rolle in dem Klassiker DER KLEINE CÄSAR zum Inbegriff des brutalen Gangsters geworden, spielt den Brauereibesitzer Remy Marco, der es zu beachtlichem Wohlstand gebracht hat. Dies hat er allerdings nicht seinem scheußlich schmeckenden Bier zu verdanken, sondern lediglich der Tatsache, daß sich der Durchschnittsbürger zur Zeit der Prohibition mit dem schlimmsten Gebräu zufrieden gibt, solange dies nur ein paar Prozente Alkohol enthält. Als jedoch das Alkoholverbot aufgehoben wird, fürchtet Marco um seinen Wohlstand. Seine Position gerät bedrohlich ins Wanken, als er im Garten seines neuen Hauses vier Leichen entdeckt, die als Resultat eines ausgefochtenen Bandenkrieges übriggeblieben sind. Nun ist guter Rat teuer, denn zu allem Überfluß hat auch noch Töchterchen Mary (Bryan) mit ihrem Verlobten Dick (Parker), einem Polizisten, für das Wochenende ihren Besuch angekündigt. Es beginnt ein nervenaufreibendes Verwirrspiel, in dessen Verlauf Remy alles versucht, um seine Verbindungen zur Unterwelt zu vertuschen.

Lloyd Bacons Gangster-Komödie wird ganz getragen von E. G. Robinson, der hier durch die nuancenreiche Darstellung seiner obligatorischen Rolle als Erzschurke eine satirische Variante gibt. Robinson, der sonst sehr kritisch über die ihm vorgelegten Drehbücher urteilte, schwärmte noch viele Jahre später davon, wie sehr ihm die Arbeit an diesem Film vor allem wegen des witzigen Drehbuches gefallen hatte. Unter dem Titel *Gauner mit weißer Weste* entstand 1952 unter der Regie von Roy del Ruth ein farbiges Remake. Die Hauptrollen spielten damals Broderick Crawford, Claire Trevor und Virginia Gibson. jg

Die vier Musketiere - Die Rache der Milady

The Four Musketeers. Panama 1975 **R** Richard Lester **B** George MacDonald Fraser, nach dem Roman *Les trois mousquetaires* von Alexandre Dumas d. Ä. **K** David Watkin **M** Lalo Schifrin **P** Alexander Salkind für Filmtrust S. A. **L** 102 Min. (Originalfassung 108 Min.), Farbe **D** Michael York, Oliver Reed, Richard Chamberlain, Frank Finlay, Raquel Welch, Christopher Lee, Faye Dunaway, Jean-Pierre Cassel, Geraldine Chaplin, Simon Ward, Charlton Heston, Roy Kinnear, Nicole Calfan

Diese Fortsetzung von Richard Lesters höchst amüsanter und erfolgreicher Version des bekannten Dumas-Romans DIE DREI MUSKETIERE wurde zur gleichen Zeit wie ihr Vorgänger gedreht, da man eigentlich ein dreieinhalbstündiges Epos geplant hatte. Produzent Salkinds cleverer Entschluß, zwei Teile herauszubringen, brachte ihm doppelten Gewinn bei einmaliger Gagenzahlung - was prompt Klagen der Stars nach sich zog. Abgesehen von diesen gerichtlichen Streitereien ist dieses Mantel- und -Degen-Spektakel jedoch ein einziges Vergnügen. Wie schon der Titel verrät, plant Milady (Dunaway) Rache für ihre im ersten Teil erlittene Schmach und schmiedet reichlich Intrigen, der schließlich nicht nur der Herzog von Buckingham (Ward), sondern auch D'Artagnas Liebste Constanze (Welch) zum Opfer fallen. Milady selbst ereilt am Ende die gerechte Strafe - sie wird geköpft. Das hört sich vielleicht nicht besonders komisch an, ist es unter Richard Lesters origineller und temporeicher Regie aber. Zwar legte man nicht so viel Gewicht auf Slapstick wie im ersten Teil, doch bietet der Film eine Fülle von Gags und gelungenen Einfällen, von der pompösen Ausstattung ganz zu schweigen. Mit *Die Rückkehr der Musketiere* entstand 1989 eine weitere, verspätete Fortsetzung, die fast alle Darsteller der ersten beiden Teile sowie Lester wieder vereinigte. al

Vier Perlen

O. Henry's Full House. USA 1952 **R** Henry Koster, Henry Hathaway, Jean Negulesco, Henry King **B** Lamar Trotti (1), Richard Breen (2), Ivan Goff, Ben Roberts (3), Walter Bullock (4), nach den Kurzgeschichten von O. Henry **K** Lloyd Ahern (1), Lucien Ballard (2, 3), Joseph MacDonald (4) **M** Alfred Newman **P** André Hakim für 20th Century-Fox **L** 95 Min. (Originalfassung 117 Min.), s/w **D** 1. *The Cop and the Anthem* (*Der Vagabund und die Gerechtigkeit*): Charles Laughton, Marilyn Monroe, David Wayne; 2. *The Clarion Call* (*Die alte Schuld*): Dale Robertson, Richard Widmark; 3. *The Last Leaf* (*Das letzte Blatt*): Anne Baxter, Jean Peters, Gregory Ratoff; 4. *The Gift of the Magi* (*Das Geschenk*): Jeanne Crain, Farley Granger, Sig Ruman

Eine liebevolle und sorgfältig gemachte Hommage an das Werk des amerikanischen Erzählers O. Henry (1982-1910) stellt dieser Episodenfilm dar, der der Fox zudem die Möglichkeit gab, ihre große Zahl von Vertragsstars einmal gemeinsam vorzuführen.
1. Ein Landstreicher (Laughton) bemüht sich redlich, unangenehm aufzufallen, um sich für den Winter einen warmen Platz im Gefängnis zu verschaffen. Doch keine seiner Aktionen ist von Erfolg gekrönt; so „belästigt“ er eine junge Dame (Monroe), die sich als Straßenmädchen herausstellt.
2. Ein Polizist (Robertson) sieht sich der Aufgabe gegenüber, einen alten Freund (Widmark) zu verhaften, wobei es zwischen den beiden zu einem verbalen Schlagabtausch kommt.
3. Eine todkranke junge Frau (Baxter) sieht von ihrem Fenster aus die Blätter von den Bäumen fallen, und ist überzeugt, sterben zu müssen, wenn sich auch das letzte gelöst hat.
4. Ein junges Ehepaar (Crain, Granger) hat so wenig Geld, das jeder von ihnen liebgewonnene Besitztümer opfert, um dem anderen etwas zu Weihnachten schenken zu können.
Die Originalfassung enthält eine weitere Episode von Howard Hawks, *The Ransom of the Red Chief*, mit Fred Allen, Oscar Levant und Lee Aaker. Unverständlich, warum der deutsche Verleih dieses komische Glanzstück um einen unerträglichen Jungen, der seinen Entführern das Leben schwermacht, herausschnitt. al

Vier Pfeifen Opium

The Quiet American. USA 1958 **R** Joseph L. Mankiewicz **B** Joseph L. Mankiewicz, nach dem Roman von Graham Greene **K** Robert Krasker **M** Mario Nascimbene **P** Joseph L. Mankiewicz für Figaro/United Artists **L** 105 Min. (Originalfassung 120 Min.), s/w **D** Audie Murphy, Michael Redgrave, Claude Dauphin, Giorgia Moll, Kerima, Bruce Cabot, Fred Sadoff, Richard Loo, Peter Trent, Clinton Anderson, Yoko Tani

Noch bevor sich die Vereinigten Staaten selbst in Vietnam in einen mörderischen Krieg verstrickten, drehte Joseph L. Mankiewicz diesen Film an Originalschauplätzen im Fernen Osten. Graham Greenes Roman nahm eine überaus kritische Stellung gegenüber den amerikanischen Interessen für Südvietnam ein. Im Film wurde diese Position deutlich entschärft; so wird tunlichst verschwiegen, daß es sich bei Audie Murphy, dem Star der Geschichte, um einen Amerikaner handelt, auch wenn er in den Credits der Filmbeschreibungen als solcher genannt wird. Grund dafür dürfte in erster Linie die Tatsache sein, daß der Protagonist sowohl in Grahams Buch als auch in Mankiewicz' Adaption ein Namenloser bleibt.
Die Handlung entschlüsselt sich in einer gestaffelten Rückblende. Zu Beginn des Films ist Murphy bereits tot. In der Rolle des französischen Polizeiinspektors Vigot klärt uns Claude Dauphin über den vorangegangenen Verlauf des Geschehens auf: Naiv und voller Illusionen kommt Murphy nach Vietnam, um dort im Süden des umkämpften Landes einen privaten Hilfsfond zu gründen, mit dem er die südvietnamesische Bevölkerung in ihrem Kampf gegen die Franzosen und die Kommunisten unterstützen möchte. Seine Aktivitäten werden von dem zynischen britischen Journalisten Fowler (Redgrave) beobachtet, der in den schwelenden politischen Konflikt verwickelt, von den Kommunisten betrogen wird und schließlich einer jener Männer ist, auf deren Konto die Schuld an Murphys Tod geht.
Ein im Hinblick auf die spätere historische Entwicklung bemerkenswerter Spielfilm, der freilich mit dem ehemaligen, recht steif agierenden Kriegshelden Audie Murphy nicht gerade optimal besetzt ist. Ein Wiedersehen gibt es mit der dunklen Schönheit Kerima, die in Carol Reeds DER VERDAMMTE DER INSELN bereits beeindruckt hatte. jg

Vier schräge Vögel

The Hot Rock. USA 1972 **R** Peter Yates **B** William Goldman, nach einem Roman von Donald E. Westlake **K** Ed Brown **M** Quincy Jones **P** Hal Landers, Bobby Roberts für 20th Century-Fox **L** 105 Min., Farbe **D** Robert Redford, George Segal, Ron Leibman, Paul Sand, Zero Mostel, Moses Gunn, William Redfield, Topo Swope, Charlotte Rae, Graham P. Jarvis, Harry Bellaver

Ein für Robert Redford etwas ungewöhnlicher Film, in dem er jedoch recht erfolgreich den Weg in Richtung Komödie einschlug, um ein Jahr später mit seinem Partner Paul Newman mit DER CLOU den großen Coup zu landen. Amerikas einstiges Sex-Symbol verkörpert hier den professionellen Dieb Dortmunder, der - gerade aus dem Gefängnis entlassen - sogleich ein neues Ding plant. Diesmal geht es um einen unschätzbar, wertvollen Diamanten, der der besondere Stolz eines Museums ist. Schnell hat Dortmunder eine Reihe von Getreuen gefunden, die ihm bei seinem Einbruch helfen wollen. Zu ihnen gehört auch Dr. Amusa (Gunn), der Botschafter des afrikanischen Landes, aus dem der Edelstein stammt. Er möchte das Juwel wieder zurück an seinen Herkunftsort bringen. Der gewagte Coup scheint zu gelingen. Schon halten die Räuber den Diamanten in ihren Händen, als sie von einer Wachmannschaft entdeckt werden. Während Dortmunder und die anderen entkommen, wird der Komplize Greenberg (Sand) verhaftet, kann aber unbemerkt den Edelstein verschlucken. Was anschließend folgt, ist ein chaotisches Hin und Her, bei dem das verbliebene Trio alles versucht, um letztendlich doch noch in den Besitz des Diamanten zu gelangen.
Ursprünglich hatte Drehbuchautor William Goldman die Rolle des Kelp für George C. Scott geschreiben, der aber bereits für die Gaunerkomödie *Klauen wir gleich die ganze Bank* unter Vertrag stand, so daß schließlich George Segal für ihn einsprang. Peter Yates versah seine Farce mit einer Reihe netter Ideen und guter Bilder, legte jedoch ein etwas träges Erzähltempo an den Tag, das dem Genre des Films nicht ganz angemessen ist und an einigen Stellen Langeweile verursacht. jg

Vier Schwestern

Little Women. USA 1933 **R** George Cukor **B** Sarah Y. Mason, Victor Heerman, nach dem Roman von Louisa May Alcott **K** Henry Gerrard **M** Max Steiner **P** Kenneth Macgowan für RKO Radio **L** 110 Min. (Originalfassung 117 Min.), s/w **D** Katharine Hepburn, Joan Bennett, Paul Lukas, Edna May Oliver, Jean Parker, Frances Dee, Henry Stephenson, Douglas Montgomery, Spring Byington

Louisa May Alcotts sentimentaler Wälzer ist eine Art Nordstaaten-Version von Margaret Mitchells *Vom Winde verweht* - Liebe und Leid einer Familie vor dem Hintergrund des amerikanischen Bürgerkrieges. Es ist die Geschichte von vier Schwestern, die von ihrer Mutter (Byington) allein großgezogen werden, da der Vater für die Nordstaatler kämpft. Jo (Hepburn), die Älteste, träumt von einer Karriere als Schriftstellerin in New York, doch in diesen schwierigen Zeiten ist der Zusammenhalt der Familie zunächst wichtiger...
Vier Schwestern ist ein Paradebeispiel für die Perfektion, die Hollywood in den 30er Jahren bereits erreicht hatte. Der Film ist nicht nur sorgfältig und aufwendig ausgestattet, sondern macht auch inhaltlich das beste aus seiner Vorlage. Die episodenhafte Struktur des Romans wurde geschickt zusammengefaßt (Drehbuch-Oscar!), und alle Darsteller sind vorzüglich. Katharine Hepburn - schon damals bekannt für ihre Manierismen - wurde von George Cukor im Zaum gehalten, und zwischen den beiden entwikkelte sich eine tiefe Freundschaft, die Jahre andauern und zu etlichen weiteren Filmen führen sollte. 1949 entstand ein farbiges, aber schwächeres Remake unter dem Titel TAPFERE KLEINE JO. al

Die vier Söhne der Katie Elder

The Sons of Katie Elder. USA 1965 **R** Henry Hathaway **B** William H. Wright, Allan Weiss, Harry Essex, nach einer Story von Talbot Jennings **K** Lucien Ballard **M** Elmer Bernstein **P** Hal B. Wallis für Paramount **L** 122 Min., Farbe **D** John Wayne, Dean Martin, Martha Hyer, Michael Anderson jr., Earl Holliman, Jeremy Slate, James Gregory, Paul Fix, George Kennedy, Dennis Hopper

Hathaways Edel-Western wurde für John Wayne zum populärsten Film der 60er Jahre. Viele hatten bereits befürchtet, den „Duke" nie mehr wieder auf der Leinwand zu sehen, nachdem er sich wenige Monate zuvor einer Krebsoperation unterziehen mußte. Doch allen Unkenrufen zum Trotz stieg Wayne wie eh und je in den Sattel, preschte durch die Landschaft und schoß, was das Zeug hielt. Bei dieser Produktion mußte er sich allerdings doch etwas zurückhalten, da die Außenaufnahmen in Mexiko stattfanden, wo die dünne Höhenluft dem gesamten Drehteam stark zusetzte. Aus diesem Grund gehörte auch ein transportables Sauerstoffgerät zu der Grundausrüstung der Crew.
Als fürsorgende Söhne haben sich die vier Elder-Sprößlinge John (Wayne), Tom (Martin), Matt (Holliman) und Bud (Anderson jr.) nie sonderlich hervorgetan. So stirbt ihre Mutter einsam und verlassen, während sie sich in der Welt herumgetrieben haben. An ihrem Sarg finden die Brüder zusammen, um bei dieser Gelegenheit zu erfahren, daß auch der Vater schon vor längerer Zeit gestorben ist. Zu erben gibt es nichts mehr: die Farm und der gesamte Landbesitz sind an einen Rancher namens Hastings (Gregory) gefallen. Als die Elders bei ihm Nachforschungen über den Tod ihres Vater anstellen, wird Hastings ungemütlich. Den Brüdern dämmert, daß man sie und ihre Eltern betrogen hat. Zwischen ihnen und dem mächtigen Rancher kommt es zu einem gnadenlosen Kampf auf Leben und Tod.
Einer der besten amerikanischen Spät-Western - kraftvoll, spannend und hervorragend in der Zeichnung seiner Charaktere. Technische Perfektion und vollendete optische Qualität bietet Lucien Ballards CinemaScope-Fotografie, die mit Elmer Bernsteins synkopischem Soundtrack unterlegt ist. jg

Vier Tage in der Hölle

...la main a couper. Frankreich/Italien 1974 **R** Etienne Périer **B** Charles Spaak, Etienne Périer, Dominique Fabre, nach dem Roman von Pierre Salva **K** Marcel Grignon **M** Paul Misraki **P** Jacques Roitfeld für Planfilm/Les Films Jacques Roitfeld (Paris), Clodio Cinematografica (Rom) **L** 95 Min., Farbe **D** Lea Massari, Michel Bouquet, Bernard Blier, Michel Serrault, Michel Albertini, Lise Danver, Dora Doll

Das Leben von Hélène (Massari), die mit Ehemann Georges (Bouquet) und zwei halbwüchsigen Kindern in einem Pariser Vorort wohnt, gerät erheblich durcheinander, als sie eines Tages die Leiche ihres jungen Geliebten in dessen Wohnung findet. Geistesgegenwärtig nimmt sie sein Notizbuch an sich, muß jedoch feststellen, daß ihr unterdessen das Auto gestohlen wurde. Zuhause macht Georges zweideutige Bemerkungen - ahnt er etwas?
Mord im gutbürgerlichen Milieu - das hätte auch ein Stoff für Claude Chabrol sein können. Doch der in Deutschland kaum bekannte Etienne Périer bringt die in Pierre Salvas Roman enthaltene Gesellschaftskritik auf zurückhaltendere und verständnisvollere Art und Weise vor und hat nebenbei auch noch ein Auge auf die Charakterisierung der Figuren, vorzüglich gespielt von Massari und Bouquet. Ein spannender, perfekt gemachter Krimi. al

Vier Vögel am Galgen

The Spike Gang. USA 1974 **R** Richard Fleischer **B** Irving Ravetch, Harriet Frank jr. **K** Brian West **M** Fred Karlin **P** Walter Mirisch für United Artists **L** 96 Min., Farbe **D** Lee Marvin, Gary Grimes, Ron Howard, Charlie Martin Smith, Arthur Hunnicutt, Noah Beery jr., Marc Smith, Don Fellow, Eliott Sullivan, Robert Beatty

Richard Fleischers Werk ist ein weiterer amerikanischer Spät-Western, der rücksichtslos im Stile seiner italienischen Vorbilder

die Ideale des Wilden Westens demontiert und das Amerika des ausgehenden 19. Jahrhunderts als ein schäbiges, heruntergekommenes Gesellschaftssystem beschreibt, das nur die Alternative zwischen angepaßtem Spießbürger-Dasein oder dem Aussteiger-Leben eines Desperados zuläßt.
Die drei Jugendlichen Will (Grimes), Les (Howard) und Tod (Smith) haben von dem eintönigen Leben auf der Farm ihrer Eltern die Nase voll. Bei Nacht und Nebel reißen sie aus, um draußen in der Welt Abenteuer zu erleben. Diesen begegnen sie in der verhängnisvollen Gestalt des Banditen Harry Spike (Marvin), der die drei unter seine Fittiche nimmt und ihnen in den zweifelhaften Fächern des Bankraubs, Überfalls und Betrugs kenntnisreichen Unterricht erteilt. Die Entscheidung, sich gegen das Gesetz zu stellen, erweist sich für keinen der drei (und erst recht nicht für Spike) als geschickter Schachzug.
Fleischers zynischer Western nimmt sich eines Themas an, das bereits zwei Jahre zuvor Rober Benton in seinem Film *In schlechter Gesellschaft* aufgegriffen hatte. Hier gerät ein Junge aus gutbürgerlichem Haus während des Bürgerkrieges in den verderblichen Einfluß einer Horde vagabundierender Plünderer. *Vier Vögel am Galgen* ist vor allem wegen Lee Marvin sehenswert, dessen Darstellung nichts mehr mit seiner sympathischen Rolle in CAT BALLOU gemein hat, sondern der hier als völlig abgefeimter und gewissenloser Outsider in Erscheinung tritt. jg

Der vierte Mann

De vierde Man. Niederlande 1983 **R** Paul Verhoeven **B** Gérard Soeteman, nach einem Roman von Gérard Reve **K** Jan de Bont **M** Loek Dikker **P** Rob Houwer für Verenigde Nederlandsche Filmcompagnie **L** 102 Min., Farbe **D** Jeroen Krabbé, Renée Soutendijk, Thom Hoffman, Dolf de Vries, Geert de Jong, Hans Veerman, Hero Mueller, Caroline de Beus

Kirchliche Kreise, allen voran natürlich wieder einmal die Anhänger des Papstes, zeterten angesichts der respektlosen Bilder, mit denen Paul Verhoeven seinen okkulten Thriller ausstaffierte. So muß man sich doch tatsächlich ansehen, wie in einer Traumsequenz der Held der Geschichte seinem angebeteten Adonis in den Schritt faßt und ihm die Unterhose herunterzieht, während dieser angenagelt an einem Kreuz baumelt. In einer anderen Szenenfolge wagt es Verhoeven, eine Kapelle als zweckentfremdete Kulisse für den plötzlichen erotischen Ausbruch zwischen zwei Männern schmählich zu mißbrauchen. Die schwule Gemeinde feierte diesen eigenwilligen holländischen Beitrag als Kultfilm, die konservativen Kreise hingegen stempelten ihn als „Kombination von dreister Spekulativität und dekadenter Arroganz“ ab.
Dennoch war es *Der vierte Mann*, dem es Paul Verhoeven zu verdanken hatte, daß nach einer Reihe vorangegangener, kaum weniger aufregender Streifen endlich Hollywood auf ihn aufmerksam wurde. Schon seinen nächsten Film FLESH & BLOOD realisierte der umtriebige Holländer mit amerikanischer Beteiligung.
Auf dem Weg zu einer Dichterlesung begegnet der Schriftsteller Gérard (Krabbé) der faszinierenden, aber eiskalten Blondine Christine (Soutendijk). Mit ihr verbringt er eine aufregende Nacht, die für ihn Grund genug ist, einige Wochen mit seiner neuen Eroberung zu verbringen. In dieser Zeit stellt sich jedoch mehr als einmal die Frage, wer wen erobert hat. Beunruhigung keimt in Gérard auf, als er erkennt, daß Christine schon dreimal verheiratet war und ihre jeweiligen Gatten durch merkwürdige Unglücksfälle ums Leben kamen. Auch jetzt scheint sie ein neues Opfer gefunden zu haben - Hermann (Hoffman), einen attraktiven jungen Mann, der Gérards schwule Anteile mobilisiert und den der Schriftsteller auf keinen Fall verlieren möchte. Er kann nicht ahnen, wie aussichtslos sein Kampf gegen das Unerklärliche ist.
Verhoevens mystisch angehauchter Thriller bietet spannende Unterhaltung, die am Ende in einer scheußlichen Unfallszene kulminiert, bei der die verwendete Puppe etwas lebensechter hätte gestaltet sein können. jg

Das vierte Protokoll

The Fourth Protocol. Großbritannien 1987 **R** John MacKenzie **B** Frederick Forsyth, nach seinem Roman **K** Phil Maheux **M** Lalo Schifrin **P** Timothy Burrill für Rank **L** 119 Min., Farbe **D** Michael Caine, Pierce Brosnan, Joanna Cassidy, Ned Beatty, Julian Glover, Michael Gough, Ray McAnally, Ian Richardson, Anton Rodgers

Daß John MacKenzies *Das vierte Protokoll* unter den übrigen Polit-Thrillern der letzten Jahre eine besondere Stellung einnimmt, liegt zum einen an dem dramaturgisch klug durchdachten Drehbuch des Romanautors John Forsyth, zum anderen an den hervorragenden Schauspielern, von denen Pierce Brosnan besondere Erwähnung verdient, der hier als unglaublich erotischer und zugleich gnadenloser KGB-Spion fasziniert.
Die Geschichte führt uns zurück in die guten alten Tage des Kalten Krieges. In den Hirnen der bösen Russen reift mal wieder ein besonders teuflischer Plan. Spezialagent Petrowsky (Brosnan) wird nach England geschickt, um dort in der Nähe einer US-Militärbasis eine Mini-Atombombe zu zünden. Dies soll zur Folge haben, daß die Bevölkerung Großbritanniens gegen die Amerikaner mobilisiert wird und damit das Nordatlantische Bündnis ins Wanken geraten soll. Wind von dieser Aktion bekommt der englische Agent John Preston (Caine), der sich - getrieben von düsteren Vorahnungen - an Petrowskys Fersen heftet. Die Folge ist ein unvermeidliches Kopf-an-Kopf-Rennen, um die Aktivierung der Bombe zu verhindern.
Die Haltung dieses Agenten-Thrillers ist zwar zutiefst konservativ (so wird beispielsweise die Friedensbewegung am Rande mal wieder als kommunistischer Handlanger diffamiert), doch aus heutiger Sicht sollte man dem Leindwandgeschehen weniger Ernst beimessen. Eine spannende und intelligent gemachte Kinounterhaltung, deren eingestreute Gewaltexzesse zu keiner Zeit selbstzweckhaft eingesetzt werden, sondern die brutalen Gesetzmäßigkeiten in Spionagekreisen treffend charakterisieren.
Die in den verschneiten russischen Wäldern spielenden Episoden wurden natürlich nicht in der UdSSR, sondern im Nachbarland Finnland gedreht. jg

24 Stunden aus dem Leben einer Frau

24 heures de la vie d'une femme/24 Stunden aus dem Leben einer Frau. Frankreich/BRD 1967 **R** Dominique Delouche **B** Johanna Sibelius, Eberhard Keindorff, Dominique Delouche, Paul Hengge, Albert Valentin, nach der Novelle von Stefan Zweig **K** Walter Wottitz **M** Jean Podromides **P** Louis Emile Galey, Günter Klein für Pogrefi (Paris), Roxy Film (München) **L** 84 Min., Farbe **D** Danielle Darrieux, Robert Hoffmann, Romina Power, Lena Skerla

Alice (Darrieux), eine wohlhabende Frau in mittleren Jahren, beobachtet in einem Casino halb mitleidig, halb fasziniert, wie ein junger, gutaussehender Mann (Hoffmann) sich beim leidenschaftlichen Spiel völlig ruiniert. Spontan bietet sie ihm finanzielle Hilfe für die Übernachtung in einem Hotel an und geht schließlich sogar auf sein Angebot ein, mit ihm die Nacht zu verbringen...
Stefan Zweigs Novelle verwandelte sich in den Händen des französischen Regiedebütanten Dominique Delouche in einen im besten Sinne gepflegten, melancholischen Unterhaltungsfilm, der ganz von der Präsenz seiner Hauptdarstellerin lebt. Man hatte einige Änderungen vorgenommen; so wurde das Geschehen aus dem Jahre 1880 in die Zeit

des I. Weltkrieges verlegt sowie der Schauplatz Riviera durch die norditalienischen Seen ersetzt, die Walter Wottitz von ihrer besten Seite einfing. al

24 Stunden in seiner Gewalt

Desperate Hours. USA 1990 **R** Michael Cimino **B** Lawrence Konner, Mark Rosenthal, Joseph Hayes, nach dem Roman und dem Bühnenstück von Hayes **K** Doug Milsome **M** David Mansfield **P** Dino de Laurentiis, Michael Cimino für Dino de Laurentiis Communications/20th Century-Fox **L** 105 Min., Farbe **D** Mickey Rourke, Anthony Hopkins, Mimi Rogers, Lindsay Crouse, Kelly Lynch, Elias Koteas, David Morse, Shawnee Smith

Nach seinem Debakel mit HEAVEN'S GATE arbeitete Michael Cimino emsig daran, seinen lädierten Ruf wiederherzustellen, doch weder IM JAHR DES DRACHEN noch DER SIZILIANER erfüllten diesen Anspruch. Eine Neuverfilmung von Joseph Hayes' *Desperate Hours*, 1955 von William Wyler als AN EINEM TAG WIE JEDER ANDERE mit Humphrey Bogart in der Hauptrolle inszeniert, schien wesentlich geeigneter zu sein, doch auch sie erwies sich als Enttäuschung. Drei Gangster unter Führung des flüchtigen Häftlings Michael Bosworth (Rourke) dringen in das Haus der gutbürgerlichen Familie Cornell ein und nehmen die Bewohner als Geiseln. Michaels Geliebte und Anwältin Nancy (Lynch), die ihm bei der Flucht geholfen hat, soll in wenigen Stunden zu ihnen stoßen. Für Nora Cornell (Rogers), ihren geschiedenen Mann Tim (Hopkins) und Tochter May (Smith) beginnen alptraumhafte Stunden.
Der Hauptunterschied zur früheren Version besteht hier darin, daß man versuchte, dem etwas angeknacksten Bild der amerikanischen Familie gerecht zu werden und aus Nora und ihrem von Anthony Hopkins gespielten Mann Tim ein geschiedenes Paar machte, das nur noch wegen der gemeinsamen Tochter kommuniziert. Nicht schwer vorauszusehen, daß die kleine Familie am Schluß wieder fest zueinander steht und in eine rosige Zukunft blickt. Mindestens ebenso unglaubhaft sind Kelly Lynchs Sexbomben-Anwältin und Lindsay Crouse als zynische Polizeibeamtin, beide ebenfalls im Original nicht enthalten. Doch trotz dieser (und einiger anderer) Schwächen ist Ciminos Film ein zumindest technisch brillant gemachter Thriller, der besonders in den vor einer imposanten Berglandschaft spielenden Eingangssequenz dem Regisseur die Möglichkeit gibt, sein Flair für spektakuläre Optik unter Beweis zu stellen. al

Vierzehn Jahre Sing-Sing

I Walk Alone. USA 1948 **R** Bryon Haskin **B** Charles Schnee, Robert Smith, John Bright, nach dem Bühnenstück *Beggars Are Coming To Town* von Theodore Reeves **K** Leo Tover **M** Victor Young **P** Hal B. Wallis für Paramount **L** 93 Min. (Originalfassung 98 Min.), s/w **D** Burt Lancaster, Lizabeth Scott, Kirk Douglas, Wendell Corey, Kristine Miller, George Rigaud, Marc Lawrence, Mike Mazurki, Mickey Knox

Die beiden Komplizen Frankie Madison (Lancaster) und Noll Turner (Douglas) haben wieder einmal ein krummes Ding gedreht. Diesmal geht jedoch nicht alles so glatt wie erhofft, denn sie geraten in eine Polizeikontrolle. Während Noll die Flucht gelingt, wandert Frankie für vierzehn Jahre ins Gefängnis. Aus der Haft entlassen, ist er nur noch erfüllt von Rachegedanken und dem Wunsch, seinen Anteil an der damaligen Beute zu bekommen. Noll, der inzwischen zu einem reichen Nachtclub-Besitzer aufgestiegen ist, schaltet in dieser Hinsicht allerdings auf stur. Als auch noch ein Mord auf sein Konto geht, stellt Frankie seinem ehemaligen Komplizen eine raffinierte Falle. Noll gesteht seine Verbrechen und ruiniert damit seine Existenz.
Einer jener typischen Gangsterstreifen der 40er Jahre, dessen Qualitäten in dem Zusammenspiel der beiden Stars Burt Lancaster und Kirk Douglas liegen, die damals noch am Beginn ihrer Karriere standen. Trotz des etwas störenden Erzählstils (die Handlung wird in mehreren Rückblenden wiedergegeben) und der etwas unsicheren Regie von Bryon Haskin, ist *Vierzehn Jahre Sing-Sing* für Fans der Schwarzen Serie ein lohnenswertes Kriminaldrama.
Da die Geschichte zu einem Großteil in den Räumlichkeiten einer Nachtbar spielt, ertönen eine Reihe bekannter Schlager, wie z. B. *It's Easy To Remember*, *Isn't It Romantic* oder *Don't Call It Love.* jg

Vierzehn Stunden

Fourteen Hours. USA 1951 **R** Henry Hathaway **B** John Paxton, nach dem Roman *The Man on the Ledge* von Joel Sayre **K** Joseph MacDonald **M** Alfred Newman **P** Sol C. Siegel für 20th Century-Fox **L** 92 Min., s/w **D** Paul Douglas, Richard Basehart, Barbara Bel Geddes, Debra Paget, Agnes Moorehead, Robert Keith, Howard Da Silva, Jeffrey Hunter, Grace Kelly

Am 26. Juli 1938 stürzte sich ein junger Mann vom Fenstersims des 15. Stockwerks eines New Yorker Wolkenkratzers, nachdem er zuvor vierzehn Stunden dort ausgeharrt hatte und es Verwandten und Polizisten nicht gelungen war, ihn von seinem Vorhaben abzubringen. Dieses tragische Ereignis, das von einer gaffenden Menschenmenge verfolgt wurde und in ganz Amerika Schlagzeilen machte, diente Henry Hathaway als Vorlage für sein packendes, ungeheuer spannendes Drama. Richard Basehart spielt den jungen Selbstmörder, Barbara Bel Geddes seine wohlmeinende Freundin und Paul Douglas einen Verkehrspolizisten, der als einziger das Vertrauen des Jungen gewinnt. Sein Sprung endet im Film mit Rettung - dem Fall in ein Polizeinetz.
Vierzehn Stunden beschäftigt sich nicht nur mit der Hauptfigur, sondern untersucht auch die sich ansammelnde Menschenmenge und stellt eine Vielzahl von Personen vor. So ein junges Pärchen (Paget, Hunter), das sich gerade erst kennengelernt hat, und eine Frau, die das Geschehen aus einem gegenüber liegenden Fenster aus verfolgt und sich dadurch veranlaßt fühlt, ihre bereitliegenden Scheidungspapiere doch nicht zu unterschreiben. Grace Kelly spielt diese Figur in ihrem ersten Leinwandauftritt. al

Der 14. Juli

Quatorze juillet. Frankreich 1932 **R** René Clair **B** René Clair **K** Georges Périnal **M** Maurice Jaubert **P** Films Sonores Tobis **L** 98 Min., s/w **D** Annabella, Georges Rigaud, Pola Illery, Raymond Cordy, Paul Olivier

Der 14. Juli ist der französische Nationalfeiertag, der Tag, an dem im Jahre 1789 das Volk die Bastille erstürmte und damit gleichsam den Startschuß für die Französische Revolution gab. An einem solchen Tag, als überall in Paris gefeiert und getanzt wird, gesteht der Taxifahrer Jean (Rigaud) dem Blumenmädchen Anna (Annabella) seine Liebe. Doch das Glück weilt nicht lange, denn da ist noch die in üblen Kreisen verkehrende Pola (Illery), die ihre Netze nach Jean auswirft. Es dauert genau ein Jahr, bis zum nächsten 14. Juli, bis Anna und Jean nach zahlreichen Irrungen und Wirrungen wieder zueinander finden.
Dieser charmante Liebesfilm wurde von René Clair wie üblich im Milieu der einfachen

Leute von Paris angesiedelt, denen er auch mit Filmen wie UNTER DEN DÄCHERN VON PARIS und später mit DIE MAUSEFALLE Denkmäler setzte. al

Vierzig Gewehre

Forty Guns. USA 1957 **R** Samuel Fuller **B** Samuel Fuller **K** Joseph Biroc **M** Harry Sukman **P** Samuel Fuller für Globe/20th Century-Fox **L** 85 Min., s/w **D** Barbara Stanwyck, Barry Sullivan, Dean Jagger, John Ericson, Gene Barry, Robert Dix, Jack Carroll, Gerald Milton, Eve Brent, Ziva Rodann

Schon der Auftakt zu diesem Western ist ungewöhnlich und von einer optischen Einzigartigkeit. Wie kein anderer verstand es Kameramann Joseph Biroc, die eigentümliche Kombination von Schwarzweiß und CinemaScope zu nutzen. Auf einem Schimmel galoppiert die ganz in Schwarz gekleidete Barbara Stanwyck, eskortiert von 40 Cowboys, über die weite Ebene, um nur noch eine Staubwolke zu hinterlassen.
Stanwyck spielt die reiche Viehbaronin Jessica Drummond, die praktisch uneingeschränkt über die Stadt Cochise County, Arizona, regiert und deren Geboten sich sogar der örtliche Sheriff unterordnet. Um diese Zustände zu ändern, kommt der Regierungsmarshall Griff Bonell (Sullivan) in die Stadt. Zunächst versucht Jessica, auch ihn auf ihre Seite zu ziehen, was gründlich mißlingt. Griff erweist sich nicht nur als standfest, sondern bewirkt zudem, daß Jessica sich in ihn verliebt. Dies paßt so gar nicht in das Konzept ihres Bruders Brock (Ericson), der alles daran setzt, den Schnüffler aus der Stadt zu treiben und dabei selbst vor brutalen Mitteln nicht zurückschreckt.
Vierzig Gewehre wurde zum Zeitpunkt seiner Aufführung besonders in Europa hochgeschätzt. Heutzutage hat sich Fullers Western längst einen Kultstatus erobert. Unbestritten ist der Einfluß dieses Werkes auf die Italo-Western von Sergio Leone, der sich in Kameraführung (viele Totalen, weite Schwenks) und Schnittechnik eng an Fullers Film orientierte. Doch nicht nur aufgrund seiner gestalterischen Virtuosität bleibt *Vierzig Gewehre* bemerkenswert. Neben Nicholas Rays JOHNNY GUITAR - WENN FRAUEN HASSEN ist er einer der wenigen Western der 50er Jahre, der von der üblichen Frauenzeichnung Hollywoods abweicht, auch wenn Barbara Stanwyck am Schluß des Films ihrem Geliebten hinterherrennt.
Das melodiöse Schlußlied *High Ridin´ Woman* wird von Jack „Jidge“ Carrol gesungen. jg

Vierzig Karat

Forty Carats. USA 1973 **R** Milton Katselas **B** Leonard Gershe, nach dem Bühnenstück von Pierre Barillet und Jean-Pierre Grédy, englische Adaption von Jay Presson Allen **K** Charles Lang **M** Michel Legrand **P** M. J. Frankovich für Columbia **L** 108 Min., Farbe **D** Liv Ullmann, Edward Albert, Gene Kelly, Binnie Barnes, Deborah Raffin, Billy Green, Nancy Walker

Liv Ullmann ist entschieden fehlbesetzt in dieser leichtgewichtigen Adaption des Broadway-Hits *Forty Carats*. Die Schwedin arbeitete nach ihren großen Erfolgen bei Ingmar Bergman und in Jan Troells Auswanderer-Dramen zunehmend auch in Hollywood und wurde hier mehrfach Opfer ihres eigenen Urteilsvermögens (oder eines Mangels desselben), was in einigen spektakulär schlechten Werken resultierte. *Vierzig Karat* gehört glücklicherweise nicht dazu, doch verliert er durch ihre Anwesenheit an komischer Durchschlagskraft. Als vierzigjährige Ann Stanley wirkt Ullmann nicht nur viel zu jung (Julie Harris spielte die Rolle auf der Bühne), sie besitzt, zumindest in Englisch, auch kein komisches Timing. Ann, eine erfolgreiche New Yorker Grundstücksmaklerin, lernt bei einem Urlaub in Griechenland den halb so alten Peter (Albert) kennen und verbringt eine Nacht mit ihm. Zu ihrer Überraschung bleibt es nicht dabei, denn Peter taucht in New York auf und versucht, die Affäre fortzusetzen. Irritiert stellt Ann fest, daß ihre gesamte Umgebung, einschließlich ihrer Mutter (Barnes) und ihres Ex-Mannes (Kelly), das für eine gute Idee zu halten scheint...
Trotz der erwähnten Schwächen ist *Vierzig Karat* (eine Anspielung auf Anns Alter) amüsante und elegante Unterhaltung, die vom Publikum dementsprechend goutiert wurde. Das französische Autoren-Duo Barillet/Grédy lieferte übrigens auch die Vorlage zu DIE KAKTUSBLÜTE. al

40 qm Deutschland

40 qm Deutschland. BRD 1985 **R** Tevfik Baser **B** Tevfik Baser **K** Izzet Akay **M** Claus Banzer **P** Tevfik Baser Filmproduktion/Studio Hamburg **L** 80 Min., Farbe **D** Özay Fecht, Yaman Okay, Demir Gökgöl

Eine vierzig Quadratmeter große, dunkle Hinterhofwohnung in Hamburg - das ist alles, was Turna (Fecht) von Deutschland kennt. Sie ist von Dursun (Okay) aus ihrem anatolischen Heimatdorf in die große reiche Stadt geholt worden. Doch statt die neue Welt, auf die sie so neugierig ist, kennenzulernen, bleibt ihr nichts als der Blick aus dem Küchenfenster. Dursun sperrt seine Frau Tag für Tag ein, wenn er zur Arbeit geht. Er will sie damit vor dem Land, das er nicht versteht, und den Menschen, die ihm unmoralisch und verdorben erscheinen, schützen. Turna verzweifelt immer mehr, fühlt sich gefangen wie ein Tier. Als eines Tages wieder einmal ein lauter Streit ausbricht, bekommt Dursun einen seiner epileptischen Anfälle und stirbt. Turna steht vor den Trümmern ihrer Ehe und der Leiche ihres Mannes, allein, hilflos und verwirrt - in einem Land, das ihr vollkommen fremd ist.
Tevfik Baser legte mit seinem Spielfilmdebüt eine sensible, stille Studie über menschliche Verzweiflung vor. *40 qm Deutschland* ist ein Blick hinter die Kulissen eines Gastarbeiterlebens, wie es sich hierzulande tausendfach unbemerkt abspielt, ein Film zugleich über die Ignoranz der Deutschen gegenüber den Lebensweisen hier lebender Ausländer und eine eindrucksvolle Dokumentation über die Folgen des unvorbereiteten Zusammenpralls zweier gegensätzlicher Kulturen und Wertesysteme. „Ich habe mit gutem Willen einen ehrlichen Film gedreht, ein Fenster geöffnet zu den Wohnungen der Türken, die hier leben. Die Leute sind unvorbereitet gekommen, werden alleingelassen und machen, während sie versuchen, sich zurechtzufinden, viele Fehler. Aber niemand hilft ihnen. ...Die Deutschen sind an Arbeitskräften interessiert, nicht an Menschen“, meint Regisseur Baser zu seinem Werk, mit dem er hofft, die längst Gewohnheit gewordene Sprachlosigkeit zwischen den Kulturen zu überwinden. Sein Film unternimmt mit der Kraft seiner ausdrucksvollen Bilder und den bewußt spärlich verwendeten Dialogen einen hoffnungsvollen Anlauf.
Die hochlaudierte Low-Budget-Produktion-„*40 qm Deutschland* ist eine meisterhafte, nüchterne Tragödie des kaum wahrgenommenen Alltags“, lobte beispielsweise der *Pflasterstrand* - wurde auf den Filmfestspielen von Cannes mit dem Unesco-Preis ausgezeichnet. sk

Vierzig Wagen westwärts

The Hallelujah Trail. USA 1965 **R** John Sturges **B** John Gay, nach dem Roman von Bill Gulick **K** Robert Surtees **M** Elmer Bernstein **P** John Sturges für Kappa-Mirisch/United Artists **L** 134 Min. (Originalfassung 152 Min.), Farbe **D** Burt Lancaster, Lee Remick, Jim Hutton, Pamela Tiffin, Donald Pleasence, Brian Keith, Martin Landau, John Anderson, Tom Stern, Robert J. Wilke, Jerry Gatlin

Ein recht vergnüglicher Kinospaß, der respektlos das Genre des Wildwestfilms auf die Schippe nimmt und von John Sturges mit einem ungeheuren Aufwand inszeniert wurde.

Man schreibt das Jahr 1887. Mangelhafte Organisation und permanente Indianerangriffe haben dafür gesorgt, daß die Bewohner der Goldgräberstadt Denver buchstäblich auf dem Trockenen sitzen. Um hier Abhilfe zu schaffen, bestellt ein Saloonbesitzer gleich vierzig Wagenladungen mit Whiskey. Entsetzt reagiert Cora Massingale (Remick), eine militante Anti-Alkoholikerin, die sich mit den Damen ihrer Liga sogleich auf den Weg macht, um den Whiskey-Konvoi aufzuhalten. Da man die Frauen ja nicht ungeschützt den Gefahren der Wildnis überlassen darf, bricht auch Oberst Thadeus Gearhardt (Lancaster) mit seiner Truppe auf, um die fanatischen Abstinenzlerinnen zu beschützen. Und schließlich gibt es da auch noch die Indianer, die es ihrerseits auf das Feuerwasser abgesehen haben. Irgendwann prallen die verschiedenen Gruppierungen während eines Sandsturms aufeinander, und es kommt zu unausweichlichen, chaotischen Verwicklungen.

Ein trotz seiner vielen komischen Szenen etwas langatmiger Ulk-Western, dessen deutsche Fassung noch einmal kräftig geschnitten und mit einem wenig originellen Off-Text versehen wurde, der von Hans Clarin gesprochen wird. Spektakulär sind freilich die Action-Sequenzen, die mit einer Reihe waghalsiger Stunts aufwarten. Erwähnenswert vor allem die Bildfolgen, in denen eine Wagenladung Champagner in schäumenden Fontänen explodiert oder die gesamte Whiskeyladung in einem moderigen Sumpf versinkt, um nach geraumer Zeit wieder mit blubberndem Glucksen aufzutauchen. jg

Viktor und Viktoria

Viktor und Viktoria. Deutschland 1933 **R** Reinhold Schünzel **B** Reinhold Schünzel **K** Konstantin Irmen-Tschet **M** Franz Doelle **P** Alfred Zeisler für UFA **L** 105 Min., s/w **D** Renate Müller, Hermann Thimig, Adolf Wohlbrück, Hilde Hildebrand, Fritz Odemar, Friedel Pisetta, Aribert Wäscher

Noch bevor die miefige Filmpolitik der Nazis richtig Fuß fassen konnte, kam im Dezember 1933 die leicht schlüpfrige Komödie *Viktor und Viktoria* in die deutschen Kinos, die noch einen Hauch von Frivolität aus der untergegangenen Weimarer Republik vermittelte.

Viktor Hempel (Thimig) fühlt sich eigentlich dazu berufen, tragische Rollen zu spielen, wirkt darin jedoch eher lächerlich. Ähnliches Pech hat die Sängerin Susanne Lohr (Müller), der man keinerlei gesangliches Talent zugesteht. Viktor bleibt nichts anderes übrig, als sich in der Provinz wieder als Damenimitator sein Geld zu verdienen. Dort lernt er auch Susanne kennen, die ihn sehr erfolgreich vertritt, als er erkrankt. Beide beschließen, fortan zusammenzuarbeiten. Der komplizierte Geschlechtertausch verursacht eine Reihe von Verwicklungen; am Ende hat Viktor sein Glück bei einem Nummerngirl gefunden, während Susanne an einen Londoner Lord gerät.

Die homosexuellen bzw. lesbischen Anspielungen halten sich natürlich sehr in Grenzen und sind - wenn überhaupt - lediglich in den kecken Verkleidungsgags auszumachen. Ein wenig geglücktes und vergleichsweise biederes Remake drehte Karl Anton im Jahre 1957. Damals spielten Johanna von Koczian, Georg Thomalla und Johannes Heesters die Hauptrollen. In den USA entstand 1982 unter der Regie von Blake Edwards eine recht freizügige und überaus freche Version, die den Titel VICTOR/VICTORIA trug. jg

Villa mit 100 PS

The Long, Long Trailer. USA 1954 **R** Vincente Minnelli **B** Albert Hackett, Frances Goodrich, nach dem Roman von Clinton Twiss **K** Robert Surtees **M** Adolph Deutsch **P** Pandro S. Berman für MGM **L** 96 Min., Farbe **D** Lucille Ball, Desi Arnaz, Marjorie Main, Keenan Wynn, Gladys Hurlbut, Moroni Olsen, Bert Freed, Madge Blake, Walter Baldwin, Oliver Blake, Perry Sheehan

Eigentlich hat sich der frischgebackene Ehemann Carlos Colini (Arnaz) seine Hochzeitsreise etwas bescheidener vorgestellt. Um jedoch seiner Frau Daisy viel Platz und noch mehr Komfort zu bieten, hat er sich beim Kauf eines Wohnwagens für ein 13 Meter langes Vehikel entschieden, das fünfmal soviel kostete, wie ursprünglich geplant war. Da natürlich keiner der beiden Eheleute richtig mit diesem rollenden Monstrum umgehen kann, wird aus dem beschaulichen Honeymoon eine Fahrt ins Chaos...

Vincente Minnelli drehte mit diesem Klamaukfilm eine überaus witzige Ehekomödie voller amüsanter Dialoge und schreiend komischer Slapstick-Einlagen. So gehen beispielsweise Lucille Balls Versuche, während der Fahrt ihrem Gatten ein Frühstück zu bereiten, gewaltig in die Hose. Desi Arnaz hingegen muß sich mit Haarnadelkurven, hochprozentigen Steigungen und Gefällen sowie sonstigen Streckenhindernissen herumschlagen. All diese Widrigkeiten können jedoch dem trauten Eheglück nichts anhaben.

Lucille Ball und Desi Arnaz waren zuvor in der TV-Show *I Love Lucy* gemeinsam vor der Kamera zu sehen. Die Sendung wurde in den Staaten ein Hit und veranlaßte die beiden, auch in diesem Film ein Ehepaar zu mimen. jg

Vincent, François, Paul und die anderen...

Vincent, François, Paul...et les autres. Frankreich/Italien 1973 **R** Claude Sautet **B** Jean-Loup Dabadie, Claude Néron, Claude Sautet, nach dem Roman *Le grande marrade* von Néron **K** Jean Boffety **M** Philippe Sarde **P** Raymond Danon, Roland Girard, Jean Bolvary für Lira Films (Paris), President Prod. (Rom) **L** 117 Min., Farbe **D** Yves Montand, Michel Piccoli, Serge Reggiani, Stéphane Audran, Ludmilla Mikael, Marie Dubois, Antonella Lualdi, Cathérine Allégret, Gérard Depardieu, Umberto Orsini

Vincent (Montand), François (Piccoli), Paul (Reggiani) und die anderen sind eine Clique, die sich regelmäßig an den Wochenden in Pauls Haus trifft. Alle werden von alltäglichen Sorgen und Nöten geplagt. Während Vincent vor der Scheidung steht und um die kleine Firma kämpfen muß, die er aus dem Nichts aufgebaut hat, wird François von seiner Frau Lucie (Dubois) mit ständig neuen Liebhabern konfrontiert. Paul wiederum leidet darunter, daß ihm immer noch kein großer Roman geglückt ist.

„Der Film handelt von der Melancholie des reifen Mannes, die ein bißchen die meine ist, da ich 50 Jahre alt bin", beschrieb Claude Sautet seinen Film, den er wieder mit seiner eingeschworenen Mannschaft aus Technikern und Schauspielern machte. Mit Montand hatte er bereits in CÉSAR UND ROSALIE gearbeitet, mit Michel Piccoli in DIE DINGE DES LEBENS und DAS MÄDCHEN UND DER KOMMISSAR. Wie diese Filme, so wurde auch *Vincent, François...* von der Kritik enthusiastisch gefeiert. Die düstere Vorlage von Claude Néron war durch Humor etwas bekömmlicher gestaltet worden, und die Schauspieler liefern eine erstklassige Ensemble-Leistung. al

Vincent und Theo

Vincent and Theo. Großbritannien/Italien/Niederlande/Frankreich 1989 **R** Robert Altman **B** Julian Mitchell **K** Jean Lepine **M** Gabriel Yared **P** Central Films, Belbo, Telepool, RAI Uno/Sofica

Valor/Vara, La Sept **L** 139 Min., Farbe **D** Tim Roth, Paul Rhys, Adrian Brine, Jean-François Perrier, Vincent Vallier, Hans Kesting, Oda Spelbos

Die Person des Malers Vincent van Gogh (1853-1890) stand stets im Mittelpunkt von Biographien, Dokumentar- und Spielfilmen. Robert Altman beschreibt in seinem Werk das bisher kaum näher behandelte Verhältnis zwischen den beiden Brüdern Vincent und Theo. Obgleich beide ihre eigenen Wege gehen und verschiedene Interessen verfolgen, reißt der Kontakt zueinander nicht ab. Im Gegenteil - der in Paris als Kunsthändler ansässige Theo (Rhys) bemüht sich mit allen Kräften, die Werke seines Bruders Vincent (Roth) zu verkaufen und einer breiten Öffentlichkeit zugänglich zu machen. Wie sehr beide miteinander verbunden sind, zeigt sich erst nach Vincents Selbstmord, der Theo völlig zusammenbrechen läßt. Kurze Zeit später stirbt auch er.
Anlaß zu der Entstehung dieser eigenwilligen Künstlerbiographie war der Todestag Vincent van Goghs, der sich 1990 zum 100. Male jährte. Robert Altman gelang es mit seinem Film, die beiden völlig konträren Lebensstile der beiden Männer darzustellen. Während Vincent nur für seine Kunst lebt, ist Theo mehr in der Welt des Bildungsbürgertums beheimatet. Beide Anschauungen werden einander gegenübergestellt und eröffnen dem Zuschauer interessante Perspektiven und Einblicke.
Der Person Vincent van Goghs widmete Vincente Minnelli sein 1956 entstandenes Drama VINCENT VAN GOGH - EIN LEBEN IN LEIDENSCHAFT, in dem Kirk Douglas den berühmten Maler verkörperte. jg

Vincent van Gogh - Ein Leben in Leidenschaft

Lust For Life. USA 1956 **R** Vincente Minnelli **B** Norman Corwin, nach dem Roman von Irving Stone **K** Frederick A. Young **M** Miklos Rozsa **P** John Houseman für MGM **L** 122 Min., Farbe **D** Kirk Douglas, Anthony Quinn, James Donald, Pamela Brown, Everett Sloane, Niall MacGinnis, Noel Purcell, Henry Daniell, Madge Kennedy, Jill Bennett, Lionel Jeffries, Laurence Naismith

Irving Stones Roman über den berühmten niederländischen Maler erschien 1934 und entwickelte sich binnen kurzer Zeit zu einem Bestseller. Seit 1946 bemühte sich MGM um eine adäquate Verfilmung, doch sollten noch zehn Jahre verstreichen, bis das Projekt endlich realisiert werden konnte. Vincente Minnelli, Spezialist für farbenprächtige, beschwingte Kino-Unterhaltung, oblag es, ein Drama zu inszenieren, das auf eindringliche und verständliche Weise die Nöte und Obsessionen des Künstlers und sein tragisches Ende nachvollziehen sollte. Für die Hauptrolle konnte Minnelli über den großartigen Kirk Douglas verfügen, der hier nach Meinung vieler Kritiker den wohl besten und anspruchsvollsten Part seiner Filmkarriere spielte. Den Oscar, für den er vorgeschlagen wurde, mußte er allerdings an Yul Brynner abgeben. Anthony Quinn war es, der für seinen recht kurzen Auftritt als van Goghs befreundeter Kollege Paul Gauguin als bester Nebendarsteller die Auszeichnung (seine zweite in dieser Sparte) erhielt.
Beginnend mit dem Jahr 1878, hält Minnelli die wichtigsten Lebensstationen des Malers fest, beschreibt die leidvollen Erfahrungen van Goghs in den belgischen Kohlengruben von Le Borinage, die hoffnungslose Liebe zu einer Cousine, die Freundschaft mit Paul Gauguin sowie seine Arbeit in der französischen Provence, deren intensive Farbenpracht er kaum ertragen kann. Recht deutlich zeichnen sich die Anfänge seiner Geisteskrankheit ab. Van Gogh wird zum Opfer seiner Besessenheit, zum Ewigstrebenden nach Vollkommenheit, die er nie erreichen wird. Sein letzter Weg führt ihn hinter die Mauern der Psychiatrie von St. Remy, wo er sich im Jahre 1890 das Leben nimmt.
Legendär an diesem Film sind die unvergleichlichen Bilder, die Frederick A. Young einfing und mit denen er in genialer Weise der Bilderwelt van Goghs entsprach. Scheinbar fließend gehen die kräftigen Naturaufnahmen in die Gemälde van Goghs über, die immer wieder in Überblendungen eingeschoben werden. Allein für das sorgsame Abfotografieren von ungefähr 200 Werken mußte das Drehteam Dutzende von Museen auf der ganzen Welt besuchen. Die Außenaufnahmen des Films entstanden in der Provence, in Le Borinage, Nuenen und Arles. Erwähnenswert bleibt ferner die Musik von Miklos Rozsa, der seinen Soundtrack eng an die Kompositionen des Franzosen Claude Debussy anlehnte. jg

Violette Nozière

Violette Nozière. Frankreich 1978 **R** Claude Chabrol **B** Odile Barski, Hervé Bromberger, Frédéric Grendel, nach dem Roman von Jean-Marie Fitère **K** Jean Rabier **M** Pierre Jansen **P** Eugène Lépicier, Denis Héroux für Filmel/FR 3 Films/Cinevideo **L** 123 Min., Farbe **D** Isabelle Huppert, Stéphane Audran, Jean Carmet, Jean-François Garneaud, Bernard Alane, Lisa Langlois

1933 erregte sich ganz Frankreich über einen Kriminalfall: Die erst siebzehnjährige Violette Nozière hatte versucht, ihre Eltern zu vergiften und es beim Vater auch geschafft. Während die Konservativen hierin ein Beispiel für den Verfall der Sitten sahen und den Kopf der Angeklagten forderten, schlug sich die linke Intelligenz des Landes auf Violettes Seite und erklärte sie zum Opfer sozialer Umstände. In kleinbürgerlichem Milieu großgeworden, hatte das Mädchen schon früh versucht, der Enge ihres Zuhauses zu entfliehen und sich vor allem sexuell auszuleben. Um ihrem Geliebten Geld zu verschaffen, hatte sie die Tat begangen. Vor Gericht behauptete sie später, ihr Vater hätte sie mit dreizehn Jahren vergewaltigt.
Weder diese noch andere umstrittene Aussagen stellt der Film als falsch oder richtig hin, vielmehr schildert Claude Chabrol Violettes Leben nüchtern und scheinbar ohne Anteilnahme. Die Münchner *tz* schrieb begeistert: „Mit meisterlichem, glasklarem Zynismus legt Chabrol menschliche Abgründe offen." Isabelle Hupperts Interpretation der Hauptfigur orientiert sich daran, Violette bleibt für den Zuschauer - im besten Sinne - rätselhaft und undurchschaubar. *Violette Nozière* stellt Chabrols wichtigstes Werk in den späten 70er Jahren dar, als er zunehmend auch fürs Fernsehen zu arbeiten begann und seine Kinofilme des öfteren zu wünschen übrig ließen. Darüber hinaus markiert er den Beginn einer äußerst fruchtbaren künstlerischen Partnerschaft zwischen Regisseur und Schauspielerin, die im Laufe der Jahre zu so bemerkenswerten Filmen wie EINE FRAUENSACHE und *Madame Bovary* (1991) führen sollte. al

Violette und François

Violette et François. Frankreich 1977 **R** Jacques Rouffio **B** Jean-Loup Dabadie **K** Andreas Winding **M** Philippe Sarde **P** Jacques-Eric Strauss für President Films/FR 3 Films **L** 99 Min., Farbe **D** Isabelle Adjani, Jacques Dutronc, Serge Reggiani, Lea Massari, Sophie Daumier, Françoise Arnoul

Als „eine Liebesgeschichte zwischen zwei Menschen, die so vollkommen füreinander geschaffen sind, daß sie das nachprüfen müssen, indem sie sich trennen" beschrieb Regisseur Jacques Rouffio seinen Film, der einer der erfolgreichsten im Frankreich des Jahres 1976 war. Violette (Adjani) und François (Dutronc) leben zusammen und haben ein Baby. Da er es nicht fertigbringt, länger als ein paar Wochen einem Job nachzugehen, müssen sie ihren Unterhalt durch Ladendiebstähle bestreiten, die jedoch zunehmend Violettes Nerven strapazieren. Schließlich wird sie geschnappt. Als François auch danach diese Art der Haushaltsversorgung nicht aufgeben will, trennt man sich... „Etwas besseres als eine Komödie über die Kleinigkeiten des Alltags: eine bitter-süße Röntgen-Aufnahme junger Menschen von heute" (*Le Nouvel Observateur*). al

Viridiana

Viridiana. Spanien/Mexiko 1961 **R** Luis Buñuel **B** Luis Buñuel, Julio Alejandro **K** José F. Aguayo **P** Ricardo Muñoz Suay für Uninci/Films 59 (Madrid), Gustavo Alatriste (Mexico City) **L** 88 Min., s/w **D** Silvia Pinal, Fernando Rey, Francisco Rabal, Margarita Lozano, Victoria Zinny, Teresa Rabal

Auf Einladung des Franco-Regimes konnte Luis Buñuel nach langem Exil in Mexiko und Frankreich 1960 wieder einen Film in seinem Heimatland Spanien realisieren. Man gestand ihm freie Auswahl des Stoffes zu, solange sich die Zensoren damit einverstanden erklärten. In der Tat passierte das Drehbuch zu *Viridiana* die Kontrollbehörden mit nur einem einzigen Änderungswunsch (das Ende). Die junge Novizin Viridiana (Pinal) besucht auf Wunsch der Mutter Oberin ihren Onkel Don Jaime (Rey), der ihr prompt einen Heiratsantrag macht. Empört reist das Mädchen ab, erfährt jedoch noch unterwegs, daß Don Jaime sich umgebracht hat. Sie verläßt das Kloster endgültig, um in seinem leerstehenden Haus ein Obdachlosenasyl einzurichten und sich ganz den Armen und Kranken zu widmen. Doch während einer kurzzeitigen Abwesenheit Viridianas zerstören die Bettler die gesamte Einrichtung des Hauses und versuchen, Viridiana bei ihrer Rückkehr zu vergewaltigen...
Viridiana bringt deutlich Buñuels Abneigung gegenüber dem Bürgertum und der Kirche zum Ausdruck und räumt - wie schon NAZARIN - gründlich mit dem naiven Glauben an Nächstenliebe und Barmherzigkeit auf. In einer der berühmtesten Sequenzen wird das „Abendmahl" Leonardo da Vincis mit Bettlern und Krüppeln nachgestellt. Nachdem die letzte Szene abgedreht worden war, wurde das gesamte Material nach Paris gebracht, wo man den Film für seine Uraufführung bei den Filmfestspielen in Cannes schnitt. Kein spanischer Offizieller hatte also das fertige Werk gesehen, und um so entsetzter war man, als *Viridiana* für einen Skandal sorgte und die Goldene Palme erhielt. In Spanien wurde er sofort verboten, doch der mexikanische Co-Produzent sorgte für weltweite Verbreitung des Films, der auch andernorts mit Schwierigkeiten zu kämpfen hatte. In Italien drohte ein Staatsanwalt Buñuel mit strafrechtlicher Verfolgung, sollte er das Land betreten, und in der BRD mußten auf Druck der Katholischen Kirche einige Szenen geschnitten werden. Heute gilt *Viridiana* als eines der wichtigsten und geglücktesten Werke des Regisseurs. al

Vitelloni

siehe: DIE MÜSSIGGÄNGER

Viva Maria!

Viva Maria. Frankreich/Italien 1965 **R** Louis Malle **B** Louis Malle, Jean-Claude Carrière **K** Henri Decaë **M** Georges Delerue **P** Oscar Dancigers, Louis Malle für N. E. F./Artistes Associés (Paris), Vides Cinematografica (Rom) **L** 118 Min., Farbe **D** Brigitte Bardot, Jeanne Moreau, George Hamilton, Gregor von Rezzori, Paulette Dubost, Claudio Brook, Carlos Lopez Montezuma

Seit sich Marilyn Monroe und Laurence Olivier für DER PRINZ UND DIE TÄNZERIN zusammentaten, hatte es nicht mehr so viel Wirbel um ein Star-Duo gegeben. Brigitte Bardot und Jeanne Moreau, die beiden regierenden Königinnen des französischen Films, lockten Heerscharen von Reportern und Photographen nach Mexiko, wo ein Großteil der Aufnahmen zu *Viva Maria!* stattfand, Louis Malles farbenprächtigem Abenteuerspektakel. Der Regisseur hatte mit beiden, als eigenwillig bekannten Damen bereits gearbeitet - mit Moreau war er sogar liiert gewesen. Natürlich versuchte man, eine Rivalität zwischen ihnen herbeizureden, doch wie bereits Marilyn Monroe und Jane Russell bei BLONDINEN BEVORZUGT verstanden sie sich prächtig und ergänzten sich auf der Leinwand wunderbar. Als Maria I (Moreau) und Maria II (Bardot) treten sie in Mexiko zu Beginn des 20. Jahrhunderts mit einer fahrenden Vaudeville-Truppe auf und werden - wie sollte es anders sein - in die Wirren der Revolution verwickelt. Nachdem sie sowohl mit Striptease-Darbietungen als auch mit Sprengstoff-Experimenten zahllose Männer um den Verstand bzw. das Leben gebracht haben, machen sie sich auf, Paris zu erobern. Erwartungsgemäß war *Viva Maria!* ein weltweiter Erfolg und stellt eine der besten Arbeiten Brigitte Bardots aus den 60er Jahren dar. al

Viva Zapata

Viva Zapata. USA 1952 **R** Elia Kazan **B** John Steinbeck, nach dem Roman *Zapata the Unconquered* von Edgcumb Pichon **K** Joseph MacDonald **M** Alex North **P** Darryl F. Zanuck für 20th Century-Fox **L** 113 Min., s/w **D** Marlon Brando, Jean Peters, Anthony Quinn, Joseph Wiseman, Arnold Moss, Alan Reed, Margo, Harold Gordon, Lou Gilbert, Mildred Dunnock, Frank Silvera

Zwar stellt Marlon Brando in diesem Film die Figur des Revolutionsführers Emiliano Zapata wirklichkeitsgetreu als Mann aus dem Volk dar, doch das samariterhafte Verhalten, das er hier an den Tag legt, dürfte den Realitäten wohl nicht ganz entsprechen, zumal bekannt ist, daß Zapata nicht davor zurückgeschreckt hatte, seine Feinde massenweise exekutieren zu lassen.
Mexiko im Jahre 1911. Der Bauernsohn Emiliano Zapata kämpft an der Seite des Revolutionärs Madero (Gordon) gegen das brutale Regime des Diktators Diaz. Zwar können die Aufständischen die Macht in Mexiko übernehmen, doch die hoffnungsvolle Regentschaft Maderos endet bereits nach zwei Jahren, als der ehemalige Anführer der Bewegung einem Attentat zum Opfer fällt. Als sein Nachfolger tritt nun Zapata an die Spitze der Regierung. Es gelingt ihm jedoch nicht, seine Pläne, die vornehmlich das Wohl des Volkes zum Ziel haben sollen, zu verwirklichen. Zu viele Feinde wollen Zapata die Herrschaft streitig machen. Zum Schluß muß er zu denselben Methoden greifen, die einst der verhaßte Diktator angewendet hat.
Dank John Steinbecks differenziert gestaltetem Drehbuch gelang Elia Kazan eine packende Mischung aus anspruchsvollem Autorenkino und unterhaltsamem Action-Spektakel, das eindringlich die politischen Realitäten Südamerikas skizziert, wie sie damals waren und auch heute noch vorzufinden sind. Da die mexikanischen Behörden jegliche Zusammenarbeit mit dem Drehteam aus Hollywood ablehnten, sah sich Kazan gezwungen, die Aufnahmen im texanischen Grenzgebiet zu realisieren. Gedreht wurde an den Grenzflüssen des Rio Grande und Rio Pecos, wo sich jeden Morgen ganze Horden von Mexikanern einfanden, sich auszogen, die Flüsse durchschwammen und sich dann vor den Kameras in Positur stellten, was Kazan an den Rand der Verzweiflung brachte. Die Vermutung lag nahe, daß die mexikanische Regierung die Herstellung des Films verhindern wollte, da sie von Beginn an gegen das Projekt protestiert hatte.
Für seine Nebenrolle als Zapatas Bruder Eufemio erhielt Anthony Quinn seinen ersten Oscar. Marlon Brando wurde auf den Filmfestspielen von Cannes als Bester Hauptdarsteller ausgezeichnet. jg

Die Vögel

The Birds. USA 1963 **R** Alfred Hitchcock **B** Evan Hunter, nach einer Novelle von Daphne du Maurier **K** Robert Burks **SpE** Ub Iwerks **P** Alfred Hitchcock für Universal **L** 120 Min., Farbe **D** Rod Taylor, Tippi Hedren, Jessica Tandy, Suzanne

Pleshette, Veronica Cartwright, Ethel Griffies, Charles McGraw, Ruth McDevitt, Joe Mantell, Doodles Weaver

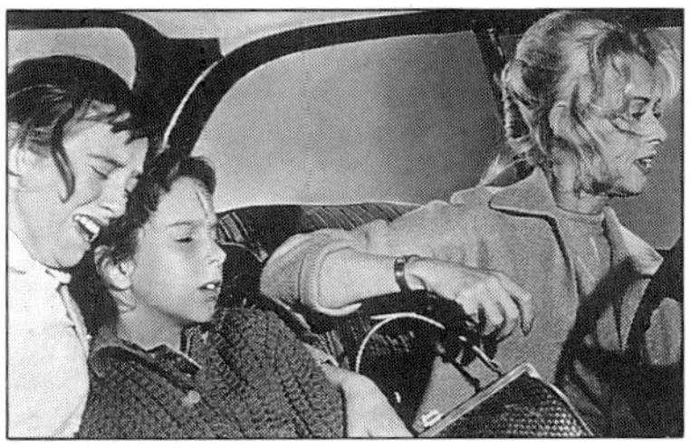

Ganze zwei Jahre ließ Hitchcock sich nach seinem Überraschungserfolg PSYCHO Zeit, um auf sein Publikum eine ungewöhnliche Schreckensvision loszulassen. *Die Vögel* ist sicherlich der ungewöhnlichste Film, den der Altmeister je gedreht hat, fällt er doch völlig aus dem Rahmen der gängigen Hitchcock-Motive.
Die etwas snobistische Melanie Daniels (Hedren) lernt in San Francisco den Rechtsanwalt Mitch Brenner (Taylor) kennen, der sie durch seine offene und herausfordernde Art beeindruckt. Sie reist Mitch in das kleine Küstenstädtchen Bodega Bay nach, wo dieser seine Wochenenden bei Mutter Lydia (Tandy) und Schwester Cathy (Cartwright) zu verbringen pflegt. Der Trip in die Provinz wird für Melanie zu einem Alptraum. Mit zunehmender Aggressivität rebelliert die Vogelwelt gegen die Menschen. Vor den Attakken ganzer Schwärme von Möwen und Krähen scheint es kein Entkommen zu geben.
Kein anderer Film stellte Hitchcock vor solch große technische Herausforderungen wie *Die Vögel*. Der Film enthält allein 350 Trickaufnahmen, ein Großteil davon Matte-Paintings, kombiniert mit einkopiertem Federvieh, welches u. a. zuvor auf einer Müllkippe in der Nähe von San Francisco gefilmt worden war. Für die Nahaufnahmen, in denen sich die Vögel auf ihre Opfer stürzen sollten, wurde Hollywoods Tierspezialist Ray Berwick zu Rate gezogen, der Dutzende von gelehrigen Krähen einem strengen Training unterwarf. Auf sein Zeichen ließen sich die Tiere auf den Schultern der Komparsen nieder und schlugen wild mit den Flügeln, was im Zusammenschnitt der Endfassung (wie etwa beim Überfall auf die Schule) beängstigende Dimensionen erreichte. Verstärkt wurden diese Eindrücke durch die akustische Untermalung, für die Hitchcock die beiden Berliner Toneffekt-Spezialisten Remi Gassmann und Oskar Sala engagierte, die mittels elektronischer Klangverfremdungen das enervierende Vogelgekreische erzeugten.
Blondinen-Liebhaber Hitchcock präsentierte der Welt mit Tippi Hedren eine Neuentdeckung, auf die er während einer Werbesendung aufmerksam geworden war, in der das Modell für ein Diätgetränk posiert hatte. Um Tippi für ihre Rolle vorzubereiten, unterzog Hitchcock sie den teuersten Probeaufnahmen, die je mit einer Schauspielerin gemacht worden waren, ließ sie mit aufwendiger Garderobe einkleiden und drehte mit ihr Szenen aus seinen alten Filmen REBECCA und AUS DEM REICH DER TOTEN nach, die sofort wieder vernichtet werden mußten, weil Hitchcock nicht die Rechte daran besaß. Alptraumhaft wie Daphne du Mauriers Geschichte verliefen schließlich auch die Dreharbeiten. Für die Szenenfolge, in der Melanie auf dem Dachboden von den Vögeln attackiert wird, mußte sich Tippi Hedren eine Woche lang im abgetrennten Set des Studios von lebenden Möwen und Krähen bewerfen lassen, die teilweise auch mit durchsichtigen Gummibändern an ihrem Körper befestigt waren. Nach kurzer Zeit wurden die Tiere tatsächlich aggressiv und fügten der malträtierten Aktrice eine tiefe Hackwunde unter dem Auge zu.
Die Vögel ist einer der unsterblichen Klassiker seines Genres geworden, wenngleich die Kritik damals recht zurückhaltend reagierte und sich vor allem von Tippi Hedren unbeeindruckt zeigte, die Hitchcock der Welt als neue Grace Kelly angekündigt hatte. Im Horror-Genre setzte der Film immerhin weitreichende Akzente. Wenige Jahre nach *Die Vögel* mußte sich die Menschheit auch mit angriffslustigen Spinnen, Schlangen, Ameisen oder auch Würmern herumschlagen. jg

Vögel sterben in Peru

Les oiseaux vot mourir au Perou. Frankreich 1968 **R** Romain Gary **B** Romain Gary, nach seiner Kurzgeschichte **K** Christian Matras **M** Kenton Coe **P** Jacques Natteau für Universal Prod. France **L** 94 Min., Farbe **D** Jean Seberg, Maurice Ronet, Pierre Brasseur, Danielle Darrieux, Jean-Pierre Kalfon

Der französische Schrifsteller Romain Gary gab sein Regiedebüt mit diesem symbolüberladenen Drama, zu dem ihn eine Beobachtung während einer Peru-Reise inspiriert hatte: An einem Strand nördlich von Lima entdeckte er Tausende von sterbenden und toten Vögeln, die sich diesen Platz offenbar gezielt als Grab ausgesucht hatten. Dieses Natur-Phänomen verarbeitete der Autor, zunächst zu einer Kurzgeschichte, später zu einem Drehbuch. Die attraktive Adriana (Seberg), die sich samt ältlichem Mann (Brasseur) auf Weltreise befindet, leidet unter ihrer Nymphomanie, die sie ihre „unheilbare Krankheit" nennt. Nach einer ausgelassenen Karnevals-Nacht gibt sie sich an einem einsamen Strand mehreren Männern hin und flüchtet vor ihrem sie suchenden Gatten in ein Bordell, wo sie mit der Prostituierten Fernade (Darrieux) schläft. Danach will sie sich im Meer ertränken, wird jedoch von Rainier (Ronet) gerettet, einem ausgebrannten Schriftsteller, der ihr seine Liebe erklärt...
Etwas unausgegoren kommt diese psychologische Studie über Selbstzerstörung daher, hat jedoch vor allem unter visuellen Gesichtspunkten einiges zu bieten. Nicht nur Jean Seberg wurde von Kameramann Christian Matras von der besten Seite eingefangen, sondern auch der malerische Drehort Mazagon an der spanischen Atlantikküste. Der nächste Film des Ehepaares Gary/Seberg war *Kill* (1972), der bei Kritik und Publikum ein ebensolcher Reinfall war wie dieser. al

Vogelfrei

Sans toit ni loi. Frankreich 1985 **R** Agnès Varda **B** Agnès Varda **K** Patrick Blossier **M** Joanna Bruzdowicz **P** Ciné-Tamaris/Antenne 2/Minitère de la Culture **L** 105 Min., Farbe **D** Sandrine Bonnaire, Mache Méril, Stéphane Freiss, Laurence Cortadellas, Marthe Jarnias, Yolande Moreau, Joel Fosse, Patrick Lepcynski, Christian Chessa

„Menschen, die im Winter umherziehen! Das hat mich immer schon fasziniert. Ich finde das sowohl skandalös als auch mysteriös...Zunächst bin ich nur Männern begegnet, dann aber auch Mädchen, die vagabundieren. Das hat mich sehr erschüttert, und ich beschloß, daß der *Held* meines Films eine Mädchen sein soll." So beschrieb die Regisseurin Agnès Varda ihre Beweggründe, die sie dazu veranlaßten, dieses eigenwillige Werk zu drehen.
Viel wird der Zuschauer über das Mädchen Mona (Bonnaire), die Hauptfigur in *Vogelfrei*, nicht erfahren. Zu Beginn des Films liegt sie tot in einem Straßengraben - vermutlich nach einem Sturz erfroren. In verschachtelten Rückblenden erinnern sich zahlreiche Personen an sie, die ihr kurz zuvor auf ihrer ziellosen Wanderung durch das karge Südfrankreich begegnet sind, sich mit ihr unterhielten, ihr weiterhalfen oder sie auch vertrieben. Da gibt es die Botanikerin Madame Landier (Méril), die sich Vorwürfe macht, das Mädchen nicht in ihre Wohnung aufgenommen zu haben, oder das Dienstmädchen Yolande (Moreau), die insgeheim Monas Freiheit bewundert, die sie niemals erreichen wird. Die Kommentare dieser und anderer Personen setzen ein puzzleartiges Bild

von Mona zusammen, das jedoch nur bedingt Hintergrundinformationen liefert. In erster Linie ist der Zuschauer selbst gefordert, sich sein eigenes Urteil über das Mädchen zu bilden.
„Vardas Film, der sich in gewisser Weise dem Filmgeschäft verweigert, ist der Glücksfall einer Mischung aus dokumentarischem Gespür für Zustände, durchgearbeiteter Erzählung und einem Schuß Anarchismus" (*epd Film*).
Ein bedrückendes und verunsicherndes Werk, das 1986 auf den Filmfestspielen von Venedig als Bester Film den Goldenen Löwen erhielt. Nach ihrer Auszeichnung als Beste Nachwuchsdarstellerin in Maurice Pialats *A nos amours* (1983) erhielt Sandrine Bonnaire für ihre Darbietung den zweiten César in ihrer Leinwand-Karriere. jg

Voller Wunder ist das Leben

A Kid For Two Farthings. Großbritannien 1956 **R** Carol Reed **B** Wolf Mankowitz, nach seinem Roman **K** Ted Scaife **M** Benjamin Frankel **P** Carol Reed für London Film Prod./Big Ben/IF-Lopert **L** 91 Min., Farbe **D** Celia Johnson, Diana Dors, David Kosoff, Joe Robinson, Jonathan Ashmore, Brenda de Banzie, Vera Day, Primo Carnera, Sydney Tafler, Sidney James

Mit diesem charmanten Familienfilm, der jung und alt gleichermaßen verzaubert, stellte Carol Reed seine Fähigkeit unter Beweis, wie einfühlsam und behutsam er mit Kinder-Darstellern umgehen konnte. Ähnliches hatte sich schon 1948 in seinem Werk KLEINES HERZ IN NOT gezeigt und setzte sich 1968 mit dem Musical OLIVER fort.
Angesiedelt in der Londoner Ladenstraße Petticoat Lane, wo traditionell viele Juden ihre Geschäfte haben, wird die Geschichte des kleinen Jungen Joe (Ashmore) geschildert. Ein Märchenerzähler berichtet ihm eines Tages von den Fabelwesen der Einhörner, die den Menschen angeblich Gück bringen sollen. Als Joe eines Tages eine Ziege geschenkt bekommt, die nur ein Horn hat, ist er überzeugt, im Besitz eines solchen Tieres zu sein. Und tatsächlich geschehen kurz darauf einige kleine Wunder, die das Leben der Menschen in der Petticoat Lane auf wundersame Weise verändern.
Eine gewiß in manchen Szenen etwas sentimental anmutende Fabel, die jedoch durch ihre liebenswürdigen Schauspieler (die meisten davon bekannte jüdische Stars aus der Londoner Theaterszene) und das gute Drehbuch versöhnt. Der mit recht bescheidenen Mitteln hergestellte Film wurde in den englischsprachigen Ländern, in denen die Romanvorlage eine weite Verbreitung genießt, ein großartiger Erfolg. jg

Vollmacht zum Mord

Permission to Kill/Vollmacht zum Mord. Großbritannien/Österreich 1975 **R** Cyril Frankel **B** Robin Estridge, nach seinem Roman **K** Freddie Young **M** Richard Rodney Bennett **P** Paul Mills für Sascha-Wien Film **L** 96 Min., Farbe **D** Dirk Bogarde, Ava Gardner, Bekim Fehmiu, Timothy Dalton, Nicole Calfan, Frederic Forrest, Alf Joint

Alan Curtis (Bogarde) arbeitet als Agent für die „Vereinigung westlicher Geheimdienste", die eine Rückkehr des Exil-Politikers Diakim (Fehmiu) in sein Heimatland in der Dritten Welt mit allen Mitteln verhindern will. Mit erpresserischen Methoden zwingt Curtis mehrere Menschen, ihm dabei behilflich zu sein, darunter Diakims Ex-Geliebte (Gardner), eine junge Terroristin (Calfan) und einen Diplomaten. Sie alle sollen auf ihre Weise den in Österreich lebenden Politiker von seinem Vorhaben abhalten. Doch Curtis' Schachfiguren entwickeln bald ihren eigenen Willen und verbünden sich gegen ihn...
Von dem britischen Routiner Cyril Frankel leidlich spannend in Szene gesetzt wurde dieses Spionage-Drama, das die Machenschaften internationaler Geheimdienste als schmutziges, rücksichtsloses Geschäft entlarvt. Neben dieser nicht gerade neuen Feststellung beeindruckt vor allem die exzellente Farbphotographie des an Originalschauplätzen in London und Österreich hergestellten Films. So la-la. al

Vollmondnächte

Les nuits de la pleine lune. Frankreich 1984 **R** Eric Rohmer **B** Eric Rohmer **K** Renato Berta **M** Elliet Jacno **P** Margaret Menegoz für Les Films du Losange/Les Films Ariane **L** 102 Min., Farbe **D** Pascale Ogier, Tcheky Karyo, Fabrice Luchini, Virginie Thevenet, Christian Vadim, Laszlo Szabo

Regisseur Eric Rohmer stellte seinen Film unter das Leitmotiv: „Wer zwei Frauen hat, verliert seine Seele; wer in zwei Häusern wohnt, den Verstand." Louise (Ogier) wohnt in zwei Häusern. Überwiegend lebt sie mit Rémi (Karyo) in der Tristesse der Trabantenstadt, doch manchmal zieht es sie in das urbane Leben von Paris, wo sie eine kleine, kuschelige Wohnung besitzt. Sie, die quirlige Vergnügungssüchtige, meint, wenn er sie richtig liebe, müsse er ihr diesen Freiraum schon zugestehen. Und er, der funktionale kühle Denker, hat keine Probleme mit diesem Arrangement. Doch wie so oft im Leben macht die Wirklichkeit der Theorie einen Strich durch die Rechnung: Louise, die in der Stadt ihrer Sehnsucht Zerstreuung und Unruhe sucht, gerät in einen Sturm der Gefühle und geht fremd - in einer Vollmondnacht. Im Bewußtsein, sich um ihre Aufrichtigkeit betrogen zu haben und geplagt von ihrem schlechten Gewissen, nimmt sie den ersten Vorortzug, um zu Rémi zu fahren. Doch dort erwartet sie eine unangenehme Überraschung: Auch Rémi hat in dieser Nacht mit seiner Beziehung gebrochen und die Liebe einer anderen Frau gesucht.
Rohmer gelang ein feinsinniger, sensibler Film, durchdacht und ausgespielt bis in das kleinste Detail. Die kontrastreichen, in Blaugrau-Tönen gehaltenen Bilder fügen sich in ihrer dunklen Atmosphäre mit den von tiefem Seelenschmerz heimgesuchten gegensätzlichen Charakteren zu einem perfekten Zusammenspiel. *Vollmondnächte* ist zugleich eine wunderbare Hommage an das einmalige Paris.
Pascale Ogier erhielt für ihre brillante schauspielerische Leistung 1984 auf den Filmfestspielen in Venedig den Preis als beste Darstellerin. Doch ihr erster großer Spielfilm sollte zugleich ihr letzter sein: Sie starb noch im selben Jahr an Herzversagen. sk

Vom Winde verweht

Gone With the Wind. USA 1939 **R** Victor Fleming (ungenannt George Cukor, Sam Wood, William Cameron Menzies, Sidney Franklin) **B** Sidney Howard (ungenannt Jo Swerling, Charles MacArthur, Ben Hecht, John Lee Mahin, Jon Van Druten, Oliver H. P. Garrett, Winston Miller, John Balderston, Michael Foster, Edwin Justus Mayer, Scott F. Fitzgerald, David O. Selznick), nach dem Roman von Margaret Mitchell **K** Ernest Haller, Lee Garmes **M** Max Steiner **P** David O. Selznick

für Selznick International/MGM **L** 220 Min., Farbe **D** Clark Gable, Vivien Leigh, Olivia de Havilland, Leslie Howard, Hattie McDaniel, Thomas Mitchell, Barbara O'Neill, Laura Hope Crews, Jane Darwell, Carroll Nye, Butterfly McQueen, Ona Munson, Harry Davenport

Bis heute gibt es keinen Film, der den Glamour, den Luxus und die Verschwendungssucht der Traumfabrik Hollywood so treffend symbolisieren könnte, wie David O. Selznicks Mammut-Produktion *Vom Winde verweht*. Die Berichte von den Dreharbeiten selbst könnten ein Buch füllen, das mindestens genauso umfangreich wäre, wie Margaret Mitchells über 1000 Seiten umfassender Roman, der erstmals im Jahre 1936 erschien. Die Hausfrau aus Atlanta war nach einem Unfall weitgehend bewegungsunfähig, und um sich die Zeit ihrer Genesung besser zu vertreiben, schrieb sie einen Wälzer, von dem sie sich sicherlich nicht vorgestellt hätte, daß er einmal zu den ganz großen Werken der Weltliteratur gehören sollte, so sehr man heute auch über den schmalzigen Erzählstil und die unverhohlenen rasssistischen Entgleisungen die Nase rümpfen mag. Hollywood jedenfalls hatte den Stoff für einen Jahrhundertfilm gefunden und investierte 50.000 Dollar, um in den Besitz der Filmrechte zu gelangen - eine Summe, die damals sämtliche Rekorde schlug. Mit dem Erwerb der Verfilmungsrechte begann jedoch auch ein nervenaufreibendes Durcheinander. Produzent David O. Selznick war klar, daß *Vom Winde verweht* ein Projekt werden würde, das alle vorhergehenden Filme in den Schatten stellen mußte. Und so bürdete sich der selbstverliebte und besessene Produzent die höchsten Anforderungen auf, die er automatisch auf die gesamte Crew übertrug, von der er ein ähnlich hohes Engagement erwartete. Die Folge war ein unglaublich hoher Verschleiß an Regisseuren und Drehbuchautoren, die sich mehr oder weniger erfolgreich an dem Mammut-Unternehmen versuchten und erbarmungslos von Selznick gefeuert wurden, wenn dieser mit ihren Leistungen unzufrieden war. Schließlich schrieb Selznick sogar selbst am Skript herum, das in seiner Länge natürlich deutlich gerafft werden mußte, damit der Film nicht ins Uferlose entglitt. Mit seiner Laufzeit von beinahe vier Stunden ist er ohnehin eines der längsten zusammenhängenden Kinowerke.

Kurz zum Inhalt: Im Mittelpunkt der vor allem im ersten Teil recht bewegten Handlung steht die verzogene Scarlett O'Hara (Leigh), die auf der elterlichen Südstaaten-Plantage ein sorgenfreies Leben führt, bis der amerikanische Bürgerkrieg sie mit brutaler Gewalt aus ihrem Prinzessinnen-Dasein reißt. In erster Linie jedoch bestimmt die Leidenschaft Scarletts Gefühlsleben, weiß sie schließlich nicht, wen sie nun mehr liebt - den verführerischen Draufgänger Rhett Butler (Gable) oder Ashley Wilkes (Howard), den blassen Gatten seiner herzensgutnaiven Cousine Melanie (de Havilland). Als im Januar 1939 die Dreharbeiten begannen, befand sich Selznick in einer höchst unangenehmen Situation, denn für die Rolle der Scarlett hatte sich noch keine passende Schauspielerin finden lassen. Die Frage, wer denn nun den begehrten Part übernehmen sollte, bewegte die amerikanische Öffentlichkeit zeitweise mehr, als die Zuspitzung der politischen Lage im fernen Europa. Tallulah Bankhead, Joan Bennett, Lana Turner, Paulette Goddard und Susan Hayward waren nur einige der 1.400 Schauspielerinnen, die sich um die Rolle bewarben, die schließlich mit der weitgehend unbekannten Engländerin Vivien Leigh besetzt wurde. Zuvor hatte man schon mit dem Brand von Atlanta eine der aufwendigsten Szenen des Films abgedreht. Die Kutsche, die sich ihren Weg durch die brennenden Trümmer bahnt, wurde später einkopiert. Um die Feuersbrunst so eindrucksvoll wie möglich darzustellen, ließ Selznick die Riesenmauer aus dem Monsterfilm KING KONG, die seit 1933 unbenutzt auf dem Studiogelände herumstand, in Brand stecken. Für die Szenen des mit Flüchtlingen und Verletzten überfüllten Atlanta wurde nach alten Plänen eine 2,5 km lange Straße mit insgesamt 53 Häusern nachgebaut. Der fertige Film rechtfertigt letztendlich den betriebenen Aufwand. *Vom Winde verweht* ist Hollywood-Unterhaltung par excellence und das Dokument einer großen Kinoepoche, wie es sie später nie wieder gab.

Selznicks Nationalepos erlebte im Dezember 1939 in Atlanta seine feierliche Uraufführung, wurde bereits zu diesem Zeitpunkt als Meisterwerk gefeiert und trat kurze Zeit später einen Siegeszug an, der sich allerdings infolge des Kriegsausbruchs nicht über die ganze Welt erstreckte. In Deutschland wurde das Spektakel so erst im Januar 1953 das erste Mal gezeigt. Ein Goldregen, der nur noch einmal zwanzig Jahre später durch BEN HUR übertroffen wurde, ging erwartungsgemäß 1939 bei der traditionellen Oscar-Verleihung nieder, wo *Vom Winde verweht* zehn Auszeichnungen einheimsen konnte. Erstmalig erhielt auch eine schwarze Darstellerin die begehrte Trophäe. Als Hattie McDaniel den Oscar für ihre liebenswürdige Darstellerin als treusorgende Haushälterin Mammy entgegennahm, las sie einen Dankestext vor, den jemand aus dem Studio für sie aufgesetzt hatte. Doch noch bevor sie den schrecklichen Satz „Ich verspreche, meiner Rasse Ehre zu machen" ablesen konnte, verließ sie unter Tränen die Bühne. jg

Von Agenten gejagt

Journey Into Fear. USA 1942 **R** Norman Foster **B** Orson Welles, Joseph Cotten, nach einem Roman von Eric Ambler **K** Karl Struss **M** Roy Webb **P** Orson Welles für Mercury/RKO Pict. **L** 71 Min., s/w **D** Joseph Cotten, Dolores del Rio, Ruth Warrick, Agnes Moorehead, Jack Durant, Everett Sloane, Eustace Wyatt, Frank Readick, Jack Moss, Edgar Barrier, Stefan Schnabel, Orson Welles

Zwar wird bei den Credits Norman Foster als Regisseur aufgeführt, doch ist *Von Agenten gejagt* im Grunde genommen ein Film, der ganz unter dem Einfluß und der Schirmherrschaft von Orson Welles entstand. Dieser hatte der Produktionsgesellschaft RKO durch CITIZEN KANE und DER GLANZ DES HAUSES AMBERSON zwar überwältigende Kritiken eingebracht, doch erwiesen sich beide Filme an der Kinokasse als wenig erfolgreich. Mit diesem Agenten-Thriller sollten endlich einmal schwarze Zahlen geschrieben werden.

Der Amerikaner Stephen Graham (Cotten) weilt während des Zweiten Weltkrieges mit seiner Frau Stephanie (Warrick) in Istanbul. In den USA bekleidet er eine wenig bedeutende Stellung in einer Waffenfabrik. Allein diese Tatsache läßt ihn für eine Reihe von Nazi-Spionen interessant erscheinen. Die finsteren Gestalten heften sich alsbald an seine Fersen. Hals über Kopf muß Graham auf einem heruntergekommenen Dampfer flüchten, ohne jedoch seine Verfolger abschütteln zu können. In Rumänien warten bereits seine Peiniger. Während einer stürmischen Regennacht kommt es in Grahams Hotel zu einem aufregenden Showdown.

Der mit seiner Laufzeit von 71 Minuten außergewöhnlich kurze Film besticht durch seine düstere Grundstimmung, die sich allein dadurch ausdrückt, daß gut drei Viertel der Handlung in der Dunkelheit oder in abgeschlossenen engen Räumen spielen. Recht krass fiel die Darstellung des Nazi-Agenten Banat aus, bei der der häßliche und übergewichtige Schauspieler Jack Moss kein einziges Wort sprechen durfte. Der Film ist hervorragend fotografiert und erhält durch seine raffinierten Einstellungen (viele Untersichten) einen verzerrten und surrealistischen Eindruck. Ein intelligenter Thriller, in dem jede Szene von Welles' Handschrift geprägt ist. Der große Schauspieler und Regisseur hat hier als türkischer Polizeipräsident eine kleine Nebenrolle, die sich recht deutlich am äußeren Erscheinungsbild Josef Stalins orientiert.

1976 entstand in der Regie von Daniel Mann mit Sam Waterston, Zero Mostel und Yvette Mimieux ein Remake, das - wie so oft - weit hinter dem Original zurückblieb. jg

Von Angesicht zu Angesicht

Faccia a faccia. Italien/Spanien 1967 **R** Sergio Sollima **B** Sergio Donati, Sergio Sollima **K** Rafael Pacheco **M** Ennio Morricone **P** Alberto Grimaldi für P. E. A. (Rom), Prod. Arturo Gonzales (Madrid) **L** 112 Min., Farbe **D** Gian Maria Volonté, Tomas Milian, William Berger, Jolanda Modio, Carole André

Wie schon DER GEHETZTE DER SIERRA MADRE hebt sich auch dieser Film Sergio Sollimas angenehm von der unüberschaubaren Masse blutrünstiger Italo-Western ab, da er versucht, ein politisches Thema in allegorischer Form zu behandeln. Der lungenkran-

ke Geschichtsprofessor Fletcher (Volonté) begibt sich in den klimatisch günstigeren Südwesten der USA und macht dort die Bekanntschaft des Banditen Bennet (Milian). Während der verrohte Revolverheld zunehmend von der Intellektualität des Historikers fasziniert ist und beginnt, sein eigenes Leben in Frage zu stellen, entdeckt dieser umgekehrt die Gewalt für sich. Als Bennet nach einem mißglückten Banküberfall ins Gefängnis geworfen wird, stellt er sich Fletcher an die Spitze von dessen Banditenschar...
Nicht wenige Kritiker verstanden *Von Angesicht zu Angesicht* als eine Parabel auf den Faschismus, genauer gesagt: die italienische Faszination der Italiener am Dritten Reich und ihre schlußendliche Unterdrückung durch dasselbe. al

Von Angesicht zu Angesicht

Ansikte mot ansikte. Schweden 1975 **R** Ingmar Bergman **B** Ingmar Bergman **K** Sven Nykvist **P** Ingmar Bergman für Cinematograph **L** 134 Min., Farbe **D** Liv Ullmann, Erland Josephson, Gunnar Björnstrand, Aino Taube-Henrikson, Tore Segelcke, Sven Lindberg, Ulf Johansson, Sif Ruud, Kari Sylwan, Helene Friberg

Wo auch immer SZENEN EINER EHE gezeigt wurde, reagierte das Publikum enthusiastisch. Die durchweg positiven Kritiken bewogen Ingmar Bergman, zwei Jahre später wiederum mit Liv Ullmann und Erland Josephson in den Hauptrollen ein Drama zu drehen, das allerdings eine völlig andere Geschichte haben sollte und auf gar keinen Fall als Fortsetzung gedacht war. Eine weitere Parallele zu *Szenen einer Ehe* bestand darin, daß *Von Angesicht zu Angesicht* ebenfalls primär eine Fernsehproduktion war. Die Gelder des Filmmoguls Dino de Laurentiis machten es aber möglich, daß der Film zugleich im Kino gezeigt werden konnte.
Die Stockholmer Ärztin Jenny Isakson (Ullmann) scheint genau das zu sein, was man sich unter einer selbstsicheren Karrierefrau vorzustellen hat. Während sich ihr Mann auf einer Dienstreise in den USA befindet und ihre Tochter die Ferien auf einem Reiterhof verbringt, trifft Jenny die letzten Vorbereitungen für den Umzug in das neue Haus. Da dies nicht rechtzeitig fertig geworden ist, wohnt sie vorübergehend bei ihren Großeltern in der Stadt. Völlig unvorbereitet wird Jenny von furchtbaren Visionen und Wahnvorstellungen heimgesucht, die sie so peinigen, daß sie einen Selbstmordversuch unternimmt. In quälenden Offenbarungen erzählt sie dem befreundeten Arzt Dr. Jacobi (Josephson), welche Hintergründe sie zu dieser impulsiven Tat getrieben haben.
Ein zutiefst aufwühlendes Psycho-Drama, für das Bergman alle Register seines Könnens zog, gelegentlich jedoch dabei ein wenig übertrieb und es sich mit seinen analytischen Rückblenden etwas zu leicht machte. So ist es fraglich, ob Jennys Kindheitserinnerungen durch Liv Ullmanns Auftritte in einer Art Rotkäppchen-Verkleidung plausibler werden oder die sensible Zuwendung von Dr. Jacobi nur dadurch zu erklären ist, daß es sich bei ihm um einen Homosexuellen handelt. Nicht ganz zu Unrecht stellte die *Frankfurter Allgemeine Zeitung* fest: „Ob dies ein Fortschritt ist, darf bezweifelt werden." Unbestritten ist freilich die schauspielerische Leistung von Liv Ullmann, die wohl in keinem anderen Film erschütterndere Verzweiflungsausbrüche zu verzeichnen hatte. jg

Von Augenblick zu Augenblick

Moment by Moment. USA 1978 **R** Jane Wagner **B** Jane Wagner **K** Philip Lathrop **M** Lee Holdridge **P** Robert Stigwood für Universal **L** 105 Min., Farbe **D** Lily Tomlin, John Travolta, Andra Akers, Bert Kramer, Shelly R. Bonus, Debra Feuer, James Luisi, John O'Leary, Neil Flanagan, Jarvais Hudson, Tom Slocum, Michael Consoldane

In den beiden Teenie-Streifen NUR SAMSTAG NACHT und vor allem GREASE hatte sich Jugend-Idol John Travolta in erster Linie als Tänzer und Sänger hervorgetan. Hier wollte er nun auch einmal sein schauspielerisches Talent im dramatischen Fach unter Beweis stellen. Neben einer solch sympathischen Partnerin wie Lily Tomlin hätte eigentlich nichts schiefgehen können, und doch wurde *Moment by Moment* zum Flop des Jahres 1978 erklärt, gemieden von den Zuschauern, hämisch verrissen von der Kritik. Tomlin spielt die attraktive Mitvierzigerin Trisha, die einsam in der Idylle ihres Strandhauses dahindümpelt, bis plötzlich der knackige Beach-Boy Strip (Travolta) daherkommt und ihren glanzlosen Alltag völlig umkrempelt. Trisha erlebt ihren zweiten Frühling, während Strip sich an der Seite seiner reiferen Geschlechtspartnerin sichtlich geborgen fühlt. Doch leider überschatten seine Drogenprobleme das traute Zusammensein.
Moment by Moment war ein eklatanter Fehlgriff, der John Travoltas steiler Karriere einen empfindlichen Dämpfer verpaßte, von der sich der gebeutelte Schauspieler erst viele Jahre später wieder erholen sollte. An der Geschichte stimmt einfach nichts. So besitzt keine der auftauchenden Personen die nötige Tiefenschärfe, um über einen längeren Zeitraum hinweg das Interesse des Publikums wachzuhalten. Die Liebesszenen zwischen Lily Tomlin und Travolta sind eine recht lustlose Angelegenheit und werden auch nicht durch die zahlreichen pittoresken Sonnenuntergänge an kalifornischen Gestaden aufgepeppt. Ein oberflächliches Kolportageprodukt, das sich auf dem Niveau einer Billig-Illustrierten bewegt. jg

Von Bullen aufs Kreuz gelegt

An Innocent Man. USA 1989 **R** Peter Yates **B** Larry Brothers **K** William A. Farker **M** Howard Shore **P** Ted Field, Robert W. Cort, Neil A. Machlis für Touchstone Pictures/Silver Screen Partners IV **L** 113 Min., Farbe **D** Tom Selleck, F. Murray Abraham, Laila Robbins, David Rasche, Richard Young

Glaubwürdigkeit ist nicht gerade die Stärke dieses von Peter Yates ansonsten rasant und spannend in Szene gesetzten Thrillers, der Tom Selleck endlich wieder einmal eine dominierende Hauptrolle verschaffte.
Wie schon der (Original-) Titel verrät, geht es um einen völlig unschuldigen Mann, den Flugzeugingenieur Jimmie Rainwood (Selleck), der das Opfer einer Verwechslung wird. Zwei Beamte des Drogendezernats irren sich in der Adresse, dringen in sein Haus ein, halten seinen Fön für eine Waffe und schießen ihn nieder. Um ihren folgenschweren Irrtum zu vertuschen, hinterlassen sie im Haus eine Pistole und Kokain und sorgen später dafür, daß Rainwood wegen Drogenhandels zu sechs Jahren Gefängnis verurteilt wird. Hier muß er sich mit der harten Knastwelt auseinandersetzen und überlebt nur mit Hilfe seines Mitgefangenen Virgil (Abraham). Nach seiner Entlassung macht er sich daran, die - selbstverständlich drogensüchtigen und korrupten Bullen - zur Strecke zu bringen.
Während das Racheelement alles andere als originell ist und einer uralten Konvention des amerikanischen Krimis entspricht, liefert der vom deutschen Verleih mit einem unsäglichen Titel versehene Film einen interessanten Blick hinter die Mauern einer Hochsicherheits-Strafanstalt, die nach dem Willen des Drehbuches ein auf einen kleinen Raum konzentriertes Abbild der modernen westlichen Gesellschaft darstellt. In diesen Szenen ist *An Innocent Man* am überzeugendsten. al

Von der Terrasse

From the Terrace. USA 1960 **R** Mark Robson **B** Ernest Lehman, nach dem Roman von John O'Hara **K** Leo Tover **M** Elmer Bernstein **P** Mark Robson für Linebrook Prod./20th Century-Fox **L** 135 Min. (Originalfassung 144 Min.), Farbe **D** Paul Newman, Joanne Woodward, Myrna Loy, Ina Balin, Leon Ames, Elizabeth Allen

Viel Talent vor und hinter der Kamera konnten nicht verhindern, daß aus John O'Haras ironischer Saga vom Aufstieg eines ehemaligen Soldaten zu Reichtum und Ansehen in der New Yorker Oberschicht ein oberflächliches, aufgeblasenes und überlanges Drama wurde. O'Haras Arbeiten waren wegen ihrer Länge - in diesem Fall über tausend Seiten - und vor allem wegen ihrer unverblümten Darstellung von Sexualität nicht so leicht für die Leinwand zu bearbeiten, und offenbar hatte Ernest Lehman, sonst ein fähiger Schreiber, etwas zu viel Respekt vor dem Werk seines Kollegen. Paul Newman ist in einer Rolle zu sehen, die stark an seinen Auftritt in DER MANN AUS PHILADELPHIA erinnert: Ein junger rücksichtsloser Karrierist, der schon bald seine Gattin (Woodward) über den Geschäften an der Wall Street vernachlässigt und sie dadurch in außereheliche Aktivitäten treibt. Auch er selbst bändelt während einer Geschäftsreise mit einer anderen Frau (Balin) an und gefährdet damit seine Position...
Das Ehepaar Newman/Woodward hatte es schon mit besserem Material zu tun als mit diesem, und *Von der Terrasse* hinterließ weder an den Kassen noch in den Feuilletons einen starken Eindruck. Der anderen O'Hara-Adaption des Jahres, TELEFON BUTTERFIELD 8, erging es wesentlich besser, doch da spielt auch Elizabeth Taylor die Hauptrolle. al

Von Mann zu Mann

Da uomo a uomo. Italien 1967 **R** Giulio Petroni **B** Luciano Vincenzoni, Giulio Petroni **K** Carlo Carlini **M** Ennio Morricone **P** Alfonso Sansone, Henryk Chrosicki für Sancro Film **L** 115 Min., Farbe **D** Lee Van Cleef, John Philip Law, Anthony Dawson, Mario Brega, Luigi Pistilli

Als kleiner Junge mußte Bill (Law) den grausamen Mord an seiner Familie mitansehen. Mittlerweile zu einem treffsicheren Schützen herangewachsen, begegnet er auf seinem Rachefeldzug Ryan (Van Cleef), der von derselben Bande betrogen wurde und fünfzehn Jahre in einem Steinbruch hat schuften müssen. Gemeinsam führen sie die Bandenmitglieder, die sich inzwischen zu „respektablen" Persönlichkeiten des öffentlichen Lebens gemausert haben, ihrer gerechten Strafe zu. Am Schluß scheint jedoch ein Duell zwischen beiden unausweichlich, als Bill erfährt, daß auch Ryan damals der Bande angehörte...
Dieser sorgfältig gemachte Italo-Western zelebriert zwei der beliebtesten Themen des Genres: der erfahrene Revolverheld und sein ungestümer, wißbegieriger Begleiter sowie dsa Rache-Motiv. Das Ergebnis ist spannend, wenn auch ziemlich brutal. In den Staaten lief der Film übrigens unter dem originellen Titel *Death Rides a Horse*. al

Von Mäusen und Menschen

Of Mice and Men. USA 1939 **R** Lewis Milestone **B** Eugene Solow, nach dem Roman von John Steinbeck **K** Norbert Brodine **M** Aaron Copland **P** Lewis Milestone für Hal Roach/United Artists **L** 107 Min., s/w **D** Burgess Meredith, Betty Field, Lon Chaney jr., Charles Bickford, Roman Bohnen, Bob Steele, Noah Beery jr., Oscar O'Shea, Granville Bates, Leigh Whipper

Die Weltwirtschaftskrise war kaum überwunden und schon nahm Hollywood sich der Romane von John Steinbeck an, in denen der Autor vor allem die Not und das Elend der Landarbeiter während dieser entbehrungsreichen Zeit schilderte. Eine gelungene Verfilmung war Lewis Milestones Leinwandadaption *Von Mäusen und Menschen*, die wie viele andere hervorragende Produktionen das Pech hatte, im Jahre 1939 gegen die erdrückende Konkurrenz des Kassenschlagers VOM WINDE VERWEHT bestehen zu müssen.
Der geistig etwas behinderte Lennie (Chaney jr.) und sein Beschützer George (Meredith) gehören zu dem Heer arbeitsloser Tagelöhner, denen die Wirtschaftskrise die Existenz geraubt hat. George träumt von einer kleinen Farm, die sie zu zweit bewirtschaften könnten. Die Realität bietet ihnen indes nur harte Knochenarbeit bei reichen Farmern, die sie wie den letzten Dreck behandeln. Als sie jedoch auf eine Ranch im kalifornischen San Joaquin Valley kommen, scheinen sie das erste Mal in ihrem Leben Glück zu haben. Der Besitzer stellt sie als Hilfsarbeiter an und behandelt sie darüber hinaus auch mit Würde und Respekt. Leider hält die Illusion von einer Idylle nur kurze Zeit an, denn Curley, der sadistische Sohn des Ranchers, ist auf den tumben Lennie aufmerksam geworden und hat in ihm ein ideales Opfer für seine Quälereien gefunden. Eine verhängnisvolle Entwicklung bahnt sich an...
Von Mäusen und Menschen war 1939 in vier Kategorien (u. a. Bester Film und Beste Musik) für den Oscar nominiert, ohne jedoch einen davon zu bekommen. Der Film ist eine für Hollywood-Verhältnisse recht ungeschminkte Darstellung der herrschenden sozialen Mißstände, deren Thematisierung sich die Traumfabrik bis heute recht gern verschließt.
Als weitere Steinbeck-Adaption kam ein Jahr später das ebenso hervorragende John-Ford-Werk FRÜCHTE DES ZORNS in die Kinos, welches von den Academy-Mitgliedern nicht ganz so stiefmütterlich behandelt wurde. jg

Vor Blondinen wird gewarnt

Platinum Blonde. USA 1931 **R** Frank Capra **B** Robert Riskin, Jo Swerling, Dorothy Howell, nach einer Story von Harry E. Chandlee, Douglas W. Churchill **K** Joseph Walker **P** Harry Cohn für Columbia **L** 88 Min., s/w **D** Loretta Young, Robert Williams, Jean Harlow, Louise Closser Hale, Donald Dillaway

Der Titel dieser amüsanten, frühen Komödie von Frank Capra ist etwas irreführend, denn die Hauptfigur ist nicht etwa die von Jean Harlow gespielte Platinblonde, sondern vielmehr Reporter Stew Stevens (Williams), ein ausgeschlafener Junge mit dem richtigen Riecher für heiße Stories. Auf diese Weise lernt er auch die reiche Erbin Ann Schuyler (Harlow) kennen und ist in Null komma nichts mit ihr verheiratet. Doch lange hält er es im goldenen Käfig nicht aus: bei den Arbeiten zu einem Bühnenstück kommt er einer ehemaligen Kollegin (Young) näher und sagt schließlich seiner snobistischen Gattin und ihren Dinnerparties adieu.
Capra machte aus dem nicht gerade originellen Material einen Vorläufer seiner berühmtesten Arbeiten der 30er Jahre, die sich alle auf satirische Art und Weise mit gesellschaftlichen Unterschieden und Konventionen befassen. Robert Williams glänzte in der Hauptrolle, die leider seine einzige war - er starb eine Woche nach Verleihstart des Films. al

Vor dem neuen Tag

Clash by Night. USA 1952 **R** Fritz Lang **B** Alfred Hayes, David Dortort, nach dem Bühnenstück von Clifford Odets **K** Nicholas Musuraca **M** Roy Webb **P** Harriet Parsons für RKO **L** 105 Min., s/w **D** Barbara Stanwyck, Paul Douglas, Robert Ryan, Marilyn Monroe, J. Carrol Naish, Keith Andes, Silvio Minciotti, Diane Stewart, Julius Tannen, Tony Dante

Clifford Odets' Stück war bereits recht erfolgreich mit Tallulah Bankhead, Lee J. Cobb und Robert Ryan (dieser übernahm auch im Film seine Bühnenrolle) am Broadway gelaufen, als die RKO dem Star-Regisseur Fritz Lang den Stoff anbot. Dieser machte daraus ein perfektes Kino-Melodram, das hinsichtlich seines Themas jedoch fast besser zu Douglas Sirk gepaßt hätte.
Mae Doyle (Stanwyck) kehrt reumütig in ihre Heimatstadt, das Küstenkaff Monterey in Kalifornien, zurück, nachdem sie erfahren mußte, wie hart und einsam das Leben in der Großstadt sein kann. Bald beginnt sich die Männerwelt für Mae zu interessieren und da diese nicht länger allein sein möchte, heiratet sie kurzentschlossen den bodenständigen Fischer Jerry D´Amato (Douglas), um nach einiger Zeit mit dem fiesen, jedoch durchaus attraktiven Earl Pfeiffer (Ryan) eine Affäre anzufangen. Beide geben sich noch nicht einmal sonderlich große Mühe, ihr Verhältnis zu verbergen und so zieht Mae bald den Haß der ganzen Stadt auf sich. Schließlich schickt es sich nicht für eine verheiratete Frau, die obendrein auch noch ein Kind zu ernähren hat, mit einem anderen Mann etwas anzufangen. Eines Tages bekommt auch Jerry Wind von der Sache. Er verprügelt Pfeiffer nach Strich und Faden, um dann gemeinsam mit seinem Kind auf das Meer hinauszufahren. Schreiend und um Verzeihung flehend, rennt Mae hinter ihm her und wird von ihm (schließlich muß sich ja am Ende die heilige amerikanische Familie wieder zusammenraufen) natürlich mitgenommen.
Langs Film bietet Hollywood-Star-Kino in Vollendung und war damals vor allem aufgrund der einmaligen schauspielerischen Darstellungen ein Publikumsrenner. Eine kleinere, aber durchaus denkwürdige Rolle hatte Marilyn Monoe, die mit *Clash by Night* ihren 13. Film drehte. Eigentlich hätte man der Schauspielerin schon ein gewisses Maß an Selbstbewußtsein und Erfahrung zutrauen können, doch als Marilyn sah, mit welch bekannten Akteuren sie zusammenarbeiten mußte, rutschte ihr das Herz in die Hose. Sichtlich nervös kam sie jeden Morgen ins Studio und brachte Lang an den Rand der Raserei, als sie eine Szene nach der anderen schmiß, weil sie vor lauter Aufregung ihren Text vergaß. Paul Douglas wurde so wütend, daß er sie gegen eine andere Schauspielerin austauschen wollte. Die einzige, die zu der armen Marilyn hielt und sie mit Tips und Anregungen ermutigte, war Barbara Stanwyck.
Das Original-Stück spielte auf Staten Island, doch verlegte Lang wegen der imposanteren Naturkulisse die Handlung in das Fischerstädtchen Monterey, wo Kameramann Musuraca für die dokumentarischen Fischfang-Szenen allein über 3.000 Meter Film abdrehte. jg

Vor der Revolution

Prima della rivoluzione. Italien 1964 **R** Bernardo Bertolucci **B** Bernardo Bertolucci, Gianni Amico **K** Aldo Scavarda **M** Gino Paoli, Ennio Morricone **P** Iride Cinematografica **L** 100 Min., s/w **D** Adriana Asti, Francesco Barilli, Allen Midgette, Morando Morandini, Cristina Pariset

Der aus bürgerlichem Hause stammende Student Fabrizio (Barilli) gerät durch den Selbstmord eines Freundes in eine Krise, in deren Verlauf er sein eigenes Leben in Frage zu stellen beginnt. Er verläßt seine Freundin Clelia (Pariset) und sucht Rat bei einem befreundeten Lehrer, dem überzeugten Kommunisten Cesare (Morandini). Doch weder die Partei noch eine kurze Affäre mit seiner Tante (Asti) können seine letztendliche Anpassung an die Gesellschaft verhindern.
„Wer die Jahre vor der Revolution nicht erlebt hat, kennt nicht die Süße des Lebens.“ Diesen Satz von Talleyrand stellte der damals erst 24jährige Bernardo Bertolucci seinem zweiten Spielfilm voran, der von der Kritik hochgelobt wurde und ein Thema behandelt, das seine gesamte Karriere beherrschen sollte: den Konflikt zwischen Freiheit und Konformität. Als Drehort diente Bertoluccis norditalienische Heimatstadt Parma. al

Vor der Sintflut

Avant le déluge. Frankreich/Italien 1953 **R** André Cayatte **B** André Cayatte, Charles Spaak **K** Jean Bourgoin **M** Georges van Parys **P** UGC (Paris), Documento Film (Rom) **L** 140 Min., s/w **D** Bernard Blier, Marina Vlady, Marcel Pérès, Delia Scala, Jacques Chabassol, Isa Miranda

Kurz nach Ausbruch des Korea-Kriegs im Jahre 1950 plant eine Gruppe von Jugendlichen, verunsichert durch die Angst und Hilflosigkeit ihrer Eltern, auf eine Südseeinsel auszuwandern. Das Geld beschaffen sie sich durch einen Einbruch, bei dem jedoch versehentlich ein Nachtwächter erschossen wird. Ihren jüdischen Freund, der ihnen das Auto geliehen hat, ertränken sie daraufhin in einer Badewanne - aus Angst, er könnte sie verraten.
André Cayattes Film, den er wieder gemeinsam mit seinem langjährigen Mitarbeiter Charles Spaak schrieb, beruht wie so viele seiner Werke auf einer wahren Begebenheit. Der Prozeß gegen die jungen Leute bildet den Rahmen für das Geschehen, doch schnell wird deutlich, daß für den ehemaligen Juristen Cayatte nicht sie, sondern ihre Eltern auf der Anklagebank sitzen. al

Vor Einbruch der Nacht

Just avant la nuit. Frankreich 1971 **R** Claude Chabrol **B** Claude Chabrol, nach dem Roman *The Thin Line* von Edward Atiyah **K** Jean Rabier **M** Pierre Jansen **P** André Génovès für Les Films la Boëtie (Paris), Cinegaï (Rom) **L** 106 Min., Farbe **D** Michel Bouquet, Stéphane Audran, François Périer, Jean Carmet, Dominique Zardi, Henri Attal

Der wohlhabende und verheiratete Familienvater Charles Masson (Bouquet) bringt seine Geliebte, die Gattin eines guten Freundes, während eines Rendezvous' um - mehr oder weniger aus Versehen, da die Beziehung sado-masochistischer Natur war. Von Schuldgefühlen geplagt, gesteht er den Mord seiner Frau Hélène (Audran) und auch dem Freund, doch beide wollen den moralischen Schein wahren und lehnen jeden Gedanken an die Benachrichtigung der Polizei ab. Als Charles sich schließlich doch stellen will, wird er von Hélène vergiftet.
Einer der besten von Chabrols Krimis um die Abgründe der französischen Bourgeoisie hat mehrere deutliche Parallelen zu einem seiner Vorgänger, DIE UNTREUE FRAU. Beide Male spielen Stéphane Audran und Michel Bouquet die Hauptrollen, ein Ehepaar, und beide Male geschieht ein durch Untreue ausgelöster Mord, jeweils begangen vom Ehemann. Wie im früheren Film gilt die Aufmerksamkeit des Regisseurs hauptsächlich der Reaktion der Frau. al

Vor Hausfreunden wird gewarnt

The Grass Is Greener. USA 1960 **R** Stanley Donen **B** Hugh und Margaret Williams, nach ihrem Bühnenstück **K** Christopher Challis **M** Noel Coward **P** Stanley Donen für Grandon/Universal **L** 105 Min., Farbe **D** Cary Grant, Deborah Kerr, Robert Mitchum, Jean Simmons, Moray Watson

Zugeknöpfte Gouvernanten und stilvolle britische Ladys - das waren seit eh und je die Paraderollen für Deborah Kerr. Auch in dieser eleganten Komödie von Stanley Donen tritt sie als sittsame Dame der Upper Class in Erscheinung, um jedoch durch einen dreisten amerikanischen Ölmillionär auch ihre verruchten Seiten zu entdecken.

Der gute alte englische Adel ist auch nicht mehr das, was er einmal war. Um den drohenden finanziellen Ruin abzuwenden, greift Graf Victor Ryhall (Grant) zu einer verzweifelten Notbremse. Gegen ein angemessenes Eintrittsgeld läßt er Horden von Touristen durch sein Schloß schleusen. Unter diesen befindet sich eines Tages auch der US-Ölmagnat Charles Delacro (Mitchum), der sich unverschämterweise absichtlich in die privaten Gemächer der Ryhalls verirrt und Victors Gattin Hilary (Kerr) in ein Gespräch verwickelt, das sich nach einiger Zeit in einen heftigen Flirt verwandelt. Zu ihrem eigenen Entsetzen ist Hilary seinen Avancen gegenüber noch nicht einmal abgeneigt und nimmt so die Einladung für ein Gala-Diner in London an. Victor, dem die Veränderungen, die in seiner Frau vorgehen, natürlich nicht unverborgen geblieben sind, versucht seinerseits, die Ehe zu retten und seinem Nebenbuhler eins auszuwischen.
Donens Film ist hervorragend besetzt und schöpft seinen Witz aus einigen überaus geistreichen Dialogen, die nicht nur das Beziehungsgeflecht der Geschlechter untereinander persiflieren, sondern auch das Verhältnis zwischen amerikanischer und europäischer Lebensweise aufs Korn nehmen.
Einen köstlichen, slapstickartigen Auftritt hat Deborah Kerr, die sich zu den Klängen des Liedes *Mad Dogs and Englishmen* mit ihren hochhackigen Pumps in der Hundeleine eines Pudels verfängt. jg

Vor Salonlöwen wird gewarnt

Les lions sont lachés. Frankreich/Italien 1961 **R** Henri Verneuil **B** France Roche, nach dem Roman von Nicole **K** Christian Matras **M** Georges Garvarentz **P** Franco-London Films/Gaumont/S. P. E. C. (Paris), Vides Cinematografica (Rom) **L** 98 Min. (Originalfassung 110 Min.), s/w **D** Claudia Cardinale, Michèle Morgan, Danielle Darrieux, Lino Ventura, Jean-Claude Brialy, Denise Provence, Darry Cowl

Die junge Provinzlerin Albertine (Cardinale) läßt ihren langweiligen Mann in Bordeaux sitzen, um in Paris die Freuden des mondänen Lebens zu genießen. In Haus der verruchten Marie-Laure (Darrieux) bringt sie es auf eine stattliche Zahl von Verehrern, nur um am Ende festzustellen, daß die wahre Liebe eben doch zuhause sitzt.
Diese routinierte, aber sehr attraktiv besetzte Boulevard-Komödie erlaubt einen ungewohnten Blick auf Frankreichs Obergangster Lino Ventura in der Rolle eines windigen Modearztes, der bei Patientenbesuchen ständig auf die Uhr guckt und ansonsten den Frauen nachstellt. Die Kritik zeigte sich von den vorhersagbaren amurösen Verwicklungen nicht sonderlich angetan. al

Vor Sonnenuntergang

Vor Sonnenuntergang. BRD 1956 **R** Gottfried Reinhardt **B** Jochen Huth, nach dem Bühnenstück von Gerhart Hauptmann **K** Kurt Haase **M** Werner Eisbrenner **P** Artur Brauner für CCC-Filmkunst Berlin **L** 104 Min., s/w **D** Hans Albers, Annemarie Düringer, Martin Held, Hannelore Schroth, Claus Biederstaedt, Maria Becker, Erich Schellow

Mitte der 50er Jahre schien man die Stücke Gerhart Hauptmanns neu fürs Kino zu entdecken. So drehte Robert Siodmak 1955 DIE RATTEN, ein Jahr später schloß sich ihm Wolfgang Staudte mit ROSE BERND an und im gleichen Jahr gab es ferner noch Gottfried Reinhardts *Vor Sonnenuntergang*. Dieses Hauptmann-Drama war schon einmal 1937 von Veit Harlan unter dem Titel DER HERRSCHER verfilmt worden, wobei man das Werk jedoch im Zuge der NS-Ideologie grob verfälschte.
Der Großindustrielle Mathias Clausen (Albers) bleibt nach dem Tod seiner Frau als vereinsamter und verbitterter Mensch zurück, der sich mit Selbstmordgedanken trägt. Die Kinder sind aus dem Haus, haben sich von ihm abgewandt und führen nun einen verbissen ausgefochtenen Kampf um das Erbe. Neuen Lebensmut schöpft Clausen, als er die junge Sekträrin Inken Peters (Düringer) kennenlernt, die ihn mit ihrer Warmherzigkeit und ihrem Verständnis noch einmal den Glauben an das Gute im Menschen zurückgibt.
Gottfried Reinhardt, Sohn des großen Theaterregisseurs Max Reinhardt, verlegte die Handlung in das moderne Wirtschaftswunder-Deutschland, das dem Film zufolge seinen Reichtum allein der Autoindustrie zu verdanken hat, denn der Zuschauer wird mit einer Blechlawine von Daimler-Benz-, Opel- und Volkswagen-Modellen förmlich überrollt. Ein zwiespältiges Werk, bei dem lediglich Hans Albers überrascht, der hier nicht den gewohnten stahläugigen Saubermann spielt, sondern einen gebrochenen, gealterten und desillusionierten Menschen.
„Immer, wenn etwas geschieht, zischt symbolisch eine Lokomotive, orgelt Musik oder geht die Sonne strahlend unter wie in einem Fremdenverkehrsprospekt in Kupfertiefdruck. Dabei hätte Reinhardt gut daran getan, sich auf die Fähigkeiten seiner Darsteller zu verlassen“ (*Evangelischer Filmbeobachter*). jg

Vor uns die Hölle

Ten Seconds to Hell. USA 1959 **R** Robert Aldrich **B** Robert Aldrich, Teddi Sherman, nach dem Roman *The Phoenix* von Lawrence P. Bachmann **K** Ernest Laszlo **M** Kenneth V. Jones **P** Michael Carreras für Seven Arts/Hammer/United Artists **L** 93 Min., s/w **D** Jeff Chandler, Jack Palance, Martine Carol, Robert Cornthwaite, Dave Willock, Wesley Addy, Jimmy Goodwin, Virginia Baker, Richard Wattis

Der II. Weltkrieg ist schon längst vorüber, da müssen sich Karl Wirtz (Chandler) und Eric Körtner (Palance) mit ihrer Crew noch immer mit den Bomben der Alliierten auseinandersetzen. Beide Männer gehören zu einem Kommando, dessen Aufgabe es ist, auf Berlin niedergegangene, aber nicht explodierte Bomben zu entschärfen. Einer nach dem anderen kommt bei diesen waghalsigen Einsätzen ums Leben. Ein Teil ihres Lohns legen die Männer in einem Fond zurück, den der letzte Überlebende von ihnen erhalten soll. Nach zahlreichen Unfällen bleiben nur noch Wirtz und Körtner übrig. Als sie zu einem erneuten Himmelfahrtsunternehmen abberufen werden, ist klar, daß nur einer von ihnen zurückkommen wird.
Robert Aldrich drehte diesen mit bescheidenen Mitteln finanzierten Schwarzweiß-Streifen in Berlin, wo es 14 Jahre nach Kriegsende noch genügend zerbombte ehemalige Wohnflächen gab, die als wirkungsvolle Kulissen fungieren konnte.
Jeff Chandler und Jack Palance versuchten im amerikanischen Original zwar wacker, einen deutschen Akzent zu imitieren, was sich jedoch wenig überzeugend anhörte. Der Film wäre an sich eine recht spannende Angelegenheit, wenn Robert Aldrich sich mehr auf die Charakterisierung seiner „Helden“ konzentriert hätte, anstatt in minutenlangen, oft ermüdenden Details die Entschärfung der jeweiligen Sprengkörper zu schildern. jg

Vor verschlossenen Türen

Knock on Any Door. USA 1949 **R** Nicholas Ray **B** Daniel Taradash, John Monks jr., nach dem Roman *Viele finden nicht zurück* von Willard Motley **K** Burnett Guffey **M** George Antheil **P** Robert Lord für Santana/Columbia **L** 100 Min., s/w **D** Humphrey Bogart, John Derek, George MacReady, Allene Roberts, Susan Perry, Mickey Knox, Barry Kelley, Dooley Wilson

Mit diesem Film stellte Nicholas Ray die Weichen in Richtung des sozialkritischen Jugendfilms, mit dem er 1955 in ...DENN SIE WISSEN NICHT, WAS SIE TUN seinen größten Triumph erlebte. *Vor verschlossenen Türen* ist eine überaus ehrliche Bestandsaufnahme über das Leben in den Slums der amerikanischen Großstädte, dessen Be-

schreibung in dieser aufrichtigen Form für Hollywood wohl nur in jener kurzen Zeit nach dem Zweiten Weltkrieg möglich war. Der Rechtsanwalt Andrew Morton (Bogart) ist mit seinem Latein am Ende. So sehr er sich auch bemühte, seinem Mandanten, dem jungen Nick Romano (Derek) zu helfen - er konnte nicht verhindern, daß der Jugendliche immer tiefer abrutschte und die Schwere seiner kriminellen Taten stetig zunahm, bis er schließlich sogar einen Polizisten ermordete. Jetzt wartet der elektrische Stuhl auf ihn, vor dem es für Nick kein Entrinnen mehr geben wird. In mehreren Rückblenden erinnert sich Morton, der selbst aus den Slums stammt, wie er versuchte, dem Jungen zum Ausstieg aus dem Teufelskreis der Kriminalität zu verhelfen und wie sehr er jedesmal von ihm aufs Neue enttäuscht wurde.
Rays Film ist vor allem wegen seines harten realistischen Endes (Nick wird zur Hinrichtungsstätte geführt) auch heute noch sehenswert und in seiner Thematik aktueller denn je. Etwas überflüssig wirkt ein etwas zu lang geratenes Plädoyer, das Humphrey Bogart ohne Zwischenschnitte hält. Er hatte damit zwangsläufig große Schwierigkeiten, da ihn seine meisten Rollen ja immer als recht wortkargen Leinwandhelden definiert hatten. Nach mehreren erfolglosen Versuchen schaffte es Bogart mit Müh und Not, seinen ellenlangen Monolog zu Ende zu bringen, den er wegen der hohen Konzentration, die er für den Text aufbringen mußte, zwar einwandfrei, aber dafür nicht gerade ergreifend herunterleierte.
Knock on Any Door war der erste Film, der von Bogarts eigener unabhängiger Produktionsfirma Santana finanziert wurde und der sich an den Kinokassen als ansehnlicher Erfolg erwies. jg

Vorhang auf!

The Band Wagon. USA 1953 **R** Vincente Minnelli **B** Betty Comden, Adolph Green **K** Harry Jackson **M** Arthur Schwartz, Howard Dietz (Text) **P** Arthur Freed für MGM **L** 111 Min., Farbe **D** Fred Astaire, Cyd Charisse, Oscar Levant, Nanette Fabray, Jack Buchanan, James Mitchell, Robert Gist, Thurston Hall, Ava Gardner

Der Kinostar Tony Hunter (Astaire) kehrt von Hollywood an den New Yorker Broadway zurück, nachdem seine Filme keine großen Erfolge mehr verbuchen können. Eine Bühnenproduktion soll das erhoffte Comeback einleiten. Doch der altgediente Sänger und Tänzer gerät an einen künstlerisch ambitionierten Regisseur (Buchanan), der ein solides Musical zu einem surrealistischen Spektakel auf der Basis des *Faust* umfunktionieren will. Zu den inhaltlichen Auseinandersetzungen zwischen den Künstlern gesellen sich auch noch Besetzungsprobleme. Die Primaballerina Gabrielle Gerard (Charisse) ist als Hunters Partnerin vorgesehen, doch der Altstar kann Ballettänzerinnen nicht ausstehen, schon gar nicht, wenn sie ihn an Körpergröße übertreffen.
In der gleichnamigen Broadway-Show stand Fred Astaire gemeinsam mit seiner Schwester Adele schon 1931 auf der Bühne. Die Revue setzte sich aus einzelnen Liedern und Sketchen zusammen, auf eine Handlung verzichtete man gänzlich. Die wurde für den Film *Vorhang auf!* von dem Autorenpaar Betty Comden und Adolph Green ersonnen, dem bei der Gestaltung der Charaktere offenbar diverse große Künstler der damaligen Zeit vor Augen standen: So weist die Figur des Tony Hunter Ähnlichkeiten mit der Biografie Astaires auf, der despotische, tiefsinnige Regisseur Cordova erscheint als Mischung aus Orson Welles und José Ferrer, und für die Freunde des Protagonisten, dem Ehepaar Lily und Lester Marton, erkoren Comden und Green sich selbst zum Vorbild aus. Fünf Songs aus der Theatervorlage und sieben weitere Kompositionen aus Schwartz/Dietz-Shows bilden den musikalischen Hintergrund des satirischen Musicals (*By Myself, A Shine on Your Shoes, The Beggar Waltz, Dancing in the Dark, You and the Night and the Music, Something To Remember You By, High and Low, I Love Louisa, New Sun in the Sky, I Guess I'll Have To Change My Plan, Louisiana Hayride, Triplets*), dessen Krönung der eigens für den Film geschriebene Klassiker *That's Entertainment* darstellt, die Hymne des Show-Business. Auch das Ballett *The Girl Hunt*, eine tänzerische Parodie auf die seinerzeit populären Kriminalgeschichten des Schriftstellers Mickey Spillane, gelangte in der Leinwandversion erstmals zur Aufführung. mg

Vorhof zum Paradies

Paradise Alley. USA 1978 **R** Sylvester Stallone **B** Sylvester Stallone **K** Laszlo Kovacs **M** Bill Conti **P** John F. Roach und Ronald A. Suppa für Universal **L** 109 Min., Farbe **D** Sylvester Stallone, Armand Assante, Lee Canalito, Anne Archer, Kevin Conway, Frank McRae

Seinem Überraschungserfolg ROCKY ließ Sly Stallone einen weiteren Streifen folgen, in dem die Fäuste regieren: Stallone spielt den Gelegenheitsgauner Cosmo Carboni, der in den Slums von New York aufgewachsen ist. Um aus dem Elend herauszukommen und an Geld zu gelangen, steigt er mit seinem Bruder Victor (Canalito) in das halbseidene Catcher-Milieu ein. Da die Brüder Carboni über dicke Muskeln verfügen, ist ihr Erfolg nur eine Frage der Zeit...
Stallone übernahm nicht nur die Hauptrolle in dem reichlich brutalen und mäßig glaubhaften Streifen, sondern auch noch die Regie und das Drehbuch. Obendrein sang er den Titelsong selbst. Was er selbst als „Mischung zwischen Drama und Komödie" mit autobiographischen Bezügen verstanden wissen wollte, entpuppt sich jedoch schnell als Aneinanderreihung plumper Klischees (der Streifen spielt im Jahr 1946), cooler Sprüche und roher Gewalt. Ein Film allenfalls für die Freunde des effektvoll inszenierten Haudrauf-Genres. sk

Die Vorleserin

La lectrice. Frankreich 1988 **R** Michel Deville **B** Michel Deville, Rosalinde Deville, nach den Romanen *La lectrice* und *Un fantasme de Bella B. et autre récits* von Raymond Jean **K** Dominique Le Rigoleur **P** Michel Deville, Rosalinde Deville für Eléfilm/AAA Prod./TSF Prod./Ciné 5 **L** 100 Min., Farbe **D** Miou-Miou, Christian Ruché, Sylvie Laporte, Michel Raskine, Brigitte Catillon, Régis Royer, Maria Casarès

Constance (Miou-Miou) genießt es, abends im Bett ihrem Freund vorzulesen. So fällt ihr der Roman *La lectrice* von Raymond Jean in die Hände, in dem die junge Marie ihre Leseleidenschaft zum Beruf macht: sie liest gegen Geld anderen Leuten vor. Könnte Constance das nicht auch versuchen? Von nun an folgt der Film ihr (oder Marie?) in den ungewöhnlichen Berufsalltag, wo sie einen Teenager im Rollstuhl mit Baudelaire, einen impotenten Generaldirektor mit Duras, eine Generalswitwe mit Marx und ein einsames Mädchen mit Lewis Carrolls *Alice im Wunderland* beglückt. Schnell stellt sich allerdings heraus, daß die meisten ihrer Kunden auch anderweitig an ihren Diensten interessiert sind...
Raffiniert spielt Michel Deville mit den beiden Handlungsebenen dieser gleichermaßen intelligenten wie unterhaltsamen Komödie, die es schafft, die beiden konkurrierenden Medien Buch und Kino unter einen Hut zu bringen. *Die Vorleserin* wurde mit dem Großen Preis der Filmfestspiele in Montreal ausgezeichnet. „Eine sinnliche und verliebte Träumerei, eine Ode an die Kunst des Vorlesens und an die Selbsthingabe. Amüsant und gleichzeitig emotional, dank Miou-Mious unglaublichem Charme" (*L'événément*). al

Vorname Carmen

Prénom Carmen. Frankreich/Schweiz 1983 **R** Jean-Luc Godard **B** Anne-Marie Miéville **K** Raoul Coutard **P** Sara Films/Alain Sarde (Paris), Jean-Luc Godard Prod. (Schweiz) **L** 85 Min., Farbe **D** Maruschka Detmers, Jacques Bonnaffé,

Myriel Roussel, Christophe Odent, Jean-Luc Godard

1983 war das (Film-)Jahr der Carmen, jener heißblütigen Zigeunerin, die der französische Schriftsteller Prosper Mérimée in seiner 1845 erschienenen Novelle zur Titelheldin auserkor. 1875 nahm sich der Komponist Georges Bizet des Stoffes an, um die tragisch endende Liebesgeschichte zwischen Carmen und dem Offizier José auf die Opernbühnen zu bringen. Im Kino erschien die leidenschaftliche Schönheit schließlich 1918 in einer Lubitsch-, 1944 in einer Christian-Jaque- und 1954 in einer Otto-Preminger-Verfilmung. Zuletzt adaptierten Carlos Saura und Francesco Rosi die Novelle bzw. die Oper auf recht unterschiedliche Weise für die Leinwand, beide taten dies 1983. Auch Godard lieferte zur gleichen Zeit eine Version der Thematik. Dabei erinnern nur noch Figurenkonstellation sowie einige wenige Details an die ursprüngliche Vorlage, wenn der Regisseur sie denn überhaupt zugrunde gelegt haben sollte. Aus dem Offizier José wurde der Polizist Josèphe, der sich unsterblich in Carmen verliebt. Diese arbeitet nicht wie früher mit einer Schmugglerbande zusammen, sondern mit Terroristen, die Banken berauben und Industrielle entführen. Zudem hat sie einen alten, wunderlichen Onkel; eine Rolle, die Godard Gelegenheit gibt, sich selbst darzustellen. Und natürlich finden sich wieder einmal Zitate, Anspielungen und Verweise aus Film und Literatur - darauf verzichtete der umstrittene Regisseur auch nicht in seinem 48. Werk. „*Vorname Carmen* ist pessimistisch und schwermütig, ein Film auf der Suche nach Sinngebung und Überwindung existentieller Not. *Vorname Carmen* ist burleske Komödie, der Tanz eines weisen Narren um das goldene Kalb gesellschaftlicher Identität, und *Vorname Carmen* ist ein Versuch über Kunst und Leben von nicht alltäglichem Facettenreichtum" (*J. Schnelle*). mg

Vorwiegend heiter

It's Always Fair Weather. USA 1955 **R** Stanley Donen, Gene Kelly **B** Betty Comden, Adolph Green **K** Robert Bronnen **M** André Previn **P** Arthur Freed für MGM **L** 102 Min., Farbe **D** Gene Kelly, Dan Dailey, Cyd Charisse, Dolores Gray, Michael Kidd, David Burns, Jay Z. Flippen, Steve Mitchell

Auch mit ihrer dritten Zusammenarbeit nach HEUT GEH'N WIR BUMMELN und DU SOLLST MEIN GLÜCKSSTERN SEIN gingen das Regie-Duo Donen/Kelly und das Autorenteam Comden/Green in die Annalen der Musicalgeschichte ein. *Vorwiegend heiter* war als Fortsetzung von *Heut geh'n wir bummeln* konzipiert worden, doch nachdem Frank Sinatra es ablehnte, seine Rolle des Chip in dem Sequel zu wiederholen (er fühlte sich durch die Ehrung mit dem Oscar für VERDAMMT IN ALLE EWIGKEIT zu Höherem berufen), wurde das Drehbuch umgeschrieben, und die Matrosen Gabey, Chip und Ozzie verwandelten sich in die Soldaten Ted (Kelly), Doug (Dailey) und Angie (Kidd). Die drei Freunde geloben bei Kriegsende 1945, sich genau zehn Jahre später in einer Bar in New York einzufinden, um auf ihre Kameradschaft anzustoßen. Doch ihr Wiedersehen gestaltet sich anders als erwartet, denn die ehemaligen Kampfgefährten scheinen nichts mehr miteinander gemein zu haben.
Von der unbeschwerten Leichtigkeit und dem Optimismus seines Vorgängers ist in *Vorwiegend heiter* nicht mehr viel zu spüren. Donen und Kelly schlagen der Zeit entsprechend bitterere Töne an; die jugendliche Unbeschwertheit der übermütigen Seeleute weicht nun dem Zynismus und der Verbitterung etablierter Bürger, die ihre Schwierigkeiten mit der Gesellschaft nicht verhehlen können. Doch trotz des für das Genre ungewöhnlich gehaltvollen Sujets kann das Musical mit einem artgerechten Soundtrack aufwarten, der eine Oscar-Nominierung erhielt (*March, March, The Time for Parting, Once Upon a Time, Thanks a Lot But No Thanks, Blue Danube, Music Is Better Than Words, Situation-Wise, I Like Myself, Stillman's Gym, Baba, You Knock Me Out*). mg

Voyou - Der Gauner

Le voyou. Frankreich 1970 **R** Claude Lelouch **B** Claude Lelouch, Claude Pinoteau, Pierre Uytterhoeven **K** Jean Collomb **M** Francis Lai **P** Alexandre Mnouchkine für Les Films Ariane/Films 13/ Artistes Associés **L** 120 Min., Farbe **D** Jean-Louis Trintignant, Christine Lelouch, Charles Gérard, Danièle Delorme, Yves Robert, Amidou, Charles Denner

Mit einem raffinierten Trick entführen der Gangster Simon (Trintignant) und zwei Komplizen den Sohn eines Pariser Bankangestellten und fordern für seine Herausgabe eine Summe in Millionenhöhe von der Bank. Der Coup glückt, doch dann wird Simon von unbekannter Seite denunziert und wandert für 20 Jahre hinter Gitter. Doch schon nach fünf Jahren gelingt dem ausgeschlafenen Verbrecher eine aufsehenerregende Flucht... Als „Claude Lelouchs erster Krimi!" wurde diese clever strukturierte und ungemein unterhaltsame Gaunerkomödie angekündigt, und der von der Kritik oft Geschmähte bewies hier, daß er neben bildgewaltigen Liebesfilmen auch in anderen Genres durchaus zu Hause war. Seine Frau Christine, ein ehemaliges Fotomodell, hatte in *Voyou* ihren ersten größeren Filmauftritt. al

Vulcano

Vulcano. Italien 1953 **R** William Dieterle **B** Piero Tellini, Victor Stoloff, Erskine Caldwell, nach einer Story von Renzo Avanzo **K** Arturo Galleo **M** Enzo Masetti **P** William Dieterle für Panaria **L** 106 Min., s/w **D** Anna Magnani, Rossano Brazzi, Geraldine Brooks, Eduardo Cianelli, Enzo Staiola, Rinaldo Ambrogi, Lucia Belfadel, Rosina Galli

Vulcano wurde seinerzeit als William Dieterles Antwort auf Roberto Rossellinis Melodrama STROMBOLI gewertet, obgleich beide Filme bis auf die Aufnahmen eines aktiven, eruptierenden Vulkans wenig gemeinsam haben.
Maddalena Natoli (gespielt von der grandiosen Vollblut-Mimin Anna Magnani) kehrt in ihr Heimatdorf auf eine kleine italienische Insel zurück, nachdem die Behörden sie aus Neapel verjagt haben, wo Maddalena sich als Prostituierte durchs Leben schlug. Daß sie auf der Insel ebenso unerwünscht ist, geben ihr die Dorfbewohner mit aller Deutlichkeit zu verstehen, indem sie ihr den Eintritt in die Kirche verwehren. Nach Jahren sieht Maddalena ihren Bruder Nino (Staiola) und ihre Schwester Maria (Brooks) wieder. Kurze Zeit später naht das Unheil in der Gestalt von Donato (Brazzi), einem attraktiven jungen Mann mit zwielichtiger Vergangenheit, der auf Maria ein Auge geworfen hat. Damit wenigstens ihrer Schwester der Abstieg in die Gosse erspart bleibt, bringt Maddalena den verderbten Verehrer um. Die Schuld ihrer Tat verbietet ihr, zusammen mit den anderen Einwohnern die Insel zu verlassen, als diese wegen eines bevorstehenden Vulkanausbruchs evakuiert werden.
Ein recht unterhaltsames, urwüchsiges Melodrama, in das Dieterle recht effektvoll die Bilder einer Naturkatastrophe einbaute. Das Drehteam ließ sich damals tatsächlich auf einer kleinen Insel in der Nähe von Sizilien nieder, wo unter primitivsten Bedingungen die Aufnahmen stattfanden, deren Fertigstellung zeitweise durch die Eruption des örtlichen Vulkans in Frage gestellt wurde. jg

W

Der Wachsblumenstrauß

Murder at the Gallop. Großbritannien 1963 **R** George Pollock **B** James P. Cavanagh, David Pursall, Jack Seddon, nach dem Roman *After the Funeral* von Agatha Christie **K** Arthur Ibbetson **M** Ron Goodwin **P** George H. Brown für MGM **L** 81 Min., s/w **D** Margaret Rutherford, Robert Morley, Flora Robson, Charles Tingwell, Stringer Davis, Duncan Lamont, James Villiers, Robert Urquhart, Katya Douglas, Gordon Harris, Finlay Currie

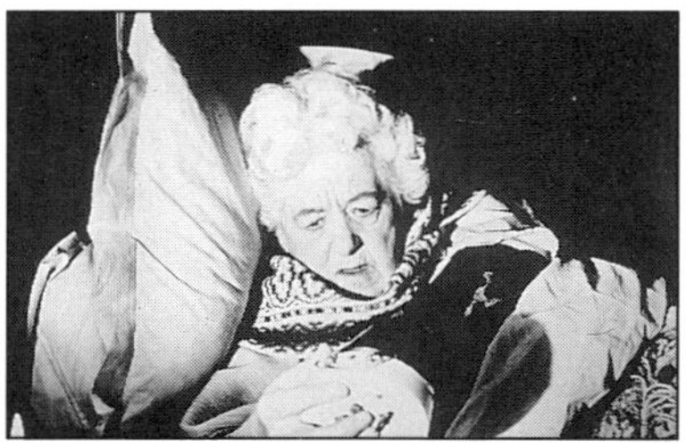

Zweiter Film der vierteiligen Miss-Marple-Serie, mit der Margaret Rutherford als schrullig-liebenswürdige Amateur-Detektivin zu Beginn der 60er Jahre ein Millionenpublikum in die Kinos lockte.
In Begleitung ihres treuen Freundes Mr. Stringer (Davis) klappert sie die Haushalte ihrer Gemeinde ab, um für die Resozialisierung ehemaliger Krimineller zu sammeln. Als die beiden beim alten Mr. Enderby (Currie) vorstellig werden, erleidet dieser prompt einen Herzinfarkt und kullert ihnen auf der Treppe entgegen. Für die Polizei ist der Mann eines natürlichen Todes gestorben. Miss Marple jedoch glaubt, daß ihn jemand absichtlich erschrecken wollte, um sein Ableben zu bewirken. Dieser Meinung ist ebenfalls die Schwester des Toten, der kurze Zeit später durch die Rücklehne ihres Schaukelstuhles ein Stilett zwischen die Rippen gerammt wird. Jetzt beginnen Miss Marples graue Zellen auf Hochtouren zu arbeiten. Sie verfolgt die Spur des Mörders, die zum Gestüt von Hector Enderby (Morley) führt, wo Miss Marple auf einem Damensattel ihre Reitkünste unter Beweis stellt und nebenbei das Herz des Gutsbesitzers im Sturm erobert. Gemeinsam mit Mr. Stringer nimmt sie an einem flotten Twist-Tanz teil, um den Mörder mit einem gestellten Herzinfarkt aus seinem Versteck zu locken.
Ein köstlicher britischer Krimispaß, in dem die großartige Margaret Rutherford mit dem nicht minder skurrilen Robert Morley einen glänzenden Partner zur Seite gestellt bekam. Spannung und hintergründiger Humor sind gleichermaßen wohldosiert und machen diesen Streifen zum gelungensten Film der ganzen Serie. jg

Das Wachsfigurenkabinett

Das Wachsfigurenkabinett. Deutschland 1924 **R** Paul Leni **B** Henrik Galeen **K** Helmut Lerski **P** Neptun-Film AG **L** 64 Min., s/w **D** Wilhelm Dieterle, John Gottowt, Emil Jannings, Olga Belajeff, Conrad Veidt, Werner Krauss, Ernst Legal, Georg John

Neben DAS KABINETT DES DR. CALIGARI und NOSFERATU war Paul Lenis *Das Wachsfigurenkabinett* einer der international erfolgreichsten deutschen Stummfilme jener Zeit. Für die phantastischen und unheimlichen Varianten in diesem Werk sorgte Henrik Galeen, der 1920 ebenfalls zu dem Klassiker DER GOLEM, WIE ER IN DIE WELT KAM das Drehbuch geschrieben hatte.
Eingeleitet von einer Rahmenhandlung (ein Poet soll im Auftrag eines Schaustellers über drei Wachsfiguren eine Geschichte schreiben), stellt der Film in episodenhafter Form drei „Tyrannen" in den Mittelpunkt seiner Beschreibungen. Da gibt es zuerst den Sultan Harun al Raschid (Jannings), der sich in die Frau eines Pastetenbäckers verliebt, die ihm jedoch den Laufpaß gibt. Als zweites menschliches Monstrum erscheint Conradt Veidt in der Rolle von Iwan dem Schrecklichen. Nach einer ausführlichen Zurschaustellung brutaler Foltermethoden verfällt dieser selbst dem Wahnsinn. Folge drei ist formal die interessanteste, denn hier vermischen sich plötzlich Traum und Realität. Der Dichter (Dieterle) und die Tochter des Schaustellers (Belajeff) werden von dem Londoner Massenmörder Jack The Ripper über den Rummelplatz gehetzt. Kurz bevor die Klinge des Schlächters den Bauch des Poeten erreicht, erweist sich diese Schreckensgeschichte als Alptraum, aus dem der Dichter schreiend erwacht.
Ein weiteres Meisterwerk der „dämonischen Leinwand" des frühen deutschen Films - bestechend in seinen Bauten (besonders schön in der Orient-Episode), bedrückend in seiner Atmosphäre. Besonders aufregend gestaltete Leni die Verfolgungsjagd über den ausgestorbenen Jahrmarkt, die Filmkritiker Siegfried Kracauer damals „zu den größten Leistungen der Filmkunst" zählte. Hauptdarsteller Wilhelm Dieterle machte sich übrigens später in Hollywood als Regisseur von solch berühmten Filmen wie DER GLÖCKNER VON NOTRE DAME oder JENNY einen Namen. jg

Waffe des Teufels

Le toubib. Frankreich 1979 **R** Pierre Granier-Deferre **B** Pierre Granier-Deferre, Pascal Jardin, nach dem Roman *Harmonie ou Les horreurs de la guerre* von Jean Freustié **K** Claude Renoir **M** Philippe Sarde **P** Alain Delon für Adel Prod./ Films A2/Les Films 21 **L** 95 Min., Farbe **D** Alain Delon, Véronique Jannot, Bernard Giraudeau, Francine Bergé, Michel Auclair, Cathérine Lachens

Nachdem sie bereits bei DER STRÄFLING UND DIE WITWE sowie JET SET zusammengearbeitet hatten, suchten sich Alain Delon und Pierre Granier-Deferre ein Thema aus, das nicht nur für ihrer beider Karrieren, sondern für den französischen Film überhaupt ungewöhnlich war: eine bedrückende, im Jahre 1993 angesiedelte Zukunftsvision vom 3. Weltkrieg. In der Anfangsphase der militärischen Auseinandersetzungen, die (noch) nicht mit Nuklearwaffen geführt werden, leitet der zynische und verbitterte Arzt Després (Delon) ein Lazarett in Frontnähe. Die Bekanntschaft mit der idealistischen Krankenschwester Harmonie (Jannot) verändert ihn, doch die sich entwickelnde Romanze wird durch den Tod Harmonies beendet...
Die im Titel erwähnten „Waffen des Teufels", denen schließlich auch Harmonie erliegt, sind Sprengkörper, die auf mittels Infrarotsensoren erspürte menschliche Körperwärme reagieren. al

Die Waffen der Frauen

Working Girl. USA 1988 **R** Mike Nichols **B** Kevin Wade **K** Michael Ballhaus **M** Carly Simon **P** Douglas Wick für 20th Century-Fox **L** 113 Min., Farbe **D** Harrison Ford, Sigourney Weaver, Melanie Griffith, Alec Baldwin, Joan Cusack, Philip Bosco, Nora Dunn, Oliver Platt, Olympia Dukakis

Die junge Sekretärin Tess (Griffith) hat zwar einen Abschluß in Betriebswirtschaft und ein helles Köpfchen, doch sind die meisten ihrer Arbeitgeber mehr an ihren offensichtlicheren Qualitäten interessiert. Erst eine Frau, die ungemein erfolgreiche Katharine Parker (Weaver), scheint Tess zur Eigenständigkeit zu ermutigen und sie ernstzunehmen. Prompt entdeckt sie während der Abwesenheit ihrer Chefin, daß diese eine ihrer Ideen übernommen hat und eiskalt als ihre eigene zu verkaufen sucht. Als sie auch noch ihren Liebhaber (Baldwin) mit einer anderen Frau im Bett erwischt, platzt ihr der Kragen. Katharines Bettlägerigkeit (ein Skiunfall) ausnutzend, übernimmt sie deren Kleidungsstil samt neuer Frisur und schnappt ihr nicht nur einen großen Auftrag, sondern auch gleich den Mann (Ford) weg...
Ganz im Geiste der Screwball-Komödien der 30er und 40er Jahre, die sich oft um von Rosalind Russell oder Claudette Colbert gespielte Karrierefrauen drehten, inszenierte Mike Nichols diese unglaubwürdige, aber höchst vergnügliche Komödie, die zudem einen Eindruck von der hektischen Betriebsamkeit auf der New Yorker Wall Street gegen Ende der 80er Jahre vermittelt und mit ihrem Schluß - Tess hat ihr eigenes Büro - der bekannten Geschichte eine feministische Wendung gibt. Obwohl sie in der Besetzungsliste an dritter Stelle hinter ihren prominenteren Kollegen geführt wurde, ist *Die*

Waffen der Frauen von Anfang bis Ende Melanie Griffiths Film, und kaum ein Kritiker versäumte es, das positiv herauszustreichen. Die Aktrice erhielt eine von mehreren Oscar-Nominierungen für den Film, doch nur Carly Simons Song *Let the River Run* gewann die begehrte Trophäe. al

Wahl der Waffen

Le choix des armes. Frankreich 1981 **R** Alain Corneau **B** Alain Corneau, Michel Grisolia **K** Pierre-William Glenn **M** Philippe Sarde **P** Alain Sarde für Sara Films/Films A2/Parafrance/RMC **L** 135 Min., Farbe **D** Yves Montand, Gérard Depardieu, Catherine Deneuve, Michel Galabru, Gérard Lanvin, Marc Chapiteau, Christian Marquand

Das friedliche Leben des ehemaligen Gangsters Noël (Montand), der seriös geworden ist und mit seiner jungen Frau Nicole (Deneuve) einen herrschaftlichen Landsitz bewohnt, wird jäh gestört durch Mickey (Depardieu), einen Sträfling, der bei seiner Flucht einen Polizisten getötet und von einem Kumpel Noëls Adresse bekommen hat. Obwohl er zunächst versucht, den ungehobelten, ständig mit einer Pistole herumfuchtelnden Rohling wieder loszuwerden, entwickelt Noël schließlich Mitleid und Verständnis für den jungen Mann, beschwört damit jedoch Gefahr für seine eigene Existenz herauf...
Ein klassischer französischer Gangsterfilm im Stile eines Jean-Pierre Melville ist diese dritte gemeinsame Arbeit von Alain Corneau und Yves Montand, die bereits mit POLICE PYTHON 357 und LOHN DER GIGANTEN ausgezeichnete Vertreter des Genres geschaffen hatten. Nicht so sehr auf Spannung und Action kommt es hier an, sondern vielmehr auf eine differenzierte Charakterisierung der Figuren und des sie umgebenden Milieus. Besonders die Zeichnung des tristen Pariser Vorortes Banlieue, aus dem Mickey stammt, geriet Corneau überzeugend realistisch. Ein Klasse-Film, der einiges Lob von Seiten der Kritik einsteckte und - auch dank der glänzenden Besetzung - ein beachtlicher Kassenerfolg war. al

Eine Wahnsinnsfamilie

Parenthood. USA 1989 **R** Ron Howard **B** Lowell Ganz, Babaloo Mandel **K** Donald McAlpine **M** Randy Newman **P** Brian Grazer für Universal **L** 124 Min., Farbe **D** Steve Martin, Mary Steenburgen, Dianne Wiest, Jason Robards, Tom Hulce, Rick Moranis, Keanu Reeves

Familie ist, wenn man trotzdem lacht: Chaos, Problemchen und wahre Katastrophen durchziehen das Familienleben von Gil (Martin) und Karen Buckman (Steenburgen), die vier kleine Biester großzuziehen haben. Zu den Schwierigkeiten, die diese Konstellation zwangsläufig für die geplagten Eltern bereithält, gesellen sich Kalamitäten mit begriffsstutzigen Großeltern, überdrehten Neffen, liebestollen Nichten und hysterischen Geschwistern. Doch all das kann der guten Grundstimmung im Clan keinen Abbruch tun: Am Ende vertragen sich alle wieder und freuen sich auf das nächste Familienmitglied, das rechtzeitig zum Happy-End das Licht der Welt erblickt.
Eine Wahnsinnsfamilie (der deutsche Titel ist ein trauriges Beispiel für die regelmäßig unsäglichen Übersetzungen von Originaltiteln durch den Verleih) ist eine typische Hollywoodkomödie in zweierlei Hinsicht: Sie wartet mit allerlei seichter Unterhaltung auf, ohne dabei in die Tiefe zu gehen. Und sie suggeriert - ganz im Sinne des heilen tugendhaften Amerikas -, daß vor allem die Familie gesellschaftliches Allheilmittel und Hort des Guten ist. Angesichts des Sumpfes an Problemen, in dem die USA mehr und mehr versacken, so müßte man meinen, ein Ausbund an Arroganz und Ignoranz. Doch weit gefehlt: In Amerika entwickelte sich der Family-Film zu einem erfolgreichen Kassenschlager. sk

Wahre Männer

Real Men. USA 1987 **R** Dennis Feldman **B** Dennis Feldman **K** John A. Alonzo **M** Miles Goodman **P** Martin Bregman für MGM/United Artists **L** 89 Min., Farbe **D** James Belushi, John Ritter, Barbara Barrie, Bill Morey, Isa Anderson, Gail Barle

Nick Pirandello (Belushi) ist ein Top-Agent des CIA, der in fünf Tagen einen Plan zurückholen soll, den die bösen Russen geraubt haben und in dem ein geheimer Treffpunkt mit Außerirdischen eingetragen ist, die die Menschheit vor dem Untergang bewahren wollen. Zu seinem Leidwesen wird ihm der trottelige Angsthase Bob Wilson (Ritter) zur Seite gestellt, und so entspinnt sich eine skurrile, von Mißverständnissen, bösen Überraschungen und zahlreichen Slapsticks untermalte Agentenkomödie.
Dennis Feldman gelang mit seinem Regiedebüt eine hanebüchene Abrechnung mit dem Uralt-Genre des Spionagefilms, in die sich Anspielungen auf den „American Way of Life" nahtlos und überwiegend komisch einfügen. Die *Wahren Männer*, Rückgrat der amerikanischen Macho-Gesellschaft, werden lustvoll durch den Kakao gezogen und der Lächerlichkeit preisgegeben - manchmal allerdings hart an der Grenze des an Dämlichkeit gerade noch Erträglichen. Der Film, befand die Münchener *Abendzeitung*, „ist die Art Überdosis, für die man entweder einen Nerv braucht, oder man wird genervt". sk

Die Wahrheit

La vérite. Frankreich/Italien 1960 **R** Henri-Georges Clouzot **B** Henri-Georges Clouzot, Jérôme Geromini, Simone Drieu, Michèle Perrein, Christiane Rochefort **K** Armand Thirard **P** Raoul J. Levy für Iéna (Paris), CEIAP (Rom) **L** 128 Min., s/w **D** Brigitte Bardot, Marie-José Nat, Sami Frey, Cahrles Vanel, Paul Meurisse, Jacqueline Porel, Louis Seigner

„...und Clouzot erschuf die Tragödin!" schrieb *Cinémonde* angesichts einer Brigitte Bardot, die vom Regisseur der Klassiker LOHN DER ANGST und DIE TEUFLISCHEN zur besten und ersten dramatischen Darstellung ihrer Karriere getrieben worden war. Es ist die Geschichte der jungen Provinzlerin Dominique, die mit ihrer kreuzbraven Schwester (Nat) nach Paris kommt und dort - in einem Rausch von oberflächlichen Vergnügungen und Affären - schnell den moralischen Boden unter den Füßen verliert. Schließlich tötet sie aus Verzweiflung ihre einzige wahre Liebe, den Musikstudenten Gilbert (Frey). *Die Wahrheit* schildert diese Vorgänge in Rückblenden, während Dominique im Schwurgerichtssaal Zeugnis über ihre Vergangenheit ablegt. Nach einem Zusammenbruch nimmt sie sich am Schluß in ihrer Zelle das Leben.
Clouzots Film ist eine Anklage gegen ein Justizsystem, in dem der Bourgeoisie entstammende, zumeist ältere Richter über Fälle zu entscheiden hatten, zu deren Umfeld und sozialen Ursprüngen sie keinerlei Bezug hatten. Nicht etwa Dominiques Tat steht unter Anklage, sondern vielmehr ihr Le-

benswandel. Clouzot ließ es sich jedoch nicht nehmen, das Ganze mit einer gehörigen Prise Sex zu würzen, die allerdings durchaus im Einklang mit der Geschichte stand. Die Entstehung von *Die Wahrheit* wurde von mindestens ebenso aufregenden Umständen begleitet: Von Anbeginn der Dreharbeiten brodelte die Gerüchteküche, wo man angebliche Affären zwischen Bardot und ihrem jungen Co-Star Sami Frey (eigentlich hatte sie Jean-Louis Trintignant haben wollen), aber auch zwischen Bardot und ihrem verheirateten Regisseur zusammenkochte. Verständlicherweise litt darunter der Ehemann des Stars, Jacques Charrier, der zweimal versuchte, sich umzubringen. Mittendrin starb Clouzots Gattin Vera an einem Herzleiden im Krankenhaus. Auch BB selbst hielt dem Druck, der durch den Presserummel sowie die schwierige Rolle auf ihr lag, nicht aus und schnitt sich an ihrem 26. Geburtstag, dem 28. September 1960, die Pulsadern auf. Im Gegensatz zu ihrer Filmfigur Dominique hatte sie jedch keinen Erfolg damit und konnte nach einer Woche das Krankenhaus wieder verlassen. Dem Film schadete das alles nicht - er war ein Riesenerfolg. al

Die Waise von Lowood

Jane Eyre. USA 1944 **R** Robert Stevenson **B** Aldous Huxley, Robert Stevenson, John Houseman, nach dem Roman von Charlotte Brontë **K** George Barnes **M** Bernard Herrmann **P** William Goetz für 20th Century-Fox **L** 97 Min., s/w **D** Orson Welles, Joan Fontaine, Margaret O´Brien, Peggy Ann Garner, John Sutton, Sara Allgood, Henry Daniell, Agnes Moorehead, Aubrey Mather, Edith Barrett, Barbara Everest, Hillary Brooke, Ethel Griffies

Nicht von ungefähr fiel die Wahl der Hauptdarstellerin auf Joan Fontaine, die 1940 in REBECCA eine Rolle gespielt hatte, die der der Jane Eyre recht nahe kam. Robert Stevensons Werk war die bis dahin fünfte Leinwandadaption der bekannten Schauergeschichte von Charlotte Brontë. Drei davon hatte es zur Stummfilmzeit in den Jahren 1913, 1915 und 1921 gegeben, die erste Tonfilmfassung entstand 1936 mit Virginia Bruce und Colin Clive. 1957 und 1971 (letztere mit George C. Scott und Susannah York) folgten dann zwei weitere Versionen, die beide für das US-Fernsehen in Auftrag gegeben worden waren.
Die schüchterne Jane Eyre (Fontaine) tritt auf Thornfield Hall, dem düsteren Anwesen von Edward Rochester (Welles), ihre Stellung als Gesellschafterin an. Ihr Arbeitgeber erweist sich als schwieriger, launenhafter Mensch, der hin- und herpendelt zwischen impulsiven Zornesausbrüchen und anrührender Liebenswürdigkeit. Bald hegt Edward für seine treue Seele mehr als nur freundschaftliche Gefühle und auch in Jane keimt zarte Liebe auf. Der vereinbarten Heirat stellt sich jedoch ein schreckliches Geheimnis in den Weg: Rochester ist bereits verheiratet, doch leidet seine Frau an einer unheilbaren Geisteskrankheit, die sich in unberechenbaren Aggressionsausbrüchen äußert und den Schloßherrn dazu veranlaßt hat, die Rasende in einem Turm einzusperren. Jane verläßt Thornfield Hall, kehrt jedoch nach Jahren - gerufen von einer inneren Stimme - dorthin zurück. Sie findet nur noch die verkohlten Trümmer des Anwesens vor und einen erblindeten Edward, der hilflos durch die Ruinen torkelt. Seine Frau hat das Schloß in ihrem Wahn in Brand gesteckt, um selbst in den Flammen umzukommen. Mit ihrem Tod ist jedoch Edward endlich frei geworden. Fortan kümmert sich Jane aufopfernd um ihn.
Ein großer Hollywood-Klassiker, der vor allem durch das Zusammenspiel von Joan Fontaine und dem großartigen Orson Welles begeistert. Bernard Herrmanns Musik ist unübertroffen, ebenso die großartigen Bauten von Thomas Little und Ross Dowd. Zu Beginn des Films hatte Liz Taylor in einer der Waisenhaus-Szenen ihren dritten (allerdings recht kurzen) Filmauftritt. jg

Walkabout

Walkabout. Australien/USA 1971 **R** Nicolas Roeg **B** Edward Bond, nach dem Roman von James Vance Marshall **K** Nicolas Roeg **M** John Barry **P** Si Litvinoff für 20th Century-Fox **L** 95 Min., Farbe **D** Jenny Agutter, Lucien John, David Gumpilil, John Meillon, Peter Carver, John Illingsworth, Barry Donnelly, Noelene Brown

Seine versierte Kameraarbeit hatte Nicolas Roeg in seinem Fach berühmt gemacht. Daß seine Qualitäten als Regisseur mindestens ebenso bewundernswert waren, bewies er mit seinem ersten Spielfilm *Walkabout*, einer eindringlichen Studie über den unheilvollen Zusammenprall zwischen den sogenannten zivilisierten Weißen und einem Ureinwohner Australiens.
Bei den Aborigines dieses Kontinents gibt es den Brauch, daß die jungen Krieger zu einem „Walkabout" in die Einsamkeit der Wüste ausziehen, um dort eine Zeitlang - allein auf sich gestellt - zu leben. Ähnliches widerfährt auf unfreiwillige Weise zwei Geschwistern (Agutter, John), die allein in der Einöde zurückbleiben, nachdem sich der Vater eine Kugel in den Kopf geschossen hat. Der junge Eingeborene (Gumpilil) trifft auf die hilflosen Weißen und zeigt ihnen, wie man in der Wildnis überleben kann. Gemeinsam erleben die drei die Schönheiten der Natur. Der Aborigine verliebt sich in das Mädchen, verrät dadurch jedoch seinen Stammesauftrag und nimmt sich in seiner Verzweiflung darüber das Leben. Am anderen Tag stoßen der Junge und das Mädchen auf eine Straße, die sie in die Zivilisation zurückbringt. In den Armen ihres Ehemannes liegend, wird diese Geschichte von Jenny Agutter als Rückblende erzählt.
Nicolas Roeg drehte mit *Walkabout* ein außergewöhnliches Regiedebüt, voller lyrischer, romantischer und zugleich surrealistischer Momente. Einen seiner schönsten Scores schrieb John Barry für diesen Film: eine elegisch-melancholische Musik, die mit den herrlichen Naturaufnahmen (*Walkabout* wurde ausschließlich in den unbewohnten australischen Outlands gedreht) in Einklang steht. jg

Wale im August

The Whales of August. USA 1987 **R** Lindsay Anderson **B** David Berry, nach seinem Bühnenstück **K** Mike Fash **M** Alan Price **P** Carolyn Pfeiffer, Mike Kaplan für Alive Films/Circle Associates **L** 90 Min., Farbe - s/w **D** Bette Davis, Lillian Gish, Vincent Price, Ann Sothern, Harry Carey jr., Frank Grimes, Frank Pitkin, Mike Bush, Margaret Ladd, Mary Steenburgen

Dem britischen Filmemacher Lindsay Anderson gelang es, für sein erstes US-Projekt zwei große alte Damen des amerikanischen Films gemeinsam vor die Kamera zu holen - die damals 80jährige Bette Davis und ihre zwölf Jahre ältere Kollegin Lillian Gish, die bereits zu den Zeiten des berühmten Hollywood-Pioniers David Wark Griffith ein Begriff war und heute als eine der letzten lebenden Film-Legenden gilt.
Bette Davis spielt ein weiteres Mal in ihrer Karriere eine verbitterte alte Frau. Als greise Kneifzange Libby macht sie ihrer Schwester Sarah (Gish) den Alltag schwer. Die beiden Frauen leben seit Jahrzehnten zusammen in einem Sommerhaus an der Küste von Maine, haben schöne und schwere Stunden miteinander geteilt. Jetzt stellt sich bei Libby eine Art Lebensüberdrüssigkeit ein, die sich in Aggressivität und Zynismus gegenüber ihren Mitmenschen äußerst. Ziel ihrer Attakken ist vor allem der liebenswürdige Mr. Maranov (Price), in dem besonders Sarah einen charmanten Gesellschafter sieht. So schwierig der Umgang mit Libby auch ist - fest steht, daß Sarah sie nicht alleine lassen wird. Gegen Ende beweist die zankige Schwester, daß sie durchaus auch liebevolle Seiten besitzt.
Wale im August, eine kammerspielartige, melancholische Bestandsaufnahme über das Altern und die Vergänglichkeit des Lebens, benötigt keine tränentreibenden Gefühlsausbrüche und langatmige Sterbesequenzen, um zu berühren. Es sind die alltäglichen Dinge, die hier die Emotionen des Zuschauers ansprechen - die langen Kameraeinstellungen auf vergilbte Fotografien, die Wellen, die an

den Strand der weltentrückten Bucht schlagen und natürlich das überragende Spiel seiner beiden Hauptdarstellerinnen, die den Film von der ersten bis zur letzten Minute zu einem besinnlichen Erlebnis werden lassen. Das malerisch gelegene Sommerhaus fand die Crew übrigens in der Casco Bucht auf Peak´s Island (Maine), wo die gesamten Außenaufnahmen gedreht wurden. jg

Walker

Walker. USA/Nicaragua 1987 **R** Alex Cox **B** Rudy Wurlitzer **K** David Bridges **M** Joe Strummer **P** Lorenzo O´Brien, Angel Flores Marini für Universal **L** 95 Min., Farbe **D** Ed Harris, Richard Masur, René Auberjonois, Keith Szarabajka, Xander Berkeley, John Diehl, Peter Boyle, Marlee Matlin, Alfonso Arau, Pedro Armendariz

Auf die Beziehungen zwischen dem kleinen südamerikanischen Staat Nicaragua und den mächtigen USA legte sich ein Schatten, nachdem die Amerikaner den brutalen Diktator Somoza auf den Präsidententhron gehievt hatten. Die Folge war ein langjähriger Bürgerkrieg, der selbst mit dem Sturz Somozas im Jahre 1979 nicht beendet war und noch heute zwischen den regierenden Sandinisten und den Contras tobt.
Wie lange schon Nicaragua in der Politik der USA einen wichtigen Stellenwert einnimmt, zeigt Alex Cox´ Film, in dem die Geschichte des Glücksritters William Walker (Harris) im Mittelpunkt steht. Dieser kommt zum ersten Mal im Jahre 1855 in das vom Bürgerkrieg heimgesuchte Land. Im Jahr darauf hat er mit Hilfe amerikanischer Truppen die Hauptstadt Granada erobert und die Kontrolle über die Regierung übernommen. Kurze Zeit später ernennt er sich selbst zum Präsidenten. Seine Herrschaft hängt allerdings von der Versorgung durch amerikanische Hilfsgüter ab, die durch die Intervention des Großindustriellen Vanderbilt ausbleiben. Walker gerät auf Honduras in die Gewalt eines britischen Marine-Korps, das ihn an die örtlichen Behörden ausliefert. Am 11. September 1860 wird er von einem Erschießungskommando hingerichtet.
„Ed Harris´ Leistung ist einziges Trumpf-As eines Films, der sich ansonsten in bizarren Anachronismen gefällt. So trinken die Mordbuben 1855 Coca-Cola, so kreisen schließlich modernste Hubschrauber über dem Schlachtfeld. Und am Ende wird gar Ronald Reagans Erklärung zur Nicaragua-Politik mit den Bildern zerschossener Leiber verschnitten... So berechtigt die Kritik an amerikanischer Selbstgerechtigkeit auch sein mag - hier wird die Geschichte zum kruden Kasperltheater zerklittert" (*Frankfurter Rundschau*).
Walker entstand in enger Zusammenarbeit mit der nicaraguanischen Regierung, die sich das Recht nahm, zuvor das Drehbuch zu lesen, um dann dem Drehteam durch Bereitstellung von Statisten und Rekonstruktion historischer Bauten hilfreiche Unterstützung zu gewähren. jg

The Wall

The Wall. Großbritannien 1982 **R** Alan Parker **B** Roger Waters **K** Peter Biziou **M** Pink Floyd **P** Alan Marshall für MGM **L** 95 Min., Farbe **D** Bob Geldof, Kevin McKean, Christine Hargreaves, James Laurenson, Eleanor David

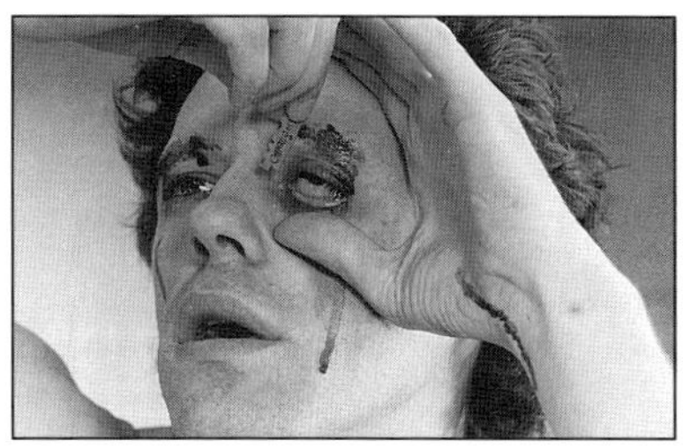

The Wall - das ist kein Film über die Mauer, die Berlin über Jahrzehnte grausam zerschnitt, *The Wall* ist vielmehr das grandiose und bestverkaufte Plattenalbum der englischen Rockgruppe *Pink Floyd*, zugleich die gleichnamige protzige Bühnenshow und natürlich, was Wunder im Zeitalter multimedialer Geldmehrung, der Film zur Show zur Platte.
Das Leinwandspektakel erzählt episodenhaft, besser: in Bruchstücken, die Existenzkrise des Musikers Pink (Geldof), seine kaputte Kindheit, sein verkrachtes Privatleben und seinen kometenhaften Aufstieg zum gefeierten Rockstar. Jede Schreckenserinnerung, jedes Horrorerlebnis fügt sich, Mosaik für Mosaik, zu einer Mauer um ihn herum, durch die weder Gefühle noch Gedanken durchzudringen vermögen.
Die Musik des Albums bildet den Rahmen des Films, der über keine rechte Geschichte verfügt - vielmehr werden einzelne Bilder und Phantasien collagenhaft und wirr, orientiert an den nicht gerade kompatiblen Songtexten, zusammengepappt. Hierin liegt zwar einerseits der nicht zu leugnende Reiz des Streifens - dann nämlich, wenn die kruden Hirngespinste und Alpträume von Pink in schauderhaften Bildern Wirklichkeit werden. Andererseits liegt hier aber auch seine eigentliche Schwäche: Das Bild- und Tonbrimborium entpuppt sich am Ende als bunte, laute, schrille Hülle eines Handlungshohlraums, die von der totalen Abwesenheit von Inhalt und Hintersinn in dem Musikfilm ablenken soll. Die *Frankfurter Allgemeine Zeitung* zeterte deftig, aber zurecht: „Wie ein überlanges, lärmendes Feuerwerk über kahler Steppe wirkt dieser Film, der seine fragwürdige Botschaft in Sprechblasen übermittelt." sk

Wall Street

Wall Street. USA 1987 **R** Oliver Stone **B** Oliver Stone, Stanley Weiser **K** Robert Richardson **M** Stewart Copeland **P** Edward R. Pressman für 20th Century-Fox **L** 126 Min., Farbe **D** Charlie Sheen, Michael Douglas, Martin Sheen, Daryl Hannah, Terence Stamp, Sean Young

„Ich schaffe nichts; ich besitze - Firmen, Häuser, moderne Kunst, Menschen..." Dieses menschenverachtende Leitmotiv bestimmt das Leben von Gordon Gekko (Douglas), einem der skrupellosesten, machtbesessensten und erfolgreichsten Finanzjongleure an der New Yorker Wall Street. Der junge Aktienhändler Bud Fox (Charlie Sheen) träumt vom großen Geld und schickt sich an, in die Fußstapfen seines großen Vorbildes Gekko zu treten. Reichlich spät erst durchschaut er die Folgen der grenzenlosen Habgier seines Gewerbes, die Menschlichkeit und soziales Denken nicht zuläßt: Als die Firma, in der sein Daddy (Martin Sheen) arbeitet, im von ihm angelegten Spekulationssumpf unterzugehen droht, lehnt er sich gegen Gekko auf und riskiert dafür sogar eine Gefängnisstrafe.
Oliver Stone inszenierte nach PLATOON und SALVADOR einen weiteren „Kriegsfilm", in dem allerdings, von einem Nasenbluten abgesehen, kein Blut fließt. Sieger und Opfer, Schuldige wie Unschuldige, gibt es in seinem Film über den „American Dream" trotzdem zuhauf: *Wall Street* ist ein Film über Menschen, die sich von unten nach ganz oben hocharbeiten und über solche, die dabei auf der Strecke bleiben. Stone zeigt die Kehrseite dieses angeblichen Traums drastisch auf: Denn das Geld, das oben hinzuverdient wird, fehlt natürlich anderswo, nämlich unten. Jeder Tellerwäscher also, der sich mühsam zum Millionär hochrackert, so die Botschaft des Films, trägt indirekt zu den tiefen sozialen Mißständen im Land der unbegrenzten Möglichkeiten bei. Das atemberaubende Tempo und die Bilderflut, die Stone seinem Publikum an den Kopf schmeißt, verleihen *Wall Street* indes eine Spannung, die sowohl die altbakkene Geld-regiert-die-Welt-Story als auch die im Kern langweilige Vater-Sohn-Beziehung zwischen Fox und Gekko gar nicht

hergeben. Hinzu kommt eine Filmmusik, die jedem Actionfilm zur Ehre gereichen würde. „Naivität oder Chuzpe, das ist hier die Frage, hat Oliver Stone zu diesem Hau-Ruck-Film bewogen" (*film-dienst*). sk

Wälsungenblut

Wälsungenblut. BRD 1965 **R** Rolf Thiele **B** Erika Mann, Georg Laforêt, nach der Novelle von Thomas Mann **K** Wolf Wirth **M** Rolf Wilhelm **P** Franz Seitz für Franz-Seitz-Film **L** 86 Min., Farbe **D** Rudolf Forster, Margot Hielscher, Ingeborg Hallstein, Gunther Malzacher, Michael Maien, Elena Nathanael, Gert Baltus, Heinz-Leo Fischer

Eine weitere Thomas-Mann-Verfilmung in der Regie von Rolf Thiele, der sich nach dem recht gelungenen TONIO KRÖGER zum zweiten Male einer Novelle des berühmten deutschen Dichters annahm. Wie bei den zahlreichen vorherigen Adaptionen ihres Vaters wirkte auch hier Erika Mann, die älteste Tochter des Schriftstellers, bei der Erstellung des Drehbuches mit. Ihr zur Seite stand Produzent Franz Seitz, der sich im Vorspann des Films als Georg Laforêt aufführen ließ.
Die süßlich-dekadente Inzest-Geschichte spielt im München des Jahres 1911. Auf einer Gesellschaft begegnet der junge Leutnant Beckerath (Baltus) dem Geschwisterpaar Siegmund (Maien) und Sieglinde (Nathanael), das füreinander eine Zuneigung empfindet, die man kaum noch als geschwisterliche Liebe definieren dürfte. Beide amüsieren sich über die Unsicherheit und Naivität des Leutnants. Beckerath selbst ist von Sieglinde fasziniert und macht ihr einen stürmischen Heiratsantrag, der das Mädchen zu einer spöttischen Antwort veranlaßt: Eher würde er auf seinem Pferd nackt durch die Stadt reiten, bevor sie ihn zum Ehemann nehmen würde. Sieglinde hat allerdings nicht mit Beckeraths Hartnäckigkeit gerechnet. Dieser läßt sich die Uniform auf den nackten Körper malen und reitet tatsächlich vom Siegestor zur Feldherrnhalle. Bevor er allerdings Sieglinde heiraten kann, vollzieht diese unter dem Einfluß einer Wagner-Oper mit ihrem Bruder den Inzest.
„*Wälsungenblut* ist trotz oder wegen der Delikatheit des Inzests eine Meisterleistung geworden. Der Film gewährt hohen Genuß. Mit einem solchen Film kann man international bestehen", urteilte die *FAZ* über diese Produktion, die als offizieller deutscher Beitrag bei den Filmfestspielen von Berlin gezeigt und mit dem Prädikat „Besonders wertvoll" ausgezeichnet wurde. jg

Ein Walzer vor dem Frühstück

Loving Couples. USA 1980 **R** Jack Smight **B** Martin Donovan **K** Philip Lathrop **M** Fred Karlin **P** Renée Valente für 20th Century-Fox **L** 97 Min., Farbe **D** Shirley MacLaine, James Coburn, Susan Sarandon, Stephen Collins, Sally Kellerman, Nan Martin

Evelyn (MacLaine) und Walter (Coburn), ein überarbeitetes Ärzte-Ehepaar, haben sich auseinandergelebt. Auf ihre Affäre mit einem jungen Makler (Collins) reagiert er mit Eroberung von dessen Freundin (Sarandon), bis nach einigen Verwicklungen die ursprünglichen Paare wieder zueinander gefunden haben.
Anspruchslos und routiniert, aber zumindest in zügigem Tempo inszeniert, kommt diese Sex-Komödie um Betrug, Mißverständnisse und Verwechslungen im Boulevard-Stil daher und vergeudet das Talent ihrer Akteure. *Time* behauptete, der Film sehe aus wie „ein abgelehnter Pilotfilm fürs Fernsehen - und ein schlechter noch dazu". Interessanterweise war Shirley MacLaine nur ein Jahr später in einem ganz ähnlichen, allerdings nicht viel besseren Film zu sehen, JAHRESZEITEN EINER EHE. al

The Wanderers

The Wanderers. USA 1979 **R** Philip Kaufman **B** Rose Kaufman, Philip Kaufman **K** Michael Chapman **P** Martin Ransohoff für Aspen-Productions **L** 117 Min., Farbe **D** Ken Wahl, John Friedrich, Karen Allen, Toni Kalem, Alan Rosenberg

Ähnlich wie der zeitgleich entstandene DIE WARRIORS setzt sich auch Philip Kaufman in seinem Film mit zwei rivalisierenden New Yorker Jugendgangs auseinander. Seine Geschichte spielt allerdings im nostalgischen Zeitcolorit zu Beginn der 60er Jahre, was vor allem durch einen entsprechenden Soundtrack ausgedrückt wird, in dem eine Reihe von populären, zeitgemäßen Schlagern ertönt.
Das bunte Völkergemisch des berüchtigten New Yorker Stadtteils Bronx bietet eine dankbare Kulisse für die ausgetragenen Bandenkämpfe, die zwischen den braunen, unansehnlichen Backstein-Blöcken toben. Im Mittelpunkt steht die Gang der „Wanderers", eine Gruppierung, die sich hauptsächlich aus den Söhnen italienischer Einwanderer zusammensetzt. Diese bekriegen sich mit einigen anderen Rotten, insbesondere den japanischen „Wongs" (wegen ihrer Kahlrasur auch „Pimmelköpfe" genannt). Neben diesen aufreibenden Fehden haben die Jungens mit den ersten sexuellen Nöten und Erlebnissen zu kämpfen, die jedoch ins Hintertreffen geraten, als während eines Football-Spiels die brutalen „Ducky Boys" anrücken und für Chaos sorgen. Zum ersten Mal schließen sich die ansonsten verfeindeten Gangs zusammen, um gemeinsam gegen diese Jugendbande vorzugehen.
Als sozialkritische Studie über die Jugendgangs der amerikanischen Großstädte zu Beginn der 60er Jahre dürfte dieser Film wohl kaum geeignet sein. Die existentiellen Probleme (ärmliches Zuhause, Jugendarbeitslosigkeit) werden kaum oder nur oberflächlich angeschnitten. Es überwiegen die reichlich derben sexuellen Kalauer, für deren Darstellung sich der Regisseur recht deutlich an der europäischen Teenie-Serie EIS AM STIL orientierte. jg

War es die große Liebe?

The Story of Three Loves. USA 1953 **R** Gottfried Reinhardt (1, 3), Vincente Minnelli (2) **B** John Collier (1, 3), Jan Lustig (2), George Froeschel (2, 3) **K** Charles Rosher (1, 3), Harold Rossen (2) **M** Miklos Rozsa **P** Sidney Frankling für MGM **L** 120 Min., Farbe **D** 1. *The Jealous Lover*: Moira Shearer, James Mason, Agnes Moorehead, Jacob Gimpel, Miklos Rozsa, John Lupton; 2. *Mademoiselle*: Ethel Barrymore, Leslie Caron, Farley Granger, Ricky Nelson, Zsa Zsa Gabor, Paula Raymond, Hayden Rorke; 3. *Equilibrium*: Pier Angeli, Kirk Douglas, Richard Anderson, Steven Garey, Alex Talton, Karen Verne

Ein farbenprächtiger Episodenfilm, der sowohl romantische als auch phantastische Elemente in sich vereint.
Alle drei Geschichten spielen auf einem Passagierdampfer. Drei Reisende erzählen in jeweiligen Rückblenden die Geschichte ihrer großen Liebe. In der ersten Folge erinnert sich der Choreograph Charles Coudray (Mason) an die Primaballerina Paula Woodward (Shearer), in die er sich einmal stürmisch verliebt hatte. An einem Abend beobachtet er das Mädchen stundenlang bei ihren Proben im Theater, ohne zu wissen, daß sie wegen einer Herzinsuffizienz gar nicht tanzen dürfte. Coudray ist ihr nur an diesem einen Abend nahe; als Paula nach Hause kommt, erleidet sie einen Herzanfall und stirbt. Gottfried Reinhardt konnte für diese

sehr einfühlsam umgesetzte Story die Balletteuse Moira Shearer gewinnen, die sich bereits 1948 mit dem Film DIE ROTEN SCHUHE in die Herzen der Zuschauer getanzt hatte.
Vincente Minnelli betonte in seiner Episode *Mademoiselle* das Märchenhafte. Leslie Caron spielt ein Kindermädchen, das über das Wohlergehen des kleinen Tommy (Nelson) wachen soll. Die gute Hexe Mrs. Pennicott (Barrymore) verwandelt den Knaben in einen stattlichen jungen Mann (nun dargestellt von Farley Granger), der sich natürlich in das Kindermädchen verliebt. Den beiden bleibt jedoch nicht viel Zeit, denn schon nach ein paar Stunden verwandelt sich der erwachsene Märchenprinz in den kleinen Tommy zurück.
In der dritten Folge des Films übernahm noch einmal Gottfried Reinhardt die Regie. Diesmal geht es um einen verstorbenen Trapezkünstler (Douglas), der auf die Erde zurückkehrt, nachdem sein ehemaliger Partner ebenfalls bei einem Zirkusunglück ums Leben kommt. Hier begegnet er der Artistin Nina (Angeli), die er vor dem Selbstmord bewahrt und in die er sich verliebt. Seine Zuneigung für das Mädchen ist so groß, daß er auf sein himmlisches Dasein verzichtet, um noch eine Weile auf der Erde zuzubringen.
Drei erstaunlich geschmackvolle Liebesgeschichten, in denen kitschige Darstellungen zu einem Großteil ausgeklammert werden und die durch ihre feinfühligen Inszenierungen überzeugen. Der Erfolg des Episodenfilms war damals an den Kinokassen jedoch nur spärlich. jg

War es wirklich Mord?

The Nanny. Großbritannien 1965 **R** Seth Holt **B** Jimmy Spangster, nach dem Roman von Evelyn Piper **K** Harry Waxman **M** Richard Rodney Bennett **P** Jimmy Sangster für Seven Arts-Hammer Films **L** 92 Min., s/w **D** Bette Davis, Wendy Craig, Jill Bennett, James Villiers, William Dix, Pamela Franklin

Nach ihrem Erfolg mit WAS GESCHAH WIRKLICH MIT BABY JANE? eröffnete sich für Bette Davis eine zweite Karriere in bizarren Horror-Thrillern, von denen diese britische Produktion einer der besten ist. Davis spielt ein Kindermädchen, das von einem Zehnjährigen (Dix) beschuldigt wird, vor zwei Jahren seine kleine Schwester ertränkt zu haben. Niemand glaubt ihm, doch bald darauf landet seine Mutter (Craig) wegen Lebensmittelvergiftung im Krankenhaus - nach Genuß eines vom Kindermädchen zubereiteten Mahls. Tante Pen (Bennett) kommt daraufhin ins Haus, doch sie hat ein schwaches Herz und muß ständig ihre Medizin griffbereit haben...
Für ein Werk aus der Horror- und Billigschmiede ist *War es wirklich Mord?* bemerkenswert zurückhaltend und subtil inszeniert. Die Spannung ergibt sich aus dem geistigen Duell zwischen dem Jungen und dem Kindermädchen und wird kontinuierlich gesteigert. In einer der furchterregendsten Szenen erleidet Tante Pen einen Herzanfall, während sich die Davis stur weigert, ihr mit der Medizin zu helfen. al

Wargames - Kriegsspiele

Wargames. USA1982 **R** John Badham **B** Lawrence Lasker, Walter F. Parkes **K** William A. Fraker **M** Arthur B. Rubinstein **P** Harold Schneider für Sherwood Prod. **L** 112 Min., Farbe **D** Matthew Broderick, Dabney Coleman, John Wood, Ally Sheedy, Barry Corbin, Juanin Clay

David (Broderick) ist ein begeisterter Computerfreak und Datenbank-Knacker: Der Schüler verbringt seine gesamte Freizeit vor seinem Computer und dringt mit Vorliebe in fremde Systeme ein. Eines Tages hat er ein Programm mit dem vielversprechenden Namen „Weltweiter thermonuklearer Krieg" auf dem Bildschirm. Er nimmt auf der östlichen Seite an dem vermeintlichen Computerspiel teil und programmiert seinen Rechner auf die Zerstörung einer amerikanischen Großstadt durch sowjetische Atomraketen. Doch der Computer ist nicht in der Lage, zwischen Spiel und Wirklichkeit zu unterscheiden: Er setzt unaufhaltsam das nukleare amerikanische Verteidigungssystem in Gang gegen die Russen, die in Wirklichkeit nicht eine Rakete auf die Reise in die USA geschickt haben. Die Spezialisten im Pentagon stehen vor einem Rätsel, während sich die Welt durch einen Programmfehler dem Dritten Weltkrieg bedrohlich nähert, der am Ende allein durch David und seine altkluge Freundin Jennifer verhindert werden kann...
Diese Ballade vom klugen Teenager, der die Welt der klugen Erwachsenen und ihrer hochentwickelten Technik an der Nase herumführt, bezieht ihre Spannung vor allem daraus, daß sie so unrealistisch und trotzdem keineswegs unwahrscheinlich ist: Jeder Finger, der in eine Brotschneidemaschine gerät, jeder Flugzeugabsturz und jede Havarie in einem Kernkraftwerk beweisen, daß im Zweifel die Technik den Menschen beherrscht, nicht umgekehrt. Regisseur John Badham entwickelte aus diesem Stoff der allgegenwärtigen Bedrohung der Menschheit durch Maschinen einen respektablen Thriller, der allerdings in der klischeehaften Heroisierung des Knaben David und der kollektiven Vertölpelung der Erwachsenen sehr amerikanisch wirkt - und damit im Auge des aufgeklärten europäischen Betrachters regelrecht dämlich. An den Kinokassen zahlte sich das Rezept indes aus: Die computerbesessene Generation der amerikanischen Teenager stürmte seinerzeit millionenfach die Lichtspielhäuser.
Ein Oscar war *Wargames* nicht vergönnt, obwohl der technisch brillante Film in den Sparten Drehbuch, Kamera und Ton für die Trophäe nominiert worden war. sk

Warlock

Warlock. USA 1959 **R** Edward Dmytryk **B** Robert Alan Aurthur, nach dem Roman von Oakley Hall **K** Joseph MacDonald **M** Leigh Harline **P** Edward Dmytryk für 20th Century-Fox **L** 113 Min. (Originalfassung 121 Min.), Farbe **D** Richard Widmark, Henry Fonda, Anthony Quinn, Dorothy Malone, Dolores Michaels, Wallace Ford, Tom Drake, Richard Arlen, DeForest Kelley, Regis Toomey, Vaughn Taylor

Edward Dmytryk gehört zu den Regisseuren, deren Werke erst nach seinem Tod richtig geschätzt und anerkannt wurden. Zu seinen Filmen zählten auch zahlreiche Western, die heutzutage wegen ihrer tiefschürfenden psychologischen Herangehensweise gerühmt werden. Ein Musterbeispiel dafür ist *Warlock*, eine Produktion, die Dmytryk gegen Ende der 50er Jahre mit einem beachtlichen Staraufgebot in Utah drehte. Auf den ersten Blick unterscheidet sich der Film nicht von den übrigen Klassikern jener Zeit. Die Bewohner des Grenzortes Warlock leiden unter dem Terrorregime des brutalen Revolverhelden Gannon (Widmark). Kein Bürger wagt es, gegen ihn den Kampf aufzunehmen. Eines Tages kommt der Verbrecherjäger Blaisdell (Fonda) nach Warlock, um dort mit Gannon abzurechnen. Unterstützung erhält er durch seinen Freund Morgan (Quinn). Zwischen den verfeindeten Parteien bahnt sich eine tödliche Auseinandersetzung an.
Gekonnt spielt Dmytryk die Rivalität der beiden Männer Blaisdell und Gannon aus, bringt dann aber mit der Person von Morgan eine Figur ins Spiel, die man schlecht der einen oder anderen Seite zuordnen kann, da

auch Morgan eine kriminelle Vergangenheit hat. Dmytryk, der sich gern an klassischen Vorbildern orientierte, gestaltete seinen Western in Form einer griechischen Tragödie und ließ ihn in zwei ineinandergestaffelten Showdowns recht effektvoll ausklingen. jg

Warnung vor einer heiligen Nutte

Warnung vor einer heiligen Nutte. BRD 1971 **R** Rainer Werner Fassbinder **B** Rainer Werner Fassbinder **K** Michael Ballhaus **M** Peer Raben **P** Peer Raben für antitheater-X-Film (München), Nova International (Rom) **L** 103 Min., Farbe **D** Lou Castell, Eddie Constantine, Hanna Schygulla, Marquard Bohm, Rainer Werner Fassbinder, Ulli Lommel, Katrin Schaake, Benjamin Lev, Monika Teuber

Patria o muerte soll der Streifen heißen, den eine Filmcrew an der spanischen Küste drehen möchte. Doch scheint es überaus fraglich, ob das Projekt zustande kommt, denn weder der Regisseur noch der Hauptdarsteller haben sich bisher am Set eingefunden und darüber hinaus mangelt es an finanziellen Mitteln. Als der Regisseur Jeff (Castell) und sein Star Eddie Constantine (er spielt sich hier selbst) endlich eintreffen, ist die Stimmung bereits auf den Tiefpunkt abgesunken. Mit Beginn der Dreharbeiten brechen die schon lange schwelenden Konflikte offen aus. Doch trotz erbittert ausgetragener Machtkämpfe werden die Dreharbeiten fortgeführt. *Warnung vor einer heilige Nutte* war, wie Fassbinder später selbst betonte, ein Wendepunkt in seiner Karriere. Mit diesem Film zeichnete sich deutlich ein Ende für die Tage des antitheaters ab - der Gruppe, mit der Fassbinder in München auf der Bühne die ersten Skandale provoziert und mit der er später auch seine ersten Filme gedreht hatte. Dem Streifen (der bislang neunte in seiner Karriere) lagen Fassbinders Erlebnisse zugrunde, die dieser während der Dreharbeiten zu dem Pseudo-Western *Whity* gemacht hatte. Die Aufnahmen hatten sich hier für alle Crewmitglieder dermaßen nervenaufreibend gestaltet, daß Fassbinder zeitweise mit seinem Selbstmord drohte oder zumindest die Dreharbeiten abbrechen wollte. jg

Die Warriors

The Warriors. USA 1979 **R** Walter Hill **B** David Shaber, Walter Hill, nach dem Roman von Sol Yurick **K** Andrew Laszlo **M** Barry De Vorzon **P** Lawrence Gordon für Paramount **L** 94 Min., Farbe **D** Michael Beck, James Remar, Thomas Waites, Dorsey Wrights, Brian Taylor, David Harris, Tom McKitterick, Marcelino Sanchez, Terry Michos, Deborah van Valkenburgh

Am Tage bevölkern noch die fleißigen Berufstätigen die Straßen der Millionenmetropole New York. Des Nachts verrammelt der arbeitende Anteil der Einwohner seine Türen und Fenster, während bei Einbruch der Dämmerung die gefürchteten Straßenbanden aus ihren Löchern kriechen, um sich auf dem heißen Pflaster der Stadt mörderische Gefechte zu liefern. Dies ist die Ausgangsbasis für Walter Hills actionreichen Thriller *Die Warriors.* In Brooklyn treffen sich zu später Stunde die Armeen der Nacht. Das Meeting soll einen Zusammenschluß aller organisierten Straßenbanden besiegeln, doch endet die Veranstaltung mit einem Mord. Cyrus (Hill), der Anführer der Warriors, wird hinterrücks erschossen. Der Täter ist Luther, ein Mitglied der gegnerischen Rogues-Gang, der jedoch den Verdacht geschickt auf die Warriors selbst lenken kann, deren Tod die versammelten Bandenkämpfer fordern. Für die acht Vertreter der in der Bronx beheimateten Gang beginnt eine gnadenlose Hetzjagd, die sie quer durch ein Stadtgebiet führt, das von feindlichen Banden beherrscht wird.
Walter Hill drehte einen ziemlich rüden Action-Thriller, der überwiegend im technischen und optischen Bereich überzeugt. So erscheint New York wieder einmal weit abseits aller touristischer Sonnenseiten als ein alptraumhafter Moloch, der nur mit Mord und Totschlag angefüllt zu sein scheint. Verstärkt wird dieser Eindruck durch die Tatsache, daß *Die Warriors* bis auf wenige Ausnahmen ausschließlich nach Einbruch der Dunkelheit gedreht wurde (mehr als 60 Nächte schlug sich das Drehteam um die Ohren). Die Dreharbeiten gestalteten sich nicht ganz ungefährlich, da die Crew selbst nicht vor marodierenden Banden sicher war. Die jugendlichen Zuschauer reagierten seinerzeit begeistert auf das krude Spektakel; die Kritiker hingegen zeigten sich teilweise entsetzt über das ungewohnt hohe Maß an präsentierten Brutalitäten. jg

Warte, bis es dunkel ist

Wait Until Dark. USA 1967 **R** Terence Young **B** Robert Carrington, Jane Howard Carrington, nach dem Bühnenstück von Frederick Knott **K** Charles Lang **M** Henry Mancini **P** Mel Ferrer für Warner Bros. **L** 107 Min., Farbe **D** Audrey Hepburn, Alan Arkin, Richard Crenna, Efrem Zimbalist jr., Jack Weston, Samantha Jones, Julie Herrod, Frank O´Brien, Gary Morgan, Jean Del Val

Warte, bis es dunkel ist basiert auf dem gleichnamigen Bühnenstück von Frederick Knott und das sieht man ihm auch an. Zwar arbeitete Young mit Zoom, Schnitt und Schwenks, doch wirkt sein Thriller stellenweise wie abgefilmtes Theater, was vor allem daran liegt, daß die Kamera nur ganz selten das Apartment seiner tragischen Heldin verläßt.
Kurz nach der Landung auf dem New Yorker Flughafen bittet ein unbekanntes Mädchen den Fotografen Sam Hendrix (Zimbalist jr.), eine Puppe in Verwahrung zu nehmen. Er kann nicht ahnen, daß sich darin eine Pakkung Heroin befindet. Hendrix mißt dem Vorfall keine weitere Bedeutung bei und nimmt die Puppe mit zu seiner Frau Susy (Hepburn), die seit ihrer Erblindung durch einen Verkehrsunfall den ganzen Tag in dem kleinen Souterrain-Apartment in Greenwich Village verbringt. Nach einigen Tagen erhält sie plötzlich merkwürdigen Besuch. Ein paar unbekannte Männer dringen in die Wohnung ein und scheinen etwas zu suchen. Bald werden konkrete Fragen nach der Puppe gestellt, die Susy freilich nicht beantworten kann. Ein Psycho-Terror ohnegleichen nimmt für sie seinen Auftakt.
Als Bühnenstück mag die Geschichte durch die dramaturgischen Einschränkungen noch recht glaubhaft wirken; im Film empfindet man allerdings das Gedränge, das da durch das ständige Ein- und Ausgehen der Heroingangster herrscht, auf Dauer als störend. Daß *Warte, bis es dunkel ist* dennoch ein überaus spannender Thriller geworden ist, verdankt er vor allem der Darstellungskunst der großartigen Audrey Hepburn, die zur Vorbereitung auf ihre Rolle wochenlang mit verbundenen Augen das Gehen durch vertraute Räume und das Ertasten von Gegenstände probte. Damit ihre Augen im Film einen fahleren Glanz bekamen, verdonnerte Regisseur Terence Young seinen Star dazu, Kontaktlinsen zu tragen. Audrey Hepburn war es auch, die es ablehnte, in Amerika zu drehen, so daß in den Londoner Studios eigens ein Interieur errichtet werden mußte, das dem Flair des New Yorker Stadtteils Greenwich Village gleichkam. jg

Warte bis zum Frühling, Bandini

Wait Until Spring, Bandini. USA/Frankreich/Italien 1989 **R** Dominique Deruderre **B** Domini-

que Deruderre, nach dem Roman von Joe Fante **K** Jean-François Robin **M** Angelo Badalamenti **P** Erwin Provoost, Tom Luddy, Fred Roos für Zoetrope Studios (Los Angeles), Intermedias (Paris), Basic Cinematografica (Rom) **L** 100 Min., Farbe **D** Joe Mantegna, Ornella Muti, Faye Dunaway, Michael Bacall, Daniel Wilson, Alex Vincent, Burt Young, Tanya Lopert

Francis Ford Coppola war so angetan von dem Regie-Erstling des jungen Belgiers Dominique Deruderre, *Crazy Love* (1986), daß er einwilligte, die Verfilmung von Joe Fantes bereits 1938 erschienenem Roman *Wait Until Spring, Bandini* mitzufinanzieren. Der Film entstand als internationale Co-Produktion an Originalschauplätzen in Utah und erzählt die Geschichte des italienischen Einwanderers Svevo Bandini (Mantegna), der Mühe hat, seine Frau Maria (Muti) und seine drei Kinder über den Winter zu bringen. In dieser verzweifelten Situation kommt das Angebot der reichen Mrs. Hildegarde (Dunaway), ihren defekten Kamin zu reparieren, gerade recht. Die attraktive Witwe versteht es, den armen Maurer zu umgarnen und schließlich in ihr Bett zu ziehen. Da greift Sohnemann Arturo (Bacall) in das Geschehen ein...
Warte bis zum Frühling, Bandini ist ein liebenswerter, aber hoffnungslos altmodischer Film, der wie eine Art Weihnachtsmärchen daherkommt. Kaum zu glauben, daß ausgerechnet Charles Bukowski Fante als seinen „Gott" bezeichnete. Die Figuren sind fleischgewordene Klischees, mit denen ihre Interpreten offenbar herzlich wenig anzufangen wissen - besonders Faye Dunaway liefert eine manirierte und gekünstelte Darstellung. Wie so oft ist es der kleine Junge, hier Michael Bacall als Arturo, der dem Film seine besten Momente beschert. al

Warum eigentlich...bringen wir den Chef nicht um?

Nine To Five. USA 1980 **R** Colin Higgins **B** Colin Higgins, Patricia Resnick, nach einer Story von Resnick **K** Reynaldo Villalobos **M** Charles Fox **P** Bruce Gilbert für IPC Films **L** 110 Min., Farbe **D** Jane Fonda, Lily Tomlin, Dolly Parton, Dabney Coleman, Sterling Hayden, Elizabeth Wilson, Henry Jones, Lawrence Pressman

„Warum eigentlich...bringen wir den Chef nicht um?" Diese Frage stellen sich Judy (Fonda), Violet (Tomlin) und Doralee (Parton), drei Sekretärinnen, die mit ihrem Vorgesetzten Franklin Hart, Jr. (Coleman) unzufrieden sind. Hart betrachtet Frauen in der Geschäftswelt als sexuelles Freiwild und Kaffeekocherinnen. Die Quittung für seine antiquierte Anschauung bekommt er, als die drei Angestellten bei einem gemeinsamen Joint beschließen, sich für das erlittene Unrecht an ihrem tyrannischen Chef zu rächen: Sie entführen Hart und setzten ihn mittels einer Seilwinde außer Gefecht. Zwei Wochen hängt der Macho unter der Zimmerdecke seiner eigenen vier Wände; unterdessen beweisen die Sekretärinnen im Betrieb, daß der Laden ohne den männlichen Abteilungsleiter wesentlich besser läuft.
Jane Fonda, Koproduzentin und Hauptdarstellerin dieser Komödie, hatte sich Ende der siebziger Jahre bei der „L.A. Working Women"-Organisation engagiert und wollte unbedingt einen Film über die Situation berufstätiger Frauen drehen. So beauftragte sie Patricia Resnick mit der Ausarbeitung eines Drehbuchs, das allerdings nur mit den staubigsten Elementen des Komödiengenres aufwarten kann. Die Countrysängerin Dolly Parton gab in *Nine To Five* nicht nur ihr Leinwanddebüt, sondern steuerte darüber hinaus auch den für den Oscar nominierten Titelsong ab, den sie selbst komponierte und textete. mg

Warum hab' ich ja gesagt?

Designing Woman. USA 1957 **R** Vincente Minnelli **B** George Wells, nach einer Idee von Helen Rose **K** John Alton **M** André Previn **P** Dore Schary für MGM **L** 117 Min., Farbe **D** Gregory Peck, Lauren Bacall, Dolores Gray, Sam Levene, Tom Helmore, Mickey Shaughnessy, Chuck Connors

In dem letzten Film, den Produzent Dore Schary für die Metro-Goldwyn-Mayer-Studios realisierte, gab er dem sonst eher auf dramatische Rollen abonnierten Gregory Peck Gelegenheit zu zeigen, daß er durchaus über komödiantisches Potential verfügt. Der Schauspieler selbst war nach dem mäßigen Erfolg, den *Warum hab' ich ja gesagt?* beim Publikum erzielte, von seinem Talent für amüsante Darstellungen nicht überzeugt: „Ich habe an Komödien mehr Freude als an irgend etwas anderem, und ich habe längst nicht so viel davon gemacht, wie ich es mir gewünscht hätte. Nach *Designing Woman* dachte ich, daß man mich mit Angeboten für Komödien überschütten würde, aber das war nicht der Fall. Vielleicht bin ich in einer Komödie eben doch nicht so gut, wie ich es zu glauben scheine."
Die Modeschöpferin Helen Rose lieferte nicht nur die Idee, sondern auch gleich die unzähligen Kostüme für diese Gesellschaftskomödie, in deren Mittelpunkt die Turbulenzen einer recht ungewöhnlichen Ehe stehen: Die Designerin Marilla (Bacall) heiratet den Sportjournalisten Mike Hagen (Peck), der sich aus lauter Liebe zu der eleganten Dame bereit erklärt, seinen schlampigen Junggesellenhaushalt gegen ein Upper-Class-Leben einzutauschen. Doch schon bald stellen sich erste Probleme ein, da die beiden offenbar in zwei verschiedenen Welten leben.
Drehbuchautor George Wells konnte für sein Skript, das einige Ähnlichkeiten mit der ersten Hepburn/Tracy-Zusammenarbeit DIE FRAU, VON DER MAN SPRICHT aufweist, den Oscar entgegennehmen. Für Hauptdarstellerin Lauren Bacall waren die Aufnahmen zu dieser Komödie sicherlich die schwersten ihres Lebens: Ihr Mann Humphrey Bogart lag zu dieser Zeit im Sterben. mg

Warum läuft Herr R. Amok?

Warum läuft Herr R. Amok? BRD 1970 **R** Rainer Werner Fassbinder, Michael Fengler **B** Rainer Werner Fassbinder, Michael Fengler **K** Michael Ballhaus **P** antitheater/Maran **L** 88 Min., Farbe **D** Kurt Raab, Lilith Ungerer, Amadeus Fengler, Franz Maron, Harry Baer, Peter Moland, Lilo Pempeit, Hanna Schygulla, Peer Raben, Carla Aulaulu, Eva Pampuch, Ingrid Caven

Schockiert fragen sich alle, die ihn kannten, wie er nur zu solch einer Wahnsinnstat fähig war, die man ihm nie und nimmer zugetraut hätte. Was sich Herr R. geleistet hat, ist wahrlich schwer nachzuvollziehen. Und dabei hätte er mit dem, was er hatte, zufrieden sein können. So verfügte er über einen festen Arbeitsplatz als technischer Zeichner, hatte zuhause eine fürsorgende Ehefrau und einen niedlichen Sohn, die jeden Abend auf ihn in der gemütlichen Wohnung warteten. Eines Tages jedoch kommt Herr R. nach Hause und erschlägt in einem Amoklauf seine Frau, seinen Sohn und eine Nachbarin, die gerade in der Wohnung anwesend ist. Am anderen Morgen kommt er wie immer in seine Firma, um sich dort in der Toilette zu erhängen.
Fassbinder drehte diese bissige Attacke auf das deutsche Kleinbürgertum ohne Drehbuch. Der Film basierte auf einer knappen „Inspirationsvorlage", die lediglich den Grundgedanken des plötzlichen, unerklärlichen Amoklaufs eines Spießbürgers beinhaltete. Fassbinder wertete die Wahnsinnstat des Herrn R. als die eigene Unfähigkeit zur Kommunikation, die zugleich eine Reaktion auf die Sprachlosigkeit der ihn umgebenden Umwelt ist.
Michael Fengler und Rainer Werner Fassbinder erhielten 1971 den Bundesfilmpreis für die „Beste Regie". jg

Warum mußte Staatsanwalt Traini sterben?

Perche si uccide un magistrato? Italien 1974 **R** Damiano Damiani **B** Damiano Damiani, Fulvio Gicca, Enrico Ribulsi **K** Mario Vulpiani **M** Riz Ortolani **P** Capital Film **L** 105 Min., Farbe **D** Franco Nero, Françoise Fabian, Marco Giuglielmi, Mico Cundari, Renzo Palmer

Ein weiterer Polit-Thriller von Damiano Damiani, der sich schon in Filmen wie DER

TAG DER EULE und DER CLAN, DER SEINE FEINDE LEBENDIG EINMAUERT mit den finsteren Zusammenhängen zwischen Staat und organisiertem Verbrechen beschäftigt hatte. Franco Nero spielte auch in beiden früheren Werken die Hauptrolle und ist hier als Regisseur Solaris zu sehen, der ins Kreuzfeuer der Kritik gerät, als er Traini (Giuglielmi), den Staatsanwalt von Palermo, in einer kaum verdeckten filmischen Attacke als korrupt hinstellt. Nur wenig später wird der Politiker auf offener Straße erschossen. Solaris stellt auf eigene Faust Ermittlungen an...
Auf einem authentischen Fall des Jahres 1971 beruht dieser Film, der von Damiani wie fast alle seine Arbeiten konsequent ohne Happy-End inszeniert wurde. Für Neros Rolle dürften wohl des Regisseurs eigene Erfahrungen mit den Behörden und der Presse Pate gestanden haben. al

Warum nicht!

Pourquois pas! Frankreich 1977 **R** Coline Serreau **B** Coline Serreau **K** Jean-François Robin **M** Jean-Pierre Mas **P** Michèle Dimitri für Dimage/ Société Nouvelle de Doublage **L** 98 Min., Farbe **D** Sami Frey, Mario Gonzales, Christine Murillo, Nicole Jamet, Michel Aumont

Alexa (Murillo), Fernand (Frey) und Louis (Gonzales) leben zu dritt in einem großen, alten Haus zusammen und führen eine Beziehung, die durch Zärtlichkeit, Großzügigkeit und Toleranz gekennzeichnet ist. Dieses harmonische Arrangement gerät ins Wanken, als der bisexuelle Fernand die bürgerliche Sylvie (Jamet) kennenlernt und auszieht. Auch Alexa verläßt das Haus. Doch beide kehren schließlich zurück, und aus drei Bewohnern sind nun vier geworden, wenn auch Sylvie einige Anpassungsschwierigkeiten hat.
Mit dieser poetisch-melancholischen Komödie - ihr zweiter Film - etablierte sich die damals dreißigjährige Französin Coline Serreau als eines der vielversprechendsten Nachwuchstalente ihres Landes. Ein ähnlicher Erfolg glückte ihr allerdings erst wieder mit DREI MÄNNER UND EIN BABY. „Selten gab es in letzter Zeit einen Film, der so perfekt und doch nicht perfektionistisch ist, der so komisch und doch nicht albern, der so plausibel und doch nicht belehrend wirkt. So etwas kann wohl nur aus Frankreich kommen" (*Frankfurter Allgemeine Zeitung*). al

Was?

Che?/What?/Was? Italien/Frankreich/BRD 1972 **R** Roman Polanski **B** Gérard Brach, Roman Polanski **K** Marcello Gatti, Giuseppe Ruzzolini **M** Bernard Bats **P** Carlo Ponti für Compagnia Cinematografica Champion (Rom), Les Films Concordia (Paris), Dieter Geißler Filmprod. (München) **L** 114 Min., Farbe **D** Sydne Rome, Marcello Mastroianni, Hugh Griffith, Romolo Valli, Guido Alberti, Roger Middleton, Roman Polanski, Henning Schlüter, Gianfranco Piacentini, Dieter Hallervorden

Nach dem schwermütigen Shakespeare-Drama MACBETH wollte Polanski einen heiteren, beschwingten und vor allem bunten Film drehen. *Was?* sollte eigentlich eine Geschichte sein, die in den Kulissen eines Filmstudios spielte. Dieser Grundgedanke erscheint jedoch nur noch einmal kurz am Ende des Films, als die davonfahrende Protagonistin den sie verfolgenden Menschen zuruft, daß sie deshalb wegführe, damit diese endlich ihren Film zu Ende drehen könnten.
Sydne Rome spielt die amerikanische Touristin Nancy, die an der italienischen Mittelmeerküste knapp der Vergewaltigung durch drei schmierige Typen entkommt, die sie als Anhalterin mitgenommen haben. Sie flüchtet sich in eine pompöse Villa, deren Bewohner sie wie selbstverständlich aufnehmen. Nach und nach erhält Nancy einen Überblick über die merkwürdigen Menschen, die sich in dem Domizil aufhalten und die allem Anschein nach nur ihren sexuellen Gelüsten frönen. Plötzlich verschwinden Nancys Kleider; lediglich ihr Tagebuch ist der einzige persönliche Besitz, der ihr geblieben ist. Hier trägt sie alles ein, was sie empfindet und beobachtet. Nachdem sie mehrere Tage dem hemmungslosen Treiben der anwesenden Menschen zugesehen hat, will sie sich davonschleichen, wird jedoch von ihren Gastgebern entdeckt und verfolgt. Ein großer Wachhund raubt ihr den Rest ihrer Kleidung. Splitternackt springt Nancy auf einen LKW auf und landet zwischen einer Ladung grunzender Schweine. Mit ihnen setzt sie ihre abenteuerliche Reise fort.
Eine verwirrende erotische Farce, mit der sich Polanski auf das Gebiet des Surrealismus wagte und einige recht grobe Derbheiten ins Spiel brachte. Die vielen Symbolismen bieten breite Interpretationsmöglichkeiten, die an dieser Stelle jedoch der Zuschauer für sich selbst auswerten sollte.
Um das Budget dieser Produktion möglichst gering zu halten, wurde auf teure Studiobauten verzichtet. *Was?* entstand fast ausschließlich in der Villa des italienischen Filmproduzenten Carlo Ponti in der Nähe von Amalfi. Daß das Projekt aufgrund seiner verwirrenden und unkonventionellen Geschichte ein Wagnis bedeutete, war schon während der Dreharbeiten allen Beteiligten klar. Insofern dürfte sich die Enttäuschung in Grenzen gehalten haben, als sich nur wenige Zuschauer für Polanskis Film begeistern konnten. jg

Was der Himmel erlaubt

All That Heaven Allows. USA 1955 **R** Douglas Sirk **B** Peggy Fenwick, nach einer Story von Edna Lee und Harry Lee **K** Russell Metty **M** Frank Skinner **P** Ross Hunter für Universal **L** 89 Min., Farbe **D** Jane Wyman, Rock Hudson, Agnes Moorehead, Conrad Nagel, Virginia Grey, Gloria Talbot, William Reynolds, Jacqueline De Witt

Jane Wyman und Rock Hudson hatten schon zwei Jahre zuvor unter Sirks Spielleitung in dem tränentreibenden Melodrama DIE WUNDERBARE MACHT ein Leinwandpaar verkörpert. Nicht minder rührselig geht es in diesem Film zu, mit dem Douglas Sirk diesmal der in den 50er Jahren noch recht wohlhabenden amerikanischen Mittelschicht ein ganz und gar nicht schmeichelhaftes Spiegelbild vorhielt.
Die 40jährige Cary Scott (Wyman) führt seit einigen Jahren ein Witwendasein. Ihre Kinder sind bereits erwachsen und aus dem Haus und so wird sie sich immer deutlicher ihrer Einsamkeit bewußt. Eines Tages lernt sie den attraktiven, erheblich jüngeren Gärtner Ron Kirby (Hudson) kennen, der auch ihr Anwesen pflegt. Beide verlieben sich ineinander, was die kleine Stadt in Neuengland Kopf stehen läßt, da man das Verhältnis des Paares wegen des großen Altersunterschiedes als skandalös empfindet. Auch Carys Kinder sind über die Wahl ihrer Mutter entsetzt und versuchen vergeblich, sie mit dem etwas senilen Junggesellen Harvey (Nagel) zu verkuppeln, der ihrer Meinung nach weitaus besser zu ihrer Mutter passen würde. Die Beziehung zwischen Cary und Ron hält den permanenten Anfeindungen nicht stand; sie trennen sich, obwohl sie wissen, wie sehr sie einander noch lieben. Es weihnachtet und Cary spürt mehr denn je, wie einsam sie ist. Ihre Kinder schaffen da Abhilfe, indem sie ihr einen Fernseher schenken. Verbittert fährt sie zu Ron, der insgeheim auf sie gewartet hat. Nach einem dramatischen Wiedersehen, das beinahe in die Hose geht, beschließen die

beiden, allen Anfeindungen zum Trotz zusammenzubleiben.
Ursprünglich hatte Douglas Sirk kein Happy-End für seinen Film vorgesehen, doch bestand Produzent Ross Hunter auf einen versöhnlichen Schluß, auch wenn damit gegen die puritanischen Moralvorstellungen verstoßen wurde.
Stark beeinflußt von diesem Sirk-Film wurde Rainer Werner Fassbinder, der 1974 mit ANGST ESSEN SEELE AUF ein bundesdeutsches Pendant drehte. jg

Was diese Frau so alles treibt

The Thrill of It All. USA 1963 **R** Norman Jewison **B** Carl Reiner, nach einer Story von Reiner und Larry Gelbart **K** Russell Metty **M** Frank De Vol **P** Ross Hunter für Universal **L** 108 Min., Farbe **D** Doris Day, James Garner, Arlene Francis, Edward Andrews, Reginald Owen, ZaSu Pitts, Elliott Reid, Kym Karath, Brian Nash

Eine brillante und überaus witzige Familienkomödie, in der Doris Day und James Garner mit ihren beiden niedlichen Filmkindern die ideale amerikanische Lebensgemeinschaft verkörpern.
Gerald Boyer (Garner) ist ein angesehener Gynäkologe. Während er im Kreißsaal wütet, kümmert sich seine blonde Gattin Beverly (Day) um ihren Haushalt. Das ändert sich, als das Ehepaar eines Tages im Hause der Fraleighs zu einem Essen geladen wird und Beverly in ihrer herzlichen Naivität von einem Badeerlebnis mit ihren Sprößlingen erzählt, die ganz wild darauf gewesen waren, mit „Happy-Seife" shampooniert zu werden. Diese kurze Anekdote bleibt nicht ohne Folgen, denn zufälligerweise ist Mr. Farleigh sen. (Owen) Besitzer des Seifen-Werkes. Begeistert bietet er Beverly an, als neues „Happy"-Girl für sein Produkt im Werbefernsehen aufzutreten. Beverly sagt zu, erlebt bei ihrer ersten Sendung eine entsetzliche Blamage, macht jedoch weiter und hat schließlich sogar einen riesigen Erfolg. Darunter leidet freilich das Familienleben, denn wenn Gerald am Abend aus der Klinik kommt, muß Beverly ins TV-Studio. Die Machtprobe zwischen den Ehepartnern entscheidet am Ende natürlich der männliche Part für sich.
Ein bis auf das etwas gefühlsduselige, konservative Ende überaus amüsanter Film mit herrlichen Slapstick-Einlagen. Ansprechend auch die Besetzung in den Nebenrollen, allen voran die propere ZaSu Pitts als italienische Haushälterin Olivia, die im Alter von 60 Jahren kurz nach Abschluß der Dreharbeiten einem Krebsleiden erlag.
Doris Day und James Garner traten 1963 noch einmal in der Komödie EINE ZUVIEL IM BETT gemeinsam vor die Kamera. jg

Was, du willst nicht?

The Main Event. USA 1979 **R** Howard Zieff **B** Gail Parent, Andrew Smith **K** Mario Tosi **M** Michael Melvoin **P** Jon Peters, Barbra Streisand für Barwood Prod./First Artists/Warner Bros. **L** 109 Min., Farbe **D** Barbra Streisand, Ryan O'Neal, Paul Sand, Whitman Mayo, Patti D'Arbanville, Chu Chu Malave

Diese lahme Komödie sollte wohl eine Neuauflage des Streisand/O'Neal-Erfolges IS' WAS, DOC? werden, doch leider verfügte man weder über gleichwertiges Ausgangsmaterial noch über einen so guten Regisseur wie Peter Bogdanovich. Streisand ist ziemlich enervierend als bankrotte Parfümerie-Besitzerin, die aus der Konkursmasse ihres Unternehmens einen Abschreibungsvertrag mit einem ausgebrannten Ex-Boxer (O'Neal) rettet und mit ihm jetzt große Profite machen will. Wie dieses ungleiche Duo gemeinsam die Erfolgsleiter erklettert und am Ende auch die Liebe findet, wurde von Howard Zieff mit viel Tempo und Getöse in Szene gesezt, läßt jedoch Komik und Witz weitgehend vermissen. Patti D'Arbanville hinterläßt noch den besten Eindruck als O'Neals fürchterlich hustende Freundin. al

Was geschah wirklich mit Baby Jane?

Whatever Happened to Baby Jane? USA 1962 **R** Robert Aldrich **B** Lukas Heller, nach dem Roman von Henry Farrell **K** Ernest Haller **M** Frank DeVol **P** Robert Aldrich für Associates and Aldrich/Warner Bros. **L** 114 Min. (Originalfassung 132 Min.), s/w **D** Bette Davis, Joan Crawford, Victor Buono, Anna Lee, Maidie Norman, Marjorie Bennett

„Keinen Pfifferling werde ich in diese beiden verbrauchten alten Hexen investieren!" war Jack Warners Reaktion auf Robert Aldrichs Vorschlag, die Finanzierung eines Projekts zu übernehmen, das zwei der profiliertesten Warner-Stars, Bette Davis und Joan Crawford, zum ersten Mal gemeinsam auf die Leinwand gebracht hätte. Glücklicherweise wurde diese Entscheidung später revidiert, obwohl Aldrich mit einem Budget von weniger als einer Million Dollar auskommen und sich zudem mit einem für B-Western reservierten Studiogelände begnügen mußte: *Was geschah wirklich mit Baby Jane?* staubte nicht nur fünf Oscar-Nominierungen ab, sondern entpuppte sich zudem als einer der erfolgreichsten Filme des Jahres. Es ist die bizarre Geschichte der Schwestern Hudson, die in einem alten, ehemals vornehmen Anwesen in Hollywood hausen. Beide haben schon bessere Tage gesehen; „Baby" Jane (Davis) war ein beliebter Kinderstar, dessen Stern jedoch mit zunehmendem Alter sank, während Blanche (Crawford) immer berühmter wurde, allerdings auf dem Höhepunkt ihrer Karriere Opfer eines Autounfalls wurde, der sie an den Rollstuhl fesselte. Es gibt Gerüchte, daß Jane daran Schuld gewesen sein soll. Als die halbverrückte Jane von Blanches Plänen erfährt, das Haus zu verkaufen und sie in ein Heim zu stecken, plant sie fürchterliche Rache, während sie gleichzeitig ihr Comeback vorbereitet...
Wie BOULEVARD DER DÄMMERUNG wirft Aldrichs Film einen Blick hinter die Kulissen von Hollywood, konzentriert sich jedoch mehr auf die Spannungselemente der Geschichte, ohne dabei auf vordergründige Effekte wie Blut und Gewalt zurückzugreifen. Bette Davis hat die spektakulärere Rolle und ist unvergeßlich, wenn sie, als eine groteske Parodie ihres früheren Selbst, den Song *I've Written a Letter To Daddy* zum besten gibt oder Crawfords butterweiche Stimme am Telephon imitiert. Die Aktrice war übrigens für ihr furchterregendes Make-up selbst verantwortlich. Crawford ließ sich intelligenterweise nicht auf einen Wettkampf mit ihrer ungeliebten Kollegin ein (die Rivalitäten der Stars haben ganze Bücher gefüllt), sondern schaltete statt dessen einen Gang zurück. In einem ihrer schönsten Momente sieht sie im Fernsehen einen ihrer alten Filme (Crawfords *Sadie McKee*, 1934), und ihr Gesicht leuchtet förmlich bei der Erinnerung an vergangenen Ruhm. Von Davis gibt es Ausschnitte aus zwei 1933er-Filmen zu sehen: *Parachute Jumper* und *Ex-Lady*.
Für beide Stars begannen nach diesem unerwarteten Erfolg zweite Karrieren als Hauptdarstellerinnen in Horror- und Gruselstreifen, die jedoch meist minderer Qualität waren. Ein Versuch Aldrichs, sie für WIEGENLIED FÜR EINE LEICHE erneut gemeinsam vor die Kamera zu holen, schlug fehl, als sich Crawford nach einigen Drehtagen krank meldete - angeblich wegen Differenzen mit ihrem Co-Star. al

Was gibt´s Neues, Pussy?

What´s New, Pussycat? USA/Frankreich 1965 **R** Clive Donner **B** Woody Allen **K** Jean Badal **M** Burt Bacharach **P** Charles K. Feldman für Famous Artists-Famartists, United Artists **L** 108 Min., Farbe **D** Peter Sellers, Peter O´Toole, Romy Schneider, Capucine, Paula Prentiss, Woody Allen, Ursula Andress, Eddra Gale, Katrin Schaake, Eleonore Hirt

Eine temporeiche, aberwitzige Komödie, die viel vom Lebensgefühl der 60er Jahre vermittelt und damals für volle Kinokassen sorgte. Zum ersten Mal tauchte hier auch ein blasser, kleiner New Yorker Schauspieler mit lichtem Haar und dicker Hornbrille auf der Leinwand auf, mit dem natürlich Woody Allen gemeint ist, der auch das Drehbuch zu diesem Film schrieb.
Michael James (O´Toole), Herausgeber einer erfolgreichen Pariser Modezeitschrift, ist berufsbedingt ständig von den schönsten Frauen umgeben, deren Charme er nicht widerstehen kann. Dies verärgert natürlich die reizende Fremdsprachenlehrerin Carole Werner (Schneider), die Michael seit Monaten zu einer Heirat überreden möchte. Der gestreßte Publizist sucht vorübergehend bei dem Psychiater Fritz Fassbender (Sellers) Hilfe, die dieser ihm leider nicht geben kann. Die Handlung - durch seine permanente Affären schon kompliziert genug - kulminiert am Ende in einem chaotischen Spektakel, als Michael mit all seinen „abgelegten“ Damen in einem noblen Schloß auf dem Lande zusammentrifft. Zwar endet er doch mit Carole im Standesamt, wo er es jedoch wiederum nicht lassen kann, mit einer hübschen Beamtin zu flirten.
Clive Donners Farce ist eine atemberaubende Anhäufung von Gags und Albernheiten, bei der die deutsche Synchronisation mal wieder allerhand verpfuschte. Da man Peter Sellers´ Darstellung als teutonischen Psychoanalytiker Fassbender für nicht gerade schmeichelhaft hielt, wurde ihm in der deutschen Fassung ein slawischer Anstrich verpaßt. Ein inhaltlicher Bruch ergibt sich darin, daß er mit der drallen Anna (Gale) verheiratet ist, die in der furiosen Schlußsequenz als jaulende, blondbezopfte Germanen-Walküre ihren Speer schwingt. Auffallend ist auch, daß Romy Schneider ihren Part nicht selbst synchronisierte. Einen Cameo-Auftritt hat Richard Burton, den Peter O´Toole in etwas respektloser Weise nach dem Verbleiben von Liz Taylor fragt.
Zu einem wesentlichen Erfolg dieser Komödie trug die Filmmusik von Burt Bacharach bei. Das von Tom Jones gesungene Titellied *What´s New, Pussycat?* war 1965 für den Oscar nominiert und erklomm im selben Jahr Platz drei in der US-Hitparade. jg

Was ist denn bloß mit Helen los?

What´s the Matter With Helen? USA 1971 **R** Curtis Harrington **B** Henry Farrell **K** Lucien Ballard **M** David Raksin **P** George Edwards für Filmways-Raymax/United Artists **L** 101 Min., Farbe **D** Debbie Reynolds, Shelley Winters, Dennis Weaver, Agnes Moorehead, Michael MacLiammoir, Samee Lee Jones, Robbi Morgan, Helene Winston, Molly Dodd, Peggy Rea

Curtis Harrington ist einer jener unabhängigen Hollywood-Regisseure, der bei einem breiten Publikum nie richtig bekannt wurde, obgleich seine Filme, die überwiegend im Horror-Genre angesiedelt waren, überaus originell und handwerklich geschickt waren. In den 40er und 50er Jahre hatte er mehrere eigene Experimentalkurzfilme gedreht und als Filmkritiker gearbeitet, bis ihn Roger Corman 1963 unter seine Fittiche nahm und ihm den ersten Regieauftrag verschaffte.
Was ist denn bloß mit Helen los? ist ein hintergründiger Psycho-Thriller, der schon beklemmend genug beginnt. Iowa in den 30er Jahren. Für die beiden Frauen Adelle Bruckner (Reynolds) und Helen Hill (Winters) bricht eine Welt zusammen, als bekannt wird, daß ihre minderjährigen Söhne einen Mord begangen haben. Kurze Zeit später erhalten beide eine Flut von anonymen Morddrohungen. Kurzentschlossen brechen Adelle und Helen in Iowa ihre Zelte ab und siedeln nach Hollywood über, wo sie eine Tanzschule für Kinder eröffnen, in die ehrgeizige Mütter ihre Sprößlinge zerren, um diese später beim Film unterzubringen. Als sich eines Tages auch hier ein anonymer Anrufer meldet, wird die psychisch labile Helen völlig aus der Bahn geworfen und läßt sie zu einer blutrünstigen Amokläuferin werden.
What´s the Matter With Helen?, in den Debbie Reynolds rund 800.000 Dollar aus ihrem Privatvermögen gesteckt hatte, war in den Staaten an der Kinokasse ein bescheidener Erfolg. In der Bundesrepublik indes kam der Streifen erst gar nicht in den Verleih und wurde erst 1984 das erste Mal vom ZDF ausgestrahlt. jg

Was kommt danach..?

I'll Never Forget What's 'is Name. Großbritannien 1967 **R** Michael Winner **B** Peter Draper **K** Otto Heller **M** Francis Lai **P** Michael Winner für Scimitar Films **L** 99 Min., Farbe **D** Orson Welles, Oliver Reed, Carol White, Harry Andrews, Michael Hordern, Wendy Craig, Marianne Faithful, Norman Rodway, Frank Finlay

Bevor Michael Winner Charles Bronson traf und mit ihm EIN MANN SIEHT ROT und andere Machwerke des gleichen Kalibers drehte, galt er als eines der vielversprechendsten Talente des britischen Films und brachte u. a. diese gelungene Tragikomödie zustande. Oliver Reed spielt Andrew Quint, einen gefragten Werberegisseur, der von der Bedeutungslosigkeit seiner Arbeit und der leeren Beziehung zu seiner Frau (Craig) und seinen diversen Geliebten angewidert ist. Mit einer Axt zertrümmert er sein Büro und heuert bei jenem kleinen Literatur-Magazin an, wo er nach seiner Studentenzeit angefangen hatte. Doch auch dort geht es nicht anders zu als in seiner früheren Firma, deren Boß (Welles) Andrew unbedingt zurück haben will. Er läßt sich auf einen letzten Spot ein und dreht eine bittere Attacke auf die Werbeindustrie, wobei er Bilder aus Konzentrationslagern und von Atombombenexplosionen einsetzt. Doch das Filmchen hat eine andere Wirkung als erwartet - es ist eine Sensation im positiven Sinne und wird sogar auf einem Festival ausgezeichnet...
Winner hatte Oliver Reed seine erste gute Hauptrolle in *The System* (1964) gegeben und ihn auch in drei weiteren Filmen eingesetzt, von denen dieser der beste ist. Gedreht in London und Cambridge, weist er neben einem intelligenten und satirischen Drehbuch auch optische Brillanz auf. Orson Welles erhielt die erste Nennung über dem Titel, doch seine Rolle ist ziemlich klein, wenn auch sehr eindrucksvoll. al

Was Sie schon immer über Sex wissen wollten...

Everything You Always Wanted To Know About Sex, But We´re Afraid To Ask. USA 1972 **R** Woody Allen **B** Woody Allen, nach dem Buch von Dr. David Reuben **K** David M. Walsh **M** Mundell Lowe **P** Charles H. Joffe für United Artists **L** 87 Min., Farbe **D** Woody Allen, John Carradine, Lou Jacobi, Louise Lasser, Anthony Quayle, Tony Randall, Lynn Redgrave, Burt Reynolds, Gene Wilder, Jack Barry, Erin Fleming

Woody Allen nahm bei seiner dritten Regiearbeit das aufklärende Sex-Buch von Dr. David Reuben zur Hand, um einzelne Passagen daraus nach seiner Methode filmisch zu interpretieren. Das Ergebnis ist eine respektlose Satire, in der zugleich einzelne Filmgenres aufs Korn genommen werden.
Was Sie schon immer über Sex wissen wollten... besteht verständlicherweise nicht aus einer geschlossenen Handlung, sondern setzt sich aus diversen Episoden zusammen, in denen das Publikum auf mehr oder weniger komische Weise über eine Reihe sexueller Phänomene aufgeklärt wird. Auf die Frage *Wirkt Aphrodisiakum?* muß sich Woody

Allen als Hofnarr Fabrizio mit einem lasziven Burgfräulein abplagen, deren Jungfrauengürtel er nicht knacken kann. Gene Wilder führt uns in erschütternden Bildern vor, was es heißt, ein Sodomist zu sein. In der Rolle des Dr. Ross entdeckt er plötzlich seine Vorliebe für ein wolliges Schaf. Über die Vorgänge, die sich im Genitalbereich des männlichen Körpers abspielen, gibt die Episode *Was passiert während der Ejakulation?* Auskunft. In *Raumschiff Enterprise*-Manier wird hier das Gehirn als riesige Kommandozentrale dargestellt, während sich unten im Membrum Virilis diverse Schauspieler (unter ihnen auch Allen) in albernen Kostümen als Spermien betätigen. Überaus amüsant anschließend auch die Antworten auf die Frage *What's My Perversion?* Hier geraten Woody Allen und Heather MacCrea in die Fänge eines wahnsinnigen Wissenschaftlers und werden während einer absurden Verfolgungsjagd von einer riesigen, milchverspritzenden Titte durch die Landschaft gehetzt.
Wie es bei Episodenfilmen üblich ist, sind die einzelnen Teile dieses Streifens recht unterschiedlich ausgefallen. Sie alle jedoch zeichnen sich durch einen (manchmal etwas derben) Humor aus, der im krassen Widerspruch zu dem prüden amerikanischen Puritanismus steht, was die Tatsache erklärt, daß der Film bisher noch nie von den öffentlichrechtlichen US-Sendeanstalten ausgestrahlt wurde. Die damalige Kritik reagiert auf soviel (zumindest verbale) Freizügigkeit entsprechend zurückhaltend und pikiert. jg

Was weiß Mama von Liebe?

The Reluctant Debutante. USA 1958 **R** Vincente Minnelli **B** William Douglas Home, nach seinem Bühnenstück **K** Joseph Ruttenberg **M** Eddie Warner **P** Pandro S. Berman für MGM **L** 94 Min., Farbe **D** Rex Harrison, Kay Kendall, John Saxon, Sandra Dee, Angela Lansbury, Peter Myers, Diane Clare, Sheila Raynor, Ambrosine Phillpotts

Eine elegante Komödie, die auf ironische Weise die verstaubte englische Adelswelt verulkt. Regisseur Vincente Minnelli schuf einen Film, der eine gewisse Ähnlichkeit mit seinem Welterfolg VATER DER BRAUT aufweist, nur daß sich diesmal die Geschehnisse nicht in der amerikanischen Mittelschicht, sondern in der britischen Hocharistokratie abspielen. Überaus repräsentatives Mitglied dieser erlesenen Clique ist das Ehepaar Lord Jimmy und Lady Sheila Broadbent (Harrison, Kendall), das in freudiger Erwartung dem traditionellen Londoner Debütantinnenball entgegenfiebert, bei dem diesmal auch Töchterchen Jane (Dee) in die Gesellschaft eingeführt werden soll. Während Mama und Papa sich noch über Garderoben- und Partnerwahl den Kopf zerbrechen, hat Jane schon längst eigene Pläne getroffen, die sich alle um den attraktiven Jazzmusiker David (Saxon) drehen. Überhaupt ist sie der Meinung, daß es sich bei dem besagten Ball um eine völlig außer Mode gekommene Veranstaltung handelt. Für die traditionsbewußten Eltern ist es natürlich schwer, diese revolutionären Ansichten und die Liaison ihrer Tochter zu schlukken.
Was weiß Mama von Liebe? wartet mit einigen Skurrilitäten auf; aus unerfindlichen Gründen wurde der Film in Paris gedreht, obgleich es sich um eine amerkanische Produktion mit einem sehr englischen Thema handelte. Kurz vor dem Start des Streifens äußerte Königin Elizabeth II. obendrein öffentlich ihre Meinung, daß sie den Londoner Debütantinnenball für unzeitgemäß hielt, was immerhin auch der Intention des Films entsprach. Die Bezeichnung „sophisticated" ist wohl das beste Qualitätsprädikat, das man Minnellis charmanter Komödie geben möchte. Einen Großteil zum Gelingen dieses Films trägt Kay Kendall bei, die leider bereits ein Jahr nach Ende der Dreharbeiten an Leukämie starb und sich hier ein schmeichelhaftes, filmisches Denkmal setzte. jg

Wasser - Der Film

Water. Großbritannien 1985 **R** Dick Clement **B** Dick Clement, Ian La Frenais, Bill Persky **K** Douglas Slocombe **M** Mike Moran **P** Ian La Frenais für HandMade Films **L** 89 Min. (Originalfassung 97 Min.), Farbe **D** Michael Caine, Valerie Perrine, Brenda Vaccaro, Billy Connolly, Leonard Rossiter, Maureen Lipman, Fred Gwynne, Jimmy Walker, Eddy Grant, Eric Clapton, George Harrison, Ringo Starr

Ex-Beatle George Harrison produzierte diese brillante Farce mit seiner Gesellschaft HandMade Films, die auch schon die britischen Komödien DAS LEBEN DES BRIAN und MAGERE ZEITEN finanzierte. Als ungewöhnliche Mischung aus Klamotte und politischer Satire präsentiert sich *Wasser - Der Film* dem Zuschauer, der überrascht feststellt, daß Themen wie Imperialismus und Ausbeutung durchaus in einem ausgelassenen Film ihren Platz haben können.
Die unbedeutende Karibikinsel Cascara rückt durch die Entdeckung einer Mineralquelle plötzlich in den Mittelpunkt des Weltinteresses. Sehr zum Mißfallen des britischen Gouverneurs des Eilandes, Baxter (Caine), der die angelockten Franzosen, Amerikaner und die Vertreter seines Heimatlandes als ausgesprochene Störenfriede betrachtet. Hatte er seine Zeit bisher damit verbracht, marihuanarauchend in den Tag hineinzuleben, ist er jetzt Kraft seines Amtes dazu vedonnert, repräsentative Pflichten zu erfüllen. Um die verlorene Idylle möglichst schnell wieder herzustellen, verbündet er sich mit der Umweltschützerin Pamela (Perrine) sowie der inseleigenen, zwei Mann starken Revolutionsarmee und führt Cascara in die Unabhängigkeit. mg

Wasser für Canitoga

Wasser für Canitoga. Deutschland 1939 **R** Herbert Selpin **B** Walter Zerlett-Olfenius, Emil Burri, Peter Francke, nach dem Bühnenstück von G. Turner Krebs **K** Franz Koch **M** Peter Kreuder **P** C. W. Tetting für Bavaria-Film **L** 119 Min., s/w **D** Hans Albers, Charlotte Susa, Hilde Sessak, Peter Voss, Josef Sieber, Heinrich Kalnberg, Andrews Engelmann, Karl Dannemann

Goodbye, Johnny hieß das schmissige Lied, das Hans Albers in diesem Abenteuerstreifen sang und das zu einem Großteil dazu beitrug, daß der Film seinerzeit an den Kinokassen ein riesiger Erfolg wurde.
Der blonde Hans von der Waterkant treibt sich diesmal im Jahre 1905 als Ingenieur Oliver Montstuart in Kanada herum. Dort baut er mit Hunderten von Arbeitern an einer Wasserleitung, die in die Stadt Canitoga führen soll. Das Projekt erleidet durch zahlreiche Sabotageakte immer wieder massive Rückschläge. Ausgerechnet Oliver schiebt man die Schuld daran zu. Dieser flieht anfangs in die Berge, kehrt dann aber in einer Verkleidung nach Canitoga zurück. Dort verdreht er der Saloonsängerin Lilly (Susa) und Winifred (Sessak), der Frau des Chefingenieurs, den Kopf. Beiden allerdings bleibt das persönliche Glück an seiner Seite versagt, da Oliver nach einem erneuten Sabotageakt sein Leben opfert, um das Bersten eines Staudamms zu verhindern.
Aus heutiger Sicht bietet der Film nur noch wenig Spannung und amüsiert darüber hinaus durch seine stellenweise recht komische Wildwest-Ausstattung, der man deutlich die Berliner Ateliers ansieht. Großartig allerdings Hans Albers, der hier als tragischer, gebrochener Held eine ganz und gar unzeitgemäße Darstellung gibt. Das Drehbuch zu *Wasser für Canitoga* basiert auf einem Bühnenstück von Hans José Rehfisch (geschrieben unter dem Pseudonym G. Turner Krebs), der 1936 aus Nazi-Deutschland emigrierte. jg

Wasserloch Nr. 3

Waterhole No. 3. USA 1967 **R** William Graham **B** Joseph T. Steck, Robert R. Young **K** Robert

Burks **M** Dave Grusin **P** Joseph T. Steck für Blake Edwards-Geoffrey/Paramount **L** 95 Min., Farbe **D** James Coburn, Carroll O´Connor, Margaret Blye, Claude Akins, Timothy Carey, Bruce Dern, Joan Blondell, James Whitmore, Harry Davis, Roy Jensen

Eine amüsante Western-Komödie, die nicht von ungefähr an den zwei Jahre vorher entstandenen CAT BALLOU erinnert.
Im Jahre 1880 gelingt dem Kavallerie-Sergeanten Foggers (Akins) ein genialer Coup. Er stiehlt einen Goldschatz aus dem Besitz der Armee und versteckt ihn inmitten der Wüste in einem Wasserloch. Die dazu angefertigte Schatzkarte fällt durch einen Zufall dem gewieften Falschspieler Lewton Cole (Coburn) in die Hände. Dieser sperrt Sheriff Copperud (O´Connor) in sein eigenes Gefängnis, klaut dessen Pferd und verführt auf seinem Weg in die Wüste auch noch seine Tochter. Dennoch kann er es nicht verhindern, daß der Gesetzeshüter ihn genau dann erreicht, als er das Gold gehoben hat. Allerdings erweist sich Copperud in diesem Augenblick doch nicht als so staatstreu wie erwartet. Und so beschließen die beiden Männer, die Beute zu teilen. Ausgerechnet in diesem Augenblick taucht Sergeant Foggers mit seinen Mannen auf, um sich das Gold zu holen...
Die komödiantische Grundhaltung ist diesem Film nicht gleich anzusehen; es dauert ungefähr 20 Minuten, bis Regisseur William Graham einfiel, in welche Richtung er seinen Western laufen lassen wollte. Hinter den Kulissen mischte übrigens kräftig der Klamauk-Spezialist Blake Edwards mit, der 1971 mit MISSOURI selbst einen ersten eigenen Western drehte und hier lieber eine aktivere Rolle hätte einnehmen sollen. jg

Watch on the Rhine

Watch on the Rhine. USA 1943 **R** Herman Shumlin **B** Dashiell Hammett, Lillian Hellman, nach einem Bühnenstück von Hellman **K** Merritt Gerstad, Hal Mohr **M** Max Steiner **P** Hal B. Wallis für Warner Bros. **L** 114 Min., s/w **D** Bette Davis, Paul Lukas, Geraldine Fitzgerald, Lucile Watson, Beulah Bondi, George Coulouris, Donald Woods, Henry Daniell, Donald Buka, Eric Roberts

Die Studios der Warner Bros. hatten mit ihrer Produktion ICH WAR EIN SPION DER NAZIS schon recht früh vor den Gefahren gewarnt, die durch Nazi-Deutschland drohten. *Watch on the Rhine* war ein Film, der nicht in das übliche propagandistische Haßgejohle verfiel, sondern versuchte, die Aktivitäten deutscher Untergrundkämpfer im Ausland objektiv darzustellen. Der Film basiert auf einem Stück, das die amerikanische Schriftstellerin Lillian Hellman zusammen mit ihrem Lebenspartner Dashiell Hammett geschrieben hatte. Ausnahmsweise trat hier einmal die Besonderheit auf, daß die Verfilmung wesentlich gelungener ausfiel als das Bühnenstück.
Das Ehepaar Sara und Kurt Müller (Davis, Lukas) kehrt nach einem 18jährigen Europa-Aufenthalt wieder in die USA zurück, wo Saras Mutter Mrs. Farrelly (Watson) lebt, die ihre Tochter, den Schwiegersohn und drei Enkelkinder liebevoll aufnimmt. Ebenfalls im Hause von Mrs. Farrelly lebt Teck de Brancovis (Coulouris), ein rumänischer Flüchtling, der in Wirklichkeit mit den Nazis paktiert. Dieser kommt eines Tages dahinter, daß Kurt bei ausgedehnten Geschäftsreisen in Wirklichkeit Mitglieder der deutschen Untergrundbewegung trifft, die auch im Ausland agieren und ihre für Nazi-Deutschland vorgesehenen Aktionen organisieren. Kurt ist gezwungen, den Rumänen zu töten, ehe dieser ihn und seine Freunde in Gefahr bringt. Am Ende des Films verabschiedet er sich von seiner Familie, um drüben in Europa gegen den Ungeist des Nationalsozialismus zu kämpfen.
Watch on the Rhine wurde 1943 für drei Oscars nominiert (Bester Film, Bestes Drehbuch und Lucile Watson als Beste Nebendarstellerin), ging damals jedoch leer aus. jg

Waterloo

Waterloo. Italien/UdSSR 1970 **R** Sergej Bondartschuk **B** H. A. L. Craig, Sergej Bondartschuk, Vittorio Bonicelli **K** Armando Nannuzzi **M** Nino Rota **P** Dino de Laurentiis für Dino de Laurentiis Cinematografica (Rom), Mosfilm (Moskau) **L** 134 Min., Farbe **D** Rod Steiger, Christopher Plummer, Orson Welles, Jack Hawkins, Virginia McKenna, Dan O'Herlihy, Rupert Davies, Philippe Fouquet, Gianni Garko, Ivo Garrani, Ian Ogilvy, Michael Wilding

Sergej Bondartschuks monumentale Tolstoi-Verfilmung KRIEG UND FRIEDEN gilt als der teuerste Film aller Zeiten und beeindruckte vor allem durch ungeheuren Aufwand an Menschen und Material. Die geschickte Handhabung der Massenszenen prädestinierte den russischen Regisseur in den Augen von Italiens rührigem Produzenten Dino de Laurentiis für eine ähnlich gewaltige Aufgabe: der historisch genauen Rekonstruktion der Schlacht von Waterloo, die 1815 Napoleons endgültige Niederlage besiegelte und seine Verbannung auf die Atlantik-Insel St. Helena zur Folge hatte. *Waterloo* zeigt noch vor den Titeln die erzwungene Abdankung des Kaisers (Steiger) im Jahre 1814, der sich nach Elba zurückzog, um den wieder eingesetzten Bourbonen in Gestalt von Louis XVIII. (Welles) Platz zu machen. Doch der Ruhestand des kleinen Korsen währte nicht lange; Differenzen zwischen den Siegermächten auf dem Wiener Kongreß veranlaßten ihn dazu, noch einmal die Macht zu ergreifen und unter dem Jubel der meisten Franzosen auf den Kaiserthron zurückzukehren. Diese hundert Tage währende Regentschaft wurde schließlich durch die französische Niederlage gegen die Verbündeten Engländer unter Wellington und Preussen unter Blücher beim belgischen Waterloo beendet.
Die Schlacht selbst nimmt fast die Hälfte der Laufzeit ein und sucht an Monumentalität, aber auch an Authentizität ihresgleichen. Die erstklassigen Darstellungen von Rod Steiger als Napoleon und Christopher Plummer als sein Widersacher Wellington schaffen den nötigen Kontrast zum Kampfgetümmel und beherrschen die intimeren Szenen. Über die Kosten des Films wurde viel spekuliert; sie dürften bei etwa 40 Mio. $ gelegen haben. *Variety* war jedenfalls davon überzeugt, es mit einem potentiellen Kassenrenner zu tun zu haben, eine Vorhersage, die sich zum Entsetzen der Produzenten nicht erfüllte: das in der Ukraine und in Italien gedrehte Epos erwies sich, besonders in den Staaten, als ein gewaltiger Flop. Die Laufzeit betrug dort übrigens nur 123 Minuten, wie überhaupt jedes Land seine eigene Laufzeit festsetzen konnte. Die sowjetische Fassung dauert fast vier Stunden. al

Watership Down

Watership Down. Großbritannien 1979 **R** Martin Rosen **B** Martin Rosen, nach dem gleichnamigen Roman von Richard Adams **A** Tony Guy **M** Angela Morley, Malcolm Williamson **P** Martin Rosen für Nepenthe Prod. **L** 92 Min., Farbe

Hazel ist der Führer eines Kaninchenstamms. In ihrer Welt leben sie glücklich und zufrieden - nirgends, so meinen die Tiere, sind die Grashalme grüner, die Blumen saftiger und die Bäche blauer. Nichts trübt ihr unbeschwertes Dasein, wenn da nicht Hazels Bruder Fiver wäre, der über seherische Gaben

verfügt und den Rammlern eine böse Zukunft prophezeit. Notgedrungen verlassen sie ihr angestammtes Land, wo Milch und Honig fließen, und begeben sich auf eine abenteuerliche Reise ins Ungewisse, auf der viele Gefahren lauern...
In Deutschland erschien der Bestseller von Richard Adams, der weltweit über 30 Millionen Leser begeisterte, unter dem Titel *Unten am Fluß*. Martin Rosen, Regisseur, Drehbuchautor und Produzent in Personalunion, gelang ein feinsinniger, detailreicher und inhaltsvoller Zeichentrickfilm, der sich eng an die literarische Vorlage anlehnt. Vorbereitung und Realisierung des Streifens dauerten insgesamt vier Jahre, da Rosen versuchte, *Watership Down* zunächst mit echten Karnickeln, später mit Puppen und Menschen in Tierkostümen zu drehen, bevor er sich endgültig für einen Trickfilm entschloß. Das Zeichnen der 200.000 einzelnen Bilder verschlang schließlich zwei Jahre. Die Mühe war nicht vergebens: Weltweit lockte das „Meisterwerk der Zeichentrickkunst" (*Melbourne News*) über 10 Millionen Zuschauer in die Kinos. sk

Webster ist nicht zu fassen

The Thief Who Came To Dinner. USA 1973 **R** Bud Yorkin **B** Walter Hill, nach dem Roman von Terence Lore Smith **K** Philip Lathrop **M** Henry Mancini **P** Bud Yorkin für Tandem/Warner Bros. **L** 105 Min., Farbe **D** Ryan O'Neal, Jacqueline Bisset, Warren Oates, Jill Clayburgh, Charles Cioffi, Ned Beatty, Austin Pendleton, Gregory Sierra, Michael Murphy, John Hillerman

Große Stars müssen noch lange nicht großes Kino bedeuten. Einen weniger als durchschnittlichen Film drehte Bud Yorkin mit Jacqueline Bisset und Ryan O'Neal, der in unnötig komplizierter Weise das Katz- und - Maus-Spiel zwischen einem Juwelendieb und einem Versicherungsdetektiven schildert.
Webster (O'Neal) ist ein angesehener Computer-Spezialist, doch seine Arbeit verschafft ihm nicht die genügende Befriedigung. Ihm fehlt der Thrill, die Spannung, das Abenteuer. All dies findet er in einer neuen Betätigung: Webster beweist als Juwelendieb ein ungeahntes Talent. Ihm setzt sich bald der Detektiv Dave (Oates) auf die Fersen, doch gelingt es ihm zu keiner Zeit, genügend schlagkräftige Beweise zu sammeln, um Webster hinter Schloß und Riegel zu bringen.
Stellenweise gelingt es Yorkin, die Zuschauer durch einige witzig-anzügliche Dialoge bei der Stange zu halten. Ausstattung und Wahl der Schauplätze (gedreht wurde in Houston/Texas) sind zufriedenstellend. Und doch will sich ein Vergnügen an diesem Film nicht so recht einstellen. Das mag einerseits an dem etwas unausgeglichenen Tempo liegen, andererseits auch daran, daß man im Genre der Kriminal-Komödie durchaus schon Besseres gesehen hat. jg

The Wedding March

The Wedding March. USA 1927 **R** Erich von Stroheim **B** Erich von Stroheim, Henry Carr **K** Hal Mohr, Ben Reynolds, Bill McGann, Harry Thorpe, Roy Klaffki **M** J. S. Zamecnik, Louis de Francesco **P** P. A. Powers für Paramount **L** 115 Min., s/w **D** Erich von Stroheim, Fay Wray, ZaSu Pitts, Matthew Betz, George Fawcett, Maude George, George Nichols, Dale Fuller

Erich von Stroheim wollte sich mit diesem Werk einen langgehegten Traum erfüllen: eine romantische Liebesgeschichte, die vor der glänzenden Kulisse des kaiserlichen Wiens spielen sollte. Ursprünglich plante er, daraus einen zweiteiligen Film zu machen; das abgedrehte Material hätte jedenfalls ohne Probleme dafür ausgereicht. Stroheim rechnete jedoch nicht mit dem Widerstand der Paramount, die von ihm verlangte, eine einteilige und entsprechend geraffte Fassung zu erstellen. Erwartungsgemäß gab es Ärger, als er sich weigerte, dies zu tun, so daß Stroheim selbst auf die Endmontage seines Films keinen Einfluß mehr nehmen konnte und an seiner Stelle sich Josef von Sternberg als Cutter betätigte.
Prinz Nikki (von Stroheim) begegnet während einer Militärparade dem Mädchen Mitzi Schrammell (Wray), in das er sich auf der Stelle verliebt. Auch Mitzi ist seinen Werbungen nicht abgeneigt, was die Eifersucht des sadistischen Schlachters Eberle (Betz) erregt, der sich ebenfalls Hoffnungen auf das Mädchen macht. Aus finanziellen und gesellschaftlichen Gründen muß Prinz Nikki auf Mitzi verzichten und die reiche Industriellentochter Cecilia Schweißer (Pitts) heiraten.
Wie detailliert und perfekt Stroheim das Drehbuch gestaltete, zeigte sich, als er die Figur der Mitzi charakterisieren wollte. Dazu erfand er eine ausufernde Lebensgeschichte, die die Herkunft des Mädchens klären sollte und in der er stundenlang über das Schicksal seiner Mutter fabulierte, die im Film überhaupt nicht auftaucht.
Als *The Wedding March* in den amerikanischen Kinos anlief, nahm von ihm nur das New Yorker Publikum die gebührende Notiz. In den Kinos der Provinz erwies sich der Film als Flop. jg

Weekend

Le week-end. Frankreich/Italien 1968 **R** Jean-Luc Godard **B** Jean-Luc Godard **K** Raoul Coutard **M** Antoine Duhamel **P** Comaccio/Copernic/Lira Films (Paris), Ascot Cineraid (Rom) **L** 103 Min., Farbe **D** Mireille Darc, Jean Yanne, Jean-Pierre Léaud, Juliet Berto, Anne Wiazemski

„Die Scheußlichkeit der Bourgeoisie ist nur noch mit größerer Scheußlichkeit zu überbieten." So lautet ein Motto, unter das Godard seinen keiner gängigen Dramaturgie folgenden Film gestellt hat. Der Wochenendausflug eines jungen Paares (Darc/Yanne) dient dem Regisseur als Aufhänger einer Geschichte, die Einblick in eine unvorstellbar grausame und gewalttätige Welt gibt. Godards Attacke auf die bürgerlichen Wertvorstellungen besteht aus einer Unzahl apokalyptischer Szenen, wobei ihm das automobilisierte Verkehrssystem als Chiffre für die bürgerliche Gesellschaft dient, in der jeder einzelne das Ausmaß an offener und versteckter Gewalt schließlich nur noch mit Achselzucken registriert. Wie so oft überlädt Godard auch diesen Film wieder mit einer ungeheuren Zitatenfülle, einer Vielzahl von Anspielungen und dem Einsatz ungewöhnlicher Stilmittel, wodurch ein wenig von der eigentlichen Intention abgelenkt wird. mg

Weg der Hoffnung

Il cammino della speranza. Italien 1951 **R** Pietro Germi **B** Pietro Germi, Federico Fellini, Tullio Pinelli **K** Leonido Barboni **M** Carlo Rustichelli **P** Lux Film **L** 96 Min. (Originalfassung 107 Min.), s/w **D** Raf Vallone, Elena Varzi, Saro Urzi, Franco Navarra, Liliana Lattanzi

Nachdem sizilianische Grubenarbeiter ihren Arbeitsplatz verloren haben, machen sie sich auf eben jenen beschwerlichen „Weg der Hoffnung", an dessen Ende Arbeit und eine neue Existenz in Frankreich stehen sollen. Pietro Germi, einer der wichtigsten Vertreter des italienischen Neorealismus, erzählt seine Geschichte mit der für diesen Filmstil typischen Nüchternheit, mochte jedoch auf melodramatische Effekte nicht ganz verzichten. Federico Fellini hatte für den Regisseur übrigens bereits ein Jahr zuvor *In nome della legge* (*Im Namen des Gesetzes*) geschrieben und sollte auch an *La città si difende* (*Jagd *ohne Gnade*) von 1951 noch mitarbeiten. Hauptdarsteller Raf Vallone - er spielt den Anführer der Arbeiter - und seine Partnerin Elena Varzi heirateten später. al

Weg der Verdammten

Buck and the Preacher. USA 1972 **R** Sidney Poitier **B** Ernest Kinoy, nach einer Story von Kinoy und Drake Walker **K** Alex Phillips jr. **M** Benny Carter **P** Joel Glickman für Columbia **L** 102 Min., Farbe **D** Sidney Poitier, Harry Belafonte, Ruby Dee, Cameron Mitchell, Denny Miller, Nita Talbot, John Kelly, Tony Brubaker, Bobby Johnson

Mit *Der Weg der Verdammten* gab der schwarze Erfolgsschauspieler Sidney Poitier sein Regiedebüt. Gegen Ende der 60er Jahre hatte Ralph Nelson in seinem umstrittenen Western DAS WIEGENLIED VOM TOTSCHLAG die indianischen Ureinwohner rehabilitiert. Auch Sidney Poitier wählte das Western-Genre, um den Leidensweg der ehemaligen schwarzen Sklaven in den USA des 19. Jahrhunderts effektvoll darzustellen. Das Ende des amerikanischen Bürgerkrieges bringt den unterdrückten Farbigen nicht die erwünschte Freiheit. Die gibt es nur außerhalb der Südstaaten, und so macht sich ein Treck mit Schwarzen auf den Weg nach Colorado, um dort ihr Recht auf Eigenständigkeit und Freiheit zu verwirklichen. Gnadenlos verfolgt werden die Flüchtlinge von den Mitgliedern des Ku-Klux-Klan, dessen Anführer Deshay (Mitchell) sich durch ein besonders hohes Maß an Grausamkeit auszeichnet. Ihm bieten Buck (Poitier), der Anführer des Zuges, und der falsche Wanderprediger Reverend Rutherford (Belafonte) mutig die Stirn.
Die US-Kritiker reagierten damals überaus ungnädig auf Poitiers ersten Film und sprachen dem Schauspieler jegliches Talent als Regisseur ab. Dies hinderte den erfolgreichen Star allerdings nicht daran, sich auch in Zukunft als Filmemacher zu betätigen.
„*Weg der Verdammten* beginnt als sentimentale, mit trauriger Blasmusik unterlegte Ballade, wird dann zu einem herkömmlichen, auf Action bedachten Western und endet mit einer pathetischen Vision: Die Freigelassenen gelangen mit ihrem Treck in das grüne Tal der Hoffnung. Daraus hätte ein besserer Regisseur als Poitier einen bemerkenswerten Film machen können, hier allerdings wird die Brisanz des Sujets durch matte Konventionalität und fehlende atmosphärische Dichte neutralisiert" (*Frankfurter Allgemeine Zeitung*). jg

Der Weg, der zum Himmel führt

Subida al cielo. Mexiko 1952 **R** Luis Buñuel **B** Juan de la Cabda, Manuel Altolaguirre, Luis Buñuel **K** Alex Phillips **M** Gustavo Pittaluga **P** Manuel Altolaguirre, María Luisa Gómez Mena für Prod. Isla **L** 74 Min., s/w **D** Lilia Prado, Esteban Márquez, Carmen Gonzáles, Manuel Dondé, Roberto Cobo

Ein durch seinen freundlichen Humor und seine positive Grundstimmung für Luis Buñuel völlig untypische Arbeit ist dieser wenig bekannte Film aus des Spaniers früher mexikanischer Phase. Erzählt wird von der Reise des jungen Oliverio (Márquez), der für seine im Sterben liegende Mutter einen Notar aus der Stadt holen soll. Die Fahrt mit dem Bus dauert zwei Tage und wird von mehreren Ereignissen unterbrochen: ein Kind wird geboren, ein kleines Mädchen stirbt an einem Schlangenbiß, die Reisenden feiern einen Geburtstag. Als Oliverio in sein Heimatdorf zurückkehrt, ist die Mutter bereits tot. Nur einmal, nachdem der frisch verheiratete Oliverio mit dem Mädchen Raquel (Prado) geschlafen hat, setzte der Regisseur eine seiner üblichen Traumvisionen ein, und auch sonst verzichtete er weitgehend auf seine übliche Symbolik. al

Der Weg im Dunkel

The Dark Angel. USA 1935 **R** Sidney Franklin **B** Lillian Hellman, Mordaunt Shairp, nach einem Bühnenstück von Guy Bolton **K** Gregg Toland **M** Samuel Goldwyn für Goldwyn/United Artists **L** 105 Min., s/w **D** Fredric March, Merle Oberon, Herbert Marshall, Janet Breecher, John Halliday, Henrietta Crosman, Frieda Inescort, Claude Allister, George Breakston, Fay Chaldecott, Dennis Chaldecott, Douglas Walton

Nahe ans Wasser gebauten Zuschauern sei empfohlen, gleich mehrere Packungen an Taschentüchern bereitzuhalten. Sidney Franklin schlachtete nämlich mit seinem Melodrama hemmungslos alles aus, was die Gefühle des Publikums in Wallung bringen kann. *Der Weg im Dunkel* war das Remake eines Stoffes, der erstmals 1925 mit Ronald Colman in der Hauptrolle verfilmt worden war. Als man mit dieser Tonfassung einen unerwarteten Triumph an der Kinokasse erlebte, war dies der Anlaß, auch den beiden Stummfilm-Klassikern *Raffles* und *Stella Dallas* eine jeweilige Neuauflage folgen zu lassen.
Im England hat kurz vor dem I. Weltkrieg die bezaubernde Kitty Vane (Oberon) in der Liebe die Qual der Wahl, denn schließlich reißen sich gleich zwei Männer um sie: Alan Trent (March) und Gerald Shannon (Marshall), die mit ihr seit Kinderzeiten befreundet sind. Kitty entscheidet sich schließlich für Alan, doch wird die bevorstehende Hochzeit auf recht häßliche Weise durch den Ausbruch des Krieges verhindert. Beide Männer müssen an die Front, von der nur Gerald wieder in die Heimat zurückkehrt. Da Alan gefallen sein soll, gibt er sich Mühe, dessen Platz bei Kitty einzunehmen. Der Vermißte allerdings lebt - wenn ihn auch ein Granatentreffer hat erblinden lassen. Um Kittys Glück nicht im Wege zu stehen, kehrt er unter einem anderen Namen nach England zurück und wird zu einem gefeierten Kinderbuchautor. Als er von der bevorstehenden Heirat zwischen seiner einstigen Jugendliebe und Gerald hört, arrangiert er ein Treffen, um Kitty zu gratulieren. Dabei versucht er vergeblich, seine Blindheit zu verbergen. Kittys Herz braucht nicht lange zu zaudern. Mit einiger Verspätung kehrt sie zu Alan zurück, um ihm fortan eine gute Ehefrau zu sein.
Samuel Goldwyn höchstpersönlich wählte das Bühnenstück von Guy Bolton als neues Projekt aus. Mit der Anfertigung des Drehbuches betraute er zunächst seinen Lieblingsautoren Thornton Wilder, den er dann aber doch durch Lillian Hellman und Mordaunt Shairp ablösen ließ. Mit der Besetzung der weiblichen Hauptrolle durch Merle Oberon versuchte Goldwyn ein zweites Mal, einen neuen Stern an Hollywoods Himmel zu kreieren, nachdem sein erstes Experiment in dieser Richtung mit Anna Sten fehlgeschlagen war. Diesmal ging seine Rechnung auf; Merle Oberon (für diesen Film auch für den Oscar nominiert) wurde im Verlauf der kommenden Jahre zu einer der Leading Ladys of Hollywood. jg

Der Weg ins Freie

Der Weg ins Freie. Deutschland 1941 **R** Rolf Hansen **B** Harald Braun, Jacob Geis, Rolf Hansen **K** Franz Weihmayr **M** Theo Mackeben **P** Carl Froelich für UFA **L** 104 Min., s/w **D** Zarah Leander, Hans Stüwe, Siegfried Breuer, Eva Immermann, Walter Ludwig, Hilde von Stolz

Dem Regisseur Rolf Hansen hatte es die schwedische Diva zu verdanken, daß die Rollen der letzten drei Filme, die sie in Nazi-

Deutschland drehte, wieder etwas attraktiver waren. Unter seiner Spielleitung erlebte ihre Karriere einen nochmaligen Aufschwung und erholte sich von jenen peinlichen Werken wie DAS LIED DER WÜSTE oder DAS HERZ DER KÖNIGIN, die Zarahs Ruf gehörig ramponiert hatten.
Das soll nun auf keinen Fall heißen, daß es sich bei *Der Weg ins Freie* um ein Filmkunstwerk ersten Ranges handelt. Die Geschichte läßt eher das Gegenteil vermuten. Als Operndiva Antonia Corvelli feiert Zarah Leander an allen Weltbühnen Triumphe. Gerade jetzt, wo ihr Stern am höchsten steht, will ihr Mann (Stüwe) sich aus dem gesellschaftlichen Leben zurückziehen, um sich nur noch um sein Gut in Pommern zu kümmern. Die Perspektive, in Zukunft nur noch hinter dem Küchenherd oder am Euter einer Milchkuh zu hängen, ist für Antonia unerträglich. Ohne das Wissen ihres Mannes verlängert sie ihren Vertrag. Als dieser davon erfährt, stellt er sie vor eine Entscheidung: er oder die Kunst. Natürlich entscheidet sich Antonia für die Muse, um wenige Zeit später ebenso vorhersehbar für ihr Aussteigerleben bestraft zu werden. Als sie reumütig zu ihrem Gatten ins schöne Pommerland zurückkehrt, muß sie feststellen, daß dieser sich mittlerweile bereits mit einer anderen Frau getröstet hat. Wenn sich zwei Frauen um einen Mann scharen, muß eine davon verschwinden. So ist es hier auch Antonia, die ihrem verpfuschten Leben durch eine Ampulle Gift ein Ende setzt.
Wieder einmal ein Melodrama, daß zur Zeit des Dritten Reiches nur ein konsequentes, eindeutiges und „sauberes" Ende kannte, und daher nach dem Krieg von den Alliierten für eine Weile verboten wurde. Zarah Leanders Partner in diesem Film ist übrigens Hans Stüwe, der auch schon in der Rolle des Tschaikowsky in ES WAR EINE RAUSCHENDE BALLNACHT an ihrer Seite gestanden hatte. jg

Der Weg ins Verderben

Des gens sans importance. Frankreich 1955 **R** Henri Verneuil **B** François Boyer, Henri Verneuil, nach einem Roman von Serge Groussard **K** Louis Page **M** Joseph Kosma **P** Cocinor/Ardennes/Chaillot **L** 86 Min., s/w **D** Jean Gabin, Françoise Arnoul, Pierre Mondy, Yvette Etievet, Paul Frankeur

Am Rande einer stark befahrenen Verkehrsstraße liegt eine Fernfahrerkneipe. In einem der darüber liegenden Hotelzimmer hängt der vom Leben gezeichnete Jean Viard (Gabin) seinen Erinnerungen nach, die den Zuschauer an jenen Tag zurückversetzen, an dem er das Mädchen Clotilde (Arnoul) kennenlernt, mit dem er kurze Zeit später ein Verhältnis beginnt. Wann immer es geht, besucht Viard sie, indem er die Pause auf seiner Wegstrecke nach Paris nutzt, um mit ihr zu schlafen. Im heimatlichen Marseille hat Jean darüber hinaus allerdings noch eine Familie. Während er sehr an seinen Kindern (insbesondere den Söhnen) hängt, gibt ihm seine Frau permanent zu spüren, wie sehr sie ihren Mann wegen seines geringen Verdienstes verachtet. Als sie erfährt, daß Jean ein Verhältnis hat, verläßt sie ihn. Viard möchte nun mit Clotilde, die inzwischen als Zimmermädchen in einem Pariser Stundenhotel arbeitet, ein neues Leben beginnen, doch das Mädchen stirbt an den Folgen einer verpfuschten Abtreibung.
Weg ins Verderben, ein verspäteter neorealistischer Film aus Frankreich, ist ähnlich wie Viscontis DIE ERDE BEBT oder ROCCO UND SEINE BRÜDER eine differenziert gestaltete Milieustudie aus dem Leben der „kleinen Leute", in der den Protagonisten jegliche Hoffnung auf ein wenig Glück verweigert wird. Die schauspielerischen Leistungen sind einzigartig, Musik, Fotografie und Ausleuchtung ergänzen sich in vortrefflicher Weise und bestimmen das trostlose Bild absoluter Hoffnungslosigkeit; lediglich die Darstellung des Pariser Bordell-Milieus ist etwas klischeehaft ausgefallen. jg

Der Weg nach Hongkong

The Road To Hongkong. USA/Großbritannien 1962 **R** Norman Panama **B** Norman Panama, Melvin Frank **K** Jack Hildyard **M** Robert Farnon **P** Melvin Frank für Melnor/United Artists **L** 91 Min., s/w **D** Bing Crosby, Bob Hope, Joan Collins, Dorothy Lamour, Robert Morley, Walter Gotell, Roger Delgardo, Felix Aymler, Peter Madden

Der Weg nach Hongkong ist im eigentlichen Sinne der siebte Streifen der *Road to...*-Serie, wird jedoch aus der Reihe ausgeklammert, da die bisherige weibliche Hauptrolle mit *Denver Clan*-Biest Joan Collins besetzt wurde; zwar spielt auch hier Dorothy Lamour mit, ist jedoch nur in einer kurzen Nebenrolle als Nachtclub-Sängerin zu sehen.
Die aberwitzige Geschichte spielt diesmal in Indien und führt Harry Turner (Crosby) und Chester Babcock (Hope) mit dem größenwahnsinnigen Syndikatchef „The Leader" (Morley) zusammen, der mit Hilfe einer Gruppe genialer Wissenschaftler die Weltherrschaft anstrebt. Die Handlung wird zunehmend absurder, als sich die beiden mit der hübschen Diane (Collins) nach einer obligatorisch chaotischen Verfolgungsjagd in eine Weltraumrakete retten, mit der sie auf einem fernen Planeten landen, wo ihnen die beiden Astronauten Dean Martin und Frank Sinatra begegnen, die hier - so wie die Stars David Niven und Zsa Zsa Gabor - einen Cameo-Auftritt haben. Am komischsten ist mit Abstand die Stippvisite von Peter Sellers, der als indischer Fakir kurz und kaum erkennbar über die Leinwand huscht.
Die Hoffnung, hier noch einmal an die großen Erfolge der 40er und 50er Jahre anzuknüpfen, erfüllte sich nicht ganz. Leider fielen die typischen ironischen Untertöne zugunsten grober Klamaukeffekte unter den Tisch. Recht flott und nett immerhin die Filmsongs *Teamwork* (gesungen von Crosby, Hope und Collins), *Let's Not Be Sensible* (Crosby), *It's the Only Way To Travel* (Hope, Crosby), *We're on the Road To Hongkong* (Hope, Crosby, Collins) und *Warmer Than a Whisper* (Dorothy Lamour). jg

Der Weg nach Marokko

Road To Marocco. USA 1942 **R** David Butler **B** Frank Butler, Don Hartman **K** William C. Mellor **M** Victor Young **P** Paul Jones für Paramount **L** 83 Min., s/w **D** Bing Crosby, Bob Hope, Dorothy Lamour, Anthony Quinn, Dona Drake, Mikhail Rasumny, Vladimir Sokoloff, George Givot, Andrew Tombes, Leon Belasco, Monte Blue

Der Weg nach Marokko war der dritte Beitrag der *Road to...*-Serie und zugleich mit Abstand der witzigste und erfolgreichste Film der gesamten Reihe. Die Zoten und Gags schlugen hier so unglaubliche und atemberaubende Kapriolen, daß die Academy-Mitglieder den beiden Drehbuchautoren Frank Butler und Don Hartman einen Oscar für ihre Leistung verliehen.
Nach dem Dschungelabenteuer DER WEG NACH SANSIBAR ging es hier in die Wüste des Orients, wo die beiden Weltreisenden Jeff Peters (Crosby) und Turkey Jackson (Hope) erwartungsgemäß haarsträubende Dinge erleben. Nach einem selbstverschuldeten Schiffsuntergang werden die beiden an den Hof von Prinzessin Shalmar (Lamour) verschlagen. Dort kommt es zu komplizierten amourösen Verstrickungen. Um den widerlichen Scheich Mullay Kasim (Quinn) nicht heiraten zu müssen, heuert

Prinzessin Shalmar den tolpatschigen Turkey als Ehemann an. Für diesen ist jedoch bereits die hübsche Haremsdame Mihirmah (Drake) voller Sehnsucht entbrannt. Die Prinzessin selbst hat inzwischen entdeckt, daß ihr Jeff Peters ganz gut gefällt. Als Scheich Kasim die beiden Damen entführt, kommt es zu einer turbulenten Verfolgungsjagd, in deren Verlauf unsere Helden ihre Liebsten befreien und mit einem Dampfer in Richtung New York fliehen können.
Zur Musik: Dorothy Lamour singt *Constantly*, Bing Crosby ist mit den beiden Songs *Moonlight Becomes You* und *Ain't Got a Dime To My Name* vertreten und bringt des weiteren mit seinem Partner Bob Hope *Road to Marocco* zu Gehör. jg

Der Weg nach oben

Room at the Top. Großbritannien 1959 **R** Jack Clayton **B** Neil Paterson, nach dem Roman von John Braine **K** Freddie Francis **M** Mario Nascimbene **P** John und James Woolf für Romulus Films **L** 117 Min., s/w **D** Laurence Harvey, Simone Signoret, Heather Sears, Donald Wolfit, Ambrosine Philpotts, Donald Houston, Hermione Baddeley

Mit seiner sozialen Stellung in einer kleinen nordenglischen Industriestadt unzufrieden, macht sich der junge Joe Lampton (Harvey) an Susan (Sears), die Tochter des örtlichen Großindustriellen, heran. In einer Heirat mit ihr sieht er seine einzige Chance für einen Aufstieg. Genau aus diesem Grunde schickt Susans Vater sie jedoch auf den Kontinent. Joe tröstet sich mit der unglücklich verheirateten, um zehn Jahre älteren Französin Alice (Signoret), für die er echte Liebe empfindet, setzt jedoch nach Susans Rückkehr seine Bemühungen fort und schwängert sie. Die Eltern geben sich geschlagen, und Alice stirbt bei einem Autounfall, nachdem sie sich bei der Nachricht von Joes bevorstehender Hochzeit hemmungslos bertunken hat.
Für die englischsprachige Filmindustrie war *Der Weg nach oben*, entstanden nach dem ersten Roman des „zornigen jungen Mannes" John Braine, von großer Bedeutung, denn er ebnete mit seinem Realismus und seiner Freizügigkeit in Dialog und Bild den Weg für das britische „Free Cinema" und Filme wie BITTERER HONIG und SAMSTAG NACHT UND SONNTAG MORGEN. Die Liebesszenen gehörten seinerzeit zum Heißesten, was je britische Filmstudios verlassen hatte und trugen dem Film zunächst ein „X"-Rating ein. Trotzdem war er überall ein großer Erfolg und wurde mit zahlreichen Preisen ausgezeichnet, darunter mit dem British Academy Award und einem Oscar für das Beste Drehbuch. Simone Signoret erhielt für ihre kurze, aber unvergeßliche Darstellung einen Oscar, den Darstellerpreis in Cannes sowie den British Academy Award als Beste ausländische Schauspielerin. 1965 entstand - ebenfalls mit Laurence Harvey - eine schwächere Fortsetzung unter dem Titel EIN PLATZ GANZ OBEN. al

Der Weg nach Sansibar

Road To Zanzibar. USA 1941 **R** Victor Schertzinger **B** Frank Butler, Don Hartman, nach der Kurzgeschichte *Find Colonel Fawcett* von Hartman und Sy Barlett **K** Ted Tetzlaff **M** Victor Young **P** Paul Jones für Paramount **L** 92 Min., s/w **D** Bing Crosby, Bob Hope, Dorothy Lamour, Una Merkel, Eric Blore, Iris Adrian, Lionel Royce, Buck Woods, Leigh Whipper, Ernest Whitman

Zwischen den Jahren 1940 und 1952 entstanden mit den drei Schauspielern Bob Hope, Bing Crosby und Dorothy Lamour insgesamt sechs Spielfilme, die später als *Road to...*-Serie bezeichnet wurden und für volle Kinokassen sorgten. Markenzeichen aller Streifen waren die grotesken und überaus geistreichen Dialoge, Anspielungen und Zynismen, die stellenweise in krassem Kontrast zu den ebenfalls vorhandenen Zoten und hohlen Albernheiten standen, die beim Publikum allerdings mindestens genauso gut ankamen. Die Serie erlebte ihren Auftakt mit *Road to Singapur*, der allerdings nicht seinen Weg nach Deutschland fand. Als erstes Werk der Reihe machte die Nachfolgeproduktion *Road to Zanzibar* das Gespann Bing Crosby und Bob Hope auch dem deutschen Publikum bekannt.
Die beiden Helden Chuck Reardon (Crosby) und Fearless Frazier (Hope) geraten hier in ein turbulentes Urwaldabenteuer, das in recht respektloser Weise die zur damaligen Zeit überaus beliebten *Tarzan*-Filme veräppelte und keine Gelegenheit ausließ, um altbekannte Motive auf witzige Weise zu persiflieren. Es fehlt weder die streßgeplagte Afrika-Safari, noch der Schauspieler im Affenkostüm oder der obligatorische Kannibalen-Stamm, der unseren „Helden" ans Fleisch will.
Die chaotische Handlung ließ den Stars jedoch immer noch genügend Zeit, um ihnen das Absingen einiger Lieder zu ermöglichen. So trällert Bing Crosby den Song *It's Always You*, Dorothy Lamour schmettert *You're Dangerous* und das Duo Hope/Crosby gibt schließlich noch den Titelsong *On the Road To Zanzibar* zum besten. jg

Der Weg nach Utopia

Road To Utopia. USA 1945 **R** Hal Walker **B** Norman Panama, Melvin Frank **K** Lionel Lindon **M** Leigh Harline **P** Paul Jones für Paramount **L** 90 Min., s/w **D** Bing Crosby, Bob Hope, Dorothy Lamour, Hillary Brooke, Douglas Dumbrille, Jack LaRue, Robert Barrat, Nestor Paiva, Robert Benchley, Will Wright, Jimmy Dundee, Jim Thorpe, William Benedict

Vierter Streifen der *Road to...*-Serie, der wiederum ein Feuerwerk von zündenden Gags und Klamaukszenen auf sein Publikum losließ und zu Recht in der Sparte „Bestes Drehbuch" für den Oscar nominiert wurde. Handlungsort ist diesmal Alaska, wo Bob Hope und Bing Crosby als Abenteurergespann Chester Hooton und Duke Johnson in die aufregende Jagd nach einer Landkarte verwickelt werden, auf der die Lage einer Goldmine verzeichnet und die ihnen von zwei gefährlichen Banditen geklaut worden ist. Am Ende gelangen die beiden nicht nur in den Besitz des wertvollen Plans, sondern haben auch noch die Herzen zweier Damen erobert.
Die etwas dünne Handlung wird wieder durch eine Vielzahl von Songs aufgepeppt. Zu hören sind der Reihenfolge nach *Put It There, Pal* (Bing Crosby, Bob Hope), *Welcome To My Dreams* (Bing Crosby), *Good Time, Charley* (Bing Crosby, Bob Hope), *It's Anybody's Spring* (Bing Crosby), *Would You* (Dorothy Lamour) und *Personality* (Dorothy Lamour).
Zwei Jahre später folgte als fünfte Folge der Film *Der Weg nach Rio*. Mit dem einzigen Farbfilm *Der Weg nach Bali* klang die *Road to...*-Serie 1952 aus. Die beiden letzten Produktionen ließen bereits deutliche Verschleißerscheinungen erkennen und das bisher gewohnte Maß an Witz und Originalität vermissen. 1962 versuchten Bob Hope und Bing Crosby noch einmal, mit dem Film DER WEG NACH HONGKONG an ihre alte Erfolgsserie anzuknüpfen, doch konnte selbst solch ein versierter Regisseur wie Norman Panama nicht mehr für das Flair der Vorläufer aus den 40er und 50er Jahren garantieren. jg

Der Weg nach Westen

The Way West. USA 1967 **R** Andrew V. McLaglen **B** Ben Maddow, Mitch Lindemann, nach einem Roman von Alfred Bertram Guthrie, Jr. **K** William H. Clothier **M** Bronislau Kaper **P** Harold Hecht für Harold Hecht Production **L** 122 Min., Farbe **D** Kirk Douglas, Robert Mitchum, Richard Widmark, Lola Albright, Michael Witney, Stubby Kaye, Sally Field, Harry Carey, Jr., Elisabeth Fraser, Jack Elam, Katherine Justice

Im Jahre 1843 führt der Senator William J. Tadlock (Douglas) gemeinsam mit dem Scout Dick Summers (Mitchum) einen Siedlertreck nach Oregon. Auf dem langen beschwerlichen Weg sind die Reisenden nicht nur Indianerangriffen und Naturgewalten ausgeliefert, auch innerhalb der Gruppe kommt es zu Auseinandersetzungen, die Tadlock schließlich das Leben kosten.
The Way West ist eine von vielen Neuverfilmungen des Western-Epos *The Covered Wagon*, den James Cruze 1924 unter großem Aufwand in Nevada inszenierte. Auch Andrew V. McLaglen, Sohn des legendären Western-Darstellers Victor McLaglen, scheute weder Kosten noch Mühen, um den strapazenreichen Weg ins verheißene Land auf die Leinwand zu bannen. Doch der Etat von rund 5 Mio. Dollar konnte bei weitem nicht von den Einspielergebnissen gedeckt werden. Die langatmige Ausbreitung der unzähligen Einzelschicksale hatte sich ursprünglich über vier Stunden erstreckt, aber auch eine rigorose Kürzung auf 122 Minuten konnte in den Western weder Tempo noch Spannung bringen. Lediglich in der Visualisierung (die Dreharbeiten fanden an Originalschauplätzen in dem 33. Staat der USA statt) erreicht *Der Weg nach Westen* das Niveau anderer Genre-Vertreter. Sally Field ist hier übrigens in ihrem ersten Kinofilm zu sehen. mg

Der Weg zum Glück

Going My Way. USA 1944 **R** Leo McCarey **B** Frank Butler, Frank Cavett, nach einer Story von Leo McCarey **K** Lionel Lindon **M** James Van Heusen; Johnny Burke (Text) **P** Leo McCarey für Paramount **L** 130 Min., s/w **D** Bing Crosby, Rise Stevens, Barry Fitzgerald, Frank McHugh, Gene Lockhart, William Frawley, James Brown, Jean Heather, Porter Hall

Der junge Priester Chuck O'Malley (Crosby) tritt seinen Dienst in einer römisch-katholischen Kirche in New York an. Durch seine sportlichen und musikalischen Aktivitäten bringt der Geistliche neuen Schwung in die Gemeinde. Und die Komposition eines Liedes ermöglicht sogar die Finanzierung der Restaurierungsarbeiten an dem maroden Gotteshaus.
Unvorstellbar erschien Regisseur McCarey die Besetzung der Rolle des Pfarrers mit dem Sänger Bing Crosby. Ihm schwebte für den Part Spencer Tracy vor, der schon in SAN FRANCISCO und TEUFELSKERLE mit großem Erfolg einen Geistlichen gespielt hatte. Auch Crosby sollte durch seine Darstellung des unkonventionellen Klerikers über Nacht zum Star avancieren. Doch nicht nur das Publikum goutierte seine Leistung, auch die Academy of Motion Picture Arts and Sciences belohnte ihn mit der Verleihung des Oscars in der Kategorie „Beste männliche Hauptrolle". Leo McCarey konnte als Regisseur, Produzent und Story-Lieferant drei Statuetten entgegennehmen, ebenso wie Barry Fitzgerald (männliche Nebenrolle), Frank Butler und Frank Cavett (Drehbuchbearbeitung) und das Team James Van Heusen/Johnny Burke für ihren Song *Swinging on a Star*. Ein Jahr später läutete die Produktionsgesellschaft RKO wieder die Kirchenglocken und schickte Crosby abermals als singenden Kirchenvertreter O'Malley ins Rennen: In DIE GLOCKEN VON ST. MARIEN war Ingrid Bergman als Nonne seine Gegenspielerin. mg

Wege zum Ruhm

Paths of Glory. USA 1957 **R** Stanley Kubrick **B** Stanley Kubrick, Calder Willingham, Jim Thompson, nach dem Roman von Humphrey Cobb **K** George Krause **M** Gerald Fried **P** James B. Harris für Bryna Prod./United Artists **L** 86 Min., s/w **D** Kirk Douglas, Ralph Meeker, Adolphe Menjou, George Macready, Wayne Morris, Richard Anderson, Joseph Turkel, Timothy Carey, Peter Capell, Susanne Christian

Neben den beiden frühen Tonfilmen IM WESTEN NICHTS NEUES und WESTFRONT 1918 ist *Wege zum Ruhm* eines der eindringlichsten Werke über den I. Weltkrieg und kann zu Recht das Prädikat für sich in Anspruch nehmen, ein überaus eindringlicher und konsequenter Anti-Kriegsfilm zu sein.
In einer seiner besten Rollen ist Kirk Douglas als französischer Colonel Dax zu sehen, dessen Truppe sich in einer moralisch desolaten Situation befindet. Vorbei ist die Begeisterung, die noch 1914 bei Kriegsausbruch herrschte. Jetzt hat sich die Front festgefahren, haben sich die französischen und deutschen Soldaten auf einen langjährigen, nervenzehrenden Stellungskrieg eingestellt. Dax befindet sich in einem Gewissenskonflikt. Einerseits ist er durch einen Eid gebunden, alles daran zu setzen, um zum Sieg seines Vaterlandes beizutragen, andererseits hat er für drei Soldaten die Verteidigung übernommen, die wegen angeblicher „Feigheit vor dem Feind" vor ein Kriegsgericht gestellt worden sind. Einen erbitterten Gegner hat er in dem rücksichtslosen General Broulard (Menjou), der aus Karrieregründen für die drei Fahnenflüchtigen die Todesstrafe beantragt, um damit ein Exempel zu statuieren und weitere Auflösungserscheinungen innerhalb der Truppe zu verhindern.
Bezeichnend waren damals die Reaktionen auf diesen unbequemen Film, der vor allem in Frankreich auf heftigen Protest stieß und dort in einigen Landesteilen auch verboten wurde. Ebenfalls unerwünscht war Kubricks Werk im Programm vieler amerikanischer Garnisonskinos, da er neben seiner aufrüttelnden Anti-Kriegs-Haltung unverhohlen die fragwürdige Militärhierarchie anprangerte.
Stanley Kubrick drehte seinen Film in Pucheim bei München, wo Dutzende von Technikern auf einem Stück Ödland eine mondähnliche Kraterlandschaft aufschütteten, über die dann für die eindrucksvollen Schlachtenszenen Hunderte von bayerischen Polizisten gescheucht wurden, die die französischen Soldaten mimten. Gerade die Szenenfolgen von dem strategisch sinnlosen Kampf um den sogenannten Ameisenhügel gehören zu den eindringlichsten und kompromißlosesten Szenen, die je für einen Kriegsfilm gedreht wurden. Trotz dieser aufwendigen Sequenzen kostete *Wege zum Ruhm* lediglich 900.000 Dollar. Kubricks nachfolgender Spielfilm hatte zum Vergleich bereits ein Budget von 10 Mio. Dollar.
Zwar konnte Kubrick sich mit seiner Arbeit endgültig als Regisseur etablieren, doch maß man dem Film seinerzeit nicht die Beachtung bei, die er verdiente. Das machte sich vor allem bei der Oscar-Verleihung bemerkbar, wo *Wege zum Ruhm* noch nicht einmal auf der Nominierungsliste stand, dafür jedoch David Leans überlanges und etwas fragwürdiges Epos DIE BRÜCKE AM KWAI mit Auszeichnungen überschüttet wurde.
Die junge Schauspielerin Susanne Christian, die als deutsches Mädchen die französischen Soldaten mit einem Lied zu Tränen rührt, wurde kurz nach dem Ende der Dreharbeiten Kubricks Frau. jg

Das Weib des Pharao

Das Weib des Pharao. Deutschland 1922 **R** Ernst Lubitsch **B** Norbert Falk, Hanns Kräly **K** Theodor Sparkuhl, Alfred Hansen **M** Eduard Künneke **P** Paul Davidson für Ernst-Lubitsch-Film/Europäische Film-Allianz Berlin **L** 108 Min., s/w **D** Emil Jannings, Harry Liedtke, Dagny Servaes, Paul Wegener, Lyda Salmonova, Albert Bassermann, Friedrich Kühne, Paul Biensfeldt, Elsa Wagner, Mady Christians

In der frühen Phase seiner Karriere drehte Ernst Lubitsch, späterer Spezialist für die „sophisticated comedy", einen wuchtigen Monumentalfilm, der sich jederzeit mit den Hollywood-Produktionen jener Jahre messen konnte und ironischerweise überwiegend mit US-Geldern finanziert wurde.
Die schmachtend-schlachtenreiche Geschichte spielt irgendwann im ägyptischen Altertum. Nach den Plänen von Samlak

(Wegener), dem König von Äthiopien, soll dessen Tochter Makeda (Salmonova) den ägyptischen Pharao Amenes (Jannings) heiraten. Dieser verliebt sich allerdings in Theonis (Servaes), Makedas griechische Dienerin, auf die ebenfalls Ramphis (Liedtke), der Sohn des ägyptischen Schatzhausbaumeisters ein Auge geworfen hat. Für Samlak kommt die Zurückweisung seiner Tochter einer Kriegserklärung gleich. Mit einem gewaltigen Heer zieht er gegen die Ägypter, die eine vernichtende Niederlage erleiden. Ramphis mobilisiert die geschlagenen Truppen zum Widerstand und siegt über die Äthiopier. In der Zwischenzeit wurde Theonis von Amenes lebendig eingemauert, als sie ihm den Treueschwur verweigerte. Ramphis befreit die Geliebte und wird zum neuen Pharao ausgerufen. Überraschend kehrt der nach der Schlacht totgeglaubte Amenes zurück. Ramphis und Theonis werden von der wankelmütigen Volksmenge zu Tode gesteinigt, während Amenes noch vor seiner neuerlichen Krönung ins Schattenreich eingeht.
Ein aus filmhistorischer Sicht interessantes Monumentalepos, bei dem die Gestaltung der Zwischentitel zwischen unbeschwerter Heiterkeit und schwülstigem Kitsch pendelt. *Das Weib des Pharao* sprengte damals sämtliche Dimensionen im europäischen Filmschaffen. An den Ufern der Spree und im UFA-Studio von Neubabelsberg erbauten die Filmarchitekten unter Anweisung von Archäologen und Museumsverwaltern ganze Paläste und Tempel sowie die sagenumwobene Stadt Theben. Die Dreharbeiten selbst dauerten mehr als 10 Monate.
Lange Zeit war Lubitschs Frühwerk nur in einer verstümmelten Fassung zu sehen; das Münchener Filmmuseum rekonstruierte unter der Leitung von Enno Patalas akribisch die nach jahrelangen Recherchen zusammengetragenen Filmschnipsel, so daß heute wieder eine Fassung existiert, die der ursprünglichen Version recht nahe kommt. jg

Ein Weib wie der Satan

La femme et le pantin. Frankreich/Italien 1959 **R** Julien Duvivier **B** Jean Aurenche, Albert Valentin, Marcel Achard, Julien Duvivier, nach dem Roman von Pierre Louÿs **K** Roger Hubert **M** Jean Wiener, José Rocca **P** Christine Gouze-Renal für Progefi/SN Pathé Cinéma/Gray Films (Paris), Dear Film (Rom) **L** 92 Min., Farbe **D** Brigitte Bardot, Antonio Vilar, Españita Cortez, Michel Roux, Lila Kedrova, Jess Hahn

Es war wohl unumgänglich, daß die Produzenten bei ihrer eifrigen Stoffsuche für den frischgebackenen Weltstar Brigitte Bardot auf Pierre Louÿs' dekadenten Roman um eine herzlose Verführerin stießen. In der ganz auf BB zugeschnittenen, mittlerweile dritten Filmversion wurde daraus Eva (Bardot), die Tochter eines abgebrannten französischen Romanciers in Sevilla. Sie nimmt Flamenco-Unterricht, wird jedoch bei einem zwielichtigen Nachtclub abgelehnt mit der Begründung, sie sei noch Jungfrau. Der reiche Stierzüchter Don Matteo (Vilar) verfällt ihr hoffnungslos, doch sie führt ihn immer wieder an der Nase herum...
Mit Josef von Sternbergs 1935er-Fassung des Stoffes, DIE SPANISCHE TÄNZERIN, kann sich Duviviers etwas schwerfällig inszenierter Film nicht messen. Für Bardots zahlreiche Fans lieferte er die üblichen Sex- und Striptease-Szenen, doch ansonsten gibt es hier nicht viel zu sehen. Außenaufnahmen entstanden in Spanien. al

Weint um die Verdammten

Band of Angels. USA 1957 **R** Raoul Walsh **B** John Twist, Ivan Goff, Ben Roberts, nach dem Roman von Robert Penn Warren **K** Lucien Ballard **M** Max Steiner **P** Raoul Walsh für Warner Bros. **L** 125 Min., Farbe **D** Clark Gable, Yvonne de Carlo, Sidney Poitier, Efrem Zimbalist jr., Rex Reason, Patrick Knowles, Torin Thatcher, Andrea King, Ray Teal, Russ Evans, Carolle Drake

Nicht von ungefähr erinnert diese Geschichte aus den Südstaaten der USA an den unübertroffenen Klassiker VOM WINDE VERWEHT. Clark Gable spielte eine Rolle, die der des Rhett Butler nicht unähnlich war, und auch Max Steiner schrieb einen Score, der wie eine Neuauflage seiner Filmmusik aus dem Jahre 1939 wirkte.
Die schöne Amantha Starr (de Carlo) bleibt nach dem Tode ihres Vaters völlig mittellos zurück und muß daher das Mädcheninternat verlassen, in dem sie bislang eine vorzügliche Schulausbildung genießen konnte. Eines Tages wird ihr eröffnet, daß sie selbst das Ergebnis einer Liaison zwischen ihrem Vater und einer schwarzen Sklavin sei, wodurch sie sämtliche Privilegien der Weißen verliert und schließlich sogar auf dem Sklavenmarkt landet. Dort wird sie von dem reichen Plantagenbesitzer Hamish Bond (Gable) gekauft, der ihr sehr zuvorkommend begegnet. Der Bürgerkrieg bricht aus und reißt alle Beteiligten in ein Chaos. Bond hat sich inzwischen längst in Amantha verliebt, auf die nach dem Ende des Krieges jedoch auch sein ehemaliger Vorarbeiter Rau-Ru (Poitier) Ansprüche erhebt. Zwischen den beiden Männern kommt es zu erbitterten Auseinandersetzungen, bis Rau-Ru endlich einsieht, daß Bond ihn Zeit seines Lebens stets wie einen Sohn behandelt hat und Amantha nicht ihn, sondern den weißen Plantagenbesitzer liebt. Gemeinsam segeln Bond und das Mädchen aufs offene Meer hinaus - ihrem Glück entgegen.
Auch Raoul Walsh gelang es mit Hilfe der kraftvollen Bilder seines Kameramanns Lucien Ballard, den Zauber und die Eleganz der untergegangenen Südstaaten wiederauferstehen zu lassen. Doch auch hier gibt sich die Geschichte ein weiteres Mal erzkonservativ. So zerstören die Truppen der Yankees letztendlich nur ein Pseudo-Paradies, in dem es den schwarzen Sklaven unter der Knute des weißen Herren so schlecht nun auch wieder nicht ging.
Weint um die Verdammten war einer der amerikanischen Lieblingsfilme von Rainer Werner Fassbinder, der später daraus viele Elemente in seine eigenen Werke einbaute. Als weiterer Südstaaten-Film entstand im gleichen Jahr übrigens noch Edward Dmytryks überlanges Melodrama DAS LAND DES REGENBAUMS. jg

Die Weisheit des Blutes

Wise Blood / Die Weisheit des Blutes. USA/BRD 1979 **R** John Huston **B** Benedict Fitzgerald, nach dem Roman von Flannery O'Connor **K** Gerald Fisher **M** Alex North **P** Michael Fitzgerald, Kathy Fitzgerald für Ithaca-Anthea/New Line **L** 108 Min., Farbe **D** Brad Dourif, Ned Beatty, Harry Dean Stanton, Daniel Shor, Amy Wright, Mary Nell Santacroce, John Huston

Als „einen der größten und bewegendsten Filmbeiträge über das Amerika von heute" wurde dieser Film seinerzeit in Deutschland von einem Kritiker bezeichnet. In den USA sah man das anders und zeigte sich vor allem über die erschreckende Hoffnungslosigkeit verstört, die von diesem Huston-Werk ausging.
Der aus dem Vietnam-Krieg heimgekehrte Hazel Motes (Dourif) ist durch seinen Einsatz im Fernen Osten völlig aus der Bahn geworfen worden. Jetzt hat er Schwierigkeiten, sich wieder in die amerikanische Gesellschaft einzuleben. Der Entschluß, den Beruf seines Vaters zu ergreifen und ebenfalls Sektenprediger zu werden, fällt nicht aufgrund einer inneren Berufung, sondern lediglich aus dem Grund der zwingenden Notwendigkeit. Obwohl Motes noch nicht einmal an das glaubt, was er da seinen Zuhörern erzählt, verkündet er das Heil einer eigenständigen Kirche, in der Jesus Christus freilich keine Rolle mehr spielt. Im privaten Bereich scheitert er dafür auf klägliche Weise. So gewinnt seine Wirtin, bei der er ein Zimmer bezogen hat, nach anfänglicher Fürsorge so viel Einfluß über ihn, daß er ihr am Ende vollkommen hörig ist.
Die Weisheit des Blutes ist sicherlich ein überaus unbequemer, doch nichtsdestotrotz

hochinteressanter Film, der in Amerika besonders wegen seiner pointierten und sehr zutreffenden Übertreibungen angeprangert wurde. In der Tat mag das Bild von einer Gesellschaft, die für die Hetzkampagnen eines fanatischen Sektierers recht empfänglich ist, nicht gerade schmeichelhaft sein.jg

Der weiße Büffel

The White Buffalo. USA 1977 **R** J. Lee Thompson **B** Richard Sale, nach seinem Roman **K** Paul Lohmann **M** John Barry **P** Pancho Kohner für Dino de Laurentiis Prod./United Artists **L** 97 Min., Farbe **D** Charles Bronson, Jack Warden, Will Sampson, Kim Novak, Clint Walker, Stuart Whitman, Slim Pickens, John Carradine

Eines von Charles Bronsons erfolglosesten Starvehikeln ist diese Western-Version von *Moby Dick*, zu der sich Richard Sale (der auch das Drehbuch schrieb), offenbar von seinem großen Kollegen Herman Melville inspiriert sah. Alles andere als inspiriert kommt allerdings diese trotz eines Budgets von nahezu 5 Mio. $ schlampig gemachte De-Laurentiis-Produktion daher, in der Kassenmagnet Charles Bronson als legendärer „Wild" Bill Hickock zu sehen ist. Um jenen weißen Büffel, der ihn in seinen Träumen verfolgt, endlich zu erlegen, tut Buffalo Bill sich mit dem Indianerhäuptling Crazy Horse (Sampson) zusammen, dessen kleine Tochter von der Bestie getötet wurde.
Verleiher United Artists ahnte den Mißerfolg des Films wohl voraus, denn abgesehen von sogenannten Testvorführungen wurde er in den Staaten kaum gezeigt. Die Kritiken waren auch alles andere als ermutigend gewesen; so schrieb der *San Francisco Chronicle*: „Angesichts des versammelten Talents ist wohl davon auszugehen, daß alle meinten, ein wichtiges Stück zur Kinogeschichte beisteuern zu können. Was sie jedoch abgeliefert haben, ist vergleichbar mit dem, was alte Büffeljäger auf ihre Lagerfeuer warfen, um sie am Brennen zu halten!"
al

Die weiße Feder

White Feather. USA 1955 **R** Robert Webb **B** Delmer Daves, Leo Townsend, nach einer Story von John Prebble **K** Lucien Ballard **M** Hugo Friedhofer **P** Robert L. Jacks für 20th Century-Fox **L** 102 Min., Farbe **D** Robert Wagner, John Lund, Debra Paget, Jeffrey Hunter, Eduard Franz, Noah Beery jr., Virginia Leith, Emile Meyer, Hugh O´Brian, Milburn Stone, Iron Eyes Cody

Ähnlich wie in DER GEBROCHENE PFEIL (auch hier spielte Debra Paget eine Indianer-Squaw) versucht auch hier ein Weißer, zwischen den Rassen zu vermitteln.
Der junge Landvermesser Josh Tanner (Wagner) gewinnt die Freundschaft des Sioux-Kriegers Little Dog (Hunter). Leider wird diese Beziehung durch eine unaufhaltsame Entwicklung überschattet. Der ständig anwachsende Schwall von Siedlern veranlaßt die weiße Regierung, den Indianern ein Reservat zuzuweisen und sie aus Wyoming zu vertreiben. Little Dog und sein Stammesfreund American Horse (O´Brian) denken jedoch gar nicht daran, kampflos ihre Jagdgründe zu räumen. Während ihr Stamm seine Zelte abbricht und seinen tragischen Exodus in die Reservation aufnimmt, stellen sich die beiden alleine den Truppen der US-Kavallerie.
Ein epischer, überaus erlesen fotografierter Western mit monumentalen Einlagen (wie etwa der Aufbruch der Sioux, bei dem mehr als 8.000 Statisten mitwirkten), der sich deutlich auf die Seite der Indianer schlägt und ihr trauriges Schicksal in stellenweise recht gelungenen Bildfolgen nachzuvollziehen versucht. Die stellenweise etwas kraftlos wirkende Regie wäre mit Delmer Daves als Spielleiter sicherlich besser beraten gewesen. Hier jedoch übernahm der vor allem im Western-Genre beheimatete Filmemacher lediglich die Ausarbeitung des Drehbuches.
jg

Weiße Frau am Kongo

White Witch Doctor. USA 1953 **R** Henry Hathaway **B** Ivan Goff, Ben Roberts, nach dem Roman von Louise A. Stinetorf **K** Leon Shamroy **M** Bernard Herrmann **P** Otto Lang für 20th Century-Fox **L** 96 Min., Farbe **D** Susan Hayward, Robert Mitchum, Walter Slezak, Mashood Ajala, Joseph C. Narcisse, Elzie Emanuel, Timothy Carey, Otis Greene, Charles Gemora

Dieses Dschungel-Abenteuer war ein Film, mit dem eigentlich keiner der Beteiligten so recht zufrieden war. Susan Hayward machte keinen Hehl daraus, wie ungern sie in dieser Produktion mitwirkte und drohte zusammen mit Robert Mitchum, aus dem Projekt auszusteigen, falls das miserable Drehbuch nicht noch einmal umgeschrieben werden würde. Das wurde zwar getan, doch fiel die Qualität des Films dadurch auch nicht besser aus. Erschwerend kam hinzu, daß sich Susan Hayward nicht mit Henry Hathaway vertrug, mit dem sie schon während der Dreharbeiten zu dem Western ZWEI IN DER FALLE Differenzen gehabt hatte.
Susan Hayward ist die amerikanische Missionarin Ellen Burton, die sich im Jahre 1907 in Belgisch-Kongo herumtreibt, um dort den Eingeborenen mit ihren medizinischen Kenntnissen zur Seite zu stehen. Dies sind auch ihre Beweggründe, zu einer Expedition zum Stamme der Bakubas aufzubrechen, der als nicht sonderlich friedlich gilt. Begleitet wird sie dabei von den beiden Abenteurern Lonni Douglas (Mitchum) und Huysman (Slezak), die es auf das Gold abgesehen haben, das es im Lande der Bakubas geben soll. Auf dem Wege in das unerforschte Dschungelgebiet hat die Gruppe eine Reihe gefahrvoller Erlebnisse zu überstehen. Ellen bewährt sich, indem sie den Häuptlingssohn der Bakubas heilt und damit das Vertrauen der Eingeborenen gewinnt. Während sie und Douglas (beide haben sich natürlich mittlerweile ineinander verliebt) bei dem Stamm bleiben, wird Huysman das Opfer seiner Goldgier.
Ein etwas lahmer Abenteuerfilm, der auch durch seine afrikanischen Außenaufnahmen (Kostenpunkt 600.000 Dollar) nicht sehenswerter wird und an der Vorhersehbarkeit seiner Story krankt. jg

Der weiße Hai

Jaws. USA 1975 **R** Steven Spielberg **B** Peter Benchley, Carl Gottlieb, Howard Sackler, nach dem Roman von Benchley **K** Bill Butler **M** John Williams **P** Richard D. Zanuck, David Brown für Universal **L** 125 Min., Farbe **D** Roy Scheider, Robert Shaw, Richard Dreyfuss, Lorraine Gary, Murray Hamilton, Carl Gottlieb, Jeffrey C. Kramer

Der damals 27jährige Steven Spielberg sorgte mit diesem intelligent gemachten Film - eine Mischung aus Abenteuer und Horror - für *die* Kinosensation des Jahres 1975 und bescherte der Universal einen Kassensegen, der seinerzeit in der Geschichte Hollywoods einen neuen Rekord aufstellte. Dabei hatten die Dreharbeiten alles andere als vielverspre-

chend begonnen. Die ursprünglich auf 3,5 Mio. Dollar angesetzte Kostenkalkulation wurde im Endeffekt um das Doppelte überzogen, hinzu kam eine Summe von 1,8 Mio. Dollar, mit der eine gigantische Werbe-Maschinerie in Gang gesetzt wurde. Der Aufwand lohnte sich; bis heute hat *Der weiße Hai* mehr als 200 Mio. Dollar eingespielt.
Das Grauen beginnt, als ein junges Mädchen beim nächtlichen Schwimmen von dem Meeresungetüm in Stücke gerissen wird. Sie bleibt nicht das einzige Opfer. In immer dreisteren Attacken versetzt der monströse Mörderhai die Badegäste des Städtchens Amity in Angst und Schrecken. Der besorgte Deputy Brody (Scheider) wird bei seinen Maßnahmen gegen den ungebetenen Besucher allerdings von den Honoratioren der Stadt gehindert, da diese um Amitys guten Ruf als Touristenzentrum fürchten und alles daran setzen, um die bisherigen Zwischenfälle zu bagatellisieren. Zusammen mit dem Meeresbiologen Hooper (Dreyfuss) und dem Seebären Quint (Shaw) startet Brody gegen das Ungetüm einen erbarmungslosen Feldzug.
Nicht unerwähnt sollte der kleine Kultfilm DER SCHRECKEN VOM AMAZONAS bleiben, bei dem sich Steven Spielberg einige effektvolle Unterwasseraufnahmen abschaute. Die an sich harmlosen Bilder von strampelnden Beinen und durchs Wasser gleitenden Körpern, an die sich langsam eine subjektive Kamera heranpirscht, unterlegte John Williams mit einem wirkungsvollen Soundtrack. Entstanden sind einige wahrhaft beklemmende Bildfolgen, die in geschickter Weise an die Urängste des Publikums appellieren und bei einigen hysterischen Zuschauern dafür sorgten, daß diese sich danach selbst nicht mehr in die Badewanne zu steigen trauten.
Unbestrittener Star des Films ist natürlich der Hai, der gleich in dreifacher, künstlicher Ausführung existierte. Spielberg hätte zwar gern mit einem echten Tier gedreht, doch stieß er mit diesem Vorschlag bei den Produzenten auf wenig Begeisterung. Und so wurden aus Stahlrohren, Plastik, Kompressoren, Steuerdüsen und Schläuchen drei Hai-Exemplare (jedes acht Meter lang und 1,5 Tonnen schwer) angefertigt, von denen der erste rechtsherum, der zweite linksherum und der dritte geradeaus schwimmen konnte. Bruce, wie die Filmcrew die drei Vehikel liebevoll betitelte, verursachte den Technikern jedoch allerhand Ärger. Gleich bei seinem ersten Einsatz versagte die Hydraulik und das Ungetüm versank glucksend zwischen den Wellen.
Neben dem phänomenalen Erfolg an den Kinokassen gab es für *Jaws* obendrein auch noch drei Oscars in den Sparten Bester Ton, Bester Soundtrack und Bester Schnitt. Ein solcher Triumph konnte natürlich nicht ohne Fortsetzung bleiben. Drei Jahre später ließ Jeannot Szwarc noch einmal einen Hai auf Amity und seine Badegäste los. jg

Der weiße Hai II

Jaws II. USA 1978 **R** Jeannot Szwarc **B** Carl Gottlieb, Howard Sackler, Dorothy Tristan, basierend auf den Charakteren des Romans von Peter Benchley **K** Michael Butler **M** John Williams **P** Richard D. Zanuck, David Brown für Universal **L** 117 Min., Farbe **D** Roy Scheider, Lorraine Gary, Murray Hamilton, Joseph Mascolo, Jeffrey Kramer, Colin Wilcox, Ann Dusenberry, Mark Gruner, Barry Coe, Susan French

Steven Spielberg hatte 1975 mit seinem Thriller DER WEISSE HAI für eine der größten Filmsensationen der 70er Jahre gesorgt, der hinsichtlich seiner Spannung kaum noch übertroffen werden konnte. Insofern rümpften viele Kritiker die Nase, als sich Jeannot Szwarc daran machte, dem berühmten Vorgänger eine Fortsetzung folgen zu lassen. Da sich dieser zweite Teil aber in seiner Machart recht eng an seinem Vorgänger orientiert und auch mit den gleichen, sympathischen Darstellern aufwartet, bietet auch dieser Film eine Reihe nervenaufreibender Szenen und kann sich durchaus sehen lassen.
Natürlich ist es albern und an den Haaren herbeigezogen, daß drei Jahre nach dem ersten Hai nochmals eine mörderische Bestie den Badeort Amity heimsucht. Jeannot Szwarc gab sich jedoch alle Mühe, die Attacken des Monsters noch spektakulärer zu gestalten als Steven Spielberg. So provoziert das heimtückische Vieh eine Bootsexplosion, reißt einen Helikopter in die Tiefe und versetzt eine Segelgruppe in Angst und Schrecken. Leider merkt man bisweilen allzu deutlich, daß hinter diesen aufwendigen Szenen lediglich der etwas verkrampft wirkende Versuch steht, das berühmte Original um jeden Preis übertreffen zu wollen. So gibt es mehr Tote, ist die Bestie noch unersättlicher und gräßlicher geworden und kreischen die bedrohten Badegäste so laut und hysterisch wie noch nie zuvor. Schade, daß hier mehr Wert auf aufdringliche Knalleffekte gelegt wurde, anstatt dem Subtilen mehr Platz einzuräumen. Unter den vielen Sequels in Hollywoods Filmindustrie ist *Der weiße Hai II* jedoch noch eines der ansehnlichsten.
Da auch diese Fortsetzung an den Kinokassen für Furore sorgte (bisheriges Einspielergebnis mehr als 50 Mio. Dollar) war es nicht verwunderlich, daß es 1983 einen in 3-D gedrehten dritten Teil gab, bei dem jedoch niemand mehr aus der Besetzung von Folge eins und zwei mitwirkte. Lediglich Lorraine Gary kehrte 1987 als nervlich überstrapazierte Witwe Brody (in welchem Teil ihr Gatte unterdessen auf der Strecke geblieben sein soll, bleibt ungeklärt) für *Der weiße Hai IV - Die Abrechnung* ins kühle Naß zurück. Mit diesem dritten Aufguß war die Serie jedoch endgültig ausgelutscht. jg

Die weiße Hölle vom Piz Palü

Die weiße Hölle vom Piz Palü. Deutschland 1929 **R** Arnold Fanck, Georg Wilhelm Pabst **B** Arnold Fanck, Ladislaus Vajda, nach einer Idee von Fanck **K** Sepp Allgeier, Richard Angst **M** Willy Schmidt-Gentner **P** Arnold Fanck für Sokal-Film **L** 90 Min., s/w **D** Gustav Diessl, Mitzi Götzel, Ernst Petersen, Leni Riefenstahl, Otto Spring, Ernst Udet, Kurt Gerron

Noch bevor das gestandene Südtiroler Mannsbild Luis Trenker dem Ruf des Matterhorns folgte, drehte der Hobby-Regisseur Arnold Fanck einen Streifen, der das eigentliche Genre des Bergfilms begründete, dem vor allem im deutschen Raum zahlreiche Nachzieher folgten. Weitaus spektakulärer als die dürftige Handlung sind die faszinierenden Naturaufnahmen, die dermaßen perfekt gerieten, daß viele Kritiker im nachhinein die Echtheit der Szenen anzweifelten und den Verdacht äußerten, besagte Bildfolgen seien in Wirklichkeit im Studio gedreht worden. Mit Sicherheit war dies jedoch nicht der Fall. Fancks Werk ging vor allem wegen seiner schier unglaublichen Waghalsigkeit und strapaziösen Drehzeit in die Filmgeschichte ein. Südlich von St. Moritz wagte sich das Team mit samt den Schauspielern in die unberührte Bergwelt vor und setzte sich den Gefahren von Gletscherspalten und Lawinen aus - Risiken, denen auch die Gestalten der Filmhandlung begegnen.
Vor zehn Jahren hat der Bergsteiger und Skifahrer Dr. Johannes Krafft (Diessl) seine Frau in den Alpen durch ein Unglück verloren. Seitdem streift er ruhelos durch die Berge, ohne je diesen schmerzlichen Verlust überwunden zu haben. Krafft trifft eines Tages auf das junge Pärchen Karl (Petersen) und Maria (Riefenstahl), mit dem er in einen schweren Sturm gerät. Hilflos kauert die kleine Gruppe im Schutz eines Felsvorsprungs. Während unten im Dorf die ersten Rettungsmannschaften aufbrechen, um die Vermißten zu suchen, bahnt sich oben in den Bergen ein Drama an. Krafft, der sich das Bein gebrochen hat, gibt seine wärmespendende Jacke an die schlotternde Maria weiter und erfriert. In größter Hoffnungslosigkeit erfüllt das Brummen eines Motors die Luft. Aus den Wolken naht die Rettung in Gestalt

des Kunstfliegers Ernst Udet. Bald schon hat das Bergungskommando die Bedrängten erreicht und bringt sie in Sicherheit.
Auch wenn der große Regisseur G. W. Pabst hier als Regisseur im Vorspann genannt wird, so ist sein eigentlicher Beitrag zu diesem Film recht gering und beschränkt sich lediglich auf die Atelierszenen, die in Berlin gedreht wurden. *Die weiße Hölle vom Piz Palü* wurde international ein riesiger Erfolg. Geschickt verquickte Fanck dramatische und mystische Elemente zu einem ergreifenden Naturfilm, dem hier glücklicherweise noch das Pathos fehlte, das die Bergfilme während der Nazi-Ära so unerträglich machen sollte.
Ein höchst unbefriedigendes Remake drehte Rolf Hansen 1950 unter dem Titel *Föhn*. In den Hauptrollen waren darin Hans Albers und Liselotte Pulver zu sehen. jg

Das Weiße im Auge

Death Wish 4 - The Crackdown. USA 1987 **R** J. Lee Thompson **B** Gail Morgan Hickman **K** Gideon Porath **M** Paul McCallum, Valentine McCallum, John Bisharat **P** Pancho Kohner für The Cannon Group **L** 99 Min., Farbe **D** Charles Bronson, Kay Lenz, John P. Ryan, Perry Lopez, George Dickerson

Dieser vierte Teil jener erfolgreichen Serie, die mit EIN MANN SIEHT ROT begann, funktioniert nach dem gleichen Muster wie seine Vorgänger und ist ebenso schlecht. Architekt Paul Kesey (Bronson), dem in den ersten beiden Teilen die gesamte Familie plus einiger Hausangestellter abhanden kam, beginnt erneut seinen mörderischen Streifzug durch eine amerikanische Großstadt (diesmal L. A.), als die Tochter einer Bekannten an Heroin stirbt. Nachdem ihm ein einflußreicher Millionär (Ryan) die einfache Prämisse „Jeder, der mit Drogen zu tun hat, verdient den Tod" mit auf den Weg gegeben hat, findet Kesey reichlich Zielscheiben für seine Schießübungen und entfesselt gar einen Bandenkrieg.
Was für ein Jammer, daß sich ein so charismatischer, wenn auch nicht gerade begnadeter Star wie Bronson für derartigen Schund hergibt. Die ersten drei Filme wurden von Michael Winner inszeniert; diesmal stand Bronson-Freund J. Lee Thompson hinter der Kamera, doch bei dem Endergebnis macht das keinen Unterschied. Ein mieses, gewaltverherrlichendes Kommerzprodukt, über das *Films and Filming* wetterte: „Möglicherweise der schlechteste Film aller Zeiten. Bis *Death Wish 137*...Bronson wirkt wie aus dem Wachsfigurenkabinett. Daß er die meisten anderen Schauspieler erschießen muß, bedeutet zumindest, daß ihm das Reden mit ihnen erspart bleibt - was womöglich eine noch größere Herausforderung wäre." al

Weiße Margeriten

Elena et les hommes. Frankreich/Italien 1956 **R** Jean Renoir **B** Jean Renoir, Jean Serge **K** Claude Renoir **M** Joseph Kosma **P** Louis Wipf für Franco-London Films/Les Films Gibé (Paris), Electra Compagnia Cinematografica (Rom) **L** 85 Min. (Originalfassung 96 Min.), Farbe **D** Ingrid Bergman, Jean Marais, Mel Ferrer, Jean Claudio, Jean Richard, Magali Noël, Juliette Greco

Nachdem sich die schwerblütigen Arbeiten ihres Gatten Roberto Rossellini (EUROPA '51 und andere) durchweg als finanzielle Mißerfolge herausgestellt hatten, befand sich Ingrid Bergmans Karriere auf dem Tiefpunkt. Sie benötigte dringend einen Publikumsfilm. Wie eine Erholung muß ihr die Arbeit an Jean Renoirs leichtgewichtiger Komödie vorgekommen sein, hatte der Regisseur doch zuvor verkündet, er wolle „etwas Fröhliches mit ihr machen, sie auf der Leinwand lachen sehen". Als polnische Prinzessin Elena Sorokowska hat sie im Paris des ausgehenden 19. Jahrhunderts alle Hände voll zu tun, hoffnungsvollen, mit ihr liierten Karrieristen beim Aufstieg zu Ruhm und Ansehen zu helfen. Jedem der Glücklichen pflegt sie eine Margerite, ihre Lieblingsblume, zu schenken. Natürlich wird sie am Schluß durch die wahre Liebe zu einem jungen Grafen (Ferrer) von dieser irritierenden Angewohnheit abgebracht.
Wie schon in seinem vorangegangenen FRENCH CAN CAN läßt Jean Renoir hier die „Belle Epoque" in farbenprächtigen, verschwenderischen Bildern wiederauferstehen. Und wie beim früheren Film zeigte sich die Kritik verständnislos bis ablehnend - man konnte nicht begreifen, wie sich der Schöpfer solcher Meisterwerke wie DIE GROSSE ILLUSION freiwillig in solch scheinbar seichte Fahrwasser begab. Allen Angriffen seiner Kollegen zum Trotz bezeichnete kein Geringerer als Jean-Luc Godard diesen Film in einer hymnischen Besprechung im *Cahiers du Cinéma* als „den intelligentesten Film der Welt". al

Weiße Nächte

Le notti bianche. Italien/Frankreich 1957 **R** Luchino Visconti **B** Suso Cecchi d'Amico, Luchino Visconti, nach der Erzählung *Belye nochi* von Fjodor M. Dostojewski **K** Giuseppe Rotunno **M** Nino Rota **P** Franco Cristaldi für Cinematografica Associata/Vides Cinematografica (Rom), Intermondia Films (Paris) **L** 97 Min. (Originalfassung 107 Min.), s/w **D** Maria Schell, Marcello Mastroianni, Jean Marais, Clara Calamai, Dick Sanders, Marcella Rovena, Maria Zanoli

In scharfem Kontrast zu Luchino Viscontis früheren, vom Neorealismus geprägten Arbeiten steht dieses exzellente, scheinbar in einer Traumwelt angesiedelte Melodram, für das eine Erzählung von Dostojewski als Vorlage diente. Vom Regisseur ins Italien der Gegenwart übertragen, erzählt es die Geschichte von Mario (Mastroianni), einem introvertierten Angestellten, der eines Abends eine junge Frau tröstet, die weinend auf einer Brücke steht. Natalia (Schell), so heißt sie, faßt schnell Vertrauen und erzählt ihm ihre Geschichte. Sie hat sich unsterblich in einen Seemann verliebt, der bei ihrer halbblinden Großmutter zur Untermiete wohnte und ihr bei seiner Abreise versprochen hatte, in einem Jahr zurückzukehren. Seitdem wartet sie auf ihn. Mario versucht, ihr diese Träume auszureden, hat jedoch nur scheinbar Erfolg: nach einem ausgelassenen Abend zu zweit eilt Natalia dem Langersehnten (Marais) in die Arme.
Obwohl *Weiße Nächte* zumeist unter freiem Himmel spielt, wurde er ausschließlich im Studio gedreht. Visconti wollte mit den künstlich wirkenden Kulissen, unechtem Schnee und anderen Tricks der traumhaften Atmosphäre der Geschichte entsprechen, die sich um die Realität von Phantasie dreht. Die Kritik reagierte mit Ablehnung und Unverständnis auf diesen Stilwandel des einstigen Neorealisten; in Deutschland wurde nicht nur der Film, sondern vor allem auch seine Hauptdarstellerin Maria Schell, die hier eine ihrer bemerkenswertesten Darstellungen lieferte, gnadenlos abgekanzelt. Nichtsdestotrotz gewann *Weiße Nächte* in Venedig den Silbernen Löwen und gilt heute als eines der herausragenden Werke in Viscontis Laufbahn. al

Die weiße Rose

Die weiße Rose. BRD 1982 **R** Michael Verhoeven **B** Michael Verhoeven, Mario Krebs **K** Axel de Roche **M** Konstantin Wecker **P** Michael Verhoeven, Senta Berger für Sentana Filmprod. GmbH/CCC-Filmkunst Berlin/Hessischer Rundfunk **L** 123 Min., Farbe **D** Lena Stolze, Wulf Kessler, Oliver Siebert, Ulrich Tukur, Werner Stocker, Martin Benrath, Anja Kruse, Ulf-Jürgen Wagner, Mechthild Reinders, Peter Kortenbach, Michael Scheck, Markus Lambert

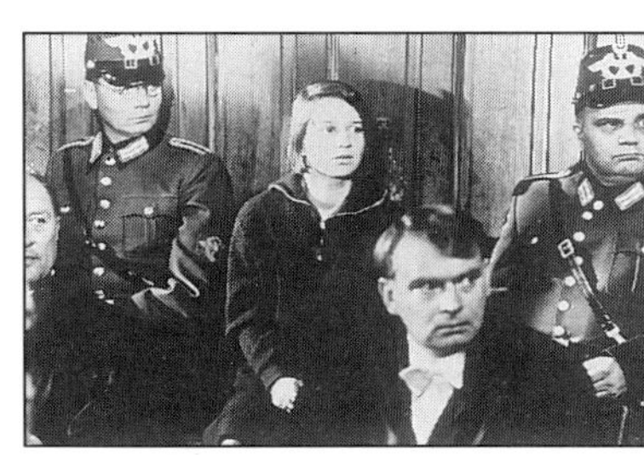

Neben Graf von Stauffenberg und den Männern des 20. Juli gehören die Geschwister Scholl wohl mit Abstand zu den populärsten deutschen Widerstandskämpfern im Dritten Reich. Anders als die Militärs, die ja erst aktiv wurden, als sich die Kriegsniederlage Deutschlands mit absoluter Sicherheit ab-

zeichnete, erkannten die studentischen Mitglieder der „Weißen Rose“ schon sehr viel früher, wie menschenverachtend und teuflisch die Politik der regierenden Nazi-Clique war.
Michael Verhoeven beschreibt in diesem packend inszenierten Spielfilm das Schicksal der Geschwister Scholl. Trotz des eher konventionellen Erzählstils, der die Zuschauer überwiegend von emotionaler Seite her zu packen versucht, gelang dem Regisseur das beeindruckende Porträt einer unfreien und düsteren Zeit, in der sich trotz aller Barbarei eine Gruppe von Menschen ihre ethischen und christlichen Werte bewahren konnte und für deren Erhalt ihr Leben aufs Spiel setzte.
München 1942. Die Geschwister Sophie (Stolze) und Hans Scholl (Kessler), beide Anfang 20, leben und studieren in der bayerischen Metropole. Sophie ist erst kurze Zeit in der Stadt, wird jedoch sehr schnell auf diverse Flugblätter und Wandparolen aufmerksam, in denen die Beseitigung Hitlers gefordert wird. Per Zufall entdeckt sie, daß ihr eigener Bruder und drei seiner engsten Freunde die Urheber dieser Aktion sind. Nach kurzem Zögern schließt sich Sophie den Studenten, die sich als „Weiße Rose“ bezeichnen, an. Während die Gruppe ihre Aktivitäten mit immer größerer Dreistigkeit ausführt und sogar den liberalen Professor Huber (Benrath) für ihre Arbeit gewinnen kann, stellt zugleich die Gestapo gezielte Ermittlungen an, um den unerwünschten Störenfrieden endlich das Handwerk zu legen. Als Hans und Sophie eines Vormittags im Foyer der Universität ihre Flugblätter verteilen, laufen sie dem ideologietreuen Hausmeister direkt in die Arme. Nach einem infamen Schauprozeß werden sie und ihre ebenfalls verhafteten Freunde im Februar 1943 hingerichtet.
Die weiße Rose war einer der ganz großen deutschen Kinoerfolge zu Beginn der 80er Jahre und stieß vor allem bei einem jugendlichen Publikum auf großes Interesse. Der Film wurde 1983 mit dem Bundesfilmpreis ausgezeichnet; Hauptdarstellerin Lena Stolze, die der echten Sophie Scholl übrigens täuschend ähnlich sieht, erhielt für ihre schauspielerische Leistung das Filmband in Silber. Kurz nachdem Verhoeven die Dreharbeiten beendet hatte, realisierte Percy Adlon wiederum mit Lena Stolze sein kammerspielartiges Werk FÜNF LETZTE TAGE, in dem die letzten Lebensstunden der erst 21jährigen Studentin nachvollzogen werden. jg

Der weiße Sohn der Sioux

The Savage. USA 1953 **R** George Marshall **B** Sydney Boehm, nach dem Roman *The Renegade* von L. L. Foreman **K** John F. Seitz **M** Paul Sawtell **P** Mel Epstein für Paramount **L** 95 Min., Farbe **D** Charlton Heston, Susan Morrow, Peter Hanson, Joan Taylor, Richard Rober, Donald Porter, Ted De Corsia, Ina MacDonald, Milburn Stone

Einer jener seltenen amerikanischen Western der 50er Jahre, der die Tragödie der Indianer nicht übersah und an eine friedliche Konfliktlösung zwischen den Rassen appellierte. Im Mittelpunkt der Geschichte steht der junge Jim (Heston), dessen Eltern einst bei einem Überfall der Crows dahingemetzelt wurden. Verwaist und ganz allein auf sich gestellt, nahm ihn der Stamm der Sioux auf, nach dessen Gesetzen Jim fortan erzogen wurde. Gleichwohl hat der Junge nie seine weiße Herkunft vergessen. Dies bringt ihn in einen schweren Konflikt, als die Sioux gezwungen werden, ihr Land zu verlassen, um dies den vorwärtsdrängenden weißen Siedlern zu geben. Es kommt zu einer Reihe blutiger Auseinandersetzungen, bis Jim erkennt, daß endgültig ein Zeichen gesetzt werden muß, um den Frieden zwischen Rot und Weiß zu erhalten.
George Marshall drehte einen ehrlichen Western, der sich redlich um eine gewisse Objektivität bemüht und den jeweiligen Rassen sowohl gute als auch böse Kreaturen zuteilt. Freilich fällt das Ende entsprechend konservativ aus. Jim bleibt nicht bei den Indianern, sondern trennt sich von seinen Adoptiveltern, um in das Fort der Weißen zu gehen, wo er aufgrund seiner Hautfarbe auch hingehört.
Marshall setzte seine Arbeit mit immensem Aufwand inmitten unberührter Landschaften in Szene. Größter Kostenpunkt war dabei der Angriff auf das Indianerdorf der Crows, der mit großer Freude an pyrotechnischen Effekten unter Zuhilfenahme von lautem Kanonendonner recht eindrucksvoll gestaltet wurde. jg

Der weiße Traum

Der weiße Traum. Deutschland 1943 **R** Géza von Cziffra **B** Géza von Cziffra **K** Hans Schneeberger, Sepp Ketterer **M** Anton Profes **P** Erich von Neusser für Wien-Film **L** 93 Min., s/w **D** Olly Holzmann, Wolf Albach-Retty, Lotte Lang, Hans Olden, Oskar Sima, Hans Schott-Schöbinger, Georg Lenz, Rudolf Carl, Peter Trautmann

Sichtlich beeindruckt von diesem Werk zeigten sich sogar die amerikanischen Spezialisten, die nach dem Ende des Krieges die Filmwerke sichteten, die während des Dritten Reiches entstanden waren. Der kommerziell erfolgreichste Streifen dieser Zeit war Geza von Cziffras teurer und halbwegs origineller Ausstattungsfilm *Der weiße Traum*, der mit einer pompös inszenierten Eisrevue einen Höhepunkt besonderer Art zu bieten hatte. Eine solche Ansammlung von phantasievoll gekleideten Statisten, die auf Schlittschuhen über eine spiegelglatte Fläche hinwegfegten, hatten selbst die an den Hollywood-Glanz gewöhnten Amerikaner noch nicht gesehen. Schon während seiner Erstaufführung hatte der Film damals sein Publikum wie ein Magnet in die Kinos gezogen. Mit einem Einspielgewinn von 35 Mio. Reichsmark war er die bis dahin erfolgreichste Produktion in der Geschichte des deutschen Films.
Die lahme Story übt letztendlich nur die Funktion eines groben Gerüsts aus, das mehr schlecht als recht das Spektakel der Eisrevue umrahmt. Ernst Eder (Albach-Retty) spielt in seiner Freizeit leidenschaftlich gern Eishockey. Beruflich ist er als Ausstattungschef eines Revuetheaters tätig. Er versucht sein Bestes, um seiner Freundin Liesl (Holzmann) ein Engagement zu verschaffen. Als das Mädchen eines Tages tatsächlich vorspricht und durch ihr unverbrauchtes Talent sowohl die stümperhafte Hauptdarstellerin Lu (Lang) als auch deren Förderer Wildner (zugleich Besitzer des Theaters) bis auf die Knochen blamiert, rächt Wilderer sich, indem er die Revue absagt und sein Haus schließt. Da jedoch Liesls Onkel zufälligerweise ein Eislaufplatz gehört, siedelt das Ensemble dorthin um und erlebt mit seiner Revue einen berauschenden Erfolg.
Ein Ohrwurm und Evergreen wurde damals das Lied *Kauf Dir einen bunten Luftballon* (Text: Aldo Pinelli, Josef Petrak; Musik: Anton Profes), das als Durchhalteschlager symptomatisch war für die sich akut verschlechternde Kriegslage. Ursprünglich sollte Geza von Bolvary die Regie übernehmen. Als er jedoch erfuhr, daß er dafür zu einem großen Teil auf Schlittschuhen stehen mußte, vertraute er die Leitung am Set seinem Kollegen und Landsmann Geza von Cziffra an und verzog sich zur Melonenernte auf sein Landgut nach Ungarn. Cziffra verfilmte die Geschichte noch einmal 1960 in Farbe und CinemaScope unter dem Titel *Kauf Dir einen bunten Luftballon*. Über das Eis glitten hier Toni Sailer und Ina Bauer. jg

Weiße Weihnachten

White Christmas. USA 1954 **R** Michael Curtiz **B** Norman Krasna, Norman Panama, Melvin Frank **K** Loyal Griggs **M** Irving Berlin (Songs), Joseph J. Lilley (Score) **P** Robert Emmett Dolan für Paramount **L** 120 Min., Farbe **D** Bing Crosby, Danny Kaye, Rosemary Clooney, Vera-Ellen, Dean Jagger, Mary Wickes, John Brascia, Anne Whitfield, Richard Shannon

Bob Wallace (Crosby) und Phil Davies (Kaye) haben sich während des Zweiten Weltkriegs kennengelernt und feiern nun als Tanz- und Gesangsduo Erfolge auf Amerikas Showbühnen. Ein Urlaub in der Provinz führt sie mit ihrem ehemaligen Vorgesetzten General Waverly (Jagger) zusammen, der nach seinem Abschied von der Armee nun ein kleines Hotel leitet, das allerdings über kurz oder lang seine Tore schließen muß. Doch Bob und Phil organisieren eine Bene-

fiz-Show, die zur Rettung der Herberge beitragen soll.
Der titelgebende Song *White Christmas* ist wohl das bekannteste nicht-religiöse Weihnachtslied der Welt. Irving Berlin hatte es bereits 1942 für den Film *Musik, Musik* komponiert, Interpret war Bing Crosby gewesen, der den Klassiker vier Jahre später in BLAU IST DER HIMMEL - BLUE SKIES abermals auf der Leinwand zu Gehör brachte. Aber natürlich besteht das Musical nicht nur aus dem Titellied, ferner steuerte Berlin zu dem Film bei: *The Best Things Happen While You're Dancing; Love, You Didn't Do Right By Me; Choreography; Count Your Blessings Instead of Sheep* (Oscar-Nominierung in der Kategorie „Bester Song"); *What Can You Do With a General?; Mandy; The Minstrel Show; Sisters; Heat Wave; Blue Skies; Let Me Sing; Abraham; Snow; The Old Man; Gee, I Wish I Were Back in the Army.* Mit einer Neuerung wartete die ansonsten konventionelle Produktion auf: Paramounts Antwort auf das CinemaScope, das VistaVision-Verfahren, hielt eine höhere Leinwand und eine enorme Verringerung der Filmkörnung parart. mg

Weiße Zeit der Dürre

A Dry White Season. USA 1989 **R** Euzhan Palcy **B** Euzhan Palcy, Colin Welland, nach dem Roman von André Brink **K** Kelvin Pike, Pierre-William Glenn **M** Dave Grusin **P** Paula Weinstein für MGM-UA **L** 97 Min., Farbe **D** Donald Sutherland, Winston Ntshona, Susan Sarandon, Janet Suzman, Marlon Brando, Zakes Mokae, Jürgen Prochnow

Eher durch seine noblen Absichten als durch deren gelungene Umsetzung überzeugt dieses Apartheids-Drama der auf Martinique geborenen, farbigen Regisseurin Euzhan Palcy. Die im Jahre 1976 angesiedelte Handlung dreht sich um den weißen Lehrer Ben Du Toit (Sutherland), der mit seiner Familie ein ruhiges Leben im südafrikanischen Johannesburg führt. Als der Sohn seines Gärtners Gordon (Ntshona) während einer Schülerdemonstration spurlos verschwindet, beginnt sich Ben - zunächst aus Verpflichtung seinem Angestellten gegenüber - für die Rassenpolitik seines Heimatlandes zu interessieren.
Bens langsames Erwachen und seine Wandlung vom passiven Mitläufer zum aktiven Widerständler bildet das dramatische Zentrum des Films, obwohl nur schwer zu glauben ist, daß ein Lehrer derart im Unwissen über die alltägliche Apartheid gewesen sein soll. Kontrastierend zu Bens anfänglich friedlicher Existenz wird das Leben einer schwarzen Familie im nur sechs Kilometer entfernten Soweto gezeigt, wo man sich gegen Terror und Erniedrigungen durch die Polizei zu wehren hat. *Weiße Zeit der Dürre* ist der achtenswerte, ernsthafte Versuch einer realistischen Auseinandersetzung mit der Apartheid in Südafrika, doch leider wird das allzu didaktische Drehbuch diesem wichtigen Thema nicht gerecht. Die meisten Figuren sind Stereotypen, allen voran Jürgen Prochnows nazihafter Polizei-Inspektor. Der Film markiert die Rückkehr Marlon Brandos auf die Leinwand nach neunjähriger Abstinenz. Der Schauspieler glänzt in einem 15minütigen Auftritt als Bürgerrechts-Anwalt, den er für die gesetzlich festgelegte Mindestgage absolvierte. Eine Oscar-Nominierung folgte auf dem Fuße. al

Weißer Jäger, schwarzes Herz

White Hunter, Black Heart. USA 1990 **R** Clint Eastwood **B** Peter Viertel, James Bridges, Burt Kennedy, nach dem Roman von Viertel **K** Jack N. Green **M** Lennie Niehaus **P** Clint Eastwood für Malpaso Prod./Rastar Prod./Warner Bros. **L** 110 Min., Farbe **D** Clint Eastwood, Jeff Fahey, George Dzunda, Alan Armstrong, Marisa Berenson, Timothy Spall, Mel Martin

Als junger Drehbuchautor ging Peter Viertel 1950 mit John Huston nach Afrika, um dort das Drehbuch für AFRICAN QUEEN zu überarbeiten, das der Regisseur zusammen mit James Agee geschrieben hatte und das an Originalschauplätzen verfilmt werden sollte. Schnell stellte sich heraus, daß Huston weniger am Film interessiert war als vielmehr an der Großwildjagd. Er träumte davon einen Elefanten zu erlegen, um sich selbst als Mann zu beweisen, und war schließlich so besessen von dieser Idee, daß alles andere dahinter zurückstehen mußte. Diese enervierenden und gleichzeitig faszinierenden Erfahrungen verarbeitete Viertel zu einem Roman, *White Hunter, Black Heart.* Zwar wurden die korrekten Namen der Hauptfiguren verändert, doch fiel es schwer, hinter John Wilson John Huston zu entdecken, hinter Kay Gibson Katharine Hepburn etc. Aus diesem Stoff machte Clint Eastwood mit dem eingeschworenen Team um seine Produktionsfirma Malpaso keinen Abenteuerfilm, sondern die ruhige, intelligente Charakterstudie eines Mannes, der sich allem Anschein nach völlig unverantwortlich verhielt und seiner Umgebung mehr als ein Rätsel aufgab. Wunderschön photographiert und gut gespielt, ist *Weißer Jäger, schwarzes Herz* ein weiterer Beitrag zu Eastwoods wachsender Reputation als seriöser, talentierter Filmemacher. al

Weißer Oleander

Dragonwyck. USA 1946 **R** Joseph L. Mankiewicz **B** Joseph L. Mankiewicz, nach dem Roman von Anya Seton **K** Arthur Miller **M** Alfred Newman **P** Darryl F. Zanuck für 20th Century-Fox **L** 106 Min., s/w **D** Gene Tierney, Walter Huston, Vincent Price, Glenn Langan, Anne Revere, Spring Byington, Henry Morgan, Jessica Tandy

Nachdem er bis dato als Drehbuchautor in Erscheinung getreten war und darüber hinaus Filme wie DIE NACHT VOR DER HOCHZEIT und DIE FRAU, VON DER MAN SPRICHT produziert hatte, wandte sich Joseph L. Mankiewicz mit diesem im letzten Jahrhundert spielenden Kriminaldrama auch der Regie zu. Vincent Price gibt eine denkwürdige Vorstellung als schurkischer Großgrundbesitzer Van Ryn, dem seine Frau (Marshall) bislang nur eine Tochter geboren hat. Das Mädchen wird von einer entfernten Verwandten, Miranda (Tierney), betreut, auf die Van Ryn ein Auge geworfen hat. Geschickt bringt er seine Frau um die Ecke und hält wenig später um Mirandas Hand an. Sie akzeptiert, doch der bald darauf geborene Sohn stirbt - sehr zum Ärger des mittlerweile halbverrückten Hausherrn...
Anya Setons spannungsgeladener Bestseller erfuhr in Mankiewicz' Händen eine kompetente Behandlung, die einen zwar nicht sensationellen, aber doch ermutigenden Karrierestart darstellte. Gene Tierney war auch im nächsten Film des Regisseurs, *Ein Gespenst auf Freiersfüßen* (1947), zu sehen. al

Der weite Ritt

The Hired Hand. USA 1970 **R** Peter Fonda **B** Alan Sharp **K** Vilmos Zsigmond **M** Bruce Langhorne **P** William Hayward für Paramount **L** 90 Min., Farbe **D** Peter Fonda, Warren Oates, Verna Bloom, Robert Pratt, Severn Darden

Zwei hartgesottene Männer, Harry (Fonda) und Arch (Oates), kehren zurück aus dem Wilden Westen. Harrys Frau Hanna (Bloom) hat auf diesen Moment immerhin sieben Jahre warten müssen. Den dritten im Bunde, Dan (Pratt), hat die Gesetzlosigkeit des Westens das Leben gekostet. Doch ein ruhiges

Leben ist den Rückkehrern nicht beschert, die Schatten der Vergangenheit holen sie ein: Arch wird von Dans Mörder entführt, und Harry hat nichts besseres zu tun, als dem in Not geratenen Freund hinterherzureiten. Diesmal ist sein Abschied von Hanna endgültig...

Peter Fonda definiert in seinem Regiedebüt den Sinn der Ehe neu, zumindest in rauhen Zeiten: da zählen Kameradschaft, Rache und Männerfreundschaften allemal mehr als das Familienglück im trauten Heim. In diesem martialischen Sinne inszenierte er konsequent und stringent einen feinsinnigen Western mit Tiefgang und zwei Helden, die keine westerntypischen Ballermänner, sondern ganz normale Durchschnittsmenschen sind. Die brillanten Bilder von Kameramann Zsigmond unterstreichen treffend die atmosphärische Schwermütigkeit des Films. sk

Weites Land

The Big Country. USA 1958 **R** William Wyler **B** James R. Webb, Sy Bartlett, Robert Wyler, nach dem Roman von Donald Hamilton **K** Franz R. Planer **M** Jerome Moross **P** William Wyler für United Artists **L** 166 Min., Farbe **D** Gregory Peck, Jean Simmons, Carroll Baker, Charlton Heston, Burl Ives, Charles Bickford, Chuck Connors, Dorothy Adams

Weites Land ist ein Film, der seine Bezeichnung „Edel-Western" voll und ganz verdient. Seine Laufzeit von über zweieinhalb Stunden ist zwar ungewöhnlich, doch nutzte William Wyler diese Dauer, um die Charaktere seiner Hauptpersonen akribisch genau zu zeichnen. Die exzellente Kameraarbeit von Franz Planer mit ihren weitschweifenden Schwenks aus großer Höhe sowie die exzellente Musik von Jerome Moross (Oscar-Nominierung!) lassen ihn zu einem Kinoerlebnis ersten Ranges werden, das auch Zuschauer ansprechen dürfte, die den Western nicht gerade zu ihren favorisierten Genres zählen.

Gregory Peck spielt den etwas linkisch wirkenden Ostküsten-Gentleman James McKay, der in das gottverlassene Städtchen San Rafael im wilden Westen kommt, um dort Pat Terrill (Baker), die Tochter des mächtigen Großgrundbesitzers Major Henry Terrill, zu heiraten. Schon auf der Hinfahrt zur Ranch muß McKay die Bekanntschaft mit zwei Sprößlingen der Hannassey-Sippe machen, mit der die Terrills seit Jahren im Clinch liegen. Streitpunkt ist dabei eine Wasserstelle, die der attraktiven Lehrerin Julie Marogan (Simmons) gehört. Mitten in die Auseinandersetzungen gerät McKay, dem man von allen Seiten wegen seiner friedliebenden Art ein feiges Verhalten vorwirft. Den eskalierenden Gewaltaktionen erteilt er eine deutliche Absage. Verständnis hierfür findet er lediglich bei Julie. Nach dramatischen Ereignissen söhnen sich die verfeindeten Parteien endlich aus; zwischen den vormals Verliebten hat sich allerdings inzwischen manches geändert...

Welch ein Perfektionist William Wyler war, zeigte allein die Tatsache, daß er für den nächtlichen Boxkampf zwischen Gregory Peck und Charlton Heston insgesamt mehr als 14 Stunden lang die Kameras surren ließ. Diese Szene gehört freilich auch zu den gelungensten des ganzen Films. Wyler war von Charlton Heston so angetan, daß er ihm in seinem nächsten Werk BEN HUR die Titelrolle gab. Erstaunlicherweise spielte *Weites Land* bei der Oscar-Verleihung des Jahres 1958 keine bedeutende Rolle. Eine Trophäe ging lediglich an Burl Ives für seine Verkörperung des alten, bärbeißigen Haudegens Rufus Hannassey. jg

Die Welt der Jean Harlow

Harlow. USA 1965 **R** Gordon Douglas **B** John Michael Hayes, nach dem Buch *An Intimate Biography* von Irving Schulman und Arthur Landau **K** Joseph Ruttenberg **M** Neal Hefti **P** Joseph E. Levine für Paramount **L** 125 Min., Farbe **D** Carroll Baker, Martin Balsam, Red Buttons, Michael Connors, Angela Lansbury, Peter Lawford, Raf Vallone, Leslie Nielsen, Mary Murphy

Jean Harlow (1911-1937), früh verstorbene Sexbombe und Komödiantin der 30er Jahre, wurde 1965 posthum Opfer zweier reißerischer „Biographien", die einander offenbar an schlechtem Geschmack zu überbieten suchten und leicht den Tatbestand der Leichenfledderei erfüllen. Um Paramounts Version des Stoffes auf dem Weg in die Kinos zu schlagen, wurde das ebenfalls *Harlow* betitelte Konkurrenzprodukt mit Carol Lynley in der Titelrolle in sensationellen acht Tagen heruntergekurbelt - noch dazu in einem als Electronovision bekannten Verfahren, bei dem auf Video aufgenommenes Material später auf Film umkopiert wird. Dementsprechend billig und schlampig sah das Ganze dann auch aus. Joe Levine hatte für seine einen Monat später gestartete Produktion mehr Geld und vor allem eine bessere Hauptdarstellerin - Carroll Baker, die bereits in Levines miserablem, aber erfolgreichem DIE UNERSÄTTLICHEN eine von Jean Harlow inspirierte Figur gespielt hatte. Trotzdem ist auch dieser Film ein übles Machwerk, das vor allem Harlows turbulentes Privatleben rücksichtslos ausbeutet: Ihre gescheiterte Ehe mit Paul Bern (Lawford), seine Impotenz und sein Selbstmord, ihre Alkoholprobleme, Affären etc. Der einmaligen Aura und Persönlichkeit der auf dem Höhepunkt ihrer Karriere an Harnvergiftung gestorbenen Schauspielerin wird dieser Film ebensowenig gerecht wie sein Vorgänger. Allerdings sieht er dabei besser aus -und machte mehr Geld. al

Die Welt der Suzie Wong

The World of Suzie Wong. USA 1960 **R** Richard Quine **B** John Patrick, nach dem Roman von Richard Mason und dem Bühnenstück von Paul Osborn **K** Geoffrey Unsworth **M** George Duning **P** Ray Stark für Paramount **L** 126 Min., Farbe **D** William Holden, Nancy Kwan, Sylvia Syms, Michael Wilding, Laurence Naismith, Jacqueline Chan, Andy Ho, Bernard Cribbins, Yvonne Shima

Zwei Jahre nach dem gefühlvollen Melodrama DENN DER WIND KANN NICHT LESEN kam eine weitere Richard-Mason-Verfilmung in die Kinos. Wiederum geht es um eine Liebesgeschichte, die allerdings im Gegensatz zu dem obengenannten Streifen mit einem Happy-End endet.

In den Staaten war Robert Lomax (Holden) ein erfolgreicher Architekt, doch hat ihn dort das Leben auf Dauer nur gelangweilt. Jetzt lebt er in der quirligen fernöstlichen Metropole Hongkong, wo er sich als Maler durchs Leben zu schlagen versucht. Eines Tages begegnet er auf einer Fähre dem Mädchen Suzie Wong (Kwan), das ihm weismachen will, sie würde aus einer vornehmen Familie stammen. In Wirklichkeit arbeitet Suzie allerdings als Tanzgirl und leichtes Mädchen in einer anrüchigen Bar. Doch dies hindert Lomax nicht daran, sich in sie zu verlieben. Masons Roman bezog sich auf eine wahre Geschichte. Der Schriftsteller lernte zu Beginn der 50er Jahre im Vergnügungsviertel von Hongkong selbst ein Mädchen kennen, das in Wirklichkeit Wong Yu-Lan hieß und sieben Kinder hatte, die von jeweils unterschiedlichen Vätern stammten. Im Gegensatz zum Buch endete diese Beziehung allerdings unglücklich.

Richard Quine drehte mit seinem Team vor Ort in Hongkong und erlebte dort mit seiner Hauptdarstellerin einige unangenehme Überraschungen. Kaum in der britischen Kolonie

angekommen, mußte France Nuyen aus der Klatschpresse erfahren, daß sich ihr Freund Marlon Brando während ihrer Abwesenheit bereits mit der Schauspielerin Barbara Luna getröstet hatte. Nuyen war darüber so bekümmert, daß sie in ihrer Enttäuschung alles Eßbare in sich hineinstopfte, dessen sie nur habhaft werden konnte. Völlig außer Form geraten, wollte sie nun vor die Kamera treten, wurde aber von Regisseur Richard Quine in hohem Bogen gefeuert und durch Nancy Kwan ersetzt.
Zwar gelang es Geoffrey Unsworth, mit seinen authentischen Bildern das hektische Treiben Hongkongs geschickt einzufangen, die Darstellung des dortigen Prostituiertenmilieus hat Quine allerdings in unverantwortlicher Weise verharmlost und beschönigt. jg

Eine Welt ohne Mitleid

Un monde sans pitié. Frankreich 1989 **R** Eric Rochant **B** Eric Rochant **K** Pierre Novion **M** Gérard Torikian **P** Adeline Lecallier für Les Productions Lazannec/Gérard Mital Prod./Christian Bourgois Prod./SGGC **L** 88 Min., Farbe **D** Hippolythe Girardot, Mireille Perrier, Yvyn Attal, Jean-Marie Rollin, Cécile Mazan, Aline Still

Hippo (Girardot) ist ein Tagträumer und Nichtstuer. Er geht keiner geregelten Beschäftigung nach, hängt auf der Straße, in der Kneipe oder seiner chaotischen Bude mitten in Paris herum, die er mit seinem jüngeren Bruder teilt, der die Kleinfamilie mit Drogendeals über Wasser hält. Starre Regeln sind Hippo genauso zuwider wie feste Beziehungen - alles zu anstrengend und zu langweilig. Bis zu dem Tag, an dem er Nathalie (Perrier) trifft: Ihrer bourgeoisen Lebensauffassung und ihrem Ehrgeiz zum Trotz verliebt er sich in sie, die sich anfangs gegen die Anbändelungsversuche dieses Typen wehrt, der so gar nicht in ihre heile Welt passen will. Doch da sich Gegensätze bekanntlich anziehen, kommen sich die beiden näher. Sie ist fasziniert von dem Bohème, der plötzlich Gefallen daran findet, eine Perspektive gefunden zu haben. Allein, ihre Beziehung ist nicht von Dauer: zu verschieden sind die beiden gegensätzlichen Charaktere, Hippo steht sich am Ende mal wieder selbst im Weg...
Regisseur Eric Rochant gelang ein großartiges Filmdebüt, ein faszinierendes Portrait zweier Individuen, wie sie unterschiedlicher nicht sein können. Dabei steht die Beschreibung der Charaktere im Vordergrund und gelingt trefflich, die Geschichte spielt sich - gleich zierendem Beiwerk - dezent im Hintergrund ab. Klischeebilder werden ebenso vermieden wie ein Abgleiten in gefühlsduselige Melancholie. Rochants Film ist zugleich, dank der wundervollen Kameraarbeit, die Paris in ein unwirkliches grau-blaues Licht taucht, eine Liebeserklärung an diese Stadt. In Frankreich avancierte das Werk denn auch rasch zu einem Kultfilm. „Das neue französische Kino ist geboren", jubilierte *Le Figaro*, „unübertreffliche Perfektion, ein Spiegel des Heute und heutiger Menschen, so schlicht wie schön in seinen Bildern und seiner Sprache." sk

Wem die Sonne lacht

The Sun Shines Bright. USA 1953 **R** John Ford **B** Laurence Stallings, nach den Geschichten von Irvin S. Cobb **K** Archie J. Stout **M** Victor Young **P** John Ford, Merian C. Cooper für Argosy/Republic **L** 90 Min., s/w **D** Charles Winninger, Arleen Whelan, John Russell, Stepin Fetchit, Russell Simpson, Ludwig Stössel, Francis Ford, Paul Hurst, Mitchell Lewis

Der große amerikanische Regisseur John Ford bezeichnete *Wem die Sonne lacht* als einen seiner Lieblingsfilme. Den US-Kritikern war er seinerzeit zu unglaubwürdig und geschmäcklerisch und kam daher weniger gut an.
Im Mittelpunkt der Geschichte steht der weise Bezirksrichter William Pittman (Winninger), der sich zu Beginn des 20. Jahrhunderts bei einem Treffen mit alten Kameraden an die Jahre des amerikanischen Bürgerkrieges erinnert und einige Episoden daraus Revue passieren läßt, in denen er seine Güte und sein Gerechtigkeitsempfinden unter Beweis stellte. So verteidigte er einen Schwarzen, der von einer lynchwütigen Meute angeklagt worden war, ein Mädchen vergewaltigt zu haben. Des weiteren kümmerte er sich um eine Prostituierte, die in Schwierigkeiten gekommen war. Anhand dieser Episoden entwickelt Ford das liebevoll konstruierte Porträt einer verschlafenen und heimeligen Kleinstadt im US-Bundesstaat Kentucky.
Irvin S. Cobbs Kurzgeschichten, die für diesen Film Pate standen, beruhten zu einem Großteil auf wahren Begebenheiten. Fords Werk hat zu einem Großteil diesen authentischen Ereignissen seinen Charme und seine Originalität zu verdanken. Glanzlicht der weitgehend unbekannten Besetzung ist Charles Winninger, der mit Witz und Schalk in der Rolle des Bezirksrichters brilliert. jg

Wem die Stunde schlägt

For Whom the Bell Tolls. USA 1943 **R** Sam Wood **B** Dudley Nichols, nach dem Roman von Ernest Hemingway **K** Ray Rennahan **M** Victor Young **P** Sam Wood für Paramount **L** 130 Min. (Originalfassung 170 Min.), Farbe **D** Ingrid Bergman, Gary Cooper, Akim Tamiroff, Arturo de Cordova, Wladimir Sokoloff, Mikhail Rasumny, Fortunio Bonanova, Eric Feldary, Victor Varconi, Katina Paxinou, Joseph Calleia, Lilo Yarson

In seinem Roman *Wem die Stunde schlägt* beschrieb Amerikas Vorzeigeschriftsteller Ernest Hemingway seine eigenen Erlebnisse, die er während des Spanischen Bürgerkrieges (1936-1939) gemacht hatte. Noch während des Schreibens stellte sich der Autor seinen eigenen Aussagen nach die schwedische Schauspielerin Ingrid Bergman in der Rolle der Maria vor, die er das erste Mal in dem romantischen Liebesfilm INTERMEZZO bewundert hatte. Kaum war der Roman 1940 auf den Markt gekommen, da stritten sich auch schon die großen Hollywood-Filmgesellschaften um die Verfilmungsrechte. Für die damals ungeheure Summe von 150.000 Dollar erwarb diese die Paramount und machte sich sofort daran, die bewegende Geschichte für die Leinwand umzusetzen. Allerdings wurde das anfängliche Temperament rasch gebremst, da man sich nicht auf die Hauptdarsteller einigen konnte. Das Drehteam kletterte bereits schon eifrig in den Bergen der Sierra Nevada herum und fing ein reichhaltiges Material von Außenaufnahmen ein, als die Besetzung noch immer nicht geklärt war. Böse Zungen behaupteten schon, man wolle solange warten, bis Shirley Temple reif genug wäre, um die Rolle der Maria zu übernehmen. Mit der Traumbesetzung Ingrid Bergman (sie ersetzte die ursprünglich vorgesehene Vera Zorina) und Gary Cooper konnten dann endlich Nägel mit Köpfen gemacht werden.
In dramatischen Bildern beschreibt Sam Wood in diesem Drama das selbstlose Engagement des Amerikaners Robert Jordan (Cooper), der während des Spanischen Bürgerkrieges auf der Seite der Republikaner kämpft. Mit einer Gruppe von Partisanen lebt er versteckt in den Bergen und bereitet von dort aus eine wichtige Operation vor: die Zerstörung einer strategisch wichtigen Brükke. Neben der kämpferischen Pilar (Paxinou) gehört als weitere Frau auch das Mädchen Maria (Bergman) zu den Partisanen. Sie und Robert verlieben sich ineinander, doch steht ihre kurze, leidenschaftliche Beziehung unter einem schlechten Stern.
Man kann zwar dankbar sein, daß nicht Cecil B. DeMille (wie es eigentlich anfangs vorgesehen war), sondern Sam Wood die Regie übernahm. Er klammerte zwar weitestgehend das Monumentale aus, unterließ es jedoch, in irgendeiner Weise auf die politischen Hintergründe einzugehen. So rutscht diese Hemingway-Verfilmung zu einem Melodrama ab, in dem ein Krieg tobt, über dessen politische Ursachen und Vorgeschichte der Zuschauer aber so gut wie nichts

erfährt. Reduziert man die Geschichte auf das Melodramatische, so funktioniert sie allerdings perfekt. jg

Wen die Meute hetzt

The Last Run. USA 1971 **R** Richard Fleischer **B** Alan Sharp **K** Sven Nykvist **M** Jerry Goldsmith **P** Carter De Haven für Metro-Goldwyn-Mayer **L** 96 Min., Farbe **D** George C. Scott, Tony Musante, Trish Van Devere, Colleen Dewhurst, Aldo Sanbrell, Antonio Tarruella

Der Ex-Gangster Harry Garmes (Scott), jetzt zurückgezogen in einem portugiesischen Fischerdorf lebend, übernimmt noch einmal einen gefährlichen Auftrag: er soll den flüchtigen Häftling Paul (Musante) und dessen Freundin (Van Devere) im Auto von Spanien über die Grenze nach Frankreich bringen...
Die charismatische Präsenz von George C. Scott und die ausgezeichnete Farbphotographie der spanischen Originalschauplätze durch Ingmar Bergmans „Hauskameramann" Sven Nykvist sind die Hauptpluspunkte dieses soliden Thrillers, dessen mitunter verwirrende Handlung immerhin in rasantem Tempo abläuft. Scott hatte, mit seinem Oscar für PATTON - REBELL IN UNIFORM im Rücken, seinem ursprünglichen Regisseur John Huston während der Dreharbeiten das Leben schwer gemacht: man stritt sich über alles mögliche, besonders über die Besetzung von Tina Aumont, die Scott auf keinen Fall haben wollte. Schließlich warf Huston entnervt das Handtuch und gab die Regie an Richard Fleischer ab; für Aumont kam Trish Van Devere. Interessanterweise wurde sie die spätere Mrs. Scott, während die damalige Mrs. Scott, Colleen Dewhurst, ebenfalls eine keine Rolle hat. al

Die Wendeltreppe

The Spiral Staircase. USA 1946 **R** Robert Siodmak **B** Mel Denilli, nach dem Roman *Some Must Watch* von Ethel Lina White **K** Nicholas Musuraca **M** Roy Webb **P** Dore Schary für RKO-Vanguard **L** 83 Min., s/w **D** Dorothy McGuire, George Brent, Ethel Barrymore, Kent Smith, Rhonda Fleming, Gordon Oliver, Elsa Lanchester, James Bell, Charles Wagenheim

Robert Siodmaks Thriller *Die Wendeltreppe* gehört zu den jenen unnachahmlichen Hollywood-Klassikern der frühen Nachkriegsjahre und bietet eine brillante Kombination von Elementen der Schwarzen Serie, des Gothic Horror der 30er Jahre und des deutschen Expressionismus. In keinem anderen Werk wurden später wieder die klassischen Gruselfilm-Zutaten von knarrenden Türen, grollendem Gewitterdonner, wehenden Vorhängen oder flackernden Kerzen so gekonnt zitiert wie bei diesem raffinierten Thriller, der auch nach Jahren nichts von seiner Spannung und Atmosphäre eingebüßt hat.
In einer Stadt in Neuengland geht zu Beginn des 20. Jahrhunderts das Grauen um. Innerhalb von wenigen Tagen werden drei Frauen umgebracht, die alle eine Gemeinsamkeit hatten: jedes der drei Opfer litt unter einem körperlichen Gebrechen. Die junge Helen Capel (McGuire), die in ihrer Kindheit durch einen Schock die Sprache verlor, hat berechtigte Befürchtungen, ebenfalls auf der Abschußliste des Psychopathen zu stehen. Sie kann nicht ahnen, daß ihr ausgerechnet im düsteren Herrenhaus der Familie Warren, wo sie als Dienstmädchen arbeitet, eine wahrlich schauderhafte Nacht bevorstehen wird...
Die Wendeltreppe war der erste Film, der eine Zusammenarbeit zwischen der RKO und David O. Selznicks Vanguard-Film einleiten sollte, die letztendlich aber doch nicht stattfand. An den Kinokassen wurde Siodmaks düsterer Schocker ein voller Erfolg und brachte der Produktionsgesellschaft einen Gewinn von 1,6 Mio. Dollar, was angesichts des niedrigen Budgets recht beachtlich war. Unter dem Titel *Das Geheimnis der Wendeltreppe* drehte Peter Collinson 1975 ein deutlich schwächeres Remake. Die Hauptrollen spielten Jacqueline Bisset, Christopher Plummer sowie John Philip Law. jg

Wenig Chancen für morgen

Odds Against Tomorrow. USA 1959 **R** Robert Wise **B** John O. Killens, Nelson Kidding, nach dem Roman von William P. McGivern **K** Joseph Brun **M** John Lewis **P** Robert Wise für HarBel Prod./United Artists **L** 96 Min., s/w **D** Harry Belafone, Robert Ryan, Shelley Winters, Ed Begley, Gloria Grahame, Willy Kuluva, Richard Bright

Die Handlung dieses harten Kriminalfilms dreht sich um einen vom Ex-Polizisten Burke (Begley) ausgeklügelten Bankraub, bei dem ihm der ehemalige Sträfling Slater (Ryan) sowie der spielsüchtige Nachtclub-Sänger Ingram (Belafonte) zur Seite stehen. Slaters Ressentiments gegen seinen farbigen Partner Ingram führen schließlich zum Scheitern des Unternehmens.
Wenig Chancen für morgen war der erste Film, der unter dem Banner von Harry Belafontes Produktionsfirma HarBel Prod. entstand. Neben dem aufregend in Szene gesetzten Überfall versäumte Regisseur Robert Wise es nicht, ein Statement zur gegen Ende der 50er Jahre immer brennender werdenden Rassenproblematik abzugeben: wenn die beiden Partner (bzw. Kontrahenten) Ingram und Slater am Schluß bei der Explosion einer Ölraffinerie umkommen, kann man ihre völlig verbrannten Leichen nicht voneinander unterscheiden. Robert Ryan spielte den Rassisten - ähnlich wie den Antisemiten in IM KREUZFEUER - so eindrucksvoll, daß Gerüchte aufkamen, die dem im wirklichen Leben liberalen Schauspieler ähnlich verwerfliche Überzeugungen unterstellten. al

Wenn das Blut kocht

Never So Few. USA 1959 **R** John Sturges **B** Millard Kaufman, nach dem Roman von Tom T. Chamales **K** William H. Daniels **M** Hugo Friedhofer **P** Edmund Grainger für Canterbury Prod./Metro-Goldwyn-Mayer **L** 124 Min., Farbe **D** Frank Sinatra, Gina Lollobrigida, Peter Lawford, Steve McQueen, Richard Johnson, Paul Henreid, Brian Donlevy, Dean Jones, Charles Bronson

Um den Kampf alliierter Truppen gegen die japanische Übermacht in Burma während des II. Weltkrieges geht es in diesem routiniert inszenierten Kriegsfilm, der die übliche publikumswirksame Mischung aus Action und Romantik enthält. Frank Sinatra spielt Tom Reynolds, den Anführer einer aus Amerikanern und Briten bestehenden Einheit, für die er mit einem Kollegen von der Insel (Johnson) in Kalkutta einen Arzt und medizinisches Gerät organisieren soll. Während seines Aufenthaltes verguckt er sich die attraktive Carla (Lollobrigida), Geliebte eines zwielichtigen Waffenhändlers (Henreid). Zunächst jedoch ist Reynolds' ganzer Einsatz im Dschungel gefordert, denn die Japaner schlafen nicht...
Besonders wegen der exzellenten Besetzung der Nebenrollen ist *Wenn das Blut kocht* bemerkenswert. An der Seite solch bewährter Mimen wie Paul Henreid und Brian Donlevy machten vor allem Steve McQueen und Charles Bronson einen positiven Eindruck, der Regisseur John Sturges veranlaßte, die beiden in seinen enorm erfolgreichen DIE GLORREICHEN SIEBEN und FLUCHT IN KETTEN erneut einzusetzen und ihnen so den Weg zum Starruhm zu ebnen. al

Wenn der Postmann zweimal klingelt

The Postman Always Rings Twice. USA 1980 **R** Bob Rafelson **B** David Mamet, nach dem Roman *The Postman Always Rings Twice* von James M. Cain **K** Sven Nykvist **M** Michael Small **P** Charles Mulvehill und Bob Rafelson für Lorimar **L** 121 Min., Farbe **D** Jack Nicholson, Jessica Lange, John Colicos, Michael Lerner, John P. Ryan, Anjelica Houston

Wer bei diesem Titel Eskapaden aus dem Reich sexueller Gelüste und Abenteuer braver Postbeamter erwartet, wird leider enttäuscht. *Wenn der Postmann zweimal klingelt* wartet gleichwohl mit einer ganzen Reihe von Liebesspielen auf: Vagabund Frank (Nicholson) streunt durch Kalifornien - lustlos, mittellos, ohne Pläne und ohne Zukunft. In dem Kaff Twin Oaks nimmt er einen Job in einer Raststätte an, weniger aus Interesse an einer gesicherten Zukunft denn mit Blick auf Cora (Lange), die attraktive Gattin des Lokalbesitzers, auf die er ein Auge geworfen hat und die ihm im Gegenzug nicht nur schöne Augen macht. Coras Mann steht ihrer gemeinsamen Fleischeslust mehr und mehr im Wege - da liegt es nahe, daß die beiden den Störenfried umbringen. Doch auch nach dem Mord gibt es für beide keine heile Welt: Frank zieht es auf die Straße zurück (und gelegentlich in den Schoß einer befreundeten Raubtier-Dompteuse), während Cora ihrem unerfüllten Traum vom trauten Familienidyll nachhängt. Obendrein werden sie von einem beflissenen Kriminalbeamten behelligt, der ihnen pausenlos den Mord nachzuweisen versucht.

Bob Rafelsons Streifen ist die vierte Verfilmung der literarischen Vorlage von James M. Cain - und doch kein simples Remake: Rafelson legt den Akzent bewußt auf die sexuell-erotische Komponente des Romans und weicht damit beträchtlich von den Adaptionen seiner Vorgänger ab. Geblieben ist wenig vom klassischen Melodram, das beispielsweise Tay Garnett mit IM NETZ DER LEIDENSCHAFTEN inszenierte, oder von der Kraft der eindringlichen Bilder in Viscontis OSSESSIONE. Dafür ist viel nacktes Fleisch zu sehen, was Jessica Langes schauspielerischen Möglichkeiten immerhin entgegenkommt. Und auch der historische Bezug - Amerika zur Zeit der Weltwirtschaftskrise - findet nur ganz am Rande Erwähnung. „Diese Neuverfilmung des Thrillers von J.M. Cain feiert nun Gewalt als Ausdruck sexueller Verfallenheit im Extrem", kritisierte der *Münchener Merkur* denn auch die Überdosis an Bettszenen, die der Vielschichtigkeit des Romans sicher nicht gerecht wird. sk

Wenn der Vater mit dem Sohne

Wenn der Vater mit dem Sohne. BRD 1955 **R** Hans Quest **B** Hans Ledersteger, Ernst Richter, Peter Schlewski **K** Kurt Schulz **M** Heino Gazé **P** Kurt Ulrich für Berolina **L** 100 Min., Farbe **D** Heinz Rühmann, Oliver Grimm, Waltraut Haas, Fita Benkhoff, Robert Freytag, Sybil Werden, Carl Heinz Schroth, Pero Alexander, Rudolf Schündler

Der ehemalige Musikclown Teddy Lemke (Rühmann) übernimmt als Pflegevater die Erziehung des kleinen Ulli (Grimm), dessen Mutter Gerti (Haas) nach Amerika ausgewandert ist. Die beiden werden zu einem unzertrennlichen Gespann, das sich blendend versteht. Für Teddy hat zum ersten Mal seit vielen Jahre das Leben einen neuen Sinn erhalten; außerdem hilft ihm der Junge über seine Einsamkeit hinweg. Beide haben sogar eine Nummer einstudiert und wollen zusammen als Vater-und-Sohn-Gespann auftreten. Dazu kommt es jedoch nicht mehr, denn Ullis Mutter kehrt aus den USA zurück und möchte ihren Sohn wiederhaben.

Selbst zehn Jahre nach Kriegsende hatte Heinz Rühmann noch nicht vollständig an die Erfolge anknüpfen können, die er während der 30er und 40er Jahre hatte. *Wenn der Vater mit dem Sohne* legte den Grundstein für eine ganze Reihe heiter-sentimentaler Rührstücke, in denen er überwiegend als sanfter und umgänglicher Familienvater auftrat. Ganz in diesem Sinne waren auch die harmlosen Komödien *Vater sein dagegen sehr* oder *Der Lügner* konzipiert. Rühmann erhielt für seine warmherzige Darbietung von der Internationalen Artistenloge die „Goldene Artisten-Nadel".

Wenn der Vater mit dem Sohne war das Regiedebüt des Schauspielers Hans Quest, der in den 40er und 50er Jahren in einer Reihe bekannter Filmwerke zumeist in Nebenrollen zu sehen war, sich aber in seiner Darsteller-Laufbahn mehr auf das Theater konzentrierte. Für den bundesdeutschen Kinderstar Oliver Grimm (zum Zeitpunkt der Dreharbeiten 7 Jahre alt) war die Rolle des Ulli nach *Vater braucht eine Frau* der zweite Leinwandauftritt. jg

Wenn der weiße Flieder wieder blüht

Wenn der weiße Flieder wieder blüht. BRD 1953 **R** Hans Deppe **B** Eberhard Keindorff, Johanna Sibelius, nach einer Novelle von Fritz Rotter **K** Herbert Geier **M** Franz Doelle **P** Kurt Ulrich für Berolina/Herzog-Film **L** 98 Min., Farbe **D** Magda Schneider, Willy Fritsch, Romy Schneider, Hertha Feiler, Paul Klinger, Albert Florath, Trude Wilke-Rosswog, Erika Block, Götz George

Diese biedere musikalische Romanze verdient eigentlich nur deswegen Beachtung, weil hier zwei junge gleichaltrige Schauspieler ihren ersten Leinwandauftritt hatten, der für beide weitreichende Folgen haben sollte. Acht Jahre lang hatte Magda Schneider, zu UFA-Zeiten ein recht beliebter Star, keinen Film mehr gedreht. Freudig nahm sie das Angebot an, endlich wieder einmal vor einer Kamera zu stehen, nachdem sie nach Kriegsende ihre Karriere zugunsten ihrer Familie vernachlässigt hatte.

Töchterchen Romy war gerade dabei, ihre Koffer zu packen, um in Köln eine Schule für Modegrafik zu besuchen, als ihre Mutter sie anrief und ihr von einer Rolle erzählte, für die ein frisches, unkompliziertes 15jähriges Mädchen gesucht wurde. Schon beim ersten Zusammentreffen war Kitsch- und Heimatschnulzen-Regisseur Hans Deppe (SCHWARZWALDMÄDEL, GRÜN IST DIE HEIDE) von ihr begeistert; eine zusätzliche Probeaufnahme überzeugte ihn vollends. So bekam Romy Schneider ihre erste Filmrolle; an ihrer Seite stand damals ebenfalls das erste Mal der 15jährige Götz George.

Therese (M. Schneider) und Willy (Fritsch) haben zwar versucht, in ihrer Ehe miteinander auszukommen, doch schon nach einem Jahr beschließen sie, sich zu trennen. Während Therese ihr Glück an der Seite ihres Jugendfreundes Peter (Klinger) findet und nach harter Arbeit endlich einen Modesalon eröffnen kann, wird Willy in den USA ein gefeierter Gesangsstar. 14 Jahre später - inzwischen hat Therese Töchterchen Evchen (R. Schneider) zur Welt gebracht - kommt er nach Wiesbaden zurück, um noch einmal seine Familie wiederzusehen. Evchen gibt ihm zu verstehen, daß Therese und sie mit Peter ein glückliches Leben führen; Willy sieht dies ein und findet sein Glück an der Seite seiner Managerin Ellen (Feiler). Den krönenden Abschluß bildet eine zuckersüße Revue, in deren Verlauf alle Beteiligten den Evergreen *Wenn der weiße Flieder wieder blüht* herunterträllern.

Ein rührselig-spießiger Musikfilm mit einigen beschwingten Melodien - sauber und angepaßt wie die Zeit, in der er entstand. jg

Wenn der Wind weht

When the Wind Blows. Großbritannien 1986 **R** Jimmy Murakami, nach dem Buch von Raymond Briggs **M** Roger Waters **A** Richard Fawdry **P** John Coates für Meltdown/National Film Finance Corporation/Film Four International **L** 77 Min., Farbe **D** Stimmen von Brigitte Mira und Peter Schiff

Jim und Hilda sind ein altes, betuliches Rentnerehepaar. Sie sitzen gerade an ihrem Küchentisch und löffeln ihr Mittagessen, als der Rundfunk meldet, daß ein feindlicher Raketenangriff begonnen hat und in drei Minuten eine Atombombe fallen wird. In einem Unterstand überleben die beiden Alten zunächst das Inferno. Sie, die schon den Zweiten Weltkrieg überstanden haben, wollen sich nicht unterkriegen lassen. Dies jedoch ist leichter gesagt als getan: Weder ihr bewußtes Verdrängen der Realität noch ihre Unfähigkeit, das Geschehene zu begreifen, können sie vor dem schleichenden Tod bewahren, der auch sie am Ende einholt...

Jimmy Murakami realisierte auf der Basis des Anti-Atom-Bestsellers von Raymond Briggs einen tiefgründigen, anspruchsvollen Zeichentrickfilm, der die allgegenwärtige Unwissenheit und Gleichgültigkeit der Gesellschaft gegenüber Atomwaffen und -anlagen brillant in Bilder gießt und zugleich vor den irreparablen Folgen eines nuklearen Krieges warnt. Dabei bedient er sich raffinierter Tricktechnik und eines originellen Schnitts, wie er ansonsten nur in Spielfilmen zu finden ist. Ein Stab von 200 Zeichnern werkelte mehr als zwei Jahre an den etwa 120.000 Einzelbildern, aus denen der Streifen besteht. Murakami entschied sich bewußt, das Buch nicht mit „echten" Menschen, sondern mit Zeichentrickfiguren in Szene zu setzen: „Man kann Sachen und Effekte erschaffen und zusammenbringen auf eine Art, wie es bei einem Spielfilm nicht möglich ist. Keine andere Technik reizt so, Neues auszuprobieren und keine andere spricht so sehr das Kind im Menschen an." In der Tat gelang Murakami mit seinen Figuren eine Intensität an Distanz, Düsternis und Erschrecken, die in Kinofilmen zum selben Thema, beispielsweise THE DAY AFTER, ihresgleichen sucht. sk

Wenn die Gondeln Trauer tragen

Don't Look Now. Großbritannien 1973 **R** Nicolas Roeg **B** Allan Scott, Chris Bryant und Akos Tolnay, nach einer Erzählung von Daphne du Maurier **K** Anthony Richmond **M** Pino Donnagio **P** Peter Katz für Casey Prod./Eldorado Films **L** 109 Min., Farbe **D** Julie Christie, Donald Sutherland, Hilary Mason, Clelia Matania, Massimo Serato, Renato Scarpa

John (Sutherland) und Laura Baxter (Christie) versuchen den Tod ihrer geliebten kleinen Tochter zu überwinden; sie verlassen ihren englischen Landsitz und fahren nach Venedig, wo John in einer alten Kirche Restaurationsarbeiten ausführen will. Eine blinde Weissagerin, die sie zufällig treffen, behauptet, ihre Tochter im Jenseits gesehen zu haben. Von dort habe sie ihren Vater gewarnt, die Lagunenstadt sofort zu verlassen, weil dort tödliche Gefahren lauerten. John tut die Botschaft als Hirngespinst einer neurotischen Alten ab; eine Reihe von Unglükken und makabrer Ereignisse führt aber dazu, daß auch er nicht mehr an Zufall glauben mag. Doch seine Einsicht kommt zu spät, der todbringende Alptraum ist nicht mehr aufzuhalten...

Ein Meisterwerk des fesselnden Thrillers, mit Anleihen aus dem Reich der Parapsychologie und trotzdem erschreckend logisch und bedrohlich glaubhaft: Nicolas Roeg gelang eine brillante, bis zum letzten Moment atemberaubend spannende Verfilmung der literarischen Vorlage von Daphne du Maurier - ein Kaleidoskop mysteriöser Situationen, das sich unter den angstvoll geweiteten Augen des Zuschauers für die Menschen, die sich in ihm verstrickt haben, zu einem unentrinnbaren Irrgarten des Schreckens entwikkelt. Schon Altmeister Alfred Hitchcock dienten Erzählungen der Grande Dame der englischen Kriminalliteratur als Vorlage weltberühmter Klassiker, man denke an DIE VÖGEL oder REBECCA. Anthony Richmonds virtuose Kameraführung vor der beklemmenden Kulisse des morbiden Venedigs und die sehenswerten schauspielerischen Leistungen machen *Wenn die Gondeln Trauer tragen* zu einem Horror-Kultfilm erster Güte. sk

Wenn die Ketten brechen

Captain Lightfoot. USA 1954 **R** Douglas Sirk **B** W. R. Burnett, Oscar Brodney, nach dem Roman von Burnett **K** Irving Glassberg **M** Joseph Gershenson **P** Ross Hunter für Universal **L** 91 Min., Farbe **D** Rock Hudson, Barbara Rush, Jeff Morrow, Kathleen Ryan, Finlay Currie, Denis O'Dea, Geoffrey Tone, Shay Gorman, Robert Bernal

Zwischen seinen beiden Herz-Schmerz-Melodramen DIE WUNDERBARE MACHT und WAS DER HIMMEL ERLAUBT drehte Douglas Sirk, der Meister der Gefühle, zwei farbenprächtige Abenteuerfilme vor historischem Hintergrund. Nach dem aufwendigen ATTILA, DER HUNNENKÖNIG ging es für *Wenn die Ketten brechen* nach Irland, wo zu Sirks großer Freude sämtliche Außenaufnahmen vor Ort gedreht werden konnten.

Der junge, blendend aussehende Rock Hudson und seine Partner Jeff Morrow und Barbara Rush waren hier die einzigen Stars, die aus der Traumfabrik Hollywoods hervorgegangen waren. Bei allen anderen Nebendarstellern handelte es sich durchweg um Akteure mit irischer oder schottischer Vergangenheit. Dies hatte zur Folge, daß viele Kritiker sich etwas glaubwürdigere Leinwandhelden gewünscht hätten; das Paar Hudson/Rush wirkte ihnen inmitten der herben irischen Landschaft doch zu amerikanisch.

Der junge Michael Martin (Hudson) beteiligt sich in seinem jugendlichen Leichtsinn an dem Überfall auf einen Vermögensverwalter. Auf seiner Flucht begegnet er dem sagenumwobenen Captain Thunderbolt (Morrow), dem Anführer einer irischen Untergrundbewegung, die den Briten das Leben auf der grünen Insel erschwert. Dank seiner Initiative kommt Michael in den Genuß, in die Dubliner Gesellschaft eingeführt zu werden und an den Aktionen der Revolutionäre teilzunehmen. Zwar agiert er am Anfang recht tolpatschig und aufbrausend, nach einer Reihe gefahrvoller Abenteuer erweist er sich jedoch als Thunderbolts würdiger Nachfolger und gewinnt zudem die Liebe der schönen Aga (Rush).

Ein für Freunde des Mantel- und Degenfilms besonders lohnenswerter Ausflug, bei dem die bestechende Fotografie, die eindrucksvollen Landschaftsaufnahmen und vor allem die üppigen Kostüme und Dekors begeistern können. jg

Wenn die Kraniche ziehen

Letjat schurawly. UdSSR 1957 **R** Michail Kalatosow **B** Victor Rosow, nach seinem Bühnenstück *Die ewig Liebenden* **K** Sergej Urrusewski **M** M. Vainberg **P** Mosfilm **L** 95 Min., s/w **D** Tatjana Samoilowa, Alexej Batalow, Wassilij Merkurjew, A. Shworin, S. Karitonowa, W. Subkow, A. Bogdanowa

Vier Jahre nach Stalins Tod war im sowjetischen Film eine überraschende Veränderung eingetreten. Nicht länger bevölkerten die kollektiven Arbeiter- und Soldatenheere die Filmwerke des sozialistischen Realismus. Michail Kalatosow war einer der ersten Regisseure, der wieder individuelle Schicksale für das Kino seiner Heimat aufgriff. Sehr persönlich und intim gestaltete er so auch die Liebesgeschichte zweier junger Menschen, die durch den II. Weltkrieg zerstört wird. Veronika (Samoilowa) und Boris (Batalow) sind jung und lieben sich, das Leben liegt noch vor ihnen. Im Juni 1941 überfällt die deutsche Wehrmacht die Sowjetunion und der Krieg kommt auch zu ihnen. Boris meldet sich freiwillig an die Front. Nach einem Bombenangriff, bei dem sie ihre Eltern verliert, zieht Veronika zu Boris´ Bruder Mark (Shworin), den sie kurze Zeit später in ihrer Verzweiflung und Einsamkeit heiratet. Die Ehe hält nur kurze Zeit. Veronika trennt sich von Mark und wartet darauf, daß Boris aus dem Krieg zurückkehrt. Als sie erfährt, daß ihr Freund gefallen ist, kann sie dies nicht glauben. Tagein, tagaus pilgert sie zum Bahnhof, um unter den ankommenden Soldaten nach ihm Ausschau zu halten. Eines Tages ist der Krieg zu Ende. Als die letzten Männer zu ihren Frauen und Familien heimkehren, wird Veronika inmitten der jubelnden Menschen klar, daß sie vergeblich gewartet hat und Boris nie mehr wieder sehen wird.

Wenn die Kraniche ziehen ist einer der subtilsten und ehrlichsten Antikriegsfilme, der erfreulicherweise nicht die Grausamkeit des Krieges auf den Schlachtfeldern darstellt, sondern dessen verheerende Auswirkungen anhand der Frauen nachvollzieht, die in der Heimat auf die heile Rückkehr ihrer Männer hoffen.

Kalatosows Film wurde 1958 auf den Festspielen von Cannes mit dem Großen Preis ausgezeichnet. Tatjana Samoilowa erhielt als beste ausländische Schauspielerin den Preis der deutschen Filmkritik. jg

Wenn die Marabunta droht

The Naked Jungle. USA 1953 **R** Bryon Haskin **B** Philip Yordan, Ronald MacDougall, nach der Kurzgeschichte *Leiningen Versus the Ants* von Carl Stephenson **K** Ernest Laszlo **M** Daniele Amfitheatrof **P** George Pal für Paramount **L** 95 Min., Farbe **D** Eleanor Parker, Charlton Heston, Abraham Sofaer, William Conrad, Romo Vincent, Douglas Fowley, John Dierkes

Ein aufregender Abenteuerfilm, dessen geschilderte Ameiseninvasion man jedoch nicht allzu ernst nehmen sollte.

Zu Beginn dieses Jahrhunderts hat sich Christopher Leiningen (Heston) nach jahrelanger knochenharter Arbeit endlich den Traum von einer eigenen Plantage in der Nähe des Amazonas erfüllt. Nun fehlt nur noch eine passende Frau, die ihm das Leben im Urwald angenehmer machen könnte. Nach ihrer Ferntrauung macht sich Joanna Leiningen (Parker) auf den Weg, um zum ersten Male ihren Mann zu sehen. Das Zusammentreffen verläuft denkbar ungünstig. Joanna ist entsetzt von Christophers rüdem Verhalten. Leiningen seinerseits hält sie für eine überempfindliche Mimose und ist entschlossen, sie wieder zurück in ihre Heimat zu schicken. Dazu kommt es jedoch nicht mehr, denn am anderen Tag droht die Marabunta. Darunter muß man sich ein riesiges Heer von Ameisen vorstellen, das alles verschlingt, was sich ihm in den Weg stellt. Die einzige Möglichkeit, dem krabbelnden Insektenstrom zu entkommen, besteht in der Flucht. Christopher allerdings will seine Farm nicht im Stich lassen. Joanna bleibt bei ihm und kämpft zusammen mit den Bediensteten der Farm gegen die Ameisen-Flut. Leinigen kann seinen Besitz retten, indem er einen Staudamm sprengt. Durch das austretende Wasser werden die ungebetenen Invasoren hinweggeschwemmt.

Bryon Haskin, der ebenfalls 1953 in KAMPF DER WELTEN seine tentakelbewehrten Marsmenschen auf das Kinopublikum losließ, drehte mit *Wenn die Marabunta droht* einen klassischen Abenteuerfilm mit verblüffenden Trickszenen. Die Nahaufnahmen des Ameisenschwalls bestanden allerdings nicht aus tricktechnischen Spielereien, sondern wurden mit Tausenden von echten Insekten gedreht. Der kernige Charlton Heston und die puppenhafte Grazie Eleanor Parker bieten ein recht ungleiches Paar, durch dessen große Verschiedenheit jedoch das Verhältnis zwischen den beiden einige interessante Aspekte gewinnt. jg

Wenn die Masken fallen

Torrents of Spring. Italien/Frankreich 1989 **R** Jerzy Skolimowski **B** Jerzy Skolimowski, Arcangelo Bonaccorso, nach der Novelle von Iwan Turgenjew **K** Dante Spinotti, Witold Sobocinski **M** Stanley Myers **P** Angelo Rizzoli für Erre Prod./ Reteitalia (Rom), Les Films Ariane/Films A2 (Paris) **L** 101 Min., Farbe **D** Timothy Hutton, Nastassja Kinski, Valeria Golino, William Forsythe, Urbano Barberini, Francesca de Sapio, Jacques Herlin, Jerzy Skolimowski

„So ist das neue Euro-Kino, das mit Schauwerten, guten Namen und dem Gehabe von Hochkultur einem imaginären Weltmarkt gefällig sein will und am Ende leer dasteht - keine Heimat, kein Stil, keine Notwendigkeit und keine Leidenschaft." Ähnlich wie *Der Spiegel* äußerten sich die meisten Kritiker über Jerzy Skolimowskis opulente Version der bekannten Novelle *Frühlingsfluten*, die Iwan Turgenjew 1872 schrieb. Man beschäftigte sich mehr mit der Tatsache, daß Crew und Darsteller aus aller Herren Länder kamen und in der Tschechoslowakei und Italien gedreht wurde, als mit der Frage, ob der Regisseur seinem Stoff gerecht wurde. Erzählt wird vom jungen russischen Adligen Dimitri Sanin (Hutton), der sich auf einer Eurpareise in die Mainzer Konditor-Tochter Emma (Golino) verliebt. Schon wird von Heirat gesprochen, als Sanin die ebenso reiche wie attraktive Maria (Kinski) trifft, die sein zum Verkauf stehendes Anwesen erwerben will. Schnell erliegt Sanin dem Charme und den Verführungskünsten der verheirateten Frau und beschließt, hin- und hergerissen von seinen Gefühlen, die Entscheidung dem Schicksal zu überlassen...

Wenn die Masken fallen ist - zumindest unter visuellen Gesichtspunkten - ein überwältigender Film. Die Kamera schwelgt in exquisiten Bildern, Kostüme und Dekorationen sind vom feinsten. Doch, wie *epd Film* bemerkte: „Der Aufwand, der hier getrieben wird, schlägt sich selbst tot. Der Straßenfeger fegt, wo schon gefegt ist; Kerzenlicht leuchtet, wo es hell ist; Dialoge sagen etwas, wo schon alles gesagt ist, und die Einstellung dauert, wo der Film leer bleibt." al

Wenn die Wölfe heulen

Never Cry Wolf. USA 1983 **R** Carroll Ballard **B** Curtis Hanson, Sam Hamm, Richard Kletter, C. M. Smith, Eugene Coor, Christina Luescher, nach dem Buch von Farley Mowat **K** Hiro Narita **M** Mark Isham **P** Lewis Allen, Jack Couffer, Joseph Strick für Amarok/Buena Vista **L** 91 Min., Farbe **D** Charles Martin Smith, Brian Dennehy, Zachary Ittimangnaq, Samson Jorah, Hugh Webster, Martha Ittimangnaq, Tom Dahlgren, Walker Stuart

Carroll Ballard hatte bereits 1979 mit seinem Streifen DER SCHWARZE HENGST Vorschußlorbeeren im Bereich des gefühlvollen Tierfilms geerntet. *Wenn die Wölfe heulen*, eine für die Disney-Studios recht ungewöhnliche Produktion, war sein zweiter Spielfilm. In ihm schildert er, wie der junge Biologe Tyler (Smith) in die Wildnis des Polarkreises aufbricht, um dort das Leben der Wölfe zu studieren. Nach erheblichen Anpassungsschwierigkeiten (die herrliche Landschaft stellt sich als recht ungemütlich heraus) kann Tyler sowohl das Vertrauen der Eskimos als auch das eines Wolfsrudels gewinnen. Allmählich freundet er sich mit seiner neuen Lebensweise an. Die Zivilisation holt ihn jedoch eines Tages auf recht dramatische Weise ein. Fallenstellende Jäger dringen in die Einsamkeit der Berge vor und trachten den Wölfen nach den Fellen.

Ganze zwei Jahre benötigte Carroll Ballard für diesen faszinierenden Naturfilm, den das Team in den unberührten Gegenden des Yukon Territory (Kanada) und in Nome (Alaska) realisierte. Besonderes Lob gebührte Hauptdarsteller Charles Martin Smith, der klaglos alle Strapazen auf sich nahm, die ihm diese außergewöhnliche Produktion abver-

langte. So stieg er splitternackt mit einer Rentierherde in einen eiskalten Gebirgssee oder lieferte sich mit einem Rudel Wölfe ein Wettrennen. Da es im Juli am Polarkreis fast nicht dunkel wird, ließ der Regisseur manchmal über 20 Stunden am Stück drehen. Die Arbeiten waren zwar für alle Beteiligten mit Strapazen und Entbehrungen verbunden, am Ende jedoch versöhnte der fertige Film die gebeutelte Crew. Größtes Kompliment war sicherlich das Lob des Schriftstellers Farley Mowat, der sich mit der Leinwandadaption seines Buches überaus zufrieden zeigte.
„Meisterlich schafft Regisseur Carroll Ballard... die Balance zwischen Kulturfilm und dem Porträt eines jungen Mannes, der sich vom ängstlichen Wissenschaftler zum kraftvollen Naturburschen mausert" (*Frankfurter Rundschau*). jg

Wenn er in die Hölle will, laß ihn gehen

The Challenge. USA 1982 **R** John Frankenheimer **B** Richard Maxwell, John Sayles **K** Kozo Okazaki **M** Jerry Goldsmith **P** Robert L. Rosen für CBS Theatrical Films **L** 110 Min., Farbe **D** Scott Glenn, Toshiro Mifune, Donna Kei Benz, Atsuo Nakamura, Calvin Jung, Clyde Kusatsu, Sam Shimada, Yoshio Inaba, Seji Miyaguchi

Mit diesem etwas rüden Kampfgetöse versuchte Hollywood-Routinier John Frankenheimer, eine amerikanische Hommage an das japanische Action-Kino zu drehen. Das Resultat ist eine allzu blutig geratene Metzelei, die zwar eine Reihe faszinierender Kampfszenen besitzt, bei der Story aber wieder einmal jegliche Originalität und Ideenvielfalt vermissen läßt.
Der drittklassige Gelegenheitsboxer Rick Murphy (Glenn) wird per Zufall in eine blutige japanische Familienfehde verwikkelt. Es geht dabei um zwei unermeßlich wertvolle Schwerter, die kurz vor dem Ende des II. Weltkrieges dem Fürstensohn Yoshida (Mifune) von dessen Bruder Hideo (Nakamura) entrissen wurden. Yoshidas Sohn Toshio hat 35 Jahre später in Los Angeles eines der beiden Schwerter ausfindig gemacht. Zusammen mit Rick will er die Waffe seinem Vater zurückbringen, wird aber bei einem Zwischenaufenthalt in Osaka auf brutale Weise ermordet. Rick überreicht Yoshida das Schwert und wird von ihm in der Kunst des Aikido unterrichtet und als Samurai aufgenommen. Gemeinsam mit seinem Meister dringt er in Hideos palastartigen Wolkenkratzer ein, um sich dort einem gnadenlosen Entscheidungskampf zu stellen.
Für die Wahl der exotischen, fernöstlichen Schauplätze bewies Frankenheimer ein recht gutes Gespür. Drehorte waren u. a. der 700 Jahre alte Shokuji-Tempel sowie das pompöse Congress-Centrum der Kaiserstadt Kyoto, das im Film Hideos Konzern-Palast darstellte.
„Frankenheimer gelingen mitunter Einstellungen, die in ihrer sorgfältigen Kadrage, in ihren abgestuften Farbwerten an japanische Landschaftsaquarelle erinnern. Auch die Verfolgungsjagden sind dem Routinier nicht mißraten. Doch aufs Ganze gesehen, ist sein Drei-Kulturen-Film zu sehr amerikanische Schlachtplatte, die mit Dutzenden von Leichen garniert werden muß, um den Kampf zwischen den Kulturen zu lösen" (*Kölner Stadt-Anzeiger*). jg

Wenn es Nacht wird in Paris

Touchez pas au grisbi. Frankreich/Italien 1954 **R** Jacques Becker **B** Jacques Becker, Maurice Griffe, Albert Simonin, nach dem Roman von Simonin **K** Pierre Montazel **M** Jean Wiener **P** Robert Dorfmann für Del Duca Films (Paris), Antares Film (Rom) **L** 96 Min., s/w **D** Jean Gabin, René Dary, Jeanne Moreau, Dora Doll, Gaby Basset, Paul Frankeur, Lino Ventura

Bei einem tollkühnen Coup auf dem Pariser Flughafen Orly erbeutet das Gangster-Duo Max (Gabin) und Riton (Dary) Goldbarren im Wert von 50 Mio. Francs. Mit dem Geld will man sich zur Ruhe setzen, doch leider verplaudert sich Riton gegenüber seiner hübschen Freundin Josy (Moreau), die ihn mit mit dem rücksichtslosen Rauschgifthändler Angelo (Ventura) betrügt.
Jacques Becker schuf mit *Wenn es Nacht wird in Paris* einen Klassiker des französischen Kriminalfilms, der gemeinsam mit RIFIFI in seinem Entstehungsland die Begeisterung für den film noir auslöste. Weniger die Ausführung des Verbrechens als vielmehr eine genaue Milieuschilderung und die Charakterisierung der Figuren stehen im Mittelpunkt dieses Meisterwerkes, das zugleich das eindrucksvolle Leinwanddebüt des ehemaligen Boxers Lino Ventura markiert. al

Wenn ich eine Million hätte

If I Had a Million. USA 1932 **R** Ernst Lubitsch, Norman Taurog, Stephen S. Roberts, Norman Z. McLeod, James Cruze, William A. Seiter, H. Bruce Humberstone, Lothar Mendes **B** Claude Binyon, Whitney Bolton, Malcolm Stuart Boyland, John Bright, Sidney Buchanan, Lester Cole, Isabel Dawn, Boyce De Gaw, Walter DeLeon, Oliver H. P. Garrett, Harvey Gates, Grover Jones, Ernst Lubitsch, Lawton Mackall, Joseph L. Mankiewicz, William Slavens McNutt, Seton I. Miller, Robert Sparks, Tiffany Thayer, nach dem Roman *Windfall* von Robert D. Andrews **P** Paramount **L** 88 Min., s/w **D** Gary Cooper, George Raft, Wynne Gibson, Charles Laughton, Jack Oakie, Frances Dee, Charles Ruggles, Alison Skipworth, W. C. Fields, Mary Boland

Der Multimillionär John Glidden liegt im Sterben. Wie Aasgeier versammeln sich bereits seine habgierigen Verwandten um das Totenbett, müssen jedoch mit Entsetzen und ohnmächtiger Wut die Tatsache hinnehmen, daß Glidden gar nicht daran denkt, ihnen sein Erbe zu vermachen, sondern an ihrer Stelle wahllos aus dem Telefonbuch diverse Personen pickt und diese mit jeweils einer Million Dollar beglückt. In acht Episoden wird geschildert, wie diese Erwählten mit ihrem Geldsegen umgehen und wie sich ihr Leben verändert. So probt u. a. in der ersten Folge ein kleiner Verkäufer den Aufstand gegen seinen Boß. In der glänzend inszenierten Geschichte von Ernst Lubitsch steigt eine billige Nutte zur Edel-Prostituierten der Park Avenue auf. Lubitsch drehte auch eine zweite Episode, in der Charles Laughton den Angestellten eines Großraumbüros verkörpert, der nach dem Erhalt des Geldes aus dem bürokratisch geordneten Leben aussteigt und beim Konzernchef persönlich mit seinem Abschied triumphiert.
Bei acht verschiedenen Regisseuren und einem Heer von Drehbuchschreibern bewahrheitet sich die Weisheit, daß viele Köche den Brei verderben. Zu uneinheitlich sind die einzelnen Episoden geraten, zu sprunghaft ist der Wechsel zwischen dramatischen und komödiantischen Elementen. Einzig und allein die beiden Folgen von Ernst Lubitsch ragen unter den übrigen, recht durchschnittlichen Sequenzen heraus. *Wenn ich eine Million hätte* basiert auf einer damals überaus erfolgreichen Radiosendung und wurde später noch einmal für die amerikanische TV-Serie *The Millionaire* aufgegriffen. jg

Wenn Katelbach kommt...

Cul-De-Sac. Großbritannien 1966 **R** Roman Polanski **B** Gérard Brach, Roman Polanski **K** Gil Taylor **M** Krzysztof Komeda **P** Michael Klinger, Tony Tenser für Compton-Tekli-Films **L** 112 Min., s/w **D** Donald Pleasence, Françoise Dorléac, Lionel Stander, Jack MacGowran, Ian Quarrier, Geoffrey Sumner, Renée Houston, William Franklyn, Trevor Delaney, Marie Kean

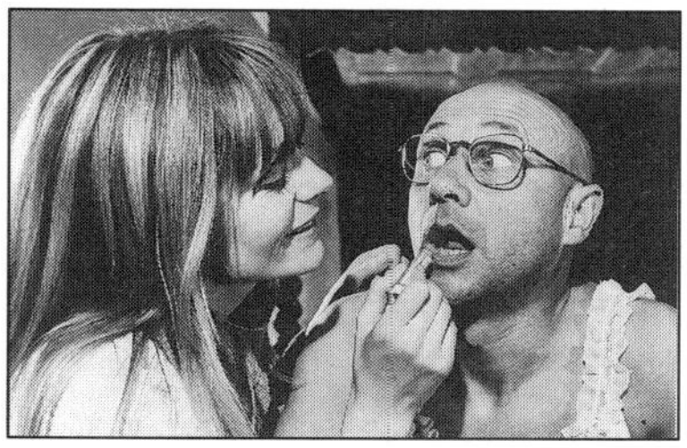

Roman Polanski und sein Drebuchschreiber Gérard Brach hatten bereits in den Jahren 1962/63 das Drehbuch zu diesem Film geschrieben, die Verfilmung damals jedoch nicht finanzieren können. Nach dem unerwarteten Erfolg des visionären Schockers EKEL erklärte sich die Londoner Produktionsgesellschaft Compton Films ein zweites Mal bereit, Polanski zur Realisierung seines Projekts die nötigen finanziellen Mittel zur Verfügung zu stellen.
Die „Helden" dieser skurrilen Geschichte sind das Ehepaar George (Pleasence) und Teresa (Dorléac), das auf einer alten Burg an der südenglischen Küste wohnt. Ihr beschauliches Leben wird durch den unverhofften Besuch von zwei verletzten Gangstern gestört, die sich gewaltsam Zutritt verschaffen und fortan ihre unfreiwilligen Gastgeber tyrannisieren. Die Rollenverhältnisse ändern sich, als einer der Ganoven stirbt und der eine noch verbliebene sich als Butler betätigen muß, als Teresa und George von ihren Freunden Besuch erhalten. Das ohnehin schon chaotische Geschehen steigert sich ins Absurde, als George dem Wahnsinn verfällt, nachdem Teresa ihn zusammen mit seinem Freund Cecil (Franklyn) verlassen hat.
Ein etwas befremdliches, schwarzhumoriges Werk, an dem seinerzeit viel herumgedeutet wurde und über das Polanski selbst sagte: „*Cul-De-Sac* ist mein bester Film aus der Sicht des Kinos. Wenn ich auf der Suche nach dem Kino wäre, wie zum Beispiel Samuel Beckett auf der Suche nach dem Theater ist, würde ich nur Filme machen wie *Cul-De-Sac*."
Die beiden Schauspieler Jack MacGowran und Ian Quarrier engagierte Polanski auch für sein nächstes Werk, die Grusel-Komödie TANZ DER VAMPIRE. MacGowran mimte darin den vertrottelten Königsberger Professor Abronsius, während Quarrier den schwulen Blutsaugersohn Herbert spielte. Nach ihrem Mini-Auftritt in DER GEWISSE KNIFF war die junge Jacqueline Bisset in *Wenn Katelbach kommt* zum zweiten Male für einige Minuten auf der Leinwand zu sehen. jg

Wenn Killer auf der Lauer liegen

The Ambushers. USA 1967 **R** Henry Levin **B** Herbert Baker, nach dem Roman von Donald Hamilton **K** Burnett Guffey, Edward Coleman **M** Hugo Montenegro **P** Irwin Allen für Meadway-Claude Prod./Columbia **L** 102 Min., Farbe **D** Dean Martin, Senta Berger, Janice Rule, James Gregory, Albert Salmi, Kurt Kasznar

Keiner der beiden vorangegangenen Filme um den US-Geheimagenten Matt Helm, personifiziert durch Dean Martin, war von der Kritik besonders herzlich willkommen geheißen worden, was jedoch das zahlende Publikum unbeeindruckt gelassen hatte: Der James Bond-Epigone brachte es insgesamt auf vier Einsätze, von denen dieser mit Abstand der schlechteste ist. Es handelt sich um einen zusammenphantasierten Nonsens um die erste Fliegende Untertasse der Amerikaner, die sich der schurkische Ortega (Salmi) unter den Nagel reißt. Helm und die Weltraum-Expertin Sheila Sommers (Rule) sollen das Ding wieder herbeischaffen.
Dean Martins Darstellung als potenter und ständig angeheiterter Superheld wurde von *Variety* mit den Worten kommentiert: „Manchmal wird er zu einer Karikatur seiner selbst, wie er sich selbst spielt...eine Art männliche Mae West." Schlampige Regie, hundsmiserables Drehbuch, flache Witze - das Fazit dieser Möchtegern-Parodie. Doch durch eine mußten alle noch durch: *Das Rollkommando* (1970). al

Wenn Marie nur nicht so launisch wäre

Les caprices de Marie. Frankreich/Italien 1970 **R** Philippe de Broca **B** Daniel Bouanger, Philippe de Broca **K** Jean Penzer **M** Georges Delerue **P** Christian Ferry für Artistes Associés (Paris), P. E. A. (Rom) **L** 90 Min., Farbe **D** Marthe Keller, Bert Convy, Philippe Noiret, Fernand Gravey, François Périer, Valentina Cortese, Jean-Pierre Marielle

Eine verschlafene französische Kleinstadt ist der Star dieser originellen Komödie von Philippe de Broca, die seine damalige Lebensgefährtin Marthe Keller nach PACK' DEN TIGER SCHNELL AM SCHWANZ erneut in einer Hauptrolle zeigt. Sie spielt die kapriziöse und allgemein beliebte Marie, Tochter des örtlichen Bürgermeisters (Marielle), die von einem amerikanischen Millionär mit dem bezeichnenden Namen MacPower (Convy) umworben wird. Da sie ihr Städtchen nicht verlassen möchte, kauft er es kurzerhand und versetzt es mitsamt der Einwohnerschaft auf eine Insel vor Manhattan - eine neue Touristenattraktion. Doch schon bald haben die „ausgewanderten" Franzosen den Rummel satt...
Wenn Marie nur nicht so launisch wär ist ebenso eine Satire auf den amerikanischen Wirtschafts- und Kulturimperialismus, dem Frankreich ja besonders ablehnend gegenübersteht, wie auch eine Liebeserklärung an „typisch" gallische Eigenheiten und Lebensart. Charmant und vergnüglich. al

Wenn mein Schlafzimmer sprechen könnte

Come Blow Your Horn. USA 1962 **R** Bud Yorkin **B** Norman Lear, nach dem Bühnenstück von Neil Simon **K** William H. Daniels **M** Nelson Riddle **P** Bud Yorkin, Norman Lear für Essex-Tandem Prod./Paramount **L** 112 Min., Farbe **D** Frank Sinatra, Lee J. Cobb, Molly Picon, Barbara Rush, Jill St. John, Tony Bill, Dan Blocker

Neil Simons erster großer Broadway-Erfolg war auch die erste von sieben Komödien des Autors, die von Paramount verfilmt wurden. Unter Bud Yorkins Regie geriet diese Adaption etwas zu lang und zu bühnenhaft, doch im großen und ganzen ist *Come Blow Your Horn* ein durchaus unterhaltsames Unterfangen. Frank Sinatra, der auch den seinerzeit sehr beliebten Titelsong zum besten gibt, ist in seinem Element als lebenslustiger Junggeselle Alan Baker, dessen jüngerer Bruder Buddy (Bill) die Nase vom spießigen Landleben voll hat und sich kurzerhand bei ihm einquartiert. Erfreut über dessen Sinn für Unabhängigkeit, führt Alan den Jungen ins New Yorker Nachtleben ein, doch ist er ein so guter Schüler, daß er dem Älteren alsbald eine Freundin (St. John) ausspannt und auch sonst allerhand Schwierigkeiten macht. Schließlich stehen auch noch Ma und Pa (Picon, Cobb) auf der Matte, um dem bunten Treiben ihrer Söhne ein Ende zu bereiten...
Wie immer war Neil Simons eigenes Leben Vorbild für diesen Stoff - sein Bruder Danny (im Film Alan) war ein sehr erfolgreicher TV-Regisseur/Autor. Dean Martin hat einen unangekündigten Cameo-Auftritt. al

Wer den Wind sät

Inherit the Wind. USA 1960 **R** Stanley Kramer **B** Nathan E. Douglas, Harold Jacob Smith, nach dem Bühnenstück von Jerome Lawrence und Robert E. Lee **K** Ernest Laszlo **M** Ernest Gold **P** Stanley Kramer für United Artists **L** 127 Min., s/w **D** Fredric March, Spencer Tracy, Gene Kelly, Florence Eldridge, Dick York, Donna Anderson, Harry Morgan, Elliott Reid, Philip Coolidge, Claude Akins

Ein ganz und gar ungewöhnlicher Gerichtsfilm, in dem nicht ein Mord oder sonstige Verbrechen den Gegenstand der Verhandlung bilden, sondern eine religiöse Streitfrage im Mittelpunkt steht. Das mag sich zunächst recht trocken und wenig aufregend anhören, wurde jedoch von Stanley Kramer so geschickt und mitreißend inszeniert, daß der Zuschauer über zwei Stunden hinweg nie das Interesse am Fortgang der Verhandlung verliert.

Die Bewohner des beschaulichen Kaffs Hillsboro im Staate Tennessee brechen im Jahre 1925 einen Streit vom Zaun, der die gesamte amerikanische Nation erregt und weltweit für Schlagzeilen sorgt. Der progressive Lehrer Bertram T. Cates (York) unterrichtet seine Schüler in Biologie, wobei er unter anderem auch die Lehren Darwins in seine Ausführungen einfließen läßt. Das bringt ihn ins Gefängnis, denn im „hilligen" Hillsboro duldet man keinerlei ketzerische Lehren, die der Schöpfungsgeschichte der Bibel zuwiderlaufen und es wagen, den Menschen vom Affen abstammen zu lassen. Es kommt zu einer aufsehenerregenden Verhandlung, die als sogenannter „Affenprozeß" in die Justizgeschichte der Vereinigten Staaten eingeht. Cates´ Verteidigung übernimmt der geniale Anwalt Henry Drummond (Tracy). Sein erbitterter Gegner ist der religiöse Fanatiker Matthew Harrison Brady (March), ein dreifach gescheiterter Präsidentschaftskandidat. Angeheizt von den hinterwäldlerischen Provinzlern kommt es vor den Schranken des Gerichts zu einem eindrucksvollen Schlagabtausch.
Es war das erste Mal, daß die beiden großartigen Schauspieler Spencer Tracy und Fredric March gemeinsam in einem Film auftraten. Ungerechterweise wurde nur Tracy bei den Oscar-Feierlichkeiten mit einer Nominierung bedacht, die seinem Kollegen March ebenso zugestanden hätte. Ironischerweise wirkte sich die Zankerei, die die beiden Stars vor der Kamera austragen mußten, auch auf ihr privates Verhältnis zueinander aus. Während der Dreharbeiten versuchte ein jeder, den anderen mit seiner schauspielerischen Leistung zu übertrumpfen. Dieses eigentümliche Konkurrenzgehabe, das sich zwischen den beiden Filmprofis entwickelte, hat sich natürlich letztendlich nur positiv auf das Gesamtwerk ausgewirkt.
Wer den Wind sät gibt einen recht entlarvenden Einblick in die beschränkte Geisteshaltung der Bewohner des amerikanischen Mittelwestens und macht deutlich, wie schmal der Grad zwischen strengem Glauben und fanatischer Überzeugung sein kann.
Bei all den überwiegend freundlichen Kritiken fiel hierzulande wie immer die Beurteilung der Katholischen Kirche völlig aus dem Rahmen. Diese kreidete dem Regisseur an, er hätte den „Freiheitsbegriff" völlig mißverstanden und warf dem Film eine „grobe Geistesverwirrung" vor. jg

Wer die Nachtigall stört

To Kill a Mockingbird. USA 1962 **R** Robert Mulligan **B** Horton Foote, nach dem Roman von Harper Lee **K** Russell Harlan **M** Elmer Bernstein **P** Alan J. Pakula für Universal **L** 129 Min., s/w **D** Gregory Peck, Mary Badham, Phillip Alford, John Megna, Frank Overton, Rosemary Murphy, Ruth White, Brock Peters, Estelle Evans, Paul Fix, Collin Wilcox, James Anderson

„Ich kann nur sagen, daß ich als Schriftsteller sehr glücklich bin. Man hat meinen Roman in einen wunderschönen und bewegenden Film umgesetzt. Ich bin sehr stolz und voller Dankbarkeit." Ein schöneres Kompliment hätte Harper Lee, Autor der Vorlage, dem Regisseur Robert Mulligan nicht machen können. In der Tat bewies dieser das seltene Gespür, den unschuldigen Zauber einer Kindheit auf die Leinwand zu bannen, der durch den Rassismus weißer Nachbarn jäh zerstört wird.
Der amerikanische Bundesstaat Alabama während der 30er Jahre. Die friedliche Kleinstadt Macomb County verwandelt sich plötzlich in einen Hexenkessel, als der rechtschaffene Schwarze Tom Robinson (Peters) angeklagt wird, die zwielichtige Mayella Ewell (Wilcox) vergewaltigt zu haben. Obwohl es sich bei den Ewells um eine sogenannte asoziale Familie handelt, sind alle im Dorf von Toms Schuld überzeugt. Nicht so sein Pflichtverteidiger Atticus Finch (Peck), der die Unschuld seines Mandaten beweisen, jedoch nicht verhindern kann, daß Tom von den Geschworenen verurteilt und bei einem Fluchtversuch erschossen wird. Durch sein selbstloses Vorgehen hat Finch jedoch den Haß des Sippenanführers Bob Ewell (Anderson) auf sich gezogen, der selbst vor Finchs Kindern Scout (Badham) und Jem (Alford) nicht Halt macht. Zum ersten Mal in ihrem Leben müssen die Kinder auf recht drastische Weise erfahren, daß außerhalb ihrer unbeschwerten Kindheit eine grausame und haßerfüllte Welt lauert.
Wer die Nachtigall stört war einer der großen Favoriten der Oscar-Verleihung 1962, wurde damals jedoch von David Leans Monumentalfilm LAWRENCE VON ARABIEN übertrumpft. Gregory Peck gewann als Bester Hauptdarsteller den Oscar. Ebenfalls auf der Nominierungsliste stand die damals neunjährige Mary Badham, die noch nie zuvor in einem Film mitgewirkt hatte und sich als eine überragende Kinder-Darstellerin erwies, die stellenweise den großen Gregory Peck in den Schatten stellte. Sie mußte den Oscar an Patty Duke, einen anderen Kinderstar, abgeben, die für ihre Leistung in LICHT IM DUNKEL gewürdigt wurde. *Wer die Nachtigall stört* erhielt zwei weitere Auszeichnungen in den Sparten Bestes Drehbuch und Beste Schwarzweiß-Ausstattung. Einen wunderschönen Soundtrack komponierte Elmer Bernstein (ebenfalls für den Oscar nominiert), der in traurigen und bisweilen elegischen Klängen die verlorene Zeit der Kindheit beschreibt, beginnend mit einigen spieldosenartigen Klavierklängen, die dann übergehen in den wehmütigen Einsatz eines großen Streichorchesters. jg

Wer erschoß Salvatore G.?

Salvatore Giuliano. Italien 1962 **R** Francesco Rosi **B** Francesco Rosi, Suso Cecchi d'Amico, Enzo Provencale, Franco Solinas **K** Gianni Di Venanzo **M** Piero Piccioni **P** Franco Cristaldi, Lionello Santi für Lux Film/Vides Cinematografica/Galatea **L** 120 Min., s/w **D** Salvo Randone, Frank Wolff, Federico Zardi, Pierto Cammarata, Giuseppe Teti

Am 5. Juli 1950 wurde der legendäre sizilianische Bandit und Volksheld Salvatore Giuliano von einem Unbekannten erschossen. Jahrelang hatte er sich dem Zugriff des Gesetzes entziehen können, hatte Polizei und Behörden in Atem gehalten und sich den Ruf eines modernen Robin Hood erworben. Die Entdeckung der Leiche ist Ausgangspunkt von Francesco Rosis Film, der in Rückblenden, Interviews und Dokumentaraufnahmen auf den Spuren dieser umstrittenen Gestalt wandelt. Wie ein Reporter auf der Suche nimmt der Zuschauer Stück um Stück Informationen über Giuliano auf, bis sich am Schluß ein zwar nicht vollständiges, aber dennoch differenziertes Bild aus den einzelnen Puzzleteilen zusammengesetzt hat. Darüber hinaus liefert Rosi eine Bestandsaufnahme der politischen und sozialen Zustände auf Sizilien, inklusive der Armut, der Korruption und des Einflusses der Mafia, die ihn im Laufe der Jahre immer wieder beschäftigen sollten.
Salvatore Giuliano wurde mit zahlreichen Preisen, darunter einem Silbernen Bären in Berlin, ausgezeichnet und stellte Rosis internationalen Durchbruch dar, doch löste er auch heftige Kontroversen in seinem Entstehungsland aus - bis hin zu Morddrohungen gegen die Macher.
Wie man ein solches Thema auch anders behandeln kann, zeigte übrigens Michael Cimino 1987 mit DER SIZILIANER, der Giuliano in den Mittelpunkt eines romantisch-kitschigen Abenteuerfilms stellte. al

Wer Gewalt sät

Straw Dogs. Großbritannien 1971 **R** Sam Peckinpah **B** David Zelag Goodman, Sam Peckinpah, nach dem Roman *The Siege of Trencher´s Farm* von Gordon M. Williams **K** John Coquillon **M** Jerry Fielding **P** Daniel Melnick für ABC Pictures-Talent Associates-Amerbroco/Cinerama **L** 118

Min., Farbe **D** Dustin Hoffman, Susan George, Peter Vaughan, T. P. McKenna, Del Henney, Ken Hutchinson, Colin Welland, Jim Norton

Schon mit seinen vorangegangenen Werken hatte sich Sam Peckinpah den Ruf eines gewaltverherrlichenden Regisseurs eingehandelt. Mit diesem Film bestätigte er diese Bezeichnung voll und ganz und verunsicherte selbst die Kritiker, die ihm bislang noch ganz wohlgesonnen waren.
Eigentlich hat sich der Mathematiker David Summer (Hoffman) mit seiner Frau Amy (George) in ein kleines Küstenstädtchen im englischen Cornwall zurückgezogen, um dort in Ruhe seine wissenschaftliche Arbeit zu schreiben. Ohne sich etwas zuschulden kommen zu lassen, begegnen ihm die Dorfbewohner mit feindlicher Ablehnung und treiben mit ihm ein teuflisches Spiel. Zuerst wird Amy vergewaltigt, dann muß David sein Haus gegen eine lynchende Meute verteidigen, die es auf den geistesschwachen Henry (Warner) abgesehen hat, der bei David Zuflucht zu finden hoffte. Aus dem weltfremden und gutmütigen Wissenschaftler wird ein amoklaufender Rächer, der auf die Gewalt seiner Umwelt mit noch brutaleren Exzessen reagiert.
Wie sehr mißlungen dieser Film ist, zeigte wohl am besten die Reaktion des Romanautors Gordon M. Willis, der nach der Sichtung des Streifens meinte: „Ich werde nie wieder eines meiner Bücher an einen Amerikaner verkaufen! Es war einfach schrecklich zu sehen, was sie mit meinem Werk gemacht haben." In der Tat werden selbstzweckhaft Gewehre, Stechwerkzeuge und explodierende Gasleitungen eingesetzt, um die Zahl der Angreifer auf immer einfallsreichere Weise zu dezimieren. *Wer Gewalt sät* war Peckinpahs erster Film, der nicht im Western-Genre angesiedelt war. In einer Vielzahl von Szenen ist die Unsicherheit des Regisseurs zu spüren, sich auf ein ihm unbekanntes Gebiet vorgetastet zu haben. Das Ergebnis bezeichnete der *Motion Picture Guide* schlichtweg als „ekelhaft". jg

Wer hat Angst vor Virginia Woolf?

Who's Afraid of Virginia Woolf? USA 1966 **R** Mike Nichols **B** Ernest Lehman, nach dem Bühnenstück von Edward Albee **K** Haskell Wexler, Harry Stradling **M** Alex North **P** Ernest Lehman für Warner Bros. **L** 131 Min., s/w **D** Elizabeth Taylor, Richard Burton, George Segal, Sandy Dennis

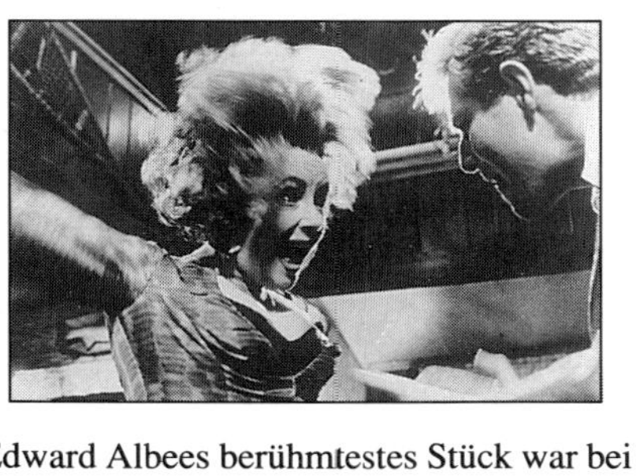

Edward Albees berühmtestes Stück war bei seiner Uraufführung im Jahre 1962 eine Sensation gewesen - nicht nur aufgrund seiner Brillanz, sondern auch aufgrund seines freizügigen Umgangs mit Sprache und Sexualität, wie man ihn in dieser Form bislang nicht gesehen hatte. Uta Hagen und Arthur Hill triumphierten in den Hauptrollen als Martha und George, einem seit zwanzig Jahren verheirateten Ehepaar, dessen Beziehung eine seltsame Mischung aus Liebe, Haß und Verachtung ist. George arbeitet als Dozent an einem von Marthas Vater geleiteten College. Nach einer Party auf dem Campus statten ihnen Nick (Segal) und seine Frau Honey (Dennis), beide deutlich jünger, einen Besuch ab - es wird eine Nacht der Selbstzerfleischung.
Viele Schauspielerinnen - darunter Bette Davis - rissen sich um die saftige Rolle der Martha, einer fünfzigjährigen, zänkischen Vettel, die ihren introvertierten und schwächlichen Mann so lange drangsaliert und quält, bis er zurückschlägt und den gemeinsamen Sohn als Lebenslüge entlarvt. Doch Produzent Ernest Lehman, der auch das Drehbuch schrieb, hatte von Anfang an Elizabeth Taylor im Kopf - wohl auch im Hinblick auf die Kasse. Obwohl für die Rolle viel zu jung, nahm die Aktrice die Herausforderung an, ließ sich Runzeln schminken, trug eine graue, zottelige Perücke und nahm zwölf Kilo an Gewicht zu. Burton, wohl kaum jemandes erste Wahl für die Rolle, kam erst später ins Gespräch - auf Taylors Vorschlag hin. Weitere Risiken waren die Verpflichtung von Mike Nichols, der bis dato ausschließlich Theatererfahrung gesammelt hatte, sowie das enorme Budget von 5 Mio.$, das das Unternehmen zum teuersten Schwarzweißfilm aller Zeiten machte. Die Burtons kassierten je eine Million Gage (sie noch zusätzlich 10% der Einnahmen); die Rechte am Stück hatten 500.000$ gekostet. Nichols wählte den ungewöhnlichen Weg von drei Wochen intensiven Proben vor Beginn der eigentlichen Dreharbeiten, die in einem hermetisch abgeriegelten Warner-Studio stattfanden. Außenaufnahmen wurden im Smith College in Neuengland gemacht. Natürlich wurde der Drehplan überschritten, und nach Beendigung der Aufnahmen hatte das geschäftstüchtige Ehepaar durch Klauseln über Mehrarbeit noch Anspruch auf Zahlung von zwei Millionen Dollar, worauf man großzügig verzichtete. Statt dessen nahm Elizabeth Taylor ein Paar Diamant-Ohrringe als Geschenk entgegen, versäumte es jedoch nicht Jack, Warner mitzuteilen, daß sie gerne auch die dazu passende Brosche im Wert von 80.000$ hätte. Die Reaktion des entnervten, auf ihre bisherigen Einkünfte verweisenden Produzenten: „Soll sie sich ihre verdammte Brosche doch selber kaufen!"
Unter derartigen Umständen war kaum jemand davon überzeugt gewesen, daß Albees Meisterwerk den Transport auf die Leinwand schadlos überstehen würde, doch Mike Nichols schaffte genau das. Sogar die deftige Sprache wurde ohne nennenswerte Veränderungen beibehalten, und das zu einer Zeit, als Ausdrücke wie „gottverdammt" immer noch als problematisch galten. Konsequenterweise wurde der Film als Durchbruch für den Realismus im US-Kino gefeiert. Am meisten Aufsehen erregte jedoch die Darstellung der Taylor. Oft geschmäht, lieferte die Schauspielerin hier nicht nur - wie fast alle Kritiker ihr zugestanden - die beste Leistung ihrer Karriere, sondern war darüber hinaus auch eine gute Martha. Richard Burton bekam sogar noch bessere Besprechungen, doch bei der Oscar-Verleihung hatte seine Frau die Nase vorn. Sie holte eine der fünf Statuetten für den Film (bei 13 Nominierungen); die anderen gingen an Sandy Dennis, Haskell Wexler (Kamera, er hatte Harry Stradling während der Aufnahmen ersetzt), Irene Sharaff (Kostüme) und Richard Sylbert/George James Hopkins (Ausstattung). Die Burtons erhielten je einen British Academy Award (wie der Film), sie dazu den Preis der New Yorker Filmkritiker und den Preis der Nationalen Kritikervereinigung als Beste Schauspielerin. Zu diesem künstlerischen Triumph gesellte sich der finanzielle: *Wer hat Angst vor Virginia Woolf?* spielte bei seinem US-Ersteinsatz satte 15 Mio.$ ein. Er bleibt eine mustergültige Literaturadaption und ein brillanter, unvergeßlicher Film. al

Wer hat in meinem Bett geschlafen?

Who's Been Sleeping in My Bed? USA 1963 **R** Daniel Mann **B** Jack Rose **K** Joseph Ruttenberg **M** George Duning **P** Jack Rose für Amro Prod./ Paramount **L** 103 Min., Farbe **D** Dean Martin, Elizabeth Montgomery, Carol Burnett, Martin Balsam, Jill St. John, Richard Conte, Macha Meril

Als TV-Arzt Dr. Adams begeistert Jason Steel (Martin) wöchentlich ein Millionen-Publikum. Besonders seine weiblichen Fans sind ihm treu ergeben und schrecken vor keiner Schandtat zurück, wenn es darum geht, den Mann ihrer Träume ins Bett zu kriegen. Richtig kompliziert wird es, als auch die frustrierten Gattinnen seiner Poker-Freunde nicht mehr auf Jasons seelischen Beistand verzichten mögen und zudem seine Verlobte (Montgomery), der ständigen Ungewißheit müde, zu einer List greift...
Neben Rock Hudson und Tony Curtis war es in den 60er Jahren vor allem Dean Martin, der sich als Star sogenannter Sex-Komödien profilierte, in denen es - unter zahllosen Frivolitäten und Zweideutigkeiten - meist darum ging, wer wen am Ende vor den Traual

tar schleppt. *Wer hat in meinem Bett geschlafen?*, einer der anspruchsloseren Vertreter dieses Genres, versucht sich darüber hinaus als Satire auf so geheiligte amerikanische Institutionen wie Psychiater und das Fernsehen. Das Ergebnis ist ein auf Hochglanz polierter, aber nicht sonderlich witziger Unterhaltungsfilm; Carol Burnetts Filmdebüt. al

Wer hat Tante Ruth angezündet?

Who Slew Auntie Roo?/Whoever Slew Auntie Roo? USA/Großbritannien 1971 **R** Curtis Harrington **B** Robert Blees, James Sangster, Gavin Lambert **K** Desmond Dickinson **M** Kenneth V. Jones **P** Samuel Z. Arkoff, James H. Nicholson für American International Pictures (Los Angeles), Hemdale Films (London) **L** 91 Min., Farbe **D** Shelley Winters, Mark Lester, Ralph Richardson, Lionell Jeffries, Judy Cornwell, Michael Gothard, Hugh Griffith, Chloë Franks

In einem herrschaftlichen Landhaus heißt Mrs. Forrest (Winters) zu jedem Weihnachtsfest Kinder aus dem benachbarten Waisenhaus willkommen. Obwohl sie nicht zu den Auserwählten gehören, schaffen auch Christopher (Lester) und Katie (Franks) den Weg vor den Kamin und an die mütterliche Brust der beleibten Dame, die von ihnen liebevoll „Tante Ruth" genannt wird. Doch Tante Ruth ist nicht ganz richtig: Sie hat den Tod ihrer einzigen Tochter nicht verwunden und bewahrt deren Skelett im Kinderzimmer auf. Katie wird von ihr vergöttert, und der eifersüchtige und mißtrauische Christopher ist schnell davon überzeugt, daß Tante Ruth die böse Hexe aus dem Märchen *Hänsel und Gretel* ist und dementsprechend bekämpft werden muß...

Dieser ebenso gruselige wie originelle Horror-Film, eine Variation von *Hänsel und Gretel* der Gebrüder Grimm, steht in der Tradition von Robert Aldrichs WAS GESCHAH WIRKLICH MIT BABY JANE?, der den Trend auslöste, alternde Diven in gotischen Thrillern einzusetzen. Bereits ein Jahr zuvor hatte Curtis Harrington in WAS IST DEN BLOSS MIT HELEN LOS? Shelley Winters und Debbie Reynolds aufeinander losgelassen. Makaber und größtenteils spannend. al

Wer ist Harry Kellerman?

Who Is Harry Kellerman and Why Is He Saying Those Terrible Things About Me? USA 1971 **R** Ulu Grosbard **B** Herb Gardner, nach seiner Kurzgeschichte **K** Victor J. Kemper **M** Shel Silverstein **P** Ulu Grosbard, Herb Gardner für Harry-Kellerman-Cinema-Center/New Generation **L** 90 Min. (Originalfassung 108 Min.), Farbe **D** Dustin Hoffman, Barbara Harris, Jack Warden, David Burns, Dom DeLuise, Gabriel Dell, Betty Walker, Rose Gregorio, Regina Baff

Der komplizierte und ellenlange amerikanische Originaltitel sagt eigentlich schon alles über die Machart dieses Films aus, in dem Dustin Hoffman zwischen dem Western LITTLE BIG MAN und dem Peckinpah-Reißer WER GEWALT SÄT mitwirkte. Ulu Grosbard drehte mit *Who Is Harry Kellerman...* einen Streifen, der sich bewußt vom kommerziellen Stil der konventionellen Hollywood-Unterhaltung abhob und noch nicht einmal sein Publikum unter dem Vorwand ansprechen wollte, diesem anderthalb mehr oder weniger kurzweilige Stunden zu bereiten - eine konsequente Absage an die Vermarktungsindustrie des amerikanischen Films, die paradoxerweise aber wiederum möglichst viele Zuschauer ansprechen sollte. Das zumeist jugendliche Publikum fand sich überwiegend in den Großstädten und war vor allem deswegen in die Vorstellung gekommen, weil der Name Dustin Hoffman schon zu Beginn der 70er Jahre einen enormen Stellenwert hatte.

Hoffman spielt in dieser teilweise surrealistischen Parabel den Pop-Musiker Georgie Soloway, der zwar im Beruf Erfolg hat, im Privatleben jedoch unter Depressionen und Einsamkeit leidet. Da er sich nun zudem auch noch dem gesetzteren Alter nähert, kommt er erst recht in eine Krise. Georgie fühlt sich auf Schritt und Tritt von einem Mann namens Harry Kellerman verfolgt, der ihn verhöhnt und verachtet (und niemals erscheint). Zunächst versucht er vergeblich, seine Neurose bei einem Psychiater loszuwerden, was scheitert. Der einzige Ausweg, aus diesem Dilemma zu entkommen, scheint somit nur noch der Selbstmord zu sein.

Eine gutgemeinte, im groben Ansatz sogar leidlich geglückte gesellschaftskritische Farce über den Sinn und Unsinn des Lebens, an der man aber im Verlauf der Handlung durch ihren unnötig verschachtelten Aufbau das Interesse verliert und die stellenweise etwas zu symbolüberfrachtet wirkt. Hervorragend freilich Dustin Hoffman sowie Barbara Harris, die für ihre Leistung für den Oscar nominiert wurde. jg

Wer klopft denn da an meine Tür?

Who's That Knocking at My Door? USA 1965-68 **R** Martin Scorsese **B** Martin Scorsese, Batzi Manoogian **K** Michael Wadleigh, Richard Coll, Max Fisher **P** Joseph Weill, Betzi Manoogian, Haig Manoogian für Tri-Mod/Joseph Brenner Prod. **L** 90 Min., s/w **D** Zina Bethune, Harvey Keitel, Lennard Kuras, Ann Colette, Michael Scala, Wendy Russell, Philip Carlson

Vier Jahre investierte Martin Scorsese in die Arbeit zu *Wer klopft denn da an meine Tür?*, der als zweiter Teil einer Filmtrilogie über das Leben in dem New Yorker Stadtteil Little Italy gedacht war: der nie realisierte *Jerusalem, Jerusalem* sollte die Reihe eröffnen, HEXENKESSEL stellte das letzte Werk dar. Die erste Fassung von *Who's That Knokking at My Door?* lief 1965 auf dem Film-Festival der New Yorker Universität unter dem Titel *Bring on the Dancing Girls*. Die schlechte Resonanz des Publikums sowie die Verrisse der Kritiker veranlaßten Scorsese dazu, eine neue, erweiterte Version in Angriff zu nehmen. Doch erst zwei Jahre darauf gelang es dem Leiter der Filmabteilung der Universität, Haig Manoogian, finanzielle Mittel aufzutreiben, die eine Fortführung der Arbeit ermöglichten. *I Call First* lautete das Ergebnis des zweiten Versuchs, Hauptdarsteller der ersten Fassung, Harvey Keitel, übernahm auch hier wieder den Part des Italo-Amerikaners J.R. Auf dem Chicago Film Festival erlebte diese Version 1967 ihre Aufführung, der wesentlich mehr Erfolg beschieden war als ihrem Vorgänger. Es fand sich sogar ein Verleiher, der allerdings darauf bestand, die eigenwillige Mischung aus experimentellem und traditionellem Kino um eine erotische Traumsequenz zu erweitern. Scorsese willigte ein und holte seinen Protagonisten für die Dreharbeiten nach Amsterdam, wo der Regisseur zu der Zeit beruflich gebunden war. Im Herbst 1968 gelangte *Wer klopft denn da an meine Tür?* schließlich in die amerikanischen Kinos. Die problematische Beziehung zwischen dem in Little Italy lebenden J.R. und einer Studentin steht im Mittelpunkt des Films, der sich durch eigenwillige Kamerafahrten und Bildmontagen auszeichnet. Scorseses immer wiederkehrenden Themen seiner folgenden Werke - Religion, Gewalt, Schuld und Erlösung - finden sich auch in seinem Erstlingswerk, das zugleich seine Abschlußarbeit an der New Yorker Universität darstellte. „Ein guter Regisseur macht nur *einen* Film, und zwar mit unerbittlicher Ehrlichkeit", offenbarte er 1975 in einem Interview. mg

Wer war die Dame?

Who Was That Lady? USA 1960 **R** George Sidney **B** Norman Krasna, nach seinem Bühnenstück *Who Was That Lady I Saw With You?* **K** Harry Stradling **M** André Previn **P** Norman Krasna für Ansark-Sidney/Columbia **L** 115 Min., s/w **D** Tony Curtis, Dean Martin, Janet Leigh, James Whitmore, John McIntire, Barbara Nichols, Larry Keating, Larry Storch

Groß ist das Entsetzen von Ann Wilson (Leigh), als sie per Zufall beobachten muß,

wie ihr Mann David (Curtis), ein angesehener Universitätsprofessor, eine Studentin küßt. Empört packt sie ihre Koffer, um nach Reno zu fahren und dort so schnell wie möglich die Scheidung einzureichen. David ist verzweifelt und wendet sich in seiner Not an seinen alten Freund Michael Haney (Martin), der als Drehbuchschreiber beim Fernsehen arbeitet. Mit ihm zusammen tüftelt er eine völlig absurde Spionagegeschichte aus, in die er angeblich verwickelt ist und die den verhängnisvollen Kuß erklären soll. Ann fällt prompt darauf herein und es entwickelt sich ein chaotisches Katz- und- Maus-Spiel, als plötzlich wirklich ein paar Russen auftauchen, die David und Michael für zwei echte Agenten halten.
Eine temporeiche Komödie angefüllt mit köstlicher Situationskomik und slapstickartigem Klamauk. Janet Leighs Erinnerungen zufolge, setzten Tony Curtis und Dean Martin auch nach Drehschluß ihre Albernheiten fort und beschossen sich mit Wasserspritzpistolen. Dem Erfolg des Films kam damals wieder einmal die Tatsache zugute, daß Janet Leigh mit Curtis verheiratet war und die beiden auch im Film ein recht nettes Paar abgaben. jg

Wer wird schon reich beim Militär?

You'll Never Get Rich. USA 1941 **R** Sidney Lanfield **B** Michael Fessier, Ernest Pagano **K** Phil Tannura **M** Cole Porter **P** Samuel Bishoff für Columbia **L** 88 Min., s/w **D** Fred Astaire, Rita Hayworth, John Hubbard, Robert Benchley, Osa Massen, Frieda Inescort

Wer wird schon reich beim Militär? war die erste, überaus erfolgreiche Zusammenarbeit von Fred Astaire und dem aufstrebenden Star Rita Hayworth, der ein Jahr später DU WARST NIE BERÜCKENDER folgte. Den Regisseur und Choreographen Robert Curtis (Astaire) verschlägt es in ein Ausbildungslager der Army, das eher wie ein Feriencamp für Schuljungen wirkt, denn den Eindruck vermittelt, daß 1941 der Zweite Weltkrieg schon im vollen Gange war. Dort trifft er auch die Tänzerin Sheila (Hayworth) wieder, auf die der steppende Soldat aufgrund einiger Mißverständnisse nicht sehr gut zu sprechen ist. Doch da wir uns in einem Musical befinden, ist ein swingendes Happy-End, das diesmal auf zu einer Hochzeitstorte drappierten Panzern stattfindet. Die musikalische Staffage zu dieser übermütigen Komödie lieferte Cole Porter (*The A-stairable Rag, Shootin' the Works for Uncle Sam, Wedding Cake Walk, Dream Dancing, Boogie Barcarolle, So Near and Yet So Far*), der für seine Komposition *Since I Kissed My Baby Goodbye* in der Kategorie „Bester Song" eine Oscar-Nominierung erhielt. mg

Werner - Beinhart!

Werner - Beinhart! Deutschland 1990 **R** Niki List, Michael Schaack, Gerhard Hahn **B** Ernst Kahl in Zusammenarbeit mit Rötger Feldmann alias Brösel **K** Egon Werdin **M** Jörg Evers **A** Tashin Özgür, Frank Polosek **P** Bernd Eichinger für Neue Constantin **L** 93 Min., Farbe **D** Rötger Feldmann, Meret Becker, Ludger Pistor, Johannes Silberschneider, Robert Spitz

„Rülps" und „kotz", die beiden am häufigsten in *Werner - Beinhart!* gebrauchten Vokabeln, taugen genauso gut als Kurzkritik dieses peinlichen Schmalspurwerks aus den Niederungen deutscher Filmunterhaltung: Ein haarsträubender Extrakt aus den bis dato erschienenen acht *Werner*-Comicbüchern (Auflage: 4,8 Millionen), deren humoristische Höhepunkte sich in zerberstenden Klosettrohren und reihernden Motorradrockern erschöpfen, liefert den Grundstoff zu einzelnen Zeichentrickepisoden, die durch einen dümmlichen Realteil, in dem *Werner*-Erfinder Rötger Feldmann einen erfolglosen Comiczeichner auf dem Weg nach oben mimt, mühsam zusammengehalten werden. Obwohl der so trost- wie einfallslosen Plotte jedweder Witz abgeht, konnte sie rund 5 Millionen Zuschauer in die deutschen Kinos locken und wurde damit hierzulande zu einer der erfolgreichsten Nachkriegsproduktionen. Rülps. sk

Der Werwolf von Tarker Mills

Silver Bullet. USA 1986 **R** Daniel Attias **B** Stephen King, nach seiner Geschichte *Cycle of the Werewolf* **K** Armando Nannuzzi **M** Jay Chattaway **P** Martha Schumacher für Dino De Laurentiis-Prod. **L** 94 Min., Farbe **D** Gary Busey, Everett McGill, Corey Haim, Megan Followes, Robin Groves, Leon Russom, Terry O´Quinn, Bill Smitrovich, Joe Wright, Kent Broadhurst

Eine leidlich gelungene Stephen-King-Adaption, zu der der Meister des Horrors selbst das Drehbuch beisteuerte.
Schauplatz der schauerlichen Vorgänge ist ein weiteres Mal der pittoreske Bundesstaat Maine im Nordosten der USA. Dort wird das verschlafene Dorf Tarker Mills von einer grauenhaften Mordserie aus seinen unschuldigen Träumen gerissen. Hinter den Metzeleien vermutet man einen wahnsinnigen Psychopathen. Der 11jährige, an einen Rollstuhl gefesselte Junge Marty (Haim) weiß es besser. Ein Werwolf treibt in Tarker Mills sein Unwesen und hinter ihm verbirgt sich niemand anderes als Reverend Lowe (McGill), der Pastor des Ortes. Zwischen ihm und Marty kommt es zu einem gnadenlosen Duell. Daniel Attias gelangen zwar einige überaus beängstigende Minuten (besonders aufregend die Stelle, in der Marty des Nachts von dem Wolf auf einer Brücke überrascht wird), doch verließ er sich nicht allein auf die düstere Aura der Geschichte, sondern garnierte seine Bilder mit einigen drastischen, recht unnötigen Schlachthaus-Effekten. Erfreulich ist natürlich die Gestaltung des kleinen Helden Marty, der dem Image des typisch amerikanischen Kleinstadt-Boys nicht ganz entspricht. Ihn als körperbehinderten, aber stets agilen und lebensfrohen Jungen zu präsentieren, ist einer der Vorzüge dieses Horrorfilms, der stellenweise wie eine Mischung aus Sage, Märchen und amerikanischer Familienserie anmutet. jg

Wespennest

La crime. Frankreich 1983 **R** Philippe Labro **B** Jacques Labib, Jean-Patrick Manchette, Philippe Labro, nach dem Roman von Manchette **K** Pierre-William Glenn **M** Reinhardt Wagner **P** Alain Terzian für T. Films/Films A2 **L** 102 Min., Farbe **D** Claude Brasseur, Jean-Claude Brialy, Gabrielle Lazure, Dayle Haddon, Jean-Louis Trintignant, Robert Hirsch

Acht Jahre nach seinem letzten Film DER GREIFER (mit Jean-Paul Belmondo) meldete sich der Autor und Journalist Philippe Labro auch als Regisseur zurück mit diesem reißerischen Thriller, der ganz im Stile seiner früheren Arbeiten solide Action-Unterhaltung mit einem Schuß Gesellschaftskritik verbindet. Der als rüpelhaft, aber fähig geltende Kommissar Griffon (Brasseur) wird auf einen heiklen Fall angesetzt: Im Pariser Justizpalast wurde ein einflußreicher Wirtschaftsanwalt von zwei Männern in Polizeiuniformen erschossen. Damit Griffon nicht andauernd über die Stränge schlägt, stellt man ihm mit Rambert (Brialy) einen hochrangigen Aufpasser an die Seite, der allerdings nicht viel ausrichten kann. Denn auch nachdem ihm der Fall, der bis in Regierungskreise hineinreicht, entzogen worden ist, macht Griffon weiter...
Die Geschichte von *Wespennest* ist nicht gerade neu, doch immerhin liefert Labro eine unterhaltsame Variation der bekannten Muster, bei der es auf die Kleinigkeiten ankommt, etwa Brasseurs Angewohnheit, Bierflaschen mit den Zähnen zu öffnen. Jean-Louis Trintignant hat einen umwerfenden Auftritt als windiger Minister. al

West Side Story

West Side Story. USA 1961 **R** Robert Wise, Jerome Robbins **B** Ernest Lehman, nach dem Broadway-Musical von Arthur Laurents, basierend auf einer Story von Jerome Robbins, inspiriert durch das Stück *Romeo und Julia* von William Shakespeare **K** Daniel L. Frapp **M** Leonard Bernstein; Stephen Sondheim (Text) **P** Robert Wise für Mirisch Productions/SevenArts/Beta **L** 153 Min., Farbe **D** Natalie Wood, Richard Beymer, Russ Tamblyn, Rita Moreno, George Chakiris, Simon Oakland, William Bramley, Ned Glass

William Shakespeares tragische Liebesgeschichte um das junge Paar Romeo und Julia diente Arthur Laurents als Vorlage zu seinem Bühnenmusical *West Side Story*, das Robert Wise und Jerome Robbins für die Leinwand adaptierten. Den Schauplatz verlegte Laurents aus dem Verona der frühen Renaissance ins New York der Gegenwart. Auf der West Side Manhattans kämpfen zwei Jugendbanden um die Vorherrschaft in dem Stadtteil: die „Jets" formieren sich aus weißen Amerikanern, die „Sharks" bestehen aus puertoricanischen Einwanderern. Auf einer Tanzveranstaltung, die die rivalisierenden Gangs einander näherbringen soll, verliebt sich Tony (Beymer), ein ehemaliges Mitglied der Jets, in Maria (Wood), die Schwester des Sharks-Anführers Bernardo (Chakiris). Zuerst versuchen die beiden, den Streit zwischen den Parteien zu schlichten, doch der Haß der Jugendlichen scheint unüberbrückbar.
Sechs Millionen Dollar kostete die Verfilmung des Musicals, das am 25. September 1957 seine Theater-Uraufführung am Broadway erlebte. Die Idee zu dem Stück stammt von dem Choreographen und Regisseur Jerome Robbins, der auch die Kinoversion inszenieren sollte. Künstlerische Dispute mit seinem Kollegen Robert Wise führten allerdings dazu, daß Robbins schon kurz nach Beginn der Dreharbeiten seinen Hut nehmen mußte. So oblag schließlich nur die aus dem Helikopter aufgenommene, acht Minuten andauernde Anfangssequenz sowie die Nummern *America, I Feel Pretty* und *Cool* seiner alleinigen Gestaltung. Im Gegensatz zu vielen anderen Filmmusicals, die auf einer Bühnenfassung basieren, blieb *West Side Story* das Schicksal erspart, Originalsongs einbüßen zu müssen; sämtliche Kompositionen Leonard Bernsteins blieben erhalten, lediglich die Umstellung einiger Lieder in der Leinwandadaption hielt Drehbuchautor Ernest Lehman für angebracht. Nicht alle Darsteller interpretierten die Stücke, die allesamt zu Evergreens avanciert sind, selbst: Rita Morenos Gesang wurde von Betty Wand synchronisiert, für Richard Beymer sang Jim Bryant und Marni Nixon, die später Audrey Hepburn in MY FAIR LADY ihre Stimme lieh, tat dies auch für Natalie Wood. Der oscargekrönte Soundtrack umfaßt die Songs *Jet Song; Something's Coming; Dance at the Gym; America; Tonight; Gee, Officer Krupke; I Feel Pretty; One Hand, One Heart; Quintet; The Rumble; Cool; A Boy Like That, I Have a Love; Somewhere*: Doch es gab nicht nur diese eine Statuette für die *West Side Story*, insgesamt zehn Trophäen gingen an die erfolgreiche Produktion: Irene Sharaff nahm die Auszeichnung für ihre Kostüme entgegen, Thomas Stanford für den Schnitt, Fred Hynes und Gordon E. Sawyer für den Ton, Boris Leven und Victor A. Gangelin für die Ausstattung, Daniel L. Frapp als bester Kameramann, Rita Moreno und George Chakiris als beste Nebendarsteller, Robert Wise und Jerome Robbins für ihre Regie. Darüber hinaus erhielt die Produktion den begehrten Preis in der Sparte „Bester Film des Jahres". mg

Der Westen leuchtet

Der Westen leuchtet. BRD 1982 **R** Niklaus Schilling **B** Niklaus Schilling **K** Wolfgang Dickmann **M** Michael Rueggeberg **P** Elke Haltaufderheide für Visual-Film/ZDF **L** 108 Min., Farbe **D** Armin Mueller-Stahl, Beatrice Kessler, Melanie Tressler, Harry Baer, Gunther Malzacher, Mathias Eysen, Gert Burkhard

Armin Mueller-Stahl hätte sich im bundesdeutschen Kino mit keiner originelleren Rolle etablieren können. Er spielt den DDR-Agenten Harald Liebe alias Rainer Lesniak, der unter dem Decknamen „Karl" in die Bundesrepublik geschleust wird, um dort einen Spion namens „Heinz" zu überprüfen, der in den Verdacht geraten ist, ein doppeltes Spiel zu betreiben. Liebe kommt erheblich aus der Fassung, als er feststellt, daß es sich bei „Heinz" um die attraktive Dagmar Ostfeld (Kessler) handelt, die als Chefsekretärin eines Münchener Rüstungskonzerns dem DDR-Geheimdienst wertvolle Unterlagen zukommen lassen sollte. Diese Tatsache erschwert Liebes Vorgehen; gänzlich kompliziert und undurchschaubar wird es, als sich der Agent aus dem Osten in die attraktive Frau verliebt.
Eine elegant inszenierte Spionage-Geschichte, die einen Teil deutsch-deutscher Wirklichkeit in verschlungenen, manchmal etwas allzu schicken und gestylten Bildkompositionen widerspiegelt.
„*Der Westen leuchtet* ist unverstelltes Kino, von der Farbgestaltung bis zum Schnitt ein Fest für Freunde des cinema pur. Wer sich dann an der oft ins Metaphysische abhebenden Erzähltechnik stört, mißversteht die subversive Ironie eines Machers, der zu den wichtigsten Gestalten unserer Filmlandschaft zu zählen ist" (*Rheinische Post*).
Kameramann Wolfgang Dickman wurde für seine erlesene Farbfotografie mit dem Deutschen Filmpreis ausgezeichnet. jg

Western Union

Western Union. USA 1941 **R** Fritz Lang **B** Robert Carson, nach dem Roman von Zane Grey **K** Edward Cronjager, Allen M. Davey **M** David Buttolph **P** Darryl F. Zanuck für 20th Century-Fox **L** 93 Min., Farbe **D** Randolph Scott, Robert Young, Dean Jagger, Virginia Gilmore, John Carradine, Slim Summerville, Chill Wills, Barton MacLane

Ein Jahr zuvor war die Fox das Risiko eingegangen und hatte Fritz Lang die Regie zu dem Western RACHE FÜR JESSE JAMES anvertraut, was damals von vielen Kritikern mit Skepsis aufgenommen wurde, denn wie sollte schließlich ein europäischer Filmemacher den Mythos der amerikanischen Pionierzeit nachempfinden können. Der Streifen kam in die Kinos und erntete überragende Beurteilungen, was letztendlich ein Grund dafür war, dem enormen Erfolg dieses Westerns einen weiteren Triumph folgen zu lassen, der wiederum unter Langs Leitung entstehen sollte.
Western Union ist zeitlich angesiedelt im Jahre 1861 und schildert den Bau einer Telegraphenleitung, die von der Pionierstadt Omaha ausgehend in Richtung Westen verlegt werden soll. Das Unternehmen erweist sich schwieriger als zunächst angenommen, denn eine marodierende Banditenbande und umherziehende Indianer unterbrechen die Arbeiten am laufenden Band. In diese dramatischen Ereignisse werden die beiden Kundschafter Vance Shaw (Scott) und Richard Blake (Young) verwickelt, die sich zu allem Überfluß auch noch in ein und dasselbe Mädchen verlieben.
Für Fritz Lang war *Western Union* der gelungenste seiner insgesamt drei Western. Mit Stolz erzählte der Regisseur, daß ihm nach dem Start des Films vierzig Pioniere aus Arizona, die die Tage des Wilden Westens selbst noch erlebt hatten, einen begeisterten Brief schrieben, in dem sie sich lobend über die Authentizität seiner Arbeit äußerten. Lang selbst hatte sich auf die Dreharbeiten ausführlich vorbereitet und war monatelang durch den Westen der USA gereist, um während dieser Zeit vor allem das Leben der Indianer kennenzulernen. *Western Union* ist die Quintessenz dieser gesammelten Erfahrungen - ein bilderbogenartiger Western von epischer Breite, dargeboten in einer vorzüglichen Farbfotografie.

Lang machte 1952 mit ENGEL DER GEJAGTEN einen dritten und letzten Abstecher in das Western-Genre. jg

Westfront 1918

Westfront 1918. Deutschland 1930 **R** G. W. Pabst **B** Ladislaus Vajda, nach dem Roman *Vier von der Infanterie* von Ernst Johannsen **K** Fritz Arno Wagner, Charles Metain **M** Alexander Laszlo **P** Seymour Nebenzahl für Nero-Film **L** 97 Min., s/w **D** Fritz Kampers, Gustav Diessl, Hans Joachim Moebis, Claus Clausen, Gustav Püttjer, Jackie Monnier, Hanna Hoeßrich, Else Heller

Neben Lewis Milestones zeitgleich entstandener Remarque-Verfilmung IM WESTEN NICHTS NEUES zählt G. W. Pabsts anklagendes Drama *Westfront 1918* zu den erschütterndsten Werken über den I. Weltkrieg.

Anhand von vier deutschen Soldaten beschreibt Pabst die Sinnlosigkeit und Grausamkeit des festgefahrenen Stellungskrieges, der zwischen Deutschland und Frankreich tobt. Da gibt es zunächst den „Bayern" (Kampers), einen etwas grobschlächtigen Mann, der den Krieg als Abenteuer betrachtet. Der Student (Moebis) hat an der Front seine erste Liebesaffäre mit einem französischen Mädchen. Karl (Diessl) hingegen kehrt frustriert und verbittert in den Schützengraben zurück, nachdem er bei einem Heimaturlaub seine Frau in flagranti mit einem anderen Mann ertappt hat.

Alle drei Soldaten werden das Ende des Krieges nicht überleben. Als der ihnen vorgesetzte Leutnant (Clausen) erkennen muß, daß die militärische Lage gänzlich aussichtslos geworden ist und all das, wofür er eintrat, keine Gültigkeit mehr hat, verfällt er dem Wahnsinn.

Pabsts Film ist eine kompromißlose Anklage gegen jede Art von Krieg. Es gibt keine Schwarzweiß-Zeichnung, denn sowohl die deutschen als auch die französischen Soldaten werden als Opfer einer brutalen und gewissenlosen Gewaltpolitik dargestellt, ohne daß dabei heroische Töne aufkommen. Bezeichnend ist in dieser Hinsicht auch das Ende des Films, bei dem in einem Lazarett ein verletzter Franzose seinem toten deutschen Kameraden die Hand hält. Noch heute sind die langen Kamerafahrten über die von Stacheldrahtrollen eingesäumten Schützengräben von einer beklemmenden Wirkung. Sie waren u. a. das Vorbild für Stanley Kubricks berühmten Antikriegsfilm WEGE ZUM RUHM. Pabst drehte die Schlachtenszenen mit einem beträchtlichen pyrotechnischen Aufwand in Petershagen bei Frankfurt/Oder. Die Innenaufnahmen entstanden in den Emelka-Ateliers in München-Geiselgasteig. Nach der Machtübernahme der Nazis wurde *Westfront 1918* bereits im April 1933 von der einberufenen Filmprüfstelle verboten und aus dem Verleih genommen. jg

Westlich St. Louis

Wagonmaster. USA 1950 **R** John Ford **B** Frank S. Nugent, Patrick Ford, nach einer Geschichte von John Ford **K** Bert Glennon **M** Richard Hageman **P** John Ford, Merian C. Cooper für Argosy/RKO **L** 86 Min., s/w **D** Ward Bond, Ben Johnson, Harry Carey jr., Joanne Dru, Charles Kemper, Jane Darwell, Alan Mowbray, Ruth Clifford

John Ford wurde von Peter Bogdanovich 1966 während eines berühmten Interviews gebeten, eine kurze Stellungnahme zu seinem Western *Wagonmaster* abzugeben. Ford ordnete ihn hinter seinen beiden Werken BEFEHL DES GEWISSENS und WEM DIE SONNE LACHT hinsichtlich der persönlichen Bedeutung an dritter Stelle ein. Wahrscheinlich ist der Film einer seiner besten und schönsten Western, wenngleich Ford hier auf die ganz großen Stars verzichtete und sich diesmal auch kein John Wayne unter der Besetzung befand.

In mitreißenden, zuweilen aber auch recht einfachen und kargen Bildern beschreibt Ford den gefahrvollen Weg eines Wagentrecks. Aufgrund religiöser Zwistigkeiten bricht eine Gruppe von Mormonen auf, um im Bundesstaat Utah endlich eine Heimat zu finden, wo man sie nicht wegen ihres Glaubens verhöhnt und demütigt. Der Weg in das „gelobte Land" ist gepflastert mit Gefahren. Kriegerische Indianer, aber auch interne Auseinandersetzungen lassen den Weg für die Sektierer zu einer harten Belastungsprobe werden.

1950 war eines der produktivsten Jahre in der Karriere von John Ford, der während dieses Zeitraums allein drei Filme fertigstellte. *Westwärts St. Louis* konnte zwar nicht mit einem solchen Aufwand aufwarten wie der im selben Jahr entstandene Western RIO GRANDE, dafür verlegte Ford das Interesse in seiner Geschichte auf eine genaue Skizzierung der facettenreichen Personen, deren Interpretation durch solch hochgradige Schauspieler wie Jane Darwell oder Harry Carey jr. das intime und überaus lebensnahe Porträt einer mutigen Glaubensgemeinschaft entwarf. jg

Westwärts zieht der Wind

Paint Your Wagon. USA 1969 **R** Joshua Logan **B** Alan Jay Lerner, Paddy Chayefsky, nach dem Bühnenmusical von Lerner und Frederick Loewe **K** William A. Fraker **M** Frederick Loewe **P** Alan Jay Lerner für Paramount **L** 137 Min. (Originalfassung 166 Min.), Farbe **D** Lee Marvin, Clint Eastwood, Jean Seberg, Harve Presnell, Ray Walston, Tom Ligon, Alan Dexter, William O'Connell

Das von dem renommierten Team Frederick Loewe/Alan J. Lerner stammende Bühnenmusical *Paint Your Wagon* erlebte im November 1951 seine Uraufführung am Broadway. Über ein Jahr sorgte das von Kritikern umjubelte Stück für ausverkaufte Häuser. Achtzehn Jahre später wollte die Paramount diesen Erfolg wiederholen und initiierte eine Verfilmung des Stoffes. Unter großem finanziellen Aufwand begannen die Dreharbeiten in Oregon; 14 Mio. Dollar waren veranschlagt worden, doch schon bald sprengte die Produktion den vorgegebenen Rahmen um weitere 6 Millionen. „Das Ganze war eine Katastrophe. Aber es hätte keine so teuere Katastrophe werden müssen. Jeder flog mit einem Lear-Jet von und zu den Dreharbeiten; fürs Mittagessen ließ man die Ehefrauen mit dem Hubschrauber einfliegen; man bezahlte die Crew von sieben Trucks und Tausende von Statisten dafür, daß sie einfach nur herumstanden; jeder lebte in einer eigenen Ranch - zwanzig Millionen Dollar verpulvert und kaum etwas davon auf der Leinwand!" empörte sich Hauptdarsteller Clint Eastwood später über die Entstehung des Films, der ihn in einer völlig ungewohnten Rolle präsentierte. Als liebenswürdiger, verläßlicher junger Mann schließt er mit dem rauhbeinigen Globetrotter Ben Rumson (Marvin) während des kalifornischen Goldrauschs eine Partnerschaft. Ihre Suche nach dem Edelmetall wird durch die Eheschließung Rumsons mit der hübschen Elizabeth (Seberg) kurzzeitig unterbrochen. Als sich Pardner in die Gattin seines Kumpels verliebt, schlägt Elizabeth eine ménage à trois vor. Recht ungewöhnlich erschien das Unterfangen der Paramount, ein Musical auf die Beine zu stellen, das mit keinem in diesem Genre erfahrenen Protagonisten aufwarten konnte. Immerhin singen die Darsteller ihre Parts selbst: so knurrt Lee Marvin mit manchmal versagender Stimme das später zum Hit avancierte *I Was Born Under a Wandrin' Star*, Eastwood flüchtete sich in einen - überraschend weichen -Sprechgesang. Den hatte er schon einmal in den fünfziger Jahren unter Beweis gestellt: Als seine Western-Serie *Rawhide* in den USA mit großem Erfolg im Fernsehen lief, nahm er eine Single auf, die sich allerdings nicht verkaufte. mg

Westworld

Westworld. USA 1973 **R** Michael Crichton **B** Michael Crichton **K** Gene Polito **M** Fred Karlin **P**

Paul N. Lazurus III für MGM **L** 91 Min., Farbe **D** Yul Brynner, Richard Benjamin, James Brolin, Norman Bartold, Dick Van Patten, Linda Scott, Steve Franken, Michael Mikler, Terry Wilson, Majel Barrett

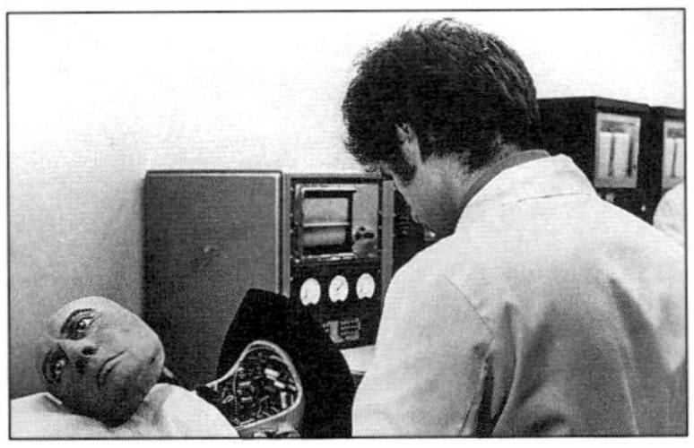

In einer Epoche, in der den Menschen der hochentwickelten Ersten Welt immer mehr Freizeit zur Verfügung steht, ist die Ideenvielfalt der Unterhaltungsindustrie gefragt. Streßgeplagten Managern, abenteuersüchtigen Aussteigern und Freunden des Exklusiven bietet der Freizeitpark Delos eine attraktive Unterhaltung. Dort wurde nach Disneyland-Vorbild die Welt der Antike, des Mittelalters und des Wilden Westens in perfekter Weise nachempfunden. Roboter, in Bewegung und Aussehen von richtigen Menschen kaum noch zu unterscheiden, sorgen dafür, daß die zahlungswilligen Touristen sowohl mit Thrill als auch Entspannung versorgt werden. Die beiden Chicagoer Geschäftsmänner Martin (Benjamin) und Blane (Brolin) haben sich für den Wilden Westen entschieden und werden bald Zeuge von beunruhigenden Zwischenfällen. Einige der Roboter reagieren anders als sie sollten. Dies ist der schleichende Auftakt zu einem blutigen Amoklauf, in dessen Verlauf die humanoiden Maschinen Delos in ihre Gewalt nehmen. Als besonders hartnäckiger Verfolger entpuppt sich ein schwarzgekleideter Revolvermann (Brynner), der unzerstörbar zu sein scheint...

Michael Crichton hatte zu Robert Wises Science-fiction-Film ANDROMEDA eine beklemmende Romanvorlage abgeliefert. Mit *Westworld* wollte der Autor sich erstmals auch im Regiefach versuchen. Dieses Experiment glückte nur halb. Zum einen gelangen ihm einige durchaus beängstigende Bildfolgen, besonders dann, wenn Yul Brynner als schwarzer Rächer durch die Anlage des Parks zieht. Leider vermengt Crichton hier etwas allzu aufdringlich diverse Elemente des Western- und des Horrorgenres miteinander, so daß sich ein uneinheitlicher Gesamteindruck ergibt. Hervorragend ist freilich Yul Brynner, der eine Parodie auf seine eigene Darstellung in John Sturges´ Edel-Western DIE GLORREICHEN SIEBEN abgibt. Da *Westworld* in den USA und Kanada sehr gut ankam (hier allein ein Einspielgewinn von 3,5 Mio. Dollar), kam 1976 die Fortsetzung FUTUREWORLD - DAS LAND VON ÜBERMORGEN in die Kinos. Auch hier trat Brynner noch einmal in einer kurzen Nebenrolle auf. jg

Wetherby

Wetherby. Großbritannien 1984 **R** David Hare **B** David Hare **K** Stuart Harris **M** Nick Bicat **P** Simon Relph für Film Four International/Zenith/ Greenpoint **L** 102 Min., Farbe **D** Vanessa Redgrave, Joely Richardson, Ian Holm, Judi Dench, Marjorie Yates, Katy Behean, Tom Wilkinson, Tom McInnerny, Suzanna Hamilton, Stuart Wilson

Wetherby, das dem Film seinen Titel gibt, ist eine friedliche, idyllische Kleinstadt in Yorkshire. Hier lebt Jean Travers (Redgrave), eine allseits beliebte Lehrerin, deren scheinbar geordnetes Leben eines Tages durch einen erschütternden Vorfall deutliche Risse erhält. Jean hat an einem Abend einige Freunde zu einem Essen eingeladen. Unbemerkt mischt sich der Schüler John Morgan (McInnerny) unter die Gäste, nimmt an den Gesprächen teil und ist auch eine Zeitlang mir Jean allein, die der Meinung ist, der junge Mann sei zusammen mit ihren Freunden gekommen. Am anderen Tag besucht John sie ein zweites Mal und offenbart ihr, wie er sich in Wirklichkeit Zugang zu ihrem Haus verschafft hat. Dann zieht er eine Pistole und schießt sich in den Kopf. Die durch den Vorfall völlig verwirrte Jean wird durch die polizeilichen Ermittlungen des Inspektors Mike Langdon (Wilson) dazu veranlaßt, über ihre eigenen, jahrelang unterdrückten Sehnsüchte, über ihre Einsamkeit und Ängste nachzudenken.

„*Wetherby* besitzt eine komplizierte, zersplitterte Form, die Gefühlswelt soll als Scherbenwelt erscheinen. Außerdem ist der Film als kriminalistische Recherche inszeniert... und dies betont den Glasperlenspiel-Charakter von *Wetherby*. Real wirkt nur das Gesicht von Vanessa Redgrave, es straft die Künstlichkeit des Films Lügen - es wirkt blühend, voll ständig wechselnder, herber Farben, man betrachtet es wie das Gemälde einer englischen Gartenlandschaft, ohne es würde der Film nur Totengeruch atmen und nach Bücherstaub schmecken" (*Die Zeit*).

Joely Richardson, Vanessa Redgraves Tochter, die in Rückblenden die junge Jean verkörpert, hatte hier ihren ersten Leinwandauftritt. David Hare, der mit *Wetherby* ebenfalls seinen ersten Film drehte, konnte 1985 auf der Berlinale den Goldenen Bären für sein Werk entgegennehmen. jg

Whisky brutal

The Moonshine War. USA 1970 **R** Richard Quine **B** Elmore Leonard, nach seinem Roman **K** Richard H. Kline **M** Neal Hefti **P** Martin Ransohoff für Filmways/Metro-Goldwyn-Mayer **L** 99 Min., Farbe **D** Patrick MacGoohan, Richard Widmark, Alan Alda, Lee Hazlewood, Joe Williams, Will Geer, Melodie Johnson

Seit BONNIE UND CLYDE war die Depressionszeit der 30er Jahre bei amerikanischen Filmemachern wieder populär, in der auch dieser Krimi angesiedelt ist. 1932, kurz vor Aufhebung des Alkoholverbots, hofft der korrupte Regierungsbeamte Frank Long (MacGoohan) das Geschäft seines Lebens zu machen: Er will die geheimen Whisky-Vorräte des Farmers Son Martin (Alda) im Namen des Gesetzes beschlagnahmen und dann mit Hilfe des schurkischen Dr. Taulbee (Widmark) verschieben. Auf Sons Weigerung hin, den Fusel herauszugeben, beginnen Taulbee und seine Schergen, ihn unter Druck zu setzen und andere Saiten aufzuziehen.

Variety hielt nicht viel von *Whisky brutal*, an dem eigentlich nur die ungewöhnliche Besetzung sowie Richard H. Klines Farbphotographie bemerkenswert sind, und bezeichnete ihn als „mittelmäßig" und „langweilig". Teri Garr hat einen kleinen Auftritt als Touristin. al

Der Whistler

The Whistler. USA 1944 **R** William Castle **B** Eric Taylor, nach einer Story von J. Donald Wilson **K** James S. Brown **M** Wilbur Hatch **P** Rudolph C. Flothow für Columbia **L** 59 Min., s/w **D** Richard Dix, J. Carrol Naish, Gloria Stuart, Alan Dinehart, Joan Woodbury, Cy Kendall, Trevor Bardette, Don Costello

Innerhalb der Schwarzen Serie Hollywoods sollte die *Whistler*-Filmreihe nicht unerwähnt bleiben. Sie war damals von Beginn nur als Vorprogramm für den eigentlichen Hauptfilm konzipiert worden, erwies sich aber so erfolgreich, daß dem Erstlingsfilm insgesamt sieben weitere Fortsetzungen folgten. Fünf *Whistler*-Filme strahlten die Dritten Programme zu Beginn der 80er Jahre im deutschen Fernsehen aus.

Der 1944 entstandene Erstlingsstreifen, der auf der in den USA überaus populären Radio-Unterhaltungssendung *Mysterial Series* basierte, wurde mit dem verschwindend geringen Budget von 75.000 Dollar produziert. Regie führte damals William Castle, der sich in späteren Jahren vor allem im Genre des Horrorfilms einen Namen unter den B-Regisseuren Hollywoods machte. Die Geschich-

te dieses makabren Schockers ist ebenso ungewöhnlich wie aufregend. Earl Conrad (Dix) hat seine Frau verloren. Über diesen Verlust kommt er nicht hinweg; seine Lebensüberdrüssigkeit gipfelt in dem Entschluß, einen bezahlten Killer (Naish) anzuheuern, der ihn umbringen soll. Dieser treibt mit seinem Auftraggeber ein teuflisches Spiel, versetzt Conrad fortwährend in Angst und Schrecken, ohne dabei zuzuschlagen und läßt selbst dann nicht von seinem Tun ab, als sich herausstellt, daß Conrads Frau gar nicht tot ist. Bevor der bezahlte Mörder jedoch seinen Auftrag erfüllen kann, tritt der Whistler in Erscheinung.
Originellerweise bekommt man bei allen acht Filmen die mysteriöse Figur des Whistler lediglich als ominösen Schatten zu sehen, der sein Herannahen mit einer gepfiffenen Melodie ankündigt. Als weitere Beiträge dieser Serie entstanden der Reihe nach: *Das Zeichen des Whistler* (1944), *Die Macht des Whistler* (1945), *Der geheimnisvolle Gast* (1946) und die *Rückkehr des Whistler* (1948). jg

White Nights - Die Nacht der Entscheidung

White Nights. USA 1985 **R** Taylor Hackford **B** James Goldman, Eric Hughes **K** David Watkin **M** Michel Colombier **P** Taylor Hackford und William S. Gilmore für Columbia Pictures **L** 135 Min., Farbe **D** Mikhail Baryschnikow, Gregory Hines, Isabella Rossellini, Helen Mirren, Jerzy Skolimowski, Geraldine Page

Für Nikolai Rodchenko (Baryschnikow) wird ein Alptraum bittere Wirklichkeit: Acht Jahre, nachdem sich der russische Ballettänzer in den Westen abgesetzt hatte, muß sein Flugzeug auf dem Weg von Amerika nach Japan in Sowjet-Sibirien notlanden. Vom KGB isoliert, der der Weltöffentlichkeit vorgaukelt, Rodchenko liege in einem Militärkrankenhaus im Koma, wird er von dem farbigen Steptänzer Raymond Greenwood (Hines), der seinerzeit aus Protest gegen den Vietnamkrieg aus den USA in die UdSSR übergelaufen war, bearbeitet: Rodchenko soll an das Kirow-Theater in Leningrad zurückkehren. Die Russen versprechen sich davon einen propagandistischen Erfolg im Kampf gegen den amerikanischen Klassenfeind. Rodchenko ist zum Schein zu einer Kooperation bereit und beginnt mit Tanzproben, doch tatsächlich bereitet er unter den Argusaugen des KGB mit Hilfe seiner früheren Geliebten Galina (Mirren) seine Flucht in den Westen vor...
Für Freunde anspruchsvoller Tanzchoreographien ist *White Nights* sicher sehenswert - die Tänze, die Mikhail Baryschnikow, selbst geflohener sowjetischer Ballettstar, aufs Parkett legt, sind so bravourös wie gelungen. Nur: Sie sind allenfalls zierendes Beiwerk in einem Film, der sich tumben, unreflektierten Antikommunismus auf seine Fahnen geschrieben hat. Die hehre Absicht der Filmemacher, die Freiheit der Kunst und des Tanzes als höchstes, unantastbares Gut zu verkaufen, geht gänzlich unter in einem überkandidelt inszenierten Sumpf aus tumben Klischees und dümmlichen Vorurteilen. Völlig deplaziert kommt zudem Gregory Hines daher, der als Alibi-Schwarzer alberne Step-Nummern in der steifgefrorenen Taiga darbieten muß. Verständlicherweise verweigerten die bösen Russen dem „ideologischen Ballettfilm" (*Frankfurter Rundschau*) eine Drehgenehmigung an Originalschauplätzen: So mußte der sibirische Militärstützpunkt auf einem Airport der Royal Air Force in Schottland nachgestellt werden, während die Leningrader Außenaufnahmen nach Helsinki verlegt wurden. sk

White Zombie

White Zombie. USA 1932 **R** Victor Halperin **B** Garnett Weston, nach dem Roman *The Magic Island* von William Seabrook **K** Arthur Martinelli **M** Abe Meyer **P** Edward Halperin für Universal **L** 73 Min., s/w **D** Bela Lugosi, Madge Bellamy, John Harron, Joseph Cawthorn, Robert Frazer, Clarence Muse, Brandon Hurst, Frederick Peters

White Zombie gilt als Vorläufer aller späteren Zombie-Filme, hat jedoch - ähnlich wie Jacques Tourneurs romantische Schauerballade ICH FOLGTE EINEM ZOMBIE - nichts gemein mit jenen übelkeitserregenden Metzeleien der späten 70er Jahre.
Bela Lugosi, Hollywoods Bösewicht vom Dienst, spielt den finsteren Raffineriebesitzer Legendre, der in den Bergen Haitis in einem schloßähnlichen Domizil haust und dort mit Hilfe magischer Kräfte scheinbar Tote zu Untoten, zu wandelnden Zombies, macht, die dann in seiner Fabrik schuften müssen. Assistent bei dieser teuflischen Tätigkeit ist sein Untergebener Charles Beaumont (Frazer), der sich in die blonde Schönheit Madeline Short (Bellamy) verliebt und diese auf dem Schloß einem Voodoo-Ritual unterzieht. Die beiden Vertreter des Bösen haben jedoch nicht mit Madelines Verlobten Neil Parker (Harron) und dem Zombiejäger Dr. Bruner (Cawthorn) gerechnet.
Innerhalb von nur zwei Wochen kurbelte Victor Halperin in wuchtigen, viktorianischen Kulissen (Reste der vorangegangenen Produktionen FRANKENSTEIN und DRACULA) seinen Gruselfilm herunter, der zur damaligen Zeit wiederum Millionen von Zuschauern in die Kinos lockte. Anders jedoch als James Whales *Frankenstein*-Filme oder andere der frühen Universal-Horrorschinken, merkt man *White Zombie* recht deutlich sein hohes Alter an. Der Film ist zwar immer noch unterhaltsam, wirkt heute aber auf eine rührende Weise veraltet. jg

Who's That Girl

Who's That Girl. USA 1987 **R** James Foley **B** Andrew Smith, Ken Finkleman **K** Jan De Bont **M** Stephen Bray, Patrick Leonard **P** Rosilyn Heller, Bernard Williams für Guber-Peters Company/ Warner Bros. **L** 93 Min., Farbe **D** Madonna, Griffin Dunne, Haviland Davis, John McMartin, Robert Swan, Drew Pillsbury, John Mills

Nachdem James Foley bereits für Madonnas Hits *Live To Tell* und *Papa, Don't Preach* das passende Bildmaterial, sprich: die Videos, geliefert hatte, schneiderte er der selbsternannten Pop-Diva nun einen ganzen Film auf den Leib und bediente sich dabei ausgiebig im Fundus der Filmgeschichte. Madonna, mittlerweile heftigst erblondet, spielt die Großstadtpflanze Nikki Finn, die vier Jahre im Gefängnis verbringen mußte - für einen Mord, den sie nicht begangen hat. Nach ihrer Entlassung macht sie sich auf die Suche nach den Schuldigen für dieses Martyrium, wobei ihr der Yuppie-Anwalt Loudon Trutt (Dunne) zunächst widerwillig, später jedoch nur allzu gern behilflich ist
Grob orientiert sich *Who's That Girl* an der Handlung von LEOPARDEN KÜSST MAN NICHT, nur daß die Raubkatze hier ein Puma ist. Neben weiteren Screwball-Komödien plünderte man auch Zeitgenössisches, so stammt Dunnes Figur direkt aus dem (besseren) DIE ZEIT NACH MITTERNACHT, Madonnas aus SUSAN...VERZWEIFELT GESUCHT (ebenfalls besser). Gegen Ende trägt Madonna ein elegantes weißes Kleid, das an eines von Marilyn Monroes bekannteren Publicity-Photos erinnert. Das alles wäre nicht weiter schlimm, würde sich das aus diesen Zutaten zusammengebraute Produkt unbeschwert genießen lassen. Doch, wie *Movieline* bemerkte, „den Machern scheint entgangen zu sein, daß es eine der Grundregeln der Komödie ist, komisch zu sein". Sicherlich ein Fortschritt gegenüber dem fürchterlichen SHANGHAI SURPRISE, doch das perfekte Madonna-Star-Vehikel wartet noch auf seine Fertigstellung. al

Wichita

Wichita. USA 1955 **R** Jacques Tourneur **B** Daniel Ullman **K** Harold Lipstein **M** Hans Salter **P** Walter

Mirisch, Richard Heermance für Allied Artists **L** 81 Min., Farbe **D** Joel McCrea, Vera Miles, Lloyd Bridges, Wallace Ford, Edgar Buchanan, Peter Graves, Keith Larsen, Cal Benton Reid, Mae Clark

Keine andere Gestalt des Wilden Westens wurde so oft im Film dargestellt wie der legendäre Sheriff Wyatt Earp. 1931 spielte Walter Huston in *Gesetz und Ordnung* diese Rolle, 1946 war es Henry Fonda in FAUSTRECHT DER PRÄRIE und elf Jahre später wurde diese Figur noch einmal von Burt Lancaster in John Sturges´ ZWEI RECHNEN AB verkörpert.
In Jacques Tourneurs Film ist es Joel McCrea, der hier den stoischen und wortkargen Sheriff mimt und eine Darstellung abgibt, die die Figur des Wyatt Earp - ähnlich wie bei Henry Fonda - ins Mythenhafte und Übermenschliche entrücken läßt. Die Geschichte beginnt damit, daß Earp in der Stadt Wichita als neuer Sheriff eingestellt wird. Dort herrschen chaotische Verhältnisse. Schießereien stehen an der Tagesordnung, weder Frauen noch Kinder sind ihres Lebens sicher. Als eines Tages Mrs. McCoy (Clark), die Gattin eines angesehenen Bankiers erschossen wird, ist es mit Earps Geduld zu Ende. Durch ein Dekret verbietet er in seiner Stadt das Tragen von Schußwaffen. Diese Anordnung mißfällt vor allem dem Outlaw Doc Black (Buchanan), dem sich Earp am Ende des Films in einem Duell stellen muß.
Ein passabel inszenierter und handwerklich überdurchschnittlicher Western, bei dem Stuart N. Lake, ein anerkannter Wyatt-Earp-Biograph, als Berater fungierte. Trotzdem sollte man dem Wahrheitsgehalt dieses Streifens nicht allzu große Bedeutung beimessen.
jg

Der Widerspenstigen Zähmung

The Taming of the Shrew. USA 1929 **R** Sam Taylor **B** Sam Taylor, nach dem Bühnenstück von William Shakespeare **K** Kark Struss **P** United Artists **L** 65 Min., s/w **D** Mary Pickford, Douglas Fairbanks, Edwin Maxwell, Joseph Cawthorn, Clyde Cook

William Shakespeares populäre Komödie um die garstige Katharina und ihre erfolgreiche Zähmung durch Petrucchio hatte bereits viermal das Licht der Leinwand erblickt, als Hollywoods berühmtestes Ehepaar, Mary Pickford und Douglas Fairbanks, entschied, bei dem Stoff handele es sich um das ideale Material für ein gemeinsames Vehikel - das erste und einzige. Diese Tatsache ist auch der interessanteste Aspekt der Produktion, die unter einer gewissen Statik ebenso leidet wie unter den - gelinde gesagt - unbeholfenen Darstellungen der Hauptakteure. Beide hatten den Zenit ihrer Karriere bereits überschritten, und auch an den Kassen erfüllte *Der Widerspenstigen Zähmung* nicht die in ihn gesetzten Erwartungen. Übrigens waren sowohl eine Ton- als auch eine Stummfilmfassung erstellt worden, für den Fall, daß sich der Ton innerhalb des Mediums nicht durchsetzen würde. Berüchtigt für die in den Titeln auftauchende Zeile „written by William Shakespeare, with additional dialogue by Sam Taylor".
1953 entstand als KISS ME KATE eine Musical-Version, zwei Jahre später eine spanisch-italienische Fassung mit Carmen Sevilla. 1967 diente der Stoff als Grundlage für eine Taylor/Burton-Balgerei.
al

Der Widerspenstigen Zähmung

The Taming of the Shrew. USA/Italien 1967 **R** Franco Zeffirelli **B** Paul Dehn, Suso Cecchi d'Amico, Franco Zeffirelli, nach dem Bühnenstück von William Shakespeare **K** Oswald Morris, Luciano Trasatti **M** Nino Rota **P** Richard Burton, Elizabeth Taylor für Royal Films International (Los Angeles), F. A. I. (Rom) **L** 122 Min., Farbe **D** Elizabeth Taylor, Richard Burton, Cyril Cusack, Michael Hordern, Alfred Lynch, Alan Webb, Victor Spinetti, Natasha Pyne, Michael York

Nachdem sie sich in WER HAT ANGST VOR VIRGINIA WOOLF? bereits mehr als einen Schlagabtausch geliefert hatten, waren die Burtons gut gerüstet für Franco Zeffirellis opulente und vergnügliche Version von Shakespeares *Der Widerspenstigen Zähmung,* ein Stoff, der zuvor nicht weniger als achtmal auf die Kinoleinwände gebracht worden war. Das Werk entstand komplett in römischen Studios. Das seinerzeit berühmteste Ehepaar der Welt - auf jeden Fall der Welt des Films - hatte offenbar einen Riesenspaß-vor allem mit den physischen Aspekten der Parts. Dazu gehörten, besonders auf Taylors Seite, die Zertrümmerung diversen Mobiliars, Umgang mit der Peitsche sowie handgreifliche Balgereien mit Burton. Der Waliser hatte bereits auf der Bühne Erfahrungen mit der ausgefeilten Sprache des Barden gemacht, während seine Frau - ein Produkt des MGM-Starsystems - in dieser Hinsicht gänzlich unerfahren war. Um so überraschter zeigten sich viele Kritiker vom sicheren Umgang der Aktrice mit dem Versmaß; so schrieb der Rezensent der *Saturday Review*: „Ich weiß nicht genau warum, doch ich war stolz auf sie!"
Ohnehin lag das Hauptaugenmerk von Zeffirelli, dessen erster Film dies nach einer Karriere als Opernregisseur war, nicht so sehr auf den sprachlichen als vielmehr den visuellen Herausforderungen des Stoffes, was sich in ungemein verschwenderischen Kostümen und Dekorationen (und zwei Oscar-Nominierungen) niederschlug sowie in zahlreichen Attacken von Shakespeare-Puristen, die den eigenwilligen Umgang des Films mit seiner Vorlage monierten. Ein Jahr später sollte Zeffirellis ROMEO UND JULIA auf ähnliche Reaktionen stoßen. Das Publikum hingegen nahm beide Filme begeistert auf.
al

Wie angelt man sich einen Millionär?

How To Marry a Millionaire. USA 1953 **R** Jean Negulesco **B** Nunnally Johnson, nach einem Bühnenstück von Zoe Akins, Dale Eunson und Katherine Albert **K** Joe MacDonald **M** Cyrill Mackridge **P** 20th Century-Fox **L** 100 Min., Farbe **D** Marilyn Monroe, Betty Grable, Lauren Bacall, Cameron Mitchell, David Wayne, William Powell

Basierend auf einer originellen, erfolgreich gespielten Bühnenvorlage inszenierte Regisseur Negulesco eine spritzige Kinoversion, die mit ihrer steten Ironie und den hervorragenden darstellerischen Leistungen das Theaterlustspiel sogar noch übertrifft. Der Film zeigt die verzweifelten Versuche dreier Mannequins (bezaubernd komisch: Das Trio Monroe, Grable, Bacall), die Titelzeile in die Wirklichkeit umzusetzen. Trotz ständiger Ebbe in der Kasse mischen sie kräftig in der New Yorker High-Society mit. Dies zwingt sie zu unorthodoxen Mitteln: Sie lösen nicht nur ungedeckte Schecks ein und verhökern nacheinander das komplette Mobiliar ihrer gemeinsamen Wohnung, auch bei der Wahl potentieller Ehekandidaten spielt der Umfang von deren Portemonnaies eine ungleich wichtigere Rolle als die Liebe. Am Ende sind zwar alle drei unter der Haube, doch nur eine von ihnen hat sich tatsächlich einen Millionär geangelt.
Nachdem sie bis dato als Pin-Up-Girl und Starlet bestenfalls in einigen unbedeutenden B-Pictures kaum von sich reden gemacht hatte, gelang ihr in *Wie angelt man sich einen Millionär?* der Durchbruch: Marilyn Monroes Weg, zum gefeierten Star und Publi-

kumsliebling nahm mit dieser unterhaltsamen Komödie seinen unaufhaltsamen Lauf. Obwohl sie ursprünglich nur zweite Wahl gewesen war, spielte die Monroe ihre beiden Film-Partnerinnen (trotz deren unbestritten gutem darstellerischen Spiel) an die Wand: Einmalig und unübertroffen, wie sie ein prallbusiges, herzensgutes Dummchen verkörperte. Diese Figur sollte bis an ihr Lebensende zu ihrem schauspielerischen Markenzeichen werden, ohne daß sie dabei billig wirkte oder sich gar der Lächerlichkeit preisgab. sk

Wie bringt man seine Frau um

How To Murder Your Wife. USA 1965 **R** Richard Quine **B** George Axelrod **K** Harry Stradling **M** Neal Hefti **P** George Axelrod für Murder Inc./ United Artists **L** 118 Min., Farbe **D** Jack Lemmon, Virna Lisi, Terry-Thomas, Eddie Mayerhoff, Claire Trevor, Sidney Blackmer

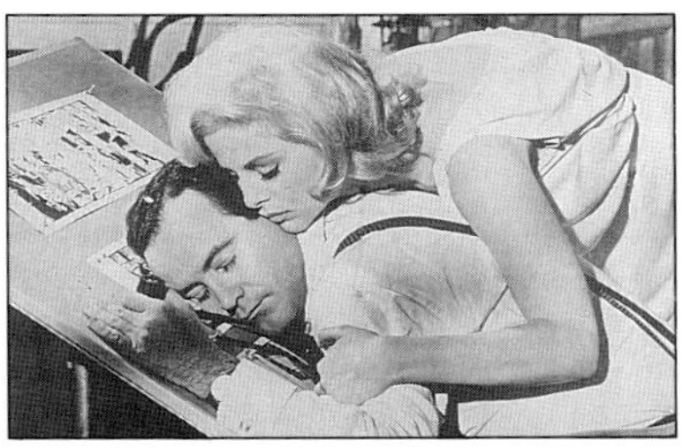

Comic-Zeichner Stanley Ford (Lemmon), Erfinder der Figur „Bash Brannigan, Geheimagent", liebt nichts so sehr wie sein Junggesellen-Dasein, das er mit Butler Charles (Terry-Thomas) teilt. Um so erschütterter ist er, als er nach einer feucht-fröhlichen Party neben einer schönen Italienerin (Lisi) aufwacht, die zwar kaum Englisch kann, ihm aber verständlich macht, daß sie verheiratet wären. Als Überraschungspräsent war sie am Abend zuvor aus Stanleys Geburtstagstorte gestiegen. Wie aus dieser Situation wieder herauskommen? Zumindest Bash Brannigan, mittlerweile tragischer Held von „Die Brannigans", denkt an Mord...
Die Zuschauer standen Schlange, um Antwort auf die im Titel dieser makabren Komödie gestellte Frage zu bekommen, doch die Kritik zeigte sich weniger begeistert. „Ein Werbespot für Playboy-Clubs, eine klamaukige Tirade über die Freuden des Junggesellen-Daseins, wie geschaffen für fette alte Männer, die Angst vor Frauen haben, aber trotzdem gerne über sie nachdenken", schrieb beispielsweise der *Sunday Telegraph*. Der Film stellt Virna Lisis ersten Ausflug in die englischsprachige Filmwelt dar, und das Agieren in einer fremden Sprache machte ihr Probleme. So klingen in der Originalfassung die meisten ihrer Dialoge (falls man sie überhaupt verstehen kann), als hätte sie sie phonetisch gelernt. Ihr italienischer Ehemann geriet übrigens während der Dreharbeiten diverse Male außer Fassung, besonders, als Virna leicht bekleidet und unter großem Gejohle der Torte entstieg. al

Wie ein Bumerang

Comme un boomerang. Frankreich/Italien 1976 **R** José Giovanni **B** José Giovanni, Alain Delon **K** Pierre-William Glenn **M** Georges Delerue **P** Lira/ Adel Prod. **L** 102 Min., Farbe **D** Alain Delon, Charles Vanel, Carla Gravina, Pierre Maguelon, Louis Julien

Eddy (Julien) ist 17, Sohn eines geschätzten französischen Industriellen, und er hat versehentlich im Rausch einen Polizisten getötet. Er kommt ins Gefängnis und trifft auf eine Mauer aus Ablehnung, Haß und Arroganz. Polizei und Staatsanwaltschaft setzen alles daran, zu zeigen, daß bei ihnen verwöhnte Kinder aus reichem Elternhaus keine Gnade zu erwarten haben. Leider bleibt die Gerechtigkeit dabei auf der Strecke. Als herauskommt, daß Eddys angesehener Vater Jacques Batkin (Delon) früher selbst ein gesuchter Krimineller war, halten Öffentlichkeit wie Justiz Eddy schon vor Prozeßbeginn für schuldig. Jacques, der sich zunächst sehr für einen fairen Prozeß eingesetzt hatte, rastet aus: Mit den gleichen ungesetzlichen Methoden wie früher versucht er, seinen Sohn aus dem Gefängnis zu befreien...
Regisseur Giovanni, bekannt durch niveauvolle Gangsterstreifen wie DER KOMMISSAR UND SEIN LOCKVOGEL, inszenierte mit *Wie ein Bumerang* ein nicht durchgängig glaubwürdiges und vor allem wenig spannendes Melodram, das bei seinen Ausflügen in die Unterwelt nicht viel mehr als einige klischeehafte Einblicke zu bieten hat. Weder die illustre Starriege noch die galante Filmmusik haben dem Gangsterschinken am Ende einen bleibenden Erfolg bescheren können. sk

Wie ein Schrei im Wind

The Trap. Großbritannien/Kanada 1966 **R** Sidney Hayers **B** David Osborn **K** Robert Krasker **M** Ron Goodwin **P** George H. Brown für Parallel/CD **L** 106 Min., Farbe **D** Rita Tushingham, Oliver Reed, Rex Sevenoaks, Barbara Chilcott, Linda Goranson, Blain Fairman, Walter Marsh, Jo Golland

Ein packender Abenteuerfilm aus der Pionierzeit Kanadas, in dem Rita Tushingham und Oliver Reed ein recht ungewöhnliches Leinwandpaar abgeben.
Der Trapper Jean La Bete (Reed) kauft für 1.000 Dollar das Mädchen Eve (Tushingham), das durch einen Indianerüberfall die Sprache verloren hat und durch ihre panische Angst vor anderen Menschen als unzugänglich gilt. Eve muß dem Pelztierjäger in die Wildnis der Berge folgen und dort seinen Haushalt führen. Jeans ruppiger Umgang jagt dem verschüchterten Wesen zwar mitunter einen gehörigen Schrecken ein, dennoch arrangieren sich die beiden ungleichen Menschen unter dem Druck der ihnen feindlich gesonnenen Umwelt. Eines Tages gerät Jean in eine seiner eigenen Fallen und verletzt sich dabei so schwer, daß Eve ihm das Bein amputieren muß. Sie nutzt seine Hilflosigkeit aus und flieht, um sich wieder zur Siedlung durchzuschlagen. Dort will sie sich an der Seite eines Händlers eine neue Zukunft aufbauen, doch am Tag ihrer Hochzeit muß sie erkennen, daß sie in Wirklichkeit Jean liebt, zu dem sie schließlich in die Wildnis zurückkehrt.
Sidney Hayers drehte diesen überaus lebensnahen und stellenweise etwas archaischen Streifen an Originalschauplätzen in den kanadischen Wäldern. Trotz ihres simplen Konzepts wirkt die Geschichte überzeugend realistisch, was sie neben den herausragenden Naturaufnahmen vor allem ihren beiden außergewöhnlichen Protagonisten zu verdanken hat.
Eine unterhaltsame britisch-kanadische Produktion, deren Qualität zur Zeit ihrer Uraufführung leider verkannt wurde. jg

Wie ein wilder Stier

Raging Bull. USA 1980 **R** Martin Scorsese **B** Paul Schrader, Mardik Martin, nach der Autobiographie von Jake La Motta mit Joseph Carter, Peter Savage **K** Michael Chapman **P** Robert Chartoff, Irwin Winkler für United Artists **L** 129 Min., s/w-Farbe **D** Robert De Niro, Cathy Moriarty, Joe Pesci, Frank Vincent, Nicholas Colasanto, Theresa Saldana, Frank Adonis

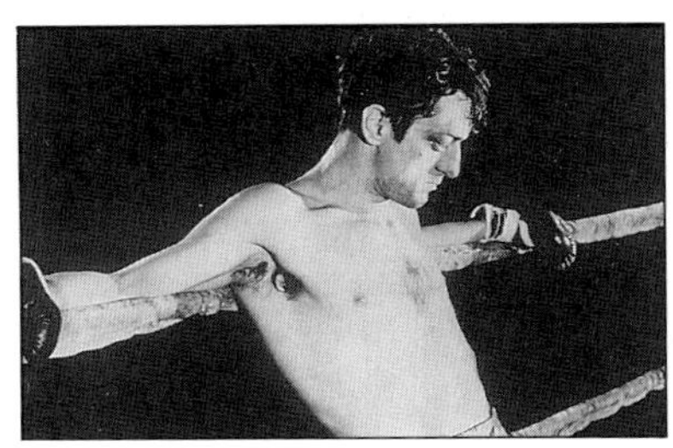

Als „bester Film der 80er Jahre" gilt allgemein dieses harte Boxer-Drama, das zugleich eine faszinierende Charakterstudie des einstigen Mittelgewichts-Champions Jake La Motta darstellt. Regisseur Martin Scorsese und sein bevorzugter Hauptdarsteller Robert De Niro zeigen La Motta als ein vom Haß auf sich selbst und andere getriebenes Individuum, dessen ungezügelte Energien von seinem cleveren, nicht minder brutalen Manager-Bruder (Pesci) in erfolgversprechende Kanäle geleitet werden. La Motta besiegt seine Gegner im Ring nicht, er schlägt sie förmlich zu Klump. Er verläßt seine erste Frau, um die attraktive Blondine Vicky (Moriarty) zu heiraten, weil sei für ihn die bessere Gesellschaft darstellt. Auf der Höhe sei-

nes Ruhms setzen dann die selbstzerstörerischen Mechanismen ein, die rasch zu seinem Abstieg führen: La Motta läßt sich gehen, trainiert nicht mehr, quält seine Frau mit rasender Eifersucht und betrügt sie gleichzeitig. Fett geworden, verliert er seinen Titel und landet schließlich als drittklassiger Alleinunterhalter in einem miesen Nachtclub.
Wie ein wilder Stier ist ein grausamer, kompromißloser Film, der seinen Zuschauern nichts erspart. Nahezu alle Figuren sind roh und ungehobelt, stoßen in einem fort Flüche und Obszönitäten aus und werden bei jeder Gelegenheit handgreiflich. Die Szenen im Ring lassen an Brutalität nichts zu wünschen übrig; da spritzt das Blut in Zeitlupe, werden Nasenbeine gebrochen, Augen zerquetscht. Man muß Scorsese noch dankbar sein, daß er dem Schwarzweiß den Vorzug gab, um die Atmosphäre der 40er Jahre heraufzubeschwören; in Farbe wäre das kaum erträglich gewesen. Technisch und dramaturgisch ist der Film exzellent gestaltet, doch die Hauptverantwortung für den unvergeßlichen Eindruck, den er hinterläßt, trägt Robert De Niro. Der für seinen Vorbereitungsfanatismus berühmt-berüchtigte Mime trainierte nicht nur ein Jahr lang mit La Motta persönlich und verzichtete im (Film-) Ring auf Doubles, er bestand auch darauf, des Boxers enorme Gewichtszunahme gegen Ende seiner Karriere am eigenen Leibe nachzuvollziehen. Bei einer wahren Mästkur in französischen Schlemmer-Restaurants futterte er sich unglaubliche 25 Kilo zusätzliches Gewicht an, um in den Szenen am Anfang (die Geschichte wird als Rückblende erzählt) und am Ende glaubhaft zu wirken. Für diesen unerhörten Einsatz konnte der Schauspieler einen Oscar mit nach Hause nehmen; Cutterin Thelma Schoomaker wurde ebenfalls mit einer Statuette geehrt. al

Wie herrlich, eine Frau zu sein

La fortuna di essere donna. Italien/Frankreich 1956 **R** Alessandro Blasetti **B** Suso Cecchi d'Amico, Ennio Flaiano, Sandro Continenza, Alessandro Blasetti **K** Otello Martelli **M** Alessandro Cicognini **P** Raymond Alexandre für Documento Film (Rom), Le Louvre Films (Paris) **L** 96 Min., s/w **D** Sophia Loren, Charles Boyer, Marcello Mastroianni, Nino Besozzi, Titina de Filippo

Alessandro Blasettis offensichtlicher Versuch, den Erfolg seines SCHADE, DASS DU EINE KANAILLE BIST zu wiederholen, ging mehr oder weniger daneben, obwohl er mit Loren und Mastroianni über dasselbe Hauptdarstellergespann verfügte und - dank französischer Co-Produktion - mit Charles Boyer einen weiteren gewichtigen Namen aufzubieten hatte. Die Geschichte kommt ins Rollen, als die attraktive Antonietta (Loren) ein Photo von sich in der Zeitung entdeckt, auf dem sie ihren Rock lüftet und ihre wohlgeformten, bestrumpfhosten Beine zur Schau stellt. Es dauert ein bißchen, bis der Photograph Corrado (Mastroianni) sie davon überzeugt hat, daß derartige Aufnahmen nur zu ihrem Besten sind. In der Tat wird ein Produzent (Boyer) auf Antonietta aufmerksam und will ihre Karriere in die Hand nehmen.
Wie herrlich, eine Frau zu sein ist nicht glaubhaft, aber auch nicht spritzig genug, um zu den herausragenden Beispielen für die bemerkenswerte Partnerschaft Loren/Mastroianni zu gehören, die sich hier zum dritten Male bewährte. al

Wie ich den Krieg gewann

How I Won the War. Großbritannien 1966 **R** Richard Lester **B** Charles Wood, nach einem Roman von Patrick Ryan **K** David Watkin **M** Ken Thorne **P** Richard Lester für Petersham Films **L** 110 Min., Farbe **D** Michael Crawford, John Lennon, Roy Kinneam, Lee Montague, Jack McGowran

„*Wie ich den Krieg gewann*", sagte Regisseur Lester in einem Interview, „ist weder ein Antikriegsfilm noch habe ich mir darin zum Ziel gesetzt, die britische oder irgendeine andere Armee durch den Kakao zu ziehen. Ich berichte über eine Anzahl von Zivilisten, die man in eine Uniform gesteckt und denen man Dinge beigebracht hat, die sie im Privatleben nie tun würden. Man zwingt sie als Soldaten zu einem Leben, das sie nicht gewöhnt sind und erzählt ihnen, daß dies 'die schönsten Tage ihres Lebens' seien." Mit dem ihm eigenen skurrilen britischen Humor realisierte er eine beißende Satire auf Militarismus, Heldentum und Obrigkeitsbuckelei. Als Anschauungsobjekt dient ihm dabei eine Gruppe britischer Soldaten im Zweiten Weltkrieg, die in Afrika gegen die Deutschen (und die Wüste) kämpfen und die den absurden Befehl haben, hinter den feindlichen Linien ein vorgeschobenes Kricketfeld zu errichten. Leutnant Goodbody (brillant: Crawford) tut sich dabei mit blindblödem Diensteifer und dümmlichem Hurra-Patriotismus hervor.
Lester gelang, wie die *Saarbrücker Zeitung* befand, neben dem Soldaten Schweyk „die wohl gelungenste Verächtlichmachung des Krieges". Neben der satirischen Rahmenhandlung bediente er sich übertriebener Verfremdungen, Parallel-Montagen und Original-Wochenschau-Einschüben und karikiert damit bewußt herkömmliche filmische Stilelemente. Zugleich läuft er aber Gefahr, den Zuschauer in der ihm gebotenen Flut von Eindrücken regelrecht zu ertränken.
Der Film zeigt Beatles-Oberhaupt John Lennon in seiner ersten reinen Filmrolle. sk

Wie in einem Spiegel

Såsom i en spegel. Schweden 1961 **R** Ingmar Bergman **B** Ingmar Bergman **K** Sven Nykvist **M** Erik Nordgren **P** Allan Ekelund für AB Svensk Film **L** 89 Min., s/w **D** Harriet Andersson, Gunnar Björnstrand, Max von Sydow, Lars Påssgard

Wie in einem Spiegel war der erste Teil zu Ingmar Bergmans sogenannter Glaubenstrilogie, die der schwedische Meisterregisseur in den beiden folgenden Jahren mit LICHT IM WINTER und DAS SCHWEIGEN fortsetzte. Bergman schrieb das Drehbuch zu seinem Film in Erinnerung an seine geschiedene Frau Käbi, der er auch dieses Werk widmete. Ursprünglich sollte *Wie in einem Spiegel* in der Einöde der schottischen Orkney-Inseln entstehen, doch schließlich fand Bergman auf der schwedischen Insel Fårö die ideale Kulisse für sein Projekt. Das Eiland wurde später selbst zu seiner zweiten Heimat; dort baute er sich ein Haus, dort ließ er auch weitere Filme spielen, wie z. B. PERSONA oder SCHANDE.
Wie in einem Spiegel ist ein Vier-Personen-Stück. Es beschreibt das komplizierte Verhältnis von vier Menschen, das durch die Krankheit eines Mädchens getrübt und einer Prüfung unterzogen wird. Zusammen mit seinem 17jährigen Sohn Fredrik (Passgård), seiner Tochter Karin (Andersson) und deren Mann Martin (von Sydow) verbringt der Schriftsteller David (Björnstrand) die Ferien auf einer einsamen Ostsee-Insel. Die scheinbar unbeschwerten sommerlichen Tage werden überschattet durch das Ausbrechen von Karins unheilbarer Geisteskrankheit. Ihre seelischen Defekte halten den anderen jedoch zugleich einen Spiegel vor. So hat Fredrik mit seinen pubertären Problemen zu kämpfen und leidet unter der Gefühlskälte seines Vaters. David seinerseits muß seinem Schwiegersohn gegenüber zugeben, daß er vor kurzem bei einem Auslandsaufenthalt in der Schweiz einen Selbstmordversuch unternommen hat, und Martin erkennt schließ-

lich seine Unfähigkeit, daß er trotz seines Berufs als Arzt nicht in der Lage ist, seiner Frau zu helfen. Am Ende des Films wird Karin mit einem Helikopter in die Notaufnahme der Psychiatrie geflogen.
Ein meisterlich inszeniertes Seelendrama, das zwar die Existenz eines Gottes nicht bestätigt, in den zwischenmenschlichen Beziehungen jedoch immerhin eine hoffnungsvolle Entwicklung andeutet. Bergman selbst sagte zu *Wie in einem Spiegel*: „Alle anderen Filme, die ich bisher gemacht habe, waren nur Etüden: Dies ist mein Opus Nr. eins.“ jg

Wie klaut man eine Million?

How To Steal a Million. USA 1966 **R** William Wyler **B** Harry Kurnitz, nach der Story *Venus Rising* von George Bradshaw **K** Charles Lang **M** Johnny Williams **P** Fred Kohlmar für 20th Century-Fox **L** 123 Min., Farbe **D** Audrey Hepburn, Peter O´Toole, Eli Wallach, Hugh Griffith, Charles Boyer, Fernand Gravey, Marcel Dalio, Jacques Marin

William Wyler hatte Audrey Hepburn 1953 durch den romantischen Liebesfilm EIN HERZ UND EINE KRONE zu einem Weltstar gemacht. Nach dem Drama INFAM war dies nun der dritte Film, in dem sie unter seiner Regie spielte. *Wie klaut man eine Million?* ist zwar eine amüsante und elegante Kriminal-Komödie, doch dehnt sie sich mit ihrer Laufzeit von über zwei Stunden etwas zu sehr in die Länge, ohne dabei das Interesse des Publikums gleichbleibend wachhalten zu können.
Der Pariser Kunstsammler Bonnet (Griffith) kommt in arge Bedrängnis. Ein Experte hat sich angekündigt, die ausgestellten Gegenstände zu begutachten und auf ihre Echtheit zu prüfen. Sein besonderes Augenmerk soll dabei der Venus-Statuette von Cellini gelten, die Bonnet für viel Geld an ein ausländisches Museum verleihen will. Das Problem an der ganzen Sache ist, daß keines der angeblichen Kunst echt ist, sondern alle Ausstellungsstücke persönlich von ihm gefälscht wurden. Um den ganzen Schwindel nicht auffliegen zu lassen, sieht sich Bonnet gezwungen, einen Trick anzuwenden. Zusammen mit dem attraktiven Detektiven Simon Demott (O´Toole) soll sein bezauberndes Töchterchen Nicole (Hepburn) die Statuette rechtzeitig vor dem Eintreffen des Prüfers aus der eigenen Kunstgalerie stehlen.
Wieder einmal bekam Audrey Hepburn die Gelegenheit, in Paris zu filmen, das sie so sehr liebte. Die Dreharbeiten verliefen folglich in einer Atmosphäre, die man nur als entspannt und ausgelassen bezeichnen konnte. Wenig entgegen kam diese Stimmung freilich dem Interesse des strengen und autoritären William Wyler, der für seine übermäßig konzentrierte und humorlose Arbeitsweise berüchtigt war. Audrey Hepburn und Peter O´Toole brachten den geplagten Regisseur an den Rand eines Nervenzusammenbruchs, da sie rücksichtslos vor der Kamera herumalberten, so daß manche Szenen wegen Audreys unkontrollierter Heiterkeitsausbrüche bis zu zwanzigmal hintereinander wiederholt werden mußten. jg

Wie Raubkatzen

Les felins. Frankreich 1963 **R** René Clément **B** René Clément, Pascal Jardin, Charles Williams, nach dem Roman *Joy House* von Day Keene **K** Henri Decaë **M** Lalo Schifrin **P** Jacques Bar für CIPRA/Cité Films **L** 97 Min., s/w **D** Alain Delon, Jane Fonda, Lola Albright, Robert Oumansky, Carl Studer, Sorrell Brooke

Der Playboy Marc (Delon) - von Gangstern verfolgt, weil er die Frau eines US-Unterweltbosses verführt hat - findet Unterschlupf bei zwei wohlhabenden Amerikanerinnen (Albright, Fonda), die in der Nähe von Monte Carlo eine alte Villa bewohnen. Zwar hat er mit beiden ein Verhältnis, doch merkt er zu spät, daß sie ihn für ihre Zwecke benutzen und nicht umgekehrt...
Dieser verworrene Thriller von René Clement, der in den USA als *Joy House* bzw. *The Love Cage* lief, ist hauptsächlich als Jane Fondas erste Arbeit in Frankreich interessant. Henrys hübsche Tochter, durch einen früheren Urlaub mit guten Sprachkenntnissen ausgestattet, war unter großem Presserummel in Paris eingetroffen und wurde alsbald mit Brigitte Bardot verglichen und als „Geschenk Amerikas an Frankreich“ apostrophiert. *Wie Raubkatzen* war sicherlich nicht dazu angetan, ihrer Karriere neue Impulse zu geben, doch lernte sie während der Dreharbeiten Roger Vadim kennen, der - berüchtigt für seine „Star-Kreationen“ - sie zum nächsten seiner willig formbaren Objekte auserkor und somit zur Nachfolgerin von BB, Annette Stroyberg und Catherine Deneuve machte. al

Wie spät ist es?

Che ora é? Italien/Frankreich 1989 **R** Ettore Scola **B** Ettore Scola, Beatrice Ravaglioli, Silvia Scola **K** Luciano Tovoli **M** Armando Trovaioli **P** Mario und Vittorio Cecchi Gori für Cecchi Gori Group/ Tiger Cinematografica/Studio El (Rom), Gaumont-Gaumont Prod. (Paris) **L** 102 Min., Farbe **D** Marcello Mastroianni, Massimo Troisi, Anne Parillaud, Renato Moretti, Lou Castel

Marcello Mastroiannis neunter Film unter der Regie von Ettore Scola ist erneut eine melancholische Komödie der leisen Töne, die für den Star eine maßgeschneiderte Rolle bereithielt. Marcello (Mastroianni), ein erfolgreicher Rechtsanwalt, will seinen Sohn Michele (Troisi), den er lange nicht gesehen hat, mit einem Auto und einer Dachwohnung in Rom überraschen. Doch Michele hat andere Vorstellungen vom Glücklichsein. Er fühlt sich wohl in der trostlosen Kleinstadt am Meer, wo er als Soldat stationiert ist. Schon bald wird klar, daß sich die beiden kaum mehr etwas zu sagen haben. Marcello schenkt Michele die alte Uhr des Großvaters, und wie im Spiel fragen sie einander ständig „Wie spät ist es?“. Haben sie noch genug Zeit, das Versäumte nachzuholen?
Scola verläßt sich bei diesem reinen Dialogfilm ganz auf sein exzellentes Hauptdarstellergespann Mastroianni/Troisi. Zu recht: bei den Filmfestspielen in Venedig wurde das Duo mit dem Darstellerpreis ausgezeichnet. al

Wie vergewaltige ich einen Mann?

Män kan inte valdtas/Miestä ei voi raiskata. Finnland/Schweden 1978 **R** Jörn Donner **B** Jörn Donner, nach einem Roman von Martä Tikkanen **K** Bille August **M** Heikki Valpola **P** Jörn Donner für Stockholm Films **L** 99 Min., Farbe **D** Anna Godenius, Gösta Bredefeldt, Toni Regnér, Göran Schauman, Nils Brandt, Algot Böstman

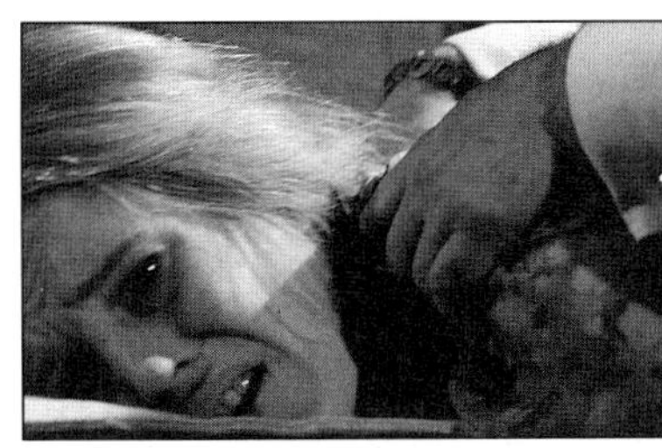

Eva (Godenius) ist geschieden, frustriert und wird 40. In der Nacht ihres Geburtstags wird sie von Martin (Bredefeldt), einer Zufallsbekanntschaft, vergewaltigt. Was für ihn nicht mehr als ein flüchtiges sexuelles Abenteuer war, verändert ihr Leben grundlegend. Getrieben von einer Gefühlsmischung aus Scham, Ekel und Haß sinnt sie auf handfeste Rache, die Martin in bleibender Erinnerung bleibt: Sie spioniert ihm nach, getarnt mit Perücke und dicker Schminke, verunsichert ihn zunehmend, dringt schließlich in seine Wohnung ein und zwingt ihn dort, sich auszuziehen. Angstschlotternd läßt Martin die Hosen runter...
Der finnische Regisseur Jörn Donner inszenierte auf Basis des Romans von Martä Tikkanen ein intelligentes Problemstück mit spannenden, fast thrillerhaften Elementen. Insbesondere Anna Godenius überzeugt dabei mit ihrem einfühlsamen darstellerischen Spiel. Auch wenn das progressive Werk keine überzeugende Lösung des Problems vergewaltigter Frauen bietet - eine Gegenvergewaltigung des Mannes dürfte wohl kaum im Interesse, geschweige denn im Bereich der Möglichkeiten der betroffenen Frauen lie-

gen -, sprach die subtile Polemik des Films ein Publikum weit über die Grenzen Skandinaviens hinaus an. Für einen in schwedischer Sprache gedrehten finnischen Film beileibe keine Selbstverständlichkeit, denn nicht ohne Grund hat der karge, bisweilen folkloristische skandinavische Film, von Finnlands Meisterregisseur Aki Kaurismäki einmal abgesehen, keinerlei international bekannte Köpfe vorzuweisen. sk

Die Wiederkehr des Martin Guerre

La retour de Martin Guerre. Frankreich 1982 **R** Daniel Vigne **B** Jean-Claude Carrière, Daniel Vigne **K** André Neau **M** Michel Portal **P** Daniel Vigne für S. F. P. C./Les Films Marcel Dassault/FR 3 Films **L** 123 Min., Farbe **D** Gérard Depardieu, Nathalie Baye, Roger Planchon, Maurice Jacquemont, Isabelle Sadoyan, Rose Thiery, Chantal Deruaz

Einer der bekanntesten Prozesse des 16. Jahrhunderts diente als Vorlage für Daniel Vignes historischen Gerichtsfilm um den Bauern Martin Guerre, der im Jahre 1548 bei Nacht und Nebel seinen Hof, seine Frau und sein Kind verließ. Gerüchten zufolge soll er am Flandern-Krieg teilgenommen und ein Bein verloren haben. Acht Jahre später tauchte er urplötzlich wieder auf und wurde wie ein verlorener Sohn begrüßt - bis man ihn als Betrüger und Erbschleicher beschimpfte, ihm schließlich den Prozeß machte und zum Tode verurteilte. Gérard Depardieu verleiht dieser faszinierenden Figur bemerkenswerte Präsenz, während Nathalie Baye seine zurückhaltende, hin- und hergerissene Ehefrau verkörpert. Besonders viel Mühe gab man sich bei der optischen Rekonstruktion des bäuerlichen Landlebens vor vier Jahrhunderten; Außenaufnahmen entstanden in einem kleinen Dorf nur vierzig Kilometer vom tatsächlichen Schauplatz Artigat entfernt. Trotz seiner drei Césars - Drehbuch, Ausstattung, Musik- und guter Kritiken wurde *Die Wiederkehr des Martin Guerre* zwar kein Erfolg in Frankreich, doch dafür ein um so größerer in den USA, wo er über fünf Millionen Dollar einspielte. al

Die Wiege des Bösen

It´s Alive. USA 1974 **R** Larry Cohen **B** Larry Cohen **K** Fenton Hamilton **M** Bernard Herrmann **P** Larry Cohen für Larco/Warner Bros. **L** 90 Min., Farbe **D** John Ryan, Sharon Farrell, Andrew Duggan, Guy Stockwell, James Dixon, Michael Ansara, Robert Emhardt, William Wellman jr., Daniel Holzman

Ein recht origineller Horror-Thriller, der zwar einerseits etwas deutlich einige Anleihen aus ROSEMARIES BABY übernimmt, andererseits aber genüßlich und ironisch das Heiligtum der amerikanischen Familie durch den Kakao zieht. Legt man bei der Betrachtung des Films die Gewichtung auf den zweiten Aspekt, so kann Cohens Schauermär eine durchaus amüsante Unterhaltung sein. Leonore (Farrell) und Frank Davies (Ryan) freuen sich auf die bevorstehende Geburt ihres ersten Kindes. Doch leider kriecht aus dem Schoß der Mutter kein niedliches, hilfloses Baby hervor, sondern ein wahres Monstrum, das sofort dem umstehenden Krankenhauspersonal an die Gurgel geht, im Kreißsaal ein schreckliches Blutbad anrichtet und dann krabbelnd in der Millionenmetropole Los Angeles untertaucht. Es stellt sich heraus, daß Leonore das Monsterbaby der Einnahme eines neuen Beruhigungsmittels zu verdanken hat. Während sie durchaus mütterliche Gefühle für das amoklaufende Balg entwickelt, möchte Frank das mutierte Geschöpf am liebsten vernichten. Dies besorgt die örtliche Polizei für ihn, die die mißgebildete Kreatur in einem Abwasserkanal zur Strecke bringt. Kurz danach hört man jedoch von weiteren Monsterbaby-Geburten....
Der Schluß stimmte bereits auf eine Fortsetzung ein, die 1978 unter dem Titel *Die Wiege des Satans* kam und 1987 mit *Die Wiege des Schreckens* einen weiteren Aufguß erlebte. Bei allen drei Filmen führte Larry Cohen Regie, dem die Kritik schon beim ersten Teil Geschmacksverirrung und Sadismus vorwarf. Den Horror-Fans gefiel *It´s Alive* jedoch ausgesprochen gut. Allein in den USA spielte der Film 7 Mio. Dollar ein. jg

Das Wiegenlied der Verdammten

Murphy´s War. Großbritannien 1971 **R** Peter Yates **B** Stirling Silliphant, nach dem Roman von Max Catto **K** Douglas Slocombe **M** John Barry **P** Michael Deeley für Yates-Deeley-London-Screenplays/Paramount **L** 106 Min., Farbe **D** Peter O´Toole, Sian Phillips, Philippe Noiret, Horst Janson, John Hallam, Ingo Mogendorf

Peter Yates´ packender Spielfilm beginnt wie ein Abenteuerstreifen à la AFRICAN QUEEN, um sich dann in der zweiten Hälfte schließlich zu einem anklagenden Antikriegsfilm zu mausern. Südamerika kurz vor dem Ende des II. Weltkrieges: Der Seemann Murphy (O´Toole) ist als einziges Besatzungsmitglied der Versenkung seines Schiffes durch ein deutsches U-Boot entkommen. In einer alten Missionsstation an der Mündung des Orinoco wird er von der Ärztin Dr. Hayden (Phillips) gesund gepflegt. Wieder bei Kräften, hat Murphy nichts Besseres zu tun, als nach einem Flugzeug zu suchen, das in der Nähe abgestürzt sein soll. Mit Hilfe des treudoofen Louis Brezan (Noiret) möbelt er die Maschine wieder auf, um sich in einem privaten Feldzug an den Deutschen zu rächen. Seine Kampfhandlungen stellt er selbst dann nicht ein, als der Krieg schon längst zu Ende ist. Murphys Fanatismus wird seinen Feinden und auch ihm selbst am Schluß zum Verhängnis.
Sicher wäre es möglich gewesen, einen Antikriegsfilm mit weitaus bescheideneren Mitteln zu drehen. Aber Peter Yates, ein Freund des großen Kinos, wollte hier neben der schicksalsträchtigen Story seinem Publikum auch etwas fürs Auge bieten und drehte seinen Film daher an Originalschauplätzen in Venezuela, dessen Naturschönheiten er mit einzigartigen Kameraflügen über den Regenwald und das Flußdelta des Orinoco einfing. Dadurch mag zwar der eigentliche Kernpunkt der Geschichte stellenweise etwas verwässert werden, doch bleibt *Murphy´s War* trotz dieser gelegentlichen Ausrutscher eine eindringliche Warnung an den Krieg, der hier durch den entlegenen Schauplatz und seine wenigen Beteiligten noch absurder wird.
Peter O´Toole spielte hier übrigens das erste Mal mit der Schauspielerin Sian Phillips zusammen, mit der von 1959 bis 1979 verheiratet war. jg

Wiegenlied für eine Leiche

Hush... Hush, Sweet Charlotte. USA 1964 **R** Robert Aldrich **B** Henry Farrell, Lukas Heller **K** Joseph Biroc **M** Frank De Vol **P** Robert Aldrich für 20th Century-Fox **L** 132 Min., s/w **D** Bette Davis, Olivia de Havilland, Joseph Cotten, Agnes Moorehead, Cecil Kellaway, Victor Buono, Mary Astor, Wesley Addy, William Campbell

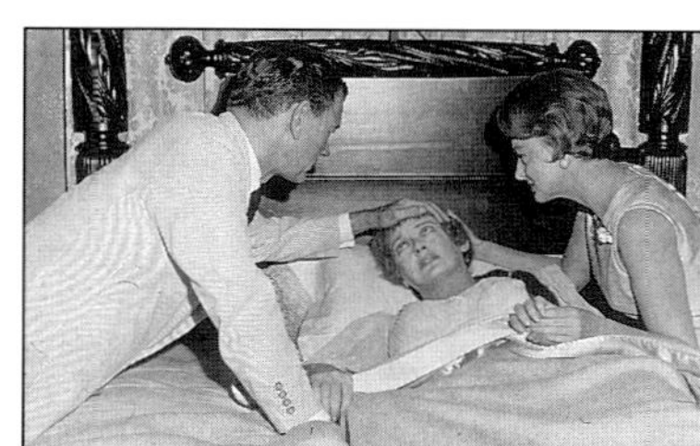

Der Psycho-Thriller WAS GESCHAH WIRKLICH MIT BABY JANE? hatte wie kein anderer Film die großartige Schauspielkunst der beiden gealterten Diven Bette Davis und Joan Crawford unter Beweis gestellt und an den Kinokassen für triumphale Einspielergebnisse gesorgt. Joan Crawford er-

klärte ihre Bereitschaft, ein weiteres Mal an Bette Davis´ Seite zu spielen - allerdings nur unter der Bedingung, daß Aldrich ihr ein vernünftiges Drehbuch vorlegen konnte. Die Story zu *Hugh...Hush, Sweet Charlotte* fand zwar ihre Zustimmung, doch noch bevor die Dreharbeiten beginnen konnten, wurde Joan krank und fiel ganz aus dem Projekt heraus. Lediglich einige vorweg aufgenommene Publicity-Photos zeugen davon, daß sie ursprünglich für die Rolle der Miriam vorgesehen war, welche dann schließlich von Olivia de Havilland gespielt wurde, die von ihrer Freundin Bette Davis überredet worden war, nach Amerika zu kommen und ihre Partnerin zu werden.
Jedermann in der kleinen Südstaaten-Gemeinde hält die alte Charlotte Hollis (Davis) für verrückt. Zwar konnte man ihr die Tat nie nachweisen, doch alle halten sie für schuldig, vor vielen Jahren ihren Geliebten auf grausame Weise umgebracht zu haben. Jetzt gibt es mit Charlotte erneut Schwierigkeiten. Quer durch ihren Besitz soll eine Straße gebaut werden. Anfangs verteidigt sie ihren Besitz noch energisch mit dem Gewehr; schließlich aber kommt sie auf die Idee, ihre Cousine Miriam (de Havilland) zu sich zu holen, damit diese ihr zur Seite stehen soll. Kurz nach Miriams Eintreffen ereignen sich jedoch grauenhafte Dinge. Unheimliche Stimmen bringen Charlotte um den Schlaf, ein Mann ohne Kopf steht plötzlich in der Tür, und schließlich wird auch noch ihre treue Haushälterin Velma (Moorehead) ermordet. Charlotte kann nicht ahnen, daß Miriam mit ihr ein teuflisches Spiel treibt.
Wiegenlied für eine Leiche ist ein vollendet gestalteter gotischer Psycho-Thriller in bester Hollywood-Manier und profitiert - ebenso wie sein Vorgänger *Was geschah wirklich mit Baby Jane?* - von den schauspielerischen Meisterleistungen seiner Darsteller, allen voran natürlich Bette Davis als hysterisch-aggressives Irrlicht und die großartige Agnes Moorehead als schlampig-liebenswerte Velma. Einen Film wie diesen wird es heute nicht mehr geben; das hätten sich auch die Kritiker damals in weiser Voraussicht denken sollen, als sie sich in ihren Beurteilungen recht zurückhaltend ausließen und dem Streifen sogar eine gewisse Effekthascherei vorwarfen. Zwar glückte der Aldrich-Versuch nicht ganz, in ebenbürtiger Weise an *Baby Jane* heranzureichen, doch einen würdigen Nachfolger gibt *Sweet Charlotte* allemal ab.
jg

Das Wiegenlied vom Totschlag

Soldier Blue. USA 1970 **R** Ralph Nelson **B** John Gay, nach dem Roman *Arrow in the Sun* von Theodore V. Olsen **K** Robert Hauser, Arthur J. Ornitz **M** Roy Budd **P** Gabriel Katzka, Harold Loeb für Avco Embassy Pictures **L** 116 Min., Farbe **D** Candice Bergen, Peter Strauss, Donald Pleasence, John Anderson, Jorge Rivero, Dana Elcar, James Hampton

Eines der herausragenden Beispiele für Hollywoods besonders in den 60er Jahren gewachsene Bereitschaft, Amerikas indianischen Ureinwohnern zumindest auf der Leinwand Gerechtigkeit widerfahren zu lassen, ist dieser heftig umstrittene Western von Ralph Nelson. Inspiriert wurde er durch ein historisches Ereignis aus dem Jahre 1864, das von General Miles, dem damaligen Stabschef der Armee, als „das vielleicht unmenschlichste Verbrechen der amerikanischen Geschichte" bezeichnet wurde: eine 700 Mann starke Einheit der US-Kavallerie hatte seinerzeit am Sand Creek, Colorado, ein friedliches Indianerdorf angegriffen, obwohl die Rothäute zum Zeichen der Ergebung die amerikanische und eine weiße Flagge gehißt hatten. Über 500 Indianer, die Hälfte Frauen und Kinder, wurden von den Soldaten auf grausame Art niedergemetzelt. Dieses entsetzliche Ereignis steht am Schluß von Nelsons Film, der bis dahin alle Muster und Klischees des guten alten Indianerwestern auf den Kopf gestellt hat. Bei einem Indianer-Überfall auf einen Geldtransport überleben nur der junge Soldat Honus Grant (Strauss) und Cresta Marybelle Lee (Bergen), die vor Jahren von den Cheyenne entführt, später jedoch wieder freigelassen worden war. Das ungleiche Pärchen versucht sich zum nächsten Kavallerie-Posten durchzuschlagen, wobei sich Cresta als wesentlich widerstandsfähiger und pragmatischer erweist und Honus langsam seine Illusionen über Feindbilder sowie die Überlegenheit und Rechtschaffenheit des weißen Mannes verliert. Schließlich müssen sie miterleben, wie der fanatische Colonel Iverson (Anderson) den Befehl zum Angriff auf das Dorf gibt...
Soldier Blue ist mit seiner unkonventionellen Darstellung des Verhältnisses zwischen Mann und Frau, seiner Ablehnung von Krieg und sogar Militärdienst sowie seiner Hinterfragung amerikanischer Ideale ein typisches Produkt seiner Zeit. Doch nicht über die Anti-Establishment-Botschaften wurde nach Start des Filmes gestritten, sondern über die Szenen des Massakers. Da spritzt das Blut, werden Köpfe und Gliedmaßen abgetrennt, Frauen vergewaltigt, Kinder abgeschlachtet. Derartige Szenen hatte man noch nicht auf der Leinwand gesehen. Neben der Frage, ob eine so drastische Darstellung von Gewalt abschreckende Wirkung hätte oder sie nur ausbeuten würde, spekulierten viele Kritiker über etwaige Parallelen zum Engagement der USA in Vietnam, ein Thema, das seinerzeit die amerikanische Öffentlichkeit wie kein zweites bewegte. Regisseur Nelson bestätigte diese Vermutungen, obwohl das berüchtigte Massaker von My Lai, an das sich viele durch den Film erinnert fühlten, ihm zum Zeitpunkt der Dreharbeiten noch nicht bekannt gewesen sei.
Soldier Blue ist ein gutgemeinter, mutiger Film, der sich mit seinen exzessiven Gewaltszenen leider selbst ein Bein stellt. Hauptdarstellerin Candice Bergen berichtete in ihren Memoiren *Knock Wood* von den Forderungen der Produzenten nach mehr Grausamkeit; gerade hatte eine Studie ergeben, daß die Amerikaner die Gewalt dem Sex - zumindest im Kino - vorzögen. Ein sogenannter Prothesen-Laster, so die Aktrice, sei bis obenhin mit Armen, Beinen, Brüsten und anderen Körperteilen vollgestopft gewesen, die man mit Geschick und Schminke Behinderten und Amputierten applizierte, welche dann mit gespieltem Schrecken die blutige Abtrennung ihrer Gliedmaßen zu beobachten hatten. Ganz auf dieser Linie lag der deutsche Verleih mit seinem reißerischen Titel, einer plumpen Variation von SPIEL MIR DAS LIED VOM TOD, sowie dem Plakat, das die Rückenansicht einer nackten, gefesselten Indianerin zeigt. al

Wiener G´schichten

Wiener G´schichten. Deutschland 1940 **R** Geza von Bolvary **B** Ernst Marischka, nach einer Idee von Harald Bratt und Hans Gustl Kernmayer **K** Willy Winterstein **M** Bruno Uher **P** Styria-Film **L** 100 Min., s/w **D** Marte Harrell, Paul Hörbiger, Siegfried Breuer, Hans Moser, Olly Holzmann

Ein Hans-Moser-Film, der den kauzigen Komiker in Höchstform präsentierte und einer seiner bekanntesten Streifen wurde. Die originelle Geschichte spielt im Wien des Jahres 1905, in einer Zeit also, in der dank des Kaisers noch alles in Ordnung war. Moser arbeitet als Zahlkellner in dem beliebten Kaffeehaus „Fenstergucker". Sein Kollege ist Paul Hörbiger, der sich in seine verwitwete Chefin (Harrell) verliebt, die ihrerseits ebenfalls ein Auge auf ihn geworfen hat. Turbulente Verwicklungen und Mißverständnisse sorgen jedoch dafür, daß Hörbiger gefeuert wird und direkt neben seiner ehemaligen Vorgesetzten ein neues Café eröffnet, das dem „Fenstergucker" bald die Kundschaft vor der Nase wegschnappt. Durch einen Mauerdurchbruch werden die beiden verfeindeten Kaffeehäuser schließlich vereinigt. Hörbiger schließt seine Chefin in die Arme und singt zum Schluß mit Moser das Lied *Ja das sind halt Wiener G´schichten.*

Unter den vielen Hans-Moser-Filmen der 30er und 40er Jahre ist dies sicherlich einer der liebenswertesten und amüsantesten. Zeitcolorit und Atmosphäre des beginnenden 20. Jahrhunderts sind perfekt getroffen, die prunkvollen Kulissen und Dekorationen lassen noch nichts von den Sparmaßnahmen ahnen, die der fortdauernde Krieg mit sich bringen sollte. Für Nostalgiker, die die alten deutschen Filme mögen, ein ganz besonderes Schmankerl. jg

Die Wiese

Il prato. Italien 1979 **R** Paolo und Vittorio Taviani **B** Paolo und Vittorio Taviani **K** Franco di Giacomo **M** Ennio Morricone **P** Giuliani G. de Negri für Filmtre/RAI TV2 **L** 115 Min. (Originalfassung 120 Min.), Farbe **D** Michele Placido, Saverio Marconi, Isabella Rossellini, Giulio Brogi, Angela Goodwin

In einer toskanischen Kleinstadt, wo er für seinen Vater Geschäftsangelegenheiten regeln soll, begegnet der Jurastudent Giovanni (Marconi) der jungen Eugenia (Rossellini), die mit den Kindern des Ortes das Märchen vom Rattenfänger aufführen will. Die Rückkehr von Enzo (Placido), Eugenias Geliebtem, beendet jedoch die leidenschaftliche Affäre der beiden, zumal auch Giovanni und Enzo sich gut verstehen.
Dieser weniger bekannte und gelungene Film der Brüder Taviani um drei Idealisten, die mit ihren Träumen von der Änderung der Gesellschaft scheitern, profitiert von seinen umwerfend schönen Bildern aus der Toskana (San Giminiano und Umgebung) sowie Ennio Morricones lyrischem Score, leidet jedoch unter Drehbuchschwächen und dem Fehlen jeglichen Humors. Bemerkenswert ist er vor allem als erste große Bewährungsprobe Isabella Rossellinis, die zuvor nur einen kleinen Auftritt an der Seite ihrer Mutter Ingrid Bergman in NINA hatte. Auf ihren berühmten Vater Roberto Rossellini spielt *Die Wiese* direkt an, als sich Eugenia auf Giovannis Anraten DEUTSCHLAND IM JAHRE NULL im Kino ansieht. Die Schwiegereltern der seinerzeit mit Martin Scorsese verheirateten Aktrice, Charles und Catherine Scorsese, sind übrigens kurz als Zugreisende zu sehen. al

Die Wikinger

The Vikings. USA 1958 **R** Richard Fleischer **B** Dale Wasserman, Calder Willingham, nach dem Roman *The Viking* von Edison Marshall **K** Jack Cardiff **M** Mario Nascimbene **P** Jerry Besler für Bryna/United Artists **L** 114 Min., Farbe **D** Kirk Douglas, Tony Curtis, Ernest Borgnine, Janet Leigh, James Donald, Alexander Knox, Frank Thring, Maxine Audley, Eileen Way

Kirk Douglas drehte mit seiner eigenen Produktionsfirma Bryna einen der teuersten und farbenprächtigsten Abenteuerfilme in Hollywoods Geschichte. Zu den intelligentesten Unterhaltungswerken der Filmmetropole gehört der Streifen freilich nicht, zeichnet er sich doch eher durch eine gehörige Portion Naivität aus. Wer aber gutes altes US-Kintopp liebt, das angefüllt ist mit spannenden Zweikämpfen, wuchtigen Schlachten, schmachtender Leidenschaft und einer erklecklichen Anzahl von Stars, wird mit *Die Wikinger* bestens beraten sein.
Im 7. Jahrhundert ziehen die Horden der blondmähnigen Barbaren aus dem Norden sengend und brennend durch Europa. Ihr Anführer, König Ragnar (Borgnine), fällt eines Tages auch in Britannien ein, wo er die Herrscherin eines kleinen Reiches schändet. Diese bringt daraufhin den Sohn Eric (Curtis) zur Welt, der von den Wikingern als Sklave gehalten wird und der erklärte Feind von Einar (Douglas), Ragnars Sohn ist. Das ohnehin gespannte Verhältnis zwischen den beiden spitzt sich weiter zu, als sie sich in die hübsche Prinzessin Morgana (Leigh) verlieben, die ebenfalls den rauhen Nordmännern in die Hände gefallen ist. Es gelingt Eric nicht nur, zusammen mit Morgana zu fliehen, sondern auch Einars Vater Ragnar zu kidnappen und nach Britannien zu schleppen, wo der alte Wikinger sein Leben in einer Wolfsgrube läßt. Einar rüstet ein Heer aus, und rückt gegen die Burg vor, in der sich die Gehetzten verschanzt haben. Mit einer dramatischen Schlacht klingt dieses archaische Epos um Liebe, Mord und Totschlag aus.
Ursprünglich hatte Douglas ein Budget von 2,5 Mio. Dollar für die Produktion veranschlagt. Die Ausgaben verteuerten sich jedoch um das Doppelte, was angesichts des enormen Aufwands kein Wunder war. Im norwegischen Hardangerfjord errichteten die Filmarchitekten ein komplettes Wikingerdorf. Hinzu kam eine Flotte von acht Wikingerbooten, die nach Originalplänen des Osloer Museums erbaut wurden. Wegen des ungünstigen Wetters benötigte die Crew allein für die norwegischen Außenaufnahmen über 60 Tage. Anschließend ging es nach Frankreich, wo in Dinard (Bretagne) auf der wuchtigen mittelalterlichen Burg La Lotte die abschließenden Schlachtenszenen gedreht wurden. Für die Studioaufnahmen siedelte das Drehteam dann in die Münchener Filmstudios von Geiselgasteig um.
Dank einer raffinierten Publicity-Kampagne wurde dem US-Publikum der Film als „Jahrhundert-Ereignis" angepriesen. Die Reklame übertraf mit ihrem Aufwand beinahe noch den eigentlichen Film. So wurden die acht rekonstruierten Drachenboote von Norwegen nach New York geschafft, wo man eines von ihnen direkt vor dem Kino ablud, in dem der Film seine Premiere hatte. Die auf diese Weise angeschürte Massenhysterie entlud sich in voller Wucht und bescherte Kirk Douglas´ Gesellschaft klingelnde Kassen. jg

Die Wilby-Verschwörung

The Wilby Conspiracy. Großbritannien 1975 **R** Ralph Nelson **B** Rod Amateau, Harold Nebenzal, nach dem Roman von Peter Driscoll **K** John Coquillon **M** Stanley Myers **P** Martin Baum für United Artists **L** 101 Min., Farbe **D** Sidney Poitier, Michael Caine, Nicol Williamson, Prunella Gee, Persis Khambatta, Saeed Jaffrey, Ryk de Cooyer, Rutger Hauer

Ralph Nelsons Werke zeichnen sich dadurch aus, daß in ihnen - verpackt in ein Gewand, bestehend aus Suspense und Action - handfeste Sozialkritik an bestehenden Mißständen geübt wird. In LILIEN AUF DEM FELDE und seinem anschließenden Western DUELL IN DIABLO stand die Rassendiskriminierung im Vordergrund. Mit dem erschreckend realistisch gezeichneten Indianerfilm DAS WIEGENLIED VOM TOTSCHLAG zog Nelson indirekt einen Vergleich zu den Massakern der US-Army in Vietnam. *Die Wilby-Verschwörung* ist gleichfalls am Thema der rassistischen Unterdrükkung interessiert und spielt daher in Südafrika.
Gerade ist der schwarze Intellektuelle Shack Twala (Poitier) von seiner Anwältin Rina (Gee) vor Gericht freigeboxt worden, als die beiden zusammen mit Rinas Freund Keogh (Caine) in eine Polizeikontrolle geraten, bei der es zu einer handfesten Auseinandersetzung kommt. Shack und Keogh müssen fliehen. An ihre Fersen heftet sich der südafrikanische Geheimdienst, der damit spekuliert, daß Shack sie unwissend zu einem einflußreichen Funktionär der schwarzafrikanischen Befreiungsbewegung führen wird.
Ein durchweg spannend erzählter und - abgesehen von einigen saloppen Rückprojek-

tionen - technisch versierter Polit-Thriller vor authentischem Hintergrund, dessen Inhalt allerdings durch eine nebenbei eingeflochtene Diamantensuche etwas verwässert wird.
Da Nelson sein Projekt wegen der bewußt kritischen und anklagenden Haltung natürlich nicht in Südafrika drehen konnte, wich die Crew nach Kenia aus, wo Präsident Kenyatta dem Team für die Dreharbeiten seine persönliche Unterstützung zusagte. jg

Wild at Heart

Wild at Heart. USA 1990 **R** David Lynch **B** David Lynch, nach einem Roman von Barry Gifford **K** Fred Elmes **M** Angelo Badalamenti **P** Monty Montgomery, Steve Golin und Joni Sighvatsson für Polygram/Propaganda Prod./Lava Films **L** 124 Min., Farbe **D** Nicolas Cage, Laura Dern, Diane Ladd, Willem Dafoe, Isabella Rossellini, Harry Dean Stanton

„Ich weiß nicht, was ich dem Publikum sagen will. Ich schaffe es einfach nicht zu begreifen, warum die Leute um jeden Preis einen Sinn in der Kunst finden wollen, während sie widerstandslos akzeptieren, daß es ihn im Leben nicht gibt." Sein Geständnis zum Film hinderte die Garde internationaler Filmkritiker nicht daran, sich den Kopf über Sinn und Unsinn von *Wild at Heart* zu zerbrechen - vordergründig ein Südstaaten-Liebesfilm, hintergründig aber durchaus ein ernstzunehmender Streifen über menschliche Abhängigkeiten, Abnormitäten und Abgründe, eine Hymne auf die Liebe in einer Welt voller Schlechtigkeiten.
Lynch erzählt in bizarren, brillanten Bildern die Geschichte von Sailor (Cage) und Lula (Dern) - eine wilde, verwegene Odyssee eines naiven Liebespaares auf der unentwegten Suche nach dem vollendeten Glück und auf der ständigen Flucht vor Lulas rachsüchtiger, hysterischer Mutter Marietta (Ladd), die auf ihren Schwiegersohn einen Killer angesetzt hat. Am Ende steht, natürlich, ein Happy-End, das sich wohlmeinend mit märchenhaft, genausogut aber mit kitschig umschreiben ließe.
„*Wild at Heart* ist der erste große Film der 90er Jahre: eine Offenbarung", versicherte *Die Zeit* ihrer Leserschaft, während die *Frankfurter Allgemeine Zeitung* gegenhielt: „Es hat beim Festival in Cannes keinen widerlicheren Film gegeben als diesen in seiner handwerklichen Perfektion so suggestiven." Ob verdient oder nicht, David Lynchs umstrittenes Werk wurde in Cannes als bester Film mit der Goldenen Palme ausgezeichnet. sk

The Wild Bunch - Sie kannten kein Gesetz

The Wild Bunch. USA 1969 **R** Sam Peckinpah **B** Walon Green, Sam Peckinpah, nach einer Story von Green, Roy N. Snicker **K** Lucien Ballard **M** Jerry Fielding **P** Phil Feldman für Warner Bros.-Seven Arts **L** 126 Min. (Originalfassung 134/144 Min.), Farbe **D** William Holden, Ernest Borgnine, Robert Ryan, Edmond O'Brien, Warren Oates, Jaime Sanchez, Ben Johnson, Emilio Fernandez, Strother Martin, L. Q. Jones, Albert Dekker, Bo Hopkins

Sam Peckinpahs wohl berühmtester, aber auch umstrittenster Film ist dieser lange, extrem gewalttätige Western, seine erste Regie-Arbeit seit SIERRA CHARRIBA im Jahre 1965. Es ist ein Abgesang auf den alten Westen, in dessen Mittelpunkt eine fünfköpfige Bande steht, die von dem wortkargen Pike Bishop (Holden) angeführt wird. Die Männer spüren, daß ihre Zeit vorüber ist und planen einen letzten großen Coup, nach dem sie sich zur Ruhe setzen wollen: Für einen mexikanischen General (Fernandez) sollen sie einen Zug mit Waffen und Munition überfallen. Doch nach der erfolgreichen Durchführung des Unternehmens hat der schurkische Militär sich die Sache anders überlegt...
Wie in BONNIE UND CLYDE sterben die Protagonisten am Schluß des Films in einem mörderischen Kugelhagel, eine Szene, die seinerzeit mit zum Blutrünstigsten gehörte, was man je auf der Leinwand gesehen hatte. Denn Peckinpah ließ die Vorgänge in Zeitlupe ablaufen, wiederholte bestimmte Sequenzen, setzte reichlich durch die Luft spritzendes Kunstblut ein und schuf so ein seltsam ästhetisches „Todesballett", das sofort zu heftigen Diskussionen um die Darstellung von Gewalt auf der Leinwand führte. Darüber, und über die Auseinandersetzungen zwischen Peckinpah und seinem Produzenten Phil Feldman, wurden die inhaltlichen Qualitäten des Films fast vergessen. Feldman hatte, während Peckinpah auf Hawaii weilte, den Film um zehn Minuten kürzen lassen, um zu einer wirtschaftlicheren Länge zu kommen, obwohl die ursprüngliche Version bereits Kritikern an der Ostküste gezeigt worden war. Die Schnitte bezogen sich vor allem auf Szenen, die das Vorleben von Holdens Figur erläutern, und wurden von Peckinpah als „Desaster" bezeichnet. Unbeeindruckt vertrieb Warner den Film in den USA mit einer Länge von 134 Minuten, während er in Europa zumeist in der 144-minütigen Originalfassung lief (außer in der BRD, wo man dem ganzen Theater mit 126 Minuten die Krone aufsetzte). Erst 1982 kam in den Staaten die restaurierte Fassung auf Video heraus.
Trotz aller Kontroversen war *The Wild Bunch* ein enormer Kassenerfolg, dessen Bildsprache viele Regisseure, wenn auch nicht immer zum besten ihrer Filme, beeinflußte. Drehbuch und Musik wurden für Oscars nominiert. al

Wild ist der Wind

Wild Is the Wind. USA 1957 **R** George Cukor **B** Arnold Shulman, nach dem Roman von Vittorio Nino Novarese **K** Charles B. Lang jr. **M** Dimitri Tiomkin **P** Hal B. Wallis für Paramount **L** 110 Min., s/w **D** Anna Magnani, Anthony Quinn, Anthony Franciosa, Dolores Hart, Lili Valenty, John Flavin, Joseph Calleia, Dick Ryan

George Cukor fabrizierte mit diesem etwas unglaubwürdigen Drama wahrlich kein Meisterwerk, und so hat der Film seine Qualitäten zwangsläufig nicht der Regie, sondern den beiden Akteuren Anthony Quinn und Anna Magnani sowie dem glänzenden Soundtrack von Dimitri Tiomkin zu verdanken.
Der aus Italien stammende Schafzüchter Gino (Quinn) reist in seine Heimat und heiratet dort Gioia (Magnani), die Schwester seiner verstorbenen Frau, und nimmt sie mit sich auf seine Ranch nach Nevada. Das Glück währt nicht lange, denn Gino verwechselt permanent Gioias Namen mit dem seiner verblichenen Gattin, so daß sich seine neue Frau zwangsläufig wie eine Art Ersatzstück fühlt, ohne je aus dem übermächtigen Schatten der Schwester treten zu können. So ist es kein Wunder, daß sie sich mit dem attraktiven Vorarbeiter Bene (Franciosa) einläßt. Erst jetzt erkennt Gino, wie sehr er Gioia braucht. Er bittet sie um Verzeihung und fleht sie an, bei ihm zu bleiben.
Wild Is the Wind, ein Remake des italienischen Trivialstreifens *Stürme der Leidenschaft*, war nach DIE TÄTOWIERTE ROSE der zweite Hollywood-Film der italienischen Vollblut-Schauspielerin Anna Magnani. Die Rolle brachte ihr zuerst eine Oscar-Nominierung und dann den Silbernen Bären der Berliner Filmfestspiele ein. Ebenfalls für den Oscar vorgeschlagen waren Anthony Quinn und Tiomkins Filmmusik. Über einen

kleinen Skandal gab es mal wieder am Rande der Dreharbeiten zu berichten. Die leidenschaftlichen Gefühle zwischen Anna Magnani und Anthony Franciosa beschränkten sich nicht auf ihre Arbeit vor der Kamera, sondern reichten auch in das Privatleben der beiden hinein, was Hollywoods Gerüchteküche kräftig zum Brodeln brachte. Eine, die solche Klatschgeschichten gar nicht gerne hörte, war Shelley Winters, Franciosas damalige Verlobte, die sich sofort in das nächstbeste Flugzeug setzte und nach Nevada jettete, wo die Außenaufnahmen stattfanden. Um ihren zukünftigen Ehemann besser an die Kandare nehmen zu können, fand noch im selben Jahr die Hochzeit statt, mit dem Ergebnis, daß die beiden bereits drei Jahre später wieder geschieden wurden. jg

Der Wilde

The Wild One. USA 1953 **R** Laszlo Benedek **B** John Paxton, nach einer Story von Frank Rooney **K** Hal Mohr **M** Leith Stevens **P** Stanley Kramer für Stanley Kramer Company Prod./Columbia **L** 79 Min., s/w **D** Marlon Brando, Mary Murphy, Robert Keith, Lee Marvin, Jay C. Flippen, Peggy Maley

Anfang der 50er Jahre machte die kalifornische Kleinstadt Hollister Schlagzeilen, als sie vier Tage lang von rund viertausend Motorrad-Fahrern belagert wurde, nach deren Verschwinden das Örtchen wie ein Kriegsschauplatz aussah. John Paxton fühlte sich dadurch zu einem Drehbuch inspiriert, war dieser Vorfall doch nicht der einzige seiner Art, und in Stanley Kramer, immer auf der Suche nach kontroversen und zeitgenössischen Themen, fand er den geeigneten Produzenten. Kramer brachte auch Brando für die Hauptrolle ins Spiel, mit dem er bereits bei DIE MÄNNER zusammengearbeitet hatte. Er spielt Johnny, den Anführer einer Motorrad-Gang, deren Mitglieder mit ihren schwarzen Lederjacken und rüdem Benehmen alles andere als freundliche Gefühle in den Bewohnern der Kleinstadt auslösen, in der sie haltmachen. Doch Johnny hält die Dinge unter Kontrolle, denn die attraktive Kathie (Murphy), zu der er sich hingezogen fühlt, ist die Tochter des Sheriffs (Keith). Problematisch wird es erst, als eine rivalisierende Gang unter Chino (Marvin) aufkreuzt... *Der Wilde* war als Studie eines neuartigen Phänomens gedacht, doch der Effekt war ein ganz anderer: Zahlreiche Jugendliche ahmten Brandos lässiges Macho-Gehabe sowie seinen Kleidungsstil nach, und schnell waren Kritiker mit Vorwürfen bei der Hand, der Film beschönige das Verhalten der Rowdies und liefere noch nicht einmal Erklärungen dafür. In der Tat antwortet Johnny an einer Stelle auf die Frage, wogegen er eigentlich rebelliere: „Was haben Sie denn anzubieten?" In England war *Der Wilde* sogar bis 1968 verboten. Der Star selbst hatte aufgrund der Popularität des Films jahrelang unter dem hier erworbenen Image des Brutalos zu leiden. al

Wilde Erdbeeren

Smultronstället. Schweden 1957 **R** Ingmar Bergman **B** Ingmar Bergman **K** Gunnar Fischer **M** Erik Nordgren **P** Allan Ekelund für Svensk-Film **L** 91 Min., s/w **D** Victor Sjöström, Bibi Andersson, Ingrid Thulin, Gunnar Björnstrand, Naima Wifstrand, Folke Sunquist, Björn Bjelvenstam, Jullan Kindahl

Wieder einmal waren es die eigenen Erlebnisse, die Ingmar Bergman zum Anlaß nahm, einen Film zu drehen, der nach ABEND DER GAUKLER sein zweiter „Klassiker" werden sollte. Der Regisseur entwarf das Drehbuch, nachdem er zuvor eine Reise nach Uppsala unternommen hatte, in deren Verlauf ihm viele Erlebnisse aus seiner Kindheit und Jugend in Erinnerung gerufen wurden. Bergmans Absicht bestand nun darin, ein Werk zu drehen, in dem mit mehreren Rückblenden die Tür in die Vergangenheit aufgestoßen werden sollte. Was noch fehlte, war eine passende Rahmenhandlung, die die Gegenwart mit den zurückliegenden Jahren verband. Die Figur des Professors Isak Borg (Sjöström) bot dafür einen günstigen Ausgangspunkt. Der Stockholmer Bakteriologe bereitet sich auf eine Feier vor, bei der er von der Universität Lund anläßlich des 50. Jahrestages seiner Promotion geehrt werden soll. Kurz vor der Abreise hat Borg einen fürchterlichen Alptraum, der ihn mit dem eigenen Tod konfrontiert. Am Morgen bricht er mit seiner Schwiegertochter Marianne (Thulin) im Wagen nach Lund auf. Die Fahrt wird für ihn zu einer ernüchternden Reise in die Vergangenheit, in die er sich in wehmütigen Tagträume zurückzieht. Unterbrochen werden seine Gedanken von einem Anhalter-Trio, welches sie mitnehmen, von einem verunglückten zänkischen Ehepaar und von Mariannes Berichten über ihre Eheprobleme. Borg merkt, wieviele Jahre seines Lebens er durch seine Kälte und Herzlosigkeit verschenkt hat. Mariannes Versöhnung mit seinem Sohn gibt ihm jedoch neuen Lebensmut und auch seine Träume nehmen kurz darauf erfreulichere Dimensionen an.
Manche Kritiker warfen Bergmans Film einen gewissen episodenhaften Charakter vor, was unberechtigt ist, denn die einzelnen Rückblenden und Visionen werden nie zusammenhangslos in die Rahmenhandlung eingeschnitten, sondern akzentuiert und wohldurchdacht darin eingefügt.
Wilde Erdbeeren wurde sowohl bei den Berliner Filmfestspielen als auch beim Festival von Cannes mit dem Hauptpreis ausgezeichnet. jg

Wilde Glut

Blowing Wild. USA 1953 **R** Hugo Fregonese **B** Philip Yordan **K** Sid Hickox **M** Dimitri Tiomkin **P** Milton Sperling für Warner Bros. **L** 87 Min., s/w **D** Gary Cooper, Barbara Stanwyck, Ruth Roman, Anthony Quinn, Ward Bond, Ian MacDonald, Richard Karlan, Juan Garcia

Zu den Klängen von Dimitri Tiomkins *Do Not Forsake Me, oh My Darling* war Gary Cooper schon einmal in Fred Zinnemanns Western-Klassiker ZWÖLF UHR MITTAGS einhergetrabt. Hier fiel das Ergebnis weniger zufriedenstellend aus. Zuviel Leidenschaft, Action und Tragödie packte B-Filmer Hugo Fregonese in seinen 89-minütigen Streifen, der dem Zuschauer angesichts seiner Überfülle kaum eine ruhige Minute gönnt.
Für den Viehzüchter Jeff (Cooper) ist das Mexiko der frühen 30er Jahre wahrlich kein angenehmer Aufenthaltsort, denn soeben hat ihn eine Bande um Hab und Gut gebracht. In der Hoffnung auf einen Job, wendet er sich an den reichen Ölprinz Paco (Quinn), der ihn jedoch abblitzen läßt, da Jeff vor Jahren einmal ein Verhältnis mit seiner Frau Marina (Stanwyck) hatte. Diese hätte gegen ein erneutes Schäferstündchen mit Jeff nichts einzuwenden, doch hat sie gegenüber der gestrandeten Südstaaten-Schönheit Sal (Roman) das Nachsehen. Um Jeffs Liebe zu erlangen, muß sie eben doch etwas rabiater werden und so schubst sie ihren Mann in die Ölpumpe, die den armen Paco zu Tode quetscht. Eigentlich könnte jetzt etwas Frieden herrschen, aber nun taucht noch einmal die Banditenbande auf, die Jeff einst ruinierte. Bei einem Duell erschießt er den Boß der Desperados und ist somit frei für Sal, denn Marina wird rechtzeitig durch eine Explosion aus der Handlung katapultiert.
Die temporeiche Mischung zwischen Abenteuerfilm und modernem Western wird leider auch durch das reichhaltige Staraufgebot nicht besser. Regisseur Fregonese ging zu Beginn der 60er Jahre übrigens nach Europa, wo er u.a. bei einigen bundesdeutschen Serienfabrikaten die Regie übernahm. jg

Wilde Orchidee

Wild Orchid. USA 1989 **R** Zalman King **B** Patricia Knop, Zalman King **K** Gale Tattersall **M** Geoff MacCormack, Simon Goldenberg **P** Mark Damon und Tony Anthony für Vision International **L** 112 Min., Farbe **D** Mickey Rourke, Jacqueline Bisset, Carré Otis, Assumpta Serna, Bruce Greenwood, Oleg Vidov

Emily Reed (Otis) ist jung, attraktiv und hat gerade ihr Jura-Studium absolviert. Ihr erster Job führt sie nach Rio de Janeiro. Dort soll sie reiche Investoren für einen heruntergekommenen Hotelkomplex gewinnen, doch statt an seriöse Geschäftsleute gerät sie an den mysteriösen James Wheeler (Rourke). Sie verstrickt sich mehr und mehr in dem Netz aus frivolem Charme und sexueller Lust, das er um sie spinnt. Über erotische Gedankenspiele am Rande der Perversion versucht er, ihr den Unterschied zwischen „Sex haben" und „Liebe machen" nahezubringen. Mit Erfolg: am Ende ergänzen sich Triebe und Liebe auf das heftigste.
Regisseur und Autor Zalman King, der bereits am Drehbuch von NEUNEINHALB WOCHEN mitgeschrieben hatte, versuchte an den Erfolg des Lust-Spiels, in dem Mikkey Rourke ebenfalls einen Verführer mit Vorlieben jenseits des guten Geschmacks gemimt hatte, anzuknüpfen. Vergebens: *Wilde Orchidee* ist nicht mehr als eine tumbe Aneinanderreihung wenig anspruchsvoller Sex- und Softpornoszenen, die nur mühsam durch ein oberflächliches Handlungsgerüst zusammengehalten werden. Mickey Rourke, deutlich schlechter als sein Ruf, gibt in der Rolle des jovialen Sexgottes zudem ein jämmerliches Bild ab - *Variety* befand zu Recht: „Rourke, untersetzt und mit aufgedunsenem Gesicht, ist alles andere als ein appetitanregendes Sex-Objekt."
In Amerika wurde der Streifen ob seiner obszönen Sequenzen um 12 Minuten gekürzt und mit einem Jugendverbot belegt, während er hierzulande ungekürzt in die Kinos kam. sk

Der wilde Haufen von Navarone

Force 10 From Navarone. Großbritannien 1978 **R** Guy Hamilton **B** Robin Chapman, nach einer Story von Carl Foreman und dem Roman von Alistair MacLean **K** Christopher Challis **M** Ron Goodwin **P** Oliver A. Unger, John R. Sloan, Anthony B. Unger für Navarone Prod. **L** 118 Min., Farbe **D** Robert Shaw, Harrison Ford, Edward Fox, Barbara Bach, Franco Nero, Carl Weathers, Richard Kiel, Angus MacInnes, Michael Byrne, Alan Badel

Angesichts der Welle von Filmen über Kommando-Unternehmen, die von DIE KANONEN VON NAVARONE ausgelöst wurde, ist es erstaunlich, daß 17 Jahre ins Land gingen, bevor eine Fortsetzung entstand. Im Prinzip handelt es sich dabei auch weniger um eine Weiterführung der Geschichte als vielmehr um eine Neuauflage mit anderen Figuren. Carl Foreman, Produzent des früheren Films, fungierte hier als Story-Lieferant und Ausführender Produzent. Während des II. Weltkrieges soll ein Kommando der Alliierten eine für die Deutschen wichtige Brücke in Jugoslawien sprengen. Unterstützt von einer schönen Partisanin (Bach) und behindert von einem Verräter (Nero) macht sich das Grüppchen an seine explosive Arbeit...
Dieses dröhnende Action-Spektakel wurde von Bond-Regisseur Guy Hamilton kompetent, wenn auch nicht gerade inspiriert in Szene gesetzt. Direkt aus dem 77er-Bond DER SPION, DER MICH LIEBTE übernahm man auch Barbara Bach und Richard Kiel (der „Beißer"). Die zu zerstörende Brükke war ein Modell und wurde in den Pinewood-Studios nachgebaut. al

Wilde Pferde

Valdez il mezzosangue. Italien/Spanien/Frankreich 1974 **R** John Sturges **B** Clair Huffaker, Dino Maiuri, Massimo de Rita, nach dem Roman *The Valdez Horses* von Lee Hoffman **K** Armando Nannuzzi **M** Guido und Maurizio de Angelis **P** Duilio Coletti für De Laurentiis Intermaco (Rom), Coral Film (Madrid), Universal Prod. France (Paris) **L** 97 Min., Farbe **D** Charles Bronson, Jill Ireland, Vincent Van Patten, Marcel Bozzuffi, Melissa Chimenti, Fausto Tozzi, Ettore Manni

Hollywood-Veteran John Sturges hatte Charles Bronson mit kleineren Rollen in DIE GLORREICHEN SIEBEN und FLUCHT IN KETTEN den Weg zum Starruhm geebnet und zeichnet sich ebenfalls verantwortlich für diesen routinierten Western, der in Spanien entstand. Bronson ist als Halbblut Chino Valdez zu sehen, der allein eine Pferdezucht betreibt und nur widerwillig den ausgerückten Teenager Jamie (Van Patten) bei sich aufnimmt. Es kommt zu Auseinandersetzungen mit dem reichen Züchter Maral (Bozzuffi), in deren Verlauf Chino zusammengeschlagen und ins Gefängnis gesteckt wird. Zurück auf der Ranch, steckt er alle Gebäude in Brand, läßt die Pferde frei und reitet davon - bereit, anderswo ein neues Leben anzufangen.
Dieser ungewöhnliche Höhepunkt und Schluß war für Bronson-Freunde eine Überraschung, denn normalerweise griff der schweigsame Star nach erlittenem Unrecht zu Gewehr oder Pistole, um Rache zu üben. Lino Ventura sollte übrigens seinen Widersacher spielen, doch als er entdeckte, wie klein die Rolle war, warf er vorzeitig das Handtuch. al

Das wilde Schaf

Le mouton enragé / Il montone infuriato. Frankreich/Italien 1973 **R** Michel Deville **B** Christopher Frank, nach dem Roman von Roger Blondel **K** Robert Foucard **P** Léo L. Fuchs für Viaduc Productions (Paris), Trac (Rom) **L** 101 Min., Farbe **D** Jean-Louis Trintignant, Romy Schneider, Jean-Pierre Cassel, Jane Birkin, Florinda Bolkan, Georges Wilson, Michel Vitold, Henri Garcin, Marie Marquet, Jean-François Balmer, Dominique Constanza

Michel Deville betrachtete seinen Film als eine zynische Satire auf die moderne Zeit. Seine Geschichte ist respektlos und aufmüpfig; sie führt die Aufsteiger der Gesellschaft ebenso wie deren Versager vor. Stellenweise bedient sich Deville dafür einiger etwas allzu krasser Mittel, die vornehmlich auf dem Gebiet der Vielweiberei liegen, was heute nicht mehr ganz zeitgemäß sein dürfte.
Nicolas Mallet (Trintignant), ein etwas verklemmt wirkender Bankangestellter, wagt es endlich einmal, über seinen eigenen Schatten zu springen. Er spricht eines Tages ein Mädchen auf der Straße an, was ihm ungeheures Selbstvertrauen gibt. Fortan beschließt er, ein anderes Leben zu führen. Hilfreich erweist sich sein schüchterner Freund Fabre (Cassel), der insgeheim durch Mallets Aufstieg zu profitieren hofft und eine verhängnisvolle Entwicklung in Gang setzt. Nicolas beginnt eine Affäre mit Roberte (Schneider), der Frau eines Kollegen, die sich bald darauf in ihn verliebt, von ihrem Mann jedoch erschlagen wird, als dieser von ihrer Liaison erfährt. Für Nicolas bricht eine Welt zusammen, doch tröstet er sich schnell mit der jungen Marie-Paule (Birkin), während Fabre das Opfer seiner eigenen Intrigen wird und nach einer großen Liebesenttäuschung Selbstmord begeht.
Die beginnenden 70er Jahre bescherten Romy Schneider eine ungeahnte Erfolgsserie. Fast jeder ihrer Filme wurde ein Kassenknüller, so auch *Das wilde Schaf*, der in den ersten elf Wochen seiner Laufzeit allein in Paris über 400.000 Menschen in die Kinos lockte. Weniger begeistert äußerten sich hingegen die Kritiker, die dem Regisseur Deville ankreideten, daß er den Film nach dem gewaltsamen Ableben von Romy Schneider noch eine weitere halbe Stunde recht zäh dahinfließen ließ. jg

Die wilden Engel

The Wild Angels. USA 1966 **R** Roger Corman **B** Charles Griffith **K** Richard Moore **M** Mike Curb **P** Roger Corman für American International Pictures **L** 83 Min., Farbe **D** Peter Fonda, Nancy Sinatra, Bruce Dern, Lou Procopio, Coby Denton, Mark Cavell, Buck Taylor, Norman Alden, Michael J. Pollard

Ähnlich wie Nicholas Ray im Jahre 1955 mit ...DENN SIE WISSEN NICHT, WAS SIE TUN die damalige Jugend angesprochen hatte, traf auch B-Regisseur Roger Corman mit seiner anarchistisch-nihilistischen Motorrad-Oper den Geschmack der jungen Generation. Den herben Verrissen der US-Kritiker zum Trotz strömten die Zuschauer in Scharen in die Kinos und verhalfen den American International Pictures mit einer Einspielsumme von $ 25.000.000 (das Budget des Films hatte gerade mal $ 35.000 betragen) zum größten kommerziellen Erfolg seit dem Bestehen der Gesellschaft.
Was Cormans Rocker hier alles anrichten läßt den im Jahre 1960 als so provokant empfundenen Marlon Brando in DER WILDE geradezu harmlos erscheinen. Erzählt wird das sinnlose Herumgekurve einer Motorradgang, die sich mit Nazi-Symbolen schmückt und deren Leben vornehmlich aus Sex und Saufen zu bestehen scheint. Kleinere Reibereien mit der Polizei empfindet man als Abenteuer - selbst dann noch, als das stets vom Pech verfolgte Mitglied Loser (Dern) eine Maschine klaut und bei der Flucht von einem Polizisten lebensgefährlich verletzt wird. Als seine Kumpels ihn kurze Zeit später aus dem Krankenhaus entführen, leisten sie ihm damit einen Bärendienst, denn Loser überlebt diese Aktion nur um kurze Zeit. Sein Begräbnis wird zu einer zynischen Farce, die in einer brutalen Schlägerei eskaliert.
Der gute Ruf, den *The Wild Angels* bei den meist jugendlichen Zuschauern genoß, war dem Film bei seiner Europa-Premiere vorausgeeilt, wo er zum größten Unverständnis der US-Journalisten sogar auf den Filmfestspielen von Venedig eine lobenswerte Erwähnung erhielt. Aus heutiger Sicht ist der Film nur noch als zeitgenössisches Dokument interessant; in bezug auf Story und Technik bleibt er sogar unter dem Durchschnitt. Ursprünglich sollte George Chakiris die Rolle des Heavenly Blues spielen, doch da er nicht Motorrad fahren konnte, sprang Peter Fonda für ihn ein. Fonda blieb der Darstellung des geborenen Aussteiger-Typs treu, als er sich drei Jahre später noch einmal für den Kultfilm EASY RIDER auf seine Maschine schwang. jg

Die wilden Fünfziger

Die wilden Fünfziger. BRD 1983 **R** Peter Zadek **B** Wolfgang Bornheim, Peter Zadek, nach dem Roman *Hurra, wir leben noch* von Johannes Mario Simmel **K** Jost Vacano **M** Klaus Doldinger **P** Günter Rohrbach für Bavaria/ZDF **L** 126 Min., Farbe **D** Juraj Kukura, Boy Gobert, Peter Kern, Nora Barner, Christine Kaufmann, Sunnyi Melles, Eva Mattes, Dietrich Mattausch, Paul Esser, Hermann Lause, Ilja Richter, Willy Millowitsch, Freddy Quinn

Zu Beginn des Projekts hatte Produzent Günter Rohrbach noch mit Rainer Werner Fassbinder als Regisseur geliebäugelt, denn schließlich galt die Thematik „deutsches Wirtschaftswunder“ als eines seiner Steckenpferde. Fassbinder lehnte jedoch ab und starb ohnehin kurze Zeit später, so daß sein Theaterkollege Peter Zadek für ihn in die Bresche sprang.
Die Verfilmung von Werken des bekannten Schriftstellers Johannes Mario Simmel hatte zu Beginn der 70er Jahre ihren größten Boom erlebt. Die Bücher des Autoren galten als leicht verdauliche Kost - gegen eine großbudgetierte Produktion gab es somit nur wenig einzuwenden. Ganze 7 Mio. DM bekam Zadek für seinen Film, den er im Vorspann unverschämterweise R. W. Fassbinder widmete, der sich angesichts des fertigen Streifens sicherlich im Grabe umgedreht hätte. Entsetzt zeigte sich auch der Dichter höchstpersönlich, der sein Buch in grober Weise verhunzt sah, sich von dem mißratenen Werk distanzierte und per Gerichtsbeschluß durchsetzte, daß der Film nicht den Titel des Romans tragen durfte.
In für ihn so typischen, lauten und ordinären Bildern beschreibt Zadek den Lebensweg des Emporkömmlings Jakob Formann (Kukura), der zuerst als Schieber auf dem Schwarzmarkt zu Geld kommt, dann zum Großunternehmer aufsteigt, um am Ende sowohl im Beruf als auch im privaten Bereich einen verheerenden Schiffbruch zu erleiden.
Zwar gelang es Zadek, eine erkleckliche Anzahl bundesdeutscher Prominenz vor die Kamera zu zerren, doch wird der Film dadurch allein nicht sehenswert. Wieviel hätte man aus dem dankbaren Stoff von Berliner Blockade und Währungsreform machen können, und wie wenig ist davon letztendlich auf der Leinwand angekommen!
„Alles verkorkst! Alles im Eimer! Keine einzige Szene ist getroffen, nicht eine hat Biß, Komik oder Schärfe, wenn man von einer Reihe dilettantischer Gags schon einmal absehen will. Der Film mutet an wie ein ständiger Leerlauf in Größenwahn“ (*Die Welt*).
Angesichts dieser und weiterer ähnlich vernichtender Verdammungen wäre Zadek mit seiner Clique am besten im heimatlichen Hamburger Schauspielhaus geblieben, anstatt an erlesenen Drehorten (wie z. B. Schloß Neuschwanstein) so viel Geld zu verpulvern. jg

Die wilden Mahlzeiten

René la canne. Frankreich/Italien 1976 **R** Francis Girod **B** Jacques Rouffio, Francis Girod, nach dem Roman von Roger Borniche **K** Aldo Tonti **M** Ennio Morricone **P** Jacques-Eric Strauss für Président Films (Paris), Rizzoli Film (Rom) **L** 89 Min. (Originalfassung 100 Min.), Farbe **D** Michel Piccoli, Gérard Depardieu, Sylvia Kristel, Jean Rigaut, Valerie Mairesse

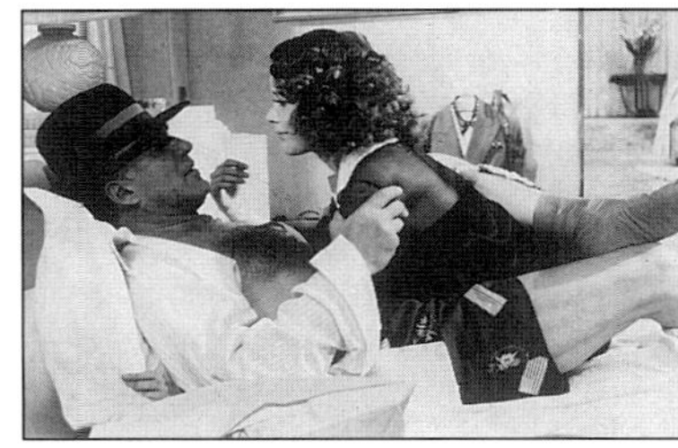

Als „übles Zotenstück“ bezeichnete der *film-dienst* diese schwarze Kriminal-Komödie von Francis Girod, die stilistisch und inhaltlich mit des Regisseurs berüchtigtem TRIO INFERNAL verwandt ist, jedoch nicht dessen Witz und Originalität erreicht. Wieder gelang Girod allerdings die überzeugende Heraufbeschwörung einer vergangenen Epoche: Dekorationen, Ausstattung und Kostüme sind vom Feinsten, und auch Ennio Morricone lieferte wieder einen cleveren Score ab. Es geht um zwei grundverschiedene Männer, die sich in den Wirren des II. Weltkrieges anfreunden und gemeinsam durchs Leben schlagen. Inspektor Marchand (Piccoli) nimmt es mit den Gesetzen nicht so genau, und René Bornier (Depardieu) ist ein kleiner Gauner, der gerade aus einer Nervenheilanstalt entsprungen ist. Einem Abstecher nach Deutschland folgen diverse, entschieden illegale Aktivitäten im mittlerweile befreiten Frankreich, an denen sich auch Renés Geliebte Krista (Kristel) beteiligt. al

Die Wilden Zwanziger

The Roaring Twenties. USA 1939 **R** Raoul Walsh **B** Jerry Wald, Richard Macaulay, Robert Rossen, nach einer Story von Mark Hellinger **K** Ernest Haller **M** Heinz Roemheld, Ray Heindorf **P** Hal B. Wallis für Warner Bros. **L** 100 Min., s/w **D** James Cagney, Priscilla Lane, Humphrey Bogart, Jeffrey Lynn, Gladys George, Frank McHugh, Paul Kelly

Warner Bros. hatten sich in den 30er Jahren vor allem durch ihre realistischen Gangsterfilme um Stars wie George Raft, Edward G. Robinson und James Cagney einen Namen gemacht. Wie ein Abgesang auf die glorreichste Zeit dieses Genres wirkte daher der mit enormem Aufwand produzierte *The Roaring Twenties*, der dieser bewegten Dekade mit Hilfe aller bis dato bekannten Klischees und Handlungsmuster ein würdiges Denkmal setzte. Die Geschichte umspannt über zehn Jahre und erzählt von drei Heimkehrern aus dem I. Weltkrieg, die Schwierigkeiten mit ihrer Wiedereingliederung in die Gesellschaft haben. Lloyd (Lynn) wird schließlich Anwalt, George (Bogart) Alkoholschmuggler und Eddie (Cagney) Taxifahrer. Doch auch er wendet sich dem einträglicheren Geschäft mit Hochprozentigem zu und baut

ein beachtliches Imperium auf - immer in Konkurrenz zu seinem ehemaligen Kumpel George, einem skrupellosen Verbrecher.
Mark Hellinger, der die Original-Story für den Film lieferte, orientierte sich an den Schicksalen von realen Persönlichkeiten; so beruht Cagneys Figur auf dem Aufstieg und Fall von Larry Fay, der auch F. Scott Fitzgerald zu seinem Roman *The Great Gatsby* inspiriert haben soll. Die von Gladys George gespielte Panama Smith wurde nach Texas Guinan, einer von Fay geförderten ehemaligen Bardame, modelliert. Anatole Litvak sollte übrigens Regie führen; er wurde jedoch in letzter Minute durch Raoul Walsh ersetzt, mit dem sich vor allem Cagney hervorragend verstand. Ein Klassiker. al

Die Wildente

Die Wildente. BRD/Österreich 1976 **R** Hans W. Geissendörfer **B** Hans W. Geissendörfer, nach dem Bühnenstück von Henrik Ibsen **K** Robby Müller **M** Nils Janette Walen **P** Bernd Eichinger für Solaris-Film (München), Sascha-Film (Wien), WDR (Köln) **L** 105 Min., Farbe **D** Jean Seberg, Peter Kern, Bruno Ganz, Anne Bennent, Martin Flörchinger, Heinz Bennent, Heinz Moog, Sonja Sutter, Robert Werner

Das Erscheinen des Konsulsohnes Greger Werle (Ganz) wirft das Leben seines ehemaligen Jugendfreundes Hjalmar Ekdal (Kern) und das seiner Familie völlig aus der Bahn. Die von Hjalmar so mühevoll aufgebaute Idylle einer heilen und glücklichen Welt wird von einen auf den anderen Tag brutal zerstört. Greger offenbart der entsetzten Familie, daß die Heirat zwischen Hjalmar und seiner Frau Gina (Seberg) nur eine geschickt eingefädelte Farce war, die dazu diente, Ginas Schwangerschaft zu kaschieren, die zuvor ein Verhältnis mit Gregers Vater, dem alten Konsul, hatte. Die inzwischen 12jährige Hedwig (Anne Bennent), Ergebnis dieser Liaison, hat den Glauben an ihren Vater, den sie abgöttisch liebte, verloren und wird in Gregers Händen zum willenlosen Instrument. Dieser verlangt von dem Mädchen, die Wildente zu erschießen, die Hedwig auf dem Dachboden des elterlichen Hauses liebevoll pflegt. In ihrer Not und Verzweiflung schenkt sie dem Tier das Leben und gibt sich die Kugel.
„Geissendörfers Inszenierung hat die symbolischen Bezüge seiner Vorlage sehr sorgfältig und unaufdringlich herausgearbeitet und fortgesetzt, und genau hier beginnt sein Film, trotz seiner formalen Disziplin, auf hintergründige Weise spannend zu werden" (*Süddeutsche Zeitung*).
Der gute Eindruck, den diese Literaturverfilmung macht, ist vor allem dem hervorragenden Schauspieler-Ensemble zu verdanken, unter dem die damals erst 12jährige Anne Bennent, Tochter des Schauspielers Heinz Bennent, am meisten herausragt. 1973 hatte sie ebenfalls unter Geissendörfers Regie ihr Filmdebüt in dem Fernsehspiel *Die Eltern* gegeben. jg

Wilder Sommer

L'estate violenta. Italien/Frankreich 1959 **R** Valerio Zurlini **B** Valerio Zurlini, Suso Cecchi d'Amico, Giorgio Prosperi **K** Tino Santoni **M** Mario Nascimbene **P** Silvio Clementelli für Titanus Film (Rom), S. G. C. (Paris) **L** 94 Min., s/w **D** Eleonora Rossi-Drago, Jean-Louis Trintignant, Jacqueline Sassard, Lila Brignone, Federica Ranchi, Raf Mattioli, Enrico Maria Salerno

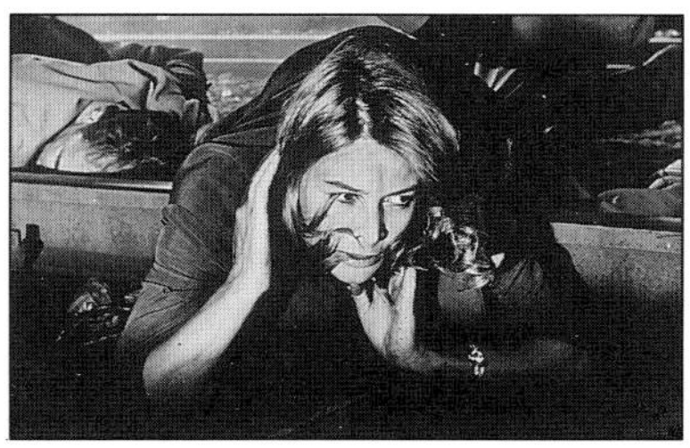

Im Sommer des Kriegsjahres 1943 erlebt der junge Carlo (Trintignant), Sohn eines faschistischen Parteifunktionärs, eine leidenschaftliche Romanze mit der um einige Jahre älteren Witwe Roberta (Rossi-Drago). Ihre Zweisamkeit wird empfindlich gestört durch die Landung alliierter Truppen in Riccione, einem Seebad an der Adria, wo die beiden von den Kampfhandlungen so gut wie nichts mitbekamen. Auf der Flucht nach Süden wird ihr Zug bombadiert, und Carlo, den sein Vater durch seinen Enfluß vor dem Kriegsdienst bewahrte, ist zum ersten Mal gezwungen, den grausamen Realitäten ins Auge zu sehen.
Valerio Zurlinis ebenso intelligentes wie gefühlvolles Kriegs-Melodram, für dessen Drehbuch u. a. Italiens profilierteste Autorin Suso Cecchi d'Amico verantwortlich zeichnet, überzeugt vor allem durch die hervorragenden Darstellungen des damals blutjungen Jean-Louis Trintignant und der - über die Grenzen ihres Heimatlandes hinaus kaum bekannten - Eleonora Rossi-Drago. al

Wilder Strom

Wild River. USA 1960 **R** Elia Kazan **B** Paul Osborn, nach den beiden Romanen *Mud on the Stars* von William Bradford Huie und *Dunbar's Cove* von Borden Deal **K** Ellsworth Fredericks **M** Kenyon Hopkins **P** Elia Kazan für 20th Century-Fox **L** 115 Min., Farbe **D** Montgomery Clift, Lee Remick, Jo van Fleet, Albert Salmi, Jay C. Flippen, James Westerfield, Big Jeff Bess, Robert Earl Jones, Frank Overton, Barbara Loden

Ganze 25 Jahre dauerte es, bis sich Elia Kazan seinen Traum erfüllen konnte, einmal einen Film in Tennessee zu drehen, wo er während der 30er Jahre eine Zeitlang gelebt hatte. *Wilder Strom* ist eine Perle unter den Hollywood-Produktionen der 60er Jahre und ein für die Filmmetropole ungewöhnlich unspektakuläres, besinnliches Werk, das demzufolge an den Kinokassen erwartungsgemäß nur für wenig Aufsehen sorgte.
Die Handlung spielt in den USA zur Zeit der großen Depression. Immer wieder tritt der Hiwassee River über seine Ufer und verwüstet mit seiner Urgewalt ganze Landstriche. Chuck Glover (Clift), ein Beamter der Tennessee Valley Authority, fällt die Aufgabe zu, den Einwohnern eines Landstrichs die unangenehme Nachricht zu überbringen, daß diese wegen eines geplanten Staudammes ihre Heimat verlassen müssen, da ihre Häuser auf dem geplanten Flutungsgebiet stehen. Eine, die sich standhaft weigert, ihr Haus, das sie seit nahezu einem halben Jahrhundert bewohnt, zu räumen, ist die 80jährige Ella Garth (van Fleet). Stur harrt sie auf der Veranda ihres alten Hauses aus, während sich ihre Enkelin Carol (Remick) in Glover verliebt und ihn auch heiratet. Die beiden nehmen die alte Frau zu sich in ihr Haus auf. Doch dort, wo sie früher gewöhnt war, von ihrem Schaukelstuhl aus auf den Strom zu blicken, rückt jetzt lediglich eine stark befahrene Straße in ihren Blickwinkel. Nicht lange nach ihrer Umsiedlung stirbt sie.
Wilder Strom ist eine beachtliche Sozialstudie über die Konfrontation von Heimatgefühlen und traditioneller Verwurzelung mit der Notwendigkeit des technischen Fortschritts, der für persönliche Emotionen kein Verständnis aufbringen kann. Der exzellent fotografierte Film fasziniert durch seine sensible Farbgebung und das authentische Spiel seiner Darsteller. Überaus wirklichkeitsnah sind auch die zahlreichen Statisten, für die Kazan am Drehort auf die einheimische Bevölkerung zurückgriff, anstatt bezahlte Hollywood-Komparsen anzuheuern. Eine schauspielerische Glanzleistung vollbringt die 41jährige Jo van Fleet, der man in jeder Szene die Darstellung einer 80jährigen Pioniersfrau abnimmt.
Drehorte des Films waren der Hiwassee River und der Lake Chickamauga (Tennessee) sowie die beiden Städte Cleveland und Charleston. jg

Wildes Blut

Ruby Gentry. USA 1952 **R** King Vidor **B** Sylvia Richards, nach einer Story von Arthur Fitz-Richard **K** Russell Harlan **M** Heinz Roemheld **P** Joseph Bernhard für 20th Century-Fox **L** 80 Min., s/w **D** Jennifer Jones, Charlton Heston, Karl Malden, Tom Tully, Bernard Phillips, James Anderson, Josephine Hutchinson

Der aus einer verarmten Familie stammende Boake Tackman (Heston) kennt nur ein Ziel: Reichtum zu erwerben und das Sumpfland, das einst seinen Vorfahren gehörte, in seinen Besitz zu bringen. So heiratet er ein Mädchen wegen ihres Geldes und opfert damit seine Liebe zu Ruby (Jones), einer heißblütigen Schönheit, die im Gegenzug den wohlhabenden Jim Gentry (Malden) ehelicht. Sie wird jedoch wegen ihrer einfachen Herkunft von der besseren Teegesellschaft nicht akzeptiert. Als Jim bei einem Bootsunfall ums Leben kommt, macht man sie verantwortlich, und Ruby beschließt, die ganze Stadt zu ruinieren, einschließlich Boake...
Obwohl prominent besetzt, geriet dieses schwülstige, kein Klischee auslassende Melodram um Liebe und Haß hinter den Kulissen einer Kleinstadt unterdurchschnittlich; recht eindrucksvoll sind nur die im (Studio-) Sumpf spielenden Szenen. Für Charlton Heston war dies übrigens erst der dritte Leinwandauftritt überhaupt. al

Der Wildeste unter Tausend

Hud. USA 1963 **R** Martin Ritt **B** Irving Ravetch, Harriett Frank jr., nach dem Roman *Horseman, Pass By* von Larry McMurty **K** James Wong Howe **M** Elmer Bernstein **P** Martin Ritt, Irving Ravetch für Salem-Dover Prod./Paramount **L** 97 Min. (Originalfassung 112 Min.), s/w **D** Paul Newman, Melvyn Douglas, Patricia Neal, Brandon de Wilde, Whit Bissell, John Ashley

Mit diesem düsteren, kompromißlosen Drama, von einigen Kritikern als „realistischer, moderner Western" bezeichnet, erreichte die Zusammenarbeit von Martin Ritt und Paul Newman einen ersten Höhepunkt. Im Mittelpunkt steht die von Newman gespielte Figur Hud, ein gutaussehender Taugenichts, der seiner Umwelt mit Verachtung und Gleichgültigkeit gegenübertritt und einzig und allein an seinem Vergnügen interessiert ist. Sein Vater (Douglas), Besitzer einer großen Ranch, hat ihn längst abgeschrieben, doch von seinem halbwüchsigen Neffen Lon (De Wilde) wird Hud wie ein Held bewundert. Nach dem Herztod des alten Mannes und Huds Versuch, die Haushälterin Alma (Neal) zu vergewaltigen, muß jedoch auch Lon den wahren Charakter seines Onkels erkennen und verläßt, wie Alma, die Ranch. Hud bleibt allein zurück.
Seinerzeit wirkte es für die Zuschauer wie ein Schock, daß der vermeintliche Held sich nicht noch kurz vor Schluß als im Grunde gut herausstellt, sondern wirklich schlecht ist. Hud war somit einer der ersten Anti-Helden, die in den 60er Jahren mit ihren gesellschaftlichen Umwälzungen zunehmend die Leinwände unsicher machten. Der Film selbst stellt einen Meilenstein auf dem Weg zu mehr Realismus in Hollywood-Filmen dar und bewies skeptischen Produzenten außerdem, daß auch unerfreuliche Thematiken ein Publikum finden konnten. Er erhielt sieben Oscar-Nominierungen und gewann dreimal: Beste Schauspielerin (Neal), Bester Nebendarsteller (Douglas) und Beste Schwarzweiß-Kamera (Howe). al

Die Wildgänse kommen

The Wild Geese. Großbritannien 1978 **R** Andrew V. McLaglen **B** Reginald Rose, nach dem Roman von Daniel Carney **K** Jack Hildyard **M** Roy Budd **P** Euan Lloyd für Allied Artists **L** 132 Min., Farbe **D** Richard Burton, Roger Moore, Richard Harris, Hardy Krüger, Stewart Granger, Jack Watson, Winston Ntshona, John Kani, Kenneth Griffith, Frank Finlay

„Wir hoffen, mit dem Film nicht nur erregende Spannung und verwegenen Nervenkitzel in die Kino-Theater zu bringen, sondern auch einen Denkanstoß über Konflikte und Probleme in ähnlichen Zusammenhängen zu geben", lautete doch allen Ernstes die Pressemitteilung des geschäftstüchtigen Verleihs. Würde man diese Schundproduktion wortwörtlich nehmen, dann bestünde besagter Denkanstoß zwangsläufig darin, sich bis an die Zähne zu bewaffnen und in die zahlreichen Krisengebiete dieser Erde zu reisen, um munter drauflos zu ballern. So jedenfalls sah es wohl Regisseur Andrew V. McLaglen, der in diesem Streifen 50 kalte Krieger mit dem Hang zum heißen Abenteuer in die ebenso hochgradig temperierte Steppe schickte, um dort den von Rebellen gefangengehaltenen Präsidenten eines zentralafrikanischen Staates zu befreien. Das Vorhaben ist natürlich ein Himmelfahrtskommando, doch den meisten der beteiligten Söldner bleibt ohnehin keine andere Wahl, da sie sich einen längeren Aufenthalt in Europa wegen verschiedener Delikte kaum noch leisten können. Mit Fallschirmen springt man über dem schwarzen Kontinent ab, und alsbald beginnt ein blutiges Gemetzel, bei dem sich die Zahl unserer tapferen Helden nach und nach gesundschrumpft, bis die kämpfende Truppe für den Zuschauer angenehm übersichtlich geworden ist.
Ganze 25 Mio. DM steckten die Produzenten in dieses reißererische Spektakel, bei dem gleich vier Weltstars demonstrierten, wie schön es ist, Krieg zu spielen. Darüber hinaus gibt der Film sich redliche Mühe, den afrikanischen Schwarzen als blutrünstiges Monstrum zu diffamieren. Und da ist es doch allemal besser, seinen Kameraden durch einen finalen Erlösungsschuß außer Gefecht zu setzen, als daß dieser in den Foltermühlen der Primitiven zermalmt wird.
Die Wildgänse kommen brachte gegen Ende der 70er Jahre das Subgenre des Söldnerfilms ins Rollen und war an den Kinokassen eine der erfolgreichsten Produktionen des Jahres 1977. Die glücklose und ziemlich dämliche Fortsetzung *Wildgänse II* kam acht Jahre später mit einer völlig anderen Besetzung in die Kinos. Diesmal sollte nicht ein schwarzer Häuptling, sondern kein Geringerer als der ehemalige Hitler-Stellvertreter Rudolf Hess aus seinem Spandauer Gefängnis befreit werden - eine haarsträubende Story, die nur zu gut verdeutlicht, wessen geistiges Kind auch dieser Film war. jg

Die Wildnis ruft

The Yearling. USA 1946 **R** Clarence Brown **B** Paul Osborn, nach dem Roman von Marjorie Kinnan Rawlings **K** Charles Rosher, Leonard Smith, Arthur Arling **M** Herbert Stothart **P** Sidney Franklin für Metro-Goldwyn-Mayer **L** 134 Min., s/w **D** Gregory Peck, Jane Wyman, Claude Jarman jr., Chill Wills, Clem Bevans

Ein Familienfilm par excellence ist dieses liebenswerte, aus heutiger Sicht etwas rührselig wirkende Drama um die Bemühungen des Farmers Penny Baxter (Peck), seine Frau (Wyman) und seinen elfjährigen Sohn Jody (Jarman jr.) mit einem kleinen Stückchen Land in den Sümpfen Floridas durchzubringen. Jody sehnt sich nach einem Spielgefährten, einem Haustier, doch für einen weiteren Esser ist kein Geld da. Schließlich darf der Junge ein verwaistes Rehkitz aufnehmen, das jedoch mit zunehmender Größe gefräßiger wird und sich sogar über die bescheidene Ernte hermacht. Jody muß einsehen, daß er das Kitz nicht behalten kann...

Bereits 1941 startete MGM die Verfilmung von Marjorie Kinnan Rawlings' beliebtem Roman aus dem Jahre 1938, doch die Produktion unter der Regie von Victor Fleming und mit Spencer Tracy und Anne Revere in den Hauptrollen stieß bei den Außenaufnahmen in Florida auf erhebliche Probleme: Schlechtes Wetter und Insektenschwärme sorgten u. a. dafür, daß die Arbeiten eingestellt werden mußten - bei Kosten in Höhe von 500.000$. Doch Produzent Sidney Franklin gab nicht auf und hatte nach einem erfolgreichen zweiten Anlauf schließlich einen hochgelobten und sehr populären Film vorzuweisen, der sogar für einen Oscar vorgeschlagen wurde. Peck und Wyman wurden ebenfalls nominiert; Jarman jr. bekam einen Spezial-Oscar. al

Wildwechsel

Wildwechsel. BRD 1972 **R** Rainer Werner Fassbinder **B** Rainer Werner Fassbinder, nach dem Bühnenstück von Franz Xaver Kroetz **K** Dietrich Lohmann **P** Intertel-Prod. **L** 102 Min., Farbe **D** Jörg von Liebenfels, Ruth Drexel, Eva Mattes, Harry Baer, Rudolf Waldemar Brem, Hanna Schygulla, Kurt Raab, Karl Scheydt, Klaus Löwitsch, Irm Hermann, Marquard Bohm

Daß ein Heimatfilm à la Fassbinder ganz anders aussehen würde als die verlogenen Kitschwerke der 50er Jahre, war von Beginn an klar. Und so geriet *Wildwechsel* zu einer schonungslosen Anklage gegen deutsches Spießertum und kleinbürgerliche Denkweise. Die sonst so heile Welt der idyllischen Dorfgemeinschaft erweist sich in *Wildwechsel* als bedrückendes, gefängnisartiges Milieu voll dumpfer Vorurteile.
Der 19jährige Hühnerschlächter Franz (Baer) mußte wegen Verführung einer Minderjährigen ins Gefängnis, als aufgedeckt wurde, daß er mit der 14jährigen Hanni (Mattes) geschlafen hatte. Wegen guter Führung entläßt man ihn vorzeitig. Sofort steigen er und Hanni erneut miteinander ins Heu. Ihre Beziehung, die mehr auf animalischen Instinkten beruht, läuft eine Zeitlang, bis Hanni entdeckt, daß sie schwanger ist. Da sie den Zorn ihres Vaters Erwin (von Liebenfels) über alles fürchtet, stiftet sie Hans an, ihren Papa zu beseitigen. Dadurch kommt dieser ein zweites Mal hinter Gitter. Während er glaubt, Hanni wirklich geliebt zu haben, reduziert diese ihre Gefühle auf das rein Körperliche.
„Obszön nenne ich die Denunzierung der Menschen, die der Film betreibt", schimpfte der Autor Franz Xaver Kroetz und bezeichnete Fassbinders Werk als „Pornographie mit sozialkritischem Touch". Im Nu war ein kleiner Skandal vom Zaun gebrochen worden, der sich zu einem großen Medienspektakel ausdehnte, als Kroetz vor Gericht ging, um gegen die Verfilmung zu klagen. Mit seiner Meinung stand er allerdings recht verlassen da. Die Kritiker urteilten über Fassbinders Film überwiegend positiv und widersprachen vehement dem Vorwurf der Pornographie. jg

Willard

Willard. USA 1971 **R** Daniel Mann **B** Gilbert A. Ralston, nach dem Roman *Aufstand der Ratten* von Stephen Gilbert **K** Robert B. Hauser **M** Alex North **P** Mort Briskin für Bing Crosby/Cinerama **L** 95 Min., Farbe **D** Bruce Davidson, Elsa Lanchester, Ernest Borgnine, Sondra Locke, Michael Dante, Jody Gilbert, Joan Shawlee, William Hansen, J. Pat O'Malley

Willard schwimmt im Kielwasser von DIE VÖGEL, nur versetzen hier weitaus ekligere Kreaturen die Menschheit in Angst und Schrecken.
Der 27jährige Willard (Davidson) lebt zusammen mit seiner ewig meckernden Mutter (Lanchester) in einem riesigen, alten Haus, das Alfred Hitchcocks PSYCHO-Villa nicht ganz unähnlich sieht. Tagein, tagaus wird er von seinem widerlichen Chef Al Martin (Borgnine) gequält, der nach dem Tod von Willards Vater die Leitung der Firma an sich gerissen hat. Zuhause macht dem Jungen die kränkelnde und tyrannische Mutter zu schaffen. Willards wahre Freunde sind Sokrates und Ben - zwei überaus intelligente Ratten. Mit ihnen als Anführern schart der ansonsten recht umgängliche Einzelgänger ein Heer von Ratten um sich. Willard benutzt die Nager, um gegen seinen Chef zu Felde zu ziehen. Als Martin sich in seiner Panik aus dem Fenster stürzt und dabei zu Tode kommt, will Willard die Tiere loswerden. Die Leitratte Ben rebelliert jedoch gegen ihren Herrn und tötet ihn, um sich danach mit ihrem Heer in die Kanalisation von Los Angeles zurückzuziehen, aus der sie ein Jahr später in der Fortsetzung BEN wieder auftaucht.
Willard ist ein nicht ungeschickt gemachter Horror-Streifen, der freilich seine Schauer der Tatsache verdankt, daß der größte Teil des Publikums einen instinktiven Abscheu vor Ratten haben dürfte. Dennoch verzichtete Daniel Mann darauf, diese Schockeffekte bis zum Exzeß auszuspielen und legte mehr Wert darauf, die sich allmählich entwickelnde Beziehung zwischen Willard und seinen Freunden plausibel nachzuvollziehen.
Moe DiSesso, neben Ray Berwick einer der bekanntesten Tiertrainer Hollywoods, oblag die Aufgabe, 500 Ratten für die Dreharbeiten zu trainieren. Um die krabbelnden Viecher möglichst frühzeitig an das Agieren vor der Kamera zu gewöhnen, führte er seine Dressurakte bereits mit drei Wochen alten Ratten durch. Für die Schauspieler gab es trotz des allgemeinen Entsetzens kein Wenn und Aber - sie mußten ungedoubelt mit den häßlichen Nagern spielen, sie berühren und sie auf Kopf und Schultern herumklettern lassen. Nach einigen Wochen gaben immerhin einige Akteure zu ihrer eigenen Verwunderung zu, daß sie die Tiere sogar liebgewonnen hätten. Angesichts des Films läßt sich eine solche Gesinneswandlung allerdings nur schwer nachvollziehen. jg

Der Willi-Busch-Report

Der Willi-Busch-Report. BRD 1979 **R** Niklaus Schilling **B** Niklaus Schilling **K** Wolfgang Dickmann **M** Patchwork **P** Elke Haltaufderheide für Visual-Film **L** 120 Min., Farbe **D** Tilo Prückner, Dorothea Moritz, Kornelia Boje, Karin Frey, Jenny Thelen, Hannes Kaetner, Klaus Hoser, Wolfgang Grönebaum, Horst Pasderksi

Die Redaktion des Provinzblättchens *Werra Post* besteht aus zwei Mitgliedern - Willi Busch (Prückner) und seiner Schwester Adelheid (Moritz). Für die beiden gibt es in dem langweiligen Zonenrandgebiet, zu dessen Einzugsbereich auch ihre Postille gehört, so gut wie nichts zu berichten. Kein Wunder, daß die Leser zu den großen Zeitungen abwandern, da diese ihnen sensationellere Schlagzeilen bieten. Um der absatzschwachen *Werra Post* wieder auf die Beine zu helfen, inszeniert Willi selbst eine Reihe von Vorfällen, die den Eindruck erwecken, der böse Osten sei im Grenzort Friedheim umtriebig. Eine Weile laufen die Aktionen ohne Störung und auch die Verkaufszahlen geben zu Optimismus Anlaß, bis eines Tages tatsächlich diverse Leichen auftauchen und Willi und Adelheid vor die Frage gestellt werden, ob sich nicht doch vor ihren Augen eine Spionage-Affäre von internationalen Ausmaßen anbahnt.
Eine witzige und gelegentlich recht zynische Auseinandersetzung mit der deutsch-deutschen Grenze, die heute freilich längst zur Geschichte geworden ist. Allein aus diesem Grund, ist es interessant, Schillings *Report* zu sehen.
Der im Film auftauchende Ort Friedheim ist übrigens auf keiner Landkarte zu finden und entsprang der Phantasie des Drehbuchschreibers. Schilling drehte die Außenaufnahmen in dem fast enklavenhaft gelegenen Ort Wanfried, der auf drei Seiten von der DDR-Grenze eingezäunt war und nur mit einer Straße in Richtung Westen Verbindung hatte. Aus technischer Sicht ist der Gebrauch der Steadicam von Interesse. Es handelt sich

dabei um eine moderne Kamera, die komplizierteste Bewegungen und Schwenks ohne wackelnde Bilder nachvollziehen kann. Leidtragender dieser Aufnahmetechnik war freilich Kameramann Wolfgang Dickmann, der sich tagtäglich das 40 Kilogramm schwere Gerät auf den Bauch schnallen mußte. jg

Willie & Phil

Willie & Phil. USA 1979 **R** Paul Mazursky **B** Paul Mazursky **K** Sven Nykvist **M** Claude Bolling **P** Paul Mazursky und Tony Ray für 20th Century-Fox **L** 116 Min., Farbe **D** Michael Ontkean, Margot Kidder, Ray Sharkey, Jan Miner, Tom Brennan, Julie Bovasso

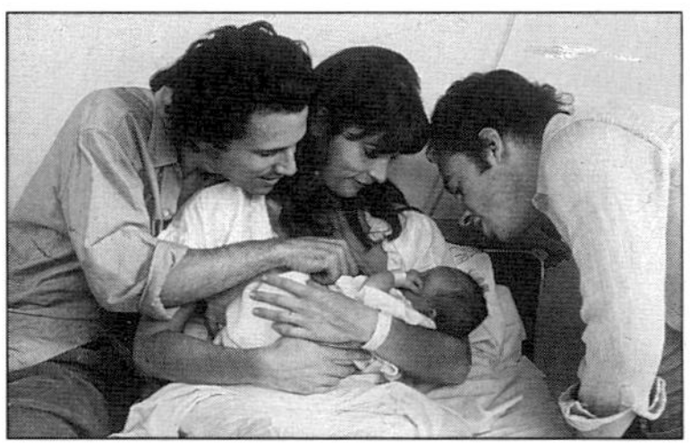

JULES UND JIM auf amerikanisch: An der Liaison à trois, die François Truffaut 1961 so meisterhaft verfilmt hatte, versuchte sich zwei Jahrzehnte später Paul Mazursky. Nur die Kerngeschichte ist gleichgeblieben - zwei Männer, der Lehrer Willie (Ontkean) und der Jazzpianist Ohil (Sharkey) lieben dieselbe Frau, Jeannette (Kidder). Ansonsten hat Mazursky die Vorlage reichlich modifiziert: Schauplatz ist das Amerika der 70er, nicht mehr das Europa der 20er Jahre, am Ende des Films steht zwar auch das Ende der Dreiecksbeziehung, aber nicht durch selbstverschuldeten Tod wie bei Truffaut - Jeannette macht es sich im Remake einfacher, läßt die ausrangierten Liebhaber kurzerhand sitzen und verzichtet darauf, den Film zur Tragödie werden zu lassen. Spielte schließlich bei Truffaut der Bezug der Figuren untereinander und zum damals aktuellen politischen Zeitgeschehen die Hauptrolle, steht bei Mazursky die generationsspezifische Unfähigkeit der Amerikaner zu dauerhaften Bindungen im Vordergrund. Mazursky: „Es ist ein Film, der ebenso von Abenteuern - in diesem Fall den zwischenmenschlichen - handelt, wie Filme über Astronauten, Piraten oder Kriminelle.“ Unschwer zu erkennen, daß *Willie und Phil* oberflächlicher, platter und unkritischer ist: mehr Unterhaltungsfilm denn Charakterstudie. sk

Willkommen in Los Angeles

Welcome To L.A. USA 1976 **R** Alan Rudolph **B** Alan Rudolph **K** Dave Myers **M** Richard Baskin **P** Robert Altman **L** 105 Min., Farbe **D** Keith Carradine, Sally Kellerman, Geraldine Chaplin, Harvey Keitel, Lauren Hutton, Sissy Spacek

Carroll Barber (Carradine) kommt aus gutem Hause, Daddy hortet einige Milliönchen auf seinen diversen Sparbüchern. Da fällt es leicht, schnöselig und unangepaßt zu sein - entsprechend gestaltet Carroll sein Leben: Arbeiten braucht er nicht - von sporadischen dilettantischen Schallplattenaufnahmen des Hobbymusikers einmal abgesehen -, lieber vertreibt er sich seine Zeit mit diversen kurzlebigen Beziehungskisten, die er mit Horden flotter Mädels unterhält.
Alan Rudolph, bisher Assistent von Starregisseur Robert Altman, zeichnete in seinem Filmdebüt nach eigener Aussage „eine beklemmende Vision menschlicher Ödnis“, ein Abbild der orientierungslosen, promisken und beziehungsunfähigen modernen Gesellschaft. Bemerkenswert: die atmosphärische Dichte und die hochkarätige Besetzungsliste des Melodrams. „Ein für Hollywood-Verhältnisse ungewöhnlich ambitionierter, artistisch ausgefeilter, persönlich getönter Film“, lobte die *Süddeutsche Zeitung* zu Recht. sk

Willkommen, Mr. B...

A Man Could Get Killed. USA 1966 **R** Ronald Neame **B** Richard Breen, T. E. B. Clarke, nach dem Roman *Diamonds For Danger* von David Esdaile Walker **K** Gabor Pogany **M** Bert Kaempfert **P** Robert Arthur für Universal **L** 99 Min., Farbe **D** James Garner, Melina Mercouri, Sandra Dee, Tony Franciosa, Robert Coote, Roland Culver, Grégoire Aslan, Cecil Parker

Der amerikanische Industriemanager William Beddoes (Garner) versteht die Welt nicht mehr. Seit seiner Ankunft in der portugiesischen Hauptstadt Lissabon scheint ihn jedermann für jenen langerwarteten Geheimagenten zu halten, der - wie sich später herausstellt - verschwundene Industrie-Diamanten im Auftrage der britischen Regierung wiederbeschaffen soll. Alle Erklärungsversuche des Überrumpelten sind umsonst: Sowohl der britische Botschafter (Parker) als auch die attraktive Aurora (Mercouri), die selbst hinter den Klunkern her ist, setzen höchstes Vertrauen in Beddoes' geheimdienstlerische Fähigkeiten...
Der britische Routinier Ronald Neame und seine interessante Besetzung gaben sich alle Mühe, dieser unglaubwürdigen und im Laufe der Handlung immer undurchsichtiger werdenden Geschichte Profil zu verleihen, doch im Endeffekt bleibt neben den herrlichen Schauplätzen in Lissabon und Rom hauptsächlich der von Bert Kaempfert geschriebene Schlager *Strangers in the Night* im Ohr, den Frank Sinatra später zu einem Riesenhit machte. al

Willkommen, Mr. Chance

Being There. USA 1979 **R** Hal Ashby **B** Jerzy Kosinski, nach seinem Roman **K** Caleb Deschanel **M** John Mandel **P** Andrew Braunsberg für Lorimar/United Artists **L** 129 Min., Farbe **D** Peter Sellers, Shirley MacLaine, Melvyn Douglas, Jack Warden, Richard Dysart, Richard Basehart, Ruth Attaway, Dave Clenon, Fran Brill, Denise DuBarry, Oteil Burbridge

Willkommen, Mr. Chance war - sieht man einmal von dem erst nach seinem Tod in die Kinos gekommenen DER ROSAROTE PANTHER WIRD GEJAGT ab - der letzte Film von Peter Sellers, der 1980 im Alter von 55 Jahren an Herzversagen starb. Hal Ashbys hintergründige und stellenweise recht boshafte Satire auf die Verdummung des Fernsehens und die Hohlheit politischer Floskeln und Reden wurde von den amerikanischen Kritikern zum Film des Jahres 1979 gekürt. Peter Sellers stand zwar auf der Nominierungsliste für den Oscar, hatte aber gegenüber Dustin Hoffman das Nachsehen, der für seine Rolle in KRAMER GEGEN KRAMER den begehrten Preis erhielt. Ausgezeichnet wurde immerhin Melvyn Douglas in der Sparte „Beste männliche Nebenrolle“. Sellers spielt den naiven Mr. Chance, der zeit seines Lebens bei einem reichen, alten Mann als Gärtner gearbeitet hat. Im Hause seines Arbeitgebers mangelte es ihm an nichts, und so kommt es für Mr. Chance einem Schock gleich, als er eines Tages auf die Straße gesetzt wird, nachdem sein Gönner gestorben ist. Die Welt da draußen kannte er, der weder lesen noch schreiben kann, bisher lediglich aus dem Fernsehen. Bei seinem ersten vorsichtigen Vorantasten in die neue Umgebung wird er prompt von der Limousine der reichen Eve Rand (MacLaine) angefahren. Eve bringt ihn in ihre pompöse Villa und macht Chance mit ihrem Mann Benjamin (Douglas) bekannt, einem einflußreichen Millionär, der zum Vertrautenkreis des amerikanischen Präsidenten gehört. Chance schlägt in den Kreisen der Mächtigen und Reichen ein wie eine Bombe. Hinter seinen Aussprüchen vermuten alle klug durchdachte Weisheiten, wobei niemand zu erkennen scheint, daß es sich dabei lediglich um wortwörtlich übernommene Sprüche aus dem Werbefernsehen handelt. In völliger Verkennung der tatsächlichen Situation wird Chance eine beispiellose politische Karriere aufgedrängt.
Willkommen, Mr. Chance hält während seiner 130 Minuten Spielzeit den Zuschauer

glänzend bei Laune und ist ein Paradebeispiel dafür, daß auch in Amerika hintergründige und selbstkritische Unterhaltungsfilme möglich sind. Drehorte des Streifens waren Los Angeles, Washington und der wuchtige Vanderbilt-Landsitz „The Biltmore" in North-Carolina, wo auch schon Charles Vidor 1956 seine romantische Komödie DER SCHWAN gedreht hatte. jg

Willow

Willow. USA 1988 **R** Ron Howard **B** Bob Dolman, nach einer Story von George Lucas **K** Adrian Biddle **SpE** Dennis Muren, Michael McAlister, Phil Tippett **M** James Horner **P** Nigel Wooll für MGM **L** 126 Min., Farbe **D** Val Kilmer, Joanne Whalley, Warwick Davis, Jean Marsh, Patricia Hayes, Billy Barty, Pat Roach, Gavan O'Herlihy, David Steinberg, Phil Fondacaro

Viele Kritiker warfen damals dem Regisseur George Lucas nicht zu Unrecht vor, er hätte die Geschichte zu seinem Welterfolg KRIEG DER STERNE aus diversen Versatzstücken zusammengezimmert. Ähnliches läßt sich auch bei *Willow* behaupten, einem an technischer Perfektion kaum noch zu überbietenden Fantasy-Film, der die verschiedenen Elemente seiner Story hemmungslos aus Tolkiens *Der Herr der Ringe* und einigen biblischen Geschichten (u. a. Moses im Bastkörbchen, der Kindermord zu Betlehem) klaut.
Der fiesen Königin Bavmorda (Marsh) wird geweissagt, daß ihr einst ein Kind den Thron streitig machen wird. Um dies zu verhindern, läßt sie alle Neugeborenen abschlachten. Ein kleines Mädchen entkommt dem Gemetzel, indem man es gerade noch rechtzeitig in einem Körbchen aussetzt und dem Fluß übergibt. Viele Tagesreisen vom dunklen Land der Königin enfernt, entdeckt der Zwergen-Bauer Willow (Davis) das Kind und nimmt es in seine Obhut. Da er jedoch weiß, daß die Häscher der brutalen Tyrannin nicht eher ruhen werden, bis sie das Kind getötet haben, bricht er zu einer gefahrvollen Reise auf, um das Baby in Sicherheit zu bringen. Unterwegs lernt er den tapferen Krieger Madmartigan (Kilmer) kennen, mit dem er eine Reihe haarsträubender Abenteuer erlebt. In der düsteren Burg der bösen Königin kommt es am Ende zu einem furiosen Showdown.
Freunden des aufwendigen Fantasy-Films wird bei *Willow* das Herz höher schlagen. Ron Howards Werk ist eine einzige Ausstattungsorgie, vollgepackt mit furchteinflößenden Rüstungen und Waffen, unheimlichen Burgen und monströsen Kreaturen. Zentrum der Dreharbeiten waren die Londoner Elstree-Studios. Von dort aus wurde fieberhaft nach kleinwüchsigen Komparsen gesucht, von denen es in London nicht genügend gab, so daß schließlich weitere Statisten aus Deutschland, Frankreich und Holland eingeflogen werden mußten. Zu den Außenaufnahmen ging es dann ans andere Ende der Welt. Inmitten der beeindruckenden Naturkulisse von Neuseeland entstanden zahlreiche wunderschöne Aufnahmen; ein weiterer Drehort war Snowdonia im Norden von Wales, wo dem Drehteam eine perfekte Landschaft mit Bergen, Seen und Flüssen zur Verfügung stand.
Willow überflutet sein Publikum mit einer Fülle an Spezialeffekten - und genau das ist einer der grundlegenden Fehler des Films. Die interessanten Figuren gehen im technischen Bombardement unter und machen *Willow* zu einem konstruierten Fantasy-Spektakel, das sein Publikum nicht durch geschickte Wendungen innerhalb der Geschichte, sondern durch noch nie dagewesene Spezialeffekte überraschen will. jg

Winchester 73

Winchester 73. USA 1950 **R** Anthony Mann **B** Robert L. Richards, Borden Chase, nach einer Story von Stuart N. Lake **K** William Daniels **M** Joseph Gershenson **P** Aaron Rosenberg für Universal **L** 92 Min., s/w **D** James Stewart, Shelley Winters, Dan Duryea, Stephen McNally, Millard Mitchell, Charles Drake, John McIntire, Will Geer, Jay C. Flippen, Rock Hudson

Winchester 73 war Anthony Manns erster Western und zugleich dessen erste Zusammenarbeit mit dem Schauspieler James Stewart, der in den 50er Jahren noch in weiteren sechs Filmen unter Manns Regie agieren sollte. Manns Debüt in diesem Genre kreierte eine neue Art von Western, deren Stil und Herangehensweise man kurze Zeit später als „psychologisch" bezeichnete. Erkennungsmerkmale dieser Filme waren oftmals eine Geschichte, die sich eng an biblischen Motiven orientierte. Dies ist auch bei *Winchester 73* der Fall.
James Stewart spielt den unfreiwilligen Western-Helden Lin McAdam, der seinen Bruder jagt, da dieser den eigenen Vater ermordet hat. Zuerst wird der Zuschauer allerdings in dem Glauben gelassen, bei der gnadenlosen Hetze ginge es um ein wertvolles Repetiergewehr, das Lin bei einem Schießwettbewerb in Dogde City gewonnen hat und ihm kurze Zeit später von seinem Bruder Dutch Henry Brown (McNally) gestohlen wird. Die wechselvolle Geschichte dieser Winchester bildet den Hauptbestandteil der an Spannung nicht armen Handlung. So fällt das Gewehr nach einem verlorenen Pokerspiel einem Berufsspieler zu, der es an einen Indianerhäuptling (Rock Hudson in einer seiner ersten Rollen) weiterverkauft. Dieser überfällt mit seinem Stamm eine Salonsängerin (Winters) und ihren Freund, wird kurze Zeit später aber in ein Gefecht mit der US-Kavallerie verwickelt, bei dem er umkommt. Auf weiteren Umwegen gerät die Waffe wieder in die Hände von McAdams Bruder Dutch Henry, der bei einem abschließenden Zweikampf von Lin erschossen wird,der sich damit wieder in den Besitz des Gewehres bringt, das von Beginn an ihm gehört hat.
Winchester 73, zur damaligen Zeit an den Kinokassen ein ungeheurer Erfolg, gilt zu Recht als einer der ganz großen Klassiker unter Hollywoods Western. Der Film ist sehr schnell geschnitten, rasant fotografiert und kompromißlos in seiner Gestaltung und Aussage. In besonderer Erinnerung bleibt James Stewarts Darstellung, der aus moralischer Verpflichtung zum unfreiwilligen Rächer wird. jg

The Wind

The Wind. USA 1928 **R** Victor Sjöström **B** Frances Marion, nach dem Roman von Dorothy Scarborough **K** John Arnold **P** MGM **L** 82 Min., s/w **D** Lillian Gish, Laran Hanson, Montagu Love, Dorothy Cumming, Edward Earle, William Orlamund, Laon Ramon, Carmencita Johnson, Billy Kent Schaefer

The Wind war der letzte Stummfilm der großen Charakterdarstellerin Lillian Gish, wenngleich die Produktion schon von der Innovation des Tonfilms eingeholt wurde und auf Anlaß der MGM-Chefs mit einem Soundtrack unterlegt werden mußte, der zu den Bildern des Films nicht recht passen mag.
Das Mädchen Letty ist nach dem Tod ihrer Eltern nach Texas gekommen, um bei der Familie ihres Vetters zu leben. Durch ihre liebenswürdige Art, mit der sie die grenzenlose Zuneigung ihres Cousins und seiner Kinder gewinnt, ist sie jedoch dessen Frau Cora (Cumming) im Wege. Sie zwingt Letty zu gehen. Diese heiratet überstürzt den ruppigen Farmer Lige (Hanson). Als dieser sie wegen einer Wildpferdjagd für einige Tage allein läßt, kommt während eines Sandsturms ein Fremder (Love) in das Haus und versucht, Letty zu vergewaltigen. Sie tötet den Mann in Notwehr und verbuddelt ihn unter Aufbietung all ihrer Kräfte. Doch der unablässig wehende Wind pustet immer wieder die verscharrte Leiche frei, was Letty allmählich an den Rand des Wahnsinns treibt. Ihr heimgekehrter Mann erweist sich schließlich zartfühlender als zunächst angenom-

men. Mit seiner Hilfe findet sie wieder neuen Lebensmut für ihre gemeinsame Zukunft.
Der aus Schweden importierte Regisseur Victor Sjöström hatte zunächst ein anderes Ende für seinen Film vorgesehen. Lillian Gish sollte nämlich, komplett wahnsinnig geworden, mit wehenden Klamotten in die sturmumtoste Wüste wandern. Die MGM bestand jedoch mal wieder auf einem Happy-End, so daß *The Wind* mit einem versöhnlichen Schluß ausklang. jg

Der Wind und der Löwe

The Wind and the Lion. USA 1975 **R** John Milius **B** John Milius **K** Billy Williams **M** Jerry Goldsmith **P** Herb Jaffe für Metro-Goldwyn-Mayer **L** 119 Min., Farbe **D** Sean Connery, Candice Bergen, Brian Keith, John Huston, Geoffrey Lewis, Steve Kanaly, Vladek Sheybal, Nadim Sawalha, Roy Jenson, Simon Harrison, Polly Gottesman

Im Jahre 1904 wird die in Tanger lebende amerikanische Witwe Eden Pedecaris (Bergen) mit ihren beiden Kindern vom Berberfürsten Raisuli (Connery) und seinen Mannen verschleppt - der Sultan von Marokko, den viele seiner Landsleute der Kollaboration mit den europäischen Kolonialmächten beschuldigen, soll in Schwierigkeiten gebracht werden. Während Mrs. Pedecaris und vor allem ihr Sohn (Harrison) zunehmend so etwas wie Respekt und Bewunderung für Raisuli empfinden, versucht in den Staaten Präsident Roosevelt (Keith), sich mit markigen Sprüchen und Kanonenboot-Politik die Wiederwahl zu sichern.
John Milius schuf mit seiner zweiten Arbeit als Regisseur einen der schönsten modernen Abenteuerfilme. Die Handlung beruht auf Tatsachen; allerdings war das Entführungsopfer keine schöne Frau, sondern ein glatzköpfiger Geschäftsmann. Die Außenaufnahmen dieses bildgewaltigen Werkes entstanden übrigens nicht in Marokko, sondern in Spanien, genauer gesagt: der Gegend um Almería, dem Drehort zahlreicher Italo-Western. Billy Williams' exzellente Kameraarbeit findet ihre Entsprechung in einem mitreißenden, majestätischen Score von Jerry Goldsmith, der dafür eine Oscar-Nominierung erhielt. al

Der Windhund

Flic ou voyou. Frankreich 1979 **R** Georges Lautner **B** Jean Herman, Michael Audiard, nach dem Roman von Michel Grisola **K** Henri Decaë **M** Philippe Sarde **P** Alain Poiré für Gaumont/Cerito Films **L** 107 Min., Farbe **D** Jean-Paul Belmondo, Marie Laforêt, Michel Galabru, Julie Jezequel, Claude Brosset, Georges Géret

Die Polizei von Nizza sieht sich fast hilflos den Machenschaften zweier rivalisierender Gangsterbosse gegenüber, die das Territorium unter sich aufgeteilt haben. Als ein Kommissar tot aufgefunden wird, zieht die Staatsmacht einen letzten Trumpf aus dem Ärmel: Kommissar Stan Borowitz (Belmondo), ein mit allen Wassern gewaschener, ausgeschlafener Bursche, der sich der Methoden seiner Gegner bedient und bei dem sich so mancher schon bald die Frage stellt „Bulle oder Gauner?"
Dieses Serienprodukt der Marke Belmondo ist genauso gut oder schlecht wie seine zahlreichen Vorgänger bzw. Nachfolger. Geliefert werden Action, flotte Sprüche, ein paar schöne Frauen (vom Star höchstselbst aufgerissen) und spektakuläre Stunts (vom Star höchstselbst ausgeführt). Ein Riesenhit in Frankreich. al

Windhunde

Streamers. USA 1983 **R** Robert Altman **B** David Rabe, nach seinem Bühnenstück **K** Pierre Mignot **P** Robert Altman, Nick J. Mileti für United Artists Classics **L** 112 Min. (Originalfassung 118 Min.), Farbe **D** Matthew Modine, Michael Wright, Mitchell Lichtenstein, David Alan Grier, Guy Boyd, George Dzundza, Albert Macklin, B. J. Cleveland

Viele von Robert Altmans Filmen fanden zur Zeit ihrer Aufführung nicht die Beachtung, die sie verdient hätten. So ging es auch der aufwühlenden Theaterverfilmung *Streamers*, die noch nicht einmal in die deutschen Kinos kam, sondern in der Bundesrepublik seine Uraufführung im Programm des ZDF erlebte.
Die Geschichte spielt in den USA gegen Mitte der 60er Jahre. Die drei jungen Soldaten Billy (Modine), Roger (Grier) und Richie (Lichtenstein) sind befehlsgemäß in einem Ausbildungslager erschienen, um dort auf ihren Weitertransport nach Vietnam zu warten. Billy und Roger sehen ihre Position realistisch und versuchen, durch ein möglichst angepaßtes Verhalten ihre Militärzeit so gut wie möglich zu überstehen. Auch wenn ihnen Richie manchmal etwas zu blasiert erscheint und sich obendrein auch noch als homosexuell erweist, kommen die beiden doch gut mit ihm aus und akzeptieren ihn als Kameraden. Die bislang friedliche Atmosphäre ändert sich plötzlich, als der farbige Rekrut Carlyle (Wright) in ihre Stube einzieht - ein rebellischer und unangepaßter Typ, der bald für Zwistigkeiten und Auseinandersetzungen sorgt. Ein Ereignis bringt den zusammengewürfelten Haufen gänzlich durcheinander: Carlyle und Richie kommen sich sexuell näher. Dies läßt Billy völlig ausflippen, wird er doch mit einer Angelegenheit konfrontiert, die ihn selbst unbewußt betrifft. Die angespannte Situation eskaliert in einer tödlichen Auseinandersetzung, die am Ende zwei Tote fordert.
Streamers ist ein beeindruckendes Kammerspiel über unterdrückte Ängste und falsche Männlichkeitsideale, das Robert Altman mit ungewohntem Ernst in der einengenden Atmosphäre einer Militärbaracke gestaltete. Von den durchweg überragenden Schauspielern brachte es später leider nur Matthew Modine zu einem ansehnlichen Erfolg im Filmgeschäft. jg

Winnetou I

Winnetou I / Vinetu I. BRD/Jugoslawien/Frankreich 1963 **R** Harald Reinl **B** Harald G. Petersson, nach dem Roman von Karl May **K** Ernst W. Kalinke **M** Martin Böttcher **P** Horst Wendlandt für Rialto-Film (Berlin), Jadran (Belgrad), S.N.C. (Paris) **L** 101 Min., Farbe **D** Lex Barker, Pierre Brice, Marie Versini, Mario Adorf, Ralf Wolter, Dunja Rajter, Chris Howland

Über Nacht hatte sich Harald Reinls „Sauerkraut"-Western DER SCHATZ IM SILBERSEE zum größten deutschen Kinoerfolg der Nachkriegszeit entwickelt und die Karl-May-Welle ins Rollen gebracht. Fortan wurden in jährlichen Abständen die berühmten Abenteuer von Old Shatterhand und Winnetou auf die Leinwand gebracht. Die Nachfrage war so gewaltig, daß in einem Jahr gleich zwei oder drei Projekte realisiert und kurz hintereinander in den Kinos gestartet wurden. Leiden die späteren May-Western alle an einer zerschlissenen und überholten Ausstrahlung, so konnte sich vor allem die *Winnetou*-Trilogie eine gewisse Qualität bewahren. Angesichts der schlechten, schiefsitzenden Perücken, mit denen sämtliche jugoslawischen Statisten verunstaltet wurden, und vieler anderer technischer Ungereimtheiten mögen diese Filme aus heutiger Sicht herzerfrischend naiv und stellenweise unfreiwillig lächerlich wirken. Trotzdem ist ihnen eine gewisse handwerkliche Geschicklichkeit nicht abzusprechen. Die einheimischen Kritiker ließen damals

nichts unversucht, um den Zuschauern die Leinwandabenteuer madig zu machen, während im Ausland die Journalisten jubelten und von einem ganz neuen, eigenen Western-Genre sprachen. Wie immer man heute über die Karl-May-Adaptionen urteilen darf - fest steht, daß sie damals eine Popularität erzielten, die bis weit in die 70er Jahre hineinreichte und durch die erstmalige Fernsehausstrahlung im ZDF noch um ein Vielfaches gesteigert wurde.
Winnetou I gehört mit seinen beiden Nachfolgern zu den gelungensten Folgen der Serie. Hier erzählt Harald Reinl von der ersten schicksalshaften Begegnung zwischen dem Weißen Old Shatterhand (Barker) und dem Apachensohn Winnetou (Brice). Gestört wird das Intermezzo durch den Bösewicht Santer (Adorf), dessen Hauptbeschäftigung darin besteht, Krieg zwischen den Rassen zu stiften. Nach einer Reihe aufregender Abenteuer gelingt es Old Shatterhand endlich, Winnetous Vertrauen zu erlangen und mit ihm Blutsbrüderschaft zu schließen. Dies ist vor allem im Sinne von Winnetous Schwester Nscho-Tschi (Versini), die sich in Shatterhand verliebt hat. Grausam zerstört Santer die freundschaftliche Idylle. Begierig nach dem Gold der Apachen, tötet er Nscho-Tschi und Winnetous Vater Inschu-Tschuna, um am Schluß von den Speeren der Indianer aufgespießt zu werden.
Natürlich hielt sich Reinl in seiner Verfilmung nur in groben Zügen an den Stoff von Karl May, dennoch gelang es ihm, eine eigene typische Atmosphäre zu kreieren, deren Besonderheit vor allem in der romantischen Variante und der Wahl der Schauplätze (wie alle anderen Karl-May-Western entstand auch *Winnetou I* in Jugoslawien) liegt. Für komische Einlagen sorgen Ralf Wolter als Scout Sam Hawkins sowie Chris Howland als britischer Fotograf. Letzterer kam beim Publikum allerdings weniger gut an und tauchte in den späteren Streifen auch nicht mehr auf. jg

Winnetou II

Winnetou II / Vinetu II. BRD/Jugoslawien 1964 **R** Harald Reinl **B** Harald G. Petersson, nach dem Roman von Karl May **K** Ernst W. Kalinke **M** Martin Böttcher **P** Horst Wendlandt für Rialto Film (Berlin), Jadran (Belgrad) **L** 93 Min., Farbe **D** Lex Barker, Pierre Brice, Karin Dor, Mario Girotti, Klaus Kinski, Anthony Steel, Eddi Arent

Immer nur an der Seite seines treuen Blutsbruders Old Shatterhand entlangzureiten, ist auf die Dauer doch etwas langweilig. Da ertönt ein Schuß, ein Pferd hoppelt an ihm vorbei und schon muß Winnetou mit ansehen, wie Ribanna (Dor), die Tochter der Assiniboins, von einem Komparsen im Grizzlyfell-Kostüm traktiert wird, was wirklich recht dilettantisch aussieht. Der Häuptling der Apachen verliebt sich natürlich in das tapfere Mädchen, doch wieder einmal sorgen weiße Banditen dafür, daß sich beider Glück nicht erfüllt. Der Bandenchef Forrester (Steel) überfällt sowohl Indianer als auch weiße Siedler und sorgt dafür, daß Feindschaft zwischen den Indianern und der Regierung von Washington schwelt. Nur ein symbolischer Akt kann diese Mißstimmung überbrücken. Der junge Sergeant Merrill (Girotti) will Ribanna zur Frau nehmen, um zwischen den Rassen zu vermitteln. Winnetou entsagt zugunsten des Friedens. Bis der jedoch erreicht ist, steht den Freunden ein harter Kampf mit Forresters Männern bevor. In dieser Produktion hat sich bereits deutlich die Routine breitgemacht, die sich im dritten Jahr der Karl-May-Welle eingestellt hatte. Ärgerlich ist daran nur die Tatsache, daß Drehbuchautor Petersson sich noch weiter von der Originalvorlage entfernte und dem Zuschauer ein fürchterliches Durcheinander von hin- und herpreschenden Pferdeherden zumutet, das seine Unsicherheit im Skript nur allzu deutlich offenlegt. Dennoch - für Karl-May-Fans eine spannende Unterhaltung, die besonders durch die pyrotechnisch aufwendige Explosion einer Ölbohrstation fasziniert. jg

Winnetou III

Winnetou III / Vinetu III. BRD/Jugoslawien 1965 **R** Harald Reinl **B** Harald G. Petersson, J. Joachim Bartsch, nach dem Roman von Karl May **K** Ernst W. Kalinke **M** Martin Böttcher **P** Horst Wendlandt für Rialto Film (Berlin), Jadran (Belgrad) **L** 93 Min., Farbe **D** Pierre Brice, Lex Barker, Rik Battaglia, Sophie Hardy, Carl Lange, Ralf Wolter

Auf dem Höhepunkt der *Winnetou*-Welle ließ Harald Reinl seinen Leinwand-Helden hier das Leben aushauchen, um noch einmal 1968 ein letztes Abenteuer mit ihm zu drehen, ehe die Serie endgültig einschlief.
Den Drehbuchschreibern fiel - abgesehen von Winnetous Tod - auch hier nichts Neues ein. Wieder prescht eine Banditenbande über die Prärie, diesmal angeführt von dem Bösewicht Rollins (Battaglia), der die Indianer mit Alkohollieferungen in den Bankrott treibt, um an Weideland zu gelangen, das er den Siedlern teuer verkaufen möchte. Besonders im Wege sind ihm dabei die Apachen mit ihrem Häuptling Winnetou. Eine gnadenlose Hetzjagd auf den berühmten Indianer beginnt. Zwar gelingt es diesem mit Hilfe seines Freundes Old Shatterhand und des Westmans Sam Hawkins (Wolter), den Stamm der Apachen rechtzeitig zu evakuieren, doch stirbt die edle Rothaut am Ende durch Rollins´ Kugel, die eigentlich Shatterhand treffen sollte.
Mit einem sehr sensibel und anrührend gestalteten Schluß fand die *Winnetou*-Trilogie ein recht trauriges Ende, bei dem man sich seiner Tränen nicht zu schämen braucht. Wenn Winnetou sich ein letztes Mal aufbäumt, unten im Tal sein Pferd Hattatitla nach ihm schnaubt und von fern die Kirchenglocken bimmeln, ist der Griff zum Taschentuch fast unvermeidlich. *Winnetou III* beendete die Reihe der qualitativ höher zu bewertenden Karl-May-Produktionen. Die drei in den Jahren 1966 bis 1968 noch folgenden Filme waren nur mehr oder weniger gelungene Aufgüsse, von denen lediglich der Streifen WINNETOU UND DAS HALBBLUT APANATSCHI wegen seiner interessanten Besetzung nähere Beachtung verdient. jg

Winnetou und das Halbblut Apanatschi

Winnetou und das Halbblut Apanatschi. BRD 1966 **R** Harald Philipp **B** Fred Denger, nach Motiven von Karl May **K** Heinz Hölscher **M** Martin Böttcher **P** Horst Wendlandt für Rialto-Film (Berlin), Jadran (Belgrad) **L** 90 Min., Farbe **D** Pierre Brice, Lex Barker, Uschi Glas, Götz George, Walter Barnes, Ralf Wolter, Ilja Djuvalekovski

Mit diesem Film kam die Karl-May-Welle gehörig ins Schlingern. In acht durchweg farbenprächtig arrangierten Streifen hatte jedesmal eine Bande gewissenloser weißer Banditen Unruhe gestiftet - warum sollte dies in der neunten Produktion der Serie anders sein? Die Schwachpunkte der Geschichte versuchte Harald Philipp, der schon ein Jahr zuvor bei DER ÖLPRINZ Karl-May-Erfahrungen gesammelt hatte, durch einen noch nie dagewesenen Einsatz an pyrotechnischen Effekten wettzumachen. So schmeißen die Helden Winnetou und Old Shatterhand in wilder Folge ganze Magazine von selbstgebastelten Handgranaten durch die Gegend, so daß man sich mehr an die Schlacht von Stalingrad als an den Wilden Westen erinnert fühlt.
Die Geschichte kommt ins Rollen, als das Mädchen Apanatschi (Glas) von ihrem Vater Mac Haller (Barnes), einem Freund Winnetous, zum 21. Geburtstag eine Goldmine geschenkt bekommt. Dummerweise wissen aber bald auch andere, weniger friedliebende Subjekte von der Existenz des Goldes. Diese finsteren Gesellen schrecken noch nicht einmal davor zurück, Apanatschi und ihren kleinen Bruder Happy zu entführen, um so hinter das Geheimnis der versteckten Mine

zu kommen. Winnetou (Brice) und sein Blutsbruder Old Shatterhand (Barker) greifen rettend ein und jagen die Banditen zum Teufel. Als Pierre Brice in WINNETOU III sein Leben aushauchte, konnten und wollten sich die millionenfachen Fans nicht mit einem Ende der Serie abfinden, so daß es gleich ein Jahr später weiterging. Der Charme und die unbeschwerte Frische der ersten Werke war allerdings zu diesem Zeitpunkt schon längst einer verkrampften Routine gewichen. Im selben Jahr drehte Alfred Vohrer noch den viel zu blutrünstigen *Winnetou und sein Freund Old Firehand,* ehe sein Kollege Harald Reinl im Jahre 1968 dem Karl-May-Western mit *Winnetou und Shatterhand im Tal der Toten* ein wenig glanzvolles Ende setzte. jg

Winterspelt 1944

Winterspelt 1944. BRD 1978 **R** Eberhard Fechner **B** Eberhard Fechner, nach dem Roman von Alfred Andersch **K** Rudolf Körösi, Kurt Weber **M** Gyorgy Ligiti **P** Ullstein AV/Sunny Point/Sender Freies Berlin/Hessischer Rundfunk **L** 108 Min., Farbe **D** Ulrich von Dobschütz, Katharina Thalbach, Hans-Christian Blech, Henning Schlüter, Claus Theo Gärtner, George Roubicek, Andreas von Studnitz

Der im August 1992 verstorbene Eberhard Fechner galt vor allem auf dem Gebiet des Dokumentarfilms und des Fernsehspiels als Koryphäe. Ihm verdanken die Zuschauer mit der hervorragenden Kempowksi-Verfilmung *Tadellöser & Wolff* einige Sternstunden im bundesdeutschen Fernsehen; als Dokumentarfilme verdienen *Der Prozeß* und *Wolfskinder* besondere Beachtung.
Winterspelt 1944, basierend auf einem Roman des bedeutenden Schriftstellers Alfred Andersch, war Fechners einzige Arbeit für das Unterhaltungskino. Er schilderte hier die verzweifelten Bemühungen des deutschen Kommandeurs Major Dincklage (von Dobschütz), dem sinnlosen Morden Einhalt zu gebieten. Es ist der Sommer 1944; für Deutschland ist der Krieg unrettbar verloren. Jetzt stehen sich an der deutsch-belgischen Grenze die Soldaten der Wehrmacht und die Männer der US-Army feindlich gegenüber. Dincklage bietet den Amerikanern an, sich mit seinem Bataillon widerstandslos zu ergeben. Als Unterhändler stellen sich drei Bewohner des Dorfes, das dem Film seinen Titel gibt, zur Verfügung. Die Verhandlungen scheitern, da die Vertreter der Alliierten zum jetzigen Zeitpunkt aus Furcht um die Moral der eigenen Truppe noch nicht die kampflose Kapitulation und das Brechen des Fahneneides hinnehmen können.
Ein sehr verhaltener, unaufdringlicher Kriegsfilm ohne laute Materialschlachten, der allerdings durch sein allzu analytisches Vorgehen (hier spürt man Fechners wahre Domäne) trotz der blendenden Schauspieler stellenweise zu konstruiert und bemüht wirkt. jg

Wir Kellerkinder

Wir Kellerkinder. BRD 1960 **R** Jochen Wiedermann **B** Wolfgang Neuss **K** Werner Lenz **M** Peter Sandloff **P** Hans Oppenheimer für Stella-Film **L** 86 Min., s/w **D** Wolfgang Neuss, Jo Herbst, Wolfgang Gruner, Karin Baal, Ingrid van Bergen, Helmut Käutner, Ralf Wolter, Claus Biederstaedt

Zusammen mit Wolfgang Müller war Wolfgang Neuss 1958 noch in Kurt Hoffmanns Wirtschaftswunder-Groteske WIR WUNDERKINDER als bissiger Kommentator aufgetreten. Schon der Titel ihres nachfolgenden Films ließ verlautbaren, daß *Wir Kellerkinder* sich ebenfalls mit der zerrissenen deutschen Nachkriegsgesellschaft beschäftigen sollte. Der scharfzüngige Kabarettist Neuss ließ sein Publikum aber nicht ganz so schonungslos davonkommen, wie es seinerzeit noch Kurt Hoffmann getan hatte. Rücksichtslos konfrontierte der Satiriker die Zuschauer mit solch unbequemen Themen wie der deutschen Vergangenheitsbewältigung und dem Ost-West-Konflikt, die an Deutlichkeit und Kompromißlosigkeit nichts zu wünschen übrig ließen. Allenfalls die Art der Präsentation ist hier nicht ganz geglückt, denn die zahlreichen Gags werden wie die Höhepunkte eines Kabarettprogramms abgefeuert und verpuffen nach einiger Zeit wirkungslos im Leeren, da die behandelte Thematik im Film eine subtilere Vorgehensweise benötigt hätte.
Erzählt wird die Geschichte der drei Irrenhaus-Insassen Macke (Neuss), Adalbert (Herbst) und Arthur (Gruner), die das Opfer des politischen Chaos nach dem Zusammenbruch des Dritten Reiches geworden sind. Während der Nazi-Zeit hielt Macke noch einen Kommunisten in seinem Keller versteckt, nach dem Krieg diente derselbe Keller seinem nationalsozialistisch eingestellten Vater als Unterschlupf. Adalbert arbeitete als Toilettenwärter im Münchener Hofbräuhaus und ließ seine Kunden nur dann ihre Notdurft verrichten, wenn diese zuvor die Hand zum Hitler-Gruß erhoben hatten. Arthur bekam schließlich in der neugegründeten DDR Schwierigkeiten mit seinem ebenfalls frisch aus der Taufe gehobenen „Modern-Marx-Quartett". Kurz nach ihrer Entlassung landen die drei wieder in der Klapsmühle, als sie dabei erwischt werden, wie sie für ein Wochenschau-Kamerateam eine Hakenkreuz-Schmiererei nachstellen. jg

Wir kommen alle in den Himmel

Nous irons tous au paradis. Frankreich 1977 **R** Yves Robert **B** Jean-Loup Dabadie, Yves Robert **K** René Mathelin **M** Vladimir Cosma **P** Alain Poiré, Yves Robert für Les Productions de la Guéville/Gaumont International **L** 111 Min., Farbe **D** Jean Rochefort, Claude Brasseur, Guy Bedos, Victor Lanoux, Danièle Delorme, Marthe Villalonga

Wir kommen alle in den Himmel ist die zweite Komödie Yves Roberts, in der die Freundschaft der vier Männer Etienne, Daniel, Simon und Bouly im Mittelpunkt steht. Diese Fortsetzung wie auch den Vorläufer EIN ELEFANT IRRT SICH GEWALTIG produzierte der Regisseur mit seiner Gesellschaft Guéville selbst und besetzte die Rolle der Marthe wieder mit seiner Ehefrau Danièle Delorme. Die Kumpels sind inzwischen Eigentümer eines Häuschens auf dem Lande geworden. Hier wollen sie fernab vom Großstadtalltag ihre Freizeit genießen. Und das haben alle vier bitter nötig: Bouly (Lanoux) steht der Scheidungstermin bevor, Daniel (Brasseur) versucht seine Homosexualität mittels einer Hochzeit zu überwinden, Simon (Bedos) wird durch den plötzlichen Tod seiner enervierenden Mutter aus der Bahn geworfen und Etienne (Rochefort) glaubt sich von seiner Frau Marthe (Delorme) betrogen und bemüht sich deshalb um eine Affäre mit einer Kollegin. mg

Wir machen Musik

Wir machen Musik. Deutschland 1942 **R** Helmut Käutner **B** Helmut Käutner nach dem Bühnenstück *Karl III. und Anna von Österreich* von Manfred Rössner und Motiven von Erich Ebermayer **K** Jan Roth **M** Peter Igelhoff, Adolf Steimel **P** Hans Tost für Terra **L** 95 Min., s/w **D** Ilse Werner, Viktor de Kowa, Edith Oss, Georg Thomalla, Grethe Weiser, Kurt Feifert, Rolf Weih, Viktor Janson

Helmut Käutners sechste Regiearbeit war wiederum eine sprühende Komödie, die sich wohltuend von den anderen, eher seichten Unterhaltungsfilmen des deutschen Kinos der 40er Jahre abhob.

Wir machen Musik ist flott inszeniert, besitzt einen charmanten Dialogwitz und läßt den Kampf der Geschlechter erfreulicherweise nicht ganz so klar zugunsten des Mannes ausfallen, wie es sonst eigentlich in jener Zeit üblich war.
Die anspruchslose Geschichte dreht sich um den Opernkomponisten Karl Zimmermann (de Kowa), der allerdings mit seinen bierernsten Arbeiten keinen großen Erfolg hat. Anders ergeht es seiner Freundin Anni Pichler (Werner), einer begabten Musikstudentin, die als pfeifendens Mitglied der Damenkapelle „Die Spatzen" wahre Triumphe feiert. Als die beiden sich trotz einiger Komplikationen und eines unterschiedlichen Kunstverständnisses zusammensetzen, hat dies als Ergebnis eine glänzende Revue zur Folge, die bei ihrer Uraufführung ein berauschender Erfolg wird. Die beschwingte Geschichte bietet die Möglichkeit, eine Reihe von heiteren Melodien erklingen zu lassen. So sind u. a. die damaligen Erfolgsschlager *Wir machen Musik, Ich hab´ dich und du hast mich, Wann wirst du nicht mehr bei mir sein?* und *Mein Herz hat heut´ Premiere* zu hören. Ilse Werners Pfeifkünste mögen dabei zwar ganz beachtlich sein, ihren Gesang jedoch kann man weniger als Ohrenschmaus bezeichnen. jg

Wir sind gar nicht verheiratet

We're Not Married. USA 1952 **R** Edmund Goulding **B** Nunnally Johnson, Dwight Taylor, nach einer Story von Gina Kaus, Jay Dratler **K** Leo Tover **M** Cyril J. Mockridge **P** Nunnally Johnson für 20th Century-Fox **L** 85 Min., s/w **D** Ginger Rogers, Fred Allen, Victor Moore, Marilyn Monroe, David Wayne, Eve Arden, Paul Douglas, Eddie Bracken, Mitzi Gaynor, Louis Calhern, Zsa Zsa Gabor, James Gleason, Paul Stewart, Jane Darwell

Was passiert, wenn fünf Ehepaare nach zwei Jahren plötzlich erfahren, daß sie - durch einen Fehler des Friedensrichters - gar nicht legal verheiratet sind? Die Antwort auf diese Frage gibt Nunnally Johnsons harmlose Komödie, bei der es sich im Prinzip um einen fünfteiligen Episodenfilm handelt. Rogers und Allen sind ein Radio-Duo, das auf Sendung scheinbar perfekt harmoniert, sich privat allerdings überhaupt nicht versteht. Monroe und Wayne haben ein kleines Kind, und sie hat gerade die Wahl zur „Miss Mississippi" gewonnen - sehr zum Ärger ihres Mannes. Gabor und Calhern stehen kurz vor der Scheidung; er ist Millionär und sie plante bereits, groß abzusahnen. Bracken ist ein Soldat, der kurz vor der Einberufung nach Korea steht, während Gattin Gaynor ein Kind erwartet. Die letzte Episode zeigt Arden und Douglas als Pärchen, das sich auseinandergelebt hat.
Die Problemstellung des Films wurde schon in mehreren anderen Filmen, darunter Alfred Hitchcocks MR. UND MRS. SMITH verarbeitet und ist nicht allzu neu, doch die prominente Besetzung bringt das Geschehen mit Schwung über die Bühne. Die *New York Herald Tribune* schrieb über Marilyn Monroe, sie sehe aus, „als hätte Michelangelo sie aus einer Sahnetorte modelliert". al

Wir sind keine Engel

We're No Angels. USA 1955 **R** Michael Curtiz **B** Ranald MacDougall, nach dem Bühnenstück *La cuisine des anges* von Albert Husson **K** Loyal Griggs **M** Friedrich Holländer **P** Pat Duggan für Paramount **L** 104 Min., Farbe **D** Humphrey Bogart, Aldo Ray, Peter Ustinov, Joan Bennett, Basil Rathbone, Leo G. Carroll, John Baer

Obwohl die Reaktionen bei ihrem Erscheinen gemischt waren, hat sich diese Adaption von Albert Hussons französischem Bühnenstück *La cuisine des anges* mittlerweile als Komödien-Klassiker etabliert - wenn auch nur aufgrund der einmaligen Besetzung. Bogart, Ray und Ustinov spielen drei zu lebenslanger Haft verurteilte Sträflinge, die nach ihrer Flucht aus ihrem Gefängnis auf der karibischen Teufelsinsel nach Mitteln und Wegen suchen, sich ihrer verräterischen Kleidung zu entledigen. Der kleine Laden von Monsieur Felix (Carroll) und seiner Gattin (Bennett) scheint genau das Richtige zu sein, doch sind die drei unerwarteterweise so angetan von der kleinen Familie, daß sie zunächst gefaßte Mordpläne verwerfen. Statt dessen erweisen sie sich als dem Kaufmann überaus nützlich und hilfreich, wenn auch nicht immer mit legalen Mitteln...
Angesichts von Charme und Talent der Besetzung ist es schade, daß Drehbuchautor Ranald McDougall die Handlung nicht etwas beschleunigte und weniger dialoglastig gestaltete. Trotzdem bietet *Wir sind keine Engel* zahlreiche komische Momente und überdies die seltene Gelegenheit, Humphrey Bogart Komödie spielen zu sehen. Ein schwaches Remake gleichen Titels entstand 1989. al

Wir von der Straße

La notte brava. Italien/Frankreich 1959 **R** Mauro Bolognini **B** Pier Paolo Pasolini, Jacques-Laurent Bost **K** Armando Nannuzzi **M** Piero Piccioni **P** Antonio Cervi, Alessandro Jacovoni für Ajace Cinematografica (Rom), Franco-London Films (Paris) **L** 95 Min., s/w **D** Elsa Martinelli, Antonella Lualdi, Jean-Claude Brialy, Laurent Terzieff, Franco Interlenghi, Anna Maria Ferrero, Mylène Demongeot, Rossanna Schiaffino, Tomas Milian, Marcella Valeri

Scintillone (Brialy), Ruggeretto (Terzieff) und Bella-Bella (Interlenghi) sind römische Jugendliche, die ihre Zeit mit Alkohol, Gaunereien und Frauen totschlagen. So versuchen sie im Verlauf des Films, gestohlene Gewehre zu verkaufen, Prostituierte übers Ohr zu hauen und drei Homosexuelle auszunutzen.
In seiner zweiten Zusammenarbeit mit Pier Paolo Pasolini lieferte Mauro Bolognini hier eine realistische, pessimistische Studie der italienischen Großstadtjugend ab, die sich ziellos treiben läßt und weder Werte noch Ideale zu kennen scheint. Der Zuschauer sucht automatisch nach einigen positiven Charakterzügen bei den drei Hauptfiguren, doch es gibt keine. Weder verurteilt Bolognini noch entschuldigt er - vielmehr versucht er die Dinge so zu zeigen, wie sie seiner Meinung nach sind. al

Wir warten in Ashiya

Flight From Ashiya. USA/Japan 1962 **R** Michael Anderson **B** Elliott Arnold, Waldo Salt, nach dem Roman von Arnold **K** Joseph MacDonald, Burnett Guffey **M** Frank Cordell **P** Harold Hecht für Daiei-Harold Hecht Prod./United Artists **L** 102 Min., Farbe **D** Richard Widmark, Yul Brynner, George Chakiris, Suzy Parker, Shirley Knight, Daniele Gaubert, Eiko Taki

„Damit andere leben" - so lautet das Motto, unter dem die Seenotstaffel der amerikanischen Luftwaffe ihre Tätigkeit ausübt. Auf dem japanischen Stützpunkt Ashiya sind die drei Rettungsflieger Mike (Brynner), Glenn (Widmark) und Gregg (Chakiris) im Einsatz. Jeder von ihnen hat in seiner Vergangenheit mehr oder weniger gute Erfahrungen mit dem ehemaligen Feindesland gemacht. Mike, selbst Sohn japanisch-amerikanischer Eltern, hängt in seinen Erinnerungen einer tragischen Liebesaffäre nach, die er mit einem algerischen Mädchen hatte. Glenn kommt nicht über den Verlust von Frau und Kind hinweg, die während des Krieges in einem japanischen Internierungslager umgekommen sind. Gregg, der jüngste der Flugzeugbesatzung, hat eine ganz besondere Beziehung zu Japan, denn immerhin ist er mit einer Einheimischen verheiratet. Als ein japanischer Frachter nach einem Taifun in Seenot gerät, müssen alle drei bei einem folgenschweren Einsatz bewähren.
Ein leidlich spannender Abenteuerfilm mit dramatischem Einschlag, gestrickt nach den gängigen Mustern. *Wir warten in Ashiya* war eine japanisch-amerikanische Koprodukti-

on und wurde vor Ort in Japan gedreht. Formal außergewöhnlich ist lediglich die Erzählweise, die das Geschehen als zweifach ineinander gestaffelte Rückblende wiedergibt. jg

Wir Wunderkinder

Wir Wunderkinder. BRD 1958 **R** Kurt Hoffmann **B** Heinz Pauck, Günter Neumann, nach dem Roman von Hugo Hartung **K** Richard Angst **M** Franz Grothe **P** Hans Abich für Filmaufbau **L** 108 Min., s/w **D** Hansjörg Felmy, Robert Graf, Johanna von Koczian, Wera Frydtberg, Elisabeth Flikkenschildt, Ingrid Pan, Ingrid van Bergen, Jürgen Goslar, Tatjana Sais, Liesl Karlstadt

Ein erneuter großer Wurf des Komödienregisseurs Kurt Hoffmann, der hier ungewohnt sarkastische Töne anschlug, die für das aufwärtsstrebende und so schnell vergessende Wirtschaftswunder-Deutschland recht ungewöhnlich waren.
Anhand der beiden gleichaltrigen Protagonisten Hans Boeckel (Felmy) und Bruno Tiches (Graf) wird der völlig unterschiedlich verlaufende Lebensweg von zwei ehemaligen Klassenkameraden gezeigt. Während Boeckel immer auf der Verliererseite des Lebens stand, weil er stets versuchte, mit Ehrlichkeit und Bescheidenheit seinen Weg zu gehen, verstand es Tiches, sich den jeweilig herrschenden Machtstrukturen wie ein Chamäleon anzupassen. So hat er im Gegensatz zu Boeckel die deprimierenden Nachkriegsjahre wesentlich besser überstanden. Sein Engagement in Schwarzmarkt-Kreisen hat ihn nach der Währungsreform in die höchsten Spitzen der Industrie katapultiert. Jetzt läßt er sich mit einem Mercedes 300 durch die Stadt chauffieren, während Boekkel als kleiner Journalist für die örtliche Regionalzeitung arbeitet. Eines Tages kommt der unauffällige Reporter aus seiner stillen Ecke und schreibt über Tiches´ nicht sehr schmeichelhafte Vergangenheit eine Kolumne. Sein „Opfer" gerät so in Zorn darüber, daß er nach vergeblichen Versuchen, Boekkel das Handwerk zu legen, in seiner Erregung in einen leeren Fahrstuhlschacht hastet und zu Tode stürzt.
Eine treffende Karikatur bundesdeutscher Verhältnisse, in der die heilige Kuh des Wirtschaftswunders erbarmungslos geschlachtet und zerlegt wird. Dargeboten wird dieses intelligente Filmvergnügen von einer Garde der besten Schauspieler, die der deutsche Film damals zu bieten hatte. Hansjörg Felmy spielte übrigens im selben Jahr noch einmal in dem Drama *Der Mann, der sich verkaufte* einen jungen, aufstrebenden Journalisten, wenngleich seine Rolle in diesem Streifen weniger positiv gezeichnet wurde. jg

Die Wirkung von Gammastrahlen auf Ringelblumen

The Effect of Gamma Rays on Man-in-the-Moon Marigolds. USA 1972 **R** Paul Newman **B** Alvin Sargent, nach dem Bühnenstück von Paul Zindel **K** Adam Holender **M** Maurice Jarre **P** Paul Newman für Newman-Foreman Prod./20th Century-Fox **L** 100 Min., Farbe **D** Joanne Woodward, Nell Potts, Roberta Wallach, Judith Lowry, Richard Venture, Estelle Omens

Paul Newmans dritte Arbeit als Regisseur zeigt erneut seine Gattin Joanne Woodward in der Hauptrolle sowie - erstmalig - beider Tochter Nell Potts. Woodward spielt Beatrice, eine verbitterte Witwe, die alle Hände voll zu tun hat, ihre eigenwilligen Töchter großzuziehen. Matilda (Potts) ist scheu und zurückgezogen, Ruth (Wallach) laut und extrovertiert. Beatrice vermietet Zimmer an ältere Menschen und arbeitet als Telephonistin für eine Tanzschule, um etwas Geld zu verdienen, doch Männern gegenüber gibt sie sich mißtrauisch und ablehnend.
Wie schon DIE LIEBE EINES SOMMERS beschäftigt sich auch dieser Film, nach Paul Zindels mit einem Pulitzer-Preis ausgezeichneten Bühnenstück, mit den kleinen Dingen des Alltags und überzeugt durch genaue Milieuzeichnung und Charakterisierung der Figuren. Roberta Wallach ist übrigens die Tochter des Schauspieler-Ehepaares Eli Wallach und Anne Jackson. al

Das Wirtshaus im Spessart

Das Wirtshaus im Spessart. BRD 1957 **R** Kurt Hoffmann **B** Heinz Pauck, Lieselotte Enderl, Günther Neumann, H. C. Gutbrod, nach dem Roman von Wilhelm Hauff **K** Richard Angst **M** Franz Grothe **P** Georg Witt für Witt-Film **L** 100 Min., Farbe **D** Liselotte Pulver, Carlos Thompson, Günther Lüders, Rudolf Vogel, Wolfgang Neuss, Wolfgang Müller, Ina Peters, Kai Fischer, Veronika Fitz, Herbert Hübner, Hubert von Meyerinck

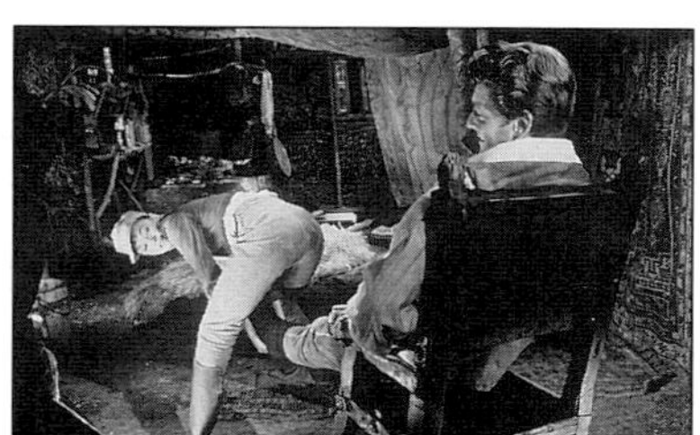

Das musikalische Lustspiel vom *Wirtshaus im Spessart,* zu dem Wilhelm Hauff im Jahre 1825 seine berühmte Räuberballade als Vorlage geschrieben hatte, wurde für den damals 47jährigen Kurt Hoffmann zum Höhepunkt seiner Regiekarriere. Millionen von Zuschauern strömten in die Kinos, um die romantische Verwechslungskomödie zu sehen und machten den Film zur erfolgreichsten einheimischen Produktion des Jahres 1957.
Die Handlung konnte dabei noch nicht einmal mit bemerkenswerten Neuheiten aufwarten. Ein paar nette Melodien mit leicht hintergründigen Texten, die gewohnten Verwechslungen durch einen Rollentausch und das alles angesiedelt in einer idyllischen Zeit zwischen Biedermeier und Romantik - das waren die Zutaten für diesen Erfolgshit.
Die burschikose und reichlich unkonventionelle Comtesse Franziska von Sandau (Pulver) befindet sich in Begleitung ihres Verlobten Baron Sperling (Lüders) auf dem Weg nach Würzburg. Mitten im finsteren Spessartwald erleidet die Kutsche einen Achsenbruch, was die Reisenden nebst Kutscher und Personal dazu zwingt, in eine finsteren Spelunke einzukehren, die sich prompt als Räuberhöhle entpuppt. Mit Franziska als Geisel wollen die Banditen 20.000 Gulden Lösegeld vom Grafen Sandau (Hübner) erpressen. Heldenmutig bietet sich der Goldschmiedgeselle Felix (Lohner) an, die Rolle der Comtesse zu spielen und mit ihr die Kleider zu tauschen. In ihrer Verkleidung kann Franziska der Bande entkommen und reitet zum Schloß ihres Vaters, um dort die Lösegeldzahlung in die Wege zu leiten. Doch Graf Sandau denkt gar nicht daran, sein Geld für eine fremde Person zu opfern. So muß Franziska auf eigene Faust losziehen, um ihre Freunde aus den Händen der Räuber zu retten.
Für die romantische Stimmung in diesem Film sorgten einige pittoreske fränkische Fachwerk-Städtchen sowie das malerische Wasserschloß Mespelbrunn in der Nähe von Würzburg. Der große Erfolg dieses Films zog zwei weitere *Spessart*-Filme nach sich, und so kamen 1960 DAS SPUKSCHLOSS IM SPESSART und 1967 *Herrliche Zeiten im Spessart* in die Kinos. jg

Wish You Were Here

Wish You Were Here. Großbritannien 1987 **R** David Leland **B** David Leland **K** Ian Wilson **M** Stanley Myers **P** Sarah Radclyffe für Zenith Prod./Working Title Prod. **L** 92 Min., Farbe **D** Emily Lloyd, Tom Bell, Jesse Birdsall, Geoffrey Durham, Pat Heywood, Geoffrey Hutchings

Lynda (Lloyd) ist 16, lernt Friseuse und ist furchtbar ordinär. Ausdrücke wie „Scheiße", „Arschloch" und „Pimmel" prägen ihren Wortschatz, ihren Rock hat sie ständig hochgerissen, um die Männerwelt mit ihren entblößten Beinen zu entzücken. Auf dem Höhepunkt ihrer Pubertät mitten in den 50er Jahren weiß sie in der muffigen Enge ihrer spießigen englischen Heimatstadt und im Käfig ihrer prüden Familie nicht anders mit sich umzugehen und auf ihre Sexualität aufmerksam zu machen. Natürlich erntet sie Reaktionen: Ablehnung durch die Eltern, Kopfschütteln durch die Nachbarn, aber auch Annäherungsversuche sexueller Natur. Doch hinter ihrer aufreizenden Fassade schaut hin

und wieder ein verletzliches, einsames Wesen hervor - völlig unreif, überfordert und selbst noch ein Kind. Eines Tages spitzen sich Lyndas Probleme gewaltig zu: Sie bemerkt, daß sie ein Kind von Eric (Bell), dem Freund ihres Vaters, erwartet...
Regisseur David Leland gelang mit seinem Spielfilmdebüt eine wundervolle, authentische Reise in das England der 50er Jahre, ein so witziger wie tiefgründiger Film über frühe sexuelle Erfahrungen Heranwachsender in einer nach außen bigotten Umwelt. Köstlich das derbe Vokabular der Protagonistin, brillant deren darstellerische Leistung, von eindringlicher Schönheit die Photographie des Werks. „*Wish You Were Here* gehört in die Kategorie der pittoresk-skurrilen Spiesserkomödien, die im englischen Kino eine Tradition haben", lobte das *Filmbulletin* die faszinierende Milieustudie, die den Sprung über den Großen Teich mit Bravour meisterte und auch in den USA zu einem Publikumsrenner wurde. sk

Ein Witwe mordet leise

What Ever Happened To Aunt Alice? USA 1969 **R** Lee H. Katzin **B** Theodore Apstein, nach dem Roman *The Forbidden Garden* von Ursula Curtiss **K** Joseph Biroc **M** Gerald Fried **P** Robert Aldrich für Palomar Pictures/Cinerama **L** 101 Min., Farbe **D** Geraldine Page, Ruth Gordon, Rosemary Forsyth, Robert Fuller, Mildred Dunnock, Joan Huntington

Dieser im Gefolge von WAS GESCHAH WIRKLICH MIT BABY JANE? entstandene „gotische" Thriller wurde vom Regisseur des früheren Films, Robert Aldrich, höchstpersönlich produziert und ist dementsprechend gelungen. Die verwitwete Claire Marrable (Page) kann es nicht ertragen, arm zu sein und hat es sich zur Angewohnheit gemacht, ihre Dienstmädchen umzubringen und deren Habseligkeiten an sich zu nehmen. Sie ahnt nicht, daß Alice Dimmock (Gordon) sich nur einstellen ließ, um mit Hilfe ihres Neffen (Fuller) das Verschwinden einer Freundin aufzuklären...
Die Charakter-Darstellerinnen Page und Gordon machen, mit Hilfe eines geschickt aufgebauten Drehbuches, diesen makabren, mit einer ironischen Schlußpointe aufwartenden Film zu einem abwechselnd komischen und gruseligen Vergnügen. al

Witwer mit fünf Töchtern

Witwer mit fünf Töchtern. BRD 1957 **R** Erich Engels **B** Rolf Becker, Alexandra Becker, Erich Engels **K** Willy Winterstein **M** Delle Haensch **P** Deutsche Film Hansa **L** 96 Min., s/w **D** Heinz Erhardt, Susanne Cramer, Vera Tschechowa, Angelika Meissner, Christine Kaufmann, Elke Aberle

Friedrich Scherzer (Erhardt) ist Schloßverwalter, Bibliothekar und der verwitwete Vater einer Horde von fünf halbwüchsigen Töchtern zwischen fünf und zwanzig Jahren. Diese, die mißgünstigen Nachbarn und nicht zuletzt das Jugendamt, das mißtrauisch das mutterlose Familienleben beäugt, machen ihm das Leben erdenkbar schwer - Vater Scherzer erträgt's, wie sein Name schon sagt, mit Humor...
Ulknudel Heinz Erhardt verhalf dem konventionellen Lustspiel mit seinen pausenlosen Kalauern und schelmischen Wortspielen zu einem großen Zuspruch - gut ein Jahrzehnt nach Ende des Zweiten Weltkriegs war das bundesdeutsche Publikum nach wie vor an seichter, wenig anspruchsvoller Kinounterhaltung interessiert. „Im Vergleich zu Erhardts bisherigen Filmleistungen hat diese tragikomische Gestalt noch am meisten Ähnlichkeit mit einer schauspielerischen Aufgabe", meinte 1957 der *Evangelische Filmbeobachter*. „Ansonsten: Ein recht mäßiger Jux." sk

Wo, bitte, geht's zur Front?

Which Way To the Front? USA 1970 **R** Jerry Lewis **B** Gerald Gardner, Dee Caruso, Dick Miller **K** W. Wallace Kelley **M** Louis Y. Brown **P** Jerry Lewis für Warner Bros. **L** 96 Min., Farbe **D** Jerry Lewis, Jan Murray, Willie Davis, John Wood, Steve Franken, Dack Rambo, Paul Winchell

Jerry Lewis' Karriere als Filmkomiker und als sein eigener Regisseur war nach katastrophalen Reaktionen auf diese Miltärklamotte praktisch beendet. Die Kritiker haßten den Film, das Publikum wollte ihn nicht sehen. Lewis spielt den exzentrischen Millionär Brendan Byers III., der von dem Gedanken besessen ist, auf alliierter Seite am II. Weltkrieg teilnehmen zu können. Sein Problem: er wurde ausgemustert. Kurzentschlossen stellt er mit zwei Leidensgenossen eine kleine Privatarmee auf die Beine, die es sogar bis hinter die deutschen Linien in Italien schafft und schließlich Hitler höchstpersönlich gegenübersteht...
Die gute Absicht hinter diesem Fiasko ist sehr wohl zu erkennen; Militarismus, Obrigkeitshörigkeit und Kriegsfilme standen auf seiner satirischen Abschußliste. Doch *Wo, bitte, geht's zur Front?* ist nicht komisch, sondern peinlich, und Lewis drehte erst acht Jahre später, in Frankreich, wieder einen Film: *Alles in Handarbeit.* al

Wo, bitte, gibt's Bier an der Front?

The Private Navy of Sgt. O'Farrell. USA 1968 **R** Frank Tashlin **B** Frank Tashlin, nach einer Story von John L. Greene, Robert M. Fresco **K** Alan Stensvold **M** Harry Sukman **P** John Beck für NaHo Prod./United Artists **L** 92 Min., Farbe **D** Bob Hope, Phyllis Diller, Jeffrey Hunter, Gina Lollobrigida, Mylène Demongeot, John Myhers, Mako, Henry Wilcoxon

Von all den fürchterlichen Bob-Hope-Komödien aus den 60ern ist dies vielleicht die schlechteste. Der für sein Engagement bei der Truppenbetreuung bekannte Star spielt einen Sergeant, der für seine in der Südsee stationierten Männer eine Schiffsladung Bier zu organisieren versucht. Doch geht die unterwegs verloren, und die exzentrische Krankenschwester Nellie (Diller) ist wahrlich kein Ersatz.
Frank Tashlins letzter Film (er starb 1972) markiert gleichzeitig den Tiefpunkt seiner Karriere beim Film, die einmal mit der klassischen Western-Parodie SEIN ENGEL MIT DEN ZWEI PISTOLEN begonnen hatte. Hier ist von dem einstigen Witz und satirischem Biß, der so viele seiner vorangegangenen Arbeiten auszeichnete, jedenfalls nichts zu spüren. Ein geschmackloser Kalauer jagt den nächsten, und die Frage, die sich einem am ehesten aufdrängt, betrifft nicht das Bier, sondern Gina Lollobrigida: Wie konnte sie sich in derartigem Mist verheizen lassen? al

Wo bleibt da die Moral, mein Herr?

Le farceur. Frankreich 1960 **R** Philippe de Broca **B** Philippe de Broca, Daniel Boulanger **K** Jean Penzer **M** Georges Delerue **P** Roland Nonin für AJYM Films **L** 85 Min., s/w **D** Anouk Aimée, Jean-Pierre Cassel, Geneviève Cluny, Anne Tonietti, Pierre Palau, Georges Wilson

Philippe de Brocas zweiter Spielfilm, zugleich der zweite von dreien mit Jean-Pierre Cassel in der Hauptrolle, ist erneut eine charmante Komödie, die im Gegensatz zu ihrem Vorgänger *Liebesspiele* (1959) auch eine Spur von Tragik enthält. Edouard (Cassel) ist ein liebenswürdiger Taugenichts, ein moderner Don Juan, der von keiner Frau die Finger lassen kann. Ständig sucht er neue

Abenteuer. Auch Hélène (Aimée), die Frau eines langweiligen Großindustriellen, hat es ihm angetan, und nach einigem Sträuben läßt sie sich auf eine Romanze mit ihm ein. Doch kaum hat sie sich umgedreht, ist der flatterhafte Edouard auch schon wieder verschwunden und umwirbt die nächste!
Dieser von der Kritik hochgelobte Film, der sich wohltuend von den etwas schwerblütigen Arbeiten der meisten Nouvelle-Vague-Regisseure abhebt, wurde von Claude Chabrols Produktionsfirma AJYM Films finanziert. Bei ihm hatte De Broca mehrfach als Regie-Assistent gearbeitet. al

Wo der heiße Wind weht

La loi/La legge. Frankreich/Italien 1959 **R** Jules Dassin **B** Jules Dassin, Françoise Giroud, nach dem Roman von Roger Vailland **K** Otello Martelli **M** Roman Vlad **P** Jacques Bar, Maleno Malenotti für Le Groupe des Quatre (Paris), Titanus Film/G. E. S. I. Cinematografica (Rom) **L** 103 Min. (Originalfassung 126 Min.), s/w **D** Gina Lollobrigida, Marcello Mastroianni, Yves Montand, Melina Mercouri, Pierre Brasseur, Paolo Stoppa, Teddy Bilis, Raf Mattioli, Vittorio Caprioli

In einem kleinen Dorf an der süditalienischen Adria-Küste herrschen zwei unterschiedliche Persönlichkeiten über die Bewohner: der Mafia-Boß Matteo (Montand) und der Adlige Don Cesare (Brasseur). Die als Dienstmädchen arbeitende Marietta (Lollobrigida) wird von allen Männern begehrt, doch sie sieht ihre Chance auf Veränderung ihres Lebens mit dem Landvermesser Enrico (Mastroianni) aus dem Norden gekommen. Sie stiehlt einem Touristen die Geldbörse, um eine Mitgift zu haben, und löst eine Folge dramatischer Ereignisse aus....
Diese prominent besetzte französisch-italienische Co-Produktion stand unter keinem guten Stern und war alles andere als erfolgreich, obwohl Roger Vaillands mit dem Prix Goncourt ausgezeichneter Roman ein heftig begehrter Filmstoff war. Zunächst verlangte Hauptdarstellerin Gina Lollobrigida mit der ihr eigenen Nachdrücklichkeit Änderungen an der Figur der Marietta, die ihr zu unmoralisch war. Dann wurde die Drehgenehmigung in Italien verweigert, da Vaillands Roman bei seinem Erscheinen in italienischer Sprache einen mittleren Skandal ausgelöst hatte - viele sahen die Bevölkerung Apuliens verunglimpft; zudem stammte der für die Genehmigungen zuständige Regierungsbeamte aus dieser Gegend. In der italienischen Fassung wurde die Handlung schließlich auf Korsika angesiedelt. Nach all diesen Kompromissen war von der Vorlage nicht mehr viel übrig. al

Wo die grünen Ameisen träumen

Wo die grünen Ameisen träumen. BRD 1984 **R** Werner Herzog **B** Werner Herzog **K** Jörg Schmidt-Reitwein **P** Lucki Stipetic für Werner-Herzog-Filmprod./ZDF **L** 100 Min., Farbe **D** Bruce Spence, Wandjuk Marika, Roy Marika, Ray Barrett, Norman Kaye, Colleen Clifford, Ralph Cotterill, Nicolas Lathouris, Basil Clarke, Ray Marshall

Nach dem üppig ausgestatteten Dschungel-Abenteuer FITZCARRALDO zog es Werner Herzog in die Einöde der australischen Wüste. Hier drehte er seine faszinierende Zivilisationskritik *Wo die grünen Ameisen träumen*. Hinter diesem poetischen und doch zugleich etwas bizarren Titel verbirgt sich ein Ort, der den australischen Aborigines heilig ist. Ausgerechnet dort jedoch buddelt ein mächtiger Konzern nach Uran. Die ganze Umgegend sieht bereits aus, als sei sie von einem riesigen Maulwurf durchpflügt worden. Jetzt kommen die Bauarbeiten zu einem vorläufigen Ende, als vor Gericht darüber entschieden werden soll, ob die Grabungen im Gebiet der Ureinwohner zulässig sind oder nicht. In den Streit zwischen den beiden unterschiedlichen Kulturen wird der Geologe Hackett (Spence) verwickelt. Als seine Gesellschaft die Erlaubnis erhält, weiterhin an Ort und Stelle nach Bodenschätzen zu suchen, schlägt er sich auf die Seite der Aborigines.
In einem verhaltenen, meditativen Stil erzählt Herzog diese Parabel von der Verständnislosigkeit zweier Kulturen, von weißer Ignoranz und Überheblichkeit. Diese Geschichte verbindet er ebenso geschickt wie unaufdringlich mit den Bildern der australischen Outlands und ihrer Ureinwohner. Der Film, der gelegentlich auch recht komisch wird, hat allerdings ein großes Handicap und das ist die Synchronisation. Zwar wird der Dialekt der Eingeborenen beibehalten, um dann durch einen Übersetzer verständlich gemacht zu werden; trotzdem wirkt das Deutsch der Aborigines und auch das der weißen Arbeiter, Geologen und Firmenchefs unpassend und störend.
„Anders als in früheren Filmen Herzogs sind die Wahnsinnigen von *Wo die grünen Ameisen träumen* nicht mehr die Träumer, sondern die Vertreter der totalen Zweckmäßigkeit, deren Ziel nicht einmal mehr im technischen Fortschritt, sondern allein noch im wirtschaftlichen Profit besteht. Es geht nicht mehr um gigantisches Aufbegehren, sondern um die Notwendigkeit des Innehaltens" (*Süddeutsche Zeitung*). jg

Wo is' Pappa?

Where's Poppa? USA 1971 **R** Carl Reiner **B** Robert Klane, nach seinem Roman **K** Jack Priestly **M** Jack Elliott **P** Jerry Tokofsky und Marvin Worth für United Artists **L** 85 Min., Farbe **D** George Segal, Ruth Gordon, Trish van Devere, Ron Leibman, Rae Allen, Vincent Gardenia

Mrs. Hocheiser (bravourös: Gordon) ist eine boshafte, schrullige alte Schachtel, die sich die Langeweile ihres öden Alltags damit vertreibt, ihre beiden Söhne zu terrorisieren, potentielle Schwiegertöchter zu vergraulen und sämtliche Pflegekräfte dauerhaft aus dem Haus zu ekeln. Dummerweise haben die Söhne ihrem seligen Vater auf dessen Sterbebett zugesagt, Mutter niemals in ein Heim abzuschieben, und so bleibt ihnen keine andere Wahl als zu versuchen, die widerborstige alte Dame um die Ecke zu bringen...
Regisseur Carl Reiner überschritt mit seiner rabenschwarzen Komödie voll hintergründiger, sarkastischer Anspielungen auf den „american way of life"1970 die Grenze des guten Geschmacks des US-Filmpublikums; nach einem durchgängigen Proteststurm quer durch alle Feuilletonseiten der amerikanischen Presse nahm der Verleih den gerade angelaufenen Film wieder aus den Kinos. Reiner schrieb daraufhin das Ende um: Statt in der letzten Szene resigniert den Sohn zu seiner senilen Mutter, die pausenlos „wo is' Pappa?" ruft, in das Bett steigen zu lassen, um dort die Rolle seines verstorbenen Vaters zu übernehmen, wird die Alte in der nachgedrehten Fassung doch noch in ein Altersheim abgeschoben und dort mit einem debilen, volltrotteligen Greis verkuppelt. Trotz Reiners freiwilliger Selbstzensur brachte United Artists den Film erst 1980 in die Lichtspielhäuser zurück - diesmal indes mit positiver Resonanz: Die *New York Times* beispielsweise erklärte *Wo is' Pappa?* sogleich zum „Kultfilm für die ganze Familie". Das deutsche Kinopublikum mußte noch bis 1987 warten, bis der Film auch hierzulande endlich über die Leinwände flimmerte. sk

Wo Männer noch Männer sind

Pardners. USA 1956 **R** Norman Taurog **B** Sidney Sheldon, Jerry Davis, nach dem Drehbuch für *Rhythm on the Range* (1936) von Marvin J. Hauser **K** Daniel L. Fapp **P** Paul Jones für Paramount **L** 88 Min., Farbe **D** Dean Martin, Jerry Lewis, Lori Nelson, Jeff Morrow, Jackie Loughery, Agnes Moorehead, Lon Chaney jr.

Wie viele ihrer gemeinsamen Vehikel, so ist auch diese Western-Parodie des Duos Martin/Lewis ein Remake, und zwar von Bing Crosbys 1936er Musik-Western *Rhythm on the Range*. Lewis spielt den New Yorker Millionär Wade Kingsley jr., dessen Vater

einst bei einem Banditenüberfall auf die Familien-Ranch ums Leben kam. Die Begegnung mit Slim Mosely jr. (Martin), dem Sohn des ebenfalls ermordeten Vormannes der Farm, weckt in Wade den Pioniergeist, und gemeinsam mit Slim sowie dem Preisbullen Caddles geht es nach Westen. Der vertrottelte Wade, der sich als „Killer Jones" ausgibt, wird prompt zum Sheriff ernannt, da man glaubt, mit ihm ein leichtes Spiel zu haben...
Kein Western-Klischee bleibt unangetastet in dieser recht amüsanten Veralberung des Genres, in der Lewis seine übliche Grimassier-Kunst zum besten geben darf, während Martin seine übliche Romantik-Nummer mit schmalzigen Songs abzieht - darunter *Pardners* und *Me, N You, N the Moon* von James Van Heusen und Sammy Cahn. al

Wofür das Leben sich lohnt

Something To Live For. USA 1952 **R** George Stevens **B** Dwight Taylor **K** George Barnes **M** Victor Young **P** George Stevens für Paramount **L** 89 Min., s/w **D** Joan Fontaine, Ray Milland, Teresa Wright, Richard Derr, Douglas Dick, Herbert Heyes, Harry Bellaver, Paul Valentine, Frank Orth, Bob Cornthwaite, Helen Spring

Ray Milland hatte 1945 in Billy Wilders DAS VERLORENE WOCHENENDE in perfekter Weise die Tragik eines Alkoholikers dargestellt und dafür den Oscar erhalten. Für *Something To Live For* kehrte er sieben Jahre später wieder zur Flasche zurück.
Der Film macht den Zuschauer mit der Institution der Anonymen Alkoholiker bekannt. Zu deren freiwilligen Mitarbeitern gehört der ehemalige Trinker Allan Miller (Milland), der eines Tages von seiner Organisation zu der labilen Jenny Carey (Fontaine) geschickt wird, um ihr in ihrer Sucht beizustehen. Die als Schauspielerin tätige Jenny hat vor jeder Vorstellung eine solche Angst, daß sie sich regelmäßig vollaufen läßt. Einfühlsam und behutsam kümmert Allan sich um die junge Frau und verliebt sich natürlich in sie. Voll Vertrauen auf die Treue ihres Mannes beobachtet Edna Miller (Wright) die Aktivitäten ihres Gatten. Als dieser das Gefühl hat, daß Jenny endlich ihre existentielle Krise überwunden hat, kehrt er zu Edna zurück.
George Stevens inszenierte dieses Drama mit viel Sinn für das Emotionale, kann aber nicht mit Wilders oft nachgeahmtem und nie erreichtem Meisterwerk konkurrieren. jg

Wohin die Liebe führt

Where Love Has Gone. USA 1964 **R** Edward Dmytryk **B** John Michal Hayes, nach dem Roman von Harold Robbins **K** Joseph MacDonald **M** Walter Scharf **P** Joseph E. Levine für Avco Embassy Pictures/Paramount **L** 114 Min., Farbe **D** Susan Hayward, Bette Davis, Michael Connors, Joey Heatherton, Jane Greer, DeForest Kelley, George Macready

Der findige Bestseller-Autor Harold Robbins bediente sich bei seinem Roman *Where Love Has Gone* einer Geschichte, wie sie so nur das Leben in Hollywood geschrieben haben konnte: dem Skandal um Lana Turner, deren seinerzeit achtzehnjährige Tochter Cheryl 1958 den Gangster-Freund des Stars mit einem Küchenmesser erstochen hatte. Um Rechtsprobleme zu vermeiden, brachte Robbins einige Änderungen an, doch niemandem fiel es schwer, die wahren Vorbilder zu erkennen. Aus der Schauspielerin wurde eine Bildhauerin, aus dem Unterweltler ein Geschäftsmann, aus Los Angeles San Francisco. Die Handlung setzt ein, als Luke Miller (Connors) von der Tat seiner Tochter hört, die er aufgrund der Scheidungsvereinbarungen mit Valerie (Hayward) seit Jahren nicht gesehen hat. Der Anwalt der Familie ist überzeugt, es würde sich für das junge Mädchen günstig auswirken, sollten Vater und Mutter in Eintracht vor Gericht erscheinen. In einer langen Rückblende erinnert sich Luke an den Beginn und den unglücklichen Verlauf seiner Ehe, die besonders unter Valeries herrschsüchtiger Mutter (Davis) litt...
Nicht wenige Kritiker empfanden *Wohin die Liebe führt* als Übung in schlechtem Geschmack und ließen kein gutes Haar an ihm. So spottete *Newsweek* über die allzu offensichtlichen Parallelen zur Realität: „Die Jungs bei Embassy und Paramount beglückwünschen sich wahrscheinlich zu ihrem Takt und ihrer mächtigen Zurückhaltung, weil sie nicht versuchten, Lana Turner selbst zu engagieren..." Doch das Publikum war durch solche Äußerungen nicht zu irritieren und machte den Film zu einem ebenso großen Erfolg wie das Buch. Der von Jack Jones interpretierte Titelsong wurde für einen Oscar nominiert. al

Wohin die Züge fahren

Wohin die Züge fahren. Deutschland 1949 **R** Boleslaw Barlog **B** Walter Ulbrich **K** Klaus von Rautenfeld **M** Wolfgang Zeller **P** A. G. F. - Freiburg **L** 98 Min., s/w **D** Heidemarie Hatheyer, Carl Raddatz, Gunnar Möller, Ursula Wedekind, Hanna Rucker

Wohin die Züge fahren war der erste Film, der nach dem Ende des Krieges in der französischen Besatzungszone gedreht wurde und mit dem Regisseur Boleslaw Barlog versuchte, ein Porträt der zerrissenen und verunsicherten deutschen Nachkriegsjugend zu zeichnen. Drehbuchautor Walter Ulbrich hatte noch während des Krieges das Skript zu dem Helmut-Käutner-Film UNTER DEN BRÜCKEN geschrieben, der 1946 bei seiner Erstaufführung als Meisterwerk gefeiert wurde..
Bei *Wohin die Züge fahren* hatte er allerdings eine weniger glückliche Hand. Der Versuch, einen authentischen Einblick in die trostlose Welt der Kriegsheimkehrer und Flüchtlinge auf den Bahnhöfen des ramponierten Deutschland zu geben, geriet - wie so oft in jener Zeit - zu einer stellenweise peinlichen Selbstmitleidstirade, der gegen Ende ein Schuß Lebensoptimismus hinzugefügt wurde.
Inmitten jener tragischen Gestalten, die entwurzelt und ziellos durch zertrümmerte Lande ziehen, ist die hoffnungsvolle Liebesgeschichte zwischen einem vagabundierenden Kriegsheimkehrer (Raddatz) und einem Flüchtlingsmädchen (Hatheyer) angesiedelt. „Trotz allem guten Willen und Bemühen der Beteiligten ist dieser Film vorbeigelungen. Das ist schade, denn das geschilderte heimat- und existenzlose Leben junger Menschen auf Bahnhöfen und Zügen während der Nachkriegsjahre wäre als Thema wohl geeignet gewesen. Hier aber fehlte es an einer straff geführten, glaubwürdigen Handlung (*Evangelischer Filmbeobachter*).
Die Außenaufnahmen zu *Wohin die Züge fahren* entstanden vor der Ruinenkulisse der zerbombten Schwarzwald-Metropole Freiburg im Breisgau. jg

Der Wolf hetzt die Meute

Tightrope. USA 1984 **R** Richard Tuggle **B** Richard Tuggle **K** Bruce Surtees **M** Lennie Niehaus **P** Clint Eastwood, Fritz Manes für Malpaso Prod./ Warner Bros. **L** 114 Min., Farbe **D** Clint Eastwood, Geneviève Bujold, Dan Hedaya, Alison Eastwood, Jennifer Beck

Nachdem er für Clint Eastwoods FLUCHT VON ALCATRAZ das Drehbuch geschrieben hatte, gab Richard Tuggle mit diesem düsteren Thriller sein Regiedebüt, bei dem selbstredend wieder Eastwood als Hauptdarsteller sowie als Produzent fungierte. Es handelt sich um eine im Prinzip nicht sonderlich originelle Geschichte um einen psychopathischen Killer, der im Rotlichtviertel von New Orleans Prostituierte umbringt und von Inspektor Wes Block (Eastwood) zur Strekke gebracht wird. Die interessanten Aspekte des Films ergeben sich aus den Ähnlichkeiten zwischen dem Killer und seinem Verfolger, die schon am Anfang deutlich illustriert werden, als zunächst die Turnschuhe des

Mörders und dann die des Polizisten ins Bild kommen. Zudem frequentiert der geschiedene Wes Block genau die gleichen Lokale und hat Spaß an den gleichen sexuellen Praktiken - nämlich S/M-Spielen. Diese dunkle Seite der Hauptfigur wird nicht überstrapaziert (immerhin handelt es sich um einen Mainstream-Film), bietet jedoch eine willkommene Abwechslung zum üblichen Klischee des zynischen, desillusionierten Bullen, den Eastwood in DIRTY HARRY und dessen Fortsetzungen spielte. Darüber hinaus hat der Star mit Geneviève Bujold eine nicht nur talentierte, sondern auch charismatische Partnerin zur Seite. al

Wolfen

Wolfen. USA 1981 **R** Michael Wadleigh **B** David Eyre, Michael Wadleigh, nach dem Roman von Whiltey Strieber **K** Gerry Fisher **M** James Horner **P** Rupert Hitzig für Orion/Warner Bros. **L** 115 Min., Farbe **D** Albert Finney, Diane Verona, Edward James Olmos, Gregory Hines, Tom Noonan, Dick O´Neill, Dehl Berti, Peter Michael Goetz, Sam Gray, Ralph Bell, Max M. Brown

Wieder einmal ist Amerikas Metropole New York der Schauplatz schauerlicher Umtriebe. Michael Wadleighs 15 Millionen Dollar teure Schreckensvision war zwar einer der intelligentesten und raffiniertesten Horrorfilme der frühen 80er Jahre, erwies sich jedoch an den Kinokassen als finanzielles Desaster, was sich angesichts dieses faszinierend gemachten Streifens nur schwer erklären läßt. Amerikanischen Quellen zufolge lag ein wesentlicher Grund am Mißerfolg des Films in der mangelhaften und einfallslosen Werbung, die die Zuschauer eher abschreckte als anlockte.
Die Gegenden, in die uns *Wolfen* führt, sind fürwahr wenig einladend. Die völlig verwahrlosten Straßenzüge der South Bronx geben wirklich nicht das Gebiet ab, in das sich ein Tourist wagt. Gezielt hat hingegen der Bauspekulant Vanderveer (Brown) mit Ehegattin und Leibwächter dieses Viertel aufgesucht. Er plant, die Ruinen zu sanieren, um daraus einen Millionengewinn zu erzielen. Es bleibt jedoch nur bei diesem Vorhaben, denn er und seine beiden Begleiter werden auf grauenhafte Weise umgebracht. Sowohl bei ihnen als auch bei anderen Opfern findet man an den Wunden Tierhaare, die allem Anschein nach von einem Wolf stammen. Der Polizist Dewey Wilson (Finney) wird mit der Aufklärung der Mordserie beauftragt und stößt in den ausgebrannten Häuserskeletten der Bronx tatsächlich auf eine Gattung mörderischer Wölfe, die die freie Wildbahn mit dem Dschungel der Millionenmetropole vertauscht haben und dort Jagd auf all diejenigen machen, die ihren neuen Lebensraum zu vernichten drohen.
Das eigentlich Erschreckende an Wadleighs Film ist nicht das Rudel der mutierten Wölfe, sondern das „Ungeheuer" New York - ein seelenloser Stahl- und Betonmoloch, voller Kälte, Verachtung, Grausamkeit und Entfremdung. Um das Vorhandensein von Natur ganz auszuschließen, drehte Wadleigh seinen Film in der klirrenden Kälte des New Yorker Winters.
Der größte Pluspunkt von *Wolfen* sind zweifellos Gerry Fishers und Garrett Browns Steadycam-Kamerakünste, mit denen durch atemberaubende Fahrten der subjektive Blickwinkel der Wölfe nachvollzogen und die so erzeugten Bilder zusätzlich durch eine komplizierte, elektronische Einfärbung verfremdet wurden.
Eine pessimistisch stimmende Schreckensvision, deren reelles Kolorit die fiktiven Elemente der Geschichte stellenweise leicht abschwächt. jg

Der Wolfsjunge

L´enfant sauvage. Frankreich 1969/70. **R** François Truffaut **B** François Truffaut, Jean Gruault, nach dem Buch von Jean Itard **K** Nestor Almendros **P** Les Filmes du Carrosse/Les Productions Artistes Associés **L** 83 Min., s/w **D** Jean Pierre Cargol, François Truffaut, Françoise Seigner, Jean Dasté, Pierre Fabre

Truffaut griff für diesen Film auf den authentischen Bericht des Pariser Arztes Jean Itard zurück, der gegen Ende des achtzehnten Jahrhunderts begonnen hatte, sich um einen verwilderten Zwölfjährigen zu kümmern. Dieser Junge, der in einem Waldstück aufgestöbert und gefangengenommen wurde, gibt nur tierische Laute von sich und scheint taub zu sein. Die Meinungen der Gelehrten über diesen Jungen, dessen Herkunft völlig im Dunkeln bleibt, gehen schnell auseinander. Während Itard fest an die Entwicklungsfähigkeit des Jungen glaubt, hält sein Kollege Pinel den „Wolfsjungen" für einen hoffnungslosen Fall. Doch tatsächlich erlernt der Junge das Alphabet und beginnt zu sprechen. Doch als Victor, wie er mittlerweile gerufen wird, wieder in die Wälder flieht, zeigen die Kultivierungsversuche verheerende Wirkungen: Victor ist nicht mehr in der Lage, mit den Unbilden der Natur fertig zu werden, noch so zivilisiert, daß er als Mitglied der Gesellschaft akzeptiert werden würde.
Truffaut behandelt diese Kaspar-Hauser-Problematik bewußt zwiespältig. Einerseits wird die Ausdauer und das Engagement des Arztes Itard mit Sympathie gezeichnet, auf der anderen Seite wirken die Gesellschaft, in die der „Wolfsjunge" integriert wird, und ihre Art, sich des Jungen anzunehmen, wenig anheimelnd. mg

Der Wolfsmensch

The Wolf Man. USA 1941 **R** George Waggner **B** Curt Siodmak **K** Joseph Valentine **M** Charles Previn **P** George Waggner für Universal **L** 71 Min., s/w **D** Claude Rains, Lon Chaney jr., Evelyn Ankers, Ralph Bellamy, Warren William, Patric Knowles, Maria Ouspenskaya, Bela Lugosi, Fay Helm

Den Universal-Studios sind einige der schönsten gotischen Horrorfilme der 30er und 40er Jahre zu verdanken. Zu ihnen gehört zweifelsohne George Waggners *Der Wolfsmensch*, mit dem die Produktionsgesellschaft nach dem wenig populären *The Werewolf of London* (1935) dem Genre zu einem neuen Auftrieb verhalf.
Nach seinem Aufenthalt in einem amerikanischen College kehrt Larry Talbot (Chaney jr.) auf das Anwesen seines Vaters John (Rains) nach England zurück. Während eines Spazierganges durch die kahlen, nebligen Wälder wird er von einer unheimlichen Bestie angefallen und verletzt. Er kann das Biest zwar mit seinem silberbeschlagenen Wanderstöckchen erschlagen, muß jedoch zu seinem Entsetzen feststellen, daß sich das angebliche Untier nach dem Eintreffen der Polizei in eine menschliche Leiche verwandel hat. Bald machen sich bei Larry die schrecklichen Konsequenzen seiner Verletzung bemerkbar. Bei Vollmond verwandelt er sich in einen reißenden Werwolf und streunt jaulend durch die Wälder auf der Jagd nach neuen Opfern. Nach einigen schauerliche Zwischenfällen wird er schließlich von seinem eigenen Vater zur Strecke gebracht.
Auch wenn die Verwandlungssequenzen des Films nach der perfekten Tricktechnik von AMERICAN WEREWOLF heutzutage reichlich antiquiert erscheinen, so bleiben die maskenbildnerischen Leistungen immer noch beachtlich genug. Es dauerte jedesmal fünf Stunden, bis Lon Chaneys Maske vollständig angelegt war, die dann Stück für Stück wieder abgetragen wurde, um den Verwandlungsprozeß peu à peu nachzuvollziehen. Insgesamt 20 Stunden Laufzeit hatte das abgefilmte Material, das dann so zusammengeschnitten wurde, daß die einzelnen Mutationsphasen - aufgenommen als Standbild - innerhalb von wenigen Sekunden abliefen.
Recht gelungen waren die Studiobauten, insbesondere jene Szenen, in denen sich die Schauspieler durch kniehohen Trockeneisnebel bewegten, der nicht nur sie, sondern auch eine Reihe wunderschöner abstrakt geformter, künstlicher Bäume einhüllte. Für Lon Chaney jr. war die Rolle als Werwolf der ganz große Durchbruch. Er verkörperte die mystische Gestalt danach noch in sechs weiteren Filmen, zu denen u. a. die Streifen *Frankenstein Meets the Wolfman*, *House of Frankenstein* und die Grusel-Parodie ABBOTT UND COSTELLO TREFFEN FRANKENSTEIN gehörten. jg

Wolfsmilch

Ironweed. USA 1988 **R** Hector Babenco **B** William Kennedy, nach seinem Roman **K** Lauro Escorel **M** John Morris **P** Keith Barish, Marcia Nasatir für Tri-Star **L** 142 Min., Farbe **D** Meryl Streep, Jack Nicholson, Carroll Baker, Michael O'Keefe, Tom Waits

Die Ausgestoßenen der Gesellschaft waren für den brasilianischen Regisseur Hector Babenco von jeher interessanter als der Glamour und die Allüren der High Society. Mit dem Film ASPHALT-HAIE, einer erschütternden Studie über das Leben der Straßenkinder in den Metropolen Sáo Paulo und Rio de Janeiro, hatte sich Babenco vor allem in den USA einen Namen gemacht. Die Verfilmung des Bühnenstücks KUSS DER SPINNENFRAU entstand bereits als amerikanisch-brasilianische Koproduktion und war für ihn das Sprungbrett zu dem Hollywood-Film *Wolfsmilch*, der sich wiederum mit dem Leben der Minderprivilegierten und Ausgestoßenen der kapitalistischen Gesellschaft beschäftigte. Die beiden US-Stars Meryl Streep und Jack Nicholson schockierten ihre Fans, indem sie in erschreckender Glaubwürdigkeit ein tragisches Penner-Pärchen mimten. Besonders frappierend ist die Darbietung von Meryl Streep, die man als rotnäsige Schnapsdrossel unter ihrem schäbigen Filzhut kaum noch erkennen kann.
Wolfsmilch spielt in Albany/New York gegen Ende der 30er Jahre. Zwar hat die Weltwirtschaftskrise längst ihren Höhepunkt überschritten, doch noch immer ziehen Hunderttausende von obdachlosen Menschen durch das Land. Zu ihnen gehören Helen (Streep) und Francis (Nicholson), die beide durch persönliche Schicksalsschläge aus der Bahn geworfen wurden. In überaus krassen und quälenden Bildern beschreibt Babenco zwei Tage aus dem Leben dieser gestrandeten Existenzen, die sich von ein paar Dollar am Tag ernähren und beim morgendlichen Erwachen nicht wissen, wo sie die kommende Nacht verbringen werden. Während sich Helen in einem heruntergekommenen Hotel dem Alkohol hingibt, sucht Francis seine Frau Annie (Baker) auf, die er vor vielen Jahren verlassen hat. In der Geborgenheit ihres Hauses erkennt er, welche Vorzüge er entbehrt, muß aber zugleich feststellen, daß für ihn die Rückkehr in bürgerliche Verhältnisse nicht mehr möglich ist.
Wolfsmilch besitzt trotz seiner ungeschminkten und mitunter etwas allzu drastischen Milieubeschreibungen eine eigentümliche Wärme und Menschlichkeit, die zweifellos den überragenden Schauspielern zu verdanken ist, die diesen Film zu einem denkwürdigen Erlebnis werden lassen. Meryl Streep und Jack Nicholson standen 1988 auf der Anwärterliste für den Oscar. Babencos Film ist eine engagierte Anklage gegen die amerikanische Ellenbogen-Gesellschaft und kam aufgrund seiner unbequemen Thematik in der Reagan-Ära beim Publikum weniger gut an. Auch wenn die Handlung im Jahre 1938 spielt, so besitzt *Wolfsmilch* eine aktuelle Brisanz, die in Zeiten der wirtschaftlichen Stagnation und neuen Armut angebrachter ist denn je. jg

Wolken sind überall

The Moon Is Blue. USA 1953 **R** Otto Preminger **B** F. Hugh Herbert, nach seinem Bühnenstück **K** Ernest Laszlo **M** Herschel Burke Gilbert **P** Otto Preminger, F. Hugh Herbert für Carlyle Prod./ United Artists **L** 99 Min., s/w **D** William Holden, David Niven, Maggie McNamara, Tom Tully, Dawn Addams, Fortunio Bonanova, Gregory Ratoff

Diese harmlose kleine Boulevard-Komödie war Otto Premingers erster Film als unabhängiger Regisseur und Produzent, nachdem er die vorangegangenen zehn Jahre bei der 20th Century-Fox gearbeitet hatte. Basierend auf einem Bühnenstück von F. Hugh Herbert, wird die Geschichte von Donald (Holden) und Patty (McNamara) erzählt, die sich auf der Spitze des Empire State Building kennenlernen. Der erfolgreiche Architekt ist hingerissen vom Charme der angehenden Schauspielerin, die ihre eigenen Vorstellungen von zwischengeschlechtlichen Beziehungen hat und Donald unfreiwillig in die schwierigsten Situationen bringt.
Wolken sind überall sorgte für gehörigen Wirbel, als die MPPAA, die freiwillige Selbstkontrolle der amerikanischen Filmindustrie, ihm das Freigabesiegel unter Hinweis auf den Gebrauch der Wörter „Jungfrau", „verführen" und „Geliebte" verweigerte. Von den meisten Beobachtern wurde das folgende Theater um den Film, der von UA schließlich - ein Präzedenzfall - ohne Siegel verliehen wurde, als Sturm im Wasserglas bezeichnet, der die Zuschauer zu Scharen ins Kino trieb - und sie enttäuscht wieder herauskommen ließ, denn die Vorgänge auf der Leinwand waren alles andere als sensationell. Neben den glänzenden Einspielergebnissen konnte *Wolken sind überall* eine Oscar-Nominierung für die Debütantin Maggie McNamara verbuchen, die nur noch drei weitere Filme machen sollte (darunter Premingers DER KARDINAL), bevor sie 1978 Selbstmord beging.
Gleichzeitig drehte Preminger übrigens eine deutsche Fassung des Stoffes, die als EINE JUNGFRAU AUF DEM DACH in den Kinos lief und deren Hauptdarsteller Hardy Krüger und Johanna Matz in *Wolken sind überall* einen kleinen Gastauftritt am Schluß haben. al

Wollen Sie mit mir tanzen?

Voulez-vous danser avec moi? Frankreich 1959 **R** Michel Boisrond **B** Anette Wademant, Gérard Oury, Jean-Charles Tachella, Louis C. Thomas, Michel Boisrond, nach dem Roman *The Blonde Died Dancing* von Kelley Roos **K** Robert Le Fèbvre **M** Henri Crolla **P** Francis Cosne für Francos Film (Paris), Vides Cinematografica (Rom) **L** 89 Min., Farbe **D** Brigitte Bardot, Henri Vidal, Dawn Addams, Noël Roquevert, Dario Moréno, Serge Gainsbourg

Diese ganz auf ihren - mittlerweile zum Markenartikel avancierten - Star Brigitte Bardot zugeschnittene Mischung aus Krimi und Komödie ist interessanter für ihre Entstehungsgeschichte als für das auf der Leinwand zu besichtigende Resultat. Bardot spielt die kapriziöse Frau eines leicht vertrottelten Zahnarztes (Vidal), der Hals über Kopf in eine Mordgeschichte verwickelt und aus dieser von seiner Frau wieder herausgepaukt wird.
Die Italienerin Sylvia Lopez hatte zunächst die Rolle der spanischen Tänzerin Anita Flores spielen sollen, mit der Vidal laut Drehbuch einen Seitensprung riskieren sollte. Doch schon nach wenigen Drehtagen meldetet sich das aufstrebende Starlet krank und starb wenig später an Leukämie. Dawn Addams übernahm ihren Part und bereitete besonders den britisichen Zensoren Kopfzerbrechen, kann man doch für Bruchteile von Sekunden einen Blick auf ihren nackten Busen (oder den eines Doubles) erhaschen. Auch Henri Vidal verstarb übrigens kurz nach Ende der Dreharbeiten. al

Won Ton Ton ...der Hund, der Hollywood rettete

Won Ton Ton, the Dog Who Saved Hollywood. USA 1975 **R** Michael Winner **B** Arnold Schulman, Cy Howard **K** Richard H. Kline **M** Neal Hefti **P** David V. Picker, Arnold Schulman und Michael Winner für Paramount **L** 92 Min., Farbe

D Bruce Dern, Madeline Kahn, Art Carney, Ron Leibman, Dennis Morgan

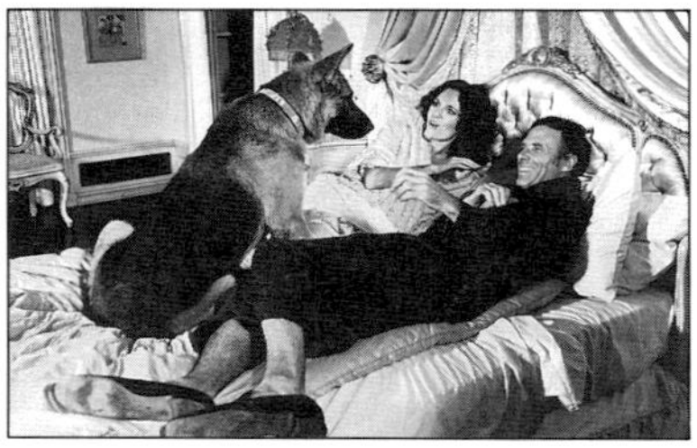

Rin Tin Tin ist heutzutage kaum noch ein Begriff: Im Stummfilmzeitalter avancierte der in einem Tierasyl aufgegabelte deutsche Schäferhund zu einem großen Leinwandstar in Hollywood, der an der Seite vieler Stars spielen durfte und dem gelang, wovon weltweit Heerscharen von Stars und Starlets nur träumen können: Der Abdruck seiner Pfote wurde in den Zementboden des Gehsteigs vor Hollywoods Chinesischem Theater eingelassen, eingerahmt von den Handabdrükken berühmter - menschlicher - Schauspielerkollegen.
Regisseur Michael Winner drehte auf Basis dieser historischen Vorgabe eine Burleske über den Schäferhund Won Ton Ton, der an der Seite seines Frauchens Estie Del Ruth (Kahn) zum gefeierten Star am Himmel Hollywoods aufsteigt. Der Reiz des in Klamaukform inszenierten Streifens liegt weniger in den zum Teil recht abgedroschenen Witzen und Klischees als vielmehr in den integrierten Gastspielen von mehr als 60 mehr oder weniger prominenten Mitgliedern der alten Garde Hollywoods - darunter so klangvolle Namen wie Zsa Zsa Gabor, Jakkie Coogan, Jane Russell und Johnny Weissmüller. sk

Woyzeck

Woyzeck. BRD 1979 **R** Werner Herzog **B** Werner Herzog, nach dem Bühnenfragment von Georg Büchner **K** Jörg Schmidt-Reitwein **M** Fiedelquartett Telc **P** Werner Herzog für Werner-Herzog-Film **L** 82 Min., Farbe **D** Klaus Kinski, Eva Mattes, Wolfgang Reichmann, Willy Semmelrogge, Josef Bierbichler, Paul Burian, Volker Prechtl, Dieter Augustin, Irm Hermann

Georg Büchner, 1813 in Darmstadt geboren, legte sich sehr früh mit den Mächtigen in seiner hessischen Heimat an. Nach der Veröffentlichung eines revolutionären Manifests mußte er in die Schweiz fliehen, wo er als Privatdozent für Naturwissenschaften lehrte. Der frühe Tod des Dichters im Jahres 1837 war der Grund, daß sein Stück *Woyzeck* unvollendet blieb und nur als Fragment existierte. In ihm griff Büchner das Schicksal des Soldaten Johann Christian Woyzeck auf, der im Juni 1821 die Frau erstach, mit der er in einer längeren Verbindung zusammenlebte. Sofort nach der Tat wurde er verhaftet, zunächst einer ärztlichen Untersuchung unterzogen und dann drei Jahre später in Leipzig hingerichtet.
Nach AGUIRRE und NOSFERATU war *Woyzeck* das dritte Filmprojekt, das Klaus Kinski zusammen mit Werner Herzog realisierte und ihm eine überaus dankbare Rolle bescherte. In genialer Weise verkörpert Kinski den gehetzten, von allen verachteten Füsilier Woyzeck, der neben seinem demütigenden Militärdienst die verschiedensten Tätigkeiten annimmt, um seine Freundin Marie (Mattes) und das uneheliche Kind zu unterstützen. Als Marie jedoch eines Tages mit einem schmucken Tambourmajor anbändelt, dreht Woyzeck durch. Er sticht Marie nieder und watet anschließend in den Fluß, wo er ertrinkt.
Woyzek war neben DIE BLECHTROMMEL und DIE DRITTE GENERATION der dritte deutsche Beitrag bei den Filmfestspielen von Cannes und erhielt dort die schlechtesten Kritiken. Unbestritten mögen zwar die schauspielerischen Leistungen sein - mit der Wahl der Schauplätze (Herzog drehte den Film vollständig in der pittoresken Kulisse einer wunderschönen tschechischen Kleinstadt) rutscht der Film jedoch in operettenhafte Leichtigkeit ab, die dem Thema nicht ganz angemessen ist.
Als weitere Verfilmungen sind die bemühte DEFA-Adaption *Wozzeck* aus dem Jahr 1947 sowie Oliver Herbrichs mißratene Version *Wodzeck* von 1984 zu erwähnen. jg

Das Wunder des Malachias

Das Wunder des Malachias. BRD 1961 **R** Bernhard Wicki **B** Heinz Pauck, Bernhard Wicki, nach dem Roman von Bruce Marshall **K** Klaus von Rautenfeld, Gerd von Bonin **M** Hans-Martin Majewski **P** Jochen Severin für Deutsche Film Hansa **L** 122 Min., s/w **D** Horst Bollmann, Richard Münch, Christiane Nielsen. Günther Pfitzmann, Brigitte Grothum, Karin Hübner, Pinkas Braun, Kurt Ehrhardt, Günther Strack

Bernhard Wickis Satire auf die bundesdeutsche Wohlstandsgesellschaft war einer der wenigen hoffnungsvollen Beiträge im Jahre 1961, das als Krisenjahr in die Geschichte des deutschen Films einging.
Um später nicht allzu große Probleme mit kirchlichen Kreisen zu bekommen, zogen Wicki und sein Drehbuchkompagnon Pauck den Dominikanerpater Rochus Spieker zu Rate. Die Dreharbeiten zu *Das Wunder des Malachias* waren geprägt von Wickis Detailbesessenheit, die schließlich soweit ging, daß auf sämtliche Studioszenen verzichtet wurde. Monatelang durchstreifte der Regisseur das Ruhrgebiet auf der Suche nach geeigneten Straßen und Plätzen. Die Hektik der Aufnahmen spiegelt sich auch im fertigen Film wider. Kurz aufeinanderfolgende Schnitte, atemberaubende Einstellungen und hastig dahersprudelnde Dialoge prasseln von der ersten bis zur letzten Filmminute auf den Zuschauer hernieder. Das alles ist für bundesdeutsche Verhältnisse von einer einzigartigen Einmaligkeit, nimmt dem Film jedoch viel Wind aus den Segeln, so daß die eigentliche Gesellschaftskritik unter einem Wust von gestalterischen Extravaganzen und Schnörkeln in großen Teilen verlorengeht.
Das Nachtlokal „Eden" ist dem frommen Priester Pater Malachias (Bollmann) schon seit langem ein Dorn im Auge. Und so läßt er eines Tages ein Stoßgebet zum Himmel los, Gott möge den Sündenpfuhl entfernen, was auch prompt geschieht. Die „Eden"-Bar wird samt ihren neureichen Schickeria-Gästen auf eine einsame Nordsee-Insel „gebeamt", während an ihrer leeren Stelle ein Wallfahrtsort aus dem Boden schießt, der den geschäftstüchtigen Investoren der Umgebung bald zu neuem Reichtum verhilft. Das ist natürlich nicht in Pater Malachias' Interesse und so wünscht er sich das „Eden" wieder zurück an seinen alten Platz.
Das Wunder des Malachias erlebte seine Uraufführung 1961 bei den Berliner Filmfestspielen, wo Bernhard Wicki auch den Goldenen Bären für die beste Regie erhielt. jg

Das Wunder von der 8. Straße

Miracle on 8th Street / Batteries Not Included. USA 1987 **R** Matthew Robbins **B** Brad Bird, Matthew Robbins, Brent Maddock, S. S. Wilson **K** John McPherson **M** James Horner **P** Donald L. Schwary für Universal **L** 105 Min., Farbe **D** Hume Cronyn, Jessica Tandy, Frank McRae, Elizabeth Pena, Michael Carmine, Dennis Boutsikaris, Tom Aldregde, Jane Hoffman

Besonders sorgsam ist New York noch nie mit seiner alten Bausubstanz umgegangen. Das bekommen auch die Mieter des Hauses Nr. 817 in der 8. Straße der Lower East Side mit aller Härte zu spüren, denn ihr Gebäude soll dem erbarmungslosen Bautrupp eines Grundstücksspekulanten weichen, der auf dem Gelände einen seelenlosen Betonklotz hochziehen will. Wie es für Großstädter, insbesondere New Yorker, üblich ist, haben die Bewohner des Hauses trotz dieser Krisensituation noch kaum ein Wort miteinander gewechselt, obgleich jeder jeden kennt. Das ändert sich, als eines Tages zwei winzige, außerirdische Raumschiffe in das bedrohte Gebäude schweben und dafür sorgen, daß sich die Mieter untereinander solidarisieren und vereint für den Erhalt ihres Lebensraumes kämpfen.
Die Dreharbeiten zu diesem liebenswürdigen Filmmärchen begannen erst einmal in der 5. Straße der Lower East Side, wo die Crew ein freistehendes Haus entdeckte, das genau ihren Vorstellungen entsprach. Aller-

dings wurde das Gebäude kurz darauf abgerissen, um dem Bau von Sozialwohnungen zu weichen. Schließlich errichteten die Filmarchitekten vor Ort in der 8. Straße die Attrappe eines alten New Yorker Mietshauses, die so täuschend echt aussah, daß sich Hunderte von Interessenten nach freien Wohnungen erkundigten.
Ein gelungener Science-fiction-Film, der eher ein jüngeres Publikum anspricht und sich trotz seiner aufwendigen Spezialeffekte wohltuend von den Laserschlachten à la KRIEG DER STERNE abhebt. Für die beiden schauspielernden Senioren Hume Cronyn und Jessica Tandy war dies nach COCOON I und II bereits die dritte Begegnung mit außerirdischen Intelligenzien. jg

Das Wunder von Mailand

Miracolo a Milano. Italien 1951 **R** Vittorio De Sica **B** Cesare Zavattini, Vittorio De Sica, Suso Cecchi d'Amico, Mario Chiari, Adolfo Franci, nach dem Roman *Totò il buono* von Zavattini **K** Aldo Graziati **M** Alessandro Cicognini **P** Vittorio De Sica für I. E. N. I. C. **L** 100 Min., s/w **D** Francesco Golisano, Emma Gramatica, Giuglielmo Barnabo, Brunella Bovo, Paolo Stoppa

Nach dem Tod seiner Mutter im Waisenhaus aufgewachsen, lebt Totò (Golisano) mittlerweile in einer Barackensiedlung am Stadtrand, bei deren ärmlichen Bewohnern er ob seiner Gutmütigkeit und Hilfsbereitschaft geschätzt wird. Als auf dem Gelände zufällig Erdöl gefunden wird und man die Armen vertreiben will, schickt Totòs Mutter Lolotta (Gramatica) aus dem Himmel eine weiße Taube zur Erde, die ihrem Besitzer jeden Wunsch erfüllt. Mit dieser unschlagbaren Waffe ausgerüstet, wagen es Totò und seine Gefährten, der Staatsmacht Paroli zu bieten...
Ihrem international gefeierten FAHRRADDIEBE ließen Vittorio De Sica und sein ständiger Autor Cesare Zavattini dieses moderne, beinahe satirische Märchen folgen, das ein Experiment innerhalb der stilistischen Grenzen des Neorealismus darstellt. Denn diesem ist *Das Wunder von Mailand* trotz seiner optimistischen, beschwingten Geschichte verhaftet - das Elend der in Hütten hausenden Menschen wird sehr wohl aufgezeigt, wenn mitunter auch ironisch. Der Film gewann den Grand Prix der Filmfestspiele von Cannes sowie den New York Critics Award als Bester fremdsprachiger Film. al

Das Wunder von Manhattan

The Miracle on 34th Street. USA 1947 **R** George Seaton **B** George Seaton, nach einer Geschichte von Valentine Davies **K** Charles Clarke, Lloyd Aherne **M** Cyril Mockridge **P** William Perlberg für 20th Century-Fox **L** 96 Min., s/w **D** Maureen O'Hara, John Payne, Edmund Gwenn, Gene Lockhart, Natalie Wood, Porter Hall, William Frawley, Jerome Cowan, Philip Tonge, James Seay, Harry Antrim, Thelma Ritter

Das Wunder von Manhattan gehört zu der Reihe der unsterblichen Weihnachtsfilme, die selbst nach Jahrzehnten noch immer die Herzen der Zuschauer in Wallung versetzen. Der Film war damals beim Publikum unerhört erfolgreich und setzte seinen wochenlangen Eroberungszug an den Kinokassen selbst dann noch fort, als Weihnachten schon lange vorüber war.
New York im Winter des Jahres 1946. In den Straßen Manhattans herrscht hektischer, vorweihnachtlicher Trubel. Ziel der Einkäufe ist natürlich das bekannte Kaufhaus Macy's. Doch ausgerechnet dort kommt es zu einem Eklat, als sich der eigens angeheuerte Weihnachtsmann als betrunkener Taugenichts herausstellt. Für die Publicity-Chefin Doris Walker (O'Hara) ist guter Rat teuer, denn sie braucht so schnell wie möglich einen Ersatz. Da bietet sich der liebenswürdige Kris Kringle (Gwenn) an, der genauso aussieht, wie sich die Kinder eben nun mal den Nikolaus vorstellen. Ärger gibt es allerdings, als der gütige und stets freundliche Mr. Kringle tatsächlich behauptet, Santa Claus zu sein. Dies wird als anmaßender Affront empfunden und mündet sogar in einer Gerichtsverhandlung, in deren Verlauf dem alten Mann jedoch zugebilligt wird, sich als wahrhaftiger und echter Weihnachtsmann ausgeben zu dürfen.
George Seaton drehte diese besinnliche Parabel im Dezember 1946 vor Ort in New York und erhielt von der Geschäftsleitung des Kaufhauses Macy's die freundliche Genehmigung, in den Räumen des berühmten Konsumtempels zu drehen, womit Seaton dem Hause natürlich zu einer hervorragenden und noch dazu kostenlosen Reklame verhalf.
Bei der Oscar-Verleihung gab es eine Auszeichnung für Edmund Gwenn als besten männlichen Nebendarsteller sowie gleich zwei Trophäen für das Drehbuch (Beste Original-Story und Beste Bearbeitung). jg

Die wunderbare Macht

Magnificent Obsession. USA 1953 **R** Douglas Sirk **B** Robert Blees, nach dem Roman von Lloyd C. Douglas und dem Skript von Sarah Y. Mason und Victor Heerman **K** Russell Metty **M** Frank Skinner, Joseph Gershenson **P** Ross Hunter für Universal **L** 108 Min., Farbe **D** Jane Wyman, Rock Hudson, Agnes Moorehead, Otto Kruger, Barbara Rush, Gregg Palmer, Sara Shane, Paul Cavanagh, Judy Nugent, George Lynn

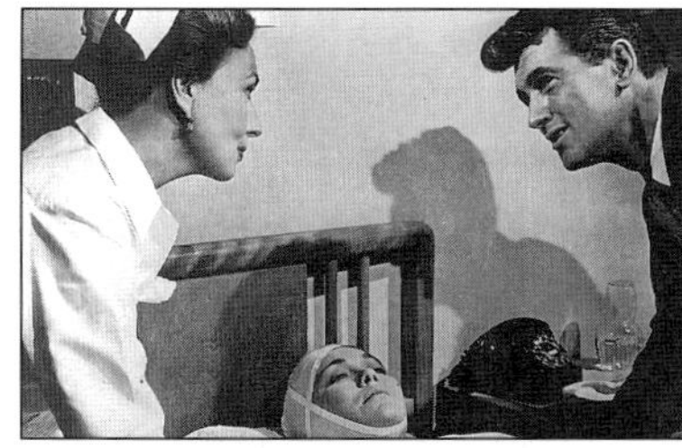

Nach einer ganzen Reihe von durchschnittlichen Abenteuerfilmen war dies das erste Melodrama, in dem sich Rock Hudson bewähren konnte. Verständlicherweise ging er mit einer gewissen Unsicherheit an die Dreharbeiten heran. Eine verständnisvolle Partnerin fand er in Jane Wyman, die ihm durch zusätzliche Proben zum nötigen Selbstvertrauen verhalf. *Magnificent Obsession* war das Remake eines gleichnamigen Films, der 1931 unter der Regie von John M. Stahl entstanden war. Sirk sollte ursprünglich über die beiden Schauspieler John Forsythe und Loretta Young verfügen, letztere aber hatte keine Lust, in dem Projekt mitzuwirken und wurde durch Jane Wyman ersetzt. Sirk hatte Rock Hudson in seinem vorhergehenden Western *Taza, der Sohn des Cochise* die Hauptrolle spielen lassen und setzte große Hoffnungen in seine Entdeckung.
Hudson verkörpert den bodenlos leichtsinnigen Playboy Bob Merrick, der nach einem Unfall mit seinem Rennboot auf dem Lake Arrowhead (dort wurde auch gedreht) nur durch das Sauerstoffgerät von Dr. Phillips gerettet werden kann. Unglücklicherweise erleidet Philipps ausgerechnet in diesem Augenblick einen Herzanfall und stirbt, da sich das lebensnotwendige Gerät in anderen Händen befindet. Kurze Zeit später lernt Merrick Phillips' Frau Helen (Wyman) kennen und flirtet hemmungslos mit ihr. Als sie seiner Aufdringlichkeit entkommen will, rennt sie in einen Wagen und erblindet dadurch. Hier tritt endlich eine Wende im Leben des verwöhnten Taugenichts ein. Bob nimmt sein Medizinstudium wieder auf und schließt mit Helen - vorerst unter falschem Namen - Freundschaft. Helen sieht, daß sie einen anderen Menschen vor sich hat und beide verlieben sich ineinander. Doch empfindet sie sich wegen ihrer Blindheit als Belastung und verschwindet spurlos. Nach Monaten der Ungewißheit findet Bob sie in einem Sanatorium wieder. Hier ist schnelles Eingreifen erforderlich, denn Helen ist schwerkrank. In einer schwierigen Operation gelingt es Bob, Helens Leben zu retten und ihr obendrein das Augenlicht zurückzugeben.
Wie die Handlung schon erahnen läßt, drehte Douglas Sirk mit *Die wunderbare Macht* ein hoffnungslos überladenes Melodrama, das aber gerade wegen seiner schicksalshaften Anhäufung überaus gut unterhält und damals die Kinozuschauer zu Millionen anlockte. Rock Hudson wurde über Nacht zum neuen Star der Universal, und Jane Wyman durfte bei der Oscar-Verleihung für ihre Rolle

als Helen auf der Nominierungsliste Lobeshymnen ernten. Der Erfolg des Films war so groß, daß Douglas Sirk zwei Jahre später die beiden noch einmal für das Melodrama WAS DER HIMMEL ERLAUBT vor die Kamera holte. jg

Die wunderbare Rettung

Strange Cargo. USA 1940 **R** Frank Borzage **B** Lawrence Hazard, Lesser Samuels, nach dem Roman *Not Too Narrow...Not Too Deep* von Richard Sale **K** Robert Planck **M** Franz Waxman **P** Joseph L. Mankiewicz für Metro-Goldwyn-Mayer **L** 105 Min., s/w **D** Joan Crawford, Clark Gable, Ian Hunter, Peter Lorre, Paul Lukas, Albert Dekker, Edward Bromberg

Eine Gruppe von Sträflingen unter Führung des rauhbeinigen André Verne (Gable) wagt die Flucht aus dem berüchtigten Gefängnis der karibischen Teufelsinsel und begibt sich auf einen mühsamen Marsch durch den Dschungel, wobei die Begleitung durch die auf dem Eiland gestrandete Sängerin Julie (Crawford) für einen Hauch von Romantik sorgt. Fast alle Männer sind gewöhnliche Verbrecher, nur der merkwürdige Cambreau (Hunter) scheint etwas Besonderes zu sein. Kaum einer der Flüchtlinge ist den Strapazen gewachsen, und nun zeigt sich, daß Cambreau über starke spirituelle Kräfte verfügt: er spendet den Sterbenden Trost und hilft ihnen, sich in ihr Schicksal zu ergeben.
Der achte und letzte gemeinsame Film von Joan Crawford und Clark Gable ist ein Melodram mit starken allegorischen Anklängen an Leben und Werk von Jesus Christus, die von Regisseur Frank Borzage behutsam in die aktionsreiche Handlung eingeflochten wurden. Die katholische Legion of Decency hatte dafür allerdings gar kein Verständnis und verpaßte dem Film ein „C" (für „condemned"), das erst nach einigen Änderungen durch MGM aufgehoben wurde. Joan Crawford, die mit Louis B. Mayer einige Kämpfe ausgefochten hatte, damit ihr Name vor dem Clark Gables im Vorspann auftauchte (man einigte sich dann auf „Joan Crawford und Clark Gable in..."), erhielt die bis dato besten Kritiken ihrer Karriere für eine Rolle, die sehr an ihre Figur in REGEN erinnerte und die sie ganz gegen ihre üblichen Gewohnheiten ohne viel Make-up und ohne aufwendige Garderobe spielte. al

Die wunderbaren Jahre

Die wunderbaren Jahre. BRD 1980 **R** Reiner Kunze **B** Reiner Kunze, nach seinem Buch **K**

Wolfgang Treu **M** Rolf Wilhelm **P** Franz Seitz für Seitz-Film/Caro **L** 104 Min., Farbe **D** Gabi Marr, Martin May, Dietrich Mattausch, Christine Wodetzky, Rolf Boysen, Bärbel Deutschmann, Thomas Frontzek, Hans Helmut Dickow, Katharina Matz

In der DDR wurde Reiner Kunzes Buch *Die wunderbaren Jahre*, bestehend aus einer Abfolge kunstvoll gedichteter Prosa-Miniaturen, erwartungsgemäß als „verleumderisch" bezeichnet; in der Bundesrepublik hingegen avancierte die Abrechnung mit dem DDR-Staat zum überraschenden Bestseller. Dieser unerwartete Erfolg verhalf dem Schriftsteller Kunze zu seiner ersten eigenen Regiearbeit, mit der der Autor versuchte, seinem literarischen Werk gerecht zu werden. Um es gleich vorwegzunehmen - dieses Unterfangen ist ihm gründlich mißglückt.
In einzelnen, episodenhaft erzählten Begebenheiten entwirft Kunze ein wenig schmeichelhaftes Bild vom Leben in einer kleinen thüringischen Stadt, wobei die DDR aber „nicht der einzige Schauplatz ist, an dem dieser Film spielen könnte", wie Kunze immer wieder betonte. Das Mädchen Cornelia (Marr) stammt aus einem liberal eingestellten Elternhaus. Sie verliebt sich in den 17jährigen Stephan (May), der sich nach einer ideologiekritischen Äußerung mit der Schulbehörde anlegt, was zur Folge hat, daß er nicht den Beruf des Musikers ergreifen darf. In seiner Verzweiflung und grenzenlosen Enttäuschung nimmt Stephan sich das Leben. Cornelia kann im letzten Moment von ihren Eltern davon zurückgehalten werden, dem Beispiel ihres Freundes zu folgen.
Für die konservative Presse, allen voran Springers Vorzeigeblatt *Die Welt*, war Kunzes Film schlichtweg ein „Kunstwerk", die linksliberalen Kreise warfen dem Autor und glücklosen Regisseur indes vor, mit seinem Werk die ohnehin schon zur Genüge bestehenden Vorurteile gegenüber der DDR und ihren Menschen zusätzlich geschürt zu haben. Dort, wo es Erklärungen bedurft hätte, rettet sich die 2,7 Mio. DM teuere Produktion in platte Klischees. Anstelle von versierten Schauspielern agiert hilflos eine blasse Laiengarde, die den provinziellen Charakter des Films nur noch unterstreicht.
„Daß man den beklemmenden Eindruck hat, nicht einen Film über die DDR zu sehen, sondern einen DDR-Film, und zwar einen aus den 50er Jahren, daß Kunze ständig in Bild und Ton unfreiwillig die Atmosphäre jenes Spießer-Muffs erzeugt, den er anprangern will, dekuvriert ihn selbst als das verklemmte Produkt jenes stickigen Milieus" (*Der Spiegel*). jg

Die Wunderwelt der Gebrüder Grimm

The Wonderful World of the Brothers Grimm. USA 1962 **R** George Pal, Henry Levin **B** David P. Harmon, Charles Beaumont, William Roberts, nach dem Buch *Die Brüder Grimm* von Hermann Gerstner und einer Story von Harmon **K** Paul C. Vogel **M** Leigh Harline **P** George Pal für MGM-Cinerama/MGM **L** 135 Min., Farbe **D** Laurence Harvey, Karlheinz Böhm, Claire Bloom, Walter Slezak, Barbara Eden, Oscar Homolka, Arnold Stang, Martita Hunt, Russ Tamblyn, Yvette Mimieux, Jim Backus, Terry-Thomas, Buddy Hakkett, Otto Kruger

Die Wunderwelt der Gebrüder Grimm war ein aufwendiger Märchenfilm und zugleich eine Produktion, in der nach dem Western-Epos DAS WAR DER WILDE WESTEN zum zweiten Male das aufwendige Cinerama-Verfahren angewandt wurde, bei dem drei Kameras gleichzeitig das Geschehen abfilmten. Das abgedrehte Material wurde dann zu einem triptychonähnlichen Panoramabild zusammengefügt.
Gedreht an Originalschauplätzen im Rheintal, auf Schloß Neuschwanstein und in den fränkischen Fachwerk-Städtchen Dinkelsbühl und Rothenburg ob der Tauber, wird die Geschichte der beiden ungleichen Brüder Wilhelm (Harvey) und Jakob Grimm (Böhm) erzählt. Während Wilhelm nur Märchen im Kopf hat und darüber hinaus den Unterhalt für seine Familie vergißt, kümmert sich Jakob um die Erforschung der deutschen Grammatik und um seine Schwägerin und deren Kinder. Eingebettet in diese Rahmenhandlung sind die drei mehr oder weniger phantasiereichen Märchen-Episoden *Die tanzende Prinzessin*, *Der Schuster und die Zwerge* und *Das singende Knöchlein*.
Der Film ist in erster Linie ein Hollywood-Produkt, das es geschickt versteht, mit seinen liebevoll gemachten Außenaufnahmen einen Hauch von „good old Germany" in den amerikanischen Kinos wehen zu lassen. Für deutsche Verhältnisse wirkt das ganze allerdings zu aufgebläht und leer und hat zudem nur noch wenig mit den Brüdern Grimm und ihren Märchen zu tun. So gerät die Episode von der tanzenden Prinzessin zu einer akrobatischen Showeinlage mit Broadway-Charakter. Die Rahmenhandlung zieht sich zäh dahin und wird auch durch ihre hervorragenden Darsteller nicht attraktiver. Ein nur halbwegs gelungenes Fantasy-Spektakel, bei dem immerhin die bemühte, farbenprächtige Ausstattung bei Kostümen und Bauten sowie die zahlreichen Außenaufnahmen versöhnlich stimmen. jg

Wunschkonzert

Wunschkonzert. Deutschland 1940 **R** Eduard von Borsody **B** Felix Lützkendorf, Eduard von

Borsody **K** Franz Weihmayr **M** Werner Bochmann **P** Cine-Allianz/UFA **L** 103 Min., s/w **D** Ilse Werner, Carl Raddatz, Heinz Goedecke, Joachim Brennecke, Ida Wüst, Hedwig Bleibtreu, Hans Hermann Schaufuss, Hans Adalbert Schlettow, Malte Jaeger, Albert Florath

Keine Radiosendung war während des Krieges in Deutschland so populär wie das sonntägliche „Wunschkonzert", das wöchentlich jeden Nachmittag um 15.00 Uhr ausgestrahlt und von der nationalsozialistischen Propagandamaschinerie geschickt als Brükkenschlag zwischen Front und Heimat benutzt wurde. Vor dem Hintergrund dieser beliebten Unterhaltungssendung plätschert eine romantische Liebesgeschichte einher.
Die junge Inge (Werner) und der schneidige Fliegerleutnant Herbert (Raddatz) lernen sich 1936 in Berlin während der Olympiade kennen, verlieren sich jedoch kurz darauf aus den Augen, als Herbert mit der Legion Condor nach Spanien abrückt, um dort im Bürgerkrieg mitzumischen. Drei Jahre später - Deutschland hat inzwischen den II. Weltkrieg vom Zaun gebrochen - hört Inge per Zufall, wie sich in der Radiosendung „Wunschkonzert" ein gewisser Hauptmann Koch zur Erinnerung die Olympia-Fanfare wünscht. Durch ihren Verehrer Helmut (Brennecke) werden Inge und Herbert nach vielen Verwicklungen endlich zusammengeführt.
Bis das Happy-End endlich über die Leinwand flimmert, haben zahlreiche beliebte Stars aus der Welt des Films das Publikum bei Laune gehalten. Moderiert von Heinz Goedecke, der in diesem Streifen sich selbst spielt, treten u. a. Marika Rökk, Heinz Rühmann, Paul Hörbiger und viele andere mehr auf. Dabei kommt es zu peinlichen, taktlosen Entgleisungen, wenn etwa der Sänger Wilhelm Streinz für die Mutter eines gefallenen Soldaten schmachtend das Lied *Gute Nacht, Mutter* anstimmt. Die damalige Presse empfand das natürlich nicht so und bejubelte *Wunschkonzert* in den höchsten Tönen: „Der Film ist zum Mittler des Gemeinschaftsgefühls geworden und hat sich zum Träger nationaler Kultur erhoben... er hat uns die kämpfende und siegende Front nähergerückt,... hat uns auf den Straßen im Osten und Westen mitmarschieren lassen... Hier schwingt der Gleichklang der Herzen, der Front und der Heimat, des ganzen Volkes" (*Filmwelt*, 1941).
Wunschkonzert ist aus historischer Sicht insofern interessant, als hier aktuelle politische Ereignisse (in diesem Fall der Einsatz der Legion Condor und der Ausbruch des II. Weltkrieges) in naiver und doch überaus berechnender Weise mit einer Liebesgeschichte verknüpft wurden. Als sich die Kriegssituation mit dem Winter 1942 drastisch verschlechterte, wurde das Thema Krieg allerdings ganz aus dem Unterhaltungsfilm verbannt.
Wunschkonzert spielte 7,6 Mio. Mark ein und war mit seinen bis Kriegsende 23 Mio. Zuschauern einer der erfolgreichsten deutschen Tonfilme, die je gedreht wurden. Nach 1945 legten die alliierten Kontrollbehörden den mit NS-Prädikaten überschütteten Streifen auf Eis; dennoch fand der Film in den letzten Jahren seinen Weg in das Programm der privaten Sender. jg

Der Würgeengel

El ángel exterminador. Mexiko 1962 **R** Luis Buñuel **B** Luis Buñuel, Luis Alcoriza, nach dem Bühnenstück *Los náufragos* von José Bergamín **K** Gabriel Figueroa **M** Raúl Lavista **P** Gustavo Alatriste für Uninci/Films 59 **L** 93 Min. (Originalfassung 109 Min.), s/w **D** Silvia Pinal, Enrique Rambal, Jacqueline Andere, José Baviera, Claudio Brook

Nach dem Skandal um VIRIDIANA kehrte Luis Buñuel nach Mexiko zurück, um einen seiner verwirrendsten Filme zu drehen, der auf einem unveröffentlichten Theaterstück von José Bergamín beruht. Zwanzig Mitglieder der sogenannten besseren Gesellschaft treffen in einer vornehmen Villa zum Essen ein; vorher hat man bereits beobachtet, wie das gesamte Personal mit Ausnahme eines Dieners das Haus verlassen hat. Sämtliche Gäste übernachten in der Villa, denn ein unerklärlicher Zwang hindert sie daran, das Haus zu verlassen. Im Laufe der Wochen lassen sie mehr und mehr die Konventionen sausen und entwickeln sich auf eine beinahe barbarische Ebene zurück.
In vielerlei Hinsicht stellt *Der Würgeengel* eine Art Vorläufer zu DER DISKRETE CHARME DER BOURGEOISIE dar, wo eine Gruppe von Reichen ständig daran gehindert wird, gemeinsam zu speisen. Der Film enthält viel vom bekannten schwarzen Humor Buñuels sowie reichlich surreale Einfälle und Bilder, etwa die Schafherde, die plötzlich durchs Haus marschiert. al

Die Wurzeln des Himmels

The Roots of Heaven. USA 1958 **R** John Huston **B** Romain Gary, Patrick Leigh-Fermor, nach dem Roman von Gary **K** Oswald Morris **M** Malcolm Arnold, Henri Patterson **P** Darryl F. Zanuck für 20th Century-Fox **L** 125 Min. (Originalfassung 131 Min.), Farbe **D** Errol Flynn, Juliette Greco, Trevor Howard, Eddie Albert, Orson Welles, Paul Lukas, Herbert Lom, Grégoire Aslan, André Luguet

Romain Garys Roman über den einsamen Kampf eines ehemaligen Offiziers für den Erhalt der Elefanten-Herden in Zentralafrika hatte sich in Frankreich als Bestseller entpuppt und war sogar mit dem Prix Goncourt ausgezeichnet worden. John Huston war ganz verrückt darauf, die Filmversion des Stoffes zu machen, da ihn sowohl Afrika als auch die Großwildjagd schon immer fasziniert hatten - eine Tatsache, von der Clint Eastwoods WEISSER JÄGER, SCHWARZES HERZ (über die Dreharbeiten zu Hustons AFRICAN QUEEN) beredtes Zeugnis ablegt. Doch das Unternehmen stand von Anfang an unter einem schlechten Stern. Zwar hatte Fox' Darryl F. Zanuck dem Regisseur großzügige Mittel bereitgestellt und ihn mitsamt Schauspielern und Crew zu Außenaufnahmen nach Afrika fliegen lassen, doch schon mit dem Drehbuch begannen die ersten Schwierigkeiten. Gary selbst hatte es verfaßt - unter der Zusicherung, daß nichts verändert werden würde. Doch es war seine erste Arbeit für die Leinwand und Huston fand es schlecht. Wie so oft wurde also am Skript noch während der Aufnahmen herumgedoktort; zudem erwies sich Französisch-Äquatorial-Afrika als keineswegs angenehmer Drehort: Täglich herrschten Temperaturen um vierzig Grad, so daß die Arbeit gegen Mittag unterbrochen werden mußte. Obwohl frisches Wasser und reichlich Medikamente eingeflogen wurden, zählte man während der gesamten Produktion nicht weniger als 900 Krankheitsfälle, darunter einige mit Todesfolge. Eddie Albert erlitt einen Hitzekollaps und war mehrere Tage bewußtlos. Nur Errol Flynn, dessen vorletzter Film dies werden sollte, und Huston selbst blieben verschont, was womöglich daran lag, daß sie auf Wasser verzichteten und fast ausschließlich Wodka (Flynn noch zusätzlich Fruchtsäfte) zu sich nahmen. Wie schon bei *African Queen* zeigte sich der Regisseur vornehmlich an der Jagd interessiert und sah darin offenbar keinen Widerspruch zum leidenschaftlichen Kampf, den sein von Trevor Howard gespielter Filmheld gegen die Jäger führt. Die Akteure irritierte er durch Unterlassen jeglicher Hilfestellung; so berichtete Juliette Greco, Regieanweisungen wie „Zeig' mir, was du fühlst. Mach, was du willst" seien an der Tagesordnung gewesen. Die Probleme schlugen sich im Endprodukt nur allzu deutlich nieder: *Die Wurzeln des Himmels* ist saft- und kraftlos, verworren und geschwätzig. Wie Huston selbst später bemerkte: „Die Filme, die am schwierigsten zu machen sind, sind oftmals auch die schlechtesten!" al

Der Wüstenplanet

Dune. USA 1984 **R** David Lynch **B** David Lynch, nach dem Roman von Frank Herbert **K** Freddie Francis **SpE** Carlo Rimbaldi, Kit West, Albert Whitlock **M** Toto, Brian Eno **P** Raffaela und Dino de Laurentiis für Dino-de-Laurentiis-Prod. **L** 135 Min., Farbe **D** Kyle McLachlan, Francesa Annis, Virginia Madsen, Jürgen Prochnow, Silvana Mangano, Kenneth McMillan, Sting

Frank Herberts Romanzyklus vom *Wüstenplaneten* gilt unter Science-fiction-Liebhabern als ein Kultwerk ersten Ranges. In ausufernden und komplizierten Beschreibungen entwarf Herbert in seinem Epos das komplexe Bild einer galaktischen Gesellschaft in ferner Zukunft und stattete diese Strukturen mit einer eigenen Philosophie und Religion aus, was dem ganzen Geschehen eine ungeheure Authentizität und Glaubwürdigkeit verleiht. Nach seinem großen Erfolg mit DER ELEFANTENMENSCH war dieser Film die zweite Großproduktion in der Laufbahn des extrovertierten Regisseurs David Lynch - ein Unternehmen, das ihn und all seine Mitarbeiter vor eine gewaltige Herausforderung stellte. Diese lag natürlich zuerst auf technischem Gebiet, umfaßte des weiteren aber auch das Drehbuch, das so gestaltet werden mußte, daß die detailbesessenen Abhandlungen des 600 Seiten starken Romans zwar wesentlich vereinfacht wurden, dabei aber der Gehalt der Vorlage nicht verlorengehen durfte. Dieses schwierige Unterfangen glückte Lynch halbwegs und hätte gewiß eine wesentlich bessere Entsprechung gefunden, wenn der Film noch dreißig Minuten länger dauern würde.
Man schreibt das Jahr 10.191. Das Galaktische Imperium der Menschheit wird von Shaddam IV. (Ferrer) beherrscht. Als dieser argwöhnisch mit ansehen muß, wie Herzog Leto Atreides (Prochnow) vom Planeten Caladan sich einer immer größer werdenden Beliebtheit erfreut, gibt er ihm den Wüstenplaneten Arrakis als Lehen. Dort wird eine Droge abgebaut, die die Raumfahrer für ihre Reisen benötigen und die den schlichten Namen „Spice" trägt. Auf Arrakis leben die Fremen, ein Stamm von Eingeborenen, der seit Jahrtausenden auf seine Befreiung durch den Muadib, eine Art Messias, wartet. Herzog Leto kann nicht ahnen, daß ihn auf Arrakis ein Hinterhalt erwartet, dem er kurze Zeit später zum Opfer fällt. Die Männer des bösartigen Barons Harkonnen (McMillan) überfallen seine Basis. Nur knapp können Letos Frau Jessica (Annis) und sein Sohn Paul (MacLachlan) entkommen. In der Wüste finden sie bei den Fremen Unterschlupf. Bald wird sich Paul bewußt, daß er der so lang ersehnte Muadib ist. Dank seiner außergewöhnlichen Begabung, die durch den Genuß der „Spice"-Droge gefördert wird, schart er die Fremen um sich, macht sich die gigantischen Sandwürmer von Arrakis untertan und startet einen Befreiungskrieg gegen Shaddams Fremdherrschaft.
Ursprünglich sollte der Film schon 1981 unter der Regie von Ridley Scott entstehen, der dann aber seine Arbeit zu DER BLADE RUNNER aufnahm. Mit David Lynch als Regisseur begannen schließlich im Herbst 1982 die aufwendigen Dreharbeiten zu dieser 45 Mio. Dollar Mammutproduktion, die in den Wüstengegenden Mexikos und den Churubusco-Studios in Mexiko-City stattfanden, wo sich allein 53 Schauspieler und über 20.000 Statisten ein Stelldichein gaben. Lynchs Zukunfts-Epos verwöhnt das Auge des Zuschauers mit einer schier endlosen Kette phantasievoller Kulissen, Dekorationen und Kostümen (eine Mischung aus Mittelalter und High Tech), mit deren Hilfe eine phantastische Welt kreiert wurde, wie sie bis dahin noch nicht im Kino zu sehen war. Trotz optischer und inhaltlicher Qualitäten, die ihn als intelligenten Science-fiction-Film auszeichnen, war *Der Wüstenplanet* damals an den Kinokassen nicht der große Erfolg, den man sich versprochen hatte. Das lag vor allem daran, daß die komplexe und vielschichtige Geschichte schlichtweg das jüngere Publikum überforderte, das beispielsweise bei der *Krieg der Sterne*-Trilogie noch eifrig bei der Sache gewesen war. *Der Wüstenplanet* bleibt dennoch ein erfreulicher Markstein im Genre des Science-fiction-Films. Der wuchtige Gesamteindruck des Streifens dürfte sich allerdings nur auf der großen CinemaScope-Leinwand eines Kinos verbreiten. jg

Die Wüstenratten

The Desert Rats. USA 1953 **R** Robert Wise **B** Richard Murphy **K** Lucien Ballard **M** Alfred Newman **P** Robert L. Jacks für 20th Century-Fox **L** 88 Min., s/w **D** Richard Burton, Robert Newton, Robert Douglas, Torin Thatcher, Chips Rafferty, Charles Tingwell, James Mason

Seine überzeugende Vorstellung als Feldmarschall Erwin Rommel in ROMMEL, DER WÜSTENFUCHS wiederholte James Mason in diesem soldiden Kriegsfilm, der die Geschehnisse während des Kampfes um Tobruk aus britischer Sicht zeigt. Richard Burton spielt in seinem zweiten Hollywood-Film einen britischen Offizier, der seinen Männern bei der Verteidigung von Tobruk das Äußerste abverlangt. Bei einem Kommando-Unternehmen hinter den feindlichen Linien wird er gefangengenommen und trifft auch auf Rommel (Mason), kann jedoch später fliehen.
Im Gegensatz zu vielen anderen Filmen dieser Art zeichnet *Die Wüstenratten* ein bemerkenswert objektives Bild von den Deutschen und insbesondere von Rommel. Masons Auftritt ist nur kurz, doch er hinterläßt den gleichen starken Eindruck wie im früheren Film. al

Die Wüstensöhne

Sons of the Desert. USA 1933 **R** William A. Seiter **B** Frank Craven, Byron Morgan **K** Kenneth Peach **P** Hal Roach für MGM **L** 68 Min., s/w **D** Stan Laurel, Oliver Hardy, Charley Chase, Mae Busch, Dorothy Christie, Lucien Littlefield, John Elliott, Charley Young, John Merton, William Gillespie

Die Wüstensöhne gehört zu den besten Langfilmen der beiden unsterblichen Komiker Oliver Hardy und Stan Laurel, die hier mal wieder in eine verzwickte Situation geraten, bei der sie alle Register ihres Könnens ziehen.
Stan und Olly freuen sich schon sehr darauf, als langjährige Mitglieder am Jahrestreffen des Clubs der „Wüstensöhne" teilzunehmen, doch ihre beiden Gattinnen Betty (Christie) und Lotty (Busch) verbieten ihnen dies. Da ersinnt Olly einen raffinierten Plan. Er täuscht gesundheitliche Probleme vor, die nur durch eine Kreuzfahrt nach Hawaii zu beheben wären. Damit er keine Dummheiten macht, soll Stan auf Oliver aufpassen. Mit großem Theater verabschieden sich die beiden und reisen natürlich nicht nach Hawaii, sondern zum Jahrestreffen der „Wüstensöhne", wo sie gutgelaunt an einer Parade teilnehmen. Urkomisch wird es, als die beiden bei ihrer Ankunft in der Heimat zu ihrem Entsetzen erfahren müssen, daß das Schiff, auf dem sie angeblich durch die Südsee kurvten, bei einem Sturm gesunken ist. Betty und Lotty, die sich mittlerweile vor dem Büro der Schifffahrtsgesellschaft in den Strom der bangenden Angehörigen eingereiht haben, sind einem Nervenzusammenbruch nahe. Um sich etwas abzulenken, suchen sie ein Kino auf, wo sie zu ihrer unbeschreiblichen Wut in einer Wochenschau Stan und Olly sehen, die fröhlich von der Leinwand auf sie herabgrinsen. Lotty und Betty schwören sich, ihren beiden Ehemännern einen gehörigen Empfang zu bereiten...
Eine köstliche Komödie voller Gags und zotenreicher Dialoge, bei der man sich auch noch in kommenden Jahrzehnten glänzend unterhalten wird. Die deutsche Synchronisation ist zufriedenstellend, hätte aber nicht unbedingt die beiden Lieder *Sons of the Desert* und *Honolulu Baby* miteinschließen müssen. jg

XY

X, Y und Zee

Zee & Co. Großbritannien 1971 **R** Brian G. Hutton **B** Edna O'Brien **K** Billy Williams **M** Stanley Myers **P** Jay Kanter, Alan Ladd jr. für Kastner-Ladd-Kanter Prod./Zee Films **L** 108 Min., Farbe **D** Elizabeth Taylor, Michael Caine, Susannah York, Margaret Leighton, John Standing, Mary Larkin

Aus der langen Reihe von Elizabeths Taylors Flops, die spätestens mit BRANDUNG begann, ragt dieses britische Ehedrama schon allein deshalb heraus, weil es einigermaßen unterhaltsam und stellenweise richtig amüsant ist. Liz spielt wieder einmal eine Variation ihrer Martha in WER HAT ANGST VOR VIRGINIA WOOLF?, eine zänkische Gattin namens Zee, die ihrem Mann Robert (Caine) das Leben alles andere als angenehm gestaltet. In diese Ehehölle platzt Stella (York), eine reizende Witwe und das genaue Gegenteil von Zee, die Robert auf einer Party kennenlernt. Gegen die sich schnell entwickelnde Affäre kämpft Zee mit allen Mitteln: Nachdem verbale Bosheiten und ein Selbstmordversuch in der Badewanne sich als wirkungslos erwiesen haben, versucht sie sogar, ihre Rivalin zu verführen.
Ausstaffiert mit dickem Make-up, schrillen Kostümen und reichlich Juwelen, beherrscht Liz diesen Film von der ersten bis zur letzten Szene und drückt ihre talentierten Partner platt an die Wand. Ob sie nun in der Boutique ihrer Rivalin ihr Gift verspritzt, sich mit ihrem Gatten prügelt oder auf der Straße Mülltonnen demoliert - immer scheint sie riesigen Spaß an ihrer Rolle zu haben, der sich glücklicherweise auf den Zuschauer überträgt und dieses ansonsten etwas fade und unglaubwürdige Drama mit Leben erfüllt. Interessanterweise suggeriert der Film am Ende, daß die Taylor ihren Mann wiedergewonnen hat, während die Autorin Edna O'Brien - die bereits für ZWEI DURCH DREI GEHT NICHT das Szenario einer Dreiecks-Affäre entworfen hatte - in ihrem Original-Drehbuch noch einen Schritt weiterging: das Schlußbild sollte die drei ineinander verschlungenen Körper zeigen. Für eine kurze Nacktszene im Badezimmer ließ sich die Taylor aufgrund ihrer Gewichtsprobleme übrigens durch ein Double vertreten. al

Xanadu

Xanadu. USA 1980 **R** Robert Greenwald **B** Richard Christian Danus, Marc Raid Rubel **K** Victor J. Kemper **M** Jeff Lynne, John Farrar **P** Lawrence Gordon **L** 96 Min., Farbe **D** Olivia Newton-John, Gene Kelly, Michael Beck, James Sloyan, Dimitra Arliss

Mit *Xanadu* kam einer der dämlichsten Filme der 80er Jahre in die Lichtspielhäuser: Von haarsträubender Hohlheit die Geschichte und von plumper Penetranz die Aneinanderreihung von Kitsch, Klamauk und Klischees, die selbst im amerikanischen Kino ihresgleichen sucht.
Da brettert eine zum Leben erweckte „Muse" (Newton-John) auf Rollschuhen durch das krude Machwerk, besessen von dem Gedanken, einen alten Tanzschuppen wieder zum Leben zu erwecken. In dem Jüngling Sonny (Beck) und dem ausgedienten Klarinettisten Danny (Kelly) begegnet sie zwei Brüdern im Geiste, die, beflügelt von der Muse, offenbar ebenfalls nichts sehnlicher wünschen, als das abgewrackte Tanzlokal wiederzueröffnen. Und siehe da: Sie lassen dem Wunsche Taten folgen, geben der wiedererstandenen Disco auf Bitten der Muse den originellen Namen *Xanadu*, letztere legt zur feierlichen Eröffnung einen flotten Tanz aufs Parkett und verschwindet anschließend - ihre Mission ist schließlich erfüllt - auf Nimmerwiedersehen in den Tiefen der griechischen Mythologie.
Mit Olivia Newton-John, dem Starlet aus GREASE - SCHMIERE, und Gene Kelly konnte Regisseur Robert Greenwald zwei zugkräftige Mitarbeiter für seinen Musical-Verschnitt gewinnen. Damit verhalf er der Rock-'n'-Roll-Schmonzette zwar keineswegs zu höherer Qualität, traf aber die Geschmacksnerven der amerikanischen Teenagergeneration, die in Massen die Kinos stürmte, zuhauf die eigens gefertigten *Xanadu*-Klamotten erwarb und die gleichnamige Schallplatte dank reger Nachfrage wochenlang an die Spitze der Hitliste katapultierte. Unerklärlicherweise störte sich niemand an der gähnenden Langeweile der an den Haaren herbeigezogenen Story oder an dem Flachniveau des gnadenlosen Musikgeplätschers. Für die *TZ* war *Xanadu* denn auch ein Beweis dafür, „wie man sein Publikum aufs Kreuz legen kann", und auch Regisseur Greenwald erhielt einen deutlichen Rat: „Es ist sein erster und hoffentlich letzter Kinofilm." Dem ist nichts hinzuzufügen. sk

Yakuza

The Yakuza. USA 1975 **R** Sydney Pollack **B** Paul Schrader, Robert Towne, nach einer Story von Leonard Schrader **K** Okazaki Kozo, Duke Callaghan **M** Dave Grusin **P** Sydney Pollack für Warner Bros. **L** 112 Min., Farbe **D** Robert Mitchum, Takakura Ken, Brian Keith, Herb Edelman, Richard Jordan, Kishi Keiko, Okada Eiji, James Shigeta

„Das japanische Schriftzeichen für das Wort ‚Yakuza' ist aus den Zahlen Acht, Neun und Drei zusammengesetzt. Addiert ergibt das zwanzig: eine Zahl, mit der man beim japanischen Glücksspiel verliert. Aus perversem Stolz nennen sich japanische Außenseiter so. Die Yakuza gibt es in Japan seit 350 Jahren. Es waren Spieler, Trickbetrüger und windige Händler auf Jahrmärkten. Es wurde von ihnen auch behauptet, daß sie die Armen aus Stadt und Land vor raubgierigen Edelleuten beschützten. Dies taten sie mit unvergleichlichem Mut und Geschick." Mit dieser Erklärung beginnt Sydney Pollacks Thriller, in dem Robert Mitchum als Harry Kilmer zu sehen ist. Der Privatdetektiv wird von dem Industriellen Tanner (Keith) angeheuert, um dessen entführte Tochter ausfindig zu machen. Seine Untersuchungen führen ihn nach Japan, wo er in einen Kampf rivalisierender Yakuza-Gruppen gerät. Durch diese mafiaähnlichen Unterweltgrößen lernt er die Traditionen und den Ehrenkodex jener Gangster kennen.
Die Drehbuchautoren Robert Towne und Paul Schrader sowie dessen Bruder Leonard, der die Idee zu *Yakuza* lieferte, vereinigten in ihrem Skript Elemente des amerikanischen Gangsterfilms mit Versatzstücken des „Yakuza-Films", einem japanischen Film-Genre der 60er Jahre. Diese Streifen behandelten Themen des klassischen Samurai-Films, siedelten die Handlungen jedoch in den modernen japanischen Gangsterkreisen an. Pro Jahr wurden rund hundert Yakuza-Filme produziert, zu denen namhafte Autoren, wie etwa Yukio Mishima, die Drehbücher lieferten. Die Gebrüder Schrader konnten bei der Erarbeitung ihres Werkes auf eigene Erfahrungen mit der Kultur Nippons zurückgreifen: Leonard ist mit einer Japanerin verheiratet und lebte einige Jahre im Land der aufgehenden Sonne, Paul studierte die Sprache, Literatur und Kunst des Inselreiches und drehte 1985 mit MISHIMA einen vielbeachteten Film über den titelgebenden japanischen Schriftsteller und Philosophen. mg

Yanks - Gestern waren wir noch Fremde

Yanks. USA 1979 **R** John Schlesinger **B** Colin Welland, Walter Bernstein, nach einer Story von Welland **K** Dick Bush **M** Richard Rodney Bennett **P** Joseph Janni, Lester Persky für Universal **L** 141 Min., Farbe **D** Richard Gere, Lisa Eichhorn, Vanessa Redgrave, William Devane, Chick Vannera, Wendy Morgan, Rachel Roberts, Tony Melody

Von einer überschwenglichen Solidarität unter den westlichen Alliierten konnte während des II. Weltkrieges laut John Schlesingers Film keine Rede sein. Im Gegenteil - die

Einwohner des englischen Städtchens Stalybridge sind alles andere als erfreut, als sich bei ihnen plötzlich ein ganzer Trupp von amerikanischen Soldaten, im Volksmund „Yanks" genannt, einquartiert und auf den Tag der Invasion wartet. Der unerwartete Männerreichtum bleibt für den weiblichen Teil der Bevölkerung nicht ohne Auswirkungen. Da die meisten Ehegatten und Freunde im Krieg sind, kommt es zu ersten Bindungen. Anhand von drei Frauen skizziert John Schlesinger die jeweiligen kriegsbedingten Veränderungen, die über sie hereinbrechen. Gemäß ihrer gesellschaftlichen Zugehörigkeit geht jede der Frauen auf unterschiedliche Weise mit ihrer Affäre um. Gemeinsam ist ihnen jedoch, daß ihr Verhalten von der breiten Öffentlichkeit mißbilligt und verurteilt wird.
John Schlesinger inszenierte dieses Zeitgemälde mit einem großen Aufwand an Statisten und Original-Ausstattung. Dazu gehörten Jeeps, Uniformen sowie zahllose Kostüme in der Mode der 40er Jahre. Trotz all dieser Zutaten rutscht die Geschichte der englisch-amerikanischen Liebesaffären stellenweise auf das Niveau einer *soap opera* ab und wird auch nicht durch die Mitwirkung von solch hervorragenden Schauspielern wie Vanessa Redgrave verbessert. Zu oft wurde das Bild der wartenden Kriegsbraut zelebriert, um hier noch großes Interesse wecken zu können. Der Situation im kriegsgebeutelten England konnte John Boorman 1987 mit seinem großartigen Film HOPE & GLORY wesentlich interessantere Perspektiven abgewinnen. jg

Yasemin

Yasemin. BRD 1988 **R** Hark Bohm **B** Hark Bohm **K** Slawomir Idziak **M** Jens Peter Ostendorf **P** Martin Schulz, Natalia Bowakow für Hamburger Kino Kompanie/ZDF **L** 86 Min., Farbe **D** Ayse Romey, Uwe Bohm, Sener Sen, Ilhan Emirli, Katharina Lehmann, Nedim Hazar, Irma Toto Karaca, Sevgi Özdamar, Nursel Köse, Sebnem Seldüz

Eine nett gemachte Romeo-und-Julia-Geschichte, angesiedelt vor der Kulisse bundesdeutscher Wirklichkeit.
Eigentlich könnte die ganze Sache so umkompliziert verlaufen. Der 20jährige Student Jan (Bohm) lernt die 17jährige Yasemin (Romey) beim Judo-Training kennen. Beide fangen Feuer und spüren das sanfte Prickeln einer großen Liebe in sich. Eine Tatsache allerdings stellt sich den beiden plötzlich mit unvermittelter Härte in den Weg: Yasemin ist Türkin, und ihr Vater (Sen), der eigentlich noch ein recht liberaler Volksgenosse ist, stellt sich auf einmal vehement gegen das Glück seiner Tochter, die in einen Strudel einander widerstreitender Gefühle gerät. Zum einen liebt sie Jan, zum anderen verehrt sie jedoch auch ihren Vater, dem sie bisher immer gehorsam war. Abweichungen von Shakespeare gibt es insofern, daß Bohm seine beiden jugendlichen Liebenden nicht Opfer einer Fehde zwischen zwei grundverschiedenen Kulturen werden läßt, sondern ihnen ein Happy-End beschert.
Yasemin wurde als deutscher Wettbewerbsbeitrag bei den Filmfestspielen von Berlin uraufgeführt und dort von Kritik und Publikum enthusiastisch gefeiert. Mit behutsam eingesetzten Mitteln gelang es Hark Bohm, die Unterschiede von türkischer und deutscher Mentalität aufzuzeigen und mit seiner Liebesgeschichte eine verbindende Brücke zwischen den Kulturen zu schlagen. Bohms Drehbuch beruhte auf dem Tagebuch der Hamburger Türkin Sheika Akalin, die sich in einen Deutschen verliebt und ihn trotz der Widerstände ihrer Eltern geheiratet hatte.
„*Yasemin*...ist kein Film mit hohem Kunstanspruch, aber erfüllt von einer immer wieder bewegenden Wahrhaftigkeit, die sich vor allem im Spiel von Vater und Tochter unmittelbar mitteilt und wie sie dem Regisseur Bohm seit NORDSEE IST MORDSEE in dem Ausmaß nicht mehr gelungen ist" (*Frankfurter Allgemeine Zeitung*). jg

Yeah! Yeah! Yeah!

A Hard Day's Night. Großbritannien 1964 **R** Richard Lester **B** Alun Owen **K** Gilbert Taylor **M** John Lennon, Paul McCartney **P** Walter Shenson für United Artists **L** 83 Min., s/w **D** John Lennon, Paul McCartney, George Harrison, Ringo Starr, Wilfrid Brambell, Norman Rossington, Victor Spinetti

In London sollen „The Beatles" in einer Fernseh-Live-Sendung auftreten, aber schon die Zugfahrt entpuppt sich als wahres Martyrium, werden John, Paul, George und Ringo doch ständig von kreischenden Fans meist weiblichen Geschlechts belagert. Zudem müssen sie auch noch auf Pauls eigenwilligen Großvater aufpassen, der den Terminplan so manches Mal durcheinanderbringt. In London angekommen, wird Ringo nach etlichen Mißverständnissen auf einer Polizeiwache festgehalten, von seinen drei Kumpanen jedoch noch rechtzeitig vor Beginn der Sendung befreit.
Das Filmdebüt der seinerzeit sensationell erfolgreichen Popgruppe The Beatles ist eine gelungene Mischung aus Konzertfilm mit Originalaufnahmen von zwölf Songs (darunter *She Loves You* und *Can't Buy Me Love*) und einer darum herumgebauten turbulenten Komödienhandlung mit Slapstickeinlagen, die von Regisseur Richard Lester mit der ihm eigenen Originalität gehandhabt wurden. Für Original-Drehbuch und Soundtrack-Adaption (George Martin) gab's Oscar-Nominierungen. Drei weitere Kinofilme der „Fabulous Four" sollten noch folgen: HI-HI-HILFE! (1965, ebenfalls unter der Regie von Lester), der Zeichentrickfilm YELLOW SUBMARINE und *Let It Be* (1969). al

Yellow Submarine

Yellow Submarine. Großbritannien 1968 **R** George Dunning **B** Lee Minoff, Al Brodax, Jack Mendelsohn, Erich Segal **K** John Williams **A** Jack Stokes, Robert Balser **M** John Lennon, Paul McCartney **P** Al Brodax für King Features/Subafilms/United Artists **L** 85 Min., Farbe **D** Stimmen von John Clive, Geoffrey Hughes, Peter Batten, Paul Angelus, Dick Emery

Nachdem sie zu viert in zwei Filmen als Schauspieler aufgetreten waren und sich selbst dargestellt hatten, tauchten die als The Beatles bekannten John Lennon, Paul McCartney, George Harrison und Ringo Starr in diesem nach einem ihrer Songs benannten Zeichentrickfilm als animierte Figuren auf. In der simplen Handlung geht es um das imaginäre Pepperland, wo es nach dem Sieg der Blau-Miesen aus ist mit Liebe, Frieden und Musik. In einem gelben U-Boot machen sich die vier Liverpooler auf, um das einstige Hippe-Paradies aus der Hand der finsteren Schurken zu befreien.
Yellow Submarine ist ein verrücktes, mit Gags und Musik vollgestopftes Dokument der Flower-Power-Bewegung, der auch die Beatles in ihren späteren Aufnahmen Rechnung trugen. Von ihren Songs sind u. a. zu hören *All You Need Is Love*, *When I'm Sixty-Four*, *Lucy in the Sky With Diamonds* und *All Together Now*. Die Figuren wurden vom deutschen Grafiker Heinz Edelmann geschaffen. al

Yentl

Yentl. USA 1983 **R** Barbra Streisand **B** Barbra Streisand, Jack Rosenthal, nach der Novelle *Yentl,*

the Yeshiva Boy von Isaac Bashevis Singer **K** David Watkin **M** Michel Legrand **P** Barbra Streisand, Rusty Lemorande für Ladbroke Enterprises/ Barwood Prod. **L** 134 Min., Farbe **D** Barbra Streisand, Mandy Patinkin, Amy Irving, Nehemiah Persoff, Steven Hill, Allan Corduna, Ruth Goring, David de Keyser

Während der Dreharbeiten zu dem Musical FUNNY GIRL beantwortete Regisseur William Wyler die Fragen der Journalisten nach Streitigkeiten mit seiner Protagonistin Barbra Streisand gelassen: „Ich muß geduldig mit ihr sein. Schließlich ist dies der erste Film, in dem sie Regie führt." Fünfzehn Jahre später setzte sich die Streisand schließlich offiziell auf den Regiestuhl, um die Novelle *Yentl, the Yeshiva Boy* von Isaac Bashevis Singer auf die Leinwand zu bringen. Die Rechte an der Vorlage hatte sie bereits 1974 erworben, konnte aber bei den großen Studios keine Verfilmung des Stoffes erwirken. So trieb sie die benötigten 16 Mio. Dollar eben selbst auf und fungierte bei der Adaption auch als Produzentin, Drehbuchautorin und Hauptdarstellerin.
Die Geschichte nimmt in einem kleinen, nicht näher definierten Dorf in Ost-Europa ihren Lauf: Hier lebt um die Jahrhundertwende das jüdische Mädchen Yentl mit ihrem Vater (Persoff), einem verwitweten Gelehrten. Doch statt sich um den Haushalt zu kümmern, wie es die Tradition von ihr verlangt, beschäftigt sich das wissensdurstige Frauenzimmer lieber mit den Schriften ihrer Religion; das allerdings ist den weiblichen Wesen streng untersagt. Als ihr Vater stirbt, schneidet sich Yentl die Haare, hüllt sich in Männerkleidung und flieht des Nachts in die Stadt, um sich dort an einer Talmud-Schule unter dem Namen Anshel als Student einzutragen. Ihre wissenschaftliche Arbeit wird allerdings durch Avigdor (Patinkin) erheblich erschwert, denn Yentl hat sich in ihren Kommilitonen verliebt...
Über zehn Jahre verwendete Barbra Streisand allein auf die Ausarbeitung der Dekors und Kulissen, für eine werkgetreue Adaption der zugrunde liegenden Novelle hat sie scheinbar weniger Zeit aufgebracht. Ihr Interesse gilt schon nach wenigen Minuten Yentls Verkleidung und deren Folgen für ihr Liebesleben und läßt ihr eigentliches Anliegen - die Hinterfragung der herrschenden Ordnung - in den Hintergrund treten. Als märchenhaftes Musical in idyllischem Ambiente funktioniert ihr Regiedebüt indes weitaus besser denn als emanzipatorisches Lehrstück: Michel Legrands Stücke *A Piece of Sky; No Matter What Happens; This Is One of Three Moments; Tomorrow Night; Where Is It Written; No Wonder; The Way He Makes Me Feel; Papa, Can You Hear Me?; Will Someone Ever Look at Me That Way?* bieten der Sängerin Streisand Gelegenheit, ihre inneren Monologe auf unvergleichliche Weise dem Zuschauer nahezubringen. Bei der Oscar-Verleihung ging Barbra Streisands kommerziell erfolgreiche Produktion leer aus; die in Hollywood als schwierig, egozentrisch und machtgierig verschriene Künstlerin bekam die Antipathien ihrer Kollegen deutlich zu spüren, als lediglich Amy Irving als beste Nebendarstellerin, Roy Walker und Leslie Tomkins für ihre Ausstattung, Michel Legrand für seinen Soundtrack sowie die Lieder *Papa, Can You Hear Me?* und *The Way He Makes Me Feel* auf der Nominierungsliste standen. mg

Yerma

Yerma. BRD/Ungarn 1984 **R** Imre Gyöngyössy, Barna Kabay **B** Imre Gyöngyössy, Barna Kabay, Katalin Pentenyi, nach Motiven von Federico Garcia Lorca **K** Gabor Szabo **M** Pesko Zoltan **P** Eric Moss, Anja Schmidt-Zähringer für Makropus-Film/Starfilm-Prod./Hunnia Filmstudio **L** 107 Min., Farbe **D** Gudrun Landgrebe, Titusz Kovacs, Mathieu Carrière, Mareike Carrière, Martin Halm, Hedi Temessy, Nora Tabori, Robert Gergely

Yerma ist ein hervorragendes Beispiel dafür, wie sinnlos man das Geld der Filmförderung verpulvern kann, das vom Bundesinnenministerium und dem Freistaat Bayern für diese Produktion zur Verfügung gestellt wurde. Federico Garcia Lorcas rustikales Drama wurde zwar vor dem Hintergrund einer recht hübsch anzusehenden Landschaft gedreht, doch wirken die Schauspieler, die sich darin tummeln, stellenweise recht deplaziert. Niemandem nimmt man die Figur ab, die er oder sie gerade verkörpert, am wenigsten von allen Gudrun Landgrebe, die man hier wohl als zweite Carmen herauszubringen hoffte.
In einem kleinen andalusischen Dorf leben Yerma (Landgrebe) und Juan (Kovacs). Ihre Ehe wäre glücklich, wenn da nicht Yermas Wunsch auf Nachwuchs unerfüllt bliebe. Während Juan ganz froh darüber ist, nicht von kreischenden Säuglingen umgeben zu sein, fühlt sich seine Angetraute als Frau völlig unausgelastet und nicht vollwertig. Getrieben von ihrer Angst, sie könne eventuell unfruchtbar sein, bietet sie sich dem Schafhirten Victor (Carrière) an, der von ihr jedoch nichts wissen will. Yermas Unsicherheit und Verzweiflung gipfelt in einem unkontrollierten Aggressionsausbruch, bei dem sie Juan tötet.
„>Der Kampf zwischen Juan und seiner Yerma könnte sich heute überall - in Europa, Nordamerika oder Australien - abspielen..< haben die Regisseure erklärt. Und genau an diesem Widerspruch, die erstrebte Allgemeingültigkeit in einem mit all der dörflichen Enge, dem Wunderglauben und den Wallfahrten zur Jungfrau Maria beschriebenen Andalusien konkretisieren zu wollen, mußte der Film zwangsläufig scheitern" (*Frankfurter Allgemeine Zeitung*). jg

Yojimbo - der Leibwächter

Yojimbo. Japan 1961 **R** Akira Kurosawa **B** Ryuzu Kikushima, Akira Kurosawa **K** Kazuo Miyagawa **M** Masaru Sato **P** Tomoyuki Tanaka und Akira Kurosawa für Kurosawa Films Production, Tokyo/Toho, Tokyo **L** 110 Min., s/w **D** Toshiro Mifune, Eijiro Tono, Kamatari Fujiwara, Takashi Shimura, Seizaburo Kawazu, Isuzu Yamada

Japan 1860. Der umherziehende Samurai Sanjuro Kuwabatake (Mifune) gerät in einer Stadt zwischen die Fronten eines Bürgerkriegs: Ein Sakefabrikant und ein Seidenhändler haben Banden um sich geschart, die sich bis aufs Blut bekämpfen. Jede der beiden Parteien hofft den Samuari für sich als ‚Yojimbo', als Leibwächter, zu gewinnen. Der treibt mit seinem Zögern den Preis für seine Dienste in die Höhe und provoziert zunächst weitere Schlachten...
„Es geht um die Rivalität von zwei Seiten, und beide Seiten sind gleich schlecht. Wir kennen das alle. Wir stehen in der Mitte, und es ist unmöglich, zwischen den Übeln zu wählen...Ich selbst habe immer gewünscht, diesem sinnlosen Schlachten von Bösem gegen Böses ein Ende zu setzen, aber wir sind zu schwach dazu: ich konnte es nicht. Deshalb ist der Held des Films anders als wir. Er bringt es fertig, aufrecht in der Mitte zu stehen und dem Kampf Einhalt zu gebieten", charakterisierte Kurosawa sein Anliegen. Der japanische Regisseur vermied in seinem stellenweise ironischen Drama eine simple Schwarz-Weiß-Malerei bzw. eine grobe Unterteilung zwischen dem guten siegreichen Helden und den fiesen, im Showdown unterliegenden Bösewichtern: In seinem Film zeichnen sich sämtliche Beteiligte durch ihre unmoralische und verdorbene Wesensart aus. Diese, zu jener Zeit nicht gerade alltägliche Filmkonstruktion faszinierte Sergio Leone, der drei Jahre nach der Entstehung von *Yojimbo* mit FÜR EINE HANDVOLL DOLLAR ein Remake inszenierte, das als einer der ersten Italo-Western in die Filmgeschichte eingehen sollte. mg

Yol - Der Weg

Yol. Türkei/Schweiz/BRD/Frankreich 1982 **R** Serif Gören **B** Yilmaz Güney **K** Erdogan Engin **M** Sebastian Argol, Kendal **P** Edi Hubschmid, K. L. Puldi, Nihat Behram, Erol Gözme, Sabri Aslankara, Thierry Maitrejean für Güney-Film/Cactus Film/Maran Film/SRG/Antenne 2 **L** 114 Min., Farbe **D** Tarik Akan, Serif Sezer, Halil Ergün, Meral Orhonsoy, Necmettin Cobanoglu, Semra Ucar, Hikmet Celik, Sevda Aktolga, Tuncay Akca

Die Entstehungsgeschichte dieses Films gibt zugleich einen Einblick in die politische Situation der Türkei nach dem Putsch vom September 1980, der den Regisseur und Produzenten Yilmaz Güney hinter Gitter brach-

te. Dieser hatte mit der Schweizer Filmgesellschaft Cactus-Film zuvor gute Erfahrungen mit dem Verleih seines Werkes *Die Herde* gemacht, das recht publikumswirksam im westlichen Europa vertrieben worden war. Mit Hilfe der Produzenten Hubschmid und Puldi gelang es Güneys Regie-Kollegen Gören unter schwierigen Bedingungen, *Yol* zu drehen. Das Projekt basierte auf einem Drehbuch, das Güney im Gefängnis geschrieben hatte und das über Mittelsmänner aus der Türkei geschmuggelt worden war. Im Januar 1981 machte sich das Drehteam mit einem Bus auf den Weg in die Türkei, wo es mit dem Regisseur und den vorgesehenen Schauspielern zusammentraf. Oberstes Gebot war, die Aufnahmen möglichst unauffällig vonstatten gehen zu lassen. Also wurde zunächst eine stumme Fassung gedreht; das Filmmaterial schickte man unentwickelt in die Schweiz, wo es synchronisiert wurde. Während der Dreharbeiten blieben die Produzenten ständig in Kontakt mit Güney und besuchten ihn zu diesem Zweck mehrere Dutzend Mal im Gefängnis. Güney selbst gelang 1981 während eines Hafturlaubs die Flucht aus seiner Heimat; zwei Jahre später wurde ihm die türkische Staatsbürgerschaft aberkannt. 1984 starb er 47jährig in einer Klinik in Paris.
Yol beschreibt in teils asketischen, teils mitreißenden Bildern das Schicksal von fünf Strafgefangenen, die für kurze Zeit aus dem Gefängnis entlassen werden, um ihren Hafturlaub anzutreten. Trotz der scheinbaren Freiheit fühlen sie sich in ihrem Land wie in einem riesigen Gefängnis, denn die religiösen, politischen und sozialen Zwänge schränken ihre Bewegungen auf Schritt und Tritt ein.
Yol war 1982 die Filmsensation bei den Filmfestspielen von Cannes, wo er mit der Goldenen Palme ausgezeichnet wurde. „Haß gegen alle ideologische Erstarrung und Mitleid mit dem individuellen Leiden, das zugleich das Leiden aller ist, sind die Triebfedern Güneys. In *Yol* haben sie ihren bewegenden Ausdruck in Bildern von großer emotionaler Kraft gefunden, deren Erinnerung nicht losläßt" (*Kölner Stadt-Anzeiger*). jg

Yolanda und der Dieb

Yolanda and the Thief. USA 1945 **R** Vincente Minnelli **B** Irving Brecher, nach einer Story von Jacques Thery, Ludwig Bemelmans **K** Charles Rosher **M** Harry Warren, Arthur Freed (Text) **P** Arthur Freed für MGM **L** 108 Min., Farbe **D** Fred Astaire, Lucille Bremer, Frank Morgan, Mildred Natwick, Mary Nash, Leon Ames, Ludwig Stossel

Schon in dem Musical BROADWAY MELODIE 1950, das 1944 entstand, aber erst zwei Jahre später in die Kinos gelangte, tanzte Fred Astaire mit Lucille Bremer. Auch in *Yolanda und der Dieb* wirbelten die beiden gemeinsam übers Parkett, allerdings konnten sie mit dieser Produktion nicht an den Erfolg ihrer ersten Zusammenarbeit anknüpfen.
Märchenhafte Stoffe inspirierten den legendären Musical-Regisseur Vincente Minnelli von jeher zu phantasievollen und phantastischen Inszenierungen. Doch leider bot sich Minnelli während seiner Laufbahn nur selten die Gelegenheit, mythische Erzählungen für die Leinwand zu adaptieren, so wie es ihm mit DER PIRAT, BRIGADOON und KISMET meisterhaft gelang. Auch in *Yolanda und der Dieb* konnte er auf eine Mär zurückgreifen, die Fred Astaire als kleinen Dieb und Betrüger Johnny präsentiert. Als dieser erfährt, daß die südamerikanische Millionenerbin Yolanda (Bremer) an einen Schutzengel glaubt, der sie auf Schritt und Tritt begleitet, gibt er sich kurzerhand als dieser aus, um an ihr Vermögen zu gelangen. Doch die Liebe zu dem schönen Mädchen bringt ihn schließlich von seinem verwerflichen Unterfangen ab.
Grelle Farben und artifizielle Kulissen machen das Musical zu einem typischen Minnelli-Werk, das für die MGM zu einem Verlustgeschäft wurde. Runde 1.6 Mio. Dollar büßte die Produktionsgesellschaft mit diesem Film ein, der neben leidlichen Gesangs- und Tanznummern (*This Is the Day For Love; Angel; Yolanda; Coffee Time; Will You Marry Me*) ein 16minütiges Traumballett zu bieten hat, das Astaires Talente jedoch unter der gekünstelten Choreographie begräbt. mg

Yukon

Death Yukon. USA 1981 **R** Peter Hunt **B** Michael Grais, Mark Victor **K** James Devis **M** Jerrold Immel **P** Murray Shostak für Golden Harvest **L** 97 Min., Farbe **D** Charles Bronson, Lee Marvin, Angie Dickinson, Andrew Stevens, Carl Weathers, Ed Lauter, Scott Hylands, Henry Beckman

Dieser knallharte Abenteuerfilm basiert auf einer wahren Begebenheit, die sich im Jahre 1931 in Kanada zugetragen haben soll. Peter Hunt, der in zahlreichen James-Bond-Filmen die Action-Szenen geleitet hatte und dann selbst 1969 mit IM GEHEIMDIENST IHRER MAJESTÄT seinen Einstand in der Serie gab, inszenierte diesen Film mit viel Gefühl für spektakuläre Kampfszenen und Verfolgungsjagden im Bundesstaat Alberta. Interessantester Aspekt dieser Produktion ist sicherlich der Schlagabtausch zwischen den beiden alten Haudegen Charles Bronson und Lee Marvin, die sich hier als erbitterte Rivalen gegenüberstehen.
Bronson spielt den kauzigen Trapper Johnson, der zurückgezogen in der Bergwelt des Yukon-Territoriums lebt. Als er eines Tages eine kleine abgelegenen Siedlung aufsucht, um seine Lebensmittelvorräte aufzubessern, wird er Zeuge eines grausamen Hundekampfes. Er nimmt das unterlegene Tier zu sich und kauft es dem sadistischen Besitzer Hazel (Lauter) gegen dessen Willen ab. Dies ist der Anlaß zu einer blutigen Fehde, in deren Verlauf einer von Hazels Männern erschossen wird, als er versucht, den Hund zurückzuholen. Nun muß sich Sheriff Millen (Marvin) in das Geschehen einmischen, obschon er sich eigentlich gerne aus dem Streit herausgehalten hätte. In der unberührten und menschenfeindlichen Wildnis der kanadischen Berge kommt es zu einer gnadenlosen Verfolgungsjagd.
Regisseur Peter Hunt legte bei den Dreharbeiten größten Wert auf Authentizität. So ließ er nach einer Originalvorlage des Londoner Kriegsmuseums ein Flugzeug aus dem I. Weltkrieg anfertigen. Für die Aufnahmen standen ferner 50 sibirische Schlittenhunde zur Verfügung, die mit der Crew eine Strekke von insgesamt 2.000 Meilen zurücklegten. jg

Z

Z

Z. Frankreich/Algerien 1969 **R** Costa-Gavras **B** Costa-Gavras, Jorge Semprun, nach dem Roman von Vassili Vassilikos **K** Raoul Coutard **M** Mikis Theodorakis **P** Jacques Perrin, Hahmed Rachedi für Reggane Films (Paris), O. N. C. I. C. (Algier) **L** 126 Min., Farbe **D** Yves Montand, Irene Papas, Jean-Louis Trintignant, Charles Denner, Georges Géret, Jacques Perrin, François Périer, Bernard Fresson, Pierre Dux, Julien Guiomar, Marcel Bozzuffi, Magali Noël, Renato Salvatori, Jean Bouise

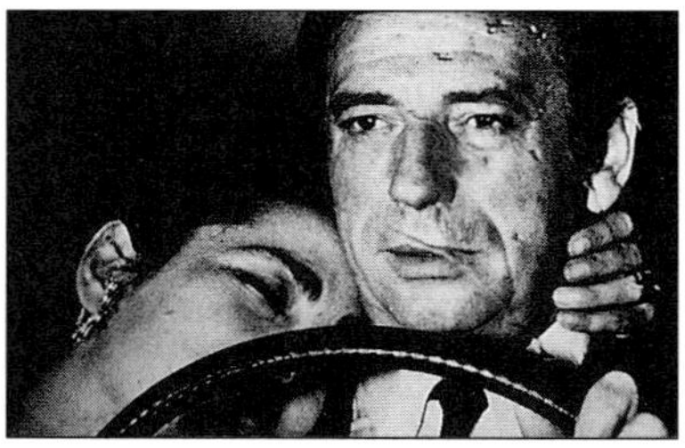

Am 22. Mai 1963 wurde der griechische Medizinprofessor und Abgeordnete einer linksgerichteten Oppositionspartei, Gregorios Lambrakis, nach einer Kundgebung von einem dreirädrigen Lieferwagen überfahren und starb wenige Tage darauf an den Folgen seiner Verletzungen. Während offizielle Stellen von einem Unfall mit Fahrerflucht sprachen, glaubte die Presse an Mord. Eigentlich eingesetzt, um die Gerüchte zum Schweigen zu bringen, machte sich ein junger Untersuchungsrichter an die Aufklärung des Falles und förderte ein Komplott zutage, das schließlich den Sturz der Regierung Karamanlis und - auf lange Sicht - den Militärputsch des Jahres 1967 zur Folge hatte. Diese Vorgänge wurden von Vassili Vassilikos in einem politischen Roman verarbeitet, dessen Hauptfigur „Z" - auf griechisch bedeutet dieser Buchstabe soviel wie „Er lebt" - eindeutig durch Lambrakis inspiriert wurde.
Der in Frankreich lebende Grieche Costa-Gavras hatte gute Gründe, diesen brisanten Stoff zu verfilmen: Weil sein Vater Sozialist war, wurde ihm der Zugang zur Athener Universität verweigert, und er ging aufgrund des politischen Klimas nach Frankreich. Zwar hatte er mit zwei soliden Krimis sein Talent unter Beweis gestellt, doch die Finanzierung von Z erwies sich als äußerst schwierig. Keine amerikanische oder europäische Produktionsfirma traute sich an ein derart explosives Thema heran, galten doch politische Filme noch dazu als keineswegs kassenträchtig. Schließlich gründete der junge Schauspieler Jacques Perrin, der schon länger hatte ins Produktionsgeschäft einsteigen wollen, eigens die Reggane Films und tat darüber hinaus über private Kontakte einen algerischen Co-Produzenten auf, so daß ein Großteil der Aufnahmen in Nordafrika entstand. Die Schauspieler - allen voran die großen Namen wie Montand (als Z), Trintignant (als Untersuchungsrichter) und die Griechin Irene Papas (als Frau von Z) - arbeiteten für schmale Gagen und Prozentanteile am Gewinn. Eine weitere Schwierigkeit war die Musik, für die sich Costa-Gavras den griechischen Komponisten und Politiker Mikis Theodorakis ausgesucht hatte, der persönlich mit dem ermordeten Lambrakis befreundet gewesen war und der seit dem Militärputsch unter Hausarrest auf einer kleinen Insel lebte. Dennoch gelang es ihm, eine Tonbandaufnahme mit gesungenen Melodiefolgen herauszuschmuggeln, die später - arrangiert von Bernard Gérard - im Film Verwendung fanden. An einer Stelle ist sogar noch Theodorakis' Stimme zu hören.
Entgegen allen Erwartungen entwickelte sich *Z* überall auf der Welt zu einem wahren Kassenschlager - nur in Griechenland und einigen anderen Diktaturen war er selbstverständlich verboten. Costa-Gavras' Mischung aus dokumentarischem Realismus und Thriller-Elementen führte zu einem ungemein spannenden, faszinierenden und aufwühlenden Film, wie man ihn bis dato selten zu sehen bekommen hatte. Exzellenten Kritiken folgte ein Preisregen - Oscar als Bester fremdsprachiger Film und für den Besten Schnitt (Françoise Bonnot) neben drei weiteren Nominierungen, Spezialpreis der Jury in Cannes, New York Film Critics Award als Bester Film. Costa-Gavras und Montand sollten noch drei weitere Filme zusammen machen, davon zwei - DAS GESTÄNDNIS und DER UNSICHTBARE AUFSTAND - mit ähnlich politischen Inhalten. al

Zabou

Zabou. BRD 1987 **R** Hajo Gies **B** Martin Gies, Axel Götz **K** Axel Block **M** Klaus Lage Band **P** Günter Rohrbach für Bavaria/Neue Constantin/ WDR **L** 102 Min., Farbe **D** Götz George, Claudia Messner, Eberhard Feik, Wolfram Berger, Hannes Jaenicke, Dieter Pfaff, Ralf Richter, Klaus Lage, Annette Kreft, Gerd Jochum, Sünje Zittel, Martin May

Deutlicher als je zuvor versuchte sich dieser zweite Schimanski-Film an US-amerikanischen Vorbildern zu orientieren. Das Ergebnis waren diesbezüglich einige recht harte Gewaltdarstellungen, die selbstzweckhaft eingesetzt wurden, um die schwache Geschichte zu kaschieren, mit der Hajo Gies sein Publikum langweilte, anstatt es zu unterhalten.
Wieder einmal spielt Götz George den Aussteiger-Bullen, der es mit seinen Mitmenschen nur gut meint und dafür in hanebüchene Schwierigkeiten gerät. Schimanski begegnet dem Mädchen Conny (Messner), der Tochter einer ehemaligen Freundin, der er in früheren Jahres so etwas wie ein Vaterersatz war. Betroffen ist er, als er sieht, in welchen Kreisen sich das junge Ding herumtreibt, denn Conny arbeitet als Angestellte einer obskuren Diskothek, die offensichtlich in engem Kontakt zur Drogenszene steht. Schimanski versucht, das Mädchen gegen seinen Willen aus dieser Umgebung herauszuholen und legt sich dabei mit der Rauschgiftmafia an, die ihm einen brutalen Mord in die Schuhe schiebt. Allein auf sich gestellt, steht der unkonventionelle Kommissar plötzlich zwischen den Häschern der Polizei und der Drogenbande.
Schon vom ersten Schimanski-Kinoabenteuer waren die Kritiker alles andere als begeistert. Noch vernichtender fielen ihre Urteile bei dieser Fortsetzung aus. „Wer fünf Minuten nach Beginn das Kino verläßt, wenn Schimanski mit der Tür ins Haus fällt und Joe Cocker den Titelsong *Now That You're Gone* abgeliefert hat, der hat einen guten Film gesehen" (*zitty*).
In Erinnerung wird bei diesem Streifen lediglich eine der aufregendsten Verfolgungsjagden des deutschen Films bleiben (davon gibt es ja bekanntlich nicht allzu viele), bei der es in halsbrecherischer Fahrt über die Duisburger Stadtautobahn und anschließend per Schnellboot durch den Binnenhafen geht. *Zabou* erwies sich ganz im Gegensatz zu seinem Vorgänger ZAHN UM ZAHN nicht als der erhoffte Kinohit, womit folglich auch die Pläne für einen dritten Teil auf Eis gelegt wurden. jg

Zabriskie Point

Zabriskie Point. USA 1970 **R** Michelangelo Antonioni **B** Michelangelo Antonioni, Fred Gardner, Sam Shepard, Tonino Guerra, Clare Peploe **K** Alfio Contini **P** Carlo Ponti für MGM-Trianon **L** 112 Min., Farbe **D** Mark Frechette, Daria Halprin, Rod Taylor, Paul Fix, G. D. Spradlin, Bill Garaway, Kathleen Cleaver

Hatte der italienische Regisseur Antonioni in seiner ersten englischsprachigen Produktion BLOW UP versucht, dem Lebensgefühl der britischen Jugend auf die Spur zu kommen, so trachtet er in seinem amerikanischen Debüt *Zabriskie Point*, die Welt der jungen Generation in den USA zu ergründen. Der 20 Millionen Dollar hohe Gewinn von BLOW UP ermöglichte es Antonioni, einen Vertrag mit Carlo Ponti und der MGM auszuhandeln, der ihm die uneingeschränkte und alleinige Kontrolle über sein folgendes Projekt zusicherte. Zwei Jahre Zeit nahm er sich für die Vorbereitungen des Werks, reiste durch die Vereinigten Staaten, trat mit Mitgliedern der Black-Panther-Bewegung, mit Studenten und Vietnam-Kriegsgegnern in Verbindung. Schließlich verarbeitete er seine Eindrücke in dem Drehbuch, das er zusammen mit seinem langjährigen Co-Autoren Tonino Guerra verfasste. Die Dialoge ließ Antonioni aber von den Amerikanern

Fred Gardner, Clare Peploe und Sam Shepard ausarbeiten, um die sprachlichen Eigenheiten der unterschiedlichen Gruppierungen (Studenten, Polizei, Geschäftsleute) einzufangen. Mit dokumentarisch wirkenden Bildern von demonstrierenden Studenten leitet Antonioni die spektakuläre Reise seines Protagonisten Mark ein. Der beteiligt sich zwar an der Protestaktion gegen den Vietnam-Krieg, merkt aber, daß ihm das wirkliche Interesse an der Sache fehlt. Als es mit der Polizei zu einem Schußwechsel kommt, glaubt er, einen der Ordnungshüter tödlich getroffen zu haben. Auf seiner anschließenden Flucht aus Los Angeles stiehlt er ein Sportflugzeug und macht sich auf den Weg in die Wüste. Unterwegs trifft er auf das Mädchen Daria, beide fahren in ihrem Wagen zu dem Ausflugsort Zabriskie Point, lieben sich im Sand des Death Valley und trennen sich kurz darauf. Mark bringt die entwendete Maschine wieder zurück und wird dabei von der Polizei gestellt und erschossen. Daria hört im Radio von seinem Tod und stellt sich vor, wie das noble Haus ihres Chefs durch eine Explosion in tausend Stücke gesprengt wird.

So aufregend wie die Ereignisse im Film verlief auch das weitere Leben der beiden Hauptdarsteller: Daria Halprin und Mark Frechette verliebten sich während der Dreharbeiten ineinander und zogen in eine Kommune, bis Daria Dennis Hopper, Star aus EASY RIDER, kennenlernte und ihn 1972 heiratete. Frechette hingegen trat noch in zwei kleinen europäischen Filmen auf und engagierte sich stark gegen Präsident Nixon. Gemeinsam mit Gleichgesinnten überfiel er eine Bank, um, wie er später sagte, „Richard Nixon zu berauben, ohne dabei jemanden zu verletzen". Diese politische Aktion brachte ihm eine sechsjährige Strafe ein, die allerdings 1975 durch seinen Tod im Gefängnis frühzeitig beendet wurde. Die MGM hatte sich im Zeitalter der Hippie-Bewegung erhofft, mit *Zabriskie Point* einen ebenso großen Erfolg erzielen zu können, wie es dem Kult-Film EASY RIDER geglückt war. Doch die Produktionskosten von rund 7 Mio. Dollar konnten nur zu einem Zehntel wieder eingespielt werden. mg

Zähl bis drei und bete

3:10 To Yuma. USA 1957 **R** Delmer Daves **B** Halsted Welles, nach einer Story von Elmore Leonard **K** Charles Lawton jr. **M** George Duning **P** David Heilwell für Columbia **L** 92 Min., s/w **D** Van Heflin, Glenn Ford, Felicia Farr, Leora Dana, Henry Jones, Richard Jaeckel, Robert Emhardt, Sheridan Comerate, George Mitchell, Robert Ellenstein

Neben John Ford und Anthony Mann war Delmer Daves ein weiterer Regisseur, dem einige der besten Western während der 50er Jahre zu verdanken sind. Anders als seine beiden Kollegen, blieb Daves jedoch zeit seines Lebens ein weitgehend unbeachteter und auch unterschätzter Filmemacher.

Der Farmer Dan Evans (Heflin) ist mit seiner Familie durch eine Dürreperiode in eine existenzielle Krise geraten. Für einen Neuanfang braucht er dringend Geld. Eines Tages werden ihm 200 Dollar angeboten, für die er jedoch eine Tätigkeit ausführen muß, um die sich niemand in der Stadt reißt. Dan soll den gefährlichen Outlaw Ben Wade (Ford) so lange in Schach halten und ins Visier nehmen, bis der Zug eintrifft, der ihn in das Gefängnis nach Yuma bringen soll. Während dieser Zeit läßt Wade nichts unversucht, den rechtschaffenen und grundanständigen Farmer zu überreden, ihn laufen zu lassen. Dan widersteht selbst finanziellen Lockungen und gerät schließlich in höchste Gefahr, als Wades ehemalige Kumpane auftauchen und ihren Boß befreien wollen.

Zähl bis drei und bete ist einer der Western, der wohl am deutlichsten im Kielwasser des fünf Jahre zuvor entstandenen Klassikers 12 UHR MITTAGS dümpelt, ohne dabei jedoch ein einfallsloses Plagiat zu sein. Daves gewinnt dem Thema des allein auf sich gestellten Gesetzeshüters hier vielmehr weitere interessante Varianten ab. Ein überzeugend und schlüssig gestalteter psychologischer Western mit einer überraschenden Schlußwendung. jg

Zähme mich, liebe mich

Julie - Pot de colle. Frankreich 1977 **R** Philippe de Broca **B** Jean-Claude Carrière, Philippe de Broca, nach dem Roman *Chains of Pity* von Peter de Polnay **K** René Mathelin **M** Georges Delerue **P** Les Films de l'Alma/S. F. P. C./FR 3 Films **L** 88 Min., Farbe **D** Marlène Jobert, Jean-Claude Brialy, Christian Alers, Philippe Rouleau, Alexandra Stewart

In Marokko, wo er den Umbau einer kleinen Hafenstadt in ein mondänes Touristenzentrum forcieren will, gerät der spießige, mit der Tochter seines Chefs verlobte Bankmanager Jean-Luc (Brialy) in die Fänge von Julie (Jobert), einer jungen Witwe, die behauptet, ihren Mann in Notwehr erschossen zu haben. Aus Mitleid versucht Jean-Luc zu helfen und wird die unberechenbare Julie dann nicht mehr los...

Ein immer wiederkehrendes Element in Philippe de Brocas Filmen ist der Kampf der Geschlechter, und im Falle von *Zähme mich, liebe mich* orientierte er sich an Hollywoods Screwball-Komödien der 30er Jahre, besonders an LEOPARDEN KÜSST MAN NICHT. Das Ergebnis ist zwar nicht so spritzig wie des Regisseurs beste Arbeiten, bietet jedoch die originelle und vergnügliche Variation eines bekannten Themas. al

Zahn um Zahn

Zahn um Zahn. BRD 1985 **R** Hajo Gies **B** Horst Vocks, Thomas Wittenburg **K** Jürgen Jürges **M** Klaus Lage Band **P** Hartmut Grund für Bavaria/Neue Constantin/WDR **L** 91 Min., Farbe **D** Götz George, Renan Demirkan, Rufus, Charles Brauer, Herbert Steinmetz, Louis-Marie Taillefer, Julien Maurel, Ulrich Matschoss, Martin Lüttge, Eberhard Feik

Kein anderer Kommissar konnte sich in der ARD-Serie *Tatort* einer solch großen Beliebtheit erfreuen wie Götz George in der Rolle des ruppigen Ruhrpott-Polizisten Schimanski. Ganze elf Folgen waren mit dieser Figur bereits hergestellt worden, als sich einige geschäftstüchtige Produzenten dazu entschlossen, den populären Serienhelden auch in die Kinos zu bringen.

Zahn um Zahn war um ein Vielfaches teurer und brutaler als die *Tatort*-Folgen der ARD und hatte neben seinen Ruhrgebietsschauplätzen auch einen Location-Wechsel ins sonnige Marseille zu bieten.

In einem Duisburger Arbeiterbezirk, in dem Schimanski einst aufwuchs und der jetzt den Planierraupen des Großindustriellen Grassmann (Brauer) weichen soll, kommt es zu einer furchtbaren Bluttat. Angeblich soll der Familienvater Alf Krüger seine Frau und Kinder und anschließend sich selbst umgebracht haben. Im Gegensatz zu seinen Vorgesetzten ist Schimanski anderer Meinung, macht sich damit aber seine Kollegen zum Feind, so daß man ihm die Dienstlizenz entzieht. Mit Hilfe der unerschrockenen Journalistin Ulli Wilkens (Demirkan) gelingt es ihm, Beweise zu sammeln, daß Grassmann in das Geschehen verwickelt ist. Die Spur führt Schimanski nach Südfrankreich, wo man ihm einen heißen Empfang bereitet...

„Der Film - ein bißchen sozialkritisch, ein bißchen wirr, ein bißchen unlogisch, ein bißchen langweilig. *Zahn um Zahn* ist ein ganz normaler *Tatort*, ein bißchen aufwendiger, aber nicht besser. Kein Qualitätssprung fürs Kino" (*epd Film*). Dennoch wurde Schimanskis erstes Kinoabenteuer an den Kassen ein beachtlicher Erfolg, dem sich im März 1987 als Fortsetzung der Film ZABOU anschloß. jg

Zandys Braut

Zandy's Bride. USA 1974 **R** Jan Troell **B** Marc Norman, nach dem Roman *The Stranger* von

Lillian Bos Ross **K** Jordan Cronenweth **M** Michael Franks **P** Harvey Matefsky für Warner Bros. **L** 116 Min., Farbe **D** Gene Hackman, Liv Ullmann, Eileen Heckart, Harry Dean Stanton, Joe Santos, Frank Cady, Sam Bottoms, Susan Tyrrell, Bob Simpson, Fabian Gregory Cordova

Seine zweiteilige Auswanderer-Saga DIE EMIGRANTEN und DAS NEUE LAND brachten dem schwedischen Regisseur Jan Troell ein erstes Hollywood-Engagement ein. *Zandys Braut* ist weniger ein Western als ein dramatisches Ehedrama von dem Hintergrund der amerikanischen Pionierzeit.

Der sture Farmer Zandy (Hackman) hat sich im kalifornischen Big Sur eine Farm aufgebaut. Jetzt fehlt ihm nur noch eine Ehefrau, die er per Heiratsannonce zu sich kommen läßt. Hannah Lund (Ullmann) erweist sich allerdings nicht als die Traumfrau, die er sich eigentlich vorgestellt hat. Mit unverhohlener Ablehnung behandelt Zandy seine neue Angetraute, verpaßt ihr eine Tracht Prügel und vergewaltigt sie in der Hochzeitsnacht. Manche Frauen hätten angesichts eines solch rabiaten Verhaltens schon längst ihre Koffer gepackt, nicht so Hannah, die klaglos alle Demütigungen und Erniedrigungen durchsteht, das harte Leben auf der Farm trotz Zandys entmutigender Prophezeiungen durchsteht und sogar Zwillinge zur Welt bringt. Erst nachdem ihm seine Mutter eine gehörige Standpauke gehalten hat und er mit den zukünftigen Erben seines Besitzes konfrontiert wird, nimmt Zandy gegenüber Hannah eine etwas versöhnlichere Haltung ein.

Der ansprechend inszenierte Film leidet etwas an seinen schablonenhaft gezeichneten Akteuren, denen Liv Ullmann und Gene Hackman vergeblich Leben einzuhauchen versuchen. Jan Troell mußte die Schwierigkeit bewältigen, bei den Dreharbeiten über ein 100köpfiges Team, bestehend aus Menschen verschiedener Nationen, zu walten und fühlte sich dementsprechend verunsichert und nervös. Ein weiteres Problem ergab sich, daß er aufgrund seines Vertrages sich nicht selbst zur Kontrolle hinter die Kamera klemmen durfte, was für ihn, der im Filmgeschäft ursprünglich als Kameramann angefangen hatte, einer unerhörten Einschränkung gleichkam. jg

Zapfenstreich

Cinderella Liberty. USA 1973 **R** Mark Rydell **B** Darryl Ponicsan, nach seinem Roman **K** Vilmos Zsigmond **M** John Williams **P** Mark Rydell für Sanford Prod./20th Century-Fox **L** 116 Min., Farbe **D** James Caan, Marsha Mason, Kirk Calloway, Eli Wallach, Burt Young, Bruce Kirby jr., Sally Kirkland

Auf Landurlaub in Seattle lernt der Obermaat John Baggs jr. (Caan) die temperamentvolle Maggie (Mason) in einer Bar kennen, in der sie Stammgast zu sein scheint und regelmäßig ein paar Dollar beim Billard-Spiel macht. Ihr zweifelhafter Ruf stört John ebensowenig wie die Tatsache, daß sie einen 10jährigen farbigen Sohn (Calloway), Sproß einer früheren Affäre, hat: Hals über Kopf heiraten die beiden und beginnen ein von zahllosen Schwierigkeiten - hauptsächlich finanzieller Natur - begleitetes Eheleben.

Darryl Ponicsans Adaption seines eigenen, in den Staaten äußerst populären Romans war vielen Kritikern zu sentimental, doch die Darsteller erhielten einmütiges Lob für ihre Arbeit. Marsha Mason gewann für ihre erste große Filmrolle einen Golden Globe und eine Oscar-Nominierung. Die Musik und der Song *You're So Nice To Be Around* (Text: Paul Williams) wurden ebenfalls nominiert. al

Zardoz

Zardoz. Großbritannien 1974 **R** John Boorman **B** John Boorman **K** Geoffrey Unsworth **M** David Munrow **P** John Boorman für 20th Century-Fox **L** 105 Min., Farbe **D** Sean Connery, Charlotte Rampling, Sara Kestelman, Sally Anne Newton, John Alderton

John Boormans Erfolg mit BEIM STERBEN IST JEDER DER ERSTE brachte ihn in die Position, ein ehrgeiziges und teures Projekt mit der Unterstützung von 20th Century-Fox verwirklichen zu können: einen phantastischen Science-fiction-Film, der zugleich als zivilisationskritische Parabel verstanden werden sollte. Die Idee war dem Regisseur während seines Studiums von alternativen Gesellschaftsformen auf der Erde gekommen. Kombiniert mit seiner Leidenschaft für mittelalterliche Legenden entstand eine bizarre Zukunftsvision, angesiedelt im Jahre 2292. Die Erde besteht aus zwei Teilen: dem Vortex, wo eine hochentwickelte Technologie den Tod (und auch die Sexualität) besiegt hat und das mit auserwählten Unsterblichen bevölkert ist, und den verödeten Außenländern, wo die sterblichen „Brutalen“ hausen. Einer von ihnen ist Zed (Connery), dem es gelingt, ins Vortex einzudringen. Mit seiner gewalttätigen und virilen Ausstrahlung bringt er die Unsterblichen, besonders die Frauen, erheblich durcheinander und muß erkennen, daß diese selbst ernannten Auserwählten keineswegs ein beneidenswertes Leben führen.

Visuell ist *Zardoz* verblüffend, besonders die Eingangssequenz, wenn ein riesiger Steinkopf (von den Brutalen als Gott Zardoz verehrt) über das Land schwebt. Doch zur Zeit seiner Erstaufführung konnten die meisten Kritiker und Zuschauer mit Boormans Visionen nichts anfangen: der Film wurde ein Flop. Mittlerweile hat er sich als Kultwerk und einer der interessantesten Science-fiction-Filme der 70er Jahre etabliert. al

Die zarte Falle

The Tender Trap. USA 1955 **R** Charles Walters **B** Julius J. Epstein, nach dem Bühnenstück von Max Shulman und Robert Paul Smith **K** Paul C. Vogel **M** Jeff Alexander **P** Lawrence Weingarten für MGM **L** 110 Min., Farbe **D** Frank Sinatra, Debbie Reynolds, David Wayne, Celeste Holm, Jarma Lewis, Lola Albright, Carolyn Jones, Howard St. John

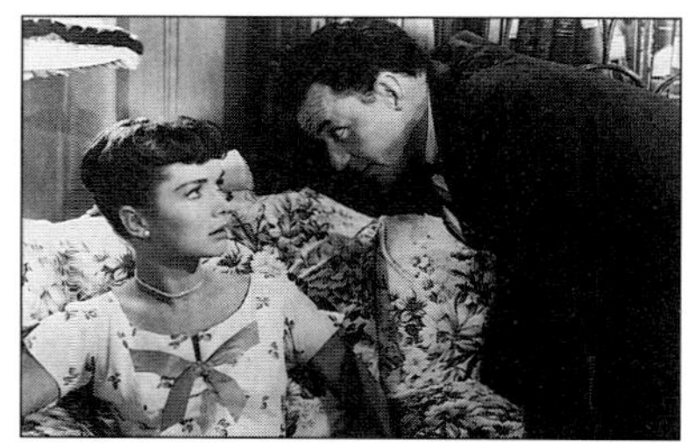

Lust und Leid eines lebhaften Junggesellen, der nach anfänglichem Widerstand einer eisernen Jungfrau ins Netz geht, bildet den dürftigen Rahmen dieser Sex-Comedy von Charles Walters. Ein überaus erfolgreiches Bühnenstück von Max Shulman und Robert Paul Smith legte Julius J. Epstein seinem Drehbuch zugrunde. Frank Sinatra kann sein komödiantisches Talent in der Rolle des New Yorker Geschäftsmannes Charlie Y. Reader zur Entfaltung bringen, der von seinem verheirateten Kumpel Joe (Wayne) ob der unzähligen Damenbekanntschaften beneidet wird. Zwar versucht Charlie seinem Freund klar zu machen, daß so ein ausschweifendes Junggesellendasein auch seine Nachteile hat, doch als er von der zielstrebigen Julie (Reynolds) in den Hafen der Ehe manövriert werden soll, lernt er seinen bisherigen Lebensstil zu schätzen.

Die *New York Times* urteilte über Sinatras Leistung: „...seine (Franks) Darstellung ist eine perfekte Demonstration jener Art vorlauten Humors, den er am besten beherrscht. Sie zeigt den nervösen, ruhelosen Frankie in seiner besten Form als Komiker.“ mg

Zärtlich ist die Nacht

Tender Is the Night. USA 1961 **R** Henry King **B** Ivan Moffat, nach dem Roman von F. Scott Fitzgerald **K** Leon Shamroy **M** Bernard Herrmann **P** Henry T. Weinstein für 20th Century-Fox **L** 145

Min., Farbe **D** Jennifer Jones, Jason Robards, Joan Fontaine, Tom Ewell, Cesare Danova, Jill St. John, Paul Lukas, Bea Benadaret, Charles Fredericks, Stanford Meisner, Mac McWorther

Obgleich sein Name nirgendwo im Vorspann erschien, war dieser Film die letzte Produktionsarbeit des großen Hollywood-Moguls David O. Selznick, der zuvor die Rechte an Fitzgeralds Roman erworben und das Drehbuch von Ivan Moffat gesichtet hatte, ehe er es an die Fox mit der Bitte verkaufte, die Rolle der Nicole Driver seiner Frau Jennifer Jones zu geben.
F. Scott Fitzgeralds Roman war im Grunde genommen eine Verarbeitung persönlicher Schicksalsschläge und Erfahrungen, die der Schriftsteller im Laufe seines Ehelebens mit seiner Frau Zelda hatte durchmachen müssen.
Dick Diver (Robards), ein amerikanischer Psychologe, arbeitet in einer Klinik in Zürich. Hier lernt er die psychisch kranke Millionärin Nicole (Jones) kennen, die er trotz der Warnungen seines alten Mentors Dr. Dohmler (Lukas) heiratet. Das Zusammenleben der beiden unterschiedlichen Menschen verläuft nur solange gut, wie es Diver gelingt, das tagtägliche Eheleben wie eine einzige Idylle erscheinen zu lassen. Dies ist natürlich nur für eine begrenzte Zeit möglich. Bald bringt ihn Nicole mit ihren Eifersüchteleien und anderen dramatischen Verzweiflungsausbrüchen an den Rand des Wahnsinns. Dick entwickelt sich zu einem nervösen, unzufriedenen Arzt, der im Laufe der Monate für das Personal und seine Patienten zu einer Zumutung wird und in ein haltloses Playboy-Dasein absackt, das vor seiner Karriere schon einmal sein Leben bestimmte. Die Ehe endet mit der lange vorhergesehenen Scheidung und Dicks Rückkehr in die Vereinigten Staaten.
Ein ergreifend gespieltes Drama, bei dem Henry King sich allerdings einer Schauspielergarde bediente, die sich an den Kinokassen als nicht zugkräftig genug erwies. Jason Robards hatte sich überwiegend als eindrucksvoller Nebendarsteller einen Namen gemacht und Jennifer Jones´ letzter Film IN EINEM FERNEN LAND lag schon vier Jahre zurück, was sie nicht gerade zu den Topstars jener Jahre zählen ließ. Um die nervenzermürbenden Ehestreitereien und persönlichen Abstiege einigermaßen erträglich zu machen, umgab Henry King seine tragischen Gestalten mit den pittoresken Außenaufnahmen der Schweizer Alpen, die jedoch nicht gegen die zerdehnte Überlänge des Films helfen können. jg

Zärtlich schnappt die Falle zu

How To Save a Marriage (and Ruin Your Life). USA 1968 **R** Fielder Cook **B** Stanley Shapiro, Nate Monaster **K** Lee Garmes **M** Michel Legrand **P** Stanley Shapiro für Nob Hill Prod./Columbia **L** 102 Min., Farbe **D** Dean Martin, Stella Stevens, Eli Wallach, Anne Jackson, Betty Field, Jack Albertson

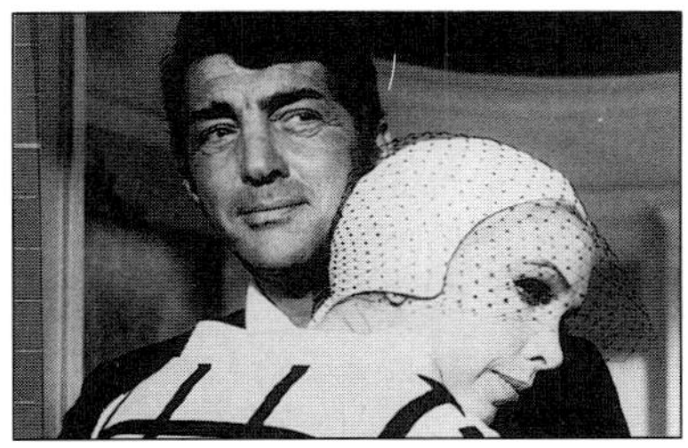

Stanley Shapiro hatte bei Universal für einige der erfolgreichen Doris Day/Rock Hudson-Vehikel verantwortlich gezeichnet, nach deren Schema auch diese Sex-Komödie aufgebaut ist. Dean Martin spielt einen eingefleischten Junggesellen, der versucht, die Ehe eines guten Freundes (Wallach) zu retten, indem er dessen Geliebte verführt. Unglücklicherweise macht er sich jedoch an die Sekretärin (Stevens) heran - mit vorhersehbaren Ergebnissen...
Jede Menge Zweideutigkeiten, teure Ausstattung und Garderobe sowie Martins öliger Charme bestimmen diesen auf Hochglanz polierten Unterhaltungsfilm, der auch nicht besser oder schlechter ist als der Rest der Gattung. Stella Stevens ist wie üblich unterfordert. Der unvermeidliche, während des Titelvorspanns hörbare Song *The Winds of Change* stammt übrigens aus der Feder von Michel Legrand (Musik) und Mack David (Text) und wird interpretiert von den Ray Connif Singers. al

Zärtliche Cousinen

Tendres cousines. Frankreich/BRD 1980 **R** David Hamilton **B** Pascal Laine, Werner Zibaso, nach einer Novelle von Laine **K** Bernard Daillencourt **M** Karin Trouw **P** Linda Guttenberg, Georg M. Reuther für TV 13/Planet-Film/Stephan-Prod./Filmedis-Prod. **L** 91 Min., Farbe **D** Anja Schüte, Thierry Tevini, Valerie Dumas, Laure Deschanel, Silke Rein

Vor dem Hintergrund des heraufziehenden II. Weltkrieges erlebt eine Anzahl von Menschen die sommerliche Idylle der französischen Provence, in der die jungen Leute den ersten Hauch einer aufkommenden Erotik in sich spüren und diese auch ausleben. Vor den abgedroschenen Kulissen rustikaler Ställe, piekender Strohballen und muskulöser Pferderücken räkeln sich hier unsere nymphenhaften Basen in unschuldiger Reinheit, lüften ihre Röcke und zeigen - mal mehr, mal weniger - ihre unverdorbene, blütenweiße Haut, die nach den ersten gleichgeschlechtlichen Spielereien bald von den Händen pubertierender männlicher Verführer entweiht wird.
Das Ganze sollte sich durch den historischen Hintergrund und die detailbesessene Ausstattung wohl ein wenig von den üblichen Softsex-Filmchen der gängigen Machart abheben, doch ist *Zärtliche Cousinen* nichts anderes als eine etwas niveauvoller verpackte erotische Rangelei, bei der sich Mädchenfotograf David Hamilton mal wieder ganz seiner Leidenschaft hingeben konnte. Für die Besetzung hatte er seine Suche über die Grenzen Frankreichs hinaus ausgedehnt, und so finden sich auch die beiden deutschen Cousinen Anja Schüte und Silke Rein auf der Besetzungliste wieder.
Hamiltons dritte Regiearbeit mag zwar dezenter und ästhetischer fotografiert sein als viele andere, vergleichbare Produktionen, hat aber außer verträumt-idealisierten Mädchenbildern nicht viel zu bieten. jg

Zärtliche Stunden

Dulces horas/Doux moments du passé. Spanien/Frankreich 1982 **R** Carlos Saura **B** Carlos Saura **K** Teo Escamilla **M** Luis de Pablo **P** Elías Querejeta für Elías Querejeta P. C. (Madrid), Les Films Jacques Roitfeld (Paris) **L** 106 Min., Farbe **D** Iñaki Aierra, Assumpta Serna, Pablo Hernández, Magdalena García, Alvaro de Luna

Der Schriftsteller Juan (Aierra) erinnert sich beim Durchblättern eines alten Familienalbums seiner Kindheit und ganz besonders seiner Mutter Teresa (Serna), einer wunderschönen Frau, die er abgöttisch liebte. Obwohl er fast fünfzig ist, hat er ihren Tod noch nicht verarbeitet: Sie nahm sich mit Tabletten das Leben, als ihr Mann sie verließ. Teresa ist auch Hauptfigur des neuen Stükkes von Juan, der sich so seine Schuldgefühle von der Seele zu schreiben hofft. Doch seine Hauptdarstellerin (Serna) ist der Mutter so aus dem Gesicht geschnitten, daß er sich unweigerlich in sie verliebt...
Gekonnt spielt Carlos Saura - wie in seinen Filmen aus den 70ern - mit den unterschiedlichen Realitätsebenen, deren komplizierte Verschachtelung dem Zuschauer einige Aufmerksamkeit abverlangt, zumal Assumpta Serna in einer Doppelrolle (als Mutter und Geliebte) zu sehen ist. Eine große Rolle spielt hier die Psychoanalyse, doch ist sie, wie *Der Spiegel* lobend bemerkte „pfiffig und frei von gründelndem Geschwätz". al

Die Zärtlichkeit der Wölfe

Die Zärtlichkeit der Wölfe. BRD 1973 **R** Ulli Lommel **B** Kurt Raab **K** Jürgen Jürges **M** Peer Raben **P** Rainer Werner Fassbinder, Michael Fengler für Tango-Film **L** 95 Min., Farbe **D** Kurt Raab, Jeff Roden, Margit Carstensen, Hannelore Tiefenbrunner, Tana Schanzara, Wolfgang Schenck, Rainer Hauser, Rainer Werner Fassbinder, Barbara Schrein, Ingrid Caven

Rainer Werner Fassbinder, dem man als Regisseur nicht zu Unrecht ein beinahe diktatorisches Verhalten am Set nachsagte, hatte seit seinen Filmanfängen einen festen Stab an Technikern und Schauspielern um sich geschart. Zu ihnen gehörten u.a. der Filmkomponist Peer Raben und die Akteure Hanna Schygulla, Ingrid Caven und Ulli Lommel. Letzterer bekam hier von seinem großen Mentor einen Regieauftrag anvertraut. *Die Zärtlichkeit der Wölfe* war ein beachtenswertes Regiedebüt, bei dem sich die Kritiker nach wie vor unsicher sind, wieviel gestalterisches Geschick Fassbinder selbst in die Produktion einbrachte, der hier nur in einer kleinen Nebenrolle auftrat.
Die Geschichte dieses Streifens basiert auf dem authentischen Fall des homosexuellen Massenmörders Haarmann, der in den Anfangsjahren der Weimarer Republik in Hannover ca. 40 Strichjungen in seine Wohnung lockte, dort tötete und sie anschließend als sorgsam zerteiltes Frischfleisch gegen Entgelt an die Nachbarschaft verteilte, die für die unerwartete Schlachterware sehr dankbar war.
Lommel verpflanzte Haarmann in seinem Werk in das Ruhrgebiet der Nachkriegszeit. Dort schlachtet der glatzköpfige Psychopath (hervorragend verkörpert von Kurt Raab) einen gestrandeten Jugendlichen nach dem anderen ab, was allerdings nach einiger Zeit das Mißtrauen der Nachbarn erregt, die ständig irgendwelche Jungens in seiner Wohnung verschwinden, aber nicht wieder auftauchen sehen. Schließlich wird die bislang etwas untätige Polizei auf das fröhliche Metzeln aufmerksam.
Die Fassbinder-Crew nutzte im Herbst 1972 ihren Aufenthalt am Bochumer Theater und inszenierte neben der Bühnenarbeit innerhalb von 24 Drehtagen diese wenig appetitliche Geschichte eines menschlichen Monsters, von dessen Umtrieben jedoch die ahnungslosen Mitbürger eifrig profitieren.
„Ein Dokumentarstück war nicht beabsichtigt, eher ein böses Kino-Märchen über ein fast liebenswertes Monster in Menschengestalt. Und das gelingt dank Raabs intensivem Spiel und Lommels Kunst, die Moritat zwischen Kolportage und Poesie in der Schwebe zu halten" (*Der Spiegel*). jg

Zauber der Venus

Zauber der Venus. Großbritannien 1991 **R** István Szabó **B** István Szabó, Michael Hirst **K** Lajos Koltai **P** David Puttnam für Enigma Prod./Warner Bros. **L** 119 Min., Farbe **D** Glenn Close, Niels Arestrup, Erland Josephson, Moscu Alcalay, Macha Méril, Johanna Ter Stege, Maite Nahyr, Victor Poletti, Jay O. Saunders, Dieter Laser, Maria de Medeiros

Nach dem Reinfall von HANUSSEN, seinem dritten Film mit dem Österreicher Klaus Maria Brandauer, wandte sich der ungarische Regisseur mit *Zauber der Venus* einem leichtgewichtigeren Stoff zu, der in englischer Sprache und - aus Kostengründen - zum größten Teil in seiner Heimat gedreht wurde. Es geht um den Versuch des aufstrebenden ungarischen Dirigenten Zoltan Szanto (Arestrup), in der Pariser Oper eine Inszenierung von Richard Wagners *Tannhäuser* zustande zu bringen. Schon am ersten Tag stellt er fest, daß „man sich hier in sechs Sprachen mißverstehen kann", denn Besetzung und Crew sind wahrlich internationalen Zuschnitts. Die Proben laufen chaotisch ab, denn neben kleinkarierten Nationalitätengerangel muß der idealistische Maestro sich auch mit den intriganten Verwaltungsbeamten des Hauses, streikenden Ballett-Tänzern und einer unsäglichen Dekoration herumschlagen. Zudem verliebt er, dessen Frau und Kind daheim in Budapest weilen, sich in seinen Star, die gefeierte Diva Karin Andersson (Close). Ob sich der Vorhang für diesen *Tannhäuser* jemals heben wird?
Zauber der Venus beruht zweifellos auf Szabós eigenen Erfahrungen, denn er selbst inszenierte den *Tannhäuser* im Jahre 1986 an der Pariser Oper. Doch der Film interessiert sich nicht nur für die künstlerischen Probleme einer derartigen Produktion, sondern versteht sich auch als Abbild des sogenannten europäischen Hauses, als ironischen Kommentar zum Einigungsversuch dieses vielfältigen Kontinents. Das hat Charme und ist gut gespielt, doch diese Vorzüge werden torpediert durch die unglaubwürdige Romanze zwischen Arestrup und Close, die das Geschehen verlangsamt und die zudem das notwendige Knistern zwischen beiden vermissen läßt. Die US-Aktrice wurde übrigens in ihren klassischen Einsätzen von Kiri Te Kanawa „gedoubelt"; für die Pariser Oper sprang das Budapester Opernhaus ein. al

Der Zauberberg

Der Zauberberg / La montagne magique. BRD/Frankreich/Italien 1981 **R** Hans W. Geißendörfer **B** Hans W. Geißendörfer, nach dem Roman von Thomas Mann **K** Michael Ballhaus **M** Jürgen Knieper **P** Franz Seitz für Franz Seitz Film/Iduna Film (München), Gaumont S.A. (Paris), Opera-Film (Rom) **L** 153 Min., Farbe **D** Rod Steiger, Marie-France Pisier, Flavio Bucci, Christoph Eichhorn, Hans-Christian Blech, Alexander Radszun, Margot Hielscher, Gudrun Gabriel, Ann Zacharias, Irm Hermann, Kurt Raab, Rolf Zacher, Tilo Prückner, Evelyn Künneke

Als Thomas Mann den Nobelpreis für Literatur erhielt, mußte das Gremium mehrmals darauf hinweisen, daß er diese hohe Auszeichnung nicht seinem kongenialen Roman *Der Zauberberg* zu verdanken hatte, sondern den *Buddenbrooks*, die schon Jahre vorher erschienen waren.
Die Kinosaison 1981/82 bescherte dem Publikum die Adaption von zwei Mann-Romanen, die beide gleichermaßen als schwierig verfilmbar galten. Mit einem Etat von 20 Mio. DM machte sich der spätere *Lindenstraßen*-Regisseur Hans W. Geißendörfer daran, den vielschichtigen und verzweigten Roman *Der Zauberberg* für die Leinwand umzusetzen. Produziert wurde dieses europäische Großunternehmen von Franz Seitz, der sich wenige Monate nach Drehschluß ein Herz faßte und bei der Verfilmung von DOKTOR FAUSTUS selbst die Regie übernahm, um damit - im Gegensatz zu Geißendörfer - einen eklatanten künstlerischen Schiffbruch zu erleiden.
Manns Roman spiegelt wie ein einzigartiges Panorama die Gesellschaft der Vorkriegsära zu Beginn des 20. Jahrhunderts mit ihren verschiedenen Vertretern und Weltanschauungen wider. Symbol für diese Zeit ist der Mikrokosmos des *Zauberbergs*, eine enklavenhaft gelegene Kurklinik in den Schweizer Bergen, in die im Jahre 1907 der Hamburger Patriziersohn Hans Castorp (Eichhorn) reist, um seinen Cousin zu besuchen, der dort ein Lungenleiden auskuriert. Auf den jungen Mann wirkt der Klinikalltag mit seinen teils exaltierten, teils dekadenten Patienten zunächst ungewohnt und befremdlich. Mit der Dauer seines Aufenthalts erliegt Castorp jedoch dem mysteriösen Zauber der entlegenen Anstalt, dem er mit seiner Erkrankung gänzlich verfällt. Während die Menschen auf dem *Zauberberg* in einem verzehrenden Rausch den Wechsel der Jahre verleben, braut sich über Europa das Unheil des I. Weltkrieges zusammen, dessen Ausbruch schließlich auch Hans Castorp aus seinen weltvergessenen Träumen reißt und ihn nach sieben Jahren zu einer Rückkehr nach Hamburg bewegt.
Für das deutsche Kino war die Verfilmung des bekannten Romans von Thomas Mann ein gewagtes Mammut-Unternehmen, das nur im Rahmen einer europäischen Koproduktion finanziert werden konnte. Ebenfalls beteiligt war das ZDF, für das Geißendörfer eine 330-minütige TV-Fassung erstellte, die dem Gehalt des Buches wegen ihrer Ausführlichkeit natürlich wesentlich mehr entspricht als die etwas zusammengeschustert wirkende Kinoversion, bei der wichtige Episoden, Dialoge und Personen im Schneideraum einfach der Schere zum Opfer fielen.

Dadurch entstand stellenweise der Eindruck, die Kinoversion sei vornehmlich ein aufgemotztes Ausstattungsstück, das sich selbst in seine Kulissen und Dekorationen verliebt hatte.
Da Geißendörfer für den eigentlichen Schauplatz der Geschichte, den Schweizer Wintersportort Davos, keine Drehgenehmigung erhalten hatte, wich die Crew für die Außenaufnahmen auf einen pompösen Hotelbau in der Nähe von Montreux aus. Weitere Außendrehs entstanden in Jugoslawien und Italien; die Studioaufnahmen wurden in den verschwenderischen Dekorationen der Berliner Ateliers gefilmt. jg

Die Zauberflöte

Trollflöjten. Schweden 1974 **R** Ingmar Bergman **B** Ingmar Bergman, nach der Oper von Wolfgang Amadeus Mozart und dem Libretto von Emanuel Schikaneder **K** Sven Nykvist **P** Röda Kvarn für Sveriges Radio TV 2 **L** 135 Min., Farbe **D** Josef Köstlinger, Irma Urrila, Håkan Hagegård, Elisabeth Eriksson, Britt-Marie Aruhn, Kirsten Vaupel, Birgitta Smiding, Ulrik Cold, Birgit Nordin, Ragnar Ulfung, Erik Saeden, Gösta Prüzelius

Ähnlich wie bei dem ein Jahr zuvor Geschichte machenden SZENEN EINER EHE handelte es sich bei dieser Opern-Adaption um einen Fernsehfilm, in den die schwedischen Sendeanstalten aufgrund des großen Erfolges seines Vorgängers ein Budget von über 4 Mio. Kronen investiert hatten. In Deutschland und den meisten europäischen Ländern lief Bergmans Interpretation der *Zauberflöte* jedoch in den Kinos. Ursprünglich sollte als Koproduktion zwischen Svensk-Film und Dino de Laurentiis eine Version der *Lustigen Witwe* entstehen, doch wurde das Projekt wegen ungeklärter Finanzierungsfragen wieder auf Eis gelegt. Mit der Verfilmung der *Zauberflöte* erfüllte sich Bergman einen lange gehegten Wunsch, insofern kam ihm das 50jährige Jubiläum des schwedischen Rundfunks, aus dessen Anlaß der Film gedreht werden sollte, gerade recht. Faszinierend an dieser Umsetzung ist, daß sich Bergman nicht darauf einließ, eine Bühneninszenierung mit der Virtuosität verschieden plazierter Kameras einzufangen, sondern den Blickwinkel des Zuschauers über den Raum der Bühne hinweg erweitert. So erlaubt er sich Zwischenschnitte in das Publikum, zeigt die Sänger und Schauspieler in ihren Garderoben und auf dem Weg ins Scheinwerferlicht, schweift von dem eigentlichen Hauptgeschehen ab und beschreibt den Zeitvertreib derjenigen Akteure, die nicht gerade auf der Bühne stehen.
Eine eigenwillige, jedoch genial umgesetzte Opernverfilmung von gestalterischer Vollkommenheit, die - obwohl fürs Fernsehen konzipiert - ihre mitreißende Wirkung erst auf einer großen Kinoleinwand entfaltet. jg

Das zauberhafte Land

The Wizard of Oz. USA 1939 **R** Victor Fleming **B** Noel Langley, Florence Ryerson, Edgar Allen Woolf, nach dem Roman *The Wonderful Wizard of Oz* von L. Frank Baum **K** Harold Rosson **M** Harold Arlen, E.Y. Harburg (Text); Herbert Stothart (Score) **P** Mervyn LeRoy für MGM **L** 107 Min., Farbe - s/w **D** Judy Garland, Frank Morgan, Ray Bolger, Bert Lahr, Jack Haley, Billie Burke, Margaret Hamilton, Charles Grapewin, Clara Blandick

Die Kinderbuch-Serie *The Wonderful Wizard of Oz* von L. Frank Baum, um die Jahrhundertwende in Amerika erschienen, wurde schon 1910 das erste Mal verfilmt; 1925 entstand eine weitere Leinwandadaption der phantastischen Literatur, in der Oliver Hardy als Blechbüchsenmann durch das zauberhafte Land schepperte. Louis B. Mayer erwarb 1933 die Rechte an dem Broadway-Musical *The Wizard of Oz*, das auf den Büchern basierte, nahm eine Verfilmung aber erst auf Drängen Arthur Freeds in Angriff. Die Produktionsleitung übertrug der Studio-Boss der MGM dem Regisseur Mervyn LeRoy, der alsbald bemerkte, daß Mayer ihn nicht für die Inszenierung anheuern wollte. LeRoy machte sich folglich auf die Suche nach einem geeigneten Kollegen und wurde bei Victor Fleming fündig (King Vidor sprang zwischenzeitlich drei Wochen für Fleming ein, als dieser mit den Dreharbeiten zu VOM WINDE VERWEHT beauftragt wurde.) Für die Hauptrolle der Dorothy schwebte Mayer Shirley Temple vor. Doch die 20th Century-Fox, die den Kinderstar zu der Zeit unter Vertrag hatte, lehnte es ab, ihn an die MGM-Studios auszuleihen. Und so gab Mayer dem Drängen Freeds und LeRoys schließlich nach, die sechzehnjährige Judy Garland zu engagieren. Als die einjährigen Dreharbeiten zu diesem märchenhaften Musical begannen, ahnte niemand, daß es seine junge Protagonistin über Nacht berühmt machen würde.
Die kleine Dorothy fällt während eines durch Kansas tobenden Orkans in tiefe Ohnmacht. Sie erwacht und findet sich in einem geheimnisvollen Traumland wieder, das in den prächtigsten Farben vor ihr erscheint (die Szenen in der „realen" Welt wurden hingegen in Schwarzweiß aufgenommen). Von einer guten Fee (Burke) erfährt das Mädchen, daß nur der Zauberer von Oz ihr den Weg zurück in ihre Heimat zeigen kann. Auf der Suche nach dem Magier macht sie die Bekanntschaft diverser Bewohner dieses Phantasiereiches. Während ihrer Reise durch Oz erklingen die Lieder *Munchkinland; Ding Dong the Witch Is Dead;Follow the Yellow Brick Road; If I Only Had a Brain/a Heart/the Nerve; If I Were the King of the Forest; The Merry Old Land of Oz; Came Out, Came Out Wherever You Are; It Really Was No Miracle; Lions and Tigers and Bears* und *You're Out of the Woods. Over the Rainbow*, jener Song, der zu Judy Garlands Markenzeichen avancierte, wurde mit dem Academy Award ausgezeichnet. Die Garland selbst erhielt einen Spezial-Oscar als „Beste jugendliche Darstellerin des Jahres". Nicht nur in den Kinos erreichte der Klassiker ein breites Publikum; *The Wizard of Oz* zählt zu den Filmen, die die meisten Fernsehausstrahlungen erleben. Den Erfolg wollte Regisseur Sidney Lumet wiederholen und drehte 1978 das enttäuschende Remake *The Wiz*. In der Rolle der Dorothy war Diana Ross zu sehen, die Vogelscheuche spielte Michael Jackson und als Zauberer agierte Richard Pryor. mg

Zaubernächte in Rio

Romance on the High Seas. USA 1948 **R** Michael Curtiz **B** Julius J. Epstein, Philip G. Epstein, I.A.L. Diamond, nach der Story *Romance in High C* von S. Pondal Rios, Carlos A. Olivari **K** Elwood Bredell **M** Jule Styne, Sammy Cahn (Text) **P** Alex Gottlieb für Warner Bros. **L** 99 Min., Farbe **D** Jack Carson, Janis Paige, Don DeFore, Doris Day, Oscar Levant, S.Z. Sakall, Fortunio Bonanova, Eric Blore

Die Eheleute Kent (Paige/DeFore) verdächtigen sich gegenseitig der Untreue. Um ihren Mann besser überwachen zu können, verzichtet Elvira deshalb auf ihre Kreuzfahrt und schickt statt dessen die Nachtclubsängerin Georgia Garrett (Day) in den Urlaub. Aber auch Mr. Kent ist nicht untätig: Er engagiert den Privatdetektiv Peter Virgill (Carson), der die Schiffsreise mitmacht und die vermeintliche Mrs. Kent bespitzelt. Nach den obligatorischen Mißverständnissen und Verwechslungen fallen sich Georgia und Peter schließlich in die Arme.
Als Doris Day in dieser Komödie ihr Leinwanddebüt gab, hatte sie sich schon längst als Sängerin einen Namen gemacht. *Zaubernächte in Rio* bietet ihr nicht nur die Gelegenheit, erstmals ihr schauspielerisches Talent unter Beweis zu stellen, das erfolgreiche Musical hielt auch Stücke von Jule Styne und Sammy Cahn bereit, die sie zu Gehör bringen konnte: *It's Magic; It's You Or No One; The Tourist Trade; Put, Em in a Box; Tie, Em With a Ribbon, and ThrowEm in the*

Deep Blue Sea; Two Lovers Met in the Night; Run, Run, Run; I'm in Love sowie das von Ray Heindorf und Oscar Levant komponierte *Cuban Rhapsodie*. mg

Zazie

Zazie dans le métro. Frankreich/Italien 1960 **R** Louis Malle **B** Louis Malle, nach dem Roman von Raymond Queneau **K** Henri Raichi **M** Florenzo Carpi **P** Louis Malle für Nouvelles Editions de Films **L** 93 Min., Farbe **D** Catherine Demongeot, Philippe Noiret, Hubert Deschamps, Antoine Roblot, Annie Fratellini, Carla Marlier, Vittorio Caprioli, Yvonne Clech, Nicholas Bataille

Zazie, eine zwölfjährige Vorstadtgöre, kommt für zwei Tage nach Paris, wo sich ihr Onkel Gabriel (Noiret) um sie kümmert, weil ihre Mutter sich anderweitig vergnügt. Zazies Hauptwunsch, mit der Metro zu fahren, kann wegen eines Streiks nicht erfüllt werden, was sie treffend kommentiert: „Scheiße". So jagt sie ihren Onkel durch die Stadt, bis dieser sie schließlich nur noch einholen kann, indem er vom eben besichtigten Eiffelturm springt, einen dürftigen Luftballon als Fallschirm benutzend. Doch damit ist die rasante Fahrt durch die Metropole noch nicht zu Ende...
In diesem Musterbeispiel für die französische Nouvelle Vague zeigt Louis Malle, daß diese Richtung der Filmkunst sich keineswegs auf schnelle Schnitte beschränkt, wie ihr häufig von der Kritik vorgeworfen wurde. Erfolgreich versucht Malle den entlarvenden Sprachwitz und das Tempo der Vorlage filmisch umzusetzen, nicht ohne ganz nebenbei alle Kniffe des Trickfilms Revue passieren zu lassen. Sein Werk vermochte sogar die sonst nörgelige deutsche Kritik zu überzeugen: „Es ist ein Film, der das Prädikat verdient: ´Unvergleichlich!`" mußte selbst der *Münchener Merkur* am Heiligabend 1960 eingestehen. mg

Zehn - Die Traumfrau

Ten. USA 1979 **R** Blake Edwards **B** Blake Edwards **K** Frank Stanley **M** Henry Mancini **P** Blake Edwards, Tony Adams für Orion Pictures/Warner Bros. **L** 122 Min., Farbe **D** Dudley Moore, Julie Andrews, Bo Derek, Robert Webber, Dee Wallace, Sam Jones, Brian Dennehy, Max Showalter, Rad Daly

Noch einmal ist in diesem Film etwas von der Eleganz und dem Witz der großen Blake-Edwards-Komödien aus den 60er Jahren zu spüren. *Zehn* war einer der letzten Erfolge in der Regiekarriere von Blake Edwards, der das Publikum zwar mit einer Reihe weiterer Werke beglückte, die jedoch alle miteinander wenig witzig und eher peinlich waren.
Der erfolgreiche Filmsongschreiber George (Moore) stolpert von einem auf den anderen Tag in die Midlife-Crisis. Entsetzt muß er feststellen, daß seine agilen Jahre nun hinter ihm liegen und es fortan eigentlich nur noch abwärts gehen muß. Auf einmal reicht ihm seine langjährige Freundin Sam (Andrews) nicht mehr aus; George braucht die Bestätigung, daß ihn immer noch viele Frauen attraktiv finden. Eines Tages kreuzt die geheimnisvolle Schönheit Jenny (Derek) seine Bahn, die für George den Inbegriff alles Weiblichen darstellt. Fast verzweifelt sind seine Versuche, Kontakt zu dem Mädchen zu bekommen. Er reist Jenny sogar in die Flitterwochen nach, wo er ihrem frischgebackenen Ehemann das Leben rettet, als dieser auf seinem Surfbrett einschläft. Jenny hat eine ganz besondere Art, sich bei ihm zu bedanken und will ihn in ihrem Hotelzimmer verführen. Die so lang ersehnte heiße Nacht endet jedoch in einem Fiasko. Während George von romantischem Liebesgeplänkel bei klassischer Musik und Kerzenschimmer träumt, will Jenny nur Sex mit ihm haben. Enttäuscht packt der desillusionierte Mitvierziger seine Sachen und kehrt zu Sam zurück, die treu auf ihn gewartet hat.
Ten spielte an den Kinokassen mehr als 40 Mio. Dollar ein, wenngleich ihn viele Kritiker zuvor als „Sleeper of 1979" bezeichnet hatten. Zu einer Berühmtheit wurde Bo Derek, deren Fotos damals weltweit die Gazetten der Klatsch-Illustrierten schmückten. Bekleidet mit einem klitschnassen Baumwoll-Mäntelchen, das ihre Formen mehr enthüllte als verbarg, feierte man sie als erotische Sensation des Jahres 1979. Nach *Zehn* waren ihr und Dudley Moore allerdings nur noch wenige Erfolge beschieden. Unter der Regie ihres Mannes John Derek drehte Bo eine Pleite nach der anderen; Moores weitere Filme erwiesen sich ebenfalls als finanzielle und künstlerische Katastrophen. Henry Mancini wurde für seine Musik für den Oscar nominiert, doch war es nicht seine Komposition, die nach dem Kinostart des Films in den Schallplattenläden reißenden Absatz fand, sondern Maurice Ravels *Bolero*, zu dessen Klängen - laut Edwards´ Streifen - die sexuelle Akrobatik besonders prickelnd sein soll. jg

Die zehn Gebote

The Ten Commandments. USA 1956 **R** Cecil B. DeMille **B** Aeneas MacKenzie, Jesse L. Lasky jr., Jack Gariss, Frederic M. Frank, nach den Romanen *The Prince of Egypt* von Dorothy Clarke Wilson, *Pillar of Fire* von Rev. J. H. Ingram, *On Eagle´s Wings* von Rev. G. E. Southon und der Bibel **K** Loyal Griggs, John Warren, Wallace Kelly, Peverell Marley **M** Elmer Bernstein **P** Cecil B. DeMille für Paramount **L** 219 Min., Farbe **D** Charlton Heston, Yul Brynner, Anne Baxter, Edward G. Robinson, Yvonne de Carlo, Debra Paget, John Derek, Cedric Hartwicke, Nina Foch, Martha Scott, Vincent Price, Judith Anderson, John Carradine, Eduard Franz

Cecil B. DeMille, der Meister des Monumentalfilms, hatte die Moses-Geschichte aus dem Alten Testament schon einmal 1923 als wuchtiges Stummfilm-Epos verfilmt. Sein Remake von *Die zehn Gebote* übertrifft dank seiner technischen Weiterentwicklung das Original natürlich um Längen. Mit diesem gigantischen Filmprojekt verabschiedete sich DeMille in beeindruckender Weise endgültig vom Kino und setzte damit seiner Regielaufbahn ein krönendes Ende.
Als Ägyptens Pharao droht, aus Angst vor einem kommenden Erlöser alle jüdischen Kinder umzubringen, vertraut eine verzweifelte Mutter in einem Bastkörbchen ihr Kind den Fluten des Nils an, die das Baby an eine kitschige Pappmaché-Kulisse anschwemmen, wo es die Tochter des Pharao in ihren Gewahrsam nimmt und es Moses nennt. Nach einem Zeitsprung von ca. 20 Jahren ist aus dem plärrenden Säugling ein stattlicher Mann geworden und wird nun überlebensgroß von Charlton Heston dargestellt. Moses ist der Liebling des Pharao, zieht aber dadurch den Haß seines Sohnes Ramses (Brynner) auf sich. Als er eines Tages erfährt, daß er in Wirklichkeit einer jüdischen Familie abstammt, kehrt Moses dem Luxus des Palastes den Rücken und geht zu seinem Volk zurück. Mit Gottes Hilfe führt er die Juden aus der Knechtschaft der Ägypter und bringt sie ins Gelobte Lnd, wo er auf dem Berg Sinai vom Herrn die Gesetzestafeln mit den zehn Geboten entgegennimmt.
DeMilles Interpretation der biblischen Geschichte hat natürlich nur recht oberflächlich etwas mit Religion zu tun. Es dominieren farbenprächtige Massenszenen und Action-Sequenzen, die mit der naiven Freude des Unterhaltungskinos dargeboten werden. Der Regisseur ließ es sich nicht nehmen, große Teile seines Films an Originalschauplätzen in Ägypten und Sinai zu drehen. Dank der billigen Statisten war es möglich, das Spektakel vom Auszug des jüdischen Volkes mit 12.000 Komparsen sowie mehr als 15.000 Reittieren (Pferde, Esel, Kamele) zu realisieren. Unterstützend stand auch die ägyptische Armee zur Seite, die eigens mehrere tausend Soldaten zur Verfügung stellte, die sich im Umgang mit altertümlichen Streitwagen üben mußten, um dann damit die jüdischen Sklaven zu verfolgen. Vielgerühm-

te Szene des Films ist die Durchquerung des Roten Meeres, für die in den Hollywood-Studios eine komplizierte Apparatur in einem Wasserbassin installiert wurde, bei deren Anwendung sich das Becken teilte und eine Art Graben offenlegte. Ein Zusammenschnitt dieser Aufnahmen, kombiniert mit der Montage des tausendfachen Flüchtlingsheeres, ergaben diese perfekte Illusion. Trotz seiner enormen Laufzeit von über dreieinhalb Stunden war die 13 Mio. Dollar teuere Produktion seinerzeit beim Publikum ungemein beliebt und spielte - inklusive ihrer zahlreichen Wiederaufführungen - bis heute mehr als 80 Mio. Dollar ein. Den Academy-Mitgliedern war das naive Glaubensspektakel freilich nicht seriös genug und deshalb gab es nur einen Oscar für die Spezialeffekte, die John Fulton kreierte. jg

Zehn Stunden Zeit für Virgil Tibbs

They Call Me Mr. Tibbs! USA 1970 **R** Gordon Douglas **B** Alan R. Trustman, James R. Webb **K** Gerald Finnerman **M** Quincy Jones **P** Herbert Hirschman für The Mirisch Company/United Artists **L** 108 Min., Farbe **D** Sidney Poitier, Martin Landau, Barbara McNair, Anthony Zerbe, Jeff Corey, David Sheiner

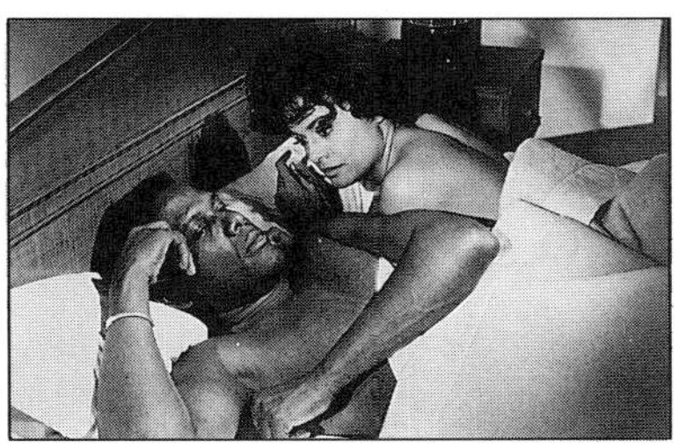

Als der konservative, von Rod Steiger gespielte Sheriff in IN DER HITZE DER NACHT sein farbiges Gegenüber (Poitier) fragt, wie seine Kollegen in Philadelphia ihn nennen würden, entgegnet dieser scharf: „Man nennt mich Mr. Tibbs!" Daher der Originaltitel dieses routinierten Krimis, der mit seinem Vorgänger nur die Hauptfigur gemein hat. In Kalifornien hat Tibbs den brutalen Mord an einer Prostituierten aufzuklären und kommt schließlich nicht umhin, den Mann zu verhaften, den er am wenigsten als Schuldigen sehen möchte: den politisch engagierten Priester Sharpe (Landau).
Interessanterweise kommt während der gesamten Handlung nicht ein einziges Mal die Rassenproblematik zur Sprache, die das beherrschende Thema von *In der Hitze der Nacht* gewesen war. Der Film weist den seinerzeit üblichen Anteil an Verfolgungsjagden und gefährlichen Situationen auf und überzeugt nur in den wenigen Sequenzen, die Tibbs mit seiner Familie zeigen. Nichtsdestotrotz spielte er einen Haufen Geld ein, so daß Poitier ein Jahr später erneut in die mittlerweile vertraute Rolle schlüpfte: *Die Organisation* hieß das wenig bemerkenswerte Ergebnis. al

Das zehnte Opfer

La decima vittima. Italien/Frankreich 1965 **R** Elio Petri **B** Tonino Guerra, Giorgio Salvioni, Ennio Flaiano, Elio Petri, nach der Kurzgeschichte *The Seventh Victim* von Robert Sheckley **K** Gianni Di Venanzo **M** Piero Piccioni **P** Carlo Ponti für Compagnia Cinematografica Champion (Rom), Les Films Concordia (Paris) **L** 92 Min., Farbe **D** Marcello Mastroianni, Ursula Andress, Elsa Martinelli, Salvo Randone, Massimo Serato, Evi Rigano

Im Jahre 2066 ist Mord legal geworden, um den aggressiven Instinkten der Menschheit ein Ventil zu schaffen. Jeder Mensch muß zehn Jagden durchstehen, fünf als Jäger und fünf als Opfer. Dann winken ihm internationale Berühmtheit und eine Prämie von einer Million Dollar. Die Gegner der jeweiligen Jagden werden durch den Computer bestimmt. So erhält die Amerikanerin Caroline (Andress) die Aufgabe, den Italiener Marcello (Mastroianni) zu töten und verhökert sogleich die Rechte an dem Spektakel an eine TV-Gesellschaft. Wird sie es schaffen, den von seiner Ex-Frau und seiner Geliebten (Martinelli) Umschwärmten vor die Kameras zu befördern und dort zu töten?
Elio Petri, mit dem Marcello Mastroianni bereits den vorzüglichen TRAUEN SIE ALFREDO EINEN MORD ZU? gedreht hatte, verriet keineswegs sein sozialkritisches Engagement, als er mit dieser spektakulären Bearbeitung einer Kurzgeschichte von Robert Sheckley einen der wenigen italienischen Science-fiction-Filme vorlegte - im Gegenteil: Die Geschichte wurde in seinen Händen zur bissigen Satire auf die rücksichtslose Sensationsgier der Medien. Zuallererst ist *Das 10. Opfer* jedoch als originelle und spannende Unterhaltung in futuristischer Umgebung zu verstehen. Man hatte auf teure Großbauten verzichtet, sondern statt dessen die Originalschauplätze in New York und Rom geschickt verfremdet und sich auf Möbel, Accessoires und Kostüme konzentriert. Der Zeitströmung entsprechend steht *Das 10. Opfer* ganz im Zeichen der Pop Art. al

Der zehnte Tag

La décade prodigieuse/Dieu incredibili giorni. Frankreich/Italien 1971 **R** Claude Chabrol **B** Paul Gégauff, Eugène Archer, Paul Gardner, nach dem Roman *Ten Day's Wonder* von Ellery Queen **K** Jean Rabier **M** Pierre Jansen **P** André Génovès für Les Films La Boëtie (Paris), Euro International (Rom) **L** 109 Min., Farbe **D** Orson Welles, Marlène Jobert, Anthony Perkins, Michel Piccoli, Guido Alberti, Giovanni Sciuto, Tsilla Chelton

Als „erster theologischer Thriller der Filmgeschichte" wurde Chabrols *Der zehnte Tag* von Kritikern bezeichnet. Neben Elementen des klassischen Detektiv-Films, wie mysteriöse Verbrechen an opulent ausgestatteten Schauplätzen, einem zu Unrecht Verdächtigten und dem obligatorischen Schnüffler, der dem wahren Mörder schließlich zufällig auf die Spur kommt, stellte Chabrol gleichfalls ein religiöses Thema in den Vordergrund seines Werkes: Zehn Tage lang treibt der Großindustrielle Theo van Horn (Welles) seine junge Frau Hélène (Jobert) und seinen Adoptivsohn Charles (Perkins) dazu, die zehn biblischen Gebote zu brechen. Die beiden haben ein Verhältnis miteinander, trauen sich jedoch nicht, es van Horn zu gestehen. Ein unbekannter Erpresser verlangt für sein Schweigen horrende Summen, die das Paar nur durch Diebstähle aufbringen kann. Nach neun Tagen tötet Charles schließlich zuerst seine Geliebte und dann sich.
Mit deutlichen Bezügen legt Chabrol eine theologisch-psychologische Interpretation nahe: Charles und Hélène erscheinen gleichsam als Adam und Eva, deren Konflikt mit dem gottgleichen Theo (griech. Theos = Gott) sie zum Sündenfall nötigt. mg

Das Zeichen des Vampirs

Mark of the Vampire. USA 1935 **R** Tod Browning **B** Guy Endore, Bernard Schubert **K** James Wong Howe **P** E. J. Mannix für MGM **L** 60 Min., s/w **D** Bela Lugosi, Lionel Barrymore, Lionel Atwill, Elizabeth Allan, Holmes Herbert, Jean Hersholt, Carol Borland, Donald Meek, Ivan Simpson

Allem Anschein nach handelt es sich hier zunächst um einen frühen Vampir-Film. Von dieser Voraussetzung waren auch sämtliche Schauspieler ausgegangen, die Regisseur Tod Browning über den Verlauf der Geschichte im unklaren ließ und die sich dann verschaukelt fühlten, als sich das Projekt als „falscher Fuffziger" entpuppte.
In der Tschechoslowakei findet Otto von Zinden (Hersholt) seinen Freund Baron Karl tot auf. Die Leiche weist einige absonderliche Merkmale auf. Am Hals befinden sich Bißspuren und außerdem ist der Körper blutleer. Aus Prag reist der Polizeiinspektor Neumann (Atwill) an, um zusammen mit dem Vampirologen Professor Zelen (Barrymore) den mysteriösen Fall aufzuklären. Mit einer Reihe schauerlicher Zwischenfälle wird das Publikum vorerst bei Laune gehalten. So geistert der tote Baron plötzlich im Schloß herum, und Irena, die Tochter des Verblichenen, erhält Besuch von einer bleichen Vampirbraut, deren Bissen sie jedoch jedesmal mit knapper Not entkommen kann. Schlußendlich stellt sich der ganze Spuk als Humbug heraus. Um Professor Zelen abzulenken und die Vampir-Theorie zu bestätigen, hat Inspektor Neumann einige Schau-

spieler engagiert. Als wahrer Mörder erweist sich Otto von Zinden, der den Baron zuerst vergiftete und ihm dann das Blut abzapfte. Tod Browning drehte mit diesem müden Gruselfilmchen ein Remake seines wesentlich unheimlicheren Stummfilms *London After Midnight*, der 1927 entstanden war. Es fällt zwar recht schwer, über das ärgerliche und völlig aufgesetzte Ende hinwegzusehen, doch sollten zumindest die wunderschöne Ausstattung sowie James Wong Howes stimmungsvolle Schwarzweiß-Fotografie nicht unerwähnt bleiben. jg

Das Zeichen des Zorro

Mark of Zorro. USA 1920 **R** Fred Niblo **B** Elton Thomas, nach der Geschichte *The Curse of Capistrano* von Johnston McCulley **K** William McGann, Harry Thorpe **M** William Perry **P** Douglas Fairbanks für United Artists **L** 85 Min., s/w **D** Douglas Fairbanks, Noah Beery, Marguerite de la Motte, Robert McKim, Charles Hill Mailes, Claire McDowell

Das Zeichen des Zorro war Douglas Fairbanks´ erster Kostümfilm, der im Abenteuer-Genre des Mantel-und Degenmilieus beheimatet war und den Kenner und Kritiker für den besten seiner Werke halten. Zweifellos übte dieser tempo-, spannungs- und gagreiche Film einen wesentlichen Einfluß auf die großen Abenteuerstreifen der 30er und 40er Jahre aus, ohne die wiederum die Actionspektakel eines Steven Spielberg nicht denkbar wären.
Die Doppelrolle des mexikanischen Gerechtigkeitskämpfers Don Diego Vega, der in der Maske des Rächers Zorro für Gerechtigkeit im spanisch besetzten Kalifornien sorgt, kam den akrobatischen Fähigkeiten von Fairbanks sehr entgegen. In einer endlosen Folge weist er seine Gegner mit waghalsigen Sprüngen, Saltos und Degengefechten in die Schranken, was seinerzeit die mexikanischen Zuschauer ungemein erfreute, gab es doch - zumindest auf der Leinwand - endlich jemanden, der für ihre Rechte einstand, mit denen es im mittlerweile amerikanischen Kalifornien ja nicht gerade zum besten stand. Die berühmte Figur des Schriftstellers Johnston McCulley fegte zwanzig Jahre später noch einmal in IM ZEICHEN DES ZORRO (hier war es Tyrone Power) über die Leinwand. Zuvor hatte es schon eine Reihe billig produzierter Serials gegeben. 1974 wurde der Stoff noch einmal mit Alain Delon in der Titelrolle verfilmt. Ins Lächerliche zog 1980 Peter Medak den Degenhelden in seiner recht freien Version ZORRO MIT DER HEISSEN KLINGE, die sich als Parodie jedoch nicht als besonders einfallsreich erwies. jg

Zeichen und Wunder

Waiting For the Light. USA 1989 **R** Christopher Monger **B** Christopher Monger **K** Gabriel Beristian **M** Michael Storey **P** Caldecot Chubb, Ron Bozman für Edward Pressman Prod./Epic Prod./Sarlui-Diamont **L** 100 Min., Farbe **D** Shirley MacLaine, Teri Garr, Hillary Wolf, Colin Baumgartner, Clancy Brown, Vincent Schiavelli

Der in Wales geborene Regisseur Christopher Monger legte mit dieser schrulligen Komödie seinen ersten amerikanischen Film vor. Angesiedelt zur Zeit der Kuba-Krise 1962, erzählt er von der jungen Kay (Garr), die mitsamt ihren beiden Kindern und der wunderlichen Tante Zena (MacLaine) von Chicago an die Ostküste umzieht, wo sie von entfernten Verwandten ein Kleinstadt-Restaurant geerbt hat. Doch - wie sollte es anders sein - das Etablissement stellt sich als wahre Bruchbude heraus, und der Nachbar (Schiavelli) ist ein Ekel. Um ihn zu erschrekken, schleicht sich Töchterchen Emily als Geist verkleidet in sein Haus - woraufhin der Mann glaubt, einen Engel gesehen zu haben. Im Nu ist der Ort von Schaulustigen umlagert, und das Restaurant floriert...
Trotz einiger allzu sentimentaler Momente ist *Zeichen und Wunder* eine witzige Satire auf amerikanische Provinzialität und die typische Leichtgläubigkeit einer Nation, die sich nur allzu gern von wortgewaltigen TV-“Predigern“ den Weg weisen läßt. Shirley MacLaine, in den 80ern häufig als Exzentrikerin zu sehen, ist umwerfend als unternehmungslustige Tante Zena. al

Zeit der Anpassung

Period of Adjustement. USA 1962 **R** George Roy Hill **B** Isobel Lennart, nach dem Bühnenstück von Tennessee Williams **K** Paul C. Vogel **M** Lyn Murray **P** Lawrence Weingarten für MGM **L** 111 Min., s/w **D** Jane Fonda, Jim Hutton, Tony Franciosa, Lois Nettleton, John McGiver, Mabel Albertson, Jack Albertson

Tennessee Williams hätte lieber bei seinen ernsten Stoffen bleiben sollen. Schon sein Bühnenstück war von den Theaterkritikern mit wenig Begeisterung aufgenommen worden; von der Verfilmung erwartete man kaum etwas anderes.
Die beiden jungen Leute George (Hutton) und Isabel (Fonda) heiraten, obgleich sie sich kaum kennen. Prompt trudelt ihre Ehe von einer Schwierigkeit in die andere. Erst erweist sich die Hochzeitsnacht als eklatanter Reinfall, dann stellt sich heraus, daß George seine Kriegserlebnisse, die er während der Korea-Krise durchzustehen hatte, doch noch nicht so komplett überwunden hat, wie er zunächst annahm. Bei ihren Freunden Ralph (Franciosa) und Dorothea (Nettleton), deren Ehe ebenfalls nicht der besten eine ist, bekommen George und Isabel Gelegenheit, sich richtig auszusprechen. Erfreuliches Resultat der Sitzung ist der Entschluß, es noch einmal miteinander zu versuchen. Zudem haben die beiden es erreicht, daß auch Ralph und Dorothea wieder zueinander finden.
Einer der ersten Filmauftritte in der Karriere von Jane Fonda, die hier noch etwas exaltiert und verkrampft agiert und neben den anderen Darstellern sichtlich schwach wirkt. George Roy Hill drehte mit *Zeit der Anpassung* eine eigentümliche Mischung aus Komödie und Melodrama, die es nicht immer schafft, den Grad zwischen den beiden Genres einzuhalten. jg

Zeit der bunten Vögel

Where the Heart Is... USA 1989 **R** John Boorman **B** Telsche Boorman, John Boorman **K** Peter Suchitzky **M** Peter Martin **P** John Boorman für Touchstone Pictures **L** 107 Min., Farbe **D** Dabney Coleman, Uma Thurman, Joanna Cassidy, Crispin Glover, Suzy Amis

Stewart McBain (Coleman) ist der König der New Yorker Abbruchunternehmer - erfolgreich, stinkreich und etwas radikal in seinen Ansichten („Meine Firma hat mehr Gebäude zerstört als der Zweite Weltkrieg“). Um seine drei verwöhnten, fast erwachsenen Kinder mit der Härte des Lebens zu konfrontieren, schmeißt er diese kurzerhand aus dem behüteten Elternhaus hinaus. In einem von Daddys Abbruchhäusern finden sie Unterschlupf und Gefallen am einfachen Leben. Ein dummer Zufall führt die Familie schnell wieder zusammen: Big Daddy hat sich bei einer Börsentransaktion nämlich reichlich verhoben, Konkurs angemeldet und findet, wie originell, dankbar bei seinen Kindern Obdach.
John Boormans Versuch, Drama, Komödie und Sozialsatire in seinem Film unter einen Hut zu kriegen, muß leider als mißlungen angesehen werden. Zu unrealistisch und wirklichkeitsfremd kommt der Handlungsbrei daher als daß man an ihm dauerhaft Gefallen finden könnte. Phasenweise hat der interessierte Zuschauer sogar Probleme, den roten Faden zu erkennen, mit dem die Story mühsam zusammengestrickt ist. Boorman hatte immerhin eine passende Ausrede parat: „Wir haben acht Figuren und zwanzig Geschichten hochgeworfen und sie beim Herumwirbeln beobachtet.“ Die *Frankfurter Rundschau* spottete denn auch zu Recht: „*Zeit der*

bunten Vögel kleistert landläufige Klischees mit schalem Humor aneinander, großväterliche Ansichten jugendlicher Subkultur mischen sich märchenhaft-sentimental mit konturlosen Phantasien von Ausstieg und nicht entfremdeten Leben. Seht nur die bunten Vögel, wie allerliebst! - Daß die Krähen über euch kommen!" sk

Zeit der Liebe, Zeit des Abschieds

Dodsworth. USA 1936 **R** William Wyler **B** Sidney Howard, nach seinem Bühnenstück **K** Rudolph Maté **M** Alfred Newman **P** Samuel Goldwyn für United Artists **L** 90 Min., s/w **D** Walter Huston, Ruth Chatterton, Paul Lukas, Mary Astor, David Niven, Gregory Gaye, Maria Ouspenskaya, Odette Myrtil, Kathryn Marlowe

Das geschmackvoll inszenierte Melodrama *Dodsworth* war der Film, der William Wylers Regieruhm begründete. Erzählt wird darin das problematische Eheleben des reichen amerikanischen Industriellen Sam Dodsworth (Huston) und seiner verwöhnten Frau Fran (Chatterton). Entsetzt muß Fran feststellen, wie schnell sie gealtert ist. Da Amerika ihrer ständigen Sucht nach Abwechslungen und Flirts nichts Aufregendes mehr bieten kann, begibt sie sich zusammen mit Sam auf eine Europa-Reise. In ihrem hemmungslosen Rausch wirft sie sich in den noblen Hotels und Spielcasinos wahllos den Gigolos und Playboys in die Arme, während Sam die Beschaulichkeit und Stille bevorzugt. Eines Tages begegnet er der reichen Witwe Edith Cortright (Astor), die ihm und seiner Gattin gleich bei ihrem Eintreffen in Europa über den Weg gelaufen ist. Zögerte Sam damals noch, sie anzusprechen, so wagt er nun angesichts des desolaten Zustands seiner Ehe diesen Schritt. Trotzdem bringt er es nicht fertig, sich ganz zu ihr zu bekennen. Nachdem das Herz des Zuschauers lange genug strapaziert worden ist, kehrt Sam am Schluß des Films doch noch zu Edith zurück. *Zeit der Liebe, Zeit des Abschieds* war eine der Kinosensationen des Jahres 1936 und erhielt bei der Oscar-Verleihung eine Auszeichnung für seine verschwenderische Ausstattung. Der Film stand ferner als beste Produktion des Jahres 1936 auf der Nominierungsliste. Weitere Anwärter auf den begehrten Preis waren damals William Wyler, Walter Huston (der dann von den New Yorker Filmkritikern zum Besten Schauspieler gewählt wurde), Maria Ouspenskaya sowie Sidney Howards Drehbuch. jg

Zeit der Prüfungen

The Paper Chase. USA 1973 **R** James Bridges **B** James Bridges, nach dem Roman von John Jay Osborn jr. **K** Gordon Willis **M** John Williams **P** Robert C. Thompson, Rodrick Paul für 20th Century-Fox **L** 120 Min., Farbe **D** Timothy Bottoms, Lindsay Wagner, John Houseman, Graham Bekkel, Edward Herrmann, Bob Lydiard

Der interessanteste Aspekt dieses humorvollen Blicks auf eines Studenten erste Erfahrungen mit der Harvard-Universität ist die Mitwirkung John Housemans, der für seine Rolle als unbeugsamer Professor mit einem Oscar als Bester Nebendarsteller ausgezeichnet wurde. Houseman hatte zuvor erst eine einzige kleine Filmrolle gespielt - in SIEBEN TAGE IM MAI - und sich vor allem als Produzent solch intelligenter Streifen wie BRIEF EINER UNBEKANNTEN und STADT DER ILLUSIONEN einen Namen gemacht. Als Jura-Professor Kingsfield macht er in *Zeit der Prüfungen* dem jungen Hart (Bottoms) das Leben schwer, der sich zu allem Überfluß auch noch in die reizende Tochter (Wagner) des Gelehrten verguckt. Der Film weist neben glänzenden Darstellungen auch hervorragende Photographien von Gordon Willis auf und war so erfolgreich, daß er eine gleichnamige TV-Serie nach sich zog. al

Die Zeit der Wölfe

The Company of Wolves. Großbritannien 1984 **R** Neil Jordan **B** Angela Carter, Neil Jordan, nach der Geschichte von Carter **K** Bryan Loftus **M** George Fenton **P** Chris Brown, Stephen Wolley für Palace Prod. **L** 93 Min., Farbe **D** Angela Lansbury, Sarah Patterson, David Warner, Graham Crowden, Brian Glover, Kathryn Pogson, Stephen Rea, Tusse Silberg, Micha Bergese, Georgia Slowe, Danielle Dax

Neil Jordan schuf mit *Die Zeit der Wölfe* einen der schönsten und intelligentesten Fantasy-Filme der 80er Jahre - ein kunstvolles und zugleich kitschiges Geflecht aus spielerisch ineinander übergehende Geschichten, denen allen als verbindendes Element die Gestalt des Wolfes gemeinsam ist, der hier mal als reißende Bestie, mal als Versinnbildlichung der erwachenden Sexualität dargestellt wird. Gekonnt jongliert Jordan mit symbolischen Metaphern, an denen Freud seine wahre Freude gehabt hätte, greift die Rotkäppchen-Geschichte der Brüder Grimm auf und bindet sie in eine bedeutungsschwangere, (alp-)traumhafte Phantasiewelt ein. Das 13jährige Mädchen Rosaleen (Patterson) wird von merkwürdigen Alpträumen heimgesucht, die sie in ein undefinierbares, finsteres Land entführen, wo sie sich in einem idyllischen Dorf inmitten eines dichten Waldes unter der Obhut ihrer Großmutter (Lansbury) wiederfindet, die ihr eine Reihe von Geschichten erzählt, die sich allesamt um die Fabelgestalt des Werwolfs drehen und hier allerdings erschreckende Wirklichkeit werden.

Die Zeit der Wölfe ist eine berauschende Mischung aus Märchen-, Fantasy- und Horrorfilm und beschwört eine eigentümliche, verzauberte Stimmung herauf, wie sie nur wenige Filme bieten können. Ein großes Kompliment gebührt dabei den Ausstattern und Dekorateuren, die in den Londoner Pinewood-Studios einen der schönsten Märchenwälder entstehen ließen - ein Set von unwiderstehlichem Reiz, angefüllt mit verschlungenen Pfaden, meterdicken Baumstämmen, riesigen Pilzen und verwunschenen, kleinen Dorfhäuschen. Weniger gelungen sind freilich die Verwandlungssequenzen des Werwolfs, die einerseits etwas zu krass gerieten, andererseits ihren Plaste- und Elaste-Ursprung nicht verbergen konnten.

Die Zeit der Wölfe erhielt 1984 in Sitges auf dem Internationalen Festival des Phantastischen Films mehrere Auszeichnungen. Die Jury des 13. Festivals des Phantastischen Films in Avoriaz verlieh dem Streifen ihren Sonderpreis. jg

Zeit der Zärtlichkeit

Terms of Endearment. USA 1983 **R** James L. Brooks **B** James L. Brooks, nach dem Roman von Larry McMurty **K** Andrzej Bartkowiak **M** Michael Gore **P** James L. Brooks, Penney Finkelman, Martin Jurow für Paramount **L** 132 Min., Farbe **D** Debra Winger, Shirley MacLaine, Jack Nicholson, Danny De Vito, Jeff Daniels, John Lithgow, Betty King, Lisa Hart Carroll

„Den habe ich wirklich verdient!" war Shirley MacLaines selbstsicherer Ausruf bei der Oscar-Verleihung des Jahres 1984, als sie die begehrte Statuette nach vier vorangegangenen Nominierungen endlich in der Hand hielt. Auch sonst räumte *Zeit der Zärtlichkeit* kräftig ab: Bester Film, Regie, Drehbuch und Nebendarsteller (Nicholson). Die Geschichte umspannt fast 30 Jahre und dreht sich um die Beziehung der früh verwitweten Aurora Greenway (MacLaine) zu ihrer Toch-

ter Emma (Winger), die sich zu einer nicht minder eigenwilligen jungen Dame entwickelt und so manches Mal mit der dominanten Mama aneinander gerät. So heiratet sie gegen deren Willen den liebenswerten, aber schwächlichen Flap Horton (Daniels) und zieht mit ihrer neuen Familie in eine andere Stadt. Während es in der noch jungen Ehe bereits zu kriseln beginnt, sucht auch Aurora den Umgang mit Männern und fängt schließlich mit ihrem Nachbarn (Nicholson), einem Ex-Astronauten, eine Affäre an.
Bis zu diesem Zeitpunkt funktioniert der Film als pointierte Situationskomödie, nimmt dann jedoch eine tragische Wendung, die ebenso unerwartet wie wirkungsvoll ist: Emma erkrankt unheilbar an Krebs.
Daß *Zeit der Zärtlichkeit* trotz dieses drastischen Einschnitts - irgendwann begreift der Zuschauer, daß Emma *tatsächlich* sterben wird - eine dramaturgische Einheit bildet, macht seinen besonderen Reiz aus. „Holt eure Taschentücher raus!" könnte die Parole für die letzte halbe Stunde des Films sein, der dennoch sein Publikum nicht auf billige Art manipuliert, sondern ehrlich berührt. Als kleines Mädchen wird Emma übrigens von Jennifer Josey gespielt. al

Zeit des Erwachens

Awakenings. USA 1990 **R** Penny Marshall **B** Steven Zaillian, nach dem Buch von Oliver Sacks **K** Miroslav Ondricek **M** Randy Newman **P** Walter F. Parkes, Lawrence Lasker für Columbia **L** 104 Min., Farbe **D** Robert De Niro, Robin Williams, Julie Kavner, Ruth Nelson, John Heard, Penelope Ann Miller, Alice Drummond, Judith Malina, Burton Heyman, George Martin

Penny Marshalls ergreifendes Klinik-Drama beruft sich auf die Beschreibungen des englischen Arztes Dr. Oliver Sacks, der 1966 auf der neurologischen Abteilung eines Krankenhauses in der New Yorker Bronx ca. 80 überwiegend älteren Menschen begegnete, die seit ihrer Kindheit in einer Art Lähmungszustand verharrt waren, nachdem sie sich mit dem Virus der Europäischen Schlafkrankheit infiziert hatten. Mit bewundernswerter Einfühlsamkeit nahm Sacks sich dieser Menschen an, studierte sie und ihre Krankheit und holte sie mit dem Nervenmedikament L-Dopa in die Welt der Lebenden zurück.
Im Mittelpunkt dieses Films steht der Mitdreißiger Leonard (überragend dargestellt von Robert De Niro), der schockartig mit der Tatsache konfrontiert wird, daß ca. 25 Jahre seines Lebens an ihm vorbeigerauscht sind, ohne daß er dies registriert hat. Nach der Anwendung von L-Dopa scheint für die ewig Schlafenden eine Phase von ungebändigter Lebensfreude zu beginnen, die jedoch nur eine gewisse Zeit anhält, denn die Wirkung des Mittels ist begrenzt. Nach wenigen Wochen sind Leonard und seine Leidensgenossen wieder in die alte Starre verfallen.
Für einen großen Kinofilm wäre diese wahre Geschichte an sich zu schrecklich und deprimierend, so daß man es Penny Marshall verzeihen kann, wenn sie zur Auflockerung der Geschichte dem bemühten Arzt Sacks eine verständnisvolle Krankenschwester zur Seite stellt, Leonard in der kurzen Phase seiner Genesung gleich eine attraktive Frau kennenlernt oder unappetitliche Klinik-Szenen, wie z. B. Toilettengänge und Patientenpflege völlig fehlen. Und doch ist *Zeit des Erwachens* ein zutiefst menschlicher Film, der dank der überragenden schauspielerischen Leistungen seiner Darsteller zu einer fesselnden und anrührenden Kinounterhaltung wird.
Robert De Niro war an Oliver Sacks´ Forschungsarbeit so sehr interessiert, daß er sich stundenlang dessen Filmaufnahmen und Tonbänder vorspielen ließ und schließlich sogar nach London reiste, um dort mehrere Tage bei den letzten Überlebenden der Krankheit zuzubringen. jg

Die Zeit mit Julien

Kung Fu Master. Frankreich 1987 **R** Agnès Varda **B** Agnès Varda, nach einer Idee von Jane Birkin **K** Pierre-Laurent Chenieux **M** Joanna Bruzdowicz, Rita Mitsouko **P** ciné-tamaris, La sept **L** 80 Min., Farbe **D** Jane Birkin, Mathieu Demy, Charlotte Gainsbourg, Eva Simonet, Judy Campbell, Lou Doillon

Während der Dreharbeiten zu dem autobiographischen Film *Jane B.* erzählte Jane Birkin der Regisseurin Agnès Varda von einer Liebesgeschichte, die sie geschrieben hatte, und die von der unmöglichen Leidenschaft einer reifen Frau zu einem 14jährigen Jungen handelte. Das Thema faszinierte Agnès Varda so sehr, daß sie sich entschloß, ihm eine 10minütige Episode in ihrem Film zu widmen. Recht schnell wurde aber sowohl ihr als auch Jane Birkin klar, daß sich dieser Aspekt unmöglich in einer solch kurzen Zeit auch nur annähernd zufriedenstellend erklären oder schildern ließ. Also wurden die Aufnahmen zu *Jane B.* einfach unterbrochen, um parallel in familiärer Zusammenarbeit die ungewöhnliche Geschichte auf die Leinwand zu bringen. Neben Jane Birkins eigenen Kindern Charlotte Gainsbourg und Lou Doillon wirkten auch ihre Eltern in dem Film mit, ebenso wie Agnès Vardas Sohn Mathieu Demy, der den schwierigen Part des Julien übernahm.
Die ungefähr 40jährige Mary-Jane (Birkin) lebt nach der Scheidung von ihrem Mann mit ihren beiden Kindern Lucy (Gainsbourg) und Lou (Doillon) zusammen in Paris. Eines Tages lernt sie auf einer Party, die Lucy in der gemeinsamen Wohnung gibt, den 14jährigen Julien, einen Schulfreund ihrer Tochter, kennen. Voller Verwirrung muß Mary-Jane erkennen, daß sie für den Jungen Gefühle entwickelt, die weit über das hinausreichen, was man unter Sympathie versteht. Mit dieser ungewöhnlichen Leidenschaft begibt Mary-Jane sich jedoch in eine gesellschaftliche Isolation, denn weder ihre Kinder noch ihre Eltern haben Verständnis für ihre Empfindungen.
Agnès Varda drehte mit *Die Zeit mit Julien* einen ungewöhnlichen Liebesfilm, der in ruhigen, melancholischen Bildern die Geschichte einer von Beginn an zum Scheitern verurteilten Beziehung beschreibt und dabei stets einen nüchternen, unaufdringlichen Erzählstil bewahrt, ohne dabei ins Plakative abzugleiten, was angesichts des gewagten Themas durchaus hätte passieren können. jg

Die Zeit mit Monika

Die Zeit mit Monika. Schweden 1952 **R** Ingmar Bergman **B** Ingmar Bergman, Per Anders Fogelström, nach dem Roman von Fogelström **K** Gunnar Fischer **M** Erik Nordgren **P** Allan Ekelund für Svensk-Film **L** 84 Min. (Originalfassung 96 Min.), s/w **D** Harriet Andersson, Lars Ekborg, John Haryson, Georg Skarstedt, Dagmar Ebbesen, Naemi Brise, Åke Fridell, Gösta Eriksson, Gösta Gustavsson

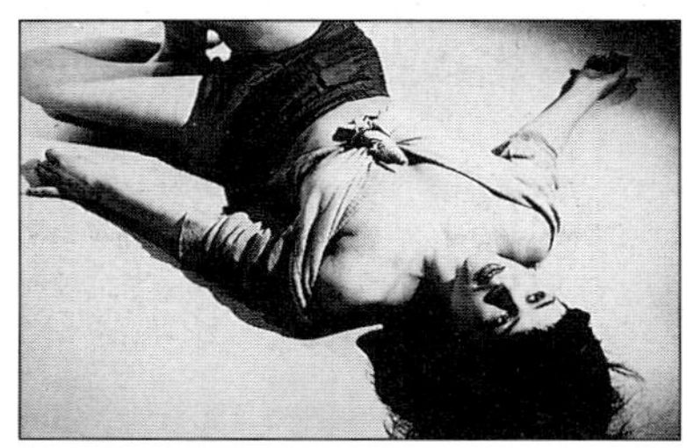

Die Zeit mit Monika ist ein wichtiger persönlicher Meilenstein in Bergmans Regiekarriere. Zum einen konnte Bergman mit diesem Werk nach dem Streik der schwedischen Filmschaffenden seine Arbeit für das Kino wieder aufnehmen, zum anderen wurde ihm dadurch zugleich eine enge Zusammenarbeit mit Harriet Andersson beschert, die für ihn auch privat einen großen Stellenwert einnehmen sollte. Die Kritik bezeichnete damals *Die Zeit mit Monika* als schwedischen Beitrag zum Neorealismus; Harriet Andersson apostrophierte man als skandinavische Silvana Mangano.
Erzählt wird die Liebesgeschichte zwischen den beiden jungen Leuten Harry (Ekborg) und Monika (Andersson). Beide sind von ihren jeweiligen Berufen frustriert; Monika überredet ihren Freund, auf dem Boot seines Vaters dem grauen Alltag zu entfliehen. Von einem auf den anderen Tag steigen die beiden aus der Gesellschaft aus und flüchten in die Sommeridylle der schwedischen Schären, die ihnen Ungebundenheit, Freiheit und sexuelle Harmonie bietet. So romantisch der

Sommer mit Monika begann, so traurig und deprimierend endet er allerdings. Als das Mädchen ihre Schwangerschaft entdeckt, wird überstürzt geheiratet. Das Ehedasein enttäuscht Monika so sehr, daß sie ihr Kind vernachlässigt und sich einen Geliebten nimmt.
Viele bekannte Regisseure, unter ihnen beispielsweise François Truffaut, zählten diesen Film zu den besten Werken des schwedischen Meisters. Auffällig ist, daß Bergman das Drehbuch hier nicht in Alleinarbeit erstellte, sondern mit dem Schriftsteller Per Anders Fogelström kooperierte. Entstanden ist dabei ein überaus spontaner und natürlicher Film über die jugendliche Unbeschwertheit und den Unwillen, sich in die Welt der Erwachsenen einzuordnen. Die deutschen Zensurbehörden kritisierten seinerzeit einige ihrer Meinung nach zu krass geratenen erotischen Darstellungen und kürzten den Film um ca. 12 Minuten. jg

Die Zeit nach Mitternacht

After Hours. USA 1986 **R** Martin Scorsese **B** Joseph Minion **K** Michael Ballhaus **M** Howard Shore **P** Amy Robinson, Griffin Dunne, Robert F. Colesberry **L** 100 Min., Farbe **D** Griffin Dunne, Rosanna Arquette, Linda Fiorentino, John Heard, Teri Garr

Der in New York lebende Programmierer Paul Hackett (Dunne) nimmt eine Zufallsbekanntschaft in einer Snack-Bar zum Anlaß, einmal etwas Abwechslung in sein geregeltes Dasein zu bringen. Er läßt sich mit dem Taxi nach SoHo chauffieren, doch schon im Wagen verliert er seine letzte Banknote und ist fortan darauf angewiesen, mit ein paar Münzen die Nacht zu überstehen. Die reichen nicht einmal, um mit der U-Bahn nach Hause zu kommen. Auf der Suche nach Hilfe gerät Paul an Zeitgenossen, die ihm höchst unterschiedlich gesonnen sind: Frauen mit amourösen Absichten und aufgebrachte Bürgerbanden, die ihn für einen Einbrecher halten und am liebsten gleich lynchen wollen. Paul schlittert von einer verfänglichen bis bedrohlichen Situation in die nächste - der Normalbürger wird in dieser mitternächtlichen Welt zum herumgestoßenen Außenseiter. Doch nach einer allegorischen Verwandlung landet der ebenso Leidgeprüfte wie Unverständige am Morgen direkt an seinem Arbeitsplatz, begrüßt von seinem Computer.
Scorsese hatte nach dem finanziellen Debakel mit dem zunächst unterschätzten THE KING OF COMEDY nur den vergleichsweise kleinen Etat von dreieinhalb Millionen Dollar zur Verfügung. Trotzdem gelang ihm dank der guten Besetzung und der überzeugenden Inszenierung ein kleines Meisterwerk, das nicht nur die kleinbürgerlichen Ängste zum Ausdruck bringt, sondern unverhüllt auch die Neurosen der Nachtgestalten zeigt. mg

Zeit zu leben und Zeit zu sterben

A Time To Love and a Time To Die. USA 1958 **R** Douglas Sirk **B** Orin Jannings, nach dem Roman von Erich Maria Remarque **K** Russell Metty **M** Miklos Rozsa **P** Robert Arthur für Universal **L** 133 Min., Farbe **D** John Gavin, Liselotte Pulver, Jock Mahoney, Don DeFore, Keenan Wynn, Erich Maria Remarque, Dieter Borsche, Barbara Rütting, Thayer David, Charles Regnier, Dorothea Wieck, Agnes Windeck, Kurt Meisel

Fast zwanzig Jahre nach seinem Abschied von Deutschland kehrte Detlef Sierck alias Douglas Sirk nach Berlin zurück, um dort wieder einen Film zu drehen. Das Wiedersehen mit der Stadt, in der seine große Karriere begann, war verständlicherweise von gemischten Gefühlen begleitet und entbehrte nicht einer gewissen Traurigkeit, die sich bei ihm angesichts der Trümmerberge einstellte, die 12 Jahre nach dem Ende des Krieges immer noch in weiten Teilen das Stadtbild bestimmten.
Die Universal hatte schon 1930 mit ihrem frühen Tonfilm IM WESTEN NICHTS NEUES einen Remarque-Roman verfilmt und damit einen weltweiten Erfolg erzielt. *A Time To Love and a Time To Die* kam weit weniger gut an; vor allem in Deutschland wollten die im Taumel des Wirtschaftswunders schwelgenden Deutschen nichts von Kriegstrümmern und unbequemer Vergangenheit wissen, so daß der Film in der Bundesrepublik glatt durchfiel. Das amerikanische Publikum konnte sich ebenfalls nicht damit anfreunden, daß Sirks Werk lediglich aus deutscher Sicht die Ereignisse des II. Weltkrieges schilderte, dessen bittere Konsequenzen für Deutschland aus amerikanischer Sicht nur allzu gerechtfertigt waren. Bei den namhaften europäischen Filmkritikern und Regisseuren fand die tragische Liebesgeschichte immerhin wohlwollende Beachtung. „Sirks Film ist schön, weil man an den Krieg denkt, während man die Bilder der Liebe vorüberziehen sieht und umgekehrt" (Jean-Luc Godard).
Zum Inhalt: Die endgültige Niederlage des Dritten Reichs steht unmittelbar bevor. An allen Fronten befinden sich die Soldaten auf dem Rückzug. Zu ihnen gehört auch Ernst Gräber (Gavin), der eines Tages überraschend Urlaub erhält und sich auf den Weg in die Heimat macht, um dort seine Eltern zu besuchen. Die Ankunft im Reich fällt allerdings anders aus als erwartet; Gräbers Geburtsstadt ist zerstört, seine Eltern sind irgendwohin umquartiert worden. Bei dem Mädchen Elisabeth (Pulver), mit dem er bald eine zärtliche Liebesaffäre beginnt, findet er für die Zeit seines Urlaubs Unterschlupf. Die beiden heiraten und hoffen auf ein baldiges Ende des Krieges. Doch Gräber muß zurück zur Front, wo er fällt.
Zeit zu leben und Zeit zu sterben war Liselotte Pulvers erster Hollywood-Film, dem drei Jahre später die bissige Wilder-Satire EINS, ZWEI, DREI folgte. Ursprünglich sollte das Projekt in der Besetzung mit Marianne Koch und Paul Newman realisiert werden, doch disponierte das Studio um und engagierte die Schweizer Schauspielerin sowie den jungen, aufstrebenden US-Mexikaner John Gavin, den die Universal als neuen Rock Hudson aufbauen wollte. Sirks Remarque-Adaption kann nicht vollständig ihren Hollywood-Ursprung verleugnen und wirkt daher in vielen Passagen nicht überzeugend genug und ein wenig zu angekitscht, um als realistischer Antikriegsfilm durchzugehen. Dennoch gelangen dem Regisseur einige überaus eindringliche und bewegende Sequenzen, deren Höhepunkt die Bilder des Bombenterrors sind, die mit großem pyrotechnischen Aufwand in den Trümmerwüsten Berlins entstanden. jg

Die Zeitmaschine

The Time Machine. USA/Großbritannien 1960 **R** George Pal **B** David Duncan, nach dem Roman von H. G. Wells **K** Paul C. Vogel **M** Russell Garcia **P** George Pal für Galaxy/MGM **L** 103 Min., Farbe **D** Rod Taylor, Yvette Mimieux, Sebastian Cabot, Tom Helmore, Whit Bissell, Doris Lloyd, Paul Frees

Allzu sklavisch hält sich George Pals Film natürlich nicht an H. G. Wells´ berühmten utopischen Roman, doch das tut dem positiven Gesamteindruck dieses Streifens keinen Abbruch. *Die Zeitmaschine* war einer der schönsten und liebevollsten Science-fiction-Werke der frühen 60er Jahre, versehen mit einer verschwenderischen Ausstattung und perfekten Tricktechnik, für die die beiden Special-Effects-Experten Gene Warren und Tim Baar mit einem Oscar belohnt wurden.

Die Geschichte beginnt im Jahre 1899. Der Londoner Wissenschaftler George (Taylor) hat eine Maschine konstruiert, mit der er in die vierte Dimension, d. h. in die Zeit reisen kann. Auf seinem Weg in die Zukunft erlebt er im Schnelldurchlauf die beiden Weltkriege und wird 1966 mit einer atomaren Apokalypse konfrontiert, der er durch eine weitere Flucht nach vorn entkommt, um seine Maschine schließlich im Jahre 802.701 anzuhalten. Die Welt, in der er gelandet ist, steckt voller Rätsel. Im Laufe der Jahrtausende hat sich die Menschheit in zwei unterschiedliche Spezies gespalten. Da gibt es zum einen die Eloi, eine Rasse zarter, fast zerbrechlich wirkender Wesen, und zum anderen die Morlocks, die in unterirdischen Katakomben hausen und die Elois als Nahrung benutzen. George stellt sich auf die Seite der Schwachen, verliebt sich in das Mädchen Weena (Mimieux) und zettelt unter den Sklaven einen Aufstand gegen die Morlocks an. Da das 800. Jahrtausend der Phantasie entsprechend viel Entfaltungsmöglichkeiten gab, sind Ausstattung und Dekorationen recht überzeugend und einfallsreich ausgefallen. *Die Zeitmaschine* ist zweifellos ein Höhepunkt im Werk des Regisseurs und Produzenten George Pal, der schon in den 50er Jahren mit Filmen wie DER JÜNGSTE TAG und KAMPF DER WELTEN einige wertvolle Beiträge zum Science-fiction-Genre geliefert hatte. jg

Zelig

Zelig. USA 1983 **R** Woody Allen **B** Woody Allen **K** Gordon Willis **M** Dick Hyman **P** Robert Greenhut für Jack Rollins-Charles H. Joffe Prod./Orion Pictures. **L** 80 Min., s/w-Farbe **D** Woody Allen, Mia Farrow, Garrett Brown, Stephanie Farrow, Will Holt, Sol Lomita, Mary Louise Wilson

Eine von Woody Allens ungewöhnlichsten und brillantesten Arbeiten ist diese intelligente Satire auf amerikanische Sozial- und Kulturgeschichte, in deren Mittelpunkt die vom Komiker selbst gespielte, fiktive Figur des Leonard Zelig steht, der - so will es das Drehbuch - ein wissenschaftliches Phänomen in den 20er und 30er Jahren darstellte. Der Film entwirft im Stile einer Dokumentation ein Porträt dieses Mannes, der von einem enormen Zwang nach Anpassung an die Gesellschaft beherrscht wurde. Als Kind jüdischer Einwanderer geboren, entwickelte Zelig schon früh das Gefühl, sich unauffällig verhalten zu müssen, um auf möglichst wenig Widerstand zu stoßen. Aus dem Wunsch nach Liebe und Anerkennung heraus nahm er die geistigen und körperlichen Charakteristika der Menschen an, mit denen er jeweils in Kontakt kam. Er hatte keine eigene Identität, war niemand - und damit jeder. Erst die Liebe einer Frau, der Psychologin Dr. Eudora Fletcher (Farrow), ließ Zelig sein wahres Ich finden.
Zelig besteht zum großen Teil aus schwarzweißem, im Stile von Wochenschauaufnahmen gefilmtem Material und Photos, die Zelig mit Persönlichkeiten jener Epoche zeigen: dem Boxer Jack Dempsey, F. Scott Fitzgerald, Präsident Calvin Coolidge und sogar Edgar J. Hoover, dem FBI-Chef. Mit viel Geduld und Geschick mußte Woody Allens Figur bzw. sein Gesicht in echtes Material hineinkopiert werden, während man versuchte, den neuen Szenen mit Mia Farrow und anderen Schauspielern eine „alte" Qualität zu geben, um den enormen Altersunterschied zu verschleiern. Eine besonders unglaubliche Montage zeigt Allen als Nazi, der bei einer NSDAP-Kundgebung auf dem Podium direkt hinter dem Redner Hitler auftaucht, welcher sich dann prompt nach dem Störenfried umdreht. Das Ganze wird umrahmt von farbigen Stellungnahmen bekannter amerikanischer Geistesgrößen, die wie in jeder anständigen Dokumentation einem imaginären Interviewer ihre Erinnerungen anvertrauen, während eine Einblendung den Zuschauer über die Identität des Sprechers informiert. Unter den Persönlichkeiten, die sich dafür zur Verfügung stellten, waren die Schriftsteller Susan Sontag und Saul Bellow, der Soziologe Irving Howe und der Psychologe Bruno Bettelheim.
Die Kritik zeigte sich begeistert von Allens Virtuosität, so schrieb die *New York Times*: „Ein energiegeladener Streifen voll Witz, Weisheit, Komik und perfekter Technologie. Technisch ist er ein kleines Wunder. Ein Triumph für Woody Allen - er ist heute der führende amerikanische Filmemacher." Unverständlicherweise erhielt *Zelig* nur eine einzige Oscar-Nominierung - für Gordon Willis' Kameraarbeit. al

Zelle R 17

Brute Force. USA 1947 **R** Jules Dassin **B** Richard Brooks, nach einer Story von Robert Patterson **K** William Daniels **M** Miklos Rozsa **P** Mark Hellinger für Universal **L** 98 Min., s/w **D** Burt Lancaster, Hume Cronyn, Charles Bickford, Yvonne de Carlo, Ann Blyth, Ella Raines, Anita Colby, Sam Levene

Seinerzeit für seine Brutalität und Grausamkeit heftig angegeriffen wurde dieses Gefängnis-Drama, das zu Jules Dassins bemerkenswerten frühen Arbeiten gehört. Es geht um eine Gruppe von vier Sträflingen, die sich nicht nur an die unmenschlichen Lebensbedingungen hinter Gittern gewöhnen müssen, sondern vor allem daran, von ihren Frauen getrennt zu sein. Während sie gemeinsam einen Ausbruch planen, wird in Rückblenden erzählt, wie die vier - alles im Grunde brave Jungs - sich ihre Strafen einhandelten...
Mark Hellinger hatte Burt Lancaster schon zu seinem Filmdebüt in RÄCHER DER UNTERWELT verholfen und präsentierte dem aufstrebenden Schauspieler hier eine weitere Möglichkeit zum Ausspielen seiner beachtlichen Präsenz. Hume Cronyn ist unvergeßlich als sadistischer Aufseher. Auch aus heutiger Sicht hinterläßt *Zelle R 17* immer noch einen starken Eindruck, auch wenn jüngere Gefängnis-Filme mittlerweile ein wesentlich akkurateres und vor allem noch härteres Bild von den Zuständen in einer Vollzugsanstalt geliefert haben. al

Zeppelin

Zeppelin. Großbritannien 1970 **R** Etienne Perier **B** Arthur Rowe, Donald Churchill, nach einer Story von Owen Crump **K** Alan Hume **M** Roy Budd **P** Owen Crump für Warner Bros. **L** 97 Min., Farbe **D** Michael York, Elke Sommer, Peter Carsten, Marius Goring, Anton Diffring, Andrew Keir, Rupert Davies, Alexandra Stewart, William Marlow, Alan Rothwell

Ein ungewöhnliches Spionageabenteuer aus dem Ersten Weltkrieg, das zwar mit einigen vortrefflichen Trickeffekten und wunderschönen schottischen Landschaftsaufnahmen aufwarten kann, ansonsten jedoch unter seiner schwachen Story und den nur durchschnittlich agierenden Schauspielern leidet. Geoffrey Richter-Douglas (York), ein Schotte mit deutschen Verwandten, wird im Kriegsjahr 1915 nach Deutschland eingeschleust, um dort Erkundigungen über die Wunderwaffe der Feinde einzuholen. Gemeint ist damit ein neuartiges Luftschiff, mit dem eine Invasion auf der britischen Insel vorbereitet werden soll. Richter gelingt es, an Bord des Zeppelins zu kommen und an einem Testflug teilzunehmen. Zum Entsetzen des Erfinders Professor Altschul (Goring) und seiner bezaubernden Frau Erika (Sommer) geht das Luftschiff jedoch auf Feindfahrt. Der kaltblütige Oberst Hirsch (Diffring) will die in einer schottischen Burg gelagerte Magna Carta erbeuten, um Großbritannien

einen moralischen Tiefschlag zu versetzen. Die Mission wird von dramatischen Entwicklungen begleitet.
Star des Films ist zweifellos der Zeppelin, den Trickspezialist Cliff Richardson in liebevoll gemachten Modellaufnahmen täuschend echt in die Geschichte einbrachte. Die Dreharbeiten zu diesem Film machten vor allem wegen eines Unfalls von sich reden. Bei einer der zahlreichen Luftaufnahmen kollidierte ein Flugzeug mit dem Helikopter des Kamerateams. Vier Menschen starben, unter ihnen auch der versierte Kameramann Skeets Kelly, der u.a. für die bekannten Streifen TSCHITTI TSCHITTI, BÄNG BÄNG und *Luftschlacht um England* die Flugsequenzen gedreht hatte. jg

Der zerbrochene Krug

Der zerbrochene Krug. Deutschland 1937 **R** Gustav Ucicky **B** Thea von Harbou, nach dem Bühnenstück von Heinrich von Kleist **K** Fritz Arno Wagner **M** Wolfgang Zeller **P** Tobis-Magna **L** 85 Min., s/w **D** Friedrich Kayssler, Emil Jannings, Lina Carstens, Angela Salloker, Bruno Hübner, Paul Dahlke, Max Gülstorff, Elisabeth Flickenschildt, Walter Werner, Erich Dunskus

Heinrich von Kleists derb-komisches Lustspiel erfuhr eine Leinwand-Umsetzung, die wohl die beste Besetzung aufwies, die der deutsche Film zur damaligen Zeit zu bieten hatte.
Die brave Bürgersfrau Marthe Rull (Carstens) ärgert sich über einen zerbrochenen Krug. Die Schuld an diesem Schaden schiebt sie Ruprecht Tümpel (Dahlke), dem Verlobten ihrer Tochter Eve (Salloker), zu. In der Tat hat Ruprecht den Krug zerdeppert, doch der Tathergang ist nur allzu verständlich. In einem unerwarteten Moment hatte er des Nachts seine Angetraute in flagranti mit dem Dorfrichter Adam (Jannings) erwischt, dem er daraufhin mit dem irdenen Gefäß eins überzog. Die Affäre weitet sich zu einem Skandal im Dorfe aus, dem sich der schmierige Richter durch ein Netz von Lügen, Ausflüchten und Beschuldigungen zu entziehen sucht. Zum Schluß siegt allerdings - so wie es sich gehört - die Gerechtigkeit.
Obgleich Emil Jannings gegenüber der NS-Bewegung eine durchaus positive Einstellung hatte, konnte er doch nicht seine persönliche Aversion gegen Reichspropagandaminister Goebbels verheimlichen, den er, wo immer es ging, karikierte und lächerlich machte. So werteten viele Zuschauer seine Interpretation des Dorfrichters Adam als hintergründige und versteckte Attacke auf den selbstherrlichen Minister, die hier besonders offensichtlich war, weil Jannings im Film mit einem Klumpfuß durch das Set hinkte. Da der Schauspieler eine internationale Popularität genoß, waren Goebbels die Hände gebunden und Jannings blieb daher unangetastet. jg

Der zerrissene Vorhang

Torn Curtain. USA 1966 **R** Alfred Hitchcock **B** Brian Moore, nach seiner Story **K** John F. Warren **M** John Addison **P** Alfred Hitchcock für Universal **L** 126 Min., Farbe **D** Paul Newman, Julie Andrews, Wolfgang Kieling, Lila Kedrova, Hansjörg Felmy, Tamara Toumanova, Ludwig Donath, Günther Strack, Gisela Fischer, Mort Mills

Der zerrissene Vorhang, der in Hitchcocks Regiekarriere der 50. Film war, sollte ein ganz besonderes Jubiläumswerk werden, doch als der Streifen dann fertig war, zeigten sich weder das Publikum noch die Kritiker und erst recht nicht der Altmeister damit zufrieden. Die etwas saft- und kraftlos inszenierte Geschichte - eine der damals so beliebten Spionagestorys - leidet an ihrer Unglaubwürdigkeit und einer Reihe technischer Schlampereien, die für einen so versierten Regisseur wie Hitchcock mehr als peinlich sind.
Der amerikanische Wissenschaftler Michael Armstrong (Newman) setzt sich zum Schein in die DDR ab, um dort dem Leipziger Professor Gustav Lindt (Donath) eine wichtige Formel zu entlocken. Armstrongs Verlobte Sarah Sherman (Andrews) versteht die Welt nicht mehr, dackelt jedoch treu dem Geliebten hinterher, der sie in einem günstigen Augenblick über seine wahren Beweggründe aufklärt, worauf sich Sarahs zerknitterte Miene aufhellt. Als der Staatssicherheitsdienst Armstrongs Pläne aufdeckt, werden die beiden US-Bürger gnadenlos von den Schergen des Arbeiter- und Bauernstaates gehetzt.
Zwar konnte Hitchcock mit Paul Newman und Julie Andrews über zwei der kassenträchtigsten Stars der damaligen Zeit verfügen, sein Verhältnis zu den beiden blieb jedoch kühl. Mit Julie Andrews konnte er nicht viel anfangen (sie war wohl nicht blond genug), und Paul Newman fand er schlichtweg unmöglich, nachdem sich dieser bei einer Einladung in sein Haus wie ein pubertierender Rowdie benommen hatte, als er statt des angebotenen erlesenen Weins ordinäres Bier bevorzugte und zudem auch noch seine Jacke über die Stuhllehne schmiß, anstatt sie an der Garderobe aufzuhängen. Hitchcocks Desinteresse an seinen Protagonisten ist wohl ein Grund, warum keine der beiden Gestalten sonderlich interessant oder teilnahmsvoll wirkt. Auch von technischer Seite her haperte es an allen Ecken und Enden. Obwohl Hitch die Reiseroute, die seine beiden „Helden" im Film durchlaufen, selbst wenige Jahre zuvor zurückgelegt hatte, legte er wenig Wert auf die Authentizität der Schauplätze. So entstanden die Außenaufnahmen vom Bauernhof bei Berlin im kalifornischen Camarillo; alle übrigen deutschen Kulissen wurden auf dem Studiogelände der Universal gedreht, was dem Film eine eigentümliche, künstlich wirkende Atmosphäre verlieh. In deutscher Landschaft waren lediglich die Rückprojektionen gedreht worden, mit denen Hitchcock aber auch höchst unzufrieden war. Ein wenig lächerlich wird es, wenn an der Stelle, in der Newman seine Angetraute endlich in seine Pläne einweiht, die Kamera langsam zurückfährt und erst dann zum Halten kommt, als die Scheinwerfer der Studiodecke sichtbar werden.
Der zerrissene Vorhang stieß damals nur auf wenig Gegenliebe, besitzt heute eher einen skurrilen Reiz und ist letztendlich nur wegen der langatmigen, brutalen Mordsequenz sehenswert, in der Paul Newman alle Mühe hat, seinen Stasi-Verfolger Kieling zu exekutieren. Mit diesem *Torn Curtain* endete gleichzeitig die langjährige Zusammenarbeit zwischen Hitchcock und seinem Lieblingskomponisten Bernard Herrmann, der einen Soundtrack abgeliefert hatte, mit dem der Altmeister ganz und gar nicht zufrieden war. Herrmann wurde gefeuert und durch John Addison ersetzt, dessen Musik parallel zum Start des Films auch auf Schallplatte herausgebracht wurde. jg

Zeuge einer Verschwörung

The Parallax View. USA 1974 **R** Alan J. Pakula **B** David Giler, Lorenzo Semple jr., nach dem Roman von Loren Singer **K** Gordon Willis **M** Michael Small **P** Alan J. Pakula für Paramount **L** 102 Min., Farbe **D** Warren Beatty, Paula Prentiss, William Daniels, Walter McGinn, Hume Cronyn, Kelly Thordsen

Während einer Privatparty in Seattle wird ein honoriger Politiker von einem Attentäter erschossen, der ebenfalls ums Leben kommt, während ein Komplize unerkannt entkommen kann. Ein Untersuchungsausschuß erklärt wenig später, es handle sich um die Tat

eines fanatischen Einzelgängers, für eine Verschwörung habe man keine Hinweise. Drei Jahre später wird der Reporter Joe Frady (Beatty) - seinerzeit auf der Party zugegen - von einer Kollegin (Prentiss) aufgesucht, die sich in Todesangst befindet: Unbekannte würden versuchen, alle damaligen Zeugen aus dem Weg zu räumen, auch sie selbst und Frady wären darunter. Ihr Tod beseitigt Fradys letzte Zweifel an diesen Behauptungen, und er begibt sich auf eine gefährliche Spurensuche...

Alan J. Pakulas spannender Polit-Thriller entstand zu einer Zeit, als die amerikanische Öffentlichkeit durch Vietnam sowie den gerade aufgedeckten Watergate-Skandal tief verunsichert war. Auch Parallelen der Handlung zur Ermordung John F. Kennedys im Jahre 1963 sind unübersehbar. Für Warren Beatty war es der erste Auftritt nach zweijähriger schauspielerischer Untätigkeit und reflektierte deutlich sein stark gewachsenes politisches Engagement. al

Zeugin der Anklage

Witness For the Prosecution. USA 1957 **R** Billy Wilder **B** Billy Wilder, Harry Kurnitz, Larry Marcus, nach dem Roman und dem Bühnenstück von Agatha Christie **K** Russell Harlan **M** Matty Malnick **P** Arthur Hornblow für Theme/United Artists **L** 114 Min., s/w **D** Tyrone Power, Marlene Dietrich, Charles Laughton, Elsa Lanchester, John Williams, Henry Daniell, Ian Wolfe, Una O'Connor, Torin Thatcher

Zeugin der Anklage war ein weiterer Film, mit dem Billy Wilder den Beweis erstellte, daß er auf dem Gebiet des Kriminaldramas ebenso bewandert war wie in der Komödie. Sein aufwühlend gestaltetes Werk gewinnt seine Faszination zu einem Großteil durch die Gestaltung seiner Protagonisten und deren überraschende Gesinnungswandlungen. Saubermann und Frauenheld Tyrone Power steht in der Rolle des Leonard Vole vor Gericht, wo er des Mordes an einer reichen Witwe angeklagt ist. Seine Verteidigung hat der Londoner Staranwalt Sir Wilfred Robert (blendend dargestellt von Charles Laughton) übernommen, der sich neben dem kniffligen Fall auch noch mit der aufdringlichen Krankenschwester Miss Plimsoll (Laughtons Ehefrau Elsa Lanchester) herumärgern muß, die mit penibler Strenge über seine angegriffene Gesundheit wacht. Vole ist verheiratet mit der deutschstämmigen Christine (Dietrich), einer geheimnisvollen Frau, die niemanden hinter ihre äußerlich so kühle und unnahbare Fassade blicken läßt. Durch einen raffinierten Trick gelingt es ihr, als Zeugin der Anklage ihren über alles geliebten Mann zu entlasten und seinen Freispruch zu bewirken. Eigentlich könnte jetzt alles zu Ende sein, doch in dem Moment, wo sie Leonard überglücklich in ihre Arme schließen will, erlebt Christine eine gräßliche Überraschung...

Viele Gerichtsdramen mögen eine eher langweilige Angelegenheit sein. Wilders Film jedoch bietet vom ersten Augenblick an packende Unterhaltung. Dabei konnte sich der Regisseur auf einen exzellenten Stab von Darstellern verlassen, wie es sie heute einfach nicht mehr gibt. In technischer Hinsicht orientierte sich Kameramann Russell Harlan recht deutlich an dem Hitchcock-Film DER FALL PARADIN und übernahm daraus einige Einstellungen, diverse Untersichten, Schwenks und Zwischenschnitte ins Publikum. Ein Kuriosum ergab sich im übrigen bei der Gestaltung der Dekorationen. Da die Behörden dem Team untersagt hatten, im Gerichtssaal des Old Bailey zu drehen, mußte der Filmarchitekt Alexander Trauner nach ein paar flugs angefertigten Skizzen (fotografiert werden durfte der Raum ebenfalls nicht) seine Kulissen entwerfen, die er gemäß Wilders Forderungen so erbaute, daß sie der Kamera ein hohes Maß an Flexibilität ermöglichten. So konnten die aus Eichenholz bestehenden Zwischenwände jederzeit entfernt werden, wodurch der Gerichtsraum je nach Bedarf vergrößert oder verkleinert wurde.

Zeugin der Anklage war 1957 ein hochdotierter Bewerber für den Oscar, ohne letztendlich einen davon zu gewinnen. Nominierungen gab es in den Kategorien Bester Film, Regie, männlicher Hauptdarsteller (Laughton), weibliche Nebenrolle (Lanchester), Ton und Schnitt. jg

Zeugin des Mordes

Witness To Murder. USA 1954 **R** Roy Rowland **B** Chester Erskine **K** John Alton **M** Hershel Burke Gilbert **P** Chester Erskine **L** 81 Min., s/w **D** Barbara Stanwyck, George Sanders, Gary Merrill, Jesse White, Harry Shannon, Claire Carleton

Während einer stürmischen Nacht in Los Angeles beobachtet die Geschäftsfrau Cheryl Daper (Stanwyck) einen Mord in der ihrem Apartment gegenüberliegenden Wohnung. Die verständigte Polizei kann allerdings bei ihrem Eintreffen bei dem der Tat beschuldigten Albert Richter (Sanders) weder eine Leiche noch Beweise sicherstellen, die Cheryls Behauptungen untermauern würden. Richter hingegen findet bald heraus, wer die Zeugin des Verbrechens war und versucht, seine Nachbarin systematisch in den Wahnsinn zu treiben.

Dieser eher unbedeutende „Programmfüller" bietet neben einigen spannenden Elementen und der diabolischen Darstellung George Sanders', eine routinierte Leistung Barbara Stanwycks, die hysterisch und stetig an ihrer geistigen Verfassung zweifelnd, eine Variante ihrer Rolle der reichen Erbin in DU LEBST NOCH 105 MINUTEN liefert. mg

Der Zigeuner

Le gitan. Frankreich/Italien 1975 **R** José Giovanni **B** José Giovanni, nach seinem Roman *Histoire de fou* **K** Jean-Jacques Tarbès **M** Django Reinhardt, Claude Bolling **P** Raymond Danon für Adel Productions/ Lira Films (Paris), Mondial Te.Fi. (Rom) **L** 102 Min., Farbe **D** Alain Delon, Paul Meurisse, Annie Girardot, Marcel Bozzuffi, Renato Salvatori, Bernard Giraudeau, Maurice Barrier

José Giovanni hat sich nicht nur als Regisseur einen Namen gemacht, sondern etablierte sich auch als Autor von Romanen und Drehbüchern. Sieben von seinen insgesamt neun literarischen Werken wurden von ihm selbst oder von namhaften Regie-Kollegen verfilmt, so beispielsweise DER KOMMISSAR UND SEIN LOCKVOGEL, ENDSTATION SCHAFOTT, DIE ABENTEURER, DER ZWEITE ATEM oder HO! Auch für *Le gitan* griff Giovanni auf eine seiner eigenen Vorlagen zurück. Wieder steht ein Außenseiter im Mittelpunkt der Geschichte: Der Zigeuner Hugo Sennart (Delon) haßt die Gesellschaft, die sein Volk ablehnt und es in die Isolation treibt. Aus Rache und um zu überleben, schließt er sich mit zwei Freunden zusammen und raubt Banken aus. Die Polizei hat schon bald seine Spur aufgenommen und jagt die Bande durchs ganze Land. Die Musik zu diesem engagierten Kriminalfilm stammt von Django Reinhardt, einem Jazzgitaristen, der musikalische Elemente der traditionellen Zigeunermusik in den Jazz integrierte. mg

Ein Zimmer in der Stadt

Un chambre en ville. Frankreich 1982 **R** Jacques Demy **B** Jacques Demy **K** Jean Penzer **M** Michel Colombier **P** Christine Gouze-Renal für Progrefi/ TF1 Films/U. G. C./Top No 1 **L** 92 Min., Farbe **D** Dominique Sanda, Danielle Darrieux, Richard Berry, Michel Piccoli, Fabienne Guyon, Anna Gaylor

Nachdem er acht Jahre - seit dem Reinfall von DIE UMSTANDSHOSE - nicht mehr in Frankreich gearbeitet hatte, kehrte Jacques Demy mit dieser Produktion zum Rezept seines Welterfolges DIE REGENSCHIRME VON CHERBOURG zurück: Während

des gesamten Films wird kein einziges Wort gesprochen, sondern ausschließlich gesungen. Die Handlung spielt in Demys Heimatstadt Nantes und ist angesiedelt im Jahre 1955, als ein Streik in einem Stahlwerk die kleine Hafenstadt erschüttert. Auch François (Berry), der ein Zimmer bei der verarmten Baronin Margot Langlois (Darrieux) bewohnt, engagiert sich im Arbeitskampf, hat jedoch auch private Probleme. Seiner Freundin (Guyon) überdrüssig geworden, verliebt er sich leidenschaftlich in die mysteriöse Edith (Sanda), die sich schließlich als Tochter der Baronin herausstellt. Mit einem reichen Widerling (Piccoli) verheiratet, pflegt sie nur mit einem Pelzmantel bekleidet herumzulaufen und betätigt sich ab und an als Prostituierte.
Die Handlung ist dermaßen unglaubwürdig und melodramatisch, daß schon Methode dahinter stecken muß, zumal Demy bemerkte, er liebe Klischees und Alltäglichkeiten „weil sie das Leben sind". Die Besetzung ist erstklassig, allerdings singen nur Darrieux und Guyon ihre Rollen selbst, alle anderen wurden nachsynchronisiert. Die Musik ist auch das schwächste Element des Films, denn es fehlt ihr der mitreißende Schwung von Michel Legrands Kompositionen aus *Die Regenschirme...* und dessen Nachfolger DIE MÄDCHEN VON ROCHEFORT. al

Zimmer mit Aussicht

A Room With a View. Großbritannien 1986 **R** James Ivory **B** Ruth Prawer Jhabvala, nach dem Roman von E. M. Forster **K** Tony Pierce-Roberts **M** Richard Robbins **P** Ismail Merchant für Merchant-Ivory-Prod./Goldcrest/ National Film Finance Corporation/Curzon Film/Film Four International **L** 116 Min., Farbe **D** Julian Sands, Helena Bonham-Carter, Denholm Elliott, Maggie Smith, Daniel Day-Lewis, Simon Callow, Rosemary Leach, Rupert Graves, Fabia Drake

Jahrelang hatten sich James Ivory und sein Produzent Ismail Merchant bemüht, die Rechte an dem Forster-Roman *Reise nach Indien* zu erwerben, die ihnen schließlich von David Lean vor der Nase weggeschnappt wurden. Da Forsters Œuvre schließlich noch mehr Werke umfaßt, fanden die beiden schnell einen passenden Ersatz.
Zimmer mit Aussicht spielt in der zugeknöpften ersten Dekade des 20. Jahrhunderts. Man schreibt das Jahr 1907. In Großbritannien entdeckt man in begüterten Kreisen die Lust an Reisen in den fernen Süden. In Begleitung ihrer prüden Tante Charlotte (Smith) kommt die junge Lucy Honeychurch (Bonham-Carter) im sonnenumfluteten Florenz an, wo sie während einer Landpartie die Bekanntschaft des adretten George Emerson (Sands) macht. Verwirrt durch das heiße Klima und die fremde Umgebung, läßt sie sich zu einer leidenschaftlichten Umarmung hinreißen. Zurück im kühlen England möchte Lucy von dieser Eskalation der Gefühle nichts mehr wissen und widmet sich daher wieder ihrem ziemlich vertrockneten Verehrer Cecil Vyse (Day-Lewis). Es kommt zu einem nervenaufreibenden Hin und Her, als sich George mit seinem Vater in der Nähe des Honeychurchschen Anwesens niederläßt. Am Ende entscheidet sich Lucy glücklicherweise gegen die Konvention und für die Liebe.
Eine feinsinnig und blendend unterhaltende Liebesgeschichte mit komödiantischem Einschlag, in der von den Schauspielern bis hin zu der erlesenen Ausstattung und den Kostümen (hierfür gab es zwei Oscars) einfach alles stimmt. Eine weitere Auszeichnung wurde bei den Oscar-Feierlichkeiten an das Drehbuch verliehen; daneben gab es Nominierungen für den Besten Film und die Regie sowie für Denholm Elliott und Maggie Smith. Angesichts der farbenprächtigen Bilder erscheint es verwunderlich, daß *Zimmer mit Aussicht* mit einem relativ niedrigen Budget von 3 Mio. Dollar realisiert werden konnte. Die Mühe und Detailbesessenheit, die in diesem Film steckt und in jeder Szene sichtbar ist, wurde mit einem Einspielergebnis von 50 Mio. Dollar belohnt. jg

Der Zirkus

The Circus. USA 1927 **R** Charles Chaplin **B** Charles Chaplin **K** Roland H. Totheroh, Jack Wilson **P** Charles Chaplin für United Artists **L** 75 Min., s/w **D** Charles Chaplin, Merna Kennedy, Allan Garcia, Henry Bergman, Harry Crocker, Stanley Sandford, John Rand, Steve Murphy, George Davis

Chaplin selbst bezeichnete *The Circus* als eines seiner schwächeren Werke. Im fehlte der nötige Tiefgang, die krasse Sozialkritik, das Melancholische in der Geschichte. In der Tat sind die Figuren dieses Films recht schablonenhaft gezeichnet. Der Zirkusdirektor ist ein brutaler Diktator, seine Tochter ein zartes Persönchen, das nicht wagt zu widersprechen, und Charlie spielt wie immer den ruhelosen Tramp, der sich auf Suche nach ein wenig Glück befindet. Dies scheint er zunächst gefunden zu haben, als er per Zufall eine lahme Zirkusshow in ein Tollhaus verwandelt und das Publikum in grenzenlose Begeisterung versetzt. Charlie bekommt ein Engagement, doch damit beginnt sein Kummer, denn auf Kommando ist es ihm nicht möglich, die Leute zum Lachen zu bringen. Auch seine Liebe zu der hübschen Zirkustochter (Kennedy) erweist sich als Illusion, denn die hat nur Augen für den stattlichen Seiltänzer Rex (Sandford). Nach einer grandiosen akrobatischen Nummer auf dem Seil darf Charlie beim Zirkus bleiben, doch schließt er sich nicht dem Treck der Schausteller an, sondern wandert alleine weiter.
Der Zirkus ist eine sprühende Komödie voller temporeicher Slapstickeinlagen, die in einer solchen Geschwindigkeit vor den Augen des Zuschauers abrollen, daß dieser ihnen kaum noch folgen kann. Höhepunkt des Films ist Chaplins Seiltanznummer, bei der er von einer Horde wilder Affen traktiert wird. Bei der 1927 erstmalig stattfindenden Oscar-Verleihung war Chaplin als Schauspieler und Regisseur nominiert, verlor jedoch beide Auszeichnungen an den deutschen Stummfilmstar Emil Jannings und den Regisseur Lewis Milestone. jg

Die Zitadelle

The Citadel. USA 1938 **R** King Vidor **B** Ian Dalrymple, Frank Wead, Elizabeth Hill, Emlyn Williams, John Van Druten, nach dem Roman von A. J. Cronin **K** Harry Stradling **M** Louis Levy **P** Victor Saville für Metro-Goldwyn-Mayer **L** 110 Min., s/w **D** Robert Donat, Rosalind Russell, Ralph Richardson, Rex Harrison, Emlyn Williams, Penelope Dudley Ward, Francis L. Sullivan, Cecil Parker, Nora Swinburne

A. J. Cronins autobiographischer Roman um seine Laufbahn als Arzt erfuhr in King Vidors Händen eine exzellente Behandlung. Robert Donat spielt den jungen, idealistischen Mediziner Andrew Manson, der in einer walisischen Bergarbeiterstadt praktiziert, jedoch allmählich seine Ziele aus den Augen verliert, als er beginnt, reiche hypochondrische Londoner zu behandeln. Erst der Tod eines guten Freundes (Richardson) und die Ermahnungen seiner Frau (Russell) öffnen ihm die Augen.
Donats intelligente Interpretation, die ihm eine Oscar-Nominierung einbrachte, ist Dreh- und Angelpunkt dieses Dramas, das von MGM in Großbritannien produziert und bis in die kleinste Rolle mit vorzüglichen einheimischen Akteuren besetzt wurde. Rosalind Russell war der einzige amerikanische „Import" und überzeugte in einer für sie gänzlich untypischen Rolle als aufopferungsvolle Gattin. *Die Zitadelle* erhielt den Preis der New Yorker Filmkritik als Bester Film des Jahres, verlor jedoch den Oscar an Frank Capras LEBENSKÜNSTLER. al

Die Zofen

The Maids. Großbritannien 1975 **R** Christopher Miles **B** Robert Enders, Christopher Miles, nach dem Bühnenstück von Jean Genet **K** Douglas

Slocombe **M** Laurie Johnson **P** Robert Enders für Robert Enders Films/CineFilms **L** 90 Min., Farbe **D** Glenda Jackson, Susannah York, Vivien Merchant, Mark Burns

Jean Genets Drei-Personen-Stück schockierte bei seinem Erscheinen im Jahre 1947 die Öffentlichkeit, hatte der homosexuelle Autor doch in einer Regieanweisung verlangt, die drei Frauenrollen mit Männern in Frauenkleidern zu besetzen. Erst in jüngerer Zeit fanden allerdings Aufführungen im Sinne Genets statt, da die meisten Produzenten und Regisseure sein Ansinnen rundweg ablehnten und lieber den sicheren Weg mit einer „echten" Damen-Besetzung gingen. Auch Christopher Miles' britische Leinwand-Version des Stoffes gehört dazu. Im Mittelpunkt der Handlung steht die Abneigung zweier Zofen, Solange (Jackson) und Claire (York), gegen den Lebenswandel ihrer Herrin (Merchant). Sie planen Madames Beziehung zu ihrem Liebhaber (Burns) zu zerstören und sie dann umzubringen, wobei sie in Rollenspielen abwechselnd das Abhängigkeitsverhältnis „Herr-Diener" durchspielen und einander demütigen. Schließlich trinkt Claire versehentlich das für Madame bestimmte Gift und stirbt.
Die drei Hauptdarstellerinnen liefern makellose Leistungen, was womöglich damit zu tun hat, daß sie zuvor bereits gemeinsam mit dem Stück auf einer Londoner Bühne gestanden hatten. Weniger gut bekam dem Stoff allerdings Miles' Versuche einer sogenannten Öffnung, die sogar Außenaufnahmen in Paris einschloß. Zweifellos wollte er das Material filmischer machen, arbeitete jedoch gleichzeitig der von Genet gewollten klaustrophobischen Atmosphäre entgegen. al

Zoff in Beverly Hills

Down and Out in Beverly Hills. USA 1986 **R** Paul Mazursky **B** Paul Mazursky, Leon Capetanus, nach dem Bühnenstück *Boudu sauvé des eaux* von René Fauchois **K** Andy Summers **P** Paul Mazursky für Touchstone Pictures **L** 103 Min., Farbe **D** Nick Nolte, Richard Dreyfuss, Bette Midler, Tracy Nelson, Elizabeth Pena, Evan Richards, Donald F. Muhich, Paul Mazursky

Dave (Dreyfuss) und Barbara Whiteman (Midler) sind ein neureiches Ehepaar, das im vornehmen Beverly Hills eine Luxusvilla bewohnt. Die finanzielle Unabhängigkeit hat die gesamte Familie in einen degenerierten Zustand versetzt. Während Dave seine Millionen mit der Herstellung von Kleiderbügeln verdient und es mit der mexikanischen Hausangestellten treibt, verplempert Barbara ihre Zeit mit dem Besuch von Yoga-Kursen. Tochter Jenny (Nelson) hat indes mit mangelndem Appetit zu kämpfen, und ihr Bruder kommuniziert nur noch durch selbstaufgenommene Video-Tapes mit der Familie. In diese dekadente Hausgemeinschaft platzt eines Tages der Penner Jerry Baskin (Nolte), der sich den Swimmingpool der Whitemans dazu auserkoren hat, seinem verkorksten Leben ein Ende zu setzen. In einem Anfall sozialer Selbstbesinnung rettet Dave dem Gestrandeten das Leben. Fortan schlägt Jerry sein Domizil im Anwesen der Whitemans auf und bringt damit die familiäre Gemeinschaft gehörig durcheinander.
Vorbild dieser amüsanten Hollywood-Komödie war der bekannte französische Film BOUDU - AUS DEN WASSERN GERETTET, den Jean Renoir 1932 gedreht hatte. Hier nahm ein Buchhändler einen Clochard in seine Wohnung auf, nachdem dieser sich in der Seine ertränken wollte.
Mazursky gestaltete seine Geschichte als bissige Attacke auf die krassen Auswüchse der amerikanischen Gesellschaft, deren Auf- und Absteiger er treffend karikierte. Zwar erteilt er dem überkandidelten Luxus-Dasein der Schickeria von Beverly Hills eine klare Absage - ob allerdings das Philosophen-Dasein zwischen Mülltonnen und Pappkartons vorzuziehen und der bessere Mittelweg ist, wie uns der Schluß des Films weismachen will, dürfte fraglich sein. jg

Zombie

Zombie / Dawn of the Dead. USA 1979 **R** George A. Romero **B** George A. Romero **K** Michael Gorrick **M** Dario Argento **P** Richard Rubinstein für United Film **L** 118 Min. (Originalfassung 125 Min.), Farbe **D** David Emge, Ken Foree, Scott Reiniger, Gaylen Ross, David Crawford, David Early, George A. Romero

„Wenn in der Hölle kein Platz mehr ist, kommen die Toten auf die Erde zurück." So lautet der simple und - mit Verlaub - ziemlich blöde Satz, mit dem das plötzliche Auftauchen jener bläulich angelaufenen menschlichen Figuren erklärt wird, die frankenstein-ähnlich durch die Gegend wanken und mit Vorliebe ihre in Panik geratenen Mitmenschen anknabbern, die sich daraufhin selbst in jene wandelnden Vandalen verwandeln. Wie eine Seuche breitet sich diese Epidemie über die fortschrittlichen Vereinigten Staaten aus, die dadurch in die tiefste Steinzeit zurückkatapultiert werden. Einer Gruppe von vier Menschen gelingt mit einem Helikopter die Flucht. Das Quartett quartiert sich in einem Supermarkt ein und bekämpft von dort aus die Brut des Bösen. Als ob es mit den Untoten nicht schon genug Ärger gäbe, macht ihnen auch noch eine Rockerbande schwer zu schaffen. Nach einer Kette nicht enden wollender Metzeleien retten sich zwei Überlebende in ihren Hubschrauber und schweben einem ungewissen Schicksal entgegen.
Zombie, nach seinem Anlaufen zum „härtesten Film aller Zeiten" apostrophiert, ist ein selten widerliches Horror-Spektakel, das allerdings den Zuschauer nur in den Anfangsminuten das Fürchten, besser gesagt das Ekeln lehrt. Da werden Extremitäten abgetrennt, saftige Fleischbrocken aus Schulterpartien sowie Armen und Beinen gebissen, da zerplatzen in einem fröhlichen Reigen die Schädel der verblödeten Wiederauferstandenen, wird eimerweise Kunstblut verschüttet, das noch nicht einmal echt aussieht. Nach einer Viertelstunde hat sich Routine eingeschlichen, wird das ewige Geballere langweilig und unfreiwillig komisch, wenn die Untoten z. B. an überdimensionalen Knochen herumsabbern, die in einem Menschen beim besten Willen schwerlich unterzubringen wären. Verehrer dieses zweifelhaften Kultfilms witterten hinter diesem Werk just eine Anklage gegen den hemmungslosen westlichen Konsumrausch, doch die Tatsache, daß ein Großteil der Handlung in einem amerikanischen Shopping-Center angesiedelt ist, dürfte wohl mehr produktionstechnische Ursachen gehabt haben. So konnte Romero seine Schlachtorgie kostengünstig in einer Einkaufshalle in Pennsylvania drehen. Nach Ladenschluß baute die Filmcrew dort ihre Kameras auf und das Metzeln konnte beginnen. Oftmals wurde die ganze Nacht hindurch gearbeitet. Dann räumten verschiedene Hilfskräfte das angerichtete Chaos auf, und am Morgen wurden die Tore des Supermarkts wieder für die Kunden geöffnet. Das alles kostete die Produktionsgesellschaft nicht mehr als 2 Mio. Dollar, die sich gegenüber dem Einspielergebnis von 55 Mio. geradezu lächerlich ausnehmen. *Zombie* erfuhr eine Welle ebenso widerlicher Fortsetzungen - allesamt Schundprodukte sadistischen Ursprungs. Gegenüber den subtil arbeitenden Horrorfilmen der 30er und 40er Jahre ist *Zombie* eine Kehrtwendung um 180 Grad, bei der leider der gute Geschmack und das Gespür für Atmosphäre auf der Strecke bleiben. jg

Der Zorn des Gerechten

The Last Angry Man. USA 1959 **R** Daniel Mann **B** Gerald Green, Richard Murphy, nach dem Roman von Green **K** James Wong Howe **M** George Duning **P** Fred Kohlmar für Columbia **L** 98 Min., s/w **D** Paul Muni, David Wayne, Betsy Palmer, Luther Adler, Joby Baker, Joanna Moore, Billy Dee Williams

Nach dreizehnjähriger Abwesenheit kehrte Paul Muni in diesem engagierten, wenn auch reichlich sentimentalen Drama auf die Leinwand zurück. Er spielt den idealistischen Arzt Sam Abelman, der fast ein halbes Jahrhundert lang in einer ärmlichen Brooklyner Gegend praktiziert hat. Fast gar nichts hält er von der Idee eines findigen TV-Produzenten (Wayne), eine Sendung über ihn zu produzieren. Zwar erklärt er sich auf Drängen eines ehemaligen Patienten (Adler) doch zu einem Auftritt bereit, doch als ihn kurz vor der Sendung die Nachricht ereilt, einer seiner Schützlinge (Williams) sei verhaftet worden, weiß er, wo sein Platz ist.
Munis fesselnde Darstellung ist der Dreh- und Angelpunkt dieses durchweg gut gespielten Films, der etwas unter Daniel Manns unsicherer Regie leidet. Der Star hatte die Hauptrolle, für die erst Peter Ustinov in Betracht gezogen worden war, nur unter der Bedingung übernommen, das alles nach seinen Wünschen verliefe - so mußte sich Regisseur Mann das eine ums andere Mal anhören, wie man eine Szene zu gestalten hätte. Für seine Bemühungen wurde Muni mit einer Oscar-Nominierung geehrt. Während er das letzte Mal auf der Leinwand zu sehen war (er starb im gleichen Jahr), gab Billy Dee Williams ein beeindruckendes Debüt. al

Zorniges Schweigen

The Angry Silence. Großbritannien 1960 **R** Guy Green **B** Bryan Forbes, nach einer Story von Richard Gregson und Michael Craig **K** Arthur Ibbetson **M** Malcolm Arnold **P** Richard Attenborough, Bryan Forbes für Beaver Films/Lion International Films **L** 95 Min., s/w **D** Richard Attenborough, Pier Angeli, Michael Craig, Bernard Lee, Alfred Burke, Geoffrey Keen, Laurence Naismith

Der junge Arbeiter Tom (Attenborough) wird von der Belegschaft seines Betriebes als Außenseiter behandelt, als er einen von einem Unbekannten angezettelten und von der Gewerkschaft nicht sanktionierten Streik ablehnt und weiterarbeiten will. Indem er sich gegen die Masse stellt, muß er deren Ächtung ertragen, von der auch seine Familie nicht verschont bleibt. Erst als er brutal zusammengeschlagen wird, erkennt die Mehrheit seiner Kollegen ihren Irrtum.
Dieses engagierte, sozialkritische Drama, wie sie zu Beginn der 60er Jahre in Großbritannien Hochkonjunktur hatten, wurde von der Produktionsgesellschaft gemacht, die Hauptdarsteller Richard Attenborough und der Schriftsteller und spätere Regisseur Bryan Forbes zusammen gegründet hatten: Beaver Films, woraus dann Allied Filmmakers werden sollte. In einer kleinen Nebenrolle ist übrigens Oliver Reed als einer von Toms Kollegen zu sehen. al

Zorro

Zorro. Italien/Frankreich 1974 **R** Duccio Tessari **B** Giorgio Arlorio **K** Giulio Albonico **M** Guido und Maurizio de Angelis **P** Luciano Martino für Mondial Film (Rom), Artistes Associés (Paris) **L** 124 Min., Farbe **D** Alain Delon, Stanley Baker, Ottavia Piccolo, Moustache, Enzo Ceruscio, Adrianna Asti, Giacomo Rossi Stuart

Nach Douglas Fairbanks, Tyrone Power, Pierre Brice oder Gordon Scott schlüpfte nun auch Frankreichs Superstar Alain Delon in die Rolle des Rächers Zorro. Duccio Tessaris Streifen ist allerdings nichts anderes als ein durchschnittlicher Abenteuerfilm, der außer nett fotografierten Verfolgungsjagden und Degenduellen und einer liebevollen Ausstattung nur wenig zu bieten hat und dem der Charme und die unbeschwerte Naivität der Hollywood-Produktionen völlig fehlt.
Als der Gouverneuer von Neu-Aragonien bei einem Attentat ums Leben kommt, tritt sein Freund Don Diego de Varga (Delon) dessen Nachfolge an. Um den gewissenlosen Colonel Huerta (Baker), der für den Anschlag verantwortlich ist, zu täuschen, verhält er sich absichtlich ungeschickt und einfältig. Huerta glaubt daher, mit ihm ein leichtes Spiel zu haben, ohne zu ahnen, daß Don Diego ein Doppelleben führt und in der schwarzen Maske des Zorro die Bevölkerung gegen die korrupte Militärjunta aufwiegelt.
„Regisseur Tessari hat sicher nicht gespart. Trotzdem ist es ein eher dürftiger Film geworden. Gerade die optische Üppigkeit nimmt der Titelfigur viel von ihrer fröhlichen Kindlichkeit. Delon tut sich in der etwas dummen Doppelrolle sichtlich schwer" (*Die Welt*). jg

Zorro mit der heißen Klinge

Zorro and the Gay Blade. USA 1981 **R** Peter Medak **B** Hal Dresner, nach einer Vorlage von Dresner, Greg Alt und Don Moriarty **K** John O. Alonzo **M** Ian Fraser **P** Melvin Simon für Melvin Simon Prod. **L** 94 Min., Farbe **D** George Hamilton, Lauren Hutton, Brenda Vaccaro, Ron Leibman, John Carradine, Donovan Scott, James Booth, Helen Burns

Der Versuch, im Gewand einer Parodie die legendäre Gestalt von Zorro wiederzubeleben, ist hier reichlich mißlungen. Medaks Film läßt höchstens Sehnsüchte nach Tyrone Power und seinem großen Hollywood-Klassiker IM ZEICHEN DES ZORRO aufkommen. George Hamilton ist dafür kein Ersatz, auch wenn er hier in einer Doppelrolle zu bewundern ist.
Der spanische Edelmann Don Diego (Hamilton) erhält die Nachricht vom Tod seines Vaters, der in der Gestalt des Zorro in Kalifornien einst für Recht und Ordnung sorgte. Diego reist nach Amerika, um seine Nachfolge anzutreten, denn wiederum sind Freiheit und Gerechtigkeit in Gefahr. Der neue Alcalde Don Esteban (Leibman) treibt die Steuerabgaben in die Höhe und regiert das Land mit unerhörter Brutalität. Don Diego kann sich in seinem Kampf gegen ihn auf seinen Zwillingsbruder Ramon (wiederum Hamilton) verlassen, hinter dessen aufgetakelter Fassade sich ebenfalls ein draufgängerischer Fechter verbirgt. Überflüssig zu erwähnen, daß am Ende das Gute siegt und Don Diego darüber hinaus auch noch das Herz einer schönen Dame gewinnt.
Mit der Person des schwulen Zwillingsbruders Ramon glaubten Regisseur und Drehbuchautoren, den ganz großen Wurf gemacht zu haben. Als Parodie auf den dunkelbemäntelten Rächer mag George Hamiltons Gegenpart-Kostümierung noch ganz witzig sein: wo Don Diego auf schlichtes Schwarz setzt, zieht Ramon schrille Farbtöne, einen überdimensionalen Sombrero mit Quasten und ein Chiffontüchlein gegen plötzliche Schweißausbrüche vor. Trotzdem wirkt die Parodie auf die Insignien von Männlichkeit und Heldenmut weitgehend verunglückt und ist im Endeffekt eher peinlich als amüsant. Ein insgesamt belangloser und wenig origineller Beitrag zu der Serie der *Zorro*-Filme. jg

Zu heiß zum Anfassen

Too Hot To Handle. USA 1938 **R** Jack Conway **B** Laurence Stallings, John Lee Mahin **K** Harold Rosson **M** Franz Waxman **P** Lawrence Weingarten für MGM **L** 105 Min., s/w **D** Clark Gable, Myrna Loy, Walter Pidgeon, Walter Connolly, Leo Carrillo, Virginia Weidler, Henry Kolker, Marjorie Main, Robert Emmett Keane

Aufgrund des phänomenalen Erfolgs ihrer ersten Zusammenarbeit *Test Pilot* (1938) verpflichtete die Metro-Goldwyn-Mayer die Stars Myrna Loy und Clark Gable im selben Jahr gleich noch einmal. In *Zu heiß zum*

Anfassen, der in deutschen Kinos auch unter dem Titel *Abenteuer in China* lief, spielt Gable den skrupellosen Wochenschau-Reporter Chris Hunter, der alles tut, um seinen Arbeitgebern Sensationen präsentieren zu können. Als die hübsche Alma Harding (Loy) ihn bittet, sich der Suche nach ihrem im Amazonas-Gebiet verschwundenen Bruder anzuschließen, wittert Hunter eine grandiose Story.
Gable überraschte sein Publikum diesmal in einer Rolle, die alles andere als sympathisch war: Um die gewünschten Aufnahmen vom chinesisch-japanischen Krieg zu liefern, geht der Kameramann sogar so weit, die „Schnappschüsse" mittels eines brüllenden Babys und eines Modellflugzeugs zu stellen. „Die Kritiker waren über diese Methoden entsetzt, doch die Zuschauer waren genauso nachgiebig wie die Loy: alles, was Gable tat, akzeptierten seine Fans", kommentierte Gable-Biograph René Jordan diesen Film. mg

Zu neuen Ufern

Zu neuen Ufern. Deutschland 1937 **R** Detlef Sierck **B** Detlef Sierck, Kurt Heuser, nach dem Roman von Lovis H. Lorenz **K** Franz Weihmayr **M** Ralph Benatzky **P** Bruno Duday für UFA **L** 106 Min., s/w **D** Zarah Leander, Willy Birgel, Viktor Staal, Erich Ziegel, Hilde von Stolz, Edwin Jürgensen, Carola Höhn, Jakob Tiedtke

Im Jahre 1937 hatte Zarah Leander in dem österreichischen Spielfilm PREMIERE ihr Leinwanddebüt, mit dem sie die Aufmerksamkeit der UFA erregte, deren Ruf sie noch im selben Jahr nach Berlin folgte. Für ihren ersten deutschen Film hätte die stimmgewaltige schwedische Diva wohl keinen besseren Regisseur als Detlef Sierck in die Hände fallen können. Ihm und seinen beiden Filmen *Zu neuen Ufern* und LA HABANERA verdankte sie letztendlich ihren Starruhm, der ihr in den kommenden Jahren ein Millionenpublikum bescherte.
Die Leander ist in diesem Werk als frivole und doch so gutherzige Sängerin Gloria Vane zu bewundern, die im London des Jahres 1846 wahre Triumphe an der Bühne feiert, im Privatleben jedoch eher unglücklich ist. Gloria hat sich in den schmierigen Aristokraten Sir Albert Finsbury (Birgel) verliebt, dem zuliebe sie sogar die Verantwortung für einen Scheckbetrug übernimmt, ohne zu wissen, welch drakonische Strafmaßnahmen dies nach sich zieht. Gloria wird nach Australien verbannt, wo sich inzwischen auch Albert befindet, der dort in kurzer Zeit eine steile Diplomatenkarriere hinter sich gebracht hat. Da in Australien die Frauen noch rar sind, reiht sich Gloria unter die deportierten Bewerberinnen einer Brautschau ein und wird vom dem Farmer Henry Hoyer (Staal) geheiratet, dessen fürsorgendem Haushalt sie jedoch kurze Zeit später entwischt. Gloria will zurück zu Albert, der sich inzwischen mit einer anderen Frau zu vermählen gedenkt. Zwar wird er reumütig, als seine Ex-Freundin vor ihm steht, doch diese verschmäht inzwischen seine Liebe. Albert bringt sich um und Gloria kehrt zu Henry zurück.
Sierck meisterte die schwierige Aufgabe, Zarah Leanders voluminösen Körper neben ihren Partnern geradezu grazil erscheinen zu lassen, indem er die Diva mit einer vorteilhaften Garderobe, riesigen Hüten und auffallendem Schmuck ausstaffierte und sich auf die Kamerakünste Franz Weihmayrs verließ, der von diesem Film an der Leib-Kameramann der Leander wurde. Da Zarah ihre beiden Kollegen Willy Birgel und Viktor Staal an Körpergröße beinahe ebenbürtig war, mußten sich die Schauspieler Holzklötze unter die Füße schnallen, um nicht allzu klein zu wirken. *Zu neuen Ufern* wurde - nicht zuletzt wegen der beiden Erfolgsschlager *Yes Sir* und *Ich steh´ im Regen* - zu einem großartigen Triumph, wenngleich die Leander selbst den Film in ihren Memoiren als weniger gelungen bezeichnete. jg

Zu schön für dich!

„Trop belle pour toi!" Frankreich 1989 **R** Bertrand Blier **B** Bertrand Blier **K** Philippe Rousselot **P** Bernard Marescot für Ciné Valse/D. D. Prod./ Orly Films/S. E. D. I. F./TF1 Films **L** 91 Min., Farbe **D** Gérard Depardieu, Josiane Balasko, Carole Bouquet, Roland Blanche, François Cluzet

Bernard ist gutsituiert und hat mit seiner wunderschönen Frau Florence (Bouquet) zwei bezaubernde Kinder. Trotzdem verliebt er sich ausgerechnet in die unscheinbare, rundliche Sekretärin Colette (Balasko) und beginnt eine leidenschaftliche Affäre mit ihr...
Schon in FRAU ZU VERSCHENKEN und ABENDANZUG demonstrierte Bertrand Blier auf seine unnachahmliche Art und Weise, was man aus dem Thema Dreiecksbeziehung alles machen kann. In *Zu schön für dich!* kehrte er einfach die üblichen Verhältnisse um und zauberte eine ebenso originelle wie anrührende schwarze Komödie aus dem Hut, die stilistisch ein wenig an Buñuel erinnert, spielt sie doch auf verwirrende Weise mit Phantasie und Wirklichkeit. Ebenfalls sehr wirkungsvoll eingesetzt wurde die Musik, wobei es sich fast ausnahmslos um Werke von Franz Schubert handelt. Neben dem Spezialpreis der Jury in Cannes und fünf Césars - für den Film, Regie, Drehbuch, Schnitt sowie Bouquet als Beste Schauspielerin - erhielt *Zu schön für dich!* ganz ausgezeichnete Kritiken, so schrieb *Première*: „Einer der seltenen Filme, die uns neue Türen öffnen und uns eine ganz persönliche Art des Filmemachens entdecken und lieben lassen." al

Zu spät für Helden - Antreten zum Verrecken

Too Late the Hero. USA 1970 **R** Robert Aldrich **B** Robert Aldrich, Lukas Heller, nach einer Story von Aldrich, Robert Sherman **K** Joseph Biroc **M** Gerald Fried **P** Robert Aldrich für Associates and Aldrich/ABC Pictures/Palomar Pictures **L** 97 Min. (Originalfassung 144/133 Min.), Farbe **D** Michael Caine, Cliff Robertson, Ian Bannen, Harry Andrews, Denholm Elliott, Ronald Fraser, Lance Percival, Percy Herbert, Henry Fonda

Das Ergebnis von Robert Aldrichs Bemühungen, einen weiteren Kassenschlager im Stile seines DAS DRECKIGE DUTZEND zu produzieren, ist dieser reißerische Kriegsfilm, der sich mit den US-amerikanischen Aktivitäten im südostasiatischen Raum zur Zeit des II. Weltkriegs beschäftigt. Eine Gruppe alliierter Kämpfer unter Führung des inkompetenten Hauptmanns Hornsby (Elliott) wird auf eine gefährliche Mission geschickt: Sie soll eine Nachrichtenstation der Japaner auf einer kleinen Hebriden-Insel zerstören, die bislang eifrig über Schiffsbewegungen berichtete und für japanische Luftangriffe sorgte.
Der in seiner deutschen Fassung um über eine halbe Stunde geschnittene Film ist randvollgepackt mit Action und steigert sich zu einem furiosen Finale, kommt jedoch bei der Behandlung von menschlichen Konflikten nicht über Klischees hinaus. Als er 1969 in die Kinos kam, waren die Staaten gerade mit Vietnam beschäftigt, und die Bevölkerung reagierte höchst sensibel auf Kriegsfilme der „alten Art", die zwar die Schrecken des Krieges durchaus zeigten, gleichzeitig aber auch Tapferkeit und Heldenmut undifferenziert auf eine Art und Weise verklärten und dem Bewußtseinswandel der Öffentlichkeit in keiner Weise Rechnung trugen. Cliff Robertson hat übrigens keine guten Erinnerungen an diesen Film. Sein Agent hatte den Vertrag unterzeichnet, ohne daß der Schauspieler das Drehbuch gelesen hatte, und als er das dann schließlich tat, mußte er feststellen, daß seine Rolle weitaus langweiliger war als die übrigen und auch weniger witzigen Dialog aufwies. Er heuerte einen befreundeten Schreiber, Stanley Ralph Ross, an und ließ sich von ihm ein paar maßgeschneiderte geistvolle Bemerkungen ins Skript schustern.

Die dadurch entstandenen Mißhelligkeiten mit Regisseur Aldrich erreichten ihren Höhepunkt, als dieser Robertson untersagte, die Philippinen zu verlassen und für zwei Tage zur Oscar-Verleihung nach Hollywood zu fliegen; Robertson war für CHARLY nominiert worden und rechnete sich - nach einer aufwendigen Werbekampagne - gute Chancen auf einen Sieg aus. Er gewann, doch mußte der Preis von jemand anderem entgegengenommen werden. Robertson kochte, und seine Darstellung in *Zu spät für Helden* ist deutlich von Gleichgültigkeit geprägt. al

Züchte Raben

Cria cuervos. Spanien 1975 **R** Carlos Saura **B** Carlos Saura **K** Teodoro Escamilla **M** Federico Mompour **P** Elías Querejeta für Querejeta-Prod. **L** 110 Min., Farbe **D** Ana Torrent, Geraldine Chaplin, Monica Randall, Florinda Chico, Hector Alterio, German Cobos, Mirta Miller, Josefina Diaz, Conchita Perez, Maite Sanchez Almendros

Die großbürgerliche Gesellschaft während der Franco-Ära ist auch hier wiederum der Spielraum für diesen schwermütigen Saura-Film, in dem der spanische Meisterregisseur die bedrückende Kindheit eines Mädchens entwirft.
Die kleine Ana (Torrent) wird Zeuge, wie ihr Vater bei einem Schäferstündchen mit der Frau seines besten Freundes an einem Herzanfall stirbt. Einige Monate zuvor haben sie und ihre zwei Schwestern schon ihre Mutter verloren. Jetzt übernimmt eine Tante ihre Erziehung und die Pflege der kranken Großmutter. Ana erinnert sich in Rückblenden an ihre Mutter, mit der sie auf liebevolle Weise verbunden war und deren Wärme und Zuneigung sie nun so schmerzlich entbehren muß. Gleichzeitig nimmt sie sehr wohl die Veränderungen in ihrer Umwelt sowie das rücksichtslose und verlogene Verhalten der Erwachsenen wahr.
Die Kindheit ist für Saura in diesem Film nicht eine Phase unbeschwerten Glücks und unschuldiger Ausgelassenheit. Seine Kinder sind Teil einer korrupten und verdorbenen Militärfamilie, aufgewachsen in einem Haus voller Zwänge und einengender Gesetze, in der man gelegentlichen Ausbruchsversuchen und einem abweichenden Verhalten mit Unverständnis und Hilflosigkeit begegnet. Der Erzählstil des Films ist unkonventionell, schweift ab in Rückblenden, langsam reflektierende Beobachtungen und episodenhafte Beschreibungen. Den wohl stärksten Eindruck hinterläßt die kleine Ana Torrent, die einsam und allein mit ihrem traurigen Kindergesicht einer feindlichen Umgebung ausgesetzt ist. jg

Zuckerbaby

Zuckerbaby. BRD 1984 **R** Percy Adlon **B** Percy Adlon **K** Johanna Heer **M** Dreieier **P** Eleonore Adlon für Pelemele Film/Bayerischer Rundfunk **L** 86 Min., Farbe **D** Marianne Sägebrecht, Eisi Gulp, Manuela Denz, Toni Berger, Will Spindler

Die dicke, namenlose Frau in der Neubauwohnung (Sägebrecht) ist häßlich und einsam, arbeitet in einem Beerdigungsinstitut und leidet furchtbar. Aus Frust über ihr Alleinsein und ihre Leibesfülle stopft sie ständig Süßigkeiten in sich hinein, guckt fern, schläft, geht morgens zur Arbeit und frißt abends weiter. Bis zu dem Tag, an dem sie die Stimme von Herrn Huber (Gulp) hört - und sich schlagartig verliebt. Herr Huber ist U-Bahn-Fahrer in München, schlank, langweilig und rund 10 Jahre jünger als die dicke Frau. Diese blüht auf, achtet plötzlich auf ihr Äußeres, kauft Satinbettzeug und Reizwäsche in Übergröße, während sie Herrn Huber, den sie Zuckerbaby ruft, observiert, jagt und schließlich fängt. Unter der Wucht der geballten Liebesbekundungen der dicken Frau fällt es Herrn Huber, der höchst unglücklich verheiratet ist, nicht schwer, deren Drängen nachzugeben. Die beiden werden ein Paar, für einige Wochen wenigstens: Frau Huber nämlich bereitet dem Seitensprung ihres Gatten ein jähes Ende. Doch die dicke Frau fällt nicht in die Apathie zurück, sie hat ihr Selbstwertgefühl gefunden, das ihr niemand mehr nehmen kann.
Marianne Sägebrecht, „Mutter der Münchner Subkultur", stand in *Zuckerbaby* erstmals als Hauptdarstellerin für einen Spielfilm vor der Kamera. Das Debüt gelang glänzend: Sie erfüllte ihre Rolle und die Leinwand mit Leben und Liebe, war dabei umwerfend komisch und absolut glaubwürdig. Drei Jahre später verkörperte sie in dem Kultfilm OUT OF ROSENHEIM - ähnlich subtil, kraftvoll und erfolgreich wie zuvor in *Zuckerbaby* - ein beleibtes bayerisches Original fernab des folkloristischen Alle-Bayern-jodeln-immer-Klischees. Wunderbar auch die Photographie der New Yorker Kamerafrau Johanna Heer, die der eigenwilligen Liebesgeschichte den letzten Schliff gibt: Taucht sie die Tristesse der Einsamkeit in ein kühles Blaugraugrün, erscheint das Glück der Zweisamkeit in warmen Bonbonfarben - eine farbenfrohe Bildergeschichte fast wie im Märchen. 1986 erhielt *Zuckerbaby* den Bundesfilmpreis. sk

Der Zug

Le train / Il treno. Frankreich/Italien/USA 1964 **R** John Frankenheimer **B** Franklin Coen, Frank Davis, Walter Bernstein, Albert Husson, nach dem Roman *Le front de l'art* von Rose Valland **K** Jean Tournier, Walter Wottitz **M** Maurice Jarre **P** Jules Bricken für Les Productions Artistes, Ariane-Dear, United Artists **L** 132 Min. (Originalfassung 140 Min.), s/w **D** Burt Lancaster, Paul Scofield, Jeanne Moreau, Michel Simon, Suzanne Flon, Wolfgang Preiss, Richard Münch, Albert Remy, Charles Millot, Jacques Marin, Paul Bonifas, Jean-Pierre Zola, Helmo Kindermann

John Frankenheimer setzte nach den beiden Filmen DER GEFANGENE VON ALCATRAZ und VIER TAGE IM MAI seine erfolgreiche Zusammenarbeit mit dem Schauspieler Burt Lancaster fort. Ausschließlich an französischen Schauplätzen entstand in französisch-italienisch-amerikanischer Koproduktion das beeindruckende Kriegsdrama *Der Zug*. In ihm schildert Frankenheimer die verzweifelten Bemühungen der Resistance, den Abtransport französischer Kunstwerke nach Nazi-Deutschland zu verhindern. Der Kampf um die wertvollen Kulturgüter wird schließlich auch zu einer persönlichen Auseinandersetzung zwischen dem Resistance-Mitglied Labiche (Lancaster) und dem fanatischen General von Waldheim (Scofield).
Ursprünglich sollte Arthur Penn diesen Film drehen, doch bereits nach zwei Wochen gab es zwischen ihm und dem Produzenten Jules Bricken solch große Meinungsverschiedenheiten, daß Penn das Handtuch warf und die Heimreise nach Amerika antrat. Der als Ersatz herbeigeholte Frankenheimer schrieb sofort nach seinem Eintreffen das Skript um und begann unverzüglich mit den Aufnahmen. Der in scharfen Schwarzweiß-Bildern gedrehte Film verdankt seine authentische Atmosphäre vor allem der Tatsache, daß für die Zugsequenzen keine Modelle verwendet wurden, sondern echte Dampflokomotiven. Sogar die aufwenige Crash-Szene wurde mit echten Maschinen gedreht, wobei es beinahe zu einer Katastrophe gekommen wäre, denn der Kollisionszug fuhr mit einem viel zu hohen Tempo auf den anderen Wagon auf, so daß von den sechs installierten Kameras fünf zerstört wurden. Als einzige überlebte eine kleine, in der Erde vergrabene Handkamera den Crash. Die Dreharbeiten verzöger-

ten sich infolge des schlechten Wetters, das die Normandie wochenlang mit Regenschauern und dichtem Nebel heimsuchte, wenngleich sich dies positiv auf den Gesamteindruck des Films auswirkte, der mit seinen Grautönen, den vielen düsteren Kulissen und dem wolkenverhangenen Himmel, das Chaos der zusammenbrechenden Westfront recht eindrucksvoll wiedergibt. Die schauspielerischen Leistungen sind insgesamt hervorragend. Besonderes Lob erntete damals Paul Scofield in der Rolle des Nazi-Generals von Waldheim. Der französische Film-Veteran Michel Simon stellte eine Zeitlang seinen Kollegen Burt Lancaster in den Schatten, bis er viel zu früh durch seine plötzliche Exekution aus der Handlung katapultiert wird.
Ein spannender und ungewöhnlicher Kriegsfilm, der durch seine interessante Geschichte und die bemerkenswert perfekte Ausstattung gefällt. jg

Ein Zug für zwei Halunken

The Emperor of the North Pole. USA 1973 **R** Robert Aldrich **B** Christopher Knopf **K** Joseph Biroc **M** Frank DeVol **P** Stan Hough für Inter-Hemisphere/20th Century-Fox **L** 119 Min. (Originalfassung 132 Min.), Farbe **D** Lee Marvin, Ernest Borgnine, Keith Carradine, Charles Tyner, Malcolm Atterbury, Simon Oakland, Harry Caesar

Während der Depression in den 30er Jahren sind Züge für Arbeitslose und Landstreicher ein beliebtes kostenloses Transportmittel - vorausgesetzt, man läßt sich nicht erwischen. Doch die Linie 19 wird von allen gemieden, heißt es doch, der brutale Zugführer Shack (Borgnine) würde jeden blinden Passagier gnadenlos umbringen. Dieser Herausforderung stellt sich ein - bei allen als „Nr. 1" bekannter - legendärer Tramp (Marvin). Ihm folgt der ihn bewundernde junge Cigaret (Carradine) ebenfalls auf den Zug, wo zwischen den beiden und Shack bald ein mörderischer Kampf auf Leben und Tod entbrennt. Dieser ungewöhnliche und aufregende Actionfilm von Robert Aldrich wurde in den Staaten zunächst als *The Emperor of the North Pole* in einer 132-minütigen Fassung herausgebracht, doch dann entschloß sich der Verleih, den etwas irreführenden Titel in *Emperor of the North* zu ändern und außerdem die Laufzeit zu verkürzen (auf 119 Minuten). Der Film weist spektakuläre Landschaftsaufnahmen auf, die an Originalschauplätzen in Oregon entlang der Strecke der *Oregon, Pacific & Eastern Railway* gemacht wurden. al

Die Zukunft heißt Frau

Il futuro è donna/Le futur est femme/Die Zukunft heißt Frau. Italien/Frankreich/BRD 1984 **R** Marco Ferreri **B** Marco Ferreri, Dacia Maraini, Piera Degli Esposti **K** Tonino Delli Colli **M** Carlo Savina **P** Luciano Luna für Faso Film (Rom), UGC (Paris), Ascot Film (Berlin) **L** 99 Min., Farbe **D** Hanna Schygulla, Ornella Muti, Niels Arestrup

Bei einem Disco-Besuch lernen Anna (Schygulla) und Gordon (Arestrup) die schwangere Malvina (Muti) kennen, die in dem kinderlosen Pärchen die idealen Eltern für ihr erwartetes Kind sieht und sich - besonders zur Freude Annas - flugs bei ihnen einquartiert. Es beginnt eine Art ménage à trois, in deren Verlauf Gordon immer mehr in den Hintergrund gerät. Schließlich wird er bei einem Popkonzert zu Tode getrampelt, und die beiden Frauen bringen am Strand Malvinas Kind zur Welt.
Mit der Rollenverteilung der Geschlechter und dem Untergang des Patriarchats, die hier im Mittelpunkt stehen, hatte sich Italiens Provokateur Nr. 1, Marco Ferreri, bereits in Werken wie DIE LETZTE FRAU, AFFENTRAUM und DIE GESCHICHTE DER PIERA beschäftigt. Nicht weniger umstritten als jene Arbeiten war *Die Zukunft heißt Frau*, u. a. regten sich besonders in Italien zahlreiche Kritiker darüber auf, daß Ornella Mutis Schwangerschaftsbauch so oft im Bild ist. Die Aktrice - bereits zum dritten Mal unter Ferreris Regie - war während der Dreharbeiten tatsächlich guter Hoffnung. al

Zulu

Zulu. Großbritannien 1964 **R** Cy Endfield **B** John Prebble, Cy Endfield, nach einer Story von Prebble **K** Stephen Dade **M** John Barry **P** Stanley Baker, Cy Endfield für Diamond **L** 103 Min. (Originalfassung 135 Min.), Farbe **D** Stanley Baker, Jack Hawkins, Ulla Jacobssen, James Booth, Michael Caine, Nigel Green, Ivor Emmanuel, Paul Daneman, Glynn Edwards, Neil McCarthy, David Kernan, Gary Bond, Peter Gill

Zulu, vom amerikanischen *Motion Picture Guide* mit der Höchstzahl von fünf Sternen bewertet, mag zwar ein überaus packend inszenierter Abenteuerstreifen sein; die Art und Weise jedoch, wie dieser Film die authentischen Vorgänge in der Schlacht bei Rorke´s Drift schildert, macht ihn zu einem unangenehmen Durchhalteepos, das unverhohlen die britische Überlegenheit über den Stamm der Zulus glorifiziert und nachträglich die brutale Kolonialpolitik des Empires rechtfertigt.
Südafrika im Jahre 1879. Auf einer seiner obligatorischen Rundreisen entdeckt der Missionar Otto Witt (Hawkins) mit seiner Tochter Margaretha (Jacobssen), wie der Stamm der Zulus kriegerische Vorbereitungen trifft, die allem Anschein nach gegen eine britische Militärbasis gerichtet sind. Witt warnt den zuständigen Lieutenant John Chard (Baker), stößt bei ihm jedoch nur auf Unverständnis und Häme. Immerhin nimmt Lieutenant Bromhead (Caine) den Bericht des Missionars ernst, doch scheitert auch er an Chards Unbelehrbarkeit. Groß ist der Schrekken, als plötzlich 4.000 schwerbewaffnete Zulu-Krieger gegen den Stützpunkt vorrükken, in dem sich gerade einmal 100 Soldaten aufhalten. Es kommt zu einer erbitterten Schlacht, in deren Verlauf die tapferen Briten ihren ganzen Mut unter Beweis stellen können. Am Ende geben sich die zahlenmäßig weit überlegenen Zulus geschlagen und ziehen sich in ihre Dörfer zurück.
Produzent Stanley Baker und sein Team setzten diese Apotheose auf den britischen Kämpfer- und Pioniergeist vor Ort an Originalschauplätzen im südafrikanischen Natal in Szene. Die Zusammenarbeit mit den Zulus, die hier für die zahlreichen Massenszenen unabkömmlich waren, gestaltete sich anfangs als besonders schwierig, weil keiner der Eingeborenen jemals zuvor einen Film gesehen hatte und daher auch niemand wußte, was die Crew überhaupt von ihnen wollte. Baker ließ daraufhin einen alten Westernstreifen aufführen. Erst danach verstanden die Zulus, was Regisseur Cy Endfield von ihnen wollte, und wirkten fortan begeistert bei den Dreharbeiten mit. Im englischen Original kommentierte übrigens Richard Burton als Erzähler mit seiner prägnanten Stimme die historischen Ereignisse aus dem Off. jg

Zum Beispiel Balthasar

Au hasard, Balthasar. Frankreich/Schweden 1965 **R** Robert Bresson **B** Robert Bresson **K** Ghislain Cloquet **M** Jean Wiener **P** Mag Bodard für Parc Film/Argos Films/Svensk Filmindustri **L** 95 Min., s/w **D** Anne Wiazemsky, Francois Lafarge, Walter Green, Pierre Klossowski, Nathalie Joyaut, Philippe Asselin

Balthasar ist ein Esel und spielt die Titelrolle in diesem schwierigen Film. Das störrische Tier, Sinnbild der leidenden Kreatur schon

zu biblischen Zeiten, ist umgeben von bösen, niederträchtigen Menschen, deren Schicksale sich episodenhaft um seine Leidensgeschichte ranken. Balthasar wird nacheinander von einem sadistisch veranlagten Halbwüchsigen, einem Trinker und einem geizigen Müller gepeinigt, am Ende wird er von einer Schmugglerbande als Lastesel mißbraucht und an der Grenze von Zöllnern mit Pistolenschüssen niedergestreckt. Er stirbt inmitten einer Herde weißer Schafe.
Erwartungsgemäß hatte das anspruchsvolle Werk, gespickt mit seinen schwermütigen Charakteren, den eindringlichen Landschaftsaufnahmen und den Gleichnissen religiösen Ursprungs, es nicht leicht, hierzulande einen Verleih und ein interessiertes Publikum zu finden. Bressons schwere, lyrische Bildersprache, mit der er anhand der mystifizierten Geschichte eines Esels die Unfähigkeit der Menschen zu Liebe, Zuneigung und Gerechtigkeit ausdrückt, erschließt sich auch dem geneigten Zuschauer - anders als in seinem frühen Werk EIN ZUM TODE VERURTEILTER IST ENTFLOHEN - nicht auf Anhieb. Und man muß dem Regisseur schon wohlgesonnen sein, um ihm insbesondere in der Abschlußsequenz, in der Balthasar inmitten einer Schafherde verendet, nicht eine bewußte Überzeichnung, wenn nicht gar ein Abgleiten in die Untiefen des Kitsches zu unterstellen. sk

Zum Freiwild erklärt

Folle a tuer. Frankreich/Italien 1975 **R** Yves Boisset **B** Yves Boisset, nach dem Roman *ô dingos, ô chateaux* von Jean-Patrick Manchette **K** Jean Boffety **M** Philippe Sarde **P** Raymond Danon, Roland Girard, Jean Bolvary für Lira Films (Paris), Prod. Artistiche Internazionali (Rom) **L** 97 Min., Farbe **D** Marlène Jobert, Tomas Milian, Michel Peyrelon, Victor Lanoux, Jean Bouise, Michel Lonsdale, Thomas Waintrop

Nach fünf Jahren in einer Nervenheilanstalt wird die junge Julie (Jobert) als Kindermädchen für den Sprößling einer Industriellenfamilie (Waintrop) angeheuert. Das zunächst ausgesprochen frostige Verhältnis zwischen den beiden bessert sich schlagartig, als sie Opfer einer Entführung werden. Zwar kann Julie mit ihrem Schützling den Gangstern entkommen, doch vom mächtigen Onkel des Jungen (Lonsdale) ist - wie sich sehr bald herausstellt - keinerlei Hilfe zu erwarten...
Yves Boisset versuchte hier, der spannenden Thriller-Handlung einen surrealistischen Touch zu geben, der in Julies (angeblicher) psychischer Instabilität begründet liegt. Obwohl diese Elemente nicht immer gut harmonieren, ist *Zum Freiwild erklärt* ein gelungener Vertreter seiner Gattung, der vor allem von der Präsenz seiner Hauptdarstellerin profitiert. al

Zum Tanzen geboren

Born To Dance. USA 1936 **R** Roy Del Ruth **B** Jack McGowan, Sid Silvers, nach einer Story von McGowan, Silvers und B. G. DeSylva **K** Ray June **M** Cole Porter **P** Jack Cummings für MGM **L** 105 Min., s/w **D** Eleanor Powell, James Stewart, Virginia Bruce, Una Merkel, Sid Silvers, Frances Langford, Raymond Walburn, Alan Dinehart, Buddy Ebsen

„Sein Gesang ist nicht gerade gut, aber er hat doch ein paar nette Töne in seiner Stimme. Die Rolle könnte er allerdings perfekt spielen." So urteilte der Komponist Cole Porter über James Stewart, für den *Born To Dance* den einzigen Auftritt in einem Musicalfilm markiert. In der Tat spielte er in seiner achten Leinwandproduktion die Rolle des zurückhaltenden Matrosen Ted Barker perfekt; der redliche junge Mann verliebt sich während eines Landurlaubs in Nora Paige (Powell), eine ehrgeizige Tänzerin aus der Provinz. Aber natürlich können sich die beiden nicht sofort in die Arme sinken, denn erst einmal gilt es, Widrigkeiten in Form einer Diva, die für Ted ihr Herz entdeckt hat, aus dem Weg zu räumen.
Leider krankt das Musical daran, daß Eleanor Powell (hier in ihrer ersten Hauptrolle) die meiste Bein- und Stimmarbeit allein bewältigen muß, da die MGM versäumt hatte, ihr einen ebenbürtigen Partner zur Seite zu stellen. Zwar gelingt es James Stewart, seiner Angebeteten das Liebeslied *Easy To Love* hinzuhauchen, doch die choreographische Interpretation hat Eleanor Powell ohne Mann zu absolvieren - der sitzt auf einer Parkband und sieht ihr lediglich fasziniert zu. Die Stücke, die Cole Porter für *Zum Tanzen geboren* komponierte, sind *Rolling Home; Rap Tap on Wood; Hey, Babe, Hey; Entrance of Lucy James; Love Me, Love My Pekinese; Easy To Love; I've Got You Under My Skin* und die opulent ausgestattete Schlußnummer *Swingin' the Jinx Away*; in die rund eine halbe Million Dollar investiert wurde. mg

Zum Teufel mit der Unschuld

Goodbye Columbus. USA 1969 **R** Larry Peerce **B** Arnold Schulman, nach einer Novelle von Philip Roth **K** Gerald Hirschfeld **M** Charles Fox **P** Stanley R. Jaffe für Willow Tree/Paramount **L** 105 Min., Farbe **D** Richard Benjamin, Ali MacGraw, Jack Klugman, Nan Martin, Michael Meyers, Lori Shelle, Royce Wallace, Sylvie Straus, Kay Cummings, Michael Nurie, Betty Greyson

Mit diesem Film hatten sowohl Ali MacGraw als auch Richard Benjamin ein wenig schmeichelhaftes Leinwanddebüt. Schauspielerisch noch relativ unerfahren, agierten sie in dieser Liebesgeschichte dermaßen hölzern und verkrampft, daß man schon nach kurzer Zeit das Interesse an den Problemen der beiden Protagonisten verliert.
Brenda Patimkin (MacGraw) ist ein reiches jüdisches Mädchen aus bester Familie. Hinter ihr ist Neil Klugman (Benjamin) her, der einer völlig verarmten Sippe entstammt. Im Zuge der sich lockernden Sexualmoral der Endsechziger folgt eine ausführliche Beschreibung schwangerschaftsverhütender Praktiken, angefangen von der Pille bis hin zum Diaphragma, an deren Ende die endgültige Trennung der beiden steht.
Regisseur Larry Peerce wollte eine zeitgenössische Liebesgeschichte vor einem interessanten sozialen Hintergrund drehen. Das Ergebnis war eine nur durchschnittliche Love-Story, bei der die Milieuzeichnung des jüdischen New York völlig verunglückte und der scheinbar so offenherzige Umgang mit der Sexualität zu einer verkrampft wirkenden Toleranzübung wurde. Während sich Ali MacGraw in ihren nächsten Rollen durchaus noch steigern konnte (LOVE STORY), blieb Richard Benjamin indes ein miserabler Schauspieler. jg

Zum Teufel mit Hosianna

The Wrath of God. USA 1972 **R** Ralph Nelson **B** Ralph Nelson, nach dem Roman von James Graham **K** Alex Philips **M** Lalo Schifrin **P** Ralph Nelson für Rainbow Prod./Cineman Films **L** 100 Min. (Originalfassung 111 Min.), Farbe **D** Robert Mitchum, Frank Langella, Rita Hayworth, John Colicos, Victor Buono, Paula Pritchett

Ähnlich wie SCHACH DEM TEUFEL wurde auch diese Satire bei ihrem Erscheinen völlig mißverstanden und ernst genommen, was eine einhellige Verdammung des Films durch die Kritik und seinen kommerziellen Mißerfolg bewirkte. Angesiedelt in Mittelamerika um 1920, erzählt er von den Abenteuern dreier zwielichtiger Gestalten in den Wirren der Revolution: Van Horne (Mitchum), ein schießfreudiger Priester, Emmet Keogh, ein irischer Bombenleger, und Jennings, ein schmieriger Waffenschieber.
Ralph Nelson war nach den Exzessen von DAS WIEGENLIED VOM TOTSCHLAG wohl nach etwas Leichterem zumute, denn *Zum Teufel mit Hosianna* ist nicht etwa ein weiterer Actionreißer vor einer Westernkulisse, sondern eine vergnügliche Parodie auf so ziemlich jedes Klischee, das sich auf der Leinwand je einmal den Weg in eine derar-

tige Umgebung geahnt hat. Rita Hayworth absolvierte hier übrigens ihren letzten Filmauftritt. al

Ein zum Tode Verurteilter ist entflohen

Un condamné à mort s'est echappé. Frankreich 1956 **R** Robert Bresson **B** Robert Bresson, nach einem Tatsachenbericht von André Devigny **K** Léonce-Henry Burel **P** Jean Thuillier und Alain Poiré für S.N.E. Gaumont/ Nouvelles Editions de Film **L** 100 Min., s/w **D** François Leterrier, Charles le Clainche, Maurice Beerblock, Roland Monod, Jacques Ertraud

Frankreich 1943: Fontaine (Leterrier), Leutnant der französischen Armee, sitzt im schwerbewachten Gefängnis von Montluc in Lyon ein, von den herrschenden Nazis zum Tode verurteilt. In wochenlanger Kleinarbeit gelingt es ihm mittels eines Löffels, sich aus dem als ausbruchsicher geltenden Zuchthaus zu befreien und zu fliehen.
Robert Bresson gelang ein Meisterwerk des französischen Films: Fast ohne Dialoge, allein auf die Kraft der auf Totaleinstellungen weitgehend verzichtenden Bilder vertrauend, zeichnete er die Geschichte eines Ausbruchs authentisch nach. Ein Ausbruch in zweierlei Hinsicht: Zum einen der des Gefangenen aus dem Gefängnis, zum anderen der Ausbruch seiner Seele aus der Dunkelheit in Überwindung von Todesangst und Dunkelheit. Bresson dringt hierzu tief in die Intimsphäre des Gefangenen ein, zeigt ihn wieder und wieder bei der Verrichtung seiner monotonen, aber hoffnungsvollen Arbeit, stilisiert ihn damit zum abstrakten Helden, ohne Mitleid zu erwecken. Ein so radikaler wie genialer Film in technischer und inhaltlicher Hinsicht - „mit kostbarer Klugheit und filmischer Meisterschaft gestaltet" (*Evangelischer Filmbeobachter*). sk

Zum Verbrecher verurteilt

They Made Me a Criminal. USA 1939 **R** Busby Berkeley **B** Sig Herzig **K** James Wong Howe **M** Max Steiner **P** Jack L. Warner, Hal B. Wallis für Warner Bors. **L** 92 Min., s/w **D** John Garfield, Gloria Dickson, Claude Rains, Ann Sheridan, May Robson, Billy Halop

Der für die einfallsreiche Choreographie zahlreicher Musicals der 30er Jahre berühmte Busby Berkeley legte mit mit diesem Boxerdrama seinen ersten „ernsten" Film vor, wobei es sich um ein Remake des 1933er *The Life of Jimmy Dolan* handelt. Im Mittelpunkt steht John Garfield als frisch zum Weltmeister gekürter Boxer Johnny Bradfield, dessen blütenweißes Image in keinerlei Verhältnis zu seinem wahren Charakter steht - er ist ein zynischer, rücksichtsloser Säufer. Nach einer durchzechten Nacht muß Johnny in der Zeitung lesen, daß er einen Mord begangen haben und dann in einem Auto verbrannt sein soll. Aus Angst, er könnte tatsächlich im Rausch eine Gewalttat begangen haben, nimmt er eine andere Identität an...
Berkeley erwies sich auf Straßenpflaster als ebenso sicher wie auf Parkett und inszenierte *Zum Verbrecher verurteilt* im typischen Warner-Stil: grimmig, rasant und realistisch. Die Boxszenen gehörten zum Besten, was bis dato in dieser Richtung die Leinwand erreicht hatte und wurden erst durch Garfields JAGD NACH MILLIONEN von 1947 übertroffen. al

Zünftige Bande

La belle équipe. Frankreich 1936 **R** Julien Duvivier **B** Charles Spaak, Julien Duvivier **K** Jules Kruger, Marc Fossard **M** Maurice Yvain **P** M. Aryss-Nissotti für Arys Films **L** 88 Min. (Originalfassung 94 Min.), s/w **D** Jean Gabin, Charles Vanel, Raymond Aimos, Viviane Romance, Marcelle Geniat, Raymond Cordy

Fünf arbeitslose Freunde gewinnen in der Lotterie einen Millionenbetrag, den sie in ein heruntergekommenes Landhaus zu investieren beschließen. Doch nach und nach bringen persönliche Streitereien und andere Probleme die Geschäftspartner auseinander, bis nur noch zwei, Jeannot (Gabin) und Charlot (Vanel), übrigbleiben. Jeannot hat es auf Gina (Romance), die hübsche Frau seines Freundes, abgesehen, und in der ursprünglichen Version des Filmes ist sie für das Zerbrechen dieser Freundschaft und letztendlich sogar für den Tod ihres Mannes verantwortlich, der von Jeannot erschossen wird.
In Frankreich wurde neben dieser pessimistischen Fassung, die nur in ausgewählten Kinos lief, auch eine etwas kürzere gezeigt, die mit den deutschen und amerikanischen Kopien identisch ist und einen veränderten Schluß hat: Jeannot und Charlot erneuern ihre Freundschaft, als sie erkennen, daß sie ihnen wichtiger ist als Gina. Jean Renoir hatte sich übrigens darum bemüht, den Film inszenieren zu dürfen. al

Zur Sache, Schätzchen

Zur Sache, Schätzchen. BRD 1967 **R** May Spils **B** May Spils, Werner Enke, Rüdiger Leberecht **K** Klaus König **M** Kristian Schulze **P** Peter Schamoni **L** 80 Min., s/w **D** Werner Enke, Uschi Glas, Henry van Lyck, Inge Marschall, Helmut Brasch

Zur Sache, Schätzchen zeigt 24 Stunden aus dem Leben von Martin (Enke), einem Lebeleicht aus dem Schwabinger Milieu. Martin hat auf Aufstehen keinen Bock und zum Arbeiten keine Lust. Statt Ordnung und Unterordnung in sein Leben zu bringen, lebt er lieber in den Tag hinein. An seinem Geburtstag reißt er im Schwimmbad die hübsche Barbara (Glas) auf. Um ihr zu imponieren, treibt er auf einer Angebertour durch München allerlei Verbotenes mit seinen braven Mitbürgern und der Obrigkeit. Die Folge: er bekommt reichlich Ärger mit der Polizei, die für Lebenskünstler seines Schlages nicht viel übrig hat.
Die skurrile, detailverliebte Komödie ist ein authentisches Portrait der 68er-Generation; die längst verschwundenen Berufsanarchos, Bürgerschrecks und Revoluzzer wirken heutzutage regelrecht nostalgisch. Der inzwischen zum Klassiker avancierte Paradestreifen des Neuen Deutschen Films war das Spielfilmdebüt von May Spils. Mit ihr führte erstmals seit dem Krieg eine Frau Regie in Westdeutschland. *Zur Sache, Schätzchen* brachte Uschi Glas den Spitznamen „Schätzchen der Nation" und Werner Enke das Pseudonym „Fummler vom Dienst" ein. 1970 drehte May Spils mit *Nicht fummeln, Liebling* einen weiteren, allerdings wenig erfolgreichen Streifen in demselben Milieu, ebenfalls mit Werner Enke in der Hauptrolle. sk

Die Zürcher Verlobung

Die Zürcher Verlobung. BRD 1957 **R** Helmut Käutner **B** Heinz Pauck, Helmut Käutner, nach dem Roman von Barbara Noack **K** Heinz Pehlke **M** Michael Jary **P** Gyula Trebitsch für Real-Film Hamburg **L** 107 Min., Farbe **D** Liselotte Pulver, Bernhard Wicki, Paul Hubschmid, Wolfgang Lukschy, Rudolf Platte, Werner Finck, Roland Kaiser, Maria Sebaldt, Erwin Linder

Die Drehbuchautorin Juliane Thomas flüchtet aus dem regnerischen Hamburg in die sonnig-saubere Schweiz, wo sie sich in den attraktiven Arzt Dr. Jean Berner (Hubschmid) verliebt. Aus ihrer eigenen Liebesgeschichte fertigt sie ein Drehbuch an, das der Berliner Regisseur Paul Frank, genannt Büffel (Wikki) und zufälligerweise auch ein Freund von Berner, verfilmen soll. Anfangs versucht Frank noch, Juliane mit Jean zu verkuppeln, doch je länger er sie kennt, desto mehr gewinnt er sie lieb. Und nicht nur er ist von dem netten, natürlichen Mädchen begeistert - auch sein mutterloser Sohn Pips (Kaiser) und dessen riesiger Pudel Püppi sind von Juliane angetan. Nach vielen Irrungen und Wirrungen finden Juliane und Paul endlich zueinander und eine neue bundesdeutsche Wohlstandsfamilie ist komplett.

Eine vergnügliche und harmlose Komödie, die Käutner in einer leichten und gefälligen Weise für ein großes Publikum inszenierte. Der Komponist Michael Jary schrieb für diesen Film die beiden Schlager *Du hast mir nie gesagt: Es gibt nur dich* und *Ja, ja, die Liebe in der Schweiz*, zu denen Helmut Käutner den Text beisteuerte.
Nach DAS WIRTSHAUS IM SPESSART und DIE BEKENNTNISSE DES HOCHSTAPLERS FELIX KRULL hatte Lilo Pulver hier innerhalb eines Jahres ihren dritten bedeutenden Auftritt in einer deutschen Produktion. Damit war das Jahr 1957 für sie eines der arbeitssamsten und erfolgreichsten in ihrer Karriere. jg

Zurück bleibt die Angst

Ghost Story. USA 1981 **R** John Irvin **B** Lawrence D. Cohen, nach dem Roman von Peter Straub **K** Jack Cardiff **M** Philippe Sarde **P** Burd Weissbourd für Universal **L** 110 Min., Farbe **D** Fred Astaire, Melvyn Douglas, Douglas Fairbanks jr., John Houseman, Craig Wasson, Alice Krige, Jacqueline Brookes, Patricia Neal, Miguel Fernandes, Lance Helcomb

Ein angenehmer Horrorfilm aus den frühen 80er Jahren, bei dem sich die Ekel- und Schocksequenzen erfreulicherweise in Grenzen halten.
In einer kleinen Gemeinde in Neuengland treffen sich seit 50 Jahren regelmäßig einmal pro Woche vier alte Herren (Astaire, Douglas, Fairbanks jr., Houseman), um sich des Abends vor flackerndem Kaminfeuer Geistergeschichten zu erzählen. Das ungewöhnliche Quartett ist durch ein gemeinsames, schauerliches Erlebnis miteinander verbunden. Zu Beginn der 30er Jahren waren alle vier in ein und dasselbe Mädchen (Krige) verliebt, das sich während einer Auseinandersetzung bei einem Sturz so unglücklich verletzte, daß die Männer es für tot hielten. Um die Sache zu vertuschen, legten sie die Leiche in einen Wagen und versenkten ihn in einem See. Kurz bevor das Auto jedoch glucksend unterging, kam die vermeintlich Tote zu sich und ertrank vor ihren Augen. Inzwischen ist ein halbes Jahrhundert vergangen und plötzlich ereignen sich grauenhafte Dinge. Als unansehnliche Wasserleiche kehrt das Opfer von damals zurück, um sich an den vier Männern und deren Nachkommen zu rächen.
Ghost Story ist eine geschickt gemachte Schauerballade mit ausgewogen dosierten Schockeffekten. Technisch brillant ist gleich zu Beginn ein spektakulär gefilmter Fenstersturz. Zur Steigerung der atmosphärischen Dichte trägt des weiteren die Wahl der Schauplätze bei, die hier im winterlich verschneiten Neuengland liegen. Anrührend auch die Darbietung der vier ergrauten Leinwand-Helden, von denen Fred Astaire hier seinen letzten Filmauftritt hatte. jg

Zurück in die Zukunft

Back To the Future. USA 1984 **R** Robert Zemeckis **B** Robert Zemeckis, Bob Gale **K** Dean Cundey **M** Alan Silvestri **P** Bob Gale und Neil Canton für Universal **L** 100 Min., Farbe **D** Michael J. Fox, Christopher Lloyd, Lea Thompson, Crispin Glover, Thomas F. Wilson, Claudia Wells

Marty McFly (Fox) ist ein typischer amerikanischer Teenager, Angehöriger der Generation, die Video, Technik und Computer anbetet, statt sich wie die vorangegangene Generation der Eltern für Pettycoat und Rock 'n' Roll zu begeistern. Seine Freundschaft zu dem zerstreuten Professor Brown (Lloyd) verhilft ihm zu einem Abenteuer besonderer Art: Der tüddelige Alte hat nämlich eine Zeitmaschine erfunden, mit der Marty sich in das Jahr 1955 zurückkatapultiert und in der Vergangenheit seinen Eltern, noch im Pennäleralter, begegnet. Sein Problem: Seine Mutter will überhaupt nichts von seinem Vater wissen, einem trotteligen Einzelgänger, sondern hat es auf Marty abgesehen. Der hat alle Mühe, ödipale Verwicklungen zu vermeiden und seine späteren Eltern miteinander zu verkuppeln. Dies gelingt ihm schließlich, und seiner Reise *Zurück in die Zukunft* steht nichts mehr im Wege.
Der liebevoll gestaltete Film entwickelte sich schnell zu einem Publikumsrenner. Unüblich für das Science-fiction-Genre, verzichtete Regisseur Zemeckis (bekannt durch seinen Erfolgsstreifen AUF DER JAGD NACH DEM GRÜNEN DIAMANTEN) weitgehend auf Spezialeffekte und technische Finessen: Der Reiz des Streifens liegt vor allem in seiner originellen Handlung und seinem herzhaften Humor, der sich aus der Gegenüberstellung von Mief und Idyll der 50er Jahre mit Hektik und Modernität der 80er ergibt. Ein publikumswirksamer, netter Unterhaltungsfilm, dem 1989 eine gelungene erste und 1990 eine weniger gelungene zweite Fortsetzung folgten. sk

Zurück in die Zukunft II

Back To the Future II. USA 1989 **R** Robert Zemeckis **B** Bob Gale **K** Dean Cundey **M** Alan Silvestri **P** Neil Canton und Bob Gale für Universal **L** 120 Min., Farbe **D** Michael J. Fox, Christopher Lloyd, Lea Thompson, Thomas F. Wilson, James Tolkan, Marc McClure

Diesmal geht die Reise der beiden Helden des ersten Teils in die Zukunft, ins 21. Jahrhundert, von dort zurück in die Gegenwart und - da sich dieselbe während der Abwesenheit von Marty (Fox) und Doc Brown (Lloyd) ungünstig verändert hat - gleich wieder zurück in die Vergangenheit des Jahres 1955. Dort versuchen die beiden, natürlich erfolgreich, ein bißchen am Rad der Geschichte zu drehen, um die Gegenwart wieder ins Lot zu bringen. Ihr kleines Problem dabei: In der Vergangenheit, in der sie ja bereits im ersten Teil herumgelaufen sind, dürfen sie sich auf keinen Fall selbst begegnen.
Mit faszinierender Logik und Folgerichtigkeit spinnt Regisseur Zemeckis den Handlungsfaden der Ursprungsgeschichte konsequent weiter, leitet den zweiten Teil sogar mit einer Wiederholung der letzten fünf Minuten von Teil eins ein. Wer den ersten Teil nicht gesehen hat, dürfte allerdings Schwierigkeiten haben, der rasant inszenierten Fortsetzung zu folgen, weil der Inhalt des Ursprungsfilms bis in Details hinein als bekannt vorausgesetzt wird. Die Figuren sind allerdings sichtbar gealtert - Beweis dafür, daß Hollywood in Wirklichkeit doch noch nicht über eine Zeitmaschine verfügt. Zum Ende hin fällt der Film, der - um Mißverständnissen vorzubeugen - alles andere als ein billiger Aufguß des ersten Teils ist, allerdings qualitativ ab: Als Professor Brown mitsamt seiner Zeitmaschine in der letzten Sequenz durch einen Blitzschlag von der Leinwand verschwindet, bleibt Marty - und mit ihm der Zuschauer - hilflos in der Vergangenheit zurück. Wer sich dafür interessiert, wie der Gute von dort wieder wegkommen will, ist genötigt, sich auch noch den parallel gedrehten dritten Teil der *Zurück in die Zukunft*-Serie anzusehen. Die kaum verhüllte Kommerzgeilheit des Produzenten stimmt ärgerlich. sk

Zurück in die Zukunft III

Back To the Future, Part III. USA 1990 **R** Robert Zemeckis **B** Bob Gale **K** Dean Cundey **M** Alan Silvestri **P** Neil Canton und Bob Gale für Universal **L** 119 Min., Farbe **D** Michael J. Fox, Christopher Lloyd, Mary Steenburgen, Thomas F. Wilson, Lea Thompson

Im dritten Teil seiner Erfolgsserie ließ Spielberg-Lehrling Zemeckis seine Helden, den

Halbwüchsigen Marty (Fox) und seinen väterlichen Freund Doc Brown (Lloyd) noch einige Jahrzehnte weiter in die Vergangenheit zurückdüsen, als es in Amerika noch den unzivilisierten Wilden Westen gab. Dort müssen sie sämtliche sattsam bekannten Wildwest-Abenteuer bewältigen, um am Ende, wenn auch mit einigen Schwierigkeiten, wohlbehalten wieder den Sprung in die Gegenwart zu wagen.
Waren die beiden ersten Teile noch durchdacht, intelligent und unterhaltsam, ist der dritte Teil mit seinem verwirrenden Handlungsstrang unübersehbar ein qualitativer Abfall: Weder die zahlreichen albernen Westernparodien, die aufwendigen Tricksequenzen noch das rasende Tempo vermögen über die Ermüdungserscheinungen der Fortsetzungsgeschichte hinwegzutäuschen; irgendwie kann man sich des Gefühls nicht erwehren, alles schon mal gesehen zu haben. Diese „Wiederkehr des Immergleichen" (*Tip*), da nützt auch ein illustres Staraufgebot nichts mehr, wird selbst dem wohlmeinenden Zuschauer irgendwann langweilig. Insgesamt lockte der Dreiteiler allein in Deutschland über 10 Millionen Besucher in die Kinos und zählt damit zu den erfolgreichsten Science-fiction-Serienfilmen. sk

Zusammen in Paris

Paris When It Sizzles. USA 1964 **R** Richard Quine **B** George Axelrod, nach dem Drehbuch für *La fête à Henriette* von Julien Duvivier und Henri Jeanson **K** Charles Lang jr. **M** Nelson Riddle **P** Richard Quine, George Axelrod für Paramount **L** 110 Min., Farbe **D** William Holden, Audrey Hepburn, Grégoire Aslan, Raymond Bussières, Christian Duvallex, Noel Coward, Tony Curtis, Marlene Dietrich, Mel Ferrer

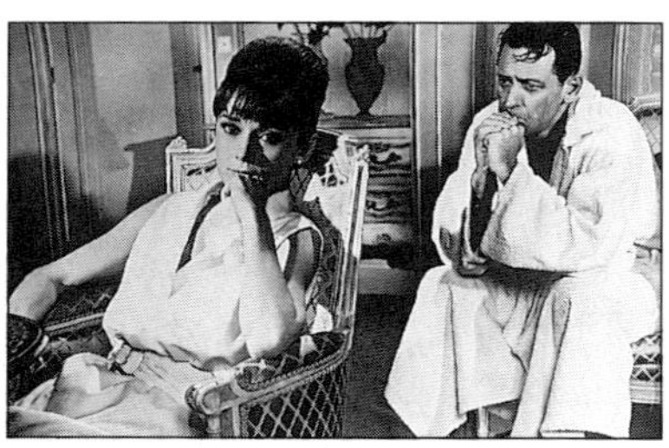

Drehbuchautor Richard Benson (Holden), an akuter Einfallslosigkeit leidend, sieht sich in Paris der schwierigen Aufgabe gegenüber, binnen 48 Stunden das Skript für einen neuen Film fertigzustellen. Mit Hilfe seiner attraktiven Sekretärin Gabrielle (Hepburn), in die er sich ganz nebenbei verliebt, ersinnt er alle möglichen Szenen und Ideen, die von den beiden dann durchgespielt werden - mit turbulenten Resultaten.
Die gefürchtete Judith Christ brachte es in der *New York Herald Tribune* auf den Punkt, als sie in Anspielung auf den aus Cole Porters Schlager *I Love Paris* entliehenen Titel dieser unwitzigen Komödie schrieb: „*Paris When It Sizzles*? Strictly Hollywood - when it fizzles!" („Paris, wenn's zischt? - Hollywood wenn's verpufft"). Mit diesem Remake des auch nicht gerade umwerfenden, aber immerhin doch charmanten Duvivier-Films AUF DEN STRASSEN VON PARIS hoffte Regisseur Richard Quine offenbar eine leichtgewichtige Starkomödie auf die Beine zu stellen, doch das Ergebnis war schwerfällig und peinlich, da halfen auch die zahlreichen Cameo-Auftritte von Marlene Dietrich bis Fred Astaire und Frank Sinatra (auf dem Soundtrack) nichts. Für einen der wenigen Lacher sorgte die Nennung Hubert de Givenchys, der, so wurde der aufmerksame Zuschauer informiert, nicht nur wie üblich für Miß Hepburns Garderobe sorgte, sondern auch für ihr Parfüm! Paramount ahnte den Mißerfolg des bereits 1962 entstandenen Streifens wohl voraus, denn sie legte ihn erst einmal zwei Jahre auf Eis. al

Zustände wie im Paradies

The Admirable Crichton. Großbritannien 1957 **R** Lewis Gilbert **B** Vernon Harris, nach dem Bühnenstück von James M. Barrie **K** Wilkie Cooper **M** Douglas Gamley **P** Ian Dalrymple für Modern Screen Play Prod./Columbia **L** 93 Min., Farbe **D** Kenneth More, Diane Cilento, Cecil Parker, Sally Ann Howes, Martita Hunt, Jack Watling, Peter Graves, Gerald Harper, Mercy Haystead

Der britische Regisseur Lewis Gilbert wurde vor allem durch die drei James-Bond-Streifen MAN LEBT NUR ZWEIMAL, DER SPION, DER MICH LIEBTE und MOONRAKER - STRENG GEHEIM bekannt. Weniger bombastisch, dafür weitaus witziger war seine hintergründige Gesellschaftskomödie *Zustände wie im Paradies*, in der er auf köstliche Weise das englische Gesellschaftssystem durch den Kakao zog.
Im Hause von Lord Loam (Parker) herrschen revolutionäre Verhältnisse. Der Aristokrat sieht nicht länger ein, daß er und seine Töchter sich ständig bedienen lassen sollen. Also dreht er eines Tages den Spieß um und nimmt einen Rollentausch vor. Trotz ihres erbitterten Protestes müssen so auch eines Tages seine beiden Töchter Mary (Howes) und Catherine (Haystead) dem Personal den Tee servieren. Damit solche Gepflogenheiten in England nicht zur Routine werden, legt man es Lord Loam nahe, eine Zeitlang das Land zu verlassen. Mit seiner Yacht schippert er samt Butler Crichton (Moore) und Familie durch die Südsee, bis die Reisegesellschaft eines Tages durch einen Sturm auf eine einsame Insel verschlagen wird. Weit abseits der englischen Adelsherrlichkeit verändern sich die Machtverhältnisse und Rollenpositionen recht schnell. Im Gegensatz zu den völlig ungeschickten und blasierten Snobs weiß der begabte Crichton, wie man in der Wildnis überlebt und schwingt sich zum Anführer der Gruppe auf. Und plötzlich sieht auch Lady Mary ihren ehemaligen Untergebenen in einem anderen Licht und läßt sich mit ihm auf eine leidenschaftliche Affäre ein, die sogar in einer Hochzeit gemündet hätte, wäre die Trauung nicht plötzlich durch das Aufkreuzen eines Schiffes unterbrochen worden.
Zustände wie im Paradies ist eine jener süffisanten britischen Schmunzelkomödien, die in feinsinniger und intelligenter Weise die herrschenden Konventionen des englischen Klassensystems persiflieren und ad absurdum führen. Die witzige Geschichte wird von Kenneth More und der anfangs herrlich zugeknöpften, später umso hemmungsloseren Sally Ann Howes vortrefflich interpretiert. jg

Der Zwang zum Bösen

Compulsion. USA 1959 **R** Richard Fleischer **B** Richard Murphy, nach dem Roman von Meyer Levin **K** William C. Mellor **M** Lionel Newman **P** Richard D. Zanuck für 20th Century-Fox **L** 103 Min., s/w **D** Orson Welles, Diane Varsi, Dean Stockwell, Bradford Dillman, E. G. Marshall, Martin Milner, Richard Anderson, Robert Simon, Edward Binns, Robert Burton, Louise Lorimer

Im Jahre 1924 sorgte in den USA ein spektakulärer Mordfall für landesweites Aufsehen. Die beiden Studenten Leopold und Loeb hatten ohne jegliches Motiv den 14jährigen Nachbarsjungen Bobby Franks entführt und ermordet. Anlaß für die Tat war lediglich der vermessene Versuch, einen perfekten Mord begehen zu wollen. 1948 griff Alfred Hitchcock den Fall für seinen Film COCKTAIL FÜR EINE LEICHE auf, der sich natürlich vornehmlich dem Thrill des kriminologischen Aspekts widmete. Der bis heute weitgehend verkannte Hollywood-Routinier Richard Fleischer ging von der psychologischen Seite an diesen Mordfall heran. In logisch aufgebauten Szenenfolgen beschreibt er, wie es zu der Tat kommen konnte, schildert das überhebliche Verhalten der beiden Studenten an der Universität, ihre komplizierte Beziehung untereinander und das Entstehen ihrer Theorie vom „Übermenschen", die auf einer tragischen Fehlinterpretation beruht. Fleischer verzichtet dabei darauf,

den eigentlichen Mord zu zeigen, was jedoch der Spannung keinen Abbruch tut. Eine verlorene Brille wird den beiden zum Verhängnis; sie werden vor Gericht gestellt und zu einer lebenslänglichen Freiheitsstrafe verurteilt.
Richard Fleischer drehte ein düsteres, schauspielerisch perfektes Kriminaldrama, das freilich zur damaligen Zeit die Tatsache verschweigen mußte, daß es sich bei Loeb und Leopold um zwei Homosexuelle handelte. Die wirkliche Beziehung der beiden wird nur einmal kurz als Verdachtsmoment aufgeführt und sofort ad absurdum geführt.
Eine interessante amerikanische Independent-Produktion zu diesem Thema drehte 1991 der New Yorker Filmemacher Tom Kalin unter dem Titel *Swoon*. Seine Version orientierte sich wesentlich enger an den authentischen Ereignissen, verwendete Auszüge aus den Protokollen der Gerichtsverhandlung und schilderte das weitere Schicksal der beiden Täter nach ihrer Verhaftung. jg

Die Zwangsjacke

Strait-Jacket. USA 1964 **R** William Castle **B** Robert Bloch **K** Arthur Arling **M** Van Alexander **P** William Castle für William Castle Prod./Columbia **L** 93 Min., s/w **D** Joan Crawford, Diane Baker, Leif Erickson, Howard St. John, John Anthony Hayes, George Kennedy

Lucy Harbin (Crawford) hat wegen Doppelmordes an ihrem Mann und seiner Geliebten zwanzig Jahre in einer Anstalt für psychisch gestörte Verbrecher eingesessen, und zieht nun zu ihrer fast erwachsenen Tochter (Baker) und deren Adoptiveltern. Schon bald beginnt eine neue Serie von Axtmorden die Umgebung aufzuschrecken, doch obwohl zunächst alles darauf hindeutet, ist diesmal nicht Lucy die Täterin...
Einzig und allein Joan Crawford sorgt für einen Hauch von Klasse in dieser Billig-Produktion von Horror-Spezialist William Castle, die immerhin nach einem Drehbuch von PSYCHO-Autor Robert Bloch fabriziert wurde. Die auch mit 56 Jahren noch blendend aussehende Aktrice hatte nach ihrem Erfolg mit WAS GESCHAH WIRKLICH MIT BABY JANE? einen bescheidenen Karriere-Aufschwung erlebt, wenn auch alle Angebote aus dem Horror-Genre kamen. Mit Castle arbeitete sie ein Jahr später in ES GESCHAH UM 8 UHR 30 erneut zusammen. Der findige Produzent/Regisseur, noch nie um einen ausgefallenen Werbegag verlegen, wartete diesmal übrigens mit Papp-Äxten und dem Slogan „It's only a movie...it's only a movie!" auf. al

Der 20. Juli

Der 20. Juli. BRD 1955 **R** Falk Harnack **B** Günther Weissenborn, Werner Jörg Lüddecke, Rudolf Christoph Freiherr von Gersdorff **K** Karl Löb **M** Herbert Trantow **P** Artur Brauner für CCC-Film **L** 95 Min., s/w **D** Wolfgang Preiss, Werner Hinz, Annemarie Düringer, Robert Freytag, Ernst Schröder

Falk Harnacks Film war eine Konkurrenzproduktion zu G. W. Pabsts ES GESCHAH AM 20. JULI, der sich ebenfalls mit dem Attentat auf Hitler befaßte. Konzentrierte sich dieses Werk mit seinem fast thrillerähnlichen Aufbau ausschließlich auf den Tagesablauf des 20. Juli 1944, so versuchte Harnack einen Gesamtüberblick über die Entwicklung der Widerstandsbewegung des 20. Juli zu geben sowie die einzelnen Vorbereitungsphasen zu schildern, die schließlich in dem mißlungenen Attentat auf den „Führer" gipfelten.
Die Geschichte des Anschlags wird als große Rückblende geschildert. Der Bauingenieur Lindner (Preiss) und seine Sekretärin Hildegard Klee (Düringer) erinnern sich an einzelne Episoden und verschiedene Stationen des Widerstands, ohne jedoch direkt daran beteiligt gewesen zu sein.
Falk Harnack, der während der Nazi-Diktatur selbst im Hamburger Zweig der Weißen Rose aktiv war, drehte mit einfachen Mitteln einen aufwühlenden, semidokumentarischen Spielfilm, der neben den tragischen Auswirkungen des mißlungenen Attentats eine wertvolle Einsicht über die damalige Stimmung in Nazi-Deutschland vermittelt. Seine authentische Dichte verdankt dieses Polit-Drama nicht zuletzt der fachkundigen Beratung ehemaliger Widerstandskämpfer, die zum Kreis des ermordeten Grafen Stauffenberg gehörten. jg

20.000 Jahre in Sing-Sing

20.000 Years in Sing Sing. USA 1933 **R** Michael Curtiz **B** Courtney Terrett, Robert Lord, Wilson Mizner, Brown Holmes, nach dem Buch von Warden Lewis E. Lawes **K** Barney McGill **M** Bernard Kaun **P** Robert Lord für Warner Bros. **L** 81 Min., s/w **D** Spencer Tracy, Bette Davis, Lyle Talbot, Arthur Byron, Grant Mitchell, Warren Hymer, Louis Calhern, Sheila Terry, Edward J. McNamara, Spencer Charters, Nella Walker

Ein Klassiker unter den frühen Gefängnis-Dramen Hollywoods, in dem Bette Davis und Spencer Tracy das einzige Mal gemeinsam vor der Kamera standen. Tracy spielt den Gangster Tom Connors, der wegen zahlreicher Delikte in das berüchtigte Gefängnis Sing-Sing eingeliefert wird, wo eine rauhe Hierarchie auf ihn wartet. Trotz der Ratschläge des Gefängnisdirektors Warden Long (Byron) verhält sich Connors stur und widerspenstig, was ihm u. a. fast 100 Tage Dunkelhaft einbringt. Mit der Zeit erkennt er allerdings, daß Widerstand gegen die Staatsgewalt auf Dauer sinnlos ist. Er fügt sich in das Anstaltsleben ein und erhält von Long sogar die Erlaubnis zu einem „Urlaub auf Ehrenwort", um seine Freundin Fay (Davis) zu besuchen, die bei einem Unfall verletzt wurde. In New York angekommen, wird Connors jedoch unglücklicherweise in eine bewaffnete Auseinandersetzung verwickelt. Es kommt zu einem Mord, den er auf sich nimmt, um Fay, die in Wirklichkeit den Mann erschossen hat, zu schützen. Obwohl das Mädchen ihre Schuld beteuert, schenkt man ihren Erklärungen keinen Glauben und verurteilt Connors zum Tode.
Prädestiniert für die Rolle des Connors wäre eigentlich James Cagney gewesen, der allerdings eine viel zu hohe Gage verlangte, so daß das Studio auf ihn verzichtete und an seiner Stelle Spencer Tracy engagierte. Dieser schlug sich hier recht wacker und lieferte das beeindruckende Porträt eines reumütigen Gesetzesbrechers ab, der unverschuldet wieder auf die schiefe Bahn gerät. *20.000 Jahre in Sing-Sing*, zum Teil vor Ort in dem düsteren Gefängnis auf dem Hudson River gedreht, erlebte nach seiner Erstaufführung eine Reihe von mehr oder weniger gelungenen Sequels. Unter dem Titel *Castle in the Hudson* entstand 1940 noch einmal ein Remake, in dem John Garfield, Ann Sheridan und Pat O´Brien in den Hauptrollen zu sehen waren. jg

20.000 Meilen unter dem Meer

20.000 Leagues under the Sea. USA 1954 **R** Richard Fleischer **B** Earl Felton, nach dem Roman von Jules Verne **K** Franz F. Planer, Ralph Hammeras, Till Gabbani **M** Paul J. Smith **P** Walt Disney für Disney-Prod./Buena Vista **L** 120 Min., Farbe **D** Kirk Douglas, James Mason, Paul Lukas, Peter Lorre, Robert J. Wilke, Carleton Young, Ted De Corsia, Percy Helton, Ted Cooper, Edward Marr, Fred Graham, J. M. Kerrigan, Harry Harvey

Neben IN 80 TAGEN UM DIE WELT und REISE ZUM MITTELPUNKT DER ERDE

gehört die aufwendige Disney-Produktion *20.000 Meilen unter dem Meer* mit Sicherheit zu den gelungensten Jules-Verne-Verfilmungen, die in den amerikanischen Ateliers entstanden. Die Disney-Studios hatten bis 1954 außer einigen Dokumentarstreifen (wie z. B. *Die Wüste lebt*) nur Zeichentrickfilme produziert. Richard Fleischers farbenprächtiges Abenteuer war das erste Spielfilmprojekt, mit dem die Gesellschaft auf den US-Markt drängte.
Im Jahre 1868 sorgt ein unbekanntes Meerestier für Schlagzeilen in der Presse. Das mysteriöse Objekt hat bereits mehrere Schiffe versenkt, als sich der Meeresbiologe Professor Arronax (Lukas) in Begleitung seines Dieners Conseil (Lorre) und des etwas rabiaten Harpuniers Ned Land (Douglas) an Bord eines Forschungsschiffes auf die Suche nach dem Ungetüm macht. Auch sie fallen den Attacken des Monstrums zum Opfer und gehen über Bord. Wie erstaunt sind sie jedoch, als sich das vermeintliche Seeungeheuer als riesiges Unterseeboot entpuppt. Der Erbauer des genialen Fahrzeugs, ein verbitterter Sonderling, der sich Kapitän Nemo (Mason) nennt, nimmt sie an Bord. Auf ihrer Unterwasserreise, die sie rund um den Erdball führt, erleben die drei Gefährten aufregende Abenteuer.
20.000 Meilen unter dem Meer wurde damals als filmtechnisches Wunderwerk gefeiert und erhielt für seine Ausstattung und seine erstaunlichen Spezialeffekte zwei Oscars. John Meehan und Emile Kuri schufen in liebevoller Kleinarbeit einige wunderschöne Bauten, die in verblüffender Weise den Kupferstich-Illustrationen des 1869 erschienenen Romans ähnelten. Neben den perfekten Matte-Paintings fasziniert Fleischers Film vor allem durch eine Reihe aufwendiger mechanischer Effekte, zu deren Höhepunkt der Kampf der U-Boot-Besatzung mit einem Riesenkraken gehört. In den Buena-Vista-Ateliers wurde das tentakelbewehrte Ungetüm in einem Tank als Attrappe, bestehend aus Gummi, Plastik und Stahl, konstruiert. Beim ersten Einsatz vor laufender Kamera ergaben sich allerdings einige technische Schwierigkeiten. So ragten bei Inbetriebnahme des Monsters ständig einige hydraulische Schläuche und Kabel aus dem Wasser. Fleischer entschloß sich, die Szene abzuändern. Statt den Kampf bei ruhiger See stattfinden zu lassen, wie es noch die Romanvorlage verlangte, ließ er nun einen Gewittersturm über der aufgetauchten *Nautilus* toben, was einen wesentlich bedrohlicheren Gesamteindruck ergab.
20.000 Meilen unter dem Meer spielte bei seinem ersten Kinostart mehr als das Doppelte seiner Kosten ein, die sich auf 5 Mio. Dollar belief. Seitdem erlebte der Film mehrere Wiederaufführungen, bei denen er jedesmal aufs Neue seine Zeitlosigkeit und seine unvergängliche Faszination unter Beweis stellen konnte. Parallel zu den Dreharbeiten entstand übrigens für das US-Fernsehen ein eindrucksvoller Dokumentarfilm, der den Zuschauer hinter die Kulissen der Tricktechnik blicken ließ und der später mit einem Emmy prämiert wurde. jg

Zwei auf gleichem Weg

Two For the Road. Großbritannien 1967 **R** Stanley Donen **B** Frederic Raphael **K** Christopher Challis **M** Henry Mancini **P** Stanley Donen für 20th Century-Fox **L** 112 Min., Farbe **D** Audrey Hepburn, Albert Finney, Eleanor Bron, William Daniels, Claude Dauphin, Nadia Gray, Georges Descrieres

Der erfolgreiche Architekt Mark (Finney) und seine Frau Joanna (Hepburn) sind auf dem Weg von England nach Frankreich, wo Mark eine geschäftliche Verabredung hat. Auf ihrer Reise lassen sie ihre 12jährige Ehe Revue passieren. In harmonisch eingeflochtenen Rückblenden erinnert sich das Paar an ihre erste Begegnung, an einen Urlaub mit Freunden und an zwei weitere Ferienausflüge, die sie nach Frankreich führten.
Fünf Stationen einer wechselhaften Ehe verknüpft Donen auf meisterhafte Art, indem er sie nicht chronologisch hintereinander zeigt, sondern immer wieder bestimmte Situationen zum Anlaß nimmt, seine Protagonisten in Erinnerungen schwelgen zu lassen. Sucht Mark in einer Szene des Films am Grenzübergang verzweifelt nach seinen Pass, so leitet die Erinnerung an ein ähnliches Ereignis aus der Vergangenheit eine Episode ein, die nun den weiteren Verlauf der melodramatischen Komödie bestimmt.
Bei der Oscar-Verleihung stand *Zwei auf gleichem Weg* lediglich in der Kategorie „Bestes Original-Drehbuch" auf der Nominierungsliste. mg

Zwei ausgebuffte Profis

Semi-Tough. USA 1977 **R** Michael Ritchie **B** Walter Bernstein, nach einem Roman von Dan Jenkins **K** Charles Rosher jr. **M** Jerry Fielding **P** David Merrick **L** 108 Min., Farbe **D** Burt Reynolds, Kris Kristofferson, Jill Clayburgh, Robert Preston, Burt Convy, Roger E. Mosley

Ganz im Footballmilieu ist diese Geschichte angesiedelt: Die beiden Profis Puckett (Reynolds) und Tiller (Kristofferson) teilen nicht nur die Wohnung, sondern auch die Lebensgefährtin, Barbara Jane (Clayburgh). Das geht gut, bis Big Ed Bookman (Preston), Barbara Janes Vater, verlangt, daß sie das platonische Verhältnis zu den beiden aufgeben und sich für einen entscheiden solle. Sie entschließt sich zur Heirat mit Tiller, der aber schon von der wandlungsfähigen Lehre des Heilsbringers Bismark (Convy) vereinnahmt wurde. Puckett, der sich ebenfalls in seine Mitbewohnerin verliebt hat, schafft es schließlich, seinen mental weniger wachen Teamkameraden so zu verunsichern, daß die Hochzeit nicht zustande kommt.
Durch den hohen Stellenwert, den das Footballspiel in den USA einnimmt, und durch die zugkräftige Besetzung war der Erfolg dieser Produktion in den Vereinigten Staaten eigentlich schon vorprogrammiert. Das europäische Publikum wird wohl eher von der parodistischen Behandlung der pseudoreligiösen Heilsbewegung angesprochen, einer zweifelhaften kulturellen Erscheinung, die noch vor dem Boom des Footballspiels den Weg über den Atlantik gefunden hat. Die Darstellung des Gurus Friedrich Bismark und seiner Lehre, in der es vor allem darum geht, „es" zu bekommen, sind jedenfalls weitaus unterhaltsamer als die müden Sportlerwitze. mg

Zwei ausgekochte Gauner

The Sing II. USA 1983 **R** Jeremy Paul Kagan **B** David S. Ward **K** Bill Butler **M** Lalo Schifrin **P** Jennings Lang **L** 102 Min., Farbe **D** Jackie Gleason, Mac Davis, Teri Garr, Karl Malden, Oliver Reed, Bert Remsen, Kathalina Veniero, José Perez, Larry Bishop

„*Zwei ausgekochte Gauner* ist eher inspiriert von DER CLOU als eine Fortsetzung davon", rechtfertigte Regisseur Kagan schon im Vorfeld seine Gaunerkomödie. Stellt sich nur die Frage, warum er seinen Streifen dann im Titel als zweiten Teil des erfolgreichen Vorläufers deklarierte und auch noch die Charaktere Gondorff, Hooker und Lonnegan übernahm.
Im New York der vierziger Jahre bereiten die Gauner Gondorff (Gleason) und Hooker (Davis) abermals einen groß angelegten Schwindel vor, der ihren Erz-Rivalen Lonnegan (Reed) wieder eine hübsche Stange Geld kosten wird. Der detaillierten Planung und der reibungslos verlaufenden Ausfüh-

rung des Coups folgt schließlich noch ein Happy-End zwischen Hooker und Veronica (Garr), der Tochter seines Kumpels.
Drehbuchautor David S. Ward konnte bei weitem nicht mit den pointierten Dialogen, dem Witz und der Spannung aufwarten, die sein Skript zu DER CLOU ausgezeichnet hatten. Immerhin erhielt *Zwei ausgekochte Gauner* für seine Lieder *Heliotrope Bouquet* (Scott Joplin/Louis Chauvin), *The Chysanthemum, A Breeze From Alabama, Cleopha, The Entertainer, Bethena* (Scott Joplin) eine Oscar-Nominierung in der Sparte „Bester Song Score". mg

Zwei außer Rand und Band

I due superpiedi quasi piatti. Italien 1976 **R** E. B. Clucher **B** E. B. Clucher **K** Claudio Cirillo **M** Guido und Maurizio de Angelis **P** Tritone Cinematografica/T.O.T.A. **L** 114 Min., Farbe **D** Terence Hill, Bud Spencer, Laura Gemser, Kuciano Catenacci, David Huddleston

Nachdem sie sich 1971 mit VIER FÄUSTE FÜR EIN HALLELUJAH erfolgreich eine treue Fangemeinde zusammengekloppt hatten, beglückte das Duo Spencer/Hill sein Publikum in den Folgejahren mit einer ganzen Serie von Hau-drauf-Filmen, alle durchweg erfolgreich, meist wenig originell und immer nach demselben Muster gestrickt: Zwielichtige Zeitgenossen, die noch krimineller als unsere beiden Helden sind, bekommen deren blöde Sprüche und die Schlagkraft ihrer fliegenden Fäuste solange zu spüren, bis sie nichts mehr sagen.
In diesem Streifen mimen Hill und Spencer ein Ganovenpaar, das durch Zufall in den Polizeidienst gerät und die neugewonnene Macht vor allem für Spielchen jenseits der Legalität nutzt. Immerhin bringen sie dabei eine Bande von Rauschgiftdealern zur Strekke. sk

Zwei Banditen

Butch Cassidy and the Sundance Kid. USA 1969 **R** George Roy Hill **B** William Goldman **K** Conrad Hall **M** Burt Bacharach **P** Paul Monash, John Foreman für 20th Century-Fox **L** 112 Min., Farbe **D** Paul Newman, Robert Redford, Katharine Ross, Strother Martin, Henry Jones, Jeff Corey, George Furth, Cloris Leachman, Ted Cassidy, Kenneth Mars, Donnelly Rhodes

Zwei Banditen gab dem Western-Genre noch einmal einen Auftrieb, brachte die Karriere von Paul Newman wieder in Schwung, nachdem das Ansehen des Stars gegen Ende der 60er Jahre etwas ins Straucheln geraten war, und machte den bis dahin noch relativ unbekannten Robert Redford weltweit bekannt. Die beiden spielten nicht zuletzt wegen dieses gelungenen gemeinsamen Erstauftritts noch einmal 1973 in dem Kassenknüller DER CLOU zusammen.
Um die Jahrhundertwende halten die beiden Banditen Butch Cassidy (Newman) und Sundance Kid (Redford) die Vereinigten Staaten in Atem. Sie überfallen mit einer Dreistigkeit sondergleichen Züge und Banken, bis ihnen der Boden in Amerika zu heiß wird und sie beschließen, sich mit Sundances Freundin Etta (Ross), einer Lehrerin, nach Bolivien abzusetzen. Butch und Sundance geraten in die Fänge der Polizei und werden nach einem dramatischen Kampf erschossen.
George Roy Hill gelang es, seinen Film bruchlos mit den modernen Kompositionen von Burt Bacharach zu unterlegen, dessen Song *Raindrops Keep Fallin' On My Head* (interpretiert von B. J. Thomas) mit dem Oscar ausgezeichnet und ein wahrer Welthit wurde. Ein weiterer Preis ging an das ironisch-humorvolle Drehbuch von William Goldman. jg

Zwei dicke Freunde

Best Friends. USA 1982 **R** Norman Jewison **B** Valerie Curtin, Barry Levinson **K** Jordan Cronenweth **M** Michel Legrand **P** Norman Jewison, Patrick Palmer für Timberlane Prod./Warner Bors. **L** 109 Min., Farbe **D** Burt Reynolds, Goldie Hawn, Jessica Tandy, Barnard Hughes, Audra Lindley, Keenan Wynn, Ron Silver

Richard (Reynolds) und Paula (Hawn) sind ein erfolgreiches Drehbuchautoren-Gespann und auch privat ein Paar. Die Harmonie ihrer Beziehung gerät durch die nach langen Überlegungen gefeierte Hochzeit in Gefahr, denn die folgenden Besuche bei den jeweiligen Schwiegereltern erweisen sich als Katastrophen. Ernüchtert kehren die beiden nach Los Angeles zurück, schon bereit, das Experiment zu beenden. Doch da ist noch Produzent Larry (Silver), der unbedingt einen neuen Schluß für eines seiner Epen benötigt und die Streithähne zu diesem Zweck gemeinsam in ein Zimmer sperrt.
Die Drehbuchschreiber Valerie Curtin und Barry Levinson sind selbst miteinander verheiratet und verarbeiteten ihre eigenen Erfahrungen zu einer romantischen Komödie, die einige amüsante Momente aufweist, im großen und ganzen doch nicht spritzig genug und vor allem viel zu vorhersehbar ist. Für Norman Jewison, dessen erste Komödie dies seit zwei Doris-Day-Filmen in den 60ern war, hatte das Duo bereits ...UND GERECHTIGKEIT FÜR ALLE geschrieben. al

Zwei dreckige Halunken

There Was a Crooked Man. USA 1970 **R** Joseph L. Mankiewicz **B** David Newman, Robert Benton, nach der Geschichte *Prison Camp* von Newman und Benton **K** Harry Stradling jr. **M** Charles Strouse **P** Joseph L. Mankiewicz für Warner Bros. **L** 126 Min., Farbe **D** Kirk Douglas, Henry Fonda, Hume Cronyn, Warren Oates, Burgess Meredith, John Randolph, Arthur O´Connell, Martin Gabel, Michael Blodgett, Claudia McNeil, Alan Hale jr., Lee Grant

Ein hintergründiger Western, in dem die beiden Stars Henry Fonda und Kirk Douglas brillieren und den Joseph L. Mankiewicz in deutlicher Anlehnung an die Italo-Western mit viel Tempo und Witz inszenierte.
Der Bandit Paris Pittman (Douglas) wird nach einem Raubüberfall ins Gefängnis eingeliefert, kann aber zuvor noch seine Beute inmitten der Wüste in einem Klapperschlangennest verstecken. Um möglichst schnell dem unschönen Leben hinter Gittern zu entkommen, biedert Pittman sich bei dem neuen Anstaltsleiter Lopeman (Fonda) an, der in die Haftanstalt gekommen ist, um dort den Strafvollzug zu humanisieren. In Wirklichkeit verfolgt der angeblich so menschenfreundliche Gesetzeshüter einen raffinierten Plan. Bei einem bewußt einkalkulierten Häftlingsaufstand rechnet Lopeman mit dem Ausbruch von einigen Männern, die ihn auf die Spur eventuell verborgener Beutegelder bringen könnten.
Mankiewicz brach in diesem Film gleich mehrere Tabus. Die größte Überraschung bietet wohl Kirk Douglas, der in einer Szene splitternackt mit umgeschnalltem Patronengürtel aus dem Bett einer Prostituierten hüpft. Ansonsten birgt der Handlungsort des Gefangenenlagers eine Vielzahl von Möglichkeiten, diverse Grausamkeiten und Sadismen einzubringen, deren Darstellung hier breit ausgespielt wird.
Glanzstück der Films war das für 300.000 Dollar eigens errichtete Areal des Gefängnisses, das nach alten Originalplänen in der kalifornischen Wüste aufgebaut wurde. Aufgrund seiner etwas rüden Tonart und diverser optischer Deftigkeiten kam *Zwei dreckige Halunken* beim Publikum nicht so gut an

wie erhofft und erzielte an der Kinokasse nur einen spärlichen Gewinn. jg

Zwei durch drei geht nicht

Three Into Two Won't Go. Großbritannien 1969 **R** Peter Hall **B** Edna O'Brien, nach dem Roman von Andrea Newman **K** Walter Lassally **M** Francis Lai **P** Julian Blaustein für Universal **L** 93 Min., Farbe **D** Rod Steiger, Claire Bloom, Judy Geeson, Peggy Ashcroft, Paul Rogers, Lynn Farleigh

Schon mit DER TÄTOWIERTE hatte das amerikanisch-englische Ehepaar Rod Steiger und Claire Bloom einen finanziellen Reinfall erlebt, und auch für Peter Halls romantische Dreiecksgeschichte standen die Chancen nicht besser. Dabei hat der Film einiges zu bieten. Erzählt wird von Geschäftsmann Steve Howard (Steiger), der sich in seiner kinderlos gebliebenen Ehe mit Frances (Bloom) gefangen fühlt. Mit einer jungen Anhalterin (Geeson) beginnt er eine Affäre, die seine Ehe endgültig scheitern läßt und selbst ebenfalls nicht von Dauer ist.
Diese im Grunde konventionelle Geschichte profitiert enorm von vier exzellenten Darstellungen (einschließlich Peggy Ashcroft als Blooms Mutter) sowie intelligenten Dialogen von Edna O'Brien, die sich in X, Y UND ZEE noch einmal mit einer Triangel-Situation beschäftigen sollte. Steiger war der einzige Amerikaner auf der Besetzungsliste, doch sowohl sein Akzent als auch sein vom Actor's Studio geprägter Stil harmonieren mit dem seiner Mitspieler. Er und Bloom ließen sich übrigens kurz nach Ende der Dreharbeiten scheiden. al

Zwei erfolgreiche Verführer

Bedtime Story. USA 1964 **R** Ralph Levy **B** Stanley Shapiro, Paul Henning **K** Clifford Stine **M** Hans J. Salter **P** Stanley Shapiro für Universal **L** 99 Min., Farbe **D** Marlon Brando, David Niven, Shirley Jones, Dody Goodman, Aram Stephan, Parley Baer, Marie Windsor, Rebecca Sand, Frances Robinson, Henry Slate, Norman Alden, Susanne Kramer

Daß Marlon Brando sich auch als Komödiant ganz gut eignen sollte, konnte sich niemand so recht vorstellen. Als sein Film *Zwei erfolgreiche Verführer* in den Kinos anlief, sahen sich Publikum und Kritik in ihrer Ansicht bestätigt, daß er doch lieber bei seinen ernsten Rollen hätte bleiben sollen. Der Hollywood-Star befand sich gerade mitten in den Dreharbeiten zu DER HÄSSLICHE AMERIKANER als ihm das Skript von Stanley Shapiro, der auch schon das Drehbuch zu BETTGEFLÜSTER geschrieben hatte, in die Hände fiel. Spontan griff Brando nach der Lektüre zum Telefon und verständigte die Universal, daß er unbedingt bei dem Projekt die Hauptrolle spielen wollte.
Fred Benson (Brando) und Lawrence Jamison (Niven) vertreiben sich an der Côte d´Azur als Gigolos ihre Zeit, wobei sie in ständigem Wettkampf liegen, wer nun die jeweils reichere und attraktivere Frau abschleppt. Als eines Tages die angeblich vermögende Seifen-Königin Janet Walker (Jones) in Monte Carlo auftaucht, findet das Duell zwischen den beiden Gecken seinen Höhepunkt. Benson und Jamison schließen eine Wette ab, die derjenige gewonnen hat, dem es zuerst gelingt, der hübschen Janet 25.000 Dollar abzuluchsen. Dies ist der Auftakt für ein wahres Affentheater, das die beiden Gigolos um das Mädchen veranstalten und dessen Sinnlosigkeit mit einem Schlag offenbar wird, als sich herausstellt, daß auf Janets Bankkonto eine gähnende Leere herrscht.
Während sich David Niven bei der Geschichte sichtlich wohlfühlt, kränkelt Brandos Darstellung an einer gewissen Unsicherheit und Schwerfälligkeit, was den Schauspieler jedoch nicht davon abhielt, nur zwei Jahre später noch einmal in der letzten, etwas lahmen Chaplin-Komödie DIE GRÄFIN VON HONGKONG eine komische Rolle zu übernehmen. In der Regie von Frank Oz entstand 1988 unter dem Titel ZWEI HINREISSEND VERDORBENE SCHURKEN ein wenig geglücktes Remake, in dem Steve Martin und Michael Caine die Rollen von Brando und Niven übernahmen. jg

Zwei Freundinnen

Les biches. Frankreich/Italien 1968 **R** Claude Chabrol **B** Claude Chabrol, Paul Gégauff **K** Jean Rabier **M** Pierre Jansen **P** André Génovès für Les Films La Boëtie (Paris), Alexandra (Rom) **L** 99 Min., Farbe **D** Stéphane Audran, Jacqueline Sassard, Jean-Louis Trintignant, Henri Attal, Dominique Zardi, Nane Germon

Die wohlhabende und elegante Frédérique (Audran) gabelt in Paris die junge Malerin Why (Sassard) auf und nimmt sie mit in ihre Villa an die Côte d'Azur. Dort verliebt sich das Mädchen in den Architekten Paul (Trintignant), der schon am nächsten Tag von Frédérique verführt wird. Die sich so ergebene Dreiecksbeziehung weist Why die untertänige Stellung einer Dienerin zu und endet mit einem Mord: Nach einem Streit wird Frédérique von Why erstochen, die ihre Stelle einnimmt.
Mit *Zwei Freundinnen* begann Claude Chabrol eine ganze Reihe von Filmen, die inhaltlich und optisch stark miteinander verwandt sind. Der Regisseur, der in den 60ern zunehmend auch anspruchslose Kommerzware gedreht hatte, setzte nicht nur immer wieder dieselben Darsteller (seine Ehefrau Stéphane Audran, Michel Bouquet und andere) ein, sondern gab den Figuren auch meist dieselbenNamen, Charles, Hélène oder Paul. Fast alle Arbeiten dieser Zeit wurden von André Génovès produziert und von Chabrol gemeinsam mit Paul Gégauff geschrieben. Die wichtigste Gemeinsamkeit ist jeodch das Milieu, in dem sie angesiedelt sind: das Bürgertum. Alle Geschichten, in denen fast immer mindestens ein Mord vorkommt, sind stark bestimmt von den bourgeoisen Verhaltensmustern ihrer Figuren, was Chabrol den Titel eines „Enzyklopädisten der französischen Bourgeoisie" eintrug. In diesem Falle hat er sogar einen kleinen Gastauftritt - als Regisseur. al

Die zwei Gesichter einer Frau

Fantasma d´amore / Fantome d´amour. Italien/Frankreich/BRD 1981 **R** Dino Risi **B** Bernardino Zapponi, nach einem Roman von Mino Milani **K** Tonino Delli Colli **M** Riz Ortolani **P** Pio Angeletti, Adriano de Micheli für Dean Prod. (Rom), A.M.L.F. (Paris), Roxy-Film (München) **L** 97 Min., Farbe **D** Marcello Mastroianni, Romy Schneider, Eva Maria Meineke, Victoria Zinny, Wolfgang Preiss

Dino Risi erwischte den europäischen Filmstar Romy Schneider für seinen mystischen Psycho-Thriller *Die zwei Gesichter einer Frau* in einer kurzen Phase der Ausgeglichenheit und persönlichen Zufriedenheit. Nur wenige Monate nach dem Ende der Dreharbeiten warf die Scheidung von Daniel Biasini und der schreckliche Unfalltod ihres Sohnes David bereits wieder einen Schatten auf ihr Leben.
Risis Film ist ein nicht immer geschickt aufgelöstes Spiel um Liebe, Tod und Vergänglichkeit, bei dem viele Kritiker damals die ihrer Meinung nach aufgesetzt wirkende Aura des Mysteriösen bemängelten. Über das unspektakuläre Leben des wohlhabenden Rechtsanwalts Nino Monti (Mastroianni) bricht eines Tages das Unerklärliche herein. Auf dem Nachhauseweg begegnet er eines Abends seiner Jugendfreundin Anna (Schneider), die ihn um 100 Lire bittet, um den Bus bezahlen zu können. Anna ist nicht mehr die schöne, elegante Frau von einst, sondern eine kränklich und alt gewordene Person, gezeichnet von Not, Leid und Entbehrungen. Monti wird in ein undurchschaubares Netz von merkwürdigen Vorgängen verwickelt. In dem Haus, in dem er Anna

aufsuchte, geschieht in derselben Nacht ein grauenhafter Mord. Ein Freund teilt ihm mit, daß seine Jugendfreundin mit dem Conte Zighi (Preiss) verheiratet war, doch bereits vor drei Jahren gestorben ist; trotzdem begegnet Monti einer wunderschönen und sehr lebendigen Anna, als er eines Tages die verfallene Villa des Conte aufsucht. Über seine Visionen und Begegnungen verliert Monti zusehends die Kontrolle. Er endet in einer Nervenheilanstalt, wo ihn eine Krankenschwester in Empfang nimmt - es ist Anna.

Die zwei Gesichter einer Frau war Dino Risis erster Psycho-Thriller, der - sieht man einmal von den Schwachpunkten seiner Story ab - durch seine ästhetische Bildsprache und Riz Ortolanis gefühlvoll eingesetzte Musik fesselt. Die Bilder des herbstlichen Pavias und seiner Umgebung, wo die Dreharbeiten stattfanden, verstärken die melancholische Stimmung des Films. jg

Zwei glorreiche Halunken

Il buono, il brutto, il cattivo. Italien 1966 **R** Sergio Leone **B** Sergio Leone, Luciano Vincenzoni, Age & Scarpelli **K** Tonino Delli Colli **M** Ennio Morricone **P** Alberto Grimaldi für P. E. A. **L** 159 Min. (Originalfassung 182 Min.), Farbe **D** Clint Eastwood, Eli Wallach, Lee Van Cleef, Aldo Giuffrè, Mario Brega, Luigi Pistilli

Sergio Leones dritter und letzter Western mit Clint Eastwood ist Abschluß und Höhepunkt einer Zusammenarbeit, die beiden Männern zu internationalem Ruhm verhalf und ein ganzes Genre - den Italo-Western - ins Leben rief. Im Gegensatz zu den vorangegangenen FÜR EINE HANDVOLL DOLLAR und FÜR EIN PAAR DOLLAR MEHR handelt es sich hier nicht um eine Billigproduktion, sondern um ein aufwendiges Unternehmen, das - dank des Riesenerfolges der früheren Filme - sogar teilweise von United Artists mitfinanziert wurde. Nicht nur in Ausstattung und Länge fand das seinen Niederschlag, sondern auch in der Gestalt eines - neben den altbekannten Eastwood und Van Cleef - weiteren amerikanischen Schauspielers, Eli Wallach. In den originellen Eingangssequenzen werden alle *drei* Hauptfiguren vorgestellt (der deutsche Titel übersah das geflissentlich): der Gute (Eastwood) ist ein knallharter Kopfgeldjäger mit Namen Joe, meist nur genannt „Blonder", der Böse (Van Cleef) ist der sadistische Killer Sentenza, der Verschlagene (Wallach) der unzuverlässige mexikanische Bandit Tuco. Alle drei sind während des amerikanischen Bürgerkriegs auf der Suche nach einem versteckten Goldschatz der Konföderierten, wobei jeder von ihnen einen Bruchteil der zum Auffinden des gelben Metalls nötigen Informationen besitzt. Zuvor waren Joe und Tuco in einer ungewöhnlichen Partnerschaft erfolgreich: der Blonde lieferte seinen steckbrieflich gesuchten Kumpan regelmäßig beim nächsten Sheriff ab, kassierte die Belohnung und befreite den zum Tode Verurteilten in letzter Sekunde mit einem wohlgezielten Schuß vom Galgenstrick.

Zwei glorreiche Halunken wimmelt von denkwürdigen Szenen, etwa die, als Joe und Tuco in der Wüste auf einen Trupp Soldaten zureiten, die sie wegen ihrer grauen Uniformen für Südstaatler halten. Aus nächster Nähe müssen sie freilich feststellen, das es sich um blau uniformierte Nordstaatler handelt, die sich seelenruhig den Staub von der Kleidung klopfen! Schluß- und Höhepunkt des Films ist ein Showdown zu dritt, der auf einem kreisförmigen, arenaartigen Platz auf dem Friedhof stattfindet und durch den Einsatz von Zeitverzögerungen, extremen Großaufnahmen und Totalen sowie Ennio Morricones peitschender Musik sicher zu den spannendsten der Western-Geschichte zählt. Zwar ironisiert Leone die Muster und Klischees des Genres, doch tut er es auf eine eher liebevolle denn diffamierende Art und Weise.

Mit 180 Minuten ist *Zwei glorreiche Halunken* der längste Western des Regisseurs, und wie fast alle seiner übrigen Filme wurde er in anderen Ländern teilweise drastisch geschnitten. So lief die US-Fassung immerhin noch 161 Minuten, die französische 155 und die englische gar nur 148 Minuten. Der deutschen TV-Fassung des Films fehlen gegenüber der in den Theatern gezeigten Version (159 Min.) noch einmal 15 Minuten. al

Zwei glücklose Cowboys

Pocket Money. USA 1972 **R** Stuart Rosenberg **B** Terry Malick, John Gray, nach dem Roman *Jim Kane* von J.P.S. Brown **K** Laszlo Kovacs **M** Alex North **P** John Foreman für Coleytown Prod./First Artists **L** 102 Min., Farbe **D** Paul Newman, Lee Marvin, Strother Martin, Christine Belford, Kelly Jean Peters, Fred Graham, Wayne Rogers, Hector Elizondo

Jim Kane (Newman) sitzt in der Klemme: Der Cowboy findet keinen Job als Zureiter und hat sich sowohl bei seiner Bank als auch bei seiner Frau verschuldet. Da trifft er seinen alten Kumpel Stretch Russell (Rogers), der ihm anbietet, als Einkäufer nach Mexiko zu fahren, um dort Stiere für ein Rodeo auszusuchen. Seine große Chance witternd, akzeptiert Jim die Offerte. Doch die Dinge entwickeln sich nicht gerade zum besten und so kann auch Kanes Freund Leonard (Marvin) den vom Unglück Verfolgten nicht vor dem unvermeidbar katastrophalen Ende bewahren.

So wie 1919 Charles Chaplin, Mary Pickford, D.W. Griffith und Douglas Fairbanks die United Artists gründeten, so schlossen sich Anfang der siebziger Jahre Paul Newman, Sidney Poitier, Barbra Streisand, Steve McQueen und Dustin Hoffman zusammen, um die Firma First Artists ins Leben zu rufen. *Zwei glücklose Cowboys* sollte der erste Film dieser Produktionsgesellschaft werden. Rosenbergs Versuch, mit seiner Westernkomödie ein ebenso großes Publikum zu erreichen, wie es Newmans vorheriger Genre-Vertreter ZWEI BANDITEN geschafft hatte, mißlang. mg

Zwei Himmelhunde auf dem Weg zur Hölle

Piu' forte ragazzi! Italien 1972 **R** Guiseppe Colizzi **B** Guiseppe Colizzi, Barbara Alberti, Amadeo Pagani **K** Marcello Masciocchi **M** Guido und Maurizio de Angelis **P** Italo Zingarelli für Tiger/Delta Prod. **L** 106 Min., Farbe **D** Bud Spencer, Terence Hill, René Kolldehoff, Alexander Allerson, Cyril Cusack, Michel Antoine

Diesmal prügeln sich Salud, der Dicke (Spencer), und Plata, der Kleine (Hill), durch den Dschungel Südamerikas, besiegen Piranhas, lassen Flugzeuge abstürzen und Schmugglerbanden hochgehen. Ihr hehres Ziel: Sie wollen eine unentdeckte Diamantenmine finden und reich werden. Zu ihrem Leidwesen sind sie nicht die einzigen, die für die Klunker eine Schwäche haben...

Nach dem grandiosen Zuspruch, den die Ulk-Western DIE RECHTE UND DIE LINKE HAND DES TEUFELS und VIER FÄUSTE FÜR EIN HALLELUJAH gefunden hatten, wechselte das Duo Spencer/Hill kurzerhand das Genre: Statt Western also Abenteuerluft, ansonsten aber Altbewährtes - Slapstick, Schlägereien und Sprücheklopfen. Für Freunde schlichter Abenteuerfilme genau das richtige. In ihrem Heimatland spielte die Action-Klamotte vor überwiegend männlichem Publikum denn auch über 10 Millionen DM ein und wurde damit zu einer der erfolgreichsten italienischen Produktionen. sk

Zwei hinreißend verdorbene Schurken

Dirty Rotten Scoundrels. USA 1988 **R** Frank Oz **B** Dale Launer, Stanley Shapiro, Paul Henning, nach dem Drehbuch zu dem Film *Zwei erfolgreiche Verführer* von Stanley Shapiro **K** Michael Ballhaus **M** Miles Goodman **P** Orion Pictures **L**

107 Min., Farbe **D** Steve Martin, Michael Caine, Glenne Headly, Anton Rodgers, Barbara Harris

Die 1964 entstandene Komödie ZWEI ERFOLGREICHE VERFÜHRER hatte damals schon nicht gerade euphorische Kritiken eingefahren. Frank Oz´ Versuch, dem Original ein Remake folgen zu lassen, begründete sich letztendlich auch nur darauf, mit den beiden Stars der 80er Jahre, Steve Martin und Michael Caine, die Geschichte wiederaufleben zu lassen.
Der Film ist in erster Linie für die mehr oder weniger große Anhängerschar dieser beiden Schauspieler von Interesse. Die Geschichte ist dieselbe geblieben. Anstelle von Niven und Brando machen eben nur Martin und Caine die gelangweilte Damenwelt an der Riviera unsicher und liefern sich bei der Eroberung einer vermeintlichen Millionärin (Headly) einen absurd anmutenden Wettkampf.
Wirklich originell ist nur eine Szene dieser Komödie. Während ein Sprecher aus dem Off den Film als vermeintlichen Leckerbissen für moralisch integre und anspruchsvolle Zuschauer ankündigt, läuft Steve Martin an einer Kaimauer entlang und schubst eine ältere Dame ins Wasser. Gleich danach wird das Publikum aufgeklärt, daß es bei diesem Film mit dieser hohen Erwartungshaltung mit Sicherheit schlecht beraten ist. Weniger komisch ist die Tatsache, daß man diese nette, ironische Szene im eigentlichen Film leider vergeblich sucht, da die besagte Bildfolge nur in einem Trailer eingesetzt wurde, um unter Vorspiegelung falscher Tatsachen die Zuschauer ins Kino zu locken. jg

Zwei in der Falle

Rawhide. USA 1951 **R** Henry Hathaway **B** Dudley Nicholas **K** Milton Krasner **M** Sol Kaplan, Lionel Newman **P** Samuel G. Engel für 20th Century-Fox **L** 86 Min., s/w **D** Tyrone Power, Susan Hayward, Hugh Marlowe, Dean Jagger, Edgar Buchanan, Jack Elam, George Tobias, Jeff Corey, James Millican, Louis Jean Heydt, William Haade, Milton Corey sr., Judy Ann Dunn

Henry Hathaway drehte mit *Rawhide* einen völlig ungewöhnlichen Western, in dem man das Getrampel von Pferdehufen ebenso sehr vermissen wird wie die Weite der amerikanischen Landschaft oder den kernigen Westernhelden, der für Recht und Ordnung sorgt. Tom Owens (Power) arbeitet als Angestellter eines Postkutschen-Unternehmens auf der entlegenen Rawhide Relay Station inmitten der Wüste von Arizona. Dort trifft die ehemalige Sängerin Vinnie Holt (Hayward) mit ihrer Nichte Callie (Dunn) ein. Owens überredet sie, einen Tag mit der Weiterreise zu warten, da eine Bande von Postkutschenräubern in der Gegend ihr Unwesen treibt. Die Gangster haben es auf eine Geldladung von 100.000 Dollar abgesehen und überfallen zu diesem Zweck die Station, um dem eintreffenden Transport einen heißen Empfang zu bereiten. Owens, Vinnie und das Mädchen werden in einem Hinterzimmer des Gebäudes gefangengesetzt, doch können sie mit einem Messer ein Loch in die Außenwand graben, durch das die kleine Callie nach draußen klettert. Zwischen Owens und den Banditen kommt es zu einem erbitterten Kampf, den nur der Outlaw Tevis (Elam) überlebt. Um seinen Rückzug zu decken, nimmt er Callie als Geisel. Vinnie setzt dem Drama ein Ende, indem sie sich ein Gewehr schnappt und ihn beiseite pustet. Zusammen mit ihrer Nichte setzt sie die Reise fort, während Owens auf der Station zurückbleibt.
Die ungewöhnliche Geschichte zu diesem Film schrieb der hervorragende Drehbuchautor Dudley Nichols, der auch schon zu dem John-Ford-Klassiker RINGO das Skript angefertigt hatte. Mit *Rawhide* kehrten sowohl Henry Hathaway als auch Tyrone Power nach einer zehnjährigen Pause zum Western-Genre zurück. Beide hatten zum letzten Mal für den Streifen *Treck nach Utah* in dieser Filmgattung zusammengearbeitet. jg

Zwei in einem Zimmer

The Rat Race. USA 1960 **R** Robert Mulligan **B** Garson Kanin, nach seinem Bühnenstück **K** Robert Burks **M** Elmer Bernstein **P** William Perlberg, George Seaton für Perlberg-Seaton Prod./ Paramount **L** 105 Min., Farbe **D** Tony Curtis, Debbie Reynolds, Jack Oakie, Kay Medford, Don Rickles, Gerry Mulligan, Marjorie Bennett

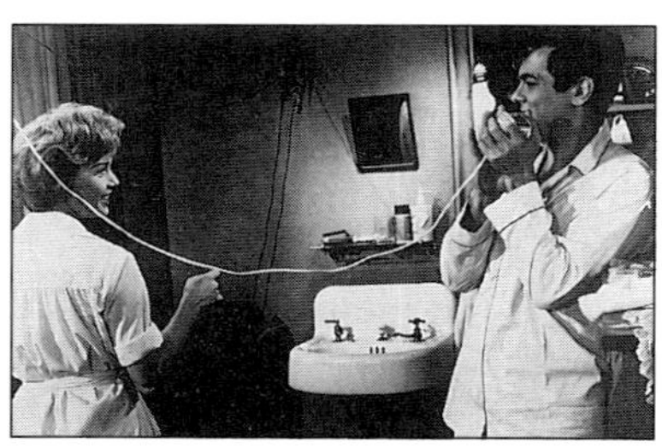

Voller Hoffnungen und großer Träume kommt der junge Saxophonspieler Peter Hammond jr. (Curtis) nach New York, wo sich der Weg nach oben doch als steiniger erweist als zunächst angenommen. Zum Glück läuft ihm mit Peggy Brown (Reynolds) ein Mensch mit ähnlichen Problemen über den Weg und man teilt - rein platonisch natürlich - nicht nur ein Apartment, sondern auch die täglichen Sorgen und Nöte. Und Hollywood wäre nicht Hollywood, wenn sich zwischen den beiden nicht doch noch eine Romanze anbahnen würde...
Nach seinem beeindruckenden Leinwanddebüt mit *Fear Strikes Out* (*Die Nacht hat lange Schatten*, 1957) hatte sich Robert Mulligan zunächst wieder der Fernseharbeit zugewandt, bevor er mit dieser charmanten und warmherzigen kleinen Komödie einen weiteren Treffer landete. Reichlich Dialogwitz von Altmeister Garson Kanin, und das Duo Tony/Debbie harmoniert ausgezeichnet. al

Zwei in Teufels Küche

The In-Laws. USA 1979 **R** Arthur Hiller **B** Andrew Bergman **K** David M. Walsh **M** John Morris **P** Arthur Hiller, William Sackheim für Warner Bros. **L** 103 Min., Farbe **D** Peter Falk, Alan Arkin, Richard Libertini, Nancy Dussault, Penny Peyser, Arlene Golonka, Michael Lembeck, Paul Lawrence Golonka

Die stets etwas problematische Kennlernphase künftiger Schwiegereltern, ein vermeintlicher Anschlag auf das Weltwährungssystem und die politischen Wirren in einer Bananenrepublik bilden die Hauptelemente dieser zuweilen etwas zu turbulenten Komödie. Der CIA-Agent Vince Ricardo, von Peter Falk in bester Columbo-Manier gespielt, verheimlicht zunächst seine Profession und spannt seinen zukünftigen Mit-Schwiegervater, den Zahnarzt Kornpett (Arkin), für seine angeblich völlig ungefährlichen Umtriebe ein. Verfolgt von Schlägern und Beamten der Bundesschatzkammer vertraut der Dentist seinem neuen Verwandten schon weniger, steigt aber dennoch mit ihm in ein Flugzeug, um im nahegelegenen Scranton „alles in Ordnung zu bringen", wie Vince sich ausdrückt. Sie landen statt dessen in der obskuren Republik Tijada, wo beide noch allerhand Abenteuer zu überstehen haben.
Trotz einiger Schwächen war dem Film kommerziell ein gewisser Erfolg beschieden, er spielte immerhin 19 Mio. $ ein. Peter Falk hatte tatsächlich einmal versucht, beim CIA Karriere zu machen. Das erste Bewerbungsverhör bedeutete indes schon das Ende. Weil Falk einerseits Mitglied in der angeblich kommunistisch unterwanderten „Gewerkschaft der Köche und Stewards" Mitglied gewesen war und andererseits einen sechsmonatigen Jugoslawienaufenthalt hinter sich hatte, kam eine Anstellung während der damaligen McCarthy-Ära nicht in Frage. mg

Zwei irre Spaßvögel

Les compères. Frankreich 1983 **R** Francis Veber **B** Francis Veber **K** Claude Agostini **M** Vladimir

Cosma **P** Jean-Claude Bourlat für Fideline Films/ EVFE Films/D. D. Prod. **L** 92 Min., Farbe **D** Pierre Richard, Gérard Depardieu, Anny Duperey, Michel Aumont, Stéphane Bierry

Mit DER HORNOCHSE UND SEIN ZUGPFERD hatte Francis Veber nicht nur einen der erfolgreichsten französischen Filme des Jahres 1981 geschaffen, sondern mit Pierre Richard/Gérard Depardieu auch ein neues Leinwand-Duo. Diese Zusammenarbeit beschloß man in einem ähnlichen Vehikel fortzusetzen, das von den dreien gleich selbst finanziert wurde. Die Geschichte beginnt, als der siebzehnjährige Tristan von zuhause wegläuft. Seine Mutter Christine (Duperey) bringt mit einem Trick zwei ihrer ehemaligen Liebhaber dazu, sich auf die Suche nach dem Jungen zu machen: Sie erzählt sowohl Francis (Richard) als auch Jean (Depardieu), sie wären der Vater. Zunächst unabhängig voneinander machen sich die ungleichen Charaktere an die Arbeit, laufen sich jedoch fast zwangsläufig über den Weg...
Zwei irre Spaßvögel erreichte zwar nicht die phänomenalen Einspielergebnisse seines Vorgängers, ist jedoch der bessere Film. Es gibt nicht nur mehr komische Situationen, auch das Verhältnis der beiden Hauptfiguren zueinander ist ausgewogener - hatte Depardieu im ersten Teil noch hauptsächlich als Punchingball für Richard gedient, ist er hier aktiver am Geschehen beteiligt. Die *Frankfurter Rundschau* lobte: „Aus den Reibungen und Kontrasten der Figuren, aus ihrer eifersüchtigen Spitzfindigkeit, aus der spielerischen Brechung ihres Typs schlägt der Film auf dem Boden eines ausgezeichneten Drehbuches immer neue Funken." Eine weitere Zusammenarbeit der erfolgreichen Drei kam 1986 zustande: DIE FLÜCHTIGEN. al

Zwei irre Typen auf heißer Spur

Partners. USA 1982 **R** James Burrows **B** Francis Veber **K** Victor J. Kemper **M** Georges Delerue **P** Aaron Russo für Titan-Prod. **L** 93 Min., Farbe **D** Ryan O'Neal, John Hurt, Kenneth McMillan, Robyn Douglass, Jay Robinson, Denise Galik, Joseph R. Sicari

1979 hatte sich Al Pacino in dem harten Reißer CRUISING als Polizist in die schwule New Yorker Leder-Szene gewagt. James Burrows lieferte drei Jahre später mit *Partners* den Versuch eines komödiantischen Pendants, das sich verkrampft bemühte, die üblichen Klischees zu vermeiden, ohne daß dies auch auch nur halbwegs gelungen wäre. Benson (O'Neal), ein knackig-sportlicher Polizist und Frauenheld, bekommt einen delikaten Auftrag, der ihn sehr bald überfordern wird. Zusammen mit dem leisetretenden Beamten Kerwin (Hurt) soll er einen Mord aufklären, der sich im Homosexuellen-Milieu von Los Angeles ereignete. Beide müssen sich als schwules Pärchen tarnen, sich entsprechend verhalten, im Homo-Viertel der Stadt ein Appartement beziehen und - wie es für Menschen mit dieser „entsetzlichen" Veranlagung typisch ist - in einem rosafarbenen VW-Käfer-Cabriolet durch die Gegend kurven. Das Zusammenleben der beiden erschwert sich durch die Tatsache, daß Kerwin tatsächlich schwul ist und sich langsam aber sicher in seinen Macho-Partner verliebt. Diese Situation ist der Aufhänger für eine Reihe peinlicher Zoten, vor denen der eigentliche Kriminalfall zunehmend in den Hintergrund gerät.
Nach dem Fernsehfilm *Wie man sein Leben lebt* (1977), in dem John Hurt den legendären Londoner Schwulen Donald Crisp so hervorragend verkörperte, war dies der zweite Streifen, in dem der britische Schauspieler in die Rolle eines Homosexuellen schlüpfte, was er lieber hätte bleiben lassen sollen. *Partners* taugt weder als Komödie noch als Krimi und geriet aufgrund seiner seichten Oberflächlichkeit verdientermaßen schnell in Vergessenheit. jg

Zwei Kamele auf einem Pferd

C'est pas moi, c'est lui. Frankreich 1980 **R** Pierre Richard **B** Alain Godard, Pierre Richard **K** Claude Agostini **M** Vladimir Cosma **P** Georges Casati für Fideline Films **L** 92 Min., Farbe **D** Pierre Richard, Aldo Maccione, Valerie Mairesse, Daniele Minazzoli, Franca Valeri

Auf einer Party des italienischen Filmstars Aldo Barazutti (Maccione) hält man den unter akuter Einfallslosigkeit leidenden Drehbuchautor Pierre (Richard) irrtümlich für seinen eigenen Chef, einen Produzenten. Pierre gefällt diese Rolle natürlich nicht schlecht, und schließlich reist er mit Aldo nach Marokko, um dort ein gemeinsames Projekt zu entwickeln. Wie zu erwarten, stolpert das ungleiche Duo von einer haarsträubenden Situation in die nächste.
Die Komik dieses von Pierre Richard selbst inszenierten und produzierten Films ergibt sich aus dem Kontrast zwischen den beiden Hauptfiguren: Pierre ist schüchtern, nervös und ziemlich tolpatschig, während Aldo selbstsicher, großspurig und überheblich auftritt. Zusammen hinterlassen sie Chaos und Verwüstung. Das ist nicht immer so witzig, wie es wohl gemeint war, langt jedoch für anderthalb Stunden unbeschwerte Unterhaltung. Richard und Maccione waren zuvor bereits in *Und jetzt das Ganze nochmal von vorn* (1978) gemeinsam zu sehen gewesen. al

Zwei Kerle aus Granit

You Can't Win 'Em All. Großbritannien 1970 **R** Peter Collinson **B** Leo V. Gordon **K** Kenneth Higgins **M** Bert Kaempfert **P** Gene Corman, Harold Buck für Columbia **L** 99 Min., Farbe **D** Tony Curtis, Charles Bronson, Michèle Mercier, Grégoire Aslan, Patrick Magee, Fikret Harkan, Salih Guney, John Alderson, Horst Janson

Eines jener großbudgetierten und farbenprächtigen Schauwerke, das allerdings erstaunlich schnell in Vergessenheit geriet. Auf der ständigen Suche nach einem gewitzten und sympathischen Duo, das von einer abenteuerlichen Situation in die andere stolpern sollte, stießen die Produzenten auf Tony Curtis und Charles Bronson, die allerdings ein denkbar schlechtes Leinwandpaar abgaben.
Adam Dyer (Curtis) und Josh Corey (Bronson) haben sich die Türkei der 20er Jahre auserkoren, um in den Wirren des zusammenbrechenden Osmanischen Reiches zu Geld zu kommen. Sie nehmen das Angebot an, als Eskorte einen Transport zu begleiten, bei dem sich außer den drei Töchtern prominenter Eltern auch noch eine Ladung Gold befindet, die die Gier der beiden fast zum Überlaufen bringt. Seine turbulente Handlung schöpft der Film daraus, daß unsere zwei Helden permanent darauf achten müssen, weder das Gold noch die Mädels aus den Augen zu verlieren.
Ein etwas konzeptlos gestalteter Abenteuerfilm, bei dem sich die Regieschwächen von Peter Collinson überdeutlich bemerkbar machen. *Zwei Kerle aus Granit* fiel an der Kinokasse mit Pauken und Trompeten durch, ist heutzutage aber immerhin durch seine ansprechende Besetzung und die wunderschönen Außenaufnahmen, die in der Bergwelt Anatoliens entstanden, von einigem Interesse. jg

Zwei Mädchen aus Wales und die Liebe zum Kontinent

Les deux anglaises et le continent. Frankreich 1971 **R** Francois Truffaut **B** François Truffaut,

Jean Gruault, nach einem Roman von Henri-Pierre Roché **K** Nestor Almendros **M** Georges Delerue **P** Les Films du Carrosse/Columbia S.A. **L** 98 Min., Farbe **D** Jean-Pierre Léaud, Kika Markham, Stacey Tendeter, Sylvia Marrott, Marie Mansart

Wie JULES UND JIM liegt auch diesem Film eine Dreiecksgeschichte zugrunde, nur mit umgekehrter Konstellation. Hier sind es zwei Frauen und ein Mann, die für Dynamik sorgen: Nachdem der Student Claude Roc (Léaud) im Paris des Jahres 1899 die Engländerin Anne Brown (Markham) kennengelernt hat, erhält er eine Einladung nach Großbritannien, wo Anne mit ihrer Mutter und ihrer Schwester zusammenlebt. Diese Schwester, Muriel (Tendeter), leidet an einer Augenkrankheit und wird Claude zunächst gar nicht vorgestellt. Nur Fotografien von ihr werden ihm gezeigt. Als er sie dennoch kennenlernt, beginnt eine wechselvolle Beziehung zwischen den dreien, die nach Jahren damit endet, daß Muriel verheiratet, Anne der Tuberkulose erlegen ist und Claude einen Roman über die ganze Sache verfaßt hat. - Ganz so banal verläuft freilich die Geschichte dieses sehr ruhigen und systematischen Films nicht. Truffaut stellt deutlich die quälenden Seiten der Annäherungen zwischen den Protagonisten heraus, wie die Beklemmungen der puritanisch erzogenen Schwestern und die Unentschlossenheit Claudes.

Noch kurz vor seinem Tode ergänzte Truffaut den Film wieder um Szenen, die zunächst aus kommerziellen Erwägungen herausgeschnitten worden waren. Seit 1984 ist so wieder die ursprüngliche Fassung verfügbar. mg

Zwei Mann, ein Schwein und die Nacht von Paris

La traversée de Paris. Frankreich 1956 **R** Claude Autant-Lara **B** Jean Aurenche, Pierre Bost, nach dem Roman von Marcel Aymé **K** Jacques Natteau **M** René Cloërec **P** Francis Cosne für Franco-London Films (Paris), Continental Prod. (Rom) **L** 82 Min., s/w **D** Jean Gabin, Bourvil, Louis de Funès, Jeannette Batti, Robert Arnoux, Anouk Ferjac

Lange, bevor Louis de Funès selbst zum Kassenmagneten wurde und mit Jean Gabin in BALDUIN, DAS NACHTGESPENST und mit Bourvil in SCHARFE SACHEN FÜR MONSIEUR und zwei weiteren Filmen spielte, hatte er neben diesen beiden Großen des französischen Kinos eine Nebenrolle. Er ist als gerissener Lebensmittelhändler Jambier zu sehen, der ein für den Schwarzmarkt vorgesehenes Schwein geschlachtet und handlich in vier Koffer verpackt hat. Die Aufgabe Martins (Bourvil) ist es jetzt, die kostbare Fracht zu ihren Abnehmern quer durch Paris zu schaffen. Da sein üblicher Komplize verhaftet wurde, sucht und findet er in dem Unbekannten Grandgil (Gabin) einen neuen Partner. Wie sich später herausstellt, ist dieser Maler und wurde nur durch einen Zufall für eine Nacht unter die Schmuggler verschlagen. Seine Bekanntheit verschafft Grandgil auch die Freiheit, als das Duo von den Deutschen geschnappt wird - Martin wird deportiert...

Zwei Mann, ein Schwein und die Nacht von Paris ist eine köstliche Komödie, die allerdings auf einer tragischen Note endet. Denn auch nach Beendigung des Krieges hat sich für Martin und Grandgil nichts geändert: Der eine trägt Koffer (aus Schweinsleder), während der andere als Lebemann auftritt. al

Zwei Menschen unterwegs

Tow People. USA 1972 **R** Robert Wise **B** Richard De Roy **K** Henri Decaë, Gerald Hirschfeld **M** David Shire **P** Robert Wise für The Filmmakers Group/Universal **L** 97 Min., Farbe **D** Peter Fonda, Lindsay Wagner, Estelle Parsons, Alan Fudge, Philipp March

Eine wenig interessante Liebesgeschichte, die Robert Wise anscheinend nur aufgrund mangelnder Betätigung gedreht hat und die in den USA so erfolglos war, daß sich hierzulande kein deutscher Verleih für den Streifen interessierte, so daß *Zwei Menschen unterwegs* erst 1975 im Programm der ARD seine Uraufführung erlebte.

Evan Bronner (Fonda), ein Soldat, der nach Vietnam geschickt werden sollte, entzieht sich den Krallen des Militärdienstes durch seine Flucht nach Afrika. Dort lernt er das Mädchen Deirdre McCluskey (Lindsay) kennen, ein aus West Virginia stammendes Fotomodell. Beide bleiben zusammen und tingeln gemeinsam durch die Welt. Stationen ihrer Reise sind Paris, diverse andere europäische Metropolen, dann New York und danach wieder Europa. Deirdre bekommt irgendwann ein Kind, das unehelich aufwächst. Der Film klingt aus mit der Andeutung, daß sie in die USA zurückkehren wollen, die letztendlich beider Heimat sind.

Die anfängliche Kritik an der Unmenschlichkeit und Sinnlosigkeit des Vietnam-Einsatzes geht zugunsten der etwas geschwätzigen Liebesgeschichte verloren, die hier durch diverse Postkartenansichten ein wenig aufgepeppt wird. Fürs Kino hat Robert Wise schon weitaus bessere Werke abgeliefert. jg

Zwei Minuten Warnung

Two-Minute Warning. USA 1976 **R** Larry Peerce **B** Edward Hume, nach dem Roman von George La Fountaine **K** Gerald Hirschfeld **M** Charles Fox **P** Edward S. Feldman für Universal **L** 115 Min., Farbe **D** Charlton Heston, John Cassavetes, Beau Bridges, Marilyn Hassett, David Janssen, Jack Klugman, Gena Rowlands, Walter Pidgeon, Brock Peters, David Groh, Mitchell Ryan, Martin Balsam

Die Geschichte hätte einen handfesten, psychologischen Thriller abgeben können, Regisseur Larry Peerce machte daraus jedoch lediglich ein durchschnittliches Drama, das er mit einigen Elementen aus dem Genre des Katastrophenfilms anreicherte.

Ohne daß später über seine Motive eine Erklärung abgegeben wird, treibt hier ein psychopathischer Killer sein Unwesen. Zur Probe seiner Schießkünste knallt er zwei Radfahrer ab und bezieht anschließend auf einem Turm des Los Angeles Memorial Colloseums Stellung, wo nur kurze Zeit später vor über 90.000 Zuschauern ein Football-Spiel angepfiffen werden soll, zu dem auch der Präsident erwartet wird. Bevor es jedoch soweit ist, zeigt der Film in episodenhafter Form das Eintrudeln einer Reihe von Identifikationsfiguren, von denen später einige dran glauben müssen. Auf diese Weise begegnen wir dem Manager McKeever (Balsam), dem glücklichen Pärchen Sylvia (Rowlands) und Steve (Janssen) sowie dem Taschendieb-Duo Cobb (Pidgeon) und Vicky (Bridges). Kurz vor dem Eintreffen des Präsidenten entdeckt der Sicherheitsbeamte Captain Holly (Heston) auf seinem Überwachungsbildschirm den lauernden Killer und läßt im letzten Moment den Wagen des Präsidenten stoppen. Im Stadion wird das Spiel angepfiffen, was zugleich das Signal für den Wahnsinnigen ist, munter in die Menge zu schießen. Es kommt zu einigen haarsträubenden Szenen, bis es den Sicherheitskräften endlich gelingt, den Psychopathen dingfest zu machen.

Zwei Minuten Warnung ist nach einem altbewährten Muster gestrickt und erzeugt vor allem dann sanfte Schauer, wenn die Kamera in Zielfernrohr-Perspektive über die Zuschauermassen schweift. Alles in allem bietet der

Streifen jedoch nur einen oberflächlichen Nervenkitzel, bei dem das Erscheinen der zahlreichen Stars lediglich den Charakter von Gastauftritten hat. Recht gelungen sind immerhin die Szenen der Massenpanik, für die dem Regisseur mehrere tausend Statisten zur Verfügung standen, die hier recht ergreifend über die Zuschauertribünen huschen. jg

Die zwei Mrs. Carrolls

The Two Mrs. Carrolls. USA 1947 **R** Peter Godfrey **B** Thomas Job, nach dem Bühnenstück von Martin Vale **K** Peverell Marley **M** Franz Waxman **P** Mark Hellinger für Warner Bros. **L** 95 Min., s/w **D** Humphrey Bogart, Barbara Stanwyck, Alexis Smith, Nigel Bruce, Isobel Elsom

Obwohl bereits 1945 gedreht, kam dieses absurde Melodram erst 1947 in den Verleih, da den Warner-Bossen die Ähnlichkeit mit dem 1944er-Erfolg DAS HAUS DER LADY ALQUIST allzu offensichtlich war. Humphrey Bogart ist in einer für ihn gänzlich untypischen Rolle als psychopathischer Maler zu sehen, der die unangenehme Angewohnheit hat, seine Ehefrauen zunächst als „Todesengel" zu porträtieren, bevor er sie langsam mit vergifteter Milch umbringt. Doch seine zweite Gattin (Stanwyck) riecht den Braten und kämpft verzweifelt um ihr Leben, während sich der Herr Gemahl ihre Nachfolgerin schon ausgeguckt hat.
Die Geschichte dieses nach einem für Elisabeth Bergner geschriebenen britischen Bühnenstückes ist ebenso künstlich und unglaubhaft wie die im Studio erbauten englischen Dorfkulissen inklusive Glockengeläut und stürmischem Wetter. Trotzdem kann *Die zwei Mrs. Carrolls* heute als amüsante, am Schluß sogar spannende, altmodische Unterhaltung durchgehen. al

Zwei Missionare

I due missionari/Les deux missionaires/Porgi l'altra guancia. Italien/Frankreich/Spanien 1974 **R** Franco Rossi **B** Augusto Caminito, Franco Rossi **K** Gabor Pogany **M** Guido und Maurizio de Angelis **P** Dino de Laurentiis für De Laurentiis International/Produzione Cinematografiche/Marian Prod. **L** 93 Min., Farbe **D** Terence Hill, Bud Spencer, Mario Pilar, Jean-Pierre Aumont, Maria Cumano Quasimodo

Pater J. (Hill) und Pater Pedro (Spencer) hocken auf einer karibischen Insel und versuchen nach Kräften, den Eingeborenen christliche Werte zu vermitteln - oder vielmehr das, was sie darunter verstehen. Ihr Leitmotiv, daß alle Menschen gleich sind und allen alles gehört (das sie vor allem für sich selbst großzügig in Anspruch nehmen), stößt bei den Kirchenoberen und den Regierenden erwartungsgemäß auf Mißbilligung. Der Konflikt wird, wie in Spencer/Hill- Filmen üblich, mit flotten Sprüchen und geballten Fäusten ausgetragen.
Auf der Suche nach dem raschen kommerziellen Erfolg glitt das populäre Darstellerpaar mehr und mehr ab in Richtung Hohlklamotte. *Zwei Missionare* ist ein gutes Beispiel für einen Film, wie er nicht sein sollte: verkrampften Witz, tumbe Handlung und vor allem Prügeln um des Prügelns Willen - mehr hat der fragwürdige Streifen nicht zu bieten. Der Stoff um korrupte kirchliche und weltliche Würdenträger könnte durchaus mehr hergeben, wird aber für ollen Klamauk auf niedrigem Niveau regelrecht verschenkt. Nicht nur wir raten ab. sk

Zwei Mütter

Zwei Mütter. DDR 1957 **R** Frank Beyer **B** Jo Tiedermann, Frank Beyer **K** Otto Merz **M** Joachim Werzlau **P** DEFA **L** 88 Min., s/w **D** Françoise Spira, Helga Göring, Ruth Wacker, Wilhelm Koch-Hooge, Kurt Oligmüller, Heinz Gies

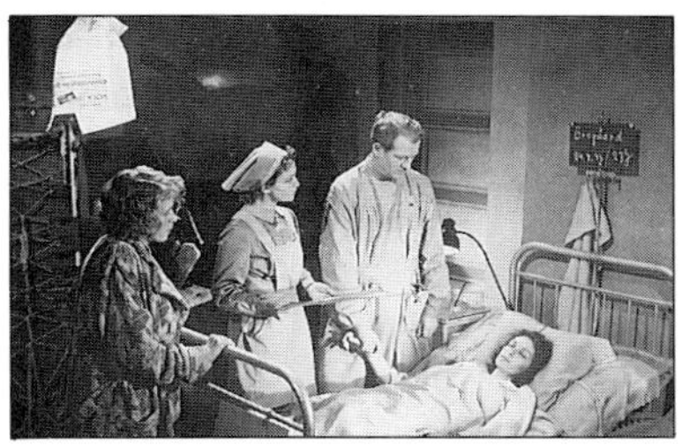

Mitten im Bombenhagel des Zweiten Weltkrieges bringen die französische Fremdarbeiterin Madeleine (Spira) und die Deutsche Hedwig (Göring) ihre Kinder zur Welt. Bei einem Treffer stürzt ein Teil der Krankenhausdecke ein, wobei Hedwigs Baby getötet wird. Die zuständige Krankenschwester gibt der ahnungslosen Mutter das Kind der Französin, der man sagt, daß ihr Baby bei dem Angriff umgekommen sei. Zurück in Frankreich kommen Madeleine Zweifel, ob die Aussagen des Klinikpersonals der Wahrheit entsprachen. Zwei Jahre nach Kriegsende fährt sie nach Berlin, um sich ihr Kind zurückzuholen. Zwischen ihr und Hedwig entbrennt ein verzweifelter Kampf um das Sorgerecht für den kleinen Jungen.
Zwei Mütter war der erste Spielfilm des DDR-Regisseurs Frank Beyer, der in späteren Jahren mit Werken wie NACKT UNTER WÖLFEN oder JAKOB DER LÜGNER neben Konrad Wolf und Kurt Maetzig zu einem der wichtigsten Regisseure des DDR-Films wurde. Beyer drehte ein ergreifendes Drama, das vor allem durch seinen Schluß überzeugt, der zwar auf eine Versöhnung zwischen den zwei Müttern hoffen läßt, ein eindeutiges Happy-End zugunsten einer der beiden Frauen jedoch vermeidet. Zur großen Authentizität des Films trägt u. a. die deutsche Untertitelung der Szenen bei, die in Frankreich spielen. jg

Zwei Nummern zu groß

Un dollaro per 7 vigliacchi/El testamento de Madigan. Italien/Spanien 1967 **R** Stanley Prager, Dan Ash **B** Jim Henaghan, J. L. Bayonas, Dan Ash **K** Manuel Rojas **M** Gregorio Garcia Segura **P** Sidney Pink für Hercules (Rom), L.M. (Madrid) **L** 87 Min., Farbe **D** Cesar Romero, Elsa Martinelli, Dustin Hoffman, Gustavo Rojo

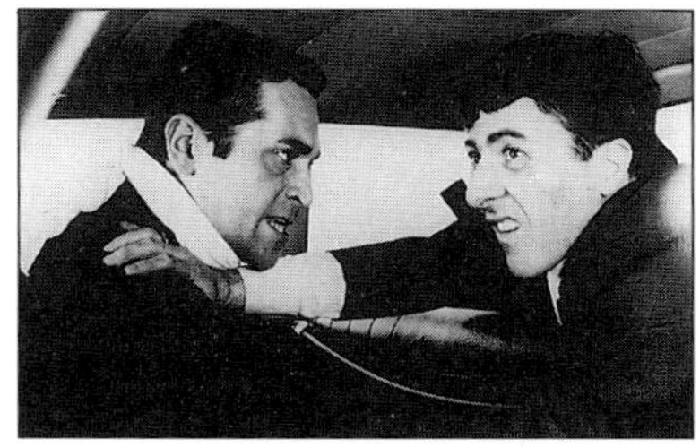

Dustin Hoffmans erster Film ist eines jener rasch heruntergekurbelten Machwerke, die den wachsenden Appetit amerikanischer TV-Anstalten nach neuem Spielfilm-Material befriedigen sollten. Produziert von dem in Madrid ansässigen Sidney Pink, erzählt diese Billig-Komödie eine haarsträubende Story, in der die angeblichen Millionen eines nach Italien abgeschobenen amerikanischen Gangsters (Romero) eine große Rolle spielen. Denn das US-Finanzministerium ist stark an dem Geld interessiert und schickt - aus Gründen der Unauffälligkeit - den vertrottelten Agenten Jason Fister (Hoffman) nach Italien. Hals über Kopf gerät dieser liebenswerte Tunichtgut in ein Abenteuer nach dem anderen...
Zwei Nummern zu groß kann man getrost vergessen, er ist weder witzig noch spannend oder originell. Er wäre sicher schnell in der Versenkung verschwunden, wäre nicht Dustin Hoffman im gleichen Jahr mit DIE REIFEPRÜFUNG zum Star geworden. 1970 war der Schauspieler bereits so etabliert, daß der findige Verleih Trans American Films den Film ausgrub und ihn zusammen mit einem ähnlich gearteten Produkt namens *Fearless Frank* als Doppelprogramm in die US-Kinos brachte. Jener zweite Film hatte den Vorzug, mit Jon Voight in der Besetzungsliste aufwarten zu können, der zusammen mit Hoffman gerade in ASPHALT COWBOY für Furore gesorgt hatte. al

Zwei oder drei Dinge, die ich von ihr weiß

Deux ou trois choses, que je sais d'elle. Frankreich 1966 **R** Jean-Luc Godard **B** Jean-Luc Godard, nach einer Vorlage von Catherine Vimenet **K** Raoul Coutard **P** Raoul Levy **L** 90 Min., Farbe **D** Marina Vlady, Anny Duperey, Roger Montsoret, Jean Narboni

Eher als Dokument denn als Geschichte wollte Godard diesen Film verstanden wissen. Tatsächlich versucht er mit einer Flut von Bildern und Ideen die Zwänge des modernen Lebens in Paris abzubilden, ohne wirklich eine Geschichte zu erzählen. Im Mittelpunkt steht die Hausfrau Juliette (Vlady), die das Einkommen ihres Ehemannes als Teilzeitprostituierte aufbessert. Die Kamera begleitet sie einen Tag lang, in Gesellschaft ihrer Freundinnen genauso wie in ihrer modernen aber öden Neubauwohnung. Auch andere, wie ein Schriftsteller und eine Friseuse, dürfen sich äußern. Vielfach nimmt Godard in langen Einstellungen profane Gegenstände in den Blick, wobei er im Flüsterton Kommentare zu den Bildern spricht. Die ganze Stadt befindet sich offenbar im Umbruch und wird nach „staatlichem Plan", wie der Erzähler weiß, neu geordnet. Die Prostitution ist aber nur eine der vielen Erscheinungen des Wandels. „Um in der Pariser Gesellschaft von heute zu leben, ist man gezwungen, egal auf welchem Niveau, egal in welchem Grad, sich auf die eine oder andere Weise zu prostituieren oder aber Gesetzen entsprechend zu leben, die an Prostitution erinnern", schrieb Godard dazu in der Zeitschrift *L'avant-scène Cinema.* mg

Zwei rechnen ab

Gunfight at the O. K. Corral. USA 1957 **R** John Sturges **B** Leon Uris **K** Charles Lang jr. **M** Dimitri Tiomkin **P** Hal B. Wallis für Paramount **L** 123 Min., Farbe **D** Burt Lancaster, Kirk Douglas, Rhonda Fleming, Jo van Fleet, John Ireland, Frank Faylen, Earl Holliman, Lyle Bettger, Dennis Hopper, DeForest Kelley, Lee Van Cleef

Die legendäre Schießerei im O. K. Corral im Jahre 1881 gehört zu den großen Mythen des Wilden Westens und wurde von einer ganzen Anzahl von Filmen aufgegriffen, so 1946 in FAUSTRECHT DER PRÄRIE unter der Regie von John Ford sowie in diversen Werken des Spätwestern, wie z. B. Frank Perrys DOC oder DIE FÜNF GEÄCHTETEN, bei dem wiederum John Sturges die Regie führte.
Den berühmten Sheriff Wyatt Earp spielt diesmal Burt Lancaster. Earp schließt mit dem bekannten Glücksspieler Doc Holliday (Douglas) Freundschaft, nachdem dieser ihm bei der Jagd nach drei flüchtigen Bankräubern zur Seite gestanden hat. Die größte Bewährungsprobe müssen die beiden bestehen, als Earp von seinem Bruder Virgil, dem Marshal der Stadt Tombstone, zu Hilfe gerufen wird, um die Gang der Clantons zur Strecke zu bringen. Im O. K. Corral kommt es zwischen den Earp-Brüdern und den Clantons zu einer unvermeidlichen, tödlichen Auseinandersetzung.
Ein packend inszenierter Edelwestern, brillant besetzt und gespielt, versehen mit dem erstklassigen Soundtrack von Dimitri Tiomkin. John Sturges knüpft hier freilich weiter an dem Mythos der Figur Wyatt Earp, die hier von Burt Lancaster in einer etwas weltfremden, idealisierten Form dargestellt wird, die den historischen Wahrheiten sicherlich nicht ganz entspricht. Für den Western-Fan dennoch ein unbedingtes Muß. jg

Zwei ritten nach Westen

Way Out West. USA 1930 **R** James W. Horne **B** Charles Rogers, Felix Adler, James Parrott, nach einer Story von Jack Jevne und Rogers **K** Art Lloyd, Walter Lundin **M** Marvin Hatley, LeRoy Shield, Egbert Van Alstyne, Leonard Munson, J. L. Hill, Carroll MacDonald, Nathaniel Shilkret, Irving Berlin **P** Stan Laurel für Hal Roach/MGM **L** 65 Min., s/w **D** Stan Laurel, Oliver Hardy, James Finlayson, Sharon Lynne, Stanley Fields, Rosina Lawrence, James Mason, James C. Morton, Frank Mills, Dave Peppers

Zwei ritten nach Westen war neben DIE WÜSTENSÖHNE eine der besten Komödien der beiden unsterblichen Komiker Stan Laurel und Oliver Hardy, die es schafften, den krassen Übergang vom Stumm- zum Tonfilm mit Bravour zu bewältigen, während sich ihre Kollegen Charlie Chaplin, Buster Keaton oder Harry Langdon mit dem neuen Medium vergleichsweise recht schwer taten.
Stan und Olly kommen diesmal in den Wilden Westen, um dort eine ihnen anvertraute Goldmine auszubeuten. Die köstlichen Schwierigkeiten der beiden, sich in der rüden Atmosphäre zurechtzufinden, in der vor allem ein schneller Colt und eine harte Männerfaust das Sagen haben, machen diesen rundum gelungenen Klamauk sehenswert.
Das Chaos beginnt mit einer Szene, die aus unerfindlichen Gründen in der amerikanischen Fassung fehlt und die nur das europäische Publikum zu sehen bekam. Ein Sturm verdreht in permanentem Wechsel einen Wegweiser, nach dem die beiden Gefährten sich richten, was zu turbulenten Verwechslungen führt. Um die Anpassung an den Tonfilm wirkungsvoll zu demonstrieren, geben Stan und Ollie hier auch die zwei Lieder *Trail of the Lonesome Pine* und *Commence To Dancing* zum besten. Der stimmlich etwas minderbemittelte Laurel wurde bei beiden Songs von Chill Wills synchronisiert. Die übrige, von Marvin Hatley komponierte Musikuntermalung war den Academy-Mitgliedern 1930 eine Oscar-Nominierung wert. jg

Zwei ritten zusammen

Two Rode Together. USA 1961 **R** John Ford **B** Frank Nugent, nach dem Roman *Comanche Captives* von Will Cook **K** Charles Lawton jr. **M** George Duning **P** Stan Sheptner für Columbia **L** 108 Min., Farbe **D** James Stewart, Richard Widmark, Shirley Jones, Linda Cristal, Andy Devine, John McIntire, Paul Birch, Willis Bouchey, Henry Brandon, Harry Carey jr.

Zwei ritten zusammen gleicht in vielen Punkten dem Klassiker DER SCHWARZE FALKE, den John Ford im Jahre 1956 inszeniert hatte. Das Ergebnis fiel hier allerdings weniger befriedigend aus. Ford drehte einen etwas uneinheitlich geratenen Western, dem es nicht gelingt, psychologische Tiefen zu entfalten, der den anderen Western jener Zeit aber immer noch meilenweit voraus ist.
Interessant ist hier der Auftritt James Stewarts, der diesmal nicht den braven Sheriff von nebenan verkörpert, sondern sich in der Person des Sheriffs McCabe vornehmlich durch Korruption und Zynismus auszeichnet. So bringt es letztendlich nur ein Kopfpreis von 500 Dollar fertig, ihn dazu zu bewegen, bei der Befreiung einer Handvoll Weißer mitzumachen, die in die Hände der Komantschen gefallen sind. Die tollkühne Aktion gelingt, doch die Rückführung der Gefangenen in die weiße Zivilisation scheitert auf tragische Weise. Übrig bleibt das spanische Mädchen Elena (Cristal), das sich den Befreiern angeschlossen hat, in der Welt der Weißen jedoch permanent gedemütigt und mißhandelt wird, als man erfährt, daß sie mit dem Häuptling der Komantschen zusammengelebt hat. McCabe hat während der Mission einen Gesinnungswandel durchgemacht. Schützend stellt er sich vor Elena und bricht mir ihr am Ende des Films nach Kalifornien auf, um dort ein neues Leben zu beginnen.
Der im Südwesten von Texas gedrehte Western gehört sicherlich nicht zu Fords großen Meisterwerken, setzt aber durch seine unvorhersehbare Geschichte und die großartigen Darsteller einige recht interessante Akzente im Genre. jg

Zwei Särge auf Bestellung

A ciascuno il suo. Italien 1967 **R** Elio Petri **B** Elio Petri, Ugo Pirro, nach dem Roman von Leonardo Sciascia **K** Luigi Kurveiller **M** Luis Enriquez Bacalov **P** Giuseppe Zaccariella für Cemo Films **L** 93 Min., Farbe **D** Gian Maria Volonté, Irene Papas, Gabriele Ferzetti, Salvon Randone, Luigi Pistilli, Mario Scacchia

Als in einem kleinen sizilianischen Städtchen zwei bekannte Bürger erschossen werden, vermutet man dahinter zunächst eine

Eifersuchtsgeschichte, hatte eines der Opfer doch eine Affäre mit einem Bauernmädchen. Doch der junge, linksgerichtete Professor Laurana (Volonté) glaubt nicht daran und sammelt Beweise, die auf einen politischen Hintergrund hindeuten. Der Rechtsanwalt Rosello (Ferzetti) ist sein erster Ansprechpartner, doch natürlich steckt ausgerechnet er hinter dem Komplott. Für Laurana wird es gefährlich...
Wie seine Kollegen Francesco Rosi und Damiano Damiani beschäftigt sich auch Elio Petri in diesem Thriller mit dem Einfluß der Mafia auf die italienische Gesellschaft - mit dem Einfluß, den sie vor allem in Sizilen hat und mit der „Wand des Schweigens", durch die sie geschützt wird. Der deutsche Titel wird diesem intelligenten, gut gemachten Film, der wie ein Vorläufer zu Petris berühmtem ERMITTLUNGEN GEGEN EINEN ÜBER JEDEN VERDACHT ERHABENEN BÜRGER wirkt, leider in keiner Weise gerecht und läßt eher an eine blutrünstigen Italo-Western denken. al

Zwei scheinheilige Brüder

L'Année sainte. Frankreich/Italien 1976 **R** Jean Girault **B** Louis-Emile Galey, Jacques Vilfrid **K** Gu Suzuki **M** Claude Bolling **P** S.N.C./T.F. 1 (Paris), Tritone Films (Rom) **L** 95 Min., Farbe **D** Jean Gabin, Jean-Claude Brialy, Danielle Darrieux, Henri Virlojeux, Paolo Gusti, Luciano Bartoli, Nicoletta Macchiavelli

Max Lambert (Gabin), ein ehemaliger Unterweltboß, freundet sich während eines Gefängnisaufenthalts mit seinem Zellengenossen Bizet (Brialy) an. Gemeinsam entschließen sie sich zur Flucht. Diese gelingt ihnen auch: Als katholische Geistliche getarnt machen sie sich auf den Weg nach Italien, wo Lambert noch die Beute seines letzten Coups vergraben weiß. Doch die Reise dorthin gestaltet sich schwierig; zufällig wird das Flugzeug, das sie benutzen, entführt, zufällig sitzt Lamberts Jugendliebe in der Maschine und erkennt ihn. Inzwischen hat Lamberts alter Gegner, Kommissar Barbier (Virlojeux), die Verfolgung aufgenommen. Zwar gelingt es dem alten Hasen, die Flugzeugentführung - im eigenen Interesse - glimpflich zu beenden, doch die vergrabene Beute hat eine eigenartige Verwandlung erfahren.
„Ich habe es immer abgelehnt, eine Priesterrolle zu spielen, aber hier geht es ja um einen falschen Priester... „, kommentierte Gabin seine Rolle. „Ich werde nie vergesen, daß ich Proletarier war. Ich bleibe ein Einzelgänger, ich gehöre weder einer Partei noch einer Gewerkschaft an, ich bin ein Freigeist, ein Anarchist. Und auch ein Bürger." Jean Gabin, der kurz nach dem Erscheinen des Films verstarb, hatte hier zum letzten Mal die Gelegenheit, jenen hartnäckigen und eigenwilligen Charakter darzustellen, den er im Laufe seiner langjährigen Karriere oft verkörpert hat. mg

Zwei sind nicht zu bremsen

Pari e dispari. Italien 1978 **R** Sergio Corbucci **B** Mario Amendola, Bruno Corbucci **K** Luigi Kuveiller **M** Guido und Maurizio de Angelis **P** Derby/Cinematografica **L** 116 Min., Farbe **D** Bud Spencer, Terence Hill, Luigi Catenacci, Kim McKay, Marisa Lauripo, Woody Woodbury

Zwei sind nicht zu bremsen oder die unendliche Geschichte von Bud Spencer und Terence Hill: Was 1970 mit DIE RECHTE UND DIE LINKE HAND DES TEUFELS begann, nämlich eine wahre Flut von Abenteuerklamotten immer gleicher Machart, bei der die beiden Helden dank ihrer fliegenden Fäuste stets als Sieger hervorgehen, zog sich hinein bis in die 80er Jahre; Anspruch und Unterhaltungswert der Prügelfilme nahmen dabei jedoch kontinuierlich ab. Diesmal kloppen sich die beiden Protagonisten mit der Mafia herum, die auf einer Yacht eine illegale Spielhölle betreibt...
Was für Gemüsesuppe gilt, gilt eindeutig auch für die Spencer/Hill-Filme: Was zu oft aufgekocht wird, verliert mehr und mehr an Geschmack und Substanz, und irgendwann bleibt nur noch ein pampiger Brei im Topf zurück. So auch bei diesem Streifen: Kein Witz, der nicht schon vor Jahren gebracht worden wäre, keine Situation, die die beiden Helden nicht schon einmal gemeistert hätten, und weit und breit natürlich niemand, der ihnen auch nur ansatzweise das Wasser reichen könnte. *Zwei sind nicht zu bremsen* ist, anders als noch VIER FÄUSTE FÜR EIN HALLELUJAH, witz-, einfalls- und farblos - abgedroschene, wiedergekäute, kommerzorientierte Schmalspurunterhaltung. sk

Zwei Städte

A Tale of Two Cities. Großbritannien 1958 **R** Ralph Thomas **B** T. E. B. Clarke, nach dem Roman von Charles Dickens **K** Ernest Steward **M** Richard Addinsell **P** Betty E. Box für The Rank Organisation **L** 115 Min., s/w **D** Dirk Bogarde, Dorothy

Tutin, Cecil Parker, Stephen Murray, Athene Seyler, Paul Guers, Marie Versini, Ian Bannen, Christopher Lee

Diese sechste Leinwandversion des von Charles Dickens verfaßten Panoramas der Französischen Revolution ist zugleich auch die beste. Bereits 1911 hatte sich Hollywood des Stoffes angenommen und weitere Fassungen in den Jahren 1917, 1922 und 1925 erstellt. 1935 wurde daraus eine typische aufwendige MGM-Produktion mit Ronald Colman in der Hauptrolle, die in Deutschland allerdings erst 1952 als *Flucht aus Paris* zu sehen war. Im Mittelpunkt der Handlung steht der junge britische Anwaltsgehilfe Sydney Carton (Bogarde), der sich in Lucie verliebt, die Tochter (Tutin) eines von den Revolutionären eingekerkerten französischen Adligen. Doch sie ist mehr an Charles Darnay (Guers) interessiert, den sie schließlich in England heiratet. Als Darnay nach Frankreich zurückkehrt, um sein Anwesen und seine Bediensteten zu beschützen, wird er umgehend verhaftet und zum Tod durch die Guillotine verurteilt. Carton jedoch ist ihm nachgereist und nimmt - die Hoffnungslosigkeit seiner Liebe zu Lucie erkennend - durch einen raffinierten Plan Darnays Platz auf dem Schafott ein, um den Liebenden ein gemeinsames Glück zu ermöglichen.
Dirk Bogardes Darstellung eines jungen Mannes, der sich vom leichtlebigen Trinker in einen verantwortungsbewußten und schließlich sogar heroischen Menschen verwandelt, rang den Kritikern nur Superlative ab und ist Zentrum und Stütze des Films. Rank hatte den Schauspieler zuvor am liebsten in leichtgewichtigen Stücken wie der *Doktor*-Serie eingesetzt und war überrascht über das dramatische Potential des Stars. al

Zwei stahlharte Profis

Lethal Weapon. USA 1986 **R** Richard Donner **B** Shane Black **K** Stephen Goldblatt **M** Eric Clapton, Michael Kamen **P** Richard Donner und Joel Silver für Silver Pictures **L** 108 Min., Farbe **D** Mel Gibson, Danny Glover, Gary Busey, Mitchell Ryan, Tom Atkins, Darlene Love

Seit dem Unfalltod seiner Frau gilt Polizist Riggs (Gibson) als selbstmordgefährdet und skrupelloser denn je. Der Schießwütige wird deshalb dem besonnenen Officer Murtaugh (Glover) zugeteilt. Statt gemeinsam den ihnen übertragenen Fall zu lösen - sie sollen den ungeklärten Tod einer Prostituierten und deren Verbindung zu einem organisierten Rauschgiftring in Los Angeles untersuchen -, stehen sich die beiden grundverschiedenen Charaktere, der eine wie der andere Vietnam-Veteran, zunächst einmal selbst im Wege. Jeder versucht, die Aufgabe ohne den anderen zu lösen. Erst als die Dealer es auf die Köpfe der beiden Cops abgesehen haben (und entsprechend brutal auf sie losballern), begreifen die beiden Streithähne, daß sie nur gemeinsam eine Chance haben, und auch die ist denkbar klein...

Noch lauter, noch blutiger, noch brutaler - so lautete das Leitmotiv des amerikanischen Actionfilms der 80er Jahre. Interessant, aber unbeantwortet blieb die Frage, warum es in Streifen dieses Genres regelmäßig von frustrierten, um sich schießenden Vietnam-Heimkehrern wimmelte - neben den beiden Helden dieses Films hat vor allem Vietnam-Oberhaudegen RAMBO in diesem Sinne von sich reden gemacht. Regisseur Donner sprang mit seinem Action-Drama voll auf diesen Zug der Zeit auf, hatte damit zwar die Garde moralisierender Kritiker gegen sich aufgebracht, die Kinosessel aber waren voll: Schon nach zwei Tagen hatte das blutige Action-Spektakel über 8 Millionen Dollar eingespielt.
1989 ließ Donner eine Fortsetzung folgen, die hierzulande unter dem Titel BRENNPUNKT L. A. in die Lichtspielhäuser kam.
sk

Zwei Tage und zwei Nächte

La ragazza di Bube. Italien/Frankreich 1963 **R** Luigi Comencini **B** Marcello Fondato, Luigi Comencini, nach dem Roman von Carlo Cassola **K** Gianni Di Venanzo **M** Carlo Rustichelli **P** Franco Cristaldi für Lux Film/Ultra Film/Vides Cinematografica (Rom), Lux Films (Paris) **L** 110 Min., s/w **D** Claudia Cardinale, George Chakiris, Marc Michel, Dany Paris, Emilio Esposito, Monique Vita

Claudia Cardinale hat eine ihrer besten Rollen in dieser kurz nach Beendigung des II. Weltkrieges angesiedelten Liebesgeschichte. Sie spielt Mara, ein junges Mädchen vom Lande, das eine unerklärlich starke Bindung zu einem Mann entwickelt, den sie kaum kennt. Bube (Chakiris) ist ein ehemaliger Partisan und soll während des Krieges einen Mann getötet haben, ein Verbrechen, für das er jetzt im Gefängnis sitzt. Obwohl Mara von einem jungen Schreiber (Michel), der sie liebt, eine sichere Zukunft angeboten wird, folgt sie ausschließlich ihren Gefühlen und Instinkten und wartet auf Bubes Entlassung.
Zwei Tage und zwei Nächte entwickelt seine Geschichte langsam und mit Sorgfalt, so daß die Charaktere trotz ihrer nicht ganz leicht zu verstehenden Aktionen dem Zuschauer vertraut werden und ihn berühren. *Variety* zeigte sich äußerst angetan von diesem ungewöhnlichen Film und bezeichnete Cardinales Leistung als „weibliche Darstellung des Jahres in Europa“.
al

Zwei tolle Kerle in Texas

Texas Across the River. USA 1966 **R** Michael Gordon **B** Wells Root, Harold Greene, Ben Star **K** Russell Metty **M** Frank De Vol **P** Harry Keller für Universal **L** 101 Min., Farbe **D** Dean Martin, Alain Delon, Rosemary Forsyth, Joey Bishop, Tina Marquand, Peter Graves, Michael Ansara, Linden Chiles, Andrew Price

Nach MILLIONENRAUB IN SAN FRANCISCO und SIE FÜRCHTEN WEDER HÖLLE NOCH TEUFEL ist Alain Delon in dieser Westernkomödie in seiner dritten amerikanischen Produktion zu sehen. Als Spanier Don Andrea Baldasar muß er sich auf die Flucht gen Texas machen, nachdem er den ehemaligen Verlobten seiner Braut Phoebe-Ann (Forsyth) versehentlich ins Jenseits befördert hat. Auf seinem Weg macht er die Bekanntschaft mit Sam Hollis (Martin) und dem Indianer Kronk (Bishop), die den Edelmann in die rauhe Welt der Westmänner einführen.
Gekonnt persifliert Michael Gordon in *Zwei tolle Kerle in Texas* die bekannten Versatzstücke aus klassischen Western, wie zum Beispiel den Indianerhäuptling Chief Iron Jacket, dessen größtes Problem nicht im Kampf gegen die Siedlern besteht, sondern darin, seinen feigen Sohn zum Angriff auf die Weißen zu bewegen.
mg

Zwei unter Millionen

Zwei unter Millionen. BRD 1961 **R** Victor Vicas, Wieland Liebske **B** Gerd Oelschlegel **K** Heinz Hölscher **M** Franz Grothe **P** UFH **L** 96 Min., s/w **D** Hardy Krüger, Loni von Friedl, Walter Giller, Joseph Offenbach, Ilse Fürstenberg, Fritz Tillmann

An sich ist die Berliner Liebesgeschichte, die die beiden Regisseure Vicas und Liebske hier zeigen, nicht weiter aufregend, wäre sie nicht ausgerechnet in jenem schicksalshaften Sommer des Jahres 1961 entstanden, der das Bild der Stadt für 29 Jahre verändern sollte. Die Dreharbeiten waren kaum beendet, als Walter Ulbricht die Mauer hochziehen ließ und dem Film damit einen gewissen dokumentarischen Reiz verlieh.
Das Rostocker Mädchen Christine (von Friedl) reist nach Berlin, um sich dort in den Westteil der Stadt abzusetzen. Beim Grenzübertritt lernt sie einen netten jungen Mann namens Karl (Krüger) kennen, der tagsüber in den Ostberliner Markthallen arbeitet und sich nachts im Westen in einer Kneipe als Kellner ein Zubrot verdient. Die beiden verlieben sich ineinander und wollen heiraten, doch ihre gemeinsame Zukunft wird durch eine Reihe von Hindernissen auf eine schwere Probe gestellt. Christines wohlhabende Schwester Helga (Fürstenberg), mit einem erfolgreichen Manager verheiratet, möchte sie nicht in ihr Haus aufnehmen, noch nicht einmal vorübergehend; und Karl bekommt die erdrückende Konkurrenz einer reichen Brathähnchen-Kette bei dem Versuch zu spüren, eine eigene Eckkneipe zu eröffnen. Trotz vieler Rückschläge und mancher Ausrutscher (Christine unterschlägt bei ihrer ersten Arbeitsstelle Geld) wollen die beiden in der großen Stadt Berlin ihr Glück versuchen.
Zwei unter Millionen ist - bezüglich seiner Entstehungszeit - eine beachtliche Produktion, die ohne ideologische Hetzkampagnen auskommt und in realistischen Bildern ein West-Berlin skizziert, das weit entfernt ist von den verlogenen Selbstdarstellungen des „Goldenen Westens“, der noch nie golden war. Das Resultat dieser Geschichte ist ein sympathisch gezeichnetes Berlin-Bild, das seinen Charme vor allem den vielen originellen Randfiguren verdankt, die in munterer Reihenfolge in die Handlung eingestreut werden, um ebenso rasch wieder aus ihr zu verschwinden.
jg

Zwei wahnsinnig starke Typen

Stir Crazy. USA 1980 **R** Sidney Poitier **B** Bruce Jay Friedman **K** Fred Schuler **M** Tom Scott **P** Hannah Weinstein für Hannah-Weinstein-Prod. **L** 111 Min., Farbe **D** Gene Wilder, Richard Pryor, George Stanford Brown, Jobeth Williams, Miguelangel Suarez, Craig T. Nelson, Barry Corbin, Charles Welson

Eigentlich wollten Skip Donahue (Wilder), ein glückloser Schriftsteller, und Harry Monroe (Pryor), ein ebenso erfolgloser Schauspieler, dem ihrer Meinung nach seelenlosen Moloch New York den Rücken kehren, um im sonnigen Kalifornien, wo angeblich alles besser sein soll, ihr Glück zu suchen. Aber schon auf dem Weg dorthin bleiben sie in

einem Gefängnis hängen, nachdem man sie irrtümlich für zwei Bankräuber gehalten hat. Während draußen die attraktive Anwältin Meredith (Williams) alles daran setzt, um ihnen wieder zur Freiheit zu verhelfen, hekken Skip und Harry mit einigen Häftlingen einen Plan aus, um aus dem Knast zu entkommen. Eine günstige Gelegenheit bietet ein alljährlich stattfindender Rodeo-Wettkampf, bei dem auch die Häftlinge des Gefängnisses teilnehmen dürfen.
Sidney Poitier, sonst eher als schwarzer Schauspieler vor der Kamera bekannt, drehte hier eine Klamauk-Komödie, die sich zwar in den USA zum erfolgreichsten Lacherfolg des Jahres 1981 mauserte, in Deutschland hingegen weniger gut ankam. In der deutschen Synchronisation ging mancher Gag verloren, so daß der Film mehr albern als komisch wirkt. Das in den USA so hochgelobte Paar Wilder/Pryor kann dem Komikerduo Laurel & Hardy, mit dem es die US-Presse voreilig verglich, weiß Gott nicht das Wasser reichen, auch wenn Gene Wilder noch so sehr die Augen verdreht und animalische Geräusche ausstößt. Auch die Geschichte bietet wenig Originelles und wird sogar unfreiwillig ernst, wenn sich Sidney Poitier daranmacht, den Alltag eines amerikanischen Gefängnisses zu skizzieren. Craig T. Nelson und Jobeth Williams, die hier noch in Nebenrollen auftraten, wurden zwei Jahre später als Ehepaar Freeling durch den Gruselfilm POLTERGEIST berühmt. jg

Zwei Waisen im Sturm

Orphans of the Storm. USA 1922 **R** David Wark Griffith **B** Gaston de Tolignac (= Griffith), nach dem Bühnenstück *The Two Orphans* von Adolphe Philippe Dennery und Eugene Cormon, inspiriert durch die Romane *A Tale of Two Cities* von Charles Dickens und *The French Revolution* von Thomas Carlyle **K** Hendrik Sartov, Paul Allen, G. W. Bitzer **P** David Wark Griffith für United Artists **L** 125 Min., s/w **D** Lillian Gish, Dorothy Gish, Joseph Schildkraut, Frank Losee, Katherine Emmett, Morgan Wallace, Lucille la Verne, Sheldon Lewis, Frank Puglia, Creighton Hale, Monte Blue

Lillian Gish brachte ihren Entdecker und Förderer David W. Griffith auf die Idee, das rührselige Bühnenstück für die Leinwand umzusetzen, nachdem die Geschichte an den New Yorker Bühnen bereits mehrere triumphale Aufführungen in verschiedenen Sprachen erlebt hatte. Um den Regisseur von dem Stück zu überzeugen, schleppte ihn Lillian Gish in die Vorstellung eines italienischen Theaters, und obwohl Griffith kein Wort von dem verstand, was da gesprochen wurde, zeigte er sich von dem Schauspieler Frank Puglia so beeindruckt, daß er ihm auch gleich dieselbe Rolle in seinem Film gab.
Das tränenreiche Melodrama präsentiert Lillian Gish als Findelkind Henriette Girard, das auf den Stufen von Notre Dame von einem braven Bürger gefunden und mit nach Hause genommen wird, wo es neben einer Stiefschwester namens Louise (Dorothy Gish) aufwächst. Eine heimtückische Epidemie rafft die Adoptiveltern dahin und läßt Louise erblinden. Henriette will einen Arzt für ihre Schwester organisieren und gerät dabei an den fiesen Chevalier de Vaudray (Schildkraut). Irgendwann landet Louise dann auch in der Bastille, wird jedoch beim Ausbruch der Französischen Revolution befreit, um sich aufgrund der Wirren jener Jahre zum Ende des Films auf dem Schafott zu finden, wo sie im letzten Moment von Monsieur Danton (Blue) höchstpersönlich heruntergeholt wird. Henriette freilich ist inzwischen tot, aber immerhin wird der Chevalier seiner gerechten Strafe zugeführt.
Zwei Waisen im Sturm war der letzte Film, für den Lillian Gish gemeinsam mit ihrer Schwester Dorothy vor der Kamera stand und der zugleich das Ende ihrer Zusammenarbeit mit David Wark Griffith einleitete, der seinen Star inzwischen für selbständig genug hielt, um eigene Wege zu beschreiten. jg

Zwei wie Katz und Maus

Continental Divide. USA 1981 **R** Michael Apted **B** Lawrence Kasdan **K** John Bailey **M** Michael Small **P** Bob Larson für Amblin Pictures/Universal **L** 103 Min., Farbe **D** John Belushi, Blair Brown, Allen Goorwitz, Carlin Glynn, Tony Ganios, Val Avery, Liam Russell, Everett Smith, Bill Henderson

Ernie Souchak (Belushi), Starreporter der *Chicago Sun Times*, gerät in arge Bedrängnis, als er Berichte über korrupte Politiker der Stadt veröffentlicht. Nachdem der von einigen Gangstern krankenhausreif geschlgen wurde, schickt sein Chefredakteur den Journalisten zu dessen eigenem Schutz in die Rocky Mountains, um die dort arbeitende Vogelkundlerin Nell Porter (Brown) zu interviewen. Nur unter Protest fährt der überzeugte Großstadtmensch in die Wildnis, aber als er die junge Ornithologin kennenlernt, revidiert er alsbald seine Ansichten über das Leben in der freien Natur.
Die Komödie *Zwei wie Katz und Maus* bezieht ihren Witz überwiegend aus dem Gegensatz zwischen Stadt und Natur sowie aus Ernies anfänglich hartnäckiger Weigerung, eine andere Lebensart als die seine zu akzeptieren. Wie schon bei Michael Apteds ein Jahr zuvor entstandenem NASHVILLE-LADY tat sich der Regisseur wiederum mit dem Produzenten Bob Larson zusammen. Den Erfolg des mehrfach ausgezeichneten Films konnte das Gespann mit *Zwei wie Katz und Maus* jedoch nicht wiederholen. Von Publikum und Kritik weitgehend unbeachtet, versank die vorletzte Arbeit des 1982 verstorbenen John Belushi in der Versenkung. mg

Zwei wie Pech und Schwefel

...Altrimenti ci arrabiamo/Y si no, nos enfadamos. Italien/Spanien 1973 **R** Marcello Fondato **B** Marcello Fondato, Francesco Scardamaglia **K** Arturo Zavattini **M** Guido und Maurizio de Angelis **P** Mario Cecchi Gori für Capital Film/Filmayer **L** 101 Min., Farbe **D** Terence Hill, Bud Spencer, Donald Pleasance, John Sharp, Deogratias Huerta

Das Star-Duett des europäischen Films, Terence Hill und Bud Spencer, legte in den 70er und 80er Jahren eine ganze Serie mehr oder weniger origineller Actionklamotten aufs Parkett, in denen Klamauk und Keilereien tonangebend waren, und die sich vor allem dadurch auszeichneten, daß die beiden Helden am Ende stets auf der Siegerseite standen. Ihre Gegner, zumeist doofe Ganoven, lagen rechtzeitig zum Happy-End - von den beiden Protagonisten effektvoll zusammengedroschen - in einer Ecke herum, um damit dem Guten in der Welt zum Sieg zu verhelfen. Blut floß in der Regel nie - dadurch hoben sich die Spencer-Hill-Filme, die mal im Westernmilieu (VIER FÄUSTE FÜR EIN HALLELUJAH), mal im Abenteuergenre (ZWEI HIMMELHUNDE AUF DEM WEG ZUR HÖLLE) zu Hause waren, angenehm von den hemmungslos brutalen Actionspektakeln amerikanischer Machart ab.
In *Zwei wie Pech und Schwefel* haben es unsere beiden Helden, begeisterte Hobbyrennfahrer, mit einer Gangsterbande zu tun, die im Auftrag eines Grundstücksspekulanten versucht, die Bewohner eines ganzen Stadtviertels auf die Straße zu setzen. Unter der Führung von Ben (Spencer) und Kid (Hill) formiert sich schlagkräftiger Widerstand... sk

Zwei Welten

A World Apart. Großbritannien 1988 **R** Chris Menges **B** Shawn Slovo **K** Peter Biziou **M** Hans Zimmer **P** Sarah Radclyffe für Working Title/ British Screen/Atlantic Entertainment **L** 112 Min., Farbe **D** Barbara Hershey, Jodhi May, Linda Mvusi, Yvonne Bryceland, Albee Lesotho, Jeroen Krabbé, David Suchet, Paul Freeman

Das Drehbuch, das Shawn Slovo für diesen Anti-Apartheid-Film schrieb, basiert zu einem Großteil auf ihren persönlichen Erlebnissen, die ihr als 13jähriges Mädchen in Südafrika widerfuhren. Für die Verfilmung ihrer Kindheit gab sie den Handlungsträgern zwar andere Namen, doch entsprechen die geschilderten Ereignisse den wahren Begebenheiten.
Die 13jährige Molly Roth (May) gehört zur weißen Oberschicht Südafrikas. Anders jedoch als die Eltern ihrer Mitschülerinnen haben Diana Roth (Hershey), eine kritische Journalistin, und ihr Mann gegenüber der rassistischen Politik ihres Landes eine zutiefst ablehnende Haltung eingenommen. Die Konsequenzen dieser mutigen Einstellung treffen die Familie in drastischer Weise. Der Vater, ein überzeugter Sozialist, muß in einer Nacht-und-Nebel-Aktion in den Untergrund abtauchen, und Diana wird wegen ihrer anklagenden Zeitungsberichte mit mehrmonatigen Gefängnisaufenthalten bestraft. Dazwischen steht Molly, die im Leben ihrer Mutter hinter der politischen Arbeit erst den zweiten Platz einnimmt, die wegen des Engagements ihrer Eltern von ihren Freundinnen geschnitten wird und die bald nicht mehr weiß, zu wem sie eigentlich gehört.
Chris Menges, der sich zunächst als Kameramann zu MISSION und THE KILLING FIELDS einen Namen gemacht und schon in den 60er Jahren einen Dokumentarfilm über das rassistische Südafrika gedreht hatte, schuf mit *Zwei Welten* einen der beeindruckendsten und aufrüttelndsten Filme über das Apartheids-Regime Südafrikas. Sein Werk ist vergleichsweise nüchterner und unpathetischer gehalten als Richard Attenboroughs aufwendiges Drama SCHREI NACH FREIHEIT, das ein Jahr zuvor in die Kinos gekommen war.
Die Dreharbeiten zu *A World Apart* fanden unter großen Sicherheitsvorkehrungen in Simbabwe statt. Shawn Slavo fürchtete eventuelle Anschläge des südafrikanischen Geheimdienstes, auf dessen Konto aller Wahrscheinlichkeit nach auch das Attentat ging, das 1982 ihrer mittlerweile in Mozambique lebenden Mutter Ruth First das Leben kostete.
Zwei Welten war 1988 der vielumjubelte englische Beitrag bei den Filmfestspielen von Cannes, wo er mit dem Großen Spezialpreis der Jury ausgezeichnet wurde. Weitere Preise konnten Barbara Hershey, Jodhi May und die Südafrikanerin Linda Mvusi für ihre ergreifenden Darstellungen entgegennehmen. jg

Zwei wilde Compañeros

Viva la muerte...tua! Italien/BRD/Spanien 1973 **R** Duccio Tessari **B** Dino Maiuri, Massimo de Rita, Günter Ebert, Juan de Orduna Fernandez, nach dem Roman *The Killer From Yuma* von Lewis B. Patten **K** José F. Aguayo **M** Gianni Ferrio **P** Mickey Knox für Tritone Filmindustria (Rom), Terra Filmkunst (Berlin), Prod. Cinematograficas Orduna (Madrid) **L** 109 Min., Farbe **D** Franco Nero, Eli Wallach, Lynn Redgrave, Marilù Tolo, Horst Janson, Eduardo Fajardo

Typisch für den Weg, den das Genre des Italo-Western zu Beginn der 70er Jahre genommen hatte, ist dieser Film von Duccio Tessari. Während die frühen Vertreter der Gattung es entweder auf Spannung und Brutalität oder auf politische Aussagen im Western-Gewand (oder beides) anlegten, konzentrierten sich die sogenannten Klamauk-Western - besonders die des Duos Spencer/Hill - hauptsächlich auf mehr oder minder derbe Komik, Slapstick und parodistische Einlagen. Hier geht es um ein ungleiches Trio - einen russischen Adligen (Nero), einen mexikanischen Banditen (Wallach) und eine feurige irische Journalistin (Redgrave). Während die Herren eher an einem Goldschatz interessiert sind, will ihre Begleiterin in Mexiko eine Revolution entfesseln.
Mit Wallach und Redgrave standen Tessari zwei Erzkomödianten zur Verfügung, die aus einem einfallsreichen und straffen Drehbuch das Beste herauszuholen verstanden. In den Staaten kam der Streifen übrigens ein Jahr später unter dem von Wallach ersonnenen Titel *Don't Turn the Other Cheek* (etwa: Halt nicht auch die andere Wange hin) in den Verleih. al

Zwei Wochen im September

A coeur joie/Two Weeks in September. Frankreich/Großbritannien 1966 **R** Serge Bourguignon **B** Vahé Katcha, Pascal Jardin, Serge Bourguignon **K** Edmond Séchan **M** Michel Magne **P** Francis Cosne, Kenneth Harper für Francos Films/Les Films de Quadrangle/Les Films Pomerue (Paris), Kenwood Films (London) **L** 97 Min., Farbe **D** Brigitte Bardot, Laurent Terzieff, Jean Rochefort, James Robertson Justice, Michael Sarne

Eine weitere Enttäuschung in Brigitte Bardots Karriere stellt diese französisch-englische Koproduktion dar, die an Originalschauplätzen in London und Schottland gedreht wurde. BB spielt das Photomodell Cécile, die mit ihrem Freund (Rochefort) in der britischen Hauptstadt lebt. Der junge Geologe Vincent (Terzieff) folgt ihr auf Schritt und Tritt, ist bis über beide Ohren in sie verliebt. Nach einem Phototermin in Paris kann er Cécile überreden, nach Schottland auszubüchsen, wo die beiden drei unbeschwerte Tage auf einem alten Schloß verbringen.
Der Schluß des Films bleibt offen, doch - nach den Kritiken und den Zuschauerzahlen zu urteilen - fühlten sich nicht allzu viele Leute dadurch gestört, ist er doch ohnehin nur ein Vehikel für Brigitte Bardots optische Reize, die immerhin mit denen der schottischen Highlands konkurrieren müssen. Wie üblich war die Produktion des in zwei Sprachen erstellten Werks von Gerüchten umrankt, besonders über BBs angebliche Affäre mit ihrem Mitspieler Michael Sarne (als Photograph), hatte sie doch erst kürzlich Playboy Gunther Sachs geehelicht. al

Zwei Wochen in einer anderen Stadt

Two Weeks in Another Town. USA 1962 **R** Vincente Minnelli **B** Charles Schnee, nach einem Roman von Irwin Shaw **K** Milton Krasner **M** David Raksin **P** John Houseman für MGM **L** 106 Min., Farbe **D** Kirk Douglas, Edward G. Robinson, Cyd Charisse, George Hamilton, Daliah Lavi, Claire Trevor, James Gregory, Rosanna Schiaffino, Joanna Ross, George Macready

1952 hatte Vincente Minnelli mit seinem Melodrama STADT DER ILLUSIONEN hinter die brüchige Fassade der Glitzerwelt Hollywoods blicken lassen und darin die Skrupellosigkeit und Gefühlskälte eines erfolgreichen Filmproduzenten (dargestellt von Kirk Douglas) anhand von drei episodisch aufbereiteten Geschichten geschildert.
Mit *Zwei Wochen in einer anderen Stadt* drehte Minnelli zwar keine Fortsetzung zu STADT DER ILLUSIONEN, doch ist die Ähnlichkeit der beiden Filme unverkennbar und wird besonders dadurch deutlich, daß Minnelli außer auf denselben Hauptdarsteller und David Raksins Musik auch noch auf überschüssiges Filmmaterial aus STADT DER ILLUSIONEN zurückgriff und es geschickt in seine Geschichte integrierte.
Der ehemals gefeierte Hollywood-Star Jack Andrus (Douglas) wird nach dreijährigem Aufenthalt aus einem Sanatorium entlassen. Fest dazu entschlossen, ein Comeback zu feiern, reist er nach Rom, um unter der Regie seines alten Freundes und Mentors Maurice Kruger (Robinson) eine neue Rolle zu übernehmen. Andrus absolviert seine darstelleri-

sche Kür nicht nur mit Bravour, er erweist sich sogar als versierter Vertreter, als Kruger einen Herzinfarkt erleidet und er an seiner Stelle die Dreharbeiten zu Ende führt. In Hollywood ist Jack schon wieder in aller Munde, als plötzlich seine Ex-Gattin Carlotta (Charisse) auftaucht und an seinem Geisteszustand zweifelt. Diesmal will er sich jedoch nicht wieder unterkriegen lassen.
Leider mißlang Minnelli der erneute Versuch, mit diesem Beitrag die Gepflogenheiten und Hinterhältigkeiten in der Welt des Films zu demaskieren. *Zwei Wochen in einer anderen Stadt* ist ein recht willkürlich zusammengewürfeltes Konglomerat aus Melodrama, Kitsch und Sozialkritik, bei dem weder die Geschichte noch die in ihr vorkommenden Personen ein gleichbleibendes Interesse aufrechterhalten können. jg

2001 - Odyssee im Weltraum

2001 - A Space Odyssee. Großbritannien/USA 1968 **R** Stanley Kubrick **B** Stanley Kubrick, Arthur C. Clarke, nach der Kurzgeschichte *The Sentinel* von Clarke **K** Geoffrey Unsworth, John Alcott **SpE** Stanley Kubrick, Wally Veevers, Douglas Trumbull, Con Pederson, Tom Howard, Colin J. Cantwell, Bryan Loftus, Frederick Martin, Bruce Logan, David Osborne, John Jack Malick **P** Stanley Kubrick für Hawk-Prod./MGM **L** 149 Min. (Originalfassung 160 Min.), Farbe **D** Keir Dullea, Gary Lockwood, William Sylvester, Daniel Richter, Leonard Rossiter, Margaret Tyzack, Robert Beatty, Sean Sullivan, Frank Miller, Alan Gifford

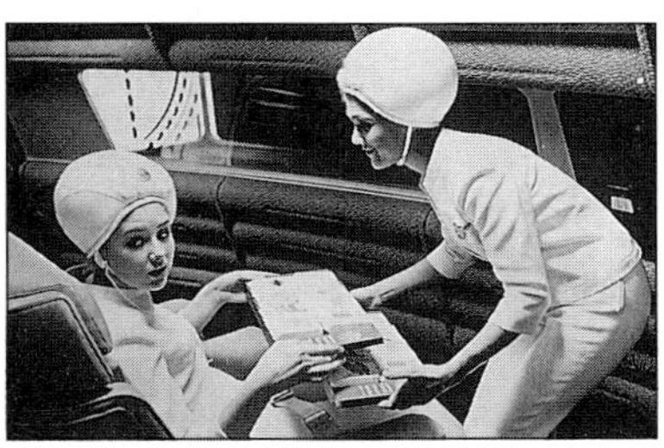

Kaum ein anderer Film setzte im Science-fiction-Genre solch revolutionäre Maßstäbe wie Stanley Kubricks utopisches Meisterwerk *2001*, dessen verblüffende Tricktechnik alles bisher dagewesene in den Schatten stellte und noch heute die Zuschauer in seinen Bann zieht. *2001* hat sich längst einen festen Platz auf der Liste der unsterblichen Kultfilme gesichert. Kubricks Werk besitzt weder eine klar durchstrukturierte Handlung noch die eigentlich notwendigen Identifikationsfiguren; und auch das verschlüsselte und etwas ratlos zurücklassende Ende bricht mit sämtlichen filmischen Traditionen, die bislang das Massenpublikum zufriedenstellten.
2001 beginnt mit einer Episode, die in grauer Vorzeit spielt. Mitten in der unwirtlichen, rotbraunen Felsenlandschaft steht plötzlich ein schwarzer Monolith, der zum verbindenden Element der einzelnen Geschichten wird. Was der eigentümliche Körper symbolisieren soll, von wem er stammt und welche Veränderungen er bewirkt, bleibt weitgehend der Interpretation des Publikums überlassen. Der weitere Übergang in die Welt der Raumfahrt ist fulminant. Ein Menschenaffe schleudert einen Knochen in die Luft, der sich vor der Kulisse des sternenübersäten Weltalls in ein elegant dahinschwebendes Raumschiff verwandelt, das uns kurze Zeit später auf den Mond entführt, wo im Jahre 2001 der schwarze Monolith ein zweites Mal auftaucht. Wissenschaftler haben ihn dort im Krater Clavius entdeckt und ausgegraben. Bei dem Versuch, Näheres über die Beschaffenheit des Gebildes zu erfahren, strahlt der Monolith ein intensives Funksignal in Richtung Jupiter aus, wohin eineinhalb Jahre später das Raumschiff *Discovery* reist, um nach der Existenz außerirdischer Intelligenzien zu forschen. Die Mission endet in einer Katastrophe, als der Bordcomputer HAL 9000 Amok läuft und durch eine Kette technischer Fehlfunktionen die Besatzung der Reihe nach eliminiert. Übrig bleibt der Astronaut Bowman (Dullea), der in einem philosophisch abgehobenen Ende noch einmal mit dem schwarzen Monolithen konfrontiert wird.
Wie gewohnt machte sich Stanley Kubrick auch bei diesem Film mit der ihm eigenen Pedanterie und Detailbesessenheit ans Werk. So war er mit dem Design der Menschenaffen in der Eröffnungssequenz erst dann zufrieden, nachdem die Maskenbildner in wochenlanger Arbeit die Kostüme mit einer komplizierten Apparatur versehen hatten, die es den Schauspielern ermöglichte, Grimassen zu schneiden und die Mundpartien asymetrisch zu bewegen. Ähnliche Perfektion setzte er bei den Entwürfen der Raumschiffe und deren Innenräume voraus. Anders als bei dem eher märchenhaften KRIEG DER STERNE sollten die Flugkörper und deren Innenleben eine absolute Glaubwürdigkeit vermitteln. Zu diesem Zweck wurden keine Designer und Filmarchitekten zu Rate gezogen, sondern erfahrene Techniker, Ingenieure und Wissenschaftler, die zum Teil für die NASA arbeiteten und die entworfenen Modelle und Bauten nach ihrer technischen Authentizität überprüften. Kubrick war sich der Wirksamkeit und Faszination seiner Spezialeffekte voll bewußt und ging so auch das Risiko ein, dem Publikum minutenlange Einstellungen zuzumuten, in denen z. B. die Schwerelosigkeit täuschend echt simuliert wurde, ohne daß diese Bilder langweilig wurden, selbst wenn manche Szene mehr als zehn Minuten dauerte. Verdienterweise hat der Film dann auch 1968 den Oscar für seine visuellen Effekte gewonnen.
2001, den Kubrick in den Jahren 1965 bis 1968 mit einem überraschend niedrigen Budget von 10,5 Mio. Dollar realisierte, erfuhr 1984 mit Peter Hyams 2010 - DAS JAHR, IN DEM WIR KONTAKT AUFNEHMEN eine Fortsetzung, die freilich nicht mehr das Prädikat für sich in Anspruch nehmen konnte, ein Werk mit Kultcharakter zu sein. jg

2010 - Das Jahr, in dem wir Kontakt aufnehmen

2010. USA 1984 **R** Peter Hyams **B** Peter Hyams, nach dem Roman von Arthur C. Clarke **K** Peter Hyams **M** David Shire **P** Peter Hyams für MGM/ United Artists **L** 116 Min., Farbe **D** Roy Scheider, John Lithgow, Helen Mirren, Bob Balaban, Keir Dullea, Douglas Rain, Madolyn Smith, Dana Elcar, James McEachin, Elya Baskin

Eigentlich wollte Arthur C. Clarke seiner Kurzgeschichte *The Sentinel* keine Fortsetzung folgen lassen, doch 16 Jahre nach Stanley Kubricks Science-fiction-Meilenstein 2001 - ODYSSEE IM WELTRAUM erschien dann doch sein Buch *2010* - eine geradlinig erzählte Geschichte, ohne die Schnörkel und mysteriösen Rätsel, die der Erstlingsstoff noch seinen Lesern und späteren Zuschauern aufgab. Nach einem zähen Tauziehen fielen schlußendlich der MGM die Verfilmungsrechte zu, die den Regisseur Peter Hyams mit der Realisierung des Projekts betraute.
Im Jahre 2010 reist eine aus Russen und Amerikanern bestehende Expedition zum Planeten Jupiter, in dessen Orbit das Raumschiff *Discovery* kreist, das seit der Rebellion des Bordcomputers HAL 9000 und der Eliminierung seiner Besatzung menschenleer im All umhertrudelt. Während sich unten auf Mutter Erde ein neuer schwerer Konflikt zwischen den beiden Supermächten anbahnt, stoßen die Männer und Frauen im Weltraum auf ein überwältigendes Phänomen, hinter dem abermals die ungeklärte Erscheinung des schwarzen Monolithen steht.
Leider kann diese Fortsetzung zu keiner Zeit an die Faszination und die mysteriöse Aura des Kubrickschen Originals heranreichen. Die Geschichte wird klar und ohne anderweitige Interpretationsmöglichkeiten erzählt, hat aber immerhin - und das muß man dem Film lassen - eine große Anzahl tricktechnisch brillant gemachter Momente zu bieten. Verantwortlich dafür zeichnete der vierfache Oscar-Preisträger Richard Edlund, der bereits für solch berühmte Streifen wie POLTERGEIST oder GHOSTBUSTERS die Spezialeffekte kreiert hatte und auch für *2010* wiederum für den Oscar nominiert wurde, den allerdings das Team von Dennis Muren für ihre Trickarbeit an INDIANA JONES UND DER TEMPEL DES TODES erhielt. Bauten und Innenarchitektur orientierten sich nach den Originalplänen des *2001*-Vorgängers und lassen bei ihrem ersten Erscheinen eine wehmütige Erinnerung

an den Kubrick-Film aufkommen. Wo dieser in seinem Film noch philosophische Akzente setzte, kommt Hyams in seiner Fortsetzung mit einer spannenden, dafür jedoch recht trivialen Geschichte dahergeprescht. jg

Der zweite Atem

Le deuxième souffle. Frankreich 1966 **R** Jean-Pierre Melville **B** Jean-Pierre Melville, nach dem Roman *Un réglement de comptes* von José Giovanni **K** Marcel Combes **M** Bernard Gérard **P** Charles Lumbroso, André Labay für Les Prod. Montaigne **L** 117 Min. (Originalfassung 150 Min.), Farbe **D** Lino Ventura, Paul Meurisse, Raymond Pellegrin, Christine Fabrega, Pierre Zimmer, Michel Constantin, Marcel Bozzuffi, Paul Frankeur

„Der beste Gangsterfilm der letzten Jahre entstand nicht in Hollywood, sondern in den Straßen von Paris!" schrieb begeistert die *Süddeutsche Zeitung* beim Start von Jean-Pierre Melvilles *Der zweite Atem*, dem ein Roman des ehemaligen Gangsters und späteren Regisseurs José Giovanni zugrunde liegt. Hauptfigur ist der alternde Gangster Gustave (Ventura), den es nach seinem waghalsigen Ausbruch aus dem Gefängnis sogleich wieder in die Unterwelt treibt. Er braucht Geld und will es sich mit einem raffiniert ausgeklügelten Überfall auf einen Platintransport beschaffen. Zwar glückt das Unternehmen, doch der ausgekochte Kommissar Blot (Meurisse) hat längst erkannt, daß Gustave dahinter steckt. Er stellt ihm eine Falle und ringt ihm den Namen eines Komplizen ab. Um sich vom Stigma des Verräters reinzuwaschen, geht Gustave bis zum Äußersten und setzt sogar sein Leben auf Spiel.
Diese Irrationalität in Gustaves Handeln ist typisch für den Melvilleschen Kosmos, dessen Figuren ausschließlich von ihrem ganz eigenen Moralkodex bestimmt zu sein scheinen. Des Regisseurs stilisierte Bilderwelt und sein langsamer Rhythmus fand allerdings keine Gnade vor den Augen des deutschen Verleihs - er schnitt den Film um sage und schreibe 33 Minuten. al

Das zweite Erwachen der Christa Klages

Das zweite Erwachen der Christa Klages. BRD 1977 **R** Margarethe von Trotta **B** Margarethe von Trotta, Luisa Francia **K** Franz Rath **M** Klaus Doldinger **P** Eberhard Junkersdorf für Bioskop-Film, WDR **L** 88 Min., Farbe **D** Tina Engel, Silvia Reize, Katharina Thalbach, Marius Müller-Westernhagen, Peter Schneider, Erika Wackernagel, Friedrich Kaiser, Ulrich von Dobschütz, Natascha Steuer, Karl Tischlinger

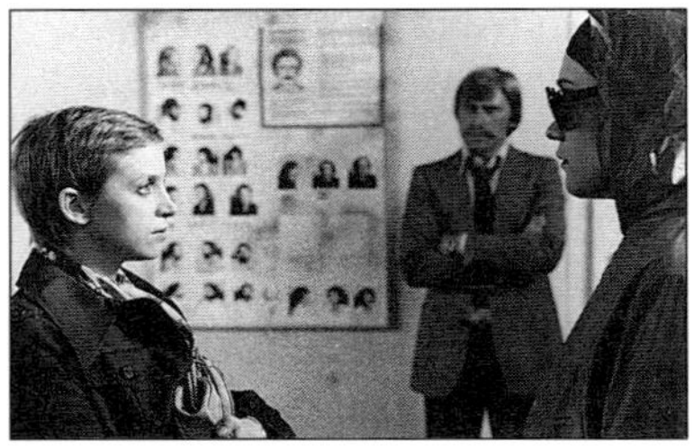

Margarethe von Trotta hatte schon bei diversen Drehbuchentwürfen mit ihrem Mann Volker Schlöndorff zusammengearbeitet und sah im Jahre 1977 schließlich die Zeit für gekommen, sich selbst hinter der Kamera zu postieren und einen eigenen Beitrag zum bundesdeutschen Filmschaffen zu liefern. Ihr Erstlingswerk erfuhr eine überwiegend positive Aufnahme und verhalf der Regisseurin zu landesweiter Anerkennung, die sie mit ihren nachfolgenden Werken SCHWESTERN ODER DIE BALANCE DES GLÜCKS sowie DIE BLEIERNE ZEIT auf internationale Ebene ausdehnen konnte.
Christas ganzer Stolz ist ein Kinderladen, den sie in mühsamer Arbeit selbst aufgebaut hat und der jetzt kurz vor dem finanziellen Ruin steht. Um das Fortbestehen der Einrichtung zu sichern, überfällt Christa (Engel) zusammen mit ihren beiden Freunden Werner (Müller-Westernhagen) und Wolfgang (Kaiser) eine Bank. Die beherzte Tat, die die engagierte Kindergärtnerin nur wegen des guten Zwecks beging, eskaliert in einer überstürzten Flucht nach Portugal und endet mit Christas Verhaftung.
„Das Wunderbare an diesem Film ist die Tatsache, daß hier eine kräftige Geschichte wie von selbst funktioniert" (*Süddeutsche Zeitung*).
Das zweite Erwachen der Christa Klages wurde 1978 im Rahmen der Verleihung des Bundesfilmpreises mit dem Filmband in Silber ausgezeichnet. jg

Das zweite Gesicht

Flesh and Fantasy. USA 1943 **R** Julien Duvivier **B** Ernest Pascal, Samuel Hoffenstein, Ellis St. Joseph, nach den Geschichten von St. Joseph, Laslo Vadnay und *Lord Arthur Saville's Crime* von Oscar Wilde **K** Stanley Cortez, Paul Ivano **M** Alexandre Tansman **P** Julien Duvivier, Charles Boyer für Universal **L** 92 Min., s/w **D** Edward G. Robinson, Charles Boyer, Barbara Stanwyck, Betty Field, Robert Cummings, Thomas Mitchell, Charles Winninger, Anna Lee, Dame May Whitty, C. Aubrey Smith

Flesh and Fantasy war Julien Duviviers mißlungener Versuch, an den Erfolg seines ein Jahr zuvor entstandenen Werkes *Tales of Manhattan* anzuknüpfen. Der Film ist in einer ähnlich episodenhaften Form aufgebaut, doch fielen die drei Geschichten qualitativ höchst unterschiedlich aus, so daß sich ein recht gemischter Gesamteindruck ergab.
In der ersten Folge steht das Mädchen Henrietta (Field) im Mittelpunkt. Ihrer Meinung nach ist sie nur deswegen allein, weil sie angeblich so häßlich sein soll. Erst bei einem Maskenball, bei dem sie das Herz eines attraktiven jungen Mannes gewinnt, stellt sie fest, daß die wahre Schönheit in ihrem Innern verborgen ist. Die zweite Geschichte bringt einige Thriller-Elemente in das Geschehen ein. Während einer Gesellschaft sagt Septimus Podgers (Mitchell) dem entsetzten Marshall Tyler (Robinson) voraus, daß er einen Mord begehen wird, was dieser auch tatsächlich tut.
Die dritte Episode ist zwar mit brillanten Schauspielern besetzt, in ihrem Handlungsaufbau jedoch die schwächste. Der Trapezkünstler Paul Gaspard (Boyer) hat einen Alptraum, in dem er vom Seil stürzt, nachdem er eine schöne Frau (Stanwyck) im Publikum gesehen hat, die er kurze Zeit später tatsächlich an Bord eines Dampfers trifft. Die schöne Unbekannte entpuppt sich allerdings nicht als verhängnisvolle Unglücksbringerin, sondern als polizeilich gesuchte Juwelendiebin.
Gestalterisch überzeugend ist lediglich die erste Erzählung, die immerhin mit hervorragenden Dekorationen und Ausstattungen sowie einer eleganten Kamerafahrt während des großen Maskenballs aufwarten kann. jg

Das zweite Kapitel

Chapter Two. USA 1980 **R** Robert Moore **B** Neil Simon, nach seinem Bühnenstück **K** David M. Walsh **M** Marvin Hamlisch **P** Ray Stark für Rastar/Columbia **L** 124 Min., Farbe **D** James Caan, Marsha Mason, Joseph Bologna, Valerie Harper, Judy Farrell, Alan Fudge

Der ungemein erfolgreiche New Yorker Bühnenautor Neil Simon hat für seine Arbeiten fast immer eigene Erfahrungen verwendet; so auch in *Das zweite Kapitel*. Es geht um einen Autor (Caan), der nach dem Tod seiner Frau die attraktive Jennie (Mason) kennenlernt und alles tut, um sich *nicht* in sie zu verlieben. Natürlich finden die beiden am glücklichen Ende doch zueinander, und der Film erzählt mit Witz und Gefühl den Weg dahin. Besonders interessant ist hier die Tasache, daß Marsha Mason sich selbst spielt, denn sie war seit 1973 mit Simon verheiratet, hatte bereits in der Adaption seines DER UNTERMIETER gespielt und diente als

Vorlage für die Figur der Jennie. Für ihre Darstellung erhielt sie ihre dritte Oscar-Nominierung. Was der Film allerdings verschweigt: die Ehe Simon/Mason endete in Scheidung. al

Der zweite Mann

The Running Man. Großbritannien 1963 **R** Carol Reed **B** John Mortimer, nach dem Roman *The Ballad of the Running Man* von Shelley Smith **K** Robert Krasker **M** William Alwyn **P** Carol Reed für Peet/Columbia **L** 103 Min., Farbe **D** Laurence Harvey, Lee Remick, Alan Bates, Felix Aymler, Eleanor Summerfield, Allan Cuthbertson, Harold Goldblatt, Noel Purcell

Die Geschichte eines raffinierten Versicherungsbetruges ist nicht neu. Ein Jahr zuvor drehte der Hollywood-Altmeister Anatole Litvak mit Sophia Loren und Anthony Perkins unter dem Titel DIE DRITTE DIMENSION bereits einen ähnlichen Streifen. In Carol Reeds Werk sind es Laurence Harvey und Lee Remick, die als Ehepaar Rex und Stella Black die Versicherungsgesellschaft um eine stattliche Summe betrügen und ihr Heil in einer überstürzten Flucht nach Spanien suchen müssen. Verfolgt werden sie von dem ebenso zwielichtigen wie attraktiven Versicherungsagenten Stephen Maddox (Bates), der sich in die hübsche Stella verliebt. Ein gefährliches Spiel mit tödlichem Ausgang nimmt seinen Lauf.
Die optisch recht ansprechend aufbereitete Geschichte läßt auf unterhaltsame 103 Kinominuten hoffen, entpuppt sich jedoch als allzu langatmig umgesetztes Drama. Das ist zweifellos nicht die Schuld des Regisseurs, sondern die der Story, die einfach zu wenig Tiefgang und Spannung besitzt, um daraus einen gelungenen abendfüllenden Spielfilm machen zu können. Drehbuchautor John Mortimer hätte lieber etwas mehr an seinem Skript herumtüfteln sollen, als sich leichtfertig auf den pittoresken Reiz der spanischen Landschaft zu verlassen, der hier etwas aufdringlich und selbstzweckhaft eingefangen wurde. jg

Die zweite Wahl - Eine Romanze

Murphy's Romance. USA 1985 **R** Martin Ritt **B** Harriet Frank, Jr., Irving Ravetch, nach einem Roman von Max Schott **K** William A. Fraker **M** Carole King **P** Laura Ziskin für Fogwood Films **L** 104 Min., Farbe **D** Sally Field, James Garner, Brian Kerwin, Corey Haim, Dennis Burkley, Georgann Johnson, Dortha Duckworth

Die Komödie *Murphy's Romance* vereinte den Regisseur Martin Ritt, die Drehbuchautoren Harriet Frank, Jr. und Irving Ravetch sowie die Hauptdarstellerin Sally Field ein zweites Mal nach ihrem gemeinsamen Erfolg NORMA RAE. Sally Field ist in der Rolle der frisch geschiedenen Emma zu sehen, die mit ihrem dreizehnjährigen Sohn Jake (Haim) ein neues Leben auf einer Pferde-Ranch in Arizona beginnen will. Neben den Schwierigkeiten, auf die eine Frau in einer sonst nur von Männern beherrschten Domäne - der Pferdezucht - stößt, gerät Emma schon bald in Liebesnöte: Ihr Ex-Mann Bobby Jack (Kerwin) steht eines Tages vor der Tür und macht seiner Verflossenen den Hof. Doch auch der 60jährige Drugstore-Besitzer des Ortes, Murphy Jones (Garner), hat sein Herz für Emma entdeckt...
In ihrer dritten Zusammenarbeit mit Regisseur Ritt, nach NORMA RAE und *Back Roads* (1981), übernahm Sally Field nicht nur die Hauptrolle, sondern auch die Finanzierung des Films mit ihrer Produktionsfirma Fogwood. Eine Oscar-Nominierung erhielt James Garner für seine Leistung, neben der Fields Darstellung regelrecht verblaßt, denn der Hollywood-Veteran liefert als titelgebender Murphy die beste Charakterisierung seiner Karriere ab. mg

Die 42. Straße

42nd Street. USA 1933 **R** Lloyd Bacon **B** James Seymour, Rian James, nach dem Roman von Bradford Ropes **K** Sol Polito **M** Harry Warren **P** Darryl F. Zanuck für Warner Bros. **L** 89 Min. (Originalfassung 98 Min.), s/w **D** Warner Baxter, Bebe Daniels, George Brent, Una Merkel, Ruby Keeler, Guy Kibbee, Dick Powell, Ginger Rogers, Eddie Nugent

Von der Inszenierung einer Broadway-Revue erzählt der Prototyp des Filmmusicals, *Die 42. Straße*. Die Realisierung dieser Produktion galt 1933 als überaus riskant, hatte doch der junge Tonfilm schon eine Anzahl von Operetten- und Musikstreifen hinter sich, denen jetzt kein großer Erfolg mehr beschieden war. Trotzdem wagte die Warner Brothers, das Projekt *42nd Street* zu starten, und griff dabei auf einen Stoff zurück, den sie bereits 1929 für die Leinwand adaptiert hatten. Als „Backstage-Musical" thematisiert *Die 42. Straße* das Leben hinter den Kulissen der großen Bühnen im New Yorker Theaterviertel. Aber nicht nur Glamour und hübsche Mädchen stehen im Vordergrund, auch die Auswirkungen der Depressionszeit auf die Situation der Ensemble-Mitglieder werden in-für ein Musical-außerordentlich realistischen Bildern gezeigt.
„The Show Must Go On" lautet das Motto, unter dem das amerikanische Leben im allgemeinen und die Proben für die Revue *Pretty Baby* im besonderen stehen, als der Star der Aufführung, Dorothy Brock (Daniels), plötzlich ausfällt. Für das kleine Chormädchen Peggy (Keeler) bedeutet der Unfall der Diva die Chance ihres Lebens...
Der Choreograph Busby Berkeley schuf mit seinen kaleidoskopartigen Arrangements, in die Hunderte von Tänzerinnen involviert waren, einen unvergleichlichen, bahnbrechenden Stil, der ihn zu einer Legende werden ließ. Eine von Berkeley gestaltete Filmminute kostete bei der *42. Straße* rund 10.000 Dollar, 350.000 Dollar mußte die Warner Bros. insgesamt für die Finanzierung dieses Musicals ausgeben. Tatsächlich ging die Rechnung auf; das Publikum strömte in die Kinos - die Renaissance des totgesagten Genres war geglückt. Die damals noch unbekannten Schauspieler Dick Powell und Ruby Keeler avancierten über Nacht zu Stars und wurden sofort für das nächste Warner-Musical *Goldgräber von 1933* (1933) verpflichtet. Ebenso wie Busby Berkeley und Komponist Harry Warren, der für *Die 42. Straße* die Stücke *It Must Be June; You're Getting To Be a Habit With Me; Shuffle Off To Buffalo; Young and Healthy* sowie die Titelnummer *Forty-Second Street* schrieb. mg

Zwielicht

The October Man. Großbritannien 1948 **R** Roy Baker **B** Eric Ambler, nach seinem Roman **K** Erwin Hillier **M** Kenneth Pakeman **P** Eric Ambler für Two Cities **L** 91 Min., s/w **D** John Mills, Joan Greenwood, Edward Chapman, Kay Walsh, Joyce Carey, Catherine Lacey, Frederick Piper, Felix Aymler

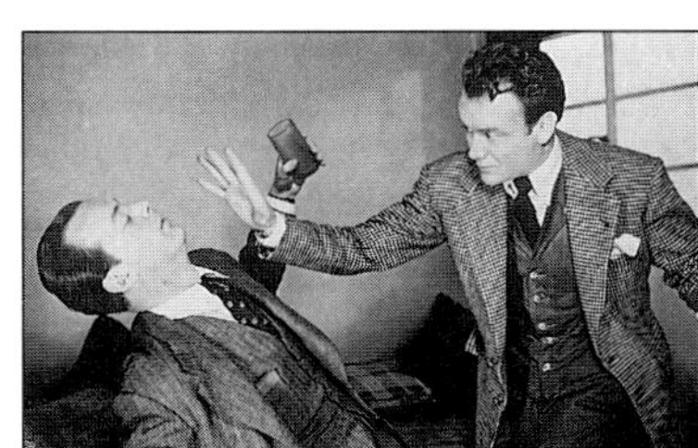

Zwielicht wandelt eindeutig auf den Spuren des großen Alfred Hitchcock, wenngleich es sich in erster Linie um eine der obligatorischen „Whodunit"-Geschichten handelte, die der Altmeister eher verschmähte als bevorzugte. Der Chemiker Jim Ackland (Mills) leidet nach einem Autounfall an einer Nervenkrankheit und verbringt seitdem die meiste Zeit des Tages in einer Klinik. Hier lernt er das Mädchen Molly (Walsh) kennen, das kurze Zeit später ermordet wird. Da Ackland über seine Psyche zeitweilig keine Kontrolle hat, bildet er sich zunächst ein, Molly umgebracht zu haben, ist sich dessen aber nicht

sicher. Ebenso wie die Polizei tappt auch der Zuschauer im dunkeln. Erst nach geraumer Zeit gelingt es Ackland, den wahren Täter ausfindig zu machen und ihn zu überführen. Regisseur Roy Baker war in den 30er Jahren während seiner Lehrzeit als Regieassistent bei Alfred Hitchcock ein gelehriger Schüler und griff in diesem mysteriösen Kriminaldrama viele Raffinessen und Methoden seines großen Vorbilds auf.
Ein guter alter britischer Thriller mit einer interessanten Geschichte; ansprechend gespielt und von zeitloser Unterhaltung. jg

Zwillinge

Twins. USA 1988 **R** Ivan Reitman **B** William Davies, William Osborne, Timothy Harris, Herschel Weingrod **K** Andrzej Bartkowiak **M** Georges Delerue **P** Ivan Reitman für Universal **L** 108 Min., Farbe **D** Arnold Schwarzenegger, Danny De Vito, Kelly Preston, Chloé Webb, Bonnie Bartlett, Marshall Bell

Wenn sechs der genialsten, klügsten Männer dieser Welt ihren Samen zum Cocktail zusammenmischen und diesen mit der Eizelle einer knackigen Superfrau kreuzen, kann nach neun Monaten nur eines herauskommen: Arnold Schwarzenegger. In der Rolle des Retortenbabies Julius ist er von Geburt an klug, edel gesinnt, schön und gut gebaut, der perfekte Mensch schlechthin - und doch hat die Genmanipulation, der er seine Existenz verdankt, einen kleinen Makel: Er war nämlich nicht allein in der Retorte, von den Ärzten unbemerkt wuchs sein Zwillingsbruder Vincent (De Vito) heran. Im Unterschied zu seinem gottgleichen Bruder scheint Vincent aber eine Ansammlung genetischen Abfalls zu sein: Klein und häßlich ist er, untersetzt, durchtrieben und grundschlecht. Und im Gegensatz zu Julius, der auf einer einsamen Insel groß geworden ist, kennt er als Großstadtkind all die Laster dieser Welt - Alkohol, Frauen, kriminelle Machenschaften. Als sich Julius per Ruderboot von seiner Südseeinsel aufmacht, um seine Familie zu suchen, treffen die beiden zweieiigen Brüder in Los Angeles aufeinander, freunden sich an, entdecken ihre gemeinsamen Wurzeln, paaren sich mit einem Schwesternpaar und bringen es rechtzeitig zum Happy-End jeweils zu Nachwuchs in Form von Zwillingen.
Regisseur Reitmans Versuch, Megastar Schwarzenegger in eine Komödie einzubauen, ging in die Hose: Der Muskelprotz und Machoheld, der sein Image vor allem knallharten Actionrollen wie in TERMINATOR oder CONAN DER BARBAR zu verdanken hat, wirkt in der Rolle des neunmalklugen Naivlings vor allem platt - und im Vergleich zu Filmbruder Danny De Vito, der ihn locker an die Wand spielt, glatt fehlbesetzt. Die Geschichte der genmanipulierten ungleichen Brüder bietet eigentlich genügend Stoff für einen ironisch aufbereiteten Unterhaltungsfilm. Doch leider verschenkt Reitman diese Möglichkeiten, versinkt das dünne Lustspiel, das flachen Klamauk um eine dümmliche Rahmenhandlung drapiert, in einem tiefen Sumpf konventioneller Hollywood-Langeweile. Den Produzenten zum Trost verhalf Schwarzeneggers schier grenzenlose Popularität in den USA dem Streifen dennoch zu einem 80-Millionen-Dollar-Einspielergebnis. sk

Zwischen den Zeilen

84 Charing Cross Road. USA 1987 **R** David Jones **B** Hugh Whitemore, nach dem Buch von Helene Hanff **K** Brian West **M** George Fenton **P** Geoffrey Helman für Brooksfilms **L** 95 Min., Farbe **D** Anne Bancroft, Anthony Hopkins, Judi Dench, Jan De Baer, Maurice Denham, Eleanor David, Mercedes Ruehl

Wie macht man einen Film über zwei Menschen, die sich zwanzig Jahre lang Briefe schreiben, sich auf diese Art verlieben und sich doch nie treffen? Für ein Bühnenstück mag eine solche Geschichte noch angehen, vielleicht sogar für ein Fernsehspiel (*84 Charing Cross Road*, nach Helene Hanffs Buch, war beides), doch für die große Leinwand? Es ist das Verdienst von Regisseur David Jones und Drehbuchautor Hugh Whitemore, daß sie trotz dieser Hindernisse einen unterhaltsamen, intelligenten und oft anrührenden Film zustande brachten. Helene Hanff (Bancroft) ist eine New Yorker Gelegenheitsautorin mit Schwäche für englische Literatur, die im Jahre 1949 in den Staaten nicht leicht zu bekommen ist. Auf einen witzigen Brief an ein Londoner Antiquariat erhält sie Antwort von Frank Doel (Hopkins), einem trockenen, unglücklich verheirateten Familienvater. Aus der reinen Geschäftsbeziehung wird bald ein reger persönlicher Briefwechsel, doch Helen schafft es nicht, nach London zu reisen. Als sie 1969 endlich vor dem Antiquariat steht, muß sie erfahren, daß Frank Doel kurz zuvor verstorben ist.
Zwischen den Zeilen wurde von Mel Brooks' Firma Brooksfilms für seine Gattin Anne Bancroft erworben und produziert, die hier reichlich Gelegenheit bekommt, ihr Temperament und ihr Können zu zeigen. Im Gegensatz zu ihrem britischen Kollegen Anthony Hopkins überzieht sie ihre Rolle allerdings zu stark, doch das ist die einzige Schwäche dieses ansonsten gelungenen kleinen Films. al

Zwischen Frauen und Seilen

Champion. USA 1949 **R** Mark Robson **B** Carl Foreman, nach einer Story von Ring Lardner **K** Franz Planer **M** Dimitri Tiomkin **P** Stanley Kramer für Screen Plays/United Artists **L** 99 Min., s/w **D** Kirk Douglas, Marilyn Maxwell, Arthur Kennedy, Paul Stewart, Ruth Roman, Lola Albright, Luis Van Rooten, John Day

Die Rolle des boxenden Fieslings Midge Kelly machte Kirk Douglas über Nacht berühmt und brachte ihm 1949 sogar eine Oscar-Nominierung ein. In den 30er und 40er Jahren hatte es bereits eine ganze Reihe von Streifen gegeben, die die Licht- und Schattenseiten des brutalen Kampfsports unter die Lupe nahmen, aber in keinem dieser Filme wurde dem Publikum eine solch abgefeimte Figur präsentiert wie die des Midge Kelly - ein Anti-Held durch und durch, dessen schonungslose Skizzierung die Produzenten an dem Kassenerfolg des Projekts zweifeln ließ. Das Publikum strömte jedoch wider Erwarten in die Kinos und ließ sich lobend über den harten Realismus des Films aus.
Midge Kelly und sein Bruder Connie (Kennedy) stammen aus der amerikanischen Unterschicht, wurden in ihren Jugendjahren in den II. Weltkrieg geschickt und fristen nun in den Staaten ein illusionsloses Dasein. Das ändert sich, als Midge die blonde Schönheit Grace Diamond kennenlernt, die ihn dazu überredet, in das Box-Gewerbe einzusteigen. Nach anfänglichen Mißerfolgen entwickelt sich Midge schnell zu einem schlagkräftigen Sportler und boxt sich bis zum Weltmeisterschaftstitel nach oben. Neben seinem kämpferischen Ehrgeiz mischen jedoch auf dem Weg zu diesem hochgesteckten Ziel auch Korruption und Intrigen mit, die am Ende jegliche Fairness übertreffen und Midge ins Verderben stürzen.
Produzent Stanley Kramer hatte in der Vorbereitungsphase allerhand Probleme, sein Projekt zu verwirklichen. Viele Regisseure lehnten dankend ab, nachdem sie die Story gelesen hatten. Bei Mark Robson war er schließlich erfolgreich, doch fehlte immerhin noch der Star des Films, den man dann in Kirk Douglas fand, mit dessen Karriere es bislang nur zögernd vorangegangen war. jg

Zwischen gestern und morgen

Zwischen gestern und morgen. Deutschland 1947 **R** Harald Braun **B** Harald Braun, Herbert Witt **K** Günter Anders **M** Werner Eisbrenner **P** Neue Deutsche Filmgesellschaft **L** 107 Min., s/w **D**

Viktor de Kowa, Winnie Markus, Viktor Staal, Willy Birgel, Sybille Schmitz, Hildegard Knef, Carsta Löck, Erich Ponto, Otto Wernicke, Adolf Gondrell

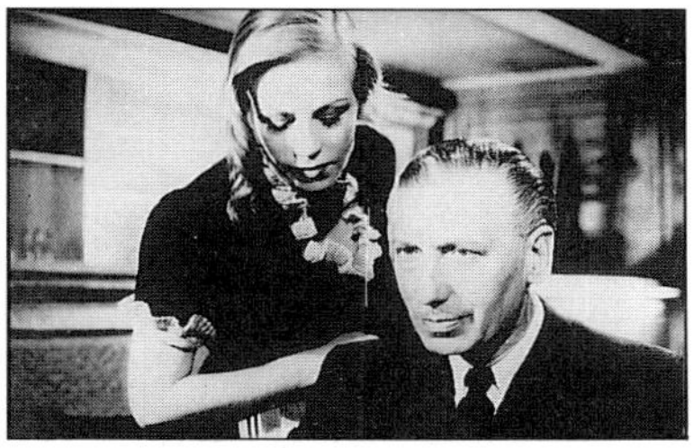

Im März 1947 kehrt der Zeichner Michael Rott (de Kowa) nach zehnjähriger Abwesenheit wieder nach München zurück, das er aus politischen Gründen verlassen hatte, um in der Schweiz ins Exil zu gehen. Seine ehemaligen Bekannten reagieren verhalten und mißtrauisch auf sein Eintreffen, schwebt doch über allem noch die Last der Vergangenheit und der unselige Verdacht, Rott hätte den Schmuck der Jüdin Nelly Dreifuß (Schmitz) mitgehenlassen, die sich damals ihrer Deportation durch Selbstmord entzog. Dies stellt sich allerdings als unwahr heraus, so daß sich dem Integrierungsversuch des Heimgekehrten in die zertrümmerte deutsche Nachkriegsgesellschaft nichts mehr in den Weg stellt.
Daß ausgerechnet ein aus dem politischen Exil zurückgekehrter Flüchtling von den in Deutschland gebliebenen Menschen argwöhnisch begutachtet wird, ist ein peinliches Dokument für das historische (Un-)Bewußtsein des deutschen Nachkriegsfilm, der hier in abgefeimter Weise Opfer-und -Täterrolle verdrehte und die hiesige Bevölkerung indirekt zum Moralapostel und Widerstandskämpfer gegen die Judenverfolgung erklärte. Daß sich ausgerechnet der Saubermann und „Deutschland-Reiter" Willy Birgel die Rolle eines Richtenden anmaßte, ist ein Ausrutscher der besonders geschmacklosen Art. *Zwischen gestern und morgen* ist zumindest aus historischer Sicht eine bemerkenswerte Produktion, zeigt sie doch indirekt, auf welch verlogene Art und Weise das Ausstellen von Persil-Scheinen in der schuldig gewordenen deutschen Volksgemeinschaft vonstatten ging und welche Unschuldsmienen nach Auschwitz allerorts aufgesetzt wurden. jg

Zwischen Haß und Liebe

Footsteps in the Fog. Großbritannien 1955 **R** Arthur Lubin **B** Dorothy Reid, Leonore Coffee, Arthur Pierson, nach dem Roman *The Interruption* von W.W. Jacobs **K** Christopher Challis **M** Alan Osbiston **P** M.J. Frankovich, Maxwell Setton für Film Locations/Columbia **L** 90 Min., Farbe **D** Stewart Granger, Jean Simmons, Bill Travers, Finlay Currie, Ronald Squire, Belinda Lee, William Hartnell

Der um die Jahrhundertwende in London angesiedelte Thriller bot dem Ehepaar Stewart Granger und Jean Simmons die Gelegenheit, sich in überraschend negativen Rollen zu präsentieren.
Stephen Lowry (Granger) wurde bei dem Mord an seiner Frau von dem Dienstmädchen Lily (Simmons) beobachtet. Die verlangt für ihr Schweigen den Posten einer Hauhälterin in seinem Londoner Domizil. Lowry geht auf ihre Erpressung ein, hat aber bereits Vorkehrungen getroffen, die unliebsame Mitwisserin zu beseitigen. Ein Anschlag während eines nebligen Abends mißlingt - Lowry tötet die falsche Frau. Des Mordes angeklagt, bewahrt Lily ihren Arbeitgeber durch eine Lüge vor der Verurteilung. Doch Lowry arbeitet nach seiner Freilassung einen teuflischen Plan aus, um Lily endgültig aus seinem Leben zu verbannen.
Zwar hält *Zwischen Haß und Liebe* einige spannende Szenen und Wendungen parat, doch können die das düstere Kriminal-Melodram auch nicht davor bewahren, schon nach kurzer Zeit gepflegte Langeweile zu verbreiten. mg

Zwischen Himmel und Hölle

D-Day, the Sixth of June. USA 1956 **R** Henry Koster **B** Ivan Moffat, Harry Brown, nach einem Roman von Lionel Shapiro **K** Lee Garmes **M** Lyn Murray **P** Charles Brackett für 20th Century-Fox **L** 106 Min., Farbe **D** Robert Taylor, Richard Todd, Dana Wynter, Edmond O'Brien, John Williams, Jerry Paris, Robert Gist, Richard Stapley, Ross Elliott, Alex Finlayson

Das wohl gewaltigste Landeunternehmen in der Kriegsgeschichte war die Invasion der Alliierten in der von den Deutschen besetzten Normandie am 6. Juni 1944. Viele Filmemacher griffen diese gigantische Militäraktion und ihre Hintergründe für ihre mehr oder weniger gelungenen Werke auf. Zu ihnen gehörten u. a. John Schlesingers YANKS - GESTERN WAREN WIR NOCH FREMDE, die internationale Großproduktion DER LÄNGSTE TAG, die ausschließlich an den militärischen Aspekten interessiert war, sowie das gering budgetierte Kriegsdrama *Kennwort: Overlord* (1975), in dem die Ereignisse aus der Sicht eines einfachen Soldaten beschrieben wurden.
Henry Kosters Film widmet sich ebenfalls mehr den persönlichen Einzelschicksalen, die mit dem 6. Juni 1944 in einem engen Zusammenhang standen und hier in erster Linie aus einem komplizierten Liebesverhältnis bestehen.
In einer Rückblende erinnert sich der amerikanische Soldat Brad Parker (Taylor) an die Tage des Kriegsjahres 1944. In London lernt er die schöne Valerie (Wynter) kennen, die mit dem Soldaten John Wynter (Todd) verlobt ist. Obwohl Parker seinerseits in den Staaten eine wartende Gattin sitzen hat, gehen beide eine kurze, aber heftige Liaison ein, dann muß Parker an der Invasion teilnehmen, wo er mit Wynter zusammentrifft. Dieser weiß, daß Parker während seiner Abwesenheit mit seiner Braut ein Verhältnis hatte, hegt ihm gegenüber jedoch keinen Groll, sondern kümmert sich sogar um ihn, als Parker verletzt wird. Wynter selbst wird dafür später von einer Mine zerfetzt. Bei einem Besuch im Krankenhaus läßt Valerie ihren Liebhaber in dem Glauben, John würde noch leben. Sie weiß, daß in den USA seine Frau wartet und möchte nicht Parkers Ehe zerstören.
Kosters Hohelied auf Entsagung, Tapferkeit und Treue hat einige sehr ergreifende Liebesszenen zu bieten, die von den darstellenden Akteuren überaus glaubhaft dargeboten werden. Die hier gezeigten bewegenden Seiten des II. Weltkrieges kamen beim Publikum der 50er Jahre gut an und machten *Zwischen Himmel und Hölle* zu einem ansehnlichen Kassenerfolg. jg

Zwischen Madrid und Paris

The Sun Also Rises. USA 1957 **R** Henry King **B** Peter Viertel, nach dem Roman von Ernset Hemingway **K** Leo Tover **M** Hugo Friedhofer **P** Darryl F. Zanuck für 20th Century-Fox **L** 129 Min., Farbe **D** Tyrone Power, Ava Gardner, Mel Ferrer, Errol Flynn, Eddie Albert, Gregory Ratoff, Juliette Greco, Marcel Dalio, Henry Daniell, Robert J. Evans

Diese aufwendige Adaption von Ernest Hemingways 1926er-Roman über die „verlorene Generation" des I. Weltkrieges gehört zu den werkgetreuesten Bearbeitungen seiner Bücher. Darryl F. Zanuck höchstpersönlich überwachte die Produktion, obwohl sich seine Freundschaft mit dem Autor seit Fox' Verfilmung von SCHNEE AM KILIMANDSCHARO abgekühlt hatte. Im Mittelpunkt der ausufernden Handlung steht ein Quintett von vergnügungssüchtigen Figuren, die ohne rechtes Ziel durch Europa driften und durch Gefühle miteinander verstrickt sind. Jake Barnes (Power) ist ein impotenter Ex-Soldat mit einer Prostituierten (Greco) im Schlepptau. Trotz seiner Verwundung liebt ihn Lady Brett Ashley (Gardner), eine sinnliche Aristokratin, die jedoch auch von

einem jungen Schreiber (Ferrer) begehrt wird. Vervollständigt wird das Grüppchen durch einen windigen schottischen Playboy (Flynn) und Jakes Kumpel Bill (Albert). Höhepunkt der gemeinsamen Aktivitäten soll das traditionelle Volksfest im spanischen Pamplona werden, bei dem die Stiere, die Tags darauf in der Arena antreten, durch die Straßen der Stadt getrieben werden, wobei es als Zeichen besonderen Muts gilt, eine Weile vor ihnen herzulaufen.
Diese Sequenz, die zum Teil in Pamplona selbst gedreht wurde, sowie der Stierkampf gehören zu den gelungensten Momenten des Films, der ansonsten etwas unter Peter Viertels Respekt vor dem Werk des großen Hemingway leidet und mitunter ebenso ziellos wirkt wie seine Figuren. Er kostete mindestens 5 Mio. $, spielte für Zanuck und das Studio jedoch eine Menge Geld ein. al

Zwischen Zeit und Ewigkeit

Zwischen Zeit und Ewigkeit. BRD 1956 **R** Arthur Maria Rabenalt **B** Robert Thoeren **K** Georg Bruckbauer **M** Bert Grund **P** Neue Terra Filmgesellschaft **L** 98 Min., Farbe **D** Lilli Palmer, Willy Birgel, Carlos Thompson, Ellen Schwiers, Peter Capell

Einer jener damals so typischen bundesdeutschen Problemfilme, die eine Palette von menschlichen Tragödien im Illustrierten-Stil aufbereiteten und obendrein noch über eine exquisite Besetzung verfügen durften.
Keine Geringere als Lilli Palmer spielt die Frau eines bekannten Arztes (Birgel), die zu ihrem Entsetzen von ihrem Gatten mitgeteilt bekommt, daß sie an einer unheilbaren Krankheit leidet und bald ihrem Ende entgegendämmern wird. Mit dem Wissen, daß ihre Zeit auf Erden in absehbarer Zeit vorüber sein wird, stürzt sich die Todgeweihte in einen Strudel von Vergnügungen und erlebt auf einer sonnenumfluteten Insel noch einmal die große Liebe in den Armen eines rustikalen Fischerburschen (Thompson), was sie so beschwingt, daß sie der Meinung ist, die tödliche Krankheit überwunden zu haben. Diese verhängnisvolle Illusion fällt wie ein Kartenhaus zusammen, als sich die altbekannten Beschwerden wieder einstellen und das nahe Ende ankündigen. Aus der Ferne eilt der Ehegatte heran, um seine Frau zum Sterben in die deutsche Heimat zurückzuholen.
Dank der großartigen Lilli Palmer bewahrt sich diese Edel-Schmonzette eine gewisse Attraktivität und läßt die Tränen reichlich fließen. Störend ist freilich der erschreckend blasse Willy Birgel, der auch schon bessere Zeiten gesehen hat. Ein brillantes Paar gaben Lilli Palmer und Carlos Thompson nicht nur auf der Leinwand ab. Zwei Jahre nach dem Ende der Dreharbeiten heirateten die beiden und blieben bis zu Lillis Tod im Januar 1986 zusammen. Kurze Zeit später folgte Thompson seiner angebeteten Frau freiwillig nach. Obgleich die kirchlichen Kritiker Gift und Galle über die angebliche Unmoral und Sittenlosigkeit des Films versprühten, wurde *Zwischen Zeit und Ewigkeit* ein großer Kassenerfolg, der dem Zeitgeschmack und den Interessen des damaligen Publikums voll und ganz entgegenkam. Die Außenaufnahmen des Films drehten Rabenalt und sein Team auf der damals noch idyllischen Insel Mallorca ab. jg

Zwischen zwei Feuern

The Indian Fighter. USA 1955 **R** André de Toth **B** Frank Davis, Ben Hecht, nach einer Story von Ben Kadish **K** Wilfrid M. Cline **M** Franz Waxman **P** William Schorr für Bryna/United Artists **L** 88 Min., Farbe **D** Kirk Douglas, Elsa Martinelli, Walter Abel, Walter Matthau, Diana Douglas, Lon Chaney, Michael Winkelman, Harry Landers, William Phipps

Ein ehrlicher und bemühter Western, der versuchte, das Bild der Indianer etwas zurechtzurücken und sie nicht als wilde „Untermenschen" in Erscheinung treten zu lassen.
Der Trapper Johnny Hawks (Douglas) erhält im Jahre 1870 den Auftrag, einen Siedlertreck nach Oregon zu geleiten. Um die Gefahr für die Weißen bei dieser Reise etwas einzudämmen, will Hawks zuvor mit dem Sioux-Häuptling Rote Wolke verhandeln. Die Friedensgespräche werden durch weiße Taugenichtse gestört, die sich die Indianer mit Alkohollieferungen gefügig gemacht haben, um auf deren Territorium ungestört nach Gold suchen zu können. Brutale Auseinandersetzungen sind vorprogrammiert und gehen auch nicht an Hawks vorbei, der durch die Liebe zu dem Indianermädchen Onahti (Paget) unvermittelt vor die Entscheidung gestellt wird, für welche der beiden Seiten er nun kämpfen soll.
Zwischen zwei Feuern war der erste Film, der von Kirk Douglas´ eigener Firma Bryna produziert wurde, die hier einen ansehnlichen und lobenswerten Beitrag zum Western-Genre lieferten. Leinwandpremiere hatte auch Elsa Martinelli, die in den Staaten zunächst als Serviererin und Model gearbeitet hatte und von Douglas persönlich „entdeckt" worden war - was immer man auch darunter verstehen mag. Nach diesem US-Debüt, in dem sie übrigens als badende Indianer-Nymphe nackt in einem Flußbett planschen durfte, kehrte sie wieder in ihre italienische Heimat zurück, um dort weitere Filme zu drehen. jg

Zwischen zwei Frauen

Bright Leaf. USA 1950 **R** Michael Curtiz **B** Ranald MacDougall, nach dem Roman von Foster FitzSimmons **K** Karl Freund **M** Victor Young **P** Henry Blanke für Warner Bros. **L** 95 Min. (Originalfassung 110 Min.), s/w **D** Gary Cooper, Lauren Bacall, Patricia Neal, Jack Carson, Donald Crisp, Gladys George, Jeff Corey

„Mister Cooper spielt den Mann, dessen stürmische Leidenschaften ihm fast zum Verhängnis werden, ja noch mit lobenswerter Kraft und Lebendigkeit, aber Patricia Neal in der Rolle seiner Peinigerin macht eher den Eindruck, als sei sie aus einer Irrenanstalt entlaufen. Sie reißt ihre Augen weit auf und läßt sie wild funkeln, ihr Gesicht verzieht sie zu idiotischem Gegrinse, und mit ihrem schauderhaften Südstaaten-Akzent hört sie sich an wie die Travestie einer Schwachsinnigen. Man kann sich nur schwer vorstellen, daß irgend jemand diese Lady faszinierend finden kann." Diese wenig schmeichelhaften Worte fand Bosley Crowther in seiner Kritik, die in der *New York Times* erschien, für eine Schauspielerin, die in späteren Jahren zu einer der besten Charakterdarstellerinnen ihrer Generation avancieren sollte. Als Margaret Singleton hinterläßt Patricia Neal in diesem Western-Melodram jedoch in der Tat keinen bleibenden Eindruck. Ihretwegen wird der Pächter Brant Royle (Cooper) aus der Stadt getrieben, denn ihr Vater (Crisp) sieht es nicht gern, daß Brant seiner Tochter den Hof macht. Nach einigen Jahren kehrt Royle wieder in seine Heimat zurück und schafft es durch eine Erfindung, zu einem der reichsten Männer der Umgebung aufzusteigen. Noch immer liebt er Margaret, die seinem Heiratsantrag schließlich nur zustimmt, um ihren vor dem Ruin stehenden Vater zu retten. Aber Major Singleton kann die Schmach, von seinem verhaßten Konkurrenten abhängig zu sein, nicht ertragen und nimmt sich das Leben. Margaret setzt nun alles daran, Brant zu vernichten...
An der lustlosen, langweiligen Inszenierung Michael Curtiz' krankt das mißlungene Südstaaten-Epos ebenso wie an der eklatanten Fehlbesetzung: Neben der zu theatralisch agierenden Patricia Neal erscheint Lauren Bacall in der Rolle einer gutherzigen Prostituierten - noch dazu in einem Western - mehr als unglaubwürdig. mg

Zwischenfall im Atlantik

The Bedford Incident. Großbritannien 1965 **R** James B. Harris **B** James Poe, nach dem Roman von Mark Rascovich **K** Gil Taylor **M** Gerard Schurmann **P** James B. Harris für Columbia **L** 102 Min., s/w **D** Richard Widmark, Sidney Poitier, James MacArthur, Martin Balsam, Wally Cox, Eric Portman, Michael Kane, Phil Brown

The Bedford Incident war ein typisches Produkt seiner Entstehungszeit; ein etwas kühn konstruiertes Seeabenteuer aus der guten

alten Ära des Kalten Krieges, als die Fronten noch klar und die Krisenschauplätze dieser Welt noch überschaubar waren.
Captain Eric Finlander (Widmark) ist als Kommandant auf dem neuen Zerstörer *USS Bedford* in den Gewässern des Nordatlantiks unterwegs, um dort feindliche, d. h. russische U-Boote aufzuspüren. Mit an Bord befindet sich der farbige Journalist Ben Munceford (Poitier), der einen Bericht über die Mission des Kreuzers schreiben soll. Aufregenden Stoff bekommt er geliefert, als das Schiff auf ein sowjetisches Objekt stößt und so ganz aus Versehen eine der geladenen Atomwaffen eingesetzt wird.
Ein atmosphärisch außergewöhnlich gut getroffenes Seeabenteuer, bei dem die hervorragenden Darsteller viel dazu beitrugen, die Dürftigkeit der Dialoge zu verdecken. *Zwischenfall im Atlantik* war der erste Film von James B. Harris, der zuvor nur als Produzent der drei Kubrick-Streifen DIE RECHNUNG GING NICHT AUF, WEGE ZUM RUHM und LOLITA von sich reden gemacht hatte und hier ein gar nicht so schlechtes Debüt ablieferte. Überaus glaubhaft geriet Richard Widmarks Darstellung eines fanatischen Kapitäns, den der unbedingte Gehorsam und die Treue zu seinem Vaterland fast blind gemacht haben. In einer kleinen und wenig beeindruckenden Rolle (seine bis dahin zweite) ist der junge Donald Sutherland zu sehen.
jg

Zwischengleis

Zwischengleis. BRD 1978 **R** Wolfgang Staudte **B** Dorothea Dhan **K** Igor Luther **M** Eugen Illin **P** Harald Müller für Artus-Film/Bayerischer Rundfunk **L** 110 Min., Farbe **D** Mel Ferrer, Pola Kinski, Martin Lüttge, Hannelore Schroth, Volker Kraeft, Armin Pianka, Karl Maria Schley, Alexander Allerson

Nach einer achtjährigen Leinwand-Abstinenz kehrte Wolfgang Staudte mit *Zwischengleis*, der zugleich auch seine letzte Spielfilm-Produktion werden sollte, wieder ins Kino zurück. Vergeblich versuchte der einst so erfolgreiche Regisseur, thematisch an seine großen Meisterwerke anzuknüpfen, die in den 40er und 50er Jahren entstanden waren. Dieses Unterfangen scheiterte zum einen an der schlecht konzipierten Geschichte, zum anderen an der Unmöglichkeit, das Deutschland der 70er Jahre in das Zeitkolorit der Nachkriegsära zu verwandeln.
Das Mädchen Anna Almany (Kinski) kommt 1945 gemeinsam mit ihrer Mutter auf einem Flüchtlingszug nach Bayern. Beiden gelingt es nicht, sich in den Wirrnissen jener chaotischen Jahre zurechtzufinden. Frau Almany hat über das lange, vergebliche Warten auf ihren in Rußland vermißten Mann Trost im Alkohol gefunden und Anna kann nicht vergessen, daß ein kleiner Junge durch ihre Schuld während der Flucht vom fahrenden Zug gefallen ist. Dieses Erlebnis überschattet ihr weiteres Leben und treibt sie letztendlich in den Selbstmord.
In Ermangelung kriegszerstörter Schauplätze sah sich Staudte veranlaßt, wenigstens das Seelenleben seiner Protagonisten als Trümmerlandschaft zu gestalten. So erweist sich der gütige US-Colonel Stone (Ferrer) als Sohn eines Juden, der von den Nazis umgebracht wurde. Als Anna auf ihn verzichtet, geht er nach Korea und fällt dort. An seine Stelle tritt Alfons (Lüttge), mit dem Anna eine unglückliche Ehe führt. Die Hoffnungslosigkeit und Beklemmung dieser Geschichte ist das Resultat einer provozierten Aneinanderreihung solcher Schicksale, die den Betrachter allerdings kalt läßt. Erschwerend für das Verständnis des Films wirkt sich ferner der unnötig kompliziert aufgebaute Erzählstil aus, mit dem sich Staudte selbst auf das „Abstellgleis" begab, wie die *Münchener Abendzeitung* konstatierte.
jg

Die zwölf Geschworenen

Twelve Angry Men. USA 1957 **R** Sidney Lumet **B** Reginald Rose, nach seinem Fernsehspiel **K** Boris Kaufman **M** Kenyon Hopkins **P** Henry Fonda, Reginald Rose für Orion-Nova/United Artists **L** 95 Min., s/w **D** Henry Fonda, Lee J. Cobb, Ed Begley, E. G. Marshall, Jack Warden, Martin Balsam, John Fiedler, Jack Klugman, Edward Binns, Joseph Sweeney, George Voskovek

Dem umtriebigen Henry Fonda war es zu verdanken, daß Reginald Roses Stück, das bereits recht erfolgreich im amerikanischen Fernsehen lief, auch als Leinwandadaption im Kino zu sehen war. Zwar gibt es in Fondas Karriere eine ganze Reihe von Streifen, die sich sehen lassen können, auf diesen Film war der Hollywood-Star jedoch besonders stolz, wenngleich dem Werk zur Zeit seiner Erstaufführung kein kommerzieller Erfolg beschieden war. Da sich weit und breit kein Produzent finden ließ, der sich für das Projekt interessierte, übernahmen Fonda und Rose selbst die Produktion. Als Regisseur engagierten die beiden den in der Filmbranche völlig unbekannten Sidney Lumet, der bis dahin nur für das Theater und das Fernsehen gearbeitet hatte. Mit einem Budget von nur 340.000 Dollar inszenierte Lumet in einem Zeitraum von 20 Tagen ein beeindruckendes Gerichtsdrama, das vor allem durch seine schauspielerischen Glanzleistungen fesselte und ein hervorragendes Plädoyer gegen Vorurteile und den leichtfertigen Umgang mit einem Menschenleben abgab.
Im Hinterzimmer eines Gerichts haben sich zwölf Geschworene zusammengefunden, um über eine scheinbar recht eindeutig liegende Mordsache ihr Urteil zu fällen. Über der Stadt lastet eine brütende Hitze, so daß die meisten von dem Wunsch getrieben sind, die lästige Entscheidung über Schuld oder Unschuld möglichst schnell zu treffen. Daraus wird nichts, denn der Geschworene Nr. 8 (Fonda) plädiert als einziger auf „nicht schuldig". Da das Urteil nur einstimmig ausgesprochen werden kann, beginnt eine erhitzte Diskussion, in deren Verlauf sich die anfangs so eindeutige Stimmenverteilung aufgrund der sachlichen Argumentation des Geschworenen zugunsten des Angeklagten verändert.
Die sonst in amerikanischen Filmen so wichtige Frage nach dem wirklichen Täter findet in Lumets Erstlingswerk keinerlei Beachtung. Interessant ist für ihn lediglich die Auseinandersetzung um die Schuld oder Unschuld des Angeklagten. Wenn dem Film schon der Erfolg an der Kasse versagt blieb, so erntete er immerhin von der internationalen Kritik überschwengliches Lob. Auf den Filmfestspielen von Berlin wurde *Die zwölf Geschworenen* mit dem Goldenen Bären ausgezeichnet.
jg

Zwölf plus eins

Twelve Plus One/Una su tredichi. Großbritannien/Frankreich/Italien 1970 **R** Nicolas Gessner **B** Marc Benham, Nicolas Gessner, Lucia Drudi Demby, Antonio Altoviti **K** Giuseppe Ruzzolini **M** Carlo Rustichelli **P** Claude Giroux für C.O.F.C.I. (Paris), C.E.E. (Rom) **L** 90 Min., Farbe **D** Sharon Tate, Orson Welles, Vittorio Gassman, Mylène Demongeot, Terry-Thomas, Tim Brooke Taylor, Vittorio De Sica

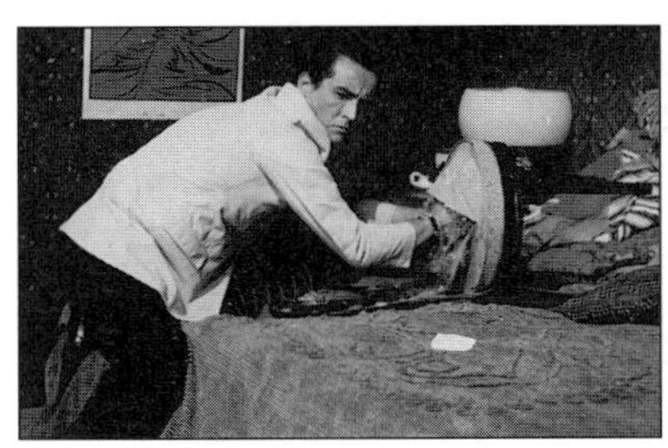

Die auf einer russischen Satire basierende Geschichte um Erben, die ihrem in Stühlen versteckten Legat nachjagen, bildete schon des öfteren die Vorlage für Leinwandadaptionen. Bereits 1938 inszenierte E. W. Emo in Deutschland die Komödie *Dreizehn Stühle*, die Hans Moser und Heinz Rühmann auf der turbulenten Suche nach den Sitzmöbeln

zeigte. Auch der amerikanische Komiker Mel Brooks nahm sich der Thematik an und drehte 1970 ZWÖLF STÜHLE. Nicolas Gessners Version des Stoffes, *Zwölf plus eins*, konnte zwar mit namhaften Künstlern wie Orson Welles, Sharon Tate und den italienischen Stars Vittorio Gassman und Vittorio De Sica aufwarten, Witz und Einfallsreichtum läßt der alberne Streifen hingegen vermissen.
Als der Italo-Amerikaner Mike (Gassman) von New York nach England reist, um eine Erbschaft anzutreten, werden seine Hoffnungen auf eine millionenschwere Hinterlassenschaft schnell enttäuscht. Lediglich ein baufälliges, mit Hypotheken belastetes Haus samt altem Mobiliar warten darauf, ihren Besitzer zu wechseln. Die Einrichtungsgegenstände kann Mike an einen Trödler verkaufen, der die dazugehörigen Stühle seinerseits schnell an den Mann bringt. Doch plötzlich möchte Mike die Sitzgelegenheiten wieder zurückerwerben; er hat erfahren, daß seine verstorbene Tante in einem von ihnen Juwelen versteckt hat....
Zwölf plus eins sollte der Schauspielerin und Polanski-Ehefrau Sharon Tate ein letztes Mal die Gelegenheit bieten, in einem Film mitzuwirken. Einige Wochen nach Beendigung der Dreharbeiten zu dieser Komödie wurde sie brutal ermordet. mg

Zwölf Stühle

The Twelve Chairs. USA 1970 **R** Mel Brooks **B** Mel Brooks, nach dem Roman *Dvenadcat'stul'ev* von Ilya A. Ilf und Evgenij P. Petrov **K** Djorde Nikolic **M** John Morris **P** Sidney Glazier, Jack Grossberg für Springtime Prod./Crossbow/Metro-Goldwyn-Mayer **L** 93 Min., Farbe **D** Ron Moody, Frank Langella, Dom DeLuise, Mel Brooks, Bridget Brice, Robert Bernal

Mel Brooks' erster Film FRÜHLING FÜR HITLER hatte 1968 den Oscar für das Beste Original-Drehbuch erhalten und gilt heute beinahe schon als Klassiker, doch seinerzeit war er nicht sonderlich erfolgreich, so daß der Regisseur Probleme hatte, Geld für sein nächstes Projekt aufzutreiben. Teilweise in Jugoslawien gedreht und auf einem russichen Roman aus den 20er Jahren basierend, erzählt *Zwölf Stühle* von Ippolit Vorobyaninov (Moody), einem verarmten Adligen, dem seine Mutter auf dem Sterbebett von einem Dutzend Sitzmöbel berichtet, in denen man seinerzeit den Familienschatz vor den Bolschewiken in Sicherheit brachte. Ippolit kehrt an die Stätte seiner Kindheit zurück, macht jedoch den Fehler, seine Geschichte Ostap (Langella) zu erzählen, einem großspurigen Bettler. Und auch der orthodoxe Priester Fjodor ist hinter den Reichtümern her...
Zwölf Stühle ist eine rundherum gelungene, amüsante Farce, die ohne die Exzesse von Brooks' späteren Filmen auskommt. Vielleicht aus diesem Grunde war auch sie nicht gerade ein Kassenknüller, und der Regisseur mußte bis 1974 mit IS' WAS, SHERIFF? auf seinen großen Durchbruch warten. al

Zwölf Uhr mittags

High Noon. USA 1952 **R** Fred Zinnemann **B** Carl Foreman, nach der Story *The Tin Star* von John W. Cunningham **K** Floyd Crosby **M** Dimitri Tiomkin **P** Stanley Kramer für United Artists **L** 85 Min., s/w **D** Gary Cooper, Grace Kelly, Thomas Mitchell, Lloyd Bridges, Katy Jurado, Otto Kruger, Lon Chaney jr., Henry Morgan, Ian MacDonald, Eve McVeagh

High Noon hatte eigentlich rein äußerlich nichts zu bieten, was besonders spektakulär hätte sein können. Es fehlten die typischen weiten Schwenks und Fahrten über die unendliche Landschaft des Westens. Statt dessen fand sich der Zuschauer vor den hölzernen Kulissen einer Pioniersiedlung wieder, und das alles war zu allem Überfluß auch noch auf Schwarzweiß-Material abgelichtet worden. Und doch schuf Fred Zinnemann mit diesem Film einen der legendärsten und wichtigsten Western der Filmgeschichte. Der konsequente und geradlinige Aufbau der Dramaturgie, die kameratechnische Umsetzung und vor allem die Schauspielkunst Gary Coopers waren die überragenden Qualitäten dieses Werks, mit dem sich der „psychologische Western" endgültig salonfähig machte. Will Kane (Cooper) ist Sheriff des kleinen Ortes Hadleyville. Just am Tag seiner Hochzeit mit der hübschen Amy (Kelly), der zugleich auch der letzte in seiner Amtszeit ist, trifft per Telegraf die Nachricht ein, daß der berüchtigte Frank Miller (MacDonald) mit seinen Männern anrücken will, um sich an Kane zu rächen, der ihn einst hinter Gitter brachte. Verständlicherweise zieht Kane aus, um sich Männer zu suchen, die ihm beim Empfang der Banditen zur Seite stehen sollen. Auf seinem Rundgang durch die Stadt muß er jedoch zu der ernüchternden Erkenntnis kommen, daß niemand bereit ist, ihn in seinem selbstlosen Kampf für die Gerechtigkeit zu unterstützen. Sogar Amy ist entschlossen, die Stadt rechtzeitig vor der Schießerei zu verlassen. Ganz allein auf sich gestellt, geht Kane dem ungleichen Duell entgegen...
Verdienterweise erhielt Gary Cooper für seine Rolle den zweiten Oscar in seiner Karriere. Eine weitere Auszeichnung ging an den Schnitt (Elmo Williams, Harry Gerstad). Gleich zwei Preise konnte Dimitri Tiomkin für den Besten Soundtrack und den Besten Filmsong (*Do Not Forsake Me, oh My Darling*, gesungen von Tex Ritter) entgegennehmen. Fred Zinnemann, der ebenfalls auf der Nominierungsliste stand, berichtete später, wie bemüht und konzentriert sich Gary Cooper während der 31 Tage andauernden Drehtagen trotz seiner Krankheit verhalten hatte und wie sehr ihm persönlich das künstlerische Gelingen des Films am Herzen gelegen war. jg

12 Uhr nachts - Midnight Express

Midnight Express. Großbritannien 1978 **R** Alan Parker **B** Oliver Stone, nach dem Buch von Billy Hayes und William Hoffer **K** Michael Seresin **M** Giorgio Moroder **P** David Puttnam, Alan Marshall für Casablanca Record/Film Works **L** 121 Min., Farbe **D** Brad Davis, Randy Quaid, Bo Hopkins, John Hurt, Paul Smith, Mike Kellin, Norbert Weisser, Irene Miracle

Der zweite Spielfilm des ehemaligen Werberegisseurs Alan Parker entstand nach dem Erlebnisbericht von Billy Hayes, einem amerikanischen Studenten, der 1970 auf dem Flughafen von Istanbul bei dem Versuch ertappt wurde, Haschisch außer Landes zu schmuggeln. Zu einer vierjährigen Gefängnisstrafe verurteilt, lebte er unter den unerträglichen Bedingungen eines türkischen Gefängnisses, bis 53 Tage vor seiner Entlassung die Strafe in lebenslänglich umgewandelt wurde - ein Versuch der Türkei (angeblich auf Druck der US-Regierung) ein Exempel zu statuieren. Doch 1974 gelang Hayes die Flucht, und sein mit William Hoffer geschriebenes Buch avancierte rasch zum begehrten Filmstoff. Alan Parker machte daraus - mit Brad Davis als Hayes - einen ungemein spannenden Thriller, der mit seiner Brutalität und Grausamkeit bei den Filmfestspielen von Cannes für eine Sensation sorgte. „Faschistisch" und „pornographisch" sind nur zwei der Vokabeln, mit denen er von Kritikern belegt wurde. In der Tat hatte man eine derart kompromißlose Darstellung von Gewalt in Gefängnissen noch nicht gesehen; sadistische Quälereien, Vergewaltigungen und Mord scheinen an der Tagesordnung zu sein. Man kann dem Film nicht ankreiden, daß er die Zustände beschreibt, wie sie waren (oder sind), doch macht er sich zuwenig Mühe, die „Bösen" (in diesem Falle die Türken) differenzierter darzustellen. Dem Erfolg von *Midnight Express* konnten solche Spitzfindigkeiten jedoch nichts anhaben - er erwies sich nicht nur als Kassenschlager, sondern heimste darüber hinaus auch zwei Oscars für Musik und Drehbuch (nach Vorlage) ein. al

Verzeichnis der Originaltitel

A

A bout de soufflé	**Außer Atem**
A ciascuno il suo	Zwei Särge auf Bestellung
A coeur joie	**Zwei Wochen im September**
À double tour	Schritte ohne Spur
A nous la liberté	**Es lebe die Freiheit**
Abbott and Costello Meet Captain Kidd	Abbott und Costello als Piraten wider Willen
Abbott and Costello Meet Frankenstein	**Abbott und Costello treffen Frankenstein**
Abismos de pasión	Abgründe der Leidenschaft
About Last Night	**Nochmal so wie letzte Nacht**
Absence of Malice	Die Sensationsreporterin
Absolute Beginners	**Absolute Beginners**
Absolution	Absolution
Abyss, The	**Abyss**
Accatone	Accatone - Wer nie sein Brot mit Tränen aß
Accident	**Accident - Zwischenfall in Oxford**
Accidental Tourist, The	Die Reisen des Mr. Leary
Accused, The	**Angeklagt**
Ace in the Hole	Reporter des Satans
Across the Pacific	**Abenteuer in Panama**
Across the Wide Missouri	Colorado
Act of Love	**Akt der Liebe**
Ad ogni costo	Top Job
Ada	**Ada Dallas**
Adam and Evelyne	Adam und Evelyne
Adam Had Four Sons	**Adam hatte vier Söhne**
Adam's Rib	Ehekrieg
addition, L'	**Die Abrechnung**
Adieu l'ami	Bei Bullen singen Freunde nicht
Adieu Poulet	**Adieu, Bulle**
Admirable Crichton, The	Zustände wie im Paradies
adolescente, L'	**Mädchenjahre**
Adua e le compagne	Adua und ihre Gefährtinnen
Adventure of Sherlock Holmes' Smarter Brother, The	**Sherlock Holmes' cleverer Bruder**
Adventurers, The	Playboys und Abenteurer
Adventures of Baron Munchhausen, The	**Die Abenteuer des Baron von Münchhausen**
Adventures of Huckleberry Finn, The	Abenteuer am Mississippi
Adventures of Marco Polo, The	**Die Abenteuer des Marco Polo**
Adventures of Don Juan	Die Liebesabenteuer des Don Juan
Adventures of Robin Hood, The	**Robin Hood, König der Vagabunden**
Adventures of Tom Sawyer, The	Toms Abenteuer
Advise and Consent	**Sturm über Washington**
Affair in Trinidad	Affäre in Trinidad
Affair To Remember, An	**Die große Liebe meines Lebens**
affaire de femmes, Une	Eine Frauensache
affaire Dominici, L'	**Die Affäre Dominici**
Affaire Nabob	Affäre Nabob
affaire Nina B., L'	**Affäre Nina B.**
africain, L'	Der Buschpilot
African Queen, The	**African Queen**
After Hours	Die Zeit nach Mitternacht
Against All Flags	**Gegen alle Flaggen**
Agatha	Das Geheimnis der Agatha Christie
Agent Trouble	**Agent Trouble**
Agnes of God	Agnes - Engel im Feuer
Agonia	**Agonia - Rasputin, Gott und Satan**
Agony and Ecstacy, The	Inferno und Ekstase
agression, L'	**Die Entfesselten**
Ai no corrida	Im Reich der Sinne
aigle à deux têtes, L'	**Der Doppeladler**
aile ou la cuisse, L'	**Brust oder Keule**
aîné des Ferchaux, L'	Die Millionen eines Gehetzten
Air America	**Air America**
Airplane!	Die unglaubliche Reise in einem verrückten Flugzeug
Airplane II: The Sequel	**Die unglaubliche Reise in einem verrückten Raumschiff**
Airport	Airport
Airport '80 - The Concorde	**Airport '80 - Die Concorde**
Airport 1975	Giganten am Himmel
Airport '77	**Verschollen im Bermuda-Dreieck**
Al Capone	Al Capone
Al di la del bene e del male	Jenseits von Gut und Böse
Al-Risalah/Mohammad, Messenger Gottes of God	**Mohammed, der Gesandte**
Alamo, The	Alamo
Alamo Bay	**Alamo Bay**
Aleksander Newskij	Alexander Newski
Alex and the Gypsy	**Liebe und andere Verbrechen**
Alex in Wonderland	Alex im Wunderland
Alexander the Great	**Alexander der Große**
Alexandre le bienheureux	Alexander, der Lebenskünstler
Alfie	**Der Verführer läßt schön grüßen**
Alfred the Great	Alfred der Große - Bezwinger der Wikinger
Alfredo, Alfredo	**Alfredo, Alfredo**
Alice	Alice
Alice Doesn't Live Here Anymore	**Alice lebt hier nicht mehr**
Alice in Wonderland	Alice im Wunderland
Alice ou La dernière fouge	**Alice**
Alice's Restaurant	Alices Restaurant
Alien	**Alien - Das unheimliche Wesen aus einer fremden Welt**
Aliens	Aliens - Die Rückkehr
All About Eve	**Alles über Eva**
All Fall Down	Mein Bruder ...ein Lump
All I Desire	**All meine Sehnsucht**
All in a Night's Work	Alles in einer Nacht
All My Sons	**All meine Söhne**
All of Me	Solo für zwei
All Quiet on the Western Front	**Im Westen nichts Neues**
All That Heaven Allows	Was der Himmel erlaubt
All That Jazz	**Hinter dem Rampenlicht**
All the King's Men	Der Mann, der herrschen wollte
All the Marbles	**Kesse Bienen auf der Matte**
All the President's Men	Die Unbestechlichen
All This and Heaven Too	**Das Glück in der Glaskugel**
Allonsanfàn	Allonsanfan
Along the Great Divide	**Den Hals in der Schlinge**
alpagueur, L'	Der Greifer
Alphabet Murders, The	**Die Morde des Herrn ABC**
Alphaville, une étrange aventure de Lemmy Caution	Lemmy Caution gegen Alpha 60
Älskande par	**Liebende Paare**
Altered States	Der Höllentrip
...Altrimenti ci arrabiamo	**Zwei wie Pech und Schwefel**
Alvarez Kelly	Alvarez Kelly
Always	**Always**
Amadeus	Amadeus
amant de cinq jours, L'	**Liebhaber für fünf Tage**
amant de Lady Chatterley, L'	Lady Chatterleys Liebhaber
amants, Les	**Die Liebenden**
Amarcord	Amarcord
Amator	**Der Filmamateur**
Amazing Dr. Clitterhouse, The	Das Doppelleben des Dr. Clitterhouse
Amazon Women on the Moon	**Amazonen auf dem Mond**
Ambushers, The	Wenn Killer auf der Lauer liegen
Amère victoire	**Bitter war der Sieg**
America, America	Die Unbezwingbaren
American Gigolo	**Ein Mann für gewisse Stunden**

American Graffiti	**American Graffiti**
American Guerilla in the Philippines, An	Der Held von Mindanao
American in Paris, An	**Ein Amerikaner in Paris**
American Tragedy, An	Eine amerikanische Tragödie
American Way, The	**The American Way**
American Werewolf in London, An	American Werewolf
Americanization of Emily, The	**Nur für Offiziere**
ami de mon amie, L'	Der Freund meiner Freundin
amiche, Le	**Die Freundinnen**
Amityville Horror, The	Amityville Horror
Amore	**Amore**
Amourous Adventures of Moll Flanders, The	Die amourösen Abenteuer der Moll Flanders
amour a vingt ans, L'	**Liebe mit zwanzig**
amour de pluie, Un	Sommerliebelei
amour en fuite, L'	**Liebe auf der Flucht**
amour en question, L'	Anklage Mord
amours célèbres, Les	**Galante Liebesgeschichten**
Amsterdamned	Verfluchtes Amsterdam
Anastasia	**Anastasia**
Anatomy of a Murder	Anatomie eines Mordes
Anchors Aweigh	**Urlaub in Hollywood**
...And Justice For All	... und Gerechtigkeit für alle
And Now For Something Completely Different	**Monty Python's wunderbare Welt der Schwerkraft**
Anderson Tapes, The	Der Anderson-Clan
Andrej Rubljow	**Andrej Rubljow**
Androcles and the Lion	Androkles und der Löwe
Android	**Der Android**
Andromeda Strain, The	Andromeda - Tödlicher Staub aus dem All
Angel	**Angel - Straße ohne Ende**
Angel	Engel
ángel exterminador, El	**Der Würgeengel**
Angel Face	Engelsgesicht
Angel Heart	**Angel Heart**
angel volo sobre Brooklyn, Un	Der Hund, der Herr Bozzi hieß
Angel Wore Red, The	**Glut**
Angela	Angela
Angélique et le roi	**Angélique und der König**
Angélique et le sultan	Angélique und der Sultan
Angélique, Marquise des Anges	**Angélique**
Angels Over Broadway	Angels Over Broadway
Angels With Dirty Faces	**Chikago**
Angry Hill, The	Hügel des Schreckens
Angry Silence, The	**Zorniges Schweigen**
Angustia	Im Augenblick der Angst
animal, L'	**Ein irrer Typ**
Anna	Anna
Anna	**Anna - Exil New York**
Anna and the King of Siam	Anna und der König von Siam
Anna di Brooklyn	**Anna von Brooklyn**
Anna Karenina	Anna Karenina
Anna y los lobos	**Anna und die Wölfe**
Anne of the Indies	Die Piratenkönigin
Anne of the Thousand Days	**Königin für tausend Tage**
Anne Trister	Anne Trister - Zwischenräume
année dernière à Marienbad, L'	**Letztes Jahr in Marienbad**
année sainte, L'	Zwei scheinheilige Brüder
Annie	**Annie**
Annie Hall	Der Stadtneurotiker
Another Country	**Another Country**
Another 48 Hours	Und wieder 48 Stunden
Another Time, Another Place	**Herz ohne Hoffnung**
Another Woman	Eine andere Frau
Ansikte mot ansikte	**Von Angesicht zu Angesicht**
Ansiktet	Das Gesicht
antichristo, L'	**Der Antichrist**
Antonieta	Antonieta
Any Wednesday	**Jeden Mittwoch**
Any Which Way You Can	Mit Vollgas nach San Fernando
Apache	**Massai, der große Apache**
Apartment, The	Das Appartement
Apartment Zero	**Apartment Zero**
Apocalypse Now	Apocalypse Now
Apology	**Apology**
Appointment, The	Ein Hauch von Sinnlichkeit
April Fools, The	**Darling, laß dich scheiden**
Arabesque	Arabeske
Arachnophobia	**Arachnophobia**
Arch of Triumph	Triumphbogen
Archimède, le clochard	**Im Kittchen ist kein Zimmer frei**
argent de poche, L'	Taschengeld
Aria	**Aria**
Ariel	Ariel
Aristocats, The	**Aristocats**
armata Brancaleone, L'	Branca Leone
armée des ombres, L'	**Armee im Schatten**
Around the World in 80 Days	In 80 Tagen um die Welt
Arrangement, The	**Das Arrangement**
Arrivederci, Baby!	Arrivederci, Baby!
Arrowhead	**Die Bestie der Wildnis**
Arsenic and Old Lace	Arsen und Spitzenhäubchen
Art of Love, The	**Bei Madame Coco**
Arthur	Arthur - Kein Kind von Traurigkeit
Arthur II - On the Rocks	**Arthur 2 - On the Rocks**
Artists and Models	Der Agentenschreck
as des as, L'	**Das As der Asse**
ascenseur pour l'echafaud, L'	Fahrstuhl zum Schafott
Ash Wednesday	**Die Rivalin**
Ashanti	Ashanti
Ask Any Girl	**Immer die verflixten Frauen**
Asphalt Jungle, The	Asphalt-Dschungel
Assassination Bureau, The	**Mörder GmbH**
assassino, L'	Trauen Sie Alfredo einen Mord zu?
Assault on a Queen	**Überfall auf die Queen Mary**
Assault on Precinct 13	Assault - Anschlag bei Nacht
Asterix et Cleopatra	**Asterix und Cleopatra**
Asterix, le gaulois	Asterix, der Gallier
Asylum	**Asylum**
At Close Range	Auf kurze Distanz
Atame!	**Fessle mich!**
Atlantic	Atlantic
Atlantic City	**Atlantic City, U.S.A.**
Attack	Ardennen 1944
Attack of the Killertomatoes	**Angriff der Killertomaten**
attentat, L'	Das Attentat
Attention, les enfants regardent	**Der unheimliche Fremde**
Attila, flagello di Dio	Attila, die Geißel Gottes
Au dela des grilles	**Die Mauern von Malapaga**
Au hasard, Balthasar	Zum Beispiel Balthasar
Au rendez-vous de la mort joyeuse	**Rendezvous zum fröhlichen Tod**
Au revoir les enfants	Auf Wiedersehen, Kinder
Audrey Rose	**Audrey Rose - Das Mädchen aus dem Jenseits**
Austerlitz	Austerlitz - Glanz einer Kaiserkrone
Author! Author!	**Daddy! Daddy! Fünf Nervensägen und ein Vater**
Autour de minuit	Um Mitternacht
autre homme, une autre chance, Un	**Ein anderer Mann, eine andere Frau**
Autumn Leaves	Herbststürme
Avalanche	**Avalanche**
Avalanche Express	Lawinenexpress
Avalon	**Avalon**
Avant le déluge	Vor der Sintflut
Avanti!	**Avanti, avanti!**
avare, L'	Louis der Geizkragen
Avec la peau des autres	**Die Haut des anderen**
aventure, c'est l'aventure, L'	Die Entführer lassen grüßen

aventures d'Arsène Lupin, Les	**Arsène Lupin, der Millionendieb**
aventures de Rabbi Jacob, Les	Die Abenteuer des Rabbi Jacob
aventures de Till Espiègle, Les	**Till Eulenspiegel, der lachende Rebell**
aventuriers, Les	Die Abenteurer
avventura, L'	**Die mit der Liebe spielen**
avventuriero, L'	Ich komme vom Ende der Welt
Awakening, The	**Das Erwachen der Sphinx**
Awakenings	Zeit des Ewachens
Awful Truth, The	**Die schreckliche Wahrheit**
Ay, Carmela!	Ay, Carmela
Az Én XX Században	**Mein 20. Jahrhundert**

B

Babette s'en va-t-en guerre	Babette zieht in den Krieg
Babettes gaestebud	**Babettes Fest**
Baby - Secret of Lost Legend	Baby - Das Geheimnis einer verlorenen Legende
Baby Boom	**Baby Boom**
Baby Doll	Baby Doll
Baby Face Nelson	**So enden sie alle**
Baby It's You	Baby It's You
Baby, the Rain Must Fall	**Die Lady und der Tramp**
Bachelor and the Bobby-Soxer, The	So einfach ist die Liebe nicht
Back To the Futrue	**Zurück in die Zukunft**
Back To the Future II	Zurück in die Zukunft II
Back To the Future, Part III	**Zurück in die Zukunft III**
Backdraft	Backdraft - Männer, die durch's Feuer gehen
Bad and the Beautiful, The	**Stadt der Illusionen**
Bad Boys	Bad Boys
Bad Day at Black Rock	**Stadt in Angst**
Bad News Bears, The	Die Bären sind los
Bad Seet, The	**Die böse Saat**
Bad Timing	Black out - Anatomie einer Leidenschaft
baie des anges, La	**Die blonde Sünderin**
Baisers volés	Geraubte Küsse
bal, Le	**Le Bal - Der Tanzpalast**
balance, La	La Balance - Der Verrat
Ball of Fire	**Die merkwürdige Zähmung der Gangsterbraut Sugarpuss**
Ballad of Cable Hogue, The	Abgerechnet wird zum Schluß
Ballad of Gregorio Cortez, The	**Die Ballade von Gregorio Cortez**
Ballad of Josie	Das Teufelsweib von Texas
Ballad of the Sad Café, The	**Die Ballade vom traurigen Café**
Bambi	Bambi
Bananas	**Bananas**
Band of Angles	Weint um die Verdammten
Band Wagon, The	**Vorhang auf!**
Bande a part	Die Außenseiterbande
bandito, Il	**Bandito**
Bandolero	Bandolero
banquière, La	**Die Bankiersfrau**
Barabbas	Barabbas
Barbarella	**Barbarella**
Barbarian and the Geisha, The	Der Barbar und die Geisha
Barbe bleu	**Blaubart**
Barefoot Contessa, The	Die barfüßige Gräfin
Barefoot in the Park	**Barfuß im Park**
Barfly	Barfly
Barkleys of Broadway, The	**Tänzer vom Broadway**
baron de l'ecluse, Le	Ein Herr ohne Kleingeld
Barry Lyndon	**Barry Lyndon**
Basil, the Great Mouse Detective	Basil, der große Mäusedetektiv
bastardi, I	**Der Bastard**
bataille de San Sebastian, La	San Sebastian
Bathing Beauty	**Badende Venus**
Batman	Batman hält die Welt in Atem
Batman	**Batman**
battaglia di Algeri, La	Die Schlacht um Algier
battant, Le	**Der Kämpfer**
Battle Hymn	Der Engel mit den blutigen Flügeln
Battle of Britain, The	**Luftschlacht um England**
Battle of the River Plate, The	Panzerschiff Graf Spee
Battlestar Galactica	**Kampfstern Galactica**
Battling Butler	Buster Keaton: Der Killer von Alabama
Beaches	**Freundinnen**
Bear Island	Die Bäreninsel in der Hölle der Arktis
Beast With Five Fingers, The	**Die Bestie mit den fünf Fingern**
Beat the Devil	Schach dem Teufel
Beau Brummel	**Beau Brummel - Rebell und Verführer**
Beau Geste	Drei Fremdenlegionäre
beau serge, Le	**Die Enttäuschten**
Becket	Becket
Bed Sitting Room, The	**Danach**
Bedelia	Bedelia
Bedford Incident, The	**Zwischenfall im Atlantik**
Bedknobs an Broomsticks	Die tollkühne Hexe in ihrem fliegenden Bett
Bedroom Window, The	**Das Schlafzimmerfenster**
Bedtime Story	Zwei erfolgreiche Verführer
Beetlejuice	**Beetlejuice**
Before Winter Comes	Bevor der Winter kommt
Beggar's Opera	**Die Bettleroper**
Beguiled, The	Betrogen
Behold a Pale Horse	**Deine Zeit ist um**
Being There	Willkommen, Mr. Chance
Believers, The	**Das Ritual**
Belizaire the Cajun	Belizaire der Cajun
bell'Antonio, Il	**Bel Antonio**
Bell, Book and Candle	Meine Braut ist übersinnlich
Bellboy, The	**Hallo Page!**
Bells Are Ringing	Anruf genügt - Komme ins Haus
Bell's of St. Mary's, The	**Die Glocken von St. Marien**
Belle de jour	Belle de Jour - Schöne des Tages
belle équipe, La	**Zünftige Bande**
belle et la bête, La	Es war einmal
belle fille comme moi, Une	**Ein schönes Mädchen wie ich**
belles-de-nuit, Les	Die Schönen der Nacht
Belles in Their Toes	**Im Dutzend heiratsfähig**
Bellissima	Bellissima
bellissimo novembre, Un	**Ein heißer November**
Belly of an Architect, The	Der Bauch des Architekten
Beloved Infidel	**Die Krone des Lebens**
Ben	Ben
Ben Hur	**Ben Hur**
Bend of the River	Meuterei am Schlangenfluß
Benjamin ou Les mémoires d'un puceau	**Benjamin - aus dem Tagebuch einer männlichen Jungfrau**
Benny Goodman Story, The	Die Benny Godman Story
Beröringen	**The Touch**
Best Defense	Angriff ist die beste Verteidigung
Best Friends	**Zwei dicke Freunde**
Best Little Whorehouse in Texas, The	Das schönste Freudenhaus in Texas
Best Man, The	**Der Kandidat**
Best of Everything, The	All meine Träume
Best Seller	**Best Seller**
Best Years of Our Lives, The	Die besten Jahre unseres Lebens
bestione, Il	**Die cleveren Zwei**
bête humaine, La	Bestie Mensch
Betrayal	**Betrug**
Betrayed	Verraten
Betrayed	**Verraten**
Betsy, The	Der Clan
Betty Blue - 37,2° le matin	**Betty Blue - 37,2° am Morgen**
Beverly Hills Cop	Beverly Hills Cop - Ich lös' den Fall auf jeden Fall

Beverly Hills Cop II	**Beverly Hills Cop II**
Beyond a Reasonable Doubt	Jenseits aller Zweifel
Beyond Therapy	**Therapie zwecklos**
Beyond the Mountains	Flucht aus der Taiga
Beyond the Poseidon Adventure	**Jagd auf die Poseidon**
Beyond the Valley of the Dolls	Blumen ohne Duft
Bez znieczulenia	**Ohne Betäubung**
Bhowani Junction	Knotenpunkt Bhowani
bibbia, La	**Die Bibel**
biches, Les	Zwei Freundinnen
bidone, Il	**Il Bidone**
Big	Big
Big Bus, The	**Die haarsträubende Reise in einem verrückten Bus**
Big Chill, The	Der große Frust
Big Clock, The	**Spiel mit dem Tode**
Big Country, The	Weites Land
Big Easy, The	**Der große Leichtsinn**
Big Hand For the Little Lady, A	Höchster Einsatz in Laredo
Big Heat, The	**Heißes Eisen**
Big Jake	Big Jake
Big Knife, The	**Hollywood-Story**
Big Lift, The	Es begann mit einem Kuß
Big Red One, The	**The Big Red One**
Big Sky, The	Das Geheimnis der Indianerin
Big Sleep, The	**Tote schlafen besser**
Big Sleep, The	Tote schlafen fest
Big Store, The	**Die Marx-Brothers im Kaufhaus**
Big Trouble in Little China	Big Trouble in Little China
bigamo, Il	**Bigamie ist kein Vergnügen**
Bigger Than Life	Eine Handvoll Hoffnung
Bilitis	**Bilitis**
Billion Dollar Brain	Das Milliarden-Dollar-Gehirn
Billy Budd	**Die Verdammten der Meere**
Billy Liar	Geliebter Spinner
Billy Rose's Jumbo	**Spiel mit mir**
Billy Two Hats	Begrabt die Wölfe in der Schlucht
Bird	**Bird**
Birdman of Alcatraz, The	Der Gefangene von Alcatraz
Birds, The	**Die Vögel**
Birdy	Birdy
Birth of a Nation, The	**Geburt einer Nation**
Bishop's Wife, The	Jede Frau braucht einen Engel
Bite the Bullet	**700 Meilen westwärts**
Bitka na Neretvi	Die Schlacht der Neretva
Black Cat, The	**Die schwarze Katze**
Black Hole, The	Das Schwarze Loch
Black Knight, The	**Unter schwarzem Visier**
Black Legion	Geheimbund „Schwarze Legion“
Black Mic Mac	**Black Mic Mac**
Black Moon	Black Moon
Black Narcissus	**Schwarze Narzisse**
Black Orchid	Die schwarze Orchidee
Black Pirate, The	**Der schwarze Pirat**
Black Rain	Black Rain
Black Rose, The	**Die schwarze Rose**
Black Stallion, The	Der schwarze Hengst
Black Sunday	**Schwarzer Sonntag**
Black Swan, The	Der Seeräuber
Black Widow	**Die schwarze Witwe**
Black Windmill, The	Die schwarze Windmühle
Blackbeard's Ghost	**Käpt'n Blackbeard's Spuk-Kaschemme**
Blackboard Jungle, The	Die Saat der Gewalt
Blackmail	**Erpressung**
Blackout	Bestie in Schwarz
Blade Runner	**Der Blade Runner**
Blazing Saddles	Is' was, Sheriff?
Blind Date	**Blind Date - Verabredung mit einer Unbekannten**
Blindfold	New York Expreß
Bliss of Mrs. Blossom, The	**Hausfreunde sind auch Menschen**
Blithe Spirit	Geisterkomödie
Blob, The	**Der Blob**
Blob, The	Blob - Schrecken ohne Namen
Blonde Venus, The	**Blonde Venus**
Blood Alley	Der gelbe Strom
Blood and Sand	**König der Toreros**
Blood Relatives	Blutsverwandte
Bloodbrothers	**Heißes Blut**
Bloodline	Blutspur
Bloody Mama	**Bloody Mama**
Bloomfield	Bloomfield
Blossoms in the Dust	**Blüten im Staub**
Blow Out	Blow Out - Der Tod löscht alle Spuren
Blow up	**Blow up**
Blowing Wild	Wilde Glut
Blue Bird, The	**Der blaue Vogel**
Blue Collar	Blue Collar
Blue Dahlia, The	**Die blaue Dahlie**
Blue Gardenia, The	Gardenia - Eine Frau will vergessen
Blue Hawaii	**Blaues Hawaii**
Blue Iguana, The	Blue Iguana oder Der Sarg ist himmelblau
Blue Lagoon, The	**Die blaue Lagune**
Blue Max, The	Der blaue Max
Blue Skies	**Blau ist der Himmel - Blue Skies**
Blue Steel	Blue Steel
Blue Thunder	**Das fliegende Auge**
Blue Veil, The	Das Herz einer Mutter
Blue Velvet	**Blue Velvet**
Bluebeard's Eighth Wife	Blaubarts achte Frau
Blues Brothers, The	**Blues Brothers**
Bob & Carol & Ted & Alice	Bob & Carol & Ted & Alice
Bobby Deerfield	**Bobby Deerfield**
Boccaccio 70	Boccaccio '70
Bodas de sangre	**Bluthochzeit**
Body and Soul	Jagd nach Millionen
Body Double	**Der Tod kommt zweimal**
Body Heat	Eine heißkalte Frau
Body Snatcher, The	**Der Leichendieb**
Boeing Boeing	Boeing-Boeing
bon roi Dagobert, Le	**Der dicke König Dagobert**
Bonfire of the Vanities, The	Fegefeuer der Eitelkeiten
Bonjour Tristesse	**Bonjour Tristesse**
bonne année, La	Ein glückliches Jahr
bonnes femmes, Les	**Die Unbefriedigten**
Bonnie and Clyde	Bonnie und Clyde
bons vivants, Les	**Die Damen lassen bitten**
Boom	Brandung
Boom Town	**Der Draufgänger**
Boomerang	Bumerang
Border, The	**Grenzpatrouille**
Borderline	Der Grenzwolf
Boris Godunow	**Boris Godunow**
Born on the Fourth of July	Geboren am 4. Juli
Born To Dance	**Zum Tanzen geboren**
Born Yesterday	Die ist nicht von gestern
Borsalino	**Borsalino**
Borsalino et Co	Borsalino & Co
Boston Strangler, The	**Der Frauenmörder von Boston**
Bostonians	Die Damen aus Boston
Bottom of the Bottle, The	**Gefangene des Stroms**
boucher, Le	Der Schlachter
Boudu - Sauve des eaux	**Boudu - aus den Wassern gerettet**
Boulevard des assassins	Boulevard der Mörder
Boulevard du Rhum	**Die Rum-Straße**
Boum, La	La Boum - Die Fete - Eltern unerwünscht
Boum, La II	**La Boum II - Die Fete geht weiter**
Bound For Glory	Dieses Land ist mein Land

Bounty	Die Bounty
Boxcar Bertha	**Die Faust der Rebellen**
Boy Friend, The	Boyfriend
Boy on a Dolphin	**Der Knabe auf dem Delphin**
Boy With the Green Hair, The	Der Junge mit den grünen Haaren
Boy's Night Out	**Sexy!**
Boys From Brazil, The	The Boys from Brazil
Boys in the Band, The	**Die Harten und die Zarten**
Boys Town	Teufelskerle
Brainstorm	**Projekt Brainstorm**
Brannigan	Brannigan - Ein Mann aus Stahl
Brass Target	**Verstecktes Ziel**
Bravados, The	Bravados
Brazil	**Brazil**
Breakfast at Tiffany's	Frühstück bei Tiffany
Breakfast Club, The	**Breakfast Club - Der Frühstücksclub**
Breakheart Pass	Nevada Pass
Breaking Away	**Vier irre Typen**
Breakout	Der Mann ohne Nerven
Breath of Scandal, A	**Prinzessin Olympia**
Breathless	Atemlos
Breed Apart, A	**Die Brut des Adlers**
Breezy	Begegnung am Vormittag
Brenda Starr, Reporter	**Brenda Starr**
breve vacanza, Una	Ein kurzer Urlaub
Bribe, The	**Geheimaktion Carlotta**
Bride Came C.O.D., The	Die Braut kam per Nachnahme
Bride of Frankenstein, The	**Frankensteins Braut**
Brides of Dracula, The	Dracula und seine Bräute
Bridge at Remagen, The	**Die Brücke von Remagen**
Bridge of the River Kwai, The	Die Brücke am Kwai
Bridge Too Far, A	**Die Brücke von Arnheim**
Brief Encounter	Begegnung
Brigadoon	**Brigadoon**
Brigde of Toko-Ri, The	Die Brücke von Toko-Ri
Bright Leaf	**Zwischen zwei Frauen**
Bright Lights, Big City	Die grellen Lichter der Großstadt
Bring Me the Head of Alfredo Garcia	**Bring mir den Kopf von Alfredo Garcia**
Bringing up Baby	Leoparden küßt man nicht
Brink's Job, The	**Das große Dings bei Brinks**
Britannia Hospital	Britannia Hospital
Broadcast News	**Nachrichtenfieber - Broadcast News**
Broadway Danny Rose	Broadway Danny Rose
Broadway Melody of 1940	**Broadway Melodie 1940**
Bröderna Lejonhjärta	Die Brüder Löwenherz
Broken Arrow	**Der gebrochene Pfeil**
Broken Blossoms	Gebrochene Blüten
Broken Lance	**Die gebrochene Lanze**
Bronco Billy	Bronco Billy
Bronenosez Potjomkin	**Panzerkreuzer Potemkin**
Brood, The	Die Brut
Brother Karamazov, The	**Die Brüder Karamasow**
Brother Sun, Sister Moon	Bruder Sonne, Schwester Mond
Brotherhood, The	**Auftrag Mord**
Brubaker	Brubaker
Brute Force	**Zelle R 17**
Buccaneer, The	Der Freibeuter von Louisiana
Buccaneer, The	**König der Freibeuter**
Buck an the Preacher	Weg der Verdammten
Buckaroo Banzai	**Buckaroo Banzai - Die 8. Dimension**
Buddy Buddy	Buddy Buddy
Buffalo Bill	**Buffalo Bill, der weiße Indianer**
Buffalo Bill and the Indians	Buffalo Bill und die Indianer
Bug, The	**Feuerkäfer**
Bugsy Malone	Bugsy Malon
Bull Durham	**Annies Männer**
Bullitt	Bullit
Bunny Lake Is Missing	**Bunny Lake ist verschwunden**
Bunny O'Hare	Bunny und Bill
Buona Sera, Mrs. Campbell	**Buona Sera, Mrs. Campbell**
buono, il brutto, il cattivo, Il	Zwei glorreiche Halunken
Burning Secret	**Brennendes Geheimnis**
Burnt Offerings	Landhaus der toten Seelen
Bus Stop	**Bus Stop**
Buster	Buster
But Not For Me	**Bei mir nicht**
Butch & Sundance - The Early Years	Butch & Sundance - Die frühen Jahre
Butch Cassidy and the Sundance Kid	**Zwei Banditen**
Butterfield 8	Telefon Butterfield 8
Butterfly	**Der blonde Schmetterling**
By Love Possessed	Und die Nacht wird schweigen
Bye Bye Birdie	**Bye Bye Birdie**

C

C.C. and Company	C.C. und Company
Ça n'arrive qu'aux autres	**Das passiert immer nur den anderen**
Cabaret	Cabaret
Cabiria	**Cabiria**
Caboblanco	Cabo Blanco
Caccia alla volpe	**Jagt den Fuchs!**
Cactus Flower	Die Kaktusblüte
Cadaveri eccelenti	**Die Macht und ihr Preis**
cadeau, Le	Ein pikantes Geschenk
Cadence	**Ein fremder Klang**
Cadillac Man	Cadillac Man
caduta degli dei, La	**Die Verdammten**
Caesar and Cleopatra	Caesar und Cleopatra
cage, La	**Der Ehekäfig**
cage aux Folles, La	Ein Käfig voller Narren
cage aux Folles II, La	**Noch ein Käfig voller Narren**
cage aux Folles III, La	Ein Käfig voller Narren III - Jetzt wird geheiratet
Cahill, United States Marshall	**Geier kennen kein Erbarmen**
Caine Mutiny, The	Die Caine war ihr Schicksal
Cal	**Cal**
Calamity Jane	Schwere Colts in zarter Hand
califfa, La	**La Califfa**
California	California
California Split	**California Split**
California Suite	Das verrückte California-Hotel
Caligula	**Caligula**
Call Northside 777	Kennwort 777
Camelot	**Camelot**
Camicie rosse	Anita Garibaldi
Camille	Die Kameliendame
Camille Claudel	**Camille Claudel**
cammino della speranza, Il	**Weg der Hoffnung**
Campanadas a medianoche	Falstaff
Can-Can	**Can-Can**
Can She Bake a Cherry Pie?	Café New York
Candidate, The	**Bill McKay - Der Kandidat**
Candide ou l'optimisme au XXe siecle	Candide oder der Optimismus des 20. Jahrhunderts
Candy	**Candy**
Canicule	Dog Day - Ein Mann rennt um sein Leben
Cannabis	**Cannabis - Engel der Gewalt**
Cannonball Run	Auf dem Highway ist die Hölle los
Cape Fear	**Ein Köder für die Bestie**
Capitaine Fracasse	Fracasse, der freche Kavalier
Capone	**Capone**
Capriccio	Capriccio
Caprice	**Caprice**
caprices de Marie, Les	Wenn Marie nur nicht so launisch wäre
Capricorn One	**Unternehmen Capricorn**

Captain Blood	**Unter Piratenflagge**
Captain From Castile	Der Kapitain von Kastilien
Captain Horatio Hornblower	**Des Königs Admiral**
Captain Kidd	Unter schwarzer Flagge
Captain Lightfoot	**Wenn die Ketten brechen**
Captain Newman, M. D.	Captain Newman
Captains Courageous	**Manuel**
carabiniers, Les	Die Karabinieri
Caravaggio	**Caravaggio**
Caravan To Vaccares	Duell in Vaccares
Cardinal, The	**Der Kardinal**
Career	Viele sind berufen
Caretaker, The	**Der Hausmeister**
Caretakers, The	Frauen, die nicht lieben dürfen
Carmen	**Carmen**
Carmen Jones	Carmen Jones
Carnal Knowledge	**Die Kunst zu lieben**
Carne per Frankenstein	Andy Warhols Frankenstein
carnets du Major Thompson, Les	**Das Tagebuch des Mr. Thompson**
Carousel	Karussell
Carpetbagger, The	**Die Unersättlichen**
Carrie	Carrie
Carrie	**Carrie - Des Satans jüngste Tochter**
carrozza d'oro, La	Die goldene Karosse
Cars That Ate Paris, The	**Die Autos, die Paris auffraßen**
Cartouche	Cartouche, der Bandit
Casablanca	**Casablanca**
Casanova '70	Casanova '70
Casanova di Federico Fellini, Il	**Fellinis Casanova**
Casey's Shadow	Der Champion
Casino Royale	**Casino Royale**
caso Mattei, Il	Der Fall Mattei
caso Moro, Il	**Die Affäre Aldo Moro**
Casque d'or	Goldhelm
Cassandra Crossing, The	**Cassandra Crossing**
casse, La	Der Coup
Cast a Dark Shadow	**Dämonen der Frauen**
Cast an Giant Shadow	Die Schatten des Giganten
Castaway	**Castaway - Die Insel**
Castle Keep	Das Scholß in den Ardennen
Casualties of War	**Die Verdammten des Krieges**
Cat and the Canary, The	Erbschaft um Mitternacht
Cat Ballou	**Cat Ballou - Hängen sollst du in Wyoming**
Cat on a Hot Tin Roof	Die Katze auf dem heißen Blechdach
Cat People	**Katzenmenschen**
Catch 22	Catch 22
Catered Affair, The	**Mädchen ohne Mitgift**
Cathérine	Cathérine - ein Leben für die Liebe
Catherine the Great	**Katharina die Große**
Catholic Boys	Die Himmelsstürmer
Catlow	**Catlow - Leben ums Verrecken**
Cattle Annie & Little Britches	Cattle Annie
cavaleur, Le	**Edouard der Herzensbrecher**
Caveman	Caveman - Der aus der Höhle kam
caza, La	**Die Jagd**
Celine et Julie vont en bateau	Celine und Julie fahren Boot
Cent mille dollars au soleil	**100.000 Dollar in der Sonne**
Cento giorni a Palermo	Die 100 Tage von Palermo
Céra una volta	**Die schöne Isablla**
Céra una volta il west	Spiel mir das Lied vom Tod
cercle rouge, Le	**Vier im roten Kreis**
Ceremony, The	Frühstück in der Todeszelle
cerveau, Le	**Das Superhirn**
César	César
César et Rosalie	**César und Rosalie**
C'est pas moi, c'est lui	Zwei Kamele auf einem Pferd
Cet obscur objet du désir	**Dieses obskure Objekt der Begierde**
Chain Lightning	Des Teufels Pilot

chair de l'orchidée, La	Das Fleisch der Orchidee
Chairman, The	**Der gefährlichste Mann der Welt**
Chalk Garden, The	Das Haus im Kreidegarten
Challenge, The	**Wenn er in die Hölle will, laß ihn gehen**
chambre verte, La	Das grüne Zimmer
Champ, The	**Der Champ**
Champion	Zwischen Frauen und Seilen
Championship Seasons, That	**Champions**
Chances Are	Ein himmlischer Liebhaber
Change of Seasons, A	**Jahreszeiten einer Ehe**
Changeling, The	The Cangeling
chant du monde, Le	**Und die Wälder werden schweigen**
Chant of Jimmie Blacksmith, The	Die Ballade von Jimmie Blacksmith
Chapman Report, The	**Der Chapman-Report**
Chapter Two	Das zweite Kapitel
Charade	**Charade**
Charge of the Light Brigade, The	Der Angriff der leichten Brigade
Charge of the Light Brigade, The	**Der Verrat des Surat Khan**
Chariots of Fire	Die Stunde des Siegers
Charley Varrick	**Der große Coup**
Charlie Chan and the Curse of the Dragon Queen	Charlie Chan und der Fluch der Drachenkönigin
Charly	**Charly**
charme discret de la bourgeoisie, Le	Der diskrete Charme der Bourgeoisie
Charro	**Charro**
chartreuse de Parme, La	Die Kartause von Parma
Chase, The	**Ein Mann wird gejagt**
Chase a Crooked Shadow	Flüsternde Schatten
chasse à l'homme, La	**Jagd auf Männer**
chat, Le	Die Katze
Chato's Land	**Chatos Land**
Che	**Che!**
Che?	Was?
Che ora é?	Wie spät ist es?
Cheap Detective, The	**Der Schmalspurschnüffler**
Cheaper By the Dozen	Im Dutzend billiger
Chère Louise	**Die Affaire**
Cherry 2000	Cherry 2000
chèvre, Le	**Der Hornochse und sein Zugpferd**
Cheyenne Autumn	Cheyenne
Cheyenne Social Club, The	**Geschossen wird ab Mitternacht**
chiamavano Trinità, La	Die rechte und die linke Hand des Teufels
Chicago Joe and the Showgirl	**Chicago Joe und das Showgirl**
chien andalou, Un	Der andalusische Hund
Child Is Waiting, A	**Ein Kind wartet**
Children of a Lesser God	Gottes vergessene Kinder
Children's Hour, The	**Infam**
China Seas	Abenteuer im Gelben Meer
China Syndrome, The	**Das China Syndrom**
Chinatown	Chinatown
chinoise, La	**Die Chinesin**
Chisum	Chisum
Chitty Chitty Bang Bang	**Tschitti Tschitti Bäng Bäng**
choc, Le	Der Schock
Chocolat	**Chocolat - Verbotene Sehnsucht**
Choirboys	Die Chorknaben
choix des armes, Le	**Wahl der Waffen**
Choose Me	Choose Me - Sag ja
Chorus Line, A	**A Chorus Line**
choses de la vie, Les	Die Dinge des Lebens
Christine	**Christine**
Christo si è fermato a Eboli	Christus kam nur bis Eboli
Chuka	**Chuka**
Ciao maschio	Affentraum
Cimarron	**Cimarron**
Cincinnati Kid, The	Cincinnati Kid
Cinderella	**Cinderella**

Cinderella Liberty	Zapfenstreich
ciociara, La	**Und dennoch leben sie**
Cira cuervos	Züchte Raben
Circus, The	**Der Circus**
Circus, The	Der Zirkus
Circus World	**Circus-Welt**
Cisco Pike	Cisco Pike
Ciske - de Rat	**Ciske - Ein Kind braucht Liebe**
Citadel, The	Die Zitadelle
Citizen Kane	**Citizen Kane**
città delle donne, La	Die Stadt der Frauen
Città violenta	**Brutale Stadt**
City For Conquest	Im Taumel der Weltstadt
City Heat	**City Heat - Der Bulle und der Schnüffler**
City Lights	Lichter der Großstadt
Clair de femme	**Die Liebe einer Frau**
clan des siciliens, Le	Der Clan der Sizilianer
Clan of the Cave Bears, The	**Ayla und der Clan des Bären**
Clara's Heart	Claras Geheimnis
Clash By Night	**Vor dem neuen Tag**
Clash of the Titans	Kampf der Titanen
Class	**Class**
Class of Miss MacMichael, The	Die Klasse von Miss MacMichael
Class of 1984	**Die Klasse von 1984**
Classe tous risques	Der Panther wird gehetzt
Claudine	**Claudine**
Cleopatra	Cleopatra
Cleopatra Jones	**Ein Fall für Cleopatra Jones**
Cloak and Dagger	Im Geheimdienst
Clockwork Orange, A	**Uhrwerk Orange**
Close Encounters of the Third Kind	Unheimliche Begegnung der dritten Art
Clouded Yellow, The	**Auf falscher Spur**
Clue	Alle Mörder sind schon da
Cluny Brown	**Cluny Brown auf Freiersfüßen**
Coal Miner's Daughter	Nashville Lady
Cobra	**Die City-Cobra**
Cobweb, The	Die Verlorenen
Coca Cola Kid, The	**Coca Cola Kid**
Cocktail	Cocktail
Cocoanuts, The	**Die Marx Brothers: Cocoanuts**
Cocoon	Cocoon
Cocoon - The Return	**Cocoon II - Die Rückkehr**
Collector, The	Der Fänger
colmena, La	**Der Bienenkorb**
Color of Money, The	Die Farbe des Geldes
Color Purple, The	**Die Farbe Lila**
Colors	Colors - Farben der Gewalt
colosso di Rodi, Il	**Der Koloß von Rhodos**
Coma	Coma
Comanche Station	**Einer gibt nicht auf**
Comancheros, The	Die Comancheros
combat dans l'île, Le	**Der Kampf auf der Insel**
Come and See the Paradise	Komm und sieh das Paradies
Come Back, Little Sheba	**Kehr' zurück, kleine Sheba**
Come Back To the 5 & Dime Jimmy Dean, Jimmy Dean	Komm zurück, Jimmy Dean
Come Blow Your Horn	**Wenn mein Schlafzimmer sprechen könnte**
Come imparai ad amare le donne	Das gewisse Etwas der Frauen
Come September	**Happy-End im September**
Comedians, The	Die Stunde der Komödianten
Comes a Horseman	**Eine Farm in Montana**
Comfort of Strangers, The	Der Trost von Fremden
Coming Home	**Coming Home - Sie kehren heim**
Coming To America	Der Prinz aus Zamunda
Commando	**Das Phantom-Kommando**
commare secca, La	La commare secca
Comme un boomerang	**Wie ein Bumerang**
compagni, I	Die Peitsche im Genick
compagno Don Camillo, Il	**Genosse Don Camillo**
Company of Wolves, The	Die Zeit der Wölfe
Compartiment tueurs	**Mord im Fahrpreis inbegriffen**
compères, Les	Zwei irre Spaßvögel
Competition, The	**Das große Finale**
complicato intrigo di donne, viccoli delitti, Un	Camorra
Comptes à rebours	**Der Boß**
Compulsion	Der Zwang zum Bösen
Comte de Monte Christo, Le	**Der Graf von Monte Christo**
Conan the Barbarian	Conan der Barbar
Conan the Destroyer	**Conan der Zerstörer**
condamné à mort s'est echappé, Un	Ein zum Tode Verurteilter ist entflohen
Confessione di un commissario di polizia al procuratore della repubblica	**Der Clan, der seine Feinde lebendig einmauert**
Confessions of a Nazi Spy	Ich war ein Spion der Nazis
Confidential Report	**Herr Satan persönlich**
conformista, Il	Der Konformist
Conqueror, The	**Der Eroberer**
Conquest	Maria Walewska
Conrack	**Abschied von einer Insel**
Conspiracy of Hearts	Verschwörung der Herzen
Conspirator	**Verschwörer**
Conte de printemps	Frühlingserzählungen
Continental Divide	**Zwei wie Katz und Maus**
...continuavano a chiamarlo Trinità	Vier Fäuste für eine Hallelujah
Conversation, The	**Der Dialog**
Convoy	Convoy
Coogan's Bluff	**Coogans großer Bluff**
Cook, the Thief, His Wife and Her Lover, The	Der Koch, der Dieb, seine Frau und ihr Liebhaber
Cool Hand Luke	**Der Unbeugsame**
corde, un colt, Une	Friedhof ohne Kreuze
Corleone	**Aufstieg des Paten**
corniaud, Le	Scharfe Sachen für Monsieur
corps de mon enemi, Le	**Der Körper meines Feindes**
Corsican Brothers, The	Blutrache
Così come sei	**Bleib wie du bist**
Cotton Club, The	Cotton Club
Count of Monte Christo, The	**Das Rätsel von Monte Christo**
Count Your Blessings	Französische Betten
Countdown	**Countdown - Start zum Mond**
counteau dans la plaie, Le	Die dritte Dimension
Counterfeit Traitor, The	**Verrat auf Befehl**
Counterpoint	Der Befehl
Countess From Hongkong, The	**Die Gräfin von Hongkong**
Country	Country
Country Girl, The	**Ein Mädchen vom Lande**
Coup de foudre	Entre nous
Coup de torchon	**Der Saustall**
coup de tête, Le	Damit ist die Sache für mich erledigt
course du lièvre a travers les champs, La	**Treibjagd**
Court Jester, The	Der Hofnarr
Court-Martial of Billy Mitchell, The	**Verdammt zum Schweigen**
Courtship of Eddie's Father, The	Vater ist nicht verheiratet
Cousin, Cousine	**Cousin, Cousine**
Cousins	Seitensprünge
cousins, Les	**Schrei, wenn du kannst**
Cover Girl	Es tanzt die Göttin
Cowboy	**Cowboy**
Cowboys, The	Die Cowboys
Crack in the Mirror	**Drama im Spiegel**
Crackers	Crackers
Creature From the Black Lagoon	**Der Schrecken vom Amazonas**
Creepshow	Die unheimlich verrückte Geisterstunde
cri du hibou, Le	**Der Schrei der Eule**
crime, La	Wespennest
Crime and Punishment	**Schuld und Sühne**
Crime et châtiment	Schuld und Sühne

Crime in the Streets	**Entfesselte Jugend**
Crimes and Misdemeanors	Verbrechen und andere Kleinigkeiten
Crimes of Passion	**China Blue bei Tag und Nacht**
Crimes of the Heart	Verbrecherische Herzen
Criminal, The	**Die Spur führt ins Nichts**
Crimson Pirate, The	Der rote Korsar
Crisis	**Hexenkessel**
Criss Cross	Gewagtes Alibi
Critters	**Critters - Sie sind da!**
Crocodile Dundee	Crocodile Dundee - Ein Krokodil zum Küssen
Crocodile Dundee II	**Crocodile Dundee II**
Cromwell	Cromwell
Cronaca di una morte annunciata	**Chronik eines angekündigten Todes**
Cronaca familiare	Tagebuch eines Sünders
Cronica di un amore	**Chronik einer Liebe**
Crossfire	Im Kreuzfeuer
crudeli, I	**Die Grausamen**
Cruel Sea, The	Der große Atlantik
Cruising	**Cruising**
Crusoe	Crusoe
Cry-Baby	**Cry-Baby**
Cry Freedom	Schrei nach Freiheit
Cry in the Dark, A	**Ein Schrei in der Dunkelheit**
Cry Terror	In brutalen Händen
Cuba	**Explosion in Cuba**
Cujo	Cujo
Cul-De-Sac	**Wenn Katelbach kommt**
curée, La	Die Beute
Curse of the Demon	**Der Fluch des Dämonen**
Curse of the Pink Panther, The	Der Fluch des rosaroten Panthers
Custer of the West	**Ein Tag zum Kämpfen**
Cutter & Bone	Cutter's Way - Keine Gnade
Cyrano de Bergerac	**Cyrano von Bergerac**
Czlowiek z zelaza	Der Mann aus Eisen

D

D-Day, The Sixth of June	**Zwischen Himmel und Hölle**
D.O.A.	D.O.A. - Bei Ankunft Mord
Da un paese lontando	**Aus einem fernen Land**
Da uomo a uomo	Von Mann zu Mann
Daddy Long Legs	**Daddy Langbein**
Daisy Miller	Daisy Miller
Dallas	**Todfeindschaft**
Dama o sobatschkoj	Die Dame mit dem Hündchen
dame aux Camélias, La	**Die Kameliendame**
dame dans l'auto avec des lunettes et un fusil, La	Die Dame im Auto mit Brille und Gewehr
Damien - Omen II	**Damien - Omen II**
Damnation Alley	Straße der Verdammnis
Damned, The	**Sie sind verdammt**
Damned Don't Cry, The	Im Solde des Satans
Dance of the Vampires	**Tanz der Vampire**
Dance With a Stranger	Dance with a Stranger
Dance With Wolves	**Der mit dem Wolf tanzt**
Dandy in Aspic, A	Todestanz eines Killers
Dangerous Liaisons	**Gefährliche Liebschaften**
Daniel	Daniel
Danton	**Danton**
Dark Angel, The	Der Weg im Dunkeln
Dark at the Top of the Stairs, The	**Das Dunkel am Ende der Treppe**
Dark Command, The	Schwarzes Kommando
Dark Crystal, The	**Der dunkle Kristall**
Dark Mirror, The	Der schwarze Spiegel
Dark Passage	**Die schwarze Natter**
Dark Star	Dark Star - Finsterer Stern
Dark Victory	**Opfer einer großen Liebe**
Darkman	Dark Man
Darling	**Darling**
Darling Lili	**Darling Lili**
David and Bathseba	David und Bathseba
David Copperfield	**David Copperfield**
David e Golia	David und Goliath
Day After, The	**The Day After**
Day at the Circus, A	Die Marx-Brothers im Zirkus
Day at the Races, A	**Die Marx Brothers: Ein Tag beim Rennen**
Day of the Dolphin, The	Der Tag des Delphins
Day of the Evil Gun	**Totem**
Day of the Jackal, The	Der Schakal
Day of the Locust, The	**Der Tag der Heuschrecke**
Day the Earth Stood Still, The	Der Tag, an dem die Erde stillstand
Day the Fish Came Out, The	**Der Tag, an dem die Fische kamen**
Day They Robbed the Bank of England, The	Der Bankraub des Jahrhunderts
Days of Heaven	**In der Glut des Südens**
Days of Thunder	Tage des Donners
Days of Wine and Roses	**Die Tage des Weines und der Rosen**
De la part des copains	Kalter Schweiß
Dead, The	**The Dead - Die Toten**
Dead Again	Schatten der Vergangenheit
Dead Calm	**Todesstille**
Dead End	Sackgasse
Dead Men Don't Wear Plaid	**Tote tragen keine Karos**
Dead of Night	Traum ohne Ende
Dead of Winter	**Dead of Winter**
Dead Poets Society	Der Club der toten Dichter
Dead Pool, The	**Das Todesspiel**
Dead Ringer	Der schwarze Kreis
Dead Ringers	**Die Unzertrennlichen**
Dead Zone	Dead Zone
Deadfall	**Die Todesfalle**
Deadlier Than the Male	Heiße Katzen
Deadline U.S.A.	**Die Maske runter**
Deadlock	Deadlock
Deadly Affair, The	**Anruf für einen Toten**
Deadly Companions, The	Gefährten des Todes
Deadly Trackers, The	**Bis zum letzten Atemzug**
Dear Brigitte	Geliebte Brigitte
Death of a Salesman	**Der Tod eines Handlungsreisenden**
Death on the Nile	Tod auf dem Nil
Death Wish	**Ein Mann sieht rot**
Death Wish II	Der Mann ohne Gnade
Death Wish 3	**Death Wish III - Der Rächer von New York**
Death Wish 4 - The Crackdown	Das Weiße im Auge
Death Yukon	**Yukon**
décade prodigieuse, La	Der zehnte Tag
decameron, Il	**Decameron**
decima vita, La	Das zehnte Opfer
Decision at Sundown	**Fahrkarte ins Jenseits**
Decision Before Dawn	Entscheidung vor Morgengrauen
dèclin de l'empire american, Le	**Der Untergang des amerikanischen Imperiums**
Deep, The	Die Tiefe
Deep Blue Sea, The	**Lockende Tiefe**
Deer Hunter, The	Die durch die Hölle gehen
Defiant Ones, The	**Flucht in Ketten**
Delicate Balance, A	Empfindliches Gleichgewicht
Deliquents, The	**Deliquents**
delitto Mateotti, Il	Die Ermordung Mateottis
Deliverance	**Beim Sterben ist jeder der Erste**
Delta Force	Delta Force
Dementia 13	**Dementia 13**
Demetrius and the Gladiators	Die Gladiatoren
demoiselles de Rochefort, Les	**Die Mädchen von Rochefort**
Demon Seed	Des Teufels Saat

Demonios en el jardin	Dämonen im Garten
dentellière, La	**Die Spitzenklöpplerin**
Deprisa, deprisa	Los, Tempo!
Dernier domicile connu	**Der Kommissar und sein Lockvogel**
dernier métro, Le	Die letzte Metro
dérobade, La	**Die Aussteigerin**
Dersu Uzala	Uzala, der Kirgise
Descente aux enfers	**Abstieg zur Hölle**
Desert Fox, The	Rommel, der Wüstenfuchs
Desert Rats, The	**Die Wüstenratten**
deserto dei Tartari, Il	Die Tatarenwüste
deserto rosso, Il	**Die rote Wüste**
Design For Living	Serenade zu Dritt
Designing Woman	**Warum hab' ich ja gesagt?**
Desire	Perlen zum Glück
Desire Under the Elms	**Begierde unter Ulmen**
Desirée	Desirée
Desk Set	**Die Frau, die alles weiß**
Desperate Hours	An einem Tag wie jeder andere
Desperate Hours	**24 Stunden in seiner Gewalt**
Desperately Seeking Susan	Susan... verzweifelt gesucht
Destry Rides Again	**Der große Bluff**
Det sjunde inseglet	Das siebente Siegel
Détective	**Detektive**
Detective, The	Der Detektiv
Detective Story	**Polizeirevier 21**
deux anglaises et le continent, Les	Zwei Mädchen aus Wales und die Liebe zum Kontinent
Deux heures moins le quart avant Jesus-Christ	**Die verrücktesten 90 Minuten vor Christi Geburt**
Deux hommes dans la ville	Endstation Schafott
Deux ou trois choses, que je sais d'elle	**Zwei oder drei Dinge, die ich von ihr weiß**
deuxième souffle, Le	Der zweite Atem
Devil at Four O'Clock, The	**Der Teufel kommt um vier**
Devil Is a Woman, The	Die spanische Tänzerin
Devil's Brigade, The	**Die Teufelsbrigade**
Devil's Disciple, The	Der Teufelsschüler
Devil's Doorway	**Fluch des Blutes**
Devils, The	Die Teufel
diable au corps, Le	**Stürmische Jugend**
diable et les dix commandments, Le	Der Teufel und die zehn Gebote
diable par la queue, La	**Pack den Tiger schnell am Schwanz**
Diaboliquement vôtre	Mit teuflischen Grüßen
diaboliques, Les	**Die Teuflischen**
diagonale du fou, La	Duell ohne Gnade
Dial M For Murder	**Bei Anruf Mord**
Diamonds Are Forever	Diamantenfieber
Diane	**Diane - Kurtisane von Frankreich**
Diary of Anne Frank, The	Das Tagebuch der Anne Frank
Diary of a Chambermaid	**Tagebuch einer Kammerzofe**
Diavolo in corpo	Teufel im Leib
Dick Tracy	**Dick Tracy**
Die Hard	Stirb langsam
Die Hard II	**Stirb langsam II**
diga sul Pacifico, La	Heiße Küste
Dillinger	**Jagd auf Dillinger**
Dillinger é morto	Dillinger ist tot
dimanche à la campagne, Un	**Ein Sonntag auf dem Lande**
Dimenticare Palermo	Palermo vergessen
Dimenticare Venezia	**Vergiß Venedig**
Diner	American Diner
Dinner at Eight	**Dinner um acht**
Diplomatic Courier	Kurier nach Triest
Dirty Dozen, The	**Das dreckige Dutzend**
Dirty Harry	Dirty Harry
Dirty Rotten Scoundrels	**Zwei hinreißend verdorbene Schurken**
Dishonored	Entehrt
Distant Drums	**Die Teufelsbrigade**
Distant Trumpet, A	Die blaue Eskadron
Dites-lui que je l'aime	**Der süße Wahn**
Diva	Diva
Divorcee American Style	**Scheidung auf amerikanisch**
Divorzio all' italiana	Scheidung auf italienisch
Django	**Django**
Djavulens öga	Die Jungfrauenbrücke
Do Not Disturb	**Bitte nicht stören**
Do the Right Thing	Do the right thing
Doc	**Doc**
Docteur Petiot	Dr. Petiot
Docteur Popaul	**Der Halunke**
Doctor at Large	Hilfe, der Doktor kommt
Doctor at Sea	**Doktor Ahoi!**
Doctor Detroit	Dr. Detroit
Doctor Dolittle	**Doctor Dolittle**
Doctor Faustus	Doktor Faustus
Doctor in the House	**Aber, Herr Doktor**
Doctor X	Doctor X
Doctor Zhivago	**Doktor Schiwago**
Doctor's Dilemma, The	Arzt am Scheidewege
Dodes'ka-den	**Dodeskaden - Menschen im Abseits**
Dodge City	Der Herr des Wilden Westens
Dodsworth	**Zeit der Liebe, Zeit des Abschieds**
Dog Day Afternoon	Hundstage
Dogs of War, The	**Die Hunde des Krieges**
dolce vita, La	Das süße Leben
dollaro per 7 vigliacchi, Un	**Zwei Nummern zu groß**
Dollars	Der Millionenraub
Doll's House, A	**Nora**
Domicile conjugale	Tisch und Bett
Domino Principle, The	**Das Domino-Komplott**
Don Camillo e l'onorevole Peppone	Die große Schlacht des Don Camillo
Don Camillo Monsigneur	**Hochwürden Don Camillo**
Don Giovanni	Don Giovanni
Don Is Dead, The	**Der Don ist tot**
Don Juan 1973 ou Et si Don Juan était une femme	Don Juan '73
donna del fiume, La	**Die Frau vom Fluß**
Donna della domenica, La	Die Sonntagsfrau
Donovan's Reef	**Die Hafenkneipe von Tahiti**
Don't Bother To Knock	Versuchung auf 809
Don't Look Now	**Wenn die Gondeln Trauer tragen**
Don't Make Waves	Die nackten Tatsachen
Donzoko	**Nachtasyl**
Double Indemnity	Frau ohne Gewissen
Double Life, A	**Ein Doppelleben**
Double Man, The	Der doppelte Mann
doulos, Le	**Der Teufel mit der weißen Weste**
Down and Out in Beverly Hills	Zoff in Beverly Hills
Down By Law	**Down by Law**
Downhill Racer	Schlußfahrt
Down To Earth	**Eine Göttin auf Erden**
Down To the Sea in Ships	Seemannslos
Dr. Cyclops	**Dr. Zykloa**
Dr. Ehrlich's Magic Bullet	Paul Ehrlich - Ein Leben für die Forschung
Dr. Jekyll and Mr. Hyde	**Arzt und Dämon**
Dr. Jekyll and Mr. Hyde	Dr. Jekyll und Mr. Hyde
Dr. M	**Dr. M**
Dr. No	James Bond 007 jagt Dr. No
Dr. Strangelove Or How I Learned To Stop Worrying and Love the Bomb	**Dr. Seltsam oder wie ich lernte die Bombe zu lieben**
Dracula	Dracula
Dracula	**Dracula**
Dracula, Prince of Darkness	Blut für Dracula
Dracula vuole vivere: cerca sangue di vergine	**Andy Warhols Dracula**

Dragonslayer	**Der Drachentöter**
Dragonwyck	Weißer Oleander
Dramma della gelosia: Tutti i particolari in cronaca	**Eifersucht auf italienisch**
Draughtman's Contract, The	Der Kontrakt des Zeichners
Dream Lover	**Dream Lover**
Dream of Kings, A	Matsoukas, der Grieche
Dressed To Kill	**Dressed to Kill**
Dresser, The	The Dresser - Ein ungleiches Paar
Driver, The	**Driver**
Driving Miss Daisy	Miss Daisy und ihr Chauffeur
Drôle d'endroit pour une recontre	**Nächtliche Sehnsucht - hemmungslos**
Drowning By Numbers	Verschwörung der Frauen
Drowning Pool, The	**Unter Wasser stirbt man nicht**
Drugstore Cowboy	Drugstore Cowboy
Drums Anlong the Mohawk	**Trommeln am Mohawk**
Dry White Season, A	Weiße Zeit der Dürre
Du Rififi chez les hommes	**Rififi**
Duck Soup	Die Marx-Brothers im Krieg
due missionari, Il	**Zwei Missionare**
due superpiedi quasi piatti, I	Zwei außer Rand und Band
Duel	**Duell**
Duel at Diablo	Duell in Diablo
Duel in the Sun	**Duell in der Sonne**
Duellists, The	Die Duellisten
Duffy	**Duffy, der Fuchs von Tanger**
Dulces horas	Zärtliche Stunden
Dune	**Der Wüstenplanet**
Dust	Dust
Dyrygent	**Der Dirigent**

E

E.T. - The Extraterrestrial	**E. T. - Der Außerirdische**
E la nave va	Fellinis Schiff der Träume
Each Dawn I Die	**Todesangst bei jeder Dämmerung**
Eagle Has Landed, The	Der Adler ist gelandet
Earthquake	**Erdbeben**
East of Eden	Jenseits von Eden
East Side, West Side	**Verlorenes Spiel**
Easy Living	Leichtes Leben
Easy Rider	**Easy Rider**
Easter Parade	Osterspaziergang
Eating Raoul	Eating Raoul
Echappement libre	**Der Boß hat sich was ausgedacht**
eclisse, L'	Liebe 1962
Eddie and the Cruisers	**Eddie and the Cruisers**
Eddy Duchin Story, The	Geliebt in alle Ewigkeit
Edipo Re	**Edipo Re - Bett der Gewalt**
Educating Rita	Rita will es endlich wissen
Edward, My Son	**Edward, mein Sohn**
Edward Scissorhands	Edward mit den Scherenhänden
Effect of Gamma Rays on Man-in-the-Moon Mangolds, The	**Die Wirkung von Gammastrahlen auf Ringelblumen**
effrontée, L'	Das freche Mädchen
Egg and I, The	**Das Ei und ich**
Egyptian, the	Sinuhe, der Ägypter
Eiger Sanction, The	**Im Auftrag des Drachen**
Eight Million Ways To Die	Acht Millionen Wege zu sterben
84 Charing Cross Road	**Zwischen den Zeilen**
El	Er
El Cid	**El Cid**
El Condor	El Condor
El Dorado	**El Dorado**
El Greco	El Greco
El Sur	**El Sur - Der Süden**
Elena et les hommes	Weiße Margeriten
Elephant Boy	**Elefanten-Boy**
éléphant ça trompe énormément, Un	Ein Elefant irrt sich gewaltig
Elephant Man, The	**Der Elefantenmensch**
Electric Horseman, The	**Der elektrische Reiter**
Eleven Harrow House	Brillanten und Kakerlaken
Elisa, vida mía	**Elisa, mein Leben**
Elmer Gantry	Elmer Gantry
Embassy	**Am Tor zur Freiheit liegt der Totenschein**
Embryo	Embryo
Emerald Forest, The	**Der Smaragdwald**
Emmanuelle	Emanuela
emmerdeur, L'	**Die Filzlaus**
Emperor of the North Pole, The	Ein Zug für zwei Halunken
Emperor Waltz, The	**Ich küsse ihre Hand, Madame**
Empire of the Sun	Das Reich der Sonne
Empire Strikes Back, The	**Das Imperium schlägt zurück**
En cas de malheur	Mit den Waffen einer Frau
En effeuillant la marguerite	**Das Gänseblümchen wird entblättert**
En passion	Passion
End, The	**Nobody Is Perfect**
End of the World in Our Usual Bed in a Night Full of Rain, The	In einer Regennacht
Endless Love	**Endlose Liebe**
Enemies - A Love Story	Feinde - Die Geschichte einer Liebe
Enemy Below, The	**Duell im Atlantik**
Enemy Mine	Enemy Mine - Geliebter Feind
enfant sauvage, L'	**Der Wolfsjunge**
enfants du paradis, Les	Kinder des Olymp
enfants terribles, Les	**Die schrecklichen Kinder**
Enforcer, The	Der Tiger
Enforcer, The	**Die Unerbittliche**
Ensayo de und crimen	Das verbrecherische Leben des Archibaldo de la Cruz
Enter the Dragon	**Der Mann mit der**
Entertainer, The	Der Komödiant
Entertaining Mr. Sloane	**Seid nett zu Mr. Sloane**
Equus	Equus - Blinde Pferde
Eraserhead	**Eraserhead**
eredita Ferramonti, L'	Das Erbe der Ferramonti
Ernesto	**Ernesto**
Escape From Alcatraz	Flucht von Alcatraz
Escape From Fort Bravo	**Verrat im Fort Bravo**
Escape From New York	Die Klapperschlange
Escape From Zahrain	**Flucht aus Zahrain**
Escape Me Never	Verlaß mich niemals wieder
Escape To Athena	**Flucht nach Athena**
Eskimo Limon	Eis am Stiel
espion, L'	**Lautlose Waffen**
Espion, lève-toi	Der Maulwurf
estade violenta, L'	**Wilder Sommer**
...et Dieu créa la femme	Und immer lockt das Weib
...et mourir de plaisir	**Und vor Lust zu sterben**
Etat de siège	Der unsichtbare Aufstand
été meurtrier, L'	**Ein mörderischer Sommer**
Étoile sans lumiere	Edith Piaf - Chanson der Liebe
Eureka	**Eureka**
Europa '51	Europa '51
Europeans, The	**Die Europäer**
Eva	Eva
Every Which Way But Loose	**Der Mann aus San Fernando**
Everybody Wins	Everybody Wins
Everything You Always Wanted To Know About Sex, But We're Afraid To Ask	**Was Sie schon immer über Sex wissen wollten**
Evil Dead, The	Tanz der Teufel
Evil Under the Sun	**Das Böse unter der Sonne**
Excalibur	Excalibur
Executive Action	**Unternehmen Staatsgewalt**
Executive Suite	Die Intriganten
Exile, The	**Der Verbannte**
Exodus	Exodus
Exorcist, The	**Der Exorzist**

Exorcist II, The - The Heretic	**Der Exorzist II - Der Ketzer**
Exorcist III, The	Der Exorzist III
Experiment in Terror	**Der letzte Zug**
Extreme Prejudice	Ausgelöscht
Extremities	**Extremities**
Eye of the Devil	Die schwarze 13
Eye of the Needle	**Die Nadel**
Eyes of Laura Mars	Die Augen der Laura Mars
Eyewitness	**Der Augenzeuge**

F

F.I.S.T.	FIST - Ein Mann geht seinen Weg
F/X	**F/X- Tödliche Tricks**
Fabiola	Fabiola
fabuleuse aventure de Marco Polo, La	**Im Reich des Kublai Khan**
Fabulous Baker Boys, The	Die fabelhaften Baker Boys
Faccia a faccia	**Von Angesicht zu Angesicht**
Face in the Crowd, A	Das Gesicht in der Menge
Faces	**Gesichter**
Fahrenheit 451	Fahrenheit 451
Fail Safe	**Angriffsziel Moskau**
Faites sauter la banque	Balduin, der Geldschrankknacker
Falcon and the Snowman, The	**Der Falke und der Schneemann**
Fall of the Roman Empire, The	Der Untergang des römischen Reiches
Fallen Idol, The	**Kleines Herz in Not**
Falling in Love	Der Liebe verfallen
Fame	**Fame - Der Weg zum Ruhm**
famiglia, La	Die Familie
Family Plot	**Familiengrab**
Fan, The	Der Fanatiker
Fanatic	**Das düstere Haus**
fanatiques, Les	Die Erbarmungslosen
Fanfan la tulipe	**Fanfan, der Husar**
Fängelse	Gefängnis
Fanny	**Fanny**
Fanny och Alexander	Fanny und Alexander
Fantasia	**Fantasia**
Fantasma d'amore	Die zwei Gesichter einer Frau
Fantastic Voyage	**Die phantastische Reise**
Fantomas contre Interpol	Fantomas gegen Interpol
Fantomas contre Scotland Yard	**Fantomas bedroht die Welt**
fantôme de la liberté, Le	Das Gespenst der Freiheit
fantômes du chapelier, Les	**Die Fantome des Hutmachers**
Far Country, The	Über den Todespaß
Far From the Madding Crowd	**Die Herrin von Thornhill**
Faraon	Pharao
farceur, Le	**Wo bleibt da die Moral, mein Herr?**
Farewell, My Lovely	Fahr zur Hölle, Liebling
Farewell To Arms, A	**In einem anderen Land**
Faster, Pussycat! Kill! Kill!	Die Satansweiber von Tittfield
Fat City	**Fat City**
Fat Man and Little Boy	Die Schattenmacher
Fatal Attraction	**Eine verhängnisvolle Affäre**
Fatal Beauty	Fatal Beauty
Fate Is the Hunter	**Bezwinger des Todes**
Father Goose	Der große Wolf ruft
Father of the Bride	**Vater der Braut**
Father of the Bride	Vater der Braut
Father's Little Dividend	**Ein Geschenk des Himmels**
Fatti di gente perbene	Die Affäre Murri
faussaire, Le	**Die Fälschung**
Fear Is the Key	Angst ist der Schlüssel
Fedora	**Fedora**
felins, Les	Wie Raubkatzen
Female on the Beach	**Das Haus am Strand**
femme à sa fenêtre, Une	Die Frau am Fenster
femme aux bottes rouges, La	**Die Frau mit den roten Stiefeln**
femme d'à côte, La	Die Frau nebenan
femme de l'aviateur, La	**Die Frau des Fliegers**
femme est une femme, Une	**Eine Frau ist eine Frau**
femme et le pantin, La	Ein Weib wie der Satan
femme infidèle, La	**Die untreue Frau**
femme mariée, Une	Eine verheiratete Frau
femme Nikita, La	**Nikita**
femme publique, La	Die öffentliche Frau
Ferry To Hong Kong	**Fähre nach Hongkong**
fête à Henriette, La	Auf den Straßen von Paris
fêtes galantes, Les	**Die Festung fällt, die Liebe lebt**
feu follet, Le	Das Irrlicht
fiancée du pirate, La	**Die Piratenbraut**
Fiddler on the Roof	Anatevka
Field, The	**Das Feld**
Field of Dreams	Feld der Träume
fièvre monte El Pao, La	**Für ihn verkauf' ich mich**
52 Pick-up	52 Pick-up
55 Days at Peking	**55 Tage in Peking**
Figures in a Landscape	Im Visier des Falken
File on Thelma Jordan, The	**Strafsache Thelma Jordan**
Film d'amore e d'anarchia ovvero „Stamattina alle 10 in via dei Fiori nella nota casa di tolleranza"	Liebe und Anarchie
Final Conflict, The	**Omen III - Barbara's Baby**
Final Countdown, The	Der letzte Countdown
Finders Keepers	**Der Chaos-Express**
Fine Madness, A	Simson ist nicht zu schlagen
Fine Mess, A	**Ärger, nichts als Ärger**
Finian's Rainbow	Der goldene Regenbogen
fiore delle mille e una notte, Il	**Erotische Geschichten aus 1001 Nacht**
Fire Down Below	Spiel mit dem Feuer
Firecreek	**Die fünf Vogelfreien**
Firefox	Firefox
Firepower	**Firepower**
First Blood	Rambo
First Great Train Robbery, The	**Der erste große Eisenbahnraub**
First Legion, The	Beichte eines Arztes
First Love	**Erste Liebe**
Fish Called Wanda, A	Ein Fisch namens Wanda
Five Card Stud	**Todfeinde**
Five Days One Summer	Am Rande des Abgrunds
Five Easy Pieces	**Ein Mann sucht sich selbst**
Five Fingers	Der Fall Cicero
Five Fingers Exercise	**Ein Fremder kam an**
Five Graves To Cairo	Fünf Gräber bis Kairo
Flame and the Arrow, The	**Der Rebell**
Flame of New Orleans, The	Die Abenteuerin
Flaming Star	**Flammender Stern**
Flamingo Road	Die Straße der Erfolgreichen
Flap	**Der Indianer**
Flash Gordon	Flash Gordon
Flashdance	**Flashdance**
Flesh	Fleisch
Flesh and Fantasy	**Das zweite Gesicht**
flic, Un	Der Chef
Flight From Ashiya	**Wir warten in Ashiya**
Flight of the Phoenix, The	Der Flug des Phoenix
Flim Flam Man, The	**Der tolle Mr. Flim-Flam**
Flowers in the Attic	Blumen der Nacht
Fly, The	**Die Fliege**
Fly, The	Die Fliege
Fly II, The	**Die Fliege II**
Fog, The	The Fog - Nebel des Grauens
folie des grandeurs, La	**Die dummen Streiche der Reichen**
Folies bourgeoises	Die verrückten Reichen
Folle a tuer	**Zum Freiwild erklärt**
Follow Me	Ein liebenswerter Schatten
Fool For Love	**Fool for Love**
Fool's Parade	Die Gnadenlosen
Footloose	**Footloose**
Footsteps in the Fog	Zwischen Haß und Liebe

For att inte tala om alla dessa kvinnor	**Ach, diese Frauen**
For Pete's Sake	**Bei mir liegst Du richtig**
For Whom the Bell Tolls	Wem die Stunde schlägt
For Your Eyes Only	**In tödlicher Mission**
Force 10 From Navarone	Der wilde Haufen von Navarone
Foreign Correspondent	**Mord**
Forbidden Planet	Alarm im Weltall
Foreign Affair, A	**Eine auswärtige Affäre**
Forever Amber	Amber, die große Kurtisane
Forever, Lulu	**Für immer: Lulu**
Formula, The	Die Formel
Fort Apache	**Bis zum letzten Mann**
Fort Apache - The Bronx	The Bronx
fortuna di essere donna, La	**Wie herrlich, eine Frau zu sein**
Fortune, The	Mitgiftjäger
Fortune Cookie, The	**Der Glückspilz**
Four For Texas	Vier für Texas
Four Horsemen of the Apocalypse, The	**Die vier apokalyptischen Reiter**
Four Musketeers, The	Die vier Musketiere - Die Rache der Milady
Four Poster, The	**Das Himmelbett**
Four's a Crowd	Liebe zu viert
Fourteen Hours	**Vierzehn Stunden**
Fourth Protocol, The	Das vierte Protokoll
Fourth War, The	**Powerplay**
Fourty Carats	Vierzig Karat
Fourty Guns	**Vierzig Gewehre**
48 Hours	Nur 48 Stunden
Fox, The	**The Fox**
Fox and the Hound, The	Cap und Capper - Zwei Freunde auf acht Pfoten
française et l'amour, La	**Die Französin und die Liebe**
Frances	Frances
Francis of Assisi	**Franz von Assisi**
Frankenstein	Frankenstein
Frantic	**Frantic**
French Can-Can	French Can Can
French Connection, The	**Brennpunkt Brooklyn**
French Connection II	French Connection II
French's Lieutenants Woman, The	**Die Geliebte des französischen Leutnants**
Frenzy	Frenzy
Frequence meurtre	**Frequenz Mord**
Freshman, The	Freshman
Freud	**Freud**
Friday the 13th.	Freitag, der 13.
Friendly Persuasion	**Lockende Versuchung**
Friends of Eddie Coyle, The	Die Freunde von Eddie Coyle
Fright	**Die Fratze**
Fright Night	Die rabenschwarze Nacht
Frisco Kid, The	**Ein Rabbi im Wilden Westen**
Frogs	Frogs - Frösche
Fröken Julie	**Fräulein Julie**
From Hell To Texas	Schieß zurück, Cowboy
From Here To Eternity	**Verdammt in alle Ewigkeit**
From Noon To Three	Zwischen Zwölf und Drei
From Russia With Love	**Liebesgrüße aus Moskau**
From the Terrace	Von der Terrasse
Front, The	**Der Strohmann**
Front Page, The	Extrablatt
Fruit Machine, The	**The Fruit Machine**
Fugitive, The	Befehl des Gewissens
Fugitive Kind, The	**Der Mann in der Schlangenhaut**
fugitifs, Les	Die Flüchtigen
Full Metal Jacket	**Full Metal Jacket**
Fun in Acapulco	Acapulco
Fun With Dick and Jane	**Das Geld liegt auf der Straße**
Funeral in Berlin	Finale in Berlin
Funny Face	**Ein süßer Fratz**
Funny Girl	Funny Girl
Funny Lady	**Funny Lady**
Funny Thing Happened on the Way To the Forum, A	**Toll trieben es die alten Römer**
Furies, The	Farm der Besessenen
Fury	**Fury**
Fury, The	Teufelskreis Alpha
Furyo - Merry Christmas, Mr.Lawrence	**Furyo - Merry Christmas, Mr. Lawrence**
Futureworld	Futureworld - Das Land von übermorgen
futuro è donna, Il	**Die Zukunft heißt Frau**
Fuzz	Auf leisen Sohlen kommt der Tod

G

Gaby - A True Story	**Gaby - Eine wahre Geschichte**
Gaily, Gaily	Gaily, Gaily
Gallipoli	**Gallipoli**
Gambit	Das Mädchen aus der Cherry-Bar
Gambler, The	**Spieler ohne Skrupel**
Games	Satanische Spiele
Gandhi	**Gandhi**
gang, Le	Die Gang
Garbo Talks	**Die Göttliche**
Garçon!	Garçon!
Garde à vue	**Das Verhör**
Garden of Allahs, The	Der Garten Allahs
Garden of Evil	**Der Garten des Bösen**
Gardens of Stone	Der steinerne Garten
Gaslight	**Das Haus der Lady Alquist**
Gathering of Old Men, A	Ein Aufstand alter Männer
gattopardo, Il	**Der Leopard**
Gauguin, le loup dans le soleil	Die Augen des Wolfes
Gauntlet, The	**Der Mann, der niemals aufgibt**
Gay Divorcee, The	Scheidung auf amerikanisch
gendarme à New York, Le	**Der Gendarm vom Broadway**
gendarme de Saint Tropez, Le	Der Gendarm von St. Tropez
gendarme en balade, Le	**Balduin, der Schrecken von St. Tropez**
gendarme et les extraterrestres, Le	Louis' unheimliche Begegnung mit den Außerirdischen
gendarme et les gendarmettes, Le	**Louis und seine verrückten Politessen**
gendarme se marie, Le	Balduin, der Heiratsmuffel
General, The	**Buster Keaton: Der General**
General Died at Dawn, The	Der General starb im Morgengrauen
Genevieve	**Die feurige Isabella**
Genghis Khan	Dschingis Khan
genio, due compari, un pollo, Un	**Nobody ist der Größte**
genoud de Claire, Le	Claires Knie
gens sans importance, Des	**Der Weg ins Verderben**
Gentleman Jim	Gentleman Jim, der freche Kavalier
Gentlemen Prefer Blondes	**Blondinen bevorzugt**
Gentlemen's Agreement	Tabu der Gerechten
Germania, anno zero	**Deutschland im Jahre Null**
Getaway, The	Getaway
Ghost	**Ghost - Nachricht von Sam**
Ghost Goes West, The	Ein Gespenst geht nach Amerika
Ghost Story	**Zurück bleibt die Angst**
Ghostbusters	Ghostbusters
Ghostbusters II	**Ghostbusters II**
Ghosts ...of the Civil Dead	Ghosts ...of the Civil Dead
Giallo napoletano	**Leichen muß man feiern wie sie fallen**
Giant	Giganten
giardino dei Finzi-Contini, Il	**Der Garten der Finzi-Contini**
Gideon of Scotland Yard	Chefinspektor Gideon
Gigi	**Gigi**
Gilda	Gilda
Ginger e Fred	**Ginger und Fred**
giornata particolare, Una	Ein besonderer Tag

giorno della civetta, Il	Der Tag der Eule
girasoli, I	**Sonnenblumen**
Girl Can't Help It, The	The Girl Can't Help It
Girls, Les	**Girls**
Giù la testa	Todesmelodie
giudizio universale, Il	**Das Jüngste Gericht findet nicht statt**
Giulietta degli spiriti	Julia und die Geister
Giulietta e Romeo	**Romeo und Julia**
glaive et la balance, Le	Am Ende aller Wege
Glass Bottom Boat, The	**Spion in Spitzenhöschen**
Glass Menagerie, The	Die Glasmenagerie
Glass Slipper, The	**Der gläserne Pantoffel**
Glenn Miller Story, The	Die Glenn Miller Story
Gli amanti	**Der Duft deiner Haut**
Gli esecutori	Abrechnung in San Francisco
Gli indifferenti	**Die Gleichgültigen**
Gli occhiali d'oro	Brille mit Goldrand
Gloria	**Gloria**
Go-Between, The	Der Mittler
Goddess, The	**Die Göttin**
Godfather, The	Der Pate
Godfather, Part II, The	**Der Pate, Teil II**
Godfather, Part III, The	Der Pate, Teil III
Gods Must Be Crazy, The	**Die Götter müssen verrückt sein**
Goin' South	Der Galgenstrick
Going My Way	**Der Weg zum Glück**
Gold	Gold
Gold Rush, The	**Goldrausch**
Golden Child, The	Auf der Suche nach dem goldenen Kind
Goldfinger	**Goldfinger**
golfos, Los	Die Straßenjungen
Gone With the Wind	**Vom Winde verweht**
Good Earth, The	Die gute Erde
Good Fellas	**Good Fellas - Drei Jahrzehnte in der Mafia**
Good Morning, Babilonia	Good Morning, Babylon
Good Morning, Miss Dove	**Guten Morgen, Miss Fink**
Good Morning, Vietnam	Good Morning, Vietnam
Good Neighbor Sam	**Leih' mir deinen Mann**
Goodbye Again	Lieben Sie Brahms?
Goodbye Columbus	**Zum Teufel mit der Unschuld**
Goodbye Girl, The	Der Untermieter
Goodbye, Mr. Chips	**Goodbye, Mr. Chips**
Goonies, The	Die Goonies
Gorillas in the Mist	**Gorillas im Nebel**
Gorky Park	Gorky Park
Gothic	**Gothic**
Gott mit uns	Die im Dreck krepieren
Graduate, The	**Die Reifeprüfung**
grand bleu, Le	Im Rausch der Tiefe
grand blond avec une chaussure noire, Le	**Der große Blonde mit dem schwarzen Schuh**
Grand Hotel	Menschen im Hotel
Grand Prix	**Grand Prix**
grand restaurant, Le	Scharfe Kurven für Madame
grande Bluff, Il	**Bluff**
grande bouffe, La	Das große Fressen
grande chemin, Le	**Am großen Weg**
grande illusion, La	Die große Illusion
grande silenzio, Il	**Leichen pflastern seinen Weg**
grande vadrouille, La	Drei Bruchpiloten in Paris
grandes manoeuvres, Les	**Das große Manöver**
grandes vacances, Les	Balduin, der Ferienschreck
granges brûlées, Les	**Die Löwin und ihr Jäger**
Grapes of Wrath	Früchte des Zorns
Grass is Greener, The	**Vor Hausfreunden wird gewarnt**
Gray Lady Down	U-Boot in Not
Grease	**Grease - Schmiere**
Great Balls of Fire	Great Balls of Fire
Great Catherine	**Die große Katharina**
Great Dictator, The	Der große Diktator
Great Escape, The	**Gesprengte Ketten**
Great Expectations	Geheimnisvolle Erbschaft
Great Gatsby, The	**Der große Gatsby**
Great Impostor, The	Der charmante Hochstapler
Great Race, The	**Das große Rennen rund um die Welt**
Great Sinner, The	Der Spieler
Great Waldo Pepper, The	**Tollkühne Flieger**
Greatest Story Ever Told, The	Die größte Geschichte aller Zeiten
Greed	**Gier**
Greek Tycoon, The	Der große Grieche
Green Berets, The	**Die grünen Teufel**
Green Dolphin Street	Taifun
Green Fire	**Grünes Feuer**
Green Mansions	Tropenglut
Greetings	**Grüße**
Gremlins	Gremlins - Kleine Monster
Gremlins II	**Gremlins II**
Greystoke: The Legend of Tarzan, Lord of the Apes	Greystoke - Die Legende von Tarzan, Herr der Affen
grido, Il	**Der Schrei**
Grifters, The	Grifters
Grissom Gang, The	**Die Grissom-Gang**
Ground Zero	Ground Zero
Group, The	**Die Clique**
Gruppo di famiglia in un interno	Gewalt und Leidenschaft
Guardian, The	**Das Kindermädchen**
guerre des boutons, La	Der Krieg der Knöpfe
guerre du feu, La	**Am Anfang war das Feuer**
guerre est finie, La	Der Krieg ist vorbei
Guess Who's Coming To Dinner	**Rat' mal, wer zum Essen kommt**
Guide For the Married Man, A	Leitfaden für Seitensprünge
guignolo, Le	**Der Puppenspieler**
Guilty By Suspicion	Schuldig bei Verdacht
Gun Crazy	**Gefährliche Leidenschaft**
Gunfight at the O. K. Corral	Zwei rechnen ab
Gunfighter, The	**Der Scharfschütze**
Gunga Din	Aufstand in Didi Hakim
Guns of Navarone, The	**Die Kanonen von Navarone**
Guys and Dolls	Schwere Jungen, leichte Mädchen
Gwendoline	**Gwendoline**
Gyklarnas afton	Abend der Gaukler
Gypsy	**Gypsy - Königin der Nacht**
Gypsy and the Gentleman	Dämon Weib
Gypsy Moths, The	**Die den Hals riskieren**

H

Hair	**Hair**
Hairspray	Hairspray
Half Moon Street	**Half Moon Street**
Hallelujah Trail, The	Vierzig Wagen westwärts
Halloween	**Halloween - Die Nacht des Grauens**
Halloween II	Halloween II - Das Grauen kehrt zurück
Halls of Montezuma, The	**Okinawa**
Hamburger Hill	Hamburger Hill
Hammersmith Is Out	**Hammersmith Is Out**
Hammett	Hammett
Hamnstad	**Hafenstadt**
Hand, The	Die Hand
Handful of Dust, A	**Eine Handvoll Staub**
Handmaid's Tale, The	Die Geschichte der Dienerin
Hands Across the Table	**Liebe im Handumdrehen**
Hang 'em High	Hängt ihn höher
Hanging Tree, The	**Der Galgenbaum**
Hangmen Also Die	Auch Henker sterben
Hannah and Her Sisters	**Hannah und ihre Schwestern**
Hannibal Brooks	Hannibal Brooks
Hannie Calder	**In einem Sattel mit dem Tod**

Hans Christian Andersen	**Hans Christian Andersen und die Tänzerin**
Happening, The	Die Meute
Happy Ending, The	**Happy-End für eine Ehe**
Happy Thieves, The	Rendezvous in Madrid
Hard Contract	**Der Killer und die Dirne**
Hard Day's Night, A	Yeah! Yeah! Yeah!
Hard Times	**Ein stahlharter Mann**
Hard Way, The	Auf die harte Tour
Hardcore	**Hardcore - Ein Vater sieht rot**
Harder They Fall, The	Schmutziger Lorbeer
Harem	**Harem**
Harlem Nights	Harlem Nights
Harlow	**Die Welt der Jean Harlow**
Harold and Maude	Harold und Maude
Harper	**Ein Fall für Harper**
Harriet Craig	Die Lügnerin
Harry & Son	**Harry & Sohn**
Harry and the Hendersons	Bigfoot und die Hendersons
Harry and Tonto	**Harry und Tonto**
Harry and Walter Go To New York	Und morgen wird ein Ding gedreht
Harvey	**Mein Freund Harvey**
Has Anybody Seen My Gal?	Hat jemand meine Braut gesehen?
hasard et la violence, Le	**Bonne Chance**
Hatari!	Hatari
Hatful of Rain, A	**Giftiger Schnee**
Hatter's Castle	Der Hutmacher und sein Schloß
Haunted Palace, The	**Die Folterkammer des Hexenjägers**
Haunting, The	Bis das Blut gefriert
Havana	**Havanna**
Hawaii	Hawaii
Hawaiians, The	**Herrscher der Insel**
Head Over Heels	Hals über Kopf
Heart Beat	**Herzschläge**
Heart Is a Lonely Hunter, The	Das Herz ist ein einsamer Jäger
Heartbreak Ridge	**Heartbreak Ridge**
Heartburn	Sodbrennen
Heat and Dust	**Hitze und Staub**
Heaven Can Wait	Der Himmel soll warten
Heaven Can Wait	**Ein himmlischer Sünder**
Heaven Knows, Mr. Allison	Der Seemann und die Nonne
Heaven's Gate	**Heaven's Gate**
Hedda	Hedda Gabler
Helen of Troy	**Der Untergang von Troja**
Hell in the Pacific	Die Hölle sind wir
Hell Is For Heroes	**Die ins Gras beißen**
Hell on Frisco Bay	Blutige Straßen
Hell With Heroes, The	**Die mit den Wölfen heulen**
Heller in Pink Tights	Die Dame und der Killer
Hellfighters	**Die Unerschrockenen**
Hello, Dolly!	Hello, Dolly!
Hellraiser	**Hellraiser - Das Tor zur Hölle**
Hellzapoppin	In der Hölle ist der Teufel los
Help!	**Hi-Hi-Hilfe!**
Hemingway's Adventures of a Young Man	Hemingways Abenteuer eines jungen Mannes
Henry and June	**Henry und June**
Henry VIII and His Six Wives	Heinrich VIII. und seine sechs Frauen
Henry V.	**Heinrich V.**
Henry V	Henry V.
Her Alibi	**Ninas Alibi**
Henry V.	Heinrich V.
Here Comes Mr. Jordan	**Urlaub vom Himmel**
Here Comes the Groom	Hochzeitsparade
heritier, L'	**Der Erbe**
Heroes	Helden von heute
Heroes of Telemark, The	**Kennwort „Schweres Wasser“**
héros sont fatigués, Les	Die Helden sind müde
Hibernatus	**Onkel Paul, die große Pflaume**
Hidden, The	The Hidden - Das unsagbar Böse
High and the Mighty, The	**Es wird immer wieder Tag**
High Anxiety	Mel Brooks' Höhenkoller
High Noon	**Zwölf Uhr mittags**
High Plains Drifter	Ein Fremder ohne Namen
High Road To China	**Höllenjagd bis ans Ende der Welt**
High Sierra	Entscheidung in der Sierra
High Society	**Die oberen Zehntausend**
High Spirits	High Spirits
High Wind in Jamaica, A	**Sturm über Jamaika**
Highlander	Highlander
Highlander II - The Quickening	**Highlander II - Die Rückkehr**
Hill, The	Ein Haufen toller Hunde
Hindenburg, The	**Die Hindenburg**
Hired Hand, The	Der weit Ritt
Hireling, The	**Botschaft für Lady Franklin**
Hiroshima - Mon Amour	Hiroshima - Mon Amour
His Girl Friday	**Sein Mädchen für besondere Fälle**
histoire d' Adèle H., L'	Die Geschichte der Adèle H.
histoire d'O., L'	**Die Geschichte der O.**
histoire immortelle, L'	Stunde der Wahrheit
histoire simple, Une	**Eine einfache Geschichte**
historia oficial, La	Die offizielle Geschichte
History of the World - Part I	**Mel Brooks' verrückte Geschichte der Welt**
Hit, The	The Hit
Hitler - The Last Ten Days	**Hitler - Die letzten zehn Tage**
Ho!	Ho!
Hobson's Choice	**Herr im Haus bin ich**
Hold Back the Dawn	Das goldene Tor
Hold-Up	**Der Boß**
Hole in the Head, A	Eine Nummer zu groß
Holiday	**Die Schwester der Braut**
Hollywood Or Brust	Alles um Anita
Hombre	**Man nannte ihn Hombre**
Home Alone	Kevin - Allein zu Haus
Home Before Dark	**Bevor die Nacht anbricht**
Home From the Hill	Das Erbe des Blutes
Home Movies	**Home Movies - Wie du mir, so ich dir**
Homeboy	Homeboy
Homecoming	**Dr. Johnsons Heimkehr**
Homer and Eddie	Homer und Eddie
homme a femmes, L'	**An einem heißen Nachmittag**
homme amoureux, Un	A Man In Love
homme blessé, L'	**Der verführte Mann**
homme de Rio, L'	Abenteuer in Rio
homme de trop, Un	**Ein Mann zuviel**
homme en colère, L'	Mann in Wut
homme est mort, Un	**Brutale Schatten**
homme et une femme, Un	Ein Mann und eine Frau
homme et une femme, Un - Vingt ans déjà	**Ein Mann und eine Frau, 20 Jahre später**
homme orchestre, L'	Alles tanzt nach meiner Pfeife
homme pressé, L'	**Der Antiquitätenjäger**
homme qui aimait les femmes, L'	Der Mann, der die Frauen liebte
homme qui me plait, Un	**Der Mann, der mir gefällt**
Homo Faber	Homo Faber
Hon dansade en sommar	**Sie tanzte nur einen Sommer**
Hondo	Man nennt mich Hondo
Honey, I Shrunk the Kids	**Liebling, ich habe die Kinder geschrumpft**
Honey Pot, The	Venedig sehen - und erben
Honeymoon Machine, The	**Die Heiratsmaschine**
Hong Gaoliang	Rotes Kornfeld
Honky Tonk	**Ein toller Bursche**
Honky Tonk Freeway	Da steht der ganze Freeway Kopf
Honkytonk Man	**Honkytonk Man**
honneurs de la guerre, Les	Die vor die Hunde gehen
Honorary Consul, The	**Der Honorarkonsul**
Hope and Glory	Hope and Glory
Hopscotch	**Bluff Poker**

Hori, ma panenko	**Anuschka - Es brennt mein Schatz**
horloger de Saint Paul L'	Der Uhrmacher von St. Paul
Horror of Dracula	**Dracula**
Horse Soldiers, The	Der letzte Befehl
Horsemen, The	**Die Steppenreiter**
Hospital, The	Hospital
Hot Rock, The	**Vier schräge Vögel**
Hot Spell	Hitzewelle
Hot Spot, The	**Hot Spot**
Hotel	Hotel
Hôtel des Amériques	**Begegnung in Biarritz**
Hôtel du Nord	Hotel du Nord
Hotel New Hampshire, The	**Das Hotel New Hampshire**
Hotel Paradiso	Hotel Paradiso
Houdini	**Houdini, der König des Varieté**
Hound of the Baskervilles, The	Sherlock Holmes - Der Hund von Baskerville
Hour of the Gun	**Die fünf Geächteten**
House	House
House By the River	**Das Todeshaus am Fluß**
House Calls	Hausbesuche
House of Games	**Haus der Spiele**
House of Strangers	Blutsfeindschaft
House of Usher, The	**Die Verfluchten**
House of Wax	Das Kabinett des Professor Bondi
House on Carroll Street, The	**Das Haus in der Carroll Street**
Houseboat	Hausboot
How Green Was My Valley	**Schlagende Wetter**
How I Won The War	Wie ich den Krieg gewann
How the West Was Won	**Das war der Wilde Westen**
How To Marry A Millionaire	Wie angelt man sich einen Millionär?
How To Save a Marriage (and Ruin Your Life)	**Zärtlich schnappt die Falle zu**
How To Murder Your Wife	Wie bringt man seine Frau um
How To Steal a Million	**Wie klaut man eine Million?**
Howling, The	Das Tier
Hud	**Der Wildeste unter Tausend**
Human Desire	Lebensgier
Humoresque	**Humoreske**
Hunchback of Nôtre-Dame,The	Der Glöckner von Nôtre-Dame
Hunger, The	**Begierde**
Hunt For Red October, The	Jagd auf Roter Oktober
Hunter, The	**Jeder Kopf hat seinen Preis**
Hunting Party, The	Leise weht der Wind des Todes
Hurricane	**Hurricane**
Hurricane, The	...dann kam der Orkan
Hurry Sundown	**Morgen ist ein neuer Tag**
Husbands	Husbands - Ehemänner
Hush...Hush, Sweet Charlotte	**Wiegenlied für eine Leiche**
Hustle	Straßen der Nacht
Hustler, The	**Haie der Großstadt**

I

I Am a Fugitive From a Chain Gang	Jagd auf James A.
I... comme Icare	**I... wie Ikarus**
I Confess	Ich beichte
I Could Go On Singing	**Bretter, die die Welt bedeuten**
I Hired a Contract Killer	I Hired a Contract Killer
I Love You, Alice B. Toklas!	**Laß' mich küssen deinen Schmetterling**
I Love You To Death	Ich liebe dich zu Tode
I Married a Witch	**Meine Frau, die Hexe**
I Never Promised You a Rosegarden	Ich habe Dir nie einen Rosengarten versprochen
I Remember Mama	**Geheimnis einer Mutter**
I Saw What You Did	Es geschah um 8 Uhr 30
I, the Jury	**Ich, der Richter**
I Walk Alone	Vierzehn Jahre Sing-Sing
I Walk the Line	**Der Sheriff**
I Walked With a Zombie	**Ich folgte einem Zombie**
I Want To Go Home	I Want to Go Home
I Want To Live!	**Laßt mich leben**
I Was a Male War Bride	Ich war eine männliche Kriegsbraut
I Will, I Will... For Now	**Ich will, ich will... vielleicht**
Ice Palace	Titanen
Ice Station Zebra	**Eisstation Zebra**
Identificazione di una donna	Identifikation einer Frau
idiot, L'	**Der Idiot**
Ieri, oggi, domani	Gestern, heute und morgen
If...	**If...**
If I Had a Million	Wenn ich eine Million hätte
Ikimono no kiroku	**Ein Leben in Furcht**
Illustrated Man, The	Der Tätowierte
I'll Cry Tomorrow	**Und morgen werd' ich weinen**
I'll Never Forget What's ,is Name	Was kommt danach...?
I'm No Angel	**Ich bin kein Engel**
Imitation of Life	Solange es Menschen gibt
Immediate Family	**Second Hand Familie**
Importance of Being Earnest, The	Ernst sein ist alles
Important, c'est d´amier, L'	**Nachtblende**
imprecateur, L'	Der Ankläger
imprevisto, L'	**Bevor das Licht verlöscht**
In a Lonely Place	Ein einsamer Ort
In Cold Blood	**Kaltblütig**
In Harm's Way	Erster Sieg
In-Laws, The	**Zwei in Teufelsküche**
In Like Flint	Derek Flint - Hart wie Feuerstein
In Love and War	**Hölle, wo ist dein Schrecken?**
In Search of the Castaways	Die Abenteuer des Kapitän Grant
In the Cool of the Day	**Begierde an schattigen Tagen**
In the Heat of the Night	In der Hitze der Nacht
In This Our Life	**Ich will mein Leben leben**
In Which We Serve	In Which We Serve
incorrigible, L'	**Die Unverbesserliche**
Incredible Shrinking Man, The	Die unglaubliche Geschichte des Mr. C
Indian Fighter, The	**Zwischen zwei Feuern**
Indiana Jones and the Last Crusade	Indiana Jones und der letzte Kreuzzug
Indiana Jones and the Temple of Doom	**Indiana Jones und der Tempel des Todes**
Indiscreet	Indiskret
Indomptable Angélique	**Unbezähmbare Angélique**
Informer, The	Der Verräter
Ingagine su un cittadino al di sopra di ogni sospetto	**Ermittlungen gegen einen über jeden Verdacht erhabenen Bürger**
ingorgo, L'	Stau
Inherit the Wind	**Wer den Wind sät**
Inn of the Sixth Happiness, The	Die Herberge zur 6. Glückseligkeit
Inner Space	**Die Reise ins Ich**
Innocent Man, An	Von Bullen aufs Kreuz gelegt
Innocents, The	**Das Schloß des Schreckens**
innocents aux mains sales, Les	Die Unschuldigen mit den schmutzigen Händen
Inside Daisy Clover	**Verdammte süße Welt**
Insignificance	Insignificance - Die verflixte Nacht
insoumis, L'	**Die Hölle von Algier**
Inspecteur Lavardin	Inspektor Lavardin oder Die Gerechtigkeit
Inspector Clouseau	**Der rosarote Panther: Inspektor Clouseau**
Interiors	Innenleben
Intermezzo	**Intermezzo**
Intermezzo - A Love Story	Intermezzo
Internal Affairs	**Internal Affairs**
International Velvet	Alles Glück dieser Erde
Intervista	**Fellinis Intervista**
Into the Night	Kopfüber in die Nacht
intoccabili, Gli	**Die Unschlagbaren**

Intolerance	Intolerance
Invasion of the Body Snatchers	**Die Dämonischen**
Invasion of the Body Snatchers	Die Körperfresser kommen
Invisible Man, The	**Der Unsichtbare**
Io ha paura	Ich habe Angst
Io la conoscevo bene	**Ich habe sie gut gekannt**
Ipcress File, The	Ipcress - Streng geheim
Irma La Douce	**Das Mädchen Irma La Douce**
Iron Eagle	Der stählerne Adler
Iron Petticoat, The	**Der eiserne Unterrock**
Ironweed	Wolfsmilch
Isadora	**Isadora**
Ishtar	Ishtar
Island, The	**Freibeuter des Todes**
Island in the Sun	Heiße Erde
Island of Dr. Moreau, The	**Die Insel des Dr. Moreau**
Islands in the Stream	Inseln im Strom
istruttoria é chiusa: dimentichi, L'	**Das Verfahren ist eingestellt: Vergessen Sie's!**
It Happened One Night	Es geschah in einer Nacht
It Happened Tomorrow	**Es geschah morgen**
It Happened To Jane	Mit mir nicht, meine Herren
It Started in Naples	**Es begann in Neapel**
Italian Job, The	Charlie staubt Millionen ab
Iteneraire d'un enfant gâte	**Der Löwe**
It's a Great Feeling	Ein tolles Gefühl
It's a Mad, Mad, Mad, Mad World	**Eine total, total verrückte Welt**
It's a Wonderful Life	Ist das Leben nicht schön?
It's Alive	**Die Wiege des Bösen**
It's Always Fair Weather	Vorwiegend heiter
It's My Turn	**It's My Turn - Ich nenn' es Liebe**
Ivanhoe	Ivanhoe, der Schwarze Ritter
Ivy	**Ivy**
Iwan Grosnij	Iwan der Schreckliche
Iwanowo Detstwo	**Iwans Kindheit**

J

Jabberwocky	Jabberwocky
Jackson County Jail	**Vergewaltigt hinter Gittern**
Jagged Edge	Das Messer
Jamaica Inn	**Riff-Piraten**
Jane Eyre	Die Waise von Lowood
January Man, The	**Im Zeichen der Jungfrau**
jardin de las delicias, El	Der Garten der Lüste
jardinier d'argenteuil, Le	**Blüten, Gauner und die Nacht von Nizza**
Jaws	**Der weiße Hai**
Jaws II	Der weiße Hai II
Jazz Singer, The	**The Jazz Singer**
J'événement les plus important de puis que l'homme a marché sur la lune	Die Umstandshose
Je t'aime, je t'aime	**Ich liebe dich, ich liebe dich**
Je t'aime moi non plus	Je t'aime
Je vous salue, Marie	**Maria und Joseph**
Jean de Florette	Jean Florette
Jeanne Eagles	**Ein Herzschlag bis zur Ewigkeit**
Jeff	Jagd auf Jeff
Jeopardy	**Sekunden der Angst**
Jeremiah Johnson	Jeremiah Johnson
Jesse James	**Jesse James - Mann ohne Gesetz**
Jessica	Jessica
Jesus Christ Superstar	**Jesus Christ Superstar**
Jesus de Montreal	Jesus von Montreal
Jet Pilot	**Düsenjäger**
Jeux interdits	Verbotene Spiele
Jewel of the Nile, The	**Auf der Jagd nach dem Juwel vom Nil**
Jezebel	Jezebel - Die boshafte Lady
Jigsaw Man, The	**Agenten sterben zweimal**
Jinxed!	Verhext
Jo	**Hasch mich - ich bin der Mörder**
Joan of Arc	Johanna von Orleans
Joe Kidd	**Sinola**
Joe Valachi: I segriti di Cosa Nostra	Die Valachi-Papiere
Joey	**Joey**
John and Mary	John und Mary
John Paul Jones	**Beherrscher der Meere**
Johnny Belinda	Schweigende Lippen
Johnny Concho	**Johnny Concho**
Johnny Eager	Der Tote lebt
John Goldfarb, Please Come Home	**Eine zuviel im Harem**
Johnny Got His Gun	Johnny zieht in den Krieg
Johnny Guitar	**Johnny Guitar - Wenn Frauen hassen**
Johnny Handsome	Johnny Handsome
Johnny O'Clock	**Johnny O´Clock**
Joker Is Wild, The	Schicksalsmelodie
Jokers, The	**Minirock und Kronjuwelen**
Jonas qui aura 25 ans en l'an 2000	Jonas, der im Jahre 2000 25 Jahre alt sein wird
Jonathan Livingston Seagull	**Die Möwe Jonathan**
jouet, Le	Das Spielzeug
Jour de fête	**Tatis Schützenfest**
jour se lève, Le	Der Tag bricht an
journal d'une femme de chambre, Le	**Tagebuch einer Kammerzofe**
Journey, The	Die Reise
Journey Into Fear	**Von Agenten gejagt**
Journey To the Center of the Earth	Die Reise zum Mittelpunkt der Erde
Joyeuses paques	**Fröhliche Ostern**
Jubal	Der Mann ohne Furcht
Judgement at Nuremberg	**Urteil von Nürnberg**
Judith	Judith
juge et l'assassin, Le	**Der Richter und der Mörder**
juge Fayard dit „Le Sheriff", Le	Der Richter, den sie Sheriff nannten
Juggernaut	**18 Stunden bis zur Ewigkeit**
Jules et Jim	Jules und Jim
Julia	**Julia**
Julie	Mord in den Wolken
Julie - Pot de colle	**Zähme mich, liebe mich**
Julius Caesar	Julius Cäsar
Jumpin' Jack Flash	**Jumpin' Jack Flash**
Jungfrukällan	Die Jungfrauenquelle
Jungle Book	**Das Dschungelbuch**
Junior Bonner	Junior Bonner
Just Ask For Diamond	**Die Malteser des Falken**
Just avant la nuit	Vor Einbruch der Nacht
Justine	**Alexandria - Treibhaus der Sünde**

K

Kagemusha	Kagemusha - Der Schatten des Kriegers
Kakushi tornide no sanakunin	**Die verborgene Festung**
Kaleidoscope	Der Gentleman-Zinker
Kaos	**Kaos**
Karate Kid, The	Karate Kid
Katia	**Katja, die ungekrönte Kaiserin**
Keeper of the Flame	Hüter der Flamme
Kelly's Heroes	**Stoßtrupp Gold**
Kentuckian, The	Der Mann aus Kentucky
Kentucky Fried Movie, The	**Kentucky Fried Movie**
Key, The	Der Schlüssel
Key Largo	**Gangster in Key Largo**
Khartoum	Khartoum
Kid, The	**The Kid**
Kid For Two Farthings, A	Voller Wunder ist das Leben
Kid Galahad	**Kid Galahad**
Kidnapped	Entführt - Die Abenteuer des David Balfour
Killer Elite, The	**Die Killer-Elite**

Killers, The	Rächer der Unterwelt
Killers, The	**Tod eines Killers**
Killer's Kiss	Der Tiger von New York
Killing, The	**Die Rechnung ging nicht auf**
Killing Fields, The	The Killing Fields - Schreiendes Land
Killing of a Chinese Bookie, The	**Die Ermordung eines chinesischen Buchmachers**
Killing of Sister George, The	Das Doppelleben der Sister George
Kim	**Kim - Geheimdienst in Indien**
Kind Hearts and Coronets	Adel verpflichtet
Kind of Loving, A	**Nur ein Hauch Glückseligkeit**
Kindergarten Cop	Kindergarten Cop
King and Country	**King and Country**
King and Four Queens, The	Heißer Süden
King and I, The	**Der König und ich**
King David	König David
Kings Go Forth	**Rivalen**
King in New York, A	Ein König in New York
King Kong	**King Kong**
King Kong	King Kong und die weiße Frau
King of Comedy, The	**The King of Comedy**
King of Kings	König der Könige
King of Marvin Gardens, The	**Der König von Marvin Gardens**
King of the Khyber Rifles	Der Hauptmann von Peshawar
King Rat	**Sie nannten ihn King**
King Salomon's Mines	König Salomons Diamanten
King Solomon's Mines	**Quatermain - Auf der Suche nach dem Schatz der Könige**
Kings of the Sun	Könige der Sonne
Kismet	**Kismet**
Kiss Before Dying, A	Kuß vor dem Tode
Kiss Me Deadly	**Rattennest**
Kiss Me Kate	Kiss Me Kate
Kiss Me, Stupid	**Küß mich, Dummkopf**
Kiss of Death	Der Todeskuß
Kiss of the Spider Woman	**Kuß der Spinnenfrau**
Kiss the Blood of My Hands	Bis zur letzten Stunde
Kitty	**Eine Lady mit Vergangenheit**
Klansman, The	Verflucht sind sie alle
Klute	**Klute**
Knack, and How To Get It, The	Der gewisse Kniff
Knights of the Round Table	**Die Ritter der Tafelrunde**
Knights Without Armour	Tatjana
Knock on Any Door	**Vor verschlossenen Türen**
Knock on Wood	Die Lachbombe
Kommissar	**Die Kommissarin**
Konna Yume Wo Mita	Akira Kurosawas Träume
Kora Terry	**Kora Terry**
Kotch	Opa kann's nicht lassen
Krakatoa, East of Java	**Krakatoa - das größte Abenteuer des letzten Jahrhunderts**
Kramer vs. Kramer	Kramer gegen Kramer
Kremlin Letter, The	**Der Brief an den Kreml**
Krótki Film o milosci	Ein kurzer Film über die Liebe
Krótki Film o zabijaniu	**Ein kurzer Film über das Töten**
Krull	Krull
Kumonosu-Djo	**Das Schloß im Spinnwebwald**
Kung Fu Master	Die Zeit mit Julien
Kurio ame	**Schwarzer Regen**
Kvinnodröm	Frauenträume
Kvinnors väntan	**Sehnsucht der Frauen**

L

L-Shaped Room, The	Das indiskrete Zimmer
La Traviata	**La Traviata**
Laberinto de pasiones	Labyrinth der Leidenschaften
Labyrinth	**Die Reise ins Labyrinth**
Ladri di biciclette	Fahrraddiebe
Ladri di saponette	**Die Seifendiebe**
Lady Eve, The	Die Falschspielerin
Lady From Shanghai, The	**Die Lady von Shanghai**
Lady in Cement	Die Lady in Zement
Lady in the Lake	**Die Dame im See**
Lady L	Lady L
Lady Sings the Blues	**Lady Sings the Blues**
Lady Vanishes, The	Eine Dame verschwindet
Ladyhawk	**Der Tag des Falken**
Ladykillers, The	Ladykillers
Lair of the White Worm, The	**Der Biß der Schlangenfrau**
Land of the Pharaohs	Land der Pharaonen
Land That Time Forgot, The	**Caprona - Das vergessene Land**
Landru	Der Frauenmörder von Paris
Lárme a gauche	**Schieß, solange du kannst**
Las Vegas 5oo Milliones	An einem Freitag in Las Vegas
Lassie, Come Home	**Heimweh**
Last Angry Man, The	Der Zorn des Gerechten
Last Command, The	**Sein letzter Befehl**
Last Days of Pompeji, The	Der Untergang von Pompeji
Last Detail, The	**Das letzte Kommando**
Last Embrace	Tödliche Umarmung
Last Emperor, The	**Der letzte Kaiser**
Last Exit to Brooklyn	Letzte Ausfahrt Brooklyn
Last Frontier, The	**Draußen wartet der Tod**
Last Holiday	Ferien wie noch nie
Last Hunt, The	**Die letzte Jagd**
Last Hurrah, The	Das letzte Hurra
Last of Sheila, The	**Sheila**
Last of the Mobile Hotshots, The	Blutsverwandte
Last Picture Show, The	**Die letzte Vorstellung**
Last Remake of Beau Geste, The	Drei Fremdenlegionäre
Last Run, The	**Wen die Meute hetzt**
Last Sunset, The	El Perdido
Last Temptation of Christ, The	**Die letzte Versuchung Christi**
Last Time I Saw Paris, The	Damals in Paris
Last Train From Gun Hill	**Der letzte Zug von Gun Hill**
Last Tycoon, The	Der letzte Tycoon
Last Valley, The	**Das vergessene Tal**
Last Voyage, The	Höllenfahrt
Last Wagon, The	**Der letzte Wagen**
Last Wave, The	Die letzte Flut
Late Show, The	**Die Katze kennt den Mörder**
Laughing Policeman, The	Massenmord in San Francisco
Laura	**Laura**
Lavender Hill Mob, The	Einmal Millionär sein
Law and Jake Wade, The	**Der Schatz der Gehenkten**
Lawman	Lawman
Lawrence of Arabia	**Lawrence von Arabien**
Lawyer, The	Der Strafverteidiger
Le Mans	**Le Mans**
Le train	Der Zug
League of Gentlemen, The	**Die Herren Einbrecher geben sich die Ehre**
Leave Her To Heaven	Todsünde
lectrice, La	**Die Vorleserin**
Left Hand of God, The	Die linke Hand Gottes
Legal Eagles	**Staatsanwälte küßt man nicht**
Legend	Legende
Legend of Lylah Clare, The	**Große Lüge Lylah Clare**
Legend of the Lost	Stadt der Verlorenen
Lenny	**Lenny**
Leo the Last	Leo der Letzte
Léon Morin, prêtre	**Eva und der Priester**
Leonor	Eleonore
Let Us Live	**Laßt uns leben**
Lethal Weapon	Zwei stahlharte Profis
Lethal Weapon II	**Brennpunkt L. A.**
Letiat schurawly	Wenn die Kraniche ziehen
Let's Make Love	**Machen wir's in Liebe**
Letter, The	Das Geheimnis von Malampur
Letter From an Unknown Woman	**Brief einer Unbekannten**
Letter To Brezhnev	Brief an Breshnew
Letter To Three Wives	**Brief an drei Frauen**

ley del deseo, La	**Das Gesetz der Begierde**
liaisons dangereuses, Les	Gefährliche Liebschaften
Libel	**Die Nacht ist mein Feind**
Liberation of L.B. Jones, The	Die Glut der Gewalt
License to Kill	**Lizenz zum Töten**
Life and Time of Judge Roy Bean, The	Das war Roy Bean
Life at the Top	**Ein Platz ganz oben**
Life of Brian	Das Leben des Brian
Life With Father	**Unser Leben mit Vater**
Lifeboat	Das Rettungsboot
Light at the Edge of the World, The	**Das Licht am Ende der Welt**
Lightship, The	Das Feuerschiff
Lili	**Lili**
Lilies of the Field	Lilien auf dem Feld
Liliom	**Liliom**
Lilith	Lilith
Limelight	**Rampenlicht**
Link	Link, der Butler
Lion in Winter, The	**Der Löwe im Winter**
Lion of the Desert	Omar Mukhtar - Löwe der Wüste
lions sont lachés, Les	**Vor Salonlöwen wird gewarnt**
Lipstick	Eine Frau sieht rot
Liquid Sky	**Liquid Sky**
Liquidator, The	L - Der Lautlose
List of Adrian Messenger, The	**Die Totenliste**
Liste noir	Back Fire
Little Big Man	**Little Big Man**
Little Caesar	Der kleine Cäsar
Little Drummer Girl, The	**Die Libelle**
Little Foxes, The	Die kleinen Füchse
Little Hut, The	**Die kleine Hütte**
Little Lord Fauntleroy	Der kleine Lord
Little Mermaid, The	**Arielle - Die Meerjungfrau**
Little Miss Marker	Ein reizender Fratz
Little Murders	**Kleine Mörder**
Little Princess, The	Die kleine Prinzessin
Little Romance, A	**Ich liebe Dich - I Love you - Je t'aime**
Little Shop of Horrors	Kleiner Laden voller Schrecken
Little Women	**Kleine tapfere Jo**
Little Women	Vier Schwestern
Live and Let Die	**Leben und sterben lassen**
Lives of a Bengal Lancer, The	Bengali
Living Daylights, The	**Der Hauch des Todes**
Liza	Allein mit Giorgio
Llanto por un bandido	**Cordoba**
Local Hero	Local Hero
locataire, Le	**Der Mieter**
Lodger, The - A Story of the London Fog	Der Mieter
Logan's Run	**Flucht ins 23. Jahrhundert**
loi, La	Wo der heiße Wind weht
Lola	**Lola, das Mädchen aus dem Hafen**
Lola Montez	Lola Montez
Lolita	**Lolita**
Lone Star	Mann gegen Mann
Lonely Are the Brave	**Einsam sind die Tapferen**
Lonely Guy, The	Ein Single kommt selten allein
Lonelyhearts	**Das Leben ist Lüge**
Long Duel, The	Der Kampf
Long Goodbye, The	**Der Tod kennt keine Wiederkehr**
Long Gray Line, The	Mit Leib und Seele
Long Hot Summer, The	**Der lange, heiße Sommer**
Long, Long Trailer, The	Villa mit 100 PS
Long Night, The	**Die lange Nacht**
Long Riders, The	Long Riders
Long Ships, The	**Raubzug der Wikinger**
Long Voyage Home, The	Der lange Weg nach Cardiff
Longest Day, The	**Der längste Tag**
Longest Yard, The	Die Kampfmaschine
Longtime Companion	**Longtime Companion**
Look Back in Anger	Blick zurück im Zorn
Look Who's Talking	**Kuck' mal, wer da spricht**
Looking For Mr. Goodbar	Auf der Suche nach Mr. Goodbar
Looking Glas War, The	**Krieg im Spiegel**
Loot	Die größten Gauner weit und breit
Lord Jim	**Lord Jim**
Lord of the Flies	Herr der Fliegen
Lord of the Rings, The	**Der Herr der Ringe**
Lost and Found	Ein irres Paar
Lost Command, The	**Sie fürchten weder Tod noch Teufel**
Lost Horizon	In den Fesseln von Shangri-LaLost
Horizon	**Die verlorene Hochzeit**
Lost Patrol, The	Die vermißte Patrouille
Lost Weekend, The	**Das verlorene Wochenende**
Love and Death	Die letzte Nacht des Boris Gruschenko
Love Bug, The	**Ein toller Käfer**
Love Happy	Die Marx Brothers - Love Happy
Love Has Many Faces	**Heißer Strand Acapulco**
Love in the Afternoon	Ariane - Liebe am Nachmittag
Love Is a Many Splendored Thing	**Alle Herrlichkeit auf Erden**
Love Letters	Liebesbriefe
Love Me Or Leave Me	**Tyrannische Liebe**
Love Story	Love Story
Love Streams	**Love Streams**
Love With the Proper Stranger	Verliebt in einen Fremden
Loved One, The	**Tod in Hollywood**
Lover Come Back	Ein Pyjama für zwei
Lovers and Other Strangers	**Liebhaber und andere Fremde**
Loves of Carmen, The	Liebesnächte in Sevilla
Lovin' Molly	**Aus Liebe zu Molly**
Loving Couples	Ein Walzer vor dem Frühstück
Luci del varietà	**Lichter des Varieté**
Lucky Lady	Abenteurer auf der Lucky Lady
Lucky Luciano	**Lucky Luciano**
Ludwig	Ludwig II.
luna, La	**La Luna**
lune dans le caniveau, La	Der Mond in der Gosse
Lured	**Angelockt**
Lust For Life	Vi cent van Gogh - Ein Leben in Leidenschaft
Lusty Men, The	**Arena der Cowboys**
Luv	Versuch's doch mal mit meiner Frau

M

M.A.S.H.	**M.A.S.H.**
Macao	Macao
Macbeth	**Macbeth**
Maccheroni	Macaroni
Mackenna's Gold	**Mackenna's Gold**
Mackintosh Man, The	Der Mackintosh Mann
Macomber Affair, The	**Affäre Macomber**
Madame Bovary	Madame Bovary und ihre Liebhaber
Madame Curie	**Madame Curie**
Madame de...	Madame de...
Madame sans Gêne	**Madame sans Gêne**
Madame Sousatzka	Madame Sousatzka
Madame X	**Madame X**
Made For Each Other	Ein ideales Paar
Made in Italy	**Made in Italy**
Made in U.S.A.	Made in USA
Mademoiselle	**Mademoiselle**
Mado	Mado
Mad Max	**Mad Max**
Mad Max II	Mad Max II - Der Vollstrecker
Mad Max Beyond Thunderdome	**Mad Max - Jenseits der Donnerkuppel**

Mad Room, The	**Das Haus der blutigen Hände**
Madigan	Nur noch 72 Stunden
madriguera, La	**Höhle der Erinnerungen**
Madwoman of Chaillot, The	Die Irre von Chaillot
Magic Christian, The	**Magic Christian**
magliari, I	Auf St. Pauli ist der Teufel los
Magnificent Ambersons, The	**Der Glanz des Hauses Amberson**
Magnificent Obsession	Die wunderbare Macht
Magnificent Seven, The	**Die glorreichen Sieben**
magnifique, Le	Le Magnifique
Magnum Force	**Calahan**
Magus, The	Teuflische Spiele
Mahler	**Mahler**
Maids, The	Die Zofen
...main a couper, la	**Vier Tage in der Hölle**
Main Event, The	Was, du willst nicht?
maison sous les arbres, La	**Das Haus unter den Bäumen**
Maja desnuda, La	Die nackte Maja
Major and the Minor, The	**Der Major und das Mädchen**
Major Barbara	Major Barbara
Major Dundee	**Sierra Charriba**
Malenkaja Wera	Kleine Vera
Malevil	**Malevil**
Maltese Falcon, The	Die Spur des Falken
Mama cumple cien años	**Mama wird 100 Jahre alt**
Mame	Mame
Mamma Roma	**Mamma Roma**
Man Between, The	Gefährlicher Urlaub
Man Called Horse, A	**Ein Mann, den sie Pferd nannten**
Man Could Get Killed, A	Willkommen, Mr. B...
Man For All Seasons, A	**Ein Mann zu jeder Jahreszeit**
Man Friday	Freitag und Robinson
Man From Del Rio	**Der Mann von Del Rio**
Man From Laramie, The	Der Mann aus Laramie
Man From Snowy River, The	**Snowy River**
Man Hunt	Menschenjagd
Man in Grey, The	**Der Herr in Grau**
Man in the Grey Flannell Suit, The	Der Mann im grauen Flanell
Man in the Shadow	**Des Teufels Lohn**
Man in the White Suit, The	Der Mann im weißen Anzug
Män kan inte valdtas	**Wie vergewaltige ich einen Mann?**
Man of the West, The	Der Mann aus dem Westen
Man on a Tightrope	**Der Mann auf dem Drahtseil**
Man Who Came To Dinner, The	Der Mann, der zum Essen kam
Man Who Fell To Earth, The	**Der Mann, der vom Himmel fiel**
Man Who Knew Too Much, The	Der Mann, der zuviel wußte
Man Who Loved Cat Dancing, The	**Der Mann, der die Katzen tanzen ließ**
Man Who Loved Women, The	Frauen waren sein Hobby
Man Who Shot Liberty Valance, The	**Der Mann, der Liberty Valance erschoß**
Man Who Would Be King, The	Der Mann der König sein wollte
Man With the Golden Arm, The	**Der Mann mit dem goldenen Arm**
Man With the Golden Gun, The	Der Mann mit dem goldenen Colt
Man Without a Star	**Mit stahlharter Faust**
Manchurian Candidate, The	Botschafter der Angst
Mandingo	**Mandingo**
Manhattan	Manhattan
Mani sulla città	**Hände über der Stadt**
Manon '70	Hemmungslose Manon
Manon des sources	**Manons Rache**
Manpower	Herzen in Flammen
Man's Favorite Sport	**Ein Goldfisch an der Leine**
Marathon Man	Der Marathon-Mann
March or Die	**Marschier oder stirb**
Mardi Gras	Blaue Nächte
marginal, Le	**Der Außenseiter**
mari de la coiffeuse, Le	Der Mann der Friseuse
Mariage	**Eine Ehe**
Maria's Lovers	Maria's Lovers
Marie Antoinette	**Marie Antoinette**
mariée est trop belle, La	Die Braut war viel zu schön
mariée était en noir, La	**Die Braut trug schwarz**
mariés de l'an II, Les	Musketier mit Hieb und Stich
Marius	**Marius**
Marjorie Morningstar	Die Liebe der Marjorie Morningstar
Mark, The	**Gebrandmarkt**
Mark of the Vampire	Das Zeichen des Vampirs
Mark of Zorro	**Das Zeichen des Zorro**
Mark of Zorro, The	Im Zeichen des Zorro
Marnie	**Marnie**
Marooned	**Verschollen im Weltraum**
Marriage on the Rocks	3x nach Mexico
Married To the Mob	**Die Mafiosi-Braut**
Marrying Kind, The	Happy-End... und was kommt dann?
Marseille Contract, The	**Fluchtpunkt Marseille**
Martin Roumagnac	Martin Roumagnac
Marty	**Marty**
Mary of Scotland	Maria von Schottland
Mary Poppins	**Mary Poppins**
Mary, Queen of Scots	Maria Stuart, Königin von Schottland
maschera del demonio, La	**Die Stunde, wenn Dracula kommt**
Masculin - Féminin	Maskulin - Feminin
Mask	**Die Maske**
masque de fer, Le	Die eiserne Maske
Masque of the Red Death, The	**Satanas - Das Schloß der blutigen Bestie**
Masquerade	Agenten lassen bitten
Masques	**Masken**
Mass Appeal	Die Auseinandersetzung
Mata Hari	**Mata Hari**
Mata Hari, Agent H. 21	Mata Hari - Agent H. 21
Matador	**Matador**
Matchmaker, The	Die Heiratsvermittlerin
Matrimonio all' italiana	**Hochzeit auf italienisch**
Matter of Life and Death, A	Irrtum im Jenseits
Matter of Time, A	**Nina**
Maurice	Maurice
Max et les ferrailleurs	**Das Mädchen und der Kommissar**
Mayerling	Mayerling
McCabe and Mrs. Miller	**McCabe und Mrs. Miller**
McQ.	McQ schlägt zu
Me and the Colonel	**Jakobowsky und der Oberst**
Me, Natalie	Ich, Natalie
Mean Streets	**Hexenkessel**
Mechanic, The	Kalter Hauch
Medea	**Medea**
Medusa Touch, The	Die Schrecken der Medusa
Meet John Doe	**Hier ist John Doe**
Meet Me in St. Louis	Meet Me in St. Louis
meilleure facon de marcher, La	**Unser Weg ist der Beste**
melissokomos, O	Der Bienenzüchter
Mélodie en sous-sol	**Lautlos wie die Nacht**
Melvin and Howard	Melvin und Howard
Member of the Wedding, The	**Das Mädchen Frankie**
Men, The	Die Männer
Men in War	**Tag ohne Ende**
menace, La	Lohn der Giganten
mépris, Le	**Die Verachtung**
mercenario, Il	Mercenario - Der Gefürchtete
Merry Widow, The	**Die lustige Witwe**
Merveilleuse Angélique	Angélique, 2.Teil
métamorphose des cloportes, La	**Ganoven rechnen ab**
Meteor	Meteor
Michael Strogoff	**Der Kurier des Zaren**
Mickey One	Mickey One
Micki & Maude	**Micki und Maude**
Midnight	Mitternacht

Midnight Cowboy	Asphalt-Cowboy
Midnight Express	**12 Uhr nachts - Midnight Express**
Midnight Lace	Mitternachtsspitzen
Midnight Man, The	**Der Mitternachtsmann**
Midnight Run	Midnight Run
Midsummer Night's Dream, A	**Ein Sommernachtstraum**
Midsummer Night's Sex Comedy, A	Eine Sommernachts-Sexkomödie
Milagro Beanfield War, The	**Milagro, der Krieg im Bohnenfeld**
Mildred Pierce	Solange ein Herz schlägt
Miles From Home	**Miles from Home**
Mille millards de dollars	Tausend Milliarden Dollar
Miller's Crossing	**Miller's Crossing**
Million Pound Note, The	Sein größter Bluff
Millionairess, The	**Die Millionärin**
Milou en mai	Eine Komödie im Mai
Ministry of Fear	**Ministerium der Angst**
Minnie and Moskowitz	Minnie und Moskowitz
mio nome é Nessuno, Il	**Mein Name ist Nobody**
Miracle on 8th Street	Das Wunder von der 8. Straße
Miracle on 34th Street, The	**Das Wunder von Manhatten**
Miracle Worker, The	Licht im Dunkel
Miracolo a Milano	**Das Wunder von Mailand**
Mirage	Die 27. Etage
Mirror Crack'd, The	**Mord im Spiegel**
misérables, Les	Die Legion der Verdammten
misérables, Les	**Die Miserablen**
Misery	Misery
Misfits, The	**Misfits - Nicht gesellschaftsfähig**
Mishima	Mishima
Miss Sadie Thompson	**Fegefeuer**
Missing	Vermißt
Mission, The	**Mission**
Mississippi Burning	Mississippi Burning
Missouri Breaks	**Duell am Missouri**
Mister Buddwing	Gesicht ohne Namen
Mister Moses	**Südlich vom Pangani-Fluß**
mistero di Bellavista, Il	Also sprach Bellavista
mistero di Oberwald, Il	**Das Geheimnis von Oberwald**
Mo' Better Blues	Mo' Better Blues
Moby Dick	**Moby Dick**
Moderato cantabile	Stunden voller Zärtlichkeit
Modern Times	**Moderne Zeiten**
Moderns, The	The Moderns
Modesty Blaise	**Modesty Blaise - Die tödliche Lady**
Mogambo	Mogambo
moglie del prete, La	**Die Frau des Priesters**
Moi, Pierre Rivière, ayant egorge ma mère, ma soeur et mon frére	Ich, Pierre Rivière, der ich meine Mutter, meine Schwester und meinen Bruder getötet habe
Molly Maguires, The	**Verflucht bis zum jüngsten Tag**
Moment By Moment	Von Augenblick zu Augenblick
momento della verità, Il	**Der Augenblick der Wahrheit**
Mommie Dearest	Meine liebe Rabenmutter
Mon oncle	**Mein Onkel**
Mon oncle d'Amerique	Mein Onkel aus Amerika
Mona Lisa	**Mona Lisa**
monde sans pité, Un	Eine Welt ohne Mitleid
Money Pit, The	**Geschenkt ist noch zu teuer**
Monkey Business	Liebling, ich werde jünger
Monkey Business	**Die Marx-Brothers auf See**
monsieur de compagnie, Un	Ich war ein männliche Sexbombe
Monsieur Hire	**Die Verlobung des Monsieur Hire**
Monsieur Verdoux	Monsieur Verdoux
Monte Carlo	**Monte Carlo**
Monte Carlo or Bust!	Monte Carlo Rallye
Monte Carlo Story, The	**Die Monte Carlo Story**
Monty Python and the Holy Grail	Der Ritter der Kokosnuß
Monty Python's the Meaning of Life	**Monty Python's - Der Sinn des Lebens**

Moon Is Blue, The	Wolken sind überall
Moonfleet	**Schloß im Schatten**
Moonraker	Moonraker - Streng geheim
Moonshine War, The	**Whisky brutal**
Moonstruck	Mondsüchtig
Mordi e fuggi	**Ein Scheiß-Wochenende**
More the Merrier, The	Immer mehr, immer fröhlicher
morfalous, Les	**Die Glorreichen**
Morgan ...a Suitable Case For Treatment	Protest
Morning After, The	**Der Morgen danach**
Morning Glory	Morgenrot des Ruhms
Morocco	**Marokko**
mort de Mario Ricci, La	Der Tod des Mario Ricci
Mort d' un pourri	**Der Fall Serrano**
mort en direct, La	Death Watch - Der gekaufte Tod
Mortal Storm, The	**Tödlicher Sturm**
Morte a Venezia	Tod in Venedig
Mortelle randonnée	**Das Auge**
Mosca addio	Farewell Moskau
Mosquito Coast, The	**Mosquito Coast**
Most Dangerous Game, The	Graf Zaroff - Genie des Bösen
Mother, Jugs and Speed	**C.R.A.S.H.**
Mother Lood	Goldfieber
Moulin Rouge	**Moulin Rouge**
Mountain, The	Der Berg der Versuchung
Mourir d'aimer	**Sterben vor Liebe**
Mouse on the Moon, The	Auch die Kleinen wollen nach oben
Mouse That Roared, The	**Die Maus, die brüllte**
mouton enragé, Le	Das wilde Schaf
Move Over, Darling	**Eine zuviel im Bett**
Movie Movie	Movie, Movie
Mr. & Mrs. Bridge	**Mr. & Mrs. Bridge**
Mr. and Mrs. Smith	Mr. und Mrs. Smith
Mr. Blandings Builts His Dream House	**Nur meiner Frau zuliebe**
Mr. Hobbs Takes a Vacation	Mr. Hobbs macht Ferien
Mr. Klein	**Monsieur Klein**
Mr. Majestyk	Das Gesetz bin ich
Mr. Mom	**Mr. Mom**
Mr. Roberts	Keine Zeit für Heldentum
Mr. Skeffington	**Das Leben der Mrs. Skeffington**
Mr. Smith Goes To Washington	Mr. Smith geht nach Washington
Mrs. Miniver	**Mrs. Miniver**
Mrs. Parkington	Tagebuch einer Frau
Mrs. Soffel	**Flucht zu dritt**
Mudlark, The	Der Dreckspatz und die Königin
muerte de un ciclista, La	**Der Tod eines Radfahrers**
Mujeres al borde de un ataque de nervios	Frauen am Rande des Nervenzusammenbruchs
Mummy, The	**Die Mumie**
Murder	Mord - Sir John greift ein
Murder Ahoi	**Mörder ahoi!**
Murder at the Gallop	Der Wachsblumenstrauß
Murder By Death	**Eine Leiche zum Dessert**
Murder Must Foul	Vier Frauen und ein Mord
Murder on the Orient-Express	**Mord im Orient-Express**
Murder She Said	16 Uhr 50 ab Paddington
Murderer's Row	**Die Mörder stehen Schlange**
Murphy's Romance	Die zweite Wahl - Eine Romanze
Murphy's War	**Das Wiegenlied der Verdammten**
Music Box	Music Box
Music Lovers, The	**Tschaikowski - Genie und Wahnsinn**
Music Man, The	Music Man
Mutiny on the Bounty	**Meuterei auf der Bounty**
My Beautiful Laundrette	Mein wunderbarer Waschsalon
My Cousin Rachel	**Meine Cousine Rachel**
My Darling Clementine	Faustrecht der Prärie
My Dinner With André	**Mein Essen mit André**
My Fair Lady	My Fair Lady

N

O

Oktjabr	Oktober
Old Acquaintance	**In einer Freundschaft verbunden**
Old Gringo	Old Gringo
Old Maid, The	**Die alte Jungfer**
Old Man and the Sea, The	Der alte Mann und das Meer
Oliver!	**Oliver!**
Oliver Twist	Oliver Twist
Oliver's Story	**Olivers Story**
Olly, Olly, Oxen Free	Das große Abenteuer im Ballon
Ombre bianche	**Im Land der langen Schatten**
Omen, The	Das Omen
On a Clear Day You Can See Forever	**Einst kommt der Tag...**
On Golden Pond	Am goldenen See
On Her Majesty's Secret Service	**Im Geheimdienst ihrer Majestät**
On the Beach	Das letzte Ufer
On the Town	**Heut' gehn wir bummeln**
On the Waterfront	Die Faust im Nacken
Once a Thief	**Millionenraub in San Francisco**
Once Is Not Enough	Einmal ist nicht genug
Once More, With Feeling	**Noch einmal mit Gefühl**
Once Upon a Time in America	Es war einmal in Amerika
One-Eyed Jacks	**Der Besessene**
One Flew Over the Cuckoo's Nest	Einer flog über das Kuckucksnest
One From the Heart	**Einer mit Herz**
One Hundred Rifles	Hundert Gewehre
One Million Years B.C.	**Eine Million Jahre vor unserer Zeit**
One, Two, Three	Eins, zwei, drei
One Way Passage	**Reise ohne Wiederkehr**
Onibaba	Onibaba - Die Töterinnen
Only Game in Town, The	**Das einzige Spiel in der Stadt**
Only the Valiant	Bis zum letzten Atemzug
Opening Night	**Die erste Vorstellung**
Operation Crossbow	Geheimaktion Crossbow
Orca	**Orca, der Killerwal**
Order of Death	Copkiller
Ordinary People	**Eine ganz normale Familie**
ordinateur des pompes funebres, L'	Computer morden leise
Orfeu Negro	**Orfeu Negro**
orgeuilleux, Les	Die Hochmütigen
oro di Napoli, L'	**Das Gold von Neapel**
Örökbefogadas	Adoption
Orphans	**Kellerkinder**
Oscar	Oscar
Oscar, The	**...denn keiner ist ohne Schuld**
Ossessione	Ossessione - Von Liebe besessen
Osterman Weekend, The	**Das Osterman-Weekend**
Otello	Otello
Othello	**Othello**
Other, The	The Other
Otley	**Otley**
Otto e mezzo	Achteinhalb
Our Hospitality	**Buster Keaton: Verflixte Gastfreundschaft**
Our Man Flint	Derek Flint schickt seine Leiche
Our Mother's House	**Jede Nacht um neun**
Our Relations	Die Doppelgänger von Sacramento
ours, L'	**Der Bär**
Out of Africa	Jenseits von Afrika
Out of Rosenheim	**Out of Rosenheim**
Out of Season	Außerhalb der Saison
Out of the Blue	**Out of the Blue**
Out of the Past	Out of the Past
Out-of-Towners, The	**Nie wieder New York**
Outland	Outland - Planet der Verdammten
Outlaw, The	**Geächtet**
Outrage, The	Carrasco, der Schänder
Outrageous	**Ausgeflippt**
Outrageous Fortune	Nichts als Ärger mit dem Typ
Outsiders, The	**Die Outsider**
Overboard	Overboard - Ein Goldfisch fällt ins Wasser
Over the Top	Over the Top
Owl and the Pussycat, The	**Die Eule und das Kätzchen**
Ox Bow Incident, The	Ritt zum Ox-Bow

P

pacha, Le	**Der Bulle**
Pacific Heights	Fremde Schatten
Padre Padrone	**Mein Vater, mein Herr**
Paint Your Wagon	Westwärts zieht der Wind
Paisa	**Paisa**
Pajama Game, The	Picknick im Pyjama
Pal Joey	**Pal Joey**
Pale Rider	Pale Rider - Der namenlose Reiter
Paleface, The	**Sein Engel mit den zwei Pistolen**
Palm Beach Story, The	Atemlos nach Florida
Pandora and the Flying Dutchman	**Pandora und der fliegende Holländer**
Pane, amore e....	Liebe, Brot und 1000 Küsse
Pane, amore e fantasia	**Brot, Liebe und Phantasie**
Pane, amore e gelosia	Liebe, Brot und Eifersucht
Pane e cioccolata	**Brot und Schokolade**
Panic in the Streets	Unter Geheimbefehl
Paper Chase, The	**Zeit der Prüfungen**
Paper Moon	Paper Moon
Papillon	**Papillon**
Par un beau matin d'été	An einem heißen Sommermorgen
Paradine Case, The	**Der Fall Paradine**
Paradise Alley	Vorhof zum Paradies
Parallax View, The	**Zeuge einer Verschwörung**
parapluies de Cherbourg, Les	Die Regenschirme von Cherbourg
Parasite Murders, The	**Parasiten-Mörder**
Pardners	Wo Männer noch Männer sind
Parent Trap, The	**Die Vermählung ihrer Eltern geben bekannt**
Parenthood	Eine Wahnsinnsfamilie
parents terribles, Les	**Die schrecklichen Eltern**
Pari e dispari	Zwei sind nicht zu bremsen
parias de la gloire, Les	**Bis unter die Haut**
Paris Blues	Paris Blues
Paris, brûle-t-il?	**Brennt Paris?**
Paris When It Sizzles	Zusammen in Paris
Parole de flic	**Der Panther**
Paroles et musique	Duett zu dritt
partie de plaisir, Une	**Ein lustiges Leben**
Parting Glances	Abschiedsblicke
Partner	**Partner**
Partners	Zwei irre Partner auf heißer Spur
Party, The	**Der Partyschreck**
Party Girl	Party Girl
Pas si méchant que ça	**Ganz so schlimm ist er auch nicht**
Pascali's Island	Die vergessene Insel
Pasqualino settelbellezze	**Sieben Schönheiten**
Passage To India, A	Reise nach Indien
passager de la pluie, La	**Der aus dem Regen kam**
passante du Sans-Souci, La	Die Spaziergängerin von Sans-Souci
Passion	**Passion**
passion de Jeanne d'Arc, La	Die Passion der Jungfrau von Orleans
Passport To Pimlico	**Blockade in London**
Pat and Mike	Pat und Mike
Pat Garrett and Billy the Kid	**Par Garrett jagt Billy the Kid**
Patch of Blue, A	Träumende Lippen
Paths of Glory	**Wege zum Ruhm**
Pauline à la plage	Pauline am Strand
Paura e amore	**Fürchten und lieben**
Pawnbroker, The	Der Pfandleiher
Payment on Demand	**Die Ehrgeizige**
Peau de banane	Heißes Pflaster
peau douce, La	**Die süße Haut**

Peccato che sia una canaglia	Schade, daß du eine Kanallie bist
Peeping Tom	**Augen der Angst**
Peggy Sue Got Married	Peggy Sue hat geheiratet
pelle, La	**Die Haut**
Pelle erobreren	Pelle, der Eroberer
Penny Serenade	**Akkorde der Liebe**
People That Time Forgot, The	Caprona, 2. Teil
Pépé le Moko	**Pépé le Moko - Im Dunkel von Algier**
Peppermint Frappé	Peppermint Frappé
Per un pugno di dollari	**Für eine Handvoll Dollar**
Per un qualche di dollari in più	Für ein paar Dollar mehr
Perche si uccide un magistrato?	**Warum mußte Staatsanwalt Traini sterben?**
Péril en la demeure	Gefahr im Verzug
Period of Adjustement	**Zeit der Anpassung**
Permanent Vacation	Dauernde Ferien
Permission To Kill	**Vollmacht zum Mord**
Persecution and the Assassination of Jean-Paul Marat As Performed By the Inmates of the Asylum of Charenton Under the Direction of the Marquis de Sade, The	Die Verfolgung und Ermordung Jean-Paul Marats dargestellt durch die Schauspielgruppe des Hospizes zu Charenton unter Anleitung des Herrn de Sade
Persona	**Persona**
Persued	Verfolgt
Pet Sematary	**Friedhof der Kuscheltiere**
Pete 'n' Tillie	Peter und Tillie
petit baigneur, Le	**Balduin - der Trockenschwimmer**
petit monde de Don Camillo, Le	Don Camillo und Peppone
petite fille au bout du chemin, La	**Das Mädchen am Ende der Straße**
petite voleuse, La	Die kleine Diebin
petites fugues, Les	**Die kleinen Fluchten**
Petrified Forest, The	Der versteinerte Wald
pétroleuses, Les	**Petroleum-Miezen**
Petulia	Petulia
Peur sur la ville	**Angst über der Stadt**
Peyton Place	Glut unter der Asche
Phaedra	**Phaedra**
Phantom of the Opera	Phantom der Oper
Phantom of the Paradise	**Phantom im Paradies**
Phase IV	Phase IV
Phffft!	**Eine glückliche Scheidung**
Philadelphia Story, The	Die Nacht vor der Hochzeit
Physical Evidence	**Die Anwältin**
pianos mécanico, Los	Die Versuchung heißt Jenny
piccolo diavolo, Il	**Ein himmlischer Teufel**
Pickup on South Street	Polizei greift ein
Picnic	**Picknick**
Picnic at Hanging Rock	Picknick am Valentinstag
Picture of Dorian Gray, The	**Das Bildnis des Dorian Gray**
Piece of the Action, A	Ausgetrickst
Pierrot le fou	**Elf Uhr nachts**
Pierwszy dzien wolnosci	Der erste Tag der Freiheit
Pigeon That Took Rome, The	**Es begann in Rom**
Pillow Talk	Bettgeflüster
Pink Panther, The	**Der rosarote Panther**
Pink Panther Strikes Back, The	Inspektor Clouseau - Der „beste" Mann bei Interpol
Pinocchio	**Pinocchio**
Pippi Langstrumpf	Pippi Langstrumpf
Pirate, The	**Der Pirat**
Pirates	Piraten
piscine, La	**Der Swimmingpool**
Pisma mjotwogo tschelowjeka	Briefe eines Toten
Pit and the Pendulum, The	**Das Pendel des Todes**
Pixote	Asphalt-Haie
Places in the Heart	**Ein Platz im Herzen**
Place in the Sun, A	Ein Platz an der Sonne
Plainsman, The	**Held der Prärie**
plaisir, Le	Pläsier
Planet of the Apes	**Planet der Affen**
Platinum Blonde	Vor Blondinen wird gewarnt
Platoon	**Platoon**
Play Dirty	Ein dreckiger Haufen
Play It Again, Sam	**Mach's noch einmal, Sam**
Play Misty For Me	Sadistico - Wunschkonzert für einen Toten
Playtime	**Tatis herrliche Zeiten**
Plaza Suite	Hotelgeflüster
Please, Don't Eat the Daisies	**Meisterschaft im Seitensprung**
Pleasure of His Company, The	In angenehmer Gesellschaft
Plein Soleil	**Nur die Sonne war Zeuge**
Plenty	Eine demanzipierte Frau
plus vieux métier du monde, Le	**Das älteste Gewerbe der Welt**
Plymouth Adventure, The	Schiff ohne Heimat
Pocket Money	**Zwei glücklose Cowboys**
Pocketful of Miracles	Die unteren Zehntausend
Point Blank	**Point Blank**
Police	Der Bulle von Paris
Police Academy	**Police Academy ... dümmer als die Polizei erlaubt**
Police Python 357	Police Python 357
Pollyanna	**Alle lieben Pollyanna**
Poltergeist	Poltergeist
Poltergeist II - The Other Side	**Poltergeist II - Die andere Seite**
Polyester	Polyester
Pope Joan	**Papst Johanna**
Popiol i Diament	Asche und Diamant
Poppy Is Also a Flower, The	**Mohn ist auch eine Blume**
Porcile	Der Schweinestall
Porgy and Bess	**Porgy und Bess**
Porte des lilas	Die Mausefalle
portes de la nuit, Les	**Pforten der Nacht**
portieredi notte, Il	Der Nachtportier
Portrait in Black	**Das Geheimnis der Dame in Schwarz**
Portrait of Jenny	Jenny
Poseidon Adventure, The	**Die Höllenfahrt der Poseidon**
Possessed	Hemmungslose Liebe
Postcards From the Edge	**Grüße aus Hollywood**
Postman Always Rings Twice, The	Im Netz der Leidenschaften
Postman Always Rings Twice, The	**Wenn der Postmann zweimal klingelt**
Pot-Bouille	Immer wenn das Licht angeht
Pote Tin Kyriaki	**Sonntags... nie!**
Potop	Sintflut
Poulet au vinaigre	**Hühnchen in Essig**
Pour la peau d'un flic	Rette deine Haut, Killer
Pourquois pas!	**Warum nicht!**
Poussière d'ange	Engel aus Staub
prato, Il	**Die Wiese**
Prayer For the Dying	Auf den Schwingen des Todes
Predator	**Predator**
prefetto di ferro, Il	Der eiserne Präfekt
Premature Burial, The	**Lebendig begraben**
Prénom Carmen	Vorname Carmen
Preparati la bara	**Django und die Bande der Gehenkten**
Preparez vos mouchoirs	Frau zu verschenken
Presidio, The	**Presidio**
Presumed Innocent	Aus Mangel an Beweisen
Pretty Baby	**Pretty Baby**
Pretty in Pink	Pretty in Pink
Pretty Poison	**Der Engel mit der Mörderhand**
Pretty Woman	Pretty Woman
Prick up Your Ears	**Prick up Your Ears**
Pride and the Passion, The	Stolz und Leidenschaft
Pride and Prejudice	**Stolz und Vorurteil**
prima Angélica, La	Cousine Angélica
Prima della rivoluzione	**Vor der Revolution**
prima notte di quiete, La	Oktober in Rimini
Prime of Miss Jean Brodie, The	**Die besten Jahre der Miss Jean Brodie**

Prince and the Pauper, The	**Der Prinz und der Bettelknabe**
Prince and the Showgirl, The	Der Prinz und die Tänzerin
Prince of Darkness	**Die Fürsten der Dunkelheit**
Prince of Foxes	In den Klauen der Borgia
Prince of the City	**Prince of the City**
Prince Valiant	Prinz Eisenherz
Princess Bride, The	**Die Braut des Prinzen**
Prisoner, The	Der Gefangene
Prisoner of Second Avenue, The	**Das Nervenbündel**
Prisoner of Shark Island,The	Der Gefangene der Haifischinsel
Prisoner of Zenda, The	**Der Gefangene von Zenda**
Prisoner of Zenda, The	Im Schatten der Krone
Private Benjamin	**Schütze Benjamin**
Private Function, A	Magere Zeiten
Private Life of Henry VIII, The	**Das Privatleben Heinrichs VIII.**
Private Life of Sherlock Holmes, The	Das Privatleben des Sherlock Holmes
Private Lives of Elizabeth and Essex, The	**Günstling einer Königin**
Private Navy of Sgt. O'Farell, The	Wo, bitte, gibt's Bier an der Front?
prix du danger, Le	**Kopfjagd - Preis der Angst**
Prize, The	Der Preis
Prizzi's Honor	**Die Ehre der Prizzis**
Producers, The	Frühling für Hitler
Professionals, The	**Die gefürchteten Vier**
Professione: Reporter	Beruf: Reporter
professionnel, Le	**Der Profi**
promesse de l'aube, La	Versprechen in der Dämmerung
Promise Her Anything	**Versprich ihr alles**
Prophecy, The	Die Prophezeiung
Proschtschanije Matjory	**Abschied von Matjora**
Proud Rebel, The	Der stolze Rebell
Pround and the Profane, The	**Auch Helden können weinen**
Prova d'orchestra	Orchesterprobe
provinciale, La	**Die Verweigerung**
Prudence and the Pill	Die Pille war an allem schuld
Psycho	**Psycho**
Psycho II	Psycho II
Public Enemy, The	**Der öffentliche Feind**
Pumpkin Eater, The	Schlafzimmerstreit
Purple Hearts	**Einmal Hölle und zurück**
Purple Plain, The	Flammen über Fernost
Purple Rose of Cairo, The	**The Purple Rose of Cairo**
Pushover	Schachmatt
putain du roi, La	**Die Hure des Königs**
Pygmalion	Pygmalion

Q

Quadrophenia	**Quadrophenia**
Quai des brumes	Hafen im Nebel
Quai des Orfèvres	**Unter falschem Verdacht**
Quando le donne avevano la coda	Als die Frauen noch Schwänze hatten
Quartet	**Quartett**
Quatorze juillet	Der 14. Juli
Quatre aventures de Reinette et Mirabelle	**Vier Abenteuer von Reinette und Mirabelle**
quatre cents coups, Les	Sie küßten und sie schlugen ihn
quattro dell'Ave Maria, I	**Vier für ein Ave Maria**
Que la bête meure	Das Biest muß sterben
Queen Bee	**Ehe in Fesseln**
Queen Christina	Königin Christine
Queen Kelly	**Queen Kelly**
Queimada!	Queimada
Quelques jours avec moi	**Einige Tage mit mir**
Questi fantasmi	Die Über-Sinnliche
Querelle	**Querelle - Ein Pakt mit dem Teufel**
Qui?	Die Geliebte des anderen
Quien sabe?	**Töte, Amigo**
Quiet American, The	Vier Pfeifen Opium
Quiet Days in Clichy	**Stille Tage in Clichy**
Quiet Man, The	Der Sieger
Quiller Memorandum, The	**Das Quiller Memorandum - Gefahr aus dem Dunkel**
Quo Vadis	Quo Vadis

R

racconti di Canterbury, I	**Pasolinis tolldreiste Geschichten**
race des seigneurs, La	**Jet Set**
Rachel and the Stranger	Ehe ohne Liebe
Rachel, Rachel	**Die Liebe eines Sommers**
Rack, The	Anklage: Hochverrat
Radio Days	**Radio Days**
ragazza di Bube, La	Zwei Tage und zwei Nächte
Rage in Heaven	**Gefährliche Liebe**
Raging Bull	Wie ein wilder Stier
Ragtime	**Ragtime**
Raid on Entebbe	...die keine Gnade kennen
Raid on Rommel	**Im Morgengrauen brach die Hölle los**
Raiders of the Lost Ark	Jäger des verlorenen Schatzes
Rain	**Regen**
Rain Man	Rain Man
Rain People, The	**Liebe niemals einen Fremden**
Rainbow, The	Der Regenbogen
Raintree County	**Das Land des Regenbaums**
Rains Came, The	Nacht über Indien
Rains of Ranchipur, The	**Der große Regen**
Raisin in the Sun	Ein Fleck in der Sonne
Raising Arizona	**Arizona Junior**
Rake's Progress, The	Der letzte Sündenfall
Rally 'Round the Flag, Boys!	**Keine Angst vor scharfen Sachen**
Rambo: First Blood Part II	Rambo II - Der Auftrag
Rambo III	**Rambo III**
Ran	Ran
Rancho Notorious	**Engel der Gejagten**
Ranson	Die Uhr läuft ab
rapace, Le	**Im Dreck verreckt**
Rare Bree, The	Rancho River
Rashomon	**Rashomon**
Rat Race, The	Zwei in einem Zimmer
Raven, The	**Der Rabe**
Raven, The	Der Rabe - Duell der Zauberer
ravissante idiote, Une	**Die Verführerin**
Raw Deal	Der City-Hai
Raw Deal	**Flucht ohne Ausweg**
Rawhide	Zwei in der Falle
rayon vert, Le	**Das grüne Leuchten**
Razor's Edge, The	Auf Messers Schneide
Real Glory, The	**Verrat im Dschungel**
Real Men	Wahre Männer
Reap the Wild Wind	**Piraten im Karibischen Meer**
Rear Window	Das Fenster zum Hof
Rebecca	**Rebecca**
Rebel Without a Cause	...denn sie wissen nicht, was sie tun
Reckless Moment, The	**Schweigegeld für Liebesbriefe**
Red Badge of Courage, The	Die rote Tapferkeitsmedaille
Red Dust	**Dschungel im Sturm**
Red Heat	Red Heat
Red River	**Red River**
Red Shoes, The	Die roten Schuhe
Red Skies of Montana	Die Feuerspringer von Montana
Redl Ezredes	**Oberst Redl**
Reds	Reds
Reefer and the Model	**Reefer und das Mädchen**
Reflections in a Golden Eye	Spiegelbild im goldnen Auge
régle du jeu, La	**Die Spielregel**
Reivers, The	Der Gauner
Reluctant Debutante, The	**Was weiß Mama von Liebe?**
Rembrandt	Rembrandt

Remember My Name	Du wirst noch an mich denken
Remember the Night	**Die unvergeßliche Nacht**
René la canne	Die wilden Mahlzeiten
Repo Man	**Repo Man**
Report To the Commissioner	Der einsame Job
repos de guerrier, Le	**Das Ruhekissen**
Repulsion	Ekel
Requiem For a Heavyweight	**Die Faust im Gesicht**
resa dei conti, La	Der Gehetzte der Sierra Madre
Rescuers, The	**Bernhard und Bianca - Die Mäusepolizei**
retour de Don Camillo, Le	Don Camillos Rückkehr
retour de Martin Guerre, La	**Die Wiederkehr des Martin Guerre**
Return of a Man Called Horse, The	Der Mann, den sie Pferd nannten II
Return of Frank James, The	**Rache für Jesse James**
Return of the Jedi, The	Die Rückkehr der Jedi-Ritter
Return of the Pink Panther, The	**Der rosarote Panther kehrt zurück**
Revenge	Revenge - Eine gefährliche Affäre
Revenge of the Pink Panther	**Inspektor Clouseau - Der irre Flic mit dem heißen Blick**
Reversal of Fortune	Die Affäre der Sunny von B.
Rhapsody	**Symphonie des Herzens**
Rich and Famous	Reich und berühmt
Rich and Strange	**Endlich sind wir reich**
Richard III	Richard III.
Riddel of the Sands, The	**Bei Nacht und Nebel**
Ride Lonesome	Auf eigene Faust
Ride the High Country	**Sacramento**
Ride, Vaquero!	Verwegene Gegner
Right Stuff, The	**Der Stoff, aus dem die Helden sind**
Rio Bravo	Rio Bravo
Rio Grande	**Rio Grande**
Rio Lobo	Rio Lobo
ripoux, Les	**Die Bestechlichen**
Ripoux contre ripoux	Gauner gegen Gauner
Riso amaro	**Bitterer Reis**
River, The	Menschen am Fluß
River of No Return	**Fluß ohne Wiederkehr**
Road Games	Truck Driver
Road To Hongkong, The	**Der Weg nach Hongkong**
Road To Marocco	Der Weg nach Marokko
Road To Utopia	**Der Weg nach Utopia**
Road To Zanzibar	Der Weg nach Sansibar
Roar	**Roar - Ein Abenteuer**
Roaring Twenties, The	Die Wilden Zwanziger
Robbery	**Überfall**
Robe, The	Das Gewand
Robin and Marian	**Robin und Marian**
Robin and the Seven Hoods	Sieben gegen Chicago
Robin Hood	**Robin Hood**
Robin Hood	Robin Hood - Ein Leben für Richard Löwenherz
Robin Hood: Prince of Thieves	**Robin Hood - König der Diebe**
Robinsón Crusoe	Robinson Crusoe
RoboCop	**RoboCop**
Rocco e i suoi fratelli	Rocco und seine Brüder
Rocky	**Rocky**
Rocky II	Rocky II
Rocky III	**Rocky III - Das Auge des Tigers**
Rocky IV	Rocky IV - Der Kampf des Jahrhunderts
Rocky V	**Rocky V**
Rocky Horror Picture Show, The	The Rocky Horror Picture Show
Roi de coeur, Le	**Herzkönig**
Rollerball	Rollerball
Rollercoaster	**Achterbahn**
Roma	Fellinis Roma
Roma, cittá aperta	**Rom, offene Stadt**
Roman Holiday	Ein Herz und eine Krone

Roman Spring of Mrs. Stone, The	Der römische Frühling der Mrs. Stone
Romance on the High Seas	**Zaubernächte in Rio**
Romancing the Stone	Auf der Jagd nach dem grünen Diamanten
Romanoff and Juliet	**Romanoff und Julia**
Romero	Romero
Romuald et Juliette	**Milch und Schokolade**
ronde, La	Der Reigen
Room at the Top	**Der Weg nach oben**
Room For One More	Vater werden ist nicht schwer
Room With a View, A	**Zimmer mit Aussicht**
Rooster Cogburn	Mit Dynamit und frommen Sprüchen
Roots of Heaven, The	**Die Wurzeln des Himmels**
Rope	Cocktail für die Leiche
Rope of Sand	**Blutige Diamanten**
Rose, The	The Rose
Rose Tattoo, The	**Die tätowierte Rose**
Rosebud	Unternehmen Rosebud
Rosemary's Baby	**Rosemaries Baby**
rouge et le noir, Le	Rot und Schwarz
Rough Night in Jericho	**Als Jim Dolan kam**
route de Corinthe, La	Die Straße von Korinth
route de Salina, La	**Die Straße nach Salina**
routes du sud, Les	Straßen nach Süden
Roxanne	**Roxanne**
Royal Flash	Royal Flash
Royal Hunt of the Sun, The	**Der Untergang des Sonnenreiches**
Royal Wedding	Königliche Hochzeit
Ruba al prossimo tuo	**Ein „feines“ Pärchen**
Ruby Gentry	Wildes Blut
ruffian, Le	**Der Rammbock**
Ruggles of Red Gap	Ein Butler in Amerika
Rumble Fish	**Rumble Fish**
Run For Cover	Im Schatten des Galgens
Run of the Arrow	**Hölle der tausend Martern**
Run Silent, Run Deep	U 23
Runaway Train	**Runaway Train**
Running Man, The	Running Man
Running Man, The	**Der zweite Mann**
Running on Empty	Die Flucht ins Ungewisse
Running Scared	**Auf Teufel komm raus**
rupture, La	Der Riß
Russia House, The	**Das Rußland-Haus**
Russians Are Coming, the Russians Are Coming, The	Die Russen kommen! Die Russen kommen!
Ruthless People	**Die unglaubliche Entführung der verrückten Mrs. Stone**
Ryan's Daughter	Ryans Tochter

S

S.O.B.	**S.O.B. - Hollywoods letzter Heuler**
Sabotage	Sabotage
Saboteur	**Saboteure**
Sabrina	Sabrina
Sacco e Vanzetti	**Sacco und Vanzetti**
Safety Last	Ausgerechnet Wolkenkratzer
Saga of Erik the Viking, The	**Erik, der Wikinger**
Sahara	Sahara
Sailor From Gibraltar, The	**Nur eine Frau an Bord**
Saint Jack	Saint Jack
Saint Joan	**Die heilige Johanna**
Salaam Bombay	Salaam Bombay
salaire de la peur, Le	**Lohn der Angst**
Salò o le centoventi giornate della città di Sodoma	Die 120 Tage von Sodom
Salome	**Salome**
Salvador	Salvador
Salvatore Guiliano	**Wer erschoß Salvatore G.?**

Same Time, Next Year	**Nächstes Jahr, selbe Zeit**
Sammy and Rosie Get Laid	Sammy und Rosie tun es
samourai, Le	**Der eiskalte Engel**
Samson and Delilah	Samson und Delilah
Samurai banners	**Das Banner des Samurai**
Sanctuary	Geständnis einer Sünderin
Sand Pebbles, The	**Kanonenboot am Yangtse-Kiang**
Sandpiper, The	...die alles begehren
sang d'un poete, Le	**Das Blut eines Dichters**
Sans mobile apparent	Neun im Fadenkreuz
Sans toit ni loi	**Vogelfrei**
Santa Claus	Santa Claus
Santa Fe Trail	**Land der Gottlosen**
San't händer inte här	Menschenjagd
Saratoga	**Saratoga**
Saragota Trunk	Spiel mit dem Schicksal
Sasom i en spegel	**Wie in einem Spiegel**
Satan Bug, The	Geheimagent Barrett greift ein
Saturday Night and Sunday Morning	**Samstagnacht bis Sonntagmorgen**
Saturday Night Fever	Nur Samstag Nacht
Satyricon	**Fellinis Satyricon**
sauvage, Le	Die schönen Wilden
Savage, The	**Der weiße Sohn der Sioux**
Save the Tiger	Save the Tiger
Sayonara	**Sayonara**
sbarco di Anzio, Lo	Schlacht um Anzio
Scalphunters, The	**Mit eisernen Fäusten**
Scandal	Scandal
scandale, Le	**Champagner-Mörder**
Scanners	Scanners - Ihre Gedanken können töten
Scapegoat, The	**Der Sündenbock**
Scaramouche	Scaramouche, der galante Marquis
Scarecrow	**Asphalt-Blüten**
Scarlet Claw, The	Sherlock Holmes - Die Kralle
Scarlet Empress, The	**Die scharlachrote Kaiserin**
Scarlet Pimpernel, The	Das scharlachrote Siegel
Scarlet Street	**Straße der Versuchung**
sceicco bianco, Lo	Bittere Liebe
Scener ur ett äktenskap	**Szenen einer Ehe**
Scenes From a Mall	Ein ganz normaler Hochzeitstag
Schuschia	**Schuhputzer**
Scorpio	Scorpio, der Killer
Scott of the Antarctic	**Scotts letzte Fahrt**
scoumoune, La	Der Mann aus Marseille
Scrooged	**Die Geister, die ich rief**
Se c'était à refaire	Ein Hauch von Zärtlichkeit
Sea Chase, The	**Der Seefuchs**
Sea Gull,The	Die Möwe
Sea Hawk, The	**Der Herr der sieben Meere**
Sea of Grass, The	Endlos ist die Prärie
Sea of Love	**Sea of Love - Melodie des Todes**
Sea Wolf, The	Der Seewolf
Sea Wolves, The	**Die Seewölfe kommen**
Séance on a Wet Afternoon	An einem trüben Nachmittag
Searchers, The	**Der schwarze Falke**
Seconds	Der Mann, der zweimal lebte
secret, Le	**Das Netz der tausend Augen**
Secret Agent, The	Geheimagent
Secret Beyond the Door, The	**Geheimnis hinter der Tür**
Secret Ceremony	Die Frau aus dem Nichts
Secret Life of Walter Mitty, The	**Das Doppelleben des Dr. Mitty**
Secret of My Success, The	Das Geheimnis meines Erfolges
Secret of Santa Vittoria, The	**Das Geheimnis von santa Vittoria**
Section Spéciale	Sondertribunal
Sedotta e abbanonata	**Verführung auf italienisch**
Seduction of Joe Tynan, The	Die Verführung des Joe Tynan
See No Evil, Hear No Evil	**Die Glücksjäger**
seins de glace, Les	Eiskalt wie das Schweigen
Semi-Tough	**Zwei ausgebuffte Profis**
Send Me No Flowers	Schick mir keine Blumen
Senilità	**Hörig**
Senso	Senso
Sentinel, The	**Hexensabat**
Seperate Tables	Getrennt von Tisch und Bett
September	**September**
septième cible, Le	Tödliche Angst
sequestri di Altona, I	**Die Eingeschlossenen**
Sergeant, The	Der Sergeant
Sergeant Rutledge	**Der schwarze Sergeant**
Sergeants Three	Die siegreichen Drei
Sergeant York	**Sergeant York**
Serkato	Der Spiegel
serpent, Le	**Die Schlange**
Serpico	Serpico
Servant, The	**Der Diener**
Set-Up, The	Ring frei für Stoker Thompson
Seul le vent connait la reponse	**Die Antwort kennt nur der Wind**
Seven Brides For Seven Brothers	Eine Braut für sieben Brüder
Seven Days in May	**Sieben Tage im Mai**
Seven-Per-Cent Solution, The	Kein Koks für Sherlock Holmes
Seven Women	**Sieben Frauen**
Seven Year Itch, The	Das verflixte siebente Jahr
Seventh Cross, The	**Das siebte Kreuz**
Seventh Dawn, The	Beim siebten Morgengrauen
Seventh Sign, The	**Das siebte Zeichen**
Seventh Voyage of Sinbad, The	Sindbads siebente Reise
Sex and the Single Girl	**... und ledige Mädchen**
Sex, Lies and Videotape	Sex, Lügen und Video
sfida, La	**Die Herausforderung**
Shadow of a Doubt	Im Schatten des Zweifels
Shadows	**Schatten**
Shaft	Shaft
Shake Hands With the Devil	**Der Händedruck des Teufels**
Shalako	Shalako
Shall We Dance	**Tanz mit mir**
Shampoo	Shampoo
Shane	**Mein großer Freund Shane**
Shanghai Express	Shanghai Express
Shanghai Surprise	**Shanghai Surprise**
Shark	Hai
Sharky's Machine	**Sharky und seine Profis**
Shattered	Tod im Spiegel
She	**Herrscherin der Wüste**
She-Devil	Die Teufelin
She Done Him Wrong	**Sie tat ihm unrecht**
She Wore a Yellow Ribbon	Der Teufelshauptmann
She's Gotta Have It	**She's Gotta Have It**
Sheepman, The	In Colorado ist der Teufel los
Sheik, The	**Der Scheich**
Sheltering Sky, The	Himmel über der Wüste
Shenandoah	**Der Mann vom großen Fluß**
Shichinin no samorai	Die sieben Samurai
Shining, The	**Shining**
Ship of Fools	Das Narrenschiff
Shirley Valentine	**Shirley Valentine - Auf Wiedersehen, mein lieber Mann**
Shoes of the Fisherman, The	In den Schuhen des Fischers
Shoot Out	**Shoot Out - Abrechnung in Gun Hill**
Shoot the Moon	Du oder beide
Shoot To Kill	**Mörderischer Vorsprung**
Shooting, The	Das Schießen
Shootist, The	**Der letzte Scharfschütze**
Shop Around the Corner, The	Rendezvous nach Ladenschluß
Short Circuit	**Nummer 5 lebt**
Shot in the Dark, A	Ein Schuß im Dunkeln
Shout at the Devil	**Brüll den Teufel an**
Showdown	Die Geier warten schon
Si Versailles m'etait conte	**Versailles - Könige und Frauen**
Siberiada	Siberiade
Sicilian, The	**Der Sizilianer**

Sidewalk Stories	**Sidewalk Stories**
Sign of Pagan	Attila, der Hunnenkönig
Sign of the Cross, The	**Im Zeichen des Kreuzes**
Signore e signori	Aber, aber, meine Herren
silence est dór, Le	**Schweigen ist Gold**
Silence of the Lambs, The	Das Schweigen der Lämmer
Silencers, The	**Leise flüstern die Pistolen**
silencieux, Le	Ich - die Nummer eins
Silent Movie	**Mel Brooks' letzte Verrücktheit - Silent Movie**
Silent Running	Lautlos im Weltraum
Silk Stockings	**Seidenstrümpfe**
Silkwood	Silkwood
Silver Bullet	**Der Werwolf von Tarker Mills**
Silver Challice, The	Der silberne Kelch
Silverado	**Silverado**
Simón del desierto	Simon in der Wüste
Sinbad the Sailor	**Sindbad, der Seefahrer**
Since You Went Away	Als Du Abschied nahmst
Sinful Davey	**Dave - Zuhaus in allen Betten**
singe en hiver, Un	Ein Affe im Winter
Singer, Not the Song, The	**Sommer der Verfluchten**
Singin' in the Rain	Du sollst mein Glücksstern sein
Singing Nun, The	**Domonique - die singende Nonne**
Sins of Rachel Cade, The	Jenseits des Ruwenzori
sirène du Mississippi, La	**Das Geheimnis der falschen Braut**
Sisters	Schwestern des Bösen
Sisters, The	**Drei Schwestern aus Montana**
Sitting Target	Blutroter Morgen
Situation Hopeless... But Not Serious	**Lage hoffnungslos, aber nicht ernst**
Skammen	Schande
Skin Deep	**Skin Deep - Männer haben's auch nicht leicht**
Skin Game, The	Bis aufs Messer
Skyjacked	**Endstation Hölle**
Skyriders	Auf der Fährte des Adlers
Slaughterhouse Five	**Schlachthof 5**
Slaves of New York	Großstadtsklaven
Sleeper	**Der Schläfer**
Sleeping Beauty	Dornröschen und der Prinz
Sleeping With the Enemy	**Der Feind in meinem Bett**
Slender Thread, The	Stimme am Telefon
Sleuth	**Mord mit kleinen Fehlern**
Slight Case of Murder, A	Vier Leichen auf Abwegen
Slipper and the Rose, The	**Cinderellas silberner Schuh**
Smiling Lieutenant, The	Der lächelnde Leutnant
Smokey and the Bandit	**Ein ausgekochtes Schlitzohr**
Smokey and the Bandit Ride Again	Ein ausgekochtes Schlitzohr ist wieder auf Achse
Smuga Ciena	**Die Schattenlinie**
Smultronstället	Wilde Erdbeeren
Snake Pit, The	**Die Schlangengrube**
Snow-White and the Seven Dwarfs	Schneewittchen und die sieben Zwerge
Snows of Kilimanjaro, The	**Schnee am Kilimandscharo**
So Long at the Fair	Paris um Mitternacht
Sodoma e Gomorra	**Sodom und Gomorrha**
soeurs Brontë, Les	Die Schwestern Brontë
soir, un train, Un	**Ein Abend - ein Zug**
Solaris	Solaris
Soldier Blue	**Das Wiegenlied vom Totschlag**
Soldier of Fortune	Treffpunkt Hongkong
Soldier's Story, A	**Sergeant Waters - Eine Soldatengeschichte**
sole anche di notte, Il	Nachtsonne
soleil de voyous, Le	**Action Man - Bankraub fast perfekt**
Soleil Rouge	Rivalen unter roter Sonne
soliti ignoti, I	**Diebe haben's schwer**
Solo Sunny	Solo Sunny
Solomon and Sheba	**Salomon und die Königin von Saba**
Some Came Running	Verdammt sind sie alle
Some Like It Hot	**Manche mögen's heiß**
Somebody up There Likes Me	Die Hölle ist in mir
Someone To Watch Over Me	**Der Mann im Hintergrund**
Something of Value	Flammen über Afrika
Something To Live For	**Wofür das Leben sich lohnt**
Something Wild	Gefährliche Freundin
Sometimes a Great Notion	**Sie möchten Giganten sein**
Sommarlek	Einen Sommer lang
Sommernatens leende	**Das Lächeln einer Sommernacht**
Son of Frankenstein, The	Frankensteins Sohn
Son of Fury	**Abenteuer in der Südsee**
Son of Paleface	Bleichgesicht junior
Son of the Sheik, The	**Der Sohn des Scheichs**
Song Is Born, A	Die tollkühne Rettung der Gangsterbraut Honey Swanson
Song of Bernadette, The	**Das Lied von Bernadette**
Song of Love	Klara Schumanns große Liebe
Song of Songs	**Das hohe Lied**
Song Without End	Nur wenige sind auserwählt
Sons of Desert	**Die Wüstensöhne**
Sons of Katie Elder, The	Die vier Söhne der Katie Elder
Sophie's Choice	**Sophies Entscheidung**
Sorcerer	Atemlos vor Angst
sorcières de Salem, Les	**Die Hexen von Salem**
Sorry, Wrong Number	Du lebst noch 105 Minuten
Sotto dieci bandiere	**Unter zehn Flaggen**
souffle au coeur, Le	Herzflimmern
Sound and the Fury, The	**Fluch des Südens**
Sound Barrier, The	Der unbekannte Feind
Sound of Music, The	**Meine Lieder - meine Träume**
Sounder	Das Jahr ohne Vater
soupe aux choux, Le	**Louis und seine außerirdischen Kohlköpfe**
Sous le soleil de Satan	Die Sonne des Satans
Sous le toits de Paris	**Unter den Dächern von Paris**
South Pacific	South Pacific
Southern Star, The	**Stern des Südens**
Souts at Sea	Schiffbruch der Seelen
Souvenirs d'en France	**Erinnerungen aus Frankreich**
Soylent Green	...Jahr 2022... die überleben wollen
Spaceballs	**Spaceballs**
Spanish Gardener, The	Der spanische Gärtner
Spartacus	**Spartacus**
spécialistes, Les	Die Spezialisten
Spellbound	**Ich kämpfe um dich**
Spencer's Mountain	Sommer der Erwartung
Sphinx	**Der Fluch der Sphinx**
Spike Gang, The	Vier Vögel am Galgen
Spiral Road, The	**Am schwarzen Fluß**
Spiral Staircase, The	Die Wendeltreppe
Spirit of St.Louis, The	**Lindbergh - Mein Flug über den Ozean**
Splash	Splash - Jungfrau am Haken
Splendor	**Splendor**
Splendor in the Grass	Fieber im Blut
Spoilers, The	**Die Freibeuterin**
Spy Who Came in From the Cold, The	Der Spion, der aus der Kälte kam
Spy Who Loved Me, The	**Der Spion, der mich liebte**
Squeeze, The	Der aus der Hölle kam
St. Elmo's Fire	**St. Elmo's Fire**
St. Ives	Der Tag der Abrechnung
St. Valentine's Day Massacre	**Chikago-Massaker**
Stage Door	Bühneneingang
Stage Fright	**Die rote Lola**
Stage Struck	Eines Tages öffnet sich die Tür
Stagecoach	**Ringo**
Stagecoach	San Fernando
Staircase	**Unter der Treppe**
Stake Out	Die Nacht hat viele Augen
Stalag 17	**Stalag 17**
Stalker	Stalker

Stalking Moon, The	**Der große Schweiger**
Stand By Me	Stand by Me - Das Geheimnis eines Sommers
Stanley & Iris	**Stanley & Iris**
Stanno tutti bene	Allen geht's gut
Star	**Star**
Star 80	Star 80
Star Is Born, A	**A Star is born**
Star is Born, A	Ein neuer Stern am Himmel
Star is Born, A	**Ein Stern geht auf**
Star Trek - The Movie	Star Trek
Star Trek II - The Wrath of Khan	**Star Trek II - Der Zorn des Kahn**
Star Trek III - The Search For Spock	Star Trek III - Auf der Suche nach Mr. Spock
Star Trek IV - The Voyage Home	**Star Trek IV - Zurück in die Gegenwart**
Star Trek V - The Final Frontier	Star Trek V - Am Rande des Universums
Star Trek VI - The Undiscovered Country	**Star Trek VI - Das unentdeckte Land**
Star Wars	Krieg der Sterne
Stardust Memories	**Stardust Memories**
Starman	Starman
Stars Look Down, The	**Sterne blicken herab**
Start the Revolution Without Me	Die französische Revolution fand nicht statt
Starting Over	**Auf ein Neues**
State of Union	Der beste Mann
Statschka	**Streik**
Stavisky	Stavisky
Stay Hungry	**Mister Universum**
Stazione termini	Rom, Station Termini
Steel Magnolias	**Magnolien aus Stahl**
Steelyard Blues	Steelyard Blues
Stella	**Stella**
Stella Dallas	Stella Dallas
Stepford Wives, The	**Die Frauen von Stepford**
Sterile Cuckoo, The	Pookie
Still of the Night	**In der Stille der Nacht**
Sting, The	Der Clou
Sting II, The	**Zwei ausgekochte Gauner**
Stir Crazy	Zwei wahnsinnig starke Typen
Sto con gli Ippopotami, Io	**Das Krokodil und sein Nilpferd**
Stolen Life, A	Die große Lüge
Stone Killer, The	**Ein Mann geht über Leichen**
Storia di Piera	Die Geschichte der Piera
storia moderna: L'ape regina, Una	**Die Bienenkönigin**
Storia ordinaria follia	Ganz normal verrückt
Storm Center	**Storm Center**
Stormy Monday	Stormy Monday
Story of Esther Costello, The	**Esther Costello**
Story of G.I. Joe, The	Schlachtgewitter am Monte Cassino
Story of Three Loves, The	**War es die große Liebe?**
strada, La	La Strada - Das Lied der Straße
Straight Time	**Stunde der Bewährung**
Strait-Jacket	Die Zwangsjacke
Strange Bedfellows	**Fremde Bettgesellen**
Strange Cargo	Die wunderbare Rettung
Strange Lady in Town	**Aus dem Leben einer Ärztin**
Stranger, The	Die Spur des Fremden
Stranger Than Paradise	**Stranger Than Paradise**
Strangers on a Train	Der Fremde im Zug
Strangers When We Meet	**Fremde, wenn wir uns begegnen**
straniero, Lo	Der Fremde
Strategia del ragno	**Die Strategie der Spinne**
Strategic Air Command	In geheimer Kommandosache
Straw Dogs	**Wer Gewalt sät**
Streamers	Windhunde
Streetcar Named Desire, A	**Endstation Sehnsucht**
Streets of Fire	Straßen in Flammen
streghe, Le	Hexen von heute
Stres es tres, tres	**Stress zu dritt**
Stripes	Ich glaub, mich knutscht ein Elch
Stripper, The	**Die verlorene Rose**
Stromboli	Stromboli
Struggle, The	**Der Kampf**
Student Prince of Old Heidelberg, The	Alt Heidelberg
Stunt Man, The	**Der lange Tod des Stuntman Cameron**
Subida al ciclo	Der Weg, der zum Himmel führt
Subway	**Subway**
Such Good Friends	So gute Freunde
Sudden Fear	**Maskierte Herzen**
Sudden Impact	Dirty Harry kommt zurück
Suddenly	**Der Attentäter**
Suddenly Last Summer	Plötzlich im letzten Sommer
Sugarland Express, The	**Sugarland Express**
Sullivan's Travels	Sullivans Reisen
Summer and Smoke	**Sommer und Rauch**
Summer in the City	Summer in the City
Summer Madness	**Traum meines Lebens**
Summer Storm	Sommerstürme
Summer Wishes, Winter Dreams	**Sommerwünsche, Winterträume**
Sun Also Rises, The	Zwischen Madrid und Paris
Sun Shines Bright, The	**Wem die Sonne lacht**
Sun Valley Serenade	Adoptiertes Glück
Sunday, Bloody Sunday	**Sunday, bloody Sunday**
Sunday in New York	Sonntag in New York
Sundowners, The	**Der endlose Horizont**
Sunrise	Sunrise
Sunset	**Sunset - Dämmerung in Hollywood**
Sunset Boulevard	Boulevard der Dämmerung
Sunshine Boys, The	**Die Sunny-Boys**
Supergrirl	Supergirl
Superman	**Superman**
Superman II	Superman II - Allein gegen alle
Superman III	**Superman III - Der stählerne Blitz**
Superman IV	Superman IV - Die Welt am Abgrund
Support Your Local Sheriff	**Auch ein Sheriff braucht mal Hilfe**
Sur un arbre perché	Balduin, der Sonntagsfahrer
Susan Lenox: Her Fall and Rise	**Susan Lenox**
Suspect	Suspect - Unter Verdacht
Suspect, The	**Unter Verdacht**
Suspicion	Verdacht
Suzanne Simonin, La Religieuse de Diderot	**Die Nonne**
Swan, The	Der Schwan
Swarm, The	**Der tödliche Schwarm**
Swashbuckler	Der scharlachrote Pirat
Sweet Bird of Youth	**Süßer Vogel Jugend**
Sweet Charity	Sweet Charity
Sweet Dreams	**Sweet Dreams**
Sweet Smell of Succes, The	Dein Schicksal in meiner Hand
Swing Time	**Swing Time**
Switch	Switch - Die Frau im Manne
Switching Channels	**Eine Frau steht ihren Mann**

T

THX 1138	**THX 1138**
T. R. Baskin	Tanja Baskin- Anruf genügt
Tabu	**Tabu**
Take Her, She's Mine	In Liebe eine 1
Take Me Out to the Ball Game	**Spiel zu dritt**
Taking of Pelham One, Two, **Three, The**	Stoppt die Todesfahrt der **U-Bahn 123**
Taking Off	Taking Off
Tale of Two Cities, A	**Zwei Städte**

Tales of Hoffmann, The	**Hoffmanns Erzählungen**
Tales of Terror	Der grauenvolle Mr.X
Talk Radio	**Talk Radio**
Tall Guy, The	Das lange Elend
Tall Men, The	**Drei Rivalen**
Tall Story	Je länger - je lieber
Tamarind Seed, The	**Die Frucht des Tropenbaums**
Taming of the Shrew, The	Der Widerpenstigen Zähmung
Taming of the Shrew, The	**Der Widerspenstigen Zähmung**
Tammy and the Bachelor	Tammy
Tampopo	**Tampopo**
Tango & Cash	Tango & Cash
Tante Danielle	**Tante Daniele**
Taps	Die Kadetten von Bunker Hill
Tarantula	**Tarantula**
Taras Bulba	Taras Bulba
Target	**Target - Zielscheibe**
Targets	Bewegliche Ziele
Tarnished Angel, The	**Duell in den Wolken**
Tarzan and His Mate	Tarzans Vergeltung
Tarzan, the Ape Man	**Tarzan, der Affenmensch**
Tarzan, the Ape Man	Tarzan, Herr des Urwalds
Tarzan's Magic Fountain	**Tarzan und das blaue Tal**
Tarzan's New York Adventure	Tarzans Abenteuer in New York
Taste of Honey, A	**Bitterer Honig**
tatoué, La	Balduin - das Nachtgespenst
Taxi Driver	**Taxi Driver**
taxi pour Tobruk, Un	Taxi nach Tobruk
Tchao Pantin	**Am Rande der Nacht**
Tea and Sympathy	Anders als die anderen
Tea For Two	**Bezaubernde Frau**
Teachers	Die Aufsässigen
Teacher's Pet	**Reporter der Liebe**
Teahouse of the August Moon, The	Das kleine Teehaus
Teen Wolf	**Teen Wolf**
Teenage Mutant Ninja Turtles	Turtles
Teheran '43	**Killer sind immer unterwegs**
Telefon	Telefon
Tell Them Willie Boy Is Here	**Blutige Spur**
Tempest	Der Sturm
Ten	**Zehn - die Traumfrau**
Ten Commandments, The	Die zehn Gebote
10 Rillington Place	**John Christie, der Frauen-würger von London**
Ten Seconds to Hell	Vor uns die Hölle
10.30 p.m.Summer	**Halb elf in einer Sommernacht**
tenda rossa, La	Das rote Zelt
Tender Is the Night	**Zärtlich ist die Nacht**
Tender Trap, The	Die zarte Falle
Tendre poulet	**Ein verrücktes Huhn**
Tendre voyou	Geliebter Schuft
Tendres Cousines	**Zärtliche Cousinen**
Tenue de soirée	Abendzug
Teorema	**Teorema - Geometrie der Liebe**
Tequila Sunrise	Tequila Sunrise
Teresa	**Teresa**
Terminator, The	Terminator
Terminator II - Judgment Day	**Terminator II - Tag der Abrechnung**
Term of Trial	Spiel mit dem Schicksal
Terms of Endearment	**Zeit der Zärtlichkeit**
terra trema, La	Die Erde bebt
terrazza, La	**Die Terrasse**
Terrible Beauty, A	Aufstand im Morgengrauen
Terror, The	**The Terror - Schloß des Schreckens**
Tess	Tess
testament d'Orphée, Le	**Das Testament des Orpheus**
testament du Docteur Cordelier, Le	Das Testament des Dr. Cordelier
tetto, Il	**Das Dach**
Texas Across the River	Zwei tolle Kerle in Texas
Texas, addio	**Django, der Rächer**
Texas Chain Saw Massacre, The	**Blutgericht in Texas**
Texasville	Texasville
That Cold Day in the Park	**Ein kalter Tag im Park**
That Hamilton Woman	Lord Nelsons letzte Liebe
That Kind of Woman	**So etwas von Frau**
That Lady	Die Dame des Königs
That Lady in Hermine	**Die Frau im Hermelin**
That Lucky Touch	Bleib mir ja vom Leib
That Touch of Mink	**Ein Hauch von Nerz**
That's Life	That's Life - So ist das Leben
thé au harem d´Archimède, Le	**Tee im Harem des Archimedes**
Theatre of Blood	Theater des Grauens
Thelma and Louise	**Thelma und Louise**
Them!	Formicula
Themroc	**Themroc**
There Was a Crooked Man	Zwei dreckige Halunken
There's Always Tomorrow	**Es gibt immer ein Morgen**
There's No Business Like Show Business	Rhythmus im Blut
Thérèse	**Thérèse**
Thérèse Desqueyroux	Die Tat der Thérèse D.
Thérèse Raquin	**Thérèse Raquin - du sollst nicht ehebrechen**
These Three	Infame Lügen
They All Kissed the Bride	**Ein Kuß zuviel**
They All Laughed	Sie haben alle gelacht
They Call Me Mr. Tibbs!	**Zehn Stunden Zeit für Virgil Tibbs**
They Came To Cordura	Sie kamen nach Cordura
They Live	**Sie leben**
They Made Me a Criminal	Zum Verbrecher verurteilt
They Met in Bombay	**Fluchtweg unbekannt**
They Might Be Giants	Der verkehrte Sherlock Holmes
They Shoot Horses, Don't They?	**Nur Pferden gibt man den Gnadenschuß**
They Were Expendable	Schnellboote vor Bataan
Thief of Baghdad, The	**Der Dieb von Bagdad**
Thief Who Came To Dinner, The	Webster ist nicht zu fassen
Thin Man, The	**Mordsache „Dünner Mann"**
Thing, The	Das Ding aus einer anderen Welt
Thing, The	**Das Ding aus einer anderen Welt**
Things Change	Things Change -Der Weg ins Glück
Things Change	**Ein verrückt genialer Coup**
Things To Come	Things to Come
Third Man, The	**Der dritte Mann**
Thirty-Nine Steps, The	Die 39 Stufen
36 Hours	**36 Stunden**
This Could Be the Night	Kein Platz für feine Damen
This Gun For Hire	**Die Narbenhand**
This Island Earth	Metaluna IV antwortet nicht
This Land Is Mine	**Dies ist mein Land**
This Property Is Condemned	Dieses Mädchen ist für alle
This Sporting Life	**Lockender Lorbeer**
Thomas Crown Affair, The	Thomas Crown ist nicht zu fassen
Thoroughly Modern Millie	**Modern Millie**
Those Magnificent Men in Their Flying Machines	Die tollkühnen Männer in ihren fliegenden Kisten
Thousand Clowns, A	**Tausend Clowns**
Three Amigos!	Drei Amigos!
Three Coins in a Fountain	**Drei Münzen im Brunnen**
Three Days of the Condor	Die drei Tage des Condor
Three Faces of Eve, The	**Eva mit den drei Gesichtern**
Three Fugitives	Das Bankentrio
Three Godfathers	**Spuren im Sand**
Three Into Two Won't Go	Zwei durch drei geht nicht
Three Little Words	**Drei kleine Worte**
Three Men and a Baby	Noch drei Männer und ein Baby
Three Musketeers	**Die drei Musketiere**
Three on a Couch	Drei auf einer Chouch
3:10 To Yuma	**Zähl bis drei und bete**
Three Women	Drei Frauen

Thrill of It All, The	**Was diese Frau so alles treibt**
Throw the Momma From the Train	Schmeiß' die Mama aus dem Zug!
Thunder Bay	**Die Todesbucht von Louisiana**
Thunderball	Feuerball
Thunderbolt and Lightfoot	**Die Letzten beißen die Hunde**
Tichij Don	Der stille Don
Tightrope	**Der Wolf hetzt die Meute**
Till glädje	An die Freunde
Till the Clouds Roll By	**Bis die Wolken vorüberzieh'n**
Tim	Tim - Kann das Liebe sein?
Time Bandits	**Time Bandits**
Time Machine, The	Die Zeitmaschine
Time To Love an a Time To Die, A	**Zeit zu leben und Zeit zu sterben**
Time Without Pity	In letzter Stunde
Tin Men	**Tin Men**
Tin Star, The	Stern des Gesetzes
Tirez sur le pianiste	**Schießen Sie auf den Pianisten**
Titanic	Untergang der Titanic
To Be Or Not To Be	**Sein oder Nichtsein**
To Be Or Not To Be	Sein oder Nichtsein
To Catch a Thief	**Über den Dächern von Nizza**
To Each His Own	Mutterherz
To Have and Have Not	**Haben und nicht haben**
To Kill a Mockingbird	Wer die Nachtigall stört
To Live and Die in L.A.	**Leben und sterben in L.A.**
To Paris With Love	Verliebt in Paris
To Please a Lady	**Tod im Nacken**
To Sir, With Love	Junge Dornen
Tobruk	**Tobruk**
Tokyo Joe	Tokio-Joe
Tom Horn	**Ich, Tom Horn**
Tom Jones	Tom Jones - Zwischen Bett und Galgen
Tommy	**Tommy**
tonnerre de Dieu, La	Auch eine französische Ehe
Too Hot To Handle	**Zu heiß zum Anfassen**
Too Late the Hero	Zu spät für Helden - Antreten zum Verrecken
Tootsie	**Tootsie**
Top Gun	Top Gun - Sie fürchten weder Tod noch Teufel
Top Hat	**Ich tanz mich in Dein Herz hinein**
Top Secret	Top Secret
Topaz	**Topas**
Topio stin omichli	Landschaft im Nebel
Topkapi	**Topkapi**
Topper	Topper - Das blonde Gespenst
Tora! Tora! Tora!	**Tora! Tora! Tora!**
Torch Song	Herzen im Fieber
Torch Song Trilogy	**Das Kuckucksei**
Torn Curtain	Der zerrissene Vorhang
Torrents of Spring	**Wenn die Masken fallen**
Törst	**Durst**
Total Recall	**Die totale Erinnerung**
toubib, Le	Waffe des Teufels
Touch of Class, A	**Mann, bist du Klasse!**
Touch of Evil	Im Zeichen des Bösen
Touch pas á la femme blanch!	**Berühre nicht die weiße Frau**
Touchez pas au grisbi	Wenn es Nacht wird in Paris
Tough Guys	**Archie und Harry - Sie können's nicht lassen**
Tough Guys Don't Dance	Harte Männer tanzen nicht
Tout feu, tout flamme	**Feuer und Flamme**
Tout l'or du monde	Alles Gold dieser Welt
Tout va bien	**Alles in Butter**
Towering Inferno, The	Flammendes Inferno
Town Without Pity	**Stadt ohne Mitleid**
Track 29	Track 29 - Ein gefährliches Spiel
Trading Places	**Die Glücksritter**
Trafic	Trafic
tragedia di un uomo ridicolo, La	**Die Tragödie eines lächerlichen Mannes**
Trail of the Pink Panther	Der rosarote Panther wir gejagt
train, Le	**Nur ein Hauch von Glück**
Train Robbers, The	Dreckiges Gold
Traitement de choc	**Der Schocker**
Trap, The	Wei ein Schrei im Wind
Trapeze	**Trapez**
Travels With My Aunt	Reisen mit meiner Tante
traversée de Paris, La	**Zwei Mann, ein Schwein und die Nacht von Paris**
Tre fratelli	Drei Brüder
tre volti, I	**Drei Gesichter einer Frau**
tre volti della paura, I	Die drei Gesichter der Furcht
Treasure of the Sierra Madre	**Der Schatz der Sierra Madre**
Tree Grows in Brooklyn, A	Ein Baum wächst in Brooklyn
Tremors	**Im Land der Raketenwürmer**
Trials of Oscar Wilde, The	Der Mann mit der grünen Nelke
tribulations d'un chinois en Chine, Les	**Die tollen Abenteuer des Monsieur L.**
Tribute	Ein Sommer in Manhatten
Tribute To a Bad Man	**Mein Wille ist Gesetz**
tricheurs, Les	Die sich selbst betrügen
trio infernal., Le	**Trio Infernal**
Trip To Bountiful, The	The Trip To Bountiful
Triple Cross	**Spion zwischen zwei Fronten**
Tristana	Tristana
Triumph of the Man Called Horse	**Triumph des Mannes, den sie Pferd nannten**
Trois chambres à Manhattan	Drei Zimmer in Manhattan
Trois hommes à abattre	**Killer stellen sich nicht vor**
Trois hommes et un couffin	Drei Männer und ein Baby
trois mousquetaires, Les - La venegeance de Milady	**Die drei Musketiere - 2.Teil: Ohne Furcht und Tadel**
trois mousquetaires, Les - Les ferrets de la Reine	Die drei Musketiere - 1. Teil: Haudegen der Königin
Trojan Women, The	**Die Troerinnen**
Trollflöjten	Die Zauberflöte
Tron	**Tron**
„Trop belle pour toi!"	Zu schön für dich!
Trouble in Paradise	**Ärger im Paradies**
Trouble With Harry, The	Immer Ärger mit Harry
True Believer	**Das dreckige Spiel**
True Confessions	Fesseln der Macht
True Grit	**Der Marshal**
True Stories	True Stories
True Story of Jesse James, The	**Rächer der Enterbten**
Tsubakai Sanjuro	Sanjuro
Tucker: The Man and His Dream	**Tucker**
tueur, Le	Der Killer und der Kommissar
tuilpe noire, La	**Die schwarze Tulpe**
Tulitikkutehtaan tyttö	Das Mädchen aus der Streichholzfabrik
Tunes of Glory	**Einst ein Held**
Tunnel of Love, The	Babys auf Bestellung
Tunnel 28	**Tunnel 28**
Turner & Hootch	Scott & Huutsch
Turning Point, The	**Am Wendepunkt**
Turtle Diary	Ozeanische Gefühle
Twelfe Angry Men	**Die zwölf Geschworenen**
Twelfe Chairs, The	Zwölf Stühle
Twelfe Plus One	**Zwölf plus eins**
Twelve O'Clock High	Der Kommandeur
Twentieth Century	**Napoleon vom Broadway**
20.000 Laegues Under the Sea	20.000 Meilen unter dem Meer
20.000 Years in Sing Sing	**20.000 Jahre in Sing Sing**
Twentythree Paces To Baker Street	Dreiundzwanzig Schritte zum Abgrund
Twilight For the Gods	**Hart am Wind**
Twilight Zone, The	Unheimliche Schattenlichter
Twilight's Last Gleaming	**Das Ultimatum**
Twinky	Der Amerikaner
Twins	**Zwillinge**
Two-faced Woman	Die Frau mit den zwei Gesichtern

Two For the Road	Zwei auf gleichem Weg
Two For the Seasaw	**Spiel zu zweit**
Two Jakes, The	Die Spur führt zurück
Two-Lane Blacktop	**Asphaltrennen**
Two Loves	Der Fehltritt
Two-Minute Warning	**Zwei Minuten Warnung**
Two Mrs. Carolls, The	Die zwei Mrs. Carrolls
Two Mules For Sister Sara	**Ein Fressen für die Geier**
Two People	Zwei Menschen unterwegs
Two Rode Together	**Zwei ritten zusammen**
Two Weeks in Another Town	Zwei Wochen in einer anderen Stadt
2001 - A Space Odyssee	**2001 - Odyssee im Weltraum**
2010	2010 - Das Jahr, in dem wir Kontakt aufnehmen
Typhon sur Nagasaki	**Taifun über Nagasaki**
Tystnaden	Das Schweigen

U

Uccellacci e uccellini	**Große Vögel, kleine Vögel**
Ugetsu Monogatari	Ugetsu - Erzählungen unter dem Regenmond
Ugly American, The	**Der häßliche Amerikaner**
Ukigusa	Abschied in der Dämmerung
Ulisse	**Die Fahrten des Odysseus**
ultima donna, L'	Die letzte Frau
ultiomo tango a Parigi, L'	**Der letzte Tango in Paris**
Ulysses	Ulysses
Ulzana's Raid	**Keine Gnade für Ulzana**
Umberto D.	Umberto D.
Un chambre en ville	**Ein Zimmer in der Stadt**
Un nommè la Rocca	Sie nannten ihn Rocca
Unbearable Lightness of Being, The	**Die unterträgliche Leichtigkeit des Seins**
Uncertain Feeling, That	Ehekomödie
Unconquered	**Die Unbesiegten**
Undefeated, The	Die Unbesiegten
Under Capricorn	**Sklavin des Herzens**
Under Fire	Under Fire
Under the Cherry Moon	**Under the Cherry Moon**
Under the Volcano	Unter dem Vulkan
Undercurrent	**Der unbekannte Geliebte**
Unfaithfully Yours	Bitte nicht heute Nacht
Unfaithfully Yours	**Die Ungetreue**
Unforgiven, The	Denen man nicht vergibt
Uninvited, The	**Der unheimliche Gast**
Union Pacific	Die Frau gehört mir
Unmarried Woman, An	**Eine entheiratete Frau**
Unsinkable Molly Brown, The	Goldgräber-Molly
Untamed	**Die Unbezähmbaren**
Until They Sail	Land ohne Männer
Untouchables, The	**The Untouchables - Die Unbestechlichen**
Uomini contro	Batallion der Verlorenen
uomo da rispettare, Un	**Ein achtbarer Mann**
uomo dai palloni, L'	Breack-Up
uomo de La Mancha, L'	**Der Mann von La Mancha**
Up in Smoke	Viel Rauch um nichts
Up the Sandbox	**Sandkastenspiele**
Urban Cowboy	Urban Cowboy
Urga	**Urga**
Utvandrarna	Die Emigranten

V

V.I.P.s, The	**Hotel International**
Vaghe stelle dell'orsa	Sandra
Valdez il mezzosangue	**Wilde Pferde**
Valdez Is Coming	Valdez
Valentino	**Valentino**
Valley of the Dolls	**Das Tal der Puppen**
Valley of the Kings	Das Tal der Könige
Valmont	**Valmont**
valseuses, Les	Die Ausgebufften
Vamos a matar, compañeros!	**Laßt uns töten, Compañeros**
Vamp	Vamp
vangelo secondo Matteo, Il	**Das erste Evangelium - Matthäus**
Vanishing Point	Fluchtpunkt San Francisco
Vargtimmen	**Die Stunde des Wolfs**
Venere imperiale	Kaiserliche Venus
Vera Cruz	**Vera Cruz**
verdict, Le	Das Urteil
Verdict, The	**The Verdict - Die Wahrheit und nichts als die Wahrheit**
vergine per il principe, Una	Eine Jungfrau für den Prinzen
vérite, La	**Die Wahrheit**
vero e il falso, Il	Allein gegen das Gesetz
Vertigo	**Aus dem Reich der Toten**
Very Special Favor, A	Ein Appartement für drei
veuve Couderc, La	**Der Sträfling und die Witwe**
viaccia, La	Das Haus in der Via Roma
viaggio, Il	**Die Reise nach Palermo**
Viaggio in Italia	Liebe ist stärker
vice et la vertu, La	**Laster und Tugend**
vicoire en chantan, La	Sehnsucht nach Afrika
Victim	**Der Teufelskreis**
Victor/Victoria	Victor/Victoria
Victors, The	**Die Sieger**
Victory	Flucht oder Sieg
Videodrome	**Videodrome**
vie, Une	Ein Frauenleben
vie de château, La	**Das Leben im Schloß**
vie de famille, La	Der Mann, der weint
vie devant soi, La	**Madame Rosa**
vie est un long fleuve tranquille, La	Das Leben ist ein langer ruhiger Fluß
vie et rien d'autre, La	**Das Leben und nichts anderes**
Vie privée	Privatleben
vielle dame indigne, La	**Die unwürdige Greisin**
vielle fille, La	Das „späte" Mädchen
vierde Man, De	**Der vierte Mann**
vieux fusil, Le	Das alte Gewehr
View To a Kill, A	**Im Angesicht des Todes**
Vikings, The	Die Wikinger
Villa Rides	**Pancho Villa**
Village of the Damneds	Das Dorf der Verdammten
Villain	**Die alles zur Sau machen**
Vincent and Theo	Vincent und Theo
Vincent, Francois, Paul ...et les autres	**Vincent, Francois, Paul und die anderen...**
25e heure, La	Die 25. Stunde
24 heures de la vie d'une femme	**24 Stunden aus dem Leben einer Frau**
Violent Streets	Der Einzelgänger
Violette et François	**Violette und François**
Violette Nozière	Violette Nozière
Virgin Queen, The	**Rebell ihrer Majestät**
Virginian, The	Der Mann aus Virginia
Viridiana	**Viridiana**
Vision Quest	Crazy for You
Visitors, The	**Die Besucher**
Viskningar och rop	Schreie und Flüstern
Vitelloni, I	**Die Müßiggänger**
Viva la muerte...tua!	Zwei wilde Companeros
Viva Maria	**Viva Maria!**
Viva Zapata	Viva Zapata
Vivement dimanche!	**Auf Liebe und Tod**
Vivre pour vivre	Lebe das Leben
Vivre sa vie	**Die Geschichte der Nana S.**
voce della luna, La	Die Stimme des Mondes
voie lactée, La	**Die Milchstraße**
voleur, Le	Der Dieb von Paris

voleuse, La	**Schornstein Nr. 4**
Von Ryan's Express	Colonel von Ryans Express
Voulez-vous danser avec moi?	**Wollen Sie mit mir tanzen?**
Voyage of the Damned	Reise der Verdammten
voyou, Le	**Voyou - Der Gauner**
Vu du pont	Blick von der Brücke
Vulcano	**Vulcano**

W

Wagonmaster	**Westlich St. Louis**
Wait Until Dark	Warte, bis es dunkel ist
Wait Until Spring, Bandini	**Warte bis zum Frühling, Bandini**
Waiting For the Light	Zeichen und Wunder
Walk, Don't Run	**Nicht so schnell, mein Junge**
Walk in the Spring Rain, A	Die Frau des anderen
Walk on the Wild Side	**Auf glühendem Pflaster**
Walk With Love and Death, A	Eine Reise mit der Liebe und dem Tod
Walkabout	**Walkabout**
Walker	Walker
Walking Hills, The	**Treibsand**
Wall, The	The Wall
Wall Street	**Wall Street**
Wanderers, The	The Wanderers
War and Peace	**Krieg und Frieden**
War Between Men and Women, The	Der Krieg zwischen Männern und Frauen
War Lord, The	**Die Normannen kommen**
War of the Worlds, The	Kampf der Welten
War Waggon, The	**Die Gewaltigen**
Wargames	Wargames - Kriegsspiele
Warlock	**Warlock**
Warriors, The	Der schwarze Prinz
Warriors, The	**Die Warriors**
Watch on the Rhine	Watch on the Rhine
Water	**Wasser - Der Film**
Waterhole No. 3	Wasserloch Nr. 3
Waterloo	**Waterloo**
Waterloo Bridge	Ihr erster Mann
Watership Down	**Watership Down**
Way of the Dragon, The	Die Todeskralle schlägt wieder zu
Way Out West	**Zwei ritten nach Westen**
Way We Were, The	Cherie Bitter
Way West, The	**Der Weg nach Westen**
Wedding, A	Eine Hochzeit
Wedding March, The	**The Wedding March**
Wee Willie Winkie	Rekrut Willie Winkie
Week-end, Le	**Weekend**
Weekend à Zuydcoote	Dünkirchen, 2. Juni 1940
Welcome To L. A.	**Willkommen in Los Angeles**
West Side Story	West Side Story
Western Union	**Western Union**
Westerner, The	In die Falle gelockt
Westward the Women	**Karawane der Frauen**
Westworld	Westworld
Wetherby	**Wetherby**
We're Not Angels	Wir sind keine Engel
We're Not Married	**Wir sind gar nicht verheiratet**
Whales of August, The	Wale im August
What a Way To Go	Immer mit einem anderen
What Ever Happened To Aunt Alice?	**Eine Witwe mordet leise**
What Ever Happened To Baby Jane?	Was geschah wirklich mit Baby Jane?
What's New, Pussycat?	**Was gibt's Neues, Pussy?**
What's the Matter With Helen?	Was ist denn bloß mit Helen los?
What's up, Doc?	**Is' was, Doc?**
When Dinosaurs Ruled the Earth	Als Dinosaurier die Erde beherrschten
When Harry Met Sally...	**Harry und Sally**
When the Wind Blows	Wenn der Wind weht
When Time Ran Out	Der Tag, an dem die Welt unterging
When Worlds Collide	**Der jüngste Tag**
Where Eagles Dare	Agenten sterben einsam
Where Love Has Gone	**Wohin die Liebe führt**
Where the Heart Is...	Zeit der bunten Vögel
Where the Sidewalk Ends	**Faustrecht der Großstadt**
Where the Spies Are	Dolche in der Kasbah
Where Were You When the Lights Went Out	**Als das Licht ausging**
Where's Poppa?	Wo is' Pappa?
Which Way To the Front?	**Wo, bitte, geht's zur Front?**
While the City Sleeps	Die Bestie
Whistler, The	**Der Whistler**
White Buffalo, The	Der weiße Büffel
White Christmas	**Weiße Weihnachten**
White Feather	Die weiße Feder
White Hunter, Black Heart	**Weißer Jäger, schwarzes Herz**
White Lightning	Der Tiger hetzt die Meute
White Mischief	**Die letzten Tage in Kenya**
White Nights	White Nights - Die Nacht der Entscheidung
White Palace	**Frühstück bei ihr**
White Witch Doctor	Weiße Frau am Kongo
White Zombie	**White Zombie**
Who Framed Roger Rabbit?	Falsches Spiel mit Roger Rabbit
Who Is Harry Kellerman and Why Is He Saying Those Terrible Things About Me?	**Wer ist Harry Kellerman?**
Who Is Killing the Great Chefs of Europe?	Die Schlemmerorgie
Who Stew Auntie Roo?	**Wer hat Tante Ruth angezündet?**
Who Was That Lady?	Wer war die Dame?
Who'll Stop the Rain	**Dreckige Hunde**
Whore	Die Hure
Who's Afraid of Virginia Woolf?	**Wer hat Angst vor Virginia Woolf?**
Who's Been Sleeping in My Bed?	Wer hat in meinem Bett geschlafen?
Who's Got the Action?	**Immer nur deinetwegen**
Who's That Girl	Who's That Girl
Who's That Knocking at My Door?	**Wer klopft denn da an meine Tür?**
Wichita	Wichita
Wicked Lady, The	**Die verruchte Lady**
Wilby Conspiracy, The	Die Wilby- Verschwörung
Wild Angels, The	**Die wilden Engel**
Wild at Heart	Wild at Heart
Wild Bunch, The	**The Wild Bunch - Sie kannten kein Gesetz**
Wild Geese, The	Die Wildgänse kommen
Wild Is the Wind	**Wild ist der Wind**
Wilde One, The	Der Wilde
Wild Orchid	**Wilde Orchidee**
Wild River	Wilder Strom
Wild Rovers	**Missouri**
Will Penny!	Der Verwegene
Will Success Spoil Rock Hunter?	**Sirene in Blond**
Willie & Phil	Willie & Phil
Willow	**Willow**
Wilt	Puppenmord
Winchester 73	**Winchester 73**
Wind, The	The Wind
Wind and the Lion, The	**Der Wind und der Löwe**
Wind Cannot Read, The	Denn der Wind kann nicht lesen
Wings of Eagles, The	**Dem Adler gleich**
Winning	Indianapolis
Wise Blood	**Die Weisheit des Blutes**
Wish You Were Here	Wish You Were Here
Witches of Eastwick, The	**Die Hexen von Eastwick**
Witches, The	Hexen hexen

Witchfinder General, The	**Der Hexenjäger**
With a Song in My Heart	Mit einem Lied im Herzen
With Six You Get Eggroll	**Der Mann in Mammis Bett**
Without a Trace	An einem Morgen im Mai
Witness	**Der einzige Zeuge**
Witness For the Prosecution	Zeugin der Anklage
Witness To Murder	**Zeugin des Mordes**
Wives and Lovers	Ach, Liebling....nicht hier
Wizard of Oz, The	**Das zauberhafte Land**
Wojna i Mir	Krieg und Frieden
Wolf Man, The	**Der Wolfsmensch**
Wolfen	Wolfen
Woman in Red, The	**Die Frau in Rot**
Woman in the Window, The	Gefährliche Begegnung
Woman Obsessed	**Ungebändigt**
Woman of Straw	Die Strohpuppe
Woman of the Year	**Die Frau, von der man spricht**
Woman Under Influence, A	Eine Frau unter Einfluß
Women, The	**Die Frauen**
Women in Love	Liebende Frauen
Women Times Seven	**Siebenmal lockt das Weib**
Won Ton Ton, the Dog Who Saved Hollywood	Won Ton Ton...der Hund, der Hollywood rettete
Wonderful Word of the Brothers Grimm, The	**Die Wunderwelt der Gebrüder Grimm**
Working Girl	Die Waffen der Frauen
World According To Garp, The	**Garp und wie er die Welt sah**
World Apart, A	Zwei Welten
World of Henry Orient, The	**Henrys Liebesleben**
World of Suzie Wong, The	Die Welt der Suzie Wong
Woskresenje	**Auferstehung**
Wrath of God, The	Zum Teufel mit Hiroshima
Wreck of the Mary Deare, The	**Die den Tod nicht fürchten**
Written on the Wind	In den Wind geschrieben
Wrong Is Right	**Flammen am Horizont**
Wrong Man, The	Der falsche Mann
Wuthering Heights	**Stürmische Höhen**

X

Xanadu	Xanadu

Y

Yakuza, The	**Yakuza**
Yanks	Yanks - Gestern waren wir noch Fremde
Year of Living Dangerously, A	**Ein Jahr in der Hölle**
Year of the Dragon	Im Jahr des Drachen
Yearling, The	**Die Wildnis ruft**
Yellow Rolls-Royce, The	Der gelbe Rolls-Royce
Yellow Sky	**Herrin der toten Stadt**
Yellow Submarine	Yellow Submarine
Yellowbeard	**Dotterbart**
Yentl	Yentl
yeux sans visage, Les	**Das Schreckenshaus des Dr. Rasanoff**
Yojimbo	Yojimbo - der Leibwächter
Yol	**Yol - Der Weg**
Yolanda and the Thief	Yolanda und der Dieb
You and Me	**Du und ich**
You Can't Take It With You	Lebenskünstler
You Can't Win 'Em All	**Zwei Kerle aus Granit**
You Only Live Once	Gehetzt
You Only Live Twice	**Man lebt nur zweimal**
You Were Never Lovelier	Du warst nie berückender
You'll Like My Mother	**Ausgeliefert**
You're a Big Boy Now	Big Boy, jetzt wirst du ein Mann
Young and Innocent	**Jung und unschuldig**
Young Bess	Die Thronfolgerin
Young Cassidy	**Cassidy, der Rebell**
Young Einstein	Einstein Junior
Young Frankenstein	Frankenstein Junior
Young Lions, The	**Die jungen Löwen**
Young Man With a Horn	Der Mann ihrer Träume
Young Mr. Lincoln	**Der junge Mr. Lincoln**
Young Philadelphians, The	Der Mann aus Philadelphia
Young Sherlock Holmes	**Das Geheimnis des verborgenen Tempels**
Young Winston	**Der junge Löwe**
Youngblood	Bodycheck
You'll Never Get Rich	Wer wird schon reich beim Militär?
Yours, Mine and Ours	**Deine, meine, unsere**

Z

Z	Z
Z.P.G.	**Geburten verboten**
Zabriskie Point	Zabriskie Point
Zandy's Bride	**Zandys Braut**
Zardoz	Zardoz
Zauber der Venus	**Zauber der Venus**
Zazie le métro	Zazie
Zed & Two Noughts, A	**Ein Z & zwei Nullen**
Zee & Co	X, Y und Zee
Zelig	**Zelig**
Zeppelin	Zeppelin
Ziegfeld Follies	**Broadway Melodie 1950**
Ziema obiecana	Das gelobte Land
zizaine, La	**Der Querkopf**
Zombie	Zombie
Zorba, the Greek	**Alexis Sorbas**
Zorro	Zorro
Zorro and the Gay Blade	**Zorro mit der heißen Klinge**
Zulu	Zulu